9 780966 9

# THE TANACH
## In Ancient Hebrew

### Volume I

**ISRAELITE NETWORK**
**P.O. Box 1747**
**NYC, NY 10101**

**Robert Yawanathan Denis**
***http://www.israelite.net***
**(212) 586-5969**

**ISBN 0-9669147-2-4**

# CONTENTS

# 𐤉𐤄𐤅𐤔𐤏

𐤐𐤓𐤒 𐤀

𐤅𐤉𐤄𐤉 𐤀𐤇𐤓𐤉 𐤌𐤅𐤕 𐤌𐤔𐤄 𐤏𐤁𐤃 𐤉𐤄𐤅𐤄 𐤅𐤉𐤀𐤌𐤓 𐤉𐤄𐤅𐤄 𐤀𐤋 𐤉𐤄𐤅𐤔𐤏
𐤁𐤍 𐤍𐤅𐤍 𐤌𐤔𐤓𐤕 𐤌𐤔𐤄 𐤋𐤀𐤌𐤓.
𐤌𐤔𐤄 𐤏𐤁𐤃𐤉 𐤌𐤕 𐤅𐤏𐤕𐤄 𐤒𐤅𐤌 𐤏𐤁𐤓 𐤀𐤕 𐤄𐤉𐤓𐤃𐤍 𐤄𐤆𐤄 𐤀𐤕𐤄 𐤅𐤊𐤋
𐤄𐤏𐤌 𐤄𐤆𐤄 𐤀𐤋 𐤄𐤀𐤓𐤑 𐤀𐤔𐤓 𐤀𐤍𐤊𐤉 𐤍𐤕𐤍 𐤋𐤄𐤌 𐤋𐤁𐤍𐤉 𐤉𐤔𐤓𐤀𐤋.
𐤊𐤋 𐤌𐤒𐤅𐤌 𐤀𐤔𐤓 𐤕𐤃𐤓𐤊 𐤊𐤐 𐤓𐤂𐤋𐤊𐤌 𐤁𐤅 𐤋𐤊𐤌 𐤍𐤕𐤕𐤉𐤅 𐤊𐤀𐤔𐤓 𐤃𐤁𐤓𐤕𐤉
𐤀𐤋 𐤌𐤔𐤄.
𐤌𐤄𐤌𐤃𐤁𐤓 𐤅𐤄𐤋𐤁𐤍𐤅𐤍 𐤄𐤆𐤄 𐤅𐤏𐤃 𐤄𐤍𐤄𐤓 𐤄𐤂𐤃𐤅𐤋 𐤍𐤄𐤓 𐤐𐤓𐤕 𐤊𐤋
𐤀𐤓𐤑 𐤄𐤇𐤕𐤉𐤌 𐤅𐤏𐤃 𐤄𐤉𐤌 𐤄𐤂𐤃𐤅𐤋 𐤌𐤁𐤅𐤀 𐤄𐤔𐤌𐤔 𐤉𐤄𐤉𐤄 𐤂𐤁𐤅𐤋𐤊𐤌.
𐤋𐤀 𐤉𐤕𐤉𐤑𐤁 𐤀𐤉𐤔 𐤋𐤐𐤍𐤉𐤊 𐤊𐤋 𐤉𐤌𐤉 𐤇𐤉𐤉𐤊 𐤊𐤀𐤔𐤓 𐤄𐤉𐤉𐤕𐤉 𐤏𐤌
𐤌𐤔𐤄 𐤀𐤄𐤉𐤄 𐤏𐤌𐤊 𐤋𐤀 𐤀𐤓𐤐𐤊 𐤅𐤋𐤀 𐤀𐤏𐤆𐤁𐤊.
𐤇𐤆𐤒 𐤅𐤀𐤌𐤑 𐤊𐤉 𐤀𐤕𐤄 𐤕𐤍𐤇𐤉𐤋 𐤀𐤕 𐤄𐤏𐤌 𐤄𐤆𐤄 𐤀𐤕 𐤄𐤀𐤓𐤑 𐤀𐤔𐤓
𐤍𐤔𐤁𐤏𐤕𐤉 𐤋𐤀𐤁𐤅𐤕𐤌 𐤋𐤕𐤕 𐤋𐤄𐤌.
𐤓𐤒 𐤇𐤆𐤒 𐤅𐤀𐤌𐤑 𐤌𐤀𐤃 𐤋𐤔𐤌𐤓 𐤋𐤏𐤔𐤅𐤕 𐤊𐤊𐤋 𐤄𐤕𐤅𐤓𐤄 𐤀𐤔𐤓 𐤑𐤅𐤊
𐤌𐤔𐤄 𐤏𐤁𐤃𐤉 𐤀𐤋 𐤕𐤎𐤅𐤓 𐤌𐤌𐤍𐤅 𐤉𐤌𐤉𐤍 𐤅𐤔𐤌𐤀𐤅𐤋 𐤋𐤌𐤏𐤍 𐤕𐤔𐤊𐤉𐤋 𐤁𐤊𐤋
𐤀𐤔𐤓 𐤕𐤋𐤊.
𐤋𐤀 𐤉𐤌𐤅𐤔 𐤎𐤐𐤓 𐤄𐤕𐤅𐤓𐤄 𐤄𐤆𐤄 𐤌𐤐𐤉𐤊 𐤅𐤄𐤂𐤉𐤕 𐤁𐤅 𐤉𐤅𐤌𐤌 𐤅𐤋𐤉𐤋𐤄
𐤋𐤌𐤏𐤍 𐤕𐤔𐤌𐤓 𐤋𐤏𐤔𐤅𐤕 𐤊𐤊𐤋 𐤄𐤊𐤕𐤅𐤁 𐤁𐤅 𐤊𐤉 𐤀𐤆 𐤕𐤑𐤋𐤉𐤇 𐤀𐤕 𐤃𐤓𐤊𐤊
𐤅𐤀𐤆 𐤕𐤔𐤊𐤉𐤋.
𐤄𐤋𐤅𐤀 𐤑𐤅𐤉𐤕𐤉𐤊 𐤇𐤆𐤒 𐤅𐤀𐤌𐤑 𐤀𐤋 𐤕𐤏𐤓𐤑 𐤅𐤀𐤋 𐤕𐤇𐤕 𐤊𐤉 𐤏𐤌𐤊
𐤉𐤄𐤅𐤄 𐤀𐤋𐤄𐤉𐤊 𐤁𐤊𐤋 𐤀𐤔𐤓 𐤕𐤋𐤊.
𐤅𐤉𐤑𐤅 𐤉𐤄𐤅𐤔𐤏 𐤀𐤕 𐤔𐤈𐤓𐤉 𐤄𐤏𐤌 𐤋𐤀𐤌𐤓.
𐤏𐤁𐤓𐤅 𐤁𐤒𐤓𐤁 𐤄𐤌𐤇𐤍𐤄 𐤅𐤑𐤅𐤅 𐤀𐤕 𐤄𐤏𐤌 𐤋𐤀𐤌𐤓 𐤄𐤊𐤉𐤍𐤅 𐤋𐤊𐤌 𐤑𐤉𐤃𐤄
𐤊𐤉 𐤁𐤏𐤅𐤃 𐤔𐤋𐤔𐤕 𐤉𐤌𐤉𐤌 𐤀𐤕𐤌 𐤏𐤁𐤓𐤉𐤌 𐤀𐤕 𐤄𐤉𐤓𐤃𐤍 𐤄𐤆𐤄 𐤋𐤁𐤅𐤀
𐤋𐤓𐤔𐤕 𐤀𐤕 𐤄𐤀𐤓𐤑 𐤀𐤔𐤓 𐤉𐤄𐤅𐤄 𐤀𐤋𐤄𐤉𐤊𐤌 𐤍𐤕𐤍 𐤋𐤊𐤌 𐤋𐤓𐤔𐤕𐤄.
𐤅𐤋𐤓𐤀𐤅𐤁𐤍𐤉 𐤅𐤋𐤂𐤃𐤉 𐤅𐤋𐤇𐤑𐤉 𐤔𐤁𐤈 𐤄𐤌𐤍𐤔𐤄 𐤀𐤌𐤓 𐤉𐤄𐤅𐤔𐤏 𐤋𐤀𐤌𐤓.
𐤆𐤊𐤅𐤓 𐤀𐤕 𐤄𐤃𐤁𐤓 𐤀𐤔𐤓 𐤑𐤅𐤄 𐤀𐤕𐤊𐤌 𐤌𐤔𐤄 𐤏𐤁𐤃 𐤉𐤄𐤅𐤄 𐤋𐤀𐤌𐤓
𐤉𐤄𐤅𐤄 𐤀𐤋𐤄𐤉𐤊𐤌 𐤌𐤍𐤉𐤇 𐤋𐤊𐤌 𐤅𐤍𐤕𐤍 𐤋𐤊𐤌 𐤀𐤕 𐤄𐤀𐤓𐤑 𐤄𐤆𐤀𐤕.
𐤍𐤔𐤉𐤊𐤌 𐤈𐤐𐤊𐤌 𐤅𐤌𐤒𐤍𐤉𐤊𐤌 𐤉𐤔𐤁𐤅 𐤁𐤀𐤓𐤑 𐤀𐤔𐤓 𐤍𐤕𐤍 𐤋𐤊𐤌 𐤌𐤔𐤄
𐤁𐤏𐤁𐤓 𐤄𐤉𐤓𐤃𐤍 𐤅𐤀𐤕𐤌 𐤕𐤏𐤁𐤓𐤅 𐤇𐤌𐤔𐤉𐤌 𐤋𐤐𐤍𐤉 𐤀𐤇𐤉𐤊𐤌 𐤊𐤋 𐤂𐤁𐤅𐤓𐤉
𐤄𐤇𐤉𐤋 𐤅𐤏𐤆𐤓𐤕𐤌 𐤀𐤅𐤕𐤌.
𐤏𐤃 𐤀𐤔𐤓 𐤉𐤍𐤉𐤇 𐤉𐤄𐤅𐤄 𐤋𐤀𐤇𐤉𐤊𐤌 𐤊𐤊𐤌 𐤅𐤉𐤓𐤔𐤅 𐤂𐤌 𐤄𐤌𐤄 𐤀𐤕
𐤄𐤀𐤓𐤑 𐤀𐤔𐤓 𐤉𐤄𐤅𐤄 𐤀𐤋𐤄𐤉𐤊𐤌 𐤍𐤕𐤍 𐤋𐤄𐤌 𐤅𐤔𐤁𐤕𐤌 𐤋𐤀𐤓𐤑 𐤉𐤓𐤔𐤕𐤊𐤌

# 𐤉𐤄𐤅𐤔𐤏

𐤅𐤉𐤓𐤔𐤕𐤌 𐤀𐤅𐤕𐤄 𐤀𐤔𐤓 𐤍𐤕𐤍 𐤋𐤊𐤌 𐤌𐤔𐤄 𐤏𐤁𐤃 𐤉𐤄𐤅𐤄 𐤁𐤏𐤁𐤓 𐤄𐤉𐤓𐤃𐤍
𐤌𐤆𐤓𐤇 𐤄𐤔𐤌𐤔.

𐤈𐤆𐤅𐤉𐤏𐤍𐤅 𐤀𐤕 𐤉𐤄𐤅𐤔𐤏 𐤋𐤀𐤌𐤓 𐤊𐤋 𐤀𐤔𐤓 𐤑𐤅𐤉𐤕𐤍𐤅 𐤍𐤏𐤔𐤄 𐤅𐤀𐤋 𐤊𐤋
𐤀𐤔𐤓 𐤕𐤔𐤋𐤇𐤍𐤅 𐤍𐤋𐤊.

𐤉𐤆𐤊𐤊𐤋 𐤀𐤔𐤓 𐤔𐤌𐤏𐤍𐤅 𐤀𐤋 𐤌𐤔𐤄 𐤊𐤍 𐤍𐤔𐤌𐤏 𐤀𐤋𐤉𐤊 𐤓𐤒 𐤉𐤄𐤉𐤄
𐤉𐤄𐤅𐤄 𐤀𐤋𐤄𐤉𐤊 𐤏𐤌𐤊 𐤊𐤀𐤔𐤓 𐤄𐤉𐤄 𐤏𐤌 𐤌𐤔𐤄.

𐤉𐤇𐤊𐤋 𐤀𐤉𐤔 𐤀𐤔𐤓 𐤉𐤌𐤓𐤄 𐤀𐤕 𐤐𐤉𐤊 𐤅𐤋𐤀 𐤉𐤔𐤌𐤏 𐤀𐤕 𐤃𐤁𐤓𐤉𐤊 𐤋𐤊𐤋
𐤀𐤔𐤓 𐤕𐤑𐤅𐤍𐤅 𐤉𐤅𐤌𐤕 𐤓𐤒 𐤇𐤆𐤒 𐤅𐤀𐤌𐤑.

## 𐤐𐤓𐤒 𐤁

𐤀𐤅𐤉𐤔𐤋𐤇 𐤉𐤄𐤅𐤔𐤏 𐤁𐤍 𐤍𐤅𐤍 𐤌𐤍 𐤄𐤔𐤈𐤉𐤌 𐤔𐤍𐤉𐤌 𐤀𐤍𐤔𐤉𐤌 𐤌𐤓𐤂𐤋𐤉𐤌
𐤇𐤓𐤔 𐤋𐤀𐤌𐤓 𐤋𐤊𐤅 𐤓𐤀𐤅 𐤀𐤕 𐤄𐤀𐤓𐤑 𐤅𐤀𐤕 𐤉𐤓𐤉𐤇𐤅 𐤅𐤉𐤋𐤊𐤅 𐤅𐤉𐤁𐤀𐤅 𐤁𐤉𐤕
𐤀𐤔𐤄 𐤆𐤅𐤍𐤄 𐤅𐤔𐤌𐤄 𐤓𐤇𐤁 𐤅𐤉𐤔𐤊𐤁𐤅 𐤔𐤌𐤄.

𐤁𐤅𐤉𐤀𐤌𐤓 𐤋𐤌𐤋𐤊 𐤉𐤓𐤉𐤇𐤅 𐤋𐤀𐤌𐤓 𐤄𐤍𐤄 𐤀𐤍𐤔𐤉𐤌 𐤁𐤀𐤅 𐤄𐤍𐤄 𐤄𐤋𐤉𐤋𐤄
𐤌𐤁𐤍𐤉 𐤉𐤔𐤓𐤀𐤋 𐤋𐤇𐤐𐤓 𐤀𐤕 𐤄𐤀𐤓𐤑.

𐤂𐤅𐤉𐤔𐤋𐤇 𐤌𐤋𐤊 𐤉𐤓𐤉𐤇𐤅 𐤀𐤋 𐤓𐤇𐤁 𐤋𐤀𐤌𐤓 𐤄𐤅𐤑𐤉𐤀𐤉 𐤄𐤀𐤍𐤔𐤉𐤌
𐤄𐤁𐤀𐤉𐤌 𐤀𐤋𐤉𐤊 𐤀𐤔𐤓 𐤁𐤀𐤅 𐤋𐤁𐤉𐤕𐤊 𐤊𐤉 𐤋𐤇𐤐𐤓 𐤀𐤕 𐤊𐤋 𐤄𐤀𐤓𐤑 𐤁𐤀𐤅.

𐤃𐤅𐤕𐤒𐤇 𐤄𐤀𐤔𐤄 𐤀𐤕 𐤔𐤍𐤉 𐤄𐤀𐤍𐤔𐤉𐤌 𐤅𐤕𐤑𐤐𐤍𐤅 𐤅𐤕𐤀𐤌𐤓 𐤊𐤍 𐤁𐤀𐤅
𐤀𐤋𐤉 𐤄𐤀𐤍𐤔𐤉𐤌 𐤅𐤋𐤀 𐤉𐤃𐤏𐤕𐤉 𐤌𐤀𐤉𐤍 𐤄𐤌𐤄.

𐤄𐤅𐤉𐤄𐤉 𐤄𐤔𐤏𐤓 𐤋𐤎𐤂𐤅𐤓 𐤁𐤇𐤔𐤊 𐤅𐤄𐤀𐤍𐤔𐤉𐤌 𐤉𐤑𐤀𐤅 𐤋𐤀 𐤉𐤃𐤏𐤕𐤉 𐤀𐤍𐤄
𐤄𐤋𐤊𐤅 𐤄𐤀𐤍𐤔𐤉𐤌 𐤓𐤃𐤐𐤅 𐤌𐤄𐤓 𐤀𐤇𐤓𐤉𐤄𐤌 𐤊𐤉 𐤕𐤔𐤉𐤂𐤅𐤌.

𐤅𐤅𐤄𐤉𐤀 𐤄𐤏𐤋𐤕𐤌 𐤄𐤂𐤂𐤄 𐤅𐤕𐤈𐤌𐤍𐤌 𐤁𐤐𐤔𐤕𐤉 𐤄𐤏𐤑 𐤄𐤏𐤓𐤊𐤅𐤕 𐤋𐤄 𐤏𐤋
𐤄𐤂𐤂.

𐤆𐤅𐤄𐤀𐤍𐤔𐤉𐤌 𐤓𐤃𐤐𐤅 𐤀𐤇𐤓𐤉𐤄𐤌 𐤃𐤓𐤊 𐤄𐤉𐤓𐤃𐤍 𐤏𐤋 𐤄𐤌𐤏𐤁𐤓𐤅𐤕 𐤅𐤄𐤔𐤏𐤓
𐤎𐤂𐤓𐤅 𐤀𐤇𐤓𐤉 𐤊𐤀𐤔𐤓 𐤉𐤑𐤀𐤅 𐤄𐤓𐤃𐤐𐤉𐤌 𐤀𐤇𐤓𐤉𐤄𐤌.

𐤇𐤅𐤄𐤌𐤄 𐤈𐤓𐤌 𐤉𐤔𐤊𐤁𐤅𐤍 𐤅𐤄𐤉𐤀 𐤏𐤋𐤕𐤄 𐤏𐤋𐤉𐤄𐤌 𐤏𐤋 𐤄𐤂𐤂.

𐤈𐤅𐤕𐤀𐤌𐤓 𐤀𐤋 𐤄𐤀𐤍𐤔𐤉𐤌 𐤉𐤃𐤏𐤕𐤉 𐤊𐤉 𐤍𐤕𐤍 𐤉𐤄𐤅𐤄 𐤋𐤊𐤌 𐤀𐤕 𐤄𐤀𐤓𐤑
𐤅𐤊𐤉 𐤍𐤐𐤋𐤄 𐤀𐤉𐤌𐤕𐤊𐤌 𐤏𐤋𐤉𐤍𐤅 𐤅𐤊𐤉 𐤍𐤌𐤂𐤅 𐤊𐤋 𐤉𐤔𐤁𐤉 𐤄𐤀𐤓𐤑
𐤌𐤐𐤍𐤉𐤊𐤌.

𐤉𐤊𐤉 𐤔𐤌𐤏𐤍𐤅 𐤀𐤕 𐤀𐤔𐤓 𐤄𐤅𐤁𐤉𐤔 𐤉𐤄𐤅𐤄 𐤀𐤕 𐤌𐤉 𐤉𐤌 𐤎𐤅𐤐 𐤌𐤐𐤍𐤉𐤊𐤌
𐤁𐤑𐤀𐤕𐤊𐤌 𐤌𐤌𐤑𐤓𐤉𐤌 𐤅𐤀𐤔𐤓 𐤏𐤔𐤉𐤕𐤌 𐤋𐤔𐤍𐤉 𐤌𐤋𐤊𐤉 𐤄𐤀𐤌𐤓𐤉 𐤀𐤔𐤓
𐤁𐤏𐤁𐤓 𐤄𐤉𐤓𐤃𐤍 𐤋𐤎𐤉𐤇𐤅𐤍 𐤅𐤋𐤏𐤅𐤂 𐤀𐤔𐤓 𐤄𐤇𐤓𐤌𐤕𐤌 𐤀𐤅𐤕𐤌.

𐤉𐤀𐤅𐤍𐤔𐤌𐤏 𐤅𐤉𐤌𐤎 𐤋𐤁𐤁𐤍𐤅 𐤅𐤋𐤀 𐤒𐤌𐤄 𐤏𐤅𐤃 𐤓𐤅𐤇 𐤁𐤀𐤉𐤔 𐤌𐤐𐤍𐤉𐤊𐤌

𐤊𐤉 𐤉𐤄𐤅𐤄 𐤀𐤋𐤄𐤉𐤊𐤌 𐤄𐤅𐤀 𐤀𐤋𐤄𐤉𐤌 𐤁𐤔𐤌𐤉𐤌 𐤌𐤌𐤏𐤋 𐤅𐤏𐤋 𐤄𐤀𐤓𐤑
𐤌𐤕𐤇𐤕.

𐤉𐤁 𐤅𐤏𐤕𐤄 𐤄𐤔𐤁𐤏𐤅 𐤍𐤀 𐤋𐤉 𐤁𐤉𐤄𐤅𐤄 𐤊𐤉 𐤏𐤔𐤉𐤕𐤉 𐤏𐤌𐤊𐤌 𐤇𐤎𐤃
𐤅𐤏𐤔𐤉𐤕𐤌 𐤂𐤌 𐤀𐤕𐤌 𐤏𐤌 𐤁𐤉𐤕 𐤀𐤁𐤉 𐤇𐤎𐤃 𐤅𐤍𐤕𐤕𐤌 𐤋𐤉 𐤀𐤅𐤕 𐤀𐤌𐤕.

𐤉𐤂 𐤅𐤄𐤇𐤉𐤕𐤌 𐤀𐤕 𐤀𐤁𐤉 𐤅𐤀𐤕 𐤀𐤌𐤉 𐤅𐤀𐤕 𐤀𐤇𐤉 𐤅𐤀𐤕 𐤀𐤇𐤅𐤕𐤉
[𐤀𐤇𐤉𐤅𐤕𐤉] 𐤅𐤀𐤕 𐤊𐤋 𐤀𐤔𐤓 𐤋𐤄𐤌 𐤅𐤄𐤑𐤋𐤕𐤌 𐤀𐤕 𐤍𐤐𐤔𐤕𐤉𐤍𐤅 𐤌𐤌𐤅𐤕.

𐤉𐤃 𐤅𐤉𐤀𐤌𐤓𐤅 𐤋𐤄 𐤄𐤀𐤍𐤔𐤉𐤌 𐤍𐤐𐤔𐤍𐤅 𐤕𐤇𐤕𐤉𐤊𐤌 𐤋𐤌𐤅𐤕 𐤀𐤌 𐤋𐤀
𐤕𐤂𐤉𐤃𐤅 𐤀𐤕 𐤃𐤁𐤓𐤍𐤅 𐤆𐤄 𐤅𐤄𐤉𐤄 𐤁𐤕𐤕 𐤉𐤄𐤅𐤄 𐤋𐤍𐤅 𐤀𐤕 𐤄𐤀𐤓𐤑 𐤅𐤏𐤔𐤉𐤍𐤅
𐤏𐤌𐤊 𐤇𐤎𐤃 𐤅𐤀𐤌𐤕.

𐤈𐤅 𐤅𐤕𐤅𐤓𐤃𐤌 𐤁𐤇𐤁𐤋 𐤁𐤏𐤃 𐤄𐤇𐤋𐤅𐤍 𐤊𐤉 𐤁𐤉𐤕𐤄 𐤁𐤒𐤉𐤓 𐤄𐤇𐤅𐤌𐤄 𐤅𐤁𐤇𐤅𐤌𐤄
𐤄𐤉𐤀 𐤉𐤅𐤔𐤁𐤕.

𐤈𐤆 𐤅𐤕𐤀𐤌𐤓 𐤋𐤄𐤌 𐤄𐤄𐤓𐤄 𐤋𐤊𐤅 𐤐𐤍 𐤉𐤐𐤂𐤏𐤅 𐤁𐤊𐤌 𐤄𐤓𐤃𐤐𐤉𐤌 𐤅𐤍𐤇𐤁𐤕𐤌
𐤔𐤌𐤄 𐤔𐤋𐤔𐤕 𐤉𐤌𐤉𐤌 𐤏𐤃 𐤔𐤅𐤁 𐤄𐤓𐤃𐤐𐤉𐤌 𐤅𐤀𐤇𐤓 𐤕𐤋𐤊𐤅 𐤋𐤃𐤓𐤊𐤊𐤌.

𐤉𐤆 𐤅𐤉𐤀𐤌𐤓𐤅 𐤀𐤋𐤉𐤄 𐤄𐤀𐤍𐤔𐤉𐤌 𐤍𐤒𐤉𐤌 𐤀𐤍𐤇𐤍𐤅 𐤌𐤔𐤁𐤏𐤕𐤊 𐤄𐤆𐤄
𐤀𐤔𐤓 𐤄𐤔𐤁𐤏𐤕𐤍𐤅.

𐤉𐤇 𐤄𐤍𐤄 𐤀𐤍𐤇𐤍𐤅 𐤁𐤀𐤉𐤌 𐤁𐤀𐤓𐤑 𐤀𐤕 𐤕𐤒𐤅𐤕 𐤇𐤅𐤈 𐤄𐤔𐤍𐤉 𐤄𐤆𐤄 𐤕𐤒𐤔𐤓𐤉
𐤁𐤇𐤋𐤅𐤍 𐤀𐤔𐤓 𐤄𐤅𐤓𐤃𐤕𐤍𐤅 𐤁𐤅 𐤅𐤀𐤕 𐤀𐤁𐤉𐤊 𐤅𐤀𐤕 𐤀𐤌𐤊 𐤅𐤀𐤕 𐤀𐤇𐤉𐤊 𐤅𐤀𐤕
𐤊𐤋 𐤁𐤉𐤕 𐤀𐤁𐤉𐤊 𐤕𐤀𐤎𐤐𐤉 𐤀𐤋𐤉𐤊 𐤄𐤁𐤉𐤕𐤄.

𐤉𐤈 𐤅𐤄𐤉𐤄 𐤊𐤋 𐤀𐤔𐤓 𐤉𐤑𐤀 𐤌𐤃𐤋𐤕𐤉 𐤁𐤉𐤕𐤊 𐤄𐤇𐤅𐤑𐤄 𐤃𐤌𐤅 𐤁𐤓𐤀𐤔𐤅
𐤅𐤀𐤍𐤇𐤍𐤅 𐤍𐤒𐤉𐤌 𐤅𐤊𐤋 𐤀𐤔𐤓 𐤉𐤄𐤉𐤄 𐤀𐤕𐤊 𐤁𐤁𐤉𐤕 𐤃𐤌𐤅 𐤁𐤓𐤀𐤔𐤍𐤅 𐤀𐤌
𐤉𐤃 𐤕𐤄𐤉𐤄 𐤁𐤅.

𐤊 𐤅𐤀𐤌 𐤕𐤂𐤉𐤃𐤉 𐤀𐤕 𐤃𐤁𐤓𐤍𐤅 𐤆𐤄 𐤅𐤄𐤉𐤉𐤍𐤅 𐤍𐤒𐤉𐤌 𐤌𐤔𐤁𐤏𐤕𐤊 𐤀𐤔𐤓
𐤄𐤔𐤁𐤏𐤕𐤍𐤅.

𐤊𐤀 𐤅𐤕𐤀𐤌𐤓 𐤊𐤃𐤁𐤓𐤉𐤊𐤌 𐤊𐤍 𐤄𐤅𐤀 𐤅𐤕𐤔𐤋𐤇𐤌 𐤅𐤉𐤋𐤊𐤅 𐤅𐤕𐤒𐤔𐤓 𐤀𐤕
𐤕𐤒𐤅𐤕 𐤄𐤔𐤍𐤉 𐤁𐤇𐤋𐤅𐤍.

𐤊𐤁 𐤅𐤉𐤋𐤊𐤅 𐤅𐤉𐤁𐤀𐤅 𐤄𐤄𐤓𐤄 𐤅𐤉𐤔𐤁𐤅 𐤔𐤌 𐤔𐤋𐤔𐤕 𐤉𐤌𐤉𐤌 𐤏𐤃 𐤔𐤁𐤅
𐤄𐤓𐤃𐤐𐤉𐤌 𐤅𐤉𐤁𐤒𐤔𐤅 𐤄𐤓𐤃𐤐𐤉𐤌 𐤁𐤊𐤋 𐤄𐤃𐤓𐤊 𐤅𐤋𐤀 𐤌𐤑𐤀𐤅.

𐤊𐤂 𐤅𐤉𐤔𐤁𐤅 𐤔𐤍𐤉 𐤄𐤀𐤍𐤔𐤉𐤌 𐤅𐤉𐤓𐤃𐤅 𐤌𐤄𐤄𐤓 𐤅𐤉𐤏𐤁𐤓𐤅 𐤅𐤉𐤁𐤀𐤅 𐤀𐤋
𐤉𐤄𐤅𐤔𐤏 𐤁𐤍 𐤍𐤅𐤍 𐤅𐤉𐤎𐤐𐤓𐤅 𐤋𐤅 𐤀𐤕 𐤊𐤋 𐤄𐤌𐤑𐤀𐤅𐤕 𐤀𐤅𐤕𐤌.

𐤊𐤃 𐤅𐤉𐤀𐤌𐤓𐤅 𐤀𐤋 𐤉𐤄𐤅𐤔𐤏 𐤊𐤉 𐤍𐤕𐤍 𐤉𐤄𐤅𐤄 𐤁𐤉𐤃𐤍𐤅 𐤀𐤕 𐤊𐤋 𐤄𐤀𐤓𐤑
𐤅𐤂𐤌 𐤍𐤌𐤂𐤅 𐤊𐤋 𐤉𐤔𐤁𐤉 𐤄𐤀𐤓𐤑 𐤌𐤐𐤍𐤉𐤍𐤅.

𐤐𐤓𐤒 𐤂

# 𐤉𐤄𐤅𐤔𐤏

𐤀 𐤅𐤉𐤔𐤊𐤌 𐤉𐤄𐤅𐤔𐤏 𐤁𐤁𐤒𐤓 𐤅𐤉𐤎𐤏𐤅 𐤌𐤄𐤔𐤈𐤉𐤌 𐤅𐤉𐤁𐤀𐤅 𐤏𐤃 𐤄𐤉𐤓𐤃𐤍
𐤄𐤅𐤀 𐤅𐤊𐤋 𐤁𐤍𐤉 𐤉𐤔𐤓𐤀𐤋 𐤅𐤉𐤋𐤍𐤅 𐤔𐤌 𐤈𐤓𐤌 𐤉𐤏𐤁𐤓𐤅•
𐤁 𐤅𐤉𐤄𐤉 𐤌𐤒𐤑𐤄 𐤔𐤋𐤔𐤕 𐤉𐤌𐤉𐤌 𐤅𐤉𐤏𐤁𐤓𐤅 𐤄𐤔𐤈𐤓𐤉𐤌 𐤁𐤒𐤓𐤁 𐤄𐤌𐤇𐤍𐤄•
𐤂 𐤅𐤉𐤑𐤅𐤅 𐤀𐤕 𐤄𐤏𐤌 𐤋𐤀𐤌𐤓 𐤊𐤓𐤀𐤅𐤕𐤊𐤌 𐤀𐤕 𐤀𐤓𐤅𐤍 𐤁𐤓𐤉𐤕 𐤉𐤄𐤅𐤄
𐤀𐤋𐤄𐤉𐤊𐤌 𐤅𐤄𐤊𐤄𐤍𐤉𐤌 𐤄𐤋𐤅𐤉𐤌 𐤍𐤔𐤀𐤉𐤌 𐤀𐤕𐤅 𐤅𐤀𐤕𐤌 𐤕𐤎𐤏𐤅
𐤌𐤌𐤒𐤅𐤌𐤊𐤌 𐤅𐤄𐤋𐤊𐤕𐤌 𐤀𐤇𐤓𐤉𐤅•
𐤃 𐤀𐤊 𐤓𐤇𐤅𐤒 𐤉𐤄𐤉𐤄 𐤁𐤉𐤍𐤉𐤊𐤌 𐤅𐤁𐤉𐤍𐤅 [𐤅𐤁𐤉𐤍𐤉𐤅] 𐤊𐤀𐤋𐤐𐤉𐤌 𐤀𐤌𐤄
𐤁𐤌𐤃𐤄 𐤀𐤋 𐤕𐤒𐤓𐤁𐤅 𐤀𐤋𐤉𐤅 𐤋𐤌𐤏𐤍 𐤀𐤔𐤓 𐤕𐤃𐤏𐤅 𐤀𐤕 𐤄𐤃𐤓𐤊 𐤀𐤔𐤓 𐤕𐤋𐤊𐤅
𐤁𐤄 𐤊𐤉 𐤋𐤀 𐤏𐤁𐤓𐤕𐤌 𐤁𐤃𐤓𐤊 𐤌𐤕𐤌𐤅𐤋 𐤔𐤋𐤔𐤅𐤌•
𐤄 𐤅𐤉𐤀𐤌𐤓 𐤉𐤄𐤅𐤔𐤏 𐤀𐤋 𐤄𐤏𐤌 𐤄𐤕𐤒𐤃𐤔𐤅 𐤊𐤉 𐤌𐤇𐤓 𐤉𐤏𐤔𐤄 𐤉𐤄𐤅𐤄
𐤁𐤒𐤓𐤁𐤊𐤌 𐤍𐤐𐤋𐤀𐤅𐤕•
𐤅 𐤅𐤉𐤀𐤌𐤓 𐤉𐤄𐤅𐤔𐤏 𐤀𐤋 𐤄𐤊𐤄𐤍𐤉𐤌 𐤋𐤀𐤌𐤓 𐤔𐤀𐤅 𐤀𐤕 𐤀𐤓𐤅𐤍 𐤄𐤁𐤓𐤉𐤕
𐤅𐤏𐤁𐤓𐤅 𐤋𐤐𐤍𐤉 𐤄𐤏𐤌 𐤅𐤉𐤔𐤀𐤅 𐤀𐤕 𐤀𐤓𐤅𐤍 𐤄𐤁𐤓𐤉𐤕 𐤅𐤉𐤋𐤊𐤅 𐤋𐤐𐤍𐤉 𐤄𐤏𐤌•
𐤆 𐤅𐤉𐤀𐤌𐤓 𐤉𐤄𐤅𐤄 𐤀𐤋 𐤉𐤄𐤅𐤔𐤏 𐤄𐤉𐤅𐤌 𐤄𐤆𐤄 𐤀𐤇𐤋 𐤂𐤃𐤋𐤊 𐤁𐤏𐤉𐤍𐤉 𐤊𐤋
𐤉𐤔𐤓𐤀𐤋 𐤀𐤔𐤓 𐤉𐤃𐤏𐤅𐤍 𐤊𐤉 𐤊𐤀𐤔𐤓 𐤄𐤉𐤉𐤕𐤉 𐤏𐤌 𐤌𐤔𐤄 𐤀𐤄𐤉𐤄 𐤏𐤌𐤊•
𐤇 𐤅𐤀𐤕𐤄 𐤕𐤑𐤅𐤄 𐤀𐤕 𐤄𐤊𐤄𐤍𐤉𐤌 𐤍𐤔𐤀𐤉 𐤀𐤓𐤅𐤍 𐤄𐤁𐤓𐤉𐤕 𐤋𐤀𐤌𐤓 𐤊𐤁𐤀𐤊𐤌
𐤏𐤃 𐤒𐤑𐤄 𐤌𐤉 𐤄𐤉𐤓𐤃𐤍 𐤁𐤉𐤓𐤃𐤍 𐤕𐤏𐤌𐤃𐤅•
𐤈 𐤅𐤉𐤀𐤌𐤓 𐤉𐤄𐤅𐤔𐤏 𐤀𐤋 𐤁𐤍𐤉 𐤉𐤔𐤓𐤀𐤋 𐤂𐤔𐤅 𐤄𐤍𐤄 𐤅𐤔𐤌𐤏𐤅 𐤀𐤕 𐤃𐤁𐤓𐤉
𐤉𐤄𐤅𐤄 𐤀𐤋𐤄𐤉𐤊𐤌•
𐤉 𐤅𐤉𐤀𐤌𐤓 𐤉𐤄𐤅𐤔𐤏 𐤁𐤆𐤀𐤕 𐤕𐤃𐤏𐤅𐤍 𐤊𐤉 𐤀𐤋 𐤇𐤉 𐤁𐤒𐤓𐤁𐤊𐤌 𐤅𐤄𐤅𐤓𐤔
𐤉𐤅𐤓𐤔 𐤌𐤐𐤍𐤉𐤊𐤌 𐤀𐤕 𐤄𐤊𐤍𐤏𐤍𐤉 𐤅𐤀𐤕 𐤄𐤇𐤕𐤉 𐤅𐤀𐤕 𐤄𐤇𐤅𐤉 𐤅𐤀𐤕
𐤄𐤐𐤓𐤆𐤉 𐤅𐤄𐤂𐤓𐤂𐤔𐤉 𐤅𐤄𐤀𐤌𐤓𐤉 𐤅𐤄𐤉𐤁𐤅𐤎𐤉•
𐤉𐤀 𐤄𐤍𐤄 𐤀𐤓𐤅𐤍 𐤄𐤁𐤓𐤉𐤕 𐤀𐤃𐤅𐤍 𐤊𐤋 𐤄𐤀𐤓𐤑 𐤏𐤁𐤓 𐤋𐤐𐤍𐤉𐤊𐤌 𐤁𐤉𐤓𐤃𐤍•
𐤉𐤁 𐤅𐤏𐤕𐤄 𐤒𐤇𐤅 𐤋𐤊𐤌 𐤔𐤍𐤉 𐤏𐤔𐤓 𐤀𐤉𐤔 𐤌𐤔𐤁𐤈𐤉 𐤉𐤔𐤓𐤀𐤋 𐤀𐤉𐤔 𐤀𐤇𐤃
𐤀𐤉𐤔 𐤀𐤇𐤃 𐤋𐤔𐤁𐤈•
𐤉𐤂 𐤅𐤄𐤉𐤄 𐤊𐤍𐤅𐤇 𐤊𐤐𐤅𐤕 𐤓𐤂𐤋𐤉 𐤄𐤊𐤄𐤍𐤉𐤌 𐤍𐤔𐤀𐤉 𐤀𐤓𐤅𐤍 𐤉𐤄𐤅𐤄 𐤀𐤃𐤅𐤍
𐤊𐤋 𐤄𐤀𐤓𐤑 𐤁𐤌𐤉 𐤄𐤉𐤓𐤃𐤍 𐤌𐤉 𐤄𐤉𐤓𐤃𐤍 𐤉𐤊𐤓𐤕𐤅𐤍 𐤄𐤌𐤉𐤌 𐤄𐤉𐤓𐤃𐤉𐤌
𐤌𐤋𐤌𐤏𐤋𐤄 𐤅𐤉𐤏𐤌𐤃𐤅 𐤍𐤃 𐤀𐤇𐤃•
𐤉𐤃 𐤅𐤉𐤄𐤉 𐤁𐤍𐤎𐤏 𐤄𐤏𐤌 𐤌𐤀𐤄𐤋𐤉𐤄𐤌 𐤋𐤏𐤁𐤓 𐤀𐤕 𐤄𐤉𐤓𐤃𐤍 𐤅𐤄𐤊𐤄𐤍𐤉𐤌
𐤍𐤔𐤀𐤉 𐤄𐤀𐤓𐤅𐤍 𐤄𐤁𐤓𐤉𐤕 𐤋𐤐𐤍𐤉 𐤄𐤏𐤌•
𐤈𐤅 𐤅𐤊𐤁𐤅𐤀 𐤍𐤔𐤀𐤉 𐤄𐤀𐤓𐤅𐤍 𐤏𐤃 𐤄𐤉𐤓𐤃𐤍 𐤅𐤓𐤂𐤋𐤉 𐤄𐤊𐤄𐤍𐤉𐤌 𐤍𐤔𐤀𐤉
𐤄𐤀𐤓𐤅𐤍 𐤍𐤈𐤁𐤋𐤅 𐤁𐤒𐤑𐤄 𐤄𐤌𐤉𐤌 𐤅𐤄𐤉𐤓𐤃𐤍 𐤌𐤋𐤀 𐤏𐤋 𐤊𐤋 𐤂𐤃𐤅𐤕𐤉𐤅 𐤊𐤋
𐤉𐤌𐤉 𐤒𐤑𐤉𐤓•

# 𐤉𐤄𐤅𐤔𐤏

𐤈𐤆 𐤅𐤉𐤏𐤌𐤃𐤅 𐤄𐤌𐤉𐤌 𐤄𐤉𐤓𐤃𐤉𐤌 𐤌𐤋𐤌𐤏𐤋𐤄 𐤒𐤌𐤅 𐤍𐤃 𐤀𐤇𐤃 𐤄𐤓𐤇𐤒 𐤌𐤀𐤃 𐤁𐤀𐤃𐤌 [𐤌𐤀𐤃𐤌] 𐤄𐤏𐤉𐤓 𐤀𐤔𐤓 𐤌𐤑𐤃 𐤑𐤓𐤕𐤍 𐤅𐤄𐤉𐤓𐤃𐤉𐤌 𐤏𐤋 𐤉𐤌 𐤄𐤏𐤓𐤁𐤄 𐤉𐤌 𐤄𐤌𐤋𐤇 𐤕𐤌𐤅 𐤍𐤊𐤓𐤕𐤅 𐤅𐤄𐤏𐤌 𐤏𐤁𐤓𐤅 𐤍𐤂𐤃 𐤉𐤓𐤉𐤇𐤅.

𐤉𐤆 𐤅𐤉𐤏𐤌𐤃𐤅 𐤄𐤊𐤄𐤍𐤉𐤌 𐤍𐤔𐤀𐤉 𐤄𐤀𐤓𐤅𐤍 𐤁𐤓𐤉𐤕 𐤉𐤄𐤅𐤄 𐤁𐤇𐤓𐤁𐤄 𐤁𐤕𐤅𐤊 𐤄𐤉𐤓𐤃𐤍 𐤄𐤊𐤍 𐤅𐤊𐤋 𐤉𐤔𐤓𐤀𐤋 𐤏𐤁𐤓𐤉𐤌 𐤁𐤇𐤓𐤁𐤄 𐤏𐤃 𐤀𐤔𐤓 𐤕𐤌𐤅 𐤊𐤋 𐤄𐤂𐤅𐤉 𐤋𐤏𐤁𐤓 𐤀𐤕 𐤄𐤉𐤓𐤃𐤍.

𐤐𐤓𐤒 𐤃

𐤀 𐤅𐤉𐤄𐤉 𐤊𐤀𐤔𐤓 𐤕𐤌𐤅 𐤊𐤋 𐤄𐤂𐤅𐤉 𐤋𐤏𐤁𐤅𐤓 𐤀𐤕 𐤄𐤉𐤓𐤃𐤍 𐤐 𐤅𐤉𐤀𐤌𐤓 𐤉𐤄𐤅𐤄 𐤀𐤋 𐤉𐤄𐤅𐤔𐤏 𐤋𐤀𐤌𐤓.

𐤁 𐤒𐤇𐤅 𐤋𐤊𐤌 𐤌𐤍 𐤄𐤏𐤌 𐤔𐤍𐤉𐤌 𐤏𐤔𐤓 𐤀𐤍𐤔𐤉𐤌 𐤀𐤉𐤔 𐤀𐤇𐤃 𐤀𐤉𐤔 𐤀𐤇𐤃 𐤌𐤔𐤁𐤈.

𐤂 𐤅𐤑𐤅𐤅 𐤀𐤅𐤕𐤌 𐤋𐤀𐤌𐤓 𐤔𐤀𐤅 𐤋𐤊𐤌 𐤌𐤆𐤄 𐤌𐤕𐤅𐤊 𐤄𐤉𐤓𐤃𐤍 𐤌𐤌𐤑𐤁 𐤓𐤂𐤋𐤉 𐤄𐤊𐤄𐤍𐤉𐤌 𐤄𐤊𐤉𐤍 𐤔𐤕𐤉𐤌 𐤏𐤔𐤓𐤄 𐤀𐤁𐤍𐤉𐤌 𐤅𐤄𐤏𐤁𐤓𐤕𐤌 𐤀𐤅𐤕𐤌 𐤏𐤌𐤊𐤌 𐤅𐤄𐤍𐤇𐤕𐤌 𐤀𐤅𐤕𐤌 𐤁𐤌𐤋𐤅𐤍 𐤀𐤔𐤓 𐤕𐤋𐤉𐤍𐤅 𐤁𐤅 𐤄𐤋𐤉𐤋𐤄.

𐤃 𐤅𐤉𐤒𐤓𐤀 𐤉𐤄𐤅𐤔𐤏 𐤀𐤋 𐤔𐤍𐤉𐤌 𐤄𐤏𐤔𐤓 𐤀𐤉𐤔 𐤀𐤔𐤓 𐤄𐤊𐤉𐤍 𐤌𐤁𐤍𐤉 𐤉𐤔𐤓𐤀𐤋 𐤀𐤉𐤔 𐤀𐤇𐤃 𐤀𐤉𐤔 𐤀𐤇𐤃 𐤌𐤔𐤁𐤈.

𐤄 𐤅𐤉𐤀𐤌𐤓 𐤋𐤄𐤌 𐤉𐤄𐤅𐤔𐤏 𐤏𐤁𐤓𐤅 𐤋𐤐𐤍𐤉 𐤀𐤓𐤅𐤍 𐤉𐤄𐤅𐤄 𐤀𐤋𐤄𐤉𐤊𐤌 𐤀𐤋 𐤕𐤅𐤊 𐤄𐤉𐤓𐤃𐤍 𐤅𐤄𐤓𐤉𐤌𐤅 𐤋𐤊𐤌 𐤀𐤉𐤔 𐤀𐤁𐤍 𐤀𐤇𐤕 𐤏𐤋 𐤔𐤊𐤌𐤅 𐤋𐤌𐤎𐤐𐤓 𐤔𐤁𐤈𐤉 𐤁𐤍𐤉 𐤉𐤔𐤓𐤀𐤋.

𐤅 𐤋𐤌𐤏𐤍 𐤕𐤄𐤉𐤄 𐤆𐤀𐤕 𐤀𐤅𐤕 𐤁𐤒𐤓𐤁𐤊𐤌 𐤊𐤉 𐤉𐤔𐤀𐤋𐤅𐤍 𐤁𐤍𐤉𐤊𐤌 𐤌𐤇𐤓 𐤋𐤀𐤌𐤓 𐤌𐤄 𐤄𐤀𐤁𐤍𐤉𐤌 𐤄𐤀𐤋𐤄 𐤋𐤊𐤌.

𐤆 𐤅𐤀𐤌𐤓𐤕𐤌 𐤋𐤄𐤌 𐤀𐤔𐤓 𐤍𐤊𐤓𐤕𐤅 𐤌𐤉𐤌𐤉 𐤄𐤉𐤓𐤃𐤍 𐤌𐤐𐤍𐤉 𐤀𐤓𐤅𐤍 𐤁𐤓𐤉𐤕 𐤉𐤄𐤅𐤄 𐤁𐤏𐤁𐤓𐤅 𐤁𐤉𐤓𐤃𐤍 𐤍𐤊𐤓𐤕𐤅 𐤌𐤉 𐤄𐤉𐤓𐤃𐤍 𐤅𐤄𐤉𐤅 𐤄𐤀𐤁𐤍𐤉𐤌 𐤄𐤀𐤋𐤄 𐤋𐤆𐤊𐤓𐤅𐤍 𐤋𐤁𐤍𐤉 𐤉𐤔𐤓𐤀𐤋 𐤏𐤃 𐤏𐤅𐤋𐤌.

𐤇 𐤅𐤉𐤏𐤔𐤅 𐤊𐤍 𐤁𐤍𐤉 𐤉𐤔𐤓𐤀𐤋 𐤊𐤀𐤔𐤓 𐤑𐤅𐤄 𐤉𐤄𐤅𐤔𐤏 𐤅𐤉𐤔𐤀𐤅 𐤔𐤕𐤉 𐤏𐤔𐤓𐤄 𐤀𐤁𐤍𐤉𐤌 𐤌𐤕𐤅𐤊 𐤄𐤉𐤓𐤃𐤍 𐤊𐤀𐤔𐤓 𐤃𐤁𐤓 𐤉𐤄𐤅𐤄 𐤀𐤋 𐤉𐤄𐤅𐤔𐤏 𐤋𐤌𐤎𐤐𐤓 𐤔𐤁𐤈𐤉 𐤁𐤍𐤉 𐤉𐤔𐤓𐤀𐤋 𐤅𐤉𐤏𐤁𐤓𐤅𐤌 𐤏𐤌𐤌 𐤀𐤋 𐤄𐤌𐤋𐤅𐤍 𐤅𐤉𐤍𐤇𐤅𐤌 𐤔𐤌.

𐤈 𐤅𐤔𐤕𐤉𐤌 𐤏𐤔𐤓𐤄 𐤀𐤁𐤍𐤉𐤌 𐤄𐤒𐤉𐤌 𐤉𐤄𐤅𐤔𐤏 𐤁𐤕𐤅𐤊 𐤄𐤉𐤓𐤃𐤍 𐤕𐤇𐤕 𐤌𐤑𐤁 𐤓𐤂𐤋𐤉 𐤄𐤊𐤄𐤍𐤉𐤌 𐤍𐤔𐤀𐤉 𐤀𐤓𐤅𐤍 𐤄𐤁𐤓𐤉𐤕 𐤅𐤉𐤄𐤉𐤅 𐤔𐤌 𐤏𐤃 𐤄𐤉𐤅𐤌 𐤄𐤆𐤄.

𐤉 𐤅𐤄𐤊𐤄𐤍𐤉𐤌 𐤍𐤔𐤀𐤉 𐤄𐤀𐤓𐤅𐤍 𐤏𐤌𐤃𐤉𐤌 𐤁𐤕𐤅𐤊 𐤄𐤉𐤓𐤃𐤍 𐤏𐤃 𐤕𐤌 𐤊𐤋

# יהושע

הדבר אשר צוה יהוה את יהושע לדבר אל העם ככל אשר צוה
משה את יהושע וימהרו העם. ויעברו.
יא ויהי כאשר תם כל העם לעבור ויעבר ארון יהוה
והכהנים לפני העם.
יב ויעברו בני ראובן ובני גד וחצי שבט המנשה חמשים
לפני בני ישראל כאשר דבר אליהם משה.
יג כארבעים אלף חלוצי הצבא עברו לפני יהוה למלחמה
אל ערבות יריחו.
יד ביום ההוא גדל יהוה את יהושע בעיני כל ישראל
ויראו אתו כאשר יראו את משה כל ימי חייו.
טו ויאמר יהוה אל יהושע לאמר.
טז צוה את הכהנים נשאי ארון העדות ויעלו מן הירדן.
יז ויצו יהושע את הכהנים לאמר עלו מן הירדן.
יח ויהי בעלות [כעלות] הכהנים נשאי ארון ברית יהוה
מתוך הירדן נתקו כפות רגלי הכהנים אל החרבה וישבו
מי הירדן למקומם וילכו כתמול שלשום על כל גדותיו.
יט והעם עלו מן הירדן בעשור לחדש הראשון ויחנו בגלגל
בקצה מזרח יריחו.
כ ואת שתים עשרה האבנים האלה אשר לקחו מן הירדן
הקים יהושע בגלגל.
כא ויאמר אל בני ישראל לאמר אשר ישאלון בניכם מחר
את אבותם לאמר מה האבנים האלה.
כב והודעתם את בניכם לאמר ביבשה עבר ישראל את הירדן
הזה.
כג אשר הוביש יהוה אלהיכם את מי הירדן מפניכם עד
עברכם כאשר עשה יהוה אלהיכם לים סוף אשר הוביש
מפנינו עד עברנו.
כד למען דעת כל עמי הארץ את יד יהוה כי חזקה היא
למען יראתם את יהוה אלהיכם כל הימים.

## פרק ה

א ויהי כשמע כל מלכי האמרי אשר בעבר הירדן ימה וכל
מלכי הכנעני אשר על הים את אשר הוביש יהוה את מי

# 𐤉𐤄𐤅𐤔𐤏

𐤄𐤉𐤓𐤃𐤍 𐤌𐤐𐤍𐤉 𐤁𐤍𐤉 𐤉𐤔𐤓𐤀𐤋 𐤏𐤃 𐤏𐤁𐤓𐤍𐤅 [𐤏𐤁𐤓𐤌] 𐤅𐤉𐤌𐤎 𐤋𐤁𐤁𐤌 𐤅𐤋𐤀
𐤄𐤉𐤄 𐤁𐤌 𐤏𐤅𐤃 𐤓𐤅𐤇 𐤌𐤐𐤍𐤉 𐤁𐤍𐤉 𐤉𐤔𐤓𐤀𐤋•

𐤁 𐤁𐤏𐤕 𐤄𐤄𐤉𐤀 𐤀𐤌𐤓 𐤉𐤄𐤅𐤄 𐤀𐤋 𐤉𐤄𐤅𐤔𐤏 𐤏𐤔𐤄 𐤋𐤊 𐤇𐤓𐤁𐤅𐤕 𐤑𐤓𐤉𐤌
𐤅𐤔𐤅𐤁 𐤌𐤋 𐤀𐤕 𐤁𐤍𐤉 𐤉𐤔𐤓𐤀𐤋 𐤔𐤍𐤉𐤕•

𐤂 𐤅𐤉𐤏𐤔 𐤋𐤅 𐤉𐤄𐤅𐤔𐤏 𐤇𐤓𐤁𐤅𐤕 𐤑𐤓𐤉𐤌 𐤅𐤉𐤌𐤋 𐤀𐤕 𐤁𐤍𐤉 𐤉𐤔𐤓𐤀𐤋 𐤀𐤋
𐤂𐤁𐤏𐤕 𐤄𐤏𐤓𐤋𐤅𐤕•

𐤃 𐤅𐤆𐤄 𐤄𐤃𐤁𐤓 𐤀𐤔𐤓 𐤌𐤋 𐤉𐤄𐤅𐤔𐤏 𐤊𐤋 𐤄𐤏𐤌 𐤄𐤉𐤑𐤀 𐤌𐤌𐤑𐤓𐤉𐤌
𐤄𐤆𐤊𐤓𐤉𐤌 𐤊𐤋 𐤀𐤍𐤔𐤉 𐤄𐤌𐤋𐤇𐤌𐤄 𐤌𐤕𐤅 𐤁𐤌𐤃𐤁𐤓 𐤁𐤃𐤓𐤊 𐤁𐤑𐤀𐤕𐤌
𐤌𐤌𐤑𐤓𐤉𐤌•

𐤄 𐤊𐤉 𐤌𐤋𐤉𐤌 𐤄𐤉𐤅 𐤊𐤋 𐤄𐤏𐤌 𐤄𐤉𐤑𐤀𐤉𐤌 𐤅𐤊𐤋 𐤄𐤏𐤌 𐤄𐤉𐤋𐤃𐤉𐤌 𐤁𐤌𐤃𐤁𐤓
𐤁𐤃𐤓𐤊 𐤁𐤑𐤀𐤕𐤌 𐤌𐤌𐤑𐤓𐤉𐤌 𐤋𐤀 𐤌𐤋𐤅•

𐤅 𐤊𐤉 𐤀𐤓𐤁𐤏𐤉𐤌 𐤔𐤍𐤄 𐤄𐤋𐤊𐤅 𐤁𐤍𐤉 𐤉𐤔𐤓𐤀𐤋 𐤁𐤌𐤃𐤁𐤓 𐤏𐤃 𐤕𐤌 𐤊𐤋 𐤄𐤂𐤅𐤉
𐤀𐤍𐤔𐤉 𐤄𐤌𐤋𐤇𐤌𐤄 𐤄𐤉𐤑𐤀𐤉𐤌 𐤌𐤌𐤑𐤓𐤉𐤌 𐤀𐤔𐤓 𐤋𐤀 𐤔𐤌𐤏𐤅 𐤁𐤒𐤅𐤋
𐤉𐤄𐤅𐤄 𐤀𐤔𐤓 𐤍𐤔𐤁𐤏 𐤉𐤄𐤅𐤄 𐤋𐤄𐤌 𐤋𐤁𐤋𐤕𐤉 𐤄𐤓𐤀𐤅𐤕𐤌 𐤀𐤕 𐤄𐤀𐤓𐤑 𐤀𐤔𐤓
𐤍𐤔𐤁𐤏 𐤉𐤄𐤅𐤄 𐤋𐤀𐤁𐤅𐤕𐤌 𐤋𐤕𐤕 𐤋𐤍𐤅 𐤀𐤓𐤑 𐤆𐤁𐤕 𐤇𐤋𐤁 𐤅𐤃𐤁𐤔•

𐤆 𐤅𐤀𐤕 𐤁𐤍𐤉𐤄𐤌 𐤄𐤒𐤉𐤌 𐤕𐤇𐤕𐤌 𐤀𐤕𐤌 𐤌𐤋 𐤉𐤄𐤅𐤔𐤏 𐤊𐤉 𐤏𐤓𐤋𐤉𐤌 𐤄𐤉𐤅
𐤊𐤉 𐤋𐤀 𐤌𐤋𐤅 𐤀𐤅𐤕𐤌 𐤁𐤃𐤓𐤊•

𐤇 𐤅𐤉𐤄𐤉 𐤊𐤀𐤔𐤓 𐤕𐤌𐤅 𐤊𐤋 𐤄𐤂𐤅𐤉 𐤋𐤄𐤌𐤅𐤋 𐤅𐤉𐤔𐤁𐤅 𐤕𐤇𐤕𐤌 𐤁𐤌𐤇𐤍𐤄 𐤏𐤃
𐤇𐤉𐤅𐤕𐤌•

𐤈 𐤅𐤉𐤀𐤌𐤓 𐤉𐤄𐤅𐤄 𐤀𐤋 𐤉𐤄𐤅𐤔𐤏 𐤄𐤉𐤅𐤌 𐤂𐤋𐤅𐤕𐤉 𐤀𐤕 𐤇𐤓𐤐𐤕 𐤌𐤑𐤓𐤉𐤌
𐤌𐤏𐤋𐤉𐤊𐤌 𐤅𐤉𐤒𐤓𐤀 𐤔𐤌 𐤄𐤌𐤒𐤅𐤌 𐤄𐤄𐤅𐤀 𐤂𐤋𐤂𐤋 𐤏𐤃 𐤄𐤉𐤅𐤌 𐤄𐤆𐤄•

𐤉 𐤅𐤉𐤇𐤍𐤅 𐤁𐤍𐤉 𐤉𐤔𐤓𐤀𐤋 𐤁𐤂𐤋𐤂𐤋 𐤅𐤉𐤏𐤔𐤅 𐤀𐤕 𐤄𐤐𐤎𐤇 𐤁𐤀𐤓𐤁𐤏𐤄 𐤏𐤔𐤓
𐤉𐤅𐤌 𐤋𐤇𐤃𐤔 𐤁𐤏𐤓𐤁 𐤁𐤏𐤓𐤁𐤅𐤕 𐤉𐤓𐤉𐤇𐤅•

𐤉𐤀 𐤅𐤉𐤀𐤊𐤋𐤅 𐤌𐤏𐤁𐤅𐤓 𐤄𐤀𐤓𐤑 𐤌𐤌𐤇𐤓𐤕 𐤄𐤐𐤎𐤇 𐤌𐤑𐤅𐤕 𐤅𐤒𐤋𐤅𐤉 𐤁𐤏𐤑𐤌
𐤄𐤉𐤅𐤌 𐤄𐤆𐤄•

𐤉𐤁 𐤅𐤉𐤔𐤁𐤕 𐤄𐤌𐤍 𐤌𐤌𐤇𐤓𐤕 𐤁𐤀𐤊𐤋𐤌 𐤌𐤏𐤁𐤅𐤓 𐤄𐤀𐤓𐤑 𐤅𐤋𐤀 𐤄𐤉𐤄 𐤏𐤅𐤃
𐤋𐤁𐤍𐤉 𐤉𐤔𐤓𐤀𐤋 𐤌𐤍 𐤅𐤉𐤀𐤊𐤋𐤅 𐤌𐤕𐤁𐤅𐤀𐤕 𐤀𐤓𐤑 𐤊𐤍𐤏𐤍 𐤁𐤔𐤍𐤄 𐤄𐤄𐤉𐤀•

𐤉𐤂 𐤅𐤉𐤄𐤉 𐤁𐤄𐤉𐤅𐤕 𐤉𐤄𐤅𐤔𐤏 𐤁𐤉𐤓𐤉𐤇𐤅 𐤅𐤉𐤔𐤀 𐤏𐤉𐤍𐤉𐤅 𐤅𐤉𐤓𐤀 𐤅𐤄𐤍𐤄
𐤀𐤉𐤔 𐤏𐤌𐤃 𐤋𐤍𐤂𐤃𐤅 𐤅𐤇𐤓𐤁𐤅 𐤔𐤋𐤅𐤐𐤄 𐤁𐤉𐤃𐤅 𐤅𐤉𐤋𐤊 𐤉𐤄𐤅𐤔𐤏 𐤀𐤋𐤉𐤅
𐤅𐤉𐤀𐤌𐤓 𐤋𐤅 𐤄𐤋𐤍𐤅 𐤀𐤕𐤄 𐤀𐤌 𐤋𐤑𐤓𐤉𐤍𐤅•

𐤉𐤃 𐤅𐤉𐤀𐤌𐤓 𐤋𐤀 𐤊𐤉 𐤀𐤍𐤉 𐤔𐤓 𐤑𐤁𐤀 𐤉𐤄𐤅𐤄 𐤏𐤕𐤄 𐤁𐤀𐤕𐤉 𐤅𐤉𐤐𐤋
𐤉𐤄𐤅𐤔𐤏 𐤀𐤋 𐤐𐤍𐤉𐤅 𐤀𐤓𐤑𐤄 𐤅𐤉𐤔𐤕𐤇𐤅 𐤅𐤉𐤀𐤌𐤓 𐤋𐤅 𐤌𐤄 𐤀𐤃𐤍𐤉 𐤌𐤃𐤁𐤓 𐤀𐤋
𐤏𐤁𐤃𐤅•

# 𐤉𐤄𐤅𐤔𐤏

𐤈𐤅𐤅𐤉𐤀𐤌𐤓 𐤔𐤓 𐤑𐤁𐤀 𐤉𐤄𐤅𐤄 𐤀𐤋 𐤉𐤄𐤅𐤔𐤏 𐤔𐤋 𐤍𐤏𐤋𐤊 𐤌𐤏𐤋 𐤓𐤂𐤋𐤊 𐤊𐤉
𐤄𐤌𐤒𐤅𐤌 𐤀𐤔𐤓 𐤀𐤕𐤄 𐤏𐤌𐤃 𐤏𐤋𐤉𐤅 𐤒𐤃𐤔 𐤄𐤅𐤀 𐤅𐤉𐤏𐤔 𐤉𐤄𐤅𐤔𐤏 𐤊𐤍•

𐤐𐤓𐤒 𐤅

𐤀𐤅𐤉𐤓𐤉𐤇𐤅 𐤎𐤂𐤓𐤕 𐤅𐤌𐤎𐤂𐤓𐤕 𐤌𐤐𐤍𐤉 𐤁𐤍𐤉 𐤉𐤔𐤓𐤀𐤋 𐤀𐤉𐤍 𐤉𐤅𐤑𐤀 𐤅𐤀𐤉𐤍
𐤁𐤀•

𐤁𐤅𐤉𐤀𐤌𐤓 𐤉𐤄𐤅𐤄 𐤀𐤋 𐤉𐤄𐤅𐤔𐤏 𐤓𐤀𐤄 𐤍𐤕𐤕𐤉 𐤁𐤉𐤃𐤊 𐤀𐤕 𐤉𐤓𐤉𐤇𐤅 𐤅𐤀𐤕
𐤌𐤋𐤊𐤄 𐤂𐤁𐤅𐤓𐤉 𐤄𐤇𐤉𐤋•

𐤂𐤅𐤎𐤁𐤕𐤌 𐤀𐤕 𐤄𐤏𐤉𐤓 𐤊𐤋 𐤀𐤍𐤔𐤉 𐤄𐤌𐤋𐤇𐤌𐤄 𐤄𐤒𐤉𐤐 𐤀𐤕 𐤄𐤏𐤉𐤓 𐤐𐤏𐤌
𐤀𐤇𐤕 𐤊𐤄 𐤕𐤏𐤔𐤄 𐤔𐤔𐤕 𐤉𐤌𐤉𐤌•

𐤃𐤅𐤔𐤁𐤏𐤄 𐤊𐤄𐤍𐤉𐤌 𐤉𐤔𐤀𐤅 𐤔𐤁𐤏𐤄 𐤔𐤅𐤐𐤓𐤅𐤕 𐤄𐤉𐤅𐤁𐤋𐤉𐤌 𐤋𐤐𐤍𐤉
𐤄𐤀𐤓𐤅𐤍 𐤅𐤁𐤉𐤅𐤌 𐤄𐤔𐤁𐤉𐤏𐤉 𐤕𐤎𐤁𐤅 𐤀𐤕 𐤄𐤏𐤉𐤓 𐤔𐤁𐤏 𐤐𐤏𐤌𐤉𐤌 𐤅𐤄𐤊𐤄𐤍𐤉𐤌
𐤉𐤕𐤒𐤏𐤅 𐤁𐤔𐤅𐤐𐤓𐤅𐤕•

𐤄𐤅𐤄𐤉𐤄 𐤁𐤌𐤔𐤊 𐤁𐤒𐤓𐤍 𐤄𐤉𐤅𐤁𐤋 𐤁𐤔𐤌𐤏𐤊𐤌 [𐤊𐤔𐤌𐤏𐤊𐤌] 𐤀𐤕 𐤒𐤅𐤋
𐤄𐤔𐤅𐤐𐤓 𐤉𐤓𐤉𐤏𐤅 𐤊𐤋 𐤄𐤏𐤌 𐤕𐤓𐤅𐤏𐤄 𐤂𐤃𐤅𐤋𐤄 𐤅𐤍𐤐𐤋𐤄 𐤇𐤅𐤌𐤕 𐤄𐤏𐤉𐤓
𐤕𐤇𐤕𐤉𐤄 𐤅𐤏𐤋𐤅 𐤄𐤏𐤌 𐤀𐤉𐤔 𐤍𐤂𐤃𐤅•

𐤅𐤅𐤉𐤒𐤓𐤀 𐤉𐤄𐤅𐤔𐤏 𐤁𐤍 𐤍𐤅𐤍 𐤀𐤋 𐤄𐤊𐤄𐤍𐤉𐤌 𐤅𐤉𐤀𐤌𐤓 𐤀𐤋𐤄𐤌 𐤔𐤀𐤅 𐤀𐤕
𐤀𐤓𐤅𐤍 𐤄𐤁𐤓𐤉𐤕 𐤅𐤔𐤁𐤏𐤄 𐤊𐤄𐤍𐤉𐤌 𐤉𐤔𐤀𐤅 𐤔𐤁𐤏𐤄 𐤔𐤅𐤐𐤓𐤅𐤕 𐤉𐤅𐤁𐤋𐤉𐤌
𐤋𐤐𐤍𐤉 𐤀𐤓𐤅𐤍 𐤉𐤄𐤅𐤄•

𐤆 𐤅𐤉𐤀𐤌𐤓𐤅 [𐤅𐤉𐤀𐤌𐤓] 𐤀𐤋 𐤄𐤏𐤌 𐤏𐤁𐤓𐤅 𐤅𐤎𐤁𐤅 𐤀𐤕 𐤄𐤏𐤉𐤓 𐤅𐤄𐤇𐤋𐤅𐤑
𐤉𐤏𐤁𐤓 𐤋𐤐𐤍𐤉 𐤀𐤓𐤅𐤍 𐤉𐤄𐤅𐤄•

𐤇𐤅𐤉𐤄𐤉 𐤊𐤀𐤌𐤓 𐤉𐤄𐤅𐤔𐤏 𐤀𐤋 𐤄𐤏𐤌 𐤅𐤔𐤁𐤏𐤄 𐤄𐤊𐤄𐤍𐤉𐤌 𐤍𐤔𐤀𐤉𐤌
𐤔𐤁𐤏𐤄 𐤔𐤅𐤐𐤓𐤅𐤕 𐤄𐤉𐤅𐤁𐤋𐤉𐤌 𐤋𐤐𐤍𐤉 𐤉𐤄𐤅𐤄 𐤏𐤁𐤓𐤅 𐤅𐤕𐤒𐤏𐤅 𐤁𐤔𐤅𐤐𐤓𐤅𐤕
𐤅𐤀𐤓𐤅𐤍 𐤁𐤓𐤉𐤕 𐤉𐤄𐤅𐤄 𐤄𐤋𐤊 𐤀𐤇𐤓𐤉𐤄𐤌•

𐤈𐤅𐤄𐤇𐤋𐤅𐤑 𐤄𐤋𐤊 𐤋𐤐𐤍𐤉 𐤄𐤊𐤄𐤍𐤉𐤌 𐤕𐤒𐤏𐤅 [𐤕𐤒𐤏𐤉] 𐤄𐤔𐤅𐤐𐤓𐤅𐤕
𐤅𐤄𐤌𐤀𐤎𐤐 𐤄𐤋𐤊 𐤀𐤇𐤓𐤉 𐤄𐤀𐤓𐤅𐤍 𐤄𐤋𐤅𐤊 𐤅𐤕𐤒𐤅𐤏 𐤁𐤔𐤅𐤐𐤓𐤅𐤕•

𐤉𐤅𐤀𐤕 𐤄𐤏𐤌 𐤑𐤅𐤄 𐤉𐤄𐤅𐤔𐤏 𐤋𐤀𐤌𐤓 𐤋𐤀 𐤕𐤓𐤉𐤏𐤅 𐤅𐤋𐤀 𐤕𐤔𐤌𐤉𐤏𐤅 𐤀𐤕
𐤒𐤅𐤋𐤊𐤌 𐤅𐤋𐤀 𐤉𐤑𐤀 𐤌𐤐𐤉𐤊𐤌 𐤃𐤁𐤓 𐤏𐤃 𐤉𐤅𐤌 𐤀𐤌𐤓𐤉 𐤀𐤋𐤉𐤊𐤌 𐤄𐤓𐤉𐤏𐤅
𐤅𐤄𐤓𐤉𐤏𐤕𐤌•

𐤉𐤀𐤅𐤉𐤎𐤁 𐤀𐤓𐤅𐤍 𐤉𐤄𐤅𐤄 𐤀𐤕 𐤄𐤏𐤉𐤓 𐤄𐤒𐤐 𐤐𐤏𐤌 𐤀𐤇𐤕 𐤅𐤉𐤁𐤀𐤅 𐤄𐤌𐤇𐤍𐤄
𐤅𐤉𐤋𐤉𐤍𐤅 𐤁𐤌𐤇𐤍𐤄•

𐤉𐤁𐤅𐤉𐤔𐤊𐤌 𐤉𐤄𐤅𐤔𐤏 𐤁𐤁𐤒𐤓 𐤅𐤉𐤔𐤀𐤅 𐤄𐤊𐤄𐤍𐤉𐤌 𐤀𐤕 𐤀𐤓𐤅𐤍 𐤉𐤄𐤅𐤄•

𐤉𐤂𐤅𐤔𐤁𐤏𐤄 𐤄𐤊𐤄𐤍𐤉𐤌 𐤍𐤔𐤀𐤉𐤌 𐤔𐤁𐤏𐤄 𐤔𐤅𐤐𐤓𐤅𐤕 𐤄𐤉𐤅𐤁𐤋𐤉𐤌 𐤋𐤐𐤍𐤉

𐤀𐤓𐤅𐤍 𐤉𐤄𐤅𐤄 𐤄𐤋𐤊𐤉𐤌 𐤄𐤋𐤅𐤊 𐤅𐤕𐤒𐤏𐤅 𐤁𐤔𐤅𐤐𐤓𐤅𐤕 𐤅𐤄𐤇𐤋𐤅𐤑 𐤄𐤋𐤊
𐤋𐤐𐤍𐤉𐤄𐤌 𐤅𐤄𐤌𐤀𐤎𐤐 𐤄𐤋𐤊 𐤀𐤇𐤓𐤉 𐤀𐤓𐤅𐤍 𐤉𐤄𐤅𐤄 𐤄𐤅𐤋𐤊 [𐤄𐤋𐤅𐤊] 𐤅𐤕𐤒𐤅𐤏
𐤁𐤔𐤅𐤐𐤓𐤅𐤕.
𐤉𐤃 𐤅𐤉𐤎𐤁𐤅 𐤀𐤕 𐤄𐤏𐤉𐤓 𐤁𐤉𐤅𐤌 𐤄𐤔𐤍𐤉 𐤐𐤏𐤌 𐤀𐤇𐤕 𐤅𐤉𐤔𐤁𐤅 𐤄𐤌𐤇𐤍𐤄 𐤊𐤄
𐤏𐤔𐤅 𐤔𐤔𐤕 𐤉𐤌𐤉𐤌.
𐤈𐤅 𐤅𐤉𐤄𐤉 𐤁𐤉𐤅𐤌 𐤄𐤔𐤁𐤉𐤏𐤉 𐤅𐤉𐤔𐤊𐤌𐤅 𐤊𐤏𐤋𐤅𐤕 𐤄𐤔𐤇𐤓 𐤅𐤉𐤎𐤁𐤅 𐤀𐤕
𐤄𐤏𐤉𐤓 𐤊𐤌𐤔𐤐𐤈 𐤄𐤆𐤄 𐤔𐤁𐤏 𐤐𐤏𐤌𐤉𐤌 𐤓𐤒 𐤁𐤉𐤅𐤌 𐤄𐤄𐤅𐤀 𐤎𐤁𐤁𐤅 𐤀𐤕 𐤄𐤏𐤉𐤓
𐤔𐤁𐤏 𐤐𐤏𐤌𐤉𐤌.
𐤈𐤆 𐤅𐤉𐤄𐤉 𐤁𐤐𐤏𐤌 𐤄𐤔𐤁𐤉𐤏𐤉𐤕 𐤕𐤒𐤏𐤅 𐤄𐤊𐤄𐤍𐤉𐤌 𐤁𐤔𐤅𐤐𐤓𐤅𐤕 𐤅𐤉𐤀𐤌𐤓
𐤉𐤄𐤅𐤔𐤏 𐤀𐤋 𐤄𐤏𐤌 𐤄𐤓𐤉𐤏𐤅 𐤊𐤉 𐤍𐤕𐤍 𐤉𐤄𐤅𐤄 𐤋𐤊𐤌 𐤀𐤕 𐤄𐤏𐤉𐤓.
𐤉𐤆 𐤅𐤄𐤉𐤕𐤄 𐤄𐤏𐤉𐤓 𐤇𐤓𐤌 𐤄𐤉𐤀 𐤅𐤊𐤋 𐤀𐤔𐤓 𐤁𐤄 𐤋𐤉𐤄𐤅𐤄 𐤓𐤒 𐤓𐤇𐤁
𐤄𐤆𐤅𐤍𐤄 𐤕𐤇𐤉𐤄 𐤄𐤉𐤀 𐤅𐤊𐤋 𐤀𐤔𐤓 𐤀𐤕𐤄 𐤁𐤁𐤉𐤕 𐤊𐤉 𐤄𐤇𐤁𐤀𐤕𐤄 𐤀𐤕
𐤄𐤌𐤋𐤀𐤊𐤉𐤌 𐤀𐤔𐤓 𐤔𐤋𐤇𐤍𐤅.
𐤉𐤇 𐤅𐤓𐤒 𐤀𐤕𐤌 𐤔𐤌𐤓𐤅 𐤌𐤍 𐤄𐤇𐤓𐤌 𐤐𐤍 𐤕𐤇𐤓𐤉𐤌𐤅 𐤅𐤋𐤒𐤇𐤕𐤌 𐤌𐤍 𐤄𐤇𐤓𐤌
𐤅𐤔𐤌𐤕𐤌 𐤀𐤕 𐤌𐤇𐤍𐤄 𐤉𐤔𐤓𐤀𐤋 𐤋𐤇𐤓𐤌 𐤅𐤏𐤊𐤓𐤕𐤌 𐤀𐤅𐤕𐤅.
𐤉𐤈 𐤅𐤊𐤋 𐤊𐤎𐤐 𐤅𐤆𐤄𐤁 𐤅𐤊𐤋𐤉 𐤍𐤇𐤔𐤕 𐤅𐤁𐤓𐤆𐤋 𐤒𐤃𐤔 𐤄𐤅𐤀 𐤋𐤉𐤄𐤅𐤄
𐤀𐤅𐤑𐤓 𐤉𐤄𐤅𐤄 𐤉𐤁𐤅𐤀.
𐤊 𐤅𐤉𐤓𐤏 𐤄𐤏𐤌 𐤅𐤉𐤕𐤒𐤏𐤅 𐤁𐤔𐤐𐤓𐤅𐤕 𐤅𐤉𐤄𐤉 𐤊𐤔𐤌𐤏 𐤄𐤏𐤌 𐤀𐤕 𐤒𐤅𐤋
𐤄𐤔𐤅𐤐𐤓 𐤅𐤉𐤓𐤉𐤏𐤅 𐤄𐤏𐤌 𐤕𐤓𐤅𐤏𐤄 𐤂𐤃𐤅𐤋𐤄 𐤅𐤕𐤐𐤋 𐤄𐤇𐤅𐤌𐤄 𐤕𐤇𐤕𐤉𐤄 𐤅𐤉𐤏𐤋
𐤄𐤏𐤌 𐤄𐤏𐤉𐤓𐤄 𐤀𐤉𐤔 𐤍𐤂𐤃𐤅 𐤅𐤉𐤋𐤊𐤃𐤅 𐤀𐤕 𐤄𐤏𐤉𐤓.
𐤊𐤀 𐤅𐤉𐤇𐤓𐤉𐤌𐤅 𐤀𐤕 𐤊𐤋 𐤀𐤔𐤓 𐤁𐤏𐤉𐤓 𐤌𐤀𐤉𐤔 𐤅𐤏𐤃 𐤀𐤔𐤄 𐤌𐤍𐤏𐤓 𐤅𐤏𐤃
𐤆𐤒𐤍 𐤅𐤏𐤃 𐤔𐤅𐤓 𐤅𐤔𐤄 𐤅𐤇𐤌𐤅𐤓 𐤋𐤐𐤉 𐤇𐤓𐤁.
𐤊𐤁 𐤅𐤋𐤔𐤍𐤉𐤌 𐤄𐤀𐤍𐤔𐤉𐤌 𐤄𐤌𐤓𐤂𐤋𐤉𐤌 𐤀𐤕 𐤄𐤀𐤓𐤑 𐤀𐤌𐤓 𐤉𐤄𐤅𐤔𐤏 𐤁𐤀𐤅
𐤁𐤉𐤕 𐤄𐤀𐤔𐤄 𐤄𐤆𐤅𐤍𐤄 𐤅𐤄𐤅𐤑𐤉𐤀𐤅 𐤌𐤔𐤌 𐤀𐤕 𐤄𐤀𐤔𐤄 𐤅𐤀𐤕 𐤊𐤋 𐤀𐤔𐤓
𐤋𐤄 𐤊𐤀𐤔𐤓 𐤍𐤔𐤁𐤏𐤕𐤌 𐤋𐤄.
𐤊𐤂 𐤅𐤉𐤁𐤀𐤅 𐤄𐤍𐤏𐤓𐤉𐤌 𐤄𐤌𐤓𐤂𐤋𐤉𐤌 𐤅𐤉𐤑𐤉𐤀𐤅 𐤀𐤕 𐤓𐤇𐤁 𐤅𐤀𐤕 𐤀𐤁𐤉𐤄
𐤅𐤀𐤕 𐤀𐤌𐤄 𐤅𐤀𐤕 𐤀𐤇𐤉𐤄 𐤅𐤀𐤕 𐤊𐤋 𐤀𐤔𐤓 𐤋𐤄 𐤅𐤀𐤕 𐤊𐤋 𐤌𐤔𐤐𐤇𐤅𐤕𐤉𐤄
𐤄𐤅𐤑𐤉𐤀𐤅 𐤅𐤉𐤍𐤉𐤇𐤅𐤌 𐤌𐤇𐤅𐤑 𐤋𐤌𐤇𐤍𐤄 𐤉𐤔𐤓𐤀𐤋.
𐤊𐤃 𐤅𐤄𐤏𐤉𐤓 𐤔𐤓𐤐𐤅 𐤁𐤀𐤔 𐤅𐤊𐤋 𐤀𐤔𐤓 𐤁𐤄 𐤓𐤒 𐤄𐤊𐤎𐤐 𐤅𐤄𐤆𐤄𐤁 𐤅𐤊𐤋𐤉
𐤄𐤍𐤇𐤔𐤕 𐤅𐤄𐤁𐤓𐤆𐤋 𐤍𐤕𐤍𐤅 𐤀𐤅𐤑𐤓 𐤁𐤉𐤕 𐤉𐤄𐤅𐤄.
𐤊𐤄 𐤅𐤀𐤕 𐤓𐤇𐤁 𐤄𐤆𐤅𐤍𐤄 𐤅𐤀𐤕 𐤁𐤉𐤕 𐤀𐤁𐤉𐤄 𐤅𐤀𐤕 𐤊𐤋 𐤀𐤔𐤓 𐤋𐤄 𐤄𐤇𐤉𐤄
𐤉𐤄𐤅𐤔𐤏 𐤅𐤕𐤔𐤁 𐤁𐤒𐤓𐤁 𐤉𐤔𐤓𐤀𐤋 𐤏𐤃 𐤄𐤉𐤅𐤌 𐤄𐤆𐤄 𐤊𐤉 𐤄𐤇𐤁𐤉𐤀𐤄 𐤀𐤕
𐤄𐤌𐤋𐤀𐤊𐤉𐤌 𐤀𐤔𐤓 𐤔𐤋𐤇 𐤉𐤄𐤅𐤔𐤏 𐤋𐤓𐤂𐤋 𐤀𐤕 𐤉𐤓𐤉𐤇𐤅.

# 𐤉𐤄𐤅𐤔𐤏

𐤊𐤅 𐤅𐤉𐤔𐤁𐤏 𐤉𐤄𐤅𐤔𐤏 𐤁𐤏𐤕 𐤄𐤄𐤉𐤀 𐤋𐤀𐤌𐤓 𐤀𐤓𐤅𐤓 𐤄𐤀𐤉𐤔 𐤋𐤐𐤍𐤉 𐤉𐤄𐤅𐤄
𐤀𐤔𐤓 𐤉𐤒𐤅𐤌 𐤅𐤁𐤍𐤄 𐤀𐤕 𐤄𐤏𐤉𐤓 𐤄𐤆𐤀𐤕 𐤀𐤕 𐤉𐤓𐤉𐤇𐤅 𐤁𐤁𐤊𐤓𐤅 𐤉𐤉𐤎𐤃𐤍𐤄
𐤅𐤁𐤑𐤏𐤉𐤓𐤅 𐤉𐤑𐤉𐤁 𐤃𐤋𐤕𐤉𐤄•

𐤊𐤆 𐤅𐤉𐤄𐤉 𐤉𐤄𐤅𐤄 𐤀𐤕 𐤉𐤄𐤅𐤔𐤏 𐤅𐤉𐤄𐤉 𐤔𐤌𐤏𐤅 𐤁𐤊𐤋 𐤄𐤀𐤓𐤑•

𐤐𐤓𐤒 𐤆

𐤀 𐤅𐤉𐤌𐤏𐤋𐤅 𐤁𐤍𐤉 𐤉𐤔𐤓𐤀𐤋 𐤌𐤏𐤋 𐤁𐤇𐤓𐤌 𐤅𐤉𐤒𐤇 𐤏𐤊𐤍 𐤁𐤍 𐤊𐤓𐤌𐤉 𐤁𐤍
𐤆𐤁𐤃𐤉 𐤁𐤍 𐤆𐤓𐤇 𐤋𐤌𐤈𐤄 𐤉𐤄𐤅𐤃𐤄 𐤌𐤍 𐤄𐤇𐤓𐤌 𐤅𐤉𐤇𐤓 𐤀𐤐 𐤉𐤄𐤅𐤄 𐤁𐤁𐤍𐤉
𐤉𐤔𐤓𐤀𐤋•

𐤁 𐤅𐤉𐤔𐤋𐤇 𐤉𐤄𐤅𐤔𐤏 𐤀𐤍𐤔𐤉𐤌 𐤌𐤉𐤓𐤉𐤇𐤅 𐤄𐤏𐤉 𐤀𐤔𐤓 𐤏𐤌 𐤁𐤉𐤕 𐤀𐤅𐤍
𐤌𐤒𐤃𐤌 𐤋𐤁𐤉𐤕 𐤀𐤋 𐤅𐤉𐤀𐤌𐤓 𐤀𐤋𐤉𐤄𐤌 𐤋𐤀𐤌𐤓 𐤏𐤋𐤅 𐤅𐤓𐤂𐤋𐤅 𐤀𐤕 𐤄𐤀𐤓𐤑
𐤅𐤉𐤏𐤋𐤅 𐤄𐤀𐤍𐤔𐤉𐤌 𐤅𐤉𐤓𐤂𐤋𐤅 𐤀𐤕 𐤄𐤏𐤉•

𐤂 𐤅𐤉𐤔𐤁𐤅 𐤀𐤋 𐤉𐤄𐤅𐤔𐤏 𐤅𐤉𐤀𐤌𐤓𐤅 𐤀𐤋𐤉𐤅 𐤀𐤋 𐤉𐤏𐤋 𐤊𐤋 𐤄𐤏𐤌 𐤊𐤀𐤋𐤐𐤉𐤌
𐤀𐤉𐤔 𐤀𐤅 𐤊𐤔𐤋𐤔𐤕 𐤀𐤋𐤐𐤉𐤌 𐤀𐤉𐤔 𐤉𐤏𐤋𐤅 𐤅𐤉𐤊𐤅 𐤀𐤕 𐤄𐤏𐤉 𐤀𐤋 𐤕𐤉𐤂𐤏
𐤔𐤌𐤄 𐤀𐤕 𐤊𐤋 𐤄𐤏𐤌 𐤊𐤉 𐤌𐤏𐤈 𐤄𐤌𐤄•

𐤃 𐤅𐤉𐤏𐤋𐤅 𐤌𐤍 𐤄𐤏𐤌 𐤔𐤌𐤄 𐤊𐤔𐤋𐤔𐤕 𐤀𐤋𐤐𐤉𐤌 𐤀𐤉𐤔 𐤅𐤉𐤍𐤎𐤅 𐤋𐤐𐤍𐤉
𐤀𐤍𐤔𐤉 𐤄𐤏𐤉•

𐤄 𐤅𐤉𐤊𐤅 𐤌𐤄𐤌 𐤀𐤍𐤔𐤉 𐤄𐤏𐤉 𐤊𐤔𐤋𐤔𐤉𐤌 𐤅𐤔𐤔𐤄 𐤀𐤉𐤔 𐤅𐤉𐤓𐤃𐤐𐤅𐤌
𐤋𐤐𐤍𐤉 𐤄𐤔𐤏𐤓 𐤏𐤃 𐤄𐤔𐤁𐤓𐤉𐤌 𐤅𐤉𐤊𐤅𐤌 𐤁𐤌𐤅𐤓𐤃 𐤅𐤉𐤌𐤎 𐤋𐤁𐤁 𐤄𐤏𐤌 𐤅𐤉𐤄𐤉
𐤋𐤌𐤉𐤌•

𐤅 𐤅𐤉𐤒𐤓𐤏 𐤉𐤄𐤅𐤔𐤏 𐤔𐤌𐤋𐤕𐤉𐤅 𐤅𐤉𐤐𐤋 𐤏𐤋 𐤐𐤍𐤉𐤅 𐤀𐤓𐤑𐤄 𐤋𐤐𐤍𐤉 𐤀𐤓𐤅𐤍
𐤉𐤄𐤅𐤄 𐤏𐤃 𐤄𐤏𐤓𐤁 𐤄𐤅𐤀 𐤅𐤆𐤒𐤍𐤉 𐤉𐤔𐤓𐤀𐤋 𐤅𐤉𐤏𐤋𐤅 𐤏𐤐𐤓 𐤏𐤋 𐤓𐤀𐤔𐤌•

𐤆 𐤅𐤉𐤀𐤌𐤓 𐤉𐤄𐤅𐤔𐤏 𐤀𐤄𐤄 𐤀𐤃𐤍𐤉 𐤉𐤄𐤅𐤄 𐤋𐤌𐤄 𐤄𐤏𐤁𐤓𐤕 𐤄𐤏𐤁𐤉𐤓 𐤀𐤕
𐤄𐤏𐤌 𐤄𐤆𐤄 𐤀𐤕 𐤄𐤉𐤓𐤃𐤍 𐤋𐤕𐤕 𐤀𐤕𐤍𐤅 𐤁𐤉𐤃 𐤄𐤀𐤌𐤓𐤉 𐤋𐤄𐤀𐤁𐤉𐤃𐤍𐤅 𐤅𐤋𐤅
𐤄𐤅𐤀𐤋𐤍𐤅 𐤅𐤍𐤔𐤁 𐤁𐤏𐤁𐤓 𐤄𐤉𐤓𐤃𐤍•

𐤇 𐤁𐤉 𐤀𐤃𐤍𐤉 𐤌𐤄 𐤀𐤌𐤓 𐤀𐤇𐤓𐤉 𐤀𐤔𐤓 𐤄𐤐𐤊 𐤉𐤔𐤓𐤀𐤋 𐤏𐤓𐤐 𐤋𐤐𐤍𐤉 𐤀𐤉𐤁𐤉𐤅•

𐤈 𐤅𐤉𐤔𐤌𐤏𐤅 𐤄𐤊𐤍𐤏𐤍𐤉 𐤅𐤊𐤋 𐤉𐤔𐤁𐤉 𐤄𐤀𐤓𐤑 𐤅𐤍𐤎𐤁𐤅 𐤏𐤋𐤉𐤍𐤅
𐤅𐤄𐤊𐤓𐤉𐤕𐤅 𐤀𐤕 𐤔𐤌𐤍𐤅 𐤌𐤍 𐤄𐤀𐤓𐤑 𐤅𐤌𐤄 𐤕𐤏𐤔𐤄 𐤋𐤔𐤌𐤊 𐤄𐤂𐤃𐤅𐤋•

𐤉 𐤅𐤉𐤀𐤌𐤓 𐤉𐤄𐤅𐤄 𐤀𐤋 𐤉𐤄𐤅𐤔𐤏 𐤒𐤌 𐤋𐤊 𐤋𐤌𐤄 𐤆𐤄 𐤀𐤕𐤄 𐤍𐤐𐤋 𐤏𐤋
𐤐𐤍𐤉𐤊•

𐤉𐤀 𐤇𐤈𐤀 𐤉𐤔𐤓𐤀𐤋 𐤅𐤂𐤌 𐤏𐤁𐤓𐤅 𐤀𐤕 𐤁𐤓𐤉𐤕𐤉 𐤀𐤔𐤓 𐤑𐤅𐤉𐤕𐤉 𐤀𐤅𐤕𐤌 𐤅𐤂𐤌
𐤋𐤒𐤇𐤅 𐤌𐤍 𐤄𐤇𐤓𐤌 𐤅𐤂𐤌 𐤂𐤍𐤁𐤅 𐤅𐤂𐤌 𐤊𐤇𐤔𐤅 𐤅𐤂𐤌 𐤔𐤌𐤅 𐤁𐤊𐤋𐤉𐤄𐤌•

𐤉𐤁 𐤅𐤋𐤀 𐤉𐤊𐤋𐤅 𐤁𐤍𐤉 𐤉𐤔𐤓𐤀𐤋 𐤋𐤒𐤅𐤌 𐤋𐤐𐤍𐤉 𐤀𐤉𐤁𐤉𐤄𐤌 𐤏𐤓𐤐 𐤉𐤐𐤍𐤅

𐤋𐤐𐤍𐤉 𐤀𐤉𐤁𐤉𐤄𐤌 𐤊𐤉 𐤄𐤉𐤅 𐤋𐤇𐤓𐤌 𐤋𐤀 𐤀𐤅𐤎𐤉𐤐 𐤋𐤄𐤉𐤅𐤕 𐤏𐤌𐤊𐤌 𐤀𐤌 𐤋𐤀 𐤕𐤔𐤌𐤉𐤃𐤅 𐤄𐤇𐤓𐤌 𐤌𐤒𐤓𐤁𐤊𐤌•

𐤉𐤂 𐤒𐤌 𐤒𐤃𐤔 𐤀𐤕 𐤄𐤏𐤌 𐤅𐤀𐤌𐤓𐤕 𐤄𐤕𐤒𐤃𐤔𐤅 𐤋𐤌𐤇𐤓 𐤊𐤉 𐤊𐤄 𐤀𐤌𐤓 𐤉𐤄𐤅𐤄 𐤀𐤋𐤄𐤉 𐤉𐤔𐤓𐤀𐤋 𐤇𐤓𐤌 𐤁𐤒𐤓𐤁𐤊 𐤉𐤔𐤓𐤀𐤋 𐤋𐤀 𐤕𐤅𐤊𐤋 𐤋𐤒𐤅𐤌 𐤋𐤐𐤍𐤉 𐤀𐤉𐤁𐤉𐤊 𐤏𐤃 𐤄𐤎𐤉𐤓𐤊𐤌 𐤄𐤇𐤓𐤌 𐤌𐤒𐤓𐤁𐤊𐤌•

𐤉𐤃 𐤅𐤍𐤒𐤓𐤁𐤕𐤌 𐤁𐤁𐤒𐤓 𐤋𐤔𐤁𐤈𐤉𐤊𐤌 𐤅𐤄𐤉𐤄 𐤄𐤔𐤁𐤈 𐤀𐤔𐤓 𐤉𐤋𐤊𐤃𐤍𐤅 𐤉𐤄𐤅𐤄 𐤉𐤒𐤓𐤁 𐤋𐤌𐤔𐤐𐤇𐤅𐤕 𐤅𐤄𐤌𐤔𐤐𐤇𐤄 𐤀𐤔𐤓 𐤉𐤋𐤊𐤃𐤍𐤄 𐤉𐤄𐤅𐤄 𐤕𐤒𐤓𐤁 𐤋𐤁𐤕𐤉𐤌 𐤅𐤄𐤁𐤉𐤕 𐤀𐤔𐤓 𐤉𐤋𐤊𐤃𐤍𐤅 𐤉𐤄𐤅𐤄 𐤉𐤒𐤓𐤁 𐤋𐤂𐤁𐤓𐤉𐤌•

𐤈𐤅 𐤅𐤄𐤉𐤄 𐤄𐤍𐤋𐤊𐤃 𐤁𐤇𐤓𐤌 𐤉𐤔𐤓𐤐 𐤁𐤀𐤔 𐤀𐤕𐤅 𐤅𐤀𐤕 𐤊𐤋 𐤀𐤔𐤓 𐤋𐤅 𐤊𐤉 𐤏𐤁𐤓 𐤀𐤕 𐤁𐤓𐤉𐤕 𐤉𐤄𐤅𐤄 𐤅𐤊𐤉 𐤏𐤔𐤄 𐤍𐤁𐤋𐤄 𐤁𐤉𐤔𐤓𐤀𐤋•

𐤈𐤆 𐤅𐤉𐤔𐤊𐤌 𐤉𐤄𐤅𐤔𐤏 𐤁𐤁𐤒𐤓 𐤅𐤉𐤒𐤓𐤁 𐤀𐤕 𐤉𐤔𐤓𐤀𐤋 𐤋𐤔𐤁𐤈𐤉𐤅 𐤅𐤉𐤋𐤊𐤃 𐤔𐤁𐤈 𐤉𐤄𐤅𐤃𐤄•

𐤉𐤆 𐤅𐤉𐤒𐤓𐤁 𐤀𐤕 𐤌𐤔𐤐𐤇𐤕 𐤉𐤄𐤅𐤃𐤄 𐤅𐤉𐤋𐤊𐤃 𐤀𐤕 𐤌𐤔𐤐𐤇𐤕 𐤄𐤆𐤓𐤇𐤉 𐤅𐤉𐤒𐤓𐤁 𐤀𐤕 𐤌𐤔𐤐𐤇𐤕 𐤄𐤆𐤓𐤇𐤉 𐤋𐤂𐤁𐤓𐤉𐤌 𐤅𐤉𐤋𐤊𐤃 𐤆𐤁𐤃𐤉•

𐤉𐤇 𐤅𐤉𐤒𐤓𐤁 𐤀𐤕 𐤁𐤉𐤕𐤅 𐤋𐤂𐤁𐤓𐤉𐤌 𐤅𐤉𐤋𐤊𐤃 𐤏𐤊𐤍 𐤁𐤍 𐤊𐤓𐤌𐤉 𐤁𐤍 𐤆𐤁𐤃𐤉 𐤁𐤍 𐤆𐤓𐤇 𐤋𐤌𐤈𐤄 𐤉𐤄𐤅𐤃𐤄•

𐤉𐤈 𐤅𐤉𐤀𐤌𐤓 𐤉𐤄𐤅𐤔𐤏 𐤀𐤋 𐤏𐤊𐤍 𐤁𐤍𐤉 𐤔𐤉𐤌 𐤍𐤀 𐤊𐤁𐤅𐤃 𐤋𐤉𐤄𐤅𐤄 𐤀𐤋𐤄𐤉 𐤉𐤔𐤓𐤀𐤋 𐤅𐤕𐤍 𐤋𐤅 𐤕𐤅𐤃𐤄 𐤅𐤄𐤂𐤃 𐤍𐤀 𐤋𐤉 𐤌𐤄 𐤏𐤔𐤉𐤕 𐤀𐤋 𐤕𐤊𐤇𐤃 𐤌𐤌𐤍𐤉•

𐤊 𐤅𐤉𐤏𐤍 𐤏𐤊𐤍 𐤀𐤕 𐤉𐤄𐤅𐤔𐤏 𐤅𐤉𐤀𐤌𐤓 𐤀𐤌𐤍𐤄 𐤀𐤍𐤊𐤉 𐤇𐤈𐤀𐤕𐤉 𐤋𐤉𐤄𐤅𐤄 𐤀𐤋𐤄𐤉 𐤉𐤔𐤓𐤀𐤋 𐤅𐤊𐤆𐤀𐤕 𐤅𐤊𐤆𐤀𐤕 𐤏𐤔𐤉𐤕𐤉•

𐤊𐤀 𐤅𐤀𐤓𐤀𐤄 [𐤅𐤀𐤓𐤀] 𐤁𐤔𐤋𐤋 𐤀𐤃𐤓𐤕 𐤔𐤍𐤏𐤓 𐤀𐤇𐤕 𐤈𐤅𐤁𐤄 𐤅𐤌𐤀𐤕𐤉𐤌 𐤔𐤒𐤋𐤉𐤌 𐤊𐤎𐤐 𐤅𐤋𐤔𐤅𐤍 𐤆𐤄𐤁 𐤀𐤇𐤃 𐤇𐤌𐤔𐤉𐤌 𐤔𐤒𐤋𐤉𐤌 𐤌𐤔𐤒𐤋𐤅 𐤅𐤀𐤇𐤌𐤃𐤌 𐤅𐤀𐤒𐤇𐤌 𐤅𐤄𐤍𐤌 𐤈𐤌𐤅𐤍𐤉𐤌 𐤁𐤀𐤓𐤑 𐤁𐤕𐤅𐤊 𐤄𐤀𐤄𐤋𐤉 𐤅𐤄𐤊𐤎𐤐 𐤕𐤇𐤕𐤉𐤄•

𐤊𐤁 𐤅𐤉𐤔𐤋𐤇 𐤉𐤄𐤅𐤔𐤏 𐤌𐤋𐤀𐤊𐤉𐤌 𐤅𐤉𐤓𐤑𐤅 𐤄𐤀𐤄𐤋𐤄 𐤅𐤄𐤍𐤄 𐤈𐤌𐤅𐤍𐤄 𐤁𐤀𐤄𐤋𐤅 𐤅𐤄𐤊𐤎𐤐 𐤕𐤇𐤕𐤉𐤄•

𐤊𐤂 𐤅𐤉𐤒𐤇𐤌 𐤌𐤕𐤅𐤊 𐤄𐤀𐤄𐤋 𐤅𐤉𐤁𐤀𐤌 𐤀𐤋 𐤉𐤄𐤅𐤔𐤏 𐤅𐤀𐤋 𐤊𐤋 𐤁𐤍𐤉 𐤉𐤔𐤓𐤀𐤋 𐤅𐤉𐤑𐤒𐤌 𐤋𐤐𐤍𐤉 𐤉𐤄𐤅𐤄•

𐤊𐤃 𐤅𐤉𐤒𐤇 𐤉𐤄𐤅𐤔𐤏 𐤀𐤕 𐤏𐤊𐤍 𐤁𐤍 𐤆𐤓𐤇 𐤅𐤀𐤕 𐤄𐤊𐤎𐤐 𐤅𐤀𐤕 𐤄𐤀𐤃𐤓𐤕 𐤅𐤀𐤕 𐤋𐤔𐤅𐤍 𐤄𐤆𐤄𐤁 𐤅𐤀𐤕 𐤁𐤍𐤉𐤅 𐤅𐤀𐤕 𐤁𐤍𐤕𐤉𐤅 𐤅𐤀𐤕 𐤔𐤅𐤓𐤅 𐤅𐤀𐤕 𐤇𐤌𐤓𐤅 𐤅𐤀𐤕 𐤑𐤀𐤍𐤅 𐤅𐤀𐤕 𐤀𐤄𐤋𐤅 𐤅𐤀𐤕 𐤊𐤋 𐤀𐤔𐤓 𐤋𐤅 𐤅𐤊𐤋 𐤉𐤔𐤓𐤀𐤋 𐤏𐤌𐤅 𐤅𐤉𐤏𐤋𐤅 𐤀𐤕𐤌 𐤏𐤌𐤒 𐤏𐤊𐤅𐤓•

𐤊𐤄 𐤅𐤉𐤀𐤌𐤓 𐤉𐤄𐤅𐤔𐤏 𐤌𐤄 𐤏𐤊𐤓𐤕𐤍𐤅 𐤉𐤏𐤊𐤓𐤊 𐤉𐤄𐤅𐤄 𐤁𐤉𐤅𐤌 𐤄𐤆𐤄

𐤅𐤉𐤓𐤂𐤌𐤅 𐤀𐤕𐤅 𐤊𐤋 𐤉𐤔𐤓𐤀𐤋 𐤀𐤁𐤍 𐤅𐤉𐤔𐤓𐤐𐤅 𐤀𐤕𐤌 𐤁𐤀𐤔 𐤅𐤉𐤎𐤒𐤋𐤅 𐤀𐤕𐤌 𐤁𐤀𐤁𐤍𐤉𐤌•

𐤊𐤅𐤅𐤉𐤒𐤉𐤌𐤅 𐤏𐤋𐤉𐤅 𐤂𐤋 𐤀𐤁𐤍𐤉𐤌 𐤂𐤃𐤅𐤋 𐤏𐤃 𐤄𐤉𐤅𐤌 𐤄𐤆𐤄 𐤅𐤉𐤔𐤁 𐤉𐤄𐤅𐤄 𐤌𐤇𐤓𐤅𐤍 𐤀𐤐𐤅 𐤏𐤋 𐤊𐤍 𐤒𐤓𐤀 𐤔𐤌 𐤄𐤌𐤒𐤅𐤌 𐤄𐤄𐤅𐤀 𐤏𐤌𐤒 𐤏𐤊𐤅𐤓 𐤏𐤃 𐤄𐤉𐤅𐤌 𐤄𐤆𐤄•

## 𐤐𐤓𐤒 𐤇

𐤀𐤅𐤉𐤀𐤌𐤓 𐤉𐤄𐤅𐤄 𐤀𐤋 𐤉𐤄𐤅𐤔𐤏 𐤀𐤋 𐤕𐤉𐤓𐤀 𐤅𐤀𐤋 𐤕𐤇𐤕 𐤒𐤇 𐤏𐤌𐤊 𐤀𐤕 𐤊𐤋 𐤏𐤌 𐤄𐤌𐤋𐤇𐤌𐤄 𐤅𐤒𐤅𐤌 𐤏𐤋𐤄 𐤄𐤏𐤉 𐤓𐤀𐤄 𐤍𐤕𐤕𐤉 𐤁𐤉𐤃𐤊 𐤀𐤕 𐤌𐤋𐤊 𐤄𐤏𐤉 𐤅𐤀𐤕 𐤏𐤌𐤅 𐤅𐤀𐤕 𐤏𐤉𐤓𐤅 𐤅𐤀𐤕 𐤀𐤓𐤑𐤅•

𐤁𐤅𐤏𐤔𐤉𐤕 𐤋𐤏𐤉 𐤅𐤋𐤌𐤋𐤊𐤄 𐤊𐤀𐤔𐤓 𐤏𐤔𐤉𐤕 𐤋𐤉𐤓𐤉𐤇𐤅 𐤅𐤋𐤌𐤋𐤊𐤄 𐤓𐤒 𐤔𐤋𐤋𐤄 𐤅𐤁𐤄𐤌𐤕𐤄 𐤕𐤁𐤆𐤅 𐤋𐤊𐤌 𐤔𐤉𐤌 𐤋𐤊 𐤀𐤓𐤁 𐤋𐤏𐤉𐤓 𐤌𐤀𐤇𐤓𐤉𐤄•

𐤂𐤅𐤉𐤒𐤌 𐤉𐤄𐤅𐤔𐤏 𐤅𐤊𐤋 𐤏𐤌 𐤄𐤌𐤋𐤇𐤌𐤄 𐤋𐤏𐤋𐤅𐤕 𐤄𐤏𐤉 𐤅𐤉𐤁𐤇𐤓 𐤉𐤄𐤅𐤔𐤏 𐤔𐤋𐤔𐤉𐤌 𐤀𐤋𐤐 𐤀𐤉𐤔 𐤂𐤁𐤅𐤓𐤉 𐤄𐤇𐤉𐤋 𐤅𐤉𐤔𐤋𐤇𐤌 𐤋𐤉𐤋𐤄•

𐤃𐤅𐤉𐤑𐤅 𐤀𐤕𐤌 𐤋𐤀𐤌𐤓 𐤓𐤀𐤅 𐤀𐤕𐤌 𐤀𐤓𐤁𐤉𐤌 𐤋𐤏𐤉𐤓 𐤌𐤀𐤇𐤓𐤉 𐤄𐤏𐤉𐤓 𐤀𐤋 𐤕𐤓𐤇𐤉𐤒𐤅 𐤌𐤍 𐤄𐤏𐤉𐤓 𐤌𐤀𐤃 𐤅𐤄𐤉𐤉𐤕𐤌 𐤊𐤋𐤊𐤌 𐤍𐤊𐤍𐤉𐤌•

𐤄𐤅𐤀𐤍𐤉 𐤅𐤊𐤋 𐤄𐤏𐤌 𐤀𐤔𐤓 𐤀𐤕𐤉 𐤍𐤒𐤓𐤁 𐤀𐤋 𐤄𐤏𐤉𐤓 𐤅𐤄𐤉𐤄 𐤊𐤉 𐤉𐤑𐤀𐤅 𐤋𐤒𐤓𐤀𐤕𐤍𐤅 𐤊𐤀𐤔𐤓 𐤁𐤓𐤀𐤔𐤍𐤄 𐤅𐤍𐤎𐤍𐤅 𐤋𐤐𐤍𐤉𐤄𐤌•

𐤅𐤅𐤉𐤑𐤀𐤅 𐤀𐤇𐤓𐤉𐤍𐤅 𐤏𐤃 𐤄𐤕𐤉𐤒𐤍𐤅 𐤀𐤅𐤕𐤌 𐤌𐤍 𐤄𐤏𐤉𐤓 𐤊𐤉 𐤉𐤀𐤌𐤓𐤅 𐤍𐤎𐤉𐤌 𐤋𐤐𐤍𐤉𐤍𐤅 𐤊𐤀𐤔𐤓 𐤁𐤓𐤀𐤔𐤍𐤄 𐤅𐤍𐤎𐤍𐤅 𐤋𐤐𐤍𐤉𐤄𐤌•

𐤆𐤅𐤀𐤕𐤌 𐤕𐤒𐤌𐤅 𐤌𐤄𐤀𐤅𐤓𐤁 𐤅𐤄𐤅𐤓𐤔𐤕𐤌 𐤀𐤕 𐤄𐤏𐤉𐤓 𐤅𐤍𐤕𐤍𐤄 𐤉𐤄𐤅𐤄 𐤀𐤋𐤄𐤉𐤊𐤌 𐤁𐤉𐤃𐤊𐤌•

𐤇𐤅𐤄𐤉𐤄 𐤊𐤕𐤐𐤔𐤊𐤌 𐤀𐤕 𐤄𐤏𐤉𐤓 𐤕𐤑𐤉𐤕𐤅 𐤀𐤕 𐤄𐤏𐤉𐤓 𐤁𐤀𐤔 𐤊𐤃𐤁𐤓 𐤉𐤄𐤅𐤄 𐤕𐤏𐤔𐤅 𐤓𐤀𐤅 𐤑𐤅𐤉𐤕𐤉 𐤀𐤕𐤊𐤌•

𐤈𐤅𐤉𐤔𐤋𐤇𐤌 𐤉𐤄𐤅𐤔𐤏 𐤅𐤉𐤋𐤊𐤅 𐤀𐤋 𐤄𐤌𐤀𐤓𐤁 𐤅𐤉𐤔𐤁𐤅 𐤁𐤉𐤍 𐤁𐤉𐤕 𐤀𐤋 𐤅𐤁𐤉𐤍 𐤄𐤏𐤉 𐤌𐤉𐤌 𐤋𐤏𐤉 𐤅𐤉𐤋𐤍 𐤉𐤄𐤅𐤔𐤏 𐤁𐤋𐤉𐤋𐤄 𐤄𐤄𐤅𐤀 𐤁𐤕𐤅𐤊 𐤄𐤏𐤌•

𐤉𐤅𐤉𐤔𐤊𐤌 𐤉𐤄𐤅𐤔𐤏 𐤁𐤁𐤒𐤓 𐤅𐤉𐤐𐤒𐤃 𐤀𐤕 𐤄𐤏𐤌 𐤅𐤉𐤏𐤋 𐤄𐤅𐤀 𐤅𐤆𐤒𐤍𐤉 𐤉𐤔𐤓𐤀𐤋 𐤋𐤐𐤍𐤉 𐤄𐤏𐤌 𐤄𐤏𐤉•

𐤉𐤀𐤅𐤊𐤋 𐤄𐤏𐤌 𐤄𐤌𐤋𐤇𐤌𐤄 𐤀𐤔𐤓 𐤀𐤕𐤅 𐤏𐤋𐤅 𐤅𐤉𐤂𐤔𐤅 𐤅𐤉𐤁𐤀𐤅 𐤍𐤂𐤃 𐤄𐤏𐤉𐤓 𐤅𐤉𐤇𐤍𐤅 𐤌𐤑𐤐𐤅𐤍 𐤋𐤏𐤉 𐤅𐤄𐤂𐤉 𐤁𐤉𐤍𐤅 [𐤁𐤉𐤍𐤉𐤅] 𐤅𐤁𐤉𐤍 𐤄𐤏𐤉•

𐤉𐤁𐤅𐤉𐤒𐤇 𐤊𐤇𐤌𐤔𐤕 𐤀𐤋𐤐𐤉𐤌 𐤀𐤉𐤔 𐤅𐤉𐤔𐤌 𐤀𐤅𐤕𐤌 𐤀𐤓𐤁 𐤁𐤉𐤍 𐤁𐤉𐤕 𐤀𐤋 𐤅𐤁𐤉𐤍 𐤄𐤏𐤉 𐤌𐤉𐤌 𐤋𐤏𐤉𐤓•

𐤉𐤂𐤅𐤉𐤔𐤉𐤌𐤅 𐤄𐤏𐤌 𐤀𐤕 𐤊𐤋 𐤄𐤌𐤇𐤍𐤄 𐤀𐤔𐤓 𐤌𐤑𐤐𐤅𐤍 𐤋𐤏𐤉𐤓 𐤅𐤀𐤕 𐤏𐤒𐤁𐤅

# 𐤉𐤄𐤅𐤔𐤏

𐤌𐤉𐤌 𐤋𐤏𐤉𐤓 𐤅𐤉𐤋𐤊 𐤉𐤄𐤅𐤔𐤏 𐤁𐤋𐤉𐤋𐤄 𐤄𐤄𐤅𐤀 𐤁𐤕𐤅𐤊 𐤄𐤏𐤌𐤒•
𐤉𐤃 𐤅𐤉𐤄𐤉 𐤊𐤓𐤀𐤅𐤕 𐤌𐤋𐤊 𐤄𐤏𐤉 𐤅𐤉𐤌𐤄𐤓𐤅 𐤅𐤉𐤔𐤊𐤉𐤌𐤅 𐤅𐤉𐤑𐤀𐤅 𐤀𐤍𐤔𐤉
𐤄𐤏𐤉𐤓 𐤋𐤒𐤓𐤀𐤕 𐤉𐤔𐤓𐤀𐤋 𐤋𐤌𐤋𐤇𐤌𐤄 𐤄𐤅𐤀 𐤅𐤊𐤋 𐤏𐤌𐤅 𐤋𐤌𐤅𐤏𐤃 𐤋𐤐𐤍𐤉
𐤄𐤏𐤓𐤁𐤄 𐤅𐤄𐤅𐤀 𐤋𐤀 𐤉𐤃𐤏 𐤊𐤉 𐤀𐤓𐤁 𐤋𐤅 𐤌𐤀𐤇𐤓𐤉 𐤄𐤏𐤉𐤓•
𐤈𐤅 𐤅𐤉𐤍𐤂𐤏𐤅 𐤉𐤄𐤅𐤔𐤏 𐤅𐤊𐤋 𐤉𐤔𐤓𐤀𐤋 𐤋𐤐𐤍𐤉𐤄𐤌 𐤅𐤉𐤍𐤎𐤅 𐤃𐤓𐤊 𐤄𐤌𐤃𐤁𐤓•
𐤈𐤆 𐤅𐤉𐤆𐤏𐤒𐤅 𐤊𐤋 𐤄𐤏𐤌 𐤀𐤔𐤓 𐤁𐤏𐤉𐤓 [𐤁𐤏𐤉] 𐤋𐤓𐤃𐤐 𐤀𐤇𐤓𐤉𐤄𐤌 𐤅𐤉𐤓𐤃𐤐𐤅
𐤀𐤇𐤓𐤉 𐤉𐤄𐤅𐤔𐤏 𐤅𐤉𐤍𐤕𐤒𐤅 𐤌𐤍 𐤄𐤏𐤉𐤓•
𐤉𐤆 𐤅𐤋𐤀 𐤍𐤔𐤀𐤓 𐤀𐤉𐤔 𐤁𐤏𐤉 𐤅𐤁𐤉𐤕 𐤀𐤋 𐤀𐤔𐤓 𐤋𐤀 𐤉𐤑𐤀𐤅 𐤀𐤇𐤓𐤉
𐤉𐤔𐤓𐤀𐤋 𐤅𐤉𐤏𐤆𐤁𐤅 𐤀𐤕 𐤄𐤏𐤉𐤓 𐤐𐤕𐤅𐤇𐤄 𐤅𐤉𐤓𐤃𐤐𐤅 𐤀𐤇𐤓𐤉 𐤉𐤔𐤓𐤀𐤋•
𐤉𐤇 𐤅𐤉𐤀𐤌𐤓 𐤉𐤄𐤅𐤄 𐤀𐤋 𐤉𐤄𐤅𐤔𐤏 𐤍𐤈𐤄 𐤁𐤊𐤉𐤃𐤅𐤍 𐤀𐤔𐤓 𐤁𐤉𐤃𐤊 𐤀𐤋 𐤄𐤏𐤉
𐤊𐤉 𐤁𐤉𐤃𐤊 𐤀𐤕𐤍𐤍𐤄 𐤅𐤉𐤈 𐤉𐤄𐤅𐤔𐤏 𐤁𐤊𐤉𐤃𐤅𐤍 𐤀𐤔𐤓 𐤁𐤉𐤃𐤅 𐤀𐤋 𐤄𐤏𐤉𐤓•
𐤉𐤈 𐤅𐤄𐤀𐤅𐤓𐤁 𐤒𐤌 𐤌𐤄𐤓𐤄 𐤌𐤌𐤒𐤅𐤌𐤅 𐤅𐤉𐤓𐤅𐤑𐤅 𐤊𐤍𐤈𐤅𐤕 𐤉𐤃𐤅 𐤅𐤉𐤁𐤀𐤅
𐤄𐤏𐤉𐤓 𐤅𐤉𐤋𐤊𐤃𐤅𐤄 𐤅𐤉𐤌𐤄𐤓𐤅 𐤅𐤉𐤑𐤉𐤕𐤅 𐤀𐤕 𐤄𐤏𐤉𐤓 𐤁𐤀𐤔•
𐤊 𐤅𐤉𐤐𐤍𐤅 𐤀𐤍𐤔𐤉 𐤄𐤏𐤉 𐤀𐤇𐤓𐤉𐤄𐤌 𐤅𐤉𐤓𐤀𐤅 𐤅𐤄𐤍𐤄 𐤏𐤋𐤄 𐤏𐤔𐤍 𐤄𐤏𐤉𐤓
𐤄𐤔𐤌𐤉𐤌𐤄 𐤅𐤋𐤀 𐤄𐤉𐤄 𐤁𐤄𐤌 𐤉𐤃𐤉𐤌 𐤋𐤍𐤅𐤎 𐤄𐤍𐤄 𐤅𐤄𐤍𐤄 𐤅𐤄𐤏𐤌 𐤄𐤍𐤎
𐤄𐤌𐤃𐤁𐤓 𐤍𐤄𐤐𐤊 𐤀𐤋 𐤄𐤓𐤅𐤃𐤐•
𐤊𐤀 𐤅𐤉𐤄𐤅𐤔𐤏 𐤅𐤊𐤋 𐤉𐤔𐤓𐤀𐤋 𐤓𐤀𐤅 𐤊𐤉 𐤋𐤊𐤃 𐤄𐤀𐤅𐤓𐤁 𐤀𐤕 𐤄𐤏𐤉𐤓 𐤅𐤊𐤉
𐤏𐤋𐤄 𐤏𐤔𐤍 𐤄𐤏𐤉𐤓 𐤅𐤉𐤔𐤁𐤅 𐤅𐤉𐤊𐤅 𐤀𐤕 𐤀𐤍𐤔𐤉 𐤄𐤏𐤉•
𐤊𐤁 𐤅𐤀𐤋𐤄 𐤉𐤑𐤀𐤅 𐤌𐤍 𐤄𐤏𐤉𐤓 𐤋𐤒𐤓𐤀𐤕𐤌 𐤅𐤉𐤄𐤉𐤅 𐤋𐤉𐤔𐤓𐤀𐤋 𐤁𐤕𐤅𐤊
𐤀𐤋𐤄 𐤌𐤆𐤄 𐤅𐤀𐤋𐤄 𐤌𐤆𐤄 𐤅𐤉𐤊𐤅 𐤀𐤅𐤕𐤌 𐤏𐤃 𐤁𐤋𐤕𐤉 𐤄𐤔𐤀𐤉𐤓 𐤋𐤅 𐤔𐤓𐤉𐤃
𐤅𐤐𐤋𐤉𐤈•
𐤊𐤂 𐤅𐤀𐤕 𐤌𐤋𐤊 𐤄𐤏𐤉 𐤕𐤐𐤔𐤅 𐤇𐤉 𐤅𐤉𐤒𐤓𐤁𐤅 𐤀𐤕𐤅 𐤀𐤋 𐤉𐤄𐤅𐤔𐤏•
𐤊𐤃 𐤅𐤉𐤄𐤉 𐤊𐤊𐤋𐤅𐤕 𐤉𐤔𐤓𐤀𐤋 𐤋𐤄𐤓𐤂 𐤀𐤕 𐤊𐤋 𐤉𐤔𐤁𐤉 𐤄𐤏𐤉 𐤁𐤔𐤃𐤄
𐤁𐤌𐤃𐤁𐤓 𐤀𐤔𐤓 𐤓𐤃𐤐𐤅𐤌 𐤁𐤅 𐤅𐤉𐤐𐤋𐤅 𐤊𐤋𐤌 𐤋𐤐𐤉 𐤇𐤓𐤁 𐤏𐤃 𐤕𐤌𐤌 𐤅𐤉𐤔𐤁𐤅 𐤊𐤋
𐤉𐤔𐤓𐤀𐤋 𐤄𐤏𐤉 𐤅𐤉𐤊𐤅 𐤀𐤕𐤄 𐤋𐤐𐤉 𐤇𐤓𐤁•
𐤊𐤄 𐤅𐤉𐤄𐤉 𐤊𐤋 𐤄𐤍𐤐𐤋𐤉𐤌 𐤁𐤉𐤅𐤌 𐤄𐤄𐤅𐤀 𐤌𐤀𐤉𐤔 𐤅𐤏𐤃 𐤀𐤔𐤄 𐤔𐤍𐤉𐤌
𐤏𐤔𐤓 𐤀𐤋𐤐 𐤊𐤋 𐤀𐤍𐤔𐤉 𐤄𐤏𐤉•
𐤊𐤅 𐤅𐤉𐤄𐤅𐤔𐤏 𐤋𐤀 𐤄𐤔𐤉𐤁 𐤉𐤃𐤅 𐤀𐤔𐤓 𐤍𐤈𐤄 𐤁𐤊𐤉𐤃𐤅𐤍 𐤏𐤃 𐤀𐤔𐤓 𐤄𐤇𐤓𐤉𐤌
𐤀𐤕 𐤊𐤋 𐤉𐤔𐤁𐤉 𐤄𐤏𐤉•
𐤊𐤆 𐤓𐤒 𐤄𐤁𐤄𐤌𐤄 𐤅𐤔𐤋𐤋 𐤄𐤏𐤉𐤓 𐤄𐤄𐤉𐤀 𐤁𐤆𐤆𐤅 𐤋𐤄𐤌 𐤉𐤔𐤓𐤀𐤋 𐤊𐤃𐤁𐤓
𐤉𐤄𐤅𐤄 𐤀𐤔𐤓 𐤑𐤅𐤄 𐤀𐤕 𐤉𐤄𐤅𐤔𐤏•
𐤊𐤇 𐤅𐤉𐤔𐤓𐤐 𐤉𐤄𐤅𐤔𐤏 𐤀𐤕 𐤄𐤏𐤉 𐤅𐤉𐤔𐤉𐤌𐤄 𐤕𐤋 𐤏𐤅𐤋𐤌 𐤔𐤌𐤌𐤄 𐤏𐤃
𐤄𐤉𐤅𐤌 𐤄𐤆𐤄•

𐤊𐤈 𐤅𐤀𐤕 𐤌𐤋𐤊 𐤄𐤏𐤉 𐤕𐤋𐤄 𐤏𐤋 𐤄𐤏𐤑 𐤏𐤃 𐤏𐤕 𐤄𐤏𐤓𐤁 𐤅𐤁𐤁𐤅𐤀 𐤄𐤔𐤌𐤔 𐤑𐤅𐤄
𐤉𐤄𐤅𐤔𐤏 𐤅𐤉𐤓𐤉𐤃𐤅 𐤀𐤕 𐤍𐤁𐤋𐤕𐤅 𐤌𐤍 𐤄𐤏𐤑 𐤅𐤉𐤔𐤋𐤉𐤊𐤅 𐤀𐤅𐤕𐤄 𐤀𐤋 𐤐𐤕𐤇
𐤔𐤏𐤓 𐤄𐤏𐤉𐤓 𐤅𐤉𐤒𐤉𐤌𐤅 𐤏𐤋𐤉𐤅 𐤂𐤋 𐤀𐤁𐤍𐤉𐤌 𐤂𐤃𐤅𐤋 𐤏𐤃 𐤄𐤉𐤅𐤌 𐤄𐤆𐤄•
𐤋 𐤀𐤆 𐤉𐤁𐤍𐤄 𐤉𐤄𐤅𐤔𐤏 𐤌𐤆𐤁𐤇 𐤋𐤉𐤄𐤅𐤄 𐤀𐤋𐤄𐤉 𐤉𐤔𐤓𐤀𐤋 𐤁𐤄𐤓 𐤏𐤉𐤁𐤋•
𐤋𐤀 𐤊𐤀𐤔𐤓 𐤑𐤅𐤄 𐤌𐤔𐤄 𐤏𐤁𐤃 𐤉𐤄𐤅𐤄 𐤀𐤕 𐤁𐤍𐤉 𐤉𐤔𐤓𐤀𐤋 𐤊𐤊𐤕𐤅𐤁 𐤁𐤎𐤐𐤓
𐤕𐤅𐤓𐤕 𐤌𐤔𐤄 𐤌𐤆𐤁𐤇 𐤀𐤁𐤍𐤉𐤌 𐤔𐤋𐤌𐤅𐤕 𐤀𐤔𐤓 𐤋𐤀 𐤄𐤍𐤉𐤐 𐤏𐤋𐤉𐤄𐤍 𐤁𐤓𐤆𐤋
𐤅𐤉𐤏𐤋𐤅 𐤏𐤋𐤉𐤅 𐤏𐤋𐤅𐤕 𐤋𐤉𐤄𐤅𐤄 𐤅𐤉𐤆𐤁𐤇𐤅 𐤔𐤋𐤌𐤉𐤌•
𐤋𐤁 𐤅𐤉𐤊𐤕𐤁 𐤔𐤌 𐤏𐤋 𐤄𐤀𐤁𐤍𐤉𐤌 𐤀𐤕 𐤌𐤔𐤍𐤄 𐤕𐤅𐤓𐤕 𐤌𐤔𐤄 𐤀𐤔𐤓 𐤊𐤕𐤁
𐤋𐤐𐤍𐤉 𐤁𐤍𐤉 𐤉𐤔𐤓𐤀𐤋•
𐤋𐤂 𐤅𐤊𐤋 𐤉𐤔𐤓𐤀𐤋 𐤅𐤆𐤒𐤍𐤉𐤅 𐤅𐤔𐤈𐤓𐤉𐤌 𐤅𐤔𐤐𐤈𐤉𐤅 𐤏𐤌𐤃𐤉𐤌 𐤌𐤆𐤄 𐤅𐤌𐤆𐤄
𐤋𐤀𐤓𐤅𐤍 𐤍𐤂𐤃 𐤄𐤊𐤄𐤍𐤉𐤌 𐤄𐤋𐤅𐤉𐤌 𐤍𐤔𐤀𐤉 𐤀𐤓𐤅𐤍 𐤁𐤓𐤉𐤕 𐤉𐤄𐤅𐤄 𐤊𐤂𐤓
𐤊𐤀𐤆𐤓𐤇 𐤇𐤑𐤉𐤅 𐤀𐤋 𐤌𐤅𐤋 𐤄𐤓 𐤂𐤓𐤆𐤉𐤌 𐤅𐤄𐤇𐤑𐤉𐤅 𐤀𐤋 𐤌𐤅𐤋 𐤄𐤓 𐤏𐤉𐤁𐤋
𐤊𐤀𐤔𐤓 𐤑𐤅𐤄 𐤌𐤔𐤄 𐤏𐤁𐤃 𐤉𐤄𐤅𐤄 𐤋𐤁𐤓𐤊 𐤀𐤕 𐤄𐤏𐤌 𐤉𐤔𐤓𐤀𐤋 𐤁𐤓𐤀𐤔𐤍𐤄•
𐤋𐤃 𐤅𐤀𐤇𐤓𐤉 𐤊𐤍 𐤒𐤓𐤀 𐤀𐤕 𐤊𐤋 𐤃𐤁𐤓𐤉 𐤄𐤕𐤅𐤓𐤄 𐤄𐤁𐤓𐤊𐤄 𐤅𐤄𐤒𐤋𐤋𐤄 𐤊𐤊𐤋
𐤄𐤊𐤕𐤅𐤁 𐤁𐤎𐤐𐤓 𐤄𐤕𐤅𐤓𐤄•
𐤋𐤄 𐤋𐤀 𐤄𐤉𐤄 𐤃𐤁𐤓 𐤌𐤊𐤋 𐤀𐤔𐤓 𐤑𐤅𐤄 𐤌𐤔𐤄 𐤀𐤔𐤓 𐤋𐤀 𐤒𐤓𐤀 𐤉𐤄𐤅𐤔𐤏
𐤍𐤂𐤃 𐤊𐤋 𐤒𐤄𐤋 𐤉𐤔𐤓𐤀𐤋 𐤅𐤄𐤍𐤔𐤉𐤌 𐤅𐤄𐤈𐤐 𐤅𐤄𐤂𐤓 𐤄𐤄𐤋𐤊 𐤁𐤒𐤓𐤁𐤌•

𐤐𐤓𐤒 𐤈

𐤀 𐤅𐤉𐤄𐤉 𐤊𐤔𐤌𐤏 𐤊𐤋 𐤄𐤌𐤋𐤊𐤉𐤌 𐤀𐤔𐤓 𐤁𐤏𐤁𐤓 𐤄𐤉𐤓𐤃𐤍 𐤁𐤄𐤓 𐤅𐤁𐤔𐤐𐤋𐤄
𐤅𐤁𐤊𐤋 𐤇𐤅𐤐 𐤄𐤉𐤌 𐤄𐤂𐤃𐤅𐤋 𐤀𐤋 𐤌𐤅𐤋 𐤄𐤋𐤁𐤍𐤅𐤍 𐤄𐤇𐤕𐤉 𐤅𐤄𐤀𐤌𐤓𐤉
𐤄𐤊𐤍𐤏𐤍𐤉 𐤄𐤐𐤓𐤆𐤉 𐤄𐤇𐤅𐤉 𐤅𐤄𐤉𐤁𐤅𐤎𐤉•
𐤁 𐤅𐤉𐤕𐤒𐤁𐤑𐤅 𐤉𐤇𐤃𐤅 𐤋𐤄𐤋𐤇𐤌 𐤏𐤌 𐤉𐤄𐤅𐤔𐤏 𐤅𐤏𐤌 𐤉𐤔𐤓𐤀𐤋 𐤐𐤄 𐤀𐤇𐤃•
𐤂 𐤅𐤉𐤅𐤔𐤁𐤉 𐤂𐤁𐤏𐤅𐤍 𐤔𐤌𐤏𐤅 𐤀𐤕 𐤀𐤔𐤓 𐤏𐤔𐤄 𐤉𐤄𐤅𐤔𐤏 𐤋𐤉𐤓𐤉𐤇𐤅 𐤅𐤋𐤏𐤉•
𐤃 𐤅𐤉𐤏𐤔𐤅 𐤂𐤌 𐤄𐤌𐤄 𐤁𐤏𐤓𐤌𐤄 𐤅𐤉𐤋𐤊𐤅 𐤅𐤉𐤑𐤈𐤉𐤓𐤅 𐤅𐤉𐤒𐤇𐤅 𐤔𐤒𐤉𐤌
𐤁𐤋𐤉𐤌 𐤋𐤇𐤌𐤅𐤓𐤉𐤄𐤌 𐤅𐤍𐤀𐤃𐤅𐤕 𐤉𐤉𐤍 𐤁𐤋𐤉𐤌 𐤅𐤌𐤁𐤒𐤏𐤉𐤌 𐤅𐤌𐤑𐤓𐤓𐤉𐤌•
𐤄 𐤅𐤍𐤏𐤋𐤅𐤕 𐤁𐤋𐤅𐤕 𐤅𐤌𐤈𐤋𐤀𐤅𐤕 𐤁𐤓𐤂𐤋𐤉𐤄𐤌 𐤅𐤔𐤋𐤌𐤅𐤕 𐤁𐤋𐤅𐤕 𐤏𐤋𐤉𐤄𐤌
𐤅𐤊𐤋 𐤋𐤇𐤌 𐤑𐤉𐤃𐤌 𐤉𐤁𐤔 𐤄𐤉𐤄 𐤍𐤒𐤃𐤉𐤌•
𐤅 𐤅𐤉𐤋𐤊𐤅 𐤀𐤋 𐤉𐤄𐤅𐤔𐤏 𐤀𐤋 𐤄𐤌𐤇𐤍𐤄 𐤄𐤂𐤋𐤂𐤋 𐤅𐤉𐤀𐤌𐤓𐤅 𐤀𐤋𐤉𐤅 𐤅𐤀𐤋
𐤀𐤉𐤔 𐤉𐤔𐤓𐤀𐤋 𐤌𐤀𐤓𐤑 𐤓𐤇𐤅𐤒𐤄 𐤁𐤀𐤍𐤅 𐤅𐤏𐤕𐤄 𐤊𐤓𐤕𐤅 𐤋𐤍𐤅 𐤁𐤓𐤉𐤕•
𐤆 𐤅𐤉𐤀𐤌𐤓𐤅 [𐤅𐤉𐤀𐤌𐤓] 𐤀𐤉𐤔 𐤉𐤔𐤓𐤀𐤋 𐤀𐤋 𐤄𐤇𐤅𐤉 𐤀𐤅𐤋𐤉 𐤁𐤒𐤓𐤁𐤉 𐤀𐤕𐤄
𐤉𐤅𐤔𐤁 𐤅𐤀𐤉𐤊 𐤀𐤊𐤓𐤅𐤕 [𐤀𐤊𐤓𐤕] 𐤋𐤊 𐤁𐤓𐤉𐤕•
𐤇 𐤅𐤉𐤀𐤌𐤓𐤅 𐤀𐤋 𐤉𐤄𐤅𐤔𐤏 𐤏𐤁𐤃𐤉𐤊 𐤀𐤍𐤇𐤍𐤅 𐤅𐤉𐤀𐤌𐤓 𐤀𐤋𐤉𐤄𐤌 𐤉𐤄𐤅𐤔𐤏 𐤌𐤉

𐤅𐤋𐤄𐤔𐤌𐤉𐤃 𐤀𐤕 𐤊𐤋 𐤉𐤔𐤁𐤉 𐤄𐤀𐤓𐤑 𐤌𐤐𐤍𐤉𐤊𐤌 𐤅𐤍𐤉𐤓𐤀 𐤌𐤀𐤃
𐤋𐤍𐤐𐤔𐤕𐤉𐤍𐤅 𐤌𐤐𐤍𐤉𐤊𐤌 𐤅𐤍𐤏𐤔𐤄 𐤀𐤕 𐤄𐤃𐤁𐤓 𐤄𐤆𐤄•
𐤊𐤄 𐤅𐤏𐤕𐤄 𐤄𐤍𐤍𐤅 𐤁𐤉𐤃𐤊 𐤊𐤈𐤅𐤁 𐤅𐤊𐤉𐤔𐤓 𐤁𐤏𐤉𐤍𐤉𐤊 𐤋𐤏𐤔𐤅𐤕 𐤋𐤍𐤅 𐤏𐤔𐤄•
𐤊𐤅 𐤅𐤉𐤏𐤔 𐤋𐤄𐤌 𐤊𐤍 𐤅𐤉𐤑𐤋 𐤀𐤅𐤕𐤌 𐤌𐤉𐤃 𐤁𐤍𐤉 𐤉𐤔𐤓𐤀𐤋 𐤅𐤋𐤀 𐤄𐤓𐤂𐤅𐤌•
𐤊𐤆 𐤅𐤉𐤕𐤍𐤌 𐤉𐤄𐤅𐤔𐤏 𐤁𐤉𐤅𐤌 𐤄𐤄𐤅𐤀 𐤇𐤈𐤁𐤉 𐤏𐤑𐤉𐤌 𐤅𐤔𐤀𐤁𐤉 𐤌𐤉𐤌
𐤋𐤏𐤃𐤄 𐤅𐤋𐤌𐤆𐤁𐤇 𐤉𐤄𐤅𐤄 𐤏𐤃 𐤄𐤉𐤅𐤌 𐤄𐤆𐤄 𐤀𐤋 𐤄𐤌𐤒𐤅𐤌 𐤀𐤔𐤓 𐤉𐤁𐤇𐤓•

## 𐤐𐤓𐤒 𐤉

𐤀 𐤅𐤉𐤄𐤉 𐤊𐤔𐤌𐤏 𐤀𐤃𐤍𐤉 𐤑𐤃𐤒 𐤌𐤋𐤊 𐤉𐤓𐤅𐤔𐤋𐤌 𐤊𐤉 𐤋𐤊𐤃 𐤉𐤄𐤅𐤔𐤏 𐤀𐤕
𐤄𐤏𐤉 𐤅𐤉𐤇𐤓𐤉𐤌𐤄 𐤊𐤀𐤔𐤓 𐤏𐤔𐤄 𐤋𐤉𐤓𐤉𐤇𐤅 𐤅𐤋𐤌𐤋𐤊𐤄 𐤊𐤍 𐤏𐤔𐤄 𐤋𐤏𐤉
𐤅𐤋𐤌𐤋𐤊𐤄 𐤅𐤊𐤉 𐤄𐤔𐤋𐤉𐤌𐤅 𐤉𐤔𐤁𐤉 𐤂𐤁𐤏𐤅𐤍 𐤀𐤕 𐤉𐤔𐤓𐤀𐤋 𐤅𐤉𐤄𐤉𐤅
𐤁𐤒𐤓𐤁𐤌•
𐤁 𐤅𐤉𐤉𐤓𐤀𐤅 𐤌𐤀𐤃 𐤊𐤉 𐤏𐤉𐤓 𐤂𐤃𐤅𐤋𐤄 𐤂𐤁𐤏𐤅𐤍 𐤊𐤀𐤇𐤕 𐤏𐤓𐤉 𐤄𐤌𐤌𐤋𐤊𐤄
𐤅𐤊𐤉 𐤄𐤉𐤀 𐤂𐤃𐤅𐤋𐤄 𐤌𐤍 𐤄𐤏𐤉 𐤅𐤊𐤋 𐤀𐤍𐤔𐤉𐤄 𐤂𐤁𐤓𐤉𐤌•
𐤂 𐤅𐤉𐤔𐤋𐤇 𐤀𐤃𐤍𐤉 𐤑𐤃𐤒 𐤌𐤋𐤊 𐤉𐤓𐤅𐤔𐤋𐤌 𐤀𐤋 𐤄𐤅𐤄𐤌 𐤌𐤋𐤊 𐤇𐤁𐤓𐤅𐤍 𐤅𐤀𐤋
𐤐𐤓𐤀𐤌 𐤌𐤋𐤊 𐤉𐤓𐤌𐤅𐤕 𐤅𐤀𐤋 𐤉𐤐𐤉𐤏 𐤌𐤋𐤊 𐤋𐤊𐤉𐤔 𐤅𐤀𐤋 𐤃𐤁𐤉𐤓 𐤌𐤋𐤊
𐤏𐤂𐤋𐤅𐤍 𐤋𐤀𐤌𐤓•
𐤃 𐤏𐤋𐤅 𐤀𐤋𐤉 𐤅𐤏𐤆𐤓𐤍𐤉 𐤅𐤍𐤊𐤄 𐤀𐤕 𐤂𐤁𐤏𐤅𐤍 𐤊𐤉 𐤄𐤔𐤋𐤉𐤌𐤄 𐤀𐤕 𐤉𐤄𐤅𐤔𐤏
𐤅𐤀𐤕 𐤁𐤍𐤉 𐤉𐤔𐤓𐤀𐤋•
𐤄 𐤅𐤉𐤀𐤎𐤐𐤅 𐤅𐤉𐤏𐤋𐤅 𐤇𐤌𐤔𐤕 𐤌𐤋𐤊𐤉 𐤄𐤀𐤌𐤓𐤉 𐤌𐤋𐤊 𐤉𐤓𐤅𐤔𐤋𐤌 𐤌𐤋𐤊
𐤇𐤁𐤓𐤅𐤍 𐤌𐤋𐤊 𐤉𐤓𐤌𐤅𐤕 𐤌𐤋𐤊 𐤋𐤊𐤉𐤔 𐤌𐤋𐤊 𐤏𐤂𐤋𐤅𐤍 𐤄𐤌 𐤅𐤊𐤋 𐤌𐤇𐤍𐤉𐤄𐤌
𐤅𐤉𐤇𐤍𐤅 𐤏𐤋 𐤂𐤁𐤏𐤅𐤍 𐤅𐤉𐤋𐤇𐤌𐤅 𐤏𐤋𐤉𐤄•
𐤅 𐤅𐤉𐤔𐤋𐤇𐤅 𐤀𐤍𐤔𐤉 𐤂𐤁𐤏𐤅𐤍 𐤀𐤋 𐤉𐤄𐤅𐤔𐤏 𐤀𐤋 𐤄𐤌𐤇𐤍𐤄 𐤄𐤂𐤋𐤂𐤋𐤄 𐤋𐤀𐤌𐤓
𐤀𐤋 𐤕𐤓𐤐 𐤉𐤃𐤉𐤊 𐤌𐤏𐤁𐤃𐤉𐤊 𐤏𐤋𐤄 𐤀𐤋𐤉𐤍𐤅 𐤌𐤄𐤓𐤄 𐤅𐤄𐤅𐤔𐤉𐤏𐤄 𐤋𐤍𐤅
𐤅𐤏𐤆𐤓𐤍𐤅 𐤊𐤉 𐤍𐤒𐤁𐤑𐤅 𐤀𐤋𐤉𐤍𐤅 𐤊𐤋 𐤌𐤋𐤊𐤉 𐤄𐤀𐤌𐤓𐤉 𐤉𐤔𐤁𐤉 𐤄𐤄𐤓•
𐤆 𐤅𐤉𐤏𐤋 𐤉𐤄𐤅𐤔𐤏 𐤌𐤍 𐤄𐤂𐤋𐤂𐤋 𐤄𐤅𐤀 𐤅𐤊𐤋 𐤏𐤌 𐤄𐤌𐤋𐤇𐤌𐤄 𐤏𐤌𐤅 𐤅𐤊𐤋
𐤂𐤁𐤅𐤓𐤉 𐤄𐤇𐤉𐤋•
𐤇 𐤅𐤉𐤀𐤌𐤓 𐤉𐤄𐤅𐤄 𐤀𐤋 𐤉𐤄𐤅𐤔𐤏 𐤀𐤋 𐤕𐤉𐤓𐤀 𐤌𐤄𐤌 𐤊𐤉 𐤁𐤉𐤃𐤊 𐤍𐤕𐤕𐤉𐤌
𐤋𐤀 𐤉𐤏𐤌𐤃 𐤀𐤉𐤔 𐤌𐤄𐤌 𐤁𐤐𐤍𐤉𐤊•
𐤈 𐤅𐤉𐤁𐤀 𐤀𐤋𐤉𐤄𐤌 𐤉𐤄𐤅𐤔𐤏 𐤐𐤕𐤀𐤌 𐤊𐤋 𐤄𐤋𐤉𐤋𐤄 𐤏𐤋𐤄 𐤌𐤍 𐤄𐤂𐤋𐤂𐤋•
𐤉 𐤅𐤉𐤄𐤌𐤌 𐤉𐤄𐤅𐤄 𐤋𐤐𐤍𐤉 𐤉𐤔𐤓𐤀𐤋 𐤅𐤉𐤊𐤌 𐤌𐤊𐤄 𐤂𐤃𐤅𐤋𐤄 𐤁𐤂𐤁𐤏𐤅𐤍
𐤅𐤉𐤓𐤃𐤐𐤌 𐤃𐤓𐤊 𐤌𐤏𐤋𐤄 𐤁𐤉𐤕 𐤇𐤓𐤅𐤍 𐤅𐤉𐤊𐤌 𐤏𐤃 𐤏𐤆𐤒𐤄 𐤅𐤏𐤃 𐤌𐤒𐤃𐤄•
𐤉𐤀 𐤅𐤉𐤄𐤉 𐤁𐤍𐤎𐤌 𐤌𐤐𐤍𐤉 𐤉𐤔𐤓𐤀𐤋 𐤄𐤌 𐤁𐤌𐤅𐤓𐤃 𐤁𐤉𐤕 𐤇𐤓𐤅𐤍 𐤅𐤉𐤄𐤅𐤄

𐤄𐤔𐤋𐤉𐤊 𐤏𐤋𐤉𐤄𐤌 𐤀𐤁𐤍𐤉𐤌 𐤂𐤃𐤋𐤅𐤕 𐤌𐤍 𐤄𐤔𐤌𐤉𐤌 𐤏𐤃 𐤏𐤆𐤒𐤄 𐤅𐤉𐤌𐤕𐤅
𐤓𐤁𐤉𐤌 𐤀𐤔𐤓 𐤌𐤕𐤅 𐤁𐤀𐤁𐤍𐤉 𐤄𐤁𐤓𐤃 𐤌𐤀𐤔𐤓 𐤄𐤓𐤂𐤅 𐤁𐤍𐤉 𐤉𐤔𐤓𐤀𐤋 𐤁𐤇𐤓𐤁.

𐤉𐤁 𐤀𐤆 𐤉𐤃𐤁𐤓 𐤉𐤄𐤅𐤔𐤏 𐤋𐤉𐤄𐤅𐤄 𐤁𐤉𐤅𐤌 𐤕𐤕 𐤉𐤄𐤅𐤄 𐤀𐤕 𐤄𐤀𐤌𐤓𐤉 𐤋𐤐𐤍𐤉
𐤁𐤍𐤉 𐤉𐤔𐤓𐤀𐤋 𐤅𐤉𐤀𐤌𐤓 𐤋𐤏𐤉𐤍𐤉 𐤉𐤔𐤓𐤀𐤋 𐤔𐤌𐤔 𐤁𐤂𐤁𐤏𐤅𐤍 𐤃𐤅𐤌 𐤅𐤉𐤓𐤇
𐤁𐤏𐤌𐤒 𐤀𐤉𐤋𐤅𐤍.

𐤉𐤂 𐤅𐤉𐤃𐤌 𐤄𐤔𐤌𐤔 𐤅𐤉𐤓𐤇 𐤏𐤌𐤃 𐤏𐤃 𐤉𐤒𐤌 𐤂𐤅𐤉 𐤀𐤉𐤁𐤉𐤅 𐤄𐤋𐤀 𐤄𐤉𐤀
𐤊𐤕𐤅𐤁𐤄 𐤏𐤋 𐤎𐤐𐤓 𐤄𐤉𐤔𐤓 𐤅𐤉𐤏𐤌𐤃 𐤄𐤔𐤌𐤔 𐤁𐤇𐤑𐤉 𐤄𐤔𐤌𐤉𐤌 𐤅𐤋𐤀 𐤀𐤑
𐤋𐤁𐤅𐤀 𐤊𐤉𐤅𐤌 𐤕𐤌𐤉𐤌.

𐤉𐤃 𐤅𐤋𐤀 𐤄𐤉𐤄 𐤊𐤉𐤅𐤌 𐤄𐤄𐤅𐤀 𐤋𐤐𐤍𐤉𐤅 𐤅𐤀𐤇𐤓𐤉𐤅 𐤋𐤔𐤌𐤏 𐤉𐤄𐤅𐤄 𐤁𐤒𐤅𐤋
𐤀𐤉𐤔 𐤊𐤉 𐤉𐤄𐤅𐤄 𐤍𐤋𐤇𐤌 𐤋𐤉𐤔𐤓𐤀𐤋.

𐤈𐤅 𐤅𐤉𐤔𐤁 𐤉𐤄𐤅𐤔𐤏 𐤅𐤊𐤋 𐤉𐤔𐤓𐤀𐤋 𐤏𐤌𐤅 𐤀𐤋 𐤄𐤌𐤇𐤍𐤄 𐤄𐤂𐤋𐤂𐤋𐤄.

𐤈𐤆 𐤅𐤉𐤍𐤎𐤅 𐤇𐤌𐤔𐤕 𐤄𐤌𐤋𐤊𐤉𐤌 𐤄𐤀𐤋𐤄 𐤅𐤉𐤇𐤁𐤀𐤅 𐤁𐤌𐤏𐤓𐤄 𐤁𐤌𐤒𐤃𐤄.

𐤉𐤆 𐤅𐤉𐤂𐤃 𐤋𐤉𐤄𐤅𐤔𐤏 𐤋𐤀𐤌𐤓 𐤍𐤌𐤑𐤀𐤅 𐤇𐤌𐤔𐤕 𐤄𐤌𐤋𐤊𐤉𐤌 𐤍𐤇𐤁𐤀𐤉𐤌
𐤁𐤌𐤏𐤓𐤄 𐤁𐤌𐤒𐤃𐤄.

𐤉𐤇 𐤅𐤉𐤀𐤌𐤓 𐤉𐤄𐤅𐤔𐤏 𐤂𐤋𐤅 𐤀𐤁𐤍𐤉𐤌 𐤂𐤃𐤋𐤅𐤕 𐤀𐤋 𐤐𐤉 𐤄𐤌𐤏𐤓𐤄 𐤅𐤄𐤐𐤒𐤉𐤃𐤅
𐤏𐤋𐤉𐤄 𐤀𐤍𐤔𐤉𐤌 𐤋𐤔𐤌𐤓𐤌.

𐤉𐤈 𐤅𐤀𐤕𐤌 𐤀𐤋 𐤕𐤏𐤌𐤃𐤅 𐤓𐤃𐤐𐤅 𐤀𐤇𐤓𐤉 𐤀𐤉𐤁𐤉𐤊𐤌 𐤅𐤆𐤍𐤁𐤕𐤌 𐤀𐤅𐤕𐤌 𐤀𐤋
𐤕𐤕𐤍𐤅𐤌 𐤋𐤁𐤅𐤀 𐤀𐤋 𐤏𐤓𐤉𐤄𐤌 𐤊𐤉 𐤍𐤕𐤍𐤌 𐤉𐤄𐤅𐤄 𐤀𐤋𐤄𐤉𐤊𐤌 𐤁𐤉𐤃𐤊𐤌.

𐤊 𐤅𐤉𐤄𐤉 𐤊𐤊𐤋𐤅𐤕 𐤉𐤄𐤅𐤔𐤏 𐤅𐤁𐤍𐤉 𐤉𐤔𐤓𐤀𐤋 𐤋𐤄𐤊𐤅𐤕𐤌 𐤌𐤊𐤄 𐤂𐤃𐤋𐤄
𐤌𐤀𐤃 𐤏𐤃 𐤕𐤌𐤌 𐤅𐤄𐤔𐤓𐤉𐤃𐤉𐤌 𐤔𐤓𐤃𐤅 𐤌𐤄𐤌 𐤅𐤉𐤁𐤀𐤅 𐤀𐤋 𐤏𐤓𐤉 𐤄𐤌𐤁𐤑𐤓.

𐤊𐤀 𐤅𐤉𐤔𐤁𐤅 𐤊𐤋 𐤄𐤏𐤌 𐤀𐤋 𐤄𐤌𐤇𐤍𐤄 𐤀𐤋 𐤉𐤄𐤅𐤔𐤏 𐤌𐤒𐤃𐤄 𐤁𐤔𐤋𐤅𐤌 𐤋𐤀
𐤇𐤓𐤑 𐤋𐤁𐤍𐤉 𐤉𐤔𐤓𐤀𐤋 𐤋𐤀𐤉𐤔 𐤀𐤕 𐤋𐤔𐤍𐤅.

𐤊𐤁 𐤅𐤉𐤀𐤌𐤓 𐤉𐤄𐤅𐤔𐤏 𐤐𐤕𐤇𐤅 𐤀𐤕 𐤐𐤉 𐤄𐤌𐤏𐤓𐤄 𐤅𐤄𐤅𐤑𐤉𐤀𐤅 𐤀𐤋𐤉 𐤀𐤕
𐤇𐤌𐤔𐤕 𐤄𐤌𐤋𐤊𐤉𐤌 𐤄𐤀𐤋𐤄 𐤌𐤍 𐤄𐤌𐤏𐤓𐤄.

𐤊𐤂 𐤅𐤉𐤏𐤔𐤅 𐤊𐤍 𐤅𐤉𐤑𐤉𐤀𐤅 𐤀𐤋𐤉𐤅 𐤀𐤕 𐤇𐤌𐤔𐤕 𐤄𐤌𐤋𐤊𐤉𐤌 𐤄𐤀𐤋𐤄 𐤌𐤍
𐤄𐤌𐤏𐤓𐤄 𐤀𐤕 𐤌𐤋𐤊 𐤉𐤓𐤅𐤔𐤋𐤌 𐤀𐤕 𐤌𐤋𐤊 𐤇𐤁𐤓𐤅𐤍 𐤀𐤕 𐤌𐤋𐤊 𐤉𐤓𐤌𐤅𐤕 𐤀𐤕
𐤌𐤋𐤊 𐤋𐤊𐤉𐤔 𐤀𐤕 𐤌𐤋𐤊 𐤏𐤂𐤋𐤅𐤍.

𐤊𐤃 𐤅𐤉𐤄𐤉 𐤊𐤄𐤅𐤑𐤉𐤀𐤌 𐤀𐤕 𐤄𐤌𐤋𐤊𐤉𐤌 𐤄𐤀𐤋𐤄 𐤀𐤋 𐤉𐤄𐤅𐤔𐤏 𐤅𐤉𐤒𐤓𐤀
𐤉𐤄𐤅𐤔𐤏 𐤀𐤋 𐤊𐤋 𐤀𐤉𐤔 𐤉𐤔𐤓𐤀𐤋 𐤅𐤉𐤀𐤌𐤓 𐤀𐤋 𐤒𐤑𐤉𐤍𐤉 𐤀𐤍𐤔𐤉
𐤄𐤌𐤋𐤇𐤌𐤄 𐤄𐤄𐤋𐤊𐤅𐤀 𐤀𐤕𐤅 𐤒𐤓𐤁𐤅 𐤔𐤉𐤌𐤅 𐤀𐤕 𐤓𐤂𐤋𐤉𐤊𐤌 𐤏𐤋 𐤑𐤅𐤀𐤓𐤉
𐤄𐤌𐤋𐤊𐤉𐤌 𐤄𐤀𐤋𐤄 𐤅𐤉𐤒𐤓𐤁𐤅 𐤅𐤉𐤔𐤉𐤌𐤅 𐤀𐤕 𐤓𐤂𐤋𐤉𐤄𐤌 𐤏𐤋 𐤑𐤅𐤀𐤓𐤉𐤄𐤌.

𐤊𐤄 𐤅𐤉𐤀𐤌𐤓 𐤀𐤋𐤉𐤄𐤌 𐤉𐤄𐤅𐤔𐤏 𐤀𐤋 𐤕𐤉𐤓𐤀𐤅 𐤅𐤀𐤋 𐤕𐤇𐤕𐤅 𐤇𐤆𐤒𐤅
𐤅𐤀𐤌𐤑𐤅 𐤊𐤉 𐤊𐤊𐤄 𐤉𐤏𐤔𐤄 𐤉𐤄𐤅𐤄 𐤋𐤊𐤋 𐤀𐤉𐤁𐤉𐤊𐤌 𐤀𐤔𐤓 𐤀𐤕𐤌

# 𐤉𐤄𐤅𐤔𐤏

𐤍𐤋𐤇𐤌𐤉𐤌 𐤀𐤅𐤕𐤌•
𐤊𐤅𐤅𐤉𐤊𐤌 𐤉𐤄𐤅𐤔𐤏 𐤀𐤇𐤓𐤉 𐤊𐤍 𐤅𐤉𐤌𐤉𐤕𐤌 𐤅𐤉𐤕𐤋𐤌 𐤏𐤋 𐤇𐤌𐤔𐤄 𐤏𐤑𐤉𐤌
𐤅𐤉𐤄𐤉𐤅 𐤕𐤋𐤅𐤉𐤌 𐤏𐤋 𐤄𐤏𐤑𐤉𐤌 𐤏𐤃 𐤄𐤏𐤓𐤁•
𐤊𐤆𐤅𐤉𐤄𐤉 𐤋𐤏𐤕 𐤁𐤅𐤀 𐤄𐤔𐤌𐤔 𐤑𐤅𐤄 𐤉𐤄𐤅𐤔𐤏 𐤅𐤉𐤓𐤉𐤃𐤅𐤌 𐤌𐤏𐤋 𐤄𐤏𐤑𐤉𐤌
𐤅𐤉𐤔𐤋𐤊𐤌 𐤀𐤋 𐤄𐤌𐤏𐤓𐤄 𐤀𐤔𐤓 𐤍𐤇𐤁𐤀𐤅 𐤔𐤌 𐤅𐤉𐤔𐤌𐤅 𐤀𐤁𐤍𐤉𐤌 𐤂𐤃𐤋𐤅𐤕 𐤏𐤋
𐤐𐤉 𐤄𐤌𐤏𐤓𐤄 𐤏𐤃 𐤏𐤑𐤌 𐤄𐤉𐤅𐤌 𐤄𐤆𐤄•
𐤊𐤇𐤅𐤀𐤕 𐤌𐤒𐤃𐤄 𐤋𐤊𐤃 𐤉𐤄𐤅𐤔𐤏 𐤁𐤉𐤅𐤌 𐤄𐤄𐤅𐤀 𐤅𐤉𐤊𐤄 𐤋𐤐𐤉 𐤇𐤓𐤁 𐤅𐤀𐤕
𐤌𐤋𐤊𐤄 𐤄𐤇𐤓𐤌 𐤀𐤅𐤕𐤌 𐤅𐤀𐤕 𐤊𐤋 𐤄𐤍𐤐𐤔 𐤀𐤔𐤓 𐤁𐤄 𐤋𐤀 𐤄𐤔𐤀𐤉𐤓 𐤔𐤓𐤉𐤃
𐤅𐤉𐤏𐤔 𐤋𐤌𐤋𐤊 𐤌𐤒𐤃𐤄 𐤊𐤀𐤔𐤓 𐤏𐤔𐤄 𐤋𐤌𐤋𐤊 𐤉𐤓𐤉𐤇𐤅•
𐤊𐤈𐤅𐤉𐤏𐤁𐤓 𐤉𐤄𐤅𐤔𐤏 𐤅𐤊𐤋 𐤉𐤔𐤓𐤀𐤋 𐤏𐤌𐤅 𐤌𐤌𐤒𐤃𐤄 𐤋𐤁𐤍𐤄 𐤅𐤉𐤋𐤇𐤌 𐤏𐤌
𐤋𐤁𐤍𐤄•
𐤋𐤅𐤉𐤕𐤍 𐤉𐤄𐤅𐤄 𐤂𐤌 𐤀𐤅𐤕𐤄 𐤁𐤉𐤃 𐤉𐤔𐤓𐤀𐤋 𐤅𐤀𐤕 𐤌𐤋𐤊𐤄 𐤅𐤉𐤊𐤄 𐤋𐤐𐤉
𐤇𐤓𐤁 𐤅𐤀𐤕 𐤊𐤋 𐤄𐤍𐤐𐤔 𐤀𐤔𐤓 𐤁𐤄 𐤋𐤀 𐤄𐤔𐤀𐤉𐤓 𐤁𐤄 𐤔𐤓𐤉𐤃 𐤅𐤉𐤏𐤔 𐤋𐤌𐤋𐤊𐤄
𐤊𐤀𐤔𐤓 𐤏𐤔𐤄 𐤋𐤌𐤋𐤊 𐤉𐤓𐤉𐤇𐤅•
𐤋𐤀𐤅𐤉𐤏𐤁𐤓 𐤉𐤄𐤅𐤔𐤏 𐤅𐤊𐤋 𐤉𐤔𐤓𐤀𐤋 𐤏𐤌𐤅 𐤌𐤋𐤁𐤍𐤄 𐤋𐤊𐤉𐤔𐤄 𐤅𐤉𐤇𐤍
𐤏𐤋𐤉𐤄 𐤅𐤉𐤋𐤇𐤌 𐤁𐤄•
𐤋𐤁𐤅𐤉𐤕𐤍 𐤉𐤄𐤅𐤄 𐤀𐤕 𐤋𐤊𐤉𐤔 𐤁𐤉𐤃 𐤉𐤔𐤓𐤀𐤋 𐤅𐤉𐤋𐤊𐤃𐤄 𐤁𐤉𐤅𐤌 𐤄𐤔𐤍𐤉
𐤅𐤉𐤊𐤄 𐤋𐤐𐤉 𐤇𐤓𐤁 𐤅𐤀𐤕 𐤊𐤋 𐤄𐤍𐤐𐤔 𐤀𐤔𐤓 𐤁𐤄 𐤊𐤊𐤋 𐤀𐤔𐤓 𐤏𐤔𐤄 𐤋𐤋𐤁𐤍𐤄•
𐤋𐤂𐤀𐤆 𐤏𐤋𐤄 𐤄𐤅𐤓𐤌 𐤌𐤋𐤊 𐤂𐤆𐤓 𐤋𐤏𐤆𐤓 𐤀𐤕 𐤋𐤊𐤉𐤔 𐤅𐤉𐤊𐤄𐤅 𐤉𐤄𐤅𐤔𐤏 𐤅𐤀𐤕
𐤏𐤌𐤅 𐤏𐤃 𐤁𐤋𐤕𐤉 𐤄𐤔𐤀𐤉𐤓 𐤋𐤅 𐤔𐤓𐤉𐤃•
𐤋𐤃𐤅𐤉𐤏𐤁𐤓 𐤉𐤄𐤅𐤔𐤏 𐤅𐤊𐤋 𐤉𐤔𐤓𐤀𐤋 𐤏𐤌𐤅 𐤌𐤋𐤊𐤉𐤔 𐤏𐤂𐤋𐤍𐤄 𐤅𐤉𐤇𐤍𐤅
𐤏𐤋𐤉𐤄 𐤅𐤉𐤋𐤇𐤌𐤅 𐤏𐤋𐤉𐤄•
𐤋𐤄𐤅𐤉𐤋𐤊𐤃𐤅𐤄 𐤁𐤉𐤅𐤌 𐤄𐤄𐤅𐤀 𐤅𐤉𐤊𐤅𐤄 𐤋𐤐𐤉 𐤇𐤓𐤁 𐤅𐤀𐤕 𐤊𐤋 𐤄𐤍𐤐𐤔
𐤀𐤔𐤓 𐤁𐤄 𐤁𐤉𐤅𐤌 𐤄𐤄𐤅𐤀 𐤄𐤇𐤓𐤉𐤌 𐤊𐤊𐤋 𐤀𐤔𐤓 𐤏𐤔𐤄 𐤋𐤋𐤊𐤉𐤔•
𐤋𐤅𐤅𐤉𐤏𐤋 𐤉𐤄𐤅𐤔𐤏 𐤅𐤊𐤋 𐤉𐤔𐤓𐤀𐤋 𐤏𐤌𐤅 𐤌𐤏𐤂𐤋𐤅𐤍𐤄 𐤇𐤁𐤓𐤅𐤍𐤄
𐤅𐤉𐤋𐤇𐤌𐤅 𐤏𐤋𐤉𐤄•
𐤋𐤆𐤅𐤉𐤋𐤊𐤃𐤅𐤄 𐤅𐤉𐤊𐤅𐤄 𐤋𐤐𐤉 𐤇𐤓𐤁 𐤅𐤀𐤕 𐤌𐤋𐤊𐤄 𐤅𐤀𐤕 𐤊𐤋 𐤏𐤓𐤉𐤄 𐤅𐤀𐤕
𐤊𐤋 𐤄𐤍𐤐𐤔 𐤀𐤔𐤓 𐤁𐤄 𐤋𐤀 𐤄𐤔𐤀𐤉𐤓 𐤔𐤓𐤉𐤃 𐤊𐤊𐤋 𐤀𐤔𐤓 𐤏𐤔𐤄 𐤋𐤏𐤂𐤋𐤅𐤍
𐤅𐤉𐤇𐤓𐤌 𐤀𐤅𐤕𐤄 𐤅𐤀𐤕 𐤊𐤋 𐤄𐤍𐤐𐤔 𐤀𐤔𐤓 𐤁𐤄•
𐤋𐤇𐤅𐤉𐤔𐤁 𐤉𐤄𐤅𐤔𐤏 𐤅𐤊𐤋 𐤉𐤔𐤓𐤀𐤋 𐤏𐤌𐤅 𐤃𐤁𐤓𐤄 𐤅𐤉𐤋𐤇𐤌 𐤏𐤋𐤉𐤄•
𐤋𐤈𐤅𐤉𐤋𐤊𐤃𐤄 𐤅𐤀𐤕 𐤌𐤋𐤊𐤄 𐤅𐤀𐤕 𐤊𐤋 𐤏𐤓𐤉𐤄 𐤅𐤉𐤊𐤅𐤌 𐤋𐤐𐤉 𐤇𐤓𐤁
𐤅𐤉𐤇𐤓𐤉𐤌𐤅 𐤀𐤕 𐤊𐤋 𐤍𐤐𐤔 𐤀𐤔𐤓 𐤁𐤄 𐤋𐤀 𐤄𐤔𐤀𐤉𐤓 𐤔𐤓𐤉𐤃 𐤊𐤀𐤔𐤓 𐤏𐤔𐤄
𐤋𐤇𐤁𐤓𐤅𐤍 𐤊𐤍 𐤏𐤔𐤄 𐤋𐤃𐤁𐤓𐤄 𐤅𐤋𐤌𐤋𐤊𐤄 𐤅𐤊𐤀𐤔𐤓 𐤏𐤔𐤄 𐤋𐤋𐤁𐤍𐤄 𐤅𐤋𐤌𐤋𐤊𐤄•

# יהושע

מ ויכה יהושע את כל הארץ ההר והנגב והשפלה והאשדות
ואת כל מלכיהם לא השאיר שריד ואת כל הנשמה החרים
כאשר צוה יהוה אלהי ישראל.
מא ויכם יהושע מקדש ברנע ועד עזה ואת כל ארץ גשן ועד
גבעון.
מב ואת כל המלכים האלה ואת ארצם לכד יהושע פעם אחת
כי יהוה אלהי ישראל נלחם לישראל.
מג וישב יהושע וכל ישראל עמו אל המחנה הגלגלה.

## פרק יא

א ויהי כשמע יבין מלך חצור וישלח אל יובב מלך מדון
ואל מלך שמרון ואל מלך אכשף.
ב ואל המלכים אשר מצפון בהר ובערבה נגב כנרות ובשפלה
ובנפות דור מים.
ג הכנעני ממזרח ומים והאמרי והחתי והפרזי והיבוסי
בהר והחוי תחת חרמון בארץ המצפה.
ד ויצאו הם וכל מחניהם עמם עם רב כחול אשר על שפת
הים לרב וסוס ורכב רב מאד.
ה ויועדו כל המלכים האלה ויבאו ויחנו יחדו אל מי
מרום להלחם עם ישראל.
ו ויאמר יהוה אל יהושע אל תירא מפניהם כי מחר כעת
הזאת אנכי נתן את כלם חללים לפני ישראל את סוסיהם
תעקר ואת מרכבתיהם תשרף באש.
ז ויבא יהושע וכל עם המלחמה עמו עליהם על מי מרום
פתאם ויפלו בהם.
ח ויתנם יהוה ביד ישראל ויכום וירדפום עד צידון רבה
ועד משרפות מים ועד בקעת מצפה מזרחה ויכם עד בלתי
השאיר להם שריד.
ט ויעש להם יהושע כאשר אמר לו יהוה את סוסיהם עקר
ואת מרכבתיהם שרף באש.
י וישב יהושע בעת ההיא וילכד את חצור ואת מלכה הכה
בחרב כי חצור לפנים היא ראש כל הממלכות האלה.
יא ויכו את כל הנפש אשר בה לפי חרב החרם לא נותר כל

נשמה ואת חצור שרף באש.
יב ואת כל ערי המלכים האלה ואת כל מלכיהם לכד
יהושע ויכם לפי חרב החרים אותם כאשר צוה משה עבד
יהוה.
יג רק כל הערים העמדות על תלם לא שרפם ישראל זולתי
את חצור לבדה שרף יהושע.
יד וכל שלל הערים האלה והבהמה בזזו להם בני ישראל
רק את כל האדם הכו לפי חרב עד השמדם אותם לא השאירו
כל נשמה.
טו כאשר צוה יהוה את משה עבדו כן צוה משה את יהושע
וכן עשה יהושע לא הסיר דבר מכל אשר צוה יהוה את משה.
טז ויקח יהושע את כל הארץ הזאת ההר ואת כל הנגב ואת
כל ארץ הגשן ואת השפלה ואת הערבה ואת הר ישראל
ושפלתה.
יז מן ההר החלק העולה שעיר ועד בעל גד בבקעת הלבנון
תחת הר חרמון ואת כל מלכיהם לכד ויכם וימיתם.
יח ימים רבים עשה יהושע את כל המלכים האלה מלחמה.
יט לא היתה עיר אשר השלימה אל בני ישראל בלתי החוי
ישבי גבעון את הכל לקחו במלחמה.
כ כי מאת יהוה היתה לחזק את לבם לקראת המלחמה את
ישראל למען החרימם לבלתי היות להם תחנה כי למען
השמידם כאשר צוה יהוה את משה.
כא ויבא יהושע בעת ההיא ויכרת את הענקים מן ההר מן
חברון מן דבר מן ענב ומכל הר יהודה ומכל הר ישראל עם
עריהם החרימם יהושע.
כב לא נותר ענקים בארץ בני ישראל רק בעזה בגת
ובאשדוד נשארו.
כג ויקח יהושע את כל הארץ ככל אשר דבר יהוה אל משה
ויתנה יהושע לנחלה לישראל כמחלקתם לשבטיהם והארץ
שקטה ממלחמה.

פרק יב

א ואלה מלכי הארץ אשר הכו בני ישראל וירשו את ארצם

# 𐤉𐤄𐤅𐤔𐤏

𐤁𐤏𐤁𐤓 𐤄𐤉𐤓𐤃𐤍 𐤌𐤆𐤓𐤇𐤄 𐤄𐤔𐤌𐤔 𐤌𐤍𐤇𐤋 𐤀𐤓𐤍𐤅𐤍 𐤏𐤃 𐤄𐤓 𐤇𐤓𐤌𐤅𐤍 𐤅𐤊𐤋
𐤄𐤏𐤓𐤁𐤄 𐤌𐤆𐤓𐤇𐤄•

𐤁 𐤎𐤉𐤇𐤅𐤍 𐤌𐤋𐤊 𐤄𐤀𐤌𐤓𐤉 𐤄𐤉𐤅𐤔𐤁 𐤁𐤇𐤔𐤁𐤅𐤍 𐤌𐤔𐤋 𐤌𐤏𐤓𐤅𐤏𐤓 𐤀𐤔𐤓 𐤏𐤋
𐤔𐤐𐤕 𐤍𐤇𐤋 𐤀𐤓𐤍𐤅𐤍 𐤅𐤕𐤅𐤊 𐤄𐤍𐤇𐤋 𐤅𐤇𐤑𐤉 𐤄𐤂𐤋𐤏𐤃 𐤅𐤏𐤃 𐤉𐤁𐤒 𐤄𐤍𐤇𐤋 𐤂𐤁𐤅𐤋
𐤁𐤍𐤉 𐤏𐤌𐤅𐤍•

𐤂 𐤅𐤄𐤏𐤓𐤁𐤄 𐤏𐤃 𐤉𐤌 𐤊𐤍𐤓𐤅𐤕 𐤌𐤆𐤓𐤇𐤄 𐤅𐤏𐤃 𐤉𐤌 𐤄𐤏𐤓𐤁𐤄 𐤉𐤌 𐤄𐤌𐤋𐤇
𐤌𐤆𐤓𐤇𐤄 𐤃𐤓𐤊 𐤁𐤉𐤕 𐤄𐤉𐤔𐤌𐤅𐤕 𐤅𐤌𐤕𐤉𐤌𐤍 𐤕𐤇𐤕 𐤀𐤔𐤃𐤅𐤕 𐤄𐤐𐤎𐤂𐤄•

𐤃 𐤅𐤂𐤁𐤅𐤋 𐤏𐤅𐤂 𐤌𐤋𐤊 𐤄𐤁𐤔𐤍 𐤌𐤉𐤕𐤓 𐤄𐤓𐤐𐤀𐤉𐤌 𐤄𐤉𐤅𐤔𐤁 𐤁𐤏𐤔𐤕𐤓𐤅𐤕
𐤅𐤁𐤀𐤃𐤓𐤏𐤉•

𐤄 𐤅𐤌𐤔𐤋 𐤁𐤄𐤓 𐤇𐤓𐤌𐤅𐤍 𐤅𐤁𐤎𐤋𐤊𐤄 𐤅𐤁𐤊𐤋 𐤄𐤁𐤔𐤍 𐤏𐤃 𐤂𐤁𐤅𐤋 𐤄𐤂𐤔𐤅𐤓𐤉
𐤅𐤄𐤌𐤏𐤊𐤕𐤉 𐤅𐤇𐤑𐤉 𐤄𐤂𐤋𐤏𐤃 𐤂𐤁𐤅𐤋 𐤎𐤉𐤇𐤅𐤍 𐤌𐤋𐤊 𐤇𐤔𐤁𐤅𐤍•

𐤅 𐤌𐤔𐤄 𐤏𐤁𐤃 𐤉𐤄𐤅𐤄 𐤅𐤁𐤍𐤉 𐤉𐤔𐤓𐤀𐤋 𐤄𐤊𐤅𐤌 𐤅𐤉𐤕𐤍𐤄 𐤌𐤔𐤄 𐤏𐤁𐤃
𐤉𐤄𐤅𐤄 𐤉𐤓𐤔𐤄 𐤋𐤓𐤀𐤅𐤁𐤍𐤉 𐤅𐤋𐤂𐤃𐤉 𐤅𐤋𐤇𐤑𐤉 𐤔𐤁𐤈 𐤄𐤌𐤍𐤔𐤄•

𐤆 𐤅𐤀𐤋𐤄 𐤌𐤋𐤊𐤉 𐤄𐤀𐤓𐤑 𐤀𐤔𐤓 𐤄𐤊𐤄 𐤉𐤄𐤅𐤔𐤏 𐤅𐤁𐤍𐤉 𐤉𐤔𐤓𐤀𐤋 𐤁𐤏𐤁𐤓
𐤄𐤉𐤓𐤃𐤍 𐤉𐤌𐤄 𐤌𐤁𐤏𐤋 𐤂𐤃 𐤁𐤁𐤒𐤏𐤕 𐤄𐤋𐤁𐤍𐤅𐤍 𐤅𐤏𐤃 𐤄𐤄𐤓 𐤄𐤇𐤋𐤒 𐤄𐤏𐤋𐤄
𐤔𐤏𐤉𐤓𐤄 𐤅𐤉𐤕𐤍𐤄 𐤉𐤄𐤅𐤔𐤏 𐤋𐤔𐤁𐤈𐤉 𐤉𐤔𐤓𐤀𐤋 𐤉𐤓𐤔𐤄 𐤊𐤌𐤇𐤋𐤒𐤕𐤌•

𐤇 𐤁𐤄𐤓 𐤅𐤁𐤔𐤐𐤋𐤄 𐤅𐤁𐤏𐤓𐤁𐤄 𐤅𐤁𐤀𐤔𐤃𐤅𐤕 𐤅𐤁𐤌𐤃𐤁𐤓 𐤅𐤁𐤍𐤂𐤁 𐤄𐤇𐤕𐤉 𐤄𐤀𐤌𐤓𐤉
𐤅𐤄𐤊𐤍𐤏𐤍𐤉 𐤄𐤐𐤓𐤆𐤉 𐤄𐤇𐤅𐤉 𐤅𐤄𐤉𐤁𐤅𐤎𐤉•

𐤈 𐤌𐤋𐤊 𐤉𐤓𐤉𐤇𐤅 𐤀𐤇𐤃 𐤌𐤋𐤊 𐤄𐤏𐤉 𐤀𐤔𐤓 𐤌𐤑𐤃 𐤁𐤉𐤕 𐤀𐤋 𐤀𐤇𐤃•

𐤉 𐤌𐤋𐤊 𐤉𐤓𐤅𐤔𐤋𐤌 𐤀𐤇𐤃 𐤌𐤋𐤊 𐤇𐤁𐤓𐤅𐤍 𐤀𐤇𐤃•

𐤉𐤀 𐤌𐤋𐤊 𐤉𐤓𐤌𐤅𐤕 𐤀𐤇𐤃 𐤌𐤋𐤊 𐤋𐤊𐤉𐤔 𐤀𐤇𐤃•

𐤉𐤁 𐤌𐤋𐤊 𐤏𐤂𐤋𐤅𐤍 𐤀𐤇𐤃 𐤌𐤋𐤊 𐤂𐤆𐤓 𐤀𐤇𐤃•

𐤉𐤂 𐤌𐤋𐤊 𐤃𐤁𐤓 𐤀𐤇𐤃 𐤌𐤋𐤊 𐤂𐤃𐤓 𐤀𐤇𐤃•

𐤉𐤃 𐤌𐤋𐤊 𐤇𐤓𐤌𐤄 𐤀𐤇𐤃 𐤌𐤋𐤊 𐤏𐤓𐤃 𐤀𐤇𐤃•

𐤈𐤅 𐤌𐤋𐤊 𐤋𐤁𐤍𐤄 𐤀𐤇𐤃 𐤌𐤋𐤊 𐤏𐤃𐤋𐤌 𐤀𐤇𐤃•

𐤈𐤆 𐤌𐤋𐤊 𐤌𐤒𐤃𐤄 𐤀𐤇𐤃 𐤌𐤋𐤊 𐤁𐤉𐤕 𐤀𐤋 𐤀𐤇𐤃•

𐤉𐤆 𐤌𐤋𐤊 𐤕𐤐𐤅𐤇 𐤀𐤇𐤃 𐤌𐤋𐤊 𐤇𐤐𐤓 𐤀𐤇𐤃•

𐤉𐤇 𐤌𐤋𐤊 𐤀𐤐𐤒 𐤀𐤇𐤃 𐤌𐤋𐤊 𐤋𐤔𐤓𐤅𐤍 𐤀𐤇𐤃•

𐤉𐤈 𐤌𐤋𐤊 𐤌𐤃𐤅𐤍 𐤀𐤇𐤃 𐤌𐤋𐤊 𐤇𐤑𐤅𐤓 𐤀𐤇𐤃•

𐤊 𐤌𐤋𐤊 𐤔𐤌𐤓𐤅𐤍 𐤌𐤓𐤀𐤅𐤍 𐤀𐤇𐤃 𐤌𐤋𐤊 𐤀𐤊𐤔𐤐 𐤀𐤇𐤃•

𐤊𐤀 𐤌𐤋𐤊 𐤕𐤏𐤍𐤊 𐤀𐤇𐤃 𐤌𐤋𐤊 𐤌𐤂𐤃𐤅 𐤀𐤇𐤃•

𐤊𐤁 𐤌𐤋𐤊 𐤒𐤃𐤔 𐤀𐤇𐤃 𐤌𐤋𐤊 𐤉𐤒𐤍𐤏𐤌 𐤋𐤊𐤓𐤌𐤋 𐤀𐤇𐤃•

𐤊𐤂 𐤌𐤋𐤊 𐤃𐤅𐤓 𐤋𐤍𐤐𐤕 𐤃𐤅𐤓 𐤀𐤇𐤃 𐤌𐤋𐤊 𐤂𐤅𐤉𐤌 𐤋𐤂𐤋𐤂𐤋 𐤀𐤇𐤃•

# 𐤉𐤄𐤅𐤔𐤏

𐤊𐤃 𐤌𐤋𐤊 𐤕𐤓𐤑𐤄 𐤀𐤇𐤃 𐤊𐤋 𐤌𐤋𐤊𐤉𐤌 𐤔𐤋𐤔𐤉𐤌 𐤅𐤀𐤇𐤃.

𐤐𐤓𐤒 𐤉𐤂

𐤀 𐤅𐤉𐤄𐤅𐤔𐤏 𐤆𐤒𐤍 𐤁𐤀 𐤁𐤉𐤌𐤉𐤌 𐤅𐤉𐤀𐤌𐤓 𐤉𐤄𐤅𐤄 𐤀𐤋𐤉𐤅 𐤀𐤕𐤄 𐤆𐤒𐤍𐤕𐤄
𐤁𐤀𐤕 𐤁𐤉𐤌𐤉𐤌 𐤅𐤄𐤀𐤓𐤑 𐤍𐤔𐤀𐤓𐤄 𐤄𐤓𐤁𐤄 𐤌𐤀𐤃 𐤋𐤓𐤔𐤕𐤄.
𐤁 𐤆𐤀𐤕 𐤄𐤀𐤓𐤑 𐤄𐤍𐤔𐤀𐤓𐤕 𐤊𐤋 𐤂𐤋𐤉𐤋𐤅𐤕 𐤄𐤐𐤋𐤔𐤕𐤉𐤌 𐤅𐤊𐤋 𐤄𐤂𐤔𐤅𐤓𐤉.
𐤂 𐤌𐤍 𐤄𐤔𐤉𐤇𐤅𐤓 𐤀𐤔𐤓 𐤏𐤋 𐤐𐤍𐤉 𐤌𐤑𐤓𐤉𐤌 𐤅𐤏𐤃 𐤂𐤁𐤅𐤋 𐤏𐤒𐤓𐤅𐤍 𐤑𐤐𐤅𐤍𐤄
𐤋𐤊𐤍𐤏𐤍𐤉 𐤕𐤇𐤔𐤁 𐤇𐤌𐤔𐤕 𐤎𐤓𐤍𐤉 𐤐𐤋𐤔𐤕𐤉𐤌 𐤄𐤏𐤆𐤕𐤉 𐤅𐤄𐤀𐤔𐤃𐤅𐤃𐤉
𐤄𐤀𐤔𐤒𐤋𐤅𐤍𐤉 𐤄𐤂𐤕𐤉 𐤅𐤄𐤏𐤒𐤓𐤅𐤍𐤉 𐤅𐤄𐤏𐤅𐤉𐤌.
𐤃 𐤌𐤕𐤉𐤌𐤍 𐤊𐤋 𐤀𐤓𐤑 𐤄𐤊𐤍𐤏𐤍𐤉 𐤅𐤌𐤏𐤓𐤄 𐤀𐤔𐤓 𐤋𐤑𐤉𐤃𐤍𐤉𐤌 𐤏𐤃 𐤀𐤐𐤒𐤄 𐤏𐤃
𐤂𐤁𐤅𐤋 𐤄𐤀𐤌𐤓𐤉.
𐤄 𐤅𐤄𐤀𐤓𐤑 𐤄𐤂𐤁𐤋𐤉 𐤅𐤊𐤋 𐤄𐤋𐤁𐤍𐤅𐤍 𐤌𐤆𐤓𐤇 𐤄𐤔𐤌𐤔 𐤌𐤁𐤏𐤋 𐤂𐤃 𐤕𐤇𐤕 𐤄𐤓
𐤇𐤓𐤌𐤅𐤍 𐤏𐤃 𐤋𐤁𐤅𐤀 𐤇𐤌𐤕.
𐤅 𐤊𐤋 𐤉𐤔𐤁𐤉 𐤄𐤄𐤓 𐤌𐤍 𐤄𐤋𐤁𐤍𐤅𐤍 𐤏𐤃 𐤌𐤔𐤓𐤐𐤕 𐤌𐤉𐤌 𐤊𐤋 𐤑𐤉𐤃𐤍𐤉𐤌
𐤀𐤍𐤊𐤉 𐤀𐤅𐤓𐤉𐤔𐤌 𐤌𐤐𐤍𐤉 𐤁𐤍𐤉 𐤉𐤔𐤓𐤀𐤋 𐤓𐤒 𐤄𐤐𐤋𐤄 𐤋𐤉𐤔𐤓𐤀𐤋 𐤁𐤍𐤇𐤋𐤄
𐤊𐤀𐤔𐤓 𐤑𐤅𐤉𐤕𐤉𐤊.
𐤆 𐤅𐤏𐤕𐤄 𐤇𐤋𐤒 𐤀𐤕 𐤄𐤀𐤓𐤑 𐤄𐤆𐤀𐤕 𐤁𐤍𐤇𐤋𐤄 𐤋𐤕𐤔𐤏𐤕 𐤄𐤔𐤁𐤈𐤉𐤌 𐤅𐤇𐤑𐤉
𐤔𐤁𐤈 𐤄𐤌𐤍𐤔𐤄.
𐤇 𐤏𐤌𐤅 𐤄𐤓𐤀𐤅𐤁𐤍𐤉 𐤅𐤄𐤂𐤃𐤉 𐤋𐤒𐤇𐤅 𐤍𐤇𐤋𐤕𐤌 𐤀𐤔𐤓 𐤍𐤕𐤍 𐤋𐤄𐤌 𐤌𐤔𐤄
𐤁𐤏𐤁𐤓 𐤄𐤉𐤓𐤃𐤍 𐤌𐤆𐤓𐤇𐤄 𐤊𐤀𐤔𐤓 𐤍𐤕𐤍 𐤋𐤄𐤌 𐤌𐤔𐤄 𐤏𐤁𐤃 𐤉𐤄𐤅𐤄.
𐤈 𐤌𐤏𐤓𐤅𐤏𐤓 𐤀𐤔𐤓 𐤏𐤋 𐤔𐤐𐤕 𐤍𐤇𐤋 𐤀𐤓𐤍𐤅𐤍 𐤅𐤄𐤏𐤉𐤓 𐤀𐤔𐤓 𐤁𐤕𐤅𐤊 𐤄𐤍𐤇𐤋
𐤅𐤊𐤋 𐤄𐤌𐤉𐤔𐤓 𐤌𐤉𐤃𐤁𐤀 𐤏𐤃 𐤃𐤉𐤁𐤅𐤍.
𐤉 𐤅𐤊𐤋 𐤏𐤓𐤉 𐤎𐤉𐤇𐤅𐤍 𐤌𐤋𐤊 𐤄𐤀𐤌𐤓𐤉 𐤀𐤔𐤓 𐤌𐤋𐤊 𐤁𐤇𐤔𐤁𐤅𐤍 𐤏𐤃 𐤂𐤁𐤅𐤋
𐤁𐤍𐤉 𐤏𐤌𐤅𐤍.
𐤉𐤀 𐤅𐤄𐤂𐤋𐤏𐤃 𐤅𐤂𐤁𐤅𐤋 𐤄𐤂𐤔𐤅𐤓𐤉 𐤅𐤄𐤌𐤏𐤊𐤕𐤉 𐤅𐤊𐤋 𐤄𐤓 𐤇𐤓𐤌𐤅𐤍 𐤅𐤊𐤋
𐤄𐤁𐤔𐤍 𐤏𐤃 𐤎𐤋𐤊𐤄.
𐤉𐤁 𐤊𐤋 𐤌𐤌𐤋𐤊𐤅𐤕 𐤏𐤅𐤂 𐤁𐤁𐤔𐤍 𐤀𐤔𐤓 𐤌𐤋𐤊 𐤁𐤏𐤔𐤕𐤓𐤅𐤕 𐤅𐤁𐤀𐤃𐤓𐤏𐤉 𐤄𐤅𐤀
𐤍𐤔𐤀𐤓 𐤌𐤉𐤕𐤓 𐤄𐤓𐤐𐤀𐤉𐤌 𐤅𐤉𐤊𐤌 𐤌𐤔𐤄 𐤅𐤉𐤓𐤔𐤌.
𐤉𐤂 𐤅𐤋𐤀 𐤄𐤅𐤓𐤉𐤔𐤅 𐤁𐤍𐤉 𐤉𐤔𐤓𐤀𐤋 𐤀𐤕 𐤄𐤂𐤔𐤅𐤓𐤉 𐤅𐤀𐤕 𐤄𐤌𐤏𐤊𐤕𐤉
𐤅𐤉𐤔𐤁 𐤂𐤔𐤅𐤓 𐤅𐤌𐤏𐤊𐤕 𐤁𐤒𐤓𐤁 𐤉𐤔𐤓𐤀𐤋 𐤏𐤃 𐤄𐤉𐤅𐤌 𐤄𐤆𐤄.
𐤉𐤃 𐤓𐤒 𐤋𐤔𐤁𐤈 𐤄𐤋𐤅𐤉 𐤋𐤀 𐤍𐤕𐤍 𐤍𐤇𐤋𐤄 𐤀𐤔𐤉 𐤉𐤄𐤅𐤄 𐤀𐤋𐤄𐤉 𐤉𐤔𐤓𐤀𐤋
𐤄𐤅𐤀 𐤍𐤇𐤋𐤕𐤅 𐤊𐤀𐤔𐤓 𐤃𐤁𐤓 𐤋𐤅.
𐤈𐤅 𐤅𐤉𐤕𐤍 𐤌𐤔𐤄 𐤋𐤌𐤈𐤄 𐤁𐤍𐤉 𐤓𐤀𐤅𐤁𐤍 𐤋𐤌𐤔𐤐𐤇𐤕𐤌.

# 𐤉𐤄𐤅𐤔𐤏

𐤈𐤆 𐤅𐤉𐤄𐤉 𐤋𐤄𐤌 𐤄𐤂𐤁𐤅𐤋 𐤌𐤏𐤓𐤅𐤏𐤓 𐤀𐤔𐤓 𐤏𐤋 𐤔𐤐𐤕 𐤍𐤇𐤋 𐤀𐤓𐤍𐤅𐤍 𐤅𐤄𐤏𐤉𐤓
𐤀𐤔𐤓 𐤁𐤕𐤅𐤊 𐤄𐤍𐤇𐤋 𐤅𐤊𐤋 𐤄𐤌𐤉𐤔𐤓 𐤏𐤋 𐤌𐤉𐤃𐤁𐤀•
𐤉𐤆 𐤇𐤔𐤁𐤅𐤍 𐤅𐤊𐤋 𐤏𐤓𐤉𐤄 𐤀𐤔𐤓 𐤁𐤌𐤉𐤔𐤅𐤓 𐤃𐤉𐤁𐤅𐤍 𐤅𐤁𐤌𐤅𐤕 𐤁𐤏𐤋 𐤅𐤁𐤉𐤕
𐤁𐤏𐤋 𐤌𐤏𐤅𐤍•
𐤉𐤇 𐤅𐤉𐤄𐤑𐤄 𐤅𐤒𐤃𐤌𐤕 𐤅𐤌𐤐𐤏𐤕•
𐤉𐤈 𐤅𐤒𐤓𐤉𐤕𐤉𐤌 𐤅𐤔𐤁𐤌𐤄 𐤅𐤑𐤓𐤕 𐤄𐤔𐤇𐤓 𐤁𐤄𐤓 𐤄𐤏𐤌𐤒•
𐤊 𐤅𐤁𐤉𐤕 𐤐𐤏𐤅𐤓 𐤅𐤀𐤔𐤃𐤅𐤕 𐤄𐤐𐤎𐤂𐤄 𐤅𐤁𐤉𐤕 𐤄𐤉𐤔𐤌𐤅𐤕•
𐤊𐤀 𐤅𐤊𐤋 𐤏𐤓𐤉 𐤄𐤌𐤉𐤔𐤓 𐤅𐤊𐤋 𐤌𐤌𐤋𐤊𐤅𐤕 𐤎𐤉𐤇𐤅𐤍 𐤌𐤋𐤊 𐤄𐤀𐤌𐤓𐤉 𐤀𐤔𐤓
𐤌𐤋𐤊 𐤁𐤇𐤔𐤁𐤅𐤍 𐤀𐤔𐤓 𐤄𐤊𐤄 𐤌𐤔𐤄 𐤀𐤕𐤅 𐤅𐤀𐤕 𐤍𐤔𐤉𐤀𐤉 𐤌𐤃𐤉𐤍 𐤀𐤕 𐤀𐤅𐤉
𐤅𐤀𐤕 𐤓𐤒𐤌 𐤅𐤀𐤕 𐤑𐤅𐤓 𐤅𐤀𐤕 𐤇𐤅𐤓 𐤅𐤀𐤕 𐤓𐤁𐤏 𐤍𐤎𐤉𐤊𐤉 𐤎𐤉𐤇𐤅𐤍 𐤉𐤔𐤁𐤉
𐤄𐤀𐤓𐤑•
𐤊𐤁 𐤅𐤀𐤕 𐤁𐤋𐤏𐤌 𐤁𐤍 𐤁𐤏𐤅𐤓 𐤄𐤒𐤅𐤎𐤌 𐤄𐤓𐤂𐤅 𐤁𐤍𐤉 𐤉𐤔𐤓𐤀𐤋 𐤁𐤇𐤓𐤁 𐤀𐤋
𐤇𐤋𐤋𐤉𐤄𐤌•
𐤊𐤂 𐤅𐤉𐤄𐤉 𐤂𐤁𐤅𐤋 𐤁𐤍𐤉 𐤓𐤀𐤅𐤁𐤍 𐤄𐤉𐤓𐤃𐤍 𐤅𐤂𐤁𐤅𐤋 𐤆𐤀𐤕 𐤍𐤇𐤋𐤕 𐤁𐤍𐤉
𐤓𐤀𐤅𐤁𐤍 𐤋𐤌𐤔𐤐𐤇𐤕𐤌 𐤄𐤏𐤓𐤉𐤌 𐤅𐤇𐤑𐤓𐤉𐤄𐤍•
𐤊𐤃 𐤅𐤉𐤕𐤍 𐤌𐤔𐤄 𐤋𐤌𐤈𐤄 𐤂𐤃 𐤋𐤁𐤍𐤉 𐤂𐤃 𐤋𐤌𐤔𐤐𐤇𐤕𐤌•
𐤊𐤄 𐤅𐤉𐤄𐤉 𐤋𐤄𐤌 𐤄𐤂𐤁𐤅𐤋 𐤉𐤏𐤆𐤓 𐤅𐤊𐤋 𐤏𐤓𐤉 𐤄𐤂𐤋𐤏𐤃 𐤅𐤇𐤑𐤉 𐤀𐤓𐤑 𐤁𐤍𐤉
𐤏𐤌𐤅𐤍 𐤏𐤃 𐤏𐤓𐤅𐤏𐤓 𐤀𐤔𐤓 𐤏𐤋 𐤐𐤍𐤉 𐤓𐤁𐤄•
𐤊𐤅 𐤅𐤌𐤇𐤔𐤁𐤅𐤍 𐤏𐤃 𐤓𐤌𐤕 𐤄𐤌𐤑𐤐𐤄 𐤅𐤁𐤈𐤍𐤉𐤌 𐤅𐤌𐤌𐤇𐤍𐤉𐤌 𐤏𐤃 𐤂𐤁𐤅𐤋
𐤋𐤃𐤁𐤓•
𐤊𐤆 𐤅𐤁𐤏𐤌𐤒 𐤁𐤉𐤕 𐤄𐤓𐤌 𐤅𐤁𐤉𐤕 𐤍𐤌𐤓𐤄 𐤅𐤎𐤊𐤅𐤕 𐤅𐤑𐤐𐤅𐤍 𐤉𐤕𐤓 𐤌𐤌𐤋𐤊𐤅𐤕
𐤎𐤉𐤇𐤅𐤍 𐤌𐤋𐤊 𐤇𐤔𐤁𐤅𐤍 𐤄𐤉𐤓𐤃𐤍 𐤅𐤂𐤁𐤋 𐤏𐤃 𐤒𐤑𐤄 𐤉𐤌 𐤊𐤍𐤓𐤕 𐤏𐤁𐤓 𐤄𐤉𐤓𐤃𐤍
𐤌𐤆𐤓𐤇𐤄•
𐤊𐤇 𐤆𐤀𐤕 𐤍𐤇𐤋𐤕 𐤁𐤍𐤉 𐤂𐤃 𐤋𐤌𐤔𐤐𐤇𐤕𐤌 𐤄𐤏𐤓𐤉𐤌 𐤅𐤇𐤑𐤓𐤉𐤄𐤌•
𐤊𐤈 𐤅𐤉𐤕𐤍 𐤌𐤔𐤄 𐤋𐤇𐤑𐤉 𐤔𐤁𐤈 𐤌𐤍𐤔𐤄 𐤅𐤉𐤄𐤉 𐤋𐤇𐤑𐤉 𐤌𐤈𐤄 𐤁𐤍𐤉
𐤌𐤍𐤔𐤄 𐤋𐤌𐤔𐤐𐤇𐤕𐤌•
𐤋 𐤅𐤉𐤄𐤉 𐤂𐤁𐤅𐤋𐤌 𐤌𐤌𐤇𐤍𐤉𐤌 𐤊𐤋 𐤄𐤁𐤔𐤍 𐤊𐤋 𐤌𐤌𐤋𐤊𐤅𐤕 𐤏𐤅𐤂 𐤌𐤋𐤊
𐤄𐤁𐤔𐤍 𐤅𐤊𐤋 𐤇𐤅𐤕 𐤉𐤀𐤉𐤓 𐤀𐤔𐤓 𐤁𐤁𐤔𐤍 𐤔𐤔𐤉𐤌 𐤏𐤉𐤓•
𐤋𐤀 𐤅𐤇𐤑𐤉 𐤄𐤂𐤋𐤏𐤃 𐤅𐤏𐤔𐤕𐤓𐤅𐤕 𐤅𐤀𐤃𐤓𐤏𐤉 𐤏𐤓𐤉 𐤌𐤌𐤋𐤊𐤅𐤕 𐤏𐤅𐤂 𐤁𐤁𐤔𐤍
𐤋𐤁𐤍𐤉 𐤌𐤊𐤉𐤓 𐤁𐤍 𐤌𐤍𐤔𐤄 𐤋𐤇𐤑𐤉 𐤁𐤍𐤉 𐤌𐤊𐤉𐤓 𐤋𐤌𐤔𐤐𐤇𐤕𐤌•
𐤋𐤁 𐤀𐤋𐤄 𐤀𐤔𐤓 𐤍𐤇𐤋 𐤌𐤔𐤄 𐤁𐤏𐤓𐤁𐤅𐤕 𐤌𐤅𐤀𐤁 𐤌𐤏𐤁𐤓 𐤋𐤉𐤓𐤃𐤍 𐤉𐤓𐤉𐤇𐤅
𐤌𐤆𐤓𐤇𐤄•
𐤋𐤂 𐤅𐤋𐤔𐤁𐤈 𐤄𐤋𐤅𐤉 𐤋𐤀 𐤍𐤕𐤍 𐤌𐤔𐤄 𐤍𐤇𐤋𐤄 𐤉𐤄𐤅𐤄 𐤀𐤋𐤄𐤉 𐤉𐤔𐤓𐤀𐤋

# 𐤉𐤄𐤅𐤔𐤏

𐤄𐤅𐤀 𐤍𐤇𐤋𐤕𐤌 𐤊𐤀𐤔𐤓 𐤃𐤁𐤓 𐤋𐤄𐤌•

𐤐𐤓𐤒 𐤉𐤃

𐤀 𐤅𐤀𐤋𐤄 𐤀𐤔𐤓 𐤍𐤇𐤋𐤅 𐤁𐤍𐤉 𐤉𐤔𐤓𐤀𐤋 𐤁𐤀𐤓𐤑 𐤊𐤍𐤏𐤍 𐤀𐤔𐤓 𐤍𐤇𐤋𐤅 𐤀𐤅𐤕𐤌
𐤀𐤋𐤏𐤆𐤓 𐤄𐤊𐤄𐤍 𐤅𐤉𐤄𐤅𐤔𐤏 𐤁𐤍 𐤍𐤅𐤍 𐤅𐤓𐤀𐤔𐤉 𐤀𐤁𐤅𐤕 𐤄𐤌𐤈𐤅𐤕 𐤋𐤁𐤍𐤉
𐤉𐤔𐤓𐤀𐤋•
𐤁 𐤁𐤂𐤅𐤓𐤋 𐤍𐤇𐤋𐤕𐤌 𐤊𐤀𐤔𐤓 𐤑𐤅𐤄 𐤉𐤄𐤅𐤄 𐤁𐤉𐤃 𐤌𐤔𐤄 𐤋𐤕𐤔𐤏𐤕 𐤄𐤌𐤈𐤅𐤕
𐤅𐤇𐤑𐤉 𐤄𐤌𐤈𐤄•
𐤂 𐤊𐤉 𐤍𐤕𐤍 𐤌𐤔𐤄 𐤍𐤇𐤋𐤕 𐤔𐤍𐤉 𐤄𐤌𐤈𐤅𐤕 𐤅𐤇𐤑𐤉 𐤄𐤌𐤈𐤄 𐤌𐤏𐤁𐤓 𐤋𐤉𐤓𐤃𐤍
𐤅𐤋𐤋𐤅𐤉𐤌 𐤋𐤀 𐤍𐤕𐤍 𐤍𐤇𐤋𐤄 𐤁𐤕𐤅𐤊𐤌•
𐤃 𐤊𐤉 𐤄𐤉𐤅 𐤁𐤍𐤉 𐤉𐤅𐤎𐤐 𐤔𐤍𐤉 𐤌𐤈𐤅𐤕 𐤌𐤍𐤔𐤄 𐤅𐤀𐤐𐤓𐤉𐤌 𐤅𐤋𐤀 𐤍𐤕𐤍𐤅
𐤇𐤋𐤒 𐤋𐤋𐤅𐤉𐤌 𐤁𐤀𐤓𐤑 𐤊𐤉 𐤀𐤌 𐤏𐤓𐤉𐤌 𐤋𐤔𐤁𐤕 𐤅𐤌𐤂𐤓𐤔𐤉𐤄𐤌 𐤋𐤌𐤒𐤍𐤉𐤄𐤌
𐤅𐤋𐤒𐤍𐤉𐤍𐤌•
𐤄 𐤊𐤀𐤔𐤓 𐤑𐤅𐤄 𐤉𐤄𐤅𐤄 𐤀𐤕 𐤌𐤔𐤄 𐤊𐤍 𐤏𐤔𐤅 𐤁𐤍𐤉 𐤉𐤔𐤓𐤀𐤋 𐤅𐤉𐤇𐤋𐤒𐤅 𐤀𐤕
𐤄𐤀𐤓𐤑•
𐤅 𐤅𐤉𐤂𐤔𐤅 𐤁𐤍𐤉 𐤉𐤄𐤅𐤃𐤄 𐤀𐤋 𐤉𐤄𐤅𐤔𐤏 𐤁𐤂𐤋𐤂𐤋 𐤅𐤉𐤀𐤌𐤓 𐤀𐤋𐤉𐤅 𐤊𐤋𐤁
𐤁𐤍 𐤉𐤐𐤍𐤄 𐤄𐤒𐤍𐤆𐤉 𐤀𐤕𐤄 𐤉𐤃𐤏𐤕 𐤀𐤕 𐤄𐤃𐤁𐤓 𐤀𐤔𐤓 𐤃𐤁𐤓 𐤉𐤄𐤅𐤄 𐤀𐤋 𐤌𐤔𐤄
𐤀𐤉𐤔 𐤄𐤀𐤋𐤄𐤉𐤌 𐤏𐤋 𐤀𐤃𐤅𐤕𐤉 𐤅𐤏𐤋 𐤀𐤃𐤅𐤕𐤉𐤊 𐤁𐤒𐤃𐤔 𐤁𐤓𐤍𐤏•
𐤆 𐤁𐤍 𐤀𐤓𐤁𐤏𐤉𐤌 𐤔𐤍𐤄 𐤀𐤍𐤊𐤉 𐤁𐤔𐤋𐤇 𐤌𐤔𐤄 𐤏𐤁𐤃 𐤉𐤄𐤅𐤄 𐤀𐤕𐤉 𐤌𐤒𐤃𐤔
𐤁𐤓𐤍𐤏 𐤋𐤓𐤂𐤋 𐤀𐤕 𐤄𐤀𐤓𐤑 𐤅𐤀𐤔𐤁 𐤀𐤕𐤅 𐤃𐤁𐤓 𐤊𐤀𐤔𐤓 𐤏𐤌 𐤋𐤁𐤁𐤉•
𐤇 𐤅𐤀𐤇𐤉 𐤀𐤔𐤓 𐤏𐤋𐤅 𐤏𐤌𐤉 𐤄𐤌𐤎𐤉𐤅 𐤀𐤕 𐤋𐤁 𐤄𐤏𐤌 𐤅𐤀𐤍𐤊𐤉 𐤌𐤋𐤀𐤕𐤉
𐤀𐤇𐤓𐤉 𐤉𐤄𐤅𐤄 𐤀𐤋𐤄𐤉•
𐤈 𐤅𐤉𐤔𐤁𐤏 𐤌𐤔𐤄 𐤁𐤉𐤅𐤌 𐤄𐤄𐤅𐤀 𐤋𐤀𐤌𐤓 𐤀𐤌 𐤋𐤀 𐤄𐤀𐤓𐤑 𐤀𐤔𐤓 𐤃𐤓𐤊𐤄
𐤓𐤂𐤋𐤊 𐤁𐤄 𐤋𐤊 𐤕𐤄𐤉𐤄 𐤋𐤍𐤇𐤋𐤄 𐤅𐤋𐤁𐤍𐤉𐤊 𐤏𐤃 𐤏𐤅𐤋𐤌 𐤊𐤉 𐤌𐤋𐤀𐤕 𐤀𐤇𐤓𐤉
𐤉𐤄𐤅𐤄 𐤀𐤋𐤄𐤉•
𐤉 𐤅𐤏𐤕𐤄 𐤄𐤍𐤄 𐤄𐤇𐤉𐤄 𐤉𐤄𐤅𐤄 𐤀𐤅𐤕𐤉 𐤊𐤀𐤔𐤓 𐤃𐤁𐤓 𐤆𐤄 𐤀𐤓𐤁𐤏𐤉𐤌 𐤅𐤇𐤌𐤔
𐤔𐤍𐤄 𐤌𐤀𐤆 𐤃𐤁𐤓 𐤉𐤄𐤅𐤄 𐤀𐤕 𐤄𐤃𐤁𐤓 𐤄𐤆𐤄 𐤀𐤋 𐤌𐤔𐤄 𐤀𐤔𐤓 𐤄𐤋𐤊 𐤉𐤔𐤓𐤀𐤋
𐤁𐤌𐤃𐤁𐤓 𐤅𐤏𐤕𐤄 𐤄𐤍𐤄 𐤀𐤍𐤊𐤉 𐤄𐤉𐤅𐤌 𐤁𐤍 𐤇𐤌𐤔 𐤅𐤔𐤌𐤍𐤉𐤌 𐤔𐤍𐤄•
𐤉𐤀 𐤏𐤅𐤃𐤍𐤉 𐤄𐤉𐤅𐤌 𐤇𐤆𐤒 𐤊𐤀𐤔𐤓 𐤁𐤉𐤅𐤌 𐤔𐤋𐤇 𐤀𐤅𐤕𐤉 𐤌𐤔𐤄 𐤊𐤊𐤇𐤉 𐤀𐤆
𐤅𐤊𐤊𐤇𐤉 𐤏𐤕𐤄 𐤋𐤌𐤋𐤇𐤌𐤄 𐤅𐤋𐤑𐤀𐤕 𐤅𐤋𐤁𐤅𐤀•
𐤉𐤁 𐤅𐤏𐤕𐤄 𐤕𐤍𐤄 𐤋𐤉 𐤀𐤕 𐤄𐤄𐤓 𐤄𐤆𐤄 𐤀𐤔𐤓 𐤃𐤁𐤓 𐤉𐤄𐤅𐤄 𐤁𐤉𐤅𐤌 𐤄𐤄𐤅𐤀
𐤊𐤉 𐤀𐤕𐤄 𐤔𐤌𐤏𐤕 𐤁𐤉𐤅𐤌 𐤄𐤄𐤅𐤀 𐤊𐤉 𐤏𐤍𐤒𐤉𐤌 𐤔𐤌 𐤅𐤏𐤓𐤉𐤌 𐤂𐤃𐤋𐤅𐤕
𐤁𐤑𐤓𐤅𐤕 𐤀𐤅𐤋𐤉 𐤉𐤄𐤅𐤄 𐤀𐤅𐤕𐤉 𐤅𐤄𐤅𐤓𐤔𐤕𐤉𐤌 𐤊𐤀𐤔𐤓 𐤃𐤁𐤓 𐤉𐤄𐤅𐤄•

# יהושע

יג ויברכהו יהושע ויתן את חברון לכלב בן יפנה לנחלה.
יד על כן היתה חברון לכלב בן יפנה הקנזי לנחלה עד
היום הזה יען אשר מלא אחרי יהוה אלהי ישראל.
טו ושם חברון לפנים קרית ארבע האדם הגדול בענקים הוא
והארץ שקטה ממלחמה.

פרק טו

א ויהי הגורל למטה בני יהודה למשפחתם אל גבול אדום
מדבר צן נגבה מקצה תימן.
ב ויהי להם גבול נגב מקצה ים המלח מן הלשן הפנה
נגבה.
ג ויצא אל מנגב למעלה עקרבים ועבר צנה ועלה מנגב
לקדש ברנע ועבר חצרון ועלה אדרה ונסב הקרקעה.
ד ועבר עצמונה ויצא נחל מצרים והיה [והיו] תוצאות
הגבול ימה זה יהיה לכם גבול נגב.
ה וגבול קדמה ים המלח עד קצה הירדן וגבול לפאת צפונה
מלשון הים מקצה הירדן.
ו ועלה הגבול בית חגלה ועבר מצפון לבית הערבה ועלה
הגבול אבן בהן בן ראובן.
ז ועלה הגבול דברה מעמק עכור וצפונה פנה אל הגלגל אשר
נכח למעלה אדמים אשר מנגב לנחל ועבר הגבול אל מי עין
שמש והיו תצאתיו אל עין רגל.
ח ועלה הגבול גי בן הנם אל כתף היבוסי מנגב היא
ירושלם ועלה הגבול אל ראש ההר אשר על פני גי הנם ימה
אשר בקצה עמק רפאים צפונה.
ט ותאר הגבול מראש ההר אל מעין מי נפתוח ויצא אל ערי
הר עפרון ותאר הגבול בעלה היא קרית יערים.
י ונסב הגבול מבעלה ימה אל הר שעיר ועבר אל כתף הר
יערים מצפונה היא כסלון וירד בית שמש ועבר תמנה.
יא ויצא הגבול אל כתף עקרון צפונה ותאר הגבול שכרונה
ועבר הר הבעלה ויצא יבנאל והיו תצאות הגבול ימה.
יב וגבול ים הימה הגדול וגבול זה גבול בני יהודה
סביב למשפחתם.

# 𐤉𐤄𐤅𐤔𐤏

𐤉𐤂 𐤅𐤋𐤊𐤋𐤁 𐤁𐤍 𐤉𐤐𐤍𐤄 𐤍𐤕𐤍 𐤇𐤋𐤒 𐤁𐤕𐤅𐤊 𐤁𐤍𐤉 𐤉𐤄𐤅𐤃𐤄 𐤀𐤋 𐤐𐤉 𐤉𐤄𐤅𐤄
𐤋𐤉𐤄𐤅𐤔𐤏 𐤀𐤕 𐤒𐤓𐤉𐤕 𐤀𐤓𐤁𐤏 𐤀𐤁𐤉 𐤄𐤏𐤍𐤒 𐤄𐤉𐤀 𐤇𐤁𐤓𐤅𐤍•
𐤉𐤃 𐤅𐤉𐤂𐤓𐤔 𐤌𐤔𐤌 𐤊𐤋𐤁 𐤀𐤕 𐤔𐤋𐤅𐤔𐤄 𐤁𐤍𐤉 𐤄𐤏𐤍𐤒 𐤀𐤕 𐤔𐤔𐤉 𐤅𐤀𐤕
𐤀𐤇𐤉𐤌𐤍 𐤅𐤀𐤕 𐤕𐤋𐤌𐤉 𐤉𐤋𐤉𐤃𐤉 𐤄𐤏𐤍𐤒•
𐤈𐤅 𐤅𐤉𐤏𐤋 𐤌𐤔𐤌 𐤀𐤋 𐤉𐤔𐤁𐤉 𐤃𐤁𐤓 𐤅𐤔𐤌 𐤃𐤁𐤓 𐤋𐤐𐤍𐤉𐤌 𐤒𐤓𐤉𐤕 𐤎𐤐𐤓•
𐤈𐤆 𐤅𐤉𐤀𐤌𐤓 𐤊𐤋𐤁 𐤀𐤔𐤓 𐤉𐤊𐤄 𐤀𐤕 𐤒𐤓𐤉𐤕 𐤎𐤐𐤓 𐤅𐤋𐤊𐤃𐤄 𐤅𐤍𐤕𐤕𐤉 𐤋𐤅 𐤀𐤕
𐤏𐤊𐤎𐤄 𐤁𐤕𐤉 𐤋𐤀𐤔𐤄•
𐤉𐤆 𐤅𐤉𐤋𐤊𐤃𐤄 𐤏𐤕𐤍𐤉𐤀𐤋 𐤁𐤍 𐤒𐤍𐤆 𐤀𐤇𐤉 𐤊𐤋𐤁 𐤅𐤉𐤕𐤍 𐤋𐤅 𐤀𐤕 𐤏𐤊𐤎𐤄
𐤁𐤕𐤅 𐤋𐤀𐤔𐤄•
𐤉𐤇 𐤅𐤉𐤄𐤉 𐤁𐤁𐤅𐤀𐤄 𐤅𐤕𐤎𐤉𐤕𐤄𐤅 𐤋𐤔𐤀𐤅𐤋 𐤌𐤀𐤕 𐤀𐤁𐤉𐤄 𐤔𐤃𐤄 𐤅𐤕𐤑𐤍𐤇
𐤌𐤏𐤋 𐤄𐤇𐤌𐤅𐤓 𐤅𐤉𐤀𐤌𐤓 𐤋𐤄 𐤊𐤋𐤁 𐤌𐤄 𐤋𐤊•
𐤉𐤈 𐤅𐤕𐤀𐤌𐤓 𐤕𐤍𐤄 𐤋𐤉 𐤁𐤓𐤊𐤄 𐤊𐤉 𐤀𐤓𐤑 𐤄𐤍𐤂𐤁 𐤍𐤕𐤕𐤍𐤉 𐤅𐤍𐤕𐤕𐤄 𐤋𐤉
𐤂𐤋𐤕 𐤌𐤉𐤌 𐤅𐤉𐤕𐤍 𐤋𐤄 𐤀𐤕 𐤂𐤋𐤕 𐤏𐤋𐤉𐤅𐤕 𐤅𐤀𐤕 𐤂𐤋𐤕 𐤕𐤇𐤕𐤉𐤕•
𐤊 𐤆𐤀𐤕 𐤍𐤇𐤋𐤕 𐤌𐤈𐤄 𐤁𐤍𐤉 𐤉𐤄𐤅𐤃𐤄 𐤋𐤌𐤔𐤐𐤇𐤕𐤌•
𐤊𐤀 𐤅𐤉𐤄𐤉𐤅 𐤄𐤏𐤓𐤉𐤌 𐤌𐤒𐤑𐤄 𐤋𐤌𐤈𐤄 𐤁𐤍𐤉 𐤉𐤄𐤅𐤃𐤄 𐤀𐤋 𐤂𐤁𐤅𐤋 𐤀𐤃𐤅𐤌
𐤁𐤍𐤂𐤁𐤄 𐤒𐤁𐤑𐤀𐤋 𐤅𐤏𐤃𐤓 𐤅𐤉𐤂𐤅𐤓•
𐤊𐤁 𐤅𐤒𐤉𐤍𐤄 𐤅𐤃𐤉𐤌𐤅𐤍𐤄 𐤅𐤏𐤃𐤏𐤃𐤄•
𐤊𐤂 𐤅𐤒𐤃𐤔 𐤅𐤇𐤑𐤅𐤓 𐤅𐤉𐤕𐤍𐤍•
𐤊𐤃 𐤆𐤉𐤐 𐤅𐤈𐤋𐤌 𐤅𐤁𐤏𐤋𐤅𐤕•
𐤊𐤄 𐤅𐤇𐤑𐤅𐤓 𐤇𐤃𐤕𐤄 𐤅𐤒𐤓𐤉𐤅𐤕 𐤇𐤑𐤓𐤅𐤍 𐤄𐤉𐤀 𐤇𐤑𐤅𐤓•
𐤊𐤅 𐤀𐤌𐤌 𐤅𐤔𐤌𐤏 𐤅𐤌𐤅𐤋𐤃𐤄•
𐤊𐤆 𐤅𐤇𐤑𐤓 𐤂𐤃𐤄 𐤅𐤇𐤔𐤌𐤅𐤍 𐤅𐤁𐤉𐤕 𐤐𐤋𐤈•
𐤊𐤇 𐤅𐤇𐤑𐤓 𐤔𐤅𐤏𐤋 𐤅𐤁𐤀𐤓 𐤔𐤁𐤏 𐤅𐤁𐤆𐤉𐤅𐤕𐤉𐤄•
𐤊𐤈 𐤁𐤏𐤋𐤄 𐤅𐤏𐤉𐤉𐤌 𐤅𐤏𐤑𐤌•
𐤋 𐤅𐤀𐤋𐤕𐤅𐤋𐤃 𐤅𐤊𐤎𐤉𐤋 𐤅𐤇𐤓𐤌𐤄•
𐤋𐤀 𐤅𐤑𐤒𐤋𐤂 𐤅𐤌𐤃𐤌𐤍𐤄 𐤅𐤎𐤍𐤎𐤍𐤄•
𐤋𐤁 𐤅𐤋𐤁𐤀𐤅𐤕 𐤅𐤔𐤋𐤇𐤉𐤌 𐤅𐤏𐤉𐤍 𐤅𐤓𐤌𐤅𐤍 𐤊𐤋 𐤏𐤓𐤉𐤌 𐤏𐤔𐤓𐤉𐤌 𐤅𐤕𐤔𐤏
𐤅𐤇𐤑𐤓𐤉𐤄𐤍•
𐤋𐤂 𐤁𐤔𐤐𐤋𐤄 𐤀𐤔𐤕𐤀𐤅𐤋 𐤅𐤑𐤓𐤏𐤄 𐤅𐤀𐤔𐤍𐤄•
𐤋𐤃 𐤅𐤆𐤍𐤅𐤇 𐤅𐤏𐤉𐤍 𐤂𐤍𐤉𐤌 𐤕𐤐𐤅𐤇 𐤅𐤄𐤏𐤉𐤍𐤌•
𐤋𐤄 𐤉𐤓𐤌𐤅𐤕 𐤅𐤏𐤃𐤋𐤌 𐤔𐤅𐤊𐤄 𐤅𐤏𐤆𐤒𐤄•
𐤋𐤅 𐤅𐤔𐤏𐤓𐤉𐤌 𐤅𐤏𐤃𐤉𐤕𐤉𐤌 𐤅𐤄𐤂𐤃𐤓𐤄 𐤅𐤂𐤃𐤓𐤕𐤉𐤌 𐤏𐤓𐤉𐤌 𐤀𐤓𐤁𐤏 𐤏𐤔𐤓𐤄
𐤅𐤇𐤑𐤓𐤉𐤄𐤍•

# 𐤉𐤄𐤅𐤔𐤏

𐤋𐤆 𐤑𐤍𐤍 𐤅𐤇𐤃𐤔𐤄 𐤅𐤌𐤂𐤃𐤋 𐤂𐤃•
𐤋𐤇 𐤅𐤃𐤋𐤏𐤍 𐤅𐤄𐤌𐤑𐤐𐤄 𐤅𐤉𐤒𐤕𐤀𐤋•
𐤋𐤈 𐤋𐤊𐤉𐤔 𐤅𐤁𐤑𐤒𐤕 𐤅𐤏𐤂𐤋𐤅𐤍•
𐤌 𐤅𐤊𐤁𐤅𐤍 𐤅𐤋𐤇𐤌𐤎 𐤅𐤊𐤕𐤋𐤉𐤔•
𐤌𐤀 𐤅𐤂𐤃𐤓𐤅𐤕 𐤁𐤉𐤕 𐤃𐤂𐤅𐤍 𐤅𐤍𐤏𐤌𐤄 𐤅𐤌𐤒𐤃𐤄 𐤏𐤓𐤉𐤌 𐤔𐤔 𐤏𐤔𐤓𐤄
𐤅𐤇𐤑𐤓𐤉𐤄𐤍•
𐤌𐤁 𐤋𐤁𐤍𐤄 𐤅𐤏𐤕𐤓 𐤅𐤏𐤔𐤍•
𐤌𐤂 𐤅𐤉𐤐𐤕𐤇 𐤅𐤀𐤔𐤍𐤄 𐤅𐤍𐤑𐤉𐤁•
𐤌𐤃 𐤅𐤒𐤏𐤉𐤋𐤄 𐤅𐤀𐤊𐤆𐤉𐤁 𐤅𐤌𐤓𐤔𐤄 𐤏𐤓𐤉𐤌 𐤕𐤔𐤏 𐤅𐤇𐤑𐤓𐤉𐤄𐤍•
𐤌𐤄 𐤏𐤒𐤓𐤅𐤍 𐤅𐤁𐤍𐤕𐤉𐤄 𐤅𐤇𐤑𐤓𐤉𐤄•
𐤌𐤅 𐤌𐤏𐤒𐤓𐤅𐤍 𐤅𐤉𐤌𐤄 𐤊𐤋 𐤀𐤔𐤓 𐤏𐤋 𐤉𐤃 𐤀𐤔𐤃𐤅𐤃 𐤅𐤇𐤑𐤓𐤉𐤄𐤍•
𐤌𐤆 𐤀𐤔𐤃𐤅𐤃 𐤁𐤍𐤅𐤕𐤉𐤄 𐤅𐤇𐤑𐤓𐤉𐤄 𐤏𐤆𐤄 𐤁𐤍𐤅𐤕𐤉𐤄 𐤅𐤇𐤑𐤓𐤉𐤄 𐤏𐤃 𐤍𐤇𐤋
𐤌𐤑𐤓𐤉𐤌 𐤅𐤄𐤉𐤌 𐤄𐤂𐤁𐤅𐤋 [𐤄𐤂𐤃𐤅𐤋] 𐤅𐤂𐤁𐤅𐤋•
𐤌𐤇 𐤅𐤁𐤄𐤓 𐤔𐤌𐤉𐤓 𐤅𐤉𐤕𐤉𐤓 𐤅𐤔𐤅𐤊𐤄•
𐤌𐤈 𐤅𐤃𐤍𐤄 𐤅𐤒𐤓𐤉𐤕 𐤎𐤍𐤄 𐤄𐤉𐤀 𐤃𐤁𐤓•
𐤍 𐤅𐤏𐤍𐤁 𐤅𐤀𐤔𐤕𐤌𐤄 𐤅𐤏𐤍𐤉𐤌•
𐤍𐤀 𐤅𐤂𐤔𐤍 𐤅𐤇𐤋𐤍 𐤅𐤂𐤋𐤄 𐤏𐤓𐤉𐤌 𐤀𐤇𐤕 𐤏𐤔𐤓𐤄 𐤅𐤇𐤑𐤓𐤉𐤄𐤍•
𐤍𐤁 𐤀𐤓𐤁 𐤅𐤃𐤅𐤌𐤄 𐤅𐤀𐤔𐤏𐤍•
𐤍𐤂 𐤅𐤉𐤍𐤉𐤌 [𐤅𐤉𐤍𐤅𐤌] 𐤅𐤁𐤉𐤕 𐤕𐤐𐤅𐤇 𐤅𐤀𐤐𐤒𐤄•
𐤍𐤃 𐤅𐤇𐤌𐤈𐤄 𐤅𐤒𐤓𐤉𐤕 𐤀𐤓𐤁𐤏 𐤄𐤉𐤀 𐤇𐤁𐤓𐤅𐤍 𐤅𐤑𐤉𐤏𐤓 𐤏𐤓𐤉𐤌 𐤕𐤔𐤏
𐤅𐤇𐤑𐤓𐤉𐤄𐤍•
𐤍𐤄 𐤌𐤏𐤅𐤍 𐤊𐤓𐤌𐤋 𐤅𐤆𐤉𐤐 𐤅𐤉𐤅𐤈𐤄•
𐤍𐤅 𐤅𐤉𐤆𐤓𐤏𐤀𐤋 𐤅𐤉𐤒𐤃𐤏𐤌 𐤅𐤆𐤍𐤅𐤇•
𐤍𐤆 𐤄𐤒𐤉𐤍 𐤂𐤁𐤏𐤄 𐤅𐤕𐤌𐤍𐤄 𐤏𐤓𐤉𐤌 𐤏𐤔𐤓 𐤅𐤇𐤑𐤓𐤉𐤄𐤍•
𐤍𐤇 𐤇𐤋𐤇𐤅𐤋 𐤁𐤉𐤕 𐤑𐤅𐤓 𐤅𐤂𐤃𐤅𐤓•
𐤍𐤈 𐤅𐤌𐤏𐤓𐤕 𐤅𐤁𐤉𐤕 𐤏𐤍𐤅𐤕 𐤅𐤀𐤋𐤕𐤒𐤍 𐤏𐤓𐤉𐤌 𐤔𐤔 𐤅𐤇𐤑𐤓𐤉𐤄𐤍•
𐤎 𐤒𐤓𐤉𐤕 𐤁𐤏𐤋 𐤄𐤉𐤀 𐤒𐤓𐤉𐤕 𐤉𐤏𐤓𐤉𐤌 𐤅𐤄𐤓𐤁𐤄 𐤏𐤓𐤉𐤌 𐤔𐤕𐤉𐤌 𐤅𐤇𐤑𐤓𐤉𐤄𐤍•
𐤎𐤀 𐤁𐤌𐤃𐤁𐤓 𐤁𐤉𐤕 𐤄𐤏𐤓𐤁𐤄 𐤌𐤃𐤉𐤍 𐤅𐤎𐤊𐤊𐤄•
𐤎𐤁 𐤅𐤄𐤍𐤁𐤔𐤍 𐤅𐤏𐤉𐤓 𐤄𐤌𐤋𐤇 𐤅𐤏𐤉𐤍 𐤂𐤃𐤉 𐤏𐤓𐤉𐤌 𐤔𐤔 𐤅𐤇𐤑𐤓𐤉𐤄𐤍•
𐤎𐤂 𐤅𐤀𐤕 𐤄𐤉𐤁𐤅𐤎𐤉 𐤉𐤅𐤔𐤁𐤉 𐤉𐤓𐤅𐤔𐤋𐤌 𐤋𐤀 𐤉𐤅𐤊𐤋𐤅 [𐤉𐤊𐤋𐤅] 𐤁𐤍𐤉
𐤉𐤄𐤅𐤃𐤄 𐤋𐤄𐤅𐤓𐤉𐤔𐤌 𐤅𐤉𐤔𐤁 𐤄𐤉𐤁𐤅𐤎𐤉 𐤀𐤕 𐤁𐤍𐤉 𐤉𐤄𐤅𐤃𐤄 𐤁𐤉𐤓𐤅𐤔𐤋𐤌
𐤏𐤃 𐤄𐤉𐤅𐤌 𐤄𐤆𐤄•

# 𐤉𐤄𐤅𐤔𐤏

𐤐𐤓𐤒 𐤈𐤆

𐤀 𐤅𐤉𐤑𐤀 𐤄𐤂𐤅𐤓𐤋 𐤋𐤁𐤍𐤉 𐤉𐤅𐤎𐤐 𐤌𐤉𐤓𐤃𐤍 𐤉𐤓𐤉𐤇𐤅 𐤋𐤌𐤉 𐤉𐤓𐤉𐤇𐤅 𐤌𐤆𐤓𐤇𐤄
𐤄𐤌𐤃𐤁𐤓 𐤏𐤋𐤄 𐤌𐤉𐤓𐤉𐤇𐤅 𐤁𐤄𐤓 𐤁𐤉𐤕 𐤀𐤋•
𐤁 𐤅𐤉𐤑𐤀 𐤌𐤁𐤉𐤕 𐤀𐤋 𐤋𐤅𐤆𐤄 𐤅𐤏𐤁𐤓 𐤀𐤋 𐤂𐤁𐤅𐤋 𐤄𐤀𐤓𐤊𐤉 𐤏𐤈𐤓𐤅𐤕•
𐤂 𐤅𐤉𐤓𐤃 𐤉𐤌𐤄 𐤀𐤋 𐤂𐤁𐤅𐤋 𐤄𐤉𐤐𐤋𐤈𐤉 𐤏𐤃 𐤂𐤁𐤅𐤋 𐤁𐤉𐤕 𐤇𐤅𐤓𐤍 𐤕𐤇𐤕𐤅𐤍 𐤅𐤏𐤃
𐤂𐤆𐤓 𐤅𐤄𐤉𐤅 𐤕𐤑𐤀𐤕𐤅 [𐤕𐤑𐤀𐤕𐤉𐤅] 𐤉𐤌𐤄•
𐤃 𐤅𐤉𐤍𐤇𐤋𐤅 𐤁𐤍𐤉 𐤉𐤅𐤎𐤐 𐤌𐤍𐤔𐤄 𐤅𐤀𐤐𐤓𐤉𐤌•
𐤄 𐤅𐤉𐤄𐤉 𐤂𐤁𐤅𐤋 𐤁𐤍𐤉 𐤀𐤐𐤓𐤉𐤌 𐤋𐤌𐤔𐤐𐤇𐤕𐤌 𐤅𐤉𐤄𐤉 𐤂𐤁𐤅𐤋 𐤍𐤇𐤋𐤕𐤌
𐤌𐤆𐤓𐤇𐤄 𐤏𐤈𐤓𐤅𐤕 𐤀𐤃𐤓 𐤏𐤃 𐤁𐤉𐤕 𐤇𐤅𐤓𐤍 𐤏𐤋𐤉𐤅𐤍•
𐤅 𐤅𐤉𐤑𐤀 𐤄𐤂𐤁𐤅𐤋 𐤄𐤉𐤌𐤄 𐤄𐤌𐤊𐤌𐤕𐤕 𐤌𐤑𐤐𐤅𐤍 𐤅𐤍𐤎𐤁 𐤄𐤂𐤁𐤅𐤋 𐤌𐤆𐤓𐤇𐤄
𐤕𐤀𐤍𐤕 𐤔𐤋𐤄 𐤅𐤏𐤁𐤓 𐤀𐤅𐤕𐤅 𐤌𐤌𐤆𐤓𐤇 𐤉𐤍𐤅𐤇𐤄•
𐤆 𐤅𐤉𐤓𐤃 𐤌𐤉𐤍𐤅𐤇𐤄 𐤏𐤈𐤓𐤅𐤕 𐤅𐤍𐤏𐤓𐤕𐤄 𐤅𐤐𐤂𐤏 𐤁𐤉𐤓𐤉𐤇𐤅 𐤅𐤉𐤑𐤀 𐤄𐤉𐤓𐤃𐤍•
𐤇 𐤌𐤕𐤐𐤅𐤇 𐤉𐤋𐤊 𐤄𐤂𐤁𐤅𐤋 𐤉𐤌𐤄 𐤍𐤇𐤋 𐤒𐤍𐤄 𐤅𐤄𐤉𐤅 𐤕𐤑𐤀𐤕𐤉𐤅 𐤄𐤉𐤌𐤄
𐤆𐤀𐤕 𐤍𐤇𐤋𐤕 𐤌𐤈𐤄 𐤁𐤍𐤉 𐤀𐤐𐤓𐤉𐤌 𐤋𐤌𐤔𐤐𐤇𐤕𐤌•
𐤈 𐤅𐤄𐤏𐤓𐤉𐤌 𐤄𐤌𐤁𐤃𐤋𐤅𐤕 𐤋𐤁𐤍𐤉 𐤀𐤐𐤓𐤉𐤌 𐤁𐤕𐤅𐤊 𐤍𐤇𐤋𐤕 𐤁𐤍𐤉 𐤌𐤍𐤔𐤄 𐤊𐤋
𐤄𐤏𐤓𐤉𐤌 𐤅𐤇𐤑𐤓𐤉𐤄𐤍•
𐤉 𐤅𐤋𐤀 𐤄𐤅𐤓𐤉𐤔𐤅 𐤀𐤕 𐤄𐤊𐤍𐤏𐤍𐤉 𐤄𐤉𐤅𐤔𐤁 𐤁𐤂𐤆𐤓 𐤅𐤉𐤔𐤁 𐤄𐤊𐤍𐤏𐤍𐤉
𐤁𐤒𐤓𐤁 𐤀𐤐𐤓𐤉𐤌 𐤏𐤃 𐤄𐤉𐤅𐤌 𐤄𐤆𐤄 𐤅𐤉𐤄𐤉 𐤋𐤌𐤎 𐤏𐤁𐤃•

𐤐𐤓𐤒 𐤉𐤆

𐤀 𐤅𐤉𐤄𐤉 𐤄𐤂𐤅𐤓𐤋 𐤋𐤌𐤈𐤄 𐤌𐤍𐤔𐤄 𐤊𐤉 𐤄𐤅𐤀 𐤁𐤊𐤅𐤓 𐤉𐤅𐤎𐤐 𐤋𐤌𐤊𐤉𐤓 𐤁𐤊𐤅𐤓
𐤌𐤍𐤔𐤄 𐤀𐤁𐤉 𐤄𐤂𐤋𐤏𐤃 𐤊𐤉 𐤄𐤅𐤀 𐤄𐤉𐤄 𐤀𐤉𐤔 𐤌𐤋𐤇𐤌𐤄 𐤅𐤉𐤄𐤉 𐤋𐤅
𐤄𐤂𐤋𐤏𐤃 𐤅𐤄𐤁𐤔𐤍•
𐤁 𐤅𐤉𐤄𐤉 𐤋𐤁𐤍𐤉 𐤌𐤍𐤔𐤄 𐤄𐤍𐤅𐤕𐤓𐤉𐤌 𐤋𐤌𐤔𐤐𐤇𐤕𐤌 𐤋𐤁𐤍𐤉 𐤀𐤁𐤉𐤏𐤆𐤓
𐤅𐤋𐤁𐤍𐤉 𐤇𐤋𐤒 𐤅𐤋𐤁𐤍𐤉 𐤀𐤔𐤓𐤉𐤀𐤋 𐤅𐤋𐤁𐤍𐤉 𐤔𐤊𐤌 𐤅𐤋𐤁𐤍𐤉 𐤇𐤐𐤓 𐤅𐤋𐤁𐤍𐤉
𐤔𐤌𐤉𐤃𐤏 𐤀𐤋𐤄 𐤁𐤍𐤉 𐤌𐤍𐤔𐤄 𐤁𐤍 𐤉𐤅𐤎𐤐 𐤄𐤆𐤊𐤓𐤉𐤌 𐤋𐤌𐤔𐤐𐤇𐤕𐤌•
𐤂 𐤅𐤋𐤑𐤋𐤐𐤇𐤃 𐤁𐤍 𐤇𐤐𐤓 𐤁𐤍 𐤂𐤋𐤏𐤃 𐤁𐤍 𐤌𐤊𐤉𐤓 𐤁𐤍 𐤌𐤍𐤔𐤄 𐤋𐤀 𐤄𐤉𐤅 𐤋𐤅
𐤁𐤍𐤉𐤌 𐤊𐤉 𐤀𐤌 𐤁𐤍𐤅𐤕 𐤅𐤀𐤋𐤄 𐤔𐤌𐤅𐤕 𐤁𐤍𐤕𐤉𐤅 𐤌𐤇𐤋𐤄 𐤅𐤍𐤏𐤄 𐤇𐤂𐤋𐤄
𐤌𐤋𐤊𐤄 𐤅𐤕𐤓𐤑𐤄•
𐤃 𐤅𐤕𐤒𐤓𐤁𐤍𐤄 𐤋𐤐𐤍𐤉 𐤀𐤋𐤏𐤆𐤓 𐤄𐤊𐤄𐤍 𐤅𐤋𐤐𐤍𐤉 𐤉𐤄𐤅𐤔𐤏 𐤁𐤍 𐤍𐤅𐤍 𐤅𐤋𐤐𐤍𐤉
𐤄𐤍𐤔𐤉𐤀𐤉𐤌 𐤋𐤀𐤌𐤓 𐤉𐤄𐤅𐤄 𐤑𐤅𐤄 𐤀𐤕 𐤌𐤔𐤄 𐤋𐤕𐤕 𐤋𐤍𐤅 𐤍𐤇𐤋𐤄 𐤁𐤕𐤅𐤊 𐤀𐤇𐤉𐤍𐤅
𐤅𐤉𐤕𐤍 𐤋𐤄𐤌 𐤀𐤋 𐤐𐤉 𐤉𐤄𐤅𐤄 𐤍𐤇𐤋𐤄 𐤁𐤕𐤅𐤊 𐤀𐤇𐤉 𐤀𐤁𐤉𐤄𐤌•
𐤄 𐤅𐤉𐤐𐤋𐤅 𐤇𐤁𐤋𐤉 𐤌𐤍𐤔𐤄 𐤏𐤔𐤓𐤄 𐤋𐤁𐤃 𐤌𐤀𐤓𐤑 𐤄𐤂𐤋𐤏𐤃 𐤅𐤄𐤁𐤔𐤍 𐤀𐤔𐤓

# יהושע

מעבר לירדן.
ו כי בנות מנשה נחלו נחלה בתוך בניו וארץ הגלעד היתה
לבני מנשה הנותרים.
ז ויהי גבול מנשה מאשר המכמתת אשר על פני שכם והלך
הגבול אל הימין אל ישבי עין תפוח.
ח למנשה היתה ארץ תפוח ותפוח אל גבול מנשה לבני
אפרים.
ט וירד הגבול נחל קנה נגבה לנחל ערים האלה לאפרים
בתוך ערי מנשה וגבול מנשה מצפון לנחל ויהי תצאתיו
הימה.
י נגבה לאפרים וצפונה למנשה ויהי הים גבולו ובאשר
יפגעון מצפון וביששכר ממזרח.
יא ויהי למנשה ביששכר ובאשר בית שאן ובנותיה
ויבלעם ובנותיה ואת ישבי דאר ובנותיה וישבי עין דר
ובנותיה וישבי תענך ובנתיה וישבי מגדו ובנותיה
שלשת הנפת.
יב ולא יכלו בני מנשה להוריש את הערים האלה ויואל
הכנעני לשבת בארץ הזאת.
יג ויהי כי חזקו בני ישראל ויתנו את הכנעני למס
והורש לא הורישו.
יד וידברו בני יוסף את יהושע לאמר מדוע נתתה לי נחלה
גורל אחד וחבל אחד ואני עם רב עד אשר עד כה ברכני יהוה.
טו ויאמר אליהם יהושע אם עם רב אתה עלה לך היערה
ובראת לך שם בארץ הפרזי והרפאים כי אץ לך הר אפרים.
טז ויאמרו בני יוסף לא ימצא לנו ההר ורכב ברזל בכל
הכנעני הישב בארץ העמק לאשר בבית שאן ובנותיה
ולאשר בעמק יזרעאל.
יז ויאמר יהושע אל בית יוסף לאפרים ולמנשה לאמר עם
רב אתה וכח גדול לך לא יהיה לך גורל אחד.
יח כי הר יהיה לך כי יער הוא ובראתו והיה לך תצאתיו
כי תוריש את הכנעני כי רכב ברזל לו כי חזק הוא.

פרק יח

# 𐤉𐤄𐤅𐤔𐤏

𐤀𐤅𐤉𐤒𐤄𐤋𐤅 𐤊𐤋 𐤏𐤃𐤕 𐤁𐤍𐤉 𐤉𐤔𐤓𐤀𐤋 𐤔𐤋𐤄 𐤅𐤉𐤔𐤊𐤉𐤍𐤅 𐤔𐤌 𐤀𐤕 𐤀𐤄𐤋
𐤌𐤅𐤏𐤃 𐤅𐤄𐤀𐤓𐤑 𐤍𐤊𐤁𐤔𐤄 𐤋𐤐𐤍𐤉𐤄𐤌•
𐤁𐤅𐤉𐤅𐤕𐤓𐤅 𐤁𐤁𐤍𐤉 𐤉𐤔𐤓𐤀𐤋 𐤀𐤔𐤓 𐤋𐤀 𐤇𐤋𐤒𐤅 𐤀𐤕 𐤍𐤇𐤋𐤕𐤌 𐤔𐤁𐤏𐤄
𐤔𐤁𐤈𐤉𐤌•
𐤂𐤅𐤉𐤀𐤌𐤓 𐤉𐤄𐤅𐤔𐤏 𐤀𐤋 𐤁𐤍𐤉 𐤉𐤔𐤓𐤀𐤋 𐤏𐤃 𐤀𐤍𐤄 𐤀𐤕𐤌 𐤌𐤕𐤓𐤐𐤉𐤌 𐤋𐤁𐤅𐤀
𐤋𐤓𐤔𐤕 𐤀𐤕 𐤄𐤀𐤓𐤑 𐤀𐤔𐤓 𐤍𐤕𐤍 𐤋𐤊𐤌 𐤉𐤄𐤅𐤄 𐤀𐤋𐤄𐤉 𐤀𐤁𐤅𐤕𐤉𐤊𐤌•
𐤃𐤄𐤁𐤅 𐤋𐤊𐤌 𐤔𐤋𐤔𐤄 𐤀𐤍𐤔𐤉𐤌 𐤋𐤔𐤁𐤈 𐤅𐤀𐤔𐤋𐤇𐤌 𐤅𐤉𐤒𐤌𐤅 𐤅𐤉𐤕𐤄𐤋𐤊𐤅
𐤁𐤀𐤓𐤑 𐤅𐤉𐤊𐤕𐤁𐤅 𐤀𐤅𐤕𐤄 𐤋𐤐𐤉 𐤍𐤇𐤋𐤕𐤌 𐤅𐤉𐤁𐤀𐤅 𐤀𐤋𐤉•
𐤄𐤅𐤄𐤕𐤇𐤋𐤒𐤅 𐤀𐤕𐤄 𐤋𐤔𐤁𐤏𐤄 𐤇𐤋𐤒𐤉𐤌 𐤉𐤄𐤅𐤃𐤄 𐤉𐤏𐤌𐤃 𐤏𐤋 𐤂𐤁𐤅𐤋𐤅
𐤌𐤍𐤂𐤁 𐤅𐤁𐤉𐤕 𐤉𐤅𐤎𐤐 𐤉𐤏𐤌𐤃𐤅 𐤏𐤋 𐤂𐤁𐤅𐤋𐤌 𐤌𐤑𐤐𐤅𐤍•
𐤅𐤅𐤀𐤕𐤌 𐤕𐤊𐤕𐤁𐤅 𐤀𐤕 𐤄𐤀𐤓𐤑 𐤔𐤁𐤏𐤄 𐤇𐤋𐤒𐤉𐤌 𐤅𐤄𐤁𐤀𐤕𐤌 𐤀𐤋𐤉 𐤄𐤍𐤄
𐤅𐤉𐤓𐤉𐤕𐤉 𐤋𐤊𐤌 𐤂𐤅𐤓𐤋 𐤐𐤄 𐤋𐤐𐤍𐤉 𐤉𐤄𐤅𐤄 𐤀𐤋𐤄𐤉𐤍𐤅•
𐤆𐤊𐤉 𐤀𐤉𐤍 𐤇𐤋𐤒 𐤋𐤋𐤅𐤉𐤌 𐤁𐤒𐤓𐤁𐤊𐤌 𐤊𐤉 𐤊𐤄𐤍𐤕 𐤉𐤄𐤅𐤄 𐤍𐤇𐤋𐤕𐤅 𐤅𐤂𐤃
𐤅𐤓𐤀𐤅𐤁𐤍 𐤅𐤇𐤑𐤉 𐤔𐤁𐤈 𐤄𐤌𐤍𐤔𐤄 𐤋𐤒𐤇𐤅 𐤍𐤇𐤋𐤕𐤌 𐤌𐤏𐤁𐤓 𐤋𐤉𐤓𐤃𐤍 𐤌𐤆𐤓𐤇𐤄
𐤀𐤔𐤓 𐤍𐤕𐤍 𐤋𐤄𐤌 𐤌𐤔𐤄 𐤏𐤁𐤃 𐤉𐤄𐤅𐤄•
𐤇𐤅𐤉𐤒𐤌𐤅 𐤄𐤀𐤍𐤔𐤉𐤌 𐤅𐤉𐤋𐤊𐤅 𐤅𐤉𐤑𐤅 𐤉𐤄𐤅𐤔𐤏 𐤀𐤕 𐤄𐤄𐤋𐤊𐤉𐤌 𐤋𐤊𐤕𐤁
𐤀𐤕 𐤄𐤀𐤓𐤑 𐤋𐤀𐤌𐤓 𐤋𐤊𐤅 𐤅𐤄𐤕𐤄𐤋𐤊𐤅 𐤁𐤀𐤓𐤑 𐤅𐤊𐤕𐤁𐤅 𐤀𐤅𐤕𐤄 𐤅𐤔𐤅𐤁𐤅 𐤀𐤋𐤉
𐤅𐤐𐤄 𐤀𐤔𐤋𐤉𐤊 𐤋𐤊𐤌 𐤂𐤅𐤓𐤋 𐤋𐤐𐤍𐤉 𐤉𐤄𐤅𐤄 𐤁𐤔𐤋𐤄•
𐤈𐤅𐤉𐤋𐤊𐤅 𐤄𐤀𐤍𐤔𐤉𐤌 𐤅𐤉𐤏𐤁𐤓𐤅 𐤁𐤀𐤓𐤑 𐤅𐤉𐤊𐤕𐤁𐤅𐤄 𐤋𐤏𐤓𐤉𐤌 𐤋𐤔𐤁𐤏𐤄
𐤇𐤋𐤒𐤉𐤌 𐤏𐤋 𐤎𐤐𐤓 𐤅𐤉𐤁𐤀𐤅 𐤀𐤋 𐤉𐤄𐤅𐤔𐤏 𐤀𐤋 𐤄𐤌𐤇𐤍𐤄 𐤔𐤋𐤄•
𐤉𐤅𐤉𐤔𐤋𐤊 𐤋𐤄𐤌 𐤉𐤄𐤅𐤔𐤏 𐤂𐤅𐤓𐤋 𐤁𐤔𐤋𐤄 𐤋𐤐𐤍𐤉 𐤉𐤄𐤅𐤄 𐤅𐤉𐤇𐤋𐤒 𐤔𐤌
𐤉𐤄𐤅𐤔𐤏 𐤀𐤕 𐤄𐤀𐤓𐤑 𐤋𐤁𐤍𐤉 𐤉𐤔𐤓𐤀𐤋 𐤊𐤌𐤇𐤋𐤒𐤕𐤌•
𐤉𐤀 𐤅𐤉𐤏𐤋 𐤂𐤅𐤓𐤋 𐤌𐤈𐤄 𐤁𐤍𐤉 𐤁𐤍𐤉𐤌𐤍 𐤋𐤌𐤔𐤐𐤇𐤕𐤌 𐤅𐤉𐤑𐤀 𐤂𐤁𐤅𐤋 𐤂𐤅𐤓𐤋𐤌
𐤁𐤉𐤍 𐤁𐤍𐤉 𐤉𐤄𐤅𐤃𐤄 𐤅𐤁𐤉𐤍 𐤁𐤍𐤉 𐤉𐤅𐤎𐤐•
𐤉𐤁 𐤅𐤉𐤄𐤉 𐤋𐤄𐤌 𐤄𐤂𐤁𐤅𐤋 𐤋𐤐𐤀𐤕 𐤑𐤐𐤅𐤍𐤄 𐤌𐤍 𐤄𐤉𐤓𐤃𐤍 𐤅𐤏𐤋𐤄 𐤄𐤂𐤁𐤅𐤋
𐤀𐤋 𐤊𐤕𐤐 𐤉𐤓𐤉𐤇𐤅 𐤌𐤑𐤐𐤅𐤍 𐤅𐤏𐤋𐤄 𐤁𐤄𐤓 𐤉𐤌𐤄 𐤅𐤄𐤉𐤄 [𐤅𐤄𐤉𐤅] 𐤕𐤑𐤀𐤕𐤉𐤅
𐤌𐤃𐤁𐤓𐤄 𐤁𐤉𐤕 𐤀𐤅𐤍•
𐤉𐤂 𐤅𐤏𐤁𐤓 𐤌𐤔𐤌 𐤄𐤂𐤁𐤅𐤋 𐤋𐤅𐤆𐤄 𐤀𐤋 𐤊𐤕𐤐 𐤋𐤅𐤆𐤄 𐤍𐤂𐤁𐤄 𐤄𐤉𐤀 𐤁𐤉𐤕 𐤀𐤋
𐤅𐤉𐤓𐤃 𐤄𐤂𐤁𐤅𐤋 𐤏𐤈𐤓𐤅𐤕 𐤀𐤃𐤓 𐤏𐤋 𐤄𐤄𐤓 𐤀𐤔𐤓 𐤌𐤍𐤂𐤁 𐤋𐤁𐤉𐤕 𐤇𐤓𐤅𐤍 𐤕𐤇𐤕𐤅𐤍•
𐤉𐤃𐤅𐤕𐤀𐤓 𐤄𐤂𐤁𐤅𐤋 𐤅𐤕𐤎𐤁 𐤋𐤐𐤀𐤕 𐤉𐤌 𐤍𐤂𐤁𐤄 𐤌𐤍 𐤄𐤄𐤓 𐤀𐤔𐤓 𐤏𐤋 𐤐𐤍𐤉
𐤁𐤉𐤕 𐤇𐤓𐤅𐤍 𐤍𐤂𐤁𐤄 𐤅𐤄𐤉𐤄 [𐤅𐤄𐤉𐤅] 𐤕𐤑𐤀𐤕𐤉𐤅 𐤀𐤋 𐤒𐤓𐤉𐤕 𐤁𐤏𐤋 𐤄𐤉𐤀 𐤒𐤓𐤉𐤕
𐤉𐤏𐤓𐤉𐤌 𐤏𐤉𐤓 𐤁𐤍𐤉 𐤉𐤄𐤅𐤃𐤄 𐤆𐤀𐤕 𐤐𐤀𐤕 𐤉𐤌•
𐤈𐤅𐤅𐤐𐤀𐤕 𐤍𐤂𐤁𐤄 𐤌𐤒𐤑𐤄 𐤒𐤓𐤉𐤕 𐤉𐤏𐤓𐤉𐤌 𐤅𐤉𐤑𐤀 𐤄𐤂𐤁𐤅𐤋 𐤉𐤌𐤄 𐤅𐤉𐤑𐤀

# 𐤉𐤄𐤅𐤔𐤏

𐤀𐤋 𐤌𐤏𐤉𐤍 𐤌𐤉 𐤍𐤐𐤕𐤅𐤇·
𐤈𐤆 𐤅𐤉𐤓𐤃 𐤄𐤂𐤁𐤅𐤋 𐤀𐤋 𐤒𐤑𐤄 𐤄𐤄𐤓 𐤀𐤔𐤓 𐤏𐤋 𐤐𐤍𐤉 𐤂𐤉 𐤁𐤍 𐤄𐤍𐤌 𐤀𐤔𐤓
𐤁𐤏𐤌𐤒 𐤓𐤐𐤀𐤉𐤌 𐤑𐤐𐤅𐤍𐤄 𐤅𐤉𐤓𐤃 𐤂𐤉 𐤄𐤍𐤌 𐤀𐤋 𐤊𐤕𐤐 𐤄𐤉𐤁𐤅𐤎𐤉 𐤍𐤂𐤁𐤄
𐤅𐤉𐤓𐤃 𐤏𐤉𐤍 𐤓𐤂𐤋·
𐤉𐤆 𐤅𐤕𐤀𐤓 𐤌𐤑𐤐𐤅𐤍 𐤅𐤉𐤑𐤀 𐤏𐤉𐤍 𐤔𐤌𐤔 𐤅𐤉𐤑𐤀 𐤀𐤋 𐤂𐤋𐤉𐤋𐤅𐤕 𐤀𐤔𐤓 𐤍𐤊𐤇
𐤌𐤏𐤋𐤄 𐤀𐤃𐤌𐤉𐤌 𐤅𐤉𐤓𐤃 𐤀𐤁𐤍 𐤁𐤄𐤍 𐤁𐤍 𐤓𐤀𐤅𐤁𐤍·
𐤉𐤇 𐤅𐤏𐤁𐤓 𐤀𐤋 𐤊𐤕𐤐 𐤌𐤅𐤋 𐤄𐤏𐤓𐤁𐤄 𐤑𐤐𐤅𐤍𐤄 𐤅𐤉𐤓𐤃 𐤄𐤏𐤓𐤁𐤕𐤄·
𐤉𐤈 𐤅𐤏𐤁𐤓 𐤄𐤂𐤁𐤅𐤋 𐤀𐤋 𐤊𐤕𐤐 𐤁𐤉𐤕 𐤇𐤂𐤋𐤄 𐤑𐤐𐤅𐤍𐤄 𐤅𐤄𐤉𐤄 [𐤅𐤄𐤉𐤅]
𐤕𐤑𐤀𐤅𐤕𐤉𐤅 [𐤕𐤑𐤀𐤅𐤕] 𐤄𐤂𐤁𐤅𐤋 𐤀𐤋 𐤋𐤔𐤅𐤍 𐤉𐤌 𐤄𐤌𐤋𐤇 𐤑𐤐𐤅𐤍𐤄 𐤀𐤋 𐤒𐤑𐤄
𐤄𐤉𐤓𐤃𐤍 𐤍𐤂𐤁𐤄 𐤆𐤄 𐤂𐤁𐤅𐤋 𐤍𐤂𐤁·
𐤊 𐤅𐤄𐤉𐤓𐤃𐤍 𐤉𐤂𐤁𐤋 𐤀𐤕𐤅 𐤋𐤐𐤀𐤕 𐤒𐤃𐤌𐤄 𐤆𐤀𐤕 𐤍𐤇𐤋𐤕 𐤁𐤍𐤉 𐤁𐤍𐤉𐤌𐤍
𐤋𐤂𐤁𐤅𐤋𐤕𐤉𐤄 𐤎𐤁𐤉𐤁 𐤋𐤌𐤔𐤐𐤇𐤕𐤌·
𐤊𐤀 𐤅𐤄𐤉𐤅 𐤄𐤏𐤓𐤉𐤌 𐤋𐤌𐤈𐤄 𐤁𐤍𐤉 𐤁𐤍𐤉𐤌𐤍 𐤋𐤌𐤔𐤐𐤇𐤅𐤕𐤉𐤄𐤌 𐤉𐤓𐤉𐤇𐤅
𐤅𐤁𐤉𐤕 𐤇𐤂𐤋𐤄 𐤅𐤏𐤌𐤒 𐤒𐤑𐤉𐤑·
𐤊𐤁 𐤅𐤁𐤉𐤕 𐤄𐤏𐤓𐤁𐤄 𐤅𐤑𐤌𐤓𐤉𐤌 𐤅𐤁𐤉𐤕 𐤀𐤋·
𐤊𐤂 𐤅𐤄𐤏𐤅𐤉𐤌 𐤅𐤄𐤐𐤓𐤄 𐤅𐤏𐤐𐤓𐤄·
𐤊𐤃 𐤅𐤊𐤐𐤓 𐤄𐤏𐤌𐤍𐤉 [𐤄𐤏𐤌𐤍𐤄] 𐤅𐤄𐤏𐤐𐤍𐤉 𐤅𐤂𐤁𐤏 𐤏𐤓𐤉𐤌 𐤔𐤕𐤉𐤌 𐤏𐤔𐤓𐤄
𐤅𐤇𐤑𐤓𐤉𐤄𐤍·
𐤊𐤄 𐤂𐤁𐤏𐤅𐤍 𐤅𐤄𐤓𐤌𐤄 𐤅𐤁𐤀𐤓𐤅𐤕·
𐤊𐤅 𐤅𐤄𐤌𐤑𐤐𐤄 𐤅𐤄𐤊𐤐𐤉𐤓𐤄 𐤅𐤄𐤌𐤑𐤄·
𐤊𐤆 𐤅𐤓𐤒𐤌 𐤅𐤉𐤓𐤐𐤀𐤋 𐤅𐤕𐤓𐤀𐤋𐤄·
𐤊𐤇 𐤅𐤑𐤋𐤏 𐤄𐤀𐤋𐤐 𐤅𐤄𐤉𐤁𐤅𐤎𐤉 𐤄𐤉𐤀 𐤉𐤓𐤅𐤔𐤋𐤌 𐤂𐤁𐤏𐤕 𐤒𐤓𐤉𐤕 𐤏𐤓𐤉𐤌
𐤀𐤓𐤁𐤏 𐤏𐤔𐤓𐤄 𐤅𐤇𐤑𐤓𐤉𐤄𐤍 𐤆𐤀𐤕 𐤍𐤇𐤋𐤕 𐤁𐤍𐤉 𐤁𐤍𐤉𐤌𐤍 𐤋𐤌𐤔𐤐𐤇𐤕𐤌·

𐤐𐤓𐤒 𐤉𐤈

𐤀 𐤅𐤉𐤑𐤀 𐤄𐤂𐤅𐤓𐤋 𐤄𐤔𐤍𐤉 𐤋𐤔𐤌𐤏𐤅𐤍 𐤋𐤌𐤈𐤄 𐤁𐤍𐤉 𐤔𐤌𐤏𐤅𐤍 𐤋𐤌𐤔𐤐𐤇𐤅𐤕𐤌
𐤅𐤉𐤄𐤉 𐤍𐤇𐤋𐤕𐤌 𐤁𐤕𐤅𐤊 𐤍𐤇𐤋𐤕 𐤁𐤍𐤉 𐤉𐤄𐤅𐤃𐤄·
𐤁 𐤅𐤉𐤄𐤉 𐤋𐤄𐤌 𐤁𐤍𐤇𐤋𐤕𐤌 𐤁𐤀𐤓 𐤔𐤁𐤏 𐤅𐤔𐤁𐤏 𐤅𐤌𐤅𐤋𐤃𐤄·
𐤂 𐤅𐤇𐤑𐤓 𐤔𐤅𐤏𐤋 𐤅𐤁𐤋𐤄 𐤅𐤏𐤑𐤌·
𐤃 𐤅𐤀𐤋𐤕𐤅𐤋𐤃 𐤅𐤁𐤕𐤅𐤋 𐤅𐤇𐤓𐤌𐤄·
𐤄 𐤅𐤑𐤒𐤋𐤂 𐤅𐤁𐤉𐤕 𐤄𐤌𐤓𐤊𐤁𐤅𐤕 𐤅𐤇𐤑𐤓 𐤎𐤅𐤎𐤄·
𐤅 𐤅𐤁𐤉𐤕 𐤋𐤁𐤀𐤅𐤕 𐤅𐤔𐤓𐤅𐤇𐤍 𐤏𐤓𐤉𐤌 𐤔𐤋𐤔 𐤏𐤔𐤓𐤄 𐤅𐤇𐤑𐤓𐤉𐤄𐤍·
𐤆 𐤏𐤉𐤍 𐤓𐤌𐤅𐤍 𐤅𐤏𐤕𐤓 𐤅𐤏𐤔𐤍 𐤏𐤓𐤉𐤌 𐤀𐤓𐤁𐤏 𐤅𐤇𐤑𐤓𐤉𐤄𐤍·

𐤇 𐤅𐤊𐤋 𐤄𐤇𐤑𐤓𐤉𐤌 𐤀𐤔𐤓 𐤎𐤁𐤉𐤁𐤅𐤕 𐤄𐤏𐤓𐤉𐤌 𐤄𐤀𐤋𐤄 𐤏𐤃 𐤁𐤏𐤋𐤕 𐤁𐤀𐤓
𐤓𐤀𐤌𐤕 𐤍𐤂𐤁 𐤆𐤀𐤕 𐤍𐤇𐤋𐤕 𐤌𐤈𐤄 𐤁𐤍𐤉 𐤔𐤌𐤏𐤅𐤍 𐤋𐤌𐤔𐤐𐤇𐤕𐤌•
𐤈 𐤌𐤇𐤁𐤋 𐤁𐤍𐤉 𐤉𐤄𐤅𐤃𐤄 𐤍𐤇𐤋𐤕 𐤁𐤍𐤉 𐤔𐤌𐤏𐤅𐤍 𐤊𐤉 𐤄𐤉𐤄 𐤇𐤋𐤒 𐤁𐤍𐤉
𐤉𐤄𐤅𐤃𐤄 𐤓𐤁 𐤌𐤄𐤌 𐤅𐤉𐤍𐤇𐤋𐤅 𐤁𐤍𐤉 𐤔𐤌𐤏𐤅𐤍 𐤁𐤕𐤅𐤊 𐤍𐤇𐤋𐤕𐤌•
𐤉 𐤅𐤉𐤏𐤋 𐤄𐤂𐤅𐤓𐤋 𐤄𐤔𐤋𐤉𐤔𐤉 𐤋𐤁𐤍𐤉 𐤆𐤁𐤅𐤋𐤍 𐤋𐤌𐤔𐤐𐤇𐤕𐤌 𐤅𐤉𐤄𐤉 𐤂𐤁𐤅𐤋
𐤍𐤇𐤋𐤕𐤌 𐤏𐤃 𐤔𐤓𐤉𐤃•
𐤉𐤀 𐤅𐤏𐤋𐤄 𐤂𐤁𐤅𐤋𐤌 𐤋𐤉𐤌𐤄 𐤅𐤌𐤓𐤏𐤋𐤄 𐤅𐤐𐤂𐤏 𐤁𐤃𐤁𐤔𐤕 𐤅𐤐𐤂𐤏 𐤀𐤋 𐤄𐤍𐤇𐤋
𐤀𐤔𐤓 𐤏𐤋 𐤐𐤍𐤉 𐤉𐤒𐤍𐤏𐤌•
𐤉𐤁 𐤅𐤔𐤁 𐤌𐤔𐤓𐤉𐤃 𐤒𐤃𐤌𐤄 𐤌𐤆𐤓𐤇 𐤄𐤔𐤌𐤔 𐤏𐤋 𐤂𐤁𐤅𐤋 𐤊𐤎𐤋𐤕 𐤕𐤁𐤓 𐤅𐤉𐤑𐤀
𐤀𐤋 𐤄𐤃𐤁𐤓𐤕 𐤅𐤏𐤋𐤄 𐤉𐤐𐤉𐤏•
𐤉𐤂 𐤅𐤌𐤔𐤌 𐤏𐤁𐤓 𐤒𐤃𐤌𐤄 𐤌𐤆𐤓𐤇𐤄 𐤂𐤕𐤄 𐤇𐤐𐤓 𐤏𐤕𐤄 𐤒𐤑𐤉𐤍 𐤅𐤉𐤑𐤀 𐤓𐤌𐤅𐤍
𐤄𐤌𐤕𐤀𐤓 𐤄𐤍𐤏𐤄•
𐤉𐤃 𐤅𐤍𐤎𐤁 𐤀𐤕𐤅 𐤄𐤂𐤁𐤅𐤋 𐤌𐤑𐤐𐤅𐤍 𐤇𐤍𐤕𐤍 𐤅𐤄𐤉𐤅 𐤕𐤑𐤀𐤕𐤉𐤅 𐤂𐤉 𐤉𐤐𐤕𐤇
𐤀𐤋•
𐤈𐤅 𐤅𐤒𐤈𐤕 𐤅𐤍𐤄𐤋𐤋 𐤅𐤔𐤌𐤓𐤅𐤍 𐤅𐤉𐤃𐤀𐤋𐤄 𐤅𐤁𐤉𐤕 𐤋𐤇𐤌 𐤏𐤓𐤉𐤌 𐤔𐤕𐤉𐤌
𐤏𐤔𐤓𐤄 𐤅𐤇𐤑𐤓𐤉𐤄𐤍•
𐤈𐤆 𐤆𐤀𐤕 𐤍𐤇𐤋𐤕 𐤁𐤍𐤉 𐤆𐤁𐤅𐤋𐤍 𐤋𐤌𐤔𐤐𐤇𐤅𐤕𐤌 𐤄𐤏𐤓𐤉𐤌 𐤄𐤀𐤋𐤄
𐤅𐤇𐤑𐤓𐤉𐤄𐤍•
𐤉𐤆 𐤋𐤉𐤔𐤔𐤊𐤓 𐤉𐤑𐤀 𐤄𐤂𐤅𐤓𐤋 𐤄𐤓𐤁𐤉𐤏𐤉 𐤋𐤁𐤍𐤉 𐤉𐤔𐤔𐤊𐤓 𐤋𐤌𐤔𐤐𐤇𐤅𐤕𐤌•
𐤉𐤇 𐤅𐤉𐤄𐤉 𐤂𐤁𐤅𐤋𐤌 𐤉𐤆𐤓𐤏𐤀𐤋𐤄 𐤅𐤄𐤊𐤎𐤅𐤋𐤕 𐤅𐤔𐤅𐤍𐤌•
𐤉𐤈 𐤅𐤇𐤐𐤓𐤉𐤌 𐤅𐤔𐤉𐤀𐤍 𐤅𐤀𐤍𐤇𐤓𐤕•
𐤊 𐤅𐤄𐤓𐤁𐤉𐤕 𐤅𐤒𐤔𐤉𐤅𐤍 𐤅𐤀𐤁𐤑•
𐤊𐤀 𐤅𐤓𐤌𐤕 𐤅𐤏𐤉𐤍 𐤂𐤍𐤉𐤌 𐤅𐤏𐤉𐤍 𐤇𐤃𐤄 𐤅𐤁𐤉𐤕 𐤐𐤑𐤑•
𐤊𐤁 𐤅𐤐𐤂𐤏 𐤄𐤂𐤁𐤅𐤋 𐤁𐤕𐤁𐤅𐤓 𐤅𐤔𐤇𐤑𐤅𐤌𐤄 [𐤅𐤔𐤇𐤑𐤉𐤌𐤄] 𐤅𐤁𐤉𐤕 𐤔𐤌𐤔
𐤅𐤄𐤉𐤅 𐤕𐤑𐤀𐤅𐤕 𐤂𐤁𐤅𐤋𐤌 𐤄𐤉𐤓𐤃𐤍 𐤏𐤓𐤉𐤌 𐤔𐤔 𐤏𐤔𐤓𐤄 𐤅𐤇𐤑𐤓𐤉𐤄𐤍•
𐤊𐤂 𐤆𐤀𐤕 𐤍𐤇𐤋𐤕 𐤌𐤈𐤄 𐤁𐤍𐤉 𐤉𐤔𐤔𐤊𐤓 𐤋𐤌𐤔𐤐𐤇𐤕𐤌 𐤄𐤏𐤓𐤉𐤌 𐤅𐤇𐤑𐤓𐤉𐤄𐤍•
𐤊𐤃 𐤅𐤉𐤑𐤀 𐤄𐤂𐤅𐤓𐤋 𐤄𐤇𐤌𐤉𐤔𐤉 𐤋𐤌𐤈𐤄 𐤁𐤍𐤉 𐤀𐤔𐤓 𐤋𐤌𐤔𐤐𐤇𐤅𐤕𐤌•
𐤊𐤄 𐤅𐤉𐤄𐤉 𐤂𐤁𐤅𐤋𐤌 𐤇𐤋𐤒𐤕 𐤅𐤇𐤋𐤉 𐤅𐤁𐤈𐤍 𐤅𐤀𐤊𐤔𐤐•
𐤊𐤅 𐤅𐤀𐤋𐤌𐤋𐤊 𐤅𐤏𐤌𐤏𐤃 𐤅𐤌𐤔𐤀𐤋 𐤅𐤐𐤂𐤏 𐤁𐤊𐤓𐤌𐤋 𐤄𐤉𐤌𐤄 𐤅𐤁𐤔𐤉𐤇𐤅𐤓
𐤋𐤁𐤍𐤕•
𐤊𐤆 𐤅𐤔𐤁 𐤌𐤆𐤓𐤇 𐤄𐤔𐤌𐤔 𐤁𐤉𐤕 𐤃𐤂𐤍 𐤅𐤐𐤂𐤏 𐤁𐤆𐤁𐤋𐤅𐤍 𐤅𐤁𐤂𐤉 𐤉𐤐𐤕𐤇 𐤀𐤋
𐤑𐤐𐤅𐤍𐤄 𐤁𐤉𐤕 𐤄𐤏𐤌𐤒 𐤅𐤍𐤏𐤉𐤀𐤋 𐤅𐤉𐤑𐤀 𐤀𐤋 𐤊𐤁𐤅𐤋 𐤌𐤔𐤌𐤀𐤋•
𐤊𐤇 𐤅𐤏𐤁𐤓𐤍 𐤅𐤓𐤇𐤁 𐤅𐤇𐤌𐤅𐤍 𐤅𐤒𐤍𐤄 𐤏𐤃 𐤑𐤉𐤃𐤅𐤍 𐤓𐤁𐤄•

𐤊𐤈 𐤅𐤔𐤁 𐤄𐤂𐤁𐤅𐤋 𐤄𐤓𐤌𐤄 𐤅𐤏𐤃 𐤏𐤉𐤓 𐤌𐤁𐤑𐤓 𐤑𐤓 𐤅𐤔𐤁 𐤄𐤂𐤁𐤅𐤋 𐤇𐤎𐤄
𐤅𐤉𐤄𐤉𐤅 [𐤅𐤄𐤉𐤅] 𐤕𐤑𐤀𐤕𐤉𐤅 𐤄𐤉𐤌𐤄 𐤌𐤇𐤁𐤋 𐤀𐤊𐤆𐤉𐤁𐤄.

𐤋 𐤅𐤏𐤌𐤄 𐤅𐤀𐤐𐤒 𐤅𐤓𐤇𐤁 𐤏𐤓𐤉𐤌 𐤏𐤔𐤓𐤉𐤌 𐤅𐤔𐤕𐤉𐤌 𐤅𐤇𐤑𐤓𐤉𐤄𐤍.

𐤋𐤀 𐤆𐤀𐤕 𐤍𐤇𐤋𐤕 𐤌𐤈𐤄 𐤁𐤍𐤉 𐤀𐤔𐤓 𐤋𐤌𐤔𐤐𐤇𐤕𐤌 𐤄𐤏𐤓𐤉𐤌 𐤄𐤀𐤋𐤄
𐤅𐤇𐤑𐤓𐤉𐤄𐤍.

𐤋𐤁 𐤋𐤁𐤍𐤉 𐤍𐤐𐤕𐤋𐤉 𐤉𐤑𐤀 𐤄𐤂𐤅𐤓𐤋 𐤄𐤔𐤔𐤉 𐤋𐤁𐤍𐤉 𐤍𐤐𐤕𐤋𐤉 𐤋𐤌𐤔𐤐𐤇𐤕𐤌.

𐤋𐤂 𐤅𐤉𐤄𐤉 𐤂𐤁𐤅𐤋𐤌 𐤌𐤇𐤋𐤐 𐤌𐤀𐤋𐤅𐤍 𐤁𐤑𐤏𐤍𐤍𐤉𐤌 𐤅𐤀𐤃𐤌𐤉 𐤄𐤍𐤒𐤁
𐤅𐤉𐤁𐤍𐤀𐤋 𐤏𐤃 𐤋𐤒𐤅𐤌 𐤅𐤉𐤄𐤉 𐤕𐤑𐤀𐤕𐤉𐤅 𐤄𐤉𐤓𐤃𐤍.

𐤋𐤃 𐤅𐤔𐤁 𐤄𐤂𐤁𐤅𐤋 𐤉𐤌𐤄 𐤀𐤆𐤍𐤅𐤕 𐤕𐤁𐤅𐤓 𐤅𐤉𐤑𐤀 𐤌𐤔𐤌 𐤇𐤅𐤒𐤒𐤄 𐤅𐤐𐤂𐤏
𐤁𐤆𐤁𐤋𐤅𐤍 𐤌𐤍𐤂𐤁 𐤅𐤁𐤀𐤔𐤓 𐤐𐤂𐤏 𐤌𐤉𐤌 𐤅𐤁𐤉𐤄𐤅𐤃𐤄 𐤄𐤉𐤓𐤃𐤍 𐤌𐤆𐤓𐤇 𐤄𐤔𐤌𐤔.

𐤋𐤄 𐤅𐤏𐤓𐤉 𐤌𐤁𐤑𐤓 𐤄𐤑𐤃𐤉𐤌 𐤑𐤓 𐤅𐤇𐤌𐤕 𐤓𐤒𐤕 𐤅𐤊𐤍𐤓𐤕.

𐤋𐤅 𐤅𐤀𐤃𐤌𐤄 𐤅𐤄𐤓𐤌𐤄 𐤅𐤇𐤑𐤅𐤓.

𐤋𐤆 𐤅𐤒𐤃𐤔 𐤅𐤀𐤃𐤓𐤏𐤉 𐤅𐤏𐤉𐤍 𐤇𐤑𐤅𐤓.

𐤋𐤇 𐤅𐤉𐤓𐤀𐤅𐤍 𐤅𐤌𐤂𐤃𐤋 𐤀𐤋 𐤇𐤓𐤌 𐤅𐤁𐤉𐤕 𐤏𐤍𐤕 𐤅𐤁𐤉𐤕 𐤔𐤌𐤔 𐤏𐤓𐤉𐤌 𐤕𐤔𐤏
𐤏𐤔𐤓𐤄 𐤅𐤇𐤑𐤓𐤉𐤄𐤍.

𐤋𐤈 𐤆𐤀𐤕 𐤍𐤇𐤋𐤕 𐤌𐤈𐤄 𐤁𐤍𐤉 𐤍𐤐𐤕𐤋𐤉 𐤋𐤌𐤔𐤐𐤇𐤕𐤌 𐤄𐤏𐤓𐤉𐤌 𐤅𐤇𐤑𐤓𐤉𐤄𐤍.

𐤌 𐤋𐤌𐤈𐤄 𐤁𐤍𐤉 𐤃𐤍 𐤋𐤌𐤔𐤐𐤇𐤕𐤌 𐤉𐤑𐤀 𐤄𐤂𐤅𐤓𐤋 𐤄𐤔𐤁𐤉𐤏𐤉.

𐤌𐤀 𐤅𐤉𐤄𐤉 𐤂𐤁𐤅𐤋 𐤍𐤇𐤋𐤕𐤌 𐤑𐤓𐤏𐤄 𐤅𐤀𐤔𐤕𐤀𐤅𐤋 𐤅𐤏𐤉𐤓 𐤔𐤌𐤔.

𐤌𐤁 𐤅𐤔𐤏𐤋𐤁𐤉𐤍 𐤅𐤀𐤉𐤋𐤅𐤍 𐤅𐤉𐤕𐤋𐤄.

𐤌𐤂 𐤅𐤀𐤉𐤋𐤅𐤍 𐤅𐤕𐤌𐤍𐤕𐤄 𐤅𐤏𐤒𐤓𐤅𐤍.

𐤌𐤃 𐤅𐤀𐤋𐤕𐤒𐤄 𐤅𐤂𐤁𐤕𐤅𐤍 𐤅𐤁𐤏𐤋𐤕.

𐤌𐤄 𐤅𐤉𐤄𐤃 𐤅𐤁𐤍𐤉 𐤁𐤓𐤒 𐤅𐤂𐤕 𐤓𐤌𐤅𐤍.

𐤌𐤅 𐤅𐤌𐤉 𐤄𐤉𐤓𐤒𐤅𐤍 𐤅𐤄𐤓𐤒𐤅𐤍 𐤏𐤌 𐤄𐤂𐤁𐤅𐤋 𐤌𐤅𐤋 𐤉𐤐𐤅.

𐤌𐤆 𐤅𐤉𐤑𐤀 𐤂𐤁𐤅𐤋 𐤁𐤍𐤉 𐤃𐤍 𐤌𐤄𐤌 𐤅𐤉𐤏𐤋𐤅 𐤁𐤍𐤉 𐤃𐤍 𐤅𐤉𐤋𐤇𐤌𐤅 𐤏𐤌 𐤋𐤔𐤌
𐤅𐤉𐤋𐤊𐤃𐤅 𐤀𐤅𐤕𐤄 𐤅𐤉𐤊𐤅 𐤀𐤅𐤕𐤄 𐤋𐤐𐤉 𐤇𐤓𐤁 𐤅𐤉𐤓𐤔𐤅 𐤀𐤅𐤕𐤄 𐤅𐤉𐤔𐤁𐤅 𐤁𐤄
𐤅𐤉𐤒𐤓𐤀𐤅 𐤋𐤋𐤔𐤌 𐤃𐤍 𐤊𐤔𐤌 𐤃𐤍 𐤀𐤁𐤉𐤄𐤌.

𐤌𐤇 𐤆𐤀𐤕 𐤍𐤇𐤋𐤕 𐤌𐤈𐤄 𐤁𐤍𐤉 𐤃𐤍 𐤋𐤌𐤔𐤐𐤇𐤕𐤌 𐤄𐤏𐤓𐤉𐤌 𐤄𐤀𐤋𐤄
𐤅𐤇𐤑𐤓𐤉𐤄𐤍.

𐤌𐤈 𐤅𐤉𐤊𐤋𐤅 𐤋𐤍𐤇𐤋 𐤀𐤕 𐤄𐤀𐤓𐤑 𐤋𐤂𐤁𐤅𐤋𐤕𐤉𐤄 𐤅𐤉𐤕𐤍𐤅 𐤁𐤍𐤉 𐤉𐤔𐤓𐤀𐤋
𐤍𐤇𐤋𐤄 𐤋𐤉𐤄𐤅𐤔𐤏 𐤁𐤍 𐤍𐤅𐤍 𐤁𐤕𐤅𐤊𐤌.

𐤍 𐤏𐤋 𐤐𐤉 𐤉𐤄𐤅𐤄 𐤍𐤕𐤍𐤅 𐤋𐤅 𐤀𐤕 𐤄𐤏𐤉𐤓 𐤀𐤔𐤓 𐤔𐤀𐤋 𐤀𐤕 𐤕𐤌𐤍𐤕 𐤎𐤓𐤇
𐤁𐤄𐤓 𐤀𐤐𐤓𐤉𐤌 𐤅𐤉𐤁𐤍𐤄 𐤀𐤕 𐤄𐤏𐤉𐤓 𐤅𐤉𐤔𐤁 𐤁𐤄.

𐤍𐤀 𐤀𐤋𐤄 𐤄𐤍𐤇𐤋𐤕 𐤀𐤔𐤓 𐤍𐤇𐤋𐤅 𐤀𐤋𐤏𐤆𐤓 𐤄𐤊𐤄𐤍 𐤅𐤉𐤄𐤅𐤔𐤏 𐤁𐤍 𐤍𐤅𐤍

𐤅𐤓𐤀𐤔𐤉 𐤄𐤀𐤁𐤅𐤕 𐤋𐤌𐤈𐤅𐤕 𐤁𐤍𐤉 𐤉𐤔𐤓𐤀𐤋 𐤁𐤂𐤅𐤓𐤋 𐤁𐤔𐤋𐤄 𐤋𐤐𐤍𐤉 𐤉𐤄𐤅𐤄
𐤐𐤕𐤇 𐤀𐤄𐤋 𐤌𐤅𐤏𐤃 𐤅𐤉𐤊𐤋𐤅 𐤌𐤇𐤋𐤒 𐤀𐤕 𐤄𐤀𐤓𐤑.

𐤐𐤓𐤒 𐤊

𐤀 𐤅𐤉𐤃𐤁𐤓 𐤉𐤄𐤅𐤄 𐤀𐤋 𐤉𐤄𐤅𐤔𐤏 𐤋𐤀𐤌𐤓.
𐤁 𐤃𐤁𐤓 𐤀𐤋 𐤁𐤍𐤉 𐤉𐤔𐤓𐤀𐤋 𐤋𐤀𐤌𐤓 𐤕𐤍𐤅 𐤋𐤊𐤌 𐤀𐤕 𐤏𐤓𐤉 𐤄𐤌𐤒𐤋𐤈 𐤀𐤔𐤓
𐤃𐤁𐤓𐤕𐤉 𐤀𐤋𐤉𐤊𐤌 𐤁𐤉𐤃 𐤌𐤔𐤄.
𐤂 𐤋𐤍𐤅𐤎 𐤔𐤌𐤄 𐤓𐤅𐤑𐤇 𐤌𐤊𐤄 𐤍𐤐𐤔 𐤁𐤔𐤂𐤂𐤄 𐤁𐤁𐤋𐤉 𐤃𐤏𐤕 𐤅𐤄𐤉𐤅 𐤋𐤊𐤌
𐤋𐤌𐤒𐤋𐤈 𐤌𐤂𐤀𐤋 𐤄𐤃𐤌.
𐤃 𐤅𐤍𐤎 𐤀𐤋 𐤀𐤇𐤕 𐤌𐤄𐤏𐤓𐤉𐤌 𐤄𐤀𐤋𐤄 𐤅𐤏𐤌𐤃 𐤐𐤕𐤇 𐤔𐤏𐤓 𐤄𐤏𐤉𐤓 𐤅𐤃𐤁𐤓
𐤁𐤀𐤆𐤍𐤉 𐤆𐤒𐤍𐤉 𐤄𐤏𐤉𐤓 𐤄𐤄𐤉𐤀 𐤀𐤕 𐤃𐤁𐤓𐤉𐤅 𐤅𐤀𐤎𐤐𐤅 𐤀𐤕𐤅 𐤄𐤏𐤉𐤓𐤄
𐤀𐤋𐤉𐤄𐤌 𐤅𐤍𐤕𐤍𐤅 𐤋𐤅 𐤌𐤒𐤅𐤌 𐤅𐤉𐤔𐤁 𐤏𐤌𐤌.
𐤄 𐤅𐤊𐤉 𐤉𐤓𐤃𐤐 𐤂𐤀𐤋 𐤄𐤃𐤌 𐤀𐤇𐤓𐤉𐤅 𐤅𐤋𐤀 𐤉𐤎𐤂𐤓𐤅 𐤀𐤕 𐤄𐤓𐤑𐤇 𐤁𐤉𐤃𐤅 𐤊𐤉
𐤁𐤁𐤋𐤉 𐤃𐤏𐤕 𐤄𐤊𐤄 𐤀𐤕 𐤓𐤏𐤄𐤅 𐤅𐤋𐤀 𐤔𐤍𐤀 𐤄𐤅𐤀 𐤋𐤅 𐤌𐤕𐤌𐤅𐤋 𐤔𐤋𐤔𐤅𐤌.
𐤅 𐤅𐤉𐤔𐤁 𐤁𐤏𐤉𐤓 𐤄𐤄𐤉𐤀 𐤏𐤃 𐤏𐤌𐤃𐤅 𐤋𐤐𐤍𐤉 𐤄𐤏𐤃𐤄 𐤋𐤌𐤔𐤐𐤈 𐤏𐤃 𐤌𐤅𐤕
𐤄𐤊𐤄𐤍 𐤄𐤂𐤃𐤅𐤋 𐤀𐤔𐤓 𐤉𐤄𐤉𐤄 𐤁𐤉𐤌𐤉𐤌 𐤄𐤄𐤌 𐤀𐤆 𐤉𐤔𐤅𐤁 𐤄𐤓𐤅𐤑𐤇 𐤅𐤁𐤀
𐤀𐤋 𐤏𐤉𐤓𐤅 𐤅𐤀𐤋 𐤁𐤉𐤕𐤅 𐤀𐤋 𐤄𐤏𐤉𐤓 𐤀𐤔𐤓 𐤍𐤎 𐤌𐤔𐤌.
𐤆 𐤅𐤉𐤒𐤃𐤔𐤅 𐤀𐤕 𐤒𐤃𐤔 𐤁𐤂𐤋𐤉𐤋 𐤁𐤄𐤓 𐤍𐤐𐤕𐤋𐤉 𐤅𐤀𐤕 𐤔𐤊𐤌 𐤁𐤄𐤓 𐤀𐤐𐤓𐤉𐤌
𐤅𐤀𐤕 𐤒𐤓𐤉𐤕 𐤀𐤓𐤁𐤏 𐤄𐤉𐤀 𐤇𐤁𐤓𐤅𐤍 𐤁𐤄𐤓 𐤉𐤄𐤅𐤃𐤄.
𐤇 𐤅𐤌𐤏𐤁𐤓 𐤋𐤉𐤓𐤃𐤍 𐤉𐤓𐤉𐤇𐤅 𐤌𐤆𐤓𐤇𐤄 𐤍𐤕𐤍𐤅 𐤀𐤕 𐤁𐤑𐤓 𐤁𐤌𐤃𐤁𐤓 𐤁𐤌𐤉𐤔𐤓
𐤌𐤌𐤈𐤄 𐤓𐤀𐤅𐤁𐤍 𐤅𐤀𐤕 𐤓𐤀𐤌𐤕 𐤁𐤂𐤋𐤏𐤃 𐤌𐤌𐤈𐤄 𐤂𐤃 𐤅𐤀𐤕 𐤂𐤋𐤅𐤍 [𐤂𐤅𐤋𐤍]
𐤁𐤁𐤔𐤍 𐤌𐤌𐤈𐤄 𐤌𐤍𐤔𐤄.
𐤈 𐤀𐤋𐤄 𐤄𐤉𐤅 𐤏𐤓𐤉 𐤄𐤌𐤅𐤏𐤃𐤄 𐤋𐤊𐤋 𐤁𐤍𐤉 𐤉𐤔𐤓𐤀𐤋 𐤅𐤋𐤂𐤓 𐤄𐤂𐤓 𐤁𐤕𐤅𐤊𐤌
𐤋𐤍𐤅𐤎 𐤔𐤌𐤄 𐤊𐤋 𐤌𐤊𐤄 𐤍𐤐𐤔 𐤁𐤔𐤂𐤂𐤄 𐤅𐤋𐤀 𐤉𐤌𐤅𐤕 𐤁𐤉𐤃 𐤂𐤀𐤋 𐤄𐤃𐤌 𐤏𐤃
𐤏𐤌𐤃𐤅 𐤋𐤐𐤍𐤉 𐤄𐤏𐤃𐤄.

𐤐𐤓𐤒 𐤊𐤀

𐤀 𐤅𐤉𐤂𐤔𐤅 𐤓𐤀𐤔𐤉 𐤀𐤁𐤅𐤕 𐤄𐤋𐤅𐤉𐤌 𐤀𐤋 𐤀𐤋𐤏𐤆𐤓 𐤄𐤊𐤄𐤍 𐤅𐤀𐤋 𐤉𐤄𐤅𐤔𐤏
𐤁𐤍 𐤍𐤅𐤍 𐤅𐤀𐤋 𐤓𐤀𐤔𐤉 𐤀𐤁𐤅𐤕 𐤄𐤌𐤈𐤅𐤕 𐤋𐤁𐤍𐤉 𐤉𐤔𐤓𐤀𐤋.
𐤁 𐤅𐤉𐤃𐤁𐤓𐤅 𐤀𐤋𐤉𐤄𐤌 𐤁𐤔𐤋𐤄 𐤁𐤀𐤓𐤑 𐤊𐤍𐤏𐤍 𐤋𐤀𐤌𐤓 𐤉𐤄𐤅𐤄 𐤑𐤅𐤄 𐤁𐤉𐤃
𐤌𐤔𐤄 𐤋𐤕𐤕 𐤋𐤍𐤅 𐤏𐤓𐤉𐤌 𐤋𐤔𐤁𐤕 𐤅𐤌𐤂𐤓𐤔𐤉𐤄𐤍 𐤋𐤁𐤄𐤌𐤕𐤍𐤅.
𐤂 𐤅𐤉𐤕𐤍𐤅 𐤁𐤍𐤉 𐤉𐤔𐤓𐤀𐤋 𐤋𐤋𐤅𐤉𐤌 𐤌𐤍𐤇𐤋𐤕𐤌 𐤀𐤋 𐤐𐤉 𐤉𐤄𐤅𐤄 𐤀𐤕
𐤄𐤏𐤓𐤉𐤌 𐤄𐤀𐤋𐤄 𐤅𐤀𐤕 𐤌𐤂𐤓𐤔𐤉𐤄𐤍.

# 𐤉𐤄𐤅𐤔𐤏

𐤃 𐤅𐤉𐤑𐤀 𐤄𐤂𐤅𐤓𐤋 𐤋𐤌𐤔𐤐𐤇𐤕 𐤄𐤒𐤄𐤕𐤉 𐤅𐤉𐤄𐤉 𐤋𐤁𐤍𐤉 𐤀𐤄𐤓𐤍 𐤄𐤊𐤄𐤍 𐤌𐤍
𐤄𐤋𐤅𐤉𐤌 𐤌𐤌𐤈𐤄 𐤉𐤄𐤅𐤃𐤄 𐤅𐤌𐤌𐤈𐤄 𐤄𐤔𐤌𐤏𐤍𐤉 𐤅𐤌𐤌𐤈𐤄 𐤁𐤍𐤉𐤌𐤍 𐤁𐤂𐤅𐤓𐤋
𐤏𐤓𐤉𐤌 𐤔𐤋𐤔 𐤏𐤔𐤓𐤄•

𐤄 𐤅𐤋𐤁𐤍𐤉 𐤒𐤄𐤕 𐤄𐤍𐤅𐤕𐤓𐤉𐤌 𐤌𐤌𐤔𐤐𐤇𐤕 𐤌𐤈𐤄 𐤀𐤐𐤓𐤉𐤌 𐤅𐤌𐤌𐤈𐤄 𐤃𐤍
𐤅𐤌𐤇𐤑𐤉 𐤌𐤈𐤄 𐤌𐤍𐤔𐤄 𐤁𐤂𐤅𐤓𐤋 𐤏𐤓𐤉𐤌 𐤏𐤔𐤓•

𐤅 𐤅𐤋𐤁𐤍𐤉 𐤂𐤓𐤔𐤅𐤍 𐤌𐤌𐤔𐤐𐤇𐤕 𐤌𐤈𐤄 𐤉𐤔𐤔𐤊𐤓 𐤅𐤌𐤌𐤈𐤄 𐤀𐤔𐤓 𐤅𐤌𐤌𐤈𐤄
𐤍𐤐𐤕𐤋𐤉 𐤅𐤌𐤇𐤑𐤉 𐤌𐤈𐤄 𐤌𐤍𐤔𐤄 𐤁𐤁𐤔𐤍 𐤁𐤂𐤅𐤓𐤋 𐤏𐤓𐤉𐤌 𐤔𐤋𐤔 𐤏𐤔𐤓𐤄•

𐤆 𐤋𐤁𐤍𐤉 𐤌𐤓𐤓𐤉 𐤋𐤌𐤔𐤐𐤇𐤕𐤌 𐤌𐤌𐤈𐤄 𐤓𐤀𐤅𐤁𐤍 𐤅𐤌𐤌𐤈𐤄 𐤂𐤃 𐤅𐤌𐤌𐤈𐤄
𐤆𐤁𐤅𐤋𐤍 𐤏𐤓𐤉𐤌 𐤔𐤕𐤉𐤌 𐤏𐤔𐤓𐤄•

𐤇 𐤅𐤉𐤕𐤍𐤅 𐤁𐤍𐤉 𐤉𐤔𐤓𐤀𐤋 𐤋𐤋𐤅𐤉𐤌 𐤀𐤕 𐤄𐤏𐤓𐤉𐤌 𐤄𐤀𐤋𐤄 𐤅𐤀𐤕
𐤌𐤂𐤓𐤔𐤉𐤄𐤍 𐤊𐤀𐤔𐤓 𐤑𐤅𐤄 𐤉𐤄𐤅𐤄 𐤁𐤉𐤃 𐤌𐤔𐤄 𐤁𐤂𐤅𐤓𐤋•

𐤈 𐤅𐤉𐤕𐤍𐤅 𐤌𐤌𐤈𐤄 𐤁𐤍𐤉 𐤉𐤄𐤅𐤃𐤄 𐤅𐤌𐤌𐤈𐤄 𐤁𐤍𐤉 𐤔𐤌𐤏𐤅𐤍 𐤀𐤕 𐤄𐤏𐤓𐤉𐤌
𐤄𐤀𐤋𐤄 𐤀𐤔𐤓 𐤉𐤒𐤓𐤀 𐤀𐤕𐤄𐤍 𐤁𐤔𐤌•

𐤉 𐤅𐤉𐤄𐤉 𐤋𐤁𐤍𐤉 𐤀𐤄𐤓𐤍 𐤌𐤌𐤔𐤐𐤇𐤅𐤕 𐤄𐤒𐤄𐤕𐤉 𐤌𐤁𐤍𐤉 𐤋𐤅𐤉 𐤊𐤉 𐤋𐤄𐤌
𐤄𐤉𐤄 𐤄𐤂𐤅𐤓𐤋 𐤓𐤀𐤉𐤔𐤍𐤄•

[𐤓𐤀𐤔𐤅𐤍𐤄] 𐤉𐤀 𐤅𐤉𐤕𐤍𐤅 𐤋𐤄𐤌 𐤀𐤕 𐤒𐤓𐤉𐤕 𐤀𐤓𐤁𐤏 𐤀𐤁𐤉 𐤄𐤏𐤍𐤅𐤒 𐤄𐤉𐤀
𐤇𐤁𐤓𐤅𐤍 𐤁𐤄𐤓 𐤉𐤄𐤅𐤃𐤄 𐤅𐤀𐤕 𐤌𐤂𐤓𐤔𐤄 𐤎𐤁𐤉𐤁𐤕𐤉𐤄•

𐤉𐤁 𐤅𐤀𐤕 𐤔𐤃𐤄 𐤄𐤏𐤉𐤓 𐤅𐤀𐤕 𐤇𐤑𐤓𐤉𐤄 𐤍𐤕𐤍𐤅 𐤋𐤊𐤋𐤁 𐤁𐤍 𐤉𐤐𐤍𐤄 𐤁𐤀𐤇𐤆𐤕𐤅•

𐤉𐤂 𐤅𐤋𐤁𐤍𐤉 𐤀𐤄𐤓𐤍 𐤄𐤊𐤄𐤍 𐤍𐤕𐤍𐤅 𐤀𐤕 𐤏𐤉𐤓 𐤌𐤒𐤋𐤈 𐤄𐤓𐤑𐤇 𐤀𐤕 𐤇𐤁𐤓𐤅𐤍
𐤅𐤀𐤕 𐤌𐤂𐤓𐤔𐤄 𐤅𐤀𐤕 𐤋𐤁𐤍𐤄 𐤅𐤀𐤕 𐤌𐤂𐤓𐤔𐤄•

𐤉𐤃 𐤅𐤀𐤕 𐤉𐤕𐤓 𐤅𐤀𐤕 𐤌𐤂𐤓𐤔𐤄 𐤅𐤀𐤕 𐤀𐤔𐤕𐤌𐤏 𐤅𐤀𐤕 𐤌𐤂𐤓𐤔𐤄•

𐤈𐤅 𐤅𐤀𐤕 𐤇𐤋𐤍 𐤅𐤀𐤕 𐤌𐤂𐤓𐤔𐤄 𐤅𐤀𐤕 𐤃𐤁𐤓 𐤅𐤀𐤕 𐤌𐤂𐤓𐤔𐤄•

𐤈𐤆 𐤅𐤀𐤕 𐤏𐤉𐤍 𐤅𐤀𐤕 𐤌𐤂𐤓𐤔𐤄 𐤅𐤀𐤕 𐤉𐤈𐤄 𐤅𐤀𐤕 𐤌𐤂𐤓𐤔𐤄 𐤀𐤕 𐤁𐤉𐤕 𐤔𐤌𐤔
𐤅𐤀𐤕 𐤌𐤂𐤓𐤔𐤄 𐤏𐤓𐤉𐤌 𐤕𐤔𐤏 𐤌𐤀𐤕 𐤔𐤍𐤉 𐤄𐤔𐤁𐤈𐤉𐤌 𐤄𐤀𐤋𐤄•

𐤉𐤆 𐤅𐤌𐤌𐤈𐤄 𐤁𐤍𐤉𐤌𐤍 𐤀𐤕 𐤂𐤁𐤏𐤅𐤍 𐤅𐤀𐤕 𐤌𐤂𐤓𐤔𐤄 𐤀𐤕 𐤂𐤁𐤏 𐤅𐤀𐤕
𐤌𐤂𐤓𐤔𐤄•

𐤉𐤇 𐤀𐤕 𐤏𐤍𐤕𐤅𐤕 𐤅𐤀𐤕 𐤌𐤂𐤓𐤔𐤄 𐤅𐤀𐤕 𐤏𐤋𐤌𐤅𐤍 𐤅𐤀𐤕 𐤌𐤂𐤓𐤔𐤄 𐤏𐤓𐤉𐤌
𐤀𐤓𐤁𐤏•

𐤉𐤈 𐤊𐤋 𐤏𐤓𐤉 𐤁𐤍𐤉 𐤀𐤄𐤓𐤍 𐤄𐤊𐤄𐤍𐤉𐤌 𐤔𐤋𐤔 𐤏𐤔𐤓𐤄 𐤏𐤓𐤉𐤌 𐤅𐤌𐤂𐤓𐤔𐤉𐤄𐤍•

𐤊 𐤅𐤋𐤌𐤔𐤐𐤇𐤅𐤕 𐤁𐤍𐤉 𐤒𐤄𐤕 𐤄𐤋𐤅𐤉𐤌 𐤄𐤍𐤅𐤕𐤓𐤉𐤌 𐤌𐤁𐤍𐤉 𐤒𐤄𐤕 𐤅𐤉𐤄𐤉
𐤏𐤓𐤉 𐤂𐤅𐤓𐤋𐤌 𐤌𐤌𐤈𐤄 𐤀𐤐𐤓𐤉𐤌•

𐤊𐤀 𐤅𐤉𐤕𐤍𐤅 𐤋𐤄𐤌 𐤀𐤕 𐤏𐤉𐤓 𐤌𐤒𐤋𐤈 𐤄𐤓𐤑𐤇 𐤀𐤕 𐤔𐤊𐤌 𐤅𐤀𐤕 𐤌𐤂𐤓𐤔𐤄 𐤁𐤄𐤓
𐤀𐤐𐤓𐤉𐤌 𐤅𐤀𐤕 𐤂𐤆𐤓 𐤅𐤀𐤕 𐤌𐤂𐤓𐤔𐤄•

# 𐤉𐤄𐤅𐤔𐤏

𐤊𐤁 𐤅𐤀𐤕 𐤒𐤁𐤑𐤉𐤌 𐤅𐤀𐤕 𐤌𐤂𐤓𐤔𐤄 𐤅𐤀𐤕 𐤁𐤉𐤕 𐤇𐤅𐤓𐤍 𐤅𐤀𐤕 𐤌𐤂𐤓𐤔𐤄 𐤏𐤓𐤉𐤌
𐤀𐤓𐤁𐤏•
𐤊𐤂 𐤅𐤌𐤌𐤈𐤄 𐤃𐤍 𐤀𐤕 𐤀𐤋𐤕𐤒𐤀 𐤅𐤀𐤕 𐤌𐤂𐤓𐤔𐤄 𐤀𐤕 𐤂𐤁𐤕𐤅𐤍 𐤅𐤀𐤕 𐤌𐤂𐤓𐤔𐤄•
𐤊𐤃 𐤀𐤕 𐤀𐤉𐤋𐤅𐤍 𐤅𐤀𐤕 𐤌𐤂𐤓𐤔𐤄 𐤀𐤕 𐤂𐤕 𐤓𐤌𐤅𐤍 𐤅𐤀𐤕 𐤌𐤂𐤓𐤔𐤄 𐤏𐤓𐤉𐤌
𐤀𐤓𐤁𐤏•
𐤊𐤄 𐤅𐤌𐤌𐤇𐤑𐤉𐤕 𐤌𐤈𐤄 𐤌𐤍𐤔𐤄 𐤀𐤕 𐤕𐤏𐤍𐤊 𐤅𐤀𐤕 𐤌𐤂𐤓𐤔𐤄 𐤅𐤀𐤕 𐤂𐤕 𐤓𐤌𐤅𐤍
𐤅𐤀𐤕 𐤌𐤂𐤓𐤔𐤄 𐤏𐤓𐤉𐤌 𐤔𐤕𐤉𐤌•
𐤊𐤅 𐤊𐤋 𐤏𐤓𐤉𐤌 𐤏𐤔𐤓 𐤅𐤌𐤂𐤓𐤔𐤉𐤄𐤍 𐤋𐤌𐤔𐤐𐤇𐤅𐤕 𐤁𐤍𐤉 𐤒𐤄𐤕 𐤄𐤍𐤅𐤕𐤓𐤉𐤌•
𐤊𐤆 𐤅𐤋𐤁𐤍𐤉 𐤂𐤓𐤔𐤅𐤍 𐤌𐤌𐤔𐤐𐤇𐤕 𐤄𐤋𐤅𐤉𐤌 𐤌𐤇𐤑𐤉 𐤌𐤈𐤄 𐤌𐤍𐤔𐤄 𐤀𐤕 𐤏𐤉𐤓
𐤌𐤒𐤋𐤈 𐤄𐤓𐤑𐤇 𐤀𐤕 𐤂𐤋𐤅𐤍 [𐤂𐤅𐤋𐤍] 𐤁𐤁𐤔𐤍 𐤅𐤀𐤕 𐤌𐤂𐤓𐤔𐤄 𐤅𐤀𐤕 𐤁𐤏𐤔𐤕𐤓𐤄
𐤅𐤀𐤕 𐤌𐤂𐤓𐤔𐤄 𐤏𐤓𐤉𐤌 𐤔𐤕𐤉𐤌•
𐤊𐤇 𐤅𐤌𐤌𐤈𐤄 𐤉𐤔𐤔𐤊𐤓 𐤀𐤕 𐤒𐤔𐤉𐤅𐤍 𐤅𐤀𐤕 𐤌𐤂𐤓𐤔𐤄 𐤀𐤕 𐤃𐤁𐤓𐤕 𐤅𐤀𐤕
𐤌𐤂𐤓𐤔𐤄•
𐤊𐤈 𐤀𐤕 𐤉𐤓𐤌𐤅𐤕 𐤅𐤀𐤕 𐤌𐤂𐤓𐤔𐤄 𐤀𐤕 𐤏𐤉𐤍 𐤂𐤍𐤉𐤌 𐤅𐤀𐤕 𐤌𐤂𐤓𐤔𐤄 𐤏𐤓𐤉𐤌
𐤀𐤓𐤁𐤏•
𐤋 𐤅𐤌𐤌𐤈𐤄 𐤀𐤔𐤓 𐤀𐤕 𐤌𐤔𐤀𐤋 𐤅𐤀𐤕 𐤌𐤂𐤓𐤔𐤄 𐤀𐤕 𐤏𐤁𐤃𐤅𐤍 𐤅𐤀𐤕 𐤌𐤂𐤓𐤔𐤄•
𐤋𐤀 𐤀𐤕 𐤇𐤋𐤒𐤕 𐤅𐤀𐤕 𐤌𐤂𐤓𐤔𐤄 𐤅𐤀𐤕 𐤓𐤇𐤁 𐤅𐤀𐤕 𐤌𐤂𐤓𐤔𐤄 𐤏𐤓𐤉𐤌 𐤀𐤓𐤁𐤏•
𐤋𐤁 𐤅𐤌𐤌𐤈𐤄 𐤍𐤐𐤕𐤋𐤉 𐤀𐤕 𐤏𐤉𐤓 𐤌𐤒𐤋𐤈 𐤄𐤓𐤑𐤇 𐤀𐤕 𐤒𐤃𐤔 𐤁𐤂𐤋𐤉𐤋 𐤅𐤀𐤕
𐤌𐤂𐤓𐤔𐤄 𐤅𐤀𐤕 𐤇𐤌𐤕 𐤃𐤀𐤓 𐤅𐤀𐤕 𐤌𐤂𐤓𐤔𐤄 𐤅𐤀𐤕 𐤒𐤓𐤕𐤍 𐤅𐤀𐤕 𐤌𐤂𐤓𐤔𐤄
𐤏𐤓𐤉𐤌 𐤔𐤋𐤔•
𐤋𐤂 𐤊𐤋 𐤏𐤓𐤉 𐤄𐤂𐤓𐤔𐤍𐤉 𐤋𐤌𐤔𐤐𐤇𐤕𐤌 𐤔𐤋𐤔 𐤏𐤔𐤓𐤄 𐤏𐤉𐤓 𐤅𐤌𐤂𐤓𐤔𐤉𐤄𐤍•
𐤋𐤃 𐤅𐤋𐤌𐤔𐤐𐤇𐤅𐤕 𐤁𐤍𐤉 𐤌𐤓𐤓𐤉 𐤄𐤋𐤅𐤉𐤌 𐤄𐤍𐤅𐤕𐤓𐤉𐤌 𐤌𐤀𐤕 𐤌𐤈𐤄 𐤆𐤁𐤅𐤋𐤍
𐤀𐤕 𐤉𐤒𐤍𐤏𐤌 𐤅𐤀𐤕 𐤌𐤂𐤓𐤔𐤄 𐤀𐤕 𐤒𐤓𐤕𐤄 𐤅𐤀𐤕 𐤌𐤂𐤓𐤔𐤄•
𐤋𐤄 𐤀𐤕 𐤃𐤌𐤍𐤄 𐤅𐤀𐤕 𐤌𐤂𐤓𐤔𐤄 𐤀𐤕 𐤍𐤄𐤋𐤋 𐤅𐤀𐤕 𐤌𐤂𐤓𐤔𐤄 𐤏𐤓𐤉𐤌 𐤀𐤓𐤁𐤏•
𐤋𐤅 𐤅𐤌𐤌𐤈𐤄 𐤂𐤃 𐤀𐤕 𐤏𐤉𐤓 𐤌𐤒𐤋𐤈 𐤄𐤓𐤑𐤇 𐤀𐤕 𐤓𐤌𐤕 𐤁𐤂𐤋𐤏𐤃 𐤅𐤀𐤕 𐤌𐤂𐤓𐤔𐤄
𐤅𐤀𐤕 𐤌𐤇𐤍𐤉𐤌 𐤅𐤀𐤕 𐤌𐤂𐤓𐤔𐤄•
𐤋𐤆 𐤀𐤕 𐤇𐤔𐤁𐤅𐤍 𐤅𐤀𐤕 𐤌𐤂𐤓𐤔𐤄 𐤀𐤕 𐤉𐤏𐤆𐤓 𐤅𐤀𐤕 𐤌𐤂𐤓𐤔𐤄 𐤊𐤋 𐤏𐤓𐤉𐤌
𐤀𐤓𐤁𐤏•
𐤋𐤇 𐤊𐤋 𐤄𐤏𐤓𐤉𐤌 𐤋𐤁𐤍𐤉 𐤌𐤓𐤓𐤉 𐤋𐤌𐤔𐤐𐤇𐤕𐤌 𐤄𐤍𐤅𐤕𐤓𐤉𐤌 𐤌𐤌𐤔𐤐𐤇𐤅𐤕
𐤄𐤋𐤅𐤉𐤌 𐤅𐤉𐤄𐤉 𐤂𐤅𐤓𐤋𐤌 𐤏𐤓𐤉𐤌 𐤔𐤕𐤉𐤌 𐤏𐤔𐤓𐤄•
𐤋𐤈 𐤊𐤋 𐤏𐤓𐤉 𐤄𐤋𐤅𐤉𐤌 𐤁𐤕𐤅𐤊 𐤀𐤇𐤆𐤕 𐤁𐤍𐤉 𐤉𐤔𐤓𐤀𐤋 𐤏𐤓𐤉𐤌 𐤀𐤓𐤁𐤏𐤉𐤌
𐤅𐤔𐤌𐤍𐤄 𐤅𐤌𐤂𐤓𐤔𐤉𐤄𐤍•
𐤌 𐤕𐤄𐤉𐤉𐤍𐤄 𐤄𐤏𐤓𐤉𐤌 𐤄𐤀𐤋𐤄 𐤏𐤉𐤓 𐤏𐤉𐤓 𐤅𐤌𐤂𐤓𐤔𐤉𐤄 𐤎𐤁𐤉𐤁𐤕𐤉𐤄 𐤊𐤍

לכל הערים האלה•
מא ויתן יהוה לישראל את כל הארץ אשר נשבע לתת
לאבותם וירשוה וישבו בה•
מב וינח יהוה להם מסביב ככל אשר נשבע לאבותם ולא
עמד איש בפניהם מכל איביהם את כל איביהם נתן יהוה
בידם•
מג לא נפל דבר מכל הדבר הטוב אשר דבר יהוה אל בית
ישראל הכל בא•

פרק כב

א אז יקרא יהושע לראובני ולגדי ולחצי מטה מנשה•
ב ויאמר אליהם אתם שמרתם את כל אשר צוה אתכם משה
עבד יהוה ותשמעו בקולי לכל אשר צויתי אתכם•
ג לא עזבתם את אחיכם זה ימים רבים עד היום הזה
ושמרתם את משמרת מצות יהוה אלהיכם•
ד ועתה הניח יהוה אלהיכם לאחיכם כאשר דבר להם ועתה
פנו ולכו לכם לאהליכם אל ארץ אחזתכם אשר נתן לכם
משה עבד יהוה בעבר הירדן•
ה רק שמרו מאד לעשות את המצוה ואת התורה אשר צוה
אתכם משה עבד יהוה לאהבה את יהוה אלהיכם וללכת בכל
דרכיו ולשמר מצותיו ולדבקה בו ולעבדו בכל לבבכם ובכל
נפשכם•
ו ויברכם יהושע וישלחם וילכו אל אהליהם•
ז ולחצי שבט המנשה נתן משה בבשן ולחציו נתן יהושע
עם אחיהם מעבר [בעבר] הירדן ימה וגם כי שלחם יהושע אל
אהליהם ויברכם•
ח ויאמר אליהם לאמר בנכסים רבים שובו אל אהליכם
ובמקנה רב מאד בכסף ובזהב ובנחשת ובברזל ובשלמות
הרבה מאד חלקו שלל איביכם עם אחיכם•
ט וישבו וילכו בני ראובן ובני גד וחצי שבט המנשה
מאת בני ישראל משלה אשר בארץ כנען ללכת אל ארץ
הגלעד אל ארץ אחזתם אשר נאחזו בה על פי יהוה ביד משה•
י ויבאו אל גלילות הירדן אשר בארץ כנען ויבנו בני

ראובן ובני גד וחצי שבט המנשה שם מזבח על הירדן מזבח
גדול למראה.
יא וישמעו בני ישראל לאמר הנה בנו בני ראובן ובני גד
וחצי שבט המנשה את המזבח אל מול ארץ כנען אל גלילות
הירדן אל עבר בני ישראל.
יב וישמעו בני ישראל ויקהלו כל עדת בני ישראל שלה
לעלות עליהם לצבא.
יג וישלחו בני ישראל אל בני ראובן ואל בני גד ואל
חצי שבט מנשה אל ארץ הגלעד את פינחס בן אלעזר הכהן.
יד ועשרה נשאים עמו נשיא אחד נשיא אחד לבית אב לכל
מטות ישראל ואיש ראש בית אבותם המה לאלפי ישראל.
טו ויבאו אל בני ראובן ואל בני גד ואל חצי שבט מנשה
אל ארץ הגלעד וידברו אתם לאמר.
טז כה אמרו כל עדת יהוה מה המעל הזה אשר מעלתם
באלהי ישראל לשוב היום מאחרי יהוה בבנותכם לכם
מזבח למרדכם היום ביהוה.
יז המעט לנו את עון פעור אשר לא הטהרנו ממנו עד היום
הזה ויהי הנגף בעדת יהוה.
יח ואתם תשבו היום מאחרי יהוה והיה אתם תמרדו היום
ביהוה ומחר אל כל עדת ישראל יקצף.
יט ואך אם טמאה ארץ אחזתכם עברו לכם אל ארץ אחזת
יהוה אשר שכן שם משכן יהוה והאחזו בתוכנו וביהוה
אל תמרדו ואתנו אל תמרדו בבנתכם לכם מזבח מבלעדי
מזבח יהוה אלהינו.
כ הלוא עכן בן זרח מעל מעל בחרם ועל כל עדת ישראל היה
קצף והוא איש אחד לא גוע בעונו.
כא ויענו בני ראובן ובני גד וחצי שבט המנשה וידברו
את ראשי אלפי ישראל.
כב אל אלהים יהוה אל אלהים יהוה הוא ידע וישראל
הוא ידע אם במרד ואם במעל ביהוה אל תושיענו היום
הזה.
כג לבנות לנו מזבח לשוב מאחרי יהוה ואם להעלות עליו
עולה ומנחה ואם לעשות עליו זבחי שלמים יהוה הוא

# 𐤉𐤄𐤅𐤔𐤏

𐤉𐤁𐤒𐤔•

𐤊𐤃 𐤅𐤀𐤌 𐤋𐤀 𐤌𐤃𐤀𐤂𐤄 𐤌𐤃𐤁𐤓 𐤏𐤔𐤉𐤍𐤅 𐤀𐤕 𐤆𐤀𐤕 𐤋𐤀𐤌𐤓 𐤌𐤇𐤓 𐤉𐤀𐤌𐤓𐤅
𐤁𐤍𐤉𐤊𐤌 𐤋𐤁𐤍𐤉𐤍𐤅 𐤋𐤀𐤌𐤓 𐤌𐤄 𐤋𐤊𐤌 𐤅𐤋𐤉𐤄𐤅𐤄 𐤀𐤋𐤄𐤉 𐤉𐤔𐤓𐤀𐤋•

𐤊𐤄 𐤅𐤂𐤁𐤅𐤋 𐤍𐤕𐤍 𐤉𐤄𐤅𐤄 𐤁𐤉𐤍𐤉𐤍𐤅 𐤅𐤁𐤉𐤍𐤉𐤊𐤌 𐤁𐤍𐤉 𐤓𐤀𐤅𐤁𐤍 𐤅𐤁𐤍𐤉 𐤂𐤃
𐤀𐤕 𐤄𐤉𐤓𐤃𐤍 𐤀𐤉𐤍 𐤋𐤊𐤌 𐤇𐤋𐤒 𐤁𐤉𐤄𐤅𐤄 𐤅𐤉𐤔𐤁𐤉𐤕𐤅 𐤁𐤍𐤉𐤊𐤌 𐤀𐤕 𐤁𐤍𐤉𐤍𐤅
𐤋𐤁𐤋𐤕𐤉 𐤉𐤓𐤀 𐤀𐤕 𐤉𐤄𐤅𐤄•

𐤊𐤅 𐤅𐤍𐤀𐤌𐤓 𐤍𐤏𐤔𐤄 𐤍𐤀 𐤋𐤍𐤅 𐤋𐤁𐤍𐤅𐤕 𐤀𐤕 𐤄𐤌𐤆𐤁𐤇 𐤋𐤀 𐤋𐤏𐤅𐤋𐤄 𐤅𐤋𐤀
𐤋𐤆𐤁𐤇•

𐤊𐤆 𐤊𐤉 𐤏𐤃 𐤄𐤅𐤀 𐤁𐤉𐤍𐤉𐤍𐤅 𐤅𐤁𐤉𐤍𐤉𐤊𐤌 𐤅𐤁𐤉𐤍 𐤃𐤅𐤓𐤕𐤉𐤍𐤅 𐤀𐤇𐤓𐤉𐤍𐤅
𐤋𐤏𐤁𐤃 𐤀𐤕 𐤏𐤁𐤃𐤕 𐤉𐤄𐤅𐤄 𐤋𐤐𐤍𐤉𐤅 𐤁𐤏𐤋𐤅𐤕𐤉𐤍𐤅 𐤅𐤁𐤆𐤁𐤇𐤉𐤍𐤅 𐤅𐤁𐤔𐤋𐤌𐤉𐤍𐤅
𐤅𐤋𐤀 𐤉𐤀𐤌𐤓𐤅 𐤁𐤍𐤉𐤊𐤌 𐤌𐤇𐤓 𐤋𐤁𐤍𐤉𐤍𐤅 𐤀𐤉𐤍 𐤋𐤊𐤌 𐤇𐤋𐤒 𐤁𐤉𐤄𐤅𐤄•

𐤊𐤇 𐤅𐤍𐤀𐤌𐤓 𐤅𐤄𐤉𐤄 𐤊𐤉 𐤉𐤀𐤌𐤓𐤅 𐤀𐤋𐤉𐤍𐤅 𐤅𐤀𐤋 𐤃𐤅𐤓𐤕𐤉𐤍𐤅 𐤌𐤇𐤓 𐤅𐤀𐤌𐤓𐤍𐤅
𐤓𐤀𐤅 𐤀𐤕 𐤕𐤁𐤍𐤉𐤕 𐤌𐤆𐤁𐤇 𐤉𐤄𐤅𐤄 𐤀𐤔𐤓 𐤏𐤔𐤅 𐤀𐤁𐤅𐤕𐤉𐤍𐤅 𐤋𐤀 𐤋𐤏𐤅𐤋𐤄
𐤅𐤋𐤀 𐤋𐤆𐤁𐤇 𐤊𐤉 𐤏𐤃 𐤄𐤅𐤀 𐤁𐤉𐤍𐤉𐤍𐤅 𐤅𐤁𐤉𐤍𐤉𐤊𐤌•

𐤊𐤈 𐤇𐤋𐤉𐤋𐤄 𐤋𐤍𐤅 𐤌𐤌𐤍𐤅 𐤋𐤌𐤓𐤃 𐤁𐤉𐤄𐤅𐤄 𐤅𐤋𐤔𐤅𐤁 𐤄𐤉𐤅𐤌 𐤌𐤀𐤇𐤓𐤉
𐤉𐤄𐤅𐤄 𐤋𐤁𐤍𐤅𐤕 𐤌𐤆𐤁𐤇 𐤋𐤏𐤋𐤄 𐤋𐤌𐤍𐤇𐤄 𐤅𐤋𐤆𐤁𐤇 𐤌𐤋𐤁𐤃 𐤌𐤆𐤁𐤇 𐤉𐤄𐤅𐤄
𐤀𐤋𐤄𐤉𐤍𐤅 𐤀𐤔𐤓 𐤋𐤐𐤍𐤉 𐤌𐤔𐤊𐤍𐤅•

𐤋 𐤅𐤉𐤔𐤌𐤏 𐤐𐤉𐤍𐤇𐤎 𐤄𐤊𐤄𐤍 𐤅𐤍𐤔𐤉𐤀𐤉 𐤄𐤏𐤃𐤄 𐤅𐤓𐤀𐤔𐤉 𐤀𐤋𐤐𐤉 𐤉𐤔𐤓𐤀𐤋
𐤀𐤔𐤓 𐤀𐤕𐤅 𐤀𐤕 𐤄𐤃𐤁𐤓𐤉𐤌 𐤀𐤔𐤓 𐤃𐤁𐤓𐤅 𐤁𐤍𐤉 𐤓𐤀𐤅𐤁𐤍 𐤅𐤁𐤍𐤉 𐤂𐤃 𐤅𐤁𐤍𐤉
𐤌𐤍𐤔𐤄 𐤅𐤉𐤉𐤈𐤁 𐤁𐤏𐤉𐤍𐤉𐤄𐤌•

𐤋𐤀 𐤅𐤉𐤀𐤌𐤓 𐤐𐤉𐤍𐤇𐤎 𐤁𐤍 𐤀𐤋𐤏𐤆𐤓 𐤄𐤊𐤄𐤍 𐤀𐤋 𐤁𐤍𐤉 𐤓𐤀𐤅𐤁𐤍 𐤅𐤀𐤋 𐤁𐤍𐤉
𐤂𐤃 𐤅𐤀𐤋 𐤁𐤍𐤉 𐤌𐤍𐤔𐤄 𐤄𐤉𐤅𐤌 𐤉𐤃𐤏𐤍𐤅 𐤊𐤉 𐤁𐤕𐤅𐤊𐤍𐤅 𐤉𐤄𐤅𐤄 𐤀𐤔𐤓 𐤋𐤀
𐤌𐤏𐤋𐤕𐤌 𐤁𐤉𐤄𐤅𐤄 𐤄𐤌𐤏𐤋 𐤄𐤆𐤄 𐤀𐤆 𐤄𐤑𐤋𐤕𐤌 𐤀𐤕 𐤁𐤍𐤉 𐤉𐤔𐤓𐤀𐤋 𐤌𐤉𐤃
𐤉𐤄𐤅𐤄•

𐤋𐤁 𐤅𐤉𐤔𐤁 𐤐𐤉𐤍𐤇𐤎 𐤁𐤍 𐤀𐤋𐤏𐤆𐤓 𐤄𐤊𐤄𐤍 𐤅𐤄𐤍𐤔𐤉𐤀𐤉𐤌 𐤌𐤀𐤕 𐤁𐤍𐤉
𐤓𐤀𐤅𐤁𐤍 𐤅𐤌𐤀𐤕 𐤁𐤍𐤉 𐤂𐤃 𐤌𐤀𐤓𐤑 𐤄𐤂𐤋𐤏𐤃 𐤀𐤋 𐤀𐤓𐤑 𐤊𐤍𐤏𐤍 𐤀𐤋 𐤁𐤍𐤉
𐤉𐤔𐤓𐤀𐤋 𐤅𐤉𐤔𐤁𐤅 𐤀𐤅𐤕𐤌 𐤃𐤁𐤓•

𐤋𐤂 𐤅𐤉𐤉𐤈𐤁 𐤄𐤃𐤁𐤓 𐤁𐤏𐤉𐤍𐤉 𐤁𐤍𐤉 𐤉𐤔𐤓𐤀𐤋 𐤅𐤉𐤁𐤓𐤊𐤅 𐤀𐤋𐤄𐤉𐤌 𐤁𐤍𐤉
𐤉𐤔𐤓𐤀𐤋 𐤅𐤋𐤀 𐤀𐤌𐤓𐤅 𐤋𐤏𐤋𐤅𐤕 𐤏𐤋𐤉𐤄𐤌 𐤋𐤑𐤁𐤀 𐤋𐤔𐤇𐤕 𐤀𐤕 𐤄𐤀𐤓𐤑 𐤀𐤔𐤓
𐤁𐤍𐤉 𐤓𐤀𐤅𐤁𐤍 𐤅𐤁𐤍𐤉 𐤂𐤃 𐤉𐤔𐤁𐤉𐤌 𐤁𐤄•

𐤋𐤃 𐤅𐤉𐤒𐤓𐤀𐤅 𐤁𐤍𐤉 𐤓𐤀𐤅𐤁𐤍 𐤅𐤁𐤍𐤉 𐤂𐤃 𐤋𐤌𐤆𐤁𐤇 𐤊𐤉 𐤏𐤃 𐤄𐤅𐤀 𐤁𐤉𐤍𐤕𐤉𐤍𐤅
𐤊𐤉 𐤉𐤄𐤅𐤄 𐤄𐤀𐤋𐤄𐤉𐤌•

# יהושע

## פרק כג

א ויהי מימים רבים אחרי אשר הניח יהוה לישראל מכל איביהם מסביב ויהושע זקן בא בימים.

ב ויקרא יהושע לכל ישראל לזקניו ולראשיו ולשפטיו ולשטריו ויאמר אלהם אני זקנתי באתי בימים.

ג ואתם ראיתם את כל אשר עשה יהוה אלהיכם לכל הגוים האלה מפניכם כי יהוה אלהיכם הוא הנלחם לכם.

ד ראו הפלתי לכם את הגוים הנשארים האלה בנחלה לשבטיכם מן הירדן וכל הגוים אשר הכרתי והים הגדול מבוא השמש.

ה ויהוה אלהיכם הוא יהדפם מפניכם והוריש אתם מלפניכם וירשתם את ארצם כאשר דבר יהוה אלהיכם לכם.

ו וחזקתם מאד לשמר ולעשות את כל הכתוב בספר תורת משה לבלתי סור ממנו ימין ושמאל.

ז לבלתי בוא בגוים האלה הנשארים האלה אתכם ובשם אלהיכם לא תזכירו ולא תשביעו ולא תעבדום ולא תשתחוו להם.

ח כי אם ביהוה אלהיכם תדבקו כאשר עשיתם עד היום הזה.

ט ויורש יהוה מפניכם גוים גדלים ועצומים ואתם לא עמד איש בפניכם עד היום הזה.

י איש אחד מכם ירדף אלף כי יהוה אלהיכם הוא הנלחם לכם כאשר דבר לכם.

יא ונשמרתם מאד לנפשתיכם לאהבה את יהוה אלהיכם.

יב כי אם שוב תשובו ודבקתם ביתר הגוים האלה הנשארים האלה אתכם והתחתנתם בהם ובאתם בהם והם בכם.

יג ידוע תדעו כי לא יוסיף יהוה אלהיכם להוריש את הגוים האלה מלפניכם והיו לכם לפח ולמוקש ולשטט בצדיכם ולצננים בעיניכם עד אבדכם מעל האדמה הטובה הזאת אשר נתן לכם יהוה אלהיכם.

יד והנה אנכי הולך היום בדרך כל הארץ וידעתם בכל לבבכם ובכל נפשכם כי לא נפל דבר אחד מכל הדברים

# 𐤉𐤄𐤅𐤔𐤏

𐤄𐤈𐤅𐤁𐤉𐤌 𐤀𐤔𐤓 𐤃𐤁𐤓 𐤉𐤄𐤅𐤄 𐤀𐤋𐤄𐤉𐤊𐤌 𐤏𐤋𐤉𐤊𐤌 𐤄𐤊𐤋 𐤁𐤀𐤅 𐤋𐤊𐤌 𐤋𐤀
𐤍𐤐𐤋 𐤌𐤌𐤍𐤅 𐤃𐤁𐤓 𐤀𐤇𐤃.

𐤈𐤅 𐤅𐤄𐤉𐤄 𐤊𐤀𐤔𐤓 𐤁𐤀 𐤏𐤋𐤉𐤊𐤌 𐤊𐤋 𐤄𐤃𐤁𐤓 𐤄𐤈𐤅𐤁 𐤀𐤔𐤓 𐤃𐤁𐤓 𐤉𐤄𐤅𐤄
𐤀𐤋𐤄𐤉𐤊𐤌 𐤀𐤋𐤉𐤊𐤌 𐤊𐤍 𐤉𐤁𐤉𐤀 𐤉𐤄𐤅𐤄 𐤏𐤋𐤉𐤊𐤌 𐤀𐤕 𐤊𐤋 𐤄𐤃𐤁𐤓 𐤄𐤓𐤏 𐤏𐤃
𐤄𐤔𐤌𐤉𐤃𐤅 𐤀𐤅𐤕𐤊𐤌 𐤌𐤏𐤋 𐤄𐤀𐤃𐤌𐤄 𐤄𐤈𐤅𐤁𐤄 𐤄𐤆𐤀𐤕 𐤀𐤔𐤓 𐤍𐤕𐤍 𐤋𐤊𐤌
𐤉𐤄𐤅𐤄 𐤀𐤋𐤄𐤉𐤊𐤌.

𐤈𐤆 𐤁𐤏𐤁𐤓𐤊𐤌 𐤀𐤕 𐤁𐤓𐤉𐤕 𐤉𐤄𐤅𐤄 𐤀𐤋𐤄𐤉𐤊𐤌 𐤀𐤔𐤓 𐤑𐤅𐤄 𐤀𐤕𐤊𐤌
𐤅𐤄𐤋𐤊𐤕𐤌 𐤅𐤏𐤁𐤃𐤕𐤌 𐤀𐤋𐤄𐤉𐤌 𐤀𐤇𐤓𐤉𐤌 𐤅𐤄𐤔𐤕𐤇𐤅𐤉𐤕𐤌 𐤋𐤄𐤌 𐤅𐤇𐤓𐤄 𐤀𐤐
𐤉𐤄𐤅𐤄 𐤁𐤊𐤌 𐤅𐤀𐤁𐤃𐤕𐤌 𐤌𐤄𐤓𐤄 𐤌𐤏𐤋 𐤄𐤀𐤓𐤑 𐤄𐤈𐤅𐤁𐤄 𐤀𐤔𐤓 𐤍𐤕𐤍 𐤋𐤊𐤌.

## 𐤐𐤓𐤒 𐤊𐤃

𐤀 𐤅𐤉𐤀𐤎𐤐 𐤉𐤄𐤅𐤔𐤏 𐤀𐤕 𐤊𐤋 𐤔𐤁𐤈𐤉 𐤉𐤔𐤓𐤀𐤋 𐤔𐤊𐤌𐤄 𐤅𐤉𐤒𐤓𐤀 𐤋𐤆𐤒𐤍𐤉
𐤉𐤔𐤓𐤀𐤋 𐤅𐤋𐤓𐤀𐤔𐤉𐤅 𐤅𐤋𐤔𐤐𐤈𐤉𐤅 𐤅𐤋𐤔𐤈𐤓𐤉𐤅 𐤅𐤉𐤕𐤉𐤑𐤁𐤅 𐤋𐤐𐤍𐤉
𐤄𐤀𐤋𐤄𐤉𐤌.

𐤁 𐤅𐤉𐤀𐤌𐤓 𐤉𐤄𐤅𐤔𐤏 𐤀𐤋 𐤊𐤋 𐤄𐤏𐤌 𐤊𐤄 𐤀𐤌𐤓 𐤉𐤄𐤅𐤄 𐤀𐤋𐤄𐤉 𐤉𐤔𐤓𐤀𐤋
𐤁𐤏𐤁𐤓 𐤄𐤍𐤄𐤓 𐤉𐤔𐤁𐤅 𐤀𐤁𐤅𐤕𐤉𐤊𐤌 𐤌𐤏𐤅𐤋𐤌 𐤕𐤓𐤇 𐤀𐤁𐤉 𐤀𐤁𐤓𐤄𐤌 𐤅𐤀𐤁𐤉
𐤍𐤇𐤅𐤓 𐤅𐤉𐤏𐤁𐤃𐤅 𐤀𐤋𐤄𐤉𐤌 𐤀𐤇𐤓𐤉𐤌.

𐤂 𐤅𐤀𐤒𐤇 𐤀𐤕 𐤀𐤁𐤉𐤊𐤌 𐤀𐤕 𐤀𐤁𐤓𐤄𐤌 𐤌𐤏𐤁𐤓 𐤄𐤍𐤄𐤓 𐤅𐤀𐤅𐤋𐤊 𐤀𐤅𐤕𐤅 𐤁𐤊𐤋
𐤀𐤓𐤑 𐤊𐤍𐤏𐤍 𐤅𐤀𐤓𐤁 [𐤅𐤀𐤓𐤁𐤄] 𐤀𐤕 𐤆𐤓𐤏𐤅 𐤅𐤀𐤕𐤍 𐤋𐤅 𐤀𐤕 𐤉𐤑𐤇𐤒.

𐤃 𐤅𐤀𐤕𐤍 𐤋𐤉𐤑𐤇𐤒 𐤀𐤕 𐤉𐤏𐤒𐤁 𐤅𐤀𐤕 𐤏𐤔𐤅 𐤅𐤀𐤕𐤍 𐤋𐤏𐤔𐤅 𐤀𐤕 𐤄𐤓 𐤔𐤏𐤉𐤓
𐤋𐤓𐤔𐤕 𐤀𐤅𐤕𐤅 𐤅𐤉𐤏𐤒𐤁 𐤅𐤁𐤍𐤉𐤅 𐤉𐤓𐤃𐤅 𐤌𐤑𐤓𐤉𐤌.

𐤄 𐤅𐤀𐤔𐤋𐤇 𐤀𐤕 𐤌𐤔𐤄 𐤅𐤀𐤕 𐤀𐤄𐤓𐤍 𐤅𐤀𐤂𐤐 𐤀𐤕 𐤌𐤑𐤓𐤉𐤌 𐤊𐤀𐤔𐤓 𐤏𐤔𐤉𐤕𐤉
𐤁𐤒𐤓𐤁𐤅 𐤅𐤀𐤇𐤓 𐤄𐤅𐤑𐤀𐤕𐤉 𐤀𐤕𐤊𐤌.

𐤅 𐤅𐤀𐤅𐤑𐤉𐤀 𐤀𐤕 𐤀𐤁𐤅𐤕𐤉𐤊𐤌 𐤌𐤌𐤑𐤓𐤉𐤌 𐤅𐤕𐤁𐤀𐤅 𐤄𐤉𐤌𐤄 𐤅𐤉𐤓𐤃𐤐𐤅
𐤌𐤑𐤓𐤉𐤌 𐤀𐤇𐤓𐤉 𐤀𐤁𐤅𐤕𐤉𐤊𐤌 𐤁𐤓𐤊𐤁 𐤅𐤁𐤐𐤓𐤔𐤉𐤌 𐤉𐤌 𐤎𐤅𐤐.

𐤆 𐤅𐤉𐤑𐤏𐤒𐤅 𐤀𐤋 𐤉𐤄𐤅𐤄 𐤅𐤉𐤔𐤌 𐤌𐤀𐤐𐤋 𐤁𐤉𐤍𐤉𐤊𐤌 𐤅𐤁𐤉𐤍 𐤄𐤌𐤑𐤓𐤉𐤌
𐤅𐤉𐤁𐤀 𐤏𐤋𐤉𐤅 𐤀𐤕 𐤄𐤉𐤌 𐤅𐤉𐤊𐤎𐤄𐤅 𐤅𐤕𐤓𐤀𐤉𐤍𐤄 𐤏𐤉𐤍𐤉𐤊𐤌 𐤀𐤕 𐤀𐤔𐤓
𐤏𐤔𐤉𐤕𐤉 𐤁𐤌𐤑𐤓𐤉𐤌 𐤅𐤕𐤔𐤁𐤅 𐤁𐤌𐤃𐤁𐤓 𐤉𐤌𐤉𐤌 𐤓𐤁𐤉𐤌.

𐤇 𐤅𐤀𐤁𐤀𐤄 [𐤅𐤀𐤁𐤉𐤀] 𐤀𐤕𐤊𐤌 𐤀𐤋 𐤀𐤓𐤑 𐤄𐤀𐤌𐤓𐤉 𐤄𐤉𐤅𐤔𐤁 𐤁𐤏𐤁𐤓
𐤄𐤉𐤓𐤃𐤍 𐤅𐤉𐤋𐤇𐤌𐤅 𐤀𐤕𐤊𐤌 𐤅𐤀𐤕𐤍 𐤀𐤅𐤕𐤌 𐤁𐤉𐤃𐤊𐤌 𐤅𐤕𐤉𐤓𐤔𐤅 𐤀𐤕 𐤀𐤓𐤑𐤌
𐤅𐤀𐤔𐤌𐤉𐤃𐤌 𐤌𐤐𐤍𐤉𐤊𐤌.

𐤈 𐤅𐤉𐤒𐤌 𐤁𐤋𐤒 𐤁𐤍 𐤑𐤐𐤅𐤓 𐤌𐤋𐤊 𐤌𐤅𐤀𐤁 𐤅𐤉𐤋𐤇𐤌 𐤁𐤉𐤔𐤓𐤀𐤋 𐤅𐤉𐤔𐤋𐤇
𐤅𐤉𐤒𐤓𐤀 𐤋𐤁𐤋𐤏𐤌 𐤁𐤍 𐤁𐤏𐤅𐤓 𐤋𐤒𐤋𐤋 𐤀𐤕𐤊𐤌.

𐤉 𐤅𐤋𐤀 𐤀𐤁𐤉𐤕𐤉 𐤋𐤔𐤌𐤏 𐤋𐤁𐤋𐤏𐤌 𐤅𐤉𐤁𐤓𐤊 𐤁𐤓𐤅𐤊 𐤀𐤕𐤊𐤌 𐤅𐤀𐤑𐤋 𐤀𐤕𐤊𐤌
𐤌𐤉𐤃𐤅•

𐤉𐤀 𐤅𐤕𐤏𐤁𐤓𐤅 𐤀𐤕 𐤄𐤉𐤓𐤃𐤍 𐤅𐤕𐤁𐤀𐤅 𐤀𐤋 𐤉𐤓𐤉𐤇𐤅 𐤅𐤉𐤋𐤇𐤌𐤅 𐤁𐤊𐤌 𐤁𐤏𐤋𐤉
𐤉𐤓𐤉𐤇𐤅 𐤄𐤀𐤌𐤓𐤉 𐤅𐤄𐤐𐤓𐤆𐤉 𐤅𐤄𐤊𐤍𐤏𐤍𐤉 𐤅𐤄𐤇𐤕𐤉 𐤅𐤄𐤂𐤓𐤂𐤔𐤉 𐤄𐤇𐤅𐤉
𐤅𐤄𐤉𐤁𐤅𐤎𐤉 𐤅𐤀𐤕𐤍 𐤀𐤅𐤕𐤌 𐤁𐤉𐤃𐤊𐤌•

𐤉𐤁 𐤅𐤀𐤔𐤋𐤇 𐤋𐤐𐤍𐤉𐤊𐤌 𐤀𐤕 𐤄𐤑𐤓𐤏𐤄 𐤅𐤕𐤂𐤓𐤔 𐤀𐤅𐤕𐤌 𐤌𐤐𐤍𐤉𐤊𐤌 𐤔𐤍𐤉
𐤌𐤋𐤊𐤉 𐤄𐤀𐤌𐤓𐤉 𐤋𐤀 𐤁𐤇𐤓𐤁𐤊 𐤅𐤋𐤀 𐤁𐤒𐤔𐤕𐤊•

𐤉𐤂 𐤅𐤀𐤕𐤍 𐤋𐤊𐤌 𐤀𐤓𐤑 𐤀𐤔𐤓 𐤋𐤀 𐤉𐤂𐤏𐤕 𐤁𐤄 𐤅𐤏𐤓𐤉𐤌 𐤀𐤔𐤓 𐤋𐤀 𐤁𐤍𐤉𐤕𐤌
𐤅𐤕𐤔𐤁𐤅 𐤁𐤄𐤌 𐤊𐤓𐤌𐤉𐤌 𐤅𐤆𐤉𐤕𐤉𐤌 𐤀𐤔𐤓 𐤋𐤀 𐤍𐤈𐤏𐤕𐤌 𐤀𐤕𐤌 𐤀𐤊𐤋𐤉𐤌•

𐤉𐤃 𐤅𐤏𐤕𐤄 𐤉𐤓𐤀𐤅 𐤀𐤕 𐤉𐤄𐤅𐤄 𐤅𐤏𐤁𐤃𐤅 𐤀𐤕𐤅 𐤁𐤕𐤌𐤉𐤌 𐤅𐤁𐤀𐤌𐤕 𐤅𐤄𐤎𐤉𐤓𐤅
𐤀𐤕 𐤀𐤋𐤄𐤉𐤌 𐤀𐤔𐤓 𐤏𐤁𐤃𐤅 𐤀𐤁𐤅𐤕𐤉𐤊𐤌 𐤁𐤏𐤁𐤓 𐤄𐤍𐤄𐤓 𐤅𐤁𐤌𐤑𐤓𐤉𐤌 𐤅𐤏𐤁𐤃𐤅
𐤀𐤕 𐤉𐤄𐤅𐤄•

𐤈𐤅 𐤅𐤀𐤌 𐤓𐤏 𐤁𐤏𐤉𐤍𐤉𐤊𐤌 𐤋𐤏𐤁𐤃 𐤀𐤕 𐤉𐤄𐤅𐤄 𐤁𐤇𐤓𐤅 𐤋𐤊𐤌 𐤄𐤉𐤅𐤌 𐤀𐤕 𐤌𐤉
𐤕𐤏𐤁𐤃𐤅𐤍 𐤀𐤌 𐤀𐤕 𐤀𐤋𐤄𐤉𐤌 𐤀𐤔𐤓 𐤏𐤁𐤃𐤅 𐤀𐤁𐤅𐤕𐤉𐤊𐤌 𐤀𐤔𐤓 𐤁𐤏𐤁𐤓 [𐤌𐤏𐤁𐤓]
𐤄𐤍𐤄𐤓 𐤅𐤀𐤌 𐤀𐤕 𐤀𐤋𐤄𐤉 𐤄𐤀𐤌𐤓𐤉 𐤀𐤔𐤓 𐤀𐤕𐤌 𐤉𐤔𐤁𐤉𐤌 𐤁𐤀𐤓𐤑𐤌 𐤅𐤀𐤍𐤊𐤉
𐤅𐤁𐤉𐤕𐤉 𐤍𐤏𐤁𐤃 𐤀𐤕 𐤉𐤄𐤅𐤄•

𐤈𐤆 𐤅𐤉𐤏𐤍 𐤄𐤏𐤌 𐤅𐤉𐤀𐤌𐤓 𐤇𐤋𐤉𐤋𐤄 𐤋𐤍𐤅 𐤌𐤏𐤆𐤁 𐤀𐤕 𐤉𐤄𐤅𐤄 𐤋𐤏𐤁𐤃
𐤀𐤋𐤄𐤉𐤌 𐤀𐤇𐤓𐤉𐤌•

𐤉𐤆 𐤊𐤉 𐤉𐤄𐤅𐤄 𐤀𐤋𐤄𐤉𐤍𐤅 𐤄𐤅𐤀 𐤄𐤌𐤏𐤋𐤄 𐤀𐤕𐤍𐤅 𐤅𐤀𐤕 𐤀𐤁𐤅𐤕𐤉𐤍𐤅
𐤌𐤀𐤓𐤑 𐤌𐤑𐤓𐤉𐤌 𐤌𐤁𐤉𐤕 𐤏𐤁𐤃𐤉𐤌 𐤅𐤀𐤔𐤓 𐤏𐤔𐤄 𐤋𐤏𐤉𐤍𐤉𐤍𐤅 𐤀𐤕 𐤄𐤀𐤕𐤅𐤕
𐤄𐤂𐤃𐤋𐤅𐤕 𐤄𐤀𐤋𐤄 𐤅𐤉𐤔𐤌𐤓𐤍𐤅 𐤁𐤊𐤋 𐤄𐤃𐤓𐤊 𐤀𐤔𐤓 𐤄𐤋𐤊𐤍𐤅 𐤁𐤄 𐤅𐤁𐤊𐤋
𐤄𐤏𐤌𐤉𐤌 𐤀𐤔𐤓 𐤏𐤁𐤓𐤍𐤅 𐤁𐤒𐤓𐤁𐤌•

𐤉𐤇 𐤅𐤉𐤂𐤓𐤔 𐤉𐤄𐤅𐤄 𐤀𐤕 𐤊𐤋 𐤄𐤏𐤌𐤉𐤌 𐤅𐤀𐤕 𐤄𐤀𐤌𐤓𐤉 𐤉𐤔𐤁 𐤄𐤀𐤓𐤑
𐤌𐤐𐤍𐤉𐤍𐤅 𐤂𐤌 𐤀𐤍𐤇𐤍𐤅 𐤍𐤏𐤁𐤃 𐤀𐤕 𐤉𐤄𐤅𐤄 𐤊𐤉 𐤄𐤅𐤀 𐤀𐤋𐤄𐤉𐤍𐤅•

𐤉𐤈 𐤅𐤉𐤀𐤌𐤓 𐤉𐤄𐤅𐤔𐤏 𐤀𐤋 𐤄𐤏𐤌 𐤋𐤀 𐤕𐤅𐤊𐤋𐤅 𐤋𐤏𐤁𐤃 𐤀𐤕 𐤉𐤄𐤅𐤄 𐤊𐤉
𐤀𐤋𐤄𐤉𐤌 𐤒𐤃𐤔𐤉𐤌 𐤄𐤅𐤀 𐤀𐤋 𐤒𐤍𐤅𐤀 𐤄𐤅𐤀 𐤋𐤀 𐤉𐤔𐤀 𐤋𐤐𐤔𐤏𐤊𐤌
𐤅𐤋𐤇𐤈𐤀𐤅𐤕𐤉𐤊𐤌•

𐤊 𐤊𐤉 𐤕𐤏𐤆𐤁𐤅 𐤀𐤕 𐤉𐤄𐤅𐤄 𐤅𐤏𐤁𐤃𐤕𐤌 𐤀𐤋𐤄𐤉 𐤍𐤊𐤓 𐤅𐤔𐤁 𐤅𐤄𐤓𐤏 𐤋𐤊𐤌
𐤅𐤊𐤋𐤄 𐤀𐤕𐤊𐤌 𐤀𐤇𐤓𐤉 𐤀𐤔𐤓 𐤄𐤉𐤈𐤉𐤁 𐤋𐤊𐤌•

𐤊𐤀 𐤅𐤉𐤀𐤌𐤓 𐤄𐤏𐤌 𐤀𐤋 𐤉𐤄𐤅𐤔𐤏 𐤋𐤀 𐤊𐤉 𐤀𐤕 𐤉𐤄𐤅𐤄 𐤍𐤏𐤁𐤃•

𐤊𐤁 𐤅𐤉𐤀𐤌𐤓 𐤉𐤄𐤅𐤔𐤏 𐤀𐤋 𐤄𐤏𐤌 𐤏𐤃𐤉𐤌 𐤀𐤕𐤌 𐤁𐤊𐤌 𐤊𐤉 𐤀𐤕𐤌 𐤁𐤇𐤓𐤕𐤌
𐤋𐤊𐤌 𐤀𐤕 𐤉𐤄𐤅𐤄 𐤋𐤏𐤁𐤃 𐤀𐤕𐤅 𐤅𐤉𐤀𐤌𐤓𐤅 𐤏𐤃𐤉𐤌•

𐤊𐤂 𐤅𐤏𐤕𐤄 𐤄𐤎𐤉𐤓𐤅 𐤀𐤕 𐤀𐤋𐤄𐤉 𐤄𐤍𐤊𐤓 𐤀𐤔𐤓 𐤁𐤒𐤓𐤁𐤊𐤌 𐤅𐤄𐤈𐤅 𐤀𐤕

# 𐤉𐤄𐤅𐤔𐤏

𐤋𐤁𐤁𐤊𐤌 𐤀𐤋 𐤉𐤄𐤅𐤄 𐤀𐤋𐤄𐤉 𐤉𐤔𐤓𐤀𐤋•
𐤊𐤃 𐤅𐤉𐤀𐤌𐤓𐤅 𐤄𐤏𐤌 𐤀𐤋 𐤉𐤄𐤅𐤔𐤏 𐤀𐤕 𐤉𐤄𐤅𐤄 𐤀𐤋𐤄𐤉𐤍𐤅 𐤍𐤏𐤁𐤃 𐤅𐤁𐤒𐤅𐤋𐤅
𐤍𐤔𐤌𐤏•
𐤊𐤄 𐤅𐤉𐤊𐤓𐤕 𐤉𐤄𐤅𐤔𐤏 𐤁𐤓𐤉𐤕 𐤋𐤏𐤌 𐤁𐤉𐤅𐤌 𐤄𐤄𐤅𐤀 𐤅𐤉𐤔𐤌 𐤋𐤅 𐤇𐤒
𐤅𐤌𐤔𐤐𐤈 𐤁𐤔𐤊𐤌•
𐤊𐤅 𐤅𐤉𐤊𐤕𐤁 𐤉𐤄𐤅𐤔𐤏 𐤀𐤕 𐤄𐤃𐤁𐤓𐤉𐤌 𐤄𐤀𐤋𐤄 𐤁𐤎𐤐𐤓 𐤕𐤅𐤓𐤕 𐤀𐤋𐤄𐤉𐤌
𐤅𐤉𐤒𐤇 𐤀𐤁𐤍 𐤂𐤃𐤅𐤋𐤄 𐤅𐤉𐤒𐤉𐤌𐤄 𐤔𐤌 𐤕𐤇𐤕 𐤄𐤀𐤋𐤄 𐤀𐤔𐤓 𐤁𐤌𐤒𐤃𐤔 𐤉𐤄𐤅𐤄•
𐤊𐤆 𐤅𐤉𐤀𐤌𐤓 𐤉𐤄𐤅𐤔𐤏 𐤀𐤋 𐤊𐤋 𐤄𐤏𐤌 𐤄𐤍𐤄 𐤄𐤀𐤁𐤍 𐤄𐤆𐤀𐤕 𐤕𐤄𐤉𐤄 𐤁𐤍𐤅
𐤋𐤏𐤃𐤄 𐤊𐤉 𐤄𐤉𐤀 𐤔𐤌𐤏𐤄 𐤀𐤕 𐤊𐤋 𐤀𐤌𐤓𐤉 𐤉𐤄𐤅𐤄 𐤀𐤔𐤓 𐤃𐤁𐤓 𐤏𐤌𐤍𐤅
𐤅𐤄𐤉𐤕𐤄 𐤁𐤊𐤌 𐤋𐤏𐤃𐤄 𐤐𐤍 𐤕𐤊𐤇𐤔𐤅𐤍 𐤁𐤀𐤋𐤄𐤉𐤊𐤌•
𐤊𐤇 𐤅𐤉𐤔𐤋𐤇 𐤉𐤄𐤅𐤔𐤏 𐤀𐤕 𐤄𐤏𐤌 𐤀𐤉𐤔 𐤋𐤍𐤇𐤋𐤕𐤅•
𐤊𐤈 𐤅𐤉𐤄𐤉 𐤀𐤇𐤓𐤉 𐤄𐤃𐤁𐤓𐤉𐤌 𐤄𐤀𐤋𐤄 𐤅𐤉𐤌𐤕 𐤉𐤄𐤅𐤔𐤏 𐤁𐤍 𐤍𐤅𐤍 𐤏𐤁𐤃
𐤉𐤄𐤅𐤄 𐤁𐤍 𐤌𐤀𐤄 𐤅𐤏𐤔𐤓 𐤔𐤍𐤉𐤌•
𐤋 𐤅𐤉𐤒𐤁𐤓𐤅 𐤀𐤕𐤅 𐤁𐤂𐤁𐤅𐤋 𐤍𐤇𐤋𐤕𐤅 𐤁𐤕𐤌𐤍𐤕 𐤎𐤓𐤇 𐤀𐤔𐤓 𐤁𐤄𐤓 𐤀𐤐𐤓𐤉𐤌
𐤌𐤑𐤐𐤅𐤍 𐤋𐤄𐤓 𐤂𐤏𐤔•
𐤋𐤀 𐤅𐤉𐤏𐤁𐤃 𐤉𐤔𐤓𐤀𐤋 𐤀𐤕 𐤉𐤄𐤅𐤄 𐤊𐤋 𐤉𐤌𐤉 𐤉𐤄𐤅𐤔𐤏 𐤅𐤊𐤋 𐤉𐤌𐤉
𐤄𐤆𐤒𐤍𐤉𐤌 𐤀𐤔𐤓 𐤄𐤀𐤓𐤉𐤊𐤅 𐤉𐤌𐤉𐤌 𐤀𐤇𐤓𐤉 𐤉𐤄𐤅𐤔𐤏 𐤅𐤀𐤔𐤓 𐤉𐤃𐤏𐤅 𐤀𐤕
𐤊𐤋 𐤌𐤏𐤔𐤄 𐤉𐤄𐤅𐤄 𐤀𐤔𐤓 𐤏𐤔𐤄 𐤋𐤉𐤔𐤓𐤀𐤋•
𐤋𐤁 𐤅𐤀𐤕 𐤏𐤑𐤌𐤅𐤕 𐤉𐤅𐤎𐤐 𐤀𐤔𐤓 𐤄𐤏𐤋𐤅 𐤁𐤍𐤉 𐤉𐤔𐤓𐤀𐤋 𐤌𐤌𐤑𐤓𐤉𐤌 𐤒𐤁𐤓𐤅
𐤁𐤔𐤊𐤌 𐤁𐤇𐤋𐤒𐤕 𐤄𐤔𐤃𐤄 𐤀𐤔𐤓 𐤒𐤍𐤄 𐤉𐤏𐤒𐤁 𐤌𐤀𐤕 𐤁𐤍𐤉 𐤇𐤌𐤅𐤓 𐤀𐤁𐤉 𐤔𐤊𐤌
𐤁𐤌𐤀𐤄 𐤒𐤔𐤉𐤈𐤄 𐤅𐤉𐤄𐤉𐤅 𐤋𐤁𐤍𐤉 𐤉𐤅𐤎𐤐 𐤋𐤍𐤇𐤋𐤄•
𐤋𐤂 𐤅𐤀𐤋𐤏𐤆𐤓 𐤁𐤍 𐤀𐤄𐤓𐤍 𐤌𐤕 𐤅𐤉𐤒𐤁𐤓𐤅 𐤀𐤕𐤅 𐤁𐤂𐤁𐤏𐤕 𐤐𐤉𐤍𐤇𐤎 𐤁𐤍𐤅 𐤀𐤔𐤓
𐤍𐤕𐤍 𐤋𐤅 𐤁𐤄𐤓 𐤀𐤐𐤓𐤉𐤌•

# 𐤔𐤅𐤐𐤈𐤉𐤌

𐤐𐤓𐤒 𐤀

𐤀 𐤅𐤉𐤄𐤉 𐤀𐤇𐤓𐤉 𐤌𐤅𐤕 𐤉𐤄𐤅𐤔𐤏 𐤅𐤉𐤔𐤀𐤋𐤅 𐤁𐤍𐤉 𐤉𐤔𐤓𐤀𐤋 𐤁𐤉𐤄𐤅𐤄
𐤋𐤀𐤌𐤓 𐤌𐤉 𐤉𐤏𐤋𐤄 𐤋𐤍𐤅 𐤀𐤋 𐤄𐤊𐤍𐤏𐤍𐤉 𐤁𐤕𐤇𐤋𐤄 𐤋𐤄𐤋𐤇𐤌 𐤁𐤅•
𐤁 𐤅𐤉𐤀𐤌𐤓 𐤉𐤄𐤅𐤄 𐤉𐤄𐤅𐤃𐤄 𐤉𐤏𐤋𐤄 𐤄𐤍𐤄 𐤍𐤕𐤕𐤉 𐤀𐤕 𐤄𐤀𐤓𐤑 𐤁𐤉𐤃𐤅•
𐤂 𐤅𐤉𐤀𐤌𐤓 𐤉𐤄𐤅𐤃𐤄 𐤋𐤔𐤌𐤏𐤅𐤍 𐤀𐤇𐤉𐤅 𐤏𐤋𐤄 𐤀𐤕𐤉 𐤁𐤂𐤅𐤓𐤋𐤉 𐤅𐤍𐤋𐤇𐤌𐤄
𐤁𐤊𐤍𐤏𐤍𐤉 𐤅𐤄𐤋𐤊𐤕𐤉 𐤂𐤌 𐤀𐤍𐤉 𐤀𐤕𐤊 𐤁𐤂𐤅𐤓𐤋𐤊 𐤅𐤉𐤋𐤊 𐤀𐤕𐤅 𐤔𐤌𐤏𐤅𐤍•
𐤃 𐤅𐤉𐤏𐤋 𐤉𐤄𐤅𐤃𐤄 𐤅𐤉𐤕𐤍 𐤉𐤄𐤅𐤄 𐤀𐤕 𐤄𐤊𐤍𐤏𐤍𐤉 𐤅𐤄𐤐𐤓𐤆𐤉 𐤁𐤉𐤃𐤌
𐤅𐤉𐤊𐤅𐤌 𐤁𐤁𐤆𐤒 𐤏𐤔𐤓𐤕 𐤀𐤋𐤐𐤉𐤌 𐤀𐤉𐤔•
𐤄 𐤅𐤉𐤌𐤑𐤀𐤅 𐤀𐤃𐤍𐤉 𐤁𐤆𐤒 𐤁𐤁𐤆𐤒 𐤅𐤉𐤋𐤇𐤌𐤅 𐤁𐤅 𐤅𐤉𐤊𐤅 𐤀𐤕
𐤄𐤊𐤍𐤏𐤍𐤉 𐤅𐤀𐤕 𐤄𐤐𐤓𐤆𐤉•
𐤅 𐤅𐤉𐤍𐤎 𐤀𐤃𐤍𐤉 𐤁𐤆𐤒 𐤅𐤉𐤓𐤃𐤐𐤅 𐤀𐤇𐤓𐤉𐤅 𐤅𐤉𐤀𐤇𐤆𐤅 𐤀𐤕𐤅 𐤅𐤉𐤒𐤑𐤑𐤅 𐤀𐤕
𐤁𐤄𐤍𐤅𐤕 𐤉𐤃𐤉𐤅 𐤅𐤓𐤂𐤋𐤉𐤅•
𐤆 𐤅𐤉𐤀𐤌𐤓 𐤀𐤃𐤍𐤉 𐤁𐤆𐤒 𐤔𐤁𐤏𐤉𐤌 𐤌𐤋𐤊𐤉𐤌 𐤁𐤄𐤍𐤅𐤕 𐤉𐤃𐤉𐤄𐤌
𐤅𐤓𐤂𐤋𐤉𐤄𐤌 𐤌𐤒𐤑𐤑𐤉𐤌 𐤄𐤉𐤅 𐤌𐤋𐤒𐤈𐤉𐤌 𐤕𐤇𐤕 𐤔𐤋𐤇𐤍𐤉 𐤊𐤀𐤔𐤓 𐤏𐤔𐤉𐤕𐤉
𐤊𐤍 𐤔𐤋𐤌 𐤋𐤉 𐤀𐤋𐤄𐤉𐤌 𐤅𐤉𐤁𐤉𐤀𐤄𐤅 𐤉𐤓𐤅𐤔𐤋𐤌 𐤅𐤉𐤌𐤕 𐤔𐤌•
𐤇 𐤅𐤉𐤋𐤇𐤌𐤅 𐤁𐤍𐤉 𐤉𐤄𐤅𐤃𐤄 𐤁𐤉𐤓𐤅𐤔𐤋𐤌 𐤅𐤉𐤋𐤊𐤃𐤅 𐤀𐤅𐤕𐤄 𐤅𐤉𐤊𐤅𐤄 𐤋𐤐𐤉
𐤇𐤓𐤁 𐤅𐤀𐤕 𐤄𐤏𐤉𐤓 𐤔𐤋𐤇𐤅 𐤁𐤀𐤔•
𐤈 𐤅𐤀𐤇𐤓 𐤉𐤓𐤃𐤅 𐤁𐤍𐤉 𐤉𐤄𐤅𐤃𐤄 𐤋𐤄𐤋𐤇𐤌 𐤁𐤊𐤍𐤏𐤍𐤉 𐤉𐤅𐤔𐤁 𐤄𐤄𐤓 𐤅𐤄𐤍𐤂𐤁
𐤅𐤄𐤔𐤐𐤋𐤄•
𐤉 𐤅𐤉𐤋𐤊 𐤉𐤄𐤅𐤃𐤄 𐤀𐤋 𐤄𐤊𐤍𐤏𐤍𐤉 𐤄𐤉𐤅𐤔𐤁 𐤁𐤇𐤁𐤓𐤅𐤍 𐤅𐤔𐤌 𐤇𐤁𐤓𐤅𐤍
𐤋𐤐𐤍𐤉𐤌 𐤒𐤓𐤉𐤕 𐤀𐤓𐤁𐤏 𐤅𐤉𐤊𐤅 𐤀𐤕 𐤔𐤔𐤉 𐤅𐤀𐤕 𐤀𐤇𐤉𐤌𐤍 𐤅𐤀𐤕 𐤕𐤋𐤌𐤉•
𐤉𐤀 𐤅𐤉𐤋𐤊 𐤌𐤔𐤌 𐤀𐤋 𐤉𐤅𐤔𐤁𐤉 𐤃𐤁𐤉𐤓 𐤅𐤔𐤌 𐤃𐤁𐤉𐤓 𐤋𐤐𐤍𐤉𐤌 𐤒𐤓𐤉𐤕 𐤎𐤐𐤓•
𐤉𐤁 𐤅𐤉𐤀𐤌𐤓 𐤊𐤋𐤁 𐤀𐤔𐤓 𐤉𐤊𐤄 𐤀𐤕 𐤒𐤓𐤉𐤕 𐤎𐤐𐤓 𐤅𐤋𐤊𐤃𐤄 𐤅𐤍𐤕𐤕𐤉 𐤋𐤅 𐤀𐤕
𐤏𐤊𐤎𐤄 𐤁𐤕𐤉 𐤋𐤀𐤔𐤄•
𐤉𐤂 𐤅𐤉𐤋𐤊𐤃𐤄 𐤏𐤕𐤍𐤉𐤀𐤋 𐤁𐤍 𐤒𐤍𐤆 𐤀𐤇𐤉 𐤊𐤋𐤁 𐤄𐤒𐤈𐤍 𐤌𐤌𐤍𐤅 𐤅𐤉𐤕𐤍 𐤋𐤅
𐤀𐤕 𐤏𐤊𐤎𐤄 𐤁𐤕𐤅 𐤋𐤀𐤔𐤄•
𐤉𐤃 𐤅𐤉𐤄𐤉 𐤁𐤁𐤅𐤀𐤄 𐤅𐤕𐤎𐤉𐤕𐤄𐤅 𐤋𐤔𐤀𐤅𐤋 𐤌𐤀𐤕 𐤀𐤁𐤉𐤄 𐤄𐤔𐤃𐤄 𐤅𐤕𐤑𐤍𐤇
𐤌𐤏𐤋 𐤄𐤇𐤌𐤅𐤓 𐤅𐤉𐤀𐤌𐤓 𐤋𐤄 𐤊𐤋𐤁 𐤌𐤄 𐤋𐤊•
𐤈𐤅 𐤅𐤕𐤀𐤌𐤓 𐤋𐤅 𐤄𐤁𐤄 𐤋𐤉 𐤁𐤓𐤊𐤄 𐤊𐤉 𐤀𐤓𐤑 𐤄𐤍𐤂𐤁 𐤍𐤕𐤕𐤍𐤉 𐤅𐤍𐤕𐤕𐤄 𐤋𐤉
𐤂𐤋𐤕 𐤌𐤉𐤌 𐤅𐤉𐤕𐤍 𐤋𐤄 𐤊𐤋𐤁 𐤀𐤕 𐤂𐤋𐤕 𐤏𐤋𐤉𐤕 𐤅𐤀𐤕 𐤂𐤋𐤕 𐤕𐤇𐤕𐤉𐤕•
𐤈𐤆 𐤅𐤁𐤍𐤉 𐤒𐤉𐤍𐤉 𐤇𐤕𐤍 𐤌𐤔𐤄 𐤏𐤋𐤅 𐤌𐤏𐤉𐤓 𐤄𐤕𐤌𐤓𐤉𐤌 𐤀𐤕 𐤁𐤍𐤉 𐤉𐤄𐤅𐤃𐤄
𐤌𐤃𐤁𐤓 𐤉𐤄𐤅𐤃𐤄 𐤀𐤔𐤓 𐤁𐤍𐤂𐤁 𐤏𐤓𐤃 𐤅𐤉𐤋𐤊 𐤅𐤉𐤔𐤁 𐤀𐤕 𐤄𐤏𐤌•
𐤉𐤆 𐤅𐤉𐤋𐤊 𐤉𐤄𐤅𐤃𐤄 𐤀𐤕 𐤔𐤌𐤏𐤅𐤍 𐤀𐤇𐤉𐤅 𐤅𐤉𐤊𐤅 𐤀𐤕 𐤄𐤊𐤍𐤏𐤍𐤉 𐤉𐤅𐤔𐤁

# 𐤔𐤅𐤐𐤈𐤉𐤌

𐤑𐤐𐤕 𐤅𐤉𐤇𐤓𐤉𐤌𐤅 𐤀𐤅𐤕𐤄 𐤅𐤉𐤒𐤓𐤀 𐤀𐤕 𐤔𐤌 𐤄𐤏𐤉𐤓 𐤇𐤓𐤌𐤄•
𐤉𐤇𐤅𐤉𐤋𐤊𐤃 𐤉𐤄𐤅𐤃𐤄 𐤀𐤕 𐤏𐤆𐤄 𐤅𐤀𐤕 𐤂𐤁𐤅𐤋𐤄 𐤅𐤀𐤕 𐤀𐤔𐤒𐤋𐤅𐤍 𐤅𐤀𐤕
𐤂𐤁𐤅𐤋𐤄 𐤅𐤀𐤕 𐤏𐤒𐤓𐤅𐤍 𐤅𐤀𐤕 𐤂𐤁𐤅𐤋𐤄•
𐤉𐤈𐤅𐤉𐤄𐤉 𐤉𐤄𐤅𐤄 𐤀𐤕 𐤉𐤄𐤅𐤃𐤄 𐤅𐤉𐤓𐤔 𐤀𐤕 𐤄𐤄𐤓 𐤊𐤉 𐤋𐤀 𐤋𐤄𐤅𐤓𐤉𐤔
𐤀𐤕 𐤉𐤔𐤁𐤉 𐤄𐤏𐤌𐤒 𐤊𐤉 𐤓𐤊𐤁 𐤁𐤓𐤆𐤋 𐤋𐤄𐤌•
𐤊 𐤅𐤉𐤕𐤍𐤅 𐤋𐤊𐤋𐤁 𐤀𐤕 𐤇𐤁𐤓𐤅𐤍 𐤊𐤀𐤔𐤓 𐤃𐤁𐤓 𐤌𐤔𐤄 𐤅𐤉𐤅𐤓𐤔 𐤌𐤔𐤌 𐤀𐤕
𐤔𐤋𐤔𐤄 𐤁𐤍𐤉 𐤄𐤏𐤍𐤒•
𐤊𐤀𐤅𐤀𐤕 𐤄𐤉𐤁𐤅𐤎𐤉 𐤉𐤔𐤁 𐤉𐤓𐤅𐤔𐤋𐤌 𐤋𐤀 𐤄𐤅𐤓𐤉𐤔𐤅 𐤁𐤍𐤉 𐤁𐤍𐤉𐤌𐤍
𐤅𐤉𐤔𐤁 𐤄𐤉𐤁𐤅𐤎𐤉 𐤀𐤕 𐤁𐤍𐤉 𐤁𐤍𐤉𐤌𐤍 𐤁𐤉𐤓𐤅𐤔𐤋𐤌 𐤏𐤃 𐤄𐤉𐤅𐤌 𐤄𐤆𐤄•
𐤊𐤁 𐤅𐤉𐤏𐤋𐤅 𐤁𐤉𐤕 𐤉𐤅𐤎𐤐 𐤂𐤌 𐤄𐤌 𐤁𐤉𐤕 𐤀𐤋 𐤅𐤉𐤄𐤅𐤄 𐤏𐤌𐤌•
𐤊𐤂 𐤅𐤉𐤕𐤉𐤓𐤅 𐤁𐤉𐤕 𐤉𐤅𐤎𐤐 𐤁𐤁𐤉𐤕 𐤀𐤋 𐤅𐤔𐤌 𐤄𐤏𐤉𐤓 𐤋𐤐𐤍𐤉𐤌 𐤋𐤅𐤆•
𐤊𐤃 𐤅𐤉𐤓𐤀𐤅 𐤄𐤔𐤌𐤓𐤉𐤌 𐤀𐤉𐤔 𐤉𐤅𐤑𐤀 𐤌𐤍 𐤄𐤏𐤉𐤓 𐤅𐤉𐤀𐤌𐤓𐤅 𐤋𐤅 𐤄𐤓𐤀𐤍𐤅
𐤍𐤀 𐤀𐤕 𐤌𐤁𐤅𐤀 𐤄𐤏𐤉𐤓 𐤅𐤏𐤔𐤉𐤍𐤅 𐤏𐤌𐤊 𐤇𐤎𐤃•
𐤊𐤄 𐤅𐤉𐤓𐤀𐤌 𐤀𐤕 𐤌𐤁𐤅𐤀 𐤄𐤏𐤉𐤓 𐤅𐤉𐤊𐤅 𐤀𐤕 𐤄𐤏𐤉𐤓 𐤋𐤐𐤉 𐤇𐤓𐤁 𐤅𐤀𐤕
𐤄𐤀𐤉𐤔 𐤅𐤀𐤕 𐤊𐤋 𐤌𐤔𐤐𐤇𐤕𐤅 𐤔𐤋𐤇𐤅•
𐤊𐤅 𐤅𐤉𐤋𐤊 𐤄𐤀𐤉𐤔 𐤀𐤓𐤑 𐤄𐤇𐤕𐤉𐤌 𐤅𐤉𐤁𐤍 𐤏𐤉𐤓 𐤅𐤉𐤒𐤓𐤀 𐤔𐤌𐤄 𐤋𐤅𐤆 𐤄𐤅𐤀
𐤔𐤌𐤄 𐤏𐤃 𐤄𐤉𐤅𐤌 𐤄𐤆𐤄•
𐤊𐤆 𐤅𐤋𐤀 𐤄𐤅𐤓𐤉𐤔 𐤌𐤍𐤔𐤄 𐤀𐤕 𐤁𐤉𐤕 𐤔𐤀𐤍 𐤅𐤀𐤕 𐤁𐤍𐤅𐤕𐤉𐤄 𐤅𐤀𐤕 𐤕𐤏𐤍𐤊
𐤅𐤀𐤕 𐤁𐤍𐤕𐤉𐤄 𐤅𐤀𐤕 𐤉𐤔𐤁 [𐤉𐤔𐤁𐤉] 𐤃𐤅𐤓 𐤅𐤀𐤕 𐤁𐤍𐤅𐤕𐤉𐤄 𐤅𐤀𐤕 𐤉𐤅𐤔𐤁𐤉
𐤉𐤁𐤋𐤏𐤌 𐤅𐤀𐤕 𐤁𐤍𐤕𐤉𐤄 𐤅𐤀𐤕 𐤉𐤅𐤔𐤁𐤉 𐤌𐤂𐤃𐤅 𐤅𐤀𐤕 𐤁𐤍𐤅𐤕𐤉𐤄 𐤅𐤉𐤅𐤀𐤋
𐤄𐤊𐤍𐤏𐤍𐤉 𐤋𐤔𐤁𐤕 𐤁𐤀𐤓𐤑 𐤄𐤆𐤀𐤕•
𐤊𐤇𐤅𐤉𐤄𐤉 𐤊𐤉 𐤇𐤆𐤒 𐤉𐤔𐤓𐤀𐤋 𐤅𐤉𐤔𐤌 𐤀𐤕 𐤄𐤊𐤍𐤏𐤍𐤉 𐤋𐤌𐤎 𐤅𐤄𐤅𐤓𐤉𐤔
𐤋𐤀 𐤄𐤅𐤓𐤉𐤔𐤅•
𐤊𐤈𐤅𐤀𐤐𐤓𐤉𐤌 𐤋𐤀 𐤄𐤅𐤓𐤉𐤔 𐤀𐤕 𐤄𐤊𐤍𐤏𐤍𐤉 𐤄𐤉𐤅𐤔𐤁 𐤁𐤂𐤆𐤓 𐤅𐤉𐤔𐤁
𐤄𐤊𐤍𐤏𐤍𐤉 𐤁𐤒𐤓𐤁𐤅 𐤁𐤂𐤆𐤓•
𐤋𐤆𐤁𐤅𐤋𐤅𐤍 𐤋𐤀 𐤄𐤅𐤓𐤉𐤔 𐤀𐤕 𐤉𐤅𐤔𐤁𐤉 𐤒𐤈𐤓𐤅𐤍 𐤅𐤀𐤕 𐤉𐤅𐤔𐤁𐤉 𐤍𐤄𐤋𐤋
𐤅𐤉𐤔𐤁 𐤄𐤊𐤍𐤏𐤍𐤉 𐤁𐤒𐤓𐤁𐤅 𐤅𐤉𐤄𐤉𐤅 𐤋𐤌𐤎•
𐤋𐤀 𐤀𐤔𐤓 𐤋𐤀 𐤄𐤅𐤓𐤉𐤔 𐤀𐤕 𐤉𐤔𐤁𐤉 𐤏𐤊𐤅 𐤅𐤀𐤕 𐤉𐤅𐤔𐤁𐤉 𐤑𐤉𐤃𐤅𐤍 𐤅𐤀𐤕
𐤀𐤇𐤋𐤁 𐤅𐤀𐤕 𐤀𐤊𐤆𐤉𐤁 𐤅𐤀𐤕 𐤇𐤋𐤁𐤄 𐤅𐤀𐤕 𐤀𐤐𐤉𐤒 𐤅𐤀𐤕 𐤓𐤇𐤁•
𐤋𐤁𐤅𐤉𐤔𐤁 𐤄𐤀𐤔𐤓𐤉 𐤁𐤒𐤓𐤁 𐤄𐤊𐤍𐤏𐤍𐤉 𐤉𐤔𐤁𐤉 𐤄𐤀𐤓𐤑 𐤊𐤉 𐤋𐤀
𐤄𐤅𐤓𐤉𐤔𐤅•
𐤋𐤂 𐤍𐤐𐤕𐤋𐤉 𐤋𐤀 𐤄𐤅𐤓𐤉𐤔 𐤀𐤕 𐤉𐤔𐤁𐤉 𐤁𐤉𐤕 𐤔𐤌𐤔 𐤅𐤀𐤕 𐤉𐤔𐤁𐤉 𐤁𐤉𐤕
𐤏𐤍𐤕 𐤅𐤉𐤔𐤁 𐤁𐤒𐤓𐤁 𐤄𐤊𐤍𐤏𐤍𐤉 𐤉𐤔𐤁𐤉 𐤄𐤀𐤓𐤑 𐤅𐤉𐤔𐤁𐤉 𐤁𐤉𐤕 𐤔𐤌𐤔

𐤅𐤁𐤉𐤕 𐤏𐤍𐤕 𐤄𐤉𐤅 𐤋𐤄𐤌 𐤋𐤌𐤎•
𐤋𐤃 𐤅𐤉𐤋𐤇𐤑𐤅 𐤄𐤀𐤌𐤓𐤉 𐤀𐤕 𐤁𐤍𐤉 𐤃𐤍 𐤄𐤄𐤓𐤄 𐤊𐤉 𐤋𐤀 𐤍𐤕𐤍𐤅 𐤋𐤓𐤃𐤕
𐤋𐤏𐤌𐤒•
𐤋𐤄 𐤅𐤉𐤅𐤀𐤋 𐤄𐤀𐤌𐤓𐤉 𐤋𐤔𐤁𐤕 𐤁𐤄𐤓 𐤇𐤓𐤎 𐤁𐤀𐤉𐤋𐤅𐤍 𐤅𐤁𐤔𐤏𐤋𐤁𐤉𐤌 𐤅𐤕𐤊𐤁𐤃
𐤉𐤃 𐤁𐤉𐤕 𐤉𐤅𐤎𐤐 𐤅𐤉𐤄𐤉𐤅 𐤋𐤌𐤎•
𐤋𐤅 𐤅𐤂𐤁𐤅𐤋 𐤄𐤀𐤌𐤓𐤉 𐤌𐤌𐤏𐤋𐤄 𐤏𐤒𐤓𐤁𐤉𐤌 𐤌𐤄𐤎𐤋𐤏 𐤅𐤌𐤏𐤋𐤄•

𐤐𐤓𐤒 𐤁

𐤀 𐤅𐤉𐤏𐤋 𐤌𐤋𐤀𐤊 𐤉𐤄𐤅𐤄 𐤌𐤍 𐤄𐤂𐤋𐤂𐤋 𐤀𐤋 𐤄𐤁𐤊𐤉𐤌 𐤎 𐤅𐤉𐤀𐤌𐤓 𐤀𐤏𐤋𐤄
𐤀𐤕𐤊𐤌 𐤌𐤌𐤑𐤓𐤉𐤌 𐤅𐤀𐤁𐤉𐤀 𐤀𐤕𐤊𐤌 𐤀𐤋 𐤄𐤀𐤓𐤑 𐤀𐤔𐤓 𐤍𐤔𐤁𐤏𐤕𐤉
𐤋𐤀𐤁𐤕𐤉𐤊𐤌 𐤅𐤀𐤌𐤓 𐤋𐤀 𐤀𐤐𐤓 𐤁𐤓𐤉𐤕𐤉 𐤀𐤕𐤊𐤌 𐤋𐤏𐤅𐤋𐤌•
𐤁 𐤅𐤀𐤕𐤌 𐤋𐤀 𐤕𐤊𐤓𐤕𐤅 𐤁𐤓𐤉𐤕 𐤋𐤉𐤔𐤁𐤉 𐤄𐤀𐤓𐤑 𐤄𐤆𐤀𐤕 𐤌𐤆𐤁𐤇𐤅𐤕𐤉𐤄𐤌
𐤕𐤕𐤑𐤅𐤍 𐤅𐤋𐤀 𐤔𐤌𐤏𐤕𐤌 𐤁𐤒𐤅𐤋𐤉 𐤌𐤄 𐤆𐤀𐤕 𐤏𐤔𐤉𐤕𐤌•
𐤂 𐤅𐤂𐤌 𐤀𐤌𐤓𐤕𐤉 𐤋𐤀 𐤀𐤂𐤓𐤔 𐤀𐤅𐤕𐤌 𐤌𐤐𐤍𐤉𐤊𐤌 𐤅𐤄𐤉𐤅 𐤋𐤊𐤌 𐤋𐤑𐤃𐤉𐤌
𐤅𐤀𐤋𐤄𐤉𐤄𐤌 𐤉𐤄𐤉𐤅 𐤋𐤊𐤌 𐤋𐤌𐤅𐤒𐤔•
𐤃 𐤅𐤉𐤄𐤉 𐤊𐤃𐤁𐤓 𐤌𐤋𐤀𐤊 𐤉𐤄𐤅𐤄 𐤀𐤕 𐤄𐤃𐤁𐤓𐤉𐤌 𐤄𐤀𐤋𐤄 𐤀𐤋 𐤊𐤋 𐤁𐤍𐤉
𐤉𐤔𐤓𐤀𐤋 𐤅𐤉𐤔𐤀𐤅 𐤄𐤏𐤌 𐤀𐤕 𐤒𐤅𐤋𐤌 𐤅𐤉𐤁𐤊𐤅•
𐤄 𐤅𐤉𐤒𐤓𐤀𐤅 𐤔𐤌 𐤄𐤌𐤒𐤅𐤌 𐤄𐤄𐤅𐤀 𐤁𐤊𐤉𐤌 𐤅𐤉𐤆𐤁𐤇𐤅 𐤔𐤌 𐤋𐤉𐤄𐤅𐤄•
𐤅 𐤅𐤉𐤔𐤋𐤇 𐤉𐤄𐤅𐤔𐤏 𐤀𐤕 𐤄𐤏𐤌 𐤅𐤉𐤋𐤊𐤅 𐤁𐤍𐤉 𐤉𐤔𐤓𐤀𐤋 𐤀𐤉𐤔 𐤋𐤍𐤇𐤋𐤕𐤅
𐤋𐤓𐤔𐤕 𐤀𐤕 𐤄𐤀𐤓𐤑•
𐤆 𐤅𐤉𐤏𐤁𐤃𐤅 𐤄𐤏𐤌 𐤀𐤕 𐤉𐤄𐤅𐤄 𐤊𐤋 𐤉𐤌𐤉 𐤉𐤄𐤅𐤔𐤏 𐤅𐤊𐤋 𐤉𐤌𐤉 𐤄𐤆𐤒𐤍𐤉𐤌
𐤀𐤔𐤓 𐤄𐤀𐤓𐤉𐤊𐤅 𐤉𐤌𐤉𐤌 𐤀𐤇𐤓𐤉 𐤉𐤄𐤅𐤔𐤏 𐤀𐤔𐤓 𐤓𐤀𐤅 𐤀𐤕 𐤊𐤋 𐤌𐤏𐤔𐤄
𐤉𐤄𐤅𐤄 𐤄𐤂𐤃𐤅𐤋 𐤀𐤔𐤓 𐤏𐤔𐤄 𐤋𐤉𐤔𐤓𐤀𐤋•
𐤇 𐤅𐤉𐤌𐤕 𐤉𐤄𐤅𐤔𐤏 𐤁𐤍 𐤍𐤅𐤍 𐤏𐤁𐤃 𐤉𐤄𐤅𐤄 𐤁𐤍 𐤌𐤀𐤄 𐤅𐤏𐤔𐤓 𐤔𐤍𐤉𐤌•
𐤈 𐤅𐤉𐤒𐤁𐤓𐤅 𐤀𐤅𐤕𐤅 𐤁𐤂𐤁𐤅𐤋 𐤍𐤇𐤋𐤕𐤅 𐤁𐤕𐤌𐤍𐤕 𐤇𐤓𐤎 𐤁𐤄𐤓 𐤀𐤐𐤓𐤉𐤌 𐤌𐤑𐤐𐤅𐤍
𐤋𐤄𐤓 𐤂𐤏𐤔•
𐤉 𐤅𐤂𐤌 𐤊𐤋 𐤄𐤃𐤅𐤓 𐤄𐤄𐤅𐤀 𐤍𐤀𐤎𐤐𐤅 𐤀𐤋 𐤀𐤁𐤅𐤕𐤉𐤅 𐤅𐤉𐤒𐤌 𐤃𐤅𐤓 𐤀𐤇𐤓
𐤀𐤇𐤓𐤉𐤄𐤌 𐤀𐤔𐤓 𐤋𐤀 𐤉𐤃𐤏𐤅 𐤀𐤕 𐤉𐤄𐤅𐤄 𐤅𐤂𐤌 𐤀𐤕 𐤄𐤌𐤏𐤔𐤄 𐤀𐤔𐤓 𐤏𐤔𐤄
𐤋𐤉𐤔𐤓𐤀𐤋•
𐤉𐤀 𐤅𐤉𐤏𐤔𐤅 𐤁𐤍𐤉 𐤉𐤔𐤓𐤀𐤋 𐤀𐤕 𐤄𐤓𐤏 𐤁𐤏𐤉𐤍𐤉 𐤉𐤄𐤅𐤄 𐤅𐤉𐤏𐤁𐤃𐤅 𐤀𐤕
𐤄𐤁𐤏𐤋𐤉𐤌•
𐤉𐤁 𐤅𐤉𐤏𐤆𐤁𐤅 𐤀𐤕 𐤉𐤄𐤅𐤄 𐤀𐤋𐤄𐤉 𐤀𐤁𐤅𐤕𐤌 𐤄𐤌𐤅𐤑𐤉𐤀 𐤀𐤅𐤕𐤌 𐤌𐤀𐤓𐤑
𐤌𐤑𐤓𐤉𐤌 𐤅𐤉𐤋𐤊𐤅 𐤀𐤇𐤓𐤉 𐤀𐤋𐤄𐤉𐤌 𐤀𐤇𐤓𐤉𐤌 𐤌𐤀𐤋𐤄𐤉 𐤄𐤏𐤌𐤉𐤌 𐤀𐤔𐤓

𐤎𐤁𐤉𐤁𐤅𐤕𐤉𐤄𐤌 𐤅𐤉𐤔𐤕𐤇𐤅𐤅 𐤋𐤄𐤌 𐤅𐤉𐤊𐤏𐤎𐤅 𐤀𐤕 𐤉𐤄𐤅𐤄.

𐤉𐤂 𐤅𐤉𐤏𐤆𐤁𐤅 𐤀𐤕 𐤉𐤄𐤅𐤄 𐤅𐤉𐤏𐤁𐤃𐤅 𐤋𐤁𐤏𐤋 𐤅𐤋𐤏𐤔𐤕𐤓𐤅𐤕.

𐤉𐤃 𐤅𐤉𐤇𐤓 𐤀𐤐 𐤉𐤄𐤅𐤄 𐤁𐤉𐤔𐤓𐤀𐤋 𐤅𐤉𐤕𐤍𐤌 𐤁𐤉𐤃 𐤔𐤎𐤉𐤌 𐤅𐤉𐤔𐤎𐤅 𐤀𐤅𐤕𐤌
𐤅𐤉𐤌𐤊𐤓𐤌 𐤁𐤉𐤃 𐤀𐤅𐤉𐤁𐤉𐤄𐤌 𐤌𐤎𐤁𐤉𐤁 𐤅𐤋𐤀 𐤉𐤊𐤋𐤅 𐤏𐤅𐤃 𐤋𐤏𐤌𐤃 𐤋𐤐𐤍𐤉
𐤀𐤅𐤉𐤁𐤉𐤄𐤌.

𐤈𐤅 𐤁𐤊𐤋 𐤀𐤔𐤓 𐤉𐤑𐤀𐤅 𐤉𐤃 𐤉𐤄𐤅𐤄 𐤄𐤉𐤕𐤄 𐤁𐤌 𐤋𐤓𐤏𐤄 𐤊𐤀𐤔𐤓 𐤃𐤁𐤓
𐤉𐤄𐤅𐤄 𐤅𐤊𐤀𐤔𐤓 𐤍𐤔𐤁𐤏 𐤉𐤄𐤅𐤄 𐤋𐤄𐤌 𐤅𐤉𐤑𐤓 𐤋𐤄𐤌 𐤌𐤀𐤃.

𐤈𐤆 𐤅𐤉𐤒𐤌 𐤉𐤄𐤅𐤄 𐤔𐤐𐤈𐤉𐤌 𐤅𐤉𐤅𐤔𐤉𐤏𐤅𐤌 𐤌𐤉𐤃 𐤔𐤎𐤉𐤄𐤌.

𐤉𐤆 𐤅𐤂𐤌 𐤀𐤋 𐤔𐤐𐤈𐤉𐤄𐤌 𐤋𐤀 𐤔𐤌𐤏𐤅 𐤊𐤉 𐤆𐤍𐤅 𐤀𐤇𐤓𐤉 𐤀𐤋𐤄𐤉𐤌 𐤀𐤇𐤓𐤉𐤌
𐤅𐤉𐤔𐤕𐤇𐤅𐤅 𐤋𐤄𐤌 𐤎𐤓𐤅 𐤌𐤄𐤓 𐤌𐤍 𐤄𐤃𐤓𐤊 𐤀𐤔𐤓 𐤄𐤋𐤊𐤅 𐤀𐤁𐤅𐤕𐤌 𐤋𐤔𐤌𐤏
𐤌𐤑𐤅𐤕 𐤉𐤄𐤅𐤄 𐤋𐤀 𐤏𐤔𐤅 𐤊𐤍.

𐤉𐤇 𐤅𐤊𐤉 𐤄𐤒𐤉𐤌 𐤉𐤄𐤅𐤄 𐤋𐤄𐤌 𐤔𐤐𐤈𐤉𐤌 𐤅𐤄𐤉𐤄 𐤉𐤄𐤅𐤄 𐤏𐤌 𐤄𐤔𐤐𐤈
𐤅𐤄𐤅𐤔𐤉𐤏𐤌 𐤌𐤉𐤃 𐤀𐤉𐤁𐤉𐤄𐤌 𐤊𐤋 𐤉𐤌𐤉 𐤄𐤔𐤅𐤐𐤈 𐤊𐤉 𐤉𐤍𐤇𐤌 𐤉𐤄𐤅𐤄
𐤌𐤍𐤀𐤒𐤕𐤌 𐤌𐤐𐤍𐤉 𐤋𐤇𐤑𐤉𐤄𐤌 𐤅𐤃𐤇𐤒𐤉𐤄𐤌.

𐤉𐤈 𐤅𐤄𐤉𐤄 𐤁𐤌𐤅𐤕 𐤄𐤔𐤅𐤐𐤈 𐤉𐤔𐤁𐤅 𐤅𐤄𐤔𐤇𐤉𐤕𐤅 𐤌𐤀𐤁𐤅𐤕𐤌 𐤋𐤋𐤊𐤕 𐤀𐤇𐤓𐤉
𐤀𐤋𐤄𐤉𐤌 𐤀𐤇𐤓𐤉𐤌 𐤋𐤏𐤁𐤃𐤌 𐤅𐤋𐤄𐤔𐤕𐤇𐤅𐤕 𐤋𐤄𐤌 𐤋𐤀 𐤄𐤐𐤉𐤋𐤅 𐤌𐤌𐤏𐤋𐤋𐤉𐤄𐤌
𐤅𐤌𐤃𐤓𐤊𐤌 𐤄𐤒𐤔𐤄.

𐤊 𐤅𐤉𐤇𐤓 𐤀𐤐 𐤉𐤄𐤅𐤄 𐤁𐤉𐤔𐤓𐤀𐤋 𐤅𐤉𐤀𐤌𐤓 𐤉𐤏𐤍 𐤀𐤔𐤓 𐤏𐤁𐤓𐤅 𐤄𐤂𐤅𐤉 𐤄𐤆𐤄
𐤀𐤕 𐤁𐤓𐤉𐤕𐤉 𐤀𐤔𐤓 𐤑𐤅𐤉𐤕𐤉 𐤀𐤕 𐤀𐤁𐤅𐤕𐤌 𐤅𐤋𐤀 𐤔𐤌𐤏𐤅 𐤋𐤒𐤅𐤋𐤉.

𐤊𐤀 𐤂𐤌 𐤀𐤍𐤉 𐤋𐤀 𐤀𐤅𐤎𐤉𐤐 𐤋𐤄𐤅𐤓𐤉𐤔 𐤀𐤉𐤔 𐤌𐤐𐤍𐤉𐤄𐤌 𐤌𐤍 𐤄𐤂𐤅𐤉𐤌
𐤀𐤔𐤓 𐤏𐤆𐤁 𐤉𐤄𐤅𐤔𐤏 𐤅𐤉𐤌𐤕.

𐤊𐤁 𐤋𐤌𐤏𐤍 𐤍𐤎𐤅𐤕 𐤁𐤌 𐤀𐤕 𐤉𐤔𐤓𐤀𐤋 𐤄𐤔𐤌𐤓𐤉𐤌 𐤄𐤌 𐤀𐤕 𐤃𐤓𐤊 𐤉𐤄𐤅𐤄
𐤋𐤋𐤊𐤕 𐤁𐤌 𐤊𐤀𐤔𐤓 𐤔𐤌𐤓𐤅 𐤀𐤁𐤅𐤕𐤌 𐤀𐤌 𐤋𐤀.

𐤊𐤂 𐤅𐤉𐤍𐤇 𐤉𐤄𐤅𐤄 𐤀𐤕 𐤄𐤂𐤅𐤉𐤌 𐤄𐤀𐤋𐤄 𐤋𐤁𐤋𐤕𐤉 𐤄𐤅𐤓𐤉𐤔𐤌 𐤌𐤄𐤓 𐤅𐤋𐤀
𐤍𐤕𐤍𐤌 𐤁𐤉𐤃 𐤉𐤄𐤅𐤔𐤏.

## 𐤐𐤓𐤒 𐤂

𐤀 𐤅𐤀𐤋𐤄 𐤄𐤂𐤅𐤉𐤌 𐤀𐤔𐤓 𐤄𐤍𐤉𐤇 𐤉𐤄𐤅𐤄 𐤋𐤍𐤎𐤅𐤕 𐤁𐤌 𐤀𐤕 𐤉𐤔𐤓𐤀𐤋 𐤀𐤕
𐤊𐤋 𐤀𐤔𐤓 𐤋𐤀 𐤉𐤃𐤏𐤅 𐤀𐤕 𐤊𐤋 𐤌𐤋𐤇𐤌𐤅𐤕 𐤊𐤍𐤏𐤍.

𐤁 𐤓𐤒 𐤋𐤌𐤏𐤍 𐤃𐤏𐤕 𐤃𐤓𐤅𐤕 𐤁𐤍𐤉 𐤉𐤔𐤓𐤀𐤋 𐤋𐤋𐤌𐤃𐤌 𐤌𐤋𐤇𐤌𐤄 𐤓𐤒 𐤀𐤔𐤓
𐤋𐤐𐤍𐤉𐤌 𐤋𐤀 𐤉𐤃𐤏𐤅𐤌.

𐤂 𐤇𐤌𐤔𐤕 𐤎𐤓𐤍𐤉 𐤐𐤋𐤔𐤕𐤉𐤌 𐤅𐤊𐤋 𐤄𐤊𐤍𐤏𐤍𐤉 𐤅𐤄𐤑𐤉𐤃𐤍𐤉 𐤅𐤄𐤇𐤅𐤉 𐤉𐤔𐤁
𐤄𐤓 𐤄𐤋𐤁𐤍𐤅𐤍 𐤌𐤄𐤓 𐤁𐤏𐤋 𐤇𐤓𐤌𐤅𐤍 𐤏𐤃 𐤋𐤁𐤅𐤀 𐤇𐤌𐤕.

ד ויהיו לנסות בם את ישראל לדעת הישמעו את מצות
יהוה אשר צוה את אבותם ביד משה•
ה ובני ישראל ישבו בקרב הכנעני החתי והאמרי והפרזי
והחוי והיבוסי•
ו ויקחו את בנותיהם להם לנשים ואת בנותיהם נתנו
לבניהם ויעבדו את אלהיהם•
ז ויעשו בני ישראל את הרע בעיני יהוה וישכחו את
יהוה אלהיהם ויעבדו את הבעלים ואת האשרות•
ח ויחר אף יהוה בישראל וימכרם ביד כושן רשעתים מלך
ארם נהרים ויעבדו בני ישראל את כושן רשעתים שמנה
שנים•
ט ויזעקו בני ישראל אל יהוה ויקם יהוה מושיע לבני
ישראל ויושיעם את עתניאל בן קנז אחי כלב הקטן ממנו•
י ותהי עליו רוח יהוה וישפט את ישראל ויצא למלחמה
ויתן יהוה בידו את כושן רשעתים מלך ארם ותעז ידו על
כושן רשעתים•
יא ותשקט הארץ ארבעים שנה וימת עתניאל בן קנז•
יב ויספו בני ישראל לעשות הרע בעיני יהוה ויחזק
יהוה את עגלון מלך מואב על ישראל על כי עשו את הרע
בעיני יהוה•
יג ויאסף אליו את בני עמון ועמלק וילך ויך את ישראל
ויירשו את עיר התמרים•
יד ויעבדו בני ישראל את עגלון מלך מואב שמונה עשרה
שנה•
טו ויזעקו בני ישראל אל יהוה ויקם יהוה להם מושיע
את אהוד בן גרא בן הימיני איש אטר יד ימינו וישלחו
בני ישראל בידו מנחה לעגלון מלך מואב•
טז ויעש לו אהוד חרב ולה שני פיות גמד ארכה ויחגר
אותה מתחת למדיו על ירך ימינו•
יז ויקרב את המנחה לעגלון מלך מואב ועגלון איש בריא
מאד•
יח ויהי כאשר כלה להקריב את המנחה וישלח את העם
נשאי המנחה•

𐤉𐤈 𐤅𐤄𐤅𐤀 𐤔𐤁 𐤌𐤍 𐤄𐤐𐤎𐤉𐤋𐤉𐤌 𐤀𐤔𐤓 𐤀𐤕 𐤄𐤂𐤋𐤂𐤋 𐤅𐤉𐤀𐤌𐤓 𐤃𐤁𐤓 𐤎𐤕𐤓
𐤋𐤉 𐤀𐤋𐤉𐤊 𐤄𐤌𐤋𐤊 𐤅𐤉𐤀𐤌𐤓 𐤄𐤎 𐤅𐤉𐤑𐤀𐤅 𐤌𐤏𐤋𐤉𐤅 𐤊𐤋 𐤄𐤏𐤌𐤃𐤉𐤌 𐤏𐤋𐤉𐤅•

𐤊 𐤅𐤀𐤄𐤅𐤃 𐤁𐤀 𐤀𐤋𐤉𐤅 𐤅𐤄𐤅𐤀 𐤉𐤔𐤁 𐤁𐤏𐤋𐤉𐤕 𐤄𐤌𐤒𐤓𐤄 𐤀𐤔𐤓 𐤋𐤅 𐤋𐤁𐤃𐤅
𐤅𐤉𐤀𐤌𐤓 𐤀𐤄𐤅𐤃 𐤃𐤁𐤓 𐤀𐤋𐤄𐤉𐤌 𐤋𐤉 𐤀𐤋𐤉𐤊 𐤅𐤉𐤒𐤌 𐤌𐤏𐤋 𐤄𐤊𐤎𐤀•

𐤊𐤀 𐤅𐤉𐤔𐤋𐤇 𐤀𐤄𐤅𐤃 𐤀𐤕 𐤉𐤃 𐤔𐤌𐤀𐤋𐤅 𐤅𐤉𐤒𐤇 𐤀𐤕 𐤄𐤇𐤓𐤁 𐤌𐤏𐤋 𐤉𐤓𐤊
𐤉𐤌𐤉𐤍𐤅 𐤅𐤉𐤕𐤒𐤏𐤄𐤅 𐤁𐤁𐤈𐤍𐤅•

𐤊𐤁 𐤅𐤉𐤁𐤀 𐤂𐤌 𐤄𐤍𐤑𐤁 𐤀𐤇𐤓 𐤄𐤋𐤄𐤁 𐤅𐤉𐤎𐤂𐤓 𐤄𐤇𐤋𐤁 𐤁𐤏𐤃 𐤄𐤋𐤄𐤁 𐤊𐤉 𐤋𐤀
𐤔𐤋𐤐 𐤄𐤇𐤓𐤁 𐤌𐤁𐤈𐤍𐤅 𐤅𐤉𐤑𐤀 𐤄𐤐𐤓𐤔𐤃𐤍𐤄•

𐤊𐤂 𐤅𐤉𐤑𐤀 𐤀𐤄𐤅𐤃 𐤄𐤌𐤎𐤃𐤓𐤅𐤍𐤄 𐤅𐤉𐤎𐤂𐤓 𐤃𐤋𐤕𐤅𐤕 𐤄𐤏𐤋𐤉𐤄 𐤁𐤏𐤃𐤅 𐤅𐤍𐤏𐤋•

𐤊𐤃 𐤅𐤄𐤅𐤀 𐤉𐤑𐤀 𐤅𐤏𐤁𐤃𐤉𐤅 𐤁𐤀𐤅 𐤅𐤉𐤓𐤀𐤅 𐤅𐤄𐤍𐤄 𐤃𐤋𐤕𐤅𐤕 𐤄𐤏𐤋𐤉𐤄
𐤍𐤏𐤋𐤅𐤕 𐤅𐤉𐤀𐤌𐤓𐤅 𐤀𐤊 𐤌𐤎𐤉𐤊 𐤄𐤅𐤀 𐤀𐤕 𐤓𐤂𐤋𐤉𐤅 𐤁𐤇𐤃𐤓 𐤄𐤌𐤒𐤓𐤄•

𐤊𐤄 𐤅𐤉𐤇𐤉𐤋𐤅 𐤏𐤃 𐤁𐤅𐤔 𐤅𐤄𐤍𐤄 𐤀𐤉𐤍𐤍𐤅 𐤐𐤕𐤇 𐤃𐤋𐤕𐤅𐤕 𐤄𐤏𐤋𐤉𐤄 𐤅𐤉𐤒𐤇𐤅
𐤀𐤕 𐤄𐤌𐤐𐤕𐤇 𐤅𐤉𐤐𐤕𐤇𐤅 𐤅𐤄𐤍𐤄 𐤀𐤃𐤍𐤉𐤄𐤌 𐤍𐤐𐤋 𐤀𐤓𐤑𐤄 𐤌𐤕•

𐤊𐤅 𐤅𐤀𐤄𐤅𐤃 𐤍𐤌𐤋𐤈 𐤏𐤃 𐤄𐤕𐤌𐤄𐤌𐤄𐤌 𐤅𐤄𐤅𐤀 𐤏𐤁𐤓 𐤀𐤕 𐤄𐤐𐤎𐤉𐤋𐤉𐤌
𐤅𐤉𐤌𐤋𐤈 𐤄𐤔𐤏𐤉𐤓𐤕𐤄•

𐤊𐤆 𐤅𐤉𐤄𐤉 𐤁𐤁𐤅𐤀𐤅 𐤅𐤉𐤕𐤒𐤏 𐤁𐤔𐤅𐤐𐤓 𐤁𐤄𐤓 𐤀𐤐𐤓𐤉𐤌 𐤅𐤉𐤓𐤃𐤅 𐤏𐤌𐤅 𐤁𐤍𐤉
𐤉𐤔𐤓𐤀𐤋 𐤏𐤌𐤅 𐤌𐤍 𐤄𐤄𐤓 𐤅𐤄𐤅𐤀 𐤋𐤐𐤍𐤉𐤄𐤌•

𐤊𐤇 𐤅𐤉𐤀𐤌𐤓 𐤀𐤋𐤄𐤌 𐤓𐤃𐤐𐤅 𐤀𐤇𐤓𐤉 𐤊𐤉 𐤍𐤕𐤍 𐤉𐤄𐤅𐤄 𐤀𐤕 𐤀𐤉𐤁𐤉𐤊𐤌 𐤀𐤕
𐤌𐤅𐤀𐤁 𐤁𐤉𐤃𐤊𐤌 𐤅𐤉𐤓𐤃𐤅 𐤀𐤇𐤓𐤉𐤅 𐤅𐤉𐤋𐤊𐤃𐤅 𐤀𐤕 𐤌𐤏𐤁𐤓𐤅𐤕 𐤄𐤉𐤓𐤃𐤍
𐤋𐤌𐤅𐤀𐤁 𐤅𐤋𐤀 𐤍𐤕𐤍𐤅 𐤀𐤉𐤔 𐤋𐤏𐤁𐤓•

𐤊𐤈 𐤅𐤉𐤊𐤅 𐤀𐤕 𐤌𐤅𐤀𐤁 𐤁𐤏𐤕 𐤄𐤄𐤉𐤀 𐤊𐤏𐤔𐤓𐤕 𐤀𐤋𐤐𐤉𐤌 𐤀𐤉𐤔 𐤊𐤋
𐤔𐤌𐤍 𐤅𐤊𐤋 𐤀𐤉𐤔 𐤇𐤉𐤋 𐤅𐤋𐤀 𐤍𐤌𐤋𐤈 𐤀𐤉𐤔•

𐤋 𐤅𐤕𐤊𐤍𐤏 𐤌𐤅𐤀𐤁 𐤁𐤉𐤅𐤌 𐤄𐤄𐤅𐤀 𐤕𐤇𐤕 𐤉𐤃 𐤉𐤔𐤓𐤀𐤋 𐤅𐤕𐤔𐤒𐤈 𐤄𐤀𐤓𐤑
𐤔𐤌𐤅𐤍𐤉𐤌 𐤔𐤍𐤄•

𐤋𐤀 𐤅𐤀𐤇𐤓𐤉𐤅 𐤄𐤉𐤄 𐤔𐤌𐤂𐤓 𐤁𐤍 𐤏𐤍𐤕 𐤅𐤉𐤊 𐤀𐤕 𐤐𐤋𐤔𐤕𐤉𐤌 𐤔𐤔 𐤌𐤀𐤅𐤕
𐤀𐤉𐤔 𐤁𐤌𐤋𐤌𐤃 𐤄𐤁𐤒𐤓 𐤅𐤉𐤅𐤔𐤏 𐤂𐤌 𐤄𐤅𐤀 𐤀𐤕 𐤉𐤔𐤓𐤀𐤋•

## 𐤐𐤓𐤒 𐤃

𐤀 𐤅𐤉𐤎𐤐𐤅 𐤁𐤍𐤉 𐤉𐤔𐤓𐤀𐤋 𐤋𐤏𐤔𐤅𐤕 𐤄𐤓𐤏 𐤁𐤏𐤉𐤍𐤉 𐤉𐤄𐤅𐤄 𐤅𐤀𐤄𐤅𐤃 𐤌𐤕•

𐤁 𐤅𐤉𐤌𐤊𐤓𐤌 𐤉𐤄𐤅𐤄 𐤁𐤉𐤃 𐤉𐤁𐤉𐤍 𐤌𐤋𐤊 𐤊𐤍𐤏𐤍 𐤀𐤔𐤓 𐤌𐤋𐤊 𐤁𐤇𐤑𐤅𐤓
𐤅𐤔𐤓 𐤑𐤁𐤀𐤅 𐤎𐤉𐤎𐤓𐤀 𐤅𐤄𐤅𐤀 𐤉𐤅𐤔𐤁 𐤁𐤇𐤓𐤔𐤕 𐤄𐤂𐤅𐤉𐤌•

𐤂 𐤅𐤉𐤑𐤏𐤒𐤅 𐤁𐤍𐤉 𐤉𐤔𐤓𐤀𐤋 𐤀𐤋 𐤉𐤄𐤅𐤄 𐤊𐤉 𐤕𐤔𐤏 𐤌𐤀𐤅𐤕 𐤓𐤊𐤁 𐤁𐤓𐤆𐤋 𐤋𐤅
𐤅𐤄𐤅𐤀 𐤋𐤇𐤑 𐤀𐤕 𐤁𐤍𐤉 𐤉𐤔𐤓𐤀𐤋 𐤁𐤇𐤆𐤒𐤄 𐤏𐤔𐤓𐤉𐤌 𐤔𐤍𐤄•

# 𐤔𐤅𐤐𐤈𐤉𐤌

𐤃 𐤅𐤃𐤁𐤅𐤓𐤄 𐤀𐤔𐤄 𐤍𐤁𐤉𐤀𐤄 𐤀𐤔𐤕 𐤋𐤐𐤉𐤃𐤅𐤕 𐤄𐤉𐤀 𐤔𐤐𐤈𐤄 𐤀𐤕 𐤉𐤔𐤓𐤀𐤋
𐤁𐤏𐤕 𐤄𐤄𐤉𐤀•
𐤄 𐤅𐤄𐤉𐤀 𐤉𐤅𐤔𐤁𐤕 𐤕𐤇𐤕 𐤕𐤌𐤓 𐤃𐤁𐤅𐤓𐤄 𐤁𐤉𐤍 𐤄𐤓𐤌𐤄 𐤅𐤁𐤉𐤍 𐤁𐤉𐤕 𐤀𐤋
𐤁𐤄𐤓 𐤀𐤐𐤓𐤉𐤌 𐤅𐤉𐤏𐤋𐤅 𐤀𐤋𐤉𐤄 𐤁𐤍𐤉 𐤉𐤔𐤓𐤀𐤋 𐤋𐤌𐤔𐤐𐤈•
𐤅 𐤅𐤕𐤔𐤋𐤇 𐤅𐤕𐤒𐤓𐤀 𐤋𐤁𐤓𐤒 𐤁𐤍 𐤀𐤁𐤉𐤍𐤏𐤌 𐤌𐤒𐤃𐤔 𐤍𐤐𐤕𐤋𐤉 𐤅𐤕𐤀𐤌𐤓 𐤀𐤋𐤉𐤅
𐤄𐤋𐤀 𐤑𐤅𐤄 𐤉𐤄𐤅𐤄 𐤀𐤋𐤄𐤉 𐤉𐤔𐤓𐤀𐤋 𐤋𐤊 𐤅𐤌𐤔𐤊𐤕 𐤁𐤄𐤓 𐤕𐤁𐤅𐤓 𐤅𐤋𐤒𐤇𐤕
𐤏𐤌𐤊 𐤏𐤔𐤓𐤕 𐤀𐤋𐤐𐤉𐤌 𐤀𐤉𐤔 𐤌𐤁𐤍𐤉 𐤍𐤐𐤕𐤋𐤉 𐤅𐤌𐤁𐤍𐤉 𐤆𐤁𐤋𐤅𐤍•
𐤆 𐤅𐤌𐤔𐤊𐤕𐤉 𐤀𐤋𐤉𐤊 𐤀𐤋 𐤍𐤇𐤋 𐤒𐤉𐤔𐤅𐤍 𐤀𐤕 𐤎𐤉𐤎𐤓𐤀 𐤔𐤓 𐤑𐤁𐤀 𐤉𐤁𐤉𐤍
𐤅𐤀𐤕 𐤓𐤊𐤁𐤅 𐤅𐤀𐤕 𐤄𐤌𐤅𐤍𐤅 𐤅𐤍𐤕𐤕𐤉𐤄𐤅 𐤁𐤉𐤃𐤊•
𐤇 𐤅𐤉𐤀𐤌𐤓 𐤀𐤋𐤉𐤄 𐤁𐤓𐤒 𐤀𐤌 𐤕𐤋𐤊𐤉 𐤏𐤌𐤉 𐤅𐤄𐤋𐤊𐤕𐤉 𐤅𐤀𐤌 𐤋𐤀 𐤕𐤋𐤊𐤉
𐤏𐤌𐤉 𐤋𐤀 𐤀𐤋𐤊•
𐤈 𐤅𐤕𐤀𐤌𐤓 𐤄𐤋𐤊 𐤀𐤋𐤊 𐤏𐤌𐤊 𐤀𐤐𐤎 𐤊𐤉 𐤋𐤀 𐤕𐤄𐤉𐤄 𐤕𐤐𐤀𐤓𐤕𐤊 𐤏𐤋 𐤄𐤃𐤓𐤊
𐤀𐤔𐤓 𐤀𐤕𐤄 𐤄𐤅𐤋𐤊 𐤊𐤉 𐤁𐤉𐤃 𐤀𐤔𐤄 𐤉𐤌𐤊𐤓 𐤉𐤄𐤅𐤄 𐤀𐤕 𐤎𐤉𐤎𐤓𐤀 𐤅𐤕𐤒𐤌
𐤃𐤁𐤅𐤓𐤄 𐤅𐤕𐤋𐤊 𐤏𐤌 𐤁𐤓𐤒 𐤒𐤃𐤔𐤄•
𐤉 𐤅𐤉𐤆𐤏𐤒 𐤁𐤓𐤒 𐤀𐤕 𐤆𐤁𐤅𐤋𐤍 𐤅𐤀𐤕 𐤍𐤐𐤕𐤋𐤉 𐤒𐤃𐤔𐤄 𐤅𐤉𐤏𐤋 𐤁𐤓𐤂𐤋𐤉𐤅
𐤏𐤔𐤓𐤕 𐤀𐤋𐤐𐤉 𐤀𐤉𐤔 𐤅𐤕𐤏𐤋 𐤏𐤌𐤅 𐤃𐤁𐤅𐤓𐤄•
𐤉𐤀 𐤅𐤇𐤁𐤓 𐤄𐤒𐤉𐤍𐤉 𐤍𐤐𐤓𐤃 𐤌𐤒𐤉𐤍 𐤌𐤁𐤍𐤉 𐤇𐤁𐤁 𐤇𐤕𐤍 𐤌𐤔𐤄 𐤅𐤉𐤈 𐤀𐤄𐤋𐤅
𐤏𐤃 𐤀𐤋𐤅𐤍 𐤁𐤑𐤏𐤍𐤉𐤌 [𐤁𐤑𐤏𐤍𐤍𐤉𐤌] 𐤀𐤔𐤓 𐤀𐤕 𐤒𐤃𐤔•
𐤉𐤁 𐤅𐤉𐤂𐤃𐤅 𐤋𐤎𐤉𐤎𐤓𐤀 𐤊𐤉 𐤏𐤋𐤄 𐤁𐤓𐤒 𐤁𐤍 𐤀𐤁𐤉𐤍𐤏𐤌 𐤄𐤓 𐤕𐤁𐤅𐤓•
𐤉𐤂 𐤅𐤉𐤆𐤏𐤒 𐤎𐤉𐤎𐤓𐤀 𐤀𐤕 𐤊𐤋 𐤓𐤊𐤁𐤅 𐤕𐤔𐤏 𐤌𐤀𐤅𐤕 𐤓𐤊𐤁 𐤁𐤓𐤆𐤋 𐤅𐤀𐤕 𐤊𐤋
𐤄𐤏𐤌 𐤀𐤔𐤓 𐤀𐤕𐤅 𐤌𐤇𐤓𐤔𐤕 𐤄𐤂𐤅𐤉𐤌 𐤀𐤋 𐤍𐤇𐤋 𐤒𐤉𐤔𐤅𐤍•
𐤉𐤃 𐤅𐤕𐤀𐤌𐤓 𐤃𐤁𐤅𐤓𐤄 𐤀𐤋 𐤁𐤓𐤒 𐤒𐤅𐤌 𐤊𐤉 𐤆𐤄 𐤄𐤉𐤅𐤌 𐤀𐤔𐤓 𐤍𐤕𐤍 𐤉𐤄𐤅𐤄
𐤀𐤕 𐤎𐤉𐤎𐤓𐤀 𐤁𐤉𐤃𐤊 𐤄𐤋𐤀 𐤉𐤄𐤅𐤄 𐤉𐤑𐤀 𐤋𐤐𐤍𐤉𐤊 𐤅𐤉𐤓𐤃 𐤁𐤓𐤒 𐤌𐤄𐤓 𐤕𐤁𐤅𐤓
𐤅𐤏𐤔𐤓𐤕 𐤀𐤋𐤐𐤉𐤌 𐤀𐤉𐤔 𐤀𐤇𐤓𐤉𐤅•
𐤈𐤅 𐤅𐤉𐤄𐤌 𐤉𐤄𐤅𐤄 𐤀𐤕 𐤎𐤉𐤎𐤓𐤀 𐤅𐤀𐤕 𐤊𐤋 𐤄𐤓𐤊𐤁 𐤅𐤀𐤕 𐤊𐤋 𐤄𐤌𐤇𐤍𐤄
𐤋𐤐𐤉 𐤇𐤓𐤁 𐤋𐤐𐤍𐤉 𐤁𐤓𐤒 𐤅𐤉𐤓𐤃 𐤎𐤉𐤎𐤓𐤀 𐤌𐤏𐤋 𐤄𐤌𐤓𐤊𐤁𐤄 𐤅𐤉𐤍𐤎 𐤁𐤓𐤂𐤋𐤉𐤅•
𐤈𐤆 𐤅𐤁𐤓𐤒 𐤓𐤃𐤐 𐤀𐤇𐤓𐤉 𐤄𐤓𐤊𐤁 𐤅𐤀𐤇𐤓𐤉 𐤄𐤌𐤇𐤍𐤄 𐤏𐤃 𐤇𐤓𐤔𐤕 𐤄𐤂𐤅𐤉𐤌 𐤅𐤉𐤐𐤋
𐤊𐤋 𐤌𐤇𐤍𐤄 𐤎𐤉𐤎𐤓𐤀 𐤋𐤐𐤉 𐤇𐤓𐤁 𐤋𐤀 𐤍𐤔𐤀𐤓 𐤏𐤃 𐤀𐤇𐤃•
𐤉𐤆 𐤅𐤎𐤉𐤎𐤓𐤀 𐤍𐤎 𐤁𐤓𐤂𐤋𐤉𐤅 𐤀𐤋 𐤀𐤄𐤋 𐤉𐤏𐤋 𐤀𐤔𐤕 𐤇𐤁𐤓 𐤄𐤒𐤉𐤍𐤉 𐤊𐤉
𐤔𐤋𐤅𐤌 𐤁𐤉𐤍 𐤉𐤁𐤉𐤍 𐤌𐤋𐤊 𐤇𐤑𐤅𐤓 𐤅𐤁𐤉𐤍 𐤁𐤉𐤕 𐤇𐤁𐤓 𐤄𐤒𐤉𐤍𐤉•
𐤉𐤇 𐤅𐤕𐤑𐤀 𐤉𐤏𐤋 𐤋𐤒𐤓𐤀𐤕 𐤎𐤉𐤎𐤓𐤀 𐤅𐤕𐤀𐤌𐤓 𐤀𐤋𐤉𐤅 𐤎𐤅𐤓𐤄 𐤀𐤃𐤍𐤉 𐤎𐤅𐤓𐤄
𐤀𐤋𐤉 𐤀𐤋 𐤕𐤉𐤓𐤀 𐤅𐤉𐤎𐤓 𐤀𐤋𐤉𐤄 𐤄𐤀𐤄𐤋𐤄 𐤅𐤕𐤊𐤎𐤄𐤅 𐤁𐤔𐤌𐤉𐤊𐤄•
𐤉𐤈 𐤅𐤕𐤀𐤌𐤓 𐤀𐤋𐤉𐤅 𐤄𐤔𐤒𐤉𐤍𐤉 𐤍𐤀 𐤌𐤏𐤈 𐤌𐤉𐤌 𐤊𐤉 𐤑𐤌𐤀𐤕𐤉 𐤅𐤕𐤐𐤕𐤇

# 𐤔𐤅𐤐𐤈𐤉𐤌

𐤀𐤕 𐤍𐤀𐤅𐤃 𐤄𐤇𐤋𐤁 𐤅𐤕𐤔𐤒𐤄𐤅 𐤅𐤕𐤊𐤎𐤄𐤅•
𐤊 𐤅𐤉𐤀𐤌𐤓 𐤀𐤋𐤉𐤄 𐤏𐤌𐤃 𐤐𐤕𐤇 𐤄𐤀𐤄𐤋 𐤅𐤄𐤉𐤄 𐤀𐤌 𐤀𐤉𐤔 𐤉𐤁𐤅𐤀 𐤅𐤔𐤀𐤋𐤊
𐤅𐤀𐤌𐤓 𐤄𐤉𐤔 𐤐𐤄 𐤀𐤉𐤔 𐤅𐤀𐤌𐤓𐤕 𐤀𐤉𐤍•
𐤊𐤀 𐤅𐤕𐤒𐤇 𐤉𐤏𐤋 𐤀𐤔𐤕 𐤇𐤁𐤓 𐤀𐤕 𐤉𐤕𐤃 𐤄𐤀𐤄𐤋 𐤅𐤕𐤔𐤌 𐤀𐤕 𐤄𐤌𐤒𐤁𐤕
𐤁𐤉𐤃𐤄 𐤅𐤕𐤁𐤅𐤀 𐤀𐤋𐤉𐤅 𐤁𐤋𐤀𐤈 𐤅𐤕𐤕𐤒𐤏 𐤀𐤕 𐤄𐤉𐤕𐤃 𐤁𐤓𐤒𐤕𐤅 𐤅𐤕𐤑𐤍𐤇
𐤁𐤀𐤓𐤑 𐤅𐤄𐤅𐤀 𐤍𐤓𐤃𐤌 𐤅𐤉𐤏𐤐 𐤅𐤉𐤌𐤕•
𐤊𐤁 𐤅𐤄𐤍𐤄 𐤁𐤓𐤒 𐤓𐤃𐤐 𐤀𐤕 𐤎𐤉𐤎𐤓𐤀 𐤅𐤕𐤑𐤀 𐤉𐤏𐤋 𐤋𐤒𐤓𐤀𐤕𐤅 𐤅𐤕𐤀𐤌𐤓 𐤋𐤅
𐤋𐤊 𐤅𐤀𐤓𐤀𐤊 𐤀𐤕 𐤄𐤀𐤉𐤔 𐤀𐤔𐤓 𐤀𐤕𐤄 𐤌𐤁𐤒𐤔 𐤅𐤉𐤁𐤀 𐤀𐤋𐤉𐤄 𐤅𐤄𐤍𐤄
𐤎𐤉𐤎𐤓𐤀 𐤍𐤐𐤋 𐤌𐤕 𐤅𐤄𐤉𐤕𐤃 𐤁𐤓𐤒𐤕𐤅•
𐤊𐤂 𐤅𐤉𐤊𐤍𐤏 𐤀𐤋𐤄𐤉𐤌 𐤁𐤉𐤅𐤌 𐤄𐤄𐤅𐤀 𐤀𐤕 𐤉𐤁𐤉𐤍 𐤌𐤋𐤊 𐤊𐤍𐤏𐤍 𐤋𐤐𐤍𐤉
𐤁𐤍𐤉 𐤉𐤔𐤓𐤀𐤋•
𐤊𐤃 𐤅𐤕𐤋𐤊 𐤉𐤃 𐤁𐤍𐤉 𐤉𐤔𐤓𐤀𐤋 𐤄𐤋𐤅𐤊 𐤅𐤒𐤔𐤄 𐤏𐤋 𐤉𐤁𐤉𐤍 𐤌𐤋𐤊 𐤊𐤍𐤏𐤍 𐤏𐤃
𐤀𐤔𐤓 𐤄𐤊𐤓𐤉𐤕𐤅 𐤀𐤕 𐤉𐤁𐤉𐤍 𐤌𐤋𐤊 𐤊𐤍𐤏𐤍•

## 𐤐𐤓𐤒 𐤄

𐤀 𐤅𐤕𐤔𐤓 𐤃𐤁𐤅𐤓𐤄 𐤅𐤁𐤓𐤒 𐤁𐤍 𐤀𐤁𐤉𐤍𐤏𐤌 𐤁𐤉𐤅𐤌 𐤄𐤄𐤅𐤀 𐤋𐤀𐤌𐤓•
𐤁 𐤁𐤐𐤓𐤏 𐤐𐤓𐤏𐤅𐤕 𐤁𐤉𐤔𐤓𐤀𐤋 𐤁𐤄𐤕𐤍𐤃𐤁 𐤏𐤌 𐤁𐤓𐤊𐤅 𐤉𐤄𐤅𐤄•
𐤂 𐤔𐤌𐤏𐤅 𐤌𐤋𐤊𐤉𐤌 𐤄𐤀𐤆𐤉𐤍𐤅 𐤓𐤆𐤍𐤉𐤌 𐤀𐤍𐤊𐤉 𐤋𐤉𐤄𐤅𐤄 𐤀𐤍𐤊𐤉
𐤀𐤔𐤉𐤓𐤄 𐤀𐤆𐤌𐤓 𐤋𐤉𐤄𐤅𐤄 𐤀𐤋𐤄𐤉 𐤉𐤔𐤓𐤀𐤋•
𐤃 𐤉𐤄𐤅𐤄 𐤁𐤑𐤀𐤕𐤊 𐤌𐤔𐤏𐤉𐤓 𐤁𐤑𐤏𐤃𐤊 𐤌𐤔𐤃𐤄 𐤀𐤃𐤅𐤌 𐤀𐤓𐤑 𐤓𐤏𐤔𐤄 𐤂𐤌
𐤔𐤌𐤉𐤌 𐤍𐤈𐤐𐤅 𐤂𐤌 𐤏𐤁𐤉𐤌 𐤍𐤈𐤐𐤅 𐤌𐤉𐤌•
𐤄 𐤄𐤓𐤉𐤌 𐤍𐤆𐤋𐤅 𐤌𐤐𐤍𐤉 𐤉𐤄𐤅𐤄 𐤆𐤄 𐤎𐤉𐤍𐤉 𐤌𐤐𐤍𐤉 𐤉𐤄𐤅𐤄 𐤀𐤋𐤄𐤉
𐤉𐤔𐤓𐤀𐤋•
𐤅 𐤁𐤉𐤌𐤉 𐤔𐤌𐤂𐤓 𐤁𐤍 𐤏𐤍𐤕 𐤁𐤉𐤌𐤉 𐤉𐤏𐤋 𐤇𐤃𐤋𐤅 𐤀𐤓𐤇𐤅𐤕 𐤅𐤄𐤋𐤊𐤉
𐤍𐤕𐤉𐤁𐤅𐤕 𐤉𐤋𐤊𐤅 𐤀𐤓𐤇𐤅𐤕 𐤏𐤒𐤋𐤒𐤋𐤅𐤕•
𐤆 𐤇𐤃𐤋𐤅 𐤐𐤓𐤆𐤅𐤍 𐤁𐤉𐤔𐤓𐤀𐤋 𐤇𐤃𐤋𐤅 𐤏𐤃 𐤔𐤒𐤌𐤕𐤉 𐤃𐤁𐤅𐤓𐤄 𐤔𐤒𐤌𐤕𐤉 𐤀𐤌
𐤁𐤉𐤔𐤓𐤀𐤋•
𐤇 𐤉𐤁𐤇𐤓 𐤀𐤋𐤄𐤉𐤌 𐤇𐤃𐤔𐤉𐤌 𐤀𐤆 𐤋𐤇𐤌 𐤔𐤏𐤓𐤉𐤌 𐤌𐤂𐤍 𐤀𐤌 𐤉𐤓𐤀𐤄 𐤅𐤓𐤌𐤇
𐤁𐤀𐤓𐤁𐤏𐤉𐤌 𐤀𐤋𐤐 𐤁𐤉𐤔𐤓𐤀𐤋•
𐤈 𐤋𐤁𐤉 𐤋𐤇𐤅𐤒𐤒𐤉 𐤉𐤔𐤓𐤀𐤋 𐤄𐤌𐤕𐤍𐤃𐤁𐤉𐤌 𐤁𐤏𐤌 𐤁𐤓𐤊𐤅 𐤉𐤄𐤅𐤄•
𐤉 𐤓𐤊𐤁𐤉 𐤀𐤕𐤍𐤅𐤕 𐤑𐤇𐤓𐤅𐤕 𐤉𐤔𐤁𐤉 𐤏𐤋 𐤌𐤃𐤉𐤍 𐤅𐤄𐤋𐤊𐤉 𐤏𐤋 𐤃𐤓𐤊 𐤔𐤉𐤇𐤅•
𐤉𐤀 𐤌𐤒𐤅𐤋 𐤌𐤇𐤑𐤑𐤉𐤌 𐤁𐤉𐤍 𐤌𐤔𐤀𐤁𐤉𐤌 𐤔𐤌 𐤉𐤕𐤍𐤅 𐤑𐤃𐤒𐤅𐤕 𐤉𐤄𐤅𐤄
𐤑𐤃𐤒𐤕 𐤐𐤓𐤆𐤅𐤍𐤅 𐤁𐤉𐤔𐤓𐤀𐤋 𐤀𐤆 𐤉𐤓𐤃𐤅 𐤋𐤔𐤏𐤓𐤉𐤌 𐤏𐤌 𐤉𐤄𐤅𐤄•

𐤉𐤁 𐤏𐤅𐤓𐤉 𐤏𐤅𐤓𐤉 𐤃𐤁𐤅𐤓𐤄 𐤏𐤅𐤓𐤉 𐤏𐤅𐤓𐤉 𐤃𐤁𐤓𐤉 𐤔𐤉𐤓 𐤒𐤅𐤌 𐤁𐤓𐤒 𐤅𐤔𐤁𐤄
𐤔𐤁𐤉𐤊 𐤁𐤍 𐤀𐤁𐤉𐤍𐤏𐤌•
𐤉𐤂 𐤀𐤆 𐤉𐤓𐤃 𐤔𐤓𐤉𐤃 𐤋𐤀𐤃𐤉𐤓𐤉𐤌 𐤏𐤌 𐤉𐤄𐤅𐤄 𐤉𐤓𐤃 𐤋𐤉 𐤁𐤂𐤁𐤅𐤓𐤉𐤌•
𐤉𐤃 𐤌𐤍𐤉 𐤀𐤐𐤓𐤉𐤌 𐤔𐤓𐤔𐤌 𐤁𐤏𐤌𐤋𐤒 𐤀𐤇𐤓𐤉𐤊 𐤁𐤍𐤉𐤌𐤉𐤍 𐤁𐤏𐤌𐤌𐤉𐤊 𐤌𐤍𐤉
𐤌𐤊𐤉𐤓 𐤉𐤓𐤃𐤅 𐤌𐤇𐤒𐤒𐤉𐤌 𐤅𐤌𐤆𐤁𐤅𐤋𐤍 𐤌𐤔𐤊𐤉𐤌 𐤁𐤔𐤁𐤈 𐤎𐤐𐤓•
𐤈𐤅 𐤅𐤔𐤓𐤉 𐤁𐤉𐤔𐤔𐤊𐤓 𐤏𐤌 𐤃𐤁𐤓𐤄 𐤅𐤉𐤔𐤔𐤊𐤓 𐤊𐤍 𐤁𐤓𐤒 𐤁𐤏𐤌𐤒 𐤔𐤋𐤇
𐤁𐤓𐤂𐤋𐤉𐤅 𐤁𐤐𐤋𐤂𐤅𐤕 𐤓𐤀𐤅𐤁𐤍 𐤂𐤃𐤋𐤉𐤌 𐤇𐤒𐤒𐤉 𐤋𐤁•
𐤈𐤆 𐤋𐤌𐤄 𐤉𐤔𐤁𐤕 𐤁𐤉𐤍 𐤄𐤌𐤔𐤐𐤕𐤉𐤌 𐤋𐤔𐤌𐤏 𐤔𐤓𐤒𐤅𐤕 𐤏𐤃𐤓𐤉𐤌 𐤋𐤐𐤋𐤂𐤅𐤕
𐤓𐤀𐤅𐤁𐤍 𐤂𐤃𐤅𐤋𐤉𐤌 𐤇𐤒𐤓𐤉 𐤋𐤁•
𐤉𐤆 𐤂𐤋𐤏𐤃 𐤁𐤏𐤁𐤓 𐤄𐤉𐤓𐤃𐤍 𐤔𐤊𐤍 𐤅𐤃𐤍 𐤋𐤌𐤄 𐤉𐤂𐤅𐤓 𐤀𐤍𐤉𐤅𐤕 𐤀𐤔𐤓 𐤉𐤔𐤁
𐤋𐤇𐤅𐤐 𐤉𐤌𐤉𐤌 𐤅𐤏𐤋 𐤌𐤐𐤓𐤑𐤉𐤅 𐤉𐤔𐤊𐤅𐤍•
𐤉𐤇 𐤆𐤁𐤋𐤅𐤍 𐤏𐤌 𐤇𐤓𐤐 𐤍𐤐𐤔𐤅 𐤋𐤌𐤅𐤕 𐤅𐤍𐤐𐤕𐤋𐤉 𐤏𐤋 𐤌𐤓𐤅𐤌𐤉 𐤔𐤃𐤄•
𐤉𐤈 𐤁𐤀𐤅 𐤌𐤋𐤊𐤉𐤌 𐤍𐤋𐤇𐤌𐤅 𐤀𐤆 𐤍𐤋𐤇𐤌𐤅 𐤌𐤋𐤊𐤉 𐤊𐤍𐤏𐤍 𐤁𐤕𐤏𐤍𐤊 𐤏𐤋 𐤌𐤉
𐤌𐤂𐤃𐤅 𐤁𐤑𐤏 𐤊𐤎𐤐 𐤋𐤀 𐤋𐤒𐤇𐤅•
𐤊 𐤌𐤍 𐤔𐤌𐤉𐤌 𐤍𐤋𐤇𐤌𐤅 𐤄𐤊𐤅𐤊𐤁𐤉𐤌 𐤌𐤌𐤎𐤋𐤅𐤕𐤌 𐤍𐤋𐤇𐤌𐤅 𐤏𐤌 𐤎𐤉𐤎𐤓𐤀•
𐤊𐤀 𐤍𐤇𐤋 𐤒𐤉𐤔𐤅𐤍 𐤂𐤓𐤐𐤌 𐤍𐤇𐤋 𐤒𐤃𐤅𐤌𐤉𐤌 𐤍𐤇𐤋 𐤒𐤉𐤔𐤅𐤍 𐤕𐤃𐤓𐤊𐤉 𐤍𐤐𐤔𐤉
𐤏𐤆•
𐤊𐤁 𐤀𐤆 𐤄𐤋𐤌𐤅 𐤏𐤒𐤁𐤉 𐤎𐤅𐤎 𐤌𐤃𐤄𐤓𐤅𐤕 𐤃𐤄𐤓𐤅𐤕 𐤀𐤁𐤉𐤓𐤉𐤅•
𐤊𐤂 𐤀𐤅𐤓𐤅 𐤌𐤓𐤅𐤆 𐤀𐤌𐤓 𐤌𐤋𐤀𐤊 𐤉𐤄𐤅𐤄 𐤀𐤓𐤅 𐤀𐤓𐤅𐤓 𐤉𐤔𐤁𐤉𐤄 𐤊𐤉 𐤋𐤀
𐤁𐤀𐤅 𐤋𐤏𐤆𐤓𐤕 𐤉𐤄𐤅𐤄 𐤋𐤏𐤆𐤓𐤕 𐤉𐤄𐤅𐤄 𐤁𐤂𐤁𐤅𐤓𐤉𐤌•
𐤊𐤃 𐤕𐤁𐤓𐤊 𐤌𐤍𐤔𐤉𐤌 𐤉𐤏𐤋 𐤀𐤔𐤕 𐤇𐤁𐤓 𐤄𐤒𐤉𐤍𐤉 𐤌𐤍𐤔𐤉𐤌 𐤁𐤀𐤄𐤋 𐤕𐤁𐤓𐤊•
𐤊𐤄 𐤌𐤉𐤌 𐤔𐤀𐤋 𐤇𐤋𐤁 𐤍𐤕𐤍𐤄 𐤁𐤎𐤐𐤋 𐤀𐤃𐤉𐤓𐤉𐤌 𐤄𐤒𐤓𐤉𐤁𐤄 𐤇𐤌𐤀𐤄•
𐤊𐤅 𐤉𐤃𐤄 𐤋𐤉𐤕𐤃 𐤕𐤔𐤋𐤇𐤍𐤄 𐤅𐤉𐤌𐤉𐤍𐤄 𐤋𐤄𐤋𐤌𐤅𐤕 𐤏𐤌𐤋𐤉𐤌 𐤅𐤄𐤋𐤌𐤄
𐤎𐤉𐤎𐤓𐤀 𐤌𐤇𐤒𐤄 𐤓𐤀𐤔𐤅 𐤅𐤌𐤇𐤑𐤄 𐤅𐤇𐤋𐤐𐤄 𐤓𐤒𐤕𐤅•
𐤊𐤆 𐤁𐤉𐤍 𐤓𐤂𐤋𐤉𐤄 𐤊𐤓𐤏 𐤍𐤐𐤋 𐤔𐤊𐤁 𐤁𐤉𐤍 𐤓𐤂𐤋𐤉𐤄 𐤊𐤓𐤏 𐤍𐤐𐤋 𐤁𐤀𐤔𐤓 𐤊𐤓𐤏
𐤔𐤌 𐤍𐤐𐤋 𐤔𐤃𐤅𐤃•
𐤊𐤇 𐤁𐤏𐤃 𐤄𐤇𐤋𐤅𐤍 𐤍𐤔𐤒𐤐𐤄 𐤅𐤕𐤉𐤁𐤁 𐤀𐤌 𐤎𐤉𐤎𐤓𐤀 𐤁𐤏𐤃 𐤄𐤀𐤔𐤍𐤁 𐤌𐤃𐤅𐤏
𐤁𐤔𐤔 𐤓𐤊𐤁𐤅 𐤋𐤁𐤅𐤀 𐤌𐤃𐤅𐤏 𐤀𐤇𐤓𐤅 𐤐𐤏𐤌𐤉 𐤌𐤓𐤊𐤁𐤅𐤕𐤉𐤅•
𐤊𐤈 𐤇𐤊𐤌𐤅𐤕 𐤔𐤓𐤅𐤕𐤉𐤄 𐤕𐤏𐤍𐤉𐤍𐤄 𐤀𐤐 𐤄𐤉𐤀 𐤕𐤔𐤉𐤁 𐤀𐤌𐤓𐤉𐤄 𐤋𐤄•
𐤋 𐤄𐤋𐤀 𐤉𐤌𐤑𐤀𐤅 𐤉𐤇𐤋𐤒𐤅 𐤔𐤋𐤋 𐤓𐤇𐤌 𐤓𐤇𐤌𐤕𐤉𐤌 𐤋𐤓𐤀𐤔 𐤂𐤁𐤓 𐤔𐤋𐤋
𐤑𐤁𐤏𐤉𐤌 𐤋𐤎𐤉𐤎𐤓𐤀 𐤔𐤋𐤋 𐤑𐤁𐤏𐤉𐤌 𐤓𐤒𐤌𐤄 𐤑𐤁𐤏 𐤓𐤒𐤌𐤕𐤉𐤌 𐤋𐤑𐤅𐤀𐤓𐤉
𐤔𐤋𐤋•
𐤋𐤀 𐤊𐤍 𐤉𐤀𐤁𐤃𐤅 𐤊𐤋 𐤀𐤅𐤉𐤁𐤉𐤊 𐤉𐤄𐤅𐤄 𐤅𐤀𐤄𐤁𐤉𐤅 𐤊𐤑𐤀𐤕 𐤄𐤔𐤌𐤔

# 𐤔𐤅𐤐𐤈𐤉𐤌

𐤁𐤂𐤁𐤓𐤕𐤅 𐤅𐤕𐤔𐤒𐤈 𐤄𐤀𐤓𐤑 𐤀𐤓𐤁𐤏𐤉𐤌 𐤔𐤍𐤄•

## 𐤐𐤓𐤒 𐤅

𐤀 𐤅𐤉𐤏𐤔𐤅 𐤁𐤍𐤉 𐤉𐤔𐤓𐤀𐤋 𐤄𐤓𐤏 𐤁𐤏𐤉𐤍𐤉 𐤉𐤄𐤅𐤄 𐤅𐤉𐤕𐤍𐤌 𐤉𐤄𐤅𐤄 𐤁𐤉𐤃
𐤌𐤃𐤉𐤍 𐤔𐤁𐤏 𐤔𐤍𐤉𐤌•

𐤁 𐤅𐤕𐤏𐤆 𐤉𐤃 𐤌𐤃𐤉𐤍 𐤏𐤋 𐤉𐤔𐤓𐤀𐤋 𐤌𐤐𐤍𐤉 𐤌𐤃𐤉𐤍 𐤏𐤔𐤅 𐤋𐤄𐤌 𐤁𐤍𐤉
𐤉𐤔𐤓𐤀𐤋 𐤀𐤕 𐤄𐤌𐤍𐤄𐤓𐤅𐤕 𐤀𐤔𐤓 𐤁𐤄𐤓𐤉𐤌 𐤅𐤀𐤕 𐤄𐤌𐤏𐤓𐤅𐤕 𐤅𐤀𐤕 𐤄𐤌𐤑𐤃𐤅𐤕•

𐤂 𐤅𐤄𐤉𐤄 𐤀𐤌 𐤆𐤓𐤏 𐤉𐤔𐤓𐤀𐤋 𐤅𐤏𐤋𐤄 𐤌𐤃𐤉𐤍 𐤅𐤏𐤌𐤋𐤒 𐤅𐤁𐤍𐤉 𐤒𐤃𐤌 𐤅𐤏𐤋𐤅
𐤏𐤋𐤉𐤅•

𐤃 𐤅𐤉𐤇𐤍𐤅 𐤏𐤋𐤉𐤄𐤌 𐤅𐤉𐤔𐤇𐤉𐤕𐤅 𐤀𐤕 𐤉𐤁𐤅𐤋 𐤄𐤀𐤓𐤑 𐤏𐤃 𐤁𐤅𐤀𐤊 𐤏𐤆𐤄 𐤅𐤋𐤀
𐤉𐤔𐤀𐤉𐤓𐤅 𐤌𐤇𐤉𐤄 𐤁𐤉𐤔𐤓𐤀𐤋 𐤅𐤔𐤄 𐤅𐤔𐤅𐤓 𐤅𐤇𐤌𐤅𐤓•

𐤄 𐤊𐤉 𐤄𐤌 𐤅𐤌𐤒𐤍𐤉𐤄𐤌 𐤉𐤏𐤋𐤅 𐤅𐤀𐤄𐤋𐤉𐤄𐤌 𐤉𐤁𐤀𐤅 [𐤅𐤁𐤀𐤅] 𐤊𐤃𐤉 𐤀𐤓𐤁𐤄
𐤋𐤓𐤁 𐤅𐤋𐤄𐤌 𐤅𐤋𐤂𐤌𐤋𐤉𐤄𐤌 𐤀𐤉𐤍 𐤌𐤎𐤐𐤓 𐤅𐤉𐤁𐤀𐤅 𐤁𐤀𐤓𐤑 𐤋𐤔𐤇𐤕𐤄•

𐤅 𐤅𐤉𐤃𐤋 𐤉𐤔𐤓𐤀𐤋 𐤌𐤀𐤃 𐤌𐤐𐤍𐤉 𐤌𐤃𐤉𐤍 𐤅𐤉𐤆𐤏𐤒𐤅 𐤁𐤍𐤉 𐤉𐤔𐤓𐤀𐤋 𐤀𐤋
𐤉𐤄𐤅𐤄•

𐤆 𐤅𐤉𐤄𐤉 𐤊𐤉 𐤆𐤏𐤒𐤅 𐤁𐤍𐤉 𐤉𐤔𐤓𐤀𐤋 𐤀𐤋 𐤉𐤄𐤅𐤄 𐤏𐤋 𐤀𐤃𐤅𐤕 𐤌𐤃𐤉𐤍•

𐤇 𐤅𐤉𐤔𐤋𐤇 𐤉𐤄𐤅𐤄 𐤀𐤉𐤔 𐤍𐤁𐤉𐤀 𐤀𐤋 𐤁𐤍𐤉 𐤉𐤔𐤓𐤀𐤋 𐤅𐤉𐤀𐤌𐤓 𐤋𐤄𐤌 𐤊𐤄
𐤀𐤌𐤓 𐤉𐤄𐤅𐤄 𐤀𐤋𐤄𐤉 𐤉𐤔𐤓𐤀𐤋 𐤀𐤍𐤊𐤉 𐤄𐤏𐤋𐤉𐤕𐤉 𐤀𐤕𐤊𐤌 𐤌𐤌𐤑𐤓𐤉𐤌
𐤅𐤀𐤑𐤉𐤀 𐤀𐤕𐤊𐤌 𐤌𐤁𐤉𐤕 𐤏𐤁𐤃𐤉𐤌•

𐤈 𐤅𐤀𐤑𐤋 𐤀𐤕𐤊𐤌 𐤌𐤉𐤃 𐤌𐤑𐤓𐤉𐤌 𐤅𐤌𐤉𐤃 𐤊𐤋 𐤋𐤇𐤑𐤉𐤊𐤌 𐤅𐤀𐤂𐤓𐤔 𐤀𐤅𐤕𐤌
𐤌𐤐𐤍𐤉𐤊𐤌 𐤅𐤀𐤕𐤍𐤄 𐤋𐤊𐤌 𐤀𐤕 𐤀𐤓𐤑𐤌•

𐤉 𐤅𐤀𐤌𐤓𐤄 𐤋𐤊𐤌 𐤀𐤍𐤉 𐤉𐤄𐤅𐤄 𐤀𐤋𐤄𐤉𐤊𐤌 𐤋𐤀 𐤕𐤉𐤓𐤀𐤅 𐤀𐤕 𐤀𐤋𐤄𐤉
𐤄𐤀𐤌𐤓𐤉 𐤀𐤔𐤓 𐤀𐤕𐤌 𐤉𐤅𐤔𐤁𐤉𐤌 𐤁𐤀𐤓𐤑𐤌 𐤅𐤋𐤀 𐤔𐤌𐤏𐤕𐤌 𐤁𐤒𐤅𐤋𐤉•

𐤉𐤀 𐤅𐤉𐤁𐤀 𐤌𐤋𐤀𐤊 𐤉𐤄𐤅𐤄 𐤅𐤉𐤔𐤁 𐤕𐤇𐤕 𐤄𐤀𐤋𐤄 𐤀𐤔𐤓 𐤁𐤏𐤐𐤓𐤄 𐤀𐤔𐤓
𐤋𐤉𐤅𐤀𐤔 𐤀𐤁𐤉 𐤄𐤏𐤆𐤓𐤉 𐤅𐤂𐤃𐤏𐤅𐤍 𐤁𐤍𐤅 𐤇𐤁𐤈 𐤇𐤈𐤉𐤌 𐤁𐤂𐤕 𐤋𐤄𐤍𐤉𐤎 𐤌𐤐𐤍𐤉
𐤌𐤃𐤉𐤍•

𐤉𐤁 𐤅𐤉𐤓𐤀 𐤀𐤋𐤉𐤅 𐤌𐤋𐤀𐤊 𐤉𐤄𐤅𐤄 𐤅𐤉𐤀𐤌𐤓 𐤀𐤋𐤉𐤅 𐤉𐤄𐤅𐤄 𐤏𐤌𐤊 𐤂𐤁𐤅𐤓
𐤄𐤇𐤉𐤋•

𐤉𐤂 𐤅𐤉𐤀𐤌𐤓 𐤀𐤋𐤉𐤅 𐤂𐤃𐤏𐤅𐤍 𐤁𐤉 𐤀𐤃𐤍𐤉 𐤅𐤉𐤔 𐤉𐤄𐤅𐤄 𐤏𐤌𐤍𐤅 𐤅𐤋𐤌𐤄
𐤌𐤑𐤀𐤕𐤍𐤅 𐤊𐤋 𐤆𐤀𐤕 𐤅𐤀𐤉𐤄 𐤊𐤋 𐤍𐤐𐤋𐤀𐤕𐤉𐤅 𐤀𐤔𐤓 𐤎𐤐𐤓𐤅 𐤋𐤍𐤅 𐤀𐤁𐤅𐤕𐤉𐤍𐤅
𐤋𐤀𐤌𐤓 𐤄𐤋𐤀 𐤌𐤌𐤑𐤓𐤉𐤌 𐤄𐤏𐤋𐤍𐤅 𐤉𐤄𐤅𐤄 𐤅𐤏𐤕𐤄 𐤍𐤈𐤔𐤍𐤅 𐤉𐤄𐤅𐤄
𐤅𐤉𐤕𐤍𐤍𐤅 𐤁𐤊𐤐 𐤌𐤃𐤉𐤍•

𐤉𐤃 𐤅𐤉𐤐𐤍 𐤀𐤋𐤉𐤅 𐤉𐤄𐤅𐤄 𐤅𐤉𐤀𐤌𐤓 𐤋𐤊 𐤁𐤊𐤇𐤊 𐤆𐤄 𐤅𐤄𐤅𐤔𐤏𐤕 𐤀𐤕

# 𐤔𐤅𐤐𐤈𐤉𐤌

𐤉𐤔𐤓𐤀𐤋 𐤌𐤊𐤐 𐤌𐤃𐤉𐤍 𐤄𐤋𐤀 𐤔𐤋𐤇𐤕𐤉𐤊·

𐤈𐤅𐤅𐤉𐤀𐤌𐤓 𐤀𐤋𐤉𐤅 𐤁𐤉 𐤀𐤃𐤍𐤉 𐤁𐤌𐤄 𐤀𐤅𐤔𐤉𐤏 𐤀𐤕 𐤉𐤔𐤓𐤀𐤋 𐤄𐤍𐤄 𐤀𐤋𐤐𐤉 𐤄𐤃𐤋 𐤁𐤌𐤍𐤔𐤄 𐤅𐤀𐤍𐤊𐤉 𐤄𐤑𐤏𐤉𐤓 𐤁𐤁𐤉𐤕 𐤀𐤁𐤉·

𐤈𐤆𐤅𐤉𐤀𐤌𐤓 𐤀𐤋𐤉𐤅 𐤉𐤄𐤅𐤄 𐤊𐤉 𐤀𐤄𐤉𐤄 𐤏𐤌𐤊 𐤅𐤄𐤊𐤉𐤕 𐤀𐤕 𐤌𐤃𐤉𐤍 𐤊𐤀𐤉𐤔 𐤀𐤇𐤃·

𐤉𐤆𐤅𐤉𐤀𐤌𐤓 𐤀𐤋𐤉𐤅 𐤀𐤌 𐤍𐤀 𐤌𐤑𐤀𐤕𐤉 𐤇𐤍 𐤁𐤏𐤉𐤍𐤉𐤊 𐤅𐤏𐤔𐤉𐤕 𐤋𐤉 𐤀𐤅𐤕 𐤔𐤀𐤕𐤄 𐤌𐤃𐤁𐤓 𐤏𐤌𐤉·

𐤉𐤇𐤀𐤋 𐤍𐤀 𐤕𐤌𐤔 𐤌𐤆𐤄 𐤏𐤃 𐤁𐤀𐤉 𐤀𐤋𐤉𐤊 𐤅𐤄𐤑𐤀𐤕𐤉 𐤀𐤕 𐤌𐤍𐤇𐤕𐤉 𐤅𐤄𐤍𐤇𐤕𐤉 𐤋𐤐𐤍𐤉𐤊 𐤅𐤉𐤀𐤌𐤓 𐤀𐤍𐤊𐤉 𐤀𐤔𐤁 𐤏𐤃 𐤔𐤅𐤁𐤊·

𐤉𐤈𐤅𐤂𐤃𐤏𐤅𐤍 𐤁𐤀 𐤅𐤉𐤏𐤔 𐤂𐤃𐤉 𐤏𐤆𐤉𐤌 𐤅𐤀𐤉𐤐𐤕 𐤒𐤌𐤇 𐤌𐤑𐤅𐤕 𐤄𐤁𐤔𐤓 𐤔𐤌 𐤁𐤎𐤋 𐤅𐤄𐤌𐤓𐤒 𐤔𐤌 𐤁𐤐𐤓𐤅𐤓 𐤅𐤉𐤅𐤑𐤀 𐤀𐤋𐤉𐤅 𐤀𐤋 𐤕𐤇𐤕 𐤄𐤀𐤋𐤄 𐤅𐤉𐤂𐤔·

𐤊𐤅𐤉𐤀𐤌𐤓 𐤀𐤋𐤉𐤅 𐤌𐤋𐤀𐤊 𐤄𐤀𐤋𐤄𐤉𐤌 𐤒𐤇 𐤀𐤕 𐤄𐤁𐤔𐤓 𐤅𐤀𐤕 𐤄𐤌𐤑𐤅𐤕 𐤅𐤄𐤍𐤇 𐤀𐤋 𐤄𐤎𐤋𐤏 𐤄𐤋𐤆 𐤅𐤀𐤕 𐤄𐤌𐤓𐤒 𐤔𐤐𐤊 𐤅𐤉𐤏𐤔 𐤊𐤍·

𐤊𐤀𐤅𐤉𐤔𐤋𐤇 𐤌𐤋𐤀𐤊 𐤉𐤄𐤅𐤄 𐤀𐤕 𐤒𐤑𐤄 𐤄𐤌𐤔𐤏𐤍𐤕 𐤀𐤔𐤓 𐤁𐤉𐤃𐤅 𐤅𐤉𐤂𐤏 𐤁𐤁𐤔𐤓 𐤅𐤁𐤌𐤑𐤅𐤕 𐤅𐤕𐤏𐤋 𐤄𐤀𐤔 𐤌𐤍 𐤄𐤑𐤅𐤓 𐤅𐤕𐤀𐤊𐤋 𐤀𐤕 𐤄𐤁𐤔𐤓 𐤅𐤀𐤕 𐤄𐤌𐤑𐤅𐤕 𐤅𐤌𐤋𐤀𐤊 𐤉𐤄𐤅𐤄 𐤄𐤋𐤊 𐤌𐤏𐤉𐤍𐤉𐤅·

𐤊𐤁𐤅𐤉𐤓𐤀 𐤂𐤃𐤏𐤅𐤍 𐤊𐤉 𐤌𐤋𐤀𐤊 𐤉𐤄𐤅𐤄 𐤄𐤅𐤀 𐤅𐤉𐤀𐤌𐤓 𐤂𐤃𐤏𐤅𐤍 𐤀𐤄𐤄 𐤀𐤃𐤍𐤉 𐤉𐤄𐤅𐤄 𐤊𐤉 𐤏𐤋 𐤊𐤍 𐤓𐤀𐤉𐤕𐤉 𐤌𐤋𐤀𐤊 𐤉𐤄𐤅𐤄 𐤐𐤍𐤉𐤌 𐤀𐤋 𐤐𐤍𐤉𐤌·

𐤊𐤂𐤅𐤉𐤀𐤌𐤓 𐤋𐤅 𐤉𐤄𐤅𐤄 𐤔𐤋𐤅𐤌 𐤋𐤊 𐤀𐤋 𐤕𐤉𐤓𐤀 𐤋𐤀 𐤕𐤌𐤅𐤕·

𐤊𐤃𐤅𐤉𐤁𐤍 𐤔𐤌 𐤂𐤃𐤏𐤅𐤍 𐤌𐤆𐤁𐤇 𐤋𐤉𐤄𐤅𐤄 𐤅𐤉𐤒𐤓𐤀 𐤋𐤅 𐤉𐤄𐤅𐤄 𐤔𐤋𐤅𐤌 𐤏𐤃 𐤄𐤉𐤅𐤌 𐤄𐤆𐤄 𐤏𐤅𐤃𐤍𐤅 𐤁𐤏𐤐𐤓𐤕 𐤀𐤁𐤉 𐤄𐤏𐤆𐤓𐤉·

𐤊𐤄𐤅𐤉𐤄𐤉 𐤁𐤋𐤉𐤋𐤄 𐤄𐤄𐤅𐤀 𐤅𐤉𐤀𐤌𐤓 𐤋𐤅 𐤉𐤄𐤅𐤄 𐤒𐤇 𐤀𐤕 𐤐𐤓 𐤄𐤔𐤅𐤓 𐤀𐤔𐤓 𐤋𐤀𐤁𐤉𐤊 𐤅𐤐𐤓 𐤄𐤔𐤍𐤉 𐤔𐤁𐤏 𐤔𐤍𐤉𐤌 𐤅𐤄𐤓𐤎𐤕 𐤀𐤕 𐤌𐤆𐤁𐤇 𐤄𐤁𐤏𐤋 𐤀𐤔𐤓 𐤋𐤀𐤁𐤉𐤊 𐤅𐤀𐤕 𐤄𐤀𐤔𐤓𐤄 𐤀𐤔𐤓 𐤏𐤋𐤉𐤅 𐤕𐤊𐤓𐤕·

𐤊𐤅𐤅𐤁𐤍𐤉𐤕 𐤌𐤆𐤁𐤇 𐤋𐤉𐤄𐤅𐤄 𐤀𐤋𐤄𐤉𐤊 𐤏𐤋 𐤓𐤀𐤔 𐤄𐤌𐤏𐤅𐤆 𐤄𐤆𐤄 𐤁𐤌𐤏𐤓𐤊𐤄 𐤅𐤋𐤒𐤇𐤕 𐤀𐤕 𐤄𐤐𐤓 𐤄𐤔𐤍𐤉 𐤅𐤄𐤏𐤋𐤉𐤕 𐤏𐤅𐤋𐤄 𐤁𐤏𐤑𐤉 𐤄𐤀𐤔𐤓𐤄 𐤀𐤔𐤓 𐤕𐤊𐤓𐤕·

𐤊𐤆𐤅𐤉𐤒𐤇 𐤂𐤃𐤏𐤅𐤍 𐤏𐤔𐤓𐤄 𐤀𐤍𐤔𐤉𐤌 𐤌𐤏𐤁𐤃𐤉𐤅 𐤅𐤉𐤏𐤔 𐤊𐤀𐤔𐤓 𐤃𐤁𐤓 𐤀𐤋𐤉𐤅 𐤉𐤄𐤅𐤄 𐤅𐤉𐤄𐤉 𐤊𐤀𐤔𐤓 𐤉𐤓𐤀 𐤀𐤕 𐤁𐤉𐤕 𐤀𐤁𐤉𐤅 𐤅𐤀𐤕 𐤀𐤍𐤔𐤉 𐤄𐤏𐤉𐤓 𐤌𐤏𐤔𐤅𐤕 𐤉𐤅𐤌𐤌 𐤅𐤉𐤏𐤔 𐤋𐤉𐤋𐤄·

𐤊𐤇𐤅𐤉𐤔𐤊𐤉𐤌𐤅 𐤀𐤍𐤔𐤉 𐤄𐤏𐤉𐤓 𐤁𐤁𐤒𐤓 𐤅𐤄𐤍𐤄 𐤍𐤕𐤑 𐤌𐤆𐤁𐤇 𐤄𐤁𐤏𐤋 𐤅𐤄𐤀𐤔𐤓𐤄 𐤀𐤔𐤓 𐤏𐤋𐤉𐤅 𐤊𐤓𐤕𐤄 𐤅𐤀𐤕 𐤄𐤐𐤓 𐤄𐤔𐤍𐤉 𐤄𐤏𐤋𐤄 𐤏𐤋 𐤄𐤌𐤆𐤁𐤇 𐤄𐤁𐤍𐤅𐤉·

# 𐤔𐤅𐤐𐤈𐤉𐤌

𐤊𐤈𐤅𐤉𐤀𐤌𐤓𐤅 𐤀𐤉𐤔 𐤀𐤋 𐤓𐤏𐤄𐤅 𐤌𐤉 𐤏𐤔𐤄 𐤄𐤃𐤁𐤓 𐤄𐤆𐤄 𐤅𐤉𐤃𐤓𐤔𐤅
𐤅𐤉𐤁𐤒𐤔𐤅 𐤅𐤉𐤀𐤌𐤓𐤅 𐤂𐤃𐤏𐤅𐤍 𐤁𐤍 𐤉𐤅𐤀𐤔 𐤏𐤔𐤄 𐤄𐤃𐤁𐤓 𐤄𐤆𐤄.
𐤋𐤅𐤉𐤀𐤌𐤓𐤅 𐤀𐤍𐤔𐤉 𐤄𐤏𐤉𐤓 𐤀𐤋 𐤉𐤅𐤀𐤔 𐤄𐤅𐤑𐤀 𐤀𐤕 𐤁𐤍𐤊 𐤅𐤉𐤌𐤕 𐤊𐤉
𐤍𐤕𐤑 𐤀𐤕 𐤌𐤆𐤁𐤇 𐤄𐤁𐤏𐤋 𐤅𐤊𐤉 𐤊𐤓𐤕 𐤄𐤀𐤔𐤓𐤄 𐤀𐤔𐤓 𐤏𐤋𐤉𐤅.
𐤋𐤀𐤅𐤉𐤀𐤌𐤓 𐤉𐤅𐤀𐤔 𐤋𐤊𐤋 𐤀𐤔𐤓 𐤏𐤌𐤃𐤅 𐤏𐤋𐤉𐤅 𐤄𐤀𐤕𐤌 𐤕𐤓𐤉𐤁𐤅𐤍 𐤋𐤁𐤏𐤋
𐤀𐤌 𐤀𐤕𐤌 𐤕𐤅𐤔𐤉𐤏𐤅𐤍 𐤀𐤅𐤕𐤅 𐤀𐤔𐤓 𐤉𐤓𐤉𐤁 𐤋𐤅 𐤉𐤅𐤌𐤕 𐤏𐤃 𐤄𐤁𐤒𐤓 𐤀𐤌
𐤀𐤋𐤄𐤉𐤌 𐤄𐤅𐤀 𐤉𐤓𐤁 𐤋𐤅 𐤊𐤉 𐤍𐤕𐤑 𐤀𐤕 𐤌𐤆𐤁𐤇𐤅.
𐤋𐤁𐤅𐤉𐤒𐤓𐤀 𐤋𐤅 𐤁𐤉𐤅𐤌 𐤄𐤄𐤅𐤀 𐤉𐤓𐤁𐤏𐤋 𐤋𐤀𐤌𐤓 𐤉𐤓𐤁 𐤁𐤅 𐤄𐤁𐤏𐤋 𐤊𐤉 𐤍𐤕𐤑
𐤀𐤕 𐤌𐤆𐤁𐤇𐤅.
𐤋𐤂𐤅𐤊𐤋 𐤌𐤃𐤉𐤍 𐤅𐤏𐤌𐤋𐤒 𐤅𐤁𐤍𐤉 𐤒𐤃𐤌 𐤍𐤀𐤎𐤐𐤅 𐤉𐤇𐤃𐤅 𐤅𐤉𐤏𐤁𐤓𐤅 𐤅𐤉𐤇𐤍𐤅
𐤁𐤏𐤌𐤒 𐤉𐤆𐤓𐤏𐤀𐤋.
𐤋𐤃𐤅𐤓𐤅𐤇 𐤉𐤄𐤅𐤄 𐤋𐤁𐤔𐤄 𐤀𐤕 𐤂𐤃𐤏𐤅𐤍 𐤅𐤉𐤕𐤒𐤏 𐤁𐤔𐤅𐤐𐤓 𐤅𐤉𐤆𐤏𐤒
𐤀𐤁𐤉𐤏𐤆𐤓 𐤀𐤇𐤓𐤉𐤅.
𐤋𐤄𐤅𐤌𐤋𐤀𐤊𐤉𐤌 𐤔𐤋𐤇 𐤁𐤊𐤋 𐤌𐤍𐤔𐤄 𐤅𐤉𐤆𐤏𐤒 𐤂𐤌 𐤄𐤅𐤀 𐤀𐤇𐤓𐤉𐤅
𐤅𐤌𐤋𐤀𐤊𐤉𐤌 𐤔𐤋𐤇 𐤁𐤀𐤔𐤓 𐤅𐤁𐤆𐤁𐤋𐤅𐤍 𐤅𐤁𐤍𐤐𐤕𐤋𐤉 𐤅𐤉𐤏𐤋𐤅 𐤋𐤒𐤓𐤀𐤕𐤌.
𐤋𐤅𐤅𐤉𐤀𐤌𐤓 𐤂𐤃𐤏𐤅𐤍 𐤀𐤋 𐤄𐤀𐤋𐤄𐤉𐤌 𐤀𐤌 𐤉𐤔𐤊 𐤌𐤅𐤔𐤉𐤏 𐤁𐤉𐤃𐤉 𐤀𐤕
𐤉𐤔𐤓𐤀𐤋 𐤊𐤀𐤔𐤓 𐤃𐤁𐤓𐤕.
𐤋𐤆𐤄𐤍𐤄 𐤀𐤍𐤊𐤉 𐤌𐤑𐤉𐤂 𐤀𐤕 𐤂𐤆𐤕 𐤄𐤑𐤌𐤓 𐤁𐤂𐤓𐤍 𐤀𐤌 𐤈𐤋 𐤉𐤄𐤉𐤄 𐤏𐤋
𐤄𐤂𐤆𐤄 𐤋𐤁𐤃𐤄 𐤅𐤏𐤋 𐤊𐤋 𐤄𐤀𐤓𐤑 𐤇𐤓𐤁 𐤅𐤉𐤃𐤏𐤕𐤉 𐤊𐤉 𐤕𐤅𐤔𐤉𐤏 𐤁𐤉𐤃𐤉 𐤀𐤕
𐤉𐤔𐤓𐤀𐤋 𐤊𐤀𐤔𐤓 𐤃𐤁𐤓𐤕.
𐤋𐤇𐤅𐤉𐤄𐤉 𐤊𐤍 𐤅𐤉𐤔𐤊𐤌 𐤌𐤌𐤇𐤓𐤕 𐤅𐤉𐤆𐤓 𐤀𐤕 𐤄𐤂𐤆𐤄 𐤅𐤉𐤌𐤑 𐤈𐤋 𐤌𐤍
𐤄𐤂𐤆𐤄 𐤌𐤋𐤅𐤀 𐤄𐤎𐤐𐤋 𐤌𐤉𐤌.
𐤋𐤈𐤅𐤉𐤀𐤌𐤓 𐤂𐤃𐤏𐤅𐤍 𐤀𐤋 𐤄𐤀𐤋𐤄𐤉𐤌 𐤀𐤋 𐤉𐤇𐤓 𐤀𐤐𐤊 𐤁𐤉 𐤅𐤀𐤃𐤁𐤓𐤄 𐤀𐤊
𐤄𐤐𐤏𐤌 𐤀𐤍𐤎𐤄 𐤍𐤀 𐤓𐤒 𐤄𐤐𐤏𐤌 𐤁𐤂𐤆𐤄 𐤉𐤄𐤉 𐤍𐤀 𐤇𐤓𐤁 𐤀𐤋 𐤄𐤂𐤆𐤄 𐤋𐤁𐤃𐤄
𐤅𐤏𐤋 𐤊𐤋 𐤄𐤀𐤓𐤑 𐤉𐤄𐤉𐤄 𐤈𐤋.
𐤌𐤅𐤉𐤏𐤔 𐤀𐤋𐤄𐤉𐤌 𐤊𐤍 𐤁𐤋𐤉𐤋𐤄 𐤄𐤄𐤅𐤀 𐤅𐤉𐤄𐤉 𐤇𐤓𐤁 𐤀𐤋 𐤄𐤂𐤆𐤄 𐤋𐤁𐤃𐤄
𐤅𐤏𐤋 𐤊𐤋 𐤄𐤀𐤓𐤑 𐤄𐤉𐤄 𐤈𐤋.

## 𐤐𐤓𐤒 𐤆

𐤀𐤅𐤉𐤔𐤊𐤌 𐤉𐤓𐤁𐤏𐤋 𐤄𐤅𐤀 𐤂𐤃𐤏𐤅𐤍 𐤅𐤊𐤋 𐤄𐤏𐤌 𐤀𐤔𐤓 𐤀𐤕𐤅 𐤅𐤉𐤇𐤍𐤅 𐤏𐤋
𐤏𐤉𐤍 𐤇𐤓𐤃 𐤅𐤌𐤇𐤍𐤄 𐤌𐤃𐤉𐤍 𐤄𐤉𐤄 𐤋𐤅 𐤌𐤑𐤐𐤅𐤍 𐤌𐤂𐤁𐤏𐤕 𐤄𐤌𐤅𐤓𐤄 𐤁𐤏𐤌𐤒.
𐤁𐤅𐤉𐤀𐤌𐤓 𐤉𐤄𐤅𐤄 𐤀𐤋 𐤂𐤃𐤏𐤅𐤍 𐤓𐤁 𐤄𐤏𐤌 𐤀𐤔𐤓 𐤀𐤕𐤊 𐤌𐤕𐤕𐤉 𐤀𐤕 𐤌𐤃𐤉𐤍
𐤁𐤉𐤃𐤌 𐤐𐤍 𐤉𐤕𐤐𐤀𐤓 𐤏𐤋𐤉 𐤉𐤔𐤓𐤀𐤋 𐤋𐤀𐤌𐤓 𐤉𐤃𐤉 𐤄𐤅𐤔𐤉𐤏𐤄 𐤋𐤉.

ג ועתה קרא נא באזני העם לאמר מי ירא וחרד ישב ויצפר
מהר הגלעד וישב מן העם עשרים ושנים אלף ועשרת אלפים
נשארו•
ד ויאמר יהוה אל גדעון עוד העם רב הורד אותם אל המים
ואצרפנו לך שם והיה אשר אמר אליך זה ילך אתך הוא
ילך אתך וכל אשר אמר אליך זה לא ילך עמך הוא לא ילך•
ה ויורד את העם אל המים ויאמר יהוה אל גדעון כל אשר
ילק בלשונו מן המים כאשר ילק הכלב תציג אותו לבד
וכל אשר יכרע על ברכיו לשתות•
ו ויהי מספר המלקקים בידם אל פיהם שלש מאות איש
וכל יתר העם כרעו על ברכיהם לשתות מים•
ז ויאמר יהוה אל גדעון בשלש מאות האיש המלקקים
אושיע אתכם ונתתי את מדין בידך וכל העם ילכו איש
למקמו•
ח ויקחו את צדה העם בידם ואת שופרתיהם ואת כל איש
ישראל שלח איש לאהליו ובשלש מאות האיש החזיק
ומחנה מדין היה לו מתחת בעמק•
ט ויהי בלילה ההוא ויאמר אליו יהוה קום רד במחנה כי
נתתיו בידך•
י ואם ירא אתה לרדת רד אתה ופרה נערך אל המחנה•
יא ושמעת מה ידברו ואחר תחזקנה ידיך וירדת במחנה
וירד הוא ופרה נערו אל קצה החמשים אשר במחנה•
יב ומדין ועמלק וכל בני קדם נפלים בעמק כארבה לרב
ולגמליהם אין מספר כחול שעל שפת הים לרב•
יג ויבא גדעון והנה איש מספר לרעהו חלום ויאמר הנה
חלום חלמתי והנה צלול [צליל] לחם שערים מתהפך במחנה
מדין ויבא עד האהל ויכהו ויפל ויהפכהו למעלה ונפל
האהל•
יד ויען רעהו ויאמר אין זאת בלתי אם חרב גדעון בן
יואש איש ישראל נתן האלהים בידו את מדין ואת כל
המחנה•
טו ויהי כשמע גדעון את מספר החלום ואת שברו וישתחו
וישב אל מחנה ישראל ויאמר קומו כי נתן יהוה בידכם

# 𐤔𐤐𐤈𐤉𐤌

𐤀𐤕 𐤌𐤇𐤍𐤄 𐤌𐤃𐤉𐤍•

𐤈𐤆 𐤅𐤉𐤇𐤑 𐤀𐤕 𐤔𐤋𐤔 𐤌𐤀𐤅𐤕 𐤄𐤀𐤉𐤔 𐤔𐤋𐤔𐤄 𐤓𐤀𐤔𐤉𐤌 𐤅𐤉𐤕𐤍 𐤔𐤅𐤐𐤓𐤅𐤕 𐤁𐤉𐤃 𐤊𐤋𐤌 𐤅𐤊𐤃𐤉𐤌 𐤓𐤒𐤉𐤌 𐤅𐤋𐤐𐤃𐤉𐤌 𐤁𐤕𐤅𐤊 𐤄𐤊𐤃𐤉𐤌•

𐤉𐤆 𐤅𐤉𐤀𐤌𐤓 𐤀𐤋𐤉𐤄𐤌 𐤌𐤌𐤍𐤉 𐤕𐤓𐤀𐤅 𐤅𐤊𐤍 𐤕𐤏𐤔𐤅 𐤅𐤄𐤍𐤄 𐤀𐤍𐤊𐤉 𐤁𐤀 𐤁𐤒𐤑𐤄 𐤄𐤌𐤇𐤍𐤄 𐤅𐤄𐤉𐤄 𐤊𐤀𐤔𐤓 𐤀𐤏𐤔𐤄 𐤊𐤍 𐤕𐤏𐤔𐤅𐤍•

𐤉𐤇 𐤅𐤕𐤒𐤏𐤕𐤉 𐤁𐤔𐤅𐤐𐤓 𐤀𐤍𐤊𐤉 𐤅𐤊𐤋 𐤀𐤔𐤓 𐤀𐤕𐤉 𐤅𐤕𐤒𐤏𐤕𐤌 𐤁𐤔𐤅𐤐𐤓𐤅𐤕 𐤂𐤌 𐤀𐤕𐤌 𐤎𐤁𐤉𐤁𐤅𐤕 𐤊𐤋 𐤄𐤌𐤇𐤍𐤄 𐤅𐤀𐤌𐤓𐤕𐤌 𐤋𐤉𐤄𐤅𐤄 𐤅𐤋𐤂𐤃𐤏𐤅𐤍•

𐤉𐤈 𐤅𐤉𐤁𐤀 𐤂𐤃𐤏𐤅𐤍 𐤅𐤌𐤀𐤄 𐤀𐤉𐤔 𐤀𐤔𐤓 𐤀𐤕𐤅 𐤁𐤒𐤑𐤄 𐤄𐤌𐤇𐤍𐤄 𐤓𐤀𐤔 𐤄𐤀𐤔𐤌𐤓𐤕 𐤄𐤕𐤉𐤊𐤅𐤍𐤄 𐤀𐤊 𐤄𐤒𐤌 𐤄𐤒𐤉𐤌𐤅 𐤀𐤕 𐤄𐤔𐤌𐤓𐤉𐤌 𐤅𐤉𐤕𐤒𐤏𐤅 𐤁𐤔𐤅𐤐𐤓𐤅𐤕 𐤅𐤍𐤐𐤅𐤑 𐤄𐤊𐤃𐤉𐤌 𐤀𐤔𐤓 𐤁𐤉𐤃𐤌•

𐤊 𐤅𐤉𐤕𐤒𐤏𐤅 𐤔𐤋𐤔𐤕 𐤄𐤓𐤀𐤔𐤉𐤌 𐤁𐤔𐤅𐤐𐤓𐤅𐤕 𐤅𐤉𐤔𐤁𐤓𐤅 𐤄𐤊𐤃𐤉𐤌 𐤅𐤉𐤇𐤆𐤉𐤒𐤅 𐤁𐤉𐤃 𐤔𐤌𐤀𐤅𐤋𐤌 𐤁𐤋𐤐𐤃𐤉𐤌 𐤅𐤁𐤉𐤃 𐤉𐤌𐤉𐤍𐤌 𐤄𐤔𐤅𐤐𐤓𐤅𐤕 𐤋𐤕𐤒𐤅𐤏 𐤅𐤉𐤒𐤓𐤀𐤅 𐤇𐤓𐤁 𐤋𐤉𐤄𐤅𐤄 𐤅𐤋𐤂𐤃𐤏𐤅𐤍•

𐤊𐤀 𐤅𐤉𐤏𐤌𐤃𐤅 𐤀𐤉𐤔 𐤕𐤇𐤕𐤉𐤅 𐤎𐤁𐤉𐤁 𐤋𐤌𐤇𐤍𐤄 𐤅𐤉𐤓𐤑 𐤊𐤋 𐤄𐤌𐤇𐤍𐤄 𐤅𐤉𐤓𐤉𐤏𐤅 𐤅𐤉𐤍𐤉𐤎𐤅 [𐤅𐤉𐤍𐤅𐤎𐤅]•

𐤊𐤁 𐤅𐤉𐤕𐤒𐤏𐤅 𐤔𐤋𐤔 𐤌𐤀𐤅𐤕 𐤄𐤔𐤅𐤐𐤓𐤅𐤕 𐤅𐤉𐤔𐤌 𐤉𐤄𐤅𐤄 𐤀𐤕 𐤇𐤓𐤁 𐤀𐤉𐤔 𐤁𐤓𐤏𐤄𐤅 𐤅𐤁𐤊𐤋 𐤄𐤌𐤇𐤍𐤄 𐤅𐤉𐤍𐤎 𐤄𐤌𐤇𐤍𐤄 𐤏𐤃 𐤁𐤉𐤕 𐤄𐤔𐤈𐤄 𐤑𐤓𐤓𐤕𐤄 𐤏𐤃 𐤔𐤐𐤕 𐤀𐤁𐤋 𐤌𐤇𐤅𐤋𐤄 𐤏𐤋 𐤈𐤁𐤕•

𐤊𐤂 𐤅𐤉𐤑𐤏𐤒 𐤀𐤉𐤔 𐤉𐤔𐤓𐤀𐤋 𐤌𐤍𐤐𐤕𐤋𐤉 𐤅𐤌𐤍 𐤀𐤔𐤓 𐤅𐤌𐤍 𐤊𐤋 𐤌𐤍𐤔𐤄 𐤅𐤉𐤓𐤃𐤐𐤅 𐤀𐤇𐤓𐤉 𐤌𐤃𐤉𐤍•

𐤊𐤃 𐤅𐤌𐤋𐤀𐤊𐤉𐤌 𐤔𐤋𐤇 𐤂𐤃𐤏𐤅𐤍 𐤁𐤊𐤋 𐤄𐤓 𐤀𐤐𐤓𐤉𐤌 𐤋𐤀𐤌𐤓 𐤓𐤃𐤅 𐤋𐤒𐤓𐤀𐤕 𐤌𐤃𐤉𐤍 𐤅𐤋𐤊𐤃𐤅 𐤋𐤄𐤌 𐤀𐤕 𐤄𐤌𐤉𐤌 𐤏𐤃 𐤁𐤉𐤕 𐤁𐤓𐤄 𐤅𐤀𐤕 𐤄𐤉𐤓𐤃𐤍 𐤅𐤉𐤑𐤏𐤒 𐤊𐤋 𐤀𐤉𐤔 𐤀𐤐𐤓𐤉𐤌 𐤅𐤉𐤋𐤊𐤃𐤅 𐤀𐤕 𐤄𐤌𐤉𐤌 𐤏𐤃 𐤁𐤉𐤕 𐤁𐤓𐤄 𐤅𐤀𐤕 𐤄𐤉𐤓𐤃𐤍•

𐤊𐤄 𐤅𐤉𐤋𐤊𐤃𐤅 𐤔𐤍𐤉 𐤔𐤓𐤉 𐤌𐤃𐤉𐤍 𐤀𐤕 𐤏𐤓𐤁 𐤅𐤀𐤕 𐤆𐤀𐤁 𐤅𐤉𐤄𐤓𐤂𐤅 𐤀𐤕 𐤏𐤓𐤁 𐤁𐤑𐤅𐤓 𐤏𐤓𐤁 𐤅𐤀𐤕 𐤆𐤀𐤁 𐤄𐤓𐤂𐤅 𐤁𐤉𐤒𐤁 𐤆𐤀𐤁 𐤅𐤉𐤓𐤃𐤐𐤅 𐤀𐤋 𐤌𐤃𐤉𐤍 𐤅𐤓𐤀𐤔 𐤏𐤓𐤁 𐤅𐤆𐤀𐤁 𐤄𐤁𐤉𐤀𐤅 𐤀𐤋 𐤂𐤃𐤏𐤅𐤍 𐤌𐤏𐤁𐤓 𐤋𐤉𐤓𐤃𐤍•

## 𐤐𐤓𐤒 𐤇

𐤀 𐤅𐤉𐤀𐤌𐤓𐤅 𐤀𐤋𐤉𐤅 𐤀𐤉𐤔 𐤀𐤐𐤓𐤉𐤌 𐤌𐤄 𐤄𐤃𐤁𐤓 𐤄𐤆𐤄 𐤏𐤔𐤉𐤕 𐤋𐤍𐤅 𐤋𐤁𐤋𐤕𐤉 𐤒𐤓𐤀𐤅𐤕 𐤋𐤍𐤅 𐤊𐤉 𐤄𐤋𐤊𐤕 𐤋𐤄𐤋𐤇𐤌 𐤁𐤌𐤃𐤉𐤍 𐤅𐤉𐤓𐤉𐤁𐤅𐤍 𐤀𐤕𐤅 𐤁𐤇𐤆𐤒𐤄•

𐤁 𐤅𐤉𐤀𐤌𐤓 𐤀𐤋𐤉𐤄𐤌 𐤌𐤄 𐤏𐤔𐤉𐤕𐤉 𐤏𐤕𐤄 𐤊𐤊𐤌 𐤄𐤋𐤀 𐤈𐤅𐤁 𐤏𐤋𐤋𐤅𐤕 𐤀𐤐𐤓𐤉𐤌 𐤌𐤁𐤑𐤉𐤓 𐤀𐤁𐤉𐤏𐤆𐤓•

# 𐤔𐤅𐤐𐤈𐤉𐤌

𐤂 𐤁𐤉𐤃𐤊𐤌 𐤍𐤕𐤍 𐤀𐤋𐤄𐤉𐤌 𐤀𐤕 𐤔𐤓𐤉 𐤌𐤃𐤉𐤍 𐤀𐤕 𐤏𐤓𐤁 𐤅𐤀𐤕 𐤆𐤀𐤁 𐤅𐤌𐤄
𐤉𐤊𐤋𐤕𐤉 𐤏𐤔𐤅𐤕 𐤊𐤊𐤌 𐤀𐤆 𐤓𐤐𐤕𐤄 𐤓𐤅𐤇𐤌 𐤌𐤏𐤋𐤉𐤅 𐤁𐤃𐤁𐤓𐤅 𐤄𐤃𐤁𐤓 𐤄𐤆𐤄•
𐤃 𐤅𐤉𐤁𐤀 𐤂𐤃𐤏𐤅𐤍 𐤄𐤉𐤓𐤃𐤍𐤄 𐤏𐤁𐤓 𐤄𐤅𐤀 𐤅𐤔𐤋𐤔 𐤌𐤀𐤅𐤕 𐤄𐤀𐤉𐤔 𐤀𐤔𐤓
𐤀𐤕𐤅 𐤏𐤉𐤐𐤉𐤌 𐤅𐤓𐤃𐤐𐤉𐤌•
𐤄 𐤅𐤉𐤀𐤌𐤓 𐤋𐤀𐤍𐤔𐤉 𐤎𐤊𐤅𐤕 𐤕𐤍𐤅 𐤍𐤀 𐤊𐤊𐤓𐤅𐤕 𐤋𐤇𐤌 𐤋𐤏𐤌 𐤀𐤔𐤓 𐤁𐤓𐤂𐤋𐤉
𐤊𐤉 𐤏𐤉𐤐𐤉𐤌 𐤄𐤌 𐤅𐤀𐤍𐤊𐤉 𐤓𐤃𐤐 𐤀𐤇𐤓𐤉 𐤆𐤁𐤇 𐤅𐤑𐤋𐤌𐤍𐤏 𐤌𐤋𐤊𐤉 𐤌𐤃𐤉𐤍•
𐤅 𐤅𐤉𐤀𐤌𐤓 𐤔𐤓𐤉 𐤎𐤊𐤅𐤕 𐤄𐤊𐤐 𐤆𐤁𐤇 𐤅𐤑𐤋𐤌𐤍𐤏 𐤏𐤕𐤄 𐤁𐤉𐤃𐤊 𐤊𐤉 𐤍𐤕𐤍
𐤋𐤑𐤁𐤀𐤊 𐤋𐤇𐤌•
𐤆 𐤅𐤉𐤀𐤌𐤓 𐤂𐤃𐤏𐤅𐤍 𐤋𐤊𐤍 𐤁𐤕𐤕 𐤉𐤄𐤅𐤄 𐤀𐤕 𐤆𐤁𐤇 𐤅𐤀𐤕 𐤑𐤋𐤌𐤍𐤏 𐤁𐤉𐤃𐤉
𐤅𐤃𐤔𐤕𐤉 𐤀𐤕 𐤁𐤔𐤓𐤊𐤌 𐤀𐤕 𐤒𐤅𐤑𐤉 𐤄𐤌𐤃𐤁𐤓 𐤅𐤀𐤕 𐤄𐤁𐤓𐤒𐤍𐤉𐤌•
𐤇 𐤅𐤉𐤏𐤋 𐤌𐤔𐤌 𐤐𐤍𐤅𐤀𐤋 𐤅𐤉𐤃𐤁𐤓 𐤀𐤋𐤉𐤄𐤌 𐤊𐤆𐤀𐤕 𐤅𐤉𐤏𐤍𐤅 𐤀𐤅𐤕𐤅 𐤀𐤍𐤔𐤉
𐤐𐤍𐤅𐤀𐤋 𐤊𐤀𐤔𐤓 𐤏𐤍𐤅 𐤀𐤍𐤔𐤉 𐤎𐤊𐤅𐤕•
𐤈 𐤅𐤉𐤀𐤌𐤓 𐤂𐤌 𐤋𐤀𐤍𐤔𐤉 𐤐𐤍𐤅𐤀𐤋 𐤋𐤀𐤌𐤓 𐤁𐤔𐤅𐤁𐤉 𐤁𐤔𐤋𐤅𐤌 𐤀𐤕𐤑 𐤀𐤕
𐤄𐤌𐤂𐤃𐤋 𐤄𐤆𐤄•
𐤉 𐤅𐤆𐤁𐤇 𐤅𐤑𐤋𐤌𐤍𐤏 𐤁𐤒𐤓𐤒𐤓 𐤅𐤌𐤇𐤍𐤉𐤄𐤌 𐤏𐤌𐤌 𐤊𐤇𐤌𐤔𐤕 𐤏𐤔𐤓 𐤀𐤋𐤐 𐤊𐤋
𐤄𐤍𐤅𐤕𐤓𐤉𐤌 𐤌𐤊𐤋 𐤌𐤇𐤍𐤄 𐤁𐤍𐤉 𐤒𐤃𐤌 𐤅𐤄𐤍𐤐𐤋𐤉𐤌 𐤌𐤀𐤄 𐤅𐤏𐤔𐤓𐤉𐤌 𐤀𐤋𐤐
𐤀𐤉𐤔 𐤔𐤋𐤐 𐤇𐤓𐤁•
𐤉𐤀 𐤅𐤉𐤏𐤋 𐤂𐤃𐤏𐤅𐤍 𐤃𐤓𐤊 𐤄𐤔𐤊𐤅𐤍𐤉 𐤁𐤀𐤄𐤋𐤉𐤌 𐤌𐤒𐤃𐤌 𐤋𐤍𐤁𐤇 𐤅𐤉𐤂𐤁𐤄𐤄
𐤅𐤉𐤊 𐤀𐤕 𐤄𐤌𐤇𐤍𐤄 𐤅𐤄𐤌𐤇𐤍𐤄 𐤄𐤉𐤄 𐤁𐤈𐤇•
𐤉𐤁 𐤅𐤉𐤍𐤅𐤎𐤅 𐤆𐤁𐤇 𐤅𐤑𐤋𐤌𐤍𐤏 𐤅𐤉𐤓𐤃𐤐 𐤀𐤇𐤓𐤉𐤄𐤌 𐤅𐤉𐤋𐤊𐤃 𐤀𐤕 𐤔𐤍𐤉
𐤌𐤋𐤊𐤉 𐤌𐤃𐤉𐤍 𐤀𐤕 𐤆𐤁𐤇 𐤅𐤀𐤕 𐤑𐤋𐤌𐤍𐤏 𐤅𐤊𐤋 𐤄𐤌𐤇𐤍𐤄 𐤄𐤇𐤓𐤉𐤃•
𐤉𐤂 𐤅𐤉𐤔𐤁 𐤂𐤃𐤏𐤅𐤍 𐤁𐤍 𐤉𐤅𐤀𐤔 𐤌𐤍 𐤄𐤌𐤋𐤇𐤌𐤄 𐤌𐤋𐤌𐤏𐤋𐤄 𐤄𐤇𐤓𐤎•
𐤉𐤃 𐤅𐤉𐤋𐤊𐤃 𐤍𐤏𐤓 𐤌𐤀𐤍𐤔𐤉 𐤎𐤊𐤅𐤕 𐤅𐤉𐤔𐤀𐤋𐤄𐤅 𐤅𐤉𐤊𐤕𐤁 𐤀𐤋𐤉𐤅 𐤀𐤕
𐤔𐤓𐤉 𐤎𐤊𐤅𐤕 𐤅𐤀𐤕 𐤆𐤒𐤍𐤉𐤄 𐤔𐤁𐤏𐤉𐤌 𐤅𐤔𐤁𐤏𐤄 𐤀𐤉𐤔•
𐤈𐤅 𐤅𐤉𐤁𐤀 𐤀𐤋 𐤀𐤍𐤔𐤉 𐤎𐤊𐤅𐤕 𐤅𐤉𐤀𐤌𐤓 𐤄𐤍𐤄 𐤆𐤁𐤇 𐤅𐤑𐤋𐤌𐤍𐤏 𐤀𐤔𐤓
𐤇𐤓𐤐𐤕𐤌 𐤀𐤅𐤕𐤉 𐤋𐤀𐤌𐤓 𐤄𐤊𐤐 𐤆𐤁𐤇 𐤅𐤑𐤋𐤌𐤍𐤏 𐤏𐤕𐤄 𐤁𐤉𐤃𐤊 𐤊𐤉 𐤍𐤕𐤍
𐤋𐤀𐤍𐤔𐤉𐤊 𐤄𐤉𐤏𐤐𐤉𐤌 𐤋𐤇𐤌•
𐤈𐤆 𐤅𐤉𐤒𐤇 𐤀𐤕 𐤆𐤒𐤍𐤉 𐤄𐤏𐤉𐤓 𐤅𐤀𐤕 𐤒𐤅𐤑𐤉 𐤄𐤌𐤃𐤁𐤓 𐤅𐤀𐤕 𐤄𐤁𐤓𐤒𐤍𐤉𐤌
𐤅𐤉𐤃𐤏 𐤁𐤄𐤌 𐤀𐤕 𐤀𐤍𐤔𐤉 𐤎𐤊𐤅𐤕•
𐤉𐤆 𐤅𐤀𐤕 𐤌𐤂𐤃𐤋 𐤐𐤍𐤅𐤀𐤋 𐤍𐤕𐤑 𐤅𐤉𐤄𐤓𐤂 𐤀𐤕 𐤀𐤍𐤔𐤉 𐤄𐤏𐤉𐤓•
𐤉𐤇 𐤅𐤉𐤀𐤌𐤓 𐤀𐤋 𐤆𐤁𐤇 𐤅𐤀𐤋 𐤑𐤋𐤌𐤍𐤏 𐤀𐤉𐤐𐤄 𐤄𐤀𐤍𐤔𐤉𐤌 𐤀𐤔𐤓 𐤄𐤓𐤂𐤕𐤌
𐤁𐤕𐤁𐤅𐤓 𐤅𐤉𐤀𐤌𐤓𐤅 𐤊𐤌𐤅𐤊 𐤊𐤌𐤅𐤄𐤌 𐤀𐤇𐤃 𐤊𐤕𐤀𐤓 𐤁𐤍𐤉 𐤄𐤌𐤋𐤊•
𐤉𐤈 𐤅𐤉𐤀𐤌𐤓 𐤀𐤇𐤉 𐤁𐤍𐤉 𐤀𐤌𐤉 𐤄𐤌 𐤇𐤉 𐤉𐤄𐤅𐤄 𐤋𐤅 𐤄𐤇𐤉𐤕𐤌 𐤀𐤅𐤕𐤌 𐤋𐤀

𐤄𐤓𐤂𐤕𐤉 𐤀𐤕𐤊𐤌·
𐤊 𐤅𐤉𐤀𐤌𐤓 𐤋𐤉𐤕𐤓 𐤁𐤊𐤅𐤓𐤅 𐤒𐤅𐤌 𐤄𐤓𐤂 𐤀𐤅𐤕𐤌 𐤅𐤋𐤀 𐤔𐤋𐤐 𐤄𐤍𐤏𐤓 𐤇𐤓𐤁𐤅 𐤊𐤉
𐤉𐤓𐤀 𐤊𐤉 𐤏𐤅𐤃𐤍𐤅 𐤍𐤏𐤓·
𐤊𐤀 𐤅𐤉𐤀𐤌𐤓 𐤆𐤁𐤇 𐤅𐤑𐤋𐤌𐤍𐤏 𐤒𐤅𐤌 𐤀𐤕𐤄 𐤅𐤐𐤂𐤏 𐤁𐤍𐤅 𐤊𐤉 𐤊𐤀𐤉𐤔
𐤂𐤁𐤅𐤓𐤕𐤅 𐤅𐤉𐤒𐤌 𐤂𐤃𐤏𐤅𐤍 𐤅𐤉𐤄𐤓𐤂 𐤀𐤕 𐤆𐤁𐤇 𐤅𐤀𐤕 𐤑𐤋𐤌𐤍𐤏 𐤅𐤉𐤒𐤇 𐤀𐤕
𐤄𐤔𐤄𐤓𐤍𐤉𐤌 𐤀𐤔𐤓 𐤁𐤑𐤅𐤀𐤓𐤉 𐤂𐤌𐤋𐤉𐤄𐤌·
𐤊𐤁 𐤅𐤉𐤀𐤌𐤓𐤅 𐤀𐤉𐤔 𐤉𐤔𐤓𐤀𐤋 𐤀𐤋 𐤂𐤃𐤏𐤅𐤍 𐤌𐤔𐤋 𐤁𐤍𐤅 𐤂𐤌 𐤀𐤕𐤄 𐤂𐤌 𐤁𐤍𐤊
𐤂𐤌 𐤁𐤍 𐤁𐤍𐤊 𐤊𐤉 𐤄𐤅𐤔𐤏𐤕𐤍𐤅 𐤌𐤉𐤃 𐤌𐤃𐤉𐤍·
𐤊𐤂 𐤅𐤉𐤀𐤌𐤓 𐤀𐤋𐤄𐤌 𐤂𐤃𐤏𐤅𐤍 𐤋𐤀 𐤀𐤌𐤔𐤋 𐤀𐤍𐤉 𐤁𐤊𐤌 𐤅𐤋𐤀 𐤉𐤌𐤔𐤋 𐤁𐤍𐤉
𐤁𐤊𐤌 𐤉𐤄𐤅𐤄 𐤉𐤌𐤔𐤋 𐤁𐤊𐤌·
𐤊𐤃 𐤅𐤉𐤀𐤌𐤓 𐤀𐤋𐤄𐤌 𐤂𐤃𐤏𐤅𐤍 𐤀𐤔𐤀𐤋𐤄 𐤌𐤊𐤌 𐤔𐤀𐤋𐤄 𐤅𐤕𐤍𐤅 𐤋𐤉 𐤀𐤉𐤔
𐤍𐤆𐤌 𐤔𐤋𐤋𐤅 𐤊𐤉 𐤍𐤆𐤌𐤉 𐤆𐤄𐤁 𐤋𐤄𐤌 𐤊𐤉 𐤉𐤔𐤌𐤏𐤀𐤋𐤉𐤌 𐤄𐤌·
𐤊𐤄 𐤅𐤉𐤀𐤌𐤓𐤅 𐤍𐤕𐤅𐤍 𐤍𐤕𐤍 𐤅𐤉𐤐𐤓𐤔𐤅 𐤀𐤕 𐤄𐤔𐤌𐤋𐤄 𐤅𐤉𐤔𐤋𐤉𐤊𐤅 𐤔𐤌𐤄
𐤀𐤉𐤔 𐤍𐤆𐤌 𐤔𐤋𐤋𐤅·
𐤊𐤅 𐤅𐤉𐤄𐤉 𐤌𐤔𐤒𐤋 𐤍𐤆𐤌𐤉 𐤄𐤆𐤄𐤁 𐤀𐤔𐤓 𐤔𐤀𐤋 𐤀𐤋𐤐 𐤅𐤔𐤁𐤏 𐤌𐤀𐤅𐤕 𐤆𐤄𐤁
𐤋𐤁𐤃 𐤌𐤍 𐤄𐤔𐤄𐤓𐤍𐤉𐤌 𐤅𐤄𐤍𐤈𐤐𐤅𐤕 𐤅𐤁𐤂𐤃𐤉 𐤄𐤀𐤓𐤂𐤌𐤍 𐤔𐤏𐤋 𐤌𐤋𐤊𐤉 𐤌𐤃𐤉𐤍
𐤅𐤋𐤁𐤃 𐤌𐤍 𐤄𐤏𐤍𐤒𐤅𐤕 𐤀𐤔𐤓 𐤁𐤑𐤅𐤀𐤓𐤉 𐤂𐤌𐤋𐤉𐤄𐤌·
𐤊𐤆 𐤅𐤉𐤏𐤔 𐤀𐤅𐤕𐤅 𐤂𐤃𐤏𐤅𐤍 𐤋𐤀𐤐𐤅𐤃 𐤅𐤉𐤑𐤂 𐤀𐤅𐤕𐤅 𐤁𐤏𐤉𐤓𐤅 𐤁𐤏𐤐𐤓𐤄
𐤅𐤉𐤆𐤍𐤅 𐤊𐤋 𐤉𐤔𐤓𐤀𐤋 𐤀𐤇𐤓𐤉𐤅 𐤔𐤌 𐤅𐤉𐤄𐤉 𐤋𐤂𐤃𐤏𐤅𐤍 𐤅𐤋𐤁𐤉𐤕𐤅 𐤋𐤌𐤅𐤒𐤔·
𐤊𐤇 𐤅𐤉𐤊𐤍𐤏 𐤌𐤃𐤉𐤍 𐤋𐤐𐤍𐤉 𐤁𐤍𐤉 𐤉𐤔𐤓𐤀𐤋 𐤅𐤋𐤀 𐤉𐤎𐤐𐤅 𐤋𐤔𐤀𐤕 𐤓𐤀𐤔𐤌
𐤅𐤕𐤔𐤒𐤈 𐤄𐤀𐤓𐤑 𐤀𐤓𐤁𐤏𐤉𐤌 𐤔𐤍𐤄 𐤁𐤉𐤌𐤉 𐤂𐤃𐤏𐤅𐤍·
𐤊𐤈 𐤅𐤉𐤋𐤊 𐤉𐤓𐤁𐤏𐤋 𐤁𐤍 𐤉𐤅𐤀𐤔 𐤅𐤉𐤔𐤁 𐤁𐤁𐤉𐤕𐤅·
𐤋 𐤅𐤋𐤂𐤃𐤏𐤅𐤍 𐤄𐤉𐤅 𐤔𐤁𐤏𐤉𐤌 𐤁𐤍𐤉𐤌 𐤉𐤑𐤀𐤉 𐤉𐤓𐤊𐤅 𐤊𐤉 𐤍𐤔𐤉𐤌 𐤓𐤁𐤅𐤕
𐤄𐤉𐤅 𐤋𐤅·
𐤋𐤀 𐤅𐤐𐤉𐤋𐤂𐤔𐤅 𐤀𐤔𐤓 𐤁𐤔𐤊𐤌 𐤉𐤋𐤃𐤄 𐤋𐤅 𐤂𐤌 𐤄𐤉𐤀 𐤁𐤍 𐤅𐤉𐤔𐤌 𐤀𐤕 𐤔𐤌𐤅
𐤀𐤁𐤉𐤌𐤋𐤊·
𐤋𐤁 𐤅𐤉𐤌𐤕 𐤂𐤃𐤏𐤅𐤍 𐤁𐤍 𐤉𐤅𐤀𐤔 𐤁𐤔𐤉𐤁𐤄 𐤈𐤅𐤁𐤄 𐤅𐤉𐤒𐤁𐤓 𐤁𐤒𐤁𐤓 𐤉𐤅𐤀𐤔
𐤀𐤁𐤉𐤅 𐤁𐤏𐤐𐤓𐤄 𐤀𐤁𐤉 𐤄𐤏𐤆𐤓𐤉·
𐤋𐤂 𐤅𐤉𐤄𐤉 𐤊𐤀𐤔𐤓 𐤌𐤕 𐤂𐤃𐤏𐤅𐤍 𐤅𐤉𐤔𐤅𐤁𐤅 𐤁𐤍𐤉 𐤉𐤔𐤓𐤀𐤋 𐤅𐤉𐤆𐤍𐤅 𐤀𐤇𐤓𐤉
𐤄𐤁𐤏𐤋𐤉𐤌 𐤅𐤉𐤔𐤉𐤌𐤅 𐤋𐤄𐤌 𐤁𐤏𐤋 𐤁𐤓𐤉𐤕 𐤋𐤀𐤋𐤄𐤉𐤌·
𐤋𐤃 𐤅𐤋𐤀 𐤆𐤊𐤓𐤅 𐤁𐤍𐤉 𐤉𐤔𐤓𐤀𐤋 𐤀𐤕 𐤉𐤄𐤅𐤄 𐤀𐤋𐤄𐤉𐤄𐤌 𐤄𐤌𐤑𐤉𐤋 𐤀𐤅𐤕𐤌
𐤌𐤉𐤃 𐤊𐤋 𐤀𐤉𐤁𐤉𐤄𐤌 𐤌𐤎𐤁𐤉𐤁·
𐤋𐤄 𐤅𐤋𐤀 𐤏𐤔𐤅 𐤇𐤎𐤃 𐤏𐤌 𐤁𐤉𐤕 𐤉𐤓𐤁𐤏𐤋 𐤂𐤃𐤏𐤅𐤍 𐤊𐤊𐤋 𐤄𐤈𐤅𐤁𐤄 𐤀𐤔𐤓 𐤏𐤔𐤄

𐤏𐤌 𐤉𐤔𐤓𐤀𐤋•

𐤐𐤓𐤒 𐤈

𐤀𐤅𐤉𐤋𐤊 𐤀𐤁𐤉𐤌𐤋𐤊 𐤁𐤍 𐤉𐤓𐤁𐤏𐤋 𐤔𐤊𐤌𐤄 𐤀𐤋 𐤀𐤇𐤉 𐤀𐤌𐤅 𐤅𐤉𐤃𐤁𐤓
𐤀𐤋𐤉𐤄𐤌 𐤅𐤀𐤋 𐤊𐤋 𐤌𐤔𐤐𐤇𐤕 𐤁𐤉𐤕 𐤀𐤁𐤉 𐤀𐤌𐤅 𐤋𐤀𐤌𐤓•
𐤁𐤃𐤁𐤓𐤅 𐤍𐤀 𐤁𐤀𐤆𐤍𐤉 𐤊𐤋 𐤁𐤏𐤋𐤉 𐤔𐤊𐤌 𐤌𐤄 𐤈𐤅𐤁 𐤋𐤊𐤌 𐤄𐤌𐤔𐤋 𐤁𐤊𐤌
𐤔𐤁𐤏𐤉𐤌 𐤀𐤉𐤔 𐤊𐤋 𐤁𐤍𐤉 𐤉𐤓𐤁𐤏𐤋 𐤀𐤌 𐤌𐤔𐤋 𐤁𐤊𐤌 𐤀𐤉𐤔 𐤀𐤇𐤃 𐤅𐤆𐤊𐤓𐤕𐤌
𐤊𐤉 𐤏𐤑𐤌𐤊𐤌 𐤅𐤁𐤔𐤓𐤊𐤌 𐤀𐤍𐤉•
𐤂𐤅𐤉𐤃𐤁𐤓𐤅 𐤀𐤇𐤉 𐤀𐤌𐤅 𐤏𐤋𐤉𐤅 𐤁𐤀𐤆𐤍𐤉 𐤊𐤋 𐤁𐤏𐤋𐤉 𐤔𐤊𐤌 𐤀𐤕 𐤊𐤋
𐤄𐤃𐤁𐤓𐤉𐤌 𐤄𐤀𐤋𐤄 𐤅𐤉𐤈 𐤋𐤁𐤌 𐤀𐤇𐤓𐤉 𐤀𐤁𐤉𐤌𐤋𐤊 𐤊𐤉 𐤀𐤌𐤓𐤅 𐤀𐤇𐤉𐤍𐤅
𐤄𐤅𐤀•
𐤃𐤅𐤉𐤕𐤍𐤅 𐤋𐤅 𐤔𐤁𐤏𐤉𐤌 𐤊𐤎𐤐 𐤌𐤁𐤉𐤕 𐤁𐤏𐤋 𐤁𐤓𐤉𐤕 𐤅𐤉𐤔𐤊𐤓 𐤁𐤄𐤌
𐤀𐤁𐤉𐤌𐤋𐤊 𐤀𐤍𐤔𐤉𐤌 𐤓𐤉𐤒𐤉𐤌 𐤅𐤐𐤇𐤆𐤉𐤌 𐤅𐤉𐤋𐤊𐤅 𐤀𐤇𐤓𐤉𐤅•
𐤄𐤅𐤉𐤁𐤀 𐤁𐤉𐤕 𐤀𐤁𐤉𐤅 𐤏𐤐𐤓𐤕𐤄 𐤅𐤉𐤄𐤓𐤂 𐤀𐤕 𐤀𐤇𐤉𐤅 𐤁𐤍𐤉 𐤉𐤓𐤁𐤏𐤋
𐤔𐤁𐤏𐤉𐤌 𐤀𐤉𐤔 𐤏𐤋 𐤀𐤁𐤍 𐤀𐤇𐤕 𐤅𐤉𐤅𐤕𐤓 𐤉𐤅𐤕𐤌 𐤁𐤍 𐤉𐤓𐤁𐤏𐤋 𐤄𐤒𐤈𐤍 𐤊𐤉
𐤍𐤇𐤁𐤀•
𐤅𐤅𐤉𐤀𐤎𐤐𐤅 𐤊𐤋 𐤁𐤏𐤋𐤉 𐤔𐤊𐤌 𐤅𐤊𐤋 𐤁𐤉𐤕 𐤌𐤋𐤅𐤀 𐤅𐤉𐤋𐤊𐤅 𐤅𐤉𐤌𐤋𐤉𐤊𐤅
𐤀𐤕 𐤀𐤁𐤉𐤌𐤋𐤊 𐤋𐤌𐤋𐤊 𐤏𐤌 𐤀𐤋𐤅𐤍 𐤌𐤑𐤁 𐤀𐤔𐤓 𐤁𐤔𐤊𐤌•
𐤆𐤅𐤉𐤂𐤃𐤅 𐤋𐤉𐤅𐤕𐤌 𐤅𐤉𐤋𐤊 𐤅𐤉𐤏𐤌𐤃 𐤁𐤓𐤀𐤔 𐤄𐤓 𐤂𐤓𐤆𐤉𐤌 𐤅𐤉𐤔𐤀 𐤒𐤅𐤋𐤅
𐤅𐤉𐤒𐤓𐤀 𐤅𐤉𐤀𐤌𐤓 𐤋𐤄𐤌 𐤔𐤌𐤏𐤅 𐤀𐤋𐤉 𐤁𐤏𐤋𐤉 𐤔𐤊𐤌 𐤅𐤉𐤔𐤌𐤏 𐤀𐤋𐤉𐤊𐤌
𐤀𐤋𐤄𐤉𐤌•
𐤇𐤄𐤋𐤅𐤊 𐤄𐤋𐤊𐤅 𐤄𐤏𐤑𐤉𐤌 𐤋𐤌𐤔𐤇 𐤏𐤋𐤉𐤄𐤌 𐤌𐤋𐤊 𐤅𐤉𐤀𐤌𐤓𐤅 𐤋𐤆𐤉𐤕
𐤌𐤋𐤅𐤊𐤄 [𐤌𐤋𐤊𐤄] 𐤏𐤋𐤉𐤍𐤅•
𐤈𐤅𐤉𐤀𐤌𐤓 𐤋𐤄𐤌 𐤄𐤆𐤉𐤕 𐤄𐤇𐤃𐤋𐤕𐤉 𐤀𐤕 𐤃𐤔𐤍𐤉 𐤀𐤔𐤓 𐤁𐤉 𐤉𐤊𐤁𐤃𐤅
𐤀𐤋𐤄𐤉𐤌 𐤅𐤀𐤍𐤔𐤉𐤌 𐤅𐤄𐤋𐤊𐤕𐤉 𐤋𐤍𐤅𐤏 𐤏𐤋 𐤄𐤏𐤑𐤉𐤌•
𐤉𐤅𐤉𐤀𐤌𐤓𐤅 𐤄𐤏𐤑𐤉𐤌 𐤋𐤕𐤀𐤍𐤄 𐤋𐤊𐤉 𐤀𐤕 𐤌𐤋𐤊𐤉 𐤏𐤋𐤉𐤍𐤅•
𐤉𐤀𐤅𐤕𐤀𐤌𐤓 𐤋𐤄𐤌 𐤄𐤕𐤀𐤍𐤄 𐤄𐤇𐤃𐤋𐤕𐤉 𐤀𐤕 𐤌𐤕𐤒𐤉 𐤅𐤀𐤕 𐤕𐤍𐤅𐤁𐤕𐤉
𐤄𐤈𐤅𐤁𐤄 𐤅𐤄𐤋𐤊𐤕𐤉 𐤋𐤍𐤅𐤏 𐤏𐤋 𐤄𐤏𐤑𐤉𐤌•
𐤉𐤁𐤅𐤉𐤀𐤌𐤓𐤅 𐤄𐤏𐤑𐤉𐤌 𐤋𐤂𐤐𐤍 𐤋𐤊𐤉 𐤀𐤕 𐤌𐤋𐤅𐤊𐤉 [𐤌𐤋𐤊𐤉] 𐤏𐤋𐤉𐤍𐤅•
𐤉𐤂𐤅𐤕𐤀𐤌𐤓 𐤋𐤄𐤌 𐤄𐤂𐤐𐤍 𐤄𐤇𐤃𐤋𐤕𐤉 𐤀𐤕 𐤕𐤉𐤓𐤅𐤔𐤉 𐤄𐤌𐤔𐤌𐤇 𐤀𐤋𐤄𐤉𐤌
𐤅𐤀𐤍𐤔𐤉𐤌 𐤅𐤄𐤋𐤊𐤕𐤉 𐤋𐤍𐤅𐤏 𐤏𐤋 𐤄𐤏𐤑𐤉𐤌•
𐤉𐤃𐤅𐤉𐤀𐤌𐤓𐤅 𐤊𐤋 𐤄𐤏𐤑𐤉𐤌 𐤀𐤋 𐤄𐤀𐤈𐤃 𐤋𐤊 𐤀𐤕𐤄 𐤌𐤋𐤊 𐤏𐤋𐤉𐤍𐤅•
𐤈𐤅𐤅𐤉𐤀𐤌𐤓 𐤄𐤀𐤈𐤃 𐤀𐤋 𐤄𐤏𐤑𐤉𐤌 𐤀𐤌 𐤁𐤀𐤌𐤕 𐤀𐤕𐤌 𐤌𐤔𐤇𐤉𐤌 𐤀𐤕𐤉

𐤋𐤌𐤋𐤊 𐤏𐤋𐤉𐤊𐤌 𐤁𐤀𐤅 𐤇𐤎𐤅 𐤁𐤑𐤋𐤉 𐤅𐤀𐤌 𐤀𐤉𐤍 𐤕𐤑𐤀 𐤀𐤔 𐤌𐤍 𐤄𐤀𐤈𐤃
𐤅𐤕𐤀𐤊𐤋 𐤀𐤕 𐤀𐤓𐤆𐤉 𐤄𐤋𐤁𐤍𐤅𐤍.

𐤈𐤆 𐤅𐤏𐤕𐤄 𐤀𐤌 𐤁𐤀𐤌𐤕 𐤅𐤁𐤕𐤌𐤉𐤌 𐤏𐤔𐤉𐤕𐤌 𐤅𐤕𐤌𐤋𐤉𐤊𐤅 𐤀𐤕 𐤀𐤁𐤉𐤌𐤋𐤊
𐤅𐤀𐤌 𐤈𐤅𐤁𐤄 𐤏𐤔𐤉𐤕𐤌 𐤏𐤌 𐤉𐤓𐤁𐤏𐤋 𐤅𐤏𐤌 𐤁𐤉𐤕𐤅 𐤅𐤀𐤌 𐤊𐤂𐤌𐤅𐤋 𐤉𐤃𐤉𐤅
𐤏𐤔𐤉𐤕𐤌 𐤋𐤅.

𐤉𐤆 𐤀𐤔𐤓 𐤍𐤋𐤇𐤌 𐤀𐤁𐤉 𐤏𐤋𐤉𐤊𐤌 𐤅𐤉𐤔𐤋𐤊 𐤀𐤕 𐤍𐤐𐤔𐤅 𐤌𐤍𐤂𐤃 𐤅𐤉𐤑𐤋
𐤀𐤕𐤊𐤌 𐤌𐤉𐤃 𐤌𐤃𐤉𐤍.

𐤉𐤇 𐤅𐤀𐤕𐤌 𐤒𐤌𐤕𐤌 𐤏𐤋 𐤁𐤉𐤕 𐤀𐤁𐤉 𐤄𐤉𐤅𐤌 𐤅𐤕𐤄𐤓𐤂𐤅 𐤀𐤕 𐤁𐤍𐤉𐤅 𐤔𐤁𐤏𐤉𐤌
𐤀𐤉𐤔 𐤏𐤋 𐤀𐤁𐤍 𐤀𐤇𐤕 𐤅𐤕𐤌𐤋𐤉𐤊𐤅 𐤀𐤕 𐤀𐤁𐤉𐤌𐤋𐤊 𐤁𐤍 𐤀𐤌𐤕𐤅 𐤏𐤋 𐤁𐤏𐤋𐤉
𐤔𐤊𐤌 𐤊𐤉 𐤀𐤇𐤉𐤊𐤌 𐤄𐤅𐤀.

𐤉𐤈 𐤅𐤀𐤌 𐤁𐤀𐤌𐤕 𐤅𐤁𐤕𐤌𐤉𐤌 𐤏𐤔𐤉𐤕𐤌 𐤏𐤌 𐤉𐤓𐤁𐤏𐤋 𐤅𐤏𐤌 𐤁𐤉𐤕𐤅 𐤄𐤉𐤅𐤌
𐤄𐤆𐤄 𐤔𐤌𐤇𐤅 𐤁𐤀𐤁𐤉𐤌𐤋𐤊 𐤅𐤉𐤔𐤌𐤇 𐤂𐤌 𐤄𐤅𐤀 𐤁𐤊𐤌.

𐤊 𐤅𐤀𐤌 𐤀𐤉𐤍 𐤕𐤑𐤀 𐤀𐤔 𐤌𐤀𐤁𐤉𐤌𐤋𐤊 𐤅𐤕𐤀𐤊𐤋 𐤀𐤕 𐤁𐤏𐤋𐤉 𐤔𐤊𐤌 𐤅𐤀𐤕
𐤁𐤉𐤕 𐤌𐤋𐤅𐤀 𐤅𐤕𐤑𐤀 𐤀𐤔 𐤌𐤁𐤏𐤋𐤉 𐤔𐤊𐤌 𐤅𐤌𐤁𐤉𐤕 𐤌𐤋𐤅𐤀 𐤅𐤕𐤀𐤊𐤋 𐤀𐤕
𐤀𐤁𐤉𐤌𐤋𐤊.

𐤊𐤀 𐤅𐤉𐤍𐤎 𐤉𐤅𐤕𐤌 𐤅𐤉𐤁𐤓𐤇 𐤅𐤉𐤋𐤊 𐤁𐤀𐤓𐤄 𐤅𐤉𐤔𐤁 𐤔𐤌 𐤌𐤐𐤍𐤉 𐤀𐤁𐤉𐤌𐤋𐤊
𐤀𐤇𐤉𐤅.

𐤊𐤁 𐤅𐤉𐤔𐤓 𐤀𐤁𐤉𐤌𐤋𐤊 𐤏𐤋 𐤉𐤔𐤓𐤀𐤋 𐤔𐤋𐤔 𐤔𐤍𐤉𐤌.

𐤊𐤂 𐤅𐤉𐤔𐤋𐤇 𐤀𐤋𐤄𐤉𐤌 𐤓𐤅𐤇 𐤓𐤏𐤄 𐤁𐤉𐤍 𐤀𐤁𐤉𐤌𐤋𐤊 𐤅𐤁𐤉𐤍 𐤁𐤏𐤋𐤉 𐤔𐤊𐤌
𐤅𐤉𐤁𐤂𐤃𐤅 𐤁𐤏𐤋𐤉 𐤔𐤊𐤌 𐤁𐤀𐤁𐤉𐤌𐤋𐤊.

𐤊𐤃 𐤋𐤁𐤅𐤀 𐤇𐤌𐤎 𐤔𐤁𐤏𐤉𐤌 𐤁𐤍𐤉 𐤉𐤓𐤁𐤏𐤋 𐤅𐤃𐤌𐤌 𐤋𐤔𐤅𐤌 𐤏𐤋 𐤀𐤁𐤉𐤌𐤋𐤊
𐤀𐤇𐤉𐤄𐤌 𐤀𐤔𐤓 𐤄𐤓𐤂 𐤀𐤅𐤕𐤌 𐤅𐤏𐤋 𐤁𐤏𐤋𐤉 𐤔𐤊𐤌 𐤀𐤔𐤓 𐤇𐤆𐤒𐤅 𐤀𐤕 𐤉𐤃𐤉𐤅
𐤋𐤄𐤓𐤂 𐤀𐤕 𐤀𐤇𐤉𐤅.

𐤊𐤄 𐤅𐤉𐤔𐤉𐤌𐤅 𐤋𐤅 𐤁𐤏𐤋𐤉 𐤔𐤊𐤌 𐤌𐤀𐤓𐤁𐤉𐤌 𐤏𐤋 𐤓𐤀𐤔𐤉 𐤄𐤄𐤓𐤉𐤌
𐤅𐤉𐤂𐤆𐤋𐤅 𐤀𐤕 𐤊𐤋 𐤀𐤔𐤓 𐤉𐤏𐤁𐤓 𐤏𐤋𐤉𐤄𐤌 𐤁𐤃𐤓𐤊 𐤅𐤉𐤂𐤃 𐤋𐤀𐤁𐤉𐤌𐤋𐤊.

𐤊𐤅 𐤅𐤉𐤁𐤀 𐤂𐤏𐤋 𐤁𐤍 𐤏𐤁𐤃 𐤅𐤀𐤇𐤉𐤅 𐤅𐤉𐤏𐤁𐤓𐤅 𐤁𐤔𐤊𐤌 𐤅𐤉𐤁𐤈𐤇𐤅 𐤁𐤅 𐤁𐤏𐤋𐤉
𐤔𐤊𐤌.

𐤊𐤆 𐤅𐤉𐤑𐤀𐤅 𐤄𐤔𐤃𐤄 𐤅𐤉𐤁𐤑𐤓𐤅 𐤀𐤕 𐤊𐤓𐤌𐤉𐤄𐤌 𐤅𐤉𐤃𐤓𐤊𐤅 𐤅𐤉𐤏𐤔𐤅
𐤄𐤋𐤅𐤋𐤉𐤌 𐤅𐤉𐤁𐤀𐤅 𐤁𐤉𐤕 𐤀𐤋𐤄𐤉𐤄𐤌 𐤅𐤉𐤀𐤊𐤋𐤅 𐤅𐤉𐤔𐤕𐤅 𐤅𐤉𐤒𐤋𐤋𐤅 𐤀𐤕
𐤀𐤁𐤉𐤌𐤋𐤊.

𐤊𐤇 𐤅𐤉𐤀𐤌𐤓 𐤂𐤏𐤋 𐤁𐤍 𐤏𐤁𐤃 𐤌𐤉 𐤀𐤁𐤉𐤌𐤋𐤊 𐤅𐤌𐤉 𐤔𐤊𐤌 𐤊𐤉 𐤍𐤏𐤁𐤃𐤍𐤅
𐤄𐤋𐤀 𐤁𐤍 𐤉𐤓𐤁𐤏𐤋 𐤅𐤆𐤁𐤋 𐤐𐤒𐤉𐤃𐤅 𐤏𐤁𐤃𐤅 𐤀𐤕 𐤀𐤍𐤔𐤉 𐤇𐤌𐤅𐤓 𐤀𐤁𐤉 𐤔𐤊𐤌
𐤅𐤌𐤃𐤅𐤏 𐤍𐤏𐤁𐤃𐤍𐤅 𐤀𐤍𐤇𐤍𐤅.

# 𐤔𐤅𐤐𐤈𐤉𐤌

𐤊𐤈𐤅𐤌𐤉 𐤉𐤕𐤍 𐤀𐤕 𐤄𐤏𐤌 𐤄𐤆𐤄 𐤁𐤉𐤃𐤉 𐤅𐤀𐤎𐤉𐤓𐤄 𐤀𐤕 𐤀𐤁𐤉𐤌𐤋𐤊
𐤅𐤉𐤀𐤌𐤓 𐤋𐤀𐤁𐤉𐤌𐤋𐤊 𐤓𐤁𐤄 𐤑𐤁𐤀𐤊 𐤅𐤑𐤀𐤄•
𐤋𐤅𐤉𐤔𐤌𐤏 𐤆𐤁𐤋 𐤔𐤓 𐤄𐤏𐤉𐤓 𐤀𐤕 𐤃𐤁𐤓𐤉 𐤂𐤏𐤋 𐤁𐤍 𐤏𐤁𐤃 𐤅𐤉𐤇𐤓 𐤀𐤐𐤅•
𐤋𐤀𐤅𐤉𐤔𐤋𐤇 𐤌𐤋𐤀𐤊𐤉𐤌 𐤀𐤋 𐤀𐤁𐤉𐤌𐤋𐤊 𐤁𐤕𐤓𐤌𐤄 𐤋𐤀𐤌𐤓 𐤄𐤍𐤄 𐤂𐤏𐤋 𐤁𐤍
𐤏𐤁𐤃 𐤅𐤀𐤇𐤉𐤅 𐤁𐤀𐤉𐤌 𐤔𐤊𐤌𐤄 𐤅𐤄𐤍𐤌 𐤑𐤓𐤉𐤌 𐤀𐤕 𐤄𐤏𐤉𐤓 𐤏𐤋𐤉𐤊•
𐤋𐤁𐤅𐤏𐤕𐤄 𐤒𐤅𐤌 𐤋𐤉𐤋𐤄 𐤀𐤕𐤄 𐤅𐤄𐤏𐤌 𐤀𐤔𐤓 𐤀𐤕𐤊 𐤅𐤀𐤓𐤁 𐤁𐤔𐤃𐤄•
𐤋𐤂𐤅𐤄𐤉𐤄 𐤁𐤁𐤒𐤓 𐤊𐤆𐤓𐤇 𐤄𐤔𐤌𐤔 𐤕𐤔𐤊𐤉𐤌 𐤅𐤐𐤔𐤈𐤕 𐤏𐤋 𐤄𐤏𐤉𐤓 𐤅𐤄𐤍𐤄
𐤄𐤅𐤀 𐤅𐤄𐤏𐤌 𐤀𐤔𐤓 𐤀𐤕𐤅 𐤉𐤑𐤀𐤉𐤌 𐤀𐤋𐤉𐤊 𐤅𐤏𐤔𐤉𐤕 𐤋𐤅 𐤊𐤀𐤔𐤓 𐤕𐤌𐤑𐤀
𐤉𐤃𐤊•
𐤋𐤃𐤅𐤉𐤒𐤌 𐤀𐤁𐤉𐤌𐤋𐤊 𐤅𐤊𐤋 𐤄𐤏𐤌 𐤀𐤔𐤓 𐤏𐤌𐤅 𐤋𐤉𐤋𐤄 𐤅𐤉𐤀𐤓𐤁𐤅 𐤏𐤋 𐤔𐤊𐤌
𐤀𐤓𐤁𐤏𐤄 𐤓𐤀𐤔𐤉𐤌•
𐤋𐤄𐤅𐤉𐤑𐤀 𐤂𐤏𐤋 𐤁𐤍 𐤏𐤁𐤃 𐤅𐤉𐤏𐤌𐤃 𐤐𐤕𐤇 𐤔𐤏𐤓 𐤄𐤏𐤉𐤓 𐤅𐤉𐤒𐤌 𐤀𐤁𐤉𐤌𐤋𐤊
𐤅𐤄𐤏𐤌 𐤀𐤔𐤓 𐤀𐤕𐤅 𐤌𐤍 𐤄𐤌𐤀𐤓𐤁•
𐤋𐤅𐤅𐤉𐤓𐤀 𐤂𐤏𐤋 𐤀𐤕 𐤄𐤏𐤌 𐤅𐤉𐤀𐤌𐤓 𐤀𐤋 𐤆𐤁𐤋 𐤄𐤍𐤄 𐤏𐤌 𐤉𐤅𐤓𐤃 𐤌𐤓𐤀𐤔𐤉
𐤄𐤄𐤓𐤉𐤌 𐤅𐤉𐤀𐤌𐤓 𐤀𐤋𐤉𐤅 𐤆𐤁𐤋 𐤀𐤕 𐤑𐤋 𐤄𐤄𐤓𐤉𐤌 𐤀𐤕𐤄 𐤓𐤀𐤄 𐤊𐤀𐤍𐤔𐤉𐤌•
𐤋𐤆𐤅𐤉𐤎𐤐 𐤏𐤅𐤃 𐤂𐤏𐤋 𐤋𐤃𐤁𐤓 𐤅𐤉𐤀𐤌𐤓 𐤄𐤍𐤄 𐤏𐤌 𐤉𐤅𐤓𐤃𐤉𐤌 𐤌𐤏𐤌 𐤈𐤁𐤅𐤓
𐤄𐤀𐤓𐤑 𐤅𐤓𐤀𐤔 𐤀𐤇𐤃 𐤁𐤀 𐤌𐤃𐤓𐤊 𐤀𐤋𐤅𐤍 𐤌𐤏𐤅𐤍𐤍𐤉𐤌•
𐤋𐤇𐤅𐤉𐤀𐤌𐤓 𐤀𐤋𐤉𐤅 𐤆𐤁𐤋 𐤀𐤉𐤄 𐤀𐤐𐤅𐤀 𐤐𐤉𐤊 𐤀𐤔𐤓 𐤕𐤀𐤌𐤓 𐤌𐤉 𐤀𐤁𐤉𐤌𐤋𐤊
𐤊𐤉 𐤍𐤏𐤁𐤃𐤍𐤅 𐤄𐤋𐤀 𐤆𐤄 𐤄𐤏𐤌 𐤀𐤔𐤓 𐤌𐤀𐤎𐤕𐤄 𐤁𐤅 𐤑𐤀 𐤍𐤀 𐤏𐤕𐤄 𐤅𐤄𐤋𐤇𐤌
𐤁𐤅•
𐤋𐤈𐤅𐤉𐤑𐤀 𐤂𐤏𐤋 𐤋𐤐𐤍𐤉 𐤁𐤏𐤋𐤉 𐤔𐤊𐤌 𐤅𐤉𐤋𐤇𐤌 𐤁𐤀𐤁𐤉𐤌𐤋𐤊•
𐤌𐤅𐤉𐤓𐤃𐤐𐤄𐤅 𐤀𐤁𐤉𐤌𐤋𐤊 𐤅𐤉𐤍𐤎 𐤌𐤐𐤍𐤉𐤅 𐤅𐤉𐤐𐤋𐤅 𐤇𐤋𐤋𐤉𐤌 𐤓𐤁𐤉𐤌 𐤏𐤃
𐤐𐤕𐤇 𐤄𐤔𐤏𐤓•
𐤌𐤀𐤅𐤉𐤔𐤁 𐤀𐤁𐤉𐤌𐤋𐤊 𐤁𐤀𐤓𐤅𐤌𐤄 𐤅𐤉𐤂𐤓𐤔 𐤆𐤁𐤋 𐤀𐤕 𐤂𐤏𐤋 𐤅𐤀𐤕 𐤀𐤇𐤉𐤅
𐤌𐤔𐤁𐤕 𐤁𐤔𐤊𐤌•
𐤌𐤁𐤅𐤉𐤄𐤉 𐤌𐤌𐤇𐤓𐤕 𐤅𐤉𐤑𐤀 𐤄𐤏𐤌 𐤄𐤔𐤃𐤄 𐤅𐤉𐤂𐤃𐤅 𐤋𐤀𐤁𐤉𐤌𐤋𐤊•
𐤌𐤂𐤅𐤉𐤒𐤇 𐤀𐤕 𐤄𐤏𐤌 𐤅𐤉𐤇𐤑𐤌 𐤋𐤔𐤋𐤔𐤄 𐤓𐤀𐤔𐤉𐤌 𐤅𐤉𐤀𐤓𐤁 𐤁𐤔𐤃𐤄 𐤅𐤉𐤓𐤀
𐤅𐤄𐤍𐤄 𐤄𐤏𐤌 𐤉𐤑𐤀 𐤌𐤍 𐤄𐤏𐤉𐤓 𐤅𐤉𐤒𐤌 𐤏𐤋𐤉𐤄𐤌 𐤅𐤉𐤊𐤌•
𐤌𐤃𐤅𐤀𐤁𐤉𐤌𐤋𐤊 𐤅𐤄𐤓𐤀𐤔𐤉𐤌 𐤀𐤔𐤓 𐤏𐤌𐤅 𐤐𐤔𐤈𐤅 𐤅𐤉𐤏𐤌𐤃𐤅 𐤐𐤕𐤇 𐤔𐤏𐤓
𐤄𐤏𐤉𐤓 𐤅𐤔𐤍𐤉 𐤄𐤓𐤀𐤔𐤉𐤌 𐤐𐤔𐤈𐤅 𐤏𐤋 𐤊𐤋 𐤀𐤔𐤓 𐤁𐤔𐤃𐤄 𐤅𐤉𐤊𐤅𐤌•
𐤌𐤄𐤅𐤀𐤁𐤉𐤌𐤋𐤊 𐤍𐤋𐤇𐤌 𐤁𐤏𐤉𐤓 𐤊𐤋 𐤄𐤉𐤅𐤌 𐤄𐤄𐤅𐤀 𐤅𐤉𐤋𐤊𐤃 𐤀𐤕 𐤄𐤏𐤉𐤓
𐤅𐤀𐤕 𐤄𐤏𐤌 𐤀𐤔𐤓 𐤁𐤄 𐤄𐤓𐤂 𐤅𐤉𐤕𐤑 𐤀𐤕 𐤄𐤏𐤉𐤓 𐤅𐤉𐤆𐤓𐤏𐤄 𐤌𐤋𐤇•
𐤌𐤅𐤅𐤉𐤔𐤌𐤏𐤅 𐤊𐤋 𐤁𐤏𐤋𐤉 𐤌𐤂𐤃𐤋 𐤔𐤊𐤌 𐤅𐤉𐤁𐤀𐤅 𐤀𐤋 𐤑𐤓𐤉𐤇 𐤁𐤉𐤕 𐤀𐤋

# 𐤔𐤅𐤐𐤈𐤉𐤌

𐤁𐤓𐤉𐤕.

𐤌𐤆 𐤅𐤉𐤂𐤃 𐤋𐤀𐤁𐤉𐤌𐤋𐤊 𐤊𐤉 𐤄𐤕𐤒𐤁𐤑𐤅 𐤊𐤋 𐤁𐤏𐤋𐤉 𐤌𐤂𐤃𐤋 𐤔𐤊𐤌.

𐤌𐤇 𐤅𐤉𐤏𐤋 𐤀𐤁𐤉𐤌𐤋𐤊 𐤄𐤓 𐤑𐤋𐤌𐤅𐤍 𐤄𐤅𐤀 𐤅𐤊𐤋 𐤄𐤏𐤌 𐤀𐤔𐤓 𐤀𐤕𐤅 𐤅𐤉𐤒𐤇 𐤀𐤁𐤉𐤌𐤋𐤊 𐤀𐤕 𐤄𐤒𐤓𐤃𐤌𐤅𐤕 𐤁𐤉𐤃𐤅 𐤅𐤉𐤊𐤓𐤕 𐤔𐤅𐤊𐤕 𐤏𐤑𐤉𐤌 𐤅𐤉𐤔𐤀𐤄 𐤅𐤉𐤔𐤌 𐤏𐤋 𐤔𐤊𐤌𐤅 𐤅𐤉𐤀𐤌𐤓 𐤀𐤋 𐤄𐤏𐤌 𐤀𐤔𐤓 𐤀𐤕𐤅 𐤌𐤄 𐤓𐤀𐤉𐤕𐤌 𐤏𐤔𐤉𐤕𐤉 𐤌𐤄𐤓𐤅 𐤏𐤔𐤅 𐤊𐤌𐤅𐤍𐤉.

𐤌𐤈 𐤅𐤉𐤊𐤓𐤕𐤅 𐤂𐤌 𐤊𐤋 𐤄𐤏𐤌 𐤀𐤉𐤔 𐤔𐤅𐤊𐤄 𐤅𐤉𐤋𐤊𐤅 𐤀𐤇𐤓𐤉 𐤀𐤁𐤉𐤌𐤋𐤊 𐤅𐤉𐤔𐤉𐤌𐤅 𐤏𐤋 𐤄𐤑𐤓𐤉𐤇 𐤅𐤉𐤑𐤉𐤕𐤅 𐤏𐤋𐤉𐤄𐤌 𐤀𐤕 𐤄𐤑𐤓𐤉𐤇 𐤁𐤀𐤔 𐤅𐤉𐤌𐤕𐤅 𐤂𐤌 𐤊𐤋 𐤀𐤍𐤔𐤉 𐤌𐤂𐤃𐤋 𐤔𐤊𐤌 𐤊𐤀𐤋𐤐 𐤀𐤉𐤔 𐤅𐤀𐤔𐤄.

𐤍 𐤅𐤉𐤋𐤊 𐤀𐤁𐤉𐤌𐤋𐤊 𐤀𐤋 𐤕𐤁𐤑 𐤅𐤉𐤇𐤍 𐤁𐤕𐤁𐤑 𐤅𐤉𐤋𐤊𐤃𐤄.

𐤍𐤀 𐤅𐤌𐤂𐤃𐤋 𐤏𐤆 𐤄𐤉𐤄 𐤁𐤕𐤅𐤊 𐤄𐤏𐤉𐤓 𐤅𐤉𐤍𐤎𐤅 𐤔𐤌𐤄 𐤊𐤋 𐤄𐤀𐤍𐤔𐤉𐤌 𐤅𐤄𐤍𐤔𐤉𐤌 𐤅𐤊𐤋 𐤁𐤏𐤋𐤉 𐤄𐤏𐤉𐤓 𐤅𐤉𐤎𐤂𐤓𐤅 𐤁𐤏𐤃𐤌 𐤅𐤉𐤏𐤋𐤅 𐤏𐤋 𐤂𐤂 𐤄𐤌𐤂𐤃𐤋.

𐤍𐤁 𐤅𐤉𐤁𐤀 𐤀𐤁𐤉𐤌𐤋𐤊 𐤏𐤃 𐤄𐤌𐤂𐤃𐤋 𐤅𐤉𐤋𐤇𐤌 𐤁𐤅 𐤅𐤉𐤂𐤔 𐤏𐤃 𐤐𐤕𐤇 𐤄𐤌𐤂𐤃𐤋 𐤋𐤔𐤓𐤐𐤅 𐤁𐤀𐤔.

𐤍𐤂 𐤅𐤕𐤔𐤋𐤊 𐤀𐤔𐤄 𐤀𐤇𐤕 𐤐𐤋𐤇 𐤓𐤊𐤁 𐤏𐤋 𐤓𐤀𐤔 𐤀𐤁𐤉𐤌𐤋𐤊 𐤅𐤕𐤓𐤑 𐤀𐤕 𐤂𐤋𐤂𐤋𐤕𐤅.

𐤍𐤃 𐤅𐤉𐤒𐤓𐤀 𐤌𐤄𐤓𐤄 𐤀𐤋 𐤄𐤍𐤏𐤓 𐤍𐤔𐤀 𐤊𐤋𐤉𐤅 𐤅𐤉𐤀𐤌𐤓 𐤋𐤅 𐤔𐤋𐤐 𐤇𐤓𐤁𐤊 𐤅𐤌𐤅𐤕𐤕𐤍𐤉 𐤐𐤍 𐤉𐤀𐤌𐤓𐤅 𐤋𐤉 𐤀𐤔𐤄 𐤄𐤓𐤂𐤕𐤄𐤅 𐤅𐤉𐤃𐤒𐤓𐤄𐤅 𐤍𐤏𐤓𐤅 𐤅𐤉𐤌𐤕.

𐤍𐤄 𐤅𐤉𐤓𐤀𐤅 𐤀𐤉𐤔 𐤉𐤔𐤓𐤀𐤋 𐤊𐤉 𐤌𐤕 𐤀𐤁𐤉𐤌𐤋𐤊 𐤅𐤉𐤋𐤊𐤅 𐤀𐤉𐤔 𐤋𐤌𐤒𐤌𐤅.

𐤍𐤅 𐤅𐤉𐤔𐤁 𐤀𐤋𐤄𐤉𐤌 𐤀𐤕 𐤓𐤏𐤕 𐤀𐤁𐤉𐤌𐤋𐤊 𐤀𐤔𐤓 𐤏𐤔𐤄 𐤋𐤀𐤁𐤉𐤅 𐤋𐤄𐤓𐤂 𐤀𐤕 𐤔𐤁𐤏𐤉𐤌 𐤀𐤇𐤉𐤅.

𐤍𐤆 𐤅𐤀𐤕 𐤊𐤋 𐤓𐤏𐤕 𐤀𐤍𐤔𐤉 𐤔𐤊𐤌 𐤄𐤔𐤉𐤁 𐤀𐤋𐤄𐤉𐤌 𐤁𐤓𐤀𐤔𐤌 𐤅𐤕𐤁𐤀 𐤀𐤋𐤉𐤄𐤌 𐤒𐤋𐤋𐤕 𐤉𐤅𐤕𐤌 𐤁𐤍 𐤉𐤓𐤁𐤏𐤋.

𐤐𐤓𐤒 𐤉

𐤀 𐤅𐤉𐤒𐤌 𐤀𐤇𐤓𐤉 𐤀𐤁𐤉𐤌𐤋𐤊 𐤋𐤄𐤅𐤔𐤉𐤏 𐤀𐤕 𐤉𐤔𐤓𐤀𐤋 𐤕𐤅𐤋𐤏 𐤁𐤍 𐤐𐤅𐤀𐤄 𐤁𐤍 𐤃𐤅𐤃𐤅 𐤀𐤉𐤔 𐤉𐤔𐤔𐤊𐤓 𐤅𐤄𐤅𐤀 𐤉𐤔𐤁 𐤁𐤔𐤌𐤉𐤓 𐤁𐤄𐤓 𐤀𐤐𐤓𐤉𐤌.

𐤁 𐤅𐤉𐤔𐤐𐤈 𐤀𐤕 𐤉𐤔𐤓𐤀𐤋 𐤏𐤔𐤓𐤉𐤌 𐤅𐤔𐤋𐤔 𐤔𐤍𐤄 𐤅𐤉𐤌𐤕 𐤅𐤉𐤒𐤁𐤓 𐤁𐤔𐤌𐤉𐤓.

𐤂 𐤅𐤉𐤒𐤌 𐤀𐤇𐤓𐤉𐤅 𐤉𐤀𐤉𐤓 𐤄𐤂𐤋𐤏𐤃𐤉 𐤅𐤉𐤔𐤐𐤈 𐤀𐤕 𐤉𐤔𐤓𐤀𐤋 𐤏𐤔𐤓𐤉𐤌 𐤅𐤔𐤕𐤉𐤌 𐤔𐤍𐤄.

𐤃 𐤅𐤉𐤄𐤉 𐤋𐤅 𐤔𐤋𐤔𐤉𐤌 𐤁𐤍𐤉𐤌 𐤓𐤊𐤁𐤉𐤌 𐤏𐤋 𐤔𐤋𐤔𐤉𐤌 𐤏𐤉𐤓𐤉𐤌 𐤅𐤔𐤋𐤔𐤉𐤌 𐤏𐤉𐤓𐤉𐤌 𐤋𐤄𐤌 𐤋𐤄𐤌 𐤉𐤒𐤓𐤀𐤅 𐤇𐤅𐤕 𐤉𐤀𐤉𐤓 𐤏𐤃 𐤄𐤉𐤅𐤌 𐤄𐤆𐤄

אשר בארץ הגלעד.
ה וימת יאיר ויקבר בקמון.
ו ויספו בני ישראל לעשות הרע בעיני יהוה ויעבדו את
הבעלים ואת העשתרות ואת אלהי ארם ואת אלהי צידון
ואת אלהי מואב ואת אלהי בני עמון ואת אלהי פלשתים
ויעזבו את יהוה ולא עבדוהו.
ז ויחר אף יהוה בישראל וימכרם ביד פלשתים וביד בני
עמון.
ח וירעצו וירצצו את בני ישראל בשנה ההיא שמנה עשרה
שנה את כל בני ישראל אשר בעבר הירדן בארץ האמרי אשר
בגלעד.
ט ויעברו בני עמון את הירדן להלחם גם ביהודה
ובבנימין ובבית אפרים ותצר לישראל מאד.
י ויזעקו בני ישראל אל יהוה לאמר חטאנו לך וכי
עזבנו את אלהינו ונעבד את הבעלים.
יא ויאמר יהוה אל בני ישראל הלא ממצרים ומן האמרי
מן בני עמון ומן פלשתים.
יב וצידונים ועמלק ומעון לחצו אתכם ותצעקו אלי
ואושיעה אתכם מידם.
יג ואתם עזבתם אותי ותעבדו אלהים אחרים לכן לא
אוסיף להושיע אתכם.
יד לכו וזעקו אל האלהים אשר בחרתם בם המה יושיעו
לכם בעת צרתכם.
טו ויאמרו בני ישראל אל יהוה חטאנו עשה אתה לנו ככל
הטוב בעיניך אך הצילנו נא היום הזה.
טז ויסירו את אלהי הנכר מקרבם ויעבדו את יהוה ותקצר
נפשו בעמל ישראל.
יז ויצעקו בני עמון ויחנו בגלעד ויאספו בני ישראל
ויחנו במצפה.
יח ויאמרו העם שרי גלעד איש אל רעהו מי האיש אשר
יחל להלחם בבני עמון יהיה לראש לכל ישבי גלעד.

פרק יא

# 𐤔𐤅𐤐𐤈𐤉𐤌

𐤀 𐤅𐤉𐤐𐤕𐤇 𐤄𐤂𐤋𐤏𐤃𐤉 𐤄𐤉𐤄 𐤂𐤁𐤅𐤓 𐤇𐤉𐤋 𐤅𐤄𐤅𐤀 𐤁𐤍 𐤀𐤔𐤄 𐤆𐤅𐤍𐤄 𐤅𐤉𐤅𐤋𐤃
𐤂𐤋𐤏𐤃 𐤀𐤕 𐤉𐤐𐤕𐤇.
𐤁 𐤅𐤕𐤋𐤃 𐤀𐤔𐤕 𐤂𐤋𐤏𐤃 𐤋𐤅 𐤁𐤍𐤉𐤌 𐤅𐤉𐤂𐤃𐤋𐤅 𐤁𐤍𐤉 𐤄𐤀𐤔𐤄 𐤅𐤉𐤂𐤓𐤔𐤅 𐤀𐤕
𐤉𐤐𐤕𐤇 𐤅𐤉𐤀𐤌𐤓𐤅 𐤋𐤅 𐤋𐤀 𐤕𐤍𐤇𐤋 𐤁𐤁𐤉𐤕 𐤀𐤁𐤉𐤍𐤅 𐤊𐤉 𐤁𐤍 𐤀𐤔𐤄 𐤀𐤇𐤓𐤕
𐤀𐤕𐤄.
𐤂 𐤅𐤉𐤁𐤓𐤇 𐤉𐤐𐤕𐤇 𐤌𐤐𐤍𐤉 𐤀𐤇𐤉𐤅 𐤅𐤉𐤔𐤁 𐤁𐤀𐤓𐤑 𐤈𐤅𐤁 𐤅𐤉𐤕𐤋𐤒𐤈𐤅 𐤀𐤋
𐤉𐤐𐤕𐤇 𐤀𐤍𐤔𐤉𐤌 𐤓𐤉𐤒𐤉𐤌 𐤅𐤉𐤑𐤀𐤅 𐤏𐤌𐤅.
𐤃 𐤅𐤉𐤄𐤉 𐤌𐤉𐤌𐤉𐤌 𐤅𐤉𐤋𐤇𐤌𐤅 𐤁𐤍𐤉 𐤏𐤌𐤅𐤍 𐤏𐤌 𐤉𐤔𐤓𐤀𐤋.
𐤄 𐤅𐤉𐤄𐤉 𐤊𐤀𐤔𐤓 𐤍𐤋𐤇𐤌𐤅 𐤁𐤍𐤉 𐤏𐤌𐤅𐤍 𐤏𐤌 𐤉𐤔𐤓𐤀𐤋 𐤅𐤉𐤋𐤊𐤅 𐤆𐤒𐤍𐤉
𐤂𐤋𐤏𐤃 𐤋𐤒𐤇𐤕 𐤀𐤕 𐤉𐤐𐤕𐤇 𐤌𐤀𐤓𐤑 𐤈𐤅𐤁.
𐤅 𐤅𐤉𐤀𐤌𐤓𐤅 𐤋𐤉𐤐𐤕𐤇 𐤋𐤊𐤄 𐤅𐤄𐤉𐤉𐤕𐤄 𐤋𐤍𐤅 𐤋𐤒𐤑𐤉𐤍 𐤅𐤍𐤋𐤇𐤌𐤄 𐤁𐤁𐤍𐤉
𐤏𐤌𐤅𐤍.
𐤆 𐤅𐤉𐤀𐤌𐤓 𐤉𐤐𐤕𐤇 𐤋𐤆𐤒𐤍𐤉 𐤂𐤋𐤏𐤃 𐤄𐤋𐤀 𐤀𐤕𐤌 𐤔𐤍𐤀𐤕𐤌 𐤀𐤅𐤕𐤉
𐤅𐤕𐤂𐤓𐤔𐤅𐤍𐤉 𐤌𐤁𐤉𐤕 𐤀𐤁𐤉 𐤅𐤌𐤃𐤅𐤏 𐤁𐤀𐤕𐤌 𐤀𐤋𐤉 𐤏𐤕𐤄 𐤊𐤀𐤔𐤓 𐤑𐤓 𐤋𐤊𐤌.
𐤇 𐤅𐤉𐤀𐤌𐤓𐤅 𐤆𐤒𐤍𐤉 𐤂𐤋𐤏𐤃 𐤀𐤋 𐤉𐤐𐤕𐤇 𐤋𐤊𐤍 𐤏𐤕𐤄 𐤔𐤁𐤍𐤅 𐤀𐤋𐤉𐤊 𐤅𐤄𐤋𐤊𐤕
𐤏𐤌𐤍𐤅 𐤅𐤍𐤋𐤇𐤌𐤕 𐤁𐤁𐤍𐤉 𐤏𐤌𐤅𐤍 𐤅𐤄𐤉𐤉𐤕 𐤋𐤍𐤅 𐤋𐤓𐤀𐤔 𐤋𐤊𐤋 𐤉𐤔𐤁𐤉
𐤂𐤋𐤏𐤃.
𐤈 𐤅𐤉𐤀𐤌𐤓 𐤉𐤐𐤕𐤇 𐤀𐤋 𐤆𐤒𐤍𐤉 𐤂𐤋𐤏𐤃 𐤀𐤌 𐤌𐤔𐤉𐤁𐤉𐤌 𐤀𐤕𐤌 𐤀𐤅𐤕𐤉
𐤋𐤄𐤋𐤇𐤌 𐤁𐤁𐤍𐤉 𐤏𐤌𐤅𐤍 𐤅𐤍𐤕𐤍 𐤉𐤄𐤅𐤄 𐤀𐤅𐤕𐤌 𐤋𐤐𐤍𐤉 𐤀𐤍𐤊𐤉 𐤀𐤄𐤉𐤄 𐤋𐤊𐤌
𐤋𐤓𐤀𐤔.
𐤉 𐤅𐤉𐤀𐤌𐤓𐤅 𐤆𐤒𐤍𐤉 𐤂𐤋𐤏𐤃 𐤀𐤋 𐤉𐤐𐤕𐤇 𐤉𐤄𐤅𐤄 𐤉𐤄𐤉𐤄 𐤔𐤌𐤏
𐤁𐤉𐤍𐤅𐤕𐤉𐤍𐤅 𐤀𐤌 𐤋𐤀 𐤊𐤃𐤁𐤓𐤊 𐤊𐤍 𐤍𐤏𐤔𐤄.
𐤉𐤀 𐤅𐤉𐤋𐤊 𐤉𐤐𐤕𐤇 𐤏𐤌 𐤆𐤒𐤍𐤉 𐤂𐤋𐤏𐤃 𐤅𐤉𐤔𐤉𐤌𐤅 𐤄𐤏𐤌 𐤀𐤅𐤕𐤅 𐤏𐤋𐤉𐤄𐤌
𐤋𐤓𐤀𐤔 𐤅𐤋𐤒𐤑𐤉𐤍 𐤅𐤉𐤃𐤁𐤓 𐤉𐤐𐤕𐤇 𐤀𐤕 𐤊𐤋 𐤃𐤁𐤓𐤉𐤅 𐤋𐤐𐤍𐤉 𐤉𐤄𐤅𐤄 𐤁𐤌𐤑𐤐𐤄.
𐤉𐤁 𐤅𐤉𐤔𐤋𐤇 𐤉𐤐𐤕𐤇 𐤌𐤋𐤀𐤊𐤉𐤌 𐤀𐤋 𐤌𐤋𐤊 𐤁𐤍𐤉 𐤏𐤌𐤅𐤍 𐤋𐤀𐤌𐤓 𐤌𐤄 𐤋𐤉
𐤅𐤋𐤊 𐤊𐤉 𐤁𐤀𐤕 𐤀𐤋𐤉 𐤋𐤄𐤋𐤇𐤌 𐤁𐤀𐤓𐤑𐤉.
𐤉𐤂 𐤅𐤉𐤀𐤌𐤓 𐤌𐤋𐤊 𐤁𐤍𐤉 𐤏𐤌𐤅𐤍 𐤀𐤋 𐤌𐤋𐤀𐤊𐤉 𐤉𐤐𐤕𐤇 𐤊𐤉 𐤋𐤒𐤇 𐤉𐤔𐤓𐤀𐤋
𐤀𐤕 𐤀𐤓𐤑𐤉 𐤁𐤏𐤋𐤅𐤕𐤅 𐤌𐤌𐤑𐤓𐤉𐤌 𐤌𐤀𐤓𐤍𐤅𐤍 𐤅𐤏𐤃 𐤄𐤉𐤁𐤒 𐤅𐤏𐤃 𐤄𐤉𐤓𐤃𐤍
𐤅𐤏𐤕𐤄 𐤄𐤔𐤉𐤁𐤄 𐤀𐤕𐤄𐤍 𐤁𐤔𐤋𐤅𐤌.
𐤉𐤃 𐤅𐤉𐤅𐤎𐤐 𐤏𐤅𐤃 𐤉𐤐𐤕𐤇 𐤅𐤉𐤔𐤋𐤇 𐤌𐤋𐤀𐤊𐤉𐤌 𐤀𐤋 𐤌𐤋𐤊 𐤁𐤍𐤉 𐤏𐤌𐤅𐤍.
𐤈𐤅 𐤅𐤉𐤀𐤌𐤓 𐤋𐤅 𐤊𐤄 𐤀𐤌𐤓 𐤉𐤐𐤕𐤇 𐤋𐤀 𐤋𐤒𐤇 𐤉𐤔𐤓𐤀𐤋 𐤀𐤕 𐤀𐤓𐤑 𐤌𐤅𐤀𐤁
𐤅𐤀𐤕 𐤀𐤓𐤑 𐤁𐤍𐤉 𐤏𐤌𐤅𐤍.
𐤈𐤆 𐤊𐤉 𐤁𐤏𐤋𐤅𐤕𐤌 𐤌𐤌𐤑𐤓𐤉𐤌 𐤅𐤉𐤋𐤊 𐤉𐤔𐤓𐤀𐤋 𐤁𐤌𐤃𐤁𐤓 𐤏𐤃 𐤉𐤌 𐤎𐤅𐤐

𐤅𐤉𐤁𐤀 𐤒𐤃𐤔𐤄•

𐤉𐤆 𐤅𐤉𐤔𐤋𐤇 𐤉𐤔𐤓𐤀𐤋 𐤌𐤋𐤀𐤊𐤉𐤌 𐤀𐤋 𐤌𐤋𐤊 𐤀𐤃𐤅𐤌 𐤋𐤀𐤌𐤓 𐤀𐤏𐤁𐤓𐤄 𐤍𐤀 𐤁𐤀𐤓𐤑𐤊 𐤅𐤋𐤀 𐤔𐤌𐤏 𐤌𐤋𐤊 𐤀𐤃𐤅𐤌 𐤅𐤂𐤌 𐤀𐤋 𐤌𐤋𐤊 𐤌𐤅𐤀𐤁 𐤔𐤋𐤇 𐤅𐤋𐤀 𐤀𐤁𐤄 𐤅𐤉𐤔𐤁 𐤉𐤔𐤓𐤀𐤋 𐤁𐤒𐤃𐤔•

𐤉𐤇 𐤅𐤉𐤋𐤊 𐤁𐤌𐤃𐤁𐤓 𐤅𐤉𐤎𐤁 𐤀𐤕 𐤀𐤓𐤑 𐤀𐤃𐤅𐤌 𐤅𐤀𐤕 𐤀𐤓𐤑 𐤌𐤅𐤀𐤁 𐤅𐤉𐤁𐤀 𐤌𐤌𐤆𐤓𐤇 𐤔𐤌𐤔 𐤋𐤀𐤓𐤑 𐤌𐤅𐤀𐤁 𐤅𐤉𐤇𐤍𐤅 𐤁𐤏𐤁𐤓 𐤀𐤓𐤍𐤅𐤍 𐤅𐤋𐤀 𐤁𐤀𐤅 𐤁𐤂𐤁𐤅𐤋 𐤌𐤅𐤀𐤁 𐤊𐤉 𐤀𐤓𐤍𐤅𐤍 𐤂𐤁𐤅𐤋 𐤌𐤅𐤀𐤁•

𐤉𐤈 𐤅𐤉𐤔𐤋𐤇 𐤉𐤔𐤓𐤀𐤋 𐤌𐤋𐤀𐤊𐤉𐤌 𐤀𐤋 𐤎𐤉𐤇𐤅𐤍 𐤌𐤋𐤊 𐤄𐤀𐤌𐤓𐤉 𐤌𐤋𐤊 𐤇𐤔𐤁𐤅𐤍 𐤅𐤉𐤀𐤌𐤓 𐤋𐤅 𐤉𐤔𐤓𐤀𐤋 𐤍𐤏𐤁𐤓𐤄 𐤍𐤀 𐤁𐤀𐤓𐤑𐤊 𐤏𐤃 𐤌𐤒𐤅𐤌𐤉•

𐤊 𐤅𐤋𐤀 𐤄𐤀𐤌𐤉𐤍 𐤎𐤉𐤇𐤅𐤍 𐤀𐤕 𐤉𐤔𐤓𐤀𐤋 𐤏𐤁𐤓 𐤁𐤂𐤁𐤋𐤅 𐤅𐤉𐤀𐤎𐤐 𐤎𐤉𐤇𐤅𐤍 𐤀𐤕 𐤊𐤋 𐤏𐤌𐤅 𐤅𐤉𐤇𐤍𐤅 𐤁𐤉𐤄𐤑𐤄 𐤅𐤉𐤋𐤇𐤌 𐤏𐤌 𐤉𐤔𐤓𐤀𐤋•

𐤊𐤀 𐤅𐤉𐤕𐤍 𐤉𐤄𐤅𐤄 𐤀𐤋𐤄𐤉 𐤉𐤔𐤓𐤀𐤋 𐤀𐤕 𐤎𐤉𐤇𐤅𐤍 𐤅𐤀𐤕 𐤊𐤋 𐤏𐤌𐤅 𐤁𐤉𐤃 𐤉𐤔𐤓𐤀𐤋 𐤅𐤉𐤊𐤅𐤌 𐤅𐤉𐤉𐤓𐤔 𐤉𐤔𐤓𐤀𐤋 𐤀𐤕 𐤊𐤋 𐤀𐤓𐤑 𐤄𐤀𐤌𐤓𐤉 𐤉𐤅𐤔𐤁 𐤄𐤀𐤓𐤑 𐤄𐤄𐤉𐤀•

𐤊𐤁 𐤅𐤉𐤉𐤓𐤔𐤅 𐤀𐤕 𐤊𐤋 𐤂𐤁𐤅𐤋 𐤄𐤀𐤌𐤓𐤉 𐤌𐤀𐤓𐤍𐤅𐤍 𐤅𐤏𐤃 𐤄𐤉𐤁𐤒 𐤅𐤌𐤍 𐤄𐤌𐤃𐤁𐤓 𐤅𐤏𐤃 𐤄𐤉𐤓𐤃𐤍•

𐤊𐤂 𐤅𐤏𐤕𐤄 𐤉𐤄𐤅𐤄 𐤀𐤋𐤄𐤉 𐤉𐤔𐤓𐤀𐤋 𐤄𐤅𐤓𐤉𐤔 𐤀𐤕 𐤄𐤀𐤌𐤓𐤉 𐤌𐤐𐤍𐤉 𐤏𐤌𐤅 𐤉𐤔𐤓𐤀𐤋 𐤅𐤀𐤕𐤄 𐤕𐤉𐤓𐤔𐤍𐤅•

𐤊𐤃 𐤄𐤋𐤀 𐤀𐤕 𐤀𐤔𐤓 𐤉𐤅𐤓𐤉𐤔𐤊 𐤊𐤌𐤅𐤔 𐤀𐤋𐤄𐤉𐤊 𐤀𐤅𐤕𐤅 𐤕𐤉𐤓𐤔 𐤅𐤀𐤕 𐤊𐤋 𐤀𐤔𐤓 𐤄𐤅𐤓𐤉𐤔 𐤉𐤄𐤅𐤄 𐤀𐤋𐤄𐤉𐤍𐤅 𐤌𐤐𐤍𐤉𐤍𐤅 𐤀𐤅𐤕𐤅 𐤍𐤉𐤓𐤔•

𐤊𐤄 𐤅𐤏𐤕𐤄 𐤄𐤈𐤅𐤁 𐤈𐤅𐤁 𐤀𐤕𐤄 𐤌𐤁𐤋𐤒 𐤁𐤍 𐤑𐤐𐤅𐤓 𐤌𐤋𐤊 𐤌𐤅𐤀𐤁 𐤄𐤓𐤅𐤁 𐤓𐤁 𐤏𐤌 𐤉𐤔𐤓𐤀𐤋 𐤀𐤌 𐤍𐤋𐤇𐤌 𐤍𐤋𐤇𐤌 𐤁𐤌•

𐤊𐤅 𐤁𐤔𐤁𐤕 𐤉𐤔𐤓𐤀𐤋 𐤁𐤇𐤔𐤁𐤅𐤍 𐤅𐤁𐤁𐤍𐤅𐤕𐤉𐤄 𐤅𐤁𐤏𐤓𐤏𐤅𐤓 𐤅𐤁𐤁𐤍𐤅𐤕𐤉𐤄 𐤅𐤁𐤊𐤋 𐤄𐤏𐤓𐤉𐤌 𐤀𐤔𐤓 𐤏𐤋 𐤉𐤃𐤉 𐤀𐤓𐤍𐤅𐤍 𐤔𐤋𐤔 𐤌𐤀𐤅𐤕 𐤔𐤍𐤄 𐤅𐤌𐤃𐤅𐤏 𐤋𐤀 𐤄𐤑𐤋𐤕𐤌 𐤁𐤏𐤕 𐤄𐤄𐤉𐤀•

𐤊𐤆 𐤅𐤀𐤍𐤊𐤉 𐤋𐤀 𐤇𐤈𐤀𐤕𐤉 𐤋𐤊 𐤅𐤀𐤕𐤄 𐤏𐤔𐤄 𐤀𐤕𐤉 𐤓𐤏𐤄 𐤋𐤄𐤋𐤇𐤌 𐤁𐤉 𐤉𐤔𐤐𐤈 𐤉𐤄𐤅𐤄 𐤄𐤔𐤐𐤈 𐤄𐤉𐤅𐤌 𐤁𐤉𐤍 𐤁𐤍𐤉 𐤉𐤔𐤓𐤀𐤋 𐤅𐤁𐤉𐤍 𐤁𐤍𐤉 𐤏𐤌𐤅𐤍•

𐤊𐤇 𐤅𐤋𐤀 𐤔𐤌𐤏 𐤌𐤋𐤊 𐤁𐤍𐤉 𐤏𐤌𐤅𐤍 𐤀𐤋 𐤃𐤁𐤓𐤉 𐤉𐤐𐤕𐤇 𐤀𐤔𐤓 𐤔𐤋𐤇 𐤀𐤋𐤉𐤅•

𐤊𐤈 𐤅𐤕𐤄𐤉 𐤏𐤋 𐤉𐤐𐤕𐤇 𐤓𐤅𐤇 𐤉𐤄𐤅𐤄 𐤅𐤉𐤏𐤁𐤓 𐤀𐤕 𐤄𐤂𐤋𐤏𐤃 𐤅𐤀𐤕 𐤌𐤍𐤔𐤄 𐤅𐤉𐤏𐤁𐤓 𐤀𐤕 𐤌𐤑𐤐𐤄 𐤂𐤋𐤏𐤃 𐤅𐤌𐤌𐤑𐤐𐤄 𐤂𐤋𐤏𐤃 𐤏𐤁𐤓 𐤁𐤍𐤉 𐤏𐤌𐤅𐤍•

𐤋 𐤅𐤉𐤃𐤓 𐤉𐤐𐤕𐤇 𐤍𐤃𐤓 𐤋𐤉𐤄𐤅𐤄 𐤅𐤉𐤀𐤌𐤓 𐤀𐤌 𐤍𐤕𐤅𐤍 𐤕𐤕𐤍 𐤀𐤕 𐤁𐤍𐤉 𐤏𐤌𐤅𐤍 𐤁𐤉𐤃𐤉•

𐤋𐤀 𐤅𐤄𐤉𐤄 𐤄𐤉𐤅𐤑𐤀 𐤀𐤔𐤓 𐤉𐤑𐤀 𐤌𐤃𐤋𐤕𐤉 𐤁𐤉𐤕𐤉 𐤋𐤒𐤓𐤀𐤕𐤉 𐤁𐤔𐤅𐤁𐤉

בשלום מבני עמון והיה ליהוה והעליתהו עולה.
לב ויעבר יפתח אל בני עמון להלחם בם ויתנם יהוה בידו.
לג ויכם מערוער ועד בואך מנית עשרים עיר ועד אבל
כרמים מכה גדולה מאד ויכנעו בני עמון מפני בני
ישראל.
לד ויבא יפתח המצפה אל ביתו והנה בתו יצאת לקראתו
בתפים ובמחלות ורק היא יחידה אין לו ממנו בן או בת.
לה ויהי כראותו אותה ויקרע את בגדיו ויאמר אהה בתי
הכרע הכרעתני ואת היית בעכרי ואנכי פציתי פי אל
יהוה ולא אוכל לשוב.
לו ותאמר אליו אבי פציתה את פיך אל יהוה עשה לי
כאשר יצא מפיך אחרי אשר עשה לך יהוה נקמות מאיביך
מבני עמון.
לז ותאמר אל אביה יעשה לי הדבר הזה הרפה ממני שנים
חדשים ואלכה וירדתי על ההרים ואבכה על בתולי אנכי
ורעיתי [ורעותי].
לח ויאמר לכי וישלח אותה שני חדשים ותלך היא
ורעותיה ותבך על בתוליה על ההרים.
לט ויהי מקץ שנים חדשים ותשב אל אביה ויעש לה את
נדרו אשר נדר והיא לא ידעה איש ותהי חק בישראל.
מ מימים ימימה תלכנה בנות ישראל לתנות לבת יפתח
הגלעדי ארבעת ימים בשנה.

פרק יב

א ויצעק איש אפרים ויעבר צפונה ויאמרו ליפתח מדוע
עברת להלחם בבני עמון ולנו לא קראת ללכת עמך ביתך
נשרף עליך באש.
ב ויאמר יפתח אליהם איש ריב הייתי אני ועמי ובני
עמון מאד ואזעק אתכם ולא הושעתם אותי מידם.
ג ואראה כי אינך מושיע ואשימה נפשי בכפי ואעברה אל
בני עמון ויתנם יהוה בידי ולמה עליתם אלי היום הזה
להלחם בי.
ד ויקבץ יפתח את כל אנשי גלעד וילחם את אפרים ויכו

# שופטים

אנשי גלעד את אפרים כי אמרו פליטי אפרים אתם גלעד
בתוך אפרים בתוך מנשה׃
ה וילכד גלעד את מעברות הירדן לאפרים והיה כי יאמרו
פליטי אפרים אעברה ויאמרו לו אנשי גלעד האפרתי אתה
ויאמר לא׃
ו ויאמרו לו אמר נא שבלת ויאמר סבלת ולא יכין לדבר
כן ויאחזו אותו וישחטוהו אל מעברות הירדן ויפל בעת
ההיא מאפרים ארבעים ושנים אלף׃
ז וישפט יפתח את ישראל שש שנים וימת יפתח הגלעדי
ויקבר בערי גלעד׃
ח וישפט אחריו את ישראל אבצן מבית לחם׃
ט ויהי לו שלשים בנים ושלשים בנות שלח החוצה
ושלשים בנות הביא לבניו מן החוץ וישפט את ישראל
שבע שנים׃
י וימת אבצן ויקבר בבית לחם׃
יא וישפט אחריו את ישראל אילון הזבולני וישפט את
ישראל עשר שנים׃
יב וימת אלון הזבולני ויקבר באילון בארץ זבולן׃
יג וישפט אחריו את ישראל עבדון בן הלל הפרעתוני׃
יד ויהי לו ארבעים בנים ושלשים בני בנים רכבים על
שבעים עירם וישפט את ישראל שמנה שנים׃
טו וימת עבדון בן הלל הפרעתוני ויקבר בפרעתון בארץ
אפרים בהר העמלקי׃

## פרק יג

א ויספו בני ישראל לעשות הרע בעיני יהוה ויתנם יהוה
ביד פלשתים ארבעים שנה׃
ב ויהי איש אחד מצרעה ממשפחת הדני ושמו מנוח ואשתו
עקרה ולא ילדה׃
ג וירא מלאך יהוה אל האשה ויאמר אליה הנה נא את
עקרה ולא ילדת והרית וילדת בן׃
ד ועתה השמרי נא ואל תשתי יין ושכר ואל תאכלי כל
טמא׃

# 𐤔𐤅𐤐𐤈𐤉𐤌

𐤄 𐤊𐤉 𐤄𐤍𐤊 𐤄𐤓𐤄 𐤅𐤉𐤋𐤃𐤕 𐤁𐤍 𐤅𐤌𐤅𐤓𐤄 𐤋𐤀 𐤉𐤏𐤋𐤄 𐤏𐤋 𐤓𐤀𐤔𐤅 𐤊𐤉 𐤍𐤆𐤉𐤓 𐤀𐤋𐤄𐤉𐤌 𐤉𐤄𐤉𐤄 𐤄𐤍𐤏𐤓 𐤌𐤍 𐤄𐤁𐤈𐤍 𐤅𐤄𐤅𐤀 𐤉𐤇𐤋 𐤋𐤄𐤅𐤔𐤉𐤏 𐤀𐤕 𐤉𐤔𐤓𐤀𐤋 𐤌𐤉𐤃 𐤐𐤋𐤔𐤕𐤉𐤌.

𐤅 𐤅𐤕𐤁𐤀 𐤄𐤀𐤔𐤄 𐤅𐤕𐤀𐤌𐤓 𐤋𐤀𐤉𐤔𐤄 𐤋𐤀𐤌𐤓 𐤀𐤉𐤔 𐤄𐤀𐤋𐤄𐤉𐤌 𐤁𐤀 𐤀𐤋𐤉 𐤅𐤌𐤓𐤀𐤄𐤅 𐤊𐤌𐤓𐤀𐤄 𐤌𐤋𐤀𐤊 𐤄𐤀𐤋𐤄𐤉𐤌 𐤍𐤅𐤓𐤀 𐤌𐤀𐤃 𐤅𐤋𐤀 𐤔𐤀𐤋𐤕𐤉𐤄𐤅 𐤀𐤉 𐤌𐤆𐤄 𐤄𐤅𐤀 𐤅𐤀𐤕 𐤔𐤌𐤅 𐤋𐤀 𐤄𐤂𐤉𐤃 𐤋𐤉.

𐤆 𐤅𐤉𐤀𐤌𐤓 𐤋𐤉 𐤄𐤍𐤊 𐤄𐤓𐤄 𐤅𐤉𐤋𐤃𐤕 𐤁𐤍 𐤅𐤏𐤕𐤄 𐤀𐤋 𐤕𐤔𐤕𐤉 𐤉𐤉𐤍 𐤅𐤔𐤊𐤓 𐤅𐤀𐤋 𐤕𐤀𐤊𐤋𐤉 𐤊𐤋 𐤈𐤌𐤀𐤄 𐤊𐤉 𐤍𐤆𐤉𐤓 𐤀𐤋𐤄𐤉𐤌 𐤉𐤄𐤉𐤄 𐤄𐤍𐤏𐤓 𐤌𐤍 𐤄𐤁𐤈𐤍 𐤏𐤃 𐤉𐤅𐤌 𐤌𐤅𐤕𐤅.

𐤇 𐤅𐤉𐤏𐤕𐤓 𐤌𐤍𐤅𐤇 𐤀𐤋 𐤉𐤄𐤅𐤄 𐤅𐤉𐤀𐤌𐤓 𐤁𐤉 𐤀𐤃𐤅𐤍𐤉 𐤀𐤉𐤔 𐤄𐤀𐤋𐤄𐤉𐤌 𐤀𐤔𐤓 𐤔𐤋𐤇𐤕 𐤉𐤁𐤅𐤀 𐤍𐤀 𐤏𐤅𐤃 𐤀𐤋𐤉𐤍𐤅 𐤅𐤉𐤅𐤓𐤍𐤅 𐤌𐤄 𐤍𐤏𐤔𐤄 𐤋𐤍𐤏𐤓 𐤄𐤉𐤅𐤋𐤃.

𐤈 𐤅𐤉𐤔𐤌𐤏 𐤄𐤀𐤋𐤄𐤉𐤌 𐤁𐤒𐤅𐤋 𐤌𐤍𐤅𐤇 𐤅𐤉𐤁𐤀 𐤌𐤋𐤀𐤊 𐤄𐤀𐤋𐤄𐤉𐤌 𐤏𐤅𐤃 𐤀𐤋 𐤄𐤀𐤔𐤄 𐤅𐤄𐤉𐤀 𐤉𐤅𐤔𐤁𐤕 𐤁𐤔𐤃𐤄 𐤅𐤌𐤍𐤅𐤇 𐤀𐤉𐤔𐤄 𐤀𐤉𐤍 𐤏𐤌𐤄.

𐤉 𐤅𐤕𐤌𐤄𐤓 𐤄𐤀𐤔𐤄 𐤅𐤕𐤓𐤑 𐤅𐤕𐤂𐤃 𐤋𐤀𐤉𐤔𐤄 𐤅𐤉𐤀𐤌𐤓 𐤀𐤋𐤉𐤅 𐤄𐤍𐤄 𐤍𐤓𐤀𐤄 𐤀𐤋𐤉 𐤄𐤀𐤉𐤔 𐤀𐤔𐤓 𐤁𐤀 𐤁𐤉𐤅𐤌 𐤀𐤋𐤉.

𐤉𐤀 𐤅𐤉𐤒𐤌 𐤅𐤉𐤋𐤊 𐤌𐤍𐤅𐤇 𐤀𐤇𐤓𐤉 𐤀𐤔𐤕𐤅 𐤅𐤉𐤁𐤀 𐤀𐤋 𐤄𐤀𐤉𐤔 𐤅𐤉𐤀𐤌𐤓 𐤋𐤅 𐤄𐤀𐤕𐤄 𐤄𐤀𐤉𐤔 𐤀𐤔𐤓 𐤃𐤁𐤓𐤕 𐤀𐤋 𐤄𐤀𐤔𐤄 𐤅𐤉𐤀𐤌𐤓 𐤀𐤍𐤉.

𐤉𐤁 𐤅𐤉𐤀𐤌𐤓 𐤌𐤍𐤅𐤇 𐤏𐤕𐤄 𐤉𐤁𐤀 𐤃𐤁𐤓𐤉𐤊 𐤌𐤄 𐤉𐤄𐤉𐤄 𐤌𐤔𐤐𐤈 𐤄𐤍𐤏𐤓 𐤅𐤌𐤏𐤔𐤄𐤅.

𐤉𐤂 𐤅𐤉𐤀𐤌𐤓 𐤌𐤋𐤀𐤊 𐤉𐤄𐤅𐤄 𐤀𐤋 𐤌𐤍𐤅𐤇 𐤌𐤊𐤋 𐤀𐤔𐤓 𐤀𐤌𐤓𐤕𐤉 𐤀𐤋 𐤄𐤀𐤔𐤄 𐤕𐤔𐤌𐤓.

𐤉𐤃 𐤌𐤊𐤋 𐤀𐤔𐤓 𐤉𐤑𐤀 𐤌𐤂𐤐𐤍 𐤄𐤉𐤉𐤍 𐤋𐤀 𐤕𐤀𐤊𐤋 𐤅𐤉𐤉𐤍 𐤅𐤔𐤊𐤓 𐤀𐤋 𐤕𐤔𐤕 𐤅𐤊𐤋 𐤈𐤌𐤀𐤄 𐤀𐤋 𐤕𐤀𐤊𐤋 𐤊𐤋 𐤀𐤔𐤓 𐤑𐤅𐤉𐤕𐤉𐤄 𐤕𐤔𐤌𐤓.

𐤈𐤅 𐤅𐤉𐤀𐤌𐤓 𐤌𐤍𐤅𐤇 𐤀𐤋 𐤌𐤋𐤀𐤊 𐤉𐤄𐤅𐤄 𐤍𐤏𐤑𐤓𐤄 𐤍𐤀 𐤀𐤅𐤕𐤊 𐤅𐤍𐤏𐤔𐤄 𐤋𐤐𐤍𐤉𐤊 𐤂𐤃𐤉 𐤏𐤆𐤉𐤌.

𐤈𐤆 𐤅𐤉𐤀𐤌𐤓 𐤌𐤋𐤀𐤊 𐤉𐤄𐤅𐤄 𐤀𐤋 𐤌𐤍𐤅𐤇 𐤀𐤌 𐤕𐤏𐤑𐤓𐤍𐤉 𐤋𐤀 𐤀𐤊𐤋 𐤁𐤋𐤇𐤌𐤊 𐤅𐤀𐤌 𐤕𐤏𐤔𐤄 𐤏𐤋𐤄 𐤋𐤉𐤄𐤅𐤄 𐤕𐤏𐤋𐤍𐤄 𐤊𐤉 𐤋𐤀 𐤉𐤃𐤏 𐤌𐤍𐤅𐤇 𐤊𐤉 𐤌𐤋𐤀𐤊 𐤉𐤄𐤅𐤄 𐤄𐤅𐤀.

𐤉𐤆 𐤅𐤉𐤀𐤌𐤓 𐤌𐤍𐤅𐤇 𐤀𐤋 𐤌𐤋𐤀𐤊 𐤉𐤄𐤅𐤄 𐤌𐤉 𐤔𐤌𐤊 𐤊𐤉 𐤉𐤁𐤀 𐤃𐤁𐤓𐤉𐤊 [𐤃𐤁𐤓𐤊] 𐤅𐤊𐤁𐤃𐤍𐤅𐤊.

𐤉𐤇 𐤅𐤉𐤀𐤌𐤓 𐤋𐤅 𐤌𐤋𐤀𐤊 𐤉𐤄𐤅𐤄 𐤋𐤌𐤄 𐤆𐤄 𐤕𐤔𐤀𐤋 𐤋𐤔𐤌𐤉 𐤅𐤄𐤅𐤀 𐤐𐤋𐤀𐤉.

יט ויקח מנוח את גדי העזים ואת המנחה ויעל על הצור
ליהוה ומפלא לעשות ומנוח ואשתו ראים.
כ ויהי בעלות הלהב מעל המזבח השמימה ויעל מלאך
יהוה בלהב המזבח ומנוח ואשתו ראים ויפלו על פניהם
ארצה.
כא ולא יסף עוד מלאך יהוה להראה אל מנוח ואל אשתו
אז ידע מנוח כי מלאך יהוה הוא.
כב ויאמר מנוח אל אשתו מות נמות כי אלהים ראינו.
כג ותאמר לו אשתו לו חפץ יהוה להמיתנו לא לקח מידנו
עלה ומנחה ולא הראנו את כל אלה וכעת לא השמיענו
כזאת.
כד ותלד האשה בן ותקרא את שמו שמשון ויגדל הנער
ויברכהו יהוה.
כה ותחל רוח יהוה לפעמו במחנה דן בין צרעה ובין
אשתאל.

פרק יד

א וירד שמשון תמנתה וירא אשה בתמנתה מבנות פלשתים.
ב ויעל ויגד לאביו ולאמו ויאמר אשה ראיתי בתמנתה
מבנות פלשתים ועתה קחו אותה לי לאשה.
ג ויאמר לו אביו ואמו האין בבנות אחיך ובכל עמי אשה
כי אתה הולך לקחת אשה מפלשתים הערלים ויאמר שמשון
אל אביו אותה קח לי כי היא ישרה בעיני.
ד ואביו ואמו לא ידעו כי מיהוה היא כי תאנה הוא
מבקש מפלשתים ובעת ההיא פלשתים משלים בישראל.
ה וירד שמשון ואביו ואמו תמנתה ויבאו עד כרמי
תמנתה והנה כפיר אריות שאג לקראתו.
ו ותצלח עליו רוח יהוה וישסעהו כשסע הגדי ומאומה
אין בידו ולא הגיד לאביו ולאמו את אשר עשה.
ז וירד וידבר לאשה ותישר בעיני שמשון.
ח וישב מימים לקחתה ויסר לראות את מפלת האריה והנה
עדת דבורים בגוית האריה ודבש.
ט וירדהו אל כפיו וילך הלוך ואכל וילך אל אביו ואל

אמו ויתן להם ויאכלו ולא הגיד להם כי מגוית האריה
רדה הדבש.
י וירד אביהו אל האשה ויעש שם שמשון משתה כי כן
יעשו הבחורים.
יא ויהי כראותם אותו ויקחו שלשים מרעים ויהיו אתו.
יב ויאמר להם שמשון אחודה נא לכם חידה אם הגד תגידו
אותה לי בשבעת ימי המשתה ומצאתם ונתתי לכם שלשים
סדינים ושלשים חלפת בגדים.
יג ואם לא תוכלו להגיד לי ונתתם אתם לי שלשים
סדינים ושלשים חליפות בגדים ויאמרו לו חודה חידתך
ונשמענה.
יד ויאמר להם מהאכל יצא מאכל ומעז יצא מתוק ולא
יכלו להגיד החידה שלשת ימים.
טו ויהי ביום השביעי ויאמרו לאשת שמשון פתי את
אישך ויגד לנו את החידה פן נשרף אותך ואת בית אביך
באש הלירשנו קראתם לנו הלא.
טז ותבך אשת שמשון עליו ותאמר רק שנאתני ולא
אהבתני החידה חדת לבני עמי ולי לא הגדתה ויאמר לה
הנה לאבי ולאמי לא הגדתי ולך אגיד.
יז ותבך עליו שבעת הימים אשר היה להם המשתה ויהי
ביום השביעי ויגד לה כי הציקתהו ותגד החידה לבני
עמה.
יח ויאמרו לו אנשי העיר ביום השביעי בטרם יבא החרסה
מה מתוק מדבש ומה עז מארי ויאמר להם לולא חרשתם
בעגלתי לא מצאתם חידתי.
יט ותצלח עליו רוח יהוה וירד אשקלון ויך מהם שלשים
איש ויקח את חליצותם ויתן החליפות למגידי החידה
ויחר אפו ויעל בית אביהו.
כ ותהי אשת שמשון למרעהו אשר רעה לו.

פרק טו

א ויהי מימים בימי קציר חטים ויפקד שמשון את אשתו
בגדי עזים ויאמר אבאה אל אשתי החדרה ולא נתנו אביה

𐤋𐤁𐤅𐤀.
𐤁𐤅𐤉𐤀𐤌𐤓 𐤀𐤁𐤉𐤄 𐤀𐤌𐤓 𐤀𐤌𐤓𐤕𐤉 𐤊𐤉 𐤔𐤍𐤀 𐤔𐤍𐤀𐤕𐤄 𐤅𐤀𐤕𐤍𐤍𐤄 𐤋𐤌𐤓𐤏𐤊
𐤄𐤋𐤀 𐤀𐤇𐤕𐤄 𐤄𐤒𐤈𐤍𐤄 𐤈𐤅𐤁𐤄 𐤌𐤌𐤍𐤄 𐤕𐤄𐤉 𐤍𐤀 𐤋𐤊 𐤕𐤇𐤕𐤉𐤄.
𐤂𐤅𐤉𐤀𐤌𐤓 𐤋𐤄𐤌 𐤔𐤌𐤔𐤅𐤍 𐤍𐤒𐤉𐤕𐤉 𐤄𐤐𐤏𐤌 𐤌𐤐𐤋𐤔𐤕𐤉𐤌 𐤊𐤉 𐤏𐤔𐤄 𐤀𐤍𐤉
𐤏𐤌𐤌 𐤓𐤏𐤄.
𐤃𐤅𐤉𐤋𐤊 𐤔𐤌𐤔𐤅𐤍 𐤅𐤉𐤋𐤊𐤃 𐤔𐤋𐤔 𐤌𐤀𐤅𐤕 𐤔𐤅𐤏𐤋𐤉𐤌 𐤅𐤉𐤒𐤇 𐤋𐤐𐤃𐤉𐤌
𐤅𐤉𐤐𐤍 𐤆𐤍𐤁 𐤀𐤋 𐤆𐤍𐤁 𐤅𐤉𐤔𐤌 𐤋𐤐𐤉𐤃 𐤀𐤇𐤃 𐤁𐤉𐤍 𐤔𐤍𐤉 𐤄𐤆𐤍𐤁𐤅𐤕 𐤁𐤕𐤅𐤊.
𐤄𐤅𐤉𐤁𐤏𐤓 𐤀𐤔 𐤁𐤋𐤐𐤉𐤃𐤉𐤌 𐤅𐤉𐤔𐤋𐤇 𐤁𐤒𐤌𐤅𐤕 𐤐𐤋𐤔𐤕𐤉𐤌 𐤅𐤉𐤁𐤏𐤓 𐤌𐤂𐤃𐤉𐤔
𐤅𐤏𐤃 𐤒𐤌𐤄 𐤅𐤏𐤃 𐤊𐤓𐤌 𐤆𐤉𐤕.
𐤅𐤅𐤉𐤀𐤌𐤓𐤅 𐤐𐤋𐤔𐤕𐤉𐤌 𐤌𐤉 𐤏𐤔𐤄 𐤆𐤀𐤕 𐤅𐤉𐤀𐤌𐤓𐤅 𐤔𐤌𐤔𐤅𐤍 𐤇𐤕𐤍
𐤄𐤕𐤌𐤍𐤉 𐤊𐤉 𐤋𐤒𐤇 𐤀𐤕 𐤀𐤔𐤕𐤅 𐤅𐤉𐤕𐤍𐤄 𐤋𐤌𐤓𐤏𐤄𐤅 𐤅𐤉𐤏𐤋𐤅 𐤐𐤋𐤔𐤕𐤉𐤌
𐤅𐤉𐤔𐤓𐤐𐤅 𐤀𐤅𐤕𐤄 𐤅𐤀𐤕 𐤀𐤁𐤉𐤄 𐤁𐤀𐤔.
𐤆𐤅𐤉𐤀𐤌𐤓 𐤋𐤄𐤌 𐤔𐤌𐤔𐤅𐤍 𐤀𐤌 𐤕𐤏𐤔𐤅𐤍 𐤊𐤆𐤀𐤕 𐤊𐤉 𐤀𐤌 𐤍𐤒𐤌𐤕𐤉 𐤁𐤊𐤌
𐤅𐤀𐤇𐤓 𐤀𐤇𐤃𐤋.
𐤇𐤅𐤉𐤊 𐤀𐤅𐤕𐤌 𐤔𐤅𐤒 𐤏𐤋 𐤉𐤓𐤊 𐤌𐤊𐤄 𐤂𐤃𐤅𐤋𐤄 𐤅𐤉𐤓𐤃 𐤅𐤉𐤔𐤁 𐤁𐤎𐤏𐤉𐤐 𐤎𐤋𐤏
𐤏𐤉𐤈𐤌.
𐤈𐤅𐤉𐤏𐤋𐤅 𐤐𐤋𐤔𐤕𐤉𐤌 𐤅𐤉𐤇𐤍𐤅 𐤁𐤉𐤄𐤅𐤃𐤄 𐤅𐤉𐤍𐤈𐤔𐤅 𐤁𐤋𐤇𐤉.
𐤉𐤅𐤉𐤀𐤌𐤓𐤅 𐤀𐤉𐤔 𐤉𐤄𐤅𐤃𐤄 𐤋𐤌𐤄 𐤏𐤋𐤉𐤕𐤌 𐤏𐤋𐤉𐤍𐤅 𐤅𐤉𐤀𐤌𐤓𐤅 𐤋𐤀𐤎𐤅𐤓
𐤀𐤕 𐤔𐤌𐤔𐤅𐤍 𐤏𐤋𐤉𐤍𐤅 𐤋𐤏𐤔𐤅𐤕 𐤋𐤅 𐤊𐤀𐤔𐤓 𐤏𐤔𐤄 𐤋𐤍𐤅.
𐤉𐤀𐤅𐤉𐤓𐤃𐤅 𐤔𐤋𐤔𐤕 𐤀𐤋𐤐𐤉𐤌 𐤀𐤉𐤔 𐤌𐤉𐤄𐤅𐤃𐤄 𐤀𐤋 𐤎𐤏𐤉𐤐 𐤎𐤋𐤏 𐤏𐤉𐤈𐤌
𐤅𐤉𐤀𐤌𐤓𐤅 𐤋𐤔𐤌𐤔𐤅𐤍 𐤄𐤋𐤀 𐤉𐤃𐤏𐤕 𐤊𐤉 𐤌𐤔𐤋𐤉𐤌 𐤁𐤍𐤅 𐤐𐤋𐤔𐤕𐤉𐤌 𐤅𐤌𐤄
𐤆𐤀𐤕 𐤏𐤔𐤉𐤕 𐤋𐤍𐤅 𐤅𐤉𐤀𐤌𐤓 𐤋𐤄𐤌 𐤊𐤀𐤔𐤓 𐤏𐤔𐤅 𐤋𐤉 𐤊𐤍 𐤏𐤔𐤉𐤕𐤉 𐤋𐤄𐤌.
𐤉𐤁𐤅𐤉𐤀𐤌𐤓𐤅 𐤋𐤅 𐤋𐤀𐤎𐤓𐤊 𐤉𐤓𐤃𐤍𐤅 𐤋𐤕𐤕𐤊 𐤁𐤉𐤃 𐤐𐤋𐤔𐤕𐤉𐤌 𐤅𐤉𐤀𐤌𐤓
𐤋𐤄𐤌 𐤔𐤌𐤔𐤅𐤍 𐤄𐤔𐤁𐤏𐤅 𐤋𐤉 𐤐𐤍 𐤕𐤐𐤂𐤏𐤅𐤍 𐤁𐤉 𐤀𐤕𐤌.
𐤉𐤂𐤅𐤉𐤀𐤌𐤓𐤅 𐤋𐤅 𐤋𐤀𐤌𐤓 𐤋𐤀 𐤊𐤉 𐤀𐤎𐤓 𐤍𐤀𐤎𐤓𐤊 𐤅𐤍𐤕𐤍𐤅𐤊 𐤁𐤉𐤃𐤌 𐤅𐤄𐤌𐤕
𐤋𐤀 𐤍𐤌𐤉𐤕𐤊 𐤅𐤉𐤀𐤎𐤓𐤄𐤅 𐤁𐤔𐤍𐤉𐤌 𐤏𐤁𐤕𐤉𐤌 𐤇𐤃𐤔𐤉𐤌 𐤅𐤉𐤏𐤋𐤅𐤄𐤅 𐤌𐤍
𐤄𐤎𐤋𐤏.
𐤉𐤃𐤄𐤅𐤀 𐤁𐤀 𐤏𐤃 𐤋𐤇𐤉 𐤅𐤐𐤋𐤔𐤕𐤉𐤌 𐤄𐤓𐤉𐤏𐤅 𐤋𐤒𐤓𐤀𐤕𐤅 𐤅𐤕𐤑𐤋𐤇 𐤏𐤋𐤉𐤅
𐤓𐤅𐤇 𐤉𐤄𐤅𐤄 𐤅𐤕𐤄𐤉𐤉𐤍𐤄 𐤄𐤏𐤁𐤕𐤉𐤌 𐤀𐤔𐤓 𐤏𐤋 𐤆𐤓𐤅𐤏𐤅𐤕𐤉𐤅 𐤊𐤐𐤔𐤕𐤉𐤌
𐤀𐤔𐤓 𐤁𐤏𐤓𐤅 𐤁𐤀𐤔 𐤅𐤉𐤌𐤎𐤅 𐤀𐤎𐤅𐤓𐤉𐤅 𐤌𐤏𐤋 𐤉𐤃𐤉𐤅.
𐤈𐤅𐤅𐤉𐤌𐤑𐤀 𐤋𐤇𐤉 𐤇𐤌𐤅𐤓 𐤈𐤓𐤉𐤄 𐤅𐤉𐤔𐤋𐤇 𐤉𐤃𐤅 𐤅𐤉𐤒𐤇𐤄 𐤅𐤉𐤊 𐤁𐤄 𐤀𐤋𐤐
𐤀𐤉𐤔.
𐤈𐤆𐤅𐤉𐤀𐤌𐤓 𐤔𐤌𐤔𐤅𐤍 𐤁𐤋𐤇𐤉 𐤄𐤇𐤌𐤅𐤓 𐤇𐤌𐤅𐤓 𐤇𐤌𐤓𐤕𐤉𐤌 𐤁𐤋𐤇𐤉 𐤄𐤇𐤌𐤅𐤓

𐤄𐤊𐤉𐤕𐤉 𐤀𐤋𐤐 𐤀𐤉𐤔·
𐤉𐤆𐤅𐤉𐤄𐤉 𐤊𐤊𐤋𐤕𐤅 𐤋𐤃𐤁𐤓 𐤅𐤉𐤔𐤋𐤊 𐤄𐤋𐤇𐤉 𐤌𐤉𐤃𐤅 𐤅𐤉𐤒𐤓𐤀 𐤋𐤌𐤒𐤅𐤌
𐤄𐤄𐤅𐤀 𐤓𐤌𐤕 𐤋𐤇𐤉·
𐤉𐤇𐤅𐤉𐤑𐤌𐤀 𐤌𐤀𐤃 𐤅𐤉𐤒𐤓𐤀 𐤀𐤋 𐤉𐤄𐤅𐤄 𐤅𐤉𐤀𐤌𐤓 𐤀𐤕𐤄 𐤍𐤕𐤕 𐤁𐤉𐤃 𐤏𐤁𐤃𐤊
𐤀𐤕 𐤄𐤕𐤔𐤅𐤏𐤄 𐤄𐤂𐤃𐤋𐤄 𐤄𐤆𐤀𐤕 𐤅𐤏𐤕𐤄 𐤀𐤌𐤅𐤕 𐤁𐤑𐤌𐤀 𐤅𐤍𐤐𐤋𐤕𐤉 𐤁𐤉𐤃
𐤄𐤏𐤓𐤋𐤉𐤌·
𐤉𐤈𐤅𐤉𐤁𐤒𐤏 𐤀𐤋𐤄𐤉𐤌 𐤀𐤕 𐤄𐤌𐤊𐤕𐤔 𐤀𐤔𐤓 𐤁𐤋𐤇𐤉 𐤅𐤉𐤑𐤀𐤅 𐤌𐤌𐤍𐤅 𐤌𐤉𐤌
𐤅𐤉𐤔𐤕 𐤅𐤕𐤔𐤁 𐤓𐤅𐤇𐤅 𐤅𐤉𐤇𐤉 𐤏𐤋 𐤊𐤍 𐤒𐤓𐤀 𐤔𐤌𐤄 𐤏𐤉𐤍 𐤄𐤒𐤅𐤓𐤀 𐤀𐤔𐤓
𐤁𐤋𐤇𐤉 𐤏𐤃 𐤄𐤉𐤅𐤌 𐤄𐤆𐤄·
𐤊𐤅𐤉𐤔𐤐𐤈 𐤀𐤕 𐤉𐤔𐤓𐤀𐤋 𐤁𐤉𐤌𐤉 𐤐𐤋𐤔𐤕𐤉𐤌 𐤏𐤔𐤓𐤉𐤌 𐤔𐤍𐤄·

## 𐤐𐤓𐤒 𐤈𐤆

𐤀𐤅𐤉𐤋𐤊 𐤔𐤌𐤔𐤅𐤍 𐤏𐤆𐤕𐤄 𐤅𐤉𐤓𐤀 𐤔𐤌 𐤀𐤔𐤄 𐤆𐤅𐤍𐤄 𐤅𐤉𐤁𐤀 𐤀𐤋𐤉𐤄·
𐤁𐤋𐤏𐤆𐤕𐤉𐤌 𐤋𐤀𐤌𐤓 𐤁𐤀 𐤔𐤌𐤔𐤅𐤍 𐤄𐤍𐤄 𐤅𐤉𐤎𐤁𐤅 𐤅𐤉𐤀𐤓𐤁𐤅 𐤋𐤅 𐤊𐤋
𐤄𐤋𐤉𐤋𐤄 𐤁𐤔𐤏𐤓 𐤄𐤏𐤉𐤓 𐤅𐤉𐤕𐤇𐤓𐤔𐤅 𐤊𐤋 𐤄𐤋𐤉𐤋𐤄 𐤋𐤀𐤌𐤓 𐤏𐤃 𐤀𐤅𐤓 𐤄𐤁𐤒𐤓
𐤅𐤄𐤓𐤂𐤍𐤄𐤅·
𐤂𐤅𐤉𐤔𐤊𐤁 𐤔𐤌𐤔𐤅𐤍 𐤏𐤃 𐤇𐤑𐤉 𐤄𐤋𐤉𐤋𐤄 𐤅𐤉𐤒𐤌 𐤁𐤇𐤑𐤉 𐤄𐤋𐤉𐤋𐤄
𐤅𐤉𐤀𐤇𐤆 𐤁𐤃𐤋𐤕𐤅𐤕 𐤔𐤏𐤓 𐤄𐤏𐤉𐤓 𐤅𐤁𐤔𐤕𐤉 𐤄𐤌𐤆𐤅𐤆𐤅𐤕 𐤅𐤉𐤎𐤏𐤌 𐤏𐤌
𐤄𐤁𐤓𐤉𐤇 𐤅𐤉𐤔𐤌 𐤏𐤋 𐤊𐤕𐤐𐤉𐤅 𐤅𐤉𐤏𐤋𐤌 𐤀𐤋 𐤓𐤀𐤔 𐤄𐤄𐤓 𐤀𐤔𐤓 𐤏𐤋 𐤐𐤍𐤉
𐤇𐤁𐤓𐤅𐤍·
𐤃𐤅𐤉𐤄𐤉 𐤀𐤇𐤓𐤉 𐤊𐤍 𐤅𐤉𐤀𐤄𐤁 𐤀𐤔𐤄 𐤁𐤍𐤇𐤋 𐤔𐤓𐤒 𐤅𐤔𐤌𐤄 𐤃𐤋𐤉𐤋𐤄·
𐤄𐤅𐤉𐤏𐤋𐤅 𐤀𐤋𐤉𐤄 𐤎𐤓𐤍𐤉 𐤐𐤋𐤔𐤕𐤉𐤌 𐤅𐤉𐤀𐤌𐤓𐤅 𐤋𐤄 𐤐𐤕𐤉 𐤀𐤅𐤕𐤄 𐤅𐤓𐤀𐤉
𐤁𐤌𐤄 𐤊𐤇𐤅 𐤂𐤃𐤅𐤋 𐤅𐤁𐤌𐤄 𐤍𐤅𐤊𐤋 𐤋𐤅 𐤅𐤀𐤎𐤓𐤍𐤄𐤅 𐤋𐤏𐤍𐤕𐤅 𐤅𐤀𐤍𐤇𐤍𐤅 𐤍𐤕𐤍
𐤋𐤊 𐤀𐤉𐤔 𐤀𐤋𐤐 𐤅𐤌𐤀𐤄 𐤊𐤎𐤐·
𐤅𐤅𐤕𐤀𐤌𐤓 𐤃𐤋𐤉𐤋𐤄 𐤀𐤋 𐤔𐤌𐤔𐤅𐤍 𐤄𐤂𐤉𐤃𐤄 𐤍𐤀 𐤋𐤉 𐤁𐤌𐤄 𐤊𐤇𐤊 𐤂𐤃𐤅𐤋
𐤅𐤁𐤌𐤄 𐤕𐤀𐤎𐤓 𐤋𐤏𐤍𐤅𐤕𐤊·
𐤆𐤅𐤉𐤀𐤌𐤓 𐤀𐤋𐤉𐤄 𐤔𐤌𐤔𐤅𐤍 𐤀𐤌 𐤉𐤀𐤎𐤓𐤍𐤉 𐤁𐤔𐤁𐤏𐤄 𐤉𐤕𐤓𐤉𐤌 𐤋𐤇𐤉𐤌 𐤀𐤔𐤓
𐤋𐤀 𐤇𐤓𐤁𐤅 𐤅𐤇𐤋𐤉𐤕𐤉 𐤅𐤄𐤉𐤉𐤕𐤉 𐤊𐤀𐤇𐤃 𐤄𐤀𐤃𐤌·
𐤇𐤅𐤉𐤏𐤋𐤅 𐤋𐤄 𐤎𐤓𐤍𐤉 𐤐𐤋𐤔𐤕𐤉𐤌 𐤔𐤁𐤏𐤄 𐤉𐤕𐤓𐤉𐤌 𐤋𐤇𐤉𐤌 𐤀𐤔𐤓 𐤋𐤀
𐤇𐤓𐤁𐤅 𐤅𐤕𐤀𐤎𐤓𐤄𐤅 𐤁𐤄𐤌·
𐤈𐤅𐤄𐤀𐤓𐤁 𐤉𐤔𐤁 𐤋𐤄 𐤁𐤇𐤃𐤓 𐤅𐤕𐤀𐤌𐤓 𐤀𐤋𐤉𐤅 𐤐𐤋𐤔𐤕𐤉𐤌 𐤏𐤋𐤉𐤊 𐤔𐤌𐤔𐤅𐤍
𐤅𐤉𐤍𐤕𐤒 𐤀𐤕 𐤄𐤉𐤕𐤓𐤉𐤌 𐤊𐤀𐤔𐤓 𐤉𐤍𐤕𐤒 𐤐𐤕𐤉𐤋 𐤄𐤍𐤏𐤓𐤕 𐤁𐤄𐤓𐤉𐤇𐤅 𐤀𐤔
𐤅𐤋𐤀 𐤍𐤅𐤃𐤏 𐤊𐤇𐤅·

𐤉 𐤅𐤕𐤀𐤌𐤓 𐤃𐤋𐤉𐤋𐤄 𐤀𐤋 𐤔𐤌𐤔𐤅𐤍 𐤄𐤍𐤄 𐤄𐤕𐤋𐤕 𐤁𐤉 𐤅𐤕𐤃𐤁𐤓 𐤀𐤋𐤉
𐤊𐤆𐤁𐤉𐤌 𐤏𐤕𐤄 𐤄𐤂𐤉𐤃𐤄 𐤍𐤀 𐤋𐤉 𐤁𐤌𐤄 𐤕𐤀𐤎𐤓•
𐤉𐤀 𐤅𐤉𐤀𐤌𐤓 𐤀𐤋𐤉𐤄 𐤀𐤌 𐤀𐤎𐤅𐤓 𐤉𐤀𐤎𐤓𐤅𐤍𐤉 𐤁𐤏𐤁𐤕𐤉𐤌 𐤇𐤃𐤔𐤉𐤌 𐤀𐤔𐤓
𐤋𐤀 𐤍𐤏𐤔𐤄 𐤁𐤄𐤌 𐤌𐤋𐤀𐤊𐤄 𐤅𐤇𐤋𐤉𐤕𐤉 𐤅𐤄𐤉𐤉𐤕𐤉 𐤊𐤀𐤇𐤃 𐤄𐤀𐤃𐤌•
𐤉𐤁 𐤅𐤕𐤒𐤇 𐤃𐤋𐤉𐤋𐤄 𐤏𐤁𐤕𐤉𐤌 𐤇𐤃𐤔𐤉𐤌 𐤅𐤕𐤀𐤎𐤓𐤄𐤅 𐤁𐤄𐤌 𐤅𐤕𐤀𐤌𐤓 𐤀𐤋𐤉𐤅
𐤐𐤋𐤔𐤕𐤉𐤌 𐤏𐤋𐤉𐤊 𐤔𐤌𐤔𐤅𐤍 𐤅𐤄𐤀𐤓𐤁 𐤉𐤔𐤁 𐤁𐤇𐤃𐤓 𐤅𐤉𐤍𐤕𐤒𐤌 𐤌𐤏𐤋
𐤆𐤓𐤏𐤕𐤉𐤅 𐤊𐤇𐤅𐤈•
𐤉𐤂 𐤅𐤕𐤀𐤌𐤓 𐤃𐤋𐤉𐤋𐤄 𐤀𐤋 𐤔𐤌𐤔𐤅𐤍 𐤏𐤃 𐤄𐤍𐤄 𐤄𐤕𐤋𐤕 𐤁𐤉 𐤅𐤕𐤃𐤁𐤓 𐤀𐤋𐤉
𐤊𐤆𐤁𐤉𐤌 𐤄𐤂𐤉𐤃𐤄 𐤋𐤉 𐤁𐤌𐤄 𐤕𐤀𐤎𐤓 𐤅𐤉𐤀𐤌𐤓 𐤀𐤋𐤉𐤄 𐤀𐤌 𐤕𐤀𐤓𐤂𐤉 𐤀𐤕
𐤔𐤁𐤏 𐤌𐤇𐤋𐤐𐤅𐤕 𐤓𐤀𐤔𐤉 𐤏𐤌 𐤄𐤌𐤎𐤊𐤕•
𐤉𐤃 𐤅𐤕𐤕𐤒𐤏 𐤁𐤉𐤕𐤃 𐤅𐤕𐤀𐤌𐤓 𐤀𐤋𐤉𐤅 𐤐𐤋𐤔𐤕𐤉𐤌 𐤏𐤋𐤉𐤊 𐤔𐤌𐤔𐤅𐤍 𐤅𐤉𐤉𐤒𐤑
𐤌𐤔𐤍𐤕𐤅 𐤅𐤉𐤎𐤏 𐤀𐤕 𐤄𐤉𐤕𐤃 𐤄𐤀𐤓𐤂 𐤅𐤀𐤕 𐤄𐤌𐤎𐤊𐤕•
𐤈𐤅 𐤅𐤕𐤀𐤌𐤓 𐤀𐤋𐤉𐤅 𐤀𐤉𐤊 𐤕𐤀𐤌𐤓 𐤀𐤄𐤁𐤕𐤉𐤊 𐤅𐤋𐤁𐤊 𐤀𐤉𐤍 𐤀𐤕𐤉 𐤆𐤄
𐤔𐤋𐤔 𐤐𐤏𐤌𐤉𐤌 𐤄𐤕𐤋𐤕 𐤁𐤉 𐤅𐤋𐤀 𐤄𐤂𐤃𐤕 𐤋𐤉 𐤁𐤌𐤄 𐤊𐤇𐤊 𐤂𐤃𐤅𐤋•
𐤈𐤆 𐤅𐤉𐤄𐤉 𐤊𐤉 𐤄𐤑𐤉𐤒𐤄 𐤋𐤅 𐤁𐤃𐤁𐤓𐤉𐤄 𐤊𐤋 𐤄𐤉𐤌𐤉𐤌 𐤅𐤕𐤀𐤋𐤑𐤄𐤅
𐤅𐤕𐤒𐤑𐤓 𐤍𐤐𐤔𐤅 𐤋𐤌𐤅𐤕•
𐤉𐤆 𐤅𐤉𐤂𐤃 𐤋𐤄 𐤀𐤕 𐤊𐤋 𐤋𐤁𐤅 𐤅𐤉𐤀𐤌𐤓 𐤋𐤄 𐤌𐤅𐤓𐤄 𐤋𐤀 𐤏𐤋𐤄 𐤏𐤋 𐤓𐤀𐤔𐤉
𐤊𐤉 𐤍𐤆𐤉𐤓 𐤀𐤋𐤄𐤉𐤌 𐤀𐤍𐤉 𐤌𐤁𐤈𐤍 𐤀𐤌𐤉 𐤀𐤌 𐤂𐤋𐤇𐤕𐤉 𐤅𐤎𐤓 𐤌𐤌𐤍𐤉 𐤊𐤇𐤉
𐤅𐤇𐤋𐤉𐤕𐤉 𐤅𐤄𐤉𐤉𐤕𐤉 𐤊𐤊𐤋 𐤄𐤀𐤃𐤌•
𐤉𐤇 𐤅𐤕𐤓𐤀 𐤃𐤋𐤉𐤋𐤄 𐤊𐤉 𐤄𐤂𐤉𐤃 𐤋𐤄 𐤀𐤕 𐤊𐤋 𐤋𐤁𐤅 𐤅𐤕𐤔𐤋𐤇 𐤅𐤕𐤒𐤓𐤀
𐤋𐤎𐤓𐤍𐤉 𐤐𐤋𐤔𐤕𐤉𐤌 𐤋𐤀𐤌𐤓 𐤏𐤋𐤅 𐤄𐤐𐤏𐤌 𐤊𐤉 𐤄𐤂𐤉𐤃 𐤋𐤄 [𐤋𐤉] 𐤀𐤕 𐤊𐤋
𐤋𐤁𐤅 𐤅𐤏𐤋𐤅 𐤀𐤋𐤉𐤄 𐤎𐤓𐤍𐤉 𐤐𐤋𐤔𐤕𐤉𐤌 𐤅𐤉𐤏𐤋𐤅 𐤄𐤊𐤎𐤐 𐤁𐤉𐤃𐤌•
𐤉𐤈 𐤅𐤕𐤉𐤔𐤍𐤄𐤅 𐤏𐤋 𐤁𐤓𐤊𐤉𐤄 𐤅𐤕𐤒𐤓𐤀 𐤋𐤀𐤉𐤔 𐤅𐤕𐤂𐤋𐤇 𐤀𐤕 𐤔𐤁𐤏
𐤌𐤇𐤋𐤐𐤅𐤕 𐤓𐤀𐤔𐤅 𐤅𐤕𐤇𐤋 𐤋𐤏𐤍𐤅𐤕𐤅 𐤅𐤉𐤎𐤓 𐤊𐤇𐤅 𐤌𐤏𐤋𐤉𐤅•
𐤊 𐤅𐤕𐤀𐤌𐤓 𐤐𐤋𐤔𐤕𐤉𐤌 𐤏𐤋𐤉𐤊 𐤔𐤌𐤔𐤅𐤍 𐤅𐤉𐤒𐤑 𐤌𐤔𐤍𐤕𐤅 𐤅𐤉𐤀𐤌𐤓 𐤀𐤑𐤀
𐤊𐤐𐤏𐤌 𐤁𐤐𐤏𐤌 𐤅𐤀𐤍𐤏𐤓 𐤅𐤄𐤅𐤀 𐤋𐤀 𐤉𐤃𐤏 𐤊𐤉 𐤉𐤄𐤅𐤄 𐤎𐤓 𐤌𐤏𐤋𐤉𐤅•
𐤊𐤀 𐤅𐤉𐤀𐤇𐤆𐤅𐤄𐤅 𐤐𐤋𐤔𐤕𐤉𐤌 𐤅𐤉𐤍𐤒𐤓𐤅 𐤀𐤕 𐤏𐤉𐤍𐤉𐤅 𐤅𐤉𐤅𐤓𐤉𐤃𐤅 𐤀𐤅𐤕𐤅
𐤏𐤆𐤕𐤄 𐤅𐤉𐤀𐤎𐤓𐤅𐤄𐤅 𐤁𐤍𐤇𐤔𐤕𐤉𐤌 𐤅𐤉𐤄𐤉 𐤈𐤅𐤇𐤍 𐤁𐤁𐤉𐤕 𐤄𐤀𐤎𐤉𐤓𐤉𐤌
[𐤄𐤀𐤎𐤅𐤓𐤉𐤌]•
𐤊𐤁 𐤅𐤉𐤇𐤋 𐤔𐤏𐤓 𐤓𐤀𐤔𐤅 𐤋𐤑𐤌𐤇 𐤊𐤀𐤔𐤓 𐤂𐤋𐤇•
𐤊𐤂 𐤅𐤎𐤓𐤍𐤉 𐤐𐤋𐤔𐤕𐤉𐤌 𐤍𐤀𐤎𐤐𐤅 𐤋𐤆𐤁𐤇 𐤆𐤁𐤇 𐤂𐤃𐤅𐤋 𐤋𐤃𐤂𐤅𐤍 𐤀𐤋𐤄𐤉𐤄𐤌
𐤅𐤋𐤔𐤌𐤇𐤄 𐤅𐤉𐤀𐤌𐤓𐤅 𐤍𐤕𐤍 𐤀𐤋𐤄𐤉𐤍𐤅 𐤁𐤉𐤃𐤍𐤅 𐤀𐤕 𐤔𐤌𐤔𐤅𐤍 𐤀𐤅𐤉𐤁𐤉𐤍𐤅•
𐤊𐤃 𐤅𐤉𐤓𐤀𐤅 𐤀𐤕𐤅 𐤄𐤏𐤌 𐤅𐤉𐤄𐤋𐤋𐤅 𐤀𐤕 𐤀𐤋𐤄𐤉𐤄𐤌 𐤊𐤉 𐤀𐤌𐤓𐤅 𐤍𐤕𐤍

𐤀𐤋𐤄𐤉𐤍𐤅 𐤁𐤉𐤃𐤍𐤅 𐤀𐤕 𐤀𐤅𐤉𐤁𐤍𐤅 𐤅𐤀𐤕 𐤌𐤇𐤓𐤉𐤁 𐤀𐤓𐤑𐤍𐤅 𐤅𐤀𐤔𐤓 𐤄𐤓𐤁𐤄
𐤀𐤕 𐤇𐤋𐤋𐤉𐤍𐤅.

𐤊𐤄𐤅𐤉𐤄𐤉 𐤊𐤉 𐤈𐤅𐤁 [𐤊𐤈𐤅𐤁] 𐤋𐤁𐤌 𐤅𐤉𐤀𐤌𐤓𐤅 𐤒𐤓𐤀𐤅 𐤋𐤔𐤌𐤔𐤅𐤍
𐤅𐤉𐤔𐤇𐤒 𐤋𐤍𐤅 𐤅𐤉𐤒𐤓𐤀𐤅 𐤋𐤔𐤌𐤔𐤅𐤍 𐤌𐤁𐤉𐤕 𐤄𐤀𐤎𐤉𐤓𐤉𐤌 [𐤄𐤀𐤎𐤅𐤓𐤉𐤌]
𐤅𐤉𐤑𐤇𐤒 𐤋𐤐𐤍𐤉𐤄𐤌 𐤅𐤉𐤏𐤌𐤉𐤃𐤅 𐤀𐤅𐤕𐤅 𐤁𐤉𐤍 𐤄𐤏𐤌𐤅𐤃𐤉𐤌.

𐤊𐤅𐤅𐤉𐤀𐤌𐤓 𐤔𐤌𐤔𐤅𐤍 𐤀𐤋 𐤄𐤍𐤏𐤓 𐤄𐤌𐤇𐤆𐤉𐤒 𐤁𐤉𐤃𐤅 𐤄𐤍𐤉𐤇𐤄 𐤀𐤅𐤕𐤉
𐤅𐤄𐤉𐤌𐤔𐤍𐤉 [𐤅𐤄𐤌𐤔𐤍𐤉] 𐤀𐤕 𐤄𐤏𐤌𐤃𐤉𐤌 𐤀𐤔𐤓 𐤄𐤁𐤉𐤕 𐤍𐤊𐤅𐤍 𐤏𐤋𐤉𐤄𐤌
𐤅𐤀𐤔𐤏𐤍 𐤏𐤋𐤉𐤄𐤌.

𐤊𐤆𐤅𐤄𐤁𐤉𐤕 𐤌𐤋𐤀 𐤄𐤀𐤍𐤔𐤉𐤌 𐤅𐤄𐤍𐤔𐤉𐤌 𐤅𐤔𐤌𐤄 𐤊𐤋 𐤎𐤓𐤍𐤉 𐤐𐤋𐤔𐤕𐤉𐤌
𐤅𐤏𐤋 𐤄𐤂𐤂 𐤊𐤔𐤋𐤔𐤕 𐤀𐤋𐤐𐤉𐤌 𐤀𐤉𐤔 𐤅𐤀𐤔𐤄 𐤄𐤓𐤀𐤉𐤌 𐤁𐤔𐤇𐤅𐤒 𐤔𐤌𐤔𐤅𐤍.

𐤊𐤇𐤅𐤉𐤒𐤓𐤀 𐤔𐤌𐤔𐤅𐤍 𐤀𐤋 𐤉𐤄𐤅𐤄 𐤅𐤉𐤀𐤌𐤓 𐤀𐤃𐤍𐤉 𐤉𐤄𐤅𐤄 𐤆𐤊𐤓𐤍𐤉 𐤍𐤀
𐤅𐤇𐤆𐤒𐤍𐤉 𐤍𐤀 𐤀𐤊 𐤄𐤐𐤏𐤌 𐤄𐤆𐤄 𐤄𐤀𐤋𐤄𐤉𐤌 𐤅𐤀𐤍𐤒𐤌𐤄 𐤍𐤒𐤌 𐤀𐤇𐤕
𐤌𐤔𐤕𐤉 𐤏𐤉𐤍𐤉 𐤌𐤐𐤋𐤔𐤕𐤉𐤌.

𐤊𐤈𐤅𐤉𐤋𐤐𐤕 𐤔𐤌𐤔𐤅𐤍 𐤀𐤕 𐤔𐤍𐤉 𐤏𐤌𐤅𐤃𐤉 𐤄𐤕𐤅𐤊 𐤀𐤔𐤓 𐤄𐤁𐤉𐤕 𐤍𐤊𐤅𐤍
𐤏𐤋𐤉𐤄𐤌 𐤅𐤉𐤎𐤌𐤊 𐤏𐤋𐤉𐤄𐤌 𐤀𐤇𐤃 𐤁𐤉𐤌𐤉𐤍𐤅 𐤅𐤀𐤇𐤃 𐤁𐤔𐤌𐤀𐤋𐤅.

𐤋𐤅𐤉𐤀𐤌𐤓 𐤔𐤌𐤔𐤅𐤍 𐤕𐤌𐤅𐤕 𐤍𐤐𐤔𐤉 𐤏𐤌 𐤐𐤋𐤔𐤕𐤉𐤌 𐤅𐤉𐤈 𐤁𐤊𐤇 𐤅𐤉𐤐𐤋
𐤄𐤁𐤉𐤕 𐤏𐤋 𐤄𐤎𐤓𐤍𐤉𐤌 𐤅𐤏𐤋 𐤊𐤋 𐤄𐤏𐤌 𐤀𐤔𐤓 𐤁𐤅 𐤅𐤉𐤄𐤉𐤅 𐤄𐤌𐤕𐤉𐤌 𐤀𐤔𐤓
𐤄𐤌𐤉𐤕 𐤁𐤌𐤅𐤕𐤅 𐤓𐤁𐤉𐤌 𐤌𐤀𐤔𐤓 𐤄𐤌𐤉𐤕 𐤁𐤇𐤉𐤉𐤅.

𐤋𐤀𐤅𐤉𐤓𐤃𐤅 𐤀𐤇𐤉𐤅 𐤅𐤊𐤋 𐤁𐤉𐤕 𐤀𐤁𐤉𐤄𐤅 𐤅𐤉𐤔𐤀𐤅 𐤀𐤕𐤅 𐤅𐤉𐤏𐤋𐤅 𐤅𐤉𐤒𐤁𐤓𐤅
𐤀𐤅𐤕𐤅 𐤁𐤉𐤍 𐤑𐤓𐤏𐤄 𐤅𐤁𐤉𐤍 𐤀𐤔𐤕𐤀𐤋 𐤁𐤒𐤁𐤓 𐤌𐤍𐤅𐤇 𐤀𐤁𐤉𐤅 𐤅𐤄𐤅𐤀 𐤔𐤐𐤈
𐤀𐤕 𐤉𐤔𐤓𐤀𐤋 𐤏𐤔𐤓𐤉𐤌 𐤔𐤍𐤄.

## 𐤐𐤓𐤒 𐤉𐤆

𐤀𐤅𐤉𐤄𐤉 𐤀𐤉𐤔 𐤌𐤄𐤓 𐤀𐤐𐤓𐤉𐤌 𐤅𐤔𐤌𐤅 𐤌𐤉𐤊𐤉𐤄𐤅.

𐤁𐤅𐤉𐤀𐤌𐤓 𐤋𐤀𐤌𐤅 𐤀𐤋𐤐 𐤅𐤌𐤀𐤄 𐤄𐤊𐤎𐤐 𐤀𐤔𐤓 𐤋𐤒𐤇 𐤋𐤊 𐤅𐤀𐤕𐤉 [𐤅𐤀𐤕]
𐤀𐤋𐤉𐤕 𐤅𐤂𐤌 𐤀𐤌𐤓𐤕 𐤁𐤀𐤆𐤍𐤉 𐤄𐤍𐤄 𐤄𐤊𐤎𐤐 𐤀𐤕𐤉 𐤀𐤍𐤉 𐤋𐤒𐤇𐤕𐤉𐤅 𐤅𐤕𐤀𐤌𐤓
𐤀𐤌𐤅 𐤁𐤓𐤅𐤊 𐤁𐤍𐤉 𐤋𐤉𐤄𐤅𐤄.

𐤂𐤅𐤉𐤔𐤁 𐤀𐤕 𐤀𐤋𐤐 𐤅𐤌𐤀𐤄 𐤄𐤊𐤎𐤐 𐤋𐤀𐤌𐤅 𐤅𐤕𐤀𐤌𐤓 𐤀𐤌𐤅 𐤄𐤒𐤃𐤔
𐤄𐤒𐤃𐤔𐤕𐤉 𐤀𐤕 𐤄𐤊𐤎𐤐 𐤋𐤉𐤄𐤅𐤄 𐤌𐤉𐤃𐤉 𐤋𐤁𐤍𐤉 𐤋𐤏𐤔𐤅𐤕 𐤐𐤎𐤋 𐤅𐤌𐤎𐤊𐤄
𐤅𐤏𐤕𐤄 𐤀𐤔𐤉𐤁𐤍𐤅 𐤋𐤊.

𐤃𐤅𐤉𐤔𐤁 𐤀𐤕 𐤄𐤊𐤎𐤐 𐤋𐤀𐤌𐤅 𐤅𐤕𐤒𐤇 𐤀𐤌𐤅 𐤌𐤀𐤕𐤉𐤌 𐤊𐤎𐤐 𐤅𐤉𐤕𐤍𐤄𐤅
𐤋𐤑𐤅𐤓𐤐 𐤅𐤉𐤏𐤔𐤄𐤅 𐤐𐤎𐤋 𐤅𐤌𐤎𐤊𐤄 𐤅𐤉𐤄𐤉 𐤁𐤁𐤉𐤕 𐤌𐤉𐤊𐤉𐤄𐤅.

𐤄𐤅𐤄𐤀𐤉𐤔 𐤌𐤉𐤊𐤄 𐤋𐤅 𐤁𐤉𐤕 𐤀𐤋𐤄𐤉𐤌 𐤅𐤉𐤏𐤔 𐤀𐤐𐤅𐤃 𐤅𐤕𐤓𐤐𐤉𐤌 𐤅𐤉𐤌𐤋𐤀

𐤀𐤕 𐤉𐤃 𐤀𐤇𐤃 𐤌𐤁𐤍𐤉𐤅 𐤅𐤉𐤄𐤉 𐤋𐤅 𐤋𐤊𐤄𐤍.
𐤅 𐤁𐤉𐤌𐤉𐤌 𐤄𐤄𐤌 𐤀𐤉𐤍 𐤌𐤋𐤊 𐤁𐤉𐤔𐤓𐤀𐤋 𐤀𐤉𐤔 𐤄𐤉𐤔𐤓 𐤁𐤏𐤉𐤍𐤉𐤅
𐤉𐤏𐤔𐤄.
𐤆 𐤅𐤉𐤄𐤉 𐤍𐤏𐤓 𐤌𐤁𐤉𐤕 𐤋𐤇𐤌 𐤉𐤄𐤅𐤃𐤄 𐤌𐤌𐤔𐤐𐤇𐤕 𐤉𐤄𐤅𐤃𐤄 𐤅𐤄𐤅𐤀 𐤋𐤅𐤉
𐤅𐤄𐤅𐤀 𐤂𐤓 𐤔𐤌.
𐤇 𐤅𐤉𐤋𐤊 𐤄𐤀𐤉𐤔 𐤌𐤄𐤏𐤉𐤓 𐤌𐤁𐤉𐤕 𐤋𐤇𐤌 𐤉𐤄𐤅𐤃𐤄 𐤋𐤂𐤅𐤓 𐤁𐤀𐤔𐤓 𐤉𐤌𐤑𐤀
𐤅𐤉𐤁𐤀 𐤄𐤓 𐤀𐤐𐤓𐤉𐤌 𐤏𐤃 𐤁𐤉𐤕 𐤌𐤉𐤊𐤄 𐤋𐤏𐤔𐤅𐤕 𐤃𐤓𐤊𐤅.
𐤈 𐤅𐤉𐤀𐤌𐤓 𐤋𐤅 𐤌𐤉𐤊𐤄 𐤌𐤀𐤉𐤍 𐤕𐤁𐤅𐤀 𐤅𐤉𐤀𐤌𐤓 𐤀𐤋𐤉𐤅 𐤋𐤅𐤉 𐤀𐤍𐤊𐤉
𐤌𐤁𐤉𐤕 𐤋𐤇𐤌 𐤉𐤄𐤅𐤃𐤄 𐤅𐤀𐤍𐤊𐤉 𐤄𐤋𐤊 𐤋𐤂𐤅𐤓 𐤁𐤀𐤔𐤓 𐤀𐤌𐤑𐤀.
𐤉 𐤅𐤉𐤀𐤌𐤓 𐤋𐤅 𐤌𐤉𐤊𐤄 𐤔𐤁𐤄 𐤏𐤌𐤃𐤉 𐤅𐤄𐤉𐤄 𐤋𐤉 𐤋𐤀𐤁 𐤅𐤋𐤊𐤄𐤍 𐤅𐤀𐤍𐤊𐤉
𐤀𐤕𐤍 𐤋𐤊 𐤏𐤔𐤓𐤕 𐤊𐤎𐤐 𐤋𐤉𐤌𐤉𐤌 𐤅𐤏𐤓𐤊 𐤁𐤂𐤃𐤉𐤌 𐤅𐤌𐤇𐤉𐤕𐤊 𐤅𐤉𐤋𐤊 𐤄𐤋𐤅𐤉.
𐤉𐤀 𐤅𐤉𐤅𐤀𐤋 𐤄𐤋𐤅𐤉 𐤋𐤔𐤁𐤕 𐤀𐤕 𐤄𐤀𐤉𐤔 𐤅𐤉𐤄𐤉 𐤄𐤍𐤏𐤓 𐤋𐤅 𐤊𐤀𐤇𐤃
𐤌𐤁𐤍𐤉𐤅.
𐤉𐤁 𐤅𐤉𐤌𐤋𐤀 𐤌𐤉𐤊𐤄 𐤀𐤕 𐤉𐤃 𐤄𐤋𐤅𐤉 𐤅𐤉𐤄𐤉 𐤋𐤅 𐤄𐤍𐤏𐤓 𐤋𐤊𐤄𐤍 𐤅𐤉𐤄𐤉
𐤁𐤁𐤉𐤕 𐤌𐤉𐤊𐤄.
𐤉𐤂 𐤅𐤉𐤀𐤌𐤓 𐤌𐤉𐤊𐤄 𐤏𐤕𐤄 𐤉𐤃𐤏𐤕𐤉 𐤊𐤉 𐤉𐤉𐤈𐤉𐤁 𐤉𐤄𐤅𐤄 𐤋𐤉 𐤊𐤉 𐤄𐤉𐤄
𐤋𐤉 𐤄𐤋𐤅𐤉 𐤋𐤊𐤄𐤍.

## 𐤐𐤓𐤒 𐤉𐤇

𐤀 𐤁𐤉𐤌𐤉𐤌 𐤄𐤄𐤌 𐤀𐤉𐤍 𐤌𐤋𐤊 𐤁𐤉𐤔𐤓𐤀𐤋 𐤅𐤁𐤉𐤌𐤉𐤌 𐤄𐤄𐤌 𐤔𐤁𐤈 𐤄𐤃𐤍𐤉
𐤌𐤁𐤒𐤔 𐤋𐤅 𐤍𐤇𐤋𐤄 𐤋𐤔𐤁𐤕 𐤊𐤉 𐤋𐤀 𐤍𐤐𐤋𐤄 𐤋𐤅 𐤏𐤃 𐤄𐤉𐤅𐤌 𐤄𐤄𐤅𐤀 𐤁𐤕𐤅𐤊
𐤔𐤁𐤈𐤉 𐤉𐤔𐤓𐤀𐤋 𐤁𐤍𐤇𐤋𐤄.
𐤁 𐤅𐤉𐤔𐤋𐤇𐤅 𐤁𐤍𐤉 𐤃𐤍 𐤌𐤌𐤔𐤐𐤇𐤕𐤌 𐤇𐤌𐤔𐤄 𐤀𐤍𐤔𐤉𐤌 𐤌𐤒𐤑𐤅𐤕𐤌 𐤀𐤍𐤔𐤉𐤌
𐤁𐤍𐤉 𐤇𐤉𐤋 𐤌𐤑𐤓𐤏𐤄 𐤅𐤌𐤀𐤔𐤕𐤀𐤋 𐤋𐤓𐤂𐤋 𐤀𐤕 𐤄𐤀𐤓𐤑 𐤅𐤋𐤇𐤒𐤓𐤄 𐤅𐤉𐤀𐤌𐤓𐤅
𐤀𐤋𐤄𐤌 𐤋𐤊𐤅 𐤇𐤒𐤓𐤅 𐤀𐤕 𐤄𐤀𐤓𐤑 𐤅𐤉𐤁𐤀𐤅 𐤄𐤓 𐤀𐤐𐤓𐤉𐤌 𐤏𐤃 𐤁𐤉𐤕 𐤌𐤉𐤊𐤄
𐤅𐤉𐤋𐤉𐤍𐤅 𐤔𐤌.
𐤂 𐤄𐤌𐤄 𐤏𐤌 𐤁𐤉𐤕 𐤌𐤉𐤊𐤄 𐤅𐤄𐤌𐤄 𐤄𐤊𐤉𐤓𐤅 𐤀𐤕 𐤒𐤅𐤋 𐤄𐤍𐤏𐤓 𐤄𐤋𐤅𐤉
𐤅𐤉𐤎𐤅𐤓𐤅 𐤔𐤌 𐤅𐤉𐤀𐤌𐤓𐤅 𐤋𐤅 𐤌𐤉 𐤄𐤁𐤉𐤀𐤊 𐤄𐤋𐤌 𐤅𐤌𐤄 𐤀𐤕𐤄 𐤏𐤔𐤄 𐤁𐤆𐤄
𐤅𐤌𐤄 𐤋𐤊 𐤐𐤄.
𐤃 𐤅𐤉𐤀𐤌𐤓 𐤀𐤋𐤄𐤌 𐤊𐤆𐤄 𐤅𐤊𐤆𐤄 𐤏𐤔𐤄 𐤋𐤉 𐤌𐤉𐤊𐤄 𐤅𐤉𐤔𐤊𐤓𐤍𐤉 𐤅𐤀𐤄𐤉𐤄
𐤋𐤅 𐤋𐤊𐤄𐤍.
𐤄 𐤅𐤉𐤀𐤌𐤓𐤅 𐤋𐤅 𐤔𐤀𐤋 𐤍𐤀 𐤁𐤀𐤋𐤄𐤉𐤌 𐤅𐤍𐤃𐤏𐤄 𐤄𐤕𐤑𐤋𐤉𐤇 𐤃𐤓𐤊𐤍𐤅 𐤀𐤔𐤓
𐤀𐤍𐤇𐤍𐤅 𐤄𐤋𐤊𐤉𐤌 𐤏𐤋𐤉𐤄.

# 𐤔𐤅𐤐𐤈𐤉𐤌

𐤅 𐤅𐤉𐤀𐤌𐤓 𐤋𐤄𐤌 𐤄𐤊𐤄𐤍 𐤋𐤊𐤅 𐤋𐤔𐤋𐤅𐤌 𐤍𐤊𐤇 𐤉𐤄𐤅𐤄 𐤃𐤓𐤊𐤊𐤌 𐤀𐤔𐤓 𐤕𐤋𐤊𐤅 𐤁𐤄•

𐤆 𐤅𐤉𐤋𐤊𐤅 𐤇𐤌𐤔𐤕 𐤄𐤀𐤍𐤔𐤉𐤌 𐤅𐤉𐤁𐤀𐤅 𐤋𐤉𐤔𐤄 𐤅𐤉𐤓𐤀𐤅 𐤀𐤕 𐤄𐤏𐤌 𐤀𐤔𐤓 𐤁𐤒𐤓𐤁𐤄 𐤉𐤅𐤔𐤁𐤕 𐤋𐤁𐤈𐤇 𐤊𐤌𐤔𐤐𐤈 𐤑𐤃𐤍𐤉𐤌 𐤔𐤒𐤈 𐤅𐤁𐤈𐤇 𐤅𐤀𐤉𐤍 𐤌𐤊𐤋𐤉𐤌 𐤃𐤁𐤓 𐤁𐤀𐤓𐤑 𐤉𐤅𐤓𐤔 𐤏𐤑𐤓 𐤅𐤓𐤇𐤒𐤉𐤌 𐤄𐤌𐤄 𐤌𐤑𐤃𐤍𐤉𐤌 𐤅𐤃𐤁𐤓 𐤀𐤉𐤍 𐤋𐤄𐤌 𐤏𐤌 𐤀𐤃𐤌•

𐤇 𐤅𐤉𐤁𐤀𐤅 𐤀𐤋 𐤀𐤇𐤉𐤄𐤌 𐤑𐤓𐤏𐤄 𐤅𐤀𐤔𐤕𐤀𐤋 𐤅𐤉𐤀𐤌𐤓𐤅 𐤋𐤄𐤌 𐤀𐤇𐤉𐤄𐤌 𐤌𐤄 𐤀𐤕𐤌•

𐤈 𐤅𐤉𐤀𐤌𐤓𐤅 𐤒𐤅𐤌𐤄 𐤅𐤍𐤏𐤋𐤄 𐤏𐤋𐤉𐤄𐤌 𐤊𐤉 𐤓𐤀𐤉𐤍𐤅 𐤀𐤕 𐤄𐤀𐤓𐤑 𐤅𐤄𐤍𐤄 𐤈𐤅𐤁𐤄 𐤌𐤀𐤃 𐤅𐤀𐤕𐤌 𐤌𐤇𐤔𐤉𐤌 𐤀𐤋 𐤕𐤏𐤑𐤋𐤅 𐤋𐤋𐤊𐤕 𐤋𐤁𐤀 𐤋𐤓𐤔𐤕 𐤀𐤕 𐤄𐤀𐤓𐤑•

𐤉 𐤊𐤁𐤀𐤊𐤌 𐤕𐤁𐤀𐤅 𐤀𐤋 𐤏𐤌 𐤁𐤈𐤇 𐤅𐤄𐤀𐤓𐤑 𐤓𐤇𐤁𐤕 𐤉𐤃𐤉𐤌 𐤊𐤉 𐤍𐤕𐤍𐤄 𐤀𐤋𐤄𐤉𐤌 𐤁𐤉𐤃𐤊𐤌 𐤌𐤒𐤅𐤌 𐤀𐤔𐤓 𐤀𐤉𐤍 𐤔𐤌 𐤊𐤋 𐤌𐤇𐤎𐤅𐤓 𐤊𐤋 𐤃𐤁𐤓 𐤀𐤔𐤓 𐤁𐤀𐤓𐤑•

𐤉𐤀 𐤅𐤉𐤎𐤏𐤅 𐤌𐤔𐤌 𐤌𐤌𐤔𐤐𐤇𐤕 𐤄𐤃𐤍𐤉 𐤌𐤑𐤓𐤏𐤄 𐤅𐤌𐤀𐤔𐤕𐤀𐤅𐤋 𐤔𐤔 𐤌𐤀𐤅𐤕 𐤀𐤉𐤔 𐤇𐤂𐤅𐤓 𐤊𐤋𐤉 𐤌𐤋𐤇𐤌𐤄•

𐤉𐤁 𐤅𐤉𐤏𐤋𐤅 𐤅𐤉𐤇𐤍𐤅 𐤁𐤒𐤓𐤉𐤕 𐤉𐤏𐤓𐤉𐤌 𐤁𐤉𐤄𐤅𐤃𐤄 𐤏𐤋 𐤊𐤍 𐤒𐤓𐤀𐤅 𐤋𐤌𐤒𐤅𐤌 𐤄𐤄𐤅𐤀 𐤌𐤇𐤍𐤄 𐤃𐤍 𐤏𐤃 𐤄𐤉𐤅𐤌 𐤄𐤆𐤄 𐤄𐤍𐤄 𐤀𐤇𐤓𐤉 𐤒𐤓𐤉𐤕 𐤉𐤏𐤓𐤉𐤌•

𐤉𐤂 𐤅𐤉𐤏𐤁𐤓𐤅 𐤌𐤔𐤌 𐤄𐤓 𐤀𐤐𐤓𐤉𐤌 𐤅𐤉𐤁𐤀𐤅 𐤏𐤃 𐤁𐤉𐤕 𐤌𐤉𐤊𐤄•

𐤉𐤃 𐤅𐤉𐤏𐤍𐤅 𐤇𐤌𐤔𐤕 𐤄𐤀𐤍𐤔𐤉𐤌 𐤄𐤄𐤋𐤊𐤉𐤌 𐤋𐤓𐤂𐤋 𐤀𐤕 𐤄𐤀𐤓𐤑 𐤋𐤉𐤔 𐤅𐤉𐤀𐤌𐤓𐤅 𐤀𐤋 𐤀𐤇𐤉𐤄𐤌 𐤄𐤉𐤃𐤏𐤕𐤌 𐤊𐤉 𐤉𐤔 𐤁𐤁𐤕𐤉𐤌 𐤄𐤀𐤋𐤄 𐤀𐤐𐤅𐤃 𐤅𐤕𐤓𐤐𐤉𐤌 𐤅𐤐𐤎𐤋 𐤅𐤌𐤎𐤊𐤄 𐤅𐤏𐤕𐤄 𐤃𐤏𐤅 𐤌𐤄 𐤕𐤏𐤔𐤅•

𐤈𐤅 𐤅𐤉𐤎𐤅𐤓𐤅 𐤔𐤌𐤄 𐤅𐤉𐤁𐤀𐤅 𐤀𐤋 𐤁𐤉𐤕 𐤄𐤍𐤏𐤓 𐤄𐤋𐤅𐤉 𐤁𐤉𐤕 𐤌𐤉𐤊𐤄 𐤅𐤉𐤔𐤀𐤋𐤅 𐤋𐤅 𐤋𐤔𐤋𐤅𐤌•

𐤈𐤆 𐤅𐤔𐤔 𐤌𐤀𐤅𐤕 𐤀𐤉𐤔 𐤇𐤂𐤅𐤓𐤉𐤌 𐤊𐤋𐤉 𐤌𐤋𐤇𐤌𐤕𐤌 𐤍𐤑𐤁𐤉𐤌 𐤐𐤕𐤇 𐤄𐤔𐤏𐤓 𐤀𐤔𐤓 𐤌𐤁𐤍𐤉 𐤃𐤍•

𐤉𐤆 𐤅𐤉𐤏𐤋𐤅 𐤇𐤌𐤔𐤕 𐤄𐤀𐤍𐤔𐤉𐤌 𐤄𐤄𐤋𐤊𐤉𐤌 𐤋𐤓𐤂𐤋 𐤀𐤕 𐤄𐤀𐤓𐤑 𐤁𐤀𐤅 𐤔𐤌𐤄 𐤋𐤒𐤇𐤅 𐤀𐤕 𐤄𐤐𐤎𐤋 𐤅𐤀𐤕 𐤄𐤀𐤐𐤅𐤃 𐤅𐤀𐤕 𐤄𐤕𐤓𐤐𐤉𐤌 𐤅𐤀𐤕 𐤄𐤌𐤎𐤊𐤄 𐤅𐤄𐤊𐤄𐤍 𐤍𐤑𐤁 𐤐𐤕𐤇 𐤄𐤔𐤏𐤓 𐤅𐤔𐤔 𐤌𐤀𐤅𐤕 𐤄𐤀𐤉𐤔 𐤄𐤇𐤂𐤅𐤓 𐤊𐤋𐤉 𐤄𐤌𐤋𐤇𐤌𐤄•

𐤉𐤇 𐤅𐤀𐤋𐤄 𐤁𐤀𐤅 𐤁𐤉𐤕 𐤌𐤉𐤊𐤄 𐤅𐤉𐤒𐤇𐤅 𐤀𐤕 𐤐𐤎𐤋 𐤄𐤀𐤐𐤅𐤃 𐤅𐤀𐤕 𐤄𐤕𐤓𐤐𐤉𐤌 𐤅𐤀𐤕 𐤄𐤌𐤎𐤊𐤄 𐤅𐤉𐤀𐤌𐤓 𐤀𐤋𐤉𐤄𐤌 𐤄𐤊𐤄𐤍 𐤌𐤄 𐤀𐤕𐤌 𐤏𐤔𐤉𐤌•

𐤉𐤈 𐤅𐤉𐤀𐤌𐤓𐤅 𐤋𐤅 𐤄𐤇𐤓𐤔 𐤔𐤉𐤌 𐤉𐤃𐤊 𐤏𐤋 𐤐𐤉𐤊 𐤅𐤋𐤊 𐤏𐤌𐤍𐤅 𐤅𐤄𐤉𐤄 𐤋𐤍𐤅 𐤋𐤀𐤁 𐤅𐤋𐤊𐤄𐤍 𐤄𐤈𐤅𐤁 𐤄𐤉𐤅𐤕𐤊 𐤊𐤄𐤍 𐤋𐤁𐤉𐤕 𐤀𐤉𐤔 𐤀𐤇𐤃 𐤀𐤅 𐤄𐤉𐤅𐤕𐤊

# 𐤔𐤅𐤐𐤈𐤉𐤌

𐤊𐤄𐤍 𐤋𐤔𐤁𐤈 𐤅𐤋𐤌𐤔𐤐𐤇𐤄 𐤁𐤉𐤔𐤓𐤀𐤋.
𐤊 𐤅𐤉𐤉𐤈𐤁 𐤋𐤁 𐤄𐤊𐤄𐤍 𐤅𐤉𐤒𐤇 𐤀𐤕 𐤄𐤀𐤐𐤅𐤃 𐤅𐤀𐤕 𐤄𐤕𐤓𐤐𐤉𐤌 𐤅𐤀𐤕 𐤄𐤐𐤎𐤋
𐤅𐤉𐤁𐤀 𐤁𐤒𐤓𐤁 𐤄𐤏𐤌.
𐤊𐤀 𐤅𐤉𐤐𐤍𐤅 𐤅𐤉𐤋𐤊𐤅 𐤅𐤉𐤔𐤉𐤌𐤅 𐤀𐤕 𐤄𐤈𐤐 𐤅𐤀𐤕 𐤄𐤌𐤒𐤍𐤄 𐤅𐤀𐤕 𐤄𐤊𐤁𐤅𐤃𐤄
𐤋𐤐𐤍𐤉𐤄𐤌.
𐤊𐤁 𐤄𐤌𐤄 𐤄𐤓𐤇𐤉𐤒𐤅 𐤌𐤁𐤉𐤕 𐤌𐤉𐤊𐤄 𐤅𐤄𐤀𐤍𐤔𐤉𐤌 𐤀𐤔𐤓 𐤁𐤁𐤕𐤉𐤌 𐤀𐤔𐤓
𐤏𐤌 𐤁𐤉𐤕 𐤌𐤉𐤊𐤄 𐤍𐤆𐤏𐤒𐤅 𐤅𐤉𐤃𐤁𐤉𐤒𐤅 𐤀𐤕 𐤁𐤍𐤉 𐤃𐤍.
𐤊𐤂 𐤅𐤉𐤒𐤓𐤀𐤅 𐤀𐤋 𐤁𐤍𐤉 𐤃𐤍 𐤅𐤉𐤎𐤁𐤅 𐤐𐤍𐤉𐤄𐤌 𐤅𐤉𐤀𐤌𐤓𐤅 𐤋𐤌𐤉𐤊𐤄 𐤌𐤄
𐤋𐤊 𐤊𐤉 𐤍𐤆𐤏𐤒𐤕.
𐤊𐤃 𐤅𐤉𐤀𐤌𐤓 𐤀𐤕 𐤀𐤋𐤄𐤉 𐤀𐤔𐤓 𐤏𐤔𐤉𐤕𐤉 𐤋𐤒𐤇𐤕𐤌 𐤅𐤀𐤕 𐤄𐤊𐤄𐤍 𐤅𐤕𐤋𐤊𐤅
𐤅𐤌𐤄 𐤋𐤉 𐤏𐤅𐤃 𐤅𐤌𐤄 𐤆𐤄 𐤕𐤀𐤌𐤓𐤅 𐤀𐤋𐤉 𐤌𐤄 𐤋𐤊.
𐤊𐤄 𐤅𐤉𐤀𐤌𐤓𐤅 𐤀𐤋𐤉𐤅 𐤁𐤍𐤉 𐤃𐤍 𐤀𐤋 𐤕𐤔𐤌𐤏 𐤒𐤅𐤋𐤊 𐤏𐤌𐤍𐤅 𐤐𐤍 𐤉𐤐𐤂𐤏𐤅
𐤁𐤊𐤌 𐤀𐤍𐤔𐤉𐤌 𐤌𐤓𐤉 𐤍𐤐𐤔 𐤅𐤀𐤎𐤐𐤕𐤄 𐤍𐤐𐤔𐤊 𐤅𐤍𐤐𐤔 𐤁𐤉𐤕𐤊.
𐤊𐤅 𐤅𐤉𐤋𐤊𐤅 𐤁𐤍𐤉 𐤃𐤍 𐤋𐤃𐤓𐤊𐤌 𐤅𐤉𐤓𐤀 𐤌𐤉𐤊𐤄 𐤊𐤉 𐤇𐤆𐤒𐤉𐤌 𐤄𐤌𐤄 𐤌𐤌𐤍𐤅
𐤅𐤉𐤐𐤍 𐤅𐤉𐤔𐤁 𐤀𐤋 𐤁𐤉𐤕𐤅.
𐤊𐤆 𐤅𐤄𐤌𐤄 𐤋𐤒𐤇𐤅 𐤀𐤕 𐤀𐤔𐤓 𐤏𐤔𐤄 𐤌𐤉𐤊𐤄 𐤅𐤀𐤕 𐤄𐤊𐤄𐤍 𐤀𐤔𐤓 𐤄𐤉𐤄 𐤋𐤅
𐤅𐤉𐤁𐤀𐤅 𐤏𐤋 𐤋𐤉𐤔 𐤏𐤋 𐤏𐤌 𐤔𐤒𐤈 𐤅𐤁𐤈𐤇 𐤅𐤉𐤊𐤅 𐤀𐤅𐤕𐤌 𐤋𐤐𐤉 𐤇𐤓𐤁 𐤅𐤀𐤕
𐤄𐤏𐤉𐤓 𐤔𐤓𐤐𐤅 𐤁𐤀𐤔.
𐤊𐤇 𐤅𐤀𐤉𐤍 𐤌𐤑𐤉𐤋 𐤊𐤉 𐤓𐤇𐤅𐤒𐤄 𐤄𐤉𐤀 𐤌𐤑𐤉𐤃𐤅𐤍 𐤅𐤃𐤁𐤓 𐤀𐤉𐤍 𐤋𐤄𐤌 𐤏𐤌
𐤀𐤃𐤌 𐤅𐤄𐤉𐤀 𐤁𐤏𐤌𐤒 𐤀𐤔𐤓 𐤋𐤁𐤉𐤕 𐤓𐤇𐤅𐤁 𐤅𐤉𐤁𐤍𐤅 𐤀𐤕 𐤄𐤏𐤉𐤓 𐤅𐤉𐤔𐤁𐤅 𐤁𐤄.
𐤊𐤈 𐤅𐤉𐤒𐤓𐤀𐤅 𐤔𐤌 𐤄𐤏𐤉𐤓 𐤃𐤍 𐤁𐤔𐤌 𐤃𐤍 𐤀𐤁𐤉𐤄𐤌 𐤀𐤔𐤓 𐤉𐤅𐤋𐤃 𐤋𐤉𐤔𐤓𐤀𐤋
𐤅𐤀𐤅𐤋𐤌 𐤋𐤉𐤔 𐤔𐤌 𐤄𐤏𐤉𐤓 𐤋𐤓𐤀𐤔𐤍𐤄.
𐤋 𐤅𐤉𐤒𐤉𐤌𐤅 𐤋𐤄𐤌 𐤁𐤍𐤉 𐤃𐤍 𐤀𐤕 𐤄𐤐𐤎𐤋 𐤅𐤉𐤄𐤅𐤍𐤕𐤍 𐤁𐤍 𐤂𐤓𐤔𐤌 𐤁𐤍
𐤌𐤍𐤔𐤄 𐤄𐤅𐤀 𐤅𐤁𐤍𐤉𐤅 𐤄𐤉𐤅 𐤊𐤄𐤍𐤉𐤌 𐤋𐤔𐤁𐤈 𐤄𐤃𐤍𐤉 𐤏𐤃 𐤉𐤅𐤌 𐤂𐤋𐤅𐤕
𐤄𐤀𐤓𐤑.
𐤋𐤀 𐤅𐤉𐤔𐤉𐤌𐤅 𐤋𐤄𐤌 𐤀𐤕 𐤐𐤎𐤋 𐤌𐤉𐤊𐤄 𐤀𐤔𐤓 𐤏𐤔𐤄 𐤊𐤋 𐤉𐤌𐤉 𐤄𐤉𐤅𐤕
𐤁𐤉𐤕 𐤄𐤀𐤋𐤄𐤉𐤌 𐤁𐤔𐤋𐤄.

## 𐤐𐤓𐤒 𐤉𐤈

𐤀 𐤅𐤉𐤄𐤉 𐤁𐤉𐤌𐤉𐤌 𐤄𐤄𐤌 𐤅𐤌𐤋𐤊 𐤀𐤉𐤍 𐤁𐤉𐤔𐤓𐤀𐤋 𐤅𐤉𐤄𐤉 𐤀𐤉𐤔 𐤋𐤅𐤉 𐤂𐤓
𐤁𐤉𐤓𐤊𐤕𐤉 𐤄𐤓 𐤀𐤐𐤓𐤉𐤌 𐤅𐤉𐤒𐤇 𐤋𐤅 𐤀𐤔𐤄 𐤐𐤉𐤋𐤂𐤔 𐤌𐤁𐤉𐤕 𐤋𐤇𐤌 𐤉𐤄𐤅𐤃𐤄.
𐤁 𐤅𐤕𐤆𐤍𐤄 𐤏𐤋𐤉𐤅 𐤐𐤉𐤋𐤂𐤔𐤅 𐤅𐤕𐤋𐤊 𐤌𐤀𐤕𐤅 𐤀𐤋 𐤁𐤉𐤕 𐤀𐤁𐤉𐤄 𐤀𐤋 𐤁𐤉𐤕
𐤋𐤇𐤌 𐤉𐤄𐤅𐤃𐤄 𐤅𐤕𐤄𐤉 𐤔𐤌 𐤉𐤌𐤉𐤌 𐤀𐤓𐤁𐤏𐤄 𐤇𐤃𐤔𐤉𐤌.

𐤂𐤅𐤉𐤒𐤌 𐤀𐤉𐤔𐤄 𐤅𐤉𐤋𐤊 𐤀𐤇𐤓𐤉𐤄 𐤋𐤃𐤁𐤓 𐤏𐤋 𐤋𐤁𐤄 𐤋𐤄𐤔𐤉𐤁𐤅
[𐤋𐤄𐤔𐤉𐤁𐤄] 𐤅𐤍𐤏𐤓𐤅 𐤏𐤌𐤅 𐤅𐤑𐤌𐤃 𐤇𐤌𐤓𐤉𐤌 𐤅𐤕𐤁𐤉𐤀𐤄𐤅 𐤁𐤉𐤕 𐤀𐤁𐤉𐤄
𐤅𐤉𐤓𐤀𐤄𐤅 𐤀𐤁𐤉 𐤄𐤍𐤏𐤓𐤄 𐤅𐤉𐤔𐤌𐤇 𐤋𐤒𐤓𐤀𐤕𐤅•
𐤃𐤅𐤉𐤇𐤆𐤒 𐤁𐤅 𐤇𐤕𐤍𐤅 𐤀𐤁𐤉 𐤄𐤍𐤏𐤓𐤄 𐤅𐤉𐤔𐤁 𐤀𐤕𐤅 𐤔𐤋𐤔𐤕 𐤉𐤌𐤉𐤌
𐤅𐤉𐤀𐤊𐤋𐤅 𐤅𐤉𐤔𐤕𐤅 𐤅𐤉𐤋𐤉𐤍𐤅 𐤔𐤌•
𐤄𐤅𐤉𐤄𐤉 𐤁𐤉𐤅𐤌 𐤄𐤓𐤁𐤉𐤏𐤉 𐤅𐤉𐤔𐤊𐤉𐤌𐤅 𐤁𐤁𐤒𐤓 𐤅𐤉𐤒𐤌 𐤋𐤋𐤊𐤕 𐤅𐤉𐤀𐤌𐤓
𐤀𐤁𐤉 𐤄𐤍𐤏𐤓𐤄 𐤀𐤋 𐤇𐤕𐤍𐤅 𐤎𐤏𐤃 𐤋𐤁𐤊 𐤐𐤕 𐤋𐤇𐤌 𐤅𐤀𐤇𐤓 𐤕𐤋𐤊𐤅•
𐤅𐤅𐤉𐤔𐤁𐤅 𐤅𐤉𐤀𐤊𐤋𐤅 𐤔𐤍𐤉𐤄𐤌 𐤉𐤇𐤃𐤅 𐤅𐤉𐤔𐤕𐤅 𐤅𐤉𐤀𐤌𐤓 𐤀𐤁𐤉 𐤄𐤍𐤏𐤓𐤄
𐤀𐤋 𐤄𐤀𐤉𐤔 𐤄𐤅𐤀𐤋 𐤍𐤀 𐤅𐤋𐤉𐤍 𐤅𐤉𐤈𐤁 𐤋𐤁𐤊•
𐤆𐤅𐤉𐤒𐤌 𐤄𐤀𐤉𐤔 𐤋𐤋𐤊𐤕 𐤅𐤉𐤐𐤑𐤓 𐤁𐤅 𐤇𐤕𐤍𐤅 𐤅𐤉𐤔𐤁 𐤅𐤉𐤋𐤍 𐤔𐤌•
𐤇𐤅𐤉𐤔𐤊𐤌 𐤁𐤁𐤒𐤓 𐤁𐤉𐤅𐤌 𐤄𐤇𐤌𐤉𐤔𐤉 𐤋𐤋𐤊𐤕 𐤅𐤉𐤀𐤌𐤓 𐤀𐤁𐤉 𐤄𐤍𐤏𐤓𐤄 𐤎𐤏𐤃
𐤍𐤀 𐤋𐤁𐤁𐤊 𐤅𐤄𐤕𐤌𐤄𐤌𐤄𐤅 𐤏𐤃 𐤍𐤈𐤅𐤕 𐤄𐤉𐤅𐤌 𐤅𐤉𐤀𐤊𐤋𐤅 𐤔𐤍𐤉𐤄𐤌•
𐤈𐤅𐤉𐤒𐤌 𐤄𐤀𐤉𐤔 𐤋𐤋𐤊𐤕 𐤄𐤅𐤀 𐤅𐤐𐤉𐤋𐤂𐤔𐤅 𐤅𐤍𐤏𐤓𐤅 𐤅𐤉𐤀𐤌𐤓 𐤋𐤅 𐤇𐤕𐤍𐤅
𐤀𐤁𐤉 𐤄𐤍𐤏𐤓𐤄 𐤄𐤍𐤄 𐤍𐤀 𐤓𐤐𐤄 𐤄𐤉𐤅𐤌 𐤋𐤏𐤓𐤁 𐤋𐤉𐤍𐤅 𐤍𐤀 𐤄𐤍𐤄 𐤇𐤍𐤅𐤕
𐤄𐤉𐤅𐤌 𐤋𐤉𐤍 𐤐𐤄 𐤅𐤉𐤉𐤈𐤁 𐤋𐤁𐤁𐤊 𐤅𐤄𐤔𐤊𐤌𐤕𐤌 𐤌𐤇𐤓 𐤋𐤃𐤓𐤊𐤊𐤌 𐤅𐤄𐤋𐤊𐤕
𐤋𐤀𐤄𐤋𐤊•
𐤉𐤅𐤋𐤀 𐤀𐤁𐤄 𐤄𐤀𐤉𐤔 𐤋𐤋𐤅𐤍 𐤅𐤉𐤒𐤌 𐤅𐤉𐤋𐤊 𐤅𐤉𐤁𐤀 𐤏𐤃 𐤍𐤊𐤇 𐤉𐤁𐤅𐤎
𐤄𐤉𐤀 𐤉𐤓𐤅𐤔𐤋𐤌 𐤅𐤏𐤌𐤅 𐤑𐤌𐤃 𐤇𐤌𐤅𐤓𐤉𐤌 𐤇𐤁𐤅𐤔𐤉𐤌 𐤅𐤐𐤉𐤋𐤂𐤔𐤅 𐤏𐤌𐤅•
𐤉𐤀𐤄𐤌 𐤏𐤌 𐤉𐤁𐤅𐤎 𐤅𐤄𐤉𐤅𐤌 𐤓𐤃 𐤌𐤀𐤃 𐤅𐤉𐤀𐤌𐤓 𐤄𐤍𐤏𐤓 𐤀𐤋 𐤀𐤃𐤍𐤉𐤅 𐤋𐤊𐤄
𐤍𐤀 𐤅𐤍𐤎𐤅𐤓𐤄 𐤀𐤋 𐤏𐤉𐤓 𐤄𐤉𐤁𐤅𐤎𐤉 𐤄𐤆𐤀𐤕 𐤅𐤍𐤋𐤉𐤍 𐤁𐤄•
𐤉𐤁𐤅𐤉𐤀𐤌𐤓 𐤀𐤋𐤉𐤅 𐤀𐤃𐤍𐤉𐤅 𐤋𐤀 𐤍𐤎𐤅𐤓 𐤀𐤋 𐤏𐤉𐤓 𐤍𐤊𐤓𐤉 𐤀𐤔𐤓 𐤋𐤀
𐤌𐤁𐤍𐤉 𐤉𐤔𐤓𐤀𐤋 𐤄𐤍𐤄 𐤅𐤏𐤁𐤓𐤍𐤅 𐤏𐤃 𐤂𐤁𐤏𐤄•
𐤉𐤂𐤅𐤉𐤀𐤌𐤓 𐤋𐤍𐤏𐤓𐤅 𐤋𐤊 𐤅𐤍𐤒𐤓𐤁𐤄 𐤁𐤀𐤇𐤃 𐤄𐤌𐤒𐤌𐤅𐤕 𐤅𐤋𐤍𐤅 𐤁𐤂𐤁𐤏𐤄 𐤀𐤅
𐤁𐤓𐤌𐤄•
𐤉𐤃𐤅𐤉𐤏𐤁𐤓𐤅 𐤅𐤉𐤋𐤊𐤅 𐤅𐤕𐤁𐤀 𐤋𐤄𐤌 𐤄𐤔𐤌𐤔 𐤀𐤑𐤋 𐤄𐤂𐤁𐤏𐤄 𐤀𐤔𐤓
𐤋𐤁𐤍𐤉𐤌𐤍•
𐤈𐤅𐤅𐤉𐤎𐤓𐤅 𐤔𐤌 𐤋𐤁𐤅𐤀 𐤋𐤋𐤅𐤍 𐤁𐤂𐤁𐤏𐤄 𐤅𐤉𐤁𐤀 𐤅𐤉𐤔𐤁 𐤁𐤓𐤇𐤅𐤁 𐤄𐤏𐤉𐤓
𐤅𐤀𐤉𐤍 𐤀𐤉𐤔 𐤌𐤀𐤎𐤐 𐤀𐤅𐤕𐤌 𐤄𐤁𐤉𐤕𐤄 𐤋𐤋𐤅𐤍•
𐤈𐤆𐤅𐤄𐤍𐤄 𐤀𐤉𐤔 𐤆𐤒𐤍 𐤁𐤀 𐤌𐤌𐤏𐤔𐤄𐤅 𐤌𐤍 𐤄𐤔𐤃𐤄 𐤁𐤏𐤓𐤁 𐤅𐤄𐤀𐤉𐤔
𐤌𐤄𐤓 𐤀𐤐𐤓𐤉𐤌 𐤅𐤄𐤅𐤀 𐤂𐤓 𐤁𐤂𐤁𐤏𐤄 𐤅𐤀𐤍𐤔𐤉 𐤄𐤌𐤒𐤅𐤌 𐤁𐤍𐤉 𐤉𐤌𐤉𐤍𐤉•
𐤉𐤆𐤅𐤉𐤔𐤀 𐤏𐤉𐤍𐤉𐤅 𐤅𐤉𐤓𐤀 𐤀𐤕 𐤄𐤀𐤉𐤔 𐤄𐤀𐤓𐤇 𐤁𐤓𐤇𐤁 𐤄𐤏𐤉𐤓 𐤅𐤉𐤀𐤌𐤓
𐤄𐤀𐤉𐤔 𐤄𐤆𐤒𐤍 𐤀𐤍𐤄 𐤕𐤋𐤊 𐤅𐤌𐤀𐤉𐤍 𐤕𐤁𐤅𐤀•
𐤉𐤇𐤅𐤉𐤀𐤌𐤓 𐤀𐤋𐤉𐤅 𐤏𐤁𐤓𐤉𐤌 𐤀𐤍𐤇𐤍𐤅 𐤌𐤁𐤉𐤕 𐤋𐤇𐤌 𐤉𐤄𐤅𐤃𐤄 𐤏𐤃 𐤉𐤓𐤊𐤕𐤉

𐤄𐤓 𐤀𐤐𐤓𐤉𐤌 𐤌𐤔𐤌 𐤀𐤍𐤊𐤉 𐤅𐤀𐤋𐤊 𐤏𐤃 𐤁𐤉𐤕 𐤋𐤇𐤌 𐤉𐤄𐤅𐤃𐤄 𐤅𐤀𐤕 𐤁𐤉𐤕
𐤉𐤄𐤅𐤄 𐤀𐤍𐤉 𐤄𐤋𐤊 𐤅𐤀𐤉𐤍 𐤀𐤉𐤔 𐤌𐤀𐤎𐤐 𐤀𐤅𐤕𐤉 𐤄𐤁𐤉𐤕𐤄•

𐤉𐤈 𐤅𐤂𐤌 𐤕𐤁𐤍 𐤂𐤌 𐤌𐤎𐤐𐤅𐤀 𐤉𐤔 𐤋𐤇𐤌𐤅𐤓𐤉𐤍𐤅 𐤅𐤂𐤌 𐤋𐤇𐤌 𐤅𐤉𐤉𐤍 𐤉𐤔 𐤋𐤉
𐤅𐤋𐤀𐤌𐤕𐤊 𐤅𐤋𐤍𐤏𐤓 𐤏𐤌 𐤏𐤁𐤃𐤉𐤊 𐤀𐤉𐤍 𐤌𐤇𐤎𐤅𐤓 𐤊𐤋 𐤃𐤁𐤓•

𐤊 𐤅𐤉𐤀𐤌𐤓 𐤄𐤀𐤉𐤔 𐤄𐤆𐤒𐤍 𐤔𐤋𐤅𐤌 𐤋𐤊 𐤓𐤒 𐤊𐤋 𐤌𐤇𐤎𐤅𐤓𐤊 𐤏𐤋𐤉 𐤓𐤒
𐤁𐤓𐤇𐤅𐤁 𐤀𐤋 𐤕𐤋𐤍•

𐤊𐤀 𐤅𐤉𐤁𐤉𐤀𐤄𐤅 𐤋𐤁𐤉𐤕𐤅 𐤅𐤉𐤁𐤅𐤋 [𐤅𐤉𐤁𐤋] 𐤋𐤇𐤌𐤅𐤓𐤉𐤌 𐤅𐤉𐤓𐤇𐤑𐤅
𐤓𐤂𐤋𐤉𐤄𐤌 𐤅𐤉𐤀𐤊𐤋𐤅 𐤅𐤉𐤔𐤕𐤅•

𐤊𐤁 𐤄𐤌𐤄 𐤌𐤉𐤈𐤉𐤁𐤉𐤌 𐤀𐤕 𐤋𐤁𐤌 𐤅𐤄𐤍𐤄 𐤀𐤍𐤔𐤉 𐤄𐤏𐤉𐤓 𐤀𐤍𐤔𐤉 𐤁𐤍𐤉
𐤁𐤋𐤉𐤏𐤋 𐤍𐤎𐤁𐤅 𐤀𐤕 𐤄𐤁𐤉𐤕 𐤌𐤕𐤃𐤐𐤒𐤉𐤌 𐤏𐤋 𐤄𐤃𐤋𐤕 𐤅𐤉𐤀𐤌𐤓𐤅 𐤀𐤋 𐤄𐤀𐤉𐤔
𐤁𐤏𐤋 𐤄𐤁𐤉𐤕 𐤄𐤆𐤒𐤍 𐤋𐤀𐤌𐤓 𐤄𐤅𐤑𐤀 𐤀𐤕 𐤄𐤀𐤉𐤔 𐤀𐤔𐤓 𐤁𐤀 𐤀𐤋 𐤁𐤉𐤕𐤊
𐤅𐤍𐤃𐤏𐤍𐤅•

𐤊𐤂 𐤅𐤉𐤑𐤀 𐤀𐤋𐤉𐤄𐤌 𐤄𐤀𐤉𐤔 𐤁𐤏𐤋 𐤄𐤁𐤉𐤕 𐤅𐤉𐤀𐤌𐤓 𐤀𐤋𐤄𐤌 𐤀𐤋 𐤀𐤇𐤉 𐤀𐤋
𐤕𐤓𐤏𐤅 𐤍𐤀 𐤀𐤇𐤓𐤉 𐤀𐤔𐤓 𐤁𐤀 𐤄𐤀𐤉𐤔 𐤄𐤆𐤄 𐤀𐤋 𐤁𐤉𐤕𐤉 𐤀𐤋 𐤕𐤏𐤔𐤅 𐤀𐤕
𐤄𐤍𐤁𐤋𐤄 𐤄𐤆𐤀𐤕•

𐤊𐤃 𐤄𐤍𐤄 𐤁𐤕𐤉 𐤄𐤁𐤕𐤅𐤋𐤄 𐤅𐤐𐤉𐤋𐤂𐤔𐤄𐤅 𐤀𐤅𐤑𐤉𐤀𐤄 𐤍𐤀 𐤀𐤅𐤕𐤌 𐤅𐤏𐤍𐤅
𐤀𐤅𐤕𐤌 𐤅𐤏𐤔𐤅 𐤋𐤄𐤌 𐤄𐤈𐤅𐤁 𐤁𐤏𐤉𐤍𐤉𐤊𐤌 𐤅𐤋𐤀𐤉𐤔 𐤄𐤆𐤄 𐤋𐤀 𐤕𐤏𐤔𐤅 𐤃𐤁𐤓
𐤄𐤍𐤁𐤋𐤄 𐤄𐤆𐤀𐤕•

𐤊𐤄 𐤅𐤋𐤀 𐤀𐤁𐤅 𐤄𐤀𐤍𐤔𐤉𐤌 𐤋𐤔𐤌𐤏 𐤋𐤅 𐤅𐤉𐤇𐤆𐤒 𐤄𐤀𐤉𐤔 𐤁𐤐𐤉𐤋𐤂𐤔𐤅
𐤅𐤉𐤑𐤀 𐤀𐤋𐤉𐤄𐤌 𐤄𐤇𐤅𐤑 𐤅𐤉𐤃𐤏𐤅 𐤀𐤅𐤕𐤄 𐤅𐤉𐤕𐤏𐤋𐤋𐤅 𐤁𐤄 𐤊𐤋 𐤄𐤋𐤉𐤋𐤄 𐤏𐤃
𐤄𐤁𐤒𐤓 𐤅𐤉𐤔𐤋𐤇𐤅𐤄 𐤁𐤏𐤋𐤅𐤕 [𐤊𐤏𐤋𐤅𐤕] 𐤄𐤔𐤇𐤓•

𐤊𐤅 𐤅𐤕𐤁𐤀 𐤄𐤀𐤔𐤄 𐤋𐤐𐤍𐤅𐤕 𐤄𐤁𐤒𐤓 𐤅𐤕𐤐𐤋 𐤐𐤕𐤇 𐤁𐤉𐤕 𐤄𐤀𐤉𐤔 𐤀𐤔𐤓
𐤀𐤃𐤅𐤍𐤉𐤄 𐤔𐤌 𐤏𐤃 𐤄𐤀𐤅𐤓•

𐤊𐤆 𐤅𐤉𐤒𐤌 𐤀𐤃𐤍𐤉𐤄 𐤁𐤁𐤒𐤓 𐤅𐤉𐤐𐤕𐤇 𐤃𐤋𐤕𐤅𐤕 𐤄𐤁𐤉𐤕 𐤅𐤉𐤑𐤀 𐤋𐤋𐤊𐤕
𐤋𐤃𐤓𐤊𐤅 𐤅𐤄𐤍𐤄 𐤄𐤀𐤔𐤄 𐤐𐤉𐤋𐤂𐤔𐤅 𐤍𐤐𐤋𐤕 𐤐𐤕𐤇 𐤄𐤁𐤉𐤕 𐤅𐤉𐤃𐤉𐤄 𐤏𐤋 𐤄𐤎𐤐•

𐤊𐤇 𐤅𐤉𐤀𐤌𐤓 𐤀𐤋𐤉𐤄 𐤒𐤅𐤌𐤉 𐤅𐤍𐤋𐤊𐤄 𐤅𐤀𐤉𐤍 𐤏𐤍𐤄 𐤅𐤉𐤒𐤇𐤄 𐤏𐤋 𐤄𐤇𐤌𐤅𐤓
𐤅𐤉𐤒𐤌 𐤄𐤀𐤉𐤔 𐤅𐤉𐤋𐤊 𐤋𐤌𐤒𐤌𐤅•

𐤊𐤈 𐤅𐤉𐤁𐤀 𐤀𐤋 𐤁𐤉𐤕𐤅 𐤅𐤉𐤒𐤇 𐤀𐤕 𐤄𐤌𐤀𐤊𐤋𐤕 𐤅𐤉𐤇𐤆𐤒 𐤁𐤐𐤉𐤋𐤂𐤔𐤅
𐤅𐤉𐤍𐤕𐤇𐤄 𐤋𐤏𐤑𐤌𐤉𐤄 𐤋𐤔𐤍𐤉𐤌 𐤏𐤔𐤓 𐤍𐤕𐤇𐤉𐤌 𐤅𐤉𐤔𐤋𐤇𐤄 𐤁𐤊𐤋 𐤂𐤁𐤅𐤋
𐤉𐤔𐤓𐤀𐤋•

𐤋 𐤅𐤄𐤉𐤄 𐤊𐤋 𐤄𐤓𐤀𐤄 𐤅𐤀𐤌𐤓 𐤋𐤀 𐤍𐤄𐤉𐤕𐤄 𐤅𐤋𐤀 𐤍𐤓𐤀𐤕𐤄 𐤊𐤆𐤀𐤕
𐤋𐤌𐤉𐤅𐤌 𐤏𐤋𐤅𐤕 𐤁𐤍𐤉 𐤉𐤔𐤓𐤀𐤋 𐤌𐤀𐤓𐤑 𐤌𐤑𐤓𐤉𐤌 𐤏𐤃 𐤄𐤉𐤅𐤌 𐤄𐤆𐤄 𐤔𐤉𐤌𐤅
𐤋𐤊𐤌 𐤏𐤋𐤉𐤄 𐤏𐤑𐤅 𐤅𐤃𐤁𐤓𐤅•

# 𐤔𐤅𐤐𐤈𐤉𐤌

𐤐𐤓𐤒 𐤊

𐤀𐤅𐤉𐤑𐤀𐤅 𐤊𐤋 𐤁𐤍𐤉 𐤉𐤔𐤓𐤀𐤋 𐤅𐤕𐤒𐤄𐤋 𐤄𐤏𐤃𐤄 𐤊𐤀𐤉𐤔 𐤀𐤇𐤃 𐤋𐤌𐤃𐤍 𐤅𐤏𐤃
𐤁𐤀𐤓 𐤔𐤁𐤏 𐤅𐤀𐤓𐤑 𐤄𐤂𐤋𐤏𐤃 𐤀𐤋 𐤉𐤄𐤅𐤄 𐤄𐤌𐤑𐤐𐤄•
𐤁𐤅𐤉𐤕𐤉𐤑𐤁𐤅 𐤐𐤍𐤅𐤕 𐤊𐤋 𐤄𐤏𐤌 𐤊𐤋 𐤔𐤁𐤈𐤉 𐤉𐤔𐤓𐤀𐤋 𐤁𐤒𐤄𐤋 𐤏𐤌
𐤄𐤀𐤋𐤄𐤉𐤌 𐤀𐤓𐤁𐤏 𐤌𐤀𐤅𐤕 𐤀𐤋𐤐 𐤀𐤉𐤔 𐤓𐤂𐤋𐤉 𐤔𐤋𐤐 𐤇𐤓𐤁•
𐤂𐤅𐤉𐤔𐤌𐤏𐤅 𐤁𐤍𐤉 𐤁𐤍𐤉𐤌𐤍 𐤊𐤉 𐤏𐤋𐤅 𐤁𐤍𐤉 𐤉𐤔𐤓𐤀𐤋 𐤄𐤌𐤑𐤐𐤄 𐤅𐤉𐤀𐤌𐤓𐤅
𐤁𐤍𐤉 𐤉𐤔𐤓𐤀𐤋 𐤃𐤁𐤓𐤅 𐤀𐤉𐤊𐤄 𐤍𐤄𐤉𐤕𐤄 𐤄𐤓𐤏𐤄 𐤄𐤆𐤀𐤕•
𐤃𐤅𐤉𐤏𐤍 𐤄𐤀𐤉𐤔 𐤄𐤋𐤅𐤉 𐤀𐤉𐤔 𐤄𐤀𐤔𐤄 𐤄𐤍𐤓𐤑𐤇𐤄 𐤅𐤉𐤀𐤌𐤓 𐤄𐤂𐤁𐤏𐤕𐤄
𐤀𐤔𐤓 𐤋𐤁𐤍𐤉𐤌𐤍 𐤁𐤀𐤕𐤉 𐤀𐤍𐤉 𐤅𐤐𐤉𐤋𐤂𐤔𐤉 𐤋𐤋𐤅𐤍•
𐤄𐤅𐤉𐤒𐤌𐤅 𐤏𐤋𐤉 𐤁𐤏𐤋𐤉 𐤄𐤂𐤁𐤏𐤄 𐤅𐤉𐤎𐤁𐤅 𐤏𐤋𐤉 𐤀𐤕 𐤄𐤁𐤉𐤕 𐤋𐤉𐤋𐤄
𐤀𐤅𐤕𐤉 𐤃𐤌𐤅 𐤋𐤄𐤓𐤂 𐤅𐤀𐤕 𐤐𐤉𐤋𐤂𐤔𐤉 𐤏𐤍𐤅 𐤅𐤕𐤌𐤕•
𐤅𐤅𐤀𐤇𐤆 𐤁𐤐𐤉𐤋𐤂𐤔𐤉 𐤅𐤀𐤍𐤕𐤇𐤄 𐤅𐤀𐤔𐤋𐤇𐤄 𐤁𐤊𐤋 𐤔𐤃𐤄 𐤍𐤇𐤋𐤕 𐤉𐤔𐤓𐤀𐤋
𐤊𐤉 𐤏𐤔𐤅 𐤆𐤌𐤄 𐤅𐤍𐤁𐤋𐤄 𐤁𐤉𐤔𐤓𐤀𐤋•
𐤆𐤄𐤍𐤄 𐤊𐤋𐤊𐤌 𐤁𐤍𐤉 𐤉𐤔𐤓𐤀𐤋 𐤄𐤁𐤅 𐤋𐤊𐤌 𐤃𐤁𐤓 𐤅𐤏𐤑𐤄 𐤄𐤋𐤌•
𐤇𐤅𐤉𐤒𐤌 𐤊𐤋 𐤄𐤏𐤌 𐤊𐤀𐤉𐤔 𐤀𐤇𐤃 𐤋𐤀𐤌𐤓 𐤋𐤀 𐤍𐤋𐤊 𐤀𐤉𐤔 𐤋𐤀𐤄𐤋𐤅 𐤅𐤋𐤀
𐤍𐤎𐤅𐤓 𐤀𐤉𐤔 𐤋𐤁𐤉𐤕𐤅•
𐤈𐤅𐤏𐤕𐤄 𐤆𐤄 𐤄𐤃𐤁𐤓 𐤀𐤔𐤓 𐤍𐤏𐤔𐤄 𐤋𐤂𐤁𐤏𐤄 𐤏𐤋𐤉𐤄 𐤁𐤂𐤅𐤓𐤋•
𐤉𐤅𐤋𐤒𐤇𐤍𐤅 𐤏𐤔𐤓𐤄 𐤀𐤍𐤔𐤉𐤌 𐤋𐤌𐤀𐤄 𐤋𐤊𐤋 𐤔𐤁𐤈𐤉 𐤉𐤔𐤓𐤀𐤋 𐤅𐤌𐤀𐤄
𐤋𐤀𐤋𐤐 𐤅𐤀𐤋𐤐 𐤋𐤓𐤁𐤁𐤄 𐤋𐤒𐤇𐤕 𐤑𐤃𐤄 𐤋𐤏𐤌 𐤋𐤏𐤔𐤅𐤕 𐤋𐤁𐤅𐤀𐤌 𐤋𐤂𐤁𐤏 𐤁𐤍𐤉𐤌𐤍
𐤊𐤊𐤋 𐤄𐤍𐤁𐤋𐤄 𐤀𐤔𐤓 𐤏𐤔𐤄 𐤁𐤉𐤔𐤓𐤀𐤋•
𐤉𐤀𐤅𐤉𐤀𐤎𐤐 𐤊𐤋 𐤀𐤉𐤔 𐤉𐤔𐤓𐤀𐤋 𐤀𐤋 𐤄𐤏𐤉𐤓 𐤊𐤀𐤉𐤔 𐤀𐤇𐤃 𐤇𐤁𐤓𐤉𐤌•
𐤉𐤁𐤅𐤉𐤔𐤋𐤇𐤅 𐤔𐤁𐤈𐤉 𐤉𐤔𐤓𐤀𐤋 𐤀𐤍𐤔𐤉𐤌 𐤁𐤊𐤋 𐤔𐤁𐤈𐤉 𐤁𐤍𐤉𐤌𐤍 𐤋𐤀𐤌𐤓
𐤌𐤄 𐤄𐤓𐤏𐤄 𐤄𐤆𐤀𐤕 𐤀𐤔𐤓 𐤍𐤄𐤉𐤕𐤄 𐤁𐤊𐤌•
𐤉𐤂𐤅𐤏𐤕𐤄 𐤕𐤍𐤅 𐤀𐤕 𐤄𐤀𐤍𐤔𐤉𐤌 𐤁𐤍𐤉 𐤁𐤋𐤉𐤏𐤋 𐤀𐤔𐤓 𐤁𐤂𐤁𐤏𐤄 𐤅𐤍𐤌𐤉𐤕𐤌
𐤅𐤍𐤁𐤏𐤓𐤄 𐤓𐤏𐤄 𐤌𐤉𐤔𐤓𐤀𐤋 𐤅𐤋𐤀 𐤀𐤁𐤅 [𐤁𐤍𐤉] 𐤁𐤍𐤉𐤌𐤍 𐤋𐤔𐤌𐤏 𐤁𐤒𐤅𐤋
𐤀𐤇𐤉𐤄𐤌 𐤁𐤍𐤉 𐤉𐤔𐤓𐤀𐤋•
𐤉𐤃𐤅𐤉𐤀𐤎𐤐𐤅 𐤁𐤍𐤉 𐤁𐤍𐤉𐤌𐤍 𐤌𐤍 𐤄𐤏𐤓𐤉𐤌 𐤄𐤂𐤁𐤏𐤕𐤄 𐤋𐤑𐤀𐤕 𐤋𐤌𐤋𐤇𐤌𐤄
𐤏𐤌 𐤁𐤍𐤉 𐤉𐤔𐤓𐤀𐤋•
𐤈𐤅𐤅𐤉𐤕𐤐𐤒𐤃𐤅 𐤁𐤍𐤉 𐤁𐤍𐤉𐤌𐤍 𐤁𐤉𐤅𐤌 𐤄𐤄𐤅𐤀 𐤌𐤄𐤏𐤓𐤉𐤌 𐤏𐤔𐤓𐤉𐤌 𐤅𐤔𐤔𐤄
𐤀𐤋𐤐 𐤀𐤉𐤔 𐤔𐤋𐤐 𐤇𐤓𐤁 𐤋𐤁𐤃 𐤌𐤉𐤔𐤁𐤉 𐤄𐤂𐤁𐤏𐤄 𐤄𐤕𐤐𐤒𐤃𐤅 𐤔𐤁𐤏 𐤌𐤀𐤅𐤕
𐤀𐤉𐤔 𐤁𐤇𐤅𐤓•
𐤈𐤆𐤌𐤊𐤋 𐤄𐤏𐤌 𐤄𐤆𐤄 𐤔𐤁𐤏 𐤌𐤀𐤅𐤕 𐤀𐤉𐤔 𐤁𐤇𐤅𐤓 𐤀𐤈𐤓 𐤉𐤃 𐤉𐤌𐤉𐤍𐤅 𐤊𐤋

# 𐤔𐤅𐤐𐤈𐤉𐤌

𐤆𐤄 𐤒𐤋𐤏 𐤁𐤀𐤁𐤍 𐤀𐤋 𐤄𐤔𐤏𐤓𐤄 𐤅𐤋𐤀 𐤉𐤇𐤈𐤀•
𐤉𐤆 𐤅𐤀𐤉𐤔 𐤉𐤔𐤓𐤀𐤋 𐤄𐤕𐤐𐤒𐤃𐤅 𐤋𐤁𐤃 𐤌𐤁𐤍𐤉𐤌𐤍 𐤀𐤓𐤁𐤏 𐤌𐤀𐤅𐤕 𐤀𐤋𐤐
𐤀𐤉𐤔 𐤔𐤋𐤐 𐤇𐤓𐤁 𐤊𐤋 𐤆𐤄 𐤀𐤉𐤔 𐤌𐤋𐤇𐤌𐤄•
𐤉𐤇 𐤅𐤉𐤒𐤌𐤅 𐤅𐤉𐤏𐤋𐤅 𐤁𐤉𐤕 𐤀𐤋 𐤅𐤉𐤔𐤀𐤋𐤅 𐤁𐤀𐤋𐤄𐤉𐤌 𐤅𐤉𐤀𐤌𐤓𐤅 𐤁𐤍𐤉
𐤉𐤔𐤓𐤀𐤋 𐤌𐤉 𐤉𐤏𐤋𐤄 𐤋𐤍𐤅 𐤁𐤕𐤇𐤋𐤄 𐤋𐤌𐤋𐤇𐤌𐤄 𐤏𐤌 𐤁𐤍𐤉 𐤁𐤍𐤉𐤌𐤍 𐤅𐤉𐤀𐤌𐤓
𐤉𐤄𐤅𐤄 𐤉𐤄𐤅𐤃𐤄 𐤁𐤕𐤇𐤋𐤄•
𐤉𐤈 𐤅𐤉𐤒𐤅𐤌𐤅 𐤁𐤍𐤉 𐤉𐤔𐤓𐤀𐤋 𐤁𐤁𐤒𐤓 𐤅𐤉𐤇𐤍𐤅 𐤏𐤋 𐤄𐤂𐤁𐤏𐤄•
𐤊 𐤅𐤉𐤑𐤀 𐤀𐤉𐤔 𐤉𐤔𐤓𐤀𐤋 𐤋𐤌𐤋𐤇𐤌𐤄 𐤏𐤌 𐤁𐤍𐤉𐤌𐤍 𐤅𐤉𐤏𐤓𐤊𐤅 𐤀𐤕𐤌 𐤀𐤉𐤔
𐤉𐤔𐤓𐤀𐤋 𐤌𐤋𐤇𐤌𐤄 𐤀𐤋 𐤄𐤂𐤁𐤏𐤄•
𐤊𐤀 𐤅𐤉𐤑𐤀𐤅 𐤁𐤍𐤉 𐤁𐤍𐤉𐤌𐤍 𐤌𐤍 𐤄𐤂𐤁𐤏𐤄 𐤅𐤉𐤔𐤇𐤉𐤕𐤅 𐤁𐤉𐤔𐤓𐤀𐤋 𐤁𐤉𐤅𐤌
𐤄𐤄𐤅𐤀 𐤔𐤍𐤉𐤌 𐤅𐤏𐤔𐤓𐤉𐤌 𐤀𐤋𐤐 𐤀𐤉𐤔 𐤀𐤓𐤑𐤄•
𐤊𐤁 𐤅𐤉𐤕𐤇𐤆𐤒 𐤄𐤏𐤌 𐤀𐤉𐤔 𐤉𐤔𐤓𐤀𐤋 𐤅𐤉𐤎𐤐𐤅 𐤋𐤏𐤓𐤊 𐤌𐤋𐤇𐤌𐤄 𐤁𐤌𐤒𐤅𐤌
𐤀𐤔𐤓 𐤏𐤓𐤊𐤅 𐤔𐤌 𐤁𐤉𐤅𐤌 𐤄𐤓𐤀𐤔𐤅𐤍•
𐤊𐤂 𐤅𐤉𐤏𐤋𐤅 𐤁𐤍𐤉 𐤉𐤔𐤓𐤀𐤋 𐤅𐤉𐤁𐤊𐤅 𐤋𐤐𐤍𐤉 𐤉𐤄𐤅𐤄 𐤏𐤃 𐤄𐤏𐤓𐤁 𐤅𐤉𐤔𐤀𐤋𐤅
𐤁𐤉𐤄𐤅𐤄 𐤋𐤀𐤌𐤓 𐤄𐤀𐤅𐤎𐤉𐤐 𐤋𐤂𐤔𐤕 𐤋𐤌𐤋𐤇𐤌𐤄 𐤏𐤌 𐤁𐤍𐤉 𐤁𐤍𐤉𐤌𐤍 𐤀𐤇𐤉
𐤅𐤉𐤀𐤌𐤓 𐤉𐤄𐤅𐤄 𐤏𐤋𐤅 𐤀𐤋𐤉𐤅•
𐤊𐤃 𐤅𐤉𐤒𐤓𐤁𐤅 𐤁𐤍𐤉 𐤉𐤔𐤓𐤀𐤋 𐤀𐤋 𐤁𐤍𐤉 𐤁𐤍𐤉𐤌𐤍 𐤁𐤉𐤅𐤌 𐤄𐤔𐤍𐤉•
𐤊𐤄 𐤅𐤉𐤑𐤀 𐤁𐤍𐤉𐤌𐤍 𐤋𐤒𐤓𐤀𐤕𐤌 𐤌𐤍 𐤄𐤂𐤁𐤏𐤄 𐤁𐤉𐤅𐤌 𐤄𐤔𐤍𐤉 𐤅𐤉𐤔𐤇𐤉𐤕𐤅
𐤁𐤁𐤍𐤉 𐤉𐤔𐤓𐤀𐤋 𐤏𐤅𐤃 𐤔𐤌𐤍𐤕 𐤏𐤔𐤓 𐤀𐤋𐤐 𐤀𐤉𐤔 𐤀𐤓𐤑𐤄 𐤊𐤋 𐤀𐤋𐤄 𐤔𐤋𐤐𐤉
𐤇𐤓𐤁•
𐤊𐤅 𐤅𐤉𐤏𐤋𐤅 𐤊𐤋 𐤁𐤍𐤉 𐤉𐤔𐤓𐤀𐤋 𐤅𐤊𐤋 𐤄𐤏𐤌 𐤅𐤉𐤁𐤀𐤅 𐤁𐤉𐤕 𐤀𐤋 𐤅𐤉𐤁𐤊𐤅
𐤅𐤉𐤔𐤁𐤅 𐤔𐤌 𐤋𐤐𐤍𐤉 𐤉𐤄𐤅𐤄 𐤅𐤉𐤑𐤅𐤌𐤅 𐤁𐤉𐤅𐤌 𐤄𐤄𐤅𐤀 𐤏𐤃 𐤄𐤏𐤓𐤁 𐤅𐤉𐤏𐤋𐤅
𐤏𐤋𐤅𐤕 𐤅𐤔𐤋𐤌𐤉𐤌 𐤋𐤐𐤍𐤉 𐤉𐤄𐤅𐤄•
𐤊𐤆 𐤅𐤉𐤔𐤀𐤋𐤅 𐤁𐤍𐤉 𐤉𐤔𐤓𐤀𐤋 𐤁𐤉𐤄𐤅𐤄 𐤅𐤔𐤌 𐤀𐤓𐤅𐤍 𐤁𐤓𐤉𐤕 𐤄𐤀𐤋𐤄𐤉𐤌
𐤁𐤉𐤌𐤉𐤌 𐤄𐤄𐤌•
𐤊𐤇 𐤅𐤐𐤉𐤍𐤇𐤎 𐤁𐤍 𐤀𐤋𐤏𐤆𐤓 𐤁𐤍 𐤀𐤄𐤓𐤍 𐤏𐤌𐤃 𐤋𐤐𐤍𐤉𐤅 𐤁𐤉𐤌𐤉𐤌 𐤄𐤄𐤌
𐤋𐤀𐤌𐤓 𐤄𐤀𐤅𐤎𐤐 𐤏𐤅𐤃 𐤋𐤑𐤀𐤕 𐤋𐤌𐤋𐤇𐤌𐤄 𐤏𐤌 𐤁𐤍𐤉 𐤁𐤍𐤉𐤌𐤍 𐤀𐤇𐤉 𐤀𐤌
𐤀𐤇𐤃𐤋 𐤅𐤉𐤀𐤌𐤓 𐤉𐤄𐤅𐤄 𐤏𐤋𐤅 𐤊𐤉 𐤌𐤇𐤓 𐤀𐤕𐤍𐤍𐤅 𐤁𐤉𐤃𐤊•
𐤊𐤈 𐤅𐤉𐤔𐤌 𐤉𐤔𐤓𐤀𐤋 𐤀𐤓𐤁𐤉𐤌 𐤀𐤋 𐤄𐤂𐤁𐤏𐤄 𐤎𐤁𐤉𐤁•
𐤋 𐤅𐤉𐤏𐤋𐤅 𐤁𐤍𐤉 𐤉𐤔𐤓𐤀𐤋 𐤀𐤋 𐤁𐤍𐤉 𐤁𐤍𐤉𐤌𐤍 𐤁𐤉𐤅𐤌 𐤄𐤔𐤋𐤉𐤔𐤉
𐤅𐤉𐤏𐤓𐤊𐤅 𐤀𐤋 𐤄𐤂𐤁𐤏𐤄 𐤊𐤐𐤏𐤌 𐤁𐤐𐤏𐤌•
𐤋𐤀 𐤅𐤉𐤑𐤀𐤅 𐤁𐤍𐤉 𐤁𐤍𐤉𐤌𐤍 𐤋𐤒𐤓𐤀𐤕 𐤄𐤏𐤌 𐤄𐤍𐤕𐤒𐤅 𐤌𐤍 𐤄𐤏𐤉𐤓 𐤅𐤉𐤇𐤋𐤅
𐤋𐤄𐤊𐤅𐤕 𐤌𐤄𐤏𐤌 𐤇𐤋𐤋𐤉𐤌 𐤊𐤐𐤏𐤌 𐤁𐤐𐤏𐤌 𐤁𐤌𐤎𐤋𐤅𐤕 𐤀𐤔𐤓 𐤀𐤇𐤕 𐤏𐤋𐤄 𐤁𐤉𐤕

# 𐤔𐤅𐤐𐤈𐤉𐤌

𐤀𐤋 𐤅𐤀𐤇𐤕 𐤂𐤁𐤏𐤕𐤄 𐤁𐤔𐤃𐤄 𐤊𐤔𐤋𐤔𐤉𐤌 𐤀𐤉𐤔 𐤁𐤉𐤔𐤓𐤀𐤋•
𐤋𐤁 𐤅𐤉𐤀𐤌𐤓𐤅 𐤁𐤍𐤉 𐤁𐤍𐤉𐤌𐤍 𐤍𐤂𐤐𐤉𐤌 𐤄𐤌 𐤋𐤐𐤍𐤉𐤍𐤅 𐤊𐤁𐤓𐤀𐤔𐤍𐤄 𐤅𐤁𐤍𐤉
𐤉𐤔𐤓𐤀𐤋 𐤀𐤌𐤓𐤅 𐤍𐤍𐤅𐤎𐤄 𐤅𐤍𐤕𐤒𐤍𐤄𐤅 𐤌𐤍 𐤄𐤏𐤉𐤓 𐤀𐤋 𐤄𐤌𐤎𐤋𐤅𐤕•
𐤋𐤂 𐤅𐤊𐤋 𐤀𐤉𐤔 𐤉𐤔𐤓𐤀𐤋 𐤒𐤌𐤅 𐤌𐤌𐤒𐤅𐤌𐤅 𐤅𐤉𐤏𐤓𐤊𐤅 𐤁𐤁𐤏𐤋 𐤕𐤌𐤓 𐤅𐤀𐤓𐤁
𐤉𐤔𐤓𐤀𐤋 𐤌𐤂𐤉𐤇 𐤌𐤌𐤒𐤌𐤅 𐤌𐤌𐤏𐤓𐤄 𐤂𐤁𐤏•
𐤋𐤃 𐤅𐤉𐤁𐤀𐤅 𐤌𐤍𐤂𐤃 𐤋𐤂𐤁𐤏𐤄 𐤏𐤔𐤓𐤕 𐤀𐤋𐤐𐤉𐤌 𐤀𐤉𐤔 𐤁𐤇𐤅𐤓 𐤌𐤊𐤋 𐤉𐤔𐤓𐤀𐤋
𐤅𐤄𐤌𐤋𐤇𐤌𐤄 𐤊𐤁𐤃𐤄 𐤅𐤄𐤌 𐤋𐤀 𐤉𐤃𐤏𐤅 𐤊𐤉 𐤍𐤂𐤏𐤕 𐤏𐤋𐤉𐤄𐤌 𐤄𐤓𐤏𐤄•
𐤋𐤄 𐤅𐤉𐤂𐤐 𐤉𐤄𐤅𐤄 𐤀𐤕 𐤁𐤍𐤉𐤌𐤍 𐤋𐤐𐤍𐤉 𐤉𐤔𐤓𐤀𐤋 𐤅𐤉𐤔𐤇𐤉𐤕𐤅 𐤁𐤍𐤉
𐤉𐤔𐤓𐤀𐤋 𐤁𐤁𐤍𐤉𐤌𐤍 𐤁𐤉𐤅𐤌 𐤄𐤄𐤅𐤀 𐤏𐤔𐤓𐤉𐤌 𐤅𐤇𐤌𐤔𐤄 𐤀𐤋𐤐 𐤅𐤌𐤀𐤄 𐤀𐤉𐤔
𐤊𐤋 𐤀𐤋𐤄 𐤔𐤋𐤐 𐤇𐤓𐤁•
𐤋𐤅 𐤅𐤉𐤓𐤀𐤅 𐤁𐤍𐤉 𐤁𐤍𐤉𐤌𐤍 𐤊𐤉 𐤍𐤂𐤐𐤅 𐤅𐤉𐤕𐤍𐤅 𐤀𐤉𐤔 𐤉𐤔𐤓𐤀𐤋 𐤌𐤒𐤅𐤌
𐤋𐤁𐤍𐤉𐤌𐤍 𐤊𐤉 𐤁𐤈𐤇𐤅 𐤀𐤋 𐤄𐤀𐤓𐤁 𐤀𐤔𐤓 𐤔𐤌𐤅 𐤀𐤋 𐤄𐤂𐤁𐤏𐤄•
𐤋𐤆 𐤅𐤄𐤀𐤓𐤁 𐤄𐤇𐤉𐤔𐤅 𐤅𐤉𐤐𐤔𐤈𐤅 𐤀𐤋 𐤄𐤂𐤁𐤏𐤄 𐤅𐤉𐤌𐤔𐤊 𐤄𐤀𐤓𐤁 𐤅𐤉𐤊 𐤀𐤕
𐤊𐤋 𐤄𐤏𐤉𐤓 𐤋𐤐𐤉 𐤇𐤓𐤁•
𐤋𐤇 𐤅𐤄𐤌𐤅𐤏𐤃 𐤄𐤉𐤄 𐤋𐤀𐤉𐤔 𐤉𐤔𐤓𐤀𐤋 𐤏𐤌 𐤄𐤀𐤓𐤁 𐤄𐤓𐤁 𐤋𐤄𐤏𐤋𐤅𐤕𐤌
𐤌𐤔𐤀𐤕 𐤄𐤏𐤔𐤍 𐤌𐤍 𐤄𐤏𐤉𐤓•
𐤋𐤈 𐤅𐤉𐤄𐤐𐤊 𐤀𐤉𐤔 𐤉𐤔𐤓𐤀𐤋 𐤁𐤌𐤋𐤇𐤌𐤄 𐤅𐤁𐤍𐤉𐤌𐤍 𐤄𐤇𐤋 𐤋𐤄𐤊𐤅𐤕 𐤇𐤋𐤋𐤉𐤌
𐤁𐤀𐤉𐤔 𐤉𐤔𐤓𐤀𐤋 𐤊𐤔𐤋𐤔𐤉𐤌 𐤀𐤉𐤔 𐤊𐤉 𐤀𐤌𐤓𐤅 𐤀𐤊 𐤍𐤂𐤅𐤐 𐤍𐤂𐤐 𐤄𐤅𐤀
𐤋𐤐𐤍𐤉𐤍𐤅 𐤊𐤌𐤋𐤇𐤌𐤄 𐤄𐤓𐤀𐤔𐤍𐤄•
𐤌 𐤅𐤄𐤌𐤔𐤀𐤕 𐤄𐤇𐤋𐤄 𐤋𐤏𐤋𐤅𐤕 𐤌𐤍 𐤄𐤏𐤉𐤓 𐤏𐤌𐤅𐤃 𐤏𐤔𐤍 𐤅𐤉𐤐𐤍 𐤁𐤍𐤉𐤌𐤍
𐤀𐤇𐤓𐤉𐤅 𐤅𐤄𐤍𐤄 𐤏𐤋𐤄 𐤊𐤋𐤉𐤋 𐤄𐤏𐤉𐤓 𐤄𐤔𐤌𐤉𐤌𐤄•
𐤌𐤀 𐤅𐤀𐤉𐤔 𐤉𐤔𐤓𐤀𐤋 𐤄𐤐𐤊 𐤅𐤉𐤁𐤄𐤋 𐤀𐤉𐤔 𐤁𐤍𐤉𐤌𐤍 𐤊𐤉 𐤓𐤀𐤄 𐤊𐤉 𐤍𐤂𐤏𐤄
𐤏𐤋𐤉𐤅 𐤄𐤓𐤏𐤄•
𐤌𐤁 𐤅𐤉𐤐𐤍𐤅 𐤋𐤐𐤍𐤉 𐤀𐤉𐤔 𐤉𐤔𐤓𐤀𐤋 𐤀𐤋 𐤃𐤓𐤊 𐤄𐤌𐤃𐤁𐤓 𐤅𐤄𐤌𐤋𐤇𐤌𐤄
𐤄𐤃𐤁𐤉𐤒𐤕𐤄𐤅 𐤅𐤀𐤔𐤓 𐤌𐤄𐤏𐤓𐤉𐤌 𐤌𐤔𐤇𐤉𐤕𐤉𐤌 𐤀𐤅𐤕𐤅 𐤁𐤕𐤅𐤊𐤅•
𐤌𐤂 𐤊𐤕𐤓𐤅 𐤀𐤕 𐤁𐤍𐤉𐤌𐤍 𐤄𐤓𐤃𐤉𐤐𐤄𐤅 𐤌𐤍𐤅𐤇𐤄 𐤄𐤃𐤓𐤉𐤊𐤄𐤅 𐤏𐤃 𐤍𐤊𐤇
𐤄𐤂𐤁𐤏𐤄 𐤌𐤌𐤆𐤓𐤇 𐤔𐤌𐤔•
𐤌𐤃 𐤅𐤉𐤐𐤋𐤅 𐤌𐤁𐤍𐤉𐤌𐤍 𐤔𐤌𐤍𐤄 𐤏𐤔𐤓 𐤀𐤋𐤐 𐤀𐤉𐤔 𐤀𐤕 𐤊𐤋 𐤀𐤋𐤄 𐤀𐤍𐤔𐤉
𐤇𐤉𐤋•
𐤌𐤄 𐤅𐤉𐤐𐤍𐤅 𐤅𐤉𐤍𐤎𐤅 𐤄𐤌𐤃𐤁𐤓𐤄 𐤀𐤋 𐤎𐤋𐤏 𐤄𐤓𐤌𐤅𐤍 𐤅𐤉𐤏𐤋𐤋𐤄𐤅 𐤁𐤌𐤎𐤋𐤅𐤕
𐤇𐤌𐤔𐤕 𐤀𐤋𐤐𐤉𐤌 𐤀𐤉𐤔 𐤅𐤉𐤃𐤁𐤉𐤒𐤅 𐤀𐤇𐤓𐤉𐤅 𐤏𐤃 𐤂𐤃𐤏𐤌 𐤅𐤉𐤊𐤅 𐤌𐤌𐤍𐤅
𐤀𐤋𐤐𐤉𐤌 𐤀𐤉𐤔•
𐤌𐤅 𐤅𐤉𐤄𐤉 𐤊𐤋 𐤄𐤍𐤐𐤋𐤉𐤌 𐤌𐤁𐤍𐤉𐤌𐤍 𐤏𐤔𐤓𐤉𐤌 𐤅𐤇𐤌𐤔𐤄 𐤀𐤋𐤐 𐤀𐤉𐤔 𐤔𐤋𐤐

חרב ביום ההוא את כל אלה אנשי חיל•
מז ויפנו וינסו המדברה אל סלע הרמון שש מאות איש
וישבו בסלע רמון ארבעה חדשים•
מח ואיש ישראל שבו אל בני בנימן ויכום לפי חרב מעיר
מתם עד בהמה עד כל הנמצא גם כל הערים הנמצאות שלחו
באש•

פרק כא
א ואיש ישראל נשבע במצפה לאמר איש ממנו לא יתן בתו
לבנימן לאשה•
ב ויבא העם בית אל וישבו שם עד הערב לפני האלהים
וישאו קולם ויבכו בכי גדול•
ג ויאמרו למה יהוה אלהי ישראל היתה זאת בישראל
להפקד היום מישראל שבט אחד•
ד ויהי ממחרת וישכימו העם ויבנו שם מזבח ויעלו עלות
ושלמים•
ה ויאמרו בני ישראל מי אשר לא עלה בקהל מכל שבטי
ישראל אל יהוה כי השבועה הגדולה היתה לאשר לא עלה
אל יהוה המצפה לאמר מות יומת•
ו וינחמו בני ישראל אל בנימן אחיו ויאמרו נגדע היום
שבט אחד מישראל•
ז מה נעשה להם לנותרים לנשים ואנחנו נשבענו ביהוה
לבלתי תת להם מבנותינו לנשים•
ח ויאמרו מי אחד משבטי ישראל אשר לא עלה אל יהוה
המצפה והנה לא בא איש אל המחנה מיביש גלעד אל הקהל•
ט ויתפקד העם והנה אין שם איש מיושבי יביש גלעד•
י וישלחו שם העדה שנים עשר אלף איש מבני החיל
ויצום לאמר לכו והכיתם את יושבי יביש גלעד לפי
חרב והנשים והטף•
יא וזה הדבר אשר תעשו כל זכר וכל אשה ידעת משכב
זכר תחרימו•
יב וימצאו מיושבי יביש גלעד ארבע מאות נערה בתולה
אשר לא ידעה איש למשכב זכר ויביאו אותם אל המחנה

# שופטים

שלה אשר בארץ כנען.
יג וישלחו כל העדה וידברו אל בני בנימן אשר בסלע
רמון ויקראו להם שלום.
יד וישב בנימן בעת ההיא ויתנו להם הנשים אשר חיו
מנשי יבש גלעד ולא מצאו להם כן.
טו והעם נחם לבנימן כי עשה יהוה פרץ בשבטי ישראל.
טז ויאמרו זקני העדה מה נעשה לנותרים לנשים כי
נשמדה מבנימן אשה.
יז ויאמרו ירשת פליטה לבנימן ולא ימחה שבט מישראל.
יח ואנחנו לא נוכל לתת להם נשים מבנותינו כי נשבעו
בני ישראל לאמר ארור נתן אשה לבנימן.
יט ויאמרו הנה חג יהוה בשלו מימים ימימה אשר
מצפונה לבית אל מזרחה השמש למסלה העלה משכם
לבונה.
כ ויצו [ויצוו] את בני בנימן לאמר לכו וארבתם
בכרמים.
כא וראיתם והנה אם יצאו בנות שילו לחול במחלות
ויצאתם מן הכרמים וחטפתם לכם איש אשתו מבנות שילו
והלכתם ארץ בנימן.
כב והיה כי יבאו אבותם או אחיהם לרוב [לריב] אלינו
ואמרנו אליהם חנונו אותם כי לא לקחנו איש אשתו
במלחמה כי לא אתם נתתם להם כעת תאשמו.
כג ויעשו כן בני בנימן וישאו נשים למספרם מן
המחללות אשר גזלו וילכו וישובו אל נחלתם ויבנו את
הערים וישבו בהם.
כד ויתהלכו משם בני ישראל בעת ההיא איש לשבטו
ולמשפחתו ויצאו משם איש לנחלתו.
כה בימים ההם אין מלך בישראל איש הישר בעיניו
יעשה.

# 𐤓𐤅𐤕

𐤐𐤓𐤒 𐤀

𐤀 𐤅𐤉𐤄𐤉 𐤁𐤉𐤌𐤉 𐤔𐤐𐤈 𐤄𐤔𐤐𐤈𐤉𐤌 𐤅𐤉𐤄𐤉 𐤓𐤏𐤁 𐤁𐤀𐤓𐤑 𐤅𐤉𐤋𐤊 𐤀𐤉𐤔
𐤌𐤁𐤉𐤕 𐤋𐤇𐤌 𐤉𐤄𐤅𐤃𐤄 𐤋𐤂𐤅𐤓 𐤁𐤔𐤃𐤉 𐤌𐤅𐤀𐤁 𐤄𐤅𐤀 𐤅𐤀𐤔𐤕𐤅 𐤅𐤔𐤍𐤉 𐤁𐤍𐤉𐤅•

𐤁 𐤅𐤔𐤌 𐤄𐤀𐤉𐤔 𐤀𐤋𐤉𐤌𐤋𐤊 𐤅𐤔𐤌 𐤀𐤔𐤕𐤅 𐤍𐤏𐤌𐤉 𐤅𐤔𐤌 𐤔𐤍𐤉 𐤁𐤍𐤉𐤅
𐤌𐤇𐤋𐤅𐤍 𐤅𐤊𐤋𐤉𐤅𐤍 𐤀𐤐𐤓𐤕𐤉𐤌 𐤌𐤁𐤉𐤕 𐤋𐤇𐤌 𐤉𐤄𐤅𐤃𐤄 𐤅𐤉𐤁𐤀𐤅 𐤔𐤃𐤉 𐤌𐤅𐤀𐤁
𐤅𐤉𐤄𐤉𐤅 𐤔𐤌•

𐤂 𐤅𐤉𐤌𐤕 𐤀𐤋𐤉𐤌𐤋𐤊 𐤀𐤉𐤔 𐤍𐤏𐤌𐤉 𐤅𐤕𐤔𐤀𐤓 𐤄𐤉𐤀 𐤅𐤔𐤍𐤉 𐤁𐤍𐤉𐤄•

𐤃 𐤅𐤉𐤔𐤀𐤅 𐤋𐤄𐤌 𐤍𐤔𐤉𐤌 𐤌𐤀𐤁𐤉𐤅𐤕 𐤔𐤌 𐤄𐤀𐤇𐤕 𐤏𐤓𐤐𐤄 𐤅𐤔𐤌 𐤄𐤔𐤍𐤉𐤕
𐤓𐤅𐤕 𐤅𐤉𐤔𐤁𐤅 𐤔𐤌 𐤊𐤏𐤔𐤓 𐤔𐤍𐤉𐤌•

𐤄 𐤅𐤉𐤌𐤅𐤕𐤅 𐤂𐤌 𐤔𐤍𐤉𐤄𐤌 𐤌𐤇𐤋𐤅𐤍 𐤅𐤊𐤋𐤉𐤅𐤍 𐤅𐤕𐤔𐤀𐤓 𐤄𐤀𐤔𐤄 𐤌𐤔𐤍𐤉
𐤉𐤋𐤃𐤉𐤄 𐤅𐤌𐤀𐤉𐤔𐤄•

𐤅 𐤅𐤕𐤒𐤌 𐤄𐤉𐤀 𐤅𐤊𐤋𐤕𐤉𐤄 𐤅𐤕𐤔𐤁 𐤌𐤔𐤃𐤉 𐤌𐤅𐤀𐤁 𐤊𐤉 𐤔𐤌𐤏𐤄 𐤁𐤔𐤃𐤄
𐤌𐤅𐤀𐤁 𐤊𐤉 𐤐𐤒𐤃 𐤉𐤄𐤅𐤄 𐤀𐤕 𐤏𐤌𐤅 𐤋𐤕𐤕 𐤋𐤄𐤌 𐤋𐤇𐤌•

𐤆 𐤅𐤕𐤑𐤀 𐤌𐤍 𐤄𐤌𐤒𐤅𐤌 𐤀𐤔𐤓 𐤄𐤉𐤕𐤄 𐤔𐤌𐤄 𐤅𐤔𐤕𐤉 𐤊𐤋𐤕𐤉𐤄 𐤏𐤌𐤄
𐤅𐤕𐤋𐤊𐤍𐤄 𐤁𐤃𐤓𐤊 𐤋𐤔𐤅𐤁 𐤀𐤋 𐤀𐤓𐤑 𐤉𐤄𐤅𐤃𐤄•

𐤇 𐤅𐤕𐤀𐤌𐤓 𐤍𐤏𐤌𐤉 𐤋𐤔𐤕𐤉 𐤊𐤋𐤕𐤉𐤄 𐤋𐤊𐤍𐤄 𐤔𐤁𐤍𐤄 𐤀𐤔𐤄 𐤋𐤁𐤉𐤕 𐤀𐤌𐤄
𐤉𐤏𐤔𐤄 [𐤉𐤏𐤔] 𐤉𐤄𐤅𐤄 𐤏𐤌𐤊𐤌 𐤇𐤎𐤃 𐤊𐤀𐤔𐤓 𐤏𐤔𐤉𐤕𐤌 𐤏𐤌 𐤄𐤌𐤕𐤉𐤌
𐤅𐤏𐤌𐤃𐤉•

𐤈 𐤉𐤕𐤍 𐤉𐤄𐤅𐤄 𐤋𐤊𐤌 𐤅𐤌𐤑𐤀𐤍 𐤌𐤍𐤅𐤇𐤄 𐤀𐤔𐤄 𐤁𐤉𐤕 𐤀𐤉𐤔𐤄 𐤅𐤕𐤔𐤒
𐤋𐤄𐤍 𐤅𐤕𐤔𐤀𐤍𐤄 𐤒𐤅𐤋𐤍 𐤅𐤕𐤁𐤊𐤉𐤍𐤄•

𐤉 𐤅𐤕𐤀𐤌𐤓𐤍𐤄 𐤋𐤄 𐤊𐤉 𐤀𐤕𐤊 𐤍𐤔𐤅𐤁 𐤋𐤏𐤌𐤊•

𐤉𐤀 𐤅𐤕𐤀𐤌𐤓 𐤍𐤏𐤌𐤉 𐤔𐤁𐤍𐤄 𐤁𐤍𐤕𐤉 𐤋𐤌𐤄 𐤕𐤋𐤊𐤍𐤄 𐤏𐤌𐤉 𐤄𐤏𐤅𐤃 𐤋𐤉
𐤁𐤍𐤉𐤌 𐤁𐤌𐤏𐤉 𐤅𐤄𐤉𐤅 𐤋𐤊𐤌 𐤋𐤀𐤍𐤔𐤉𐤌•

𐤉𐤁 𐤔𐤁𐤍𐤄 𐤁𐤍𐤕𐤉 𐤋𐤊𐤍 𐤊𐤉 𐤆𐤒𐤍𐤕𐤉 𐤌𐤄𐤉𐤅𐤕 𐤋𐤀𐤉𐤔 𐤊𐤉 𐤀𐤌𐤓𐤕𐤉
𐤉𐤔 𐤋𐤉 𐤕𐤒𐤅𐤄 𐤂𐤌 𐤄𐤉𐤉𐤕𐤉 𐤄𐤋𐤉𐤋𐤄 𐤋𐤀𐤉𐤔 𐤅𐤂𐤌 𐤉𐤋𐤃𐤕𐤉 𐤁𐤍𐤉𐤌•

𐤉𐤂 𐤄𐤋𐤄𐤍 𐤕𐤔𐤁𐤓𐤍𐤄 𐤏𐤃 𐤀𐤔𐤓 𐤉𐤂𐤃𐤋𐤅 𐤄𐤋𐤄𐤍 𐤕𐤏𐤂𐤍𐤄 𐤋𐤁𐤋𐤕𐤉 𐤄𐤉𐤅𐤕
𐤋𐤀𐤉𐤔 𐤀𐤋 𐤁𐤍𐤕𐤉 𐤊𐤉 𐤌𐤓 𐤋𐤉 𐤌𐤀𐤃 𐤌𐤊𐤌 𐤊𐤉 𐤉𐤑𐤀𐤄 𐤁𐤉 𐤉𐤃 𐤉𐤄𐤅𐤄•

𐤉𐤃 𐤅𐤕𐤔𐤍𐤄 𐤒𐤅𐤋𐤍 𐤅𐤕𐤁𐤊𐤉𐤍𐤄 𐤏𐤅𐤃 𐤅𐤕𐤔𐤒 𐤏𐤓𐤐𐤄 𐤋𐤇𐤌𐤅𐤕𐤄 𐤅𐤓𐤅𐤕
𐤃𐤁𐤒𐤄 𐤁𐤄•

𐤈𐤅 𐤅𐤕𐤀𐤌𐤓 𐤄𐤍𐤄 𐤔𐤁𐤄 𐤉𐤁𐤌𐤕𐤊 𐤀𐤋 𐤏𐤌𐤄 𐤅𐤀𐤋 𐤀𐤋𐤄𐤉𐤄 𐤔𐤅𐤁𐤉
𐤀𐤇𐤓𐤉 𐤉𐤁𐤌𐤕𐤊•

𐤈𐤆 𐤅𐤕𐤀𐤌𐤓 𐤓𐤅𐤕 𐤀𐤋 𐤕𐤐𐤂𐤏𐤉 𐤁𐤉 𐤋𐤏𐤆𐤁𐤊 𐤋𐤔𐤅𐤁 𐤌𐤀𐤇𐤓𐤉𐤊 𐤊𐤉 𐤀𐤋
𐤀𐤔𐤓 𐤕𐤋𐤊𐤉 𐤀𐤋𐤊 𐤅𐤁𐤀𐤔𐤓 𐤕𐤋𐤉𐤍𐤉 𐤀𐤋𐤉𐤍 𐤏𐤌𐤊 𐤏𐤌𐤉 𐤅𐤀𐤋𐤄𐤉𐤊

𐤀𐤋𐤄𐤉•

𐤉𐤆𐤁𐤀𐤔𐤓 𐤕𐤌𐤅𐤕𐤉 𐤀𐤌𐤅𐤕 𐤅𐤔𐤌 𐤀𐤒𐤁𐤓 𐤊𐤄 𐤉𐤏𐤔𐤄 𐤉𐤄𐤅𐤄 𐤋𐤉 𐤅𐤊𐤄
𐤉𐤎𐤉𐤐 𐤊𐤉 𐤄𐤌𐤅𐤕 𐤉𐤐𐤓𐤉𐤃 𐤁𐤉𐤍𐤉 𐤅𐤁𐤉𐤍𐤊•

𐤉𐤇𐤅𐤕𐤓𐤀 𐤊𐤉 𐤌𐤕𐤀𐤌𐤑𐤕 𐤄𐤉𐤀 𐤋𐤋𐤊𐤕 𐤀𐤕𐤄 𐤅𐤕𐤇𐤃𐤋 𐤋𐤃𐤁𐤓 𐤀𐤋𐤉𐤄•

𐤉𐤈𐤅𐤕𐤋𐤊𐤍𐤄 𐤔𐤕𐤉𐤄𐤌 𐤏𐤃 𐤁𐤀𐤍𐤄 𐤁𐤉𐤕 𐤋𐤇𐤌 𐤅𐤉𐤄𐤉 𐤊𐤁𐤀𐤍𐤄 𐤁𐤉𐤕
𐤋𐤇𐤌 𐤅𐤕𐤄𐤌 𐤊𐤋 𐤄𐤏𐤉𐤓 𐤏𐤋𐤉𐤄𐤍 𐤅𐤕𐤀𐤌𐤓𐤍𐤄 𐤄𐤆𐤀𐤕 𐤍𐤏𐤌𐤉•

𐤊 𐤅𐤕𐤀𐤌𐤓 𐤀𐤋𐤉𐤄𐤍 𐤀𐤋 𐤕𐤒𐤓𐤀𐤍𐤄 𐤋𐤉 𐤍𐤏𐤌𐤉 𐤒𐤓𐤀𐤍 𐤋𐤉 𐤌𐤓𐤀 𐤊𐤉
𐤄𐤌𐤓 𐤔𐤃𐤉 𐤋𐤉 𐤌𐤀𐤃•

𐤊𐤀 𐤀𐤍𐤉 𐤌𐤋𐤀𐤄 𐤄𐤋𐤊𐤕𐤉 𐤅𐤓𐤉𐤒𐤌 𐤄𐤔𐤉𐤁𐤍𐤉 𐤉𐤄𐤅𐤄 𐤋𐤌𐤄 𐤕𐤒𐤓𐤀𐤍𐤄
𐤋𐤉 𐤍𐤏𐤌𐤉 𐤅𐤉𐤄𐤅𐤄 𐤏𐤍𐤄 𐤁𐤉 𐤅𐤔𐤃𐤉 𐤄𐤓𐤏 𐤋𐤉•

𐤊𐤁 𐤅𐤕𐤔𐤁 𐤍𐤏𐤌𐤉 𐤅𐤓𐤅𐤕 𐤄𐤌𐤅𐤀𐤁𐤉𐤄 𐤊𐤋𐤕𐤄 𐤏𐤌𐤄 𐤄𐤔𐤁𐤄 𐤌𐤔𐤃𐤉
𐤌𐤅𐤀𐤁 𐤅𐤄𐤌𐤄 𐤁𐤀𐤅 𐤁𐤉𐤕 𐤋𐤇𐤌 𐤁𐤕𐤇𐤋𐤕 𐤒𐤑𐤉𐤓 𐤔𐤏𐤓𐤉𐤌•

## 𐤐𐤓𐤒 𐤁

𐤀𐤅𐤋𐤍𐤏𐤌𐤉 𐤌𐤉𐤃𐤏 [𐤌𐤅𐤃𐤏] 𐤋𐤀𐤉𐤔𐤄 𐤀𐤉𐤔 𐤂𐤁𐤅𐤓 𐤇𐤉𐤋 𐤌𐤌𐤔𐤐𐤇𐤕
𐤀𐤋𐤉𐤌𐤋𐤊 𐤅𐤔𐤌𐤅 𐤁𐤏𐤆•

𐤁𐤅𐤕𐤀𐤌𐤓 𐤓𐤅𐤕 𐤄𐤌𐤅𐤀𐤁𐤉𐤄 𐤀𐤋 𐤍𐤏𐤌𐤉 𐤀𐤋𐤊𐤄 𐤍𐤀 𐤄𐤔𐤃𐤄 𐤅𐤀𐤋𐤒𐤈𐤄
𐤁𐤔𐤁𐤋𐤉𐤌 𐤀𐤇𐤓 𐤀𐤔𐤓 𐤀𐤌𐤑𐤀 𐤇𐤍 𐤁𐤏𐤉𐤍𐤉𐤅 𐤅𐤕𐤀𐤌𐤓 𐤋𐤄 𐤋𐤊𐤉 𐤁𐤕𐤉•

𐤂𐤅𐤕𐤋𐤊 𐤅𐤕𐤁𐤅𐤀 𐤅𐤕𐤋𐤒𐤈 𐤁𐤔𐤃𐤄 𐤀𐤇𐤓𐤉 𐤄𐤒𐤑𐤓𐤉𐤌 𐤅𐤉𐤒𐤓 𐤌𐤒𐤓𐤄
𐤇𐤋𐤒𐤕 𐤄𐤔𐤃𐤄 𐤋𐤁𐤏𐤆 𐤀𐤔𐤓 𐤌𐤌𐤔𐤐𐤇𐤕 𐤀𐤋𐤉𐤌𐤋𐤊•

𐤃𐤅𐤄𐤍𐤄 𐤁𐤏𐤆 𐤁𐤀 𐤌𐤁𐤉𐤕 𐤋𐤇𐤌 𐤅𐤉𐤀𐤌𐤓 𐤋𐤒𐤅𐤑𐤓𐤉𐤌 𐤉𐤄𐤅𐤄 𐤏𐤌𐤊𐤌
𐤅𐤉𐤀𐤌𐤓𐤅 𐤋𐤅 𐤉𐤁𐤓𐤊𐤊 𐤉𐤄𐤅𐤄•

𐤄𐤅𐤉𐤀𐤌𐤓 𐤁𐤏𐤆 𐤋𐤍𐤏𐤓𐤅 𐤄𐤍𐤑𐤁 𐤏𐤋 𐤄𐤒𐤅𐤑𐤓𐤉𐤌 𐤋𐤌𐤉 𐤄𐤍𐤏𐤓𐤄 𐤄𐤆𐤀𐤕•

𐤅𐤅𐤉𐤏𐤍 𐤄𐤍𐤏𐤓 𐤄𐤍𐤑𐤁 𐤏𐤋 𐤄𐤒𐤅𐤑𐤓𐤉𐤌 𐤅𐤉𐤀𐤌𐤓 𐤍𐤏𐤓𐤄 𐤌𐤅𐤀𐤁𐤉𐤄 𐤄𐤉𐤀
𐤄𐤔𐤁𐤄 𐤏𐤌 𐤍𐤏𐤌𐤉 𐤌𐤔𐤃𐤄 𐤌𐤅𐤀𐤁•

𐤆𐤅𐤕𐤀𐤌𐤓 𐤀𐤋𐤒𐤈𐤄 𐤍𐤀 𐤅𐤀𐤎𐤐𐤕𐤉 𐤁𐤏𐤌𐤓𐤉𐤌 𐤀𐤇𐤓𐤉 𐤄𐤒𐤅𐤑𐤓𐤉𐤌 𐤅𐤕𐤁𐤅𐤀
𐤅𐤕𐤏𐤌𐤅𐤃 𐤌𐤀𐤆 𐤄𐤁𐤒𐤓 𐤅𐤏𐤃 𐤏𐤕𐤄 𐤆𐤄 𐤔𐤁𐤕𐤄 𐤄𐤁𐤉𐤕 𐤌𐤏𐤈•

𐤇𐤅𐤉𐤀𐤌𐤓 𐤁𐤏𐤆 𐤀𐤋 𐤓𐤅𐤕 𐤄𐤋𐤅𐤀 𐤔𐤌𐤏𐤕 𐤁𐤕𐤉 𐤀𐤋 𐤕𐤋𐤊𐤉 𐤋𐤋𐤒𐤈 𐤁𐤔𐤃𐤄
𐤀𐤇𐤓 𐤅𐤂𐤌 𐤋𐤀 𐤕𐤏𐤁𐤅𐤓𐤉 𐤌𐤆𐤄 𐤅𐤊𐤄 𐤕𐤃𐤁𐤒𐤉𐤍 𐤏𐤌 𐤍𐤏𐤓𐤕𐤉•

𐤈𐤏𐤉𐤍𐤉𐤊 𐤁𐤔𐤃𐤄 𐤀𐤔𐤓 𐤉𐤒𐤑𐤓𐤅𐤍 𐤅𐤄𐤋𐤊𐤕 𐤀𐤇𐤓𐤉𐤄𐤍 𐤄𐤋𐤅𐤀 𐤑𐤅𐤉𐤕𐤉
𐤀𐤕 𐤄𐤍𐤏𐤓𐤉𐤌 𐤋𐤁𐤋𐤕𐤉 𐤍𐤂𐤏𐤊 𐤅𐤑𐤌𐤕 𐤅𐤄𐤋𐤊𐤕 𐤀𐤋 𐤄𐤊𐤋𐤉𐤌 𐤅𐤔𐤕𐤉𐤕
𐤌𐤀𐤔𐤓 𐤉𐤔𐤀𐤁𐤅𐤍 𐤄𐤍𐤏𐤓𐤉𐤌•

𐤉𐤅𐤕𐤐𐤋 𐤏𐤋 𐤐𐤍𐤉𐤄 𐤅𐤕𐤔𐤕𐤇𐤅 𐤀𐤓𐤑𐤄 𐤅𐤕𐤀𐤌𐤓 𐤀𐤋𐤉𐤅 𐤌𐤃𐤅𐤏 𐤌𐤑𐤀𐤕𐤉

𐤇𐤍 𐤁𐤏𐤉𐤍𐤉𐤊 𐤋𐤄𐤊𐤉𐤓𐤍𐤉 𐤅𐤀𐤍𐤊𐤉 𐤍𐤊𐤓𐤉𐤄•
𐤉𐤀 𐤅𐤉𐤏𐤍 𐤁𐤏𐤆 𐤅𐤉𐤀𐤌𐤓 𐤋𐤄 𐤄𐤂𐤃 𐤄𐤂𐤃 𐤋𐤉 𐤊𐤋 𐤀𐤔𐤓 𐤏𐤔𐤉𐤕 𐤀𐤕
𐤇𐤌𐤅𐤕𐤊 𐤀𐤇𐤓𐤉 𐤌𐤅𐤕 𐤀𐤉𐤔𐤊 𐤅𐤕𐤏𐤆𐤁𐤉 𐤀𐤁𐤉𐤊 𐤅𐤀𐤌𐤊 𐤅𐤀𐤓𐤑 𐤌𐤅𐤋𐤃𐤕𐤊
𐤅𐤕𐤋𐤊𐤉 𐤀𐤋 𐤏𐤌 𐤀𐤔𐤓 𐤋𐤀 𐤉𐤃𐤏𐤕 𐤕𐤌𐤅𐤋 𐤔𐤋𐤔𐤅𐤌•
𐤉𐤁 𐤉𐤔𐤋𐤌 𐤉𐤄𐤅𐤄 𐤐𐤏𐤋𐤊 𐤅𐤕𐤄𐤉 𐤌𐤔𐤊𐤓𐤕𐤊 𐤔𐤋𐤌𐤄 𐤌𐤏𐤌 𐤉𐤄𐤅𐤄
𐤀𐤋𐤄𐤉 𐤉𐤔𐤓𐤀𐤋 𐤀𐤔𐤓 𐤁𐤀𐤕 𐤋𐤇𐤎𐤅𐤕 𐤕𐤇𐤕 𐤊𐤍𐤐𐤉𐤅•
𐤉𐤂 𐤅𐤕𐤀𐤌𐤓 𐤀𐤌𐤑𐤀 𐤇𐤍 𐤁𐤏𐤉𐤍𐤉𐤊 𐤀𐤃𐤍𐤉 𐤊𐤉 𐤍𐤇𐤌𐤕𐤍𐤉 𐤅𐤊𐤉 𐤃𐤁𐤓𐤕 𐤏𐤋
𐤋𐤁 𐤔𐤐𐤇𐤕𐤊 𐤅𐤀𐤍𐤊𐤉 𐤋𐤀 𐤀𐤄𐤉𐤄 𐤊𐤀𐤇𐤕 𐤔𐤐𐤇𐤕𐤉𐤊•
𐤉𐤃 𐤅𐤉𐤀𐤌𐤓 𐤋𐤄 𐤁𐤏𐤆 𐤋𐤏𐤕 𐤄𐤀𐤊𐤋 𐤂𐤔𐤉 𐤄𐤋𐤌 𐤅𐤀𐤊𐤋𐤕 𐤌𐤍 𐤄𐤋𐤇𐤌
𐤅𐤈𐤁𐤋𐤕 𐤐𐤕𐤊 𐤁𐤇𐤌𐤑 𐤅𐤕𐤔𐤁 𐤌𐤑𐤃 𐤄𐤒𐤅𐤑𐤓𐤉𐤌 𐤅𐤉𐤑𐤁𐤈 𐤋𐤄 𐤒𐤋𐤉
𐤅𐤕𐤀𐤊𐤋 𐤅𐤕𐤔𐤁𐤏 𐤅𐤕𐤕𐤓•
𐤈𐤅 𐤅𐤕𐤒𐤌 𐤋𐤋𐤒𐤈 𐤅𐤉𐤑𐤅 𐤁𐤏𐤆 𐤀𐤕 𐤍𐤏𐤓𐤉𐤅 𐤋𐤀𐤌𐤓 𐤂𐤌 𐤁𐤉𐤍 𐤄𐤏𐤌𐤓𐤉𐤌
𐤕𐤋𐤒𐤈 𐤅𐤋𐤀 𐤕𐤊𐤋𐤉𐤌𐤅𐤄•
𐤈𐤆 𐤅𐤂𐤌 𐤔𐤋 𐤕𐤔𐤋𐤅 𐤋𐤄 𐤌𐤍 𐤄𐤑𐤁𐤕𐤉𐤌 𐤅𐤏𐤆𐤁𐤕𐤌 𐤅𐤋𐤒𐤈𐤄 𐤅𐤋𐤀
𐤕𐤂𐤏𐤓𐤅 𐤁𐤄•
𐤉𐤆 𐤅𐤕𐤋𐤒𐤈 𐤁𐤔𐤃𐤄 𐤏𐤃 𐤄𐤏𐤓𐤁 𐤅𐤕𐤇𐤁𐤈 𐤀𐤕 𐤀𐤔𐤓 𐤋𐤒𐤈𐤄 𐤅𐤉𐤄𐤉
𐤊𐤀𐤉𐤐𐤄 𐤔𐤏𐤓𐤉𐤌•
𐤉𐤇 𐤅𐤕𐤔𐤀 𐤅𐤕𐤁𐤅𐤀 𐤄𐤏𐤉𐤓 𐤅𐤕𐤓𐤀 𐤇𐤌𐤅𐤕𐤄 𐤀𐤕 𐤀𐤔𐤓 𐤋𐤒𐤈𐤄 𐤅𐤕𐤅𐤑𐤀
𐤅𐤕𐤕𐤍 𐤋𐤄 𐤀𐤕 𐤀𐤔𐤓 𐤄𐤅𐤕𐤓𐤄 𐤌𐤔𐤁𐤏𐤄•
𐤉𐤈 𐤅𐤕𐤀𐤌𐤓 𐤋𐤄 𐤇𐤌𐤅𐤕𐤄 𐤀𐤉𐤐𐤄 𐤋𐤒𐤈𐤕 𐤄𐤉𐤅𐤌 𐤅𐤀𐤍𐤄 𐤏𐤔𐤉𐤕 𐤉𐤄𐤉
𐤌𐤊𐤉𐤓𐤊 𐤁𐤓𐤅𐤊 𐤅𐤕𐤂𐤃 𐤋𐤇𐤌𐤅𐤕𐤄 𐤀𐤕 𐤀𐤔𐤓 𐤏𐤔𐤕𐤄 𐤏𐤌𐤅 𐤅𐤕𐤀𐤌𐤓 𐤔𐤌
𐤄𐤀𐤉𐤔 𐤀𐤔𐤓 𐤏𐤔𐤉𐤕𐤉 𐤏𐤌𐤅 𐤄𐤉𐤅𐤌 𐤁𐤏𐤆•
𐤊 𐤅𐤕𐤀𐤌𐤓 𐤍𐤏𐤌𐤉 𐤋𐤊𐤋𐤕𐤄 𐤁𐤓𐤅𐤊 𐤄𐤅𐤀 𐤋𐤉𐤄𐤅𐤄 𐤀𐤔𐤓 𐤋𐤀 𐤏𐤆𐤁 𐤇𐤎𐤃𐤅
𐤀𐤕 𐤄𐤇𐤉𐤉𐤌 𐤅𐤀𐤕 𐤄𐤌𐤕𐤉𐤌 𐤅𐤕𐤀𐤌𐤓 𐤋𐤄 𐤍𐤏𐤌𐤉 𐤒𐤓𐤅𐤁 𐤋𐤍𐤅 𐤄𐤀𐤉𐤔
𐤌𐤂𐤀𐤋𐤍𐤅 𐤄𐤅𐤀•
𐤊𐤀 𐤅𐤕𐤀𐤌𐤓 𐤓𐤅𐤕 𐤄𐤌𐤅𐤀𐤁𐤉𐤄 𐤂𐤌 𐤊𐤉 𐤀𐤌𐤓 𐤀𐤋𐤉 𐤏𐤌 𐤄𐤍𐤏𐤓𐤉𐤌 𐤀𐤔𐤓
𐤋𐤉 𐤕𐤃𐤁𐤒𐤉𐤍 𐤏𐤃 𐤀𐤌 𐤊𐤋𐤅 𐤀𐤕 𐤊𐤋 𐤄𐤒𐤑𐤉𐤓 𐤀𐤔𐤓 𐤋𐤉•
𐤊𐤁 𐤅𐤕𐤀𐤌𐤓 𐤍𐤏𐤌𐤉 𐤀𐤋 𐤓𐤅𐤕 𐤊𐤋𐤕𐤄 𐤈𐤅𐤁 𐤁𐤕𐤉 𐤊𐤉 𐤕𐤑𐤀𐤉 𐤏𐤌
𐤍𐤏𐤓𐤅𐤕𐤉𐤅 𐤅𐤋𐤀 𐤉𐤐𐤂𐤏𐤅 𐤁𐤊 𐤁𐤔𐤃𐤄 𐤀𐤇𐤓•
𐤊𐤂 𐤅𐤕𐤃𐤁𐤒 𐤁𐤍𐤏𐤓𐤅𐤕 𐤁𐤏𐤆 𐤋𐤋𐤒𐤈 𐤏𐤃 𐤊𐤋𐤅𐤕 𐤒𐤑𐤉𐤓 𐤄𐤔𐤏𐤓𐤉𐤌 𐤅𐤒𐤑𐤉𐤓
𐤄𐤇𐤈𐤉𐤌 𐤅𐤕𐤔𐤁 𐤀𐤕 𐤇𐤌𐤅𐤕𐤄•

𐤐𐤓𐤒 𐤂

# 𐤓𐤅𐤕

𐤀 𐤅𐤕𐤀𐤌𐤓 𐤋𐤄 𐤍𐤏𐤌𐤉 𐤇𐤌𐤅𐤕𐤄 𐤁𐤕𐤉 𐤄𐤋𐤀 𐤀𐤁𐤒𐤔 𐤋𐤊 𐤌𐤍𐤅𐤇 𐤀𐤔𐤓
𐤉𐤉𐤈𐤁 𐤋𐤊.

𐤁 𐤅𐤏𐤕𐤄 𐤄𐤋𐤀 𐤁𐤏𐤆 𐤌𐤃𐤏𐤕𐤍𐤅 𐤀𐤔𐤓 𐤄𐤉𐤉𐤕 𐤀𐤕 𐤍𐤏𐤓𐤅𐤕𐤉𐤅 𐤄𐤍𐤄 𐤄𐤅𐤀
𐤆𐤓𐤄 𐤀𐤕 𐤂𐤓𐤍 𐤄𐤔𐤏𐤓𐤉𐤌 𐤄𐤋𐤉𐤋𐤄.

𐤂 𐤅𐤓𐤇𐤑𐤕 𐤅𐤎𐤊𐤕 𐤅𐤔𐤌𐤕 𐤔𐤌𐤋𐤕𐤊 [𐤔𐤌𐤋𐤕𐤉𐤊] 𐤏𐤋𐤉𐤊 𐤅𐤉𐤓𐤃𐤕𐤉
[𐤅𐤉𐤓𐤃𐤕] 𐤄𐤂𐤓𐤍 𐤀𐤋 𐤕𐤅𐤃𐤏𐤉 𐤋𐤀𐤉𐤔 𐤏𐤃 𐤊𐤋𐤕𐤅 𐤋𐤀𐤊𐤋 𐤅𐤋𐤔𐤕𐤅𐤕.

𐤃 𐤅𐤉𐤄𐤉 𐤁𐤔𐤊𐤁𐤅 𐤅𐤉𐤃𐤏𐤕 𐤀𐤕 𐤄𐤌𐤒𐤅𐤌 𐤀𐤔𐤓 𐤉𐤔𐤊𐤁 𐤔𐤌 𐤅𐤁𐤀𐤕
𐤅𐤂𐤋𐤉𐤕 𐤌𐤓𐤂𐤋𐤕𐤉𐤅 𐤅𐤔𐤊𐤁𐤕𐤉 [𐤅𐤔𐤊𐤁𐤕] 𐤅𐤄𐤅𐤀 𐤉𐤂𐤉𐤃 𐤋𐤊 𐤀𐤕 𐤀𐤔𐤓
𐤕𐤏𐤔𐤉𐤍.

𐤄 𐤅𐤕𐤀𐤌𐤓 𐤀𐤋𐤉𐤄 𐤊𐤋 𐤀𐤔𐤓 𐤕𐤀𐤌𐤓𐤉 [𐤀𐤋𐤉] 𐤀𐤏𐤔𐤄.

𐤅 𐤅𐤕𐤓𐤃 𐤄𐤂𐤓𐤍 𐤅𐤕𐤏𐤔 𐤊𐤊𐤋 𐤀𐤔𐤓 𐤑𐤅𐤕𐤄 𐤇𐤌𐤅𐤕𐤄.

𐤆 𐤅𐤉𐤀𐤊𐤋 𐤁𐤏𐤆 𐤅𐤉𐤔𐤕 𐤅𐤉𐤉𐤈𐤁 𐤋𐤁𐤅 𐤅𐤉𐤁𐤀 𐤋𐤔𐤊𐤁 𐤁𐤒𐤑𐤄 𐤄𐤏𐤓𐤌𐤄
𐤅𐤕𐤁𐤀 𐤁𐤋𐤈 𐤅𐤕𐤂𐤋 𐤌𐤓𐤂𐤋𐤕𐤉𐤅 𐤅𐤕𐤔𐤊𐤁.

𐤇 𐤅𐤉𐤄𐤉 𐤁𐤇𐤑𐤉 𐤄𐤋𐤉𐤋𐤄 𐤅𐤉𐤇𐤓𐤃 𐤄𐤀𐤉𐤔 𐤅𐤉𐤋𐤐𐤕 𐤅𐤄𐤍𐤄 𐤀𐤔𐤄 𐤔𐤊𐤁𐤕
𐤌𐤓𐤂𐤋𐤕𐤉𐤅.

𐤈 𐤅𐤉𐤀𐤌𐤓 𐤌𐤉 𐤀𐤕 𐤅𐤕𐤀𐤌𐤓 𐤀𐤍𐤊𐤉 𐤓𐤅𐤕 𐤀𐤌𐤕𐤊 𐤅𐤐𐤓𐤔𐤕 𐤊𐤍𐤐𐤊 𐤏𐤋
𐤀𐤌𐤕𐤊 𐤊𐤉 𐤂𐤀𐤋 𐤀𐤕𐤄.

𐤉 𐤅𐤉𐤀𐤌𐤓 𐤁𐤓𐤅𐤊𐤄 𐤀𐤕 𐤋𐤉𐤄𐤅𐤄 𐤁𐤕𐤉 𐤄𐤉𐤈𐤁𐤕 𐤇𐤎𐤃𐤊 𐤄𐤀𐤇𐤓𐤅𐤍 𐤌𐤍
𐤄𐤓𐤀𐤔𐤅𐤍 𐤋𐤁𐤋𐤕𐤉 𐤋𐤊𐤕 𐤀𐤇𐤓𐤉 𐤄𐤁𐤇𐤅𐤓𐤉𐤌 𐤀𐤌 𐤃𐤋 𐤅𐤀𐤌 𐤏𐤔𐤉𐤓.

𐤉𐤀 𐤅𐤏𐤕𐤄 𐤁𐤕𐤉 𐤀𐤋 𐤕𐤉𐤓𐤀𐤉 𐤊𐤋 𐤀𐤔𐤓 𐤕𐤀𐤌𐤓𐤉 𐤀𐤏𐤔𐤄 𐤋𐤊 𐤊𐤉 𐤉𐤅𐤃𐤏
𐤊𐤋 𐤔𐤏𐤓 𐤏𐤌𐤉 𐤊𐤉 𐤀𐤔𐤕 𐤇𐤉𐤋 𐤀𐤕.

𐤉𐤁 𐤅𐤏𐤕𐤄 𐤊𐤉 𐤀𐤌𐤍𐤌 𐤊𐤉 (𐤊𐤕𐤉𐤁 𐤅𐤋𐤀 𐤒𐤓𐤉.
)𐤀𐤌 𐤂𐤀𐤋 𐤀𐤍𐤊𐤉 𐤅𐤂𐤌 𐤉𐤔 𐤂𐤀𐤋 𐤒𐤓𐤅𐤁 𐤌𐤌𐤍𐤉.

𐤉𐤂 𐤋𐤉𐤍𐤉 𐤄𐤋𐤉𐤋𐤄 𐤅𐤄𐤉𐤄 𐤁𐤁𐤒𐤓 𐤀𐤌 𐤉𐤂𐤀𐤋𐤊 𐤈𐤅𐤁 𐤉𐤂𐤀𐤋 𐤅𐤀𐤌 𐤋𐤀
𐤉𐤇𐤐𐤑 𐤋𐤂𐤀𐤋𐤊 𐤅𐤂𐤀𐤋𐤕𐤉𐤊 𐤀𐤍𐤊𐤉 𐤇𐤉 𐤉𐤄𐤅𐤄 𐤔𐤊𐤁𐤉 𐤏𐤃 𐤄𐤁𐤒𐤓.

𐤉𐤃 𐤅𐤕𐤔𐤊𐤁 𐤌𐤓𐤂𐤋𐤕𐤅 [𐤌𐤓𐤂𐤋𐤅𐤕𐤉𐤅] 𐤏𐤃 𐤄𐤁𐤒𐤓 𐤅𐤕𐤒𐤌 𐤁𐤈𐤓𐤅𐤌 [𐤁𐤈𐤓𐤌]
𐤉𐤊𐤉𐤓 𐤀𐤉𐤔 𐤀𐤕 𐤓𐤏𐤄𐤅 𐤅𐤉𐤀𐤌𐤓 𐤀𐤋 𐤉𐤅𐤃𐤏 𐤊𐤉 𐤁𐤀𐤄 𐤄𐤀𐤔𐤄 𐤄𐤂𐤓𐤍.

𐤈𐤅 𐤅𐤉𐤀𐤌𐤓 𐤄𐤁𐤉 𐤄𐤌𐤈𐤐𐤇𐤕 𐤀𐤔𐤓 𐤏𐤋𐤉𐤊 𐤅𐤀𐤇𐤆𐤉 𐤁𐤄 𐤅𐤕𐤀𐤇𐤆 𐤁𐤄
𐤅𐤉𐤌𐤃 𐤔𐤔 𐤔𐤏𐤓𐤉𐤌 𐤅𐤉𐤔𐤕 𐤏𐤋𐤉𐤄 𐤅𐤉𐤁𐤀 𐤄𐤏𐤉𐤓.

𐤈𐤆 𐤅𐤕𐤁𐤅𐤀 𐤀𐤋 𐤇𐤌𐤅𐤕𐤄 𐤅𐤕𐤀𐤌𐤓 𐤌𐤉 𐤀𐤕 𐤁𐤕𐤉 𐤅𐤕𐤂𐤃 𐤋𐤄 𐤀𐤕 𐤊𐤋
𐤀𐤔𐤓 𐤏𐤔𐤄 𐤋𐤄 𐤄𐤀𐤉𐤔.

𐤉𐤆 𐤅𐤕𐤀𐤌𐤓 𐤔𐤔 𐤄𐤔𐤏𐤓𐤉𐤌 𐤄𐤀𐤋𐤄 𐤍𐤕𐤍 𐤋𐤉 𐤊𐤉 𐤀𐤌𐤓 [𐤀𐤋𐤉] 𐤀𐤋
𐤕𐤁𐤅𐤀𐤉 𐤓𐤉𐤒𐤌 𐤀𐤋 𐤇𐤌𐤅𐤕𐤊.

𐤉𐤇 𐤅𐤕𐤀𐤌𐤓 𐤔𐤁𐤉 𐤁𐤕𐤉 𐤏𐤃 𐤀𐤔𐤓 𐤕𐤃𐤏𐤉𐤍 𐤀𐤉𐤊 𐤉𐤐𐤋 𐤃𐤁𐤓 𐤊𐤉 𐤋𐤀
𐤉𐤔𐤒𐤈 𐤄𐤀𐤉𐤔 𐤊𐤉 𐤀𐤌 𐤊𐤋𐤄 𐤄𐤃𐤁𐤓 𐤄𐤉𐤅𐤌•

𐤐𐤓𐤒 𐤃

𐤀 𐤅𐤁𐤏𐤆 𐤏𐤋𐤄 𐤄𐤔𐤏𐤓 𐤅𐤉𐤔𐤁 𐤔𐤌 𐤅𐤄𐤍𐤄 𐤄𐤂𐤀𐤋 𐤏𐤁𐤓 𐤀𐤔𐤓 𐤃𐤁𐤓 𐤁𐤏𐤆
𐤅𐤉𐤀𐤌𐤓 𐤎𐤅𐤓𐤄 𐤔𐤁𐤄 𐤐𐤄 𐤐𐤋𐤍𐤉 𐤀𐤋𐤌𐤍𐤉 𐤅𐤉𐤎𐤓 𐤅𐤉𐤔𐤁•
𐤁 𐤅𐤉𐤒𐤇 𐤏𐤔𐤓𐤄 𐤀𐤍𐤔𐤉𐤌 𐤌𐤆𐤒𐤍𐤉 𐤄𐤏𐤉𐤓 𐤅𐤉𐤀𐤌𐤓 𐤔𐤁𐤅 𐤐𐤄 𐤅𐤉𐤔𐤁𐤅•
𐤂 𐤅𐤉𐤀𐤌𐤓 𐤋𐤂𐤀𐤋 𐤇𐤋𐤒𐤕 𐤄𐤔𐤃𐤄 𐤀𐤔𐤓 𐤋𐤀𐤇𐤉𐤍𐤅 𐤋𐤀𐤋𐤉𐤌𐤋𐤊 𐤌𐤊𐤓𐤄
𐤍𐤏𐤌𐤉 𐤄𐤔𐤁𐤄 𐤌𐤔𐤃𐤄 𐤌𐤅𐤀𐤁•
𐤃 𐤅𐤀𐤍𐤉 𐤀𐤌𐤓𐤕𐤉 𐤀𐤂𐤋𐤄 𐤀𐤆𐤍𐤊 𐤋𐤀𐤌𐤓 𐤒𐤍𐤄 𐤍𐤂𐤃 𐤄𐤉𐤔𐤁𐤉𐤌 𐤅𐤍𐤂𐤃
𐤆𐤒𐤍𐤉 𐤏𐤌𐤉 𐤀𐤌 𐤕𐤂𐤀𐤋 𐤂𐤀𐤋 𐤅𐤀𐤌 𐤋𐤀 𐤉𐤂𐤀𐤋 𐤄𐤂𐤉𐤃𐤄 𐤋𐤉 𐤅𐤀𐤃𐤏
[𐤅𐤀𐤃𐤏𐤄] 𐤊𐤉 𐤀𐤉𐤍 𐤆𐤅𐤋𐤕𐤊 𐤋𐤂𐤀𐤅𐤋 𐤅𐤀𐤍𐤊𐤉 𐤀𐤇𐤓𐤉𐤊 𐤅𐤉𐤀𐤌𐤓 𐤀𐤍𐤊𐤉
𐤀𐤂𐤀𐤋•
𐤄 𐤅𐤉𐤀𐤌𐤓 𐤁𐤏𐤆 𐤁𐤉𐤅𐤌 𐤒𐤍𐤅𐤕𐤊 𐤄𐤔𐤃𐤄 𐤌𐤉𐤃 𐤍𐤏𐤌𐤉 𐤅𐤌𐤀𐤕 𐤓𐤅𐤕
𐤄𐤌𐤅𐤀𐤁𐤉𐤄 𐤀𐤔𐤕 𐤄𐤌𐤕 𐤒𐤍𐤉𐤕𐤉 [𐤒𐤍𐤉𐤕𐤄] 𐤋𐤄𐤒𐤉𐤌 𐤔𐤌 𐤄𐤌𐤕 𐤏𐤋
𐤍𐤇𐤋𐤕𐤅•
𐤅 𐤅𐤉𐤀𐤌𐤓 𐤄𐤂𐤀𐤋 𐤋𐤀 𐤀𐤅𐤊𐤋 𐤋𐤂𐤀𐤅𐤋 [𐤋𐤂𐤀𐤋] 𐤋𐤉 𐤐𐤍 𐤀𐤔𐤇𐤉𐤕 𐤀𐤕
𐤍𐤇𐤋𐤕𐤉 𐤂𐤀𐤋 𐤋𐤊 𐤀𐤕𐤄 𐤀𐤕 𐤂𐤀𐤋𐤕𐤉 𐤊𐤉 𐤋𐤀 𐤀𐤅𐤊𐤋 𐤋𐤂𐤀𐤋•
𐤆 𐤅𐤆𐤀𐤕 𐤋𐤐𐤍𐤉𐤌 𐤁𐤉𐤔𐤓𐤀𐤋 𐤏𐤋 𐤄𐤂𐤀𐤅𐤋𐤄 𐤅𐤏𐤋 𐤄𐤕𐤌𐤅𐤓𐤄 𐤋𐤒𐤉𐤌 𐤊𐤋
𐤃𐤁𐤓 𐤔𐤋𐤐 𐤀𐤉𐤔 𐤍𐤏𐤋𐤅 𐤅𐤍𐤕𐤍 𐤋𐤓𐤏𐤄𐤅 𐤅𐤆𐤀𐤕 𐤄𐤕𐤏𐤅𐤃𐤄 𐤁𐤉𐤔𐤓𐤀𐤋•
𐤇 𐤅𐤉𐤀𐤌𐤓 𐤄𐤂𐤀𐤋 𐤋𐤁𐤏𐤆 𐤒𐤍𐤄 𐤋𐤊 𐤅𐤉𐤔𐤋𐤐 𐤍𐤏𐤋𐤅•
𐤈 𐤅𐤉𐤀𐤌𐤓 𐤁𐤏𐤆 𐤋𐤆𐤒𐤍𐤉𐤌 𐤅𐤊𐤋 𐤄𐤏𐤌 𐤏𐤃𐤉𐤌 𐤀𐤕𐤌 𐤄𐤉𐤅𐤌 𐤊𐤉
𐤒𐤍𐤉𐤕𐤉 𐤀𐤕 𐤊𐤋 𐤀𐤔𐤓 𐤋𐤀𐤋𐤉𐤌𐤋𐤊 𐤅𐤀𐤕 𐤊𐤋 𐤀𐤔𐤓 𐤋𐤊𐤋𐤉𐤅𐤍 𐤅𐤌𐤇𐤋𐤅𐤍
𐤌𐤉𐤃 𐤍𐤏𐤌𐤉•
𐤉 𐤅𐤂𐤌 𐤀𐤕 𐤓𐤅𐤕 𐤄𐤌𐤀𐤁𐤉𐤄 𐤀𐤔𐤕 𐤌𐤇𐤋𐤅𐤍 𐤒𐤍𐤉𐤕𐤉 𐤋𐤉 𐤋𐤀𐤔𐤄
𐤋𐤄𐤒𐤉𐤌 𐤔𐤌 𐤄𐤌𐤕 𐤏𐤋 𐤍𐤇𐤋𐤕𐤅 𐤅𐤋𐤀 𐤉𐤊𐤓𐤕 𐤔𐤌 𐤄𐤌𐤕 𐤌𐤏𐤌 𐤀𐤇𐤉𐤅
𐤅𐤌𐤔𐤏𐤓 𐤌𐤒𐤅𐤌𐤅 𐤏𐤃𐤉𐤌 𐤀𐤕𐤌 𐤄𐤉𐤅𐤌•
𐤉𐤀 𐤅𐤉𐤀𐤌𐤓𐤅 𐤊𐤋 𐤄𐤏𐤌 𐤀𐤔𐤓 𐤁𐤔𐤏𐤓 𐤅𐤄𐤆𐤒𐤍𐤉𐤌 𐤏𐤃𐤉𐤌 𐤉𐤕𐤍 𐤉𐤄𐤅𐤄
𐤀𐤕 𐤄𐤀𐤔𐤄 𐤄𐤁𐤀𐤄 𐤀𐤋 𐤁𐤉𐤕𐤊 𐤊𐤓𐤇𐤋 𐤅𐤊𐤋𐤀𐤄 𐤀𐤔𐤓 𐤁𐤍𐤅 𐤔𐤕𐤉𐤄𐤌 𐤀𐤕
𐤁𐤉𐤕 𐤉𐤔𐤓𐤀𐤋 𐤅𐤏𐤔𐤄 𐤇𐤉𐤋 𐤁𐤀𐤐𐤓𐤕𐤄 𐤅𐤒𐤓𐤀 𐤔𐤌 𐤁𐤁𐤉𐤕 𐤋𐤇𐤌•
𐤉𐤁 𐤅𐤉𐤄𐤉 𐤁𐤉𐤕𐤊 𐤊𐤁𐤉𐤕 𐤐𐤓𐤑 𐤀𐤔𐤓 𐤉𐤋𐤃𐤄 𐤕𐤌𐤓 𐤋𐤉𐤄𐤅𐤃𐤄 𐤌𐤍 𐤄𐤆𐤓𐤏
𐤀𐤔𐤓 𐤉𐤕𐤍 𐤉𐤄𐤅𐤄 𐤋𐤊 𐤌𐤍 𐤄𐤍𐤏𐤓𐤄 𐤄𐤆𐤀𐤕•

# 𐤓𐤅𐤕

𐤉𐤂 𐤅𐤉𐤒𐤇 𐤁𐤏𐤆 𐤀𐤕 𐤓𐤅𐤕 𐤅𐤕𐤄𐤉 𐤋𐤅 𐤋𐤀𐤔𐤄 𐤅𐤉𐤁𐤀 𐤀𐤋𐤉𐤄 𐤅𐤉𐤕𐤍
𐤉𐤄𐤅𐤄 𐤋𐤄 𐤄𐤓𐤉𐤅𐤍 𐤅𐤕𐤋𐤃 𐤁𐤍•

𐤉𐤃 𐤅𐤕𐤀𐤌𐤓𐤍𐤄 𐤄𐤍𐤔𐤉𐤌 𐤀𐤋 𐤍𐤏𐤌𐤉 𐤁𐤓𐤅𐤊 𐤉𐤄𐤅𐤄 𐤀𐤔𐤓 𐤋𐤀 𐤄𐤔𐤁𐤉𐤕
𐤋𐤊 𐤂𐤀𐤋 𐤄𐤉𐤅𐤌 𐤅𐤉𐤒𐤓𐤀 𐤔𐤌𐤅 𐤁𐤉𐤔𐤓𐤀𐤋•

𐤈𐤅 𐤅𐤄𐤉𐤄 𐤋𐤊 𐤋𐤌𐤔𐤉𐤁 𐤍𐤐𐤔 𐤅𐤋𐤊𐤋𐤊𐤋 𐤀𐤕 𐤔𐤉𐤁𐤕𐤊 𐤊𐤉 𐤊𐤋𐤕𐤊 𐤀𐤔𐤓
𐤀𐤄𐤁𐤕𐤊 𐤉𐤋𐤃𐤕𐤅 𐤀𐤔𐤓 𐤄𐤉𐤀 𐤈𐤅𐤁𐤄 𐤋𐤊 𐤌𐤔𐤁𐤏𐤄 𐤁𐤍𐤉𐤌•

𐤈𐤆 𐤅𐤕𐤒𐤇 𐤍𐤏𐤌𐤉 𐤀𐤕 𐤄𐤉𐤋𐤃 𐤅𐤕𐤔𐤕𐤄𐤅 𐤁𐤇𐤉𐤒𐤄 𐤅𐤕𐤄𐤉 𐤋𐤅 𐤋𐤀𐤌𐤍𐤕•

𐤉𐤆 𐤅𐤕𐤒𐤓𐤀𐤍𐤄 𐤋𐤅 𐤄𐤔𐤊𐤍𐤅𐤕 𐤔𐤌 𐤋𐤀𐤌𐤓 𐤉𐤋𐤃 𐤁𐤍 𐤋𐤍𐤏𐤌𐤉
𐤅𐤕𐤒𐤓𐤀𐤍𐤄 𐤔𐤌𐤅 𐤏𐤅𐤁𐤃 𐤄𐤅𐤀 𐤀𐤁𐤉 𐤉𐤔𐤉 𐤀𐤁𐤉 𐤃𐤅𐤃•

𐤉𐤇 𐤅𐤀𐤋𐤄 𐤕𐤅𐤋𐤃𐤅𐤕 𐤐𐤓𐤑 𐤐𐤓𐤑 𐤄𐤅𐤋𐤉𐤃 𐤀𐤕 𐤇𐤑𐤓𐤅𐤍•

𐤉𐤈 𐤅𐤇𐤑𐤓𐤅𐤍 𐤄𐤅𐤋𐤉𐤃 𐤀𐤕 𐤓𐤌 𐤅𐤓𐤌 𐤄𐤅𐤋𐤉𐤃 𐤀𐤕 𐤏𐤌𐤉𐤍𐤃𐤁•

𐤊 𐤅𐤏𐤌𐤉𐤍𐤃𐤁 𐤄𐤅𐤋𐤉𐤃 𐤀𐤕 𐤍𐤇𐤔𐤅𐤍 𐤅𐤍𐤇𐤔𐤅𐤍 𐤄𐤅𐤋𐤉𐤃 𐤀𐤕 𐤔𐤋𐤌𐤄•

𐤊𐤀 𐤅𐤔𐤋𐤌𐤅𐤍 𐤄𐤅𐤋𐤉𐤃 𐤀𐤕 𐤁𐤏𐤆 𐤅𐤁𐤏𐤆 𐤄𐤅𐤋𐤉𐤃 𐤀𐤕 𐤏𐤅𐤁𐤃•

𐤊𐤁 𐤅𐤏𐤁𐤃 𐤄𐤅𐤋𐤉𐤃 𐤀𐤕 𐤉𐤔𐤉 𐤅𐤉𐤔𐤉 𐤄𐤅𐤋𐤉𐤃 𐤀𐤕 𐤃𐤅𐤃•

# 𐤔𐤌𐤅𐤀𐤋 𐤀

𐤐𐤓𐤒 𐤀

𐤀 𐤅𐤉𐤄𐤉 𐤀𐤉𐤔 𐤀𐤇𐤃 𐤌𐤍 𐤄𐤓𐤌𐤕𐤉𐤌 𐤑𐤅𐤐𐤉𐤌 𐤌𐤄𐤓 𐤀𐤐𐤓𐤉𐤌 𐤅𐤔𐤌𐤅
𐤀𐤋𐤒𐤍𐤄 𐤁𐤍 𐤉𐤓𐤇𐤌 𐤁𐤍 𐤀𐤋𐤉𐤄𐤅𐤀 𐤁𐤍 𐤕𐤇𐤅 𐤁𐤍 𐤑𐤅𐤐 𐤀𐤐𐤓𐤕𐤉.
𐤁 𐤅𐤋𐤅 𐤔𐤕𐤉 𐤍𐤔𐤉𐤌 𐤔𐤌 𐤀𐤇𐤕 𐤇𐤍𐤄 𐤅𐤔𐤌 𐤄𐤔𐤍𐤉𐤕 𐤐𐤍𐤍𐤄 𐤅𐤉𐤄𐤉
𐤋𐤐𐤍𐤍𐤄 𐤉𐤋𐤃𐤉𐤌 𐤅𐤋𐤇𐤍𐤄 𐤀𐤉𐤍 𐤉𐤋𐤃𐤉𐤌.
𐤂 𐤅𐤏𐤋𐤄 𐤄𐤀𐤉𐤔 𐤄𐤄𐤅𐤀 𐤌𐤏𐤉𐤓𐤅 𐤌𐤉𐤌𐤉𐤌 𐤉𐤌𐤉𐤌𐤄 𐤋𐤄𐤔𐤕𐤇𐤅𐤕
𐤅𐤋𐤆𐤁𐤇 𐤋𐤉𐤄𐤅𐤄 𐤑𐤁𐤀𐤅𐤕 𐤁𐤔𐤋𐤄 𐤅𐤔𐤌 𐤔𐤍𐤉 𐤁𐤍𐤉 𐤏𐤋𐤉 𐤇𐤐𐤍𐤉 𐤅𐤐𐤍𐤇𐤎
𐤊𐤄𐤍𐤉𐤌 𐤋𐤉𐤄𐤅𐤄.
𐤃 𐤅𐤉𐤄𐤉 𐤄𐤉𐤅𐤌 𐤅𐤉𐤆𐤁𐤇 𐤀𐤋𐤒𐤍𐤄 𐤅𐤍𐤕𐤍 𐤋𐤐𐤍𐤍𐤄 𐤀𐤔𐤕𐤅 𐤅𐤋𐤊𐤋
𐤁𐤍𐤉𐤄 𐤅𐤁𐤍𐤅𐤕𐤉𐤄 𐤌𐤍𐤅𐤕.
𐤄 𐤅𐤋𐤇𐤍𐤄 𐤉𐤕𐤍 𐤌𐤍𐤄 𐤀𐤇𐤕 𐤀𐤐𐤉𐤌 𐤊𐤉 𐤀𐤕 𐤇𐤍𐤄 𐤀𐤄𐤁 𐤅𐤉𐤄𐤅𐤄 𐤎𐤂𐤓
𐤓𐤇𐤌𐤄.
𐤅 𐤅𐤊𐤏𐤎𐤕𐤄 𐤑𐤓𐤕𐤄 𐤂𐤌 𐤊𐤏𐤎 𐤁𐤏𐤁𐤅𐤓 𐤄𐤓𐤏𐤌𐤄 𐤊𐤉 𐤎𐤂𐤓 𐤉𐤄𐤅𐤄 𐤁𐤏𐤃
𐤓𐤇𐤌𐤄.
𐤆 𐤅𐤊𐤍 𐤉𐤏𐤔𐤄 𐤔𐤍𐤄 𐤁𐤔𐤍𐤄 𐤌𐤃𐤉 𐤏𐤋𐤕𐤄 𐤁𐤁𐤉𐤕 𐤉𐤄𐤅𐤄 𐤊𐤍 𐤕𐤊𐤏𐤎𐤍𐤄
𐤅𐤕𐤁𐤊𐤄 𐤅𐤋𐤀 𐤕𐤀𐤊𐤋.
𐤇 𐤅𐤉𐤀𐤌𐤓 𐤋𐤄 𐤀𐤋𐤒𐤍𐤄 𐤀𐤉𐤔𐤄 𐤇𐤍𐤄 𐤋𐤌𐤄 𐤕𐤁𐤊𐤉 𐤅𐤋𐤌𐤄 𐤋𐤀 𐤕𐤀𐤊𐤋𐤉
𐤅𐤋𐤌𐤄 𐤉𐤓𐤏 𐤋𐤁𐤁𐤊 𐤄𐤋𐤅𐤀 𐤀𐤍𐤊𐤉 𐤈𐤅𐤁 𐤋𐤊 𐤌𐤏𐤔𐤓𐤄 𐤁𐤍𐤉𐤌.
𐤈 𐤅𐤕𐤒𐤌 𐤇𐤍𐤄 𐤀𐤇𐤓𐤉 𐤀𐤊𐤋𐤄 𐤁𐤔𐤋𐤄 𐤅𐤀𐤇𐤓𐤉 𐤔𐤕𐤄 𐤅𐤏𐤋𐤉 𐤄𐤊𐤄𐤍 𐤉𐤔𐤁
𐤏𐤋 𐤄𐤊𐤎𐤀 𐤏𐤋 𐤌𐤆𐤅𐤆𐤕 𐤄𐤉𐤊𐤋 𐤉𐤄𐤅𐤄.
𐤉 𐤅𐤄𐤉𐤀 𐤌𐤓𐤕 𐤍𐤐𐤔 𐤅𐤕𐤕𐤐𐤋𐤋 𐤏𐤋 𐤉𐤄𐤅𐤄 𐤅𐤁𐤊𐤄 𐤕𐤁𐤊𐤄.
𐤉𐤀 𐤅𐤕𐤃𐤓 𐤍𐤃𐤓 𐤅𐤕𐤀𐤌𐤓 𐤉𐤄𐤅𐤄 𐤑𐤁𐤀𐤅𐤕 𐤀𐤌 𐤓𐤀𐤄 𐤕𐤓𐤀𐤄 𐤁𐤏𐤍𐤉 𐤀𐤌𐤕𐤊
𐤅𐤆𐤊𐤓𐤕𐤍𐤉 𐤅𐤋𐤀 𐤕𐤔𐤊𐤇 𐤀𐤕 𐤀𐤌𐤕𐤊 𐤅𐤍𐤕𐤕𐤄 𐤋𐤀𐤌𐤕𐤊 𐤆𐤓𐤏 𐤀𐤍𐤔𐤉𐤌
𐤅𐤍𐤕𐤕𐤉𐤅 𐤋𐤉𐤄𐤅𐤄 𐤊𐤋 𐤉𐤌𐤉 𐤇𐤉𐤉𐤅 𐤅𐤌𐤅𐤓𐤄 𐤋𐤀 𐤉𐤏𐤋𐤄 𐤏𐤋 𐤓𐤀𐤔𐤅.
𐤉𐤁 𐤅𐤄𐤉𐤄 𐤊𐤉 𐤄𐤓𐤁𐤕𐤄 𐤋𐤄𐤕𐤐𐤋𐤋 𐤋𐤐𐤍𐤉 𐤉𐤄𐤅𐤄 𐤅𐤏𐤋𐤉 𐤔𐤌𐤓 𐤀𐤕 𐤐𐤉𐤄.
𐤉𐤂 𐤅𐤇𐤍𐤄 𐤄𐤉𐤀 𐤌𐤃𐤁𐤓𐤕 𐤏𐤋 𐤋𐤁𐤄 𐤓𐤒 𐤔𐤐𐤕𐤉𐤄 𐤍𐤏𐤅𐤕 𐤅𐤒𐤅𐤋𐤄 𐤋𐤀
𐤉𐤔𐤌𐤏 𐤅𐤉𐤇𐤔𐤁𐤄 𐤏𐤋𐤉 𐤋𐤔𐤊𐤓𐤄.
𐤉𐤃 𐤅𐤉𐤀𐤌𐤓 𐤀𐤋𐤉𐤄 𐤏𐤋𐤉 𐤏𐤃 𐤌𐤕𐤉 𐤕𐤔𐤕𐤊𐤓𐤉𐤍 𐤄𐤎𐤉𐤓𐤉 𐤀𐤕 𐤉𐤉𐤍𐤊
𐤌𐤏𐤋𐤉𐤊.
𐤈𐤅 𐤅𐤉𐤏𐤍 𐤇𐤍𐤄 𐤅𐤕𐤀𐤌𐤓 𐤋𐤀 𐤀𐤃𐤍𐤉 𐤀𐤔𐤄 𐤒𐤔𐤕 𐤓𐤅𐤇 𐤀𐤍𐤊𐤉 𐤅𐤉𐤉𐤍
𐤅𐤔𐤊𐤓 𐤋𐤀 𐤔𐤕𐤉𐤕𐤉 𐤅𐤀𐤔𐤐𐤊 𐤀𐤕 𐤍𐤐𐤔𐤉 𐤋𐤐𐤍𐤉 𐤉𐤄𐤅𐤄.
𐤈𐤆 𐤀𐤋 𐤕𐤕𐤍 𐤀𐤕 𐤀𐤌𐤕𐤊 𐤋𐤐𐤍𐤉 𐤁𐤕 𐤁𐤋𐤉𐤏𐤋 𐤊𐤉 𐤌𐤓𐤁 𐤔𐤉𐤇𐤉

𐤃𐤁𐤓𐤕𐤉 𐤏𐤃 𐤄𐤍𐤄•

𐤉𐤆 𐤅𐤉𐤏𐤍 𐤏𐤋𐤉 𐤅𐤉𐤀𐤌𐤓 𐤋𐤊𐤉 𐤋𐤔𐤋𐤅𐤌 𐤅𐤀𐤋𐤄𐤉 𐤉𐤔𐤓𐤀𐤋 𐤉𐤕𐤍 𐤀𐤕
𐤔𐤋𐤕𐤊 𐤀𐤔𐤓 𐤔𐤀𐤋𐤕 𐤌𐤏𐤌𐤅•

𐤉𐤇 𐤅𐤕𐤀𐤌𐤓 𐤕𐤌𐤑𐤀 𐤔𐤐𐤇𐤕𐤊 𐤇𐤍 𐤁𐤏𐤉𐤍𐤉𐤊 𐤅𐤕𐤋𐤊 𐤄𐤀𐤔𐤄 𐤋𐤃𐤓𐤊𐤄
𐤅𐤕𐤀𐤊𐤋 𐤅𐤐𐤍𐤉𐤄 𐤋𐤀 𐤄𐤉𐤅 𐤋𐤄 𐤏𐤅𐤃•

𐤉𐤈 𐤅𐤉𐤔𐤊𐤌𐤅 𐤁𐤁𐤒𐤓 𐤅𐤉𐤔𐤕𐤇𐤅𐤅 𐤋𐤐𐤍𐤉 𐤉𐤄𐤅𐤄 𐤅𐤉𐤔𐤁𐤅 𐤅𐤉𐤁𐤀𐤅 𐤀𐤋
𐤁𐤉𐤕𐤌 𐤄𐤓𐤌𐤕𐤄 𐤅𐤉𐤃𐤏 𐤀𐤋𐤒𐤍𐤄 𐤀𐤕 𐤇𐤍𐤄 𐤀𐤔𐤕𐤅 𐤅𐤉𐤆𐤊𐤓𐤄 𐤉𐤄𐤅𐤄•

𐤊 𐤅𐤉𐤄𐤉 𐤋𐤕𐤒𐤐𐤅𐤕 𐤄𐤉𐤌𐤉𐤌 𐤅𐤕𐤄𐤓 𐤇𐤍𐤄 𐤅𐤕𐤋𐤃 𐤁𐤍 𐤅𐤕𐤒𐤓𐤀 𐤀𐤕 𐤔𐤌𐤅
𐤔𐤌𐤅𐤀𐤋 𐤊𐤉 𐤌𐤉𐤄𐤅𐤄 𐤔𐤀𐤋𐤕𐤉𐤅•

𐤊𐤀 𐤅𐤉𐤏𐤋 𐤄𐤀𐤉𐤔 𐤀𐤋𐤒𐤍𐤄 𐤅𐤊𐤋 𐤁𐤉𐤕𐤅 𐤋𐤆𐤁𐤇 𐤋𐤉𐤄𐤅𐤄 𐤀𐤕 𐤆𐤁𐤇
𐤄𐤉𐤌𐤉𐤌 𐤅𐤀𐤕 𐤍𐤃𐤓𐤅•

𐤊𐤁 𐤅𐤇𐤍𐤄 𐤋𐤀 𐤏𐤋𐤕𐤄 𐤊𐤉 𐤀𐤌𐤓𐤄 𐤋𐤀𐤉𐤔𐤄 𐤏𐤃 𐤉𐤂𐤌𐤋 𐤄𐤍𐤏𐤓
𐤅𐤄𐤁𐤀𐤕𐤉𐤅 𐤅𐤍𐤓𐤀𐤄 𐤀𐤕 𐤐𐤍𐤉 𐤉𐤄𐤅𐤄 𐤅𐤉𐤔𐤁 𐤔𐤌 𐤏𐤃 𐤏𐤅𐤋𐤌•

𐤊𐤂 𐤅𐤉𐤀𐤌𐤓 𐤋𐤄 𐤀𐤋𐤒𐤍𐤄 𐤀𐤉𐤔𐤄 𐤏𐤔𐤉 𐤄𐤈𐤅𐤁 𐤁𐤏𐤉𐤍𐤉𐤊 𐤔𐤁𐤉 𐤏𐤃
𐤂𐤌𐤋𐤊 𐤀𐤕𐤅 𐤀𐤊 𐤉𐤒𐤌 𐤉𐤄𐤅𐤄 𐤀𐤕 𐤃𐤁𐤓𐤅 𐤅𐤕𐤔𐤁 𐤄𐤀𐤔𐤄 𐤅𐤕𐤉𐤍𐤒 𐤀𐤕
𐤁𐤍𐤄 𐤏𐤃 𐤂𐤌𐤋𐤄 𐤀𐤕𐤅•

𐤊𐤃 𐤅𐤕𐤏𐤋𐤄𐤅 𐤏𐤌𐤄 𐤊𐤀𐤔𐤓 𐤂𐤌𐤋𐤕𐤅 𐤁𐤐𐤓𐤉𐤌 𐤔𐤋𐤔𐤄 𐤅𐤀𐤉𐤐𐤄 𐤀𐤇𐤕 𐤒𐤌𐤇
𐤅𐤍𐤁𐤋 𐤉𐤉𐤍 𐤅𐤕𐤁𐤀𐤄𐤅 𐤁𐤉𐤕 𐤉𐤄𐤅𐤄 𐤔𐤋𐤅 𐤅𐤄𐤍𐤏𐤓 𐤍𐤏𐤓•

𐤊𐤄 𐤅𐤉𐤔𐤇𐤈𐤅 𐤀𐤕 𐤄𐤐𐤓 𐤅𐤉𐤁𐤀𐤅 𐤀𐤕 𐤄𐤍𐤏𐤓 𐤀𐤋 𐤏𐤋𐤉•

𐤊𐤅 𐤅𐤕𐤀𐤌𐤓 𐤁𐤉 𐤀𐤃𐤍𐤉 𐤇𐤉 𐤍𐤐𐤔𐤊 𐤀𐤃𐤍𐤉 𐤀𐤍𐤉 𐤄𐤀𐤔𐤄 𐤄𐤍𐤑𐤁𐤕
𐤏𐤌𐤊𐤄 𐤁𐤆𐤄 𐤋𐤄𐤕𐤐𐤋𐤋 𐤀𐤋 𐤉𐤄𐤅𐤄•

𐤊𐤆 𐤀𐤋 𐤄𐤍𐤏𐤓 𐤄𐤆𐤄 𐤄𐤕𐤐𐤋𐤋𐤕𐤉 𐤅𐤉𐤕𐤍 𐤉𐤄𐤅𐤄 𐤋𐤉 𐤀𐤕 𐤔𐤀𐤋𐤕𐤉 𐤀𐤔𐤓
𐤔𐤀𐤋𐤕𐤉 𐤌𐤏𐤌𐤅•

𐤊𐤇 𐤅𐤂𐤌 𐤀𐤍𐤊𐤉 𐤄𐤔𐤀𐤋𐤕𐤄𐤅 𐤋𐤉𐤄𐤅𐤄 𐤊𐤋 𐤄𐤉𐤌𐤉𐤌 𐤀𐤔𐤓 𐤄𐤉𐤄 𐤄𐤅𐤀
𐤔𐤀𐤅𐤋 𐤋𐤉𐤄𐤅𐤄 𐤅𐤉𐤔𐤕𐤇𐤅 𐤔𐤌 𐤋𐤉𐤄𐤅𐤄•

## 𐤐𐤓𐤒 𐤁

𐤀 𐤅𐤕𐤕𐤐𐤋𐤋 𐤇𐤍𐤄 𐤅𐤕𐤀𐤌𐤓 𐤏𐤋𐤑 𐤋𐤁𐤉 𐤁𐤉𐤄𐤅𐤄 𐤓𐤌𐤄 𐤒𐤓𐤍𐤉 𐤁𐤉𐤄𐤅𐤄 𐤓𐤇𐤁
𐤐𐤉 𐤏𐤋 𐤀𐤅𐤉𐤁𐤉 𐤊𐤉 𐤔𐤌𐤇𐤕𐤉 𐤁𐤉𐤔𐤅𐤏𐤕𐤊•

𐤁 𐤀𐤉𐤍 𐤒𐤃𐤅𐤔 𐤊𐤉𐤄𐤅𐤄 𐤊𐤉 𐤀𐤉𐤍 𐤁𐤋𐤕𐤊 𐤅𐤀𐤉𐤍 𐤑𐤅𐤓 𐤊𐤀𐤋𐤄𐤉𐤍𐤅•

𐤂 𐤀𐤋 𐤕𐤓𐤁𐤅 𐤕𐤃𐤁𐤓𐤅 𐤂𐤁𐤄𐤄 𐤂𐤁𐤄𐤄 𐤉𐤑𐤀 𐤏𐤕𐤒 𐤌𐤐𐤉𐤊𐤌 𐤊𐤉 𐤀𐤋 𐤃𐤏𐤅𐤕
𐤉𐤄𐤅𐤄 𐤅𐤋𐤀 [𐤅𐤋𐤅] 𐤍𐤕𐤊𐤍𐤅 𐤏𐤋𐤋𐤅𐤕•

𐤃 𐤒𐤔𐤕 𐤂𐤁𐤓𐤉𐤌 𐤇𐤕𐤉𐤌 𐤅𐤍𐤊𐤔𐤋𐤉𐤌 𐤀𐤆𐤓𐤅 𐤇𐤉𐤋•

𐤄 𐤔𐤁𐤏𐤉𐤌 𐤁𐤋𐤇𐤌 𐤍𐤔𐤊𐤓𐤅 𐤅𐤓𐤏𐤁𐤉𐤌 𐤇𐤃𐤋𐤅 𐤏𐤃 𐤏𐤒𐤓𐤄 𐤉𐤋𐤃𐤄 𐤔𐤁𐤏𐤄
𐤅𐤓𐤁𐤕 𐤁𐤍𐤉𐤌 𐤀𐤌𐤋𐤋𐤄•
𐤅 𐤉𐤄𐤅𐤄 𐤌𐤌𐤉𐤕 𐤅𐤌𐤇𐤉𐤄 𐤌𐤅𐤓𐤉𐤃 𐤔𐤀𐤅𐤋 𐤅𐤉𐤏𐤋•
𐤆 𐤉𐤄𐤅𐤄 𐤌𐤅𐤓𐤉𐤔 𐤅𐤌𐤏𐤔𐤉𐤓 𐤌𐤔𐤐𐤉𐤋 𐤀𐤐 𐤌𐤓𐤅𐤌𐤌•
𐤇 𐤌𐤒𐤉𐤌 𐤌𐤏𐤐𐤓 𐤃𐤋 𐤌𐤀𐤔𐤐𐤕 𐤉𐤓𐤉𐤌 𐤀𐤁𐤉𐤅𐤍 𐤋𐤄𐤅𐤔𐤉𐤁 𐤏𐤌 𐤍𐤃𐤉𐤁𐤉𐤌
𐤅𐤊𐤎𐤀 𐤊𐤁𐤅𐤃 𐤉𐤍𐤇𐤋𐤌 𐤊𐤉 𐤋𐤉𐤄𐤅𐤄 𐤌𐤑𐤒𐤉 𐤀𐤓𐤑 𐤅𐤉𐤔𐤕 𐤏𐤋𐤉𐤄𐤌 𐤕𐤁𐤋•
𐤈 𐤓𐤂𐤋𐤉 𐤇𐤎𐤉𐤃𐤅 [𐤇𐤎𐤉𐤃𐤉𐤅] 𐤉𐤔𐤌𐤓 𐤅𐤓𐤔𐤏𐤉𐤌 𐤁𐤇𐤔𐤊 𐤉𐤃𐤌𐤅 𐤊𐤉 𐤋𐤀
𐤁𐤊𐤇 𐤉𐤂𐤁𐤓 𐤀𐤉𐤔•
𐤉 𐤉𐤄𐤅𐤄 𐤉𐤇𐤕𐤅 𐤌𐤓𐤉𐤁𐤅 [𐤌𐤓𐤉𐤁𐤉𐤅] 𐤏𐤋𐤅 [𐤏𐤋𐤉𐤅] 𐤁𐤔𐤌𐤉𐤌 𐤉𐤓𐤏𐤌
𐤉𐤄𐤅𐤄 𐤉𐤃𐤉𐤍 𐤀𐤐𐤎𐤉 𐤀𐤓𐤑 𐤅𐤉𐤕𐤍 𐤏𐤆 𐤋𐤌𐤋𐤊𐤅 𐤅𐤉𐤓𐤌 𐤒𐤓𐤍 𐤌𐤔𐤉𐤇𐤅•
𐤉𐤀 𐤅𐤉𐤋𐤊 𐤀𐤋𐤒𐤍𐤄 𐤄𐤓𐤌𐤕𐤄 𐤏𐤋 𐤁𐤉𐤕𐤅 𐤅𐤄𐤍𐤏𐤓 𐤄𐤉𐤄 𐤌𐤔𐤓𐤕 𐤀𐤕
𐤉𐤄𐤅𐤄 𐤀𐤕 𐤐𐤍𐤉 𐤏𐤋𐤉 𐤄𐤊𐤄𐤍•
𐤉𐤁 𐤅𐤁𐤍𐤉 𐤏𐤋𐤉 𐤁𐤍𐤉 𐤁𐤋𐤉𐤏𐤋 𐤋𐤀 𐤉𐤃𐤏𐤅 𐤀𐤕 𐤉𐤄𐤅𐤄•
𐤉𐤂 𐤅𐤌𐤔𐤐𐤈 𐤄𐤊𐤄𐤍𐤉𐤌 𐤀𐤕 𐤄𐤏𐤌 𐤊𐤋 𐤀𐤉𐤔 𐤆𐤁𐤇 𐤆𐤁𐤇 𐤅𐤁𐤀 𐤍𐤏𐤓
𐤄𐤊𐤄𐤍 𐤊𐤁𐤔𐤋 𐤄𐤁𐤔𐤓 𐤅𐤄𐤌𐤆𐤋𐤂 𐤔𐤋𐤔 𐤄𐤔𐤍𐤉𐤌 𐤁𐤉𐤃𐤅•
𐤉𐤃 𐤅𐤄𐤊𐤄 𐤁𐤊𐤉𐤅𐤓 𐤀𐤅 𐤁𐤃𐤅𐤃 𐤀𐤅 𐤁𐤒𐤋𐤇𐤕 𐤀𐤅 𐤁𐤐𐤓𐤅𐤓 𐤊𐤋 𐤀𐤔𐤓 𐤉𐤏𐤋𐤄
𐤄𐤌𐤆𐤋𐤂 𐤉𐤒𐤇 𐤄𐤊𐤄𐤍 𐤁𐤅 𐤊𐤊𐤄 𐤉𐤏𐤔𐤅 𐤋𐤊𐤋 𐤉𐤔𐤓𐤀𐤋 𐤄𐤁𐤀𐤉𐤌 𐤔𐤌
𐤁𐤔𐤋𐤄•
𐤈𐤅 𐤂𐤌 𐤁𐤈𐤓𐤌 𐤉𐤒𐤈𐤓𐤅𐤍 𐤀𐤕 𐤄𐤇𐤋𐤁 𐤅𐤁𐤀 𐤍𐤏𐤓 𐤄𐤊𐤄𐤍 𐤅𐤀𐤌𐤓 𐤋𐤀𐤉𐤔
𐤄𐤆𐤁𐤇 𐤕𐤍𐤄 𐤁𐤔𐤓 𐤋𐤑𐤋𐤅𐤕 𐤋𐤊𐤄𐤍 𐤅𐤋𐤀 𐤉𐤒𐤇 𐤌𐤌𐤊 𐤁𐤔𐤓 𐤌𐤁𐤔𐤋 𐤊𐤉 𐤀𐤌
𐤇𐤉•
𐤈𐤆 𐤅𐤉𐤀𐤌𐤓 𐤀𐤋𐤉𐤅 𐤄𐤀𐤉𐤔 𐤒𐤈𐤓 𐤉𐤒𐤈𐤉𐤓𐤅𐤍 𐤊𐤉𐤅𐤌 𐤄𐤇𐤋𐤁 𐤅𐤒𐤇 𐤋𐤊
𐤊𐤀𐤔𐤓 𐤕𐤀𐤅𐤄 𐤍𐤐𐤔𐤊 𐤅𐤀𐤌𐤓 𐤋𐤅 [𐤋𐤀] 𐤊𐤉 𐤏𐤕𐤄 𐤕𐤕𐤍 𐤅𐤀𐤌 𐤋𐤀 𐤋𐤒𐤇𐤕𐤉
𐤁𐤇𐤆𐤒𐤄•
𐤉𐤆 𐤅𐤕𐤄𐤉 𐤇𐤈𐤀𐤕 𐤄𐤍𐤏𐤓𐤉𐤌 𐤂𐤃𐤅𐤋𐤄 𐤌𐤀𐤃 𐤀𐤕 𐤐𐤍𐤉 𐤉𐤄𐤅𐤄 𐤊𐤉 𐤍𐤀𐤑𐤅
𐤄𐤀𐤍𐤔𐤉𐤌 𐤀𐤕 𐤌𐤍𐤇𐤕 𐤉𐤄𐤅𐤄•
𐤉𐤇 𐤅𐤔𐤌𐤅𐤀𐤋 𐤌𐤔𐤓𐤕 𐤀𐤕 𐤐𐤍𐤉 𐤉𐤄𐤅𐤄 𐤍𐤏𐤓 𐤇𐤂𐤅𐤓 𐤀𐤐𐤅𐤃 𐤁𐤃•
𐤉𐤈 𐤅𐤌𐤏𐤉𐤋 𐤒𐤈𐤍 𐤕𐤏𐤔𐤄 𐤋𐤅 𐤀𐤌𐤅 𐤅𐤄𐤏𐤋𐤕𐤄 𐤋𐤅 𐤌𐤉𐤌𐤉𐤌 𐤉𐤌𐤉𐤌𐤄
𐤁𐤏𐤋𐤅𐤕𐤄 𐤀𐤕 𐤀𐤉𐤔𐤄 𐤋𐤆𐤁𐤇 𐤀𐤕 𐤆𐤁𐤇 𐤄𐤉𐤌𐤉𐤌•
𐤊 𐤅𐤁𐤓𐤊 𐤏𐤋𐤉 𐤀𐤕 𐤀𐤋𐤒𐤍𐤄 𐤅𐤀𐤕 𐤀𐤔𐤕𐤅 𐤅𐤀𐤌𐤓 𐤉𐤔𐤌 𐤉𐤄𐤅𐤄 𐤋𐤊 𐤆𐤓𐤏
𐤌𐤍 𐤄𐤀𐤔𐤄 𐤄𐤆𐤀𐤕 𐤕𐤇𐤕 𐤄𐤔𐤀𐤋𐤄 𐤀𐤔𐤓 𐤔𐤀𐤋 𐤋𐤉𐤄𐤅𐤄 𐤅𐤉𐤋𐤊𐤅
𐤋𐤌𐤒𐤌𐤅•
𐤊𐤀 𐤊𐤉 𐤐𐤒𐤃 𐤉𐤄𐤅𐤄 𐤀𐤕 𐤇𐤍𐤄 𐤅𐤕𐤄𐤓 𐤅𐤕𐤋𐤃 𐤔𐤋𐤔𐤄 𐤁𐤍𐤉𐤌 𐤅𐤔𐤕𐤉

# 𐤔𐤌𐤅𐤀𐤋 𐤀

𐤁𐤍𐤅𐤕 𐤅𐤉𐤂𐤃𐤋 𐤄𐤍𐤏𐤓 𐤔𐤌𐤅𐤀𐤋 𐤏𐤌 𐤉𐤄𐤅𐤄.

𐤊𐤁𐤅𐤏𐤋𐤉 𐤆𐤒𐤍 𐤌𐤀𐤃 𐤅𐤔𐤌𐤏 𐤀𐤕 𐤊𐤋 𐤀𐤔𐤓 𐤉𐤏𐤔𐤅𐤍 𐤁𐤍𐤉𐤅 𐤋𐤊𐤋
𐤉𐤔𐤓𐤀𐤋 𐤅𐤀𐤕 𐤀𐤔𐤓 𐤉𐤔𐤊𐤁𐤍 𐤀𐤕 𐤄𐤍𐤔𐤉𐤌 𐤄𐤑𐤁𐤀𐤅𐤕 𐤐𐤕𐤇 𐤀𐤄𐤋 𐤌𐤅𐤏𐤃.

𐤊𐤂𐤅𐤉𐤀𐤌𐤓 𐤋𐤄𐤌 𐤋𐤌𐤄 𐤕𐤏𐤔𐤅𐤍 𐤊𐤃𐤁𐤓𐤉𐤌 𐤄𐤀𐤋𐤄 𐤀𐤔𐤓 𐤀𐤍𐤊𐤉 𐤔𐤌𐤏
𐤀𐤕 𐤃𐤁𐤓𐤉𐤊𐤌 𐤓𐤏𐤉𐤌 𐤌𐤀𐤕 𐤊𐤋 𐤄𐤏𐤌 𐤀𐤋𐤄.

𐤊𐤃𐤀𐤋 𐤁𐤍𐤉 𐤊𐤉 𐤋𐤅𐤀 𐤈𐤅𐤁𐤄 𐤄𐤔𐤌𐤏𐤄 𐤀𐤔𐤓 𐤀𐤍𐤊𐤉 𐤔𐤌𐤏 𐤌𐤏𐤁𐤓𐤉𐤌
𐤏𐤌 𐤉𐤄𐤅𐤄.

𐤊𐤄𐤀𐤌 𐤉𐤇𐤈𐤀 𐤀𐤉𐤔 𐤋𐤀𐤉𐤔 𐤅𐤐𐤋𐤋𐤅 𐤀𐤋𐤄𐤉𐤌 𐤅𐤀𐤌 𐤋𐤉𐤄𐤅𐤄 𐤉𐤇𐤈𐤀
𐤀𐤉𐤔 𐤌𐤉 𐤉𐤕𐤐𐤋𐤋 𐤋𐤅 𐤅𐤋𐤀 𐤉𐤔𐤌𐤏𐤅 𐤋𐤒𐤅𐤋 𐤀𐤁𐤉𐤄𐤌 𐤊𐤉 𐤇𐤐𐤑 𐤉𐤄𐤅𐤄
𐤋𐤄𐤌𐤉𐤕𐤌.

𐤊𐤅𐤅𐤄𐤍𐤏𐤓 𐤔𐤌𐤅𐤀𐤋 𐤄𐤋𐤊 𐤅𐤂𐤃𐤋 𐤅𐤈𐤅𐤁 𐤂𐤌 𐤏𐤌 𐤉𐤄𐤅𐤄 𐤅𐤂𐤌 𐤏𐤌
𐤀𐤍𐤔𐤉𐤌.

𐤊𐤆𐤅𐤉𐤁𐤀 𐤀𐤉𐤔 𐤀𐤋𐤄𐤉𐤌 𐤀𐤋 𐤏𐤋𐤉 𐤅𐤉𐤀𐤌𐤓 𐤀𐤋𐤉𐤅 𐤊𐤄 𐤀𐤌𐤓 𐤉𐤄𐤅𐤄
𐤄𐤍𐤂𐤋𐤄 𐤍𐤂𐤋𐤉𐤕𐤉 𐤀𐤋 𐤁𐤉𐤕 𐤀𐤁𐤉𐤊 𐤁𐤄𐤉𐤅𐤕𐤌 𐤁𐤌𐤑𐤓𐤉𐤌 𐤋𐤁𐤉𐤕 𐤐𐤓𐤏𐤄.

𐤊𐤇𐤅𐤁𐤇𐤓 𐤀𐤕𐤅 𐤌𐤊𐤋 𐤔𐤁𐤈𐤉 𐤉𐤔𐤓𐤀𐤋 𐤋𐤉 𐤋𐤊𐤄𐤍 𐤋𐤏𐤋𐤅𐤕 𐤏𐤋 𐤌𐤆𐤁𐤇𐤉
𐤋𐤄𐤒𐤈𐤉𐤓 𐤒𐤈𐤓𐤕 𐤋𐤔𐤀𐤕 𐤀𐤐𐤅𐤃 𐤋𐤐𐤍𐤉 𐤅𐤀𐤕𐤍𐤄 𐤋𐤁𐤉𐤕 𐤀𐤁𐤉𐤊 𐤀𐤕 𐤊𐤋
𐤀𐤔𐤉 𐤁𐤍𐤉 𐤉𐤔𐤓𐤀𐤋.

𐤊𐤈𐤋𐤌𐤄 𐤕𐤁𐤏𐤈𐤅 𐤁𐤆𐤁𐤇𐤉 𐤅𐤁𐤌𐤍𐤇𐤕𐤉 𐤀𐤔𐤓 𐤑𐤅𐤉𐤕𐤉 𐤌𐤏𐤅𐤍 𐤅𐤕𐤊𐤁𐤃
𐤀𐤕 𐤁𐤍𐤉𐤊 𐤌𐤌𐤍𐤉 𐤋𐤄𐤁𐤓𐤉𐤀𐤊𐤌 𐤌𐤓𐤀𐤔𐤉𐤕 𐤊𐤋 𐤌𐤍𐤇𐤕 𐤉𐤔𐤓𐤀𐤋 𐤋𐤏𐤌𐤉.

𐤋𐤋𐤊𐤍 𐤍𐤀𐤌 𐤉𐤄𐤅𐤄 𐤀𐤋𐤄𐤉 𐤉𐤔𐤓𐤀𐤋 𐤀𐤌𐤅𐤓 𐤀𐤌𐤓𐤕𐤉 𐤁𐤉𐤕𐤊 𐤅𐤁𐤉𐤕
𐤀𐤁𐤉𐤊 𐤉𐤕𐤄𐤋𐤊𐤅 𐤋𐤐𐤍𐤉 𐤏𐤃 𐤏𐤅𐤋𐤌 𐤅𐤏𐤕𐤄 𐤍𐤀𐤌 𐤉𐤄𐤅𐤄 𐤇𐤋𐤉𐤋𐤄 𐤋𐤉
𐤊𐤉 𐤌𐤊𐤁𐤃𐤉 𐤀𐤊𐤁𐤃 𐤅𐤁𐤆𐤉 𐤉𐤒𐤋𐤅.

𐤋𐤀𐤄𐤍𐤄 𐤉𐤌𐤉𐤌 𐤁𐤀𐤉𐤌 𐤅𐤂𐤃𐤏𐤕𐤉 𐤀𐤕 𐤆𐤓𐤏𐤊 𐤅𐤀𐤕 𐤆𐤓𐤏 𐤁𐤉𐤕 𐤀𐤁𐤉𐤊
𐤌𐤄𐤉𐤅𐤕 𐤆𐤒𐤍 𐤁𐤁𐤉𐤕𐤊.

𐤋𐤁𐤅𐤄𐤁𐤈𐤕 𐤑𐤓 𐤌𐤏𐤅𐤍 𐤁𐤊𐤋 𐤀𐤔𐤓 𐤉𐤉𐤈𐤉𐤁 𐤀𐤕 𐤉𐤔𐤓𐤀𐤋 𐤅𐤋𐤀 𐤉𐤄𐤉𐤄
𐤆𐤒𐤍 𐤁𐤁𐤉𐤕𐤊 𐤊𐤋 𐤄𐤉𐤌𐤉𐤌.

𐤋𐤂𐤅𐤀𐤉𐤔 𐤋𐤀 𐤀𐤊𐤓𐤉𐤕 𐤋𐤊 𐤌𐤏𐤌 𐤌𐤆𐤁𐤇𐤉 𐤋𐤊𐤋𐤅𐤕 𐤀𐤕 𐤏𐤉𐤍𐤉𐤊
𐤅𐤋𐤀𐤃𐤉𐤁 𐤀𐤕 𐤍𐤐𐤔𐤊 𐤅𐤊𐤋 𐤌𐤓𐤁𐤉𐤕 𐤁𐤉𐤕𐤊 𐤉𐤌𐤅𐤕𐤅 𐤀𐤍𐤔𐤉𐤌.

𐤋𐤃𐤅𐤆𐤄 𐤋𐤊 𐤄𐤀𐤅𐤕 𐤀𐤔𐤓 𐤉𐤁𐤀 𐤀𐤋 𐤔𐤍𐤉 𐤁𐤍𐤉𐤊 𐤀𐤋 𐤇𐤐𐤍𐤉 𐤅𐤐𐤉𐤍𐤇𐤎
𐤁𐤉𐤅𐤌 𐤀𐤇𐤃 𐤉𐤌𐤅𐤕𐤅 𐤔𐤍𐤉𐤄𐤌.

𐤋𐤄𐤅𐤄𐤒𐤌𐤕𐤉 𐤋𐤉 𐤊𐤄𐤍 𐤍𐤀𐤌𐤍 𐤊𐤀𐤔𐤓 𐤁𐤋𐤁𐤁𐤉 𐤅𐤁𐤍𐤐𐤔𐤉 𐤉𐤏𐤔𐤄
𐤅𐤁𐤍𐤉𐤕𐤉 𐤋𐤅 𐤁𐤉𐤕 𐤍𐤀𐤌𐤍 𐤅𐤄𐤕𐤄𐤋𐤊 𐤋𐤐𐤍𐤉 𐤌𐤔𐤉𐤇𐤉 𐤊𐤋 𐤄𐤉𐤌𐤉𐤌.

𐤋𐤅𐤅𐤄𐤉𐤄 𐤊𐤋 𐤄𐤍𐤅𐤕𐤓 𐤁𐤁𐤉𐤕𐤊 𐤉𐤁𐤅𐤀 𐤋𐤄𐤔𐤕𐤇𐤅𐤕 𐤋𐤅 𐤋𐤀𐤂𐤅𐤓𐤕 𐤊𐤎𐤐

# 𐤔𐤌𐤅𐤀𐤋 𐤀

𐤅𐤊𐤊𐤓 𐤋𐤇𐤌 𐤅𐤀𐤌𐤓 𐤎𐤐𐤇𐤍𐤉 𐤍𐤀 𐤀𐤋 𐤀𐤇𐤕 𐤄𐤊𐤄𐤍𐤅𐤕 𐤋𐤀𐤊𐤋 𐤐𐤕 𐤋𐤇𐤌•

## 𐤐𐤓𐤒 𐤂

𐤀 𐤅𐤄𐤍𐤏𐤓 𐤔𐤌𐤅𐤀𐤋 𐤌𐤔𐤓𐤕 𐤀𐤕 𐤉𐤄𐤅𐤄 𐤋𐤐𐤍𐤉 𐤏𐤋𐤉 𐤅𐤃𐤁𐤓 𐤉𐤄𐤅𐤄 𐤄𐤉𐤄
𐤉𐤒𐤓 𐤁𐤉𐤌𐤉𐤌 𐤄𐤄𐤌 𐤀𐤉𐤍 𐤇𐤆𐤅𐤍 𐤍𐤐𐤓𐤑•
𐤁 𐤅𐤉𐤄𐤉 𐤁𐤉𐤅𐤌 𐤄𐤄𐤅𐤀 𐤅𐤏𐤋𐤉 𐤔𐤊𐤁 𐤁𐤌𐤒𐤅𐤌𐤅 𐤅𐤏𐤉𐤍𐤅 [𐤅𐤏𐤉𐤍𐤉𐤅]
𐤄𐤇𐤋𐤅 𐤊𐤄𐤅𐤕 𐤋𐤀 𐤉𐤅𐤊𐤋 𐤋𐤓𐤀𐤅𐤕•
𐤂 𐤅𐤍𐤓 𐤀𐤋𐤄𐤉𐤌 𐤈𐤓𐤌 𐤉𐤊𐤁𐤄 𐤅𐤔𐤌𐤅𐤀𐤋 𐤔𐤊𐤁 𐤁𐤄𐤉𐤊𐤋 𐤉𐤄𐤅𐤄 𐤀𐤔𐤓
𐤔𐤌 𐤀𐤓𐤅𐤍 𐤀𐤋𐤄𐤉𐤌•
𐤃 𐤅𐤉𐤒𐤓𐤀 𐤉𐤄𐤅𐤄 𐤀𐤋 𐤔𐤌𐤅𐤀𐤋 𐤅𐤉𐤀𐤌𐤓 𐤄𐤍𐤍𐤉•
𐤄 𐤅𐤉𐤓𐤑 𐤀𐤋 𐤏𐤋𐤉 𐤅𐤉𐤀𐤌𐤓 𐤄𐤍𐤍𐤉 𐤊𐤉 𐤒𐤓𐤀𐤕 𐤋𐤉 𐤅𐤉𐤀𐤌𐤓 𐤋𐤀
𐤒𐤓𐤀𐤕𐤉 𐤔𐤅𐤁 𐤔𐤊𐤁 𐤅𐤉𐤋𐤊 𐤅𐤉𐤔𐤊𐤁•
𐤅 𐤅𐤉𐤎𐤐 𐤉𐤄𐤅𐤄 𐤒𐤓𐤀 𐤏𐤅𐤃 𐤔𐤌𐤅𐤀𐤋 𐤅𐤉𐤒𐤌 𐤔𐤌𐤅𐤀𐤋 𐤅𐤉𐤋𐤊 𐤀𐤋 𐤏𐤋𐤉
𐤅𐤉𐤀𐤌𐤓 𐤄𐤍𐤍𐤉 𐤊𐤉 𐤒𐤓𐤀𐤕 𐤋𐤉 𐤅𐤉𐤀𐤌𐤓 𐤋𐤀 𐤒𐤓𐤀𐤕𐤉 𐤁𐤍𐤉 𐤔𐤅𐤁 𐤔𐤊𐤁•
𐤆 𐤅𐤔𐤌𐤅𐤀𐤋 𐤈𐤓𐤌 𐤉𐤃𐤏 𐤀𐤕 𐤉𐤄𐤅𐤄 𐤅𐤈𐤓𐤌 𐤉𐤂𐤋𐤄 𐤀𐤋𐤉𐤅 𐤃𐤁𐤓 𐤉𐤄𐤅𐤄•
𐤇 𐤅𐤉𐤎𐤐 𐤉𐤄𐤅𐤄 𐤒𐤓𐤀 𐤔𐤌𐤅𐤀𐤋 𐤁𐤔𐤋𐤔𐤉𐤕 𐤅𐤉𐤒𐤌 𐤅𐤉𐤋𐤊 𐤀𐤋 𐤏𐤋𐤉
𐤅𐤉𐤀𐤌𐤓 𐤄𐤍𐤍𐤉 𐤊𐤉 𐤒𐤓𐤀𐤕 𐤋𐤉 𐤅𐤉𐤁𐤍 𐤏𐤋𐤉 𐤊𐤉 𐤉𐤄𐤅𐤄 𐤒𐤓𐤀 𐤋𐤍𐤏𐤓•
𐤈 𐤅𐤉𐤀𐤌𐤓 𐤏𐤋𐤉 𐤋𐤔𐤌𐤅𐤀𐤋 𐤋𐤊 𐤔𐤊𐤁 𐤅𐤄𐤉𐤄 𐤀𐤌 𐤉𐤒𐤓𐤀 𐤀𐤋𐤉𐤊
𐤅𐤀𐤌𐤓𐤕 𐤃𐤁𐤓 𐤉𐤄𐤅𐤄 𐤊𐤉 𐤔𐤌𐤏 𐤏𐤁𐤃𐤊 𐤅𐤉𐤋𐤊 𐤔𐤌𐤅𐤀𐤋 𐤅𐤉𐤔𐤊𐤁
𐤁𐤌𐤒𐤅𐤌𐤅•
𐤉 𐤅𐤉𐤁𐤀 𐤉𐤄𐤅𐤄 𐤅𐤉𐤕𐤉𐤑𐤁 𐤅𐤉𐤒𐤓𐤀 𐤊𐤐𐤏𐤌 𐤁𐤐𐤏𐤌 𐤔𐤌𐤅𐤀𐤋 𐤔𐤌𐤅𐤀𐤋
𐤅𐤉𐤀𐤌𐤓 𐤔𐤌𐤅𐤀𐤋 𐤃𐤁𐤓 𐤊𐤉 𐤔𐤌𐤏 𐤏𐤁𐤃𐤊•
𐤉𐤀 𐤅𐤉𐤀𐤌𐤓 𐤉𐤄𐤅𐤄 𐤀𐤋 𐤔𐤌𐤅𐤀𐤋 𐤄𐤍𐤄 𐤀𐤍𐤊𐤉 𐤏𐤔𐤄 𐤃𐤁𐤓 𐤁𐤉𐤔𐤓𐤀𐤋
𐤀𐤔𐤓 𐤊𐤋 𐤔𐤌𐤏𐤅 𐤕𐤑𐤋𐤉𐤍𐤄 𐤔𐤕𐤉 𐤀𐤆𐤍𐤉𐤅•
𐤉𐤁 𐤁𐤉𐤅𐤌 𐤄𐤄𐤅𐤀 𐤀𐤒𐤉𐤌 𐤀𐤋 𐤏𐤋𐤉 𐤀𐤕 𐤊𐤋 𐤀𐤔𐤓 𐤃𐤁𐤓𐤕𐤉 𐤀𐤋 𐤁𐤉𐤕𐤅
𐤄𐤇𐤋 𐤅𐤊𐤋𐤄•
𐤉𐤂 𐤅𐤄𐤂𐤃𐤕𐤉 𐤋𐤅 𐤊𐤉 𐤔𐤐𐤈 𐤀𐤍𐤉 𐤀𐤕 𐤁𐤉𐤕𐤅 𐤏𐤃 𐤏𐤅𐤋𐤌 𐤁𐤏𐤅𐤍 𐤀𐤔𐤓
𐤉𐤃𐤏 𐤊𐤉 𐤌𐤒𐤋𐤋𐤉𐤌 𐤋𐤄𐤌 𐤁𐤍𐤉𐤅 𐤅𐤋𐤀 𐤊𐤄𐤄 𐤁𐤌•
𐤉𐤃 𐤅𐤋𐤊𐤍 𐤍𐤔𐤁𐤏𐤕𐤉 𐤋𐤁𐤉𐤕 𐤏𐤋𐤉 𐤀𐤌 𐤉𐤕𐤊𐤐𐤓 𐤏𐤅𐤍 𐤁𐤉𐤕 𐤏𐤋𐤉 𐤁𐤆𐤁𐤇
𐤅𐤁𐤌𐤍𐤇𐤄 𐤏𐤃 𐤏𐤅𐤋𐤌•
𐤈𐤅 𐤅𐤉𐤔𐤊𐤁 𐤔𐤌𐤅𐤀𐤋 𐤏𐤃 𐤄𐤁𐤒𐤓 𐤅𐤉𐤐𐤕𐤇 𐤀𐤕 𐤃𐤋𐤕𐤅𐤕 𐤁𐤉𐤕 𐤉𐤄𐤅𐤄
𐤅𐤔𐤌𐤅𐤀𐤋 𐤉𐤓𐤀 𐤌𐤄𐤂𐤉𐤃 𐤀𐤕 𐤄𐤌𐤓𐤀𐤄 𐤀𐤋 𐤏𐤋𐤉•
𐤈𐤆 𐤅𐤉𐤒𐤓𐤀 𐤏𐤋𐤉 𐤀𐤕 𐤔𐤌𐤅𐤀𐤋 𐤅𐤉𐤀𐤌𐤓 𐤔𐤌𐤅𐤀𐤋 𐤁𐤍𐤉 𐤅𐤉𐤀𐤌𐤓

𐤄𐤍𐤍𐤉.

𐤉𐤆 𐤅𐤉𐤀𐤌𐤓 𐤌𐤄 𐤄𐤃𐤁𐤓 𐤀𐤔𐤓 𐤃𐤁𐤓 𐤀𐤋𐤉𐤊 𐤀𐤋 𐤍𐤀 𐤕𐤊𐤇𐤃 𐤌𐤌𐤍𐤉 𐤊𐤄
𐤉𐤏𐤔𐤄 𐤋𐤊 𐤀𐤋𐤄𐤉𐤌 𐤅𐤊𐤄 𐤉𐤅𐤎𐤉𐤐 𐤀𐤌 𐤕𐤊𐤇𐤃 𐤌𐤌𐤍𐤉 𐤃𐤁𐤓 𐤌𐤊𐤋 𐤄𐤃𐤁𐤓
𐤀𐤔𐤓 𐤃𐤁𐤓 𐤀𐤋𐤉𐤊.

𐤉𐤇 𐤅𐤉𐤂𐤃 𐤋𐤅 𐤔𐤌𐤅𐤀𐤋 𐤀𐤕 𐤊𐤋 𐤄𐤃𐤁𐤓𐤉𐤌 𐤅𐤋𐤀 𐤊𐤇𐤃 𐤌𐤌𐤍𐤅 𐤅𐤉𐤀𐤌𐤓
𐤉𐤄𐤅𐤄 𐤄𐤅𐤀 𐤄𐤈𐤅𐤁 𐤁𐤏𐤉𐤍𐤅 𐤉𐤏𐤔𐤄.

𐤉𐤈 𐤅𐤉𐤂𐤃𐤋 𐤔𐤌𐤅𐤀𐤋 𐤅𐤉𐤄𐤅𐤄 𐤄𐤉𐤄 𐤏𐤌𐤅 𐤅𐤋𐤀 𐤄𐤐𐤉𐤋 𐤌𐤊𐤋 𐤃𐤁𐤓𐤉𐤅
𐤀𐤓𐤑𐤄.

𐤊 𐤅𐤉𐤃𐤏 𐤊𐤋 𐤉𐤔𐤓𐤀𐤋 𐤌𐤃𐤍 𐤅𐤏𐤃 𐤁𐤀𐤓 𐤔𐤁𐤏 𐤊𐤉 𐤍𐤀𐤌𐤍 𐤔𐤌𐤅𐤀𐤋
𐤋𐤍𐤁𐤉𐤀 𐤋𐤉𐤄𐤅𐤄.

𐤊𐤀 𐤅𐤉𐤎𐤐 𐤉𐤄𐤅𐤄 𐤋𐤄𐤓𐤀𐤄 𐤁𐤔𐤋𐤄 𐤊𐤉 𐤍𐤂𐤋𐤄 𐤉𐤄𐤅𐤄 𐤀𐤋 𐤔𐤌𐤅𐤀𐤋
𐤁𐤔𐤋𐤅 𐤁𐤃𐤁𐤓 𐤉𐤄𐤅𐤄.

## 𐤐𐤓𐤒 𐤃

𐤀 𐤅𐤉𐤄𐤉 𐤃𐤁𐤓 𐤔𐤌𐤅𐤀𐤋 𐤋𐤊𐤋 𐤉𐤔𐤓𐤀𐤋 𐤅𐤉𐤑𐤀 𐤉𐤔𐤓𐤀𐤋 𐤋𐤒𐤓𐤀𐤕
𐤐𐤋𐤔𐤕𐤉𐤌 𐤋𐤌𐤋𐤇𐤌𐤄 𐤅𐤉𐤇𐤍𐤅 𐤏𐤋 𐤄𐤀𐤁𐤍 𐤄𐤏𐤆𐤓 𐤅𐤐𐤋𐤔𐤕𐤉𐤌 𐤇𐤍𐤅 𐤁𐤀𐤐𐤒.
𐤁 𐤅𐤉𐤏𐤓𐤊𐤅 𐤐𐤋𐤔𐤕𐤉𐤌 𐤋𐤒𐤓𐤀𐤕 𐤉𐤔𐤓𐤀𐤋 𐤅𐤕𐤈𐤔 𐤄𐤌𐤋𐤇𐤌𐤄 𐤅𐤉𐤍𐤂𐤐
𐤉𐤔𐤓𐤀𐤋 𐤋𐤐𐤍𐤉 𐤐𐤋𐤔𐤕𐤉𐤌 𐤅𐤉𐤊𐤅 𐤁𐤌𐤏𐤓𐤊𐤄 𐤁𐤔𐤃𐤄 𐤊𐤀𐤓𐤁𐤏𐤕 𐤀𐤋𐤐𐤉𐤌
𐤀𐤉𐤔.

𐤂 𐤅𐤉𐤁𐤀 𐤄𐤏𐤌 𐤀𐤋 𐤄𐤌𐤇𐤍𐤄 𐤅𐤉𐤀𐤌𐤓𐤅 𐤆𐤒𐤍𐤉 𐤉𐤔𐤓𐤀𐤋 𐤋𐤌𐤄 𐤍𐤂𐤐𐤍𐤅
𐤉𐤄𐤅𐤄 𐤄𐤉𐤅𐤌 𐤋𐤐𐤍𐤉 𐤐𐤋𐤔𐤕𐤉𐤌 𐤍𐤒𐤇𐤄 𐤀𐤋𐤉𐤍𐤅 𐤌𐤔𐤋𐤄 𐤀𐤕 𐤀𐤓𐤅𐤍
𐤁𐤓𐤉𐤕 𐤉𐤄𐤅𐤄 𐤅𐤉𐤁𐤀 𐤁𐤒𐤓𐤁𐤍𐤅 𐤅𐤉𐤔𐤏𐤍𐤅 𐤌𐤊𐤐 𐤀𐤉𐤁𐤉𐤍𐤅.

𐤃 𐤅𐤉𐤔𐤋𐤇 𐤄𐤏𐤌 𐤔𐤋𐤄 𐤅𐤉𐤔𐤀𐤅 𐤌𐤔𐤌 𐤀𐤕 𐤀𐤓𐤅𐤍 𐤁𐤓𐤉𐤕 𐤉𐤄𐤅𐤄
𐤑𐤁𐤀𐤅𐤕 𐤉𐤔𐤁 𐤄𐤊𐤓𐤁𐤉𐤌 𐤅𐤔𐤌 𐤔𐤍𐤉 𐤁𐤍𐤉 𐤏𐤋𐤉 𐤏𐤌 𐤀𐤓𐤅𐤍 𐤁𐤓𐤉𐤕
𐤄𐤀𐤋𐤄𐤉𐤌 𐤇𐤐𐤍𐤉 𐤅𐤐𐤉𐤍𐤇𐤎.

𐤄 𐤅𐤉𐤄𐤉 𐤊𐤁𐤅𐤀 𐤀𐤓𐤅𐤍 𐤁𐤓𐤉𐤕 𐤉𐤄𐤅𐤄 𐤀𐤋 𐤄𐤌𐤇𐤍𐤄 𐤅𐤉𐤓𐤉𐤏𐤅 𐤊𐤋
𐤉𐤔𐤓𐤀𐤋 𐤕𐤓𐤅𐤏𐤄 𐤂𐤃𐤅𐤋𐤄 𐤅𐤕𐤄𐤌 𐤄𐤀𐤓𐤑.

𐤅 𐤅𐤉𐤔𐤌𐤏𐤅 𐤐𐤋𐤔𐤕𐤉𐤌 𐤀𐤕 𐤒𐤅𐤋 𐤄𐤕𐤓𐤅𐤏𐤄 𐤅𐤉𐤀𐤌𐤓𐤅 𐤌𐤄 𐤒𐤅𐤋
𐤄𐤕𐤓𐤅𐤏𐤄 𐤄𐤂𐤃𐤅𐤋𐤄 𐤄𐤆𐤀𐤕 𐤁𐤌𐤇𐤍𐤄 𐤄𐤏𐤁𐤓𐤉𐤌 𐤅𐤉𐤃𐤏𐤅 𐤊𐤉 𐤀𐤓𐤅𐤍
𐤉𐤄𐤅𐤄 𐤁𐤀 𐤀𐤋 𐤄𐤌𐤇𐤍𐤄.

𐤆 𐤅𐤉𐤓𐤀𐤅 𐤄𐤐𐤋𐤔𐤕𐤉𐤌 𐤊𐤉 𐤀𐤌𐤓𐤅 𐤁𐤀 𐤀𐤋𐤄𐤉𐤌 𐤀𐤋 𐤄𐤌𐤇𐤍𐤄 𐤅𐤉𐤀𐤌𐤓𐤅
𐤀𐤅𐤉 𐤋𐤍𐤅 𐤊𐤉 𐤋𐤀 𐤄𐤉𐤕𐤄 𐤊𐤆𐤀𐤕 𐤀𐤕𐤌𐤅𐤋 𐤔𐤋𐤔𐤌.

𐤇 𐤀𐤅𐤉 𐤋𐤍𐤅 𐤌𐤉 𐤉𐤑𐤉𐤋𐤍𐤅 𐤌𐤉𐤃 𐤄𐤀𐤋𐤄𐤉𐤌 𐤄𐤀𐤃𐤉𐤓𐤉𐤌 𐤄𐤀𐤋𐤄 𐤀𐤋𐤄

𐤄𐤌 𐤄𐤀𐤋𐤄𐤉𐤌 𐤄𐤌𐤊𐤉𐤌 𐤀𐤕 𐤌𐤑𐤓𐤉𐤌 𐤁𐤊𐤋 𐤌𐤊𐤄 𐤁𐤌𐤃𐤁𐤓.
𐤈 𐤄𐤕𐤇𐤆𐤒𐤅 𐤅𐤄𐤉𐤅 𐤋𐤀𐤍𐤔𐤉𐤌 𐤐𐤋𐤔𐤕𐤉𐤌 𐤐𐤍 𐤕𐤏𐤁𐤃𐤅 𐤋𐤏𐤁𐤓𐤉𐤌 𐤊𐤀𐤔𐤓
𐤏𐤁𐤃𐤅 𐤋𐤊𐤌 𐤅𐤄𐤉𐤉𐤕𐤌 𐤋𐤀𐤍𐤔𐤉𐤌 𐤅𐤍𐤋𐤇𐤌𐤕𐤌.
𐤉 𐤅𐤉𐤋𐤇𐤌𐤅 𐤐𐤋𐤔𐤕𐤉𐤌 𐤅𐤉𐤍𐤂𐤐𐤅 𐤉𐤔𐤓𐤀𐤋 𐤅𐤉𐤍𐤎𐤅 𐤀𐤉𐤔 𐤋𐤀𐤄𐤋𐤉𐤅
𐤅𐤕𐤄𐤉 𐤄𐤌𐤊𐤄 𐤂𐤃𐤅𐤋𐤄 𐤌𐤀𐤃 𐤅𐤉𐤐𐤋 𐤌𐤉𐤔𐤓𐤀𐤋 𐤔𐤋𐤔𐤉𐤌 𐤀𐤋𐤐 𐤓𐤂𐤋𐤉.
𐤉𐤀 𐤅𐤀𐤓𐤅𐤍 𐤀𐤋𐤄𐤉𐤌 𐤍𐤋𐤒𐤇 𐤅𐤔𐤍𐤉 𐤁𐤍𐤉 𐤏𐤋𐤉 𐤌𐤕𐤅 𐤇𐤐𐤍𐤉 𐤅𐤐𐤉𐤍𐤇𐤎.
𐤉𐤁 𐤅𐤉𐤓𐤑 𐤀𐤉𐤔 𐤁𐤍𐤉𐤌𐤍 𐤌𐤄𐤌𐤏𐤓𐤊𐤄 𐤅𐤉𐤁𐤀 𐤔𐤋𐤄 𐤁𐤉𐤅𐤌 𐤄𐤄𐤅𐤀
𐤅𐤌𐤃𐤉𐤅 𐤒𐤓𐤏𐤉𐤌 𐤅𐤀𐤃𐤌𐤄 𐤏𐤋 𐤓𐤀𐤔𐤅.
𐤉𐤂 𐤅𐤉𐤁𐤅𐤀 𐤅𐤄𐤍𐤄 𐤏𐤋𐤉 𐤉𐤔𐤁 𐤏𐤋 𐤄𐤊𐤎𐤀 𐤉𐤊 [𐤉𐤃] 𐤃𐤓𐤊 𐤌𐤑𐤐𐤄 𐤊𐤉
𐤄𐤉𐤄 𐤋𐤁𐤅 𐤇𐤓𐤃 𐤏𐤋 𐤀𐤓𐤅𐤍 𐤄𐤀𐤋𐤄𐤉𐤌 𐤅𐤄𐤀𐤉𐤔 𐤁𐤀 𐤋𐤄𐤂𐤉𐤃 𐤁𐤏𐤉𐤓
𐤅𐤕𐤆𐤏𐤒 𐤊𐤋 𐤄𐤏𐤉𐤓.
𐤉𐤃 𐤅𐤉𐤔𐤌𐤏 𐤏𐤋𐤉 𐤀𐤕 𐤒𐤅𐤋 𐤄𐤑𐤏𐤒𐤄 𐤅𐤉𐤀𐤌𐤓 𐤌𐤄 𐤒𐤅𐤋 𐤄𐤄𐤌𐤅𐤍 𐤄𐤆𐤄
𐤅𐤄𐤀𐤉𐤔 𐤌𐤄𐤓 𐤅𐤉𐤁𐤀 𐤅𐤉𐤂𐤃 𐤋𐤏𐤋𐤉.
𐤈𐤅 𐤅𐤏𐤋𐤉 𐤁𐤍 𐤕𐤔𐤏𐤉𐤌 𐤅𐤔𐤌𐤍𐤄 𐤔𐤍𐤄 𐤅𐤏𐤉𐤍𐤉𐤅 𐤒𐤌𐤄 𐤅𐤋𐤀 𐤉𐤊𐤅𐤋
𐤋𐤓𐤀𐤅𐤕.
𐤈𐤆 𐤅𐤉𐤀𐤌𐤓 𐤄𐤀𐤉𐤔 𐤀𐤋 𐤏𐤋𐤉 𐤀𐤍𐤊𐤉 𐤄𐤁𐤀 𐤌𐤍 𐤄𐤌𐤏𐤓𐤊𐤄 𐤅𐤀𐤍𐤉 𐤌𐤍
𐤄𐤌𐤏𐤓𐤊𐤄 𐤍𐤎𐤕𐤉 𐤄𐤉𐤅𐤌 𐤅𐤉𐤀𐤌𐤓 𐤌𐤄 𐤄𐤉𐤄 𐤄𐤃𐤁𐤓 𐤁𐤍𐤉.
𐤉𐤆 𐤅𐤉𐤏𐤍 𐤄𐤌𐤁𐤔𐤓 𐤅𐤉𐤀𐤌𐤓 𐤍𐤎 𐤉𐤔𐤓𐤀𐤋 𐤋𐤐𐤍𐤉 𐤐𐤋𐤔𐤕𐤉𐤌 𐤅𐤂𐤌 𐤌𐤂𐤐𐤄
𐤂𐤃𐤅𐤋𐤄 𐤄𐤉𐤕𐤄 𐤁𐤏𐤌 𐤅𐤂𐤌 𐤔𐤍𐤉 𐤁𐤍𐤉𐤊 𐤌𐤕𐤅 𐤇𐤐𐤍𐤉 𐤅𐤐𐤉𐤍𐤇𐤎 𐤅𐤀𐤓𐤅𐤍
𐤄𐤀𐤋𐤄𐤉𐤌 𐤍𐤋𐤒𐤇𐤄.
𐤉𐤇 𐤅𐤉𐤄𐤉 𐤊𐤄𐤆𐤊𐤉𐤓𐤅 𐤀𐤕 𐤀𐤓𐤅𐤍 𐤄𐤀𐤋𐤄𐤉𐤌 𐤅𐤉𐤐𐤋 𐤌𐤏𐤋 𐤄𐤊𐤎𐤀
𐤀𐤇𐤓𐤍𐤉𐤕 𐤁𐤏𐤃 𐤉𐤃 𐤄𐤔𐤏𐤓 𐤅𐤕𐤔𐤁𐤓 𐤌𐤐𐤓𐤒𐤕𐤅 𐤅𐤉𐤌𐤕 𐤊𐤉 𐤆𐤒𐤍 𐤄𐤀𐤉𐤔
𐤅𐤊𐤁𐤃 𐤅𐤄𐤅𐤀 𐤔𐤐𐤈 𐤀𐤕 𐤉𐤔𐤓𐤀𐤋 𐤀𐤓𐤁𐤏𐤉𐤌 𐤔𐤍𐤄.
𐤉𐤈 𐤅𐤊𐤋𐤕𐤅 𐤀𐤔𐤕 𐤐𐤉𐤍𐤇𐤎 𐤄𐤓𐤄 𐤋𐤋𐤕 𐤅𐤕𐤔𐤌𐤏 𐤀𐤕 𐤄𐤔𐤌𐤅𐤏𐤄 𐤀𐤋
𐤄𐤋𐤒𐤇 𐤀𐤓𐤅𐤍 𐤄𐤀𐤋𐤄𐤉𐤌 𐤅𐤌𐤕 𐤇𐤌𐤉𐤄 𐤅𐤀𐤉𐤔𐤄 𐤅𐤕𐤊𐤓𐤏 𐤅𐤕𐤋𐤃 𐤊𐤉
𐤍𐤄𐤐𐤊𐤅 𐤏𐤋𐤉𐤄 𐤑𐤓𐤉𐤄.
𐤊 𐤅𐤊𐤏𐤕 𐤌𐤅𐤕𐤄 𐤅𐤕𐤃𐤁𐤓𐤍𐤄 𐤄𐤍𐤑𐤁𐤅𐤕 𐤏𐤋𐤉𐤄 𐤀𐤋 𐤕𐤉𐤓𐤀𐤉 𐤊𐤉 𐤁𐤍
𐤉𐤋𐤃𐤕 𐤅𐤋𐤀 𐤏𐤍𐤕𐤄 𐤅𐤋𐤀 𐤔𐤕𐤄 𐤋𐤁𐤄.
𐤊𐤀 𐤅𐤕𐤒𐤓𐤀 𐤋𐤍𐤏𐤓 𐤀𐤉 𐤊𐤁𐤅𐤃 𐤋𐤀𐤌𐤓 𐤂𐤋𐤄 𐤊𐤁𐤅𐤃 𐤌𐤉𐤔𐤓𐤀𐤋 𐤀𐤋 𐤄𐤋𐤒𐤇
𐤀𐤓𐤅𐤍 𐤄𐤀𐤋𐤄𐤉𐤌 𐤅𐤀𐤋 𐤇𐤌𐤉𐤄 𐤅𐤀𐤉𐤔𐤄.
𐤊𐤁 𐤅𐤕𐤀𐤌𐤓 𐤂𐤋𐤄 𐤊𐤁𐤅𐤃 𐤌𐤉𐤔𐤓𐤀𐤋 𐤊𐤉 𐤍𐤋𐤒𐤇 𐤀𐤓𐤅𐤍 𐤄𐤀𐤋𐤄𐤉𐤌.

𐤐𐤓𐤒 𐤄

# 𐤔𐤌𐤅𐤀𐤋 𐤀

𐤀 𐤅𐤐𐤋𐤔𐤕𐤉𐤌 𐤋𐤒𐤇𐤅 𐤀𐤕 𐤀𐤓𐤅𐤍 𐤄𐤀𐤋𐤄𐤉𐤌 𐤅𐤉𐤁𐤀𐤄𐤅 𐤌𐤀𐤁𐤍 𐤄𐤏𐤆𐤓
𐤀𐤔𐤃𐤅𐤃𐤄•

𐤁 𐤅𐤉𐤒𐤇𐤅 𐤐𐤋𐤔𐤕𐤉𐤌 𐤀𐤕 𐤀𐤓𐤅𐤍 𐤄𐤀𐤋𐤄𐤉𐤌 𐤅𐤉𐤁𐤉𐤀𐤅 𐤀𐤕𐤅 𐤁𐤉𐤕 𐤃𐤂𐤅𐤍
𐤅𐤉𐤑𐤉𐤂𐤅 𐤀𐤕𐤅 𐤀𐤑𐤋 𐤃𐤂𐤅𐤍•

𐤂 𐤅𐤉𐤔𐤊𐤌𐤅 𐤀𐤔𐤃𐤅𐤃𐤉𐤌 𐤌𐤌𐤇𐤓𐤕 𐤅𐤄𐤍𐤄 𐤃𐤂𐤅𐤍 𐤍𐤐𐤋 𐤋𐤐𐤍𐤉𐤅 𐤀𐤓𐤑𐤄
𐤋𐤐𐤍𐤉 𐤀𐤓𐤅𐤍 𐤉𐤄𐤅𐤄 𐤅𐤉𐤒𐤇𐤅 𐤀𐤕 𐤃𐤂𐤅𐤍 𐤅𐤉𐤔𐤁𐤅 𐤀𐤕𐤅 𐤋𐤌𐤒𐤅𐤌𐤅•

𐤃 𐤅𐤉𐤔𐤊𐤌𐤅 𐤁𐤁𐤒𐤓 𐤌𐤌𐤇𐤓𐤕 𐤅𐤄𐤍𐤄 𐤃𐤂𐤅𐤍 𐤍𐤐𐤋 𐤋𐤐𐤍𐤉𐤅 𐤀𐤓𐤑𐤄 𐤋𐤐𐤍𐤉
𐤀𐤓𐤅𐤍 𐤉𐤄𐤅𐤄 𐤅𐤓𐤀𐤔 𐤃𐤂𐤅𐤍 𐤅𐤔𐤕𐤉 𐤊𐤐𐤅𐤕 𐤉𐤃𐤉𐤅 𐤊𐤓𐤕𐤅𐤕 𐤀𐤋 𐤄𐤌𐤐𐤕𐤍
𐤓𐤒 𐤃𐤂𐤅𐤍 𐤍𐤔𐤀𐤓 𐤏𐤋𐤉𐤅•

𐤄 𐤏𐤋 𐤊𐤍 𐤋𐤀 𐤉𐤃𐤓𐤊𐤅 𐤊𐤄𐤍𐤉 𐤃𐤂𐤅𐤍 𐤅𐤊𐤋 𐤄𐤁𐤀𐤉𐤌 𐤁𐤉𐤕 𐤃𐤂𐤅𐤍 𐤏𐤋
𐤌𐤐𐤕𐤍 𐤃𐤂𐤅𐤍 𐤁𐤀𐤔𐤃𐤅𐤃 𐤏𐤃 𐤄𐤉𐤅𐤌 𐤄𐤆𐤄•

𐤅 𐤅𐤕𐤊𐤁𐤃 𐤉𐤃 𐤉𐤄𐤅𐤄 𐤀𐤋 𐤄𐤀𐤔𐤃𐤅𐤃𐤉𐤌 𐤅𐤉𐤔𐤌𐤌 𐤅𐤉𐤊 𐤀𐤕𐤌 𐤁𐤏𐤐𐤋𐤉𐤌
[𐤁𐤈𐤇𐤓𐤉𐤌] 𐤀𐤕 𐤀𐤔𐤃𐤅𐤃 𐤅𐤀𐤕 𐤂𐤁𐤅𐤋𐤉𐤄•

𐤆 𐤅𐤉𐤓𐤀𐤅 𐤀𐤍𐤔𐤉 𐤀𐤔𐤃𐤅𐤃 𐤊𐤉 𐤊𐤍 𐤅𐤀𐤌𐤓𐤅 𐤋𐤀 𐤉𐤔𐤁 𐤀𐤓𐤅𐤍 𐤀𐤋𐤄𐤉
𐤉𐤔𐤓𐤀𐤋 𐤏𐤌𐤍𐤅 𐤊𐤉 𐤒𐤔𐤕𐤄 𐤉𐤃𐤅 𐤏𐤋𐤉𐤍𐤅 𐤅𐤏𐤋 𐤃𐤂𐤅𐤍 𐤀𐤋𐤄𐤉𐤍𐤅•

𐤇 𐤅𐤉𐤔𐤋𐤇𐤅 𐤅𐤉𐤀𐤎𐤐𐤅 𐤀𐤕 𐤊𐤋 𐤎𐤓𐤍𐤉 𐤐𐤋𐤔𐤕𐤉𐤌 𐤀𐤋𐤉𐤄𐤌 𐤅𐤉𐤀𐤌𐤓𐤅
𐤌𐤄 𐤍𐤏𐤔𐤄 𐤋𐤀𐤓𐤅𐤍 𐤀𐤋𐤄𐤉 𐤉𐤔𐤓𐤀𐤋 𐤅𐤉𐤀𐤌𐤓𐤅 𐤂𐤕 𐤉𐤎𐤁 𐤀𐤓𐤅𐤍 𐤀𐤋𐤄𐤉
𐤉𐤔𐤓𐤀𐤋 𐤅𐤉𐤎𐤁𐤅 𐤀𐤕 𐤀𐤓𐤅𐤍 𐤀𐤋𐤄𐤉 𐤉𐤔𐤓𐤀𐤋•

𐤈 𐤅𐤉𐤄𐤉 𐤀𐤇𐤓𐤉 𐤄𐤎𐤁𐤅 𐤀𐤕𐤅 𐤅𐤕𐤄𐤉 𐤉𐤃 𐤉𐤄𐤅𐤄 𐤁𐤏𐤉𐤓 𐤌𐤄𐤅𐤌𐤄
𐤂𐤃𐤅𐤋𐤄 𐤌𐤀𐤃 𐤅𐤉𐤊 𐤀𐤕 𐤀𐤍𐤔𐤉 𐤄𐤏𐤉𐤓 𐤌𐤒𐤈𐤍 𐤅𐤏𐤃 𐤂𐤃𐤅𐤋 𐤅𐤉𐤔𐤕𐤓𐤅
𐤋𐤄𐤌 𐤏𐤐𐤋𐤉𐤌 [𐤈𐤇𐤓𐤉𐤌]•

𐤉 𐤅𐤉𐤔𐤋𐤇𐤅 𐤀𐤕 𐤀𐤓𐤅𐤍 𐤄𐤀𐤋𐤄𐤉𐤌 𐤏𐤒𐤓𐤅𐤍 𐤅𐤉𐤄𐤉 𐤊𐤁𐤅𐤀 𐤀𐤓𐤅𐤍
𐤄𐤀𐤋𐤄𐤉𐤌 𐤏𐤒𐤓𐤅𐤍 𐤅𐤉𐤆𐤏𐤒𐤅 𐤄𐤏𐤒𐤓𐤍𐤉𐤌 𐤋𐤀𐤌𐤓 𐤄𐤎𐤁𐤅 𐤀𐤋𐤉 𐤀𐤕 𐤀𐤓𐤅𐤍
𐤀𐤋𐤄𐤉 𐤉𐤔𐤓𐤀𐤋 𐤋𐤄𐤌𐤉𐤕𐤍𐤉 𐤅𐤀𐤕 𐤏𐤌𐤉•

𐤉𐤀 𐤅𐤉𐤔𐤋𐤇𐤅 𐤅𐤉𐤀𐤎𐤐𐤅 𐤀𐤕 𐤊𐤋 𐤎𐤓𐤍𐤉 𐤐𐤋𐤔𐤕𐤉𐤌 𐤅𐤉𐤀𐤌𐤓𐤅 𐤔𐤋𐤇𐤅 𐤀𐤕
𐤀𐤓𐤅𐤍 𐤀𐤋𐤄𐤉 𐤉𐤔𐤓𐤀𐤋 𐤅𐤉𐤔𐤁 𐤋𐤌𐤒𐤌𐤅 𐤅𐤋𐤀 𐤉𐤌𐤉𐤕 𐤀𐤕𐤉 𐤅𐤀𐤕 𐤏𐤌𐤉
𐤊𐤉 𐤄𐤉𐤕𐤄 𐤌𐤄𐤅𐤌𐤕 𐤌𐤅𐤕 𐤁𐤊𐤋 𐤄𐤏𐤉𐤓 𐤊𐤁𐤃𐤄 𐤌𐤀𐤃 𐤉𐤃 𐤄𐤀𐤋𐤄𐤉𐤌 𐤔𐤌•

𐤉𐤁 𐤅𐤄𐤀𐤍𐤔𐤉𐤌 𐤀𐤔𐤓 𐤋𐤀 𐤌𐤕𐤅 𐤄𐤊𐤅 [𐤁𐤈𐤇𐤓𐤉𐤌] 𐤅𐤕𐤏𐤋
𐤔𐤅𐤏𐤕 𐤄𐤏𐤉𐤓 𐤄𐤔𐤌𐤉𐤌•

## 𐤐𐤓𐤒 𐤅

𐤀 𐤅𐤉𐤄𐤉 𐤀𐤓𐤅𐤍 𐤉𐤄𐤅𐤄 𐤁𐤔𐤃𐤄 𐤐𐤋𐤔𐤕𐤉𐤌 𐤔𐤁𐤏𐤄 𐤇𐤃𐤔𐤉𐤌•

𐤁 𐤅𐤉𐤒𐤓𐤀𐤅 𐤐𐤋𐤔𐤕𐤉𐤌 𐤋𐤊𐤄𐤍𐤉𐤌 𐤅𐤋𐤒𐤎𐤌𐤉𐤌 𐤋𐤀𐤌𐤓 𐤌𐤄 𐤍𐤏𐤔𐤄

לארון יהוה הודענו במה נשלחנו למקומו•
ג ויאמרו אם משלחים את ארון אלהי ישראל אל תשלחו
אתו ריקם כי השב תשיבו לו אשם אז תרפאו ונודע לכם
למה לא תסור ידו מכם•
ד ויאמרו מה האשם אשר נשיב לו ויאמרו מספר סרני
פלשתים חמשה עפלי [טחרי] זהב וחמשה עכברי זהב כי
מגפה אחת לכלם ולסרניכם•
ה ועשיתם צלמי עפליכם [טחריכם] וצלמי עכבריכם
המשחיתם את הארץ ונתתם לאלהי ישראל כבוד אולי יקל
את ידו מעליכם ומעל אלהיכם ומעל ארצכם•
ו ולמה תכבדו את לבבכם כאשר כבדו מצרים ופרעה את לבם
הלוא כאשר התעלל בהם וישלחום וילכו•
ז ועתה קחו ועשו עגלה חדשה אחת ושתי פרות עלות אשר לא
עלה עליהם על ואסרתם את הפרות בעגלה והשיבתם בניהם
מאחריהם הביתה•
ח ולקחתם את ארון יהוה ונתתם אתו אל העגלה ואת כלי
הזהב אשר השבתם לו אשם תשימו בארגז מצדו ושלחתם
אתו והלך•
ט וראיתם אם דרך גבולו יעלה בית שמש הוא עשה לנו את
הרעה הגדולה הזאת ואם לא וידענו כי לא ידו נגעה בנו
מקרה הוא היה לנו•
י ויעשו האנשים כן ויקחו שתי פרות עלות ויאסרום
בעגלה ואת בניהם כלו בבית•
יא וישמו את ארון יהוה אל העגלה ואת הארגז ואת
עכברי הזהב ואת צלמי טחריהם•
יב וישרנה הפרות בדרך על דרך בית שמש במסלה אחת הלכו
הלך וגעו ולא סרו ימין ושמאול וסרני פלשתים הלכים
אחריהם עד גבול בית שמש•
יג ובית שמש קצרים קציר חטים בעמק וישאו את
עיניהם ויראו את הארון וישמחו לראות•
יד והעגלה באה אל שדה יהושע בית השמשי ותעמד שם
ושם אבן גדולה ויבקעו את עצי העגלה ואת הפרות העלו
עלה ליהוה•

# 𐤔𐤌𐤅𐤀𐤋 𐤀

𐤈𐤅 𐤅𐤄𐤋𐤅𐤉𐤌 𐤄𐤅𐤓𐤉𐤃𐤅 𐤀𐤕 𐤀𐤓𐤅𐤍 𐤉𐤄𐤅𐤄 𐤅𐤀𐤕 𐤄𐤀𐤓𐤂𐤆 𐤀𐤔𐤓 𐤀𐤕𐤅
𐤀𐤔𐤓 𐤁𐤅 𐤊𐤋𐤉 𐤆𐤄𐤁 𐤅𐤉𐤔𐤌𐤅 𐤀𐤋 𐤄𐤀𐤁𐤍 𐤄𐤂𐤃𐤅𐤋𐤄 𐤅𐤀𐤍𐤔𐤉 𐤁𐤉𐤕
𐤔𐤌𐤔 𐤄𐤏𐤋𐤅 𐤏𐤋𐤅𐤕 𐤅𐤉𐤆𐤁𐤇𐤅 𐤆𐤁𐤇𐤉𐤌 𐤁𐤉𐤅𐤌 𐤄𐤄𐤅𐤀 𐤋𐤉𐤄𐤅𐤄·
𐤈𐤆 𐤅𐤇𐤌𐤔𐤄 𐤎𐤓𐤍𐤉 𐤐𐤋𐤔𐤕𐤉𐤌 𐤓𐤀𐤅 𐤅𐤉𐤔𐤁𐤅 𐤏𐤒𐤓𐤅𐤍 𐤁𐤉𐤅𐤌 𐤄𐤄𐤅𐤀·
𐤉𐤆 𐤅𐤀𐤋𐤄 𐤈𐤇𐤓𐤉 𐤄𐤆𐤄𐤁 𐤀𐤔𐤓 𐤄𐤔𐤉𐤁𐤅 𐤐𐤋𐤔𐤕𐤉𐤌 𐤀𐤔𐤌 𐤋𐤉𐤄𐤅𐤄
𐤋𐤀𐤔𐤃𐤅𐤃 𐤀𐤇𐤃 𐤋𐤏𐤆𐤄 𐤀𐤇𐤃 𐤋𐤀𐤔𐤒𐤋𐤅𐤍 𐤀𐤇𐤃 𐤋𐤂𐤕 𐤀𐤇𐤃 𐤋𐤏𐤒𐤓𐤅𐤍 𐤀𐤇𐤃·
𐤉𐤇 𐤅𐤏𐤊𐤁𐤓 𐤄𐤆𐤄𐤁 𐤌𐤎𐤐𐤓 𐤊𐤋 𐤏𐤓𐤉 𐤐𐤋𐤔𐤕𐤉𐤌 𐤋𐤇𐤌𐤔𐤕 𐤄𐤎𐤓𐤍𐤉𐤌
𐤌𐤏𐤉𐤓 𐤌𐤁𐤑𐤓 𐤅𐤏𐤃 𐤊𐤐𐤓 𐤄𐤐𐤓𐤆𐤉 𐤅𐤏𐤃 𐤀𐤁𐤋 𐤄𐤂𐤃𐤅𐤋𐤄 𐤀𐤔𐤓 𐤄𐤍𐤉𐤇𐤅
𐤏𐤋𐤉𐤄 𐤀𐤕 𐤀𐤓𐤅𐤍 𐤉𐤄𐤅𐤄 𐤏𐤃 𐤄𐤉𐤅𐤌 𐤄𐤆𐤄 𐤁𐤔𐤃𐤄 𐤉𐤄𐤅𐤔𐤏 𐤁𐤉𐤕
𐤄𐤔𐤌𐤔𐤉·

𐤉𐤈 𐤅𐤉𐤊 𐤁𐤀𐤍𐤔𐤉 𐤁𐤉𐤕 𐤔𐤌𐤔 𐤊𐤉 𐤓𐤀𐤅 𐤁𐤀𐤓𐤅𐤍 𐤉𐤄𐤅𐤄 𐤅𐤉𐤊 𐤁𐤏𐤌
𐤔𐤁𐤏𐤉𐤌 𐤀𐤉𐤔 𐤇𐤌𐤔𐤉𐤌 𐤀𐤋𐤐 𐤀𐤉𐤔 𐤅𐤉𐤕𐤀𐤁𐤋𐤅 𐤄𐤏𐤌 𐤊𐤉 𐤄𐤊𐤄 𐤉𐤄𐤅𐤄
𐤁𐤏𐤌 𐤌𐤊𐤄 𐤂𐤃𐤅𐤋𐤄·

𐤊 𐤅𐤉𐤀𐤌𐤓𐤅 𐤀𐤍𐤔𐤉 𐤁𐤉𐤕 𐤔𐤌𐤔 𐤌𐤉 𐤉𐤅𐤊𐤋 𐤋𐤏𐤌𐤃 𐤋𐤐𐤍𐤉 𐤉𐤄𐤅𐤄
𐤄𐤀𐤋𐤄𐤉𐤌 𐤄𐤒𐤃𐤅𐤔 𐤄𐤆𐤄 𐤅𐤀𐤋 𐤌𐤉 𐤉𐤏𐤋𐤄 𐤌𐤏𐤋𐤉𐤍𐤅·
𐤊𐤀 𐤅𐤉𐤔𐤋𐤇𐤅 𐤌𐤋𐤀𐤊𐤉𐤌 𐤀𐤋 𐤉𐤅𐤔𐤁𐤉 𐤒𐤓𐤉𐤕 𐤉𐤏𐤓𐤉𐤌 𐤋𐤀𐤌𐤓 𐤄𐤔𐤁𐤅
𐤐𐤋𐤔𐤕𐤉𐤌 𐤀𐤕 𐤀𐤓𐤅𐤍 𐤉𐤄𐤅𐤄 𐤓𐤃𐤅 𐤄𐤏𐤋𐤅 𐤀𐤕𐤅 𐤀𐤋𐤉𐤊𐤌·

## 𐤐𐤓𐤒 𐤆

𐤀 𐤅𐤉𐤁𐤀𐤅 𐤀𐤍𐤔𐤉 𐤒𐤓𐤉𐤕 𐤉𐤏𐤓𐤉𐤌 𐤅𐤉𐤏𐤋𐤅 𐤀𐤕 𐤀𐤓𐤅𐤍 𐤉𐤄𐤅𐤄 𐤅𐤉𐤁𐤀𐤅
𐤀𐤕𐤅 𐤀𐤋 𐤁𐤉𐤕 𐤀𐤁𐤉𐤍𐤃𐤁 𐤁𐤂𐤁𐤏𐤄 𐤅𐤀𐤕 𐤀𐤋𐤏𐤆𐤓 𐤁𐤍𐤅 𐤒𐤃𐤔𐤅 𐤋𐤔𐤌𐤓 𐤀𐤕
𐤀𐤓𐤅𐤍 𐤉𐤄𐤅𐤄·

𐤁 𐤅𐤉𐤄𐤉 𐤌𐤉𐤅𐤌 𐤔𐤁𐤕 𐤄𐤀𐤓𐤅𐤍 𐤁𐤒𐤓𐤉𐤕 𐤉𐤏𐤓𐤉𐤌 𐤅𐤉𐤓𐤁𐤅 𐤄𐤉𐤌𐤉𐤌
𐤅𐤉𐤄𐤉𐤅 𐤏𐤔𐤓𐤉𐤌 𐤔𐤍𐤄 𐤅𐤉𐤍𐤄𐤅 𐤊𐤋 𐤁𐤉𐤕 𐤉𐤔𐤓𐤀𐤋 𐤀𐤇𐤓𐤉 𐤉𐤄𐤅𐤄·

𐤂 𐤅𐤉𐤀𐤌𐤓 𐤔𐤌𐤅𐤀𐤋 𐤀𐤋 𐤊𐤋 𐤁𐤉𐤕 𐤉𐤔𐤓𐤀𐤋 𐤋𐤀𐤌𐤓 𐤀𐤌 𐤁𐤊𐤋 𐤋𐤁𐤁𐤊𐤌
𐤀𐤕𐤌 𐤔𐤁𐤉𐤌 𐤀𐤋 𐤉𐤄𐤅𐤄 𐤄𐤎𐤉𐤓𐤅 𐤀𐤕 𐤀𐤋𐤄𐤉 𐤄𐤍𐤊𐤓 𐤌𐤕𐤅𐤊𐤊𐤌
𐤅𐤄𐤏𐤔𐤕𐤓𐤅𐤕 𐤅𐤄𐤊𐤉𐤍𐤅 𐤋𐤁𐤁𐤊𐤌 𐤀𐤋 𐤉𐤄𐤅𐤄 𐤅𐤏𐤁𐤃𐤄𐤅 𐤋𐤁𐤃𐤅 𐤅𐤉𐤑𐤋
𐤀𐤕𐤊𐤌 𐤌𐤉𐤃 𐤐𐤋𐤔𐤕𐤉𐤌·

𐤃 𐤅𐤉𐤎𐤉𐤓𐤅 𐤁𐤍𐤉 𐤉𐤔𐤓𐤀𐤋 𐤀𐤕 𐤄𐤁𐤏𐤋𐤉𐤌 𐤅𐤀𐤕 𐤄𐤏𐤔𐤕𐤓𐤕 𐤅𐤉𐤏𐤁𐤃𐤅
𐤀𐤕 𐤉𐤄𐤅𐤄 𐤋𐤁𐤃𐤅·

𐤄 𐤅𐤉𐤀𐤌𐤓 𐤔𐤌𐤅𐤀𐤋 𐤒𐤁𐤑𐤅 𐤀𐤕 𐤊𐤋 𐤉𐤔𐤓𐤀𐤋 𐤄𐤌𐤑𐤐𐤕𐤄 𐤅𐤀𐤕𐤐𐤋𐤋
𐤁𐤏𐤃𐤊𐤌 𐤀𐤋 𐤉𐤄𐤅𐤄·

𐤅 𐤅𐤉𐤒𐤁𐤑𐤅 𐤄𐤌𐤑𐤐𐤕𐤄 𐤅𐤉𐤔𐤀𐤁𐤅 𐤌𐤉𐤌 𐤅𐤉𐤔𐤐𐤊𐤅 𐤋𐤐𐤍𐤉 𐤉𐤄𐤅𐤄

𐤅𐤉𐤑𐤅𐤌𐤅 𐤁𐤉𐤅𐤌 𐤄𐤄𐤅𐤀 𐤅𐤉𐤀𐤌𐤓𐤅 𐤔𐤌 𐤇𐤈𐤀𐤍𐤅 𐤋𐤉𐤄𐤅𐤄 𐤅𐤉𐤔𐤐𐤈
𐤔𐤌𐤅𐤀𐤋 𐤀𐤕 𐤁𐤍𐤉 𐤉𐤔𐤓𐤀𐤋 𐤁𐤌𐤑𐤐𐤄•
𐤆 𐤅𐤉𐤔𐤌𐤏𐤅 𐤐𐤋𐤔𐤕𐤉𐤌 𐤊𐤉 𐤄𐤕𐤒𐤁𐤑𐤅 𐤁𐤍𐤉 𐤉𐤔𐤓𐤀𐤋 𐤄𐤌𐤑𐤐𐤕𐤄
𐤅𐤉𐤏𐤋𐤅 𐤎𐤓𐤍𐤉 𐤐𐤋𐤔𐤕𐤉𐤌 𐤀𐤋 𐤉𐤔𐤓𐤀𐤋 𐤅𐤉𐤔𐤌𐤏𐤅 𐤁𐤍𐤉 𐤉𐤔𐤓𐤀𐤋
𐤅𐤉𐤓𐤀𐤅 𐤌𐤐𐤍𐤉 𐤐𐤋𐤔𐤕𐤉𐤌•
𐤇 𐤅𐤉𐤀𐤌𐤓𐤅 𐤁𐤍𐤉 𐤉𐤔𐤓𐤀𐤋 𐤀𐤋 𐤔𐤌𐤅𐤀𐤋 𐤀𐤋 𐤕𐤇𐤓𐤔 𐤌𐤌𐤍𐤅 𐤌𐤆𐤏𐤒 𐤀𐤋
𐤉𐤄𐤅𐤄 𐤀𐤋𐤄𐤉𐤍𐤅 𐤅𐤉𐤔𐤏𐤍𐤅 𐤌𐤉𐤃 𐤐𐤋𐤔𐤕𐤉𐤌•
𐤈 𐤅𐤉𐤒𐤇 𐤔𐤌𐤅𐤀𐤋 𐤈𐤋𐤄 𐤇𐤋𐤁 𐤀𐤇𐤃 𐤅𐤉𐤏𐤋𐤄 [𐤅𐤉𐤏𐤋𐤄𐤅] 𐤏𐤅𐤋𐤄 𐤊𐤋𐤉𐤋
𐤋𐤉𐤄𐤅𐤄 𐤅𐤉𐤆𐤏𐤒 𐤔𐤌𐤅𐤀𐤋 𐤀𐤋 𐤉𐤄𐤅𐤄 𐤁𐤏𐤃 𐤉𐤔𐤓𐤀𐤋 𐤅𐤉𐤏𐤍𐤄𐤅 𐤉𐤄𐤅𐤄•
𐤉 𐤅𐤉𐤄𐤉 𐤔𐤌𐤅𐤀𐤋 𐤌𐤏𐤋𐤄 𐤄𐤏𐤅𐤋𐤄 𐤅𐤐𐤋𐤔𐤕𐤉𐤌 𐤍𐤂𐤔𐤅 𐤋𐤌𐤋𐤇𐤌𐤄
𐤁𐤉𐤔𐤓𐤀𐤋 𐤅𐤉𐤓𐤏𐤌 𐤉𐤄𐤅𐤄 𐤁𐤒𐤅𐤋 𐤂𐤃𐤅𐤋 𐤁𐤉𐤅𐤌 𐤄𐤄𐤅𐤀 𐤏𐤋 𐤐𐤋𐤔𐤕𐤉𐤌
𐤅𐤉𐤄𐤌𐤌 𐤅𐤉𐤍𐤂𐤐𐤅 𐤋𐤐𐤍𐤉 𐤉𐤔𐤓𐤀𐤋•
𐤉𐤀 𐤅𐤉𐤑𐤀𐤅 𐤀𐤍𐤔𐤉 𐤉𐤔𐤓𐤀𐤋 𐤌𐤍 𐤄𐤌𐤑𐤐𐤄 𐤅𐤉𐤓𐤃𐤐𐤅 𐤀𐤕 𐤐𐤋𐤔𐤕𐤉𐤌
𐤅𐤉𐤊𐤅𐤌 𐤏𐤃 𐤌𐤕𐤇𐤕 𐤋𐤁𐤉𐤕 𐤊𐤓•
𐤉𐤁 𐤅𐤉𐤒𐤇 𐤔𐤌𐤅𐤀𐤋 𐤀𐤁𐤍 𐤀𐤇𐤕 𐤅𐤉𐤔𐤌 𐤁𐤉𐤍 𐤄𐤌𐤑𐤐𐤄 𐤅𐤁𐤉𐤍 𐤄𐤔𐤍
𐤅𐤉𐤒𐤓𐤀 𐤀𐤕 𐤔𐤌𐤄 𐤀𐤁𐤍 𐤄𐤏𐤆𐤓 𐤅𐤉𐤀𐤌𐤓 𐤏𐤃 𐤄𐤍𐤄 𐤏𐤆𐤓𐤍𐤅 𐤉𐤄𐤅𐤄•
𐤉𐤂 𐤅𐤉𐤊𐤍𐤏𐤅 𐤄𐤐𐤋𐤔𐤕𐤉𐤌 𐤅𐤋𐤀 𐤉𐤎𐤐𐤅 𐤏𐤅𐤃 𐤋𐤁𐤅𐤀 𐤁𐤂𐤁𐤅𐤋 𐤉𐤔𐤓𐤀𐤋
𐤅𐤕𐤄𐤉 𐤉𐤃 𐤉𐤄𐤅𐤄 𐤁𐤐𐤋𐤔𐤕𐤉𐤌 𐤊𐤋 𐤉𐤌𐤉 𐤔𐤌𐤅𐤀𐤋•
𐤉𐤃 𐤅𐤕𐤔𐤁𐤍𐤄 𐤄𐤏𐤓𐤉𐤌 𐤀𐤔𐤓 𐤋𐤒𐤇𐤅 𐤐𐤋𐤔𐤕𐤉𐤌 𐤌𐤀𐤕 𐤉𐤔𐤓𐤀𐤋 𐤋𐤉𐤔𐤓𐤀𐤋
𐤌𐤏𐤒𐤓𐤅𐤍 𐤅𐤏𐤃 𐤂𐤕 𐤅𐤀𐤕 𐤂𐤁𐤅𐤋𐤍 𐤄𐤑𐤉𐤋 𐤉𐤔𐤓𐤀𐤋 𐤌𐤉𐤃 𐤐𐤋𐤔𐤕𐤉𐤌
𐤅𐤉𐤄𐤉 𐤔𐤋𐤅𐤌 𐤁𐤉𐤍 𐤉𐤔𐤓𐤀𐤋 𐤅𐤁𐤉𐤍 𐤄𐤀𐤌𐤓𐤉•
𐤈𐤅 𐤅𐤉𐤔𐤐𐤈 𐤔𐤌𐤅𐤀𐤋 𐤀𐤕 𐤉𐤔𐤓𐤀𐤋 𐤊𐤋 𐤉𐤌𐤉 𐤇𐤉𐤉𐤅•
𐤈𐤆 𐤅𐤄𐤋𐤊 𐤌𐤃𐤉 𐤔𐤍𐤄 𐤁𐤔𐤍𐤄 𐤅𐤎𐤁𐤁 𐤁𐤉𐤕 𐤀𐤋 𐤅𐤄𐤂𐤋𐤂𐤋 𐤅𐤄𐤌𐤑𐤐𐤄
𐤅𐤔𐤐𐤈 𐤀𐤕 𐤉𐤔𐤓𐤀𐤋 𐤀𐤕 𐤊𐤋 𐤄𐤌𐤒𐤅𐤌𐤅𐤕 𐤄𐤀𐤋𐤄•
𐤉𐤆 𐤅𐤕𐤔𐤁𐤕𐤅 𐤄𐤓𐤌𐤕𐤄 𐤊𐤉 𐤔𐤌 𐤁𐤉𐤕𐤅 𐤅𐤔𐤌 𐤔𐤐𐤈 𐤀𐤕 𐤉𐤔𐤓𐤀𐤋
𐤅𐤉𐤁𐤍 𐤔𐤌 𐤌𐤆𐤁𐤇 𐤋𐤉𐤄𐤅𐤄•

## 𐤐𐤓𐤒 𐤇

𐤀 𐤅𐤉𐤄𐤉 𐤊𐤀𐤔𐤓 𐤆𐤒𐤍 𐤔𐤌𐤅𐤀𐤋 𐤅𐤉𐤔𐤌 𐤀𐤕 𐤁𐤍𐤉𐤅 𐤔𐤐𐤈𐤉𐤌 𐤋𐤉𐤔𐤓𐤀𐤋•
𐤁 𐤅𐤉𐤄𐤉 𐤔𐤌 𐤁𐤍𐤅 𐤄𐤁𐤊𐤅𐤓 𐤉𐤅𐤀𐤋 𐤅𐤔𐤌 𐤌𐤔𐤍𐤄𐤅 𐤀𐤁𐤉𐤄 𐤔𐤐𐤈𐤉𐤌
𐤁𐤁𐤀𐤓 𐤔𐤁𐤏•
𐤂 𐤅𐤋𐤀 𐤄𐤋𐤊𐤅 𐤁𐤍𐤉𐤅 𐤁𐤃𐤓𐤊𐤅 [𐤁𐤃𐤓𐤊𐤉𐤅] 𐤅𐤉𐤈𐤅 𐤀𐤇𐤓𐤉 𐤄𐤁𐤑𐤏 𐤅𐤉𐤒𐤇𐤅
𐤔𐤇𐤃 𐤅𐤉𐤈𐤅 𐤌𐤔𐤐𐤈•

# 𐤔𐤌𐤅𐤀𐤋 𐤀

𐤃 𐤅𐤉𐤕𐤒𐤁𐤑𐤅 𐤊𐤋 𐤆𐤒𐤍𐤉 𐤉𐤔𐤓𐤀𐤋 𐤅𐤉𐤁𐤀𐤅 𐤀𐤋 𐤔𐤌𐤅𐤀𐤋 𐤄𐤓𐤌𐤕𐤄•
𐤄 𐤅𐤉𐤀𐤌𐤓𐤅 𐤀𐤋𐤉𐤅 𐤄𐤍𐤄 𐤀𐤕𐤄 𐤆𐤒𐤍𐤕 𐤅𐤁𐤍𐤉𐤊 𐤋𐤀 𐤄𐤋𐤊𐤅 𐤁𐤃𐤓𐤊𐤉𐤊
𐤏𐤕𐤄 𐤔𐤉𐤌𐤄 𐤋𐤍𐤅 𐤌𐤋𐤊 𐤋𐤔𐤐𐤈𐤍𐤅 𐤊𐤊𐤋 𐤄𐤂𐤅𐤉𐤌•
𐤅 𐤅𐤉𐤓𐤏 𐤄𐤃𐤁𐤓 𐤁𐤏𐤉𐤍𐤉 𐤔𐤌𐤅𐤀𐤋 𐤊𐤀𐤔𐤓 𐤀𐤌𐤓𐤅 𐤕𐤍𐤄 𐤋𐤍𐤅 𐤌𐤋𐤊
𐤋𐤔𐤐𐤈𐤍𐤅 𐤅𐤉𐤕𐤐𐤋𐤋 𐤔𐤌𐤅𐤀𐤋 𐤀𐤋 𐤉𐤄𐤅𐤄•
𐤆 𐤅𐤉𐤀𐤌𐤓 𐤉𐤄𐤅𐤄 𐤀𐤋 𐤔𐤌𐤅𐤀𐤋 𐤔𐤌𐤏 𐤁𐤒𐤅𐤋 𐤄𐤏𐤌 𐤋𐤊𐤋 𐤀𐤔𐤓 𐤉𐤀𐤌𐤓𐤅
𐤀𐤋𐤉𐤊 𐤊𐤉 𐤋𐤀 𐤀𐤕𐤊 𐤌𐤀𐤎𐤅 𐤊𐤉 𐤀𐤕𐤉 𐤌𐤀𐤎𐤅 𐤌𐤌𐤋𐤊 𐤏𐤋𐤉𐤄𐤌•
𐤇 𐤊𐤊𐤋 𐤄𐤌𐤏𐤔𐤉𐤌 𐤀𐤔𐤓 𐤏𐤔𐤅 𐤌𐤉𐤅𐤌 𐤄𐤏𐤋𐤕𐤉 𐤀𐤕𐤌 𐤌𐤌𐤑𐤓𐤉𐤌 𐤅𐤏𐤃
𐤄𐤉𐤅𐤌 𐤄𐤆𐤄 𐤅𐤉𐤏𐤆𐤁𐤍𐤉 𐤅𐤉𐤏𐤁𐤃𐤅 𐤀𐤋𐤄𐤉𐤌 𐤀𐤇𐤓𐤉𐤌 𐤊𐤍 𐤄𐤌𐤄 𐤏𐤔𐤉𐤌
𐤂𐤌 𐤋𐤊•
𐤈 𐤅𐤏𐤕𐤄 𐤔𐤌𐤏 𐤁𐤒𐤅𐤋𐤌 𐤀𐤊 𐤊𐤉 𐤄𐤏𐤃 𐤕𐤏𐤉𐤃 𐤁𐤄𐤌 𐤅𐤄𐤂𐤃𐤕 𐤋𐤄𐤌 𐤌𐤔𐤐𐤈
𐤄𐤌𐤋𐤊 𐤀𐤔𐤓 𐤉𐤌𐤋𐤊 𐤏𐤋𐤉𐤄𐤌•
𐤉 𐤅𐤉𐤀𐤌𐤓 𐤔𐤌𐤅𐤀𐤋 𐤀𐤕 𐤊𐤋 𐤃𐤁𐤓𐤉 𐤉𐤄𐤅𐤄 𐤀𐤋 𐤄𐤏𐤌 𐤄𐤔𐤀𐤋𐤉𐤌 𐤌𐤀𐤕𐤅
𐤌𐤋𐤊•
𐤉𐤀 𐤅𐤉𐤀𐤌𐤓 𐤆𐤄 𐤉𐤄𐤉𐤄 𐤌𐤔𐤐𐤈 𐤄𐤌𐤋𐤊 𐤀𐤔𐤓 𐤉𐤌𐤋𐤊 𐤏𐤋𐤉𐤊𐤌 𐤀𐤕
𐤁𐤍𐤉𐤊𐤌 𐤉𐤒𐤇 𐤅𐤔𐤌 𐤋𐤅 𐤁𐤌𐤓𐤊𐤁𐤕𐤅 𐤅𐤁𐤐𐤓𐤔𐤉𐤅 𐤅𐤓𐤑𐤅 𐤋𐤐𐤍𐤉 𐤌𐤓𐤊𐤁𐤕𐤅•
𐤉𐤁 𐤅𐤋𐤔𐤅𐤌 𐤋𐤅 𐤔𐤓𐤉 𐤀𐤋𐤐𐤉𐤌 𐤅𐤔𐤓𐤉 𐤇𐤌𐤔𐤉𐤌 𐤅𐤋𐤇𐤓𐤔 𐤇𐤓𐤉𐤔𐤅
𐤅𐤋𐤒𐤑𐤓 𐤒𐤑𐤉𐤓𐤅 𐤅𐤋𐤏𐤔𐤅𐤕 𐤊𐤋𐤉 𐤌𐤋𐤇𐤌𐤕𐤅 𐤅𐤊𐤋𐤉 𐤓𐤊𐤁𐤅•
𐤉𐤂 𐤅𐤀𐤕 𐤁𐤍𐤅𐤕𐤉𐤊𐤌 𐤉𐤒𐤇 𐤋𐤓𐤒𐤇𐤅𐤕 𐤅𐤋𐤈𐤁𐤇𐤅𐤕 𐤅𐤋𐤀𐤐𐤅𐤕•
𐤉𐤃 𐤅𐤀𐤕 𐤔𐤃𐤅𐤕𐤉𐤊𐤌 𐤅𐤀𐤕 𐤊𐤓𐤌𐤉𐤊𐤌 𐤅𐤆𐤉𐤕𐤉𐤊𐤌 𐤄𐤈𐤅𐤁𐤉𐤌 𐤉𐤒𐤇
𐤅𐤍𐤕𐤍 𐤋𐤏𐤁𐤃𐤉𐤅•
𐤈𐤅 𐤅𐤆𐤓𐤏𐤉𐤊𐤌 𐤅𐤊𐤓𐤌𐤉𐤊𐤌 𐤉𐤏𐤔𐤓 𐤅𐤍𐤕𐤍 𐤋𐤎𐤓𐤉𐤎𐤉𐤅 𐤅𐤋𐤏𐤁𐤃𐤉𐤅•
𐤈𐤆 𐤅𐤀𐤕 𐤏𐤁𐤃𐤉𐤊𐤌 𐤅𐤀𐤕 𐤔𐤐𐤇𐤅𐤕𐤉𐤊𐤌 𐤅𐤀𐤕 𐤁𐤇𐤅𐤓𐤉𐤊𐤌 𐤄𐤈𐤅𐤁𐤉𐤌 𐤅𐤀𐤕
𐤇𐤌𐤅𐤓𐤉𐤊𐤌 𐤉𐤒𐤇 𐤅𐤏𐤔𐤄 𐤋𐤌𐤋𐤀𐤊𐤕𐤅•
𐤉𐤆 𐤑𐤀𐤍𐤊𐤌 𐤉𐤏𐤔𐤓 𐤅𐤀𐤕𐤌 𐤕𐤄𐤉𐤅 𐤋𐤅 𐤋𐤏𐤁𐤃𐤉𐤌•
𐤉𐤇 𐤅𐤆𐤏𐤒𐤕𐤌 𐤁𐤉𐤅𐤌 𐤄𐤄𐤅𐤀 𐤌𐤋𐤐𐤍𐤉 𐤌𐤋𐤊𐤊𐤌 𐤀𐤔𐤓 𐤁𐤇𐤓𐤕𐤌 𐤋𐤊𐤌 𐤅𐤋𐤀
𐤉𐤏𐤍𐤄 𐤉𐤄𐤅𐤄 𐤀𐤕𐤊𐤌 𐤁𐤉𐤅𐤌 𐤄𐤄𐤅𐤀•
𐤉𐤈 𐤅𐤉𐤌𐤀𐤍𐤅 𐤄𐤏𐤌 𐤋𐤔𐤌𐤏 𐤁𐤒𐤅𐤋 𐤔𐤌𐤅𐤀𐤋 𐤅𐤉𐤀𐤌𐤓𐤅 𐤋𐤀 𐤊𐤉 𐤀𐤌
𐤌𐤋𐤊 𐤉𐤄𐤉𐤄 𐤏𐤋𐤉𐤍𐤅•
𐤊 𐤅𐤄𐤉𐤉𐤍𐤅 𐤂𐤌 𐤀𐤍𐤇𐤍𐤅 𐤊𐤊𐤋 𐤄𐤂𐤅𐤉𐤌 𐤅𐤔𐤐𐤈𐤍𐤅 𐤌𐤋𐤊𐤍𐤅 𐤅𐤉𐤑𐤀
𐤋𐤐𐤍𐤉𐤍𐤅 𐤅𐤍𐤋𐤇𐤌 𐤀𐤕 𐤌𐤋𐤇𐤌𐤕𐤍𐤅•
𐤊𐤀 𐤅𐤉𐤔𐤌𐤏 𐤔𐤌𐤅𐤀𐤋 𐤀𐤕 𐤊𐤋 𐤃𐤁𐤓𐤉 𐤄𐤏𐤌 𐤅𐤉𐤃𐤁𐤓𐤌 𐤁𐤀𐤆𐤍𐤉 𐤉𐤄𐤅𐤄•
𐤊𐤁 𐤅𐤉𐤀𐤌𐤓 𐤉𐤄𐤅𐤄 𐤀𐤋 𐤔𐤌𐤅𐤀𐤋 𐤔𐤌𐤏 𐤁𐤒𐤅𐤋𐤌 𐤅𐤄𐤌𐤋𐤊𐤕 𐤋𐤄𐤌 𐤌𐤋𐤊

# 𐤔𐤌𐤅𐤀𐤋 𐤀

𐤅𐤉𐤀𐤌𐤓 𐤔𐤌𐤅𐤀𐤋 𐤀𐤋 𐤀𐤍𐤔𐤉 𐤉𐤔𐤓𐤀𐤋 𐤋𐤊𐤅 𐤀𐤉𐤔 𐤋𐤏𐤉𐤓𐤅•

## 𐤐𐤓𐤒 𐤈

𐤀 𐤅𐤉𐤄𐤉 𐤀𐤉𐤔 𐤌𐤁𐤍 𐤉𐤌𐤉𐤍 [𐤌𐤁𐤍𐤉𐤌𐤉𐤍] 𐤅𐤔𐤌𐤅 𐤒𐤉𐤔 𐤁𐤍 𐤀𐤁𐤉𐤀𐤋
𐤁𐤍 𐤑𐤓𐤅𐤓 𐤁𐤍 𐤁𐤊𐤅𐤓𐤕 𐤁𐤍 𐤀𐤐𐤉𐤇 𐤁𐤍 𐤀𐤉𐤔 𐤉𐤌𐤉𐤍𐤉 𐤂𐤁𐤅𐤓 𐤇𐤉𐤋•
𐤁 𐤅𐤋𐤅 𐤄𐤉𐤄 𐤁𐤍 𐤅𐤔𐤌𐤅 𐤔𐤀𐤅𐤋 𐤁𐤇𐤅𐤓 𐤅𐤈𐤅𐤁 𐤅𐤀𐤉𐤍 𐤀𐤉𐤔 𐤌𐤁𐤍𐤉
𐤉𐤔𐤓𐤀𐤋 𐤈𐤅𐤁 𐤌𐤌𐤍𐤅 𐤌𐤔𐤊𐤌𐤅 𐤅𐤌𐤏𐤋𐤄 𐤂𐤁𐤄 𐤌𐤊𐤋 𐤄𐤏𐤌•
𐤂 𐤅𐤕𐤀𐤁𐤃𐤍𐤄 𐤄𐤀𐤕𐤍𐤅𐤕 𐤋𐤒𐤉𐤔 𐤀𐤁𐤉 𐤔𐤀𐤅𐤋 𐤅𐤉𐤀𐤌𐤓 𐤒𐤉𐤔 𐤀𐤋
𐤔𐤀𐤅𐤋 𐤁𐤍𐤅 𐤒𐤇 𐤍𐤀 𐤀𐤕𐤊 𐤀𐤕 𐤀𐤇𐤃 𐤌𐤄𐤍𐤏𐤓𐤉𐤌 𐤅𐤒𐤅𐤌 𐤋𐤊 𐤁𐤒𐤔 𐤀𐤕
𐤄𐤀𐤕𐤍𐤕•
𐤃 𐤅𐤉𐤏𐤁𐤓 𐤁𐤄𐤓 𐤀𐤐𐤓𐤉𐤌 𐤅𐤉𐤏𐤁𐤓 𐤁𐤀𐤓𐤑 𐤔𐤋𐤔𐤄 𐤅𐤋𐤀 𐤌𐤑𐤀𐤅 𐤅𐤉𐤏𐤁𐤓𐤅
𐤁𐤀𐤓𐤑 𐤔𐤏𐤋𐤉𐤌 𐤅𐤀𐤉𐤍 𐤅𐤉𐤏𐤁𐤓 𐤁𐤀𐤓𐤑 𐤉𐤌𐤉𐤍𐤉 𐤅𐤋𐤀 𐤌𐤑𐤀𐤅•
𐤄 𐤄𐤌𐤄 𐤁𐤀𐤅 𐤁𐤀𐤓𐤑 𐤑𐤅𐤐 𐤅𐤔𐤀𐤅𐤋 𐤀𐤌𐤓 𐤋𐤍𐤏𐤓𐤅 𐤀𐤔𐤓 𐤏𐤌𐤅 𐤋𐤊𐤄
𐤅𐤍𐤔𐤅𐤁𐤄 𐤐𐤍 𐤉𐤇𐤃𐤋 𐤀𐤁𐤉 𐤌𐤍 𐤄𐤀𐤕𐤍𐤅𐤕 𐤅𐤃𐤀𐤂 𐤋𐤍𐤅•
𐤅 𐤅𐤉𐤀𐤌𐤓 𐤋𐤅 𐤄𐤍𐤄 𐤍𐤀 𐤀𐤉𐤔 𐤀𐤋𐤄𐤉𐤌 𐤁𐤏𐤉𐤓 𐤄𐤆𐤀𐤕 𐤅𐤄𐤀𐤉𐤔 𐤍𐤊𐤁𐤃
𐤊𐤋 𐤀𐤔𐤓 𐤉𐤃𐤁𐤓 𐤁𐤅𐤀 𐤉𐤁𐤅𐤀 𐤏𐤕𐤄 𐤍𐤋𐤊𐤄 𐤔𐤌 𐤀𐤅𐤋𐤉 𐤉𐤂𐤉𐤃 𐤋𐤍𐤅 𐤀𐤕
𐤃𐤓𐤊𐤍𐤅 𐤀𐤔𐤓 𐤄𐤋𐤊𐤍𐤅 𐤏𐤋𐤉𐤄•
𐤆 𐤅𐤉𐤀𐤌𐤓 𐤔𐤀𐤅𐤋 𐤋𐤍𐤏𐤓𐤅 𐤅𐤄𐤍𐤄 𐤍𐤋𐤊 𐤅𐤌𐤄 𐤍𐤁𐤉𐤀 𐤋𐤀𐤉𐤔 𐤊𐤉 𐤄𐤋𐤇𐤌
𐤀𐤆𐤋 𐤌𐤊𐤋𐤉𐤍𐤅 𐤅𐤕𐤔𐤅𐤓𐤄 𐤀𐤉𐤍 𐤋𐤄𐤁𐤉𐤀 𐤋𐤀𐤉𐤔 𐤄𐤀𐤋𐤄𐤉𐤌 𐤌𐤄
𐤀𐤕𐤍𐤅•
𐤇 𐤅𐤉𐤎𐤐 𐤄𐤍𐤏𐤓 𐤋𐤏𐤍𐤅𐤕 𐤀𐤕 𐤔𐤀𐤅𐤋 𐤅𐤉𐤀𐤌𐤓 𐤄𐤍𐤄 𐤍𐤌𐤑𐤀 𐤁𐤉𐤃𐤉 𐤓𐤁𐤏
𐤔𐤒𐤋 𐤊𐤎𐤐 𐤅𐤍𐤕𐤕𐤉 𐤋𐤀𐤉𐤔 𐤄𐤀𐤋𐤄𐤉𐤌 𐤅𐤄𐤂𐤉𐤃 𐤋𐤍𐤅 𐤀𐤕 𐤃𐤓𐤊𐤍𐤅•
𐤈 𐤋𐤐𐤍𐤉𐤌 𐤁𐤉𐤔𐤓𐤀𐤋 𐤊𐤄 𐤀𐤌𐤓 𐤄𐤀𐤉𐤔 𐤁𐤋𐤊𐤕𐤅 𐤋𐤃𐤓𐤅𐤔 𐤀𐤋𐤄𐤉𐤌 𐤋𐤊𐤅
𐤅𐤍𐤋𐤊𐤄 𐤏𐤃 𐤄𐤓𐤀𐤄 𐤊𐤉 𐤋𐤍𐤁𐤉𐤀 𐤄𐤉𐤅𐤌 𐤉𐤒𐤓𐤀 𐤋𐤐𐤍𐤉𐤌 𐤄𐤓𐤀𐤄•
𐤉 𐤅𐤉𐤀𐤌𐤓 𐤔𐤀𐤅𐤋 𐤋𐤍𐤏𐤓𐤅 𐤈𐤅𐤁 𐤃𐤁𐤓𐤊 𐤋𐤊𐤄 𐤍𐤋𐤊𐤄 𐤅𐤉𐤋𐤊𐤅 𐤀𐤋 𐤄𐤏𐤉𐤓
𐤀𐤔𐤓 𐤔𐤌 𐤀𐤉𐤔 𐤄𐤀𐤋𐤄𐤉𐤌•
𐤉𐤀 𐤄𐤌𐤄 𐤏𐤋𐤉𐤌 𐤁𐤌𐤏𐤋𐤄 𐤄𐤏𐤉𐤓 𐤅𐤄𐤌𐤄 𐤌𐤑𐤀𐤅 𐤍𐤏𐤓𐤅𐤕 𐤉𐤑𐤀𐤅𐤕
𐤋𐤔𐤀𐤁 𐤌𐤉𐤌 𐤅𐤉𐤀𐤌𐤓𐤅 𐤋𐤄𐤍 𐤄𐤉𐤔 𐤁𐤆𐤄 𐤄𐤓𐤀𐤄•
𐤉𐤁 𐤅𐤕𐤏𐤍𐤉𐤍𐤄 𐤀𐤅𐤕𐤌 𐤅𐤕𐤀𐤌𐤓𐤍𐤄 𐤉𐤔 𐤄𐤍𐤄 𐤋𐤐𐤍𐤉𐤊 𐤌𐤄𐤓 𐤏𐤕𐤄 𐤊𐤉
𐤄𐤉𐤅𐤌 𐤁𐤀 𐤋𐤏𐤉𐤓 𐤊𐤉 𐤆𐤁𐤇 𐤄𐤉𐤅𐤌 𐤋𐤏𐤌 𐤁𐤁𐤌𐤄•
𐤉𐤂 𐤊𐤁𐤀𐤊𐤌 𐤄𐤏𐤉𐤓 𐤊𐤍 𐤕𐤌𐤑𐤀𐤅𐤍 𐤀𐤕𐤅 𐤁𐤈𐤓𐤌 𐤉𐤏𐤋𐤄 𐤄𐤁𐤌𐤕𐤄 𐤋𐤀𐤊𐤋
𐤊𐤉 𐤋𐤀 𐤉𐤀𐤊𐤋 𐤄𐤏𐤌 𐤏𐤃 𐤁𐤀𐤅 𐤊𐤉 𐤄𐤅𐤀 𐤉𐤁𐤓𐤊 𐤄𐤆𐤁𐤇 𐤀𐤇𐤓𐤉 𐤊𐤍
𐤉𐤀𐤊𐤋𐤅 𐤄𐤒𐤓𐤀𐤉𐤌 𐤅𐤏𐤕𐤄 𐤏𐤋𐤅 𐤊𐤉 𐤀𐤕𐤅 𐤊𐤄𐤉𐤅𐤌 𐤕𐤌𐤑𐤀𐤅𐤍 𐤀𐤕𐤅•

# 𐤔𐤌𐤅𐤀𐤋 𐤀

𐤉𐤃 𐤅𐤉𐤏𐤋𐤅 𐤄𐤏𐤉𐤓 𐤄𐤌𐤄 𐤁𐤀𐤉𐤌 𐤁𐤕𐤅𐤊 𐤄𐤏𐤉𐤓 𐤅𐤄𐤍𐤄 𐤔𐤌𐤅𐤀𐤋 𐤉𐤑𐤀 𐤋𐤒𐤓𐤀𐤕𐤌 𐤋𐤏𐤋𐤅𐤕 𐤄𐤁𐤌𐤄.

𐤈𐤅 𐤅𐤉𐤄𐤅𐤄 𐤂𐤋𐤄 𐤀𐤕 𐤀𐤆𐤍 𐤔𐤌𐤅𐤀𐤋 𐤉𐤅𐤌 𐤀𐤇𐤃 𐤋𐤐𐤍𐤉 𐤁𐤅𐤀 𐤔𐤀𐤅𐤋 𐤋𐤀𐤌𐤓.

𐤈𐤆 𐤊𐤏𐤕 𐤌𐤇𐤓 𐤀𐤔𐤋𐤇 𐤀𐤋𐤉𐤊 𐤀𐤉𐤔 𐤌𐤀𐤓𐤑 𐤁𐤍𐤉𐤌𐤍 𐤅𐤌𐤔𐤇𐤕𐤅 𐤋𐤍𐤂𐤉𐤃 𐤏𐤋 𐤏𐤌𐤉 𐤉𐤔𐤓𐤀𐤋 𐤅𐤄𐤅𐤔𐤉𐤏 𐤀𐤕 𐤏𐤌𐤉 𐤌𐤉𐤃 𐤐𐤋𐤔𐤕𐤉𐤌 𐤊𐤉 𐤓𐤀𐤉𐤕𐤉 𐤀𐤕 𐤏𐤌𐤉 𐤊𐤉 𐤁𐤀𐤄 𐤑𐤏𐤒𐤕𐤅 𐤀𐤋𐤉.

𐤉𐤆 𐤅𐤔𐤌𐤅𐤀𐤋 𐤓𐤀𐤄 𐤀𐤕 𐤔𐤀𐤅𐤋 𐤅𐤉𐤄𐤅𐤄 𐤏𐤍𐤄𐤅 𐤄𐤍𐤄 𐤄𐤀𐤉𐤔 𐤀𐤔𐤓 𐤀𐤌𐤓𐤕𐤉 𐤀𐤋𐤉𐤊 𐤆𐤄 𐤉𐤏𐤑𐤓 𐤁𐤏𐤌𐤉.

𐤉𐤇 𐤅𐤉𐤂𐤔 𐤔𐤀𐤅𐤋 𐤀𐤕 𐤔𐤌𐤅𐤀𐤋 𐤁𐤕𐤅𐤊 𐤄𐤔𐤏𐤓 𐤅𐤉𐤀𐤌𐤓 𐤄𐤂𐤉𐤃𐤄 𐤍𐤀 𐤋𐤉 𐤀𐤉 𐤆𐤄 𐤁𐤉𐤕 𐤄𐤓𐤀𐤄.

𐤉𐤈 𐤅𐤉𐤏𐤍 𐤔𐤌𐤅𐤀𐤋 𐤀𐤕 𐤔𐤀𐤅𐤋 𐤅𐤉𐤀𐤌𐤓 𐤀𐤍𐤊𐤉 𐤄𐤓𐤀𐤄 𐤏𐤋𐤄 𐤋𐤐𐤍𐤉 𐤄𐤁𐤌𐤄 𐤅𐤀𐤊𐤋𐤕𐤌 𐤏𐤌𐤉 𐤄𐤉𐤅𐤌 𐤅𐤔𐤋𐤇𐤕𐤉𐤊 𐤁𐤁𐤒𐤓 𐤅𐤊𐤋 𐤀𐤔𐤓 𐤁𐤋𐤁𐤁𐤊 𐤀𐤂𐤉𐤃 𐤋𐤊.

𐤊 𐤅𐤋𐤀𐤕𐤍𐤅𐤕 𐤄𐤀𐤁𐤃𐤅𐤕 𐤋𐤊 𐤄𐤉𐤅𐤌 𐤔𐤋𐤔𐤕 𐤄𐤉𐤌𐤉𐤌 𐤀𐤋 𐤕𐤔𐤌 𐤀𐤕 𐤋𐤁𐤊 𐤋𐤄𐤌 𐤊𐤉 𐤍𐤌𐤑𐤀𐤅 𐤅𐤋𐤌𐤉 𐤊𐤋 𐤇𐤌𐤃𐤕 𐤉𐤔𐤓𐤀𐤋 𐤄𐤋𐤅𐤀 𐤋𐤊 𐤅𐤋𐤊𐤋 𐤁𐤉𐤕 𐤀𐤁𐤉𐤊.

𐤊𐤀 𐤅𐤉𐤏𐤍 𐤔𐤀𐤅𐤋 𐤅𐤉𐤀𐤌𐤓 𐤄𐤋𐤅𐤀 𐤁𐤍 𐤉𐤌𐤉𐤍𐤉 𐤀𐤍𐤊𐤉 𐤌𐤒𐤈𐤍𐤉 𐤔𐤁𐤈𐤉 𐤉𐤔𐤓𐤀𐤋 𐤅𐤌𐤔𐤐𐤇𐤕𐤉 𐤄𐤑𐤏𐤓𐤄 𐤌𐤊𐤋 𐤌𐤔𐤐𐤇𐤅𐤕 𐤔𐤁𐤈𐤉 𐤁𐤍𐤉𐤌𐤍 𐤅𐤋𐤌𐤄 𐤃𐤁𐤓𐤕 𐤀𐤋𐤉 𐤊𐤃𐤁𐤓 𐤄𐤆𐤄.

𐤊𐤁 𐤅𐤉𐤒𐤇 𐤔𐤌𐤅𐤀𐤋 𐤀𐤕 𐤔𐤀𐤅𐤋 𐤅𐤀𐤕 𐤍𐤏𐤓𐤅 𐤅𐤉𐤁𐤉𐤀𐤌 𐤋𐤔𐤊𐤕𐤄 𐤅𐤉𐤕𐤍 𐤋𐤄𐤌 𐤌𐤒𐤅𐤌 𐤁𐤓𐤀𐤔 𐤄𐤒𐤓𐤅𐤀𐤉𐤌 𐤅𐤄𐤌𐤄 𐤊𐤔𐤋𐤔𐤉𐤌 𐤀𐤉𐤔.

𐤊𐤂 𐤅𐤉𐤀𐤌𐤓 𐤔𐤌𐤅𐤀𐤋 𐤋𐤈𐤁𐤇 𐤕𐤍𐤄 𐤀𐤕 𐤄𐤌𐤍𐤄 𐤀𐤔𐤓 𐤍𐤕𐤕𐤉 𐤋𐤊 𐤀𐤔𐤓 𐤀𐤌𐤓𐤕𐤉 𐤀𐤋𐤉𐤊 𐤔𐤉𐤌 𐤀𐤕𐤄 𐤏𐤌𐤊.

𐤊𐤃 𐤅𐤉𐤓𐤌 𐤄𐤈𐤁𐤇 𐤀𐤕 𐤄𐤔𐤅𐤒 𐤅𐤄𐤏𐤋𐤉𐤄 𐤅𐤉𐤔𐤌 𐤋𐤐𐤍𐤉 𐤔𐤀𐤅𐤋 𐤅𐤉𐤀𐤌𐤓 𐤄𐤍𐤄 𐤄𐤍𐤔𐤀𐤓 𐤔𐤉𐤌 𐤋𐤐𐤍𐤉𐤊 𐤀𐤊𐤋 𐤊𐤉 𐤋𐤌𐤅𐤏𐤃 𐤔𐤌𐤅𐤓 𐤋𐤊 𐤋𐤀𐤌𐤓 𐤄𐤏𐤌 𐤒𐤓𐤀𐤕𐤉 𐤅𐤉𐤀𐤊𐤋 𐤔𐤀𐤅𐤋 𐤏𐤌 𐤔𐤌𐤅𐤀𐤋 𐤁𐤉𐤅𐤌 𐤄𐤄𐤅𐤀.

𐤊𐤄 𐤅𐤉𐤓𐤃𐤅 𐤌𐤄𐤁𐤌𐤄 𐤄𐤏𐤉𐤓 𐤅𐤉𐤃𐤁𐤓 𐤏𐤌 𐤔𐤀𐤅𐤋 𐤏𐤋 𐤄𐤂𐤂.

𐤊𐤅 𐤅𐤉𐤔𐤊𐤌𐤅 𐤅𐤉𐤄𐤉 𐤊𐤏𐤋𐤅𐤕 𐤄𐤔𐤇𐤓 𐤅𐤉𐤒𐤓𐤀 𐤔𐤌𐤅𐤀𐤋 𐤀𐤋 𐤔𐤀𐤅𐤋 𐤄𐤂𐤂 [𐤄𐤂𐤂𐤄] 𐤋𐤀𐤌𐤓 𐤒𐤅𐤌𐤄 𐤅𐤀𐤔𐤋𐤇𐤊 𐤅𐤉𐤒𐤌 𐤔𐤀𐤅𐤋 𐤅𐤉𐤑𐤀𐤅 𐤔𐤍𐤉𐤄𐤌 𐤄𐤅𐤀 𐤅𐤔𐤌𐤅𐤀𐤋 𐤄𐤇𐤅𐤑𐤄.

𐤊𐤆 𐤄𐤌𐤄 𐤉𐤅𐤓𐤃𐤉𐤌 𐤁𐤒𐤑𐤄 𐤄𐤏𐤉𐤓 𐤅𐤔𐤌𐤅𐤀𐤋 𐤀𐤌𐤓 𐤀𐤋 𐤔𐤀𐤅𐤋 𐤀𐤌𐤓 𐤋𐤍𐤏𐤓 𐤅𐤉𐤏𐤁𐤓 𐤋𐤐𐤍𐤉𐤍𐤅 𐤅𐤉𐤏𐤁𐤓 𐤅𐤀𐤕𐤄 𐤏𐤌𐤃 𐤊𐤉𐤅𐤌 𐤅𐤀𐤔𐤌𐤉𐤏𐤊 𐤀𐤕

# 𐤔𐤌𐤅𐤀𐤋 𐤀

𐤃𐤁𐤓 𐤀𐤋𐤄𐤉𐤌•

𐤐𐤓𐤒 𐤉

𐤀 𐤅𐤉𐤒𐤇 𐤔𐤌𐤅𐤀𐤋 𐤀𐤕 𐤐𐤊 𐤄𐤔𐤌𐤍 𐤅𐤉𐤑𐤒 𐤏𐤋 𐤓𐤀𐤔𐤅 𐤅𐤉𐤔𐤒𐤄𐤅 𐤅𐤉𐤀𐤌𐤓
𐤄𐤋𐤅𐤀 𐤊𐤉 𐤌𐤔𐤇𐤊 𐤉𐤄𐤅𐤄 𐤏𐤋 𐤍𐤇𐤋𐤕𐤅 𐤋𐤍𐤂𐤉𐤃•
𐤁 𐤁𐤋𐤊𐤕𐤊 𐤄𐤉𐤅𐤌 𐤌𐤏𐤌𐤃𐤉 𐤅𐤌𐤑𐤀𐤕 𐤔𐤍𐤉 𐤀𐤍𐤔𐤉𐤌 𐤏𐤌 𐤒𐤁𐤓𐤕 𐤓𐤇𐤋
𐤁𐤂𐤁𐤅𐤋 𐤁𐤍𐤉𐤌𐤍 𐤁𐤑𐤋𐤑𐤇 𐤅𐤀𐤌𐤓𐤅 𐤀𐤋𐤉𐤊 𐤍𐤌𐤑𐤀𐤅 𐤄𐤀𐤕𐤍𐤅𐤕 𐤀𐤔𐤓
𐤄𐤋𐤊𐤕 𐤋𐤁𐤒𐤔 𐤅𐤄𐤍𐤄 𐤍𐤈𐤔 𐤀𐤁𐤉𐤊 𐤀𐤕 𐤃𐤁𐤓𐤉 𐤄𐤀𐤕𐤍𐤅𐤕 𐤅𐤃𐤀𐤂 𐤋𐤊𐤌
𐤋𐤀𐤌𐤓 𐤌𐤄 𐤀𐤏𐤔𐤄 𐤋𐤁𐤍𐤉•
𐤂 𐤅𐤇𐤋𐤐𐤕 𐤌𐤔𐤌 𐤅𐤄𐤋𐤀𐤄 𐤅𐤁𐤀𐤕 𐤏𐤃 𐤀𐤋𐤅𐤍 𐤕𐤁𐤅𐤓 𐤅𐤌𐤑𐤀𐤅𐤊 𐤔𐤌
𐤔𐤋𐤔𐤄 𐤀𐤍𐤔𐤉𐤌 𐤏𐤋𐤉𐤌 𐤀𐤋 𐤄𐤀𐤋𐤄𐤉𐤌 𐤁𐤉𐤕 𐤀𐤋 𐤀𐤇𐤃 𐤍𐤔𐤀 𐤔𐤋𐤔𐤄
𐤂𐤃𐤉𐤉𐤌 𐤅𐤀𐤇𐤃 𐤍𐤔𐤀 𐤔𐤋𐤔𐤕 𐤊𐤊𐤓𐤅𐤕 𐤋𐤇𐤌 𐤅𐤀𐤇𐤃 𐤍𐤔𐤀 𐤍𐤁𐤋 𐤉𐤉𐤍•
𐤃 𐤅𐤔𐤀𐤋𐤅 𐤋𐤊 𐤋𐤔𐤋𐤅𐤌 𐤅𐤍𐤕𐤍𐤅 𐤋𐤊 𐤔𐤕𐤉 𐤋𐤇𐤌 𐤅𐤋𐤒𐤇𐤕 𐤌𐤉𐤃𐤌•
𐤄 𐤀𐤇𐤓 𐤊𐤍 𐤕𐤁𐤅𐤀 𐤂𐤁𐤏𐤕 𐤄𐤀𐤋𐤄𐤉𐤌 𐤀𐤔𐤓 𐤔𐤌 𐤍𐤑𐤁𐤉 𐤐𐤋𐤔𐤕𐤉𐤌
𐤅𐤉𐤄𐤉 𐤊𐤁𐤀𐤊 𐤔𐤌 𐤄𐤏𐤉𐤓 𐤅𐤐𐤂𐤏𐤕 𐤇𐤁𐤋 𐤍𐤁𐤉𐤀𐤉𐤌 𐤉𐤓𐤃𐤉𐤌 𐤌𐤄𐤁𐤌𐤄
𐤅𐤋𐤐𐤍𐤉𐤄𐤌 𐤍𐤁𐤋 𐤅𐤕𐤐 𐤅𐤇𐤋𐤉𐤋 𐤅𐤊𐤍𐤅𐤓 𐤅𐤄𐤌𐤄 𐤌𐤕𐤍𐤁𐤀𐤉𐤌•
𐤅 𐤅𐤑𐤋𐤇𐤄 𐤏𐤋𐤉𐤊 𐤓𐤅𐤇 𐤉𐤄𐤅𐤄 𐤅𐤄𐤕𐤍𐤁𐤉𐤕 𐤏𐤌𐤌 𐤅𐤍𐤄𐤐𐤊𐤕 𐤋𐤀𐤉𐤔 𐤀𐤇𐤓•
𐤆 𐤅𐤄𐤉𐤄 𐤊𐤉 𐤕𐤁𐤀𐤉𐤍𐤄 [𐤕𐤁𐤀𐤍𐤄] 𐤄𐤀𐤕𐤅𐤕 𐤄𐤀𐤋𐤄 𐤋𐤊 𐤏𐤔𐤄 𐤋𐤊 𐤀𐤔𐤓
𐤕𐤌𐤑𐤀 𐤉𐤃𐤊 𐤊𐤉 𐤄𐤀𐤋𐤄𐤉𐤌 𐤏𐤌𐤊•
𐤇 𐤅𐤉𐤓𐤃𐤕 𐤋𐤐𐤍𐤉 𐤄𐤂𐤋𐤂𐤋 𐤅𐤄𐤍𐤄 𐤀𐤍𐤊𐤉 𐤉𐤓𐤃 𐤀𐤋𐤉𐤊 𐤋𐤄𐤏𐤋𐤅𐤕 𐤏𐤋𐤅𐤕
𐤋𐤆𐤁𐤇 𐤆𐤁𐤇𐤉 𐤔𐤋𐤌𐤉𐤌 𐤔𐤁𐤏𐤕 𐤉𐤌𐤉𐤌 𐤕𐤅𐤇𐤋 𐤏𐤃 𐤁𐤅𐤀𐤉 𐤀𐤋𐤉𐤊
𐤅𐤄𐤅𐤃𐤏𐤕𐤉 𐤋𐤊 𐤀𐤕 𐤀𐤔𐤓 𐤕𐤏𐤔𐤄•
𐤈 𐤅𐤄𐤉𐤄 𐤊𐤄𐤐𐤍𐤕𐤅 𐤔𐤊𐤌𐤅 𐤋𐤋𐤊𐤕 𐤌𐤏𐤌 𐤔𐤌𐤅𐤀𐤋 𐤅𐤉𐤄𐤐𐤊 𐤋𐤅 𐤀𐤋𐤄𐤉𐤌
𐤋𐤁 𐤀𐤇𐤓 𐤅𐤉𐤁𐤀𐤅 𐤊𐤋 𐤄𐤀𐤕𐤅𐤕 𐤄𐤀𐤋𐤄 𐤁𐤉𐤅𐤌 𐤄𐤄𐤅𐤀•
𐤉 𐤅𐤉𐤁𐤀𐤅 𐤔𐤌 𐤄𐤂𐤁𐤏𐤕𐤄 𐤅𐤄𐤍𐤄 𐤇𐤁𐤋 𐤍𐤁𐤀𐤉𐤌 𐤋𐤒𐤓𐤀𐤕𐤅 𐤅𐤕𐤑𐤋𐤇
𐤏𐤋𐤉𐤅 𐤓𐤅𐤇 𐤀𐤋𐤄𐤉𐤌 𐤅𐤉𐤕𐤍𐤁𐤀 𐤁𐤕𐤅𐤊𐤌•
𐤉𐤀 𐤅𐤉𐤄𐤉 𐤊𐤋 𐤉𐤅𐤃𐤏𐤅 𐤌𐤀𐤕𐤌𐤅𐤋 𐤔𐤋𐤔𐤅𐤌 𐤅𐤉𐤓𐤀𐤅 𐤅𐤄𐤍𐤄 𐤏𐤌 𐤍𐤁𐤀𐤉𐤌
𐤍𐤁𐤀 𐤅𐤉𐤀𐤌𐤓 𐤄𐤏𐤌 𐤀𐤉𐤔 𐤀𐤋 𐤓𐤏𐤄𐤅 𐤌𐤄 𐤆𐤄 𐤄𐤉𐤄 𐤋𐤁𐤍 𐤒𐤉𐤔 𐤄𐤂𐤌
𐤔𐤀𐤅𐤋 𐤁𐤍𐤁𐤉𐤀𐤉𐤌•
𐤉𐤁 𐤅𐤉𐤏𐤍 𐤀𐤉𐤔 𐤌𐤔𐤌 𐤅𐤉𐤀𐤌𐤓 𐤅𐤌𐤉 𐤀𐤁𐤉𐤄𐤌 𐤏𐤋 𐤊𐤍 𐤄𐤉𐤕𐤄 𐤋𐤌𐤔𐤋
𐤄𐤂𐤌 𐤔𐤀𐤅𐤋 𐤁𐤍𐤁𐤀𐤉𐤌•
𐤉𐤂 𐤅𐤉𐤊𐤋 𐤌𐤄𐤕𐤍𐤁𐤅𐤕 𐤅𐤉𐤁𐤀 𐤄𐤁𐤌𐤄•
𐤉𐤃 𐤅𐤉𐤀𐤌𐤓 𐤃𐤅𐤃 𐤔𐤀𐤅𐤋 𐤀𐤋𐤉𐤅 𐤅𐤀𐤋 𐤍𐤏𐤓𐤅 𐤀𐤍 𐤄𐤋𐤊𐤕𐤌 𐤅𐤉𐤀𐤌𐤓

לבקש את האתנות ונראה כי אין ונבוא אל שמואל.
טו ויאמר דוד שאול הגידה נא לי מה אמר לכם שמואל.
טז ויאמר שאול אל דודו הגד הגיד לנו כי נמצאו
האתנות ואת דבר המלוכה לא הגיד לו אשר אמר שמואל.
יז ויצעק שמואל את העם אל יהוה המצפה.
יח ויאמר אל בני ישראל כה אמר יהוה אלהי ישראל
אנכי העליתי את ישראל ממצרים ואציל אתכם מיד
מצרים ומיד כל הממלכות הלחצים אתכם.
יט ואתם היום מאסתם את אלהיכם אשר הוא מושיע לכם
מכל רעותיכם וצרתיכם ותאמרו לו כי מלך תשים עלינו
ועתה התיצבו לפני יהוה לשבטיכם ולאלפיכם.
כ ויקרב שמואל את כל שבטי ישראל וילכד שבט בנימן.
כא ויקרב את שבט בנימן למשפחתו [למשפחתיו] ותלכד
משפחת המטרי וילכד שאול בן קיש ויבקשהו ולא נמצא.
כב וישאלו עוד ביהוה הבא עוד הלם איש ס ויאמר יהוה
הנה הוא נחבא אל הכלים.
כג וירצו ויקחהו משם ויתיצב בתוך העם ויגבה מכל העם
משכמו ומעלה.
כד ויאמר שמואל אל כל העם הראיתם אשר בחר בו יהוה
כי אין כמהו בכל העם וירעו כל העם ויאמרו יחי המלך.
כה וידבר שמואל אל העם את משפט המלכה ויכתב בספר
וינח לפני יהוה וישלח שמואל את כל העם איש לביתו.
כו וגם שאול הלך לביתו גבעתה וילכו עמו החיל אשר נגע
אלהים בלבם.
כז ובני בליעל אמרו מה ישענו זה ויבזהו ולא הביאו
לו מנחה ויהי כמחריש.

פרק יא
א ויעל נחש העמוני ויחן על יבש גלעד ויאמרו כל אנשי
יבש אל נחש כרת לנו ברית ונעבדך.
ב ויאמר אליהם נחש העמוני בזאת אכרת לכם בנקור לכם
כל עין ימין ושמתיה חרפה על כל ישראל.
ג ויאמרו אליו זקני יבש הרף לנו שבעת ימים ונשלחה

מלאכים בכל גבול ישראל ואם אין מושיע אתנו ויצאנו
אליך.
ד ויבאו המלאכים גבעת שאול וידברו הדברים באזני העם
וישאו כל העם את קולם ויבכו.
ה והנה שאול בא אחרי הבקר מן השדה ויאמר שאול מה
לעם כי יבכו ויספרו לו את דברי אנשי יביש.
ו ותצלח רוח אלהים על שאול בשמעו [כשמעו] את הדברים
האלה ויחר אפו מאד.
ז ויקח צמד בקר וינתחהו וישלח בכל גבול ישראל ביד
המלאכים לאמר אשר איננו יצא אחרי שאול ואחר שמואל
כה יעשה לבקרו ויפל פחד יהוה על העם ויצאו כאיש אחד.
ח ויפקדם בבזק ויהיו בני ישראל שלש מאות אלף ואיש
יהודה שלשים אלף.
ט ויאמרו למלאכים הבאים כה תאמרון לאיש יביש גלעד
מחר תהיה לכם תשועה בחם [כחם] השמש ויבאו המלאכים
ויגדו לאנשי יביש וישמחו.
י ויאמרו אנשי יביש מחר נצא אליכם ועשיתם לנו ככל
הטוב בעיניכם.
יא ויהי ממחרת וישם שאול את העם שלשה ראשים ויבאו
בתוך המחנה באשמרת הבקר ויכו את עמון עד חם היום
ויהי הנשארים ויפצו ולא נשארו בם שנים יחד.
יב ויאמר העם אל שמואל מי האמר שאול ימלך עלינו
תנו האנשים ונמיתם.
יג ויאמר שאול לא יומת איש ביום הזה כי היום עשה
יהוה תשועה בישראל.
יד ויאמר שמואל אל העם לכו ונלכה הגלגל ונחדש שם
המלוכה.
טו וילכו כל העם הגלגל וימלכו שם את שאול לפני יהוה
בגלגל ויזבחו שם זבחים שלמים לפני יהוה וישמח שם
שאול וכל אנשי ישראל עד מאד.

פרק יב

א ויאמר שמואל אל כל ישראל הנה שמעתי בקלכם לכל

# 𐤔𐤌𐤅𐤀𐤋 𐤀

𐤀𐤔𐤓 𐤀𐤌𐤓𐤕𐤌 𐤋𐤉 𐤅𐤀𐤌𐤋𐤉𐤊 𐤏𐤋𐤉𐤊𐤌 𐤌𐤋𐤊•
𐤁 𐤅𐤏𐤕𐤄 𐤄𐤍𐤄 𐤄𐤌𐤋𐤊 𐤌𐤕𐤄𐤋𐤊 𐤋𐤐𐤍𐤉𐤊𐤌 𐤅𐤀𐤍𐤉 𐤆𐤒𐤍𐤕𐤉 𐤅𐤔𐤁𐤕𐤉
𐤅𐤁𐤍𐤉 𐤄𐤍𐤌 𐤀𐤕𐤊𐤌 𐤅𐤀𐤍𐤉 𐤄𐤕𐤄𐤋𐤊𐤕𐤉 𐤋𐤐𐤍𐤉𐤊𐤌 𐤌𐤍𐤏𐤓𐤉 𐤏𐤃 𐤄𐤉𐤅𐤌
𐤄𐤆𐤄•
𐤂 𐤄𐤍𐤍𐤉 𐤏𐤍𐤅 𐤁𐤉 𐤍𐤂𐤃 𐤉𐤄𐤅𐤄 𐤅𐤍𐤂𐤃 𐤌𐤔𐤉𐤇𐤅 𐤀𐤕 𐤔𐤅𐤓 𐤌𐤉 𐤋𐤒𐤇𐤕𐤉
𐤅𐤇𐤌𐤅𐤓 𐤌𐤉 𐤋𐤒𐤇𐤕𐤉 𐤅𐤀𐤕 𐤌𐤉 𐤏𐤔𐤒𐤕𐤉 𐤀𐤕 𐤌𐤉 𐤓𐤑𐤅𐤕𐤉 𐤅𐤌𐤉𐤃 𐤌𐤉
𐤋𐤒𐤇𐤕𐤉 𐤊𐤐𐤓 𐤅𐤀𐤏𐤋𐤉𐤌 𐤏𐤉𐤍𐤉 𐤁𐤅 𐤅𐤀𐤔𐤉𐤁 𐤋𐤊𐤌•
𐤃 𐤅𐤉𐤀𐤌𐤓𐤅 𐤋𐤀 𐤏𐤔𐤒𐤕𐤍𐤅 𐤅𐤋𐤀 𐤓𐤑𐤅𐤕𐤍𐤅 𐤅𐤋𐤀 𐤋𐤒𐤇𐤕 𐤌𐤉𐤃 𐤀𐤉𐤔
𐤌𐤀𐤅𐤌𐤄•
𐤄 𐤅𐤉𐤀𐤌𐤓 𐤀𐤋𐤉𐤄𐤌 𐤏𐤃 𐤉𐤄𐤅𐤄 𐤁𐤊𐤌 𐤅𐤏𐤃 𐤌𐤔𐤉𐤇𐤅 𐤄𐤉𐤅𐤌 𐤄𐤆𐤄 𐤊𐤉
𐤋𐤀 𐤌𐤑𐤀𐤕𐤌 𐤁𐤉𐤃𐤉 𐤌𐤀𐤅𐤌𐤄 𐤅𐤉𐤀𐤌𐤓 𐤏𐤃•
𐤅 𐤅𐤉𐤀𐤌𐤓 𐤔𐤌𐤅𐤀𐤋 𐤀𐤋 𐤄𐤏𐤌 𐤉𐤄𐤅𐤄 𐤀𐤔𐤓 𐤏𐤔𐤄 𐤀𐤕 𐤌𐤔𐤄 𐤅𐤀𐤕
𐤀𐤄𐤓𐤍 𐤅𐤀𐤔𐤓 𐤄𐤏𐤋𐤄 𐤀𐤕 𐤀𐤁𐤅𐤕𐤉𐤊𐤌 𐤌𐤀𐤓𐤑 𐤌𐤑𐤓𐤉𐤌•
𐤆 𐤅𐤏𐤕𐤄 𐤄𐤕𐤉𐤑𐤁𐤅 𐤅𐤀𐤔𐤐𐤈𐤄 𐤀𐤕𐤊𐤌 𐤋𐤐𐤍𐤉 𐤉𐤄𐤅𐤄 𐤀𐤕 𐤊𐤋 𐤑𐤃𐤒𐤅𐤕
𐤉𐤄𐤅𐤄 𐤀𐤔𐤓 𐤏𐤔𐤄 𐤀𐤕𐤊𐤌 𐤅𐤀𐤕 𐤀𐤁𐤅𐤕𐤉𐤊𐤌•
𐤇 𐤊𐤀𐤔𐤓 𐤁𐤀 𐤉𐤏𐤒𐤁 𐤌𐤑𐤓𐤉𐤌 𐤅𐤉𐤆𐤏𐤒𐤅 𐤀𐤁𐤅𐤕𐤉𐤊𐤌 𐤀𐤋 𐤉𐤄𐤅𐤄 𐤅𐤉𐤔𐤋𐤇
𐤉𐤄𐤅𐤄 𐤀𐤕 𐤌𐤔𐤄 𐤅𐤀𐤕 𐤀𐤄𐤓𐤍 𐤅𐤉𐤅𐤑𐤉𐤀𐤅 𐤀𐤕 𐤀𐤁𐤅𐤕𐤉𐤊𐤌 𐤌𐤌𐤑𐤓𐤉𐤌
𐤅𐤉𐤔𐤁𐤅𐤌 𐤁𐤌𐤒𐤅𐤌 𐤄𐤆𐤄•
𐤈 𐤅𐤉𐤔𐤊𐤇𐤅 𐤀𐤕 𐤉𐤄𐤅𐤄 𐤀𐤋𐤄𐤉𐤄𐤌 𐤅𐤉𐤌𐤊𐤓𐤅 𐤀𐤕𐤌 𐤁𐤉𐤃 𐤎𐤉𐤎𐤓𐤀 𐤔𐤓
𐤑𐤁𐤀 𐤇𐤑𐤅𐤓 𐤅𐤁𐤉𐤃 𐤐𐤋𐤔𐤕𐤉𐤌 𐤅𐤁𐤉𐤃 𐤌𐤋𐤊 𐤌𐤅𐤀𐤁 𐤅𐤉𐤋𐤇𐤌𐤅 𐤁𐤌•
𐤉 𐤅𐤉𐤆𐤏𐤒𐤅 𐤀𐤋 𐤉𐤄𐤅𐤄 𐤅𐤉𐤀𐤌𐤓 [𐤅𐤉𐤀𐤌𐤓𐤅] 𐤇𐤈𐤀𐤍𐤅 𐤊𐤉 𐤏𐤆𐤁𐤍𐤅 𐤀𐤕
𐤉𐤄𐤅𐤄 𐤅𐤍𐤏𐤁𐤃 𐤀𐤕 𐤄𐤁𐤏𐤋𐤉𐤌 𐤅𐤀𐤕 𐤄𐤏𐤔𐤕𐤓𐤅𐤕 𐤅𐤏𐤕𐤄 𐤄𐤑𐤉𐤋𐤍𐤅 𐤌𐤉𐤃
𐤀𐤉𐤁𐤉𐤍𐤅 𐤅𐤍𐤏𐤁𐤃𐤊•
𐤉𐤀 𐤅𐤉𐤔𐤋𐤇 𐤉𐤄𐤅𐤄 𐤀𐤕 𐤉𐤓𐤁𐤏𐤋 𐤅𐤀𐤕 𐤁𐤃𐤍 𐤅𐤀𐤕 𐤉𐤐𐤕𐤇 𐤅𐤀𐤕 𐤔𐤌𐤅𐤀𐤋
𐤅𐤉𐤑𐤋 𐤀𐤕𐤊𐤌 𐤌𐤉𐤃 𐤀𐤉𐤁𐤉𐤊𐤌 𐤌𐤎𐤁𐤉𐤁 𐤅𐤕𐤔𐤁𐤅 𐤁𐤈𐤇•
𐤉𐤁 𐤅𐤕𐤓𐤀𐤅 𐤊𐤉 𐤍𐤇𐤔 𐤌𐤋𐤊 𐤁𐤍𐤉 𐤏𐤌𐤅𐤍 𐤁𐤀 𐤏𐤋𐤉𐤊𐤌 𐤅𐤕𐤀𐤌𐤓𐤅 𐤋𐤉 𐤋𐤀
𐤊𐤉 𐤌𐤋𐤊 𐤉𐤌𐤋𐤊 𐤏𐤋𐤉𐤍𐤅 𐤅𐤉𐤄𐤅𐤄 𐤀𐤋𐤄𐤉𐤊𐤌 𐤌𐤋𐤊𐤊𐤌•
𐤉𐤂 𐤅𐤏𐤕𐤄 𐤄𐤍𐤄 𐤄𐤌𐤋𐤊 𐤀𐤔𐤓 𐤁𐤇𐤓𐤕𐤌 𐤀𐤔𐤓 𐤔𐤀𐤋𐤕𐤌 𐤅𐤄𐤍𐤄 𐤍𐤕𐤍
𐤉𐤄𐤅𐤄 𐤏𐤋𐤉𐤊𐤌 𐤌𐤋𐤊•
𐤉𐤃 𐤀𐤌 𐤕𐤉𐤓𐤀𐤅 𐤀𐤕 𐤉𐤄𐤅𐤄 𐤅𐤏𐤁𐤃𐤕𐤌 𐤀𐤕𐤅 𐤅𐤔𐤌𐤏𐤕𐤌 𐤁𐤒𐤋𐤅 𐤅𐤋𐤀
𐤕𐤌𐤓𐤅 𐤀𐤕 𐤐𐤉 𐤉𐤄𐤅𐤄 𐤅𐤄𐤉𐤕𐤌 𐤂𐤌 𐤀𐤕𐤌 𐤅𐤂𐤌 𐤄𐤌𐤋𐤊 𐤀𐤔𐤓 𐤌𐤋𐤊
𐤏𐤋𐤉𐤊𐤌 𐤀𐤇𐤓 𐤉𐤄𐤅𐤄 𐤀𐤋𐤄𐤉𐤊𐤌•
𐤈𐤅 𐤅𐤀𐤌 𐤋𐤀 𐤕𐤔𐤌𐤏𐤅 𐤁𐤒𐤅𐤋 𐤉𐤄𐤅𐤄 𐤅𐤌𐤓𐤉𐤕𐤌 𐤀𐤕 𐤐𐤉 𐤉𐤄𐤅𐤄 𐤅𐤄𐤉𐤕𐤄

𐤉𐤃 𐤉𐤄𐤅𐤄 𐤁𐤊𐤌 𐤅𐤁𐤀𐤁𐤕𐤉𐤊𐤌•
𐤈𐤆 𐤂𐤌 𐤏𐤕𐤄 𐤄𐤕𐤉𐤑𐤁𐤅 𐤅𐤓𐤀𐤅 𐤀𐤕 𐤄𐤃𐤁𐤓 𐤄𐤂𐤃𐤅𐤋 𐤄𐤆𐤄 𐤀𐤔𐤓 𐤉𐤄𐤅𐤄
𐤏𐤔𐤄 𐤋𐤏𐤉𐤍𐤉𐤊𐤌•
𐤉𐤆 𐤄𐤋𐤅𐤀 𐤒𐤑𐤉𐤓 𐤇𐤈𐤉𐤌 𐤄𐤉𐤅𐤌 𐤀𐤒𐤓𐤀 𐤀𐤋 𐤉𐤄𐤅𐤄 𐤅𐤉𐤕𐤍 𐤒𐤋𐤅𐤕
𐤅𐤌𐤈𐤓 𐤅𐤃𐤏𐤅 𐤅𐤓𐤀𐤅 𐤊𐤉 𐤓𐤏𐤕𐤊𐤌 𐤓𐤁𐤄 𐤀𐤔𐤓 𐤏𐤔𐤉𐤕𐤌 𐤁𐤏𐤉𐤍𐤉 𐤉𐤄𐤅𐤄
𐤋𐤔𐤀𐤅𐤋 𐤋𐤊𐤌 𐤌𐤋𐤊•
𐤉𐤇 𐤅𐤉𐤒𐤓𐤀 𐤔𐤌𐤅𐤀𐤋 𐤀𐤋 𐤉𐤄𐤅𐤄 𐤅𐤉𐤕𐤍 𐤉𐤄𐤅𐤄 𐤒𐤋𐤕 𐤅𐤌𐤈𐤓 𐤁𐤉𐤅𐤌
𐤄𐤄𐤅𐤀 𐤅𐤉𐤉𐤓𐤀 𐤊𐤋 𐤄𐤏𐤌 𐤌𐤀𐤃 𐤀𐤕 𐤉𐤄𐤅𐤄 𐤅𐤀𐤕 𐤔𐤌𐤅𐤀𐤋•
𐤉𐤈 𐤅𐤉𐤀𐤌𐤓𐤅 𐤊𐤋 𐤄𐤏𐤌 𐤀𐤋 𐤔𐤌𐤅𐤀𐤋 𐤄𐤕𐤐𐤋𐤋 𐤁𐤏𐤃 𐤏𐤁𐤃𐤉𐤊 𐤀𐤋 𐤉𐤄𐤅𐤄
𐤀𐤋𐤄𐤉𐤊 𐤅𐤀𐤋 𐤍𐤌𐤅𐤕 𐤊𐤉 𐤉𐤎𐤐𐤍𐤅 𐤏𐤋 𐤊𐤋 𐤇𐤈𐤀𐤕𐤉𐤍𐤅 𐤓𐤏𐤄 𐤋𐤔𐤀𐤋 𐤋𐤍𐤅
𐤌𐤋𐤊•
𐤊 𐤅𐤉𐤀𐤌𐤓 𐤔𐤌𐤅𐤀𐤋 𐤀𐤋 𐤄𐤏𐤌 𐤀𐤋 𐤕𐤉𐤓𐤀𐤅 𐤀𐤕𐤌 𐤏𐤔𐤉𐤕𐤌 𐤀𐤕 𐤊𐤋
𐤄𐤓𐤏𐤄 𐤄𐤆𐤀𐤕 𐤀𐤊 𐤀𐤋 𐤕𐤎𐤅𐤓𐤅 𐤌𐤀𐤇𐤓𐤉 𐤉𐤄𐤅𐤄 𐤅𐤏𐤁𐤃𐤕𐤌 𐤀𐤕 𐤉𐤄𐤅𐤄
𐤁𐤊𐤋 𐤋𐤁𐤁𐤊𐤌•
𐤊𐤀 𐤅𐤋𐤀 𐤕𐤎𐤅𐤓𐤅 𐤊𐤉 𐤀𐤇𐤓𐤉 𐤄𐤕𐤄𐤅 𐤀𐤔𐤓 𐤋𐤀 𐤉𐤅𐤏𐤉𐤋𐤅 𐤅𐤋𐤀 𐤉𐤑𐤉𐤋𐤅
𐤊𐤉 𐤕𐤄𐤅 𐤄𐤌𐤄•
𐤊𐤁 𐤊𐤉 𐤋𐤀 𐤉𐤈𐤔 𐤉𐤄𐤅𐤄 𐤀𐤕 𐤏𐤌𐤅 𐤁𐤏𐤁𐤅𐤓 𐤔𐤌𐤅 𐤄𐤂𐤃𐤅𐤋 𐤊𐤉 𐤄𐤅𐤀𐤉𐤋
𐤉𐤄𐤅𐤄 𐤋𐤏𐤔𐤅𐤕 𐤀𐤕𐤊𐤌 𐤋𐤅 𐤋𐤏𐤌•
𐤊𐤂 𐤂𐤌 𐤀𐤍𐤊𐤉 𐤇𐤋𐤉𐤋𐤄 𐤋𐤉 𐤌𐤇𐤈𐤀 𐤋𐤉𐤄𐤅𐤄 𐤌𐤇𐤃𐤋 𐤋𐤄𐤕𐤐𐤋𐤋 𐤁𐤏𐤃𐤊𐤌
𐤅𐤄𐤅𐤓𐤉𐤕𐤉 𐤀𐤕𐤊𐤌 𐤁𐤃𐤓𐤊 𐤄𐤈𐤅𐤁𐤄 𐤅𐤄𐤉𐤔𐤓𐤄•
𐤊𐤃 𐤀𐤊 𐤉𐤓𐤀𐤅 𐤀𐤕 𐤉𐤄𐤅𐤄 𐤅𐤏𐤁𐤃𐤕𐤌 𐤀𐤕𐤅 𐤁𐤀𐤌𐤕 𐤁𐤊𐤋 𐤋𐤁𐤁𐤊𐤌
𐤊𐤉 𐤓𐤀𐤅 𐤀𐤕 𐤀𐤔𐤓 𐤄𐤂𐤃𐤋 𐤏𐤌𐤊𐤌•
𐤊𐤄 𐤅𐤀𐤌 𐤄𐤓𐤏 𐤕𐤓𐤏𐤅 𐤂𐤌 𐤀𐤕𐤌 𐤂𐤌 𐤌𐤋𐤊𐤊𐤌 𐤕𐤎𐤐𐤅•

𐤐𐤓𐤒 𐤉𐤂

𐤀 𐤁𐤍 𐤔𐤍𐤄 𐤔𐤀𐤅𐤋 𐤁𐤌𐤋𐤊𐤅 𐤅𐤔𐤕𐤉 𐤔𐤍𐤉𐤌 𐤌𐤋𐤊 𐤏𐤋 𐤉𐤔𐤓𐤀𐤋•
𐤁 𐤅𐤉𐤁𐤇𐤓 𐤋𐤅 𐤔𐤀𐤅𐤋 𐤔𐤋𐤔𐤕 𐤀𐤋𐤐𐤉𐤌 𐤌𐤉𐤔𐤓𐤀𐤋 𐤅𐤉𐤄𐤉𐤅 𐤏𐤌 𐤔𐤀𐤅𐤋
𐤀𐤋𐤐𐤉𐤌 𐤁𐤌𐤊𐤌𐤔 𐤅𐤁𐤄𐤓 𐤁𐤉𐤕 𐤀𐤋 𐤅𐤀𐤋𐤐 𐤄𐤉𐤅 𐤏𐤌 𐤉𐤅𐤍𐤕𐤍 𐤁𐤂𐤁𐤏𐤕
𐤁𐤍𐤉𐤌𐤉𐤍 𐤅𐤉𐤕𐤓 𐤄𐤏𐤌 𐤔𐤋𐤇 𐤀𐤉𐤔 𐤋𐤀𐤄𐤋𐤉𐤅•
𐤂 𐤅𐤉𐤊 𐤉𐤅𐤍𐤕𐤍 𐤀𐤕 𐤍𐤑𐤉𐤁 𐤐𐤋𐤔𐤕𐤉𐤌 𐤀𐤔𐤓 𐤁𐤂𐤁𐤏 𐤅𐤉𐤔𐤌𐤏𐤅 𐤐𐤋𐤔𐤕𐤉𐤌
𐤅𐤔𐤀𐤅𐤋 𐤕𐤒𐤏 𐤁𐤔𐤅𐤐𐤓 𐤁𐤊𐤋 𐤄𐤀𐤓𐤑 𐤋𐤀𐤌𐤓 𐤉𐤔𐤌𐤏𐤅 𐤄𐤏𐤁𐤓𐤉𐤌•
𐤃 𐤅𐤊𐤋 𐤉𐤔𐤓𐤀𐤋 𐤔𐤌𐤏𐤅 𐤋𐤀𐤌𐤓 𐤄𐤊𐤄 𐤔𐤀𐤅𐤋 𐤀𐤕 𐤍𐤑𐤉𐤁 𐤐𐤋𐤔𐤕𐤉𐤌
𐤅𐤂𐤌 𐤍𐤁𐤀𐤔 𐤉𐤔𐤓𐤀𐤋 𐤁𐤐𐤋𐤔𐤕𐤉𐤌 𐤅𐤉𐤑𐤏𐤒𐤅 𐤄𐤏𐤌 𐤀𐤇𐤓𐤉 𐤔𐤀𐤅𐤋 𐤄𐤂𐤋𐤂𐤋

# 𐤔𐤌𐤅𐤀𐤋 𐤀

𐤄𐤂𐤋𐤂𐤋•
𐤄 𐤅𐤐𐤋𐤔𐤕𐤉𐤌 𐤍𐤀𐤎𐤐𐤅 𐤋𐤄𐤋𐤇𐤌 𐤏𐤌 𐤉𐤔𐤓𐤀𐤋 𐤔𐤋𐤔𐤉𐤌 𐤀𐤋𐤐 𐤓𐤊𐤁
𐤅𐤔𐤔𐤕 𐤀𐤋𐤐𐤉𐤌 𐤐𐤓𐤔𐤉𐤌 𐤅𐤏𐤌 𐤊𐤇𐤅𐤋 𐤀𐤔𐤓 𐤏𐤋 𐤔𐤐𐤕 𐤄𐤉𐤌 𐤋𐤓𐤁 𐤅𐤉𐤏𐤋𐤅
𐤅𐤉𐤇𐤍𐤅 𐤁𐤌𐤊𐤌𐤔 𐤒𐤃𐤌𐤕 𐤁𐤉𐤕 𐤀𐤅𐤍•
𐤅 𐤅𐤀𐤉𐤔 𐤉𐤔𐤓𐤀𐤋 𐤓𐤀𐤅 𐤊𐤉 𐤑𐤓 𐤋𐤅 𐤊𐤉 𐤍𐤂𐤔 𐤄𐤏𐤌 𐤅𐤉𐤕𐤇𐤁𐤀𐤅 𐤄𐤏𐤌
𐤁𐤌𐤏𐤓𐤅𐤕 𐤅𐤁𐤇𐤅𐤇𐤉𐤌 𐤅𐤁𐤎𐤋𐤏𐤉𐤌 𐤅𐤁𐤑𐤓𐤇𐤉𐤌 𐤅𐤁𐤁𐤓𐤅𐤕•
𐤆 𐤅𐤏𐤁𐤓𐤉𐤌 𐤏𐤁𐤓𐤅 𐤀𐤕 𐤄𐤉𐤓𐤃𐤍 𐤀𐤓𐤑 𐤂𐤃 𐤅𐤂𐤋𐤏𐤃 𐤅𐤔𐤀𐤅𐤋 𐤏𐤅𐤃𐤍𐤅
𐤁𐤂𐤋𐤂𐤋 𐤅𐤊𐤋 𐤄𐤏𐤌 𐤇𐤓𐤃𐤅 𐤀𐤇𐤓𐤉𐤅•
𐤇 𐤅𐤉𐤉𐤇𐤋 [𐤅𐤉𐤅𐤇𐤋] 𐤔𐤁𐤏𐤕 𐤉𐤌𐤉𐤌 𐤋𐤌𐤅𐤏𐤃 𐤀𐤔𐤓 𐤔𐤌𐤅𐤀𐤋 𐤅𐤋𐤀 𐤁𐤀
𐤔𐤌𐤅𐤀𐤋 𐤄𐤂𐤋𐤂𐤋 𐤅𐤉𐤐𐤑 𐤄𐤏𐤌 𐤌𐤏𐤋𐤉𐤅•
𐤈 𐤅𐤉𐤀𐤌𐤓 𐤔𐤀𐤅𐤋 𐤄𐤂𐤔𐤅 𐤀𐤋𐤉 𐤄𐤏𐤋𐤄 𐤅𐤄𐤔𐤋𐤌𐤉𐤌 𐤅𐤉𐤏𐤋 𐤄𐤏𐤋𐤄•
𐤉 𐤅𐤉𐤄𐤉 𐤊𐤊𐤋𐤕𐤅 𐤋𐤄𐤏𐤋𐤅𐤕 𐤄𐤏𐤋𐤄 𐤅𐤄𐤍𐤄 𐤔𐤌𐤅𐤀𐤋 𐤁𐤀 𐤅𐤉𐤑𐤀 𐤔𐤀𐤅𐤋
𐤋𐤒𐤓𐤀𐤕𐤅 𐤋𐤁𐤓𐤊𐤅•
𐤉𐤀 𐤅𐤉𐤀𐤌𐤓 𐤔𐤌𐤅𐤀𐤋 𐤌𐤄 𐤏𐤔𐤉𐤕 𐤅𐤉𐤀𐤌𐤓 𐤔𐤀𐤅𐤋 𐤊𐤉 𐤓𐤀𐤉𐤕𐤉 𐤊𐤉
𐤍𐤐𐤑 𐤄𐤏𐤌 𐤌𐤏𐤋𐤉 𐤅𐤀𐤕𐤄 𐤋𐤀 𐤁𐤀𐤕 𐤋𐤌𐤅𐤏𐤃 𐤄𐤉𐤌𐤉𐤌 𐤅𐤐𐤋𐤔𐤕𐤉𐤌
𐤍𐤀𐤎𐤐𐤉𐤌 𐤌𐤊𐤌𐤔•
𐤉𐤁 𐤅𐤉𐤀𐤌𐤓 𐤏𐤕𐤄 𐤉𐤓𐤃𐤅 𐤐𐤋𐤔𐤕𐤉𐤌 𐤀𐤋𐤉 𐤄𐤂𐤋𐤂𐤋 𐤅𐤐𐤍𐤉 𐤉𐤄𐤅𐤄 𐤋𐤀
𐤇𐤋𐤉𐤕𐤉 𐤅𐤀𐤕𐤀𐤐𐤒 𐤅𐤀𐤏𐤋𐤄 𐤄𐤏𐤋𐤄•
𐤉𐤂 𐤅𐤉𐤀𐤌𐤓 𐤔𐤌𐤅𐤀𐤋 𐤀𐤋 𐤔𐤀𐤅𐤋 𐤍𐤎𐤊𐤋𐤕 𐤋𐤀 𐤔𐤌𐤓𐤕 𐤀𐤕 𐤌𐤑𐤅𐤕
𐤉𐤄𐤅𐤄 𐤀𐤋𐤄𐤉𐤊 𐤀𐤔𐤓 𐤑𐤅𐤊 𐤊𐤉 𐤏𐤕𐤄 𐤄𐤊𐤉𐤍 𐤉𐤄𐤅𐤄 𐤀𐤕 𐤌𐤌𐤋𐤊𐤕𐤊 𐤀𐤋
𐤉𐤔𐤓𐤀𐤋 𐤏𐤃 𐤏𐤅𐤋𐤌•
𐤉𐤃 𐤅𐤏𐤕𐤄 𐤌𐤌𐤋𐤊𐤕𐤊 𐤋𐤀 𐤕𐤒𐤅𐤌 𐤁𐤒𐤔 𐤉𐤄𐤅𐤄 𐤋𐤅 𐤀𐤉𐤔 𐤊𐤋𐤁𐤁𐤅
𐤅𐤉𐤑𐤅𐤄𐤅 𐤉𐤄𐤅𐤄 𐤋𐤍𐤂𐤉𐤃 𐤏𐤋 𐤏𐤌𐤅 𐤊𐤉 𐤋𐤀 𐤔𐤌𐤓𐤕 𐤀𐤕 𐤀𐤔𐤓 𐤑𐤅𐤊
𐤉𐤄𐤅𐤄•
𐤈𐤅 𐤅𐤉𐤒𐤌 𐤔𐤌𐤅𐤀𐤋 𐤅𐤉𐤏𐤋 𐤌𐤍 𐤄𐤂𐤋𐤂𐤋 𐤂𐤁𐤏𐤕 𐤁𐤍𐤉𐤌𐤍 𐤅𐤉𐤐𐤒𐤃 𐤔𐤀𐤅𐤋
𐤀𐤕 𐤄𐤏𐤌 𐤄𐤍𐤌𐤑𐤀𐤉𐤌 𐤏𐤌𐤅 𐤊𐤔𐤔 𐤌𐤀𐤅𐤕 𐤀𐤉𐤔•
𐤈𐤆 𐤅𐤔𐤀𐤅𐤋 𐤅𐤉𐤅𐤍𐤕𐤍 𐤁𐤍𐤅 𐤅𐤄𐤏𐤌 𐤄𐤍𐤌𐤑𐤀 𐤏𐤌𐤌 𐤉𐤔𐤁𐤉𐤌 𐤁𐤂𐤁𐤏
𐤁𐤍𐤉𐤌𐤍 𐤅𐤐𐤋𐤔𐤕𐤉𐤌 𐤇𐤍𐤅 𐤁𐤌𐤊𐤌𐤔•
𐤉𐤆 𐤅𐤉𐤑𐤀 𐤄𐤌𐤔𐤇𐤉𐤕 𐤌𐤌𐤇𐤍𐤄 𐤐𐤋𐤔𐤕𐤉𐤌 𐤔𐤋𐤔𐤄 𐤓𐤀𐤔𐤉𐤌 𐤄𐤓𐤀𐤔
𐤀𐤇𐤃 𐤉𐤐𐤍𐤄 𐤀𐤋 𐤃𐤓𐤊 𐤏𐤐𐤓𐤄 𐤀𐤋 𐤀𐤓𐤑 𐤔𐤅𐤏𐤋•
𐤉𐤇 𐤅𐤄𐤓𐤀𐤔 𐤀𐤇𐤃 𐤉𐤐𐤍𐤄 𐤃𐤓𐤊 𐤁𐤉𐤕 𐤇𐤓𐤅𐤍 𐤅𐤄𐤓𐤀𐤔 𐤀𐤇𐤃 𐤉𐤐𐤍𐤄 𐤃𐤓𐤊
𐤄𐤂𐤁𐤅𐤋 𐤄𐤍𐤔𐤒𐤐 𐤏𐤋 𐤂𐤉 𐤄𐤑𐤁𐤏𐤉𐤌 𐤄𐤌𐤃𐤁𐤓𐤄•
𐤉𐤈 𐤅𐤇𐤓𐤔 𐤋𐤀 𐤉𐤌𐤑𐤀 𐤁𐤊𐤋 𐤀𐤓𐤑 𐤉𐤔𐤓𐤀𐤋 𐤊𐤉 𐤀𐤌𐤓 [𐤀𐤌𐤓𐤅] 𐤐𐤋𐤔𐤕𐤉𐤌

# 𐤔𐤌𐤅𐤀𐤋 𐤀

𐤐𐤍 𐤉𐤏𐤔𐤅 𐤄𐤏𐤁𐤓𐤉𐤌 𐤇𐤓𐤁 𐤀𐤅 𐤇𐤍𐤉𐤕•
𐤊 𐤅𐤉𐤓𐤃𐤅 𐤊𐤋 𐤉𐤔𐤓𐤀𐤋 𐤄𐤐𐤋𐤔𐤕𐤉𐤌 𐤋𐤋𐤈𐤅𐤔 𐤀𐤉𐤔 𐤀𐤕 𐤌𐤇𐤓𐤔𐤕𐤅 𐤅𐤀𐤕
𐤀𐤕𐤅 𐤅𐤀𐤕 𐤒𐤓𐤃𐤌𐤅 𐤅𐤀𐤕 𐤌𐤇𐤓𐤔𐤕𐤅•
𐤊𐤀 𐤅𐤄𐤉𐤕𐤄 𐤄𐤐𐤑𐤉𐤓𐤄 𐤐𐤉𐤌 𐤋𐤌𐤇𐤓𐤔𐤕 𐤅𐤋𐤀𐤕𐤉𐤌 𐤅𐤋𐤔𐤋𐤔 𐤒𐤋𐤔𐤅𐤍
𐤅𐤋𐤄𐤒𐤓𐤃𐤌𐤉𐤌 𐤅𐤋𐤄𐤑𐤉𐤁 𐤄𐤃𐤓𐤁𐤍•
𐤊𐤁 𐤅𐤄𐤉𐤄 𐤁𐤉𐤅𐤌 𐤌𐤋𐤇𐤌𐤕 𐤅𐤋𐤀 𐤍𐤌𐤑𐤀 𐤇𐤓𐤁 𐤅𐤇𐤍𐤉𐤕 𐤁𐤉𐤃 𐤊𐤋 𐤄𐤏𐤌
𐤀𐤔𐤓 𐤀𐤕 𐤔𐤀𐤅𐤋 𐤅𐤀𐤕 𐤉𐤅𐤍𐤕𐤍 𐤅𐤕𐤌𐤑𐤀 𐤋𐤔𐤀𐤅𐤋 𐤅𐤋𐤉𐤅𐤍𐤕𐤍 𐤁𐤍𐤅•
𐤊𐤂 𐤅𐤉𐤑𐤀 𐤌𐤑𐤁 𐤐𐤋𐤔𐤕𐤉𐤌 𐤀𐤋 𐤌𐤏𐤁𐤓 𐤌𐤊𐤌𐤔•

## 𐤐𐤒 𐤉𐤃

𐤀 𐤅𐤉𐤄𐤉 𐤄𐤉𐤅𐤌 𐤅𐤉𐤀𐤌𐤓 𐤉𐤅𐤍𐤕𐤍 𐤁𐤍 𐤔𐤀𐤅𐤋 𐤀𐤋 𐤄𐤍𐤏𐤓 𐤍𐤔𐤀 𐤊𐤋𐤉𐤅
𐤋𐤊𐤄 𐤅𐤍𐤏𐤁𐤓𐤄 𐤀𐤋 𐤌𐤑𐤁 𐤐𐤋𐤔𐤕𐤉𐤌 𐤀𐤔𐤓 𐤌𐤏𐤁𐤓 𐤄𐤋𐤆 𐤅𐤋𐤀𐤁𐤉𐤅 𐤋𐤀
𐤄𐤂𐤉𐤃•
𐤁 𐤅𐤔𐤀𐤅𐤋 𐤉𐤅𐤔𐤁 𐤁𐤒𐤑𐤄 𐤄𐤂𐤁𐤏𐤄 𐤕𐤇𐤕 𐤄𐤓𐤌𐤅𐤍 𐤀𐤔𐤓 𐤁𐤌𐤂𐤓𐤅𐤍 𐤅𐤄𐤏𐤌
𐤀𐤔𐤓 𐤏𐤌𐤅 𐤊𐤔𐤔 𐤌𐤀𐤅𐤕 𐤀𐤉𐤔•
𐤂 𐤅𐤀𐤇𐤉𐤄 𐤁𐤍 𐤀𐤇𐤈𐤅𐤁 𐤀𐤇𐤉 𐤀𐤉𐤊𐤁𐤅𐤃 𐤁𐤍 𐤐𐤉𐤍𐤇𐤎 𐤁𐤍 𐤏𐤋𐤉 𐤊𐤄𐤍
𐤉𐤄𐤅𐤄 𐤁𐤔𐤋𐤅 𐤍𐤔𐤀 𐤀𐤐𐤅𐤃 𐤅𐤄𐤏𐤌 𐤋𐤀 𐤉𐤃𐤏 𐤊𐤉 𐤄𐤋𐤊 𐤉𐤅𐤍𐤕𐤍•
𐤃 𐤅𐤁𐤉𐤍 𐤄𐤌𐤏𐤁𐤓𐤅𐤕 𐤀𐤔𐤓 𐤁𐤒𐤔 𐤉𐤅𐤍𐤕𐤍 𐤋𐤏𐤁𐤓 𐤏𐤋 𐤌𐤑𐤁 𐤐𐤋𐤔𐤕𐤉𐤌 𐤔𐤍
𐤄𐤎𐤋𐤏 𐤌𐤄𐤏𐤁𐤓 𐤌𐤆𐤄 𐤅𐤔𐤍 𐤄𐤎𐤋𐤏 𐤌𐤄𐤏𐤁𐤓 𐤌𐤆𐤄 𐤅𐤔𐤌 𐤄𐤀𐤇𐤃 𐤁𐤅𐤑𐤑
𐤅𐤔𐤌 𐤄𐤀𐤇𐤃 𐤎𐤍𐤄•
𐤄 𐤄𐤔𐤍 𐤄𐤀𐤇𐤃 𐤌𐤑𐤅𐤒 𐤌𐤑𐤐𐤅𐤍 𐤌𐤅𐤋 𐤌𐤊𐤌𐤔 𐤅𐤄𐤀𐤇𐤃 𐤌𐤍𐤂𐤁 𐤌𐤅𐤋 𐤂𐤁𐤏•
𐤅 𐤅𐤉𐤀𐤌𐤓 𐤉𐤄𐤅𐤍𐤕𐤍 𐤀𐤋 𐤄𐤍𐤏𐤓 𐤍𐤔𐤀 𐤊𐤋𐤉𐤅 𐤋𐤊𐤄 𐤅𐤍𐤏𐤁𐤓𐤄 𐤀𐤋
𐤌𐤑𐤁 𐤄𐤏𐤓𐤋𐤉𐤌 𐤄𐤀𐤋𐤄 𐤀𐤅𐤋𐤉 𐤉𐤏𐤔𐤄 𐤉𐤄𐤅𐤄 𐤋𐤍𐤅 𐤊𐤉 𐤀𐤉𐤍 𐤋𐤉𐤄𐤅𐤄
𐤌𐤏𐤑𐤅𐤓 𐤋𐤄𐤅𐤔𐤉𐤏 𐤁𐤓𐤁 𐤀𐤅 𐤁𐤌𐤏𐤈•
𐤆 𐤅𐤉𐤀𐤌𐤓𐤅 𐤋𐤅 𐤍𐤔𐤀 𐤊𐤋𐤉𐤅 𐤏𐤔𐤄 𐤊𐤋 𐤀𐤔𐤓 𐤁𐤋𐤁𐤁𐤊 𐤍𐤈𐤄 𐤋𐤊 𐤄𐤍𐤍𐤉
𐤏𐤌𐤊 𐤊𐤋𐤁𐤁𐤊•
𐤇 𐤅𐤉𐤀𐤌𐤓 𐤉𐤄𐤅𐤍𐤕𐤍 𐤄𐤍𐤄 𐤀𐤍𐤇𐤍𐤅 𐤏𐤁𐤓𐤉𐤌 𐤀𐤋 𐤄𐤀𐤍𐤔𐤉𐤌 𐤅𐤍𐤂𐤋𐤉𐤍𐤅
𐤀𐤋𐤉𐤄𐤌•
𐤈 𐤀𐤌 𐤊𐤄 𐤉𐤀𐤌𐤓𐤅 𐤀𐤋𐤉𐤍𐤅 𐤃𐤌𐤅 𐤏𐤃 𐤄𐤂𐤉𐤏𐤍𐤅 𐤀𐤋𐤉𐤊𐤌 𐤅𐤏𐤌𐤃𐤍𐤅
𐤕𐤇𐤕𐤉𐤍𐤅 𐤅𐤋𐤀 𐤍𐤏𐤋𐤄 𐤀𐤋𐤉𐤄𐤌•
𐤉 𐤅𐤀𐤌 𐤊𐤄 𐤉𐤀𐤌𐤓𐤅 𐤏𐤋𐤅 𐤏𐤋𐤉𐤍𐤅 𐤅𐤏𐤋𐤉𐤍𐤅 𐤊𐤉 𐤍𐤕𐤍𐤌 𐤉𐤄𐤅𐤄 𐤁𐤉𐤃𐤍𐤅
𐤅𐤆𐤄 𐤋𐤍𐤅 𐤄𐤀𐤅𐤕•
𐤉𐤀 𐤅𐤉𐤂𐤋𐤅 𐤔𐤍𐤉𐤄𐤌 𐤀𐤋 𐤌𐤑𐤁 𐤐𐤋𐤔𐤕𐤉𐤌 𐤅𐤉𐤀𐤌𐤓𐤅 𐤐𐤋𐤔𐤕𐤉𐤌 𐤄𐤍𐤄

עברים יצאים מן החרים אשר התחבאו שם.
יב ויענו אנשי המצבה את יונתן ואת נשא כליו ויאמרו
עלו אלינו ונודיעה אתכם דבר ויאמר יונתן אל נשא כליו
עלה אחרי כי נתנם יהוה ביד ישראל.
יג ויעל יונתן על ידיו ועל רגליו ונשא כליו אחריו
ויפלו לפני יונתן ונשא כליו ממותת אחריו.
יד ותהי המכה הראשנה אשר הכה יונתן ונשא כליו
כעשרים איש כבחצי מענה צמד שדה.
טו ותהי חרדה במחנה בשדה ובכל העם המצב והמשחית
חרדו גם המה ותרגז הארץ ותהי לחרדת אלהים.
טז ויראו הצפים לשאול בגבעת בנימן והנה ההמון נמוג
וילך והלם.
יז ויאמר שאול לעם אשר אתו פקדו נא וראו מי הלך
מעמנו ויפקדו והנה אין יונתן ונשא כליו.
יח ויאמר שאול לאחיה הגישה ארון האלהים כי היה
ארון האלהים ביום ההוא ובני ישראל.
יט ויהי עד דבר שאול אל הכהן וההמון אשר במחנה
פלשתים וילך הלוך ורב פ ויאמר שאול אל הכהן אסף ידך.
כ ויזעק שאול וכל העם אשר אתו ויבאו עד המלחמה והנה
היתה חרב איש ברעהו מהומה גדולה מאד.
כא והעברים היו לפלשתים כאתמול שלשום אשר עלו עמם
במחנה סביב וגם המה להיות עם ישראל אשר עם שאול
ויונתן.
כב וכל איש ישראל המתחבאים בהר אפרים שמעו כי נס
פלשתים וידבקו גם המה אחריהם במלחמה.
כג ויושע יהוה ביום ההוא את ישראל והמלחמה עברה את
בית און.
כד ואיש ישראל נגש ביום ההוא ויאל שאול את העם
לאמר ארור האיש אשר יאכל לחם עד הערב ונקמתי מאיבי
ולא טעם כל העם לחם.
כה וכל הארץ באו ביער ויהי דבש על פני השדה.
כו ויבא העם אל היער והנה הלך דבש ואין משיג ידו אל
פיו כי ירא העם את השבעה.

# 𐤔𐤌𐤅𐤀𐤋 𐤀

𐤊𐤆 𐤅𐤉𐤅𐤍𐤕𐤍 𐤋𐤀 𐤔𐤌𐤏 𐤁𐤄𐤔𐤁𐤉𐤏 𐤀𐤁𐤉𐤅 𐤀𐤕 𐤄𐤏𐤌 𐤅𐤉𐤔𐤋𐤇 𐤀𐤕 𐤒𐤑𐤄
𐤄𐤌𐤈𐤄 𐤀𐤔𐤓 𐤁𐤉𐤃𐤅 𐤅𐤉𐤈𐤁𐤋 𐤀𐤅𐤕𐤄 𐤁𐤉𐤏𐤓𐤕 𐤄𐤃𐤁𐤔 𐤅𐤉𐤔𐤁 𐤉𐤃𐤅 𐤀𐤋
𐤐𐤉𐤅 𐤅𐤕𐤓𐤀𐤍𐤄 [𐤅𐤕𐤀𐤓𐤍𐤄] 𐤏𐤉𐤍𐤉𐤅•

𐤊𐤇 𐤅𐤉𐤏𐤍 𐤀𐤉𐤔 𐤌𐤄𐤏𐤌 𐤅𐤉𐤀𐤌𐤓 𐤄𐤔𐤁𐤏 𐤄𐤔𐤁𐤉𐤏 𐤀𐤁𐤉𐤊 𐤀𐤕 𐤄𐤏𐤌
𐤋𐤀𐤌𐤓 𐤀𐤓𐤅𐤓 𐤄𐤀𐤉𐤔 𐤀𐤔𐤓 𐤉𐤀𐤊𐤋 𐤋𐤇𐤌 𐤄𐤉𐤅𐤌 𐤅𐤉𐤏𐤐 𐤄𐤏𐤌•

𐤊𐤈 𐤅𐤉𐤀𐤌𐤓 𐤉𐤅𐤍𐤕𐤍 𐤏𐤊𐤓 𐤀𐤁𐤉 𐤀𐤕 𐤄𐤀𐤓𐤑 𐤓𐤀𐤅 𐤍𐤀 𐤊𐤉 𐤀𐤓𐤅 𐤏𐤉𐤍𐤉
𐤊𐤉 𐤈𐤏𐤌𐤕𐤉 𐤌𐤏𐤈 𐤃𐤁𐤔 𐤄𐤆𐤄•

𐤋 𐤀𐤐 𐤊𐤉 𐤋𐤅𐤀 𐤀𐤊𐤋 𐤀𐤊𐤋 𐤄𐤉𐤅𐤌 𐤄𐤏𐤌 𐤌𐤔𐤋𐤋 𐤀𐤉𐤁𐤉𐤅 𐤀𐤔𐤓 𐤌𐤑𐤀
𐤊𐤉 𐤏𐤕𐤄 𐤋𐤀 𐤓𐤁𐤕𐤄 𐤌𐤊𐤄 𐤁𐤐𐤋𐤔𐤕𐤉𐤌•

𐤋𐤀 𐤅𐤉𐤊𐤅 𐤁𐤉𐤅𐤌 𐤄𐤄𐤅𐤀 𐤁𐤐𐤋𐤔𐤕𐤉𐤌 𐤌𐤌𐤊𐤌𐤔 𐤀𐤉𐤋𐤍𐤄 𐤅𐤉𐤏𐤐 𐤄𐤏𐤌
𐤌𐤀𐤃•

𐤋𐤁 𐤅𐤉𐤏𐤔 [𐤅𐤉𐤏𐤈] 𐤄𐤏𐤌 𐤀𐤋 𐤔𐤋𐤋 [𐤄𐤔𐤋𐤋] 𐤅𐤉𐤒𐤇𐤅 𐤑𐤀𐤍 𐤅𐤁𐤒𐤓
𐤅𐤁𐤍𐤉 𐤁𐤒𐤓 𐤅𐤉𐤔𐤇𐤈𐤅 𐤀𐤓𐤑𐤄 𐤅𐤉𐤀𐤊𐤋 𐤄𐤏𐤌 𐤏𐤋 𐤄𐤃𐤌•

𐤋𐤂 𐤅𐤉𐤂𐤉𐤃𐤅 𐤋𐤔𐤀𐤅𐤋 𐤋𐤀𐤌𐤓 𐤄𐤍𐤄 𐤄𐤏𐤌 𐤇𐤈𐤀𐤉𐤌 𐤋𐤉𐤄𐤅𐤄 𐤋𐤀𐤊𐤋 𐤏𐤋
𐤄𐤃𐤌 𐤅𐤉𐤀𐤌𐤓 𐤁𐤂𐤃𐤕𐤌 𐤂𐤋𐤅 𐤀𐤋𐤉 𐤄𐤉𐤅𐤌 𐤀𐤁𐤍 𐤂𐤃𐤅𐤋𐤄•

𐤋𐤃 𐤅𐤉𐤀𐤌𐤓 𐤔𐤀𐤅𐤋 𐤐𐤑𐤅 𐤁𐤏𐤌 𐤅𐤀𐤌𐤓𐤕𐤌 𐤋𐤄𐤌 𐤄𐤂𐤉𐤔𐤅 𐤀𐤋𐤉 𐤀𐤉𐤔
𐤔𐤅𐤓𐤅 𐤅𐤀𐤉𐤔 𐤔𐤉𐤄𐤅 𐤅𐤔𐤇𐤈𐤕𐤌 𐤁𐤆𐤄 𐤅𐤀𐤊𐤋𐤕𐤌 𐤅𐤋𐤀 𐤕𐤇𐤈𐤀𐤅 𐤋𐤉𐤄𐤅𐤄
𐤋𐤀𐤊𐤋 𐤀𐤋 𐤄𐤃𐤌 𐤅𐤉𐤂𐤔𐤅 𐤊𐤋 𐤄𐤏𐤌 𐤀𐤉𐤔 𐤔𐤅𐤓𐤅 𐤁𐤉𐤃𐤅 𐤄𐤋𐤉𐤋𐤄
𐤅𐤉𐤔𐤇𐤈𐤅 𐤔𐤌•

𐤋𐤄 𐤅𐤉𐤁𐤍 𐤔𐤀𐤅𐤋 𐤌𐤆𐤁𐤇 𐤋𐤉𐤄𐤅𐤄 𐤀𐤕𐤅 𐤄𐤇𐤋 𐤋𐤁𐤍𐤅𐤕 𐤌𐤆𐤁𐤇 𐤋𐤉𐤄𐤅𐤄•

𐤋𐤅 𐤅𐤉𐤀𐤌𐤓 𐤔𐤀𐤅𐤋 𐤍𐤓𐤃𐤄 𐤀𐤇𐤓𐤉 𐤐𐤋𐤔𐤕𐤉𐤌 𐤋𐤉𐤋𐤄 𐤅𐤍𐤁𐤆𐤄 𐤁𐤄𐤌 𐤏𐤃
𐤀𐤅𐤓 𐤄𐤁𐤒𐤓 𐤅𐤋𐤀 𐤍𐤔𐤀𐤓 𐤁𐤄𐤌 𐤀𐤉𐤔 𐤅𐤉𐤀𐤌𐤓𐤅 𐤊𐤋 𐤄𐤈𐤅𐤁 𐤁𐤏𐤉𐤍𐤉𐤊
𐤏𐤔𐤄 𐤎 𐤅𐤉𐤀𐤌𐤓 𐤄𐤊𐤄𐤍 𐤍𐤒𐤓𐤁𐤄 𐤄𐤋𐤌 𐤀𐤋 𐤄𐤀𐤋𐤄𐤉𐤌•

𐤋𐤆 𐤅𐤉𐤔𐤀𐤋 𐤔𐤀𐤅𐤋 𐤁𐤀𐤋𐤄𐤉𐤌 𐤄𐤀𐤓𐤃 𐤀𐤇𐤓𐤉 𐤐𐤋𐤔𐤕𐤉𐤌 𐤄𐤕𐤕𐤍𐤌 𐤁𐤉𐤃
𐤉𐤔𐤓𐤀𐤋 𐤅𐤋𐤀 𐤏𐤍𐤄𐤅 𐤁𐤉𐤅𐤌 𐤄𐤄𐤅𐤀•

𐤋𐤇 𐤅𐤉𐤀𐤌𐤓 𐤔𐤀𐤅𐤋 𐤂𐤔𐤅 𐤄𐤋𐤌 𐤊𐤋 𐤐𐤍𐤅𐤕 𐤄𐤏𐤌 𐤅𐤃𐤏𐤅 𐤅𐤓𐤀𐤅 𐤁𐤌𐤄
𐤄𐤉𐤕𐤄 𐤄𐤇𐤈𐤀𐤕 𐤄𐤆𐤀𐤕 𐤄𐤉𐤅𐤌•

𐤋𐤈 𐤊𐤉 𐤇𐤉 𐤉𐤄𐤅𐤄 𐤄𐤌𐤅𐤔𐤉𐤏 𐤀𐤕 𐤉𐤔𐤓𐤀𐤋 𐤊𐤉 𐤀𐤌 𐤉𐤔𐤍𐤅 𐤁𐤉𐤅𐤍𐤕𐤍
𐤁𐤍𐤉 𐤊𐤉 𐤌𐤅𐤕 𐤉𐤌𐤅𐤕 𐤅𐤀𐤉𐤍 𐤏𐤍𐤄𐤅 𐤌𐤊𐤋 𐤄𐤏𐤌•

𐤌 𐤅𐤉𐤀𐤌𐤓 𐤀𐤋 𐤊𐤋 𐤉𐤔𐤓𐤀𐤋 𐤀𐤕𐤌 𐤕𐤄𐤉𐤅 𐤋𐤏𐤁𐤓 𐤀𐤇𐤃 𐤅𐤀𐤍𐤉 𐤅𐤉𐤅𐤍𐤕𐤍
𐤁𐤍𐤉 𐤍𐤄𐤉𐤄 𐤋𐤏𐤁𐤓 𐤀𐤇𐤃 𐤅𐤉𐤀𐤌𐤓𐤅 𐤄𐤏𐤌 𐤀𐤋 𐤔𐤀𐤅𐤋 𐤄𐤈𐤅𐤁 𐤁𐤏𐤉𐤍𐤉𐤊
𐤏𐤔𐤄•

𐤌𐤀 𐤅𐤉𐤀𐤌𐤓 𐤔𐤀𐤅𐤋 𐤀𐤋 𐤉𐤄𐤅𐤄 𐤀𐤋𐤄𐤉 𐤉𐤔𐤓𐤀𐤋 𐤄𐤁𐤄 𐤕𐤌𐤉𐤌 𐤅𐤉𐤋𐤊𐤃

# 𐤔𐤌𐤅𐤀𐤋 𐤀

𐤉𐤅𐤍𐤕𐤍 𐤅𐤔𐤀𐤅𐤋 𐤅𐤄𐤏𐤌 𐤉𐤑𐤀𐤅•

𐤌𐤁𐤅𐤉𐤀𐤌𐤓 𐤔𐤀𐤅𐤋 𐤄𐤐𐤉𐤋𐤅 𐤁𐤉𐤍𐤉 𐤅𐤁𐤉𐤍 𐤉𐤅𐤍𐤕𐤍 𐤁𐤍𐤉 𐤅𐤉𐤋𐤊𐤃 𐤉𐤅𐤍𐤕𐤍•

𐤌𐤂𐤅𐤉𐤀𐤌𐤓 𐤔𐤀𐤅𐤋 𐤀𐤋 𐤉𐤅𐤍𐤕𐤍 𐤄𐤂𐤉𐤃𐤄 𐤋𐤉 𐤌𐤄 𐤏𐤔𐤉𐤕𐤄 𐤅𐤉𐤂𐤃 𐤋𐤅 𐤉𐤅𐤍𐤕𐤍 𐤅𐤉𐤀𐤌𐤓 𐤈𐤏𐤌 𐤈𐤏𐤌𐤕𐤉 𐤁𐤒𐤑𐤄 𐤄𐤌𐤈𐤄 𐤀𐤔𐤓 𐤁𐤉𐤃𐤉 𐤌𐤏𐤈 𐤃𐤁𐤔 𐤄𐤍𐤍𐤉 𐤀𐤌𐤅𐤕•

𐤌𐤃𐤅𐤉𐤀𐤌𐤓 𐤔𐤀𐤅𐤋 𐤊𐤄 𐤉𐤏𐤔𐤄 𐤀𐤋𐤄𐤉𐤌 𐤅𐤊𐤄 𐤉𐤅𐤎𐤐 𐤊𐤉 𐤌𐤅𐤕 𐤕𐤌𐤅𐤕 𐤉𐤅𐤍𐤕𐤍•

𐤌𐤄𐤅𐤉𐤀𐤌𐤓 𐤄𐤏𐤌 𐤀𐤋 𐤔𐤀𐤅𐤋 𐤄𐤉𐤅𐤍𐤕𐤍 𐤉𐤌𐤅𐤕 𐤀𐤔𐤓 𐤏𐤔𐤄 𐤄𐤉𐤔𐤅𐤏𐤄 𐤄𐤂𐤃𐤅𐤋𐤄 𐤄𐤆𐤀𐤕 𐤁𐤉𐤔𐤓𐤀𐤋 𐤇𐤋𐤉𐤋𐤄 𐤇𐤉 𐤉𐤄𐤅𐤄 𐤀𐤌 𐤉𐤐𐤋 𐤌𐤔𐤏𐤓𐤕 𐤓𐤀𐤔𐤅 𐤀𐤓𐤑𐤄 𐤊𐤉 𐤏𐤌 𐤀𐤋𐤄𐤉𐤌 𐤏𐤔𐤄 𐤄𐤉𐤅𐤌 𐤄𐤆𐤄 𐤅𐤉𐤐𐤃𐤅 𐤄𐤏𐤌 𐤀𐤕 𐤉𐤅𐤍𐤕𐤍 𐤅𐤋𐤀 𐤌𐤕•

𐤌𐤅𐤅𐤉𐤏𐤋 𐤔𐤀𐤅𐤋 𐤌𐤀𐤇𐤓𐤉 𐤐𐤋𐤔𐤕𐤉𐤌 𐤅𐤐𐤋𐤔𐤕𐤉𐤌 𐤄𐤋𐤊𐤅 𐤋𐤌𐤒𐤅𐤌𐤌•

𐤌𐤆𐤅𐤔𐤀𐤅𐤋 𐤋𐤊𐤃 𐤄𐤌𐤋𐤅𐤊𐤄 𐤏𐤋 𐤉𐤔𐤓𐤀𐤋 𐤅𐤉𐤋𐤇𐤌 𐤎𐤁𐤉𐤁 𐤁𐤊𐤋 𐤀𐤉𐤁𐤉𐤅 𐤁𐤌𐤅𐤀𐤁 𐤅𐤁𐤁𐤍𐤉 𐤏𐤌𐤅𐤍 𐤅𐤁𐤀𐤃𐤅𐤌 𐤅𐤁𐤌𐤋𐤊𐤉 𐤑𐤅𐤁𐤄 𐤅𐤁𐤐𐤋𐤔𐤕𐤉𐤌 𐤅𐤁𐤊𐤋 𐤀𐤔𐤓 𐤉𐤐𐤍𐤄 𐤉𐤓𐤔𐤉𐤏•

𐤌𐤇𐤅𐤉𐤏𐤔 𐤇𐤉𐤋 𐤅𐤉𐤊 𐤀𐤕 𐤏𐤌𐤋𐤒 𐤅𐤉𐤑𐤋 𐤀𐤕 𐤉𐤔𐤓𐤀𐤋 𐤌𐤉𐤃 𐤔𐤎𐤄𐤅•

𐤌𐤈𐤅𐤉𐤄𐤉𐤅 𐤁𐤍𐤉 𐤔𐤀𐤅𐤋 𐤉𐤅𐤍𐤕𐤍 𐤅𐤉𐤔𐤅𐤉 𐤅𐤌𐤋𐤊𐤉 𐤔𐤅𐤏 𐤅𐤔𐤌 𐤔𐤕𐤉 𐤁𐤍𐤕𐤉𐤅 𐤔𐤌 𐤄𐤁𐤊𐤉𐤓𐤄 𐤌𐤓𐤁 𐤅𐤔𐤌 𐤄𐤒𐤈𐤍𐤄 𐤌𐤉𐤊𐤋•

𐤍𐤅𐤔𐤌 𐤀𐤔𐤕 𐤔𐤀𐤅𐤋 𐤀𐤇𐤉𐤍𐤏𐤌 𐤁𐤕 𐤀𐤇𐤉𐤌𐤏𐤑 𐤅𐤔𐤌 𐤔𐤓 𐤑𐤁𐤀𐤅 𐤀𐤁𐤉𐤍𐤓 𐤁𐤍 𐤍𐤓 𐤃𐤅𐤃 𐤔𐤀𐤅𐤋•

𐤍𐤀𐤅𐤒𐤉𐤔 𐤀𐤁𐤉 𐤔𐤀𐤅𐤋 𐤅𐤍𐤓 𐤀𐤁𐤉 𐤀𐤁𐤍𐤓 𐤁𐤍 𐤀𐤁𐤉𐤀𐤋•

𐤍𐤁𐤅𐤕𐤄𐤉 𐤄𐤌𐤋𐤇𐤌𐤄 𐤇𐤆𐤒𐤄 𐤏𐤋 𐤐𐤋𐤔𐤕𐤉𐤌 𐤊𐤋 𐤉𐤌𐤉 𐤔𐤀𐤅𐤋 𐤅𐤓𐤀𐤄 𐤔𐤀𐤅𐤋 𐤊𐤋 𐤀𐤉𐤔 𐤂𐤁𐤅𐤓 𐤅𐤊𐤋 𐤁𐤍 𐤇𐤉𐤋 𐤅𐤉𐤀𐤎𐤐𐤄𐤅 𐤀𐤋𐤉𐤅•

## 𐤐𐤓𐤒 𐤈𐤅

𐤀𐤅𐤉𐤀𐤌𐤓 𐤔𐤌𐤅𐤀𐤋 𐤀𐤋 𐤔𐤀𐤅𐤋 𐤀𐤕𐤉 𐤔𐤋𐤇 𐤉𐤄𐤅𐤄 𐤋𐤌𐤔𐤇𐤊 𐤋𐤌𐤋𐤊 𐤏𐤋 𐤏𐤌𐤅 𐤏𐤋 𐤉𐤔𐤓𐤀𐤋 𐤅𐤏𐤕𐤄 𐤔𐤌𐤏 𐤋𐤒𐤅𐤋 𐤃𐤁𐤓𐤉 𐤉𐤄𐤅𐤄•

𐤁𐤊𐤄 𐤀𐤌𐤓 𐤉𐤄𐤅𐤄 𐤑𐤁𐤀𐤅𐤕 𐤐𐤒𐤃𐤕𐤉 𐤀𐤕 𐤀𐤔𐤓 𐤏𐤔𐤄 𐤏𐤌𐤋𐤒 𐤋𐤉𐤔𐤓𐤀𐤋 𐤀𐤔𐤓 𐤔𐤌 𐤋𐤅 𐤁𐤃𐤓𐤊 𐤁𐤏𐤋𐤕𐤅 𐤌𐤌𐤑𐤓𐤉𐤌•

𐤂𐤏𐤕𐤄 𐤋𐤊 𐤅𐤄𐤊𐤉𐤕𐤄 𐤀𐤕 𐤏𐤌𐤋𐤒 𐤅𐤄𐤇𐤓𐤌𐤕𐤌 𐤀𐤕 𐤊𐤋 𐤀𐤔𐤓 𐤋𐤅 𐤅𐤋𐤀 𐤕𐤇𐤌𐤋 𐤏𐤋𐤉𐤅 𐤅𐤄𐤌𐤕𐤄 𐤌𐤀𐤉𐤔 𐤏𐤃 𐤀𐤔𐤄 𐤌𐤏𐤋𐤋 𐤅𐤏𐤃 𐤉𐤅𐤍𐤒 𐤌𐤔𐤅𐤓 𐤅𐤏𐤃 𐤔𐤄 𐤌𐤂𐤌𐤋 𐤅𐤏𐤃 𐤇𐤌𐤅𐤓•

𐤃𐤅𐤉𐤔𐤌𐤏 𐤔𐤀𐤅𐤋 𐤀𐤕 𐤄𐤏𐤌 𐤅𐤉𐤐𐤒𐤃𐤌 𐤁𐤈𐤋𐤀𐤉𐤌 𐤌𐤀𐤕𐤉𐤌 𐤀𐤋𐤐 𐤓𐤂𐤋𐤉
𐤅𐤏𐤔𐤓𐤕 𐤀𐤋𐤐𐤉𐤌 𐤀𐤕 𐤀𐤉𐤔 𐤉𐤄𐤅𐤃𐤄•
𐤄𐤅𐤉𐤁𐤀 𐤔𐤀𐤅𐤋 𐤏𐤃 𐤏𐤉𐤓 𐤏𐤌𐤋𐤒 𐤅𐤉𐤓𐤁 𐤁𐤍𐤇𐤋•
𐤅𐤅𐤉𐤀𐤌𐤓 𐤔𐤀𐤅𐤋 𐤀𐤋 𐤄𐤒𐤉𐤍𐤉 𐤋𐤊𐤅 𐤎𐤓𐤅 𐤓𐤃𐤅 𐤌𐤕𐤅𐤊 𐤏𐤌𐤋𐤒𐤉 𐤐𐤍
𐤀𐤎𐤐𐤊 𐤏𐤌𐤅 𐤅𐤀𐤕𐤄 𐤏𐤔𐤉𐤕𐤄 𐤇𐤎𐤃 𐤏𐤌 𐤊𐤋 𐤁𐤍𐤉 𐤉𐤔𐤓𐤀𐤋 𐤁𐤏𐤋𐤅𐤕𐤌
𐤌𐤌𐤑𐤓𐤉𐤌 𐤅𐤉𐤎𐤓 𐤒𐤉𐤍𐤉 𐤌𐤕𐤅𐤊 𐤏𐤌𐤋𐤒•
𐤆𐤅𐤉𐤊 𐤔𐤀𐤅𐤋 𐤀𐤕 𐤏𐤌𐤋𐤒 𐤌𐤇𐤅𐤉𐤋𐤄 𐤁𐤅𐤀𐤊 𐤔𐤅𐤓 𐤀𐤔𐤓 𐤏𐤋 𐤐𐤍𐤉
𐤌𐤑𐤓𐤉𐤌•
𐤇𐤅𐤉𐤕𐤐𐤔 𐤀𐤕 𐤀𐤂𐤂 𐤌𐤋𐤊 𐤏𐤌𐤋𐤒 𐤇𐤉 𐤅𐤀𐤕 𐤊𐤋 𐤄𐤏𐤌 𐤄𐤇𐤓𐤉𐤌 𐤋𐤐𐤉 𐤇𐤓𐤁•
𐤈𐤅𐤉𐤇𐤌𐤋 𐤔𐤀𐤅𐤋 𐤅𐤄𐤏𐤌 𐤏𐤋 𐤀𐤂𐤂 𐤅𐤏𐤋 𐤌𐤉𐤈𐤁 𐤄𐤑𐤀𐤍 𐤅𐤄𐤁𐤒𐤓
𐤅𐤄𐤌𐤔𐤍𐤉𐤌 𐤅𐤄𐤊𐤓𐤉𐤌 𐤅𐤏𐤋 𐤊𐤋 𐤄𐤈𐤅𐤁 𐤅𐤋𐤀 𐤀𐤁𐤅 𐤄𐤇𐤓𐤉𐤌𐤌 𐤅𐤊𐤋
𐤄𐤌𐤋𐤀𐤊𐤄 𐤍𐤌𐤁𐤆𐤄 𐤅𐤍𐤌𐤎 𐤀𐤕𐤄 𐤄𐤇𐤓𐤉𐤌𐤅•
𐤉𐤅𐤉𐤄𐤉 𐤃𐤁𐤓 𐤉𐤄𐤅𐤄 𐤀𐤋 𐤔𐤌𐤅𐤀𐤋 𐤋𐤀𐤌𐤓•
𐤉𐤀 𐤍𐤇𐤌𐤕𐤉 𐤊𐤉 𐤄𐤌𐤋𐤊𐤕𐤉 𐤀𐤕 𐤔𐤀𐤅𐤋 𐤋𐤌𐤋𐤊 𐤊𐤉 𐤔𐤁 𐤌𐤀𐤇𐤓𐤉 𐤅𐤀𐤕
𐤃𐤁𐤓𐤉 𐤋𐤀 𐤄𐤒𐤉𐤌 𐤅𐤉𐤇𐤓 𐤋𐤔𐤌𐤅𐤀𐤋 𐤅𐤉𐤆𐤏𐤒 𐤀𐤋 𐤉𐤄𐤅𐤄 𐤊𐤋 𐤄𐤋𐤉𐤋𐤄•
𐤉𐤁 𐤅𐤉𐤔𐤊𐤌 𐤔𐤌𐤅𐤀𐤋 𐤋𐤒𐤓𐤀𐤕 𐤔𐤀𐤅𐤋 𐤁𐤁𐤒𐤓 𐤅𐤉𐤂𐤃 𐤋𐤔𐤌𐤅𐤀𐤋 𐤋𐤀𐤌𐤓
𐤁𐤀 𐤔𐤀𐤅𐤋 𐤄𐤊𐤓𐤌𐤋𐤄 𐤅𐤄𐤍𐤄 𐤌𐤑𐤉𐤁 𐤋𐤅 𐤉𐤃 𐤅𐤉𐤎𐤁 𐤅𐤉𐤏𐤁𐤓 𐤅𐤉𐤓𐤃
𐤄𐤂𐤋𐤂𐤋𐤄•
𐤉𐤂 𐤅𐤉𐤁𐤀 𐤔𐤌𐤅𐤀𐤋 𐤀𐤋 𐤔𐤀𐤅𐤋 𐤅𐤉𐤀𐤌𐤓 𐤋𐤅 𐤔𐤀𐤅𐤋 𐤁𐤓𐤅𐤊 𐤀𐤕𐤄
𐤋𐤉𐤄𐤅𐤄 𐤄𐤒𐤉𐤌𐤕𐤉 𐤀𐤕 𐤃𐤁𐤓 𐤉𐤄𐤅𐤄•
𐤉𐤃𐤅𐤉𐤀𐤌𐤓 𐤔𐤌𐤅𐤀𐤋 𐤅𐤌𐤄 𐤒𐤅𐤋 𐤄𐤑𐤀𐤍 𐤄𐤆𐤄 𐤁𐤀𐤆𐤍𐤉 𐤅𐤒𐤅𐤋 𐤄𐤁𐤒𐤓
𐤀𐤔𐤓 𐤀𐤍𐤊𐤉 𐤔𐤌𐤏•
𐤈𐤅𐤅𐤉𐤀𐤌𐤓 𐤔𐤀𐤅𐤋 𐤌𐤏𐤌𐤋𐤒𐤉𐤌 𐤄𐤁𐤉𐤀𐤅𐤌 𐤀𐤔𐤓 𐤇𐤌𐤋 𐤄𐤏𐤌 𐤏𐤋 𐤌𐤉𐤈𐤁
𐤄𐤑𐤀𐤍 𐤅𐤄𐤁𐤒𐤓 𐤋𐤌𐤏𐤍 𐤆𐤁𐤇 𐤋𐤉𐤄𐤅𐤄 𐤀𐤋𐤄𐤉𐤊 𐤅𐤀𐤕 𐤄𐤉𐤅𐤕𐤓 𐤄𐤇𐤓𐤌𐤍𐤅•
𐤈𐤆𐤅𐤉𐤀𐤌𐤓 𐤔𐤌𐤅𐤀𐤋 𐤀𐤋 𐤔𐤀𐤅𐤋 𐤄𐤓𐤐 𐤅𐤀𐤂𐤉𐤃𐤄 𐤋𐤊 𐤀𐤕 𐤀𐤔𐤓 𐤃𐤁𐤓
𐤉𐤄𐤅𐤄 𐤀𐤋𐤉 𐤄𐤋𐤉𐤋𐤄 𐤅𐤉𐤀𐤌𐤓𐤅 [𐤅𐤉𐤀𐤌𐤓] 𐤋𐤅 𐤃𐤁𐤓•
𐤉𐤆𐤅𐤉𐤀𐤌𐤓 𐤔𐤌𐤅𐤀𐤋 𐤄𐤋𐤅𐤀 𐤀𐤌 𐤒𐤈𐤍 𐤀𐤕𐤄 𐤁𐤏𐤉𐤍𐤉𐤊 𐤓𐤀𐤔
𐤔𐤁𐤈𐤉 𐤉𐤔𐤓𐤀𐤋 𐤀𐤕𐤄 𐤅𐤉𐤌𐤔𐤇𐤊 𐤉𐤄𐤅𐤄 𐤋𐤌𐤋𐤊 𐤏𐤋 𐤉𐤔𐤓𐤀𐤋•
𐤉𐤇𐤅𐤉𐤔𐤋𐤇𐤊 𐤉𐤄𐤅𐤄 𐤁𐤃𐤓𐤊 𐤅𐤉𐤀𐤌𐤓 𐤋𐤊 𐤅𐤄𐤇𐤓𐤌𐤕𐤄 𐤀𐤕 𐤄𐤇𐤈𐤀𐤉𐤌 𐤀𐤕
𐤏𐤌𐤋𐤒 𐤅𐤋𐤇𐤌𐤕 𐤁𐤅 𐤏𐤃 𐤊𐤋𐤅𐤕𐤌 𐤀𐤕𐤌•
𐤉𐤈𐤅𐤋𐤌𐤄 𐤋𐤀 𐤔𐤌𐤏𐤕 𐤁𐤒𐤅𐤋 𐤉𐤄𐤅𐤄 𐤅𐤕𐤏𐤈 𐤀𐤋 𐤄𐤔𐤋𐤋 𐤅𐤕𐤏𐤔 𐤄𐤓𐤏
𐤁𐤏𐤉𐤍𐤉 𐤉𐤄𐤅𐤄•
𐤊𐤅𐤉𐤀𐤌𐤓 𐤔𐤀𐤅𐤋 𐤀𐤋 𐤔𐤌𐤅𐤀𐤋 𐤀𐤔𐤓 𐤔𐤌𐤏𐤕𐤉 𐤁𐤒𐤅𐤋 𐤉𐤄𐤅𐤄 𐤅𐤀𐤋𐤊

𐤁𐤃𐤓𐤊 𐤀𐤔𐤓 𐤔𐤋𐤇𐤍𐤉 𐤉𐤄𐤅𐤄 𐤅𐤀𐤁𐤉𐤀 𐤀𐤕 𐤀𐤂𐤂 𐤌𐤋𐤊 𐤏𐤌𐤋𐤒 𐤅𐤀𐤕 𐤏𐤌𐤋𐤒 𐤄𐤇𐤓𐤌𐤕𐤉.

𐤊𐤀 𐤅𐤉𐤒𐤇 𐤄𐤏𐤌 𐤌𐤄𐤔𐤋𐤋 𐤑𐤀𐤍 𐤅𐤁𐤒𐤓 𐤓𐤀𐤔𐤉𐤕 𐤄𐤇𐤓𐤌 𐤋𐤆𐤁𐤇 𐤋𐤉𐤄𐤅𐤄 𐤀𐤋𐤄𐤉𐤊 𐤁𐤂𐤋𐤂𐤋.

𐤊𐤁 𐤅𐤉𐤀𐤌𐤓 𐤔𐤌𐤅𐤀𐤋 𐤄𐤇𐤐𐤑 𐤋𐤉𐤄𐤅𐤄 𐤁𐤏𐤋𐤅𐤕 𐤅𐤆𐤁𐤇𐤉𐤌 𐤊𐤔𐤌𐤏 𐤁𐤒𐤅𐤋 𐤉𐤄𐤅𐤄 𐤄𐤍𐤄 𐤔𐤌𐤏 𐤌𐤆𐤁𐤇 𐤈𐤅𐤁 𐤋𐤄𐤒𐤔𐤉𐤁 𐤌𐤇𐤋𐤁 𐤀𐤉𐤋𐤉𐤌.

𐤊𐤂 𐤊𐤉 𐤇𐤈𐤀𐤕 𐤒𐤎𐤌 𐤌𐤓𐤉 𐤅𐤀𐤅𐤍 𐤅𐤕𐤓𐤐𐤉𐤌 𐤄𐤐𐤑𐤓 𐤉𐤏𐤍 𐤌𐤀𐤎𐤕 𐤀𐤕 𐤃𐤁𐤓 𐤉𐤄𐤅𐤄 𐤅𐤉𐤌𐤀𐤎𐤊 𐤌𐤌𐤋𐤊.

𐤊𐤃 𐤅𐤉𐤀𐤌𐤓 𐤔𐤀𐤅𐤋 𐤀𐤋 𐤔𐤌𐤅𐤀𐤋 𐤇𐤈𐤀𐤕𐤉 𐤊𐤉 𐤏𐤁𐤓𐤕𐤉 𐤀𐤕 𐤐𐤉 𐤉𐤄𐤅𐤄 𐤅𐤀𐤕 𐤃𐤁𐤓𐤉𐤊 𐤊𐤉 𐤉𐤓𐤀𐤕𐤉 𐤀𐤕 𐤄𐤏𐤌 𐤅𐤀𐤔𐤌𐤏 𐤁𐤒𐤅𐤋𐤌.

𐤊𐤄 𐤅𐤏𐤕𐤄 𐤔𐤀 𐤍𐤀 𐤀𐤕 𐤇𐤈𐤀𐤕𐤉 𐤅𐤔𐤅𐤁 𐤏𐤌𐤉 𐤅𐤀𐤔𐤕𐤇𐤅𐤄 𐤋𐤉𐤄𐤅𐤄.

𐤊𐤅 𐤅𐤉𐤀𐤌𐤓 𐤔𐤌𐤅𐤀𐤋 𐤀𐤋 𐤔𐤀𐤅𐤋 𐤋𐤀 𐤀𐤔𐤅𐤁 𐤏𐤌𐤊 𐤊𐤉 𐤌𐤀𐤎𐤕𐤄 𐤀𐤕 𐤃𐤁𐤓 𐤉𐤄𐤅𐤄 𐤅𐤉𐤌𐤀𐤎𐤊 𐤉𐤄𐤅𐤄 𐤌𐤄𐤉𐤅𐤕 𐤌𐤋𐤊 𐤏𐤋 𐤉𐤔𐤓𐤀𐤋.

𐤊𐤆 𐤅𐤉𐤎𐤁 𐤔𐤌𐤅𐤀𐤋 𐤋𐤋𐤊𐤕 𐤅𐤉𐤇𐤆𐤒 𐤁𐤊𐤍𐤐 𐤌𐤏𐤉𐤋𐤅 𐤅𐤉𐤒𐤓𐤏.

𐤊𐤇 𐤅𐤉𐤀𐤌𐤓 𐤀𐤋𐤉𐤅 𐤔𐤌𐤅𐤀𐤋 𐤒𐤓𐤏 𐤉𐤄𐤅𐤄 𐤀𐤕 𐤌𐤌𐤋𐤊𐤅𐤕 𐤉𐤔𐤓𐤀𐤋 𐤌𐤏𐤋𐤉𐤊 𐤄𐤉𐤅𐤌 𐤅𐤍𐤕𐤍𐤄 𐤋𐤓𐤏𐤊 𐤄𐤈𐤅𐤁 𐤌𐤌𐤊.

𐤊𐤈 𐤅𐤂𐤌 𐤍𐤑𐤇 𐤉𐤔𐤓𐤀𐤋 𐤋𐤀 𐤉𐤔𐤒𐤓 𐤅𐤋𐤀 𐤉𐤍𐤇𐤌 𐤊𐤉 𐤋𐤀 𐤀𐤃𐤌 𐤄𐤅𐤀 𐤋𐤄𐤍𐤇𐤌.

𐤋 𐤅𐤉𐤀𐤌𐤓 𐤇𐤈𐤀𐤕𐤉 𐤏𐤕𐤄 𐤊𐤁𐤃𐤍𐤉 𐤍𐤀 𐤍𐤂𐤃 𐤆𐤒𐤍𐤉 𐤏𐤌𐤉 𐤅𐤍𐤂𐤃 𐤉𐤔𐤓𐤀𐤋 𐤅𐤔𐤅𐤁 𐤏𐤌𐤉 𐤅𐤄𐤔𐤕𐤇𐤅𐤉𐤕𐤉 𐤋𐤉𐤄𐤅𐤄 𐤀𐤋𐤄𐤉𐤊.

𐤋𐤀 𐤅𐤉𐤔𐤁 𐤔𐤌𐤅𐤀𐤋 𐤀𐤇𐤓𐤉 𐤔𐤀𐤅𐤋 𐤅𐤉𐤔𐤕𐤇𐤅 𐤔𐤀𐤅𐤋 𐤋𐤉𐤄𐤅𐤄.

𐤋𐤁 𐤅𐤉𐤀𐤌𐤓 𐤔𐤌𐤅𐤀𐤋 𐤄𐤂𐤉𐤔𐤅 𐤀𐤋𐤉 𐤀𐤕 𐤀𐤂𐤂 𐤌𐤋𐤊 𐤏𐤌𐤋𐤒 𐤅𐤉𐤋𐤊 𐤀𐤋𐤉𐤅 𐤀𐤂𐤂 𐤌𐤏𐤃𐤍𐤕 𐤅𐤉𐤀𐤌𐤓 𐤀𐤂𐤂 𐤀𐤊𐤍 𐤎𐤓 𐤌𐤓 𐤄𐤌𐤅𐤕.

𐤋𐤂 𐤅𐤉𐤀𐤌𐤓 𐤔𐤌𐤅𐤀𐤋 𐤊𐤀𐤔𐤓 𐤔𐤊𐤋𐤄 𐤍𐤔𐤉𐤌 𐤇𐤓𐤁𐤊 𐤊𐤍 𐤕𐤔𐤊𐤋 𐤌𐤍𐤔𐤉𐤌 𐤀𐤌𐤊 𐤅𐤉𐤔𐤎𐤐 𐤔𐤌𐤅𐤀𐤋 𐤀𐤕 𐤀𐤂𐤂 𐤋𐤐𐤍𐤉 𐤉𐤄𐤅𐤄 𐤁𐤂𐤋𐤂𐤋.

𐤋𐤃 𐤅𐤉𐤋𐤊 𐤔𐤌𐤅𐤀𐤋 𐤄𐤓𐤌𐤕𐤄 𐤅𐤔𐤀𐤅𐤋 𐤏𐤋𐤄 𐤀𐤋 𐤁𐤉𐤕𐤅 𐤂𐤁𐤏𐤕 𐤔𐤀𐤅𐤋.

𐤋𐤄 𐤅𐤋𐤀 𐤉𐤎𐤐 𐤔𐤌𐤅𐤀𐤋 𐤋𐤓𐤀𐤅𐤕 𐤀𐤕 𐤔𐤀𐤅𐤋 𐤏𐤃 𐤉𐤅𐤌 𐤌𐤅𐤕𐤅 𐤊𐤉 𐤄𐤕𐤀𐤁𐤋 𐤔𐤌𐤅𐤀𐤋 𐤀𐤋 𐤔𐤀𐤅𐤋 𐤅𐤉𐤄𐤅𐤄 𐤍𐤇𐤌 𐤊𐤉 𐤄𐤌𐤋𐤉𐤊 𐤀𐤕 𐤔𐤀𐤅𐤋 𐤏𐤋 𐤉𐤔𐤓𐤀𐤋.

𐤐𐤓𐤒 𐤈𐤆

𐤀 𐤅𐤉𐤀𐤌𐤓 𐤉𐤄𐤅𐤄 𐤀𐤋 𐤔𐤌𐤅𐤀𐤋 𐤏𐤃 𐤌𐤕𐤉 𐤀𐤕𐤄 𐤌𐤕𐤀𐤁𐤋 𐤀𐤋 𐤔𐤀𐤅𐤋 𐤅𐤀𐤍𐤉 𐤌𐤀𐤎𐤕𐤉𐤅 𐤌𐤌𐤋𐤊 𐤏𐤋 𐤉𐤔𐤓𐤀𐤋 𐤌𐤋𐤀 𐤒𐤓𐤍𐤊 𐤔𐤌𐤍 𐤅𐤋𐤊 𐤀𐤔𐤋𐤇𐤊

𐤀𐤋 𐤉𐤔𐤉 𐤁𐤉𐤕 𐤄𐤋𐤇𐤌𐤉 𐤊𐤉 𐤓𐤀𐤉𐤕𐤉 𐤁𐤁𐤍𐤉𐤅 𐤋𐤉 𐤌𐤋𐤊•
𐤁 𐤅𐤉𐤀𐤌𐤓 𐤔𐤌𐤅𐤀𐤋 𐤀𐤉𐤊 𐤀𐤋𐤊 𐤅𐤔𐤌𐤏 𐤔𐤀𐤅𐤋 𐤅𐤄𐤓𐤂𐤍𐤉 𐤅𐤉𐤀𐤌𐤓
𐤉𐤄𐤅𐤄 𐤏𐤂𐤋𐤕 𐤁𐤒𐤓 𐤕𐤒𐤇 𐤁𐤉𐤃𐤊 𐤅𐤀𐤌𐤓𐤕 𐤋𐤆𐤁𐤇 𐤋𐤉𐤄𐤅𐤄 𐤁𐤀𐤕𐤉•
𐤂 𐤅𐤒𐤓𐤀𐤕 𐤋𐤉𐤔𐤉 𐤁𐤆𐤁𐤇 𐤅𐤀𐤍𐤊𐤉 𐤀𐤅𐤃𐤉𐤏𐤊 𐤀𐤕 𐤀𐤔𐤓 𐤕𐤏𐤔𐤄
𐤅𐤌𐤔𐤇𐤕 𐤋𐤉 𐤀𐤕 𐤀𐤔𐤓 𐤀𐤌𐤓 𐤀𐤋𐤉𐤊•
𐤃 𐤅𐤉𐤏𐤔 𐤔𐤌𐤅𐤀𐤋 𐤀𐤕 𐤀𐤔𐤓 𐤃𐤁𐤓 𐤉𐤄𐤅𐤄 𐤅𐤉𐤁𐤀 𐤁𐤉𐤕 𐤋𐤇𐤌 𐤅𐤉𐤇𐤓𐤃𐤅
𐤆𐤒𐤍𐤉 𐤄𐤏𐤉𐤓 𐤋𐤒𐤓𐤀𐤕𐤅 𐤅𐤉𐤀𐤌𐤓 𐤔𐤋𐤌 𐤁𐤅𐤀𐤊•
𐤄 𐤅𐤉𐤀𐤌𐤓 𐤔𐤋𐤅𐤌 𐤋𐤆𐤁𐤇 𐤋𐤉𐤄𐤅𐤄 𐤁𐤀𐤕𐤉 𐤄𐤕𐤒𐤃𐤔𐤅 𐤅𐤁𐤀𐤕𐤌 𐤀𐤕𐤉
𐤁𐤆𐤁𐤇 𐤅𐤉𐤒𐤃𐤔 𐤀𐤕 𐤉𐤔𐤉 𐤅𐤀𐤕 𐤁𐤍𐤉𐤅 𐤅𐤉𐤒𐤓𐤀 𐤋𐤄𐤌 𐤋𐤆𐤁𐤇•
𐤅 𐤅𐤉𐤄𐤉 𐤁𐤁𐤅𐤀𐤌 𐤅𐤉𐤓𐤀 𐤀𐤕 𐤀𐤋𐤉𐤀𐤁 𐤅𐤉𐤀𐤌𐤓 𐤀𐤊 𐤍𐤂𐤃 𐤉𐤄𐤅𐤄
𐤌𐤔𐤉𐤇𐤅•
𐤆 𐤅𐤉𐤀𐤌𐤓 𐤉𐤄𐤅𐤄 𐤀𐤋 𐤔𐤌𐤅𐤀𐤋 𐤀𐤋 𐤕𐤁𐤈 𐤀𐤋 𐤌𐤓𐤀𐤄𐤅 𐤅𐤀𐤋 𐤂𐤁𐤄
𐤒𐤅𐤌𐤕𐤅 𐤊𐤉 𐤌𐤀𐤎𐤕𐤉𐤄𐤅 𐤊𐤉 𐤋𐤀 𐤀𐤔𐤓 𐤉𐤓𐤀𐤄 𐤄𐤀𐤃𐤌 𐤊𐤉 𐤄𐤀𐤃𐤌
𐤉𐤓𐤀𐤄 𐤋𐤏𐤉𐤍𐤉𐤌 𐤅𐤉𐤄𐤅𐤄 𐤉𐤓𐤀𐤄 𐤋𐤋𐤁𐤁•
𐤇 𐤅𐤉𐤒𐤓𐤀 𐤉𐤔𐤉 𐤀𐤋 𐤀𐤁𐤉𐤍𐤃𐤁 𐤅𐤉𐤏𐤁𐤓𐤄𐤅 𐤋𐤐𐤍𐤉 𐤔𐤌𐤅𐤀𐤋 𐤅𐤉𐤀𐤌𐤓 𐤂𐤌
𐤁𐤆𐤄 𐤋𐤀 𐤁𐤇𐤓 𐤉𐤄𐤅𐤄•
𐤈 𐤅𐤉𐤏𐤁𐤓 𐤉𐤔𐤉 𐤔𐤌𐤄 𐤅𐤉𐤀𐤌𐤓 𐤂𐤌 𐤁𐤆𐤄 𐤋𐤀 𐤁𐤇𐤓 𐤉𐤄𐤅𐤄•
𐤉 𐤅𐤉𐤏𐤁𐤓 𐤉𐤔𐤉 𐤔𐤁𐤏𐤕 𐤁𐤍𐤉𐤅 𐤋𐤐𐤍𐤉 𐤔𐤌𐤅𐤀𐤋 𐤅𐤉𐤀𐤌𐤓 𐤔𐤌𐤅𐤀𐤋 𐤀𐤋
𐤉𐤔𐤉 𐤋𐤀 𐤁𐤇𐤓 𐤉𐤄𐤅𐤄 𐤁𐤀𐤋𐤄•
𐤉𐤀 𐤅𐤉𐤀𐤌𐤓 𐤔𐤌𐤅𐤀𐤋 𐤀𐤋 𐤉𐤔𐤉 𐤄𐤕𐤌𐤅 𐤄𐤍𐤏𐤓𐤉𐤌 𐤅𐤉𐤀𐤌𐤓 𐤏𐤅𐤃 𐤔𐤀𐤓
𐤄𐤒𐤈𐤍 𐤅𐤄𐤍𐤄 𐤓𐤏𐤄 𐤁𐤑𐤀𐤍 𐤅𐤉𐤀𐤌𐤓 𐤔𐤌𐤅𐤀𐤋 𐤀𐤋 𐤉𐤔𐤉 𐤔𐤋𐤇𐤄 𐤅𐤒𐤇𐤍𐤅
𐤊𐤉 𐤋𐤀 𐤍𐤎𐤁 𐤏𐤃 𐤁𐤀𐤅 𐤐𐤄•
𐤉𐤁 𐤅𐤉𐤔𐤋𐤇 𐤅𐤉𐤁𐤉𐤀𐤄𐤅 𐤅𐤄𐤅𐤀 𐤀𐤃𐤌𐤅𐤍𐤉 𐤏𐤌 𐤉𐤐𐤄 𐤏𐤉𐤍𐤉𐤌 𐤅𐤈𐤅𐤁
𐤓𐤀𐤉 𐤐 𐤅𐤉𐤀𐤌𐤓 𐤉𐤄𐤅𐤄 𐤒𐤅𐤌 𐤌𐤔𐤇𐤄𐤅 𐤊𐤉 𐤆𐤄 𐤄𐤅𐤀•
𐤉𐤂 𐤅𐤉𐤒𐤇 𐤔𐤌𐤅𐤀𐤋 𐤀𐤕 𐤒𐤓𐤍 𐤄𐤔𐤌𐤍 𐤅𐤉𐤌𐤔𐤇 𐤀𐤕𐤅 𐤁𐤒𐤓𐤁 𐤀𐤇𐤉𐤅
𐤅𐤕𐤑𐤋𐤇 𐤓𐤅𐤇 𐤉𐤄𐤅𐤄 𐤀𐤋 𐤃𐤅𐤃 𐤌𐤄𐤉𐤅𐤌 𐤄𐤄𐤅𐤀 𐤅𐤌𐤏𐤋𐤄 𐤅𐤉𐤒𐤌 𐤔𐤌𐤅𐤀𐤋
𐤅𐤉𐤋𐤊 𐤄𐤓𐤌𐤕𐤄•
𐤉𐤃 𐤅𐤓𐤅𐤇 𐤉𐤄𐤅𐤄 𐤎𐤓𐤄 𐤌𐤏𐤌 𐤔𐤀𐤅𐤋 𐤅𐤁𐤏𐤕𐤕𐤅 𐤓𐤅𐤇 𐤓𐤏𐤄 𐤌𐤀𐤕 𐤉𐤄𐤅𐤄•
𐤈𐤅 𐤅𐤉𐤀𐤌𐤓𐤅 𐤏𐤁𐤃𐤉 𐤔𐤀𐤅𐤋 𐤀𐤋𐤉𐤅 𐤄𐤍𐤄 𐤍𐤀 𐤓𐤅𐤇 𐤀𐤋𐤄𐤉𐤌 𐤓𐤏𐤄
𐤌𐤁𐤏𐤕𐤊•
𐤈𐤆 𐤉𐤀𐤌𐤓 𐤍𐤀 𐤀𐤃𐤍𐤉𐤍𐤅 𐤏𐤁𐤃𐤉𐤊 𐤋𐤐𐤍𐤉𐤊 𐤉𐤁𐤒𐤔𐤅 𐤀𐤉𐤔 𐤉𐤃𐤏 𐤌𐤍𐤂𐤍
𐤁𐤊𐤍𐤅𐤓 𐤅𐤄𐤉𐤄 𐤁𐤄𐤉𐤅𐤕 𐤏𐤋𐤉𐤊 𐤓𐤅𐤇 𐤀𐤋𐤄𐤉𐤌 𐤓𐤏𐤄 𐤅𐤍𐤂𐤍 𐤁𐤉𐤃𐤅 𐤅𐤈𐤅𐤁
𐤋𐤊•

# 𐤔𐤌𐤅𐤀𐤋 𐤀

𐤉𐤆 𐤅𐤉𐤀𐤌𐤓 𐤔𐤀𐤅𐤋 𐤀𐤋 𐤏𐤁𐤃𐤉𐤅 𐤓𐤀𐤅 𐤍𐤀 𐤋𐤉 𐤀𐤉𐤔 𐤌𐤉𐤈𐤉𐤁 𐤋𐤍𐤂𐤍 𐤅𐤄𐤁𐤉𐤀𐤅𐤕𐤌 𐤀𐤋𐤉.

𐤉𐤇 𐤅𐤉𐤏𐤍 𐤀𐤇𐤃 𐤌𐤄𐤍𐤏𐤓𐤉𐤌 𐤅𐤉𐤀𐤌𐤓 𐤄𐤍𐤄 𐤓𐤀𐤉𐤕𐤉 𐤁𐤍 𐤋𐤉𐤔𐤉 𐤁𐤉𐤕 𐤄𐤋𐤇𐤌𐤉 𐤉𐤃𐤏 𐤍𐤂𐤍 𐤅𐤂𐤁𐤅𐤓 𐤇𐤉𐤋 𐤅𐤀𐤉𐤔 𐤌𐤋𐤇𐤌𐤄 𐤅𐤍𐤁𐤅𐤍 𐤃𐤁𐤓 𐤅𐤀𐤉𐤔 𐤕𐤀𐤓 𐤅𐤉𐤄𐤅𐤄 𐤏𐤌𐤅.

𐤉𐤈 𐤅𐤉𐤔𐤋𐤇 𐤔𐤀𐤅𐤋 𐤌𐤋𐤀𐤊𐤉𐤌 𐤀𐤋 𐤉𐤔𐤉 𐤅𐤉𐤀𐤌𐤓 𐤔𐤋𐤇𐤄 𐤀𐤋𐤉 𐤀𐤕 𐤃𐤅𐤃 𐤁𐤍𐤊 𐤀𐤔𐤓 𐤁𐤑𐤀𐤍.

𐤊 𐤅𐤉𐤒𐤇 𐤉𐤔𐤉 𐤇𐤌𐤅𐤓 𐤋𐤇𐤌 𐤅𐤍𐤀𐤃 𐤉𐤉𐤍 𐤅𐤂𐤃𐤉 𐤏𐤆𐤉𐤌 𐤀𐤇𐤃 𐤅𐤉𐤔𐤋𐤇 𐤁𐤉𐤃 𐤃𐤅𐤃 𐤁𐤍𐤅 𐤀𐤋 𐤔𐤀𐤅𐤋.

𐤊𐤀 𐤅𐤉𐤁𐤀 𐤃𐤅𐤃 𐤀𐤋 𐤔𐤀𐤅𐤋 𐤅𐤉𐤏𐤌𐤃 𐤋𐤐𐤍𐤉𐤅 𐤅𐤉𐤀𐤄𐤁𐤄𐤅 𐤌𐤀𐤃 𐤅𐤉𐤄𐤉 𐤋𐤅 𐤍𐤔𐤀 𐤊𐤋𐤉𐤌.

𐤊𐤁 𐤅𐤉𐤔𐤋𐤇 𐤔𐤀𐤅𐤋 𐤀𐤋 𐤉𐤔𐤉 𐤋𐤀𐤌𐤓 𐤉𐤏𐤌𐤃 𐤍𐤀 𐤃𐤅𐤃 𐤋𐤐𐤍𐤉 𐤊𐤉 𐤌𐤑𐤀 𐤇𐤍 𐤁𐤏𐤉𐤍𐤉.

𐤊𐤂 𐤅𐤄𐤉𐤄 𐤁𐤄𐤉𐤅𐤕 𐤓𐤅𐤇 𐤀𐤋𐤄𐤉𐤌 𐤀𐤋 𐤔𐤀𐤅𐤋 𐤅𐤋𐤒𐤇 𐤃𐤅𐤃 𐤀𐤕 𐤄𐤊𐤍𐤅𐤓 𐤅𐤍𐤂𐤍 𐤁𐤉𐤃𐤅 𐤅𐤓𐤅𐤇 𐤋𐤔𐤀𐤅𐤋 𐤅𐤈𐤅𐤁 𐤋𐤅 𐤅𐤎𐤓𐤄 𐤌𐤏𐤋𐤉𐤅 𐤓𐤅𐤇 𐤄𐤓𐤏𐤄.

## 𐤐𐤓𐤒 𐤉𐤆

𐤀 𐤅𐤉𐤀𐤎𐤐𐤅 𐤐𐤋𐤔𐤕𐤉𐤌 𐤀𐤕 𐤌𐤇𐤍𐤉𐤄𐤌 𐤋𐤌𐤋𐤇𐤌𐤄 𐤅𐤉𐤀𐤎𐤐𐤅 𐤔𐤊𐤄 𐤀𐤔𐤓 𐤋𐤉𐤄𐤅𐤃𐤄 𐤅𐤉𐤇𐤍𐤅 𐤁𐤉𐤍 𐤔𐤅𐤊𐤄 𐤅𐤁𐤉𐤍 𐤏𐤆𐤒𐤄 𐤁𐤀𐤐𐤎 𐤃𐤌𐤉𐤌.

𐤁 𐤅𐤔𐤀𐤅𐤋 𐤅𐤀𐤉𐤔 𐤉𐤔𐤓𐤀𐤋 𐤍𐤀𐤎𐤐𐤅 𐤅𐤉𐤇𐤍𐤅 𐤁𐤏𐤌𐤒 𐤄𐤀𐤋𐤄 𐤅𐤉𐤏𐤓𐤊𐤅 𐤌𐤋𐤇𐤌𐤄 𐤋𐤒𐤓𐤀𐤕 𐤐𐤋𐤔𐤕𐤉𐤌.

𐤂 𐤅𐤐𐤋𐤔𐤕𐤉𐤌 𐤏𐤌𐤃𐤉𐤌 𐤀𐤋 𐤄𐤄𐤓 𐤌𐤆𐤄 𐤅𐤉𐤔𐤓𐤀𐤋 𐤏𐤌𐤃𐤉𐤌 𐤀𐤋 𐤄𐤄𐤓 𐤌𐤆𐤄 𐤅𐤄𐤂𐤉𐤀 𐤁𐤉𐤍𐤉𐤄𐤌.

𐤃 𐤅𐤉𐤑𐤀 𐤀𐤉𐤔 𐤄𐤁𐤍𐤉𐤌 𐤌𐤌𐤇𐤍𐤅𐤕 𐤐𐤋𐤔𐤕𐤉𐤌 𐤂𐤋𐤉𐤕 𐤔𐤌𐤅 𐤌𐤂𐤕 𐤂𐤁𐤄𐤅 𐤔𐤔 𐤀𐤌𐤅𐤕 𐤅𐤆𐤓𐤕.

𐤄 𐤅𐤊𐤅𐤁𐤏 𐤍𐤇𐤔𐤕 𐤏𐤋 𐤓𐤀𐤔𐤅 𐤅𐤔𐤓𐤉𐤅𐤍 𐤒𐤔𐤒𐤔𐤉𐤌 𐤄𐤅𐤀 𐤋𐤁𐤅𐤔 𐤅𐤌𐤔𐤒𐤋 𐤄𐤔𐤓𐤉𐤅𐤍 𐤇𐤌𐤔𐤕 𐤀𐤋𐤐𐤉𐤌 𐤔𐤒𐤋𐤉𐤌 𐤍𐤇𐤔𐤕.

𐤅 𐤅𐤌𐤑𐤇𐤕 𐤍𐤇𐤔𐤕 𐤏𐤋 𐤓𐤂𐤋𐤉𐤅 𐤅𐤊𐤉𐤃𐤅𐤍 𐤍𐤇𐤔𐤕 𐤁𐤉𐤍 𐤊𐤕𐤐𐤉𐤅.

𐤆 𐤅𐤇𐤑 [𐤅𐤏𐤑] 𐤇𐤍𐤉𐤕𐤅 𐤊𐤌𐤍𐤅𐤓 𐤀𐤓𐤂𐤉𐤌 𐤅𐤋𐤄𐤁𐤕 𐤇𐤍𐤉𐤕𐤅 𐤔𐤔 𐤌𐤀𐤅𐤕 𐤔𐤒𐤋𐤉𐤌 𐤁𐤓𐤆𐤋 𐤅𐤍𐤔𐤀 𐤄𐤑𐤍𐤄 𐤄𐤋𐤊 𐤋𐤐𐤍𐤉𐤅.

𐤇 𐤅𐤉𐤏𐤌𐤃 𐤅𐤉𐤒𐤓𐤀 𐤀𐤋 𐤌𐤏𐤓𐤊𐤕 𐤉𐤔𐤓𐤀𐤋 𐤅𐤉𐤀𐤌𐤓 𐤋𐤄𐤌 𐤋𐤌𐤄 𐤕𐤑𐤀𐤅 𐤋𐤏𐤓𐤊 𐤌𐤋𐤇𐤌𐤄 𐤄𐤋𐤅𐤀 𐤀𐤍𐤊𐤉 𐤄𐤐𐤋𐤔𐤕𐤉 𐤅𐤀𐤕𐤌 𐤏𐤁𐤃𐤉𐤌 𐤋𐤔𐤀𐤅𐤋 𐤁𐤓𐤅 𐤋𐤊𐤌 𐤀𐤉𐤔 𐤅𐤉𐤓𐤃 𐤀𐤋𐤉.

# 𐤔𐤌𐤅𐤀𐤋 𐤀

𐤈 𐤀𐤌 𐤉𐤅𐤊𐤋 𐤋𐤄𐤋𐤇𐤌 𐤀𐤕𐤉 𐤅𐤄𐤊𐤍𐤉 𐤅𐤄𐤉𐤉𐤍𐤅 𐤋𐤊𐤌 𐤋𐤏𐤁𐤃𐤉𐤌 𐤅𐤀𐤌
𐤀𐤍𐤉 𐤀𐤅𐤊𐤋 𐤋𐤅 𐤅𐤄𐤊𐤉𐤕𐤉𐤅 𐤅𐤄𐤉𐤉𐤕𐤌 𐤋𐤍𐤅 𐤋𐤏𐤁𐤃𐤉𐤌 𐤅𐤏𐤁𐤃𐤕𐤌
𐤀𐤕𐤍𐤅•
𐤉 𐤅𐤉𐤀𐤌𐤓 𐤄𐤐𐤋𐤔𐤕𐤉 𐤀𐤍𐤉 𐤇𐤓𐤐𐤕𐤉 𐤀𐤕 𐤌𐤏𐤓𐤊𐤅𐤕 𐤉𐤔𐤓𐤀𐤋 𐤄𐤉𐤅𐤌
𐤄𐤆𐤄 𐤕𐤍𐤅 𐤋𐤉 𐤀𐤉𐤔 𐤅𐤍𐤋𐤇𐤌𐤄 𐤉𐤇𐤃•
𐤉𐤀 𐤅𐤉𐤔𐤌𐤏 𐤔𐤀𐤅𐤋 𐤅𐤊𐤋 𐤉𐤔𐤓𐤀𐤋 𐤀𐤕 𐤃𐤁𐤓𐤉 𐤄𐤐𐤋𐤔𐤕𐤉 𐤄𐤀𐤋𐤄
𐤅𐤉𐤇𐤕𐤅 𐤅𐤉𐤉𐤓𐤀𐤅 𐤌𐤀𐤃•
𐤉𐤁 𐤅𐤃𐤅𐤃 𐤁𐤍 𐤀𐤉𐤔 𐤀𐤐𐤓𐤕𐤉 𐤄𐤆𐤄 𐤌𐤁𐤉𐤕 𐤋𐤇𐤌 𐤉𐤄𐤅𐤃𐤄 𐤅𐤔𐤌𐤅 𐤉𐤔𐤉
𐤅𐤋𐤅 𐤔𐤌𐤍𐤄 𐤁𐤍𐤉𐤌 𐤅𐤄𐤀𐤉𐤔 𐤁𐤉𐤌𐤉 𐤔𐤀𐤅𐤋 𐤆𐤒𐤍 𐤁𐤀 𐤁𐤀𐤍𐤔𐤉𐤌•
𐤉𐤂 𐤅𐤉𐤋𐤊𐤅 𐤔𐤋𐤔𐤕 𐤁𐤍𐤉 𐤉𐤔𐤉 𐤄𐤂𐤃𐤋𐤉𐤌 𐤄𐤋𐤊𐤅 𐤀𐤇𐤓𐤉 𐤔𐤀𐤅𐤋
𐤋𐤌𐤋𐤇𐤌𐤄 𐤅𐤔𐤌 𐤔𐤋𐤔𐤕 𐤁𐤍𐤉𐤅 𐤀𐤔𐤓 𐤄𐤋𐤊𐤅 𐤁𐤌𐤋𐤇𐤌𐤄 𐤀𐤋𐤉𐤀𐤁 𐤄𐤁𐤊𐤅𐤓
𐤅𐤌𐤔𐤍𐤄𐤅 𐤀𐤁𐤉𐤍𐤃𐤁 𐤅𐤄𐤔𐤋𐤔𐤉 𐤔𐤌𐤄•
𐤉𐤃 𐤅𐤃𐤅𐤃 𐤄𐤅𐤀 𐤄𐤒𐤈𐤍 𐤅𐤔𐤋𐤔𐤄 𐤄𐤂𐤃𐤋𐤉𐤌 𐤄𐤋𐤊𐤅 𐤀𐤇𐤓𐤉 𐤔𐤀𐤅𐤋•
𐤈𐤅 𐤅𐤃𐤅𐤃 𐤄𐤋𐤊 𐤅𐤔𐤁 𐤌𐤏𐤋 𐤔𐤀𐤅𐤋 𐤋𐤓𐤏𐤅𐤕 𐤀𐤕 𐤑𐤀𐤍 𐤀𐤁𐤉𐤅 𐤁𐤉𐤕 𐤋𐤇𐤌•
𐤈𐤆 𐤅𐤉𐤂𐤔 𐤄𐤐𐤋𐤔𐤕𐤉 𐤄𐤔𐤊𐤌 𐤅𐤄𐤏𐤓𐤁 𐤅𐤉𐤕𐤉𐤑𐤁 𐤀𐤓𐤁𐤏𐤉𐤌 𐤉𐤅𐤌•
𐤉𐤆 𐤅𐤉𐤀𐤌𐤓 𐤉𐤔𐤉 𐤋𐤃𐤅𐤃 𐤁𐤍𐤅 𐤒𐤇 𐤍𐤀 𐤋𐤀𐤇𐤉𐤊 𐤀𐤉𐤐𐤕 𐤄𐤒𐤋𐤉𐤀 𐤄𐤆𐤄
𐤅𐤏𐤔𐤓𐤄 𐤋𐤇𐤌 𐤄𐤆𐤄 𐤅𐤄𐤓𐤑 𐤄𐤌𐤇𐤍𐤄 𐤋𐤀𐤇𐤉𐤊•
𐤉𐤇 𐤅𐤀𐤕 𐤏𐤔𐤓𐤕 𐤇𐤓𐤉𐤑𐤉 𐤄𐤇𐤋𐤁 𐤄𐤀𐤋𐤄 𐤕𐤁𐤉𐤀 𐤋𐤔𐤓 𐤄𐤀𐤋𐤐 𐤅𐤀𐤕 𐤀𐤇𐤉𐤊
𐤕𐤐𐤒𐤃 𐤋𐤔𐤋𐤅𐤌 𐤅𐤀𐤕 𐤏𐤓𐤁𐤕𐤌 𐤕𐤒𐤇•
𐤉𐤈 𐤅𐤔𐤀𐤅𐤋 𐤅𐤄𐤌𐤄 𐤅𐤊𐤋 𐤀𐤉𐤔 𐤉𐤔𐤓𐤀𐤋 𐤁𐤏𐤌𐤒 𐤄𐤀𐤋𐤄 𐤍𐤋𐤇𐤌𐤉𐤌 𐤏𐤌
𐤐𐤋𐤔𐤕𐤉𐤌•
𐤊 𐤅𐤉𐤔𐤊𐤌 𐤃𐤅𐤃 𐤁𐤁𐤒𐤓 𐤅𐤉𐤈𐤔 𐤀𐤕 𐤄𐤑𐤀𐤍 𐤏𐤋 𐤔𐤌𐤓 𐤅𐤉𐤔𐤀 𐤅𐤉𐤋𐤊
𐤊𐤀𐤔𐤓 𐤑𐤅𐤄𐤅 𐤉𐤔𐤉 𐤅𐤉𐤁𐤀 𐤄𐤌𐤏𐤂𐤋𐤄 𐤅𐤄𐤇𐤉𐤋 𐤄𐤉𐤑𐤀 𐤀𐤋 𐤄𐤌𐤏𐤓𐤊𐤄
𐤅𐤄𐤓𐤏𐤅 𐤁𐤌𐤋𐤇𐤌𐤄•
𐤊𐤀 𐤅𐤕𐤏𐤓𐤊 𐤉𐤔𐤓𐤀𐤋 𐤅𐤐𐤋𐤔𐤕𐤉𐤌 𐤌𐤏𐤓𐤊𐤄 𐤋𐤒𐤓𐤀𐤕 𐤌𐤏𐤓𐤊𐤄•
𐤊𐤁 𐤅𐤉𐤈𐤔 𐤃𐤅𐤃 𐤀𐤕 𐤄𐤊𐤋𐤉𐤌 𐤌𐤏𐤋𐤉𐤅 𐤏𐤋 𐤉𐤃 𐤔𐤅𐤌𐤓 𐤄𐤊𐤋𐤉𐤌 𐤅𐤉𐤓𐤑
𐤄𐤌𐤏𐤓𐤊𐤄 𐤅𐤉𐤁𐤀 𐤅𐤉𐤔𐤀𐤋 𐤋𐤀𐤇𐤉𐤅 𐤋𐤔𐤋𐤅𐤌•
𐤊𐤂 𐤅𐤄𐤅𐤀 𐤌𐤃𐤁𐤓 𐤏𐤌𐤌 𐤅𐤄𐤍𐤄 𐤀𐤉𐤔 𐤄𐤁𐤍𐤉𐤌 𐤏𐤅𐤋𐤄 𐤂𐤋𐤉𐤕 𐤄𐤐𐤋𐤔𐤕𐤉
𐤔𐤌𐤅 𐤌𐤂𐤕 𐤌𐤏𐤓𐤅𐤕 [𐤌𐤌𐤏𐤓𐤊𐤅𐤕] 𐤐𐤋𐤔𐤕𐤉𐤌 𐤅𐤉𐤃𐤁𐤓 𐤊𐤃𐤁𐤓𐤉𐤌 𐤄𐤀𐤋𐤄
𐤅𐤉𐤔𐤌𐤏 𐤃𐤅𐤃•
𐤊𐤃 𐤅𐤊𐤋 𐤀𐤉𐤔 𐤉𐤔𐤓𐤀𐤋 𐤁𐤓𐤀𐤅𐤕𐤌 𐤀𐤕 𐤄𐤀𐤉𐤔 𐤅𐤉𐤍𐤎𐤅 𐤌𐤐𐤍𐤉𐤅
𐤅𐤉𐤉𐤓𐤀𐤅 𐤌𐤀𐤃•
𐤊𐤄 𐤅𐤉𐤀𐤌𐤓 𐤀𐤉𐤔 𐤉𐤔𐤓𐤀𐤋 𐤄𐤓𐤀𐤉𐤕𐤌 𐤄𐤀𐤉𐤔 𐤄𐤏𐤋𐤄 𐤄𐤆𐤄 𐤊𐤉 𐤋𐤇𐤓𐤐

# 𐤔𐤌𐤅𐤀𐤋 𐤀

𐤀𐤕 𐤉𐤔𐤓𐤀𐤋 𐤏𐤋𐤄 𐤅𐤄𐤉𐤄 𐤄𐤀𐤉𐤔 𐤀𐤔𐤓 𐤉𐤊𐤍𐤅 𐤉𐤏𐤔𐤓𐤍𐤅 𐤄𐤌𐤋𐤊 𐤏𐤔𐤓
𐤂𐤃𐤅𐤋 𐤅𐤀𐤕 𐤁𐤕𐤅 𐤉𐤕𐤍 𐤋𐤅 𐤅𐤀𐤕 𐤁𐤉𐤕 𐤀𐤁𐤉𐤅 𐤉𐤏𐤔𐤄 𐤇𐤐𐤔𐤉 𐤁𐤉𐤔𐤓𐤀𐤋.
𐤊𐤅𐤅𐤉𐤀𐤌𐤓 𐤃𐤅𐤃 𐤀𐤋 𐤄𐤀𐤍𐤔𐤉𐤌 𐤄𐤏𐤌𐤃𐤉𐤌 𐤏𐤌𐤅 𐤋𐤀𐤌𐤓 𐤌𐤄 𐤉𐤏𐤔𐤄
𐤋𐤀𐤉𐤔 𐤀𐤔𐤓 𐤉𐤊𐤄 𐤀𐤕 𐤄𐤐𐤋𐤔𐤕𐤉 𐤄𐤋𐤆 𐤅𐤄𐤎𐤉𐤓 𐤇𐤓𐤐𐤄 𐤌𐤏𐤋 𐤉𐤔𐤓𐤀𐤋
𐤊𐤉 𐤌𐤉 𐤄𐤐𐤋𐤔𐤕𐤉 𐤄𐤏𐤓𐤋 𐤄𐤆𐤄 𐤊𐤉 𐤇𐤓𐤐 𐤌𐤏𐤓𐤊𐤅𐤕 𐤀𐤋𐤄𐤉𐤌 𐤇𐤉𐤉𐤌.
𐤊𐤆𐤅𐤉𐤀𐤌𐤓 𐤋𐤅 𐤄𐤏𐤌 𐤊𐤃𐤁𐤓 𐤄𐤆𐤄 𐤋𐤀𐤌𐤓 𐤊𐤄 𐤉𐤏𐤔𐤄 𐤋𐤀𐤉𐤔 𐤀𐤔𐤓
𐤉𐤊𐤍𐤅.
𐤊𐤇𐤅𐤉𐤔𐤌𐤏 𐤀𐤋𐤉𐤀𐤁 𐤀𐤇𐤉𐤅 𐤄𐤂𐤃𐤅𐤋 𐤁𐤃𐤁𐤓𐤅 𐤀𐤋 𐤄𐤀𐤍𐤔𐤉𐤌 𐤅𐤉𐤇𐤓 𐤀𐤐
𐤀𐤋𐤉𐤀𐤁 𐤁𐤃𐤅𐤃 𐤅𐤉𐤀𐤌𐤓 𐤋𐤌𐤄 𐤆𐤄 𐤉𐤓𐤃𐤕 𐤅𐤏𐤋 𐤌𐤉 𐤍𐤈𐤔𐤕 𐤌𐤏𐤈 𐤄𐤑𐤀𐤍
𐤄𐤄𐤍𐤄 𐤁𐤌𐤃𐤁𐤓 𐤀𐤍𐤉 𐤉𐤃𐤏𐤕𐤉 𐤀𐤕 𐤆𐤃𐤍𐤊 𐤅𐤀𐤕 𐤓𐤏 𐤋𐤁𐤁𐤊 𐤊𐤉 𐤋𐤌𐤏𐤍
𐤓𐤀𐤅𐤕 𐤄𐤌𐤋𐤇𐤌𐤄 𐤉𐤓𐤃𐤕.
𐤊𐤈𐤅𐤉𐤀𐤌𐤓 𐤃𐤅𐤃 𐤌𐤄 𐤏𐤔𐤉𐤕𐤉 𐤏𐤕𐤄 𐤄𐤋𐤅𐤀 𐤃𐤁𐤓 𐤄𐤅𐤀.
𐤋𐤅𐤉𐤎𐤁 𐤌𐤀𐤑𐤋𐤅 𐤀𐤋 𐤌𐤅𐤋 𐤀𐤇𐤓 𐤅𐤉𐤀𐤌𐤓 𐤊𐤃𐤁𐤓 𐤄𐤆𐤄 𐤅𐤉𐤔𐤁𐤄𐤅 𐤄𐤏𐤌
𐤃𐤁𐤓 𐤊𐤃𐤁𐤓 𐤄𐤓𐤀𐤔𐤅𐤍.
𐤋𐤀𐤅𐤉𐤔𐤌𐤏𐤅 𐤄𐤃𐤁𐤓𐤉𐤌 𐤀𐤔𐤓 𐤃𐤁𐤓 𐤃𐤅𐤃 𐤅𐤉𐤂𐤃𐤅 𐤋𐤐𐤍𐤉 𐤔𐤀𐤅𐤋
𐤅𐤉𐤒𐤇𐤄𐤅.
𐤋𐤁𐤅𐤉𐤀𐤌𐤓 𐤃𐤅𐤃 𐤀𐤋 𐤔𐤀𐤅𐤋 𐤀𐤋 𐤉𐤐𐤋 𐤋𐤁 𐤀𐤃𐤌 𐤏𐤋𐤉𐤅 𐤏𐤁𐤃𐤊 𐤉𐤋𐤊
𐤅𐤍𐤋𐤇𐤌 𐤏𐤌 𐤄𐤐𐤋𐤔𐤕𐤉 𐤄𐤆𐤄.
𐤋𐤂𐤅𐤉𐤀𐤌𐤓 𐤔𐤀𐤅𐤋 𐤀𐤋 𐤃𐤅𐤃 𐤋𐤀 𐤕𐤅𐤊𐤋 𐤋𐤋𐤊𐤕 𐤀𐤋 𐤄𐤐𐤋𐤔𐤕𐤉 𐤄𐤆𐤄
𐤋𐤄𐤋𐤇𐤌 𐤏𐤌𐤅 𐤊𐤉 𐤍𐤏𐤓 𐤀𐤕𐤄 𐤅𐤄𐤅𐤀 𐤀𐤉𐤔 𐤌𐤋𐤇𐤌𐤄 𐤌𐤍𐤏𐤓𐤉𐤅.
𐤋𐤃𐤅𐤉𐤀𐤌𐤓 𐤃𐤅𐤃 𐤀𐤋 𐤔𐤀𐤅𐤋 𐤓𐤏𐤄 𐤄𐤉𐤄 𐤏𐤁𐤃𐤊 𐤋𐤀𐤁𐤉𐤅 𐤁𐤑𐤀𐤍 𐤅𐤁𐤀
𐤄𐤀𐤓𐤉 𐤅𐤀𐤕 𐤄𐤃𐤅𐤁 𐤅𐤍𐤔𐤀 𐤔𐤄 𐤌𐤄𐤏𐤃𐤓.
𐤋𐤄𐤅𐤉𐤑𐤀𐤕𐤉 𐤀𐤇𐤓𐤉𐤅 𐤅𐤄𐤊𐤕𐤉𐤅 𐤅𐤄𐤑𐤋𐤕𐤉 𐤌𐤐𐤉𐤅 𐤅𐤉𐤒𐤌 𐤏𐤋𐤉
𐤅𐤄𐤇𐤆𐤒𐤕𐤉 𐤁𐤆𐤒𐤍𐤅 𐤅𐤄𐤊𐤕𐤉𐤅 𐤅𐤄𐤌𐤉𐤕𐤉𐤅.
𐤋𐤅𐤂𐤌 𐤀𐤕 𐤄𐤀𐤓𐤉 𐤂𐤌 𐤄𐤃𐤅𐤁 𐤄𐤊𐤄 𐤏𐤁𐤃𐤊 𐤅𐤄𐤉𐤄 𐤄𐤐𐤋𐤔𐤕𐤉 𐤄𐤏𐤓𐤋
𐤄𐤆𐤄 𐤊𐤀𐤇𐤃 𐤌𐤄𐤌 𐤊𐤉 𐤇𐤓𐤐 𐤌𐤏𐤓𐤊𐤕 𐤀𐤋𐤄𐤉𐤌 𐤇𐤉𐤉𐤌.
𐤋𐤆𐤅𐤉𐤀𐤌𐤓 𐤃𐤅𐤃 𐤉𐤄𐤅𐤄 𐤀𐤔𐤓 𐤄𐤑𐤋𐤍𐤉 𐤌𐤉𐤃 𐤄𐤀𐤓𐤉 𐤅𐤌𐤉𐤃 𐤄𐤃𐤁 𐤄𐤅𐤀
𐤉𐤑𐤉𐤋𐤍𐤉 𐤌𐤉𐤃 𐤄𐤐𐤋𐤔𐤕𐤉 𐤄𐤆𐤄 𐤎 𐤅𐤉𐤀𐤌𐤓 𐤔𐤀𐤅𐤋 𐤀𐤋 𐤃𐤅𐤃 𐤋𐤊
𐤅𐤉𐤄𐤅𐤄 𐤉𐤄𐤉𐤄 𐤏𐤌𐤊.
𐤋𐤇𐤅𐤉𐤋𐤁𐤔 𐤔𐤀𐤅𐤋 𐤀𐤕 𐤃𐤅𐤃 𐤌𐤃𐤉𐤅 𐤅𐤍𐤕𐤍 𐤒𐤅𐤁𐤏 𐤍𐤇𐤔𐤕 𐤏𐤋 𐤓𐤀𐤔𐤅
𐤅𐤉𐤋𐤁𐤔 𐤀𐤕𐤅 𐤔𐤓𐤉𐤅𐤍.
𐤋𐤈𐤅𐤉𐤇𐤂𐤓 𐤃𐤅𐤃 𐤀𐤕 𐤇𐤓𐤁𐤅 𐤌𐤏𐤋 𐤋𐤌𐤃𐤉𐤅 𐤅𐤉𐤀𐤋 𐤋𐤋𐤊𐤕 𐤊𐤉 𐤋𐤀 𐤍𐤎𐤄
𐤅𐤉𐤀𐤌𐤓 𐤃𐤅𐤃 𐤀𐤋 𐤔𐤀𐤅𐤋 𐤋𐤀 𐤀𐤅𐤊𐤋 𐤋𐤋𐤊𐤕 𐤁𐤀𐤋𐤄 𐤊𐤉 𐤋𐤀 𐤍𐤎𐤉𐤕𐤉

# שמואל א

ויסרם דוד מעליו•
מ ויקח מקלו בידו ויבחר לו חמשה חלקי אבנים מן הנחל
וישם אתם בכלי הרעים אשר לו ובילקוט וקלעו בידו
ויגש אל הפלשתי•
מא וילך הפלשתי הלך וקרב אל דוד והאיש נשא הצנה
לפניו•
מב ויבט הפלשתי ויראה את דוד ויבזהו כי היה נער
ואדמני עם יפה מראה•
מג ויאמר הפלשתי אל דוד הכלב אנכי כי אתה בא אלי
במקלות ויקלל הפלשתי את דוד באלהיו•
מד ויאמר הפלשתי אל דוד לכה אלי ואתנה את בשרך לעוף
השמים ולבהמת השדה•
מה ויאמר דוד אל הפלשתי אתה בא אלי בחרב ובחנית
ובכידון ואנכי בא אליך בשם יהוה צבאות אלהי מערכות
ישראל אשר חרפת•
מו היום הזה יסגרך יהוה בידי והכיתך והסרתי את
ראשך מעליך ונתתי פגר מחנה פלשתים היום הזה לעוף
השמים ולחית הארץ וידעו כל הארץ כי יש אלהים
לישראל•
מז וידעו כל הקהל הזה כי לא בחרב ובחנית יהושיע
יהוה כי ליהוה המלחמה ונתן אתכם בידנו•
מח והיה כי קם הפלשתי וילך ויקרב לקראת דוד וימהר
דוד וירץ המערכה לקראת הפלשתי•
מט וישלח דוד את ידו אל הכלי ויקח משם אבן ויקלע
ויך את הפלשתי אל מצחו ותטבע האבן במצחו ויפל על פניו
ארצה•
נ ויחזק דוד מן הפלשתי בקלע ובאבן ויך את הפלשתי
וימיתהו וחרב אין ביד דוד•
נא וירץ דוד ויעמד אל הפלשתי ויקח את חרבו וישלפה
מתערה וימתתהו ויכרת בה את ראשו ויראו הפלשתים כי
מת גבורם וינסו•
נב ויקמו אנשי ישראל ויהודה וירעו וירדפו את
הפלשתים עד בואך גיא ועד שערי עקרון ויפלו חללי

# 𐤔𐤌𐤅𐤀𐤋 𐤀

𐤐𐤋𐤔𐤕𐤉𐤌 𐤁𐤃𐤓𐤊 𐤔𐤏𐤓𐤉𐤌 𐤅𐤏𐤃 𐤂𐤕 𐤅𐤏𐤃 𐤏𐤒𐤓𐤅𐤍•

𐤍𐤂 𐤅𐤉𐤔𐤁𐤅 𐤁𐤍𐤉 𐤉𐤔𐤓𐤀𐤋 𐤌𐤃𐤋𐤒 𐤀𐤇𐤓𐤉 𐤐𐤋𐤔𐤕𐤉𐤌 𐤅𐤉𐤔𐤎𐤅 𐤀𐤕
𐤌𐤇𐤍𐤉𐤄𐤌•

𐤍𐤃 𐤅𐤉𐤒𐤇 𐤃𐤅𐤃 𐤀𐤕 𐤓𐤀𐤔 𐤄𐤐𐤋𐤔𐤕𐤉 𐤅𐤉𐤁𐤀𐤄𐤅 𐤉𐤓𐤅𐤔𐤋𐤌 𐤅𐤀𐤕 𐤊𐤋𐤉𐤅
𐤔𐤌 𐤁𐤀𐤄𐤋𐤅•

𐤍𐤄 𐤅𐤊𐤓𐤀𐤅𐤕 𐤔𐤀𐤅𐤋 𐤀𐤕 𐤃𐤅𐤃 𐤉𐤑𐤀 𐤋𐤒𐤓𐤀𐤕 𐤄𐤐𐤋𐤔𐤕𐤉 𐤀𐤌𐤓 𐤀𐤋
𐤀𐤁𐤍𐤓 𐤔𐤓 𐤄𐤑𐤁𐤀 𐤁𐤍 𐤌𐤉 𐤆𐤄 𐤄𐤍𐤏𐤓 𐤀𐤁𐤍𐤓 𐤅𐤉𐤀𐤌𐤓 𐤀𐤁𐤍𐤓 𐤇𐤉 𐤍𐤐𐤔𐤊
𐤄𐤌𐤋𐤊 𐤀𐤌 𐤉𐤃𐤏𐤕𐤉•

𐤍𐤅 𐤅𐤉𐤀𐤌𐤓 𐤄𐤌𐤋𐤊 𐤔𐤀𐤋 𐤀𐤕𐤄 𐤁𐤍 𐤌𐤉 𐤆𐤄 𐤄𐤏𐤋𐤌•

𐤍𐤆 𐤅𐤊𐤔𐤅𐤁 𐤃𐤅𐤃 𐤌𐤄𐤊𐤅𐤕 𐤀𐤕 𐤄𐤐𐤋𐤔𐤕𐤉 𐤅𐤉𐤒𐤇 𐤀𐤕𐤅 𐤀𐤁𐤍𐤓 𐤅𐤉𐤁𐤀𐤄𐤅
𐤋𐤐𐤍𐤉 𐤔𐤀𐤅𐤋 𐤅𐤓𐤀𐤔 𐤄𐤐𐤋𐤔𐤕𐤉 𐤁𐤉𐤃𐤅•

𐤍𐤇 𐤅𐤉𐤀𐤌𐤓 𐤀𐤋𐤉𐤅 𐤔𐤀𐤅𐤋 𐤁𐤍 𐤌𐤉 𐤀𐤕𐤄 𐤄𐤍𐤏𐤓 𐤅𐤉𐤀𐤌𐤓 𐤃𐤅𐤃 𐤁𐤍 𐤏𐤁𐤃𐤊
𐤉𐤔𐤉 𐤁𐤉𐤕 𐤄𐤋𐤇𐤌𐤉•

## 𐤐𐤓𐤒 𐤉𐤇

𐤀 𐤅𐤉𐤄𐤉 𐤊𐤊𐤋𐤕𐤅 𐤋𐤃𐤁𐤓 𐤀𐤋 𐤔𐤀𐤅𐤋 𐤅𐤍𐤐𐤔 𐤉𐤄𐤅𐤍𐤕𐤍 𐤍𐤒𐤔𐤓𐤄 𐤁𐤍𐤐𐤔
𐤃𐤅𐤃 𐤅𐤉𐤀𐤄𐤁𐤅 [𐤅𐤉𐤀𐤄𐤁𐤄𐤅] 𐤉𐤄𐤅𐤍𐤕𐤍 𐤊𐤍𐤐𐤔𐤅•

𐤁 𐤅𐤉𐤒𐤇𐤄𐤅 𐤔𐤀𐤅𐤋 𐤁𐤉𐤅𐤌 𐤄𐤄𐤅𐤀 𐤅𐤋𐤀 𐤍𐤕𐤍𐤅 𐤋𐤔𐤅𐤁 𐤁𐤉𐤕 𐤀𐤁𐤉𐤅•

𐤂 𐤅𐤉𐤊𐤓𐤕 𐤉𐤄𐤅𐤍𐤕𐤍 𐤅𐤃𐤅𐤃 𐤁𐤓𐤉𐤕 𐤁𐤀𐤄𐤁𐤕𐤅 𐤀𐤕𐤅 𐤊𐤍𐤐𐤔𐤅•

𐤃 𐤅𐤉𐤕𐤐𐤔𐤈 𐤉𐤄𐤅𐤍𐤕𐤍 𐤀𐤕 𐤄𐤌𐤏𐤉𐤋 𐤀𐤔𐤓 𐤏𐤋𐤉𐤅 𐤅𐤉𐤕𐤍𐤄𐤅 𐤋𐤃𐤅𐤃
𐤅𐤌𐤃𐤉𐤅 𐤅𐤏𐤃 𐤇𐤓𐤁𐤅 𐤅𐤏𐤃 𐤒𐤔𐤕𐤅 𐤅𐤏𐤃 𐤇𐤂𐤓𐤅•

𐤄 𐤅𐤉𐤑𐤀 𐤃𐤅𐤃 𐤁𐤊𐤋 𐤀𐤔𐤓 𐤉𐤔𐤋𐤇𐤍𐤅 𐤔𐤀𐤅𐤋 𐤉𐤔𐤊𐤉𐤋 𐤅𐤉𐤔𐤌𐤄𐤅
𐤔𐤀𐤅𐤋 𐤏𐤋 𐤀𐤍𐤔𐤉 𐤄𐤌𐤋𐤇𐤌𐤄 𐤅𐤉𐤉𐤈𐤁 𐤁𐤏𐤉𐤍𐤉 𐤊𐤋 𐤄𐤏𐤌 𐤅𐤂𐤌 𐤁𐤏𐤉𐤍𐤉
𐤏𐤁𐤃𐤉 𐤔𐤀𐤅𐤋•

𐤅 𐤅𐤉𐤄𐤉 𐤁𐤁𐤅𐤀𐤌 𐤁𐤔𐤅𐤁 𐤃𐤅𐤃 𐤌𐤄𐤊𐤅𐤕 𐤀𐤕 𐤄𐤐𐤋𐤔𐤕𐤉 𐤅𐤕𐤑𐤀𐤍𐤄
𐤄𐤍𐤔𐤉𐤌 𐤌𐤊𐤋 𐤏𐤓𐤉 𐤉𐤔𐤓𐤀𐤋 𐤋𐤔𐤅𐤓 [𐤋𐤔𐤉𐤓] 𐤅𐤄𐤌𐤇𐤋𐤅𐤕 𐤋𐤒𐤓𐤀𐤕
𐤔𐤀𐤅𐤋 𐤄𐤌𐤋𐤊 𐤁𐤕𐤐𐤉𐤌 𐤁𐤔𐤌𐤇𐤄 𐤅𐤁𐤔𐤋𐤔𐤉𐤌•

𐤆 𐤅𐤕𐤏𐤍𐤉𐤍𐤄 𐤄𐤍𐤔𐤉𐤌 𐤄𐤌𐤔𐤇𐤒𐤅𐤕 𐤅𐤕𐤀𐤌𐤓𐤍 𐤄𐤊𐤄 𐤔𐤀𐤅𐤋 𐤁𐤀𐤋𐤐𐤅
[𐤁𐤀𐤋𐤐𐤉𐤅] 𐤅𐤃𐤅𐤃 𐤁𐤓𐤁𐤁𐤕𐤉𐤅•

𐤇 𐤅𐤉𐤇𐤓 𐤋𐤔𐤀𐤅𐤋 𐤌𐤀𐤃 𐤅𐤉𐤓𐤏 𐤁𐤏𐤉𐤍𐤉𐤅 𐤄𐤃𐤁𐤓 𐤄𐤆𐤄 𐤅𐤉𐤀𐤌𐤓 𐤍𐤕𐤍𐤅
𐤋𐤃𐤅𐤃 𐤓𐤁𐤁𐤅𐤕 𐤅𐤋𐤉 𐤍𐤕𐤍𐤅 𐤄𐤀𐤋𐤐𐤉𐤌 𐤅𐤏𐤅𐤃 𐤋𐤅 𐤀𐤊 𐤄𐤌𐤋𐤅𐤊𐤄•

𐤈 𐤅𐤉𐤄𐤉 𐤔𐤀𐤅𐤋 𐤏𐤅𐤍 [𐤏𐤅𐤉𐤍] 𐤀𐤕 𐤃𐤅𐤃 𐤌𐤄𐤉𐤅𐤌 𐤄𐤄𐤅𐤀 𐤅𐤄𐤋𐤀𐤄•

𐤉 𐤅𐤉𐤄𐤉 𐤌𐤌𐤇𐤓𐤕 𐤅𐤕𐤑𐤋𐤇 𐤓𐤅𐤇 𐤀𐤋𐤄𐤉𐤌 𐤓𐤏𐤄 𐤀𐤋 𐤔𐤀𐤅𐤋 𐤅𐤉𐤕𐤍𐤁𐤀

# 𐤔𐤌𐤅𐤀𐤋 𐤀

𐤁𐤕𐤅𐤊 𐤄𐤁𐤉𐤕 𐤅𐤃𐤅𐤃 𐤌𐤍𐤂𐤍 𐤁𐤉𐤃𐤅 𐤊𐤉𐤅𐤌 𐤁𐤉𐤅𐤌 𐤅𐤄𐤇𐤍𐤉𐤕 𐤁𐤉𐤃
𐤔𐤀𐤅𐤋.
𐤉𐤀 𐤅𐤉𐤈𐤋 𐤔𐤀𐤅𐤋 𐤀𐤕 𐤄𐤇𐤍𐤉𐤕 𐤅𐤉𐤀𐤌𐤓 𐤀𐤊𐤄 𐤁𐤃𐤅𐤃 𐤅𐤁𐤒𐤉𐤓 𐤅𐤉𐤎𐤁
𐤃𐤅𐤃 𐤌𐤐𐤍𐤉𐤅 𐤐𐤏𐤌𐤉𐤌.
𐤉𐤁 𐤅𐤉𐤓𐤀 𐤔𐤀𐤅𐤋 𐤌𐤋𐤐𐤍𐤉 𐤃𐤅𐤃 𐤊𐤉 𐤄𐤉𐤄 𐤉𐤄𐤅𐤄 𐤏𐤌𐤅 𐤅𐤌𐤏𐤌 𐤔𐤀𐤅𐤋
𐤎𐤓.
𐤉𐤂 𐤅𐤉𐤎𐤓𐤄𐤅 𐤔𐤀𐤅𐤋 𐤌𐤏𐤌𐤅 𐤅𐤉𐤔𐤌𐤄𐤅 𐤋𐤅 𐤔𐤓 𐤀𐤋𐤐 𐤅𐤉𐤑𐤀 𐤅𐤉𐤁𐤀
𐤋𐤐𐤍𐤉 𐤄𐤏𐤌.
𐤉𐤃 𐤅𐤉𐤄𐤉 𐤃𐤅𐤃 𐤋𐤊𐤋 𐤃𐤓𐤊𐤅 [𐤃𐤓𐤊𐤉𐤅] 𐤌𐤔𐤊𐤉𐤋 𐤅𐤉𐤄𐤅𐤄 𐤏𐤌𐤅.
𐤈𐤅 𐤅𐤉𐤓𐤀 𐤔𐤀𐤅𐤋 𐤀𐤔𐤓 𐤄𐤅𐤀 𐤌𐤔𐤊𐤉𐤋 𐤌𐤀𐤃 𐤅𐤉𐤂𐤓 𐤌𐤐𐤍𐤉𐤅.
𐤈𐤆 𐤅𐤊𐤋 𐤉𐤔𐤓𐤀𐤋 𐤅𐤉𐤄𐤅𐤃𐤄 𐤀𐤄𐤁 𐤀𐤕 𐤃𐤅𐤃 𐤊𐤉 𐤄𐤅𐤀 𐤉𐤅𐤑𐤀 𐤅𐤁𐤀
𐤋𐤐𐤍𐤉𐤄𐤌.
𐤉𐤆 𐤅𐤉𐤀𐤌𐤓 𐤔𐤀𐤅𐤋 𐤀𐤋 𐤃𐤅𐤃 𐤄𐤍𐤄 𐤁𐤕𐤉 𐤄𐤂𐤃𐤅𐤋𐤄 𐤌𐤓𐤁 𐤀𐤕𐤄 𐤀𐤕𐤍
𐤋𐤊 𐤋𐤀𐤔𐤄 𐤀𐤊 𐤄𐤉𐤄 𐤋𐤉 𐤋𐤁𐤍 𐤇𐤉𐤋 𐤅𐤄𐤋𐤇𐤌 𐤌𐤋𐤇𐤌𐤅𐤕 𐤉𐤄𐤅𐤄 𐤅𐤔𐤀𐤅𐤋
𐤀𐤌𐤓 𐤀𐤋 𐤕𐤄𐤉 𐤉𐤃𐤉 𐤁𐤅 𐤅𐤕𐤄𐤉 𐤁𐤅 𐤉𐤃 𐤐𐤋𐤔𐤕𐤉𐤌.
𐤉𐤇 𐤅𐤉𐤀𐤌𐤓 𐤃𐤅𐤃 𐤀𐤋 𐤔𐤀𐤅𐤋 𐤌𐤉 𐤀𐤍𐤊𐤉 𐤅𐤌𐤉 𐤇𐤉𐤉 𐤌𐤔𐤐𐤇𐤕 𐤀𐤁𐤉
𐤁𐤉𐤔𐤓𐤀𐤋 𐤊𐤉 𐤀𐤄𐤉𐤄 𐤇𐤕𐤍 𐤋𐤌𐤋𐤊.
𐤉𐤈 𐤅𐤉𐤄𐤉 𐤁𐤏𐤕 𐤕𐤕 𐤀𐤕 𐤌𐤓𐤁 𐤁𐤕 𐤔𐤀𐤅𐤋 𐤋𐤃𐤅𐤃 𐤅𐤄𐤉𐤀 𐤍𐤕𐤍𐤄
𐤋𐤏𐤃𐤓𐤉𐤀𐤋 𐤄𐤌𐤇𐤋𐤕𐤉 𐤋𐤀𐤔𐤄.
𐤊 𐤅𐤕𐤀𐤄𐤁 𐤌𐤉𐤊𐤋 𐤁𐤕 𐤔𐤀𐤅𐤋 𐤀𐤕 𐤃𐤅𐤃 𐤅𐤉𐤂𐤃𐤅 𐤋𐤔𐤀𐤅𐤋 𐤅𐤉𐤔𐤓 𐤄𐤃𐤁𐤓
𐤁𐤏𐤉𐤍𐤉𐤅.
𐤊𐤀 𐤅𐤉𐤀𐤌𐤓 𐤔𐤀𐤅𐤋 𐤀𐤕𐤍𐤍𐤄 𐤋𐤅 𐤅𐤕𐤄𐤉 𐤋𐤅 𐤋𐤌𐤅𐤒𐤔 𐤅𐤕𐤄𐤉 𐤁𐤅 𐤉𐤃
𐤐𐤋𐤔𐤕𐤉𐤌 𐤅𐤉𐤀𐤌𐤓 𐤔𐤀𐤅𐤋 𐤀𐤋 𐤃𐤅𐤃 𐤁𐤔𐤕𐤉𐤌 𐤕𐤕𐤇𐤕𐤍 𐤁𐤉 𐤄𐤉𐤅𐤌.
𐤊𐤁 𐤅𐤉𐤑𐤅 𐤔𐤀𐤅𐤋 𐤀𐤕 𐤏𐤁𐤃𐤅 [𐤏𐤁𐤃𐤉𐤅] 𐤃𐤁𐤓𐤅 𐤀𐤋 𐤃𐤅𐤃 𐤁𐤋𐤈 𐤋𐤀𐤌𐤓 𐤄𐤍𐤄
𐤇𐤐𐤑 𐤁𐤊 𐤄𐤌𐤋𐤊 𐤅𐤊𐤋 𐤏𐤁𐤃𐤉𐤅 𐤀𐤄𐤁𐤅𐤊 𐤅𐤏𐤕𐤄 𐤄𐤕𐤇𐤕𐤍 𐤁𐤌𐤋𐤊.
𐤊𐤂 𐤅𐤉𐤃𐤁𐤓𐤅 𐤏𐤁𐤃𐤉 𐤔𐤀𐤅𐤋 𐤁𐤀𐤆𐤍𐤉 𐤃𐤅𐤃 𐤀𐤕 𐤄𐤃𐤁𐤓𐤉𐤌 𐤄𐤀𐤋𐤄
𐤅𐤉𐤀𐤌𐤓 𐤃𐤅𐤃 𐤄𐤍𐤒𐤋𐤄 𐤁𐤏𐤉𐤍𐤉𐤊𐤌 𐤄𐤕𐤇𐤕𐤍 𐤁𐤌𐤋𐤊 𐤅𐤀𐤍𐤊𐤉 𐤀𐤉𐤔 𐤓𐤔
𐤅𐤍𐤒𐤋𐤄.
𐤊𐤃 𐤅𐤉𐤂𐤃𐤅 𐤏𐤁𐤃𐤉 𐤔𐤀𐤅𐤋 𐤋𐤅 𐤋𐤀𐤌𐤓 𐤊𐤃𐤁𐤓𐤉𐤌 𐤄𐤀𐤋𐤄 𐤃𐤁𐤓 𐤃𐤅𐤃.
𐤊𐤄 𐤅𐤉𐤀𐤌𐤓 𐤔𐤀𐤅𐤋 𐤊𐤄 𐤕𐤀𐤌𐤓𐤅 𐤋𐤃𐤅𐤃 𐤀𐤉𐤍 𐤇𐤐𐤑 𐤋𐤌𐤋𐤊 𐤁𐤌𐤄𐤓 𐤊𐤉
𐤁𐤌𐤀𐤄 𐤏𐤓𐤋𐤅𐤕 𐤐𐤋𐤔𐤕𐤉𐤌 𐤋𐤄𐤍𐤒𐤌 𐤁𐤀𐤉𐤁𐤉 𐤄𐤌𐤋𐤊 𐤅𐤔𐤀𐤅𐤋 𐤇𐤔𐤁
𐤋𐤄𐤐𐤉𐤋 𐤀𐤕 𐤃𐤅𐤃 𐤁𐤉𐤃 𐤐𐤋𐤔𐤕𐤉𐤌.
𐤊𐤅 𐤅𐤉𐤂𐤃𐤅 𐤏𐤁𐤃𐤉𐤅 𐤋𐤃𐤅𐤃 𐤀𐤕 𐤄𐤃𐤁𐤓𐤉𐤌 𐤄𐤀𐤋𐤄 𐤅𐤉𐤔𐤓 𐤄𐤃𐤁𐤓 𐤁𐤏𐤉𐤍𐤉

𐤃𐤅𐤃 𐤋𐤄𐤕𐤇𐤕𐤍 𐤁𐤌𐤋𐤊 𐤅𐤋𐤀 𐤌𐤋𐤀𐤅 𐤄𐤉𐤌𐤉𐤌.

𐤊𐤆 𐤅𐤉𐤒𐤌 𐤃𐤅𐤃 𐤅𐤉𐤋𐤊 𐤄𐤅𐤀 𐤅𐤀𐤍𐤔𐤉𐤅 𐤅𐤉𐤊 𐤁𐤐𐤋𐤔𐤕𐤉𐤌 𐤌𐤀𐤕𐤉𐤌 𐤀𐤉𐤔 𐤅𐤉𐤁𐤀 𐤃𐤅𐤃 𐤀𐤕 𐤏𐤓𐤋𐤕𐤉𐤄𐤌 𐤅𐤉𐤌𐤋𐤀𐤅𐤌 𐤋𐤌𐤋𐤊 𐤋𐤄𐤕𐤇𐤕𐤍 𐤁𐤌𐤋𐤊 𐤅𐤉𐤕𐤍 𐤋𐤅 𐤔𐤀𐤅𐤋 𐤀𐤕 𐤌𐤉𐤊𐤋 𐤁𐤕𐤅 𐤋𐤀𐤔𐤄.

𐤊𐤇 𐤅𐤉𐤓𐤀 𐤔𐤀𐤅𐤋 𐤅𐤉𐤃𐤏 𐤊𐤉 𐤉𐤄𐤅𐤄 𐤏𐤌 𐤃𐤅𐤃 𐤅𐤌𐤉𐤊𐤋 𐤁𐤕 𐤔𐤀𐤅𐤋 𐤀𐤄𐤁𐤕𐤄𐤅.

𐤊𐤈 𐤅𐤉𐤀𐤎𐤐 𐤔𐤀𐤅𐤋 𐤋𐤓𐤀 𐤌𐤐𐤍𐤉 𐤃𐤅𐤃 𐤏𐤅𐤃 𐤅𐤉𐤄𐤉 𐤔𐤀𐤅𐤋 𐤀𐤉𐤁 𐤀𐤕 𐤃𐤅𐤃 𐤊𐤋 𐤄𐤉𐤌𐤉𐤌.

𐤋 𐤅𐤉𐤑𐤀𐤅 𐤔𐤓𐤉 𐤐𐤋𐤔𐤕𐤉𐤌 𐤅𐤉𐤄𐤉 𐤌𐤃𐤉 𐤑𐤀𐤕𐤌 𐤔𐤊𐤋 𐤃𐤅𐤃 𐤌𐤊𐤋 𐤏𐤁𐤃𐤉 𐤔𐤀𐤅𐤋 𐤅𐤉𐤉𐤒𐤓 𐤔𐤌𐤅 𐤌𐤀𐤃.

𐤐𐤓𐤒 𐤉𐤈

𐤀 𐤅𐤉𐤃𐤁𐤓 𐤔𐤀𐤅𐤋 𐤀𐤋 𐤉𐤅𐤍𐤕𐤍 𐤁𐤍𐤅 𐤅𐤀𐤋 𐤊𐤋 𐤏𐤁𐤃𐤉𐤅 𐤋𐤄𐤌𐤉𐤕 𐤀𐤕 𐤃𐤅𐤃 𐤅𐤉𐤄𐤅𐤍𐤕𐤍 𐤁𐤍 𐤔𐤀𐤅𐤋 𐤇𐤐𐤑 𐤁𐤃𐤅𐤃 𐤌𐤀𐤃.

𐤁 𐤅𐤉𐤂𐤃 𐤉𐤄𐤅𐤍𐤕𐤍 𐤋𐤃𐤅𐤃 𐤋𐤀𐤌𐤓 𐤌𐤁𐤒𐤔 𐤔𐤀𐤅𐤋 𐤀𐤁𐤉 𐤋𐤄𐤌𐤉𐤕𐤊 𐤅𐤏𐤕𐤄 𐤄𐤔𐤌𐤓 𐤍𐤀 𐤁𐤁𐤒𐤓 𐤅𐤉𐤔𐤁𐤕 𐤁𐤎𐤕𐤓 𐤅𐤍𐤇𐤁𐤀𐤕.

𐤂 𐤅𐤀𐤍𐤉 𐤀𐤑𐤀 𐤅𐤏𐤌𐤃𐤕𐤉 𐤋𐤉𐤃 𐤀𐤁𐤉 𐤁𐤔𐤃𐤄 𐤀𐤔𐤓 𐤀𐤕𐤄 𐤔𐤌 𐤅𐤀𐤍𐤉 𐤀𐤃𐤁𐤓 𐤁𐤊 𐤀𐤋 𐤀𐤁𐤉 𐤅𐤓𐤀𐤉𐤕𐤉 𐤌𐤄 𐤅𐤄𐤂𐤃𐤕𐤉 𐤋𐤊.

𐤃 𐤅𐤉𐤃𐤁𐤓 𐤉𐤄𐤅𐤍𐤕𐤍 𐤁𐤃𐤅𐤃 𐤈𐤅𐤁 𐤀𐤋 𐤔𐤀𐤅𐤋 𐤀𐤁𐤉𐤅 𐤅𐤉𐤀𐤌𐤓 𐤀𐤋𐤉𐤅 𐤀𐤋 𐤉𐤇𐤈𐤀 𐤄𐤌𐤋𐤊 𐤁𐤏𐤁𐤃𐤅 𐤁𐤃𐤅𐤃 𐤊𐤉 𐤋𐤅𐤀 𐤇𐤈𐤀 𐤋𐤊 𐤅𐤊𐤉 𐤌𐤏𐤔𐤉𐤅 𐤈𐤅𐤁 𐤋𐤊 𐤌𐤀𐤃.

𐤄 𐤅𐤉𐤔𐤌 𐤀𐤕 𐤍𐤐𐤔𐤅 𐤁𐤊𐤐𐤅 𐤅𐤉𐤊 𐤀𐤕 𐤄𐤐𐤋𐤔𐤕𐤉 𐤅𐤉𐤏𐤔 𐤉𐤄𐤅𐤄 𐤕𐤔𐤅𐤏𐤄 𐤂𐤃𐤅𐤋𐤄 𐤋𐤊𐤋 𐤉𐤔𐤓𐤀𐤋 𐤓𐤀𐤉𐤕 𐤅𐤕𐤔𐤌𐤇 𐤅𐤋𐤌𐤄 𐤕𐤇𐤈𐤀 𐤁𐤃𐤌 𐤍𐤒𐤉 𐤋𐤄𐤌𐤉𐤕 𐤀𐤕 𐤃𐤅𐤃 𐤇𐤍𐤌.

𐤅 𐤅𐤉𐤔𐤌𐤏 𐤔𐤀𐤅𐤋 𐤁𐤒𐤅𐤋 𐤉𐤄𐤅𐤍𐤕𐤍 𐤅𐤉𐤔𐤁𐤏 𐤔𐤀𐤅𐤋 𐤇𐤉 𐤉𐤄𐤅𐤄 𐤀𐤌 𐤉𐤅𐤌𐤕.

𐤆 𐤅𐤉𐤒𐤓𐤀 𐤉𐤄𐤅𐤍𐤕𐤍 𐤋𐤃𐤅𐤃 𐤅𐤉𐤂𐤃 𐤋𐤅 𐤉𐤄𐤅𐤍𐤕𐤍 𐤀𐤕 𐤊𐤋 𐤄𐤃𐤁𐤓𐤉𐤌 𐤄𐤀𐤋𐤄 𐤅𐤉𐤁𐤀 𐤉𐤄𐤅𐤍𐤕𐤍 𐤀𐤕 𐤃𐤅𐤃 𐤀𐤋 𐤔𐤀𐤅𐤋 𐤅𐤉𐤄𐤉 𐤋𐤐𐤍𐤉𐤅 𐤊𐤀𐤕𐤌𐤅𐤋 𐤔𐤋𐤔𐤅𐤌.

𐤇 𐤅𐤕𐤅𐤎𐤐 𐤄𐤌𐤋𐤇𐤌𐤄 𐤋𐤄𐤉𐤅𐤕 𐤅𐤉𐤑𐤀 𐤃𐤅𐤃 𐤅𐤉𐤋𐤇𐤌 𐤁𐤐𐤋𐤔𐤕𐤉𐤌 𐤅𐤉𐤊 𐤁𐤄𐤌 𐤌𐤊𐤄 𐤂𐤃𐤅𐤋𐤄 𐤅𐤉𐤍𐤎𐤅 𐤌𐤐𐤍𐤉𐤅.

𐤈 𐤅𐤕𐤄𐤉 𐤓𐤅𐤇 𐤉𐤄𐤅𐤄 𐤓𐤏𐤄 𐤀𐤋 𐤔𐤀𐤅𐤋 𐤅𐤄𐤅𐤀 𐤁𐤁𐤉𐤕𐤅 𐤉𐤅𐤔𐤁 𐤅𐤇𐤍𐤉𐤕𐤅 𐤁𐤉𐤃𐤅 𐤅𐤃𐤅𐤃 𐤌𐤍𐤂𐤍 𐤁𐤉𐤃.

# 𐤔𐤌𐤅𐤀𐤋 𐤀

𐤉 𐤅𐤉𐤁𐤒𐤔 𐤔𐤀𐤅𐤋 𐤋𐤄𐤊𐤅𐤕 𐤁𐤇𐤍𐤉𐤕 𐤁𐤃𐤅𐤃 𐤅𐤁𐤒𐤉𐤓 𐤅𐤉𐤐𐤈𐤓 𐤌𐤐𐤍𐤉
𐤔𐤀𐤅𐤋 𐤅𐤉𐤊 𐤀𐤕 𐤄𐤇𐤍𐤉𐤕 𐤁𐤒𐤉𐤓 𐤅𐤃𐤅𐤃 𐤍𐤎 𐤅𐤉𐤌𐤋𐤈 𐤁𐤋𐤉𐤋𐤄 𐤄𐤅𐤀•
𐤉𐤀 𐤅𐤉𐤔𐤋𐤇 𐤔𐤀𐤅𐤋 𐤌𐤋𐤀𐤊𐤉𐤌 𐤀𐤋 𐤁𐤉𐤕 𐤃𐤅𐤃 𐤋𐤔𐤌𐤓𐤅 𐤅𐤋𐤄𐤌𐤉𐤕𐤅
𐤁𐤁𐤒𐤓 𐤅𐤕𐤂𐤃 𐤋𐤃𐤅𐤃 𐤌𐤉𐤊𐤋 𐤀𐤔𐤕𐤅 𐤋𐤀𐤌𐤓 𐤀𐤌 𐤀𐤉𐤍𐤊 𐤌𐤌𐤋𐤈 𐤀𐤕 𐤍𐤐𐤔𐤊
𐤄𐤋𐤉𐤋𐤄 𐤌𐤇𐤓 𐤀𐤕𐤄 𐤌𐤅𐤌𐤕•
𐤉𐤁 𐤅𐤕𐤓𐤃 𐤌𐤉𐤊𐤋 𐤀𐤕 𐤃𐤅𐤃 𐤁𐤏𐤃 𐤄𐤇𐤋𐤅𐤍 𐤅𐤉𐤋𐤊 𐤅𐤉𐤁𐤓𐤇 𐤅𐤉𐤌𐤋𐤈•
𐤉𐤂 𐤅𐤕𐤒𐤇 𐤌𐤉𐤊𐤋 𐤀𐤕 𐤄𐤕𐤓𐤐𐤉𐤌 𐤅𐤕𐤔𐤌 𐤀𐤋 𐤄𐤌𐤈𐤄 𐤅𐤀𐤕 𐤊𐤁𐤉𐤓
𐤄𐤏𐤆𐤉𐤌 𐤔𐤌𐤄 𐤌𐤓𐤀𐤔𐤕𐤉𐤅 𐤅𐤕𐤊𐤎 𐤁𐤁𐤂𐤃•
𐤉𐤃 𐤅𐤉𐤔𐤋𐤇 𐤔𐤀𐤅𐤋 𐤌𐤋𐤀𐤊𐤉𐤌 𐤋𐤒𐤇𐤕 𐤀𐤕 𐤃𐤅𐤃 𐤅𐤕𐤀𐤌𐤓 𐤇𐤋𐤄 𐤄𐤅𐤀•
𐤈𐤅 𐤅𐤉𐤔𐤋𐤇 𐤔𐤀𐤅𐤋 𐤀𐤕 𐤄𐤌𐤋𐤀𐤊𐤉𐤌 𐤋𐤓𐤀𐤅𐤕 𐤀𐤕 𐤃𐤅𐤃 𐤋𐤀𐤌𐤓 𐤄𐤏𐤋𐤅
𐤀𐤕𐤅 𐤁𐤌𐤈𐤄 𐤀𐤋𐤉 𐤋𐤄𐤌𐤕𐤅•
𐤈𐤆 𐤅𐤉𐤁𐤀𐤅 𐤄𐤌𐤋𐤀𐤊𐤉𐤌 𐤅𐤄𐤍𐤄 𐤄𐤕𐤓𐤐𐤉𐤌 𐤀𐤋 𐤄𐤌𐤈𐤄 𐤅𐤊𐤁𐤉𐤓
𐤄𐤏𐤆𐤉𐤌 𐤌𐤓𐤀𐤔𐤕𐤉𐤅•
𐤉𐤆 𐤅𐤉𐤀𐤌𐤓 𐤔𐤀𐤅𐤋 𐤀𐤋 𐤌𐤉𐤊𐤋 𐤋𐤌𐤄 𐤊𐤊𐤄 𐤓𐤌𐤉𐤕𐤍𐤉 𐤅𐤕𐤔𐤋𐤇𐤉 𐤀𐤕
𐤀𐤉𐤁𐤉 𐤅𐤉𐤌𐤋𐤈 𐤅𐤕𐤀𐤌𐤓 𐤌𐤉𐤊𐤋 𐤀𐤋 𐤔𐤀𐤅𐤋 𐤄𐤅𐤀 𐤀𐤌𐤓 𐤀𐤋𐤉 𐤔𐤋𐤇𐤍𐤉
𐤋𐤌𐤄 𐤀𐤌𐤉𐤕𐤊•
𐤉𐤇 𐤅𐤃𐤅𐤃 𐤁𐤓𐤇 𐤅𐤉𐤌𐤋𐤈 𐤅𐤉𐤁𐤀 𐤀𐤋 𐤔𐤌𐤅𐤀𐤋 𐤄𐤓𐤌𐤕𐤄 𐤅𐤉𐤂𐤃 𐤋𐤅 𐤀𐤕 𐤊𐤋
𐤀𐤔𐤓 𐤏𐤔𐤄 𐤋𐤅 𐤔𐤀𐤅𐤋 𐤅𐤉𐤋𐤊 𐤄𐤅𐤀 𐤅𐤔𐤌𐤅𐤀𐤋 𐤅𐤉𐤔𐤁𐤅 𐤁𐤍𐤅𐤉𐤕
[𐤁𐤍𐤉𐤅𐤕]•
𐤉𐤈 𐤅𐤉𐤂𐤃 𐤋𐤔𐤀𐤅𐤋 𐤋𐤀𐤌𐤓 𐤄𐤍𐤄 𐤃𐤅𐤃 𐤁𐤍𐤅𐤉𐤕 [𐤁𐤍𐤉𐤅𐤕] 𐤁𐤓𐤌𐤄•
𐤊 𐤅𐤉𐤔𐤋𐤇 𐤔𐤀𐤅𐤋 𐤌𐤋𐤀𐤊𐤉𐤌 𐤋𐤒𐤇𐤕 𐤀𐤕 𐤃𐤅𐤃 𐤅𐤉𐤓𐤀 𐤀𐤕 𐤋𐤄𐤒𐤕
𐤄𐤍𐤁𐤉𐤀𐤉𐤌 𐤍𐤁𐤀𐤉𐤌 𐤅𐤔𐤌𐤅𐤀𐤋 𐤏𐤌𐤃 𐤍𐤑𐤁 𐤏𐤋𐤉𐤄𐤌 𐤅𐤕𐤄𐤉 𐤏𐤋
𐤌𐤋𐤀𐤊𐤉 𐤔𐤀𐤅𐤋 𐤓𐤅𐤇 𐤀𐤋𐤄𐤉𐤌 𐤅𐤉𐤕𐤍𐤁𐤀𐤅 𐤂𐤌 𐤄𐤌𐤄•
𐤊𐤀 𐤅𐤉𐤂𐤃𐤅 𐤋𐤔𐤀𐤅𐤋 𐤅𐤉𐤔𐤋𐤇 𐤌𐤋𐤀𐤊𐤉𐤌 𐤀𐤇𐤓𐤉𐤌 𐤅𐤉𐤕𐤍𐤁𐤀𐤅 𐤂𐤌 𐤄𐤌𐤄
𐤅𐤉𐤎𐤐 𐤔𐤀𐤅𐤋 𐤅𐤉𐤔𐤋𐤇 𐤌𐤋𐤀𐤊𐤉𐤌 𐤔𐤋𐤔𐤉𐤌 𐤅𐤉𐤕𐤍𐤁𐤀𐤅 𐤂𐤌 𐤄𐤌𐤄•
𐤊𐤁 𐤅𐤉𐤋𐤊 𐤂𐤌 𐤄𐤅𐤀 𐤄𐤓𐤌𐤕𐤄 𐤅𐤉𐤁𐤀 𐤏𐤃 𐤁𐤅𐤓 𐤄𐤂𐤃𐤅𐤋 𐤀𐤔𐤓 𐤁𐤔𐤊𐤅
𐤅𐤉𐤔𐤀𐤋 𐤅𐤉𐤀𐤌𐤓 𐤀𐤉𐤐𐤄 𐤔𐤌𐤅𐤀𐤋 𐤅𐤃𐤅𐤃 𐤅𐤉𐤀𐤌𐤓 𐤄𐤍𐤄 𐤁𐤍𐤅𐤉𐤕
[𐤁𐤍𐤉𐤅𐤕] 𐤁𐤓𐤌𐤄•
𐤊𐤂 𐤅𐤉𐤋𐤊 𐤔𐤌 𐤀𐤋 𐤍𐤅𐤉𐤕 [𐤍𐤉𐤅𐤕] 𐤁𐤓𐤌𐤄 𐤅𐤕𐤄𐤉 𐤏𐤋𐤉𐤅 𐤂𐤌 𐤄𐤅𐤀 𐤓𐤅𐤇
𐤀𐤋𐤄𐤉𐤌 𐤅𐤉𐤋𐤊 𐤄𐤋𐤅𐤊 𐤅𐤉𐤕𐤍𐤁𐤀 𐤏𐤃 𐤁𐤀𐤅 𐤁𐤍𐤅𐤉𐤕 [𐤁𐤍𐤉𐤅𐤕] 𐤁𐤓𐤌𐤄•
𐤊𐤃 𐤅𐤉𐤐𐤔𐤈 𐤂𐤌 𐤄𐤅𐤀 𐤁𐤂𐤃𐤉𐤅 𐤅𐤉𐤕𐤍𐤁𐤀 𐤂𐤌 𐤄𐤅𐤀 𐤋𐤐𐤍𐤉 𐤔𐤌𐤅𐤀𐤋
𐤅𐤉𐤐𐤋 𐤏𐤓𐤌 𐤊𐤋 𐤄𐤉𐤅𐤌 𐤄𐤄𐤅𐤀 𐤅𐤊𐤋 𐤄𐤋𐤉𐤋𐤄 𐤏𐤋 𐤊𐤍 𐤉𐤀𐤌𐤓𐤅
𐤄𐤂𐤌 𐤔𐤀𐤅𐤋 𐤁𐤍𐤁𐤀𐤉𐤌•

# שמואל א

## פרק כ

א ויברח דוד מנוות [מניות] ברמה ויבא ויאמר לפני
יהונתן מה עשיתי מה עוני ומה חטאתי לפני אביך כי
מבקש את נפשי.
ב ויאמר לו חלילה לא תמות הנה לו [לא] עשה [יעשה] אבי
דבר גדול או דבר קטן ולא יגלה את אזני ומדוע יסתיר
אבי ממני את הדבר הזה אין זאת.
ג וישבע עוד דוד ויאמר ידע ידע אביך כי מצאתי חן
בעיניך ויאמר אל ידע זאת יהונתן פן יעצב ואולם חי
יהוה וחי נפשך כי כפשע ביני ובין המות.
ד ויאמר יהונתן אל דוד מה תאמר נפשך ואעשה לך.
ה ויאמר דוד אל יהונתן הנה חדש מחר ואנכי ישב אשב עם
המלך לאכול ושלחתני ונסתרתי בשדה עד הערב השלשית.
ו אם פקד יפקדני אביך ואמרת נשאל נשאל ממני דוד
לרוץ בית לחם עירו כי זבח הימים שם לכל המשפחה.
ז אם כה יאמר טוב שלום לעבדך ואם חרה יחרה לו דע כי
כלתה הרעה מעמו.
ח ועשית חסד על עבדך כי בברית יהוה הבאת את עבדך עמך
ואם יש בי עון המיתני אתה ועד אביך למה זה תביאני.
ט ויאמר יהונתן חלילה לך כי אם ידע אדע כי כלתה הרעה
מעם אבי לבוא עליך ולא אתה אגיד לך.
י ויאמר דוד אל יהונתן מי יגיד לי או מה יענך אביך
קשה.
יא ויאמר יהונתן אל דוד לכה ונצא השדה ויצאו
שניהם השדה.
יב ויאמר יהונתן אל דוד יהוה אלהי ישראל כי אחקר את
אבי כעת מחר השלשית והנה טוב אל דוד ולא אז אשלח
אליך וגליתי את אזניך.
יג כה יעשה יהוה ליהונתן וכה יסיף כי ייטב אל אבי
את הרעה עליך וגליתי את אזניך ושלחתיך והלכת לשלום
ויהי יהוה עמך כאשר היה עם אבי.
יד ולא אם עודני חי ולא תעשה עמדי חסד יהוה ולא

# 𐤔𐤌𐤅𐤀𐤋 𐤀

𐤀𐤌𐤅𐤕•
𐤈𐤅 𐤅𐤋𐤀 𐤕𐤊𐤓𐤕 𐤀𐤕 𐤇𐤎𐤃𐤊 𐤌𐤏𐤌 𐤁𐤉𐤕𐤉 𐤏𐤃 𐤏𐤅𐤋𐤌 𐤅𐤋𐤀 𐤁𐤄𐤊𐤓𐤕 𐤉𐤄𐤅𐤄
𐤀𐤕 𐤀𐤉𐤁𐤉 𐤃𐤅𐤃 𐤀𐤉𐤔 𐤌𐤏𐤋 𐤐𐤍𐤉 𐤄𐤀𐤃𐤌𐤄•
𐤈𐤆 𐤅𐤉𐤊𐤓𐤕 𐤉𐤄𐤅𐤍𐤕𐤍 𐤏𐤌 𐤁𐤉𐤕 𐤃𐤅𐤃 𐤅𐤁𐤒𐤔 𐤉𐤄𐤅𐤄 𐤌𐤉𐤃 𐤀𐤉𐤁𐤉 𐤃𐤅𐤃•
𐤉𐤆 𐤅𐤉𐤅𐤎𐤐 𐤉𐤄𐤅𐤍𐤕𐤍 𐤋𐤄𐤔𐤁𐤉𐤏 𐤀𐤕 𐤃𐤅𐤃 𐤁𐤀𐤄𐤁𐤕𐤅 𐤀𐤕𐤅 𐤊𐤉 𐤀𐤄𐤁𐤕
𐤍𐤐𐤔𐤅 𐤀𐤄𐤁𐤅•
𐤉𐤇 𐤅𐤉𐤀𐤌𐤓 𐤋𐤅 𐤉𐤄𐤅𐤍𐤕𐤍 𐤌𐤇𐤓 𐤇𐤃𐤔 𐤅𐤍𐤐𐤒𐤃𐤕 𐤊𐤉 𐤉𐤐𐤒𐤃 𐤌𐤅𐤔𐤁𐤊•
𐤉𐤈 𐤅𐤔𐤋𐤔𐤕 𐤕𐤓𐤃 𐤌𐤀𐤃 𐤅𐤁𐤀𐤕 𐤀𐤋 𐤄𐤌𐤒𐤅𐤌 𐤀𐤔𐤓 𐤍𐤎𐤕𐤓𐤕 𐤔𐤌 𐤁𐤉𐤅𐤌
𐤄𐤌𐤏𐤔𐤄 𐤅𐤉𐤔𐤁𐤕 𐤀𐤑𐤋 𐤄𐤀𐤁𐤍 𐤄𐤀𐤆𐤋•
𐤊 𐤅𐤀𐤍𐤉 𐤔𐤋𐤔𐤕 𐤄𐤇𐤑𐤉𐤌 𐤑𐤃𐤄 𐤀𐤅𐤓𐤄 𐤋𐤔𐤋𐤇 𐤋𐤉 𐤋𐤌𐤈𐤓𐤄•
𐤊𐤀 𐤅𐤄𐤍𐤄 𐤀𐤔𐤋𐤇 𐤀𐤕 𐤄𐤍𐤏𐤓 𐤋𐤊 𐤌𐤑𐤀 𐤀𐤕 𐤄𐤇𐤑𐤉𐤌 𐤀𐤌 𐤀𐤌𐤓 𐤀𐤌𐤓
𐤋𐤍𐤏𐤓 𐤄𐤍𐤄 𐤄𐤇𐤑𐤉𐤌 𐤌𐤌𐤊 𐤅𐤄𐤍𐤄 𐤒𐤇𐤍𐤅 𐤅𐤁𐤀𐤄 𐤊𐤉 𐤔𐤋𐤅𐤌 𐤋𐤊 𐤅𐤀𐤉𐤍
𐤃𐤁𐤓 𐤇𐤉 𐤉𐤄𐤅𐤄•
𐤊𐤁 𐤅𐤀𐤌 𐤊𐤄 𐤀𐤌𐤓 𐤋𐤏𐤋𐤌 𐤄𐤍𐤄 𐤄𐤇𐤑𐤉𐤌 𐤌𐤌𐤊 𐤅𐤄𐤋𐤀𐤄 𐤋𐤊 𐤊𐤉
𐤔𐤋𐤇𐤊 𐤉𐤄𐤅𐤄•
𐤊𐤂 𐤅𐤄𐤃𐤁𐤓 𐤀𐤔𐤓 𐤃𐤁𐤓𐤍𐤅 𐤀𐤍𐤉 𐤅𐤀𐤕𐤄 𐤄𐤍𐤄 𐤉𐤄𐤅𐤄 𐤁𐤉𐤍𐤉 𐤅𐤁𐤉𐤍𐤊 𐤏𐤃
𐤏𐤅𐤋𐤌•
𐤊𐤃 𐤅𐤉𐤎𐤕𐤓 𐤃𐤅𐤃 𐤁𐤔𐤃𐤄 𐤅𐤉𐤄𐤉 𐤄𐤇𐤃𐤔 𐤅𐤉𐤔𐤁 𐤄𐤌𐤋𐤊 𐤏𐤋 [𐤀𐤋] 𐤄𐤋𐤇𐤌
𐤋𐤀𐤊𐤅𐤋•
𐤊𐤄 𐤅𐤉𐤔𐤁 𐤄𐤌𐤋𐤊 𐤏𐤋 𐤌𐤅𐤔𐤁𐤅 𐤊𐤐𐤏𐤌 𐤁𐤐𐤏𐤌 𐤀𐤋 𐤌𐤅𐤔𐤁 𐤄𐤒𐤉𐤓 𐤅𐤉𐤒𐤌
𐤉𐤄𐤅𐤍𐤕𐤍 𐤅𐤉𐤔𐤁 𐤀𐤁𐤍𐤓 𐤌𐤑𐤃 𐤔𐤀𐤅𐤋 𐤅𐤉𐤐𐤒𐤃 𐤌𐤒𐤅𐤌 𐤃𐤅𐤃•
𐤊𐤅 𐤅𐤋𐤀 𐤃𐤁𐤓 𐤔𐤀𐤅𐤋 𐤌𐤀𐤅𐤌𐤄 𐤁𐤉𐤅𐤌 𐤄𐤄𐤅𐤀 𐤊𐤉 𐤀𐤌𐤓 𐤌𐤒𐤓𐤄 𐤄𐤅𐤀
𐤁𐤋𐤕𐤉 𐤈𐤄𐤅𐤓 𐤄𐤅𐤀 𐤊𐤉 𐤋𐤀 𐤈𐤄𐤅𐤓•
𐤊𐤆 𐤅𐤉𐤄𐤉 𐤌𐤌𐤇𐤓𐤕 𐤄𐤇𐤃𐤔 𐤄𐤔𐤍𐤉 𐤅𐤉𐤐𐤒𐤃 𐤌𐤒𐤅𐤌 𐤃𐤅𐤃 𐤅𐤉𐤀𐤌𐤓
𐤔𐤀𐤅𐤋 𐤀𐤋 𐤉𐤄𐤅𐤍𐤕𐤍 𐤁𐤍𐤅 𐤌𐤃𐤅𐤏 𐤋𐤀 𐤁𐤀 𐤁𐤍 𐤉𐤔𐤉 𐤂𐤌 𐤕𐤌𐤅𐤋 𐤂𐤌
𐤄𐤉𐤅𐤌 𐤀𐤋 𐤄𐤋𐤇𐤌•
𐤊𐤇 𐤅𐤉𐤏𐤍 𐤉𐤄𐤅𐤍𐤕𐤍 𐤀𐤕 𐤔𐤀𐤅𐤋 𐤍𐤔𐤀𐤋 𐤍𐤔𐤀𐤋 𐤃𐤅𐤃 𐤌𐤏𐤌𐤃𐤉 𐤏𐤃 𐤁𐤉𐤕
𐤋𐤇𐤌•
𐤊𐤈 𐤅𐤉𐤀𐤌𐤓 𐤔𐤋𐤇𐤍𐤉 𐤍𐤀 𐤊𐤉 𐤆𐤁𐤇 𐤌𐤔𐤐𐤇𐤄 𐤋𐤍𐤅 𐤁𐤏𐤉𐤓 𐤅𐤄𐤅𐤀 𐤑𐤅𐤄
𐤋𐤉 𐤀𐤇𐤉 𐤅𐤏𐤕𐤄 𐤀𐤌 𐤌𐤑𐤀𐤕𐤉 𐤇𐤍 𐤁𐤏𐤉𐤍𐤉𐤊 𐤀𐤌𐤋𐤈𐤄 𐤍𐤀 𐤅𐤀𐤓𐤀𐤄 𐤀𐤕
𐤀𐤇𐤉 𐤏𐤋 𐤊𐤍 𐤋𐤀 𐤁𐤀 𐤀𐤋 𐤔𐤋𐤇𐤍 𐤄𐤌𐤋𐤊•
𐤋 𐤅𐤉𐤇𐤓 𐤀𐤐 𐤔𐤀𐤅𐤋 𐤁𐤉𐤄𐤅𐤍𐤕𐤍 𐤅𐤉𐤀𐤌𐤓 𐤋𐤅 𐤁𐤍 𐤍𐤏𐤅𐤕 𐤄𐤌𐤓𐤃𐤅𐤕
𐤄𐤋𐤅𐤀 𐤉𐤃𐤏𐤕𐤉 𐤊𐤉 𐤁𐤇𐤓 𐤀𐤕𐤄 𐤋𐤁𐤍 𐤉𐤔𐤉 𐤋𐤁𐤔𐤕𐤊 𐤅𐤋𐤁𐤔𐤕 𐤏𐤓𐤅𐤕 𐤀𐤌𐤊•

לא כי כל הימים אשר בן ישי חי על האדמה לא תכון אתה
ומלכותך ועתה שלח וקח אתו אלי כי בן מות הוא•
לב ויען יהונתן את שאול אביו ויאמר אליו למה יומת
מה עשה•
לג ויטל שאול את החנית עליו להכתו וידע יהונתן כי
כלה היא מעם אביו להמית את דוד•
לד ויקם יהונתן מעם השלחן בחרי אף ולא אכל ביום
החדש השני לחם כי נעצב אל דוד כי הכלמו אביו•
לה ויהי בבקר ויצא יהונתן השדה למועד דוד ונער קטן
עמו•
לו ויאמר לנערו רץ מצא נא את החצים אשר אנכי מורה
הנער רץ והוא ירה החצי להעברו•
לז ויבא הנער עד מקום החצי אשר ירה יהונתן ויקרא
יהונתן אחרי הנער ויאמר הלוא החצי ממך והלאה•
לח ויקרא יהונתן אחרי הנער מהרה חושה אל תעמד וילקט
נער יהונתן את החצי [החצים] ויבא אל אדניו•
לט והנער לא ידע מאומה אך יהונתן ודוד ידעו את הדבר•
מ ויתן יהונתן את כליו אל הנער אשר לו ויאמר לו לך
הביא העיר•
מא הנער בא ודוד קם מאצל הנגב ויפל לאפיו ארצה
וישתחו שלש פעמים וישקו איש את רעהו ויבכו איש את
רעהו עד דוד הגדיל•
מב ויאמר יהונתן לדוד לך לשלום אשר נשבענו שנינו
אנחנו בשם יהוה לאמר יהוה יהיה ביני ובינך ובין
זרעי ובין זרעך עד עולם•

פרק כא

א ויקם וילך ויהונתן בא העיר•
ב ויבא דוד נבה אל אחימלך הכהן ויחרד אחימלך לקראת
דוד ויאמר לו מדוע אתה לבדך ואיש אין אתך•
ג ויאמר דוד לאחימלך הכהן המלך צוני דבר ויאמר אלי
איש אל ידע מאומה את הדבר אשר אנכי שלחך ואשר צויתך
ואת הנערים יודעתי אל מקום פלני אלמוני•

# שמואל א

ד ועתה מה יש תחת ידך חמשה לחם תנה בידי או הנמצא•
ה ויען הכהן את דוד ויאמר אין לחם חל אל תחת ידי כי
אם לחם קדש יש אם נשמרו הנערים אך מאשה•
ו ויען דוד את הכהן ויאמר לו כי אם אשה עצרה לנו
כתמול שלשם בצאתי ויהיו כלי הנערים קדש והוא דרך
חל ואף כי היום יקדש בכלי•
ז ויתן לו הכהן קדש כי לא היה שם לחם כי אם לחם
הפנים המוסרים מלפני יהוה לשום לחם חם ביום הלקחו•
ח ושם איש מעבדי שאול ביום ההוא נעצר לפני יהוה
ושמו דאג האדמי אביר הרעים אשר לשאול•
ט ויאמר דוד לאחימלך ואין יש פה תחת ידך חנית או חרב
כי גם חרבי וגם כלי לא לקחתי בידי כי היה דבר המלך
נחוץ•
י ויאמר הכהן חרב גלית הפלשתי אשר הכית בעמק האלה
הנה היא לוטה בשמלה אחרי האפוד אם אתה תקח לך קח כי
אין אחרת זולתה בזה ויאמר דוד אין כמוה תנה לי•
יא ויקם דוד ויברח ביום ההוא מפני שאול ויבא אל
אכיש מלך גת•
יב ויאמרו עבדי אכיש אליו הלוא זה דוד מלך הארץ
הלוא לזה יענו במחלות לאמר הכה שאול באלפו [באלפיו]
ודוד ברבבתו [ברבבתיו]•
יג וישם דוד את הדברים האלה בלבבו וירא מאד מפני
אכיש מלך גת•
יד וישנו את טעמו בעיניהם ויתהלל בידם ויתו [ויתיו]
על דלתות השער ויורד רירו אל זקנו•
טו ויאמר אכיש אל עבדיו הנה תראו איש משתגע למה
תביאו אתו אלי•
טז חסר משגעים אני כי הבאתם את זה להשתגע עלי הזה
יבוא אל ביתי•

פרק כב

א וילך דוד משם וימלט אל מערת עדלם וישמעו אחיו וכל
בית אביו וירדו אליו שמה•

# 𐤔𐤌𐤅𐤀𐤋 𐤀

𐤁 𐤅𐤉𐤕𐤒𐤁𐤑𐤅 𐤀𐤋𐤉𐤅 𐤊𐤋 𐤀𐤉𐤔 𐤌𐤑𐤅𐤒 𐤅𐤊𐤋 𐤀𐤉𐤔 𐤀𐤔𐤓 𐤋𐤅 𐤍𐤔𐤀 𐤅𐤊𐤋
𐤀𐤉𐤔 𐤌𐤓 𐤍𐤐𐤔 𐤅𐤉𐤄𐤉 𐤏𐤋𐤉𐤄𐤌 𐤋𐤔𐤓 𐤅𐤉𐤄𐤉𐤅 𐤏𐤌𐤅 𐤊𐤀𐤓𐤁𐤏 𐤌𐤀𐤅𐤕
𐤀𐤉𐤔•

𐤂 𐤅𐤉𐤋𐤊 𐤃𐤅𐤃 𐤌𐤔𐤌 𐤌𐤑𐤐𐤄 𐤌𐤅𐤀𐤁 𐤅𐤉𐤀𐤌𐤓 𐤀𐤋 𐤌𐤋𐤊 𐤌𐤅𐤀𐤁 𐤉𐤑𐤀 𐤍𐤀
𐤀𐤁𐤉 𐤅𐤀𐤌𐤉 𐤀𐤕𐤊𐤌 𐤏𐤃 𐤀𐤔𐤓 𐤀𐤃𐤏 𐤌𐤄 𐤉𐤏𐤔𐤄 𐤋𐤉 𐤀𐤋𐤄𐤉𐤌•

𐤃 𐤅𐤉𐤍𐤇𐤌 𐤀𐤕 𐤐𐤍𐤉 𐤌𐤋𐤊 𐤌𐤅𐤀𐤁 𐤅𐤉𐤔𐤁𐤅 𐤏𐤌𐤅 𐤊𐤋 𐤉𐤌𐤉 𐤄𐤉𐤅𐤕 𐤃𐤅𐤃
𐤁𐤌𐤑𐤅𐤃𐤄•

𐤄 𐤅𐤉𐤀𐤌𐤓 𐤂𐤃 𐤄𐤍𐤁𐤉𐤀 𐤀𐤋 𐤃𐤅𐤃 𐤋𐤀 𐤕𐤔𐤁 𐤁𐤌𐤑𐤅𐤃𐤄 𐤋𐤊 𐤅𐤁𐤀𐤕 𐤋𐤊
𐤀𐤓𐤑 𐤉𐤄𐤅𐤃𐤄 𐤅𐤉𐤋𐤊 𐤃𐤅𐤃 𐤅𐤉𐤁𐤀 𐤉𐤏𐤓 𐤇𐤓𐤕•

𐤅 𐤅𐤉𐤔𐤌𐤏 𐤔𐤀𐤅𐤋 𐤊𐤉 𐤍𐤅𐤃𐤏 𐤃𐤅𐤃 𐤅𐤀𐤍𐤔𐤉𐤌 𐤀𐤔𐤓 𐤀𐤕𐤅 𐤅𐤔𐤀𐤅𐤋
𐤉𐤅𐤔𐤁 𐤁𐤂𐤁𐤏𐤄 𐤕𐤇𐤕 𐤄𐤀𐤔𐤋 𐤁𐤓𐤌𐤄 𐤅𐤇𐤍𐤉𐤕𐤅 𐤁𐤉𐤃𐤅 𐤅𐤊𐤋 𐤏𐤁𐤃𐤉𐤅
𐤍𐤑𐤁𐤉𐤌 𐤏𐤋𐤉𐤅•

𐤆 𐤅𐤉𐤀𐤌𐤓 𐤔𐤀𐤅𐤋 𐤋𐤏𐤁𐤃𐤉𐤅 𐤄𐤍𐤑𐤁𐤉𐤌 𐤏𐤋𐤉𐤅 𐤔𐤌𐤏𐤅 𐤍𐤀 𐤁𐤍𐤉
𐤉𐤌𐤉𐤍𐤉 𐤂𐤌 𐤋𐤊𐤋𐤊𐤌 𐤉𐤕𐤍 𐤁𐤍 𐤉𐤔𐤉 𐤔𐤃𐤅𐤕 𐤅𐤊𐤓𐤌𐤉𐤌 𐤋𐤊𐤋𐤊𐤌
𐤉𐤔𐤉𐤌 𐤔𐤓𐤉 𐤀𐤋𐤐𐤉𐤌 𐤅𐤔𐤓𐤉 𐤌𐤀𐤅𐤕•

𐤇 𐤊𐤉 𐤒𐤔𐤓𐤕𐤌 𐤊𐤋𐤊𐤌 𐤏𐤋𐤉 𐤅𐤀𐤉𐤍 𐤂𐤋𐤄 𐤀𐤕 𐤀𐤆𐤍𐤉 𐤁𐤊𐤓𐤕 𐤁𐤍𐤉 𐤏𐤌
𐤁𐤍 𐤉𐤔𐤉 𐤅𐤀𐤉𐤍 𐤇𐤋𐤄 𐤌𐤊𐤌 𐤏𐤋𐤉 𐤅𐤂𐤋𐤄 𐤀𐤕 𐤀𐤆𐤍𐤉 𐤊𐤉 𐤄𐤒𐤉𐤌 𐤁𐤍𐤉
𐤀𐤕 𐤏𐤁𐤃𐤉 𐤏𐤋𐤉 𐤋𐤀𐤓𐤁 𐤊𐤉𐤅𐤌 𐤄𐤆𐤄•

𐤈 𐤅𐤉𐤏𐤍 𐤃𐤀𐤂 𐤄𐤀𐤃𐤌𐤉 𐤅𐤄𐤅𐤀 𐤍𐤑𐤁 𐤏𐤋 𐤏𐤁𐤃𐤉 𐤔𐤀𐤅𐤋 𐤅𐤉𐤀𐤌𐤓 𐤓𐤀𐤉𐤕𐤉
𐤀𐤕 𐤁𐤍 𐤉𐤔𐤉 𐤁𐤀 𐤍𐤁𐤄 𐤀𐤋 𐤀𐤇𐤉𐤌𐤋𐤊 𐤁𐤍 𐤀𐤇𐤈𐤅𐤁•

𐤉 𐤅𐤉𐤔𐤀𐤋 𐤋𐤅 𐤁𐤉𐤄𐤅𐤄 𐤅𐤑𐤉𐤃𐤄 𐤍𐤕𐤍 𐤋𐤅 𐤅𐤀𐤕 𐤇𐤓𐤁 𐤂𐤋𐤉𐤕 𐤄𐤐𐤋𐤔𐤕𐤉
𐤍𐤕𐤍 𐤋𐤅•

𐤉𐤀 𐤅𐤉𐤔𐤋𐤇 𐤄𐤌𐤋𐤊 𐤋𐤒𐤓𐤀 𐤀𐤕 𐤀𐤇𐤉𐤌𐤋𐤊 𐤁𐤍 𐤀𐤇𐤉𐤈𐤅𐤁 𐤄𐤊𐤄𐤍 𐤅𐤀𐤕
𐤊𐤋 𐤁𐤉𐤕 𐤀𐤁𐤉𐤅 𐤄𐤊𐤄𐤍𐤉𐤌 𐤀𐤔𐤓 𐤁𐤍𐤁 𐤅𐤉𐤁𐤀𐤅 𐤊𐤋𐤌 𐤀𐤋 𐤄𐤌𐤋𐤊•

𐤉𐤁 𐤅𐤉𐤀𐤌𐤓 𐤔𐤀𐤅𐤋 𐤔𐤌𐤏 𐤍𐤀 𐤁𐤍 𐤀𐤇𐤉𐤈𐤅𐤁 𐤅𐤉𐤀𐤌𐤓 𐤄𐤍𐤍𐤉 𐤀𐤃𐤍𐤉•

𐤉𐤂 𐤅𐤉𐤀𐤌𐤓 𐤀𐤋𐤅 [𐤀𐤋𐤉𐤅] 𐤔𐤀𐤅𐤋 𐤋𐤌𐤄 𐤒𐤔𐤓𐤕𐤌 𐤏𐤋𐤉 𐤀𐤕𐤄 𐤅𐤁𐤍
𐤉𐤔𐤉 𐤁𐤕𐤕𐤊 𐤋𐤅 𐤋𐤇𐤌 𐤅𐤇𐤓𐤁 𐤅𐤔𐤀𐤅𐤋 𐤋𐤅 𐤁𐤀𐤋𐤄𐤉𐤌 𐤋𐤒𐤅𐤌 𐤀𐤋𐤉
𐤋𐤀𐤓𐤁 𐤊𐤉𐤅𐤌 𐤄𐤆𐤄•

𐤉𐤃 𐤅𐤉𐤏𐤍 𐤀𐤇𐤉𐤌𐤋𐤊 𐤀𐤕 𐤄𐤌𐤋𐤊 𐤅𐤉𐤀𐤌𐤓 𐤅𐤌𐤉 𐤁𐤊𐤋 𐤏𐤁𐤃𐤉𐤊 𐤊𐤃𐤅𐤃
𐤍𐤀𐤌𐤍 𐤅𐤇𐤕𐤍 𐤄𐤌𐤋𐤊 𐤅𐤎𐤓 𐤀𐤋 𐤌𐤔𐤌𐤏𐤕𐤊 𐤅𐤍𐤊𐤁𐤃 𐤁𐤁𐤉𐤕𐤊•

𐤈𐤅 𐤄𐤉𐤅𐤌 𐤄𐤇𐤋𐤕𐤉 𐤋𐤔𐤀𐤅𐤋 𐤋𐤅 𐤁𐤀𐤋𐤄𐤉𐤌 𐤇𐤋𐤉𐤋𐤄 𐤋𐤉 𐤀𐤋
𐤉𐤔𐤌 𐤄𐤌𐤋𐤊 𐤁𐤏𐤁𐤃𐤅 𐤃𐤁𐤓 𐤁𐤊𐤋 𐤁𐤉𐤕 𐤀𐤁𐤉 𐤊𐤉 𐤋𐤀 𐤉𐤃𐤏 𐤏𐤁𐤃𐤊 𐤁𐤊𐤋
𐤆𐤀𐤕 𐤃𐤁𐤓 𐤒𐤈𐤍 𐤀𐤅 𐤂𐤃𐤅𐤋•

# 𐤔𐤌𐤅𐤀𐤋 𐤀

𐤈𐤆 𐤅𐤉𐤀𐤌𐤓 𐤄𐤌𐤋𐤊 𐤌𐤅𐤕 𐤕𐤌𐤅𐤕 𐤀𐤇𐤉𐤌𐤋𐤊 𐤀𐤕𐤄 𐤅𐤊𐤋 𐤁𐤉𐤕 𐤀𐤁𐤉𐤊•
𐤉𐤆 𐤅𐤉𐤀𐤌𐤓 𐤄𐤌𐤋𐤊 𐤋𐤓𐤑𐤉𐤌 𐤄𐤍𐤑𐤁𐤉𐤌 𐤏𐤋𐤉𐤅 𐤎𐤁𐤅 𐤅𐤄𐤌𐤉𐤕𐤅 𐤊𐤄𐤍𐤉
𐤉𐤄𐤅𐤄 𐤊𐤉 𐤂𐤌 𐤉𐤃𐤌 𐤏𐤌 𐤃𐤅𐤃 𐤅𐤊𐤉 𐤉𐤃𐤏𐤅 𐤊𐤉 𐤁𐤓𐤇 𐤄𐤅𐤀 𐤅𐤋𐤀 𐤂𐤋𐤅 𐤀𐤕
𐤀𐤆𐤍𐤅 [𐤀𐤆𐤍𐤉] 𐤅𐤋𐤀 𐤀𐤁𐤅 𐤏𐤁𐤃𐤉 𐤄𐤌𐤋𐤊 𐤋𐤔𐤋𐤇 𐤀𐤕 𐤉𐤃𐤌 𐤋𐤐𐤂𐤏
𐤁𐤊𐤄𐤍𐤉 𐤉𐤄𐤅𐤄•
𐤉𐤇 𐤅𐤉𐤀𐤌𐤓 𐤄𐤌𐤋𐤊 𐤋𐤃𐤅𐤉𐤂 [𐤋𐤃𐤅𐤀𐤂] 𐤎𐤁 𐤀𐤕𐤄 𐤅𐤐𐤂𐤏 𐤁𐤊𐤄𐤍𐤉𐤌
𐤅𐤉𐤎𐤁 𐤃𐤅𐤉𐤂 [𐤃𐤅𐤀𐤂] 𐤄𐤀𐤃𐤌𐤉 𐤅𐤉𐤐𐤂𐤏 𐤄𐤅𐤀 𐤁𐤊𐤄𐤍𐤉𐤌 𐤅𐤉𐤌𐤕 𐤁𐤉𐤅𐤌
𐤄𐤄𐤅𐤀 𐤔𐤌𐤍𐤉𐤌 𐤅𐤇𐤌𐤔𐤄 𐤀𐤉𐤔 𐤍𐤔𐤀 𐤀𐤐𐤅𐤃 𐤁𐤃•
𐤉𐤈 𐤅𐤀𐤕 𐤍𐤁 𐤏𐤉𐤓 𐤄𐤊𐤄𐤍𐤉𐤌 𐤄𐤊𐤄 𐤋𐤐𐤉 𐤇𐤓𐤁 𐤌𐤀𐤉𐤔 𐤅𐤏𐤃 𐤀𐤔𐤄
𐤌𐤏𐤅𐤋𐤋 𐤅𐤏𐤃 𐤉𐤅𐤍𐤒 𐤅𐤔𐤅𐤓 𐤅𐤇𐤌𐤅𐤓 𐤅𐤔𐤄 𐤋𐤐𐤉 𐤇𐤓𐤁•
𐤊 𐤅𐤉𐤌𐤋𐤈 𐤁𐤍 𐤀𐤇𐤃 𐤋𐤀𐤇𐤉𐤌𐤋𐤊 𐤁𐤍 𐤀𐤇𐤈𐤅𐤁 𐤅𐤔𐤌𐤅 𐤀𐤁𐤉𐤕𐤓 𐤅𐤉𐤁𐤓𐤇
𐤀𐤇𐤓𐤉 𐤃𐤅𐤃•
𐤊𐤀 𐤅𐤉𐤂𐤃 𐤀𐤁𐤉𐤕𐤓 𐤋𐤃𐤅𐤃 𐤊𐤉 𐤄𐤓𐤂 𐤔𐤀𐤅𐤋 𐤀𐤕 𐤊𐤄𐤍𐤉 𐤉𐤄𐤅𐤄•
𐤊𐤁 𐤅𐤉𐤀𐤌𐤓 𐤃𐤅𐤃 𐤋𐤀𐤁𐤉𐤕𐤓 𐤉𐤃𐤏𐤕𐤉 𐤁𐤉𐤅𐤌 𐤄𐤄𐤅𐤀 𐤊𐤉 𐤔𐤌 𐤃𐤅𐤉𐤂
[𐤃𐤅𐤀𐤂] 𐤄𐤀𐤃𐤌𐤉 𐤊𐤉 𐤄𐤂𐤃 𐤉𐤂𐤉𐤃 𐤋𐤔𐤀𐤅𐤋 𐤀𐤍𐤊𐤉 𐤎𐤁𐤕𐤉 𐤁𐤊𐤋 𐤍𐤐𐤔
𐤁𐤉𐤕 𐤀𐤁𐤉𐤊•
𐤊𐤂 𐤔𐤁𐤄 𐤀𐤕𐤉 𐤀𐤋 𐤕𐤉𐤓𐤀 𐤊𐤉 𐤀𐤔𐤓 𐤉𐤁𐤒𐤔 𐤀𐤕 𐤍𐤐𐤔𐤉 𐤉𐤁𐤒𐤔 𐤀𐤕
𐤍𐤐𐤔𐤊 𐤊𐤉 𐤌𐤔𐤌𐤓𐤕 𐤀𐤕𐤄 𐤏𐤌𐤃𐤉•

## 𐤐𐤓𐤒 𐤊𐤂

𐤀 𐤅𐤉𐤂𐤃𐤅 𐤋𐤃𐤅𐤃 𐤋𐤀𐤌𐤓 𐤄𐤍𐤄 𐤐𐤋𐤔𐤕𐤉𐤌 𐤍𐤋𐤇𐤌𐤉𐤌 𐤁𐤒𐤏𐤉𐤋𐤄 𐤅𐤄𐤌𐤄
𐤔𐤎𐤉𐤌 𐤀𐤕 𐤄𐤂𐤓𐤍𐤅𐤕•
𐤁 𐤅𐤉𐤔𐤀𐤋 𐤃𐤅𐤃 𐤁𐤉𐤄𐤅𐤄 𐤋𐤀𐤌𐤓 𐤄𐤀𐤋𐤊 𐤅𐤄𐤊𐤉𐤕𐤉 𐤁𐤐𐤋𐤔𐤕𐤉𐤌 𐤄𐤀𐤋𐤄
𐤎 𐤅𐤉𐤀𐤌𐤓 𐤉𐤄𐤅𐤄 𐤀𐤋 𐤃𐤅𐤃 𐤋𐤊 𐤅𐤄𐤊𐤉𐤕 𐤁𐤐𐤋𐤔𐤕𐤉𐤌 𐤅𐤄𐤅𐤔𐤏𐤕 𐤀𐤕
𐤒𐤏𐤉𐤋𐤄•
𐤂 𐤅𐤉𐤀𐤌𐤓𐤅 𐤀𐤍𐤔𐤉 𐤃𐤅𐤃 𐤀𐤋𐤉𐤅 𐤄𐤍𐤄 𐤀𐤍𐤇𐤍𐤅 𐤐𐤄 𐤁𐤉𐤄𐤅𐤃𐤄 𐤉𐤓𐤀𐤉𐤌
𐤅𐤀𐤐 𐤊𐤉 𐤍𐤋𐤊 𐤒𐤏𐤋𐤄 𐤀𐤋 𐤌𐤏𐤓𐤊𐤅𐤕 𐤐𐤋𐤔𐤕𐤉𐤌•
𐤃 𐤅𐤉𐤅𐤎𐤐 𐤏𐤅𐤃 𐤃𐤅𐤃 𐤋𐤔𐤀𐤋 𐤁𐤉𐤄𐤅𐤄 𐤅𐤉𐤏𐤍𐤄𐤅 𐤉𐤄𐤅𐤄 𐤅𐤉𐤀𐤌𐤓 𐤒𐤅𐤌
𐤓𐤃 𐤒𐤏𐤉𐤋𐤄 𐤊𐤉 𐤀𐤍𐤉 𐤍𐤕𐤍 𐤀𐤕 𐤐𐤋𐤔𐤕𐤉𐤌 𐤁𐤉𐤃𐤊•
𐤄 𐤅𐤉𐤋𐤊 𐤃𐤅𐤃 𐤅𐤀𐤍𐤔𐤅 [𐤅𐤀𐤍𐤔𐤉𐤅] 𐤒𐤏𐤉𐤋𐤄 𐤅𐤉𐤋𐤇𐤌 𐤁𐤐𐤋𐤔𐤕𐤉𐤌
𐤅𐤉𐤍𐤄𐤂 𐤀𐤕 𐤌𐤒𐤍𐤉𐤄𐤌 𐤅𐤉𐤊 𐤁𐤄𐤌 𐤌𐤊𐤄 𐤂𐤃𐤅𐤋𐤄 𐤅𐤉𐤔𐤏 𐤃𐤅𐤃 𐤀𐤕
𐤉𐤔𐤁𐤉 𐤒𐤏𐤉𐤋𐤄•
𐤅 𐤅𐤉𐤄𐤉 𐤁𐤁𐤓𐤇 𐤀𐤁𐤉𐤕𐤓 𐤁𐤍 𐤀𐤇𐤉𐤌𐤋𐤊 𐤀𐤋 𐤃𐤅𐤃 𐤒𐤏𐤉𐤋𐤄 𐤀𐤐𐤅𐤃 𐤉𐤓𐤃

# 𐤔𐤌𐤅𐤀𐤋 𐤀

𐤁𐤉𐤃𐤅.
𐤆 𐤅𐤉𐤂𐤃 𐤋𐤔𐤀𐤅𐤋 𐤊𐤉 𐤁𐤀 𐤃𐤅𐤃 𐤒𐤏𐤉𐤋𐤄 𐤅𐤉𐤀𐤌𐤓 𐤔𐤀𐤅𐤋 𐤍𐤊𐤓 𐤀𐤕𐤅
𐤀𐤋𐤄𐤉𐤌 𐤁𐤉𐤃𐤉 𐤊𐤉 𐤍𐤎𐤂𐤓 𐤋𐤁𐤅𐤀 𐤁𐤏𐤉𐤓 𐤃𐤋𐤕𐤉𐤌 𐤅𐤁𐤓𐤉𐤇.
𐤇 𐤅𐤉𐤔𐤌𐤏 𐤔𐤀𐤅𐤋 𐤀𐤕 𐤊𐤋 𐤄𐤏𐤌 𐤋𐤌𐤋𐤇𐤌𐤄 𐤋𐤓𐤃𐤕 𐤒𐤏𐤉𐤋𐤄 𐤋𐤑𐤅𐤓 𐤀𐤋
𐤃𐤅𐤃 𐤅𐤀𐤋 𐤀𐤍𐤔𐤉𐤅.
𐤈 𐤅𐤉𐤃𐤏 𐤃𐤅𐤃 𐤊𐤉 𐤏𐤋𐤉𐤅 𐤔𐤀𐤅𐤋 𐤌𐤇𐤓𐤉𐤔 𐤄𐤓𐤏𐤄 𐤅𐤉𐤀𐤌𐤓 𐤀𐤋 𐤀𐤁𐤉𐤕𐤓
𐤄𐤊𐤄𐤍 𐤄𐤂𐤉𐤔𐤄 𐤄𐤀𐤐𐤅𐤃.
𐤉 𐤅𐤉𐤀𐤌𐤓 𐤃𐤅𐤃 𐤉𐤄𐤅𐤄 𐤀𐤋𐤄𐤉 𐤉𐤔𐤓𐤀𐤋 𐤔𐤌𐤏 𐤔𐤌𐤏 𐤏𐤁𐤃𐤊 𐤊𐤉 𐤌𐤁𐤒𐤔
𐤔𐤀𐤅𐤋 𐤋𐤁𐤅𐤀 𐤀𐤋 𐤒𐤏𐤉𐤋𐤄 𐤋𐤔𐤇𐤕 𐤋𐤏𐤉𐤓 𐤁𐤏𐤁𐤅𐤓𐤉.
𐤉𐤀 𐤄𐤉𐤎𐤂𐤓𐤍𐤉 𐤁𐤏𐤋𐤉 𐤒𐤏𐤉𐤋𐤄 𐤁𐤉𐤃𐤅 𐤄𐤉𐤓𐤃 𐤔𐤀𐤅𐤋 𐤊𐤀𐤔𐤓 𐤔𐤌𐤏
𐤏𐤁𐤃𐤊 𐤉𐤄𐤅𐤄 𐤀𐤋𐤄𐤉 𐤉𐤔𐤓𐤀𐤋 𐤄𐤂𐤃 𐤍𐤀 𐤋𐤏𐤁𐤃𐤊 𐤎 𐤅𐤉𐤀𐤌𐤓 𐤉𐤄𐤅𐤄
𐤉𐤓𐤃.
𐤉𐤁 𐤅𐤉𐤀𐤌𐤓 𐤃𐤅𐤃 𐤄𐤉𐤎𐤂𐤓𐤅 𐤁𐤏𐤋𐤉 𐤒𐤏𐤉𐤋𐤄 𐤀𐤕𐤉 𐤅𐤀𐤕 𐤀𐤍𐤔𐤉 𐤁𐤉𐤃
𐤔𐤀𐤅𐤋 𐤅𐤉𐤀𐤌𐤓 𐤉𐤄𐤅𐤄 𐤉𐤎𐤂𐤉𐤓𐤅.
𐤉𐤂 𐤅𐤉𐤒𐤌 𐤃𐤅𐤃 𐤅𐤀𐤍𐤔𐤉𐤅 𐤊𐤔𐤔 𐤌𐤀𐤅𐤕 𐤀𐤉𐤔 𐤅𐤉𐤑𐤀𐤅 𐤌𐤒𐤏𐤋𐤄
𐤅𐤉𐤕𐤄𐤋𐤊𐤅 𐤁𐤀𐤔𐤓 𐤉𐤕𐤄𐤋𐤊𐤅 𐤅𐤋𐤔𐤀𐤅𐤋 𐤄𐤂𐤃 𐤊𐤉 𐤍𐤌𐤋𐤈 𐤃𐤅𐤃
𐤌𐤒𐤏𐤉𐤋𐤄 𐤅𐤉𐤇𐤃𐤋 𐤋𐤑𐤀𐤕.
𐤉𐤃 𐤅𐤉𐤔𐤁 𐤃𐤅𐤃 𐤁𐤌𐤃𐤁𐤓 𐤁𐤌𐤑𐤃𐤅𐤕 𐤅𐤉𐤔𐤁 𐤁𐤄𐤓 𐤁𐤌𐤃𐤁𐤓 𐤆𐤉𐤐
𐤅𐤉𐤁𐤒𐤔𐤄𐤅 𐤔𐤀𐤅𐤋 𐤊𐤋 𐤄𐤉𐤌𐤉𐤌 𐤅𐤋𐤀 𐤍𐤕𐤍𐤅 𐤀𐤋𐤄𐤉𐤌 𐤁𐤉𐤃𐤅.
𐤈𐤅 𐤅𐤉𐤓𐤀 𐤃𐤅𐤃 𐤊𐤉 𐤉𐤑𐤀 𐤔𐤀𐤅𐤋 𐤋𐤁𐤒𐤔 𐤀𐤕 𐤍𐤐𐤔𐤅 𐤅𐤃𐤅𐤃 𐤁𐤌𐤃𐤁𐤓 𐤆𐤉𐤐
𐤁𐤇𐤓𐤔𐤄.
𐤈𐤆 𐤅𐤉𐤒𐤌 𐤉𐤄𐤅𐤍𐤕𐤍 𐤁𐤍 𐤔𐤀𐤅𐤋 𐤅𐤉𐤋𐤊 𐤀𐤋 𐤃𐤅𐤃 𐤇𐤓𐤔𐤄 𐤅𐤉𐤇𐤆𐤒 𐤀𐤕
𐤉𐤃𐤅 𐤁𐤀𐤋𐤄𐤉𐤌.
𐤉𐤆 𐤅𐤉𐤀𐤌𐤓 𐤀𐤋𐤉𐤅 𐤀𐤋 𐤕𐤉𐤓𐤀 𐤊𐤉 𐤋𐤀 𐤕𐤌𐤑𐤀𐤊 𐤉𐤃 𐤔𐤀𐤅𐤋 𐤀𐤁𐤉
𐤅𐤀𐤕𐤄 𐤕𐤌𐤋𐤊 𐤏𐤋 𐤉𐤔𐤓𐤀𐤋 𐤅𐤀𐤍𐤊𐤉 𐤀𐤄𐤉𐤄 𐤋𐤊 𐤋𐤌𐤔𐤍𐤄 𐤅𐤂𐤌 𐤔𐤀𐤅𐤋
𐤀𐤁𐤉 𐤉𐤃𐤏 𐤊𐤍.
𐤉𐤇 𐤅𐤉𐤊𐤓𐤕𐤅 𐤔𐤍𐤉𐤄𐤌 𐤁𐤓𐤉𐤕 𐤋𐤐𐤍𐤉 𐤉𐤄𐤅𐤄 𐤅𐤉𐤔𐤁 𐤃𐤅𐤃 𐤁𐤇𐤓𐤔𐤄
𐤅𐤉𐤄𐤅𐤍𐤕𐤍 𐤄𐤋𐤊 𐤋𐤁𐤉𐤕𐤅.
𐤉𐤈 𐤅𐤉𐤏𐤋𐤅 𐤆𐤐𐤉𐤌 𐤀𐤋 𐤔𐤀𐤅𐤋 𐤄𐤂𐤁𐤏𐤕𐤄 𐤋𐤀𐤌𐤓 𐤄𐤋𐤅𐤀 𐤃𐤅𐤃 𐤌𐤎𐤕𐤕𐤓
𐤏𐤌𐤍𐤅 𐤁𐤌𐤑𐤃𐤅𐤕 𐤁𐤇𐤓𐤔𐤄 𐤁𐤂𐤁𐤏𐤕 𐤄𐤇𐤊𐤉𐤋𐤄 𐤀𐤔𐤓 𐤌𐤉𐤌𐤉𐤍
𐤄𐤉𐤔𐤉𐤌𐤅𐤍.
𐤊 𐤅𐤏𐤕𐤄 𐤋𐤊𐤋 𐤀𐤅𐤕 𐤍𐤐𐤔𐤊 𐤄𐤌𐤋𐤊 𐤋𐤓𐤃𐤕 𐤓𐤃 𐤅𐤋𐤍𐤅 𐤄𐤎𐤂𐤉𐤓𐤅 𐤁𐤉𐤃
𐤄𐤌𐤋𐤊.

# 𐤔𐤌𐤅𐤀𐤋 𐤀

𐤊𐤀 𐤅𐤉𐤀𐤌𐤓 𐤔𐤀𐤅𐤋 𐤁𐤓𐤅𐤊𐤉𐤌 𐤀𐤕𐤌 𐤋𐤉𐤄𐤅𐤄 𐤊𐤉 𐤇𐤌𐤋𐤕𐤌 𐤏𐤋𐤉•
𐤊𐤁 𐤋𐤊𐤅 𐤍𐤀 𐤄𐤊𐤉𐤍𐤅 𐤏𐤅𐤃 𐤅𐤃𐤏𐤅 𐤅𐤓𐤀𐤅 𐤀𐤕 𐤌𐤒𐤅𐤌𐤅 𐤀𐤔𐤓 𐤕𐤄𐤉𐤄
𐤓𐤂𐤋𐤅 𐤌𐤉 𐤓𐤀𐤄𐤅 𐤔𐤌 𐤊𐤉 𐤀𐤌𐤓 𐤀𐤋𐤉 𐤏𐤓𐤌 𐤉𐤏𐤓𐤌 𐤄𐤅𐤀•
𐤊𐤂 𐤅𐤓𐤀𐤅 𐤅𐤃𐤏𐤅 𐤌𐤊𐤋 𐤄𐤌𐤇𐤁𐤀𐤉𐤌 𐤀𐤔𐤓 𐤉𐤕𐤇𐤁𐤀 𐤔𐤌 𐤅𐤔𐤁𐤕𐤌 𐤀𐤋𐤉
𐤀𐤋 𐤍𐤊𐤅𐤍 𐤅𐤄𐤋𐤊𐤕𐤉 𐤀𐤕𐤊𐤌 𐤅𐤄𐤉𐤄 𐤀𐤌 𐤉𐤔𐤍𐤅 𐤁𐤀𐤓𐤑 𐤅𐤇𐤐𐤔𐤕𐤉 𐤀𐤕𐤅
𐤁𐤊𐤋 𐤀𐤋𐤐𐤉 𐤉𐤄𐤅𐤃𐤄•
𐤊𐤃 𐤅𐤉𐤒𐤅𐤌𐤅 𐤅𐤉𐤋𐤊𐤅 𐤆𐤉𐤐𐤄 𐤋𐤐𐤍𐤉 𐤔𐤀𐤅𐤋 𐤅𐤃𐤅𐤃 𐤅𐤀𐤍𐤔𐤉𐤅 𐤁𐤌𐤃𐤁𐤓
𐤌𐤏𐤅𐤍 𐤁𐤏𐤓𐤁𐤄 𐤀𐤋 𐤉𐤌𐤉𐤍 𐤄𐤉𐤔𐤉𐤌𐤅𐤍•
𐤊𐤄 𐤅𐤉𐤋𐤊𐤅 𐤔𐤀𐤅𐤋 𐤅𐤀𐤍𐤔𐤉𐤅 𐤋𐤁𐤒𐤔 𐤅𐤉𐤂𐤃𐤅 𐤋𐤃𐤅𐤃 𐤅𐤉𐤓𐤃 𐤄𐤎𐤋𐤏
𐤅𐤉𐤔𐤁 𐤁𐤌𐤃𐤁𐤓 𐤌𐤏𐤅𐤍 𐤅𐤉𐤔𐤌𐤏 𐤔𐤀𐤅𐤋 𐤅𐤉𐤓𐤃𐤐 𐤀𐤇𐤓𐤉 𐤃𐤅𐤃 𐤌𐤃𐤁𐤓 𐤌𐤏𐤅𐤍•
𐤊𐤅 𐤅𐤉𐤋𐤊 𐤔𐤀𐤅𐤋 𐤌𐤑𐤃 𐤄𐤄𐤓 𐤌𐤆𐤄 𐤅𐤃𐤅𐤃 𐤅𐤀𐤍𐤔𐤉𐤅 𐤌𐤑𐤃 𐤄𐤄𐤓 𐤌𐤆𐤄
𐤅𐤉𐤄𐤉 𐤃𐤅𐤃 𐤍𐤇𐤐𐤆 𐤋𐤋𐤊𐤕 𐤌𐤐𐤍𐤉 𐤔𐤀𐤅𐤋 𐤅𐤔𐤀𐤅𐤋 𐤅𐤀𐤍𐤔𐤉𐤅 𐤏𐤈𐤓𐤉𐤌
𐤀𐤋 𐤃𐤅𐤃 𐤅𐤀𐤋 𐤀𐤍𐤔𐤉𐤅 𐤋𐤕𐤐𐤔𐤌•
𐤊𐤆 𐤅𐤌𐤋𐤀𐤊 𐤁𐤀 𐤀𐤋 𐤔𐤀𐤅𐤋 𐤋𐤀𐤌𐤓 𐤌𐤄𐤓𐤄 𐤅𐤋𐤊𐤄 𐤊𐤉 𐤐𐤔𐤈𐤅
𐤐𐤋𐤔𐤕𐤉𐤌 𐤏𐤋 𐤄𐤀𐤓𐤑•
𐤊𐤇 𐤅𐤉𐤔𐤁 𐤔𐤀𐤅𐤋 𐤌𐤓𐤃𐤐 𐤀𐤇𐤓𐤉 𐤃𐤅𐤃 𐤅𐤉𐤋𐤊 𐤋𐤒𐤓𐤀𐤕 𐤐𐤋𐤔𐤕𐤉𐤌 𐤏𐤋 𐤊𐤍
𐤒𐤓𐤀𐤅 𐤋𐤌𐤒𐤅𐤌 𐤄𐤄𐤅𐤀 𐤎𐤋𐤏 𐤄𐤌𐤇𐤋𐤒𐤅𐤕•
𐤊𐤈 𐤅𐤉𐤏𐤋 𐤃𐤅𐤃 𐤌𐤔𐤌 𐤅𐤉𐤔𐤁 𐤁𐤌𐤑𐤃𐤅𐤕 𐤏𐤉𐤍 𐤂𐤃𐤉•

𐤐𐤓𐤒 𐤊𐤃

𐤀 𐤅𐤉𐤄𐤉 𐤊𐤀𐤔𐤓 𐤔𐤁 𐤔𐤀𐤅𐤋 𐤌𐤀𐤇𐤓𐤉 𐤐𐤋𐤔𐤕𐤉𐤌 𐤅𐤉𐤂𐤃𐤅 𐤋𐤅 𐤋𐤀𐤌𐤓
𐤄𐤍𐤄 𐤃𐤅𐤃 𐤁𐤌𐤃𐤁𐤓 𐤏𐤉𐤍 𐤂𐤃𐤉•
𐤁 𐤅𐤉𐤒𐤇 𐤔𐤀𐤅𐤋 𐤔𐤋𐤔𐤕 𐤀𐤋𐤐𐤉𐤌 𐤀𐤉𐤔 𐤁𐤇𐤅𐤓 𐤌𐤊𐤋 𐤉𐤔𐤓𐤀𐤋 𐤅𐤉𐤋𐤊
𐤋𐤁𐤒𐤔 𐤀𐤕 𐤃𐤅𐤃 𐤅𐤀𐤍𐤔𐤉𐤅 𐤏𐤋 𐤐𐤍𐤉 𐤑𐤅𐤓𐤉 𐤄𐤉𐤏𐤋𐤉𐤌•
𐤂 𐤅𐤉𐤁𐤀 𐤀𐤋 𐤂𐤃𐤓𐤅𐤕 𐤄𐤑𐤀𐤍 𐤏𐤋 𐤄𐤃𐤓𐤊 𐤅𐤔𐤌 𐤌𐤏𐤓𐤄 𐤅𐤉𐤁𐤀 𐤔𐤀𐤅𐤋
𐤋𐤄𐤎𐤊 𐤀𐤕 𐤓𐤂𐤋𐤉𐤅 𐤅𐤃𐤅𐤃 𐤅𐤀𐤍𐤔𐤉𐤅 𐤁𐤉𐤓𐤊𐤕𐤉 𐤄𐤌𐤏𐤓𐤄 𐤉𐤔𐤁𐤉𐤌•
𐤃 𐤅𐤉𐤀𐤌𐤓𐤅 𐤀𐤍𐤔𐤉 𐤃𐤅𐤃 𐤀𐤋𐤉𐤅 𐤄𐤍𐤄 𐤄𐤉𐤅𐤌 𐤀𐤔𐤓 𐤀𐤌𐤓 𐤉𐤄𐤅𐤄
𐤀𐤋𐤉𐤊 𐤄𐤍𐤄 𐤀𐤍𐤊𐤉 𐤍𐤕𐤍 𐤀𐤕 𐤀𐤉𐤁𐤉𐤊 [𐤀𐤉𐤁𐤊] 𐤁𐤉𐤃𐤊 𐤅𐤏𐤔𐤉𐤕 𐤋𐤅
𐤊𐤀𐤔𐤓 𐤉𐤈𐤁 𐤁𐤏𐤉𐤍𐤉𐤊 𐤅𐤉𐤒𐤌 𐤃𐤅𐤃 𐤅𐤉𐤊𐤓𐤕 𐤀𐤕 𐤊𐤍𐤐 𐤄𐤌𐤏𐤉𐤋 𐤀𐤔𐤓
𐤋𐤔𐤀𐤅𐤋 𐤁𐤋𐤈•
𐤄 𐤅𐤉𐤄𐤉 𐤀𐤇𐤓𐤉 𐤊𐤍 𐤅𐤉𐤊 𐤋𐤁 𐤃𐤅𐤃 𐤀𐤕𐤅 𐤏𐤋 𐤀𐤔𐤓 𐤊𐤓𐤕 𐤀𐤕 𐤊𐤍𐤐 𐤀𐤔𐤓
𐤋𐤔𐤀𐤅𐤋•
𐤅 𐤅𐤉𐤀𐤌𐤓 𐤋𐤀𐤍𐤔𐤉𐤅 𐤇𐤋𐤉𐤋𐤄 𐤋𐤉 𐤌𐤉𐤄𐤅𐤄 𐤀𐤌 𐤀𐤏𐤔𐤄 𐤀𐤕 𐤄𐤃𐤁𐤓

𐤄𐤆𐤄 𐤋𐤀𐤃𐤍𐤉 𐤋𐤌𐤔𐤉𐤇 𐤉𐤄𐤅𐤄 𐤋𐤔𐤋𐤇 𐤉𐤃𐤉 𐤁𐤅 𐤊𐤉 𐤌𐤔𐤉𐤇 𐤉𐤄𐤅𐤄
𐤄𐤅𐤀.

𐤆𐤅𐤉𐤔𐤎𐤏 𐤃𐤅𐤃 𐤀𐤕 𐤀𐤍𐤔𐤉𐤅 𐤁𐤃𐤁𐤓𐤉𐤌 𐤅𐤋𐤀 𐤍𐤕𐤍𐤌 𐤋𐤒𐤅𐤌 𐤀𐤋 𐤔𐤀𐤅𐤋
𐤅𐤔𐤀𐤅𐤋 𐤒𐤌 𐤌𐤄𐤌𐤏𐤓𐤄 𐤅𐤉𐤋𐤊 𐤁𐤃𐤓𐤊.

𐤇𐤅𐤉𐤒𐤌 𐤃𐤅𐤃 𐤀𐤇𐤓𐤉 𐤊𐤍 𐤅𐤉𐤑𐤀 𐤌𐤍 𐤄𐤌𐤏𐤓𐤄 [𐤌𐤄𐤌𐤏𐤓𐤄] 𐤅𐤉𐤒𐤓𐤀
𐤀𐤇𐤓𐤉 𐤔𐤀𐤅𐤋 𐤋𐤀𐤌𐤓 𐤀𐤃𐤍𐤉 𐤄𐤌𐤋𐤊 𐤅𐤉𐤁𐤈 𐤔𐤀𐤅𐤋 𐤀𐤇𐤓𐤉𐤅 𐤅𐤉𐤒𐤃 𐤃𐤅𐤃
𐤀𐤐𐤉𐤌 𐤀𐤓𐤑𐤄 𐤅𐤉𐤔𐤕𐤇𐤅.

𐤈𐤅𐤉𐤀𐤌𐤓 𐤃𐤅𐤃 𐤋𐤔𐤀𐤅𐤋 𐤋𐤌𐤄 𐤕𐤔𐤌𐤏 𐤀𐤕 𐤃𐤁𐤓𐤉 𐤀𐤃𐤌 𐤋𐤀𐤌𐤓 𐤄𐤍𐤄
𐤃𐤅𐤃 𐤌𐤁𐤒𐤔 𐤓𐤏𐤕𐤊.

𐤉𐤄𐤍𐤄 𐤄𐤉𐤅𐤌 𐤄𐤆𐤄 𐤓𐤀𐤅 𐤏𐤉𐤍𐤉𐤊 𐤀𐤕 𐤀𐤔𐤓 𐤍𐤕𐤍𐤊 𐤉𐤄𐤅𐤄 𐤄𐤉𐤅𐤌
𐤁𐤉𐤃𐤉 𐤁𐤌𐤏𐤓𐤄 𐤅𐤀𐤌𐤓 𐤋𐤄𐤓𐤂𐤊 𐤅𐤕𐤇𐤎 𐤏𐤋𐤉𐤊 𐤅𐤀𐤌𐤓 𐤋𐤀 𐤀𐤔𐤋𐤇 𐤉𐤃𐤉
𐤁𐤀𐤃𐤍𐤉 𐤊𐤉 𐤌𐤔𐤉𐤇 𐤉𐤄𐤅𐤄 𐤄𐤅𐤀.

𐤉𐤀 𐤅𐤀𐤁𐤉 𐤓𐤀𐤄 𐤂𐤌 𐤓𐤀𐤄 𐤀𐤕 𐤊𐤍𐤐 𐤌𐤏𐤉𐤋𐤊 𐤁𐤉𐤃𐤉 𐤊𐤉 𐤁𐤊𐤓𐤕𐤉 𐤀𐤕
𐤊𐤍𐤐 𐤌𐤏𐤉𐤋𐤊 𐤅𐤋𐤀 𐤄𐤓𐤂𐤕𐤉𐤊 𐤃𐤏 𐤅𐤓𐤀𐤄 𐤊𐤉 𐤀𐤉𐤍 𐤁𐤉𐤃𐤉 𐤓𐤏𐤄 𐤅𐤐𐤔𐤏
𐤅𐤋𐤀 𐤇𐤈𐤀𐤕𐤉 𐤋𐤊 𐤅𐤀𐤕𐤄 𐤑𐤃𐤄 𐤀𐤕 𐤍𐤐𐤔𐤉 𐤋𐤒𐤇𐤕𐤄.

𐤉𐤁 𐤉𐤔𐤐𐤈 𐤉𐤄𐤅𐤄 𐤁𐤉𐤍𐤉 𐤅𐤁𐤉𐤍𐤊 𐤅𐤍𐤒𐤌𐤍𐤉 𐤉𐤄𐤅𐤄 𐤌𐤌𐤊 𐤅𐤉𐤃𐤉 𐤋𐤀
𐤕𐤄𐤉𐤄 𐤁𐤊.

𐤉𐤂𐤊𐤀𐤔𐤓 𐤉𐤀𐤌𐤓 𐤌𐤔𐤋 𐤄𐤒𐤃𐤌𐤍𐤉 𐤌𐤓𐤔𐤏𐤉𐤌 𐤉𐤑𐤀 𐤓𐤔𐤏 𐤅𐤉𐤃𐤉 𐤋𐤀
𐤕𐤄𐤉𐤄 𐤁𐤊.

𐤉𐤃 𐤀𐤇𐤓𐤉 𐤌𐤉 𐤉𐤑𐤀 𐤌𐤋𐤊 𐤉𐤔𐤓𐤀𐤋 𐤀𐤇𐤓𐤉 𐤌𐤉 𐤀𐤕𐤄 𐤓𐤃𐤐 𐤀𐤇𐤓𐤉 𐤊𐤋𐤁
𐤌𐤕 𐤀𐤇𐤓𐤉 𐤐𐤓𐤏𐤔 𐤀𐤇𐤃.

𐤈𐤅𐤅𐤄𐤉𐤄 𐤉𐤄𐤅𐤄 𐤋𐤃𐤉𐤍 𐤅𐤔𐤐𐤈 𐤁𐤉𐤍𐤉 𐤅𐤁𐤉𐤍𐤊 𐤅𐤉𐤓𐤀 𐤅𐤉𐤓𐤁 𐤀𐤕
𐤓𐤉𐤁𐤉 𐤅𐤉𐤔𐤐𐤈𐤍𐤉 𐤌𐤉𐤃𐤊.

𐤈𐤆𐤅𐤉𐤄𐤉 𐤊𐤊𐤋𐤅𐤕 𐤃𐤅𐤃 𐤋𐤃𐤁𐤓 𐤀𐤕 𐤄𐤃𐤁𐤓𐤉𐤌 𐤄𐤀𐤋𐤄 𐤀𐤋 𐤔𐤀𐤅𐤋
𐤅𐤉𐤀𐤌𐤓 𐤔𐤀𐤅𐤋 𐤄𐤒𐤋𐤊 𐤆𐤄 𐤁𐤍𐤉 𐤃𐤅𐤃 𐤅𐤉𐤔𐤀 𐤔𐤀𐤅𐤋 𐤒𐤋𐤅 𐤅𐤉𐤁𐤊.

𐤉𐤆𐤅𐤉𐤀𐤌𐤓 𐤀𐤋 𐤃𐤅𐤃 𐤑𐤃𐤉𐤒 𐤀𐤕𐤄 𐤌𐤌𐤍𐤉 𐤊𐤉 𐤀𐤕𐤄 𐤂𐤌𐤋𐤕𐤍𐤉
𐤄𐤈𐤅𐤁𐤄 𐤅𐤀𐤍𐤉 𐤂𐤌𐤋𐤕𐤉𐤊 𐤄𐤓𐤏𐤄.

𐤉𐤇 𐤅𐤀𐤕 [𐤅𐤀𐤕𐤄] 𐤄𐤂𐤃𐤕 𐤄𐤉𐤅𐤌 𐤀𐤕 𐤀𐤔𐤓 𐤏𐤔𐤉𐤕𐤄 𐤀𐤕𐤉 𐤈𐤅𐤁𐤄 𐤀𐤕
𐤀𐤔𐤓 𐤎𐤂𐤓𐤍𐤉 𐤉𐤄𐤅𐤄 𐤁𐤉𐤃𐤊 𐤅𐤋𐤀 𐤄𐤓𐤂𐤕𐤍𐤉.

𐤉𐤈𐤅𐤊𐤉 𐤉𐤌𐤑𐤀 𐤀𐤉𐤔 𐤀𐤕 𐤀𐤉𐤁𐤅 𐤅𐤔𐤋𐤇𐤅 𐤁𐤃𐤓𐤊 𐤈𐤅𐤁𐤄 𐤅𐤉𐤄𐤅𐤄
𐤉𐤔𐤋𐤌𐤊 𐤈𐤅𐤁𐤄 𐤕𐤇𐤕 𐤄𐤉𐤅𐤌 𐤄𐤆𐤄 𐤀𐤔𐤓 𐤏𐤔𐤉𐤕𐤄 𐤋𐤉.

𐤊𐤅𐤏𐤕𐤄 𐤄𐤍𐤄 𐤉𐤃𐤏𐤕𐤉 𐤊𐤉 𐤌𐤋𐤊 𐤕𐤌𐤋𐤅𐤊 𐤅𐤒𐤌𐤄 𐤁𐤉𐤃𐤊 𐤌𐤌𐤋𐤊𐤕
𐤉𐤔𐤓𐤀𐤋.

# 𐤔𐤌𐤅𐤀𐤋 𐤀

𐤊𐤀 𐤅𐤏𐤕𐤄 𐤄𐤔𐤁𐤏𐤄 𐤋𐤉 𐤁𐤉𐤄𐤅𐤄 𐤀𐤌 𐤕𐤊𐤓𐤉𐤕 𐤀𐤕 𐤆𐤓𐤏𐤉 𐤀𐤇𐤓𐤉 𐤅𐤀𐤌
𐤕𐤔𐤌𐤉𐤃 𐤀𐤕 𐤔𐤌𐤉 𐤌𐤁𐤉𐤕 𐤀𐤁𐤉.
𐤊𐤁 𐤅𐤉𐤔𐤁𐤏 𐤃𐤅𐤃 𐤋𐤔𐤀𐤅𐤋 𐤅𐤉𐤋𐤊 𐤔𐤀𐤅𐤋 𐤀𐤋 𐤁𐤉𐤕𐤅 𐤅𐤃𐤅𐤃 𐤅𐤀𐤍𐤔𐤉𐤅
𐤏𐤋𐤅 𐤏𐤋 𐤄𐤌𐤑𐤅𐤃𐤄.

## 𐤐𐤓𐤒 𐤊𐤄

𐤀 𐤅𐤉𐤌𐤕 𐤔𐤌𐤅𐤀𐤋 𐤅𐤉𐤒𐤁𐤑𐤅 𐤊𐤋 𐤉𐤔𐤓𐤀𐤋 𐤅𐤉𐤎𐤐𐤃𐤅 𐤋𐤅 𐤅𐤉𐤒𐤁𐤓𐤄𐤅
𐤁𐤁𐤉𐤕𐤅 𐤁𐤓𐤌𐤄 𐤅𐤉𐤒𐤌 𐤃𐤅𐤃 𐤅𐤉𐤓𐤃 𐤀𐤋 𐤌𐤃𐤁𐤓 𐤐𐤀𐤓𐤍.
𐤁 𐤅𐤀𐤉𐤔 𐤁𐤌𐤏𐤅𐤍 𐤅𐤌𐤏𐤔𐤄𐤅 𐤁𐤊𐤓𐤌𐤋 𐤅𐤄𐤀𐤉𐤔 𐤂𐤃𐤅𐤋 𐤌𐤀𐤃 𐤅𐤋𐤅 𐤑𐤀𐤍
𐤔𐤋𐤔𐤕 𐤀𐤋𐤐𐤉𐤌 𐤅𐤀𐤋𐤐 𐤏𐤆𐤉𐤌 𐤅𐤉𐤄𐤉 𐤁𐤂𐤆𐤆 𐤀𐤕 𐤑𐤀𐤍𐤅 𐤁𐤊𐤓𐤌𐤋.
𐤂 𐤅𐤔𐤌 𐤄𐤀𐤉𐤔 𐤍𐤁𐤋 𐤅𐤔𐤌 𐤀𐤔𐤕𐤅 𐤀𐤁𐤂𐤉𐤋 𐤅𐤄𐤀𐤔𐤄 𐤈𐤅𐤁𐤕 𐤔𐤊𐤋
𐤅𐤉𐤐𐤕 𐤕𐤀𐤓 𐤅𐤄𐤀𐤉𐤔 𐤒𐤔𐤄 𐤅𐤓𐤏 𐤌𐤏𐤋𐤋𐤉𐤌 𐤅𐤄𐤅𐤀 𐤊𐤋𐤁𐤅 [𐤊𐤋𐤁𐤉].
𐤃 𐤅𐤉𐤔𐤌𐤏 𐤃𐤅𐤃 𐤁𐤌𐤃𐤁𐤓 𐤊𐤉 𐤂𐤆𐤆 𐤍𐤁𐤋 𐤀𐤕 𐤑𐤀𐤍𐤅.
𐤄 𐤅𐤉𐤔𐤋𐤇 𐤃𐤅𐤃 𐤏𐤔𐤓𐤄 𐤍𐤏𐤓𐤉𐤌 𐤅𐤉𐤀𐤌𐤓 𐤃𐤅𐤃 𐤋𐤍𐤏𐤓𐤉𐤌 𐤏𐤋𐤅 𐤊𐤓𐤌𐤋𐤄
𐤅𐤁𐤀𐤕𐤌 𐤀𐤋 𐤍𐤁𐤋 𐤅𐤔𐤀𐤋𐤕𐤌 𐤋𐤅 𐤁𐤔𐤌𐤉 𐤋𐤔𐤋𐤅𐤌.
𐤅 𐤅𐤀𐤌𐤓𐤕𐤌 𐤊𐤄 𐤋𐤇𐤉 𐤅𐤀𐤕𐤄 𐤔𐤋𐤅𐤌 𐤅𐤁𐤉𐤕𐤊 𐤔𐤋𐤅𐤌 𐤅𐤊𐤋 𐤀𐤔𐤓 𐤋𐤊
𐤔𐤋𐤅𐤌.
𐤆 𐤅𐤏𐤕𐤄 𐤔𐤌𐤏𐤕𐤉 𐤊𐤉 𐤂𐤆𐤆𐤉𐤌 𐤋𐤊 𐤏𐤕𐤄 𐤄𐤓𐤏𐤉𐤌 𐤀𐤔𐤓 𐤋𐤊 𐤄𐤉𐤅
𐤏𐤌𐤍𐤅 𐤋𐤀 𐤄𐤊𐤋𐤌𐤍𐤅𐤌 𐤅𐤋𐤀 𐤍𐤐𐤒𐤃 𐤋𐤄𐤌 𐤌𐤀𐤅𐤌𐤄 𐤊𐤋 𐤉𐤌𐤉 𐤄𐤉𐤅𐤕𐤌
𐤁𐤊𐤓𐤌𐤋.
𐤇 𐤔𐤀𐤋 𐤀𐤕 𐤍𐤏𐤓𐤉𐤊 𐤅𐤉𐤂𐤉𐤃𐤅 𐤋𐤊 𐤅𐤉𐤌𐤑𐤀𐤅 𐤄𐤍𐤏𐤓𐤉𐤌 𐤇𐤍 𐤁𐤏𐤉𐤍𐤉𐤊
𐤊𐤉 𐤏𐤋 𐤉𐤅𐤌 𐤈𐤅𐤁 𐤁𐤍𐤅 [𐤁𐤀𐤍𐤅] 𐤕𐤍𐤄 𐤍𐤀 𐤀𐤕 𐤀𐤔𐤓 𐤕𐤌𐤑𐤀 𐤉𐤃𐤊
𐤋𐤏𐤁𐤃𐤊 𐤅𐤋𐤁𐤍𐤊 𐤋𐤃𐤅𐤃.
𐤈 𐤅𐤉𐤁𐤀𐤅 𐤍𐤏𐤓𐤉 𐤃𐤅𐤃 𐤅𐤉𐤃𐤁𐤓𐤅 𐤀𐤋 𐤍𐤁𐤋 𐤊𐤊𐤋 𐤄𐤃𐤁𐤓𐤉𐤌 𐤄𐤀𐤋𐤄 𐤁𐤔𐤌
𐤃𐤅𐤃 𐤅𐤉𐤍𐤅𐤇𐤅.
𐤉 𐤅𐤉𐤏𐤍 𐤍𐤁𐤋 𐤀𐤕 𐤏𐤁𐤃𐤉 𐤃𐤅𐤃 𐤅𐤉𐤀𐤌𐤓 𐤌𐤉 𐤃𐤅𐤃 𐤅𐤌𐤉 𐤁𐤍 𐤉𐤔𐤉
𐤄𐤉𐤅𐤌 𐤓𐤁𐤅 𐤏𐤁𐤃𐤉𐤌 𐤄𐤌𐤕𐤐𐤓𐤑𐤉𐤌 𐤀𐤉𐤔 𐤌𐤐𐤍𐤉 𐤀𐤃𐤍𐤉𐤅.
𐤉𐤀 𐤅𐤋𐤒𐤇𐤕𐤉 𐤀𐤕 𐤋𐤇𐤌𐤉 𐤅𐤀𐤕 𐤌𐤉𐤌𐤉 𐤅𐤀𐤕 𐤈𐤁𐤇𐤕𐤉 𐤀𐤔𐤓 𐤈𐤁𐤇𐤕𐤉
𐤋𐤂𐤆𐤆𐤉 𐤅𐤍𐤕𐤕𐤉 𐤋𐤀𐤍𐤔𐤉𐤌 𐤀𐤔𐤓 𐤋𐤀 𐤉𐤃𐤏𐤕𐤉 𐤀𐤉 𐤌𐤆𐤄 𐤄𐤌𐤄.
𐤉𐤁 𐤅𐤉𐤄𐤐𐤊𐤅 𐤍𐤏𐤓𐤉 𐤃𐤅𐤃 𐤋𐤃𐤓𐤊𐤌 𐤅𐤉𐤔𐤁𐤅 𐤅𐤉𐤁𐤀𐤅 𐤅𐤉𐤂𐤃𐤅 𐤋𐤅 𐤊𐤊𐤋
𐤄𐤃𐤁𐤓𐤉𐤌 𐤄𐤀𐤋𐤄.
𐤉𐤂 𐤅𐤉𐤀𐤌𐤓 𐤃𐤅𐤃 𐤋𐤀𐤍𐤔𐤉𐤅 𐤇𐤂𐤓𐤅 𐤀𐤉𐤔 𐤀𐤕 𐤇𐤓𐤁𐤅 𐤅𐤉𐤇𐤂𐤓𐤅 𐤀𐤉𐤔 𐤀𐤕
𐤇𐤓𐤁𐤅 𐤅𐤉𐤇𐤂𐤓 𐤂𐤌 𐤃𐤅𐤃 𐤀𐤕 𐤇𐤓𐤁𐤅 𐤅𐤉𐤏𐤋𐤅 𐤀𐤇𐤓𐤉 𐤃𐤅𐤃 𐤊𐤀𐤓𐤁𐤏 𐤌𐤀𐤅𐤕

# 𐤔𐤌𐤅𐤀𐤋 𐤀

𐤀𐤉𐤔 𐤅𐤌𐤀𐤕𐤉𐤌 𐤉𐤔𐤁𐤅 𐤏𐤋 𐤄𐤊𐤋𐤉𐤌•
𐤉𐤃 𐤅𐤋𐤀𐤁𐤉𐤂𐤉𐤋 𐤀𐤔𐤕 𐤍𐤁𐤋 𐤄𐤂𐤉𐤃 𐤍𐤏𐤓 𐤀𐤇𐤃 𐤌𐤄𐤍𐤏𐤓𐤉𐤌 𐤋𐤀𐤌𐤓 𐤄𐤍𐤄
𐤃𐤅𐤃 𐤔𐤋𐤇 𐤌𐤋𐤀𐤊𐤉𐤌 𐤌𐤄𐤌𐤃𐤁𐤓 𐤋𐤁𐤓𐤊 𐤀𐤕 𐤀𐤃𐤍𐤉𐤍𐤅 𐤅𐤉𐤏𐤈 𐤁𐤄𐤌•
𐤈𐤅 𐤅𐤄𐤀𐤍𐤔𐤉𐤌 𐤈𐤁𐤉𐤌 𐤋𐤍𐤅 𐤌𐤀𐤃 𐤅𐤋𐤀 𐤄𐤊𐤋𐤌𐤍𐤅 𐤅𐤋𐤀 𐤐𐤒𐤃𐤍𐤅
𐤌𐤀𐤅𐤌𐤄 𐤊𐤋 𐤉𐤌𐤉 𐤄𐤕𐤄𐤋𐤊𐤍𐤅 𐤀𐤕𐤌 𐤁𐤄𐤉𐤅𐤕𐤍𐤅 𐤁𐤔𐤃𐤄•
𐤈𐤆 𐤇𐤅𐤌𐤄 𐤄𐤉𐤅 𐤏𐤋𐤉𐤍𐤅 𐤂𐤌 𐤋𐤉𐤋𐤄 𐤂𐤌 𐤉𐤅𐤌𐤌 𐤊𐤋 𐤉𐤌𐤉 𐤄𐤉𐤅𐤕𐤍𐤅
𐤏𐤌𐤌 𐤓𐤏𐤉𐤌 𐤄𐤑𐤀𐤍•
𐤉𐤆 𐤅𐤏𐤕𐤄 𐤃𐤏𐤉 𐤅𐤓𐤀𐤉 𐤌𐤄 𐤕𐤏𐤔𐤉 𐤊𐤉 𐤊𐤋𐤕𐤄 𐤄𐤓𐤏𐤄 𐤀𐤋 𐤀𐤃𐤍𐤉𐤍𐤅
𐤅𐤏𐤋 𐤊𐤋 𐤁𐤉𐤕𐤅 𐤅𐤄𐤅𐤀 𐤁𐤍 𐤁𐤋𐤉𐤏𐤋 𐤌𐤃𐤁𐤓 𐤀𐤋𐤉𐤅•
𐤉𐤇 𐤅𐤕𐤌𐤄𐤓 𐤀𐤁𐤅𐤂𐤉𐤋 [𐤀𐤁𐤉𐤂𐤉𐤋] 𐤅𐤕𐤒𐤇 𐤌𐤀𐤕𐤉𐤌 𐤋𐤇𐤌 𐤅𐤔𐤍𐤉𐤌
𐤍𐤁𐤋𐤉 𐤉𐤉𐤍 𐤅𐤇𐤌𐤔 𐤑𐤀𐤍 𐤏𐤔𐤅𐤅𐤕 [𐤏𐤔𐤅𐤉𐤅𐤕] 𐤅𐤇𐤌𐤔 𐤎𐤀𐤉𐤌 𐤒𐤋𐤉
𐤅𐤌𐤀𐤄 𐤑𐤌𐤒𐤉𐤌 𐤅𐤌𐤀𐤕𐤉𐤌 𐤃𐤁𐤋𐤉𐤌 𐤅𐤕𐤔𐤌 𐤏𐤋 𐤄𐤇𐤌𐤓𐤉𐤌•
𐤉𐤈 𐤅𐤕𐤀𐤌𐤓 𐤋𐤍𐤏𐤓𐤉𐤄 𐤏𐤁𐤓𐤅 𐤋𐤐𐤍𐤉 𐤄𐤍𐤍𐤉 𐤀𐤇𐤓𐤉𐤊𐤌 𐤁𐤀𐤄 𐤅𐤋𐤀𐤉𐤔𐤄
𐤍𐤁𐤋 𐤋𐤀 𐤄𐤂𐤉𐤃𐤄•
𐤊 𐤅𐤄𐤉𐤄 𐤄𐤉𐤀 𐤓𐤊𐤁𐤕 𐤏𐤋 𐤄𐤇𐤌𐤅𐤓 𐤅𐤉𐤓𐤃𐤕 𐤁𐤎𐤕𐤓 𐤄𐤄𐤓 𐤅𐤄𐤍𐤄 𐤃𐤅𐤃
𐤅𐤀𐤍𐤔𐤉𐤅 𐤉𐤓𐤃𐤉𐤌 𐤋𐤒𐤓𐤀𐤕𐤄 𐤅𐤕𐤐𐤂𐤔 𐤀𐤕𐤌•
𐤊𐤀 𐤅𐤃𐤅𐤃 𐤀𐤌𐤓 𐤀𐤊 𐤋𐤔𐤒𐤓 𐤔𐤌𐤓𐤕𐤉 𐤀𐤕 𐤊𐤋 𐤀𐤔𐤓 𐤋𐤆𐤄 𐤁𐤌𐤃𐤁𐤓 𐤅𐤋𐤀
𐤍𐤐𐤒𐤃 𐤌𐤊𐤋 𐤀𐤔𐤓 𐤋𐤅 𐤌𐤀𐤅𐤌𐤄 𐤅𐤉𐤔𐤁 𐤋𐤉 𐤓𐤏𐤄 𐤕𐤇𐤕 𐤈𐤅𐤁𐤄•
𐤊𐤁 𐤊𐤄 𐤉𐤏𐤔𐤄 𐤀𐤋𐤄𐤉𐤌 𐤋𐤀𐤉𐤁𐤉 𐤃𐤅𐤃 𐤅𐤊𐤄 𐤉𐤎𐤉𐤐 𐤀𐤌 𐤀𐤔𐤀𐤉𐤓 𐤌𐤊𐤋
𐤀𐤔𐤓 𐤋𐤅 𐤏𐤃 𐤄𐤁𐤒𐤓 𐤌𐤔𐤕𐤉𐤍 𐤁𐤒𐤉𐤓•
𐤊𐤂 𐤅𐤕𐤓𐤀 𐤀𐤁𐤉𐤂𐤉𐤋 𐤀𐤕 𐤃𐤅𐤃 𐤅𐤕𐤌𐤄𐤓 𐤅𐤕𐤓𐤃 𐤌𐤏𐤋 𐤄𐤇𐤌𐤅𐤓 𐤅𐤕𐤐𐤋
𐤋𐤀𐤐𐤉 𐤃𐤅𐤃 𐤏𐤋 𐤐𐤍𐤉𐤄 𐤅𐤕𐤔𐤕𐤇𐤅 𐤀𐤓𐤑•
𐤊𐤃 𐤅𐤕𐤐𐤋 𐤏𐤋 𐤓𐤂𐤋𐤉𐤅 𐤅𐤕𐤀𐤌𐤓 𐤁𐤉 𐤀𐤍𐤉 𐤀𐤃𐤍𐤉 𐤄𐤏𐤅𐤍 𐤅𐤕𐤃𐤁𐤓 𐤍𐤀
𐤀𐤌𐤕𐤊 𐤁𐤀𐤆𐤍𐤉𐤊 𐤅𐤔𐤌𐤏 𐤀𐤕 𐤃𐤁𐤓𐤉 𐤀𐤌𐤕𐤊•
𐤊𐤄 𐤀𐤋 𐤍𐤀 𐤉𐤔𐤉𐤌 𐤀𐤃𐤍𐤉 𐤀𐤕 𐤋𐤁𐤅 𐤀𐤋 𐤀𐤉𐤔 𐤄𐤁𐤋𐤉𐤏𐤋 𐤄𐤆𐤄 𐤏𐤋
𐤍𐤁𐤋 𐤊𐤉 𐤊𐤔𐤌𐤅 𐤊𐤍 𐤄𐤅𐤀 𐤍𐤁𐤋 𐤔𐤌𐤅 𐤅𐤍𐤁𐤋𐤄 𐤏𐤌𐤅 𐤅𐤀𐤍𐤉 𐤀𐤌𐤕𐤊 𐤋𐤀
𐤓𐤀𐤉𐤕𐤉 𐤀𐤕 𐤍𐤏𐤓𐤉 𐤀𐤃𐤍𐤉 𐤀𐤔𐤓 𐤔𐤋𐤇𐤕•
𐤊𐤅 𐤅𐤏𐤕𐤄 𐤀𐤃𐤍𐤉 𐤇𐤉 𐤉𐤄𐤅𐤄 𐤅𐤇𐤉 𐤍𐤐𐤔𐤊 𐤀𐤔𐤓 𐤌𐤍𐤏𐤊 𐤉𐤄𐤅𐤄 𐤌𐤁𐤅𐤀
𐤁𐤃𐤌𐤉𐤌 𐤅𐤄𐤅𐤔𐤏 𐤉𐤃𐤊 𐤋𐤊 𐤅𐤏𐤕𐤄 𐤉𐤄𐤉𐤅 𐤊𐤀𐤉𐤁𐤉𐤊 𐤅𐤄𐤌𐤁𐤒𐤔𐤉𐤌
𐤀𐤋 𐤀𐤃𐤍𐤉 𐤓𐤏𐤄•
𐤊𐤆 𐤅𐤏𐤕𐤄 𐤄𐤁𐤓𐤊𐤄 𐤄𐤆𐤀𐤕 𐤀𐤔𐤓 𐤄𐤁𐤉𐤀𐤄 𐤔𐤐𐤇𐤕𐤊 𐤋𐤀𐤃𐤍𐤉 𐤅𐤍𐤕𐤍𐤄
𐤋𐤍𐤏𐤓𐤉𐤌 𐤄𐤌𐤕𐤄𐤋𐤊𐤉𐤌 𐤁𐤓𐤂𐤋𐤉 𐤀𐤃𐤍𐤉•
𐤊𐤇 𐤔𐤀 𐤍𐤀 𐤋𐤐𐤔𐤏 𐤀𐤌𐤕𐤊 𐤊𐤉 𐤏𐤔𐤄 𐤉𐤏𐤔𐤄 𐤉𐤄𐤅𐤄 𐤋𐤀𐤃𐤍𐤉 𐤁𐤉𐤕

𐤍𐤀𐤌𐤍 𐤊𐤉 𐤌𐤋𐤇𐤌𐤅𐤕 𐤉𐤄𐤅𐤄 𐤀𐤃𐤍𐤉 𐤍𐤋𐤇𐤌 𐤅𐤓𐤏𐤄 𐤋𐤀 𐤕𐤌𐤑𐤀 𐤁𐤊
𐤌𐤉𐤌𐤉𐤊•
𐤊𐤈𐤅𐤉𐤒𐤌 𐤀𐤃𐤌 𐤋𐤓𐤃𐤐𐤊 𐤅𐤋𐤁𐤒𐤔 𐤀𐤕 𐤍𐤐𐤔𐤊 𐤅𐤄𐤉𐤕𐤄 𐤍𐤐𐤔 𐤀𐤃𐤍𐤉
𐤑𐤓𐤅𐤓𐤄 𐤁𐤑𐤓𐤅𐤓 𐤄𐤇𐤉𐤉𐤌 𐤀𐤕 𐤉𐤄𐤅𐤄 𐤀𐤋𐤄𐤉𐤊 𐤅𐤀𐤕 𐤍𐤐𐤔 𐤀𐤉𐤁𐤉𐤊
𐤉𐤒𐤋𐤏𐤍𐤄 𐤁𐤕𐤅𐤊 𐤊𐤐 𐤄𐤒𐤋𐤏•
𐤋𐤅𐤄𐤉𐤄 𐤊𐤉 𐤉𐤏𐤔𐤄 𐤉𐤄𐤅𐤄 𐤋𐤀𐤃𐤍𐤉 𐤊𐤊𐤋 𐤀𐤔𐤓 𐤃𐤁𐤓 𐤀𐤕 𐤄𐤈𐤅𐤁𐤄
𐤏𐤋𐤉𐤊 𐤅𐤑𐤅𐤊 𐤋𐤍𐤂𐤉𐤃 𐤏𐤋 𐤉𐤔𐤓𐤀𐤋•
𐤋𐤀𐤅𐤋𐤀 𐤕𐤄𐤉𐤄 𐤆𐤀𐤕 𐤋𐤊 𐤋𐤐𐤅𐤒𐤄 𐤅𐤋𐤌𐤊𐤔𐤅𐤋 𐤋𐤁 𐤋𐤀𐤃𐤍𐤉 𐤅𐤋𐤔𐤐𐤊
𐤃𐤌 𐤇𐤍𐤌 𐤅𐤋𐤄𐤅𐤔𐤉𐤏 𐤀𐤃𐤍𐤉 𐤋𐤅 𐤅𐤄𐤉𐤈𐤁 𐤉𐤄𐤅𐤄 𐤋𐤀𐤃𐤍𐤉 𐤅𐤆𐤊𐤓𐤕 𐤀𐤕
𐤀𐤌𐤕𐤊•
𐤋𐤁𐤅𐤉𐤀𐤌𐤓 𐤃𐤅𐤃 𐤋𐤀𐤁𐤉𐤂𐤋 𐤁𐤓𐤅𐤊 𐤉𐤄𐤅𐤄 𐤀𐤋𐤄𐤉 𐤉𐤔𐤓𐤀𐤋 𐤀𐤔𐤓 𐤔𐤋𐤇𐤊
𐤄𐤉𐤅𐤌 𐤄𐤆𐤄 𐤋𐤒𐤓𐤀𐤕𐤉•
𐤋𐤂𐤅𐤁𐤓𐤅𐤊 𐤈𐤏𐤌𐤊 𐤅𐤁𐤓𐤅𐤊𐤄 𐤀𐤕 𐤀𐤔𐤓 𐤊𐤋𐤕𐤍𐤉 𐤄𐤉𐤅𐤌 𐤄𐤆𐤄 𐤌𐤁𐤅𐤀
𐤁𐤃𐤌𐤉𐤌 𐤅𐤄𐤔𐤏 𐤉𐤃𐤉 𐤋𐤉•
𐤋𐤃𐤅𐤀𐤅𐤋𐤌 𐤇𐤉 𐤉𐤄𐤅𐤄 𐤀𐤋𐤄𐤉 𐤉𐤔𐤓𐤀𐤋 𐤀𐤔𐤓 𐤌𐤍𐤏𐤍𐤉 𐤌𐤄𐤓𐤏 𐤀𐤕𐤊
𐤊𐤉 𐤋𐤅𐤋𐤉 𐤌𐤄𐤓𐤕 𐤅𐤕𐤁𐤀𐤕𐤉 [𐤅𐤕𐤁𐤀𐤕] 𐤋𐤒𐤓𐤀𐤕𐤉 𐤊𐤉 𐤀𐤌 𐤍𐤅𐤕𐤓 𐤋𐤍𐤁𐤋
𐤏𐤃 𐤀𐤅𐤓 𐤄𐤁𐤒𐤓 𐤌𐤔𐤕𐤉𐤍 𐤁𐤒𐤉𐤓•
𐤋𐤄𐤅𐤉𐤒𐤇 𐤃𐤅𐤃 𐤌𐤉𐤃𐤄 𐤀𐤕 𐤀𐤔𐤓 𐤄𐤁𐤉𐤀𐤄 𐤋𐤅 𐤅𐤋𐤄 𐤀𐤌𐤓 𐤏𐤋𐤉
𐤋𐤔𐤋𐤅𐤌 𐤋𐤁𐤉𐤕𐤊 𐤓𐤀𐤉 𐤔𐤌𐤏𐤕𐤉 𐤁𐤒𐤅𐤋𐤊 𐤅𐤀𐤔𐤀 𐤐𐤍𐤉𐤊•
𐤋𐤅𐤅𐤕𐤁𐤀 𐤀𐤁𐤉𐤂𐤉𐤋 𐤀𐤋 𐤍𐤁𐤋 𐤅𐤄𐤍𐤄 𐤋𐤅 𐤌𐤔𐤕𐤄 𐤁𐤁𐤉𐤕𐤅 𐤊𐤌𐤔𐤕𐤄
𐤄𐤌𐤋𐤊 𐤅𐤋𐤁 𐤍𐤁𐤋 𐤈𐤅𐤁 𐤏𐤋𐤉𐤅 𐤅𐤄𐤅𐤀 𐤔𐤊𐤓 𐤏𐤃 𐤌𐤀𐤃 𐤅𐤋𐤀 𐤄𐤂𐤉𐤃𐤄 𐤋𐤅
𐤃𐤁𐤓 𐤒𐤈𐤍 𐤅𐤂𐤃𐤅𐤋 𐤏𐤃 𐤀𐤅𐤓 𐤄𐤁𐤒𐤓•
𐤋𐤆𐤅𐤉𐤄𐤉 𐤁𐤁𐤒𐤓 𐤁𐤑𐤀𐤕 𐤄𐤉𐤉𐤍 𐤌𐤍𐤁𐤋 𐤅𐤕𐤂𐤃 𐤋𐤅 𐤀𐤔𐤕𐤅 𐤀𐤕
𐤄𐤃𐤁𐤓𐤉𐤌 𐤄𐤀𐤋𐤄 𐤅𐤉𐤌𐤕 𐤋𐤁𐤅 𐤁𐤒𐤓𐤁𐤅 𐤅𐤄𐤅𐤀 𐤄𐤉𐤄 𐤋𐤀𐤁𐤍•
𐤋𐤇𐤅𐤉𐤄𐤉 𐤊𐤏𐤔𐤓𐤕 𐤄𐤉𐤌𐤉𐤌 𐤅𐤉𐤂𐤐 𐤉𐤄𐤅𐤄 𐤀𐤕 𐤍𐤁𐤋 𐤅𐤉𐤌𐤕•
𐤋𐤈𐤅𐤉𐤔𐤌𐤏 𐤃𐤅𐤃 𐤊𐤉 𐤌𐤕 𐤍𐤁𐤋 𐤅𐤉𐤀𐤌𐤓 𐤁𐤓𐤅𐤊 𐤉𐤄𐤅𐤄 𐤀𐤔𐤓 𐤓𐤁 𐤀𐤕
𐤓𐤉𐤁 𐤇𐤓𐤐𐤕𐤉 𐤌𐤉𐤃 𐤍𐤁𐤋 𐤅𐤀𐤕 𐤏𐤁𐤃𐤅 𐤇𐤔𐤊 𐤌𐤓𐤏𐤄 𐤅𐤀𐤕 𐤓𐤏𐤕 𐤍𐤁𐤋 𐤄𐤔𐤉𐤁
𐤉𐤄𐤅𐤄 𐤁𐤓𐤀𐤔𐤅 𐤅𐤉𐤔𐤋𐤇 𐤃𐤅𐤃 𐤅𐤉𐤃𐤁𐤓 𐤁𐤀𐤁𐤉𐤂𐤉𐤋 𐤋𐤒𐤇𐤕𐤄 𐤋𐤅 𐤋𐤀𐤔𐤄•
𐤌𐤅𐤉𐤁𐤀𐤅 𐤏𐤁𐤃𐤉 𐤃𐤅𐤃 𐤀𐤋 𐤀𐤁𐤉𐤂𐤉𐤋 𐤄𐤊𐤓𐤌𐤋𐤄 𐤅𐤉𐤃𐤁𐤓𐤅 𐤀𐤋𐤉𐤄
𐤋𐤀𐤌𐤓 𐤃𐤅𐤃 𐤔𐤋𐤇𐤍𐤅 𐤀𐤋𐤉𐤊 𐤋𐤒𐤇𐤕𐤊 𐤋𐤅 𐤋𐤀𐤔𐤄•
𐤌𐤀𐤅𐤕𐤒𐤌 𐤅𐤕𐤔𐤕𐤇𐤅 𐤀𐤐𐤉𐤌 𐤀𐤓𐤑𐤄 𐤅𐤕𐤀𐤌𐤓 𐤄𐤍𐤄 𐤀𐤌𐤕𐤊 𐤋𐤔𐤐𐤇𐤄
𐤋𐤓𐤇𐤑 𐤓𐤂𐤋𐤉 𐤏𐤁𐤃𐤉 𐤀𐤃𐤍𐤉•
𐤌𐤁𐤅𐤕𐤌𐤄𐤓 𐤅𐤕𐤒𐤌 𐤀𐤁𐤉𐤂𐤉𐤋 𐤅𐤕𐤓𐤊𐤁 𐤏𐤋 𐤄𐤇𐤌𐤅𐤓 𐤅𐤇𐤌𐤔 𐤍𐤏𐤓𐤕𐤉𐤄

𐤄𐤄𐤋𐤊𐤅𐤕 𐤋𐤓𐤂𐤋𐤄 𐤅𐤕𐤋𐤊 𐤀𐤇𐤓𐤉 𐤌𐤋𐤀𐤊𐤉 𐤃𐤅𐤃 𐤅𐤕𐤄𐤉 𐤋𐤅 𐤋𐤀𐤔𐤄•
𐤌𐤂 𐤅𐤀𐤕 𐤀𐤇𐤉𐤍𐤏𐤌 𐤋𐤒𐤇 𐤃𐤅𐤃 𐤌𐤉𐤆𐤓𐤏𐤀𐤋 𐤅𐤕𐤄𐤉𐤉𐤍 𐤂𐤌 𐤔𐤕𐤉𐤄𐤍 𐤋𐤅
𐤋𐤍𐤔𐤉𐤌•
𐤌𐤃 𐤅𐤔𐤀𐤅𐤋 𐤍𐤕𐤍 𐤀𐤕 𐤌𐤉𐤊𐤋 𐤁𐤕𐤅 𐤀𐤔𐤕 𐤃𐤅𐤃 𐤋𐤐𐤋𐤈𐤉 𐤁𐤍 𐤋𐤉𐤔 𐤀𐤔𐤓
𐤌𐤂𐤋𐤉𐤌•

## 𐤐𐤓𐤒 𐤊𐤅

𐤀 𐤅𐤉𐤁𐤀𐤅 𐤄𐤆𐤐𐤉𐤌 𐤀𐤋 𐤔𐤀𐤅𐤋 𐤄𐤂𐤁𐤏𐤕𐤄 𐤋𐤀𐤌𐤓 𐤄𐤋𐤅𐤀 𐤃𐤅𐤃 𐤌𐤎𐤕𐤕𐤓
𐤁𐤂𐤁𐤏𐤕 𐤄𐤇𐤊𐤉𐤋𐤄 𐤏𐤋 𐤐𐤍𐤉 𐤄𐤉𐤔𐤉𐤌𐤍•
𐤁 𐤅𐤉𐤒𐤌 𐤔𐤀𐤅𐤋 𐤅𐤉𐤓𐤃 𐤀𐤋 𐤌𐤃𐤁𐤓 𐤆𐤉𐤐 𐤅𐤀𐤕𐤅 𐤔𐤋𐤔𐤕 𐤀𐤋𐤐𐤉𐤌 𐤀𐤉𐤔
𐤁𐤇𐤅𐤓𐤉 𐤉𐤔𐤓𐤀𐤋 𐤋𐤁𐤒𐤔 𐤀𐤕 𐤃𐤅𐤃 𐤁𐤌𐤃𐤁𐤓 𐤆𐤉𐤐•
𐤂 𐤅𐤉𐤇𐤍 𐤔𐤀𐤅𐤋 𐤁𐤂𐤁𐤏𐤕 𐤄𐤇𐤊𐤉𐤋𐤄 𐤀𐤔𐤓 𐤏𐤋 𐤐𐤍𐤉 𐤄𐤉𐤔𐤉𐤌𐤍 𐤏𐤋 𐤄𐤃𐤓𐤊
𐤅𐤃𐤅𐤃 𐤉𐤔𐤁 𐤁𐤌𐤃𐤁𐤓 𐤅𐤉𐤓𐤀 𐤊𐤉 𐤁𐤀 𐤔𐤀𐤅𐤋 𐤀𐤇𐤓𐤉𐤅 𐤄𐤌𐤃𐤁𐤓𐤄•
𐤃 𐤅𐤉𐤔𐤋𐤇 𐤃𐤅𐤃 𐤌𐤓𐤂𐤋𐤉𐤌 𐤅𐤉𐤃𐤏 𐤊𐤉 𐤁𐤀 𐤔𐤀𐤅𐤋 𐤀𐤋 𐤍𐤊𐤅𐤍•
𐤄 𐤅𐤉𐤒𐤌 𐤃𐤅𐤃 𐤅𐤉𐤁𐤀 𐤀𐤋 𐤄𐤌𐤒𐤅𐤌 𐤀𐤔𐤓 𐤇𐤍𐤄 𐤔𐤌 𐤔𐤀𐤅𐤋 𐤅𐤉𐤓𐤀 𐤃𐤅𐤃
𐤀𐤕 𐤄𐤌𐤒𐤅𐤌 𐤀𐤔𐤓 𐤔𐤊𐤁 𐤔𐤌 𐤔𐤀𐤅𐤋 𐤅𐤀𐤁𐤍𐤓 𐤁𐤍 𐤍𐤓 𐤔𐤓 𐤑𐤁𐤀𐤅 𐤅𐤔𐤀𐤅𐤋
𐤔𐤊𐤁 𐤁𐤌𐤏𐤂𐤋 𐤅𐤄𐤏𐤌 𐤇𐤍𐤉𐤌 𐤎𐤁𐤉𐤁𐤕𐤅 [𐤎𐤁𐤉𐤁𐤕𐤉𐤅]•
𐤅 𐤅𐤉𐤏𐤍 𐤃𐤅𐤃 𐤅𐤉𐤀𐤌𐤓 𐤀𐤋 𐤀𐤇𐤉𐤌𐤋𐤊 𐤄𐤇𐤕𐤉 𐤅𐤀𐤋 𐤀𐤁𐤉𐤔𐤉 𐤁𐤍
𐤑𐤓𐤅𐤉𐤄 𐤀𐤇𐤉 𐤉𐤅𐤀𐤁 𐤋𐤀𐤌𐤓 𐤌𐤉 𐤉𐤓𐤃 𐤀𐤕𐤉 𐤀𐤋 𐤔𐤀𐤅𐤋 𐤀𐤋 𐤄𐤌𐤇𐤍𐤄
𐤅𐤉𐤀𐤌𐤓 𐤀𐤁𐤉𐤔𐤉 𐤀𐤍𐤉 𐤀𐤓𐤃 𐤏𐤌𐤊•
𐤆 𐤅𐤉𐤁𐤀 𐤃𐤅𐤃 𐤅𐤀𐤁𐤉𐤔𐤉 𐤀𐤋 𐤄𐤏𐤌 𐤋𐤉𐤋𐤄 𐤅𐤄𐤍𐤄 𐤔𐤀𐤅𐤋 𐤔𐤊𐤁 𐤉𐤔𐤍
𐤁𐤌𐤏𐤂𐤋 𐤅𐤇𐤍𐤉𐤕𐤅 𐤌𐤏𐤅𐤊𐤄 𐤁𐤀𐤓𐤑 𐤌𐤓𐤀𐤔𐤕𐤅 [𐤌𐤓𐤀𐤔𐤕𐤉𐤅] 𐤅𐤀𐤁𐤍𐤓
𐤅𐤄𐤏𐤌 𐤔𐤊𐤁𐤉𐤌 𐤎𐤁𐤉𐤁𐤕𐤅 [𐤎𐤁𐤉𐤁𐤕𐤉𐤅]•
𐤇 𐤅𐤉𐤀𐤌𐤓 𐤀𐤁𐤉𐤔𐤉 𐤀𐤋 𐤃𐤅𐤃 𐤎𐤂𐤓 𐤀𐤋𐤄𐤉𐤌 𐤄𐤉𐤅𐤌 𐤀𐤕 𐤀𐤉𐤁𐤊 𐤁𐤉𐤃𐤊
𐤅𐤏𐤕𐤄 𐤀𐤊𐤍𐤅 𐤍𐤀 𐤁𐤇𐤍𐤉𐤕 𐤅𐤁𐤀𐤓𐤑 𐤐𐤏𐤌 𐤀𐤇𐤕 𐤅𐤋𐤀 𐤀𐤔𐤍𐤄 𐤋𐤅•
𐤈 𐤅𐤉𐤀𐤌𐤓 𐤃𐤅𐤃 𐤀𐤋 𐤀𐤁𐤉𐤔𐤉 𐤀𐤋 𐤕𐤔𐤇𐤉𐤕𐤄𐤅 𐤊𐤉 𐤌𐤉 𐤔𐤋𐤇 𐤉𐤃𐤅
𐤁𐤌𐤔𐤉𐤇 𐤉𐤄𐤅𐤄 𐤅𐤍𐤒𐤄•
𐤉 𐤅𐤉𐤀𐤌𐤓 𐤃𐤅𐤃 𐤇𐤉 𐤉𐤄𐤅𐤄 𐤊𐤉 𐤀𐤌 𐤉𐤄𐤅𐤄 𐤉𐤂𐤐𐤍𐤅 𐤀𐤅 𐤉𐤅𐤌𐤅 𐤉𐤁𐤅𐤀
𐤅𐤌𐤕 𐤀𐤅 𐤁𐤌𐤋𐤇𐤌𐤄 𐤉𐤓𐤃 𐤅𐤍𐤎𐤐𐤄•
𐤉𐤀 𐤇𐤋𐤉𐤋𐤄 𐤋𐤉 𐤌𐤉𐤄𐤅𐤄 𐤌𐤔𐤋𐤇 𐤉𐤃𐤉 𐤁𐤌𐤔𐤉𐤇 𐤉𐤄𐤅𐤄 𐤅𐤏𐤕𐤄 𐤒𐤇 𐤍𐤀
𐤀𐤕 𐤄𐤇𐤍𐤉𐤕 𐤅𐤀𐤕 𐤑𐤐𐤇𐤕 𐤄𐤌𐤉𐤌 𐤀𐤔𐤓 𐤌𐤓𐤀𐤔𐤕𐤅 [𐤌𐤓𐤀𐤔𐤕𐤉𐤅] 𐤅𐤍𐤋𐤊𐤄
𐤋𐤍𐤅•
𐤉𐤁 𐤅𐤉𐤒𐤇 𐤃𐤅𐤃 𐤀𐤕 𐤄𐤇𐤍𐤉𐤕 𐤅𐤀𐤕 𐤑𐤐𐤇𐤕 𐤄𐤌𐤉𐤌 𐤌𐤓𐤀𐤔𐤕𐤉 𐤔𐤀𐤅𐤋

# 𐤔𐤌𐤅𐤀𐤋 𐤀

𐤅𐤉𐤋𐤊𐤅 𐤋𐤄𐤌 𐤅𐤀𐤉𐤍 𐤓𐤀𐤄 𐤅𐤀𐤉𐤍 𐤉𐤅𐤃𐤏 𐤅𐤀𐤉𐤍 𐤌𐤒𐤉𐤑 𐤊𐤉 𐤊𐤋𐤌 𐤉𐤔𐤍𐤉𐤌 𐤊𐤉 𐤕𐤓𐤃𐤌𐤕 𐤉𐤄𐤅𐤄 𐤍𐤐𐤋𐤄 𐤏𐤋𐤉𐤄𐤌•

𐤉𐤂 𐤅𐤉𐤏𐤁𐤓 𐤃𐤅𐤃 𐤄𐤏𐤁𐤓 𐤅𐤉𐤏𐤌𐤃 𐤏𐤋 𐤓𐤀𐤔 𐤄𐤄𐤓 𐤌𐤓𐤇𐤒 𐤓𐤁 𐤄𐤌𐤒𐤅𐤌 𐤁𐤉𐤍𐤉𐤄𐤌•

𐤉𐤃 𐤅𐤉𐤒𐤓𐤀 𐤃𐤅𐤃 𐤀𐤋 𐤄𐤏𐤌 𐤅𐤀𐤋 𐤀𐤁𐤍𐤓 𐤁𐤍 𐤍𐤓 𐤋𐤀𐤌𐤓 𐤄𐤋𐤅𐤀 𐤕𐤏𐤍𐤄 𐤀𐤁𐤍𐤓 𐤅𐤉𐤏𐤍 𐤀𐤁𐤍𐤓 𐤅𐤉𐤀𐤌𐤓 𐤌𐤉 𐤀𐤕𐤄 𐤒𐤓𐤀𐤕 𐤀𐤋 𐤄𐤌𐤋𐤊•

𐤈𐤅 𐤅𐤉𐤀𐤌𐤓 𐤃𐤅𐤃 𐤀𐤋 𐤀𐤁𐤍𐤓 𐤄𐤋𐤅𐤀 𐤀𐤉𐤔 𐤀𐤕𐤄 𐤅𐤌𐤉 𐤊𐤌𐤅𐤊 𐤁𐤉𐤔𐤓𐤀𐤋 𐤅𐤋𐤌𐤄 𐤋𐤀 𐤔𐤌𐤓𐤕 𐤀𐤋 𐤀𐤃𐤍𐤉𐤊 𐤄𐤌𐤋𐤊 𐤊𐤉 𐤁𐤀 𐤀𐤇𐤃 𐤄𐤏𐤌 𐤋𐤄𐤔𐤇𐤉𐤕 𐤀𐤕 𐤄𐤌𐤋𐤊 𐤀𐤃𐤍𐤉𐤊•

𐤈𐤆 𐤋𐤀 𐤈𐤅𐤁 𐤄𐤃𐤁𐤓 𐤄𐤆𐤄 𐤀𐤔𐤓 𐤏𐤔𐤉𐤕 𐤇𐤉 𐤉𐤄𐤅𐤄 𐤊𐤉 𐤁𐤍𐤉 𐤌𐤅𐤕 𐤀𐤕𐤌 𐤀𐤔𐤓 𐤋𐤀 𐤔𐤌𐤓𐤕𐤌 𐤏𐤋 𐤀𐤃𐤍𐤉𐤊𐤌 𐤏𐤋 𐤌𐤔𐤉𐤇 𐤉𐤄𐤅𐤄 𐤅𐤏𐤕𐤄 𐤓𐤀𐤄 𐤀𐤉 𐤇𐤍𐤉𐤕 𐤄𐤌𐤋𐤊 𐤅𐤀𐤕 𐤑𐤐𐤇𐤕 𐤄𐤌𐤉𐤌 𐤀𐤔𐤓 𐤌𐤓𐤀𐤔𐤕𐤅 [𐤌𐤓𐤀𐤔𐤕𐤉𐤅]•

𐤉𐤆 𐤅𐤉𐤊𐤓 𐤔𐤀𐤅𐤋 𐤀𐤕 𐤒𐤅𐤋 𐤃𐤅𐤃 𐤅𐤉𐤀𐤌𐤓 𐤄𐤒𐤅𐤋𐤊 𐤆𐤄 𐤁𐤍𐤉 𐤃𐤅𐤃 𐤅𐤉𐤀𐤌𐤓 𐤃𐤅𐤃 𐤒𐤅𐤋𐤉 𐤀𐤃𐤍𐤉 𐤄𐤌𐤋𐤊•

𐤉𐤇 𐤅𐤉𐤀𐤌𐤓 𐤋𐤌𐤄 𐤆𐤄 𐤀𐤃𐤍𐤉 𐤓𐤃𐤐 𐤀𐤇𐤓𐤉 𐤏𐤁𐤃𐤅 𐤊𐤉 𐤌𐤄 𐤏𐤔𐤉𐤕𐤉 𐤅𐤌𐤄 𐤁𐤉𐤃𐤉 𐤓𐤏𐤄•

𐤉𐤈 𐤅𐤏𐤕𐤄 𐤉𐤔𐤌𐤏 𐤍𐤀 𐤀𐤃𐤍𐤉 𐤄𐤌𐤋𐤊 𐤀𐤕 𐤃𐤁𐤓𐤉 𐤏𐤁𐤃𐤅 𐤀𐤌 𐤉𐤄𐤅𐤄 𐤄𐤎𐤉𐤕𐤊 𐤁𐤉 𐤉𐤓𐤇 𐤌𐤍𐤇𐤄 𐤅𐤀𐤌 𐤁𐤍𐤉 𐤄𐤀𐤃𐤌 𐤀𐤓𐤅𐤓𐤉𐤌 𐤄𐤌 𐤋𐤐𐤍𐤉 𐤉𐤄𐤅𐤄 𐤊𐤉 𐤂𐤓𐤔𐤅𐤍𐤉 𐤄𐤉𐤅𐤌 𐤌𐤄𐤎𐤕𐤐𐤇 𐤁𐤍𐤇𐤋𐤕 𐤉𐤄𐤅𐤄 𐤋𐤀𐤌𐤓 𐤋𐤊 𐤏𐤁𐤃 𐤀𐤋𐤄𐤉𐤌 𐤀𐤇𐤓𐤉𐤌•

𐤊 𐤅𐤏𐤕𐤄 𐤀𐤋 𐤉𐤐𐤋 𐤃𐤌𐤉 𐤀𐤓𐤑𐤄 𐤌𐤍𐤂𐤃 𐤐𐤍𐤉 𐤉𐤄𐤅𐤄 𐤊𐤉 𐤉𐤑𐤀 𐤌𐤋𐤊 𐤉𐤔𐤓𐤀𐤋 𐤋𐤁𐤒𐤔 𐤀𐤕 𐤐𐤓𐤏𐤔 𐤀𐤇𐤃 𐤊𐤀𐤔𐤓 𐤉𐤓𐤃𐤐 𐤄𐤒𐤓𐤀 𐤁𐤄𐤓𐤉𐤌•

𐤊𐤀 𐤅𐤉𐤀𐤌𐤓 𐤔𐤀𐤅𐤋 𐤇𐤈𐤀𐤕𐤉 𐤔𐤅𐤁 𐤁𐤍𐤉 𐤃𐤅𐤃 𐤊𐤉 𐤋𐤀 𐤀𐤓𐤏 𐤋𐤊 𐤏𐤅𐤃 𐤕𐤇𐤕 𐤀𐤔𐤓 𐤉𐤒𐤓𐤄 𐤍𐤐𐤔𐤉 𐤁𐤏𐤉𐤍𐤉𐤊 𐤄𐤉𐤅𐤌 𐤄𐤆𐤄 𐤄𐤍𐤄 𐤄𐤎𐤊𐤋𐤕𐤉 𐤅𐤀𐤔𐤂𐤄 𐤄𐤓𐤁𐤄 𐤌𐤀𐤃•

𐤊𐤁 𐤅𐤉𐤏𐤍 𐤃𐤅𐤃 𐤅𐤉𐤀𐤌𐤓 𐤄𐤍𐤄 𐤄𐤇𐤍𐤉𐤕 [𐤇𐤍𐤉𐤕] 𐤄𐤌𐤋𐤊 𐤅𐤉𐤏𐤁𐤓 𐤀𐤇𐤃 𐤌𐤄𐤍𐤏𐤓𐤉𐤌 𐤅𐤉𐤒𐤇𐤄•

𐤊𐤂 𐤅𐤉𐤄𐤅𐤄 𐤉𐤔𐤉𐤁 𐤋𐤀𐤉𐤔 𐤀𐤕 𐤑𐤃𐤒𐤕𐤅 𐤅𐤀𐤕 𐤀𐤌𐤍𐤕𐤅 𐤀𐤔𐤓 𐤍𐤕𐤍𐤊 𐤉𐤄𐤅𐤄 𐤄𐤉𐤅𐤌 𐤁𐤉𐤃 𐤅𐤋𐤀 𐤀𐤁𐤉𐤕𐤉 𐤋𐤔𐤋𐤇 𐤉𐤃𐤉 𐤁𐤌𐤔𐤉𐤇 𐤉𐤄𐤅𐤄•

𐤊𐤃 𐤅𐤄𐤍𐤄 𐤊𐤀𐤔𐤓 𐤂𐤃𐤋𐤄 𐤍𐤐𐤔𐤊 𐤄𐤉𐤅𐤌 𐤄𐤆𐤄 𐤁𐤏𐤉𐤍𐤉 𐤊𐤍 𐤕𐤂𐤃𐤋 𐤍𐤐𐤔𐤉 𐤁𐤏𐤉𐤍𐤉 𐤉𐤄𐤅𐤄 𐤅𐤉𐤑𐤋𐤍𐤉 𐤌𐤊𐤋 𐤑𐤓𐤄•

𐤊𐤄 𐤅𐤉𐤀𐤌𐤓 𐤔𐤀𐤅𐤋 𐤀𐤋 𐤃𐤅𐤃 𐤁𐤓𐤅𐤊 𐤀𐤕𐤄 𐤁𐤍𐤉 𐤃𐤅𐤃 𐤂𐤌 𐤏𐤔𐤄 𐤕𐤏𐤔𐤄 𐤅𐤂𐤌 𐤉𐤊𐤋 𐤕𐤅𐤊𐤋 𐤅𐤉𐤋𐤊 𐤃𐤅𐤃 𐤋𐤃𐤓𐤊𐤅 𐤅𐤔𐤀𐤅𐤋 𐤔𐤁 𐤋𐤌𐤒𐤅𐤌𐤅•

# 𐤔𐤌𐤅𐤀𐤋 𐤀

𐤐𐤓𐤒 𐤊𐤆

𐤀𐤅𐤉𐤀𐤌𐤓 𐤃𐤅𐤃 𐤀𐤋 𐤋𐤁𐤅 𐤏𐤕𐤄 𐤀𐤎𐤐𐤄 𐤉𐤅𐤌 𐤀𐤇𐤃 𐤁𐤉𐤃 𐤔𐤀𐤅𐤋 𐤀𐤉𐤍 𐤋𐤉
𐤈𐤅𐤁 𐤊𐤉 𐤄𐤌𐤋𐤈 𐤀𐤌𐤋𐤈 𐤀𐤋 𐤀𐤓𐤑 𐤐𐤋𐤔𐤕𐤉𐤌 𐤅𐤍𐤅𐤀𐤔 𐤌𐤌𐤍𐤉 𐤔𐤀𐤅𐤋
𐤋𐤁𐤒𐤔𐤍𐤉 𐤏𐤅𐤃 𐤁𐤊𐤋 𐤂𐤁𐤅𐤋 𐤉𐤔𐤓𐤀𐤋 𐤅𐤍𐤌𐤋𐤈𐤕𐤉 𐤌𐤉𐤃𐤅•
𐤁𐤅𐤉𐤒𐤌 𐤃𐤅𐤃 𐤅𐤉𐤏𐤁𐤓 𐤄𐤅𐤀 𐤅𐤔𐤔 𐤌𐤀𐤅𐤕 𐤀𐤉𐤔 𐤀𐤔𐤓 𐤏𐤌𐤅 𐤀𐤋 𐤀𐤊𐤉𐤔
𐤁𐤍 𐤌𐤏𐤅𐤊 𐤌𐤋𐤊 𐤂𐤕•
𐤂𐤅𐤉𐤔𐤁 𐤃𐤅𐤃 𐤏𐤌 𐤀𐤊𐤉𐤔 𐤁𐤂𐤕 𐤄𐤅𐤀 𐤅𐤀𐤍𐤔𐤉𐤅 𐤀𐤉𐤔 𐤅𐤁𐤉𐤕𐤅 𐤃𐤅𐤃
𐤅𐤔𐤕𐤉 𐤍𐤔𐤉𐤅 𐤀𐤇𐤉𐤍𐤏𐤌 𐤄𐤉𐤆𐤓𐤏𐤀𐤋𐤉𐤕 𐤅𐤀𐤁𐤉𐤂𐤉𐤋 𐤀𐤔𐤕 𐤍𐤁𐤋
𐤄𐤊𐤓𐤌𐤋𐤉𐤕•
𐤃𐤅𐤉𐤂𐤃 𐤋𐤔𐤀𐤅𐤋 𐤊𐤉 𐤁𐤓𐤇 𐤃𐤅𐤃 𐤂𐤕 𐤅𐤋𐤀 𐤉𐤅𐤎𐤐 [𐤉𐤎𐤐] 𐤏𐤅𐤃 𐤋𐤁𐤒𐤔𐤅•
𐤄𐤅𐤉𐤀𐤌𐤓 𐤃𐤅𐤃 𐤀𐤋 𐤀𐤊𐤉𐤔 𐤀𐤌 𐤍𐤀 𐤌𐤑𐤀𐤕𐤉 𐤇𐤍 𐤁𐤏𐤉𐤍𐤉𐤊 𐤉𐤕𐤍𐤅 𐤋𐤉
𐤌𐤒𐤅𐤌 𐤁𐤀𐤇𐤕 𐤏𐤓𐤉 𐤄𐤔𐤃𐤄 𐤅𐤀𐤔𐤁𐤄 𐤔𐤌 𐤅𐤋𐤌𐤄 𐤉𐤔𐤁 𐤏𐤁𐤃𐤊 𐤁𐤏𐤉𐤓
𐤄𐤌𐤌𐤋𐤊𐤄 𐤏𐤌𐤊•
𐤅𐤅𐤉𐤕𐤍 𐤋𐤅 𐤀𐤊𐤉𐤔 𐤁𐤉𐤅𐤌 𐤄𐤄𐤅𐤀 𐤀𐤕 𐤑𐤒𐤋𐤂 𐤋𐤊𐤍 𐤄𐤉𐤕𐤄 𐤑𐤒𐤋𐤂
𐤋𐤌𐤋𐤊𐤉 𐤉𐤄𐤅𐤃𐤄 𐤏𐤃 𐤄𐤉𐤅𐤌 𐤄𐤆𐤄•
𐤆𐤅𐤉𐤄𐤉 𐤌𐤎𐤐𐤓 𐤄𐤉𐤌𐤉𐤌 𐤀𐤔𐤓 𐤉𐤔𐤁 𐤃𐤅𐤃 𐤁𐤔𐤃𐤄 𐤐𐤋𐤔𐤕𐤉𐤌 𐤉𐤌𐤉𐤌
𐤅𐤀𐤓𐤁𐤏𐤄 𐤇𐤃𐤔𐤉𐤌•
𐤇𐤅𐤉𐤏𐤋 𐤃𐤅𐤃 𐤅𐤀𐤍𐤔𐤉𐤅 𐤅𐤉𐤐𐤔𐤈𐤅 𐤀𐤋 𐤄𐤂𐤔𐤅𐤓𐤉 𐤅𐤄𐤂𐤓𐤆𐤉 [𐤅𐤄𐤂𐤆𐤓𐤉]
𐤅𐤄𐤏𐤌𐤋𐤒𐤉 𐤊𐤉 𐤄𐤍𐤄 𐤉𐤔𐤁𐤅𐤕 𐤄𐤀𐤓𐤑 𐤀𐤔𐤓 𐤌𐤏𐤅𐤋𐤌 𐤁𐤅𐤀𐤊 𐤔𐤅𐤓𐤄 𐤅𐤏𐤃
𐤀𐤓𐤑 𐤌𐤑𐤓𐤉𐤌•
𐤈𐤅𐤄𐤊𐤄 𐤃𐤅𐤃 𐤀𐤕 𐤄𐤀𐤓𐤑 𐤅𐤋𐤀 𐤉𐤇𐤉𐤄 𐤀𐤉𐤔 𐤅𐤀𐤔𐤄 𐤅𐤋𐤒𐤇 𐤑𐤀𐤍
𐤅𐤁𐤒𐤓 𐤅𐤇𐤌𐤓𐤉𐤌 𐤅𐤂𐤌𐤋𐤉𐤌 𐤅𐤁𐤂𐤃𐤉𐤌 𐤅𐤉𐤔𐤁 𐤅𐤉𐤁𐤀 𐤀𐤋 𐤀𐤊𐤉𐤔•
𐤉𐤅𐤉𐤀𐤌𐤓 𐤀𐤊𐤉𐤔 𐤀𐤋 𐤐𐤔𐤈𐤕𐤌 𐤄𐤉𐤅𐤌 𐤅𐤉𐤀𐤌𐤓 𐤃𐤅𐤃 𐤏𐤋 𐤍𐤂𐤁 𐤉𐤄𐤅𐤃𐤄
𐤅𐤏𐤋 𐤍𐤂𐤁 𐤄𐤉𐤓𐤇𐤌𐤀𐤋𐤉 𐤅𐤀𐤋 𐤍𐤂𐤁 𐤄𐤒𐤉𐤍𐤉•
𐤉𐤀𐤅𐤀𐤉𐤔 𐤅𐤀𐤔𐤄 𐤋𐤀 𐤉𐤇𐤉𐤄 𐤃𐤅𐤃 𐤋𐤄𐤁𐤉𐤀 𐤂𐤕 𐤋𐤀𐤌𐤓 𐤐𐤍 𐤉𐤂𐤃𐤅
𐤏𐤋𐤉𐤍𐤅 𐤋𐤀𐤌𐤓 𐤊𐤄 𐤏𐤔𐤄 𐤃𐤅𐤃 𐤅𐤊𐤄 𐤌𐤔𐤐𐤈𐤅 𐤊𐤋 𐤄𐤉𐤌𐤉𐤌 𐤀𐤔𐤓 𐤉𐤔𐤁
𐤁𐤔𐤃𐤄 𐤐𐤋𐤔𐤕𐤉𐤌•
𐤉𐤁𐤅𐤉𐤀𐤌𐤍 𐤀𐤊𐤉𐤔 𐤁𐤃𐤅𐤃 𐤋𐤀𐤌𐤓 𐤄𐤁𐤀𐤔 𐤄𐤁𐤀𐤉𐤔 𐤁𐤏𐤌𐤅 𐤁𐤉𐤔𐤓𐤀𐤋
𐤅𐤄𐤉𐤄 𐤋𐤉 𐤋𐤏𐤁𐤃 𐤏𐤅𐤋𐤌•

𐤐𐤓𐤒 𐤊𐤇

𐤀𐤅𐤉𐤄𐤉 𐤁𐤉𐤌𐤉𐤌 𐤄𐤄𐤌 𐤅𐤉𐤒𐤁𐤑𐤅 𐤐𐤋𐤔𐤕𐤉𐤌 𐤀𐤕 𐤌𐤇𐤍𐤉𐤄𐤌 𐤋𐤑𐤁𐤀

# 𐤔𐤌𐤅𐤀𐤋 𐤀

𐤋𐤄𐤋𐤇𐤌 𐤁𐤉𐤔𐤓𐤀𐤋 𐤅𐤉𐤀𐤌𐤓 𐤀𐤊𐤉𐤔 𐤀𐤋 𐤃𐤅𐤃 𐤉𐤃𐤏 𐤕𐤃𐤏 𐤊𐤉 𐤀𐤕𐤉 𐤕𐤑𐤀
𐤁𐤌𐤇𐤍𐤄 𐤀𐤕𐤄 𐤅𐤀𐤍𐤔𐤉𐤊.

𐤁 𐤅𐤉𐤀𐤌𐤓 𐤃𐤅𐤃 𐤀𐤋 𐤀𐤊𐤉𐤔 𐤋𐤊𐤍 𐤀𐤕𐤄 𐤕𐤃𐤏 𐤀𐤕 𐤀𐤔𐤓 𐤉𐤏𐤔𐤄 𐤏𐤁𐤃𐤊
𐤅𐤉𐤀𐤌𐤓 𐤀𐤊𐤉𐤔 𐤀𐤋 𐤃𐤅𐤃 𐤋𐤊𐤍 𐤔𐤌𐤓 𐤋𐤓𐤀𐤔𐤉 𐤀𐤔𐤉𐤌𐤊 𐤊𐤋 𐤄𐤉𐤌𐤉𐤌.

𐤂 𐤅𐤔𐤌𐤅𐤀𐤋 𐤌𐤕 𐤅𐤉𐤎𐤐𐤃𐤅 𐤋𐤅 𐤊𐤋 𐤉𐤔𐤓𐤀𐤋 𐤅𐤉𐤒𐤁𐤓𐤄𐤅 𐤁𐤓𐤌𐤄 𐤅𐤁𐤏𐤉𐤓𐤅
𐤅𐤔𐤀𐤅𐤋 𐤄𐤎𐤉𐤓 𐤀𐤕 𐤄𐤀𐤁𐤅𐤕 𐤅𐤀𐤕 𐤄𐤉𐤃𐤏𐤍𐤉𐤌 𐤌𐤄𐤀𐤓𐤑.

𐤃 𐤅𐤉𐤒𐤁𐤑𐤅 𐤐𐤋𐤔𐤕𐤉𐤌 𐤅𐤉𐤁𐤀𐤅 𐤅𐤉𐤇𐤍𐤅 𐤁𐤔𐤅𐤍𐤌 𐤅𐤉𐤒𐤁𐤑 𐤔𐤀𐤅𐤋 𐤀𐤕
𐤊𐤋 𐤉𐤔𐤓𐤀𐤋 𐤅𐤉𐤇𐤍𐤅 𐤁𐤂𐤋𐤁𐤏.

𐤄 𐤅𐤉𐤓𐤀 𐤔𐤀𐤅𐤋 𐤀𐤕 𐤌𐤇𐤍𐤄 𐤐𐤋𐤔𐤕𐤉𐤌 𐤅𐤉𐤉𐤓𐤀 𐤅𐤉𐤇𐤓𐤃 𐤋𐤁𐤅 𐤌𐤀𐤃.

𐤅 𐤅𐤉𐤔𐤀𐤋 𐤔𐤀𐤅𐤋 𐤁𐤉𐤄𐤅𐤄 𐤅𐤋𐤀 𐤏𐤍𐤄𐤅 𐤉𐤄𐤅𐤄 𐤂𐤌 𐤁𐤇𐤋𐤌𐤅𐤕 𐤂𐤌
𐤁𐤀𐤅𐤓𐤉𐤌 𐤂𐤌 𐤁𐤍𐤁𐤉𐤀𐤌.

𐤆 𐤅𐤉𐤀𐤌𐤓 𐤔𐤀𐤅𐤋 𐤋𐤏𐤁𐤃𐤉𐤅 𐤁𐤒𐤔𐤅 𐤋𐤉 𐤀𐤔𐤕 𐤁𐤏𐤋𐤕 𐤀𐤅𐤁 𐤅𐤀𐤋𐤊𐤄
𐤀𐤋𐤉𐤄 𐤅𐤀𐤃𐤓𐤔𐤄 𐤁𐤄 𐤅𐤉𐤀𐤌𐤓𐤅 𐤏𐤁𐤃𐤉𐤅 𐤀𐤋𐤉𐤅 𐤄𐤍𐤄 𐤀𐤔𐤕 𐤁𐤏𐤋𐤕 𐤀𐤅𐤁
𐤁𐤏𐤉𐤍 𐤃𐤅𐤓.

𐤇 𐤅𐤉𐤕𐤇𐤐𐤔 𐤔𐤀𐤅𐤋 𐤅𐤉𐤋𐤁𐤔 𐤁𐤂𐤃𐤉𐤌 𐤀𐤇𐤓𐤉𐤌 𐤅𐤉𐤋𐤊 𐤄𐤅𐤀 𐤅𐤔𐤍𐤉
𐤀𐤍𐤔𐤉𐤌 𐤏𐤌𐤅 𐤅𐤉𐤁𐤀𐤅 𐤀𐤋 𐤄𐤀𐤔𐤄 𐤋𐤉𐤋𐤄 𐤅𐤉𐤀𐤌𐤓 𐤒𐤎𐤅𐤌𐤉 [𐤒𐤎𐤌𐤉]
𐤍𐤀 𐤋𐤉 𐤁𐤀𐤅𐤁 𐤅𐤄𐤏𐤋𐤉 𐤋𐤉 𐤀𐤕 𐤀𐤔𐤓 𐤀𐤌𐤓 𐤀𐤋𐤉𐤊.

𐤈 𐤅𐤕𐤀𐤌𐤓 𐤄𐤀𐤔𐤄 𐤀𐤋𐤉𐤅 𐤄𐤍𐤄 𐤀𐤕𐤄 𐤉𐤃𐤏𐤕 𐤀𐤕 𐤀𐤔𐤓 𐤏𐤔𐤄 𐤔𐤀𐤅𐤋
𐤀𐤔𐤓 𐤄𐤊𐤓𐤉𐤕 𐤀𐤕 𐤄𐤀𐤁𐤅𐤕 𐤅𐤀𐤕 𐤄𐤉𐤃𐤏𐤍𐤉 𐤌𐤍 𐤄𐤀𐤓𐤑 𐤅𐤋𐤌𐤄 𐤀𐤕𐤄
𐤌𐤕𐤍𐤒𐤔 𐤁𐤍𐤐𐤔𐤉 𐤋𐤄𐤌𐤉𐤕𐤍𐤉.

𐤉 𐤅𐤉𐤔𐤁𐤏 𐤋𐤄 𐤔𐤀𐤅𐤋 𐤁𐤉𐤄𐤅𐤄 𐤋𐤀𐤌𐤓 𐤇𐤉 𐤉𐤄𐤅𐤄 𐤀𐤌 𐤉𐤒𐤓𐤊 𐤏𐤅𐤍
𐤁𐤃𐤁𐤓 𐤄𐤆𐤄.

𐤉𐤀 𐤅𐤕𐤀𐤌𐤓 𐤄𐤀𐤔𐤄 𐤀𐤕 𐤌𐤉 𐤀𐤏𐤋𐤄 𐤋𐤊 𐤅𐤉𐤀𐤌𐤓 𐤀𐤕 𐤔𐤌𐤅𐤀𐤋 𐤄𐤏𐤋𐤉
𐤋𐤉.

𐤉𐤁 𐤅𐤕𐤓𐤀 𐤄𐤀𐤔𐤄 𐤀𐤕 𐤔𐤌𐤅𐤀𐤋 𐤅𐤕𐤆𐤏𐤒 𐤁𐤒𐤅𐤋 𐤂𐤃𐤅𐤋 𐤅𐤕𐤀𐤌𐤓 𐤄𐤀𐤔𐤄
𐤀𐤋 𐤔𐤀𐤅𐤋 𐤋𐤀𐤌𐤓 𐤋𐤌𐤄 𐤓𐤌𐤉𐤕𐤍𐤉 𐤅𐤀𐤕𐤄 𐤔𐤀𐤅𐤋.

𐤉𐤂 𐤅𐤉𐤀𐤌𐤓 𐤋𐤄 𐤄𐤌𐤋𐤊 𐤀𐤋 𐤕𐤉𐤓𐤀𐤉 𐤊𐤉 𐤌𐤄 𐤓𐤀𐤉𐤕 𐤅𐤕𐤀𐤌𐤓 𐤄𐤀𐤔𐤄
𐤀𐤋 𐤔𐤀𐤅𐤋 𐤀𐤋𐤄𐤉𐤌 𐤓𐤀𐤉𐤕𐤉 𐤏𐤋𐤉𐤌 𐤌𐤍 𐤄𐤀𐤓𐤑.

𐤉𐤃 𐤅𐤉𐤀𐤌𐤓 𐤋𐤄 𐤌𐤄 𐤕𐤀𐤓𐤅 𐤅𐤕𐤀𐤌𐤓 𐤀𐤉𐤔 𐤆𐤒𐤍 𐤏𐤋𐤄 𐤅𐤄𐤅𐤀 𐤏𐤈𐤄
𐤌𐤏𐤉𐤋 𐤅𐤉𐤃𐤏 𐤔𐤀𐤅𐤋 𐤊𐤉 𐤔𐤌𐤅𐤀𐤋 𐤄𐤅𐤀 𐤅𐤉𐤒𐤃 𐤀𐤐𐤉𐤌 𐤀𐤓𐤑𐤄
𐤅𐤉𐤔𐤕𐤇𐤅.

𐤈𐤅 𐤅𐤉𐤀𐤌𐤓 𐤔𐤌𐤅𐤀𐤋 𐤀𐤋 𐤔𐤀𐤅𐤋 𐤋𐤌𐤄 𐤄𐤓𐤂𐤆𐤕𐤍𐤉 𐤋𐤄𐤏𐤋𐤅𐤕 𐤀𐤕𐤉
𐤅𐤉𐤀𐤌𐤓 𐤔𐤀𐤅𐤋 𐤑𐤓 𐤋𐤉 𐤌𐤀𐤃 𐤅𐤐𐤋𐤔𐤕𐤉𐤌 𐤍𐤋𐤇𐤌𐤉𐤌 𐤁𐤉 𐤅𐤀𐤋𐤄𐤉𐤌 𐤎𐤓

# 𐤔𐤌𐤅𐤀𐤋 𐤀

𐤌𐤏𐤋𐤉 𐤅𐤋𐤀 𐤏𐤍𐤍𐤉 𐤏𐤅𐤃 𐤂𐤌 𐤁𐤉𐤃 𐤄𐤍𐤁𐤉𐤀𐤉𐤌 𐤂𐤌 𐤁𐤇𐤋𐤌𐤅𐤕 𐤅𐤀𐤒𐤓𐤀𐤄 𐤋𐤊 𐤋𐤄𐤅𐤃𐤉𐤏𐤍𐤉 𐤌𐤄 𐤀𐤏𐤔𐤄.

𐤈𐤆 𐤅𐤉𐤀𐤌𐤓 𐤔𐤌𐤅𐤀𐤋 𐤅𐤋𐤌𐤄 𐤕𐤔𐤀𐤋𐤍𐤉 𐤅𐤉𐤄𐤅𐤄 𐤎𐤓 𐤌𐤏𐤋𐤉𐤊 𐤅𐤉𐤄𐤉 𐤏𐤓𐤊.

𐤉𐤆 𐤅𐤉𐤏𐤔 𐤉𐤄𐤅𐤄 𐤋𐤅 𐤊𐤀𐤔𐤓 𐤃𐤁𐤓 𐤁𐤉𐤃𐤉 𐤅𐤉𐤒𐤓𐤏 𐤉𐤄𐤅𐤄 𐤀𐤕 𐤄𐤌𐤌𐤋𐤊𐤄 𐤌𐤉𐤃𐤊 𐤅𐤉𐤕𐤍𐤄 𐤋𐤓𐤏𐤊 𐤋𐤃𐤅𐤃.

𐤉𐤇 𐤊𐤀𐤔𐤓 𐤋𐤀 𐤔𐤌𐤏𐤕 𐤁𐤒𐤅𐤋 𐤉𐤄𐤅𐤄 𐤅𐤋𐤀 𐤏𐤔𐤉𐤕 𐤇𐤓𐤅𐤍 𐤀𐤐𐤅 𐤁𐤏𐤌𐤋𐤒 𐤏𐤋 𐤊𐤍 𐤄𐤃𐤁𐤓 𐤄𐤆𐤄 𐤏𐤔𐤄 𐤋𐤊 𐤉𐤄𐤅𐤄 𐤄𐤉𐤅𐤌 𐤄𐤆𐤄.

𐤉𐤈 𐤅𐤉𐤕𐤍 𐤉𐤄𐤅𐤄 𐤂𐤌 𐤀𐤕 𐤉𐤔𐤓𐤀𐤋 𐤏𐤌𐤊 𐤁𐤉𐤃 𐤐𐤋𐤔𐤕𐤉𐤌 𐤅𐤌𐤇𐤓 𐤀𐤕𐤄 𐤅𐤁𐤍𐤉𐤊 𐤏𐤌𐤉 𐤂𐤌 𐤀𐤕 𐤌𐤇𐤍𐤄 𐤉𐤔𐤓𐤀𐤋 𐤉𐤕𐤍 𐤉𐤄𐤅𐤄 𐤁𐤉𐤃 𐤐𐤋𐤔𐤕𐤉𐤌.

𐤊 𐤅𐤉𐤌𐤄𐤓 𐤔𐤀𐤅𐤋 𐤅𐤉𐤐𐤋 𐤌𐤋𐤀 𐤒𐤅𐤌𐤕𐤅 𐤀𐤓𐤑𐤄 𐤅𐤉𐤓𐤀 𐤌𐤀𐤃 𐤌𐤃𐤁𐤓𐤉 𐤔𐤌𐤅𐤀𐤋 𐤂𐤌 𐤊𐤇 𐤋𐤀 𐤄𐤉𐤄 𐤁𐤅 𐤊𐤉 𐤋𐤀 𐤀𐤊𐤋 𐤋𐤇𐤌 𐤊𐤋 𐤄𐤉𐤅𐤌 𐤅𐤊𐤋 𐤄𐤋𐤉𐤋𐤄.

𐤊𐤀 𐤅𐤕𐤁𐤅𐤀 𐤄𐤀𐤔𐤄 𐤀𐤋 𐤔𐤀𐤅𐤋 𐤅𐤕𐤓𐤀 𐤊𐤉 𐤍𐤁𐤄𐤋 𐤌𐤀𐤃 𐤅𐤕𐤀𐤌𐤓 𐤀𐤋𐤉𐤅 𐤄𐤍𐤄 𐤔𐤌𐤏𐤄 𐤔𐤐𐤇𐤕𐤊 𐤁𐤒𐤅𐤋𐤊 𐤅𐤀𐤔𐤉𐤌 𐤍𐤐𐤔𐤉 𐤁𐤊𐤐𐤉 𐤅𐤀𐤔𐤌𐤏 𐤀𐤕 𐤃𐤁𐤓𐤉𐤊 𐤀𐤔𐤓 𐤃𐤁𐤓𐤕 𐤀𐤋𐤉.

𐤊𐤁 𐤅𐤏𐤕𐤄 𐤔𐤌𐤏 𐤍𐤀 𐤂𐤌 𐤀𐤕𐤄 𐤁𐤒𐤅𐤋 𐤔𐤐𐤇𐤕𐤊 𐤅𐤀𐤔𐤌𐤄 𐤋𐤐𐤍𐤉𐤊 𐤐𐤕 𐤋𐤇𐤌 𐤅𐤀𐤊𐤅𐤋 𐤅𐤉𐤄𐤉 𐤁𐤊 𐤊𐤇 𐤊𐤉 𐤕𐤋𐤊 𐤁𐤃𐤓𐤊.

𐤊𐤂 𐤅𐤉𐤌𐤀𐤍 𐤅𐤉𐤀𐤌𐤓 𐤋𐤀 𐤀𐤊𐤋 𐤅𐤉𐤐𐤓𐤑𐤅 𐤁𐤅 𐤏𐤁𐤃𐤉𐤅 𐤅𐤂𐤌 𐤄𐤀𐤔𐤄 𐤅𐤉𐤔𐤌𐤏𐤅 𐤋𐤒𐤋𐤌 𐤅𐤉𐤒𐤌 𐤌𐤄𐤀𐤓𐤑 𐤅𐤉𐤔𐤁 𐤀𐤋 𐤄𐤌𐤈𐤄.

𐤊𐤃 𐤅𐤋𐤀𐤔𐤄 𐤏𐤂𐤋 𐤌𐤓𐤁𐤒 𐤁𐤁𐤉𐤕 𐤅𐤕𐤌𐤄𐤓 𐤅𐤕𐤆𐤁𐤇𐤄𐤅 𐤅𐤕𐤒𐤇 𐤒𐤌𐤇 𐤅𐤕𐤋𐤔 𐤅𐤕𐤐𐤄𐤅 𐤌𐤑𐤅𐤕.

𐤊𐤄 𐤅𐤕𐤂𐤔 𐤋𐤐𐤍𐤉 𐤔𐤀𐤅𐤋 𐤅𐤋𐤐𐤍𐤉 𐤏𐤁𐤃𐤉𐤅 𐤅𐤉𐤀𐤊𐤋𐤅 𐤅𐤉𐤒𐤌𐤅 𐤅𐤉𐤋𐤊𐤅 𐤁𐤋𐤉𐤋𐤄 𐤄𐤄𐤅𐤀.

## 𐤐𐤓𐤒 𐤊𐤈

𐤀 𐤅𐤉𐤒𐤁𐤑𐤅 𐤐𐤋𐤔𐤕𐤉𐤌 𐤀𐤕 𐤊𐤋 𐤌𐤇𐤍𐤉𐤄𐤌 𐤀𐤐𐤒𐤄 𐤅𐤉𐤔𐤓𐤀𐤋 𐤇𐤍𐤉𐤌 𐤁𐤏𐤉𐤍 𐤀𐤔𐤓 𐤁𐤉𐤆𐤓𐤏𐤀𐤋.

𐤁 𐤅𐤎𐤓𐤍𐤉 𐤐𐤋𐤔𐤕𐤉𐤌 𐤏𐤁𐤓𐤉𐤌 𐤋𐤌𐤀𐤅𐤕 𐤅𐤋𐤀𐤋𐤐𐤉𐤌 𐤅𐤃𐤅𐤃 𐤅𐤀𐤍𐤔𐤉𐤅 𐤏𐤁𐤓𐤉𐤌 𐤁𐤀𐤇𐤓𐤍𐤄 𐤏𐤌 𐤀𐤊𐤉𐤔.

𐤂 𐤅𐤉𐤀𐤌𐤓𐤅 𐤔𐤓𐤉 𐤐𐤋𐤔𐤕𐤉𐤌 𐤌𐤄 𐤄𐤏𐤁𐤓𐤉𐤌 𐤄𐤀𐤋𐤄 𐤅𐤉𐤀𐤌𐤓 𐤀𐤊𐤉𐤔 𐤀𐤋 𐤔𐤓𐤉 𐤐𐤋𐤔𐤕𐤉𐤌 𐤄𐤋𐤅𐤀 𐤆𐤄 𐤃𐤅𐤃 𐤏𐤁𐤃 𐤔𐤀𐤅𐤋 𐤌𐤋𐤊 𐤉𐤔𐤓𐤀𐤋 𐤀𐤔𐤓 𐤄𐤉𐤄 𐤀𐤕𐤉 𐤆𐤄 𐤉𐤌𐤉𐤌 𐤀𐤅 𐤆𐤄 𐤔𐤍𐤉𐤌 𐤅𐤋𐤀 𐤌𐤑𐤀𐤕𐤉 𐤁𐤅 𐤌𐤀𐤅𐤌𐤄 𐤌𐤉𐤅𐤌

𐤍𐤐𐤋𐤅 𐤏𐤃 𐤄𐤉𐤅𐤌 𐤄𐤆𐤄•

𐤃 𐤅𐤉𐤒𐤑𐤐𐤅 𐤏𐤋𐤉𐤅 𐤔𐤓𐤉 𐤐𐤋𐤔𐤕𐤉𐤌 𐤅𐤉𐤀𐤌𐤓𐤅 𐤋𐤅 𐤔𐤓𐤉 𐤐𐤋𐤔𐤕𐤉𐤌 𐤄𐤔𐤁 𐤀𐤕 𐤄𐤀𐤉𐤔 𐤅𐤉𐤔𐤁 𐤀𐤋 𐤌𐤒𐤅𐤌𐤅 𐤀𐤔𐤓 𐤄𐤐𐤒𐤃𐤕𐤅 𐤔𐤌 𐤅𐤋𐤀 𐤉𐤓𐤃 𐤏𐤌𐤍𐤅 𐤁𐤌𐤋𐤇𐤌𐤄 𐤅𐤋𐤀 𐤉𐤄𐤉𐤄 𐤋𐤍𐤅 𐤋𐤔𐤈𐤍 𐤁𐤌𐤋𐤇𐤌𐤄 𐤅𐤁𐤌𐤄 𐤉𐤕𐤓𐤑𐤄 𐤆𐤄 𐤀𐤋 𐤀𐤃𐤍𐤉𐤅 𐤄𐤋𐤅𐤀 𐤁𐤓𐤀𐤔𐤉 𐤄𐤀𐤍𐤔𐤉𐤌 𐤄𐤄𐤌•

𐤄 𐤄𐤋𐤅𐤀 𐤆𐤄 𐤃𐤅𐤃 𐤀𐤔𐤓 𐤉𐤏𐤍𐤅 𐤋𐤅 𐤁𐤌𐤇𐤋𐤅𐤕 𐤋𐤀𐤌𐤓 𐤄𐤊𐤄 𐤔𐤀𐤅𐤋 𐤁𐤀𐤋𐤐𐤉𐤅 𐤅𐤃𐤅𐤃 𐤁𐤓𐤁𐤁𐤕𐤅 [𐤁𐤓𐤁𐤁𐤕𐤉𐤅]•

𐤅 𐤅𐤉𐤒𐤓𐤀 𐤀𐤊𐤉𐤔 𐤀𐤋 𐤃𐤅𐤃 𐤅𐤉𐤀𐤌𐤓 𐤀𐤋𐤉𐤅 𐤇𐤉 𐤉𐤄𐤅𐤄 𐤊𐤉 𐤉𐤔𐤓 𐤀𐤕𐤄 𐤅𐤈𐤅𐤁 𐤁𐤏𐤉𐤍𐤉 𐤑𐤀𐤕𐤊 𐤅𐤁𐤀𐤊 𐤀𐤕𐤉 𐤁𐤌𐤇𐤍𐤄 𐤊𐤉 𐤋𐤀 𐤌𐤑𐤀𐤕𐤉 𐤁𐤊 𐤓𐤏𐤄 𐤌𐤉𐤅𐤌 𐤁𐤀𐤊 𐤀𐤋𐤉 𐤏𐤃 𐤄𐤉𐤅𐤌 𐤄𐤆𐤄 𐤅𐤁𐤏𐤉𐤍𐤉 𐤄𐤎𐤓𐤍𐤉𐤌 𐤋𐤀 𐤈𐤅𐤁 𐤀𐤕𐤄•

𐤆 𐤅𐤏𐤕𐤄 𐤔𐤅𐤁 𐤅𐤋𐤊 𐤁𐤔𐤋𐤅𐤌 𐤅𐤋𐤀 𐤕𐤏𐤔𐤄 𐤓𐤏 𐤁𐤏𐤉𐤍𐤉 𐤎𐤓𐤍𐤉 𐤐𐤋𐤔𐤕𐤉𐤌•

𐤇 𐤅𐤉𐤀𐤌𐤓 𐤃𐤅𐤃 𐤀𐤋 𐤀𐤊𐤉𐤔 𐤊𐤉 𐤌𐤄 𐤏𐤔𐤉𐤕𐤉 𐤅𐤌𐤄 𐤌𐤑𐤀𐤕 𐤁𐤏𐤁𐤃𐤊 𐤌𐤉𐤅𐤌 𐤀𐤔𐤓 𐤄𐤉𐤉𐤕𐤉 𐤋𐤐𐤍𐤉𐤊 𐤏𐤃 𐤄𐤉𐤅𐤌 𐤄𐤆𐤄 𐤊𐤉 𐤋𐤀 𐤀𐤁𐤅𐤀 𐤅𐤍𐤋𐤇𐤌𐤕𐤉 𐤁𐤀𐤉𐤁𐤉 𐤀𐤃𐤍𐤉 𐤄𐤌𐤋𐤊•

𐤈 𐤅𐤉𐤏𐤍 𐤀𐤊𐤉𐤔 𐤅𐤉𐤀𐤌𐤓 𐤀𐤋 𐤃𐤅𐤃 𐤉𐤃𐤏𐤕𐤉 𐤊𐤉 𐤈𐤅𐤁 𐤀𐤕𐤄 𐤁𐤏𐤉𐤍𐤉 𐤊𐤌𐤋𐤀𐤊 𐤀𐤋𐤄𐤉𐤌 𐤀𐤊 𐤔𐤓𐤉 𐤐𐤋𐤔𐤕𐤉𐤌 𐤀𐤌𐤓𐤅 𐤋𐤀 𐤉𐤏𐤋𐤄 𐤏𐤌𐤍𐤅 𐤁𐤌𐤋𐤇𐤌𐤄•

𐤉 𐤅𐤏𐤕𐤄 𐤄𐤔𐤊𐤌 𐤁𐤁𐤒𐤓 𐤅𐤏𐤁𐤃𐤉 𐤀𐤃𐤍𐤉𐤊 𐤀𐤔𐤓 𐤁𐤀𐤅 𐤀𐤕𐤊 𐤅𐤄𐤔𐤊𐤌𐤕𐤌 𐤁𐤁𐤒𐤓 𐤅𐤀𐤅𐤓 𐤋𐤊𐤌 𐤅𐤋𐤊𐤅•

𐤉𐤀 𐤅𐤉𐤔𐤊𐤌 𐤃𐤅𐤃 𐤄𐤅𐤀 𐤅𐤀𐤍𐤔𐤉𐤅 𐤋𐤋𐤊𐤕 𐤁𐤁𐤒𐤓 𐤋𐤔𐤅𐤁 𐤀𐤋 𐤀𐤓𐤑 𐤐𐤋𐤔𐤕𐤉𐤌 𐤅𐤐𐤋𐤔𐤕𐤉𐤌 𐤏𐤋𐤅 𐤉𐤆𐤓𐤏𐤀𐤋•

## 𐤐𐤓𐤒 𐤋

𐤀 𐤅𐤉𐤄𐤉 𐤁𐤁𐤀 𐤃𐤅𐤃 𐤅𐤀𐤍𐤔𐤉𐤅 𐤑𐤒𐤋𐤂 𐤁𐤉𐤅𐤌 𐤄𐤔𐤋𐤉𐤔𐤉 𐤅𐤏𐤌𐤋𐤒𐤉 𐤐𐤔𐤈𐤅 𐤀𐤋 𐤍𐤂𐤁 𐤅𐤀𐤋 𐤑𐤒𐤋𐤂 𐤅𐤉𐤊𐤅 𐤀𐤕 𐤑𐤒𐤋𐤂 𐤅𐤉𐤔𐤓𐤐𐤅 𐤀𐤕𐤄 𐤁𐤀𐤔•

𐤁 𐤅𐤉𐤔𐤁𐤅 𐤀𐤕 𐤄𐤍𐤔𐤉𐤌 𐤀𐤔𐤓 𐤁𐤄 𐤌𐤒𐤈𐤍 𐤅𐤏𐤃 𐤂𐤃𐤅𐤋 𐤋𐤀 𐤄𐤌𐤉𐤕𐤅 𐤀𐤉𐤔 𐤅𐤉𐤍𐤄𐤂𐤅 𐤅𐤉𐤋𐤊𐤅 𐤋𐤃𐤓𐤊𐤌•

𐤂 𐤅𐤉𐤁𐤀 𐤃𐤅𐤃 𐤅𐤀𐤍𐤔𐤉𐤅 𐤀𐤋 𐤄𐤏𐤉𐤓 𐤅𐤄𐤍𐤄 𐤔𐤓𐤅𐤐𐤄 𐤁𐤀𐤔 𐤅𐤍𐤔𐤉𐤄𐤌 𐤅𐤁𐤍𐤉𐤄𐤌 𐤅𐤁𐤍𐤕𐤉𐤄𐤌 𐤍𐤔𐤁𐤅•

𐤃 𐤅𐤉𐤔𐤀 𐤃𐤅𐤃 𐤅𐤄𐤏𐤌 𐤀𐤔𐤓 𐤀𐤕𐤅 𐤀𐤕 𐤒𐤅𐤋𐤌 𐤅𐤉𐤁𐤊𐤅 𐤏𐤃 𐤀𐤔𐤓 𐤀𐤉𐤍 𐤁𐤄𐤌 𐤊𐤇 𐤋𐤁𐤊𐤅𐤕•

# 𐤔𐤌𐤅𐤀𐤋 𐤀

𐤄 𐤅𐤔𐤕𐤉 𐤍𐤔𐤉 𐤃𐤅𐤃 𐤍𐤔𐤁𐤅 𐤀𐤇𐤉𐤍𐤏𐤌 𐤄𐤉𐤆𐤓𐤏𐤋𐤉𐤕 𐤅𐤀𐤁𐤉𐤂𐤉𐤋 𐤀𐤔𐤕
𐤍𐤁𐤋 𐤄𐤊𐤓𐤌𐤋𐤉•

𐤅 𐤅𐤕𐤑𐤓 𐤋𐤃𐤅𐤃 𐤌𐤀𐤃 𐤊𐤉 𐤀𐤌𐤓𐤅 𐤄𐤏𐤌 𐤋𐤎𐤒𐤋𐤅 𐤊𐤉 𐤌𐤓𐤄 𐤍𐤐𐤔 𐤊𐤋 𐤄𐤏𐤌
𐤀𐤉𐤔 𐤏𐤋 𐤁𐤍𐤅 [𐤁𐤍𐤉𐤅] 𐤅𐤏𐤋 𐤁𐤍𐤕𐤉𐤅 𐤅𐤉𐤕𐤇𐤆𐤒 𐤃𐤅𐤃 𐤁𐤉𐤄𐤅𐤄 𐤀𐤋𐤄𐤉𐤅•

𐤆 𐤅𐤉𐤀𐤌𐤓 𐤃𐤅𐤃 𐤀𐤋 𐤀𐤁𐤉𐤕𐤓 𐤄𐤊𐤄𐤍 𐤁𐤍 𐤀𐤇𐤉𐤌𐤋𐤊 𐤄𐤂𐤉𐤔𐤄 𐤍𐤀 𐤋𐤉
𐤄𐤀𐤐𐤃 𐤅𐤉𐤂𐤔 𐤀𐤁𐤉𐤕𐤓 𐤀𐤕 𐤄𐤀𐤐𐤃 𐤀𐤋 𐤃𐤅𐤃•

𐤇 𐤅𐤉𐤔𐤀𐤋 𐤃𐤅𐤃 𐤁𐤉𐤄𐤅𐤄 𐤋𐤀𐤌𐤓 𐤀𐤓𐤃𐤐 𐤀𐤇𐤓𐤉 𐤄𐤂𐤃𐤅𐤃 𐤄𐤆𐤄 𐤄𐤀𐤔𐤂𐤍𐤅
𐤅𐤉𐤀𐤌𐤓 𐤋𐤅 𐤓𐤃𐤐 𐤊𐤉 𐤄𐤔𐤂 𐤕𐤔𐤉𐤂 𐤅𐤄𐤑𐤋 𐤕𐤑𐤉𐤋•

𐤈 𐤅𐤉𐤋𐤊 𐤃𐤅𐤃 𐤄𐤅𐤀 𐤅𐤔𐤔 𐤌𐤀𐤅𐤕 𐤀𐤉𐤔 𐤀𐤔𐤓 𐤀𐤕𐤅 𐤅𐤉𐤁𐤀𐤅 𐤏𐤃 𐤍𐤇𐤋
𐤄𐤁𐤔𐤅𐤓 𐤅𐤄𐤍𐤅𐤕𐤓𐤉𐤌 𐤏𐤌𐤃𐤅•

𐤉 𐤅𐤉𐤓𐤃𐤐 𐤃𐤅𐤃 𐤄𐤅𐤀 𐤅𐤀𐤓𐤁𐤏 𐤌𐤀𐤅𐤕 𐤀𐤉𐤔 𐤅𐤉𐤏𐤌𐤃𐤅 𐤌𐤀𐤕𐤉𐤌 𐤀𐤉𐤔
𐤀𐤔𐤓 𐤐𐤂𐤓𐤅 𐤌𐤏𐤁𐤓 𐤀𐤕 𐤍𐤇𐤋 𐤄𐤁𐤔𐤅𐤓•

𐤉𐤀 𐤅𐤉𐤌𐤑𐤀𐤅 𐤀𐤉𐤔 𐤌𐤑𐤓𐤉 𐤁𐤔𐤃𐤄 𐤅𐤉𐤒𐤇𐤅 𐤀𐤕𐤅 𐤀𐤋 𐤃𐤅𐤃 𐤅𐤉𐤕𐤍𐤅 𐤋𐤅
𐤋𐤇𐤌 𐤅𐤉𐤀𐤊𐤋 𐤅𐤉𐤔𐤒𐤄𐤅 𐤌𐤉𐤌•

𐤉𐤁 𐤅𐤉𐤕𐤍𐤅 𐤋𐤅 𐤐𐤋𐤇 𐤃𐤁𐤋𐤄 𐤅𐤔𐤍𐤉 𐤑𐤌𐤒𐤉𐤌 𐤅𐤉𐤀𐤊𐤋 𐤅𐤕𐤔𐤁 𐤓𐤅𐤇𐤅
𐤀𐤋𐤉𐤅 𐤊𐤉 𐤋𐤀 𐤀𐤊𐤋 𐤋𐤇𐤌 𐤅𐤋𐤀 𐤔𐤕𐤄 𐤌𐤉𐤌 𐤔𐤋𐤔𐤄 𐤉𐤌𐤉𐤌 𐤅𐤔𐤋𐤔𐤄
𐤋𐤉𐤋𐤅𐤕•

𐤉𐤂 𐤅𐤉𐤀𐤌𐤓 𐤋𐤅 𐤃𐤅𐤃 𐤋𐤌𐤉 𐤀𐤕𐤄 𐤅𐤀𐤉 𐤌𐤆𐤄 𐤀𐤕𐤄 𐤅𐤉𐤀𐤌𐤓 𐤍𐤏𐤓 𐤌𐤑𐤓𐤉
𐤀𐤍𐤊𐤉 𐤏𐤁𐤃 𐤋𐤀𐤉𐤔 𐤏𐤌𐤋𐤒𐤉 𐤅𐤉𐤏𐤆𐤁𐤍𐤉 𐤀𐤃𐤍𐤉 𐤊𐤉 𐤇𐤋𐤉𐤕𐤉 𐤄𐤉𐤅𐤌
𐤔𐤋𐤔𐤄•

𐤉𐤃 𐤀𐤍𐤇𐤍𐤅 𐤐𐤔𐤈𐤍𐤅 𐤍𐤂𐤁 𐤄𐤊𐤓𐤕𐤉 𐤅𐤏𐤋 𐤀𐤔𐤓 𐤋𐤉𐤄𐤅𐤃𐤄 𐤅𐤏𐤋 𐤍𐤂𐤁 𐤊𐤋𐤁
𐤅𐤀𐤕 𐤑𐤒𐤋𐤂 𐤔𐤓𐤐𐤍𐤅 𐤁𐤀𐤔•

𐤈𐤅 𐤅𐤉𐤀𐤌𐤓 𐤀𐤋𐤉𐤅 𐤃𐤅𐤃 𐤄𐤕𐤅𐤓𐤃𐤍𐤉 𐤀𐤋 𐤄𐤂𐤃𐤅𐤃 𐤄𐤆𐤄 𐤅𐤉𐤀𐤌𐤓
𐤄𐤔𐤁𐤏𐤄 𐤋𐤉 𐤁𐤀𐤋𐤄𐤉𐤌 𐤀𐤌 𐤕𐤌𐤉𐤕𐤍𐤉 𐤅𐤀𐤌 𐤕𐤎𐤂𐤓𐤍𐤉 𐤁𐤉𐤃 𐤀𐤃𐤍𐤉
𐤅𐤀𐤅𐤓𐤃𐤊 𐤀𐤋 𐤄𐤂𐤃𐤅𐤃 𐤄𐤆𐤄•

𐤈𐤆 𐤅𐤉𐤓𐤃𐤄𐤅 𐤅𐤄𐤍𐤄 𐤍𐤈𐤔𐤉𐤌 𐤏𐤋 𐤐𐤍𐤉 𐤊𐤋 𐤄𐤀𐤓𐤑 𐤀𐤊𐤋𐤉𐤌 𐤅𐤔𐤕𐤉𐤌
𐤅𐤇𐤂𐤂𐤉𐤌 𐤁𐤊𐤋 𐤄𐤔𐤋𐤋 𐤄𐤂𐤃𐤅𐤋 𐤀𐤔𐤓 𐤋𐤒𐤇𐤅 𐤌𐤀𐤓𐤑 𐤐𐤋𐤔𐤕𐤉𐤌 𐤅𐤌𐤀𐤓𐤑
𐤉𐤄𐤅𐤃𐤄•

𐤉𐤆 𐤅𐤉𐤊𐤌 𐤃𐤅𐤃 𐤌𐤄𐤍𐤔𐤐 𐤅𐤏𐤃 𐤄𐤏𐤓𐤁 𐤋𐤌𐤇𐤓𐤕𐤌 𐤅𐤋𐤀 𐤍𐤌𐤋𐤈 𐤌𐤄𐤌
𐤀𐤉𐤔 𐤊𐤉 𐤀𐤌 𐤀𐤓𐤁𐤏 𐤌𐤀𐤅𐤕 𐤀𐤉𐤔 𐤍𐤏𐤓 𐤀𐤔𐤓 𐤓𐤊𐤁𐤅 𐤏𐤋 𐤄𐤂𐤌𐤋𐤉𐤌
𐤅𐤉𐤍𐤎𐤅•

𐤉𐤇 𐤅𐤉𐤑𐤋 𐤃𐤅𐤃 𐤀𐤕 𐤊𐤋 𐤀𐤔𐤓 𐤋𐤒𐤇𐤅 𐤏𐤌𐤋𐤒 𐤅𐤀𐤕 𐤔𐤕𐤉 𐤍𐤔𐤉𐤅 𐤄𐤑𐤉𐤋
𐤃𐤅𐤃•

# 𐤔𐤌𐤅𐤀𐤋 𐤀

𐤉𐤈 𐤅𐤋𐤀 𐤍𐤏𐤃𐤓 𐤋𐤄𐤌 𐤌𐤍 𐤄𐤒𐤈𐤍 𐤅𐤏𐤃 𐤄𐤂𐤃𐤅𐤋 𐤅𐤏𐤃 𐤁𐤍𐤉𐤌 𐤅𐤁𐤍𐤅𐤕
𐤅𐤌𐤔𐤋𐤋 𐤅𐤏𐤃 𐤊𐤋 𐤀𐤔𐤓 𐤋𐤒𐤇𐤅 𐤋𐤄𐤌 𐤄𐤊𐤋 𐤄𐤔𐤉𐤁 𐤃𐤅𐤃.
𐤊 𐤅𐤉𐤒𐤇 𐤃𐤅𐤃 𐤀𐤕 𐤊𐤋 𐤄𐤑𐤀𐤍 𐤅𐤄𐤁𐤒𐤓 𐤍𐤄𐤂𐤅 𐤋𐤐𐤍𐤉 𐤄𐤌𐤒𐤍𐤄 𐤄𐤄𐤅𐤀
𐤅𐤉𐤀𐤌𐤓𐤅 𐤆𐤄 𐤔𐤋𐤋 𐤃𐤅𐤃.
𐤊𐤀 𐤅𐤉𐤁𐤀 𐤃𐤅𐤃 𐤀𐤋 𐤌𐤀𐤕𐤉𐤌 𐤄𐤀𐤍𐤔𐤉𐤌 𐤀𐤔𐤓 𐤐𐤂𐤓𐤅 𐤌𐤋𐤊𐤕 𐤀𐤇𐤓𐤉
𐤃𐤅𐤃 𐤅𐤉𐤔𐤉𐤁𐤌 𐤁𐤍𐤇𐤋 𐤄𐤁𐤔𐤅𐤓 𐤅𐤉𐤑𐤀𐤅 𐤋𐤒𐤓𐤀𐤕 𐤃𐤅𐤃 𐤅𐤋𐤒𐤓𐤀𐤕 𐤄𐤏𐤌
𐤀𐤔𐤓 𐤀𐤕𐤅 𐤅𐤉𐤂𐤔 𐤃𐤅𐤃 𐤀𐤕 𐤄𐤏𐤌 𐤅𐤉𐤔𐤀𐤋 𐤋𐤄𐤌 𐤋𐤔𐤋𐤅𐤌.
𐤊𐤁 𐤅𐤉𐤏𐤍 𐤊𐤋 𐤀𐤉𐤔 𐤓𐤏 𐤅𐤁𐤋𐤉𐤏𐤋 𐤌𐤄𐤀𐤍𐤔𐤉𐤌 𐤀𐤔𐤓 𐤄𐤋𐤊𐤅 𐤏𐤌 𐤃𐤅𐤃
𐤅𐤉𐤀𐤌𐤓𐤅 𐤉𐤏𐤍 𐤀𐤔𐤓 𐤋𐤀 𐤄𐤋𐤊𐤅 𐤏𐤌𐤉 𐤋𐤀 𐤍𐤕𐤍 𐤋𐤄𐤌 𐤌𐤄𐤔𐤋𐤋 𐤀𐤔𐤓
𐤄𐤑𐤋𐤍𐤅 𐤊𐤉 𐤀𐤌 𐤀𐤉𐤔 𐤀𐤕 𐤀𐤔𐤕𐤅 𐤅𐤀𐤕 𐤁𐤍𐤉𐤅 𐤅𐤉𐤍𐤄𐤂𐤅 𐤅𐤉𐤋𐤊𐤅.
𐤊𐤂 𐤅𐤉𐤀𐤌𐤓 𐤃𐤅𐤃 𐤋𐤀 𐤕𐤏𐤔𐤅 𐤊𐤍 𐤀𐤇𐤉 𐤀𐤕 𐤀𐤔𐤓 𐤍𐤕𐤍 𐤉𐤄𐤅𐤄 𐤋𐤍𐤅
𐤅𐤉𐤔𐤌𐤓 𐤀𐤕𐤍𐤅 𐤅𐤉𐤕𐤍 𐤀𐤕 𐤄𐤂𐤃𐤅𐤃 𐤄𐤁𐤀 𐤏𐤋𐤉𐤍𐤅 𐤁𐤉𐤃𐤍𐤅.
𐤊𐤃 𐤅𐤌𐤉 𐤉𐤔𐤌𐤏 𐤋𐤊𐤌 𐤋𐤃𐤁𐤓 𐤄𐤆𐤄 𐤊𐤉 𐤊𐤇𐤋𐤒 𐤄𐤉𐤓𐤃 𐤁𐤌𐤋𐤇𐤌𐤄
𐤅𐤊𐤇𐤋𐤒 𐤄𐤉𐤅𐤔𐤁 𐤏𐤋 𐤄𐤊𐤋𐤉𐤌 𐤉𐤇𐤃𐤅 𐤉𐤇𐤋𐤒𐤅.
𐤊𐤄 𐤅𐤉𐤄𐤉 𐤌𐤄𐤉𐤅𐤌 𐤄𐤄𐤅𐤀 𐤅𐤌𐤏𐤋𐤄 𐤅𐤉𐤔𐤌𐤄 𐤋𐤇𐤒 𐤅𐤋𐤌𐤔𐤐𐤈
𐤋𐤉𐤔𐤓𐤀𐤋 𐤏𐤃 𐤄𐤉𐤅𐤌 𐤄𐤆𐤄.
𐤊𐤅 𐤅𐤉𐤁𐤀 𐤃𐤅𐤃 𐤀𐤋 𐤑𐤒𐤋𐤂 𐤅𐤉𐤔𐤋𐤇 𐤌𐤄𐤔𐤋𐤋 𐤋𐤆𐤒𐤍𐤉 𐤉𐤄𐤅𐤃𐤄 𐤋𐤓𐤏𐤄𐤅
𐤋𐤀𐤌𐤓 𐤄𐤍𐤄 𐤋𐤊𐤌 𐤁𐤓𐤊𐤄 𐤌𐤔𐤋𐤋 𐤀𐤉𐤁𐤉 𐤉𐤄𐤅𐤄.
𐤊𐤆 𐤋𐤀𐤔𐤓 𐤁𐤁𐤉𐤕 𐤀𐤋 𐤅𐤋𐤀𐤔𐤓 𐤁𐤓𐤌𐤅𐤕 𐤍𐤂𐤁 𐤅𐤋𐤀𐤔𐤓 𐤁𐤉𐤕𐤓.
𐤊𐤇 𐤅𐤋𐤀𐤔𐤓 𐤁𐤏𐤓𐤏𐤓 𐤅𐤋𐤀𐤔𐤓 𐤁𐤔𐤐𐤌𐤅𐤕 𐤅𐤋𐤀𐤔𐤓 𐤁𐤀𐤔𐤕𐤌𐤏.
𐤊𐤈 𐤅𐤋𐤀𐤔𐤓 𐤁𐤓𐤊𐤋 𐤅𐤋𐤀𐤔𐤓 𐤁𐤏𐤓𐤉 𐤄𐤉𐤓𐤇𐤌𐤀𐤋𐤉 𐤅𐤋𐤀𐤔𐤓 𐤁𐤏𐤓𐤉
𐤄𐤒𐤉𐤍𐤉.
𐤋 𐤅𐤋𐤀𐤔𐤓 𐤁𐤇𐤓𐤌𐤄 𐤅𐤋𐤀𐤔𐤓 𐤁𐤊𐤅𐤓 𐤏𐤔𐤍 𐤅𐤋𐤀𐤔𐤓 𐤁𐤏𐤕𐤊.
𐤋𐤀 𐤅𐤋𐤀𐤔𐤓 𐤁𐤇𐤁𐤓𐤅𐤍 𐤅𐤋𐤊𐤋 𐤄𐤌𐤒𐤌𐤅𐤕 𐤀𐤔𐤓 𐤄𐤕𐤄𐤋𐤊 𐤔𐤌 𐤃𐤅𐤃 𐤄𐤅𐤀
𐤅𐤀𐤍𐤔𐤉𐤅.

## 𐤐𐤓𐤒 𐤋𐤀

𐤀 𐤅𐤐𐤋𐤔𐤕𐤉𐤌 𐤍𐤋𐤇𐤌𐤉𐤌 𐤁𐤉𐤔𐤓𐤀𐤋 𐤅𐤉𐤍𐤎𐤅 𐤀𐤍𐤔𐤉 𐤉𐤔𐤓𐤀𐤋 𐤌𐤐𐤍𐤉
𐤐𐤋𐤔𐤕𐤉𐤌 𐤅𐤉𐤐𐤋𐤅 𐤇𐤋𐤋𐤉𐤌 𐤁𐤄𐤓 𐤄𐤂𐤋𐤁𐤏.
𐤁 𐤅𐤉𐤃𐤁𐤒𐤅 𐤐𐤋𐤔𐤕𐤉𐤌 𐤀𐤕 𐤔𐤀𐤅𐤋 𐤅𐤀𐤕 𐤁𐤍𐤉𐤅 𐤅𐤉𐤊𐤅 𐤐𐤋𐤔𐤕𐤉𐤌 𐤀𐤕
𐤉𐤄𐤅𐤍𐤕𐤍 𐤅𐤀𐤕 𐤀𐤁𐤉𐤍𐤃𐤁 𐤅𐤀𐤕 𐤌𐤋𐤊𐤉 𐤔𐤅𐤏 𐤁𐤍𐤉 𐤔𐤀𐤅𐤋.
𐤂 𐤅𐤕𐤊𐤁𐤃 𐤄𐤌𐤋𐤇𐤌𐤄 𐤀𐤋 𐤔𐤀𐤅𐤋 𐤅𐤉𐤌𐤑𐤀𐤄𐤅 𐤄𐤌𐤅𐤓𐤉𐤌 𐤀𐤍𐤔𐤉𐤌
𐤁𐤒𐤔𐤕 𐤅𐤉𐤇𐤋 𐤌𐤀𐤃 𐤌𐤄𐤌𐤅𐤓𐤉𐤌.

# 𐤔𐤌𐤅𐤀𐤋 𐤀

𐤃 𐤅𐤉𐤀𐤌𐤓 𐤔𐤀𐤅𐤋 𐤋𐤍𐤔𐤀 𐤊𐤋𐤉𐤅 𐤔𐤋𐤐 𐤇𐤓𐤁𐤊 𐤅𐤃𐤒𐤓𐤍𐤉 𐤁𐤄 𐤐𐤍 𐤉𐤁𐤅𐤀𐤅
𐤄𐤏𐤓𐤋𐤉𐤌 𐤄𐤀𐤋𐤄 𐤅𐤃𐤒𐤓𐤍𐤉 𐤅𐤄𐤕𐤏𐤋𐤋𐤅 𐤁𐤉 𐤅𐤋𐤀 𐤀𐤁𐤄 𐤍𐤔𐤀 𐤊𐤋𐤉𐤅 𐤊𐤉
𐤉𐤓𐤀 𐤌𐤀𐤃 𐤅𐤉𐤒𐤇 𐤔𐤀𐤅𐤋 𐤀𐤕 𐤄𐤇𐤓𐤁 𐤅𐤉𐤐𐤋 𐤏𐤋𐤉𐤄•

𐤄 𐤅𐤉𐤓𐤀 𐤍𐤔𐤀 𐤊𐤋𐤉𐤅 𐤊𐤉 𐤌𐤕 𐤔𐤀𐤅𐤋 𐤅𐤉𐤐𐤋 𐤂𐤌 𐤄𐤅𐤀 𐤏𐤋 𐤇𐤓𐤁𐤅
𐤅𐤉𐤌𐤕 𐤏𐤌𐤅•

𐤅 𐤅𐤉𐤌𐤕 𐤔𐤀𐤅𐤋 𐤅𐤔𐤋𐤔𐤕 𐤁𐤍𐤉𐤅 𐤅𐤍𐤔𐤀 𐤊𐤋𐤉𐤅 𐤂𐤌 𐤊𐤋 𐤀𐤍𐤔𐤉𐤅
𐤁𐤉𐤅𐤌 𐤄𐤄𐤅𐤀 𐤉𐤇𐤃𐤅•

𐤆 𐤅𐤉𐤓𐤀𐤅 𐤀𐤍𐤔𐤉 𐤉𐤔𐤓𐤀𐤋 𐤀𐤔𐤓 𐤁𐤏𐤁𐤓 𐤄𐤏𐤌𐤒 𐤅𐤀𐤔𐤓 𐤁𐤏𐤁𐤓 𐤄𐤉𐤓𐤃𐤍
𐤊𐤉 𐤍𐤎𐤅 𐤀𐤍𐤔𐤉 𐤉𐤔𐤓𐤀𐤋 𐤅𐤊𐤉 𐤌𐤕𐤅 𐤔𐤀𐤅𐤋 𐤅𐤁𐤍𐤉𐤅 𐤅𐤉𐤏𐤆𐤁𐤅 𐤀𐤕
𐤄𐤏𐤓𐤉𐤌 𐤅𐤉𐤍𐤎𐤅 𐤅𐤉𐤁𐤀𐤅 𐤐𐤋𐤔𐤕𐤉𐤌 𐤅𐤉𐤔𐤁𐤅 𐤁𐤄𐤍•

𐤇 𐤅𐤉𐤄𐤉 𐤌𐤌𐤇𐤓𐤕 𐤅𐤉𐤁𐤀𐤅 𐤐𐤋𐤔𐤕𐤉𐤌 𐤋𐤐𐤔𐤈 𐤀𐤕 𐤄𐤇𐤋𐤋𐤉𐤌 𐤅𐤉𐤌𐤑𐤀𐤅
𐤀𐤕 𐤔𐤀𐤅𐤋 𐤅𐤀𐤕 𐤔𐤋𐤔𐤕 𐤁𐤍𐤉𐤅 𐤍𐤐𐤋𐤉𐤌 𐤁𐤄𐤓 𐤄𐤂𐤋𐤁𐤏•

𐤈 𐤅𐤉𐤊𐤓𐤕𐤅 𐤀𐤕 𐤓𐤀𐤔𐤅 𐤅𐤉𐤐𐤔𐤈𐤅 𐤀𐤕 𐤊𐤋𐤉𐤅 𐤅𐤉𐤔𐤋𐤇𐤅 𐤁𐤀𐤓𐤑
𐤐𐤋𐤔𐤕𐤉𐤌 𐤎𐤁𐤉𐤁 𐤋𐤁𐤔𐤓 𐤁𐤉𐤕 𐤏𐤑𐤁𐤉𐤄𐤌 𐤅𐤀𐤕 𐤄𐤏𐤌•

𐤉 𐤅𐤉𐤔𐤌𐤅 𐤀𐤕 𐤊𐤋𐤉𐤅 𐤁𐤉𐤕 𐤏𐤔𐤕𐤓𐤅𐤕 𐤅𐤀𐤕 𐤂𐤅𐤉𐤕𐤅 𐤕𐤒𐤏𐤅 𐤁𐤇𐤅𐤌𐤕
𐤁𐤉𐤕 𐤔𐤍•

𐤉𐤀 𐤅𐤉𐤔𐤌𐤏𐤅 𐤀𐤋𐤉𐤅 𐤉𐤔𐤁𐤉 𐤉𐤁𐤉𐤔 𐤂𐤋𐤏𐤃 𐤀𐤕 𐤀𐤔𐤓 𐤏𐤔𐤅 𐤐𐤋𐤔𐤕𐤉𐤌
𐤋𐤔𐤀𐤅𐤋•

𐤉𐤁 𐤅𐤉𐤒𐤅𐤌𐤅 𐤊𐤋 𐤀𐤉𐤔 𐤇𐤉𐤋 𐤅𐤉𐤋𐤊𐤅 𐤊𐤋 𐤄𐤋𐤉𐤋𐤄 𐤅𐤉𐤒𐤇𐤅 𐤀𐤕 𐤂𐤅𐤉𐤕
𐤔𐤀𐤅𐤋 𐤅𐤀𐤕 𐤂𐤅𐤉𐤕 𐤁𐤍𐤉𐤅 𐤌𐤇𐤅𐤌𐤕 𐤁𐤉𐤕 𐤔𐤍 𐤅𐤉𐤁𐤀𐤅 𐤉𐤁𐤔𐤄 𐤅𐤉𐤔𐤓𐤐𐤅
𐤀𐤕𐤌 𐤔𐤌•

𐤉𐤂 𐤅𐤉𐤒𐤇𐤅 𐤀𐤕 𐤏𐤑𐤌𐤕𐤉𐤄𐤌 𐤅𐤉𐤒𐤁𐤓𐤅 𐤕𐤇𐤕 𐤄𐤀𐤔𐤋 𐤁𐤉𐤁𐤔𐤄 𐤅𐤉𐤑𐤌𐤅
𐤔𐤁𐤏𐤕 𐤉𐤌𐤉𐤌•

# 𐤔𐤌𐤅𐤀𐤋 𐤁

𐤐𐤓𐤒 𐤀

𐤀𐤅𐤉𐤄𐤉 𐤀𐤇𐤓𐤉 𐤌𐤅𐤕 𐤔𐤀𐤅𐤋 𐤅𐤃𐤅𐤃 𐤔𐤁 𐤌𐤄𐤊𐤅𐤕 𐤀𐤕 𐤄𐤏𐤌𐤋𐤒 𐤅𐤉𐤔𐤁
𐤃𐤅𐤃 𐤁𐤑𐤒𐤋𐤂 𐤉𐤌𐤉𐤌 𐤔𐤍𐤉𐤌•
𐤁𐤅𐤉𐤄𐤉 𐤁𐤉𐤅𐤌 𐤄𐤔𐤋𐤉𐤔𐤉 𐤅𐤄𐤍𐤄 𐤀𐤉𐤔 𐤁𐤀 𐤌𐤍 𐤄𐤌𐤇𐤍𐤄 𐤌𐤏𐤌
𐤔𐤀𐤅𐤋 𐤅𐤁𐤂𐤃𐤉𐤅 𐤒𐤓𐤏𐤉𐤌 𐤅𐤀𐤃𐤌𐤄 𐤏𐤋 𐤓𐤀𐤔𐤅 𐤅𐤉𐤄𐤉 𐤁𐤁𐤀𐤅 𐤀𐤋 𐤃𐤅𐤃
𐤅𐤉𐤐𐤋 𐤀𐤓𐤑𐤄 𐤅𐤉𐤔𐤕𐤇𐤅•
𐤂𐤅𐤉𐤀𐤌𐤓 𐤋𐤅 𐤃𐤅𐤃 𐤀𐤉 𐤌𐤆𐤄 𐤕𐤁𐤅𐤀 𐤅𐤉𐤀𐤌𐤓 𐤀𐤋𐤉𐤅 𐤌𐤌𐤇𐤍𐤄 𐤉𐤔𐤓𐤀𐤋
𐤍𐤌𐤋𐤈𐤕𐤉•
𐤃𐤅𐤉𐤀𐤌𐤓 𐤀𐤋𐤉𐤅 𐤃𐤅𐤃 𐤌𐤄 𐤄𐤉𐤄 𐤄𐤃𐤁𐤓 𐤄𐤂𐤃 𐤍𐤀 𐤋𐤉 𐤅𐤀𐤔𐤓
𐤍𐤎 𐤄𐤏𐤌 𐤌𐤍 𐤄𐤌𐤋𐤇𐤌𐤄 𐤅𐤂𐤌 𐤄𐤓𐤁𐤄 𐤍𐤐𐤋 𐤌𐤍 𐤄𐤏𐤌 𐤅𐤉𐤌𐤕𐤅 𐤅𐤂𐤌
𐤔𐤀𐤅𐤋 𐤅𐤉𐤄𐤅𐤍𐤕𐤍 𐤁𐤍𐤅 𐤌𐤕𐤅•
𐤄𐤅𐤉𐤀𐤌𐤓 𐤃𐤅𐤃 𐤀𐤋 𐤄𐤍𐤏𐤓 𐤄𐤌𐤂𐤉𐤃 𐤋𐤅 𐤀𐤉𐤊 𐤉𐤃𐤏𐤕 𐤊𐤉 𐤌𐤕 𐤔𐤀𐤅𐤋
𐤅𐤉𐤄𐤅𐤍𐤕𐤍 𐤁𐤍𐤅•
𐤅𐤅𐤉𐤀𐤌𐤓 𐤄𐤍𐤏𐤓 𐤄𐤌𐤂𐤉𐤃 𐤋𐤅 𐤍𐤒𐤓𐤀 𐤍𐤒𐤓𐤉𐤕𐤉 𐤁𐤄𐤓 𐤄𐤂𐤋𐤁𐤏 𐤅𐤄𐤍𐤄
𐤔𐤀𐤅𐤋 𐤍𐤔𐤏𐤍 𐤏𐤋 𐤇𐤍𐤉𐤕𐤅 𐤅𐤄𐤍𐤄 𐤄𐤓𐤊𐤁 𐤅𐤁𐤏𐤋𐤉 𐤄𐤐𐤓𐤔𐤉𐤌 𐤄𐤃𐤁𐤒𐤄𐤅•
𐤆𐤅𐤉𐤐𐤍 𐤀𐤇𐤓𐤉𐤅 𐤅𐤉𐤓𐤀𐤍𐤉 𐤅𐤉𐤒𐤓𐤀 𐤀𐤋𐤉 𐤅𐤀𐤌𐤓 𐤄𐤍𐤍𐤉•
𐤇𐤅𐤉𐤀𐤌𐤓 𐤋𐤉 𐤌𐤉 𐤀𐤕𐤄 𐤅𐤉𐤀𐤌𐤓 [𐤅𐤀𐤌𐤓] 𐤀𐤋𐤉𐤅 𐤏𐤌𐤋𐤒𐤉 𐤀𐤍𐤊𐤉•
𐤈𐤅𐤉𐤀𐤌𐤓 𐤀𐤋𐤉 𐤏𐤌𐤃 𐤍𐤀 𐤏𐤋𐤉 𐤅𐤌𐤕𐤕𐤍𐤉 𐤊𐤉 𐤀𐤇𐤆𐤍𐤉 𐤄𐤔𐤁𐤑 𐤊𐤉 𐤊𐤋
𐤏𐤅𐤃 𐤍𐤐𐤔𐤉 𐤁𐤉•
𐤉𐤅𐤀𐤏𐤌𐤃 𐤏𐤋𐤉𐤅 𐤅𐤀𐤌𐤕𐤕𐤄𐤅 𐤊𐤉 𐤉𐤃𐤏𐤕𐤉 𐤊𐤉 𐤋𐤀 𐤉𐤇𐤉𐤄 𐤀𐤇𐤓𐤉 𐤍𐤐𐤋𐤅
𐤅𐤀𐤒𐤇 𐤄𐤍𐤆𐤓 𐤀𐤔𐤓 𐤏𐤋 𐤓𐤀𐤔𐤅 𐤅𐤀𐤑𐤏𐤃𐤄 𐤀𐤔𐤓 𐤏𐤋 𐤆𐤓𐤏𐤅 𐤅𐤀𐤁𐤉𐤀𐤌 𐤀𐤋
𐤀𐤃𐤍𐤉 𐤄𐤍𐤄•
𐤉𐤀𐤅𐤉𐤇𐤆𐤒 𐤃𐤅𐤃 𐤁𐤁𐤂𐤃𐤅 [𐤁𐤁𐤂𐤃𐤉𐤅] 𐤅𐤉𐤒𐤓𐤏𐤌 𐤅𐤂𐤌 𐤊𐤋 𐤄𐤀𐤍𐤔𐤉𐤌
𐤀𐤔𐤓 𐤀𐤕𐤅•
𐤉𐤁𐤅𐤉𐤎𐤐𐤃𐤅 𐤅𐤉𐤁𐤊𐤅 𐤅𐤉𐤑𐤌𐤅 𐤏𐤃 𐤄𐤏𐤓𐤁 𐤏𐤋 𐤔𐤀𐤅𐤋 𐤅𐤏𐤋 𐤉𐤄𐤅𐤍𐤕𐤍
𐤁𐤍𐤅 𐤅𐤏𐤋 𐤏𐤌 𐤉𐤄𐤅𐤄 𐤅𐤏𐤋 𐤁𐤉𐤕 𐤉𐤔𐤓𐤀𐤋 𐤊𐤉 𐤍𐤐𐤋𐤅 𐤁𐤇𐤓𐤁•
𐤉𐤂𐤅𐤉𐤀𐤌𐤓 𐤃𐤅𐤃 𐤀𐤋 𐤄𐤍𐤏𐤓 𐤄𐤌𐤂𐤉𐤃 𐤋𐤅 𐤀𐤉 𐤌𐤆𐤄 𐤀𐤕𐤄 𐤅𐤉𐤀𐤌𐤓 𐤁𐤍
𐤀𐤉𐤔 𐤂𐤓 𐤏𐤌𐤋𐤒𐤉 𐤀𐤍𐤊𐤉•
𐤉𐤃𐤅𐤉𐤀𐤌𐤓 𐤀𐤋𐤉𐤅 𐤃𐤅𐤃 𐤀𐤉𐤊 𐤋𐤀 𐤉𐤓𐤀𐤕 𐤋𐤔𐤋𐤇 𐤉𐤃𐤊 𐤋𐤔𐤇𐤕 𐤀𐤕
𐤌𐤔𐤉𐤇 𐤉𐤄𐤅𐤄•
𐤈𐤅𐤅𐤉𐤒𐤓𐤀 𐤃𐤅𐤃 𐤋𐤀𐤇𐤃 𐤌𐤄𐤍𐤏𐤓𐤉𐤌 𐤅𐤉𐤀𐤌𐤓 𐤂𐤔 𐤐𐤂𐤏 𐤁𐤅 𐤅𐤉𐤊𐤄𐤅
𐤅𐤉𐤌𐤕•
𐤈𐤆𐤅𐤉𐤀𐤌𐤓 𐤀𐤋𐤉𐤅 𐤃𐤅𐤃 𐤃𐤌𐤉𐤊 [𐤃𐤌𐤊] 𐤏𐤋 𐤓𐤀𐤔𐤊 𐤊𐤉 𐤐𐤉𐤊 𐤏𐤍𐤄 𐤁𐤊

𐤋𐤀𐤌𐤓 𐤀𐤍𐤊𐤉 𐤌𐤕𐤕𐤉 𐤀𐤕 𐤌𐤔𐤉𐤇 𐤉𐤄𐤅𐤄•
𐤉𐤆 𐤅𐤉𐤒𐤍𐤍 𐤃𐤅𐤃 𐤀𐤕 𐤄𐤒𐤉𐤍𐤄 𐤄𐤆𐤀𐤕 𐤏𐤋 𐤔𐤀𐤅𐤋 𐤅𐤏𐤋 𐤉𐤄𐤅𐤍𐤕𐤍 𐤁𐤍𐤅•
𐤉𐤇 𐤅𐤉𐤀𐤌𐤓 𐤋𐤋𐤌𐤃 𐤁𐤍𐤉 𐤉𐤄𐤅𐤃𐤄 𐤒𐤔𐤕 𐤄𐤍𐤄 𐤊𐤕𐤅𐤁𐤄 𐤏𐤋 𐤎𐤐𐤓 𐤄𐤉𐤔𐤓•
𐤉𐤈 𐤄𐤑𐤁𐤉 𐤉𐤔𐤓𐤀𐤋 𐤏𐤋 𐤁𐤌𐤅𐤕𐤉𐤊 𐤇𐤋𐤋 𐤀𐤉𐤊 𐤍𐤐𐤋𐤅 𐤂𐤁𐤅𐤓𐤉𐤌•
𐤊 𐤀𐤋 𐤕𐤂𐤉𐤃𐤅 𐤁𐤂𐤕 𐤀𐤋 𐤕𐤁𐤔𐤓𐤅 𐤁𐤇𐤅𐤑𐤕 𐤀𐤔𐤒𐤋𐤅𐤍 𐤐𐤍 𐤕𐤔𐤌𐤇𐤍𐤄
𐤁𐤍𐤅𐤕 𐤐𐤋𐤔𐤕𐤉𐤌 𐤐𐤍 𐤕𐤏𐤋𐤆𐤍𐤄 𐤁𐤍𐤅𐤕 𐤄𐤏𐤓𐤋𐤉𐤌•
𐤊𐤀 𐤄𐤓𐤉 𐤁𐤂𐤋𐤁𐤏 𐤀𐤋 𐤈𐤋 𐤅𐤀𐤋 𐤌𐤈𐤓 𐤏𐤋𐤉𐤊𐤌 𐤅𐤔𐤃𐤉 𐤕𐤓𐤅𐤌𐤕 𐤊𐤉 𐤔𐤌
𐤍𐤂𐤏𐤋 𐤌𐤂𐤍 𐤂𐤁𐤅𐤓𐤉𐤌 𐤌𐤂𐤍 𐤔𐤀𐤅𐤋 𐤁𐤋𐤉 𐤌𐤔𐤉𐤇 𐤁𐤔𐤌𐤍•
𐤊𐤁 𐤌𐤃𐤌 𐤇𐤋𐤋𐤉𐤌 𐤌𐤇𐤋𐤁 𐤂𐤁𐤅𐤓𐤉𐤌 𐤒𐤔𐤕 𐤉𐤄𐤅𐤍𐤕𐤍 𐤋𐤀 𐤍𐤔𐤅𐤂 𐤀𐤇𐤅𐤓
𐤅𐤇𐤓𐤁 𐤔𐤀𐤅𐤋 𐤋𐤀 𐤕𐤔𐤅𐤁 𐤓𐤉𐤒𐤌•
𐤊𐤂 𐤔𐤀𐤅𐤋 𐤅𐤉𐤄𐤅𐤍𐤕𐤍 𐤄𐤍𐤀𐤄𐤁𐤉𐤌 𐤅𐤄𐤍𐤏𐤉𐤌𐤌 𐤁𐤇𐤉𐤉𐤄𐤌 𐤅𐤁𐤌𐤅𐤕𐤌
𐤋𐤀 𐤍𐤐𐤓𐤃𐤅 𐤌𐤍𐤔𐤓𐤉𐤌 𐤒𐤋𐤅 𐤌𐤀𐤓𐤉𐤅𐤕 𐤂𐤁𐤓𐤅•
𐤊𐤃 𐤁𐤍𐤅𐤕 𐤉𐤔𐤓𐤀𐤋 𐤀𐤋 𐤔𐤀𐤅𐤋 𐤁𐤊𐤉𐤍𐤄 𐤄𐤌𐤋𐤁𐤔𐤊𐤌 𐤔𐤍𐤉 𐤏𐤌 𐤏𐤃𐤍𐤉𐤌
𐤄𐤌𐤏𐤋𐤄 𐤏𐤃𐤉 𐤆𐤄𐤁 𐤏𐤋 𐤋𐤁𐤅𐤔𐤊𐤍•
𐤊𐤄 𐤀𐤉𐤊 𐤍𐤐𐤋𐤅 𐤂𐤁𐤓𐤉𐤌 𐤁𐤕𐤅𐤊 𐤄𐤌𐤋𐤇𐤌𐤄 𐤉𐤄𐤅𐤍𐤕𐤍 𐤏𐤋 𐤁𐤌𐤅𐤕𐤉𐤊
𐤇𐤋𐤋•
𐤊𐤅 𐤑𐤓 𐤋𐤉 𐤏𐤋𐤉𐤊 𐤀𐤇𐤉 𐤉𐤄𐤅𐤍𐤕𐤍 𐤍𐤏𐤌𐤕 𐤋𐤉 𐤌𐤀𐤃 𐤍𐤐𐤋𐤀𐤕𐤄 𐤀𐤄𐤁𐤕𐤊
𐤋𐤉 𐤌𐤀𐤄𐤁𐤕 𐤍𐤔𐤉𐤌•
𐤊𐤆 𐤀𐤉𐤊 𐤍𐤐𐤋𐤅 𐤂𐤁𐤅𐤓𐤉𐤌 𐤅𐤉𐤀𐤁𐤃𐤅 𐤊𐤋𐤉 𐤌𐤋𐤇𐤌𐤄•

## 𐤐𐤓𐤒 𐤁

𐤀 𐤅𐤉𐤄𐤉 𐤀𐤇𐤓𐤉 𐤊𐤍 𐤅𐤉𐤔𐤀𐤋 𐤃𐤅𐤃 𐤁𐤉𐤄𐤅𐤄 𐤋𐤀𐤌𐤓 𐤄𐤀𐤏𐤋𐤄 𐤁𐤀𐤇𐤕 𐤏𐤓𐤉
𐤉𐤄𐤅𐤃𐤄 𐤅𐤉𐤀𐤌𐤓 𐤉𐤄𐤅𐤄 𐤀𐤋𐤉𐤅 𐤏𐤋𐤄 𐤅𐤉𐤀𐤌𐤓 𐤃𐤅𐤃 𐤀𐤍𐤄 𐤀𐤏𐤋𐤄
𐤅𐤉𐤀𐤌𐤓 𐤇𐤁𐤓𐤍𐤄•
𐤁 𐤅𐤉𐤏𐤋 𐤔𐤌 𐤃𐤅𐤃 𐤅𐤂𐤌 𐤔𐤕𐤉 𐤍𐤔𐤉𐤅 𐤀𐤇𐤉𐤍𐤏𐤌 𐤄𐤉𐤆𐤓𐤏𐤋𐤉𐤕
𐤅𐤀𐤁𐤉𐤂𐤋 𐤀𐤔𐤕 𐤍𐤁𐤋 𐤄𐤊𐤓𐤌𐤋𐤉•
𐤂 𐤅𐤀𐤍𐤔𐤉𐤅 𐤀𐤔𐤓 𐤏𐤌𐤅 𐤄𐤏𐤋𐤄 𐤃𐤅𐤃 𐤀𐤉𐤔 𐤅𐤁𐤉𐤕𐤅 𐤅𐤉𐤔𐤁𐤅 𐤁𐤏𐤓𐤉
𐤇𐤁𐤓𐤅𐤍•
𐤃 𐤅𐤉𐤁𐤀𐤅 𐤀𐤍𐤔𐤉 𐤉𐤄𐤅𐤃𐤄 𐤅𐤉𐤌𐤔𐤇𐤅 𐤔𐤌 𐤀𐤕 𐤃𐤅𐤃 𐤋𐤌𐤋𐤊 𐤏𐤋 𐤁𐤉𐤕
𐤉𐤄𐤅𐤃𐤄 𐤅𐤉𐤂𐤃𐤅 𐤋𐤃𐤅𐤃 𐤋𐤀𐤌𐤓 𐤀𐤍𐤔𐤉 𐤉𐤁𐤉𐤔 𐤂𐤋𐤏𐤃 𐤀𐤔𐤓 𐤒𐤁𐤓𐤅 𐤀𐤕
𐤔𐤀𐤅𐤋•
𐤄 𐤅𐤉𐤔𐤋𐤇 𐤃𐤅𐤃 𐤌𐤋𐤀𐤊𐤉𐤌 𐤀𐤋 𐤀𐤍𐤔𐤉 𐤉𐤁𐤉𐤔 𐤂𐤋𐤏𐤃 𐤅𐤉𐤀𐤌𐤓
𐤀𐤋𐤉𐤄𐤌 𐤁𐤓𐤊𐤉𐤌 𐤀𐤕𐤌 𐤋𐤉𐤄𐤅𐤄 𐤀𐤔𐤓 𐤏𐤔𐤉𐤕𐤌 𐤄𐤇𐤎𐤃 𐤄𐤆𐤄 𐤏𐤌

# 𐤔𐤌𐤅𐤀𐤋 𐤁

𐤀𐤃𐤍𐤉𐤊𐤌 𐤏𐤌 𐤔𐤀𐤅𐤋 𐤅𐤕𐤒𐤁𐤓𐤅 𐤀𐤕𐤅•
𐤅𐤅𐤏𐤕𐤄 𐤉𐤏𐤔 𐤉𐤄𐤅𐤄 𐤏𐤌𐤊𐤌 𐤇𐤎𐤃 𐤅𐤀𐤌𐤕 𐤅𐤂𐤌 𐤀𐤍𐤊𐤉 𐤀𐤏𐤔𐤄 𐤀𐤕𐤊𐤌
𐤄𐤈𐤅𐤁𐤄 𐤄𐤆𐤀𐤕 𐤀𐤔𐤓 𐤏𐤔𐤉𐤕𐤌 𐤄𐤃𐤁𐤓 𐤄𐤆𐤄•
𐤆𐤅𐤏𐤕𐤄 𐤕𐤇𐤆𐤒𐤍𐤄 𐤉𐤃𐤉𐤊𐤌 𐤅𐤄𐤉𐤅 𐤋𐤁𐤍𐤉 𐤇𐤉𐤋 𐤊𐤉 𐤌𐤕 𐤀𐤃𐤍𐤉𐤊𐤌
𐤔𐤀𐤅𐤋 𐤅𐤂𐤌 𐤀𐤕𐤉 𐤌𐤔𐤇𐤅 𐤁𐤉𐤕 𐤉𐤄𐤅𐤃𐤄 𐤋𐤌𐤋𐤊 𐤏𐤋𐤉𐤄𐤌•
𐤇𐤅𐤀𐤁𐤍𐤓 𐤁𐤍 𐤍𐤓 𐤔𐤓 𐤑𐤁𐤀 𐤀𐤔𐤓 𐤋𐤔𐤀𐤅𐤋 𐤋𐤒𐤇 𐤀𐤕 𐤀𐤉𐤔 𐤁𐤔𐤕 𐤁𐤍
𐤔𐤀𐤅𐤋 𐤅𐤉𐤏𐤁𐤓𐤄𐤅 𐤌𐤇𐤍𐤉𐤌•
𐤈𐤅𐤉𐤌𐤋𐤊𐤄𐤅 𐤀𐤋 𐤄𐤂𐤋𐤏𐤃 𐤅𐤀𐤋 𐤄𐤀𐤔𐤅𐤓𐤉 𐤅𐤀𐤋 𐤉𐤆𐤓𐤏𐤀𐤋 𐤅𐤏𐤋
𐤀𐤐𐤓𐤉𐤌 𐤅𐤏𐤋 𐤁𐤍𐤉𐤌𐤍 𐤅𐤏𐤋 𐤉𐤔𐤓𐤀𐤋 𐤊𐤋𐤄•
𐤉𐤁𐤍 𐤀𐤓𐤁𐤏𐤉𐤌 𐤔𐤍𐤄 𐤀𐤉𐤔 𐤁𐤔𐤕 𐤁𐤍 𐤔𐤀𐤅𐤋 𐤁𐤌𐤋𐤊𐤅 𐤏𐤋 𐤉𐤔𐤓𐤀𐤋
𐤅𐤔𐤕𐤉𐤌 𐤔𐤍𐤉𐤌 𐤌𐤋𐤊 𐤀𐤊 𐤁𐤉𐤕 𐤉𐤄𐤅𐤃𐤄 𐤄𐤉𐤅 𐤀𐤇𐤓𐤉 𐤃𐤅𐤃•
𐤉𐤀𐤅𐤉𐤄𐤉 𐤌𐤎𐤐𐤓 𐤄𐤉𐤌𐤉𐤌 𐤀𐤔𐤓 𐤄𐤉𐤄 𐤃𐤅𐤃 𐤌𐤋𐤊 𐤁𐤇𐤁𐤓𐤅𐤍 𐤏𐤋 𐤁𐤉𐤕
𐤉𐤄𐤅𐤃𐤄 𐤔𐤁𐤏 𐤔𐤍𐤉𐤌 𐤅𐤔𐤔𐤄 𐤇𐤃𐤔𐤉𐤌•
𐤉𐤁 𐤅𐤉𐤑𐤀 𐤀𐤁𐤍𐤓 𐤁𐤍 𐤍𐤓 𐤅𐤏𐤁𐤃𐤉 𐤀𐤉𐤔 𐤁𐤔𐤕 𐤁𐤍 𐤔𐤀𐤅𐤋 𐤌𐤌𐤇𐤍𐤉𐤌
𐤂𐤁𐤏𐤅𐤍𐤄•
𐤉𐤂 𐤅𐤉𐤅𐤀𐤁 𐤁𐤍 𐤑𐤓𐤅𐤉𐤄 𐤅𐤏𐤁𐤃𐤉 𐤃𐤅𐤃 𐤉𐤑𐤀𐤅 𐤅𐤉𐤐𐤂𐤔𐤅𐤌 𐤏𐤋 𐤁𐤓𐤊𐤕
𐤂𐤁𐤏𐤅𐤍 𐤉𐤇𐤃𐤅 𐤅𐤉𐤔𐤁𐤅 𐤀𐤋𐤄 𐤏𐤋 𐤄𐤁𐤓𐤊𐤄 𐤌𐤆𐤄 𐤅𐤀𐤋𐤄 𐤏𐤋 𐤄𐤁𐤓𐤊𐤄
𐤌𐤆𐤄•
𐤉𐤃𐤅𐤉𐤀𐤌𐤓 𐤀𐤁𐤍𐤓 𐤀𐤋 𐤉𐤅𐤀𐤁 𐤉𐤒𐤅𐤌𐤅 𐤍𐤀 𐤄𐤍𐤏𐤓𐤉𐤌 𐤅𐤉𐤔𐤇𐤒𐤅
𐤋𐤐𐤍𐤉𐤍𐤅 𐤅𐤉𐤀𐤌𐤓 𐤉𐤅𐤀𐤁 𐤉𐤒𐤌𐤅•
𐤈𐤅𐤅𐤉𐤒𐤌𐤅 𐤅𐤉𐤏𐤁𐤓𐤅 𐤁𐤌𐤎𐤐𐤓 𐤔𐤍𐤉𐤌 𐤏𐤔𐤓 𐤋𐤁𐤍𐤉𐤌𐤍 𐤅𐤋𐤀𐤉𐤔 𐤁𐤔𐤕
𐤁𐤍 𐤔𐤀𐤅𐤋 𐤅𐤔𐤍𐤉𐤌 𐤏𐤔𐤓 𐤌𐤏𐤁𐤃𐤉 𐤃𐤅𐤃•
𐤈𐤆 𐤅𐤉𐤇𐤆𐤒𐤅 𐤀𐤉𐤔 𐤁𐤓𐤀𐤔 𐤓𐤏𐤄𐤅 𐤅𐤇𐤓𐤁𐤅 𐤁𐤑𐤃 𐤓𐤏𐤄𐤅 𐤅𐤉𐤐𐤋𐤅 𐤉𐤇𐤃𐤅
𐤅𐤉𐤒𐤓𐤀 𐤋𐤌𐤒𐤅𐤌 𐤄𐤄𐤅𐤀 𐤇𐤋𐤒𐤕 𐤄𐤑𐤓𐤉𐤌 𐤀𐤔𐤓 𐤁𐤂𐤁𐤏𐤅𐤍•
𐤉𐤆 𐤅𐤕𐤄𐤉 𐤄𐤌𐤋𐤇𐤌𐤄 𐤒𐤔𐤄 𐤏𐤃 𐤌𐤀𐤃 𐤁𐤉𐤅𐤌 𐤄𐤄𐤅𐤀 𐤅𐤉𐤍𐤂𐤐 𐤀𐤁𐤍𐤓
𐤅𐤀𐤍𐤔𐤉 𐤉𐤔𐤓𐤀𐤋 𐤋𐤐𐤍𐤉 𐤏𐤁𐤃𐤉 𐤃𐤅𐤃•
𐤉𐤇 𐤅𐤉𐤄𐤉𐤅 𐤔𐤌 𐤔𐤋𐤔𐤄 𐤁𐤍𐤉 𐤑𐤓𐤅𐤉𐤄 𐤉𐤅𐤀𐤁 𐤅𐤀𐤁𐤉𐤔𐤉 𐤅𐤏𐤔𐤄𐤀𐤋
𐤅𐤏𐤔𐤄𐤀𐤋 𐤒𐤋 𐤁𐤓𐤂𐤋𐤉𐤅 𐤊𐤀𐤇𐤃 𐤄𐤑𐤁𐤉𐤌 𐤀𐤔𐤓 𐤁𐤔𐤃𐤄•
𐤉𐤈 𐤅𐤉𐤓𐤃𐤐 𐤏𐤔𐤄𐤀𐤋 𐤀𐤇𐤓𐤉 𐤀𐤁𐤍𐤓 𐤅𐤋𐤀 𐤍𐤈𐤄 𐤋𐤋𐤊𐤕 𐤏𐤋 𐤄𐤉𐤌𐤉𐤍 𐤅𐤏𐤋
𐤄𐤔𐤌𐤀𐤅𐤋 𐤌𐤀𐤇𐤓𐤉 𐤀𐤁𐤍𐤓•
𐤊 𐤅𐤉𐤐𐤍 𐤀𐤁𐤍𐤓 𐤀𐤇𐤓𐤉𐤅 𐤅𐤉𐤀𐤌𐤓 𐤄𐤀𐤕𐤄 𐤆𐤄 𐤏𐤔𐤄𐤀𐤋 𐤅𐤉𐤀𐤌𐤓 𐤀𐤍𐤊𐤉•
𐤊𐤀𐤅𐤉𐤀𐤌𐤓 𐤋𐤅 𐤀𐤁𐤍𐤓 𐤍𐤈𐤄 𐤋𐤊 𐤏𐤋 𐤉𐤌𐤉𐤍𐤊 𐤀𐤅 𐤏𐤋 𐤔𐤌𐤀𐤋𐤊 𐤅𐤀𐤇𐤆
𐤋𐤊 𐤀𐤇𐤃 𐤌𐤄𐤍𐤏𐤓𐤉𐤌 𐤅𐤒𐤇 𐤋𐤊 𐤀𐤕 𐤇𐤋𐤑𐤕𐤅 𐤅𐤋𐤀 𐤀𐤁𐤄 𐤏𐤔𐤄𐤀𐤋 𐤋𐤎𐤅𐤓

𐤌𐤀𐤇𐤓𐤉𐤅.

𐤊𐤁 𐤅𐤉𐤎𐤐 𐤏𐤅𐤃 𐤀𐤁𐤍𐤓 𐤋𐤀𐤌𐤓 𐤀𐤋 𐤏𐤔𐤄𐤀𐤋 𐤎𐤅𐤓 𐤋𐤊 𐤌𐤀𐤇𐤓𐤉 𐤋𐤌𐤄 𐤀𐤊𐤊𐤄 𐤀𐤓𐤑𐤄 𐤅𐤀𐤉𐤊 𐤀𐤔𐤀 𐤐𐤍𐤉 𐤀𐤋 𐤉𐤅𐤀𐤁 𐤀𐤇𐤉𐤊.

𐤊𐤂 𐤅𐤉𐤌𐤀𐤍 𐤋𐤎𐤅𐤓 𐤅𐤉𐤊𐤄𐤅 𐤀𐤁𐤍𐤓 𐤁𐤀𐤇𐤓𐤉 𐤄𐤇𐤍𐤉𐤕 𐤀𐤋 𐤄𐤇𐤌𐤔 𐤅𐤕𐤑𐤀 𐤄𐤇𐤍𐤉𐤕 𐤌𐤀𐤇𐤓𐤉𐤅 𐤅𐤉𐤐𐤋 𐤔𐤌 𐤅𐤉𐤌𐤕 𐤕𐤇𐤕𐤅 [𐤕𐤇𐤕𐤉𐤅] 𐤅𐤉𐤄𐤉 𐤊𐤋 𐤄𐤁𐤀 𐤀𐤋 𐤄𐤌𐤒𐤅𐤌 𐤀𐤔𐤓 𐤍𐤐𐤋 𐤔𐤌 𐤏𐤔𐤄𐤀𐤋 𐤅𐤉𐤌𐤕 𐤅𐤉𐤏𐤌𐤃𐤅.

𐤊𐤃 𐤅𐤉𐤓𐤃𐤐𐤅 𐤉𐤅𐤀𐤁 𐤅𐤀𐤁𐤉𐤔𐤉 𐤀𐤇𐤓𐤉 𐤀𐤁𐤍𐤓 𐤅𐤄𐤔𐤌𐤔 𐤁𐤀𐤄 𐤅𐤄𐤌𐤄 𐤁𐤀𐤅 𐤏𐤃 𐤂𐤁𐤏𐤕 𐤀𐤌𐤄 𐤀𐤔𐤓 𐤏𐤋 𐤐𐤍𐤉 𐤂𐤉𐤇 𐤃𐤓𐤊 𐤌𐤃𐤁𐤓 𐤂𐤁𐤏𐤅𐤍.

𐤊𐤄 𐤅𐤉𐤕𐤒𐤁𐤑𐤅 𐤁𐤍𐤉 𐤁𐤍𐤉𐤌𐤍 𐤀𐤇𐤓𐤉 𐤀𐤁𐤍𐤓 𐤅𐤉𐤄𐤉𐤅 𐤋𐤀𐤂𐤃𐤄 𐤀𐤇𐤕 𐤅𐤉𐤏𐤌𐤃𐤅 𐤏𐤋 𐤓𐤀𐤔 𐤂𐤁𐤏𐤄 𐤀𐤇𐤕.

𐤊𐤅 𐤅𐤉𐤒𐤓𐤀 𐤀𐤁𐤍𐤓 𐤀𐤋 𐤉𐤅𐤀𐤁 𐤅𐤉𐤀𐤌𐤓 𐤄𐤋𐤍𐤑𐤇 𐤕𐤀𐤊𐤋 𐤇𐤓𐤁 𐤄𐤋𐤅𐤀 𐤉𐤃𐤏𐤕𐤄 𐤊𐤉 𐤌𐤓𐤄 𐤕𐤄𐤉𐤄 𐤁𐤀𐤇𐤓𐤅𐤍𐤄 𐤅𐤏𐤃 𐤌𐤕𐤉 𐤋𐤀 𐤕𐤀𐤌𐤓 𐤋𐤏𐤌 𐤋𐤔𐤅𐤁 𐤌𐤀𐤇𐤓𐤉 𐤀𐤇𐤉𐤄𐤌.

𐤊𐤆 𐤅𐤉𐤀𐤌𐤓 𐤉𐤅𐤀𐤁 𐤇𐤉 𐤄𐤀𐤋𐤄𐤉𐤌 𐤊𐤉 𐤋𐤅𐤋𐤀 𐤃𐤁𐤓𐤕 𐤊𐤉 𐤀𐤆 𐤌𐤄𐤁𐤒𐤓 𐤍𐤏𐤋𐤄 𐤄𐤏𐤌 𐤀𐤉𐤔 𐤌𐤀𐤇𐤓𐤉 𐤀𐤇𐤉𐤅.

𐤊𐤇 𐤅𐤉𐤕𐤒𐤏 𐤉𐤅𐤀𐤁 𐤁𐤔𐤅𐤐𐤓 𐤅𐤉𐤏𐤌𐤃𐤅 𐤊𐤋 𐤄𐤏𐤌 𐤅𐤋𐤀 𐤉𐤓𐤃𐤐𐤅 𐤏𐤅𐤃 𐤀𐤇𐤓𐤉 𐤉𐤔𐤓𐤀𐤋 𐤅𐤋𐤀 𐤉𐤎𐤐𐤅 𐤏𐤅𐤃 𐤋𐤄𐤋𐤇𐤌.

𐤊𐤈 𐤅𐤀𐤁𐤍𐤓 𐤅𐤀𐤍𐤔𐤉𐤅 𐤄𐤋𐤊𐤅 𐤁𐤏𐤓𐤁𐤄 𐤊𐤋 𐤄𐤋𐤉𐤋𐤄 𐤄𐤄𐤅𐤀 𐤅𐤉𐤏𐤁𐤓𐤅 𐤀𐤕 𐤄𐤉𐤓𐤃𐤍 𐤅𐤉𐤋𐤊𐤅 𐤊𐤋 𐤄𐤁𐤕𐤓𐤅𐤍 𐤅𐤉𐤁𐤀𐤅 𐤌𐤇𐤍𐤉𐤌.

𐤋 𐤅𐤉𐤅𐤀𐤁 𐤔𐤁 𐤌𐤀𐤇𐤓𐤉 𐤀𐤁𐤍𐤓 𐤅𐤉𐤒𐤁𐤑 𐤀𐤕 𐤊𐤋 𐤄𐤏𐤌 𐤅𐤉𐤐𐤒𐤃𐤅 𐤌𐤏𐤁𐤃𐤉 𐤃𐤅𐤃 𐤕𐤔𐤏𐤄 𐤏𐤔𐤓 𐤀𐤉𐤔 𐤅𐤏𐤔𐤄𐤀𐤋.

𐤋𐤀 𐤅𐤏𐤁𐤃𐤉 𐤃𐤅𐤃 𐤄𐤊𐤅 𐤌𐤁𐤍𐤉𐤌𐤍 𐤅𐤁𐤀𐤍𐤔𐤉 𐤀𐤁𐤍𐤓 𐤔𐤋𐤔 𐤌𐤀𐤅𐤕 𐤅𐤔𐤔𐤉𐤌 𐤀𐤉𐤔 𐤌𐤕𐤅.

𐤋𐤁 𐤅𐤉𐤔𐤀𐤅 𐤀𐤕 𐤏𐤔𐤄𐤀𐤋 𐤅𐤉𐤒𐤁𐤓𐤄𐤅 𐤁𐤒𐤁𐤓 𐤀𐤁𐤉𐤅 𐤀𐤔𐤓 𐤁𐤉𐤕 𐤋𐤇𐤌 𐤅𐤉𐤋𐤊𐤅 𐤊𐤋 𐤄𐤋𐤉𐤋𐤄 𐤉𐤅𐤀𐤁 𐤅𐤀𐤍𐤔𐤉𐤅 𐤅𐤉𐤀𐤓 𐤋𐤄𐤌 𐤁𐤇𐤁𐤓𐤅𐤍.

## 𐤐𐤓𐤒 𐤂

𐤀 𐤅𐤕𐤄𐤉 𐤄𐤌𐤋𐤇𐤌𐤄 𐤀𐤓𐤊𐤄 𐤁𐤉𐤍 𐤁𐤉𐤕 𐤔𐤀𐤅𐤋 𐤅𐤁𐤉𐤍 𐤁𐤉𐤕 𐤃𐤅𐤃 𐤅𐤃𐤅𐤃 𐤄𐤋𐤊 𐤅𐤇𐤆𐤒 𐤅𐤁𐤉𐤕 𐤔𐤀𐤅𐤋 𐤄𐤋𐤊𐤉𐤌 𐤅𐤃𐤋𐤉𐤌.

𐤁 𐤅𐤉𐤋𐤃𐤅 [𐤅𐤉𐤅𐤋𐤃𐤅] 𐤋𐤃𐤅𐤃 𐤁𐤍𐤉𐤌 𐤁𐤇𐤁𐤓𐤅𐤍 𐤅𐤉𐤄𐤉 𐤁𐤊𐤅𐤓𐤅 𐤀𐤌𐤍𐤅𐤍 𐤋𐤀𐤇𐤉𐤍𐤏𐤌 𐤄𐤉𐤆𐤓𐤏𐤀𐤋𐤕.

𐤂 𐤅𐤌𐤔𐤍𐤄𐤅 𐤊𐤋𐤀𐤁 𐤋𐤀𐤁𐤉𐤂𐤋 [𐤋𐤀𐤁𐤉𐤂𐤉𐤋] 𐤀𐤔𐤕 𐤍𐤁𐤋 𐤄𐤊𐤓𐤌𐤋𐤉 𐤅𐤄𐤔𐤋𐤔𐤉 𐤀𐤁𐤔𐤋𐤅𐤌 𐤁𐤍 𐤌𐤏𐤊𐤄 𐤁𐤕 𐤕𐤋𐤌𐤉 𐤌𐤋𐤊 𐤂𐤔𐤅𐤓.

𐤃 𐤅𐤄𐤓𐤁𐤉𐤏𐤉 𐤀𐤃𐤍𐤉𐤄 𐤁𐤍 𐤇𐤂𐤉𐤕 𐤅𐤄𐤇𐤌𐤉𐤔𐤉 𐤔𐤐𐤈𐤉𐤄 𐤁𐤍 𐤀𐤁𐤉𐤈𐤋•
𐤄 𐤅𐤄𐤔𐤔𐤉 𐤉𐤕𐤓𐤏𐤌 𐤋𐤏𐤂𐤋𐤄 𐤀𐤔𐤕 𐤃𐤅𐤃 𐤀𐤋𐤄 𐤉𐤋𐤃𐤅 𐤋𐤃𐤅𐤃 𐤁𐤇𐤁𐤓𐤅𐤍•
𐤅 𐤅𐤉𐤄𐤉 𐤁𐤄𐤉𐤅𐤕 𐤄𐤌𐤋𐤇𐤌𐤄 𐤁𐤉𐤍 𐤁𐤉𐤕 𐤔𐤀𐤅𐤋 𐤅𐤁𐤉𐤍 𐤁𐤉𐤕 𐤃𐤅𐤃
𐤅𐤀𐤁𐤍𐤓 𐤄𐤉𐤄 𐤌𐤕𐤇𐤆𐤒 𐤁𐤁𐤉𐤕 𐤔𐤀𐤅𐤋•
𐤆 𐤅𐤋𐤔𐤀𐤅𐤋 𐤐𐤋𐤂𐤔 𐤅𐤔𐤌𐤄 𐤓𐤑𐤐𐤄 𐤁𐤕 𐤀𐤉𐤄 𐤅𐤉𐤀𐤌𐤓 𐤀𐤋 𐤀𐤁𐤍𐤓 𐤌𐤃𐤅𐤏
𐤁𐤀𐤕𐤄 𐤀𐤋 𐤐𐤉𐤋𐤂𐤔 𐤀𐤁𐤉•
𐤇 𐤅𐤉𐤇𐤓 𐤋𐤀𐤁𐤍𐤓 𐤌𐤀𐤃 𐤏𐤋 𐤃𐤁𐤓𐤉 𐤀𐤉𐤔 𐤁𐤔𐤕 𐤅𐤉𐤀𐤌𐤓 𐤄𐤓𐤀𐤔 𐤊𐤋𐤁
𐤀𐤍𐤊𐤉 𐤀𐤔𐤓 𐤋𐤉𐤄𐤅𐤃𐤄 𐤄𐤉𐤅𐤌 𐤀𐤏𐤔𐤄 𐤇𐤎𐤃 𐤏𐤌 𐤁𐤉𐤕 𐤔𐤀𐤅𐤋 𐤀𐤁𐤉𐤊
𐤀𐤋 𐤀𐤇𐤉𐤅 𐤅𐤀𐤋 𐤌𐤓𐤏𐤄𐤅 𐤅𐤋𐤀 𐤄𐤌𐤑𐤉𐤕𐤊 𐤁𐤉𐤃 𐤃𐤅𐤃 𐤅𐤕𐤐𐤒𐤃 𐤏𐤋𐤉 𐤏𐤅𐤍
𐤄𐤀𐤔𐤄 𐤄𐤉𐤅𐤌•
𐤈 𐤊𐤄 𐤉𐤏𐤔𐤄 𐤀𐤋𐤄𐤉𐤌 𐤋𐤀𐤁𐤍𐤓 𐤅𐤊𐤄 𐤉𐤎𐤉𐤐 𐤋𐤅 𐤊𐤉 𐤊𐤀𐤔𐤓 𐤍𐤔𐤁𐤏
𐤉𐤄𐤅𐤄 𐤋𐤃𐤅𐤃 𐤊𐤉 𐤊𐤍 𐤀𐤏𐤔𐤄 𐤋𐤅•
𐤉 𐤋𐤄𐤏𐤁𐤉𐤓 𐤄𐤌𐤌𐤋𐤊𐤄 𐤌𐤁𐤉𐤕 𐤔𐤀𐤅𐤋 𐤅𐤋𐤄𐤒𐤉𐤌 𐤀𐤕 𐤊𐤎𐤀 𐤃𐤅𐤃 𐤏𐤋
𐤉𐤔𐤓𐤀𐤋 𐤅𐤏𐤋 𐤉𐤄𐤅𐤃𐤄 𐤌𐤃𐤍 𐤅𐤏𐤃 𐤁𐤀𐤓 𐤔𐤁𐤏•
𐤉𐤀 𐤅𐤋𐤀 𐤉𐤊𐤋 𐤏𐤅𐤃 𐤋𐤄𐤔𐤉𐤁 𐤀𐤕 𐤀𐤁𐤍𐤓 𐤃𐤁𐤓 𐤌𐤉𐤓𐤀𐤕𐤅 𐤀𐤕𐤅•
𐤉𐤁 𐤅𐤉𐤔𐤋𐤇 𐤀𐤁𐤍𐤓 𐤌𐤋𐤀𐤊𐤉𐤌 𐤀𐤋 𐤃𐤅𐤃 𐤕𐤇𐤕𐤅 [𐤕𐤇𐤕𐤉𐤅] 𐤋𐤀𐤌𐤓 𐤋𐤌𐤉
𐤀𐤓𐤑 𐤋𐤀𐤌𐤓 𐤊𐤓𐤕𐤄 𐤁𐤓𐤉𐤕𐤊 𐤀𐤕𐤉 𐤅𐤄𐤍𐤄 𐤉𐤃𐤉 𐤏𐤌𐤊 𐤋𐤄𐤎𐤁 𐤀𐤋𐤉𐤊 𐤀𐤕
𐤊𐤋 𐤉𐤔𐤓𐤀𐤋•
𐤉𐤂 𐤅𐤉𐤀𐤌𐤓 𐤈𐤅𐤁 𐤀𐤍𐤉 𐤀𐤊𐤓𐤕 𐤀𐤕𐤊 𐤁𐤓𐤉𐤕 𐤀𐤊 𐤃𐤁𐤓 𐤀𐤇𐤃 𐤀𐤍𐤊𐤉 𐤔𐤀𐤋
𐤌𐤀𐤕𐤊 𐤋𐤀𐤌𐤓 𐤋𐤀 𐤕𐤓𐤀𐤄 𐤀𐤕 𐤐𐤍𐤉 𐤊𐤉 𐤀𐤌 𐤋𐤐𐤍𐤉 𐤄𐤁𐤉𐤀𐤊 𐤀𐤕 𐤌𐤉𐤊𐤋
𐤁𐤕 𐤔𐤀𐤅𐤋 𐤁𐤁𐤀𐤊 𐤋𐤓𐤀𐤅𐤕 𐤀𐤕 𐤐𐤍𐤉•
𐤉𐤃 𐤅𐤉𐤔𐤋𐤇 𐤃𐤅𐤃 𐤌𐤋𐤀𐤊𐤉𐤌 𐤀𐤋 𐤀𐤉𐤔 𐤁𐤔𐤕 𐤁𐤍 𐤔𐤀𐤅𐤋 𐤋𐤀𐤌𐤓 𐤕𐤍𐤄
𐤀𐤕 𐤀𐤔𐤕𐤉 𐤀𐤕 𐤌𐤉𐤊𐤋 𐤀𐤔𐤓 𐤀𐤓𐤔𐤕𐤉 𐤋𐤉 𐤁𐤌𐤀𐤄 𐤏𐤓𐤋𐤅𐤕 𐤐𐤋𐤔𐤕𐤉𐤌•
𐤈𐤅 𐤅𐤉𐤔𐤋𐤇 𐤀𐤉𐤔 𐤁𐤔𐤕 𐤅𐤉𐤒𐤇𐤄 𐤌𐤏𐤌 𐤀𐤉𐤔 𐤌𐤏𐤌 𐤐𐤋𐤈𐤉𐤀𐤋 𐤁𐤍 𐤋𐤅𐤔
[𐤋𐤉𐤔]•
𐤈𐤆 𐤅𐤉𐤋𐤊 𐤀𐤕𐤄 𐤀𐤉𐤔𐤄 𐤄𐤋𐤅𐤊 𐤅𐤁𐤊𐤄 𐤀𐤇𐤓𐤉𐤄 𐤏𐤃 𐤁𐤇𐤓𐤉𐤌 𐤅𐤉𐤀𐤌𐤓
𐤀𐤋𐤉𐤅 𐤀𐤁𐤍𐤓 𐤋𐤊 𐤔𐤅𐤁 𐤅𐤉𐤔𐤁•
𐤉𐤆 𐤅𐤃𐤁𐤓 𐤀𐤁𐤍𐤓 𐤄𐤉𐤄 𐤏𐤌 𐤆𐤒𐤍𐤉 𐤉𐤔𐤓𐤀𐤋 𐤋𐤀𐤌𐤓 𐤂𐤌 𐤕𐤌𐤅𐤋 𐤂𐤌
𐤔𐤋𐤔𐤌 𐤄𐤉𐤉𐤕𐤌 𐤌𐤁𐤒𐤔𐤉𐤌 𐤀𐤕 𐤃𐤅𐤃 𐤋𐤌𐤋𐤊 𐤏𐤋𐤉𐤊𐤌•
𐤉𐤇 𐤅𐤏𐤕𐤄 𐤏𐤔𐤅 𐤊𐤉 𐤉𐤄𐤅𐤄 𐤀𐤌𐤓 𐤀𐤋 𐤃𐤅𐤃 𐤋𐤀𐤌𐤓 𐤁𐤉𐤃 𐤃𐤅𐤃 𐤏𐤁𐤃𐤉
𐤄𐤅𐤔𐤉𐤏 𐤀𐤕 𐤏𐤌𐤉 𐤉𐤔𐤓𐤀𐤋 𐤌𐤉𐤃 𐤐𐤋𐤔𐤕𐤉𐤌 𐤅𐤌𐤉𐤃 𐤊𐤋 𐤀𐤉𐤁𐤉𐤄𐤌•
𐤉𐤈 𐤅𐤉𐤃𐤁𐤓 𐤂𐤌 𐤀𐤁𐤍𐤓 𐤁𐤀𐤆𐤍𐤉 𐤁𐤍𐤉𐤌𐤉𐤍 𐤅𐤉𐤋𐤊 𐤂𐤌 𐤀𐤁𐤍𐤓 𐤋𐤃𐤁𐤓
𐤁𐤀𐤆𐤍𐤉 𐤃𐤅𐤃 𐤁𐤇𐤁𐤓𐤅𐤍 𐤀𐤕 𐤊𐤋 𐤀𐤔𐤓 𐤈𐤅𐤁 𐤁𐤏𐤉𐤍𐤉 𐤉𐤔𐤓𐤀𐤋 𐤅𐤁𐤏𐤉𐤍𐤉

# 𐤔𐤌𐤅𐤀𐤋 𐤁

𐤊𐤋 𐤁𐤉𐤕 𐤁𐤍𐤉𐤌𐤍•
𐤊 𐤅𐤉𐤁𐤀 𐤀𐤁𐤍𐤓 𐤀𐤋 𐤃𐤅𐤃 𐤇𐤁𐤓𐤅𐤍 𐤅𐤀𐤕𐤅 𐤏𐤔𐤓𐤉𐤌 𐤀𐤍𐤔𐤉𐤌 𐤅𐤉𐤏𐤔 𐤃𐤅𐤃
𐤋𐤀𐤁𐤍𐤓 𐤅𐤋𐤀𐤍𐤔𐤉𐤌 𐤀𐤔𐤓 𐤀𐤕𐤅 𐤌𐤔𐤕𐤄•
𐤊𐤀 𐤅𐤉𐤀𐤌𐤓 𐤀𐤁𐤍𐤓 𐤀𐤋 𐤃𐤅𐤃 𐤀𐤒𐤅𐤌𐤄 𐤅𐤀𐤋𐤊𐤄 𐤅𐤀𐤒𐤁𐤑𐤄 𐤀𐤋 𐤀𐤃𐤍𐤉
𐤄𐤌𐤋𐤊 𐤀𐤕 𐤊𐤋 𐤉𐤔𐤓𐤀𐤋 𐤅𐤉𐤊𐤓𐤕𐤅 𐤀𐤕𐤊 𐤁𐤓𐤉𐤕 𐤅𐤌𐤋𐤊𐤕 𐤁𐤊𐤋 𐤀𐤔𐤓
𐤕𐤀𐤅𐤄 𐤍𐤐𐤔𐤊 𐤅𐤉𐤔𐤋𐤇 𐤃𐤅𐤃 𐤀𐤕 𐤀𐤁𐤍𐤓 𐤅𐤉𐤋𐤊 𐤁𐤔𐤋𐤅𐤌•
𐤊𐤁 𐤅𐤄𐤍𐤄 𐤏𐤁𐤃𐤉 𐤃𐤅𐤃 𐤅𐤉𐤅𐤀𐤁 𐤁𐤀 𐤌𐤄𐤂𐤃𐤅𐤃 𐤅𐤔𐤋𐤋 𐤓𐤁 𐤏𐤌𐤌 𐤄𐤁𐤉𐤀𐤅
𐤅𐤀𐤁𐤍𐤓 𐤀𐤉𐤍𐤍𐤅 𐤏𐤌 𐤃𐤅𐤃 𐤁𐤇𐤁𐤓𐤅𐤍 𐤊𐤉 𐤔𐤋𐤇𐤅 𐤅𐤉𐤋𐤊 𐤁𐤔𐤋𐤅𐤌•
𐤊𐤂 𐤅𐤉𐤅𐤀𐤁 𐤅𐤊𐤋 𐤄𐤑𐤁𐤀 𐤀𐤔𐤓 𐤀𐤕𐤅 𐤁𐤀𐤅 𐤅𐤉𐤂𐤃𐤅 𐤋𐤉𐤅𐤀𐤁 𐤋𐤀𐤌𐤓 𐤁𐤀
𐤀𐤁𐤍𐤓 𐤁𐤍 𐤍𐤓 𐤀𐤋 𐤄𐤌𐤋𐤊 𐤅𐤉𐤔𐤋𐤇𐤄𐤅 𐤅𐤉𐤋𐤊 𐤁𐤔𐤋𐤅𐤌•
𐤊𐤃 𐤅𐤉𐤁𐤀 𐤉𐤅𐤀𐤁 𐤀𐤋 𐤄𐤌𐤋𐤊 𐤅𐤉𐤀𐤌𐤓 𐤌𐤄 𐤏𐤔𐤉𐤕𐤄 𐤄𐤍𐤄 𐤁𐤀 𐤀𐤁𐤍𐤓
𐤀𐤋𐤉𐤊 𐤋𐤌𐤄 𐤆𐤄 𐤔𐤋𐤇𐤕𐤅 𐤅𐤉𐤋𐤊 𐤄𐤋𐤅𐤊•
𐤊𐤄 𐤉𐤃𐤏𐤕 𐤀𐤕 𐤀𐤁𐤍𐤓 𐤁𐤍 𐤍𐤓 𐤊𐤉 𐤋𐤐𐤕𐤕𐤊 𐤁𐤀 𐤅𐤋𐤃𐤏𐤕 𐤀𐤕 𐤌𐤅𐤑𐤀𐤊
𐤅𐤀𐤕 𐤌𐤁𐤅𐤀𐤊 [𐤌𐤅𐤁𐤀𐤊] 𐤅𐤋𐤃𐤏𐤕 𐤀𐤕 𐤊𐤋 𐤀𐤔𐤓 𐤀𐤕𐤄 𐤏𐤔𐤄•
𐤊𐤅 𐤅𐤉𐤑𐤀 𐤉𐤅𐤀𐤁 𐤌𐤏𐤌 𐤃𐤅𐤃 𐤅𐤉𐤔𐤋𐤇 𐤌𐤋𐤀𐤊𐤉𐤌 𐤀𐤇𐤓𐤉 𐤀𐤁𐤍𐤓 𐤅𐤉𐤔𐤁𐤅
𐤀𐤕𐤅 𐤌𐤁𐤅𐤓 𐤄𐤎𐤓𐤄 𐤅𐤃𐤅𐤃 𐤋𐤀 𐤉𐤃𐤏•
𐤊𐤆 𐤅𐤉𐤔𐤁 𐤀𐤁𐤍𐤓 𐤇𐤁𐤓𐤅𐤍 𐤅𐤉𐤈𐤄𐤅 𐤉𐤅𐤀𐤁 𐤀𐤋 𐤕𐤅𐤊 𐤄𐤔𐤏𐤓 𐤋𐤃𐤁𐤓 𐤀𐤕
𐤀𐤕𐤅 𐤁𐤔𐤋𐤉 𐤅𐤉𐤊𐤄𐤅 𐤔𐤌 𐤄𐤇𐤌𐤔 𐤅𐤉𐤌𐤕 𐤁𐤃𐤌 𐤏𐤔𐤄𐤀𐤋 𐤀𐤇𐤉𐤅•
𐤊𐤇 𐤅𐤉𐤔𐤌𐤏 𐤃𐤅𐤃 𐤌𐤀𐤇𐤓𐤉 𐤊𐤍 𐤅𐤉𐤀𐤌𐤓 𐤍𐤒𐤉 𐤀𐤍𐤊𐤉 𐤅𐤌𐤌𐤋𐤊𐤕𐤉 𐤌𐤏𐤌
𐤉𐤄𐤅𐤄 𐤏𐤃 𐤏𐤅𐤋𐤌 𐤌𐤃𐤌𐤉 𐤀𐤁𐤍𐤓 𐤁𐤍 𐤍𐤓•
𐤊𐤈 𐤉𐤇𐤋𐤅 𐤏𐤋 𐤓𐤀𐤔 𐤉𐤅𐤀𐤁 𐤅𐤀𐤋 𐤊𐤋 𐤁𐤉𐤕 𐤀𐤁𐤉𐤅 𐤅𐤀𐤋 𐤉𐤊𐤓𐤕 𐤌𐤁𐤉𐤕
𐤉𐤅𐤀𐤁 𐤆𐤁 𐤅𐤌𐤑𐤓𐤏 𐤅𐤌𐤇𐤆𐤉𐤒 𐤁𐤐𐤋𐤊 𐤅𐤍𐤐𐤋 𐤁𐤇𐤓𐤁 𐤅𐤇𐤎𐤓 𐤋𐤇𐤌•
𐤋 𐤅𐤉𐤅𐤀𐤁 𐤅𐤀𐤁𐤉𐤔𐤉 𐤀𐤇𐤉𐤅 𐤄𐤓𐤂𐤅 𐤋𐤀𐤁𐤍𐤓 𐤏𐤋 𐤀𐤔𐤓 𐤄𐤌𐤉𐤕 𐤀𐤕
𐤏𐤔𐤄𐤀𐤋 𐤀𐤇𐤉𐤄𐤌 𐤁𐤂𐤁𐤏𐤅𐤍 𐤁𐤌𐤋𐤇𐤌𐤄•
𐤋𐤀 𐤅𐤉𐤀𐤌𐤓 𐤃𐤅𐤃 𐤀𐤋 𐤉𐤅𐤀𐤁 𐤅𐤀𐤋 𐤊𐤋 𐤄𐤏𐤌 𐤀𐤔𐤓 𐤀𐤕𐤅 𐤒𐤓𐤏𐤅 𐤁𐤂𐤃𐤉𐤊𐤌
𐤅𐤇𐤂𐤓𐤅 𐤔𐤒𐤉𐤌 𐤅𐤎𐤐𐤃𐤅 𐤋𐤐𐤍𐤉 𐤀𐤁𐤍𐤓 𐤅𐤄𐤌𐤋𐤊 𐤃𐤅𐤃 𐤄𐤋𐤊 𐤀𐤇𐤓𐤉 𐤄𐤌𐤈𐤄•
𐤋𐤁 𐤅𐤉𐤒𐤁𐤓𐤅 𐤀𐤕 𐤀𐤁𐤍𐤓 𐤁𐤇𐤁𐤓𐤅𐤍 𐤅𐤉𐤔𐤀 𐤄𐤌𐤋𐤊 𐤀𐤕 𐤒𐤅𐤋𐤅 𐤅𐤉𐤁𐤊 𐤀𐤋
𐤒𐤁𐤓 𐤀𐤁𐤍𐤓 𐤅𐤉𐤁𐤊𐤅 𐤊𐤋 𐤄𐤏𐤌•
𐤋𐤂 𐤅𐤉𐤒𐤍𐤍 𐤄𐤌𐤋𐤊 𐤀𐤋 𐤀𐤁𐤍𐤓 𐤅𐤉𐤀𐤌𐤓 𐤄𐤊𐤌𐤅𐤕 𐤍𐤁𐤋 𐤉𐤌𐤅𐤕 𐤀𐤁𐤍𐤓•
𐤋𐤃 𐤉𐤃𐤊 𐤋𐤀 𐤀𐤎𐤓𐤅𐤕 𐤅𐤓𐤂𐤋𐤉𐤊 𐤋𐤀 𐤋𐤍𐤇𐤔𐤕𐤉𐤌 𐤄𐤂𐤔𐤅 𐤊𐤍𐤐𐤅𐤋 𐤋𐤐𐤍𐤉
𐤁𐤍𐤉 𐤏𐤅𐤋𐤄 𐤍𐤐𐤋𐤕 𐤅𐤉𐤎𐤐𐤅 𐤊𐤋 𐤄𐤏𐤌 𐤋𐤁𐤊𐤅𐤕 𐤏𐤋𐤉𐤅•
𐤋𐤄 𐤅𐤉𐤁𐤀 𐤊𐤋 𐤄𐤏𐤌 𐤋𐤄𐤁𐤓𐤅𐤕 𐤀𐤕 𐤃𐤅𐤃 𐤋𐤇𐤌 𐤁𐤏𐤅𐤃 𐤄𐤉𐤅𐤌 𐤅𐤉𐤔𐤁𐤏
𐤃𐤅𐤃 𐤋𐤀𐤌𐤓 𐤊𐤄 𐤉𐤏𐤔𐤄 𐤋𐤉 𐤀𐤋𐤄𐤉𐤌 𐤅𐤊𐤄 𐤉𐤎𐤉𐤐 𐤊𐤉 𐤀𐤌 𐤋𐤐𐤍𐤉 𐤁𐤅𐤀

𐤄𐤔𐤌𐤔 𐤀𐤈𐤏𐤌 𐤋𐤇𐤌 𐤀𐤅 𐤊𐤋 𐤌𐤀𐤅𐤌𐤄•
𐤋𐤅 𐤅𐤊𐤋 𐤄𐤏𐤌 𐤄𐤊𐤉𐤓𐤅 𐤅𐤉𐤉𐤈𐤁 𐤁𐤏𐤉𐤍𐤉𐤄𐤌 𐤊𐤊𐤋 𐤀𐤔𐤓 𐤏𐤔𐤄 𐤄𐤌𐤋𐤊
𐤁𐤏𐤉𐤍𐤉 𐤊𐤋 𐤄𐤏𐤌 𐤈𐤅𐤁•
𐤋𐤆 𐤅𐤉𐤃𐤏𐤅 𐤊𐤋 𐤄𐤏𐤌 𐤅𐤊𐤋 𐤉𐤔𐤓𐤀𐤋 𐤁𐤉𐤅𐤌 𐤄𐤄𐤅𐤀 𐤊𐤉 𐤋𐤀 𐤄𐤉𐤕𐤄
𐤌𐤄𐤌𐤋𐤊 𐤋𐤄𐤌𐤉𐤕 𐤀𐤕 𐤀𐤁𐤍𐤓 𐤁𐤍 𐤍𐤓•
𐤋𐤇 𐤅𐤉𐤀𐤌𐤓 𐤄𐤌𐤋𐤊 𐤀𐤋 𐤏𐤁𐤃𐤉𐤅 𐤄𐤋𐤅𐤀 𐤕𐤃𐤏𐤅 𐤊𐤉 𐤔𐤓 𐤅𐤂𐤃𐤅𐤋 𐤍𐤐𐤋
𐤄𐤉𐤅𐤌 𐤄𐤆𐤄 𐤁𐤉𐤔𐤓𐤀𐤋•
𐤋𐤈 𐤅𐤀𐤍𐤊𐤉 𐤄𐤉𐤅𐤌 𐤓𐤊 𐤅𐤌𐤔𐤅𐤇 𐤌𐤋𐤊 𐤅𐤄𐤀𐤍𐤔𐤉𐤌 𐤄𐤀𐤋𐤄 𐤁𐤍𐤉
𐤑𐤓𐤅𐤉𐤄 𐤒𐤔𐤉𐤌 𐤌𐤌𐤍𐤉 𐤉𐤔𐤋𐤌 𐤉𐤄𐤅𐤄 𐤋𐤏𐤔𐤄 𐤄𐤓𐤏𐤄 𐤊𐤓𐤏𐤕𐤅•

## 𐤐𐤓𐤒 𐤃

𐤀 𐤅𐤉𐤔𐤌𐤏 𐤁𐤍 𐤔𐤀𐤅𐤋 𐤊𐤉 𐤌𐤕 𐤀𐤁𐤍𐤓 𐤁𐤇𐤁𐤓𐤅𐤍 𐤅𐤉𐤓𐤐𐤅 𐤉𐤃𐤉𐤅 𐤅𐤊𐤋
𐤉𐤔𐤓𐤀𐤋 𐤍𐤁𐤄𐤋𐤅•
𐤁 𐤅𐤔𐤍𐤉 𐤀𐤍𐤔𐤉𐤌 𐤔𐤓𐤉 𐤂𐤃𐤅𐤃𐤉𐤌 𐤄𐤉𐤅 𐤁𐤍 𐤔𐤀𐤅𐤋 𐤔𐤌 𐤄𐤀𐤇𐤃 𐤁𐤏𐤍𐤄
𐤅𐤔𐤌 𐤄𐤔𐤍𐤉 𐤓𐤊𐤁 𐤁𐤍𐤉 𐤓𐤌𐤅𐤍 𐤄𐤁𐤀𐤓𐤕𐤉 𐤌𐤁𐤍𐤉 𐤁𐤍𐤉𐤌𐤍 𐤊𐤉 𐤂𐤌
𐤁𐤀𐤓𐤅𐤕 𐤕𐤇𐤔𐤁 𐤏𐤋 𐤁𐤍𐤉𐤌𐤍•
𐤂 𐤅𐤉𐤁𐤓𐤇𐤅 𐤄𐤁𐤀𐤓𐤕𐤉𐤌 𐤂𐤕𐤉𐤌𐤄 𐤅𐤉𐤄𐤉𐤅 𐤔𐤌 𐤂𐤓𐤉𐤌 𐤏𐤃 𐤄𐤉𐤅𐤌 𐤄𐤆𐤄•
𐤃 𐤅𐤋𐤉𐤄𐤅𐤍𐤕𐤍 𐤁𐤍 𐤔𐤀𐤅𐤋 𐤁𐤍 𐤍𐤊𐤄 𐤓𐤂𐤋𐤉𐤌 𐤁𐤍 𐤇𐤌𐤔 𐤔𐤍𐤉𐤌 𐤄𐤉𐤄
𐤁𐤁𐤀 𐤔𐤌𐤏𐤕 𐤔𐤀𐤅𐤋 𐤅𐤉𐤄𐤅𐤍𐤕𐤍 𐤌𐤉𐤆𐤓𐤏𐤀𐤋 𐤅𐤕𐤔𐤀𐤄𐤅 𐤀𐤌𐤍𐤕𐤅 𐤅𐤕𐤍𐤎
𐤅𐤉𐤄𐤉 𐤁𐤇𐤐𐤆𐤄 𐤋𐤍𐤅𐤎 𐤅𐤉𐤐𐤋 𐤅𐤉𐤐𐤎𐤇 𐤅𐤔𐤌𐤅 𐤌𐤐𐤉𐤁𐤔𐤕•
𐤄 𐤅𐤉𐤋𐤊𐤅 𐤁𐤍𐤉 𐤓𐤌𐤅𐤍 𐤄𐤁𐤀𐤓𐤕𐤉 𐤓𐤊𐤁 𐤅𐤁𐤏𐤍𐤄 𐤅𐤉𐤁𐤀𐤅 𐤊𐤇𐤌 𐤄𐤉𐤅𐤌
𐤀𐤋 𐤁𐤉𐤕 𐤀𐤉𐤔 𐤁𐤔𐤕 𐤅𐤄𐤅𐤀 𐤔𐤊𐤁 𐤀𐤕 𐤌𐤔𐤊𐤁 𐤄𐤑𐤄𐤓𐤉𐤌•
𐤅 𐤅𐤄𐤍𐤄 𐤁𐤀𐤅 𐤏𐤃 𐤕𐤅𐤊 𐤄𐤁𐤉𐤕 𐤋𐤒𐤇𐤉 𐤇𐤈𐤉𐤌 𐤅𐤉𐤊𐤄𐤅 𐤀𐤋 𐤄𐤇𐤌𐤔
𐤅𐤓𐤊𐤁 𐤅𐤁𐤏𐤍𐤄 𐤀𐤇𐤉𐤅 𐤍𐤌𐤋𐤈𐤅•
𐤆 𐤅𐤉𐤁𐤀𐤅 𐤄𐤁𐤉𐤕 𐤅𐤄𐤅𐤀 𐤔𐤊𐤁 𐤏𐤋 𐤌𐤈𐤕𐤅 𐤁𐤇𐤃𐤓 𐤌𐤔𐤊𐤁𐤅 𐤅𐤉𐤊𐤄𐤅
𐤅𐤉𐤌𐤕𐤄𐤅 𐤅𐤉𐤎𐤉𐤓𐤅 𐤀𐤕 𐤓𐤀𐤔𐤅 𐤅𐤉𐤒𐤇𐤅 𐤀𐤕 𐤓𐤀𐤔𐤅 𐤅𐤉𐤋𐤊𐤅 𐤃𐤓𐤊
𐤄𐤏𐤓𐤁𐤄 𐤊𐤋 𐤄𐤋𐤉𐤋𐤄•
𐤇 𐤅𐤉𐤁𐤀𐤅 𐤀𐤕 𐤓𐤀𐤔 𐤀𐤉𐤔 𐤁𐤔𐤕 𐤀𐤋 𐤃𐤅𐤃 𐤇𐤁𐤓𐤅𐤍 𐤅𐤉𐤀𐤌𐤓𐤅 𐤀𐤋 𐤄𐤌𐤋𐤊
𐤄𐤍𐤄 𐤓𐤀𐤔 𐤀𐤉𐤔 𐤁𐤔𐤕 𐤁𐤍 𐤔𐤀𐤅𐤋 𐤀𐤉𐤁𐤊 𐤀𐤔𐤓 𐤁𐤒𐤔 𐤀𐤕 𐤍𐤐𐤔𐤊 𐤅𐤉𐤕𐤍
𐤉𐤄𐤅𐤄 𐤋𐤀𐤃𐤍𐤉 𐤄𐤌𐤋𐤊 𐤍𐤒𐤌𐤅𐤕 𐤄𐤉𐤅𐤌 𐤄𐤆𐤄 𐤌𐤔𐤀𐤅𐤋 𐤅𐤌𐤆𐤓𐤏𐤅•
𐤈 𐤅𐤉𐤏𐤍 𐤃𐤅𐤃 𐤀𐤕 𐤓𐤊𐤁 𐤅𐤀𐤕 𐤁𐤏𐤍𐤄 𐤀𐤇𐤉𐤅 𐤁𐤍𐤉 𐤓𐤌𐤅𐤍 𐤄𐤁𐤀𐤓𐤕𐤉
𐤅𐤉𐤀𐤌𐤓 𐤋𐤄𐤌 𐤇𐤉 𐤉𐤄𐤅𐤄 𐤀𐤔𐤓 𐤐𐤃𐤄 𐤀𐤕 𐤍𐤐𐤔𐤉 𐤌𐤊𐤋 𐤑𐤓𐤄•
𐤉 𐤊𐤉 𐤄𐤌𐤂𐤉𐤃 𐤋𐤉 𐤋𐤀𐤌𐤓 𐤄𐤍𐤄 𐤌𐤕 𐤔𐤀𐤅𐤋 𐤅𐤄𐤅𐤀 𐤄𐤉𐤄 𐤊𐤌𐤁𐤔𐤓

# 𐤔𐤌𐤅𐤀𐤋 𐤁

𐤁𐤏𐤉𐤍𐤉𐤅 𐤅𐤀𐤇𐤆𐤄 𐤁𐤅 𐤅𐤀𐤄𐤓𐤂𐤄𐤅 𐤁𐤑𐤒𐤋𐤂 𐤀𐤔𐤓 𐤋𐤕𐤕𐤉 𐤋𐤅 𐤁𐤔𐤓𐤄.

𐤉𐤀 𐤀𐤐 𐤊𐤉 𐤀𐤍𐤔𐤉𐤌 𐤓𐤔𐤏𐤉𐤌 𐤄𐤓𐤂𐤅 𐤀𐤕 𐤀𐤉𐤔 𐤑𐤃𐤉𐤒 𐤁𐤁𐤉𐤕𐤅 𐤏𐤋 𐤌𐤔𐤊𐤁𐤅 𐤅𐤏𐤕𐤄 𐤄𐤋𐤅𐤀 𐤀𐤁𐤒𐤔 𐤀𐤕 𐤃𐤌𐤅 𐤌𐤉𐤃𐤊𐤌 𐤅𐤁𐤏𐤓𐤕𐤉 𐤀𐤕𐤊𐤌 𐤌𐤍 𐤄𐤀𐤓𐤑.

𐤉𐤁 𐤅𐤉𐤑𐤅 𐤃𐤅𐤃 𐤀𐤕 𐤄𐤍𐤏𐤓𐤉𐤌 𐤅𐤉𐤄𐤓𐤂𐤅𐤌 𐤅𐤉𐤒𐤑𐤑𐤅 𐤀𐤕 𐤉𐤃𐤉𐤄𐤌 𐤅𐤀𐤕 𐤓𐤂𐤋𐤉𐤄𐤌 𐤅𐤉𐤕𐤋𐤅 𐤏𐤋 𐤄𐤁𐤓𐤊𐤄 𐤁𐤇𐤁𐤓𐤅𐤍 𐤅𐤀𐤕 𐤓𐤀𐤔 𐤀𐤉𐤔 𐤁𐤔𐤕 𐤋𐤒𐤇𐤅 𐤅𐤉𐤒𐤁𐤓𐤅 𐤁𐤒𐤁𐤓 𐤀𐤁𐤍𐤓 𐤁𐤇𐤁𐤓𐤅𐤍.

## 𐤐𐤓𐤒 𐤄

𐤀 𐤅𐤉𐤁𐤀𐤅 𐤊𐤋 𐤔𐤁𐤈𐤉 𐤉𐤔𐤓𐤀𐤋 𐤀𐤋 𐤃𐤅𐤃 𐤇𐤁𐤓𐤅𐤍𐤄 𐤅𐤉𐤀𐤌𐤓𐤅 𐤋𐤀𐤌𐤓 𐤄𐤍𐤍𐤅 𐤏𐤑𐤌𐤊 𐤅𐤁𐤔𐤓𐤊 𐤀𐤍𐤇𐤍𐤅.

𐤁 𐤂𐤌 𐤀𐤕𐤌𐤅𐤋 𐤂𐤌 𐤔𐤋𐤔𐤅𐤌 𐤁𐤄𐤉𐤅𐤕 𐤔𐤀𐤅𐤋 𐤌𐤋𐤊 𐤏𐤋𐤉𐤍𐤅 𐤀𐤕𐤄 𐤄𐤉𐤉𐤕𐤄 [𐤄𐤉𐤉𐤕] 𐤌𐤅𐤑𐤉𐤀 [𐤄𐤌𐤅𐤑𐤉𐤀] 𐤅𐤄𐤌𐤁𐤉 [𐤅𐤄𐤌𐤁𐤉𐤀] 𐤀𐤕 𐤉𐤔𐤓𐤀𐤋 𐤅𐤉𐤀𐤌𐤓 𐤉𐤄𐤅𐤄 𐤋𐤊 𐤀𐤕𐤄 𐤕𐤓𐤏𐤄 𐤀𐤕 𐤏𐤌𐤉 𐤀𐤕 𐤉𐤔𐤓𐤀𐤋 𐤅𐤀𐤕𐤄 𐤕𐤄𐤉𐤄 𐤋𐤍𐤂𐤉𐤃 𐤏𐤋 𐤉𐤔𐤓𐤀𐤋.

𐤂 𐤅𐤉𐤁𐤀𐤅 𐤊𐤋 𐤆𐤒𐤍𐤉 𐤉𐤔𐤓𐤀𐤋 𐤀𐤋 𐤄𐤌𐤋𐤊 𐤇𐤁𐤓𐤅𐤍𐤄 𐤅𐤉𐤊𐤓𐤕 𐤋𐤄𐤌 𐤄𐤌𐤋𐤊 𐤃𐤅𐤃 𐤁𐤓𐤉𐤕 𐤁𐤇𐤁𐤓𐤅𐤍 𐤋𐤐𐤍𐤉 𐤉𐤄𐤅𐤄 𐤅𐤉𐤌𐤔𐤇𐤅 𐤀𐤕 𐤃𐤅𐤃 𐤋𐤌𐤋𐤊 𐤏𐤋 𐤉𐤔𐤓𐤀𐤋.

𐤃 𐤁𐤍 𐤔𐤋𐤔𐤉𐤌 𐤔𐤍𐤄 𐤃𐤅𐤃 𐤁𐤌𐤋𐤊𐤅 𐤀𐤓𐤁𐤏𐤉𐤌 𐤔𐤍𐤄 𐤌𐤋𐤊.

𐤄 𐤁𐤇𐤁𐤓𐤅𐤍 𐤌𐤋𐤊 𐤏𐤋 𐤉𐤄𐤅𐤃𐤄 𐤔𐤁𐤏 𐤔𐤍𐤉𐤌 𐤅𐤔𐤔𐤄 𐤇𐤃𐤔𐤉𐤌 𐤅𐤁𐤉𐤓𐤅𐤔𐤋𐤌 𐤌𐤋𐤊 𐤔𐤋𐤔𐤉𐤌 𐤅𐤔𐤋𐤔 𐤔𐤍𐤄 𐤏𐤋 𐤊𐤋 𐤉𐤔𐤓𐤀𐤋 𐤅𐤉𐤄𐤅𐤃𐤄.

𐤅 𐤅𐤉𐤋𐤊 𐤄𐤌𐤋𐤊 𐤅𐤀𐤍𐤔𐤉𐤅 𐤉𐤓𐤅𐤔𐤋𐤌 𐤀𐤋 𐤄𐤉𐤁𐤎𐤉 𐤉𐤅𐤔𐤁 𐤄𐤀𐤓𐤑 𐤅𐤉𐤀𐤌𐤓 𐤋𐤃𐤅𐤃 𐤋𐤀𐤌𐤓 𐤋𐤀 𐤕𐤁𐤅𐤀 𐤄𐤍𐤄 𐤊𐤉 𐤀𐤌 𐤄𐤎𐤉𐤓𐤊 𐤄𐤏𐤅𐤓𐤉𐤌 𐤅𐤄𐤐𐤎𐤇𐤉𐤌 𐤋𐤀𐤌𐤓 𐤋𐤀 𐤉𐤁𐤅𐤀 𐤃𐤅𐤃 𐤄𐤍𐤄.

𐤆 𐤅𐤉𐤋𐤊𐤃 𐤃𐤅𐤃 𐤀𐤕 𐤌𐤑𐤃𐤕 𐤑𐤉𐤅𐤍 𐤄𐤉𐤀 𐤏𐤉𐤓 𐤃𐤅𐤃.

𐤇 𐤅𐤉𐤀𐤌𐤓 𐤃𐤅𐤃 𐤁𐤉𐤅𐤌 𐤄𐤄𐤅𐤀 𐤊𐤋 𐤌𐤊𐤄 𐤉𐤁𐤎𐤉 𐤅𐤉𐤂𐤏 𐤁𐤑𐤍𐤅𐤓 𐤅𐤀𐤕 𐤄𐤐𐤎𐤇𐤉𐤌 𐤅𐤀𐤕 𐤄𐤏𐤅𐤓𐤉𐤌 𐤔𐤍𐤀𐤅 [𐤔𐤍𐤀𐤉] 𐤍𐤐𐤔 𐤃𐤅𐤃 𐤏𐤋 𐤊𐤍 𐤉𐤀𐤌𐤓𐤅 𐤏𐤅𐤓 𐤅𐤐𐤎𐤇 𐤋𐤀 𐤉𐤁𐤅𐤀 𐤀𐤋 𐤄𐤁𐤉𐤕.

𐤈 𐤅𐤉𐤔𐤁 𐤃𐤅𐤃 𐤁𐤌𐤑𐤃𐤄 𐤅𐤉𐤒𐤓𐤀 𐤋𐤄 𐤏𐤉𐤓 𐤃𐤅𐤃 𐤅𐤉𐤁𐤍 𐤃𐤅𐤃 𐤎𐤁𐤉𐤁 𐤌𐤍 𐤄𐤌𐤋𐤅𐤀 𐤅𐤁𐤉𐤕𐤄.

𐤉 𐤅𐤉𐤋𐤊 𐤃𐤅𐤃 𐤄𐤋𐤅𐤊 𐤅𐤂𐤃𐤅𐤋 𐤅𐤉𐤄𐤅𐤄 𐤀𐤋𐤄𐤉 𐤑𐤁𐤀𐤅𐤕 𐤏𐤌𐤅.

𐤉𐤀 𐤅𐤉𐤔𐤋𐤇 𐤇𐤉𐤓𐤌 𐤌𐤋𐤊 𐤑𐤓 𐤌𐤋𐤀𐤊𐤉𐤌 𐤀𐤋 𐤃𐤅𐤃 𐤅𐤏𐤑𐤉 𐤀𐤓𐤆𐤉𐤌 𐤅𐤇𐤓𐤔𐤉 𐤏𐤑 𐤅𐤇𐤓𐤔𐤉 𐤀𐤁𐤍 𐤒𐤉𐤓 𐤅𐤉𐤁𐤍𐤅 𐤁𐤉𐤕 𐤋𐤃𐤅𐤃.

𐤉𐤁 𐤅𐤉𐤃𐤏 𐤃𐤅𐤃 𐤊𐤉 𐤄𐤊𐤉𐤍𐤅 𐤉𐤄𐤅𐤄 𐤋𐤌𐤋𐤊 𐤏𐤋 𐤉𐤔𐤓𐤀𐤋 𐤅𐤊𐤉 𐤍𐤔𐤀
𐤌𐤌𐤋𐤊𐤕𐤅 𐤁𐤏𐤁𐤅𐤓 𐤏𐤌𐤅 𐤉𐤔𐤓𐤀𐤋.
𐤉𐤂 𐤅𐤉𐤒𐤇 𐤃𐤅𐤃 𐤏𐤅𐤃 𐤐𐤋𐤂𐤔𐤉𐤌 𐤅𐤍𐤔𐤉𐤌 𐤌𐤉𐤓𐤅𐤔𐤋𐤌 𐤀𐤇𐤓𐤉 𐤁𐤀𐤅
𐤌𐤇𐤁𐤓𐤅𐤍 𐤅𐤉𐤅𐤋𐤃𐤅 𐤏𐤅𐤃 𐤋𐤃𐤅𐤃 𐤁𐤍𐤉𐤌 𐤅𐤁𐤍𐤅𐤕.
𐤉𐤃 𐤅𐤀𐤋𐤄 𐤔𐤌𐤅𐤕 𐤄𐤉𐤋𐤃𐤉𐤌 𐤋𐤅 𐤁𐤉𐤓𐤅𐤔𐤋𐤌 𐤔𐤌𐤅𐤏 𐤅𐤔𐤅𐤁𐤁 𐤅𐤍𐤕𐤍
𐤅𐤔𐤋𐤌𐤄.
𐤈𐤅 𐤅𐤉𐤁𐤇𐤓 𐤅𐤀𐤋𐤉𐤔𐤅𐤏 𐤅𐤍𐤐𐤂 𐤅𐤉𐤐𐤉𐤏.
𐤈𐤆 𐤅𐤀𐤋𐤉𐤔𐤌𐤏 𐤅𐤀𐤋𐤉𐤃𐤏 𐤅𐤀𐤋𐤉𐤐𐤋𐤈.
𐤉𐤆 𐤅𐤉𐤔𐤌𐤏𐤅 𐤐𐤋𐤔𐤕𐤉𐤌 𐤊𐤉 𐤌𐤔𐤇𐤅 𐤀𐤕 𐤃𐤅𐤃 𐤋𐤌𐤋𐤊 𐤏𐤋 𐤉𐤔𐤓𐤀𐤋
𐤅𐤉𐤏𐤋𐤅 𐤊𐤋 𐤐𐤋𐤔𐤕𐤉𐤌 𐤋𐤁𐤒𐤔 𐤀𐤕 𐤃𐤅𐤃 𐤅𐤉𐤔𐤌𐤏 𐤃𐤅𐤃 𐤅𐤉𐤓𐤃 𐤀𐤋
𐤄𐤌𐤑𐤅𐤃𐤄.
𐤉𐤇 𐤅𐤐𐤋𐤔𐤕𐤉𐤌 𐤁𐤀𐤅 𐤅𐤉𐤍𐤈𐤔𐤅 𐤁𐤏𐤌𐤒 𐤓𐤐𐤀𐤉𐤌.
𐤉𐤈 𐤅𐤉𐤔𐤀𐤋 𐤃𐤅𐤃 𐤁𐤉𐤄𐤅𐤄 𐤋𐤀𐤌𐤓 𐤄𐤀𐤏𐤋𐤄 𐤀𐤋 𐤐𐤋𐤔𐤕𐤉𐤌 𐤄𐤕𐤕𐤍𐤌
𐤁𐤉𐤃𐤉 𐤅𐤉𐤀𐤌𐤓 𐤉𐤄𐤅𐤄 𐤀𐤋 𐤃𐤅𐤃 𐤏𐤋𐤄 𐤊𐤉 𐤍𐤕𐤍 𐤀𐤕𐤍 𐤀𐤕 𐤄𐤐𐤋𐤔𐤕𐤉𐤌
𐤁𐤉𐤃𐤊.
𐤊 𐤅𐤉𐤁𐤀 𐤃𐤅𐤃 𐤁𐤁𐤏𐤋 𐤐𐤓𐤑𐤉𐤌 𐤅𐤉𐤊𐤌 𐤔𐤌 𐤃𐤅𐤃 𐤅𐤉𐤀𐤌𐤓 𐤐𐤓𐤑 𐤉𐤄𐤅𐤄 𐤀𐤕
𐤀𐤉𐤁𐤉 𐤋𐤐𐤍𐤉 𐤊𐤐𐤓𐤑 𐤌𐤉𐤌 𐤏𐤋 𐤊𐤍 𐤒𐤓𐤀 𐤔𐤌 𐤄𐤌𐤒𐤅𐤌 𐤄𐤄𐤅𐤀 𐤁𐤏𐤋
𐤐𐤓𐤑𐤉𐤌.
𐤊𐤀 𐤅𐤉𐤏𐤆𐤁𐤅 𐤔𐤌 𐤀𐤕 𐤏𐤑𐤁𐤉𐤄𐤌 𐤅𐤉𐤔𐤀𐤌 𐤃𐤅𐤃 𐤅𐤀𐤍𐤔𐤉𐤅.
𐤊𐤁 𐤅𐤉𐤎𐤐𐤅 𐤏𐤅𐤃 𐤐𐤋𐤔𐤕𐤉𐤌 𐤋𐤏𐤋𐤅𐤕 𐤅𐤉𐤍𐤈𐤔𐤅 𐤁𐤏𐤌𐤒 𐤓𐤐𐤀𐤉𐤌.
𐤊𐤂 𐤅𐤉𐤔𐤀𐤋 𐤃𐤅𐤃 𐤁𐤉𐤄𐤅𐤄 𐤅𐤉𐤀𐤌𐤓 𐤋𐤀 𐤕𐤏𐤋𐤄 𐤄𐤎𐤁 𐤀𐤋 𐤀𐤇𐤓𐤉𐤄𐤌
𐤅𐤁𐤀𐤕 𐤋𐤄𐤌 𐤌𐤌𐤅𐤋 𐤁𐤊𐤀𐤉𐤌.
𐤊𐤃 𐤅𐤉𐤄𐤉 𐤁𐤔𐤌𐤏𐤊 [𐤊𐤔𐤌𐤏𐤊] 𐤀𐤕 𐤒𐤅𐤋 𐤄𐤑𐤏𐤃𐤄 𐤁𐤓𐤀𐤔𐤉 𐤄𐤁𐤊𐤀𐤉𐤌 𐤀𐤆
𐤕𐤇𐤓𐤑 𐤊𐤉 𐤀𐤆 𐤉𐤑𐤀 𐤉𐤄𐤅𐤄 𐤋𐤐𐤍𐤉𐤊 𐤋𐤄𐤊𐤅𐤕 𐤁𐤌𐤇𐤍𐤄 𐤐𐤋𐤔𐤕𐤉𐤌.
𐤊𐤄 𐤅𐤉𐤏𐤔 𐤃𐤅𐤃 𐤊𐤍 𐤊𐤀𐤔𐤓 𐤑𐤅𐤄𐤅 𐤉𐤄𐤅𐤄 𐤅𐤉𐤊 𐤀𐤕 𐤐𐤋𐤔𐤕𐤉𐤌 𐤌𐤂𐤁𐤏
𐤏𐤃 𐤁𐤀𐤊 𐤂𐤆𐤓.

## 𐤐𐤓𐤒 𐤅

𐤀 𐤅𐤉𐤎𐤐 𐤏𐤅𐤃 𐤃𐤅𐤃 𐤀𐤕 𐤊𐤋 𐤁𐤇𐤅𐤓 𐤁𐤉𐤔𐤓𐤀𐤋 𐤔𐤋𐤔𐤉𐤌 𐤀𐤋𐤐.
𐤁 𐤅𐤉𐤒𐤌 𐤅𐤉𐤋𐤊 𐤃𐤅𐤃 𐤅𐤊𐤋 𐤄𐤏𐤌 𐤀𐤔𐤓 𐤀𐤕𐤅 𐤌𐤁𐤏𐤋𐤉 𐤉𐤄𐤅𐤃𐤄 𐤋𐤄𐤏𐤋𐤅𐤕
𐤌𐤔𐤌 𐤀𐤕 𐤀𐤓𐤅𐤍 𐤄𐤀𐤋𐤄𐤉𐤌 𐤀𐤔𐤓 𐤍𐤒𐤓𐤀 𐤔𐤌 𐤔𐤌 𐤉𐤄𐤅𐤄 𐤑𐤁𐤀𐤅𐤕 𐤉𐤔𐤁
𐤄𐤊𐤓𐤁𐤉𐤌 𐤏𐤋𐤉𐤅.
𐤂 𐤅𐤉𐤓𐤊𐤁𐤅 𐤀𐤕 𐤀𐤓𐤅𐤍 𐤄𐤀𐤋𐤄𐤉𐤌 𐤀𐤋 𐤏𐤂𐤋𐤄 𐤇𐤃𐤔𐤄 𐤅𐤉𐤔𐤀𐤄𐤅 𐤌𐤁𐤉𐤕

# 𐤔𐤌𐤅𐤀𐤋 𐤁

𐤀𐤁𐤉𐤍𐤃𐤁 𐤀𐤔𐤓 𐤁𐤂𐤁𐤏𐤄 𐤅𐤏𐤆𐤀 𐤅𐤀𐤇𐤉𐤅 𐤁𐤍𐤉 𐤀𐤁𐤉𐤍𐤃𐤁 𐤍𐤄𐤂𐤉𐤌 𐤀𐤕
𐤄𐤏𐤂𐤋𐤄 𐤇𐤃𐤔𐤄•

𐤃 𐤅𐤉𐤔𐤀𐤄𐤅 𐤌𐤁𐤉𐤕 𐤀𐤁𐤉𐤍𐤃𐤁 𐤀𐤔𐤓 𐤁𐤂𐤁𐤏𐤄 𐤏𐤌 𐤀𐤓𐤅𐤍 𐤄𐤀𐤋𐤄𐤉𐤌
𐤅𐤀𐤇𐤉𐤅 𐤄𐤋𐤊 𐤋𐤐𐤍𐤉 𐤄𐤀𐤓𐤅𐤍•

𐤄 𐤅𐤃𐤅𐤃 𐤅𐤊𐤋 𐤁𐤉𐤕 𐤉𐤔𐤓𐤀𐤋 𐤌𐤔𐤇𐤒𐤉𐤌 𐤋𐤐𐤍𐤉 𐤉𐤄𐤅𐤄 𐤁𐤊𐤋 𐤏𐤑𐤉
𐤁𐤓𐤅𐤔𐤉𐤌 𐤅𐤁𐤊𐤍𐤓𐤅𐤕 𐤅𐤁𐤍𐤁𐤋𐤉𐤌 𐤅𐤁𐤕𐤐𐤉𐤌 𐤅𐤁𐤌𐤍𐤏𐤍𐤏𐤉𐤌 𐤅𐤁𐤑𐤋𐤑𐤋𐤉𐤌•
𐤅 𐤅𐤉𐤁𐤀𐤅 𐤏𐤃 𐤂𐤓𐤍 𐤍𐤊𐤅𐤍 𐤅𐤉𐤔𐤋𐤇 𐤏𐤆𐤄 𐤀𐤋 𐤀𐤓𐤅𐤍 𐤄𐤀𐤋𐤄𐤉𐤌 𐤅𐤉𐤀𐤇𐤆
𐤁𐤅 𐤊𐤉 𐤔𐤌𐤈𐤅 𐤄𐤁𐤒𐤓•

𐤆 𐤅𐤉𐤇𐤓 𐤀𐤐 𐤉𐤄𐤅𐤄 𐤁𐤏𐤆𐤄 𐤅𐤉𐤊𐤄𐤅 𐤔𐤌 𐤄𐤀𐤋𐤄𐤉𐤌 𐤏𐤋 𐤄𐤔𐤋 𐤅𐤉𐤌𐤕
𐤔𐤌 𐤏𐤌 𐤀𐤓𐤅𐤍 𐤄𐤀𐤋𐤄𐤉𐤌•

𐤇 𐤅𐤉𐤇𐤓 𐤋𐤃𐤅𐤃 𐤏𐤋 𐤀𐤔𐤓 𐤐𐤓𐤑 𐤉𐤄𐤅𐤄 𐤐𐤓𐤑 𐤁𐤏𐤆𐤄 𐤅𐤉𐤒𐤓𐤀 𐤋𐤌𐤒𐤅𐤌
𐤄𐤄𐤅𐤀 𐤐𐤓𐤑 𐤏𐤆𐤄 𐤏𐤃 𐤄𐤉𐤅𐤌 𐤄𐤆𐤄•

𐤈 𐤅𐤉𐤓𐤀 𐤃𐤅𐤃 𐤀𐤕 𐤉𐤄𐤅𐤄 𐤁𐤉𐤅𐤌 𐤄𐤄𐤅𐤀 𐤅𐤉𐤀𐤌𐤓 𐤀𐤉𐤊 𐤉𐤁𐤅𐤀 𐤀𐤋𐤉
𐤀𐤓𐤅𐤍 𐤉𐤄𐤅𐤄•

𐤉 𐤅𐤋𐤀 𐤀𐤁𐤄 𐤃𐤅𐤃 𐤋𐤄𐤎𐤉𐤓 𐤀𐤋𐤉𐤅 𐤀𐤕 𐤀𐤓𐤅𐤍 𐤉𐤄𐤅𐤄 𐤏𐤋 𐤏𐤉𐤓 𐤃𐤅𐤃
𐤅𐤉𐤈𐤄𐤅 𐤃𐤅𐤃 𐤁𐤉𐤕 𐤏𐤁𐤃 𐤀𐤃𐤅𐤌 𐤄𐤂𐤕𐤉•

𐤉𐤀 𐤅𐤉𐤔𐤁 𐤀𐤓𐤅𐤍 𐤉𐤄𐤅𐤄 𐤁𐤉𐤕 𐤏𐤁𐤃 𐤀𐤃𐤌 𐤄𐤂𐤕𐤉 𐤔𐤋𐤔𐤄 𐤇𐤃𐤔𐤉𐤌
𐤅𐤉𐤁𐤓𐤊 𐤉𐤄𐤅𐤄 𐤀𐤕 𐤏𐤁𐤃 𐤀𐤃𐤌 𐤅𐤀𐤕 𐤊𐤋 𐤁𐤉𐤕𐤅•

𐤉𐤁 𐤅𐤉𐤂𐤃 𐤋𐤌𐤋𐤊 𐤃𐤅𐤃 𐤋𐤀𐤌𐤓 𐤁𐤓𐤊 𐤉𐤄𐤅𐤄 𐤀𐤕 𐤁𐤉𐤕 𐤏𐤁𐤃 𐤀𐤃𐤌 𐤅𐤀𐤕
𐤊𐤋 𐤀𐤔𐤓 𐤋𐤅 𐤁𐤏𐤁𐤅𐤓 𐤀𐤓𐤅𐤍 𐤄𐤀𐤋𐤄𐤉𐤌 𐤅𐤉𐤋𐤊 𐤃𐤅𐤃 𐤅𐤉𐤏𐤋 𐤀𐤕 𐤀𐤓𐤅𐤍
𐤄𐤀𐤋𐤄𐤉𐤌 𐤌𐤁𐤉𐤕 𐤏𐤁𐤃 𐤀𐤃𐤌 𐤏𐤉𐤓 𐤃𐤅𐤃 𐤁𐤔𐤌𐤇𐤄•

𐤉𐤂 𐤅𐤉𐤄𐤉 𐤊𐤉 𐤑𐤏𐤃𐤅 𐤍𐤔𐤀𐤉 𐤀𐤓𐤅𐤍 𐤉𐤄𐤅𐤄 𐤔𐤔𐤄 𐤑𐤏𐤃𐤉𐤌 𐤅𐤉𐤆𐤁𐤇
𐤔𐤅𐤓 𐤅𐤌𐤓𐤉𐤀•

𐤉𐤃 𐤅𐤃𐤅𐤃 𐤌𐤊𐤓𐤊𐤓 𐤁𐤊𐤋 𐤏𐤆 𐤋𐤐𐤍𐤉 𐤉𐤄𐤅𐤄 𐤅𐤃𐤅𐤃 𐤇𐤂𐤅𐤓 𐤀𐤐𐤅𐤃 𐤁𐤃•

𐤈𐤅 𐤅𐤃𐤅𐤃 𐤅𐤊𐤋 𐤁𐤉𐤕 𐤉𐤔𐤓𐤀𐤋 𐤌𐤏𐤋𐤉𐤌 𐤀𐤕 𐤀𐤓𐤅𐤍 𐤉𐤄𐤅𐤄 𐤁𐤕𐤓𐤅𐤏𐤄
𐤅𐤁𐤒𐤅𐤋 𐤔𐤅𐤐𐤓•

𐤈𐤆 𐤅𐤄𐤉𐤄 𐤀𐤓𐤅𐤍 𐤉𐤄𐤅𐤄 𐤁𐤀 𐤏𐤉𐤓 𐤃𐤅𐤃 𐤅𐤌𐤉𐤊𐤋 𐤁𐤕 𐤔𐤀𐤅𐤋 𐤍𐤔𐤒𐤐𐤄
𐤁𐤏𐤃 𐤄𐤇𐤋𐤅𐤍 𐤅𐤕𐤓𐤀 𐤀𐤕 𐤄𐤌𐤋𐤊 𐤃𐤅𐤃 𐤌𐤐𐤆𐤆 𐤅𐤌𐤊𐤓𐤊𐤓 𐤋𐤐𐤍𐤉 𐤉𐤄𐤅𐤄
𐤅𐤕𐤁𐤆 𐤋𐤅 𐤁𐤋𐤁𐤄•

𐤉𐤆 𐤅𐤉𐤁𐤀𐤅 𐤀𐤕 𐤀𐤓𐤅𐤍 𐤉𐤄𐤅𐤄 𐤅𐤉𐤑𐤂𐤅 𐤀𐤕𐤅 𐤁𐤌𐤒𐤅𐤌𐤅 𐤁𐤕𐤅𐤊 𐤄𐤀𐤄𐤋
𐤀𐤔𐤓 𐤍𐤈𐤄 𐤋𐤅 𐤃𐤅𐤃 𐤅𐤉𐤏𐤋 𐤃𐤅𐤃 𐤏𐤋𐤅𐤕 𐤋𐤐𐤍𐤉 𐤉𐤄𐤅𐤄 𐤅𐤔𐤋𐤌𐤉𐤌•

𐤉𐤇 𐤅𐤉𐤊𐤋 𐤃𐤅𐤃 𐤌𐤄𐤏𐤋𐤅𐤕 𐤄𐤏𐤅𐤋𐤄 𐤅𐤄𐤔𐤋𐤌𐤉𐤌 𐤅𐤉𐤁𐤓𐤊 𐤀𐤕 𐤄𐤏𐤌 𐤁𐤔𐤌
𐤉𐤄𐤅𐤄 𐤑𐤁𐤀𐤅𐤕•

# 𐤔𐤌𐤅𐤀𐤋 𐤁

𐤉𐤈 𐤅𐤉𐤇𐤋𐤒 𐤋𐤊𐤋 𐤄𐤏𐤌 𐤋𐤊𐤋 𐤄𐤌𐤅𐤍 𐤉𐤔𐤓𐤀𐤋 𐤋𐤌𐤀𐤉𐤔 𐤅𐤏𐤃 𐤀𐤔𐤄 𐤋𐤀𐤉𐤔 𐤇𐤋𐤕 𐤋𐤇𐤌 𐤀𐤇𐤕 𐤅𐤀𐤔𐤐𐤓 𐤀𐤇𐤃 𐤅𐤀𐤔𐤉𐤔𐤄 𐤀𐤇𐤕 𐤅𐤉𐤋𐤊 𐤊𐤋 𐤄𐤏𐤌 𐤀𐤉𐤔 𐤋𐤁𐤉𐤕𐤅.

𐤊 𐤅𐤉𐤔𐤁 𐤃𐤅𐤃 𐤋𐤁𐤓𐤊 𐤀𐤕 𐤁𐤉𐤕𐤅 𐤅𐤕𐤑𐤀 𐤌𐤉𐤊𐤋 𐤁𐤕 𐤔𐤀𐤅𐤋 𐤋𐤒𐤓𐤀𐤕 𐤃𐤅𐤃 𐤅𐤕𐤀𐤌𐤓 𐤌𐤄 𐤍𐤊𐤁𐤃 𐤄𐤉𐤅𐤌 𐤌𐤋𐤊 𐤉𐤔𐤓𐤀𐤋 𐤀𐤔𐤓 𐤍𐤂𐤋𐤄 𐤄𐤉𐤅𐤌 𐤋𐤏𐤉𐤍𐤉 𐤀𐤌𐤄𐤅𐤕 𐤏𐤁𐤃𐤉𐤅 𐤊𐤄𐤂𐤋𐤅𐤕 𐤍𐤂𐤋𐤅𐤕 𐤀𐤇𐤃 𐤄𐤓𐤒𐤉𐤌.

𐤊𐤀 𐤅𐤉𐤀𐤌𐤓 𐤃𐤅𐤃 𐤀𐤋 𐤌𐤉𐤊𐤋 𐤋𐤐𐤍𐤉 𐤉𐤄𐤅𐤄 𐤀𐤔𐤓 𐤁𐤇𐤓 𐤁𐤉 𐤌𐤀𐤁𐤉𐤊 𐤅𐤌𐤊𐤋 𐤁𐤉𐤕𐤅 𐤋𐤑𐤅𐤕 𐤀𐤕𐤉 𐤍𐤂𐤉𐤃 𐤏𐤋 𐤏𐤌 𐤉𐤄𐤅𐤄 𐤏𐤋 𐤉𐤔𐤓𐤀𐤋 𐤅𐤔𐤇𐤒𐤕𐤉 𐤋𐤐𐤍𐤉 𐤉𐤄𐤅𐤄.

𐤊𐤁 𐤅𐤍𐤒𐤋𐤕𐤉 𐤏𐤅𐤃 𐤌𐤆𐤀𐤕 𐤅𐤄𐤉𐤉𐤕𐤉 𐤔𐤐𐤋 𐤁𐤏𐤉𐤍𐤉 𐤅𐤏𐤌 𐤄𐤀𐤌𐤄𐤅𐤕 𐤀𐤔𐤓 𐤀𐤌𐤓𐤕 𐤏𐤌𐤌 𐤀𐤊𐤁𐤃𐤄.

𐤊𐤂 𐤅𐤋𐤌𐤉𐤊𐤋 𐤁𐤕 𐤔𐤀𐤅𐤋 𐤋𐤀 𐤄𐤉𐤄 𐤋𐤄 𐤉𐤋𐤃 𐤏𐤃 𐤉𐤅𐤌 𐤌𐤅𐤕𐤄.

## 𐤐𐤓𐤒 𐤆

𐤀 𐤅𐤉𐤄𐤉 𐤊𐤉 𐤉𐤔𐤁 𐤄𐤌𐤋𐤊 𐤁𐤁𐤉𐤕𐤅 𐤅𐤉𐤄𐤅𐤄 𐤄𐤍𐤉𐤇 𐤋𐤅 𐤌𐤎𐤁𐤉𐤁 𐤌𐤊𐤋 𐤀𐤉𐤁𐤉𐤅.

𐤁 𐤅𐤉𐤀𐤌𐤓 𐤄𐤌𐤋𐤊 𐤀𐤋 𐤍𐤕𐤍 𐤄𐤍𐤁𐤉𐤀 𐤓𐤀𐤄 𐤍𐤀 𐤀𐤍𐤊𐤉 𐤉𐤅𐤔𐤁 𐤁𐤁𐤉𐤕 𐤀𐤓𐤆𐤉𐤌 𐤅𐤀𐤓𐤅𐤍 𐤄𐤀𐤋𐤄𐤉𐤌 𐤉𐤔𐤁 𐤁𐤕𐤅𐤊 𐤄𐤉𐤓𐤉𐤏𐤄.

𐤂 𐤅𐤉𐤀𐤌𐤓 𐤍𐤕𐤍 𐤀𐤋 𐤄𐤌𐤋𐤊 𐤊𐤋 𐤀𐤔𐤓 𐤁𐤋𐤁𐤁𐤊 𐤋𐤊 𐤏𐤔𐤄 𐤊𐤉 𐤉𐤄𐤅𐤄 𐤏𐤌𐤊.

𐤃 𐤅𐤉𐤄𐤉 𐤁𐤋𐤉𐤋𐤄 𐤄𐤄𐤅𐤀 𐤅𐤉𐤄𐤉 𐤃𐤁𐤓 𐤉𐤄𐤅𐤄 𐤀𐤋 𐤍𐤕𐤍 𐤋𐤀𐤌𐤓.

𐤄 𐤋𐤊 𐤅𐤀𐤌𐤓𐤕 𐤀𐤋 𐤏𐤁𐤃𐤉 𐤀𐤋 𐤃𐤅𐤃 𐤊𐤄 𐤀𐤌𐤓 𐤉𐤄𐤅𐤄 𐤄𐤀𐤕𐤄 𐤕𐤁𐤍𐤄 𐤋𐤉 𐤁𐤉𐤕 𐤋𐤔𐤁𐤕𐤉.

𐤅 𐤊𐤉 𐤋𐤀 𐤉𐤔𐤁𐤕𐤉 𐤁𐤁𐤉𐤕 𐤋𐤌𐤉𐤅𐤌 𐤄𐤏𐤋𐤕𐤉 𐤀𐤕 𐤁𐤍𐤉 𐤉𐤔𐤓𐤀𐤋 𐤌𐤌𐤑𐤓𐤉𐤌 𐤅𐤏𐤃 𐤄𐤉𐤅𐤌 𐤄𐤆𐤄 𐤅𐤀𐤄𐤉𐤄 𐤌𐤕𐤄𐤋𐤊 𐤁𐤀𐤄𐤋 𐤅𐤁𐤌𐤔𐤊𐤍.

𐤆 𐤁𐤊𐤋 𐤀𐤔𐤓 𐤄𐤕𐤄𐤋𐤊𐤕𐤉 𐤁𐤊𐤋 𐤁𐤍𐤉 𐤉𐤔𐤓𐤀𐤋 𐤄𐤃𐤁𐤓 𐤃𐤁𐤓𐤕𐤉 𐤀𐤕 𐤀𐤇𐤃 𐤔𐤁𐤈𐤉 𐤉𐤔𐤓𐤀𐤋 𐤀𐤔𐤓 𐤑𐤅𐤉𐤕𐤉 𐤋𐤓𐤏𐤅𐤕 𐤀𐤕 𐤏𐤌𐤉 𐤀𐤕 𐤉𐤔𐤓𐤀𐤋 𐤋𐤀𐤌𐤓 𐤋𐤌𐤄 𐤋𐤀 𐤁𐤍𐤉𐤕𐤌 𐤋𐤉 𐤁𐤉𐤕 𐤀𐤓𐤆𐤉𐤌.

𐤇 𐤅𐤏𐤕𐤄 𐤊𐤄 𐤕𐤀𐤌𐤓 𐤋𐤏𐤁𐤃𐤉 𐤋𐤃𐤅𐤃 𐤊𐤄 𐤀𐤌𐤓 𐤉𐤄𐤅𐤄 𐤑𐤁𐤀𐤅𐤕 𐤀𐤍𐤉 𐤋𐤒𐤇𐤕𐤉𐤊 𐤌𐤍 𐤄𐤍𐤅𐤄 𐤌𐤀𐤇𐤓 𐤄𐤑𐤀𐤍 𐤋𐤄𐤉𐤅𐤕 𐤍𐤂𐤉𐤃 𐤏𐤋 𐤏𐤌𐤉 𐤏𐤋 𐤉𐤔𐤓𐤀𐤋.

𐤈 𐤅𐤀𐤄𐤉𐤄 𐤏𐤌𐤊 𐤁𐤊𐤋 𐤀𐤔𐤓 𐤄𐤋𐤊𐤕 𐤅𐤀𐤊𐤓𐤕𐤄 𐤀𐤕 𐤊𐤋 𐤀𐤉𐤁𐤉𐤊 𐤌𐤐𐤍𐤉𐤊 𐤅𐤏𐤔𐤕𐤉 𐤋𐤊 𐤔𐤌 𐤂𐤃𐤅𐤋 𐤊𐤔𐤌 𐤄𐤂𐤃𐤋𐤉𐤌 𐤀𐤔𐤓 𐤁𐤀𐤓𐤑.

# 𐤔𐤌𐤅𐤀𐤋 𐤁

𐤉 𐤅𐤔𐤌𐤕𐤉 𐤌𐤒𐤅𐤌 𐤋𐤏𐤌𐤉 𐤋𐤉𐤔𐤓𐤀𐤋 𐤅𐤍𐤈𐤏𐤕𐤉𐤅 𐤅𐤔𐤊𐤍 𐤕𐤇𐤕𐤉𐤅 𐤅𐤋𐤀
𐤉𐤓𐤂𐤆 𐤏𐤅𐤃 𐤅𐤋𐤀 𐤉𐤎𐤉𐤐𐤅 𐤁𐤍𐤉 𐤏𐤅𐤋𐤄 𐤋𐤏𐤍𐤅𐤕𐤅 𐤊𐤀𐤔𐤓 𐤁𐤓𐤀𐤔𐤅𐤍𐤄.

𐤉𐤀 𐤅𐤋𐤌𐤍 𐤄𐤉𐤅𐤌 𐤀𐤔𐤓 𐤑𐤅𐤉𐤕𐤉 𐤔𐤐𐤈𐤉𐤌 𐤏𐤋 𐤏𐤌𐤉 𐤉𐤔𐤓𐤀𐤋
𐤅𐤄𐤍𐤉𐤇𐤕𐤉 𐤋𐤊 𐤌𐤊𐤋 𐤀𐤉𐤁𐤉𐤊 𐤅𐤄𐤂𐤉𐤃 𐤋𐤊 𐤉𐤄𐤅𐤄 𐤊𐤉 𐤁𐤉𐤕 𐤉𐤏𐤔𐤄
𐤋𐤊 𐤉𐤄𐤅𐤄.

𐤉𐤁 𐤊𐤉 𐤉𐤌𐤋𐤀𐤅 𐤉𐤌𐤉𐤊 𐤅𐤔𐤊𐤁𐤕 𐤀𐤕 𐤀𐤁𐤕𐤉𐤊 𐤅𐤄𐤒𐤉𐤌𐤕𐤉 𐤀𐤕 𐤆𐤓𐤏𐤊
𐤀𐤇𐤓𐤉𐤊 𐤀𐤔𐤓 𐤉𐤑𐤀 𐤌𐤌𐤏𐤉𐤊 𐤅𐤄𐤊𐤉𐤍𐤕𐤉 𐤀𐤕 𐤌𐤌𐤋𐤊𐤕𐤅.

𐤉𐤂 𐤄𐤅𐤀 𐤉𐤁𐤍𐤄 𐤁𐤉𐤕 𐤋𐤔𐤌𐤉 𐤅𐤊𐤍𐤍𐤕𐤉 𐤀𐤕 𐤊𐤎𐤀 𐤌𐤌𐤋𐤊𐤕𐤅 𐤏𐤃
𐤏𐤅𐤋𐤌.

𐤉𐤃 𐤀𐤍𐤉 𐤀𐤄𐤉𐤄 𐤋𐤅 𐤋𐤀𐤁 𐤅𐤄𐤅𐤀 𐤉𐤄𐤉𐤄 𐤋𐤉 𐤋𐤁𐤍 𐤀𐤔𐤓 𐤁𐤄𐤏𐤅𐤕𐤅
𐤅𐤄𐤊𐤇𐤕𐤉𐤅 𐤁𐤔𐤁𐤈 𐤀𐤍𐤔𐤉𐤌 𐤅𐤁𐤍𐤂𐤏𐤉 𐤁𐤍𐤉 𐤀𐤃𐤌.

𐤈𐤅 𐤅𐤇𐤎𐤃𐤉 𐤋𐤀 𐤉𐤎𐤅𐤓 𐤌𐤌𐤍𐤅 𐤊𐤀𐤔𐤓 𐤄𐤎𐤓𐤕𐤉 𐤌𐤏𐤌 𐤔𐤀𐤅𐤋 𐤀𐤔𐤓
𐤄𐤎𐤓𐤕𐤉 𐤌𐤋𐤐𐤍𐤉𐤊.

𐤈𐤆 𐤅𐤍𐤀𐤌𐤍 𐤁𐤉𐤕𐤊 𐤅𐤌𐤌𐤋𐤊𐤕𐤊 𐤏𐤃 𐤏𐤅𐤋𐤌 𐤋𐤐𐤍𐤉𐤊 𐤊𐤎𐤀𐤊 𐤉𐤄𐤉𐤄
𐤍𐤊𐤅𐤍 𐤏𐤃 𐤏𐤅𐤋𐤌.

𐤉𐤆 𐤊𐤊𐤋 𐤄𐤃𐤁𐤓𐤉𐤌 𐤄𐤀𐤋𐤄 𐤅𐤊𐤊𐤋 𐤄𐤇𐤆𐤉𐤅𐤍 𐤄𐤆𐤄 𐤊𐤍 𐤃𐤁𐤓 𐤍𐤕𐤍 𐤀𐤋
𐤃𐤅𐤃.

𐤉𐤇 𐤅𐤉𐤁𐤀 𐤄𐤌𐤋𐤊 𐤃𐤅𐤃 𐤅𐤉𐤔𐤁 𐤋𐤐𐤍𐤉 𐤉𐤄𐤅𐤄 𐤅𐤉𐤀𐤌𐤓 𐤌𐤉 𐤀𐤍𐤊𐤉
𐤀𐤃𐤍𐤉 𐤉𐤄𐤅𐤄 𐤅𐤌𐤉 𐤁𐤉𐤕𐤉 𐤊𐤉 𐤄𐤁𐤉𐤀𐤕𐤍𐤉 𐤏𐤃 𐤄𐤋𐤌.

𐤉𐤈 𐤅𐤕𐤒𐤈𐤍 𐤏𐤅𐤃 𐤆𐤀𐤕 𐤁𐤏𐤉𐤍𐤉𐤊 𐤀𐤃𐤍𐤉 𐤉𐤄𐤅𐤄 𐤅𐤕𐤃𐤁𐤓 𐤂𐤌 𐤀𐤋 𐤁𐤉𐤕
𐤏𐤁𐤃𐤊 𐤋𐤌𐤓𐤇𐤅𐤒 𐤅𐤆𐤀𐤕 𐤕𐤅𐤓𐤕 𐤄𐤀𐤃𐤌 𐤀𐤃𐤍𐤉 𐤉𐤄𐤅𐤄.

𐤊 𐤅𐤌𐤄 𐤉𐤅𐤎𐤉𐤐 𐤃𐤅𐤃 𐤏𐤅𐤃 𐤋𐤃𐤁𐤓 𐤀𐤋𐤉𐤊 𐤅𐤀𐤕𐤄 𐤉𐤃𐤏𐤕 𐤀𐤕 𐤏𐤁𐤃𐤊
𐤀𐤃𐤍𐤉 𐤉𐤄𐤅𐤄.

𐤊𐤀 𐤁𐤏𐤁𐤅𐤓 𐤃𐤁𐤓𐤊 𐤅𐤊𐤋𐤁𐤊 𐤏𐤔𐤉𐤕 𐤀𐤕 𐤊𐤋 𐤄𐤂𐤃𐤅𐤋𐤄 𐤄𐤆𐤀𐤕 𐤋𐤄𐤅𐤃𐤉𐤏
𐤀𐤕 𐤏𐤁𐤃𐤊.

𐤊𐤁 𐤏𐤋 𐤊𐤍 𐤂𐤃𐤋𐤕 𐤀𐤃𐤍𐤉 𐤉𐤄𐤅𐤄 𐤊𐤉 𐤀𐤉𐤍 𐤊𐤌𐤅𐤊 𐤅𐤀𐤉𐤍 𐤀𐤋𐤄𐤉𐤌
𐤆𐤅𐤋𐤕𐤊 𐤁𐤊𐤋 𐤀𐤔𐤓 𐤔𐤌𐤏𐤍𐤅 𐤁𐤀𐤆𐤍𐤉𐤍𐤅.

𐤊𐤂 𐤅𐤌𐤉 𐤊𐤏𐤌𐤊 𐤊𐤉𐤔𐤓𐤀𐤋 𐤂𐤅𐤉 𐤀𐤇𐤃 𐤁𐤀𐤓𐤑 𐤀𐤔𐤓 𐤄𐤋𐤊𐤅 𐤀𐤋𐤄𐤉𐤌
𐤋𐤐𐤃𐤅𐤕 𐤋𐤅 𐤋𐤏𐤌 𐤅𐤋𐤔𐤅𐤌 𐤋𐤅 𐤔𐤌 𐤅𐤋𐤏𐤔𐤅𐤕 𐤋𐤊𐤌 𐤄𐤂𐤃𐤅𐤋𐤄 𐤅𐤍𐤓𐤀𐤅𐤕
𐤋𐤀𐤓𐤑𐤊 𐤌𐤐𐤍𐤉 𐤏𐤌𐤊 𐤀𐤔𐤓 𐤐𐤃𐤉𐤕 𐤋𐤊 𐤌𐤌𐤑𐤓𐤉𐤌 𐤂𐤅𐤉𐤌 𐤅𐤀𐤋𐤄𐤉𐤅.

𐤊𐤃 𐤅𐤕𐤊𐤅𐤍𐤍 𐤋𐤊 𐤀𐤕 𐤏𐤌𐤊 𐤉𐤔𐤓𐤀𐤋 𐤋𐤊 𐤋𐤏𐤌 𐤏𐤃 𐤏𐤅𐤋𐤌 𐤅𐤀𐤕𐤄 𐤉𐤄𐤅𐤄
𐤄𐤉𐤉𐤕 𐤋𐤄𐤌 𐤋𐤀𐤋𐤄𐤉𐤌.

𐤊𐤄 𐤅𐤏𐤕𐤄 𐤉𐤄𐤅𐤄 𐤀𐤋𐤄𐤉𐤌 𐤄𐤃𐤁𐤓 𐤀𐤔𐤓 𐤃𐤁𐤓𐤕 𐤏𐤋 𐤏𐤁𐤃𐤊 𐤅𐤏𐤋 𐤁𐤉𐤕𐤅

𐤄𐤒𐤌 𐤏𐤃 𐤏𐤅𐤋𐤌 𐤅𐤏𐤔𐤄 𐤊𐤀𐤔𐤓 𐤃𐤁𐤓𐤕•
𐤊𐤅 𐤅𐤉𐤂𐤃𐤋 𐤔𐤌𐤊 𐤏𐤃 𐤏𐤅𐤋𐤌 𐤋𐤀𐤌𐤓 𐤉𐤄𐤅𐤄 𐤑𐤁𐤀𐤅𐤕 𐤀𐤋𐤄𐤉𐤌 𐤏𐤋
𐤉𐤔𐤓𐤀𐤋 𐤅𐤁𐤉𐤕 𐤏𐤁𐤃𐤊 𐤃𐤅𐤃 𐤉𐤄𐤉𐤄 𐤍𐤊𐤅𐤍 𐤋𐤐𐤍𐤉𐤊•
𐤊𐤆 𐤊𐤉 𐤀𐤕𐤄 𐤉𐤄𐤅𐤄 𐤑𐤁𐤀𐤅𐤕 𐤀𐤋𐤄𐤉 𐤉𐤔𐤓𐤀𐤋 𐤂𐤋𐤉𐤕𐤄 𐤀𐤕 𐤀𐤆𐤍
𐤏𐤁𐤃𐤊 𐤋𐤀𐤌𐤓 𐤁𐤉𐤕 𐤀𐤁𐤍𐤄 𐤋𐤊 𐤏𐤋 𐤊𐤍 𐤌𐤑𐤀 𐤏𐤁𐤃𐤊 𐤀𐤕 𐤋𐤁𐤅 𐤋𐤄𐤕𐤐𐤋𐤋
𐤀𐤋𐤉𐤊 𐤀𐤕 𐤄𐤕𐤐𐤋𐤄 𐤄𐤆𐤀𐤕•
𐤊𐤇 𐤅𐤏𐤕𐤄 𐤀𐤃𐤍𐤉 𐤉𐤄𐤅𐤄 𐤀𐤕𐤄 𐤄𐤅𐤀 𐤄𐤀𐤋𐤄𐤉𐤌 𐤅𐤃𐤁𐤓𐤉𐤊 𐤉𐤄𐤉𐤅 𐤀𐤌𐤕
𐤅𐤕𐤃𐤁𐤓 𐤀𐤋 𐤏𐤁𐤃𐤊 𐤀𐤕 𐤄𐤈𐤅𐤁𐤄 𐤄𐤆𐤀𐤕•
𐤊𐤈 𐤅𐤏𐤕𐤄 𐤄𐤅𐤀𐤋 𐤅𐤁𐤓𐤊 𐤀𐤕 𐤁𐤉𐤕 𐤏𐤁𐤃𐤊 𐤋𐤄𐤉𐤅𐤕 𐤋𐤏𐤅𐤋𐤌 𐤋𐤐𐤍𐤉𐤊 𐤊𐤉
𐤀𐤕𐤄 𐤀𐤃𐤍𐤉 𐤉𐤄𐤅𐤄 𐤃𐤁𐤓𐤕 𐤅𐤌𐤁𐤓𐤊𐤕𐤊 𐤉𐤁𐤓𐤊 𐤁𐤉𐤕 𐤏𐤁𐤃𐤊 𐤋𐤏𐤅𐤋𐤌•

𐤐𐤓𐤒 𐤇

𐤀 𐤅𐤉𐤄𐤉 𐤀𐤇𐤓𐤉 𐤊𐤍 𐤅𐤉𐤊 𐤃𐤅𐤃 𐤀𐤕 𐤐𐤋𐤔𐤕𐤉𐤌 𐤅𐤉𐤊𐤍𐤉𐤏𐤌 𐤅𐤉𐤒𐤇 𐤃𐤅𐤃
𐤀𐤕 𐤌𐤕𐤂 𐤄𐤀𐤌𐤄 𐤌𐤉𐤃 𐤐𐤋𐤔𐤕𐤉𐤌•
𐤁 𐤅𐤉𐤊 𐤀𐤕 𐤌𐤅𐤀𐤁 𐤅𐤉𐤌𐤃𐤃𐤌 𐤁𐤇𐤁𐤋 𐤄𐤔𐤊𐤁 𐤀𐤅𐤕𐤌 𐤀𐤓𐤑𐤄 𐤅𐤉𐤌𐤃𐤃
𐤔𐤍𐤉 𐤇𐤁𐤋𐤉𐤌 𐤋𐤄𐤌𐤉𐤕 𐤅𐤌𐤋𐤀 𐤄𐤇𐤁𐤋 𐤋𐤄𐤇𐤉𐤅𐤕 𐤅𐤕𐤄𐤉 𐤌𐤅𐤀𐤁 𐤋𐤃𐤅𐤃
𐤋𐤏𐤁𐤃𐤉𐤌 𐤍𐤔𐤀𐤉 𐤌𐤍𐤇𐤄•
𐤂 𐤅𐤉𐤊 𐤃𐤅𐤃 𐤀𐤕 𐤄𐤃𐤃𐤏𐤆𐤓 𐤁𐤍 𐤓𐤇𐤁 𐤌𐤋𐤊 𐤑𐤅𐤁𐤄 𐤁𐤋𐤊𐤕𐤅 𐤋𐤄𐤔𐤉𐤁 𐤉𐤃𐤅
𐤁𐤍𐤄𐤓 (𐤒𐤓𐤉 𐤅𐤋𐤀 𐤊𐤕𐤉𐤁•
)𐤐𐤓𐤕•
𐤃 𐤅𐤉𐤋𐤊𐤃 𐤃𐤅𐤃 𐤌𐤌𐤍𐤅 𐤀𐤋𐤐 𐤅𐤔𐤁𐤏 𐤌𐤀𐤅𐤕 𐤐𐤓𐤔𐤉𐤌 𐤅𐤏𐤔𐤓𐤉𐤌 𐤀𐤋𐤐
𐤀𐤉𐤔 𐤓𐤂𐤋𐤉 𐤅𐤉𐤏𐤒𐤓 𐤃𐤅𐤃 𐤀𐤕 𐤊𐤋 𐤄𐤓𐤊𐤁 𐤅𐤉𐤅𐤕𐤓 𐤌𐤌𐤍𐤅 𐤌𐤀𐤄 𐤓𐤊𐤁•
𐤄 𐤅𐤕𐤁𐤀 𐤀𐤓𐤌 𐤃𐤌𐤔𐤒 𐤋𐤏𐤆𐤓 𐤋𐤄𐤃𐤃𐤏𐤆𐤓 𐤌𐤋𐤊 𐤑𐤅𐤁𐤄 𐤅𐤉𐤊 𐤃𐤅𐤃 𐤁𐤀𐤓𐤌
𐤏𐤔𐤓𐤉𐤌 𐤅𐤔𐤍𐤉𐤌 𐤀𐤋𐤐 𐤀𐤉𐤔•
𐤅 𐤅𐤉𐤔𐤌 𐤃𐤅𐤃 𐤍𐤑𐤁𐤉𐤌 𐤁𐤀𐤓𐤌 𐤃𐤌𐤔𐤒 𐤅𐤕𐤄𐤉 𐤀𐤓𐤌 𐤋𐤃𐤅𐤃 𐤋𐤏𐤁𐤃𐤉𐤌
𐤍𐤅𐤔𐤀𐤉 𐤌𐤍𐤇𐤄 𐤅𐤉𐤔𐤏 𐤉𐤄𐤅𐤄 𐤀𐤕 𐤃𐤅𐤃 𐤁𐤊𐤋 𐤀𐤔𐤓 𐤄𐤋𐤊•
𐤆 𐤅𐤉𐤒𐤇 𐤃𐤅𐤃 𐤀𐤕 𐤔𐤋𐤈𐤉 𐤄𐤆𐤄𐤁 𐤀𐤔𐤓 𐤄𐤉𐤅 𐤀𐤋 𐤏𐤁𐤃𐤉 𐤄𐤃𐤃𐤏𐤆𐤓
𐤅𐤉𐤁𐤉𐤀𐤌 𐤉𐤓𐤅𐤔𐤋𐤌•
𐤇 𐤅𐤌𐤁𐤈𐤇 𐤅𐤌𐤁𐤓𐤕𐤉 𐤏𐤓𐤉 𐤄𐤃𐤃𐤏𐤆𐤓 𐤋𐤒𐤇 𐤄𐤌𐤋𐤊 𐤃𐤅𐤃 𐤍𐤇𐤔𐤕 𐤄𐤓𐤁𐤄
𐤌𐤀𐤃•
𐤈 𐤅𐤉𐤔𐤌𐤏 𐤕𐤏𐤉 𐤌𐤋𐤊 𐤇𐤌𐤕 𐤊𐤉 𐤄𐤊𐤄 𐤃𐤅𐤃 𐤀𐤕 𐤊𐤋 𐤇𐤉𐤋 𐤄𐤃𐤃𐤏𐤆𐤓•
𐤉 𐤅𐤉𐤔𐤋𐤇 𐤕𐤏𐤉 𐤀𐤕 𐤉𐤅𐤓𐤌 𐤁𐤍𐤅 𐤀𐤋 𐤄𐤌𐤋𐤊 𐤃𐤅𐤃 𐤋𐤔𐤀𐤋 𐤋𐤅 𐤋𐤔𐤋𐤅𐤌
𐤅𐤋𐤁𐤓𐤊𐤅 𐤏𐤋 𐤀𐤔𐤓 𐤍𐤋𐤇𐤌 𐤁𐤄𐤃𐤃𐤏𐤆𐤓 𐤅𐤉𐤊𐤄𐤅 𐤊𐤉 𐤀𐤉𐤔 𐤌𐤋𐤇𐤌𐤅𐤕 𐤕𐤏𐤉

היה הדדעזר ובידו היו כלי כסף וכלי זהב וכלי נחשת׃
גם אתם הקדיש המלך דוד ליהוה עם הכסף והזהב אשר
הקדיש מכל הגוים אשר כבש׃
מארם וממואב ומבני עמון ומפלשתים ומעמלק ומשלל
הדדעזר בן רחב מלך צובה׃
ויעש דוד שם בשבו מהכותו את ארם בגיא מלח שמונה
עשר אלף׃
וישם באדום נצבים בכל אדום שם נצבים ויהי כל
אדום עבדים לדוד ויושע יהוה את דוד בכל אשר הלך׃
וימלך דוד על כל ישראל ויהי דוד עשה משפט וצדקה
לכל עמו׃
ויואב בן צרויה על הצבא ויהושפט בן אחילוד מזכיר׃
וצדוק בן אחיטוב ואחימלך בן אביתר כהנים ושריה
סופר׃
ובניהו בן יהוידע והכרתי והפלתי ובני דוד כהנים
היו׃

## פרק ט

ויאמר דוד הכי יש עוד אשר נותר לבית שאול ואעשה
עמו חסד בעבור יהונתן׃
ולבית שאול עבד ושמו ציבא ויקראו לו אל דוד ויאמר
המלך אליו האתה ציבא ויאמר עבדך׃
ויאמר המלך האפס עוד איש לבית שאול ואעשה עמו חסד
אלהים ויאמר ציבא אל המלך עוד בן ליהונתן נכה
רגלים׃
ויאמר לו המלך איפה הוא ויאמר ציבא אל המלך הנה
הוא בית מכיר בן עמיאל בלו דבר׃
וישלח המלך דוד ויקחהו מבית מכיר בן עמיאל מלו
דבר׃
ויבא מפיבשת בן יהונתן בן שאול אל דוד ויפל על פניו
וישתחו ויאמר דוד מפיבשת ויאמר הנה עבדך׃
ויאמר לו דוד אל תירא כי עשה אעשה עמך חסד בעבור
יהונתן אביך והשבתי לך את כל שדה שאול אביך ואתה

# 𐤔𐤌𐤅𐤀𐤋 𐤁

𐤕𐤀𐤊𐤋 𐤋𐤇𐤌 𐤏𐤋 𐤔𐤋𐤇𐤍𐤉 𐤕𐤌𐤉𐤃•
𐤇 𐤅𐤉𐤔𐤕𐤇𐤅 𐤅𐤉𐤀𐤌𐤓 𐤌𐤄 𐤏𐤁𐤃𐤊 𐤊𐤉 𐤐𐤍𐤉𐤕 𐤀𐤋 𐤄𐤊𐤋𐤁 𐤄𐤌𐤕 𐤀𐤔𐤓
𐤊𐤌𐤅𐤍𐤉•
𐤈 𐤅𐤉𐤒𐤓𐤀 𐤄𐤌𐤋𐤊 𐤀𐤋 𐤑𐤉𐤁𐤀 𐤍𐤏𐤓 𐤔𐤀𐤅𐤋 𐤅𐤉𐤀𐤌𐤓 𐤀𐤋𐤉𐤅 𐤊𐤋 𐤀𐤔𐤓
𐤄𐤉𐤄 𐤋𐤔𐤀𐤅𐤋 𐤅𐤋𐤊𐤋 𐤁𐤉𐤕𐤅 𐤍𐤕𐤕𐤉 𐤋𐤁𐤍 𐤀𐤃𐤍𐤉𐤊•
𐤉 𐤅𐤏𐤁𐤃𐤕 𐤋𐤅 𐤀𐤕 𐤄𐤀𐤃𐤌𐤄 𐤀𐤕𐤄 𐤅𐤁𐤍𐤉𐤊 𐤅𐤏𐤁𐤃𐤉𐤊 𐤅𐤄𐤁𐤀𐤕 𐤅𐤄𐤉𐤄
𐤋𐤁𐤍 𐤀𐤃𐤍𐤉𐤊 𐤋𐤇𐤌 𐤅𐤀𐤊𐤋𐤅 𐤅𐤌𐤐𐤉𐤁𐤔𐤕 𐤁𐤍 𐤀𐤃𐤍𐤉𐤊 𐤉𐤀𐤊𐤋 𐤕𐤌𐤉𐤃
𐤋𐤇𐤌 𐤏𐤋 𐤔𐤋𐤇𐤍𐤉 𐤅𐤋𐤑𐤉𐤁𐤀 𐤇𐤌𐤔𐤄 𐤏𐤔𐤓 𐤁𐤍𐤉𐤌 𐤅𐤏𐤔𐤓𐤉𐤌 𐤏𐤁𐤃𐤉𐤌•
𐤉𐤀 𐤅𐤉𐤀𐤌𐤓 𐤑𐤉𐤁𐤀 𐤀𐤋 𐤄𐤌𐤋𐤊 𐤊𐤊𐤋 𐤀𐤔𐤓 𐤉𐤑𐤅𐤄 𐤀𐤃𐤍𐤉 𐤄𐤌𐤋𐤊 𐤀𐤕
𐤏𐤁𐤃𐤅 𐤊𐤍 𐤉𐤏𐤔𐤄 𐤏𐤁𐤃𐤊 𐤅𐤌𐤐𐤉𐤁𐤔𐤕 𐤀𐤊𐤋 𐤏𐤋 𐤔𐤋𐤇𐤍𐤉 𐤊𐤀𐤇𐤃 𐤌𐤁𐤍𐤉
𐤄𐤌𐤋𐤊•
𐤉𐤁 𐤅𐤋𐤌𐤐𐤉𐤁𐤔𐤕 𐤁𐤍 𐤒𐤈𐤍 𐤅𐤔𐤌𐤅 𐤌𐤉𐤊𐤀 𐤅𐤊𐤋 𐤌𐤅𐤔𐤁 𐤁𐤉𐤕 𐤑𐤉𐤁𐤀
𐤏𐤁𐤃𐤉𐤌 𐤋𐤌𐤐𐤉𐤁𐤔𐤕•
𐤉𐤂 𐤅𐤌𐤐𐤉𐤁𐤔𐤕 𐤉𐤔𐤁 𐤁𐤉𐤓𐤅𐤔𐤋𐤌 𐤊𐤉 𐤏𐤋 𐤔𐤋𐤇𐤍 𐤄𐤌𐤋𐤊 𐤕𐤌𐤉𐤃 𐤄𐤅𐤀
𐤀𐤊𐤋 𐤅𐤄𐤅𐤀 𐤐𐤎𐤇 𐤔𐤕𐤉 𐤓𐤂𐤋𐤉𐤅•

## 𐤐𐤓𐤒 𐤉

𐤀 𐤅𐤉𐤄𐤉 𐤀𐤇𐤓𐤉 𐤊𐤍 𐤅𐤉𐤌𐤕 𐤌𐤋𐤊 𐤁𐤍𐤉 𐤏𐤌𐤅𐤍 𐤅𐤉𐤌𐤋𐤊 𐤇𐤍𐤅𐤍 𐤁𐤍𐤅
𐤕𐤇𐤕𐤉𐤅•
𐤁 𐤅𐤉𐤀𐤌𐤓 𐤃𐤅𐤃 𐤀𐤏𐤔𐤄 𐤇𐤎𐤃 𐤏𐤌 𐤇𐤍𐤅𐤍 𐤁𐤍 𐤍𐤇𐤔 𐤊𐤀𐤔𐤓 𐤏𐤔𐤄 𐤀𐤁𐤉𐤅
𐤏𐤌𐤃𐤉 𐤇𐤎𐤃 𐤅𐤉𐤔𐤋𐤇 𐤃𐤅𐤃 𐤋𐤍𐤇𐤌𐤅 𐤁𐤉𐤃 𐤏𐤁𐤃𐤉𐤅 𐤀𐤋 𐤀𐤁𐤉𐤅 𐤅𐤉𐤁𐤀𐤅
𐤏𐤁𐤃𐤉 𐤃𐤅𐤃 𐤀𐤓𐤑 𐤁𐤍𐤉 𐤏𐤌𐤅𐤍•
𐤂 𐤅𐤉𐤀𐤌𐤓𐤅 𐤔𐤓𐤉 𐤁𐤍𐤉 𐤏𐤌𐤅𐤍 𐤀𐤋 𐤇𐤍𐤅𐤍 𐤀𐤃𐤍𐤉𐤄𐤌 𐤄𐤌𐤊𐤁𐤃 𐤃𐤅𐤃 𐤀𐤕
𐤀𐤁𐤉𐤊 𐤁𐤏𐤉𐤍𐤉𐤊 𐤊𐤉 𐤔𐤋𐤇 𐤋𐤊 𐤌𐤍𐤇𐤌𐤉𐤌 𐤄𐤋𐤅𐤀 𐤁𐤏𐤁𐤅𐤓 𐤇𐤒𐤓 𐤀𐤕
𐤄𐤏𐤉𐤓 𐤅𐤋𐤓𐤂𐤋𐤄 𐤅𐤋𐤄𐤐𐤊𐤄 𐤔𐤋𐤇 𐤃𐤅𐤃 𐤀𐤕 𐤏𐤁𐤃𐤉𐤅 𐤀𐤋𐤉𐤊•
𐤃 𐤅𐤉𐤒𐤇 𐤇𐤍𐤅𐤍 𐤀𐤕 𐤏𐤁𐤃𐤉 𐤃𐤅𐤃 𐤅𐤉𐤂𐤋𐤇 𐤀𐤕 𐤇𐤑𐤉 𐤆𐤒𐤍𐤌 𐤅𐤉𐤊𐤓𐤕 𐤀𐤕
𐤌𐤃𐤅𐤉𐤄𐤌 𐤁𐤇𐤑𐤉 𐤏𐤃 𐤔𐤕𐤅𐤕𐤉𐤄𐤌 𐤅𐤉𐤔𐤋𐤇𐤌•
𐤄 𐤅𐤉𐤂𐤃𐤅 𐤋𐤃𐤅𐤃 𐤅𐤉𐤔𐤋𐤇 𐤋𐤒𐤓𐤀𐤕𐤌 𐤊𐤉 𐤄𐤉𐤅 𐤄𐤀𐤍𐤔𐤉𐤌 𐤍𐤊𐤋𐤌𐤉𐤌
𐤌𐤀𐤃 𐤅𐤉𐤀𐤌𐤓 𐤄𐤌𐤋𐤊 𐤔𐤁𐤅 𐤁𐤉𐤓𐤇𐤅 𐤏𐤃 𐤉𐤑𐤌𐤇 𐤆𐤒𐤍𐤊𐤌 𐤅𐤔𐤁𐤕𐤌•
𐤅 𐤅𐤉𐤓𐤀𐤅 𐤁𐤍𐤉 𐤏𐤌𐤅𐤍 𐤊𐤉 𐤍𐤁𐤀𐤔𐤅 𐤁𐤃𐤅𐤃 𐤅𐤉𐤔𐤋𐤇𐤅 𐤁𐤍𐤉 𐤏𐤌𐤅𐤍
𐤅𐤉𐤔𐤊𐤓𐤅 𐤀𐤕 𐤀𐤓𐤌 𐤁𐤉𐤕 𐤓𐤇𐤅𐤁 𐤅𐤀𐤕 𐤀𐤓𐤌 𐤑𐤅𐤁𐤀 𐤏𐤔𐤓𐤉𐤌 𐤀𐤋𐤐 𐤓𐤂𐤋𐤉
𐤅𐤀𐤕 𐤌𐤋𐤊 𐤌𐤏𐤊𐤄 𐤀𐤋𐤐 𐤀𐤉𐤔 𐤅𐤀𐤉𐤔 𐤈𐤅𐤁 𐤔𐤍𐤉𐤌 𐤏𐤔𐤓 𐤀𐤋𐤐 𐤀𐤉𐤔•
𐤆 𐤅𐤉𐤔𐤌𐤏 𐤃𐤅𐤃 𐤅𐤉𐤔𐤋𐤇 𐤀𐤕 𐤉𐤅𐤀𐤁 𐤅𐤀𐤕 𐤊𐤋 𐤄𐤑𐤁𐤀 𐤄𐤂𐤁𐤓𐤉𐤌•

𐤇 𐤅𐤉𐤑𐤀𐤅 𐤁𐤍𐤉 𐤏𐤌𐤅𐤍 𐤅𐤉𐤏𐤓𐤊𐤅 𐤌𐤋𐤇𐤌𐤄 𐤐𐤕𐤇 𐤄𐤔𐤏𐤓 𐤅𐤀𐤓𐤌 𐤑𐤅𐤁𐤀
𐤅𐤓𐤇𐤅𐤁 𐤅𐤀𐤉𐤔 𐤈𐤅𐤁 𐤅𐤌𐤏𐤊𐤄 𐤋𐤁𐤃𐤌 𐤁𐤔𐤃𐤄.

𐤈 𐤅𐤉𐤓𐤀 𐤉𐤅𐤀𐤁 𐤊𐤉 𐤄𐤉𐤕𐤄 𐤀𐤋𐤉𐤅 𐤐𐤍𐤉 𐤄𐤌𐤋𐤇𐤌𐤄 𐤌𐤐𐤍𐤉𐤌 𐤅𐤌𐤀𐤇𐤅𐤓
𐤅𐤉𐤁𐤇𐤓 𐤌𐤊𐤋 𐤁𐤇𐤅𐤓𐤉 𐤁𐤉𐤔𐤓𐤀𐤋 [𐤉𐤔𐤓𐤀𐤋] 𐤅𐤉𐤏𐤓𐤊 𐤋𐤒𐤓𐤀𐤕 𐤀𐤓𐤌.

𐤉 𐤅𐤀𐤕 𐤉𐤕𐤓 𐤄𐤏𐤌 𐤍𐤕𐤍 𐤁𐤉𐤃 𐤀𐤁𐤔𐤉 𐤀𐤇𐤉𐤅 𐤅𐤉𐤏𐤓𐤊 𐤋𐤒𐤓𐤀𐤕 𐤁𐤍𐤉
𐤏𐤌𐤅𐤍.

𐤉𐤀 𐤅𐤉𐤀𐤌𐤓 𐤀𐤌 𐤕𐤇𐤆𐤒 𐤀𐤓𐤌 𐤌𐤌𐤍𐤉 𐤅𐤄𐤉𐤕𐤄 𐤋𐤉 𐤋𐤉𐤔𐤅𐤏𐤄 𐤅𐤀𐤌
𐤁𐤍𐤉 𐤏𐤌𐤅𐤍 𐤉𐤇𐤆𐤒𐤅 𐤌𐤌𐤊 𐤅𐤄𐤋𐤊𐤕𐤉 𐤋𐤄𐤅𐤔𐤉𐤏 𐤋𐤊.

𐤉𐤁 𐤇𐤆𐤒 𐤅𐤍𐤕𐤇𐤆𐤒 𐤁𐤏𐤃 𐤏𐤌𐤍𐤅 𐤅𐤁𐤏𐤃 𐤏𐤓𐤉 𐤀𐤋𐤄𐤉𐤍𐤅 𐤅𐤉𐤄𐤅𐤄 𐤉𐤏𐤔𐤄
𐤄𐤈𐤅𐤁 𐤁𐤏𐤉𐤍𐤉𐤅.

𐤉𐤂 𐤅𐤉𐤂𐤔 𐤉𐤅𐤀𐤁 𐤅𐤄𐤏𐤌 𐤀𐤔𐤓 𐤏𐤌𐤅 𐤋𐤌𐤋𐤇𐤌𐤄 𐤁𐤀𐤓𐤌 𐤅𐤉𐤍𐤎𐤅 𐤌𐤐𐤍𐤉𐤅.

𐤉𐤃 𐤅𐤁𐤍𐤉 𐤏𐤌𐤅𐤍 𐤓𐤀𐤅 𐤊𐤉 𐤍𐤎 𐤀𐤓𐤌 𐤅𐤉𐤍𐤎𐤅 𐤌𐤐𐤍𐤉 𐤀𐤁𐤉𐤔𐤉 𐤅𐤉𐤁𐤀𐤅
𐤄𐤏𐤉𐤓 𐤅𐤉𐤔𐤁 𐤉𐤅𐤀𐤁 𐤌𐤏𐤋 𐤁𐤍𐤉 𐤏𐤌𐤅𐤍 𐤅𐤉𐤁𐤀 𐤉𐤓𐤅𐤔𐤋𐤌.

𐤈𐤅 𐤅𐤉𐤓𐤀 𐤀𐤓𐤌 𐤊𐤉 𐤍𐤂𐤐 𐤋𐤐𐤍𐤉 𐤉𐤔𐤓𐤀𐤋 𐤅𐤉𐤀𐤎𐤐𐤅 𐤉𐤇𐤃.

𐤈𐤆 𐤅𐤉𐤔𐤋𐤇 𐤄𐤃𐤃𐤏𐤆𐤓 𐤅𐤉𐤑𐤀 𐤀𐤕 𐤀𐤓𐤌 𐤀𐤔𐤓 𐤌𐤏𐤁𐤓 𐤄𐤍𐤄𐤓 𐤅𐤉𐤁𐤀𐤅
𐤇𐤉𐤋𐤌 𐤅𐤔𐤅𐤁𐤊 𐤔𐤓 𐤑𐤁𐤀 𐤄𐤃𐤃𐤏𐤆𐤓 𐤋𐤐𐤍𐤉𐤄𐤌.

𐤉𐤆 𐤅𐤉𐤂𐤃 𐤋𐤃𐤅𐤃 𐤅𐤉𐤀𐤎𐤐 𐤀𐤕 𐤊𐤋 𐤉𐤔𐤓𐤀𐤋 𐤅𐤉𐤏𐤁𐤓 𐤀𐤕 𐤄𐤉𐤓𐤃𐤍 𐤅𐤉𐤁𐤀
𐤇𐤋𐤀𐤌𐤄 𐤅𐤉𐤏𐤓𐤊𐤅 𐤀𐤓𐤌 𐤋𐤒𐤓𐤀𐤕 𐤃𐤅𐤃 𐤅𐤉𐤋𐤇𐤌𐤅 𐤏𐤌𐤅.

𐤉𐤇 𐤅𐤉𐤍𐤎 𐤀𐤓𐤌 𐤌𐤐𐤍𐤉 𐤉𐤔𐤓𐤀𐤋 𐤅𐤉𐤄𐤓𐤂 𐤃𐤅𐤃 𐤌𐤀𐤓𐤌 𐤔𐤁𐤏 𐤌𐤀𐤅𐤕 𐤓𐤊𐤁
𐤅𐤔𐤁𐤏𐤉𐤌 𐤀𐤋𐤐 𐤐𐤓𐤔𐤉𐤌 𐤅𐤀𐤕 𐤔𐤅𐤁𐤊 𐤔𐤓 𐤑𐤁𐤀𐤅 𐤄𐤊𐤄 𐤅𐤉𐤌𐤕 𐤔𐤌.

𐤉𐤈 𐤅𐤉𐤓𐤀𐤅 𐤊𐤋 𐤄𐤌𐤋𐤊𐤉𐤌 𐤏𐤁𐤃𐤉 𐤄𐤃𐤃𐤏𐤆𐤓 𐤊𐤉 𐤍𐤂𐤐𐤅 𐤋𐤐𐤍𐤉 𐤉𐤔𐤓𐤀𐤋
𐤅𐤉𐤔𐤋𐤌𐤅 𐤀𐤕 𐤉𐤔𐤓𐤀𐤋 𐤅𐤉𐤏𐤁𐤃𐤅𐤌 𐤅𐤉𐤓𐤀𐤅 𐤀𐤓𐤌 𐤋𐤄𐤅𐤔𐤉𐤏 𐤏𐤅𐤃 𐤀𐤕
𐤁𐤍𐤉 𐤏𐤌𐤅𐤍.

𐤐𐤓𐤒 𐤉𐤀

𐤀 𐤅𐤉𐤄𐤉 𐤋𐤕𐤔𐤅𐤁𐤕 𐤄𐤔𐤍𐤄 𐤋𐤏𐤕 𐤑𐤀𐤕 𐤄𐤌𐤋𐤀𐤊𐤉𐤌 𐤅𐤉𐤔𐤋𐤇 𐤃𐤅𐤃 𐤀𐤕
𐤉𐤅𐤀𐤁 𐤅𐤀𐤕 𐤏𐤁𐤃𐤉𐤅 𐤏𐤌𐤅 𐤅𐤀𐤕 𐤊𐤋 𐤉𐤔𐤓𐤀𐤋 𐤅𐤉𐤔𐤇𐤕𐤅 𐤀𐤕 𐤁𐤍𐤉 𐤏𐤌𐤅𐤍
𐤅𐤉𐤑𐤓𐤅 𐤏𐤋 𐤓𐤁𐤄 𐤅𐤃𐤅𐤃 𐤉𐤅𐤔𐤁 𐤁𐤉𐤓𐤅𐤔𐤋𐤌.

𐤁 𐤅𐤉𐤄𐤉 𐤋𐤏𐤕 𐤄𐤏𐤓𐤁 𐤅𐤉𐤒𐤌 𐤃𐤅𐤃 𐤌𐤏𐤋 𐤌𐤔𐤊𐤁𐤅 𐤅𐤉𐤕𐤄𐤋𐤊 𐤏𐤋 𐤂𐤂 𐤁𐤉𐤕
𐤄𐤌𐤋𐤊 𐤅𐤉𐤓𐤀 𐤀𐤔𐤄 𐤓𐤇𐤑𐤕 𐤌𐤏𐤋 𐤄𐤂𐤂 𐤅𐤄𐤀𐤔𐤄 𐤈𐤅𐤁𐤕 𐤌𐤓𐤀𐤄 𐤌𐤀𐤃.

𐤂 𐤅𐤉𐤔𐤋𐤇 𐤃𐤅𐤃 𐤅𐤉𐤃𐤓𐤔 𐤋𐤀𐤔𐤄 𐤅𐤉𐤀𐤌𐤓 𐤄𐤋𐤅𐤀 𐤆𐤀𐤕 𐤁𐤕 𐤔𐤁𐤏 𐤁𐤕
𐤀𐤋𐤉𐤏𐤌 𐤀𐤔𐤕 𐤀𐤅𐤓𐤉𐤄 𐤄𐤇𐤕𐤉.

𐤃 𐤅𐤉𐤔𐤋𐤇 𐤃𐤅𐤃 𐤌𐤋𐤀𐤊𐤉𐤌 𐤅𐤉𐤒𐤇𐤄 𐤅𐤕𐤁𐤅𐤀 𐤀𐤋𐤉𐤅 𐤅𐤉𐤔𐤊𐤁 𐤏𐤌𐤄

𐤅𐤄𐤉𐤀 𐤌𐤕𐤒𐤃𐤔𐤕 𐤌𐤈𐤌𐤀𐤕𐤄 𐤅𐤕𐤔𐤁 𐤀𐤋 𐤁𐤉𐤕𐤄•
𐤄 𐤅𐤕𐤄𐤓 𐤄𐤀𐤔𐤄 𐤅𐤕𐤔𐤋𐤇 𐤅𐤕𐤂𐤃 𐤋𐤃𐤅𐤃 𐤅𐤕𐤀𐤌𐤓 𐤄𐤓𐤄 𐤀𐤍𐤊𐤉•
𐤅 𐤅𐤉𐤔𐤋𐤇 𐤃𐤅𐤃 𐤀𐤋 𐤉𐤅𐤀𐤁 𐤔𐤋𐤇 𐤀𐤋𐤉 𐤀𐤕 𐤀𐤅𐤓𐤉𐤄 𐤄𐤇𐤕𐤉 𐤅𐤉𐤔𐤋𐤇
𐤉𐤅𐤀𐤁 𐤀𐤕 𐤀𐤅𐤓𐤉𐤄 𐤀𐤋 𐤃𐤅𐤃•
𐤆 𐤅𐤉𐤁𐤀 𐤀𐤅𐤓𐤉𐤄 𐤀𐤋𐤉𐤅 𐤅𐤉𐤔𐤀𐤋 𐤃𐤅𐤃 𐤋𐤔𐤋𐤅𐤌 𐤉𐤅𐤀𐤁 𐤅𐤋𐤔𐤋𐤅𐤌
𐤄𐤏𐤌 𐤅𐤋𐤔𐤋𐤅𐤌 𐤄𐤌𐤋𐤇𐤌𐤄•
𐤇 𐤅𐤉𐤀𐤌𐤓 𐤃𐤅𐤃 𐤋𐤀𐤅𐤓𐤉𐤄 𐤓𐤃 𐤋𐤁𐤉𐤕𐤊 𐤅𐤓𐤇𐤑 𐤓𐤂𐤋𐤉𐤊 𐤅𐤉𐤑𐤀 𐤀𐤅𐤓𐤉𐤄
𐤌𐤁𐤉𐤕 𐤄𐤌𐤋𐤊 𐤅𐤕𐤑𐤀 𐤀𐤇𐤓𐤉𐤅 𐤌𐤔𐤀𐤕 𐤄𐤌𐤋𐤊•
𐤈 𐤅𐤉𐤔𐤊𐤁 𐤀𐤅𐤓𐤉𐤄 𐤐𐤕𐤇 𐤁𐤉𐤕 𐤄𐤌𐤋𐤊 𐤀𐤕 𐤊𐤋 𐤏𐤁𐤃𐤉 𐤀𐤃𐤍𐤉𐤅 𐤅𐤋𐤀
𐤉𐤓𐤃 𐤀𐤋 𐤁𐤉𐤕𐤅•
𐤉 𐤅𐤉𐤂𐤃𐤅 𐤋𐤃𐤅𐤃 𐤋𐤀𐤌𐤓 𐤋𐤀 𐤉𐤓𐤃 𐤀𐤅𐤓𐤉𐤄 𐤀𐤋 𐤁𐤉𐤕𐤅 𐤅𐤉𐤀𐤌𐤓 𐤃𐤅𐤃 𐤀𐤋
𐤀𐤅𐤓𐤉𐤄 𐤄𐤋𐤅𐤀 𐤌𐤃𐤓𐤊 𐤀𐤕𐤄 𐤁𐤀 𐤌𐤃𐤅𐤏 𐤋𐤀 𐤉𐤓𐤃𐤕 𐤀𐤋 𐤁𐤉𐤕𐤊•
𐤉𐤀 𐤅𐤉𐤀𐤌𐤓 𐤀𐤅𐤓𐤉𐤄 𐤀𐤋 𐤃𐤅𐤃 𐤄𐤀𐤓𐤅𐤍 𐤅𐤉𐤔𐤓𐤀𐤋 𐤅𐤉𐤄𐤅𐤃𐤄 𐤉𐤔𐤁𐤉𐤌
𐤁𐤎𐤊𐤅𐤕 𐤅𐤀𐤃𐤍𐤉 𐤉𐤅𐤀𐤁 𐤅𐤏𐤁𐤃𐤉 𐤀𐤃𐤍𐤉 𐤏𐤋 𐤐𐤍𐤉 𐤄𐤔𐤃𐤄 𐤇𐤍𐤉𐤌 𐤅𐤀𐤍𐤉
𐤀𐤁𐤅𐤀 𐤀𐤋 𐤁𐤉𐤕𐤉 𐤋𐤀𐤊𐤋 𐤅𐤋𐤔𐤕𐤅𐤕 𐤅𐤋𐤔𐤊𐤁 𐤏𐤌 𐤀𐤔𐤕𐤉 𐤇𐤉𐤊 𐤅𐤇𐤉
𐤍𐤐𐤔𐤊 𐤀𐤌 𐤀𐤏𐤔𐤄 𐤀𐤕 𐤄𐤃𐤁𐤓 𐤄𐤆𐤄•
𐤉𐤁 𐤅𐤉𐤀𐤌𐤓 𐤃𐤅𐤃 𐤀𐤋 𐤀𐤅𐤓𐤉𐤄 𐤔𐤁 𐤁𐤆𐤄 𐤂𐤌 𐤄𐤉𐤅𐤌 𐤅𐤌𐤇𐤓 𐤀𐤔𐤋𐤇𐤊
𐤅𐤉𐤔𐤁 𐤀𐤅𐤓𐤉𐤄 𐤁𐤉𐤓𐤅𐤔𐤋𐤌 𐤁𐤉𐤅𐤌 𐤄𐤄𐤅𐤀 𐤅𐤌𐤌𐤇𐤓𐤕•
𐤉𐤂 𐤅𐤉𐤒𐤓𐤀 𐤋𐤅 𐤃𐤅𐤃 𐤅𐤉𐤀𐤊𐤋 𐤋𐤐𐤍𐤉𐤅 𐤅𐤉𐤔𐤕 𐤅𐤉𐤔𐤊𐤓𐤄𐤅 𐤅𐤉𐤑𐤀 𐤁𐤏𐤓𐤁
𐤋𐤔𐤊𐤁 𐤁𐤌𐤔𐤊𐤁𐤅 𐤏𐤌 𐤏𐤁𐤃𐤉 𐤀𐤃𐤍𐤉𐤅 𐤅𐤀𐤋 𐤁𐤉𐤕𐤅 𐤋𐤀 𐤉𐤓𐤃•
𐤉𐤃 𐤅𐤉𐤄𐤉 𐤁𐤁𐤒𐤓 𐤅𐤉𐤊𐤕𐤁 𐤃𐤅𐤃 𐤎𐤐𐤓 𐤀𐤋 𐤉𐤅𐤀𐤁 𐤅𐤉𐤔𐤋𐤇 𐤁𐤉𐤃 𐤀𐤅𐤓𐤉𐤄•
𐤈𐤅 𐤅𐤉𐤊𐤕𐤁 𐤁𐤎𐤐𐤓 𐤋𐤀𐤌𐤓 𐤄𐤁𐤅 𐤀𐤕 𐤀𐤅𐤓𐤉𐤄 𐤀𐤋 𐤌𐤅𐤋 𐤐𐤍𐤉 𐤄𐤌𐤋𐤇𐤌𐤄
𐤄𐤇𐤆𐤒𐤄 𐤅𐤔𐤁𐤕𐤌 𐤌𐤀𐤇𐤓𐤉𐤅 𐤅𐤍𐤊𐤄 𐤅𐤌𐤕•
𐤈𐤆 𐤅𐤉𐤄𐤉 𐤁𐤔𐤌𐤅𐤓 𐤉𐤅𐤀𐤁 𐤀𐤋 𐤄𐤏𐤉𐤓 𐤅𐤉𐤕𐤍 𐤀𐤕 𐤀𐤅𐤓𐤉𐤄 𐤀𐤋 𐤄𐤌𐤒𐤅𐤌
𐤀𐤔𐤓 𐤉𐤃𐤏 𐤊𐤉 𐤀𐤍𐤔𐤉 𐤇𐤉𐤋 𐤔𐤌•
𐤉𐤆 𐤅𐤉𐤑𐤀𐤅 𐤀𐤍𐤔𐤉 𐤄𐤏𐤉𐤓 𐤅𐤉𐤋𐤇𐤌𐤅 𐤀𐤕 𐤉𐤅𐤀𐤁 𐤅𐤉𐤐𐤋 𐤌𐤍 𐤄𐤏𐤌
𐤌𐤏𐤁𐤃𐤉 𐤃𐤅𐤃 𐤅𐤉𐤌𐤕 𐤂𐤌 𐤀𐤅𐤓𐤉𐤄 𐤄𐤇𐤕𐤉•
𐤉𐤇 𐤅𐤉𐤔𐤋𐤇 𐤉𐤅𐤀𐤁 𐤅𐤉𐤂𐤃 𐤋𐤃𐤅𐤃 𐤀𐤕 𐤊𐤋 𐤃𐤁𐤓𐤉 𐤄𐤌𐤋𐤇𐤌𐤄•
𐤉𐤈 𐤅𐤉𐤑𐤅 𐤀𐤕 𐤄𐤌𐤋𐤀𐤊 𐤋𐤀𐤌𐤓 𐤊𐤊𐤋𐤅𐤕𐤊 𐤀𐤕 𐤊𐤋 𐤃𐤁𐤓𐤉 𐤄𐤌𐤋𐤇𐤌𐤄
𐤋𐤃𐤁𐤓 𐤀𐤋 𐤄𐤌𐤋𐤊•
𐤊 𐤅𐤄𐤉𐤄 𐤀𐤌 𐤕𐤏𐤋𐤄 𐤇𐤌𐤕 𐤄𐤌𐤋𐤊 𐤅𐤀𐤌𐤓 𐤋𐤊 𐤌𐤃𐤅𐤏 𐤍𐤂𐤔𐤕𐤌 𐤀𐤋 𐤄𐤏𐤉𐤓
𐤋𐤄𐤋𐤇𐤌 𐤄𐤋𐤅𐤀 𐤉𐤃𐤏𐤕𐤌 𐤀𐤕 𐤀𐤔𐤓 𐤉𐤓𐤅 𐤌𐤏𐤋 𐤄𐤇𐤅𐤌𐤄•
𐤊𐤀 𐤌𐤉 𐤄𐤊𐤄 𐤀𐤕 𐤀𐤁𐤉𐤌𐤋𐤊 𐤁𐤍 𐤉𐤓𐤁𐤔𐤕 𐤄𐤋𐤅𐤀 𐤀𐤔𐤄 𐤄𐤔𐤋𐤉𐤊𐤄

# 𐤔𐤌𐤅𐤀𐤋 𐤁

𐤏𐤋𐤉𐤅 𐤐𐤋𐤇 𐤓𐤊𐤁 𐤌𐤏𐤋 𐤄𐤇𐤅𐤌𐤄 𐤅𐤉𐤌𐤕 𐤁𐤕𐤁𐤑 𐤋𐤌𐤄 𐤍𐤂𐤔𐤕𐤌 𐤀𐤋
𐤄𐤇𐤅𐤌𐤄 𐤅𐤀𐤌𐤓𐤕 𐤂𐤌 𐤏𐤁𐤃𐤊 𐤀𐤅𐤓𐤉𐤄 𐤄𐤇𐤕𐤉 𐤌𐤕•
𐤊𐤁 𐤅𐤉𐤋𐤊 𐤄𐤌𐤋𐤀𐤊 𐤅𐤉𐤁𐤀 𐤅𐤉𐤂𐤃 𐤋𐤃𐤅𐤃 𐤀𐤕 𐤊𐤋 𐤀𐤔𐤓 𐤔𐤋𐤇𐤅 𐤉𐤅𐤀𐤁•
𐤊𐤂 𐤅𐤉𐤀𐤌𐤓 𐤄𐤌𐤋𐤀𐤊 𐤀𐤋 𐤃𐤅𐤃 𐤊𐤉 𐤂𐤁𐤓𐤅 𐤏𐤋𐤉𐤍𐤅 𐤄𐤀𐤍𐤔𐤉𐤌 𐤅𐤉𐤑𐤀𐤅
𐤀𐤋𐤉𐤍𐤅 𐤄𐤔𐤃𐤄 𐤅𐤍𐤄𐤉𐤄 𐤏𐤋𐤉𐤄𐤌 𐤏𐤃 𐤐𐤕𐤇 𐤄𐤔𐤏𐤓•
𐤊𐤃 𐤅𐤉𐤓𐤀𐤅 [𐤅𐤉𐤓𐤅] 𐤄𐤌𐤅𐤓𐤀𐤉𐤌 [𐤄𐤌𐤅𐤓𐤉𐤌] 𐤀𐤋 𐤏𐤁𐤃𐤊 𐤌𐤏𐤋 𐤄𐤇𐤅𐤌𐤄
𐤅𐤉𐤌𐤅𐤕𐤅 𐤌𐤏𐤁𐤃𐤉 𐤄𐤌𐤋𐤊 𐤅𐤂𐤌 𐤏𐤁𐤃𐤊 𐤀𐤅𐤓𐤉𐤄 𐤄𐤇𐤕𐤉 𐤌𐤕•
𐤊𐤄 𐤅𐤉𐤀𐤌𐤓 𐤃𐤅𐤃 𐤀𐤋 𐤄𐤌𐤋𐤀𐤊 𐤊𐤄 𐤕𐤀𐤌𐤓 𐤀𐤋 𐤉𐤅𐤀𐤁 𐤀𐤋 𐤉𐤓𐤏
𐤁𐤏𐤉𐤍𐤉𐤊 𐤀𐤕 𐤄𐤃𐤁𐤓 𐤄𐤆𐤄 𐤊𐤉 𐤊𐤆𐤄 𐤅𐤊𐤆𐤄 𐤕𐤀𐤊𐤋 𐤄𐤇𐤓𐤁 𐤄𐤇𐤆𐤒
𐤌𐤋𐤇𐤌𐤕𐤊 𐤀𐤋 𐤄𐤏𐤉𐤓 𐤅𐤄𐤓𐤎𐤄 𐤅𐤇𐤆𐤒𐤄𐤅•
𐤊𐤅 𐤅𐤕𐤔𐤌𐤏 𐤀𐤔𐤕 𐤀𐤅𐤓𐤉𐤄 𐤊𐤉 𐤌𐤕 𐤀𐤅𐤓𐤉𐤄 𐤀𐤉𐤔𐤄 𐤅𐤕𐤎𐤐𐤃 𐤏𐤋 𐤁𐤏𐤋𐤄•
𐤊𐤆 𐤅𐤉𐤏𐤁𐤓 𐤄𐤀𐤁𐤋 𐤅𐤉𐤔𐤋𐤇 𐤃𐤅𐤃 𐤅𐤉𐤀𐤎𐤐𐤄 𐤀𐤋 𐤁𐤉𐤕𐤅 𐤅𐤕𐤄𐤉 𐤋𐤅
𐤋𐤀𐤔𐤄 𐤅𐤕𐤋𐤃 𐤋𐤅 𐤁𐤍 𐤅𐤉𐤓𐤏 𐤄𐤃𐤁𐤓 𐤀𐤔𐤓 𐤏𐤔𐤄 𐤃𐤅𐤃 𐤁𐤏𐤉𐤍𐤉 𐤉𐤄𐤅𐤄•

## 𐤐𐤓𐤒 𐤉𐤁

𐤀 𐤅𐤉𐤔𐤋𐤇 𐤉𐤄𐤅𐤄 𐤀𐤕 𐤍𐤕𐤍 𐤀𐤋 𐤃𐤅𐤃 𐤅𐤉𐤁𐤀 𐤀𐤋𐤉𐤅 𐤅𐤉𐤀𐤌𐤓 𐤋𐤅 𐤔𐤍𐤉
𐤀𐤍𐤔𐤉𐤌 𐤄𐤉𐤅 𐤁𐤏𐤉𐤓 𐤀𐤇𐤕 𐤀𐤇𐤃 𐤏𐤔𐤉𐤓 𐤅𐤀𐤇𐤃 𐤓𐤀𐤔•
𐤁 𐤋𐤏𐤔𐤉𐤓 𐤄𐤉𐤄 𐤑𐤀𐤍 𐤅𐤁𐤒𐤓 𐤄𐤓𐤁𐤄 𐤌𐤀𐤃•
𐤂 𐤅𐤋𐤓𐤔 𐤀𐤉𐤍 𐤊𐤋 𐤊𐤉 𐤀𐤌 𐤊𐤁𐤔𐤄 𐤀𐤇𐤕 𐤒𐤈𐤍𐤄 𐤀𐤔𐤓 𐤒𐤍𐤄 𐤅𐤉𐤇𐤉𐤄
𐤅𐤕𐤂𐤃𐤋 𐤏𐤌𐤅 𐤅𐤏𐤌 𐤁𐤍𐤉𐤅 𐤉𐤇𐤃𐤅 𐤌𐤐𐤕𐤅 𐤕𐤀𐤊𐤋 𐤅𐤌𐤊𐤎𐤅 𐤕𐤔𐤕𐤄 𐤅𐤁𐤇𐤉𐤒𐤅
𐤕𐤔𐤊𐤁 𐤅𐤕𐤄𐤉 𐤋𐤅 𐤊𐤁𐤕•
𐤃 𐤅𐤉𐤁𐤀 𐤄𐤋𐤊 𐤋𐤀𐤉𐤔 𐤄𐤏𐤔𐤉𐤓 𐤅𐤉𐤇𐤌𐤋 𐤋𐤒𐤇𐤕 𐤌𐤑𐤀𐤍𐤅 𐤅𐤌𐤁𐤒𐤓𐤅
𐤋𐤏𐤔𐤅𐤕 𐤋𐤀𐤓𐤇 𐤄𐤁𐤀 𐤋𐤅 𐤅𐤉𐤒𐤇 𐤀𐤕 𐤊𐤁𐤔𐤕 𐤄𐤀𐤉𐤔 𐤄𐤓𐤀𐤔 𐤅𐤉𐤏𐤔𐤄
𐤋𐤀𐤉𐤔 𐤄𐤁𐤀 𐤀𐤋𐤉𐤅•
𐤄 𐤅𐤉𐤇𐤓 𐤀𐤐 𐤃𐤅𐤃 𐤁𐤀𐤉𐤔 𐤌𐤀𐤃 𐤅𐤉𐤀𐤌𐤓 𐤀𐤋 𐤍𐤕𐤍 𐤇𐤉 𐤉𐤄𐤅𐤄 𐤊𐤉 𐤁𐤍
𐤌𐤅𐤕 𐤄𐤀𐤉𐤔 𐤄𐤏𐤔𐤄 𐤆𐤀𐤕•
𐤅 𐤅𐤀𐤕 𐤄𐤊𐤁𐤔𐤄 𐤉𐤔𐤋𐤌 𐤀𐤓𐤁𐤏𐤕𐤉𐤌 𐤏𐤒𐤁 𐤀𐤔𐤓 𐤏𐤔𐤄 𐤀𐤕 𐤄𐤃𐤁𐤓 𐤄𐤆𐤄
𐤅𐤏𐤋 𐤀𐤔𐤓 𐤋𐤀 𐤇𐤌𐤋•
𐤆 𐤅𐤉𐤀𐤌𐤓 𐤍𐤕𐤍 𐤀𐤋 𐤃𐤅𐤃 𐤀𐤕𐤄 𐤄𐤀𐤉𐤔 𐤊𐤄 𐤀𐤌𐤓 𐤉𐤄𐤅𐤄 𐤀𐤋𐤄𐤉
𐤉𐤔𐤓𐤀𐤋 𐤀𐤍𐤊𐤉 𐤌𐤔𐤇𐤕𐤉𐤊 𐤋𐤌𐤋𐤊 𐤏𐤋 𐤉𐤔𐤓𐤀𐤋 𐤅𐤀𐤍𐤊𐤉 𐤄𐤑𐤋𐤕𐤉𐤊
𐤌𐤉𐤃 𐤔𐤀𐤅𐤋•
𐤇 𐤅𐤀𐤕𐤍𐤄 𐤋𐤊 𐤀𐤕 𐤁𐤉𐤕 𐤀𐤃𐤍𐤉𐤊 𐤅𐤀𐤕 𐤍𐤔𐤉 𐤀𐤃𐤍𐤉𐤊 𐤁𐤇𐤉𐤒𐤊 𐤅𐤀𐤕𐤍𐤄
𐤋𐤊 𐤀𐤕 𐤁𐤉𐤕 𐤉𐤔𐤓𐤀𐤋 𐤅𐤉𐤄𐤅𐤃𐤄 𐤅𐤀𐤌 𐤌𐤏𐤈 𐤅𐤀𐤎𐤐𐤄 𐤋𐤊 𐤊𐤄𐤍𐤄

𐤅𐤊𐤄𐤍𐤄•
𐤈 𐤌𐤃𐤅𐤏 𐤁𐤆𐤉𐤕 𐤀𐤕 𐤃𐤁𐤓 𐤉𐤄𐤅𐤄 𐤋𐤏𐤔𐤅𐤕 𐤄𐤓𐤏 𐤁𐤏𐤉𐤍𐤅 [𐤁𐤏𐤉𐤍𐤉] 𐤀𐤕
𐤀𐤅𐤓𐤉𐤄 𐤄𐤇𐤕𐤉 𐤄𐤊𐤉𐤕 𐤁𐤇𐤓𐤁 𐤅𐤀𐤕 𐤀𐤔𐤕𐤅 𐤋𐤒𐤇𐤕 𐤋𐤊 𐤋𐤀𐤔𐤄 𐤅𐤀𐤕𐤅
𐤄𐤓𐤂𐤕 𐤁𐤇𐤓𐤁 𐤁𐤍𐤉 𐤏𐤌𐤅𐤍•
𐤉 𐤅𐤏𐤕𐤄 𐤋𐤀 𐤕𐤎𐤅𐤓 𐤇𐤓𐤁 𐤌𐤁𐤉𐤕𐤊 𐤏𐤃 𐤏𐤅𐤋𐤌 𐤏𐤒𐤁 𐤊𐤉 𐤁𐤆𐤕𐤍𐤉 𐤅𐤕𐤒𐤇
𐤀𐤕 𐤀𐤔𐤕 𐤀𐤅𐤓𐤉𐤄 𐤄𐤇𐤕𐤉 𐤋𐤄𐤉𐤅𐤕 𐤋𐤊 𐤋𐤀𐤔𐤄•
𐤉𐤀 𐤊𐤄 𐤀𐤌𐤓 𐤉𐤄𐤅𐤄 𐤄𐤍𐤍𐤉 𐤌𐤒𐤉𐤌 𐤏𐤋𐤉𐤊 𐤓𐤏𐤄 𐤌𐤁𐤉𐤕𐤊 𐤅𐤋𐤒𐤇𐤕𐤉
𐤀𐤕 𐤍𐤔𐤉𐤊 𐤋𐤏𐤉𐤍𐤉𐤊 𐤅𐤍𐤕𐤕𐤉 𐤋𐤓𐤏𐤉𐤊 𐤅𐤔𐤊𐤁 𐤏𐤌 𐤍𐤔𐤉𐤊 𐤋𐤏𐤉𐤍𐤉
𐤄𐤔𐤌𐤔 𐤄𐤆𐤀𐤕•
𐤉𐤁 𐤊𐤉 𐤀𐤕𐤄 𐤏𐤔𐤉𐤕 𐤁𐤎𐤕𐤓 𐤅𐤀𐤍𐤉 𐤀𐤏𐤔𐤄 𐤀𐤕 𐤄𐤃𐤁𐤓 𐤄𐤆𐤄 𐤍𐤂𐤃 𐤊𐤋
𐤉𐤔𐤓𐤀𐤋 𐤅𐤍𐤂𐤃 𐤄𐤔𐤌𐤔•
𐤉𐤂 𐤅𐤉𐤀𐤌𐤓 𐤃𐤅𐤃 𐤀𐤋 𐤍𐤕𐤍 𐤇𐤈𐤀𐤕𐤉 𐤋𐤉𐤄𐤅𐤄 𐤎 𐤅𐤉𐤀𐤌𐤓 𐤍𐤕𐤍 𐤀𐤋 𐤃𐤅𐤃
𐤂𐤌 𐤉𐤄𐤅𐤄 𐤄𐤏𐤁𐤉𐤓 𐤇𐤈𐤀𐤕𐤊 𐤋𐤀 𐤕𐤌𐤅𐤕•
𐤉𐤃 𐤀𐤐𐤎 𐤊𐤉 𐤍𐤀𐤑 𐤍𐤀𐤑𐤕 𐤀𐤕 𐤀𐤉𐤁𐤉 𐤉𐤄𐤅𐤄 𐤁𐤃𐤁𐤓 𐤄𐤆𐤄 𐤂𐤌 𐤄𐤁𐤍
𐤄𐤉𐤋𐤅𐤃 𐤋𐤊 𐤌𐤅𐤕 𐤉𐤌𐤅𐤕•
𐤈𐤅 𐤅𐤉𐤋𐤊 𐤍𐤕𐤍 𐤀𐤋 𐤁𐤉𐤕𐤅 𐤅𐤉𐤂𐤐 𐤉𐤄𐤅𐤄 𐤀𐤕 𐤄𐤉𐤋𐤃 𐤀𐤔𐤓 𐤉𐤋𐤃𐤄
𐤀𐤔𐤕 𐤀𐤅𐤓𐤉𐤄 𐤋𐤃𐤅𐤃 𐤅𐤉𐤀𐤍𐤔•
𐤈𐤆 𐤅𐤉𐤁𐤒𐤔 𐤃𐤅𐤃 𐤀𐤕 𐤄𐤀𐤋𐤄𐤉𐤌 𐤁𐤏𐤃 𐤄𐤍𐤏𐤓 𐤅𐤉𐤑𐤌 𐤃𐤅𐤃 𐤑𐤅𐤌 𐤅𐤁𐤀
𐤅𐤋𐤍 𐤅𐤔𐤊𐤁 𐤀𐤓𐤑𐤄•
𐤉𐤆 𐤅𐤉𐤒𐤌𐤅 𐤆𐤒𐤍𐤉 𐤁𐤉𐤕𐤅 𐤏𐤋𐤉𐤅 𐤋𐤄𐤒𐤉𐤌𐤅 𐤌𐤍 𐤄𐤀𐤓𐤑 𐤅𐤋𐤀 𐤀𐤁𐤄
𐤅𐤋𐤀 𐤁𐤓𐤀 𐤀𐤕𐤌 𐤋𐤇𐤌•
𐤉𐤇 𐤅𐤉𐤄𐤉 𐤁𐤉𐤅𐤌 𐤄𐤔𐤁𐤉𐤏𐤉 𐤅𐤉𐤌𐤕 𐤄𐤉𐤋𐤃 𐤅𐤉𐤉𐤓𐤀𐤅 𐤏𐤁𐤃𐤉 𐤃𐤅𐤃
𐤋𐤄𐤂𐤉𐤃 𐤋𐤅 𐤊𐤉 𐤌𐤕 𐤄𐤉𐤋𐤃 𐤊𐤉 𐤀𐤌𐤓𐤅 𐤄𐤍𐤄 𐤁𐤄𐤉𐤅𐤕 𐤄𐤉𐤋𐤃 𐤇𐤉
𐤃𐤁𐤓𐤍𐤅 𐤀𐤋𐤉𐤅 𐤅𐤋𐤀 𐤔𐤌𐤏 𐤁𐤒𐤅𐤋𐤍𐤅 𐤅𐤀𐤉𐤊 𐤍𐤀𐤌𐤓 𐤀𐤋𐤉𐤅 𐤌𐤕 𐤄𐤉𐤋𐤃
𐤅𐤏𐤔𐤄 𐤓𐤏𐤄•
𐤉𐤈 𐤅𐤉𐤓𐤀 𐤃𐤅𐤃 𐤊𐤉 𐤏𐤁𐤃𐤉𐤅 𐤌𐤕𐤋𐤇𐤔𐤉𐤌 𐤅𐤉𐤁𐤍 𐤃𐤅𐤃 𐤊𐤉 𐤌𐤕 𐤄𐤉𐤋𐤃
𐤅𐤉𐤀𐤌𐤓 𐤃𐤅𐤃 𐤀𐤋 𐤏𐤁𐤃𐤉𐤅 𐤄𐤌𐤕 𐤄𐤉𐤋𐤃 𐤅𐤉𐤀𐤌𐤓𐤅 𐤌𐤕•
𐤊 𐤅𐤉𐤒𐤌 𐤃𐤅𐤃 𐤌𐤄𐤀𐤓𐤑 𐤅𐤉𐤓𐤇𐤑 𐤅𐤉𐤎𐤊 𐤅𐤉𐤇𐤋𐤐 𐤔𐤌𐤋𐤕𐤅 [𐤔𐤌𐤋𐤕𐤉𐤅]
𐤅𐤉𐤁𐤀 𐤁𐤉𐤕 𐤉𐤄𐤅𐤄 𐤅𐤉𐤔𐤕𐤇𐤅 𐤅𐤉𐤁𐤀 𐤀𐤋 𐤁𐤉𐤕𐤅 𐤅𐤉𐤔𐤀𐤋 𐤅𐤉𐤔𐤉𐤌𐤅
𐤋𐤅 𐤋𐤇𐤌 𐤅𐤉𐤀𐤊𐤋•
𐤊𐤀 𐤅𐤉𐤀𐤌𐤓𐤅 𐤏𐤁𐤃𐤉𐤅 𐤀𐤋𐤉𐤅 𐤌𐤄 𐤄𐤃𐤁𐤓 𐤄𐤆𐤄 𐤀𐤔𐤓 𐤏𐤔𐤉𐤕𐤄 𐤁𐤏𐤁𐤅𐤓
𐤄𐤉𐤋𐤃 𐤇𐤉 𐤑𐤌𐤕 𐤅𐤕𐤁𐤊 𐤅𐤁𐤌𐤅𐤕 𐤄𐤉𐤋𐤃 𐤒𐤌𐤕 𐤅𐤕𐤀𐤊𐤋 𐤋𐤇𐤌•
𐤊𐤁 𐤅𐤉𐤀𐤌𐤓 𐤁𐤏𐤅𐤃 𐤄𐤉𐤋𐤃 𐤇𐤉 𐤑𐤌𐤕𐤉 𐤅𐤀𐤁𐤊𐤄 𐤊𐤉 𐤀𐤌𐤓𐤕𐤉 𐤌𐤉 𐤉𐤅𐤃𐤏

𐤉𐤇𐤍𐤍𐤉 [𐤅𐤇𐤍𐤍𐤉] 𐤉𐤄𐤅𐤄 𐤅𐤇𐤉 𐤄𐤉𐤋𐤃•
𐤊𐤂 𐤅𐤏𐤕𐤄 𐤌𐤕 𐤋𐤌𐤄 𐤆𐤄 𐤀𐤍𐤉 𐤑𐤌 𐤄𐤀𐤅𐤊𐤋 𐤋𐤄𐤔𐤉𐤁𐤅 𐤏𐤅𐤃 𐤀𐤍𐤉 𐤄𐤋𐤊
𐤀𐤋𐤉𐤅 𐤅𐤄𐤅𐤀 𐤋𐤀 𐤉𐤔𐤅𐤁 𐤀𐤋𐤉•
𐤊𐤃 𐤅𐤉𐤍𐤇𐤌 𐤃𐤅𐤃 𐤀𐤕 𐤁𐤕 𐤔𐤁𐤏 𐤀𐤔𐤕𐤅 𐤅𐤉𐤁𐤀 𐤀𐤋𐤉𐤄 𐤅𐤉𐤔𐤊𐤁 𐤏𐤌𐤄
𐤅𐤕𐤋𐤃 𐤁𐤍 𐤅𐤉𐤒𐤓𐤀 [𐤅𐤕𐤒𐤓𐤀] 𐤀𐤕 𐤔𐤌𐤅 𐤔𐤋𐤌𐤄 𐤅𐤉𐤄𐤅𐤄 𐤀𐤄𐤁𐤅•
𐤊𐤄 𐤅𐤉𐤔𐤋𐤇 𐤁𐤉𐤃 𐤍𐤕𐤍 𐤄𐤍𐤁𐤉𐤀 𐤅𐤉𐤒𐤓𐤀 𐤀𐤕 𐤔𐤌𐤅 𐤉𐤃𐤉𐤃𐤉𐤄 𐤁𐤏𐤁𐤅𐤓
𐤉𐤄𐤅𐤄•

𐤊𐤅 𐤅𐤉𐤋𐤇𐤌 𐤉𐤅𐤀𐤁 𐤁𐤓𐤁𐤕 𐤁𐤍𐤉 𐤏𐤌𐤅𐤍 𐤅𐤉𐤋𐤊𐤃 𐤀𐤕 𐤏𐤉𐤓 𐤄𐤌𐤋𐤅𐤊𐤄•
𐤊𐤆 𐤅𐤉𐤔𐤋𐤇 𐤉𐤅𐤀𐤁 𐤌𐤋𐤀𐤊𐤉𐤌 𐤀𐤋 𐤃𐤅𐤃 𐤅𐤉𐤀𐤌𐤓 𐤍𐤋𐤇𐤌𐤕𐤉 𐤁𐤓𐤁𐤄 𐤂𐤌
𐤋𐤊𐤃𐤕𐤉 𐤀𐤕 𐤏𐤉𐤓 𐤄𐤌𐤉𐤌•
𐤊𐤇 𐤅𐤏𐤕𐤄 𐤀𐤎𐤐 𐤀𐤕 𐤉𐤕𐤓 𐤄𐤏𐤌 𐤅𐤇𐤍𐤄 𐤏𐤋 𐤄𐤏𐤉𐤓 𐤅𐤋𐤊𐤃𐤄 𐤐𐤍 𐤀𐤋𐤊𐤃
𐤀𐤍𐤉 𐤀𐤕 𐤄𐤏𐤉𐤓 𐤅𐤍𐤒𐤓𐤀 𐤔𐤌𐤉 𐤏𐤋𐤉𐤄•
𐤊𐤈 𐤅𐤉𐤀𐤎𐤐 𐤃𐤅𐤃 𐤀𐤕 𐤊𐤋 𐤄𐤏𐤌 𐤅𐤉𐤋𐤊 𐤓𐤁𐤕𐤄 𐤅𐤉𐤋𐤇𐤌 𐤁𐤄 𐤅𐤉𐤋𐤊𐤃𐤄•
𐤋 𐤅𐤉𐤒𐤇 𐤀𐤕 𐤏𐤈𐤓𐤕 𐤌𐤋𐤊𐤌 𐤌𐤏𐤋 𐤓𐤀𐤔𐤅 𐤅𐤌𐤔𐤒𐤋𐤄 𐤊𐤊𐤓 𐤆𐤄𐤁 𐤅𐤀𐤁𐤍
𐤉𐤒𐤓𐤄 𐤅𐤕𐤄𐤉 𐤏𐤋 𐤓𐤀𐤔 𐤃𐤅𐤃 𐤅𐤔𐤋𐤋 𐤄𐤏𐤉𐤓 𐤄𐤅𐤑𐤉𐤀 𐤄𐤓𐤁𐤄 𐤌𐤀𐤃•
𐤋𐤀 𐤅𐤀𐤕 𐤄𐤏𐤌 𐤀𐤔𐤓 𐤁𐤄 𐤄𐤅𐤑𐤉𐤀 𐤅𐤉𐤔𐤌 𐤁𐤌𐤂𐤓𐤄 𐤅𐤁𐤇𐤓𐤑𐤉 𐤄𐤁𐤓𐤆𐤋
𐤅𐤁𐤌𐤂𐤆𐤓𐤕 𐤄𐤁𐤓𐤆𐤋 𐤅𐤄𐤏𐤁𐤉𐤓𐤌 𐤀𐤅𐤕𐤌 𐤁𐤌𐤋𐤊𐤍 [𐤁𐤌𐤋𐤁𐤍] 𐤅𐤊𐤍 𐤉𐤏𐤔𐤄
𐤋𐤊𐤋 𐤏𐤓𐤉 𐤁𐤍𐤉 𐤏𐤌𐤅𐤍 𐤅𐤉𐤔𐤁 𐤃𐤅𐤃 𐤅𐤊𐤋 𐤄𐤏𐤌 𐤉𐤓𐤅𐤔𐤋𐤌•

𐤐𐤓𐤒 𐤉𐤂

𐤀 𐤅𐤉𐤄𐤉 𐤀𐤇𐤓𐤉 𐤊𐤍 𐤅𐤋𐤀𐤁𐤔𐤋𐤅𐤌 𐤁𐤍 𐤃𐤅𐤃 𐤀𐤇𐤅𐤕 𐤉𐤐𐤄 𐤅𐤔𐤌𐤄 𐤕𐤌𐤓
𐤅𐤉𐤀𐤄𐤁𐤄 𐤀𐤌𐤍𐤅𐤍 𐤁𐤍 𐤃𐤅𐤃•
𐤁 𐤅𐤉𐤑𐤓 𐤋𐤀𐤌𐤍𐤅𐤍 𐤋𐤄𐤕𐤇𐤋𐤅𐤕 𐤁𐤏𐤁𐤅𐤓 𐤕𐤌𐤓 𐤀𐤇𐤕𐤅 𐤊𐤉 𐤁𐤕𐤅𐤋𐤄 𐤄𐤉𐤀
𐤅𐤉𐤐𐤋𐤀 𐤁𐤏𐤉𐤍𐤉 𐤀𐤌𐤍𐤅𐤍 𐤋𐤏𐤔𐤅𐤕 𐤋𐤄 𐤌𐤀𐤅𐤌𐤄•
𐤂 𐤅𐤋𐤀𐤌𐤍𐤅𐤍 𐤓𐤏 𐤅𐤔𐤌𐤅 𐤉𐤅𐤍𐤃𐤁 𐤁𐤍 𐤔𐤌𐤏𐤄 𐤀𐤇𐤉 𐤃𐤅𐤃 𐤅𐤉𐤅𐤍𐤃𐤁 𐤀𐤉𐤔
𐤇𐤊𐤌 𐤌𐤀𐤃•
𐤃 𐤅𐤉𐤀𐤌𐤓 𐤋𐤅 𐤌𐤃𐤅𐤏 𐤀𐤕𐤄 𐤊𐤊𐤄 𐤃𐤋 𐤁𐤍 𐤄𐤌𐤋𐤊 𐤁𐤁𐤒𐤓 𐤁𐤁𐤒𐤓 𐤄𐤋𐤅𐤀
𐤕𐤂𐤉𐤃 𐤋𐤉 𐤅𐤉𐤀𐤌𐤓 𐤋𐤅 𐤀𐤌𐤍𐤅𐤍 𐤀𐤕 𐤕𐤌𐤓 𐤀𐤇𐤅𐤕 𐤀𐤁𐤔𐤋𐤌 𐤀𐤇𐤉 𐤀𐤍𐤉
𐤀𐤄𐤁•
𐤄 𐤅𐤉𐤀𐤌𐤓 𐤋𐤅 𐤉𐤄𐤅𐤍𐤃𐤁 𐤔𐤊𐤁 𐤏𐤋 𐤌𐤔𐤊𐤁𐤊 𐤅𐤄𐤕𐤇𐤋 𐤅𐤁𐤀 𐤀𐤁𐤉𐤊
𐤋𐤓𐤀𐤅𐤕𐤊 𐤅𐤀𐤌𐤓𐤕 𐤀𐤋𐤉𐤅 𐤕𐤁𐤀 𐤍𐤀 𐤕𐤌𐤓 𐤀𐤇𐤕𐤉 𐤅𐤕𐤁𐤓𐤍𐤉 𐤋𐤇𐤌
𐤅𐤕𐤏𐤔𐤄 𐤋𐤏𐤉𐤍𐤉 𐤀𐤕 𐤄𐤁𐤓𐤉𐤄 𐤋𐤌𐤏𐤍 𐤀𐤔𐤓 𐤀𐤓𐤀𐤄 𐤅𐤀𐤊𐤋𐤕𐤉 𐤌𐤉𐤃𐤄•
𐤅 𐤅𐤉𐤔𐤊𐤁 𐤀𐤌𐤍𐤅𐤍 𐤅𐤉𐤕𐤇𐤋 𐤅𐤉𐤁𐤀 𐤄𐤌𐤋𐤊 𐤋𐤓𐤀𐤅𐤕𐤅 𐤅𐤉𐤀𐤌𐤓 𐤀𐤌𐤍𐤅𐤍

# 𐤔𐤌𐤅𐤀𐤋 𐤁

𐤀𐤋 𐤄𐤌𐤋𐤊 𐤕𐤁𐤅𐤀 𐤍𐤀 𐤕𐤌𐤓 𐤀𐤇𐤕𐤉 𐤅𐤕𐤋𐤁𐤁 𐤋𐤏𐤉𐤍𐤉 𐤔𐤕𐤉 𐤋𐤁𐤁𐤅𐤕
𐤅𐤀𐤁𐤓𐤄 𐤌𐤉𐤃𐤄•
𐤆 𐤅𐤉𐤔𐤋𐤇 𐤃𐤅𐤃 𐤀𐤋 𐤕𐤌𐤓 𐤄𐤁𐤉𐤕𐤄 𐤋𐤀𐤌𐤓 𐤋𐤊𐤉 𐤍𐤀 𐤁𐤉𐤕 𐤀𐤌𐤍𐤅𐤍
𐤀𐤇𐤉𐤊 𐤅𐤏𐤔𐤉 𐤋𐤅 𐤄𐤁𐤓𐤉𐤄•
𐤇 𐤅𐤕𐤋𐤊 𐤕𐤌𐤓 𐤁𐤉𐤕 𐤀𐤌𐤍𐤅𐤍 𐤀𐤇𐤉𐤄 𐤅𐤄𐤅𐤀 𐤔𐤊𐤁 𐤅𐤕𐤒𐤇 𐤀𐤕 𐤄𐤁𐤑𐤒
𐤅𐤕𐤋𐤅𐤔 [𐤅𐤕𐤋𐤔] 𐤅𐤕𐤋𐤁𐤁 𐤋𐤏𐤉𐤍𐤉𐤅 𐤅𐤕𐤁𐤔𐤋 𐤀𐤕 𐤄𐤋𐤁𐤁𐤅𐤕•
𐤈 𐤅𐤕𐤒𐤇 𐤀𐤕 𐤄𐤌𐤔𐤓𐤕 𐤅𐤕𐤑𐤒 𐤋𐤐𐤍𐤉𐤅 𐤅𐤉𐤌𐤀𐤍 𐤋𐤀𐤊𐤅𐤋 𐤅𐤉𐤀𐤌𐤓
𐤀𐤌𐤍𐤅𐤍 𐤄𐤅𐤑𐤉𐤀𐤅 𐤊𐤋 𐤀𐤉𐤔 𐤌𐤏𐤋𐤉 𐤅𐤉𐤑𐤀𐤅 𐤊𐤋 𐤀𐤉𐤔 𐤌𐤏𐤋𐤉𐤅•
𐤉 𐤅𐤉𐤀𐤌𐤓 𐤀𐤌𐤍𐤅𐤍 𐤀𐤋 𐤕𐤌𐤓 𐤄𐤁𐤉𐤀𐤉 𐤄𐤁𐤓𐤉𐤄 𐤄𐤇𐤃𐤓 𐤅𐤀𐤁𐤓𐤄 𐤌𐤉𐤃𐤊
𐤅𐤕𐤒𐤇 𐤕𐤌𐤓 𐤀𐤕 𐤄𐤋𐤁𐤁𐤅𐤕 𐤀𐤔𐤓 𐤏𐤔𐤕𐤄 𐤅𐤕𐤁𐤀 𐤋𐤀𐤌𐤍𐤅𐤍 𐤀𐤇𐤉𐤄
𐤄𐤇𐤃𐤓𐤄•
𐤉𐤀 𐤅𐤕𐤂𐤔 𐤀𐤋𐤉𐤅 𐤋𐤀𐤊𐤋 𐤅𐤉𐤇𐤆𐤒 𐤁𐤄 𐤅𐤉𐤀𐤌𐤓 𐤋𐤄 𐤁𐤅𐤀𐤉 𐤔𐤊𐤁𐤉
𐤏𐤌𐤉 𐤀𐤇𐤅𐤕𐤉•
𐤉𐤁 𐤅𐤕𐤀𐤌𐤓 𐤋𐤅 𐤀𐤋 𐤀𐤇𐤉 𐤀𐤋 𐤕𐤏𐤍𐤍𐤉 𐤊𐤉 𐤋𐤀 𐤉𐤏𐤔𐤄 𐤊𐤍 𐤁𐤉𐤔𐤓𐤀𐤋
𐤀𐤋 𐤕𐤏𐤔𐤄 𐤀𐤕 𐤄𐤍𐤁𐤋𐤄 𐤄𐤆𐤀𐤕•
𐤉𐤂 𐤅𐤀𐤍𐤉 𐤀𐤍𐤄 𐤀𐤅𐤋𐤉𐤊 𐤀𐤕 𐤇𐤓𐤐𐤕𐤉 𐤅𐤀𐤕𐤄 𐤕𐤄𐤉𐤄 𐤊𐤀𐤇𐤃 𐤄𐤍𐤁𐤋𐤉𐤌
𐤁𐤉𐤔𐤓𐤀𐤋 𐤅𐤏𐤕𐤄 𐤃𐤁𐤓 𐤍𐤀 𐤀𐤋 𐤄𐤌𐤋𐤊 𐤊𐤉 𐤋𐤀 𐤉𐤌𐤍𐤏𐤍𐤉 𐤌𐤌𐤊•
𐤉𐤃 𐤅𐤋𐤀 𐤀𐤁𐤄 𐤋𐤔𐤌𐤏 𐤁𐤒𐤅𐤋𐤄 𐤅𐤉𐤇𐤆𐤒 𐤌𐤌𐤍𐤄 𐤅𐤉𐤏𐤍𐤄 𐤅𐤉𐤔𐤊𐤁
𐤀𐤕𐤄•
𐤈𐤅 𐤅𐤉𐤔𐤍𐤀𐤄 𐤀𐤌𐤍𐤅𐤍 𐤔𐤍𐤀𐤄 𐤂𐤃𐤅𐤋𐤄 𐤌𐤀𐤃 𐤊𐤉 𐤂𐤃𐤅𐤋𐤄 𐤄𐤔𐤍𐤀𐤄
𐤀𐤔𐤓 𐤔𐤍𐤀𐤄 𐤌𐤀𐤄𐤁𐤄 𐤀𐤔𐤓 𐤀𐤄𐤁𐤄 𐤅𐤉𐤀𐤌𐤓 𐤋𐤄 𐤀𐤌𐤍𐤅𐤍 𐤒𐤅𐤌𐤉 𐤋𐤊𐤉•
𐤈𐤆 𐤅𐤕𐤀𐤌𐤓 𐤋𐤅 𐤀𐤋 𐤀𐤅𐤃𐤕 𐤄𐤓𐤏𐤄 𐤄𐤂𐤃𐤅𐤋𐤄 𐤄𐤆𐤀𐤕 𐤌𐤀𐤇𐤓𐤕 𐤀𐤔𐤓
𐤏𐤔𐤉𐤕 𐤏𐤌𐤉 𐤋𐤔𐤋𐤇𐤍𐤉 𐤅𐤋𐤀 𐤀𐤁𐤄 𐤋𐤔𐤌𐤏 𐤋𐤄•
𐤉𐤆 𐤅𐤉𐤒𐤓𐤀 𐤀𐤕 𐤍𐤏𐤓𐤅 𐤌𐤔𐤓𐤕𐤅 𐤅𐤉𐤀𐤌𐤓 𐤔𐤋𐤇𐤅 𐤍𐤀 𐤀𐤕 𐤆𐤀𐤕 𐤌𐤏𐤋𐤉
𐤄𐤇𐤅𐤑𐤄 𐤅𐤍𐤏𐤋 𐤄𐤃𐤋𐤕 𐤀𐤇𐤓𐤉𐤄•
𐤉𐤇 𐤅𐤏𐤋𐤉𐤄 𐤊𐤕𐤍𐤕 𐤐𐤎𐤉𐤌 𐤊𐤉 𐤊𐤍 𐤕𐤋𐤁𐤔𐤍 𐤁𐤍𐤅𐤕 𐤄𐤌𐤋𐤊 𐤄𐤁𐤕𐤅𐤋𐤕
𐤌𐤏𐤉𐤋𐤉𐤌 𐤅𐤉𐤑𐤀 𐤀𐤅𐤕𐤄 𐤌𐤔𐤓𐤕𐤅 𐤄𐤇𐤅𐤑 𐤅𐤍𐤏𐤋 𐤄𐤃𐤋𐤕 𐤀𐤇𐤓𐤉𐤄•
𐤉𐤈 𐤅𐤕𐤒𐤇 𐤕𐤌𐤓 𐤀𐤐𐤓 𐤏𐤋 𐤓𐤀𐤔𐤄 𐤅𐤊𐤕𐤍𐤕 𐤄𐤐𐤎𐤉𐤌 𐤀𐤔𐤓 𐤏𐤋𐤉𐤄 𐤒𐤓𐤏𐤄
𐤅𐤕𐤔𐤌 𐤉𐤃𐤄 𐤏𐤋 𐤓𐤀𐤔𐤄 𐤅𐤕𐤋𐤊 𐤄𐤋𐤅𐤊 𐤅𐤆𐤏𐤒𐤄•
𐤊 𐤅𐤉𐤀𐤌𐤓 𐤀𐤋𐤉𐤄 𐤀𐤁𐤔𐤋𐤅𐤌 𐤀𐤇𐤉𐤄 𐤄𐤀𐤌𐤉𐤍𐤅𐤍 𐤀𐤇𐤉𐤊 𐤄𐤉𐤄 𐤏𐤌𐤊
𐤅𐤏𐤕𐤄 𐤀𐤇𐤅𐤕𐤉 𐤄𐤇𐤓𐤉𐤔𐤉 𐤀𐤇𐤉𐤊 𐤄𐤅𐤀 𐤀𐤋 𐤕𐤔𐤉𐤕𐤉 𐤀𐤕 𐤋𐤁𐤊 𐤋𐤃𐤁𐤓
𐤄𐤆𐤄 𐤅𐤕𐤔𐤁 𐤕𐤌𐤓 𐤅𐤔𐤌𐤌𐤄 𐤁𐤉𐤕 𐤀𐤁𐤔𐤋𐤅𐤌 𐤀𐤇𐤉𐤄•
𐤊𐤀 𐤅𐤄𐤌𐤋𐤊 𐤃𐤅𐤃 𐤔𐤌𐤏 𐤀𐤕 𐤊𐤋 𐤄𐤃𐤁𐤓𐤉𐤌 𐤄𐤀𐤋𐤄 𐤅𐤉𐤇𐤓 𐤋𐤅 𐤌𐤀𐤃•

# 𐤔𐤌𐤅𐤀𐤋 𐤁

𐤊𐤁𐤅𐤋𐤀 𐤃𐤁𐤓 𐤀𐤁𐤔𐤋𐤅𐤌 𐤏𐤌 𐤀𐤌𐤍𐤅𐤍 𐤋𐤌𐤓𐤏 𐤅𐤏𐤃 𐤈𐤅𐤁 𐤊𐤉 𐤔𐤍𐤀
𐤀𐤁𐤔𐤋𐤅𐤌 𐤀𐤕 𐤀𐤌𐤍𐤅𐤍 𐤏𐤋 𐤃𐤁𐤓 𐤀𐤔𐤓 𐤏𐤍𐤄 𐤀𐤕 𐤕𐤌𐤓 𐤀𐤇𐤕𐤅•
𐤊𐤂𐤅𐤉𐤄𐤉 𐤋𐤔𐤍𐤕𐤉𐤌 𐤉𐤌𐤉𐤌 𐤅𐤉𐤄𐤉𐤅 𐤂𐤆𐤆𐤉𐤌 𐤋𐤀𐤁𐤔𐤋𐤅𐤌 𐤁𐤁𐤏𐤋
𐤇𐤑𐤅𐤓 𐤀𐤔𐤓 𐤏𐤌 𐤀𐤐𐤓𐤉𐤌 𐤅𐤉𐤒𐤓𐤀 𐤀𐤁𐤔𐤋𐤅𐤌 𐤋𐤊𐤋 𐤁𐤍𐤉 𐤄𐤌𐤋𐤊•
𐤊𐤃𐤅𐤉𐤁𐤀 𐤀𐤁𐤔𐤋𐤅𐤌 𐤀𐤋 𐤄𐤌𐤋𐤊 𐤅𐤉𐤀𐤌𐤓 𐤄𐤍𐤄 𐤍𐤀 𐤂𐤆𐤆𐤉𐤌 𐤋𐤏𐤁𐤃𐤊
𐤉𐤋𐤊 𐤍𐤀 𐤄𐤌𐤋𐤊 𐤅𐤏𐤁𐤃𐤉𐤅 𐤏𐤌 𐤏𐤁𐤃𐤊•
𐤊𐤄𐤅𐤉𐤀𐤌𐤓 𐤄𐤌𐤋𐤊 𐤀𐤋 𐤀𐤁𐤔𐤋𐤅𐤌 𐤀𐤋 𐤁𐤍𐤉 𐤀𐤋 𐤍𐤀 𐤍𐤋𐤊 𐤊𐤋𐤍𐤅 𐤅𐤋𐤀
𐤍𐤊𐤁𐤃 𐤏𐤋𐤉𐤊 𐤅𐤉𐤐𐤓𐤑 𐤁𐤅 𐤅𐤋𐤀 𐤀𐤁𐤄 𐤋𐤋𐤊𐤕 𐤅𐤉𐤁𐤓𐤊𐤄𐤅•
𐤊𐤅𐤅𐤉𐤀𐤌𐤓 𐤀𐤁𐤔𐤋𐤅𐤌 𐤅𐤋𐤀 𐤉𐤋𐤊 𐤍𐤀 𐤀𐤕𐤍𐤅 𐤀𐤌𐤍𐤅𐤍 𐤀𐤇𐤉 𐤅𐤉𐤀𐤌𐤓
𐤋𐤅 𐤄𐤌𐤋𐤊 𐤋𐤌𐤄 𐤉𐤋𐤊 𐤏𐤌𐤊•
𐤊𐤆𐤅𐤉𐤐𐤓𐤑 𐤁𐤅 𐤀𐤁𐤔𐤋𐤅𐤌 𐤅𐤉𐤔𐤋𐤇 𐤀𐤕𐤅 𐤀𐤕 𐤀𐤌𐤍𐤅𐤍 𐤅𐤀𐤕 𐤊𐤋 𐤁𐤍𐤉
𐤄𐤌𐤋𐤊•
𐤊𐤇𐤅𐤉𐤑𐤅 𐤀𐤁𐤔𐤋𐤅𐤌 𐤀𐤕 𐤍𐤏𐤓𐤉𐤅 𐤋𐤀𐤌𐤓 𐤓𐤀𐤅 𐤍𐤀 𐤊𐤈𐤅𐤁 𐤋𐤁 𐤀𐤌𐤍𐤅𐤍
𐤁𐤉𐤉𐤍 𐤅𐤀𐤌𐤓𐤕𐤉 𐤀𐤋𐤉𐤊𐤌 𐤄𐤊𐤅 𐤀𐤕 𐤀𐤌𐤍𐤅𐤍 𐤅𐤄𐤌𐤕𐤌 𐤀𐤕𐤅 𐤀𐤋
𐤕𐤉𐤓𐤀𐤅 𐤄𐤋𐤅𐤀 𐤊𐤉 𐤀𐤍𐤊𐤉 𐤑𐤅𐤉𐤕𐤉 𐤀𐤕𐤊𐤌 𐤇𐤆𐤒𐤅 𐤅𐤄𐤉𐤅 𐤋𐤁𐤍𐤉 𐤇𐤉𐤋•
𐤊𐤈𐤅𐤉𐤏𐤔𐤅 𐤍𐤏𐤓𐤉 𐤀𐤁𐤔𐤋𐤅𐤌 𐤋𐤀𐤌𐤍𐤅𐤍 𐤊𐤀𐤔𐤓 𐤑𐤅𐤄 𐤀𐤁𐤔𐤋𐤅𐤌
𐤅𐤉𐤒𐤌𐤅 𐤊𐤋 𐤁𐤍𐤉 𐤄𐤌𐤋𐤊 𐤅𐤉𐤓𐤊𐤁𐤅 𐤀𐤉𐤔 𐤏𐤋 𐤐𐤓𐤃𐤅 𐤅𐤉𐤍𐤎𐤅•
𐤋𐤅𐤉𐤄𐤉 𐤄𐤌𐤄 𐤁𐤃𐤓𐤊 𐤅𐤄𐤔𐤌𐤏𐤄 𐤁𐤀𐤄 𐤀𐤋 𐤃𐤅𐤃 𐤋𐤀𐤌𐤓 𐤄𐤊𐤄
𐤀𐤁𐤔𐤋𐤅𐤌 𐤀𐤕 𐤊𐤋 𐤁𐤍𐤉 𐤄𐤌𐤋𐤊 𐤅𐤋𐤀 𐤍𐤅𐤕𐤓 𐤌𐤄𐤌 𐤀𐤇𐤃•
𐤋𐤀𐤅𐤉𐤒𐤌 𐤄𐤌𐤋𐤊 𐤅𐤉𐤒𐤓𐤏 𐤀𐤕 𐤁𐤂𐤃𐤉𐤅 𐤅𐤉𐤔𐤊𐤁 𐤀𐤓𐤑𐤄 𐤅𐤊𐤋 𐤏𐤁𐤃𐤉𐤅
𐤍𐤑𐤁𐤉𐤌 𐤒𐤓𐤏𐤉 𐤁𐤂𐤃𐤉𐤌•
𐤋𐤁𐤅𐤉𐤏𐤍 𐤉𐤅𐤍𐤃𐤁 𐤁𐤍 𐤔𐤌𐤏𐤄 𐤀𐤇𐤉 𐤃𐤅𐤃 𐤅𐤉𐤀𐤌𐤓 𐤀𐤋 𐤉𐤀𐤌𐤓 𐤀𐤃𐤍𐤉
𐤀𐤕 𐤊𐤋 𐤄𐤍𐤏𐤓𐤉𐤌 𐤁𐤍𐤉 𐤄𐤌𐤋𐤊 𐤄𐤌𐤉𐤕𐤅 𐤊𐤉 𐤀𐤌𐤍𐤅𐤍 𐤋𐤁𐤃𐤅 𐤌𐤕 𐤊𐤉 𐤏𐤋
𐤐𐤉 𐤀𐤁𐤔𐤋𐤅𐤌 𐤄𐤉𐤕𐤄 𐤔𐤉𐤌𐤄 [𐤔𐤅𐤌𐤄] 𐤌𐤉𐤅𐤌 𐤏𐤍𐤕𐤅 𐤀𐤕 𐤕𐤌𐤓 𐤀𐤇𐤕𐤅•
𐤋𐤂 𐤅𐤏𐤕𐤄 𐤀𐤋 𐤉𐤔𐤌 𐤀𐤃𐤍𐤉 𐤄𐤌𐤋𐤊 𐤀𐤋 𐤋𐤁𐤅 𐤃𐤁𐤓 𐤋𐤀𐤌𐤓 𐤊𐤋 𐤁𐤍𐤉
𐤄𐤌𐤋𐤊 𐤌𐤕𐤅 𐤊𐤉 (𐤊𐤕𐤉𐤁 𐤅𐤋𐤀 𐤒𐤓𐤉•
) 𐤀𐤌 𐤀𐤌𐤍𐤅𐤍 𐤋𐤁𐤃𐤅 𐤌𐤕•
𐤋𐤃𐤅𐤉𐤁𐤓𐤇 𐤀𐤁𐤔𐤋𐤅𐤌 𐤅𐤉𐤔𐤀 𐤄𐤍𐤏𐤓 𐤄𐤑𐤐𐤄 𐤀𐤕 𐤏𐤉𐤍𐤅 [𐤏𐤉𐤍𐤉𐤅] 𐤅𐤉𐤓𐤀
𐤅𐤄𐤍𐤄 𐤏𐤌 𐤓𐤁 𐤄𐤋𐤊𐤉𐤌 𐤌𐤃𐤓𐤊 𐤀𐤇𐤓𐤉𐤅 𐤌𐤑𐤃 𐤄𐤄𐤓•
𐤋𐤄𐤅𐤉𐤀𐤌𐤓 𐤉𐤅𐤍𐤃𐤁 𐤀𐤋 𐤄𐤌𐤋𐤊 𐤄𐤍𐤄 𐤁𐤍𐤉 𐤄𐤌𐤋𐤊 𐤁𐤀𐤅 𐤊𐤃𐤁𐤓 𐤏𐤁𐤃𐤊
𐤊𐤍 𐤄𐤉𐤄•
𐤋𐤅𐤅𐤉𐤄𐤉 𐤊𐤊𐤋𐤕𐤅 𐤋𐤃𐤁𐤓 𐤅𐤄𐤍𐤄 𐤁𐤍𐤉 𐤄𐤌𐤋𐤊 𐤁𐤀𐤅 𐤅𐤉𐤔𐤀𐤅 𐤒𐤅𐤋𐤌
𐤅𐤉𐤁𐤊𐤅 𐤅𐤂𐤌 𐤄𐤌𐤋𐤊 𐤅𐤊𐤋 𐤏𐤁𐤃𐤉𐤅 𐤁𐤊𐤅 𐤁𐤊𐤉 𐤂𐤃𐤅𐤋 𐤌𐤀𐤃•

# 𐤔𐤌𐤅𐤀𐤋 𐤁

𐤋𐤆 𐤅𐤀𐤁𐤔𐤋𐤅𐤌 𐤁𐤓𐤇 𐤅𐤉𐤋𐤊 𐤀𐤋 𐤕𐤋𐤌𐤉 𐤁𐤍 𐤏𐤌𐤉𐤇𐤅𐤓 [𐤏𐤌𐤉𐤄𐤅𐤃] 𐤌𐤋𐤊
𐤂𐤔𐤅𐤓 𐤅𐤉𐤕𐤀𐤁𐤋 𐤏𐤋 𐤁𐤍𐤅 𐤊𐤋 𐤄𐤉𐤌𐤉𐤌·
𐤋𐤇 𐤅𐤀𐤁𐤔𐤋𐤅𐤌 𐤁𐤓𐤇 𐤅𐤉𐤋𐤊 𐤂𐤔𐤅𐤓 𐤅𐤉𐤄𐤉 𐤔𐤌 𐤔𐤋𐤔 𐤔𐤍𐤉𐤌·
𐤋𐤈 𐤅𐤕𐤊𐤋 𐤃𐤅𐤃 𐤄𐤌𐤋𐤊 𐤋𐤑𐤀𐤕 𐤀𐤋 𐤀𐤁𐤔𐤋𐤅𐤌 𐤊𐤉 𐤍𐤇𐤌 𐤏𐤋 𐤀𐤌𐤍𐤅𐤍
𐤊𐤉 𐤌𐤕·

## 𐤐𐤓𐤒 𐤉𐤃

𐤀 𐤅𐤉𐤃𐤏 𐤉𐤅𐤀𐤁 𐤁𐤍 𐤑𐤓𐤉𐤄 𐤊𐤉 𐤋𐤁 𐤄𐤌𐤋𐤊 𐤏𐤋 𐤀𐤁𐤔𐤋𐤅𐤌·
𐤁 𐤅𐤉𐤔𐤋𐤇 𐤉𐤅𐤀𐤁 𐤕𐤒𐤅𐤏𐤄 𐤅𐤉𐤒𐤇 𐤌𐤔𐤌 𐤀𐤔𐤄 𐤇𐤊𐤌𐤄 𐤅𐤉𐤀𐤌𐤓 𐤀𐤋𐤉𐤄
𐤄𐤕𐤀𐤁𐤋𐤉 𐤍𐤀 𐤅𐤋𐤁𐤔𐤉 𐤍𐤀 𐤁𐤂𐤃𐤉 𐤀𐤁𐤋 𐤅𐤀𐤋 𐤕𐤎𐤅𐤊𐤉 𐤔𐤌𐤍 𐤅𐤄𐤉𐤉𐤕
𐤊𐤀𐤔𐤄 𐤆𐤄 𐤉𐤌𐤉𐤌 𐤓𐤁𐤉𐤌 𐤌𐤕𐤀𐤁𐤋𐤕 𐤏𐤋 𐤌𐤕·
𐤂 𐤅𐤁𐤀𐤕 𐤀𐤋 𐤄𐤌𐤋𐤊 𐤅𐤃𐤁𐤓𐤕 𐤀𐤋𐤉𐤅 𐤊𐤃𐤁𐤓 𐤄𐤆𐤄 𐤅𐤉𐤔𐤌 𐤉𐤅𐤀𐤁 𐤀𐤕
𐤄𐤃𐤁𐤓𐤉𐤌 𐤁𐤐𐤉𐤄·
𐤃 𐤅𐤕𐤀𐤌𐤓 𐤄𐤀𐤔𐤄 𐤄𐤕𐤒𐤏𐤉𐤕 𐤀𐤋 𐤄𐤌𐤋𐤊 𐤅𐤕𐤐𐤋 𐤏𐤋 𐤀𐤐𐤉𐤄 𐤀𐤓𐤑𐤄
𐤅𐤕𐤔𐤕𐤇𐤅 𐤅𐤕𐤀𐤌𐤓 𐤄𐤅𐤔𐤏𐤄 𐤄𐤌𐤋𐤊·
𐤄 𐤅𐤉𐤀𐤌𐤓 𐤋𐤄 𐤄𐤌𐤋𐤊 𐤌𐤄 𐤋𐤊 𐤅𐤕𐤀𐤌𐤓 𐤀𐤁𐤋 𐤀𐤔𐤄 𐤀𐤋𐤌𐤍𐤄 𐤀𐤍𐤉
𐤅𐤉𐤌𐤕 𐤀𐤉𐤔𐤉·
𐤅 𐤅𐤋𐤔𐤐𐤇𐤕𐤊 𐤔𐤍𐤉 𐤁𐤍𐤉𐤌 𐤅𐤉𐤍𐤑𐤅 𐤔𐤍𐤉𐤄𐤌 𐤁𐤔𐤃𐤄 𐤅𐤀𐤉𐤍 𐤌𐤑𐤉𐤋
𐤁𐤉𐤍𐤉𐤄𐤌 𐤅𐤉𐤊𐤅 𐤄𐤀𐤇𐤃 𐤀𐤕 𐤄𐤀𐤇𐤃 𐤅𐤉𐤌𐤕 𐤀𐤕𐤅·
𐤆 𐤅𐤄𐤍𐤄 𐤒𐤌𐤄 𐤊𐤋 𐤄𐤌𐤔𐤐𐤇𐤄 𐤏𐤋 𐤔𐤐𐤇𐤕𐤊 𐤅𐤉𐤀𐤌𐤓𐤅 𐤕𐤍𐤉 𐤀𐤕 𐤌𐤊𐤄
𐤀𐤇𐤉𐤅 𐤅𐤍𐤌𐤕𐤄𐤅 𐤁𐤍𐤐𐤔 𐤀𐤇𐤉𐤅 𐤀𐤔𐤓 𐤄𐤓𐤂 𐤅𐤍𐤔𐤌𐤉𐤃𐤄 𐤂𐤌 𐤀𐤕 𐤄𐤉𐤅𐤓𐤔
𐤅𐤊𐤁𐤅 𐤀𐤕 𐤂𐤇𐤋𐤕𐤉 𐤀𐤔𐤓 𐤍𐤔𐤀𐤓𐤄 𐤋𐤁𐤋𐤕𐤉 𐤔𐤅𐤌 [𐤔𐤉𐤌] 𐤋𐤀𐤉𐤔𐤉 𐤔𐤌
𐤅𐤔𐤀𐤓𐤉𐤕 𐤏𐤋 𐤐𐤍𐤉 𐤄𐤀𐤃𐤌𐤄·
𐤇 𐤅𐤉𐤀𐤌𐤓 𐤄𐤌𐤋𐤊 𐤀𐤋 𐤄𐤀𐤔𐤄 𐤋𐤊𐤉 𐤋𐤁𐤉𐤕𐤊 𐤅𐤀𐤍𐤉 𐤀𐤑𐤅𐤄 𐤏𐤋𐤉𐤊·
𐤈 𐤅𐤕𐤀𐤌𐤓 𐤄𐤀𐤔𐤄 𐤄𐤕𐤒𐤅𐤏𐤉𐤕 𐤀𐤋 𐤄𐤌𐤋𐤊 𐤏𐤋𐤉 𐤀𐤃𐤍𐤉 𐤄𐤌𐤋𐤊 𐤄𐤏𐤅𐤍
𐤅𐤏𐤋 𐤁𐤉𐤕 𐤀𐤁𐤉 𐤅𐤄𐤌𐤋𐤊 𐤅𐤊𐤎𐤀𐤅 𐤍𐤒𐤉·
𐤉 𐤅𐤉𐤀𐤌𐤓 𐤄𐤌𐤋𐤊 𐤄𐤌𐤃𐤁𐤓 𐤀𐤋𐤉𐤊 𐤅𐤄𐤁𐤀𐤕𐤅 𐤀𐤋𐤉 𐤅𐤋𐤀 𐤉𐤎𐤉𐤐 𐤏𐤅𐤃
𐤋𐤂𐤏𐤕 𐤁𐤊·
𐤉𐤀 𐤅𐤕𐤀𐤌𐤓 𐤉𐤆𐤊𐤓 𐤍𐤀 𐤄𐤌𐤋𐤊 𐤀𐤕 𐤉𐤄𐤅𐤄 𐤀𐤋𐤄𐤉𐤊 𐤌𐤄𐤓𐤁𐤉𐤕
[𐤌𐤄𐤓𐤁𐤕] 𐤂𐤀𐤋 𐤄𐤃𐤌 𐤋𐤔𐤇𐤕 𐤅𐤋𐤀 𐤉𐤔𐤌𐤉𐤃𐤅 𐤀𐤕 𐤁𐤍𐤉 𐤅𐤉𐤀𐤌𐤓 𐤇𐤉
𐤉𐤄𐤅𐤄 𐤀𐤌 𐤉𐤐𐤋 𐤌𐤔𐤏𐤓𐤕 𐤁𐤍𐤊 𐤀𐤓𐤑𐤄·
𐤉𐤁 𐤅𐤕𐤀𐤌𐤓 𐤄𐤀𐤔𐤄 𐤕𐤃𐤁𐤓 𐤍𐤀 𐤔𐤐𐤇𐤕𐤊 𐤀𐤋 𐤀𐤃𐤍𐤉 𐤄𐤌𐤋𐤊 𐤃𐤁𐤓 𐤅𐤉𐤀𐤌𐤓
𐤃𐤁𐤓𐤉·

יג ותאמר האשה ולמה חשבתה כזאת על עם אלהים ומדבר
המלך הדבר הזה כאשם לבלתי השיב המלך את נדחו•
יד כי מות נמות וכמים הנגרים ארצה אשר לא יאספו ולא
ישא אלהים נפש וחשב מחשבות לבלתי ידח ממנו נדח•
טו ועתה אשר באתי לדבר אל המלך אדני את הדבר הזה כי
יראני העם ותאמר שפחתך אדברה נא אל המלך אולי יעשה
המלך את דבר אמתו•
טז כי ישמע המלך להציל את אמתו מכף האיש להשמיד
אתי ואת בני יחד מנחלת אלהים•
יז ותאמר שפחתך יהיה נא דבר אדני המלך למנחה כי
כמלאך האלהים כן אדני המלך לשמע הטוב והרע ויהוה
אלהיך יהי עמך•
יח ויען המלך ויאמר אל האשה אל נא תכחדי ממני דבר
אשר אנכי שאל אתך ותאמר האשה ידבר נא אדני המלך•
יט ויאמר המלך היד יואב אתך בכל זאת ותען האשה
ותאמר חי נפשך אדני המלך אם אש להמין ולהשמיל מכל
אשר דבר אדני המלך כי עבדך יואב הוא צוני והוא שם
בפי שפחתך את כל הדברים האלה•
כ לבעבור סבב את פני הדבר עשה עבדך יואב את הדבר הזה
ואדני חכם כחכמת מלאך האלהים לדעת את כל אשר בארץ•
כא ויאמר המלך אל יואב הנה נא עשיתי את הדבר הזה
ולך השב את הנער את אבשלום•
כב ויפל יואב אל פניו ארצה וישתחו ויברך את המלך
ויאמר יואב היום ידע עבדך כי מצאתי חן בעיניך אדני
המלך אשר עשה המלך את דבר עבדו [עבדך]•
כג ויקם יואב וילך גשורה ויבא את אבשלום ירושלם•
כד ויאמר המלך יסב אל ביתו ופני לא יראה ויסב
אבשלום אל ביתו ופני המלך לא ראה•
כה וכאבשלום לא היה איש יפה בכל ישראל להלל מאד
מכף רגלו ועד קדקדו לא היה בו מום•
כו ובגלחו את ראשו והיה מקץ ימים לימים אשר יגלח
כי כבד עליו וגלחו ושקל את שער ראשו מאתים שקלים
באבן המלך•

# שמואל ב

כז ויולדו לאבשלום שלושה בנים ובת אחת ושמה תמר היא היתה אשה יפת מראה.

כח וישב אבשלום בירושלם שנתים ימים ופני המלך לא ראה.

כט וישלח אבשלום אל יואב לשלח אתו אל המלך ולא אבה לבוא אליו וישלח עוד שנית ולא אבה לבוא.

ל ויאמר אל עבדיו ראו חלקת יואב אל ידי ולו שם שערים לכו והוצתיה [והציתוה] באש ויצתו עבדי אבשלום את החלקה באש.

לא ויקם יואב ויבא אל אבשלום הביתה ויאמר אליו למה הצתו עבדיך את החלקה אשר לי באש.

לב ויאמר אבשלום אל יואב הנה שלחתי אליך לאמר בא הנה ואשלחה אתך אל המלך לאמר למה באתי מגשור טוב לי עד אני שם ועתה אראה פני המלך ואם יש בי עון והמתני.

לג ויבא יואב אל המלך ויגד לו ויקרא אל אבשלום ויבא אל המלך וישתחו לו על אפיו ארצה לפני המלך וישק המלך לאבשלום.

פרק טו

א ויהי מאחרי כן ויעש לו אבשלום מרכבה וססים וחמשים איש רצים לפניו.

ב והשכים אבשלום ועמד על יד דרך השער ויהי כל האיש אשר יהיה לו ריב לבוא אל המלך למשפט ויקרא אבשלום אליו ויאמר אי מזה עיר אתה ויאמר מאחד שבטי ישראל עבדך.

ג ויאמר אליו אבשלום ראה דבריך טובים ונכחים ושמע אין לך מאת המלך.

ד ויאמר אבשלום מי ישמני שפט בארץ ועלי יבוא כל איש אשר יהיה לו ריב ומשפט והצדקתיו.

ה והיה בקרב איש להשתחות לו ושלח את ידו והחזיק לו ונשק לו.

ו ויעש אבשלום כדבר הזה לכל ישראל אשר יבאו למשפט אל המלך ויגנב אבשלום את לב אנשי ישראל.

𐤆𐤅𐤉𐤄𐤉 𐤌𐤒𐤑 𐤀𐤓𐤁𐤏𐤉𐤌 𐤔𐤍𐤄 𐤅𐤉𐤀𐤌𐤓 𐤀𐤁𐤔𐤋𐤅𐤌 𐤀𐤋 𐤄𐤌𐤋𐤊 𐤀𐤋𐤊𐤄
𐤍𐤀 𐤅𐤀𐤔𐤋𐤌 𐤀𐤕 𐤍𐤃𐤓𐤉 𐤀𐤔𐤓 𐤍𐤃𐤓𐤕𐤉 𐤋𐤉𐤄𐤅𐤄 𐤁𐤇𐤁𐤓𐤅𐤍•
𐤇𐤊𐤉 𐤍𐤃𐤓 𐤍𐤃𐤓 𐤏𐤁𐤃𐤊 𐤁𐤔𐤁𐤕𐤉 𐤁𐤂𐤔𐤅𐤓 𐤁𐤀𐤓𐤌 𐤋𐤀𐤌𐤓 𐤀𐤌 𐤉𐤔𐤉𐤁
[𐤉𐤔𐤅𐤁] 𐤉𐤔𐤉𐤁𐤍𐤉 𐤉𐤄𐤅𐤄 𐤉𐤓𐤅𐤔𐤋𐤌 𐤅𐤏𐤁𐤃𐤕𐤉 𐤀𐤕 𐤉𐤄𐤅𐤄•
𐤈𐤅𐤉𐤀𐤌𐤓 𐤋𐤅 𐤄𐤌𐤋𐤊 𐤋𐤊 𐤁𐤔𐤋𐤅𐤌 𐤅𐤉𐤒𐤌 𐤅𐤉𐤋𐤊 𐤇𐤁𐤓𐤅𐤍𐤄•
𐤉𐤅𐤉𐤔𐤋𐤇 𐤀𐤁𐤔𐤋𐤅𐤌 𐤌𐤓𐤂𐤋𐤉𐤌 𐤁𐤊𐤋 𐤔𐤁𐤈𐤉 𐤉𐤔𐤓𐤀𐤋 𐤋𐤀𐤌𐤓
𐤊𐤔𐤌𐤏𐤊𐤌 𐤀𐤕 𐤒𐤅𐤋 𐤄𐤔𐤐𐤓 𐤅𐤀𐤌𐤓𐤕𐤌 𐤌𐤋𐤊 𐤀𐤁𐤔𐤋𐤅𐤌 𐤁𐤇𐤁𐤓𐤅𐤍•
𐤉𐤀𐤅𐤀𐤕 𐤀𐤁𐤔𐤋𐤅𐤌 𐤄𐤋𐤊𐤅 𐤌𐤀𐤕𐤉𐤌 𐤀𐤉𐤔 𐤌𐤉𐤓𐤅𐤔𐤋𐤌 𐤒𐤓𐤀𐤉𐤌
𐤅𐤄𐤋𐤊𐤉𐤌 𐤋𐤕𐤌𐤌 𐤅𐤋𐤀 𐤉𐤃𐤏𐤅 𐤊𐤋 𐤃𐤁𐤓•
𐤉𐤁𐤅𐤉𐤔𐤋𐤇 𐤀𐤁𐤔𐤋𐤅𐤌 𐤀𐤕 𐤀𐤇𐤉𐤕𐤐𐤋 𐤄𐤂𐤉𐤋𐤍𐤉 𐤉𐤅𐤏𐤑 𐤃𐤅𐤃 𐤌𐤏𐤉𐤓𐤅
𐤌𐤂𐤋𐤄 𐤁𐤆𐤁𐤇𐤅 𐤀𐤕 𐤄𐤆𐤁𐤇𐤉𐤌 𐤅𐤉𐤄𐤉 𐤄𐤒𐤔𐤓 𐤀𐤌𐤑 𐤅𐤄𐤏𐤌 𐤄𐤅𐤋𐤊 𐤅𐤓𐤁
𐤀𐤕 𐤀𐤁𐤔𐤋𐤅𐤌•
𐤉𐤂𐤅𐤉𐤁𐤀 𐤄𐤌𐤂𐤉𐤃 𐤀𐤋 𐤃𐤅𐤃 𐤋𐤀𐤌𐤓 𐤄𐤉𐤄 𐤋𐤁 𐤀𐤉𐤔 𐤉𐤔𐤓𐤀𐤋 𐤀𐤇𐤓𐤉
𐤀𐤁𐤔𐤋𐤅𐤌•
𐤉𐤃𐤅𐤉𐤀𐤌𐤓 𐤃𐤅𐤃 𐤋𐤊𐤋 𐤏𐤁𐤃𐤉𐤅 𐤀𐤔𐤓 𐤀𐤕𐤅 𐤁𐤉𐤓𐤅𐤔𐤋𐤌 𐤒𐤅𐤌𐤅 𐤅𐤍𐤁𐤓𐤇𐤄
𐤊𐤉 𐤋𐤀 𐤕𐤄𐤉𐤄 𐤋𐤍𐤅 𐤐𐤋𐤉𐤈𐤄 𐤌𐤐𐤍𐤉 𐤀𐤁𐤔𐤋𐤅𐤌 𐤌𐤄𐤓𐤅 𐤋𐤋𐤊𐤕 𐤐𐤍 𐤉𐤌𐤄𐤓
𐤅𐤄𐤔𐤂𐤍𐤅 𐤅𐤄𐤃𐤉𐤇 𐤏𐤋𐤉𐤍𐤅 𐤀𐤕 𐤄𐤓𐤏𐤄 𐤅𐤄𐤊𐤄 𐤄𐤏𐤉𐤓 𐤋𐤐𐤉 𐤇𐤓𐤁•
𐤈𐤅𐤅𐤉𐤀𐤌𐤓𐤅 𐤏𐤁𐤃𐤉 𐤄𐤌𐤋𐤊 𐤀𐤋 𐤄𐤌𐤋𐤊 𐤊𐤊𐤋 𐤀𐤔𐤓 𐤉𐤁𐤇𐤓 𐤀𐤃𐤍𐤉
𐤄𐤌𐤋𐤊 𐤄𐤍𐤄 𐤏𐤁𐤃𐤉𐤊•
𐤈𐤆𐤅𐤉𐤑𐤀 𐤄𐤌𐤋𐤊 𐤅𐤊𐤋 𐤁𐤉𐤕𐤅 𐤁𐤓𐤂𐤋𐤉𐤅 𐤅𐤉𐤏𐤆𐤁 𐤄𐤌𐤋𐤊 𐤀𐤕 𐤏𐤔𐤓
𐤍𐤔𐤉𐤌 𐤐𐤋𐤂𐤔𐤉𐤌 𐤋𐤔𐤌𐤓 𐤄𐤁𐤉𐤕•
𐤉𐤆𐤅𐤉𐤑𐤀 𐤄𐤌𐤋𐤊 𐤅𐤊𐤋 𐤄𐤏𐤌 𐤁𐤓𐤂𐤋𐤉𐤅 𐤅𐤉𐤏𐤌𐤃𐤅 𐤁𐤉𐤕 𐤄𐤌𐤓𐤇𐤒•
𐤉𐤇𐤅𐤊𐤋 𐤏𐤁𐤃𐤉𐤅 𐤏𐤁𐤓𐤉𐤌 𐤏𐤋 𐤉𐤃𐤅 𐤅𐤊𐤋 𐤄𐤊𐤓𐤕𐤉 𐤅𐤊𐤋 𐤄𐤐𐤋𐤕𐤉 𐤅𐤊𐤋
𐤄𐤂𐤕𐤉𐤌 𐤔𐤔 𐤌𐤀𐤅𐤕 𐤀𐤉𐤔 𐤀𐤔𐤓 𐤁𐤀𐤅 𐤁𐤓𐤂𐤋𐤅 𐤌𐤂𐤕 𐤏𐤁𐤓𐤉𐤌 𐤏𐤋 𐤐𐤍𐤉
𐤄𐤌𐤋𐤊•
𐤉𐤈𐤅𐤉𐤀𐤌𐤓 𐤄𐤌𐤋𐤊 𐤀𐤋 𐤀𐤕𐤉 𐤄𐤂𐤕𐤉 𐤋𐤌𐤄 𐤕𐤋𐤊 𐤂𐤌 𐤀𐤕𐤄 𐤀𐤕𐤍𐤅 𐤔𐤅𐤁
𐤅𐤔𐤁 𐤏𐤌 𐤄𐤌𐤋𐤊 𐤊𐤉 𐤍𐤊𐤓𐤉 𐤀𐤕𐤄 𐤅𐤂𐤌 𐤂𐤋𐤄 𐤀𐤕𐤄 𐤋𐤌𐤒𐤅𐤌𐤊•
𐤊𐤕𐤌𐤅𐤋 𐤁𐤅𐤀𐤊 𐤅𐤄𐤉𐤅𐤌 𐤀𐤍𐤅𐤏𐤊 [𐤀𐤍𐤉𐤏𐤊] 𐤏𐤌𐤍𐤅 𐤋𐤋𐤊𐤕 𐤅𐤀𐤍𐤉
𐤄𐤅𐤋𐤊 𐤏𐤋 𐤀𐤔𐤓 𐤀𐤍𐤉 𐤄𐤅𐤋𐤊 𐤔𐤅𐤁 𐤅𐤄𐤔𐤁 𐤀𐤕 𐤀𐤇𐤉𐤊 𐤏𐤌𐤊 𐤇𐤎𐤃
𐤅𐤀𐤌𐤕•
𐤊𐤀𐤅𐤉𐤏𐤍 𐤀𐤕𐤉 𐤀𐤕 𐤄𐤌𐤋𐤊 𐤅𐤉𐤀𐤌𐤓 𐤇𐤉 𐤉𐤄𐤅𐤄 𐤅𐤇𐤉 𐤀𐤃𐤍𐤉 𐤄𐤌𐤋𐤊
𐤊𐤉 (𐤊𐤕𐤉𐤁 𐤅𐤋𐤀 𐤒𐤓𐤉•
)𐤀𐤌 𐤁𐤌𐤒𐤅𐤌 𐤀𐤔𐤓 𐤉𐤄𐤉𐤄 𐤔𐤌 𐤀𐤃𐤍𐤉 𐤄𐤌𐤋𐤊 𐤀𐤌 𐤋𐤌𐤅𐤕 𐤀𐤌 𐤋𐤇𐤉𐤉𐤌

# 𐤔𐤌𐤅𐤀𐤋 𐤁

𐤊𐤉 𐤔𐤌 𐤉𐤄𐤉𐤄 𐤏𐤁𐤃𐤊•
𐤊𐤁 𐤅𐤉𐤀𐤌𐤓 𐤃𐤅𐤃 𐤀𐤋 𐤀𐤕𐤉 𐤋𐤊 𐤅𐤏𐤁𐤓 𐤅𐤉𐤏𐤁𐤓 𐤀𐤕𐤉 𐤄𐤂𐤕𐤉 𐤅𐤊𐤋
𐤀𐤍𐤔𐤉𐤅 𐤅𐤊𐤋 𐤄𐤈𐤐 𐤀𐤔𐤓 𐤀𐤕𐤅•
𐤊𐤂 𐤅𐤊𐤋 𐤄𐤀𐤓𐤑 𐤁𐤅𐤊𐤉𐤌 𐤒𐤅𐤋 𐤂𐤃𐤅𐤋 𐤅𐤊𐤋 𐤄𐤏𐤌 𐤏𐤁𐤓𐤉𐤌 𐤅𐤄𐤌𐤋𐤊 𐤏𐤁𐤓
𐤁𐤍𐤇𐤋 𐤒𐤃𐤓𐤅𐤍 𐤅𐤊𐤋 𐤄𐤏𐤌 𐤏𐤁𐤓𐤉𐤌 𐤏𐤋 𐤐𐤍𐤉 𐤃𐤓𐤊 𐤀𐤕 𐤄𐤌𐤃𐤁𐤓•
𐤊𐤃 𐤅𐤄𐤍𐤄 𐤂𐤌 𐤑𐤃𐤅𐤒 𐤅𐤊𐤋 𐤄𐤋𐤅𐤉𐤌 𐤀𐤕𐤅 𐤍𐤔𐤀𐤉𐤌 𐤀𐤕 𐤀𐤓𐤅𐤍 𐤁𐤓𐤉𐤕
𐤄𐤀𐤋𐤄𐤉𐤌 𐤅𐤉𐤑𐤒𐤅 𐤀𐤕 𐤀𐤓𐤅𐤍 𐤄𐤀𐤋𐤄𐤉𐤌 𐤅𐤉𐤏𐤋 𐤀𐤁𐤉𐤕𐤓 𐤏𐤃 𐤕𐤌 𐤊𐤋
𐤄𐤏𐤌 𐤋𐤏𐤁𐤅𐤓 𐤌𐤍 𐤄𐤏𐤉𐤓•
𐤊𐤄 𐤅𐤉𐤀𐤌𐤓 𐤄𐤌𐤋𐤊 𐤋𐤑𐤃𐤅𐤒 𐤄𐤔𐤁 𐤀𐤕 𐤀𐤓𐤅𐤍 𐤄𐤀𐤋𐤄𐤉𐤌 𐤄𐤏𐤉𐤓 𐤀𐤌
𐤀𐤌𐤑𐤀 𐤇𐤍 𐤁𐤏𐤉𐤍𐤉 𐤉𐤄𐤅𐤄 𐤅𐤄𐤔𐤁𐤍𐤉 𐤅𐤄𐤓𐤀𐤍𐤉 𐤀𐤕𐤅 𐤅𐤀𐤕 𐤍𐤅𐤄𐤅•
𐤊𐤅 𐤅𐤀𐤌 𐤊𐤄 𐤉𐤀𐤌𐤓 𐤋𐤀 𐤇𐤐𐤑𐤕𐤉 𐤁𐤊 𐤄𐤍𐤍𐤉 𐤉𐤏𐤔𐤄 𐤋𐤉 𐤊𐤀𐤔𐤓 𐤈𐤅𐤁
𐤁𐤏𐤉𐤍𐤉𐤅•
𐤊𐤆 𐤅𐤉𐤀𐤌𐤓 𐤄𐤌𐤋𐤊 𐤀𐤋 𐤑𐤃𐤅𐤒 𐤄𐤊𐤄𐤍 𐤄𐤓𐤅𐤀𐤄 𐤀𐤕𐤄 𐤔𐤁𐤄 𐤄𐤏𐤉𐤓
𐤁𐤔𐤋𐤅𐤌 𐤅𐤀𐤇𐤉𐤌𐤏𐤑 𐤁𐤍𐤊 𐤅𐤉𐤄𐤅𐤍𐤕𐤍 𐤁𐤍 𐤀𐤁𐤉𐤕𐤓 𐤔𐤍𐤉 𐤁𐤍𐤉𐤊𐤌
𐤀𐤕𐤊𐤌•
𐤊𐤇 𐤓𐤀𐤅 𐤀𐤍𐤊𐤉 𐤌𐤕𐤌𐤄𐤌𐤄 𐤁𐤏𐤁𐤓𐤅𐤕 [𐤁𐤏𐤓𐤁𐤅𐤕] 𐤄𐤌𐤃𐤁𐤓 𐤏𐤃 𐤁𐤅𐤀 𐤃𐤁𐤓
𐤌𐤏𐤌𐤊𐤌 𐤋𐤄𐤂𐤉𐤃 𐤋𐤉•
𐤊𐤈 𐤅𐤉𐤔𐤁 𐤑𐤃𐤅𐤒 𐤅𐤀𐤁𐤉𐤕𐤓 𐤀𐤕 𐤀𐤓𐤅𐤍 𐤄𐤀𐤋𐤄𐤉𐤌 𐤉𐤓𐤅𐤔𐤋𐤌 𐤅𐤉𐤔𐤁𐤅
𐤔𐤌•
𐤋 𐤅𐤃𐤅𐤃 𐤏𐤋𐤄 𐤁𐤌𐤏𐤋𐤄 𐤄𐤆𐤉𐤕𐤉𐤌 𐤏𐤋𐤄 𐤅𐤁𐤅𐤊𐤄 𐤅𐤓𐤀𐤔 𐤋𐤅 𐤇𐤐𐤅𐤉
𐤅𐤄𐤅𐤀 𐤄𐤋𐤊 𐤉𐤇𐤐 𐤅𐤊𐤋 𐤄𐤏𐤌 𐤀𐤔𐤓 𐤀𐤕𐤅 𐤇𐤐𐤅 𐤀𐤉𐤔 𐤓𐤀𐤔𐤅 𐤅𐤏𐤋𐤅 𐤏𐤋𐤄
𐤅𐤁𐤊𐤄•
𐤋𐤀 𐤅𐤃𐤅𐤃 𐤄𐤂𐤉𐤃 𐤋𐤀𐤌𐤓 𐤀𐤇𐤉𐤕𐤐𐤋 𐤁𐤒𐤔𐤓𐤉𐤌 𐤏𐤌 𐤀𐤁𐤔𐤋𐤅𐤌 𐤅𐤉𐤀𐤌𐤓
𐤃𐤅𐤃 𐤎𐤊𐤋 𐤍𐤀 𐤀𐤕 𐤏𐤑𐤕 𐤀𐤇𐤉𐤕𐤐𐤋 𐤉𐤄𐤅𐤄•
𐤋𐤁 𐤅𐤉𐤄𐤉 𐤃𐤅𐤃 𐤁𐤀 𐤏𐤃 𐤄𐤓𐤀𐤔 𐤀𐤔𐤓 𐤉𐤔𐤕𐤇𐤅𐤄 𐤔𐤌 𐤋𐤀𐤋𐤄𐤉𐤌 𐤅𐤄𐤍𐤄
𐤋𐤒𐤓𐤀𐤕𐤅 𐤇𐤅𐤔𐤉 𐤄𐤀𐤓𐤊𐤉 𐤒𐤓𐤅𐤏 𐤊𐤕𐤍𐤕𐤅 𐤅𐤀𐤃𐤌𐤄 𐤏𐤋 𐤓𐤀𐤔𐤅•
𐤋𐤂 𐤅𐤉𐤀𐤌𐤓 𐤋𐤅 𐤃𐤅𐤃 𐤀𐤌 𐤏𐤁𐤓𐤕 𐤀𐤕𐤉 𐤅𐤄𐤉𐤕 𐤏𐤋𐤉 𐤋𐤌𐤔𐤀•
𐤋𐤃 𐤅𐤀𐤌 𐤄𐤏𐤉𐤓 𐤕𐤔𐤅𐤁 𐤅𐤀𐤌𐤓𐤕 𐤋𐤀𐤁𐤔𐤋𐤅𐤌 𐤏𐤁𐤃𐤊 𐤀𐤍𐤉 𐤄𐤌𐤋𐤊
𐤀𐤄𐤉𐤄 𐤏𐤁𐤃 𐤀𐤁𐤉𐤊 𐤅𐤀𐤍𐤉 𐤌𐤀𐤆 𐤅𐤏𐤕𐤄 𐤅𐤀𐤍𐤉 𐤏𐤁𐤃𐤊 𐤅𐤄𐤐𐤓𐤕𐤄 𐤋𐤉 𐤀𐤕
𐤏𐤑𐤕 𐤀𐤇𐤉𐤕𐤐𐤋•
𐤋𐤄 𐤅𐤄𐤋𐤀 𐤏𐤌𐤊 𐤔𐤌 𐤑𐤃𐤅𐤒 𐤅𐤀𐤁𐤉𐤕𐤓 𐤄𐤊𐤄𐤍𐤉𐤌 𐤅𐤄𐤉𐤄 𐤊𐤋 𐤄𐤃𐤁𐤓
𐤀𐤔𐤓 𐤕𐤔𐤌𐤏 𐤌𐤁𐤉𐤕 𐤄𐤌𐤋𐤊 𐤕𐤂𐤉𐤃 𐤋𐤑𐤃𐤅𐤒 𐤅𐤋𐤀𐤁𐤉𐤕𐤓 𐤄𐤊𐤄𐤍𐤉𐤌•
𐤋𐤅 𐤄𐤍𐤄 𐤔𐤌 𐤏𐤌𐤌 𐤔𐤍𐤉 𐤁𐤍𐤉𐤄𐤌 𐤀𐤇𐤉𐤌𐤏𐤑 𐤋𐤑𐤃𐤅𐤒 𐤅𐤉𐤄𐤅𐤍𐤕𐤍

# 𐤔𐤌𐤅𐤀𐤋 𐤁

𐤋𐤀𐤁𐤉𐤕𐤓 𐤅𐤔𐤋𐤇𐤕𐤌 𐤁𐤉𐤃𐤌 𐤀𐤋𐤉 𐤊𐤋 𐤃𐤁𐤓 𐤀𐤔𐤓 𐤕𐤔𐤌𐤏𐤅.
𐤋𐤆 𐤅𐤉𐤁𐤀 𐤇𐤅𐤔𐤉 𐤓𐤏𐤄 𐤃𐤅𐤃 𐤄𐤏𐤉𐤓 𐤅𐤀𐤁𐤔𐤋𐤅𐤌 𐤉𐤁𐤀 𐤉𐤓𐤅𐤔𐤋𐤌.

## 𐤐𐤓𐤒 𐤈𐤆

𐤀 𐤅𐤃𐤅𐤃 𐤏𐤁𐤓 𐤌𐤏𐤈 𐤌𐤄𐤓𐤀𐤔 𐤅𐤄𐤍𐤄 𐤑𐤉𐤁𐤀 𐤍𐤏𐤓 𐤌𐤐𐤉𐤁𐤔𐤕 𐤋𐤒𐤓𐤀𐤕𐤅
𐤅𐤑𐤌𐤃 𐤇𐤌𐤓𐤉𐤌 𐤇𐤁𐤔𐤉𐤌 𐤅𐤏𐤋𐤉𐤄𐤌 𐤌𐤀𐤕𐤉𐤌 𐤋𐤇𐤌 𐤅𐤌𐤀𐤄 𐤑𐤌𐤅𐤒𐤉𐤌
𐤅𐤌𐤀𐤄 𐤒𐤉𐤑 𐤅𐤍𐤁𐤋 𐤉𐤉𐤍.

𐤁 𐤅𐤉𐤀𐤌𐤓 𐤄𐤌𐤋𐤊 𐤀𐤋 𐤑𐤉𐤁𐤀 𐤌𐤄 𐤀𐤋𐤄 𐤋𐤊 𐤅𐤉𐤀𐤌𐤓 𐤑𐤉𐤁𐤀
𐤄𐤇𐤌𐤅𐤓𐤉𐤌 𐤋𐤁𐤉𐤕 𐤄𐤌𐤋𐤊 𐤋𐤓𐤊𐤁 𐤅𐤋𐤄𐤋𐤇𐤌 [𐤅𐤄𐤋𐤇𐤌] 𐤅𐤄𐤒𐤉𐤑 𐤋𐤀𐤊𐤅𐤋
𐤄𐤍𐤏𐤓𐤉𐤌 𐤅𐤄𐤉𐤉𐤍 𐤋𐤔𐤕𐤅𐤕 𐤄𐤉𐤏𐤐 𐤁𐤌𐤃𐤁𐤓.

𐤂 𐤅𐤉𐤀𐤌𐤓 𐤄𐤌𐤋𐤊 𐤅𐤀𐤉𐤄 𐤁𐤍 𐤀𐤃𐤍𐤉𐤊 𐤅𐤉𐤀𐤌𐤓 𐤑𐤉𐤁𐤀 𐤀𐤋 𐤄𐤌𐤋𐤊
𐤄𐤍𐤄 𐤉𐤅𐤔𐤁 𐤁𐤉𐤓𐤅𐤔𐤋𐤌 𐤊𐤉 𐤀𐤌𐤓 𐤄𐤉𐤅𐤌 𐤉𐤔𐤉𐤁𐤅 𐤋𐤉 𐤁𐤉𐤕 𐤉𐤔𐤓𐤀𐤋
𐤀𐤕 𐤌𐤌𐤋𐤊𐤅𐤕 𐤀𐤁𐤉.

𐤃 𐤅𐤉𐤀𐤌𐤓 𐤄𐤌𐤋𐤊 𐤋𐤑𐤉𐤁𐤀 𐤄𐤍𐤄 𐤋𐤊 𐤊𐤋 𐤀𐤔𐤓 𐤋𐤌𐤐𐤉𐤁𐤔𐤕 𐤅𐤉𐤀𐤌𐤓
𐤑𐤉𐤁𐤀 𐤄𐤔𐤕𐤇𐤅𐤉𐤕𐤉 𐤀𐤌𐤑𐤀 𐤇𐤍 𐤁𐤏𐤉𐤍𐤉𐤊 𐤀𐤃𐤍𐤉 𐤄𐤌𐤋𐤊.

𐤄 𐤅𐤁𐤀 𐤄𐤌𐤋𐤊 𐤃𐤅𐤃 𐤏𐤃 𐤁𐤇𐤅𐤓𐤉𐤌 𐤅𐤄𐤍𐤄 𐤌𐤔𐤌 𐤀𐤉𐤔 𐤉𐤅𐤑𐤀 𐤌𐤌𐤔𐤐𐤇𐤕
𐤁𐤉𐤕 𐤔𐤀𐤅𐤋 𐤅𐤔𐤌𐤅 𐤔𐤌𐤏𐤉 𐤁𐤍 𐤂𐤓𐤀 𐤉𐤑𐤀 𐤉𐤑𐤅𐤀 𐤅𐤌𐤒𐤋𐤋.

𐤅 𐤅𐤉𐤎𐤒𐤋 𐤁𐤀𐤁𐤍𐤉𐤌 𐤀𐤕 𐤃𐤅𐤃 𐤅𐤀𐤕 𐤊𐤋 𐤏𐤁𐤃𐤉 𐤄𐤌𐤋𐤊 𐤃𐤅𐤃 𐤅𐤊𐤋 𐤄𐤏𐤌
𐤅𐤊𐤋 𐤄𐤂𐤁𐤓𐤉𐤌 𐤌𐤉𐤌𐤉𐤍𐤅 𐤅𐤌𐤔𐤌𐤀𐤋𐤅.

𐤆 𐤅𐤊𐤄 𐤀𐤌𐤓 𐤔𐤌𐤏𐤉 𐤁𐤒𐤋𐤋𐤅 𐤑𐤀 𐤑𐤀 𐤀𐤉𐤔 𐤄𐤃𐤌𐤉𐤌 𐤅𐤀𐤉𐤔
𐤄𐤁𐤋𐤉𐤏𐤋.

𐤇 𐤄𐤔𐤉𐤁 𐤏𐤋𐤉𐤊 𐤉𐤄𐤅𐤄 𐤊𐤋 𐤃𐤌𐤉 𐤁𐤉𐤕 𐤔𐤀𐤅𐤋 𐤀𐤔𐤓 𐤌𐤋𐤊𐤕 𐤕𐤇𐤕𐤅
[𐤕𐤇𐤕𐤉𐤅] 𐤅𐤉𐤕𐤍 𐤉𐤄𐤅𐤄 𐤀𐤕 𐤄𐤌𐤋𐤅𐤊𐤄 𐤁𐤉𐤃 𐤀𐤁𐤔𐤋𐤅𐤌 𐤁𐤍𐤊 𐤅𐤄𐤍𐤊
𐤁𐤓𐤏𐤕𐤊 𐤊𐤉 𐤀𐤉𐤔 𐤃𐤌𐤉𐤌 𐤀𐤕𐤄.

𐤈 𐤅𐤉𐤀𐤌𐤓 𐤀𐤁𐤉𐤔𐤉 𐤁𐤍 𐤑𐤓𐤅𐤉𐤄 𐤀𐤋 𐤄𐤌𐤋𐤊 𐤋𐤌𐤄 𐤉𐤒𐤋𐤋 𐤄𐤊𐤋𐤁 𐤄𐤌𐤕
𐤄𐤆𐤄 𐤀𐤕 𐤀𐤃𐤍𐤉 𐤄𐤌𐤋𐤊 𐤀𐤏𐤁𐤓𐤄 𐤍𐤀 𐤅𐤀𐤎𐤉𐤓𐤄 𐤀𐤕 𐤓𐤀𐤔𐤅.

𐤉 𐤅𐤉𐤀𐤌𐤓 𐤄𐤌𐤋𐤊 𐤌𐤄 𐤋𐤉 𐤅𐤋𐤊𐤌 𐤁𐤍𐤉 𐤑𐤓𐤉𐤄 𐤊𐤉 [𐤊𐤄] 𐤉𐤒𐤋𐤋 𐤅𐤊𐤉
[𐤊𐤉] 𐤉𐤄𐤅𐤄 𐤀𐤌𐤓 𐤋𐤅 𐤒𐤋𐤋 𐤀𐤕 𐤃𐤅𐤃 𐤅𐤌𐤉 𐤉𐤀𐤌𐤓 𐤌𐤃𐤅𐤏 𐤏𐤔𐤉𐤕𐤄 𐤊𐤍.

𐤉𐤀 𐤅𐤉𐤀𐤌𐤓 𐤃𐤅𐤃 𐤀𐤋 𐤀𐤁𐤉𐤔𐤉 𐤅𐤀𐤋 𐤊𐤋 𐤏𐤁𐤃𐤉𐤅 𐤄𐤍𐤄 𐤁𐤍𐤉 𐤀𐤔𐤓
𐤉𐤑𐤀 𐤌𐤌𐤏𐤉 𐤌𐤁𐤒𐤔 𐤀𐤕 𐤍𐤐𐤔𐤉 𐤅𐤀𐤐 𐤊𐤉 𐤏𐤕𐤄 𐤁𐤍 𐤄𐤉𐤌𐤉𐤍𐤉 𐤄𐤍𐤇𐤅
𐤋𐤅 𐤅𐤉𐤒𐤋𐤋 𐤊𐤉 𐤀𐤌𐤓 𐤋𐤅 𐤉𐤄𐤅𐤄.

𐤉𐤁 𐤀𐤅𐤋𐤉 𐤉𐤓𐤀𐤄 𐤉𐤄𐤅𐤄 𐤁𐤏𐤅𐤍𐤉 [𐤁𐤏𐤉𐤍𐤉] 𐤅𐤄𐤔𐤉𐤁 𐤉𐤄𐤅𐤄 𐤋𐤉
𐤈𐤅𐤁𐤄 𐤕𐤇𐤕 𐤒𐤋𐤋𐤕𐤅 𐤄𐤉𐤅𐤌 𐤄𐤆𐤄.

𐤄𐤆𐤄 𐤃𐤁𐤓 𐤀𐤇𐤉𐤕𐤐𐤋 𐤄𐤍𐤏𐤔𐤄 𐤀𐤕 𐤃𐤁𐤓𐤅 𐤀𐤌 𐤀𐤉𐤍 𐤀𐤕𐤄 𐤃𐤁𐤓.

𐤆 𐤅𐤉𐤀𐤌𐤓 𐤇𐤅𐤔𐤉 𐤀𐤋 𐤀𐤁𐤔𐤋𐤅𐤌 𐤋𐤀 𐤈𐤅𐤁𐤄 𐤄𐤏𐤑𐤄 𐤀𐤔𐤓 𐤉𐤏𐤑
𐤀𐤇𐤉𐤕𐤐𐤋 𐤁𐤐𐤏𐤌 𐤄𐤆𐤀𐤕.

𐤇𐤅𐤉𐤀𐤌𐤓 𐤇𐤅𐤔𐤉 𐤀𐤕𐤄 𐤉𐤃𐤏𐤕 𐤀𐤕 𐤀𐤁𐤉𐤊 𐤅𐤀𐤕 𐤀𐤍𐤔𐤉𐤅 𐤊𐤉 𐤂𐤁𐤓𐤉𐤌
𐤄𐤌𐤄 𐤅𐤌𐤓𐤉 𐤍𐤐𐤔 𐤄𐤌𐤄 𐤊𐤃𐤁 𐤔𐤊𐤅𐤋 𐤁𐤔𐤃𐤄 𐤅𐤀𐤁𐤉𐤊 𐤀𐤉𐤔 𐤌𐤋𐤇𐤌𐤄
𐤅𐤋𐤀 𐤉𐤋𐤉𐤍 𐤀𐤕 𐤄𐤏𐤌.

𐤈𐤄𐤍𐤄 𐤏𐤕𐤄 𐤄𐤅𐤀 𐤍𐤇𐤁𐤀 𐤁𐤀𐤇𐤕 𐤄𐤐𐤇𐤕𐤉𐤌 𐤀𐤅 𐤁𐤀𐤇𐤃 𐤄𐤌𐤒𐤅𐤌𐤕
𐤅𐤄𐤉𐤄 𐤊𐤍𐤐𐤋 𐤁𐤄𐤌 𐤁𐤕𐤇𐤋𐤄 𐤅𐤔𐤌𐤏 𐤄𐤔𐤌𐤏 𐤅𐤀𐤌𐤓 𐤄𐤉𐤕𐤄 𐤌𐤂𐤐𐤄 𐤁𐤏𐤌
𐤀𐤔𐤓 𐤀𐤇𐤓𐤉 𐤀𐤁𐤔𐤋𐤌.

𐤉𐤅𐤄𐤅𐤀 𐤂𐤌 𐤁𐤍 𐤇𐤉𐤋 𐤀𐤔𐤓 𐤋𐤁𐤅 𐤊𐤋𐤁 𐤄𐤀𐤓𐤉𐤄 𐤄𐤌𐤎 𐤉𐤌𐤎 𐤊𐤉 𐤉𐤃𐤏
𐤊𐤋 𐤉𐤔𐤓𐤀𐤋 𐤊𐤉 𐤂𐤁𐤅𐤓 𐤀𐤁𐤉𐤊 𐤅𐤁𐤍𐤉 𐤇𐤉𐤋 𐤀𐤔𐤓 𐤀𐤕𐤅.

𐤉𐤀 𐤊𐤉 𐤉𐤏𐤑𐤕𐤉 𐤄𐤀𐤎𐤐 𐤉𐤀𐤎𐤐 𐤏𐤋𐤉𐤊 𐤊𐤋 𐤉𐤔𐤓𐤀𐤋 𐤌𐤃𐤍 𐤅𐤏𐤃 𐤁𐤀𐤓
𐤔𐤁𐤏 𐤊𐤇𐤅𐤋 𐤀𐤔𐤓 𐤏𐤋 𐤄𐤉𐤌 𐤋𐤓𐤁 𐤅𐤐𐤍𐤉𐤊 𐤄𐤋𐤊𐤉𐤌 𐤁𐤒𐤓𐤁.

𐤉𐤁 𐤅𐤁𐤀𐤍𐤅 𐤀𐤋𐤉𐤅 𐤁𐤀𐤇𐤕 [𐤁𐤀𐤇𐤃] 𐤄𐤌𐤒𐤅𐤌𐤕 𐤀𐤔𐤓 𐤍𐤌𐤑𐤀 𐤔𐤌 𐤅𐤍𐤇𐤍𐤅
𐤏𐤋𐤉𐤅 𐤊𐤀𐤔𐤓 𐤉𐤐𐤋 𐤄𐤈𐤋 𐤏𐤋 𐤄𐤀𐤃𐤌𐤄 𐤅𐤋𐤀 𐤍𐤅𐤕𐤓 𐤁𐤅 𐤅𐤁𐤊𐤋 𐤄𐤀𐤍𐤔𐤉𐤌
𐤀𐤔𐤓 𐤀𐤕𐤅 𐤂𐤌 𐤀𐤇𐤃.

𐤉𐤂 𐤅𐤀𐤌 𐤀𐤋 𐤏𐤉𐤓 𐤉𐤀𐤎𐤐 𐤅𐤄𐤔𐤉𐤀𐤅 𐤊𐤋 𐤉𐤔𐤓𐤀𐤋 𐤀𐤋 𐤄𐤏𐤉𐤓 𐤄𐤄𐤉𐤀
𐤇𐤁𐤋𐤉𐤌 𐤅𐤎𐤇𐤁𐤍𐤅 𐤀𐤕𐤅 𐤏𐤃 𐤄𐤍𐤇𐤋 𐤏𐤃 𐤀𐤔𐤓 𐤋𐤀 𐤍𐤌𐤑𐤀 𐤔𐤌 𐤂𐤌 𐤑𐤓𐤅𐤓.

𐤉𐤃 𐤅𐤉𐤀𐤌𐤓 𐤀𐤁𐤔𐤋𐤅𐤌 𐤅𐤊𐤋 𐤀𐤉𐤔 𐤉𐤔𐤓𐤀𐤋 𐤈𐤅𐤁𐤄 𐤏𐤑𐤕 𐤇𐤅𐤔𐤉
𐤄𐤀𐤓𐤊𐤉 𐤌𐤏𐤑𐤕 𐤀𐤇𐤉𐤕𐤐𐤋 𐤅𐤉𐤄𐤅𐤄 𐤑𐤅𐤄 𐤋𐤄𐤐𐤓 𐤀𐤕 𐤏𐤑𐤕 𐤀𐤇𐤉𐤕𐤐𐤋
𐤄𐤈𐤅𐤁𐤄 𐤋𐤁𐤏𐤁𐤅𐤓 𐤄𐤁𐤉𐤀 𐤉𐤄𐤅𐤄 𐤀𐤋 𐤀𐤁𐤔𐤋𐤅𐤌 𐤀𐤕 𐤄𐤓𐤏𐤄.

𐤈𐤅 𐤅𐤉𐤀𐤌𐤓 𐤇𐤅𐤔𐤉 𐤀𐤋 𐤑𐤃𐤅𐤒 𐤅𐤀𐤋 𐤀𐤁𐤉𐤕𐤓 𐤄𐤊𐤄𐤍𐤉𐤌 𐤊𐤆𐤀𐤕
𐤅𐤊𐤆𐤀𐤕 𐤉𐤏𐤑 𐤀𐤇𐤉𐤕𐤐𐤋 𐤀𐤕 𐤀𐤁𐤔𐤋𐤌 𐤅𐤀𐤕 𐤆𐤒𐤍𐤉 𐤉𐤔𐤓𐤀𐤋 𐤅𐤊𐤆𐤀𐤕
𐤅𐤊𐤆𐤀𐤕 𐤉𐤏𐤑𐤕𐤉 𐤀𐤍𐤉.

𐤈𐤆 𐤅𐤏𐤕𐤄 𐤔𐤋𐤇𐤅 𐤌𐤄𐤓𐤄 𐤅𐤄𐤂𐤉𐤃𐤅 𐤋𐤃𐤅𐤃 𐤋𐤀𐤌𐤓 𐤀𐤋 𐤕𐤋𐤍 𐤄𐤋𐤉𐤋𐤄
𐤁𐤏𐤓𐤁𐤅𐤕 𐤄𐤌𐤃𐤁𐤓 𐤅𐤂𐤌 𐤏𐤁𐤅𐤓 𐤕𐤏𐤁𐤅𐤓 𐤐𐤍 𐤉𐤁𐤋𐤏 𐤋𐤌𐤋𐤊 𐤅𐤋𐤊𐤋 𐤄𐤏𐤌 𐤀𐤔𐤓
𐤀𐤕𐤅.

𐤉𐤆 𐤅𐤉𐤄𐤅𐤍𐤕𐤍 𐤅𐤀𐤇𐤉𐤌𐤏𐤑 𐤏𐤌𐤃𐤉𐤌 𐤁𐤏𐤉𐤍 𐤓𐤂𐤋 𐤅𐤄𐤋𐤊𐤄 𐤄𐤔𐤐𐤇𐤄
𐤅𐤄𐤂𐤉𐤃𐤄 𐤋𐤄𐤌 𐤅𐤄𐤌 𐤉𐤋𐤊𐤅 𐤅𐤄𐤂𐤉𐤃𐤅 𐤋𐤌𐤋𐤊 𐤃𐤅𐤃 𐤊𐤉 𐤋𐤀 𐤉𐤅𐤊𐤋𐤅
𐤋𐤄𐤓𐤀𐤅𐤕 𐤋𐤁𐤅𐤀 𐤄𐤏𐤉𐤓𐤄.

𐤉𐤇 𐤅𐤉𐤓𐤀 𐤀𐤕𐤌 𐤍𐤏𐤓 𐤅𐤉𐤂𐤃 𐤋𐤀𐤁𐤔𐤋𐤌 𐤅𐤉𐤋𐤊𐤅 𐤔𐤍𐤉𐤄𐤌 𐤌𐤄𐤓𐤄
𐤅𐤉𐤁𐤀𐤅 𐤀𐤋 𐤁𐤉𐤕 𐤀𐤉𐤔 𐤁𐤁𐤇𐤅𐤓𐤉𐤌 𐤅𐤋𐤅 𐤁𐤀𐤓 𐤁𐤇𐤑𐤓𐤅 𐤅𐤉𐤓𐤃𐤅 𐤔𐤌.

𐤉𐤈 𐤅𐤕𐤒𐤇 𐤄𐤀𐤔𐤄 𐤅𐤕𐤐𐤓𐤔 𐤀𐤕 𐤄𐤌𐤎𐤊 𐤏𐤋 𐤐𐤍𐤉 𐤄𐤁𐤀𐤓 𐤅𐤕𐤔𐤈𐤇 𐤏𐤋𐤉𐤅

# 𐤔𐤌𐤅𐤀𐤋 𐤁

𐤄𐤓𐤐𐤅𐤕 𐤅𐤋𐤀 𐤍𐤅𐤃𐤏 𐤃𐤁𐤓•
𐤊 𐤅𐤉𐤁𐤀𐤅 𐤏𐤁𐤃𐤉 𐤀𐤁𐤔𐤋𐤅𐤌 𐤀𐤋 𐤄𐤀𐤔𐤄 𐤄𐤁𐤉𐤕𐤄 𐤅𐤉𐤀𐤌𐤓𐤅 𐤀𐤉𐤄
𐤀𐤇𐤉𐤌𐤏𐤑 𐤅𐤉𐤄𐤅𐤍𐤕𐤍 𐤅𐤕𐤀𐤌𐤓 𐤋𐤄𐤌 𐤄𐤀𐤔𐤄 𐤏𐤁𐤓𐤅 𐤌𐤉𐤊𐤋 𐤄𐤌𐤉𐤌
𐤅𐤉𐤁𐤒𐤔𐤅 𐤅𐤋𐤀 𐤌𐤑𐤀𐤅 𐤅𐤉𐤔𐤁𐤅 𐤉𐤓𐤅𐤔𐤋𐤌•
𐤊𐤀𐤅𐤉𐤄𐤉 𐤀𐤇𐤓𐤉 𐤋𐤊𐤕𐤌 𐤅𐤉𐤏𐤋𐤅 𐤌𐤄𐤁𐤀𐤓 𐤅𐤉𐤋𐤊𐤅 𐤅𐤉𐤂𐤃𐤅 𐤋𐤌𐤋𐤊
𐤃𐤅𐤃 𐤅𐤉𐤀𐤌𐤓𐤅 𐤀𐤋 𐤃𐤅𐤃 𐤒𐤅𐤌𐤅 𐤅𐤏𐤁𐤓𐤅 𐤌𐤄𐤓𐤄 𐤀𐤕 𐤄𐤌𐤉𐤌 𐤊𐤉 𐤊𐤊𐤄
𐤉𐤏𐤑 𐤏𐤋𐤉𐤊𐤌 𐤀𐤇𐤉𐤕𐤐𐤋•
𐤊𐤁𐤅𐤉𐤒𐤌 𐤃𐤅𐤃 𐤅𐤊𐤋 𐤄𐤏𐤌 𐤀𐤔𐤓 𐤀𐤕𐤅 𐤅𐤉𐤏𐤁𐤓𐤅 𐤀𐤕 𐤄𐤉𐤓𐤃𐤍 𐤏𐤃 𐤀𐤅𐤓
𐤄𐤁𐤒𐤓 𐤏𐤃 𐤀𐤇𐤃 𐤋𐤀 𐤍𐤏𐤃𐤓 𐤀𐤔𐤓 𐤋𐤀 𐤏𐤁𐤓 𐤀𐤕 𐤄𐤉𐤓𐤃𐤍•
𐤊𐤂𐤅𐤀𐤇𐤉𐤕𐤐𐤋 𐤓𐤀𐤄 𐤊𐤉 𐤋𐤀 𐤍𐤏𐤔𐤕𐤄 𐤏𐤑𐤕𐤅 𐤅𐤉𐤇𐤁𐤔 𐤀𐤕 𐤄𐤇𐤌𐤅𐤓
𐤅𐤉𐤒𐤌 𐤅𐤉𐤋𐤊 𐤀𐤋 𐤁𐤉𐤕𐤅 𐤀𐤋 𐤏𐤉𐤓𐤅 𐤅𐤉𐤑𐤅 𐤀𐤋 𐤁𐤉𐤕𐤅 𐤅𐤉𐤇𐤍𐤒 𐤅𐤉𐤌𐤕
𐤅𐤉𐤒𐤁𐤓 𐤁𐤒𐤁𐤓 𐤀𐤁𐤉𐤅•
𐤊𐤃𐤅𐤃𐤅𐤃 𐤁𐤀 𐤌𐤇𐤍𐤉𐤌𐤄 𐤅𐤀𐤁𐤔𐤋𐤌 𐤏𐤁𐤓 𐤀𐤕 𐤄𐤉𐤓𐤃𐤍 𐤄𐤅𐤀 𐤅𐤊𐤋 𐤀𐤉𐤔
𐤉𐤔𐤓𐤀𐤋 𐤏𐤌𐤅•
𐤊𐤄𐤅𐤀𐤕 𐤏𐤌𐤔𐤀 𐤔𐤌 𐤀𐤁𐤔𐤋𐤌 𐤕𐤇𐤕 𐤉𐤅𐤀𐤁 𐤏𐤋 𐤄𐤑𐤁𐤀 𐤅𐤏𐤌𐤔𐤀 𐤁𐤍
𐤀𐤉𐤔 𐤅𐤔𐤌𐤅 𐤉𐤕𐤓𐤀 𐤄𐤉𐤔𐤓𐤀𐤋𐤉 𐤀𐤔𐤓 𐤁𐤀 𐤀𐤋 𐤀𐤁𐤉𐤂𐤋 𐤁𐤕 𐤍𐤇𐤔 𐤀𐤇𐤅𐤕
𐤑𐤓𐤅𐤉𐤄 𐤀𐤌 𐤉𐤅𐤀𐤁•
𐤊𐤅𐤅𐤉𐤇𐤍 𐤉𐤔𐤓𐤀𐤋 𐤅𐤀𐤁𐤔𐤋𐤌 𐤀𐤓𐤑 𐤄𐤂𐤋𐤏𐤃•
𐤊𐤆𐤅𐤉𐤄𐤉 𐤊𐤁𐤅𐤀 𐤃𐤅𐤃 𐤌𐤇𐤍𐤉𐤌𐤄 𐤅𐤔𐤁𐤉 𐤁𐤍 𐤍𐤇𐤔 𐤌𐤓𐤁𐤕 𐤁𐤍𐤉 𐤏𐤌𐤅𐤍
𐤅𐤌𐤊𐤉𐤓 𐤁𐤍 𐤏𐤌𐤉𐤀𐤋 𐤌𐤋𐤀 𐤃𐤁𐤓 𐤅𐤁𐤓𐤆𐤋𐤉 𐤄𐤂𐤋𐤏𐤃𐤉 𐤌𐤓𐤂𐤋𐤉𐤌•
𐤊𐤇𐤌𐤔𐤊𐤁 𐤅𐤎𐤐𐤅𐤕 𐤅𐤊𐤋𐤉 𐤉𐤅𐤑𐤓 𐤅𐤇𐤈𐤉𐤌 𐤅𐤔𐤏𐤓𐤉𐤌 𐤅𐤒𐤌𐤇 𐤅𐤒𐤋𐤉
𐤅𐤐𐤅𐤋 𐤅𐤏𐤃𐤔𐤉𐤌 𐤅𐤒𐤋𐤉•
𐤊𐤈𐤅𐤃𐤁𐤔 𐤅𐤇𐤌𐤀𐤄 𐤅𐤑𐤀𐤍 𐤅𐤔𐤐𐤅𐤕 𐤁𐤒𐤓 𐤄𐤂𐤉𐤔𐤅 𐤋𐤃𐤅𐤃 𐤅𐤋𐤏𐤌 𐤀𐤔𐤓
𐤀𐤕𐤅 𐤋𐤀𐤊𐤋 𐤊𐤉 𐤀𐤌𐤓𐤅 𐤄𐤏𐤌 𐤓𐤏𐤁 𐤅𐤏𐤉𐤐 𐤅𐤑𐤌𐤀 𐤁𐤌𐤃𐤁𐤓•

## 𐤐𐤓𐤒 𐤉𐤇

𐤀𐤅𐤉𐤐𐤒𐤃 𐤃𐤅𐤃 𐤀𐤕 𐤄𐤏𐤌 𐤀𐤔𐤓 𐤀𐤕𐤅 𐤅𐤉𐤔𐤌 𐤏𐤋𐤉𐤄𐤌 𐤔𐤓𐤉 𐤀𐤋𐤐𐤉𐤌
𐤅𐤔𐤓𐤉 𐤌𐤀𐤅𐤕•
𐤁𐤅𐤉𐤔𐤋𐤇 𐤃𐤅𐤃 𐤀𐤕 𐤄𐤏𐤌 𐤄𐤔𐤋𐤔𐤉𐤕 𐤁𐤉𐤃 𐤉𐤅𐤀𐤁 𐤅𐤄𐤔𐤋𐤔𐤉𐤕 𐤁𐤉𐤃
𐤀𐤁𐤉𐤔𐤉 𐤁𐤍 𐤑𐤓𐤅𐤉𐤄 𐤀𐤇𐤉 𐤉𐤅𐤀𐤁 𐤅𐤄𐤔𐤋𐤔𐤕 𐤁𐤉𐤃 𐤀𐤕𐤉 𐤄𐤂𐤕𐤉 𐤎
𐤅𐤉𐤀𐤌𐤓 𐤄𐤌𐤋𐤊 𐤀𐤋 𐤄𐤏𐤌 𐤉𐤑𐤀 𐤀𐤑𐤀 𐤂𐤌 𐤀𐤍𐤉 𐤏𐤌𐤊𐤌•
𐤂𐤅𐤉𐤀𐤌𐤓 𐤄𐤏𐤌 𐤋𐤀 𐤕𐤑𐤀 𐤊𐤉 𐤀𐤌 𐤍𐤎 𐤍𐤍𐤅𐤎 𐤋𐤀 𐤉𐤔𐤉𐤌𐤅 𐤀𐤋𐤉𐤍𐤅
𐤋𐤁 𐤅𐤀𐤌 𐤉𐤌𐤕𐤅 𐤇𐤑𐤉𐤍𐤅 𐤋𐤀 𐤉𐤔𐤉𐤌𐤅 𐤀𐤋𐤉𐤍𐤅 𐤋𐤁 𐤊𐤉 𐤏𐤕𐤄 𐤊𐤌𐤍𐤅

# 𐤔𐤌𐤅𐤀𐤋 𐤁

𐤏𐤔𐤓𐤄 𐤀𐤋𐤐𐤉𐤌 𐤅𐤏𐤕𐤄 𐤈𐤅𐤁 𐤊𐤉 𐤕𐤄𐤉𐤄 𐤋𐤍𐤅 𐤌𐤏𐤉𐤓 𐤋𐤏𐤆𐤉𐤓 [𐤋𐤏𐤆𐤅𐤓]•
𐤃𐤅𐤉𐤀𐤌𐤓 𐤀𐤋𐤉𐤄𐤌 𐤄𐤌𐤋𐤊 𐤀𐤔𐤓 𐤉𐤉𐤈𐤁 𐤁𐤏𐤉𐤍𐤉𐤊𐤌 𐤀𐤏𐤔𐤄 𐤅𐤉𐤏𐤌𐤃
𐤄𐤌𐤋𐤊 𐤀𐤋 𐤉𐤃 𐤄𐤔𐤏𐤓 𐤅𐤊𐤋 𐤄𐤏𐤌 𐤉𐤑𐤀𐤅 𐤋𐤌𐤀𐤅𐤕 𐤅𐤋𐤀𐤋𐤐𐤉𐤌•
𐤄𐤅𐤉𐤑𐤅 𐤄𐤌𐤋𐤊 𐤀𐤕 𐤉𐤅𐤀𐤁 𐤅𐤀𐤕 𐤀𐤁𐤉𐤔𐤉 𐤅𐤀𐤕 𐤀𐤕𐤉 𐤋𐤀𐤌𐤓 𐤋𐤀𐤈 𐤋𐤉
𐤋𐤍𐤏𐤓 𐤋𐤀𐤁𐤔𐤋𐤅𐤌 𐤅𐤊𐤋 𐤄𐤏𐤌 𐤔𐤌𐤏𐤅 𐤁𐤑𐤅𐤕 𐤄𐤌𐤋𐤊 𐤀𐤕 𐤊𐤋 𐤄𐤔𐤓𐤉𐤌 𐤏𐤋
𐤃𐤁𐤓 𐤀𐤁𐤔𐤋𐤅𐤌•
𐤅𐤅𐤉𐤑𐤀 𐤄𐤏𐤌 𐤄𐤔𐤃𐤄 𐤋𐤒𐤓𐤀𐤕 𐤉𐤔𐤓𐤀𐤋 𐤅𐤕𐤄𐤉 𐤄𐤌𐤋𐤇𐤌𐤄 𐤁𐤉𐤏𐤓
𐤀𐤐𐤓𐤉𐤌•
𐤆𐤅𐤉𐤍𐤂𐤐𐤅 𐤔𐤌 𐤏𐤌 𐤉𐤔𐤓𐤀𐤋 𐤋𐤐𐤍𐤉 𐤏𐤁𐤃𐤉 𐤃𐤅𐤃 𐤅𐤕𐤄𐤉 𐤔𐤌 𐤄𐤌𐤂𐤐𐤄
𐤂𐤃𐤅𐤋𐤄 𐤁𐤉𐤅𐤌 𐤄𐤄𐤅𐤀 𐤏𐤔𐤓𐤉𐤌 𐤀𐤋𐤐•
𐤇𐤅𐤕𐤄𐤉 𐤔𐤌 𐤄𐤌𐤋𐤇𐤌𐤄 𐤍𐤐𐤑𐤅𐤕 [𐤍𐤐𐤅𐤑𐤕] 𐤏𐤋 𐤐𐤍𐤉 𐤊𐤋 𐤄𐤀𐤓𐤑 𐤅𐤉𐤓𐤁
𐤄𐤉𐤏𐤓 𐤋𐤀𐤊𐤋 𐤁𐤏𐤌 𐤌𐤀𐤔𐤓 𐤀𐤊𐤋𐤄 𐤄𐤇𐤓𐤁 𐤁𐤉𐤅𐤌 𐤄𐤄𐤅𐤀•
𐤈𐤅𐤉𐤒𐤓𐤀 𐤀𐤁𐤔𐤋𐤅𐤌 𐤋𐤐𐤍𐤉 𐤏𐤁𐤃𐤉 𐤃𐤅𐤃 𐤅𐤀𐤁𐤔𐤋𐤅𐤌 𐤓𐤊𐤁 𐤏𐤋 𐤄𐤐𐤓𐤃
𐤅𐤉𐤁𐤀 𐤄𐤐𐤓𐤃 𐤕𐤇𐤕 𐤔𐤅𐤁𐤊 𐤄𐤀𐤋𐤄 𐤄𐤂𐤃𐤅𐤋𐤄 𐤅𐤉𐤇𐤆𐤒 𐤓𐤀𐤔𐤅 𐤁𐤀𐤋𐤄
𐤅𐤉𐤕𐤍 𐤁𐤉𐤍 𐤄𐤔𐤌𐤉𐤌 𐤅𐤁𐤉𐤍 𐤄𐤀𐤓𐤑 𐤅𐤄𐤐𐤓𐤃 𐤀𐤔𐤓 𐤕𐤇𐤕𐤉𐤅 𐤏𐤁𐤓•
𐤉𐤅𐤉𐤓𐤀 𐤀𐤉𐤔 𐤀𐤇𐤃 𐤅𐤉𐤂𐤃 𐤋𐤉𐤅𐤀𐤁 𐤅𐤉𐤀𐤌𐤓 𐤄𐤍𐤄 𐤓𐤀𐤉𐤕𐤉 𐤀𐤕
𐤀𐤁𐤔𐤋𐤌 𐤕𐤋𐤅𐤉 𐤁𐤀𐤋𐤄•
𐤉𐤀𐤅𐤉𐤀𐤌𐤓 𐤉𐤅𐤀𐤁 𐤋𐤀𐤉𐤔 𐤄𐤌𐤂𐤉𐤃 𐤋𐤅 𐤅𐤄𐤍𐤄 𐤓𐤀𐤉𐤕 𐤅𐤌𐤃𐤅𐤏 𐤋𐤀
𐤄𐤊𐤉𐤕𐤅 𐤔𐤌 𐤀𐤓𐤑𐤄 𐤅𐤏𐤋𐤉 𐤋𐤕𐤕 𐤋𐤊 𐤏𐤔𐤓𐤄 𐤊𐤎𐤐 𐤅𐤇𐤂𐤓𐤄 𐤀𐤇𐤕•
𐤉𐤁𐤅𐤉𐤀𐤌𐤓 𐤄𐤀𐤉𐤔 𐤀𐤋 𐤉𐤅𐤀𐤁 𐤅𐤋𐤀 [𐤅𐤋𐤅] 𐤀𐤍𐤊𐤉 𐤔𐤒𐤋 𐤏𐤋 𐤊𐤐𐤉
𐤀𐤋𐤐 𐤊𐤎𐤐 𐤋𐤀 𐤀𐤔𐤋𐤇 𐤉𐤃𐤉 𐤀𐤋 𐤁𐤍 𐤄𐤌𐤋𐤊 𐤊𐤉 𐤁𐤀𐤆𐤍𐤉𐤍𐤅 𐤑𐤅𐤄
𐤄𐤌𐤋𐤊 𐤀𐤕𐤊 𐤅𐤀𐤕 𐤀𐤁𐤉𐤔𐤉 𐤅𐤀𐤕 𐤀𐤕𐤉 𐤋𐤀𐤌𐤓 𐤔𐤌𐤓𐤅 𐤌𐤉 𐤁𐤍𐤏𐤓
𐤁𐤀𐤁𐤔𐤋𐤅𐤌•
𐤉𐤂𐤀𐤅 𐤏𐤔𐤉𐤕𐤉 𐤁𐤍𐤐𐤔𐤅 [𐤁𐤍𐤐𐤔𐤉] 𐤔𐤒𐤓 𐤅𐤊𐤋 𐤃𐤁𐤓 𐤋𐤀 𐤉𐤊𐤇𐤃 𐤌𐤍
𐤄𐤌𐤋𐤊 𐤅𐤀𐤕𐤄 𐤕𐤕𐤉𐤑𐤁 𐤌𐤍𐤂𐤃•
𐤉𐤃𐤅𐤉𐤀𐤌𐤓 𐤉𐤅𐤀𐤁 𐤋𐤀 𐤊𐤍 𐤀𐤇𐤉𐤋𐤄 𐤋𐤐𐤍𐤉𐤊 𐤅𐤉𐤒𐤇 𐤔𐤋𐤔𐤄 𐤔𐤁𐤈𐤉𐤌
𐤁𐤊𐤐𐤅 𐤅𐤉𐤕𐤒𐤏𐤌 𐤁𐤋𐤁 𐤀𐤁𐤔𐤋𐤅𐤌 𐤏𐤅𐤃𐤍𐤅 𐤇𐤉 𐤁𐤋𐤁 𐤄𐤀𐤋𐤄•
𐤈𐤅𐤅𐤉𐤎𐤁𐤅 𐤏𐤔𐤓𐤄 𐤍𐤏𐤓𐤉𐤌 𐤍𐤔𐤀𐤉 𐤊𐤋𐤉 𐤉𐤅𐤀𐤁 𐤅𐤉𐤊𐤅 𐤀𐤕 𐤀𐤁𐤔𐤋𐤅𐤌
𐤅𐤉𐤌𐤕𐤄𐤅•
𐤈𐤆𐤅𐤉𐤕𐤒𐤏 𐤉𐤅𐤀𐤁 𐤁𐤔𐤐𐤓 𐤅𐤉𐤔𐤁 𐤄𐤏𐤌 𐤌𐤓𐤃𐤐 𐤀𐤇𐤓𐤉 𐤉𐤔𐤓𐤀𐤋 𐤊𐤉 𐤇𐤔𐤊
𐤉𐤅𐤀𐤁 𐤀𐤕 𐤄𐤏𐤌•
𐤉𐤆𐤅𐤉𐤒𐤇𐤅 𐤀𐤕 𐤀𐤁𐤔𐤋𐤅𐤌 𐤅𐤉𐤔𐤋𐤉𐤊𐤅 𐤀𐤕𐤅 𐤁𐤉𐤏𐤓 𐤀𐤋 𐤄𐤐𐤇𐤕 𐤄𐤂𐤃𐤅𐤋
𐤅𐤉𐤑𐤁𐤅 𐤏𐤋𐤉𐤅 𐤂𐤋 𐤀𐤁𐤍𐤉𐤌 𐤂𐤃𐤅𐤋 𐤌𐤀𐤃 𐤅𐤊𐤋 𐤉𐤔𐤓𐤀𐤋 𐤍𐤎𐤅 𐤀𐤉𐤔

𐤋𐤀𐤄𐤋𐤅 [𐤋𐤀𐤄𐤋𐤉𐤅]•
𐤉𐤇 𐤅𐤀𐤁𐤔𐤋𐤌 𐤋𐤒𐤇 𐤅𐤉𐤑𐤁 𐤋𐤅 𐤁𐤇𐤉𐤅 [𐤁𐤇𐤉𐤉𐤅] 𐤀𐤕 𐤌𐤑𐤁𐤕 𐤀𐤔𐤓 𐤁𐤏𐤌𐤒
𐤄𐤌𐤋𐤊 𐤊𐤉 𐤀𐤌𐤓 𐤀𐤉𐤍 𐤋𐤉 𐤁𐤍 𐤁𐤏𐤁𐤅𐤓 𐤄𐤆𐤊𐤉𐤓 𐤔𐤌𐤉 𐤅𐤉𐤒𐤓𐤀 𐤋𐤌𐤑𐤁𐤕
𐤏𐤋 𐤔𐤌𐤅 𐤅𐤉𐤒𐤓𐤀 𐤋𐤄 𐤉𐤃 𐤀𐤁𐤔𐤋𐤌 𐤏𐤃 𐤄𐤉𐤅𐤌 𐤄𐤆𐤄•
𐤉𐤈 𐤅𐤀𐤇𐤉𐤌𐤏𐤑 𐤁𐤍 𐤑𐤃𐤅𐤒 𐤀𐤌𐤓 𐤀𐤓𐤅𐤑𐤄 𐤍𐤀 𐤅𐤀𐤁𐤔𐤓𐤄 𐤀𐤕 𐤄𐤌𐤋𐤊 𐤊𐤉
𐤔𐤐𐤈𐤅 𐤉𐤄𐤅𐤄 𐤌𐤉𐤃 𐤀𐤉𐤁𐤉𐤅•
𐤊 𐤅𐤉𐤀𐤌𐤓 𐤋𐤅 𐤉𐤅𐤀𐤁 𐤋𐤀 𐤀𐤉𐤔 𐤁𐤔𐤓𐤄 𐤀𐤕𐤄 𐤄𐤉𐤅𐤌 𐤄𐤆𐤄 𐤅𐤁𐤔𐤓𐤕
𐤁𐤉𐤅𐤌 𐤀𐤇𐤓 𐤅𐤄𐤉𐤅𐤌 𐤄𐤆𐤄 𐤋𐤀 𐤕𐤁𐤔𐤓 𐤊𐤉 𐤏𐤋 (𐤒𐤓𐤉 𐤅𐤋𐤀 𐤊𐤕𐤉𐤁•
) [𐤊𐤍] 𐤁𐤍 𐤄𐤌𐤋𐤊 𐤌𐤕•
𐤊𐤀 𐤅𐤉𐤀𐤌𐤓 𐤉𐤅𐤀𐤁 𐤋𐤊𐤅𐤔𐤉 𐤋𐤊 𐤄𐤂𐤃 𐤋𐤌𐤋𐤊 𐤀𐤔𐤓 𐤓𐤀𐤉𐤕𐤄 𐤅𐤉𐤔𐤕𐤇𐤅
𐤊𐤅𐤔𐤉 𐤋𐤉𐤅𐤀𐤁 𐤅𐤉𐤓𐤑•
𐤊𐤁 𐤅𐤉𐤎𐤐 𐤏𐤅𐤃 𐤀𐤇𐤉𐤌𐤏𐤑 𐤁𐤍 𐤑𐤃𐤅𐤒 𐤅𐤉𐤀𐤌𐤓 𐤀𐤋 𐤉𐤅𐤀𐤁 𐤅𐤉𐤄𐤉 𐤌𐤄
𐤀𐤓𐤑𐤄 𐤍𐤀 𐤂𐤌 𐤀𐤍𐤉 𐤀𐤇𐤓𐤉 𐤄𐤊𐤅𐤔𐤉 𐤅𐤉𐤀𐤌𐤓 𐤉𐤅𐤀𐤁 𐤋𐤌𐤄 𐤆𐤄 𐤀𐤕𐤄
𐤓𐤑 𐤁𐤍𐤉 𐤅𐤋𐤊𐤄 𐤀𐤉𐤍 𐤁𐤔𐤅𐤓𐤄 𐤌𐤑𐤀𐤕•
𐤊𐤂 𐤅𐤉𐤄𐤉 𐤌𐤄 𐤀𐤓𐤅𐤑 𐤅𐤉𐤀𐤌𐤓 𐤋𐤅 𐤓𐤅𐤑 𐤅𐤉𐤓𐤑 𐤀𐤇𐤉𐤌𐤏𐤑 𐤃𐤓𐤊 𐤄𐤊𐤊𐤓
𐤅𐤉𐤏𐤁𐤓 𐤀𐤕 𐤄𐤊𐤅𐤔𐤉•
𐤊𐤃 𐤅𐤃𐤅𐤃 𐤉𐤅𐤔𐤁 𐤁𐤉𐤍 𐤔𐤍𐤉 𐤄𐤔𐤏𐤓𐤉𐤌 𐤅𐤉𐤋𐤊 𐤄𐤑𐤐𐤄 𐤀𐤋 𐤂𐤂 𐤄𐤔𐤏𐤓
𐤀𐤋 𐤄𐤇𐤅𐤌𐤄 𐤅𐤉𐤔𐤀 𐤀𐤕 𐤏𐤉𐤍𐤉𐤅 𐤅𐤉𐤓𐤀 𐤅𐤄𐤍𐤄 𐤀𐤉𐤔 𐤓𐤑 𐤋𐤁𐤃𐤅•
𐤊𐤄 𐤅𐤉𐤒𐤓𐤀 𐤄𐤑𐤐𐤄 𐤅𐤉𐤂𐤃 𐤋𐤌𐤋𐤊 𐤅𐤉𐤀𐤌𐤓 𐤄𐤌𐤋𐤊 𐤀𐤌 𐤋𐤁𐤃𐤅 𐤁𐤔𐤅𐤓𐤄
𐤁𐤐𐤉𐤅 𐤅𐤉𐤋𐤊 𐤄𐤋𐤅𐤊 𐤅𐤒𐤓𐤁•
𐤊𐤅 𐤅𐤉𐤓𐤀 𐤄𐤑𐤐𐤄 𐤀𐤉𐤔 𐤀𐤇𐤓 𐤓𐤑 𐤅𐤉𐤒𐤓𐤀 𐤄𐤑𐤐𐤄 𐤀𐤋 𐤄𐤔𐤏𐤓 𐤅𐤉𐤀𐤌𐤓
𐤄𐤍𐤄 𐤀𐤉𐤔 𐤓𐤑 𐤋𐤁𐤃𐤅 𐤅𐤉𐤀𐤌𐤓 𐤄𐤌𐤋𐤊 𐤂𐤌 𐤆𐤄 𐤌𐤁𐤔𐤓•
𐤊𐤆 𐤅𐤉𐤀𐤌𐤓 𐤄𐤑𐤐𐤄 𐤀𐤍𐤉 𐤓𐤀𐤄 𐤀𐤕 𐤌𐤓𐤅𐤑𐤕 𐤄𐤓𐤀𐤔𐤅𐤍 𐤊𐤌𐤓𐤑𐤕
𐤀𐤇𐤉𐤌𐤏𐤑 𐤁𐤍 𐤑𐤃𐤅𐤒 𐤅𐤉𐤀𐤌𐤓 𐤄𐤌𐤋𐤊 𐤀𐤉𐤔 𐤈𐤅𐤁 𐤆𐤄 𐤅𐤀𐤋 𐤁𐤔𐤅𐤓𐤄
𐤈𐤅𐤁𐤄 𐤉𐤁𐤅𐤀•
𐤊𐤇 𐤅𐤉𐤒𐤓𐤀 𐤀𐤇𐤉𐤌𐤏𐤑 𐤅𐤉𐤀𐤌𐤓 𐤀𐤋 𐤄𐤌𐤋𐤊 𐤔𐤋𐤅𐤌 𐤅𐤉𐤔𐤕𐤇𐤅 𐤋𐤌𐤋𐤊
𐤋𐤀𐤐𐤉𐤅 𐤀𐤓𐤑𐤄 𐤎 𐤅𐤉𐤀𐤌𐤓 𐤁𐤓𐤅𐤊 𐤉𐤄𐤅𐤄 𐤀𐤋𐤄𐤉𐤊 𐤀𐤔𐤓 𐤎𐤂𐤓 𐤀𐤕
𐤄𐤀𐤍𐤔𐤉𐤌 𐤀𐤔𐤓 𐤍𐤔𐤀𐤅 𐤀𐤕 𐤉𐤃𐤌 𐤁𐤀𐤃𐤍𐤉 𐤄𐤌𐤋𐤊•
𐤊𐤈 𐤅𐤉𐤀𐤌𐤓 𐤄𐤌𐤋𐤊 𐤔𐤋𐤅𐤌 𐤋𐤍𐤏𐤓 𐤋𐤀𐤁𐤔𐤋𐤅𐤌 𐤅𐤉𐤀𐤌𐤓 𐤀𐤇𐤉𐤌𐤏𐤑
𐤓𐤀𐤉𐤕𐤉 𐤄𐤄𐤌𐤅𐤍 𐤄𐤂𐤃𐤅𐤋 𐤋𐤔𐤋𐤇 𐤀𐤕 𐤏𐤁𐤃 𐤄𐤌𐤋𐤊 𐤉𐤅𐤀𐤁 𐤅𐤀𐤕 𐤏𐤁𐤃𐤊
𐤅𐤋𐤀 𐤉𐤃𐤏𐤕𐤉 𐤌𐤄•
𐤋 𐤅𐤉𐤀𐤌𐤓 𐤄𐤌𐤋𐤊 𐤎𐤁 𐤄𐤕𐤉𐤑𐤁 𐤊𐤄 𐤅𐤉𐤎𐤁 𐤅𐤉𐤏𐤌𐤃•
𐤋𐤀 𐤅𐤄𐤍𐤄 𐤄𐤊𐤅𐤔𐤉 𐤁𐤀 𐤅𐤉𐤀𐤌𐤓 𐤄𐤊𐤅𐤔𐤉 𐤉𐤕𐤁𐤔𐤓 𐤀𐤃𐤍𐤉 𐤄𐤌𐤋𐤊 𐤊𐤉

𐤔𐤐𐤈𐤊 𐤉𐤄𐤅𐤄 𐤄𐤉𐤅𐤌 𐤌𐤉𐤃 𐤊𐤋 𐤄𐤒𐤌𐤉𐤌 𐤏𐤋𐤉𐤊.

𐤋𐤁𐤅𐤉𐤀𐤌𐤓 𐤄𐤌𐤋𐤊 𐤀𐤋 𐤄𐤊𐤅𐤔𐤉 𐤄𐤔𐤋𐤅𐤌 𐤋𐤍𐤏𐤓 𐤋𐤀𐤁𐤔𐤋𐤅𐤌 𐤅𐤉𐤀𐤌𐤓 𐤄𐤊𐤅𐤔𐤉 𐤉𐤄𐤉𐤅 𐤊𐤍𐤏𐤓 𐤀𐤉𐤁𐤉 𐤀𐤃𐤍𐤉 𐤄𐤌𐤋𐤊 𐤅𐤊𐤋 𐤀𐤔𐤓 𐤒𐤌𐤅 𐤏𐤋𐤉𐤊 𐤋𐤓𐤏𐤄.

𐤐𐤓𐤒 𐤉𐤈

𐤀𐤅𐤉𐤓𐤂𐤆 𐤄𐤌𐤋𐤊 𐤅𐤉𐤏𐤋 𐤏𐤋 𐤏𐤋𐤉𐤕 𐤄𐤔𐤏𐤓 𐤅𐤉𐤁𐤊 𐤅𐤊𐤄 𐤀𐤌𐤓 𐤁𐤋𐤊𐤕𐤅 𐤁𐤍𐤉 𐤀𐤁𐤔𐤋𐤅𐤌 𐤁𐤍𐤉 𐤁𐤍𐤉 𐤀𐤁𐤔𐤋𐤅𐤌 𐤌𐤉 𐤉𐤕𐤍 𐤌𐤅𐤕𐤉 𐤀𐤍𐤉 𐤕𐤇𐤕𐤉𐤊 𐤀𐤁𐤔𐤋𐤅𐤌 𐤁𐤍𐤉 𐤁𐤍𐤉.

𐤁𐤅𐤉𐤂𐤃 𐤋𐤉𐤅𐤀𐤁 𐤄𐤍𐤄 𐤄𐤌𐤋𐤊 𐤁𐤊𐤄 𐤅𐤉𐤕𐤀𐤁𐤋 𐤏𐤋 𐤀𐤁𐤔𐤋𐤅𐤌.

𐤂𐤅𐤕𐤄𐤉 𐤄𐤕𐤔𐤏𐤄 𐤁𐤉𐤅𐤌 𐤄𐤄𐤅𐤀 𐤋𐤀𐤁𐤋 𐤋𐤊𐤋 𐤄𐤏𐤌 𐤊𐤉 𐤔𐤌𐤏 𐤄𐤏𐤌 𐤁𐤉𐤅𐤌 𐤄𐤄𐤅𐤀 𐤋𐤀𐤌𐤓 𐤍𐤏𐤑𐤁 𐤄𐤌𐤋𐤊 𐤏𐤋 𐤁𐤍𐤅.

𐤃𐤅𐤉𐤕𐤂𐤍𐤁 𐤄𐤏𐤌 𐤁𐤉𐤅𐤌 𐤄𐤄𐤅𐤀 𐤋𐤁𐤅𐤀 𐤄𐤏𐤉𐤓 𐤊𐤀𐤔𐤓 𐤉𐤕𐤂𐤍𐤁 𐤄𐤏𐤌 𐤄𐤍𐤊𐤋𐤌𐤉𐤌 𐤁𐤍𐤅𐤎𐤌 𐤁𐤌𐤋𐤇𐤌𐤄.

𐤄𐤅𐤄𐤌𐤋𐤊 𐤋𐤀𐤈 𐤀𐤕 𐤐𐤍𐤉𐤅 𐤅𐤉𐤆𐤏𐤒 𐤄𐤌𐤋𐤊 𐤒𐤅𐤋 𐤂𐤃𐤅𐤋 𐤁𐤍𐤉 𐤀𐤁𐤔𐤋𐤅𐤌 𐤀𐤁𐤔𐤋𐤅𐤌 𐤁𐤍𐤉 𐤁𐤍𐤉.

𐤅𐤅𐤉𐤁𐤀 𐤉𐤅𐤀𐤁 𐤀𐤋 𐤄𐤌𐤋𐤊 𐤄𐤁𐤉𐤕 𐤅𐤉𐤀𐤌𐤓 𐤄𐤁𐤔𐤕 𐤄𐤉𐤅𐤌 𐤀𐤕 𐤐𐤍𐤉 𐤊𐤋 𐤏𐤁𐤃𐤉𐤊 𐤄𐤌𐤌𐤋𐤈𐤉𐤌 𐤀𐤕 𐤍𐤐𐤔𐤊 𐤄𐤉𐤅𐤌 𐤅𐤀𐤕 𐤍𐤐𐤔 𐤁𐤍𐤉𐤊 𐤅𐤁𐤍𐤕𐤉𐤊 𐤅𐤍𐤐𐤔 𐤍𐤔𐤉𐤊 𐤅𐤍𐤐𐤔 𐤐𐤋𐤂𐤔𐤉𐤊.

𐤆𐤋𐤀𐤄𐤁𐤄 𐤀𐤕 𐤔𐤍𐤀𐤉𐤊 𐤅𐤋𐤔𐤍𐤀 𐤀𐤕 𐤀𐤄𐤁𐤉𐤊 𐤊𐤉 𐤄𐤂𐤃𐤕 𐤄𐤉𐤅𐤌 𐤊𐤉 𐤀𐤉𐤍 𐤋𐤊 𐤔𐤓𐤉𐤌 𐤅𐤏𐤁𐤃𐤉𐤌 𐤊𐤉 𐤉𐤃𐤏𐤕𐤉 𐤄𐤉𐤅𐤌 𐤊𐤉 𐤋𐤀 [𐤋𐤅] 𐤀𐤁𐤔𐤋𐤅𐤌 𐤇𐤉 𐤅𐤊𐤋𐤍𐤅 𐤄𐤉𐤅𐤌 𐤌𐤕𐤉𐤌 𐤊𐤉 𐤀𐤆 𐤉𐤔𐤓 𐤁𐤏𐤉𐤍𐤉𐤊.

𐤇𐤅𐤏𐤕𐤄 𐤒𐤅𐤌 𐤑𐤀 𐤅𐤃𐤁𐤓 𐤏𐤋 𐤋𐤁 𐤏𐤁𐤃𐤉𐤊 𐤊𐤉 𐤁𐤉𐤄𐤅𐤄 𐤍𐤔𐤁𐤏𐤕𐤉 𐤊𐤉 𐤀𐤉𐤍𐤊 𐤉𐤅𐤑𐤀 𐤀𐤌 𐤉𐤋𐤉𐤍 𐤀𐤉𐤔 𐤀𐤕𐤊 𐤄𐤋𐤉𐤋𐤄 𐤅𐤓𐤏𐤄 𐤋𐤊 𐤆𐤀𐤕 𐤌𐤊𐤋 𐤄𐤓𐤏𐤄 𐤀𐤔𐤓 𐤁𐤀𐤄 𐤏𐤋𐤉𐤊 𐤌𐤍𐤏𐤓𐤉𐤊 𐤏𐤃 𐤏𐤕𐤄.

𐤈𐤅𐤉𐤒𐤌 𐤄𐤌𐤋𐤊 𐤅𐤉𐤔𐤁 𐤁𐤔𐤏𐤓 𐤅𐤋𐤊𐤋 𐤄𐤏𐤌 𐤄𐤂𐤉𐤃𐤅 𐤋𐤀𐤌𐤓 𐤄𐤍𐤄 𐤄𐤌𐤋𐤊 𐤉𐤅𐤔𐤁 𐤁𐤔𐤏𐤓 𐤅𐤉𐤁𐤀 𐤊𐤋 𐤄𐤏𐤌 𐤋𐤐𐤍𐤉 𐤄𐤌𐤋𐤊 𐤅𐤉𐤔𐤓𐤀𐤋 𐤍𐤎 𐤀𐤉𐤔 𐤋𐤀𐤄𐤋𐤉𐤅.

𐤉𐤅𐤉𐤄𐤉 𐤊𐤋 𐤄𐤏𐤌 𐤍𐤃𐤅𐤍 𐤁𐤊𐤋 𐤔𐤁𐤈𐤉 𐤉𐤔𐤓𐤀𐤋 𐤋𐤀𐤌𐤓 𐤄𐤌𐤋𐤊 𐤄𐤑𐤉𐤋𐤍𐤅 𐤌𐤊𐤐 𐤀𐤉𐤁𐤉𐤍𐤅 𐤅𐤄𐤅𐤀 𐤌𐤋𐤈𐤍𐤅 𐤌𐤊𐤐 𐤐𐤋𐤔𐤕𐤉𐤌 𐤅𐤏𐤕𐤄 𐤁𐤓𐤇 𐤌𐤍 𐤄𐤀𐤓𐤑 𐤌𐤏𐤋 𐤀𐤁𐤔𐤋𐤅𐤌.

𐤉𐤀𐤅𐤀𐤁𐤔𐤋𐤅𐤌 𐤀𐤔𐤓 𐤌𐤔𐤇𐤍𐤅 𐤏𐤋𐤉𐤍𐤅 𐤌𐤕 𐤁𐤌𐤋𐤇𐤌𐤄 𐤅𐤏𐤕𐤄 𐤋𐤌𐤄 𐤀𐤕𐤌 𐤌𐤇𐤓𐤔𐤉𐤌 𐤋𐤄𐤔𐤉𐤁 𐤀𐤕 𐤄𐤌𐤋𐤊.

יב והמלך דוד שלח אל צדוק ואל אביתר הכהנים לאמר
דברו אל זקני יהודה לאמר למה תהיו אחרנים להשיב את
המלך אל ביתו ודבר כל ישראל בא אל המלך אל ביתו׃
יג אחי אתם עצמי ובשרי אתם ולמה תהיו אחרנים להשיב
את המלך׃
יד ולעמשא תאמרו הלוא עצמי ובשרי אתה כה יעשה לי
אלהים וכה יוסיף אם לא שר צבא תהיה לפני כל הימים
תחת יואב׃
טו ויט את לבב כל איש יהודה כאיש אחד וישלחו אל
המלך שוב אתה וכל עבדיך׃
טז וישב המלך ויבא עד הירדן ויהודה בא הגלגלה ללכת
לקראת המלך להעביר את המלך את הירדן׃
יז וימהר שמעי בן גרא בן הימיני אשר מבחורים וירד
עם איש יהודה לקראת המלך דוד׃
יח ואלף איש עמו מבנימן וציבא נער בית שאול וחמשת
עשר בניו ועשרים עבדיו אתו וצלחו הירדן לפני המלך׃
יט ועברה העברה לעביר את בית המלך ולעשות הטוב בעינו
[בעיניו] ושמעי בן גרא נפל לפני המלך בעברו בירדן׃
כ ויאמר אל המלך אל יחשב לי אדני עון ואל תזכר את
אשר העוה עבדך ביום אשר יצא אדני המלך מירושלם
לשום המלך אל לבו׃
כא כי ידע עבדך כי אני חטאתי והנה באתי היום ראשון
לכל בית יוסף לרדת לקראת אדני המלך׃
כב ויען אבישי בן צרויה ויאמר התחת זאת לא יומת
שמעי כי קלל את משיח יהוה׃
כג ויאמר דוד מה לי ולכם בני צרויה כי תהיו לי היום
לשטן היום יומת איש בישראל כי הלוא ידעתי כי היום
אני מלך על ישראל׃
כד ויאמר המלך אל שמעי לא תמות וישבע לו המלך׃
כה ומפבשת בן שאול ירד לקראת המלך ולא עשה רגליו ולא
עשה שפמו ואת בגדיו לא כבס למן היום לכת המלך עד
היום אשר בא בשלום׃
כו ויהי כי בא ירושלם לקראת המלך ויאמר לו המלך

𐤋𐤌𐤄 𐤋𐤀 𐤄𐤋𐤊𐤕 𐤏𐤌𐤉 𐤌𐤐𐤉𐤁𐤔𐤕.
𐤊𐤆 𐤅𐤉𐤀𐤌𐤓 𐤀𐤃𐤍𐤉 𐤄𐤌𐤋𐤊 𐤏𐤁𐤃𐤉 𐤓𐤌𐤍𐤉 𐤊𐤉 𐤀𐤌𐤓 𐤏𐤁𐤃𐤊 𐤀𐤇𐤁𐤔𐤄 𐤋𐤉
𐤄𐤇𐤌𐤅𐤓 𐤅𐤀𐤓𐤊𐤁 𐤏𐤋𐤉𐤄 𐤅𐤀𐤋𐤊 𐤀𐤕 𐤄𐤌𐤋𐤊 𐤊𐤉 𐤐𐤎𐤇 𐤏𐤁𐤃𐤊.
𐤊𐤇 𐤅𐤉𐤓𐤂𐤋 𐤁𐤏𐤁𐤃𐤊 𐤀𐤋 𐤀𐤃𐤍𐤉 𐤄𐤌𐤋𐤊 𐤅𐤀𐤃𐤍𐤉 𐤄𐤌𐤋𐤊 𐤊𐤌𐤋𐤀𐤊
𐤄𐤀𐤋𐤄𐤉𐤌 𐤅𐤏𐤔𐤄 𐤄𐤈𐤅𐤁 𐤁𐤏𐤉𐤍𐤉𐤊.
𐤊𐤈 𐤊𐤉 𐤋𐤀 𐤄𐤉𐤄 𐤊𐤋 𐤁𐤉𐤕 𐤀𐤁𐤉 𐤊𐤉 𐤀𐤌 𐤀𐤍𐤔𐤉 𐤌𐤅𐤕 𐤋𐤀𐤃𐤍𐤉
𐤄𐤌𐤋𐤊 𐤅𐤕𐤔𐤕 𐤀𐤕 𐤏𐤁𐤃𐤊 𐤁𐤀𐤊𐤋𐤉 𐤔𐤋𐤇𐤍𐤊 𐤅𐤌𐤄 𐤉𐤔 𐤋𐤉 𐤏𐤅𐤃 𐤑𐤃𐤒𐤄
𐤅𐤋𐤆𐤏𐤒 𐤏𐤅𐤃 𐤀𐤋 𐤄𐤌𐤋𐤊.
𐤋 𐤅𐤉𐤀𐤌𐤓 𐤋𐤅 𐤄𐤌𐤋𐤊 𐤋𐤌𐤄 𐤕𐤃𐤁𐤓 𐤏𐤅𐤃 𐤃𐤁𐤓𐤉𐤊 𐤀𐤌𐤓𐤕𐤉 𐤀𐤕𐤄 𐤅𐤑𐤉𐤁𐤀
𐤕𐤇𐤋𐤒𐤅 𐤀𐤕 𐤄𐤔𐤃𐤄.
𐤋𐤀 𐤅𐤉𐤀𐤌𐤓 𐤌𐤐𐤉𐤁𐤔𐤕 𐤀𐤋 𐤄𐤌𐤋𐤊 𐤂𐤌 𐤀𐤕 𐤄𐤊𐤋 𐤉𐤒𐤇 𐤀𐤇𐤓𐤉 𐤀𐤔𐤓 𐤁𐤀
𐤀𐤃𐤍𐤉 𐤄𐤌𐤋𐤊 𐤁𐤔𐤋𐤅𐤌 𐤀𐤋 𐤁𐤉𐤕𐤅.
𐤋𐤁 𐤅𐤁𐤓𐤆𐤋𐤉 𐤄𐤂𐤋𐤏𐤃𐤉 𐤉𐤓𐤃 𐤌𐤓𐤂𐤋𐤉𐤌 𐤅𐤉𐤏𐤁𐤓 𐤀𐤕 𐤄𐤌𐤋𐤊 𐤄𐤉𐤓𐤃𐤍
𐤋𐤔𐤋𐤇𐤅 𐤀𐤕 𐤁𐤉𐤓𐤃𐤍 [𐤄𐤉𐤓𐤃𐤍].
𐤋𐤂 𐤅𐤁𐤓𐤆𐤋𐤉 𐤆𐤒𐤍 𐤌𐤀𐤃 𐤁𐤍 𐤔𐤌𐤍𐤉𐤌 𐤔𐤍𐤄 𐤅𐤄𐤅𐤀 𐤊𐤋𐤊𐤋 𐤀𐤕 𐤄𐤌𐤋𐤊
𐤁𐤔𐤉𐤁𐤕𐤅 𐤁𐤌𐤇𐤍𐤉𐤌 𐤊𐤉 𐤀𐤉𐤔 𐤂𐤃𐤅𐤋 𐤄𐤅𐤀 𐤌𐤀𐤃.
𐤋𐤃 𐤅𐤉𐤀𐤌𐤓 𐤄𐤌𐤋𐤊 𐤀𐤋 𐤁𐤓𐤆𐤋𐤉 𐤀𐤕𐤄 𐤏𐤁𐤓 𐤀𐤕𐤉 𐤅𐤊𐤋𐤊𐤋𐤕𐤉 𐤀𐤕𐤊
𐤏𐤌𐤃𐤉 𐤁𐤉𐤓𐤅𐤔𐤋𐤌.
𐤋𐤄 𐤅𐤉𐤀𐤌𐤓 𐤁𐤓𐤆𐤋𐤉 𐤀𐤋 𐤄𐤌𐤋𐤊 𐤊𐤌𐤄 𐤉𐤌𐤉 𐤔𐤍𐤉 𐤇𐤉𐤉 𐤊𐤉 𐤀𐤏𐤋𐤄
𐤀𐤕 𐤄𐤌𐤋𐤊 𐤉𐤓𐤅𐤔𐤋𐤌.
𐤋𐤅 𐤁𐤍 𐤔𐤌𐤍𐤉𐤌 𐤔𐤍𐤄 𐤀𐤍𐤊𐤉 𐤄𐤉𐤅𐤌 𐤄𐤀𐤃𐤏 𐤁𐤉𐤍 𐤈𐤅𐤁 𐤋𐤓𐤏 𐤀𐤌
𐤉𐤈𐤏𐤌 𐤏𐤁𐤃𐤊 𐤀𐤕 𐤀𐤔𐤓 𐤀𐤊𐤋 𐤅𐤀𐤕 𐤀𐤔𐤓 𐤀𐤔𐤕𐤄 𐤀𐤌 𐤀𐤔𐤌𐤏 𐤏𐤅𐤃 𐤁𐤒𐤅𐤋
𐤔𐤓𐤉𐤌 𐤅𐤔𐤓𐤅𐤕 𐤅𐤋𐤌𐤄 𐤉𐤄𐤉𐤄 𐤏𐤁𐤃𐤊 𐤏𐤅𐤃 𐤋𐤌𐤔𐤀 𐤀𐤋 𐤀𐤃𐤍𐤉 𐤄𐤌𐤋𐤊.
𐤋𐤆 𐤊𐤌𐤏𐤈 𐤉𐤏𐤁𐤓 𐤏𐤁𐤃𐤊 𐤀𐤕 𐤄𐤉𐤓𐤃𐤍 𐤀𐤕 𐤄𐤌𐤋𐤊 𐤅𐤋𐤌𐤄 𐤉𐤂𐤌𐤋𐤍𐤉
𐤄𐤌𐤋𐤊 𐤄𐤂𐤌𐤅𐤋𐤄 𐤄𐤆𐤀𐤕.
𐤋𐤇 𐤉𐤔𐤁 𐤍𐤀 𐤏𐤁𐤃𐤊 𐤅𐤀𐤌𐤕 𐤁𐤏𐤉𐤓𐤉 𐤏𐤌 𐤒𐤁𐤓 𐤀𐤁𐤉 𐤅𐤀𐤌𐤉 𐤅𐤄𐤍𐤄 𐤏𐤁𐤃𐤊
𐤊𐤌𐤄𐤌 𐤉𐤏𐤁𐤓 𐤏𐤌 𐤀𐤃𐤍𐤉 𐤄𐤌𐤋𐤊 𐤅𐤏𐤔𐤄 𐤋𐤅 𐤀𐤕 𐤀𐤔𐤓 𐤈𐤅𐤁 𐤁𐤏𐤉𐤍𐤉𐤊.
𐤋𐤈 𐤅𐤉𐤀𐤌𐤓 𐤄𐤌𐤋𐤊 𐤀𐤕𐤉 𐤉𐤏𐤁𐤓 𐤊𐤌𐤄𐤌 𐤅𐤀𐤍𐤉 𐤀𐤏𐤔𐤄 𐤋𐤅 𐤀𐤕 𐤄𐤈𐤅𐤁
𐤁𐤏𐤉𐤍𐤉𐤊 𐤅𐤊𐤋 𐤀𐤔𐤓 𐤕𐤁𐤇𐤓 𐤏𐤋𐤉 𐤀𐤏𐤔𐤄 𐤋𐤊.
𐤌 𐤅𐤉𐤏𐤁𐤓 𐤊𐤋 𐤄𐤏𐤌 𐤀𐤕 𐤄𐤉𐤓𐤃𐤍 𐤅𐤄𐤌𐤋𐤊 𐤏𐤁𐤓 𐤅𐤉𐤔𐤒 𐤄𐤌𐤋𐤊 𐤋𐤁𐤓𐤆𐤋𐤉
𐤅𐤉𐤁𐤓𐤊𐤄𐤅 𐤅𐤉𐤔𐤁 𐤋𐤌𐤒𐤌𐤅.
𐤌𐤀 𐤅𐤉𐤏𐤁𐤓 𐤄𐤌𐤋𐤊 𐤄𐤂𐤋𐤂𐤋𐤄 𐤅𐤊𐤌𐤄𐤍 𐤏𐤁𐤓 𐤏𐤌𐤅 𐤅𐤊𐤋 𐤏𐤌 𐤉𐤄𐤅𐤃𐤄
𐤅𐤉𐤏𐤁𐤓𐤅 [𐤄𐤏𐤁𐤉𐤓𐤅] 𐤀𐤕 𐤄𐤌𐤋𐤊 𐤅𐤂𐤌 𐤇𐤑𐤉 𐤏𐤌 𐤉𐤔𐤓𐤀𐤋.

# 𐤔𐤌𐤅𐤀𐤋 𐤁

𐤌𐤁 𐤅𐤄𐤍𐤄 𐤊𐤋 𐤀𐤉𐤔 𐤉𐤔𐤓𐤀𐤋 𐤁𐤀𐤉𐤌 𐤀𐤋 𐤄𐤌𐤋𐤊 𐤅𐤉𐤀𐤌𐤓𐤅 𐤀𐤋 𐤄𐤌𐤋𐤊
𐤌𐤃𐤅𐤏 𐤂𐤍𐤁𐤅𐤊 𐤀𐤇𐤉𐤍𐤅 𐤀𐤉𐤔 𐤉𐤄𐤅𐤃𐤄 𐤅𐤉𐤏𐤁𐤓𐤅 𐤀𐤕 𐤄𐤌𐤋𐤊 𐤅𐤀𐤕 𐤁𐤉𐤕𐤅
𐤀𐤕 𐤄𐤉𐤓𐤃𐤍 𐤅𐤊𐤋 𐤀𐤍𐤔𐤉 𐤃𐤅𐤃 𐤏𐤌𐤅.

𐤌𐤂 𐤅𐤉𐤏𐤍 𐤊𐤋 𐤀𐤉𐤔 𐤉𐤄𐤅𐤃𐤄 𐤏𐤋 𐤀𐤉𐤔 𐤉𐤔𐤓𐤀𐤋 𐤊𐤉 𐤒𐤓𐤅𐤁 𐤄𐤌𐤋𐤊
𐤀𐤋𐤉 𐤅𐤋𐤌𐤄 𐤆𐤄 𐤇𐤓𐤄 𐤋𐤊 𐤏𐤋 𐤄𐤃𐤁𐤓 𐤄𐤆𐤄 𐤄𐤀𐤊𐤅𐤋 𐤀𐤊𐤋𐤍𐤅 𐤌𐤍 𐤄𐤌𐤋𐤊
𐤀𐤌 𐤍𐤔𐤀𐤕 𐤍𐤔𐤀 𐤋𐤍𐤅.

𐤌𐤃 𐤅𐤉𐤏𐤍 𐤀𐤉𐤔 𐤉𐤔𐤓𐤀𐤋 𐤀𐤕 𐤀𐤉𐤔 𐤉𐤄𐤅𐤃𐤄 𐤅𐤉𐤀𐤌𐤓 𐤏𐤔𐤓 𐤉𐤃𐤅𐤕 𐤋𐤉
𐤁𐤌𐤋𐤊 𐤅𐤂𐤌 𐤁𐤃𐤅𐤃 𐤀𐤍𐤊𐤉 𐤌𐤌𐤊 𐤅𐤌𐤃𐤅𐤏 𐤄𐤒𐤋𐤕𐤍𐤉 𐤅𐤋𐤀 𐤄𐤉𐤄 𐤃𐤁𐤓𐤉
𐤓𐤀𐤔𐤅𐤍 𐤋𐤉 𐤋𐤄𐤔𐤉𐤁 𐤀𐤕 𐤌𐤋𐤊𐤉 𐤅𐤉𐤒𐤔 𐤃𐤁𐤓 𐤀𐤉𐤔 𐤉𐤄𐤅𐤃𐤄 𐤌𐤃𐤁𐤓
𐤀𐤉𐤔 𐤉𐤔𐤓𐤀𐤋.

𐤐𐤓𐤒 𐤊

𐤀 𐤅𐤔𐤌 𐤍𐤒𐤓𐤀 𐤀𐤉𐤔 𐤁𐤋𐤉𐤏𐤋 𐤅𐤔𐤌𐤅 𐤔𐤁𐤏 𐤁𐤍 𐤁𐤊𐤓𐤉 𐤀𐤉𐤔 𐤉𐤌𐤉𐤍𐤉
𐤅𐤉𐤕𐤒𐤏 𐤁𐤔𐤅𐤐𐤓 𐤅𐤉𐤀𐤌𐤓 𐤀𐤉𐤍 𐤋𐤍𐤅 𐤇𐤋𐤒 𐤁𐤃𐤅𐤃 𐤅𐤋𐤀 𐤍𐤇𐤋𐤄 𐤋𐤍𐤅 𐤁𐤁𐤍
𐤉𐤔𐤉 𐤀𐤉𐤔 𐤋𐤀𐤄𐤋𐤉𐤅 𐤉𐤔𐤓𐤀𐤋.

𐤁 𐤅𐤉𐤏𐤋 𐤊𐤋 𐤀𐤉𐤔 𐤉𐤔𐤓𐤀𐤋 𐤌𐤀𐤇𐤓𐤉 𐤃𐤅𐤃 𐤀𐤇𐤓𐤉 𐤔𐤁𐤏 𐤁𐤍 𐤁𐤊𐤓𐤉
𐤅𐤀𐤉𐤔 𐤉𐤄𐤅𐤃𐤄 𐤃𐤁𐤒𐤅 𐤁𐤌𐤋𐤊𐤌 𐤌𐤍 𐤄𐤉𐤓𐤃𐤍 𐤅𐤏𐤃 𐤉𐤓𐤅𐤔𐤋𐤌.

𐤂 𐤅𐤉𐤁𐤀 𐤃𐤅𐤃 𐤀𐤋 𐤁𐤉𐤕𐤅 𐤉𐤓𐤅𐤔𐤋𐤌 𐤅𐤉𐤒𐤇 𐤄𐤌𐤋𐤊 𐤀𐤕 𐤏𐤔𐤓 𐤍𐤔𐤉𐤌
𐤐𐤋𐤂𐤔𐤉𐤌 𐤀𐤔𐤓 𐤄𐤍𐤉𐤇 𐤋𐤔𐤌𐤓 𐤄𐤁𐤉𐤕 𐤅𐤉𐤕𐤍𐤌 𐤁𐤉𐤕 𐤌𐤔𐤌𐤓𐤕
𐤅𐤉𐤊𐤋𐤊𐤋𐤌 𐤅𐤀𐤋𐤉𐤄𐤌 𐤋𐤀 𐤁𐤀 𐤅𐤕𐤄𐤉𐤉𐤍𐤄 𐤑𐤓𐤓𐤅𐤕 𐤏𐤃 𐤉𐤅𐤌 𐤌𐤕𐤍
𐤀𐤋𐤌𐤍𐤅𐤕 𐤇𐤉𐤅𐤕.

𐤃 𐤅𐤉𐤀𐤌𐤓 𐤄𐤌𐤋𐤊 𐤀𐤋 𐤏𐤌𐤔𐤀 𐤄𐤆𐤏𐤒 𐤋𐤉 𐤀𐤕 𐤀𐤉𐤔 𐤉𐤄𐤅𐤃𐤄 𐤔𐤋𐤔𐤕
𐤉𐤌𐤉𐤌 𐤅𐤀𐤕𐤄 𐤐𐤄 𐤏𐤌𐤃.

𐤄 𐤅𐤉𐤋𐤊 𐤏𐤌𐤔𐤀 𐤋𐤄𐤆𐤏𐤉𐤒 𐤀𐤕 𐤉𐤄𐤅𐤃𐤄 𐤅𐤉𐤉𐤇𐤓 [𐤅𐤉𐤅𐤇𐤓] 𐤌𐤍 𐤄𐤌𐤅𐤏𐤃
𐤀𐤔𐤓 𐤉𐤏𐤃𐤅.

𐤅 𐤅𐤉𐤀𐤌𐤓 𐤃𐤅𐤃 𐤀𐤋 𐤀𐤁𐤉𐤔𐤉 𐤏𐤕𐤄 𐤉𐤓𐤏 𐤋𐤍𐤅 𐤔𐤁𐤏 𐤁𐤍 𐤁𐤊𐤓𐤉 𐤌𐤍
𐤁𐤀𐤁𐤔𐤋𐤅𐤌 𐤀𐤕𐤄 𐤒𐤇 𐤀𐤕 𐤏𐤁𐤃𐤉 𐤀𐤃𐤍𐤉𐤊 𐤅𐤓𐤃𐤐 𐤀𐤇𐤓𐤉𐤅 𐤐𐤍 𐤌𐤑𐤀 𐤋𐤅
𐤏𐤓𐤉𐤌 𐤁𐤑𐤓𐤅𐤕 𐤅𐤄𐤑𐤉𐤋 𐤏𐤉𐤍𐤍𐤅.

𐤆 𐤅𐤉𐤑𐤀𐤅 𐤀𐤇𐤓𐤉𐤅 𐤀𐤍𐤔𐤉 𐤉𐤅𐤀𐤁 𐤅𐤄𐤊𐤓𐤕𐤉 𐤅𐤄𐤐𐤋𐤕𐤉 𐤅𐤊𐤋 𐤄𐤂𐤁𐤓𐤉𐤌
𐤅𐤉𐤑𐤀𐤅 𐤌𐤉𐤓𐤅𐤔𐤋𐤌 𐤋𐤓𐤃𐤐 𐤀𐤇𐤓𐤉 𐤔𐤁𐤏 𐤁𐤍 𐤁𐤊𐤓𐤉.

𐤇 𐤄𐤌 𐤏𐤌 𐤄𐤀𐤁𐤍 𐤄𐤂𐤃𐤅𐤋𐤄 𐤀𐤔𐤓 𐤁𐤂𐤁𐤏𐤅𐤍 𐤅𐤏𐤌𐤔𐤀 𐤁𐤀 𐤋𐤐𐤍𐤉𐤄𐤌
𐤅𐤉𐤅𐤀𐤁 𐤇𐤂𐤅𐤓 𐤌𐤃𐤅 𐤋𐤁𐤔𐤅 𐤅𐤏𐤋𐤅 [𐤅𐤏𐤋𐤉𐤅] 𐤇𐤂𐤅𐤓 𐤇𐤓𐤁 𐤌𐤑𐤌𐤃𐤕 𐤏𐤋
𐤌𐤕𐤍𐤉𐤅 𐤁𐤕𐤏𐤓𐤄 𐤅𐤄𐤅𐤀 𐤉𐤑𐤀 𐤅𐤕𐤐𐤋.

𐤈 𐤅𐤉𐤀𐤌𐤓 𐤉𐤅𐤀𐤁 𐤋𐤏𐤌𐤔𐤀 𐤄𐤔𐤋𐤅𐤌 𐤀𐤕𐤄 𐤀𐤇𐤉 𐤅𐤕𐤇𐤆 𐤉𐤃 𐤉𐤌𐤉𐤍
𐤉𐤅𐤀𐤁 𐤁𐤆𐤒𐤍 𐤏𐤌𐤔𐤀 𐤋𐤍𐤔𐤒 𐤋𐤅•
𐤉 𐤅𐤏𐤌𐤔𐤀 𐤋𐤀 𐤍𐤔𐤌𐤓 𐤁𐤇𐤓𐤁 𐤀𐤔𐤓 𐤁𐤉𐤃 𐤉𐤅𐤀𐤁 𐤅𐤉𐤊𐤄𐤅 𐤁𐤄 𐤀𐤋 𐤄𐤇𐤌𐤔
𐤅𐤉𐤔𐤐𐤊 𐤌𐤏𐤉𐤅 𐤀𐤓𐤑𐤄 𐤅𐤋𐤀 𐤔𐤍𐤄 𐤋𐤅 𐤅𐤉𐤌𐤕 𐤎 𐤅𐤉𐤅𐤀𐤁 𐤅𐤀𐤁𐤉𐤔𐤉
𐤀𐤇𐤉𐤅 𐤓𐤃𐤐 𐤀𐤇𐤓𐤉 𐤔𐤁𐤏 𐤁𐤍 𐤁𐤊𐤓𐤉•
𐤉𐤀 𐤅𐤀𐤉𐤔 𐤏𐤌𐤃 𐤏𐤋𐤉𐤅 𐤌𐤍𐤏𐤓𐤉 𐤉𐤅𐤀𐤁 𐤅𐤉𐤀𐤌𐤓 𐤌𐤉 𐤀𐤔𐤓 𐤇𐤐𐤑
𐤁𐤉𐤅𐤀𐤁 𐤅𐤌𐤉 𐤀𐤔𐤓 𐤋𐤃𐤅𐤃 𐤀𐤇𐤓𐤉 𐤉𐤅𐤀𐤁•
𐤉𐤁 𐤅𐤏𐤌𐤔𐤀 𐤌𐤕𐤂𐤋𐤋 𐤁𐤃𐤌 𐤁𐤕𐤅𐤊 𐤄𐤌𐤎𐤋𐤄 𐤅𐤉𐤓𐤀 𐤄𐤀𐤉𐤔 𐤊𐤉 𐤏𐤌𐤃 𐤊𐤋
𐤄𐤏𐤌 𐤅𐤉𐤎𐤁 𐤀𐤕 𐤏𐤌𐤔𐤀 𐤌𐤍 𐤄𐤌𐤎𐤋𐤄 𐤄𐤔𐤃𐤄 𐤅𐤉𐤔𐤋𐤊 𐤏𐤋𐤉𐤅 𐤁𐤂𐤃
𐤊𐤀𐤔𐤓 𐤓𐤀𐤄 𐤊𐤋 𐤄𐤁𐤀 𐤏𐤋𐤉𐤅 𐤅𐤏𐤌𐤃•
𐤉𐤂 𐤊𐤀𐤔𐤓 𐤄𐤂𐤄 𐤌𐤍 𐤄𐤌𐤎𐤋𐤄 𐤏𐤁𐤓 𐤊𐤋 𐤀𐤉𐤔 𐤀𐤇𐤓𐤉 𐤉𐤅𐤀𐤁 𐤋𐤓𐤃𐤐
𐤀𐤇𐤓𐤉 𐤔𐤁𐤏 𐤁𐤍 𐤁𐤊𐤓𐤉•
𐤉𐤃 𐤅𐤉𐤏𐤁𐤓 𐤁𐤊𐤋 𐤔𐤁𐤈𐤉 𐤉𐤔𐤓𐤀𐤋 𐤀𐤁𐤋𐤄 𐤅𐤁𐤉𐤕 𐤌𐤏𐤊𐤄 𐤅𐤊𐤋 𐤄𐤁𐤓𐤉𐤌
𐤅𐤉𐤒𐤄𐤅 [𐤅𐤉𐤒𐤄𐤋𐤅] 𐤅𐤉𐤁𐤀𐤅 𐤀𐤐 𐤀𐤇𐤓𐤉𐤅•
𐤈𐤅 𐤅𐤉𐤁𐤀𐤅 𐤅𐤉𐤑𐤓𐤅 𐤏𐤋𐤉𐤅 𐤁𐤀𐤁𐤋𐤄 𐤁𐤉𐤕 𐤄𐤌𐤏𐤊𐤄 𐤅𐤉𐤔𐤐𐤊𐤅 𐤎𐤋𐤋𐤄
𐤀𐤋 𐤄𐤏𐤉𐤓 𐤅𐤕𐤏𐤌𐤃 𐤁𐤇𐤋 𐤅𐤊𐤋 𐤄𐤏𐤌 𐤀𐤔𐤓 𐤀𐤕 𐤉𐤅𐤀𐤁 𐤌𐤔𐤇𐤉𐤕𐤌 𐤋𐤄𐤐𐤉𐤋
𐤄𐤇𐤅𐤌𐤄•
𐤈𐤆 𐤅𐤕𐤒𐤓𐤀 𐤀𐤔𐤄 𐤇𐤊𐤌𐤄 𐤌𐤍 𐤄𐤏𐤉𐤓 𐤔𐤌𐤏𐤅 𐤔𐤌𐤏𐤅 𐤀𐤌𐤓𐤅 𐤍𐤀 𐤀𐤋
𐤉𐤅𐤀𐤁 𐤒𐤓𐤁 𐤏𐤃 𐤄𐤍𐤄 𐤅𐤀𐤃𐤁𐤓𐤄 𐤀𐤋𐤉𐤊•
𐤉𐤆 𐤅𐤉𐤒𐤓𐤁 𐤀𐤋𐤉𐤄 𐤅𐤕𐤀𐤌𐤓 𐤄𐤀𐤔𐤄 𐤄𐤀𐤕𐤄 𐤉𐤅𐤀𐤁 𐤅𐤉𐤀𐤌𐤓 𐤀𐤍𐤉
𐤅𐤕𐤀𐤌𐤓 𐤋𐤅 𐤔𐤌𐤏 𐤃𐤁𐤓𐤉 𐤀𐤌𐤕𐤊 𐤅𐤉𐤀𐤌𐤓 𐤔𐤌𐤏 𐤀𐤍𐤊𐤉•
𐤉𐤇 𐤅𐤕𐤀𐤌𐤓 𐤋𐤀𐤌𐤓 𐤃𐤁𐤓 𐤉𐤃𐤁𐤓𐤅 𐤁𐤓𐤀𐤔𐤍𐤄 𐤋𐤀𐤌𐤓 𐤔𐤀𐤅𐤋 𐤉𐤔𐤀𐤋𐤅
𐤁𐤀𐤁𐤋 𐤅𐤊𐤍 𐤄𐤕𐤌𐤅•
𐤉𐤈 𐤀𐤍𐤊𐤉 𐤔𐤋𐤌𐤉 𐤀𐤌𐤅𐤍𐤉 𐤉𐤔𐤓𐤀𐤋 𐤀𐤕𐤄 𐤌𐤁𐤒𐤔 𐤋𐤄𐤌𐤉𐤕 𐤏𐤉𐤓 𐤅𐤀𐤌
𐤁𐤉𐤔𐤓𐤀𐤋 𐤋𐤌𐤄 𐤕𐤁𐤋𐤏 𐤍𐤇𐤋𐤕 𐤉𐤄𐤅𐤄•
𐤊 𐤅𐤉𐤏𐤍 𐤉𐤅𐤀𐤁 𐤅𐤉𐤀𐤌𐤓 𐤇𐤋𐤉𐤋𐤄 𐤇𐤋𐤉𐤋𐤄 𐤋𐤉 𐤀𐤌 𐤀𐤁𐤋𐤏 𐤅𐤀𐤌
𐤀𐤔𐤇𐤉𐤕•
𐤊𐤀 𐤋𐤀 𐤊𐤍 𐤄𐤃𐤁𐤓 𐤊𐤉 𐤀𐤉𐤔 𐤌𐤄𐤓 𐤀𐤐𐤓𐤉𐤌 𐤔𐤁𐤏 𐤁𐤍 𐤁𐤊𐤓𐤉 𐤔𐤌𐤅 𐤍𐤔𐤀
𐤉𐤃𐤅 𐤁𐤌𐤋𐤊 𐤁𐤃𐤅𐤃 𐤕𐤍𐤅 𐤀𐤕𐤅 𐤋𐤁𐤃𐤅 𐤅𐤀𐤋𐤊𐤄 𐤌𐤏𐤋 𐤄𐤏𐤉𐤓 𐤅𐤕𐤀𐤌𐤓
𐤄𐤀𐤔𐤄 𐤀𐤋 𐤉𐤅𐤀𐤁 𐤄𐤍𐤄 𐤓𐤀𐤔𐤅 𐤌𐤔𐤋𐤊 𐤀𐤋𐤉𐤊 𐤁𐤏𐤃 𐤄𐤇𐤅𐤌𐤄•
𐤊𐤁 𐤅𐤕𐤁𐤅𐤀 𐤄𐤀𐤔𐤄 𐤀𐤋 𐤊𐤋 𐤄𐤏𐤌 𐤁𐤇𐤊𐤌𐤕𐤄 𐤅𐤉𐤊𐤓𐤕𐤅 𐤀𐤕 𐤓𐤀𐤔 𐤔𐤁𐤏
𐤁𐤍 𐤁𐤊𐤓𐤉 𐤅𐤉𐤔𐤋𐤊𐤅 𐤀𐤋 𐤉𐤅𐤀𐤁 𐤅𐤉𐤕𐤒𐤏 𐤁𐤔𐤐𐤓 𐤅𐤉𐤐𐤑𐤅 𐤌𐤏𐤋 𐤄𐤏𐤉𐤓
𐤀𐤉𐤔 𐤋𐤀𐤄𐤋𐤉𐤅 𐤅𐤉𐤅𐤀𐤁 𐤔𐤁 𐤉𐤓𐤅𐤔𐤋𐤌 𐤀𐤋 𐤄𐤌𐤋𐤊•

𐤊𐤂 𐤅𐤉𐤅𐤀𐤁 𐤀𐤋 𐤊𐤋 𐤄𐤑𐤁𐤀 𐤉𐤔𐤓𐤀𐤋 𐤅𐤁𐤍𐤉𐤄 𐤁𐤍 𐤉𐤄𐤅𐤉𐤃𐤏 𐤏𐤋 𐤄𐤊𐤓𐤉
[𐤄𐤊𐤓𐤕𐤉] 𐤅𐤏𐤋 𐤄𐤐𐤋𐤕𐤉•
𐤊𐤃 𐤅𐤀𐤃𐤓𐤌 𐤏𐤋 𐤄𐤌𐤎 𐤅𐤉𐤄𐤅𐤔𐤐𐤈 𐤁𐤍 𐤀𐤇𐤉𐤋𐤅𐤃 𐤄𐤌𐤆𐤊𐤉𐤓•
𐤊𐤄 𐤅𐤔𐤉𐤀 [𐤅𐤔𐤅𐤀] 𐤎𐤐𐤓 𐤅𐤑𐤃𐤅𐤒 𐤅𐤀𐤁𐤉𐤕𐤓 𐤊𐤄𐤍𐤉𐤌•
𐤊𐤅 𐤅𐤂𐤌 𐤏𐤉𐤓𐤀 𐤄𐤉𐤀𐤓𐤉 𐤄𐤉𐤄 𐤊𐤄𐤍 𐤋𐤃𐤅𐤃•

𐤐𐤓𐤒 𐤊𐤀

𐤀 𐤅𐤉𐤄𐤉 𐤓𐤏𐤁 𐤁𐤉𐤌𐤉 𐤃𐤅𐤃 𐤔𐤋𐤔 𐤔𐤍𐤉𐤌 𐤔𐤍𐤄 𐤀𐤇𐤓𐤉 𐤔𐤍𐤄 𐤅𐤉𐤁𐤒𐤔
𐤃𐤅𐤃 𐤀𐤕 𐤐𐤍𐤉 𐤉𐤄𐤅𐤄 𐤎 𐤅𐤉𐤀𐤌𐤓 𐤉𐤄𐤅𐤄 𐤀𐤋 𐤔𐤀𐤅𐤋 𐤅𐤀𐤋 𐤁𐤉𐤕
𐤄𐤃𐤌𐤉𐤌 𐤏𐤋 𐤀𐤔𐤓 𐤄𐤌𐤉𐤕 𐤀𐤕 𐤄𐤂𐤁𐤏𐤍𐤉𐤌•
𐤁 𐤅𐤉𐤒𐤓𐤀 𐤄𐤌𐤋𐤊 𐤋𐤂𐤁𐤏𐤍𐤉𐤌 𐤅𐤉𐤀𐤌𐤓 𐤀𐤋𐤉𐤄𐤌 𐤅𐤄𐤂𐤁𐤏𐤍𐤉𐤌 𐤋𐤀
𐤌𐤁𐤍𐤉 𐤉𐤔𐤓𐤀𐤋 𐤄𐤌𐤄 𐤊𐤉 𐤀𐤌 𐤌𐤉𐤕𐤓 𐤄𐤀𐤌𐤓𐤉 𐤅𐤁𐤍𐤉 𐤉𐤔𐤓𐤀𐤋 𐤍𐤔𐤁𐤏𐤅
𐤋𐤄𐤌 𐤅𐤉𐤁𐤒𐤔 𐤔𐤀𐤅𐤋 𐤋𐤄𐤊𐤕𐤌 𐤁𐤒𐤍𐤀𐤕𐤅 𐤋𐤁𐤍𐤉 𐤉𐤔𐤓𐤀𐤋 𐤅𐤉𐤄𐤅𐤃𐤄•
𐤂 𐤅𐤉𐤀𐤌𐤓 𐤃𐤅𐤃 𐤀𐤋 𐤄𐤂𐤁𐤏𐤍𐤉𐤌 𐤌𐤄 𐤀𐤏𐤔𐤄 𐤋𐤊𐤌 𐤅𐤁𐤌𐤄 𐤀𐤊𐤐𐤓 𐤅𐤁𐤓𐤊𐤅
𐤀𐤕 𐤍𐤇𐤋𐤕 𐤉𐤄𐤅𐤄•
𐤃 𐤅𐤉𐤀𐤌𐤓𐤅 𐤋𐤅 𐤄𐤂𐤁𐤏𐤍𐤉𐤌 𐤀𐤉𐤍 𐤋𐤉 [𐤋𐤍𐤅] 𐤊𐤎𐤐 𐤅𐤆𐤄𐤁 𐤏𐤌 𐤔𐤀𐤅𐤋
𐤅𐤏𐤌 𐤁𐤉𐤕𐤅 𐤅𐤀𐤉𐤍 𐤋𐤍𐤅 𐤀𐤉𐤔 𐤋𐤄𐤌𐤉𐤕 𐤁𐤉𐤔𐤓𐤀𐤋 𐤅𐤉𐤀𐤌𐤓 𐤌𐤄 𐤀𐤕𐤌
𐤀𐤌𐤓𐤉𐤌 𐤀𐤏𐤔𐤄 𐤋𐤊𐤌•
𐤄 𐤅𐤉𐤀𐤌𐤓𐤅 𐤀𐤋 𐤄𐤌𐤋𐤊 𐤄𐤀𐤉𐤔 𐤀𐤔𐤓 𐤊𐤋𐤍𐤅 𐤅𐤀𐤔𐤓 𐤃𐤌𐤄 𐤋𐤍𐤅
𐤍𐤔𐤌𐤃𐤍𐤅 𐤌𐤄𐤕𐤉𐤑𐤁 𐤁𐤊𐤋 𐤂𐤁𐤋 𐤉𐤔𐤓𐤀𐤋•
𐤅 𐤉𐤍𐤕𐤍 [𐤉𐤕𐤍] 𐤋𐤍𐤅 𐤔𐤁𐤏𐤄 𐤀𐤍𐤔𐤉𐤌 𐤌𐤁𐤍𐤉𐤅 𐤅𐤄𐤅𐤒𐤏𐤍𐤅𐤌 𐤋𐤉𐤄𐤅𐤄
𐤁𐤂𐤁𐤏𐤕 𐤔𐤀𐤅𐤋 𐤁𐤇𐤉𐤓 𐤉𐤄𐤅𐤄 𐤎 𐤅𐤉𐤀𐤌𐤓 𐤄𐤌𐤋𐤊 𐤀𐤍𐤉 𐤀𐤕𐤍•
𐤆 𐤅𐤉𐤇𐤌𐤋 𐤄𐤌𐤋𐤊 𐤏𐤋 𐤌𐤐𐤉𐤁𐤔𐤕 𐤁𐤍 𐤉𐤄𐤅𐤍𐤕𐤍 𐤁𐤍 𐤔𐤀𐤅𐤋 𐤏𐤋 𐤔𐤁𐤏𐤕
𐤉𐤄𐤅𐤄 𐤀𐤔𐤓 𐤁𐤉𐤍𐤕𐤌 𐤁𐤉𐤍 𐤃𐤅𐤃 𐤅𐤁𐤉𐤍 𐤉𐤄𐤅𐤍𐤕𐤍 𐤁𐤍 𐤔𐤀𐤅𐤋•
𐤇 𐤅𐤉𐤒𐤇 𐤄𐤌𐤋𐤊 𐤀𐤕 𐤔𐤍𐤉 𐤁𐤍𐤉 𐤓𐤑𐤐𐤄 𐤁𐤕 𐤀𐤉𐤄 𐤀𐤔𐤓 𐤉𐤋𐤃𐤄 𐤋𐤔𐤀𐤅𐤋
𐤀𐤕 𐤀𐤓𐤌𐤍𐤉 𐤅𐤀𐤕 𐤌𐤐𐤁𐤔𐤕 𐤅𐤀𐤕 𐤇𐤌𐤔𐤕 𐤁𐤍𐤉 𐤌𐤉𐤊𐤋 𐤁𐤕 𐤔𐤀𐤅𐤋 𐤀𐤔𐤓
𐤉𐤋𐤃𐤄 𐤋𐤏𐤃𐤓𐤉𐤀𐤋 𐤁𐤍 𐤁𐤓𐤆𐤋𐤉 𐤄𐤌𐤇𐤋𐤕𐤉•
𐤈 𐤅𐤉𐤕𐤍𐤌 𐤁𐤉𐤃 𐤄𐤂𐤁𐤏𐤍𐤉𐤌 𐤅𐤉𐤒𐤉𐤏𐤌 𐤁𐤄𐤓 𐤋𐤐𐤍𐤉 𐤉𐤄𐤅𐤄 𐤅𐤉𐤐𐤋𐤅
𐤔𐤁𐤏𐤕𐤉𐤌 [𐤔𐤁𐤏𐤕𐤌] 𐤉𐤇𐤃 𐤅𐤄𐤌 [𐤅𐤄𐤌𐤄] 𐤄𐤌𐤕𐤅 𐤁𐤉𐤌𐤉 𐤒𐤑𐤉𐤓
𐤁𐤓𐤀𐤔𐤍𐤉𐤌 𐤕𐤇𐤋𐤕 [𐤁𐤕𐤇𐤋𐤕] 𐤒𐤑𐤉𐤓 𐤔𐤏𐤓𐤉𐤌•
𐤉 𐤅𐤕𐤒𐤇 𐤓𐤑𐤐𐤄 𐤁𐤕 𐤀𐤉𐤄 𐤀𐤕 𐤄𐤔𐤒 𐤅𐤕𐤈𐤄𐤅 𐤋𐤄 𐤀𐤋 𐤄𐤑𐤅𐤓 𐤌𐤕𐤇𐤋𐤕
𐤒𐤑𐤉𐤓 𐤏𐤃 𐤍𐤕𐤊 𐤌𐤉𐤌 𐤏𐤋𐤉𐤄𐤌 𐤌𐤍 𐤄𐤔𐤌𐤉𐤌 𐤅𐤋𐤀 𐤍𐤕𐤍𐤄 𐤏𐤅𐤐
𐤄𐤔𐤌𐤉𐤌 𐤋𐤍𐤅𐤇 𐤏𐤋𐤉𐤄𐤌 𐤉𐤅𐤌𐤌 𐤅𐤀𐤕 𐤇𐤉𐤕 𐤄𐤔𐤃𐤄 𐤋𐤉𐤋𐤄•

# 𐤔𐤌𐤅𐤀𐤋 𐤁

𐤉𐤀 𐤅𐤉𐤂𐤃 𐤋𐤃𐤅𐤃 𐤀𐤕 𐤀𐤔𐤓 𐤏𐤔𐤕𐤄 𐤓𐤑𐤐𐤄 𐤁𐤕 𐤀𐤉𐤄 𐤐𐤋𐤂𐤔 𐤔𐤀𐤅𐤋•

𐤉𐤁 𐤅𐤉𐤋𐤊 𐤃𐤅𐤃 𐤅𐤉𐤒𐤇 𐤀𐤕 𐤏𐤑𐤌𐤅𐤕 𐤔𐤀𐤅𐤋 𐤅𐤀𐤕 𐤏𐤑𐤌𐤅𐤕 𐤉𐤄𐤅𐤍𐤕𐤍 𐤁𐤍𐤅 𐤌𐤀𐤕 𐤁𐤏𐤋𐤉 𐤉𐤁𐤉𐤔 𐤂𐤋𐤏𐤃 𐤀𐤔𐤓 𐤂𐤍𐤁𐤅 𐤀𐤕𐤌 𐤌𐤓𐤇𐤁 𐤁𐤉𐤕 𐤔𐤍 𐤀𐤔𐤓 𐤕𐤋𐤅𐤌 [𐤕𐤋𐤀𐤅𐤌] 𐤔𐤌 [𐤔𐤌𐤄] 𐤄𐤐𐤋𐤔𐤕𐤉𐤌 [𐤐𐤋𐤔𐤕𐤉𐤌] 𐤁𐤉𐤅𐤌 𐤄𐤊𐤅𐤕 𐤐𐤋𐤔𐤕𐤉𐤌 𐤀𐤕 𐤔𐤀𐤅𐤋 𐤁𐤂𐤋𐤁𐤏•

𐤉𐤂 𐤅𐤉𐤏𐤋 𐤌𐤔𐤌 𐤀𐤕 𐤏𐤑𐤌𐤅𐤕 𐤔𐤀𐤅𐤋 𐤅𐤀𐤕 𐤏𐤑𐤌𐤅𐤕 𐤉𐤄𐤅𐤍𐤕𐤍 𐤁𐤍𐤅 𐤅𐤉𐤀𐤎𐤐𐤅 𐤀𐤕 𐤏𐤑𐤌𐤅𐤕 𐤄𐤌𐤅𐤒𐤏𐤉𐤌•

𐤉𐤃 𐤅𐤉𐤒𐤁𐤓𐤅 𐤀𐤕 𐤏𐤑𐤌𐤅𐤕 𐤔𐤀𐤅𐤋 𐤅𐤉𐤄𐤅𐤍𐤕𐤍 𐤁𐤍𐤅 𐤁𐤀𐤓𐤑 𐤁𐤍𐤉𐤌𐤍 𐤁𐤑𐤋𐤏 𐤁𐤒𐤁𐤓 𐤒𐤉𐤔 𐤀𐤁𐤉𐤅 𐤅𐤉𐤏𐤔𐤅 𐤊𐤋 𐤀𐤔𐤓 𐤑𐤅𐤄 𐤄𐤌𐤋𐤊 𐤅𐤉𐤏𐤕𐤓 𐤀𐤋𐤄𐤉𐤌 𐤋𐤀𐤓𐤑 𐤀𐤇𐤓𐤉 𐤊𐤍•

𐤈𐤅 𐤅𐤕𐤄𐤉 𐤏𐤅𐤃 𐤌𐤋𐤇𐤌𐤄 𐤋𐤐𐤋𐤔𐤕𐤉𐤌 𐤀𐤕 𐤉𐤔𐤓𐤀𐤋 𐤅𐤉𐤓𐤃 𐤃𐤅𐤃 𐤅𐤏𐤁𐤃𐤉𐤅 𐤏𐤌𐤅 𐤅𐤉𐤋𐤇𐤌𐤅 𐤀𐤕 𐤐𐤋𐤔𐤕𐤉𐤌 𐤅𐤉𐤏𐤐 𐤃𐤅𐤃•

𐤈𐤆 𐤅𐤉𐤔𐤁𐤅 [𐤅𐤉𐤔𐤁𐤉] 𐤁𐤍𐤁 𐤀𐤔𐤓 𐤁𐤉𐤋𐤃𐤉 𐤄𐤓𐤐𐤄 𐤅𐤌𐤔𐤒𐤋 𐤒𐤉𐤍𐤅 𐤔𐤋𐤔 𐤌𐤀𐤅𐤕 𐤌𐤔𐤒𐤋 𐤍𐤇𐤔𐤕 𐤅𐤄𐤅𐤀 𐤇𐤂𐤅𐤓 𐤇𐤃𐤔𐤄 𐤅𐤉𐤀𐤌𐤓 𐤋𐤄𐤊𐤅𐤕 𐤀𐤕 𐤃𐤅𐤃•

𐤉𐤆 𐤅𐤉𐤏𐤆𐤓 𐤋𐤅 𐤀𐤁𐤉𐤔𐤉 𐤁𐤍 𐤑𐤓𐤅𐤉𐤄 𐤅𐤉𐤊 𐤀𐤕 𐤄𐤐𐤋𐤔𐤕𐤉 𐤅𐤉𐤌𐤉𐤕𐤄𐤅 𐤀𐤆 𐤍𐤔𐤁𐤏𐤅 𐤀𐤍𐤔𐤉 𐤃𐤅𐤃 𐤋𐤅 𐤋𐤀𐤌𐤓 𐤋𐤀 𐤕𐤑𐤀 𐤏𐤅𐤃 𐤀𐤕𐤍𐤅 𐤋𐤌𐤋𐤇𐤌𐤄 𐤅𐤋𐤀 𐤕𐤊𐤁𐤄 𐤀𐤕 𐤍𐤓 𐤉𐤔𐤓𐤀𐤋•

𐤉𐤇 𐤅𐤉𐤄𐤉 𐤀𐤇𐤓𐤉 𐤊𐤍 𐤅𐤕𐤄𐤉 𐤏𐤅𐤃 𐤄𐤌𐤋𐤇𐤌𐤄 𐤁𐤂𐤅𐤁 𐤏𐤌 𐤐𐤋𐤔𐤕𐤉𐤌 𐤀𐤆 𐤄𐤊𐤄 𐤎𐤁𐤊𐤉 𐤄𐤇𐤔𐤕𐤉 𐤀𐤕 𐤎𐤐 𐤀𐤔𐤓 𐤁𐤉𐤋𐤃𐤉 𐤄𐤓𐤐𐤄•

𐤉𐤈 𐤅𐤕𐤄𐤉 𐤏𐤅𐤃 𐤄𐤌𐤋𐤇𐤌𐤄 𐤁𐤂𐤅𐤁 𐤏𐤌 𐤐𐤋𐤔𐤕𐤉𐤌 𐤅𐤉𐤊 𐤀𐤋𐤇𐤍𐤍 𐤁𐤍 𐤉𐤏𐤓𐤉 𐤀𐤓𐤂𐤉𐤌 𐤁𐤉𐤕 𐤄𐤋𐤇𐤌𐤉 𐤀𐤕 𐤂𐤋𐤉𐤕 𐤄𐤂𐤕𐤉 𐤅𐤏𐤑 𐤇𐤍𐤉𐤕𐤅 𐤊𐤌𐤍𐤅𐤓 𐤀𐤓𐤂𐤉𐤌•

𐤊 𐤅𐤕𐤄𐤉 𐤏𐤅𐤃 𐤌𐤋𐤇𐤌𐤄 𐤁𐤂𐤕 𐤅𐤉𐤄𐤉 𐤀𐤉𐤔 𐤌𐤃𐤉𐤍 [𐤌𐤃𐤅𐤍] 𐤅𐤀𐤑𐤁𐤏𐤕 𐤉𐤃𐤉𐤅 𐤅𐤀𐤑𐤁𐤏𐤕 𐤓𐤂𐤋𐤉𐤅 𐤔𐤔 𐤅𐤔𐤔 𐤏𐤔𐤓𐤉𐤌 𐤅𐤀𐤓𐤁𐤏 𐤌𐤎𐤐𐤓 𐤅𐤂𐤌 𐤄𐤅𐤀 𐤉𐤋𐤃 𐤋𐤄𐤓𐤐𐤄•

𐤊𐤀 𐤅𐤉𐤇𐤓𐤐 𐤀𐤕 𐤉𐤔𐤓𐤀𐤋 𐤅𐤉𐤊𐤄𐤅 𐤉𐤄𐤅𐤍𐤕𐤍 𐤁𐤍 𐤔𐤌𐤏𐤉 [𐤔𐤌𐤏𐤄] 𐤀𐤇𐤉 𐤃𐤅𐤃•

𐤊𐤁 𐤀𐤕 𐤀𐤓𐤁𐤏𐤕 𐤀𐤋𐤄 𐤉𐤋𐤃𐤅 𐤋𐤄𐤓𐤐𐤄 𐤁𐤂𐤕 𐤅𐤉𐤐𐤋𐤅 𐤁𐤉𐤃 𐤃𐤅𐤃 𐤅𐤁𐤉𐤃 𐤏𐤁𐤃𐤉𐤅•

## 𐤐𐤓𐤒 𐤊𐤁

𐤀 𐤅𐤉𐤃𐤁𐤓 𐤃𐤅𐤃 𐤋𐤉𐤄𐤅𐤄 𐤀𐤕 𐤃𐤁𐤓𐤉 𐤄𐤔𐤉𐤓𐤄 𐤄𐤆𐤀𐤕 𐤁𐤉𐤅𐤌 𐤄𐤑𐤉𐤋

# 𐤔𐤌𐤅𐤀𐤋 𐤁

𐤉𐤄𐤅𐤄 𐤀𐤕𐤅 𐤌𐤊𐤐 𐤊𐤋 𐤀𐤉𐤁𐤉𐤅 𐤅𐤌𐤊𐤐 𐤔𐤀𐤅𐤋•
𐤁𐤅𐤉𐤀𐤌𐤓 𐤉𐤄𐤅𐤄 𐤎𐤋𐤏𐤉 𐤅𐤌𐤑𐤃𐤕𐤉 𐤅𐤌𐤐𐤋𐤈𐤉 𐤋𐤉•
𐤂𐤀𐤋𐤄𐤉 𐤑𐤅𐤓𐤉 𐤀𐤇𐤎𐤄 𐤁𐤅 𐤌𐤂𐤍𐤉 𐤅𐤒𐤓𐤍 𐤉𐤔𐤏𐤉 𐤌𐤔𐤂𐤁𐤉 𐤅𐤌𐤍𐤅𐤎𐤉
𐤌𐤔𐤏𐤉 𐤌𐤇𐤌𐤎 𐤕𐤔𐤏𐤍𐤉•
𐤃𐤌𐤄𐤋𐤋 𐤀𐤒𐤓𐤀 𐤉𐤄𐤅𐤄 𐤅𐤌𐤀𐤉𐤁𐤉 𐤀𐤅𐤔𐤏•
𐤄𐤊𐤉 𐤀𐤐𐤐𐤍𐤉 𐤌𐤔𐤁𐤓𐤉 𐤌𐤅𐤕 𐤍𐤇𐤋𐤉 𐤁𐤋𐤉𐤏𐤋 𐤉𐤁𐤏𐤕𐤍𐤉•
𐤅𐤇𐤁𐤋𐤉 𐤔𐤀𐤅𐤋 𐤎𐤁𐤍𐤉 𐤒𐤃𐤌𐤍𐤉 𐤌𐤒𐤔𐤉 𐤌𐤅𐤕•
𐤆𐤁𐤑𐤓 𐤋𐤉 𐤀𐤒𐤓𐤀 𐤉𐤄𐤅𐤄 𐤅𐤀𐤋 𐤀𐤋𐤄𐤉 𐤀𐤒𐤓𐤀 𐤅𐤉𐤔𐤌𐤏 𐤌𐤄𐤉𐤊𐤋𐤅
𐤒𐤅𐤋𐤉 𐤅𐤔𐤅𐤏𐤕𐤉 𐤁𐤀𐤆𐤍𐤉𐤅•
𐤇 𐤅𐤕𐤂𐤏𐤔 [𐤅𐤉𐤕𐤂𐤏𐤔] 𐤅𐤕𐤓𐤏𐤔 𐤄𐤀𐤓𐤑 𐤌𐤅𐤎𐤃𐤅𐤕 𐤄𐤔𐤌𐤉𐤌 𐤉𐤓𐤂𐤆𐤅
𐤅𐤉𐤕𐤂𐤏𐤔𐤅 𐤊𐤉 𐤇𐤓𐤄 𐤋𐤅•
𐤈𐤏𐤋𐤄 𐤏𐤔𐤍 𐤁𐤀𐤐𐤅 𐤅𐤀𐤔 𐤌𐤐𐤉𐤅 𐤕𐤀𐤊𐤋 𐤂𐤇𐤋𐤉𐤌 𐤁𐤏𐤓𐤅 𐤌𐤌𐤍𐤅•
𐤉𐤅𐤉𐤈 𐤔𐤌𐤉𐤌 𐤅𐤉𐤓𐤃 𐤅𐤏𐤓𐤐𐤋 𐤕𐤇𐤕 𐤓𐤂𐤋𐤉𐤅•
𐤉𐤀𐤅𐤉𐤓𐤊𐤁 𐤏𐤋 𐤊𐤓𐤅𐤁 𐤅𐤉𐤏𐤐 𐤅𐤉𐤓𐤀 𐤏𐤋 𐤊𐤍𐤐𐤉 𐤓𐤅𐤇•
𐤉𐤁𐤅𐤉𐤔𐤕 𐤇𐤔𐤊 𐤎𐤁𐤉𐤁𐤕𐤉𐤅 𐤎𐤊𐤅𐤕 𐤇𐤔𐤓𐤕 𐤌𐤉𐤌 𐤏𐤁𐤉 𐤔𐤇𐤒𐤉𐤌•
𐤉𐤂𐤌𐤍𐤂𐤄 𐤍𐤂𐤃𐤅 𐤁𐤏𐤓𐤅 𐤂𐤇𐤋𐤉 𐤀𐤔•
𐤉𐤃𐤉𐤓𐤏𐤌 𐤌𐤍 𐤔𐤌𐤉𐤌 𐤉𐤄𐤅𐤄 𐤅𐤏𐤋𐤉𐤅𐤍 𐤉𐤕𐤍 𐤒𐤅𐤋𐤅•
𐤈𐤅𐤅𐤉𐤔𐤋𐤇 𐤇𐤑𐤉𐤌 𐤅𐤉𐤐𐤉𐤑𐤌 𐤁𐤓𐤒 𐤅𐤉𐤄𐤌𐤌 [𐤅𐤉𐤄𐤌]•
𐤈𐤆𐤅𐤉𐤓𐤀𐤅 𐤀𐤐𐤒𐤉 𐤉𐤌 𐤉𐤂𐤋𐤅 𐤌𐤎𐤃𐤅𐤕 𐤕𐤁𐤋 𐤁𐤂𐤏𐤓𐤕 𐤉𐤄𐤅𐤄 𐤌𐤍𐤔𐤌𐤕
𐤓𐤅𐤇 𐤀𐤐𐤅•
𐤉𐤆𐤉𐤔𐤋𐤇 𐤌𐤌𐤓𐤅𐤌 𐤉𐤒𐤇𐤍𐤉 𐤉𐤌𐤔𐤍𐤉 𐤌𐤌𐤉𐤌 𐤓𐤁𐤉𐤌•
𐤉𐤇𐤉𐤑𐤉𐤋𐤍𐤉 𐤌𐤀𐤉𐤁𐤉 𐤏𐤆 𐤌𐤔𐤍𐤀𐤉 𐤊𐤉 𐤀𐤌𐤑𐤅 𐤌𐤌𐤍𐤉•
𐤉𐤈𐤉𐤒𐤃𐤌𐤍𐤉 𐤁𐤉𐤅𐤌 𐤀𐤉𐤃𐤉 𐤅𐤉𐤄𐤉 𐤉𐤄𐤅𐤄 𐤌𐤔𐤏𐤍 𐤋𐤉•
𐤊𐤅𐤉𐤑𐤀 𐤋𐤌𐤓𐤇𐤁 𐤀𐤕𐤉 𐤉𐤇𐤋𐤑𐤍𐤉 𐤊𐤉 𐤇𐤐𐤑 𐤁𐤉•
𐤊𐤀𐤉𐤂𐤌𐤋𐤍𐤉 𐤉𐤄𐤅𐤄 𐤊𐤑𐤃𐤒𐤕𐤉 𐤊𐤁𐤓 𐤉𐤃𐤉 𐤉𐤔𐤉𐤁 𐤋𐤉•
𐤊𐤁𐤊𐤉 𐤔𐤌𐤓𐤕𐤉 𐤃𐤓𐤊𐤉 𐤉𐤄𐤅𐤄 𐤅𐤋𐤀 𐤓𐤔𐤏𐤕𐤉 𐤌𐤀𐤋𐤄𐤉•
𐤊𐤂𐤊𐤉 𐤊𐤋 𐤌𐤔𐤐𐤈𐤅 [𐤌𐤔𐤐𐤈𐤉𐤅] 𐤋𐤍𐤂𐤃𐤉 𐤅𐤇𐤒𐤕𐤉𐤅 𐤋𐤀 𐤀𐤎𐤅𐤓 𐤌𐤌𐤍𐤄•
𐤊𐤃𐤅𐤀𐤄𐤉𐤄 𐤕𐤌𐤉𐤌 𐤋𐤅 𐤅𐤀𐤔𐤕𐤌𐤓𐤄 𐤌𐤏𐤅𐤍𐤉•
𐤊𐤄𐤅𐤉𐤔𐤁 𐤉𐤄𐤅𐤄 𐤋𐤉 𐤊𐤑𐤃𐤒𐤕𐤉 𐤊𐤁𐤓𐤉 𐤋𐤍𐤂𐤃 𐤏𐤉𐤍𐤉𐤅•
𐤊𐤅𐤏𐤌 𐤇𐤎𐤉𐤃 𐤕𐤕𐤇𐤎𐤃 𐤏𐤌 𐤂𐤁𐤅𐤓 𐤕𐤌𐤉𐤌 𐤕𐤕𐤌𐤌•
𐤊𐤆𐤏𐤌 𐤍𐤁𐤓 𐤕𐤕𐤁𐤓 𐤅𐤏𐤌 𐤏𐤒𐤔 𐤕𐤕𐤐𐤋•
𐤊𐤇𐤅𐤀𐤕 𐤏𐤌 𐤏𐤍𐤉 𐤕𐤅𐤔𐤉𐤏 𐤅𐤏𐤉𐤍𐤉𐤊 𐤏𐤋 𐤓𐤌𐤉𐤌 𐤕𐤔𐤐𐤉𐤋•
𐤊𐤈𐤊𐤉 𐤀𐤕𐤄 𐤍𐤉𐤓𐤉 𐤉𐤄𐤅𐤄 𐤅𐤉𐤄𐤅𐤄 𐤉𐤂𐤉𐤄 𐤇𐤔𐤊𐤉•

# 𐤔𐤌𐤅𐤀𐤋 𐤁

𐤋𐤊𐤉 𐤁𐤊𐤄 𐤀𐤓𐤅𐤑 𐤂𐤃𐤅𐤃 𐤁𐤀𐤋𐤄𐤉 𐤀𐤃𐤋𐤂 𐤔𐤅𐤓•
𐤋𐤀𐤄𐤀𐤋 𐤕𐤌𐤉𐤌 𐤃𐤓𐤊𐤅 𐤀𐤌𐤓𐤕 𐤉𐤄𐤅𐤄 𐤑𐤓𐤅𐤐𐤄 𐤌𐤂𐤍 𐤄𐤅𐤀 𐤋𐤊𐤋
𐤄𐤇𐤎𐤉𐤌 𐤁𐤅•
𐤋𐤁𐤊𐤉 𐤌𐤉 𐤀𐤋 𐤌𐤁𐤋𐤏𐤃𐤉 𐤉𐤄𐤅𐤄 𐤅𐤌𐤉 𐤑𐤅𐤓 𐤌𐤁𐤋𐤏𐤃𐤉 𐤀𐤋𐤄𐤉𐤍𐤅•
𐤋𐤂𐤄𐤀𐤋 𐤌𐤏𐤅𐤆𐤉 𐤇𐤉𐤋 𐤅𐤉𐤕𐤓 𐤕𐤌𐤉𐤌 𐤃𐤓𐤊𐤅 [𐤃𐤓𐤊𐤉]•
𐤋𐤃𐤌𐤔𐤅𐤄 𐤓𐤂𐤋𐤉𐤅 [𐤓𐤂𐤋𐤉] 𐤊𐤀𐤉𐤋𐤅𐤕 𐤅𐤏𐤋 𐤁𐤌𐤅𐤕𐤉 𐤉𐤏𐤌𐤃𐤍𐤉•
𐤋𐤄 𐤌𐤋𐤌𐤃 𐤉𐤃𐤉 𐤋𐤌𐤋𐤇𐤌𐤄 𐤅𐤍𐤇𐤕 𐤒𐤔𐤕 𐤍𐤇𐤅𐤔𐤄 𐤆𐤓𐤏𐤕𐤉•
𐤋𐤅𐤕𐤕𐤍 𐤋𐤉 𐤌𐤂𐤍 𐤉𐤔𐤏𐤊 𐤅𐤏𐤍𐤕𐤊 𐤕𐤓𐤁𐤍𐤉•
𐤋𐤆𐤕𐤓𐤇𐤉𐤁 𐤑𐤏𐤃𐤉 𐤕𐤇𐤕𐤍𐤉 𐤅𐤋𐤀 𐤌𐤏𐤃𐤅 𐤒𐤓𐤎𐤋𐤉•
𐤋𐤇𐤀𐤓𐤃𐤐𐤄 𐤀𐤉𐤁𐤉 𐤅𐤀𐤔𐤌𐤉𐤃𐤌 𐤅𐤋𐤀 𐤀𐤔𐤅𐤁 𐤏𐤃 𐤊𐤋𐤅𐤕𐤌•
𐤋𐤈𐤅𐤀𐤊𐤋𐤌 𐤅𐤀𐤌𐤇𐤑𐤌 𐤅𐤋𐤀 𐤉𐤒𐤅𐤌𐤅𐤍 𐤅𐤉𐤐𐤋𐤅 𐤕𐤇𐤕 𐤓𐤂𐤋𐤉•
𐤌 𐤅𐤕𐤆𐤓𐤍𐤉 𐤇𐤉𐤋 𐤋𐤌𐤋𐤇𐤌𐤄 𐤕𐤊𐤓𐤉𐤏 𐤒𐤌𐤉 𐤕𐤇𐤕𐤍𐤉•
𐤌𐤀𐤅𐤀𐤉𐤁𐤉 𐤕𐤕𐤄 𐤋𐤉 𐤏𐤓𐤐 𐤌𐤔𐤍𐤀𐤉 𐤅𐤀𐤑𐤌𐤉𐤕𐤌•
𐤌𐤁𐤉𐤔𐤏𐤅 𐤅𐤀𐤉𐤍 𐤌𐤔𐤉𐤏 𐤀𐤋 𐤉𐤄𐤅𐤄 𐤅𐤋𐤀 𐤏𐤍𐤌•
𐤌𐤂𐤅𐤀𐤔𐤇𐤒𐤌 𐤊𐤏𐤐𐤓 𐤀𐤓𐤑 𐤊𐤈𐤉𐤈 𐤇𐤅𐤑𐤅𐤕 𐤀𐤃𐤒𐤌 𐤀𐤓𐤒𐤏𐤌•
𐤌𐤃𐤅𐤕𐤐𐤋𐤈𐤍𐤉 𐤌𐤓𐤉𐤁𐤉 𐤏𐤌𐤉 𐤕𐤔𐤌𐤓𐤍𐤉 𐤋𐤓𐤀𐤔 𐤂𐤅𐤉𐤌 𐤏𐤌 𐤋𐤀 𐤉𐤃𐤏𐤕𐤉
𐤉𐤏𐤁𐤃𐤍𐤉•
𐤌𐤄𐤁𐤍𐤉 𐤍𐤊𐤓 𐤉𐤕𐤊𐤇𐤔𐤅 𐤋𐤉 𐤋𐤔𐤌𐤅𐤏 𐤀𐤆𐤍 𐤉𐤔𐤌𐤏𐤅 𐤋𐤉•
𐤌𐤅𐤁𐤍𐤉 𐤍𐤊𐤓 𐤉𐤁𐤋𐤅 𐤅𐤉𐤇𐤂𐤓𐤅 𐤌𐤌𐤎𐤂𐤓𐤅𐤕𐤌•
𐤌𐤆𐤇𐤉 𐤉𐤄𐤅𐤄 𐤅𐤁𐤓𐤅𐤊 𐤑𐤅𐤓𐤉 𐤅𐤉𐤓𐤌 𐤀𐤋𐤄𐤉 𐤑𐤅𐤓 𐤉𐤔𐤏𐤉•
𐤌𐤇𐤄𐤀𐤋 𐤄𐤍𐤕𐤍 𐤍𐤒𐤌𐤕 𐤋𐤉 𐤅𐤌𐤓𐤉𐤃 𐤏𐤌𐤉𐤌 𐤕𐤇𐤕𐤍𐤉•
𐤌𐤈𐤅𐤌𐤅𐤑𐤉𐤀𐤉 𐤌𐤀𐤉𐤁𐤉 𐤅𐤌𐤒𐤌𐤉 𐤕𐤓𐤅𐤌𐤌𐤍𐤉 𐤌𐤀𐤉𐤔 𐤇𐤌𐤎𐤉𐤌
𐤕𐤑𐤉𐤋𐤍𐤉•
𐤍 𐤏𐤋 𐤊𐤍 𐤀𐤅𐤃𐤊 𐤉𐤄𐤅𐤄 𐤁𐤂𐤅𐤉𐤌 𐤅𐤋𐤔𐤌𐤊 𐤀𐤆𐤌𐤓•
𐤍𐤀 𐤌𐤂𐤃𐤉𐤋 [𐤌𐤂𐤃𐤅𐤋] 𐤉𐤔𐤅𐤏𐤅𐤕 𐤌𐤋𐤊𐤅 𐤅𐤏𐤔𐤄 𐤇𐤎𐤃 𐤋𐤌𐤔𐤉𐤇𐤅 𐤋𐤃𐤅𐤃
𐤅𐤋𐤆𐤓𐤏𐤅 𐤏𐤃 𐤏𐤅𐤋𐤌•

## 𐤐𐤓𐤒 𐤊𐤂

𐤀𐤅𐤀𐤋𐤄 𐤃𐤁𐤓𐤉 𐤃𐤅𐤃 𐤄𐤀𐤇𐤓𐤍𐤉𐤌 𐤍𐤀𐤌 𐤃𐤅𐤃 𐤁𐤍 𐤉𐤔𐤉 𐤅𐤍𐤀𐤌 𐤄𐤂𐤁𐤓
𐤄𐤒𐤌 𐤏𐤋 𐤌𐤔𐤉𐤇 𐤀𐤋𐤄𐤉 𐤉𐤏𐤒𐤁 𐤅𐤍𐤏𐤉𐤌 𐤆𐤌𐤓𐤅𐤕 𐤉𐤔𐤓𐤀𐤋•
𐤁𐤓𐤅𐤇 𐤉𐤄𐤅𐤄 𐤃𐤁𐤓 𐤁𐤉 𐤅𐤌𐤋𐤕𐤅 𐤏𐤋 𐤋𐤔𐤅𐤍𐤉•
𐤂𐤀𐤌𐤓 𐤀𐤋𐤄𐤉 𐤉𐤔𐤓𐤀𐤋 𐤋𐤉 𐤃𐤁𐤓 𐤑𐤅𐤓 𐤉𐤔𐤓𐤀𐤋 𐤌𐤅𐤔𐤋 𐤁𐤀𐤃𐤌 𐤑𐤃𐤉𐤒
𐤌𐤅𐤔𐤋 𐤉𐤓𐤀𐤕 𐤀𐤋𐤄𐤉𐤌•

# 𐤔𐤌𐤅𐤀𐤋 𐤁

𐤃 𐤅𐤊𐤀𐤅𐤓 𐤁𐤒𐤓 𐤉𐤆𐤓𐤇 𐤔𐤌𐤔 𐤁𐤒𐤓 𐤋𐤀 𐤏𐤁𐤅𐤕 𐤌𐤍𐤂𐤄 𐤌𐤌𐤈𐤓 𐤃𐤔𐤀
𐤌𐤀𐤓𐤑.
𐤄 𐤊𐤉 𐤋𐤀 𐤊𐤍 𐤁𐤉𐤕𐤉 𐤏𐤌 𐤀𐤋 𐤊𐤉 𐤁𐤓𐤉𐤕 𐤏𐤅𐤋𐤌 𐤔𐤌 𐤋𐤉 𐤏𐤓𐤅𐤊𐤄 𐤁𐤊𐤋
𐤅𐤔𐤌𐤓𐤄 𐤊𐤉 𐤊𐤋 𐤉𐤔𐤏𐤉 𐤅𐤊𐤋 𐤇𐤐𐤑 𐤊𐤉 𐤋𐤀 𐤉𐤑𐤌𐤉𐤇.
𐤅 𐤅𐤁𐤋𐤉𐤏𐤋 𐤊𐤒𐤅𐤑 𐤌𐤍𐤃 𐤊𐤋𐤄𐤌 𐤊𐤉 𐤋𐤀 𐤁𐤉𐤃 𐤉𐤒𐤇𐤅.
𐤆 𐤅𐤀𐤉𐤔 𐤉𐤂𐤏 𐤁𐤄𐤌 𐤉𐤌𐤋𐤀 𐤁𐤓𐤆𐤋 𐤅𐤏𐤑 𐤇𐤍𐤉𐤕 𐤅𐤁𐤀𐤔 𐤔𐤓𐤅𐤐 𐤉𐤔𐤓𐤐𐤅
𐤁𐤔𐤁𐤕.
𐤇 𐤀𐤋𐤄 𐤔𐤌𐤅𐤕 𐤄𐤂𐤁𐤓𐤉𐤌 𐤀𐤔𐤓 𐤋𐤃𐤅𐤃 𐤉𐤔𐤁 𐤁𐤔𐤁𐤕 𐤕𐤇𐤊𐤌𐤍𐤉 𐤓𐤀𐤔
𐤄𐤔𐤋𐤔𐤉 𐤄𐤅𐤀 𐤏𐤃𐤉𐤍𐤅 𐤄𐤏𐤑𐤍𐤅 [𐤄𐤏𐤑𐤍𐤉] 𐤏𐤋 𐤔𐤌𐤍𐤄 𐤌𐤀𐤅𐤕 𐤇𐤋𐤋
𐤁𐤐𐤏𐤌 𐤀𐤇𐤃 [𐤀𐤇𐤕].
𐤈 𐤅𐤀𐤇𐤓𐤅 [𐤅𐤀𐤇𐤓𐤉𐤅] 𐤀𐤋𐤏𐤆𐤓 𐤁𐤍 𐤃𐤃𐤉 [𐤃𐤃𐤅] 𐤁𐤍 𐤀𐤇𐤇𐤉
𐤁𐤔𐤋𐤔𐤄 𐤂𐤁𐤓𐤉𐤌 [𐤄𐤂𐤁𐤓𐤉𐤌] 𐤏𐤌 𐤃𐤅𐤃 𐤁𐤇𐤓𐤐𐤌 𐤁𐤐𐤋𐤔𐤕𐤉𐤌 𐤍𐤀𐤎𐤐𐤅 𐤔𐤌
𐤋𐤌𐤋𐤇𐤌𐤄 𐤅𐤉𐤏𐤋𐤅 𐤀𐤉𐤔 𐤉𐤔𐤓𐤀𐤋.
𐤉 𐤄𐤅𐤀 𐤒𐤌 𐤅𐤉𐤊 𐤁𐤐𐤋𐤔𐤕𐤉𐤌 𐤏𐤃 𐤊𐤉 𐤉𐤂𐤏𐤄 𐤉𐤃𐤅 𐤅𐤕𐤃𐤁𐤒 𐤉𐤃𐤅 𐤀𐤋
𐤄𐤇𐤓𐤁 𐤅𐤉𐤏𐤔 𐤉𐤄𐤅𐤄 𐤕𐤔𐤅𐤏𐤄 𐤂𐤃𐤅𐤋𐤄 𐤁𐤉𐤅𐤌 𐤄𐤄𐤅𐤀 𐤅𐤄𐤏𐤌 𐤉𐤔𐤁𐤅
𐤀𐤇𐤓𐤉𐤅 𐤀𐤊 𐤋𐤐𐤔𐤈.
𐤉𐤀 𐤅𐤀𐤇𐤓𐤉𐤅 𐤔𐤌𐤀 𐤁𐤍 𐤀𐤂𐤀 𐤄𐤓𐤓𐤉 𐤅𐤉𐤀𐤎𐤐𐤅 𐤐𐤋𐤔𐤕𐤉𐤌 𐤋𐤇𐤉𐤄 𐤅𐤕𐤄𐤉
𐤔𐤌 𐤇𐤋𐤒𐤕 𐤄𐤔𐤃𐤄 𐤌𐤋𐤀𐤄 𐤏𐤃𐤔𐤉𐤌 𐤅𐤄𐤏𐤌 𐤍𐤎 𐤌𐤐𐤍𐤉 𐤐𐤋𐤔𐤕𐤉𐤌.
𐤉𐤁 𐤅𐤉𐤕𐤉𐤑𐤁 𐤁𐤕𐤅𐤊 𐤄𐤇𐤋𐤒𐤄 𐤅𐤉𐤑𐤉𐤋𐤄 𐤅𐤉𐤊 𐤀𐤕 𐤐𐤋𐤔𐤕𐤉𐤌 𐤅𐤉𐤏𐤔
𐤉𐤄𐤅𐤄 𐤕𐤔𐤅𐤏𐤄 𐤂𐤃𐤅𐤋𐤄.
𐤉𐤂 𐤅𐤉𐤓𐤃𐤅 𐤔𐤋𐤔𐤉𐤌 [𐤔𐤋𐤔𐤄] 𐤌𐤄𐤔𐤋𐤔𐤉𐤌 𐤓𐤀𐤔 𐤅𐤉𐤁𐤀𐤅 𐤀𐤋 𐤒𐤑𐤉𐤓
𐤀𐤋 𐤃𐤅𐤃 𐤀𐤋 𐤌𐤏𐤓𐤕 𐤏𐤃𐤋𐤌 𐤅𐤇𐤉𐤕 𐤐𐤋𐤔𐤕𐤉𐤌 𐤇𐤍𐤄 𐤁𐤏𐤌𐤒 𐤓𐤐𐤀𐤉𐤌.
𐤉𐤃 𐤅𐤃𐤅𐤃 𐤀𐤆 𐤁𐤌𐤑𐤅𐤃𐤄 𐤅𐤌𐤑𐤁 𐤐𐤋𐤔𐤕𐤉𐤌 𐤀𐤆 𐤁𐤉𐤕 𐤋𐤇𐤌.
𐤈𐤅 𐤅𐤉𐤕𐤀𐤅𐤄 𐤃𐤅𐤃 𐤅𐤉𐤀𐤌𐤓 𐤌𐤉 𐤉𐤔𐤒𐤍𐤉 𐤌𐤉𐤌 𐤌𐤁𐤀𐤓 𐤁𐤉𐤕 𐤋𐤇𐤌 𐤀𐤔𐤓
𐤁𐤔𐤏𐤓.
𐤈𐤆 𐤅𐤉𐤁𐤒𐤏𐤅 𐤔𐤋𐤔𐤕 𐤄𐤂𐤁𐤓𐤉𐤌 𐤁𐤌𐤇𐤍𐤄 𐤐𐤋𐤔𐤕𐤉𐤌 𐤅𐤉𐤔𐤀𐤁𐤅 𐤌𐤉𐤌
𐤌𐤁𐤀𐤓 𐤁𐤉𐤕 𐤋𐤇𐤌 𐤀𐤔𐤓 𐤁𐤔𐤏𐤓 𐤅𐤉𐤔𐤀𐤅 𐤅𐤉𐤁𐤀𐤅 𐤀𐤋 𐤃𐤅𐤃 𐤅𐤋𐤀 𐤀𐤁𐤄
𐤋𐤔𐤕𐤅𐤕𐤌 𐤅𐤉𐤎𐤊 𐤀𐤕𐤌 𐤋𐤉𐤄𐤅𐤄.
𐤉𐤆 𐤅𐤉𐤀𐤌𐤓 𐤇𐤋𐤉𐤋𐤄 𐤋𐤉 𐤉𐤄𐤅𐤄 𐤌𐤏𐤔𐤕𐤉 𐤆𐤀𐤕 𐤄𐤃𐤌 𐤄𐤀𐤍𐤔𐤉𐤌
𐤄𐤄𐤋𐤊𐤉𐤌 𐤁𐤍𐤐𐤔𐤅𐤕𐤌 𐤅𐤋𐤀 𐤀𐤁𐤄 𐤋𐤔𐤕𐤅𐤕𐤌 𐤀𐤋𐤄 𐤏𐤔𐤅 𐤔𐤋𐤔𐤕
𐤄𐤂𐤁𐤓𐤉𐤌.
𐤉𐤇 𐤅𐤀𐤁𐤉𐤔𐤉 𐤀𐤇𐤉 𐤉𐤅𐤀𐤁 𐤁𐤍 𐤑𐤓𐤅𐤉𐤄 𐤄𐤅𐤀 𐤓𐤀𐤔 𐤄𐤔𐤋𐤔𐤉
[𐤄𐤔𐤋𐤔𐤄] 𐤅𐤄𐤅𐤀 𐤏𐤅𐤓𐤓 𐤀𐤕 𐤇𐤍𐤉𐤕𐤅 𐤏𐤋 𐤔𐤋𐤔 𐤌𐤀𐤅𐤕 𐤇𐤋𐤋 𐤅𐤋𐤅 𐤔𐤌

𐤁𐤔𐤋𐤔𐤄•

𐤉𐤈 𐤌𐤍 𐤄𐤔𐤋𐤔𐤄 𐤄𐤊𐤉 𐤍𐤊𐤁𐤃 𐤅𐤉𐤄𐤉 𐤋𐤄𐤌 𐤋𐤔𐤓 𐤅𐤏𐤃 𐤄𐤔𐤋𐤔𐤄 𐤋𐤀
𐤁𐤀•

𐤊 𐤅𐤁𐤍𐤉𐤄𐤅 𐤁𐤍 𐤉𐤄𐤅𐤉𐤃𐤏 𐤁𐤍 𐤀𐤉𐤔 𐤇𐤉 [𐤇𐤉𐤋] 𐤓𐤁 𐤐𐤏𐤋𐤉𐤌 𐤌𐤒𐤁𐤑𐤀𐤋
𐤄𐤅𐤀 𐤄𐤊𐤄 𐤀𐤕 𐤔𐤍𐤉 𐤀𐤓𐤀𐤋 𐤌𐤅𐤀𐤁 𐤅𐤄𐤅𐤀 𐤉𐤓𐤃 𐤅𐤄𐤊𐤄 𐤀𐤕 𐤄𐤀𐤓𐤉𐤄
[𐤄𐤀𐤓𐤉] 𐤁𐤕𐤅𐤊 𐤄𐤁𐤀𐤓 𐤁𐤉𐤅𐤌 𐤄𐤔𐤋𐤂•

𐤊𐤀 𐤅𐤄𐤅𐤀 𐤄𐤊𐤄 𐤀𐤕 𐤀𐤉𐤔 𐤌𐤑𐤓𐤉 𐤀𐤔𐤓 [𐤀𐤉𐤔] 𐤌𐤓𐤀𐤄 𐤅𐤁𐤉𐤃 𐤄𐤌𐤑𐤓𐤉
𐤇𐤍𐤉𐤕 𐤅𐤉𐤓𐤃 𐤀𐤋𐤉𐤅 𐤁𐤔𐤁𐤈 𐤅𐤉𐤂𐤆𐤋 𐤀𐤕 𐤄𐤇𐤍𐤉𐤕 𐤌𐤉𐤃 𐤄𐤌𐤑𐤓𐤉
𐤅𐤉𐤄𐤓𐤂𐤄𐤅 𐤁𐤇𐤍𐤉𐤕𐤅•

𐤊𐤁 𐤀𐤋𐤄 𐤏𐤔𐤄 𐤁𐤍𐤉𐤄𐤅 𐤁𐤍 𐤉𐤄𐤅𐤉𐤃𐤏 𐤅𐤋𐤅 𐤔𐤌 𐤁𐤔𐤋𐤔𐤄 𐤄𐤂𐤁𐤓𐤉𐤌•

𐤊𐤂 𐤌𐤍 𐤄𐤔𐤋𐤔𐤉𐤌 𐤍𐤊𐤁𐤃 𐤅𐤀𐤋 𐤄𐤔𐤋𐤔𐤄 𐤋𐤀 𐤁𐤀 𐤅𐤉𐤔𐤌𐤄𐤅 𐤃𐤅𐤃 𐤀𐤋
𐤌𐤔𐤌𐤏𐤕𐤅•

𐤊𐤃 𐤏𐤔𐤄𐤀𐤋 𐤀𐤇𐤉 𐤉𐤅𐤀𐤁 𐤁𐤔𐤋𐤔𐤉𐤌 𐤀𐤋𐤇𐤍𐤍 𐤁𐤍 𐤃𐤃𐤅 𐤁𐤉𐤕 𐤋𐤇𐤌•

𐤊𐤄 𐤔𐤌𐤄 𐤄𐤇𐤓𐤃𐤉 𐤀𐤋𐤉𐤒𐤀 𐤄𐤇𐤓𐤃𐤉•

𐤊𐤅 𐤇𐤋𐤑 𐤄𐤐𐤋𐤈𐤉 𐤏𐤉𐤓𐤀 𐤁𐤍 𐤏𐤒𐤔 𐤄𐤕𐤒𐤅𐤏𐤉•

𐤊𐤆 𐤀𐤁𐤉𐤏𐤆𐤓 𐤄𐤏𐤍𐤕𐤕𐤉 𐤌𐤁𐤍𐤉 𐤄𐤇𐤔𐤕𐤉•

𐤊𐤇 𐤑𐤋𐤌𐤅𐤍 𐤄𐤀𐤇𐤇𐤉 𐤌𐤄𐤓𐤉 𐤄𐤍𐤈𐤐𐤕𐤉•

𐤊𐤈 𐤇𐤋𐤁 𐤁𐤍 𐤁𐤏𐤍𐤄 𐤄𐤍𐤈𐤐𐤕𐤉 𐤀𐤕𐤉 𐤁𐤍 𐤓𐤉𐤁𐤉 𐤌𐤂𐤁𐤏𐤕 𐤁𐤍𐤉 𐤁𐤍𐤉𐤌𐤍•

𐤋 𐤁𐤍𐤉𐤄𐤅 𐤐𐤓𐤏𐤕𐤍𐤉 𐤄𐤃𐤉 𐤌𐤍𐤇𐤋𐤉 𐤂𐤏𐤔•

𐤋𐤀 𐤀𐤁𐤉 𐤏𐤋𐤁𐤅𐤍 𐤄𐤏𐤓𐤁𐤕𐤉 𐤏𐤆𐤌𐤅𐤕 𐤄𐤁𐤓𐤇𐤌𐤉•

𐤋𐤁 𐤀𐤋𐤉𐤇𐤁𐤀 𐤄𐤔𐤏𐤋𐤁𐤍𐤉 𐤁𐤍𐤉 𐤉𐤔𐤍 𐤉𐤄𐤅𐤍𐤕𐤍•

𐤋𐤂 𐤔𐤌𐤄 𐤄𐤄𐤓𐤓𐤉 𐤀𐤇𐤉𐤀𐤌 𐤁𐤍 𐤔𐤓𐤓 𐤄𐤀𐤓𐤓𐤉•

𐤋𐤃 𐤀𐤋𐤉𐤐𐤋𐤈 𐤁𐤍 𐤀𐤇𐤎𐤁𐤉 𐤁𐤍 𐤄𐤌𐤏𐤊𐤕𐤉 𐤀𐤋𐤉𐤏𐤌 𐤁𐤍 𐤀𐤇𐤉𐤕𐤐𐤋
𐤄𐤂𐤋𐤍𐤉•

𐤋𐤄 𐤇𐤑𐤓𐤅 [𐤇𐤑𐤓𐤉] 𐤄𐤊𐤓𐤌𐤋𐤉 𐤐𐤏𐤓𐤉 𐤄𐤀𐤓𐤁𐤉•

𐤋𐤅 𐤉𐤂𐤀𐤋 𐤁𐤍 𐤍𐤕𐤍 𐤌𐤑𐤁𐤄 𐤁𐤍𐤉 𐤄𐤂𐤃𐤉•

𐤋𐤆 𐤑𐤋𐤒 𐤄𐤏𐤌𐤍𐤉 𐤍𐤇𐤓𐤉 𐤄𐤁𐤀𐤓𐤕𐤉 𐤍𐤔𐤀𐤉 [𐤍𐤔𐤀] 𐤊𐤋𐤉 𐤉𐤅𐤀𐤁 𐤁𐤍
𐤑𐤓𐤉𐤄•

𐤋𐤇 𐤏𐤉𐤓𐤀 𐤄𐤉𐤕𐤓𐤉 𐤂𐤓𐤁 𐤄𐤉𐤕𐤓𐤉•

𐤋𐤈 𐤀𐤅𐤓𐤉𐤄 𐤄𐤇𐤕𐤉 𐤊𐤋 𐤔𐤋𐤔𐤉𐤌 𐤅𐤔𐤁𐤏𐤄•

## 𐤐𐤓𐤒 𐤊𐤃

𐤀 𐤅𐤉𐤎𐤐 𐤀𐤐 𐤉𐤄𐤅𐤄 𐤋𐤇𐤓𐤅𐤕 𐤁𐤉𐤔𐤓𐤀𐤋 𐤅𐤉𐤎𐤕 𐤀𐤕 𐤃𐤅𐤃 𐤁𐤄𐤌 𐤋𐤀𐤌𐤓 𐤋𐤊

# 𐤔𐤌𐤅𐤀𐤋 𐤁

𐤌𐤍𐤄 𐤀𐤕 𐤉𐤔𐤓𐤀𐤋 𐤅𐤀𐤕 𐤉𐤄𐤅𐤃𐤄.
𐤁𐤅𐤉𐤀𐤌𐤓 𐤄𐤌𐤋𐤊 𐤀𐤋 𐤉𐤅𐤀𐤁 𐤔𐤓 𐤄𐤇𐤉𐤋 𐤀𐤔𐤓 𐤀𐤕𐤅 𐤔𐤅𐤈 𐤍𐤀 𐤁𐤊𐤋
𐤔𐤁𐤈𐤉 𐤉𐤔𐤓𐤀𐤋 𐤌𐤃𐤍 𐤅𐤏𐤃 𐤁𐤀𐤓 𐤔𐤁𐤏 𐤅𐤐𐤒𐤃𐤅 𐤀𐤕 𐤄𐤏𐤌 𐤅𐤉𐤃𐤏𐤕𐤉 𐤀𐤕
𐤌𐤎𐤐𐤓 𐤄𐤏𐤌.
𐤂𐤅𐤉𐤀𐤌𐤓 𐤉𐤅𐤀𐤁 𐤀𐤋 𐤄𐤌𐤋𐤊 𐤅𐤉𐤅𐤎𐤐 𐤉𐤄𐤅𐤄 𐤀𐤋𐤄𐤉𐤊 𐤀𐤋 𐤄𐤏𐤌 𐤊𐤄𐤌
𐤅𐤊𐤄𐤌 𐤌𐤀𐤄 𐤐𐤏𐤌𐤉𐤌 𐤅𐤏𐤉𐤍𐤉 𐤀𐤃𐤍𐤉 𐤄𐤌𐤋𐤊 𐤓𐤀𐤅𐤕 𐤅𐤀𐤃𐤍𐤉 𐤄𐤌𐤋𐤊
𐤋𐤌𐤄 𐤇𐤐𐤑 𐤁𐤃𐤁𐤓 𐤄𐤆𐤄.
𐤃𐤅𐤉𐤇𐤆𐤒 𐤃𐤁𐤓 𐤄𐤌𐤋𐤊 𐤀𐤋 𐤉𐤅𐤀𐤁 𐤅𐤏𐤋 𐤔𐤓𐤉 𐤄𐤇𐤉𐤋 𐤅𐤉𐤑𐤀 𐤉𐤅𐤀𐤁
𐤅𐤔𐤓𐤉 𐤄𐤇𐤉𐤋 𐤋𐤐𐤍𐤉 𐤄𐤌𐤋𐤊 𐤋𐤐𐤒𐤃 𐤀𐤕 𐤄𐤏𐤌 𐤀𐤕 𐤉𐤔𐤓𐤀𐤋.
𐤄𐤅𐤉𐤏𐤁𐤓𐤅 𐤀𐤕 𐤄𐤉𐤓𐤃𐤍 𐤅𐤉𐤇𐤍𐤅 𐤁𐤏𐤓𐤅𐤏𐤓 𐤉𐤌𐤉𐤍 𐤄𐤏𐤉𐤓 𐤀𐤔𐤓 𐤁𐤕𐤅𐤊
𐤄𐤍𐤇𐤋 𐤄𐤂𐤃 𐤅𐤀𐤋 𐤉𐤏𐤆𐤓.
𐤅𐤅𐤉𐤁𐤀𐤅 𐤄𐤂𐤋𐤏𐤃𐤄 𐤅𐤀𐤋 𐤀𐤓𐤑 𐤕𐤇𐤕𐤉𐤌 𐤇𐤃𐤔𐤉 𐤅𐤉𐤁𐤀𐤅 𐤃𐤍𐤄 𐤉𐤏𐤍
𐤅𐤎𐤁𐤉𐤁 𐤀𐤋 𐤑𐤉𐤃𐤅𐤍.
𐤆𐤅𐤉𐤁𐤀𐤅 𐤌𐤁𐤑𐤓 𐤑𐤓 𐤅𐤊𐤋 𐤏𐤓𐤉 𐤄𐤇𐤅𐤉 𐤅𐤄𐤊𐤍𐤏𐤍𐤉 𐤅𐤉𐤑𐤀𐤅 𐤀𐤋 𐤍𐤂𐤁
𐤉𐤄𐤅𐤃𐤄 𐤁𐤀𐤓 𐤔𐤁𐤏.
𐤇𐤅𐤉𐤔𐤈𐤅 𐤁𐤊𐤋 𐤄𐤀𐤓𐤑 𐤅𐤉𐤁𐤀𐤅 𐤌𐤒𐤑𐤄 𐤕𐤔𐤏𐤄 𐤇𐤃𐤔𐤉𐤌 𐤅𐤏𐤔𐤓𐤉𐤌
𐤉𐤅𐤌 𐤉𐤓𐤅𐤔𐤋𐤌.
𐤈𐤅𐤉𐤕𐤍 𐤉𐤅𐤀𐤁 𐤀𐤕 𐤌𐤎𐤐𐤓 𐤌𐤐𐤒𐤃 𐤄𐤏𐤌 𐤀𐤋 𐤄𐤌𐤋𐤊 𐤅𐤕𐤄𐤉 𐤉𐤔𐤓𐤀𐤋
𐤔𐤌𐤍𐤄 𐤌𐤀𐤅𐤕 𐤀𐤋𐤐 𐤀𐤉𐤔 𐤇𐤉𐤋 𐤔𐤋𐤐 𐤇𐤓𐤁 𐤅𐤀𐤉𐤔 𐤉𐤄𐤅𐤃𐤄 𐤇𐤌𐤔 𐤌𐤀𐤅𐤕
𐤀𐤋𐤐 𐤀𐤉𐤔.
𐤉𐤅𐤉𐤊 𐤋𐤁 𐤃𐤅𐤃 𐤀𐤕𐤅 𐤀𐤇𐤓𐤉 𐤊𐤍 𐤎𐤐𐤓 𐤀𐤕 𐤄𐤏𐤌 𐤎 𐤅𐤉𐤀𐤌𐤓 𐤃𐤅𐤃 𐤀𐤋
𐤉𐤄𐤅𐤄 𐤇𐤈𐤀𐤕𐤉 𐤌𐤀𐤃 𐤀𐤔𐤓 𐤏𐤔𐤉𐤕𐤉 𐤅𐤏𐤕𐤄 𐤉𐤄𐤅𐤄 𐤄𐤏𐤁𐤓 𐤍𐤀 𐤀𐤕 𐤏𐤅𐤍
𐤏𐤁𐤃𐤊 𐤊𐤉 𐤍𐤎𐤊𐤋𐤕𐤉 𐤌𐤀𐤃.
𐤉𐤀𐤅𐤉𐤒𐤌 𐤃𐤅𐤃 𐤁𐤁𐤒𐤓 𐤐 𐤅𐤃𐤁𐤓 𐤉𐤄𐤅𐤄 𐤄𐤉𐤄 𐤀𐤋 𐤂𐤃 𐤄𐤍𐤁𐤉𐤀 𐤇𐤆𐤄
𐤃𐤅𐤃 𐤋𐤀𐤌𐤓.
𐤉𐤁𐤄𐤋𐤅𐤊 𐤅𐤃𐤁𐤓𐤕 𐤀𐤋 𐤃𐤅𐤃 𐤊𐤄 𐤀𐤌𐤓 𐤉𐤄𐤅𐤄 𐤔𐤋𐤔 𐤀𐤍𐤊𐤉 𐤍𐤅𐤈𐤋
𐤏𐤋𐤉𐤊 𐤁𐤇𐤓 𐤋𐤊 𐤀𐤇𐤕 𐤌𐤄𐤌 𐤅𐤀𐤏𐤔𐤄 𐤋𐤊.
𐤉𐤂𐤅𐤉𐤁𐤀 𐤂𐤃 𐤀𐤋 𐤃𐤅𐤃 𐤅𐤉𐤂𐤃 𐤋𐤅 𐤅𐤉𐤀𐤌𐤓 𐤋𐤅 𐤄𐤕𐤁𐤅𐤀 𐤋𐤊 𐤔𐤁𐤏
𐤔𐤍𐤉𐤌 𐤓𐤏𐤁 𐤁𐤀𐤓𐤑𐤊 𐤀𐤌 𐤔𐤋𐤔𐤄 𐤇𐤃𐤔𐤉𐤌 𐤍𐤎𐤊 𐤋𐤐𐤍𐤉 𐤑𐤓𐤉𐤊 𐤅𐤄𐤅𐤀
𐤓𐤃𐤐𐤊 𐤅𐤀𐤌 𐤄𐤉𐤅𐤕 𐤔𐤋𐤔𐤕 𐤉𐤌𐤉𐤌 𐤃𐤁𐤓 𐤁𐤀𐤓𐤑𐤊 𐤏𐤕𐤄 𐤃𐤏 𐤅𐤓𐤀𐤄 𐤌𐤄
𐤀𐤔𐤉𐤁 𐤔𐤋𐤇𐤉 𐤃𐤁𐤓.
𐤉𐤃𐤅𐤉𐤀𐤌𐤓 𐤃𐤅𐤃 𐤀𐤋 𐤂𐤃 𐤑𐤓 𐤋𐤉 𐤌𐤀𐤃 𐤍𐤐𐤋𐤄 𐤍𐤀 𐤁𐤉𐤃 𐤉𐤄𐤅𐤄 𐤊𐤉
𐤓𐤁𐤉𐤌 𐤓𐤇𐤌𐤅 [𐤓𐤇𐤌𐤉𐤅] 𐤅𐤁𐤉𐤃 𐤀𐤃𐤌 𐤀𐤋 𐤀𐤐𐤋𐤄.

# 𐤔𐤌𐤅𐤀𐤋 𐤁

𐤈𐤅𐤅𐤉𐤕𐤍 𐤉𐤄𐤅𐤄 𐤃𐤁𐤓 𐤁𐤉𐤔𐤓𐤀𐤋 𐤌𐤄𐤁𐤒𐤓 𐤅𐤏𐤃 𐤏𐤕 𐤌𐤅𐤏𐤃 𐤅𐤉𐤌𐤕 𐤌𐤍
𐤄𐤏𐤌 𐤌𐤃𐤍 𐤅𐤏𐤃 𐤁𐤀𐤓 𐤔𐤁𐤏 𐤔𐤁𐤏𐤉𐤌 𐤀𐤋𐤐 𐤀𐤉𐤔•
𐤈𐤆𐤅𐤉𐤔𐤋𐤇 𐤉𐤃𐤅 𐤄𐤌𐤋𐤀𐤊 𐤉𐤓𐤅𐤔𐤋𐤌 𐤋𐤔𐤇𐤕𐤄 𐤅𐤉𐤍𐤇𐤌 𐤉𐤄𐤅𐤄 𐤀𐤋
𐤄𐤓𐤏𐤄 𐤅𐤉𐤀𐤌𐤓 𐤋𐤌𐤋𐤀𐤊 𐤄𐤌𐤔𐤇𐤉𐤕 𐤁𐤏𐤌 𐤓𐤁 𐤏𐤕𐤄 𐤄𐤓𐤐 𐤉𐤃𐤊 𐤅𐤌𐤋𐤀𐤊
𐤉𐤄𐤅𐤄 𐤄𐤉𐤄 𐤏𐤌 𐤂𐤓𐤍 𐤄𐤀𐤅𐤓𐤍𐤄 [𐤄𐤀𐤓𐤅𐤍𐤄] 𐤄𐤉𐤁𐤎𐤉•
𐤉𐤆𐤅𐤉𐤀𐤌𐤓 𐤃𐤅𐤃 𐤀𐤋 𐤉𐤄𐤅𐤄 𐤁𐤓𐤀𐤕𐤅 𐤀𐤕 𐤄𐤌𐤋𐤀𐤊 𐤄𐤌𐤊𐤄 𐤁𐤏𐤌
𐤅𐤉𐤀𐤌𐤓 𐤄𐤍𐤄 𐤀𐤍𐤊𐤉 𐤇𐤈𐤀𐤕𐤉 𐤅𐤀𐤍𐤊𐤉 𐤄𐤏𐤅𐤉𐤕𐤉 𐤅𐤀𐤋𐤄 𐤄𐤑𐤀𐤍 𐤌𐤄
𐤏𐤔𐤅 𐤕𐤄𐤉 𐤍𐤀 𐤉𐤃𐤊 𐤁𐤉 𐤅𐤁𐤁𐤉𐤕 𐤀𐤁𐤉•
𐤉𐤇𐤅𐤉𐤁𐤀 𐤂𐤃 𐤀𐤋 𐤃𐤅𐤃 𐤁𐤉𐤅𐤌 𐤄𐤄𐤅𐤀 𐤅𐤉𐤀𐤌𐤓 𐤋𐤅 𐤏𐤋𐤄 𐤄𐤒𐤌 𐤋𐤉𐤄𐤅𐤄
𐤌𐤆𐤁𐤇 𐤁𐤂𐤓𐤍 𐤀𐤓𐤍𐤉𐤄 [𐤀𐤓𐤅𐤍𐤄] 𐤄𐤉𐤁𐤎𐤉•
𐤉𐤈𐤅𐤉𐤏𐤋 𐤃𐤅𐤃 𐤊𐤃𐤁𐤓 𐤂𐤃 𐤊𐤀𐤔𐤓 𐤑𐤅𐤄 𐤉𐤄𐤅𐤄•
𐤊 𐤅𐤉𐤔𐤒𐤐 𐤀𐤓𐤅𐤍𐤄 𐤅𐤉𐤓𐤀 𐤀𐤕 𐤄𐤌𐤋𐤊 𐤅𐤀𐤕 𐤏𐤁𐤃𐤉𐤅 𐤏𐤁𐤓𐤉𐤌 𐤏𐤋𐤉𐤅
𐤅𐤉𐤑𐤀 𐤀𐤓𐤅𐤍𐤄 𐤅𐤉𐤔𐤕𐤇𐤅 𐤋𐤌𐤋𐤊 𐤀𐤐𐤉𐤅 𐤀𐤓𐤑𐤄•
𐤊𐤀𐤅𐤉𐤀𐤌𐤓 𐤀𐤓𐤅𐤍𐤄 𐤌𐤃𐤅𐤏 𐤁𐤀 𐤀𐤃𐤍𐤉 𐤄𐤌𐤋𐤊 𐤀𐤋 𐤏𐤁𐤃𐤅 𐤅𐤉𐤀𐤌𐤓 𐤃𐤅𐤃
𐤋𐤒𐤍𐤅𐤕 𐤌𐤏𐤌𐤊 𐤀𐤕 𐤄𐤂𐤓𐤍 𐤋𐤁𐤍𐤅𐤕 𐤌𐤆𐤁𐤇 𐤋𐤉𐤄𐤅𐤄 𐤅𐤕𐤏𐤑𐤓 𐤄𐤌𐤂𐤐𐤄
𐤌𐤏𐤋 𐤄𐤏𐤌•
𐤊𐤁𐤅𐤉𐤀𐤌𐤓 𐤀𐤓𐤅𐤍𐤄 𐤀𐤋 𐤃𐤅𐤃 𐤉𐤒𐤇 𐤅𐤉𐤏𐤋 𐤀𐤃𐤍𐤉 𐤄𐤌𐤋𐤊 𐤄𐤈𐤅𐤁
𐤁𐤏𐤉𐤍𐤅 [𐤁𐤏𐤉𐤍𐤉𐤅] 𐤓𐤀𐤄 𐤄𐤁𐤒𐤓 𐤋𐤏𐤋𐤄 𐤅𐤄𐤌𐤓𐤂𐤉𐤌 𐤅𐤊𐤋𐤉 𐤄𐤁𐤒𐤓
𐤋𐤏𐤑𐤉𐤌•
𐤊𐤂𐤄𐤊𐤋 𐤍𐤕𐤍 𐤀𐤓𐤅𐤍𐤄 𐤄𐤌𐤋𐤊 𐤋𐤌𐤋𐤊 𐤅𐤉𐤀𐤌𐤓 𐤀𐤓𐤅𐤍𐤄 𐤀𐤋 𐤄𐤌𐤋𐤊
𐤉𐤄𐤅𐤄 𐤀𐤋𐤄𐤉𐤊 𐤉𐤓𐤑𐤊•
𐤊𐤃𐤅𐤉𐤀𐤌𐤓 𐤄𐤌𐤋𐤊 𐤀𐤋 𐤀𐤓𐤅𐤍𐤄 𐤋𐤀 𐤊𐤉 𐤒𐤍𐤅 𐤀𐤒𐤍𐤄 𐤌𐤀𐤅𐤕𐤊 𐤁𐤌𐤇𐤉𐤓
𐤅𐤋𐤀 𐤀𐤏𐤋𐤄 𐤋𐤉𐤄𐤅𐤄 𐤀𐤋𐤄𐤉 𐤏𐤋𐤅𐤕 𐤇𐤍𐤌 𐤅𐤉𐤒𐤍 𐤃𐤅𐤃 𐤀𐤕 𐤄𐤂𐤓𐤍 𐤅𐤀𐤕
𐤄𐤁𐤒𐤓 𐤁𐤊𐤎𐤐 𐤔𐤒𐤋𐤉𐤌 𐤇𐤌𐤔𐤉𐤌•
𐤊𐤄𐤅𐤉𐤁𐤍 𐤔𐤌 𐤃𐤅𐤃 𐤌𐤆𐤁𐤇 𐤋𐤉𐤄𐤅𐤄 𐤅𐤉𐤏𐤋 𐤏𐤋𐤅𐤕 𐤅𐤔𐤋𐤌𐤉𐤌 𐤅𐤉𐤏𐤕𐤓
𐤉𐤄𐤅𐤄 𐤋𐤀𐤓𐤑 𐤅𐤕𐤏𐤑𐤓 𐤄𐤌𐤂𐤐𐤄 𐤌𐤏𐤋 𐤉𐤔𐤓𐤀𐤋•

# מלכים א

## פרק א

א והמלך דוד זקן בא בימים ויכסהו בבגדים ולא יחם לו.
ב ויאמרו לו עבדיו יבקשו לאדני המלך נערה בתולה
ועמדה לפני המלך ותהי לו סכנת ושכבה בחיקך וחם
לאדני המלך.
ג ויבקשו נערה יפה בכל גבול ישראל וימצאו את אבישג
השונמית ויבאו אתה למלך.
ד והנערה יפה עד מאד ותהי למלך סכנת ותשרתהו והמלך
לא ידעה.
ה ואדניה בן חגית מתנשא לאמר אני אמלך ויעש לו רכב
ופרשים וחמשים איש רצים לפניו.
ו ולא עצבו אביו מימיו לאמר מדוע ככה עשית וגם הוא
טוב תאר מאד ואתו ילדה אחרי אבשלום.
ז ויהיו דבריו עם יואב בן צרויה ועם אביתר הכהן
ויעזרו אחרי אדניה.
ח וצדוק הכהן ובניהו בן יהוידע ונתן הנביא ושמעי
ורעי והגבורים אשר לדוד לא היו עם אדניהו.
ט ויזבח אדניהו צאן ובקר ומריא עם אבן הזחלת אשר
אצל עין רגל ויקרא את כל אחיו בני המלך ולכל אנשי
יהודה עבדי המלך.
י ואת נתן הנביא ובניהו ואת הגבורים ואת שלמה אחיו
לא קרא.
יא ויאמר נתן אל בת שבע אם שלמה לאמר הלוא שמעת כי
מלך אדניהו בן חגית ואדנינו דוד לא ידע.
יב ועתה לכי איעצך נא עצה ומלטי את נפשך ואת נפש בנך
שלמה.
יג לכי ובאי אל המלך דוד ואמרת אליו הלא אתה אדני
המלך נשבעת לאמתך לאמר כי שלמה בנך ימלך אחרי והוא
ישב על כסאי ומדוע מלך אדניהו.
יד הנה עודך מדברת שם עם המלך ואני אבוא אחריך
ומלאתי את דבריך.
טו ותבא בת שבע אל המלך החדרה והמלך זקן מאד ואבישג
השונמית משרת את המלך.

# מלכים א

טז ותקד בת שבע ותשתחו למלך ויאמר המלך מה לך•
יז ותאמר לו אדני אתה נשבעת ביהוה אלהיך לאמתך כי
שלמה בנך ימלך אחרי והוא ישב על כסאי•
יח ועתה הנה אדניה מלך ועתה אדני המלך לא ידעת•
יט ויזבח שור ומריא וצאן לרב ויקרא לכל בני המלך
ולאביתר הכהן וליאב שר הצבא ולשלמה עבדך לא קרא•
כ ואתה אדני המלך עיני כל ישראל עליך להגיד להם מי
ישב על כסא אדני המלך אחריו•
כא והיה כשכב אדני המלך עם אבתיו והייתי אני ובני
שלמה חטאים•
כב והנה עודנה מדברת עם המלך ונתן הנביא בא•
כג ויגידו למלך לאמר הנה נתן הנביא ויבא לפני המלך
וישתחו למלך על אפיו ארצה•
כד ויאמר נתן אדני המלך אתה אמרת אדניהו ימלך אחרי
והוא ישב על כסאי•
כה כי ירד היום ויזבח שור ומריא וצאן לרב ויקרא לכל
בני המלך ולשרי הצבא ולאביתר הכהן והנם אכלים
ושתים לפניו ויאמרו יחי המלך אדניהו•
כו ולי אני עבדך ולצדק הכהן ולבניהו בן יהוידע
ולשלמה עבדך לא קרא•
כז אם מאת אדני המלך נהיה הדבר הזה ולא הודעת את
עבדיך [עבדך] מי ישב על כסא אדני המלך אחריו•
כח ויען המלך דוד ויאמר קראו לי לבת שבע ותבא לפני
המלך ותעמד לפני המלך•
כט וישבע המלך ויאמר חי יהוה אשר פדה את נפשי מכל
צרה•
ל כי כאשר נשבעתי לך ביהוה אלהי ישראל לאמר כי
שלמה בנך ימלך אחרי והוא ישב על כסאי תחתי כי כן
אעשה היום הזה•
לא ותקד בת שבע אפים ארץ ותשתחו למלך ותאמר יחי אדני
המלך דוד לעלם•
לב ויאמר המלך דוד קראו לי לצדוק הכהן ולנתן הנביא
ולבניהו בן יהוידע ויבאו לפני המלך•

𐤋𐤂 𐤅𐤉𐤀𐤌𐤓 𐤄𐤌𐤋𐤊 𐤋𐤄𐤌 𐤒𐤇𐤅 𐤏𐤌𐤊𐤌 𐤀𐤕 𐤏𐤁𐤃𐤉 𐤀𐤃𐤍𐤉𐤊𐤌 𐤅𐤄𐤓𐤊𐤁𐤕𐤌
𐤀𐤕 𐤔𐤋𐤌𐤄 𐤁𐤍𐤉 𐤏𐤋 𐤄𐤐𐤓𐤃𐤄 𐤀𐤔𐤓 𐤋𐤉 𐤅𐤄𐤅𐤓𐤃𐤕𐤌 𐤀𐤕𐤅 𐤀𐤋 𐤂𐤇𐤅𐤍•
𐤋𐤃 𐤅𐤌𐤔𐤇 𐤀𐤕𐤅 𐤔𐤌 𐤑𐤃𐤅𐤒 𐤄𐤊𐤄𐤍 𐤅𐤍𐤕𐤍 𐤄𐤍𐤁𐤉𐤀 𐤋𐤌𐤋𐤊 𐤏𐤋 𐤉𐤔𐤓𐤀𐤋
𐤅𐤕𐤒𐤏𐤕𐤌 𐤁𐤔𐤅𐤐𐤓 𐤅𐤀𐤌𐤓𐤕𐤌 𐤉𐤇𐤉 𐤄𐤌𐤋𐤊 𐤔𐤋𐤌𐤄•
𐤋𐤄 𐤅𐤏𐤋𐤉𐤕𐤌 𐤀𐤇𐤓𐤉𐤅 𐤅𐤁𐤀 𐤅𐤉𐤔𐤁 𐤏𐤋 𐤊𐤎𐤀𐤉 𐤅𐤄𐤅𐤀 𐤉𐤌𐤋𐤊 𐤕𐤇𐤕𐤉
𐤅𐤀𐤕𐤅 𐤑𐤅𐤉𐤕𐤉 𐤋𐤄𐤉𐤅𐤕 𐤍𐤂𐤉𐤃 𐤏𐤋 𐤉𐤔𐤓𐤀𐤋 𐤅𐤏𐤋 𐤉𐤄𐤅𐤃𐤄•
𐤋𐤅 𐤅𐤉𐤏𐤍 𐤁𐤍𐤉𐤄𐤅 𐤁𐤍 𐤉𐤄𐤅𐤉𐤃𐤏 𐤀𐤕 𐤄𐤌𐤋𐤊 𐤅𐤉𐤀𐤌𐤓 𐤀𐤌𐤍 𐤊𐤍 𐤉𐤀𐤌𐤓
𐤉𐤄𐤅𐤄 𐤀𐤋𐤄𐤉 𐤀𐤃𐤍𐤉 𐤄𐤌𐤋𐤊•
𐤋𐤆 𐤊𐤀𐤔𐤓 𐤄𐤉𐤄 𐤉𐤄𐤅𐤄 𐤏𐤌 𐤀𐤃𐤍𐤉 𐤄𐤌𐤋𐤊 𐤊𐤍 𐤉𐤄𐤉 [𐤉𐤄𐤉𐤄] 𐤏𐤌
𐤔𐤋𐤌𐤄 𐤅𐤉𐤂𐤃𐤋 𐤀𐤕 𐤊𐤎𐤀𐤅 𐤌𐤊𐤎𐤀 𐤀𐤃𐤍𐤉 𐤄𐤌𐤋𐤊 𐤃𐤅𐤃•
𐤋𐤇 𐤅𐤉𐤓𐤃 𐤑𐤃𐤅𐤒 𐤄𐤊𐤄𐤍 𐤅𐤍𐤕𐤍 𐤄𐤍𐤁𐤉𐤀 𐤅𐤁𐤍𐤉𐤄𐤅 𐤁𐤍 𐤉𐤄𐤅𐤉𐤃𐤏
𐤅𐤄𐤊𐤓𐤕𐤉 𐤅𐤄𐤐𐤋𐤕𐤉 𐤅𐤉𐤓𐤊𐤁𐤅 𐤀𐤕 𐤔𐤋𐤌𐤄 𐤏𐤋 𐤐𐤓𐤃𐤕 𐤄𐤌𐤋𐤊 𐤃𐤅𐤃
𐤅𐤉𐤋𐤊𐤅 𐤀𐤕𐤅 𐤏𐤋 𐤂𐤇𐤅𐤍•
𐤋𐤈 𐤅𐤉𐤒𐤇 𐤑𐤃𐤅𐤒 𐤄𐤊𐤄𐤍 𐤀𐤕 𐤒𐤓𐤍 𐤄𐤔𐤌𐤍 𐤌𐤍 𐤄𐤀𐤄𐤋 𐤅𐤉𐤌𐤔𐤇 𐤀𐤕
𐤔𐤋𐤌𐤄 𐤅𐤉𐤕𐤒𐤏𐤅 𐤁𐤔𐤅𐤐𐤓 𐤅𐤉𐤀𐤌𐤓𐤅 𐤊𐤋 𐤄𐤏𐤌 𐤉𐤇𐤉 𐤄𐤌𐤋𐤊 𐤔𐤋𐤌𐤄•
𐤌 𐤅𐤉𐤏𐤋𐤅 𐤊𐤋 𐤄𐤏𐤌 𐤀𐤇𐤓𐤉𐤅 𐤅𐤄𐤏𐤌 𐤌𐤇𐤋𐤋𐤉𐤌 𐤁𐤇𐤋𐤋𐤉𐤌 𐤅𐤔𐤌𐤇𐤉𐤌
𐤔𐤌𐤇𐤄 𐤂𐤃𐤅𐤋𐤄 𐤅𐤕𐤁𐤒𐤏 𐤄𐤀𐤓𐤑 𐤁𐤒𐤅𐤋𐤌•
𐤌𐤀 𐤅𐤉𐤔𐤌𐤏 𐤀𐤃𐤍𐤉𐤄𐤅 𐤅𐤊𐤋 𐤄𐤒𐤓𐤀𐤉𐤌 𐤀𐤔𐤓 𐤀𐤕𐤅 𐤅𐤄𐤌 𐤊𐤋𐤅 𐤋𐤀𐤊𐤋
𐤅𐤉𐤔𐤌𐤏 𐤉𐤅𐤀𐤁 𐤀𐤕 𐤒𐤅𐤋 𐤄𐤔𐤅𐤐𐤓 𐤅𐤉𐤀𐤌𐤓 𐤌𐤃𐤅𐤏 𐤒𐤅𐤋 𐤄𐤒𐤓𐤉𐤄 𐤄𐤅𐤌𐤄•
𐤌𐤁 𐤏𐤅𐤃𐤍𐤅 𐤌𐤃𐤁𐤓 𐤅𐤄𐤍𐤄 𐤉𐤅𐤍𐤕𐤍 𐤁𐤍 𐤀𐤁𐤉𐤕𐤓 𐤄𐤊𐤄𐤍 𐤁𐤀 𐤅𐤉𐤀𐤌𐤓
𐤀𐤃𐤍𐤉𐤄𐤅 𐤁𐤀 𐤊𐤉 𐤀𐤉𐤔 𐤇𐤉𐤋 𐤀𐤕𐤄 𐤅𐤈𐤅𐤁 𐤕𐤁𐤔𐤓•
𐤌𐤂 𐤅𐤉𐤏𐤍 𐤉𐤅𐤍𐤕𐤍 𐤅𐤉𐤀𐤌𐤓 𐤋𐤀𐤃𐤍𐤉𐤄𐤅 𐤀𐤁𐤋 𐤀𐤃𐤍𐤉𐤍𐤅 𐤄𐤌𐤋𐤊 𐤃𐤅𐤃
𐤄𐤌𐤋𐤉𐤊 𐤀𐤕 𐤔𐤋𐤌𐤄•
𐤌𐤃 𐤅𐤉𐤔𐤋𐤇 𐤀𐤕𐤅 𐤄𐤌𐤋𐤊 𐤀𐤕 𐤑𐤃𐤅𐤒 𐤄𐤊𐤄𐤍 𐤅𐤀𐤕 𐤍𐤕𐤍 𐤄𐤍𐤁𐤉𐤀
𐤅𐤁𐤍𐤉𐤄𐤅 𐤁𐤍 𐤉𐤄𐤅𐤉𐤃𐤏 𐤅𐤄𐤊𐤓𐤕𐤉 𐤅𐤄𐤐𐤋𐤕𐤉 𐤅𐤉𐤓𐤊𐤁𐤅 𐤀𐤕𐤅 𐤏𐤋 𐤐𐤓𐤃𐤕
𐤄𐤌𐤋𐤊•
𐤌𐤄 𐤅𐤉𐤌𐤔𐤇𐤅 𐤀𐤕𐤅 𐤑𐤃𐤅𐤒 𐤄𐤊𐤄𐤍 𐤅𐤍𐤕𐤍 𐤄𐤍𐤁𐤉𐤀 𐤋𐤌𐤋𐤊 𐤁𐤂𐤇𐤅𐤍
𐤅𐤉𐤏𐤋𐤅 𐤌𐤔𐤌 𐤔𐤌𐤇𐤉𐤌 𐤅𐤕𐤄𐤌 𐤄𐤒𐤓𐤉𐤄 𐤄𐤅𐤀 𐤄𐤒𐤅𐤋 𐤀𐤔𐤓 𐤔𐤌𐤏𐤕𐤌•
𐤌𐤅 𐤅𐤂𐤌 𐤉𐤔𐤁 𐤔𐤋𐤌𐤄 𐤏𐤋 𐤊𐤎𐤀 𐤄𐤌𐤋𐤅𐤊𐤄•
𐤌𐤆 𐤅𐤂𐤌 𐤁𐤀𐤅 𐤏𐤁𐤃𐤉 𐤄𐤌𐤋𐤊 𐤋𐤁𐤓𐤊 𐤀𐤕 𐤀𐤃𐤍𐤉𐤍𐤅 𐤄𐤌𐤋𐤊 𐤃𐤅𐤃 𐤋𐤀𐤌𐤓
𐤉𐤉𐤈𐤁 𐤀𐤋𐤄𐤉𐤊 [𐤀𐤋𐤄𐤉𐤌] 𐤀𐤕 𐤔𐤌 𐤔𐤋𐤌𐤄 𐤌𐤔𐤌𐤊 𐤅𐤉𐤂𐤃𐤋 𐤀𐤕 𐤊𐤎𐤀𐤅
𐤌𐤊𐤎𐤀𐤊 𐤅𐤉𐤔𐤕𐤇𐤅 𐤄𐤌𐤋𐤊 𐤏𐤋 𐤄𐤌𐤔𐤊𐤁•
𐤌𐤇 𐤅𐤂𐤌 𐤊𐤊𐤄 𐤀𐤌𐤓 𐤄𐤌𐤋𐤊 𐤁𐤓𐤅𐤊 𐤉𐤄𐤅𐤄 𐤀𐤋𐤄𐤉 𐤉𐤔𐤓𐤀𐤋 𐤀𐤔𐤓 𐤍𐤕𐤍

# מלכים א

היום ישב על כסאי ועיני ראות•
מט ויחרדו ויקמו כל הקראים אשר לאדניהו וילכו איש
לדרכו•
נ ואדניהו ירא מפני שלמה ויקם וילך ויחזק בקרנות
המזבח•
נא ויגד לשלמה לאמר הנה אדניהו ירא את המלך שלמה
והנה אחז בקרנות המזבח לאמר ישבע לי כיום המלך
שלמה אם ימית את עבדו בחרב•
נב ויאמר שלמה אם יהיה לבן חיל לא יפל משערתו ארצה
ואם רעה תמצא בו ומת•
נג וישלח המלך שלמה וירדהו מעל המזבח ויבא וישתחו
למלך שלמה ויאמר לו שלמה לך לביתך•

## פרק ב

א ויקרבו ימי דוד למות ויצו את שלמה בנו לאמר•
ב אנכי הלך בדרך כל הארץ וחזקת והיית לאיש•
ג ושמרת את משמרת יהוה אלהיך ללכת בדרכיו לשמר
חקתיו מצותיו ומשפטיו ועדותיו ככתוב בתורת משה למען
תשכיל את כל אשר תעשה ואת כל אשר תפנה שם•
ד למען יקים יהוה את דברו אשר דבר עלי לאמר אם ישמרו
בניך את דרכם ללכת לפני באמת בכל לבבם ובכל נפשם
לאמר לא יכרת לך איש מעל כסא ישראל•
ה וגם אתה ידעת את אשר עשה לי יואב בן צרויה אשר עשה
לשני שרי צבאות ישראל לאבנר בן נר ולעמשא בן יתר
ויהרגם וישם דמי מלחמה בשלם ויתן דמי מלחמה בחגרתו
אשר במתניו ובנעלו אשר ברגליו•
ו ועשית כחכמתך ולא תורד שיבתו בשלם שאל•
ז ולבני ברזלי הגלעדי תעשה חסד והיו באכלי שלחנך כי
כן קרבו אלי בברחי מפני אבשלום אחיך•
ח והנה עמך שמעי בן גרא בן הימיני מבחרים והוא
קללני קללה נמרצת ביום לכתי מחנים והוא ירד לקראתי
הירדן ואשבע לו ביהוה לאמר אם אמיתך בחרב•
ט ועתה אל תנקהו כי איש חכם אתה וידעת את אשר תעשה

# 𐤌𐤋𐤊𐤉𐤌 𐤀

𐤋𐤅 𐤅𐤄𐤅𐤓𐤃𐤕 𐤀𐤕 𐤔𐤉𐤁𐤕𐤅 𐤁𐤃𐤌 𐤔𐤀𐤅𐤋.
𐤉 𐤅𐤉𐤔𐤊𐤁 𐤃𐤅𐤃 𐤏𐤌 𐤀𐤁𐤕𐤉𐤅 𐤅𐤉𐤒𐤁𐤓 𐤁𐤏𐤉𐤓 𐤃𐤅𐤃.
𐤉𐤀 𐤅𐤄𐤉𐤌𐤉𐤌 𐤀𐤔𐤓 𐤌𐤋𐤊 𐤃𐤅𐤃 𐤏𐤋 𐤉𐤔𐤓𐤀𐤋 𐤀𐤓𐤁𐤏𐤉𐤌 𐤔𐤍𐤄 𐤁𐤇𐤁𐤓𐤅𐤍
𐤌𐤋𐤊 𐤔𐤁𐤏 𐤔𐤍𐤉𐤌 𐤅𐤁𐤉𐤓𐤅𐤔𐤋𐤌 𐤌𐤋𐤊 𐤔𐤋𐤔𐤉𐤌 𐤅𐤔𐤋𐤔 𐤔𐤍𐤉𐤌.
𐤉𐤁 𐤅𐤔𐤋𐤌𐤄 𐤉𐤔𐤁 𐤏𐤋 𐤊𐤎𐤀 𐤃𐤅𐤃 𐤀𐤁𐤉𐤅 𐤅𐤕𐤊𐤍 𐤌𐤋𐤊𐤕𐤅 𐤌𐤀𐤃.
𐤉𐤂 𐤅𐤉𐤁𐤀 𐤀𐤃𐤍𐤉𐤄𐤅 𐤁𐤍 𐤇𐤂𐤉𐤕 𐤀𐤋 𐤁𐤕 𐤔𐤁𐤏 𐤀𐤌 𐤔𐤋𐤌𐤄 𐤅𐤕𐤀𐤌𐤓
𐤄𐤔𐤋𐤅𐤌 𐤁𐤀𐤊 𐤅𐤉𐤀𐤌𐤓 𐤔𐤋𐤅𐤌.
𐤉𐤃 𐤅𐤉𐤀𐤌𐤓 𐤃𐤁𐤓 𐤋𐤉 𐤀𐤋𐤉𐤊 𐤅𐤕𐤀𐤌𐤓 𐤃𐤁𐤓.
𐤈𐤅 𐤅𐤉𐤀𐤌𐤓 𐤀𐤕 𐤉𐤃𐤏𐤕 𐤊𐤉 𐤋𐤉 𐤄𐤉𐤕𐤄 𐤄𐤌𐤋𐤅𐤊𐤄 𐤅𐤏𐤋𐤉 𐤔𐤌𐤅 𐤊𐤋
𐤉𐤔𐤓𐤀𐤋 𐤐𐤍𐤉𐤄𐤌 𐤋𐤌𐤋𐤊 𐤅𐤕𐤎𐤁 𐤄𐤌𐤋𐤅𐤊𐤄 𐤅𐤕𐤄𐤉 𐤋𐤀𐤇𐤉 𐤊𐤉 𐤌𐤉𐤄𐤅𐤄
𐤄𐤉𐤕𐤄 𐤋𐤅.
𐤈𐤆 𐤅𐤏𐤕𐤄 𐤔𐤀𐤋𐤄 𐤀𐤇𐤕 𐤀𐤍𐤊𐤉 𐤔𐤀𐤋 𐤌𐤀𐤕𐤊 𐤀𐤋 𐤕𐤔𐤁𐤉 𐤀𐤕 𐤐𐤍𐤉
𐤅𐤕𐤀𐤌𐤓 𐤀𐤋𐤉𐤅 𐤃𐤁𐤓.
𐤉𐤆 𐤅𐤉𐤀𐤌𐤓 𐤀𐤌𐤓𐤉 𐤍𐤀 𐤋𐤔𐤋𐤌𐤄 𐤄𐤌𐤋𐤊 𐤊𐤉 𐤋𐤀 𐤉𐤔𐤉𐤁 𐤀𐤕 𐤐𐤍𐤉𐤊
𐤅𐤉𐤕𐤍 𐤋𐤉 𐤀𐤕 𐤀𐤁𐤉𐤔𐤂 𐤄𐤔𐤅𐤍𐤌𐤉𐤕 𐤋𐤀𐤔𐤄.
𐤉𐤇 𐤅𐤕𐤀𐤌𐤓 𐤁𐤕 𐤔𐤁𐤏 𐤈𐤅𐤁 𐤀𐤍𐤊𐤉 𐤀𐤃𐤁𐤓 𐤏𐤋𐤉𐤊 𐤀𐤋 𐤄𐤌𐤋𐤊.
𐤉𐤈 𐤅𐤕𐤁𐤀 𐤁𐤕 𐤔𐤁𐤏 𐤀𐤋 𐤄𐤌𐤋𐤊 𐤔𐤋𐤌𐤄 𐤋𐤃𐤁𐤓 𐤋𐤅 𐤏𐤋 𐤀𐤃𐤍𐤉𐤄𐤅 𐤅𐤉𐤒𐤌
𐤄𐤌𐤋𐤊 𐤋𐤒𐤓𐤀𐤕𐤄 𐤅𐤉𐤔𐤕𐤇𐤅 𐤋𐤄 𐤅𐤉𐤔𐤁 𐤏𐤋 𐤊𐤎𐤀𐤅 𐤅𐤉𐤔𐤌 𐤊𐤎𐤀 𐤋𐤀𐤌
𐤄𐤌𐤋𐤊 𐤅𐤕𐤔𐤁 𐤋𐤉𐤌𐤉𐤍𐤅.
𐤊 𐤅𐤕𐤀𐤌𐤓 𐤔𐤀𐤋𐤄 𐤀𐤇𐤕 𐤒𐤈𐤍𐤄 𐤀𐤍𐤊𐤉 𐤔𐤀𐤋𐤕 𐤌𐤀𐤕𐤊 𐤀𐤋 𐤕𐤔𐤁 𐤀𐤕
𐤐𐤍𐤉 𐤅𐤉𐤀𐤌𐤓 𐤋𐤄 𐤄𐤌𐤋𐤊 𐤔𐤀𐤋𐤉 𐤀𐤌𐤉 𐤊𐤉 𐤋𐤀 𐤀𐤔𐤉𐤁 𐤀𐤕 𐤐𐤍𐤉𐤊.
𐤊𐤀 𐤅𐤕𐤀𐤌𐤓 𐤉𐤕𐤍 𐤀𐤕 𐤀𐤁𐤉𐤔𐤂 𐤄𐤔𐤍𐤌𐤉𐤕 𐤋𐤀𐤃𐤍𐤉𐤄𐤅 𐤀𐤇𐤉𐤊 𐤋𐤀𐤔𐤄.
𐤊𐤁 𐤅𐤉𐤏𐤍 𐤄𐤌𐤋𐤊 𐤔𐤋𐤌𐤄 𐤅𐤉𐤀𐤌𐤓 𐤋𐤀𐤌𐤅 𐤅𐤋𐤌𐤄 𐤀𐤕 𐤔𐤀𐤋𐤕 𐤀𐤕
𐤀𐤁𐤉𐤔𐤂 𐤄𐤔𐤍𐤌𐤉𐤕 𐤋𐤀𐤃𐤍𐤉𐤄𐤅 𐤅𐤔𐤀𐤋𐤉 𐤋𐤅 𐤀𐤕 𐤄𐤌𐤋𐤅𐤊𐤄 𐤊𐤉 𐤄𐤅𐤀
𐤀𐤇𐤉 𐤄𐤂𐤃𐤅𐤋 𐤌𐤌𐤍𐤉 𐤅𐤋𐤅 𐤅𐤋𐤀𐤁𐤉𐤕𐤓 𐤄𐤊𐤄𐤍 𐤅𐤋𐤉𐤅𐤀𐤁 𐤁𐤍 𐤑𐤓𐤅𐤉𐤄.
𐤊𐤂 𐤅𐤉𐤔𐤁𐤏 𐤄𐤌𐤋𐤊 𐤔𐤋𐤌𐤄 𐤁𐤉𐤄𐤅𐤄 𐤋𐤀𐤌𐤓 𐤊𐤄 𐤉𐤏𐤔𐤄 𐤋𐤉 𐤀𐤋𐤄𐤉𐤌
𐤅𐤊𐤄 𐤉𐤅𐤎𐤉𐤐 𐤊𐤉 𐤁𐤍𐤐𐤔𐤅 𐤃𐤁𐤓 𐤀𐤃𐤍𐤉𐤄𐤅 𐤀𐤕 𐤄𐤃𐤁𐤓 𐤄𐤆𐤄.
𐤊𐤃 𐤅𐤏𐤕𐤄 𐤇𐤉 𐤉𐤄𐤅𐤄 𐤀𐤔𐤓 𐤄𐤊𐤉𐤍𐤍𐤉 𐤅𐤉𐤅𐤔𐤉𐤁𐤉𐤍𐤉 [𐤅𐤉𐤅𐤔𐤉𐤁𐤍𐤉]
𐤏𐤋 𐤊𐤎𐤀 𐤃𐤅𐤃 𐤀𐤁𐤉 𐤅𐤀𐤔𐤓 𐤏𐤔𐤄 𐤋𐤉 𐤁𐤉𐤕 𐤊𐤀𐤔𐤓 𐤃𐤁𐤓 𐤊𐤉 𐤄𐤉𐤅𐤌
𐤉𐤅𐤌𐤕 𐤀𐤃𐤍𐤉𐤄𐤅.
𐤊𐤄 𐤅𐤉𐤔𐤋𐤇 𐤄𐤌𐤋𐤊 𐤔𐤋𐤌𐤄 𐤁𐤉𐤃 𐤁𐤍𐤉𐤄𐤅 𐤁𐤍 𐤉𐤄𐤅𐤉𐤃𐤏 𐤅𐤉𐤐𐤂𐤏 𐤁𐤅
𐤅𐤉𐤌𐤕.
𐤊𐤅 𐤅𐤋𐤀𐤁𐤉𐤕𐤓 𐤄𐤊𐤄𐤍 𐤀𐤌𐤓 𐤄𐤌𐤋𐤊 𐤏𐤍𐤕𐤕 𐤋𐤊 𐤏𐤋 𐤔𐤃𐤉𐤊 𐤊𐤉 𐤀𐤉𐤔

𐤌𐤅𐤕 𐤀𐤕𐤄 𐤅𐤁𐤉𐤅𐤌 𐤄𐤆𐤄 𐤋𐤀 𐤀𐤌𐤉𐤕𐤊 𐤊𐤉 𐤍𐤔𐤀𐤕 𐤀𐤕 𐤀𐤓𐤅𐤍 𐤀𐤃𐤍𐤉
𐤉𐤄𐤅𐤄 𐤋𐤐𐤍𐤉 𐤃𐤅𐤃 𐤀𐤁𐤉 𐤅𐤊𐤉 𐤄𐤕𐤏𐤍𐤉𐤕 𐤁𐤊𐤋 𐤀𐤔𐤓 𐤄𐤕𐤏𐤍𐤄 𐤀𐤁𐤉.

𐤊𐤆 𐤅𐤉𐤂𐤓𐤔 𐤔𐤋𐤌𐤄 𐤀𐤕 𐤀𐤁𐤉𐤕𐤓 𐤌𐤄𐤉𐤅𐤕 𐤊𐤄𐤍 𐤋𐤉𐤄𐤅𐤄 𐤋𐤌𐤋𐤀 𐤀𐤕
𐤃𐤁𐤓 𐤉𐤄𐤅𐤄 𐤀𐤔𐤓 𐤃𐤁𐤓 𐤏𐤋 𐤁𐤉𐤕 𐤏𐤋𐤉 𐤁𐤔𐤋𐤄.

𐤊𐤇 𐤅𐤄𐤔𐤌𐤏𐤄 𐤁𐤀𐤄 𐤏𐤃 𐤉𐤅𐤀𐤁 𐤊𐤉 𐤉𐤅𐤀𐤁 𐤍𐤈𐤄 𐤀𐤇𐤓𐤉 𐤀𐤃𐤍𐤉𐤄
𐤅𐤀𐤇𐤓𐤉 𐤀𐤁𐤔𐤋𐤅𐤌 𐤋𐤀 𐤍𐤈𐤄 𐤅𐤉𐤍𐤎 𐤉𐤅𐤀𐤁 𐤀𐤋 𐤀𐤄𐤋 𐤉𐤄𐤅𐤄 𐤅𐤉𐤇𐤆𐤒
𐤁𐤒𐤓𐤍𐤅𐤕 𐤄𐤌𐤆𐤁𐤇.

𐤊𐤈 𐤅𐤉𐤂𐤃 𐤋𐤌𐤋𐤊 𐤔𐤋𐤌𐤄 𐤊𐤉 𐤍𐤎 𐤉𐤅𐤀𐤁 𐤀𐤋 𐤀𐤄𐤋 𐤉𐤄𐤅𐤄 𐤅𐤄𐤍𐤄
𐤀𐤑𐤋 𐤄𐤌𐤆𐤁𐤇 𐤅𐤉𐤔𐤋𐤇 𐤔𐤋𐤌𐤄 𐤀𐤕 𐤁𐤍𐤉𐤄𐤅 𐤁𐤍 𐤉𐤄𐤅𐤉𐤃𐤏 𐤋𐤀𐤌𐤓 𐤋𐤊
𐤐𐤂𐤏 𐤁𐤅.

𐤋 𐤅𐤉𐤁𐤀 𐤁𐤍𐤉𐤄𐤅 𐤀𐤋 𐤀𐤄𐤋 𐤉𐤄𐤅𐤄 𐤅𐤉𐤀𐤌𐤓 𐤀𐤋𐤉𐤅 𐤊𐤄 𐤀𐤌𐤓 𐤄𐤌𐤋𐤊
𐤑𐤀 𐤅𐤉𐤀𐤌𐤓 𐤋𐤀 𐤊𐤉 𐤐𐤄 𐤀𐤌𐤅𐤕 𐤅𐤉𐤔𐤁 𐤁𐤍𐤉𐤄𐤅 𐤀𐤕 𐤄𐤌𐤋𐤊 𐤃𐤁𐤓 𐤋𐤀𐤌𐤓
𐤊𐤄 𐤃𐤁𐤓 𐤉𐤅𐤀𐤁 𐤅𐤊𐤄 𐤏𐤍𐤍𐤉.

𐤋𐤀 𐤅𐤉𐤀𐤌𐤓 𐤋𐤅 𐤄𐤌𐤋𐤊 𐤏𐤔𐤄 𐤊𐤀𐤔𐤓 𐤃𐤁𐤓 𐤅𐤐𐤂𐤏 𐤁𐤅 𐤅𐤒𐤁𐤓𐤕𐤅 𐤅𐤄𐤎𐤉𐤓𐤕
𐤃𐤌𐤉 𐤇𐤍𐤌 𐤀𐤔𐤓 𐤔𐤐𐤊 𐤉𐤅𐤀𐤁 𐤌𐤏𐤋𐤉 𐤅𐤌𐤏𐤋 𐤁𐤉𐤕 𐤀𐤁𐤉.

𐤋𐤁 𐤅𐤄𐤔𐤉𐤁 𐤉𐤄𐤅𐤄 𐤀𐤕 𐤃𐤌𐤅 𐤏𐤋 𐤓𐤀𐤔𐤅 𐤀𐤔𐤓 𐤐𐤂𐤏 𐤁𐤔𐤍𐤉 𐤀𐤍𐤔𐤉𐤌
𐤑𐤃𐤒𐤉𐤌 𐤅𐤈𐤁𐤉𐤌 𐤌𐤌𐤍𐤅 𐤅𐤉𐤄𐤓𐤂𐤌 𐤁𐤇𐤓𐤁 𐤅𐤀𐤁𐤉 𐤃𐤅𐤃 𐤋𐤀 𐤉𐤃𐤏 𐤀𐤕
𐤀𐤁𐤍𐤓 𐤁𐤍 𐤍𐤓 𐤔𐤓 𐤑𐤁𐤀 𐤉𐤔𐤓𐤀𐤋 𐤅𐤀𐤕 𐤏𐤌𐤔𐤀 𐤁𐤍 𐤉𐤕𐤓 𐤔𐤓 𐤑𐤁𐤀
𐤉𐤄𐤅𐤃𐤄.

𐤋𐤂 𐤅𐤔𐤁𐤅 𐤃𐤌𐤉𐤄𐤌 𐤁𐤓𐤀𐤔 𐤉𐤅𐤀𐤁 𐤅𐤁𐤓𐤀𐤔 𐤆𐤓𐤏𐤅 𐤋𐤏𐤋𐤌 𐤅𐤋𐤃𐤅𐤃
𐤅𐤋𐤆𐤓𐤏𐤅 𐤅𐤋𐤁𐤉𐤕𐤅 𐤅𐤋𐤊𐤎𐤀𐤅 𐤉𐤄𐤉𐤄 𐤔𐤋𐤅𐤌 𐤏𐤃 𐤏𐤅𐤋𐤌 𐤌𐤏𐤌 𐤉𐤄𐤅𐤄.
𐤋𐤃 𐤅𐤉𐤏𐤋 𐤁𐤍𐤉𐤄𐤅 𐤁𐤍 𐤉𐤄𐤅𐤉𐤃𐤏 𐤅𐤉𐤐𐤂𐤏 𐤁𐤅 𐤅𐤉𐤌𐤕𐤄𐤅 𐤅𐤉𐤒𐤁𐤓 𐤁𐤁𐤉𐤕𐤅
𐤁𐤌𐤃𐤁𐤓.

𐤋𐤄 𐤅𐤉𐤕𐤍 𐤄𐤌𐤋𐤊 𐤀𐤕 𐤁𐤍𐤉𐤄𐤅 𐤁𐤍 𐤉𐤄𐤅𐤉𐤃𐤏 𐤕𐤇𐤕𐤉𐤅 𐤏𐤋 𐤄𐤑𐤁𐤀 𐤅𐤀𐤕
𐤑𐤃𐤅𐤒 𐤄𐤊𐤄𐤍 𐤍𐤕𐤍 𐤄𐤌𐤋𐤊 𐤕𐤇𐤕 𐤀𐤁𐤉𐤕𐤓.

𐤋𐤅 𐤅𐤉𐤔𐤋𐤇 𐤄𐤌𐤋𐤊 𐤅𐤉𐤒𐤓𐤀 𐤋𐤔𐤌𐤏𐤉 𐤅𐤉𐤀𐤌𐤓 𐤋𐤅 𐤁𐤍𐤄 𐤋𐤊 𐤁𐤉𐤕
𐤁𐤉𐤓𐤅𐤔𐤋𐤌 𐤅𐤉𐤔𐤁𐤕 𐤔𐤌 𐤅𐤋𐤀 𐤕𐤑𐤀 𐤌𐤔𐤌 𐤀𐤍𐤄 𐤅𐤀𐤍𐤄.

𐤋𐤆 𐤅𐤄𐤉𐤄 𐤁𐤉𐤅𐤌 𐤑𐤀𐤕𐤊 𐤅𐤏𐤁𐤓𐤕 𐤀𐤕 𐤍𐤇𐤋 𐤒𐤃𐤓𐤅𐤍 𐤉𐤃𐤏 𐤕𐤃𐤏 𐤊𐤉 𐤌𐤅𐤕
𐤕𐤌𐤅𐤕 𐤃𐤌𐤊 𐤉𐤄𐤉𐤄 𐤁𐤓𐤀𐤔𐤊.

𐤋𐤇 𐤅𐤉𐤀𐤌𐤓 𐤔𐤌𐤏𐤉 𐤋𐤌𐤋𐤊 𐤈𐤅𐤁 𐤄𐤃𐤁𐤓 𐤊𐤀𐤔𐤓 𐤃𐤁𐤓 𐤀𐤃𐤍𐤉 𐤄𐤌𐤋𐤊 𐤊𐤍
𐤉𐤏𐤔𐤄 𐤏𐤁𐤃𐤊 𐤅𐤉𐤔𐤁 𐤔𐤌𐤏𐤉 𐤁𐤉𐤓𐤅𐤔𐤋𐤌 𐤉𐤌𐤉𐤌 𐤓𐤁𐤉𐤌.

𐤋𐤈 𐤅𐤉𐤄𐤉 𐤌𐤒𐤑 𐤔𐤋𐤔 𐤔𐤍𐤉𐤌 𐤅𐤉𐤁𐤓𐤇𐤅 𐤔𐤍𐤉 𐤏𐤁𐤃𐤉𐤌 𐤋𐤔𐤌𐤏𐤉 𐤀𐤋
𐤀𐤊𐤉𐤔 𐤁𐤍 𐤌𐤏𐤊𐤄 𐤌𐤋𐤊 𐤂𐤕 𐤅𐤉𐤂𐤃𐤅 𐤋𐤔𐤌𐤏𐤉 𐤋𐤀𐤌𐤓 𐤄𐤍𐤄 𐤏𐤁𐤃𐤉𐤊

𐤁𐤂𐤕.
𐤌 𐤅𐤉𐤒𐤌 𐤔𐤌𐤏𐤉 𐤅𐤉𐤇𐤁𐤔 𐤀𐤕 𐤇𐤌𐤓𐤅 𐤅𐤉𐤋𐤊 𐤂𐤕𐤄 𐤀𐤋 𐤀𐤊𐤉𐤔 𐤋𐤁𐤒𐤔
𐤀𐤕 𐤏𐤁𐤃𐤉𐤅 𐤅𐤉𐤋𐤊 𐤔𐤌𐤏𐤉 𐤅𐤉𐤁𐤀 𐤀𐤕 𐤏𐤁𐤃𐤉𐤅 𐤌𐤂𐤕.
𐤌𐤀 𐤅𐤉𐤂𐤃 𐤋𐤔𐤋𐤌𐤄 𐤊𐤉 𐤄𐤋𐤊 𐤔𐤌𐤏𐤉 𐤌𐤉𐤓𐤅𐤔𐤋𐤌 𐤂𐤕 𐤅𐤉𐤔𐤁.
𐤌𐤁 𐤅𐤉𐤔𐤋𐤇 𐤄𐤌𐤋𐤊 𐤅𐤉𐤒𐤓𐤀 𐤋𐤔𐤌𐤏𐤉 𐤅𐤉𐤀𐤌𐤓 𐤀𐤋𐤉𐤅 𐤄𐤋𐤅𐤀
𐤄𐤔𐤁𐤏𐤕𐤉𐤊 𐤁𐤉𐤄𐤅𐤄 𐤅𐤀𐤏𐤃 𐤁𐤊 𐤋𐤀𐤌𐤓 𐤁𐤉𐤅𐤌 𐤑𐤀𐤕𐤊 𐤅𐤄𐤋𐤊𐤕 𐤀𐤍𐤄
𐤅𐤀𐤍𐤄 𐤉𐤃𐤏 𐤕𐤃𐤏 𐤊𐤉 𐤌𐤅𐤕 𐤕𐤌𐤅𐤕 𐤅𐤀𐤌𐤓𐤕 𐤀𐤋𐤉 𐤈𐤅𐤁 𐤄𐤃𐤁𐤓 𐤔𐤌𐤏𐤕𐤉.
𐤌𐤂 𐤅𐤌𐤃𐤅𐤏 𐤋𐤀 𐤔𐤌𐤓𐤕 𐤀𐤕 𐤔𐤁𐤏𐤕 𐤉𐤄𐤅𐤄 𐤅𐤀𐤕 𐤄𐤌𐤑𐤅𐤄 𐤀𐤔𐤓 𐤑𐤅𐤉𐤕𐤉
𐤏𐤋𐤉𐤊.
𐤌𐤃 𐤅𐤉𐤀𐤌𐤓 𐤄𐤌𐤋𐤊 𐤀𐤋 𐤔𐤌𐤏𐤉 𐤀𐤕𐤄 𐤉𐤃𐤏𐤕 𐤀𐤕 𐤊𐤋 𐤄𐤓𐤏𐤄 𐤀𐤔𐤓 𐤉𐤃𐤏
𐤋𐤁𐤁𐤊 𐤀𐤔𐤓 𐤏𐤔𐤉𐤕 𐤋𐤃𐤅𐤃 𐤀𐤁𐤉 𐤅𐤄𐤔𐤉𐤁 𐤉𐤄𐤅𐤄 𐤀𐤕 𐤓𐤏𐤕𐤊 𐤁𐤓𐤀𐤔𐤊.
𐤌𐤄 𐤅𐤄𐤌𐤋𐤊 𐤔𐤋𐤌𐤄 𐤁𐤓𐤅𐤊 𐤅𐤊𐤎𐤀 𐤃𐤅𐤃 𐤉𐤄𐤉𐤄 𐤍𐤊𐤅𐤍 𐤋𐤐𐤍𐤉 𐤉𐤄𐤅𐤄
𐤏𐤃 𐤏𐤅𐤋𐤌.
𐤌𐤅 𐤅𐤉𐤑𐤅 𐤄𐤌𐤋𐤊 𐤀𐤕 𐤁𐤍𐤉𐤄𐤅 𐤁𐤍 𐤉𐤄𐤅𐤉𐤃𐤏 𐤅𐤉𐤑𐤀 𐤅𐤉𐤐𐤂𐤏 𐤁𐤅 𐤅𐤉𐤌𐤕
𐤅𐤄𐤌𐤌𐤋𐤊𐤄 𐤍𐤊𐤅𐤍𐤄 𐤁𐤉𐤃 𐤔𐤋𐤌𐤄.

## 𐤐𐤓𐤒 𐤂

𐤀 𐤅𐤉𐤕𐤇𐤕𐤍 𐤔𐤋𐤌𐤄 𐤀𐤕 𐤐𐤓𐤏𐤄 𐤌𐤋𐤊 𐤌𐤑𐤓𐤉𐤌 𐤅𐤉𐤒𐤇 𐤀𐤕 𐤁𐤕 𐤐𐤓𐤏𐤄
𐤅𐤉𐤁𐤉𐤀𐤄 𐤀𐤋 𐤏𐤉𐤓 𐤃𐤅𐤃 𐤏𐤃 𐤊𐤋𐤕𐤅 𐤋𐤁𐤍𐤅𐤕 𐤀𐤕 𐤁𐤉𐤕𐤅 𐤅𐤀𐤕 𐤁𐤉𐤕
𐤉𐤄𐤅𐤄 𐤅𐤀𐤕 𐤇𐤅𐤌𐤕 𐤉𐤓𐤅𐤔𐤋𐤌 𐤎𐤁𐤉𐤁.
𐤁 𐤓𐤒 𐤄𐤏𐤌 𐤌𐤆𐤁𐤇𐤉𐤌 𐤁𐤁𐤌𐤅𐤕 𐤊𐤉 𐤋𐤀 𐤍𐤁𐤍𐤄 𐤁𐤉𐤕 𐤋𐤔𐤌 𐤉𐤄𐤅𐤄 𐤏𐤃
𐤄𐤉𐤌𐤉𐤌 𐤄𐤄𐤌.
𐤂 𐤅𐤉𐤀𐤄𐤁 𐤔𐤋𐤌𐤄 𐤀𐤕 𐤉𐤄𐤅𐤄 𐤋𐤋𐤊𐤕 𐤁𐤇𐤒𐤅𐤕 𐤃𐤅𐤃 𐤀𐤁𐤉𐤅 𐤓𐤒 𐤁𐤁𐤌𐤅𐤕
𐤄𐤅𐤀 𐤌𐤆𐤁𐤇 𐤅𐤌𐤒𐤈𐤉𐤓.
𐤃 𐤅𐤉𐤋𐤊 𐤄𐤌𐤋𐤊 𐤂𐤁𐤏𐤍𐤄 𐤋𐤆𐤁𐤇 𐤔𐤌 𐤊𐤉 𐤄𐤉𐤀 𐤄𐤁𐤌𐤄 𐤄𐤂𐤃𐤅𐤋𐤄 𐤀𐤋𐤐
𐤏𐤋𐤅𐤕 𐤉𐤏𐤋𐤄 𐤔𐤋𐤌𐤄 𐤏𐤋 𐤄𐤌𐤆𐤁𐤇 𐤄𐤄𐤅𐤀.
𐤄 𐤁𐤂𐤁𐤏𐤅𐤍 𐤍𐤓𐤀𐤄 𐤉𐤄𐤅𐤄 𐤀𐤋 𐤔𐤋𐤌𐤄 𐤁𐤇𐤋𐤅𐤌 𐤄𐤋𐤉𐤋𐤄 𐤅𐤉𐤀𐤌𐤓
𐤀𐤋𐤄𐤉𐤌 𐤔𐤀𐤋 𐤌𐤄 𐤀𐤕𐤍 𐤋𐤊.
𐤅 𐤅𐤉𐤀𐤌𐤓 𐤔𐤋𐤌𐤄 𐤀𐤕𐤄 𐤏𐤔𐤉𐤕 𐤏𐤌 𐤏𐤁𐤃𐤊 𐤃𐤅𐤃 𐤀𐤁𐤉 𐤇𐤎𐤃 𐤂𐤃𐤅𐤋
𐤊𐤀𐤔𐤓 𐤄𐤋𐤊 𐤋𐤐𐤍𐤉𐤊 𐤁𐤀𐤌𐤕 𐤅𐤁𐤑𐤃𐤒𐤄 𐤅𐤁𐤉𐤔𐤓𐤕 𐤋𐤁𐤁 𐤏𐤌𐤊 𐤅𐤕𐤔𐤌𐤓 𐤋𐤅
𐤀𐤕 𐤄𐤇𐤎𐤃 𐤄𐤂𐤃𐤅𐤋 𐤄𐤆𐤄 𐤅𐤕𐤕𐤍 𐤋𐤅 𐤁𐤍 𐤉𐤔𐤁 𐤏𐤋 𐤊𐤎𐤀𐤅 𐤊𐤉𐤅𐤌 𐤄𐤆𐤄.
𐤆 𐤅𐤏𐤕𐤄 𐤉𐤄𐤅𐤄 𐤀𐤋𐤄𐤉 𐤀𐤕𐤄 𐤄𐤌𐤋𐤊𐤕 𐤀𐤕 𐤏𐤁𐤃𐤊 𐤕𐤇𐤕 𐤃𐤅𐤃 𐤀𐤁𐤉
𐤅𐤀𐤍𐤊𐤉 𐤍𐤏𐤓 𐤒𐤈𐤍 𐤋𐤀 𐤀𐤃𐤏 𐤑𐤀𐤕 𐤅𐤁𐤀.

𐤇𐤅𐤏𐤁𐤃𐤊 𐤁𐤕𐤅𐤊 𐤏𐤌𐤊 𐤀𐤔𐤓 𐤁𐤇𐤓𐤕 𐤏𐤌 𐤓𐤁 𐤀𐤔𐤓 𐤋𐤀 𐤉𐤌𐤍𐤄 𐤅𐤋𐤀 𐤉𐤎𐤐𐤓 𐤌𐤓𐤁.

𐤈𐤅𐤍𐤕𐤕 𐤋𐤏𐤁𐤃𐤊 𐤋𐤁 𐤔𐤌𐤏 𐤋𐤔𐤐𐤈 𐤀𐤕 𐤏𐤌𐤊 𐤋𐤄𐤁𐤉𐤍 𐤁𐤉𐤍 𐤈𐤅𐤁 𐤋𐤓𐤏 𐤊𐤉 𐤌𐤉 𐤉𐤅𐤊𐤋 𐤋𐤔𐤐𐤈 𐤀𐤕 𐤏𐤌𐤊 𐤄𐤊𐤁𐤃 𐤄𐤆𐤄.

𐤉𐤅𐤉𐤉𐤈𐤁 𐤄𐤃𐤁𐤓 𐤁𐤏𐤉𐤍𐤉 𐤀𐤃𐤍𐤉 𐤊𐤉 𐤔𐤀𐤋 𐤔𐤋𐤌𐤄 𐤀𐤕 𐤄𐤃𐤁𐤓 𐤄𐤆𐤄.
𐤉𐤀 𐤅𐤉𐤀𐤌𐤓 𐤀𐤋𐤄𐤉𐤌 𐤀𐤋𐤉𐤅 𐤉𐤏𐤍 𐤀𐤔𐤓 𐤔𐤀𐤋𐤕 𐤀𐤕 𐤄𐤃𐤁𐤓 𐤄𐤆𐤄 𐤅𐤋𐤀 𐤔𐤀𐤋𐤕 𐤋𐤊 𐤉𐤌𐤉𐤌 𐤓𐤁𐤉𐤌 𐤅𐤋𐤀 𐤔𐤀𐤋𐤕 𐤋𐤊 𐤏𐤔𐤓 𐤅𐤋𐤀 𐤔𐤀𐤋𐤕 𐤍𐤐𐤔 𐤀𐤉𐤁𐤉𐤊 𐤅𐤔𐤀𐤋𐤕 𐤋𐤊 𐤄𐤁𐤉𐤍 𐤋𐤔𐤌𐤏 𐤌𐤔𐤐𐤈.

𐤉𐤁 𐤄𐤍𐤄 𐤏𐤔𐤉𐤕𐤉 𐤊𐤃𐤁𐤓𐤉𐤊 𐤄𐤍𐤄 𐤍𐤕𐤕𐤉 𐤋𐤊 𐤋𐤁 𐤇𐤊𐤌 𐤅𐤍𐤁𐤅𐤍 𐤀𐤔𐤓 𐤊𐤌𐤅𐤊 𐤋𐤀 𐤄𐤉𐤄 𐤋𐤐𐤍𐤉𐤊 𐤅𐤀𐤇𐤓𐤉𐤊 𐤋𐤀 𐤉𐤒𐤅𐤌 𐤊𐤌𐤅𐤊.

𐤉𐤂 𐤅𐤂𐤌 𐤀𐤔𐤓 𐤋𐤀 𐤔𐤀𐤋𐤕 𐤍𐤕𐤕𐤉 𐤋𐤊 𐤂𐤌 𐤏𐤔𐤓 𐤂𐤌 𐤊𐤁𐤅𐤃 𐤀𐤔𐤓 𐤋𐤀 𐤄𐤉𐤄 𐤊𐤌𐤅𐤊 𐤀𐤉𐤔 𐤁𐤌𐤋𐤊𐤉𐤌 𐤊𐤋 𐤉𐤌𐤉𐤊.

𐤉𐤃 𐤅𐤀𐤌 𐤕𐤋𐤊 𐤁𐤃𐤓𐤊𐤉 𐤋𐤔𐤌𐤓 𐤇𐤒𐤉 𐤅𐤌𐤑𐤅𐤕𐤉 𐤊𐤀𐤔𐤓 𐤄𐤋𐤊 𐤃𐤅𐤉𐤃 𐤀𐤁𐤉𐤊 𐤅𐤄𐤀𐤓𐤊𐤕𐤉 𐤀𐤕 𐤉𐤌𐤉𐤊.

𐤈𐤅𐤅𐤉𐤒𐤑 𐤔𐤋𐤌𐤄 𐤅𐤄𐤍𐤄 𐤇𐤋𐤅𐤌 𐤅𐤉𐤁𐤅𐤀 𐤉𐤓𐤅𐤔𐤋𐤌 𐤅𐤉𐤏𐤌𐤃 𐤋𐤐𐤍𐤉 𐤀𐤓𐤅𐤍 𐤁𐤓𐤉𐤕 𐤀𐤃𐤍𐤉 𐤅𐤉𐤏𐤋 𐤏𐤋𐤅𐤕 𐤅𐤉𐤏𐤔 𐤔𐤋𐤌𐤉𐤌 𐤅𐤉𐤏𐤔 𐤌𐤔𐤕𐤄 𐤋𐤊𐤋 𐤏𐤁𐤃𐤉𐤅.

𐤈𐤆 𐤀𐤆 𐤕𐤁𐤀𐤍𐤄 𐤔𐤕𐤉𐤌 𐤍𐤔𐤉𐤌 𐤆𐤍𐤅𐤕 𐤀𐤋 𐤄𐤌𐤋𐤊 𐤅𐤕𐤏𐤌𐤃𐤍𐤄 𐤋𐤐𐤍𐤉𐤅.

𐤉𐤆 𐤅𐤕𐤀𐤌𐤓 𐤄𐤀𐤔𐤄 𐤄𐤀𐤇𐤕 𐤁𐤉 𐤀𐤃𐤍𐤉 𐤀𐤍𐤉 𐤅𐤄𐤀𐤔𐤄 𐤄𐤆𐤀𐤕 𐤉𐤔𐤁𐤕 𐤁𐤁𐤉𐤕 𐤀𐤇𐤃 𐤅𐤀𐤋𐤃 𐤏𐤌𐤄 𐤁𐤁𐤉𐤕.

𐤉𐤇 𐤅𐤉𐤄𐤉 𐤁𐤉𐤅𐤌 𐤄𐤔𐤋𐤉𐤔𐤉 𐤋𐤋𐤃𐤕𐤉 𐤅𐤕𐤋𐤃 𐤂𐤌 𐤄𐤀𐤔𐤄 𐤄𐤆𐤀𐤕 𐤅𐤀𐤍𐤇𐤍𐤅 𐤉𐤇𐤃𐤅 𐤀𐤉𐤍 𐤆𐤓 𐤀𐤕𐤍𐤅 𐤁𐤁𐤉𐤕 𐤆𐤅𐤋𐤕𐤉 𐤔𐤕𐤉𐤌 𐤀𐤍𐤇𐤍𐤅 𐤁𐤁𐤉𐤕.

𐤉𐤈 𐤅𐤉𐤌𐤕 𐤁𐤍 𐤄𐤀𐤔𐤄 𐤄𐤆𐤀𐤕 𐤋𐤉𐤋𐤄 𐤀𐤔𐤓 𐤔𐤊𐤁𐤄 𐤏𐤋𐤉𐤅.
𐤊 𐤅𐤕𐤒𐤌 𐤁𐤕𐤅𐤊 𐤄𐤋𐤉𐤋𐤄 𐤅𐤕𐤒𐤇 𐤀𐤕 𐤁𐤍𐤉 𐤌𐤀𐤑𐤋𐤉 𐤅𐤀𐤌𐤕𐤊 𐤉𐤔𐤍𐤄 𐤅𐤕𐤔𐤊𐤉𐤁𐤄𐤅 𐤁𐤇𐤉𐤒𐤄 𐤅𐤀𐤕 𐤁𐤍𐤄 𐤄𐤌𐤕 𐤄𐤔𐤊𐤉𐤁𐤄 𐤁𐤇𐤉𐤒𐤉.

𐤊𐤀 𐤅𐤀𐤒𐤌 𐤁𐤁𐤒𐤓 𐤋𐤄𐤉𐤍𐤉𐤒 𐤀𐤕 𐤁𐤍𐤉 𐤅𐤄𐤍𐤄 𐤌𐤕 𐤅𐤀𐤕𐤁𐤅𐤍𐤍 𐤀𐤋𐤉𐤅 𐤁𐤁𐤒𐤓 𐤅𐤄𐤍𐤄 𐤋𐤀 𐤄𐤉𐤄 𐤁𐤍𐤉 𐤀𐤔𐤓 𐤉𐤋𐤃𐤕𐤉.

𐤊𐤁 𐤅𐤕𐤀𐤌𐤓 𐤄𐤀𐤔𐤄 𐤄𐤀𐤇𐤓𐤕 𐤋𐤀 𐤊𐤉 𐤁𐤍𐤉 𐤄𐤇𐤉 𐤅𐤁𐤍𐤊 𐤄𐤌𐤕 𐤅𐤆𐤀𐤕 𐤀𐤌𐤓𐤕 𐤋𐤀 𐤊𐤉 𐤁𐤍𐤊 𐤄𐤌𐤕 𐤅𐤁𐤍𐤉 𐤄𐤇𐤉 𐤅𐤕𐤃𐤁𐤓𐤍𐤄 𐤋𐤐𐤍𐤉 𐤄𐤌𐤋𐤊.

𐤊𐤂 𐤅𐤉𐤀𐤌𐤓 𐤄𐤌𐤋𐤊 𐤆𐤀𐤕 𐤀𐤌𐤓𐤕 𐤆𐤄 𐤁𐤍𐤉 𐤄𐤇𐤉 𐤅𐤁𐤍𐤊 𐤄𐤌𐤕 𐤅𐤆𐤀𐤕 𐤀𐤌𐤓𐤕 𐤋𐤀 𐤊𐤉 𐤁𐤍𐤊 𐤄𐤌𐤕 𐤅𐤁𐤍𐤉 𐤄𐤇𐤉.

𐤊𐤃 𐤅𐤉𐤀𐤌𐤓 𐤄𐤌𐤋𐤊 𐤒𐤇𐤅 𐤋𐤉 𐤇𐤓𐤁 𐤅𐤉𐤁𐤀𐤅 𐤄𐤇𐤓𐤁 𐤋𐤐𐤍𐤉 𐤄𐤌𐤋𐤊•
𐤊𐤄 𐤅𐤉𐤀𐤌𐤓 𐤄𐤌𐤋𐤊 𐤂𐤆𐤓𐤅 𐤀𐤕 𐤄𐤉𐤋𐤃 𐤄𐤇𐤉 𐤋𐤔𐤍𐤉𐤌 𐤅𐤕𐤍𐤅 𐤀𐤕
𐤄𐤇𐤑𐤉 𐤋𐤀𐤇𐤕 𐤅𐤀𐤕 𐤄𐤇𐤑𐤉 𐤋𐤀𐤇𐤕•
𐤊𐤅 𐤅𐤕𐤀𐤌𐤓 𐤄𐤀𐤔𐤄 𐤀𐤔𐤓 𐤁𐤍𐤄 𐤄𐤇𐤉 𐤀𐤋 𐤄𐤌𐤋𐤊 𐤊𐤉 𐤍𐤊𐤌𐤓𐤅 𐤓𐤇𐤌𐤉𐤄
𐤏𐤋 𐤁𐤍𐤄 𐤅𐤕𐤀𐤌𐤓 𐤁𐤉 𐤀𐤃𐤍𐤉 𐤕𐤍𐤅 𐤋𐤄 𐤀𐤕 𐤄𐤉𐤋𐤅𐤃 𐤄𐤇𐤉 𐤅𐤄𐤌𐤕 𐤀𐤋
𐤕𐤌𐤉𐤕𐤄𐤅 𐤅𐤆𐤀𐤕 𐤀𐤌𐤓𐤕 𐤂𐤌 𐤋𐤉 𐤂𐤌 𐤋𐤊 𐤋𐤀 𐤉𐤄𐤉𐤄 𐤂𐤆𐤓𐤅•
𐤊𐤆 𐤅𐤉𐤏𐤍 𐤄𐤌𐤋𐤊 𐤅𐤉𐤀𐤌𐤓 𐤕𐤍𐤅 𐤋𐤄 𐤀𐤕 𐤄𐤉𐤋𐤅𐤃 𐤄𐤇𐤉 𐤅𐤄𐤌𐤕 𐤋𐤀
𐤕𐤌𐤉𐤕𐤄𐤅 𐤄𐤉𐤀 𐤀𐤌𐤅•
𐤊𐤇 𐤅𐤉𐤔𐤌𐤏𐤅 𐤊𐤋 𐤉𐤔𐤓𐤀𐤋 𐤀𐤕 𐤄𐤌𐤔𐤐𐤈 𐤀𐤔𐤓 𐤔𐤐𐤈 𐤄𐤌𐤋𐤊 𐤅𐤉𐤓𐤀𐤅
𐤌𐤐𐤍𐤉 𐤄𐤌𐤋𐤊 𐤊𐤉 𐤓𐤀𐤅 𐤊𐤉 𐤇𐤊𐤌𐤕 𐤀𐤋𐤄𐤉𐤌 𐤁𐤒𐤓𐤁𐤅 𐤋𐤏𐤔𐤅𐤕 𐤌𐤔𐤐𐤈•

## 𐤐𐤓𐤒 𐤃

𐤀 𐤅𐤉𐤄𐤉 𐤄𐤌𐤋𐤊 𐤔𐤋𐤌𐤄 𐤌𐤋𐤊 𐤏𐤋 𐤊𐤋 𐤉𐤔𐤓𐤀𐤋•
𐤁 𐤅𐤀𐤋𐤄 𐤄𐤔𐤓𐤉𐤌 𐤀𐤔𐤓 𐤋𐤅 𐤏𐤆𐤓𐤉𐤄𐤅 𐤁𐤍 𐤑𐤃𐤅𐤒 𐤄𐤊𐤄𐤍•
𐤂 𐤀𐤋𐤉𐤇𐤓𐤐 𐤅𐤀𐤇𐤉𐤄 𐤁𐤍𐤉 𐤔𐤉𐤔𐤀 𐤎𐤐𐤓𐤉𐤌 𐤉𐤄𐤅𐤔𐤐𐤈 𐤁𐤍 𐤀𐤇𐤉𐤋𐤅𐤃
𐤄𐤌𐤆𐤊𐤉𐤓•
𐤃 𐤅𐤁𐤍𐤉𐤄𐤅 𐤁𐤍 𐤉𐤄𐤅𐤉𐤃𐤏 𐤏𐤋 𐤄𐤑𐤁𐤀 𐤅𐤑𐤃𐤅𐤒 𐤅𐤀𐤁𐤉𐤕𐤓 𐤊𐤄𐤍𐤉𐤌•
𐤄 𐤅𐤏𐤆𐤓𐤉𐤄𐤅 𐤁𐤍 𐤍𐤕𐤍 𐤏𐤋 𐤄𐤍𐤑𐤁𐤉𐤌 𐤅𐤆𐤁𐤅𐤃 𐤁𐤍 𐤍𐤕𐤍 𐤊𐤄𐤍 𐤓𐤏𐤄
𐤄𐤌𐤋𐤊•
𐤅 𐤅𐤀𐤇𐤉𐤔𐤓 𐤏𐤋 𐤄𐤁𐤉𐤕 𐤅𐤀𐤃𐤍𐤉𐤓𐤌 𐤁𐤍 𐤏𐤁𐤃𐤀 𐤏𐤋 𐤄𐤌𐤎•
𐤆 𐤅𐤋𐤔𐤋𐤌𐤄 𐤔𐤍𐤉𐤌 𐤏𐤔𐤓 𐤍𐤑𐤁𐤉𐤌 𐤏𐤋 𐤊𐤋 𐤉𐤔𐤓𐤀𐤋 𐤅𐤊𐤋𐤊𐤋𐤅 𐤀𐤕
𐤄𐤌𐤋𐤊 𐤅𐤀𐤕 𐤁𐤉𐤕𐤅 𐤇𐤃𐤔 𐤁𐤔𐤍𐤄 𐤉𐤄𐤉𐤄 𐤏𐤋 𐤀𐤇𐤃 [𐤄𐤀𐤇𐤃] 𐤋𐤊𐤋𐤊𐤋•
𐤇 𐤅𐤀𐤋𐤄 𐤔𐤌𐤅𐤕𐤌 𐤁𐤍 𐤇𐤅𐤓 𐤁𐤄𐤓 𐤀𐤐𐤓𐤉𐤌•
𐤈 𐤁𐤍 𐤃𐤒𐤓 𐤁𐤌𐤒𐤑 𐤅𐤁𐤔𐤏𐤋𐤁𐤉𐤌 𐤅𐤁𐤉𐤕 𐤔𐤌𐤔 𐤅𐤀𐤉𐤋𐤅𐤍 𐤁𐤉𐤕 𐤇𐤍𐤍•
𐤉 𐤁𐤍 𐤇𐤎𐤃 𐤁𐤀𐤓𐤁𐤅𐤕 𐤋𐤅 𐤔𐤊𐤄 𐤅𐤊𐤋 𐤀𐤓𐤑 𐤇𐤐𐤓•
𐤉𐤀 𐤁𐤍 𐤀𐤁𐤉𐤍𐤃𐤁 𐤊𐤋 𐤍𐤐𐤕 𐤃𐤀𐤓 𐤈𐤐𐤕 𐤁𐤕 𐤔𐤋𐤌𐤄 𐤄𐤉𐤕𐤄 𐤋𐤅 𐤋𐤀𐤔𐤄•
𐤉𐤁 𐤁𐤏𐤍𐤀 𐤁𐤍 𐤀𐤇𐤉𐤋𐤅𐤃 𐤕𐤏𐤍𐤊 𐤅𐤌𐤂𐤃𐤅 𐤅𐤊𐤋 𐤁𐤉𐤕 𐤔𐤀𐤍 𐤀𐤔𐤓 𐤀𐤑𐤋
𐤑𐤓𐤕𐤍𐤄 𐤌𐤕𐤇𐤕 𐤋𐤉𐤆𐤓𐤏𐤀𐤋 𐤌𐤁𐤉𐤕 𐤔𐤀𐤍 𐤏𐤃 𐤀𐤁𐤋 𐤌𐤇𐤅𐤋𐤄 𐤏𐤃 𐤌𐤏𐤁𐤓
𐤋𐤉𐤒𐤌𐤏𐤌•
𐤉𐤂 𐤁𐤍 𐤂𐤁𐤓 𐤁𐤓𐤌𐤕 𐤂𐤋𐤏𐤃 𐤋𐤅 𐤇𐤅𐤕 𐤉𐤀𐤉𐤓 𐤁𐤍 𐤌𐤍𐤔𐤄 𐤀𐤔𐤓 𐤁𐤂𐤋𐤏𐤃 𐤋𐤅
𐤇𐤁𐤋 𐤀𐤓𐤂𐤁 𐤀𐤔𐤓 𐤁𐤁𐤔𐤍 𐤔𐤔𐤉𐤌 𐤏𐤓𐤉𐤌 𐤂𐤃𐤋𐤅𐤕 𐤇𐤅𐤌𐤄 𐤅𐤁𐤓𐤉𐤇 𐤍𐤇𐤔𐤕•
𐤉𐤃 𐤀𐤇𐤉𐤍𐤃𐤁 𐤁𐤍 𐤏𐤃𐤀 𐤌𐤇𐤍𐤉𐤌𐤄•
𐤈𐤅 𐤀𐤇𐤉𐤌𐤏𐤑 𐤁𐤍𐤐𐤕𐤋𐤉 𐤂𐤌 𐤄𐤅𐤀 𐤋𐤒𐤇 𐤀𐤕 𐤁𐤔𐤌𐤕 𐤁𐤕 𐤔𐤋𐤌𐤄 𐤋𐤀𐤔𐤄•

𐤈𐤆 𐤁𐤏𐤍𐤀 𐤁𐤍 𐤇𐤅𐤔𐤉 𐤁𐤀𐤔𐤓 𐤅𐤁𐤏𐤋𐤅𐤕•
𐤉𐤆 𐤉𐤄𐤅𐤔𐤐𐤈 𐤁𐤍 𐤐𐤓𐤅𐤇 𐤁𐤉𐤔𐤔𐤊𐤓•
𐤉𐤇 𐤔𐤌𐤏𐤉 𐤁𐤍 𐤀𐤋𐤀 𐤁𐤁𐤍𐤉𐤌𐤍•
𐤉𐤈 𐤂𐤁𐤓 𐤁𐤍 𐤀𐤓𐤉 𐤁𐤀𐤓𐤑 𐤂𐤋𐤏𐤃 𐤀𐤓𐤑 𐤎𐤉𐤇𐤅𐤍 𐤌𐤋𐤊 𐤄𐤀𐤌𐤓𐤉 𐤅𐤏𐤂 𐤌𐤋𐤊
𐤄𐤁𐤔𐤍 𐤅𐤍𐤑𐤉𐤁 𐤀𐤇𐤃 𐤀𐤔𐤓 𐤁𐤀𐤓𐤑•
𐤊 𐤉𐤄𐤅𐤃𐤄 𐤅𐤉𐤔𐤓𐤀𐤋 𐤓𐤁𐤉𐤌 𐤊𐤇𐤅𐤋 𐤀𐤔𐤓 𐤏𐤋 𐤄𐤉𐤌 𐤋𐤓𐤁 𐤀𐤊𐤋𐤉𐤌
𐤅𐤔𐤕𐤉𐤌 𐤅𐤔𐤌𐤇𐤉𐤌•

## 𐤐𐤓𐤒 𐤄

𐤀 𐤅𐤔𐤋𐤌𐤄 𐤄𐤉𐤄 𐤌𐤅𐤔𐤋 𐤁𐤊𐤋 𐤄𐤌𐤌𐤋𐤊𐤅𐤕 𐤌𐤍 𐤄𐤍𐤄𐤓 𐤀𐤓𐤑 𐤐𐤋𐤔𐤕𐤉𐤌
𐤅𐤏𐤃 𐤂𐤁𐤅𐤋 𐤌𐤑𐤓𐤉𐤌 𐤌𐤂𐤔𐤉𐤌 𐤌𐤍𐤇𐤄 𐤅𐤏𐤁𐤃𐤉𐤌 𐤀𐤕 𐤔𐤋𐤌𐤄 𐤊𐤋 𐤉𐤌𐤉
𐤇𐤉𐤉𐤅•
𐤁 𐤅𐤉𐤄𐤉 𐤋𐤇𐤌 𐤔𐤋𐤌𐤄 𐤋𐤉𐤅𐤌 𐤀𐤇𐤃 𐤔𐤋𐤔𐤉𐤌 𐤊𐤓 𐤎𐤋𐤕 𐤅𐤔𐤔𐤉𐤌 𐤊𐤓
𐤒𐤌𐤇•
𐤂 𐤏𐤔𐤓𐤄 𐤁𐤒𐤓 𐤁𐤓𐤀𐤉𐤌 𐤅𐤏𐤔𐤓𐤉𐤌 𐤁𐤒𐤓 𐤓𐤏𐤉 𐤅𐤌𐤀𐤄 𐤑𐤀𐤍 𐤋𐤁𐤃 𐤌𐤀𐤉𐤋
𐤅𐤑𐤁𐤉 𐤅𐤉𐤇𐤌𐤅𐤓 𐤅𐤁𐤓𐤁𐤓𐤉𐤌 𐤀𐤁𐤅𐤎𐤉𐤌•
𐤃 𐤊𐤉 𐤄𐤅𐤀 𐤓𐤃𐤄 𐤁𐤊𐤋 𐤏𐤁𐤓 𐤄𐤍𐤄𐤓 𐤌𐤕𐤐𐤎𐤇 𐤅𐤏𐤃 𐤏𐤆𐤄 𐤁𐤊𐤋 𐤌𐤋𐤊𐤉 𐤏𐤁𐤓
𐤄𐤍𐤄𐤓 𐤅𐤔𐤋𐤅𐤌 𐤄𐤉𐤄 𐤋𐤅 𐤌𐤊𐤋 𐤏𐤁𐤓𐤉𐤅 𐤌𐤎𐤁𐤉𐤁•
𐤄 𐤅𐤉𐤔𐤁 𐤉𐤄𐤅𐤃𐤄 𐤅𐤉𐤔𐤓𐤀𐤋 𐤋𐤁𐤈𐤇 𐤀𐤉𐤔 𐤕𐤇𐤕 𐤂𐤐𐤍𐤅 𐤅𐤕𐤇𐤕 𐤕𐤀𐤍𐤕𐤅
𐤌𐤃𐤍 𐤅𐤏𐤃 𐤁𐤀𐤓 𐤔𐤁𐤏 𐤊𐤋 𐤉𐤌𐤉 𐤔𐤋𐤌𐤄•
𐤅 𐤅𐤉𐤄𐤉 𐤋𐤔𐤋𐤌𐤄 𐤀𐤓𐤁𐤏𐤉𐤌 𐤀𐤋𐤐 𐤀𐤓𐤅𐤕 𐤎𐤅𐤎𐤉𐤌 𐤋𐤌𐤓𐤊𐤁𐤅 𐤅𐤔𐤍𐤉𐤌
𐤏𐤔𐤓 𐤀𐤋𐤐 𐤐𐤓𐤔𐤉𐤌•
𐤆 𐤅𐤊𐤋𐤊𐤋𐤅 𐤄𐤍𐤑𐤁𐤉𐤌 𐤄𐤀𐤋𐤄 𐤀𐤕 𐤄𐤌𐤋𐤊 𐤔𐤋𐤌𐤄 𐤅𐤀𐤕 𐤊𐤋 𐤄𐤒𐤓𐤁 𐤀𐤋
𐤔𐤋𐤇𐤍 𐤄𐤌𐤋𐤊 𐤔𐤋𐤌𐤄 𐤀𐤉𐤔 𐤇𐤃𐤔𐤅 𐤋𐤀 𐤉𐤏𐤃𐤓𐤅 𐤃𐤁𐤓•
𐤇 𐤅𐤄𐤔𐤏𐤓𐤉𐤌 𐤅𐤄𐤕𐤁𐤍 𐤋𐤎𐤅𐤎𐤉𐤌 𐤅𐤋𐤓𐤊𐤔 𐤉𐤁𐤉𐤀𐤅 𐤀𐤋 𐤄𐤌𐤒𐤅𐤌 𐤀𐤔𐤓
𐤉𐤄𐤉𐤄 𐤔𐤌 𐤀𐤉𐤔 𐤊𐤌𐤔𐤐𐤈𐤅•
𐤈 𐤅𐤉𐤕𐤍 𐤀𐤋𐤄𐤉𐤌 𐤇𐤊𐤌𐤄 𐤋𐤔𐤋𐤌𐤄 𐤅𐤕𐤁𐤅𐤍𐤄 𐤄𐤓𐤁𐤄 𐤌𐤀𐤃 𐤅𐤓𐤇𐤁 𐤋𐤁
𐤊𐤇𐤅𐤋 𐤀𐤔𐤓 𐤏𐤋 𐤔𐤐𐤕 𐤄𐤉𐤌•
𐤉 𐤅𐤕𐤓𐤁 𐤇𐤊𐤌𐤕 𐤔𐤋𐤌𐤄 𐤌𐤇𐤊𐤌𐤕 𐤊𐤋 𐤁𐤍𐤉 𐤒𐤃𐤌 𐤅𐤌𐤊𐤋 𐤇𐤊𐤌𐤕
𐤌𐤑𐤓𐤉𐤌•
𐤉𐤀 𐤅𐤉𐤇𐤊𐤌 𐤌𐤊𐤋 𐤄𐤀𐤃𐤌 𐤌𐤀𐤉𐤕𐤍 𐤄𐤀𐤆𐤓𐤇𐤉 𐤅𐤄𐤉𐤌𐤍 𐤅𐤊𐤋𐤊𐤋 𐤅𐤃𐤓𐤃𐤏
𐤁𐤍𐤉 𐤌𐤇𐤅𐤋 𐤅𐤉𐤄𐤉 𐤔𐤌𐤅 𐤁𐤊𐤋 𐤄𐤂𐤅𐤉𐤌 𐤎𐤁𐤉𐤁•
𐤉𐤁 𐤅𐤉𐤃𐤁𐤓 𐤔𐤋𐤔𐤕 𐤀𐤋𐤐𐤉𐤌 𐤌𐤔𐤋 𐤅𐤉𐤄𐤉 𐤔𐤉𐤓𐤅 𐤇𐤌𐤔𐤄 𐤅𐤀𐤋𐤐•

# 𐤌𐤋𐤊𐤉𐤌 𐤀

𐤉𐤂 𐤅𐤉𐤃𐤁𐤓 𐤏𐤋 𐤄𐤏𐤑𐤉𐤌 𐤌𐤍 𐤄𐤀𐤓𐤆 𐤀𐤔𐤓 𐤁𐤋𐤁𐤍𐤅𐤍 𐤅𐤏𐤃 𐤄𐤀𐤆𐤅𐤁 𐤀𐤔𐤓 𐤉𐤑𐤀 𐤁𐤒𐤉𐤓 𐤅𐤉𐤃𐤁𐤓 𐤏𐤋 𐤄𐤁𐤄𐤌𐤄 𐤅𐤏𐤋 𐤄𐤏𐤅𐤐 𐤅𐤏𐤋 𐤄𐤓𐤌𐤔 𐤅𐤏𐤋 𐤄𐤃𐤂𐤉𐤌.

𐤉𐤃 𐤅𐤉𐤁𐤀𐤅 𐤌𐤊𐤋 𐤄𐤏𐤌𐤉𐤌 𐤋𐤔𐤌𐤏 𐤀𐤕 𐤇𐤊𐤌𐤕 𐤔𐤋𐤌𐤄 𐤌𐤀𐤕 𐤊𐤋 𐤌𐤋𐤊𐤉 𐤄𐤀𐤓𐤑 𐤀𐤔𐤓 𐤔𐤌𐤏𐤅 𐤀𐤕 𐤇𐤊𐤌𐤕𐤅.

𐤈𐤅 𐤅𐤉𐤔𐤋𐤇 𐤇𐤉𐤓𐤌 𐤌𐤋𐤊 𐤑𐤅𐤓 𐤀𐤕 𐤏𐤁𐤃𐤉𐤅 𐤀𐤋 𐤔𐤋𐤌𐤄 𐤊𐤉 𐤔𐤌𐤏 𐤊𐤉 𐤀𐤕𐤅 𐤌𐤔𐤇𐤅 𐤋𐤌𐤋𐤊 𐤕𐤇𐤕 𐤀𐤁𐤉𐤄𐤅 𐤊𐤉 𐤀𐤄𐤁 𐤄𐤉𐤄 𐤇𐤉𐤓𐤌 𐤋𐤃𐤅𐤃 𐤊𐤋 𐤄𐤉𐤌𐤉𐤌.

𐤈𐤆 𐤅𐤉𐤔𐤋𐤇 𐤔𐤋𐤌𐤄 𐤀𐤋 𐤇𐤉𐤓𐤌 𐤋𐤀𐤌𐤓.

𐤉𐤆 𐤀𐤕𐤄 𐤉𐤃𐤏𐤕 𐤀𐤕 𐤃𐤅𐤃 𐤀𐤁𐤉 𐤊𐤉 𐤋𐤀 𐤉𐤊𐤋 𐤋𐤁𐤍𐤅𐤕 𐤁𐤉𐤕 𐤋𐤔𐤌 𐤉𐤄𐤅𐤄 𐤀𐤋𐤄𐤉𐤅 𐤌𐤐𐤍𐤉 𐤄𐤌𐤋𐤇𐤌𐤄 𐤀𐤔𐤓 𐤎𐤁𐤁𐤄𐤅 𐤏𐤃 𐤕𐤕 𐤉𐤄𐤅𐤄 𐤀𐤕𐤌 𐤕𐤇𐤕 𐤊𐤐𐤅𐤕 𐤓𐤂𐤋𐤅 [𐤓𐤂𐤋𐤉].

𐤉𐤇 𐤅𐤏𐤕𐤄 𐤄𐤍𐤉𐤇 𐤉𐤄𐤅𐤄 𐤀𐤋𐤄𐤉 𐤋𐤉 𐤌𐤎𐤁𐤉𐤁 𐤀𐤉𐤍 𐤔𐤈𐤍 𐤅𐤀𐤉𐤍 𐤐𐤂𐤏 𐤓𐤏.

𐤉𐤈 𐤅𐤄𐤍𐤍𐤉 𐤀𐤌𐤓 𐤋𐤁𐤍𐤅𐤕 𐤁𐤉𐤕 𐤋𐤔𐤌 𐤉𐤄𐤅𐤄 𐤀𐤋𐤄𐤉 𐤊𐤀𐤔𐤓 𐤃𐤁𐤓 𐤉𐤄𐤅𐤄 𐤀𐤋 𐤃𐤅𐤃 𐤀𐤁𐤉 𐤋𐤀𐤌𐤓 𐤁𐤍𐤊 𐤀𐤔𐤓 𐤀𐤕𐤍 𐤕𐤇𐤕𐤉𐤊 𐤏𐤋 𐤊𐤎𐤀𐤊 𐤄𐤅𐤀 𐤉𐤁𐤍𐤄 𐤄𐤁𐤉𐤕 𐤋𐤔𐤌𐤉.

𐤊 𐤅𐤏𐤕𐤄 𐤑𐤅𐤄 𐤅𐤉𐤊𐤓𐤕𐤅 𐤋𐤉 𐤀𐤓𐤆𐤉𐤌 𐤌𐤍 𐤄𐤋𐤁𐤍𐤅𐤍 𐤅𐤏𐤁𐤃𐤉 𐤉𐤄𐤉𐤅 𐤏𐤌 𐤏𐤁𐤃𐤉𐤊 𐤅𐤔𐤊𐤓 𐤏𐤁𐤃𐤉𐤊 𐤀𐤕𐤍 𐤋𐤊 𐤊𐤊𐤋 𐤀𐤔𐤓 𐤕𐤀𐤌𐤓 𐤊𐤉 𐤀𐤕𐤄 𐤉𐤃𐤏𐤕 𐤊𐤉 𐤀𐤉𐤍 𐤁𐤍𐤅 𐤀𐤉𐤔 𐤉𐤃𐤏 𐤋𐤊𐤓𐤕 𐤏𐤑𐤉𐤌 𐤊𐤑𐤃𐤍𐤉𐤌.

𐤊𐤀 𐤅𐤉𐤄𐤉 𐤊𐤔𐤌𐤏 𐤇𐤉𐤓𐤌 𐤀𐤕 𐤃𐤁𐤓𐤉 𐤔𐤋𐤌𐤄 𐤅𐤉𐤔𐤌𐤇 𐤌𐤀𐤃 𐤅𐤉𐤀𐤌𐤓 𐤁𐤓𐤅𐤊 𐤉𐤄𐤅𐤄 𐤄𐤉𐤅𐤌 𐤀𐤔𐤓 𐤍𐤕𐤍 𐤋𐤃𐤅𐤃 𐤁𐤍 𐤇𐤊𐤌 𐤏𐤋 𐤄𐤏𐤌 𐤄𐤓𐤁 𐤄𐤆𐤄.

𐤊𐤁 𐤅𐤉𐤔𐤋𐤇 𐤇𐤉𐤓𐤌 𐤀𐤋 𐤔𐤋𐤌𐤄 𐤋𐤀𐤌𐤓 𐤔𐤌𐤏𐤕𐤉 𐤀𐤕 𐤀𐤔𐤓 𐤔𐤋𐤇𐤕 𐤀𐤋𐤉 𐤀𐤍𐤉 𐤀𐤏𐤔𐤄 𐤀𐤕 𐤊𐤋 𐤇𐤐𐤑𐤊 𐤁𐤏𐤑𐤉 𐤀𐤓𐤆𐤉𐤌 𐤅𐤁𐤏𐤑𐤉 𐤁𐤓𐤅𐤔𐤉𐤌.

𐤊𐤂 𐤏𐤁𐤃𐤉 𐤉𐤓𐤃𐤅 𐤌𐤍 𐤄𐤋𐤁𐤍𐤅𐤍 𐤉𐤌𐤄 𐤅𐤀𐤍𐤉 𐤀𐤔𐤉𐤌𐤌 𐤃𐤁𐤓𐤅𐤕 𐤁𐤉𐤌 𐤏𐤃 𐤄𐤌𐤒𐤅𐤌 𐤀𐤔𐤓 𐤕𐤔𐤋𐤇 𐤀𐤋𐤉 𐤅𐤍𐤐𐤑𐤕𐤉𐤌 𐤔𐤌 𐤅𐤀𐤕𐤄 𐤕𐤔𐤀 𐤅𐤀𐤕𐤄 𐤕𐤏𐤔𐤄 𐤀𐤕 𐤇𐤐𐤑𐤉 𐤋𐤕𐤕 𐤋𐤇𐤌 𐤁𐤉𐤕𐤉.

𐤊𐤃 𐤅𐤉𐤄𐤉 𐤇𐤉𐤓𐤅𐤌 𐤍𐤕𐤍 𐤋𐤔𐤋𐤌𐤄 𐤏𐤑𐤉 𐤀𐤓𐤆𐤉𐤌 𐤅𐤏𐤑𐤉 𐤁𐤓𐤅𐤔𐤉𐤌 𐤊𐤋 𐤇𐤐𐤑𐤅.

𐤊𐤄 𐤅𐤔𐤋𐤌𐤄 𐤍𐤕𐤍 𐤋𐤇𐤉𐤓𐤌 𐤏𐤔𐤓𐤉𐤌 𐤀𐤋𐤐 𐤊𐤓 𐤇𐤈𐤉𐤌 𐤌𐤊𐤋𐤕 𐤋𐤁𐤉𐤕𐤅 𐤅𐤏𐤔𐤓𐤉𐤌 𐤊𐤓 𐤔𐤌𐤍 𐤊𐤕𐤉𐤕 𐤊𐤄 𐤉𐤕𐤍 𐤔𐤋𐤌𐤄 𐤋𐤇𐤉𐤓𐤌 𐤔𐤍𐤄 𐤁𐤔𐤍𐤄.

𐤊𐤅 𐤅𐤉𐤄𐤅𐤄 𐤍𐤕𐤍 𐤇𐤊𐤌𐤄 𐤋𐤔𐤋𐤌𐤄 𐤊𐤀𐤔𐤓 𐤃𐤁𐤓 𐤋𐤅 𐤅𐤉𐤄𐤉 𐤔𐤋𐤌 𐤁𐤉𐤍 𐤇𐤉𐤓𐤌 𐤅𐤁𐤉𐤍 𐤔𐤋𐤌𐤄 𐤅𐤉𐤊𐤓𐤕𐤅 𐤁𐤓𐤉𐤕 𐤔𐤍𐤉𐤄𐤌.

כז ויעל המלך שלמה מס מכל ישראל ויהי המס שלשים אלף איש׃

כח וישלחם לבנונה עשרת אלפים בחדש חליפות חדש יהיו בלבנון שנים חדשים בביתו ואדנירם על המס׃

כט ויהי לשלמה שבעים אלף נשא סבל ושמנים אלף חצב בהר׃

ל לבד משרי הנצבים לשלמה אשר על המלאכה שלשת אלפים ושלש מאות הרדים בעם העשים במלאכה׃

לא ויצו המלך ויסעו אבנים גדלות אבנים יקרות ליסד הבית אבני גזית׃

לב ויפסלו בני שלמה ובני חירום והגבלים ויכינו העצים והאבנים לבנות הבית׃

פרק ו

א ויהי בשמונים שנה וארבע מאות שנה לצאת בני ישראל מארץ מצרים בשנה הרביעית בחדש זו הוא החדש השני למלך שלמה על ישראל ויבן הבית ליהוה׃

ב והבית אשר בנה המלך שלמה ליהוה ששים אמה ארכו ועשרים רחבו ושלשים אמה קומתו׃

ג והאולם על פני היכל הבית עשרים אמה ארכו על פני רחב הבית עשר באמה רחבו על פני הבית׃

ד ויעש לבית חלוני שקפים אטמים׃

ה ויבן על קיר הבית יצוע [יציע] סביב את קירות הבית סביב להיכל ולדביר ויעש צלעות סביב׃

ו היצוע [היציע] התחתנה חמש באמה רחבה והתיכנה שש באמה רחבה והשלישית שבע באמה רחבה כי מגרעות נתן לבית סביב חוצה לבלתי אחז בקירות הבית׃

ז והבית בהבנתו אבן שלמה מסע נבנה ומקבות והגרזן כל כלי ברזל לא נשמע בבית בהבנתו׃

ח פתח הצלע התיכנה אל כתף הבית הימנית ובלולים יעלו על התיכנה ומן התיכנה אל השלשים׃

ט ויבן את הבית ויכלהו ויספן את הבית גבים ושדרת בארזים׃

𐤉 𐤅𐤉𐤁𐤍 𐤀𐤕 𐤄𐤉𐤑𐤅𐤏 [𐤄𐤉𐤑𐤉𐤏] 𐤏𐤋 𐤊𐤋 𐤄𐤁𐤉𐤕 𐤇𐤌𐤔 𐤀𐤌𐤅𐤕 𐤒𐤅𐤌𐤕𐤅
𐤅𐤉𐤀𐤇𐤆 𐤀𐤕 𐤄𐤁𐤉𐤕 𐤁𐤏𐤑𐤉 𐤀𐤓𐤆𐤉𐤌•
𐤉𐤀 𐤅𐤉𐤄𐤉 𐤃𐤁𐤓 𐤉𐤄𐤅𐤄 𐤀𐤋 𐤔𐤋𐤌𐤄 𐤋𐤀𐤌𐤓•
𐤉𐤁 𐤄𐤁𐤉𐤕 𐤄𐤆𐤄 𐤀𐤔𐤓 𐤀𐤕𐤄 𐤁𐤍𐤄 𐤀𐤌 𐤕𐤋𐤊 𐤁𐤇𐤒𐤕𐤉 𐤅𐤀𐤕 𐤌𐤔𐤐𐤈𐤉
𐤕𐤏𐤔𐤄 𐤅𐤔𐤌𐤓𐤕 𐤀𐤕 𐤊𐤋 𐤌𐤑𐤅𐤕𐤉 𐤋𐤋𐤊𐤕 𐤁𐤄𐤌 𐤅𐤄𐤒𐤌𐤕𐤉 𐤀𐤕 𐤃𐤁𐤓𐤉
𐤀𐤕𐤊 𐤀𐤔𐤓 𐤃𐤁𐤓𐤕𐤉 𐤀𐤋 𐤃𐤅𐤃 𐤀𐤁𐤉𐤊•
𐤉𐤂 𐤅𐤔𐤊𐤍𐤕𐤉 𐤁𐤕𐤅𐤊 𐤁𐤍𐤉 𐤉𐤔𐤓𐤀𐤋 𐤅𐤋𐤀 𐤀𐤏𐤆𐤁 𐤀𐤕 𐤏𐤌𐤉 𐤉𐤔𐤓𐤀𐤋•
𐤉𐤃 𐤅𐤉𐤁𐤍 𐤔𐤋𐤌𐤄 𐤀𐤕 𐤄𐤁𐤉𐤕 𐤅𐤉𐤊𐤋𐤄𐤅•
𐤈𐤅 𐤅𐤉𐤁𐤍 𐤀𐤕 𐤒𐤉𐤓𐤅𐤕 𐤄𐤁𐤉𐤕 𐤌𐤁𐤉𐤕𐤄 𐤁𐤑𐤋𐤏𐤅𐤕 𐤀𐤓𐤆𐤉𐤌 𐤌𐤒𐤓𐤒𐤏
𐤄𐤁𐤉𐤕 𐤏𐤃 𐤒𐤉𐤓𐤅𐤕 𐤄𐤎𐤐𐤍 𐤑𐤐𐤄 𐤏𐤑 𐤌𐤁𐤉𐤕 𐤅𐤉𐤑𐤐 𐤀𐤕 𐤒𐤓𐤒𐤏 𐤄𐤁𐤉𐤕
𐤁𐤑𐤋𐤏𐤅𐤕 𐤁𐤓𐤅𐤔𐤉𐤌•
𐤈𐤆 𐤅𐤉𐤁𐤍 𐤀𐤕 𐤏𐤔𐤓𐤉𐤌 𐤀𐤌𐤄 𐤌𐤉𐤓𐤊𐤅𐤕𐤉 [𐤌𐤉𐤓𐤊𐤕𐤉] 𐤄𐤁𐤉𐤕 𐤁𐤑𐤋𐤏𐤅𐤕
𐤀𐤓𐤆𐤉𐤌 𐤌𐤍 𐤄𐤒𐤓𐤒𐤏 𐤏𐤃 𐤄𐤒𐤉𐤓𐤅𐤕 𐤅𐤉𐤁𐤍 𐤋𐤅 𐤌𐤁𐤉𐤕 𐤋𐤃𐤁𐤉𐤓 𐤋𐤒𐤃𐤔
𐤄𐤒𐤃𐤔𐤉𐤌•
𐤉𐤆 𐤅𐤀𐤓𐤁𐤏𐤉𐤌 𐤁𐤀𐤌𐤄 𐤄𐤉𐤄 𐤄𐤁𐤉𐤕 𐤄𐤅𐤀 𐤄𐤄𐤉𐤊𐤋 𐤋𐤐𐤍𐤉•
𐤉𐤇 𐤅𐤀𐤓𐤆 𐤀𐤋 𐤄𐤁𐤉𐤕 𐤐𐤍𐤉𐤌𐤄 𐤌𐤒𐤋𐤏𐤕 𐤐𐤒𐤏𐤉𐤌 𐤅𐤐𐤈𐤅𐤓𐤉 𐤑𐤑𐤉𐤌 𐤄𐤊𐤋
𐤀𐤓𐤆 𐤀𐤉𐤍 𐤀𐤁𐤍 𐤍𐤓𐤀𐤄•
𐤉𐤈 𐤅𐤃𐤁𐤉𐤓 𐤁𐤕𐤅𐤊 𐤄𐤁𐤉𐤕 𐤌𐤐𐤍𐤉𐤌𐤄 𐤄𐤊𐤉𐤍 𐤋𐤕𐤕𐤍 𐤔𐤌 𐤀𐤕 𐤀𐤓𐤅𐤍
𐤁𐤓𐤉𐤕 𐤉𐤄𐤅𐤄•
𐤊 𐤅𐤋𐤐𐤍𐤉 𐤄𐤃𐤁𐤉𐤓 𐤏𐤔𐤓𐤉𐤌 𐤀𐤌𐤄 𐤀𐤓𐤊 𐤅𐤏𐤔𐤓𐤉𐤌 𐤀𐤌𐤄 𐤓𐤇𐤁 𐤅𐤏𐤔𐤓𐤉𐤌
𐤀𐤌𐤄 𐤒𐤅𐤌𐤕𐤅 𐤅𐤉𐤑𐤐𐤄𐤅 𐤆𐤄𐤁 𐤎𐤂𐤅𐤓 𐤅𐤉𐤑𐤐 𐤌𐤆𐤁𐤇 𐤀𐤓𐤆•
𐤊𐤀 𐤅𐤉𐤑𐤐 𐤔𐤋𐤌𐤄 𐤀𐤕 𐤄𐤁𐤉𐤕 𐤌𐤐𐤍𐤉𐤌𐤄 𐤆𐤄𐤁 𐤎𐤂𐤅𐤓 𐤅𐤉𐤏𐤁𐤓
𐤁𐤓𐤕𐤉𐤒𐤅𐤕 [𐤁𐤓𐤕𐤅𐤒𐤅𐤕] 𐤆𐤄𐤁 𐤋𐤐𐤍𐤉 𐤄𐤃𐤁𐤉𐤓 𐤅𐤉𐤑𐤐𐤄𐤅 𐤆𐤄𐤁•
𐤊𐤁 𐤅𐤀𐤕 𐤊𐤋 𐤄𐤁𐤉𐤕 𐤑𐤐𐤄 𐤆𐤄𐤁 𐤏𐤃 𐤕𐤌 𐤊𐤋 𐤄𐤁𐤉𐤕 𐤅𐤊𐤋 𐤄𐤌𐤆𐤁𐤇 𐤀𐤔𐤓
𐤋𐤃𐤁𐤉𐤓 𐤑𐤐𐤄 𐤆𐤄𐤁•
𐤊𐤂 𐤅𐤉𐤏𐤔 𐤁𐤃𐤁𐤉𐤓 𐤔𐤍𐤉 𐤊𐤓𐤅𐤁𐤉𐤌 𐤏𐤑𐤉 𐤔𐤌𐤍 𐤏𐤔𐤓 𐤀𐤌𐤅𐤕 𐤒𐤅𐤌𐤕𐤅•
𐤊𐤃 𐤅𐤇𐤌𐤔 𐤀𐤌𐤅𐤕 𐤊𐤍𐤐 𐤄𐤊𐤓𐤅𐤁 𐤄𐤀𐤇𐤕 𐤅𐤇𐤌𐤔 𐤀𐤌𐤅𐤕 𐤊𐤍𐤐 𐤄𐤊𐤓𐤅𐤁
𐤄𐤔𐤍𐤉𐤕 𐤏𐤔𐤓 𐤀𐤌𐤅𐤕 𐤌𐤒𐤑𐤅𐤕 𐤊𐤍𐤐𐤉𐤅 𐤅𐤏𐤃 𐤒𐤑𐤅𐤕 𐤊𐤍𐤐𐤉𐤅•
𐤊𐤄 𐤅𐤏𐤔𐤓 𐤁𐤀𐤌𐤄 𐤄𐤊𐤓𐤅𐤁 𐤄𐤔𐤍𐤉 𐤌𐤃𐤄 𐤀𐤇𐤕 𐤅𐤒𐤑𐤁 𐤀𐤇𐤃 𐤋𐤔𐤍𐤉
𐤄𐤊𐤓𐤁𐤉𐤌•
𐤊𐤅 𐤒𐤅𐤌𐤕 𐤄𐤊𐤓𐤅𐤁 𐤄𐤀𐤇𐤃 𐤏𐤔𐤓 𐤁𐤀𐤌𐤄 𐤅𐤊𐤍 𐤄𐤊𐤓𐤅𐤁 𐤄𐤔𐤍𐤉•
𐤊𐤆 𐤅𐤉𐤕𐤍 𐤀𐤕 𐤄𐤊𐤓𐤅𐤁𐤉𐤌 𐤁𐤕𐤅𐤊 𐤄𐤁𐤉𐤕 𐤄𐤐𐤍𐤉𐤌𐤉 𐤅𐤉𐤐𐤓𐤔𐤅 𐤀𐤕
𐤊𐤍𐤐𐤉 𐤄𐤊𐤓𐤁𐤉𐤌 𐤅𐤕𐤂𐤏 𐤊𐤍𐤐 𐤄𐤀𐤇𐤃 𐤁𐤒𐤉𐤓 𐤅𐤊𐤍𐤐 𐤄𐤊𐤓𐤅𐤁 𐤄𐤔𐤍𐤉 𐤍𐤂𐤏𐤕

𐤁𐤒𐤉𐤓 𐤄𐤔𐤍𐤉 𐤅𐤊𐤍𐤐𐤉𐤄𐤌 𐤀𐤋 𐤕𐤅𐤊 𐤄𐤁𐤉𐤕 𐤍𐤂𐤏𐤕 𐤊𐤍𐤐 𐤀𐤋 𐤊𐤍𐤐.

𐤊𐤇 𐤅𐤉𐤑𐤐 𐤀𐤕 𐤄𐤊𐤓𐤅𐤁𐤉𐤌 𐤆𐤄𐤁.

𐤊𐤈 𐤅𐤀𐤕 𐤊𐤋 𐤒𐤉𐤓𐤅𐤕 𐤄𐤁𐤉𐤕 𐤌𐤎𐤁 𐤒𐤋𐤏 𐤐𐤕𐤅𐤇𐤉 𐤌𐤒𐤋𐤏𐤅𐤕 𐤊𐤓𐤅𐤁𐤉𐤌 𐤅𐤕𐤌𐤓𐤕 𐤅𐤐𐤈𐤅𐤓𐤉 𐤑𐤑𐤉𐤌 𐤌𐤋𐤐𐤍𐤉𐤌 𐤅𐤋𐤇𐤉𐤑𐤅𐤍.

𐤋 𐤅𐤀𐤕 𐤒𐤓𐤒𐤏 𐤄𐤁𐤉𐤕 𐤑𐤐𐤄 𐤆𐤄𐤁 𐤋𐤐𐤍𐤉𐤌𐤄 𐤅𐤋𐤇𐤉𐤑𐤅𐤍.

𐤋𐤀 𐤅𐤀𐤕 𐤐𐤕𐤇 𐤄𐤃𐤁𐤉𐤓 𐤏𐤔𐤄 𐤃𐤋𐤕𐤅𐤕 𐤏𐤑𐤉 𐤔𐤌𐤍 𐤄𐤀𐤉𐤋 𐤌𐤆𐤅𐤆𐤅𐤕 𐤇𐤌𐤔𐤉𐤕.

𐤋𐤁 𐤅𐤔𐤕𐤉 𐤃𐤋𐤕𐤅𐤕 𐤏𐤑𐤉 𐤔𐤌𐤍 𐤅𐤒𐤋𐤏 𐤏𐤋𐤉𐤄𐤌 𐤌𐤒𐤋𐤏𐤅𐤕 𐤊𐤓𐤅𐤁𐤉𐤌 𐤅𐤕𐤌𐤓𐤕 𐤅𐤐𐤈𐤅𐤓𐤉 𐤑𐤑𐤉𐤌 𐤅𐤑𐤐𐤄 𐤆𐤄𐤁 𐤅𐤉𐤓𐤃 𐤏𐤋 𐤄𐤊𐤓𐤅𐤁𐤉𐤌 𐤅𐤏𐤋 𐤄𐤕𐤌𐤓𐤅𐤕 𐤀𐤕 𐤄𐤆𐤄𐤁.

𐤋𐤂 𐤅𐤊𐤍 𐤏𐤔𐤄 𐤋𐤐𐤕𐤇 𐤄𐤄𐤉𐤊𐤋 𐤌𐤆𐤅𐤆𐤅𐤕 𐤏𐤑𐤉 𐤔𐤌𐤍 𐤌𐤀𐤕 𐤓𐤁𐤏𐤉𐤕.

𐤋𐤃 𐤅𐤔𐤕𐤉 𐤃𐤋𐤕𐤅𐤕 𐤏𐤑𐤉 𐤁𐤓𐤅𐤔𐤉𐤌 𐤔𐤍𐤉 𐤑𐤋𐤏𐤉𐤌 𐤄𐤃𐤋𐤕 𐤄𐤀𐤇𐤕 𐤂𐤋𐤉𐤋𐤉𐤌 𐤅𐤔𐤍𐤉 𐤒𐤋𐤏𐤉𐤌 𐤄𐤃𐤋𐤕 𐤄𐤔𐤍𐤉𐤕 𐤂𐤋𐤉𐤋𐤉𐤌.

𐤋𐤄 𐤅𐤒𐤋𐤏 𐤊𐤓𐤅𐤁𐤉𐤌 𐤅𐤕𐤌𐤓𐤕 𐤅𐤐𐤈𐤓𐤉 𐤑𐤑𐤉𐤌 𐤅𐤑𐤐𐤄 𐤆𐤄𐤁 𐤌𐤉𐤔𐤓 𐤏𐤋 𐤄𐤌𐤇𐤒𐤄.

𐤋𐤅 𐤅𐤉𐤁𐤍 𐤀𐤕 𐤄𐤇𐤑𐤓 𐤄𐤐𐤍𐤉𐤌𐤉𐤕 𐤔𐤋𐤔𐤄 𐤈𐤅𐤓𐤉 𐤂𐤆𐤉𐤕 𐤅𐤈𐤅𐤓 𐤊𐤓𐤕𐤕 𐤀𐤓𐤆𐤉𐤌.

𐤋𐤆 𐤁𐤔𐤍𐤄 𐤄𐤓𐤁𐤉𐤏𐤉𐤕 𐤉𐤎𐤃 𐤁𐤉𐤕 𐤉𐤄𐤅𐤄 𐤁𐤉𐤓𐤇 𐤆𐤅.

𐤋𐤇 𐤅𐤁𐤔𐤍𐤄 𐤄𐤀𐤇𐤕 𐤏𐤔𐤓𐤄 𐤁𐤉𐤓𐤇 𐤁𐤅𐤋 𐤄𐤅𐤀 𐤄𐤇𐤃𐤔 𐤄𐤔𐤌𐤉𐤍𐤉 𐤊𐤋𐤄 𐤄𐤁𐤉𐤕 𐤋𐤊𐤋 𐤃𐤁𐤓𐤉𐤅 𐤅𐤋𐤊𐤋 𐤌𐤔𐤐𐤈𐤅 [𐤌𐤔𐤐𐤈𐤉𐤅] 𐤅𐤉𐤁𐤍𐤄𐤅 𐤔𐤁𐤏 𐤔𐤍𐤉𐤌.

## 𐤐𐤓𐤒 𐤆

𐤀 𐤅𐤀𐤕 𐤁𐤉𐤕𐤅 𐤁𐤍𐤄 𐤔𐤋𐤌𐤄 𐤔𐤋𐤔 𐤏𐤔𐤓𐤄 𐤔𐤍𐤄 𐤅𐤉𐤊𐤋 𐤀𐤕 𐤊𐤋 𐤁𐤉𐤕𐤅.

𐤁 𐤅𐤉𐤁𐤍 𐤀𐤕 𐤁𐤉𐤕 𐤉𐤏𐤓 𐤄𐤋𐤁𐤍𐤅𐤍 𐤌𐤀𐤄 𐤀𐤌𐤄 𐤀𐤓𐤊𐤅 𐤅𐤇𐤌𐤔𐤉𐤌 𐤀𐤌𐤄 𐤓𐤇𐤁𐤅 𐤅𐤔𐤋𐤔𐤉𐤌 𐤀𐤌𐤄 𐤒𐤅𐤌𐤕𐤅 𐤏𐤋 𐤀𐤓𐤁𐤏𐤄 𐤈𐤅𐤓𐤉 𐤏𐤌𐤅𐤃𐤉 𐤀𐤓𐤆𐤉𐤌 𐤅𐤊𐤓𐤕𐤅𐤕 𐤀𐤓𐤆𐤉𐤌 𐤏𐤋 𐤄𐤏𐤌𐤅𐤃𐤉𐤌.

𐤂 𐤅𐤎𐤐𐤍 𐤁𐤀𐤓𐤆 𐤌𐤌𐤏𐤋 𐤏𐤋 𐤄𐤑𐤋𐤏𐤕 𐤀𐤔𐤓 𐤏𐤋 𐤄𐤏𐤌𐤅𐤃𐤉𐤌 𐤀𐤓𐤁𐤏𐤉𐤌 𐤅𐤇𐤌𐤔𐤄 𐤇𐤌𐤔𐤄 𐤏𐤔𐤓 𐤄𐤈𐤅𐤓.

𐤃 𐤅𐤔𐤒𐤐𐤉𐤌 𐤔𐤋𐤔𐤄 𐤈𐤅𐤓𐤉𐤌 𐤅𐤌𐤇𐤆𐤄 𐤀𐤋 𐤌𐤇𐤆𐤄 𐤔𐤋𐤔 𐤐𐤏𐤌𐤉𐤌.

𐤄 𐤅𐤊𐤋 𐤄𐤐𐤕𐤇𐤉𐤌 𐤅𐤄𐤌𐤆𐤅𐤆𐤅𐤕 𐤓𐤁𐤏𐤉𐤌 𐤔𐤒𐤐 𐤅𐤌𐤅𐤋 𐤌𐤇𐤆𐤄 𐤀𐤋 𐤌𐤇𐤆𐤄 𐤔𐤋𐤔 𐤐𐤏𐤌𐤉𐤌.

𐤅 𐤅𐤀𐤕 𐤀𐤅𐤋𐤌 𐤄𐤏𐤌𐤅𐤃𐤉𐤌 𐤏𐤔𐤄 𐤇𐤌𐤔𐤉𐤌 𐤀𐤌𐤄 𐤀𐤓𐤊𐤅 𐤅𐤔𐤋𐤔𐤉𐤌

# 𐤌𐤋𐤊𐤉𐤌 𐤀

𐤀𐤌𐤄 𐤓𐤇𐤁𐤅 𐤅𐤀𐤅𐤋𐤌 𐤏𐤋 𐤐𐤍𐤉𐤄𐤌 𐤅𐤏𐤌𐤃𐤉𐤌 𐤅𐤏𐤁 𐤏𐤋 𐤐𐤍𐤉𐤄𐤌•
𐤆𐤅𐤀𐤅𐤋𐤌 𐤄𐤊𐤎𐤀 𐤀𐤔𐤓 𐤉𐤔𐤐𐤈 𐤔𐤌 𐤀𐤋𐤌 𐤄𐤌𐤔𐤐𐤈 𐤏𐤔𐤄 𐤅𐤎𐤐𐤅𐤍
𐤁𐤀𐤓𐤆 𐤌𐤄𐤒𐤓𐤒𐤏 𐤏𐤃 𐤄𐤒𐤓𐤒𐤏•
𐤇𐤅𐤁𐤉𐤕𐤅 𐤀𐤔𐤓 𐤉𐤔𐤁 𐤔𐤌 𐤇𐤑𐤓 𐤄𐤀𐤇𐤓𐤕 𐤌𐤁𐤉𐤕 𐤋𐤀𐤅𐤋𐤌 𐤊𐤌𐤏𐤔𐤄 𐤄𐤆𐤄
𐤄𐤉𐤄 𐤅𐤁𐤉𐤕 𐤉𐤏𐤔𐤄 𐤋𐤁𐤕 𐤐𐤓𐤏𐤄 𐤀𐤔𐤓 𐤋𐤒𐤇 𐤔𐤋𐤌𐤄 𐤊𐤀𐤅𐤋𐤌 𐤄𐤆𐤄•
𐤈𐤊𐤋 𐤀𐤋𐤄 𐤀𐤁𐤍𐤉𐤌 𐤉𐤒𐤓𐤕 𐤊𐤌𐤃𐤅𐤕 𐤂𐤆𐤉𐤕 𐤌𐤂𐤓𐤓𐤅𐤕 𐤁𐤌𐤂𐤓𐤄 𐤌𐤁𐤉𐤕
𐤅𐤌𐤇𐤅𐤑 𐤅𐤌𐤌𐤎𐤃 𐤏𐤃 𐤄𐤈𐤐𐤇𐤅𐤕 𐤅𐤌𐤇𐤅𐤑 𐤏𐤃 𐤄𐤇𐤑𐤓 𐤄𐤂𐤃𐤅𐤋𐤄•
𐤉𐤅𐤌𐤉𐤎𐤃 𐤀𐤁𐤍𐤉𐤌 𐤉𐤒𐤓𐤅𐤕 𐤀𐤁𐤍𐤉𐤌 𐤂𐤃𐤋𐤅𐤕 𐤀𐤁𐤍𐤉 𐤏𐤔𐤓 𐤀𐤌𐤅𐤕
𐤅𐤀𐤁𐤍𐤉 𐤔𐤌𐤍𐤄 𐤀𐤌𐤅𐤕•
𐤉𐤀𐤅𐤌𐤋𐤌𐤏𐤋𐤄 𐤀𐤁𐤍𐤉𐤌 𐤉𐤒𐤓𐤅𐤕 𐤊𐤌𐤃𐤅𐤕 𐤂𐤆𐤉𐤕 𐤅𐤀𐤓𐤆•
𐤉𐤁𐤅𐤇𐤑𐤓 𐤄𐤂𐤃𐤅𐤋𐤄 𐤎𐤁𐤉𐤁 𐤔𐤋𐤔𐤄 𐤈𐤅𐤓𐤉𐤌 𐤂𐤆𐤉𐤕 𐤅𐤈𐤅𐤓 𐤊𐤓𐤕𐤕
𐤀𐤓𐤆𐤉𐤌 𐤅𐤋𐤇𐤑𐤓 𐤁𐤉𐤕 𐤉𐤄𐤅𐤄 𐤄𐤐𐤍𐤉𐤌𐤉𐤕 𐤅𐤋𐤀𐤋𐤌 𐤄𐤁𐤉𐤕•
𐤉𐤂𐤅𐤉𐤔𐤋𐤇 𐤄𐤌𐤋𐤊 𐤔𐤋𐤌𐤄 𐤅𐤉𐤒𐤇 𐤀𐤕 𐤇𐤉𐤓𐤌 𐤌𐤑𐤓•
𐤉𐤃𐤁𐤍 𐤀𐤔𐤄 𐤀𐤋𐤌𐤍𐤄 𐤄𐤅𐤀 𐤌𐤌𐤈𐤄 𐤍𐤐𐤕𐤋𐤉 𐤅𐤀𐤁𐤉𐤅 𐤀𐤉𐤔 𐤑𐤓𐤉 𐤇𐤓𐤔
𐤍𐤇𐤔𐤕 𐤅𐤉𐤌𐤋𐤀 𐤀𐤕 𐤄𐤇𐤊𐤌𐤄 𐤅𐤀𐤕 𐤄𐤕𐤁𐤅𐤍𐤄 𐤅𐤀𐤕 𐤄𐤃𐤏𐤕 𐤋𐤏𐤔𐤅𐤕 𐤊𐤋
𐤌𐤋𐤀𐤊𐤄 𐤁𐤍𐤇𐤔𐤕 𐤅𐤉𐤁𐤅𐤀 𐤀𐤋 𐤄𐤌𐤋𐤊 𐤔𐤋𐤌𐤄 𐤅𐤉𐤏𐤔 𐤀𐤕 𐤊𐤋
𐤌𐤋𐤀𐤊𐤕𐤅•
𐤈𐤅𐤅𐤉𐤑𐤓 𐤀𐤕 𐤔𐤍𐤉 𐤄𐤏𐤌𐤅𐤃𐤉𐤌 𐤍𐤇𐤔𐤕 𐤔𐤌𐤍𐤄 𐤏𐤔𐤓𐤄 𐤀𐤌𐤄 𐤒𐤅𐤌𐤕
𐤄𐤏𐤌𐤅𐤃 𐤄𐤀𐤇𐤃 𐤅𐤇𐤅𐤈 𐤔𐤕𐤉𐤌 𐤏𐤔𐤓𐤄 𐤀𐤌𐤄 𐤉𐤎𐤁 𐤀𐤕 𐤄𐤏𐤌𐤅𐤃 𐤄𐤔𐤍𐤉•
𐤈𐤆𐤅𐤔𐤕𐤉 𐤊𐤕𐤓𐤕 𐤏𐤔𐤄 𐤋𐤕𐤕 𐤏𐤋 𐤓𐤀𐤔𐤉 𐤄𐤏𐤌𐤅𐤃𐤉𐤌 𐤌𐤑𐤒 𐤍𐤇𐤔𐤕
𐤇𐤌𐤔 𐤀𐤌𐤅𐤕 𐤒𐤅𐤌𐤕 𐤄𐤊𐤕𐤓𐤕 𐤄𐤀𐤇𐤕 𐤅𐤇𐤌𐤔 𐤀𐤌𐤅𐤕 𐤒𐤅𐤌𐤕 𐤄𐤊𐤕𐤓𐤕
𐤄𐤔𐤍𐤉𐤕•
𐤉𐤆𐤔𐤁𐤊𐤉𐤌 𐤌𐤏𐤔𐤄 𐤔𐤁𐤊𐤄 𐤂𐤃𐤋𐤉𐤌 𐤌𐤏𐤔𐤄 𐤔𐤓𐤔𐤓𐤅𐤕 𐤋𐤊𐤕𐤓𐤕 𐤀𐤔𐤓
𐤏𐤋 𐤓𐤀𐤔 𐤄𐤏𐤌𐤅𐤃𐤉𐤌 𐤔𐤁𐤏𐤄 𐤋𐤊𐤕𐤓𐤕 𐤄𐤀𐤇𐤕 𐤅𐤔𐤁𐤏𐤄 𐤋𐤊𐤕𐤓𐤕 𐤄𐤔𐤍𐤉𐤕•
𐤉𐤇𐤅𐤉𐤏𐤔 𐤀𐤕 𐤄𐤏𐤌𐤅𐤃𐤉𐤌 𐤅𐤔𐤍𐤉 𐤈𐤅𐤓𐤉𐤌 𐤎𐤁𐤉𐤁 𐤏𐤋 𐤄𐤔𐤁𐤊𐤄 𐤄𐤀𐤇𐤕
𐤋𐤊𐤎𐤅𐤕 𐤀𐤕 𐤄𐤊𐤕𐤓𐤕 𐤀𐤔𐤓 𐤏𐤋 𐤓𐤀𐤔 𐤄𐤓𐤌𐤍𐤉𐤌 𐤅𐤊𐤍 𐤏𐤔𐤄 𐤋𐤊𐤕𐤓𐤕
𐤄𐤔𐤍𐤉𐤕•
𐤉𐤈𐤅𐤊𐤕𐤓𐤕 𐤀𐤔𐤓 𐤏𐤋 𐤓𐤀𐤔 𐤄𐤏𐤌𐤅𐤃𐤉𐤌 𐤌𐤏𐤔𐤄 𐤔𐤅𐤔𐤍 𐤁𐤀𐤅𐤋𐤌 𐤀𐤓𐤁𐤏
𐤀𐤌𐤅𐤕•
𐤊𐤅𐤊𐤕𐤓𐤕 𐤏𐤋 𐤔𐤍𐤉 𐤄𐤏𐤌𐤅𐤃𐤉𐤌 𐤂𐤌 𐤌𐤌𐤏𐤋 𐤌𐤋𐤏𐤌𐤕 𐤄𐤁𐤈𐤍 𐤀𐤔𐤓
𐤋𐤏𐤁𐤓 𐤔𐤁𐤊𐤄 [𐤄𐤔𐤁𐤊𐤄] 𐤅𐤄𐤓𐤌𐤅𐤍𐤉𐤌 𐤌𐤀𐤕𐤉𐤌 𐤈𐤓𐤉𐤌 𐤎𐤁𐤉𐤁 𐤏𐤋
𐤄𐤊𐤕𐤓𐤕 𐤄𐤔𐤍𐤉𐤕•
𐤊𐤀𐤅𐤉𐤒𐤌 𐤀𐤕 𐤄𐤏𐤌𐤃𐤉𐤌 𐤋𐤀𐤋𐤌 𐤄𐤄𐤉𐤊𐤋 𐤅𐤉𐤒𐤌 𐤀𐤕 𐤄𐤏𐤌𐤅𐤃

הימני ויקרא את שמו יכין ויקם את העמוד השמאלי ויקרא את שמו בעז.

כב ועל ראש העמודים מעשה שושן ותתם מלאכת העמודים.
כג ויעש את הים מוצק עשר באמה משפתו עד שפתו עגל
סביב וחמש באמה קומתו וקוה [וקו] שלשים באמה יסב
אתו סביב.
כד ופקעים מתחת לשפתו סביב סבבים אתו עשר באמה
מקפים את הים סביב שני טורים הפקעים יצקים ביצקתו.
כה עמד על שני עשר בקר שלשה פנים צפונה ושלשה פנים
ימה ושלשה פנים נגבה ושלשה פנים מזרחה והים עליהם
מלמעלה וכל אחריהם ביתה.
כו ועביו טפח ושפתו כמעשה שפת כוס פרח שושן אלפים בת
יכיל.
כז ויעש את המכנות עשר נחשת ארבע באמה ארך המכונה
האחת וארבע באמה רחבה ושלש באמה קומתה.
כח וזה מעשה המכונה מסגרת להם ומסגרת בין השלבים.
כט ועל המסגרות אשר בין השלבים אריות בקר וכרובים
ועל השלבים כן ממעל ומתחת לאריות ולבקר ליות מעשה
מורד.
ל וארבעה אופני נחשת למכונה האחת וסרני נחשת וארבעה
פעמתיו כתפת להם מתחת לכיר הכתפת יצקות מעבר איש
ליות.
לא ופיהו מבית לכתרת ומעלה באמה ופיה עגל מעשה כן
אמה וחצי האמה וגם על פיה מקלעות ומסגרתיהם מרבעות
לא עגלות.
לב וארבעת האופנים למתחת למסגרות וידות האופנים
במכונה וקומת האופן האחד אמה וחצי האמה.
לג ומעשה האופנים כמעשה אופן המרכבה ידתם וגביהם
וחשקיהם וחשריהם הכל מוצק.
לד וארבע כתפות אל ארבע פנות המכונה האחת מן המכונה
כתפיה.
לה ובראש המכונה חצי האמה קומה עגל סביב ועל ראש
המכונה ידתיה ומסגרתיה ממנה.

# 𐤌𐤋𐤊𐤉𐤌 𐤀

𐤋𐤅𐤅𐤉𐤐𐤕𐤇 𐤏𐤋 𐤄𐤋𐤇𐤕 𐤉𐤃𐤕𐤉𐤄 𐤅𐤏𐤋 𐤌𐤎𐤂𐤓𐤕𐤉𐤄 [𐤌𐤎𐤂𐤓𐤕𐤉𐤄]
𐤊𐤓𐤅𐤁𐤉𐤌 𐤀𐤓𐤉𐤅𐤕 𐤅𐤕𐤌𐤓𐤕 𐤊𐤌𐤏𐤓 𐤀𐤉𐤔 𐤅𐤋𐤉𐤅𐤕 𐤎𐤁𐤉𐤁•
𐤋𐤆𐤊𐤆𐤀𐤕 𐤏𐤔𐤄 𐤀𐤕 𐤏𐤔𐤓 𐤄𐤌𐤊𐤍𐤅𐤕 𐤌𐤅𐤑𐤒 𐤀𐤇𐤃 𐤌𐤃𐤄 𐤀𐤇𐤕 𐤒𐤑𐤁
𐤀𐤇𐤃 𐤋𐤊𐤋𐤄𐤍𐤄•
𐤋𐤇𐤅𐤉𐤏𐤔 𐤏𐤔𐤓𐤄 𐤊𐤉𐤓𐤅𐤕 𐤍𐤇𐤔𐤕 𐤀𐤓𐤁𐤏𐤉𐤌 𐤁𐤕 𐤉𐤊𐤉𐤋 𐤄𐤊𐤉𐤅𐤓 𐤄𐤀𐤇𐤃
𐤀𐤓𐤁𐤏 𐤁𐤀𐤌𐤄 𐤄𐤊𐤉𐤅𐤓 𐤄𐤀𐤇𐤃 𐤊𐤉𐤅𐤓 𐤀𐤇𐤃 𐤏𐤋 𐤄𐤌𐤊𐤅𐤍𐤄 𐤄𐤀𐤇𐤕 𐤋𐤏𐤔𐤓
𐤄𐤌𐤊𐤍𐤅𐤕•
𐤋𐤈𐤅𐤉𐤕𐤍 𐤀𐤕 𐤄𐤌𐤊𐤍𐤅𐤕 𐤇𐤌𐤔 𐤏𐤋 𐤊𐤕𐤐 𐤄𐤁𐤉𐤕 𐤌𐤉𐤌𐤉𐤍 𐤅𐤇𐤌𐤔 𐤏𐤋
𐤊𐤕𐤐 𐤄𐤁𐤉𐤕 𐤌𐤔𐤌𐤀𐤋𐤅 𐤅𐤀𐤕 𐤄𐤉𐤌 𐤍𐤕𐤍 𐤌𐤊𐤕𐤐 𐤄𐤁𐤉𐤕 𐤄𐤉𐤌𐤍𐤉𐤕
𐤒𐤃𐤌𐤄 𐤌𐤌𐤅𐤋 𐤍𐤂𐤁•
𐤌𐤅𐤉𐤏𐤔 𐤇𐤉𐤓𐤅𐤌 𐤀𐤕 𐤄𐤊𐤉𐤓𐤅𐤕 𐤅𐤀𐤕 𐤄𐤉𐤏𐤉𐤌 𐤅𐤀𐤕 𐤄𐤌𐤆𐤓𐤒𐤅𐤕 𐤅𐤉𐤊𐤋
𐤇𐤉𐤓𐤌 𐤋𐤏𐤔𐤅𐤕 𐤀𐤕 𐤊𐤋 𐤄𐤌𐤋𐤀𐤊𐤄 𐤀𐤔𐤓 𐤏𐤔𐤄 𐤋𐤌𐤋𐤊 𐤔𐤋𐤌𐤄 𐤁𐤉𐤕
𐤉𐤄𐤅𐤄•
𐤌𐤀𐤏𐤌𐤃𐤉𐤌 𐤔𐤍𐤉𐤌 𐤅𐤂𐤋𐤕 𐤄𐤊𐤕𐤓𐤕 𐤀𐤔𐤓 𐤏𐤋 𐤓𐤀𐤔 𐤄𐤏𐤌𐤃𐤉𐤌 𐤔𐤕𐤉𐤌
𐤅𐤄𐤔𐤁𐤊𐤅𐤕 𐤔𐤕𐤉𐤌 𐤋𐤊𐤎𐤅𐤕 𐤀𐤕 𐤔𐤕𐤉 𐤂𐤋𐤕 𐤄𐤊𐤕𐤓𐤕 𐤀𐤔𐤓 𐤏𐤋 𐤓𐤀𐤔
𐤄𐤏𐤌𐤅𐤃𐤉𐤌•
𐤌𐤁 𐤅𐤀𐤕 𐤄𐤓𐤌𐤍𐤉𐤌 𐤀𐤓𐤁𐤏 𐤌𐤀𐤅𐤕 𐤋𐤔𐤕𐤉 𐤄𐤔𐤁𐤊𐤅𐤕 𐤔𐤍𐤉 𐤈𐤅𐤓𐤉𐤌
𐤓𐤌𐤍𐤉𐤌 𐤋𐤔𐤁𐤊𐤄 𐤄𐤀𐤇𐤕 𐤋𐤊𐤎𐤅𐤕 𐤀𐤕 𐤔𐤕𐤉 𐤂𐤋𐤕 𐤄𐤊𐤕𐤓𐤕 𐤀𐤔𐤓 𐤏𐤋
𐤐𐤍𐤉 𐤄𐤏𐤌𐤅𐤃𐤉𐤌•
𐤌𐤂𐤅𐤀𐤕 𐤄𐤌𐤊𐤍𐤅𐤕 𐤏𐤔𐤓 𐤅𐤀𐤕 𐤄𐤊𐤉𐤓𐤅𐤕 𐤏𐤔𐤓𐤄 𐤏𐤋 𐤄𐤌𐤊𐤍𐤅𐤕•
𐤌𐤃𐤅𐤀𐤕 𐤄𐤉𐤌 𐤄𐤀𐤇𐤃 𐤅𐤀𐤕 𐤄𐤁𐤒𐤓 𐤔𐤍𐤉𐤌 𐤏𐤔𐤓 𐤕𐤇𐤕 𐤄𐤉𐤌•
𐤌𐤄𐤅𐤀𐤕 𐤄𐤎𐤉𐤓𐤅𐤕 𐤅𐤀𐤕 𐤄𐤉𐤏𐤉𐤌 𐤅𐤀𐤕 𐤄𐤌𐤆𐤓𐤒𐤅𐤕 𐤅𐤀𐤕 𐤊𐤋 𐤄𐤊𐤋𐤉𐤌
𐤄𐤀𐤄𐤋 [𐤄𐤀𐤋𐤄] 𐤀𐤔𐤓 𐤏𐤔𐤄 𐤇𐤉𐤓𐤌 𐤋𐤌𐤋𐤊 𐤔𐤋𐤌𐤄 𐤁𐤉𐤕 𐤉𐤄𐤅𐤄 𐤍𐤇𐤔𐤕
𐤌𐤌𐤓𐤈•
𐤌𐤅𐤁𐤊𐤊𐤓 𐤄𐤉𐤓𐤃𐤍 𐤉𐤑𐤒𐤌 𐤄𐤌𐤋𐤊 𐤁𐤌𐤏𐤁𐤄 𐤄𐤀𐤃𐤌𐤄 𐤁𐤉𐤍 𐤎𐤊𐤅𐤕
𐤅𐤁𐤉𐤍 𐤑𐤓𐤕𐤍•
𐤌𐤆𐤅𐤉𐤍𐤇 𐤔𐤋𐤌𐤄 𐤀𐤕 𐤊𐤋 𐤄𐤊𐤋𐤉𐤌 𐤌𐤓𐤁 𐤌𐤀𐤃 𐤌𐤀𐤃 𐤋𐤀 𐤍𐤇𐤒𐤓 𐤌𐤔𐤒𐤋
𐤄𐤍𐤇𐤔𐤕•
𐤌𐤇𐤅𐤉𐤏𐤔 𐤔𐤋𐤌𐤄 𐤀𐤕 𐤊𐤋 𐤄𐤊𐤋𐤉𐤌 𐤀𐤔𐤓 𐤁𐤉𐤕 𐤉𐤄𐤅𐤄 𐤀𐤕 𐤌𐤆𐤁𐤇
𐤄𐤆𐤄𐤁 𐤅𐤀𐤕 𐤄𐤔𐤋𐤇𐤍 𐤀𐤔𐤓 𐤏𐤋𐤉𐤅 𐤋𐤇𐤌 𐤄𐤐𐤍𐤉𐤌 𐤆𐤄𐤁•
𐤌𐤈𐤅𐤀𐤕 𐤄𐤌𐤍𐤓𐤅𐤕 𐤇𐤌𐤔 𐤌𐤉𐤌𐤉𐤍 𐤅𐤇𐤌𐤔 𐤌𐤔𐤌𐤀𐤅𐤋 𐤋𐤐𐤍𐤉 𐤄𐤃𐤁𐤉𐤓
𐤆𐤄𐤁 𐤎𐤂𐤅𐤓 𐤅𐤄𐤐𐤓𐤇 𐤅𐤄𐤍𐤓𐤕 𐤅𐤄𐤌𐤋𐤒𐤇𐤉𐤌 𐤆𐤄𐤁•
𐤍 𐤅𐤄𐤎𐤐𐤅𐤕 𐤅𐤄𐤌𐤆𐤌𐤓𐤅𐤕 𐤅𐤄𐤌𐤆𐤓𐤒𐤅𐤕 𐤅𐤄𐤊𐤐𐤅𐤕 𐤅𐤄𐤌𐤇𐤕𐤅𐤕 𐤆𐤄𐤁

# 𐤌𐤋𐤊𐤉𐤌 𐤀

𐤎𐤂𐤅𐤓 𐤅𐤄𐤐𐤕𐤅𐤕 𐤋𐤃𐤋𐤕𐤅𐤕 𐤄𐤁𐤉𐤕 𐤄𐤐𐤍𐤉𐤌𐤉 𐤋𐤒𐤃𐤔 𐤄𐤒𐤃𐤔𐤉𐤌 𐤋𐤃𐤋𐤕𐤉
𐤄𐤁𐤉𐤕 𐤋𐤄𐤉𐤊𐤋 𐤆𐤄𐤁.
𐤍𐤀 𐤅𐤕𐤔𐤋𐤌 𐤊𐤋 𐤄𐤌𐤋𐤀𐤊𐤄 𐤀𐤔𐤓 𐤏𐤔𐤄 𐤄𐤌𐤋𐤊 𐤔𐤋𐤌𐤄 𐤁𐤉𐤕 𐤉𐤄𐤅𐤄
𐤅𐤉𐤁𐤀 𐤔𐤋𐤌𐤄 𐤀𐤕 𐤒𐤃𐤔𐤉 𐤃𐤅𐤃 𐤀𐤁𐤉𐤅 𐤀𐤕 𐤄𐤊𐤎𐤐 𐤅𐤀𐤕 𐤄𐤆𐤄𐤁 𐤅𐤀𐤕
𐤄𐤊𐤋𐤉𐤌 𐤍𐤕𐤍 𐤁𐤀𐤑𐤓𐤅𐤕 𐤁𐤉𐤕 𐤉𐤄𐤅𐤄.

## 𐤐𐤓𐤒 𐤇

𐤀 𐤀𐤆 𐤉𐤒𐤄𐤋 𐤔𐤋𐤌𐤄 𐤀𐤕 𐤆𐤒𐤍𐤉 𐤉𐤔𐤓𐤀𐤋 𐤀𐤕 𐤊𐤋 𐤓𐤀𐤔𐤉 𐤄𐤌𐤈𐤅𐤕
𐤍𐤔𐤉𐤀𐤉 𐤄𐤀𐤁𐤅𐤕 𐤋𐤁𐤍𐤉 𐤉𐤔𐤓𐤀𐤋 𐤀𐤋 𐤄𐤌𐤋𐤊 𐤔𐤋𐤌𐤄 𐤉𐤓𐤅𐤔𐤋𐤌
𐤋𐤄𐤏𐤋𐤅𐤕 𐤀𐤕 𐤀𐤓𐤅𐤍 𐤁𐤓𐤉𐤕 𐤉𐤄𐤅𐤄 𐤌𐤏𐤉𐤓 𐤃𐤅𐤃 𐤄𐤉𐤀 𐤑𐤉𐤅𐤍.
𐤁 𐤅𐤉𐤒𐤄𐤋𐤅 𐤀𐤋 𐤄𐤌𐤋𐤊 𐤔𐤋𐤌𐤄 𐤊𐤋 𐤀𐤉𐤔 𐤉𐤔𐤓𐤀𐤋 𐤁𐤉𐤓𐤇 𐤄𐤀𐤕𐤍𐤉𐤌
𐤁𐤇𐤂 𐤄𐤅𐤀 𐤄𐤇𐤃𐤔 𐤄𐤔𐤁𐤉𐤏𐤉.
𐤂 𐤅𐤉𐤁𐤀𐤅 𐤊𐤋 𐤆𐤒𐤍𐤉 𐤉𐤔𐤓𐤀𐤋 𐤅𐤉𐤔𐤀𐤅 𐤄𐤊𐤄𐤍𐤉𐤌 𐤀𐤕 𐤄𐤀𐤓𐤅𐤍.
𐤃 𐤅𐤉𐤏𐤋𐤅 𐤀𐤕 𐤀𐤓𐤅𐤍 𐤉𐤄𐤅𐤄 𐤅𐤀𐤕 𐤀𐤄𐤋 𐤌𐤅𐤏𐤃 𐤅𐤀𐤕 𐤊𐤋 𐤊𐤋𐤉 𐤄𐤒𐤃𐤔
𐤀𐤔𐤓 𐤁𐤀𐤄𐤋 𐤅𐤉𐤏𐤋𐤅 𐤀𐤕𐤌 𐤄𐤊𐤄𐤍𐤉𐤌 𐤅𐤄𐤋𐤅𐤉𐤌.
𐤄 𐤅𐤄𐤌𐤋𐤊 𐤔𐤋𐤌𐤄 𐤅𐤊𐤋 𐤏𐤃𐤕 𐤉𐤔𐤓𐤀𐤋 𐤄𐤍𐤅𐤏𐤃𐤉𐤌 𐤏𐤋𐤉𐤅 𐤀𐤕𐤅 𐤋𐤐𐤍𐤉
𐤄𐤀𐤓𐤅𐤍 𐤌𐤆𐤁𐤇𐤉𐤌 𐤑𐤀𐤍 𐤅𐤁𐤒𐤓 𐤀𐤔𐤓 𐤋𐤀 𐤉𐤎𐤐𐤓𐤅 𐤅𐤋𐤀 𐤉𐤌𐤍𐤅 𐤌𐤓𐤁.
𐤅 𐤅𐤉𐤁𐤀𐤅 𐤄𐤊𐤄𐤍𐤉𐤌 𐤀𐤕 𐤀𐤓𐤅𐤍 𐤁𐤓𐤉𐤕 𐤉𐤄𐤅𐤄 𐤀𐤋 𐤌𐤒𐤅𐤌𐤅 𐤀𐤋 𐤃𐤁𐤉𐤓
𐤄𐤁𐤉𐤕 𐤀𐤋 𐤒𐤃𐤔 𐤄𐤒𐤃𐤔𐤉𐤌 𐤀𐤋 𐤕𐤇𐤕 𐤊𐤍𐤐𐤉 𐤄𐤊𐤓𐤅𐤁𐤉𐤌.
𐤆 𐤊𐤉 𐤄𐤊𐤓𐤅𐤁𐤉𐤌 𐤐𐤓𐤔𐤉𐤌 𐤊𐤍𐤐𐤉𐤌 𐤀𐤋 𐤌𐤒𐤅𐤌 𐤄𐤀𐤓𐤅𐤍 𐤅𐤉𐤎𐤊𐤅
𐤄𐤊𐤓𐤁𐤉𐤌 𐤏𐤋 𐤄𐤀𐤓𐤅𐤍 𐤅𐤏𐤋 𐤁𐤃𐤉𐤅 𐤌𐤋𐤌𐤏𐤋𐤄.
𐤇 𐤅𐤉𐤀𐤓𐤊𐤅 𐤄𐤁𐤃𐤉𐤌 𐤅𐤉𐤓𐤀𐤅 𐤓𐤀𐤔𐤉 𐤄𐤁𐤃𐤉𐤌 𐤌𐤍 𐤄𐤒𐤃𐤔 𐤏𐤋 𐤐𐤍𐤉
𐤄𐤃𐤁𐤉𐤓 𐤅𐤋𐤀 𐤉𐤓𐤀𐤅 𐤄𐤇𐤅𐤑𐤄 𐤅𐤉𐤄𐤉𐤅 𐤔𐤌 𐤏𐤃 𐤄𐤉𐤅𐤌 𐤄𐤆𐤄.
𐤈 𐤀𐤉𐤍 𐤁𐤀𐤓𐤅𐤍 𐤓𐤒 𐤔𐤍𐤉 𐤋𐤇𐤅𐤕 𐤄𐤀𐤁𐤍𐤉𐤌 𐤀𐤔𐤓 𐤄𐤍𐤇 𐤔𐤌 𐤌𐤔𐤄 𐤁𐤇𐤓𐤁
𐤀𐤔𐤓 𐤊𐤓𐤕 𐤉𐤄𐤅𐤄 𐤏𐤌 𐤁𐤍𐤉 𐤉𐤔𐤓𐤀𐤋 𐤁𐤑𐤀𐤕𐤌 𐤌𐤀𐤓𐤑 𐤌𐤑𐤓𐤉𐤌.
𐤉 𐤅𐤉𐤄𐤉 𐤁𐤑𐤀𐤕 𐤄𐤊𐤄𐤍𐤉𐤌 𐤌𐤍 𐤄𐤒𐤃𐤔 𐤅𐤄𐤏𐤍𐤍 𐤌𐤋𐤀 𐤀𐤕 𐤁𐤉𐤕
𐤉𐤄𐤅𐤄.
𐤉𐤀 𐤅𐤋𐤀 𐤉𐤊𐤋𐤅 𐤄𐤊𐤄𐤍𐤉𐤌 𐤋𐤏𐤌𐤃 𐤋𐤔𐤓𐤕 𐤌𐤐𐤍𐤉 𐤄𐤏𐤍𐤍 𐤊𐤉 𐤌𐤋𐤀
𐤊𐤁𐤅𐤃 𐤉𐤄𐤅𐤄 𐤀𐤕 𐤁𐤉𐤕 𐤉𐤄𐤅𐤄.
𐤉𐤁 𐤀𐤆 𐤀𐤌𐤓 𐤔𐤋𐤌𐤄 𐤉𐤄𐤅𐤄 𐤀𐤌𐤓 𐤋𐤔𐤊𐤍 𐤁𐤏𐤓𐤐𐤋.
𐤉𐤂 𐤁𐤍𐤄 𐤁𐤍𐤉𐤕𐤉 𐤁𐤉𐤕 𐤆𐤁𐤋 𐤋𐤊 𐤌𐤊𐤅𐤍 𐤋𐤔𐤁𐤕𐤊 𐤏𐤅𐤋𐤌𐤉𐤌.
𐤉𐤃 𐤅𐤉𐤎𐤁 𐤄𐤌𐤋𐤊 𐤀𐤕 𐤐𐤍𐤉𐤅 𐤅𐤉𐤁𐤓𐤊 𐤀𐤕 𐤊𐤋 𐤒𐤄𐤋 𐤉𐤔𐤓𐤀𐤋 𐤅𐤊𐤋
𐤒𐤄𐤋 𐤉𐤔𐤓𐤀𐤋 𐤏𐤌𐤃.

# 𐤌𐤋𐤊𐤉𐤌 𐤀

𐤈𐤅𐤅𐤉𐤀𐤌𐤓 𐤁𐤓𐤅𐤊 𐤉𐤄𐤅𐤄 𐤀𐤋𐤄𐤉 𐤉𐤔𐤓𐤀𐤋 𐤀𐤔𐤓 𐤃𐤁𐤓 𐤁𐤐𐤉𐤅 𐤀𐤕 𐤃𐤅𐤃
𐤀𐤁𐤉 𐤅𐤁𐤉𐤃𐤅 𐤌𐤋𐤀 𐤋𐤀𐤌𐤓•
𐤈𐤆𐤌𐤍 𐤄𐤉𐤅𐤌 𐤀𐤔𐤓 𐤄𐤅𐤑𐤀𐤕𐤉 𐤀𐤕 𐤏𐤌𐤉 𐤀𐤕 𐤉𐤔𐤓𐤀𐤋 𐤌𐤌𐤑𐤓𐤉𐤌 𐤋𐤀
𐤁𐤇𐤓𐤕𐤉 𐤁𐤏𐤉𐤓 𐤌𐤊𐤋 𐤔𐤁𐤈𐤉 𐤉𐤔𐤓𐤀𐤋 𐤋𐤁𐤍𐤅𐤕 𐤁𐤉𐤕 𐤋𐤄𐤉𐤅𐤕 𐤔𐤌𐤉 𐤔𐤌
𐤅𐤀𐤁𐤇𐤓 𐤁𐤃𐤅𐤃 𐤋𐤄𐤉𐤅𐤕 𐤏𐤋 𐤏𐤌𐤉 𐤉𐤔𐤓𐤀𐤋•
𐤉𐤆𐤅𐤉𐤄𐤉 𐤏𐤌 𐤋𐤁𐤁 𐤃𐤅𐤃 𐤀𐤁𐤉 𐤋𐤁𐤍𐤅𐤕 𐤁𐤉𐤕 𐤋𐤔𐤌 𐤉𐤄𐤅𐤄 𐤀𐤋𐤄𐤉
𐤉𐤔𐤓𐤀𐤋•
𐤉𐤇𐤅𐤉𐤀𐤌𐤓 𐤉𐤄𐤅𐤄 𐤀𐤋 𐤃𐤅𐤃 𐤀𐤁𐤉 𐤉𐤏𐤍 𐤀𐤔𐤓 𐤄𐤉𐤄 𐤏𐤌 𐤋𐤁𐤁𐤊 𐤋𐤁𐤍𐤅𐤕
𐤁𐤉𐤕 𐤋𐤔𐤌𐤉 𐤄𐤈𐤉𐤁𐤕 𐤊𐤉 𐤄𐤉𐤄 𐤏𐤌 𐤋𐤁𐤁𐤊•
𐤉𐤈𐤓𐤒 𐤀𐤕𐤄 𐤋𐤀 𐤕𐤁𐤍𐤄 𐤄𐤁𐤉𐤕 𐤊𐤉 𐤀𐤌 𐤁𐤍𐤊 𐤄𐤉𐤑𐤀 𐤌𐤇𐤋𐤑𐤉𐤊 𐤄𐤅𐤀
𐤉𐤁𐤍𐤄 𐤄𐤁𐤉𐤕 𐤋𐤔𐤌𐤉•
𐤊𐤅𐤉𐤒𐤌 𐤉𐤄𐤅𐤄 𐤀𐤕 𐤃𐤁𐤓𐤅 𐤀𐤔𐤓 𐤃𐤁𐤓 𐤅𐤀𐤒𐤌 𐤕𐤇𐤕 𐤃𐤅𐤃 𐤀𐤁𐤉 𐤅𐤀𐤔𐤁
𐤏𐤋 𐤊𐤎𐤀 𐤉𐤔𐤓𐤀𐤋 𐤊𐤀𐤔𐤓 𐤃𐤁𐤓 𐤉𐤄𐤅𐤄 𐤅𐤀𐤁𐤍𐤄 𐤄𐤁𐤉𐤕 𐤋𐤔𐤌 𐤉𐤄𐤅𐤄
𐤀𐤋𐤄𐤉 𐤉𐤔𐤓𐤀𐤋•
𐤊𐤀𐤅𐤀𐤔𐤌 𐤔𐤌 𐤌𐤒𐤅𐤌 𐤋𐤀𐤓𐤅𐤍 𐤀𐤔𐤓 𐤔𐤌 𐤁𐤓𐤉𐤕 𐤉𐤄𐤅𐤄 𐤀𐤔𐤓 𐤊𐤓𐤕 𐤏𐤌
𐤀𐤁𐤕𐤉𐤍𐤅 𐤁𐤄𐤅𐤑𐤉𐤀𐤅 𐤀𐤕𐤌 𐤌𐤀𐤓𐤑 𐤌𐤑𐤓𐤉𐤌•
𐤊𐤁𐤅𐤉𐤏𐤌𐤃 𐤔𐤋𐤌𐤄 𐤋𐤐𐤍𐤉 𐤌𐤆𐤁𐤇 𐤉𐤄𐤅𐤄 𐤍𐤂𐤃 𐤊𐤋 𐤒𐤄𐤋 𐤉𐤔𐤓𐤀𐤋
𐤅𐤉𐤐𐤓𐤔 𐤊𐤐𐤉𐤅 𐤄𐤔𐤌𐤉𐤌•
𐤊𐤂𐤅𐤉𐤀𐤌𐤓 𐤉𐤄𐤅𐤄 𐤀𐤋𐤄𐤉 𐤉𐤔𐤓𐤀𐤋 𐤀𐤉𐤍 𐤊𐤌𐤅𐤊 𐤀𐤋𐤄𐤉𐤌 𐤁𐤔𐤌𐤉𐤌
𐤌𐤌𐤏𐤋 𐤅𐤏𐤋 𐤄𐤀𐤓𐤑 𐤌𐤕𐤇𐤕 𐤔𐤌𐤓 𐤄𐤁𐤓𐤉𐤕 𐤅𐤄𐤇𐤎𐤃 𐤋𐤏𐤁𐤃𐤉𐤊 𐤄𐤄𐤋𐤊𐤉𐤌
𐤋𐤐𐤍𐤉𐤊 𐤁𐤊𐤋 𐤋𐤁𐤌•
𐤊𐤃𐤀𐤔𐤓 𐤔𐤌𐤓𐤕 𐤋𐤏𐤁𐤃𐤊 𐤃𐤅𐤃 𐤀𐤁𐤉 𐤀𐤕 𐤀𐤔𐤓 𐤃𐤁𐤓𐤕 𐤋𐤅 𐤅𐤕𐤃𐤁𐤓 𐤁𐤐𐤉𐤊
𐤅𐤁𐤉𐤃𐤊 𐤌𐤋𐤀𐤕 𐤊𐤄𐤉𐤅𐤌 𐤄𐤆𐤄•
𐤊𐤄𐤅𐤏𐤕𐤄 𐤉𐤄𐤅𐤄 𐤀𐤋𐤄𐤉 𐤉𐤔𐤓𐤀𐤋 𐤔𐤌𐤓 𐤋𐤏𐤁𐤃𐤊 𐤃𐤅𐤃 𐤀𐤁𐤉 𐤀𐤕 𐤀𐤔𐤓
𐤃𐤁𐤓𐤕 𐤋𐤅 𐤋𐤀𐤌𐤓 𐤋𐤀 𐤉𐤊𐤓𐤕 𐤋𐤊 𐤀𐤉𐤔 𐤌𐤋𐤐𐤍𐤉 𐤉𐤔𐤁 𐤏𐤋 𐤊𐤎𐤀 𐤉𐤔𐤓𐤀𐤋
𐤓𐤒 𐤀𐤌 𐤉𐤔𐤌𐤓𐤅 𐤁𐤍𐤉𐤊 𐤀𐤕 𐤃𐤓𐤊𐤌 𐤋𐤋𐤊𐤕 𐤋𐤐𐤍𐤉 𐤊𐤀𐤔𐤓 𐤄𐤋𐤊𐤕 𐤋𐤐𐤍𐤉•
𐤊𐤅𐤅𐤏𐤕𐤄 𐤀𐤋𐤄𐤉 𐤉𐤔𐤓𐤀𐤋 𐤉𐤀𐤌𐤍 𐤍𐤀 𐤃𐤁𐤓𐤉𐤊 [𐤃𐤁𐤓𐤊] 𐤀𐤔𐤓 𐤃𐤁𐤓𐤕
𐤋𐤏𐤁𐤃𐤊 𐤃𐤅𐤃 𐤀𐤁𐤉•
𐤊𐤆𐤊𐤉 𐤄𐤀𐤌𐤍𐤌 𐤉𐤔𐤁 𐤀𐤋𐤄𐤉𐤌 𐤏𐤋 𐤄𐤀𐤓𐤑 𐤄𐤍𐤄 𐤄𐤔𐤌𐤉𐤌 𐤅𐤔𐤌𐤉
𐤄𐤔𐤌𐤉𐤌 𐤋𐤀 𐤉𐤊𐤋𐤊𐤋𐤅𐤊 𐤀𐤐 𐤊𐤉 𐤄𐤁𐤉𐤕 𐤄𐤆𐤄 𐤀𐤔𐤓 𐤁𐤍𐤉𐤕𐤉•
𐤊𐤇𐤅𐤐𐤍𐤉𐤕 𐤀𐤋 𐤕𐤐𐤋𐤕 𐤏𐤁𐤃𐤊 𐤅𐤀𐤋 𐤕𐤇𐤍𐤕𐤅 𐤉𐤄𐤅𐤄 𐤀𐤋𐤄𐤉 𐤋𐤔𐤌𐤏 𐤀𐤋
𐤄𐤓𐤍𐤄 𐤅𐤀𐤋 𐤄𐤕𐤐𐤋𐤄 𐤀𐤔𐤓 𐤏𐤁𐤃𐤊 𐤌𐤕𐤐𐤋𐤋 𐤋𐤐𐤍𐤉𐤊 𐤄𐤉𐤅𐤌•
𐤊𐤈𐤋𐤄𐤉𐤅𐤕 𐤏𐤉𐤍𐤊 𐤐𐤕𐤇𐤕 𐤀𐤋 𐤄𐤁𐤉𐤕 𐤄𐤆𐤄 𐤋𐤉𐤋𐤄 𐤅𐤉𐤅𐤌𐤌 𐤀𐤋

# 𐤌𐤋𐤊𐤉𐤌 𐤀

𐤄𐤌𐤒𐤅𐤌 𐤀𐤔𐤓 𐤀𐤌𐤓𐤕 𐤉𐤄𐤉𐤄 𐤔𐤌𐤉 𐤔𐤌 𐤋𐤔𐤌𐤏 𐤀𐤋 𐤄𐤕𐤐𐤋𐤄 𐤀𐤔𐤓
𐤉𐤕𐤐𐤋𐤋 𐤏𐤁𐤃𐤊 𐤀𐤋 𐤄𐤌𐤒𐤅𐤌 𐤄𐤆𐤄•

𐤋 𐤅𐤔𐤌𐤏𐤕 𐤀𐤋 𐤕𐤇𐤍𐤕 𐤏𐤁𐤃𐤊 𐤅𐤏𐤌𐤊 𐤉𐤔𐤓𐤀𐤋 𐤀𐤔𐤓 𐤉𐤕𐤐𐤋𐤋𐤅 𐤀𐤋
𐤄𐤌𐤒𐤅𐤌 𐤄𐤆𐤄 𐤅𐤀𐤕𐤄 𐤕𐤔𐤌𐤏 𐤀𐤋 𐤌𐤒𐤅𐤌 𐤔𐤁𐤕𐤊 𐤀𐤋 𐤄𐤔𐤌𐤉𐤌 𐤅𐤔𐤌𐤏𐤕
𐤅𐤎𐤋𐤇𐤕•

𐤋𐤀 𐤀𐤕 𐤀𐤔𐤓 𐤉𐤇𐤈𐤀 𐤀𐤉𐤔 𐤋𐤓𐤏𐤄𐤅 𐤅𐤍𐤔𐤀 𐤁𐤅 𐤀𐤋𐤄 𐤋𐤄𐤀𐤋𐤕𐤅 𐤅𐤁𐤀
𐤀𐤋𐤄 𐤋𐤐𐤍𐤉 𐤌𐤆𐤁𐤇𐤊 𐤁𐤁𐤉𐤕 𐤄𐤆𐤄•

𐤋𐤁 𐤅𐤀𐤕𐤄 𐤕𐤔𐤌𐤏 𐤄𐤔𐤌𐤉𐤌 𐤅𐤏𐤔𐤉𐤕 𐤅𐤔𐤐𐤈𐤕 𐤀𐤕 𐤏𐤁𐤃𐤉𐤊 𐤋𐤄𐤓𐤔𐤉𐤏
𐤓𐤔𐤏 𐤋𐤕𐤕 𐤃𐤓𐤊𐤅 𐤁𐤓𐤀𐤔𐤅 𐤅𐤋𐤄𐤑𐤃𐤉𐤒 𐤑𐤃𐤉𐤒 𐤋𐤕𐤕 𐤋𐤅 𐤊𐤑𐤃𐤒𐤕𐤅•

𐤋𐤂 𐤁𐤄𐤍𐤂𐤐 𐤏𐤌𐤊 𐤉𐤔𐤓𐤀𐤋 𐤋𐤐𐤍𐤉 𐤀𐤅𐤉𐤁 𐤀𐤔𐤓 𐤉𐤇𐤈𐤀𐤅 𐤋𐤊 𐤅𐤔𐤁𐤅
𐤀𐤋𐤉𐤊 𐤅𐤄𐤅𐤃𐤅 𐤀𐤕 𐤔𐤌𐤊 𐤅𐤄𐤕𐤐𐤋𐤋𐤅 𐤅𐤄𐤕𐤇𐤍𐤍𐤅 𐤀𐤋𐤉𐤊 𐤁𐤁𐤉𐤕 𐤄𐤆𐤄•

𐤋𐤃 𐤅𐤀𐤕𐤄 𐤕𐤔𐤌𐤏 𐤄𐤔𐤌𐤉𐤌 𐤅𐤎𐤋𐤇𐤕 𐤋𐤇𐤈𐤀𐤕 𐤏𐤌𐤊 𐤉𐤔𐤓𐤀𐤋 𐤅𐤄𐤔𐤁𐤕𐤌
𐤀𐤋 𐤄𐤀𐤃𐤌𐤄 𐤀𐤔𐤓 𐤍𐤕𐤕 𐤋𐤀𐤁𐤅𐤕𐤌•

𐤋𐤄 𐤁𐤄𐤏𐤑𐤓 𐤔𐤌𐤉𐤌 𐤅𐤋𐤀 𐤉𐤄𐤉𐤄 𐤌𐤈𐤓 𐤊𐤉 𐤉𐤇𐤈𐤀𐤅 𐤋𐤊 𐤅𐤄𐤕𐤐𐤋𐤋𐤅 𐤀𐤋
𐤄𐤌𐤒𐤅𐤌 𐤄𐤆𐤄 𐤅𐤄𐤅𐤃𐤅 𐤀𐤕 𐤔𐤌𐤊 𐤅𐤌𐤇𐤈𐤀𐤕𐤌 𐤉𐤔𐤅𐤁𐤅𐤍 𐤊𐤉 𐤕𐤏𐤍𐤌•

𐤋𐤅 𐤅𐤀𐤕𐤄 𐤕𐤔𐤌𐤏 𐤄𐤔𐤌𐤉𐤌 𐤅𐤎𐤋𐤇𐤕 𐤋𐤇𐤈𐤀𐤕 𐤏𐤁𐤃𐤉𐤊 𐤅𐤏𐤌𐤊 𐤉𐤔𐤓𐤀𐤋
𐤊𐤉 𐤕𐤅𐤓𐤌 𐤀𐤕 𐤄𐤃𐤓𐤊 𐤄𐤈𐤅𐤁𐤄 𐤀𐤔𐤓 𐤉𐤋𐤊𐤅 𐤁𐤄 𐤅𐤍𐤕𐤕𐤄 𐤌𐤈𐤓 𐤏𐤋 𐤀𐤓𐤑𐤊
𐤀𐤔𐤓 𐤍𐤕𐤕𐤄 𐤋𐤏𐤌𐤊 𐤋𐤍𐤇𐤋𐤄•

𐤋𐤆 𐤓𐤏𐤁 𐤊𐤉 𐤉𐤄𐤉𐤄 𐤁𐤀𐤓𐤑 𐤃𐤁𐤓 𐤊𐤉 𐤉𐤄𐤉𐤄 𐤔𐤃𐤐𐤅𐤍 𐤉𐤓𐤒𐤅𐤍 𐤀𐤓𐤁𐤄
𐤇𐤎𐤉𐤋 𐤊𐤉 𐤉𐤄𐤉𐤄 𐤊𐤉 𐤉𐤑𐤓 𐤋𐤅 𐤀𐤉𐤁𐤅 𐤁𐤀𐤓𐤑 𐤔𐤏𐤓𐤉𐤅 𐤊𐤋 𐤍𐤂𐤏 𐤊𐤋
𐤌𐤇𐤋𐤄•

𐤋𐤇 𐤊𐤋 𐤕𐤐𐤋𐤄 𐤊𐤋 𐤕𐤇𐤍𐤄 𐤀𐤔𐤓 𐤕𐤄𐤉𐤄 𐤋𐤊𐤋 𐤄𐤀𐤃𐤌 𐤋𐤊𐤋 𐤏𐤌𐤊
𐤉𐤔𐤓𐤀𐤋 𐤀𐤔𐤓 𐤉𐤃𐤏𐤅𐤍 𐤀𐤉𐤔 𐤍𐤂𐤏 𐤋𐤁𐤁𐤅 𐤅𐤐𐤓𐤔 𐤊𐤐𐤉𐤅 𐤀𐤋 𐤄𐤁𐤉𐤕
𐤄𐤆𐤄•

𐤋𐤈 𐤅𐤀𐤕𐤄 𐤕𐤔𐤌𐤏 𐤄𐤔𐤌𐤉𐤌 𐤌𐤊𐤅𐤍 𐤔𐤁𐤕𐤊 𐤅𐤎𐤋𐤇𐤕 𐤅𐤏𐤔𐤉𐤕 𐤅𐤍𐤕𐤕
𐤋𐤀𐤉𐤔 𐤊𐤊𐤋 𐤃𐤓𐤊𐤉𐤅 𐤀𐤔𐤓 𐤕𐤃𐤏 𐤀𐤕 𐤋𐤁𐤁𐤅 𐤊𐤉 𐤀𐤕𐤄 𐤉𐤃𐤏𐤕 𐤋𐤁𐤃𐤊 𐤀𐤕
𐤋𐤁𐤁 𐤊𐤋 𐤁𐤍𐤉 𐤄𐤀𐤃𐤌•

𐤌 𐤋𐤌𐤏𐤍 𐤉𐤓𐤀𐤅𐤊 𐤊𐤋 𐤄𐤉𐤌𐤉𐤌 𐤀𐤔𐤓 𐤄𐤌 𐤇𐤉𐤉𐤌 𐤏𐤋 𐤐𐤍𐤉 𐤄𐤀𐤃𐤌𐤄
𐤀𐤔𐤓 𐤍𐤕𐤕𐤄 𐤋𐤀𐤁𐤕𐤉𐤍𐤅•

𐤌𐤀 𐤅𐤂𐤌 𐤀𐤋 𐤄𐤍𐤊𐤓𐤉 𐤀𐤔𐤓 𐤋𐤀 𐤌𐤏𐤌𐤊 𐤉𐤔𐤓𐤀𐤋 𐤄𐤅𐤀 𐤅𐤁𐤀 𐤌𐤀𐤓𐤑
𐤓𐤇𐤅𐤒𐤄 𐤋𐤌𐤏𐤍 𐤔𐤌𐤊•

𐤌𐤁 𐤊𐤉 𐤉𐤔𐤌𐤏𐤅𐤍 𐤀𐤕 𐤔𐤌𐤊 𐤄𐤂𐤃𐤅𐤋 𐤅𐤀𐤕 𐤉𐤃𐤊 𐤄𐤇𐤆𐤒𐤄 𐤅𐤆𐤓𐤏𐤊
𐤄𐤍𐤈𐤅𐤉𐤄 𐤅𐤁𐤀 𐤅𐤄𐤕𐤐𐤋𐤋𐤅 𐤀𐤋 𐤄𐤁𐤉𐤕 𐤄𐤆𐤄•

# 𐤌𐤋𐤊𐤉𐤌 𐤀

𐤌𐤂 𐤀𐤕𐤄 𐤕𐤔𐤌𐤏 𐤄𐤔𐤌𐤉𐤌 𐤌𐤊𐤅𐤍 𐤔𐤁𐤕𐤊 𐤅𐤏𐤔𐤉𐤕 𐤊𐤊𐤋 𐤀𐤔𐤓 𐤉𐤒𐤓𐤀 𐤀𐤋𐤉𐤊 𐤄𐤍𐤊𐤓𐤉 𐤋𐤌𐤏𐤍 𐤉𐤃𐤏𐤅𐤍 𐤊𐤋 𐤏𐤌𐤉 𐤄𐤀𐤓𐤑 𐤀𐤕 𐤔𐤌𐤊 𐤋𐤉𐤓𐤀𐤄 𐤀𐤕𐤊 𐤊𐤏𐤌𐤊 𐤉𐤔𐤓𐤀𐤋 𐤅𐤋𐤃𐤏𐤕 𐤊𐤉 𐤔𐤌𐤊 𐤍𐤒𐤓𐤀 𐤏𐤋 𐤄𐤁𐤉𐤕 𐤄𐤆𐤄 𐤀𐤔𐤓 𐤁𐤍𐤉𐤕𐤉•

𐤌𐤃 𐤊𐤉 𐤉𐤑𐤀 𐤏𐤌𐤊 𐤋𐤌𐤋𐤇𐤌𐤄 𐤏𐤋 𐤀𐤉𐤁𐤅 𐤁𐤃𐤓𐤊 𐤀𐤔𐤓 𐤕𐤔𐤋𐤇𐤌 𐤅𐤄𐤕𐤐𐤋𐤋𐤅 𐤀𐤋 𐤉𐤄𐤅𐤄 𐤃𐤓𐤊 𐤄𐤏𐤉𐤓 𐤀𐤔𐤓 𐤁𐤇𐤓𐤕 𐤁𐤄 𐤅𐤄𐤁𐤉𐤕 𐤀𐤔𐤓 𐤁𐤍𐤕𐤉 𐤋𐤔𐤌𐤊•

𐤌𐤄 𐤅𐤔𐤌𐤏𐤕 𐤄𐤔𐤌𐤉𐤌 𐤀𐤕 𐤕𐤐𐤋𐤕𐤌 𐤅𐤀𐤕 𐤕𐤇𐤍𐤕𐤌 𐤅𐤏𐤔𐤉𐤕 𐤌𐤔𐤐𐤈𐤌•

𐤌𐤅 𐤊𐤉 𐤉𐤇𐤈𐤀𐤅 𐤋𐤊 𐤊𐤉 𐤀𐤉𐤍 𐤀𐤃𐤌 𐤀𐤔𐤓 𐤋𐤀 𐤉𐤇𐤈𐤀 𐤅𐤀𐤍𐤐𐤕 𐤁𐤌 𐤅𐤍𐤕𐤕𐤌 𐤋𐤐𐤍𐤉 𐤀𐤅𐤉𐤁 𐤅𐤔𐤁𐤅𐤌 𐤔𐤁𐤉𐤄𐤌 𐤀𐤋 𐤀𐤓𐤑 𐤄𐤀𐤅𐤉𐤁 𐤓𐤇𐤅𐤒𐤄 𐤀𐤅 𐤒𐤓𐤅𐤁𐤄•

𐤌𐤆 𐤅𐤄𐤔𐤉𐤁𐤅 𐤀𐤋 𐤋𐤁𐤌 𐤁𐤀𐤓𐤑 𐤀𐤔𐤓 𐤍𐤔𐤁𐤅 𐤔𐤌 𐤅𐤔𐤁𐤅 𐤅𐤄𐤕𐤇𐤍𐤍𐤅 𐤀𐤋𐤉𐤊 𐤁𐤀𐤓𐤑 𐤔𐤁𐤉𐤄𐤌 𐤋𐤀𐤌𐤓 𐤇𐤈𐤀𐤍𐤅 𐤅𐤄𐤏𐤅𐤉𐤍𐤅 𐤓𐤔𐤏𐤍𐤅•

𐤌𐤇 𐤅𐤔𐤁𐤅 𐤀𐤋𐤉𐤊 𐤁𐤊𐤋 𐤋𐤁𐤁𐤌 𐤅𐤁𐤊𐤋 𐤍𐤐𐤔𐤌 𐤁𐤀𐤓𐤑 𐤀𐤉𐤁𐤉𐤄𐤌 𐤀𐤔𐤓 𐤔𐤁𐤅 𐤀𐤕𐤌 𐤅𐤄𐤕𐤐𐤋𐤋𐤅 𐤀𐤋𐤉𐤊 𐤃𐤓𐤊 𐤀𐤓𐤑𐤌 𐤀𐤔𐤓 𐤍𐤕𐤕𐤄 𐤋𐤀𐤁𐤅𐤕𐤌 𐤄𐤏𐤉𐤓 𐤀𐤔𐤓 𐤁𐤇𐤓𐤕 𐤅𐤄𐤁𐤉𐤕 𐤀𐤔𐤓 𐤁𐤍𐤉𐤕 [𐤁𐤍𐤉𐤕𐤉] 𐤋𐤔𐤌𐤊•

𐤌𐤈 𐤅𐤔𐤌𐤏𐤕 𐤄𐤔𐤌𐤉𐤌 𐤌𐤊𐤅𐤍 𐤔𐤁𐤕𐤊 𐤀𐤕 𐤕𐤐𐤋𐤕𐤌 𐤅𐤀𐤕 𐤕𐤇𐤍𐤕𐤌 𐤅𐤏𐤔𐤉𐤕 𐤌𐤔𐤐𐤈𐤌•

𐤍 𐤅𐤎𐤋𐤇𐤕 𐤋𐤏𐤌𐤊 𐤀𐤔𐤓 𐤇𐤈𐤀𐤅 𐤋𐤊 𐤅𐤋𐤊𐤋 𐤐𐤔𐤏𐤉𐤄𐤌 𐤀𐤔𐤓 𐤐𐤔𐤏𐤅 𐤁𐤊 𐤅𐤍𐤕𐤕𐤌 𐤋𐤓𐤇𐤌𐤉𐤌 𐤋𐤐𐤍𐤉 𐤔𐤁𐤉𐤄𐤌 𐤅𐤓𐤇𐤌𐤅𐤌•

𐤍𐤀 𐤊𐤉 𐤏𐤌𐤊 𐤅𐤍𐤇𐤋𐤕𐤊 𐤄𐤌 𐤀𐤔𐤓 𐤄𐤅𐤑𐤀𐤕 𐤌𐤌𐤑𐤓𐤉𐤌 𐤌𐤕𐤅𐤊 𐤊𐤅𐤓 𐤄𐤁𐤓𐤆𐤋•

𐤍𐤁 𐤋𐤄𐤉𐤅𐤕 𐤏𐤉𐤍𐤉𐤊 𐤐𐤕𐤇𐤕 𐤀𐤋 𐤕𐤇𐤍𐤕 𐤏𐤁𐤃𐤊 𐤅𐤀𐤋 𐤕𐤇𐤍𐤕 𐤏𐤌𐤊 𐤉𐤔𐤓𐤀𐤋 𐤋𐤔𐤌𐤏 𐤀𐤋𐤉𐤄𐤌 𐤁𐤊𐤋 𐤒𐤓𐤀𐤌 𐤀𐤋𐤉𐤊•

𐤍𐤂 𐤊𐤉 𐤀𐤕𐤄 𐤄𐤁𐤃𐤋𐤕𐤌 𐤋𐤊 𐤋𐤍𐤇𐤋𐤄 𐤌𐤊𐤋 𐤏𐤌𐤉 𐤄𐤀𐤓𐤑 𐤊𐤀𐤔𐤓 𐤃𐤁𐤓 𐤁𐤉𐤃 𐤌𐤔𐤄 𐤏𐤁𐤃𐤊 𐤁𐤄𐤅𐤑𐤉𐤀𐤊 𐤀𐤕 𐤀𐤁𐤕𐤉𐤍𐤅 𐤌𐤌𐤑𐤓𐤉𐤌 𐤀𐤃𐤍𐤉 𐤉𐤄𐤅𐤄•

𐤍𐤃 𐤅𐤉𐤄𐤉 𐤊𐤊𐤋𐤅𐤕 𐤔𐤋𐤌𐤄 𐤋𐤄𐤕𐤐𐤋𐤋 𐤀𐤋 𐤉𐤄𐤅𐤄 𐤀𐤕 𐤊𐤋 𐤄𐤕𐤐𐤋𐤄 𐤅𐤄𐤕𐤇𐤍𐤄 𐤄𐤆𐤀𐤕 𐤒𐤌 𐤌𐤋𐤐𐤍𐤉 𐤌𐤆𐤁𐤇 𐤉𐤄𐤅𐤄 𐤌𐤊𐤓𐤏 𐤏𐤋 𐤁𐤓𐤊𐤉𐤅 𐤅𐤊𐤐𐤉𐤅 𐤐𐤓𐤔𐤅𐤕 𐤄𐤔𐤌𐤉𐤌•

𐤍𐤄 𐤅𐤉𐤏𐤌𐤃 𐤅𐤉𐤁𐤓𐤊 𐤀𐤕 𐤊𐤋 𐤒𐤄𐤋 𐤉𐤔𐤓𐤀𐤋 𐤒𐤅𐤋 𐤂𐤃𐤅𐤋 𐤋𐤀𐤌𐤓•

𐤍𐤅 𐤁𐤓𐤅𐤊 𐤉𐤄𐤅𐤄 𐤀𐤔𐤓 𐤍𐤕𐤍 𐤌𐤍𐤅𐤇𐤄 𐤋𐤏𐤌𐤅 𐤉𐤔𐤓𐤀𐤋 𐤊𐤊𐤋 𐤀𐤔𐤓 𐤃𐤁𐤓 𐤋𐤀 𐤍𐤐𐤋 𐤃𐤁𐤓 𐤀𐤇𐤃 𐤌𐤊𐤋 𐤃𐤁𐤓𐤅 𐤄𐤈𐤅𐤁 𐤀𐤔𐤓 𐤃𐤁𐤓 𐤁𐤉𐤃 𐤌𐤔𐤄 𐤏𐤁𐤃𐤅•

𐤍𐤆 𐤉𐤄𐤉 𐤉𐤄𐤅𐤄 𐤀𐤋𐤄𐤉𐤍𐤅 𐤏𐤌𐤍𐤅 𐤊𐤀𐤔𐤓 𐤄𐤉𐤄 𐤏𐤌 𐤀𐤁𐤕𐤉𐤍𐤅 𐤀𐤋

# 𐤌𐤋𐤊𐤉𐤌 𐤀

𐤉𐤏𐤆𐤁𐤍𐤅 𐤅𐤀𐤋 𐤉𐤈𐤔𐤍𐤅•
𐤍𐤇 𐤋𐤄𐤈𐤅𐤕 𐤋𐤁𐤁𐤍𐤅 𐤀𐤋𐤉𐤅 𐤋𐤋𐤊𐤕 𐤁𐤊𐤋 𐤃𐤓𐤊𐤉𐤅 𐤅𐤋𐤔𐤌𐤓 𐤌𐤑𐤅𐤕𐤉𐤅
𐤅𐤇𐤒𐤉𐤅 𐤅𐤌𐤔𐤐𐤈𐤉𐤅 𐤀𐤔𐤓 𐤑𐤅𐤄 𐤀𐤕 𐤀𐤁𐤕𐤉𐤍𐤅•
𐤍𐤈 𐤅𐤉𐤄𐤉𐤅 𐤃𐤁𐤓𐤉 𐤀𐤋𐤄 𐤀𐤔𐤓 𐤄𐤕𐤇𐤍𐤍𐤕𐤉 𐤋𐤐𐤍𐤉 𐤉𐤄𐤅𐤄 𐤒𐤓𐤁𐤉𐤌 𐤀𐤋
𐤉𐤄𐤅𐤄 𐤀𐤋𐤄𐤉𐤍𐤅 𐤉𐤅𐤌𐤌 𐤅𐤋𐤉𐤋𐤄 𐤋𐤏𐤔𐤅𐤕 𐤌𐤔𐤐𐤈 𐤏𐤁𐤃𐤅 𐤅𐤌𐤔𐤐𐤈 𐤏𐤌𐤅
𐤉𐤔𐤓𐤀𐤋 𐤃𐤁𐤓 𐤉𐤅𐤌 𐤁𐤉𐤅𐤌𐤅•
𐤎 𐤋𐤌𐤏𐤍 𐤃𐤏𐤕 𐤊𐤋 𐤏𐤌𐤉 𐤄𐤀𐤓𐤑 𐤊𐤉 𐤉𐤄𐤅𐤄 𐤄𐤅𐤀 𐤄𐤀𐤋𐤄𐤉𐤌 𐤀𐤉𐤍 𐤏𐤅𐤃•
𐤎𐤀 𐤅𐤄𐤉𐤄 𐤋𐤁𐤁𐤊𐤌 𐤔𐤋𐤌 𐤏𐤌 𐤉𐤄𐤅𐤄 𐤀𐤋𐤄𐤉𐤍𐤅 𐤋𐤋𐤊𐤕 𐤁𐤇𐤒𐤉𐤅
𐤅𐤋𐤔𐤌𐤓 𐤌𐤑𐤅𐤕𐤉𐤅 𐤊𐤉𐤅𐤌 𐤄𐤆𐤄•
𐤎𐤁 𐤅𐤄𐤌𐤋𐤊 𐤅𐤊𐤋 𐤉𐤔𐤓𐤀𐤋 𐤏𐤌𐤅 𐤆𐤁𐤇𐤉𐤌 𐤆𐤁𐤇 𐤋𐤐𐤍𐤉 𐤉𐤄𐤅𐤄•
𐤎𐤂 𐤅𐤉𐤆𐤁𐤇 𐤔𐤋𐤌𐤄 𐤀𐤕 𐤆𐤁𐤇 𐤄𐤔𐤋𐤌𐤉𐤌 𐤀𐤔𐤓 𐤆𐤁𐤇 𐤋𐤉𐤄𐤅𐤄 𐤁𐤒𐤓
𐤏𐤔𐤓𐤉𐤌 𐤅𐤔𐤍𐤉𐤌 𐤀𐤋𐤐 𐤅𐤑𐤀𐤍 𐤌𐤀𐤄 𐤅𐤏𐤔𐤓𐤉𐤌 𐤀𐤋𐤐 𐤅𐤉𐤇𐤍𐤊𐤅 𐤀𐤕 𐤁𐤉𐤕
𐤉𐤄𐤅𐤄 𐤄𐤌𐤋𐤊 𐤅𐤊𐤋 𐤁𐤍𐤉 𐤉𐤔𐤓𐤀𐤋•
𐤎𐤃 𐤁𐤉𐤅𐤌 𐤄𐤄𐤅𐤀 𐤒𐤃𐤔 𐤄𐤌𐤋𐤊 𐤀𐤕 𐤕𐤅𐤊 𐤄𐤇𐤑𐤓 𐤀𐤔𐤓 𐤋𐤐𐤍𐤉 𐤁𐤉𐤕
𐤉𐤄𐤅𐤄 𐤊𐤉 𐤏𐤔𐤄 𐤔𐤌 𐤀𐤕 𐤄𐤏𐤋𐤄 𐤅𐤀𐤕 𐤄𐤌𐤍𐤇𐤄 𐤅𐤀𐤕 𐤇𐤋𐤁𐤉 𐤄𐤔𐤋𐤌𐤉𐤌
𐤊𐤉 𐤌𐤆𐤁𐤇 𐤄𐤍𐤇𐤔𐤕 𐤀𐤔𐤓 𐤋𐤐𐤍𐤉 𐤉𐤄𐤅𐤄 𐤒𐤈𐤍 𐤌𐤄𐤊𐤉𐤋 𐤀𐤕 𐤄𐤏𐤋𐤄 𐤅𐤀𐤕
𐤄𐤌𐤍𐤇𐤄 𐤅𐤀𐤕 𐤇𐤋𐤁𐤉 𐤄𐤔𐤋𐤌𐤉𐤌•
𐤎𐤄 𐤅𐤉𐤏𐤔 𐤔𐤋𐤌𐤄 𐤁𐤏𐤕 𐤄𐤄𐤉𐤀 𐤀𐤕 𐤄𐤇𐤂 𐤅𐤊𐤋 𐤉𐤔𐤓𐤀𐤋 𐤏𐤌𐤅 𐤒𐤄𐤋
𐤂𐤃𐤅𐤋 𐤌𐤋𐤁𐤅𐤀 𐤇𐤌𐤕 𐤏𐤃 𐤍𐤇𐤋 𐤌𐤑𐤓𐤉𐤌 𐤋𐤐𐤍𐤉 𐤉𐤄𐤅𐤄 𐤀𐤋𐤄𐤉𐤍𐤅 𐤔𐤁𐤏𐤕
𐤉𐤌𐤉𐤌 𐤅𐤔𐤁𐤏𐤕 𐤉𐤌𐤉𐤌 𐤀𐤓𐤁𐤏𐤄 𐤏𐤔𐤓 𐤉𐤅𐤌•
𐤎𐤅 𐤁𐤉𐤅𐤌 𐤄𐤔𐤌𐤉𐤍𐤉 𐤔𐤋𐤇 𐤀𐤕 𐤄𐤏𐤌 𐤅𐤉𐤁𐤓𐤊𐤅 𐤀𐤕 𐤄𐤌𐤋𐤊 𐤅𐤉𐤋𐤊𐤅
𐤋𐤀𐤄𐤋𐤉𐤄𐤌 𐤔𐤌𐤇𐤉𐤌 𐤅𐤈𐤅𐤁𐤉 𐤋𐤁 𐤏𐤋 𐤊𐤋 𐤄𐤈𐤅𐤁𐤄 𐤀𐤔𐤓 𐤏𐤔𐤄 𐤉𐤄𐤅𐤄
𐤋𐤃𐤅𐤃 𐤏𐤁𐤃𐤅 𐤅𐤋𐤉𐤔𐤓𐤀𐤋 𐤏𐤌𐤅•

## 𐤐𐤓𐤒 𐤈

𐤀 𐤅𐤉𐤄𐤉 𐤊𐤊𐤋𐤅𐤕 𐤔𐤋𐤌𐤄 𐤋𐤁𐤍𐤅𐤕 𐤀𐤕 𐤁𐤉𐤕 𐤉𐤄𐤅𐤄 𐤅𐤀𐤕 𐤁𐤉𐤕 𐤄𐤌𐤋𐤊
𐤅𐤀𐤕 𐤊𐤋 𐤇𐤔𐤒 𐤔𐤋𐤌𐤄 𐤀𐤔𐤓 𐤇𐤐𐤑 𐤋𐤏𐤔𐤅𐤕•
𐤁 𐤅𐤉𐤓𐤀 𐤉𐤄𐤅𐤄 𐤀𐤋 𐤔𐤋𐤌𐤄 𐤔𐤍𐤉𐤕 𐤊𐤀𐤔𐤓 𐤍𐤓𐤀𐤄 𐤀𐤋𐤉𐤅 𐤁𐤂𐤁𐤏𐤅𐤍•
𐤂 𐤅𐤉𐤀𐤌𐤓 𐤉𐤄𐤅𐤄 𐤀𐤋𐤉𐤅 𐤔𐤌𐤏𐤕𐤉 𐤀𐤕 𐤕𐤐𐤋𐤕𐤊 𐤅𐤀𐤕 𐤕𐤇𐤍𐤕𐤊 𐤀𐤔𐤓
𐤄𐤕𐤇𐤍𐤍𐤕𐤄 𐤋𐤐𐤍𐤉 𐤄𐤒𐤃𐤔𐤕𐤉 𐤀𐤕 𐤄𐤁𐤉𐤕 𐤄𐤆𐤄 𐤀𐤔𐤓 𐤁𐤍𐤕𐤄 𐤋𐤔𐤅𐤌
𐤔𐤌𐤉 𐤔𐤌 𐤏𐤃 𐤏𐤅𐤋𐤌 𐤅𐤄𐤉𐤅 𐤏𐤉𐤍𐤉 𐤅𐤋𐤁𐤉 𐤔𐤌 𐤊𐤋 𐤄𐤉𐤌𐤉𐤌•
𐤃 𐤅𐤀𐤕𐤄 𐤀𐤌 𐤕𐤋𐤊 𐤋𐤐𐤍𐤉 𐤊𐤀𐤔𐤓 𐤄𐤋𐤊 𐤃𐤅𐤃 𐤀𐤁𐤉𐤊 𐤁𐤕𐤌 𐤋𐤁𐤁 𐤅𐤁𐤉𐤔𐤓
𐤋𐤏𐤔𐤅𐤕 𐤊𐤊𐤋 𐤀𐤔𐤓 𐤑𐤅𐤉𐤕𐤉𐤊 𐤇𐤒𐤉 𐤅𐤌𐤔𐤐𐤈𐤉 𐤕𐤔𐤌𐤓•

# 𐤌𐤋𐤊𐤉𐤌 𐤀

𐤄 𐤅𐤄𐤒𐤌𐤕𐤉 𐤀𐤕 𐤊𐤎𐤀 𐤌𐤌𐤋𐤊𐤕𐤊 𐤏𐤋 𐤉𐤔𐤓𐤀𐤋 𐤋𐤏𐤋𐤌 𐤊𐤀𐤔𐤓 𐤃𐤁𐤓𐤕𐤉
𐤏𐤋 𐤃𐤅𐤃 𐤀𐤁𐤉𐤊 𐤋𐤀𐤌𐤓 𐤋𐤀 𐤉𐤊𐤓𐤕 𐤋𐤊 𐤀𐤉𐤔 𐤌𐤏𐤋 𐤊𐤎𐤀 𐤉𐤔𐤓𐤀𐤋•
𐤅 𐤀𐤌 𐤔𐤅𐤁 𐤕𐤔𐤁𐤅𐤍 𐤀𐤕𐤌 𐤅𐤁𐤍𐤉𐤊𐤌 𐤌𐤀𐤇𐤓𐤉 𐤅𐤋𐤀 𐤕𐤔𐤌𐤓𐤅 𐤌𐤑𐤅𐤕𐤉
𐤇𐤒𐤕𐤉 𐤀𐤔𐤓 𐤍𐤕𐤕𐤉 𐤋𐤐𐤍𐤉𐤊𐤌 𐤅𐤄𐤋𐤊𐤕𐤌 𐤅𐤏𐤁𐤃𐤕𐤌 𐤀𐤋𐤄𐤉𐤌 𐤀𐤇𐤓𐤉𐤌
𐤅𐤄𐤔𐤕𐤇𐤅𐤉𐤕𐤌 𐤋𐤄𐤌•
𐤆 𐤅𐤄𐤊𐤓𐤕𐤉 𐤀𐤕 𐤉𐤔𐤓𐤀𐤋 𐤌𐤏𐤋 𐤐𐤍𐤉 𐤄𐤀𐤃𐤌𐤄 𐤀𐤔𐤓 𐤍𐤕𐤕𐤉 𐤋𐤄𐤌 𐤅𐤀𐤕
𐤄𐤁𐤉𐤕 𐤀𐤔𐤓 𐤄𐤒𐤃𐤔𐤕𐤉 𐤋𐤔𐤌𐤉 𐤀𐤔𐤋𐤇 𐤌𐤏𐤋 𐤐𐤍𐤉 𐤅𐤄𐤉𐤄 𐤉𐤔𐤓𐤀𐤋
𐤋𐤌𐤔𐤋 𐤅𐤋𐤔𐤍𐤉𐤍𐤄 𐤁𐤊𐤋 𐤄𐤏𐤌𐤉𐤌•
𐤇 𐤅𐤄𐤁𐤉𐤕 𐤄𐤆𐤄 𐤉𐤄𐤉𐤄 𐤏𐤋𐤉𐤅𐤍 𐤊𐤋 𐤏𐤁𐤓 𐤏𐤋𐤉𐤅 𐤉𐤔𐤌 𐤅𐤔𐤓𐤒 𐤅𐤀𐤌𐤓𐤅
𐤏𐤋 𐤌𐤄 𐤏𐤔𐤄 𐤉𐤄𐤅𐤄 𐤊𐤊𐤄 𐤋𐤀𐤓𐤑 𐤄𐤆𐤀𐤕 𐤅𐤋𐤁𐤉𐤕 𐤄𐤆𐤄•
𐤈 𐤅𐤀𐤌𐤓𐤅 𐤏𐤋 𐤀𐤔𐤓 𐤏𐤆𐤁𐤅 𐤀𐤕 𐤉𐤄𐤅𐤄 𐤀𐤋𐤄𐤉𐤄𐤌 𐤀𐤔𐤓 𐤄𐤅𐤑𐤉𐤀 𐤀𐤕
𐤀𐤁𐤕𐤌 𐤌𐤀𐤓𐤑 𐤌𐤑𐤓𐤉𐤌 𐤅𐤉𐤇𐤆𐤒𐤅 𐤁𐤀𐤋𐤄𐤉𐤌 𐤀𐤇𐤓𐤉𐤌 𐤅𐤉𐤔𐤕𐤇𐤅
[𐤅𐤉𐤔𐤕𐤇𐤅𐤅] 𐤋𐤄𐤌 𐤅𐤉𐤏𐤁𐤃𐤌 𐤏𐤋 𐤊𐤍 𐤄𐤁𐤉𐤀 𐤉𐤄𐤅𐤄 𐤏𐤋𐤉𐤄𐤌 𐤀𐤕 𐤊𐤋
𐤄𐤓𐤏𐤄 𐤄𐤆𐤀𐤕•
𐤉 𐤅𐤉𐤄𐤉 𐤌𐤒𐤑𐤄 𐤏𐤔𐤓𐤉𐤌 𐤔𐤍𐤄 𐤀𐤔𐤓 𐤁𐤍𐤄 𐤔𐤋𐤌𐤄 𐤀𐤕 𐤔𐤍𐤉 𐤄𐤁𐤕𐤉𐤌
𐤀𐤕 𐤁𐤉𐤕 𐤉𐤄𐤅𐤄 𐤅𐤀𐤕 𐤁𐤉𐤕 𐤄𐤌𐤋𐤊•
𐤉𐤀 𐤇𐤉𐤓𐤌 𐤌𐤋𐤊 𐤑𐤓 𐤍𐤔𐤀 𐤀𐤕 𐤔𐤋𐤌𐤄 𐤁𐤏𐤑𐤉 𐤀𐤓𐤆𐤉𐤌 𐤅𐤁𐤏𐤑𐤉
𐤁𐤓𐤅𐤔𐤉𐤌 𐤅𐤁𐤆𐤄𐤁 𐤋𐤊𐤋 𐤇𐤐𐤑𐤅 𐤀𐤆 𐤉𐤕𐤍 𐤄𐤌𐤋𐤊 𐤔𐤋𐤌𐤄 𐤋𐤇𐤉𐤓𐤌
𐤏𐤔𐤓𐤉𐤌 𐤏𐤉𐤓 𐤁𐤀𐤓𐤑 𐤄𐤂𐤋𐤉𐤋•
𐤉𐤁 𐤅𐤉𐤑𐤀 𐤇𐤉𐤓𐤌 𐤌𐤑𐤓 𐤋𐤓𐤀𐤅𐤕 𐤀𐤕 𐤄𐤏𐤓𐤉𐤌 𐤀𐤔𐤓 𐤍𐤕𐤍 𐤋𐤅 𐤔𐤋𐤌𐤄
𐤅𐤋𐤀 𐤉𐤔𐤓𐤅 𐤁𐤏𐤉𐤍𐤉𐤅•
𐤉𐤂 𐤅𐤉𐤀𐤌𐤓 𐤌𐤄 𐤄𐤏𐤓𐤉𐤌 𐤄𐤀𐤋𐤄 𐤀𐤔𐤓 𐤍𐤕𐤕𐤄 𐤋𐤉 𐤀𐤇𐤉 𐤅𐤉𐤒𐤓𐤀 𐤋𐤄𐤌
𐤀𐤓𐤑 𐤊𐤁𐤅𐤋 𐤏𐤃 𐤄𐤉𐤅𐤌 𐤄𐤆𐤄•
𐤉𐤃 𐤅𐤉𐤔𐤋𐤇 𐤇𐤉𐤓𐤌 𐤋𐤌𐤋𐤊 𐤌𐤀𐤄 𐤅𐤏𐤔𐤓𐤉𐤌 𐤊𐤊𐤓 𐤆𐤄𐤁•
𐤈𐤅 𐤅𐤆𐤄 𐤃𐤁𐤓 𐤄𐤌𐤎 𐤀𐤔𐤓 𐤄𐤏𐤋𐤄 𐤄𐤌𐤋𐤊 𐤔𐤋𐤌𐤄 𐤋𐤁𐤍𐤅𐤕 𐤀𐤕 𐤁𐤉𐤕
𐤉𐤄𐤅𐤄 𐤅𐤀𐤕 𐤁𐤉𐤕𐤅 𐤅𐤀𐤕 𐤄𐤌𐤋𐤅𐤀 𐤅𐤀𐤕 𐤇𐤅𐤌𐤕 𐤉𐤓𐤅𐤔𐤋𐤌 𐤅𐤀𐤕 𐤇𐤑𐤓
𐤅𐤀𐤕 𐤌𐤂𐤃𐤅 𐤅𐤀𐤕 𐤂𐤆𐤓•
𐤈𐤆 𐤐𐤓𐤏𐤄 𐤌𐤋𐤊 𐤌𐤑𐤓𐤉𐤌 𐤏𐤋𐤄 𐤅𐤉𐤋𐤊𐤃 𐤀𐤕 𐤂𐤆𐤓 𐤅𐤉𐤔𐤓𐤐𐤄 𐤁𐤀𐤔 𐤅𐤀𐤕
𐤄𐤊𐤍𐤏𐤍𐤉 𐤄𐤉𐤔𐤁 𐤁𐤏𐤉𐤓 𐤄𐤓𐤂 𐤅𐤉𐤕𐤍𐤄 𐤔𐤋𐤇𐤉𐤌 𐤋𐤁𐤕𐤅 𐤀𐤔𐤕 𐤔𐤋𐤌𐤄•
𐤉𐤆 𐤅𐤉𐤁𐤍 𐤔𐤋𐤌𐤄 𐤀𐤕 𐤂𐤆𐤓 𐤅𐤀𐤕 𐤁𐤉𐤕 𐤇𐤓𐤍 𐤕𐤇𐤕𐤅𐤍•
𐤉𐤇 𐤅𐤀𐤕 𐤁𐤏𐤋𐤕 𐤅𐤀𐤕 𐤕𐤌𐤓 [𐤕𐤃𐤌𐤓] 𐤁𐤌𐤃𐤁𐤓 𐤁𐤀𐤓𐤑•
𐤉𐤈 𐤅𐤀𐤕 𐤊𐤋 𐤏𐤓𐤉 𐤄𐤌𐤎𐤊𐤍𐤅𐤕 𐤀𐤔𐤓 𐤄𐤉𐤅 𐤋𐤔𐤋𐤌𐤄 𐤅𐤀𐤕 𐤏𐤓𐤉 𐤄𐤓𐤊𐤁
𐤅𐤀𐤕 𐤏𐤓𐤉 𐤄𐤐𐤓𐤔𐤉𐤌 𐤅𐤀𐤕 𐤇𐤔𐤒 𐤔𐤋𐤌𐤄 𐤀𐤔𐤓 𐤇𐤔𐤒 𐤋𐤁𐤍𐤅𐤕 𐤁𐤉𐤓𐤅𐤔𐤋𐤌

𐤅𐤁𐤋𐤁𐤍𐤅𐤍 𐤅𐤁𐤊𐤋 𐤀𐤓𐤑 𐤌𐤌𐤔𐤋𐤕𐤅•
𐤊 𐤊𐤋 𐤄𐤏𐤌 𐤄𐤍𐤅𐤕𐤓 𐤌𐤍 𐤄𐤀𐤌𐤓𐤉 𐤄𐤇𐤕𐤉 𐤄𐤐𐤓𐤆𐤉 𐤄𐤇𐤅𐤉 𐤅𐤄𐤉𐤁𐤅𐤎𐤉
𐤀𐤔𐤓 𐤋𐤀 𐤌𐤁𐤍𐤉 𐤉𐤔𐤓𐤀𐤋 𐤄𐤌𐤄•
𐤊𐤀 𐤁𐤍𐤉𐤄𐤌 𐤀𐤔𐤓 𐤍𐤕𐤓𐤅 𐤀𐤇𐤓𐤉𐤄𐤌 𐤁𐤀𐤓𐤑 𐤀𐤔𐤓 𐤋𐤀 𐤉𐤊𐤋𐤅 𐤁𐤍𐤉
𐤉𐤔𐤓𐤀𐤋 𐤋𐤄𐤇𐤓𐤉𐤌𐤌 𐤅𐤉𐤏𐤋𐤌 𐤔𐤋𐤌𐤄 𐤋𐤌𐤎 𐤏𐤁𐤃 𐤏𐤃 𐤄𐤉𐤅𐤌 𐤄𐤆𐤄•
𐤊𐤁 𐤅𐤌𐤁𐤍𐤉 𐤉𐤔𐤓𐤀𐤋 𐤋𐤀 𐤍𐤕𐤍 𐤔𐤋𐤌𐤄 𐤏𐤁𐤃 𐤊𐤉 𐤄𐤌 𐤀𐤍𐤔𐤉 𐤄𐤌𐤋𐤇𐤌𐤄
𐤅𐤏𐤁𐤃𐤉𐤅 𐤅𐤔𐤓𐤉𐤅 𐤅𐤔𐤋𐤔𐤉𐤅 𐤅𐤔𐤓𐤉 𐤓𐤊𐤁𐤅 𐤅𐤐𐤓𐤔𐤉𐤅•
𐤊𐤂 𐤀𐤋𐤄 𐤔𐤓𐤉 𐤄𐤍𐤑𐤁𐤉𐤌 𐤀𐤔𐤓 𐤏𐤋 𐤄𐤌𐤋𐤀𐤊𐤄 𐤋𐤔𐤋𐤌𐤄 𐤇𐤌𐤔𐤉𐤌
𐤅𐤇𐤌𐤔 𐤌𐤀𐤅𐤕 𐤄𐤓𐤃𐤉𐤌 𐤁𐤏𐤌 𐤄𐤏𐤔𐤉𐤌 𐤁𐤌𐤋𐤀𐤊𐤄•
𐤊𐤃 𐤀𐤊 𐤁𐤕 𐤐𐤓𐤏𐤄 𐤏𐤋𐤕𐤄 𐤌𐤏𐤉𐤓 𐤃𐤅𐤃 𐤀𐤋 𐤁𐤉𐤕𐤄 𐤀𐤔𐤓 𐤁𐤍𐤄 𐤋𐤄 𐤀𐤆
𐤁𐤍𐤄 𐤀𐤕 𐤄𐤌𐤋𐤅𐤀•
𐤊𐤄 𐤅𐤄𐤏𐤋𐤄 𐤔𐤋𐤌𐤄 𐤔𐤋𐤔 𐤐𐤏𐤌𐤉𐤌 𐤁𐤔𐤍𐤄 𐤏𐤋𐤅𐤕 𐤅𐤔𐤋𐤌𐤉𐤌 𐤏𐤋
𐤄𐤌𐤆𐤁𐤇 𐤀𐤔𐤓 𐤁𐤍𐤄 𐤋𐤉𐤄𐤅𐤄 𐤅𐤄𐤒𐤈𐤉𐤓 𐤀𐤕𐤅 𐤀𐤔𐤓 𐤋𐤐𐤍𐤉 𐤉𐤄𐤅𐤄
𐤅𐤔𐤋𐤌 𐤀𐤕 𐤄𐤁𐤉𐤕•
𐤊𐤅 𐤅𐤀𐤍𐤉 𐤏𐤔𐤄 𐤄𐤌𐤋𐤊 𐤔𐤋𐤌𐤄 𐤁𐤏𐤑𐤉𐤅𐤍 𐤂𐤁𐤓 𐤀𐤔𐤓 𐤀𐤕 𐤀𐤋𐤅𐤕 𐤏𐤋
𐤔𐤐𐤕 𐤉𐤌 𐤎𐤅𐤐 𐤁𐤀𐤓𐤑 𐤀𐤃𐤅𐤌•
𐤊𐤆 𐤅𐤉𐤔𐤋𐤇 𐤇𐤉𐤓𐤌 𐤁𐤀𐤍𐤉 𐤀𐤕 𐤏𐤁𐤃𐤉𐤅 𐤀𐤍𐤔𐤉 𐤀𐤍𐤉𐤅𐤕 𐤉𐤃𐤏𐤉 𐤄𐤉𐤌
𐤏𐤌 𐤏𐤁𐤃𐤉 𐤔𐤋𐤌𐤄•
𐤊𐤇 𐤅𐤉𐤁𐤀𐤅 𐤀𐤅𐤐𐤉𐤓𐤄 𐤅𐤉𐤒𐤇𐤅 𐤌𐤔𐤌 𐤆𐤄𐤁 𐤀𐤓𐤁𐤏 𐤌𐤀𐤅𐤕 𐤅𐤏𐤔𐤓𐤉𐤌 𐤊𐤊𐤓
𐤅𐤉𐤁𐤀𐤅 𐤀𐤋 𐤄𐤌𐤋𐤊 𐤔𐤋𐤌𐤄•

𐤐𐤓𐤒 𐤉

𐤀 𐤅𐤌𐤋𐤊𐤕 𐤔𐤁𐤀 𐤔𐤌𐤏𐤕 𐤀𐤕 𐤔𐤌𐤏 𐤔𐤋𐤌𐤄 𐤋𐤔𐤌 𐤉𐤄𐤅𐤄 𐤅𐤕𐤁𐤀 𐤋𐤍𐤎𐤕𐤅
𐤁𐤇𐤉𐤃𐤅𐤕•
𐤁 𐤅𐤕𐤁𐤀 𐤉𐤓𐤅𐤔𐤋𐤌𐤄 𐤁𐤇𐤉𐤋 𐤊𐤁𐤃 𐤌𐤀𐤃 𐤂𐤌𐤋𐤉𐤌 𐤍𐤔𐤀𐤉𐤌 𐤁𐤔𐤌𐤉𐤌
𐤅𐤆𐤄𐤁 𐤓𐤁 𐤌𐤀𐤃 𐤅𐤀𐤁𐤍 𐤉𐤒𐤓𐤄 𐤅𐤕𐤁𐤀 𐤀𐤋 𐤔𐤋𐤌𐤄 𐤅𐤕𐤃𐤁𐤓 𐤀𐤋𐤉𐤅 𐤀𐤕 𐤊𐤋
𐤀𐤔𐤓 𐤄𐤉𐤄 𐤏𐤌 𐤋𐤁𐤁𐤄•
𐤂 𐤅𐤉𐤂𐤃 𐤋𐤄 𐤔𐤋𐤌𐤄 𐤀𐤕 𐤊𐤋 𐤃𐤁𐤓𐤉𐤄 𐤋𐤀 𐤄𐤉𐤄 𐤃𐤁𐤓 𐤍𐤏𐤋𐤌 𐤌𐤍 𐤄𐤌𐤋𐤊
𐤀𐤔𐤓 𐤋𐤀 𐤄𐤂𐤉𐤃 𐤋𐤄•
𐤃 𐤅𐤕𐤓𐤀 𐤌𐤋𐤊𐤕 𐤔𐤁𐤀 𐤀𐤕 𐤊𐤋 𐤇𐤊𐤌𐤕 𐤔𐤋𐤌𐤄 𐤅𐤄𐤁𐤉𐤕 𐤀𐤔𐤓 𐤁𐤍𐤄•
𐤄 𐤅𐤌𐤀𐤊𐤋 𐤔𐤋𐤇𐤍𐤅 𐤅𐤌𐤅𐤔𐤁 𐤏𐤁𐤃𐤉𐤅 𐤅𐤌𐤏𐤌𐤃 𐤌𐤔𐤓𐤕𐤅 [𐤌𐤔𐤓𐤕𐤉𐤅]
𐤅𐤌𐤋𐤁𐤔𐤉𐤄𐤌 𐤅𐤌𐤔𐤒𐤉𐤅 𐤅𐤏𐤋𐤕𐤅 𐤀𐤔𐤓 𐤉𐤏𐤋𐤄 𐤁𐤉𐤕 𐤉𐤄𐤅𐤄 𐤅𐤋𐤀 𐤄𐤉𐤄
𐤁𐤄 𐤏𐤅𐤃 𐤓𐤅𐤇•

𐤅 𐤅𐤕𐤀𐤌𐤓 𐤀𐤋 𐤄𐤌𐤋𐤊 𐤀𐤌𐤕 𐤄𐤉𐤄 𐤄𐤃𐤁𐤓 𐤀𐤔𐤓 𐤔𐤌𐤏𐤕𐤉 𐤁𐤀𐤓𐤑𐤉 𐤏𐤋 𐤃𐤁𐤓𐤉𐤊 𐤅𐤏𐤋 𐤇𐤊𐤌𐤕𐤊•

𐤆 𐤅𐤋𐤀 𐤄𐤀𐤌𐤍𐤕𐤉 𐤋𐤃𐤁𐤓𐤉𐤌 𐤏𐤃 𐤀𐤔𐤓 𐤁𐤀𐤕𐤉 𐤅𐤕𐤓𐤀𐤉𐤍𐤄 𐤏𐤉𐤍𐤉 𐤅𐤄𐤍𐤄 𐤋𐤀 𐤄𐤂𐤃 𐤋𐤉 𐤄𐤇𐤑𐤉 𐤄𐤅𐤎𐤐𐤕 𐤇𐤊𐤌𐤄 𐤅𐤈𐤅𐤁 𐤀𐤋 𐤄𐤔𐤌𐤅𐤏𐤄 𐤀𐤔𐤓 𐤔𐤌𐤏𐤕𐤉•

𐤇 𐤀𐤔𐤓𐤉 𐤀𐤍𐤔𐤉𐤊 𐤀𐤔𐤓𐤉 𐤏𐤁𐤃𐤉𐤊 𐤀𐤋𐤄 𐤄𐤏𐤌𐤃𐤉𐤌 𐤋𐤐𐤍𐤉𐤊 𐤕𐤌𐤉𐤃 𐤄𐤔𐤌𐤏𐤉𐤌 𐤀𐤕 𐤇𐤊𐤌𐤕𐤊•

𐤈 𐤉𐤄𐤉 𐤉𐤄𐤅𐤄 𐤀𐤋𐤄𐤉𐤊 𐤁𐤓𐤅𐤊 𐤀𐤔𐤓 𐤇𐤐𐤑 𐤁𐤊 𐤋𐤕𐤕𐤊 𐤏𐤋 𐤊𐤎𐤀 𐤉𐤔𐤓𐤀𐤋 𐤁𐤀𐤄𐤁𐤕 𐤉𐤄𐤅𐤄 𐤀𐤕 𐤉𐤔𐤓𐤀𐤋 𐤋𐤏𐤋𐤌 𐤅𐤉𐤔𐤉𐤌𐤊 𐤋𐤌𐤋𐤊 𐤋𐤏𐤔𐤅𐤕 𐤌𐤔𐤐𐤈 𐤅𐤑𐤃𐤒𐤄•

𐤉 𐤅𐤕𐤕𐤍 𐤋𐤌𐤋𐤊 𐤌𐤀𐤄 𐤅𐤏𐤔𐤓𐤉𐤌 𐤊𐤊𐤓 𐤆𐤄𐤁 𐤅𐤁𐤔𐤌𐤉𐤌 𐤄𐤓𐤁𐤄 𐤌𐤀𐤃 𐤅𐤀𐤁𐤍 𐤉𐤒𐤓𐤄 𐤋𐤀 𐤁𐤀 𐤊𐤁𐤔𐤌 𐤄𐤄𐤅𐤀 𐤏𐤅𐤃 𐤋𐤓𐤁 𐤀𐤔𐤓 𐤍𐤕𐤍𐤄 𐤌𐤋𐤊𐤕 𐤔𐤁𐤀 𐤋𐤌𐤋𐤊 𐤔𐤋𐤌𐤄•

𐤉𐤀 𐤅𐤂𐤌 𐤀𐤍𐤉 𐤇𐤉𐤓𐤌 𐤀𐤔𐤓 𐤍𐤔𐤀 𐤆𐤄𐤁 𐤌𐤀𐤅𐤐𐤉𐤓 𐤄𐤁𐤉𐤀 𐤌𐤀𐤐𐤉𐤓 𐤏𐤑𐤉 𐤀𐤋𐤌𐤂𐤉𐤌 𐤄𐤓𐤁𐤄 𐤌𐤀𐤃 𐤅𐤀𐤁𐤍 𐤉𐤒𐤓𐤄•

𐤉𐤁 𐤅𐤉𐤏𐤔 𐤄𐤌𐤋𐤊 𐤀𐤕 𐤏𐤑𐤉 𐤄𐤀𐤋𐤌𐤂𐤉𐤌 𐤌𐤎𐤏𐤃 𐤋𐤁𐤉𐤕 𐤉𐤄𐤅𐤄 𐤅𐤋𐤁𐤉𐤕 𐤄𐤌𐤋𐤊 𐤅𐤊𐤍𐤓𐤅𐤕 𐤅𐤍𐤁𐤋𐤉𐤌 𐤋𐤔𐤓𐤉𐤌 𐤋𐤀 𐤁𐤀 𐤊𐤍 𐤏𐤑𐤉 𐤀𐤋𐤌𐤂𐤉𐤌 𐤅𐤋𐤀 𐤍𐤓𐤀𐤄 𐤏𐤃 𐤄𐤉𐤅𐤌 𐤄𐤆𐤄•

𐤉𐤂 𐤅𐤄𐤌𐤋𐤊 𐤔𐤋𐤌𐤄 𐤍𐤕𐤍 𐤋𐤌𐤋𐤊𐤕 𐤔𐤁𐤀 𐤀𐤕 𐤊𐤋 𐤇𐤐𐤑𐤄 𐤀𐤔𐤓 𐤔𐤀𐤋𐤄 𐤌𐤋𐤁𐤃 𐤀𐤔𐤓 𐤍𐤕𐤍 𐤋𐤄 𐤊𐤉𐤃 𐤄𐤌𐤋𐤊 𐤔𐤋𐤌𐤄 𐤅𐤕𐤐𐤍 𐤅𐤕𐤋𐤊 𐤋𐤀𐤓𐤑𐤄 𐤄𐤉𐤀 𐤅𐤏𐤁𐤃𐤉𐤄•

𐤉𐤃 𐤅𐤉𐤄𐤉 𐤌𐤔𐤒𐤋 𐤄𐤆𐤄𐤁 𐤀𐤔𐤓 𐤁𐤀 𐤋𐤔𐤋𐤌𐤄 𐤁𐤔𐤍𐤄 𐤀𐤇𐤕 𐤔𐤔 𐤌𐤀𐤅𐤕 𐤔𐤔𐤉𐤌 𐤅𐤔𐤔 𐤊𐤊𐤓 𐤆𐤄𐤁•

𐤈𐤅 𐤋𐤁𐤃 𐤌𐤀𐤍𐤔𐤉 𐤄𐤕𐤓𐤉𐤌 𐤅𐤌𐤎𐤇𐤓 𐤄𐤓𐤊𐤋𐤉𐤌 𐤅𐤊𐤋 𐤌𐤋𐤊𐤉 𐤄𐤏𐤓𐤁 𐤅𐤐𐤇𐤅𐤕 𐤄𐤀𐤓𐤑•

𐤈𐤆 𐤅𐤉𐤏𐤔 𐤄𐤌𐤋𐤊 𐤔𐤋𐤌𐤄 𐤌𐤀𐤕𐤉𐤌 𐤑𐤍𐤄 𐤆𐤄𐤁 𐤔𐤇𐤅𐤈 𐤔𐤔 𐤌𐤀𐤅𐤕 𐤆𐤄𐤁 𐤉𐤏𐤋𐤄 𐤏𐤋 𐤄𐤑𐤍𐤄 𐤄𐤀𐤇𐤕•

𐤉𐤆 𐤅𐤔𐤋𐤔 𐤌𐤀𐤅𐤕 𐤌𐤂𐤍𐤉𐤌 𐤆𐤄𐤁 𐤔𐤇𐤅𐤈 𐤔𐤋𐤔𐤕 𐤌𐤍𐤉𐤌 𐤆𐤄𐤁 𐤉𐤏𐤋𐤄 𐤏𐤋 𐤄𐤌𐤂𐤍 𐤄𐤀𐤇𐤕 𐤅𐤉𐤕𐤍𐤌 𐤄𐤌𐤋𐤊 𐤁𐤉𐤕 𐤉𐤏𐤓 𐤄𐤋𐤁𐤍𐤅𐤍•

𐤉𐤇 𐤅𐤉𐤏𐤔 𐤄𐤌𐤋𐤊 𐤊𐤎𐤀 𐤔𐤍 𐤂𐤃𐤅𐤋 𐤅𐤉𐤑𐤐𐤄𐤅 𐤆𐤄𐤁 𐤌𐤅𐤐𐤆•

𐤉𐤈 𐤔𐤔 𐤌𐤏𐤋𐤅𐤕 𐤋𐤊𐤎𐤄 𐤅𐤓𐤀𐤔 𐤏𐤂𐤋 𐤋𐤊𐤎𐤄 𐤌𐤀𐤇𐤓𐤉𐤅 𐤅𐤉𐤃𐤕 𐤌𐤆𐤄 𐤅𐤌𐤆𐤄 𐤀𐤋 𐤌𐤒𐤅𐤌 𐤄𐤔𐤁𐤕 𐤅𐤔𐤍𐤉𐤌 𐤀𐤓𐤉𐤅𐤕 𐤏𐤌𐤃𐤉𐤌 𐤀𐤑𐤋 𐤄𐤉𐤃𐤅𐤕•

𐤊 𐤅𐤔𐤍𐤉𐤌 𐤏𐤔𐤓 𐤀𐤓𐤉𐤉𐤌 𐤏𐤌𐤃𐤉𐤌 𐤔𐤌 𐤏𐤋 𐤔𐤔 𐤄𐤌𐤏𐤋𐤅𐤕 𐤌𐤆𐤄 𐤅𐤌𐤆𐤄

𐤋𐤀 𐤍𐤏𐤔𐤄 𐤊𐤍 𐤋𐤊𐤋 𐤌𐤌𐤋𐤊𐤅𐤕•

𐤊𐤀 𐤅𐤊𐤋 𐤊𐤋𐤉 𐤌𐤔𐤒𐤄 𐤄𐤌𐤋𐤊 𐤔𐤋𐤌𐤄 𐤆𐤄𐤁 𐤅𐤊𐤋 𐤊𐤋𐤉 𐤁𐤉𐤕 𐤉𐤏𐤓
𐤄𐤋𐤁𐤍𐤅𐤍 𐤆𐤄𐤁 𐤎𐤂𐤅𐤓 𐤀𐤉𐤍 𐤊𐤎𐤐 𐤋𐤀 𐤍𐤇𐤔𐤁 𐤁𐤉𐤌𐤉 𐤔𐤋𐤌𐤄 𐤋𐤌𐤀𐤅𐤌𐤄•

𐤊𐤁 𐤊𐤉 𐤀𐤍𐤉 𐤕𐤓𐤔𐤉𐤔 𐤋𐤌𐤋𐤊 𐤁𐤉𐤌 𐤏𐤌 𐤀𐤍𐤉 𐤇𐤉𐤓𐤌 𐤀𐤇𐤕 𐤋𐤔𐤋𐤔
𐤔𐤍𐤉𐤌 𐤕𐤁𐤅𐤀 𐤀𐤍𐤉 𐤕𐤓𐤔𐤉𐤔 𐤍𐤔𐤀𐤕 𐤆𐤄𐤁 𐤅𐤊𐤎𐤐 𐤔𐤍𐤄𐤁𐤉𐤌 𐤅𐤒𐤐𐤉𐤌
𐤅𐤕𐤊𐤉𐤉𐤌•

𐤊𐤂 𐤅𐤉𐤂𐤃𐤋 𐤄𐤌𐤋𐤊 𐤔𐤋𐤌𐤄 𐤌𐤊𐤋 𐤌𐤋𐤊𐤉 𐤄𐤀𐤓𐤑 𐤋𐤏𐤔𐤓 𐤅𐤋𐤇𐤊𐤌𐤄•

𐤊𐤃 𐤅𐤊𐤋 𐤄𐤀𐤓𐤑 𐤌𐤁𐤒𐤔𐤉𐤌 𐤀𐤕 𐤐𐤍𐤉 𐤔𐤋𐤌𐤄 𐤋𐤔𐤌𐤏 𐤀𐤕 𐤇𐤊𐤌𐤕𐤅 𐤀𐤔𐤓
𐤍𐤕𐤍 𐤀𐤋𐤄𐤉𐤌 𐤁𐤋𐤁𐤅•

𐤊𐤄 𐤅𐤄𐤌𐤄 𐤌𐤁𐤀𐤉𐤌 𐤀𐤉𐤔 𐤌𐤍𐤇𐤕𐤅 𐤊𐤋𐤉 𐤊𐤎𐤐 𐤅𐤊𐤋𐤉 𐤆𐤄𐤁 𐤅𐤔𐤋𐤌𐤅𐤕
𐤅𐤍𐤔𐤒 𐤅𐤁𐤔𐤌𐤉𐤌 𐤎𐤅𐤎𐤉𐤌 𐤅𐤐𐤓𐤃𐤉𐤌 𐤃𐤁𐤓 𐤔𐤍𐤄 𐤁𐤔𐤍𐤄•

𐤊𐤅 𐤅𐤉𐤀𐤎𐤐 𐤔𐤋𐤌𐤄 𐤓𐤊𐤁 𐤅𐤐𐤓𐤔𐤉𐤌 𐤅𐤉𐤄𐤉 𐤋𐤅 𐤀𐤋𐤐 𐤅𐤀𐤓𐤁𐤏 𐤌𐤀𐤅𐤕
𐤓𐤊𐤁 𐤅𐤔𐤍𐤉𐤌 𐤏𐤔𐤓 𐤀𐤋𐤐 𐤐𐤓𐤔𐤉𐤌 𐤅𐤉𐤍𐤇𐤌 𐤁𐤏𐤓𐤉 𐤄𐤓𐤊𐤁 𐤅𐤏𐤌 𐤄𐤌𐤋𐤊
𐤁𐤉𐤓𐤅𐤔𐤋𐤌•

𐤊𐤆 𐤅𐤉𐤕𐤍 𐤄𐤌𐤋𐤊 𐤀𐤕 𐤄𐤊𐤎𐤐 𐤁𐤉𐤓𐤅𐤔𐤋𐤌 𐤊𐤀𐤁𐤍𐤉𐤌 𐤅𐤀𐤕 𐤄𐤀𐤓𐤆𐤉𐤌
𐤍𐤕𐤍 𐤊𐤔𐤒𐤌𐤉𐤌 𐤀𐤔𐤓 𐤁𐤔𐤐𐤋𐤄 𐤋𐤓𐤁•

𐤊𐤇 𐤅𐤌𐤅𐤑𐤀 𐤄𐤎𐤅𐤎𐤉𐤌 𐤀𐤔𐤓 𐤋𐤔𐤋𐤌𐤄 𐤌𐤌𐤑𐤓𐤉𐤌 𐤅𐤌𐤒𐤅𐤄 𐤎𐤇𐤓𐤉
𐤄𐤌𐤋𐤊 𐤉𐤒𐤇𐤅 𐤌𐤒𐤅𐤄 𐤁𐤌𐤇𐤉𐤓•

𐤊𐤈 𐤅𐤕𐤏𐤋𐤄 𐤅𐤕𐤑𐤀 𐤌𐤓𐤊𐤁𐤄 𐤌𐤌𐤑𐤓𐤉𐤌 𐤁𐤔𐤔 𐤌𐤀𐤅𐤕 𐤊𐤎𐤐 𐤅𐤎𐤅𐤎
𐤁𐤇𐤌𐤔𐤉𐤌 𐤅𐤌𐤀𐤄 𐤅𐤊𐤍 𐤋𐤊𐤋 𐤌𐤋𐤊𐤉 𐤄𐤇𐤕𐤉𐤌 𐤅𐤋𐤌𐤋𐤊𐤉 𐤀𐤓𐤌 𐤁𐤉𐤃𐤌
𐤉𐤑𐤀𐤅•

## 𐤐𐤓𐤒 𐤉𐤀

𐤀 𐤅𐤄𐤌𐤋𐤊 𐤔𐤋𐤌𐤄 𐤀𐤄𐤁 𐤍𐤔𐤉𐤌 𐤍𐤊𐤓𐤉𐤅𐤕 𐤓𐤁𐤅𐤕 𐤅𐤀𐤕 𐤁𐤕 𐤐𐤓𐤏𐤄
𐤌𐤅𐤀𐤁𐤉𐤅𐤕 𐤏𐤌𐤍𐤉𐤅𐤕 𐤀𐤃𐤌𐤉𐤕 𐤑𐤃𐤍𐤉𐤕 𐤇𐤕𐤉𐤕•

𐤁 𐤌𐤍 𐤄𐤂𐤅𐤉𐤌 𐤀𐤔𐤓 𐤀𐤌𐤓 𐤉𐤄𐤅𐤄 𐤀𐤋 𐤁𐤍𐤉 𐤉𐤔𐤓𐤀𐤋 𐤋𐤀 𐤕𐤁𐤀𐤅 𐤁𐤄𐤌
𐤅𐤄𐤌 𐤋𐤀 𐤉𐤁𐤀𐤅 𐤁𐤊𐤌 𐤀𐤊𐤍 𐤉𐤈𐤅 𐤀𐤕 𐤋𐤁𐤁𐤊𐤌 𐤀𐤇𐤓𐤉 𐤀𐤋𐤄𐤉𐤄𐤌 𐤁𐤄𐤌
𐤃𐤁𐤒 𐤔𐤋𐤌𐤄 𐤋𐤀𐤄𐤁𐤄•

𐤂 𐤅𐤉𐤄𐤉 𐤋𐤅 𐤍𐤔𐤉𐤌 𐤔𐤓𐤅𐤕 𐤔𐤁𐤏 𐤌𐤀𐤅𐤕 𐤅𐤐𐤋𐤂𐤔𐤉𐤌 𐤔𐤋𐤔 𐤌𐤀𐤅𐤕
𐤅𐤉𐤈𐤅 𐤍𐤔𐤉𐤅 𐤀𐤕 𐤋𐤁𐤅•

𐤃 𐤅𐤉𐤄𐤉 𐤋𐤏𐤕 𐤆𐤒𐤍𐤕 𐤔𐤋𐤌𐤄 𐤍𐤔𐤉𐤅 𐤄𐤈𐤅 𐤀𐤕 𐤋𐤁𐤁𐤅 𐤀𐤇𐤓𐤉 𐤀𐤋𐤄𐤉𐤌
𐤀𐤇𐤓𐤉𐤌 𐤅𐤋𐤀 𐤄𐤉𐤄 𐤋𐤁𐤁𐤅 𐤔𐤋𐤌 𐤏𐤌 𐤉𐤄𐤅𐤄 𐤀𐤋𐤄𐤉𐤅 𐤊𐤋𐤁𐤁 𐤃𐤅𐤉𐤃
𐤀𐤁𐤉𐤅•

𐤄 𐤅𐤉𐤋𐤊 𐤔𐤋𐤌𐤄 𐤀𐤇𐤓𐤉 𐤏𐤔𐤕𐤓𐤕 𐤀𐤋𐤄𐤉 𐤑𐤃𐤍𐤉𐤌 𐤅𐤀𐤇𐤓𐤉 𐤌𐤋𐤊𐤌 𐤔𐤒𐤑 𐤏𐤌𐤍𐤉𐤌•

𐤅 𐤅𐤉𐤏𐤔 𐤔𐤋𐤌𐤄 𐤄𐤓𐤏 𐤁𐤏𐤉𐤍𐤉 𐤉𐤄𐤅𐤄 𐤅𐤋𐤀 𐤌𐤋𐤀 𐤀𐤇𐤓𐤉 𐤉𐤄𐤅𐤄 𐤊𐤃𐤅𐤃 𐤀𐤁𐤉𐤅•

𐤆 𐤀𐤆 𐤉𐤁𐤍𐤄 𐤔𐤋𐤌𐤄 𐤁𐤌𐤄 𐤋𐤊𐤌𐤅𐤔 𐤔𐤒𐤑 𐤌𐤅𐤀𐤁 𐤁𐤄𐤓 𐤀𐤔𐤓 𐤏𐤋 𐤐𐤍𐤉 𐤉𐤓𐤅𐤔𐤋𐤌 𐤅𐤋𐤌𐤋𐤊 𐤔𐤒𐤑 𐤁𐤍𐤉 𐤏𐤌𐤅𐤍•

𐤇 𐤅𐤊𐤍 𐤏𐤔𐤄 𐤋𐤊𐤋 𐤍𐤔𐤉𐤅 𐤄𐤍𐤊𐤓𐤉𐤅𐤕 𐤌𐤒𐤈𐤉𐤓𐤅𐤕 𐤅𐤌𐤆𐤁𐤇𐤅𐤕 𐤋𐤀𐤋𐤄𐤉𐤄𐤍•

𐤈 𐤅𐤉𐤕𐤀𐤍𐤐 𐤉𐤄𐤅𐤄 𐤁𐤔𐤋𐤌𐤄 𐤊𐤉 𐤍𐤈𐤄 𐤋𐤁𐤁𐤅 𐤌𐤏𐤌 𐤉𐤄𐤅𐤄 𐤀𐤋𐤄𐤉 𐤉𐤔𐤓𐤀𐤋 𐤄𐤍𐤓𐤀𐤄 𐤀𐤋𐤉𐤅 𐤐𐤏𐤌𐤉𐤌•

𐤉 𐤅𐤑𐤅𐤄 𐤀𐤋𐤉𐤅 𐤏𐤋 𐤄𐤃𐤁𐤓 𐤄𐤆𐤄 𐤋𐤁𐤋𐤕𐤉 𐤋𐤊𐤕 𐤀𐤇𐤓𐤉 𐤀𐤋𐤄𐤉𐤌 𐤀𐤇𐤓𐤉𐤌 𐤅𐤋𐤀 𐤔𐤌𐤓 𐤀𐤕 𐤀𐤔𐤓 𐤑𐤅𐤄 𐤉𐤄𐤅𐤄•

𐤉𐤀 𐤅𐤉𐤀𐤌𐤓 𐤉𐤄𐤅𐤄 𐤋𐤔𐤋𐤌𐤄 𐤉𐤏𐤍 𐤀𐤔𐤓 𐤄𐤉𐤕𐤄 𐤆𐤀𐤕 𐤏𐤌𐤊 𐤅𐤋𐤀 𐤔𐤌𐤓𐤕 𐤁𐤓𐤉𐤕𐤉 𐤅𐤇𐤒𐤕𐤉 𐤀𐤔𐤓 𐤑𐤅𐤉𐤕𐤉 𐤏𐤋𐤉𐤊 𐤒𐤓𐤏 𐤀𐤒𐤓𐤏 𐤀𐤕 𐤄𐤌𐤌𐤋𐤊𐤄 𐤌𐤏𐤋𐤉𐤊 𐤅𐤍𐤕𐤕𐤉𐤄 𐤋𐤏𐤁𐤃𐤊•

𐤉𐤁 𐤀𐤊 𐤁𐤉𐤌𐤉𐤊 𐤋𐤀 𐤀𐤏𐤔𐤍𐤄 𐤋𐤌𐤏𐤍 𐤃𐤅𐤃 𐤀𐤁𐤉𐤊 𐤌𐤉𐤃 𐤁𐤍𐤊 𐤀𐤒𐤓𐤏𐤍𐤄•

𐤉𐤂 𐤓𐤒 𐤀𐤕 𐤊𐤋 𐤄𐤌𐤌𐤋𐤊𐤄 𐤋𐤀 𐤀𐤒𐤓𐤏 𐤔𐤁𐤈 𐤀𐤇𐤃 𐤀𐤕𐤍 𐤋𐤁𐤍𐤊 𐤋𐤌𐤏𐤍 𐤃𐤅𐤃 𐤏𐤁𐤃𐤉 𐤅𐤋𐤌𐤏𐤍 𐤉𐤓𐤅𐤔𐤋𐤌 𐤀𐤔𐤓 𐤁𐤇𐤓𐤕𐤉•

𐤉𐤃 𐤅𐤉𐤒𐤌 𐤉𐤄𐤅𐤄 𐤔𐤈𐤍 𐤋𐤔𐤋𐤌𐤄 𐤀𐤕 𐤄𐤃𐤃 𐤄𐤀𐤃𐤌𐤉 𐤌𐤆𐤓𐤏 𐤄𐤌𐤋𐤊 𐤄𐤅𐤀 𐤁𐤀𐤃𐤅𐤌•

𐤈𐤅 𐤅𐤉𐤄𐤉 𐤁𐤄𐤉𐤅𐤕 𐤃𐤅𐤃 𐤀𐤕 𐤀𐤃𐤅𐤌 𐤁𐤏𐤋𐤅𐤕 𐤉𐤅𐤀𐤁 𐤔𐤓 𐤄𐤑𐤁𐤀 𐤋𐤒𐤁𐤓 𐤀𐤕 𐤄𐤇𐤋𐤋𐤉𐤌 𐤅𐤉𐤊 𐤊𐤋 𐤆𐤊𐤓 𐤁𐤀𐤃𐤅𐤌•

𐤈𐤆 𐤊𐤉 𐤔𐤔𐤕 𐤇𐤃𐤔𐤉𐤌 𐤉𐤔𐤁 𐤔𐤌 𐤉𐤅𐤀𐤁 𐤅𐤊𐤋 𐤉𐤔𐤓𐤀𐤋 𐤏𐤃 𐤄𐤊𐤓𐤉𐤕 𐤊𐤋 𐤆𐤊𐤓 𐤁𐤀𐤃𐤅𐤌•

𐤉𐤆 𐤅𐤉𐤁𐤓𐤇 𐤀𐤃𐤃 𐤄𐤅𐤀 𐤅𐤀𐤍𐤔𐤉𐤌 𐤀𐤃𐤌𐤉𐤉𐤌 𐤌𐤏𐤁𐤃𐤉 𐤀𐤁𐤉𐤅 𐤀𐤕𐤅 𐤋𐤁𐤅𐤀 𐤌𐤑𐤓𐤉𐤌 𐤅𐤄𐤃𐤃 𐤍𐤏𐤓 𐤒𐤈𐤍•

𐤉𐤇 𐤅𐤉𐤒𐤌𐤅 𐤌𐤌𐤃𐤉𐤍 𐤅𐤉𐤁𐤀𐤅 𐤐𐤀𐤓𐤍 𐤅𐤉𐤒𐤇𐤅 𐤀𐤍𐤔𐤉𐤌 𐤏𐤌𐤌 𐤌𐤐𐤀𐤓𐤍 𐤅𐤉𐤁𐤀𐤅 𐤌𐤑𐤓𐤉𐤌 𐤀𐤋 𐤐𐤓𐤏𐤄 𐤌𐤋𐤊 𐤌𐤑𐤓𐤉𐤌 𐤅𐤉𐤕𐤍 𐤋𐤅 𐤁𐤉𐤕 𐤅𐤋𐤇𐤌 𐤀𐤌𐤓 𐤋𐤅 𐤅𐤀𐤓𐤑 𐤍𐤕𐤍 𐤋𐤅•

𐤉𐤈 𐤅𐤉𐤌𐤑𐤀 𐤄𐤃𐤃 𐤇𐤍 𐤁𐤏𐤉𐤍𐤉 𐤐𐤓𐤏𐤄 𐤌𐤀𐤃 𐤅𐤉𐤕𐤍 𐤋𐤅 𐤀𐤔𐤄 𐤀𐤕 𐤀𐤇𐤅𐤕 𐤀𐤔𐤕𐤅 𐤀𐤇𐤅𐤕 𐤕𐤇𐤐𐤍𐤉𐤎 𐤄𐤂𐤁𐤉𐤓𐤄•

𐤊 𐤅𐤕𐤋𐤃 𐤋𐤅 𐤀𐤇𐤅𐤕 𐤕𐤇𐤐𐤍𐤉𐤎 𐤀𐤕 𐤂𐤍𐤁𐤕 𐤁𐤍𐤅 𐤅𐤕𐤂𐤌𐤋𐤄𐤅 𐤕𐤇𐤐𐤍𐤎

בתוך בית פרעה ויהי גנבת בית פרעה בתוך בני פרעה•
כא והדד שמע במצרים כי שכב דוד עם אבתיו וכי מת יואב
שר הצבא ויאמר הדד אל פרעה שלחני ואלך אל ארצי•
כב ויאמר לו פרעה כי מה אתה חסר עמי והנך מבקש ללכת
אל ארצך ויאמר לא כי שלח תשלחני•
כג ויקם אלהים לו שטן את רזון בן אלידע אשר ברח מאת
הדדעזר מלך צובה אדניו•
כד ויקבץ עליו אנשים ויהי שר גדוד בהרג דוד אתם
וילכו דמשק וישבו בה וימלכו בדמשק•
כה ויהי שטן לישראל כל ימי שלמה ואת הרעה אשר הדד
ויקץ בישראל וימלך על ארם•
כו וירבעם בן נבט אפרתי מן הצרדה ושם אמו צרועה אשה
אלמנה עבד לשלמה וירם יד במלך•
כז וזה הדבר אשר הרים יד במלך שלמה בנה את המלוא
סגר את פרץ עיר דוד אביו•
כח והאיש ירבעם גבור חיל וירא שלמה את הנער כי עשה
מלאכה הוא ויפקד אתו לכל סבל בית יוסף•
כט ויהי בעת ההיא וירבעם יצא מירושלם וימצאו אתו
אחיה השילני הנביא בדרך והוא מתכסה בשלמה חדשה
ושניהם לבדם בשדה•
ל ויתפש אחיה בשלמה החדשה אשר עליו ויקרעה שנים
עשר קרעים•
לא ויאמר לירבעם קח לך עשרה קרעים כי כה אמר יהוה
אלהי ישראל הנני קרע את הממלכה מיד שלמה ונתתי לך
את עשרה השבטים•
לב והשבט האחד יהיה לו למען עבדי דוד ולמען ירושלם
העיר אשר בחרתי בה מכל שבטי ישראל•
לג יען אשר עזבוני וישתחוו לעשתרת אלהי צדנין
לכמוש אלהי מואב ולמלכם אלהי בני עמון ולא הלכו
בדרכי לעשות הישר בעיני וחקתי ומשפטי כדוד אביו•
לד ולא אקח את כל הממלכה מידו כי נשיא אשתנו כל
ימי חייו למען דוד עבדי אשר בחרתי אתו אשר שמר מצותי
וחקתי•

# 𐤌𐤋𐤊𐤉𐤌 𐤀

𐤋𐤄 𐤅𐤋𐤒𐤇𐤕𐤉 𐤄𐤌𐤋𐤅𐤊𐤄 𐤌𐤉𐤃 𐤁𐤍𐤅 𐤅𐤍𐤕𐤕𐤉𐤄 𐤋𐤊 𐤀𐤕 𐤏𐤔𐤓𐤕
𐤄𐤔𐤁𐤈𐤉𐤌•

𐤋𐤅 𐤅𐤋𐤁𐤍𐤅 𐤀𐤕𐤍 𐤔𐤁𐤈 𐤀𐤇𐤃 𐤋𐤌𐤏𐤍 𐤄𐤉𐤅𐤕 𐤍𐤉𐤓 𐤋𐤃𐤅𐤉𐤃 𐤏𐤁𐤃𐤉 𐤊𐤋
𐤄𐤉𐤌𐤉𐤌 𐤋𐤐𐤍𐤉 𐤁𐤉𐤓𐤅𐤔𐤋𐤌 𐤄𐤏𐤉𐤓 𐤀𐤔𐤓 𐤁𐤇𐤓𐤕𐤉 𐤋𐤉 𐤋𐤔𐤅𐤌 𐤔𐤌𐤉
𐤔𐤌•

𐤋𐤆 𐤅𐤀𐤕𐤊 𐤀𐤒𐤇 𐤅𐤌𐤋𐤊𐤕 𐤁𐤊𐤋 𐤀𐤔𐤓 𐤕𐤀𐤅𐤄 𐤍𐤐𐤔𐤊 𐤅𐤄𐤉𐤉𐤕 𐤌𐤋𐤊 𐤏𐤋
𐤉𐤔𐤓𐤀𐤋•

𐤋𐤇 𐤅𐤄𐤉𐤄 𐤀𐤌 𐤕𐤔𐤌𐤏 𐤀𐤕 𐤊𐤋 𐤀𐤔𐤓 𐤀𐤑𐤅𐤊 𐤅𐤄𐤋𐤊𐤕 𐤁𐤃𐤓𐤊𐤉 𐤅𐤏𐤔𐤉𐤕
𐤄𐤉𐤔𐤓 𐤁𐤏𐤉𐤍𐤉 𐤋𐤔𐤌𐤅𐤓 𐤇𐤒𐤅𐤕𐤉 𐤅𐤌𐤑𐤅𐤕𐤉 𐤊𐤀𐤔𐤓 𐤏𐤔𐤄 𐤃𐤅𐤃 𐤏𐤁𐤃𐤉
𐤅𐤄𐤉𐤉𐤕𐤉 𐤏𐤌𐤊 𐤅𐤁𐤍𐤉𐤕𐤉 𐤋𐤊 𐤁𐤉𐤕 𐤍𐤀𐤌𐤍 𐤊𐤀𐤔𐤓 𐤁𐤍𐤉𐤕𐤉 𐤋𐤃𐤅𐤃
𐤅𐤍𐤕𐤕𐤉 𐤋𐤊 𐤀𐤕 𐤉𐤔𐤓𐤀𐤋•

𐤋𐤈 𐤅𐤀𐤏𐤍𐤄 𐤀𐤕 𐤆𐤓𐤏 𐤃𐤅𐤃 𐤋𐤌𐤏𐤍 𐤆𐤀𐤕 𐤀𐤊 𐤋𐤀 𐤊𐤋 𐤄𐤉𐤌𐤉𐤌•

𐤌 𐤅𐤉𐤁𐤒𐤔 𐤔𐤋𐤌𐤄 𐤋𐤄𐤌𐤉𐤕 𐤀𐤕 𐤉𐤓𐤁𐤏𐤌 𐤅𐤉𐤒𐤌 𐤉𐤓𐤁𐤏𐤌 𐤅𐤉𐤁𐤓𐤇
𐤌𐤑𐤓𐤉𐤌 𐤀𐤋 𐤔𐤉𐤔𐤒 𐤌𐤋𐤊 𐤌𐤑𐤓𐤉𐤌 𐤅𐤉𐤄𐤉 𐤁𐤌𐤑𐤓𐤉𐤌 𐤏𐤃 𐤌𐤅𐤕 𐤔𐤋𐤌𐤄•

𐤌𐤀 𐤅𐤉𐤕𐤓 𐤃𐤁𐤓𐤉 𐤔𐤋𐤌𐤄 𐤅𐤊𐤋 𐤀𐤔𐤓 𐤏𐤔𐤄 𐤅𐤇𐤊𐤌𐤕𐤅 𐤄𐤋𐤀 𐤄𐤌
𐤊𐤕𐤁𐤉𐤌 𐤏𐤋 𐤎𐤐𐤓 𐤃𐤁𐤓𐤉 𐤔𐤋𐤌𐤄•

𐤌𐤁 𐤅𐤄𐤉𐤌𐤉𐤌 𐤀𐤔𐤓 𐤌𐤋𐤊 𐤔𐤋𐤌𐤄 𐤁𐤉𐤓𐤅𐤔𐤋𐤌 𐤏𐤋 𐤊𐤋
𐤉𐤔𐤓𐤀𐤋 𐤀𐤓𐤁𐤏𐤉𐤌 𐤔𐤍𐤄•

𐤌𐤂 𐤅𐤉𐤔𐤊𐤁 𐤔𐤋𐤌𐤄 𐤏𐤌 𐤀𐤁𐤕𐤉𐤅 𐤅𐤉𐤒𐤁𐤓 𐤁𐤏𐤉𐤓 𐤃𐤅𐤃 𐤀𐤁𐤉𐤅 𐤅𐤉𐤌𐤋𐤊
𐤓𐤇𐤁𐤏𐤌 𐤁𐤍𐤅 𐤕𐤇𐤕𐤉𐤅•

## 𐤐𐤓𐤒 𐤉𐤁

𐤀 𐤅𐤉𐤋𐤊 𐤓𐤇𐤁𐤏𐤌 𐤔𐤊𐤌 𐤊𐤉 𐤔𐤊𐤌 𐤁𐤀 𐤊𐤋 𐤉𐤔𐤓𐤀𐤋 𐤋𐤄𐤌𐤋𐤉𐤊 𐤀𐤕𐤅•

𐤁 𐤅𐤉𐤄𐤉 𐤊𐤔𐤌𐤏 𐤉𐤓𐤁𐤏𐤌 𐤁𐤍 𐤍𐤁𐤈 𐤅𐤄𐤅𐤀 𐤏𐤅𐤃𐤍𐤅 𐤁𐤌𐤑𐤓𐤉𐤌 𐤀𐤔𐤓 𐤁𐤓𐤇
𐤌𐤐𐤍𐤉 𐤄𐤌𐤋𐤊 𐤔𐤋𐤌𐤄 𐤅𐤉𐤔𐤁 𐤉𐤓𐤁𐤏𐤌 𐤁𐤌𐤑𐤓𐤉𐤌•

𐤂 𐤅𐤉𐤔𐤋𐤇𐤅 𐤅𐤉𐤒𐤓𐤀𐤅 𐤋𐤅 𐤅𐤉𐤁𐤀𐤅 [𐤅𐤉𐤁𐤀] 𐤉𐤓𐤁𐤏𐤌 𐤅𐤊𐤋 𐤒𐤄𐤋 𐤉𐤔𐤓𐤀𐤋
𐤅𐤉𐤃𐤁𐤓𐤅 𐤀𐤋 𐤓𐤇𐤁𐤏𐤌 𐤋𐤀𐤌𐤓•

𐤃 𐤀𐤁𐤉𐤊 𐤄𐤒𐤔𐤄 𐤀𐤕 𐤏𐤋𐤍𐤅 𐤅𐤀𐤕𐤄 𐤏𐤕𐤄 𐤄𐤒𐤋 𐤌𐤏𐤁𐤃𐤕 𐤀𐤁𐤉𐤊 𐤄𐤒𐤔𐤄
𐤅𐤌𐤏𐤋𐤅 𐤄𐤊𐤁𐤃 𐤀𐤔𐤓 𐤍𐤕𐤍 𐤏𐤋𐤉𐤍𐤅 𐤅𐤍𐤏𐤁𐤃𐤊•

𐤄 𐤅𐤉𐤀𐤌𐤓 𐤀𐤋𐤉𐤄𐤌 𐤋𐤊𐤅 𐤏𐤃 𐤔𐤋𐤔𐤄 𐤉𐤌𐤉𐤌 𐤅𐤔𐤅𐤁𐤅 𐤀𐤋𐤉 𐤅𐤉𐤋𐤊𐤅
𐤄𐤏𐤌•

𐤅 𐤅𐤉𐤅𐤏𐤑 𐤄𐤌𐤋𐤊 𐤓𐤇𐤁𐤏𐤌 𐤀𐤕 𐤄𐤆𐤒𐤍𐤉𐤌 𐤀𐤔𐤓 𐤄𐤉𐤅 𐤏𐤌𐤃𐤉𐤌 𐤀𐤕 𐤐𐤍𐤉
𐤔𐤋𐤌𐤄 𐤀𐤁𐤉𐤅 𐤁𐤄𐤉𐤕𐤅 𐤇𐤉 𐤋𐤀𐤌𐤓 𐤀𐤉𐤊 𐤀𐤕𐤌 𐤍𐤅𐤏𐤑𐤉𐤌 𐤋𐤄𐤔𐤉𐤁 𐤀𐤕

𐤄𐤏𐤌 𐤄𐤆𐤄 𐤃𐤁𐤓•
𐤆 𐤅𐤉𐤃𐤁𐤓 [𐤅𐤉𐤃𐤁𐤓𐤅] 𐤀𐤋𐤉𐤅 𐤋𐤀𐤌𐤓 𐤀𐤌 𐤄𐤉𐤅𐤌 𐤕𐤄𐤉𐤄 𐤏𐤁𐤃 𐤋𐤏𐤌
𐤄𐤆𐤄 𐤅𐤏𐤁𐤃𐤕𐤌 𐤅𐤏𐤍𐤉𐤕𐤌 𐤅𐤃𐤁𐤓𐤕 𐤀𐤋𐤉𐤄𐤌 𐤃𐤁𐤓𐤉𐤌 𐤈𐤅𐤁𐤉𐤌 𐤅𐤄𐤉𐤅 𐤋𐤊
𐤏𐤁𐤃𐤉𐤌 𐤊𐤋 𐤄𐤉𐤌𐤉𐤌•
𐤇 𐤅𐤉𐤏𐤆𐤁 𐤀𐤕 𐤏𐤑𐤕 𐤄𐤆𐤒𐤍𐤉𐤌 𐤀𐤔𐤓 𐤉𐤏𐤑𐤄𐤅 𐤅𐤉𐤅𐤏𐤑 𐤀𐤕 𐤄𐤉𐤋𐤃𐤉𐤌
𐤀𐤔𐤓 𐤂𐤃𐤋𐤅 𐤀𐤕𐤅 𐤀𐤔𐤓 𐤄𐤏𐤌𐤃𐤉𐤌 𐤋𐤐𐤍𐤉𐤅•
𐤈 𐤅𐤉𐤀𐤌𐤓 𐤀𐤋𐤉𐤄𐤌 𐤌𐤄 𐤀𐤕𐤌 𐤍𐤅𐤏𐤑𐤉𐤌 𐤅𐤍𐤔𐤉𐤁 𐤃𐤁𐤓 𐤀𐤕 𐤄𐤏𐤌 𐤄𐤆𐤄
𐤀𐤔𐤓 𐤃𐤁𐤓𐤅 𐤀𐤋𐤉 𐤋𐤀𐤌𐤓 𐤄𐤒𐤋 𐤌𐤍 𐤄𐤏𐤋 𐤀𐤔𐤓 𐤍𐤕𐤍 𐤀𐤁𐤉𐤊 𐤏𐤋𐤉𐤍𐤅•
𐤉 𐤅𐤉𐤃𐤁𐤓𐤅 𐤀𐤋𐤉𐤅 𐤄𐤉𐤋𐤃𐤉𐤌 𐤀𐤔𐤓 𐤂𐤃𐤋𐤅 𐤀𐤕𐤅 𐤋𐤀𐤌𐤓 𐤊𐤄 𐤕𐤀𐤌𐤓 𐤋𐤏𐤌
𐤄𐤆𐤄 𐤀𐤔𐤓 𐤃𐤁𐤓𐤅 𐤀𐤋𐤉𐤊 𐤋𐤀𐤌𐤓 𐤀𐤁𐤉𐤊 𐤄𐤊𐤁𐤉𐤃 𐤀𐤕 𐤏𐤋𐤍𐤅 𐤅𐤀𐤕𐤄
𐤄𐤒𐤋 𐤌𐤏𐤋𐤉𐤍𐤅 𐤊𐤄 𐤕𐤃𐤁𐤓 𐤀𐤋𐤉𐤄𐤌 𐤒𐤈𐤍𐤉 𐤏𐤁𐤄 𐤌𐤌𐤕𐤍𐤉 𐤀𐤁𐤉•
𐤉𐤀 𐤅𐤏𐤕𐤄 𐤀𐤁𐤉 𐤄𐤏𐤌𐤉𐤎 𐤏𐤋𐤉𐤊𐤌 𐤏𐤋 𐤊𐤁𐤃 𐤅𐤀𐤍𐤉 𐤀𐤅𐤎𐤉𐤐 𐤏𐤋 𐤏𐤋𐤊𐤌
𐤀𐤁𐤉 𐤉𐤎𐤓 𐤀𐤕𐤊𐤌 𐤁𐤔𐤅𐤈𐤉𐤌 𐤅𐤀𐤍𐤉 𐤀𐤉𐤎𐤓 𐤀𐤕𐤊𐤌 𐤁𐤏𐤒𐤓𐤁𐤉𐤌•
𐤉𐤁 𐤅𐤉𐤁𐤅 [𐤅𐤉𐤁𐤅𐤀] 𐤉𐤓𐤁𐤏𐤌 𐤅𐤊𐤋 𐤄𐤏𐤌 𐤀𐤋 𐤓𐤇𐤁𐤏𐤌 𐤁𐤉𐤅𐤌 𐤄𐤔𐤋𐤉𐤔𐤉
𐤊𐤀𐤔𐤓 𐤃𐤁𐤓 𐤄𐤌𐤋𐤊 𐤋𐤀𐤌𐤓 𐤔𐤅𐤁𐤅 𐤀𐤋𐤉 𐤁𐤉𐤅𐤌 𐤄𐤔𐤋𐤉𐤔𐤉•
𐤉𐤂 𐤅𐤉𐤏𐤍 𐤄𐤌𐤋𐤊 𐤀𐤕 𐤄𐤏𐤌 𐤒𐤔𐤄 𐤅𐤉𐤏𐤆𐤁 𐤀𐤕 𐤏𐤑𐤕 𐤄𐤆𐤒𐤍𐤉𐤌 𐤀𐤔𐤓
𐤉𐤏𐤑𐤄𐤅•
𐤉𐤃 𐤅𐤉𐤃𐤁𐤓 𐤀𐤋𐤉𐤄𐤌 𐤊𐤏𐤑𐤕 𐤄𐤉𐤋𐤃𐤉𐤌 𐤋𐤀𐤌𐤓 𐤀𐤁𐤉 𐤄𐤊𐤁𐤉𐤃 𐤀𐤕
𐤏𐤋𐤊𐤌 𐤅𐤀𐤍𐤉 𐤀𐤎𐤉𐤐 𐤏𐤋 𐤏𐤋𐤊𐤌 𐤀𐤁𐤉 𐤉𐤎𐤓 𐤀𐤕𐤊𐤌 𐤁𐤔𐤅𐤈𐤉𐤌 𐤅𐤀𐤍𐤉
𐤀𐤉𐤎𐤓 𐤀𐤕𐤊𐤌 𐤁𐤏𐤒𐤓𐤁𐤉𐤌•
𐤈𐤅 𐤅𐤋𐤀 𐤔𐤌𐤏 𐤄𐤌𐤋𐤊 𐤀𐤋 𐤄𐤏𐤌 𐤊𐤉 𐤄𐤉𐤕𐤄 𐤎𐤁𐤄 𐤌𐤏𐤌 𐤉𐤄𐤅𐤄 𐤋𐤌𐤏𐤍
𐤄𐤒𐤉𐤌 𐤀𐤕 𐤃𐤁𐤓𐤅 𐤀𐤔𐤓 𐤃𐤁𐤓 𐤉𐤄𐤅𐤄 𐤁𐤉𐤃 𐤀𐤇𐤉𐤄 𐤄𐤔𐤉𐤋𐤍𐤉 𐤀𐤋
𐤉𐤓𐤁𐤏𐤌 𐤁𐤍 𐤍𐤁𐤈•
𐤈𐤆 𐤅𐤉𐤓𐤀 𐤊𐤋 𐤉𐤔𐤓𐤀𐤋 𐤊𐤉 𐤋𐤀 𐤔𐤌𐤏 𐤄𐤌𐤋𐤊 𐤀𐤋𐤉𐤄𐤌 𐤅𐤉𐤔𐤁𐤅 𐤄𐤏𐤌
𐤀𐤕 𐤄𐤌𐤋𐤊 𐤃𐤁𐤓 𐤋𐤀𐤌𐤓 𐤌𐤄 𐤋𐤍𐤅 𐤇𐤋𐤒 𐤁𐤃𐤅𐤃 𐤅𐤋𐤀 𐤍𐤇𐤋𐤄 𐤁𐤁𐤍 𐤉𐤔𐤉
𐤋𐤀𐤄𐤋𐤉𐤊 𐤉𐤔𐤓𐤀𐤋 𐤏𐤕𐤄 𐤓𐤀𐤄 𐤁𐤉𐤕𐤊 𐤃𐤅𐤃 𐤅𐤉𐤋𐤊 𐤉𐤔𐤓𐤀𐤋 𐤋𐤀𐤄𐤋𐤉𐤅•
𐤉𐤆 𐤅𐤁𐤍𐤉 𐤉𐤔𐤓𐤀𐤋 𐤄𐤉𐤔𐤁𐤉𐤌 𐤁𐤏𐤓𐤉 𐤉𐤄𐤅𐤃𐤄 𐤅𐤉𐤌𐤋𐤊 𐤏𐤋𐤉𐤄𐤌
𐤓𐤇𐤁𐤏𐤌•
𐤉𐤇 𐤅𐤉𐤔𐤋𐤇 𐤄𐤌𐤋𐤊 𐤓𐤇𐤁𐤏𐤌 𐤀𐤕 𐤀𐤃𐤓𐤌 𐤀𐤔𐤓 𐤏𐤋 𐤄𐤌𐤎 𐤅𐤉𐤓𐤂𐤌𐤅 𐤊𐤋
𐤉𐤔𐤓𐤀𐤋 𐤁𐤅 𐤀𐤁𐤍 𐤅𐤉𐤌𐤕 𐤅𐤄𐤌𐤋𐤊 𐤓𐤇𐤁𐤏𐤌 𐤄𐤕𐤀𐤌𐤑 𐤋𐤏𐤋𐤅𐤕 𐤁𐤌𐤓𐤊𐤁𐤄
𐤋𐤍𐤅𐤎 𐤉𐤓𐤅𐤔𐤋𐤌•
𐤉𐤈 𐤅𐤉𐤐𐤔𐤏𐤅 𐤉𐤔𐤓𐤀𐤋 𐤁𐤁𐤉𐤕 𐤃𐤅𐤃 𐤏𐤃 𐤄𐤉𐤅𐤌 𐤄𐤆𐤄•
𐤊 𐤅𐤉𐤄𐤉 𐤊𐤔𐤌𐤏 𐤊𐤋 𐤉𐤔𐤓𐤀𐤋 𐤊𐤉 𐤔𐤁 𐤉𐤓𐤁𐤏𐤌 𐤅𐤉𐤔𐤋𐤇𐤅 𐤅𐤉𐤒𐤓𐤀𐤅

# 𐤌𐤋𐤊𐤉𐤌 𐤀

𐤀𐤕𐤅 𐤀𐤋 𐤄𐤏𐤃𐤄 𐤅𐤉𐤌𐤋𐤉𐤊𐤅 𐤀𐤕𐤅 𐤏𐤋 𐤊𐤋 𐤉𐤔𐤓𐤀𐤋 𐤋𐤀 𐤄𐤉𐤄 𐤀𐤇𐤓𐤉
𐤁𐤉𐤕 𐤃𐤅𐤃 𐤆𐤅𐤋𐤕𐤉 𐤔𐤁𐤈 𐤉𐤄𐤅𐤃𐤄 𐤋𐤁𐤃𐤅.

𐤊𐤀 𐤅𐤉𐤁𐤀𐤅 [𐤅𐤉𐤁𐤀] 𐤓𐤇𐤁𐤏𐤌 𐤉𐤓𐤅𐤔𐤋𐤌 𐤅𐤉𐤒𐤄𐤋 𐤀𐤕 𐤊𐤋 𐤁𐤉𐤕
𐤉𐤄𐤅𐤃𐤄 𐤅𐤀𐤕 𐤔𐤁𐤈 𐤁𐤍𐤉𐤌𐤍 𐤌𐤀𐤄 𐤅𐤔𐤌𐤍𐤉𐤌 𐤀𐤋𐤐 𐤁𐤇𐤅𐤓 𐤏𐤔𐤄 𐤌𐤋𐤇𐤌𐤄
𐤋𐤄𐤋𐤇𐤌 𐤏𐤌 𐤁𐤉𐤕 𐤉𐤔𐤓𐤀𐤋 𐤋𐤄𐤔𐤉𐤁 𐤀𐤕 𐤄𐤌𐤋𐤅𐤊𐤄 𐤋𐤓𐤇𐤁𐤏𐤌 𐤁𐤍
𐤔𐤋𐤌𐤄.

𐤊𐤁 𐤅𐤉𐤄𐤉 𐤃𐤁𐤓 𐤄𐤀𐤋𐤄𐤉𐤌 𐤀𐤋 𐤔𐤌𐤏𐤉𐤄 𐤀𐤉𐤔 𐤄𐤀𐤋𐤄𐤉𐤌 𐤋𐤀𐤌𐤓.

𐤊𐤂 𐤀𐤌𐤓 𐤀𐤋 𐤓𐤇𐤁𐤏𐤌 𐤁𐤍 𐤔𐤋𐤌𐤄 𐤌𐤋𐤊 𐤉𐤄𐤅𐤃𐤄 𐤅𐤀𐤋 𐤊𐤋 𐤁𐤉𐤕 𐤉𐤄𐤅𐤃𐤄
𐤅𐤁𐤍𐤉𐤌𐤉𐤍 𐤅𐤉𐤕𐤓 𐤄𐤏𐤌 𐤋𐤀𐤌𐤓.

𐤊𐤃 𐤊𐤄 𐤀𐤌𐤓 𐤉𐤄𐤅𐤄 𐤋𐤀 𐤕𐤏𐤋𐤅 𐤅𐤋𐤀 𐤕𐤋𐤇𐤌𐤅𐤍 𐤏𐤌 𐤀𐤇𐤉𐤊𐤌 𐤁𐤍𐤉
𐤉𐤔𐤓𐤀𐤋 𐤔𐤅𐤁𐤅 𐤀𐤉𐤔 𐤋𐤁𐤉𐤕𐤅 𐤊𐤉 𐤌𐤀𐤕𐤉 𐤍𐤄𐤉𐤄 𐤄𐤃𐤁𐤓 𐤄𐤆𐤄
𐤅𐤉𐤔𐤌𐤏𐤅 𐤀𐤕 𐤃𐤁𐤓 𐤉𐤄𐤅𐤄 𐤅𐤉𐤔𐤁𐤅 𐤋𐤋𐤊𐤕 𐤊𐤃𐤁𐤓 𐤉𐤄𐤅𐤄.

𐤊𐤄 𐤅𐤉𐤁𐤍 𐤉𐤓𐤁𐤏𐤌 𐤀𐤕 𐤔𐤊𐤌 𐤁𐤄𐤓 𐤀𐤐𐤓𐤉𐤌 𐤅𐤉𐤔𐤁 𐤁𐤄 𐤅𐤉𐤑𐤀 𐤌𐤔𐤌
𐤅𐤉𐤁𐤍 𐤀𐤕 𐤐𐤍𐤅𐤀𐤋.

𐤊𐤅 𐤅𐤉𐤀𐤌𐤓 𐤉𐤓𐤁𐤏𐤌 𐤁𐤋𐤁𐤅 𐤏𐤕𐤄 𐤕𐤔𐤅𐤁 𐤄𐤌𐤌𐤋𐤊𐤄 𐤋𐤁𐤉𐤕 𐤃𐤅𐤃.

𐤊𐤆 𐤀𐤌 𐤉𐤏𐤋𐤄 𐤄𐤏𐤌 𐤄𐤆𐤄 𐤋𐤏𐤔𐤅𐤕 𐤆𐤁𐤇𐤉𐤌 𐤁𐤁𐤉𐤕 𐤉𐤄𐤅𐤄 𐤁𐤉𐤓𐤅𐤔𐤋𐤌
𐤅𐤔𐤁 𐤋𐤁 𐤄𐤏𐤌 𐤄𐤆𐤄 𐤀𐤋 𐤀𐤃𐤍𐤉𐤄𐤌 𐤀𐤋 𐤓𐤇𐤁𐤏𐤌 𐤌𐤋𐤊 𐤉𐤄𐤅𐤃𐤄
𐤅𐤄𐤓𐤂𐤍𐤉 𐤅𐤔𐤁𐤅 𐤀𐤋 𐤓𐤇𐤁𐤏𐤌 𐤌𐤋𐤊 𐤉𐤄𐤅𐤃𐤄.

𐤊𐤇 𐤅𐤉𐤅𐤏𐤑 𐤄𐤌𐤋𐤊 𐤅𐤉𐤏𐤔 𐤔𐤍𐤉 𐤏𐤂𐤋𐤉 𐤆𐤄𐤁 𐤅𐤉𐤀𐤌𐤓 𐤀𐤋𐤄𐤌 𐤓𐤁 𐤋𐤊𐤌
𐤌𐤏𐤋𐤅𐤕 𐤉𐤓𐤅𐤔𐤋𐤌 𐤄𐤍𐤄 𐤀𐤋𐤄𐤉𐤊 𐤉𐤔𐤓𐤀𐤋 𐤀𐤔𐤓 𐤄𐤏𐤋𐤅𐤊 𐤌𐤀𐤓𐤑
𐤌𐤑𐤓𐤉𐤌.

𐤊𐤈 𐤅𐤉𐤔𐤌 𐤀𐤕 𐤄𐤀𐤇𐤃 𐤁𐤁𐤉𐤕 𐤀𐤋 𐤅𐤀𐤕 𐤄𐤀𐤇𐤃 𐤍𐤕𐤍 𐤁𐤃𐤍.

𐤋 𐤅𐤉𐤄𐤉 𐤄𐤃𐤁𐤓 𐤄𐤆𐤄 𐤋𐤇𐤈𐤀𐤕 𐤅𐤉𐤋𐤊𐤅 𐤄𐤏𐤌 𐤋𐤐𐤍𐤉 𐤄𐤀𐤇𐤃 𐤏𐤃 𐤃𐤍.

𐤋𐤀 𐤅𐤉𐤏𐤔 𐤀𐤕 𐤁𐤉𐤕 𐤁𐤌𐤅𐤕 𐤅𐤉𐤏𐤔 𐤊𐤄𐤍𐤉𐤌 𐤌𐤒𐤑𐤅𐤕 𐤄𐤏𐤌 𐤀𐤔𐤓 𐤋𐤀
𐤄𐤉𐤅 𐤌𐤁𐤍𐤉 𐤋𐤅𐤉.

𐤋𐤁 𐤅𐤉𐤏𐤔 𐤉𐤓𐤁𐤏𐤌 𐤇𐤂 𐤁𐤇𐤃𐤔 𐤄𐤔𐤌𐤉𐤍𐤉 𐤁𐤇𐤌𐤔𐤄 𐤏𐤔𐤓 𐤉𐤅𐤌 𐤋𐤇𐤃𐤔
𐤊𐤇𐤂 𐤀𐤔𐤓 𐤁𐤉𐤄𐤅𐤃𐤄 𐤅𐤉𐤏𐤋 𐤏𐤋 𐤄𐤌𐤆𐤁𐤇 𐤊𐤍 𐤏𐤔𐤄 𐤁𐤁𐤉𐤕 𐤀𐤋 𐤋𐤆𐤁𐤇
𐤋𐤏𐤂𐤋𐤉𐤌 𐤀𐤔𐤓 𐤏𐤔𐤄 𐤅𐤄𐤏𐤌𐤉𐤃 𐤁𐤁𐤉𐤕 𐤀𐤋 𐤀𐤕 𐤊𐤄𐤍𐤉 𐤄𐤁𐤌𐤅𐤕 𐤀𐤔𐤓
𐤏𐤔𐤄.

𐤋𐤂 𐤅𐤉𐤏𐤋 𐤏𐤋 𐤄𐤌𐤆𐤁𐤇 𐤀𐤔𐤓 𐤏𐤔𐤄 𐤁𐤁𐤉𐤕 𐤀𐤋 𐤁𐤇𐤌𐤔𐤄 𐤏𐤔𐤓 𐤉𐤅𐤌
𐤁𐤇𐤃𐤔 𐤄𐤔𐤌𐤉𐤍𐤉 𐤁𐤇𐤃𐤔 𐤀𐤔𐤓 𐤁𐤃𐤀 𐤌𐤋𐤁𐤃 [𐤌𐤋𐤁𐤅] 𐤅𐤉𐤏𐤔 𐤇𐤂 𐤋𐤁𐤍𐤉
𐤉𐤔𐤓𐤀𐤋 𐤅𐤉𐤏𐤋 𐤏𐤋 𐤄𐤌𐤆𐤁𐤇 𐤋𐤄𐤒𐤈𐤉𐤓.

# 𐤌𐤋𐤊𐤉𐤌 𐤀

𐤐𐤓𐤒 𐤉𐤂

𐤀 𐤅𐤄𐤍𐤄 𐤀𐤉𐤔 𐤀𐤋𐤄𐤉𐤌 𐤁𐤀 𐤌𐤉𐤄𐤅𐤃𐤄 𐤁𐤃𐤁𐤓 𐤉𐤄𐤅𐤄 𐤀𐤋 𐤁𐤉𐤕 𐤀𐤋
𐤅𐤉𐤓𐤁𐤏𐤌 𐤏𐤌𐤃 𐤏𐤋 𐤄𐤌𐤆𐤁𐤇 𐤋𐤄𐤒𐤈𐤉𐤓•
𐤁 𐤅𐤉𐤒𐤓𐤀 𐤏𐤋 𐤄𐤌𐤆𐤁𐤇 𐤁𐤃𐤁𐤓 𐤉𐤄𐤅𐤄 𐤅𐤉𐤀𐤌𐤓 𐤌𐤆𐤁𐤇 𐤌𐤆𐤁𐤇 𐤊𐤄 𐤀𐤌𐤓
𐤉𐤄𐤅𐤄 𐤄𐤍𐤄 𐤁𐤍 𐤍𐤅𐤋𐤃 𐤋𐤁𐤉𐤕 𐤃𐤅𐤃 𐤉𐤀𐤔𐤉𐤄𐤅 𐤔𐤌𐤅 𐤅𐤆𐤁𐤇 𐤏𐤋𐤉𐤊 𐤀𐤕
𐤊𐤄𐤍𐤉 𐤄𐤁𐤌𐤅𐤕 𐤄𐤌𐤒𐤈𐤓𐤉𐤌 𐤏𐤋𐤉𐤊 𐤅𐤏𐤑𐤌𐤅𐤕 𐤀𐤃𐤌 𐤉𐤔𐤓𐤐𐤅 𐤏𐤋𐤉𐤊•
𐤂 𐤅𐤍𐤕𐤍 𐤁𐤉𐤅𐤌 𐤄𐤄𐤅𐤀 𐤌𐤅𐤐𐤕 𐤋𐤀𐤌𐤓 𐤆𐤄 𐤄𐤌𐤅𐤐𐤕 𐤀𐤔𐤓 𐤃𐤁𐤓 𐤉𐤄𐤅𐤄
𐤄𐤍𐤄 𐤄𐤌𐤆𐤁𐤇 𐤍𐤒𐤓𐤏 𐤅𐤍𐤔𐤐𐤊 𐤄𐤃𐤔𐤍 𐤀𐤔𐤓 𐤏𐤋𐤉𐤅•
𐤃 𐤅𐤉𐤄𐤉 𐤊𐤔𐤌𐤏 𐤄𐤌𐤋𐤊 𐤀𐤕 𐤃𐤁𐤓 𐤀𐤉𐤔 𐤄𐤀𐤋𐤄𐤉𐤌 𐤀𐤔𐤓 𐤒𐤓𐤀 𐤏𐤋
𐤄𐤌𐤆𐤁𐤇 𐤁𐤁𐤉𐤕 𐤀𐤋 𐤅𐤉𐤔𐤋𐤇 𐤉𐤓𐤁𐤏𐤌 𐤀𐤕 𐤉𐤃𐤅 𐤌𐤏𐤋 𐤄𐤌𐤆𐤁𐤇 𐤋𐤀𐤌𐤓
𐤕𐤐𐤔𐤄𐤅 𐤅𐤕𐤉𐤁𐤔 𐤉𐤃𐤅 𐤀𐤔𐤓 𐤔𐤋𐤇 𐤏𐤋𐤉𐤅 𐤅𐤋𐤀 𐤉𐤊𐤋 𐤋𐤄𐤔𐤉𐤁𐤄 𐤀𐤋𐤉𐤅•
𐤄 𐤅𐤄𐤌𐤆𐤁𐤇 𐤍𐤒𐤓𐤏 𐤅𐤉𐤔𐤐𐤊 𐤄𐤃𐤔𐤍 𐤌𐤍 𐤄𐤌𐤆𐤁𐤇 𐤊𐤌𐤅𐤐𐤕 𐤀𐤔𐤓 𐤍𐤕𐤍
𐤀𐤉𐤔 𐤄𐤀𐤋𐤄𐤉𐤌 𐤁𐤃𐤁𐤓 𐤉𐤄𐤅𐤄•
𐤅 𐤅𐤉𐤏𐤍 𐤄𐤌𐤋𐤊 𐤅𐤉𐤀𐤌𐤓 𐤀𐤋 𐤀𐤉𐤔 𐤄𐤀𐤋𐤄𐤉𐤌 𐤇𐤋 𐤍𐤀 𐤀𐤕 𐤐𐤍𐤉 𐤉𐤄𐤅𐤄
𐤀𐤋𐤄𐤉𐤊 𐤅𐤄𐤕𐤐𐤋𐤋 𐤁𐤏𐤃𐤉 𐤅𐤕𐤔𐤁 𐤉𐤃𐤉 𐤀𐤋𐤉 𐤅𐤉𐤇𐤋 𐤀𐤉𐤔 𐤄𐤀𐤋𐤄𐤉𐤌
𐤀𐤕 𐤐𐤍𐤉 𐤉𐤄𐤅𐤄 𐤅𐤕𐤔𐤁 𐤉𐤃 𐤄𐤌𐤋𐤊 𐤀𐤋𐤉𐤅 𐤅𐤕𐤄𐤉 𐤊𐤁𐤓𐤀𐤔𐤍𐤄•
𐤆 𐤅𐤉𐤃𐤁𐤓 𐤄𐤌𐤋𐤊 𐤀𐤋 𐤀𐤉𐤔 𐤄𐤀𐤋𐤄𐤉𐤌 𐤁𐤀𐤄 𐤀𐤕𐤉 𐤄𐤁𐤉𐤕𐤄 𐤅𐤎𐤏𐤃𐤄
𐤅𐤀𐤕𐤍𐤄 𐤋𐤊 𐤌𐤕𐤕•
𐤇 𐤅𐤉𐤀𐤌𐤓 𐤀𐤉𐤔 𐤄𐤀𐤋𐤄𐤉𐤌 𐤀𐤋 𐤄𐤌𐤋𐤊 𐤀𐤌 𐤕𐤕𐤍 𐤋𐤉 𐤀𐤕 𐤇𐤑𐤉 𐤁𐤉𐤕𐤊
𐤋𐤀 𐤀𐤁𐤀 𐤏𐤌𐤊 𐤅𐤋𐤀 𐤀𐤊𐤋 𐤋𐤇𐤌 𐤅𐤋𐤀 𐤀𐤔𐤕𐤄 𐤌𐤉𐤌 𐤁𐤌𐤒𐤅𐤌 𐤄𐤆𐤄•
𐤈 𐤊𐤉 𐤊𐤍 𐤑𐤅𐤄 𐤀𐤕𐤉 𐤁𐤃𐤁𐤓 𐤉𐤄𐤅𐤄 𐤋𐤀𐤌𐤓 𐤋𐤀 𐤕𐤀𐤊𐤋 𐤋𐤇𐤌 𐤅𐤋𐤀
𐤕𐤔𐤕𐤄 𐤌𐤉𐤌 𐤅𐤋𐤀 𐤕𐤔𐤅𐤁 𐤁𐤃𐤓𐤊 𐤀𐤔𐤓 𐤄𐤋𐤊𐤕•
𐤉 𐤅𐤉𐤋𐤊 𐤁𐤃𐤓𐤊 𐤀𐤇𐤓 𐤅𐤋𐤀 𐤔𐤁 𐤁𐤃𐤓𐤊 𐤀𐤔𐤓 𐤁𐤀 𐤁𐤄 𐤀𐤋 𐤁𐤉𐤕 𐤀𐤋•
𐤉𐤀 𐤅𐤍𐤁𐤉𐤀 𐤀𐤇𐤃 𐤆𐤒𐤍 𐤉𐤔𐤁 𐤁𐤁𐤉𐤕 𐤀𐤋 𐤅𐤉𐤁𐤅𐤀 𐤁𐤍𐤅 𐤅𐤉𐤎𐤐𐤓 𐤋𐤅 𐤀𐤕
𐤊𐤋 𐤄𐤌𐤏𐤔𐤄 𐤀𐤔𐤓 𐤏𐤔𐤄 𐤀𐤉𐤔 𐤄𐤀𐤋𐤄𐤉𐤌 𐤄𐤉𐤅𐤌 𐤁𐤁𐤉𐤕 𐤀𐤋 𐤀𐤕
𐤄𐤃𐤁𐤓𐤉𐤌 𐤀𐤔𐤓 𐤃𐤁𐤓 𐤀𐤋 𐤄𐤌𐤋𐤊 𐤅𐤉𐤎𐤐𐤓𐤅𐤌 𐤋𐤀𐤁𐤉𐤄𐤌•
𐤉𐤁 𐤅𐤉𐤃𐤁𐤓 𐤀𐤋𐤉𐤄𐤌 𐤀𐤁𐤉𐤄𐤌 𐤀𐤉 𐤆𐤄 𐤄𐤃𐤓𐤊 𐤄𐤋𐤊 𐤅𐤉𐤓𐤀𐤅 𐤁𐤍𐤉𐤅 𐤀𐤕
𐤄𐤃𐤓𐤊 𐤀𐤔𐤓 𐤄𐤋𐤊 𐤀𐤉𐤔 𐤄𐤀𐤋𐤄𐤉𐤌 𐤀𐤔𐤓 𐤁𐤀 𐤌𐤉𐤄𐤅𐤃𐤄•
𐤉𐤂 𐤅𐤉𐤀𐤌𐤓 𐤀𐤋 𐤁𐤍𐤉𐤅 𐤇𐤁𐤔𐤅 𐤋𐤉 𐤄𐤇𐤌𐤅𐤓 𐤅𐤉𐤇𐤁𐤔𐤅 𐤋𐤅 𐤄𐤇𐤌𐤅𐤓
𐤅𐤉𐤓𐤊𐤁 𐤏𐤋𐤉𐤅•
𐤉𐤃 𐤅𐤉𐤋𐤊 𐤀𐤇𐤓𐤉 𐤀𐤉𐤔 𐤄𐤀𐤋𐤄𐤉𐤌 𐤅𐤉𐤌𐤑𐤀𐤄𐤅 𐤉𐤔𐤁 𐤕𐤇𐤕 𐤄𐤀𐤋𐤄
𐤅𐤉𐤀𐤌𐤓 𐤀𐤋𐤉𐤅 𐤄𐤀𐤕𐤄 𐤀𐤉𐤔 𐤄𐤀𐤋𐤄𐤉𐤌 𐤀𐤔𐤓 𐤁𐤀𐤕 𐤌𐤉𐤄𐤅𐤃𐤄 𐤅𐤉𐤀𐤌𐤓
𐤀𐤍𐤉•

𐤈𐤅 𐤅𐤉𐤀𐤌𐤓 𐤀𐤋𐤉𐤅 𐤋𐤊 𐤀𐤕𐤉 𐤄𐤁𐤉𐤕𐤄 𐤅𐤀𐤊𐤋 𐤋𐤇𐤌.
𐤈𐤆 𐤅𐤉𐤀𐤌𐤓 𐤋𐤀 𐤀𐤅𐤊𐤋 𐤋𐤔𐤅𐤁 𐤀𐤕𐤊 𐤅𐤋𐤁𐤅𐤀 𐤀𐤕𐤊 𐤅𐤋𐤀 𐤀𐤊𐤋 𐤋𐤇𐤌
𐤅𐤋𐤀 𐤀𐤔𐤕𐤄 𐤀𐤕𐤊 𐤌𐤉𐤌 𐤁𐤌𐤒𐤅𐤌 𐤄𐤆𐤄.
𐤉𐤆 𐤊𐤉 𐤃𐤁𐤓 𐤀𐤋𐤉 𐤁𐤃𐤁𐤓 𐤉𐤄𐤅𐤄 𐤋𐤀 𐤕𐤀𐤊𐤋 𐤋𐤇𐤌 𐤅𐤋𐤀 𐤕𐤔𐤕𐤄 𐤔𐤌
𐤌𐤉𐤌 𐤋𐤀 𐤕𐤔𐤅𐤁 𐤋𐤋𐤊𐤕 𐤁𐤃𐤓𐤊 𐤀𐤔𐤓 𐤄𐤋𐤊𐤕 𐤁𐤄.
𐤉𐤇 𐤅𐤉𐤀𐤌𐤓 𐤋𐤅 𐤂𐤌 𐤀𐤍𐤉 𐤍𐤁𐤉𐤀 𐤊𐤌𐤅𐤊 𐤅𐤌𐤋𐤀𐤊 𐤃𐤁𐤓 𐤀𐤋𐤉 𐤁𐤃𐤁𐤓
𐤉𐤄𐤅𐤄 𐤋𐤀𐤌𐤓 𐤄𐤔𐤁𐤄𐤅 𐤀𐤕𐤊 𐤀𐤋 𐤁𐤉𐤕𐤊 𐤅𐤉𐤀𐤊𐤋 𐤋𐤇𐤌 𐤅𐤉𐤔𐤕 𐤌𐤉𐤌
𐤊𐤇𐤔 𐤋𐤅.
𐤉𐤈 𐤅𐤉𐤔𐤁 𐤀𐤕𐤅 𐤅𐤉𐤀𐤊𐤋 𐤋𐤇𐤌 𐤁𐤁𐤉𐤕𐤅 𐤅𐤉𐤔𐤕 𐤌𐤉𐤌.
𐤊 𐤅𐤉𐤄𐤉 𐤄𐤌 𐤉𐤔𐤁𐤉𐤌 𐤀𐤋 𐤄𐤔𐤋𐤇𐤍 𐤐 𐤅𐤉𐤄𐤉 𐤃𐤁𐤓 𐤉𐤄𐤅𐤄 𐤀𐤋
𐤄𐤍𐤁𐤉𐤀 𐤀𐤔𐤓 𐤄𐤔𐤉𐤁𐤅.
𐤊𐤀 𐤅𐤉𐤒𐤓𐤀 𐤀𐤋 𐤀𐤉𐤔 𐤄𐤀𐤋𐤄𐤉𐤌 𐤀𐤔𐤓 𐤁𐤀 𐤌𐤉𐤄𐤅𐤃𐤄 𐤋𐤀𐤌𐤓 𐤊𐤄 𐤀𐤌𐤓
𐤉𐤄𐤅𐤄 𐤉𐤏𐤍 𐤊𐤉 𐤌𐤓𐤉𐤕 𐤐𐤉 𐤉𐤄𐤅𐤄 𐤅𐤋𐤀 𐤔𐤌𐤓𐤕 𐤀𐤕 𐤄𐤌𐤑𐤅𐤄 𐤀𐤔𐤓
𐤑𐤅𐤊 𐤉𐤄𐤅𐤄 𐤀𐤋𐤄𐤉𐤊.
𐤊𐤁 𐤅𐤕𐤔𐤁 𐤅𐤕𐤀𐤊𐤋 𐤋𐤇𐤌 𐤅𐤕𐤔𐤕 𐤌𐤉𐤌 𐤁𐤌𐤒𐤅𐤌 𐤀𐤔𐤓 𐤃𐤁𐤓 𐤀𐤋𐤉𐤊 𐤀𐤋
𐤕𐤀𐤊𐤋 𐤋𐤇𐤌 𐤅𐤀𐤋 𐤕𐤔𐤕 𐤌𐤉𐤌 𐤋𐤀 𐤕𐤁𐤅𐤀 𐤍𐤁𐤋𐤕𐤊 𐤀𐤋 𐤒𐤁𐤓 𐤀𐤁𐤕𐤉𐤊.
𐤊𐤂 𐤅𐤉𐤄𐤉 𐤀𐤇𐤓𐤉 𐤀𐤊𐤋𐤅 𐤋𐤇𐤌 𐤅𐤀𐤇𐤓𐤉 𐤔𐤕𐤅𐤕𐤅 𐤅𐤉𐤇𐤁𐤔 𐤋𐤅 𐤄𐤇𐤌𐤅𐤓
𐤋𐤍𐤁𐤉𐤀 𐤀𐤔𐤓 𐤄𐤔𐤉𐤁𐤅.
𐤊𐤃 𐤅𐤉𐤋𐤊 𐤅𐤉𐤌𐤑𐤀𐤄𐤅 𐤀𐤓𐤉𐤄 𐤁𐤃𐤓𐤊 𐤅𐤉𐤌𐤉𐤕𐤄𐤅 𐤅𐤕𐤄𐤉 𐤍𐤁𐤋𐤕𐤅
𐤌𐤔𐤋𐤊𐤕 𐤁𐤃𐤓𐤊 𐤅𐤄𐤇𐤌𐤅𐤓 𐤏𐤌𐤃 𐤀𐤑𐤋𐤄 𐤅𐤄𐤀𐤓𐤉𐤄 𐤏𐤌𐤃 𐤀𐤑𐤋 𐤄𐤍𐤁𐤋𐤄.
𐤊𐤄 𐤅𐤄𐤍𐤄 𐤀𐤍𐤔𐤉𐤌 𐤏𐤁𐤓𐤉𐤌 𐤅𐤉𐤓𐤀𐤅 𐤀𐤕 𐤄𐤍𐤁𐤋𐤄 𐤌𐤔𐤋𐤊𐤕 𐤁𐤃𐤓𐤊
𐤅𐤀𐤕 𐤄𐤀𐤓𐤉𐤄 𐤏𐤌𐤃 𐤀𐤑𐤋 𐤄𐤍𐤁𐤋𐤄 𐤅𐤉𐤁𐤀𐤅 𐤅𐤉𐤃𐤁𐤓𐤅 𐤁𐤏𐤉𐤓 𐤀𐤔𐤓
𐤄𐤍𐤁𐤉𐤀 𐤄𐤆𐤒𐤍 𐤉𐤔𐤁 𐤁𐤄.
𐤊𐤅 𐤅𐤉𐤔𐤌𐤏 𐤄𐤍𐤁𐤉𐤀 𐤀𐤔𐤓 𐤄𐤔𐤉𐤁𐤅 𐤌𐤍 𐤄𐤃𐤓𐤊 𐤅𐤉𐤀𐤌𐤓 𐤀𐤉𐤔
𐤄𐤀𐤋𐤄𐤉𐤌 𐤄𐤅𐤀 𐤀𐤔𐤓 𐤌𐤓𐤄 𐤀𐤕 𐤐𐤉 𐤉𐤄𐤅𐤄 𐤅𐤉𐤕𐤍𐤄𐤅 𐤉𐤄𐤅𐤄 𐤋𐤀𐤓𐤉𐤄
𐤅𐤉𐤔𐤁𐤓𐤄𐤅 𐤅𐤉𐤌𐤕𐤄𐤅 𐤊𐤃𐤁𐤓 𐤉𐤄𐤅𐤄 𐤀𐤔𐤓 𐤃𐤁𐤓 𐤋𐤅.
𐤊𐤆 𐤅𐤉𐤃𐤁𐤓 𐤀𐤋 𐤁𐤍𐤉𐤅 𐤋𐤀𐤌𐤓 𐤇𐤁𐤔𐤅 𐤋𐤉 𐤀𐤕 𐤄𐤇𐤌𐤅𐤓 𐤅𐤉𐤇𐤁𐤔𐤅.
𐤊𐤇 𐤅𐤉𐤋𐤊 𐤅𐤉𐤌𐤑𐤀 𐤀𐤕 𐤍𐤁𐤋𐤕𐤅 𐤌𐤔𐤋𐤊𐤕 𐤁𐤃𐤓𐤊 𐤅𐤇𐤌𐤅𐤓 𐤅𐤄𐤀𐤓𐤉𐤄
𐤏𐤌𐤃𐤉𐤌 𐤀𐤑𐤋 𐤄𐤍𐤁𐤋𐤄 𐤋𐤀 𐤀𐤊𐤋 𐤄𐤀𐤓𐤉𐤄 𐤀𐤕 𐤄𐤍𐤁𐤋𐤄 𐤅𐤋𐤀 𐤔𐤁𐤓 𐤀𐤕
𐤄𐤇𐤌𐤅𐤓.
𐤊𐤈 𐤅𐤉𐤔𐤀 𐤄𐤍𐤁𐤉𐤀 𐤀𐤕 𐤍𐤁𐤋𐤕 𐤀𐤉𐤔 𐤄𐤀𐤋𐤄𐤉𐤌 𐤅𐤉𐤍𐤇𐤄𐤅 𐤀𐤋 𐤄𐤇𐤌𐤅𐤓
𐤅𐤉𐤔𐤉𐤁𐤄𐤅 𐤅𐤉𐤁𐤀 𐤀𐤋 𐤏𐤉𐤓 𐤄𐤍𐤁𐤉𐤀 𐤄𐤆𐤒𐤍 𐤋𐤎𐤐𐤃 𐤅𐤋𐤒𐤁𐤓𐤅.
𐤋 𐤅𐤉𐤍𐤇 𐤀𐤕 𐤍𐤁𐤋𐤕𐤅 𐤁𐤒𐤁𐤓𐤅 𐤅𐤉𐤎𐤐𐤃𐤅 𐤏𐤋𐤉𐤅 𐤄𐤅𐤉 𐤀𐤇𐤉.

# מלכים א

לא ויהי אחרי קברו ויאמר אל בניו לאמר במותי
וקברתם אתי בקבר אשר איש האלהים קבור בו אצל עצמתיו
הניחו את עצמתי.
לב כי היה יהיה הדבר אשר קרא בדבר יהוה על המזבח אשר
בבית אל ועל כל בתי הבמות אשר בערי שמרון.
לג אחר הדבר הזה לא שב ירבעם מדרכו הרעה וישב ויעש
מקצות העם כהני במות החפץ ימלא את ידו ויהי כהני
במות.
לד ויהי בדבר הזה לחטאת בית ירבעם ולהכחיד ולהשמיד
מעל פני האדמה.

## פרק יד

א בעת ההיא חלה אביה בן ירבעם.
ב ויאמר ירבעם לאשתו קומי נא והשתנית ולא ידעו כי
אתי [את] אשת ירבעם והלכת שלה הנה שם אחיה הנביא
הוא דבר עלי למלך על העם הזה.
ג ולקחת בידך עשרה לחם ונקדים ובקבק דבש ובאת אליו
הוא יגיד לך מה יהיה לנער.
ד ותעש כן אשת ירבעם ותקם ותלך שלה ותבא בית אחיה
ואחיהו לא יכל לראות כי קמו עיניו משיבו.
ה ויהוה אמר אל אחיהו הנה אשת ירבעם באה לדרש דבר
מעמך אל בנה כי חלה הוא כזה וכזה תדבר אליה ויהי
כבאה והיא מתנכרה.
ו ויהי כשמע אחיהו את קול רגליה באה בפתח ויאמר באי
אשת ירבעם למה זה את מתנכרה ואנכי שלוח אליך קשה.
ז לכי אמרי לירבעם כה אמר יהוה אלהי ישראל יען אשר
הרימתיך מתוך העם ואתנך נגיד על עמי ישראל.
ח ואקרע את הממלכה מבית דוד ואתנה לך ולא היית
כעבדי דוד אשר שמר מצותי ואשר הלך אחרי בכל לבבו
לעשות רק הישר בעיני.
ט ותרע לעשות מכל אשר היו לפניך ותלך ותעשה לך
אלהים אחרים ומסכות להכעיסני ואתי השלכת אחרי גוך.
י לכן הנני מביא רעה אל בית ירבעם והכרתי לירבעם

# 𐤌𐤋𐤊𐤉𐤌 𐤀

𐤌𐤔𐤕𐤉𐤍 𐤁𐤒𐤉𐤓 𐤏𐤑𐤅𐤓 𐤅𐤏𐤆𐤅𐤁 𐤁𐤉𐤔𐤓𐤀𐤋 𐤅𐤁𐤏𐤓𐤕𐤉 𐤀𐤇𐤓𐤉 𐤁𐤉𐤕 𐤉𐤓𐤁𐤏𐤌
𐤊𐤀𐤔𐤓 𐤉𐤁𐤏𐤓 𐤄𐤂𐤋𐤋 𐤏𐤃 𐤕𐤌𐤅•
𐤉𐤀 𐤄𐤌𐤕 𐤋𐤉𐤓𐤁𐤏𐤌 𐤁𐤏𐤉𐤓 𐤉𐤀𐤊𐤋𐤅 𐤄𐤊𐤋𐤁𐤉𐤌 𐤅𐤄𐤌𐤕 𐤁𐤔𐤃𐤄 𐤉𐤀𐤊𐤋𐤅
𐤏𐤅𐤐 𐤄𐤔𐤌𐤉𐤌 𐤊𐤉 𐤉𐤄𐤅𐤄 𐤃𐤁𐤓•
𐤉𐤁 𐤅𐤀𐤕 𐤒𐤅𐤌𐤉 𐤋𐤊𐤉 𐤋𐤁𐤉𐤕𐤊 𐤁𐤁𐤀𐤄 𐤓𐤂𐤋𐤉𐤊 𐤄𐤏𐤉𐤓𐤄 𐤅𐤌𐤕 𐤄𐤉𐤋𐤃•
𐤉𐤂 𐤅𐤎𐤐𐤃𐤅 𐤋𐤅 𐤊𐤋 𐤉𐤔𐤓𐤀𐤋 𐤅𐤒𐤁𐤓𐤅 𐤀𐤕𐤅 𐤊𐤉 𐤆𐤄 𐤋𐤁𐤃𐤅 𐤉𐤁𐤀
𐤋𐤉𐤓𐤁𐤏𐤌 𐤀𐤋 𐤒𐤁𐤓 𐤉𐤏𐤍 𐤍𐤌𐤑𐤀 𐤁𐤅 𐤃𐤁𐤓 𐤈𐤅𐤁 𐤀𐤋 𐤉𐤄𐤅𐤄 𐤀𐤋𐤄𐤉
𐤉𐤔𐤓𐤀𐤋 𐤁𐤁𐤉𐤕 𐤉𐤓𐤁𐤏𐤌•
𐤉𐤃 𐤅𐤄𐤒𐤉𐤌 𐤉𐤄𐤅𐤄 𐤋𐤅 𐤌𐤋𐤊 𐤏𐤋 𐤉𐤔𐤓𐤀𐤋 𐤀𐤔𐤓 𐤉𐤊𐤓𐤉𐤕 𐤀𐤕 𐤁𐤉𐤕
𐤉𐤓𐤁𐤏𐤌 𐤆𐤄 𐤄𐤉𐤅𐤌 𐤅𐤌𐤄 𐤂𐤌 𐤏𐤕𐤄•
𐤈𐤅 𐤅𐤄𐤊𐤄 𐤉𐤄𐤅𐤄 𐤀𐤕 𐤉𐤔𐤓𐤀𐤋 𐤊𐤀𐤔𐤓 𐤉𐤍𐤅𐤃 𐤄𐤒𐤍𐤄 𐤁𐤌𐤉𐤌 𐤅𐤍𐤕𐤔
𐤀𐤕 𐤉𐤔𐤓𐤀𐤋 𐤌𐤏𐤋 𐤄𐤀𐤃𐤌𐤄 𐤄𐤈𐤅𐤁𐤄 𐤄𐤆𐤀𐤕 𐤀𐤔𐤓 𐤍𐤕𐤍 𐤋𐤀𐤁𐤅𐤕𐤉𐤄𐤌
𐤅𐤆𐤓𐤌 𐤌𐤏𐤁𐤓 𐤋𐤍𐤄𐤓 𐤉𐤏𐤍 𐤀𐤔𐤓 𐤏𐤔𐤅 𐤀𐤕 𐤀𐤔𐤓𐤉𐤄𐤌 𐤌𐤊𐤏𐤉𐤎𐤉𐤌 𐤀𐤕
𐤉𐤄𐤅𐤄•
𐤈𐤆 𐤅𐤉𐤕𐤍 𐤀𐤕 𐤉𐤔𐤓𐤀𐤋 𐤁𐤂𐤋𐤋 𐤇𐤈𐤀𐤅𐤕 𐤉𐤓𐤁𐤏𐤌 𐤀𐤔𐤓 𐤇𐤈𐤀 𐤅𐤀𐤔𐤓
𐤄𐤇𐤈𐤉𐤀 𐤀𐤕 𐤉𐤔𐤓𐤀𐤋•
𐤉𐤆 𐤅𐤕𐤒𐤌 𐤀𐤔𐤕 𐤉𐤓𐤁𐤏𐤌 𐤅𐤕𐤋𐤊 𐤅𐤕𐤁𐤀 𐤕𐤓𐤑𐤕𐤄 𐤄𐤉𐤀 𐤁𐤀𐤄 𐤁𐤎𐤐
𐤄𐤁𐤉𐤕 𐤅𐤄𐤍𐤏𐤓 𐤌𐤕•
𐤉𐤇 𐤅𐤉𐤒𐤁𐤓𐤅 𐤀𐤕𐤅 𐤅𐤉𐤎𐤐𐤃𐤅 𐤋𐤅 𐤊𐤋 𐤉𐤔𐤓𐤀𐤋 𐤊𐤃𐤁𐤓 𐤉𐤄𐤅𐤄 𐤀𐤔𐤓 𐤃𐤁𐤓
𐤁𐤉𐤃 𐤏𐤁𐤃𐤅 𐤀𐤇𐤉𐤄𐤅 𐤄𐤍𐤁𐤉𐤀•
𐤉𐤈 𐤅𐤉𐤕𐤓 𐤃𐤁𐤓𐤉 𐤉𐤓𐤁𐤏𐤌 𐤀𐤔𐤓 𐤍𐤋𐤇𐤌 𐤅𐤀𐤔𐤓 𐤌𐤋𐤊 𐤄𐤍𐤌 𐤊𐤕𐤅𐤁𐤉𐤌 𐤏𐤋
𐤎𐤐𐤓 𐤃𐤁𐤓𐤉 𐤄𐤉𐤌𐤉𐤌 𐤋𐤌𐤋𐤊𐤉 𐤉𐤔𐤓𐤀𐤋•
𐤊 𐤅𐤄𐤉𐤌𐤉𐤌 𐤀𐤔𐤓 𐤌𐤋𐤊 𐤉𐤓𐤁𐤏𐤌 𐤏𐤔𐤓𐤉𐤌 𐤅𐤔𐤕𐤉𐤌 𐤔𐤍𐤄 𐤅𐤉𐤔𐤊𐤁 𐤏𐤌
𐤀𐤁𐤕𐤉𐤅 𐤅𐤉𐤌𐤋𐤊 𐤍𐤃𐤁 𐤁𐤍𐤅 𐤕𐤇𐤕𐤉𐤅•
𐤊𐤀 𐤅𐤓𐤇𐤁𐤏𐤌 𐤁𐤍 𐤔𐤋𐤌𐤄 𐤌𐤋𐤊 𐤁𐤉𐤄𐤅𐤃𐤄 𐤁𐤍 𐤀𐤓𐤁𐤏𐤉𐤌 𐤅𐤀𐤇𐤕 𐤔𐤍𐤄
𐤓𐤇𐤁𐤏𐤌 𐤁𐤌𐤋𐤊𐤅 𐤅𐤔𐤁𐤏 𐤏𐤔𐤓𐤄 𐤔𐤍𐤄 𐤌𐤋𐤊 𐤁𐤉𐤓𐤅𐤔𐤋𐤌 𐤄𐤏𐤉𐤓 𐤀𐤔𐤓
𐤁𐤇𐤓 𐤉𐤄𐤅𐤄 𐤋𐤔𐤅𐤌 𐤀𐤕 𐤔𐤌𐤅 𐤔𐤌 𐤌𐤊𐤋 𐤔𐤁𐤈𐤉 𐤉𐤔𐤓𐤀𐤋 𐤅𐤔𐤌
𐤀𐤌𐤅 𐤍𐤏𐤌𐤄 𐤄𐤏𐤌𐤍𐤉𐤕•
𐤊𐤁 𐤅𐤉𐤏𐤔 𐤉𐤄𐤅𐤃𐤄 𐤄𐤓𐤏 𐤁𐤏𐤉𐤍𐤉 𐤉𐤄𐤅𐤄 𐤅𐤉𐤒𐤍𐤀𐤅 𐤀𐤕𐤅 𐤌𐤊𐤋 𐤀𐤔𐤓
𐤏𐤔𐤅 𐤀𐤁𐤕𐤌 𐤁𐤇𐤈𐤀𐤕𐤌 𐤀𐤔𐤓 𐤇𐤈𐤀𐤅•
𐤊𐤂 𐤅𐤉𐤁𐤍𐤅 𐤂𐤌 𐤄𐤌𐤄 𐤋𐤄𐤌 𐤁𐤌𐤅𐤕 𐤅𐤌𐤑𐤁𐤅𐤕 𐤅𐤀𐤔𐤓𐤉𐤌 𐤏𐤋 𐤊𐤋 𐤂𐤁𐤏𐤄
𐤂𐤁𐤄𐤄 𐤅𐤕𐤇𐤕 𐤊𐤋 𐤏𐤑 𐤓𐤏𐤍𐤍•
𐤊𐤃 𐤅𐤂𐤌 𐤒𐤃𐤔 𐤄𐤉𐤄 𐤁𐤀𐤓𐤑 𐤏𐤔𐤅 𐤊𐤊𐤋 𐤄𐤕𐤅𐤏𐤁𐤕 𐤄𐤂𐤅𐤉𐤌 𐤀𐤔𐤓

# 𐤌𐤋𐤊𐤉𐤌 𐤀

𐤄𐤅𐤓𐤉𐤔 𐤉𐤄𐤅𐤄 𐤌𐤐𐤍𐤉 𐤁𐤍𐤉 𐤉𐤔𐤓𐤀𐤋.
𐤊𐤄 𐤅𐤉𐤄𐤉 𐤁𐤔𐤍𐤄 𐤄𐤇𐤌𐤉𐤔𐤉𐤕 𐤋𐤌𐤋𐤊 𐤓𐤇𐤁𐤏𐤌 𐤏𐤋𐤄 𐤔𐤅𐤔𐤒 [𐤔𐤉𐤔𐤒]
𐤌𐤋𐤊 𐤌𐤑𐤓𐤉𐤌 𐤏𐤋 𐤉𐤓𐤅𐤔𐤋𐤌.
𐤊𐤅 𐤅𐤉𐤒𐤇 𐤀𐤕 𐤀𐤑𐤓𐤅𐤕 𐤁𐤉𐤕 𐤉𐤄𐤅𐤄 𐤅𐤀𐤕 𐤀𐤅𐤑𐤓𐤅𐤕 𐤁𐤉𐤕 𐤄𐤌𐤋𐤊 𐤅𐤀𐤕
𐤄𐤊𐤋 𐤋𐤒𐤇 𐤅𐤉𐤒𐤇 𐤀𐤕 𐤊𐤋 𐤌𐤂𐤍𐤉 𐤄𐤆𐤄𐤁 𐤀𐤔𐤓 𐤏𐤔𐤄 𐤔𐤋𐤌𐤄.
𐤊𐤆 𐤅𐤉𐤏𐤔 𐤄𐤌𐤋𐤊 𐤓𐤇𐤁𐤏𐤌 𐤕𐤇𐤕𐤌 𐤌𐤂𐤍𐤉 𐤍𐤇𐤔𐤕 𐤅𐤄𐤐𐤒𐤉𐤃 𐤏𐤋 𐤉𐤃 𐤔𐤓𐤉
𐤄𐤓𐤑𐤉𐤌 𐤄𐤔𐤌𐤓𐤉𐤌 𐤐𐤕𐤇 𐤁𐤉𐤕 𐤄𐤌𐤋𐤊.
𐤊𐤇 𐤅𐤉𐤄𐤉 𐤌𐤃𐤉 𐤁𐤀 𐤄𐤌𐤋𐤊 𐤁𐤉𐤕 𐤉𐤄𐤅𐤄 𐤉𐤔𐤀𐤅𐤌 𐤄𐤓𐤑𐤉𐤌
𐤅𐤄𐤔𐤉𐤁𐤅𐤌 𐤀𐤋 𐤕𐤀 𐤄𐤓𐤑𐤉𐤌.
𐤊𐤈 𐤅𐤉𐤕𐤓 𐤃𐤁𐤓𐤉 𐤓𐤇𐤁𐤏𐤌 𐤅𐤊𐤋 𐤀𐤔𐤓 𐤏𐤔𐤄 𐤄𐤋𐤀 𐤄𐤌𐤄 𐤊𐤕𐤅𐤁𐤉𐤌 𐤏𐤋
𐤎𐤐𐤓 𐤃𐤁𐤓𐤉 𐤄𐤉𐤌𐤉𐤌 𐤋𐤌𐤋𐤊𐤉 𐤉𐤄𐤅𐤃𐤄.
𐤋 𐤅𐤌𐤋𐤇𐤌𐤄 𐤄𐤉𐤕𐤄 𐤁𐤉𐤍 𐤓𐤇𐤁𐤏𐤌 𐤅𐤁𐤉𐤍 𐤉𐤓𐤁𐤏𐤌 𐤊𐤋 𐤄𐤉𐤌𐤉𐤌.
𐤋𐤀 𐤅𐤉𐤔𐤊𐤁 𐤓𐤇𐤁𐤏𐤌 𐤏𐤌 𐤀𐤁𐤕𐤉𐤅 𐤅𐤉𐤒𐤁𐤓 𐤏𐤌 𐤀𐤁𐤕𐤉𐤅 𐤁𐤏𐤉𐤓 𐤃𐤅𐤃 𐤅𐤔𐤌
𐤀𐤌𐤅 𐤍𐤏𐤌𐤄 𐤄𐤏𐤌𐤍𐤉𐤕 𐤅𐤉𐤌𐤋𐤊 𐤀𐤁𐤉𐤌 𐤁𐤍𐤅 𐤕𐤇𐤕𐤉𐤅.

## 𐤐𐤓𐤒 𐤈𐤅

𐤀 𐤅𐤁𐤔𐤍𐤕 𐤔𐤌𐤍𐤄 𐤏𐤔𐤓𐤄 𐤋𐤌𐤋𐤊 𐤉𐤓𐤁𐤏𐤌 𐤁𐤍 𐤍𐤁𐤈 𐤌𐤋𐤊 𐤀𐤁𐤉𐤌 𐤏𐤋
𐤉𐤄𐤅𐤃𐤄.
𐤁 𐤔𐤋𐤔 𐤔𐤍𐤉𐤌 𐤌𐤋𐤊 𐤁𐤉𐤓𐤅𐤔𐤋𐤌 𐤅𐤔𐤌 𐤀𐤌𐤅 𐤌𐤏𐤊𐤄 𐤁𐤕 𐤀𐤁𐤉𐤔𐤋𐤅𐤌.
𐤂 𐤅𐤉𐤋𐤊 𐤁𐤊𐤋 𐤇𐤈𐤀𐤅𐤕 𐤀𐤁𐤉𐤅 𐤀𐤔𐤓 𐤏𐤔𐤄 𐤋𐤐𐤍𐤉𐤅 𐤅𐤋𐤀 𐤄𐤉𐤄 𐤋𐤁𐤁𐤅
𐤔𐤋𐤌 𐤏𐤌 𐤉𐤄𐤅𐤄 𐤀𐤋𐤄𐤉𐤅 𐤊𐤋𐤁𐤁 𐤃𐤅𐤃 𐤀𐤁𐤉𐤅.
𐤃 𐤊𐤉 𐤋𐤌𐤏𐤍 𐤃𐤅𐤃 𐤍𐤕𐤍 𐤉𐤄𐤅𐤄 𐤀𐤋𐤄𐤉𐤅 𐤋𐤅 𐤍𐤉𐤓 𐤁𐤉𐤓𐤅𐤔𐤋𐤌 𐤋𐤄𐤒𐤉𐤌
𐤀𐤕 𐤁𐤍𐤅 𐤀𐤇𐤓𐤉𐤅 𐤅𐤋𐤄𐤏𐤌𐤉𐤃 𐤀𐤕 𐤉𐤓𐤅𐤔𐤋𐤌.
𐤄 𐤀𐤔𐤓 𐤏𐤔𐤄 𐤃𐤅𐤃 𐤀𐤕 𐤄𐤉𐤔𐤓 𐤁𐤏𐤉𐤍𐤉 𐤉𐤄𐤅𐤄 𐤅𐤋𐤀 𐤎𐤓 𐤌𐤊𐤋 𐤀𐤔𐤓
𐤑𐤅𐤄𐤅 𐤊𐤋 𐤉𐤌𐤉 𐤇𐤉𐤉𐤅 𐤓𐤒 𐤁𐤃𐤁𐤓 𐤀𐤅𐤓𐤉𐤄 𐤄𐤇𐤕𐤉.
𐤅 𐤅𐤌𐤋𐤇𐤌𐤄 𐤄𐤉𐤕𐤄 𐤁𐤉𐤍 𐤓𐤇𐤁𐤏𐤌 𐤅𐤁𐤉𐤍 𐤉𐤓𐤁𐤏𐤌 𐤊𐤋 𐤉𐤌𐤉 𐤇𐤉𐤉𐤅.
𐤆 𐤅𐤉𐤕𐤓 𐤃𐤁𐤓𐤉 𐤀𐤁𐤉𐤌 𐤅𐤊𐤋 𐤀𐤔𐤓 𐤏𐤔𐤄 𐤄𐤋𐤅𐤀 𐤄𐤌 𐤊𐤕𐤅𐤁𐤉𐤌 𐤏𐤋 𐤎𐤐𐤓
𐤃𐤁𐤓𐤉 𐤄𐤉𐤌𐤉𐤌 𐤋𐤌𐤋𐤊𐤉 𐤉𐤄𐤅𐤃𐤄 𐤅𐤌𐤋𐤇𐤌𐤄 𐤄𐤉𐤕𐤄 𐤁𐤉𐤍 𐤀𐤁𐤉𐤌
𐤅𐤁𐤉𐤍 𐤉𐤓𐤁𐤏𐤌.
𐤇 𐤅𐤉𐤔𐤊𐤁 𐤀𐤁𐤉𐤌 𐤏𐤌 𐤀𐤁𐤕𐤉𐤅 𐤅𐤉𐤒𐤁𐤓𐤅 𐤀𐤕𐤅 𐤁𐤏𐤉𐤓 𐤃𐤅𐤃 𐤅𐤉𐤌𐤋𐤊
𐤀𐤎𐤀 𐤁𐤍𐤅 𐤕𐤇𐤕𐤉𐤅.
𐤈 𐤅𐤁𐤔𐤍𐤕 𐤏𐤔𐤓𐤉𐤌 𐤋𐤉𐤓𐤁𐤏𐤌 𐤌𐤋𐤊 𐤉𐤔𐤓𐤀𐤋 𐤌𐤋𐤊 𐤀𐤎𐤀 𐤌𐤋𐤊
𐤉𐤄𐤅𐤃𐤄.

𐤉 𐤅𐤀𐤓𐤁𐤏𐤉𐤌 𐤅𐤀𐤇𐤕 𐤔𐤍𐤄 𐤌𐤋𐤊 𐤁𐤉𐤓𐤅𐤔𐤋𐤌 𐤅𐤔𐤌 𐤀𐤌𐤅 𐤌𐤏𐤊𐤄 𐤁𐤕
𐤀𐤁𐤉𐤔𐤋𐤅𐤌.

𐤉𐤀 𐤅𐤉𐤏𐤔 𐤀𐤎𐤀 𐤄𐤉𐤔𐤓 𐤁𐤏𐤉𐤍𐤉 𐤉𐤄𐤅𐤄 𐤊𐤃𐤅𐤃 𐤀𐤁𐤉𐤅.

𐤉𐤁 𐤅𐤉𐤏𐤁𐤓 𐤄𐤒𐤃𐤔𐤉𐤌 𐤌𐤍 𐤄𐤀𐤓𐤑 𐤅𐤉𐤎𐤓 𐤀𐤕 𐤊𐤋 𐤄𐤂𐤋𐤋𐤉𐤌 𐤀𐤔𐤓 𐤏𐤔𐤅
𐤀𐤁𐤕𐤉𐤅.

𐤉𐤂 𐤅𐤂𐤌 𐤀𐤕 𐤌𐤏𐤊𐤄 𐤀𐤌𐤅 𐤅𐤉𐤎𐤓𐤄 𐤌𐤂𐤁𐤉𐤓𐤄 𐤀𐤔𐤓 𐤏𐤔𐤕𐤄 𐤌𐤐𐤋𐤑𐤕
𐤋𐤀𐤔𐤓𐤄 𐤅𐤉𐤊𐤓𐤕 𐤀𐤎𐤀 𐤀𐤕 𐤌𐤐𐤋𐤑𐤕𐤄 𐤅𐤉𐤔𐤓𐤐 𐤁𐤍𐤇𐤋 𐤒𐤃𐤓𐤅𐤍.

𐤉𐤃 𐤅𐤄𐤁𐤌𐤅𐤕 𐤋𐤀 𐤎𐤓𐤅 𐤓𐤒 𐤋𐤁𐤁 𐤀𐤎𐤀 𐤄𐤉𐤄 𐤔𐤋𐤌 𐤏𐤌 𐤉𐤄𐤅𐤄 𐤊𐤋
𐤉𐤌𐤉𐤅.

𐤈𐤅 𐤅𐤉𐤁𐤀 𐤀𐤕 𐤒𐤃𐤔𐤉 𐤀𐤁𐤉𐤅 𐤅𐤒𐤃𐤔𐤅 [𐤅𐤒𐤃𐤔𐤉] 𐤁𐤉𐤕 𐤉𐤄𐤅𐤄 𐤊𐤎𐤐
𐤅𐤆𐤄𐤁 𐤅𐤊𐤋𐤉𐤌.

𐤈𐤆 𐤅𐤌𐤋𐤇𐤌𐤄 𐤄𐤉𐤕𐤄 𐤁𐤉𐤍 𐤀𐤎𐤀 𐤅𐤁𐤉𐤍 𐤁𐤏𐤔𐤀 𐤌𐤋𐤊 𐤉𐤔𐤓𐤀𐤋 𐤊𐤋
𐤉𐤌𐤉𐤄𐤌.

𐤉𐤆 𐤅𐤉𐤏𐤋 𐤁𐤏𐤔𐤀 𐤌𐤋𐤊 𐤉𐤔𐤓𐤀𐤋 𐤏𐤋 𐤉𐤄𐤅𐤃𐤄 𐤅𐤉𐤁𐤍 𐤀𐤕 𐤄𐤓𐤌𐤄
𐤋𐤁𐤋𐤕𐤉 𐤕𐤕 𐤉𐤑𐤀 𐤅𐤁𐤀 𐤋𐤀𐤎𐤀 𐤌𐤋𐤊 𐤉𐤄𐤅𐤃𐤄.

𐤉𐤇 𐤅𐤉𐤒𐤇 𐤀𐤎𐤀 𐤀𐤕 𐤊𐤋 𐤄𐤊𐤎𐤐 𐤅𐤄𐤆𐤄𐤁 𐤄𐤍𐤅𐤕𐤓𐤉𐤌 𐤁𐤀𐤅𐤑𐤓𐤅𐤕 𐤁𐤉𐤕
𐤉𐤄𐤅𐤄 𐤅𐤀𐤕 𐤀𐤅𐤑𐤓𐤅𐤕 𐤁𐤉𐤕 𐤌𐤋𐤊 [𐤄𐤌𐤋𐤊] 𐤅𐤉𐤕𐤍𐤌 𐤁𐤉𐤃 𐤏𐤁𐤃𐤉𐤅
𐤅𐤉𐤔𐤋𐤇𐤌 𐤄𐤌𐤋𐤊 𐤀𐤎𐤀 𐤀𐤋 𐤁𐤍 𐤄𐤃𐤃 𐤁𐤍 𐤈𐤁𐤓𐤌𐤍 𐤁𐤍 𐤇𐤆𐤉𐤅𐤍 𐤌𐤋𐤊
𐤀𐤓𐤌 𐤄𐤉𐤔𐤁 𐤁𐤃𐤌𐤔𐤒 𐤋𐤀𐤌𐤓.

𐤉𐤈 𐤁𐤓𐤉𐤕 𐤁𐤉𐤍𐤉 𐤅𐤁𐤉𐤍𐤊 𐤁𐤉𐤍 𐤀𐤁𐤉 𐤅𐤁𐤉𐤍 𐤀𐤁𐤉𐤊 𐤄𐤍𐤄 𐤔𐤋𐤇𐤕𐤉 𐤋𐤊
𐤔𐤇𐤃 𐤊𐤎𐤐 𐤅𐤆𐤄𐤁 𐤋𐤊 𐤄𐤐𐤓𐤄 𐤀𐤕 𐤁𐤓𐤉𐤕𐤊 𐤀𐤕 𐤁𐤏𐤔𐤀 𐤌𐤋𐤊 𐤉𐤔𐤓𐤀𐤋
𐤅𐤉𐤏𐤋𐤄 𐤌𐤏𐤋𐤉.

𐤊 𐤅𐤉𐤔𐤌𐤏 𐤁𐤍 𐤄𐤃𐤃 𐤀𐤋 𐤄𐤌𐤋𐤊 𐤀𐤎𐤀 𐤅𐤉𐤔𐤋𐤇 𐤀𐤕 𐤔𐤓𐤉 𐤄𐤇𐤉𐤋𐤉𐤌
𐤀𐤔𐤓 𐤋𐤅 𐤏𐤋 𐤏𐤓𐤉 𐤉𐤔𐤓𐤀𐤋 𐤅𐤉𐤊 𐤀𐤕 𐤏𐤉𐤅𐤍 𐤅𐤀𐤕 𐤃𐤍 𐤅𐤀𐤕 𐤀𐤁𐤋 𐤁𐤉𐤕
𐤌𐤏𐤊𐤄 𐤅𐤀𐤕 𐤊𐤋 𐤊𐤍𐤓𐤅𐤕 𐤏𐤋 𐤊𐤋 𐤀𐤓𐤑 𐤍𐤐𐤕𐤋𐤉.

𐤊𐤀 𐤅𐤉𐤄𐤉 𐤊𐤔𐤌𐤏 𐤁𐤏𐤔𐤀 𐤅𐤉𐤇𐤃𐤋 𐤌𐤁𐤍𐤅𐤕 𐤀𐤕 𐤄𐤓𐤌𐤄 𐤅𐤉𐤔𐤁 𐤁𐤕𐤓𐤑𐤄.

𐤊𐤁 𐤅𐤄𐤌𐤋𐤊 𐤀𐤎𐤀 𐤄𐤔𐤌𐤉𐤏 𐤀𐤕 𐤊𐤋 𐤉𐤄𐤅𐤃𐤄 𐤀𐤉𐤍 𐤍𐤒𐤉 𐤅𐤉𐤔𐤀𐤅 𐤀𐤕
𐤀𐤁𐤍𐤉 𐤄𐤓𐤌𐤄 𐤅𐤀𐤕 𐤏𐤑𐤉𐤄 𐤀𐤔𐤓 𐤁𐤍𐤄 𐤁𐤏𐤔𐤀 𐤅𐤉𐤁𐤍 𐤁𐤌 𐤄𐤌𐤋𐤊 𐤀𐤎𐤀
𐤀𐤕 𐤂𐤁𐤏 𐤁𐤍𐤉𐤌𐤍 𐤅𐤀𐤕 𐤄𐤌𐤑𐤐𐤄.

𐤊𐤂 𐤅𐤉𐤕𐤓 𐤊𐤋 𐤃𐤁𐤓𐤉 𐤀𐤎𐤀 𐤅𐤊𐤋 𐤂𐤁𐤅𐤓𐤕𐤅 𐤅𐤊𐤋 𐤀𐤔𐤓 𐤏𐤔𐤄 𐤅𐤄𐤏𐤓𐤉𐤌
𐤀𐤔𐤓 𐤁𐤍𐤄 𐤄𐤋𐤀 𐤄𐤌𐤄 𐤊𐤕𐤅𐤁𐤉𐤌 𐤏𐤋 𐤎𐤐𐤓 𐤃𐤁𐤓𐤉 𐤄𐤉𐤌𐤉𐤌 𐤋𐤌𐤋𐤊𐤉
𐤉𐤄𐤅𐤃𐤄 𐤓𐤒 𐤋𐤏𐤕 𐤆𐤒𐤍𐤕𐤅 𐤇𐤋𐤄 𐤀𐤕 𐤓𐤂𐤋𐤉𐤅.

𐤊𐤃 𐤅𐤉𐤔𐤊𐤁 𐤀𐤎𐤀 𐤏𐤌 𐤀𐤁𐤕𐤉𐤅 𐤅𐤉𐤒𐤁𐤓 𐤏𐤌 𐤀𐤁𐤕𐤉𐤅 𐤁𐤏𐤉𐤓 𐤃𐤅𐤃. 𐤀𐤁𐤉𐤅

# 𐤌𐤋𐤊𐤉𐤌 𐤀

𐤅𐤉𐤌𐤋𐤊 𐤉𐤄𐤅𐤔𐤐𐤈 𐤁𐤍𐤅 𐤕𐤇𐤕𐤉𐤅•

𐤊𐤄𐤅𐤍𐤃𐤁 𐤁𐤍 𐤉𐤓𐤁𐤏𐤌 𐤌𐤋𐤊 𐤏𐤋 𐤉𐤔𐤓𐤀𐤋 𐤁𐤔𐤍𐤕 𐤔𐤕𐤉𐤌 𐤋𐤀𐤎𐤀 𐤌𐤋𐤊
𐤉𐤄𐤅𐤃𐤄 𐤅𐤉𐤌𐤋𐤊 𐤏𐤋 𐤉𐤔𐤓𐤀𐤋 𐤔𐤍𐤕𐤉𐤌•

𐤊𐤅𐤅𐤉𐤏𐤔 𐤄𐤓𐤏 𐤁𐤏𐤉𐤍𐤉 𐤉𐤄𐤅𐤄 𐤅𐤉𐤋𐤊 𐤁𐤃𐤓𐤊 𐤀𐤁𐤉𐤅 𐤅𐤁𐤇𐤈𐤀𐤕𐤅 𐤀𐤔𐤓
𐤄𐤇𐤈𐤉𐤀 𐤀𐤕 𐤉𐤔𐤓𐤀𐤋•

𐤊𐤆𐤅𐤉𐤒𐤔𐤓 𐤏𐤋𐤉𐤅 𐤁𐤏𐤔𐤀 𐤁𐤍 𐤀𐤇𐤉𐤄 𐤋𐤁𐤉𐤕 𐤉𐤔𐤔𐤊𐤓 𐤅𐤉𐤊𐤄𐤅 𐤁𐤏𐤔𐤀
𐤁𐤂𐤁𐤕𐤅𐤍 𐤀𐤔𐤓 𐤋𐤐𐤋𐤔𐤕𐤉𐤌 𐤅𐤍𐤃𐤁 𐤅𐤊𐤋 𐤉𐤔𐤓𐤀𐤋 𐤑𐤓𐤉𐤌 𐤏𐤋 𐤂𐤁𐤕𐤅𐤍•

𐤊𐤇𐤅𐤉𐤌𐤕𐤄𐤅 𐤁𐤏𐤔𐤀 𐤁𐤔𐤍𐤕 𐤔𐤋𐤔 𐤋𐤀𐤎𐤀 𐤌𐤋𐤊 𐤉𐤄𐤅𐤃𐤄 𐤅𐤉𐤌𐤋𐤊
𐤕𐤇𐤕𐤉𐤅•

𐤊𐤈𐤅𐤉𐤄𐤉 𐤊𐤌𐤋𐤊𐤅 𐤄𐤊𐤄 𐤀𐤕 𐤊𐤋 𐤁𐤉𐤕 𐤉𐤓𐤁𐤏𐤌 𐤋𐤀 𐤄𐤔𐤀𐤉𐤓 𐤊𐤋
𐤍𐤔𐤌𐤄 𐤋𐤉𐤓𐤁𐤏𐤌 𐤏𐤃 𐤄𐤔𐤌𐤃𐤅 𐤊𐤃𐤁𐤓 𐤉𐤄𐤅𐤄 𐤀𐤔𐤓 𐤃𐤁𐤓 𐤁𐤉𐤃 𐤏𐤁𐤃𐤅
𐤀𐤇𐤉𐤄 𐤄𐤔𐤉𐤋𐤍𐤉•

𐤋𐤏𐤋 𐤇𐤈𐤀𐤅𐤕 𐤉𐤓𐤁𐤏𐤌 𐤀𐤔𐤓 𐤇𐤈𐤀 𐤅𐤀𐤔𐤓 𐤄𐤇𐤈𐤉𐤀 𐤀𐤕 𐤉𐤔𐤓𐤀𐤋 𐤁𐤊𐤏𐤎𐤅
𐤀𐤔𐤓 𐤄𐤊𐤏𐤉𐤎 𐤀𐤕 𐤉𐤄𐤅𐤄 𐤀𐤋𐤄𐤉 𐤉𐤔𐤓𐤀𐤋•

𐤋𐤀𐤅𐤉𐤕𐤓 𐤃𐤁𐤓𐤉 𐤍𐤃𐤁 𐤅𐤊𐤋 𐤀𐤔𐤓 𐤏𐤔𐤄 𐤄𐤋𐤀 𐤄𐤌 𐤊𐤕𐤅𐤁𐤉𐤌 𐤏𐤋 𐤎𐤐𐤓
𐤃𐤁𐤓𐤉 𐤄𐤉𐤌𐤉𐤌 𐤋𐤌𐤋𐤊𐤉 𐤉𐤔𐤓𐤀𐤋•

𐤋𐤁𐤅𐤌𐤋𐤇𐤌𐤄 𐤄𐤉𐤕𐤄 𐤁𐤉𐤍 𐤀𐤎𐤀 𐤅𐤁𐤉𐤍 𐤁𐤏𐤔𐤀 𐤌𐤋𐤊 𐤉𐤔𐤓𐤀𐤋 𐤊𐤋
𐤉𐤌𐤉𐤄𐤌•

𐤋𐤂𐤁𐤔𐤍𐤕 𐤔𐤋𐤔 𐤋𐤀𐤎𐤀 𐤌𐤋𐤊 𐤉𐤄𐤅𐤃𐤄 𐤌𐤋𐤊 𐤁𐤏𐤔𐤀 𐤁𐤍 𐤀𐤇𐤉𐤄 𐤏𐤋 𐤊𐤋
𐤉𐤔𐤓𐤀𐤋 𐤁𐤕𐤓𐤑𐤄 𐤏𐤔𐤓𐤉𐤌 𐤅𐤀𐤓𐤁𐤏 𐤔𐤍𐤄•

𐤋𐤃𐤅𐤉𐤏𐤔 𐤄𐤓𐤏 𐤁𐤏𐤉𐤍𐤉 𐤉𐤄𐤅𐤄 𐤅𐤉𐤋𐤊 𐤁𐤃𐤓𐤊 𐤉𐤓𐤁𐤏𐤌 𐤅𐤁𐤇𐤈𐤀𐤕𐤅 𐤀𐤔𐤓
𐤄𐤇𐤈𐤉𐤀 𐤀𐤕 𐤉𐤔𐤓𐤀𐤋•

## 𐤐𐤓𐤒 𐤈𐤆

𐤀𐤅𐤉𐤄𐤉 𐤃𐤁𐤓 𐤉𐤄𐤅𐤄 𐤀𐤋 𐤉𐤄𐤅𐤀 𐤁𐤍 𐤇𐤍𐤍𐤉 𐤏𐤋 𐤁𐤏𐤔𐤀 𐤋𐤀𐤌𐤓•

𐤁𐤉𐤏𐤍 𐤀𐤔𐤓 𐤄𐤓𐤉𐤌𐤕𐤉𐤊 𐤌𐤍 𐤄𐤏𐤐𐤓 𐤅𐤀𐤕𐤍𐤊 𐤍𐤂𐤉𐤃 𐤏𐤋 𐤏𐤌𐤉 𐤉𐤔𐤓𐤀𐤋
𐤅𐤕𐤋𐤊 𐤁𐤃𐤓𐤊 𐤉𐤓𐤁𐤏𐤌 𐤅𐤕𐤇𐤈𐤀 𐤀𐤕 𐤏𐤌𐤉 𐤉𐤔𐤓𐤀𐤋 𐤋𐤄𐤊𐤏𐤉𐤎𐤍𐤉
𐤁𐤇𐤈𐤀𐤕𐤌•

𐤂𐤄𐤍𐤍𐤉 𐤌𐤁𐤏𐤉𐤓 𐤀𐤇𐤓𐤉 𐤁𐤏𐤔𐤀 𐤅𐤀𐤇𐤓𐤉 𐤁𐤉𐤕𐤅 𐤅𐤍𐤕𐤕𐤉 𐤀𐤕 𐤁𐤉𐤕𐤊
𐤊𐤁𐤉𐤕 𐤉𐤓𐤁𐤏𐤌 𐤁𐤍 𐤍𐤁𐤈•

𐤃𐤄𐤌𐤕 𐤋𐤁𐤏𐤔𐤀 𐤁𐤏𐤉𐤓 𐤉𐤀𐤊𐤋𐤅 𐤄𐤊𐤋𐤁𐤉𐤌 𐤅𐤄𐤌𐤕 𐤋𐤅 𐤁𐤔𐤃𐤄 𐤉𐤀𐤊𐤋𐤅
𐤏𐤅𐤐 𐤄𐤔𐤌𐤉𐤌•

𐤄𐤅𐤉𐤕𐤓 𐤃𐤁𐤓𐤉 𐤁𐤏𐤔𐤀 𐤅𐤀𐤔𐤓 𐤏𐤔𐤄 𐤅𐤂𐤁𐤅𐤓𐤕𐤅 𐤄𐤋𐤀 𐤄𐤌 𐤊𐤕𐤅𐤁𐤉𐤌 𐤏𐤋

𐤎𐤐𐤓 𐤃𐤁𐤓𐤉 𐤄𐤉𐤌𐤉𐤌 𐤋𐤌𐤋𐤊𐤉 𐤉𐤔𐤓𐤀𐤋.
𐤅 𐤅𐤉𐤔𐤊𐤁 𐤁𐤏𐤔𐤀 𐤏𐤌 𐤀𐤁𐤕𐤉𐤅 𐤅𐤉𐤒𐤁𐤓 𐤁𐤕𐤓𐤑𐤄 𐤅𐤉𐤌𐤋𐤊 𐤀𐤋𐤄 𐤁𐤍𐤅
𐤕𐤇𐤕𐤉𐤅.
𐤆 𐤅𐤂𐤌 𐤁𐤉𐤃 𐤉𐤄𐤅𐤀 𐤁𐤍 𐤇𐤍𐤍𐤉 𐤄𐤍𐤁𐤉𐤀 𐤃𐤁𐤓 𐤉𐤄𐤅𐤄 𐤄𐤉𐤄 𐤀𐤋 𐤁𐤏𐤔𐤀
𐤅𐤀𐤋 𐤁𐤉𐤕𐤅 𐤅𐤏𐤋 𐤊𐤋 𐤄𐤓𐤏𐤄 𐤀𐤔𐤓 𐤏𐤔𐤄 𐤁𐤏𐤉𐤍𐤉 𐤉𐤄𐤅𐤄 𐤋𐤄𐤊𐤏𐤉𐤎𐤅
𐤁𐤌𐤏𐤔𐤄 𐤉𐤃𐤉𐤅 𐤋𐤄𐤉𐤅𐤕 𐤊𐤁𐤉𐤕 𐤉𐤓𐤁𐤏𐤌 𐤅𐤏𐤋 𐤀𐤔𐤓 𐤄𐤊𐤄 𐤀𐤕𐤅.
𐤇 𐤁𐤔𐤍𐤕 𐤏𐤔𐤓𐤉𐤌 𐤅𐤔𐤔 𐤔𐤍𐤄 𐤋𐤀𐤎𐤀 𐤌𐤋𐤊 𐤉𐤄𐤅𐤃𐤄 𐤌𐤋𐤊 𐤀𐤋𐤄 𐤁𐤍
𐤁𐤏𐤔𐤀 𐤏𐤋 𐤉𐤔𐤓𐤀𐤋 𐤁𐤕𐤓𐤑𐤄 𐤔𐤍𐤕𐤉𐤌.
𐤈 𐤅𐤉𐤒𐤔𐤓 𐤏𐤋𐤉𐤅 𐤏𐤁𐤃𐤅 𐤆𐤌𐤓𐤉 𐤔𐤓 𐤌𐤇𐤑𐤉𐤕 𐤄𐤓𐤊𐤁 𐤅𐤄𐤅𐤀 𐤁𐤕𐤓𐤑𐤄
𐤔𐤕𐤄 𐤔𐤊𐤅𐤓 𐤁𐤉𐤕 𐤀𐤓𐤑𐤀 𐤀𐤔𐤓 𐤏𐤋 𐤄𐤁𐤉𐤕 𐤁𐤕𐤓𐤑𐤄.
𐤉 𐤅𐤉𐤁𐤀 𐤆𐤌𐤓𐤉 𐤅𐤉𐤊𐤄𐤅 𐤅𐤉𐤌𐤉𐤕𐤄𐤅 𐤁𐤔𐤍𐤕 𐤏𐤔𐤓𐤉𐤌 𐤅𐤔𐤁𐤏 𐤋𐤀𐤎𐤀
𐤌𐤋𐤊 𐤉𐤄𐤅𐤃𐤄 𐤅𐤉𐤌𐤋𐤊 𐤕𐤇𐤕𐤉𐤅.
𐤉𐤀 𐤅𐤉𐤄𐤉 𐤁𐤌𐤋𐤊𐤅 𐤊𐤔𐤁𐤕𐤅 𐤏𐤋 𐤊𐤎𐤀𐤅 𐤄𐤊𐤄 𐤀𐤕 𐤊𐤋 𐤁𐤉𐤕 𐤁𐤏𐤔𐤀 𐤋𐤀
𐤄𐤔𐤀𐤉𐤓 𐤋𐤅 𐤌𐤔𐤕𐤉𐤍 𐤁𐤒𐤉𐤓 𐤅𐤂𐤀𐤋𐤉𐤅 𐤅𐤓𐤏𐤄𐤅.
𐤉𐤁 𐤅𐤉𐤔𐤌𐤃 𐤆𐤌𐤓𐤉 𐤀𐤕 𐤊𐤋 𐤁𐤉𐤕 𐤁𐤏𐤔𐤀 𐤊𐤃𐤁𐤓 𐤉𐤄𐤅𐤄 𐤀𐤔𐤓 𐤃𐤁𐤓 𐤀𐤋
𐤁𐤏𐤔𐤀 𐤁𐤉𐤃 𐤉𐤄𐤅𐤀 𐤄𐤍𐤁𐤉𐤀.
𐤉𐤂 𐤀𐤋 𐤊𐤋 𐤇𐤈𐤀𐤅𐤕 𐤁𐤏𐤔𐤀 𐤅𐤇𐤈𐤀𐤅𐤕 𐤀𐤋𐤄 𐤁𐤍𐤅 𐤀𐤔𐤓 𐤇𐤈𐤀𐤅 𐤅𐤀𐤔𐤓
𐤄𐤇𐤈𐤉𐤀𐤅 𐤀𐤕 𐤉𐤔𐤓𐤀𐤋 𐤋𐤄𐤊𐤏𐤉𐤎 𐤀𐤕 𐤉𐤄𐤅𐤄 𐤀𐤋𐤄𐤉 𐤉𐤔𐤓𐤀𐤋
𐤁𐤄𐤁𐤋𐤉𐤄𐤌.
𐤉𐤃 𐤅𐤉𐤕𐤓 𐤃𐤁𐤓𐤉 𐤀𐤋𐤄 𐤅𐤊𐤋 𐤀𐤔𐤓 𐤏𐤔𐤄 𐤄𐤋𐤅𐤀 𐤄𐤌 𐤊𐤕𐤅𐤁𐤉𐤌 𐤏𐤋 𐤎𐤐𐤓
𐤃𐤁𐤓𐤉 𐤄𐤉𐤌𐤉𐤌 𐤋𐤌𐤋𐤊𐤉 𐤉𐤔𐤓𐤀𐤋.
𐤈𐤅 𐤁𐤔𐤍𐤕 𐤏𐤔𐤓𐤉𐤌 𐤅𐤔𐤁𐤏 𐤋𐤀𐤎𐤀 𐤌𐤋𐤊 𐤉𐤄𐤅𐤃𐤄 𐤌𐤋𐤊 𐤆𐤌𐤓𐤉
𐤔𐤁𐤏𐤕 𐤉𐤌𐤉𐤌 𐤁𐤕𐤓𐤑𐤄 𐤅𐤄𐤏𐤌 𐤇𐤍𐤉𐤌 𐤏𐤋 𐤂𐤁𐤕𐤅𐤍 𐤀𐤔𐤓 𐤋𐤐𐤋𐤔𐤕𐤉𐤌.
𐤈𐤆 𐤅𐤉𐤔𐤌𐤏 𐤄𐤏𐤌 𐤄𐤇𐤍𐤉𐤌 𐤋𐤀𐤌𐤓 𐤒𐤔𐤓 𐤆𐤌𐤓𐤉 𐤅𐤂𐤌 𐤄𐤊𐤄 𐤀𐤕 𐤄𐤌𐤋𐤊
𐤅𐤉𐤌𐤋𐤊𐤅 𐤊𐤋 𐤉𐤔𐤓𐤀𐤋 𐤀𐤕 𐤏𐤌𐤓𐤉 𐤔𐤓 𐤑𐤁𐤀 𐤏𐤋 𐤉𐤔𐤓𐤀𐤋 𐤁𐤉𐤅𐤌 𐤄𐤄𐤅𐤀
𐤁𐤌𐤇𐤍𐤄.
𐤉𐤆 𐤅𐤉𐤏𐤋𐤄 𐤏𐤌𐤓𐤉 𐤅𐤊𐤋 𐤉𐤔𐤓𐤀𐤋 𐤏𐤌𐤅 𐤌𐤂𐤁𐤕𐤅𐤍 𐤅𐤉𐤑𐤓𐤅 𐤏𐤋 𐤕𐤓𐤑𐤄.
𐤉𐤇 𐤅𐤉𐤄𐤉 𐤊𐤓𐤀𐤅𐤕 𐤆𐤌𐤓𐤉 𐤊𐤉 𐤍𐤋𐤊𐤃𐤄 𐤄𐤏𐤉𐤓 𐤅𐤉𐤁𐤀 𐤀𐤋 𐤀𐤓𐤌𐤅𐤍
𐤁𐤉𐤕 𐤄𐤌𐤋𐤊 𐤅𐤉𐤔𐤓𐤐 𐤏𐤋𐤉𐤅 𐤀𐤕 𐤁𐤉𐤕 𐤌𐤋𐤊 𐤁𐤀𐤔 𐤅𐤉𐤌𐤕.
𐤉𐤈 𐤏𐤋 𐤇𐤈𐤀𐤕𐤅 [𐤇𐤈𐤀𐤕𐤉𐤅] 𐤀𐤔𐤓 𐤇𐤈𐤀 𐤋𐤏𐤔𐤅𐤕 𐤄𐤓𐤏 𐤁𐤏𐤉𐤍𐤉 𐤉𐤄𐤅𐤄
𐤋𐤋𐤊𐤕 𐤁𐤃𐤓𐤊 𐤉𐤓𐤁𐤏𐤌 𐤅𐤁𐤇𐤈𐤀𐤕𐤅 𐤀𐤔𐤓 𐤏𐤔𐤄 𐤋𐤄𐤇𐤈𐤉𐤀 𐤀𐤕 𐤉𐤔𐤓𐤀𐤋.
𐤊 𐤅𐤉𐤕𐤓 𐤃𐤁𐤓𐤉 𐤆𐤌𐤓𐤉 𐤅𐤒𐤔𐤓𐤅 𐤀𐤔𐤓 𐤒𐤔𐤓 𐤄𐤋𐤀 𐤄𐤌 𐤊𐤕𐤅𐤁𐤉𐤌 𐤏𐤋
𐤎𐤐𐤓 𐤃𐤁𐤓𐤉 𐤄𐤉𐤌𐤉𐤌 𐤋𐤌𐤋𐤊𐤉 𐤉𐤔𐤓𐤀𐤋.

𐤊𐤀 𐤀𐤆 𐤉𐤇𐤋𐤒 𐤄𐤏𐤌 𐤉𐤔𐤓𐤀𐤋 𐤋𐤇𐤑𐤉 𐤇𐤑𐤉 𐤄𐤏𐤌 𐤄𐤉𐤄 𐤀𐤇𐤓𐤉 𐤕𐤁𐤍𐤉
𐤁𐤍 𐤂𐤉𐤍𐤕 𐤋𐤄𐤌𐤋𐤉𐤊𐤅 𐤅𐤄𐤇𐤑𐤉 𐤀𐤇𐤓𐤉 𐤏𐤌𐤓𐤉.
𐤊𐤁 𐤅𐤉𐤇𐤆𐤒 𐤄𐤏𐤌 𐤀𐤔𐤓 𐤀𐤇𐤓𐤉 𐤏𐤌𐤓𐤉 𐤀𐤕 𐤄𐤏𐤌 𐤀𐤔𐤓 𐤀𐤇𐤓𐤉 𐤕𐤁𐤍𐤉 𐤁𐤍
𐤂𐤉𐤍𐤕 𐤅𐤉𐤌𐤕 𐤕𐤁𐤍𐤉 𐤅𐤉𐤌𐤋𐤊 𐤏𐤌𐤓𐤉.
𐤊𐤂 𐤁𐤔𐤍𐤕 𐤔𐤋𐤔𐤉𐤌 𐤅𐤀𐤇𐤕 𐤔𐤍𐤄 𐤋𐤀𐤎𐤀 𐤌𐤋𐤊 𐤉𐤄𐤅𐤃𐤄 𐤌𐤋𐤊 𐤏𐤌𐤓𐤉
𐤏𐤋 𐤉𐤔𐤓𐤀𐤋 𐤔𐤕𐤉𐤌 𐤏𐤔𐤓𐤄 𐤔𐤍𐤄 𐤁𐤕𐤓𐤑𐤄 𐤌𐤋𐤊 𐤔𐤔 𐤔𐤍𐤉𐤌.
𐤊𐤃 𐤅𐤉𐤒𐤍 𐤀𐤕 𐤄𐤄𐤓 𐤔𐤌𐤓𐤅𐤍 𐤌𐤀𐤕 𐤔𐤌𐤓 𐤁𐤊𐤊𐤓𐤉𐤌 𐤊𐤎𐤐 𐤅𐤉𐤁𐤍 𐤀𐤕
𐤄𐤄𐤓 𐤅𐤉𐤒𐤓𐤀 𐤀𐤕 𐤔𐤌 𐤄𐤏𐤉𐤓 𐤀𐤔𐤓 𐤁𐤍𐤄 𐤏𐤋 𐤔𐤌 𐤔𐤌𐤓 𐤀𐤃𐤍𐤉 𐤄𐤄𐤓
𐤔𐤌𐤓𐤅𐤍.

𐤊𐤄 𐤅𐤉𐤏𐤔𐤄 𐤏𐤌𐤓𐤉 𐤄𐤓𐤏 𐤁𐤏𐤉𐤍𐤉 𐤉𐤄𐤅𐤄 𐤅𐤉𐤓𐤏 𐤌𐤊𐤋 𐤀𐤔𐤓 𐤋𐤐𐤍𐤉𐤅.
𐤊𐤅 𐤅𐤉𐤋𐤊 𐤁𐤊𐤋 𐤃𐤓𐤊 𐤉𐤓𐤁𐤏𐤌 𐤁𐤍 𐤍𐤁𐤈 𐤅𐤁𐤇𐤈𐤀𐤕𐤉𐤅 [𐤅𐤁𐤇𐤈𐤀𐤕𐤅] 𐤀𐤔𐤓
𐤄𐤇𐤈𐤉𐤀 𐤀𐤕 𐤉𐤔𐤓𐤀𐤋 𐤋𐤄𐤊𐤏𐤉𐤎 𐤀𐤕 𐤉𐤄𐤅𐤄 𐤀𐤋𐤄𐤉 𐤉𐤔𐤓𐤀𐤋
𐤁𐤄𐤁𐤋𐤉𐤄𐤌.
𐤊𐤆 𐤅𐤉𐤕𐤓 𐤃𐤁𐤓𐤉 𐤏𐤌𐤓𐤉 𐤀𐤔𐤓 𐤏𐤔𐤄 𐤅𐤂𐤁𐤅𐤓𐤕𐤅 𐤀𐤔𐤓 𐤏𐤔𐤄 𐤄𐤋𐤀 𐤄𐤌
𐤊𐤕𐤅𐤁𐤉𐤌 𐤏𐤋 𐤎𐤐𐤓 𐤃𐤁𐤓𐤉 𐤄𐤉𐤌𐤉𐤌 𐤋𐤌𐤋𐤊𐤉 𐤉𐤔𐤓𐤀𐤋.
𐤊𐤇 𐤅𐤉𐤔𐤊𐤁 𐤏𐤌𐤓𐤉 𐤏𐤌 𐤀𐤁𐤕𐤉𐤅 𐤅𐤉𐤒𐤁𐤓 𐤁𐤔𐤌𐤓𐤅𐤍 𐤅𐤉𐤌𐤋𐤊 𐤀𐤇𐤀𐤁 𐤁𐤍𐤅
𐤕𐤇𐤕𐤉𐤅.
𐤊𐤈 𐤅𐤀𐤇𐤀𐤁 𐤁𐤍 𐤏𐤌𐤓𐤉 𐤌𐤋𐤊 𐤏𐤋 𐤉𐤔𐤓𐤀𐤋 𐤁𐤔𐤍𐤕 𐤔𐤋𐤔𐤉𐤌 𐤅𐤔𐤌𐤍𐤄
𐤔𐤍𐤄 𐤋𐤀𐤎𐤀 𐤌𐤋𐤊 𐤉𐤄𐤅𐤃𐤄 𐤅𐤉𐤌𐤋𐤊 𐤀𐤇𐤀𐤁 𐤁𐤍 𐤏𐤌𐤓𐤉 𐤏𐤋 𐤉𐤔𐤓𐤀𐤋
𐤁𐤔𐤌𐤓𐤅𐤍 𐤏𐤔𐤓𐤉𐤌 𐤅𐤔𐤕𐤉𐤌 𐤔𐤍𐤄.

𐤋 𐤅𐤉𐤏𐤔 𐤀𐤇𐤀𐤁 𐤁𐤍 𐤏𐤌𐤓𐤉 𐤄𐤓𐤏 𐤁𐤏𐤉𐤍𐤉 𐤉𐤄𐤅𐤄 𐤌𐤊𐤋 𐤀𐤔𐤓 𐤋𐤐𐤍𐤉𐤅.
𐤋𐤀 𐤅𐤉𐤄𐤉 𐤄𐤍𐤒𐤋 𐤋𐤊𐤕𐤅 𐤁𐤇𐤈𐤀𐤅𐤕 𐤉𐤓𐤁𐤏𐤌 𐤁𐤍 𐤍𐤁𐤈 𐤅𐤉𐤒𐤇 𐤀𐤔𐤄 𐤀𐤕
𐤀𐤉𐤆𐤁𐤋 𐤁𐤕 𐤀𐤕𐤁𐤏𐤋 𐤌𐤋𐤊 𐤑𐤉𐤃𐤍𐤉𐤌 𐤅𐤉𐤋𐤊 𐤅𐤉𐤏𐤁𐤃 𐤀𐤕 𐤄𐤁𐤏𐤋
𐤅𐤉𐤔𐤕𐤇𐤅 𐤋𐤅.
𐤋𐤁 𐤅𐤉𐤒𐤌 𐤌𐤆𐤁𐤇 𐤋𐤁𐤏𐤋 𐤁𐤉𐤕 𐤄𐤁𐤏𐤋 𐤀𐤔𐤓 𐤁𐤍𐤄 𐤁𐤔𐤌𐤓𐤅𐤍.
𐤋𐤂 𐤅𐤉𐤏𐤔 𐤀𐤇𐤀𐤁 𐤀𐤕 𐤄𐤀𐤔𐤓𐤄 𐤅𐤉𐤅𐤎𐤐 𐤀𐤇𐤀𐤁 𐤋𐤏𐤔𐤅𐤕 𐤋𐤄𐤊𐤏𐤉𐤎 𐤀𐤕
𐤉𐤄𐤅𐤄 𐤀𐤋𐤄𐤉 𐤉𐤔𐤓𐤀𐤋 𐤌𐤊𐤋 𐤌𐤋𐤊𐤉 𐤉𐤔𐤓𐤀𐤋 𐤀𐤔𐤓 𐤄𐤉𐤅 𐤋𐤐𐤍𐤉𐤅.
𐤋𐤃 𐤁𐤉𐤌𐤉𐤅 𐤁𐤍𐤄 𐤇𐤉𐤀𐤋 𐤁𐤉𐤕 𐤄𐤀𐤋𐤉 𐤀𐤕 𐤉𐤓𐤉𐤇𐤄 𐤁𐤀𐤁𐤉𐤓𐤌 𐤁𐤊𐤓𐤅
𐤉𐤎𐤃𐤄 𐤅𐤁𐤔𐤂𐤉𐤁 [𐤅𐤁𐤔𐤂𐤅𐤁] 𐤑𐤏𐤉𐤓𐤅 𐤄𐤑𐤉𐤁 𐤃𐤋𐤕𐤉𐤄 𐤊𐤃𐤁𐤓 𐤉𐤄𐤅𐤄
𐤀𐤔𐤓 𐤃𐤁𐤓 𐤁𐤉𐤃 𐤉𐤄𐤅𐤔𐤏 𐤁𐤍 𐤍𐤅𐤍.

## 𐤐𐤓𐤒 𐤉𐤆

𐤀 𐤅𐤉𐤀𐤌𐤓 𐤀𐤋𐤉𐤄𐤅 𐤄𐤕𐤔𐤁𐤉 𐤌𐤕𐤔𐤁𐤉 𐤂𐤋𐤏𐤃 𐤀𐤋 𐤀𐤇𐤀𐤁 𐤇𐤉 𐤉𐤄𐤅𐤄

אלהי ישראל אשר עמדתי לפניו אם יהיה השנים האלה
טל ומטר כי אם לפי דברי.
ב ויהי דבר יהוה אליו לאמר.
ג לך מזה ופנית לך קדמה ונסתרת בנחל כרית אשר על פני
הירדן.
ד והיה מהנחל תשתה ואת הערבים צויתי לכלכלך שם.
ה וילך ויעש כדבר יהוה וילך וישב בנחל כרית אשר על
פני הירדן.
ו והערבים מביאים לו לחם ובשר בבקר ולחם ובשר בערב
ומן הנחל ישתה.
ז ויהי מקץ ימים וייבש הנחל כי לא היה גשם בארץ.
ח ויהי דבר יהוה אליו לאמר.
ט קום לך צרפתה אשר לצידון וישבת שם הנה צויתי שם
אשה אלמנה לכלכלך.
י ויקם וילך צרפתה ויבא אל פתח העיר והנה שם אשה
אלמנה מקששת עצים ויקרא אליה ויאמר קחי נא לי מעט
מים בכלי ואשתה.
יא ותלך לקחת ויקרא אליה ויאמר לקחי נא לי פת לחם
בידך.
יב ותאמר חי יהוה אלהיך אם יש לי מעוג כי אם מלא כף
קמח בכד ומעט שמן בצפחת והנני מקששת שנים עצים
ובאתי ועשיתיהו לי ולבני ואכלנהו ומתנו.
יג ויאמר אליה אליהו אל תיראי באי עשי כדברך אך
עשי לי משם עגה קטנה בראשנה והוצאת לי ולך ולבנך
תעשי באחרנה.
יד כי כה אמר יהוה אלהי ישראל כד הקמח לא תכלה
וצפחת השמן לא תחסר עד יום תתן [תת] יהוה גשם על פני
האדמה.
טו ותלך ותעשה כדבר אליהו ותאכל הוא [היא] והיא
[והוא] וביתה ימים.
טז כד הקמח לא כלתה וצפחת השמן לא חסר כדבר יהוה אשר
דבר ביד אליהו.
יז ויהי אחר הדברים האלה חלה בן האשה בעלת הבית

# 𐤌𐤋𐤊𐤉𐤌 𐤀

𐤅𐤉𐤄𐤉 𐤇𐤋𐤉𐤅 𐤇𐤆𐤒 𐤌𐤀𐤃 𐤏𐤃 𐤀𐤔𐤓 𐤋𐤀 𐤍𐤅𐤕𐤓𐤄 𐤁𐤅 𐤍𐤔𐤌𐤄•
𐤉𐤇 𐤅𐤕𐤀𐤌𐤓 𐤀𐤋 𐤀𐤋𐤉𐤄𐤅 𐤌𐤄 𐤋𐤉 𐤅𐤋𐤊 𐤀𐤉𐤔 𐤄𐤀𐤋𐤄𐤉𐤌 𐤁𐤀𐤕 𐤀𐤋𐤉
𐤋𐤄𐤆𐤊𐤉𐤓 𐤀𐤕 𐤏𐤅𐤍𐤉 𐤅𐤋𐤄𐤌𐤉𐤕 𐤀𐤕 𐤁𐤍𐤉•
𐤉𐤈 𐤅𐤉𐤀𐤌𐤓 𐤀𐤋𐤉𐤄 𐤕𐤍𐤉 𐤋𐤉 𐤀𐤕 𐤁𐤍𐤊 𐤅𐤉𐤒𐤇𐤄𐤅 𐤌𐤇𐤉𐤒𐤄 𐤅𐤉𐤏𐤋𐤄𐤅
𐤀𐤋 𐤄𐤏𐤋𐤉𐤄 𐤀𐤔𐤓 𐤄𐤅𐤀 𐤉𐤔𐤁 𐤔𐤌 𐤅𐤉𐤔𐤊𐤁𐤄𐤅 𐤏𐤋 𐤌𐤈𐤕𐤅•
𐤊 𐤅𐤉𐤒𐤓𐤀 𐤀𐤋 𐤉𐤄𐤅𐤄 𐤅𐤉𐤀𐤌𐤓 𐤉𐤄𐤅𐤄 𐤀𐤋𐤄𐤉 𐤄𐤂𐤌 𐤏𐤋 𐤄𐤀𐤋𐤌𐤍𐤄
𐤀𐤔𐤓 𐤀𐤍𐤉 𐤌𐤕𐤂𐤅𐤓𐤓 𐤏𐤌𐤄 𐤄𐤓𐤏𐤅𐤕 𐤋𐤄𐤌𐤉𐤕 𐤀𐤕 𐤁𐤍𐤄•
𐤊𐤀 𐤅𐤉𐤕𐤌𐤃𐤃 𐤏𐤋 𐤄𐤉𐤋𐤃 𐤔𐤋𐤔 𐤐𐤏𐤌𐤉𐤌 𐤅𐤉𐤒𐤓𐤀 𐤀𐤋 𐤉𐤄𐤅𐤄 𐤅𐤉𐤀𐤌𐤓
𐤉𐤄𐤅𐤄 𐤀𐤋𐤄𐤉 𐤕𐤔𐤁 𐤍𐤀 𐤍𐤐𐤔 𐤄𐤉𐤋𐤃 𐤄𐤆𐤄 𐤏𐤋 𐤒𐤓𐤁𐤅•
𐤊𐤁 𐤅𐤉𐤔𐤌𐤏 𐤉𐤄𐤅𐤄 𐤁𐤒𐤅𐤋 𐤀𐤋𐤉𐤄𐤅 𐤅𐤕𐤔𐤁 𐤍𐤐𐤔 𐤄𐤉𐤋𐤃 𐤏𐤋 𐤒𐤓𐤁𐤅
𐤅𐤉𐤇𐤉•
𐤊𐤂 𐤅𐤉𐤒𐤇 𐤀𐤋𐤉𐤄𐤅 𐤀𐤕 𐤄𐤉𐤋𐤃 𐤅𐤉𐤓𐤃𐤄𐤅 𐤌𐤍 𐤄𐤏𐤋𐤉𐤄 𐤄𐤁𐤉𐤕𐤄
𐤅𐤉𐤕𐤍𐤄𐤅 𐤋𐤀𐤌𐤅 𐤅𐤉𐤀𐤌𐤓 𐤀𐤋𐤉𐤄𐤅 𐤓𐤀𐤉 𐤇𐤉 𐤁𐤍𐤊•
𐤊𐤃 𐤅𐤕𐤀𐤌𐤓 𐤄𐤀𐤔𐤄 𐤀𐤋 𐤀𐤋𐤉𐤄𐤅 𐤏𐤕𐤄 𐤆𐤄 𐤉𐤃𐤏𐤕𐤉 𐤊𐤉 𐤀𐤉𐤔
𐤀𐤋𐤄𐤉𐤌 𐤀𐤕𐤄 𐤅𐤃𐤁𐤓 𐤉𐤄𐤅𐤄 𐤁𐤐𐤉𐤊 𐤀𐤌𐤕•

## 𐤐𐤓𐤒 𐤉𐤇

𐤀 𐤅𐤉𐤄𐤉 𐤉𐤌𐤉𐤌 𐤓𐤁𐤉𐤌 𐤅𐤃𐤁𐤓 𐤉𐤄𐤅𐤄 𐤄𐤉𐤄 𐤀𐤋 𐤀𐤋𐤉𐤄𐤅 𐤁𐤔𐤍𐤄
𐤄𐤔𐤋𐤉𐤔𐤉𐤕 𐤋𐤀𐤌𐤓 𐤋𐤊 𐤄𐤓𐤀𐤄 𐤀𐤋 𐤀𐤇𐤀𐤁 𐤅𐤀𐤕𐤍𐤄 𐤌𐤈𐤓 𐤏𐤋 𐤐𐤍𐤉
𐤄𐤀𐤃𐤌𐤄•
𐤁 𐤅𐤉𐤋𐤊 𐤀𐤋𐤉𐤄𐤅 𐤋𐤄𐤓𐤀𐤅𐤕 𐤀𐤋 𐤀𐤇𐤀𐤁 𐤅𐤄𐤓𐤏𐤁 𐤇𐤆𐤒 𐤁𐤔𐤌𐤓𐤅𐤍•
𐤂 𐤅𐤉𐤒𐤓𐤀 𐤀𐤇𐤀𐤁 𐤀𐤋 𐤏𐤁𐤃𐤉𐤄𐤅 𐤀𐤔𐤓 𐤏𐤋 𐤄𐤁𐤉𐤕 𐤅𐤏𐤁𐤃𐤉𐤄𐤅 𐤄𐤉𐤄 𐤉𐤓𐤀
𐤀𐤕 𐤉𐤄𐤅𐤄 𐤌𐤀𐤃•
𐤃 𐤅𐤉𐤄𐤉 𐤁𐤄𐤊𐤓𐤉𐤕 𐤀𐤉𐤆𐤁𐤋 𐤀𐤕 𐤍𐤁𐤉𐤀𐤉 𐤉𐤄𐤅𐤄 𐤅𐤉𐤒𐤇 𐤏𐤁𐤃𐤉𐤄𐤅
𐤌𐤀𐤄 𐤍𐤁𐤉𐤀𐤉𐤌 𐤅𐤉𐤇𐤁𐤉𐤀𐤌 𐤇𐤌𐤔𐤉𐤌 𐤀𐤉𐤔 𐤁𐤌𐤏𐤓𐤄 𐤅𐤊𐤋𐤊𐤋𐤌 𐤋𐤇𐤌
𐤅𐤌𐤉𐤌•
𐤄 𐤅𐤉𐤀𐤌𐤓 𐤀𐤇𐤀𐤁 𐤀𐤋 𐤏𐤁𐤃𐤉𐤄𐤅 𐤋𐤊 𐤁𐤀𐤓𐤑 𐤀𐤋 𐤊𐤋 𐤌𐤏𐤉𐤍𐤉 𐤄𐤌𐤉𐤌
𐤅𐤀𐤋 𐤊𐤋 𐤄𐤍𐤇𐤋𐤉𐤌 𐤀𐤅𐤋𐤉 𐤍𐤌𐤑𐤀 𐤇𐤑𐤉𐤓 𐤅𐤍𐤇𐤉𐤄 𐤎𐤅𐤎 𐤅𐤐𐤓𐤃 𐤅𐤋𐤅𐤀
𐤍𐤊𐤓𐤉𐤕 𐤌𐤄𐤁𐤄𐤌𐤄•
𐤅 𐤅𐤉𐤇𐤋𐤒𐤅 𐤋𐤄𐤌 𐤀𐤕 𐤄𐤀𐤓𐤑 𐤋𐤏𐤁𐤓 𐤁𐤄 𐤀𐤇𐤀𐤁 𐤄𐤋𐤊 𐤁𐤃𐤓𐤊 𐤀𐤇𐤃 𐤋𐤁𐤃𐤅
𐤅𐤏𐤁𐤃𐤉𐤄𐤅 𐤄𐤋𐤊 𐤁𐤃𐤓𐤊 𐤀𐤇𐤃 𐤋𐤁𐤃𐤅•
𐤆 𐤅𐤉𐤄𐤉 𐤏𐤁𐤃𐤉𐤄𐤅 𐤁𐤃𐤓𐤊 𐤅𐤄𐤍𐤄 𐤀𐤋𐤉𐤄𐤅 𐤋𐤒𐤓𐤀𐤕𐤅 𐤅𐤉𐤊𐤓𐤄𐤅 𐤅𐤉𐤐𐤋
𐤏𐤋 𐤐𐤍𐤉𐤅 𐤅𐤉𐤀𐤌𐤓 𐤄𐤀𐤕𐤄 𐤆𐤄 𐤀𐤃𐤍𐤉 𐤀𐤋𐤉𐤄𐤅•

𐤇𐤅𐤉𐤀𐤌𐤓 𐤋𐤅 𐤀𐤍𐤉 𐤋𐤊 𐤀𐤌𐤓 𐤋𐤀𐤃𐤍𐤉𐤊 𐤄𐤍𐤄 𐤀𐤋𐤉𐤄𐤅•
𐤈𐤅𐤉𐤀𐤌𐤓 𐤌𐤄 𐤇𐤈𐤀𐤕𐤉 𐤊𐤉 𐤀𐤕𐤄 𐤍𐤕𐤍 𐤀𐤕 𐤏𐤁𐤃𐤊 𐤁𐤉𐤃 𐤀𐤇𐤀𐤁
𐤋𐤄𐤌𐤉𐤕𐤍𐤉•
𐤉𐤇𐤉 𐤉𐤄𐤅𐤄 𐤀𐤋𐤄𐤉𐤊 𐤀𐤌 𐤉𐤔 𐤂𐤅𐤉 𐤅𐤌𐤌𐤋𐤊𐤄 𐤀𐤔𐤓 𐤋𐤀 𐤔𐤋𐤇 𐤀𐤃𐤍𐤉
𐤔𐤌 𐤋𐤁𐤒𐤔𐤊 𐤅𐤉𐤀𐤌𐤓𐤅 𐤀𐤉𐤍 𐤅𐤄𐤔𐤁𐤉𐤏 𐤀𐤕 𐤄𐤌𐤌𐤋𐤊𐤄 𐤅𐤀𐤕 𐤄𐤂𐤅𐤉 𐤊𐤉
𐤋𐤀 𐤉𐤌𐤑𐤀𐤊𐤄•
𐤉𐤀 𐤅𐤏𐤕𐤄 𐤀𐤕𐤄 𐤀𐤌𐤓 𐤋𐤊 𐤀𐤌𐤓 𐤋𐤀𐤃𐤍𐤉𐤊 𐤄𐤍𐤄 𐤀𐤋𐤉𐤄𐤅•
𐤉𐤁 𐤅𐤄𐤉𐤄 𐤀𐤍𐤉 𐤀𐤋𐤊 𐤌𐤀𐤕𐤊 𐤅𐤓𐤅𐤇 𐤉𐤄𐤅𐤄 𐤉𐤔𐤀𐤊 𐤏𐤋 𐤀𐤔𐤓 𐤋𐤀 𐤀𐤃𐤏
𐤅𐤁𐤀𐤕𐤉 𐤋𐤄𐤂𐤉𐤃 𐤋𐤀𐤇𐤀𐤁 𐤅𐤋𐤀 𐤉𐤌𐤑𐤀𐤊 𐤅𐤄𐤓𐤂𐤍𐤉 𐤅𐤏𐤁𐤃𐤊 𐤉𐤓𐤀 𐤀𐤕
𐤉𐤄𐤅𐤄 𐤌𐤍𐤏𐤓𐤉•
𐤉𐤂 𐤄𐤋𐤀 𐤄𐤂𐤃 𐤋𐤀𐤃𐤍𐤉 𐤀𐤕 𐤀𐤔𐤓 𐤏𐤔𐤉𐤕𐤉 𐤁𐤄𐤓𐤂 𐤀𐤉𐤆𐤁𐤋 𐤀𐤕
𐤍𐤁𐤉𐤀𐤉 𐤉𐤄𐤅𐤄 𐤅𐤀𐤇𐤁𐤀 𐤌𐤍𐤁𐤉𐤀𐤉 𐤉𐤄𐤅𐤄 𐤌𐤀𐤄 𐤀𐤉𐤔 𐤇𐤌𐤔𐤉𐤌
𐤇𐤌𐤔𐤉𐤌 𐤀𐤉𐤔 𐤁𐤌𐤏𐤓𐤄 𐤅𐤀𐤊𐤋𐤊𐤋𐤌 𐤋𐤇𐤌 𐤅𐤌𐤉𐤌•
𐤉𐤃 𐤅𐤏𐤕𐤄 𐤀𐤕𐤄 𐤀𐤌𐤓 𐤋𐤊 𐤀𐤌𐤓 𐤋𐤀𐤃𐤍𐤉𐤊 𐤄𐤍𐤄 𐤀𐤋𐤉𐤄𐤅 𐤅𐤄𐤓𐤂𐤍𐤉•
𐤈𐤅𐤅𐤉𐤀𐤌𐤓 𐤀𐤋𐤉𐤄𐤅 𐤇𐤉 𐤉𐤄𐤅𐤄 𐤑𐤁𐤀𐤅𐤕 𐤀𐤔𐤓 𐤏𐤌𐤃𐤕𐤉 𐤋𐤐𐤍𐤉𐤅 𐤊𐤉
𐤄𐤉𐤅𐤌 𐤀𐤓𐤀𐤄 𐤀𐤋𐤉𐤅•
𐤈𐤆 𐤅𐤉𐤋𐤊 𐤏𐤁𐤃𐤉𐤄𐤅 𐤋𐤒𐤓𐤀𐤕 𐤀𐤇𐤀𐤁 𐤅𐤉𐤂𐤃 𐤋𐤅 𐤅𐤉𐤋𐤊 𐤀𐤇𐤀𐤁 𐤋𐤒𐤓𐤀𐤕
𐤀𐤋𐤉𐤄𐤅•
𐤉𐤆 𐤅𐤉𐤄𐤉 𐤊𐤓𐤀𐤅𐤕 𐤀𐤇𐤀𐤁 𐤀𐤕 𐤀𐤋𐤉𐤄𐤅 𐤅𐤉𐤀𐤌𐤓 𐤀𐤇𐤀𐤁 𐤀𐤋𐤉𐤅 𐤄𐤀𐤕𐤄
𐤆𐤄 𐤏𐤊𐤓 𐤉𐤔𐤓𐤀𐤋•
𐤉𐤇𐤅𐤉𐤀𐤌𐤓 𐤋𐤀 𐤏𐤊𐤓𐤕𐤉 𐤀𐤕 𐤉𐤔𐤓𐤀𐤋 𐤊𐤉 𐤀𐤌 𐤀𐤕𐤄 𐤅𐤁𐤉𐤕 𐤀𐤁𐤉𐤊
𐤁𐤏𐤆𐤁𐤊𐤌 𐤀𐤕 𐤌𐤑𐤅𐤕 𐤉𐤄𐤅𐤄 𐤅𐤕𐤋𐤊 𐤀𐤇𐤓𐤉 𐤄𐤁𐤏𐤋𐤉𐤌•
𐤉𐤈𐤅𐤏𐤕𐤄 𐤔𐤋𐤇 𐤒𐤁𐤑 𐤀𐤋𐤉 𐤀𐤕 𐤊𐤋 𐤉𐤔𐤓𐤀𐤋 𐤀𐤋 𐤄𐤓 𐤄𐤊𐤓𐤌𐤋 𐤅𐤀𐤕
𐤍𐤁𐤉𐤀𐤉 𐤄𐤁𐤏𐤋 𐤀𐤓𐤁𐤏 𐤌𐤀𐤅𐤕 𐤅𐤇𐤌𐤔𐤉𐤌 𐤅𐤍𐤁𐤉𐤀𐤉 𐤄𐤀𐤔𐤓𐤄 𐤀𐤓𐤁𐤏
𐤌𐤀𐤅𐤕 𐤀𐤊𐤋𐤉 𐤔𐤋𐤇𐤍 𐤀𐤉𐤆𐤁𐤋•
𐤊 𐤅𐤉𐤔𐤋𐤇 𐤀𐤇𐤀𐤁 𐤁𐤊𐤋 𐤁𐤍𐤉 𐤉𐤔𐤓𐤀𐤋 𐤅𐤉𐤒𐤁𐤑 𐤀𐤕 𐤄𐤍𐤁𐤉𐤀𐤉𐤌 𐤀𐤋
𐤄𐤓 𐤄𐤊𐤓𐤌𐤋•
𐤊𐤀 𐤅𐤉𐤂𐤔 𐤀𐤋𐤉𐤄𐤅 𐤀𐤋 𐤊𐤋 𐤄𐤏𐤌 𐤅𐤉𐤀𐤌𐤓 𐤏𐤃 𐤌𐤕𐤉 𐤀𐤕𐤌 𐤐𐤎𐤇𐤉𐤌 𐤏𐤋
𐤔𐤕𐤉 𐤄𐤎𐤏𐤐𐤉𐤌 𐤀𐤌 𐤉𐤄𐤅𐤄 𐤄𐤀𐤋𐤄𐤉𐤌 𐤋𐤊𐤅 𐤀𐤇𐤓𐤉𐤅 𐤅𐤀𐤌 𐤄𐤁𐤏𐤋 𐤋𐤊𐤅
𐤀𐤇𐤓𐤉𐤅 𐤅𐤋𐤀 𐤏𐤍𐤅 𐤄𐤏𐤌 𐤀𐤕𐤅 𐤃𐤁𐤓•
𐤊𐤁𐤅𐤉𐤀𐤌𐤓 𐤀𐤋𐤉𐤄𐤅 𐤀𐤋 𐤄𐤏𐤌 𐤀𐤍𐤉 𐤍𐤅𐤕𐤓𐤕𐤉 𐤍𐤁𐤉𐤀 𐤋𐤉𐤄𐤅𐤄 𐤋𐤁𐤃𐤉
𐤅𐤍𐤁𐤉𐤀𐤉 𐤄𐤁𐤏𐤋 𐤀𐤓𐤁𐤏 𐤌𐤀𐤅𐤕 𐤅𐤇𐤌𐤔𐤉𐤌 𐤀𐤉𐤔•
𐤊𐤂 𐤅𐤉𐤕𐤍𐤅 𐤋𐤍𐤅 𐤔𐤍𐤉𐤌 𐤐𐤓𐤉𐤌 𐤅𐤉𐤁𐤇𐤓𐤅 𐤋𐤄𐤌 𐤄𐤐𐤓 𐤄𐤀𐤇𐤃 𐤅𐤉𐤍𐤕𐤇𐤄𐤅

וישימו על העצים ואש לא ישימו ואני אעשה את הפר
האחד ונתתי על העצים ואש לא אשים׃
כד וקראתם בשם אלהיכם ואני אקרא בשם יהוה והיה
האלהים אשר יענה באש הוא האלהים ויען כל העם
ויאמרו טוב הדבר׃
כה ויאמר אליהו לנביאי הבעל בחרו לכם הפר האחד ועשו
ראשנה כי אתם הרבים וקראו בשם אלהיכם ואש לא
תשימו׃
כו ויקחו את הפר אשר נתן להם ויעשו ויקראו בשם הבעל
מהבקר ועד הצהרים לאמר הבעל עננו ואין קול ואין ענה
ויפסחו על המזבח אשר עשה׃
כז ויהי בצהרים ויהתל בהם אליהו ויאמר קראו בקול
גדול כי אלהים הוא כי שיח וכי שיג לו וכי דרך לו
אולי ישן הוא ויקץ׃
כח ויקראו בקול גדול ויתגדדו כמשפטם בחרבות וברמחים
עד שפך דם עליהם׃
כט ויהי כעבר הצהרים ויתנבאו עד לעלות המנחה ואין
קול ואין ענה ואין קשב׃
ל ויאמר אליהו לכל העם גשו אלי ויגשו כל העם אליו
וירפא את מזבח יהוה ההרוס׃
לא ויקח אליהו שתים עשרה אבנים כמספר שבטי בני
יעקב אשר היה דבר יהוה אליו לאמר ישראל יהיה שמך׃
לב ויבנה את האבנים מזבח בשם יהוה ויעש תעלה כבית
סאתים זרע סביב למזבח׃
לג ויערך את העצים וינתח את הפר וישם על העצים׃
לד ויאמר מלאו ארבעה כדים מים ויצקו על העלה ועל
העצים ויאמר שנו וישנו ויאמר שלשו וישלשו׃
לה וילכו המים סביב למזבח וגם את התעלה מלא מים׃
לו ויהי בעלות המנחה ויגש אליהו הנביא ויאמר יהוה
אלהי אברהם יצחק וישראל היום יודע כי אתה אלהים
בישראל ואני עבדך ובדבריך [ובדברך] עשיתי את כל
הדברים האלה׃
לז ענני יהוה ענני וידעו העם הזה כי אתה יהוה

האלהים ואתה הסבת את לבם אחרנית•
לח ותפל אש יהוה ותאכל את העלה ואת העצים ואת
האבנים ואת העפר ואת המים אשר בתעלה לחכה•
לט וירא כל העם ויפלו על פניהם ויאמרו יהוה הוא
האלהים יהוה הוא האלהים•
מ ויאמר אליהו להם תפשו את נביאי הבעל איש אל ימלט
מהם ויתפשום ויורדם אליהו אל נחל קישון וישחטם שם•
מא ויאמר אליהו לאחאב עלה אכל ושתה כי קול המון
הגשם•
מב ויעלה אחאב לאכל ולשתות ואליהו עלה אל ראש הכרמל
ויגהר ארצה וישם פניו בין ברכו [ברכיו]•
מג ויאמר אל נערו עלה נא הבט דרך ים ויעל ויבט ויאמר
אין מאומה ויאמר שב שבע פעמים•
מד ויהי בשבעית ויאמר הנה עב קטנה ככף איש עלה מים
ויאמר עלה אמר אל אחאב אסר ורד ולא יעצרכה הגשם•
מה ויהי עד כה ועד כה והשמים התקדרו עבים ורוח ויהי
גשם גדול וירכב אחאב וילך יזרעאלה•
מו ויד יהוה היתה אל אליהו וישנס מתניו וירץ לפני
אחאב עד באכה יזרעאלה•

פרק יט

א ויגד אחאב לאיזבל את כל אשר עשה אליהו ואת כל אשר
הרג את כל הנביאים בחרב•
ב ותשלח איזבל מלאך אל אליהו לאמר כה יעשון אלהים
וכה יוספון כי כעת מחר אשים את נפשך כנפש אחד מהם•
ג וירא ויקם וילך אל נפשו ויבא באר שבע אשר ליהודה
וינח את נערו שם•
ד והוא הלך במדבר דרך יום ויבא וישב תחת רתם אחת [אחד]
וישאל את נפשו למות ויאמר רב עתה יהוה קח נפשי כי לא
טוב אנכי מאבתי•
ה וישכב ויישן תחת רתם אחד והנה זה מלאך נגע בו
ויאמר לו קום אכול•
ו ויבט והנה מראשתיו עגת רצפים וצפחת מים ויאכל

𐤅𐤉𐤔𐤕 𐤅𐤉𐤔𐤁 𐤅𐤉𐤔𐤊𐤁•
𐤆 𐤅𐤉𐤔𐤁 𐤌𐤋𐤀𐤊 𐤉𐤄𐤅𐤄 𐤔𐤍𐤉𐤕 𐤅𐤉𐤂𐤏 𐤁𐤅 𐤅𐤉𐤀𐤌𐤓 𐤒𐤅𐤌 𐤀𐤊𐤋 𐤊𐤉 𐤓𐤁
𐤌𐤌𐤊 𐤄𐤃𐤓𐤊•
𐤇 𐤅𐤉𐤒𐤌 𐤅𐤉𐤀𐤊𐤋 𐤅𐤉𐤔𐤕𐤄 𐤅𐤉𐤋𐤊 𐤁𐤊𐤇 𐤄𐤀𐤊𐤉𐤋𐤄 𐤄𐤄𐤉𐤀 𐤀𐤓𐤁𐤏𐤉𐤌
𐤉𐤅𐤌 𐤅𐤀𐤓𐤁𐤏𐤉𐤌 𐤋𐤉𐤋𐤄 𐤏𐤃 𐤄𐤓 𐤄𐤀𐤋𐤄𐤉𐤌 𐤇𐤓𐤁•
𐤈 𐤅𐤉𐤁𐤀 𐤔𐤌 𐤀𐤋 𐤄𐤌𐤏𐤓𐤄 𐤅𐤉𐤋𐤍 𐤔𐤌 𐤅𐤄𐤍𐤄 𐤃𐤁𐤓 𐤉𐤄𐤅𐤄 𐤀𐤋𐤉𐤅
𐤅𐤉𐤀𐤌𐤓 𐤋𐤅 𐤌𐤄 𐤋𐤊 𐤐𐤄 𐤀𐤋𐤉𐤄𐤅•
𐤉 𐤅𐤉𐤀𐤌𐤓 𐤒𐤍𐤀 𐤒𐤍𐤀𐤕𐤉 𐤋𐤉𐤄𐤅𐤄 𐤀𐤋𐤄𐤉 𐤑𐤁𐤀𐤅𐤕 𐤊𐤉 𐤏𐤆𐤁𐤅 𐤁𐤓𐤉𐤕𐤊
𐤁𐤍𐤉 𐤉𐤔𐤓𐤀𐤋 𐤀𐤕 𐤌𐤆𐤁𐤇𐤕𐤉𐤊 𐤄𐤓𐤎𐤅 𐤅𐤀𐤕 𐤍𐤁𐤉𐤀𐤉𐤊 𐤄𐤓𐤂𐤅 𐤁𐤇𐤓𐤁
𐤅𐤀𐤅𐤕𐤓 𐤀𐤍𐤉 𐤋𐤁𐤃𐤉 𐤅𐤉𐤁𐤒𐤔𐤅 𐤀𐤕 𐤍𐤐𐤔𐤉 𐤋𐤒𐤇𐤕𐤄•
𐤉𐤀 𐤅𐤉𐤀𐤌𐤓 𐤑𐤀 𐤅𐤏𐤌𐤃𐤕 𐤁𐤄𐤓 𐤋𐤐𐤍𐤉 𐤉𐤄𐤅𐤄 𐤅𐤄𐤍𐤄 𐤉𐤄𐤅𐤄 𐤏𐤁𐤓 𐤅𐤓𐤅𐤇
𐤂𐤃𐤅𐤋𐤄 𐤅𐤇𐤆𐤒 𐤌𐤐𐤓𐤒 𐤄𐤓𐤉𐤌 𐤅𐤌𐤔𐤁𐤓 𐤎𐤋𐤏𐤉𐤌 𐤋𐤐𐤍𐤉 𐤉𐤄𐤅𐤄 𐤋𐤀 𐤁𐤓𐤅𐤇
𐤉𐤄𐤅𐤄 𐤅𐤀𐤇𐤓 𐤄𐤓𐤅𐤇 𐤓𐤏𐤔 𐤋𐤀 𐤁𐤓𐤏𐤔 𐤉𐤄𐤅𐤄•
𐤉𐤁 𐤅𐤀𐤇𐤓 𐤄𐤓𐤏𐤔 𐤀𐤔 𐤋𐤀 𐤁𐤀𐤔 𐤉𐤄𐤅𐤄 𐤅𐤀𐤇𐤓 𐤄𐤀𐤔 𐤒𐤅𐤋 𐤃𐤌𐤌𐤄 𐤃𐤒𐤄•
𐤉𐤂 𐤅𐤉𐤄𐤉 𐤊𐤔𐤌𐤏 𐤀𐤋𐤉𐤄𐤅 𐤅𐤉𐤋𐤈 𐤐𐤍𐤉𐤅 𐤁𐤀𐤃𐤓𐤕𐤅 𐤅𐤉𐤑𐤀 𐤅𐤉𐤏𐤌𐤃
𐤐𐤕𐤇 𐤄𐤌𐤏𐤓𐤄 𐤅𐤄𐤍𐤄 𐤀𐤋𐤉𐤅 𐤒𐤅𐤋 𐤅𐤉𐤀𐤌𐤓 𐤌𐤄 𐤋𐤊 𐤐𐤄 𐤀𐤋𐤉𐤄𐤅•
𐤉𐤃 𐤅𐤉𐤀𐤌𐤓 𐤒𐤍𐤀 𐤒𐤍𐤀𐤕𐤉 𐤋𐤉𐤄𐤅𐤄 𐤀𐤋𐤄𐤉 𐤑𐤁𐤀𐤅𐤕 𐤊𐤉 𐤏𐤆𐤁𐤅
𐤁𐤓𐤉𐤕𐤊 𐤁𐤍𐤉 𐤉𐤔𐤓𐤀𐤋 𐤀𐤕 𐤌𐤆𐤁𐤇𐤕𐤉𐤊 𐤄𐤓𐤎𐤅 𐤅𐤀𐤕 𐤍𐤁𐤉𐤀𐤉𐤊 𐤄𐤓𐤂𐤅
𐤁𐤇𐤓𐤁 𐤅𐤀𐤅𐤕𐤓 𐤀𐤍𐤉 𐤋𐤁𐤃𐤉 𐤅𐤉𐤁𐤒𐤔𐤅 𐤀𐤕 𐤍𐤐𐤔𐤉 𐤋𐤒𐤇𐤕𐤄•
𐤈𐤅 𐤅𐤉𐤀𐤌𐤓 𐤉𐤄𐤅𐤄 𐤀𐤋𐤉𐤅 𐤋𐤊 𐤔𐤅𐤁 𐤋𐤃𐤓𐤊𐤊 𐤌𐤃𐤁𐤓𐤄 𐤃𐤌𐤔𐤒 𐤅𐤁𐤀𐤕
𐤅𐤌𐤔𐤇𐤕 𐤀𐤕 𐤇𐤆𐤀𐤋 𐤋𐤌𐤋𐤊 𐤏𐤋 𐤀𐤓𐤌•
𐤈𐤆 𐤅𐤀𐤕 𐤉𐤄𐤅𐤀 𐤁𐤍 𐤍𐤌𐤔𐤉 𐤕𐤌𐤔𐤇 𐤋𐤌𐤋𐤊 𐤏𐤋 𐤉𐤔𐤓𐤀𐤋 𐤅𐤀𐤕 𐤀𐤋𐤉𐤔𐤏
𐤁𐤍 𐤔𐤐𐤈 𐤌𐤀𐤁𐤋 𐤌𐤇𐤅𐤋𐤄 𐤕𐤌𐤔𐤇 𐤋𐤍𐤁𐤉𐤀 𐤕𐤇𐤕𐤉𐤊•
𐤉𐤆 𐤅𐤄𐤉𐤄 𐤄𐤍𐤌𐤋𐤈 𐤌𐤇𐤓𐤁 𐤇𐤆𐤀𐤋 𐤉𐤌𐤉𐤕 𐤉𐤄𐤅𐤀 𐤅𐤄𐤍𐤌𐤋𐤈 𐤌𐤇𐤓𐤁
𐤉𐤄𐤅𐤀 𐤉𐤌𐤉𐤕 𐤀𐤋𐤉𐤔𐤏•
𐤉𐤇 𐤅𐤄𐤔𐤀𐤓𐤕𐤉 𐤁𐤉𐤔𐤓𐤀𐤋 𐤔𐤁𐤏𐤕 𐤀𐤋𐤐𐤉𐤌 𐤊𐤋 𐤄𐤁𐤓𐤊𐤉𐤌 𐤀𐤔𐤓 𐤋𐤀
𐤊𐤓𐤏𐤅 𐤋𐤁𐤏𐤋 𐤅𐤊𐤋 𐤄𐤐𐤄 𐤀𐤔𐤓 𐤋𐤀 𐤍𐤔𐤒 𐤋𐤅•
𐤉𐤈 𐤅𐤉𐤋𐤊 𐤌𐤔𐤌 𐤅𐤉𐤌𐤑𐤀 𐤀𐤕 𐤀𐤋𐤉𐤔𐤏 𐤁𐤍 𐤔𐤐𐤈 𐤅𐤄𐤅𐤀 𐤇𐤓𐤔 𐤔𐤍𐤉𐤌
𐤏𐤔𐤓 𐤑𐤌𐤃𐤉𐤌 𐤋𐤐𐤍𐤉𐤅 𐤅𐤄𐤅𐤀 𐤁𐤔𐤍𐤉𐤌 𐤄𐤏𐤔𐤓 𐤅𐤉𐤏𐤁𐤓 𐤀𐤋𐤉𐤄𐤅 𐤀𐤋𐤉𐤅
𐤅𐤉𐤔𐤋𐤊 𐤀𐤃𐤓𐤕𐤅 𐤀𐤋𐤉𐤅•
𐤊 𐤅𐤉𐤏𐤆𐤁 𐤀𐤕 𐤄𐤁𐤒𐤓 𐤅𐤉𐤓𐤑 𐤀𐤇𐤓𐤉 𐤀𐤋𐤉𐤄𐤅 𐤅𐤉𐤀𐤌𐤓 𐤀𐤔𐤒𐤄 𐤍𐤀
𐤋𐤀𐤁𐤉 𐤅𐤋𐤀𐤌𐤉 𐤅𐤀𐤋𐤊𐤄 𐤀𐤇𐤓𐤉𐤊 𐤅𐤉𐤀𐤌𐤓 𐤋𐤅 𐤋𐤊 𐤔𐤅𐤁 𐤊𐤉 𐤌𐤄
𐤏𐤔𐤉𐤕𐤉 𐤋𐤊•

𐤊𐤀 𐤅𐤉𐤔𐤁 𐤌𐤀𐤇𐤓𐤉𐤅 𐤅𐤉𐤒𐤇 𐤀𐤕 𐤑𐤌𐤃 𐤄𐤁𐤒𐤓 𐤅𐤉𐤆𐤁𐤇𐤄𐤅 𐤅𐤁𐤊𐤋𐤉 𐤄𐤁𐤒𐤓 𐤁𐤔𐤋𐤌 𐤄𐤁𐤔𐤓 𐤅𐤉𐤕𐤍 𐤋𐤏𐤌 𐤅𐤉𐤀𐤊𐤋𐤅 𐤅𐤉𐤒𐤌 𐤅𐤉𐤋𐤊 𐤀𐤇𐤓𐤉 𐤀𐤋𐤉𐤄𐤅 𐤅𐤉𐤔𐤓𐤕𐤄𐤅•

𐤐𐤓𐤒 𐤊

𐤀 𐤅𐤁𐤍 𐤄𐤃𐤃 𐤌𐤋𐤊 𐤀𐤓𐤌 𐤒𐤁𐤑 𐤀𐤕 𐤊𐤋 𐤇𐤉𐤋𐤅 𐤅𐤔𐤋𐤔𐤉𐤌 𐤅𐤔𐤍𐤉𐤌 𐤌𐤋𐤊 𐤀𐤕𐤅 𐤅𐤎𐤅𐤎 𐤅𐤓𐤊𐤁 𐤅𐤉𐤏𐤋 𐤅𐤉𐤑𐤓 𐤏𐤋 𐤔𐤌𐤓𐤅𐤍 𐤅𐤉𐤋𐤇𐤌 𐤁𐤄•

𐤁 𐤅𐤉𐤔𐤋𐤇 𐤌𐤋𐤀𐤊𐤉𐤌 𐤀𐤋 𐤀𐤇𐤀𐤁 𐤌𐤋𐤊 𐤉𐤔𐤓𐤀𐤋 𐤄𐤏𐤉𐤓𐤄•

𐤂 𐤅𐤉𐤀𐤌𐤓 𐤋𐤅 𐤊𐤄 𐤀𐤌𐤓 𐤁𐤍 𐤄𐤃𐤃 𐤊𐤎𐤐𐤊 𐤅𐤆𐤄𐤁𐤊 𐤋𐤉 𐤄𐤅𐤀 𐤅𐤍𐤔𐤉𐤊 𐤅𐤁𐤍𐤉𐤊 𐤄𐤈𐤅𐤁𐤉𐤌 𐤋𐤉 𐤄𐤌•

𐤃 𐤅𐤉𐤏𐤍 𐤌𐤋𐤊 𐤉𐤔𐤓𐤀𐤋 𐤅𐤉𐤀𐤌𐤓 𐤊𐤃𐤁𐤓𐤊 𐤀𐤃𐤍𐤉 𐤄𐤌𐤋𐤊 𐤋𐤊 𐤀𐤍𐤉 𐤅𐤊𐤋 𐤀𐤔𐤓 𐤋𐤉•

𐤄 𐤅𐤉𐤔𐤁𐤅 𐤄𐤌𐤋𐤀𐤊𐤉𐤌 𐤅𐤉𐤀𐤌𐤓𐤅 𐤊𐤄 𐤀𐤌𐤓 𐤁𐤍 𐤄𐤃𐤃 𐤋𐤀𐤌𐤓 𐤊𐤉 𐤔𐤋𐤇𐤕𐤉 𐤀𐤋𐤉𐤊 𐤋𐤀𐤌𐤓 𐤊𐤎𐤐𐤊 𐤅𐤆𐤄𐤁𐤊 𐤅𐤍𐤔𐤉𐤊 𐤅𐤁𐤍𐤉𐤊 𐤋𐤉 𐤕𐤕𐤍•

𐤅 𐤊𐤉 𐤀𐤌 𐤊𐤏𐤕 𐤌𐤇𐤓 𐤀𐤔𐤋𐤇 𐤀𐤕 𐤏𐤁𐤃𐤉 𐤀𐤋𐤉𐤊 𐤅𐤇𐤐𐤔𐤅 𐤀𐤕 𐤁𐤉𐤕𐤊 𐤅𐤀𐤕 𐤁𐤕𐤉 𐤏𐤁𐤃𐤉𐤊 𐤅𐤄𐤉𐤄 𐤊𐤋 𐤌𐤇𐤌𐤃 𐤏𐤉𐤍𐤉𐤊 𐤉𐤔𐤉𐤌𐤅 𐤁𐤉𐤃𐤌 𐤅𐤋𐤒𐤇𐤅•

𐤆 𐤅𐤉𐤒𐤓𐤀 𐤌𐤋𐤊 𐤉𐤔𐤓𐤀𐤋 𐤋𐤊𐤋 𐤆𐤒𐤍𐤉 𐤄𐤀𐤓𐤑 𐤅𐤉𐤀𐤌𐤓 𐤃𐤏𐤅 𐤍𐤀 𐤅𐤓𐤀𐤅 𐤊𐤉 𐤓𐤏𐤄 𐤆𐤄 𐤌𐤁𐤒𐤔 𐤊𐤉 𐤔𐤋𐤇 𐤀𐤋𐤉 𐤋𐤍𐤔𐤉 𐤅𐤋𐤁𐤍𐤉 𐤅𐤋𐤊𐤎𐤐𐤉 𐤅𐤋𐤆𐤄𐤁𐤉 𐤅𐤋𐤀 𐤌𐤍𐤏𐤕𐤉 𐤌𐤌𐤍𐤅•

𐤇 𐤅𐤉𐤀𐤌𐤓𐤅 𐤀𐤋𐤉𐤅 𐤊𐤋 𐤄𐤆𐤒𐤍𐤉𐤌 𐤅𐤊𐤋 𐤄𐤏𐤌 𐤀𐤋 𐤕𐤔𐤌𐤏 𐤅𐤋𐤅𐤀 𐤕𐤀𐤁𐤄•

𐤈 𐤅𐤉𐤀𐤌𐤓 𐤋𐤌𐤋𐤀𐤊𐤉 𐤁𐤍 𐤄𐤃𐤃 𐤀𐤌𐤓𐤅 𐤋𐤀𐤃𐤍𐤉 𐤄𐤌𐤋𐤊 𐤊𐤋 𐤀𐤔𐤓 𐤔𐤋𐤇𐤕 𐤀𐤋 𐤏𐤁𐤃𐤊 𐤁𐤓𐤀𐤔𐤍𐤄 𐤀𐤏𐤔𐤄 𐤅𐤄𐤃𐤁𐤓 𐤄𐤆𐤄 𐤋𐤀 𐤀𐤅𐤊𐤋 𐤋𐤏𐤔𐤅𐤕 𐤅𐤉𐤋𐤊𐤅 𐤄𐤌𐤋𐤀𐤊𐤉𐤌 𐤅𐤉𐤔𐤁𐤄𐤅 𐤃𐤁𐤓•

𐤉 𐤅𐤉𐤔𐤋𐤇 𐤀𐤋𐤉𐤅 𐤁𐤍 𐤄𐤃𐤃 𐤅𐤉𐤀𐤌𐤓 𐤊𐤄 𐤉𐤏𐤔𐤅𐤍 𐤋𐤉 𐤀𐤋𐤄𐤉𐤌 𐤅𐤊𐤄 𐤉𐤅𐤎𐤐𐤅 𐤀𐤌 𐤉𐤔𐤐𐤒 𐤏𐤐𐤓 𐤔𐤌𐤓𐤅𐤍 𐤋𐤔𐤏𐤋𐤉𐤌 𐤋𐤊𐤋 𐤄𐤏𐤌 𐤀𐤔𐤓 𐤁𐤓𐤂𐤋𐤉•

𐤉𐤀 𐤅𐤉𐤏𐤍 𐤌𐤋𐤊 𐤉𐤔𐤓𐤀𐤋 𐤅𐤉𐤀𐤌𐤓 𐤃𐤁𐤓𐤅 𐤀𐤋 𐤉𐤕𐤄𐤋𐤋 𐤇𐤂𐤓 𐤊𐤌𐤐𐤕𐤇•

𐤉𐤁 𐤅𐤉𐤄𐤉 𐤊𐤔𐤌𐤏 𐤀𐤕 𐤄𐤃𐤁𐤓 𐤄𐤆𐤄 𐤅𐤄𐤅𐤀 𐤔𐤕𐤄 𐤄𐤅𐤀 𐤅𐤄𐤌𐤋𐤊𐤉𐤌 𐤁𐤎𐤊𐤅𐤕 𐤅𐤉𐤀𐤌𐤓 𐤀𐤋 𐤏𐤁𐤃𐤉𐤅 𐤔𐤉𐤌𐤅 𐤅𐤉𐤔𐤉𐤌𐤅 𐤏𐤋 𐤄𐤏𐤉𐤓•

𐤉𐤂 𐤅𐤄𐤍𐤄 𐤍𐤁𐤉𐤀 𐤀𐤇𐤃 𐤍𐤂𐤔 𐤀𐤋 𐤀𐤇𐤀𐤁 𐤌𐤋𐤊 𐤉𐤔𐤓𐤀𐤋 𐤅𐤉𐤀𐤌𐤓 𐤊𐤄 𐤀𐤌𐤓 𐤉𐤄𐤅𐤄 𐤄𐤓𐤀𐤉𐤕 𐤀𐤕 𐤊𐤋 𐤄𐤄𐤌𐤅𐤍 𐤄𐤂𐤃𐤅𐤋 𐤄𐤆𐤄 𐤄𐤍𐤍𐤉 𐤍𐤕𐤍𐤅 𐤁𐤉𐤃𐤊 𐤄𐤉𐤅𐤌 𐤅𐤉𐤃𐤏𐤕 𐤊𐤉 𐤀𐤍𐤉 𐤉𐤄𐤅𐤄•

𐤉𐤃 𐤅𐤉𐤀𐤌𐤓 𐤀𐤇𐤀𐤁 𐤁𐤌𐤉 𐤅𐤉𐤀𐤌𐤓 𐤊𐤄 𐤀𐤌𐤓 𐤉𐤄𐤅𐤄 𐤁𐤍𐤏𐤓𐤉 𐤔𐤓𐤉

𐤊𐤈 𐤅𐤉𐤇𐤍𐤅 𐤀𐤋𐤄 𐤍𐤊𐤇 𐤀𐤋𐤄 𐤔𐤁𐤏𐤕 𐤉𐤌𐤉𐤌 𐤅𐤉𐤄𐤉 𐤁𐤉𐤅𐤌 𐤄𐤔𐤁𐤉𐤏𐤉
𐤅𐤕𐤒𐤓𐤁 𐤄𐤌𐤋𐤇𐤌𐤄 𐤅𐤉𐤊𐤅 𐤁𐤍𐤉 𐤉𐤔𐤓𐤀𐤋 𐤀𐤕 𐤀𐤓𐤌 𐤌𐤀𐤄 𐤀𐤋𐤐 𐤓𐤂𐤋𐤉
𐤁𐤉𐤅𐤌 𐤀𐤇𐤃•

𐤋 𐤅𐤉𐤍𐤎𐤅 𐤄𐤍𐤅𐤕𐤓𐤉𐤌 𐤀𐤐𐤒𐤄 𐤀𐤋 𐤄𐤏𐤉𐤓 𐤅𐤕𐤐𐤋 𐤄𐤇𐤅𐤌𐤄 𐤏𐤋 𐤏𐤔𐤓𐤉𐤌
𐤅𐤔𐤁𐤏𐤄 𐤀𐤋𐤐 𐤀𐤉𐤔 𐤄𐤍𐤅𐤕𐤓𐤉𐤌 𐤅𐤁𐤍 𐤄𐤃𐤃 𐤍𐤎 𐤅𐤉𐤁𐤀 𐤀𐤋 𐤄𐤏𐤉𐤓 𐤇𐤃𐤓
𐤁𐤇𐤃𐤓•

𐤋𐤀 𐤅𐤉𐤀𐤌𐤓𐤅 𐤀𐤋𐤉𐤅 𐤏𐤁𐤃𐤉𐤅 𐤄𐤍𐤄 𐤍𐤀 𐤔𐤌𐤏𐤍𐤅 𐤊𐤉 𐤌𐤋𐤊𐤉 𐤁𐤉𐤕
𐤉𐤔𐤓𐤀𐤋 𐤊𐤉 𐤌𐤋𐤊𐤉 𐤇𐤎𐤃 𐤄𐤌 𐤍𐤔𐤉𐤌𐤄 𐤍𐤀 𐤔𐤒𐤉𐤌 𐤁𐤌𐤕𐤍𐤉𐤍𐤅
𐤅𐤇𐤁𐤋𐤉𐤌 𐤁𐤓𐤀𐤔𐤍𐤅 𐤅𐤍𐤑𐤀 𐤀𐤋 𐤌𐤋𐤊 𐤉𐤔𐤓𐤀𐤋 𐤀𐤅𐤋𐤉 𐤉𐤇𐤉𐤄 𐤀𐤕
𐤍𐤐𐤔𐤊•

𐤋𐤁 𐤅𐤉𐤇𐤂𐤓𐤅 𐤔𐤒𐤉𐤌 𐤁𐤌𐤕𐤍𐤉𐤄𐤌 𐤅𐤇𐤁𐤋𐤉𐤌 𐤁𐤓𐤀𐤔𐤉𐤄𐤌 𐤅𐤉𐤁𐤀𐤅 𐤀𐤋
𐤌𐤋𐤊 𐤉𐤔𐤓𐤀𐤋 𐤅𐤉𐤀𐤌𐤓𐤅 𐤏𐤁𐤃𐤊 𐤁𐤍 𐤄𐤃𐤃 𐤀𐤌𐤓 𐤕𐤇𐤉 𐤍𐤀 𐤍𐤐𐤔𐤉 𐤅𐤉𐤀𐤌𐤓
𐤄𐤏𐤅𐤃𐤍𐤅 𐤇𐤉 𐤀𐤇𐤉 𐤄𐤅𐤀•

𐤋𐤂 𐤅𐤄𐤀𐤍𐤔𐤉𐤌 𐤉𐤍𐤇𐤔𐤅 𐤅𐤉𐤌𐤄𐤓𐤅 𐤅𐤉𐤇𐤋𐤈𐤅 𐤄𐤌𐤌𐤍𐤅 𐤅𐤉𐤀𐤌𐤓𐤅 𐤀𐤇𐤉𐤊
𐤁𐤍 𐤄𐤃𐤃 𐤅𐤉𐤀𐤌𐤓 𐤁𐤀𐤅 𐤒𐤇𐤄𐤅 𐤅𐤉𐤑𐤀 𐤀𐤋𐤉𐤅 𐤁𐤍 𐤄𐤃𐤃 𐤅𐤉𐤏𐤋𐤄𐤅 𐤏𐤋
𐤄𐤌𐤓𐤊𐤁𐤄•

𐤋𐤃 𐤅𐤉𐤀𐤌𐤓 𐤀𐤋𐤉𐤅 𐤄𐤏𐤓𐤉𐤌 𐤀𐤔𐤓 𐤋𐤒𐤇 𐤀𐤁𐤉 𐤌𐤀𐤕 𐤀𐤁𐤉𐤊 𐤀𐤔𐤉𐤁
𐤅𐤇𐤅𐤑𐤅𐤕 𐤕𐤔𐤉𐤌 𐤋𐤊 𐤁𐤃𐤌𐤔𐤒 𐤊𐤀𐤔𐤓 𐤔𐤌 𐤀𐤁𐤉 𐤁𐤔𐤌𐤓𐤅𐤍 𐤅𐤀𐤍𐤉
𐤁𐤁𐤓𐤉𐤕 𐤀𐤔𐤋𐤇𐤊 𐤅𐤉𐤊𐤓𐤕 𐤋𐤅 𐤁𐤓𐤉𐤕 𐤅𐤉𐤔𐤋𐤇𐤄𐤅•

𐤋𐤄 𐤅𐤀𐤉𐤔 𐤀𐤇𐤃 𐤌𐤁𐤍𐤉 𐤄𐤍𐤁𐤉𐤀𐤉𐤌 𐤀𐤌𐤓 𐤀𐤋 𐤓𐤏𐤄𐤅 𐤁𐤃𐤁𐤓 𐤉𐤄𐤅𐤄
𐤄𐤊𐤉𐤍𐤉 𐤍𐤀 𐤅𐤉𐤌𐤀𐤍 𐤄𐤀𐤉𐤔 𐤋𐤄𐤊𐤕𐤅•

𐤋𐤅 𐤅𐤉𐤀𐤌𐤓 𐤋𐤅 𐤉𐤏𐤍 𐤀𐤔𐤓 𐤋𐤀 𐤔𐤌𐤏𐤕 𐤁𐤒𐤅𐤋 𐤉𐤄𐤅𐤄 𐤄𐤍𐤊 𐤄𐤅𐤋𐤊
𐤌𐤀𐤕𐤉 𐤅𐤄𐤊𐤊 𐤄𐤀𐤓𐤉𐤄 𐤅𐤉𐤋𐤊 𐤌𐤀𐤑𐤋𐤅 𐤅𐤉𐤌𐤑𐤀𐤄𐤅 𐤄𐤀𐤓𐤉𐤄 𐤅𐤉𐤊𐤄𐤅•

𐤋𐤆 𐤅𐤉𐤌𐤑𐤀 𐤀𐤉𐤔 𐤀𐤇𐤓 𐤅𐤉𐤀𐤌𐤓 𐤄𐤊𐤉𐤍𐤉 𐤍𐤀 𐤅𐤉𐤊𐤄𐤅 𐤄𐤀𐤉𐤔 𐤄𐤊𐤄
𐤅𐤐𐤑𐤏•

𐤋𐤇 𐤅𐤉𐤋𐤊 𐤄𐤍𐤁𐤉𐤀 𐤅𐤉𐤏𐤌𐤃 𐤋𐤌𐤋𐤊 𐤏𐤋 𐤄𐤃𐤓𐤊 𐤅𐤉𐤕𐤇𐤐𐤔 𐤁𐤀𐤐𐤓 𐤏𐤋
𐤏𐤉𐤍𐤉𐤅•

𐤋𐤈 𐤅𐤉𐤄𐤉 𐤄𐤌𐤋𐤊 𐤏𐤁𐤓 𐤅𐤄𐤅𐤀 𐤑𐤏𐤒 𐤀𐤋 𐤄𐤌𐤋𐤊 𐤅𐤉𐤀𐤌𐤓 𐤏𐤁𐤃𐤊 𐤉𐤑𐤀
𐤁𐤒𐤓𐤁 𐤄𐤌𐤋𐤇𐤌𐤄 𐤅𐤄𐤍𐤄 𐤀𐤉𐤔 𐤎𐤓 𐤅𐤉𐤁𐤀 𐤀𐤋𐤉 𐤀𐤉𐤔 𐤅𐤉𐤀𐤌𐤓 𐤔𐤌𐤓 𐤀𐤕
𐤄𐤀𐤉𐤔 𐤄𐤆𐤄 𐤀𐤌 𐤄𐤐𐤒𐤃 𐤉𐤐𐤒𐤃 𐤅𐤄𐤉𐤕𐤄 𐤍𐤐𐤔𐤊 𐤕𐤇𐤕 𐤍𐤐𐤔𐤅 𐤀𐤅 𐤊𐤊𐤓
𐤊𐤎𐤐 𐤕𐤔𐤒𐤅𐤋•

𐤌 𐤅𐤉𐤄𐤉 𐤏𐤁𐤃𐤊 𐤏𐤔𐤄 𐤄𐤍𐤄 𐤅𐤄𐤍𐤄 𐤅𐤄𐤅𐤀 𐤀𐤉𐤍𐤍𐤅 𐤅𐤉𐤀𐤌𐤓 𐤀𐤋𐤉𐤅
𐤌𐤋𐤊 𐤉𐤔𐤓𐤀𐤋 𐤊𐤍 𐤌𐤔𐤐𐤈𐤊 𐤀𐤕𐤄 𐤇𐤓𐤑𐤕•

𐤌𐤀 𐤅𐤉𐤌𐤄𐤓 𐤅𐤉𐤎𐤓 𐤀𐤕 𐤄𐤀𐤐𐤓 𐤌𐤏𐤋 [𐤌𐤏𐤋𐤉] 𐤏𐤉𐤍𐤉𐤅 𐤅𐤉𐤊𐤓 𐤀𐤕𐤅 𐤌𐤋𐤊
𐤉𐤔𐤓𐤀𐤋 𐤊𐤉 𐤌𐤄𐤍𐤁𐤀𐤉𐤌 𐤄𐤅𐤀•

𐤌𐤁 𐤅𐤉𐤀𐤌𐤓 𐤀𐤋𐤉𐤅 𐤊𐤄 𐤀𐤌𐤓 𐤉𐤄𐤅𐤄 𐤉𐤏𐤍 𐤔𐤋𐤇𐤕 𐤀𐤕 𐤀𐤉𐤔 𐤇𐤓𐤌𐤉
𐤌𐤉𐤃 𐤅𐤄𐤉𐤕𐤄 𐤍𐤐𐤔𐤊 𐤕𐤇𐤕 𐤍𐤐𐤔𐤅 𐤅𐤏𐤌𐤊 𐤕𐤇𐤕 𐤏𐤌𐤅•

𐤌𐤂 𐤅𐤉𐤋𐤊 𐤌𐤋𐤊 𐤉𐤔𐤓𐤀𐤋 𐤏𐤋 𐤁𐤉𐤕𐤅 𐤎𐤓 𐤅𐤆𐤏𐤐 𐤅𐤉𐤁𐤀 𐤔𐤌𐤓𐤅𐤍𐤄•

## 𐤐𐤓𐤒 𐤊𐤀

𐤀 𐤅𐤉𐤄𐤉 𐤀𐤇𐤓 𐤄𐤃𐤁𐤓𐤉𐤌 𐤄𐤀𐤋𐤄 𐤊𐤓𐤌 𐤄𐤉𐤄 𐤋𐤍𐤁𐤅𐤕 𐤄𐤉𐤆𐤓𐤏𐤀𐤋𐤉 𐤀𐤔𐤓
𐤁𐤉𐤆𐤓𐤏𐤀𐤋 𐤀𐤑𐤋 𐤄𐤉𐤊𐤋 𐤀𐤇𐤀𐤁 𐤌𐤋𐤊 𐤔𐤌𐤓𐤅𐤍•

𐤁 𐤅𐤉𐤃𐤁𐤓 𐤀𐤇𐤀𐤁 𐤀𐤋 𐤍𐤁𐤅𐤕 𐤋𐤀𐤌𐤓 𐤕𐤍𐤄 𐤋𐤉 𐤀𐤕 𐤊𐤓𐤌𐤊 𐤅𐤉𐤄𐤉 𐤋𐤉
𐤋𐤂𐤍 𐤉𐤓𐤒 𐤊𐤉 𐤄𐤅𐤀 𐤒𐤓𐤅𐤁 𐤀𐤑𐤋 𐤁𐤉𐤕𐤉 𐤅𐤀𐤕𐤍𐤄 𐤋𐤊 𐤕𐤇𐤕𐤉𐤅 𐤊𐤓𐤌 𐤈𐤅𐤁
𐤌𐤌𐤍𐤅 𐤀𐤌 𐤈𐤅𐤁 𐤁𐤏𐤉𐤍𐤉𐤊 𐤀𐤕𐤍𐤄 𐤋𐤊 𐤊𐤎𐤐 𐤌𐤇𐤉𐤓 𐤆𐤄•

𐤂 𐤅𐤉𐤀𐤌𐤓 𐤍𐤁𐤅𐤕 𐤀𐤋 𐤀𐤇𐤀𐤁 𐤇𐤋𐤉𐤋𐤄 𐤋𐤉 𐤌𐤉𐤄𐤅𐤄 𐤌𐤕𐤕𐤉 𐤀𐤕 𐤍𐤇𐤋𐤕
𐤀𐤁𐤕𐤉 𐤋𐤊•

𐤃 𐤅𐤉𐤁𐤀 𐤀𐤇𐤀𐤁 𐤀𐤋 𐤁𐤉𐤕𐤅 𐤎𐤓 𐤅𐤆𐤏𐤐 𐤏𐤋 𐤄𐤃𐤁𐤓 𐤀𐤔𐤓 𐤃𐤁𐤓 𐤀𐤋𐤉𐤅
𐤍𐤁𐤅𐤕 𐤄𐤉𐤆𐤓𐤏𐤀𐤋𐤉 𐤅𐤉𐤀𐤌𐤓 𐤋𐤀 𐤀𐤕𐤍 𐤋𐤊 𐤀𐤕 𐤍𐤇𐤋𐤕 𐤀𐤁𐤅𐤕𐤉 𐤅𐤉𐤔𐤊𐤁
𐤏𐤋 𐤌𐤈𐤕𐤅 𐤅𐤉𐤎𐤁 𐤀𐤕 𐤐𐤍𐤉𐤅 𐤅𐤋𐤀 𐤀𐤊𐤋 𐤋𐤇𐤌•

𐤄 𐤅𐤕𐤁𐤀 𐤀𐤋𐤉𐤅 𐤀𐤉𐤆𐤁𐤋 𐤀𐤔𐤕𐤅 𐤅𐤕𐤃𐤁𐤓 𐤀𐤋𐤉𐤅 𐤌𐤄 𐤆𐤄 𐤓𐤅𐤇𐤊 𐤎𐤓𐤄
𐤅𐤀𐤉𐤍𐤊 𐤀𐤊𐤋 𐤋𐤇𐤌•

𐤅 𐤅𐤉𐤃𐤁𐤓 𐤀𐤋𐤉𐤄 𐤊𐤉 𐤀𐤃𐤁𐤓 𐤀𐤋 𐤍𐤁𐤅𐤕 𐤄𐤉𐤆𐤓𐤏𐤀𐤋𐤉 𐤅𐤀𐤌𐤓 𐤋𐤅 𐤕𐤍𐤄
𐤋𐤉 𐤀𐤕 𐤊𐤓𐤌𐤊 𐤁𐤊𐤎𐤐 𐤀𐤅 𐤀𐤌 𐤇𐤐𐤑 𐤀𐤕𐤄 𐤀𐤕𐤍𐤄 𐤋𐤊 𐤊𐤓𐤌 𐤕𐤇𐤕𐤉𐤅
𐤅𐤉𐤀𐤌𐤓 𐤋𐤀 𐤀𐤕𐤍 𐤋𐤊 𐤀𐤕 𐤊𐤓𐤌𐤉•

𐤆 𐤅𐤕𐤀𐤌𐤓 𐤀𐤋𐤉𐤅 𐤀𐤉𐤆𐤁𐤋 𐤀𐤔𐤕𐤅 𐤀𐤕𐤄 𐤏𐤕𐤄 𐤕𐤏𐤔𐤄 𐤌𐤋𐤅𐤊𐤄 𐤏𐤋
𐤉𐤔𐤓𐤀𐤋 𐤒𐤅𐤌 𐤀𐤊𐤋 𐤋𐤇𐤌 𐤅𐤉𐤈𐤁 𐤋𐤁𐤊 𐤀𐤍𐤉 𐤀𐤕𐤍 𐤋𐤊 𐤀𐤕 𐤊𐤓𐤌 𐤍𐤁𐤅𐤕
𐤄𐤉𐤆𐤓𐤏𐤀𐤋𐤉•

𐤇 𐤅𐤕𐤊𐤕𐤁 𐤎𐤐𐤓𐤉𐤌 𐤁𐤔𐤌 𐤀𐤇𐤀𐤁 𐤅𐤕𐤇𐤕𐤌 𐤁𐤇𐤕𐤌𐤅 𐤅𐤕𐤔𐤋𐤇 𐤄𐤎𐤐𐤓𐤉𐤌
[𐤎𐤐𐤓𐤉𐤌] 𐤀𐤋 𐤄𐤆𐤒𐤍𐤉𐤌 𐤅𐤀𐤋 𐤄𐤇𐤓𐤉𐤌 𐤀𐤔𐤓 𐤁𐤏𐤉𐤓𐤅 𐤄𐤉𐤔𐤁𐤉𐤌 𐤀𐤕
𐤍𐤁𐤅𐤕•

𐤈 𐤅𐤕𐤊𐤕𐤁 𐤁𐤎𐤐𐤓𐤉𐤌 𐤋𐤀𐤌𐤓 𐤒𐤓𐤀𐤅 𐤑𐤅𐤌 𐤅𐤄𐤔𐤉𐤁𐤅 𐤀𐤕 𐤍𐤁𐤅𐤕 𐤁𐤓𐤀𐤔
𐤄𐤏𐤌•

𐤉 𐤅𐤄𐤅𐤔𐤉𐤁𐤅 𐤔𐤍𐤉𐤌 𐤀𐤍𐤔𐤉𐤌 𐤁𐤍𐤉 𐤁𐤋𐤉𐤏𐤋 𐤍𐤂𐤃𐤅 𐤅𐤉𐤏𐤃𐤄𐤅 𐤋𐤀𐤌𐤓
𐤁𐤓𐤊𐤕 𐤀𐤋𐤄𐤉𐤌 𐤅𐤌𐤋𐤊 𐤅𐤄𐤅𐤑𐤉𐤀𐤄𐤅 𐤅𐤎𐤒𐤋𐤄𐤅 𐤅𐤉𐤌𐤕•

𐤉𐤀 𐤅𐤉𐤏𐤔𐤅 𐤀𐤍𐤔𐤉 𐤏𐤉𐤓𐤅 𐤄𐤆𐤒𐤍𐤉𐤌 𐤅𐤄𐤇𐤓𐤉𐤌 𐤀𐤔𐤓 𐤄𐤉𐤔𐤁𐤉𐤌

𐤁𐤏𐤉𐤓𐤅 𐤊𐤀𐤔𐤓 𐤔𐤋𐤇𐤄 𐤀𐤋𐤉𐤄𐤌 𐤀𐤉𐤆𐤁𐤋 𐤊𐤀𐤔𐤓 𐤊𐤕𐤅𐤁 𐤁𐤎𐤐𐤓𐤉𐤌 𐤀𐤔𐤓
𐤔𐤋𐤇𐤄 𐤀𐤋𐤉𐤄𐤌•
𐤉𐤁 𐤒𐤓𐤀𐤅 𐤑𐤅𐤌 𐤅𐤄𐤔𐤉𐤁𐤅 𐤀𐤕 𐤍𐤁𐤅𐤕 𐤁𐤓𐤀𐤔 𐤄𐤏𐤌•
𐤉𐤂 𐤅𐤉𐤁𐤀𐤅 𐤔𐤍𐤉 𐤄𐤀𐤍𐤔𐤉𐤌 𐤁𐤍𐤉 𐤁𐤋𐤉𐤏𐤋 𐤅𐤉𐤔𐤁𐤅 𐤍𐤂𐤃𐤅 𐤅𐤉𐤏𐤃𐤄𐤅
𐤀𐤍𐤔𐤉 𐤄𐤁𐤋𐤉𐤏𐤋 𐤀𐤕 𐤍𐤁𐤅𐤕 𐤍𐤂𐤃 𐤄𐤏𐤌 𐤋𐤀𐤌𐤓 𐤁𐤓𐤊 𐤍𐤁𐤅𐤕 𐤀𐤋𐤄𐤉𐤌
𐤅𐤌𐤋𐤊 𐤅𐤉𐤑𐤀𐤄𐤅 𐤌𐤇𐤅𐤑 𐤋𐤏𐤉𐤓 𐤅𐤉𐤎𐤒𐤋𐤄𐤅 𐤁𐤀𐤁𐤍𐤉𐤌 𐤅𐤉𐤌𐤕•
𐤉𐤃 𐤅𐤉𐤔𐤋𐤇𐤅 𐤀𐤋 𐤀𐤉𐤆𐤁𐤋 𐤋𐤀𐤌𐤓 𐤎𐤒𐤋 𐤍𐤁𐤅𐤕 𐤅𐤉𐤌𐤕•
𐤈𐤅 𐤅𐤉𐤄𐤉 𐤊𐤔𐤌𐤏 𐤀𐤉𐤆𐤁𐤋 𐤊𐤉 𐤎𐤒𐤋 𐤍𐤁𐤅𐤕 𐤅𐤉𐤌𐤕 𐤅𐤕𐤀𐤌𐤓 𐤀𐤉𐤆𐤁𐤋
𐤀𐤋 𐤀𐤇𐤀𐤁 𐤒𐤅𐤌 𐤓𐤔 𐤀𐤕 𐤊𐤓𐤌 𐤍𐤁𐤅𐤕 𐤄𐤉𐤆𐤓𐤏𐤀𐤋𐤉 𐤀𐤔𐤓 𐤌𐤀𐤍 𐤋𐤕𐤕 𐤋𐤊
𐤁𐤊𐤎𐤐 𐤊𐤉 𐤀𐤉𐤍 𐤍𐤁𐤅𐤕 𐤇𐤉 𐤊𐤉 𐤌𐤕•
𐤈𐤆 𐤅𐤉𐤄𐤉 𐤊𐤔𐤌𐤏 𐤀𐤇𐤀𐤁 𐤊𐤉 𐤌𐤕 𐤍𐤁𐤅𐤕 𐤅𐤉𐤒𐤌 𐤀𐤇𐤀𐤁 𐤋𐤓𐤃𐤕 𐤀𐤋 𐤊𐤓𐤌
𐤍𐤁𐤅𐤕 𐤄𐤉𐤆𐤓𐤏𐤀𐤋𐤉 𐤋𐤓𐤔𐤕𐤅•
𐤉𐤆 𐤅𐤉𐤄𐤉 𐤃𐤁𐤓 𐤉𐤄𐤅𐤄 𐤀𐤋 𐤀𐤋𐤉𐤄𐤅 𐤄𐤕𐤔𐤁𐤉 𐤋𐤀𐤌𐤓•
𐤉𐤇 𐤒𐤅𐤌 𐤓𐤃 𐤋𐤒𐤓𐤀𐤕 𐤀𐤇𐤀𐤁 𐤌𐤋𐤊 𐤉𐤔𐤓𐤀𐤋 𐤀𐤔𐤓 𐤁𐤔𐤌𐤓𐤅𐤍 𐤄𐤍𐤄 𐤁𐤊𐤓𐤌
𐤍𐤁𐤅𐤕 𐤀𐤔𐤓 𐤉𐤓𐤃 𐤔𐤌 𐤋𐤓𐤔𐤕𐤅•
𐤉𐤈 𐤅𐤃𐤁𐤓𐤕 𐤀𐤋𐤉𐤅 𐤋𐤀𐤌𐤓 𐤊𐤄 𐤀𐤌𐤓 𐤉𐤄𐤅𐤄 𐤄𐤓𐤑𐤇𐤕 𐤅𐤂𐤌 𐤉𐤓𐤔𐤕
𐤅𐤃𐤁𐤓𐤕 𐤀𐤋𐤉𐤅 𐤋𐤀𐤌𐤓 𐤊𐤄 𐤀𐤌𐤓 𐤉𐤄𐤅𐤄 𐤁𐤌𐤒𐤅𐤌 𐤀𐤔𐤓 𐤋𐤒𐤒𐤅 𐤄𐤊𐤋𐤁𐤉𐤌
𐤀𐤕 𐤃𐤌 𐤍𐤁𐤅𐤕 𐤉𐤋𐤒𐤅 𐤄𐤊𐤋𐤁𐤉𐤌 𐤀𐤕 𐤃𐤌𐤊 𐤂𐤌 𐤀𐤕𐤄•
𐤊 𐤅𐤉𐤀𐤌𐤓 𐤀𐤇𐤀𐤁 𐤀𐤋 𐤀𐤋𐤉𐤄𐤅 𐤄𐤌𐤑𐤀𐤕𐤍𐤉 𐤀𐤉𐤁𐤉 𐤅𐤉𐤀𐤌𐤓 𐤌𐤑𐤀𐤕𐤉
𐤉𐤏𐤍 𐤄𐤕𐤌𐤊𐤓𐤊 𐤋𐤏𐤔𐤅𐤕 𐤄𐤓𐤏 𐤁𐤏𐤉𐤍𐤉 𐤉𐤄𐤅𐤄•
𐤊𐤀 𐤄𐤍𐤍𐤉 𐤌𐤁𐤉 [𐤌𐤁𐤉𐤀] 𐤀𐤋𐤉𐤊 𐤓𐤏𐤄 𐤅𐤁𐤏𐤓𐤕𐤉 𐤀𐤇𐤓𐤉𐤊 𐤅𐤄𐤊𐤓𐤕𐤉
𐤋𐤀𐤇𐤀𐤁 𐤌𐤔𐤕𐤉𐤍 𐤁𐤒𐤉𐤓 𐤅𐤏𐤑𐤅𐤓 𐤅𐤏𐤆𐤅𐤁 𐤁𐤉𐤔𐤓𐤀𐤋•
𐤊𐤁 𐤅𐤍𐤕𐤕𐤉 𐤀𐤕 𐤁𐤉𐤕𐤊 𐤊𐤁𐤉𐤕 𐤉𐤓𐤁𐤏𐤌 𐤁𐤍 𐤍𐤁𐤈 𐤅𐤊𐤁𐤉𐤕 𐤁𐤏𐤔𐤀 𐤁𐤍
𐤀𐤇𐤉𐤄 𐤀𐤋 𐤄𐤊𐤏𐤎 𐤀𐤔𐤓 𐤄𐤊𐤏𐤎𐤕 𐤅𐤕𐤇𐤈𐤀 𐤀𐤕 𐤉𐤔𐤓𐤀𐤋•
𐤊𐤂 𐤅𐤂𐤌 𐤋𐤀𐤉𐤆𐤁𐤋 𐤃𐤁𐤓 𐤉𐤄𐤅𐤄 𐤋𐤀𐤌𐤓 𐤄𐤊𐤋𐤁𐤉𐤌 𐤉𐤀𐤊𐤋𐤅 𐤀𐤕
𐤀𐤉𐤆𐤁𐤋 𐤁𐤇𐤋 𐤉𐤆𐤓𐤏𐤀𐤋•
𐤊𐤃 𐤄𐤌𐤕 𐤋𐤀𐤇𐤀𐤁 𐤁𐤏𐤉𐤓 𐤉𐤀𐤊𐤋𐤅 𐤄𐤊𐤋𐤁𐤉𐤌 𐤅𐤄𐤌𐤕 𐤁𐤔𐤃𐤄 𐤉𐤀𐤊𐤋𐤅
𐤏𐤅𐤐 𐤄𐤔𐤌𐤉𐤌•
𐤊𐤄 𐤓𐤒 𐤋𐤀 𐤄𐤉𐤄 𐤊𐤀𐤇𐤀𐤁 𐤀𐤔𐤓 𐤄𐤕𐤌𐤊𐤓 𐤋𐤏𐤔𐤅𐤕 𐤄𐤓𐤏 𐤁𐤏𐤉𐤍𐤉 𐤉𐤄𐤅𐤄
𐤀𐤔𐤓 𐤄𐤎𐤕𐤄 𐤀𐤕𐤅 𐤀𐤉𐤆𐤁𐤋 𐤀𐤔𐤕𐤅•
𐤊𐤅 𐤅𐤉𐤕𐤏𐤁 𐤌𐤀𐤃 𐤋𐤋𐤊𐤕 𐤀𐤇𐤓𐤉 𐤄𐤂𐤋𐤋𐤉𐤌 𐤊𐤊𐤋 𐤀𐤔𐤓 𐤏𐤔𐤅 𐤄𐤀𐤌𐤓𐤉
𐤀𐤔𐤓 𐤄𐤅𐤓𐤉𐤔 𐤉𐤄𐤅𐤄 𐤌𐤐𐤍𐤉 𐤁𐤍𐤉 𐤉𐤔𐤓𐤀𐤋•
𐤊𐤆 𐤅𐤉𐤄𐤉 𐤊𐤔𐤌𐤏 𐤀𐤇𐤀𐤁 𐤀𐤕 𐤄𐤃𐤁𐤓𐤉𐤌 𐤄𐤀𐤋𐤄 𐤅𐤉𐤒𐤓𐤏 𐤁𐤂𐤃𐤉𐤅

# 𐤌𐤋𐤊𐤉𐤌 𐤀

𐤅𐤉𐤔𐤌 𐤔𐤒 𐤏𐤋 𐤁𐤔𐤓𐤅 𐤅𐤉𐤑𐤅𐤌 𐤅𐤉𐤔𐤊𐤁 𐤁𐤔𐤒 𐤅𐤉𐤄𐤋𐤊 𐤀𐤈.

𐤊𐤇𐤅𐤉𐤄𐤉 𐤃𐤁𐤓 𐤉𐤄𐤅𐤄 𐤀𐤋 𐤀𐤋𐤉𐤄𐤅 𐤄𐤕𐤔𐤁𐤉 𐤋𐤀𐤌𐤓.

𐤊𐤈𐤄𐤓𐤀𐤉𐤕 𐤊𐤉 𐤍𐤊𐤍𐤏 𐤀𐤇𐤀𐤁 𐤌𐤋𐤐𐤍𐤉 𐤉𐤏𐤍 𐤊𐤉 𐤍𐤊𐤍𐤏 𐤌𐤐𐤍𐤉 𐤋𐤀 𐤀𐤁𐤉 [𐤀𐤁𐤉𐤀] 𐤄𐤓𐤏𐤄 𐤁𐤉𐤌𐤉𐤅 𐤁𐤉𐤌𐤉 𐤁𐤍𐤅 𐤀𐤁𐤉𐤀 𐤄𐤓𐤏𐤄 𐤏𐤋 𐤁𐤉𐤕𐤅.

## 𐤐𐤓𐤒 𐤊𐤁

𐤀𐤅𐤉𐤔𐤁𐤅 𐤔𐤋𐤔 𐤔𐤍𐤉𐤌 𐤀𐤉𐤍 𐤌𐤋𐤇𐤌𐤄 𐤁𐤉𐤍 𐤀𐤓𐤌 𐤅𐤁𐤉𐤍 𐤉𐤔𐤓𐤀𐤋.

𐤁𐤅𐤉𐤄𐤉 𐤁𐤔𐤍𐤄 𐤄𐤔𐤋𐤉𐤔𐤉𐤕 𐤅𐤉𐤓𐤃 𐤉𐤄𐤅𐤔𐤐𐤈 𐤌𐤋𐤊 𐤉𐤄𐤅𐤃𐤄 𐤀𐤋 𐤌𐤋𐤊 𐤉𐤔𐤓𐤀𐤋.

𐤂𐤅𐤉𐤀𐤌𐤓 𐤌𐤋𐤊 𐤉𐤔𐤓𐤀𐤋 𐤀𐤋 𐤏𐤁𐤃𐤉𐤅 𐤄𐤉𐤃𐤏𐤕𐤌 𐤊𐤉 𐤋𐤍𐤅 𐤓𐤌𐤕 𐤂𐤋𐤏𐤃 𐤅𐤀𐤍𐤇𐤍𐤅 𐤌𐤇𐤔𐤉𐤌 𐤌𐤒𐤇𐤕 𐤀𐤕𐤄 𐤌𐤉𐤃 𐤌𐤋𐤊 𐤀𐤓𐤌.

𐤃𐤅𐤉𐤀𐤌𐤓 𐤀𐤋 𐤉𐤄𐤅𐤔𐤐𐤈 𐤄𐤕𐤋𐤊 𐤀𐤕𐤉 𐤋𐤌𐤋𐤇𐤌𐤄 𐤓𐤌𐤕 𐤂𐤋𐤏𐤃 𐤅𐤉𐤀𐤌𐤓 𐤉𐤄𐤅𐤔𐤐𐤈 𐤀𐤋 𐤌𐤋𐤊 𐤉𐤔𐤓𐤀𐤋 𐤊𐤌𐤅𐤍𐤉 𐤊𐤌𐤅𐤊 𐤊𐤏𐤌𐤉 𐤊𐤏𐤌𐤊 𐤊𐤎𐤅𐤎𐤉 𐤊𐤎𐤅𐤎𐤉𐤊.

𐤄𐤅𐤉𐤀𐤌𐤓 𐤉𐤄𐤅𐤔𐤐𐤈 𐤀𐤋 𐤌𐤋𐤊 𐤉𐤔𐤓𐤀𐤋 𐤃𐤓𐤔 𐤍𐤀 𐤊𐤉𐤅𐤌 𐤀𐤕 𐤃𐤁𐤓 𐤉𐤄𐤅𐤄.

𐤅𐤅𐤉𐤒𐤁𐤑 𐤌𐤋𐤊 𐤉𐤔𐤓𐤀𐤋 𐤀𐤕 𐤄𐤍𐤁𐤉𐤀𐤉𐤌 𐤊𐤀𐤓𐤁𐤏 𐤌𐤀𐤅𐤕 𐤀𐤉𐤔 𐤅𐤉𐤀𐤌𐤓 𐤀𐤋𐤉𐤄𐤌 𐤄𐤀𐤋𐤊 𐤏𐤋 𐤓𐤌𐤕 𐤂𐤋𐤏𐤃 𐤋𐤌𐤋𐤇𐤌𐤄 𐤀𐤌 𐤀𐤇𐤃𐤋 𐤅𐤉𐤀𐤌𐤓𐤅 𐤏𐤋𐤄 𐤅𐤉𐤕𐤍 𐤀𐤃𐤍𐤉 𐤁𐤉𐤃 𐤄𐤌𐤋𐤊.

𐤆𐤅𐤉𐤀𐤌𐤓 𐤉𐤄𐤅𐤔𐤐𐤈 𐤄𐤀𐤉𐤍 𐤐𐤄 𐤍𐤁𐤉𐤀 𐤋𐤉𐤄𐤅𐤄 𐤏𐤅𐤃 𐤅𐤍𐤃𐤓𐤔𐤄 𐤌𐤀𐤅𐤕𐤅.

𐤇𐤅𐤉𐤀𐤌𐤓 𐤌𐤋𐤊 𐤉𐤔𐤓𐤀𐤋 𐤀𐤋 𐤉𐤄𐤅𐤔𐤐𐤈 𐤏𐤅𐤃 𐤀𐤉𐤔 𐤀𐤇𐤃 𐤋𐤃𐤓𐤔 𐤀𐤕 𐤉𐤄𐤅𐤄 𐤌𐤀𐤕𐤅 𐤅𐤀𐤍𐤉 𐤔𐤍𐤀𐤕𐤉𐤅 𐤊𐤉 𐤋𐤀 𐤉𐤕𐤍𐤁𐤀 𐤏𐤋𐤉 𐤈𐤅𐤁 𐤊𐤉 𐤀𐤌 𐤓𐤏 𐤌𐤉𐤊𐤉𐤄𐤅 𐤁𐤍 𐤉𐤌𐤋𐤄 𐤅𐤉𐤀𐤌𐤓 𐤉𐤄𐤅𐤔𐤐𐤈 𐤀𐤋 𐤉𐤀𐤌𐤓 𐤄𐤌𐤋𐤊 𐤊𐤍.

𐤈𐤅𐤉𐤒𐤓𐤀 𐤌𐤋𐤊 𐤉𐤔𐤓𐤀𐤋 𐤀𐤋 𐤎𐤓𐤉𐤎 𐤀𐤇𐤃 𐤅𐤉𐤀𐤌𐤓 𐤌𐤄𐤓𐤄 𐤌𐤉𐤊𐤉𐤄𐤅 𐤁𐤍 𐤉𐤌𐤋𐤄.

𐤉𐤅𐤌𐤋𐤊 𐤉𐤔𐤓𐤀𐤋 𐤅𐤉𐤄𐤅𐤔𐤐𐤈 𐤌𐤋𐤊 𐤉𐤄𐤅𐤃𐤄 𐤉𐤅𐤔𐤁𐤉𐤌 𐤀𐤉𐤔 𐤏𐤋 𐤊𐤎𐤀𐤅 𐤌𐤋𐤁𐤔𐤉𐤌 𐤁𐤂𐤃𐤉𐤌 𐤁𐤂𐤓𐤍 𐤐𐤕𐤇 𐤔𐤏𐤓 𐤔𐤌𐤓𐤅𐤍 𐤅𐤊𐤋 𐤄𐤍𐤁𐤉𐤀𐤉𐤌 𐤌𐤕𐤍𐤁𐤀𐤉𐤌 𐤋𐤐𐤍𐤉𐤄𐤌.

𐤉𐤀𐤅𐤉𐤏𐤔 𐤋𐤅 𐤑𐤃𐤒𐤉𐤄 𐤁𐤍 𐤊𐤍𐤏𐤍𐤄 𐤒𐤓𐤍𐤉 𐤁𐤓𐤆𐤋 𐤅𐤉𐤀𐤌𐤓 𐤊𐤄 𐤀𐤌𐤓 𐤉𐤄𐤅𐤄 𐤁𐤀𐤋𐤄 𐤕𐤍𐤂𐤇 𐤀𐤕 𐤀𐤓𐤌 𐤏𐤃 𐤊𐤋𐤕𐤌.

𐤉𐤁𐤅𐤊𐤋 𐤄𐤍𐤁𐤉𐤀𐤉𐤌 𐤍𐤁𐤀𐤉𐤌 𐤊𐤍 𐤋𐤀𐤌𐤓 𐤏𐤋𐤄 𐤓𐤌𐤕 𐤂𐤋𐤏𐤃 𐤅𐤄𐤑𐤋𐤇 𐤅𐤍𐤕𐤍 𐤉𐤄𐤅𐤄 𐤁𐤉𐤃 𐤄𐤌𐤋𐤊.

# 𐤌𐤋𐤊𐤉𐤌 𐤀

𐤉𐤂 𐤅𐤄𐤌𐤋𐤀𐤊 𐤀𐤔𐤓 𐤄𐤋𐤊 𐤋𐤒𐤓𐤀 𐤌𐤉𐤊𐤉𐤄𐤅 𐤃𐤁𐤓 𐤀𐤋𐤉𐤅 𐤋𐤀𐤌𐤓 𐤄𐤍𐤄
𐤍𐤀 𐤃𐤁𐤓𐤉 𐤄𐤍𐤁𐤉𐤀𐤉𐤌 𐤐𐤄 𐤀𐤇𐤃 𐤈𐤅𐤁 𐤀𐤋 𐤄𐤌𐤋𐤊 𐤉𐤄𐤉 𐤍𐤀 𐤃𐤁𐤓𐤉𐤊
[𐤃𐤁𐤓𐤊] 𐤊𐤃𐤁𐤓 𐤀𐤇𐤃 𐤌𐤄𐤌 𐤅𐤃𐤁𐤓𐤕 𐤈𐤅𐤁•
𐤉𐤃 𐤅𐤉𐤀𐤌𐤓 𐤌𐤉𐤊𐤉𐤄𐤅 𐤇𐤉 𐤉𐤄𐤅𐤄 𐤊𐤉 𐤀𐤕 𐤀𐤔𐤓 𐤉𐤀𐤌𐤓 𐤉𐤄𐤅𐤄 𐤀𐤋𐤉
𐤀𐤕𐤅 𐤀𐤃𐤁𐤓•
𐤈𐤅 𐤅𐤉𐤁𐤅𐤀 𐤀𐤋 𐤄𐤌𐤋𐤊 𐤅𐤉𐤀𐤌𐤓 𐤄𐤌𐤋𐤊 𐤀𐤋𐤉𐤅 𐤌𐤉𐤊𐤉𐤄𐤅 𐤄𐤍𐤋𐤊 𐤀𐤋
𐤓𐤌𐤕 𐤂𐤋𐤏𐤃 𐤋𐤌𐤋𐤇𐤌𐤄 𐤀𐤌 𐤍𐤇𐤃𐤋 𐤅𐤉𐤀𐤌𐤓 𐤀𐤋𐤉𐤅 𐤏𐤋𐤄 𐤅𐤄𐤑𐤋𐤇 𐤅𐤍𐤕𐤍
𐤉𐤄𐤅𐤄 𐤁𐤉𐤃 𐤄𐤌𐤋𐤊•
𐤈𐤆 𐤅𐤉𐤀𐤌𐤓 𐤀𐤋𐤉𐤅 𐤄𐤌𐤋𐤊 𐤏𐤃 𐤊𐤌𐤄 𐤐𐤏𐤌𐤉𐤌 𐤀𐤍𐤉 𐤌𐤔𐤁𐤏𐤊 𐤀𐤔𐤓 𐤋𐤀
𐤕𐤃𐤁𐤓 𐤀𐤋𐤉 𐤓𐤒 𐤀𐤌𐤕 𐤁𐤔𐤌 𐤉𐤄𐤅𐤄•
𐤉𐤆 𐤅𐤉𐤀𐤌𐤓 𐤓𐤀𐤉𐤕𐤉 𐤀𐤕 𐤊𐤋 𐤉𐤔𐤓𐤀𐤋 𐤍𐤐𐤑𐤉𐤌 𐤀𐤋 𐤄𐤄𐤓𐤉𐤌 𐤊𐤑𐤀𐤍
𐤀𐤔𐤓 𐤀𐤉𐤍 𐤋𐤄𐤌 𐤓𐤏𐤄 𐤅𐤉𐤀𐤌𐤓 𐤉𐤄𐤅𐤄 𐤋𐤀 𐤀𐤃𐤍𐤉𐤌 𐤋𐤀𐤋𐤄 𐤉𐤔𐤅𐤁𐤅
𐤀𐤉𐤔 𐤋𐤁𐤉𐤕𐤅 𐤁𐤔𐤋𐤅𐤌•
𐤉𐤇 𐤅𐤉𐤀𐤌𐤓 𐤌𐤋𐤊 𐤉𐤔𐤓𐤀𐤋 𐤀𐤋 𐤉𐤄𐤅𐤔𐤐𐤈 𐤄𐤋𐤅𐤀 𐤀𐤌𐤓𐤕𐤉 𐤀𐤋𐤉𐤊 𐤋𐤅𐤀
𐤉𐤕𐤍𐤁𐤀 𐤏𐤋𐤉 𐤈𐤅𐤁 𐤊𐤉 𐤀𐤌 𐤓𐤏•
𐤉𐤈 𐤅𐤉𐤀𐤌𐤓 𐤋𐤊𐤍 𐤔𐤌𐤏 𐤃𐤁𐤓 𐤉𐤄𐤅𐤄 𐤓𐤀𐤉𐤕𐤉 𐤀𐤕 𐤉𐤄𐤅𐤄 𐤉𐤔𐤁 𐤏𐤋
𐤊𐤎𐤀𐤅 𐤅𐤊𐤋 𐤑𐤁𐤀 𐤄𐤔𐤌𐤉𐤌 𐤏𐤌𐤃 𐤏𐤋𐤉𐤅 𐤌𐤉𐤌𐤉𐤍𐤅 𐤅𐤌𐤔𐤌𐤀𐤋𐤅•
𐤊 𐤅𐤉𐤀𐤌𐤓 𐤉𐤄𐤅𐤄 𐤌𐤉 𐤉𐤐𐤕𐤄 𐤀𐤕 𐤀𐤇𐤀𐤁 𐤅𐤉𐤏𐤋 𐤅𐤉𐤐𐤋 𐤁𐤓𐤌𐤕 𐤂𐤋𐤏𐤃
𐤅𐤉𐤀𐤌𐤓 𐤆𐤄 𐤁𐤊𐤄 𐤅𐤆𐤄 𐤀𐤌𐤓 𐤁𐤊𐤄•
𐤊𐤀 𐤅𐤉𐤑𐤀 𐤄𐤓𐤅𐤇 𐤅𐤉𐤏𐤌𐤃 𐤋𐤐𐤍𐤉 𐤉𐤄𐤅𐤄 𐤅𐤉𐤀𐤌𐤓 𐤀𐤍𐤉 𐤀𐤐𐤕𐤍𐤅
𐤅𐤉𐤀𐤌𐤓 𐤉𐤄𐤅𐤄 𐤀𐤋𐤉𐤅 𐤁𐤌𐤄•
𐤊𐤁 𐤅𐤉𐤀𐤌𐤓 𐤀𐤑𐤀 𐤅𐤄𐤉𐤉𐤕𐤉 𐤓𐤅𐤇 𐤔𐤒𐤓 𐤁𐤐𐤉 𐤊𐤋 𐤍𐤁𐤉𐤀𐤉𐤅 𐤅𐤉𐤀𐤌𐤓
𐤕𐤐𐤕𐤄 𐤅𐤂𐤌 𐤕𐤅𐤊𐤋 𐤑𐤀 𐤅𐤏𐤔𐤄 𐤊𐤍•
𐤊𐤂 𐤅𐤏𐤕𐤄 𐤄𐤍𐤄 𐤍𐤕𐤍 𐤉𐤄𐤅𐤄 𐤓𐤅𐤇 𐤔𐤒𐤓 𐤁𐤐𐤉 𐤊𐤋 𐤍𐤁𐤉𐤀𐤉𐤊 𐤀𐤋𐤄
𐤅𐤉𐤄𐤅𐤄 𐤃𐤁𐤓 𐤏𐤋𐤉𐤊 𐤓𐤏𐤄•
𐤊𐤃 𐤅𐤉𐤂𐤔 𐤑𐤃𐤒𐤉𐤄𐤅 𐤁𐤍 𐤊𐤍𐤏𐤍𐤄 𐤅𐤉𐤊𐤄 𐤀𐤕 𐤌𐤉𐤊𐤉𐤄𐤅 𐤏𐤋 𐤄𐤋𐤇𐤉
𐤅𐤉𐤀𐤌𐤓 𐤀𐤉 𐤆𐤄 𐤏𐤁𐤓 𐤓𐤅𐤇 𐤉𐤄𐤅𐤄 𐤌𐤀𐤕𐤉 𐤋𐤃𐤁𐤓 𐤀𐤅𐤕𐤊•
𐤊𐤄 𐤅𐤉𐤀𐤌𐤓 𐤌𐤉𐤊𐤉𐤄𐤅 𐤄𐤍𐤊 𐤓𐤀𐤄 𐤁𐤉𐤅𐤌 𐤄𐤄𐤅𐤀 𐤀𐤔𐤓 𐤕𐤁𐤀 𐤇𐤃𐤓 𐤁𐤇𐤃𐤓
𐤋𐤄𐤇𐤁𐤄•
𐤊𐤅 𐤅𐤉𐤀𐤌𐤓 𐤌𐤋𐤊 𐤉𐤔𐤓𐤀𐤋 𐤒𐤇 𐤀𐤕 𐤌𐤉𐤊𐤉𐤄𐤅 𐤅𐤄𐤔𐤉𐤁𐤄𐤅 𐤀𐤋 𐤀𐤌𐤍
𐤔𐤓 𐤄𐤏𐤉𐤓 𐤅𐤀𐤋 𐤉𐤅𐤀𐤔 𐤁𐤍 𐤄𐤌𐤋𐤊•
𐤊𐤆 𐤅𐤀𐤌𐤓𐤕 𐤊𐤄 𐤀𐤌𐤓 𐤄𐤌𐤋𐤊 𐤔𐤉𐤌𐤅 𐤀𐤕 𐤆𐤄 𐤁𐤉𐤕 𐤄𐤊𐤋𐤀
𐤅𐤄𐤀𐤊𐤉𐤋𐤄𐤅 𐤋𐤇𐤌 𐤋𐤇𐤑 𐤅𐤌𐤉𐤌 𐤋𐤇𐤑 𐤏𐤃 𐤁𐤀𐤉 𐤁𐤔𐤋𐤅𐤌•

# 𐤌𐤋𐤊𐤉𐤌 𐤀

𐤊𐤇 𐤅𐤉𐤀𐤌𐤓 𐤌𐤉𐤊𐤉𐤄𐤅 𐤀𐤌 𐤔𐤅𐤁 𐤕𐤔𐤅𐤁 𐤁𐤔𐤋𐤅𐤌 𐤋𐤀 𐤃𐤁𐤓 𐤉𐤄𐤅𐤄 𐤁𐤉 𐤅𐤉𐤀𐤌𐤓 𐤔𐤌𐤏𐤅 𐤏𐤌𐤉𐤌 𐤊𐤋𐤌•

𐤊𐤈 𐤅𐤉𐤏𐤋 𐤌𐤋𐤊 𐤉𐤔𐤓𐤀𐤋 𐤅𐤉𐤄𐤅𐤔𐤐𐤈 𐤌𐤋𐤊 𐤉𐤄𐤅𐤃𐤄 𐤓𐤌𐤕 𐤂𐤋𐤏𐤃•

𐤋 𐤅𐤉𐤀𐤌𐤓 𐤌𐤋𐤊 𐤉𐤔𐤓𐤀𐤋 𐤀𐤋 𐤉𐤄𐤅𐤔𐤐𐤈 𐤄𐤕𐤇𐤐𐤔 𐤅𐤁𐤀 𐤁𐤌𐤋𐤇𐤌𐤄 𐤅𐤀𐤕𐤄 𐤋𐤁𐤔 𐤁𐤂𐤃𐤉𐤊 𐤅𐤉𐤕𐤇𐤐𐤔 𐤌𐤋𐤊 𐤉𐤔𐤓𐤀𐤋 𐤅𐤉𐤁𐤅𐤀 𐤁𐤌𐤋𐤇𐤌𐤄•

𐤋𐤀 𐤅𐤌𐤋𐤊 𐤀𐤓𐤌 𐤑𐤅𐤄 𐤀𐤕 𐤔𐤓𐤉 𐤄𐤓𐤊𐤁 𐤀𐤔𐤓 𐤋𐤅 𐤔𐤋𐤔𐤉𐤌 𐤅𐤔𐤍𐤉𐤌 𐤋𐤀𐤌𐤓 𐤋𐤀 𐤕𐤋𐤇𐤌𐤅 𐤀𐤕 𐤒𐤈𐤍 𐤅𐤀𐤕 𐤂𐤃𐤅𐤋 𐤊𐤉 𐤀𐤌 𐤀𐤕 𐤌𐤋𐤊 𐤉𐤔𐤓𐤀𐤋 𐤋𐤁𐤃𐤅•

𐤋𐤁 𐤅𐤉𐤄𐤉 𐤊𐤓𐤀𐤅𐤕 𐤔𐤓𐤉 𐤄𐤓𐤊𐤁 𐤀𐤕 𐤉𐤄𐤅𐤔𐤐𐤈 𐤅𐤄𐤌𐤄 𐤀𐤌𐤓𐤅 𐤀𐤊 𐤌𐤋𐤊 𐤉𐤔𐤓𐤀𐤋 𐤄𐤅𐤀 𐤅𐤉𐤎𐤓𐤅 𐤏𐤋𐤉𐤅 𐤋𐤄𐤋𐤇𐤌 𐤅𐤉𐤆𐤏𐤒 𐤉𐤄𐤅𐤔𐤐𐤈•

𐤋𐤂 𐤅𐤉𐤄𐤉 𐤊𐤓𐤀𐤅𐤕 𐤔𐤓𐤉 𐤄𐤓𐤊𐤁 𐤊𐤉 𐤋𐤀 𐤌𐤋𐤊 𐤉𐤔𐤓𐤀𐤋 𐤄𐤅𐤀 𐤅𐤉𐤔𐤅𐤁𐤅 𐤌𐤀𐤇𐤓𐤉𐤅•

𐤋𐤃 𐤅𐤀𐤉𐤔 𐤌𐤔𐤊 𐤁𐤒𐤔𐤕 𐤋𐤕𐤌𐤅 𐤅𐤉𐤊𐤄 𐤀𐤕 𐤌𐤋𐤊 𐤉𐤔𐤓𐤀𐤋 𐤁𐤉𐤍 𐤄𐤃𐤁𐤒𐤉𐤌 𐤅𐤁𐤉𐤍 𐤄𐤔𐤓𐤉𐤍 𐤅𐤉𐤀𐤌𐤓 𐤋𐤓𐤊𐤁𐤅 𐤄𐤐𐤊 𐤉𐤃𐤊 𐤅𐤄𐤅𐤑𐤉𐤀𐤍𐤉 𐤌𐤍 𐤄𐤌𐤇𐤍𐤄 𐤊𐤉 𐤄𐤇𐤋𐤉𐤕𐤉•

𐤋𐤄 𐤅𐤕𐤏𐤋𐤄 𐤄𐤌𐤋𐤇𐤌𐤄 𐤁𐤉𐤅𐤌 𐤄𐤄𐤅𐤀 𐤅𐤄𐤌𐤋𐤊 𐤄𐤉𐤄 𐤌𐤏𐤌𐤃 𐤁𐤌𐤓𐤊𐤁𐤄 𐤍𐤊𐤇 𐤀𐤓𐤌 𐤅𐤉𐤌𐤕 𐤁𐤏𐤓𐤁 𐤅𐤉𐤑𐤒 𐤃𐤌 𐤄𐤌𐤊𐤄 𐤀𐤋 𐤇𐤉𐤒 𐤄𐤓𐤊𐤁•

𐤋𐤅 𐤅𐤉𐤏𐤁𐤓 𐤄𐤓𐤍𐤄 𐤁𐤌𐤇𐤍𐤄 𐤊𐤁𐤀 𐤄𐤔𐤌𐤔 𐤋𐤀𐤌𐤓 𐤀𐤉𐤔 𐤀𐤋 𐤏𐤉𐤓𐤅 𐤅𐤀𐤉𐤔 𐤀𐤋 𐤀𐤓𐤑𐤅•

𐤋𐤆 𐤅𐤉𐤌𐤕 𐤄𐤌𐤋𐤊 𐤅𐤉𐤁𐤅𐤀 𐤔𐤌𐤓𐤅𐤍 𐤅𐤉𐤒𐤁𐤓𐤅 𐤀𐤕 𐤄𐤌𐤋𐤊 𐤁𐤔𐤌𐤓𐤅𐤍•

𐤋𐤇 𐤅𐤉𐤔𐤈𐤐 𐤀𐤕 𐤄𐤓𐤊𐤁 𐤏𐤋 𐤁𐤓𐤊𐤕 𐤔𐤌𐤓𐤅𐤍 𐤅𐤉𐤋𐤒𐤅 𐤄𐤊𐤋𐤁𐤉𐤌 𐤀𐤕 𐤃𐤌𐤅 𐤅𐤄𐤆𐤍𐤅𐤕 𐤓𐤇𐤑𐤅 𐤊𐤃𐤁𐤓 𐤉𐤄𐤅𐤄 𐤀𐤔𐤓 𐤃𐤁𐤓•

𐤋𐤈 𐤅𐤉𐤕𐤓 𐤃𐤁𐤓𐤉 𐤀𐤇𐤀𐤁 𐤅𐤊𐤋 𐤀𐤔𐤓 𐤏𐤔𐤄 𐤅𐤁𐤉𐤕 𐤄𐤔𐤍 𐤀𐤔𐤓 𐤁𐤍𐤄 𐤅𐤊𐤋 𐤄𐤏𐤓𐤉𐤌 𐤀𐤔𐤓 𐤁𐤍𐤄 𐤄𐤋𐤅𐤀 𐤄𐤌 𐤊𐤕𐤅𐤁𐤉𐤌 𐤏𐤋 𐤎𐤐𐤓 𐤃𐤁𐤓𐤉 𐤄𐤉𐤌𐤉𐤌 𐤋𐤌𐤋𐤊𐤉 𐤉𐤔𐤓𐤀𐤋•

𐤌 𐤅𐤉𐤔𐤊𐤁 𐤀𐤇𐤀𐤁 𐤏𐤌 𐤀𐤁𐤕𐤉𐤅 𐤅𐤉𐤌𐤋𐤊 𐤀𐤇𐤆𐤉𐤄𐤅 𐤁𐤍𐤅 𐤕𐤇𐤕𐤉𐤅•

𐤌𐤀 𐤅𐤉𐤄𐤅𐤔𐤐𐤈 𐤁𐤍 𐤀𐤎𐤀 𐤌𐤋𐤊 𐤏𐤋 𐤉𐤄𐤅𐤃𐤄 𐤁𐤔𐤍𐤕 𐤀𐤓𐤁𐤏 𐤋𐤀𐤇𐤀𐤁 𐤌𐤋𐤊 𐤉𐤔𐤓𐤀𐤋•

𐤌𐤁 𐤉𐤄𐤅𐤔𐤐𐤈 𐤁𐤍 𐤔𐤋𐤔𐤉𐤌 𐤅𐤇𐤌𐤔 𐤔𐤍𐤄 𐤁𐤌𐤋𐤊𐤅 𐤅𐤏𐤔𐤓𐤉𐤌 𐤅𐤇𐤌𐤔 𐤔𐤍𐤄 𐤌𐤋𐤊 𐤁𐤉𐤓𐤅𐤔𐤋𐤌 𐤅𐤔𐤌 𐤀𐤌𐤅 𐤏𐤆𐤅𐤁𐤄 𐤁𐤕 𐤔𐤋𐤇𐤉•

𐤌𐤂 𐤅𐤉𐤋𐤊 𐤁𐤊𐤋 𐤃𐤓𐤊 𐤀𐤎𐤀 𐤀𐤁𐤉𐤅 𐤋𐤀 𐤎𐤓 𐤌𐤌𐤍𐤅 𐤋𐤏𐤔𐤅𐤕 𐤄𐤉𐤔𐤓 𐤁𐤏𐤉𐤍𐤉 𐤉𐤄𐤅𐤄•

𐤌𐤃 𐤀𐤊 𐤄𐤁𐤌𐤅𐤕 𐤋𐤀 𐤎𐤓𐤅 𐤏𐤅𐤃 𐤄𐤏𐤌 𐤌𐤆𐤁𐤇𐤉𐤌 𐤅𐤌𐤒𐤈𐤓𐤉𐤌 𐤁𐤁𐤌𐤅𐤕•

# מלכים א

מה וישלם יהושפט עם מלך ישראל•
מו ויתר דברי יהושפט וגבורתו אשר עשה ואשר נלחם הלא
הם כתובים על ספר דברי הימים למלכי יהודה•
מז ויתר הקדש אשר נשאר בימי אסא אביו בער מן הארץ•
מח ומלך אין באדום נצב מלך•
מט יהושפט עשר [עשה] אניות תרשיש ללכת אופירה לזהב
ולא הלך כי נשברה [נשברו] אניות בעציון גבר•
נ אז אמר אחזיהו בן אחאב אל יהושפט ילכו עבדי עם
עבדיך באניות ולא אבה יהושפט•
נא וישכב יהושפט עם אבתיו ויקבר עם אבתיו בעיר דוד
אביו וימלך יהורם בנו תחתיו•
נב אחזיהו בן אחאב מלך על ישראל בשמרון בשנת שבע
עשרה ליהושפט מלך יהודה וימלך על ישראל שנתים•
נג ויעש הרע בעיני יהוה וילך בדרך אביו ובדרך אמו
ובדרך ירבעם בן נבט אשר החטיא את ישראל•
נד ויעבד את הבעל וישתחוה לו ויכעס את יהוה אלהי
ישראל ככל אשר עשה אביו•

# 𐤁 𐤌𐤋𐤊𐤉𐤌

𐤐𐤓𐤒 𐤀

𐤀 𐤅𐤉𐤐𐤔𐤏 𐤌𐤅𐤀𐤁 𐤁𐤉𐤔𐤓𐤀𐤋 𐤀𐤇𐤓𐤉 𐤌𐤅𐤕 𐤀𐤇𐤀𐤁.
𐤁 𐤅𐤉𐤐𐤋 𐤀𐤇𐤆𐤉𐤄 𐤁𐤏𐤃 𐤄𐤔𐤁𐤊𐤄 𐤁𐤏𐤋𐤉𐤕𐤅 𐤀𐤔𐤓 𐤁𐤔𐤌𐤓𐤅𐤍 𐤅𐤉𐤇𐤋
𐤅𐤉𐤔𐤋𐤇 𐤌𐤋𐤀𐤊𐤉𐤌 𐤅𐤉𐤀𐤌𐤓 𐤀𐤋𐤄𐤌 𐤋𐤊𐤅 𐤃𐤓𐤔𐤅 𐤁𐤁𐤏𐤋 𐤆𐤁𐤅𐤁 𐤀𐤋𐤄𐤉
𐤏𐤒𐤓𐤅𐤍 𐤀𐤌 𐤀𐤇𐤉𐤄 𐤌𐤇𐤋𐤉 𐤆𐤄.
𐤂 𐤅𐤌𐤋𐤀𐤊 𐤉𐤄𐤅𐤄 𐤃𐤁𐤓 𐤀𐤋 𐤀𐤋𐤉𐤄 𐤄𐤕𐤔𐤁𐤉 𐤒𐤅𐤌 𐤏𐤋𐤄 𐤋𐤒𐤓𐤀𐤕
𐤌𐤋𐤀𐤊𐤉 𐤌𐤋𐤊 𐤔𐤌𐤓𐤅𐤍 𐤅𐤃𐤁𐤓 𐤀𐤋𐤄𐤌 𐤄𐤌𐤁𐤋𐤉 𐤀𐤉𐤍 𐤀𐤋𐤄𐤉𐤌
𐤁𐤉𐤔𐤓𐤀𐤋 𐤀𐤕𐤌 𐤄𐤋𐤊𐤉𐤌 𐤋𐤃𐤓𐤔 𐤁𐤁𐤏𐤋 𐤆𐤁𐤅𐤁 𐤀𐤋𐤄𐤉 𐤏𐤒𐤓𐤅𐤍.
𐤃 𐤅𐤋𐤊𐤍 𐤊𐤄 𐤀𐤌𐤓 𐤉𐤄𐤅𐤄 𐤄𐤌𐤈𐤄 𐤀𐤔𐤓 𐤏𐤋𐤉𐤕 𐤔𐤌 𐤋𐤀 𐤕𐤓𐤃 𐤌𐤌𐤍𐤄
𐤊𐤉 𐤌𐤅𐤕 𐤕𐤌𐤅𐤕 𐤅𐤉𐤋𐤊 𐤀𐤋𐤉𐤄.
𐤄 𐤅𐤉𐤔𐤁𐤅 𐤄𐤌𐤋𐤀𐤊𐤉𐤌 𐤀𐤋𐤉𐤅 𐤅𐤉𐤀𐤌𐤓 𐤀𐤋𐤉𐤄𐤌 𐤌𐤄 𐤆𐤄 𐤔𐤁𐤕𐤌.
𐤅 𐤅𐤉𐤀𐤌𐤓𐤅 𐤀𐤋𐤉𐤅 𐤀𐤉𐤔 𐤏𐤋𐤄 𐤋𐤒𐤓𐤀𐤕𐤍𐤅 𐤅𐤉𐤀𐤌𐤓 𐤀𐤋𐤉𐤍𐤅 𐤋𐤊𐤅
𐤔𐤅𐤁𐤅 𐤀𐤋 𐤄𐤌𐤋𐤊 𐤀𐤔𐤓 𐤔𐤋𐤇 𐤀𐤕𐤊𐤌 𐤅𐤃𐤁𐤓𐤕𐤌 𐤀𐤋𐤉𐤅 𐤊𐤄 𐤀𐤌𐤓 𐤉𐤄𐤅𐤄
𐤄𐤌𐤁𐤋𐤉 𐤀𐤉𐤍 𐤀𐤋𐤄𐤉𐤌 𐤁𐤉𐤔𐤓𐤀𐤋 𐤀𐤕𐤄 𐤔𐤋𐤇 𐤋𐤃𐤓𐤔 𐤁𐤁𐤏𐤋 𐤆𐤁𐤅𐤁
𐤀𐤋𐤄𐤉 𐤏𐤒𐤓𐤅𐤍 𐤋𐤊𐤍 𐤄𐤌𐤈𐤄 𐤀𐤔𐤓 𐤏𐤋𐤉𐤕 𐤔𐤌 𐤋𐤀 𐤕𐤓𐤃 𐤌𐤌𐤍𐤄 𐤊𐤉
𐤌𐤅𐤕 𐤕𐤌𐤅𐤕.
𐤆 𐤅𐤉𐤃𐤁𐤓 𐤀𐤋𐤄𐤌 𐤌𐤄 𐤌𐤔𐤐𐤈 𐤄𐤀𐤉𐤔 𐤀𐤔𐤓 𐤏𐤋𐤄 𐤋𐤒𐤓𐤀𐤕𐤊𐤌 𐤅𐤉𐤃𐤁𐤓
𐤀𐤋𐤉𐤊𐤌 𐤀𐤕 𐤄𐤃𐤁𐤓𐤉𐤌 𐤄𐤀𐤋𐤄.
𐤇 𐤅𐤉𐤀𐤌𐤓𐤅 𐤀𐤋𐤉𐤅 𐤀𐤉𐤔 𐤁𐤏𐤋 𐤔𐤏𐤓 𐤅𐤀𐤆𐤅𐤓 𐤏𐤅𐤓 𐤀𐤆𐤅𐤓 𐤁𐤌𐤕𐤍𐤉𐤅
𐤅𐤉𐤀𐤌𐤓 𐤀𐤋𐤉𐤄 𐤄𐤕𐤔𐤁𐤉 𐤄𐤅𐤀.
𐤈 𐤅𐤉𐤔𐤋𐤇 𐤀𐤋𐤉𐤅 𐤔𐤓 𐤇𐤌𐤔𐤉𐤌 𐤅𐤇𐤌𐤔𐤉𐤅 𐤅𐤉𐤏𐤋 𐤀𐤋𐤉𐤅 𐤅𐤄𐤍𐤄 𐤉𐤔𐤁
𐤏𐤋 𐤓𐤀𐤔 𐤄𐤄𐤓 𐤅𐤉𐤃𐤁𐤓 𐤀𐤋𐤉𐤅 𐤀𐤉𐤔 𐤄𐤀𐤋𐤄𐤉𐤌 𐤄𐤌𐤋𐤊 𐤃𐤁𐤓 𐤓𐤃𐤄.
𐤉 𐤅𐤉𐤏𐤍 𐤀𐤋𐤉𐤄𐤅 𐤅𐤉𐤃𐤁𐤓 𐤀𐤋 𐤔𐤓 𐤄𐤇𐤌𐤔𐤉𐤌 𐤅𐤀𐤌 𐤀𐤉𐤔 𐤀𐤋𐤄𐤉𐤌
𐤀𐤍𐤉 𐤕𐤓𐤃 𐤀𐤔 𐤌𐤍 𐤄𐤔𐤌𐤉𐤌 𐤅𐤕𐤀𐤊𐤋 𐤀𐤕𐤊 𐤅𐤀𐤕 𐤇𐤌𐤔𐤉𐤊 𐤅𐤕𐤓𐤃 𐤀𐤔
𐤌𐤍 𐤄𐤔𐤌𐤉𐤌 𐤅𐤕𐤀𐤊𐤋 𐤀𐤕𐤅 𐤅𐤀𐤕 𐤇𐤌𐤔𐤉𐤅.
𐤉𐤀 𐤅𐤉𐤔𐤁 𐤅𐤉𐤔𐤋𐤇 𐤀𐤋𐤉𐤅 𐤔𐤓 𐤇𐤌𐤔𐤉𐤌 𐤀𐤇𐤓 𐤅𐤇𐤌𐤔𐤉𐤅 𐤅𐤉𐤏𐤍 𐤅𐤉𐤃𐤁𐤓
𐤀𐤋𐤉𐤅 𐤀𐤉𐤔 𐤄𐤀𐤋𐤄𐤉𐤌 𐤊𐤄 𐤀𐤌𐤓 𐤄𐤌𐤋𐤊 𐤌𐤄𐤓𐤄 𐤓𐤃𐤄.
𐤉𐤁 𐤅𐤉𐤏𐤍 𐤀𐤋𐤉𐤄 𐤅𐤉𐤃𐤁𐤓 𐤀𐤋𐤄𐤌 𐤀𐤌 𐤀𐤉𐤔 𐤄𐤀𐤋𐤄𐤉𐤌 𐤀𐤍𐤉 𐤕𐤓𐤃
𐤀𐤔 𐤌𐤍 𐤄𐤔𐤌𐤉𐤌 𐤅𐤕𐤀𐤊𐤋 𐤀𐤕𐤊 𐤅𐤀𐤕 𐤇𐤌𐤔𐤉𐤊 𐤅𐤕𐤓𐤃 𐤀𐤔 𐤀𐤋𐤄𐤉𐤌 𐤌𐤍
𐤄𐤔𐤌𐤉𐤌 𐤅𐤕𐤀𐤊𐤋 𐤀𐤕𐤅 𐤅𐤀𐤕 𐤇𐤌𐤔𐤉𐤅.
𐤉𐤂 𐤅𐤉𐤔𐤁 𐤅𐤉𐤔𐤋𐤇 𐤔𐤓 𐤇𐤌𐤔𐤉𐤌 𐤔𐤋𐤔𐤉𐤌 𐤅𐤇𐤌𐤔𐤉𐤅 𐤅𐤉𐤏𐤋 𐤅𐤉𐤁𐤀
𐤔𐤓 𐤄𐤇𐤌𐤔𐤉𐤌 𐤄𐤔𐤋𐤉𐤔𐤉 𐤅𐤉𐤊𐤓𐤏 𐤏𐤋 𐤁𐤓𐤊𐤉𐤅 𐤋𐤍𐤂𐤃 𐤀𐤋𐤉𐤄𐤅
𐤅𐤉𐤕𐤇𐤍𐤍 𐤀𐤋𐤉𐤅 𐤅𐤉𐤃𐤁𐤓 𐤀𐤋𐤉𐤅 𐤀𐤉𐤔 𐤄𐤀𐤋𐤄𐤉𐤌 𐤕𐤉𐤒𐤓 𐤍𐤀 𐤍𐤐𐤔𐤉

𐤅𐤍𐤐𐤔 𐤏𐤁𐤃𐤉𐤊 𐤀𐤋𐤄 𐤇𐤌𐤔𐤉𐤌 𐤁𐤏𐤉𐤍𐤉𐤊•
𐤉𐤃 𐤄𐤍𐤄 𐤉𐤓𐤃𐤄 𐤀𐤔 𐤌𐤍 𐤄𐤔𐤌𐤉𐤌 𐤅𐤕𐤀𐤊𐤋 𐤀𐤕 𐤔𐤍𐤉 𐤔𐤓𐤉 𐤄𐤇𐤌𐤔𐤉𐤌
𐤄𐤓𐤀𐤔𐤍𐤉𐤌 𐤅𐤀𐤕 𐤇𐤌𐤔𐤉𐤄𐤌 𐤅𐤏𐤕𐤄 𐤕𐤉𐤒𐤓 𐤍𐤐𐤔𐤉 𐤁𐤏𐤉𐤍𐤉𐤊•
𐤈𐤅 𐤅𐤉𐤃𐤁𐤓 𐤌𐤋𐤀𐤊 𐤉𐤄𐤅𐤄 𐤀𐤋 𐤀𐤋𐤉𐤄𐤅 𐤓𐤃 𐤀𐤅𐤕𐤅 𐤀𐤋 𐤕𐤉𐤓𐤀 𐤌𐤐𐤍𐤉𐤅
𐤅𐤉𐤒𐤌 𐤅𐤉𐤓𐤃 𐤀𐤅𐤕𐤅 𐤀𐤋 𐤄𐤌𐤋𐤊•
𐤈𐤆 𐤅𐤉𐤃𐤁𐤓 𐤀𐤋𐤉𐤅 𐤊𐤄 𐤀𐤌𐤓 𐤉𐤄𐤅𐤄 𐤉𐤏𐤍 𐤀𐤔𐤓 𐤔𐤋𐤇𐤕 𐤌𐤋𐤀𐤊𐤉𐤌
𐤋𐤃𐤓𐤔 𐤁𐤁𐤏𐤋 𐤆𐤁𐤅𐤁 𐤀𐤋𐤄𐤉 𐤏𐤒𐤓𐤅𐤍 𐤄𐤌𐤁𐤋𐤉 𐤀𐤉𐤍 𐤀𐤋𐤄𐤉𐤌 𐤁𐤉𐤔𐤓𐤀𐤋
𐤋𐤃𐤓𐤔 𐤁𐤃𐤁𐤓𐤅 𐤋𐤊𐤍 𐤄𐤌𐤈𐤄 𐤀𐤔𐤓 𐤏𐤋𐤉𐤕 𐤔𐤌 𐤋𐤀 𐤕𐤓𐤃 𐤌𐤌𐤍𐤄 𐤊𐤉 𐤌𐤅𐤕
𐤕𐤌𐤅𐤕•
𐤉𐤆 𐤅𐤉𐤌𐤕 𐤊𐤃𐤁𐤓 𐤉𐤄𐤅𐤄 𐤀𐤔𐤓 𐤃𐤁𐤓 𐤀𐤋𐤉𐤄𐤅 𐤅𐤉𐤌𐤋𐤊 𐤉𐤄𐤅𐤓𐤌 𐤕𐤇𐤕𐤉𐤅
𐤁𐤔𐤍𐤕 𐤔𐤕𐤉𐤌 𐤋𐤉𐤄𐤅𐤓𐤌 𐤁𐤍 𐤉𐤄𐤅𐤔𐤐𐤈 𐤌𐤋𐤊 𐤉𐤄𐤅𐤃𐤄 𐤊𐤉 𐤋𐤀 𐤄𐤉𐤄
𐤋𐤅 𐤁𐤍•
𐤉𐤇 𐤅𐤉𐤕𐤓 𐤃𐤁𐤓𐤉 𐤀𐤇𐤆𐤉𐤄𐤅 𐤀𐤔𐤓 𐤏𐤔𐤄 𐤄𐤋𐤀 𐤄𐤌𐤄 𐤊𐤕𐤅𐤁𐤉𐤌 𐤏𐤋 𐤎𐤐𐤓
𐤃𐤁𐤓𐤉 𐤄𐤉𐤌𐤉𐤌 𐤋𐤌𐤋𐤊𐤉 𐤉𐤔𐤓𐤀𐤋•

𐤐𐤓𐤒 𐤁

𐤀 𐤅𐤉𐤄𐤉 𐤁𐤄𐤏𐤋𐤅𐤕 𐤉𐤄𐤅𐤄 𐤀𐤕 𐤀𐤋𐤉𐤄𐤅 𐤁𐤎𐤏𐤓𐤄 𐤄𐤔𐤌𐤉𐤌 𐤅𐤉𐤋𐤊
𐤀𐤋𐤉𐤄𐤅 𐤅𐤀𐤋𐤉𐤔𐤏 𐤌𐤍 𐤄𐤂𐤋𐤂𐤋•
𐤁 𐤅𐤉𐤀𐤌𐤓 𐤀𐤋𐤉𐤄𐤅 𐤀𐤋 𐤀𐤋𐤉𐤔𐤏 𐤔𐤁 𐤍𐤀 𐤐𐤄 𐤊𐤉 𐤉𐤄𐤅𐤄 𐤔𐤋𐤇𐤍𐤉 𐤏𐤃
𐤁𐤉𐤕 𐤀𐤋 𐤅𐤉𐤀𐤌𐤓 𐤀𐤋𐤉𐤔𐤏 𐤇𐤉 𐤉𐤄𐤅𐤄 𐤅𐤇𐤉 𐤍𐤐𐤔𐤊 𐤀𐤌 𐤀𐤏𐤆𐤁𐤊 𐤅𐤉𐤓𐤃𐤅
𐤁𐤉𐤕 𐤀𐤋•
𐤂 𐤅𐤉𐤑𐤀𐤅 𐤁𐤍𐤉 𐤄𐤍𐤁𐤉𐤀𐤉𐤌 𐤀𐤔𐤓 𐤁𐤉𐤕 𐤀𐤋 𐤀𐤋 𐤀𐤋𐤉𐤔𐤏 𐤅𐤉𐤀𐤌𐤓𐤅
𐤀𐤋𐤉𐤅 𐤄𐤉𐤃𐤏𐤕 𐤊𐤉 𐤄𐤉𐤅𐤌 𐤉𐤄𐤅𐤄 𐤋𐤒𐤇 𐤀𐤕 𐤀𐤃𐤍𐤉𐤊 𐤌𐤏𐤋 𐤓𐤀𐤔𐤊
𐤅𐤉𐤀𐤌𐤓 𐤂𐤌 𐤀𐤍𐤉 𐤉𐤃𐤏𐤕𐤉 𐤄𐤇𐤔𐤅•
𐤃 𐤅𐤉𐤀𐤌𐤓 𐤋𐤅 𐤀𐤋𐤉𐤄𐤅 𐤀𐤋𐤉𐤔𐤏 𐤔𐤁 𐤍𐤀 𐤐𐤄 𐤊𐤉 𐤉𐤄𐤅𐤄 𐤔𐤋𐤇𐤍𐤉
𐤉𐤓𐤉𐤇𐤅 𐤅𐤉𐤀𐤌𐤓 𐤇𐤉 𐤉𐤄𐤅𐤄 𐤅𐤇𐤉 𐤍𐤐𐤔𐤊 𐤀𐤌 𐤀𐤏𐤆𐤁𐤊 𐤅𐤉𐤁𐤀𐤅 𐤉𐤓𐤉𐤇𐤅•
𐤄 𐤅𐤉𐤂𐤔𐤅 𐤁𐤍𐤉 𐤄𐤍𐤁𐤉𐤀𐤉𐤌 𐤀𐤔𐤓 𐤁𐤉𐤓𐤉𐤇𐤅 𐤀𐤋 𐤀𐤋𐤉𐤔𐤏 𐤅𐤉𐤀𐤌𐤓𐤅
𐤀𐤋𐤉𐤅 𐤄𐤉𐤃𐤏𐤕 𐤊𐤉 𐤄𐤉𐤅𐤌 𐤉𐤄𐤅𐤄 𐤋𐤒𐤇 𐤀𐤕 𐤀𐤃𐤍𐤉𐤊 𐤌𐤏𐤋 𐤓𐤀𐤔𐤊
𐤅𐤉𐤀𐤌𐤓 𐤂𐤌 𐤀𐤍𐤉 𐤉𐤃𐤏𐤕𐤉 𐤄𐤇𐤔𐤅•
𐤅 𐤅𐤉𐤀𐤌𐤓 𐤋𐤅 𐤀𐤋𐤉𐤄𐤅 𐤔𐤁 𐤍𐤀 𐤐𐤄 𐤊𐤉 𐤉𐤄𐤅𐤄 𐤔𐤋𐤇𐤍𐤉 𐤄𐤉𐤓𐤃𐤍𐤄
𐤅𐤉𐤀𐤌𐤓 𐤇𐤉 𐤉𐤄𐤅𐤄 𐤅𐤇𐤉 𐤍𐤐𐤔𐤊 𐤀𐤌 𐤀𐤏𐤆𐤁𐤊 𐤅𐤉𐤋𐤊𐤅 𐤔𐤍𐤉𐤄𐤌•
𐤆 𐤅𐤇𐤌𐤔𐤉𐤌 𐤀𐤉𐤔 𐤌𐤁𐤍𐤉 𐤄𐤍𐤁𐤉𐤀𐤉𐤌 𐤄𐤋𐤊𐤅 𐤅𐤉𐤏𐤌𐤃𐤅 𐤌𐤍𐤂𐤃 𐤌𐤓𐤇𐤅𐤒
𐤅𐤔𐤍𐤉𐤄𐤌 𐤏𐤌𐤃𐤅 𐤏𐤋 𐤄𐤉𐤓𐤃𐤍•

# מלכים ב

ח ויקח אליהו את אדרתו ויגלם ויכה את המים ויחצו
הנה והנה ויעברו שניהם בחרבה•
ט ויהי כעברם ואליהו אמר אל אלישע שאל מה אעשה לכ
בטרמ אלקח מעמכ ויאמר אלישע ויהי נא פי שנים ברוחכ
אלי•
י ויאמר הקשית לשאול אמ תראה אתי לקח מאתכ יהי לכ
כנ ואמ אינ לא יהיה•
יא ויהי המה הלכים הלוכ ודבר והנה רכב אש וסוסי אש
ויפרדו בינ שניהם ויעל אליהו בסערה השמים•
יב ואלישע ראה והוא מצעק אבי אבי רכב ישראל ופרשיו
ולא ראהו עוד ויחזק בבגדיו ויקרעם לשנים קרעים•
יג וירם את אדרת אליהו אשר נפלה מעליו וישב ויעמד על
שפת הירדנ•
יד ויקח את אדרת אליהו אשר נפלה מעליו ויכה את המים
ויאמר איה יהוה אלהי אליהו אפ הוא ויכה את המים
ויחצו הנה והנה ויעבר אלישע•
טו ויראהו בני הנביאים אשר ביריחו מנגד ויאמרו נחה
רוח אליהו על אלישע ויבאו לקראתו וישתחוו לו ארצה•
טז ויאמרו אליו הנה נא יש את עבדיכ חמשים אנשים
בני חיל ילכו נא ויבקשו את אדניכ פנ נשאו רוח יהוה
וישלכהו באחד ההרים או באחת הגיאות [הגאיות] ויאמר
לא תשלחו•
יז ויפצרו בו עד בש ויאמר שלחו וישלחו חמשים איש
ויבקשו שלשה ימים ולא מצאהו•
יח וישבו אליו והוא ישב ביריחו ויאמר אלהם הלוא
אמרתי אליכם אל תלכו•
יט ויאמרו אנשי העיר אל אלישע הנה נא מושב העיר טוב
כאשר אדני ראה והמים רעים והארצ משכלת•
כ ויאמר קחו לי צלחית חדשה ושימו שם מלח ויקחו
אליו•
כא ויצא אל מוצא המים וישלכ שם מלח ויאמר כה אמר
יהוה רפאתי למים האלה לא יהיה משם עוד מות ומשכלת•
כב וירפו המים עד היום הזה כדבר אלישע אשר דבר•

𐤊𐤂 𐤅𐤉𐤏𐤋 𐤌𐤔𐤌 𐤁𐤉𐤕 𐤀𐤋 𐤅𐤄𐤅𐤀 𐤏𐤋𐤄 𐤁𐤃𐤓𐤊 𐤅𐤍𐤏𐤓𐤉𐤌 𐤒𐤈𐤍𐤉𐤌
𐤉𐤑𐤀𐤅 𐤌𐤍 𐤄𐤏𐤉𐤓 𐤅𐤉𐤕𐤒𐤋𐤎𐤅 𐤁𐤅 𐤅𐤉𐤀𐤌𐤓𐤅 𐤋𐤅 𐤏𐤋𐤄 𐤒𐤓𐤇 𐤏𐤋𐤄 𐤒𐤓𐤇.
𐤊𐤃 𐤅𐤉𐤐𐤍 𐤀𐤇𐤓𐤉𐤅 𐤅𐤉𐤓𐤀𐤌 𐤅𐤉𐤒𐤋𐤋𐤌 𐤁𐤔𐤌 𐤉𐤄𐤅𐤄 𐤅𐤕𐤑𐤀𐤍𐤄 𐤔𐤕𐤉𐤌
𐤃𐤁𐤉𐤌 𐤌𐤍 𐤄𐤉𐤏𐤓 𐤅𐤕𐤁𐤒𐤏𐤍𐤄 𐤌𐤄𐤌 𐤀𐤓𐤁𐤏𐤉𐤌 𐤅𐤔𐤍𐤉 𐤉𐤋𐤃𐤉𐤌.
𐤊𐤄 𐤅𐤉𐤋𐤊 𐤌𐤔𐤌 𐤀𐤋 𐤄𐤓 𐤄𐤊𐤓𐤌𐤋 𐤅𐤌𐤔𐤌 𐤔𐤁 𐤔𐤌𐤓𐤅𐤍.

## 𐤐𐤓𐤒 𐤂

𐤀 𐤅𐤉𐤄𐤅𐤓𐤌 𐤁𐤍 𐤀𐤇𐤀𐤁 𐤌𐤋𐤊 𐤏𐤋 𐤉𐤔𐤓𐤀𐤋 𐤁𐤔𐤌𐤓𐤅𐤍 𐤁𐤔𐤍𐤕 𐤔𐤌𐤍𐤄
𐤏𐤔𐤓𐤄 𐤋𐤉𐤄𐤅𐤔𐤐𐤈 𐤌𐤋𐤊 𐤉𐤄𐤅𐤃𐤄 𐤅𐤉𐤌𐤋𐤊 𐤔𐤕𐤉𐤌 𐤏𐤔𐤓𐤄 𐤔𐤍𐤄.
𐤁 𐤅𐤉𐤏𐤔𐤄 𐤄𐤓𐤏 𐤁𐤏𐤉𐤍𐤉 𐤉𐤄𐤅𐤄 𐤓𐤒 𐤋𐤀 𐤊𐤀𐤁𐤉𐤅 𐤅𐤊𐤀𐤌𐤅 𐤅𐤉𐤎𐤓 𐤀𐤕
𐤌𐤑𐤁𐤕 𐤄𐤁𐤏𐤋 𐤀𐤔𐤓 𐤏𐤔𐤄 𐤀𐤁𐤉𐤅.
𐤂 𐤓𐤒 𐤁𐤇𐤈𐤀𐤅𐤕 𐤉𐤓𐤁𐤏𐤌 𐤁𐤍 𐤍𐤁𐤈 𐤀𐤔𐤓 𐤄𐤇𐤈𐤉𐤀 𐤀𐤕 𐤉𐤔𐤓𐤀𐤋 𐤃𐤁𐤒 𐤋𐤀
𐤎𐤓 𐤌𐤌𐤍𐤄.
𐤃 𐤅𐤌𐤉𐤔𐤏 𐤌𐤋𐤊 𐤌𐤅𐤀𐤁 𐤄𐤉𐤄 𐤍𐤒𐤃 𐤅𐤄𐤔𐤉𐤁 𐤋𐤌𐤋𐤊 𐤉𐤔𐤓𐤀𐤋 𐤌𐤀𐤄
𐤀𐤋𐤐 𐤊𐤓𐤉𐤌 𐤅𐤌𐤀𐤄 𐤀𐤋𐤐 𐤀𐤉𐤋𐤉𐤌 𐤑𐤌𐤓.
𐤄 𐤅𐤉𐤄𐤉 𐤊𐤌𐤅𐤕 𐤀𐤇𐤀𐤁 𐤅𐤉𐤐𐤔𐤏 𐤌𐤋𐤊 𐤌𐤅𐤀𐤁 𐤁𐤌𐤋𐤊 𐤉𐤔𐤓𐤀𐤋.
𐤅 𐤅𐤉𐤑𐤀 𐤄𐤌𐤋𐤊 𐤉𐤄𐤅𐤓𐤌 𐤁𐤉𐤅𐤌 𐤄𐤄𐤅𐤀 𐤌𐤔𐤌𐤓𐤅𐤍 𐤅𐤉𐤐𐤒𐤃 𐤀𐤕 𐤊𐤋
𐤉𐤔𐤓𐤀𐤋.
𐤆 𐤅𐤉𐤋𐤊 𐤅𐤉𐤔𐤋𐤇 𐤀𐤋 𐤉𐤄𐤅𐤔𐤐𐤈 𐤌𐤋𐤊 𐤉𐤄𐤅𐤃𐤄 𐤋𐤀𐤌𐤓 𐤌𐤋𐤊 𐤌𐤅𐤀𐤁
𐤐𐤔𐤏 𐤁𐤉 𐤄𐤕𐤋𐤊 𐤀𐤕𐤉 𐤀𐤋 𐤌𐤅𐤀𐤁 𐤋𐤌𐤋𐤇𐤌𐤄 𐤅𐤉𐤀𐤌𐤓 𐤀𐤏𐤋𐤄 𐤊𐤌𐤅𐤍𐤉 𐤊𐤌𐤅𐤊
𐤊𐤏𐤌𐤉 𐤊𐤏𐤌𐤊 𐤊𐤎𐤅𐤎𐤉 𐤊𐤎𐤅𐤎𐤉𐤊.
𐤇 𐤅𐤉𐤀𐤌𐤓 𐤀𐤉 𐤆𐤄 𐤄𐤃𐤓𐤊 𐤍𐤏𐤋𐤄 𐤅𐤉𐤀𐤌𐤓 𐤃𐤓𐤊 𐤌𐤃𐤁𐤓 𐤀𐤃𐤅𐤌.
𐤈 𐤅𐤉𐤋𐤊 𐤌𐤋𐤊 𐤉𐤔𐤓𐤀𐤋 𐤅𐤌𐤋𐤊 𐤉𐤄𐤅𐤃𐤄 𐤅𐤌𐤋𐤊 𐤀𐤃𐤅𐤌 𐤅𐤉𐤎𐤁𐤅 𐤃𐤓𐤊
𐤔𐤁𐤏𐤕 𐤉𐤌𐤉𐤌 𐤅𐤋𐤀 𐤄𐤉𐤄 𐤌𐤉𐤌 𐤋𐤌𐤇𐤍𐤄 𐤅𐤋𐤁𐤄𐤌𐤄 𐤀𐤔𐤓
𐤁𐤓𐤂𐤋𐤉𐤄𐤌.
𐤉 𐤅𐤉𐤀𐤌𐤓 𐤌𐤋𐤊 𐤉𐤔𐤓𐤀𐤋 𐤀𐤄𐤄 𐤊𐤉 𐤒𐤓𐤀 𐤉𐤄𐤅𐤄 𐤋𐤔𐤋𐤔𐤕 𐤄𐤌𐤋𐤊𐤉𐤌
𐤄𐤀𐤋𐤄 𐤋𐤕𐤕 𐤀𐤅𐤕𐤌 𐤁𐤉𐤃 𐤌𐤅𐤀𐤁.
𐤉𐤀 𐤅𐤉𐤀𐤌𐤓 𐤉𐤄𐤅𐤔𐤐𐤈 𐤄𐤀𐤉𐤍 𐤐𐤄 𐤍𐤁𐤉𐤀 𐤋𐤉𐤄𐤅𐤄 𐤅𐤍𐤃𐤓𐤔𐤄 𐤀𐤕
𐤉𐤄𐤅𐤄 𐤌𐤀𐤅𐤕𐤅 𐤅𐤉𐤏𐤍 𐤀𐤇𐤃 𐤌𐤏𐤁𐤃𐤉 𐤌𐤋𐤊 𐤉𐤔𐤓𐤀𐤋 𐤅𐤉𐤀𐤌𐤓 𐤐𐤄
𐤀𐤋𐤉𐤔𐤏 𐤁𐤍 𐤔𐤐𐤈 𐤀𐤔𐤓 𐤉𐤑𐤒 𐤌𐤉𐤌 𐤏𐤋 𐤉𐤃𐤉 𐤀𐤋𐤉𐤄𐤅.
𐤉𐤁 𐤅𐤉𐤀𐤌𐤓 𐤉𐤄𐤅𐤔𐤐𐤈 𐤉𐤔 𐤀𐤅𐤕𐤅 𐤃𐤁𐤓 𐤉𐤄𐤅𐤄 𐤅𐤉𐤓𐤃𐤅 𐤀𐤋𐤉𐤅 𐤌𐤋𐤊
𐤉𐤔𐤓𐤀𐤋 𐤅𐤉𐤄𐤅𐤔𐤐𐤈 𐤅𐤌𐤋𐤊 𐤀𐤃𐤅𐤌.
𐤉𐤂 𐤅𐤉𐤀𐤌𐤓 𐤀𐤋𐤉𐤔𐤏 𐤀𐤋 𐤌𐤋𐤊 𐤉𐤔𐤓𐤀𐤋 𐤌𐤄 𐤋𐤉 𐤅𐤋𐤊 𐤋𐤊 𐤀𐤋
𐤍𐤁𐤉𐤀𐤉 𐤀𐤁𐤉𐤊 𐤅𐤀𐤋 𐤍𐤁𐤉𐤀𐤉 𐤀𐤌𐤊 𐤅𐤉𐤀𐤌𐤓 𐤋𐤅 𐤌𐤋𐤊 𐤉𐤔𐤓𐤀𐤋 𐤀𐤋

𐤊𐤉 𐤒𐤓𐤀 𐤉𐤄𐤅𐤄 𐤋𐤔𐤋𐤔𐤕 𐤄𐤌𐤋𐤊𐤉𐤌 𐤄𐤀𐤋𐤄 𐤋𐤕𐤕 𐤀𐤅𐤕𐤌 𐤁𐤉𐤃 𐤌𐤅𐤀𐤁•

𐤉𐤃 𐤅𐤉𐤀𐤌𐤓 𐤀𐤋𐤉𐤔𐤏 𐤇𐤉 𐤉𐤄𐤅𐤄 𐤑𐤁𐤀𐤅𐤕 𐤀𐤔𐤓 𐤏𐤌𐤃𐤕𐤉 𐤋𐤐𐤍𐤉𐤅 𐤊𐤉 𐤋𐤅𐤋𐤉 𐤐𐤍𐤉 𐤉𐤄𐤅𐤔𐤐𐤈 𐤌𐤋𐤊 𐤉𐤄𐤅𐤃𐤄 𐤀𐤍𐤉 𐤍𐤔𐤀 𐤀𐤌 𐤀𐤁𐤉𐤈 𐤀𐤋𐤉𐤊 𐤅𐤀𐤌 𐤀𐤓𐤀𐤊•

𐤈𐤅 𐤅𐤏𐤕𐤄 𐤒𐤇𐤅 𐤋𐤉 𐤌𐤍𐤂𐤍 𐤅𐤄𐤉𐤄 𐤊𐤍𐤂𐤍 𐤄𐤌𐤍𐤂𐤍 𐤅𐤕𐤄𐤉 𐤏𐤋𐤉𐤅 𐤉𐤃 𐤉𐤄𐤅𐤄•

𐤈𐤆 𐤅𐤉𐤀𐤌𐤓 𐤊𐤄 𐤀𐤌𐤓 𐤉𐤄𐤅𐤄 𐤏𐤔𐤄 𐤄𐤍𐤇𐤋 𐤄𐤆𐤄 𐤂𐤁𐤉𐤌 𐤂𐤁𐤉𐤌•

𐤉𐤆 𐤊𐤉 𐤊𐤄 𐤀𐤌𐤓 𐤉𐤄𐤅𐤄 𐤋𐤀 𐤕𐤓𐤀𐤅 𐤓𐤅𐤇 𐤅𐤋𐤀 𐤕𐤓𐤀𐤅 𐤂𐤔𐤌 𐤅𐤄𐤍𐤇𐤋 𐤄𐤄𐤅𐤀 𐤉𐤌𐤋𐤀 𐤌𐤉𐤌 𐤅𐤔𐤕𐤉𐤕𐤌 𐤀𐤕𐤌 𐤅𐤌𐤒𐤍𐤉𐤊𐤌 𐤅𐤁𐤄𐤌𐤕𐤊𐤌•

𐤉𐤇 𐤅𐤍𐤒𐤋 𐤆𐤀𐤕 𐤁𐤏𐤉𐤍𐤉 𐤉𐤄𐤅𐤄 𐤅𐤍𐤕𐤍 𐤀𐤕 𐤌𐤅𐤀𐤁 𐤁𐤉𐤃𐤊𐤌•

𐤉𐤈 𐤅𐤄𐤊𐤉𐤕𐤌 𐤊𐤋 𐤏𐤉𐤓 𐤌𐤁𐤑𐤓 𐤅𐤊𐤋 𐤏𐤉𐤓 𐤌𐤁𐤇𐤅𐤓 𐤅𐤊𐤋 𐤏𐤑 𐤈𐤅𐤁 𐤕𐤐𐤉𐤋𐤅 𐤅𐤊𐤋 𐤌𐤏𐤉𐤍𐤉 𐤌𐤉𐤌 𐤕𐤎𐤕𐤌𐤅 𐤅𐤊𐤋 𐤄𐤇𐤋𐤒𐤄 𐤄𐤈𐤅𐤁𐤄 𐤕𐤊𐤀𐤁𐤅 𐤁𐤀𐤁𐤍𐤉𐤌•

𐤊 𐤅𐤉𐤄𐤉 𐤁𐤁𐤒𐤓 𐤊𐤏𐤋𐤅𐤕 𐤄𐤌𐤍𐤇𐤄 𐤅𐤄𐤍𐤄 𐤌𐤉𐤌 𐤁𐤀𐤉𐤌 𐤌𐤃𐤓𐤊 𐤀𐤃𐤅𐤌 𐤅𐤕𐤌𐤋𐤀 𐤄𐤀𐤓𐤑 𐤀𐤕 𐤄𐤌𐤉𐤌•

𐤊𐤀 𐤅𐤊𐤋 𐤌𐤅𐤀𐤁 𐤔𐤌𐤏𐤅 𐤊𐤉 𐤏𐤋𐤅 𐤄𐤌𐤋𐤊𐤉𐤌 𐤋𐤄𐤋𐤇𐤌 𐤁𐤌 𐤅𐤉𐤑𐤏𐤒𐤅 𐤌𐤊𐤋 𐤇𐤂𐤓 𐤇𐤂𐤓𐤄 𐤅𐤌𐤏𐤋𐤄 𐤅𐤉𐤏𐤌𐤃𐤅 𐤏𐤋 𐤄𐤂𐤁𐤅𐤋•

𐤊𐤁 𐤅𐤉𐤔𐤊𐤉𐤌𐤅 𐤁𐤁𐤒𐤓 𐤅𐤄𐤔𐤌𐤔 𐤆𐤓𐤇𐤄 𐤏𐤋 𐤄𐤌𐤉𐤌 𐤅𐤉𐤓𐤀𐤅 𐤌𐤅𐤀𐤁 𐤌𐤍𐤂𐤃 𐤀𐤕 𐤄𐤌𐤉𐤌 𐤀𐤃𐤌𐤉𐤌 𐤊𐤃𐤌•

𐤊𐤂 𐤅𐤉𐤀𐤌𐤓𐤅 𐤃𐤌 𐤆𐤄 𐤄𐤇𐤓𐤁 𐤍𐤇𐤓𐤁𐤅 𐤄𐤌𐤋𐤊𐤉𐤌 𐤅𐤉𐤊𐤅 𐤀𐤉𐤔 𐤀𐤕 𐤓𐤏𐤄𐤅 𐤅𐤏𐤕𐤄 𐤋𐤔𐤋𐤋 𐤌𐤅𐤀𐤁•

𐤊𐤃 𐤅𐤉𐤁𐤀𐤅 𐤀𐤋 𐤌𐤇𐤍𐤄 𐤉𐤔𐤓𐤀𐤋 𐤅𐤉𐤒𐤌𐤅 𐤉𐤔𐤓𐤀𐤋 𐤅𐤉𐤊𐤅 𐤀𐤕 𐤌𐤅𐤀𐤁 𐤅𐤉𐤍𐤎𐤅 𐤌𐤐𐤍𐤉𐤄𐤌 𐤅𐤉𐤁𐤅 [𐤅𐤉𐤊𐤅] 𐤁𐤄 𐤅𐤄𐤊𐤅𐤕 𐤀𐤕 𐤌𐤅𐤀𐤁•

𐤊𐤄 𐤅𐤄𐤏𐤓𐤉𐤌 𐤉𐤄𐤓𐤎𐤅 𐤅𐤊𐤋 𐤇𐤋𐤒𐤄 𐤈𐤅𐤁𐤄 𐤉𐤔𐤋𐤉𐤊𐤅 𐤀𐤉𐤔 𐤀𐤁𐤍𐤅 𐤅𐤌𐤋𐤀𐤅𐤄 𐤅𐤊𐤋 𐤌𐤏𐤉𐤍 𐤌𐤉𐤌 𐤉𐤎𐤕𐤌𐤅 𐤅𐤊𐤋 𐤏𐤑 𐤈𐤅𐤁 𐤉𐤐𐤉𐤋𐤅 𐤏𐤃 𐤄𐤔𐤀𐤉𐤓 𐤀𐤁𐤍𐤉𐤄 𐤁𐤒𐤉𐤓 𐤇𐤓𐤔𐤕 𐤅𐤉𐤎𐤁𐤅 𐤄𐤒𐤋𐤏𐤉𐤌 𐤅𐤉𐤊𐤅𐤄•

𐤊𐤅 𐤅𐤉𐤓𐤀 𐤌𐤋𐤊 𐤌𐤅𐤀𐤁 𐤊𐤉 𐤇𐤆𐤒 𐤌𐤌𐤍𐤅 𐤄𐤌𐤋𐤇𐤌𐤄 𐤅𐤉𐤒𐤇 𐤀𐤅𐤕𐤅 𐤔𐤁𐤏 𐤌𐤀𐤅𐤕 𐤀𐤉𐤔 𐤔𐤋𐤐 𐤇𐤓𐤁 𐤋𐤄𐤁𐤒𐤉𐤏 𐤀𐤋 𐤌𐤋𐤊 𐤀𐤃𐤅𐤌 𐤅𐤋𐤀 𐤉𐤊𐤋𐤅•

𐤊𐤆 𐤅𐤉𐤒𐤇 𐤀𐤕 𐤁𐤍𐤅 𐤄𐤁𐤊𐤅𐤓 𐤀𐤔𐤓 𐤉𐤌𐤋𐤊 𐤕𐤇𐤕𐤉𐤅 𐤅𐤉𐤏𐤋𐤄𐤅 𐤏𐤋𐤄 𐤏𐤋 𐤄𐤇𐤌𐤄 𐤅𐤉𐤄𐤉 𐤒𐤑𐤐 𐤂𐤃𐤅𐤋 𐤏𐤋 𐤉𐤔𐤓𐤀𐤋 𐤅𐤉𐤎𐤏𐤅 𐤌𐤏𐤋𐤉𐤅 𐤅𐤉𐤔𐤁𐤅 𐤋𐤀𐤓𐤑•

𐤐𐤓𐤒 𐤃

𐤀 𐤅𐤀𐤔𐤄 𐤀𐤇𐤕 𐤌𐤍𐤔𐤉 𐤁𐤍𐤉 𐤄𐤍𐤁𐤉𐤀𐤉𐤌 𐤑𐤏𐤒𐤄 𐤀𐤋 𐤀𐤋𐤉𐤔𐤏 𐤋𐤀𐤌𐤓

𐤏𐤁𐤃𐤊 𐤀𐤉𐤔𐤉 𐤌𐤕 𐤅𐤀𐤕𐤄 𐤉𐤃𐤏𐤕 𐤊𐤉 𐤏𐤁𐤃𐤊 𐤄𐤉𐤄 𐤉𐤓𐤀 𐤀𐤕 𐤉𐤄𐤅𐤄
𐤅𐤄𐤍𐤔𐤄 𐤁𐤀 𐤋𐤒𐤇𐤕 𐤀𐤕 𐤔𐤍𐤉 𐤉𐤋𐤃𐤉 𐤋𐤅 𐤋𐤏𐤁𐤃𐤉𐤌·
𐤁 𐤅𐤉𐤀𐤌𐤓 𐤀𐤋𐤉𐤄 𐤀𐤋𐤉𐤔𐤏 𐤌𐤄 𐤀𐤏𐤔𐤄 𐤋𐤊 𐤄𐤂𐤉𐤃𐤉 𐤋𐤉 𐤌𐤄 𐤉𐤔 𐤋𐤊𐤉
[𐤋𐤊] 𐤁𐤁𐤉𐤕 𐤅𐤕𐤀𐤌𐤓 𐤀𐤉𐤍 𐤋𐤔𐤐𐤇𐤕𐤊 𐤊𐤋 𐤁𐤁𐤉𐤕 𐤊𐤉 𐤀𐤌 𐤀𐤎𐤅𐤊 𐤔𐤌𐤍·
𐤂 𐤅𐤉𐤀𐤌𐤓 𐤋𐤊𐤉 𐤔𐤀𐤋𐤉 𐤋𐤊 𐤊𐤋𐤉𐤌 𐤌𐤍 𐤄𐤇𐤅𐤑 𐤌𐤀𐤕 𐤊𐤋 𐤔𐤊𐤍𐤉𐤊𐤉
[𐤔𐤊𐤍𐤉𐤊] 𐤊𐤋𐤉𐤌 𐤓𐤒𐤉𐤌 𐤀𐤋 𐤕𐤌𐤏𐤉𐤈𐤉·
𐤃 𐤅𐤁𐤀𐤕 𐤅𐤎𐤂𐤓𐤕 𐤄𐤃𐤋𐤕 𐤁𐤏𐤃𐤊 𐤅𐤁𐤏𐤃 𐤁𐤍𐤉𐤊 𐤅𐤉𐤑𐤒𐤕 𐤏𐤋 𐤊𐤋 𐤄𐤊𐤋𐤉𐤌
𐤄𐤀𐤋𐤄 𐤅𐤄𐤌𐤋𐤀 𐤕𐤎𐤉𐤏𐤉·
𐤄 𐤅𐤕𐤋𐤊 𐤌𐤀𐤕𐤅 𐤅𐤕𐤎𐤂𐤓 𐤄𐤃𐤋𐤕 𐤁𐤏𐤃𐤄 𐤅𐤁𐤏𐤃 𐤁𐤍𐤉𐤄 𐤄𐤌 𐤌𐤂𐤔𐤉𐤌
𐤀𐤋𐤉𐤄 𐤅𐤄𐤉𐤀 𐤌𐤉𐤑𐤒𐤕 [𐤌𐤅𐤑𐤒𐤕]·
𐤅 𐤅𐤉𐤄𐤉 𐤊𐤌𐤋𐤀𐤕 𐤄𐤊𐤋𐤉𐤌 𐤅𐤕𐤀𐤌𐤓 𐤀𐤋 𐤁𐤍𐤄 𐤄𐤂𐤉𐤔𐤄 𐤀𐤋𐤉 𐤏𐤅𐤃
𐤊𐤋𐤉 𐤅𐤉𐤀𐤌𐤓 𐤀𐤋𐤉𐤄 𐤀𐤉𐤍 𐤏𐤅𐤃 𐤊𐤋𐤉 𐤅𐤉𐤏𐤌𐤃 𐤄𐤔𐤌𐤍·
𐤆 𐤅𐤕𐤁𐤀 𐤅𐤕𐤂𐤃 𐤋𐤀𐤉𐤔 𐤄𐤀𐤋𐤄𐤉𐤌 𐤅𐤉𐤀𐤌𐤓 𐤋𐤊𐤉 𐤌𐤊𐤓𐤉 𐤀𐤕 𐤄𐤔𐤌𐤍
𐤅𐤔𐤋𐤌𐤉 𐤀𐤕 𐤍𐤔𐤉𐤊𐤉 [𐤍𐤔𐤉𐤊] 𐤅𐤀𐤕 𐤁𐤍𐤉𐤊𐤉 [𐤅𐤁𐤍𐤉𐤊] 𐤕𐤇𐤉𐤉
𐤁𐤍𐤅𐤕𐤓·
𐤇 𐤅𐤉𐤄𐤉 𐤄𐤉𐤅𐤌 𐤅𐤉𐤏𐤁𐤓 𐤀𐤋𐤉𐤔𐤏 𐤀𐤋 𐤔𐤅𐤍𐤌 𐤅𐤔𐤌 𐤀𐤔𐤄 𐤂𐤃𐤅𐤋𐤄
𐤅𐤕𐤇𐤆𐤒 𐤁𐤅 𐤋𐤀𐤊𐤋 𐤋𐤇𐤌 𐤅𐤉𐤄𐤉 𐤌𐤃𐤉 𐤏𐤁𐤓𐤅 𐤉𐤎𐤓 𐤔𐤌𐤄 𐤋𐤀𐤊𐤋 𐤋𐤇𐤌·
𐤈 𐤅𐤕𐤀𐤌𐤓 𐤀𐤋 𐤀𐤉𐤔𐤄 𐤄𐤍𐤄 𐤍𐤀 𐤉𐤃𐤏𐤕𐤉 𐤊𐤉 𐤀𐤉𐤔 𐤀𐤋𐤄𐤉𐤌 𐤒𐤃𐤅𐤔
𐤄𐤅𐤀 𐤏𐤁𐤓 𐤏𐤋𐤉𐤍𐤅 𐤕𐤌𐤉𐤃·
𐤉 𐤍𐤏𐤔𐤄 𐤍𐤀 𐤏𐤋𐤉𐤕 𐤒𐤉𐤓 𐤒𐤈𐤍𐤄 𐤅𐤍𐤔𐤉𐤌 𐤋𐤅 𐤔𐤌 𐤌𐤈𐤄 𐤅𐤔𐤋𐤇𐤍
𐤅𐤊𐤎𐤀 𐤅𐤌𐤍𐤅𐤓𐤄 𐤅𐤄𐤉𐤄 𐤁𐤁𐤀𐤅 𐤀𐤋𐤉𐤍𐤅 𐤉𐤎𐤅𐤓 𐤔𐤌𐤄·
𐤉𐤀 𐤅𐤉𐤄𐤉 𐤄𐤉𐤅𐤌 𐤅𐤉𐤁𐤀 𐤔𐤌𐤄 𐤅𐤉𐤎𐤓 𐤀𐤋 𐤄𐤏𐤋𐤉𐤄 𐤅𐤉𐤔𐤊𐤁 𐤔𐤌𐤄·
𐤉𐤁 𐤅𐤉𐤀𐤌𐤓 𐤀𐤋 𐤂𐤇𐤆𐤉 𐤍𐤏𐤓𐤅 𐤒𐤓𐤀 𐤋𐤔𐤅𐤍𐤌𐤉𐤕 𐤄𐤆𐤀𐤕 𐤅𐤉𐤒𐤓𐤀 𐤋𐤄
𐤅𐤕𐤏𐤌𐤃 𐤋𐤐𐤍𐤉𐤅·
𐤉𐤂 𐤅𐤉𐤀𐤌𐤓 𐤋𐤅 𐤀𐤌𐤓 𐤍𐤀 𐤀𐤋𐤉𐤄 𐤄𐤍𐤄 𐤇𐤓𐤃𐤕 𐤀𐤋𐤉𐤍𐤅 𐤀𐤕 𐤊𐤋 𐤄𐤇𐤓𐤃𐤄
𐤄𐤆𐤀𐤕 𐤌𐤄 𐤋𐤏𐤔𐤅𐤕 𐤋𐤊 𐤄𐤉𐤔 𐤋𐤃𐤁𐤓 𐤋𐤊 𐤀𐤋 𐤄𐤌𐤋𐤊 𐤀𐤅 𐤀𐤋 𐤔𐤓 𐤄𐤑𐤁𐤀
𐤅𐤕𐤀𐤌𐤓 𐤁𐤕𐤅𐤊 𐤏𐤌𐤉 𐤀𐤍𐤊𐤉 𐤉𐤔𐤁𐤕·
𐤉𐤃 𐤅𐤉𐤀𐤌𐤓 𐤅𐤌𐤄 𐤋𐤏𐤔𐤅𐤕 𐤋𐤄 𐤅𐤉𐤀𐤌𐤓 𐤂𐤇𐤆𐤉 𐤀𐤁𐤋 𐤁𐤍 𐤀𐤉𐤍 𐤋𐤄
𐤅𐤀𐤉𐤔𐤄 𐤆𐤒𐤍·
𐤈𐤅 𐤅𐤉𐤀𐤌𐤓 𐤒𐤓𐤀 𐤋𐤄 𐤅𐤉𐤒𐤓𐤀 𐤋𐤄 𐤅𐤕𐤏𐤌𐤃 𐤁𐤐𐤕𐤇·
𐤈𐤆 𐤅𐤉𐤀𐤌𐤓 𐤋𐤌𐤅𐤏𐤃 𐤄𐤆𐤄 𐤊𐤏𐤕 𐤇𐤉𐤄 𐤀𐤕𐤉 [𐤀𐤕] 𐤇𐤁𐤒𐤕 𐤁𐤍 𐤅𐤕𐤀𐤌𐤓
𐤀𐤋 𐤀𐤃𐤍𐤉 𐤀𐤉𐤔 𐤄𐤀𐤋𐤄𐤉𐤌 𐤀𐤋 𐤕𐤊𐤆𐤁 𐤁𐤔𐤐𐤇𐤕𐤊·
𐤉𐤆 𐤅𐤕𐤄𐤓 𐤄𐤀𐤔𐤄 𐤅𐤕𐤋𐤃 𐤁𐤍 𐤋𐤌𐤅𐤏𐤃 𐤄𐤆𐤄 𐤊𐤏𐤕 𐤇𐤉𐤄 𐤀𐤔𐤓 𐤃𐤁𐤓

# 𐤌𐤋𐤊𐤉𐤌 𐤁

𐤀𐤋𐤉𐤄 𐤀𐤋𐤉𐤔𐤏•
𐤉𐤇 𐤅𐤉𐤂𐤃𐤋 𐤄𐤉𐤋𐤃 𐤅𐤉𐤄𐤉 𐤄𐤉𐤅𐤌 𐤅𐤉𐤑𐤀 𐤀𐤋 𐤀𐤁𐤉𐤅 𐤀𐤋 𐤄𐤒𐤑𐤓𐤉𐤌•
𐤉𐤈 𐤅𐤉𐤀𐤌𐤓 𐤀𐤋 𐤀𐤁𐤉𐤅 𐤓𐤀𐤔𐤉 𐤓𐤀𐤔𐤉 𐤅𐤉𐤀𐤌𐤓 𐤀𐤋 𐤄𐤍𐤏𐤓 𐤔𐤀𐤄𐤅 𐤀𐤋
𐤀𐤌𐤅•
𐤊 𐤅𐤉𐤔𐤀𐤄𐤅 𐤅𐤉𐤁𐤉𐤀𐤄𐤅 𐤀𐤋 𐤀𐤌𐤅 𐤅𐤉𐤔𐤁 𐤏𐤋 𐤁𐤓𐤊𐤉𐤄 𐤏𐤃 𐤄𐤑𐤄𐤓𐤉𐤌
𐤅𐤉𐤌𐤕•
𐤊𐤀 𐤅𐤕𐤏𐤋 𐤅𐤕𐤔𐤊𐤁𐤄𐤅 𐤏𐤋 𐤌𐤈𐤕 𐤀𐤉𐤔 𐤄𐤀𐤋𐤄𐤉𐤌 𐤅𐤕𐤎𐤂𐤓 𐤁𐤏𐤃𐤅
𐤅𐤕𐤑𐤀•
𐤊𐤁 𐤅𐤕𐤒𐤓𐤀 𐤀𐤋 𐤀𐤉𐤔𐤄 𐤅𐤕𐤀𐤌𐤓 𐤔𐤋𐤇𐤄 𐤍𐤀 𐤋𐤉 𐤀𐤇𐤃 𐤌𐤍 𐤄𐤍𐤏𐤓𐤉𐤌
𐤅𐤀𐤇𐤕 𐤄𐤀𐤕𐤍𐤅𐤕 𐤅𐤀𐤓𐤅𐤑𐤄 𐤏𐤃 𐤀𐤉𐤔 𐤄𐤀𐤋𐤄𐤉𐤌 𐤅𐤀𐤔𐤅𐤁𐤄•
𐤊𐤂 𐤅𐤉𐤀𐤌𐤓 𐤌𐤃𐤅𐤏 𐤀𐤕𐤉 [𐤀𐤕] 𐤄𐤋𐤊𐤕𐤉 [𐤄𐤋𐤊𐤕] 𐤀𐤋𐤉𐤅 𐤄𐤉𐤅𐤌 𐤋𐤀
𐤇𐤃𐤔 𐤅𐤋𐤀 𐤔𐤁𐤕 𐤅𐤕𐤀𐤌𐤓 𐤔𐤋𐤅𐤌•
𐤊𐤃 𐤅𐤕𐤇𐤁𐤔 𐤄𐤀𐤕𐤅𐤍 𐤅𐤕𐤀𐤌𐤓 𐤀𐤋 𐤍𐤏𐤓𐤄 𐤍𐤄𐤂 𐤅𐤋𐤊 𐤀𐤋 𐤕𐤏𐤑𐤓 𐤋𐤉
𐤋𐤓𐤊𐤁 𐤊𐤉 𐤀𐤌 𐤀𐤌𐤓𐤕𐤉 𐤋𐤊•
𐤊𐤄 𐤅𐤕𐤋𐤊 𐤅𐤕𐤁𐤅𐤀 𐤀𐤋 𐤀𐤉𐤔 𐤄𐤀𐤋𐤄𐤉𐤌 𐤀𐤋 𐤄𐤓 𐤄𐤊𐤓𐤌𐤋 𐤅𐤉𐤄𐤉
𐤊𐤓𐤀𐤅𐤕 𐤀𐤉𐤔 𐤄𐤀𐤋𐤄𐤉𐤌 𐤀𐤕𐤄 𐤌𐤍𐤂𐤃 𐤅𐤉𐤀𐤌𐤓 𐤀𐤋 𐤂𐤉𐤇𐤆𐤉 𐤍𐤏𐤓𐤅
𐤄𐤍𐤄 𐤄𐤔𐤅𐤍𐤌𐤉𐤕 𐤄𐤋𐤆•
𐤊𐤅 𐤏𐤕𐤄 𐤓𐤅𐤑 𐤍𐤀 𐤋𐤒𐤓𐤀𐤕𐤄 𐤅𐤀𐤌𐤓 𐤋𐤄 𐤄𐤔𐤋𐤅𐤌 𐤋𐤊 𐤄𐤔𐤋𐤅𐤌
𐤋𐤀𐤉𐤔𐤊 𐤄𐤔𐤋𐤅𐤌 𐤋𐤉𐤋𐤃 𐤅𐤕𐤀𐤌𐤓 𐤔𐤋𐤅𐤌•
𐤊𐤆 𐤅𐤕𐤁𐤀 𐤀𐤋 𐤀𐤉𐤔 𐤄𐤀𐤋𐤄𐤉𐤌 𐤀𐤋 𐤄𐤄𐤓 𐤅𐤕𐤇𐤆𐤒 𐤁𐤓𐤂𐤋𐤉𐤅 𐤅𐤉𐤂𐤔
𐤂𐤉𐤇𐤆𐤉 𐤋𐤄𐤃𐤐𐤄 𐤅𐤉𐤀𐤌𐤓 𐤀𐤉𐤔 𐤄𐤀𐤋𐤄𐤉𐤌 𐤄𐤓𐤐𐤄 𐤋𐤄 𐤊𐤉 𐤍𐤐𐤔𐤄 𐤌𐤓𐤄
𐤋𐤄 𐤅𐤉𐤄𐤅𐤄 𐤄𐤏𐤋𐤉𐤌 𐤌𐤌𐤍𐤉 𐤅𐤋𐤀 𐤄𐤂𐤉𐤃 𐤋𐤉•
𐤊𐤇 𐤅𐤕𐤀𐤌𐤓 𐤄𐤔𐤀𐤋𐤕𐤉 𐤁𐤍 𐤌𐤀𐤕 𐤀𐤃𐤍𐤉 𐤄𐤋𐤀 𐤀𐤌𐤓𐤕𐤉 𐤋𐤀 𐤕𐤔𐤋𐤄
𐤀𐤕𐤉•
𐤊𐤈 𐤅𐤉𐤀𐤌𐤓 𐤋𐤂𐤉𐤇𐤆𐤉 𐤇𐤂𐤓 𐤌𐤕𐤍𐤉𐤊 𐤅𐤒𐤇 𐤌𐤔𐤏𐤍𐤕𐤉 𐤁𐤉𐤃𐤊 𐤅𐤋𐤊 𐤊𐤉
𐤕𐤌𐤑𐤀 𐤀𐤉𐤔 𐤋𐤀 𐤕𐤁𐤓𐤊𐤍𐤅 𐤅𐤊𐤉 𐤉𐤁𐤓𐤊𐤊 𐤀𐤉𐤔 𐤋𐤀 𐤕𐤏𐤍𐤍𐤅 𐤅𐤔𐤌𐤕
𐤌𐤔𐤏𐤍𐤕𐤉 𐤏𐤋 𐤐𐤍𐤉 𐤄𐤍𐤏𐤓•
𐤋 𐤅𐤕𐤀𐤌𐤓 𐤀𐤌 𐤄𐤍𐤏𐤓 𐤇𐤉 𐤉𐤄𐤅𐤄 𐤅𐤇𐤉 𐤍𐤐𐤔𐤊 𐤀𐤌 𐤀𐤏𐤆𐤁𐤊 𐤅𐤉𐤒𐤌
𐤅𐤉𐤋𐤊 𐤀𐤇𐤓𐤉𐤄•
𐤋𐤀 𐤅𐤂𐤇𐤆𐤉 𐤏𐤁𐤓 𐤋𐤐𐤍𐤉𐤄𐤌 𐤅𐤉𐤔𐤌 𐤀𐤕 𐤄𐤌𐤔𐤏𐤍𐤕 𐤏𐤋 𐤐𐤍𐤉 𐤄𐤍𐤏𐤓
𐤅𐤀𐤉𐤍 𐤒𐤅𐤋 𐤅𐤀𐤉𐤍 𐤒𐤔𐤁 𐤅𐤉𐤔𐤁 𐤋𐤒𐤓𐤀𐤕𐤅 𐤅𐤉𐤂𐤃 𐤋𐤅 𐤋𐤀𐤌𐤓 𐤋𐤀
𐤄𐤒𐤉𐤑 𐤄𐤍𐤏𐤓•
𐤋𐤁 𐤅𐤉𐤁𐤀 𐤀𐤋𐤉𐤔𐤏 𐤄𐤁𐤉𐤕𐤄 𐤅𐤄𐤍𐤄 𐤄𐤍𐤏𐤓 𐤌𐤕 𐤌𐤔𐤊𐤁 𐤏𐤋 𐤌𐤈𐤕𐤅•

# 𐤌𐤋𐤊𐤉𐤌 𐤁

𐤋𐤂 𐤅𐤉𐤁𐤀 𐤅𐤉𐤎𐤂𐤓 𐤄𐤃𐤋𐤕 𐤁𐤏𐤃 𐤔𐤍𐤉𐤄𐤌 𐤅𐤉𐤕𐤐𐤋𐤋 𐤀𐤋 𐤉𐤄𐤅𐤄•
𐤋𐤃 𐤅𐤉𐤏𐤋 𐤅𐤉𐤔𐤊𐤁 𐤏𐤋 𐤄𐤉𐤋𐤃 𐤅𐤉𐤔𐤌 𐤐𐤉𐤅 𐤏𐤋 𐤐𐤉𐤅 𐤅𐤏𐤉𐤍𐤉𐤅 𐤏𐤋
𐤏𐤉𐤍𐤉𐤅 𐤅𐤊𐤐𐤉𐤅 𐤏𐤋 𐤊𐤐𐤅 [𐤊𐤐𐤉𐤅] 𐤅𐤉𐤂𐤄𐤓 𐤏𐤋𐤉𐤅 𐤅𐤉𐤇𐤌 𐤁𐤔𐤓 𐤄𐤉𐤋𐤃•
𐤋𐤄 𐤅𐤉𐤔𐤁 𐤅𐤉𐤋𐤊 𐤁𐤁𐤉𐤕 𐤀𐤇𐤕 𐤄𐤍𐤄 𐤅𐤀𐤇𐤕 𐤄𐤍𐤄 𐤅𐤉𐤏𐤋 𐤅𐤉𐤂𐤄𐤓 𐤏𐤋𐤉𐤅
𐤅𐤉𐤆𐤅𐤓𐤓 𐤄𐤍𐤏𐤓 𐤏𐤃 𐤔𐤁𐤏 𐤐𐤏𐤌𐤉𐤌 𐤅𐤉𐤐𐤒𐤇 𐤄𐤍𐤏𐤓 𐤀𐤕 𐤏𐤉𐤍𐤉𐤅•
𐤋𐤅 𐤅𐤉𐤒𐤓𐤀 𐤀𐤋 𐤂𐤉𐤇𐤆𐤉 𐤅𐤉𐤀𐤌𐤓 𐤒𐤓𐤀 𐤀𐤋 𐤄𐤔𐤍𐤌𐤉𐤕 𐤄𐤆𐤀𐤕
𐤅𐤉𐤒𐤓𐤀𐤄 𐤅𐤕𐤁𐤅𐤀 𐤀𐤋𐤉𐤅 𐤅𐤉𐤀𐤌𐤓 𐤔𐤀𐤉 𐤁𐤍𐤊•
𐤋𐤆 𐤅𐤕𐤁𐤀 𐤅𐤕𐤐𐤋 𐤏𐤋 𐤓𐤂𐤋𐤉𐤅 𐤅𐤕𐤔𐤕𐤇𐤅 𐤀𐤓𐤑𐤄 𐤅𐤕𐤔𐤀 𐤀𐤕 𐤁𐤍𐤄 𐤅𐤕𐤑𐤀•
𐤋𐤇 𐤅𐤀𐤋𐤉𐤔𐤏 𐤔𐤁 𐤄𐤂𐤋𐤂𐤋𐤄 𐤅𐤄𐤓𐤏𐤁 𐤁𐤀𐤓𐤑 𐤅𐤁𐤍𐤉 𐤄𐤍𐤁𐤉𐤀𐤉𐤌
𐤉𐤔𐤁𐤉𐤌 𐤋𐤐𐤍𐤉𐤅 𐤅𐤉𐤀𐤌𐤓 𐤋𐤍𐤏𐤓𐤅 𐤔𐤐𐤕 𐤄𐤎𐤉𐤓 𐤄𐤂𐤃𐤅𐤋𐤄 𐤅𐤁𐤔𐤋 𐤍𐤆𐤉𐤃
𐤋𐤁𐤍𐤉 𐤄𐤍𐤁𐤉𐤀𐤉𐤌•
𐤋𐤈 𐤅𐤉𐤑𐤀 𐤀𐤇𐤃 𐤀𐤋 𐤄𐤔𐤃𐤄 𐤋𐤋𐤒𐤈 𐤀𐤓𐤕 𐤅𐤉𐤌𐤑𐤀 𐤂𐤐𐤍 𐤔𐤃𐤄 𐤅𐤉𐤋𐤒𐤈
𐤌𐤌𐤍𐤅 𐤐𐤒𐤏𐤕 𐤔𐤃𐤄 𐤌𐤋𐤀 𐤁𐤂𐤃𐤅 𐤅𐤉𐤁𐤀 𐤅𐤉𐤐𐤋𐤇 𐤀𐤋 𐤎𐤉𐤓 𐤄𐤍𐤆𐤉𐤃 𐤊𐤉
𐤋𐤀 𐤉𐤃𐤏𐤅•
𐤌 𐤅𐤉𐤑𐤒𐤅 𐤋𐤀𐤍𐤔𐤉𐤌 𐤋𐤀𐤊𐤅𐤋 𐤅𐤉𐤄𐤉 𐤊𐤀𐤊𐤋𐤌 𐤌𐤄𐤍𐤆𐤉𐤃 𐤅𐤄𐤌𐤄
𐤑𐤏𐤒𐤅 𐤅𐤉𐤀𐤌𐤓𐤅 𐤌𐤅𐤕 𐤁𐤎𐤉𐤓 𐤀𐤉𐤔 𐤄𐤀𐤋𐤄𐤉𐤌 𐤅𐤋𐤀 𐤉𐤊𐤋𐤅 𐤋𐤀𐤊𐤋•
𐤌𐤀 𐤅𐤉𐤀𐤌𐤓 𐤅𐤒𐤇𐤅 𐤒𐤌𐤇 𐤅𐤉𐤔𐤋𐤊 𐤀𐤋 𐤄𐤎𐤉𐤓𐤄 𐤅𐤉𐤀𐤌𐤓 𐤑𐤒 𐤋𐤏𐤌
𐤅𐤉𐤀𐤊𐤋𐤅 𐤅𐤋𐤀 𐤄𐤉𐤄 𐤃𐤁𐤓 𐤓𐤏 𐤁𐤎𐤉𐤓•
𐤌𐤁 𐤅𐤀𐤉𐤔 𐤁𐤀 𐤌𐤁𐤏𐤋 𐤔𐤋𐤔𐤄 𐤅𐤉𐤁𐤀 𐤋𐤀𐤉𐤔 𐤄𐤀𐤋𐤄𐤉𐤌 𐤋𐤇𐤌
𐤁𐤊𐤅𐤓𐤉𐤌 𐤏𐤔𐤓𐤉𐤌 𐤋𐤇𐤌 𐤔𐤏𐤓𐤉𐤌 𐤅𐤊𐤓𐤌𐤋 𐤁𐤑𐤒𐤋𐤍𐤅 𐤅𐤉𐤀𐤌𐤓 𐤕𐤍
𐤋𐤏𐤌 𐤅𐤉𐤀𐤊𐤋𐤅•
𐤌𐤂 𐤅𐤉𐤀𐤌𐤓 𐤌𐤔𐤓𐤕𐤅 𐤌𐤄 𐤀𐤕𐤍 𐤆𐤄 𐤋𐤐𐤍𐤉 𐤌𐤀𐤄 𐤀𐤉𐤔 𐤅𐤉𐤀𐤌𐤓 𐤕𐤍
𐤋𐤏𐤌 𐤅𐤉𐤀𐤊𐤋𐤅 𐤊𐤉 𐤊𐤄 𐤀𐤌𐤓 𐤉𐤄𐤅𐤄 𐤀𐤊𐤅𐤋 𐤅𐤄𐤅𐤕𐤓•
𐤌𐤃 𐤅𐤉𐤕𐤍 𐤋𐤐𐤍𐤉𐤄𐤌 𐤅𐤉𐤀𐤊𐤋𐤅 𐤅𐤉𐤕𐤓𐤅 𐤊𐤃𐤁𐤓 𐤉𐤄𐤅𐤄•

## 𐤐𐤓𐤒 𐤄

𐤀 𐤅𐤍𐤏𐤌𐤍 𐤔𐤓 𐤑𐤁𐤀 𐤌𐤋𐤊 𐤀𐤓𐤌 𐤄𐤉𐤄 𐤀𐤉𐤔 𐤂𐤃𐤅𐤋 𐤋𐤐𐤍𐤉 𐤀𐤃𐤍𐤉𐤅
𐤅𐤍𐤔𐤀 𐤐𐤍𐤉𐤌 𐤊𐤉 𐤁𐤅 𐤍𐤕𐤍 𐤉𐤄𐤅𐤄 𐤕𐤔𐤅𐤏𐤄 𐤋𐤀𐤓𐤌 𐤅𐤄𐤀𐤉𐤔 𐤄𐤉𐤄
𐤂𐤁𐤅𐤓 𐤇𐤉𐤋 𐤌𐤑𐤓𐤏•
𐤁 𐤅𐤀𐤓𐤌 𐤉𐤑𐤀𐤅 𐤂𐤃𐤅𐤃𐤉𐤌 𐤅𐤉𐤔𐤁𐤅 𐤌𐤀𐤓𐤑 𐤉𐤔𐤓𐤀𐤋 𐤍𐤏𐤓𐤄 𐤒𐤈𐤍𐤄
𐤅𐤕𐤄𐤉 𐤋𐤐𐤍𐤉 𐤀𐤔𐤕 𐤍𐤏𐤌𐤍•
𐤂 𐤅𐤕𐤀𐤌𐤓 𐤀𐤋 𐤂𐤁𐤓𐤕𐤄 𐤀𐤇𐤋𐤉 𐤀𐤃𐤍𐤉 𐤋𐤐𐤍𐤉 𐤄𐤍𐤁𐤉𐤀 𐤀𐤔𐤓 𐤁𐤔𐤌𐤓𐤅𐤍
𐤀𐤆 𐤉𐤀𐤎𐤐 𐤀𐤕𐤅 𐤌𐤑𐤓𐤏𐤕𐤅•

# 𐤁 𐤌𐤋𐤊𐤉𐤌

𐤃 𐤅𐤉𐤁𐤀 𐤅𐤉𐤂𐤃 𐤋𐤀𐤃𐤍𐤉𐤅 𐤋𐤀𐤌𐤓 𐤊𐤆𐤀𐤕 𐤅𐤊𐤆𐤀𐤕 𐤃𐤁𐤓𐤄 𐤄𐤍𐤏𐤓𐤄 𐤀𐤔𐤓
𐤌𐤀𐤓𐤑 𐤉𐤔𐤓𐤀𐤋•

𐤄 𐤅𐤉𐤀𐤌𐤓 𐤌𐤋𐤊 𐤀𐤓𐤌 𐤋𐤊 𐤁𐤀 𐤅𐤀𐤔𐤋𐤇𐤄 𐤎𐤐𐤓 𐤀𐤋 𐤌𐤋𐤊 𐤉𐤔𐤓𐤀𐤋
𐤅𐤉𐤋𐤊 𐤅𐤉𐤒𐤇 𐤁𐤉𐤃𐤅 𐤏𐤔𐤓 𐤊𐤊𐤓𐤉 𐤊𐤎𐤐 𐤅𐤔𐤔𐤕 𐤀𐤋𐤐𐤉𐤌 𐤆𐤄𐤁 𐤅𐤏𐤔𐤓
𐤇𐤋𐤉𐤐𐤅𐤕 𐤁𐤂𐤃𐤉𐤌•

𐤅 𐤅𐤉𐤁𐤀 𐤄𐤎𐤐𐤓 𐤀𐤋 𐤌𐤋𐤊 𐤉𐤔𐤓𐤀𐤋 𐤋𐤀𐤌𐤓 𐤅𐤏𐤕𐤄 𐤊𐤁𐤅𐤀 𐤄𐤎𐤐𐤓 𐤄𐤆𐤄
𐤀𐤋𐤉𐤊 𐤄𐤍𐤄 𐤔𐤋𐤇𐤕𐤉 𐤀𐤋𐤉𐤊 𐤀𐤕 𐤍𐤏𐤌𐤍 𐤏𐤁𐤃𐤉 𐤅𐤀𐤎𐤐𐤕𐤅 𐤌𐤑𐤓𐤏𐤕𐤅•

𐤆 𐤅𐤉𐤄𐤉 𐤊𐤒𐤓𐤀 𐤌𐤋𐤊 𐤉𐤔𐤓𐤀𐤋 𐤀𐤕 𐤄𐤎𐤐𐤓 𐤅𐤉𐤒𐤓𐤏 𐤁𐤂𐤃𐤉𐤅 𐤅𐤉𐤀𐤌𐤓
𐤄𐤀𐤋𐤄𐤉𐤌 𐤀𐤍𐤉 𐤋𐤄𐤌𐤉𐤕 𐤅𐤋𐤄𐤇𐤉𐤅𐤕 𐤊𐤉 𐤆𐤄 𐤔𐤋𐤇 𐤀𐤋𐤉 𐤋𐤀𐤎𐤐 𐤀𐤉𐤔
𐤌𐤑𐤓𐤏𐤕𐤅 𐤊𐤉 𐤀𐤊 𐤃𐤏𐤅 𐤍𐤀 𐤅𐤓𐤀𐤅 𐤊𐤉 𐤌𐤕𐤀𐤍𐤄 𐤄𐤅𐤀 𐤋𐤉•

𐤇 𐤅𐤉𐤄𐤉 𐤊𐤔𐤌𐤏 𐤀𐤋𐤉𐤔𐤏 𐤀𐤉𐤔 𐤄𐤀𐤋𐤄𐤉𐤌 𐤊𐤉 𐤒𐤓𐤏 𐤌𐤋𐤊 𐤉𐤔𐤓𐤀𐤋
𐤀𐤕 𐤁𐤂𐤃𐤉𐤅 𐤅𐤉𐤔𐤋𐤇 𐤀𐤋 𐤄𐤌𐤋𐤊 𐤋𐤀𐤌𐤓 𐤋𐤌𐤄 𐤒𐤓𐤏𐤕 𐤁𐤂𐤃𐤉𐤊 𐤉𐤁𐤀 𐤍𐤀
𐤀𐤋𐤉 𐤅𐤉𐤃𐤏 𐤊𐤉 𐤉𐤔 𐤍𐤁𐤉𐤀 𐤁𐤉𐤔𐤓𐤀𐤋•

𐤈 𐤅𐤉𐤁𐤀 𐤍𐤏𐤌𐤍 𐤁𐤎𐤅𐤎𐤅 [𐤁𐤎𐤅𐤎𐤉𐤅] 𐤅𐤁𐤓𐤊𐤁𐤅 𐤅𐤉𐤏𐤌𐤃 𐤐𐤕𐤇 𐤄𐤁𐤉𐤕
𐤋𐤀𐤋𐤉𐤔𐤏•

𐤉 𐤅𐤉𐤔𐤋𐤇 𐤀𐤋𐤉𐤅 𐤀𐤋𐤉𐤔𐤏 𐤌𐤋𐤀𐤊 𐤋𐤀𐤌𐤓 𐤄𐤋𐤅𐤊 𐤅𐤓𐤇𐤑𐤕 𐤔𐤁𐤏 𐤐𐤏𐤌𐤉𐤌
𐤁𐤉𐤓𐤃𐤍 𐤅𐤉𐤔𐤁 𐤁𐤔𐤓𐤊 𐤋𐤊 𐤅𐤈𐤄𐤓•

𐤉𐤀 𐤅𐤉𐤒𐤑𐤐 𐤍𐤏𐤌𐤍 𐤅𐤉𐤋𐤊 𐤅𐤉𐤀𐤌𐤓 𐤄𐤍𐤄 𐤀𐤌𐤓𐤕𐤉 𐤀𐤋𐤉 𐤉𐤑𐤀 𐤉𐤑𐤅𐤀
𐤅𐤏𐤌𐤃 𐤅𐤒𐤓𐤀 𐤁𐤔𐤌 𐤉𐤄𐤅𐤄 𐤀𐤋𐤄𐤉𐤅 𐤅𐤄𐤍𐤉𐤐 𐤉𐤃𐤅 𐤀𐤋 𐤄𐤌𐤒𐤅𐤌 𐤅𐤀𐤎𐤐
𐤄𐤌𐤑𐤓𐤏•

𐤉𐤁 𐤄𐤋𐤀 𐤈𐤅𐤁 𐤀𐤁𐤍𐤄 [𐤀𐤌𐤍𐤄] 𐤅𐤐𐤓𐤐𐤓 𐤍𐤄𐤓𐤅𐤕 𐤃𐤌𐤔𐤒 𐤌𐤊𐤋 𐤌𐤉𐤌𐤉
𐤉𐤔𐤓𐤀𐤋 𐤄𐤋𐤅𐤀 𐤀𐤓𐤇𐤑 𐤁𐤄𐤌 𐤅𐤈𐤄𐤓𐤕𐤉 𐤅𐤉𐤐𐤍 𐤅𐤉𐤋𐤊 𐤁𐤇𐤌𐤄•

𐤉𐤂 𐤅𐤉𐤂𐤔𐤅 𐤏𐤁𐤃𐤉𐤅 𐤅𐤉𐤃𐤁𐤓𐤅 𐤀𐤋𐤉𐤅 𐤅𐤉𐤀𐤌𐤓𐤅 𐤀𐤁𐤉 𐤃𐤁𐤓 𐤂𐤃𐤅𐤋
𐤄𐤍𐤁𐤉𐤀 𐤃𐤁𐤓 𐤀𐤋𐤉𐤊 𐤄𐤋𐤅𐤀 𐤕𐤏𐤔𐤄 𐤅𐤀𐤐 𐤊𐤉 𐤀𐤌𐤓 𐤀𐤋𐤉𐤊 𐤓𐤇𐤑 𐤅𐤈𐤄𐤓•

𐤉𐤃 𐤅𐤉𐤓𐤃 𐤅𐤉𐤈𐤁𐤋 𐤁𐤉𐤓𐤃𐤍 𐤔𐤁𐤏 𐤐𐤏𐤌𐤉𐤌 𐤊𐤃𐤁𐤓 𐤀𐤉𐤔 𐤄𐤀𐤋𐤄𐤉𐤌
𐤅𐤉𐤔𐤁 𐤁𐤔𐤓𐤅 𐤊𐤁𐤔𐤓 𐤍𐤏𐤓 𐤒𐤈𐤍 𐤅𐤉𐤈𐤄𐤓•

𐤈𐤅 𐤅𐤉𐤔𐤁 𐤀𐤋 𐤀𐤉𐤔 𐤄𐤀𐤋𐤄𐤉𐤌 𐤄𐤅𐤀 𐤅𐤊𐤋 𐤌𐤇𐤍𐤄𐤅 𐤅𐤉𐤁𐤀 𐤅𐤉𐤏𐤌𐤃
𐤋𐤐𐤍𐤉𐤅 𐤅𐤉𐤀𐤌𐤓 𐤄𐤍𐤄 𐤍𐤀 𐤉𐤃𐤏𐤕𐤉 𐤊𐤉 𐤀𐤉𐤍 𐤀𐤋𐤄𐤉𐤌 𐤁𐤊𐤋 𐤄𐤀𐤓𐤑 𐤊𐤉
𐤀𐤌 𐤁𐤉𐤔𐤓𐤀𐤋 𐤅𐤏𐤕𐤄 𐤒𐤇 𐤍𐤀 𐤁𐤓𐤊𐤄 𐤌𐤀𐤕 𐤏𐤁𐤃𐤊•

𐤈𐤆 𐤅𐤉𐤀𐤌𐤓 𐤇𐤉 𐤉𐤄𐤅𐤄 𐤀𐤔𐤓 𐤏𐤌𐤃𐤕𐤉 𐤋𐤐𐤍𐤉𐤅 𐤀𐤌 𐤀𐤒𐤇 𐤅𐤉𐤐𐤑𐤓 𐤁𐤅
𐤋𐤒𐤇𐤕 𐤅𐤉𐤌𐤀𐤍•

𐤉𐤆 𐤅𐤉𐤀𐤌𐤓 𐤍𐤏𐤌𐤍 𐤅𐤋𐤀 𐤉𐤕𐤍 𐤍𐤀 𐤋𐤏𐤁𐤃𐤊 𐤌𐤔𐤀 𐤑𐤌𐤃 𐤐𐤓𐤃𐤉𐤌 𐤀𐤃𐤌𐤄
𐤊𐤉 𐤋𐤅𐤀 𐤉𐤏𐤔𐤄 𐤏𐤅𐤃 𐤏𐤁𐤃𐤊 𐤏𐤋𐤄 𐤅𐤆𐤁𐤇 𐤋𐤀𐤋𐤄𐤉𐤌 𐤀𐤇𐤓𐤉𐤌 𐤊𐤉 𐤀𐤌

# 𐤌𐤋𐤊𐤉𐤌 𐤁

𐤋𐤉𐤄𐤅𐤄.
𐤉𐤇 𐤋𐤃𐤁𐤓 𐤄𐤆𐤄 𐤉𐤎𐤋𐤇 𐤉𐤄𐤅𐤄 𐤋𐤏𐤁𐤃𐤊 𐤁𐤁𐤅𐤀 𐤀𐤃𐤍𐤉 𐤁𐤉𐤕 𐤓𐤌𐤅𐤍
𐤋𐤄𐤔𐤕𐤇𐤅𐤕 𐤔𐤌𐤄 𐤅𐤄𐤅𐤀 𐤍𐤔𐤏𐤍 𐤏𐤋 𐤉𐤃𐤉 𐤅𐤄𐤔𐤕𐤇𐤅𐤉𐤕𐤉 𐤁𐤉𐤕 𐤓𐤌𐤍
𐤁𐤄𐤔𐤕𐤇𐤅𐤉𐤕𐤉 𐤁𐤉𐤕 𐤓𐤌𐤍 𐤉𐤎𐤋𐤇 (𐤊𐤕𐤉𐤁 𐤅𐤋𐤀 𐤒𐤓𐤉.
) 𐤍𐤀 𐤉𐤄𐤅𐤄 𐤋𐤏𐤁𐤃𐤊 𐤁𐤃𐤁𐤓 𐤄𐤆𐤄.
𐤉𐤈 𐤅𐤉𐤀𐤌𐤓 𐤋𐤅 𐤋𐤊 𐤋𐤔𐤋𐤅𐤌 𐤅𐤉𐤋𐤊 𐤌𐤀𐤕𐤅 𐤊𐤁𐤓𐤕 𐤀𐤓𐤑.
𐤊 𐤅𐤉𐤀𐤌𐤓 𐤂𐤉𐤇𐤆𐤉 𐤍𐤏𐤓 𐤀𐤋𐤉𐤔𐤏 𐤀𐤉𐤔 𐤄𐤀𐤋𐤄𐤉𐤌 𐤄𐤍𐤄 𐤇𐤔𐤊 𐤀𐤃𐤍𐤉
𐤀𐤕 𐤍𐤏𐤌𐤍 𐤄𐤀𐤓𐤌𐤉 𐤄𐤆𐤄 𐤌𐤒𐤇𐤕 𐤌𐤉𐤃𐤅 𐤀𐤕 𐤀𐤔𐤓 𐤄𐤁𐤉𐤀 𐤇𐤉 𐤉𐤄𐤅𐤄
𐤊𐤉 𐤀𐤌 𐤓𐤑𐤕𐤉 𐤀𐤇𐤓𐤉𐤅 𐤅𐤋𐤒𐤇𐤕𐤉 𐤌𐤀𐤕𐤅 𐤌𐤀𐤅𐤌𐤄.
𐤊𐤀 𐤅𐤉𐤓𐤃𐤐 𐤂𐤉𐤇𐤆𐤉 𐤀𐤇𐤓𐤉 𐤍𐤏𐤌𐤍 𐤅𐤉𐤓𐤀 𐤍𐤏𐤌𐤍 𐤓𐤑 𐤀𐤇𐤓𐤉𐤅 𐤅𐤉𐤐𐤋
𐤌𐤏𐤋 𐤄𐤌𐤓𐤊𐤁𐤄 𐤋𐤒𐤓𐤀𐤕𐤅 𐤅𐤉𐤀𐤌𐤓 𐤄𐤔𐤋𐤅𐤌.
𐤊𐤁 𐤅𐤉𐤀𐤌𐤓 𐤔𐤋𐤅𐤌 𐤀𐤃𐤍𐤉 𐤔𐤋𐤇𐤍𐤉 𐤋𐤀𐤌𐤓 𐤄𐤍𐤄 𐤏𐤕𐤄 𐤆𐤄 𐤁𐤀𐤅 𐤀𐤋𐤉
𐤔𐤍𐤉 𐤍𐤏𐤓𐤉𐤌 𐤌𐤄𐤓 𐤀𐤐𐤓𐤉𐤌 𐤌𐤁𐤍𐤉 𐤄𐤍𐤁𐤉𐤀𐤉𐤌 𐤕𐤍𐤄 𐤍𐤀 𐤋𐤄𐤌 𐤊𐤊𐤓
𐤊𐤎𐤐 𐤅𐤔𐤕𐤉 𐤇𐤋𐤐𐤅𐤕 𐤁𐤂𐤃𐤉𐤌.
𐤊𐤂 𐤅𐤉𐤀𐤌𐤓 𐤍𐤏𐤌𐤍 𐤄𐤅𐤀𐤋 𐤒𐤇 𐤊𐤊𐤓𐤉𐤌 𐤅𐤉𐤐𐤓𐤑 𐤁𐤅 𐤅𐤉𐤑𐤓 𐤊𐤊𐤓𐤉𐤌
𐤊𐤎𐤐 𐤁𐤔𐤍𐤉 𐤇𐤓𐤈𐤉𐤌 𐤅𐤔𐤕𐤉 𐤇𐤋𐤐𐤅𐤕 𐤁𐤂𐤃𐤉𐤌 𐤅𐤉𐤕𐤍 𐤀𐤋 𐤔𐤍𐤉 𐤍𐤏𐤓𐤉𐤅
𐤅𐤉𐤔𐤀𐤅 𐤋𐤐𐤍𐤉𐤅.
𐤊𐤃 𐤅𐤉𐤁𐤀 𐤀𐤋 𐤄𐤏𐤐𐤋 𐤅𐤉𐤒𐤇 𐤌𐤉𐤃𐤌 𐤅𐤉𐤐𐤒𐤃 𐤁𐤁𐤉𐤕 𐤅𐤉𐤔𐤋𐤇 𐤀𐤕
𐤄𐤀𐤍𐤔𐤉𐤌 𐤅𐤉𐤋𐤊𐤅.
𐤊𐤄 𐤅𐤄𐤅𐤀 𐤁𐤀 𐤅𐤉𐤏𐤌𐤃 𐤀𐤋 𐤀𐤃𐤍𐤉𐤅 𐤅𐤉𐤀𐤌𐤓 𐤀𐤋𐤉𐤅 𐤀𐤋𐤉𐤔𐤏 𐤌𐤀𐤍
[𐤌𐤀𐤉𐤍] 𐤂𐤇𐤆𐤉 𐤅𐤉𐤀𐤌𐤓 𐤋𐤀 𐤄𐤋𐤊 𐤏𐤁𐤃𐤊 𐤀𐤍𐤄 𐤅𐤀𐤍𐤄.
𐤊𐤅 𐤅𐤉𐤀𐤌𐤓 𐤀𐤋𐤉𐤅 𐤋𐤀 𐤋𐤁𐤉 𐤄𐤋𐤊 𐤊𐤀𐤔𐤓 𐤄𐤐𐤊 𐤀𐤉𐤔 𐤌𐤏𐤋 𐤌𐤓𐤊𐤁𐤕𐤅
𐤋𐤒𐤓𐤀𐤕𐤊 𐤄𐤏𐤕 𐤋𐤒𐤇𐤕 𐤀𐤕 𐤄𐤊𐤎𐤐 𐤅𐤋𐤒𐤇𐤕 𐤁𐤂𐤃𐤉𐤌 𐤅𐤆𐤉𐤕𐤉𐤌 𐤅𐤊𐤓𐤌𐤉𐤌
𐤅𐤑𐤀𐤍 𐤅𐤁𐤒𐤓 𐤅𐤏𐤁𐤃𐤉𐤌 𐤅𐤔𐤐𐤇𐤅𐤕.
𐤊𐤆 𐤅𐤑𐤓𐤏𐤕 𐤍𐤏𐤌𐤍 𐤕𐤃𐤁𐤒 𐤁𐤊 𐤅𐤁𐤆𐤓𐤏𐤊 𐤋𐤏𐤅𐤋𐤌 𐤅𐤉𐤑𐤀 𐤌𐤋𐤐𐤍𐤉𐤅
𐤌𐤑𐤓𐤏 𐤊𐤔𐤋𐤂.

## 𐤐𐤓𐤒 𐤅

𐤀 𐤅𐤉𐤀𐤌𐤓𐤅 𐤁𐤍𐤉 𐤄𐤍𐤁𐤉𐤀𐤉𐤌 𐤀𐤋 𐤀𐤋𐤉𐤔𐤏 𐤄𐤍𐤄 𐤍𐤀 𐤄𐤌𐤒𐤅𐤌 𐤀𐤔𐤓
𐤀𐤍𐤇𐤍𐤅 𐤉𐤔𐤁𐤉𐤌 𐤔𐤌 𐤋𐤐𐤍𐤉𐤊 𐤑𐤓 𐤌𐤌𐤍𐤅.
𐤁 𐤍𐤋𐤊𐤄 𐤍𐤀 𐤏𐤃 𐤄𐤉𐤓𐤃𐤍 𐤅𐤍𐤒𐤇𐤄 𐤌𐤔𐤌 𐤀𐤉𐤔 𐤒𐤅𐤓𐤄 𐤀𐤇𐤕 𐤅𐤍𐤏𐤔𐤄
𐤋𐤍𐤅 𐤔𐤌 𐤌𐤒𐤅𐤌 𐤋𐤔𐤁𐤕 𐤔𐤌 𐤅𐤉𐤀𐤌𐤓 𐤋𐤊𐤅.
𐤂 𐤅𐤉𐤀𐤌𐤓 𐤄𐤀𐤇𐤃 𐤄𐤅𐤀𐤋 𐤍𐤀 𐤅𐤋𐤊 𐤀𐤕 𐤏𐤁𐤃𐤉𐤊 𐤅𐤉𐤀𐤌𐤓 𐤀𐤍𐤉 𐤀𐤋𐤊.

# 𐤌𐤋𐤊𐤉𐤌 𐤁

𐤃 𐤅𐤉𐤋𐤊 𐤀𐤕𐤌 𐤅𐤉𐤁𐤀𐤅 𐤄𐤉𐤓𐤃𐤍𐤄 𐤅𐤉𐤂𐤆𐤓𐤅 𐤄𐤏𐤑𐤉𐤌•
𐤄 𐤅𐤉𐤄𐤉 𐤄𐤀𐤇𐤃 𐤌𐤐𐤉𐤋 𐤄𐤒𐤅𐤓𐤄 𐤅𐤀𐤕 𐤄𐤁𐤓𐤆𐤋 𐤍𐤐𐤋 𐤀𐤋 𐤄𐤌𐤉𐤌
𐤅𐤉𐤑𐤏𐤒 𐤅𐤉𐤀𐤌𐤓 𐤀𐤄𐤄 𐤀𐤃𐤍𐤉 𐤅𐤄𐤅𐤀 𐤔𐤀𐤅𐤋•
𐤅 𐤅𐤉𐤀𐤌𐤓 𐤀𐤉𐤔 𐤄𐤀𐤋𐤄𐤉𐤌 𐤀𐤍𐤄 𐤍𐤐𐤋 𐤅𐤉𐤓𐤀𐤄𐤅 𐤀𐤕 𐤄𐤌𐤒𐤅𐤌 𐤅𐤉𐤒𐤑𐤁
𐤏𐤑 𐤅𐤉𐤔𐤋𐤊 𐤔𐤌𐤄 𐤅𐤉𐤑𐤐 𐤄𐤁𐤓𐤆𐤋•
𐤆 𐤅𐤉𐤀𐤌𐤓 𐤄𐤓𐤌 𐤋𐤊 𐤅𐤉𐤔𐤋𐤇 𐤉𐤃𐤅 𐤅𐤉𐤒𐤇𐤄𐤅•
𐤇 𐤅𐤌𐤋𐤊 𐤀𐤓𐤌 𐤄𐤉𐤄 𐤍𐤋𐤇𐤌 𐤁𐤉𐤔𐤓𐤀𐤋 𐤅𐤉𐤅𐤏𐤑 𐤀𐤋 𐤏𐤁𐤃𐤉𐤅 𐤋𐤀𐤌𐤓 𐤀𐤋
𐤌𐤒𐤅𐤌 𐤐𐤋𐤍𐤉 𐤀𐤋𐤌𐤍𐤉 𐤕𐤇𐤍𐤕𐤉•
𐤈 𐤅𐤉𐤔𐤋𐤇 𐤀𐤉𐤔 𐤄𐤀𐤋𐤄𐤉𐤌 𐤀𐤋 𐤌𐤋𐤊 𐤉𐤔𐤓𐤀𐤋 𐤋𐤀𐤌𐤓 𐤄𐤔𐤌𐤓 𐤌𐤏𐤁𐤓
𐤄𐤌𐤒𐤅𐤌 𐤄𐤆𐤄 𐤊𐤉 𐤔𐤌 𐤀𐤓𐤌 𐤍𐤇𐤕𐤉𐤌•
𐤉 𐤅𐤉𐤔𐤋𐤇 𐤌𐤋𐤊 𐤉𐤔𐤓𐤀𐤋 𐤀𐤋 𐤄𐤌𐤒𐤅𐤌 𐤀𐤔𐤓 𐤀𐤌𐤓 𐤋𐤅 𐤀𐤉𐤔
𐤄𐤀𐤋𐤄𐤉𐤌 𐤅𐤄𐤆𐤄𐤉𐤓𐤄 [𐤅𐤄𐤆𐤄𐤉𐤓𐤅] 𐤅𐤍𐤔𐤌𐤓 𐤔𐤌 𐤋𐤀 𐤀𐤇𐤕 𐤅𐤋𐤀
𐤔𐤕𐤉𐤌•
𐤉𐤀 𐤅𐤉𐤎𐤏𐤓 𐤋𐤁 𐤌𐤋𐤊 𐤀𐤓𐤌 𐤏𐤋 𐤄𐤃𐤁𐤓 𐤄𐤆𐤄 𐤅𐤉𐤒𐤓𐤀 𐤀𐤋 𐤏𐤁𐤃𐤉𐤅
𐤅𐤉𐤀𐤌𐤓 𐤀𐤋𐤉𐤄𐤌 𐤄𐤋𐤅𐤀 𐤕𐤂𐤉𐤃𐤅 𐤋𐤉 𐤌𐤉 𐤌𐤔𐤋𐤍𐤅 𐤀𐤋 𐤌𐤋𐤊 𐤉𐤔𐤓𐤀𐤋•
𐤉𐤁 𐤅𐤉𐤀𐤌𐤓 𐤀𐤇𐤃 𐤌𐤏𐤁𐤃𐤉𐤅 𐤋𐤅𐤀 𐤀𐤃𐤍𐤉 𐤄𐤌𐤋𐤊 𐤊𐤉 𐤀𐤋𐤉𐤔𐤏 𐤄𐤍𐤁𐤉𐤀
𐤀𐤔𐤓 𐤁𐤉𐤔𐤓𐤀𐤋 𐤉𐤂𐤉𐤃 𐤋𐤌𐤋𐤊 𐤉𐤔𐤓𐤀𐤋 𐤀𐤕 𐤄𐤃𐤁𐤓𐤉𐤌 𐤀𐤔𐤓 𐤕𐤃𐤁𐤓 𐤁𐤇𐤃𐤓
𐤌𐤔𐤊𐤁𐤊•
𐤉𐤂 𐤅𐤉𐤀𐤌𐤓 𐤋𐤊𐤅 𐤅𐤓𐤀𐤅 𐤀𐤉𐤊𐤄 𐤄𐤅𐤀 𐤅𐤀𐤔𐤋𐤇 𐤅𐤀𐤒𐤇𐤄𐤅 𐤅𐤉𐤂𐤃 𐤋𐤅
𐤋𐤀𐤌𐤓 𐤄𐤍𐤄 𐤁𐤃𐤕𐤍•
𐤉𐤃 𐤅𐤉𐤔𐤋𐤇 𐤔𐤌𐤄 𐤎𐤅𐤎𐤉𐤌 𐤅𐤓𐤊𐤁 𐤅𐤇𐤉𐤋 𐤊𐤁𐤃 𐤅𐤉𐤁𐤀𐤅 𐤋𐤉𐤋𐤄 𐤅𐤉𐤒𐤐𐤅
𐤏𐤋 𐤄𐤏𐤉𐤓•
𐤈𐤅 𐤅𐤉𐤔𐤊𐤌 𐤌𐤔𐤓𐤕 𐤀𐤉𐤔 𐤄𐤀𐤋𐤄𐤉𐤌 𐤋𐤒𐤅𐤌 𐤅𐤉𐤑𐤀 𐤅𐤄𐤍𐤄 𐤇𐤉𐤋
𐤎𐤅𐤁𐤁 𐤀𐤕 𐤄𐤏𐤉𐤓 𐤅𐤎𐤅𐤎 𐤅𐤓𐤊𐤁 𐤅𐤉𐤀𐤌𐤓 𐤍𐤏𐤓𐤅 𐤀𐤋𐤉𐤅 𐤀𐤄𐤄 𐤀𐤃𐤍𐤉
𐤀𐤉𐤊𐤄 𐤍𐤏𐤔𐤄•
𐤈𐤆 𐤅𐤉𐤀𐤌𐤓 𐤀𐤋 𐤕𐤉𐤓𐤀 𐤊𐤉 𐤓𐤁𐤉𐤌 𐤀𐤔𐤓 𐤀𐤕𐤍𐤅 𐤌𐤀𐤔𐤓 𐤀𐤅𐤕𐤌•
𐤉𐤆 𐤅𐤉𐤕𐤐𐤋𐤋 𐤀𐤋𐤉𐤔𐤏 𐤅𐤉𐤀𐤌𐤓 𐤉𐤄𐤅𐤄 𐤐𐤒𐤇 𐤍𐤀 𐤀𐤕 𐤏𐤉𐤍𐤉𐤅 𐤅𐤉𐤓𐤀𐤄
𐤅𐤉𐤐𐤒𐤇 𐤉𐤄𐤅𐤄 𐤀𐤕 𐤏𐤉𐤍𐤉 𐤄𐤍𐤏𐤓 𐤅𐤉𐤓𐤀 𐤅𐤄𐤍𐤄 𐤄𐤄𐤓 𐤌𐤋𐤀 𐤎𐤅𐤎𐤉𐤌
𐤅𐤓𐤊𐤁 𐤀𐤔 𐤎𐤁𐤉𐤁𐤕 𐤀𐤋𐤉𐤔𐤏•
𐤉𐤇 𐤅𐤉𐤓𐤃𐤅 𐤀𐤋𐤉𐤅 𐤅𐤉𐤕𐤐𐤋𐤋 𐤀𐤋𐤉𐤔𐤏 𐤀𐤋 𐤉𐤄𐤅𐤄 𐤅𐤉𐤀𐤌𐤓 𐤄𐤊 𐤍𐤀 𐤀𐤕
𐤄𐤂𐤅𐤉 𐤄𐤆𐤄 𐤁𐤎𐤍𐤅𐤓𐤉𐤌 𐤅𐤉𐤊𐤌 𐤁𐤎𐤍𐤅𐤓𐤉𐤌 𐤊𐤃𐤁𐤓 𐤀𐤋𐤉𐤔𐤏•
𐤉𐤈 𐤅𐤉𐤀𐤌𐤓 𐤀𐤋𐤄𐤌 𐤀𐤋𐤉𐤔𐤏 𐤋𐤀 𐤆𐤄 𐤄𐤃𐤓𐤊 𐤅𐤋𐤀 𐤆𐤄 𐤄𐤏𐤉𐤓 𐤋𐤊𐤅
𐤀𐤇𐤓𐤉 𐤅𐤀𐤅𐤋𐤉𐤊𐤄 𐤀𐤕𐤊𐤌 𐤀𐤋 𐤄𐤀𐤉𐤔 𐤀𐤔𐤓 𐤕𐤁𐤒𐤔𐤅𐤍 𐤅𐤉𐤋𐤊 𐤀𐤅𐤕𐤌

# 𐤁 𐤌𐤋𐤊𐤉𐤌

𐤔𐤌𐤓𐤅𐤍𐤄•
𐤊 𐤅𐤉𐤄𐤉 𐤊𐤁𐤀𐤌 𐤔𐤌𐤓𐤅𐤍 𐤅𐤉𐤀𐤌𐤓 𐤀𐤋𐤉𐤔𐤏 𐤉𐤄𐤅𐤄 𐤐𐤒𐤇 𐤀𐤕 𐤏𐤉𐤍𐤉
𐤀𐤋𐤄 𐤅𐤉𐤓𐤀𐤅 𐤅𐤉𐤐𐤒𐤇 𐤉𐤄𐤅𐤄 𐤀𐤕 𐤏𐤉𐤍𐤉𐤄𐤌 𐤅𐤉𐤓𐤀𐤅 𐤅𐤄𐤍𐤄 𐤁𐤕𐤅𐤊
𐤔𐤌𐤓𐤅𐤍•
𐤊𐤀 𐤅𐤉𐤀𐤌𐤓 𐤌𐤋𐤊 𐤉𐤔𐤓𐤀𐤋 𐤀𐤋 𐤀𐤋𐤉𐤔𐤏 𐤊𐤓𐤀𐤕𐤅 𐤀𐤅𐤕𐤌 𐤄𐤀𐤊𐤄 𐤀𐤊𐤄
𐤀𐤁𐤉•
𐤊𐤁 𐤅𐤉𐤀𐤌𐤓 𐤋𐤀 𐤕𐤊𐤄 𐤄𐤀𐤔𐤓 𐤔𐤁𐤉𐤕 𐤁𐤇𐤓𐤁𐤊 𐤅𐤁𐤒𐤔𐤕𐤊 𐤀𐤕𐤄 𐤌𐤊𐤄
𐤔𐤉𐤌 𐤋𐤇𐤌 𐤅𐤌𐤉𐤌 𐤋𐤐𐤍𐤉𐤄𐤌 𐤅𐤉𐤀𐤊𐤋𐤅 𐤅𐤉𐤔𐤕𐤅 𐤅𐤉𐤋𐤊𐤅 𐤀𐤋
𐤀𐤃𐤍𐤉𐤄𐤌•
𐤊𐤂 𐤅𐤉𐤊𐤓𐤄 𐤋𐤄𐤌 𐤊𐤓𐤄 𐤂𐤃𐤅𐤋𐤄 𐤅𐤉𐤀𐤊𐤋𐤅 𐤅𐤉𐤔𐤕𐤅 𐤅𐤉𐤔𐤋𐤇𐤌 𐤅𐤉𐤋𐤊𐤅
𐤀𐤋 𐤀𐤃𐤍𐤉𐤄𐤌 𐤅𐤋𐤀 𐤉𐤎𐤐𐤅 𐤏𐤅𐤃 𐤂𐤃𐤅𐤃𐤉 𐤀𐤓𐤌 𐤋𐤁𐤅𐤀 𐤁𐤀𐤓𐤑 𐤉𐤔𐤓𐤀𐤋•
𐤊𐤃 𐤅𐤉𐤄𐤉 𐤀𐤇𐤓𐤉 𐤊𐤍 𐤅𐤉𐤒𐤁𐤑 𐤁𐤍 𐤄𐤃𐤃 𐤌𐤋𐤊 𐤀𐤓𐤌 𐤀𐤕 𐤊𐤋 𐤌𐤇𐤍𐤄𐤅
𐤅𐤉𐤏𐤋 𐤅𐤉𐤑𐤓 𐤏𐤋 𐤔𐤌𐤓𐤅𐤍•
𐤊𐤄 𐤅𐤉𐤄𐤉 𐤓𐤏𐤁 𐤂𐤃𐤅𐤋 𐤁𐤔𐤌𐤓𐤅𐤍 𐤅𐤄𐤍𐤄 𐤑𐤓𐤉𐤌 𐤏𐤋𐤉𐤄 𐤏𐤃 𐤄𐤉𐤅𐤕 𐤓𐤀𐤔
𐤇𐤌𐤅𐤓 𐤁𐤔𐤌𐤍𐤉𐤌 𐤊𐤎𐤐 𐤅𐤓𐤁𐤏 𐤄𐤒𐤁 𐤇𐤓𐤉𐤉𐤅𐤍𐤉𐤌 [𐤃𐤁𐤉𐤅𐤍𐤉𐤌] 𐤁𐤇𐤌𐤔𐤄
𐤊𐤎𐤐•
𐤊𐤅 𐤅𐤉𐤄𐤉 𐤌𐤋𐤊 𐤉𐤔𐤓𐤀𐤋 𐤏𐤁𐤓 𐤏𐤋 𐤄𐤇𐤌𐤄 𐤅𐤀𐤔𐤄 𐤑𐤏𐤒𐤄 𐤀𐤋𐤉𐤅 𐤋𐤀𐤌𐤓
𐤄𐤅𐤔𐤉𐤏𐤄 𐤀𐤃𐤍𐤉 𐤄𐤌𐤋𐤊•
𐤊𐤆 𐤅𐤉𐤀𐤌𐤓 𐤀𐤋 𐤉𐤅𐤔𐤏𐤊 𐤉𐤄𐤅𐤄 𐤌𐤀𐤉𐤍 𐤀𐤅𐤔𐤉𐤏𐤊 𐤄𐤌𐤍 𐤄𐤂𐤓𐤍 𐤀𐤅
𐤌𐤍 𐤄𐤉𐤒𐤁•
𐤊𐤇 𐤅𐤉𐤀𐤌𐤓 𐤋𐤄 𐤄𐤌𐤋𐤊 𐤌𐤄 𐤋𐤊 𐤅𐤕𐤀𐤌𐤓 𐤄𐤀𐤔𐤄 𐤄𐤆𐤀𐤕 𐤀𐤌𐤓𐤄 𐤀𐤋𐤉
𐤕𐤍𐤉 𐤀𐤕 𐤁𐤍𐤊 𐤅𐤍𐤀𐤊𐤋𐤍𐤅 𐤄𐤉𐤅𐤌 𐤅𐤀𐤕 𐤁𐤍𐤉 𐤍𐤀𐤊𐤋 𐤌𐤇𐤓•
𐤊𐤈 𐤅𐤍𐤁𐤔𐤋 𐤀𐤕 𐤁𐤍𐤉 𐤅𐤍𐤀𐤊𐤋𐤄𐤅 𐤅𐤀𐤌𐤓 𐤀𐤋𐤉𐤄 𐤁𐤉𐤅𐤌 𐤄𐤀𐤇𐤓 𐤕𐤍𐤉
𐤀𐤕 𐤁𐤍𐤊 𐤅𐤍𐤀𐤊𐤋𐤍𐤅 𐤅𐤕𐤇𐤁𐤀 𐤀𐤕 𐤁𐤍𐤄•
𐤋 𐤅𐤉𐤄𐤉 𐤊𐤔𐤌𐤏 𐤄𐤌𐤋𐤊 𐤀𐤕 𐤃𐤁𐤓𐤉 𐤄𐤀𐤔𐤄 𐤅𐤉𐤒𐤓𐤏 𐤀𐤕 𐤁𐤂𐤃𐤉𐤅 𐤅𐤄𐤅𐤀
𐤏𐤁𐤓 𐤏𐤋 𐤄𐤇𐤌𐤄 𐤅𐤉𐤓𐤀 𐤄𐤏𐤌 𐤅𐤄𐤍𐤄 𐤄𐤔𐤒 𐤏𐤋 𐤁𐤔𐤓𐤅 𐤌𐤁𐤉𐤕•
𐤋𐤀 𐤅𐤉𐤀𐤌𐤓 𐤊𐤄 𐤉𐤏𐤔𐤄 𐤋𐤉 𐤀𐤋𐤄𐤉𐤌 𐤅𐤊𐤄 𐤉𐤅𐤎𐤐 𐤀𐤌 𐤉𐤏𐤌𐤃 𐤓𐤀𐤔
𐤀𐤋𐤉𐤔𐤏 𐤁𐤍 𐤔𐤐𐤈 𐤏𐤋𐤉𐤅 𐤄𐤉𐤅𐤌•
𐤋𐤁 𐤅𐤀𐤋𐤉𐤔𐤏 𐤉𐤔𐤁 𐤁𐤁𐤉𐤕𐤅 𐤅𐤄𐤆𐤒𐤍𐤉𐤌 𐤉𐤔𐤁𐤉𐤌 𐤀𐤕𐤅 𐤅𐤉𐤔𐤋𐤇 𐤀𐤉𐤔
𐤌𐤋𐤐𐤍𐤉𐤅 𐤁𐤈𐤓𐤌 𐤉𐤁𐤀 𐤄𐤌𐤋𐤀𐤊 𐤀𐤋𐤉𐤅 𐤅𐤄𐤅𐤀 𐤀𐤌𐤓 𐤀𐤋 𐤄𐤆𐤒𐤍𐤉𐤌
𐤄𐤓𐤀𐤉𐤕𐤌 𐤊𐤉 𐤔𐤋𐤇 𐤁𐤍 𐤄𐤌𐤓𐤑𐤇 𐤄𐤆𐤄 𐤋𐤄𐤎𐤉𐤓 𐤀𐤕 𐤓𐤀𐤔𐤉 𐤓𐤀𐤅 𐤊𐤁𐤀
𐤄𐤌𐤋𐤀𐤊 𐤎𐤂𐤓𐤅 𐤄𐤃𐤋𐤕 𐤅𐤋𐤇𐤑𐤕𐤌 𐤀𐤕𐤅 𐤁𐤃𐤋𐤕 𐤄𐤋𐤅𐤀 𐤒𐤅𐤋 𐤓𐤂𐤋𐤉
𐤀𐤃𐤍𐤉𐤅 𐤀𐤇𐤓𐤉𐤅•

לג עודנו מדבר עמם והנה המלאך ירד אליו ויאמר הנה
זאת הרעה מאת יהוה מה אוחיל ליהוה עוד.

## פרק ז

א ויאמר אלישע שמעו דבר יהוה כה אמר יהוה כעת מחר
סאה סלת בשקל וסאתים שערים בשקל בשער שמרון.
ב ויען השליש אשר למלך נשען על ידו את איש האלהים
ויאמר הנה יהוה עשה ארבות בשמים היהיה הדבר הזה
ויאמר הנכה ראה בעיניך ומשם לא תאכל.
ג וארבעה אנשים היו מצרעים פתח השער ויאמרו איש אל
רעהו מה אנחנו ישבים פה עד מתנו.
ד אם אמרנו נבוא העיר והרעב בעיר ומתנו שם ואם ישבנו
פה ומתנו ועתה לכו ונפלה אל מחנה ארם אם יחינו נחיה
ואם ימיתנו ומתנו.
ה ויקומו בנשף לבוא אל מחנה ארם ויבאו עד קצה מחנה
ארם והנה אין שם איש.
ו ואדני השמיע את מחנה ארם קול רכב קול סוס קול חיל
גדול ויאמרו איש אל אחיו הנה שכר עלינו מלך ישראל
את מלכי החתים ואת מלכי מצרים לבוא עלינו.
ז ויקומו וינוסו בנשף ויעזבו את אהליהם ואת סוסיהם
ואת חמריהם המחנה כאשר היא וינוסו אל נפשם.
ח ויבאו המצרעים האלה עד קצה המחנה ויבאו אל אהל
אחד ויאכלו וישתו וישאו משם כסף וזהב ובגדים וילכו
ויטמנו וישבו ויבאו אל אהל אחר וישאו משם וילכו
ויטמנו.
ט ויאמרו איש אל רעהו לא כן אנחנו עשים היום הזה
יום בשרה הוא ואנחנו מחשים וחכינו עד אור הבקר
ומצאנו עון ועתה לכו ונבאה ונגידה בית המלך.
י ויבאו ויקראו אל שער העיר ויגידו להם לאמר באנו אל
מחנה ארם והנה אין שם איש וקול אדם כי אם הסוס
אסור והחמור אסור ואהלים כאשר המה.
יא ויקרא השערים ויגידו בית המלך פנימה.
יב ויקם המלך לילה ויאמר אל עבדיו אגידה נא לכם את

𐤀𐤔𐤓 𐤏𐤔𐤅 𐤋𐤍𐤅 𐤀𐤓𐤌 𐤉𐤃𐤏𐤅 𐤊𐤉 𐤓𐤏𐤁𐤉𐤌 𐤀𐤍𐤇𐤍𐤅 𐤅𐤉𐤑𐤀𐤅 𐤌𐤍 𐤄𐤌𐤇𐤍𐤄
𐤋𐤄𐤇𐤁𐤄 𐤁𐤄𐤔𐤃𐤄 [𐤁𐤔𐤃𐤄] 𐤋𐤀𐤌𐤓 𐤊𐤉 𐤉𐤑𐤀𐤅 𐤌𐤍 𐤄𐤏𐤉𐤓 𐤅𐤍𐤕𐤐𐤔𐤌
𐤇𐤉𐤉𐤌 𐤅𐤀𐤋 𐤄𐤏𐤉𐤓 𐤍𐤁𐤀•
𐤉𐤂𐤅𐤉𐤏𐤍 𐤀𐤇𐤃 𐤌𐤏𐤁𐤃𐤉𐤅 𐤅𐤉𐤀𐤌𐤓 𐤅𐤉𐤒𐤇𐤅 𐤍𐤀 𐤇𐤌𐤔𐤄 𐤌𐤍 𐤄𐤎𐤅𐤎𐤉𐤌
𐤄𐤍𐤔𐤀𐤓𐤉𐤌 𐤀𐤔𐤓 𐤍𐤔𐤀𐤓𐤅 𐤁𐤄 𐤄𐤍𐤌 𐤊𐤊𐤋 𐤄𐤄𐤌𐤅𐤍 [𐤄𐤌𐤅𐤍] 𐤉𐤔𐤓𐤀𐤋
𐤀𐤔𐤓 𐤍𐤔𐤀𐤓𐤅 𐤁𐤄 𐤄𐤍𐤌 𐤊𐤊𐤋 𐤄𐤌𐤅𐤍 𐤉𐤔𐤓𐤀𐤋 𐤀𐤔𐤓 𐤕𐤌𐤅 𐤅𐤍𐤔𐤋𐤇𐤄
𐤅𐤍𐤓𐤀𐤄•
𐤉𐤃𐤅𐤉𐤒𐤇𐤅 𐤔𐤍𐤉 𐤓𐤊𐤁 𐤎𐤅𐤎𐤉𐤌 𐤅𐤉𐤔𐤋𐤇 𐤄𐤌𐤋𐤊 𐤀𐤇𐤓𐤉 𐤌𐤇𐤍𐤄 𐤀𐤓𐤌
𐤋𐤀𐤌𐤓 𐤋𐤊𐤅 𐤅𐤓𐤀𐤅•
𐤈𐤅𐤅𐤉𐤋𐤊𐤅 𐤀𐤇𐤓𐤉𐤄𐤌 𐤏𐤃 𐤄𐤉𐤓𐤃𐤍 𐤅𐤄𐤍𐤄 𐤊𐤋 𐤄𐤃𐤓𐤊 𐤌𐤋𐤀𐤄 𐤁𐤂𐤃𐤉𐤌
𐤅𐤊𐤋𐤉𐤌 𐤀𐤔𐤓 𐤄𐤔𐤋𐤉𐤊𐤅 𐤀𐤓𐤌 𐤁𐤄𐤇𐤐𐤆𐤌 [𐤁𐤇𐤐𐤆𐤌] 𐤅𐤉𐤔𐤁𐤅
𐤄𐤌𐤋𐤀𐤊𐤉𐤌 𐤅𐤉𐤂𐤃𐤅 𐤋𐤌𐤋𐤊•
𐤈𐤆𐤅𐤉𐤑𐤀 𐤄𐤏𐤌 𐤅𐤉𐤁𐤆𐤅 𐤀𐤕 𐤌𐤇𐤍𐤄 𐤀𐤓𐤌 𐤅𐤉𐤄𐤉 𐤎𐤀𐤄 𐤎𐤋𐤕 𐤁𐤔𐤒𐤋
𐤅𐤎𐤀𐤕𐤉𐤌 𐤔𐤏𐤓𐤉𐤌 𐤁𐤔𐤒𐤋 𐤊𐤃𐤁𐤓 𐤉𐤄𐤅𐤄•
𐤉𐤆𐤅𐤄𐤌𐤋𐤊 𐤄𐤐𐤒𐤉𐤃 𐤀𐤕 𐤄𐤔𐤋𐤉𐤔 𐤀𐤔𐤓 𐤍𐤔𐤏𐤍 𐤏𐤋 𐤉𐤃𐤅 𐤏𐤋 𐤄𐤔𐤏𐤓
𐤅𐤉𐤓𐤌𐤎𐤄𐤅 𐤄𐤏𐤌 𐤁𐤔𐤏𐤓 𐤅𐤉𐤌𐤕 𐤊𐤀𐤔𐤓 𐤃𐤁𐤓 𐤀𐤉𐤔 𐤄𐤀𐤋𐤄𐤉𐤌 𐤀𐤔𐤓 𐤃𐤁𐤓
𐤁𐤓𐤃𐤕 𐤄𐤌𐤋𐤊 𐤀𐤋𐤉𐤅•
𐤉𐤇𐤅𐤉𐤄𐤉 𐤊𐤃𐤁𐤓 𐤀𐤉𐤔 𐤄𐤀𐤋𐤄𐤉𐤌 𐤀𐤋 𐤄𐤌𐤋𐤊 𐤋𐤀𐤌𐤓 𐤎𐤀𐤕𐤉𐤌
𐤔𐤏𐤓𐤉𐤌 𐤁𐤔𐤒𐤋 𐤅𐤎𐤀𐤄 𐤎𐤋𐤕 𐤁𐤔𐤒𐤋 𐤉𐤄𐤉𐤄 𐤊𐤏𐤕 𐤌𐤇𐤓 𐤁𐤔𐤏𐤓 𐤔𐤌𐤓𐤅𐤍•
𐤉𐤈𐤅𐤉𐤏𐤍 𐤄𐤔𐤋𐤉𐤔 𐤀𐤕 𐤀𐤉𐤔 𐤄𐤀𐤋𐤄𐤉𐤌 𐤅𐤉𐤀𐤌𐤓 𐤅𐤄𐤍𐤄 𐤉𐤄𐤅𐤄
𐤏𐤔𐤄 𐤀𐤓𐤁𐤅𐤕 𐤁𐤔𐤌𐤉𐤌 𐤄𐤉𐤄𐤉𐤄 𐤊𐤃𐤁𐤓 𐤄𐤆𐤄 𐤅𐤉𐤀𐤌𐤓 𐤄𐤍𐤊 𐤓𐤀𐤄
𐤁𐤏𐤉𐤍𐤉𐤊 𐤅𐤌𐤔𐤌 𐤋𐤀 𐤕𐤀𐤊𐤋•
𐤊 𐤅𐤉𐤄𐤉 𐤋𐤅 𐤊𐤍 𐤅𐤉𐤓𐤌𐤎𐤅 𐤀𐤕𐤅 𐤄𐤏𐤌 𐤁𐤔𐤏𐤓 𐤅𐤉𐤌𐤕•

𐤐𐤓𐤒 𐤇

𐤀𐤅𐤀𐤋𐤉𐤔𐤏 𐤃𐤁𐤓 𐤀𐤋 𐤄𐤀𐤔𐤄 𐤀𐤔𐤓 𐤄𐤇𐤉𐤄 𐤀𐤕 𐤁𐤍𐤄 𐤋𐤀𐤌𐤓 𐤒𐤅𐤌𐤉
𐤅𐤋𐤊𐤉 𐤀𐤕𐤉 [𐤀𐤕] 𐤅𐤁𐤉𐤕𐤊 𐤅𐤂𐤅𐤓𐤉 𐤁𐤀𐤔𐤓 𐤕𐤂𐤅𐤓𐤉 𐤊𐤉 𐤒𐤓𐤀 𐤉𐤄𐤅𐤄
𐤋𐤓𐤏𐤁 𐤅𐤂𐤌 𐤁𐤀 𐤀𐤋 𐤄𐤀𐤓𐤑 𐤔𐤁𐤏 𐤔𐤍𐤉𐤌•
𐤁 𐤅𐤕𐤒𐤌 𐤄𐤀𐤔𐤄 𐤅𐤕𐤏𐤔 𐤊𐤃𐤁𐤓 𐤀𐤉𐤔 𐤄𐤀𐤋𐤄𐤉𐤌 𐤅𐤕𐤋𐤊 𐤄𐤉𐤀 𐤅𐤁𐤉𐤕𐤄
𐤅𐤕𐤂𐤓 𐤁𐤀𐤓𐤑 𐤐𐤋𐤔𐤕𐤉𐤌 𐤔𐤁𐤏 𐤔𐤍𐤉𐤌•
𐤂𐤅𐤉𐤄𐤉 𐤌𐤒𐤑𐤄 𐤔𐤁𐤏 𐤔𐤍𐤉𐤌 𐤅𐤕𐤔𐤁 𐤄𐤀𐤔𐤄 𐤌𐤀𐤓𐤑 𐤐𐤋𐤔𐤕𐤉𐤌 𐤅𐤕𐤑𐤀
𐤋𐤑𐤏𐤒 𐤀𐤋 𐤄𐤌𐤋𐤊 𐤀𐤋 𐤁𐤉𐤕𐤄 𐤅𐤀𐤋 𐤔𐤃𐤄•
𐤃𐤅𐤄𐤌𐤋𐤊 𐤌𐤃𐤁𐤓 𐤀𐤋 𐤂𐤇𐤆𐤉 𐤍𐤏𐤓 𐤀𐤉𐤔 𐤄𐤀𐤋𐤄𐤉𐤌 𐤋𐤀𐤌𐤓 𐤎𐤐𐤓𐤄 𐤍𐤀

𐤋𐤉 𐤀𐤕 𐤊𐤋 𐤄𐤂𐤃𐤋𐤅𐤕 𐤀𐤔𐤓 𐤏𐤔𐤄 𐤀𐤋𐤉𐤔𐤏•

𐤄 𐤅𐤉𐤄𐤉 𐤄𐤅𐤀 𐤌𐤎𐤐𐤓 𐤋𐤌𐤋𐤊 𐤀𐤕 𐤀𐤔𐤓 𐤄𐤇𐤉𐤄 𐤀𐤕 𐤄𐤌𐤕 𐤅𐤄𐤍𐤄
𐤄𐤀𐤔𐤄 𐤀𐤔𐤓 𐤄𐤇𐤉𐤄 𐤀𐤕 𐤁𐤍𐤄 𐤑𐤏𐤒𐤕 𐤀𐤋 𐤄𐤌𐤋𐤊 𐤏𐤋 𐤁𐤉𐤕𐤄 𐤅𐤏𐤋 𐤔𐤃𐤄
𐤅𐤉𐤀𐤌𐤓 𐤂𐤇𐤆𐤉 𐤀𐤃𐤍𐤉 𐤄𐤌𐤋𐤊 𐤆𐤀𐤕 𐤄𐤀𐤔𐤄 𐤅𐤆𐤄 𐤁𐤍𐤄 𐤀𐤔𐤓 𐤄𐤇𐤉𐤄
𐤀𐤋𐤉𐤔𐤏•

𐤅 𐤅𐤉𐤔𐤀𐤋 𐤄𐤌𐤋𐤊 𐤋𐤀𐤔𐤄 𐤅𐤕𐤎𐤐𐤓 𐤋𐤅 𐤅𐤉𐤕𐤍 𐤋𐤄 𐤄𐤌𐤋𐤊 𐤎𐤓𐤉𐤎 𐤀𐤇𐤃
𐤋𐤀𐤌𐤓 𐤄𐤔𐤉𐤁 𐤀𐤕 𐤊𐤋 𐤀𐤔𐤓 𐤋𐤄 𐤅𐤀𐤕 𐤊𐤋 𐤕𐤁𐤅𐤀𐤕 𐤄𐤔𐤃𐤄 𐤌𐤉𐤅𐤌
𐤏𐤆𐤁𐤄 𐤀𐤕 𐤄𐤀𐤓𐤑 𐤅𐤏𐤃 𐤏𐤕𐤄•

𐤆 𐤅𐤉𐤁𐤀 𐤀𐤋𐤉𐤔𐤏 𐤃𐤌𐤔𐤒 𐤅𐤁𐤍 𐤄𐤃𐤃 𐤌𐤋𐤊 𐤀𐤓𐤌 𐤇𐤋𐤄 𐤅𐤉𐤂𐤃 𐤋𐤅 𐤋𐤀𐤌𐤓
𐤁𐤀 𐤀𐤉𐤔 𐤄𐤀𐤋𐤄𐤉𐤌 𐤏𐤃 𐤄𐤍𐤄•

𐤇 𐤅𐤉𐤀𐤌𐤓 𐤄𐤌𐤋𐤊 𐤀𐤋 𐤇𐤆𐤄𐤀𐤋 𐤒𐤇 𐤁𐤉𐤃𐤊 𐤌𐤍𐤇𐤄 𐤅𐤋𐤊 𐤋𐤒𐤓𐤀𐤕 𐤀𐤉𐤔
𐤄𐤀𐤋𐤄𐤉𐤌 𐤅𐤃𐤓𐤔𐤕 𐤀𐤕 𐤉𐤄𐤅𐤄 𐤌𐤀𐤅𐤕𐤅 𐤋𐤀𐤌𐤓 𐤄𐤀𐤇𐤉𐤄 𐤌𐤇𐤋𐤉 𐤆𐤄•

𐤈 𐤅𐤉𐤋𐤊 𐤇𐤆𐤄𐤀𐤋 𐤋𐤒𐤓𐤀𐤕𐤅 𐤅𐤉𐤒𐤇 𐤌𐤍𐤇𐤄 𐤁𐤉𐤃𐤅 𐤅𐤊𐤋 𐤈𐤅𐤁 𐤃𐤌𐤔𐤒
𐤌𐤔𐤀 𐤀𐤓𐤁𐤏𐤉𐤌 𐤂𐤌𐤋 𐤅𐤉𐤁𐤀 𐤅𐤉𐤏𐤌𐤃 𐤋𐤐𐤍𐤉𐤅 𐤅𐤉𐤀𐤌𐤓 𐤁𐤍𐤊 𐤁𐤍 𐤄𐤃𐤃
𐤌𐤋𐤊 𐤀𐤓𐤌 𐤔𐤋𐤇𐤍𐤉 𐤀𐤋𐤉𐤊 𐤋𐤀𐤌𐤓 𐤄𐤀𐤇𐤉𐤄 𐤌𐤇𐤋𐤉 𐤆𐤄•

𐤉 𐤅𐤉𐤀𐤌𐤓 𐤀𐤋𐤉𐤅 𐤀𐤋𐤉𐤔𐤏 𐤋𐤊 𐤀𐤌𐤓 𐤋𐤀 [𐤋𐤅] 𐤇𐤉𐤄 𐤕𐤇𐤉𐤄 𐤅𐤄𐤓𐤀𐤍𐤉
𐤉𐤄𐤅𐤄 𐤊𐤉 𐤌𐤅𐤕 𐤉𐤌𐤅𐤕•

𐤉𐤀 𐤅𐤉𐤏𐤌𐤃 𐤀𐤕 𐤐𐤍𐤉𐤅 𐤅𐤉𐤔𐤌 𐤏𐤃 𐤁𐤔 𐤅𐤉𐤁𐤊 𐤀𐤉𐤔 𐤄𐤀𐤋𐤄𐤉𐤌•

𐤉𐤁 𐤅𐤉𐤀𐤌𐤓 𐤇𐤆𐤄𐤀𐤋 𐤌𐤃𐤅𐤏 𐤀𐤃𐤍𐤉 𐤁𐤊𐤄 𐤅𐤉𐤀𐤌𐤓 𐤊𐤉 𐤉𐤃𐤏𐤕𐤉 𐤀𐤕 𐤀𐤔𐤓
𐤕𐤏𐤔𐤄 𐤋𐤁𐤍𐤉 𐤉𐤔𐤓𐤀𐤋 𐤓𐤏𐤄 𐤌𐤁𐤑𐤓𐤉𐤄𐤌 𐤕𐤔𐤋𐤇 𐤁𐤀𐤔 𐤅𐤁𐤇𐤓𐤉𐤄𐤌 𐤁𐤇𐤓𐤁
𐤕𐤄𐤓𐤂 𐤅𐤏𐤋𐤋𐤉𐤄𐤌 𐤕𐤓𐤈𐤔 𐤅𐤄𐤓𐤕𐤉𐤄𐤌 𐤕𐤁𐤒𐤏•

𐤉𐤂 𐤅𐤉𐤀𐤌𐤓 𐤇𐤆𐤄𐤀𐤋 𐤊𐤉 𐤌𐤄 𐤏𐤁𐤃𐤊 𐤄𐤊𐤋𐤁 𐤊𐤉 𐤉𐤏𐤔𐤄 𐤄𐤃𐤁𐤓 𐤄𐤂𐤃𐤅𐤋
𐤄𐤆𐤄 𐤅𐤉𐤀𐤌𐤓 𐤀𐤋𐤉𐤔𐤏 𐤄𐤓𐤀𐤍𐤉 𐤉𐤄𐤅𐤄 𐤀𐤕𐤊 𐤌𐤋𐤊 𐤏𐤋 𐤀𐤓𐤌•

𐤉𐤃 𐤅𐤉𐤋𐤊 𐤌𐤀𐤕 𐤀𐤋𐤉𐤔𐤏 𐤅𐤉𐤁𐤀 𐤀𐤋 𐤀𐤃𐤍𐤉𐤅 𐤅𐤉𐤀𐤌𐤓 𐤋𐤅 𐤌𐤄 𐤀𐤌𐤓
𐤋𐤊 𐤀𐤋𐤉𐤔𐤏 𐤅𐤉𐤀𐤌𐤓 𐤀𐤌𐤓 𐤋𐤉 𐤇𐤉𐤄 𐤕𐤇𐤉𐤄•

𐤈𐤅 𐤅𐤉𐤄𐤉 𐤌𐤌𐤇𐤓𐤕 𐤅𐤉𐤒𐤇 𐤄𐤌𐤊𐤁𐤓 𐤅𐤉𐤈𐤁𐤋 𐤁𐤌𐤉𐤌 𐤅𐤉𐤐𐤓𐤔 𐤏𐤋 𐤐𐤍𐤉𐤅
𐤅𐤉𐤌𐤕 𐤅𐤉𐤌𐤋𐤊 𐤇𐤆𐤄𐤀𐤋 𐤕𐤇𐤕𐤉𐤅•

𐤈𐤆 𐤅𐤁𐤔𐤍𐤕 𐤇𐤌𐤔 𐤋𐤉𐤅𐤓𐤌 𐤁𐤍 𐤀𐤇𐤀𐤁 𐤌𐤋𐤊 𐤉𐤔𐤓𐤀𐤋 𐤅𐤉𐤄𐤅𐤔𐤐𐤈 𐤌𐤋𐤊
𐤉𐤄𐤅𐤃𐤄 𐤌𐤋𐤊 𐤉𐤄𐤅𐤓𐤌 𐤁𐤍 𐤉𐤄𐤅𐤔𐤐𐤈 𐤌𐤋𐤊 𐤉𐤄𐤅𐤃𐤄•

𐤉𐤆 𐤁𐤍 𐤔𐤋𐤔𐤉𐤌 𐤅𐤔𐤕𐤉𐤌 𐤔𐤍𐤄 𐤄𐤉𐤄 𐤁𐤌𐤋𐤊𐤅 𐤅𐤔𐤌𐤍𐤄 𐤔𐤍𐤄
[𐤔𐤍𐤉𐤌] 𐤌𐤋𐤊 𐤁𐤉𐤓𐤅𐤔𐤋𐤌•

𐤉𐤇 𐤅𐤉𐤋𐤊 𐤁𐤃𐤓𐤊 𐤌𐤋𐤊𐤉 𐤉𐤔𐤓𐤀𐤋 𐤊𐤀𐤔𐤓 𐤏𐤔𐤅 𐤁𐤉𐤕 𐤀𐤇𐤀𐤁 𐤊𐤉 𐤁𐤕
𐤀𐤇𐤀𐤁 𐤄𐤉𐤕𐤄 𐤋𐤅 𐤋𐤀𐤔𐤄 𐤅𐤉𐤏𐤔 𐤄𐤓𐤏 𐤁𐤏𐤉𐤍𐤉 𐤉𐤄𐤅𐤄•

# 𐤌𐤋𐤊𐤉𐤌 𐤁

𐤉𐤈 𐤅𐤋𐤀 𐤀𐤁𐤄 𐤉𐤄𐤅𐤄 𐤋𐤄𐤔𐤇𐤉𐤕 𐤀𐤕 𐤉𐤄𐤅𐤃𐤄 𐤋𐤌𐤏𐤍 𐤃𐤅𐤃 𐤏𐤁𐤃𐤅 𐤊𐤀𐤔𐤓 𐤀𐤌𐤓 𐤋𐤅 𐤋𐤕𐤕 𐤋𐤅 𐤍𐤉𐤓 𐤋𐤁𐤍𐤉𐤅 𐤊𐤋 𐤄𐤉𐤌𐤉𐤌.

𐤊 𐤁𐤉𐤌𐤉𐤅 𐤐𐤔𐤏 𐤀𐤃𐤅𐤌 𐤌𐤕𐤇𐤕 𐤉𐤃 𐤉𐤄𐤅𐤃𐤄 𐤅𐤉𐤌𐤋𐤊𐤅 𐤏𐤋𐤉𐤄𐤌 𐤌𐤋𐤊.

𐤊𐤀 𐤅𐤉𐤏𐤁𐤓 𐤉𐤅𐤓𐤌 𐤑𐤏𐤉𐤓𐤄 𐤅𐤊𐤋 𐤄𐤓𐤊𐤁 𐤏𐤌𐤅 𐤅𐤉𐤄𐤉 𐤄𐤅𐤀 𐤒𐤌 𐤋𐤉𐤋𐤄 𐤅𐤉𐤊𐤄 𐤀𐤕 𐤀𐤃𐤅𐤌 𐤄𐤎𐤁𐤉𐤁 𐤀𐤋𐤉𐤅 𐤅𐤀𐤕 𐤔𐤓𐤉 𐤄𐤓𐤊𐤁 𐤅𐤉𐤍𐤎 𐤄𐤏𐤌 𐤋𐤀𐤄𐤋𐤉𐤅.

𐤊𐤁 𐤅𐤉𐤐𐤔𐤏 𐤀𐤃𐤅𐤌 𐤌𐤕𐤇𐤕 𐤉𐤃 𐤉𐤄𐤅𐤃𐤄 𐤏𐤃 𐤄𐤉𐤅𐤌 𐤄𐤆𐤄 𐤀𐤆 𐤕𐤐𐤔𐤏 𐤋𐤁𐤍𐤄 𐤁𐤏𐤕 𐤄𐤄𐤉𐤀.

𐤊𐤂 𐤅𐤉𐤕𐤓 𐤃𐤁𐤓𐤉 𐤉𐤅𐤓𐤌 𐤅𐤊𐤋 𐤀𐤔𐤓 𐤏𐤔𐤄 𐤄𐤋𐤀 𐤄𐤌 𐤊𐤕𐤅𐤁𐤉𐤌 𐤏𐤋 𐤎𐤐𐤓 𐤃𐤁𐤓𐤉 𐤄𐤉𐤌𐤉𐤌 𐤋𐤌𐤋𐤊𐤉 𐤉𐤄𐤅𐤃𐤄.

𐤊𐤃 𐤅𐤉𐤔𐤊𐤁 𐤉𐤅𐤓𐤌 𐤏𐤌 𐤀𐤁𐤕𐤉𐤅 𐤅𐤉𐤒𐤁𐤓 𐤏𐤌 𐤀𐤁𐤕𐤉𐤅 𐤁𐤏𐤉𐤓 𐤃𐤅𐤃 𐤅𐤉𐤌𐤋𐤊 𐤀𐤇𐤆𐤉𐤄𐤅 𐤁𐤍𐤅 𐤕𐤇𐤕𐤉𐤅.

𐤊𐤄 𐤁𐤔𐤍𐤕 𐤔𐤕𐤉𐤌 𐤏𐤔𐤓𐤄 𐤔𐤍𐤄 𐤋𐤉𐤅𐤓𐤌 𐤁𐤍 𐤀𐤇𐤀𐤁 𐤌𐤋𐤊 𐤉𐤔𐤓𐤀𐤋 𐤌𐤋𐤊 𐤀𐤇𐤆𐤉𐤄𐤅 𐤁𐤍 𐤉𐤄𐤅𐤓𐤌 𐤌𐤋𐤊 𐤉𐤄𐤅𐤃𐤄.

𐤊𐤅 𐤁𐤍 𐤏𐤔𐤓𐤉𐤌 𐤅𐤔𐤕𐤉𐤌 𐤔𐤍𐤄 𐤀𐤇𐤆𐤉𐤄𐤅 𐤁𐤌𐤋𐤊𐤅 𐤅𐤔𐤍𐤄 𐤀𐤇𐤕 𐤌𐤋𐤊 𐤁𐤉𐤓𐤅𐤔𐤋𐤌 𐤅𐤔𐤌 𐤀𐤌𐤅 𐤏𐤕𐤋𐤉𐤄𐤅 𐤁𐤕 𐤏𐤌𐤓𐤉 𐤌𐤋𐤊 𐤉𐤔𐤓𐤀𐤋.

𐤊𐤆 𐤅𐤉𐤋𐤊 𐤁𐤃𐤓𐤊 𐤁𐤉𐤕 𐤀𐤇𐤀𐤁 𐤅𐤉𐤏𐤔 𐤄𐤓𐤏 𐤁𐤏𐤉𐤍𐤉 𐤉𐤄𐤅𐤄 𐤊𐤁𐤉𐤕 𐤀𐤇𐤀𐤁 𐤊𐤉 𐤇𐤕𐤍 𐤁𐤉𐤕 𐤀𐤇𐤀𐤁 𐤄𐤅𐤀.

𐤊𐤇 𐤅𐤉𐤋𐤊 𐤀𐤕 𐤉𐤅𐤓𐤌 𐤁𐤍 𐤀𐤇𐤀𐤁 𐤋𐤌𐤋𐤇𐤌𐤄 𐤏𐤌 𐤇𐤆𐤀𐤋 𐤌𐤋𐤊 𐤀𐤓𐤌 𐤁𐤓𐤌𐤕 𐤂𐤋𐤏𐤃 𐤅𐤉𐤊𐤅 𐤀𐤓𐤌𐤉𐤌 𐤀𐤕 𐤉𐤅𐤓𐤌.

𐤊𐤈 𐤅𐤉𐤔𐤁 𐤉𐤅𐤓𐤌 𐤄𐤌𐤋𐤊 𐤋𐤄𐤕𐤓𐤐𐤀 𐤁𐤉𐤆𐤓𐤏𐤀𐤋 𐤌𐤍 𐤄𐤌𐤊𐤉𐤌 𐤀𐤔𐤓 𐤉𐤊𐤄𐤅 𐤀𐤓𐤌𐤉𐤌 𐤁𐤓𐤌𐤄 𐤁𐤄𐤋𐤇𐤌𐤅 𐤀𐤕 𐤇𐤆𐤀𐤋 𐤌𐤋𐤊 𐤀𐤓𐤌 𐤅𐤀𐤇𐤆𐤉𐤄𐤅 𐤁𐤍 𐤉𐤄𐤅𐤓𐤌 𐤌𐤋𐤊 𐤉𐤄𐤅𐤃𐤄 𐤉𐤓𐤃 𐤋𐤓𐤀𐤅𐤕 𐤀𐤕 𐤉𐤅𐤓𐤌 𐤁𐤍 𐤀𐤇𐤀𐤁 𐤁𐤉𐤆𐤓𐤏𐤀𐤋 𐤊𐤉 𐤇𐤋𐤄 𐤄𐤅𐤀.

## 𐤐𐤓𐤒 𐤈

𐤀 𐤅𐤀𐤋𐤉𐤔𐤏 𐤄𐤍𐤁𐤉𐤀 𐤒𐤓𐤀 𐤋𐤀𐤇𐤃 𐤌𐤁𐤍𐤉 𐤄𐤍𐤁𐤉𐤀𐤉𐤌 𐤅𐤉𐤀𐤌𐤓 𐤋𐤅 𐤇𐤂𐤓 𐤌𐤕𐤍𐤉𐤊 𐤅𐤒𐤇 𐤐𐤊 𐤄𐤔𐤌𐤍 𐤄𐤆𐤄 𐤁𐤉𐤃𐤊 𐤅𐤋𐤊 𐤓𐤌𐤕 𐤂𐤋𐤏𐤃.

𐤁 𐤅𐤁𐤀𐤕 𐤔𐤌𐤄 𐤅𐤓𐤀𐤄 𐤔𐤌 𐤉𐤄𐤅𐤀 𐤁𐤍 𐤉𐤄𐤅𐤔𐤐𐤈 𐤁𐤍 𐤍𐤌𐤔𐤉 𐤅𐤁𐤀𐤕 𐤅𐤄𐤒𐤌𐤕𐤅 𐤌𐤕𐤅𐤊 𐤀𐤇𐤉𐤅 𐤅𐤄𐤁𐤉𐤀𐤕 𐤀𐤕𐤅 𐤇𐤃𐤓 𐤁𐤇𐤃𐤓.

𐤂 𐤅𐤋𐤒𐤇𐤕 𐤐𐤊 𐤄𐤔𐤌𐤍 𐤅𐤉𐤑𐤒𐤕 𐤏𐤋 𐤓𐤀𐤔𐤅 𐤅𐤀𐤌𐤓𐤕 𐤊𐤄 𐤀𐤌𐤓 𐤉𐤄𐤅𐤄 𐤌𐤔𐤇𐤕𐤉𐤊 𐤋𐤌𐤋𐤊 𐤀𐤋 𐤉𐤔𐤓𐤀𐤋 𐤅𐤐𐤕𐤇𐤕 𐤄𐤃𐤋𐤕 𐤅𐤍𐤎𐤕𐤄 𐤅𐤋𐤀 𐤕𐤇𐤊𐤄.

𐤃 𐤅𐤉𐤋𐤊 𐤄𐤍𐤏𐤓 𐤄𐤍𐤏𐤓 𐤄𐤍𐤁𐤉𐤀 𐤓𐤌𐤕 𐤂𐤋𐤏𐤃.

𐤄 𐤅𐤉𐤁𐤀 𐤅𐤄𐤍𐤄 𐤔𐤓𐤉 𐤄𐤇𐤉𐤋 𐤉𐤔𐤁𐤉𐤌 𐤅𐤉𐤀𐤌𐤓 𐤃𐤁𐤓 𐤋𐤉 𐤀𐤋𐤉𐤊 𐤄𐤔𐤓
𐤅𐤉𐤀𐤌𐤓 𐤉𐤄𐤅𐤀 𐤀𐤋 𐤌𐤉 𐤌𐤊𐤋𐤍𐤅 𐤅𐤉𐤀𐤌𐤓 𐤀𐤋𐤉𐤊 𐤄𐤔𐤓•

𐤅 𐤅𐤉𐤒𐤌 𐤅𐤉𐤁𐤀 𐤄𐤁𐤉𐤕𐤄 𐤅𐤉𐤑𐤒 𐤄𐤔𐤌𐤍 𐤀𐤋 𐤓𐤀𐤔𐤅 𐤅𐤉𐤀𐤌𐤓 𐤋𐤅 𐤊𐤄
𐤀𐤌𐤓 𐤉𐤄𐤅𐤄 𐤀𐤋𐤄𐤉 𐤉𐤔𐤓𐤀𐤋 𐤌𐤔𐤇𐤕𐤉𐤊 𐤋𐤌𐤋𐤊 𐤀𐤋 𐤏𐤌 𐤉𐤄𐤅𐤄 𐤀𐤋
𐤉𐤔𐤓𐤀𐤋•

𐤆 𐤅𐤄𐤊𐤉𐤕𐤄 𐤀𐤕 𐤁𐤉𐤕 𐤀𐤇𐤀𐤁 𐤀𐤃𐤍𐤉𐤊 𐤅𐤍𐤒𐤌𐤕𐤉 𐤃𐤌𐤉 𐤏𐤁𐤃𐤉
𐤄𐤍𐤁𐤉𐤀𐤉𐤌 𐤅𐤃𐤌𐤉 𐤊𐤋 𐤏𐤁𐤃𐤉 𐤉𐤄𐤅𐤄 𐤌𐤉𐤃 𐤀𐤉𐤆𐤁𐤋•

𐤇 𐤅𐤀𐤁𐤃 𐤊𐤋 𐤁𐤉𐤕 𐤀𐤇𐤀𐤁 𐤅𐤄𐤊𐤓𐤕𐤉 𐤋𐤀𐤇𐤀𐤁 𐤌𐤔𐤕𐤉𐤍 𐤁𐤒𐤉𐤓 𐤅𐤏𐤑𐤅𐤓
𐤅𐤏𐤆𐤅𐤁 𐤁𐤉𐤔𐤓𐤀𐤋•

𐤈 𐤅𐤍𐤕𐤕𐤉 𐤀𐤕 𐤁𐤉𐤕 𐤀𐤇𐤀𐤁 𐤊𐤁𐤉𐤕 𐤉𐤓𐤁𐤏𐤌 𐤁𐤍 𐤍𐤁𐤈 𐤅𐤊𐤁𐤉𐤕 𐤁𐤏𐤔𐤀 𐤁𐤍
𐤀𐤇𐤉𐤄•

𐤉 𐤅𐤀𐤕 𐤀𐤉𐤆𐤁𐤋 𐤉𐤀𐤊𐤋𐤅 𐤄𐤊𐤋𐤁𐤉𐤌 𐤁𐤇𐤋𐤒 𐤉𐤆𐤓𐤏𐤀𐤋 𐤅𐤀𐤉𐤍 𐤒𐤁𐤓
𐤅𐤉𐤐𐤕𐤇 𐤄𐤃𐤋𐤕 𐤅𐤉𐤍𐤎•

𐤉𐤀 𐤅𐤉𐤄𐤅𐤀 𐤉𐤑𐤀 𐤀𐤋 𐤏𐤁𐤃𐤉 𐤀𐤃𐤍𐤉𐤅 𐤅𐤉𐤀𐤌𐤓 𐤋𐤅 𐤄𐤔𐤋𐤅𐤌 𐤌𐤃𐤅𐤏 𐤁𐤀
𐤄𐤌𐤔𐤂𐤏 𐤄𐤆𐤄 𐤀𐤋𐤉𐤊 𐤅𐤉𐤀𐤌𐤓 𐤀𐤋𐤉𐤄𐤌 𐤀𐤕𐤌 𐤉𐤃𐤏𐤕𐤌 𐤀𐤕 𐤄𐤀𐤉𐤔
𐤅𐤀𐤕 𐤔𐤉𐤇𐤅•

𐤉𐤁 𐤅𐤉𐤀𐤌𐤓𐤅 𐤔𐤒𐤓 𐤄𐤂𐤃 𐤍𐤀 𐤋𐤍𐤅 𐤅𐤉𐤀𐤌𐤓 𐤊𐤆𐤀𐤕 𐤅𐤊𐤆𐤀𐤕 𐤀𐤌𐤓 𐤀𐤋𐤉
𐤋𐤀𐤌𐤓 𐤊𐤄 𐤀𐤌𐤓 𐤉𐤄𐤅𐤄 𐤌𐤔𐤇𐤕𐤉𐤊 𐤋𐤌𐤋𐤊 𐤀𐤋 𐤉𐤔𐤓𐤀𐤋•

𐤉𐤂 𐤅𐤉𐤌𐤄𐤓𐤅 𐤅𐤉𐤒𐤇𐤅 𐤀𐤉𐤔 𐤁𐤂𐤃𐤅 𐤅𐤉𐤔𐤉𐤌𐤅 𐤕𐤇𐤕𐤉𐤅 𐤀𐤋 𐤂𐤓𐤌
𐤄𐤌𐤏𐤋𐤅𐤕 𐤅𐤉𐤕𐤒𐤏𐤅 𐤁𐤔𐤅𐤐𐤓 𐤅𐤉𐤀𐤌𐤓𐤅 𐤌𐤋𐤊 𐤉𐤄𐤅𐤀•

𐤉𐤃 𐤅𐤉𐤕𐤒𐤔𐤓 𐤉𐤄𐤅𐤀 𐤁𐤍 𐤉𐤄𐤅𐤔𐤐𐤈 𐤁𐤍 𐤍𐤌𐤔𐤉 𐤀𐤋 𐤉𐤅𐤓𐤌 𐤅𐤉𐤅𐤓𐤌
𐤄𐤉𐤄 𐤔𐤌𐤓 𐤁𐤓𐤌𐤕 𐤂𐤋𐤏𐤃 𐤄𐤅𐤀 𐤅𐤊𐤋 𐤉𐤔𐤓𐤀𐤋 𐤌𐤐𐤍𐤉 𐤇𐤆𐤀𐤋 𐤌𐤋𐤊 𐤀𐤓𐤌•

𐤈𐤅 𐤅𐤉𐤔𐤁 𐤉𐤄𐤅𐤓𐤌 𐤄𐤌𐤋𐤊 𐤋𐤄𐤕𐤓𐤐𐤀 𐤁𐤉𐤆𐤓𐤏𐤀𐤋 𐤌𐤍 𐤄𐤌𐤊𐤉𐤌 𐤀𐤔𐤓
𐤉𐤊𐤄𐤅 𐤀𐤓𐤌𐤉𐤌 𐤁𐤄𐤋𐤇𐤌𐤅 𐤀𐤕 𐤇𐤆𐤀𐤋 𐤌𐤋𐤊 𐤀𐤓𐤌 𐤅𐤉𐤀𐤌𐤓 𐤉𐤄𐤅𐤀 𐤀𐤌
𐤉𐤔 𐤍𐤐𐤔𐤊𐤌 𐤀𐤋 𐤉𐤑𐤀 𐤐𐤋𐤉𐤈 𐤌𐤍 𐤄𐤏𐤉𐤓 𐤋𐤋𐤊𐤕 𐤋𐤂𐤉𐤃 [𐤋𐤄𐤂𐤉𐤃]
𐤁𐤉𐤆𐤓𐤏𐤀𐤋•

𐤈𐤆 𐤅𐤉𐤓𐤊𐤁 𐤉𐤄𐤅𐤀 𐤅𐤉𐤋𐤊 𐤉𐤆𐤓𐤏𐤀𐤋𐤄 𐤊𐤉 𐤉𐤅𐤓𐤌 𐤔𐤊𐤁 𐤔𐤌𐤄
𐤅𐤀𐤇𐤆𐤉𐤄 𐤌𐤋𐤊 𐤉𐤄𐤅𐤃𐤄 𐤉𐤓𐤃 𐤋𐤓𐤀𐤅𐤕 𐤀𐤕 𐤉𐤅𐤓𐤌•

𐤉𐤆 𐤅𐤄𐤑𐤐𐤄 𐤏𐤌𐤃 𐤏𐤋 𐤄𐤌𐤂𐤃𐤋 𐤁𐤉𐤆𐤓𐤏𐤀𐤋 𐤅𐤉𐤓𐤀 𐤀𐤕 𐤔𐤐𐤏𐤕 𐤉𐤄𐤅𐤀
𐤁𐤁𐤀𐤅 𐤅𐤉𐤀𐤌𐤓 𐤔𐤐𐤏𐤕 𐤀𐤍𐤉 𐤓𐤀𐤄 𐤅𐤉𐤀𐤌𐤓 𐤉𐤄𐤅𐤓𐤌 𐤒𐤇 𐤓𐤊𐤁 𐤅𐤔𐤋𐤇
𐤋𐤒𐤓𐤀𐤕𐤌 𐤅𐤉𐤀𐤌𐤓 𐤄𐤔𐤋𐤅𐤌•

𐤉𐤇 𐤅𐤉𐤋𐤊 𐤓𐤊𐤁 𐤄𐤎𐤅𐤎 𐤋𐤒𐤓𐤀𐤕𐤅 𐤅𐤉𐤀𐤌𐤓 𐤊𐤄 𐤀𐤌𐤓 𐤄𐤌𐤋𐤊 𐤄𐤔𐤋𐤅𐤌
𐤅𐤉𐤀𐤌𐤓 𐤉𐤄𐤅𐤀 𐤌𐤄 𐤋𐤊 𐤅𐤋𐤔𐤋𐤅𐤌 𐤎𐤁 𐤀𐤋 𐤀𐤇𐤓𐤉 𐤅𐤉𐤂𐤃 𐤄𐤑𐤐𐤄 𐤋𐤀𐤌𐤓

𐤁𐤀 𐤄𐤌𐤋𐤀𐤊 𐤏𐤃 𐤄𐤌 𐤅𐤋𐤀 𐤔𐤁•
𐤉𐤈 𐤅𐤉𐤔𐤋𐤇 𐤓𐤊𐤁 𐤎𐤅𐤎 𐤔𐤍𐤉 𐤅𐤉𐤁𐤀 𐤀𐤋𐤄𐤌 𐤅𐤉𐤀𐤌𐤓 𐤊𐤄 𐤀𐤌𐤓 𐤄𐤌𐤋𐤊
𐤔𐤋𐤅𐤌 𐤅𐤉𐤀𐤌𐤓 𐤉𐤄𐤅𐤀 𐤌𐤄 𐤋𐤊 𐤅𐤋𐤔𐤋𐤅𐤌 𐤎𐤁 𐤀𐤋 𐤀𐤇𐤓𐤉•
𐤊 𐤅𐤉𐤂𐤃 𐤄𐤑𐤐𐤄 𐤋𐤀𐤌𐤓 𐤁𐤀 𐤏𐤃 𐤀𐤋𐤉𐤄𐤌 𐤅𐤋𐤀 𐤔𐤁 𐤅𐤄𐤌𐤍𐤄𐤂 𐤊𐤌𐤍𐤄𐤂
𐤉𐤄𐤅𐤀 𐤁𐤍 𐤍𐤌𐤔𐤉 𐤊𐤉 𐤁𐤔𐤂𐤏𐤅𐤍 𐤉𐤍𐤄𐤂•
𐤊𐤀 𐤅𐤉𐤀𐤌𐤓 𐤉𐤄𐤅𐤓𐤌 𐤀𐤎𐤓 𐤅𐤉𐤀𐤎𐤓 𐤓𐤊𐤁𐤅 𐤅𐤉𐤑𐤀 𐤉𐤄𐤅𐤓𐤌 𐤌𐤋𐤊
𐤉𐤔𐤓𐤀𐤋 𐤅𐤀𐤇𐤆𐤉𐤄𐤅 𐤌𐤋𐤊 𐤉𐤄𐤅𐤃𐤄 𐤀𐤉𐤔 𐤁𐤓𐤊𐤁𐤅 𐤅𐤉𐤑𐤀𐤅 𐤋𐤒𐤓𐤀𐤕
𐤉𐤄𐤅𐤀 𐤅𐤉𐤌𐤑𐤀𐤄𐤅 𐤁𐤇𐤋𐤒𐤕 𐤍𐤁𐤅𐤕 𐤄𐤉𐤆𐤓𐤏𐤀𐤋𐤉•
𐤊𐤁 𐤅𐤉𐤄𐤉 𐤊𐤓𐤀𐤅𐤕 𐤉𐤄𐤅𐤓𐤌 𐤀𐤕 𐤉𐤄𐤅𐤀 𐤅𐤉𐤀𐤌𐤓 𐤄𐤔𐤋𐤅𐤌 𐤉𐤄𐤅𐤀
𐤅𐤉𐤀𐤌𐤓 𐤌𐤄 𐤄𐤔𐤋𐤅𐤌 𐤏𐤃 𐤆𐤍𐤅𐤍𐤉 𐤀𐤉𐤆𐤁𐤋 𐤀𐤌𐤊 𐤅𐤊𐤔𐤐𐤉𐤄 𐤄𐤓𐤁𐤉𐤌•
𐤊𐤂 𐤅𐤉𐤄𐤐𐤊 𐤉𐤄𐤅𐤓𐤌 𐤉𐤃𐤉𐤅 𐤅𐤉𐤍𐤎 𐤅𐤉𐤀𐤌𐤓 𐤀𐤋 𐤀𐤇𐤆𐤉𐤄𐤅 𐤌𐤓𐤌𐤄
𐤀𐤇𐤆𐤉𐤄𐤅•
𐤊𐤃 𐤅𐤉𐤄𐤅𐤀 𐤌𐤋𐤀 𐤉𐤃𐤅 𐤁𐤒𐤔𐤕 𐤅𐤉𐤊 𐤀𐤕 𐤉𐤄𐤅𐤓𐤌 𐤁𐤉𐤍 𐤆𐤓𐤏𐤉𐤅 𐤅𐤉𐤑𐤀
𐤄𐤇𐤑𐤉 𐤌𐤋𐤁𐤅 𐤅𐤉𐤊𐤓𐤏 𐤁𐤓𐤊𐤁𐤅•
𐤊𐤄 𐤅𐤉𐤀𐤌𐤓 𐤀𐤋 𐤁𐤃𐤒𐤓 𐤔𐤋𐤔𐤄 [𐤔𐤋𐤔𐤅] 𐤔𐤀 𐤄𐤔𐤋𐤊𐤄𐤅 𐤁𐤇𐤋𐤒𐤕 𐤔𐤃𐤄
𐤍𐤁𐤅𐤕 𐤄𐤉𐤆𐤓𐤏𐤀𐤋𐤉 𐤊𐤉 𐤆𐤊𐤓 𐤀𐤍𐤉 𐤅𐤀𐤕𐤄 𐤀𐤕 𐤓𐤊𐤁𐤉𐤌 𐤑𐤌𐤃𐤉𐤌 𐤀𐤇𐤓𐤉
𐤀𐤇𐤀𐤁 𐤀𐤁𐤉𐤅 𐤅𐤉𐤄𐤅𐤄 𐤍𐤔𐤀 𐤏𐤋𐤉𐤅 𐤀𐤕 𐤄𐤌𐤔𐤀 𐤄𐤆𐤄•
𐤊𐤅 𐤀𐤌 𐤋𐤀 𐤀𐤕 𐤃𐤌𐤉 𐤍𐤁𐤅𐤕 𐤅𐤀𐤕 𐤃𐤌𐤉 𐤁𐤍𐤉𐤅 𐤓𐤀𐤉𐤕𐤉 𐤀𐤌𐤔 𐤍𐤀𐤌
𐤉𐤄𐤅𐤄 𐤅𐤔𐤋𐤌𐤕𐤉 𐤋𐤊 𐤁𐤇𐤋𐤒𐤄 𐤄𐤆𐤀𐤕 𐤍𐤀𐤌 𐤉𐤄𐤅𐤄 𐤅𐤏𐤕𐤄 𐤔𐤀
𐤄𐤔𐤋𐤊𐤄𐤅 𐤁𐤇𐤋𐤒𐤄 𐤊𐤃𐤁𐤓 𐤉𐤄𐤅𐤄•
𐤊𐤆 𐤅𐤀𐤇𐤆𐤉𐤄 𐤌𐤋𐤊 𐤉𐤄𐤅𐤃𐤄 𐤓𐤀𐤄 𐤅𐤉𐤍𐤎 𐤃𐤓𐤊 𐤁𐤉𐤕 𐤄𐤂𐤍 𐤅𐤉𐤓𐤃𐤐
𐤀𐤇𐤓𐤉𐤅 𐤉𐤄𐤅𐤀 𐤅𐤉𐤀𐤌𐤓 𐤂𐤌 𐤀𐤕𐤅 𐤄𐤊𐤄𐤅 𐤀𐤋 𐤄𐤌𐤓𐤊𐤁𐤄 𐤁𐤌𐤏𐤋𐤄 𐤂𐤅𐤓
𐤀𐤔𐤓 𐤀𐤕 𐤉𐤁𐤋𐤏𐤌 𐤅𐤉𐤍𐤎 𐤌𐤂𐤃𐤅 𐤅𐤉𐤌𐤕 𐤔𐤌•
𐤊𐤇 𐤅𐤉𐤓𐤊𐤁𐤅 𐤀𐤕𐤅 𐤏𐤁𐤃𐤉𐤅 𐤉𐤓𐤅𐤔𐤋𐤌𐤄 𐤅𐤉𐤒𐤁𐤓𐤅 𐤀𐤕𐤅 𐤁𐤒𐤁𐤓𐤕𐤅 𐤏𐤌
𐤀𐤁𐤕𐤉𐤅 𐤁𐤏𐤉𐤓 𐤃𐤅𐤃•
𐤊𐤈 𐤅𐤁𐤔𐤍𐤕 𐤀𐤇𐤕 𐤏𐤔𐤓𐤄 𐤔𐤍𐤄 𐤋𐤉𐤅𐤓𐤌 𐤁𐤍 𐤀𐤇𐤀𐤁 𐤌𐤋𐤊 𐤀𐤇𐤆𐤉𐤄 𐤏𐤋
𐤉𐤄𐤅𐤃𐤄•
𐤋 𐤅𐤉𐤁𐤅𐤀 𐤉𐤄𐤅𐤀 𐤉𐤆𐤓𐤏𐤀𐤋𐤄 𐤅𐤀𐤉𐤆𐤁𐤋 𐤔𐤌𐤏𐤄 𐤅𐤕𐤔𐤌 𐤁𐤐𐤅𐤊 𐤏𐤉𐤍𐤉𐤄
𐤅𐤕𐤉𐤈𐤁 𐤀𐤕 𐤓𐤀𐤔𐤄 𐤅𐤕𐤔𐤒𐤐 𐤁𐤏𐤃 𐤄𐤇𐤋𐤅𐤍•
𐤋𐤀 𐤅𐤉𐤄𐤅𐤀 𐤁𐤀 𐤁𐤔𐤏𐤓 𐤅𐤕𐤀𐤌𐤓 𐤄𐤔𐤋𐤅𐤌 𐤆𐤌𐤓𐤉 𐤄𐤓𐤂 𐤀𐤃𐤍𐤉𐤅•
𐤋𐤁 𐤅𐤉𐤔𐤀 𐤐𐤍𐤉𐤅 𐤀𐤋 𐤄𐤇𐤋𐤅𐤍 𐤅𐤉𐤀𐤌𐤓 𐤌𐤉 𐤀𐤕𐤉 𐤌𐤉 𐤅𐤉𐤔𐤒𐤉𐤐𐤅
𐤀𐤋𐤉𐤅 𐤔𐤍𐤉𐤌 𐤔𐤋𐤔𐤄 𐤎𐤓𐤉𐤎𐤉𐤌•
𐤋𐤂 𐤅𐤉𐤀𐤌𐤓 𐤔𐤌𐤈𐤄𐤅 [𐤔𐤌𐤈𐤅𐤄] 𐤅𐤉𐤔𐤌𐤈𐤅𐤄 𐤅𐤉𐤆 𐤌𐤃𐤌𐤄 𐤀𐤋 𐤄𐤒𐤉𐤓

ואל הסוסים וירמסהו.
לד ויבא ויאכל וישת ויאמר פקדו נא את הארורה הזאת
וקברוה כי בת מלך היא.
לה וילכו לקברה ולא מצאו בה כי אם הגלגלת והרגלים
וכפות הידים.
לו וישבו ויגידו לו ויאמר דבר יהוה הוא אשר דבר ביד
עבדו אליהו התשבי לאמר בחלק יזרעאל יאכלו הכלבים
את בשר איזבל.
לז והית [והיתה] נבלת איזבל כדמן על פני השדה בחלק
יזרעאל אשר לא יאמרו זאת איזבל.

## פרק י

א ולאחאב שבעים בנים בשמרון ויכתב יהוא ספרים וישלח
שמרון אל שרי יזרעאל הזקנים ואל האמנים אחאב לאמר.
ב ועתה כבא הספר הזה אליכם ואתכם בני אדניכם ואתכם
הרכב והסוסים ועיר מבצר והנשק.
ג וראיתם הטוב והישר מבני אדניכם ושמתם על כסא
אביו והלחמו על בית אדניכם.
ד ויראו מאד מאד ויאמרו הנה שני המלכים לא עמדו
לפניו ואיך נעמד אנחנו.
ה וישלח אשר על הבית ואשר על העיר והזקנים והאמנים
אל יהוא לאמר עבדיך אנחנו וכל אשר תאמר אלינו נעשה
לא נמליך איש הטוב בעיניך עשה.
ו ויכתב אליהם ספר שנית לאמר אם לי אתם ולקלי אתם
שמעים קחו את ראשי אנשי בני אדניכם ובאו אלי כעת
מחר יזרעאלה ובני המלך שבעים איש את גדלי העיר
מגדלים אותם.
ז ויהי כבא הספר אליהם ויקחו את בני המלך וישחטו
שבעים איש וישימו את ראשיהם בדודים וישלחו אליו
יזרעאלה.
ח ויבא המלאך ויגד לו לאמר הביאו ראשי בני המלך
ויאמר שימו אתם שני צברים פתח השער עד הבקר.
ט ויהי בבקר ויצא ויעמד ויאמר אל כל העם צדקים אתם

# 𐤌𐤋𐤊𐤉𐤌 𐤁

𐤄𐤍𐤄 𐤀𐤍𐤉 𐤒𐤔𐤓𐤕𐤉 𐤏𐤋 𐤀𐤃𐤍𐤉 𐤅𐤀𐤄𐤓𐤂𐤄𐤅 𐤅𐤌𐤉 𐤄𐤊𐤄 𐤀𐤕 𐤊𐤋 𐤀𐤋𐤄.
𐤉 𐤃𐤏𐤅 𐤀𐤐𐤅𐤀 𐤊𐤉 𐤋𐤀 𐤉𐤐𐤋 𐤌𐤃𐤁𐤓 𐤉𐤄𐤅𐤄 𐤀𐤓𐤑𐤄 𐤀𐤔𐤓 𐤃𐤁𐤓 𐤉𐤄𐤅𐤄 𐤏𐤋
𐤁𐤉𐤕 𐤀𐤇𐤀𐤁 𐤅𐤉𐤄𐤅𐤄 𐤏𐤔𐤄 𐤀𐤕 𐤀𐤔𐤓 𐤃𐤁𐤓 𐤁𐤉𐤃 𐤏𐤁𐤃𐤅 𐤀𐤋𐤉𐤄𐤅.
𐤉𐤀 𐤅𐤉𐤊 𐤉𐤄𐤅𐤀 𐤀𐤕 𐤊𐤋 𐤄𐤍𐤔𐤀𐤓𐤉𐤌 𐤋𐤁𐤉𐤕 𐤀𐤇𐤀𐤁 𐤁𐤉𐤆𐤓𐤏𐤀𐤋 𐤅𐤊𐤋
𐤂𐤃𐤋𐤉𐤅 𐤅𐤌𐤉𐤃𐤏𐤉𐤅 𐤅𐤊𐤄𐤍𐤉𐤅 𐤏𐤃 𐤁𐤋𐤕𐤉 𐤄𐤔𐤀𐤉𐤓 𐤋𐤅 𐤔𐤓𐤉𐤃.
𐤉𐤁 𐤅𐤉𐤒𐤌 𐤅𐤉𐤁𐤀 𐤅𐤉𐤋𐤊 𐤔𐤌𐤓𐤅𐤍 𐤄𐤅𐤀 𐤁𐤉𐤕 𐤏𐤒𐤃 𐤄𐤓𐤏𐤉𐤌 𐤁𐤃𐤓𐤊.
𐤉𐤂 𐤅𐤉𐤄𐤅𐤀 𐤌𐤑𐤀 𐤀𐤕 𐤀𐤇𐤉 𐤀𐤇𐤆𐤉𐤄𐤅 𐤌𐤋𐤊 𐤉𐤄𐤅𐤃𐤄 𐤅𐤉𐤀𐤌𐤓 𐤌𐤉
𐤀𐤕𐤌 𐤅𐤉𐤀𐤌𐤓𐤅 𐤀𐤇𐤉 𐤀𐤇𐤆𐤉𐤄𐤅 𐤀𐤍𐤇𐤍𐤅 𐤅𐤍𐤓𐤃 𐤋𐤔𐤋𐤅𐤌 𐤁𐤍𐤉 𐤄𐤌𐤋𐤊
𐤅𐤁𐤍𐤉 𐤄𐤂𐤁𐤉𐤓𐤄.
𐤉𐤃 𐤅𐤉𐤀𐤌𐤓 𐤕𐤐𐤔𐤅𐤌 𐤇𐤉𐤉𐤌 𐤅𐤉𐤕𐤐𐤔𐤅𐤌 𐤇𐤉𐤉𐤌 𐤅𐤉𐤔𐤇𐤈𐤅𐤌 𐤀𐤋 𐤁𐤅𐤓
𐤁𐤉𐤕 𐤏𐤒𐤃 𐤀𐤓𐤁𐤏𐤉𐤌 𐤅𐤔𐤍𐤉𐤌 𐤀𐤉𐤔 𐤅𐤋𐤀 𐤄𐤔𐤀𐤉𐤓 𐤀𐤉𐤔 𐤌𐤄𐤌.
𐤈𐤅 𐤅𐤉𐤋𐤊 𐤌𐤔𐤌 𐤅𐤉𐤌𐤑𐤀 𐤀𐤕 𐤉𐤄𐤅𐤍𐤃𐤁 𐤁𐤍 𐤓𐤊𐤁 𐤋𐤒𐤓𐤀𐤕𐤅 𐤅𐤉𐤁𐤓𐤊𐤄𐤅
𐤅𐤉𐤀𐤌𐤓 𐤀𐤋𐤉𐤅 𐤄𐤉𐤔 𐤀𐤕 𐤋𐤁𐤁𐤊 𐤉𐤔𐤓 𐤊𐤀𐤔𐤓 𐤋𐤁𐤁𐤉 𐤏𐤌 𐤋𐤁𐤁𐤊
𐤅𐤉𐤀𐤌𐤓 𐤉𐤄𐤅𐤍𐤃𐤁 𐤉𐤔 𐤅𐤉𐤔 𐤕𐤍𐤄 𐤀𐤕 𐤉𐤃𐤊 𐤅𐤉𐤕𐤍 𐤉𐤃𐤅 𐤅𐤉𐤏𐤋𐤄𐤅
𐤀𐤋𐤉𐤅 𐤀𐤋 𐤄𐤌𐤓𐤊𐤁𐤄.
𐤈𐤆 𐤅𐤉𐤀𐤌𐤓 𐤋𐤊𐤄 𐤀𐤕𐤉 𐤅𐤓𐤀𐤄 𐤁𐤒𐤍𐤀𐤕𐤉 𐤋𐤉𐤄𐤅𐤄 𐤅𐤉𐤓𐤊𐤁𐤅 𐤀𐤕𐤅
𐤁𐤓𐤊𐤁𐤅.
𐤉𐤆 𐤅𐤉𐤁𐤀 𐤔𐤌𐤓𐤅𐤍 𐤅𐤉𐤊 𐤀𐤕 𐤊𐤋 𐤄𐤍𐤔𐤀𐤓𐤉𐤌 𐤋𐤀𐤇𐤀𐤁 𐤁𐤔𐤌𐤓𐤅𐤍 𐤏𐤃
𐤄𐤔𐤌𐤉𐤃𐤅 𐤊𐤃𐤁𐤓 𐤉𐤄𐤅𐤄 𐤀𐤔𐤓 𐤃𐤁𐤓 𐤀𐤋 𐤀𐤋𐤉𐤄𐤅.
𐤉𐤇 𐤅𐤉𐤒𐤁𐤑 𐤉𐤄𐤅𐤀 𐤀𐤕 𐤊𐤋 𐤄𐤏𐤌 𐤅𐤉𐤀𐤌𐤓 𐤀𐤋𐤄𐤌 𐤀𐤇𐤀𐤁 𐤏𐤁𐤃 𐤀𐤕
𐤄𐤁𐤏𐤋 𐤌𐤏𐤈 𐤉𐤄𐤅𐤀 𐤉𐤏𐤁𐤃𐤍𐤅 𐤄𐤓𐤁𐤄.
𐤉𐤈 𐤅𐤏𐤕𐤄 𐤊𐤋 𐤍𐤁𐤉𐤀𐤉 𐤄𐤁𐤏𐤋 𐤊𐤋 𐤏𐤁𐤃𐤉𐤅 𐤅𐤊𐤋 𐤊𐤄𐤍𐤉𐤅 𐤒𐤓𐤀𐤅 𐤀𐤋𐤉
𐤀𐤉𐤔 𐤀𐤋 𐤉𐤐𐤒𐤃 𐤊𐤉 𐤆𐤁𐤇 𐤂𐤃𐤅𐤋 𐤋𐤉 𐤋𐤁𐤏𐤋 𐤊𐤋 𐤀𐤔𐤓 𐤉𐤐𐤒𐤃 𐤋𐤀 𐤉𐤇𐤉𐤄
𐤅𐤉𐤄𐤅𐤀 𐤏𐤔𐤄 𐤁𐤏𐤒𐤁𐤄 𐤋𐤌𐤏𐤍 𐤄𐤀𐤁𐤉𐤃 𐤀𐤕 𐤏𐤁𐤃𐤉 𐤄𐤁𐤏𐤋.
𐤊 𐤅𐤉𐤀𐤌𐤓 𐤉𐤄𐤅𐤀 𐤒𐤃𐤔𐤅 𐤏𐤑𐤓𐤄 𐤋𐤁𐤏𐤋 𐤅𐤉𐤒𐤓𐤀𐤅.
𐤊𐤀 𐤅𐤉𐤔𐤋𐤇 𐤉𐤄𐤅𐤀 𐤁𐤊𐤋 𐤉𐤔𐤓𐤀𐤋 𐤅𐤉𐤁𐤀𐤅 𐤊𐤋 𐤏𐤁𐤃𐤉 𐤄𐤁𐤏𐤋 𐤅𐤋𐤀
𐤍𐤔𐤀𐤓 𐤀𐤉𐤔 𐤀𐤔𐤓 𐤋𐤀 𐤁𐤀 𐤅𐤉𐤁𐤀𐤅 𐤁𐤉𐤕 𐤄𐤁𐤏𐤋 𐤅𐤉𐤌𐤋𐤀 𐤁𐤉𐤕
𐤄𐤁𐤏𐤋 𐤐𐤄 𐤋𐤐𐤄.
𐤊𐤁 𐤅𐤉𐤀𐤌𐤓 𐤋𐤀𐤔𐤓 𐤏𐤋 𐤄𐤌𐤋𐤕𐤇𐤄 𐤄𐤅𐤑𐤀 𐤋𐤁𐤅𐤔 𐤋𐤊𐤋 𐤏𐤁𐤃𐤉 𐤄𐤁𐤏𐤋
𐤅𐤉𐤑𐤀 𐤋𐤄𐤌 𐤄𐤌𐤋𐤁𐤅𐤔.
𐤊𐤂 𐤅𐤉𐤁𐤀 𐤉𐤄𐤅𐤀 𐤅𐤉𐤄𐤅𐤍𐤃𐤁 𐤁𐤍 𐤓𐤊𐤁 𐤁𐤉𐤕 𐤄𐤁𐤏𐤋 𐤅𐤉𐤀𐤌𐤓 𐤋𐤏𐤁𐤃𐤉
𐤄𐤁𐤏𐤋 𐤇𐤐𐤔𐤅 𐤅𐤓𐤀𐤅 𐤐𐤍 𐤉𐤔 𐤐𐤄 𐤏𐤌𐤊𐤌 𐤌𐤏𐤁𐤃𐤉 𐤉𐤄𐤅𐤄 𐤊𐤉 𐤀𐤌 𐤏𐤁𐤃𐤉
𐤄𐤁𐤏𐤋 𐤋𐤁𐤃𐤌.

𐤊𐤃 𐤅𐤉𐤁𐤀𐤅 𐤋𐤏𐤔𐤅𐤕 𐤆𐤁𐤇𐤉𐤌 𐤅𐤏𐤋𐤅𐤕 𐤅𐤉𐤄𐤅𐤀 𐤔𐤌 𐤋𐤅 𐤁𐤇𐤅𐤑 𐤔𐤌𐤍𐤉𐤌
𐤀𐤉𐤔 𐤅𐤉𐤀𐤌𐤓 𐤄𐤀𐤉𐤔 𐤀𐤔𐤓 𐤉𐤌𐤋𐤈 𐤌𐤍 𐤄𐤀𐤍𐤔𐤉𐤌 𐤀𐤔𐤓 𐤀𐤍𐤉 𐤌𐤁𐤉𐤀
𐤏𐤋 𐤉𐤃𐤉𐤊𐤌 𐤍𐤐𐤔𐤅 𐤕𐤇𐤕 𐤍𐤐𐤔𐤅•
𐤊𐤄 𐤅𐤉𐤄𐤉 𐤊𐤊𐤋𐤕𐤅 𐤋𐤏𐤔𐤅𐤕 𐤄𐤏𐤋𐤄 𐤅𐤉𐤀𐤌𐤓 𐤉𐤄𐤅𐤀 𐤋𐤓𐤑𐤉𐤌
𐤅𐤋𐤔𐤋𐤔𐤉𐤌 𐤁𐤀𐤅 𐤄𐤊𐤅𐤌 𐤀𐤉𐤔 𐤀𐤋 𐤉𐤑𐤀 𐤅𐤉𐤊𐤅𐤌 𐤋𐤐𐤉 𐤇𐤓𐤁 𐤅𐤉𐤔𐤋𐤊𐤅
𐤄𐤓𐤑𐤉𐤌 𐤅𐤄𐤔𐤋𐤔𐤉𐤌 𐤅𐤉𐤋𐤊𐤅 𐤏𐤃 𐤏𐤉𐤓 𐤁𐤉𐤕 𐤄𐤁𐤏𐤋•
𐤊𐤅 𐤅𐤉𐤑𐤀𐤅 𐤀𐤕 𐤌𐤑𐤁𐤅𐤕 𐤁𐤉𐤕 𐤄𐤁𐤏𐤋 𐤅𐤉𐤔𐤓𐤐𐤅𐤄•
𐤊𐤆 𐤅𐤉𐤕𐤑𐤅 𐤀𐤕 𐤌𐤑𐤁𐤕 𐤄𐤁𐤏𐤋 𐤅𐤉𐤕𐤑𐤅 𐤀𐤕 𐤁𐤉𐤕 𐤄𐤁𐤏𐤋 𐤅𐤉𐤔𐤌𐤄𐤅
𐤋𐤌𐤇𐤓𐤀𐤅𐤕 [𐤋𐤌𐤅𐤑𐤀𐤅𐤕] 𐤏𐤃 𐤄𐤉𐤅𐤌•
𐤊𐤇 𐤅𐤉𐤔𐤌𐤃 𐤉𐤄𐤅𐤀 𐤀𐤕 𐤄𐤁𐤏𐤋 𐤌𐤉𐤔𐤓𐤀𐤋•
𐤊𐤈 𐤓𐤒 𐤇𐤈𐤀𐤉 𐤉𐤓𐤁𐤏𐤌 𐤁𐤍 𐤍𐤁𐤈 𐤀𐤔𐤓 𐤄𐤇𐤈𐤉𐤀 𐤀𐤕 𐤉𐤔𐤓𐤀𐤋 𐤋𐤀 𐤎𐤓
𐤉𐤄𐤅𐤀 𐤌𐤀𐤇𐤓𐤉𐤄𐤌 𐤏𐤂𐤋𐤉 𐤄𐤆𐤄𐤁 𐤀𐤔𐤓 𐤁𐤉𐤕 𐤀𐤋 𐤅𐤀𐤔𐤓 𐤁𐤃𐤍•
𐤋 𐤅𐤉𐤀𐤌𐤓 𐤉𐤄𐤅𐤄 𐤀𐤋 𐤉𐤄𐤅𐤀 𐤉𐤏𐤍 𐤀𐤔𐤓 𐤄𐤈𐤉𐤁𐤕 𐤋𐤏𐤔𐤅𐤕 𐤄𐤉𐤔𐤓
𐤁𐤏𐤉𐤍𐤉 𐤊𐤊𐤋 𐤀𐤔𐤓 𐤁𐤋𐤁𐤁𐤉 𐤏𐤔𐤉𐤕 𐤋𐤁𐤉𐤕 𐤀𐤇𐤀𐤁 𐤁𐤍𐤉 𐤓𐤁𐤏𐤉𐤌 𐤉𐤔𐤁𐤅
𐤋𐤊 𐤏𐤋 𐤊𐤎𐤀 𐤉𐤔𐤓𐤀𐤋•
𐤋𐤀 𐤅𐤉𐤄𐤅𐤀 𐤋𐤀 𐤔𐤌𐤓 𐤋𐤋𐤊𐤕 𐤁𐤕𐤅𐤓𐤕 𐤉𐤄𐤅𐤄 𐤀𐤋𐤄𐤉 𐤉𐤔𐤓𐤀𐤋 𐤁𐤊𐤋
𐤋𐤁𐤁𐤅 𐤋𐤀 𐤎𐤓 𐤌𐤏𐤋 𐤇𐤈𐤀𐤅𐤕 𐤉𐤓𐤁𐤏𐤌 𐤀𐤔𐤓 𐤄𐤇𐤈𐤉𐤀 𐤀𐤕 𐤉𐤔𐤓𐤀𐤋•
𐤋𐤁 𐤁𐤉𐤌𐤉𐤌 𐤄𐤄𐤌 𐤄𐤇𐤋 𐤉𐤄𐤅𐤄 𐤋𐤒𐤑𐤅𐤕 𐤁𐤉𐤔𐤓𐤀𐤋 𐤅𐤉𐤊𐤌 𐤇𐤆𐤀𐤋 𐤁𐤊𐤋
𐤂𐤁𐤅𐤋 𐤉𐤔𐤓𐤀𐤋•
𐤋𐤂 𐤌𐤍 𐤄𐤉𐤓𐤃𐤍 𐤌𐤆𐤓𐤇 𐤄𐤔𐤌𐤔 𐤀𐤕 𐤊𐤋 𐤀𐤓𐤑 𐤄𐤂𐤋𐤏𐤃
𐤄𐤂𐤃𐤉 𐤅𐤄𐤓𐤀𐤅𐤁𐤍𐤉 𐤅𐤄𐤌𐤍𐤔𐤉 𐤌𐤏𐤓𐤏𐤓 𐤀𐤔𐤓 𐤏𐤋 𐤍𐤇𐤋 𐤀𐤓𐤍𐤍 𐤅𐤄𐤂𐤋𐤏𐤃 𐤅𐤄𐤁𐤔𐤍•
𐤋𐤃 𐤅𐤉𐤕𐤓 𐤃𐤁𐤓𐤉 𐤉𐤄𐤅𐤀 𐤅𐤊𐤋 𐤀𐤔𐤓 𐤏𐤔𐤄 𐤅𐤊𐤋 𐤂𐤁𐤅𐤓𐤕𐤅 𐤄𐤋𐤀 𐤄𐤌
𐤊𐤕𐤅𐤁𐤉𐤌 𐤏𐤋 𐤎𐤐𐤓 𐤃𐤁𐤓𐤉 𐤄𐤉𐤌𐤉𐤌 𐤋𐤌𐤋𐤊𐤉 𐤉𐤔𐤓𐤀𐤋•
𐤋𐤄 𐤅𐤉𐤔𐤊𐤁 𐤉𐤄𐤅𐤀 𐤏𐤌 𐤀𐤁𐤕𐤉𐤅 𐤅𐤉𐤒𐤁𐤓𐤅 𐤀𐤕𐤅 𐤁𐤔𐤌𐤓𐤅𐤍 𐤅𐤉𐤌𐤋𐤊
𐤉𐤄𐤅𐤀𐤇𐤆 𐤁𐤍𐤅 𐤕𐤇𐤕𐤉𐤅•
𐤋𐤅 𐤅𐤄𐤉𐤌𐤉𐤌 𐤀𐤔𐤓 𐤌𐤋𐤊 𐤉𐤄𐤅𐤀 𐤏𐤋 𐤉𐤔𐤓𐤀𐤋 𐤏𐤔𐤓𐤉𐤌 𐤅𐤔𐤌𐤍𐤄 𐤔𐤍𐤄
𐤁𐤔𐤌𐤓𐤅𐤍•

𐤐𐤓𐤒 𐤉𐤀

𐤀 𐤅𐤏𐤕𐤋𐤉𐤄 𐤀𐤌 𐤀𐤇𐤆𐤉𐤄𐤅 𐤅𐤓𐤀𐤕𐤄 [𐤓𐤀𐤕𐤄] 𐤊𐤉 𐤌𐤕 𐤁𐤍𐤄 𐤅𐤕𐤒𐤌
𐤅𐤕𐤀𐤁𐤃 𐤀𐤕 𐤊𐤋 𐤆𐤓𐤏 𐤄𐤌𐤌𐤋𐤊𐤄•
𐤁 𐤅𐤕𐤒𐤇 𐤉𐤄𐤅𐤔𐤁𐤏 𐤁𐤕 𐤄𐤌𐤋𐤊 𐤉𐤅𐤓𐤌 𐤀𐤇𐤅𐤕 𐤀𐤇𐤆𐤉𐤄𐤅 𐤀𐤕 𐤉𐤅𐤀𐤔 𐤁𐤍
𐤀𐤇𐤆𐤉𐤄 𐤅𐤕𐤂𐤍𐤁 𐤀𐤕𐤅 𐤌𐤕𐤅𐤊 𐤁𐤍𐤉 𐤄𐤌𐤋𐤊 𐤄𐤌𐤌𐤅𐤕𐤕𐤉𐤌 [𐤄𐤌𐤅𐤌𐤕𐤉𐤌]

𐤀𐤕𐤅 𐤅𐤀𐤕 𐤌𐤍𐤒𐤕𐤅 𐤁𐤇𐤃𐤓 𐤄𐤌𐤈𐤅𐤕 𐤅𐤉𐤎𐤕𐤓𐤅 𐤀𐤕𐤅 𐤌𐤐𐤍𐤉 𐤏𐤕𐤋𐤉𐤄𐤅
𐤅𐤋𐤀 𐤄𐤅𐤌𐤕•

𐤂 𐤅𐤉𐤄𐤉 𐤀𐤕𐤄 𐤁𐤉𐤕 𐤉𐤄𐤅𐤄 𐤌𐤕𐤇𐤁𐤀 𐤔𐤔 𐤔𐤍𐤉𐤌 𐤅𐤏𐤕𐤋𐤉𐤄 𐤌𐤋𐤊𐤕 𐤏𐤋
𐤄𐤀𐤓𐤑•

𐤃 𐤅𐤁𐤔𐤍𐤄 𐤄𐤔𐤁𐤉𐤏𐤉𐤕 𐤔𐤋𐤇 𐤉𐤄𐤅𐤉𐤃𐤏 𐤅𐤉𐤒𐤇 𐤀𐤕 𐤔𐤓𐤉 𐤄𐤌𐤀𐤉𐤅𐤕
[𐤄𐤌𐤀𐤅𐤕] 𐤋𐤊𐤓𐤉 𐤅𐤋𐤓𐤑𐤉𐤌 𐤅𐤉𐤁𐤀 𐤀𐤕𐤌 𐤀𐤋𐤉𐤅 𐤁𐤉𐤕 𐤉𐤄𐤅𐤄 𐤅𐤉𐤊𐤓𐤕
𐤋𐤄𐤌 𐤁𐤓𐤉𐤕 𐤅𐤉𐤔𐤁𐤏 𐤀𐤕𐤌 𐤁𐤁𐤉𐤕 𐤉𐤄𐤅𐤄 𐤅𐤉𐤓𐤀 𐤀𐤕𐤌 𐤀𐤕 𐤁𐤍 𐤄𐤌𐤋𐤊•

𐤄 𐤅𐤉𐤑𐤅𐤌 𐤋𐤀𐤌𐤓 𐤆𐤄 𐤄𐤃𐤁𐤓 𐤀𐤔𐤓 𐤕𐤏𐤔𐤅𐤍 𐤄𐤔𐤋𐤔𐤉𐤕 𐤌𐤊𐤌 𐤁𐤀𐤉
𐤄𐤔𐤁𐤕 𐤅𐤔𐤌𐤓𐤉 𐤌𐤔𐤌𐤓𐤕 𐤁𐤉𐤕 𐤄𐤌𐤋𐤊•

𐤅 𐤅𐤄𐤔𐤋𐤔𐤉𐤕 𐤁𐤔𐤏𐤓 𐤎𐤅𐤓 𐤅𐤄𐤔𐤋𐤔𐤉𐤕 𐤁𐤔𐤏𐤓 𐤀𐤇𐤓 𐤄𐤓𐤑𐤉𐤌 𐤅𐤔𐤌𐤓𐤕𐤌
𐤀𐤕 𐤌𐤔𐤌𐤓𐤕 𐤄𐤁𐤉𐤕 𐤌𐤎𐤇•

𐤆 𐤅𐤔𐤕𐤉 𐤄𐤉𐤃𐤅𐤕 𐤁𐤊𐤌 𐤊𐤋 𐤉𐤑𐤀𐤉 𐤄𐤔𐤁𐤕 𐤅𐤔𐤌𐤓𐤅 𐤀𐤕 𐤌𐤔𐤌𐤓𐤕 𐤁𐤉𐤕
𐤉𐤄𐤅𐤄 𐤀𐤋 𐤄𐤌𐤋𐤊•

𐤇 𐤅𐤄𐤒𐤐𐤕𐤌 𐤏𐤋 𐤄𐤌𐤋𐤊 𐤎𐤁𐤉𐤁 𐤀𐤉𐤔 𐤅𐤊𐤋𐤉𐤅 𐤁𐤉𐤃𐤅 𐤅𐤄𐤁𐤀 𐤀𐤋
𐤄𐤔𐤃𐤓𐤅𐤕 𐤉𐤅𐤌𐤕 𐤅𐤄𐤉𐤅 𐤀𐤕 𐤄𐤌𐤋𐤊 𐤁𐤑𐤀𐤕𐤅 𐤅𐤁𐤁𐤀𐤅•

𐤈 𐤅𐤉𐤏𐤔𐤅 𐤔𐤓𐤉 𐤄𐤌𐤀𐤉𐤅𐤕 [𐤄𐤌𐤀𐤅𐤕] 𐤊𐤊𐤋 𐤀𐤔𐤓 𐤑𐤅𐤄 𐤉𐤄𐤅𐤉𐤃𐤏
𐤄𐤊𐤄𐤍 𐤅𐤉𐤒𐤇𐤅 𐤀𐤉𐤔 𐤀𐤕 𐤀𐤍𐤔𐤉𐤅 𐤁𐤀𐤉 𐤄𐤔𐤁𐤕 𐤏𐤌 𐤉𐤑𐤀𐤉 𐤄𐤔𐤁𐤕
𐤅𐤉𐤁𐤀𐤅 𐤀𐤋 𐤉𐤄𐤅𐤉𐤃𐤏 𐤄𐤊𐤄𐤍•

𐤉 𐤅𐤉𐤕𐤍 𐤄𐤊𐤄𐤍 𐤋𐤔𐤓𐤉 𐤄𐤌𐤀𐤉𐤅𐤕 [𐤄𐤌𐤀𐤅𐤕] 𐤀𐤕 𐤄𐤇𐤍𐤉𐤕 𐤅𐤀𐤕
𐤄𐤔𐤋𐤈𐤉𐤌 𐤀𐤔𐤓 𐤋𐤌𐤋𐤊 𐤃𐤅𐤃 𐤀𐤔𐤓 𐤁𐤁𐤉𐤕 𐤉𐤄𐤅𐤄•

𐤉𐤀 𐤅𐤉𐤏𐤌𐤃𐤅 𐤄𐤓𐤑𐤉𐤌 𐤀𐤉𐤔 𐤅𐤊𐤋𐤉𐤅 𐤁𐤉𐤃𐤅 𐤌𐤊𐤕𐤐 𐤄𐤁𐤉𐤕 𐤄𐤉𐤌𐤍𐤉𐤕
𐤏𐤃 𐤊𐤕𐤐 𐤄𐤁𐤉𐤕 𐤄𐤔𐤌𐤀𐤋𐤉𐤕 𐤋𐤌𐤆𐤁𐤇 𐤅𐤋𐤁𐤉𐤕 𐤏𐤋 𐤄𐤌𐤋𐤊 𐤎𐤁𐤉𐤁•

𐤉𐤁 𐤅𐤉𐤅𐤑𐤀 𐤀𐤕 𐤁𐤍 𐤄𐤌𐤋𐤊 𐤅𐤉𐤕𐤍 𐤏𐤋𐤉𐤅 𐤀𐤕 𐤄𐤍𐤆𐤓 𐤅𐤀𐤕 𐤄𐤏𐤃𐤅𐤕
𐤅𐤉𐤌𐤋𐤊𐤅 𐤀𐤕𐤅 𐤅𐤉𐤌𐤔𐤇𐤄𐤅 𐤅𐤉𐤊𐤅 𐤊𐤐 𐤅𐤉𐤀𐤌𐤓𐤅 𐤉𐤇𐤉 𐤄𐤌𐤋𐤊•

𐤉𐤂 𐤅𐤕𐤔𐤌𐤏 𐤏𐤕𐤋𐤉𐤄 𐤀𐤕 𐤒𐤅𐤋 𐤄𐤓𐤑𐤉𐤍 𐤄𐤏𐤌 𐤅𐤕𐤁𐤀 𐤀𐤋 𐤄𐤏𐤌 𐤁𐤉𐤕
𐤉𐤄𐤅𐤄•

𐤉𐤃 𐤅𐤕𐤓𐤀 𐤅𐤄𐤍𐤄 𐤄𐤌𐤋𐤊 𐤏𐤌𐤃 𐤏𐤋 𐤄𐤏𐤌𐤅𐤃 𐤊𐤌𐤔𐤐𐤈 𐤅𐤄𐤔𐤓𐤉𐤌
𐤅𐤄𐤇𐤑𐤑𐤓𐤅𐤕 𐤀𐤋 𐤄𐤌𐤋𐤊 𐤅𐤊𐤋 𐤏𐤌 𐤄𐤀𐤓𐤑 𐤔𐤌𐤇 𐤅𐤕𐤒𐤏 𐤁𐤇𐤑𐤑𐤓𐤅𐤕
𐤅𐤕𐤒𐤓𐤏 𐤏𐤕𐤋𐤉𐤄 𐤀𐤕 𐤁𐤂𐤃𐤉𐤄 𐤅𐤕𐤒𐤓𐤀 𐤒𐤔𐤓 𐤒𐤔𐤓•

𐤈𐤅 𐤅𐤉𐤑𐤅 𐤉𐤄𐤅𐤉𐤃𐤏 𐤄𐤊𐤄𐤍 𐤀𐤕 𐤔𐤓𐤉 𐤄𐤌𐤉𐤀𐤅𐤕 [𐤄𐤌𐤀𐤅𐤕] 𐤐𐤒𐤃𐤉
𐤄𐤇𐤉𐤋 𐤅𐤉𐤀𐤌𐤓 𐤀𐤋𐤉𐤄𐤌 𐤄𐤅𐤑𐤉𐤀𐤅 𐤀𐤕𐤄 𐤀𐤋 𐤌𐤁𐤉𐤕 𐤋𐤔𐤃𐤓𐤕 𐤅𐤄𐤁𐤀
𐤀𐤇𐤓𐤉𐤄 𐤄𐤌𐤕 𐤁𐤇𐤓𐤁 𐤊𐤉 𐤀𐤌𐤓 𐤄𐤊𐤄𐤍 𐤀𐤋 𐤕𐤅𐤌𐤕 𐤁𐤉𐤕 𐤉𐤄𐤅𐤄•

𐤈𐤆 𐤅𐤉𐤔𐤌𐤅 𐤋𐤄 𐤉𐤃𐤉𐤌 𐤅𐤕𐤁𐤅𐤀 𐤃𐤓𐤊 𐤌𐤁𐤅𐤀 𐤄𐤎𐤅𐤎𐤉𐤌 𐤁𐤉𐤕 𐤄𐤌𐤋𐤊

# 𐤌𐤋𐤊𐤉𐤌 𐤁

𐤅𐤕𐤅𐤌𐤕 𐤔𐤌•
𐤉𐤆 𐤅𐤉𐤊𐤓𐤕 𐤉𐤄𐤅𐤉𐤃𐤏 𐤀𐤕 𐤄𐤁𐤓𐤉𐤕 𐤁𐤉𐤍 𐤉𐤄𐤅𐤄 𐤅𐤁𐤉𐤍 𐤄𐤌𐤋𐤊 𐤅𐤁𐤉𐤍
𐤄𐤏𐤌 𐤋𐤄𐤉𐤅𐤕 𐤋𐤏𐤌 𐤋𐤉𐤄𐤅𐤄 𐤅𐤁𐤉𐤍 𐤄𐤌𐤋𐤊 𐤅𐤁𐤉𐤍 𐤄𐤏𐤌•
𐤉𐤇 𐤅𐤉𐤁𐤀𐤅 𐤊𐤋 𐤏𐤌 𐤄𐤀𐤓𐤑 𐤁𐤉𐤕 𐤄𐤁𐤏𐤋 𐤅𐤉𐤕𐤑𐤄𐤅 𐤀𐤕 𐤌𐤆𐤁𐤇𐤕𐤅
[𐤌𐤆𐤁𐤇𐤕𐤉𐤅] 𐤅𐤀𐤕 𐤑𐤋𐤌𐤉𐤅 𐤔𐤁𐤓𐤅 𐤄𐤉𐤈𐤁 𐤅𐤀𐤕 𐤌𐤕𐤍 𐤊𐤄𐤍 𐤄𐤁𐤏𐤋 𐤄𐤓𐤂𐤅
𐤋𐤐𐤍𐤉 𐤄𐤌𐤆𐤁𐤇𐤅𐤕 𐤅𐤉𐤔𐤌 𐤄𐤊𐤄𐤍 𐤐𐤒𐤃𐤕 𐤏𐤋 𐤁𐤉𐤕 𐤉𐤄𐤅𐤄•
𐤉𐤈 𐤅𐤉𐤒𐤇 𐤀𐤕 𐤔𐤓𐤉 𐤄𐤌𐤀𐤅𐤕 𐤅𐤀𐤕 𐤄𐤊𐤓𐤉 𐤅𐤀𐤕 𐤄𐤓𐤑𐤉𐤌 𐤅𐤀𐤕 𐤊𐤋 𐤏𐤌
𐤄𐤀𐤓𐤑 𐤅𐤉𐤓𐤉𐤃𐤅 𐤀𐤕 𐤄𐤌𐤋𐤊 𐤌𐤁𐤉𐤕 𐤉𐤄𐤅𐤄 𐤅𐤉𐤁𐤅𐤀𐤅 𐤃𐤓𐤊 𐤔𐤏𐤓
𐤄𐤓𐤑𐤉𐤌 𐤁𐤉𐤕 𐤄𐤌𐤋𐤊 𐤅𐤉𐤔𐤁 𐤏𐤋 𐤊𐤎𐤀 𐤄𐤌𐤋𐤊𐤉𐤌•
𐤊 𐤅𐤉𐤔𐤌𐤇 𐤊𐤋 𐤏𐤌 𐤄𐤀𐤓𐤑 𐤅𐤄𐤏𐤉𐤓 𐤔𐤒𐤈𐤄 𐤅𐤀𐤕 𐤏𐤕𐤋𐤉𐤄𐤅 𐤄𐤌𐤉𐤕𐤅
𐤁𐤇𐤓𐤁 𐤁𐤉𐤕 𐤌𐤋𐤊 [𐤄𐤌𐤋𐤊]•

## 𐤐𐤓𐤒 𐤉𐤁

𐤀 𐤁𐤍 𐤔𐤁𐤏 𐤔𐤍𐤉𐤌 𐤉𐤄𐤅𐤀𐤔 𐤁𐤌𐤋𐤊𐤅•
𐤁 𐤁𐤔𐤍𐤕 𐤔𐤁𐤏 𐤋𐤉𐤄𐤅𐤀 𐤌𐤋𐤊 𐤉𐤄𐤅𐤀𐤔 𐤅𐤀𐤓𐤁𐤏𐤉𐤌 𐤔𐤍𐤄 𐤌𐤋𐤊
𐤁𐤉𐤓𐤅𐤔𐤋𐤌 𐤅𐤔𐤌 𐤀𐤌𐤅 𐤑𐤁𐤉𐤄 𐤌𐤁𐤀𐤓 𐤔𐤁𐤏•
𐤂 𐤅𐤉𐤏𐤔 𐤉𐤄𐤅𐤀𐤔 𐤄𐤉𐤔𐤓 𐤁𐤏𐤉𐤍𐤉 𐤉𐤄𐤅𐤄 𐤊𐤋 𐤉𐤌𐤉𐤅 𐤀𐤔𐤓 𐤄𐤅𐤓𐤄𐤅
𐤉𐤄𐤅𐤉𐤃𐤏 𐤄𐤊𐤄𐤍•
𐤃 𐤓𐤒 𐤄𐤁𐤌𐤅𐤕 𐤋𐤀 𐤎𐤓𐤅 𐤏𐤅𐤃 𐤄𐤏𐤌 𐤌𐤆𐤁𐤇𐤉𐤌 𐤅𐤌𐤒𐤈𐤓𐤉𐤌 𐤁𐤁𐤌𐤅𐤕•
𐤄 𐤅𐤉𐤀𐤌𐤓 𐤉𐤄𐤅𐤀𐤔 𐤀𐤋 𐤄𐤊𐤄𐤍𐤉𐤌 𐤊𐤋 𐤊𐤎𐤐 𐤄𐤒𐤃𐤔𐤉𐤌 𐤀𐤔𐤓 𐤉𐤅𐤁𐤀
𐤁𐤉𐤕 𐤉𐤄𐤅𐤄 𐤊𐤎𐤐 𐤏𐤅𐤁𐤓 𐤀𐤉𐤔 𐤊𐤎𐤐 𐤍𐤐𐤔𐤅𐤕 𐤏𐤓𐤊𐤅 𐤊𐤋 𐤊𐤎𐤐 𐤀𐤔𐤓
𐤉𐤏𐤋𐤄 𐤏𐤋 𐤋𐤁 𐤀𐤉𐤔 𐤋𐤄𐤁𐤉𐤀 𐤁𐤉𐤕 𐤉𐤄𐤅𐤄•
𐤅 𐤉𐤒𐤇𐤅 𐤋𐤄𐤌 𐤄𐤊𐤄𐤍𐤉𐤌 𐤀𐤉𐤔 𐤌𐤀𐤕 𐤌𐤊𐤓𐤅 𐤅𐤄𐤌 𐤉𐤇𐤆𐤒𐤅 𐤀𐤕 𐤁𐤃𐤒
𐤄𐤁𐤉𐤕 𐤋𐤊𐤋 𐤀𐤔𐤓 𐤉𐤌𐤑𐤀 𐤔𐤌 𐤁𐤃𐤒•
𐤆 𐤅𐤉𐤄𐤉 𐤁𐤔𐤍𐤕 𐤏𐤔𐤓𐤉𐤌 𐤅𐤔𐤋𐤔 𐤔𐤍𐤄 𐤋𐤌𐤋𐤊 𐤉𐤄𐤅𐤀𐤔 𐤋𐤀 𐤇𐤆𐤒𐤅
𐤄𐤊𐤄𐤍𐤉𐤌 𐤀𐤕 𐤁𐤃𐤒 𐤄𐤁𐤉𐤕•
𐤇 𐤅𐤉𐤒𐤓𐤀 𐤄𐤌𐤋𐤊 𐤉𐤄𐤅𐤀𐤔 𐤋𐤉𐤄𐤅𐤉𐤃𐤏 𐤄𐤊𐤄𐤍 𐤅𐤋𐤊𐤄𐤍𐤉𐤌 𐤅𐤉𐤀𐤌𐤓
𐤀𐤋𐤄𐤌 𐤌𐤃𐤅𐤏 𐤀𐤉𐤍𐤊𐤌 𐤌𐤇𐤆𐤒𐤉𐤌 𐤀𐤕 𐤁𐤃𐤒 𐤄𐤁𐤉𐤕 𐤅𐤏𐤕𐤄 𐤀𐤋 𐤕𐤒𐤇𐤅
𐤊𐤎𐤐 𐤌𐤀𐤕 𐤌𐤊𐤓𐤉𐤊𐤌 𐤊𐤉 𐤋𐤁𐤃𐤒 𐤄𐤁𐤉𐤕 𐤕𐤕𐤍𐤄𐤅•
𐤈 𐤅𐤉𐤀𐤕𐤅 𐤄𐤊𐤄𐤍𐤉𐤌 𐤋𐤁𐤋𐤕𐤉 𐤒𐤇𐤕 𐤊𐤎𐤐 𐤌𐤀𐤕 𐤄𐤏𐤌 𐤅𐤋𐤁𐤋𐤕𐤉 𐤇𐤆𐤒
𐤀𐤕 𐤁𐤃𐤒 𐤄𐤁𐤉𐤕•
𐤉 𐤅𐤉𐤒𐤇 𐤉𐤄𐤅𐤉𐤃𐤏 𐤄𐤊𐤄𐤍 𐤀𐤓𐤅𐤍 𐤀𐤇𐤃 𐤅𐤉𐤒𐤁 𐤇𐤓 𐤁𐤃𐤋𐤕𐤅 𐤅𐤉𐤕𐤍 𐤀𐤕𐤅
𐤀𐤑𐤋 𐤄𐤌𐤆𐤁𐤇 𐤁𐤉𐤌𐤉𐤍 [𐤌𐤉𐤌𐤉𐤍] 𐤁𐤁𐤅𐤀 𐤀𐤉𐤔 𐤁𐤉𐤕 𐤉𐤄𐤅𐤄 𐤅𐤍𐤕𐤍𐤅

# 𐤌𐤋𐤊𐤉𐤌 𐤁

𐤔𐤌𐤄 𐤄𐤊𐤄𐤍𐤉𐤌 𐤔𐤌𐤓𐤉 𐤄𐤎𐤐 𐤀𐤕 𐤊𐤋 𐤄𐤊𐤎𐤐 𐤄𐤌𐤅𐤁𐤀 𐤁𐤉𐤕 𐤉𐤄𐤅𐤄•

𐤉𐤀 𐤅𐤉𐤄𐤉 𐤊𐤓𐤀𐤅𐤕𐤌 𐤊𐤉 𐤓𐤁 𐤄𐤊𐤎𐤐 𐤁𐤀𐤓𐤅𐤍 𐤅𐤉𐤏𐤋 𐤎𐤐𐤓 𐤄𐤌𐤋𐤊
𐤅𐤄𐤊𐤄𐤍 𐤄𐤂𐤃𐤅𐤋 𐤅𐤉𐤑𐤓𐤅 𐤅𐤉𐤌𐤍𐤅 𐤀𐤕 𐤄𐤊𐤎𐤐 𐤄𐤍𐤌𐤑𐤀 𐤁𐤉𐤕 𐤉𐤄𐤅𐤄•

𐤉𐤁 𐤅𐤍𐤕𐤍𐤅 𐤀𐤕 𐤄𐤊𐤎𐤐 𐤄𐤌𐤕𐤊𐤍 𐤏𐤋 𐤉𐤃 [𐤉𐤃𐤉] 𐤏𐤔𐤉 𐤄𐤌𐤋𐤀𐤊𐤄
𐤄𐤐𐤒𐤃𐤉𐤌 [𐤄𐤌𐤐𐤒𐤃𐤉𐤌] 𐤁𐤉𐤕 𐤉𐤄𐤅𐤄 𐤅𐤉𐤅𐤑𐤉𐤀𐤄𐤅 𐤋𐤇𐤓𐤔𐤉 𐤄𐤏𐤑
𐤅𐤋𐤁𐤍𐤉𐤌 𐤄𐤏𐤔𐤉𐤌 𐤁𐤉𐤕 𐤉𐤄𐤅𐤄•

𐤉𐤂 𐤅𐤋𐤂𐤃𐤓𐤉𐤌 𐤅𐤋𐤇𐤑𐤁𐤉 𐤄𐤀𐤁𐤍 𐤅𐤋𐤒𐤍𐤅𐤕 𐤏𐤑𐤉𐤌 𐤅𐤀𐤁𐤍𐤉 𐤌𐤇𐤑𐤁
𐤋𐤇𐤆𐤒 𐤀𐤕 𐤁𐤃𐤒 𐤁𐤉𐤕 𐤉𐤄𐤅𐤄 𐤅𐤋𐤊𐤋 𐤀𐤔𐤓 𐤉𐤑𐤀 𐤏𐤋 𐤄𐤁𐤉𐤕 𐤋𐤇𐤆𐤒𐤄•

𐤉𐤃 𐤀𐤊 𐤋𐤀 𐤉𐤏𐤔𐤄 𐤁𐤉𐤕 𐤉𐤄𐤅𐤄 𐤎𐤐𐤅𐤕 𐤊𐤎𐤐 𐤌𐤆𐤌𐤓𐤅𐤕 𐤌𐤆𐤓𐤒𐤅𐤕
𐤇𐤑𐤑𐤓𐤅𐤕 𐤊𐤋 𐤊𐤋𐤉 𐤆𐤄𐤁 𐤅𐤊𐤋𐤉 𐤊𐤎𐤐 𐤌𐤍 𐤄𐤊𐤎𐤐 𐤄𐤌𐤅𐤁𐤀 𐤁𐤉𐤕 𐤉𐤄𐤅𐤄•

𐤈𐤅 𐤊𐤉 𐤋𐤏𐤔𐤉 𐤄𐤌𐤋𐤀𐤊𐤄 𐤉𐤕𐤍𐤄𐤅 𐤅𐤇𐤆𐤒𐤅 𐤁𐤅 𐤀𐤕 𐤁𐤉𐤕 𐤉𐤄𐤅𐤄•

𐤈𐤆 𐤅𐤋𐤀 𐤉𐤇𐤔𐤁𐤅 𐤀𐤕 𐤄𐤀𐤍𐤔𐤉𐤌 𐤀𐤔𐤓 𐤉𐤕𐤍𐤅 𐤀𐤕 𐤄𐤊𐤎𐤐 𐤏𐤋 𐤉𐤃𐤌
𐤋𐤕𐤕 𐤋𐤏𐤔𐤉 𐤄𐤌𐤋𐤀𐤊𐤄 𐤊𐤉 𐤁𐤀𐤌𐤍𐤄 𐤄𐤌 𐤏𐤔𐤉𐤌•

𐤉𐤆 𐤊𐤎𐤐 𐤀𐤔𐤌 𐤅𐤊𐤎𐤐 𐤇𐤈𐤀𐤅𐤕 𐤋𐤀 𐤉𐤅𐤁𐤀 𐤁𐤉𐤕 𐤉𐤄𐤅𐤄 𐤋𐤊𐤄𐤍𐤉𐤌
𐤉𐤄𐤉𐤅•

𐤉𐤇 𐤀𐤆 𐤉𐤏𐤋𐤄 𐤇𐤆𐤀𐤋 𐤌𐤋𐤊 𐤀𐤓𐤌 𐤅𐤉𐤋𐤇𐤌 𐤏𐤋 𐤂𐤕 𐤅𐤉𐤋𐤊𐤃𐤄 𐤅𐤉𐤔𐤌
𐤇𐤆𐤀𐤋 𐤐𐤍𐤉𐤅 𐤋𐤏𐤋𐤅𐤕 𐤏𐤋 𐤉𐤓𐤅𐤔𐤋𐤌•

𐤉𐤈 𐤅𐤉𐤒𐤇 𐤉𐤄𐤅𐤀𐤔 𐤌𐤋𐤊 𐤉𐤄𐤅𐤃𐤄 𐤀𐤕 𐤊𐤋 𐤄𐤒𐤃𐤔𐤉𐤌 𐤀𐤔𐤓 𐤄𐤒𐤃𐤉𐤔𐤅
𐤉𐤄𐤅𐤔𐤐𐤈 𐤅𐤉𐤄𐤅𐤓𐤌 𐤅𐤀𐤇𐤆𐤉𐤄𐤅 𐤀𐤁𐤕𐤉𐤅 𐤌𐤋𐤊𐤉 𐤉𐤄𐤅𐤃𐤄 𐤅𐤀𐤕
𐤒𐤃𐤔𐤉𐤅 𐤅𐤀𐤕 𐤊𐤋 𐤄𐤆𐤄𐤁 𐤄𐤍𐤌𐤑𐤀 𐤁𐤀𐤑𐤓𐤅𐤕 𐤁𐤉𐤕 𐤉𐤄𐤅𐤄 𐤅𐤁𐤉𐤕
𐤄𐤌𐤋𐤊 𐤅𐤉𐤔𐤋𐤇 𐤋𐤇𐤆𐤀𐤋 𐤌𐤋𐤊 𐤀𐤓𐤌 𐤅𐤉𐤏𐤋 𐤌𐤏𐤋 𐤉𐤓𐤅𐤔𐤋𐤌•

𐤊 𐤅𐤉𐤕𐤓 𐤃𐤁𐤓𐤉 𐤉𐤅𐤀𐤔 𐤅𐤊𐤋 𐤀𐤔𐤓 𐤏𐤔𐤄 𐤄𐤋𐤅𐤀 𐤄𐤌 𐤊𐤕𐤅𐤁𐤉𐤌 𐤏𐤋 𐤎𐤐𐤓
𐤃𐤁𐤓𐤉 𐤄𐤉𐤌𐤉𐤌 𐤋𐤌𐤋𐤊𐤉 𐤉𐤄𐤅𐤃𐤄•

𐤊𐤀 𐤅𐤉𐤒𐤌𐤅 𐤏𐤁𐤃𐤉𐤅 𐤅𐤉𐤒𐤔𐤓𐤅 𐤒𐤔𐤓 𐤅𐤉𐤊𐤅 𐤀𐤕 𐤉𐤅𐤀𐤔 𐤁𐤉𐤕 𐤌𐤋𐤀
𐤄𐤉𐤅𐤓𐤃 𐤎𐤋𐤀•

𐤊𐤁 𐤅𐤉𐤅𐤆𐤊𐤓 𐤁𐤍 𐤔𐤌𐤏𐤕 𐤅𐤉𐤄𐤅𐤆𐤁𐤃 𐤁𐤍 𐤔𐤌𐤓 𐤏𐤁𐤃𐤉𐤅 𐤄𐤊𐤄𐤅 𐤅𐤉𐤌𐤕
𐤅𐤉𐤒𐤁𐤓𐤅 𐤀𐤕𐤅 𐤏𐤌 𐤀𐤁𐤕𐤉𐤅 𐤁𐤏𐤉𐤓 𐤃𐤅𐤃 𐤅𐤉𐤌𐤋𐤊 𐤀𐤌𐤑𐤉𐤄𐤅 𐤁𐤍𐤅 𐤕𐤇𐤕𐤉𐤅•

## 𐤐𐤓𐤒 𐤉𐤂

𐤀 𐤁𐤔𐤍𐤕 𐤏𐤔𐤓𐤉𐤌 𐤅𐤔𐤋𐤔 𐤔𐤍𐤄 𐤋𐤉𐤅𐤀𐤔 𐤁𐤍 𐤀𐤇𐤆𐤉𐤄𐤅 𐤌𐤋𐤊 𐤉𐤄𐤅𐤃𐤄
𐤌𐤋𐤊 𐤉𐤄𐤅𐤀𐤇𐤆 𐤁𐤍 𐤉𐤄𐤅𐤀 𐤏𐤋 𐤉𐤔𐤓𐤀𐤋 𐤁𐤔𐤌𐤓𐤅𐤍 𐤔𐤁𐤏 𐤏𐤔𐤓𐤄 𐤔𐤍𐤄•

𐤁 𐤅𐤉𐤏𐤔 𐤄𐤓𐤏 𐤁𐤏𐤉𐤍𐤉 𐤉𐤄𐤅𐤄 𐤅𐤉𐤋𐤊 𐤀𐤇𐤓 𐤇𐤈𐤀𐤕 𐤉𐤓𐤁𐤏𐤌 𐤁𐤍 𐤍𐤁𐤈
𐤀𐤔𐤓 𐤄𐤇𐤈𐤉𐤀 𐤀𐤕 𐤉𐤔𐤓𐤀𐤋 𐤋𐤀 𐤎𐤓 𐤌𐤌𐤍𐤄•

𐤂 𐤅𐤉𐤇𐤓 𐤀𐤐 𐤉𐤄𐤅𐤄 𐤁𐤉𐤔𐤓𐤀𐤋 𐤅𐤉𐤕𐤍𐤌 𐤁𐤉𐤃 𐤇𐤆𐤀𐤋 𐤌𐤋𐤊 𐤀𐤓𐤌 𐤅𐤁𐤉𐤃
𐤁𐤍 𐤄𐤃𐤃 𐤁𐤍 𐤇𐤆𐤀𐤋 𐤊𐤋 𐤄𐤉𐤌𐤉𐤌•

𐤃 𐤅𐤉𐤇𐤋 𐤉𐤄𐤅𐤀𐤇𐤆 𐤀𐤕 𐤐𐤍𐤉 𐤉𐤄𐤅𐤄 𐤅𐤉𐤔𐤌𐤏 𐤀𐤋𐤉𐤅 𐤉𐤄𐤅𐤄 𐤊𐤉 𐤓𐤀𐤄
𐤀𐤕 𐤋𐤇𐤑 𐤉𐤔𐤓𐤀𐤋 𐤊𐤉 𐤋𐤇𐤑 𐤀𐤕𐤌 𐤌𐤋𐤊 𐤀𐤓𐤌•

𐤄 𐤅𐤉𐤕𐤍 𐤉𐤄𐤅𐤄 𐤋𐤉𐤔𐤓𐤀𐤋 𐤌𐤅𐤔𐤉𐤏 𐤅𐤉𐤑𐤀𐤅 𐤌𐤕𐤇𐤕 𐤉𐤃 𐤀𐤓𐤌 𐤅𐤉𐤔𐤁𐤅
𐤁𐤍𐤉 𐤉𐤔𐤓𐤀𐤋 𐤁𐤀𐤄𐤋𐤉𐤄𐤌 𐤊𐤕𐤌𐤅𐤋 𐤔𐤋𐤔𐤅𐤌•

𐤅 𐤀𐤊 𐤋𐤀 𐤎𐤓𐤅 𐤌𐤇𐤈𐤀𐤅𐤕 𐤁𐤉𐤕 𐤉𐤓𐤁𐤏𐤌 𐤀𐤔𐤓 𐤄𐤇𐤈𐤉 [𐤄𐤇𐤈𐤉𐤀] 𐤀𐤕
𐤉𐤔𐤓𐤀𐤋 𐤁𐤄 𐤄𐤋𐤊 𐤅𐤂𐤌 𐤄𐤀𐤔𐤓𐤄 𐤏𐤌𐤃𐤄 𐤁𐤔𐤌𐤓𐤅𐤍•

𐤆 𐤊𐤉 𐤋𐤀 𐤄𐤔𐤀𐤉𐤓 𐤋𐤉𐤄𐤅𐤀𐤇𐤆 𐤏𐤌 𐤊𐤉 𐤀𐤌 𐤇𐤌𐤔𐤉𐤌 𐤐𐤓𐤔𐤉𐤌 𐤅𐤏𐤔𐤓𐤄
𐤓𐤊𐤁 𐤅𐤏𐤔𐤓𐤕 𐤀𐤋𐤐𐤉𐤌 𐤓𐤂𐤋𐤉 𐤊𐤉 𐤀𐤁𐤃𐤌 𐤌𐤋𐤊 𐤀𐤓𐤌 𐤅𐤉𐤔𐤌𐤌 𐤊𐤏𐤐𐤓
𐤋𐤃𐤔•

𐤇 𐤅𐤉𐤕𐤓 𐤃𐤁𐤓𐤉 𐤉𐤄𐤅𐤀𐤇𐤆 𐤅𐤊𐤋 𐤀𐤔𐤓 𐤏𐤔𐤄 𐤅𐤂𐤁𐤅𐤓𐤕𐤅 𐤄𐤋𐤀 𐤄𐤌
𐤊𐤕𐤅𐤁𐤉𐤌 𐤏𐤋 𐤎𐤐𐤓 𐤃𐤁𐤓𐤉 𐤄𐤉𐤌𐤉𐤌 𐤋𐤌𐤋𐤊𐤉 𐤉𐤔𐤓𐤀𐤋•

𐤈 𐤅𐤉𐤔𐤊𐤁 𐤉𐤄𐤅𐤀𐤇𐤆 𐤏𐤌 𐤀𐤁𐤕𐤉𐤅 𐤅𐤉𐤒𐤁𐤓𐤄𐤅 𐤁𐤔𐤌𐤓𐤅𐤍 𐤅𐤉𐤌𐤋𐤊
𐤉𐤅𐤀𐤔 𐤁𐤍𐤅 𐤕𐤇𐤕𐤉𐤅•

𐤉 𐤁𐤔𐤍𐤕 𐤔𐤋𐤔𐤉𐤌 𐤅𐤔𐤁𐤏 𐤔𐤍𐤄 𐤋𐤉𐤅𐤀𐤔 𐤌𐤋𐤊 𐤉𐤄𐤅𐤃𐤄 𐤌𐤋𐤊
𐤉𐤄𐤅𐤀𐤔 𐤁𐤍 𐤉𐤄𐤅𐤀𐤇𐤆 𐤏𐤋 𐤉𐤔𐤓𐤀𐤋 𐤁𐤔𐤌𐤓𐤅𐤍 𐤔𐤔 𐤏𐤔𐤓𐤄 𐤔𐤍𐤄•

𐤉𐤀 𐤅𐤉𐤏𐤔𐤄 𐤄𐤓𐤏 𐤁𐤏𐤉𐤍𐤉 𐤉𐤄𐤅𐤄 𐤋𐤀 𐤎𐤓 𐤌𐤊𐤋 𐤇𐤈𐤀𐤅𐤕 𐤉𐤓𐤁𐤏𐤌 𐤁𐤍
𐤍𐤁𐤈 𐤀𐤔𐤓 𐤄𐤇𐤈𐤉𐤀 𐤀𐤕 𐤉𐤔𐤓𐤀𐤋 𐤁𐤄 𐤄𐤋𐤊•

𐤉𐤁 𐤅𐤉𐤕𐤓 𐤃𐤁𐤓𐤉 𐤉𐤅𐤀𐤔 𐤅𐤊𐤋 𐤀𐤔𐤓 𐤏𐤔𐤄 𐤅𐤂𐤁𐤅𐤓𐤕𐤅 𐤀𐤔𐤓 𐤍𐤋𐤇𐤌 𐤏𐤌
𐤀𐤌𐤑𐤉𐤄 𐤌𐤋𐤊 𐤉𐤄𐤅𐤃𐤄 𐤄𐤋𐤀 𐤄𐤌 𐤊𐤕𐤅𐤁𐤉𐤌 𐤏𐤋 𐤎𐤐𐤓 𐤃𐤁𐤓𐤉 𐤄𐤉𐤌𐤉𐤌
𐤋𐤌𐤋𐤊𐤉 𐤉𐤔𐤓𐤀𐤋•

𐤉𐤂 𐤅𐤉𐤔𐤊𐤁 𐤉𐤅𐤀𐤔 𐤏𐤌 𐤀𐤁𐤕𐤉𐤅 𐤅𐤉𐤓𐤁𐤏𐤌 𐤉𐤔𐤁 𐤏𐤋 𐤊𐤎𐤀𐤅 𐤅𐤉𐤒𐤁𐤓
𐤉𐤅𐤀𐤔 𐤁𐤔𐤌𐤓𐤅𐤍 𐤏𐤌 𐤌𐤋𐤊𐤉 𐤉𐤔𐤓𐤀𐤋•

𐤉𐤃 𐤅𐤀𐤋𐤉𐤔𐤏 𐤇𐤋𐤄 𐤀𐤕 𐤇𐤋𐤉𐤅 𐤀𐤔𐤓 𐤉𐤌𐤅𐤕 𐤁𐤅 𐤅𐤉𐤓𐤃 𐤀𐤋𐤉𐤅 𐤉𐤅𐤀𐤔
𐤌𐤋𐤊 𐤉𐤔𐤓𐤀𐤋 𐤅𐤉𐤁𐤊 𐤏𐤋 𐤐𐤍𐤉𐤅 𐤅𐤉𐤀𐤌𐤓 𐤀𐤁𐤉 𐤀𐤁𐤉 𐤓𐤊𐤁 𐤉𐤔𐤓𐤀𐤋
𐤅𐤐𐤓𐤔𐤉𐤅•

𐤈𐤅 𐤅𐤉𐤀𐤌𐤓 𐤋𐤅 𐤀𐤋𐤉𐤔𐤏 𐤒𐤇 𐤒𐤔𐤕 𐤅𐤇𐤑𐤉𐤌 𐤅𐤉𐤒𐤇 𐤀𐤋𐤉𐤅 𐤒𐤔𐤕
𐤅𐤇𐤑𐤉𐤌•

𐤈𐤆 𐤅𐤉𐤀𐤌𐤓 𐤋𐤌𐤋𐤊 𐤉𐤔𐤓𐤀𐤋 𐤄𐤓𐤊𐤁 𐤉𐤃𐤊 𐤏𐤋 𐤄𐤒𐤔𐤕 𐤅𐤉𐤓𐤊𐤁 𐤉𐤃𐤅
𐤅𐤉𐤔𐤌 𐤀𐤋𐤉𐤔𐤏 𐤉𐤃𐤉𐤅 𐤏𐤋 𐤉𐤃𐤉 𐤄𐤌𐤋𐤊•

𐤉𐤆 𐤅𐤉𐤀𐤌𐤓 𐤐𐤕𐤇 𐤄𐤇𐤋𐤅𐤍 𐤒𐤃𐤌𐤄 𐤅𐤉𐤐𐤕𐤇 𐤅𐤉𐤀𐤌𐤓 𐤀𐤋𐤉𐤔𐤏 𐤉𐤓𐤄 𐤅𐤉𐤅𐤓
𐤅𐤉𐤀𐤌𐤓 𐤇𐤑 𐤕𐤔𐤅𐤏𐤄 𐤋𐤉𐤄𐤅𐤄 𐤅𐤇𐤑 𐤕𐤔𐤅𐤏𐤄 𐤁𐤀𐤓𐤌 𐤅𐤄𐤊𐤉𐤕 𐤀𐤕 𐤀𐤓𐤌

# מלכים ב

באפק עד כלה.
יח ויאמר קח החצים ויקח ויאמר למלך ישראל הך ארצה
ויך שלש פעמים ויעמד.
יט ויקצף עליו איש האלהים ויאמר להכות חמש או שש
פעמים אז הכית את ארם עד כלה ועתה שלש פעמים תכה את
ארם.
כ וימת אלישע ויקברהו וגדודי מואב יבאו בארץ בא
שנה.
כא ויהי הם קברים איש והנה ראו את הגדוד וישליכו
את האיש בקבר אלישע וילך ויגע האיש בעצמות אלישע
ויחי ויקם על רגליו.
כב וחזאל מלך ארם לחץ את ישראל כל ימי יהואחז.
כג ויחן יהוה אתם וירחמם ויפן אליהם למען בריתו את
אברהם יצחק ויעקב ולא אבה השחיתם ולא השליכם מעל
פניו עד עתה.
כד וימת חזאל מלך ארם וימלך בן הדד בנו תחתיו.
כה וישב יהואש בן יהואחז ויקח את הערים מיד בן הדד
בן חזאל אשר לקח מיד יהואחז אביו במלחמה שלש פעמים
הכהו יואש וישב את ערי ישראל.

פרק יד
א בשנת שתים ליואש בן יואחז מלך ישראל מלך אמציהו
בן יואש מלך יהודה.
ב בן עשרים וחמש שנה היה במלכו ועשרים ותשע שנה
מלך בירושלם ושם אמו יהועדין [יהועדן] מן ירושלם.
ג ויעש הישר בעיני יהוה רק לא כדוד אביו ככל אשר
עשה יואש אביו עשה.
ד רק הבמות לא סרו עוד העם מזבחים ומקטרים בבמות.
ה ויהי כאשר חזקה הממלכה בידו ויך את עבדיו המכים
את המלך אביו.
ו ואת בני המכים לא המית ככתוב בספר תורת משה אשר
צוה יהוה לאמר לא יומתו אבות על בנים ובנים לא
יומתו על אבות כי אם איש בחטאו ימות [יומת].

# 𐤌𐤋𐤊𐤉𐤌 𐤁

𐤆 𐤄𐤅𐤀 𐤄𐤊𐤄 𐤀𐤕 𐤀𐤃𐤅𐤌 𐤁𐤂𐤉 𐤄𐤌𐤋𐤇 [𐤌𐤋𐤇] 𐤏𐤔𐤓𐤕 𐤀𐤋𐤐𐤉𐤌 𐤅𐤕𐤐𐤔 𐤀𐤕
𐤄𐤎𐤋𐤏 𐤁𐤌𐤋𐤇𐤌𐤄 𐤅𐤉𐤒𐤓𐤀 𐤀𐤕 𐤔𐤌𐤄 𐤉𐤒𐤕𐤀𐤋 𐤏𐤃 𐤄𐤉𐤅𐤌 𐤄𐤆𐤄•

𐤇 𐤀𐤆 𐤔𐤋𐤇 𐤀𐤌𐤑𐤉𐤄 𐤌𐤋𐤀𐤊𐤉𐤌 𐤀𐤋 𐤉𐤄𐤅𐤀𐤔 𐤁𐤍 𐤉𐤄𐤅𐤀𐤇𐤆 𐤁𐤍
𐤉𐤄𐤅𐤀 𐤌𐤋𐤊 𐤉𐤔𐤓𐤀𐤋 𐤋𐤀𐤌𐤓 𐤋𐤊𐤄 𐤍𐤕𐤓𐤀𐤄 𐤐𐤍𐤉𐤌•

𐤈 𐤅𐤉𐤔𐤋𐤇 𐤉𐤄𐤅𐤀𐤔 𐤌𐤋𐤊 𐤉𐤔𐤓𐤀𐤋 𐤀𐤋 𐤀𐤌𐤑𐤉𐤄𐤅 𐤌𐤋𐤊 𐤉𐤄𐤅𐤃𐤄
𐤋𐤀𐤌𐤓 𐤄𐤇𐤅𐤇 𐤀𐤔𐤓 𐤁𐤋𐤁𐤍𐤅𐤍 𐤔𐤋𐤇 𐤀𐤋 𐤄𐤀𐤓𐤆 𐤀𐤔𐤓 𐤁𐤋𐤁𐤍𐤅𐤍 𐤋𐤀𐤌𐤓
𐤕𐤍𐤄 𐤀𐤕 𐤁𐤕𐤊 𐤋𐤁𐤍𐤉 𐤋𐤀𐤔𐤄 𐤅𐤕𐤏𐤁𐤓 𐤇𐤉𐤕 𐤄𐤔𐤃𐤄 𐤀𐤔𐤓 𐤁𐤋𐤁𐤍𐤅𐤍
𐤅𐤕𐤓𐤌𐤎 𐤀𐤕 𐤄𐤇𐤅𐤇•

𐤉 𐤄𐤊𐤄 𐤄𐤊𐤉𐤕 𐤀𐤕 𐤀𐤃𐤅𐤌 𐤅𐤍𐤔𐤀𐤊 𐤋𐤁𐤊 𐤄𐤊𐤁𐤃 𐤅𐤔𐤁 𐤁𐤁𐤉𐤕𐤊 𐤅𐤋𐤌𐤄
𐤕𐤕𐤂𐤓𐤄 𐤁𐤓𐤏𐤄 𐤅𐤍𐤐𐤋𐤕𐤄 𐤀𐤕𐤄 𐤅𐤉𐤄𐤅𐤃𐤄 𐤏𐤌𐤊•

𐤉𐤀 𐤅𐤋𐤀 𐤔𐤌𐤏 𐤀𐤌𐤑𐤉𐤄𐤅 𐤅𐤉𐤏𐤋 𐤉𐤄𐤅𐤀𐤔 𐤌𐤋𐤊 𐤉𐤔𐤓𐤀𐤋 𐤅𐤉𐤕𐤓𐤀𐤅
𐤐𐤍𐤉𐤌 𐤄𐤅𐤀 𐤅𐤀𐤌𐤑𐤉𐤄𐤅 𐤌𐤋𐤊 𐤉𐤄𐤅𐤃𐤄 𐤁𐤁𐤉𐤕 𐤔𐤌𐤔 𐤀𐤔𐤓 𐤋𐤉𐤄𐤅𐤃𐤄•

𐤉𐤁 𐤅𐤉𐤍𐤂𐤐 𐤉𐤄𐤅𐤃𐤄 𐤋𐤐𐤍𐤉 𐤉𐤔𐤓𐤀𐤋 𐤅𐤉𐤍𐤎𐤅 𐤀𐤉𐤔 𐤋𐤀𐤄𐤋𐤅
[𐤋𐤀𐤄𐤋𐤉𐤅]•

𐤉𐤂 𐤅𐤀𐤕 𐤀𐤌𐤑𐤉𐤄𐤅 𐤌𐤋𐤊 𐤉𐤄𐤅𐤃𐤄 𐤁𐤍 𐤉𐤄𐤅𐤀𐤔 𐤁𐤍 𐤀𐤇𐤆𐤉𐤄𐤅 𐤕𐤐𐤔
𐤉𐤄𐤅𐤀𐤔 𐤌𐤋𐤊 𐤉𐤔𐤓𐤀𐤋 𐤁𐤁𐤉𐤕 𐤔𐤌𐤔 𐤅𐤉𐤁𐤀𐤅 [𐤅𐤉𐤁𐤀] 𐤉𐤓𐤅𐤔𐤋𐤌
𐤅𐤉𐤐𐤓𐤑 𐤁𐤇𐤅𐤌𐤕 𐤉𐤓𐤅𐤔𐤋𐤌 𐤁𐤔𐤏𐤓 𐤀𐤐𐤓𐤉𐤌 𐤏𐤃 𐤔𐤏𐤓 𐤄𐤐𐤍𐤄 𐤀𐤓𐤁𐤏 𐤌𐤀𐤅𐤕
𐤀𐤌𐤄•

𐤉𐤃 𐤅𐤋𐤒𐤇 𐤀𐤕 𐤊𐤋 𐤄𐤆𐤄𐤁 𐤅𐤄𐤊𐤎𐤐 𐤅𐤀𐤕 𐤊𐤋 𐤄𐤊𐤋𐤉𐤌 𐤄𐤍𐤌𐤑𐤀𐤉𐤌
𐤁𐤉𐤕 𐤉𐤄𐤅𐤄 𐤅𐤁𐤀𐤑𐤓𐤅𐤕 𐤁𐤉𐤕 𐤄𐤌𐤋𐤊 𐤅𐤀𐤕 𐤁𐤍𐤉 𐤄𐤕𐤏𐤓𐤁𐤅𐤕 𐤅𐤉𐤔𐤁
𐤔𐤌𐤓𐤅𐤍𐤄•

𐤈𐤅 𐤅𐤉𐤕𐤓 𐤃𐤁𐤓𐤉 𐤉𐤄𐤅𐤀𐤔 𐤀𐤔𐤓 𐤏𐤔𐤄 𐤅𐤂𐤁𐤅𐤓𐤕𐤅 𐤅𐤀𐤔𐤓 𐤍𐤋𐤇𐤌 𐤏𐤌
𐤀𐤌𐤑𐤉𐤄𐤅 𐤌𐤋𐤊 𐤉𐤄𐤅𐤃𐤄 𐤄𐤋𐤀 𐤄𐤌 𐤊𐤕𐤅𐤁𐤉𐤌 𐤏𐤋 𐤎𐤐𐤓 𐤃𐤁𐤓𐤉 𐤄𐤉𐤌𐤉𐤌
𐤋𐤌𐤋𐤊𐤉 𐤉𐤔𐤓𐤀𐤋•

𐤈𐤆 𐤅𐤉𐤔𐤊𐤁 𐤉𐤄𐤅𐤀𐤔 𐤏𐤌 𐤀𐤁𐤕𐤉𐤅 𐤅𐤉𐤒𐤁𐤓 𐤁𐤔𐤌𐤓𐤅𐤍 𐤏𐤌 𐤌𐤋𐤊𐤉
𐤉𐤔𐤓𐤀𐤋 𐤅𐤉𐤌𐤋𐤊 𐤉𐤓𐤁𐤏𐤌 𐤁𐤍𐤅 𐤕𐤇𐤕𐤉𐤅•

𐤉𐤆 𐤅𐤉𐤇𐤉 𐤀𐤌𐤑𐤉𐤄𐤅 𐤁𐤍 𐤉𐤅𐤀𐤔 𐤌𐤋𐤊 𐤉𐤄𐤅𐤃𐤄 𐤀𐤇𐤓𐤉 𐤌𐤅𐤕 𐤉𐤄𐤅𐤀𐤔
𐤁𐤍 𐤉𐤄𐤅𐤀𐤇𐤆 𐤌𐤋𐤊 𐤉𐤔𐤓𐤀𐤋 𐤇𐤌𐤔 𐤏𐤔𐤓𐤄 𐤔𐤍𐤄•

𐤉𐤇 𐤅𐤉𐤕𐤓 𐤃𐤁𐤓𐤉 𐤀𐤌𐤑𐤉𐤄𐤅 𐤄𐤋𐤀 𐤄𐤌 𐤊𐤕𐤅𐤁𐤉𐤌 𐤏𐤋 𐤎𐤐𐤓 𐤃𐤁𐤓𐤉
𐤄𐤉𐤌𐤉𐤌 𐤋𐤌𐤋𐤊𐤉 𐤉𐤄𐤅𐤃𐤄•

𐤉𐤈 𐤅𐤉𐤒𐤔𐤓𐤅 𐤏𐤋𐤉𐤅 𐤒𐤔𐤓 𐤁𐤉𐤓𐤅𐤔𐤋𐤌 𐤅𐤉𐤍𐤎 𐤋𐤊𐤉𐤔𐤄 𐤅𐤉𐤔𐤋𐤇𐤅
𐤀𐤇𐤓𐤉𐤅 𐤋𐤊𐤉𐤔𐤄 𐤅𐤉𐤌𐤕𐤄𐤅 𐤔𐤌•

𐤊 𐤅𐤉𐤔𐤀𐤅 𐤀𐤕𐤅 𐤏𐤋 𐤄𐤎𐤅𐤎𐤉𐤌 𐤅𐤉𐤒𐤁𐤓 𐤁𐤉𐤓𐤅𐤔𐤋𐤌 𐤏𐤌 𐤀𐤁𐤕𐤉𐤅 𐤁𐤏𐤉𐤓

דוד.

כא ויקחו כל עם יהודה את עזריה והוא בן שש עשרה שנה
וימלכו אתו תחת אביו אמציהו.
כב הוא בנה את אילת וישבה ליהודה אחרי שכב המלך עם
אבתיו.
כג בשנת חמש עשרה שנה לאמציהו בן יואש מלך יהודה
מלך ירבעם בן יואש מלך ישראל בשמרון ארבעים ואחת
שנה.
כד ויעש הרע בעיני יהוה לא סר מכל חטאות ירבעם בן נבט
אשר החטיא את ישראל.
כה הוא השיב את גבול ישראל מלבוא חמת עד ים הערבה
כדבר יהוה אלהי ישראל אשר דבר ביד עבדו יונה בן אמתי
הנביא אשר מגת החפר.
כו כי ראה יהוה את עני ישראל מרה מאד ואפס עצור ואפס
עזוב ואין עזר לישראל.
כז ולא דבר יהוה למחות את שם ישראל מתחת השמים
ויושיעם ביד ירבעם בן יואש.
כח ויתר דברי ירבעם וכל אשר עשה וגבורתו אשר נלחם
ואשר השיב את דמשק ואת חמת ליהודה בישראל הלא הם
כתובים על ספר דברי הימים למלכי ישראל.
כט וישכב ירבעם עם אבתיו עם מלכי ישראל וימלך
זכריה בנו תחתיו.

פרק טו

א בשנת עשרים ושבע שנה לירבעם מלך ישראל מלך עזריה
בן אמציה מלך יהודה.
ב בן שש עשרה שנה היה במלכו וחמשים ושתים שנה מלך
בירושלם ושם אמו יכליהו מירושלם.
ג ויעש הישר בעיני יהוה ככל אשר עשה אמציהו אביו.
ד רק הבמות לא סרו עוד העם מזבחים ומקטרים בבמות.
ה וינגע יהוה את המלך ויהי מצרע עד יום מתו וישב
בבית החפשית ויותם בן המלך על הבית שפט את עם הארץ.
ו ויתר דברי עזריהו וכל אשר עשה הלא הם כתובים על ספר

𐤃𐤁𐤓𐤉 𐤄𐤉𐤌𐤉𐤌 𐤋𐤌𐤋𐤊𐤉 𐤉𐤄𐤅𐤃𐤄.
𐤆 𐤅𐤉𐤔𐤊𐤁 𐤏𐤆𐤓𐤉𐤄 𐤏𐤌 𐤀𐤁𐤕𐤉𐤅 𐤅𐤉𐤒𐤁𐤓𐤅 𐤀𐤕𐤅 𐤏𐤌 𐤀𐤁𐤕𐤉𐤅 𐤁𐤏𐤉𐤓 𐤃𐤅𐤃
𐤅𐤉𐤌𐤋𐤊 𐤉𐤅𐤕𐤌 𐤁𐤍𐤅 𐤕𐤇𐤕𐤉𐤅.
𐤇 𐤁𐤔𐤍𐤕 𐤔𐤋𐤔𐤉𐤌 𐤅𐤔𐤌𐤍𐤄 𐤔𐤍𐤄 𐤋𐤏𐤆𐤓𐤉𐤄𐤅 𐤌𐤋𐤊 𐤉𐤄𐤅𐤃𐤄 𐤌𐤋𐤊
𐤆𐤊𐤓𐤉𐤄𐤅 𐤁𐤍 𐤉𐤓𐤁𐤏𐤌 𐤏𐤋 𐤉𐤔𐤓𐤀𐤋 𐤁𐤔𐤌𐤓𐤅𐤍 𐤔𐤔𐤄 𐤇𐤃𐤔𐤉𐤌.
𐤈 𐤅𐤉𐤏𐤔 𐤄𐤓𐤏 𐤁𐤏𐤉𐤍𐤉 𐤉𐤄𐤅𐤄 𐤊𐤀𐤔𐤓 𐤏𐤔𐤅 𐤀𐤁𐤕𐤉𐤅 𐤋𐤀 𐤎𐤓 𐤌𐤇𐤈𐤀𐤅𐤕
𐤉𐤓𐤁𐤏𐤌 𐤁𐤍 𐤍𐤁𐤈 𐤀𐤔𐤓 𐤄𐤇𐤈𐤉𐤀 𐤀𐤕 𐤉𐤔𐤓𐤀𐤋.
𐤉 𐤅𐤉𐤒𐤔𐤓 𐤏𐤋𐤉𐤅 𐤔𐤋𐤌 𐤁𐤍 𐤉𐤁𐤔 𐤅𐤉𐤊𐤄𐤅 𐤒𐤁𐤋 𐤏𐤌 𐤅𐤉𐤌𐤉𐤕𐤄𐤅
𐤅𐤉𐤌𐤋𐤊 𐤕𐤇𐤕𐤉𐤅.
𐤉𐤀 𐤅𐤉𐤕𐤓 𐤃𐤁𐤓𐤉 𐤆𐤊𐤓𐤉𐤄 𐤄𐤍𐤌 𐤊𐤕𐤅𐤁𐤉𐤌 𐤏𐤋 𐤎𐤐𐤓 𐤃𐤁𐤓𐤉 𐤄𐤉𐤌𐤉𐤌
𐤋𐤌𐤋𐤊𐤉 𐤉𐤔𐤓𐤀𐤋.
𐤉𐤁 𐤄𐤅𐤀 𐤃𐤁𐤓 𐤉𐤄𐤅𐤄 𐤀𐤔𐤓 𐤃𐤁𐤓 𐤀𐤋 𐤉𐤄𐤅𐤀 𐤋𐤀𐤌𐤓 𐤁𐤍𐤉 𐤓𐤁𐤉𐤏𐤉𐤌
𐤉𐤔𐤁𐤅 𐤋𐤊 𐤏𐤋 𐤊𐤎𐤀 𐤉𐤔𐤓𐤀𐤋 𐤅𐤉𐤄𐤉 𐤊𐤍.
𐤉𐤂 𐤔𐤋𐤅𐤌 𐤁𐤍 𐤉𐤁𐤔 𐤌𐤋𐤊 𐤁𐤔𐤍𐤕 𐤔𐤋𐤔𐤉𐤌 𐤅𐤕𐤔𐤏 𐤔𐤍𐤄 𐤋𐤏𐤆𐤉𐤄
𐤌𐤋𐤊 𐤉𐤄𐤅𐤃𐤄 𐤅𐤉𐤌𐤋𐤊 𐤉𐤓𐤇 𐤉𐤌𐤉𐤌 𐤁𐤔𐤌𐤓𐤅𐤍.
𐤉𐤃 𐤅𐤉𐤏𐤋 𐤌𐤍𐤇𐤌 𐤁𐤍 𐤂𐤃𐤉 𐤌𐤕𐤓𐤑𐤄 𐤅𐤉𐤁𐤀 𐤔𐤌𐤓𐤅𐤍 𐤅𐤉𐤊 𐤀𐤕 𐤔𐤋𐤅𐤌
𐤁𐤍 𐤉𐤁𐤉𐤔 𐤁𐤔𐤌𐤓𐤅𐤍 𐤅𐤉𐤌𐤉𐤕𐤄𐤅 𐤅𐤉𐤌𐤋𐤊 𐤕𐤇𐤕𐤉𐤅.
𐤈𐤅 𐤅𐤉𐤕𐤓 𐤃𐤁𐤓𐤉 𐤔𐤋𐤅𐤌 𐤅𐤒𐤔𐤓𐤅 𐤀𐤔𐤓 𐤒𐤔𐤓 𐤄𐤍𐤌 𐤊𐤕𐤁𐤉𐤌 𐤏𐤋 𐤎𐤐𐤓
𐤃𐤁𐤓𐤉 𐤄𐤉𐤌𐤉𐤌 𐤋𐤌𐤋𐤊𐤉 𐤉𐤔𐤓𐤀𐤋.
𐤈𐤆 𐤀𐤆 𐤉𐤊𐤄 𐤌𐤍𐤇𐤌 𐤀𐤕 𐤕𐤐𐤎𐤇 𐤅𐤀𐤕 𐤊𐤋 𐤀𐤔𐤓 𐤁𐤄 𐤅𐤀𐤕 𐤂𐤁𐤅𐤋𐤉𐤄
𐤌𐤕𐤓𐤑𐤄 𐤊𐤉 𐤋𐤀 𐤐𐤕𐤇 𐤅𐤉𐤊 𐤀𐤕 𐤊𐤋 𐤄𐤄𐤓𐤅𐤕𐤉𐤄 𐤁𐤒𐤏.
𐤉𐤆 𐤁𐤔𐤍𐤕 𐤔𐤋𐤔𐤉𐤌 𐤅𐤕𐤔𐤏 𐤔𐤍𐤄 𐤋𐤏𐤆𐤓𐤉𐤄 𐤌𐤋𐤊 𐤉𐤄𐤅𐤃𐤄 𐤌𐤋𐤊
𐤌𐤍𐤇𐤌 𐤁𐤍 𐤂𐤃𐤉 𐤏𐤋 𐤉𐤔𐤓𐤀𐤋 𐤏𐤔𐤓 𐤔𐤍𐤉𐤌 𐤁𐤔𐤌𐤓𐤅𐤍.
𐤉𐤇 𐤅𐤉𐤏𐤔 𐤄𐤓𐤏 𐤁𐤏𐤉𐤍𐤉 𐤉𐤄𐤅𐤄 𐤋𐤀 𐤎𐤓 𐤌𐤏𐤋 𐤇𐤈𐤀𐤅𐤕 𐤉𐤓𐤁𐤏𐤌 𐤁𐤍 𐤍𐤁𐤈
𐤀𐤔𐤓 𐤄𐤇𐤈𐤉𐤀 𐤀𐤕 𐤉𐤔𐤓𐤀𐤋 𐤊𐤋 𐤉𐤌𐤉𐤅.
𐤉𐤈 𐤁𐤀 𐤐𐤅𐤋 𐤌𐤋𐤊 𐤀𐤔𐤅𐤓 𐤏𐤋 𐤄𐤀𐤓𐤑 𐤅𐤉𐤕𐤍 𐤌𐤍𐤇𐤌 𐤋𐤐𐤅𐤋 𐤀𐤋𐤐 𐤊𐤊𐤓
𐤊𐤎𐤐 𐤋𐤄𐤉𐤅𐤕 𐤉𐤃𐤉𐤅 𐤀𐤕𐤅 𐤋𐤄𐤇𐤆𐤉𐤒 𐤄𐤌𐤌𐤋𐤊𐤄 𐤁𐤉𐤃𐤅.
𐤊 𐤅𐤉𐤑𐤀 𐤌𐤍𐤇𐤌 𐤀𐤕 𐤄𐤊𐤎𐤐 𐤏𐤋 𐤉𐤔𐤓𐤀𐤋 𐤏𐤋 𐤊𐤋 𐤂𐤁𐤅𐤓𐤉 𐤄𐤇𐤉𐤋 𐤋𐤕𐤕
𐤋𐤌𐤋𐤊 𐤀𐤔𐤅𐤓 𐤇𐤌𐤔𐤉𐤌 𐤔𐤒𐤋𐤉𐤌 𐤊𐤎𐤐 𐤋𐤀𐤉𐤔 𐤀𐤇𐤃 𐤅𐤉𐤔𐤁 𐤌𐤋𐤊 𐤀𐤔𐤅𐤓
𐤅𐤋𐤀 𐤏𐤌𐤃 𐤔𐤌 𐤁𐤀𐤓𐤑.
𐤊𐤀 𐤅𐤉𐤕𐤓 𐤃𐤁𐤓𐤉 𐤌𐤍𐤇𐤌 𐤅𐤊𐤋 𐤀𐤔𐤓 𐤏𐤔𐤄 𐤄𐤋𐤅𐤀 𐤄𐤌 𐤊𐤕𐤅𐤁𐤉𐤌 𐤏𐤋
𐤎𐤐𐤓 𐤃𐤁𐤓𐤉 𐤄𐤉𐤌𐤉𐤌 𐤋𐤌𐤋𐤊𐤉 𐤉𐤔𐤓𐤀𐤋.
𐤊𐤁 𐤅𐤉𐤔𐤊𐤁 𐤌𐤍𐤇𐤌 𐤏𐤌 𐤀𐤁𐤕𐤉𐤅 𐤅𐤉𐤌𐤋𐤊 𐤐𐤒𐤇𐤉𐤄 𐤁𐤍𐤅 𐤕𐤇𐤕𐤉𐤅.

# 𐤌𐤋𐤊𐤉𐤌 𐤁

𐤊𐤂𐤁𐤔𐤍𐤕 𐤇𐤌𐤔𐤉𐤌 𐤔𐤍𐤄 𐤋𐤏𐤆𐤓𐤉𐤄 𐤌𐤋𐤊 𐤉𐤄𐤅𐤃𐤄 𐤌𐤋𐤊 𐤐𐤒𐤇𐤉𐤄 𐤁𐤍 𐤌𐤍𐤇𐤌 𐤏𐤋 𐤉𐤔𐤓𐤀𐤋 𐤁𐤔𐤌𐤓𐤅𐤍 𐤔𐤍𐤕𐤉𐤌•

𐤊𐤃𐤅𐤉𐤏𐤔 𐤄𐤓𐤏 𐤁𐤏𐤉𐤍𐤉 𐤉𐤄𐤅𐤄 𐤋𐤀 𐤎𐤓 𐤌𐤇𐤈𐤀𐤅𐤕 𐤉𐤓𐤁𐤏𐤌 𐤁𐤍 𐤍𐤁𐤈 𐤀𐤔𐤓 𐤄𐤇𐤈𐤉𐤀 𐤀𐤕 𐤉𐤔𐤓𐤀𐤋•

𐤊𐤄𐤅𐤉𐤒𐤔𐤓 𐤏𐤋𐤉𐤅 𐤐𐤒𐤇 𐤁𐤍 𐤓𐤌𐤋𐤉𐤄𐤅 𐤔𐤋𐤉𐤔𐤅 𐤅𐤉𐤊𐤄𐤅 𐤁𐤔𐤌𐤓𐤅𐤍 𐤁𐤀𐤓𐤌𐤅𐤍 𐤁𐤉𐤕 𐤌𐤋𐤊 [𐤄𐤌𐤋𐤊] 𐤀𐤕 𐤀𐤓𐤂𐤁 𐤅𐤀𐤕 𐤄𐤀𐤓𐤉𐤄 𐤅𐤏𐤌𐤅 𐤇𐤌𐤔𐤉𐤌 𐤀𐤉𐤔 𐤌𐤁𐤍𐤉 𐤂𐤋𐤏𐤃𐤉𐤌 𐤅𐤉𐤌𐤉𐤕𐤄𐤅 𐤅𐤉𐤌𐤋𐤊 𐤕𐤇𐤕𐤉𐤅•

𐤊𐤅𐤅𐤉𐤕𐤓 𐤃𐤁𐤓𐤉 𐤐𐤒𐤇𐤉𐤄 𐤅𐤊𐤋 𐤀𐤔𐤓 𐤏𐤔𐤄 𐤄𐤍𐤌 𐤊𐤕𐤅𐤁𐤉𐤌 𐤏𐤋 𐤎𐤐𐤓 𐤃𐤁𐤓𐤉 𐤄𐤉𐤌𐤉𐤌 𐤋𐤌𐤋𐤊𐤉 𐤉𐤔𐤓𐤀𐤋•

𐤊𐤆𐤁𐤔𐤍𐤕 𐤇𐤌𐤔𐤉𐤌 𐤅𐤔𐤕𐤉𐤌 𐤔𐤍𐤄 𐤋𐤏𐤆𐤓𐤉𐤄 𐤌𐤋𐤊 𐤉𐤄𐤅𐤃𐤄 𐤌𐤋𐤊 𐤐𐤒𐤇 𐤁𐤍 𐤓𐤌𐤋𐤉𐤄𐤅 𐤏𐤋 𐤉𐤔𐤓𐤀𐤋 𐤁𐤔𐤌𐤓𐤅𐤍 𐤏𐤔𐤓𐤉𐤌 𐤔𐤍𐤄•

𐤊𐤇𐤅𐤉𐤏𐤔 𐤄𐤓𐤏 𐤁𐤏𐤉𐤍𐤉 𐤉𐤄𐤅𐤄 𐤋𐤀 𐤎𐤓 𐤌𐤍 𐤇𐤈𐤀𐤅𐤕 𐤉𐤓𐤁𐤏𐤌 𐤁𐤍 𐤍𐤁𐤈 𐤀𐤔𐤓 𐤄𐤇𐤈𐤉𐤀 𐤀𐤕 𐤉𐤔𐤓𐤀𐤋•

𐤊𐤈𐤁𐤉𐤌𐤉 𐤐𐤒𐤇 𐤌𐤋𐤊 𐤉𐤔𐤓𐤀𐤋 𐤁𐤀 𐤕𐤂𐤋𐤕 𐤐𐤋𐤀𐤎𐤓 𐤌𐤋𐤊 𐤀𐤔𐤅𐤓 𐤅𐤉𐤒𐤇 𐤀𐤕 𐤏𐤉𐤅𐤍 𐤅𐤀𐤕 𐤀𐤁𐤋 𐤁𐤉𐤕 𐤌𐤏𐤊𐤄 𐤅𐤀𐤕 𐤉𐤍𐤅𐤇 𐤅𐤀𐤕 𐤒𐤃𐤔 𐤅𐤀𐤕 𐤇𐤑𐤅𐤓 𐤅𐤀𐤕 𐤄𐤂𐤋𐤏𐤃 𐤅𐤀𐤕 𐤄𐤂𐤋𐤉𐤋𐤄 𐤊𐤋 𐤀𐤓𐤑 𐤍𐤐𐤕𐤋𐤉 𐤅𐤉𐤂𐤋𐤌 𐤀𐤔𐤅𐤓𐤄•

𐤋𐤅𐤉𐤒𐤔𐤓 𐤒𐤔𐤓 𐤄𐤅𐤔𐤏 𐤁𐤍 𐤀𐤋𐤄 𐤏𐤋 𐤐𐤒𐤇 𐤁𐤍 𐤓𐤌𐤋𐤉𐤄𐤅 𐤅𐤉𐤊𐤄𐤅 𐤅𐤉𐤌𐤉𐤕𐤄𐤅 𐤅𐤉𐤌𐤋𐤊 𐤕𐤇𐤕𐤉𐤅 𐤁𐤔𐤍𐤕 𐤏𐤔𐤓𐤉𐤌 𐤋𐤉𐤅𐤕𐤌 𐤁𐤍 𐤏𐤆𐤉𐤄•

𐤋𐤀𐤅𐤉𐤕𐤓 𐤃𐤁𐤓𐤉 𐤐𐤒𐤇 𐤅𐤊𐤋 𐤀𐤔𐤓 𐤏𐤔𐤄 𐤄𐤍𐤌 𐤊𐤕𐤅𐤁𐤉𐤌 𐤏𐤋 𐤎𐤐𐤓 𐤃𐤁𐤓𐤉 𐤄𐤉𐤌𐤉𐤌 𐤋𐤌𐤋𐤊𐤉 𐤉𐤔𐤓𐤀𐤋•

𐤋𐤁𐤁𐤔𐤍𐤕 𐤔𐤕𐤉𐤌 𐤋𐤐𐤒𐤇 𐤁𐤍 𐤓𐤌𐤋𐤉𐤄𐤅 𐤌𐤋𐤊 𐤉𐤔𐤓𐤀𐤋 𐤌𐤋𐤊 𐤉𐤅𐤕𐤌 𐤁𐤍 𐤏𐤆𐤉𐤄𐤅 𐤌𐤋𐤊 𐤉𐤄𐤅𐤃𐤄•

𐤋𐤂𐤁𐤍 𐤏𐤔𐤓𐤉𐤌 𐤅𐤇𐤌𐤔 𐤔𐤍𐤄 𐤄𐤉𐤄 𐤁𐤌𐤋𐤊𐤅 𐤅𐤔𐤔 𐤏𐤔𐤓𐤄 𐤔𐤍𐤄 𐤌𐤋𐤊 𐤁𐤉𐤓𐤅𐤔𐤋𐤌 𐤅𐤔𐤌 𐤀𐤌𐤅 𐤉𐤓𐤅𐤔𐤀 𐤁𐤕 𐤑𐤃𐤅𐤒•

𐤋𐤃𐤅𐤉𐤏𐤔 𐤄𐤉𐤔𐤓 𐤁𐤏𐤉𐤍𐤉 𐤉𐤄𐤅𐤄 𐤊𐤊𐤋 𐤀𐤔𐤓 𐤏𐤔𐤄 𐤏𐤆𐤉𐤄𐤅 𐤀𐤁𐤉𐤅 𐤏𐤔𐤄•

𐤋𐤄𐤓𐤒 𐤄𐤁𐤌𐤅𐤕 𐤋𐤀 𐤎𐤓𐤅 𐤏𐤅𐤃 𐤄𐤏𐤌 𐤌𐤆𐤁𐤇𐤉𐤌 𐤅𐤌𐤒𐤈𐤓𐤉𐤌 𐤁𐤁𐤌𐤅𐤕 𐤄𐤅𐤀 𐤁𐤍𐤄 𐤀𐤕 𐤔𐤏𐤓 𐤁𐤉𐤕 𐤉𐤄𐤅𐤄 𐤄𐤏𐤋𐤉𐤅𐤍•

𐤋𐤅𐤅𐤉𐤕𐤓 𐤃𐤁𐤓𐤉 𐤉𐤅𐤕𐤌 𐤀𐤔𐤓 𐤏𐤔𐤄 𐤄𐤋𐤀 𐤄𐤌 𐤊𐤕𐤅𐤁𐤉𐤌 𐤏𐤋 𐤎𐤐𐤓 𐤃𐤁𐤓𐤉 𐤄𐤉𐤌𐤉𐤌 𐤋𐤌𐤋𐤊𐤉 𐤉𐤄𐤅𐤃𐤄•

𐤋𐤆𐤁𐤉𐤌𐤉𐤌 𐤄𐤄𐤌 𐤄𐤇𐤋 𐤉𐤄𐤅𐤄 𐤋𐤄𐤔𐤋𐤉𐤇 𐤁𐤉𐤄𐤅𐤃𐤄 𐤓𐤑𐤉𐤍 𐤌𐤋𐤊 𐤀𐤓𐤌 𐤅𐤀𐤕 𐤐𐤒𐤇 𐤁𐤍 𐤓𐤌𐤋𐤉𐤄𐤅•

𐤋𐤇𐤅𐤉𐤔𐤊𐤁 𐤉𐤅𐤕𐤌 𐤏𐤌 𐤀𐤁𐤕𐤉𐤅 𐤅𐤉𐤒𐤁𐤓 𐤏𐤌 𐤀𐤁𐤕𐤉𐤅 𐤁𐤏𐤉𐤓 𐤃𐤅𐤃 𐤀𐤁𐤉𐤅

# 𐤌𐤋𐤊𐤉𐤌 𐤁

𐤅𐤉𐤌𐤋𐤊 𐤀𐤇𐤆 𐤁𐤍𐤅 𐤕𐤇𐤕𐤉𐤅•

## 𐤐𐤓𐤒 𐤈𐤆

𐤀 𐤁𐤔𐤍𐤕 𐤔𐤁𐤏 𐤏𐤔𐤓𐤄 𐤔𐤍𐤄 𐤋𐤐𐤒𐤇 𐤁𐤍 𐤓𐤌𐤋𐤉𐤄𐤅 𐤌𐤋𐤊 𐤀𐤇𐤆 𐤁𐤍 𐤉𐤅𐤕𐤌
𐤌𐤋𐤊 𐤉𐤄𐤅𐤃𐤄•
𐤁 𐤁𐤍 𐤏𐤔𐤓𐤉𐤌 𐤔𐤍𐤄 𐤀𐤇𐤆 𐤁𐤌𐤋𐤊𐤅 𐤅𐤔𐤔 𐤏𐤔𐤓𐤄 𐤔𐤍𐤄 𐤌𐤋𐤊
𐤁𐤉𐤓𐤅𐤔𐤋𐤌 𐤅𐤋𐤀 𐤏𐤔𐤄 𐤄𐤉𐤔𐤓 𐤁𐤏𐤉𐤍𐤉 𐤉𐤄𐤅𐤄 𐤀𐤋𐤄𐤉𐤅 𐤊𐤃𐤅𐤃 𐤀𐤁𐤉𐤅•
𐤂 𐤅𐤉𐤋𐤊 𐤁𐤃𐤓𐤊 𐤌𐤋𐤊𐤉 𐤉𐤔𐤓𐤀𐤋 𐤅𐤂𐤌 𐤀𐤕 𐤁𐤍𐤅 𐤄𐤏𐤁𐤉𐤓 𐤁𐤀𐤔 𐤊𐤕𐤏𐤁𐤅𐤕
𐤄𐤂𐤅𐤉𐤌 𐤀𐤔𐤓 𐤄𐤅𐤓𐤉𐤔 𐤉𐤄𐤅𐤄 𐤀𐤕𐤌 𐤌𐤐𐤍𐤉 𐤁𐤍𐤉 𐤉𐤔𐤓𐤀𐤋•
𐤃 𐤅𐤉𐤆𐤁𐤇 𐤅𐤉𐤒𐤈𐤓 𐤁𐤁𐤌𐤅𐤕 𐤅𐤏𐤋 𐤄𐤂𐤁𐤏𐤅𐤕 𐤅𐤕𐤇𐤕 𐤊𐤋 𐤏𐤑 𐤓𐤏𐤍𐤍•
𐤄 𐤀𐤆 𐤉𐤏𐤋𐤄 𐤓𐤑𐤉𐤍 𐤌𐤋𐤊 𐤀𐤓𐤌 𐤅𐤐𐤒𐤇 𐤁𐤍 𐤓𐤌𐤋𐤉𐤄𐤅 𐤌𐤋𐤊 𐤉𐤔𐤓𐤀𐤋
𐤉𐤓𐤅𐤔𐤋𐤌 𐤋𐤌𐤋𐤇𐤌𐤄 𐤅𐤉𐤑𐤓𐤅 𐤏𐤋 𐤀𐤇𐤆 𐤅𐤋𐤀 𐤉𐤊𐤋𐤅 𐤋𐤄𐤋𐤇𐤌•
𐤅 𐤁𐤏𐤕 𐤄𐤄𐤉𐤀 𐤄𐤔𐤉𐤁 𐤓𐤑𐤉𐤍 𐤌𐤋𐤊 𐤀𐤓𐤌 𐤀𐤕 𐤀𐤉𐤋𐤕 𐤋𐤀𐤓𐤌 𐤅𐤉𐤍𐤔𐤋
𐤀𐤕 𐤄𐤉𐤄𐤅𐤃𐤉𐤌 𐤌𐤀𐤉𐤋𐤅𐤕 𐤅𐤀𐤓𐤅𐤌𐤉𐤌 [𐤅𐤀𐤃𐤅𐤌𐤉𐤌] 𐤁𐤀𐤅 𐤀𐤉𐤋𐤕
𐤅𐤉𐤔𐤁𐤅 𐤔𐤌 𐤏𐤃 𐤄𐤉𐤅𐤌 𐤄𐤆𐤄•
𐤆 𐤅𐤉𐤔𐤋𐤇 𐤀𐤇𐤆 𐤌𐤋𐤀𐤊𐤉𐤌 𐤀𐤋 𐤕𐤂𐤋𐤕 𐤐𐤋𐤎𐤓 𐤌𐤋𐤊 𐤀𐤔𐤅𐤓 𐤋𐤀𐤌𐤓
𐤏𐤁𐤃𐤊 𐤅𐤁𐤍𐤊 𐤀𐤍𐤉 𐤏𐤋𐤄 𐤅𐤄𐤅𐤔𐤏𐤍𐤉 𐤌𐤊𐤐 𐤌𐤋𐤊 𐤀𐤓𐤌 𐤅𐤌𐤊𐤐 𐤌𐤋𐤊
𐤉𐤔𐤓𐤀𐤋 𐤄𐤒𐤅𐤌𐤉𐤌 𐤏𐤋𐤉•
𐤇 𐤅𐤉𐤒𐤇 𐤀𐤇𐤆 𐤀𐤕 𐤄𐤊𐤎𐤐 𐤅𐤀𐤕 𐤄𐤆𐤄𐤁 𐤄𐤍𐤌𐤑𐤀 𐤁𐤉𐤕 𐤉𐤄𐤅𐤄
𐤅𐤁𐤀𐤑𐤓𐤅𐤕 𐤁𐤉𐤕 𐤄𐤌𐤋𐤊 𐤅𐤉𐤔𐤋𐤇 𐤋𐤌𐤋𐤊 𐤀𐤔𐤅𐤓 𐤔𐤇𐤃•
𐤈 𐤅𐤉𐤔𐤌𐤏 𐤀𐤋𐤉𐤅 𐤌𐤋𐤊 𐤀𐤔𐤅𐤓 𐤅𐤉𐤏𐤋 𐤌𐤋𐤊 𐤀𐤔𐤅𐤓 𐤀𐤋 𐤃𐤌𐤔𐤒
𐤅𐤉𐤕𐤐𐤔𐤄 𐤅𐤉𐤂𐤋𐤄 𐤒𐤉𐤓𐤄 𐤅𐤀𐤕 𐤓𐤑𐤉𐤍 𐤄𐤌𐤉𐤕•
𐤉 𐤅𐤉𐤋𐤊 𐤄𐤌𐤋𐤊 𐤀𐤇𐤆 𐤋𐤒𐤓𐤀𐤕 𐤕𐤂𐤋𐤕 𐤐𐤋𐤀𐤎𐤓 𐤌𐤋𐤊 𐤀𐤔𐤅𐤓 𐤃𐤅𐤌𐤔𐤒
𐤅𐤉𐤓𐤀 𐤀𐤕 𐤄𐤌𐤆𐤁𐤇 𐤀𐤔𐤓 𐤁𐤃𐤌𐤔𐤒 𐤅𐤉𐤔𐤋𐤇 𐤄𐤌𐤋𐤊 𐤀𐤇𐤆 𐤀𐤋
𐤀𐤅𐤓𐤉𐤄 𐤄𐤊𐤄𐤍 𐤀𐤕 𐤃𐤌𐤅𐤕 𐤄𐤌𐤆𐤁𐤇 𐤅𐤀𐤕 𐤕𐤁𐤍𐤉𐤕𐤅 𐤋𐤊𐤋 𐤌𐤏𐤔𐤄𐤅•
𐤉𐤀 𐤅𐤉𐤁𐤍 𐤀𐤅𐤓𐤉𐤄 𐤄𐤊𐤄𐤍 𐤀𐤕 𐤄𐤌𐤆𐤁𐤇 𐤊𐤊𐤋 𐤀𐤔𐤓 𐤔𐤋𐤇 𐤄𐤌𐤋𐤊 𐤀𐤇𐤆
𐤌𐤃𐤌𐤔𐤒 𐤊𐤍 𐤏𐤔𐤄 𐤀𐤅𐤓𐤉𐤄 𐤄𐤊𐤄𐤍 𐤏𐤃 𐤁𐤅𐤀 𐤄𐤌𐤋𐤊 𐤀𐤇𐤆 𐤌𐤃𐤌𐤔𐤒•
𐤉𐤁 𐤅𐤉𐤁𐤀 𐤄𐤌𐤋𐤊 𐤌𐤃𐤌𐤔𐤒 𐤅𐤉𐤓𐤀 𐤄𐤌𐤋𐤊 𐤀𐤕 𐤄𐤌𐤆𐤁𐤇 𐤅𐤉𐤒𐤓𐤁
𐤄𐤌𐤋𐤊 𐤏𐤋 𐤄𐤌𐤆𐤁𐤇 𐤅𐤉𐤏𐤋 𐤏𐤋𐤉𐤅•
𐤉𐤂 𐤅𐤉𐤒𐤈𐤓 𐤀𐤕 𐤏𐤋𐤕𐤅 𐤅𐤀𐤕 𐤌𐤍𐤇𐤕𐤅 𐤅𐤉𐤎𐤊 𐤀𐤕 𐤍𐤎𐤊𐤅 𐤅𐤉𐤆𐤓𐤒 𐤀𐤕
𐤃𐤌 𐤄𐤔𐤋𐤌𐤉𐤌 𐤀𐤔𐤓 𐤋𐤅 𐤏𐤋 𐤄𐤌𐤆𐤁𐤇•
𐤉𐤃 𐤅𐤀𐤕 𐤄𐤌𐤆𐤁𐤇 𐤄𐤍𐤇𐤔𐤕 𐤀𐤔𐤓 𐤋𐤐𐤍𐤉 𐤉𐤄𐤅𐤄 𐤅𐤉𐤒𐤓𐤁 𐤌𐤀𐤕
𐤐𐤍𐤉 𐤄𐤁𐤉𐤕 𐤌𐤁𐤉𐤍 𐤄𐤌𐤆𐤁𐤇 𐤅𐤌𐤁𐤉𐤍 𐤁𐤉𐤕 𐤉𐤄𐤅𐤄 𐤅𐤉𐤕𐤍 𐤀𐤕𐤅 𐤏𐤋 𐤉𐤓𐤊

𐤄𐤌𐤆𐤁𐤇 𐤑𐤐𐤅𐤍𐤄·

𐤈𐤅 𐤅𐤉𐤑𐤅𐤄𐤅 [𐤅𐤉𐤑𐤅𐤄] 𐤄𐤌𐤋𐤊 𐤀𐤇𐤆 𐤀𐤕 𐤀𐤅𐤓𐤉𐤄 𐤄𐤊𐤄𐤍 𐤋𐤀𐤌𐤓 𐤏𐤋
𐤄𐤌𐤆𐤁𐤇 𐤄𐤂𐤃𐤅𐤋 𐤄𐤒𐤈𐤓 𐤀𐤕 𐤏𐤋𐤕 𐤄𐤁𐤒𐤓 𐤅𐤀𐤕 𐤌𐤍𐤇𐤕 𐤄𐤏𐤓𐤁 𐤅𐤀𐤕 𐤏𐤋𐤕
𐤄𐤌𐤋𐤊 𐤅𐤀𐤕 𐤌𐤍𐤇𐤕𐤅 𐤅𐤀𐤕 𐤏𐤋𐤕 𐤊𐤋 𐤏𐤌 𐤄𐤀𐤓𐤑 𐤅𐤌𐤍𐤇𐤕𐤌 𐤅𐤍𐤎𐤊𐤉𐤄𐤌
𐤅𐤊𐤋 𐤃𐤌 𐤏𐤋𐤄 𐤅𐤊𐤋 𐤃𐤌 𐤆𐤁𐤇 𐤏𐤋𐤉𐤅 𐤕𐤆𐤓𐤒 𐤅𐤌𐤆𐤁𐤇 𐤄𐤍𐤇𐤔𐤕 𐤉𐤄𐤉𐤄
𐤋𐤉 𐤋𐤁𐤒𐤓·

𐤈𐤆 𐤅𐤉𐤏𐤔 𐤀𐤅𐤓𐤉𐤄 𐤄𐤊𐤄𐤍 𐤊𐤊𐤋 𐤀𐤔𐤓 𐤑𐤅𐤄 𐤄𐤌𐤋𐤊 𐤀𐤇𐤆·

𐤉𐤆 𐤅𐤉𐤒𐤑𐤑 𐤄𐤌𐤋𐤊 𐤀𐤇𐤆 𐤀𐤕 𐤄𐤌𐤎𐤂𐤓𐤅𐤕 𐤄𐤌𐤊𐤍𐤅𐤕 𐤅𐤉𐤎𐤓 𐤌𐤏𐤋𐤉𐤄𐤌
𐤅𐤀𐤕 [𐤀𐤕] 𐤄𐤊𐤉𐤓 𐤅𐤀𐤕 𐤄𐤉𐤌 𐤄𐤅𐤓𐤃 𐤌𐤏𐤋 𐤄𐤁𐤒𐤓 𐤄𐤍𐤇𐤔𐤕 𐤀𐤔𐤓 𐤕𐤇𐤕𐤉𐤄
𐤅𐤉𐤕𐤍 𐤀𐤕𐤅 𐤏𐤋 𐤌𐤓𐤑𐤐𐤕 𐤀𐤁𐤍𐤉𐤌·

𐤉𐤇 𐤅𐤀𐤕 𐤌𐤉𐤎𐤊 [𐤌𐤅𐤎𐤊] 𐤄𐤔𐤁𐤕 𐤀𐤔𐤓 𐤁𐤍𐤅 𐤁𐤁𐤉𐤕 𐤅𐤀𐤕 𐤌𐤁𐤅𐤀 𐤄𐤌𐤋𐤊
𐤄𐤇𐤉𐤑𐤅𐤍𐤄 𐤄𐤎𐤁 𐤁𐤉𐤕 𐤉𐤄𐤅𐤄 𐤌𐤐𐤍𐤉 𐤌𐤋𐤊 𐤀𐤔𐤅𐤓·

𐤉𐤈 𐤅𐤉𐤕𐤓 𐤃𐤁𐤓𐤉 𐤀𐤇𐤆 𐤀𐤔𐤓 𐤏𐤔𐤄 𐤄𐤋𐤀 𐤄𐤌 𐤊𐤕𐤅𐤁𐤉𐤌 𐤏𐤋 𐤎𐤐𐤓 𐤃𐤁𐤓𐤉
𐤄𐤉𐤌𐤉𐤌 𐤋𐤌𐤋𐤊𐤉 𐤉𐤄𐤅𐤃𐤄·

𐤊 𐤅𐤉𐤔𐤊𐤁 𐤀𐤇𐤆 𐤏𐤌 𐤀𐤁𐤕𐤉𐤅 𐤅𐤉𐤒𐤁𐤓 𐤏𐤌 𐤀𐤁𐤕𐤉𐤅 𐤁𐤏𐤉𐤓 𐤃𐤅𐤃 𐤅𐤉𐤌𐤋𐤊
𐤇𐤆𐤒𐤉𐤄𐤅 𐤁𐤍𐤅 𐤕𐤇𐤕𐤉𐤅·

## 𐤐𐤒 𐤉𐤆

𐤀 𐤁𐤔𐤍𐤕 𐤔𐤕𐤉𐤌 𐤏𐤔𐤓𐤄 𐤋𐤀𐤇𐤆 𐤌𐤋𐤊 𐤉𐤄𐤅𐤃𐤄 𐤌𐤋𐤊 𐤄𐤅𐤔𐤏 𐤁𐤍 𐤀𐤋𐤄
𐤁𐤔𐤌𐤓𐤅𐤍 𐤏𐤋 𐤉𐤔𐤓𐤀𐤋 𐤕𐤔𐤏 𐤔𐤍𐤉𐤌·

𐤁 𐤅𐤉𐤏𐤔 𐤄𐤓𐤏 𐤁𐤏𐤉𐤍𐤉 𐤉𐤄𐤅𐤄 𐤓𐤒 𐤋𐤀 𐤊𐤌𐤋𐤊𐤉 𐤉𐤔𐤓𐤀𐤋 𐤀𐤔𐤓 𐤄𐤉𐤅
𐤋𐤐𐤍𐤉𐤅·

𐤂 𐤏𐤋𐤉𐤅 𐤏𐤋𐤄 𐤔𐤋𐤌𐤍𐤀𐤎𐤓 𐤌𐤋𐤊 𐤀𐤔𐤅𐤓 𐤅𐤉𐤄𐤉 𐤋𐤅 𐤄𐤅𐤔𐤏 𐤏𐤁𐤃 𐤅𐤉𐤔𐤁
𐤋𐤅 𐤌𐤍𐤇𐤄·

𐤃 𐤅𐤉𐤌𐤑𐤀 𐤌𐤋𐤊 𐤀𐤔𐤅𐤓 𐤁𐤄𐤅𐤔𐤏 𐤒𐤔𐤓 𐤀𐤔𐤓 𐤔𐤋𐤇 𐤌𐤋𐤀𐤊𐤉𐤌 𐤀𐤋 𐤎𐤅𐤀
𐤌𐤋𐤊 𐤌𐤑𐤓𐤉𐤌 𐤅𐤋𐤀 𐤄𐤏𐤋𐤄 𐤌𐤍𐤇𐤄 𐤋𐤌𐤋𐤊 𐤀𐤔𐤅𐤓 𐤊𐤔𐤍𐤄 𐤁𐤔𐤍𐤄
𐤅𐤉𐤏𐤑𐤓𐤄𐤅 𐤌𐤋𐤊 𐤀𐤔𐤅𐤓 𐤅𐤉𐤀𐤎𐤓𐤄𐤅 𐤁𐤉𐤕 𐤊𐤋𐤀·

𐤄 𐤅𐤉𐤏𐤋 𐤌𐤋𐤊 𐤀𐤔𐤅𐤓 𐤁𐤊𐤋 𐤄𐤀𐤓𐤑 𐤅𐤉𐤏𐤋 𐤔𐤌𐤓𐤅𐤍 𐤅𐤉𐤑𐤓 𐤏𐤋𐤉𐤄 𐤔𐤋𐤔
𐤔𐤍𐤉𐤌·

𐤅 𐤁𐤔𐤍𐤕 𐤄𐤕𐤔𐤉𐤏𐤉𐤕 𐤋𐤄𐤅𐤔𐤏 𐤋𐤊𐤃 𐤌𐤋𐤊 𐤀𐤔𐤅𐤓 𐤀𐤕 𐤔𐤌𐤓𐤅𐤍 𐤅𐤉𐤂𐤋
𐤀𐤕 𐤉𐤔𐤓𐤀𐤋 𐤀𐤔𐤅𐤓𐤄 𐤅𐤉𐤔𐤁 𐤀𐤕𐤌 𐤁𐤇𐤋𐤇 𐤅𐤁𐤇𐤁𐤅𐤓 𐤍𐤄𐤓 𐤂𐤅𐤆𐤍 𐤅𐤏𐤓𐤉
𐤌𐤃𐤉·

𐤆 𐤅𐤉𐤄𐤉 𐤊𐤉 𐤇𐤈𐤀𐤅 𐤁𐤍𐤉 𐤉𐤔𐤓𐤀𐤋 𐤋𐤉𐤄𐤅𐤄 𐤀𐤋𐤄𐤉𐤄𐤌 𐤄𐤌𐤏𐤋𐤄 𐤀𐤕𐤌

𐤌𐤀𐤓𐤑 𐤌𐤑𐤓𐤉𐤌 𐤌𐤕𐤇𐤕 𐤉𐤃 𐤐𐤓𐤏𐤄 𐤌𐤋𐤊 𐤌𐤑𐤓𐤉𐤌 𐤅𐤉𐤉𐤓𐤀𐤅 𐤀𐤋𐤄𐤉𐤌
𐤀𐤇𐤓𐤉𐤌•

𐤇 𐤅𐤉𐤋𐤊𐤅 𐤁𐤇𐤒𐤅𐤕 𐤄𐤂𐤅𐤉𐤌 𐤀𐤔𐤓 𐤄𐤅𐤓𐤉𐤔 𐤉𐤄𐤅𐤄 𐤌𐤐𐤍𐤉 𐤁𐤍𐤉 𐤉𐤔𐤓𐤀𐤋
𐤅𐤌𐤋𐤊𐤉 𐤉𐤔𐤓𐤀𐤋 𐤀𐤔𐤓 𐤏𐤔𐤅•

𐤈 𐤅𐤉𐤇𐤐𐤀𐤅 𐤁𐤍𐤉 𐤉𐤔𐤓𐤀𐤋 𐤃𐤁𐤓𐤉𐤌 𐤀𐤔𐤓 𐤋𐤀 𐤊𐤍 𐤏𐤋 𐤉𐤄𐤅𐤄 𐤀𐤋𐤄𐤉𐤄𐤌
𐤅𐤉𐤁𐤍𐤅 𐤋𐤄𐤌 𐤁𐤌𐤅𐤕 𐤁𐤊𐤋 𐤏𐤓𐤉𐤄𐤌 𐤌𐤌𐤂𐤃𐤋 𐤍𐤅𐤑𐤓𐤉𐤌 𐤏𐤃 𐤏𐤉𐤓 𐤌𐤁𐤑𐤓•

𐤉 𐤅𐤉𐤑𐤁𐤅 𐤋𐤄𐤌 𐤌𐤑𐤁𐤅𐤕 𐤅𐤀𐤔𐤓𐤉𐤌 𐤏𐤋 𐤊𐤋 𐤂𐤁𐤏𐤄 𐤂𐤁𐤄𐤄 𐤅𐤕𐤇𐤕 𐤊𐤋
𐤏𐤑 𐤓𐤏𐤍𐤍•

𐤉𐤀 𐤅𐤉𐤒𐤈𐤓𐤅 𐤔𐤌 𐤁𐤊𐤋 𐤁𐤌𐤅𐤕 𐤊𐤂𐤅𐤉𐤌 𐤀𐤔𐤓 𐤄𐤂𐤋𐤄 𐤉𐤄𐤅𐤄 𐤌𐤐𐤍𐤉𐤄𐤌
𐤅𐤉𐤏𐤔𐤅 𐤃𐤁𐤓𐤉𐤌 𐤓𐤏𐤉𐤌 𐤋𐤄𐤊𐤏𐤉𐤎 𐤀𐤕 𐤉𐤄𐤅𐤄•

𐤉𐤁 𐤅𐤉𐤏𐤁𐤃𐤅 𐤄𐤂𐤋𐤋𐤉𐤌 𐤀𐤔𐤓 𐤀𐤌𐤓 𐤉𐤄𐤅𐤄 𐤋𐤄𐤌 𐤋𐤀 𐤕𐤏𐤔𐤅 𐤀𐤕 𐤄𐤃𐤁𐤓
𐤄𐤆𐤄•

𐤉𐤂 𐤅𐤉𐤏𐤃 𐤉𐤄𐤅𐤄 𐤁𐤉𐤔𐤓𐤀𐤋 𐤅𐤁𐤉𐤄𐤅𐤃𐤄 𐤁𐤉𐤃 𐤊𐤋 𐤍𐤁𐤉𐤀𐤅 [𐤍𐤁𐤉𐤀𐤉]
𐤊𐤋 𐤇𐤆𐤄 𐤋𐤀𐤌𐤓 𐤔𐤁𐤅 𐤌𐤃𐤓𐤊𐤉𐤊𐤌 𐤄𐤓𐤏𐤉𐤌 𐤅𐤔𐤌𐤓𐤅 𐤌𐤑𐤅𐤕𐤉 𐤇𐤒𐤅𐤕𐤉
𐤊𐤊𐤋 𐤄𐤕𐤅𐤓𐤄 𐤀𐤔𐤓 𐤑𐤅𐤉𐤕𐤉 𐤀𐤕 𐤀𐤁𐤕𐤉𐤊𐤌 𐤅𐤀𐤔𐤓 𐤔𐤋𐤇𐤕𐤉 𐤀𐤋𐤉𐤊𐤌
𐤁𐤉𐤃 𐤏𐤁𐤃𐤉 𐤄𐤍𐤁𐤉𐤀𐤉𐤌•

𐤉𐤃 𐤅𐤋𐤀 𐤔𐤌𐤏𐤅 𐤅𐤉𐤒𐤔𐤅 𐤀𐤕 𐤏𐤓𐤐𐤌 𐤊𐤏𐤓𐤐 𐤀𐤁𐤅𐤕𐤌 𐤀𐤔𐤓 𐤋𐤀 𐤄𐤀𐤌𐤉𐤍𐤅
𐤁𐤉𐤄𐤅𐤄 𐤀𐤋𐤄𐤉𐤄𐤌•

𐤈𐤅 𐤅𐤉𐤌𐤀𐤎𐤅 𐤀𐤕 𐤇𐤒𐤉𐤅 𐤅𐤀𐤕 𐤁𐤓𐤉𐤕𐤅 𐤀𐤔𐤓 𐤊𐤓𐤕 𐤀𐤕 𐤀𐤁𐤅𐤕𐤌 𐤅𐤀𐤕
𐤏𐤃𐤅𐤕𐤉𐤅 𐤀𐤔𐤓 𐤄𐤏𐤉𐤃 𐤁𐤌 𐤅𐤉𐤋𐤊𐤅 𐤀𐤇𐤓𐤉 𐤄𐤄𐤁𐤋 𐤅𐤉𐤄𐤁𐤋𐤅 𐤅𐤀𐤇𐤓𐤉
𐤄𐤂𐤅𐤉𐤌 𐤀𐤔𐤓 𐤎𐤁𐤉𐤁𐤕𐤌 𐤀𐤔𐤓 𐤑𐤅𐤄 𐤉𐤄𐤅𐤄 𐤀𐤕𐤌 𐤋𐤁𐤋𐤕𐤉 𐤏𐤔𐤅𐤕
𐤊𐤄𐤌•

𐤈𐤆 𐤅𐤉𐤏𐤆𐤁𐤅 𐤀𐤕 𐤊𐤋 𐤌𐤑𐤅𐤕 𐤉𐤄𐤅𐤄 𐤀𐤋𐤄𐤉𐤄𐤌 𐤅𐤉𐤏𐤔𐤅 𐤋𐤄𐤌 𐤌𐤎𐤊𐤄
𐤔𐤍𐤉𐤌 [𐤔𐤍𐤉] 𐤏𐤂𐤋𐤉𐤌 𐤅𐤉𐤏𐤔𐤅 𐤀𐤔𐤉𐤓𐤄 𐤅𐤉𐤔𐤕𐤇𐤅𐤅 𐤋𐤊𐤋 𐤑𐤁𐤀
𐤄𐤔𐤌𐤉𐤌 𐤅𐤉𐤏𐤁𐤃𐤅 𐤀𐤕 𐤄𐤁𐤏𐤋•

𐤉𐤆 𐤅𐤉𐤏𐤁𐤉𐤓𐤅 𐤀𐤕 𐤁𐤍𐤉𐤄𐤌 𐤅𐤀𐤕 𐤁𐤍𐤅𐤕𐤉𐤄𐤌 𐤁𐤀𐤔 𐤅𐤉𐤒𐤎𐤌𐤅
𐤒𐤎𐤌𐤉𐤌 𐤅𐤉𐤍𐤇𐤔𐤅 𐤅𐤉𐤕𐤌𐤊𐤓𐤅 𐤋𐤏𐤔𐤅𐤕 𐤄𐤓𐤏 𐤁𐤏𐤉𐤍𐤉 𐤉𐤄𐤅𐤄
𐤋𐤄𐤊𐤏𐤉𐤎𐤅•

𐤉𐤇 𐤅𐤉𐤕𐤀𐤍𐤐 𐤉𐤄𐤅𐤄 𐤌𐤀𐤃 𐤁𐤉𐤔𐤓𐤀𐤋 𐤅𐤉𐤎𐤓𐤌 𐤌𐤏𐤋 𐤐𐤍𐤉𐤅 𐤋𐤀 𐤍𐤔𐤀𐤓
𐤓𐤒 𐤔𐤁𐤈 𐤉𐤄𐤅𐤃𐤄 𐤋𐤁𐤃𐤅•

𐤉𐤈 𐤂𐤌 𐤉𐤄𐤅𐤃𐤄 𐤋𐤀 𐤔𐤌𐤓 𐤀𐤕 𐤌𐤑𐤅𐤕 𐤉𐤄𐤅𐤄 𐤀𐤋𐤄𐤉𐤄𐤌 𐤅𐤉𐤋𐤊𐤅
𐤁𐤇𐤒𐤅𐤕 𐤉𐤔𐤓𐤀𐤋 𐤀𐤔𐤓 𐤏𐤔𐤅•

𐤊 𐤅𐤉𐤌𐤀𐤎 𐤉𐤄𐤅𐤄 𐤁𐤊𐤋 𐤆𐤓𐤏 𐤉𐤔𐤓𐤀𐤋 𐤅𐤉𐤏𐤍𐤌 𐤅𐤉𐤕𐤍𐤌 𐤁𐤉𐤃 𐤔𐤎𐤉𐤌

# מלכים ב

עד אשר השליכם מפניו.
כא כי קרע ישראל מעל בית דוד וימליכו את ירבעם בן
נבט וידא [וידח] ירבעם את ישראל מאחרי יהוה והחטיאם
חטאה גדלה.
כב וילכו בני ישראל בכל חטאות ירבעם אשר עשה לא סרו
ממנה.
כג עד אשר הסיר יהוה את ישראל מעל פניו כאשר דבר ביד
כל עבדיו הנביאים ויגל ישראל מעל אדמתו אשורה עד
היום הזה.
כד ויבא מלך אשור מבבל ומכותה ומעוא ומחמת
[ומספרוים] וספרוים וישב בערי שמרון תחת בני ישראל
וירשו את שמרון וישבו בעריה.
כה ויהי בתחלת שבתם שם לא יראו את יהוה וישלח יהוה
בהם את האריות ויהיו הרגים בהם.
כו ויאמרו למלך אשור לאמר הגוים אשר הגלית ותושב
בערי שמרון לא ידעו את משפט אלהי הארץ וישלח בם את
האריות והנם ממיתים אותם כאשר אינם ידעים את משפט
אלהי הארץ.
כז ויצו מלך אשור לאמר הוליכו שמה אחד מהכהנים אשר
הגליתם משם וילכו וישבו שם וירם את משפט אלהי
הארץ.
כח ויבא אחד מהכהנים אשר הגלו משמרון וישב בבית אל
ויהי מורה אתם איך ייראו את יהוה.
כט ויהיו עשים גוי גוי אלהיו ויניחו בבית הבמות
אשר עשו השמרנים גוי גוי בעריהם אשר הם ישבים שם.
ל ואנשי בבל עשו את סכות בנות ואנשי כות עשו את נרגל
ואנשי חמת עשו את אשימא.
לא והעוים עשו נבחז ואת תרתק והספרוים שרפים את
בניהם באש לאדרמלך וענמלך אלה [אלהי] ספרים [ספרוים].
לב ויהיו יראים את יהוה ויעשו להם מקצותם כהני
במות ויהיו עשים להם בבית הבמות.
לג את יהוה היו יראים ואת אלהיהם היו עבדים כמשפט
הגוים אשר הגלו אתם משם.

# 𐤌𐤋𐤊𐤉𐤌 𐤁

𐤋𐤃 𐤏𐤃 𐤄𐤉𐤅𐤌 𐤄𐤆𐤄 𐤄𐤌 𐤏𐤔𐤉𐤌 𐤊𐤌𐤔𐤐𐤈𐤉𐤌 𐤄𐤓𐤀𐤔𐤍𐤉𐤌 𐤀𐤉𐤍𐤌
𐤉𐤓𐤀𐤉𐤌 𐤀𐤕 𐤉𐤄𐤅𐤄 𐤅𐤀𐤉𐤍𐤌 𐤏𐤔𐤉𐤌 𐤊𐤇𐤒𐤕𐤌 𐤅𐤊𐤌𐤔𐤐𐤈𐤌 𐤅𐤊𐤕𐤅𐤓𐤄
𐤅𐤊𐤌𐤑𐤅𐤄 𐤀𐤔𐤓 𐤑𐤅𐤄 𐤉𐤄𐤅𐤄 𐤀𐤕 𐤁𐤍𐤉 𐤉𐤏𐤒𐤁 𐤀𐤔𐤓 𐤔𐤌 𐤔𐤌𐤅 𐤉𐤔𐤓𐤀𐤋.
𐤋𐤄 𐤅𐤉𐤊𐤓𐤕 𐤉𐤄𐤅𐤄 𐤀𐤕𐤌 𐤁𐤓𐤉𐤕 𐤅𐤉𐤑𐤅𐤌 𐤋𐤀𐤌𐤓 𐤋𐤀 𐤕𐤉𐤓𐤀𐤅 𐤀𐤋𐤄𐤉𐤌
𐤀𐤇𐤓𐤉𐤌 𐤅𐤋𐤀 𐤕𐤔𐤕𐤇𐤅𐤅 𐤋𐤄𐤌 𐤅𐤋𐤀 𐤕𐤏𐤁𐤃𐤅𐤌 𐤅𐤋𐤀 𐤕𐤆𐤁𐤇𐤅 𐤋𐤄𐤌.
𐤋𐤅 𐤊𐤉 𐤀𐤌 𐤀𐤕 𐤉𐤄𐤅𐤄 𐤀𐤔𐤓 𐤄𐤏𐤋𐤄 𐤀𐤕𐤊𐤌 𐤌𐤀𐤓𐤑 𐤌𐤑𐤓𐤉𐤌 𐤁𐤊𐤇
𐤂𐤃𐤅𐤋 𐤅𐤁𐤆𐤓𐤅𐤏 𐤍𐤈𐤅𐤉𐤄 𐤀𐤕𐤅 𐤕𐤉𐤓𐤀𐤅 𐤅𐤋𐤅 𐤕𐤔𐤕𐤇𐤅𐤅 𐤅𐤋𐤅 𐤕𐤆𐤁𐤇𐤅.
𐤋𐤆 𐤅𐤀𐤕 𐤄𐤇𐤒𐤉𐤌 𐤅𐤀𐤕 𐤄𐤌𐤔𐤐𐤈𐤉𐤌 𐤅𐤄𐤕𐤅𐤓𐤄 𐤅𐤄𐤌𐤑𐤅𐤄 𐤀𐤔𐤓 𐤊𐤕𐤁
𐤋𐤊𐤌 𐤕𐤔𐤌𐤓𐤅𐤍 𐤋𐤏𐤔𐤅𐤕 𐤊𐤋 𐤄𐤉𐤌𐤉𐤌 𐤅𐤋𐤀 𐤕𐤉𐤓𐤀𐤅 𐤀𐤋𐤄𐤉𐤌 𐤀𐤇𐤓𐤉𐤌.
𐤋𐤇 𐤅𐤄𐤁𐤓𐤉𐤕 𐤀𐤔𐤓 𐤊𐤓𐤕𐤉 𐤀𐤕𐤊𐤌 𐤋𐤀 𐤕𐤔𐤊𐤇𐤅 𐤅𐤋𐤀 𐤕𐤉𐤓𐤀𐤅 𐤀𐤋𐤄𐤉𐤌
𐤀𐤇𐤓𐤉𐤌.
𐤋𐤈 𐤊𐤉 𐤀𐤌 𐤀𐤕 𐤉𐤄𐤅𐤄 𐤀𐤋𐤄𐤉𐤊𐤌 𐤕𐤉𐤓𐤀𐤅 𐤅𐤄𐤅𐤀 𐤉𐤑𐤉𐤋 𐤀𐤕𐤊𐤌
𐤌𐤉𐤃 𐤊𐤋 𐤀𐤉𐤁𐤉𐤊𐤌.
𐤌 𐤅𐤋𐤀 𐤔𐤌𐤏𐤅 𐤊𐤉 𐤀𐤌 𐤊𐤌𐤔𐤐𐤈𐤌 𐤄𐤓𐤀𐤔𐤅𐤍 𐤄𐤌 𐤏𐤔𐤉𐤌.
𐤌𐤀 𐤅𐤉𐤄𐤉𐤅 𐤄𐤂𐤅𐤉𐤌 𐤄𐤀𐤋𐤄 𐤉𐤓𐤀𐤉𐤌 𐤀𐤕 𐤉𐤄𐤅𐤄 𐤅𐤀𐤕 𐤐𐤎𐤉𐤋𐤉𐤄𐤌
𐤄𐤉𐤅 𐤏𐤁𐤃𐤉𐤌 𐤂𐤌 𐤁𐤍𐤉𐤄𐤌 𐤅𐤁𐤍𐤉 𐤁𐤍𐤉𐤄𐤌 𐤊𐤀𐤔𐤓 𐤏𐤔𐤅 𐤀𐤁𐤕𐤌 𐤄𐤌
𐤏𐤔𐤉𐤌 𐤏𐤃 𐤄𐤉𐤅𐤌 𐤄𐤆𐤄.

𐤐𐤓𐤒 𐤉𐤇

𐤀 𐤅𐤉𐤄𐤉 𐤁𐤔𐤍𐤕 𐤔𐤋𐤔 𐤋𐤄𐤅𐤔𐤏 𐤁𐤍 𐤀𐤋𐤄 𐤌𐤋𐤊 𐤉𐤔𐤓𐤀𐤋 𐤌𐤋𐤊 𐤇𐤆𐤒𐤉𐤄
𐤁𐤍 𐤀𐤇𐤆 𐤌𐤋𐤊 𐤉𐤄𐤅𐤃𐤄.
𐤁 𐤁𐤍 𐤏𐤔𐤓𐤉𐤌 𐤅𐤇𐤌𐤔 𐤔𐤍𐤄 𐤄𐤉𐤄 𐤁𐤌𐤋𐤊𐤅 𐤅𐤏𐤔𐤓𐤉𐤌 𐤅𐤕𐤔𐤏 𐤔𐤍𐤄
𐤌𐤋𐤊 𐤁𐤉𐤓𐤅𐤔𐤋𐤌 𐤅𐤔𐤌 𐤀𐤌𐤅 𐤀𐤁𐤉 𐤁𐤕 𐤆𐤊𐤓𐤉𐤄.
𐤂 𐤅𐤉𐤏𐤔 𐤄𐤉𐤔𐤓 𐤁𐤏𐤉𐤍𐤉 𐤉𐤄𐤅𐤄 𐤊𐤊𐤋 𐤀𐤔𐤓 𐤏𐤔𐤄 𐤃𐤅𐤃 𐤀𐤁𐤉𐤅.
𐤃 𐤄𐤅𐤀 𐤄𐤎𐤉𐤓 𐤀𐤕 𐤄𐤁𐤌𐤅𐤕 𐤅𐤔𐤁𐤓 𐤀𐤕 𐤄𐤌𐤑𐤁𐤕 𐤅𐤊𐤓𐤕 𐤀𐤕 𐤄𐤀𐤔𐤓𐤄
𐤅𐤊𐤕𐤕 𐤍𐤇𐤔 𐤄𐤍𐤇𐤔𐤕 𐤀𐤔𐤓 𐤏𐤔𐤄 𐤌𐤔𐤄 𐤊𐤉 𐤏𐤃 𐤄𐤉𐤌𐤉𐤌 𐤄𐤄𐤌𐤄 𐤄𐤉𐤅
𐤁𐤍𐤉 𐤉𐤔𐤓𐤀𐤋 𐤌𐤒𐤈𐤓𐤉𐤌 𐤋𐤅 𐤅𐤉𐤒𐤓𐤀 𐤋𐤅 𐤍𐤇𐤔𐤕𐤍.
𐤄 𐤁𐤉𐤄𐤅𐤄 𐤀𐤋𐤄𐤉 𐤉𐤔𐤓𐤀𐤋 𐤁𐤈𐤇 𐤅𐤀𐤇𐤓𐤉𐤅 𐤋𐤀 𐤄𐤉𐤄 𐤊𐤌𐤄𐤅 𐤁𐤊𐤋
𐤌𐤋𐤊𐤉 𐤉𐤄𐤅𐤃𐤄 𐤅𐤀𐤔𐤓 𐤄𐤉𐤅 𐤋𐤐𐤍𐤉𐤅.
𐤅 𐤅𐤉𐤃𐤁𐤒 𐤁𐤉𐤄𐤅𐤄 𐤋𐤀 𐤎𐤓 𐤌𐤀𐤇𐤓𐤉𐤅 𐤅𐤉𐤔𐤌𐤓 𐤌𐤑𐤅𐤕𐤉𐤅 𐤀𐤔𐤓 𐤑𐤅𐤄
𐤉𐤄𐤅𐤄 𐤀𐤕 𐤌𐤔𐤄.
𐤆 𐤅𐤄𐤉𐤄 𐤉𐤄𐤅𐤄 𐤏𐤌𐤅 𐤁𐤊𐤋 𐤀𐤔𐤓 𐤉𐤑𐤀 𐤉𐤔𐤊𐤉𐤋 𐤅𐤉𐤌𐤓𐤃 𐤁𐤌𐤋𐤊
𐤀𐤔𐤅𐤓 𐤅𐤋𐤀 𐤏𐤁𐤃𐤅.

# 𐤌𐤋𐤊𐤉𐤌 𐤁

𐤇 𐤄𐤅𐤀 𐤄𐤊𐤄 𐤀𐤕 𐤐𐤋𐤔𐤕𐤉𐤌 𐤏𐤃 𐤏𐤆𐤄 𐤅𐤀𐤕 𐤂𐤁𐤅𐤋𐤉𐤄 𐤌𐤌𐤂𐤃𐤋
𐤍𐤅𐤑𐤓𐤉𐤌 𐤏𐤃 𐤏𐤉𐤓 𐤌𐤁𐤑𐤓.

𐤈 𐤅𐤉𐤄𐤉 𐤁𐤔𐤍𐤄 𐤄𐤓𐤁𐤉𐤏𐤉𐤕 𐤋𐤌𐤋𐤊 𐤇𐤆𐤒𐤉𐤄𐤅 𐤄𐤉𐤀 𐤄𐤔𐤍𐤄
𐤄𐤔𐤁𐤉𐤏𐤉𐤕 𐤋𐤄𐤅𐤔𐤏 𐤁𐤍 𐤀𐤋𐤄 𐤌𐤋𐤊 𐤉𐤔𐤓𐤀𐤋 𐤏𐤋𐤄 𐤔𐤋𐤌𐤍𐤀𐤎𐤓 𐤌𐤋𐤊
𐤀𐤔𐤅𐤓 𐤏𐤋 𐤔𐤌𐤓𐤅𐤍 𐤅𐤉𐤑𐤓 𐤏𐤋𐤉𐤄.

𐤉 𐤅𐤉𐤋𐤊𐤃𐤄 𐤌𐤒𐤑𐤄 𐤔𐤋𐤔 𐤔𐤍𐤉𐤌 𐤁𐤔𐤍𐤕 𐤔𐤔 𐤋𐤇𐤆𐤒𐤉𐤄𐤅 𐤄𐤉𐤀 𐤔𐤍𐤕
𐤕𐤔𐤏 𐤋𐤄𐤅𐤔𐤏 𐤌𐤋𐤊 𐤉𐤔𐤓𐤀𐤋 𐤍𐤋𐤊𐤃𐤄 𐤔𐤌𐤓𐤅𐤍.

𐤉𐤀 𐤅𐤉𐤂𐤋 𐤌𐤋𐤊 𐤀𐤔𐤅𐤓 𐤀𐤕 𐤉𐤔𐤓𐤀𐤋 𐤀𐤔𐤅𐤓𐤄 𐤅𐤉𐤍𐤇𐤌 𐤁𐤇𐤋𐤇 𐤅𐤁𐤇𐤁𐤅𐤓
𐤍𐤄𐤓 𐤂𐤅𐤆𐤍 𐤅𐤏𐤓𐤉 𐤌𐤃𐤉.

𐤉𐤁 𐤏𐤋 𐤀𐤔𐤓 𐤋𐤀 𐤔𐤌𐤏𐤅 𐤁𐤒𐤅𐤋 𐤉𐤄𐤅𐤄 𐤀𐤋𐤄𐤉𐤄𐤌 𐤅𐤉𐤏𐤁𐤓𐤅 𐤀𐤕 𐤁𐤓𐤉𐤕𐤅
𐤀𐤕 𐤊𐤋 𐤀𐤔𐤓 𐤑𐤅𐤄 𐤌𐤔𐤄 𐤏𐤁𐤃 𐤉𐤄𐤅𐤄 𐤅𐤋𐤀 𐤔𐤌𐤏𐤅 𐤅𐤋𐤀 𐤏𐤔𐤅.

𐤉𐤂 𐤅𐤁𐤀𐤓𐤁𐤏 𐤏𐤔𐤓𐤄 𐤔𐤍𐤄 𐤋𐤌𐤋𐤊 𐤇𐤆𐤒𐤉𐤄𐤅 𐤏𐤋𐤄 𐤎𐤍𐤇𐤓𐤉𐤁 𐤌𐤋𐤊 𐤀𐤔𐤅𐤓
𐤏𐤋 𐤊𐤋 𐤏𐤓𐤉 𐤉𐤄𐤅𐤃𐤄 𐤄𐤁𐤑𐤓𐤅𐤕 𐤅𐤉𐤕𐤐𐤔𐤌.

𐤉𐤃 𐤅𐤉𐤔𐤋𐤇 𐤇𐤆𐤒𐤉𐤄 𐤌𐤋𐤊 𐤉𐤄𐤅𐤃𐤄 𐤀𐤋 𐤌𐤋𐤊 𐤀𐤔𐤅𐤓 𐤋𐤊𐤉𐤔𐤄 𐤋𐤀𐤌𐤓
𐤇𐤈𐤀𐤕𐤉 𐤔𐤅𐤁 𐤌𐤏𐤋𐤉 𐤀𐤕 𐤀𐤔𐤓 𐤕𐤕𐤍 𐤏𐤋𐤉 𐤀𐤔𐤀 𐤅𐤉𐤔𐤌 𐤌𐤋𐤊 𐤀𐤔𐤅𐤓
𐤏𐤋 𐤇𐤆𐤒𐤉𐤄 𐤌𐤋𐤊 𐤉𐤄𐤅𐤃𐤄 𐤔𐤋𐤔 𐤌𐤀𐤅𐤕 𐤊𐤊𐤓 𐤊𐤎𐤐 𐤅𐤔𐤋𐤔𐤉𐤌 𐤊𐤊𐤓
𐤆𐤄𐤁.

𐤈𐤅 𐤅𐤉𐤕𐤍 𐤇𐤆𐤒𐤉𐤄 𐤀𐤕 𐤊𐤋 𐤄𐤊𐤎𐤐 𐤄𐤍𐤌𐤑𐤀 𐤁𐤉𐤕 𐤉𐤄𐤅𐤄 𐤅𐤁𐤀𐤅𐤑𐤓𐤅𐤕
𐤁𐤉𐤕 𐤄𐤌𐤋𐤊.

𐤈𐤆 𐤁𐤏𐤕 𐤄𐤄𐤉𐤀 𐤒𐤑𐤑 𐤇𐤆𐤒𐤉𐤄 𐤀𐤕 𐤃𐤋𐤕𐤅𐤕 𐤄𐤉𐤊𐤋 𐤉𐤄𐤅𐤄 𐤅𐤀𐤕
𐤄𐤀𐤌𐤍𐤅𐤕 𐤀𐤔𐤓 𐤑𐤐𐤄 𐤇𐤆𐤒𐤉𐤄 𐤌𐤋𐤊 𐤉𐤄𐤅𐤃𐤄 𐤅𐤉𐤕𐤍𐤌 𐤋𐤌𐤋𐤊 𐤀𐤔𐤅𐤓.

𐤉𐤆 𐤅𐤉𐤔𐤋𐤇 𐤌𐤋𐤊 𐤀𐤔𐤅𐤓 𐤀𐤕 𐤕𐤓𐤕𐤍 𐤅𐤀𐤕 𐤓𐤁 𐤎𐤓𐤉𐤎 𐤅𐤀𐤕 𐤓𐤁𐤔𐤒𐤄 𐤌𐤍
𐤋𐤊𐤉𐤔 𐤀𐤋 𐤄𐤌𐤋𐤊 𐤇𐤆𐤒𐤉𐤄𐤅 𐤁𐤇𐤉𐤋 𐤊𐤁𐤃 𐤉𐤓𐤅𐤔𐤋𐤌 𐤅𐤉𐤏𐤋𐤅 𐤅𐤉𐤁𐤀𐤅
𐤉𐤓𐤅𐤔𐤋𐤌 𐤅𐤉𐤏𐤋𐤅 𐤅𐤉𐤁𐤀𐤅 𐤅𐤉𐤏𐤌𐤃𐤅 𐤁𐤕𐤏𐤋𐤕 𐤄𐤁𐤓𐤊𐤄 𐤄𐤏𐤋𐤉𐤅𐤍𐤄 𐤀𐤔𐤓
𐤁𐤌𐤎𐤋𐤕 𐤔𐤃𐤄 𐤊𐤅𐤁𐤎.

𐤉𐤇 𐤅𐤉𐤒𐤓𐤀𐤅 𐤀𐤋 𐤄𐤌𐤋𐤊 𐤅𐤉𐤑𐤀 𐤀𐤋𐤄𐤌 𐤀𐤋𐤉𐤒𐤉𐤌 𐤁𐤍 𐤇𐤋𐤒𐤉𐤄𐤅 𐤀𐤔𐤓
𐤏𐤋 𐤄𐤁𐤉𐤕 𐤅𐤔𐤁𐤍𐤄 𐤄𐤎𐤐𐤓 𐤅𐤉𐤅𐤀𐤇 𐤁𐤍 𐤀𐤎𐤐 𐤄𐤌𐤆𐤊𐤉𐤓.

𐤉𐤈 𐤅𐤉𐤀𐤌𐤓 𐤀𐤋𐤉𐤄𐤌 𐤓𐤁𐤔𐤒𐤄 𐤀𐤌𐤓𐤅 𐤍𐤀 𐤀𐤋 𐤇𐤆𐤒𐤉𐤄𐤅 𐤊𐤄 𐤀𐤌𐤓
𐤄𐤌𐤋𐤊 𐤄𐤂𐤃𐤅𐤋 𐤌𐤋𐤊 𐤀𐤔𐤅𐤓 𐤌𐤄 𐤄𐤁𐤈𐤇𐤅𐤍 𐤄𐤆𐤄 𐤀𐤔𐤓 𐤁𐤈𐤇𐤕.

𐤊 𐤀𐤌𐤓𐤕 𐤀𐤊 𐤃𐤁𐤓 𐤔𐤐𐤕𐤉𐤌 𐤏𐤑𐤄 𐤅𐤂𐤁𐤅𐤓𐤄 𐤋𐤌𐤋𐤇𐤌𐤄 𐤏𐤕𐤄 𐤏𐤋 𐤌𐤉
𐤁𐤈𐤇𐤕 𐤊𐤉 𐤌𐤓𐤃𐤕 𐤁𐤉.

𐤊𐤀 𐤏𐤕𐤄 𐤄𐤍𐤄 𐤁𐤈𐤇𐤕 𐤋𐤊 𐤏𐤋 𐤌𐤔𐤏𐤍𐤕 𐤄𐤒𐤍𐤄 𐤄𐤓𐤑𐤅𐤑 𐤄𐤆𐤄 𐤏𐤋
𐤌𐤑𐤓𐤉𐤌 𐤀𐤔𐤓 𐤉𐤎𐤌𐤊 𐤀𐤉𐤔 𐤏𐤋𐤉𐤅 𐤅𐤁𐤀 𐤁𐤊𐤐𐤅 𐤅𐤍𐤒𐤁𐤄 𐤊𐤍 𐤐𐤓𐤏𐤄 𐤌𐤋𐤊

# מלכים ב

מצרים לכל הבטחים עליו•
כב וכי תאמרון אלי אל יהוה אלהינו בטחנו הלוא
הוא אשר הסיר חזקיהו את במתיו ואת מזבחתיו ויאמר
ליהודה ולירושלם לפני המזבח הזה תשתחוו בירושלם•
כג ועתה התערב נא את אדני את מלך אשור ואתנה לך
אלפים סוסים אם תוכל לתת לך רכבים עליהם•
כד ואיך תשיב את פני פחת אחד עבדי אדני הקטנים ותבטח
לך על מצרים לרכב ולפרשים•
כה עתה המבלעדי יהוה עליתי על המקום הזה להשחתו
יהוה אמר אלי עלה על הארץ הזאת והשחיתה•
כו ויאמר אליקים בן חלקיהו ושבנה ויואח אל רבשקה
דבר נא אל עבדיך ארמית כי שמעים אנחנו ואל תדבר עמנו
יהודית באזני העם אשר על החמה•
כז ויאמר אליהם רבשקה העל אדניך ואליך שלחני אדני
לדבר את הדברים האלה הלא על האנשים הישבים על החמה
לאכל את חריהם [צואתם] ולשתות את שיניהם [מימי
רגליהם] עמכם•
כח ויעמד רבשקה ויקרא בקול גדול יהודית וידבר ויאמר
שמעו דבר המלך הגדול מלך אשור•
כט כה אמר המלך אל ישיא לכם חזקיהו כי לא יוכל
להציל אתכם מידו•
ל ואל יבטח אתכם חזקיהו אל יהוה לאמר הצל יצילנו
יהוה ולא תנתן את העיר הזאת ביד מלך אשור•
לא אל תשמעו אל חזקיהו כי כה אמר מלך אשור עשו אתי
ברכה וצאו אלי ואכלו איש גפנו ואיש תאנתו ושתו איש
מי ברו•
לב עד באי ולקחתי אתכם אל ארץ כארצכם ארץ דגן ותירוש
ארץ לחם וכרמים ארץ זית יצהר ודבש וחיו ולא תמתו ואל
תשמעו אל חזקיהו כי יסית אתכם לאמר יהוה יצילנו•
לג ההציל הצילו אלהי הגוים איש את ארצו מיד מלך
אשור•
לד איה אלהי חמת וארפד איה אלהי ספרוים הנע ועוה כי
הצילו את שמרון מידי•

# 𐤌𐤋𐤊𐤉𐤌 𐤁

𐤋𐤄 𐤌𐤉 𐤁𐤊𐤋 𐤀𐤋𐤄𐤉 𐤄𐤀𐤓𐤑𐤅𐤕 𐤀𐤔𐤓 𐤄𐤑𐤉𐤋𐤅 𐤀𐤕 𐤀𐤓𐤑𐤌 𐤌𐤉𐤃𐤉 𐤊𐤉
𐤉𐤑𐤉𐤋 𐤉𐤄𐤅𐤄 𐤀𐤕 𐤉𐤓𐤅𐤔𐤋𐤌 𐤌𐤉𐤃𐤉•
𐤋𐤅 𐤅𐤄𐤇𐤓𐤉𐤔𐤅 𐤄𐤏𐤌 𐤅𐤋𐤀 𐤏𐤍𐤅 𐤀𐤕𐤅 𐤃𐤁𐤓 𐤊𐤉 𐤌𐤑𐤅𐤕 𐤄𐤌𐤋𐤊 𐤄𐤉𐤀
𐤋𐤀𐤌𐤓 𐤋𐤀 𐤕𐤏𐤍𐤄𐤅•
𐤋𐤆 𐤅𐤉𐤁𐤀 𐤀𐤋𐤉𐤒𐤉𐤌 𐤁𐤍 𐤇𐤋𐤒𐤉𐤄 𐤀𐤔𐤓 𐤏𐤋 𐤄𐤁𐤉𐤕 𐤅𐤔𐤁𐤍𐤀 𐤄𐤎𐤐𐤓
𐤅𐤉𐤅𐤀𐤇 𐤁𐤍 𐤀𐤎𐤐 𐤄𐤌𐤆𐤊𐤉𐤓 𐤀𐤋 𐤇𐤆𐤒𐤉𐤄𐤅 𐤒𐤓𐤅𐤏𐤉 𐤁𐤂𐤃𐤉𐤌 𐤅𐤉𐤂𐤃𐤅 𐤋𐤅
𐤃𐤁𐤓𐤉 𐤓𐤁𐤔𐤒𐤄•

𐤐𐤓𐤒 𐤉𐤈

𐤀 𐤅𐤉𐤄𐤉 𐤊𐤔𐤌𐤏 𐤄𐤌𐤋𐤊 𐤇𐤆𐤒𐤉𐤄𐤅 𐤅𐤉𐤒𐤓𐤏 𐤀𐤕 𐤁𐤂𐤃𐤉𐤅 𐤅𐤉𐤕𐤊𐤎 𐤁𐤔𐤒
𐤅𐤉𐤁𐤀 𐤁𐤉𐤕 𐤉𐤄𐤅𐤄•
𐤁 𐤅𐤉𐤔𐤋𐤇 𐤀𐤕 𐤀𐤋𐤉𐤒𐤉𐤌 𐤀𐤔𐤓 𐤏𐤋 𐤄𐤁𐤉𐤕 𐤅𐤔𐤁𐤍𐤀 𐤄𐤎𐤐𐤓 𐤅𐤀𐤕 𐤆𐤒𐤍𐤉
𐤄𐤊𐤄𐤍𐤉𐤌 𐤌𐤕𐤊𐤎𐤉𐤌 𐤁𐤔𐤒𐤉𐤌 𐤀𐤋 𐤉𐤔𐤏𐤉𐤄𐤅 𐤄𐤍𐤁𐤉𐤀 𐤁𐤍 𐤀𐤌𐤅𐤑•
𐤂 𐤅𐤉𐤀𐤌𐤓𐤅 𐤀𐤋𐤉𐤅 𐤊𐤄 𐤀𐤌𐤓 𐤇𐤆𐤒𐤉𐤄𐤅 𐤉𐤅𐤌 𐤑𐤓𐤄 𐤅𐤕𐤅𐤊𐤇𐤄 𐤅𐤍𐤀𐤑𐤄
𐤄𐤉𐤅𐤌 𐤄𐤆𐤄 𐤊𐤉 𐤁𐤀𐤅 𐤁𐤍𐤉𐤌 𐤏𐤃 𐤌𐤔𐤁𐤓 𐤅𐤊𐤇 𐤀𐤉𐤍 𐤋𐤋𐤃𐤄•
𐤃 𐤀𐤅𐤋𐤉 𐤉𐤔𐤌𐤏 𐤉𐤄𐤅𐤄 𐤀𐤋𐤄𐤉𐤊 𐤀𐤕 𐤊𐤋 𐤃𐤁𐤓𐤉 𐤓𐤁𐤔𐤒𐤄 𐤀𐤔𐤓 𐤔𐤋𐤇𐤅
𐤌𐤋𐤊 𐤀𐤔𐤅𐤓 𐤀𐤃𐤍𐤉𐤅 𐤋𐤇𐤓𐤐 𐤀𐤋𐤄𐤉𐤌 𐤇𐤉 𐤅𐤄𐤅𐤊𐤉𐤇 𐤁𐤃𐤁𐤓𐤉𐤌 𐤀𐤔𐤓 𐤔𐤌𐤏
𐤉𐤄𐤅𐤄 𐤀𐤋𐤄𐤉𐤊 𐤅𐤍𐤔𐤀𐤕 𐤕𐤐𐤋𐤄 𐤁𐤏𐤃 𐤄𐤔𐤀𐤓𐤉𐤕 𐤄𐤍𐤌𐤑𐤀𐤄•
𐤄 𐤅𐤉𐤁𐤀𐤅 𐤏𐤁𐤃𐤉 𐤄𐤌𐤋𐤊 𐤇𐤆𐤒𐤉𐤄𐤅 𐤀𐤋 𐤉𐤔𐤏𐤉𐤄𐤅•
𐤅 𐤅𐤉𐤀𐤌𐤓 𐤋𐤄𐤌 𐤉𐤔𐤏𐤉𐤄𐤅 𐤊𐤄 𐤕𐤀𐤌𐤓𐤅𐤍 𐤀𐤋 𐤀𐤃𐤍𐤉𐤊𐤌 𐤊𐤄 𐤀𐤌𐤓
𐤉𐤄𐤅𐤄 𐤀𐤋 𐤕𐤉𐤓𐤀 𐤌𐤐𐤍𐤉 𐤄𐤃𐤁𐤓𐤉𐤌 𐤀𐤔𐤓 𐤔𐤌𐤏𐤕 𐤀𐤔𐤓 𐤂𐤃𐤐𐤅 𐤍𐤏𐤓𐤉
𐤌𐤋𐤊 𐤀𐤔𐤅𐤓 𐤀𐤕𐤉•
𐤆 𐤄𐤍𐤍𐤉 𐤍𐤕𐤍 𐤁𐤅 𐤓𐤅𐤇 𐤅𐤔𐤌𐤏 𐤔𐤌𐤅𐤏𐤄 𐤅𐤔𐤁 𐤋𐤀𐤓𐤑𐤅 𐤅𐤄𐤐𐤋𐤕𐤉𐤅 𐤁𐤇𐤓𐤁
𐤁𐤀𐤓𐤑𐤅•
𐤇 𐤅𐤉𐤔𐤁 𐤓𐤁𐤔𐤒𐤄 𐤅𐤉𐤌𐤑𐤀 𐤀𐤕 𐤌𐤋𐤊 𐤀𐤔𐤅𐤓 𐤍𐤋𐤇𐤌 𐤏𐤋 𐤋𐤁𐤍𐤄 𐤊𐤉
𐤔𐤌𐤏 𐤊𐤉 𐤍𐤎𐤏 𐤌𐤋𐤊𐤉𐤔•
𐤈 𐤅𐤉𐤔𐤌𐤏 𐤀𐤋 𐤕𐤓𐤄𐤒𐤄 𐤌𐤋𐤊 𐤊𐤅𐤔 𐤋𐤀𐤌𐤓 𐤄𐤍𐤄 𐤉𐤑𐤀 𐤋𐤄𐤋𐤇𐤌
𐤀𐤕𐤊 𐤅𐤉𐤔𐤁 𐤅𐤉𐤔𐤋𐤇 𐤌𐤋𐤀𐤊𐤉𐤌 𐤀𐤋 𐤇𐤆𐤒𐤉𐤄𐤅 𐤋𐤀𐤌𐤓•
𐤉 𐤊𐤄 𐤕𐤀𐤌𐤓𐤅𐤍 𐤀𐤋 𐤇𐤆𐤒𐤉𐤄𐤅 𐤌𐤋𐤊 𐤉𐤄𐤅𐤃𐤄 𐤋𐤀𐤌𐤓 𐤀𐤋 𐤉𐤔𐤀𐤊
𐤀𐤋𐤄𐤉𐤊 𐤀𐤔𐤓 𐤀𐤕𐤄 𐤁𐤈𐤇 𐤁𐤅 𐤋𐤀𐤌𐤓 𐤋𐤀 𐤕𐤍𐤕𐤍 𐤉𐤓𐤅𐤔𐤋𐤌 𐤁𐤉𐤃 𐤌𐤋𐤊
𐤀𐤔𐤅𐤓•
𐤉𐤀 𐤄𐤍𐤄 𐤀𐤕𐤄 𐤔𐤌𐤏𐤕 𐤀𐤕 𐤀𐤔𐤓 𐤏𐤔𐤅 𐤌𐤋𐤊𐤉 𐤀𐤔𐤅𐤓 𐤋𐤊𐤋 𐤄𐤀𐤓𐤑𐤅𐤕
𐤋𐤄𐤇𐤓𐤉𐤌𐤌 𐤅𐤀𐤕𐤄 𐤕𐤍𐤑𐤋•

יב ההצילו אתם אלהי הגוים אשר שחתו אבותי את גוזן
ואת חרן ורצף ובני עדן אשר בתלאשר•

יג איו מלך חמת ומלך ארפד ומלך לעיר ספרוים הנע ועוה•

יד ויקח חזקיהו את הספרים מיד המלאכים ויקראם ויעל
בית יהוה ויפרשהו חזקיהו לפני יהוה•

טו ויתפלל חזקיהו לפני יהוה ויאמר יהוה אלהי ישראל
ישב הכרבים אתה הוא האלהים לבדך לכל ממלכות הארץ
אתה עשית את השמים ואת הארץ•

טז הטה יהוה אזנך ושמע פקח יהוה עיניך וראה ושמע
את דברי סנחריב אשר שלחו לחרף אלהים חי•

יז אמנם יהוה החריבו מלכי אשור את הגוים ואת ארצם•

יח ונתנו את אלהיהם באש כי לא אלהים המה כי אם
מעשה ידי אדם עץ ואבן ויאבדום•

יט ועתה יהוה אלהינו הושיענו נא מידו וידעו כל
ממלכות הארץ כי אתה יהוה אלהים לבדך•

כ וישלח ישעיהו בן אמוץ אל חזקיהו לאמר כה אמר
יהוה אלהי ישראל אשר התפללת אלי אל סנחריב מלך אשור
שמעתי•

כא זה הדבר אשר דבר יהוה עליו בזה לך לעגה לך בתולת
בת ציון אחריך ראש הניעה בת ירושלם•

כב את מי חרפת וגדפת ועל מי הרימות קול ותשא מרום
עיניך על קדוש ישראל•

כג ביד מלאכיך חרפת אדני ותאמר ברכב [ברב] רכבי אני
עליתי מרום הרים ירכתי לבנון ואכרת קומת ארזיו מבחור
ברשיו ואבוא מלון קצה יער כרמלו•

כד אני קרתי ושתיתי מים זרים ואחרב בכף פעמי כל
יארי מצור•

כה הלא שמעת למרחוק אתה עשיתי למימי קדם ויצרתיה
עתה הבאתיה ותהי להשות גלים נצים ערים בצרות•

כו וישביהן קצרי יד חתו ויבשו היו עשב שדה וירק דשא
חציר גגות ושדפה לפני קמה•

כז ושבתך וצאתך ובאך ידעתי ואת התרגזך אלי•

כח יען התרגזך אלי ושאננך עלה באזני ושמתי חחי באפך

𐤅𐤌𐤕𐤂𐤉 𐤁𐤔𐤐𐤕𐤉𐤊 𐤅𐤄𐤔𐤁𐤕𐤉𐤊 𐤁𐤃𐤓𐤊 𐤀𐤔𐤓 𐤁𐤀𐤕 𐤁𐤄•
𐤊𐤈 𐤅𐤆𐤄 𐤋𐤊 𐤄𐤀𐤅𐤕 𐤀𐤊𐤅𐤋 𐤄𐤔𐤍𐤄 𐤎𐤐𐤉𐤇 𐤅𐤁𐤔𐤍𐤄 𐤄𐤔𐤍𐤉𐤕 𐤎𐤇𐤉𐤔
𐤅𐤁𐤔𐤍𐤄 𐤄𐤔𐤋𐤉𐤔𐤉𐤕 𐤆𐤓𐤏𐤅 𐤅𐤒𐤑𐤓𐤅 𐤅𐤍𐤈𐤏𐤅 𐤊𐤓𐤌𐤉𐤌 𐤅𐤀𐤊𐤋𐤅 𐤐𐤓𐤉𐤌•
𐤋 𐤅𐤉𐤎𐤐𐤄 𐤐𐤋𐤉𐤈𐤕 𐤁𐤉𐤕 𐤉𐤄𐤅𐤃𐤄 𐤄𐤍𐤔𐤀𐤓𐤄 𐤔𐤓𐤔 𐤋𐤌𐤈𐤄 𐤅𐤏𐤔𐤄 𐤐𐤓𐤉
𐤋𐤌𐤏𐤋𐤄•
𐤋𐤀 𐤊𐤉 𐤌𐤉𐤓𐤅𐤔𐤋𐤉𐤌 𐤕𐤑𐤀 𐤔𐤀𐤓𐤉𐤕 𐤅𐤐𐤋𐤉𐤈𐤄 𐤌𐤄𐤓 𐤑𐤉𐤅𐤍 𐤒𐤍𐤀𐤕
𐤉𐤄𐤅𐤄 [𐤑𐤁𐤀𐤅𐤕] 𐤕𐤏𐤔𐤄 𐤆𐤀𐤕•
𐤋𐤁 𐤋𐤊𐤍 𐤊𐤄 𐤀𐤌𐤓 𐤉𐤄𐤅𐤄 𐤀𐤋 𐤌𐤋𐤊 𐤀𐤔𐤅𐤓 𐤋𐤀 𐤉𐤁𐤀 𐤀𐤋 𐤄𐤏𐤉𐤓
𐤄𐤆𐤀𐤕 𐤅𐤋𐤀 𐤉𐤅𐤓𐤄 𐤔𐤌 𐤇𐤑 𐤅𐤋𐤀 𐤉𐤒𐤃𐤌𐤍𐤄 𐤌𐤂𐤍 𐤅𐤋𐤀 𐤉𐤔𐤐𐤊 𐤏𐤋𐤉𐤄
𐤎𐤋𐤋𐤄•
𐤋𐤂 𐤁𐤃𐤓𐤊 𐤀𐤔𐤓 𐤉𐤁𐤀 𐤁𐤄 𐤉𐤔𐤅𐤁 𐤅𐤀𐤋 𐤄𐤏𐤉𐤓 𐤄𐤆𐤀𐤕 𐤋𐤀 𐤉𐤁𐤀 𐤍𐤀𐤌
𐤉𐤄𐤅𐤄•
𐤋𐤃 𐤅𐤂𐤍𐤅𐤕𐤉 𐤀𐤋 𐤄𐤏𐤉𐤓 𐤄𐤆𐤀𐤕 𐤋𐤄𐤅𐤔𐤉𐤏𐤄 𐤋𐤌𐤏𐤍𐤉 𐤅𐤋𐤌𐤏𐤍 𐤃𐤅𐤃
𐤏𐤁𐤃𐤉•
𐤋𐤄 𐤅𐤉𐤄𐤉 𐤁𐤋𐤉𐤋𐤄 𐤄𐤄𐤅𐤀 𐤅𐤉𐤑𐤀 𐤌𐤋𐤀𐤊 𐤉𐤄𐤅𐤄 𐤅𐤉𐤊 𐤁𐤌𐤇𐤍𐤄
𐤀𐤔𐤅𐤓 𐤌𐤀𐤄 𐤔𐤌𐤅𐤍𐤉𐤌 𐤅𐤇𐤌𐤔𐤄 𐤀𐤋𐤐 𐤅𐤉𐤔𐤊𐤉𐤌𐤅 𐤁𐤁𐤒𐤓 𐤅𐤄𐤍𐤄 𐤊𐤋𐤌
𐤐𐤂𐤓𐤉𐤌 𐤌𐤕𐤉𐤌•
𐤋𐤅 𐤅𐤉𐤎𐤏 𐤅𐤉𐤋𐤊 𐤅𐤉𐤔𐤁 𐤎𐤍𐤇𐤓𐤉𐤁 𐤌𐤋𐤊 𐤀𐤔𐤅𐤓 𐤅𐤉𐤔𐤁 𐤁𐤍𐤉𐤍𐤅𐤄•
𐤋𐤆 𐤅𐤉𐤄𐤉 𐤄𐤅𐤀 𐤌𐤔𐤕𐤇𐤅𐤄 𐤁𐤉𐤕 𐤍𐤎𐤓𐤊 𐤀𐤋𐤄𐤉𐤅 𐤅𐤀𐤃𐤓𐤌𐤋𐤊
𐤅𐤔𐤓𐤀𐤑𐤓 [𐤁𐤍𐤉𐤅] 𐤄𐤊𐤄𐤅 𐤁𐤇𐤓𐤁 𐤅𐤄𐤌𐤄 𐤍𐤌𐤋𐤈𐤅 𐤀𐤓𐤑 𐤀𐤓𐤓𐤈 𐤅𐤉𐤌𐤋𐤊
𐤀𐤎𐤓 𐤇𐤃𐤍 𐤁𐤍𐤅 𐤕𐤇𐤕𐤉𐤅•

## 𐤐𐤓𐤒 𐤊

𐤀 𐤁𐤉𐤌𐤉𐤌 𐤄𐤄𐤌 𐤇𐤋𐤄 𐤇𐤆𐤒𐤉𐤄𐤅 𐤋𐤌𐤅𐤕 𐤅𐤉𐤁𐤀 𐤀𐤋𐤉𐤅 𐤉𐤔𐤏𐤉𐤄𐤅 𐤁𐤍
𐤀𐤌𐤅𐤑 𐤄𐤍𐤁𐤉𐤀 𐤅𐤉𐤀𐤌𐤓 𐤀𐤋𐤉𐤅 𐤊𐤄 𐤀𐤌𐤓 𐤉𐤄𐤅𐤄 𐤑𐤅 𐤋𐤁𐤉𐤕𐤊 𐤊𐤉 𐤌𐤕
𐤀𐤕𐤄 𐤅𐤋𐤀 𐤕𐤇𐤉𐤄•
𐤁 𐤅𐤉𐤎𐤁 𐤀𐤕 𐤐𐤍𐤉𐤅 𐤀𐤋 𐤄𐤒𐤉𐤓 𐤅𐤉𐤕𐤐𐤋𐤋 𐤀𐤋 𐤉𐤄𐤅𐤄 𐤋𐤀𐤌𐤓•
𐤂 𐤀𐤍𐤄 𐤉𐤄𐤅𐤄 𐤆𐤊𐤓 𐤍𐤀 𐤀𐤕 𐤀𐤔𐤓 𐤄𐤕𐤄𐤋𐤊𐤕𐤉 𐤋𐤐𐤍𐤉𐤊 𐤁𐤀𐤌𐤕 𐤅𐤁𐤋𐤁𐤁
𐤔𐤋𐤌 𐤅𐤄𐤈𐤅𐤁 𐤁𐤏𐤉𐤍𐤉𐤊 𐤏𐤔𐤉𐤕𐤉 𐤅𐤉𐤁𐤊 𐤇𐤆𐤒𐤉𐤄𐤅 𐤁𐤊𐤉 𐤂𐤃𐤅𐤋•
𐤃 𐤅𐤉𐤄𐤉 𐤉𐤔𐤏𐤉𐤄𐤅 𐤋𐤀 𐤉𐤑𐤀 𐤄𐤏𐤉𐤓 [𐤇𐤑𐤓] 𐤄𐤕𐤉𐤊𐤍𐤄 𐤅𐤃𐤁𐤓 𐤉𐤄𐤅𐤄
𐤄𐤉𐤄 𐤀𐤋𐤉𐤅 𐤋𐤀𐤌𐤓•
𐤄 𐤔𐤅𐤁 𐤅𐤀𐤌𐤓𐤕 𐤀𐤋 𐤇𐤆𐤒𐤉𐤄𐤅 𐤍𐤂𐤉𐤃 𐤏𐤌𐤉 𐤊𐤄 𐤀𐤌𐤓 𐤉𐤄𐤅𐤄 𐤀𐤋𐤄𐤉
𐤃𐤅𐤃 𐤀𐤁𐤉𐤊 𐤔𐤌𐤏𐤕𐤉 𐤀𐤕 𐤕𐤐𐤋𐤕𐤊 𐤓𐤀𐤉𐤕𐤉 𐤀𐤕 𐤃𐤌𐤏𐤕𐤊 𐤄𐤍𐤍𐤉 𐤓𐤐𐤀 𐤋𐤊

# 𐤌𐤋𐤊𐤉𐤌 𐤁

𐤁𐤉𐤅𐤌 𐤄𐤔𐤋𐤉𐤔𐤉 𐤕𐤏𐤋𐤄 𐤁𐤉𐤕 𐤉𐤄𐤅𐤄·
𐤅 𐤅𐤄𐤎𐤐𐤕𐤉 𐤏𐤋 𐤉𐤌𐤉𐤊 𐤇𐤌𐤔 𐤏𐤔𐤓𐤄 𐤔𐤍𐤄 𐤅𐤌𐤊𐤐 𐤌𐤋𐤊 𐤀𐤔𐤅𐤓 𐤀𐤑𐤉𐤋𐤊
𐤅𐤀𐤕 𐤄𐤏𐤉𐤓 𐤄𐤆𐤀𐤕 𐤅𐤂𐤍𐤅𐤕𐤉 𐤏𐤋 𐤄𐤏𐤉𐤓 𐤄𐤆𐤀𐤕 𐤋𐤌𐤏𐤍𐤉 𐤅𐤋𐤌𐤏𐤍 𐤃𐤅𐤃
𐤏𐤁𐤃𐤉·
𐤆 𐤅𐤉𐤀𐤌𐤓 𐤉𐤔𐤏𐤉𐤄𐤅 𐤒𐤇𐤅 𐤃𐤁𐤋𐤕 𐤕𐤀𐤍𐤉𐤌 𐤅𐤉𐤒𐤇𐤅 𐤅𐤉𐤔𐤉𐤌𐤅 𐤏𐤋
𐤄𐤔𐤇𐤉𐤍 𐤅𐤉𐤇𐤉·
𐤇 𐤅𐤉𐤀𐤌𐤓 𐤇𐤆𐤒𐤉𐤄𐤅 𐤀𐤋 𐤉𐤔𐤏𐤉𐤄𐤅 𐤌𐤄 𐤀𐤅𐤕 𐤊𐤉 𐤉𐤓𐤐𐤀 𐤉𐤄𐤅𐤄 𐤋𐤉
𐤅𐤏𐤋𐤉𐤕𐤉 𐤁𐤉𐤅𐤌 𐤄𐤔𐤋𐤉𐤔𐤉 𐤁𐤉𐤕 𐤉𐤄𐤅𐤄·
𐤈 𐤅𐤉𐤀𐤌𐤓 𐤉𐤔𐤏𐤉𐤄𐤅 𐤆𐤄 𐤋𐤊 𐤄𐤀𐤅𐤕 𐤌𐤀𐤕 𐤉𐤄𐤅𐤄 𐤊𐤉 𐤉𐤏𐤔𐤄 𐤉𐤄𐤅𐤄
𐤀𐤕 𐤄𐤃𐤁𐤓 𐤀𐤔𐤓 𐤃𐤁𐤓 𐤄𐤋𐤊 𐤄𐤑𐤋 𐤏𐤔𐤓 𐤌𐤏𐤋𐤅𐤕 𐤀𐤌 𐤉𐤔𐤅𐤁 𐤏𐤔𐤓 𐤌𐤏𐤋𐤅𐤕·
𐤉 𐤅𐤉𐤀𐤌𐤓 𐤉𐤇𐤆𐤒𐤉𐤄𐤅 𐤍𐤒𐤋 𐤋𐤑𐤋 𐤋𐤍𐤈𐤅𐤕 𐤏𐤔𐤓 𐤌𐤏𐤋𐤅𐤕 𐤋𐤀 𐤊𐤉
𐤉𐤔𐤅𐤁 𐤄𐤑𐤋 𐤀𐤇𐤓𐤍𐤉𐤕 𐤏𐤔𐤓 𐤌𐤏𐤋𐤅𐤕·
𐤉𐤀 𐤅𐤉𐤒𐤓𐤀 𐤉𐤔𐤏𐤉𐤄𐤅 𐤄𐤍𐤁𐤉𐤀 𐤀𐤋 𐤉𐤄𐤅𐤄 𐤅𐤉𐤔𐤁 𐤀𐤕 𐤄𐤑𐤋 𐤁𐤌𐤏𐤋𐤅𐤕
𐤀𐤔𐤓 𐤉𐤓𐤃𐤄 𐤁𐤌𐤏𐤋𐤅𐤕 𐤀𐤇𐤆 𐤀𐤇𐤓𐤍𐤉𐤕 𐤏𐤔𐤓 𐤌𐤏𐤋𐤅𐤕·
𐤉𐤁 𐤁𐤏𐤕 𐤄𐤄𐤉𐤀 𐤔𐤋𐤇 𐤁𐤓𐤀𐤃𐤊 𐤁𐤋𐤀𐤃𐤍 𐤁𐤍 𐤁𐤋𐤀𐤃𐤍 𐤌𐤋𐤊 𐤁𐤁𐤋 𐤎𐤐𐤓𐤉𐤌
𐤅𐤌𐤍𐤇𐤄 𐤀𐤋 𐤇𐤆𐤒𐤉𐤄𐤅 𐤊𐤉 𐤔𐤌𐤏 𐤊𐤉 𐤇𐤋𐤄 𐤇𐤆𐤒𐤉𐤄𐤅·
𐤉𐤂 𐤅𐤉𐤔𐤌𐤏 𐤏𐤋𐤉𐤄𐤌 𐤇𐤆𐤒𐤉𐤄𐤅 𐤅𐤉𐤓𐤀𐤌 𐤀𐤕 𐤊𐤋 𐤁𐤉𐤕 𐤍𐤊𐤕𐤄 [𐤍𐤊𐤕𐤅]
𐤀𐤕 𐤄𐤊𐤎𐤐 𐤅𐤀𐤕 𐤄𐤆𐤄𐤁 𐤅𐤀𐤕 𐤄𐤁𐤔𐤌𐤉𐤌 𐤅𐤀𐤕 𐤔𐤌𐤍 𐤄𐤈𐤅𐤁 𐤅𐤀𐤕 𐤁𐤉𐤕
𐤊𐤋𐤉𐤅 𐤅𐤀𐤕 𐤊𐤋 𐤀𐤔𐤓 𐤍𐤌𐤑𐤀 𐤁𐤀𐤅𐤑𐤓𐤕𐤉𐤅 𐤋𐤀 𐤄𐤉𐤄 𐤃𐤁𐤓 𐤀𐤔𐤓 𐤋𐤀
𐤄𐤓𐤀𐤌 𐤇𐤆𐤒𐤉𐤄𐤅 𐤁𐤁𐤉𐤕𐤅 𐤅𐤁𐤊𐤋 𐤌𐤌𐤔𐤋𐤕𐤅·
𐤉𐤃 𐤅𐤉𐤁𐤀 𐤉𐤔𐤏𐤉𐤄𐤅 𐤄𐤍𐤁𐤉𐤀 𐤀𐤋 𐤄𐤌𐤋𐤊 𐤇𐤆𐤒𐤉𐤄𐤅 𐤅𐤉𐤀𐤌𐤓 𐤀𐤋𐤉𐤅
𐤌𐤄 𐤀𐤌𐤓𐤅 𐤄𐤀𐤍𐤔𐤉𐤌 𐤄𐤀𐤋𐤄 𐤅𐤌𐤀𐤉𐤍 𐤉𐤁𐤀𐤅 𐤀𐤋𐤉𐤊 𐤅𐤉𐤀𐤌𐤓
𐤇𐤆𐤒𐤉𐤄𐤅 𐤌𐤀𐤓𐤑 𐤓𐤇𐤅𐤒𐤄 𐤁𐤀𐤅 𐤌𐤁𐤁𐤋·
𐤈𐤅 𐤅𐤉𐤀𐤌𐤓 𐤌𐤄 𐤓𐤀𐤅 𐤁𐤁𐤉𐤕𐤊 𐤅𐤉𐤀𐤌𐤓 𐤇𐤆𐤒𐤉𐤄𐤅 𐤀𐤕 𐤊𐤋 𐤀𐤔𐤓
𐤁𐤁𐤉𐤕𐤉 𐤓𐤀𐤅 𐤋𐤀 𐤄𐤉𐤄 𐤃𐤁𐤓 𐤀𐤔𐤓 𐤋𐤀 𐤄𐤓𐤀𐤉𐤕𐤌 𐤁𐤀𐤑𐤓𐤕𐤉·
𐤈𐤆 𐤅𐤉𐤀𐤌𐤓 𐤉𐤔𐤏𐤉𐤄𐤅 𐤀𐤋 𐤇𐤆𐤒𐤉𐤄𐤅 𐤔𐤌𐤏 𐤃𐤁𐤓 𐤉𐤄𐤅𐤄·
𐤉𐤆 𐤄𐤍𐤄 𐤉𐤌𐤉𐤌 𐤁𐤀𐤉𐤌 𐤅𐤍𐤔𐤀 𐤊𐤋 𐤀𐤔𐤓 𐤁𐤁𐤉𐤕𐤊 𐤅𐤀𐤔𐤓 𐤀𐤑𐤓𐤅
𐤀𐤁𐤕𐤉𐤊 𐤏𐤃 𐤄𐤉𐤅𐤌 𐤄𐤆𐤄 𐤁𐤁𐤋𐤄 𐤋𐤀 𐤉𐤅𐤕𐤓 𐤃𐤁𐤓 𐤀𐤌𐤓 𐤉𐤄𐤅𐤄·
𐤉𐤇 𐤅𐤌𐤁𐤍𐤉𐤊 𐤀𐤔𐤓 𐤉𐤑𐤀𐤅 𐤌𐤌𐤊 𐤀𐤔𐤓 𐤕𐤅𐤋𐤉𐤃 𐤉𐤒𐤇 [𐤉𐤒𐤇𐤅] 𐤅𐤄𐤉𐤅
𐤎𐤓𐤉𐤎𐤉𐤌 𐤁𐤄𐤉𐤊𐤋 𐤌𐤋𐤊 𐤁𐤁𐤋·
𐤉𐤈 𐤅𐤉𐤀𐤌𐤓 𐤇𐤆𐤒𐤉𐤄𐤅 𐤀𐤋 𐤉𐤔𐤏𐤉𐤄𐤅 𐤈𐤅𐤁 𐤃𐤁𐤓 𐤉𐤄𐤅𐤄 𐤀𐤔𐤓 𐤃𐤁𐤓𐤕
𐤅𐤉𐤀𐤌𐤓 𐤄𐤋𐤅𐤀 𐤀𐤌 𐤔𐤋𐤅𐤌 𐤅𐤀𐤌𐤕 𐤉𐤄𐤉𐤄 𐤁𐤉𐤌𐤉·
𐤊 𐤅𐤉𐤕𐤓 𐤃𐤁𐤓𐤉 𐤇𐤆𐤒𐤉𐤄𐤅 𐤅𐤊𐤋 𐤂𐤁𐤅𐤓𐤕𐤅 𐤅𐤀𐤔𐤓 𐤏𐤔𐤄 𐤀𐤕 𐤄𐤁𐤓𐤊𐤄

ואת התעלה ויבא את המים העירה הלא הם כתובים על ספר
דברי הימים למלכי יהודה.
כא וישכב חזקיהו עם אבתיו וימלך מנשה בנו תחתיו.

פרק כא

א בן שתים עשרה שנה מנשה במלכו וחמשים וחמש שנה
מלך בירושלם ושם אמו חפצי בה.
ב ויעש הרע בעיני יהוה כתועבת הגוים אשר הוריש יהוה
מפני בני ישראל.
ג וישב ויבן את הבמות אשר אבד חזקיהו אביו ויקם
מזבחת לבעל ויעש אשרה כאשר עשה אחאב מלך ישראל
וישתחו לכל צבא השמים ויעבד אתם.
ד ובנה מזבחת בבית יהוה אשר אמר יהוה בירושלם אשים
את שמי.
ה ויבן מזבחות לכל צבא השמים בשתי חצרות בית יהוה.
ו והעביר את בנו באש ועונן ונחש ועשה אוב וידענים
הרבה לעשות הרע בעיני יהוה להכעיס.
ז וישם את פסל האשרה אשר עשה בבית אשר אמר יהוה אל
דוד ואל שלמה בנו בזה ובירושלם אשר בחרתי מכל
שבטי ישראל אשים את שמי לעולם.
ח ולא אסיף להניד רגל ישראל מן האדמה אשר נתתי
לאבותם רק אם ישמרו לעשות ככל אשר צויתים ולכל
התורה אשר צוה אתם עבדי משה.
ט ולא שמעו ויתעם מנשה לעשות את הרע מן הגוים אשר
השמיד יהוה מפני בני ישראל.
י וידבר יהוה ביד עבדיו הנביאים לאמר.
יא יען אשר עשה מנשה מלך יהודה התעבות האלה הרע
מכל אשר עשו האמרי אשר לפניו ויחטא גם את יהודה
בגלוליו.
יב לכן כה אמר יהוה אלהי ישראל הנני מביא רעה על
ירושלם ויהודה אשר כל שמעיו [שמעה] תצלנה שתי
אזניו.
יג ונטיתי על ירושלם את קו שמרון ואת משקלת בית

אחאב ומחיתי את ירושלם כאשר ימחה את הצלחת מחה והפך
על פניה•
יד ונטשתי את שארית נחלתי ונתתים ביד איביהם והיו
לבז ולמשסה לכל איביהם•
טו יען אשר עשו את הרע בעיני ויהיו מכעסים אתי מן
היום אשר יצאו אבותם ממצרים ועד היום הזה•
טז וגם דם נקי שפך מנשה הרבה מאד עד אשר מלא את
ירושלם פה לפה לבד מחטאתו אשר החטיא את יהודה לעשות
הרע בעיני יהוה•
יז ויתר דברי מנשה וכל אשר עשה וחטאתו אשר חטא הלא
הם כתובים על ספר דברי הימים למלכי יהודה•
יח וישכב מנשה עם אבתיו ויקבר בגן ביתו בגן עזא
וימלך אמון בנו תחתיו•
יט בן עשרים ושתים שנה אמון במלכו ושתים שנים מלך
בירושלם ושם אמו משלמת בת חרוץ מן יטבה•
כ ויעש הרע בעיני יהוה כאשר עשה מנשה אביו•
כא וילך בכל הדרך אשר הלך אביו ויעבד את הגללים אשר
עבד אביו וישתחו להם•
כב ויעזב את יהוה אלהי אבתיו ולא הלך בדרך יהוה•
כג ויקשרו עבדי אמון עליו וימיתו את המלך בביתו•
כד ויך עם הארץ את כל הקשרים על המלך אמון וימליכו
עם הארץ את יאשיהו בנו תחתיו•
כה ויתר דברי אמון אשר עשה הלא הם כתובים על ספר
דברי הימים למלכי יהודה•
כו ויקבר אתו בקברתו בגן עזא וימלך יאשיהו בנו
תחתיו•

פרק כב

א בן שמנה שנה יאשיהו במלכו ושלשים ואחת שנה מלך
בירושלם ושם אמו ידידה בת עדיה מבצקת•
ב ויעש הישר בעיני יהוה וילך בכל דרך דוד אביו ולא
סר ימין ושמאול•
ג ויהי בשמנה עשרה שנה למלך יאשיהו שלח המלך את

𐤔𐤐𐤍 𐤁𐤍 𐤀𐤑𐤋𐤉𐤄𐤅 𐤁𐤍 𐤌𐤔𐤋𐤌 𐤄𐤎𐤐𐤓 𐤁𐤉𐤕 𐤉𐤄𐤅𐤄 𐤋𐤀𐤌𐤓•
𐤃 𐤏𐤋𐤄 𐤀𐤋 𐤇𐤋𐤒𐤉𐤄𐤅 𐤄𐤊𐤄𐤍 𐤄𐤂𐤃𐤅𐤋 𐤅𐤉𐤕𐤌 𐤀𐤕 𐤄𐤊𐤎𐤐 𐤄𐤌𐤅𐤁𐤀 𐤁𐤉𐤕
𐤉𐤄𐤅𐤄 𐤀𐤔𐤓 𐤀𐤎𐤐𐤅 𐤔𐤌𐤓𐤉 𐤄𐤎𐤐 𐤌𐤀𐤕 𐤄𐤏𐤌•
𐤄 𐤅𐤉𐤕𐤍𐤄 [𐤅𐤉𐤕𐤍𐤄𐤅] 𐤏𐤋 𐤉𐤃 𐤏𐤔𐤉 𐤄𐤌𐤋𐤀𐤊𐤄 𐤄𐤌𐤐𐤒𐤃𐤉𐤌 𐤁𐤁𐤉𐤕
[𐤁𐤉𐤕] 𐤉𐤄𐤅𐤄 𐤅𐤉𐤕𐤍𐤅 𐤀𐤕𐤅 𐤋𐤏𐤔𐤉 𐤄𐤌𐤋𐤀𐤊𐤄 𐤀𐤔𐤓 𐤁𐤁𐤉𐤕 𐤉𐤄𐤅𐤄
𐤋𐤇𐤆𐤒 𐤁𐤃𐤒 𐤄𐤁𐤉𐤕•
𐤅 𐤋𐤇𐤓𐤔𐤉𐤌 𐤅𐤋𐤁𐤍𐤉𐤌 𐤅𐤋𐤂𐤃𐤓𐤉𐤌 𐤅𐤋𐤒𐤍𐤅𐤕 𐤏𐤑𐤉𐤌 𐤅𐤀𐤁𐤍𐤉 𐤌𐤇𐤑𐤁
𐤋𐤇𐤆𐤒 𐤀𐤕 𐤄𐤁𐤉𐤕•
𐤆 𐤀𐤊 𐤋𐤀 𐤉𐤇𐤔𐤁 𐤀𐤕𐤌 𐤄𐤊𐤎𐤐 𐤄𐤍𐤕𐤍 𐤏𐤋 𐤉𐤃𐤌 𐤊𐤉 𐤁𐤀𐤌𐤅𐤍𐤄 𐤄𐤌
𐤏𐤔𐤉𐤌•
𐤇 𐤅𐤉𐤀𐤌𐤓 𐤇𐤋𐤒𐤉𐤄𐤅 𐤄𐤊𐤄𐤍 𐤄𐤂𐤃𐤅𐤋 𐤏𐤋 𐤔𐤐𐤍 𐤄𐤎𐤐𐤓 𐤎𐤐𐤓 𐤄𐤕𐤅𐤓𐤄
𐤌𐤑𐤀𐤕𐤉 𐤁𐤁𐤉𐤕 𐤉𐤄𐤅𐤄 𐤅𐤉𐤕𐤍 𐤇𐤋𐤒𐤉𐤄 𐤀𐤕 𐤄𐤎𐤐𐤓 𐤀𐤋 𐤔𐤐𐤍
𐤅𐤉𐤒𐤓𐤀𐤄𐤅•
𐤈 𐤅𐤉𐤁𐤀 𐤔𐤐𐤍 𐤄𐤎𐤐𐤓 𐤀𐤋 𐤄𐤌𐤋𐤊 𐤅𐤉𐤔𐤁 𐤀𐤕 𐤄𐤌𐤋𐤊 𐤃𐤁𐤓 𐤅𐤉𐤀𐤌𐤓
𐤄𐤕𐤉𐤊𐤅 𐤏𐤁𐤃𐤉𐤊 𐤀𐤕 𐤄𐤊𐤎𐤐 𐤄𐤍𐤌𐤑𐤀 𐤁𐤁𐤉𐤕 𐤅𐤉𐤕𐤍𐤄𐤅 𐤏𐤋 𐤉𐤃 𐤏𐤔𐤉
𐤄𐤌𐤋𐤀𐤊𐤄 𐤄𐤌𐤐𐤒𐤃𐤉𐤌 𐤁𐤉𐤕 𐤉𐤄𐤅𐤄•
𐤉 𐤅𐤉𐤂𐤃 𐤔𐤐𐤍 𐤄𐤎𐤐𐤓 𐤋𐤌𐤋𐤊 𐤋𐤀𐤌𐤓 𐤎𐤐𐤓 𐤍𐤕𐤍 𐤋𐤉 𐤇𐤋𐤒𐤉𐤄 𐤄𐤊𐤄𐤍
𐤅𐤉𐤒𐤓𐤀𐤄𐤅 𐤔𐤐𐤍 𐤋𐤐𐤍𐤉 𐤄𐤌𐤋𐤊•
𐤉𐤀 𐤅𐤉𐤄𐤉 𐤊𐤔𐤌𐤏 𐤄𐤌𐤋𐤊 𐤀𐤕 𐤃𐤁𐤓𐤉 𐤎𐤐𐤓 𐤄𐤕𐤅𐤓𐤄 𐤅𐤉𐤒𐤓𐤏 𐤀𐤕
𐤁𐤂𐤃𐤉𐤅•
𐤉𐤁 𐤅𐤉𐤑𐤅 𐤄𐤌𐤋𐤊 𐤀𐤕 𐤇𐤋𐤒𐤉𐤄 𐤄𐤊𐤄𐤍 𐤅𐤀𐤕 𐤀𐤇𐤉𐤒𐤌 𐤁𐤍 𐤔𐤐𐤍 𐤅𐤀𐤕
𐤏𐤊𐤁𐤅𐤓 𐤁𐤍 𐤌𐤉𐤊𐤉𐤄 𐤅𐤀𐤕 𐤔𐤐𐤍 𐤄𐤎𐤐𐤓 𐤅𐤀𐤕 𐤏𐤔𐤉𐤄 𐤏𐤁𐤃 𐤄𐤌𐤋𐤊 𐤋𐤀𐤌𐤓•
𐤉𐤂 𐤋𐤊𐤅 𐤃𐤓𐤔𐤅 𐤀𐤕 𐤉𐤄𐤅𐤄 𐤁𐤏𐤃𐤉 𐤅𐤁𐤏𐤃 𐤄𐤏𐤌 𐤅𐤁𐤏𐤃 𐤊𐤋 𐤉𐤄𐤅𐤃𐤄 𐤏𐤋
𐤃𐤁𐤓𐤉 𐤄𐤎𐤐𐤓 𐤄𐤍𐤌𐤑𐤀 𐤄𐤆𐤄 𐤊𐤉 𐤂𐤃𐤅𐤋𐤄 𐤇𐤌𐤕 𐤉𐤄𐤅𐤄 𐤀𐤔𐤓 𐤄𐤉𐤀
𐤍𐤑𐤕𐤄 𐤁𐤍𐤅 𐤏𐤋 𐤀𐤔𐤓 𐤋𐤀 𐤔𐤌𐤏𐤅 𐤀𐤁𐤕𐤉𐤍𐤅 𐤏𐤋 𐤃𐤁𐤓𐤉 𐤄𐤎𐤐𐤓 𐤄𐤆𐤄
𐤋𐤏𐤔𐤅𐤕 𐤊𐤊𐤋 𐤄𐤊𐤕𐤅𐤁 𐤏𐤋𐤉𐤍𐤅•
𐤉𐤃 𐤅𐤉𐤋𐤊 𐤇𐤋𐤒𐤉𐤄 𐤄𐤊𐤄𐤍 𐤅𐤀𐤇𐤉𐤒𐤌 𐤅𐤏𐤊𐤁𐤅𐤓 𐤅𐤔𐤐𐤍 𐤅𐤏𐤔𐤉𐤄 𐤀𐤋
𐤇𐤋𐤃𐤄 𐤄𐤍𐤁𐤉𐤀𐤄 𐤀𐤔𐤕 𐤔𐤋𐤌 𐤁𐤍 𐤕𐤒𐤅𐤄 𐤁𐤍 𐤇𐤓𐤇𐤎 𐤔𐤌𐤓 𐤄𐤁𐤂𐤃𐤉𐤌
𐤅𐤄𐤉𐤀 𐤉𐤔𐤁𐤕 𐤁𐤉𐤓𐤅𐤔𐤋𐤌 𐤁𐤌𐤔𐤍𐤄 𐤅𐤉𐤃𐤁𐤓𐤅 𐤀𐤋𐤉𐤄•
𐤈𐤅 𐤅𐤕𐤀𐤌𐤓 𐤀𐤋𐤉𐤄𐤌 𐤊𐤄 𐤀𐤌𐤓 𐤉𐤄𐤅𐤄 𐤀𐤋𐤄𐤉 𐤉𐤔𐤓𐤀𐤋 𐤀𐤌𐤓𐤅 𐤋𐤀𐤉𐤔
𐤀𐤔𐤓 𐤔𐤋𐤇 𐤀𐤕𐤊𐤌 𐤀𐤋𐤉•
𐤈𐤆 𐤊𐤄 𐤀𐤌𐤓 𐤉𐤄𐤅𐤄 𐤄𐤍𐤍𐤉 𐤌𐤁𐤉𐤀 𐤓𐤏𐤄 𐤀𐤋 𐤄𐤌𐤒𐤅𐤌 𐤄𐤆𐤄 𐤅𐤏𐤋
𐤉𐤔𐤁𐤉𐤅 𐤀𐤕 𐤊𐤋 𐤃𐤁𐤓𐤉 𐤄𐤎𐤐𐤓 𐤀𐤔𐤓 𐤒𐤓𐤀 𐤌𐤋𐤊 𐤉𐤄𐤅𐤃𐤄•

# 𐤌𐤋𐤊𐤉𐤌 𐤁

𐤉𐤆𐤕𐤇𐤕 𐤀𐤔𐤓 𐤏𐤆𐤁𐤅𐤍𐤉 𐤅𐤉𐤒𐤈𐤓𐤅 𐤋𐤀𐤋𐤄𐤉𐤌 𐤀𐤇𐤓𐤉𐤌 𐤋𐤌𐤏𐤍
𐤄𐤊𐤏𐤉𐤎𐤍𐤉 𐤁𐤊𐤋 𐤌𐤏𐤔𐤄 𐤉𐤃𐤉𐤄𐤌 𐤅𐤍𐤑𐤕𐤄 𐤇𐤌𐤕𐤉 𐤁𐤌𐤒𐤅𐤌 𐤄𐤆𐤄 𐤅𐤋𐤀
𐤕𐤊𐤁𐤄.

𐤉𐤇𐤅𐤀𐤋 𐤌𐤋𐤊 𐤉𐤄𐤅𐤃𐤄 𐤄𐤔𐤋𐤇 𐤀𐤕𐤊𐤌 𐤋𐤃𐤓𐤔 𐤀𐤕 𐤉𐤄𐤅𐤄 𐤊𐤄 𐤕𐤀𐤌𐤓𐤅
𐤀𐤋𐤉𐤅 𐤊𐤄 𐤀𐤌𐤓 𐤉𐤄𐤅𐤄 𐤀𐤋𐤄𐤉 𐤉𐤔𐤓𐤀𐤋 𐤄𐤃𐤁𐤓𐤉𐤌 𐤀𐤔𐤓 𐤔𐤌𐤏𐤕.

𐤉𐤈𐤉𐤏𐤍 𐤓𐤊 𐤋𐤁𐤁𐤊 𐤅𐤕𐤊𐤍𐤏 𐤌𐤐𐤍𐤉 𐤉𐤄𐤅𐤄 𐤁𐤔𐤌𐤏𐤊 𐤀𐤔𐤓 𐤃𐤁𐤓𐤕𐤉 𐤏𐤋
𐤄𐤌𐤒𐤅𐤌 𐤄𐤆𐤄 𐤅𐤏𐤋 𐤉𐤔𐤁𐤉𐤅 𐤋𐤄𐤉𐤅𐤕 𐤋𐤔𐤌𐤄 𐤅𐤋𐤒𐤋𐤋𐤄 𐤅𐤕𐤒𐤓𐤏 𐤀𐤕
𐤁𐤂𐤃𐤉𐤊 𐤅𐤕𐤁𐤊𐤄 𐤋𐤐𐤍𐤉 𐤅𐤂𐤌 𐤀𐤍𐤊𐤉 𐤔𐤌𐤏𐤕𐤉 𐤍𐤀𐤌 𐤉𐤄𐤅𐤄.

𐤊𐤋𐤊𐤍 𐤄𐤍𐤍𐤉 𐤀𐤎𐤐𐤊 𐤏𐤋 𐤀𐤁𐤕𐤉𐤊 𐤅𐤍𐤀𐤎𐤐𐤕 𐤀𐤋 𐤒𐤁𐤓𐤕𐤉𐤊 𐤁𐤔𐤋𐤅𐤌
𐤅𐤋𐤀 𐤕𐤓𐤀𐤉𐤍𐤄 𐤏𐤉𐤍𐤉𐤊 𐤁𐤊𐤋 𐤄𐤓𐤏𐤄 𐤀𐤔𐤓 𐤀𐤍𐤉 𐤌𐤁𐤉𐤀 𐤏𐤋 𐤄𐤌𐤒𐤅𐤌
𐤄𐤆𐤄 𐤅𐤉𐤔𐤁𐤅 𐤀𐤕 𐤄𐤌𐤋𐤊 𐤃𐤁𐤓.

## 𐤐𐤓𐤒 𐤊𐤂

𐤀𐤅𐤉𐤔𐤋𐤇 𐤄𐤌𐤋𐤊 𐤅𐤉𐤀𐤎𐤐𐤅 𐤀𐤋𐤉𐤅 𐤊𐤋 𐤆𐤒𐤍𐤉 𐤉𐤄𐤅𐤃𐤄 𐤅𐤉𐤓𐤅𐤔𐤋𐤌.

𐤁𐤅𐤉𐤏𐤋 𐤄𐤌𐤋𐤊 𐤁𐤉𐤕 𐤉𐤄𐤅𐤄 𐤅𐤊𐤋 𐤀𐤉𐤔 𐤉𐤄𐤅𐤃𐤄 𐤅𐤊𐤋 𐤉𐤔𐤁𐤉
𐤉𐤓𐤅𐤔𐤋𐤌 𐤀𐤕𐤅 𐤅𐤄𐤊𐤄𐤍𐤉𐤌 𐤅𐤄𐤍𐤁𐤉𐤀𐤉𐤌 𐤅𐤊𐤋 𐤄𐤏𐤌 𐤋𐤌𐤒𐤈𐤍 𐤅𐤏𐤃
𐤂𐤃𐤅𐤋 𐤅𐤉𐤒𐤓𐤀 𐤁𐤀𐤆𐤍𐤉𐤄𐤌 𐤀𐤕 𐤊𐤋 𐤃𐤁𐤓𐤉 𐤎𐤐𐤓 𐤄𐤁𐤓𐤉𐤕 𐤄𐤍𐤌𐤑𐤀 𐤁𐤁𐤉𐤕
𐤉𐤄𐤅𐤄.

𐤂𐤅𐤉𐤏𐤌𐤃 𐤄𐤌𐤋𐤊 𐤏𐤋 𐤄𐤏𐤌𐤅𐤃 𐤅𐤉𐤊𐤓𐤕 𐤀𐤕 𐤄𐤁𐤓𐤉𐤕 𐤋𐤐𐤍𐤉 𐤉𐤄𐤅𐤄
𐤋𐤋𐤊𐤕 𐤀𐤇𐤓 𐤉𐤄𐤅𐤄 𐤅𐤋𐤔𐤌𐤓 𐤌𐤑𐤅𐤕𐤉𐤅 𐤅𐤀𐤕 𐤏𐤃𐤅𐤕𐤉𐤅 𐤅𐤀𐤕 𐤇𐤒𐤕𐤉𐤅
𐤁𐤊𐤋 𐤋𐤁 𐤅𐤁𐤊𐤋 𐤍𐤐𐤔 𐤋𐤄𐤒𐤉𐤌 𐤀𐤕 𐤃𐤁𐤓𐤉 𐤄𐤁𐤓𐤉𐤕 𐤄𐤆𐤀𐤕 𐤄𐤊𐤕𐤁𐤉𐤌 𐤏𐤋
𐤄𐤎𐤐𐤓 𐤄𐤆𐤄 𐤅𐤉𐤏𐤌𐤃 𐤊𐤋 𐤄𐤏𐤌 𐤁𐤁𐤓𐤉𐤕.

𐤃𐤅𐤉𐤑𐤅 𐤄𐤌𐤋𐤊 𐤀𐤕 𐤇𐤋𐤒𐤉𐤄𐤅 𐤄𐤊𐤄𐤍 𐤄𐤂𐤃𐤅𐤋 𐤅𐤀𐤕 𐤊𐤄𐤍𐤉 𐤄𐤌𐤔𐤍𐤄
𐤅𐤀𐤕 𐤔𐤌𐤓𐤉 𐤄𐤎𐤐 𐤋𐤄𐤅𐤑𐤉𐤀 𐤌𐤄𐤉𐤊𐤋 𐤉𐤄𐤅𐤄 𐤀𐤕 𐤊𐤋 𐤄𐤊𐤋𐤉𐤌
𐤄𐤏𐤔𐤅𐤉𐤌 𐤋𐤁𐤏𐤋 𐤅𐤋𐤀𐤔𐤓𐤄 𐤅𐤋𐤊𐤋 𐤑𐤁𐤀 𐤄𐤔𐤌𐤉𐤌 𐤅𐤉𐤔𐤓𐤐𐤌 𐤌𐤇𐤅𐤑
𐤋𐤉𐤓𐤅𐤔𐤋𐤌 𐤁𐤔𐤃𐤌𐤅𐤕 𐤒𐤃𐤓𐤅𐤍 𐤅𐤍𐤔𐤀 𐤀𐤕 𐤏𐤐𐤓𐤌 𐤁𐤉𐤕 𐤀𐤋.

𐤄𐤅𐤄𐤔𐤁𐤉𐤕 𐤀𐤕 𐤄𐤊𐤌𐤓𐤉𐤌 𐤀𐤔𐤓 𐤍𐤕𐤍𐤅 𐤌𐤋𐤊𐤉 𐤉𐤄𐤅𐤃𐤄 𐤅𐤉𐤒𐤈𐤓
𐤁𐤁𐤌𐤅𐤕 𐤁𐤏𐤓𐤉 𐤉𐤄𐤅𐤃𐤄 𐤅𐤌𐤎𐤁𐤉 𐤉𐤓𐤅𐤔𐤋𐤌 𐤅𐤀𐤕 𐤄𐤌𐤒𐤈𐤓𐤉𐤌 𐤋𐤁𐤏𐤋
𐤋𐤔𐤌𐤔 𐤅𐤋𐤉𐤓𐤇 𐤅𐤋𐤌𐤆𐤋𐤅𐤕 𐤅𐤋𐤊𐤋 𐤑𐤁𐤀 𐤄𐤔𐤌𐤉𐤌.

𐤅𐤅𐤉𐤑𐤀 𐤀𐤕 𐤄𐤀𐤔𐤓𐤄 𐤌𐤁𐤉𐤕 𐤉𐤄𐤅𐤄 𐤌𐤇𐤅𐤑 𐤋𐤉𐤓𐤅𐤔𐤋𐤌 𐤀𐤋 𐤍𐤇𐤋
𐤒𐤃𐤓𐤅𐤍 𐤅𐤉𐤔𐤓𐤐 𐤀𐤕𐤅 𐤁𐤍𐤇𐤋 𐤒𐤃𐤓𐤅𐤍 𐤅𐤉𐤃𐤒 𐤋𐤏𐤐𐤓 𐤅𐤉𐤔𐤋𐤊 𐤀𐤕 𐤏𐤐𐤓𐤄
𐤏𐤋 𐤒𐤁𐤓 𐤁𐤍𐤉 𐤄𐤏𐤌.

𐤆𐤅𐤉𐤕𐤑 𐤀𐤕 𐤁𐤕𐤉 𐤄𐤒𐤃𐤔𐤉𐤌 𐤀𐤔𐤓 𐤁𐤁𐤉𐤕 𐤉𐤄𐤅𐤄 𐤀𐤔𐤓 𐤄𐤍𐤔𐤉𐤌

𐤀𐤓𐤂𐤅𐤕 𐤔𐤌 𐤁𐤕𐤉𐤌 𐤋𐤀𐤔𐤓𐤄•
𐤇𐤅𐤉𐤁𐤀 𐤀𐤕 𐤊𐤋 𐤄𐤊𐤄𐤍𐤉𐤌 𐤌𐤏𐤓𐤉 𐤉𐤄𐤅𐤃𐤄 𐤅𐤉𐤈𐤌𐤀 𐤀𐤕 𐤄𐤁𐤌𐤅𐤕 𐤀𐤔𐤓
𐤒𐤈𐤓𐤅 𐤔𐤌𐤄 𐤄𐤊𐤄𐤍𐤉𐤌 𐤌𐤂𐤁𐤏 𐤏𐤃 𐤁𐤀𐤓 𐤔𐤁𐤏 𐤅𐤍𐤕𐤑 𐤀𐤕 𐤁𐤌𐤅𐤕
𐤄𐤔𐤏𐤓𐤉𐤌 𐤀𐤔𐤓 𐤐𐤕𐤇 𐤔𐤏𐤓 𐤉𐤄𐤅𐤔𐤏 𐤔𐤓 𐤄𐤏𐤉𐤓 𐤀𐤔𐤓 𐤏𐤋 𐤔𐤌𐤀𐤅𐤋 𐤀𐤉𐤔
𐤁𐤔𐤏𐤓 𐤄𐤏𐤉𐤓•
𐤈𐤀𐤊 𐤋𐤀 𐤏𐤋𐤅 𐤊𐤄𐤍𐤉 𐤄𐤁𐤌𐤅𐤕 𐤀𐤋 𐤌𐤆𐤁𐤇 𐤉𐤄𐤅𐤄 𐤁𐤉𐤓𐤅𐤔𐤋𐤌 𐤊𐤉
𐤀𐤌 𐤀𐤊𐤋𐤅 𐤌𐤑𐤅𐤕 𐤁𐤕𐤅𐤊 𐤀𐤇𐤉𐤄𐤌•
𐤉𐤅𐤈𐤌𐤀 𐤀𐤕 𐤄𐤕𐤐𐤕 𐤀𐤔𐤓 𐤁𐤂𐤉 𐤁𐤍𐤉 [𐤁𐤍] 𐤄𐤍𐤌 𐤋𐤁𐤋𐤕𐤉 𐤋𐤄𐤏𐤁𐤉𐤓
𐤀𐤉𐤔 𐤀𐤕 𐤁𐤍𐤅 𐤅𐤀𐤕 𐤁𐤕𐤅 𐤁𐤀𐤔 𐤋𐤌𐤋𐤊•
𐤉𐤀𐤅𐤉𐤔𐤁𐤕 𐤀𐤕 𐤄𐤎𐤅𐤎𐤉𐤌 𐤀𐤔𐤓 𐤍𐤕𐤍𐤅 𐤌𐤋𐤊𐤉 𐤉𐤄𐤅𐤃𐤄 𐤋𐤔𐤌𐤔 𐤌𐤁𐤀
𐤁𐤉𐤕 𐤉𐤄𐤅𐤄 𐤀𐤋 𐤋𐤔𐤊𐤕 𐤍𐤕𐤍 𐤌𐤋𐤊 𐤄𐤎𐤓𐤉𐤎 𐤀𐤔𐤓 𐤁𐤐𐤓𐤅𐤓𐤉𐤌 𐤅𐤀𐤕
𐤌𐤓𐤊𐤁𐤅𐤕 𐤄𐤔𐤌𐤔 𐤔𐤓𐤐 𐤁𐤀𐤔•
𐤉𐤁𐤅𐤀𐤕 𐤄𐤌𐤆𐤁𐤇𐤅𐤕 𐤀𐤔𐤓 𐤏𐤋 𐤄𐤂𐤂 𐤏𐤋𐤉𐤕 𐤀𐤇𐤆 𐤀𐤔𐤓 𐤏𐤔𐤅 𐤌𐤋𐤊𐤉
𐤉𐤄𐤅𐤃𐤄 𐤅𐤀𐤕 𐤄𐤌𐤆𐤁𐤇𐤅𐤕 𐤀𐤔𐤓 𐤏𐤔𐤄 𐤌𐤍𐤔𐤄 𐤁𐤔𐤕𐤉 𐤇𐤑𐤓𐤅𐤕 𐤁𐤉𐤕
𐤉𐤄𐤅𐤄 𐤍𐤕𐤑 𐤄𐤌𐤋𐤊 𐤅𐤉𐤓𐤑 𐤌𐤔𐤌 𐤅𐤄𐤔𐤋𐤉𐤊 𐤀𐤕 𐤏𐤐𐤓𐤌 𐤀𐤋 𐤍𐤇𐤋
𐤒𐤃𐤓𐤅𐤍•
𐤉𐤂𐤅𐤀𐤕 𐤄𐤁𐤌𐤅𐤕 𐤀𐤔𐤓 𐤏𐤋 𐤐𐤍𐤉 𐤉𐤓𐤅𐤔𐤋𐤌 𐤀𐤔𐤓 𐤌𐤉𐤌𐤉𐤍 𐤋𐤄𐤓
𐤄𐤌𐤔𐤇𐤉𐤕 𐤀𐤔𐤓 𐤁𐤍𐤄 𐤔𐤋𐤌𐤄 𐤌𐤋𐤊 𐤉𐤔𐤓𐤀𐤋 𐤋𐤏𐤔𐤕𐤓𐤕 𐤔𐤒𐤑 𐤑𐤉𐤃𐤍𐤉𐤌
𐤅𐤋𐤊𐤌𐤅𐤔 𐤔𐤒𐤑 𐤌𐤅𐤀𐤁 𐤅𐤋𐤌𐤋𐤊𐤌 𐤕𐤅𐤏𐤁𐤕 𐤁𐤍𐤉 𐤏𐤌𐤅𐤍 𐤈𐤌𐤀 𐤄𐤌𐤋𐤊•
𐤉𐤃 𐤅𐤔𐤁𐤓 𐤀𐤕 𐤄𐤌𐤑𐤁𐤅𐤕 𐤅𐤉𐤊𐤓𐤕 𐤀𐤕 𐤄𐤀𐤔𐤓𐤉𐤌 𐤅𐤉𐤌𐤋𐤀 𐤀𐤕 𐤌𐤒𐤅𐤌𐤌
𐤏𐤑𐤌𐤅𐤕 𐤀𐤃𐤌•
𐤈𐤅𐤅𐤂𐤌 𐤀𐤕 𐤄𐤌𐤆𐤁𐤇 𐤀𐤔𐤓 𐤁𐤁𐤉𐤕 𐤀𐤋 𐤄𐤁𐤌𐤄 𐤀𐤔𐤓 𐤏𐤔𐤄 𐤉𐤓𐤁𐤏𐤌 𐤁𐤍
𐤍𐤁𐤈 𐤀𐤔𐤓 𐤄𐤇𐤈𐤉𐤀 𐤀𐤕 𐤉𐤔𐤓𐤀𐤋 𐤂𐤌 𐤀𐤕 𐤄𐤌𐤆𐤁𐤇 𐤄𐤄𐤅𐤀 𐤅𐤀𐤕 𐤄𐤁𐤌𐤄
𐤍𐤕𐤑 𐤅𐤉𐤔𐤓𐤐 𐤀𐤕 𐤄𐤁𐤌𐤄 𐤄𐤃𐤒 𐤋𐤏𐤐𐤓 𐤅𐤔𐤓𐤐 𐤀𐤔𐤓𐤄•
𐤈𐤆𐤅𐤉𐤐𐤍 𐤉𐤀𐤔𐤉𐤄𐤅 𐤅𐤉𐤓𐤀 𐤀𐤕 𐤄𐤒𐤁𐤓𐤉𐤌 𐤀𐤔𐤓 𐤔𐤌 𐤁𐤄𐤓 𐤅𐤉𐤔𐤋𐤇
𐤅𐤉𐤒𐤇 𐤀𐤕 𐤄𐤏𐤑𐤌𐤅𐤕 𐤌𐤍 𐤄𐤒𐤁𐤓𐤉𐤌 𐤅𐤉𐤔𐤓𐤐 𐤏𐤋 𐤄𐤌𐤆𐤁𐤇 𐤅𐤉𐤈𐤌𐤀𐤄𐤅
𐤊𐤃𐤁𐤓 𐤉𐤄𐤅𐤄 𐤀𐤔𐤓 𐤒𐤓𐤀 𐤀𐤉𐤔 𐤄𐤀𐤋𐤄𐤉𐤌 𐤀𐤔𐤓 𐤒𐤓𐤀 𐤀𐤕 𐤄𐤃𐤁𐤓𐤉𐤌
𐤄𐤀𐤋𐤄•
𐤉𐤆𐤅𐤉𐤀𐤌𐤓 𐤌𐤄 𐤄𐤑𐤉𐤅𐤍 𐤄𐤋𐤆 𐤀𐤔𐤓 𐤀𐤍𐤉 𐤓𐤀𐤄 𐤅𐤉𐤀𐤌𐤓𐤅 𐤀𐤋𐤉𐤅
𐤀𐤍𐤔𐤉 𐤄𐤏𐤉𐤓 𐤄𐤒𐤁𐤓 𐤀𐤉𐤔 𐤄𐤀𐤋𐤄𐤉𐤌 𐤀𐤔𐤓 𐤁𐤀 𐤌𐤉𐤄𐤅𐤃𐤄 𐤅𐤉𐤒𐤓𐤀 𐤀𐤕
𐤄𐤃𐤁𐤓𐤉𐤌 𐤄𐤀𐤋𐤄 𐤀𐤔𐤓 𐤏𐤔𐤉𐤕 𐤏𐤋 𐤄𐤌𐤆𐤁𐤇 𐤁𐤉𐤕 𐤀𐤋•
𐤉𐤇𐤅𐤉𐤀𐤌𐤓 𐤄𐤍𐤉𐤇𐤅 𐤋𐤅 𐤀𐤉𐤔 𐤀𐤋 𐤉𐤍𐤏 𐤏𐤑𐤌𐤕𐤉𐤅 𐤅𐤉𐤌𐤋𐤈𐤅
𐤏𐤑𐤌𐤕𐤉𐤅 𐤀𐤕 𐤏𐤑𐤌𐤅𐤕 𐤄𐤍𐤁𐤉𐤀 𐤀𐤔𐤓 𐤁𐤀 𐤌𐤔𐤌𐤓𐤅𐤍•

# 𐤌𐤋𐤊𐤉𐤌 𐤁

𐤉𐤈 𐤅𐤂𐤌 𐤀𐤕 𐤊𐤋 𐤁𐤕𐤉 𐤄𐤁𐤌𐤅𐤕 𐤀𐤔𐤓 𐤁𐤏𐤓𐤉 𐤔𐤌𐤓𐤅𐤍 𐤀𐤔𐤓 𐤏𐤔𐤅 𐤌𐤋𐤊𐤉
𐤉𐤔𐤓𐤀𐤋 𐤋𐤄𐤊𐤏𐤉𐤎 𐤄𐤎𐤉𐤓 𐤉𐤀𐤔𐤉𐤄𐤅 𐤅𐤉𐤏𐤔 𐤋𐤄𐤌 𐤊𐤊𐤋 𐤄𐤌𐤏𐤔𐤉𐤌
𐤀𐤔𐤓 𐤏𐤔𐤄 𐤁𐤁𐤉𐤕 𐤀𐤋•

𐤊 𐤅𐤉𐤆𐤁𐤇 𐤀𐤕 𐤊𐤋 𐤊𐤄𐤍𐤉 𐤄𐤁𐤌𐤅𐤕 𐤀𐤔𐤓 𐤔𐤌 𐤏𐤋 𐤄𐤌𐤆𐤁𐤇𐤅𐤕 𐤅𐤉𐤔𐤓𐤐
𐤀𐤕 𐤏𐤑𐤌𐤅𐤕 𐤀𐤃𐤌 𐤏𐤋𐤉𐤄𐤌 𐤅𐤉𐤔𐤁 𐤉𐤓𐤅𐤔𐤋𐤌•

𐤊𐤀 𐤅𐤉𐤑𐤅 𐤄𐤌𐤋𐤊 𐤀𐤕 𐤊𐤋 𐤄𐤏𐤌 𐤋𐤀𐤌𐤓 𐤏𐤔𐤅 𐤐𐤎𐤇 𐤋𐤉𐤄𐤅𐤄 𐤀𐤋𐤄𐤉𐤊𐤌
𐤊𐤊𐤕𐤅𐤁 𐤏𐤋 𐤎𐤐𐤓 𐤄𐤁𐤓𐤉𐤕 𐤄𐤆𐤄•

𐤊𐤁 𐤊𐤉 𐤋𐤀 𐤍𐤏𐤔𐤄 𐤊𐤐𐤎𐤇 𐤄𐤆𐤄 𐤌𐤉𐤌𐤉 𐤄𐤔𐤐𐤈𐤉𐤌 𐤀𐤔𐤓 𐤔𐤐𐤈𐤅 𐤀𐤕
𐤉𐤔𐤓𐤀𐤋 𐤅𐤊𐤋 𐤉𐤌𐤉 𐤌𐤋𐤊𐤉 𐤉𐤔𐤓𐤀𐤋 𐤅𐤌𐤋𐤊𐤉 𐤉𐤄𐤅𐤃𐤄•

𐤊𐤂 𐤊𐤉 𐤀𐤌 𐤁𐤔𐤌𐤍𐤄 𐤏𐤔𐤓𐤄 𐤔𐤍𐤄 𐤋𐤌𐤋𐤊 𐤉𐤀𐤔𐤉𐤄𐤅 𐤍𐤏𐤔𐤄 𐤄𐤐𐤎𐤇
𐤄𐤆𐤄 𐤋𐤉𐤄𐤅𐤄 𐤁𐤉𐤓𐤅𐤔𐤋𐤌•

𐤊𐤃 𐤅𐤂𐤌 𐤀𐤕 𐤄𐤀𐤁𐤅𐤕 𐤅𐤀𐤕 𐤄𐤉𐤃𐤏𐤍𐤉𐤌 𐤅𐤀𐤕 𐤄𐤕𐤓𐤐𐤉𐤌 𐤅𐤀𐤕 𐤄𐤂𐤋𐤋𐤉𐤌
𐤅𐤀𐤕 𐤊𐤋 𐤄𐤔𐤒𐤑𐤉𐤌 𐤀𐤔𐤓 𐤍𐤓𐤀𐤅 𐤁𐤀𐤓𐤑 𐤉𐤄𐤅𐤃𐤄 𐤅𐤁𐤉𐤓𐤅𐤔𐤋𐤌 𐤁𐤏𐤓
𐤉𐤀𐤔𐤉𐤄𐤅 𐤋𐤌𐤏𐤍 𐤄𐤒𐤉𐤌 𐤀𐤕 𐤃𐤁𐤓𐤉 𐤄𐤕𐤅𐤓𐤄 𐤄𐤊𐤕𐤁𐤉𐤌 𐤏𐤋 𐤄𐤎𐤐𐤓 𐤀𐤔𐤓
𐤌𐤑𐤀 𐤇𐤋𐤒𐤉𐤄𐤅 𐤄𐤊𐤄𐤍 𐤁𐤉𐤕 𐤉𐤄𐤅𐤄•

𐤊𐤄 𐤅𐤊𐤌𐤄𐤅 𐤋𐤀 𐤄𐤉𐤄 𐤋𐤐𐤍𐤉𐤅 𐤌𐤋𐤊 𐤀𐤔𐤓 𐤔𐤁 𐤀𐤋 𐤉𐤄𐤅𐤄 𐤁𐤊𐤋 𐤋𐤁𐤁𐤅
𐤅𐤁𐤊𐤋 𐤍𐤐𐤔𐤅 𐤅𐤁𐤊𐤋 𐤌𐤀𐤃𐤅 𐤊𐤊𐤋 𐤕𐤅𐤓𐤕 𐤌𐤔𐤄 𐤅𐤀𐤇𐤓𐤉𐤅 𐤋𐤀 𐤒𐤌 𐤊𐤌𐤄𐤅•

𐤊𐤅 𐤀𐤊 𐤋𐤀 𐤔𐤁 𐤉𐤄𐤅𐤄 𐤌𐤇𐤓𐤅𐤍 𐤀𐤐𐤅 𐤄𐤂𐤃𐤅𐤋 𐤀𐤔𐤓 𐤇𐤓𐤄 𐤀𐤐𐤅 𐤁𐤉𐤄𐤅𐤃𐤄
𐤏𐤋 𐤊𐤋 𐤄𐤊𐤏𐤎𐤉𐤌 𐤀𐤔𐤓 𐤄𐤊𐤏𐤉𐤎𐤅 𐤌𐤍𐤔𐤄•

𐤊𐤆 𐤅𐤉𐤀𐤌𐤓 𐤉𐤄𐤅𐤄 𐤂𐤌 𐤀𐤕 𐤉𐤄𐤅𐤃𐤄 𐤀𐤎𐤉𐤓 𐤌𐤏𐤋 𐤐𐤍𐤉 𐤊𐤀𐤔𐤓 𐤄𐤎𐤓𐤕𐤉
𐤀𐤕 𐤉𐤔𐤓𐤀𐤋 𐤅𐤌𐤀𐤎𐤕𐤉 𐤀𐤕 𐤄𐤏𐤉𐤓 𐤄𐤆𐤀𐤕 𐤀𐤔𐤓 𐤁𐤇𐤓𐤕𐤉 𐤀𐤕
𐤉𐤓𐤅𐤔𐤋𐤌 𐤅𐤀𐤕 𐤄𐤁𐤉𐤕 𐤀𐤔𐤓 𐤀𐤌𐤓𐤕𐤉 𐤉𐤄𐤉𐤄 𐤔𐤌𐤉 𐤔𐤌•

𐤊𐤇 𐤅𐤉𐤕𐤓 𐤃𐤁𐤓𐤉 𐤉𐤀𐤔𐤉𐤄𐤅 𐤅𐤊𐤋 𐤀𐤔𐤓 𐤏𐤔𐤄 𐤄𐤋𐤀 𐤄𐤌 𐤊𐤕𐤅𐤁𐤉𐤌 𐤏𐤋
𐤎𐤐𐤓 𐤃𐤁𐤓𐤉 𐤄𐤉𐤌𐤉𐤌 𐤋𐤌𐤋𐤊𐤉 𐤉𐤄𐤅𐤃𐤄•

𐤊𐤈 𐤁𐤉𐤌𐤉𐤅 𐤏𐤋𐤄 𐤐𐤓𐤏𐤄 𐤍𐤊𐤄 𐤌𐤋𐤊 𐤌𐤑𐤓𐤉𐤌 𐤏𐤋 𐤌𐤋𐤊 𐤀𐤔𐤅𐤓 𐤏𐤋 𐤍𐤄𐤓
𐤐𐤓𐤕 𐤅𐤉𐤋𐤊 𐤄𐤌𐤋𐤊 𐤉𐤀𐤔𐤉𐤄𐤅 𐤋𐤒𐤓𐤀𐤕𐤅 𐤅𐤉𐤌𐤉𐤕𐤄𐤅 𐤁𐤌𐤂𐤃𐤅 𐤊𐤓𐤀𐤕𐤅
𐤀𐤕𐤅•

𐤋 𐤅𐤉𐤓𐤊𐤁𐤄𐤅 𐤏𐤁𐤃𐤉𐤅 𐤌𐤕 𐤌𐤌𐤂𐤃𐤅 𐤅𐤉𐤁𐤀𐤄𐤅 𐤉𐤓𐤅𐤔𐤋𐤌 𐤅𐤉𐤒𐤁𐤓𐤄𐤅
𐤁𐤒𐤁𐤓𐤕𐤅 𐤅𐤉𐤒𐤇 𐤏𐤌 𐤄𐤀𐤓𐤑 𐤀𐤕 𐤉𐤄𐤅𐤀𐤇𐤆 𐤁𐤍 𐤉𐤀𐤔𐤉𐤄𐤅 𐤅𐤉𐤌𐤔𐤇𐤅
𐤀𐤕𐤅 𐤅𐤉𐤌𐤋𐤉𐤊𐤅 𐤀𐤕𐤅 𐤕𐤇𐤕 𐤀𐤁𐤉𐤅•

𐤋𐤀 𐤁𐤍 𐤏𐤔𐤓𐤉𐤌 𐤅𐤔𐤋𐤔 𐤔𐤍𐤄 𐤉𐤄𐤅𐤀𐤇𐤆 𐤁𐤌𐤋𐤊𐤅 𐤅𐤔𐤋𐤔𐤄 𐤇𐤃𐤔𐤉𐤌
𐤌𐤋𐤊 𐤁𐤉𐤓𐤅𐤔𐤋𐤌 𐤅𐤔𐤌 𐤀𐤌𐤅 𐤇𐤌𐤅𐤈𐤋 𐤁𐤕 𐤉𐤓𐤌𐤉𐤄𐤅 𐤌𐤋𐤁𐤍𐤄•

𐤋𐤁 𐤅𐤉𐤏𐤔 𐤄𐤓𐤏 𐤁𐤏𐤉𐤍𐤉 𐤉𐤄𐤅𐤄 𐤊𐤊𐤋 𐤀𐤔𐤓 𐤏𐤔𐤅 𐤀𐤁𐤕𐤉𐤅•

𐤋𐤂𐤅𐤉𐤀𐤎𐤓𐤄𐤅 𐤐𐤓𐤏𐤄 𐤍𐤊𐤄 𐤁𐤓𐤁𐤋𐤄 𐤁𐤀𐤓𐤑 𐤇𐤌𐤕 𐤁𐤌𐤋𐤊 [𐤌𐤌𐤋𐤊]
𐤁𐤉𐤓𐤅𐤔𐤋𐤌 𐤅𐤉𐤕𐤍 𐤏𐤍𐤔 𐤏𐤋 𐤄𐤀𐤓𐤑 𐤌𐤀𐤄 𐤊𐤊𐤓 𐤊𐤎𐤐 𐤅𐤊𐤊𐤓 𐤆𐤄𐤁•

𐤋𐤃𐤅𐤉𐤌𐤋𐤊 𐤐𐤓𐤏𐤄 𐤍𐤊𐤄 𐤀𐤕 𐤀𐤋𐤉𐤒𐤉𐤌 𐤁𐤍 𐤉𐤀𐤔𐤉𐤄𐤅 𐤕𐤇𐤕 𐤉𐤀𐤔𐤉𐤄𐤅
𐤀𐤁𐤉𐤅 𐤅𐤉𐤎𐤁 𐤀𐤕 𐤔𐤌𐤅 𐤉𐤄𐤅𐤉𐤒𐤉𐤌 𐤅𐤀𐤕 𐤉𐤄𐤅𐤀𐤇𐤆 𐤋𐤒𐤇 𐤅𐤉𐤁𐤀
𐤌𐤑𐤓𐤉𐤌 𐤅𐤉𐤌𐤕 𐤔𐤌•

𐤋𐤄𐤅𐤄𐤊𐤎𐤐 𐤅𐤄𐤆𐤄𐤁 𐤍𐤕𐤍 𐤉𐤄𐤅𐤉𐤒𐤉𐤌 𐤋𐤐𐤓𐤏𐤄 𐤀𐤊 𐤄𐤏𐤓𐤉𐤊 𐤀𐤕 𐤄𐤀𐤓𐤑
𐤋𐤕𐤕 𐤀𐤕 𐤄𐤊𐤎𐤐 𐤏𐤋 𐤐𐤉 𐤐𐤓𐤏𐤄 𐤀𐤉𐤔 𐤊𐤏𐤓𐤊𐤅 𐤍𐤂𐤔 𐤀𐤕 𐤄𐤊𐤎𐤐 𐤅𐤀𐤕
𐤄𐤆𐤄𐤁 𐤀𐤕 𐤏𐤌 𐤄𐤀𐤓𐤑 𐤋𐤕𐤕 𐤋𐤐𐤓𐤏𐤄 𐤍𐤊𐤄•

𐤋𐤅𐤁𐤍 𐤏𐤔𐤓𐤉𐤌 𐤅𐤇𐤌𐤔 𐤔𐤍𐤄 𐤉𐤄𐤅𐤉𐤒𐤉𐤌 𐤁𐤌𐤋𐤊𐤅 𐤅𐤀𐤇𐤕 𐤏𐤔𐤓𐤄 𐤔𐤍𐤄
𐤌𐤋𐤊 𐤁𐤉𐤓𐤅𐤔𐤋𐤌 𐤅𐤔𐤌 𐤀𐤌𐤅 𐤆𐤁𐤉𐤃𐤄 [𐤆𐤁𐤅𐤃𐤄] 𐤁𐤕 𐤐𐤃𐤉𐤄 𐤌𐤍 𐤓𐤅𐤌𐤄•
𐤋𐤆𐤅𐤉𐤏𐤔 𐤄𐤓𐤏 𐤁𐤏𐤉𐤍𐤉 𐤉𐤄𐤅𐤄 𐤊𐤊𐤋 𐤀𐤔𐤓 𐤏𐤔𐤅 𐤀𐤁𐤕𐤉𐤅•

𐤐𐤓𐤒 𐤊𐤃

𐤀𐤁𐤉𐤌𐤉𐤅 𐤏𐤋𐤄 𐤍𐤁𐤊𐤃𐤍𐤀𐤑𐤓 𐤌𐤋𐤊 𐤁𐤁𐤋 𐤅𐤉𐤄𐤉 𐤋𐤅 𐤉𐤄𐤅𐤉𐤒𐤉𐤌 𐤏𐤁𐤃
𐤔𐤋𐤔 𐤔𐤍𐤉𐤌 𐤅𐤉𐤔𐤁 𐤅𐤉𐤌𐤓𐤃 𐤁𐤅•

𐤁𐤅𐤉𐤔𐤋𐤇 𐤉𐤄𐤅𐤄 𐤁𐤅 𐤀𐤕 𐤂𐤃𐤅𐤃𐤉 𐤊𐤔𐤃𐤉𐤌 𐤅𐤀𐤕 𐤂𐤃𐤅𐤃𐤉 𐤀𐤓𐤌 𐤅𐤀𐤕
𐤂𐤃𐤅𐤃𐤉 𐤌𐤅𐤀𐤁 𐤅𐤀𐤕 𐤂𐤃𐤅𐤃𐤉 𐤁𐤍𐤉 𐤏𐤌𐤅𐤍 𐤅𐤉𐤔𐤋𐤇𐤌 𐤁𐤉𐤄𐤅𐤃𐤄
𐤋𐤄𐤀𐤁𐤉𐤃𐤅 𐤊𐤃𐤁𐤓 𐤉𐤄𐤅𐤄 𐤀𐤔𐤓 𐤃𐤁𐤓 𐤁𐤉𐤃 𐤏𐤁𐤃𐤉𐤅 𐤄𐤍𐤁𐤉𐤀𐤉𐤌•

𐤂𐤀𐤊 𐤏𐤋 𐤐𐤉 𐤉𐤄𐤅𐤄 𐤄𐤉𐤕𐤄 𐤁𐤉𐤄𐤅𐤃𐤄 𐤋𐤄𐤎𐤉𐤓 𐤌𐤏𐤋 𐤐𐤍𐤉𐤅 𐤁𐤇𐤈𐤀𐤕
𐤌𐤍𐤔𐤄 𐤊𐤊𐤋 𐤀𐤔𐤓 𐤏𐤔𐤄•

𐤃𐤅𐤂𐤌 𐤃𐤌 𐤄𐤍𐤒𐤉 𐤀𐤔𐤓 𐤔𐤐𐤊 𐤅𐤉𐤌𐤋𐤀 𐤀𐤕 𐤉𐤓𐤅𐤔𐤋𐤌 𐤃𐤌 𐤍𐤒𐤉 𐤅𐤋𐤀
𐤀𐤁𐤄 𐤉𐤄𐤅𐤄 𐤋𐤎𐤋𐤇•

𐤄𐤅𐤉𐤕𐤓 𐤃𐤁𐤓𐤉 𐤉𐤄𐤅𐤉𐤒𐤉𐤌 𐤅𐤊𐤋 𐤀𐤔𐤓 𐤏𐤔𐤄 𐤄𐤋𐤀 𐤄𐤌 𐤊𐤕𐤅𐤁𐤉𐤌 𐤏𐤋
𐤎𐤐𐤓 𐤃𐤁𐤓𐤉 𐤄𐤉𐤌𐤉𐤌 𐤋𐤌𐤋𐤊𐤉 𐤉𐤄𐤅𐤃𐤄•

𐤅𐤅𐤉𐤔𐤊𐤁 𐤉𐤄𐤅𐤉𐤒𐤉𐤌 𐤏𐤌 𐤀𐤁𐤕𐤉𐤅 𐤅𐤉𐤌𐤋𐤊 𐤉𐤄𐤅𐤉𐤊𐤉𐤍 𐤁𐤍𐤅
𐤕𐤇𐤕𐤉𐤅•

𐤆𐤅𐤋𐤀 𐤄𐤎𐤉𐤐 𐤏𐤅𐤃 𐤌𐤋𐤊 𐤌𐤑𐤓𐤉𐤌 𐤋𐤑𐤀𐤕 𐤌𐤀𐤓𐤑𐤅 𐤊𐤉 𐤋𐤒𐤇 𐤌𐤋𐤊 𐤁𐤁𐤋
𐤌𐤍𐤇𐤋 𐤌𐤑𐤓𐤉𐤌 𐤏𐤃 𐤍𐤄𐤓 𐤐𐤓𐤕 𐤊𐤋 𐤀𐤔𐤓 𐤄𐤉𐤕𐤄 𐤋𐤌𐤋𐤊 𐤌𐤑𐤓𐤉𐤌•

𐤇𐤁𐤍 𐤔𐤌𐤍𐤄 𐤏𐤔𐤓𐤄 𐤔𐤍𐤄 𐤉𐤄𐤅𐤉𐤊𐤉𐤍 𐤁𐤌𐤋𐤊𐤅 𐤅𐤔𐤋𐤔𐤄 𐤇𐤃𐤔𐤉𐤌
𐤌𐤋𐤊 𐤁𐤉𐤓𐤅𐤔𐤋𐤌 𐤅𐤔𐤌 𐤀𐤌𐤅 𐤍𐤇𐤔𐤕𐤀 𐤁𐤕 𐤀𐤋𐤍𐤕𐤍 𐤌𐤉𐤓𐤅𐤔𐤋𐤌•
𐤈𐤅𐤉𐤏𐤔 𐤄𐤓𐤏 𐤁𐤏𐤉𐤍𐤉 𐤉𐤄𐤅𐤄 𐤊𐤊𐤋 𐤀𐤔𐤓 𐤏𐤔𐤄 𐤀𐤁𐤉𐤅•

𐤉𐤁𐤏𐤕 𐤄𐤄𐤉𐤀 𐤏𐤋𐤄 [𐤏𐤋𐤅] 𐤏𐤁𐤃𐤉 𐤍𐤁𐤊𐤃𐤍𐤀𐤑𐤓 𐤌𐤋𐤊 𐤁𐤁𐤋 𐤉𐤓𐤅𐤔𐤋𐤌
𐤅𐤕𐤁𐤀 𐤄𐤏𐤉𐤓 𐤁𐤌𐤑𐤅𐤓•

# מלכים ב

יא ויבא נבוכדנאצר מלך בבל על העיר ועבדיו צרים עליה•
יב ויצא יהויכין מלך יהודה על מלך בבל הוא ואמו
ועבדיו ושריו וסריסיו ויקח אתו מלך בבל בשנת שמנה
למלכו•
יג ויוצא משם את כל אוצרות בית יהוה ואוצרות בית
המלך ויקצץ את כל כלי הזהב אשר עשה שלמה מלך
ישראל בהיכל יהוה כאשר דבר יהוה•
יד והגלה את כל ירושלם ואת כל השרים ואת כל גבורי
החיל עשרה [עשרת] אלפים גולה וכל החרש והמסגר לא נשאר
זולת דלת עם הארץ•
טו ויגל את יהויכין בבלה ואת אם המלך ואת נשי המלך
ואת סריסיו ואת אולי [אילי] הארץ הוליך גולה
מירושלם בבלה•
טז ואת כל אנשי החיל שבעת אלפים והחרש והמסגר אלף
הכל גבורים עשי מלחמה ויביאם מלך בבל גולה בבלה•
יז וימלך מלך בבל את מתניה דדו תחתיו ויסב את שמו
צדקיהו•
יח בן עשרים ואחת שנה צדקיהו במלכו ואחת עשרה שנה
מלך בירושלם ושם אמו חמיטל [חמוטל] בת ירמיהו מלבנה•
יט ויעש הרע בעיני יהוה ככל אשר עשה יהויקים•
כ כי על אף יהוה היתה בירושלם וביהודה עד השלכו אתם
מעל פניו וימרד צדקיהו במלך בבל•

פרק כה
א ויהי בשנת התשיעית למלכו בחדש העשירי בעשור לחדש
בא נבוכדנאצר מלך בבל הוא וכל חילו על ירושלם ויחן
עליה ויבנו עליה דיק סביב•
ב ותבא העיר במצור עד עשתי עשרה שנה למלך צדקיהו•
ג בתשעה לחדש ויחזק הרעב בעיר ולא היה לחם לעם הארץ•
ד ותבקע העיר וכל אנשי המלחמה הלילה דרך שער בין
החמתים אשר על גן המלך וכשדים על העיר סביב וילך
הערבה•
ה וירדפו חיל כשדים אחר המלך וישגו אתו בערבת ירחו

𐤅𐤊𐤋 𐤇𐤉𐤋𐤅 𐤍𐤐𐤑𐤅 𐤌𐤏𐤋𐤉𐤅•
𐤅 𐤅𐤉𐤕𐤐𐤔𐤅 𐤀𐤕 𐤄𐤌𐤋𐤊 𐤅𐤉𐤏𐤋𐤅 𐤀𐤕𐤅 𐤀𐤋 𐤌𐤋𐤊 𐤁𐤁𐤋 𐤓𐤁𐤋𐤕𐤄 𐤅𐤉𐤃𐤁𐤓𐤅
𐤀𐤕𐤅 𐤌𐤔𐤐𐤈•
𐤆 𐤅𐤀𐤕 𐤁𐤍𐤉 𐤑𐤃𐤒𐤉𐤄𐤅 𐤔𐤇𐤈𐤅 𐤋𐤏𐤉𐤍𐤉𐤅 𐤅𐤀𐤕 𐤏𐤉𐤍𐤉 𐤑𐤃𐤒𐤉𐤄𐤅 𐤏𐤅𐤓
𐤅𐤉𐤀𐤎𐤓𐤄𐤅 𐤁𐤍𐤇𐤔𐤕𐤉𐤌 𐤅𐤉𐤁𐤀𐤄𐤅 𐤁𐤁𐤋•
𐤇 𐤅𐤁𐤇𐤃𐤔 𐤄𐤇𐤌𐤉𐤔𐤉 𐤁𐤔𐤁𐤏𐤄 𐤋𐤇𐤃𐤔 𐤄𐤉𐤀 𐤔𐤍𐤕 𐤕𐤔𐤏 𐤏𐤔𐤓𐤄 𐤔𐤍𐤄
𐤋𐤌𐤋𐤊 𐤍𐤁𐤊𐤃𐤍𐤀𐤑𐤓 𐤌𐤋𐤊 𐤁𐤁𐤋 𐤁𐤀 𐤍𐤁𐤅𐤆𐤓𐤀𐤃𐤍 𐤓𐤁 𐤈𐤁𐤇𐤉𐤌 𐤏𐤁𐤃 𐤌𐤋𐤊
𐤁𐤁𐤋 𐤉𐤓𐤅𐤔𐤋𐤌•
𐤈 𐤅𐤉𐤔𐤓𐤐 𐤀𐤕 𐤁𐤉𐤕 𐤉𐤄𐤅𐤄 𐤅𐤀𐤕 𐤁𐤉𐤕 𐤄𐤌𐤋𐤊 𐤅𐤀𐤕 𐤊𐤋 𐤁𐤕𐤉
𐤉𐤓𐤅𐤔𐤋𐤌 𐤅𐤀𐤕 𐤊𐤋 𐤁𐤉𐤕 𐤂𐤃𐤅𐤋 𐤔𐤓𐤐 𐤁𐤀𐤔•
𐤉 𐤅𐤀𐤕 𐤇𐤅𐤌𐤕 𐤉𐤓𐤅𐤔𐤋𐤌 𐤎𐤁𐤉𐤁 𐤍𐤕𐤑𐤅 𐤊𐤋 𐤇𐤉𐤋 𐤊𐤔𐤃𐤉𐤌 𐤀𐤔𐤓 𐤓𐤁
𐤈𐤁𐤇𐤉𐤌•
𐤉𐤀 𐤅𐤀𐤕 𐤉𐤕𐤓 𐤄𐤏𐤌 𐤄𐤍𐤔𐤀𐤓𐤉𐤌 𐤁𐤏𐤉𐤓 𐤅𐤀𐤕 𐤄𐤍𐤐𐤋𐤉𐤌 𐤀𐤔𐤓 𐤍𐤐𐤋𐤅 𐤏𐤋
𐤄𐤌𐤋𐤊 𐤌𐤋𐤊 𐤁𐤁𐤋 𐤅𐤀𐤕 𐤉𐤕𐤓 𐤄𐤄𐤌𐤅𐤍 𐤄𐤂𐤋𐤄 𐤍𐤁𐤅𐤆𐤓𐤀𐤃𐤍 𐤓𐤁 𐤈𐤁𐤇𐤉𐤌•
𐤉𐤁 𐤅𐤌𐤃𐤋𐤕 𐤄𐤀𐤓𐤑 𐤄𐤔𐤀𐤉𐤓 𐤓𐤁 𐤈𐤁𐤇𐤉𐤌 𐤋𐤊𐤓𐤌𐤉𐤌 𐤅𐤋𐤂𐤁𐤉𐤌
[𐤅𐤋𐤉𐤂𐤁𐤉𐤌] •
𐤉𐤂 𐤅𐤀𐤕 𐤏𐤌𐤅𐤃𐤉 𐤄𐤍𐤇𐤔𐤕 𐤀𐤔𐤓 𐤁𐤉𐤕 𐤉𐤄𐤅𐤄 𐤅𐤀𐤕 𐤄𐤌𐤊𐤍𐤅𐤕 𐤅𐤀𐤕 𐤉𐤌
𐤄𐤍𐤇𐤔𐤕 𐤀𐤔𐤓 𐤁𐤁𐤉𐤕 𐤉𐤄𐤅𐤄 𐤔𐤁𐤓𐤅 𐤊𐤔𐤃𐤉𐤌 𐤅𐤉𐤔𐤀𐤅 𐤀𐤕 𐤍𐤇𐤔𐤕𐤌
𐤁𐤁𐤋𐤄•
𐤉𐤃 𐤅𐤀𐤕 𐤄𐤎𐤉𐤓𐤕 𐤅𐤀𐤕 𐤄𐤉𐤏𐤉𐤌 𐤅𐤀𐤕 𐤄𐤌𐤆𐤌𐤓𐤅𐤕 𐤅𐤀𐤕 𐤄𐤊𐤐𐤅𐤕 𐤅𐤀𐤕
𐤊𐤋 𐤊𐤋𐤉 𐤄𐤍𐤇𐤔𐤕 𐤀𐤔𐤓 𐤉𐤔𐤓𐤕𐤅 𐤁𐤌 𐤋𐤒𐤇𐤅•
𐤈𐤅 𐤅𐤀𐤕 𐤄𐤌𐤇𐤕𐤅𐤕 𐤅𐤀𐤕 𐤄𐤌𐤆𐤓𐤒𐤅𐤕 𐤀𐤔𐤓 𐤆𐤄𐤁 𐤆𐤄𐤁 𐤅𐤀𐤔𐤓 𐤊𐤎𐤐 𐤊𐤎𐤐
𐤋𐤒𐤇 𐤓𐤁 𐤈𐤁𐤇𐤉𐤌•
𐤈𐤆 𐤄𐤏𐤌𐤅𐤃𐤉𐤌 𐤔𐤍𐤉𐤌 𐤄𐤉𐤌 𐤄𐤀𐤇𐤃 𐤅𐤄𐤌𐤊𐤍𐤅𐤕 𐤀𐤔𐤓 𐤏𐤔𐤄 𐤔𐤋𐤌𐤄
𐤋𐤁𐤉𐤕 𐤉𐤄𐤅𐤄 𐤋𐤀 𐤄𐤉𐤄 𐤌𐤔𐤒𐤋 𐤋𐤍𐤇𐤔𐤕 𐤊𐤋 𐤄𐤊𐤋𐤉𐤌 𐤄𐤀𐤋𐤄•
𐤉𐤆 𐤔𐤌𐤍𐤄 𐤏𐤔𐤓𐤄 𐤀𐤌𐤄 𐤒𐤅𐤌𐤕 𐤄𐤏𐤌𐤅𐤃 𐤄𐤀𐤇𐤃 𐤅𐤊𐤕𐤓𐤕 𐤏𐤋𐤉𐤅 𐤍𐤇𐤔𐤕
𐤅𐤒𐤅𐤌𐤕 𐤄𐤊𐤕𐤓𐤕 𐤔𐤋𐤔 𐤀𐤌𐤄 [𐤀𐤌𐤅𐤕] 𐤅𐤔𐤁𐤊𐤄 𐤅𐤓𐤌𐤍𐤉𐤌 𐤏𐤋 𐤄𐤊𐤕𐤓𐤕
𐤎𐤁𐤉𐤁 𐤄𐤊𐤋 𐤍𐤇𐤔𐤕 𐤅𐤊𐤀𐤋𐤄 𐤋𐤏𐤌𐤅𐤃 𐤄𐤔𐤍𐤉 𐤏𐤋 𐤄𐤔𐤁𐤊𐤄•
𐤉𐤇 𐤅𐤉𐤒𐤇 𐤓𐤁 𐤈𐤁𐤇𐤉𐤌 𐤀𐤕 𐤔𐤓𐤉𐤄 𐤊𐤄𐤍 𐤄𐤓𐤀𐤔 𐤅𐤀𐤕 𐤑𐤐𐤍𐤉𐤄𐤅 𐤊𐤄𐤍
𐤌𐤔𐤍𐤄 𐤅𐤀𐤕 𐤔𐤋𐤔𐤕 𐤔𐤌𐤓𐤉 𐤄𐤎𐤐•
𐤉𐤈 𐤅𐤌𐤍 𐤄𐤏𐤉𐤓 𐤋𐤒𐤇 𐤎𐤓𐤉𐤎 𐤀𐤇𐤃 𐤀𐤔𐤓 𐤄𐤅𐤀 𐤐𐤒𐤉𐤃 𐤏𐤋 𐤀𐤍𐤔𐤉
𐤄𐤌𐤋𐤇𐤌𐤄 𐤅𐤇𐤌𐤔𐤄 𐤀𐤍𐤔𐤉𐤌 𐤌𐤓𐤀𐤉 𐤐𐤍𐤉 𐤄𐤌𐤋𐤊 𐤀𐤔𐤓 𐤍𐤌𐤑𐤀𐤅 𐤁𐤏𐤉𐤓
𐤅𐤀𐤕 𐤄𐤎𐤐𐤓 𐤔𐤓 𐤄𐤑𐤁𐤀 𐤄𐤌𐤑𐤁𐤀 𐤀𐤕 𐤏𐤌 𐤄𐤀𐤓𐤑 𐤅𐤔𐤔𐤉𐤌 𐤀𐤉𐤔 𐤌𐤏𐤌

# 𐤌𐤋𐤊𐤉𐤌 𐤁

𐤄𐤀𐤓𐤑 𐤄𐤍𐤌𐤑𐤀𐤉𐤌 𐤁𐤏𐤉𐤓.
𐤊 𐤅𐤉𐤒𐤇 𐤀𐤕𐤌 𐤍𐤁𐤅𐤆𐤓𐤀𐤃𐤍 𐤓𐤁 𐤈𐤁𐤇𐤉𐤌 𐤅𐤉𐤋𐤊 𐤀𐤕𐤌 𐤏𐤋 𐤌𐤋𐤊 𐤁𐤁𐤋
𐤓𐤁𐤋𐤕𐤄.
𐤊𐤀 𐤅𐤉𐤊 𐤀𐤕𐤌 𐤌𐤋𐤊 𐤁𐤁𐤋 𐤅𐤉𐤌𐤉𐤕𐤌 𐤁𐤓𐤁𐤋𐤄 𐤁𐤀𐤓𐤑 𐤇𐤌𐤕 𐤅𐤉𐤂𐤋
𐤉𐤄𐤅𐤃𐤄 𐤌𐤏𐤋 𐤀𐤃𐤌𐤕𐤅.
𐤊𐤁 𐤅𐤄𐤏𐤌 𐤄𐤍𐤔𐤀𐤓 𐤁𐤀𐤓𐤑 𐤉𐤄𐤅𐤃𐤄 𐤀𐤔𐤓 𐤄𐤔𐤀𐤉𐤓 𐤍𐤁𐤅𐤊𐤃𐤍𐤀𐤑𐤓 𐤌𐤋𐤊
𐤁𐤁𐤋 𐤅𐤉𐤐𐤒𐤃 𐤏𐤋𐤉𐤄𐤌 𐤀𐤕 𐤂𐤃𐤋𐤉𐤄𐤅 𐤁𐤍 𐤀𐤇𐤉𐤒𐤌 𐤁𐤍 𐤔𐤐𐤍.
𐤊𐤂 𐤅𐤉𐤔𐤌𐤏𐤅 𐤊𐤋 𐤔𐤓𐤉 𐤄𐤇𐤉𐤋𐤉𐤌 𐤄𐤌𐤄 𐤅𐤄𐤀𐤍𐤔𐤉𐤌 𐤊𐤉 𐤄𐤐𐤒𐤉𐤃
𐤌𐤋𐤊 𐤁𐤁𐤋 𐤀𐤕 𐤂𐤃𐤋𐤉𐤄𐤅 𐤅𐤉𐤁𐤀𐤅 𐤀𐤋 𐤂𐤃𐤋𐤉𐤄𐤅 𐤄𐤌𐤑𐤐𐤄 𐤅𐤉𐤔𐤌𐤏𐤀𐤋
𐤁𐤍 𐤍𐤕𐤍𐤉𐤄 𐤅𐤉𐤅𐤇𐤍𐤍 𐤁𐤍 𐤒𐤓𐤇 𐤅𐤔𐤓𐤉𐤄 𐤁𐤍 𐤕𐤍𐤇𐤌𐤕 𐤄𐤍𐤈𐤐𐤕𐤉
𐤅𐤉𐤀𐤆𐤍𐤉𐤄𐤅 𐤁𐤍 𐤄𐤌𐤏𐤊𐤕𐤉 𐤄𐤌𐤄 𐤅𐤀𐤍𐤔𐤉𐤄𐤌.
𐤊𐤃 𐤅𐤉𐤔𐤁𐤏 𐤋𐤄𐤌 𐤂𐤃𐤋𐤉𐤄𐤅 𐤅𐤋𐤀𐤍𐤔𐤉𐤄𐤌 𐤅𐤉𐤀𐤌𐤓 𐤋𐤄𐤌 𐤀𐤋 𐤕𐤉𐤓𐤀𐤅
𐤌𐤏𐤁𐤃𐤉 𐤄𐤊𐤔𐤃𐤉𐤌 𐤔𐤁𐤅 𐤁𐤀𐤓𐤑 𐤅𐤏𐤁𐤃𐤅 𐤀𐤕 𐤌𐤋𐤊 𐤁𐤁𐤋 𐤅𐤉𐤉𐤈𐤁 𐤋𐤊𐤌.
𐤊𐤄 𐤅𐤉𐤄𐤉 𐤁𐤇𐤃𐤔 𐤄𐤔𐤁𐤉𐤏𐤉 𐤁𐤀 𐤉𐤔𐤌𐤏𐤀𐤋 𐤁𐤍 𐤍𐤕𐤍𐤉𐤄 𐤁𐤍
𐤀𐤋𐤉𐤔𐤌𐤏 𐤌𐤆𐤓𐤏 𐤄𐤌𐤋𐤅𐤊𐤄 𐤅𐤏𐤔𐤓𐤄 𐤀𐤍𐤔𐤉𐤌 𐤀𐤕𐤅 𐤅𐤉𐤊𐤅 𐤀𐤕
𐤂𐤃𐤋𐤉𐤄𐤅 𐤅𐤉𐤌𐤕 𐤅𐤀𐤕 𐤄𐤉𐤄𐤅𐤃𐤉𐤌 𐤅𐤀𐤕 𐤄𐤊𐤔𐤃𐤉𐤌 𐤀𐤔𐤓 𐤄𐤉𐤅 𐤀𐤕𐤅
𐤁𐤌𐤑𐤐𐤄.
𐤊𐤅 𐤅𐤉𐤒𐤌𐤅 𐤊𐤋 𐤄𐤏𐤌 𐤌𐤒𐤈𐤍 𐤅𐤏𐤃 𐤂𐤃𐤅𐤋 𐤅𐤔𐤓𐤉 𐤄𐤇𐤉𐤋𐤉𐤌 𐤅𐤉𐤁𐤀𐤅
𐤌𐤑𐤓𐤉𐤌 𐤊𐤉 𐤉𐤓𐤀𐤅 𐤌𐤐𐤍𐤉 𐤊𐤔𐤃𐤉𐤌.
𐤊𐤆 𐤅𐤉𐤄𐤉 𐤁𐤔𐤋𐤔𐤉𐤌 𐤅𐤔𐤁𐤏 𐤔𐤍𐤄 𐤋𐤂𐤋𐤅𐤕 𐤉𐤄𐤅𐤉𐤊𐤉𐤍 𐤌𐤋𐤊
𐤉𐤄𐤅𐤃𐤄 𐤁𐤔𐤍𐤉𐤌 𐤏𐤔𐤓 𐤇𐤃𐤔 𐤁𐤏𐤔𐤓𐤉𐤌 𐤅𐤔𐤁𐤏𐤄 𐤋𐤇𐤃𐤔 𐤍𐤔𐤀 𐤀𐤅𐤉𐤋
𐤌𐤓𐤃𐤊 𐤌𐤋𐤊 𐤁𐤁𐤋 𐤁𐤔𐤍𐤕 𐤌𐤋𐤊𐤅 𐤀𐤕 𐤓𐤀𐤔 𐤉𐤄𐤅𐤉𐤊𐤉𐤍 𐤌𐤋𐤊 𐤉𐤄𐤅𐤃𐤄
𐤌𐤁𐤉𐤕 𐤊𐤋𐤀.
𐤊𐤇 𐤅𐤉𐤃𐤁𐤓 𐤀𐤕𐤅 𐤈𐤁𐤅𐤕 𐤅𐤉𐤕𐤍 𐤀𐤕 𐤊𐤎𐤀𐤅 𐤌𐤏𐤋 𐤊𐤎𐤀 𐤄𐤌𐤋𐤊𐤉𐤌 𐤀𐤔𐤓
𐤀𐤕𐤅 𐤁𐤁𐤁𐤋.
𐤊𐤈 𐤅𐤔𐤍𐤀 𐤀𐤕 𐤁𐤂𐤃𐤉 𐤊𐤋𐤀𐤅 𐤅𐤀𐤊𐤋 𐤋𐤇𐤌 𐤕𐤌𐤉𐤃 𐤋𐤐𐤍𐤉𐤅 𐤊𐤋 𐤉𐤌𐤉
𐤇𐤉𐤉𐤅.
𐤋 𐤅𐤀𐤓𐤇𐤕𐤅 𐤀𐤓𐤇𐤕 𐤕𐤌𐤉𐤃 𐤍𐤕𐤍𐤄 𐤋𐤅 𐤌𐤀𐤕 𐤄𐤌𐤋𐤊 𐤃𐤁𐤓 𐤉𐤅𐤌 𐤁𐤉𐤅𐤌𐤅
𐤊𐤋 𐤉𐤌𐤉 𐤇𐤉𐤅.

# 𐤃𐤁𐤓𐤉 𐤄𐤉𐤌𐤉𐤌 𐤀

𐤐𐤓𐤒 𐤀

𐤀 𐤀𐤃𐤌 𐤔𐤕 𐤀𐤍𐤅𐤔•
𐤁 𐤒𐤉𐤍𐤍 𐤌𐤄𐤋𐤋𐤀𐤋 𐤉𐤓𐤃•
𐤂 𐤇𐤍𐤅𐤊 𐤌𐤕𐤅𐤔𐤋𐤇 𐤋𐤌𐤊•
𐤃 𐤍𐤇 𐤔𐤌 𐤇𐤌 𐤅𐤉𐤐𐤕•
𐤄 𐤁𐤍𐤉 𐤉𐤐𐤕 𐤂𐤌𐤓 𐤅𐤌𐤂𐤅𐤂 𐤅𐤌𐤃𐤉 𐤅𐤉𐤅𐤍 𐤅𐤕𐤁𐤋 𐤅𐤌𐤔𐤊 𐤅𐤕𐤉𐤓𐤎•
𐤅 𐤅𐤁𐤍𐤉 𐤂𐤌𐤓 𐤀𐤔𐤊𐤍𐤆 𐤅𐤃𐤉𐤐𐤕 𐤅𐤕𐤅𐤂𐤓𐤌𐤄•
𐤆 𐤅𐤁𐤍𐤉 𐤉𐤅𐤍 𐤀𐤋𐤉𐤔𐤄 𐤅𐤕𐤓𐤔𐤉𐤔𐤄 𐤊𐤕𐤉𐤌 𐤅𐤓𐤅𐤃𐤍𐤉𐤌•
𐤇 𐤁𐤍𐤉 𐤇𐤌 𐤊𐤅𐤔 𐤅𐤌𐤑𐤓𐤉𐤌 𐤐𐤅𐤈 𐤅𐤊𐤍𐤏𐤍•
𐤈 𐤅𐤁𐤍𐤉 𐤊𐤅𐤔 𐤎𐤁𐤀 𐤅𐤇𐤅𐤉𐤋𐤄 𐤅𐤎𐤁𐤕𐤀 𐤅𐤓𐤏𐤌𐤀 𐤅𐤎𐤁𐤕𐤊𐤀 𐤅𐤁𐤍𐤉 𐤓𐤏𐤌𐤀
𐤔𐤁𐤀 𐤅𐤃𐤃𐤍•
𐤉 𐤅𐤊𐤅𐤔 𐤉𐤋𐤃 𐤀𐤕 𐤍𐤌𐤓𐤅𐤃 𐤄𐤅𐤀 𐤄𐤇𐤋 𐤋𐤄𐤉𐤅𐤕 𐤂𐤁𐤅𐤓 𐤁𐤀𐤓𐤑•
𐤉𐤀 𐤅𐤌𐤑𐤓𐤉𐤌 𐤉𐤋𐤃 𐤀𐤕 𐤋𐤅𐤃𐤉𐤉𐤌 [𐤋𐤅𐤃𐤉𐤌] 𐤅𐤀𐤕 𐤏𐤍𐤌𐤉𐤌 𐤅𐤀𐤕
𐤋𐤄𐤁𐤉𐤌 𐤅𐤀𐤕 𐤍𐤐𐤕𐤇𐤉𐤌•
𐤉𐤁 𐤅𐤀𐤕 𐤐𐤕𐤓𐤎𐤉𐤌 𐤅𐤀𐤕 𐤊𐤎𐤋𐤇𐤉𐤌 𐤀𐤔𐤓 𐤉𐤑𐤀𐤅 𐤌𐤔𐤌 𐤐𐤋𐤔𐤕𐤉𐤌 𐤅𐤀𐤕
𐤊𐤐𐤕𐤓𐤉𐤌•
𐤉𐤂 𐤅𐤊𐤍𐤏𐤍 𐤉𐤋𐤃 𐤀𐤕 𐤑𐤉𐤃𐤅𐤍 𐤁𐤊𐤓𐤅 𐤅𐤀𐤕 𐤇𐤕•
𐤉𐤃 𐤅𐤀𐤕 𐤄𐤉𐤁𐤅𐤎𐤉 𐤅𐤀𐤕 𐤄𐤀𐤌𐤓𐤉 𐤅𐤀𐤕 𐤄𐤂𐤓𐤂𐤔𐤉•
𐤈𐤅 𐤅𐤀𐤕 𐤄𐤇𐤅𐤉 𐤅𐤀𐤕 𐤄𐤏𐤓𐤒𐤉 𐤅𐤀𐤕 𐤄𐤎𐤉𐤍𐤉•
𐤈𐤆 𐤅𐤀𐤕 𐤄𐤀𐤓𐤅𐤃𐤉 𐤅𐤀𐤕 𐤄𐤑𐤌𐤓𐤉 𐤅𐤀𐤕 𐤄𐤇𐤌𐤕𐤉•
𐤉𐤆 𐤁𐤍𐤉 𐤔𐤌 𐤏𐤉𐤋𐤌 𐤅𐤀𐤔𐤅𐤓 𐤅𐤀𐤓𐤐𐤊𐤔𐤃 𐤅𐤋𐤅𐤃 𐤅𐤀𐤓𐤌 𐤅𐤏𐤅𐤑 𐤅𐤇𐤅𐤋
𐤅𐤂𐤕𐤓 𐤅𐤌𐤔𐤊•
𐤉𐤇 𐤅𐤀𐤓𐤐𐤊𐤔𐤃 𐤉𐤋𐤃 𐤀𐤕 𐤔𐤋𐤇 𐤅𐤔𐤋𐤇 𐤉𐤋𐤃 𐤀𐤕 𐤏𐤁𐤓•
𐤉𐤈 𐤅𐤋𐤏𐤁𐤓 𐤉𐤋𐤃 𐤔𐤍𐤉 𐤁𐤍𐤉𐤌 𐤔𐤌 𐤄𐤀𐤇𐤃 𐤐𐤋𐤂 𐤊𐤉 𐤁𐤉𐤌𐤉𐤅 𐤍𐤐𐤋𐤂𐤄
𐤄𐤀𐤓𐤑 𐤅𐤔𐤌 𐤀𐤇𐤉𐤅 𐤉𐤒𐤈𐤍•
𐤊 𐤅𐤉𐤒𐤈𐤍 𐤉𐤋𐤃 𐤀𐤕 𐤀𐤋𐤌𐤅𐤃𐤃 𐤅𐤀𐤕 𐤔𐤋𐤐 𐤅𐤀𐤕 𐤇𐤑𐤓𐤌𐤅𐤕 𐤅𐤀𐤕 𐤉𐤓𐤇•
𐤊𐤀 𐤅𐤀𐤕 𐤄𐤃𐤅𐤓𐤌 𐤅𐤀𐤕 𐤀𐤅𐤆𐤋 𐤅𐤀𐤕 𐤃𐤒𐤋𐤄•
𐤊𐤁 𐤅𐤀𐤕 𐤏𐤉𐤁𐤋 𐤅𐤀𐤕 𐤀𐤁𐤉𐤌𐤀𐤋 𐤅𐤀𐤕 𐤔𐤁𐤀•
𐤊𐤂 𐤅𐤀𐤕 𐤀𐤅𐤐𐤉𐤓 𐤅𐤀𐤕 𐤇𐤅𐤉𐤋𐤄 𐤅𐤀𐤕 𐤉𐤅𐤁𐤁 𐤊𐤋 𐤀𐤋𐤄 𐤁𐤍𐤉 𐤉𐤒𐤈𐤍•
𐤊𐤃 𐤔𐤌 𐤀𐤓𐤐𐤊𐤔𐤃 𐤔𐤋𐤇•
𐤊𐤄 𐤏𐤁𐤓 𐤐𐤋𐤂 𐤓𐤏𐤅•
𐤊𐤅 𐤔𐤓𐤅𐤂 𐤍𐤇𐤅𐤓 𐤕𐤓𐤇•

# דברי הימים א

כז אברם הוא אברהם•
כח בני אברהם יצחק וישמעאל•
כט אלה תלדותם בכור ישמעאל נביות וקדר ואדבאל
ומבשם•
ל משמע ודומה משא חדד ותימא•
לא יטור נפיש וקדמה אלה הם בני ישמעאל•
לב ובני קטורה פילגש אברהם ילדה את זמרן ויקשן ומדן
ומדין וישבק ושוח ובני יקשן שבא ודדן•
לג ובני מדין עיפה ועפר וחנוך ואבידע ואלדעה כל אלה
בני קטורה•
לד ויולד אברהם את יצחק בני יצחק עשו וישראל•
לה בני עשו אליפז רעואל ויעוש ויעלם וקרח•
לו בני אליפז תימן ואומר צפי וגעתם קנז ותמנע ועמלק•
לז בני רעואל נחת זרח שמה ומזה•
לח ובני שעיר לוטן ושובל וצבעון וענה ודישן ואצר
ודישן•
לט ובני לוטן חרי והומם ואחות לוטן תמנע•
מ בני שובל עלין ומנחת ועיבל שפי ואונם ובני צבעון
איה וענה•
מא בני ענה דישון ובני דישון חמרן ואשבן ויתרן וכרן•
מב בני אצר בלהן וזעון יעקן בני דישון עוץ וארן•
מג ואלה המלכים אשר מלכו בארץ אדום לפני מלך מלך
לבני ישראל בלע בן בעור ושם עירו דנהבה•
מד וימת בלע וימלך תחתיו יובב בן זרח מבצרה•
מה וימת יובב וימלך תחתיו חושם מארץ התימני•
מו וימת חושם וימלך תחתיו הדד בן בדד המכה את מדין
בשדה מואב ושם עירו עיות [עוית]•
מז וימת הדד וימלך תחתיו שמלה ממשרקה•
מח וימת שמלה וימלך תחתיו שאול מרחבות הנהר•
מט וימת שאול וימלך תחתיו בעל חנן בן עכבור•
נ וימת בעל חנן וימלך תחתיו הדד ושם עירו פעי ושם
אשתו מהיטבאל בת מטרד בת מי זהב•
נא וימת הדד ויהיו אלופי אדום אלוף תמנע אלוף עליה

# 𐤃𐤁𐤓𐤉 𐤄𐤉𐤌𐤉𐤌 𐤀

[𐤏𐤋𐤅𐤄] 𐤀𐤋𐤅𐤐 𐤉𐤕𐤕.
𐤍𐤁 𐤀𐤋𐤅𐤐 𐤀𐤄𐤋𐤉𐤁𐤌𐤄 𐤀𐤋𐤅𐤐 𐤀𐤋𐤄 𐤀𐤋𐤅𐤐 𐤐𐤉𐤍𐤍.
𐤍𐤂 𐤀𐤋𐤅𐤐 𐤒𐤍𐤆 𐤀𐤋𐤅𐤐 𐤕𐤉𐤌𐤍 𐤀𐤋𐤅𐤐 𐤌𐤁𐤑𐤓.
𐤍𐤃 𐤀𐤋𐤅𐤐 𐤌𐤂𐤃𐤉𐤀𐤋 𐤀𐤋𐤅𐤐 𐤏𐤉𐤓𐤌 𐤀𐤋𐤄 𐤀𐤋𐤅𐤐𐤉 𐤀𐤃𐤅𐤌.

## 𐤐𐤓𐤒 𐤁

𐤀 𐤀𐤋𐤄 𐤁𐤍𐤉 𐤉𐤔𐤓𐤀𐤋 𐤓𐤀𐤅𐤁𐤍 𐤔𐤌𐤏𐤅𐤍 𐤋𐤅𐤉 𐤅𐤉𐤄𐤅𐤃𐤄 𐤉𐤔𐤔𐤊𐤓
𐤅𐤆𐤁𐤋𐤅𐤍.
𐤁 𐤃𐤍 𐤉𐤅𐤎𐤐 𐤅𐤁𐤍𐤉𐤌𐤍 𐤍𐤐𐤕𐤋𐤉 𐤂𐤃 𐤅𐤀𐤔𐤓.
𐤂 𐤁𐤍𐤉 𐤉𐤄𐤅𐤃𐤄 𐤏𐤓 𐤅𐤀𐤅𐤍𐤍 𐤅𐤔𐤋𐤄 𐤔𐤋𐤅𐤔𐤄 𐤍𐤅𐤋𐤃 𐤋𐤅 𐤌𐤁𐤕 𐤔𐤅𐤏
𐤄𐤊𐤍𐤏𐤍𐤉𐤕 𐤅𐤉𐤄𐤉 𐤏𐤓 𐤁𐤊𐤅𐤓 𐤉𐤄𐤅𐤃𐤄 𐤓𐤏 𐤁𐤏𐤉𐤍𐤉 𐤉𐤄𐤅𐤄 𐤅𐤉𐤌𐤉𐤕𐤄𐤅.
𐤃 𐤅𐤕𐤌𐤓 𐤊𐤋𐤕𐤅 𐤉𐤋𐤃𐤄 𐤋𐤅 𐤀𐤕 𐤐𐤓𐤑 𐤅𐤀𐤕 𐤆𐤓𐤇 𐤊𐤋 𐤁𐤍𐤉 𐤉𐤄𐤅𐤃𐤄
𐤇𐤌𐤔𐤄.
𐤄 𐤁𐤍𐤉 𐤐𐤓𐤑 𐤇𐤑𐤓𐤅𐤍 𐤅𐤇𐤌𐤅𐤋.
𐤅 𐤅𐤁𐤍𐤉 𐤆𐤓𐤇 𐤆𐤌𐤓𐤉 𐤅𐤀𐤉𐤕𐤍 𐤅𐤄𐤉𐤌𐤍 𐤅𐤊𐤋𐤊𐤋 𐤅𐤃𐤓𐤏 𐤊𐤋𐤌 𐤇𐤌𐤔𐤄.
𐤆 𐤅𐤁𐤍𐤉 𐤊𐤓𐤌𐤉 𐤏𐤊𐤓 𐤏𐤅𐤊𐤓 𐤉𐤔𐤓𐤀𐤋 𐤀𐤔𐤓 𐤌𐤏𐤋 𐤁𐤇𐤓𐤌.
𐤇 𐤅𐤁𐤍𐤉 𐤀𐤉𐤕𐤍 𐤏𐤆𐤓𐤉𐤄.
𐤈 𐤅𐤁𐤍𐤉 𐤇𐤑𐤓𐤅𐤍 𐤀𐤔𐤓 𐤍𐤅𐤋𐤃 𐤋𐤅 𐤀𐤕 𐤉𐤓𐤇𐤌𐤀𐤋 𐤅𐤀𐤕 𐤓𐤌 𐤅𐤀𐤕 𐤊𐤋𐤅𐤁𐤉.
𐤉 𐤅𐤓𐤌 𐤄𐤅𐤋𐤉𐤃 𐤀𐤕 𐤏𐤌𐤉𐤍𐤃𐤁 𐤅𐤏𐤌𐤉𐤍𐤃𐤁 𐤄𐤅𐤋𐤉𐤃 𐤀𐤕 𐤍𐤇𐤔𐤅𐤍 𐤍𐤔𐤉𐤀
𐤁𐤍𐤉 𐤉𐤄𐤅𐤃𐤄.
𐤉𐤀 𐤅𐤍𐤇𐤔𐤅𐤍 𐤄𐤅𐤋𐤉𐤃 𐤀𐤕 𐤔𐤋𐤌𐤀 𐤅𐤔𐤋𐤌𐤀 𐤄𐤅𐤋𐤉𐤃 𐤀𐤕 𐤁𐤏𐤆.
𐤉𐤁 𐤅𐤁𐤏𐤆 𐤄𐤅𐤋𐤉𐤃 𐤀𐤕 𐤏𐤅𐤁𐤃 𐤅𐤏𐤅𐤁𐤃 𐤄𐤅𐤋𐤉𐤃 𐤀𐤕 𐤉𐤔𐤉.
𐤉𐤂 𐤅𐤀𐤉𐤔𐤉 𐤄𐤅𐤋𐤉𐤃 𐤀𐤕 𐤁𐤊𐤓𐤅 𐤀𐤕 𐤀𐤋𐤉𐤀𐤁 𐤅𐤀𐤁𐤉𐤍𐤃𐤁 𐤄𐤔𐤍𐤉
𐤅𐤔𐤌𐤏𐤀 𐤄𐤔𐤋𐤉𐤔𐤉.
𐤉𐤃 𐤍𐤕𐤍𐤀𐤋 𐤄𐤓𐤁𐤉𐤏𐤉 𐤓𐤃𐤉 𐤄𐤇𐤌𐤉𐤔𐤉.
𐤈𐤅 𐤀𐤑𐤌 𐤄𐤔𐤔𐤉 𐤃𐤅𐤉𐤃 𐤄𐤔𐤁𐤏𐤉.
𐤈𐤆 𐤅𐤀𐤇𐤉𐤅𐤕𐤉𐤄𐤌 𐤑𐤓𐤅𐤉𐤄 𐤅𐤀𐤁𐤉𐤂𐤉𐤋 𐤅𐤁𐤍𐤉 𐤑𐤓𐤅𐤉𐤄 𐤀𐤁𐤔𐤉
𐤅𐤉𐤅𐤀𐤁 𐤅𐤏𐤔𐤄𐤀𐤋 𐤔𐤋𐤔𐤄.
𐤉𐤆 𐤅𐤀𐤁𐤉𐤂𐤉𐤋 𐤉𐤋𐤃𐤄 𐤀𐤕 𐤏𐤌𐤔𐤀 𐤅𐤀𐤁𐤉 𐤏𐤌𐤔𐤀 𐤉𐤕𐤓 𐤄𐤉𐤔𐤌𐤏𐤀𐤋𐤉.
𐤉𐤇 𐤅𐤊𐤋𐤁 𐤁𐤍 𐤇𐤑𐤓𐤅𐤍 𐤄𐤅𐤋𐤉𐤃 𐤀𐤕 𐤏𐤆𐤅𐤁𐤄 𐤀𐤔𐤄 𐤅𐤀𐤕 𐤉𐤓𐤉𐤏𐤅𐤕
𐤅𐤀𐤋𐤄 𐤁𐤍𐤉𐤄 𐤉𐤔𐤓 𐤅𐤔𐤅𐤁𐤁 𐤅𐤀𐤓𐤃𐤅𐤍.
𐤉𐤈 𐤅𐤕𐤌𐤕 𐤏𐤆𐤅𐤁𐤄 𐤅𐤉𐤒𐤇 𐤋𐤅 𐤊𐤋𐤁 𐤀𐤕 𐤀𐤐𐤓𐤕 𐤅𐤕𐤋𐤃 𐤋𐤅 𐤀𐤕 𐤇𐤅𐤓.
𐤊 𐤅𐤇𐤅𐤓 𐤄𐤅𐤋𐤉𐤃 𐤀𐤕 𐤀𐤅𐤓𐤉 𐤅𐤀𐤅𐤓𐤉 𐤄𐤅𐤋𐤉𐤃 𐤀𐤕 𐤁𐤑𐤋𐤀𐤋.

# דברי הימים א

כא ואחר בא חצרון אל בת מכיר אבי גלעד והוא לקחה והוא בן ששים שנה ותלד לו את שגוב.

כב ושגוב הוליד את יאיר ויהי לו עשרים ושלש ערים בארץ הגלעד.

כג ויקח גשור וארם את חות יאיר מאתם את קנת ואת בנותיה ששים עיר כל אלה בני מכיר אבי גלעד.

כד ואחר מות חצרון בכלב אפרתה ואשת חצרון אביה ותלד לו את אשחור אבי תקוע.

כה ויהיו בני ירחמאל בכור חצרון הבכור רם ובונה וארן ואצם אחיה.

כו ותהי אשה אחרת לירחמאל ושמה עטרה היא אם אונם.

כז ויהיו בני רם בכור ירחמאל מעץ וימין ועקר.

כח ויהיו בני אונם שמי וידע ובני שמי נדב ואבישור.

כט ושם אשת אבישור אביהיל ותלד לו את אחבן ואת מוליד.

ל ובני נדב סלד ואפים וימת סלד לא בנים.

לא ובני אפים ישעי ובני ישעי ששן ובני ששן אחלי.

לב ובני ידע אחי שמי יתר ויונתן וימת יתר לא בנים.

לג ובני יונתן פלת וזזא אלה היו בני ירחמאל.

לד ולא היה לששן בנים כי אם בנות ולששן עבד מצרי ושמו ירחע.

לה ויתן ששן את בתו לירחע עבדו לאשה ותלד לו את עתי.

לו ועתי הוליד את נתן ונתן הוליד את זבד.

לז וזבד הוליד את אפלל ואפלל הוליד את עובד.

לח ועובד הוליד את יהוא ויהוא הוליד את עזריה.

לט ועזריה הליד את חלץ וחלץ הליד את אלעשה.

מ ואלעשה הליד את ססמי וססמי הליד את שלום.

מא ושלום הוליד את יקמיה ויקמיה הליד את אלישמע.

מב ובני כלב אחי ירחמאל מישע בכרו הוא אבי זיף ובני מרשה אבי חברון.

מג ובני חברון קרח ותפח ורקם ושמע.

מד ושמע הוליד את רחם אבי ירקעם ורקם הוליד את שמי.

מה ובן שמי מעון ומעון אבי בית צור.

# 𐤃𐤁𐤓𐤉 𐤄𐤉𐤌𐤉𐤌 𐤀

𐤌𐤅𐤅𐤏𐤉𐤐𐤄 𐤐𐤉𐤋𐤂𐤔 𐤊𐤋𐤁 𐤉𐤋𐤃𐤄 𐤀𐤕 𐤇𐤓𐤍 𐤅𐤀𐤕 𐤌𐤅𐤑𐤀 𐤅𐤀𐤕 𐤂𐤆𐤆
𐤅𐤇𐤓𐤍 𐤄𐤋𐤉𐤃 𐤀𐤕 𐤂𐤆𐤆•
𐤌𐤆𐤅𐤁𐤍𐤉 𐤉𐤄𐤃𐤉 𐤓𐤂𐤌 𐤅𐤉𐤅𐤕𐤌 𐤅𐤂𐤉𐤔𐤍 𐤅𐤐𐤋𐤈 𐤅𐤏𐤉𐤐𐤄 𐤅𐤔𐤏𐤐•
𐤌𐤇𐤐𐤉𐤋𐤂𐤔 𐤊𐤋𐤁 𐤌𐤏𐤊𐤄 𐤉𐤋𐤃 𐤔𐤁𐤓 𐤅𐤀𐤕 𐤕𐤓𐤇𐤍𐤄•
𐤌𐤈𐤅𐤕𐤋𐤃 𐤔𐤏𐤐 𐤀𐤁𐤉 𐤌𐤃𐤌𐤍𐤄 𐤀𐤕 𐤔𐤅𐤀 𐤀𐤁𐤉 𐤌𐤊𐤁𐤍𐤄 𐤅𐤀𐤁𐤉 𐤂𐤁𐤏𐤀
𐤅𐤁𐤕 𐤊𐤋𐤁 𐤏𐤊𐤎𐤄•
𐤍 𐤀𐤋𐤄 𐤄𐤉𐤅 𐤁𐤍𐤉 𐤊𐤋𐤁 𐤁𐤍 𐤇𐤅𐤓 𐤁𐤊𐤅𐤓 𐤀𐤐𐤓𐤕𐤄 𐤔𐤅𐤁𐤋 𐤀𐤁𐤉 𐤒𐤓𐤉𐤕
𐤉𐤏𐤓𐤉𐤌•
𐤍𐤀𐤔𐤋𐤌𐤀 𐤀𐤁𐤉 𐤁𐤉𐤕 𐤋𐤇𐤌 𐤇𐤓𐤐 𐤀𐤁𐤉 𐤁𐤉𐤕 𐤂𐤃𐤓•
𐤍𐤁𐤅𐤉𐤄𐤉𐤅 𐤁𐤍𐤉𐤌 𐤋𐤔𐤅𐤁𐤋 𐤀𐤁𐤉 𐤒𐤓𐤉𐤕 𐤉𐤏𐤓𐤉𐤌 𐤄𐤓𐤀𐤄 𐤇𐤑𐤉
𐤄𐤌𐤍𐤇𐤅𐤕•
𐤍𐤂 𐤅𐤌𐤔𐤐𐤇𐤅𐤕 𐤒𐤓𐤉𐤕 𐤉𐤏𐤓𐤉𐤌 𐤄𐤉𐤕𐤓𐤉 𐤅𐤄𐤐𐤅𐤕𐤉 𐤅𐤄𐤔𐤌𐤕𐤉
𐤅𐤄𐤌𐤔𐤓𐤏𐤉 𐤌𐤀𐤋𐤄 𐤉𐤑𐤀𐤅 𐤄𐤑𐤓𐤏𐤕𐤉 𐤅𐤄𐤀𐤔𐤕𐤀𐤋𐤉•
𐤍𐤃𐤁𐤍𐤉 𐤔𐤋𐤌𐤀 𐤁𐤉𐤕 𐤋𐤇𐤌 𐤅𐤍𐤈𐤅𐤐𐤕𐤉 𐤏𐤈𐤓𐤅𐤕 𐤁𐤉𐤕 𐤉𐤅𐤀𐤁 𐤅𐤇𐤑𐤉
𐤄𐤌𐤍𐤇𐤕𐤉 𐤄𐤑𐤓𐤏𐤉•
𐤍𐤄 𐤅𐤌𐤔𐤐𐤇𐤅𐤕 𐤎𐤅𐤐𐤓𐤉𐤌 𐤉𐤔𐤁𐤅 [𐤉𐤔𐤁𐤉] 𐤉𐤏𐤁𐤑 𐤕𐤓𐤏𐤕𐤉𐤌 𐤔𐤌𐤏𐤕𐤉𐤌
𐤔𐤅𐤊𐤕𐤉𐤌 𐤄𐤌𐤄 𐤄𐤒𐤉𐤍𐤉𐤌 𐤄𐤁𐤀𐤉𐤌 𐤌𐤇𐤌𐤕 𐤀𐤁𐤉 𐤁𐤉𐤕 𐤓𐤊𐤁•

## 𐤐𐤓𐤒 𐤂

𐤀𐤅𐤀𐤋𐤄 𐤄𐤉𐤅 𐤁𐤍𐤉 𐤃𐤅𐤉𐤃 𐤀𐤔𐤓 𐤍𐤅𐤋𐤃 𐤋𐤅 𐤁𐤇𐤁𐤓𐤅𐤍 𐤄𐤁𐤊𐤅𐤓 𐤀𐤌𐤍𐤍
𐤋𐤀𐤇𐤉𐤍𐤏𐤌 𐤄𐤉𐤆𐤓𐤏𐤀𐤋𐤉𐤕 𐤔𐤍𐤉 𐤃𐤍𐤉𐤀𐤋 𐤋𐤀𐤁𐤉𐤂𐤉𐤋 𐤄𐤊𐤓𐤌𐤋𐤉𐤕•
𐤁𐤄𐤔𐤋𐤔𐤉 𐤋𐤀𐤁𐤔𐤋𐤅𐤌 𐤁𐤍 𐤌𐤏𐤊𐤄 𐤁𐤕 𐤕𐤋𐤌𐤉 𐤌𐤋𐤊 𐤂𐤔𐤅𐤓 𐤄𐤓𐤁𐤉𐤏𐤉
𐤀𐤃𐤍𐤉𐤄 𐤁𐤍 𐤇𐤂𐤉𐤕•
𐤂𐤄𐤇𐤌𐤉𐤔𐤉 𐤔𐤐𐤈𐤉𐤄 𐤋𐤀𐤁𐤉𐤈𐤋 𐤄𐤔𐤔𐤉 𐤉𐤕𐤓𐤏𐤌 𐤋𐤏𐤂𐤋𐤄 𐤀𐤔𐤕𐤅•
𐤃𐤔𐤔𐤄 𐤍𐤅𐤋𐤃 𐤋𐤅 𐤁𐤇𐤁𐤓𐤅𐤍 𐤅𐤉𐤌𐤋𐤊 𐤔𐤌 𐤔𐤁𐤏 𐤔𐤍𐤉𐤌 𐤅𐤔𐤔𐤄
𐤇𐤃𐤔𐤉𐤌 𐤅𐤔𐤋𐤔𐤉𐤌 𐤅𐤔𐤋𐤅𐤔 𐤔𐤍𐤄 𐤌𐤋𐤊 𐤁𐤉𐤓𐤅𐤔𐤋𐤌•
𐤄𐤅𐤀𐤋𐤄 𐤍𐤅𐤋𐤃𐤅 𐤋𐤅 𐤁𐤉𐤓𐤅𐤔𐤋𐤌 𐤔𐤌𐤏𐤀 𐤅𐤔𐤅𐤁𐤁 𐤅𐤍𐤕𐤍 𐤅𐤔𐤋𐤌𐤄
𐤀𐤓𐤁𐤏𐤄 𐤋𐤁𐤕 𐤔𐤅𐤏 𐤁𐤕 𐤏𐤌𐤉𐤀𐤋•
𐤅𐤅𐤉𐤁𐤇𐤓 𐤅𐤀𐤋𐤉𐤔𐤌𐤏 𐤅𐤀𐤋𐤉𐤐𐤋𐤈•
𐤆𐤅𐤍𐤂𐤄 𐤅𐤍𐤐𐤂 𐤅𐤉𐤐𐤉𐤏•
𐤇𐤅𐤀𐤋𐤉𐤔𐤌𐤏 𐤅𐤀𐤋𐤉𐤃𐤏 𐤅𐤀𐤋𐤉𐤐𐤋𐤈 𐤕𐤔𐤏𐤄•
𐤈𐤊𐤋 𐤁𐤍𐤉 𐤃𐤅𐤉𐤃 𐤌𐤋𐤁𐤃 𐤁𐤍𐤉 𐤐𐤉𐤋𐤂𐤔𐤉𐤌 𐤅𐤕𐤌𐤓 𐤀𐤇𐤅𐤕𐤌•
𐤉𐤅𐤁𐤍 𐤔𐤋𐤌𐤄 𐤓𐤇𐤁𐤏𐤌 𐤀𐤁𐤉𐤄 𐤁𐤍𐤅 𐤀𐤎𐤀 𐤁𐤍𐤅 𐤉𐤄𐤅𐤔𐤐𐤈 𐤁𐤍𐤅•

# 𐤃𐤁𐤓𐤉 𐤄𐤉𐤌𐤉𐤌 𐤀

𐤉𐤀 𐤉𐤅𐤓𐤌 𐤁𐤍𐤅 𐤀𐤇𐤆𐤉𐤄𐤅 𐤁𐤍𐤅 𐤉𐤅𐤀𐤔 𐤁𐤍𐤅•
𐤉𐤁 𐤀𐤌𐤑𐤉𐤄𐤅 𐤁𐤍𐤅 𐤏𐤆𐤓𐤉𐤄 𐤁𐤍𐤅 𐤉𐤅𐤕𐤌 𐤁𐤍𐤅•
𐤉𐤂 𐤀𐤇𐤆 𐤁𐤍𐤅 𐤇𐤆𐤒𐤉𐤄𐤅 𐤁𐤍𐤅 𐤌𐤍𐤔𐤄 𐤁𐤍𐤅•
𐤉𐤃 𐤀𐤌𐤅𐤍 𐤁𐤍𐤅 𐤉𐤀𐤔𐤉𐤄𐤅 𐤁𐤍𐤅•
𐤈𐤅 𐤅𐤁𐤍𐤉 𐤉𐤀𐤔𐤉𐤄𐤅 𐤄𐤁𐤊𐤅𐤓 𐤉𐤅𐤇𐤍𐤍 𐤄𐤔𐤍𐤉 𐤉𐤄𐤅𐤉𐤒𐤉𐤌 𐤄𐤔𐤋𐤔𐤉
𐤑𐤃𐤒𐤉𐤄𐤅 𐤄𐤓𐤁𐤉𐤏𐤉 𐤔𐤋𐤅𐤌•
𐤈𐤆 𐤅𐤁𐤍𐤉 𐤉𐤄𐤅𐤉𐤒𐤉𐤌 𐤉𐤊𐤍𐤉𐤄 𐤁𐤍𐤅 𐤑𐤃𐤒𐤉𐤄 𐤁𐤍𐤅•
𐤉𐤆 𐤅𐤁𐤍𐤉 𐤉𐤊𐤍𐤉𐤄 𐤀𐤎𐤓 𐤔𐤀𐤋𐤕𐤉𐤀𐤋 𐤁𐤍𐤅•
𐤉𐤇 𐤅𐤌𐤋𐤊𐤉𐤓𐤌 𐤅𐤐𐤃𐤉𐤄 𐤅𐤔𐤍𐤀𐤑𐤓 𐤉𐤒𐤌𐤉𐤄 𐤄𐤅𐤔𐤌𐤏 𐤅𐤍𐤃𐤁𐤉𐤄•
𐤉𐤈 𐤅𐤁𐤍𐤉 𐤐𐤃𐤉𐤄 𐤆𐤓𐤁𐤁𐤋 𐤅𐤔𐤌𐤏𐤉 𐤅𐤁𐤍𐤉 𐤆𐤓𐤁𐤁𐤋 𐤌𐤔𐤋𐤌 𐤅𐤇𐤍𐤍𐤉𐤄
𐤅𐤔𐤋𐤌𐤉𐤕 𐤀𐤇𐤅𐤕𐤌•
𐤊 𐤅𐤇𐤔𐤁𐤄 𐤅𐤀𐤄𐤋 𐤅𐤁𐤓𐤊𐤉𐤄 𐤅𐤇𐤎𐤃𐤉𐤄 𐤉𐤅𐤔𐤁 𐤇𐤎𐤃 𐤇𐤌𐤔•
𐤊𐤀 𐤅𐤁𐤍 𐤇𐤍𐤍𐤉𐤄 𐤐𐤋𐤈𐤉𐤄 𐤅𐤉𐤔𐤏𐤉𐤄 𐤁𐤍𐤉 𐤓𐤐𐤉𐤄 𐤁𐤍𐤉 𐤀𐤓𐤍𐤍 𐤁𐤍𐤉
𐤏𐤁𐤃𐤉𐤄 𐤁𐤍𐤉 𐤔𐤊𐤍𐤉𐤄•
𐤊𐤁 𐤅𐤁𐤍𐤉 𐤔𐤊𐤍𐤉𐤄 𐤔𐤌𐤏𐤉𐤄 𐤅𐤁𐤍𐤉 𐤔𐤌𐤏𐤉𐤄 𐤇𐤈𐤅𐤔 𐤅𐤉𐤂𐤀𐤋 𐤅𐤁𐤓𐤉𐤇
𐤅𐤍𐤏𐤓𐤉𐤄 𐤅𐤔𐤐𐤈 𐤔𐤔𐤄•
𐤊𐤂 𐤅𐤁𐤍 𐤍𐤏𐤓𐤉𐤄 𐤀𐤋𐤉𐤅𐤏𐤉𐤍𐤉 𐤅𐤇𐤆𐤒𐤉𐤄 𐤅𐤏𐤆𐤓𐤉𐤒𐤌 𐤔𐤋𐤔𐤄•
𐤊𐤃 𐤅𐤁𐤍𐤉 𐤀𐤋𐤉𐤅𐤏𐤉𐤍𐤉 𐤄𐤃𐤉𐤅𐤄𐤅 [𐤄𐤅𐤃𐤅𐤉𐤄𐤅] 𐤅𐤀𐤋𐤉𐤔𐤉𐤁 𐤅𐤐𐤋𐤉𐤄
𐤅𐤏𐤒𐤅𐤁 𐤅𐤉𐤅𐤇𐤍𐤍 𐤅𐤃𐤋𐤉𐤄 𐤅𐤏𐤍𐤍𐤉 𐤔𐤁𐤏𐤄•

## 𐤐𐤓𐤒 𐤃

𐤀 𐤁𐤍𐤉 𐤉𐤄𐤅𐤃𐤄 𐤐𐤓𐤑 𐤇𐤑𐤓𐤅𐤍 𐤅𐤊𐤓𐤌𐤉 𐤅𐤇𐤅𐤓 𐤅𐤔𐤅𐤁𐤋•
𐤁 𐤅𐤓𐤀𐤉𐤄 𐤁𐤍 𐤔𐤅𐤁𐤋 𐤄𐤅𐤋𐤉𐤃 𐤀𐤕 𐤉𐤇𐤕 𐤅𐤉𐤇𐤕 𐤄𐤅𐤋𐤉𐤃 𐤀𐤕 𐤀𐤇𐤅𐤌𐤉 𐤅𐤀𐤕
𐤋𐤄𐤃 𐤀𐤋𐤄 𐤌𐤔𐤐𐤇𐤅𐤕 𐤄𐤑𐤓𐤏𐤕𐤉•
𐤂 𐤅𐤀𐤋𐤄 𐤀𐤁𐤉 𐤏𐤉𐤈𐤌 𐤉𐤆𐤓𐤏𐤀𐤋 𐤅𐤉𐤔𐤌𐤀 𐤅𐤉𐤃𐤁𐤔 𐤅𐤔𐤌 𐤀𐤇𐤅𐤕𐤌
𐤄𐤑𐤋𐤋𐤐𐤅𐤍𐤉•
𐤃 𐤅𐤐𐤍𐤅𐤀𐤋 𐤀𐤁𐤉 𐤂𐤃𐤓 𐤅𐤏𐤆𐤓 𐤀𐤁𐤉 𐤇𐤅𐤔𐤄 𐤀𐤋𐤄 𐤁𐤍𐤉 𐤇𐤅𐤓 𐤁𐤊𐤅𐤓
𐤀𐤐𐤓𐤕𐤄 𐤀𐤁𐤉 𐤁𐤉𐤕 𐤋𐤇𐤌•
𐤄 𐤅𐤋𐤀𐤔𐤇𐤅𐤓 𐤀𐤁𐤉 𐤕𐤒𐤅𐤏 𐤄𐤉𐤅 𐤔𐤕𐤉 𐤍𐤔𐤉𐤌 𐤇𐤋𐤀𐤄 𐤅𐤍𐤏𐤓𐤄•
𐤅 𐤅𐤕𐤋𐤃 𐤋𐤅 𐤍𐤏𐤓𐤄 𐤀𐤕 𐤀𐤇𐤆𐤌 𐤅𐤀𐤕 𐤇𐤐𐤓 𐤅𐤀𐤕 𐤕𐤉𐤌𐤍𐤉 𐤅𐤀𐤕
𐤄𐤀𐤇𐤔𐤕𐤓𐤉 𐤀𐤋𐤄 𐤁𐤍𐤉 𐤍𐤏𐤓𐤄•
𐤆 𐤅𐤁𐤍𐤉 𐤇𐤋𐤀𐤄 𐤑𐤓𐤕 𐤉𐤑𐤇𐤓 [𐤅𐤑𐤇𐤓] 𐤅𐤀𐤕𐤍𐤍•
𐤇 𐤅𐤒𐤅𐤑 𐤄𐤅𐤋𐤉𐤃 𐤀𐤕 𐤏𐤍𐤅𐤁 𐤅𐤀𐤕 𐤄𐤑𐤁𐤁𐤄 𐤅𐤌𐤔𐤐𐤇𐤅𐤕 𐤀𐤇𐤓𐤇𐤋 𐤁𐤍 𐤄𐤓𐤌•

# 𐤃𐤁𐤓𐤉 𐤄𐤉𐤌𐤉𐤌 𐤀

𐤈 𐤅𐤉𐤄𐤉 𐤉𐤏𐤁𐤑 𐤍𐤊𐤁𐤃 𐤌𐤀𐤇𐤉𐤅 𐤅𐤀𐤌𐤅 𐤒𐤓𐤀𐤄 𐤔𐤌𐤅 𐤉𐤏𐤁𐤑 𐤋𐤀𐤌𐤓 𐤊𐤉
𐤉𐤋𐤃𐤕𐤉 𐤁𐤏𐤑𐤁•
𐤉 𐤅𐤉𐤒𐤓𐤀 𐤉𐤏𐤁𐤑 𐤋𐤀𐤋𐤄𐤉 𐤉𐤔𐤓𐤀𐤋 𐤋𐤀𐤌𐤓 𐤀𐤌 𐤁𐤓𐤊 𐤕𐤁𐤓𐤊𐤍𐤉
𐤅𐤄𐤓𐤁𐤉𐤕 𐤀𐤕 𐤂𐤁𐤅𐤋𐤉 𐤅𐤄𐤉𐤕𐤄 𐤉𐤃𐤊 𐤏𐤌𐤉 𐤅𐤏𐤔𐤉𐤕 𐤌𐤓𐤏𐤄 𐤋𐤁𐤋𐤕𐤉
𐤏𐤑𐤁𐤉 𐤅𐤉𐤁𐤀 𐤀𐤋𐤄𐤉𐤌 𐤀𐤕 𐤀𐤔𐤓 𐤔𐤀𐤋•
𐤉𐤀 𐤅𐤊𐤋𐤅𐤁 𐤀𐤇𐤉 𐤔𐤅𐤇𐤄 𐤄𐤅𐤋𐤉𐤃 𐤀𐤕 𐤌𐤇𐤉𐤓 𐤄𐤅𐤀 𐤀𐤁𐤉 𐤀𐤔𐤕𐤅𐤍•
𐤉𐤁 𐤅𐤀𐤔𐤕𐤅𐤍 𐤄𐤅𐤋𐤉𐤃 𐤀𐤕 𐤁𐤉𐤕 𐤓𐤐𐤀 𐤅𐤀𐤕 𐤐𐤎𐤇 𐤅𐤀𐤕 𐤕𐤇𐤍𐤄 𐤀𐤁𐤉 𐤏𐤉𐤓
𐤍𐤇𐤔 𐤀𐤋𐤄 𐤀𐤍𐤔𐤉 𐤓𐤊𐤄•
𐤉𐤂 𐤅𐤁𐤍𐤉 𐤒𐤍𐤆 𐤏𐤕𐤍𐤉𐤀𐤋 𐤅𐤔𐤓𐤉𐤄 𐤅𐤁𐤍𐤉 𐤏𐤕𐤍𐤉𐤀𐤋 𐤇𐤕𐤕•
𐤉𐤃 𐤅𐤌𐤏𐤅𐤍𐤕𐤉 𐤄𐤅𐤋𐤉𐤃 𐤀𐤕 𐤏𐤐𐤓𐤄 𐤅𐤔𐤓𐤉𐤄 𐤄𐤅𐤋𐤉𐤃 𐤀𐤕 𐤉𐤅𐤀𐤁 𐤀𐤁𐤉
𐤂𐤉𐤀 𐤇𐤓𐤔𐤉𐤌 𐤊𐤉 𐤇𐤓𐤔𐤉𐤌 𐤄𐤉𐤅•
𐤈𐤅 𐤅𐤁𐤍𐤉 𐤊𐤋𐤁 𐤁𐤍 𐤉𐤐𐤍𐤄 𐤏𐤉𐤓𐤅 𐤀𐤋𐤄 𐤅𐤍𐤏𐤌 𐤅𐤁𐤍𐤉 𐤀𐤋𐤄 𐤅𐤒𐤍𐤆•
𐤈𐤆 𐤅𐤁𐤍𐤉 𐤉𐤄𐤋𐤋𐤀𐤋 𐤆𐤉𐤐 𐤅𐤆𐤉𐤐𐤄 𐤕𐤉𐤓𐤉𐤀 𐤅𐤀𐤔𐤓𐤀𐤋•
𐤉𐤆 𐤅𐤁𐤍 𐤏𐤆𐤓𐤄 𐤉𐤕𐤓 𐤅𐤌𐤓𐤃 𐤅𐤏𐤐𐤓 𐤅𐤉𐤋𐤅𐤍 𐤅𐤕𐤄𐤓 𐤀𐤕 𐤌𐤓𐤉𐤌 𐤅𐤀𐤕
𐤔𐤌𐤉 𐤅𐤀𐤕 𐤉𐤔𐤁𐤇 𐤀𐤁𐤉 𐤀𐤔𐤕𐤌𐤏•
𐤉𐤇 𐤅𐤀𐤔𐤕𐤅 𐤄𐤉𐤄𐤃𐤉𐤄 𐤉𐤋𐤃𐤄 𐤀𐤕 𐤉𐤓𐤃 𐤀𐤁𐤉 𐤂𐤃𐤅𐤓 𐤅𐤀𐤕 𐤇𐤁𐤓 𐤀𐤁𐤉
𐤔𐤅𐤊𐤅 𐤅𐤀𐤕 𐤉𐤒𐤅𐤕𐤉𐤀𐤋 𐤀𐤁𐤉 𐤆𐤍𐤅𐤇 𐤅𐤀𐤋𐤄 𐤁𐤍𐤉 𐤁𐤕𐤉𐤄 𐤁𐤕 𐤐𐤓𐤏𐤄
𐤀𐤔𐤓 𐤋𐤒𐤇 𐤌𐤓𐤃•
𐤉𐤈 𐤅𐤁𐤍𐤉 𐤀𐤔𐤕 𐤄𐤅𐤃𐤉𐤄 𐤀𐤇𐤅𐤕 𐤍𐤇𐤌 𐤀𐤁𐤉 𐤒𐤏𐤉𐤋𐤄 𐤄𐤂𐤓𐤌𐤉
𐤅𐤀𐤔𐤕𐤌𐤏 𐤄𐤌𐤏𐤊𐤕𐤉•
𐤊 𐤅𐤁𐤍𐤉 𐤔𐤉𐤌𐤅𐤍 𐤀𐤌𐤍𐤅𐤍 𐤅𐤓𐤍𐤄 𐤁𐤍 𐤇𐤍𐤍 𐤅𐤕𐤅𐤋𐤅𐤍 [𐤅𐤕𐤉𐤋𐤅𐤍] 𐤅𐤁𐤍𐤉
𐤉𐤔𐤏𐤉 𐤆𐤅𐤇𐤕 𐤅𐤁𐤍 𐤆𐤅𐤇𐤕•
𐤊𐤀 𐤁𐤍𐤉 𐤔𐤋𐤄 𐤁𐤍 𐤉𐤄𐤅𐤃𐤄 𐤏𐤓 𐤀𐤁𐤉 𐤋𐤊𐤄 𐤅𐤋𐤏𐤃𐤄 𐤀𐤁𐤉 𐤌𐤓𐤔𐤄
𐤅𐤌𐤔𐤐𐤇𐤅𐤕 𐤁𐤉𐤕 𐤏𐤁𐤃𐤕 𐤄𐤁𐤑 𐤋𐤁𐤉𐤕 𐤀𐤔𐤁𐤏•
𐤊𐤁 𐤅𐤉𐤅𐤒𐤉𐤌 𐤅𐤀𐤍𐤔𐤉 𐤊𐤆𐤁𐤀 𐤅𐤉𐤅𐤀𐤔 𐤅𐤔𐤓𐤐 𐤀𐤔𐤓 𐤁𐤏𐤋𐤅 𐤋𐤌𐤅𐤀𐤁
𐤅𐤉𐤔𐤁𐤉 𐤋𐤇𐤌 𐤅𐤄𐤃𐤁𐤓𐤉𐤌 𐤏𐤕𐤉𐤒𐤉𐤌•
𐤊𐤂 𐤄𐤌𐤄 𐤄𐤉𐤅𐤑𐤓𐤉𐤌 𐤅𐤉𐤔𐤁𐤉 𐤍𐤈𐤏𐤉𐤌 𐤅𐤂𐤃𐤓𐤄 𐤏𐤌 𐤄𐤌𐤋𐤊 𐤁𐤌𐤋𐤀𐤊𐤕𐤅
𐤉𐤔𐤁𐤅 𐤔𐤌•
𐤊𐤃 𐤁𐤍𐤉 𐤔𐤌𐤏𐤅𐤍 𐤍𐤌𐤅𐤀𐤋 𐤅𐤉𐤌𐤉𐤍 𐤉𐤓𐤉𐤁 𐤆𐤓𐤇 𐤔𐤀𐤅𐤋•
𐤊𐤄 𐤔𐤋𐤌 𐤁𐤍𐤅 𐤌𐤁𐤔𐤌 𐤁𐤍𐤅 𐤌𐤔𐤌𐤏 𐤁𐤍𐤅•
𐤊𐤅 𐤅𐤁𐤍𐤉 𐤌𐤔𐤌𐤏 𐤇𐤌𐤅𐤀𐤋 𐤁𐤍𐤅 𐤆𐤊𐤅𐤓 𐤁𐤍𐤅 𐤔𐤌𐤏𐤉 𐤁𐤍𐤅•
𐤊𐤆 𐤅𐤋𐤔𐤌𐤏𐤉 𐤁𐤍𐤉𐤌 𐤔𐤔𐤄 𐤏𐤔𐤓 𐤅𐤁𐤍𐤅𐤕 𐤔𐤔 𐤅𐤋𐤀𐤇𐤉𐤅 𐤀𐤉𐤍 𐤁𐤍𐤉𐤌
𐤓𐤁𐤉𐤌 𐤅𐤊𐤋 𐤌𐤔𐤐𐤇𐤕𐤌 𐤋𐤀 𐤄𐤓𐤁𐤅 𐤏𐤃 𐤁𐤍𐤉 𐤉𐤄𐤅𐤃𐤄•

𐤊𐤇 𐤅𐤉𐤔𐤁𐤅 𐤁𐤁𐤀𐤓 𐤔𐤁𐤏 𐤅𐤌𐤅𐤋𐤃𐤄 𐤅𐤇𐤑𐤓 𐤔𐤅𐤏𐤋•

𐤊𐤈 𐤅𐤁𐤁𐤋𐤄𐤄 𐤅𐤁𐤏𐤑𐤌 𐤅𐤁𐤕𐤅𐤋𐤃•

𐤋 𐤅𐤁𐤁𐤕𐤅𐤀𐤋 𐤅𐤁𐤇𐤓𐤌𐤄 𐤅𐤁𐤑𐤉𐤒𐤋𐤂•

𐤋𐤀 𐤅𐤁𐤁𐤉𐤕 𐤌𐤓𐤊𐤁𐤅𐤕 𐤅𐤁𐤇𐤑𐤓 𐤎𐤅𐤎𐤉𐤌 𐤅𐤁𐤁𐤉𐤕 𐤁𐤓𐤀𐤉 𐤅𐤁𐤔𐤏𐤓𐤉𐤌 𐤀𐤋𐤄 𐤏𐤓𐤉𐤄𐤌 𐤏𐤃 𐤌𐤋𐤊 𐤃𐤅𐤉𐤃•

𐤋𐤁 𐤅𐤇𐤑𐤓𐤉𐤄𐤌 𐤏𐤉𐤈𐤌 𐤅𐤏𐤉𐤍 𐤓𐤌𐤅𐤍 𐤅𐤕𐤊𐤍 𐤅𐤏𐤔𐤍 𐤏𐤓𐤉𐤌 𐤇𐤌𐤔•

𐤋𐤂 𐤅𐤊𐤋 𐤇𐤑𐤓𐤉𐤄𐤌 𐤀𐤔𐤓 𐤎𐤁𐤉𐤁𐤅𐤕 𐤄𐤏𐤓𐤉𐤌 𐤄𐤀𐤋𐤄 𐤏𐤃 𐤁𐤏𐤋 𐤆𐤀𐤕 𐤌𐤅𐤔𐤁𐤕𐤌 𐤅𐤄𐤕𐤉𐤇𐤔𐤌 𐤋𐤄𐤌•

𐤋𐤃 𐤅𐤌𐤔𐤅𐤁𐤁 𐤅𐤉𐤌𐤋𐤊 𐤅𐤉𐤅𐤔𐤄 𐤁𐤍 𐤀𐤌𐤑𐤉𐤄•

𐤋𐤄 𐤅𐤉𐤅𐤀𐤋 𐤅𐤉𐤄𐤅𐤀 𐤁𐤍 𐤉𐤅𐤔𐤁𐤉𐤄 𐤁𐤍 𐤔𐤓𐤉𐤄 𐤁𐤍 𐤏𐤔𐤉𐤀𐤋•

𐤋𐤅 𐤅𐤀𐤋𐤉𐤅𐤏𐤉𐤍𐤉 𐤅𐤉𐤏𐤒𐤁𐤄 𐤅𐤉𐤔𐤅𐤇𐤉𐤄 𐤅𐤏𐤔𐤉𐤄 𐤅𐤏𐤃𐤉𐤀𐤋 𐤅𐤉𐤔𐤉𐤌𐤀𐤋 𐤅𐤁𐤍𐤉𐤄•

𐤋𐤆 𐤅𐤆𐤉𐤆𐤀 𐤁𐤍 𐤔𐤐𐤏𐤉 𐤁𐤍 𐤀𐤋𐤅𐤍 𐤁𐤍 𐤉𐤃𐤉𐤄 𐤁𐤍 𐤔𐤌𐤓𐤉 𐤁𐤍 𐤔𐤌𐤏𐤉𐤄•

𐤋𐤇 𐤀𐤋𐤄 𐤄𐤁𐤀𐤉𐤌 𐤁𐤔𐤌𐤅𐤕 𐤍𐤔𐤉𐤀𐤉𐤌 𐤁𐤌𐤔𐤐𐤇𐤅𐤕𐤌 𐤅𐤁𐤉𐤕 𐤀𐤁𐤅𐤕𐤉𐤄𐤌 𐤐𐤓𐤑𐤅 𐤋𐤓𐤅𐤁•

𐤋𐤈 𐤅𐤉𐤋𐤊𐤅 𐤋𐤌𐤁𐤅𐤀 𐤂𐤃𐤓 𐤏𐤃 𐤋𐤌𐤆𐤓𐤇 𐤄𐤂𐤉𐤀 𐤋𐤁𐤒𐤔 𐤌𐤓𐤏𐤄 𐤋𐤑𐤀𐤍𐤌•

𐤌 𐤅𐤉𐤌𐤑𐤀𐤅 𐤌𐤓𐤏𐤄 𐤔𐤌𐤍 𐤅𐤈𐤅𐤁 𐤅𐤄𐤀𐤓𐤑 𐤓𐤇𐤁𐤕 𐤉𐤃𐤉𐤌 𐤅𐤔𐤒𐤈𐤕 𐤅𐤔𐤋𐤅𐤄 𐤊𐤉 𐤌𐤍 𐤇𐤌 𐤄𐤉𐤔𐤁𐤉𐤌 𐤔𐤌 𐤋𐤐𐤍𐤉𐤌•

𐤌𐤀 𐤅𐤉𐤁𐤀𐤅 𐤀𐤋𐤄 𐤄𐤊𐤕𐤅𐤁𐤉𐤌 𐤁𐤔𐤌𐤅𐤕 𐤁𐤉𐤌𐤉 𐤉𐤇𐤆𐤒𐤉𐤄𐤅 𐤌𐤋𐤊 𐤉𐤄𐤅𐤃𐤄 𐤅𐤉𐤊𐤅 𐤀𐤕 𐤀𐤄𐤋𐤉𐤄𐤌 𐤅𐤀𐤕 𐤄𐤌𐤏𐤉𐤍𐤉𐤌 [𐤄𐤌𐤏𐤅𐤍𐤉𐤌] 𐤀𐤔𐤓 𐤍𐤌𐤑𐤀𐤅 𐤔𐤌𐤄 𐤅𐤉𐤇𐤓𐤉𐤌𐤌 𐤏𐤃 𐤄𐤉𐤅𐤌 𐤄𐤆𐤄 𐤅𐤉𐤔𐤁𐤅 𐤕𐤇𐤕𐤉𐤄𐤌 𐤊𐤉 𐤌𐤓𐤏𐤄 𐤋𐤑𐤀𐤍𐤌 𐤔𐤌•

𐤌𐤁 𐤅𐤌𐤄𐤌 𐤌𐤍 𐤁𐤍𐤉 𐤔𐤌𐤏𐤅𐤍 𐤄𐤋𐤊𐤅 𐤋𐤄𐤓 𐤔𐤏𐤉𐤓 𐤀𐤍𐤔𐤉𐤌 𐤇𐤌𐤔 𐤌𐤀𐤅𐤕 𐤅𐤐𐤋𐤈𐤉𐤄 𐤅𐤍𐤏𐤓𐤉𐤄 𐤅𐤓𐤐𐤉𐤄 𐤅𐤏𐤆𐤉𐤀𐤋 𐤁𐤍𐤉 𐤉𐤔𐤏𐤉 𐤁𐤓𐤀𐤔𐤌•

𐤌𐤂 𐤅𐤉𐤊𐤅 𐤀𐤕 𐤔𐤀𐤓𐤉𐤕 𐤄𐤐𐤋𐤈𐤄 𐤋𐤏𐤌𐤋𐤒 𐤅𐤉𐤔𐤁𐤅 𐤔𐤌 𐤏𐤃 𐤄𐤉𐤅𐤌 𐤄𐤆𐤄•

## 𐤐𐤓𐤒 𐤄

𐤀 𐤅𐤁𐤍𐤉 𐤓𐤀𐤅𐤁𐤍 𐤁𐤊𐤅𐤓 𐤉𐤔𐤓𐤀𐤋 𐤊𐤉 𐤄𐤅𐤀 𐤄𐤁𐤊𐤅𐤓 𐤅𐤁𐤇𐤋𐤋𐤅 𐤉𐤑𐤅𐤏𐤉 𐤀𐤁𐤉𐤅 𐤍𐤕𐤍𐤄 𐤁𐤊𐤓𐤕𐤅 𐤋𐤁𐤍𐤉 𐤉𐤅𐤎𐤐 𐤁𐤍 𐤉𐤔𐤓𐤀𐤋 𐤅𐤋𐤀 𐤋𐤄𐤕𐤉𐤇𐤔 𐤋𐤁𐤊𐤓𐤄•

𐤁 𐤊𐤉 𐤉𐤄𐤅𐤃𐤄 𐤂𐤁𐤓 𐤁𐤀𐤇𐤉𐤅 𐤅𐤋𐤍𐤂𐤉𐤃 𐤌𐤌𐤍𐤅 𐤅𐤄𐤁𐤊𐤓𐤄 𐤋𐤉𐤅𐤎𐤐•

𐤂 𐤁𐤍𐤉 𐤓𐤀𐤅𐤁𐤍 𐤁𐤊𐤅𐤓 𐤉𐤔𐤓𐤀𐤋 𐤇𐤍𐤅𐤊 𐤅𐤐𐤋𐤅𐤀 𐤇𐤑𐤓𐤅𐤍 𐤅𐤊𐤓𐤌𐤉•

# 𐤃𐤁𐤓𐤉 𐤄𐤉𐤌𐤉𐤌 𐤀

𐤁𐤍𐤉 𐤉𐤅𐤀𐤋 𐤔𐤌𐤏𐤉𐤄 𐤁𐤍𐤅 𐤂𐤅𐤂 𐤁𐤍𐤅 𐤔𐤌𐤏𐤉 𐤁𐤍𐤅•

𐤌𐤉𐤊𐤄 𐤁𐤍𐤅 𐤓𐤀𐤉𐤄 𐤁𐤍𐤅 𐤁𐤏𐤋 𐤁𐤍𐤅•

𐤁𐤀𐤓𐤄 𐤁𐤍𐤅 𐤀𐤔𐤓 𐤄𐤂𐤋𐤄 𐤕𐤋𐤂𐤕 𐤐𐤋𐤍𐤀𐤎𐤓 𐤌𐤋𐤊 𐤀𐤔𐤅𐤓 𐤄𐤅𐤀 𐤍𐤔𐤉𐤀 𐤋𐤓𐤀𐤅𐤁𐤍𐤉•

𐤅𐤀𐤇𐤉𐤅 𐤋𐤌𐤔𐤐𐤇𐤕𐤉𐤅 𐤁𐤄𐤕𐤉𐤇𐤔 𐤋𐤕𐤋𐤃𐤅𐤕𐤌 𐤄𐤓𐤀𐤔 𐤉𐤏𐤉𐤀𐤋 𐤅𐤆𐤊𐤓𐤉𐤄𐤅•

𐤅𐤁𐤋𐤏 𐤁𐤍 𐤏𐤆𐤆 𐤁𐤍 𐤔𐤌𐤏 𐤁𐤍 𐤉𐤅𐤀𐤋 𐤄𐤅𐤀 𐤉𐤅𐤔𐤁 𐤁𐤏𐤓𐤏𐤓 𐤅𐤏𐤃 𐤍𐤁𐤅 𐤅𐤁𐤏𐤋 𐤌𐤏𐤅𐤍•

𐤅𐤋𐤌𐤆𐤓𐤇 𐤉𐤔𐤁 𐤏𐤃 𐤋𐤁𐤅𐤀 𐤌𐤃𐤁𐤓𐤄 𐤋𐤌𐤍 𐤄𐤍𐤄𐤓 𐤐𐤓𐤕 𐤊𐤉 𐤌𐤒𐤍𐤉𐤄𐤌 𐤓𐤁𐤅 𐤁𐤀𐤓𐤑 𐤂𐤋𐤏𐤃•

𐤅𐤁𐤉𐤌𐤉 𐤔𐤀𐤅𐤋 𐤏𐤔𐤅 𐤌𐤋𐤇𐤌𐤄 𐤏𐤌 𐤄𐤄𐤂𐤓𐤀𐤉𐤌 𐤅𐤉𐤐𐤋𐤅 𐤁𐤉𐤃𐤌 𐤅𐤉𐤔𐤁𐤅 𐤁𐤀𐤄𐤋𐤉𐤄𐤌 𐤏𐤋 𐤊𐤋 𐤐𐤍𐤉 𐤌𐤆𐤓𐤇 𐤋𐤂𐤋𐤏𐤃•

𐤅𐤁𐤍𐤉 𐤂𐤃 𐤋𐤍𐤂𐤃𐤌 𐤉𐤔𐤁𐤅 𐤁𐤀𐤓𐤑 𐤄𐤁𐤔𐤍 𐤏𐤃 𐤎𐤋𐤊𐤄•

𐤉𐤅𐤀𐤋 𐤄𐤓𐤀𐤔 𐤅𐤔𐤐𐤌 𐤄𐤌𐤔𐤍𐤄 𐤅𐤉𐤏𐤍𐤉 𐤅𐤔𐤐𐤈 𐤁𐤁𐤔𐤍•

𐤅𐤀𐤇𐤉𐤄𐤌 𐤋𐤁𐤉𐤕 𐤀𐤁𐤅𐤕𐤉𐤄𐤌 𐤌𐤉𐤊𐤀𐤋 𐤅𐤌𐤔𐤋𐤌 𐤅𐤔𐤁𐤏 𐤅𐤉𐤅𐤓𐤉 𐤅𐤉𐤏𐤊𐤍 𐤅𐤆𐤉𐤏 𐤅𐤏𐤁𐤓 𐤔𐤁𐤏𐤄•

𐤀𐤋𐤄 𐤁𐤍𐤉 𐤀𐤁𐤉𐤇𐤉𐤋 𐤁𐤍 𐤇𐤅𐤓𐤉 𐤁𐤍 𐤉𐤓𐤅𐤇 𐤁𐤍 𐤂𐤋𐤏𐤃 𐤁𐤍 𐤌𐤉𐤊𐤀𐤋 𐤁𐤍 𐤉𐤔𐤉𐤔𐤉 𐤁𐤍 𐤉𐤇𐤃𐤅 𐤁𐤍 𐤁𐤅𐤆•

𐤀𐤇𐤉 𐤁𐤍 𐤏𐤁𐤃𐤉𐤀𐤋 𐤁𐤍 𐤂𐤅𐤍𐤉 𐤓𐤀𐤔 𐤋𐤁𐤉𐤕 𐤀𐤁𐤅𐤕𐤌•

𐤅𐤉𐤔𐤁𐤅 𐤁𐤂𐤋𐤏𐤃 𐤁𐤁𐤔𐤍 𐤅𐤁𐤁𐤍𐤕𐤉𐤄 𐤅𐤁𐤊𐤋 𐤌𐤂𐤓𐤔𐤉 𐤔𐤓𐤅𐤍 𐤏𐤋 𐤕𐤅𐤑𐤀𐤅𐤕𐤌•

𐤊𐤋𐤌 𐤄𐤕𐤉𐤇𐤔𐤅 𐤁𐤉𐤌𐤉 𐤉𐤅𐤕𐤌 𐤌𐤋𐤊 𐤉𐤄𐤅𐤃𐤄 𐤅𐤁𐤉𐤌𐤉 𐤉𐤓𐤁𐤏𐤌 𐤌𐤋𐤊 𐤉𐤔𐤓𐤀𐤋•

𐤁𐤍𐤉 𐤓𐤀𐤅𐤁𐤍 𐤅𐤂𐤃𐤉 𐤅𐤇𐤑𐤉 𐤔𐤁𐤈 𐤌𐤍𐤔𐤄 𐤌𐤍 𐤁𐤍𐤉 𐤇𐤉𐤋 𐤀𐤍𐤔𐤉𐤌 𐤍𐤔𐤀𐤉 𐤌𐤂𐤍 𐤅𐤇𐤓𐤁 𐤅𐤃𐤓𐤊𐤉 𐤒𐤔𐤕 𐤅𐤋𐤌𐤅𐤃𐤉 𐤌𐤋𐤇𐤌𐤄 𐤀𐤓𐤁𐤏𐤉𐤌 𐤅𐤀𐤓𐤁𐤏𐤄 𐤀𐤋𐤐 𐤅𐤔𐤁𐤏 𐤌𐤀𐤅𐤕 𐤅𐤔𐤔𐤉𐤌 𐤉𐤑𐤀𐤉 𐤑𐤁𐤀•

𐤅𐤉𐤏𐤔𐤅 𐤌𐤋𐤇𐤌𐤄 𐤏𐤌 𐤄𐤄𐤂𐤓𐤉𐤀𐤉𐤌 𐤅𐤉𐤈𐤅𐤓 𐤅𐤍𐤐𐤉𐤔 𐤅𐤍𐤅𐤃𐤁•

𐤅𐤉𐤏𐤆𐤓𐤅 𐤏𐤋𐤉𐤄𐤌 𐤅𐤉𐤍𐤕𐤍𐤅 𐤄𐤄𐤂𐤓𐤉𐤀𐤉𐤌 𐤁𐤉𐤃𐤌 𐤅𐤊𐤋 𐤔𐤏𐤌𐤄𐤌 𐤊𐤉 𐤋𐤀𐤋𐤄𐤉𐤌 𐤆𐤏𐤒𐤅 𐤁𐤌𐤋𐤇𐤌𐤄 𐤅𐤍𐤏𐤕𐤅𐤓 𐤋𐤄𐤌 𐤊𐤉 𐤁𐤈𐤇𐤅 𐤁𐤅•

𐤅𐤉𐤔𐤁𐤅 𐤌𐤒𐤍𐤉𐤄𐤌 𐤂𐤌𐤋𐤉𐤄𐤌 𐤇𐤌𐤔𐤉𐤌 𐤀𐤋𐤐 𐤅𐤑𐤀𐤍 𐤌𐤀𐤕𐤉𐤌 𐤅𐤇𐤌𐤔𐤉𐤌 𐤀𐤋𐤐 𐤅𐤇𐤌𐤅𐤓𐤉𐤌 𐤀𐤋𐤐𐤉𐤌 𐤅𐤍𐤐𐤔 𐤀𐤃𐤌 𐤌𐤀𐤄 𐤀𐤋𐤐•

𐤊𐤉 𐤇𐤋𐤋𐤉𐤌 𐤓𐤁𐤉𐤌 𐤍𐤐𐤋𐤅 𐤊𐤉 𐤌𐤄𐤀𐤋𐤄𐤉𐤌 𐤄𐤌𐤋𐤇𐤌𐤄 𐤅𐤉𐤔𐤁𐤅 𐤕𐤇𐤕𐤉𐤄𐤌 𐤏𐤃 𐤄𐤂𐤋𐤄•

# 𐤃𐤁𐤓𐤉 𐤄𐤉𐤌𐤉𐤌 𐤀

𐤊𐤂𐤅𐤁𐤍𐤉 𐤇𐤑𐤉 𐤔𐤁𐤈 𐤌𐤍𐤔𐤄 𐤉𐤔𐤁𐤅 𐤁𐤀𐤓𐤑 𐤌𐤁𐤔𐤍 𐤏𐤃 𐤁𐤏𐤋 𐤇𐤓𐤌𐤅𐤍
𐤅𐤔𐤍𐤉𐤓 𐤅𐤄𐤓 𐤇𐤓𐤌𐤅𐤍 𐤄𐤌𐤄 𐤓𐤁𐤅•
𐤊𐤃𐤅𐤀𐤋𐤄 𐤓𐤀𐤔𐤉 𐤁𐤉𐤕 𐤀𐤁𐤅𐤕𐤌 𐤅𐤏𐤐𐤓 𐤅𐤉𐤔𐤏𐤉 𐤅𐤀𐤋𐤉𐤀𐤋 𐤅𐤏𐤆𐤓𐤉𐤀𐤋
𐤅𐤉𐤓𐤌𐤉𐤄 𐤅𐤄𐤅𐤃𐤅𐤉𐤄 𐤅𐤉𐤇𐤃𐤉𐤀𐤋 𐤀𐤍𐤔𐤉𐤌 𐤂𐤁𐤅𐤓𐤉 𐤇𐤉𐤋 𐤀𐤍𐤔𐤉
𐤔𐤌𐤅𐤕 𐤓𐤀𐤔𐤉𐤌 𐤋𐤁𐤉𐤕 𐤀𐤁𐤅𐤕𐤌•
𐤊𐤄𐤅𐤉𐤌𐤏𐤋𐤅 𐤁𐤀𐤋𐤄𐤉 𐤀𐤁𐤅𐤕𐤉𐤄𐤌 𐤅𐤉𐤆𐤍𐤅 𐤀𐤇𐤓𐤉 𐤀𐤋𐤄𐤉 𐤏𐤌𐤉 𐤄𐤀𐤓𐤑
𐤀𐤔𐤓 𐤄𐤔𐤌𐤉𐤃 𐤀𐤋𐤄𐤉𐤌 𐤌𐤐𐤍𐤉𐤄𐤌•
𐤊𐤅𐤅𐤉𐤏𐤓 𐤀𐤋𐤄𐤉 𐤉𐤔𐤓𐤀𐤋 𐤀𐤕 𐤓𐤅𐤇 𐤐𐤅𐤋 𐤌𐤋𐤊 𐤀𐤔𐤅𐤓 𐤅𐤀𐤕 𐤓𐤅𐤇 𐤕𐤋𐤂𐤕
𐤐𐤋𐤍𐤎𐤓 𐤌𐤋𐤊 𐤀𐤔𐤅𐤓 𐤅𐤉𐤂𐤋𐤌 𐤋𐤓𐤀𐤅𐤁𐤍𐤉 𐤅𐤋𐤂𐤃𐤉 𐤅𐤋𐤇𐤑𐤉 𐤔𐤁𐤈 𐤌𐤍𐤔𐤄
𐤅𐤉𐤁𐤉𐤀𐤌 𐤋𐤇𐤋𐤇 𐤅𐤇𐤁𐤅𐤓 𐤅𐤄𐤓𐤀 𐤅𐤍𐤄𐤓 𐤂𐤅𐤆𐤍 𐤏𐤃 𐤄𐤉𐤅𐤌 𐤄𐤆𐤄•
𐤊𐤆𐤁𐤍𐤉 𐤋𐤅𐤉 𐤂𐤓𐤔𐤅𐤍 𐤒𐤄𐤕 𐤅𐤌𐤓𐤓𐤉•
𐤊𐤇𐤅𐤁𐤍𐤉 𐤒𐤄𐤕 𐤏𐤌𐤓𐤌 𐤉𐤑𐤄𐤓 𐤅𐤇𐤁𐤓𐤅𐤍 𐤅𐤏𐤆𐤉𐤀𐤋•
𐤊𐤈𐤅𐤁𐤍𐤉 𐤏𐤌𐤓𐤌 𐤀𐤄𐤓𐤍 𐤅𐤌𐤔𐤄 𐤅𐤌𐤓𐤉𐤌 𐤅𐤁𐤍𐤉 𐤀𐤄𐤓𐤍 𐤍𐤃𐤁
𐤅𐤀𐤁𐤉𐤄𐤅𐤀 𐤀𐤋𐤏𐤆𐤓 𐤅𐤀𐤉𐤕𐤌𐤓•
𐤋𐤀𐤋𐤏𐤆𐤓 𐤄𐤅𐤋𐤉𐤃 𐤀𐤕 𐤐𐤉𐤍𐤇𐤎 𐤐𐤉𐤍𐤇𐤎 𐤄𐤋𐤉𐤃 𐤀𐤕 𐤀𐤁𐤉𐤔𐤅𐤏•
𐤋𐤀𐤅𐤀𐤁𐤉𐤔𐤅𐤏 𐤄𐤅𐤋𐤉𐤃 𐤀𐤕 𐤁𐤒𐤉 𐤅𐤁𐤒𐤉 𐤄𐤅𐤋𐤉𐤃 𐤀𐤕 𐤏𐤆𐤉•
𐤋𐤁𐤅𐤏𐤆𐤉 𐤄𐤅𐤋𐤉𐤃 𐤀𐤕 𐤆𐤓𐤇𐤉𐤄 𐤅𐤆𐤓𐤇𐤉𐤄 𐤄𐤅𐤋𐤉𐤃 𐤀𐤕 𐤌𐤓𐤉𐤅𐤕•
𐤋𐤂𐤌𐤓𐤉𐤅𐤕 𐤄𐤅𐤋𐤉𐤃 𐤀𐤕 𐤀𐤌𐤓𐤉𐤄 𐤅𐤀𐤌𐤓𐤉𐤄 𐤄𐤅𐤋𐤉𐤃 𐤀𐤕 𐤀𐤇𐤉𐤈𐤅𐤁•
𐤋𐤃𐤅𐤀𐤇𐤉𐤈𐤅𐤁 𐤄𐤅𐤋𐤉𐤃 𐤀𐤕 𐤑𐤃𐤅𐤒 𐤅𐤑𐤃𐤅𐤒 𐤄𐤅𐤋𐤉𐤃 𐤀𐤕 𐤀𐤇𐤉𐤌𐤏𐤑•
𐤋𐤄𐤅𐤀𐤇𐤉𐤌𐤏𐤑 𐤄𐤅𐤋𐤉𐤃 𐤀𐤕 𐤏𐤆𐤓𐤉𐤄 𐤅𐤏𐤆𐤓𐤉𐤄 𐤄𐤅𐤋𐤉𐤃 𐤀𐤕 𐤉𐤅𐤇𐤍𐤍•
𐤋𐤅𐤉𐤅𐤇𐤍𐤍 𐤄𐤅𐤋𐤉𐤃 𐤀𐤕 𐤏𐤆𐤓𐤉𐤄 𐤄𐤅𐤀 𐤀𐤔𐤓 𐤊𐤄𐤍 𐤁𐤁𐤉𐤕 𐤀𐤔𐤓 𐤁𐤍𐤄
𐤔𐤋𐤌𐤄 𐤁𐤉𐤓𐤅𐤔𐤋𐤌•
𐤋𐤆𐤅𐤉𐤅𐤋𐤃 𐤏𐤆𐤓𐤉𐤄 𐤀𐤕 𐤀𐤌𐤓𐤉𐤄 𐤅𐤀𐤌𐤓𐤉𐤄 𐤄𐤅𐤋𐤉𐤃 𐤀𐤕 𐤀𐤇𐤉𐤈𐤅𐤁•
𐤋𐤇𐤅𐤀𐤇𐤉𐤈𐤅𐤁 𐤄𐤅𐤋𐤉𐤃 𐤀𐤕 𐤑𐤃𐤅𐤒 𐤅𐤑𐤃𐤅𐤒 𐤄𐤅𐤋𐤉𐤃 𐤀𐤕 𐤔𐤋𐤅𐤌•
𐤋𐤈𐤅𐤔𐤋𐤅𐤌 𐤄𐤅𐤋𐤉𐤃 𐤀𐤕 𐤇𐤋𐤒𐤉𐤄 𐤅𐤇𐤋𐤒𐤉𐤄 𐤄𐤅𐤋𐤉𐤃 𐤀𐤕 𐤏𐤆𐤓𐤉𐤄•
𐤌𐤅𐤏𐤆𐤓𐤉𐤄 𐤄𐤅𐤋𐤉𐤃 𐤀𐤕 𐤔𐤓𐤉𐤄 𐤅𐤔𐤓𐤉𐤄 𐤄𐤅𐤋𐤉𐤃 𐤀𐤕 𐤉𐤄𐤅𐤑𐤃𐤒•
𐤌𐤀𐤅𐤉𐤄𐤅𐤑𐤃𐤒 𐤄𐤋𐤊 𐤁𐤄𐤂𐤋𐤅𐤕 𐤉𐤄𐤅𐤄 𐤀𐤕 𐤉𐤄𐤅𐤃𐤄 𐤅𐤉𐤓𐤅𐤔𐤋𐤌 𐤁𐤉𐤃
𐤍𐤁𐤊𐤃𐤍𐤀𐤑𐤓•

𐤐𐤓𐤒 𐤅

𐤀𐤁𐤍𐤉 𐤋𐤅𐤉 𐤂𐤓𐤔𐤌 𐤒𐤄𐤕 𐤅𐤌𐤓𐤓𐤉•
𐤁𐤅𐤀𐤋𐤄 𐤔𐤌𐤅𐤕 𐤁𐤍𐤉 𐤂𐤓𐤔𐤅𐤌 𐤋𐤁𐤍𐤉 𐤅𐤔𐤌𐤏𐤉•
𐤂𐤅𐤁𐤍𐤉 𐤒𐤄𐤕 𐤏𐤌𐤓𐤌 𐤅𐤉𐤑𐤄𐤓 𐤅𐤇𐤁𐤓𐤅𐤍 𐤅𐤏𐤆𐤉𐤀𐤋•

# 𐤃𐤁𐤓𐤉 𐤄𐤉𐤌𐤉𐤌 𐤀

𐤃 𐤁𐤍𐤉 𐤌𐤓𐤓𐤉 𐤌𐤇𐤋𐤉 𐤅𐤌𐤔𐤉 𐤅𐤀𐤋𐤄 𐤌𐤔𐤐𐤇𐤅𐤕 𐤄𐤋𐤅𐤉 𐤋𐤀𐤁𐤕𐤉𐤄𐤌•

𐤄 𐤋𐤂𐤓𐤔𐤅𐤌 𐤋𐤁𐤍𐤉 𐤁𐤍𐤅 𐤉𐤇𐤕 𐤁𐤍𐤅 𐤆𐤌𐤄 𐤁𐤍𐤅•

𐤅 𐤉𐤅𐤀𐤇 𐤁𐤍𐤅 𐤏𐤃𐤅 𐤁𐤍𐤅 𐤆𐤓𐤇 𐤁𐤍𐤅 𐤉𐤀𐤕𐤓𐤉 𐤁𐤍𐤅•

𐤆 𐤁𐤍𐤉 𐤒𐤄𐤕 𐤏𐤌𐤉𐤍𐤃𐤁 𐤁𐤍𐤅 𐤒𐤓𐤇 𐤁𐤍𐤅 𐤀𐤎𐤉𐤓 𐤁𐤍𐤅•

𐤇 𐤀𐤋𐤒𐤍𐤄 𐤁𐤍𐤅 𐤅𐤀𐤁𐤉𐤎𐤐 𐤁𐤍𐤅 𐤅𐤀𐤎𐤉𐤓 𐤁𐤍𐤅•

𐤈 𐤕𐤇𐤕 𐤁𐤍𐤅 𐤀𐤅𐤓𐤉𐤀𐤋 𐤁𐤍𐤅 𐤏𐤆𐤉𐤄 𐤁𐤍𐤅 𐤅𐤔𐤀𐤅𐤋 𐤁𐤍𐤅•

𐤉 𐤅𐤁𐤍𐤉 𐤀𐤋𐤒𐤍𐤄 𐤏𐤌𐤔𐤉 𐤅𐤀𐤇𐤉𐤌𐤅𐤕•

𐤉𐤀 𐤀𐤋𐤒𐤍𐤄 𐤁𐤍𐤅 [𐤁𐤍𐤉] 𐤀𐤋𐤒𐤍𐤄 𐤑𐤅𐤐𐤉 𐤁𐤍𐤅 𐤅𐤍𐤇𐤕 𐤁𐤍𐤅•

𐤉𐤁 𐤀𐤋𐤉𐤀𐤁 𐤁𐤍𐤅 𐤉𐤓𐤇𐤌 𐤁𐤍𐤅 𐤀𐤋𐤒𐤍𐤄 𐤁𐤍𐤅•

𐤉𐤂 𐤅𐤁𐤍𐤉 𐤔𐤌𐤅𐤀𐤋 𐤄𐤁𐤊𐤓 𐤅𐤔𐤍𐤉 𐤅𐤀𐤁𐤉𐤄•

𐤉𐤃 𐤁𐤍𐤉 𐤌𐤓𐤓𐤉 𐤌𐤇𐤋𐤉 𐤋𐤁𐤍𐤉 𐤁𐤍𐤅 𐤔𐤌𐤏𐤉 𐤁𐤍𐤅 𐤏𐤆𐤄 𐤁𐤍𐤅•

𐤈𐤅 𐤔𐤌𐤏𐤀 𐤁𐤍𐤅 𐤇𐤂𐤉𐤄 𐤁𐤍𐤅 𐤏𐤔𐤉𐤄 𐤁𐤍𐤅•

𐤈𐤆 𐤅𐤀𐤋𐤄 𐤀𐤔𐤓 𐤄𐤏𐤌𐤉𐤃 𐤃𐤅𐤉𐤃 𐤏𐤋 𐤉𐤃𐤉 𐤔𐤉𐤓 𐤁𐤉𐤕 𐤉𐤄𐤅𐤄 𐤌𐤌𐤍𐤅𐤇 𐤄𐤀𐤓𐤅𐤍•

𐤉𐤆 𐤅𐤉𐤄𐤉𐤅 𐤌𐤔𐤓𐤕𐤉𐤌 𐤋𐤐𐤍𐤉 𐤌𐤔𐤊𐤍 𐤀𐤄𐤋 𐤌𐤅𐤏𐤃 𐤁𐤔𐤉𐤓 𐤏𐤃 𐤁𐤍𐤅𐤕 𐤔𐤋𐤌𐤄 𐤀𐤕 𐤁𐤉𐤕 𐤉𐤄𐤅𐤄 𐤁𐤉𐤓𐤅𐤔𐤋𐤌 𐤅𐤉𐤏𐤌𐤃𐤅 𐤊𐤌𐤔𐤐𐤈𐤌 𐤏𐤋 𐤏𐤁𐤅𐤃𐤕𐤌•

𐤉𐤇 𐤅𐤀𐤋𐤄 𐤄𐤏𐤌𐤃𐤉𐤌 𐤅𐤁𐤍𐤉𐤄𐤌 𐤌𐤁𐤍𐤉 𐤄𐤒𐤄𐤕𐤉 𐤄𐤉𐤌𐤍 𐤄𐤌𐤔𐤅𐤓𐤓 𐤁𐤍 𐤉𐤅𐤀𐤋 𐤁𐤍 𐤔𐤌𐤅𐤀𐤋•

𐤉𐤈 𐤁𐤍 𐤀𐤋𐤒𐤍𐤄 𐤁𐤍 𐤉𐤓𐤇𐤌 𐤁𐤍 𐤀𐤋𐤉𐤀𐤋 𐤁𐤍 𐤕𐤅𐤇•

𐤊 𐤁𐤍 𐤑𐤉𐤐 [𐤑𐤅𐤐] 𐤁𐤍 𐤀𐤋𐤒𐤍𐤄 𐤁𐤍 𐤌𐤇𐤕 𐤁𐤍 𐤏𐤌𐤔𐤉•

𐤊𐤀 𐤁𐤍 𐤀𐤋𐤒𐤍𐤄 𐤁𐤍 𐤉𐤅𐤀𐤋 𐤁𐤍 𐤏𐤆𐤓𐤉𐤄 𐤁𐤍 𐤑𐤐𐤍𐤉𐤄•

𐤊𐤁 𐤁𐤍 𐤕𐤇𐤕 𐤁𐤍 𐤀𐤎𐤉𐤓 𐤁𐤍 𐤀𐤁𐤉𐤎𐤐 𐤁𐤍 𐤒𐤓𐤇•

𐤊𐤂 𐤁𐤍 𐤉𐤑𐤄𐤓 𐤁𐤍 𐤒𐤄𐤕 𐤁𐤍 𐤋𐤅𐤉 𐤁𐤍 𐤉𐤔𐤓𐤀𐤋•

𐤊𐤃 𐤅𐤀𐤇𐤉𐤅 𐤀𐤎𐤐 𐤄𐤏𐤌𐤃 𐤏𐤋 𐤉𐤌𐤉𐤍𐤅 𐤀𐤎𐤐 𐤁𐤍 𐤁𐤓𐤊𐤉𐤄𐤅 𐤁𐤍 𐤔𐤌𐤏𐤀•

𐤊𐤄 𐤁𐤍 𐤌𐤉𐤊𐤀𐤋 𐤁𐤍 𐤁𐤏𐤔𐤉𐤄 𐤁𐤍 𐤌𐤋𐤊𐤉𐤄•

𐤊𐤅 𐤁𐤍 𐤀𐤕𐤍𐤉 𐤁𐤍 𐤆𐤓𐤇 𐤁𐤍 𐤏𐤃𐤉𐤄•

𐤊𐤆 𐤁𐤍 𐤀𐤉𐤕𐤍 𐤁𐤍 𐤆𐤌𐤄 𐤁𐤍 𐤔𐤌𐤏𐤉•

𐤊𐤇 𐤁𐤍 𐤉𐤇𐤕 𐤁𐤍 𐤂𐤓𐤔𐤌 𐤁𐤍 𐤋𐤅𐤉•

𐤊𐤈 𐤅𐤁𐤍𐤉 𐤌𐤓𐤓𐤉 𐤀𐤇𐤉𐤄𐤌 𐤏𐤋 𐤄𐤔𐤌𐤀𐤅𐤋 𐤀𐤉𐤕𐤍 𐤁𐤍 𐤒𐤉𐤔𐤉 𐤁𐤍 𐤏𐤁𐤃𐤉 𐤁𐤍 𐤌𐤋𐤅𐤊•

𐤋 𐤁𐤍 𐤇𐤔𐤁𐤉𐤄 𐤁𐤍 𐤀𐤌𐤑𐤉𐤄 𐤁𐤍 𐤇𐤋𐤒𐤉𐤄•

𐤋𐤀 𐤁𐤍 𐤀𐤌𐤑𐤉 𐤁𐤍 𐤁𐤍𐤉 𐤁𐤍 𐤔𐤌𐤓•

𐤋𐤁 𐤁𐤍 𐤌𐤇𐤋𐤉 𐤁𐤍 𐤌𐤅𐤔𐤉 𐤁𐤍 𐤌𐤓𐤓𐤉 𐤁𐤍 𐤋𐤅𐤉•

# דברי הימים א

לג ואחיהם הלוים נתונים לכל עבודת משכן בית
האלהים•
לד ואהרן ובניו מקטירים על מזבח העולה ועל מזבח
הקטרת לכל מלאכת קדש הקדשים ולכפר על ישראל ככל אשר
צוה משה עבד האלהים•
לה ואלה בני אהרן אלעזר בנו פינחס בנו אבישוע בנו•
לו בקי בנו עזי בנו זרחיה בנו•
לז מריות בנו אמריה בנו אחיטוב בנו•
לח צדוק בנו אחימעץ בנו•
לט ואלה מושבותם לטירותם בגבולם לבני אהרן למשפחת
הקהתי כי להם היה הגורל•
מ ויתנו להם את חברון בארץ יהודה ואת מגרשיה
סביבתיה•
מא ואת שדה העיר ואת חצריה נתנו לכלב בן יפנה•
מב ולבני אהרן נתנו את ערי המקלט את חברון ואת לבנה
ואת מגרשיה ואת יתר ואת אשתמע ואת מגרשיה•
מג ואת חילז ואת מגרשיה את דביר ואת מגרשיה•
מד ואת עשן ואת מגרשיה ואת בית שמש ואת מגרשיה•
מה וממטה בנימן את גבע ואת מגרשיה ואת עלמת ואת
מגרשיה ואת ענתות ואת מגרשיה כל עריהם שלש עשרה עיר
במשפחותיהם•
מו ולבני קהת הנותרים ממשפחת המטה ממחצית מטה חצי
מנשה בגורל ערים עשר•
מז ולבני גרשום למשפחותם ממטה יששכר וממטה אשר
וממטה נפתלי וממטה מנשה בבשן ערים שלש עשרה•
מח לבני מררי למשפחותם ממטה ראובן וממטה גד וממטה
זבולן בגורל ערים שתים עשרה•
מט ויתנו בני ישראל ללוים את הערים ואת מגרשיהם•
נ ויתנו בגורל ממטה בני יהודה וממטה בני שמעון
וממטה בני בנימן את הערים האלה אשר יקראו אתהם
בשמות•
נא וממשפחות בני קהת ויהי ערי גבולם ממטה אפרים•
נב ויתנו להם את ערי המקלט את שכם ואת מגרשיה בהר

# 𐤃𐤁𐤓𐤉 𐤄𐤉𐤌𐤉𐤌 𐤀

𐤀𐤐𐤓𐤉𐤌 𐤅𐤀𐤕 𐤂𐤆𐤓 𐤅𐤀𐤕 𐤌𐤂𐤓𐤔𐤉𐤄.
𐤍𐤂 𐤅𐤀𐤕 𐤉𐤒𐤌𐤏𐤌 𐤅𐤀𐤕 𐤌𐤂𐤓𐤔𐤉𐤄 𐤅𐤀𐤕 𐤁𐤉𐤕 𐤇𐤅𐤓𐤅𐤍 𐤅𐤀𐤕 𐤌𐤂𐤓𐤔𐤉𐤄.
𐤍𐤃 𐤅𐤀𐤕 𐤀𐤉𐤋𐤅𐤍 𐤅𐤀𐤕 𐤌𐤂𐤓𐤔𐤉𐤄 𐤅𐤀𐤕 𐤂𐤕 𐤓𐤌𐤅𐤍 𐤅𐤀𐤕 𐤌𐤂𐤓𐤔𐤉𐤄.
𐤍𐤄 𐤅𐤌𐤌𐤇𐤑𐤉𐤕 𐤌𐤈𐤄 𐤌𐤍𐤔𐤄 𐤀𐤕 𐤏𐤍𐤓 𐤅𐤀𐤕 𐤌𐤂𐤓𐤔𐤉𐤄 𐤅𐤀𐤕 𐤁𐤋𐤏𐤌
𐤅𐤀𐤕 𐤌𐤂𐤓𐤔𐤉𐤄 𐤋𐤌𐤔𐤐𐤇𐤕 𐤋𐤁𐤍𐤉 𐤒𐤄𐤕 𐤄𐤍𐤅𐤕𐤓𐤉𐤌.
𐤍𐤅 𐤋𐤁𐤍𐤉 𐤂𐤓𐤔𐤅𐤌 𐤌𐤌𐤔𐤐𐤇𐤕 𐤇𐤑𐤉 𐤌𐤈𐤄 𐤌𐤍𐤔𐤄 𐤀𐤕 𐤂𐤅𐤋𐤍 𐤁𐤁𐤔𐤍
𐤅𐤀𐤕 𐤌𐤂𐤓𐤔𐤉𐤄 𐤅𐤀𐤕 𐤏𐤔𐤕𐤓𐤅𐤕 𐤅𐤀𐤕 𐤌𐤂𐤓𐤔𐤉𐤄.
𐤍𐤆 𐤅𐤌𐤌𐤈𐤄 𐤉𐤔𐤔𐤊𐤓 𐤀𐤕 𐤒𐤃𐤔 𐤅𐤀𐤕 𐤌𐤂𐤓𐤔𐤉𐤄 𐤀𐤕 𐤃𐤁𐤓𐤕 𐤅𐤀𐤕
𐤌𐤂𐤓𐤔𐤉𐤄.
𐤍𐤇 𐤅𐤀𐤕 𐤓𐤀𐤌𐤅𐤕 𐤅𐤀𐤕 𐤌𐤂𐤓𐤔𐤉𐤄 𐤅𐤀𐤕 𐤏𐤍𐤌 𐤅𐤀𐤕 𐤌𐤂𐤓𐤔𐤉𐤄.
𐤍𐤈 𐤅𐤌𐤌𐤈𐤄 𐤀𐤔𐤓 𐤀𐤕 𐤌𐤔𐤋 𐤅𐤀𐤕 𐤌𐤂𐤓𐤔𐤉𐤄 𐤅𐤀𐤕 𐤏𐤁𐤃𐤅𐤍 𐤅𐤀𐤕
𐤌𐤂𐤓𐤔𐤉𐤄.
𐤎 𐤅𐤀𐤕 𐤇𐤅𐤒𐤒 𐤅𐤀𐤕 𐤌𐤂𐤓𐤔𐤉𐤄 𐤅𐤀𐤕 𐤓𐤇𐤁 𐤅𐤀𐤕 𐤌𐤂𐤓𐤔𐤉𐤄.
𐤎𐤀 𐤅𐤌𐤌𐤈𐤄 𐤍𐤐𐤕𐤋𐤉 𐤀𐤕 𐤒𐤃𐤔 𐤁𐤂𐤋𐤉𐤋 𐤅𐤀𐤕 𐤌𐤂𐤓𐤔𐤉𐤄 𐤅𐤀𐤕 𐤇𐤌𐤅𐤍
𐤅𐤀𐤕 𐤌𐤂𐤓𐤔𐤉𐤄 𐤅𐤀𐤕 𐤒𐤓𐤉𐤕𐤉𐤌 𐤅𐤀𐤕 𐤌𐤂𐤓𐤔𐤉𐤄.
𐤎𐤁 𐤋𐤁𐤍𐤉 𐤌𐤓𐤓𐤉 𐤄𐤍𐤅𐤕𐤓𐤉𐤌 𐤌𐤌𐤈𐤄 𐤆𐤁𐤅𐤋𐤍 𐤀𐤕 𐤓𐤌𐤅𐤍𐤅 𐤅𐤀𐤕
𐤌𐤂𐤓𐤔𐤉𐤄 𐤀𐤕 𐤕𐤁𐤅𐤓 𐤅𐤀𐤕 𐤌𐤂𐤓𐤔𐤉𐤄.
𐤎𐤂 𐤅𐤌𐤏𐤁𐤓 𐤋𐤉𐤓𐤃𐤍 𐤉𐤓𐤇𐤅 𐤋𐤌𐤆𐤓𐤇 𐤄𐤉𐤓𐤃𐤍 𐤌𐤌𐤈𐤄 𐤓𐤀𐤅𐤁𐤍 𐤀𐤕 𐤁𐤑𐤓
𐤁𐤌𐤃𐤁𐤓 𐤅𐤀𐤕 𐤌𐤂𐤓𐤔𐤉𐤄 𐤅𐤀𐤕 𐤉𐤄𐤑𐤄 𐤅𐤀𐤕 𐤌𐤂𐤓𐤔𐤉𐤄.
𐤎𐤃 𐤅𐤀𐤕 𐤒𐤃𐤌𐤅𐤕 𐤅𐤀𐤕 𐤌𐤂𐤓𐤔𐤉𐤄 𐤅𐤀𐤕 𐤌𐤉𐤐𐤏𐤕 𐤅𐤀𐤕 𐤌𐤂𐤓𐤔𐤉𐤄.
𐤎𐤄 𐤅𐤌𐤌𐤈𐤄 𐤂𐤃 𐤀𐤕 𐤓𐤀𐤌𐤅𐤕 𐤁𐤂𐤋𐤏𐤃 𐤅𐤀𐤕 𐤌𐤂𐤓𐤔𐤉𐤄 𐤅𐤀𐤕 𐤌𐤇𐤍𐤉𐤌
𐤅𐤀𐤕 𐤌𐤂𐤓𐤔𐤉𐤄.
𐤎𐤅 𐤅𐤀𐤕 𐤇𐤔𐤁𐤅𐤍 𐤅𐤀𐤕 𐤌𐤂𐤓𐤔𐤉𐤄 𐤅𐤀𐤕 𐤉𐤏𐤆𐤉𐤓 𐤅𐤀𐤕 𐤌𐤂𐤓𐤔𐤉𐤄.

𐤐𐤓𐤒 𐤆

𐤀 𐤅𐤋𐤁𐤍𐤉 𐤉𐤔𐤔𐤊𐤓 𐤕𐤅𐤋𐤏 𐤅𐤐𐤅𐤀𐤄 𐤉𐤔𐤉𐤁 [𐤉𐤔𐤅𐤁] 𐤅𐤔𐤌𐤓𐤅𐤍 𐤀𐤓𐤁𐤏𐤄.
𐤁 𐤅𐤁𐤍𐤉 𐤕𐤅𐤋𐤏 𐤏𐤆𐤉 𐤅𐤓𐤐𐤉𐤄 𐤅𐤉𐤓𐤉𐤀𐤋 𐤅𐤉𐤇𐤌𐤉 𐤅𐤉𐤁𐤔𐤌 𐤅𐤔𐤌𐤅𐤀𐤋
𐤓𐤀𐤔𐤉𐤌 𐤋𐤁𐤉𐤕 𐤀𐤁𐤅𐤕𐤌 𐤋𐤕𐤅𐤋𐤏 𐤂𐤁𐤅𐤓𐤉 𐤇𐤉𐤋 𐤋𐤕𐤋𐤃𐤅𐤕𐤌 𐤌𐤎𐤐𐤓𐤌
𐤁𐤉𐤌𐤉 𐤃𐤅𐤉𐤃 𐤏𐤔𐤓𐤉𐤌 𐤅𐤔𐤍𐤉𐤌 𐤀𐤋𐤐 𐤅𐤔𐤔 𐤌𐤀𐤅𐤕.
𐤂 𐤅𐤁𐤍𐤉 𐤏𐤆𐤉 𐤉𐤆𐤓𐤇𐤉𐤄 𐤅𐤁𐤍𐤉 𐤉𐤆𐤓𐤇𐤉𐤄 𐤌𐤉𐤊𐤀𐤋 𐤅𐤏𐤁𐤃𐤉𐤄 𐤅𐤉𐤅𐤀𐤋
𐤉𐤔𐤉𐤄 𐤇𐤌𐤔𐤄 𐤓𐤀𐤔𐤉𐤌 𐤊𐤋𐤌.
𐤃 𐤅𐤏𐤋𐤉𐤄𐤌 𐤋𐤕𐤋𐤃𐤅𐤕𐤌 𐤋𐤁𐤉𐤕 𐤀𐤁𐤅𐤕𐤌 𐤂𐤃𐤅𐤃𐤉 𐤑𐤁𐤀 𐤌𐤋𐤇𐤌𐤄
𐤔𐤋𐤔𐤉𐤌 𐤅𐤔𐤔𐤄 𐤀𐤋𐤐 𐤊𐤉 𐤄𐤓𐤁𐤅 𐤍𐤔𐤉𐤌 𐤅𐤁𐤍𐤉𐤌.

# 𐤃𐤁𐤓𐤉 𐤄𐤉𐤌𐤉𐤌 𐤀

𐤄 𐤅𐤀𐤇𐤉𐤄𐤌 𐤋𐤊𐤋 𐤌𐤔𐤐𐤇𐤅𐤕 𐤉𐤔𐤔𐤊𐤓 𐤂𐤁𐤅𐤓𐤉 𐤇𐤉𐤋𐤉𐤌 𐤔𐤌𐤅𐤍𐤉𐤌
𐤅𐤔𐤁𐤏𐤄 𐤀𐤋𐤐 𐤄𐤕𐤉𐤇𐤔𐤌 𐤋𐤊𐤋•
𐤅 𐤁𐤍𐤉𐤌𐤍 𐤁𐤋𐤏 𐤅𐤁𐤊𐤓 𐤅𐤉𐤃𐤉𐤏𐤀𐤋 𐤔𐤋𐤔𐤄•
𐤆 𐤅𐤁𐤍𐤉 𐤁𐤋𐤏 𐤀𐤑𐤁𐤅𐤍 𐤅𐤏𐤆𐤉 𐤅𐤏𐤆𐤉𐤀𐤋 𐤅𐤉𐤓𐤉𐤌𐤅𐤕 𐤅𐤏𐤉𐤓𐤉 𐤇𐤌𐤔𐤄
𐤓𐤀𐤔𐤉 𐤁𐤉𐤕 𐤀𐤁𐤅𐤕 𐤂𐤁𐤅𐤓𐤉 𐤇𐤉𐤋𐤉𐤌 𐤅𐤄𐤕𐤉𐤇𐤔𐤌 𐤏𐤔𐤓𐤉𐤌 𐤅𐤔𐤍𐤉𐤌
𐤀𐤋𐤐 𐤅𐤔𐤋𐤔𐤉𐤌 𐤅𐤀𐤓𐤁𐤏𐤄•
𐤇 𐤅𐤁𐤍𐤉 𐤁𐤊𐤓 𐤆𐤌𐤉𐤓𐤄 𐤅𐤉𐤅𐤏𐤔 𐤅𐤀𐤋𐤉𐤏𐤆𐤓 𐤅𐤀𐤋𐤉𐤅𐤏𐤉𐤍𐤉 𐤅𐤏𐤌𐤓𐤉
𐤅𐤉𐤓𐤌𐤅𐤕 𐤅𐤀𐤁𐤉𐤄 𐤅𐤏𐤍𐤕𐤅𐤕 𐤅𐤏𐤋𐤌𐤕 𐤊𐤋 𐤀𐤋𐤄 𐤁𐤍𐤉 𐤁𐤊𐤓•
𐤈 𐤅𐤄𐤕𐤉𐤇𐤔𐤌 𐤋𐤕𐤋𐤃𐤅𐤕𐤌 𐤓𐤀𐤔𐤉 𐤁𐤉𐤕 𐤀𐤁𐤅𐤕𐤌 𐤂𐤁𐤅𐤓𐤉 𐤇𐤉𐤋 𐤏𐤔𐤓𐤉𐤌
𐤀𐤋𐤐 𐤅𐤌𐤀𐤕𐤉𐤌•
𐤉 𐤅𐤁𐤍𐤉 𐤉𐤃𐤉𐤏𐤀𐤋 𐤁𐤋𐤄𐤍 𐤅𐤁𐤍𐤉 𐤁𐤋𐤄𐤍 𐤉𐤏𐤉𐤔 [𐤉𐤏𐤅𐤔] 𐤅𐤁𐤍𐤉𐤌𐤍
𐤅𐤀𐤄𐤅𐤃 𐤅𐤊𐤍𐤏𐤍𐤄 𐤅𐤆𐤉𐤕𐤍 𐤅𐤕𐤓𐤔𐤉𐤔 𐤅𐤀𐤇𐤉𐤔𐤇𐤓•
𐤉𐤀 𐤊𐤋 𐤀𐤋𐤄 𐤁𐤍𐤉 𐤉𐤃𐤉𐤏𐤀𐤋 𐤋𐤓𐤀𐤔𐤉 𐤄𐤀𐤁𐤅𐤕 𐤂𐤁𐤅𐤓𐤉 𐤇𐤉𐤋𐤉𐤌
𐤔𐤁𐤏𐤄 𐤏𐤔𐤓 𐤀𐤋𐤐 𐤅𐤌𐤀𐤕𐤉𐤌 𐤉𐤑𐤀𐤉 𐤑𐤁𐤀 𐤋𐤌𐤋𐤇𐤌𐤄•
𐤉𐤁 𐤅𐤔𐤐𐤌 𐤅𐤇𐤐𐤌 𐤁𐤍𐤉 𐤏𐤉𐤓 𐤇𐤔𐤌 𐤁𐤍𐤉 𐤀𐤇𐤓•
𐤉𐤂 𐤁𐤍𐤉 𐤍𐤐𐤕𐤋𐤉 𐤉𐤇𐤑𐤉𐤀𐤋 𐤅𐤂𐤅𐤍𐤉 𐤅𐤉𐤑𐤓 𐤅𐤔𐤋𐤅𐤌 𐤁𐤍𐤉 𐤁𐤋𐤄𐤄•
𐤉𐤃 𐤁𐤍𐤉 𐤌𐤍𐤔𐤄 𐤀𐤔𐤓𐤉𐤀𐤋 𐤀𐤔𐤓 𐤉𐤋𐤃𐤄 𐤐𐤉𐤋𐤂𐤔𐤅 𐤄𐤀𐤓𐤌𐤉𐤄 𐤉𐤋𐤃𐤄
𐤀𐤕 𐤌𐤊𐤉𐤓 𐤀𐤁𐤉 𐤂𐤋𐤏𐤃•
𐤈𐤅 𐤅𐤌𐤊𐤉𐤓 𐤋𐤒𐤇 𐤀𐤔𐤄 𐤋𐤇𐤐𐤉𐤌 𐤅𐤋𐤔𐤐𐤉𐤌 𐤅𐤔𐤌 𐤀𐤇𐤕𐤅 𐤌𐤏𐤊𐤄 𐤅𐤔𐤌
𐤄𐤔𐤍𐤉 𐤑𐤋𐤐𐤇𐤃 𐤅𐤕𐤄𐤉𐤍𐤄 𐤋𐤑𐤋𐤐𐤇𐤃 𐤁𐤍𐤅𐤕•
𐤈𐤆 𐤅𐤕𐤋𐤃 𐤌𐤏𐤊𐤄 𐤀𐤔𐤕 𐤌𐤊𐤉𐤓 𐤁𐤍 𐤅𐤕𐤒𐤓𐤀 𐤔𐤌𐤅 𐤐𐤓𐤔 𐤅𐤔𐤌 𐤀𐤇𐤉𐤅
𐤔𐤓𐤔 𐤅𐤁𐤍𐤉𐤅 𐤀𐤅𐤋𐤌 𐤅𐤓𐤒𐤌•
𐤉𐤆 𐤅𐤁𐤍𐤉 𐤀𐤅𐤋𐤌 𐤁𐤃𐤍 𐤀𐤋𐤄 𐤁𐤍𐤉 𐤂𐤋𐤏𐤃 𐤁𐤍 𐤌𐤊𐤉𐤓 𐤁𐤍 𐤌𐤍𐤔𐤄•
𐤉𐤇 𐤅𐤀𐤇𐤕𐤅 𐤄𐤌𐤋𐤊𐤕 𐤉𐤋𐤃𐤄 𐤀𐤕 𐤀𐤉𐤔𐤄𐤅𐤃 𐤅𐤀𐤕 𐤀𐤁𐤉𐤏𐤆𐤓 𐤅𐤀𐤕
𐤌𐤇𐤋𐤄•
𐤉𐤈 𐤅𐤉𐤄𐤉𐤅 𐤁𐤍𐤉 𐤔𐤌𐤉𐤃𐤏 𐤀𐤇𐤉𐤍 𐤅𐤔𐤊𐤌 𐤅𐤋𐤒𐤇𐤉 𐤅𐤀𐤍𐤉𐤏𐤌•
𐤊 𐤅𐤁𐤍𐤉 𐤀𐤐𐤓𐤉𐤌 𐤔𐤅𐤕𐤋𐤇 𐤅𐤁𐤓𐤃 𐤁𐤍𐤅 𐤅𐤕𐤇𐤕 𐤁𐤍𐤅 𐤅𐤀𐤋𐤏𐤃𐤄 𐤁𐤍𐤅
𐤅𐤕𐤇𐤕 𐤁𐤍𐤅•
𐤊𐤀 𐤅𐤆𐤁𐤃 𐤁𐤍𐤅 𐤅𐤔𐤅𐤕𐤋𐤇 𐤁𐤍𐤅 𐤅𐤏𐤆𐤓 𐤅𐤀𐤋𐤏𐤃 𐤅𐤄𐤓𐤂𐤅𐤌 𐤀𐤍𐤔𐤉 𐤂𐤕
𐤄𐤍𐤅𐤋𐤃𐤉𐤌 𐤁𐤀𐤓𐤑 𐤊𐤉 𐤉𐤓𐤃𐤅 𐤋𐤒𐤇𐤕 𐤀𐤕 𐤌𐤒𐤍𐤉𐤄𐤌•
𐤊𐤁 𐤅𐤉𐤕𐤀𐤁𐤋 𐤀𐤐𐤓𐤉𐤌 𐤀𐤁𐤉𐤄𐤌 𐤉𐤌𐤉𐤌 𐤓𐤁𐤉𐤌 𐤅𐤉𐤁𐤀𐤅 𐤀𐤇𐤉𐤅 𐤋𐤍𐤇𐤌𐤅•
𐤊𐤂 𐤅𐤉𐤁𐤀 𐤀𐤋 𐤀𐤔𐤕𐤅 𐤅𐤕𐤄𐤓 𐤅𐤕𐤋𐤃 𐤁𐤍 𐤅𐤉𐤒𐤓𐤀 𐤀𐤕 𐤔𐤌𐤅 𐤁𐤓𐤉𐤏𐤄 𐤊𐤉
𐤁𐤓𐤏𐤄 𐤄𐤉𐤕𐤄 𐤁𐤁𐤉𐤕𐤅•

# דברי הימים א

כד ובתו שארה ותבן את בית חורון התחתון ואת העליון
ואת אזן שארה.
כה ורפח בנו ורשף ותלח בנו ותחן בנו.
כו לעדן בנו עמיהוד בנו אלישמע בנו.
כז נון בנו יהושע בנו.
כח ואחזתם ומשבותם בית אל ובנתיה ולמזרח נערן ולמערב
גזר ובנתיה ושכם ובנתיה עד עיה ובנתיה.
כט ועל ידי בני מנשה בית שאן ובנתיה תענך ובנתיה
מגדו ובנותיה דור ובנותיה באלה ישבו בני יוסף בן
ישראל.
ל בני אשר ימנה וישוה וישוי ובריעה ושרח אחותם.
לא ובני בריעה חבר ומלכיאל הוא אבי ברזות [ברזית].
לב וחבר הוליד את יפלט ואת שומר ואת חותם ואת שועא
אחותם.
לג ובני יפלט פסך ובמהל ועשות אלה בני יפלט.
לד ובני שמר אחי ורוהגה [ורהגה] יחבה [וחבה] וארם.
לה ובן הלם אחיו צופח וימנע ושלש ועמל.
לו בני צופח סוח וחרנפר ושועל וברי וימרה.
לז בצר והוד ושמא ושלשה ויתרן ובארא.
לח ובני יתר יפנה ופספה וארא.
לט ובני עלא ארח וחניאל ורציא.
מ כל אלה בני אשר ראשי בית האבות ברורים גבורי
חילים ראשי הנשיאים והתיחשם בצבא במלחמה מספרם
אנשים עשרים וששה אלף.

## פרק ח

א ובנימן הוליד את בלע בכרו אשבל השני ואחרח
השלישי.
ב נוחה הרביעי ורפא החמישי.
ג ויהיו בנים לבלע אדר וגרא ואביהוד.
ד ואבישוע ונעמן ואחוח.
ה וגרא ושפופן וחורם.
ו ואלה בני אחוד אלה הם ראשי אבות ליושבי גבע

# דברי הימים א

ויגלום אל מנחת•
ז ונעמן ואחיה וגרא הוא הגלם והוליד את עזא ואת
אחיחד•
ח ושחרים הוליד בשדה מואב מן שלחו אתם חושים ואת
בערא נשיו•
ט ויולד מן חדש אשתו את יובב ואת צביא ואת מישא ואת
מלכם•
י ואת יעוץ ואת שכיה ואת מרמה אלה בניו ראשי אבות•
יא ומחשים הוליד את אביטוב ואת אלפעל•
יב ובני אלפעל עבר ומשעם ושמד הוא בנה את אונו ואת לד
ובנתיה•
יג וברעה ושמע המה ראשי האבות ליושבי אילון המה
הבריחו את יושבי גת•
יד ואחיו ששק וירמות•
טו וזבדיה וערד ועדר•
טז ומיכאל וישפה ויוחא בני בריעה•
יז וזבדיה ומשלם וחזקי וחבר•
יח וישמרי ויזליאה ויובב בני אלפעל•
יט ויקים וזכרי וזבדי•
כ ואליעני וצלתי ואליאל•
כא ועדיה ובראיה ושמרת בני שמעי•
כב וישפן ועבר ואליאל•
כג ועבדון וזכרי וחנן•
כד וחנניה ועילם וענתתיה•
כה ויפדיה ופניאל [ופנואל] בני ששק•
כו ושמשרי ושחריה ועתליה•
כז ויערשיה ואליה וזכרי בני ירחם•
כח אלה ראשי אבות לתלדותם ראשים אלה ישבו בירושלם•
כט ובגבעון ישבו אבי גבעון ושם אשתו מעכה•
ל ובנו הבכור עבדון וצור וקיש ובעל ונדב•
לא וגדור ואחיו וזכר•
לב ומקלות הוליד את שמאה ואף המה נגד אחיהם ישבו
עם אחיהם בירושלם•

# דברי הימים א

לג ונר הוליד את קיש וקיש הוליד את שאול ושאול
הוליד את יהונתן ואת מלכי שוע ואת אבינדב ואת אשבעל.
לד ובן יהונתן מריב בעל ומריב בעל הוליד את מיכה.
לה ובני מיכה פיתון ומלך ותארע ואחז.
לו ואחז הוליד את יהועדה ויהועדה הוליד את עלמת ואת
עזמות ואת זמרי וזמרי הוליד את מוצא.
לז ומוצא הוליד את בנעא רפה בנו אלעשה בנו אצל בנו.
לח ולאצל ששה בנים ואלה שמותם עזריקם בכרו
וישמעאל ושעריה ועבדיה וחנן כל אלה בני אצל.
לט ובני עשק אחיו אולם בכרו יעוש השני ואליפלט
השלשי.
מ ויהיו בני אולם אנשים גברי חיל דרכי קשת ומרבים
בנים ובני בנים מאה וחמשים כל אלה מבני בנימן.

פרק ט

א וכל ישראל התיחשו והנם כתובים על ספר מלכי ישראל
ויהודה הגלו לבבל במעלם.
ב והיושבים הראשנים אשר באחזתם בעריהם ישראל
הכהנים הלוים והנתינים.
ג ובירושלם ישבו מן בני יהודה ומן בני בנימן ומן
בני אפרים ומנשה.
ד עותי בן עמיהוד בן עמרי בן אמרי בן בנימן [בני מן]
בני פרץ בן יהודה.
ה ומן השילני עשיה הבכור ובניו.
ו ומן בני זרח יעואל ואחיהם שש מאות ותשעים.
ז ומן בני בנימן סלוא בן משלם בן הודויה בן הסנאה.
ח ויבניה בן ירחם ואלה בן עזי בן מכרי ומשלם בן
שפטיה בן רעואל בן יבניה.
ט ואחיהם לתלדותם תשע מאות וחמשים וששה כל אלה
אנשים ראשי אבות לבית אבותיהם.
י ומן הכהנים ידעיה ויהויריב ויכין.
יא ועזריה בן חלקיה בן משלם בן צדוק בן מריות בן
אחיטוב נגיד בית האלהים.

# 𐤃𐤁𐤓𐤉 𐤄𐤉𐤌𐤉𐤌 𐤀

𐤉𐤁 𐤅𐤏𐤃𐤉𐤄 𐤁𐤍 𐤉𐤓𐤇𐤌 𐤁𐤍 𐤐𐤔𐤇𐤅𐤓 𐤁𐤍 𐤌𐤋𐤊𐤉𐤄 𐤅𐤌𐤏𐤔𐤉 𐤁𐤍 𐤏𐤃𐤉𐤀𐤋
𐤁𐤍 𐤉𐤇𐤆𐤓𐤄 𐤁𐤍 𐤌𐤔𐤋𐤌 𐤁𐤍 𐤌𐤔𐤋𐤌𐤉𐤕 𐤁𐤍 𐤀𐤌𐤓•

𐤉𐤂 𐤅𐤀𐤇𐤉𐤄𐤌 𐤓𐤀𐤔𐤉𐤌 𐤋𐤁𐤉𐤕 𐤀𐤁𐤅𐤕𐤌 𐤀𐤋𐤐 𐤅𐤔𐤁𐤏 𐤌𐤀𐤅𐤕 𐤅𐤔𐤔𐤉𐤌
𐤂𐤁𐤅𐤓𐤉 𐤇𐤉𐤋 𐤌𐤋𐤀𐤊𐤕 𐤏𐤁𐤅𐤃𐤕 𐤁𐤉𐤕 𐤄𐤀𐤋𐤄𐤉𐤌•

𐤉𐤃 𐤅𐤌𐤍 𐤄𐤋𐤅𐤉𐤌 𐤔𐤌𐤏𐤉𐤄 𐤁𐤍 𐤇𐤔𐤅𐤁 𐤁𐤍 𐤏𐤆𐤓𐤉𐤒𐤌 𐤁𐤍 𐤇𐤔𐤁𐤉𐤄 𐤌𐤍
𐤁𐤍𐤉 𐤌𐤓𐤓𐤉•

𐤈𐤅 𐤅𐤁𐤒𐤁𐤒𐤓 𐤇𐤓𐤔 𐤅𐤂𐤋𐤋 𐤅𐤌𐤕𐤍𐤉𐤄 𐤁𐤍 𐤌𐤉𐤊𐤀 𐤁𐤍 𐤆𐤊𐤓𐤉 𐤁𐤍 𐤀𐤎𐤐•

𐤈𐤆 𐤅𐤏𐤁𐤃𐤉𐤄 𐤁𐤍 𐤔𐤌𐤏𐤉𐤄 𐤁𐤍 𐤂𐤋𐤋 𐤁𐤍 𐤉𐤃𐤅𐤕𐤅𐤍 𐤅𐤁𐤓𐤊𐤉𐤄 𐤁𐤍 𐤀𐤎𐤀
𐤁𐤍 𐤀𐤋𐤒𐤍𐤄 𐤄𐤉𐤅𐤔𐤁 𐤁𐤇𐤑𐤓𐤉 𐤍𐤈𐤅𐤐𐤕𐤉•

𐤉𐤆 𐤅𐤄𐤔𐤅𐤏𐤓𐤉𐤌 𐤔𐤋𐤅𐤌 𐤅𐤏𐤒𐤅𐤁 𐤅𐤈𐤋𐤌𐤍 𐤅𐤀𐤇𐤉𐤌𐤍 𐤅𐤀𐤇𐤉𐤄𐤌 𐤔𐤋𐤅𐤌
𐤄𐤓𐤀𐤔•

𐤉𐤇 𐤅𐤏𐤃 𐤄𐤍𐤄 𐤁𐤔𐤏𐤓 𐤄𐤌𐤋𐤊 𐤌𐤆𐤓𐤇𐤄 𐤄𐤌𐤄 𐤄𐤔𐤏𐤓𐤉𐤌 𐤋𐤌𐤇𐤍𐤅𐤕 𐤁𐤍𐤉
𐤋𐤅𐤉•

𐤉𐤈 𐤅𐤔𐤋𐤅𐤌 𐤁𐤍 𐤒𐤅𐤓𐤀 𐤁𐤍 𐤀𐤁𐤉𐤎𐤐 𐤁𐤍 𐤒𐤓𐤇 𐤅𐤀𐤇𐤉𐤅 𐤋𐤁𐤉𐤕 𐤀𐤁𐤉𐤅
𐤄𐤒𐤓𐤇𐤉𐤌 𐤏𐤋 𐤌𐤋𐤀𐤊𐤕 𐤄𐤏𐤁𐤅𐤃𐤄 𐤔𐤌𐤓𐤉 𐤄𐤎𐤐𐤉𐤌 𐤋𐤀𐤄𐤋 𐤅𐤀𐤁𐤕𐤉𐤄𐤌
𐤏𐤋 𐤌𐤇𐤍𐤄 𐤉𐤄𐤅𐤄 𐤔𐤌𐤓𐤉 𐤄𐤌𐤁𐤅𐤀•

𐤊 𐤅𐤐𐤉𐤍𐤇𐤎 𐤁𐤍 𐤀𐤋𐤏𐤆𐤓 𐤍𐤂𐤉𐤃 𐤄𐤉𐤄 𐤏𐤋𐤉𐤄𐤌 𐤋𐤐𐤍𐤉𐤌 𐤉𐤄𐤅𐤄 𐤏𐤌𐤅•

𐤊𐤀 𐤆𐤊𐤓𐤉𐤄 𐤁𐤍 𐤌𐤔𐤋𐤌𐤉𐤄 𐤔𐤏𐤓 𐤐𐤕𐤇 𐤋𐤀𐤄𐤋 𐤌𐤅𐤏𐤃•

𐤊𐤁 𐤊𐤋𐤌 𐤄𐤁𐤓𐤅𐤓𐤉𐤌 𐤋𐤔𐤏𐤓𐤉𐤌 𐤁𐤎𐤐𐤉𐤌 𐤌𐤀𐤕𐤉𐤌 𐤅𐤔𐤍𐤉𐤌 𐤏𐤔𐤓 𐤄𐤌𐤄
𐤁𐤇𐤑𐤓𐤉𐤄𐤌 𐤄𐤕𐤉𐤇𐤔𐤌 𐤄𐤌𐤄 𐤉𐤎𐤃 𐤃𐤅𐤉𐤃 𐤅𐤔𐤌𐤅𐤀𐤋 𐤄𐤓𐤀𐤄 𐤁𐤀𐤌𐤅𐤍𐤕𐤌•

𐤊𐤂 𐤅𐤄𐤌 𐤅𐤁𐤍𐤉𐤄𐤌 𐤏𐤋 𐤄𐤔𐤏𐤓𐤉𐤌 𐤋𐤁𐤉𐤕 𐤉𐤄𐤅𐤄 𐤋𐤁𐤉𐤕 𐤄𐤀𐤄𐤋
𐤋𐤌𐤔𐤌𐤓𐤅𐤕•

𐤊𐤃 𐤋𐤀𐤓𐤁𐤏 𐤓𐤅𐤇𐤅𐤕 𐤉𐤄𐤉𐤅 𐤄𐤔𐤏𐤓𐤉𐤌 𐤌𐤆𐤓𐤇 𐤉𐤌𐤄 𐤑𐤐𐤅𐤍𐤄 𐤅𐤍𐤂𐤁𐤄•

𐤊𐤄 𐤅𐤀𐤇𐤉𐤄𐤌 𐤁𐤇𐤑𐤓𐤉𐤄𐤌 𐤋𐤁𐤅𐤀 𐤋𐤔𐤁𐤏𐤕 𐤄𐤉𐤌𐤉𐤌 𐤌𐤏𐤕 𐤀𐤋 𐤏𐤕 𐤏𐤌
𐤀𐤋𐤄•

𐤊𐤅 𐤊𐤉 𐤁𐤀𐤌𐤅𐤍𐤄 𐤄𐤌𐤄 𐤀𐤓𐤁𐤏𐤕 𐤂𐤁𐤓𐤉 𐤄𐤔𐤏𐤓𐤉𐤌 𐤄𐤌 𐤄𐤋𐤅𐤉𐤌 𐤅𐤄𐤉𐤅
𐤏𐤋 𐤄𐤋𐤔𐤊𐤅𐤕 𐤅𐤏𐤋 𐤄𐤀𐤑𐤓𐤅𐤕 𐤁𐤉𐤕 𐤄𐤀𐤋𐤄𐤉𐤌•

𐤊𐤆 𐤅𐤎𐤁𐤉𐤁𐤅𐤕 𐤁𐤉𐤕 𐤄𐤀𐤋𐤄𐤉𐤌 𐤉𐤋𐤉𐤍𐤅 𐤊𐤉 𐤏𐤋𐤉𐤄𐤌 𐤌𐤔𐤌𐤓𐤕 𐤅𐤄𐤌
𐤏𐤋 𐤄𐤌𐤐𐤕𐤇 𐤅𐤋𐤁𐤒𐤓 𐤋𐤁𐤒𐤓•

𐤊𐤇 𐤅𐤌𐤄𐤌 𐤏𐤋 𐤊𐤋𐤉 𐤄𐤏𐤁𐤅𐤃𐤄 𐤊𐤉 𐤁𐤌𐤎𐤐𐤓 𐤉𐤁𐤉𐤀𐤅𐤌 𐤅𐤁𐤌𐤎𐤐𐤓
𐤉𐤅𐤑𐤉𐤀𐤅𐤌•

𐤊𐤈 𐤅𐤌𐤄𐤌 𐤌𐤌𐤍𐤉𐤌 𐤏𐤋 𐤄𐤊𐤋𐤉𐤌 𐤅𐤏𐤋 𐤊𐤋 𐤊𐤋𐤉 𐤄𐤒𐤃𐤔 𐤅𐤏𐤋 𐤄𐤎𐤋𐤕
𐤅𐤄𐤉𐤉𐤍 𐤅𐤄𐤔𐤌𐤍 𐤅𐤄𐤋𐤁𐤅𐤍𐤄 𐤅𐤄𐤁𐤔𐤌𐤉𐤌•

# 𐤃𐤁𐤓𐤉 𐤄𐤉𐤌𐤉𐤌 𐤀

𐤋 𐤅𐤌𐤍 𐤁𐤍𐤉 𐤄𐤊𐤄𐤍𐤉𐤌 𐤓𐤒𐤇𐤉 𐤄𐤌𐤓𐤒𐤇𐤕 𐤋𐤁𐤔𐤌𐤉𐤌•

𐤋𐤀 𐤅𐤌𐤕𐤕𐤉𐤄 𐤌𐤍 𐤄𐤋𐤅𐤉𐤌 𐤄𐤅𐤀 𐤄𐤁𐤊𐤅𐤓 𐤋𐤔𐤋𐤌 𐤄𐤒𐤓𐤇𐤉 𐤁𐤀𐤌𐤅𐤍𐤄
𐤏𐤋 𐤌𐤏𐤔𐤄 𐤄𐤇𐤁𐤕𐤉𐤌•

𐤋𐤁 𐤅𐤌𐤍 𐤁𐤍𐤉 𐤄𐤒𐤄𐤕𐤉 𐤌𐤍 𐤀𐤇𐤉𐤄𐤌 𐤏𐤋 𐤋𐤇𐤌 𐤄𐤌𐤏𐤓𐤊𐤕 𐤋𐤄𐤊𐤉𐤍 𐤔𐤁𐤕
𐤔𐤁𐤕•

𐤋𐤂 𐤅𐤀𐤋𐤄 𐤄𐤌𐤔𐤓𐤓𐤉𐤌 𐤓𐤀𐤔𐤉 𐤀𐤁𐤅𐤕 𐤋𐤋𐤅𐤉𐤌 𐤁𐤋𐤔𐤊𐤕 𐤐𐤈𐤉𐤓𐤉𐤌
[𐤐𐤈𐤅𐤓𐤉𐤌] 𐤊𐤉 𐤉𐤅𐤌𐤌 𐤅𐤋𐤉𐤋𐤄 𐤏𐤋𐤉𐤄𐤌 𐤁𐤌𐤋𐤀𐤊𐤄•

𐤋𐤃 𐤀𐤋𐤄 𐤓𐤀𐤔𐤉 𐤄𐤀𐤁𐤅𐤕 𐤋𐤋𐤅𐤉𐤌 𐤋𐤕𐤋𐤃𐤅𐤕𐤌 𐤓𐤀𐤔𐤉𐤌 𐤀𐤋𐤄 𐤉𐤔𐤁𐤅
𐤁𐤉𐤓𐤅𐤔𐤋𐤌•

𐤋𐤄 𐤅𐤁𐤂𐤁𐤏𐤅𐤍 𐤉𐤔𐤁𐤅 𐤀𐤁𐤉 𐤂𐤁𐤏𐤅𐤍 𐤉𐤏𐤅𐤀𐤋 [𐤉𐤏𐤉𐤀𐤋] 𐤅𐤔𐤌 𐤀𐤔𐤕𐤅
𐤌𐤏𐤊𐤄•

𐤋𐤅 𐤅𐤁𐤍𐤅 𐤄𐤁𐤊𐤅𐤓 𐤏𐤁𐤃𐤅𐤍 𐤅𐤑𐤅𐤓 𐤅𐤒𐤉𐤔 𐤅𐤁𐤏𐤋 𐤅𐤍𐤓 𐤅𐤍𐤃𐤁•

𐤋𐤆 𐤅𐤂𐤃𐤅𐤓 𐤅𐤀𐤇𐤉𐤅 𐤅𐤆𐤊𐤓𐤉𐤄 𐤅𐤌𐤒𐤋𐤅𐤕•

𐤋𐤇 𐤅𐤌𐤒𐤋𐤅𐤕 𐤄𐤅𐤋𐤉𐤃 𐤀𐤕 𐤔𐤌𐤀𐤌 𐤅𐤀𐤐 𐤄𐤌 𐤍𐤂𐤃 𐤀𐤇𐤉𐤄𐤌 𐤉𐤔𐤁𐤅
𐤁𐤉𐤓𐤅𐤔𐤋𐤌 𐤏𐤌 𐤀𐤇𐤉𐤄𐤌•

𐤋𐤈 𐤅𐤍𐤓 𐤄𐤅𐤋𐤉𐤃 𐤀𐤕 𐤒𐤉𐤔 𐤅𐤒𐤉𐤔 𐤄𐤅𐤋𐤉𐤃 𐤀𐤕 𐤔𐤀𐤅𐤋 𐤅𐤔𐤀𐤅𐤋
𐤄𐤅𐤋𐤉𐤃 𐤀𐤕 𐤉𐤄𐤅𐤍𐤕𐤍 𐤅𐤀𐤕 𐤌𐤋𐤊𐤉 𐤔𐤅𐤏 𐤅𐤀𐤕 𐤀𐤁𐤉𐤍𐤃𐤁 𐤅𐤀𐤕 𐤀𐤔𐤁𐤏𐤋•

𐤌 𐤅𐤁𐤍 𐤉𐤄𐤅𐤍𐤕𐤍 𐤌𐤓𐤉𐤁 𐤁𐤏𐤋 𐤅𐤌𐤓𐤉𐤁 𐤁𐤏𐤋 𐤄𐤅𐤋𐤉𐤃 𐤀𐤕 𐤌𐤉𐤊𐤄•

𐤌𐤀 𐤅𐤁𐤍𐤉 𐤌𐤉𐤊𐤄 𐤐𐤉𐤕𐤅𐤍 𐤅𐤌𐤋𐤊 𐤅𐤕𐤇𐤓𐤏•

𐤌𐤁 𐤅𐤀𐤇𐤆 𐤄𐤅𐤋𐤉𐤃 𐤀𐤕 𐤉𐤏𐤓𐤄 𐤅𐤉𐤏𐤓𐤄 𐤄𐤅𐤋𐤉𐤃 𐤀𐤕 𐤏𐤋𐤌𐤕 𐤅𐤀𐤕
𐤏𐤆𐤌𐤅𐤕 𐤅𐤀𐤕 𐤆𐤌𐤓𐤉 𐤅𐤆𐤌𐤓𐤉 𐤄𐤅𐤋𐤉𐤃 𐤀𐤕 𐤌𐤅𐤑𐤀•

𐤌𐤂 𐤅𐤌𐤅𐤑𐤀 𐤄𐤅𐤋𐤉𐤃 𐤀𐤕 𐤁𐤍𐤏𐤀 𐤅𐤓𐤐𐤉𐤄 𐤁𐤍𐤅 𐤀𐤋𐤏𐤔𐤄 𐤁𐤍𐤅 𐤀𐤑𐤋 𐤁𐤍𐤅•

𐤌𐤃 𐤅𐤋𐤀𐤑𐤋 𐤔𐤔𐤄 𐤁𐤍𐤉𐤌 𐤅𐤀𐤋𐤄 𐤔𐤌𐤅𐤕𐤌 𐤏𐤆𐤓𐤉𐤒𐤌 𐤁𐤊𐤓𐤅
𐤅𐤉𐤔𐤌𐤏𐤀𐤋 𐤅𐤔𐤏𐤓𐤉𐤄 𐤅𐤏𐤁𐤃𐤉𐤄 𐤅𐤇𐤍𐤍 𐤀𐤋𐤄 𐤁𐤍𐤉 𐤀𐤑𐤋•

## 𐤐𐤓𐤒 𐤉

𐤀 𐤅𐤐𐤋𐤔𐤕𐤉𐤌 𐤍𐤋𐤇𐤌𐤅 𐤁𐤉𐤔𐤓𐤀𐤋 𐤅𐤉𐤍𐤎 𐤀𐤉𐤔 𐤉𐤔𐤓𐤀𐤋 𐤌𐤐𐤍𐤉
𐤐𐤋𐤔𐤕𐤉𐤌 𐤅𐤉𐤐𐤋𐤅 𐤇𐤋𐤋𐤉𐤌 𐤁𐤄𐤓 𐤂𐤋𐤁𐤏•

𐤁 𐤅𐤉𐤃𐤁𐤒𐤅 𐤐𐤋𐤔𐤕𐤉𐤌 𐤀𐤇𐤓𐤉 𐤔𐤀𐤅𐤋 𐤅𐤀𐤇𐤓𐤉 𐤁𐤍𐤉𐤅 𐤅𐤉𐤊𐤅 𐤐𐤋𐤔𐤕𐤉𐤌
𐤀𐤕 𐤉𐤅𐤍𐤕𐤍 𐤅𐤀𐤕 𐤀𐤁𐤉𐤍𐤃𐤁 𐤅𐤀𐤕 𐤌𐤋𐤊𐤉 𐤔𐤅𐤏 𐤁𐤍𐤉 𐤔𐤀𐤅𐤋•

𐤂 𐤅𐤕𐤊𐤁𐤃 𐤄𐤌𐤋𐤇𐤌𐤄 𐤏𐤋 𐤔𐤀𐤅𐤋 𐤅𐤉𐤌𐤑𐤀𐤄𐤅 𐤄𐤌𐤅𐤓𐤉𐤌 𐤁𐤒𐤔𐤕 𐤅𐤉𐤇𐤋
𐤌𐤍 𐤄𐤌𐤅𐤓𐤉𐤌•

𐤃 𐤅𐤉𐤀𐤌𐤓 𐤔𐤀𐤅𐤋 𐤀𐤋 𐤍𐤔𐤀 𐤊𐤋𐤉𐤅 𐤔𐤋𐤐 𐤇𐤓𐤁𐤊 𐤅𐤃𐤒𐤓𐤍𐤉 𐤁𐤄 𐤐𐤍

# 𐤃𐤁𐤓𐤉 𐤄𐤉𐤌𐤉𐤌 𐤀

𐤉𐤁𐤀𐤅 𐤄𐤏𐤓𐤋𐤉𐤌 𐤄𐤀𐤋𐤄 𐤅𐤄𐤕𐤏𐤋𐤋𐤅 𐤁𐤉 𐤅𐤋𐤀 𐤀𐤁𐤄 𐤍𐤔𐤀 𐤊𐤋𐤉𐤅 𐤊𐤉
𐤉𐤓𐤀 𐤌𐤀𐤃 𐤅𐤉𐤒𐤇 𐤔𐤀𐤅𐤋 𐤀𐤕 𐤄𐤇𐤓𐤁 𐤅𐤉𐤐𐤋 𐤏𐤋𐤉𐤄•
𐤄 𐤅𐤉𐤓𐤀 𐤍𐤔𐤀 𐤊𐤋𐤉𐤅 𐤊𐤉 𐤌𐤕 𐤔𐤀𐤅𐤋 𐤅𐤉𐤐𐤋 𐤂𐤌 𐤄𐤅𐤀 𐤏𐤋 𐤄𐤇𐤓𐤁
𐤅𐤉𐤌𐤕•
𐤅 𐤅𐤉𐤌𐤕 𐤔𐤀𐤅𐤋 𐤅𐤔𐤋𐤔𐤕 𐤁𐤍𐤉𐤅 𐤅𐤊𐤋 𐤁𐤉𐤕𐤅 𐤉𐤇𐤃𐤅 𐤌𐤕𐤅•
𐤆 𐤅𐤉𐤓𐤀𐤅 𐤊𐤋 𐤀𐤉𐤔 𐤉𐤔𐤓𐤀𐤋 𐤀𐤔𐤓 𐤁𐤏𐤌𐤒 𐤊𐤉 𐤍𐤎𐤅 𐤅𐤊𐤉 𐤌𐤕𐤅 𐤔𐤀𐤅𐤋
𐤅𐤁𐤍𐤉𐤅 𐤅𐤉𐤏𐤆𐤁𐤅 𐤏𐤓𐤉𐤄𐤌 𐤅𐤉𐤍𐤎𐤅 𐤅𐤉𐤁𐤀𐤅 𐤐𐤋𐤔𐤕𐤉𐤌 𐤅𐤉𐤔𐤁𐤅 𐤁𐤄𐤌•
𐤇 𐤅𐤉𐤄𐤉 𐤌𐤌𐤇𐤓𐤕 𐤅𐤉𐤁𐤀𐤅 𐤐𐤋𐤔𐤕𐤉𐤌 𐤋𐤐𐤔𐤈 𐤀𐤕 𐤄𐤇𐤋𐤋𐤉𐤌 𐤅𐤉𐤌𐤑𐤀𐤅
𐤀𐤕 𐤔𐤀𐤅𐤋 𐤅𐤀𐤕 𐤁𐤍𐤉𐤅 𐤍𐤐𐤋𐤉𐤌 𐤁𐤄𐤓 𐤂𐤋𐤁𐤏•
𐤈 𐤅𐤉𐤐𐤔𐤉𐤈𐤄𐤅 𐤅𐤉𐤔𐤀𐤅 𐤀𐤕 𐤓𐤀𐤔𐤅 𐤅𐤀𐤕 𐤊𐤋𐤉𐤅 𐤅𐤉𐤔𐤋𐤇𐤅 𐤁𐤀𐤓𐤑
𐤐𐤋𐤔𐤕𐤉𐤌 𐤎𐤁𐤉𐤁 𐤋𐤁𐤔𐤓 𐤀𐤕 𐤏𐤑𐤁𐤉𐤄𐤌 𐤅𐤀𐤕 𐤄𐤏𐤌•
𐤉 𐤅𐤉𐤔𐤉𐤌𐤅 𐤀𐤕 𐤊𐤋𐤉𐤅 𐤁𐤉𐤕 𐤀𐤋𐤄𐤉𐤄𐤌 𐤅𐤀𐤕 𐤂𐤋𐤂𐤋𐤕𐤅 𐤕𐤒𐤏𐤅 𐤁𐤉𐤕
𐤃𐤂𐤅𐤍•
𐤉𐤀 𐤅𐤉𐤔𐤌𐤏𐤅 𐤊𐤋 𐤉𐤁𐤉𐤔 𐤂𐤋𐤏𐤃 𐤀𐤕 𐤊𐤋 𐤀𐤔𐤓 𐤏𐤔𐤅 𐤐𐤋𐤔𐤕𐤉𐤌
𐤋𐤔𐤀𐤅𐤋•
𐤉𐤁 𐤅𐤉𐤒𐤅𐤌𐤅 𐤊𐤋 𐤀𐤉𐤔 𐤇𐤉𐤋 𐤅𐤉𐤔𐤀𐤅 𐤀𐤕 𐤂𐤅𐤐𐤕 𐤔𐤀𐤅𐤋 𐤅𐤀𐤕 𐤂𐤅𐤐𐤕
𐤁𐤍𐤉𐤅 𐤅𐤉𐤁𐤉𐤀𐤅𐤌 𐤉𐤁𐤉𐤔𐤄 𐤅𐤉𐤒𐤁𐤓𐤅 𐤀𐤕 𐤏𐤑𐤌𐤅𐤕𐤉𐤄𐤌 𐤕𐤇𐤕 𐤄𐤀𐤋𐤄
𐤁𐤉𐤁𐤔 𐤅𐤉𐤑𐤅𐤌𐤅 𐤔𐤁𐤏𐤕 𐤉𐤌𐤉𐤌•
𐤉𐤂 𐤅𐤉𐤌𐤕 𐤔𐤀𐤅𐤋 𐤁𐤌𐤏𐤋𐤅 𐤀𐤔𐤓 𐤌𐤏𐤋 𐤁𐤉𐤄𐤅𐤄 𐤏𐤋 𐤃𐤁𐤓 𐤉𐤄𐤅𐤄 𐤀𐤔𐤓
𐤋𐤀 𐤔𐤌𐤓 𐤅𐤂𐤌 𐤋𐤔𐤀𐤅𐤋 𐤁𐤀𐤅𐤁 𐤋𐤃𐤓𐤅𐤔•
𐤉𐤃 𐤅𐤋𐤀 𐤃𐤓𐤔 𐤁𐤉𐤄𐤅𐤄 𐤅𐤉𐤌𐤉𐤕𐤄𐤅 𐤅𐤉𐤎𐤁 𐤀𐤕 𐤄𐤌𐤋𐤅𐤊𐤄 𐤋𐤃𐤅𐤉𐤃 𐤁𐤍
𐤉𐤔𐤉•

## 𐤐𐤓𐤒 𐤉𐤀

𐤀 𐤅𐤉𐤒𐤁𐤑𐤅 𐤊𐤋 𐤉𐤔𐤓𐤀𐤋 𐤀𐤋 𐤃𐤅𐤉𐤃 𐤇𐤁𐤓𐤅𐤍𐤄 𐤋𐤀𐤌𐤓 𐤄𐤍𐤄 𐤏𐤑𐤌𐤊
𐤅𐤁𐤔𐤓𐤊 𐤀𐤍𐤇𐤍𐤅•
𐤁 𐤂𐤌 𐤕𐤌𐤅𐤋 𐤂𐤌 𐤔𐤋𐤔𐤅𐤌 𐤂𐤌 𐤁𐤄𐤉𐤅𐤕 𐤔𐤀𐤅𐤋 𐤌𐤋𐤊 𐤀𐤕𐤄 𐤄𐤌𐤅𐤑𐤉𐤀
𐤅𐤄𐤌𐤁𐤉𐤀 𐤀𐤕 𐤉𐤔𐤓𐤀𐤋 𐤅𐤉𐤀𐤌𐤓 𐤉𐤄𐤅𐤄 𐤀𐤋𐤄𐤉𐤊 𐤋𐤊 𐤀𐤕𐤄 𐤕𐤓𐤏𐤄 𐤀𐤕
𐤏𐤌𐤉 𐤀𐤕 𐤉𐤔𐤓𐤀𐤋 𐤅𐤀𐤕𐤄 𐤕𐤄𐤉𐤄 𐤍𐤂𐤉𐤃 𐤏𐤋 𐤏𐤌𐤉 𐤉𐤔𐤓𐤀𐤋•
𐤂 𐤅𐤉𐤁𐤀𐤅 𐤊𐤋 𐤆𐤒𐤍𐤉 𐤉𐤔𐤓𐤀𐤋 𐤀𐤋 𐤄𐤌𐤋𐤊 𐤇𐤁𐤓𐤅𐤍𐤄 𐤅𐤉𐤊𐤓𐤕 𐤋𐤄𐤌
𐤃𐤅𐤉𐤃 𐤁𐤓𐤉𐤕 𐤁𐤇𐤁𐤓𐤅𐤍 𐤋𐤐𐤍𐤉 𐤉𐤄𐤅𐤄 𐤅𐤉𐤌𐤔𐤇𐤅 𐤀𐤕 𐤃𐤅𐤉𐤃 𐤋𐤌𐤋𐤊 𐤏𐤋
𐤉𐤔𐤓𐤀𐤋 𐤊𐤃𐤁𐤓 𐤉𐤄𐤅𐤄 𐤁𐤉𐤃 𐤔𐤌𐤅𐤀𐤋•
𐤃 𐤅𐤉𐤋𐤊 𐤃𐤅𐤉𐤃 𐤅𐤊𐤋 𐤉𐤔𐤓𐤀𐤋 𐤉𐤓𐤅𐤔𐤋𐤌 𐤄𐤉𐤀 𐤉𐤁𐤅𐤎 𐤅𐤔𐤌 𐤄𐤉𐤁𐤅𐤎𐤉

# 𐤃𐤁𐤓𐤉 𐤄𐤉𐤌𐤉𐤌 𐤀

𐤉𐤔𐤁𐤉 𐤄𐤀𐤓𐤑.
𐤄 𐤅𐤉𐤀𐤌𐤓𐤅 𐤉𐤔𐤁𐤉 𐤉𐤁𐤅𐤎 𐤋𐤃𐤅𐤉𐤃 𐤋𐤀 𐤕𐤁𐤅𐤀 𐤄𐤍𐤄 𐤅𐤉𐤋𐤊𐤃 𐤃𐤅𐤉𐤃
𐤀𐤕 𐤌𐤑𐤃𐤕 𐤑𐤉𐤅𐤍 𐤄𐤉𐤀 𐤏𐤉𐤓 𐤃𐤅𐤉𐤃.
𐤅 𐤅𐤉𐤀𐤌𐤓 𐤃𐤅𐤉𐤃 𐤊𐤋 𐤌𐤊𐤄 𐤉𐤁𐤅𐤎𐤉 𐤁𐤓𐤀𐤔𐤅𐤍𐤄 𐤉𐤄𐤉𐤄 𐤋𐤓𐤀𐤔 𐤅𐤋𐤔𐤓
𐤅𐤉𐤏𐤋 𐤁𐤓𐤀𐤔𐤅𐤍𐤄 𐤉𐤅𐤀𐤁 𐤁𐤍 𐤑𐤓𐤅𐤉𐤄 𐤅𐤉𐤄𐤉 𐤋𐤓𐤀𐤔.
𐤆 𐤅𐤉𐤔𐤁 𐤃𐤅𐤉𐤃 𐤁𐤌𐤑𐤃 𐤏𐤋 𐤊𐤍 𐤒𐤓𐤀𐤅 𐤋𐤅 𐤏𐤉𐤓 𐤃𐤅𐤉𐤃.
𐤇 𐤅𐤉𐤁𐤍 𐤄𐤏𐤉𐤓 𐤌𐤎𐤁𐤉𐤁 𐤌𐤍 𐤄𐤌𐤋𐤅𐤀 𐤅𐤏𐤃 𐤄𐤎𐤁𐤉𐤁 𐤅𐤉𐤅𐤀𐤁 𐤉𐤇𐤉𐤄 𐤀𐤕
𐤔𐤀𐤓 𐤄𐤏𐤉𐤓.
𐤈 𐤅𐤉𐤋𐤊 𐤃𐤅𐤉𐤃 𐤄𐤋𐤅𐤊 𐤅𐤂𐤃𐤅𐤋 𐤅𐤉𐤄𐤅𐤄 𐤑𐤁𐤀𐤅𐤕 𐤏𐤌𐤅.
𐤉 𐤅𐤀𐤋𐤄 𐤓𐤀𐤔𐤉 𐤄𐤂𐤁𐤓𐤉𐤌 𐤀𐤔𐤓 𐤋𐤃𐤅𐤉𐤃 𐤄𐤌𐤕𐤇𐤆𐤒𐤉𐤌 𐤏𐤌𐤅
𐤁𐤌𐤋𐤊𐤅𐤕𐤅 𐤏𐤌 𐤊𐤋 𐤉𐤔𐤓𐤀𐤋 𐤋𐤄𐤌𐤋𐤉𐤊𐤅 𐤊𐤃𐤁𐤓 𐤉𐤄𐤅𐤄 𐤏𐤋 𐤉𐤔𐤓𐤀𐤋.
𐤉𐤀 𐤅𐤀𐤋𐤄 𐤌𐤎𐤐𐤓 𐤄𐤂𐤁𐤓𐤉𐤌 𐤀𐤔𐤓 𐤋𐤃𐤅𐤉𐤃 𐤉𐤔𐤁𐤏𐤌 𐤁𐤍 𐤇𐤊𐤌𐤅𐤍𐤉 𐤓𐤀𐤔
𐤄𐤔𐤋𐤅𐤔𐤉𐤌 [𐤄𐤔𐤋𐤉𐤔𐤉𐤌] 𐤄𐤅𐤀 𐤏𐤅𐤓𐤓 𐤀𐤕 𐤇𐤍𐤉𐤕𐤅 𐤏𐤋 𐤔𐤋𐤔 𐤌𐤀𐤅𐤕
𐤇𐤋𐤋 𐤁𐤐𐤏𐤌 𐤀𐤇𐤕.
𐤉𐤁 𐤅𐤀𐤇𐤓𐤉𐤅 𐤀𐤋𐤏𐤆𐤓 𐤁𐤍 𐤃𐤅𐤃𐤅 𐤄𐤀𐤇𐤅𐤇𐤉 𐤄𐤅𐤀 𐤁𐤔𐤋𐤅𐤔𐤄 𐤄𐤂𐤁𐤓𐤉𐤌.
𐤉𐤂 𐤄𐤅𐤀 𐤄𐤉𐤄 𐤏𐤌 𐤃𐤅𐤉𐤃 𐤁𐤐𐤎 𐤃𐤌𐤉𐤌 𐤅𐤄𐤐𐤋𐤔𐤕𐤉𐤌 𐤍𐤀𐤎𐤐𐤅 𐤔𐤌
𐤋𐤌𐤋𐤇𐤌𐤄 𐤅𐤕𐤄𐤉 𐤇𐤋𐤒𐤕 𐤄𐤔𐤃𐤄 𐤌𐤋𐤀𐤄 𐤔𐤏𐤅𐤓𐤉𐤌 𐤅𐤄𐤏𐤌 𐤍𐤎𐤅 𐤌𐤐𐤍𐤉
𐤐𐤋𐤔𐤕𐤉𐤌.
𐤉𐤃 𐤅𐤉𐤕𐤉𐤑𐤁𐤅 𐤁𐤕𐤅𐤊 𐤄𐤇𐤋𐤒𐤄 𐤅𐤉𐤑𐤉𐤋𐤅𐤄 𐤅𐤉𐤊𐤅 𐤀𐤕 𐤐𐤋𐤔𐤕𐤉𐤌
𐤅𐤉𐤅𐤔𐤏 𐤉𐤄𐤅𐤄 𐤕𐤔𐤅𐤏𐤄 𐤂𐤃𐤅𐤋𐤄.
𐤈𐤅 𐤅𐤉𐤓𐤃𐤅 𐤔𐤋𐤅𐤔𐤄 𐤌𐤍 𐤄𐤔𐤋𐤅𐤔𐤉𐤌 𐤏𐤋 𐤄𐤑𐤓 𐤀𐤋 𐤃𐤅𐤉𐤃 𐤀𐤋
𐤌𐤏𐤓𐤕 𐤏𐤃𐤋𐤌 𐤅𐤌𐤇𐤍𐤄 𐤐𐤋𐤔𐤕𐤉𐤌 𐤇𐤍𐤄 𐤁𐤏𐤌𐤒 𐤓𐤐𐤀𐤉𐤌.
𐤈𐤆 𐤅𐤃𐤅𐤉𐤃 𐤀𐤆 𐤁𐤌𐤑𐤅𐤃𐤄 𐤅𐤍𐤑𐤉𐤁 𐤐𐤋𐤔𐤕𐤉𐤌 𐤀𐤆 𐤁𐤁𐤉𐤕 𐤋𐤇𐤌.
𐤉𐤆 𐤅𐤉𐤕𐤀𐤅 [𐤅𐤉𐤕𐤀𐤉𐤅] 𐤃𐤅𐤉𐤃 𐤅𐤉𐤀𐤌𐤓 𐤌𐤉 𐤉𐤔𐤒𐤍𐤉 𐤌𐤉𐤌 𐤌𐤁𐤅𐤓
𐤁𐤉𐤕 𐤋𐤇𐤌 𐤀𐤔𐤓 𐤁𐤔𐤏𐤓.
𐤉𐤇 𐤅𐤉𐤁𐤒𐤏𐤅 𐤄𐤔𐤋𐤔𐤄 𐤁𐤌𐤇𐤍𐤄 𐤐𐤋𐤔𐤕𐤉𐤌 𐤅𐤉𐤔𐤀𐤁𐤅 𐤌𐤉𐤌 𐤌𐤁𐤅𐤓 𐤁𐤉𐤕
𐤋𐤇𐤌 𐤀𐤔𐤓 𐤁𐤔𐤏𐤓 𐤅𐤉𐤔𐤀𐤅 𐤅𐤉𐤁𐤀𐤅 𐤀𐤋 𐤃𐤅𐤉𐤃 𐤅𐤋𐤀 𐤀𐤁𐤄 𐤃𐤅𐤉𐤃
𐤋𐤔𐤕𐤅𐤕𐤌 𐤅𐤉𐤍𐤎𐤊 𐤀𐤕𐤌 𐤋𐤉𐤄𐤅𐤄.
𐤉𐤈 𐤅𐤉𐤀𐤌𐤓 𐤇𐤋𐤉𐤋𐤄 𐤋𐤉 𐤌𐤀𐤋𐤄𐤉 𐤌𐤏𐤔𐤅𐤕 𐤆𐤀𐤕 𐤄𐤃𐤌 𐤄𐤀𐤍𐤔𐤉𐤌
𐤄𐤀𐤋𐤄 𐤀𐤔𐤕𐤄 𐤁𐤍𐤐𐤔𐤅𐤕𐤌 𐤊𐤉 𐤁𐤍𐤐𐤔𐤅𐤕𐤌 𐤄𐤁𐤉𐤀𐤅𐤌 𐤅𐤋𐤀 𐤀𐤁𐤄
𐤋𐤔𐤕𐤅𐤕𐤌 𐤀𐤋𐤄 𐤏𐤔𐤅 𐤔𐤋𐤔𐤕 𐤄𐤂𐤁𐤅𐤓𐤉𐤌.
𐤊 𐤅𐤀𐤁𐤔𐤉 𐤀𐤇𐤉 𐤉𐤅𐤀𐤁 𐤄𐤅𐤀 𐤄𐤉𐤄 𐤓𐤀𐤔 𐤄𐤔𐤋𐤅𐤔𐤄 𐤅𐤄𐤅𐤀 𐤏𐤅𐤓𐤓 𐤀𐤕
𐤇𐤍𐤉𐤕𐤅 𐤏𐤋 𐤔𐤋𐤔 𐤌𐤀𐤅𐤕 𐤇𐤋𐤋 𐤅𐤋𐤀 [𐤅𐤋𐤅] 𐤔𐤌 𐤁𐤔𐤋𐤅𐤔𐤄.

# 𐤃𐤁𐤓𐤉 𐤄𐤉𐤌𐤉𐤌 𐤀

𐤊𐤀 𐤌𐤍 𐤄𐤔𐤋𐤅𐤔𐤄 𐤁𐤔𐤍𐤉𐤌 𐤍𐤊𐤁𐤃 𐤅𐤉𐤄𐤉 𐤋𐤄𐤌 𐤋𐤔𐤓 𐤅𐤏𐤃 𐤄𐤔𐤋𐤅𐤔𐤄
𐤋𐤀 𐤁𐤀.

𐤊𐤁 𐤁𐤍𐤉𐤄 𐤁𐤍 𐤉𐤄𐤅𐤉𐤃𐤏 𐤁𐤍 𐤀𐤉𐤔 𐤇𐤉𐤋 𐤓𐤁 𐤐𐤏𐤋𐤉𐤌 𐤌𐤍 𐤒𐤁𐤑𐤀𐤋 𐤄𐤅𐤀
𐤄𐤊𐤄 𐤀𐤕 𐤔𐤍𐤉 𐤀𐤓𐤉𐤀𐤋 𐤌𐤅𐤀𐤁 𐤅𐤄𐤅𐤀 𐤉𐤓𐤃 𐤅𐤄𐤊𐤄 𐤀𐤕 𐤄𐤀𐤓𐤉 𐤁𐤕𐤅𐤊
𐤄𐤁𐤅𐤓 𐤁𐤉𐤅𐤌 𐤄𐤔𐤋𐤂.

𐤊𐤂 𐤅𐤄𐤅𐤀 𐤄𐤊𐤄 𐤀𐤕 𐤄𐤀𐤉𐤔 𐤄𐤌𐤑𐤓𐤉 𐤀𐤉𐤔 𐤌𐤃𐤄 𐤇𐤌𐤔 𐤁𐤀𐤌𐤄 𐤅𐤁𐤉𐤃
𐤄𐤌𐤑𐤓𐤉 𐤇𐤍𐤉𐤕 𐤊𐤌𐤍𐤅𐤓 𐤀𐤓𐤂𐤉𐤌 𐤅𐤉𐤓𐤃 𐤀𐤋𐤉𐤅 𐤁𐤔𐤁𐤈 𐤅𐤉𐤂𐤆𐤋 𐤀𐤕
𐤄𐤇𐤍𐤉𐤕 𐤌𐤉𐤃 𐤄𐤌𐤑𐤓𐤉 𐤅𐤉𐤄𐤓𐤂𐤄𐤅 𐤁𐤇𐤍𐤉𐤕𐤅.

𐤊𐤃 𐤀𐤋𐤄 𐤏𐤔𐤄 𐤁𐤍𐤉𐤄𐤅 𐤁𐤍 𐤉𐤄𐤅𐤉𐤃𐤏 𐤅𐤋𐤅 𐤔𐤌 𐤁𐤔𐤋𐤅𐤔𐤄 𐤄𐤂𐤁𐤓𐤉𐤌.

𐤊𐤄 𐤌𐤍 𐤄𐤔𐤋𐤅𐤔𐤉𐤌 𐤄𐤍𐤅 𐤍𐤊𐤁𐤃 𐤄𐤅𐤀 𐤅𐤀𐤋 𐤄𐤔𐤋𐤔𐤄 𐤋𐤀 𐤁𐤀
𐤅𐤉𐤔𐤉𐤌𐤄𐤅 𐤃𐤅𐤉𐤃 𐤏𐤋 𐤌𐤔𐤌𐤏𐤕𐤅.

𐤊𐤅 𐤅𐤂𐤁𐤅𐤓𐤉 𐤄𐤇𐤉𐤋𐤉𐤌 𐤏𐤔𐤄𐤀𐤋 𐤀𐤇𐤉 𐤉𐤅𐤀𐤁 𐤀𐤋𐤇𐤍𐤍 𐤁𐤍 𐤃𐤅𐤃𐤅
𐤌𐤁𐤉𐤕 𐤋𐤇𐤌.

𐤊𐤆 𐤔𐤌𐤅𐤕 𐤄𐤄𐤓𐤅𐤓𐤉 𐤇𐤋𐤑 𐤄𐤐𐤋𐤅𐤍𐤉.

𐤊𐤇 𐤏𐤉𐤓𐤀 𐤁𐤍 𐤏𐤒𐤔 𐤄𐤕𐤒𐤅𐤏𐤉 𐤀𐤁𐤉𐤏𐤆𐤓 𐤄𐤏𐤍𐤕𐤅𐤕𐤉.

𐤊𐤈 𐤎𐤁𐤊𐤉 𐤄𐤇𐤔𐤕𐤉 𐤏𐤉𐤋𐤉 𐤄𐤀𐤇𐤅𐤇𐤉.

𐤋 𐤌𐤄𐤓𐤉 𐤄𐤍𐤈𐤐𐤕𐤉 𐤇𐤋𐤃 𐤁𐤍 𐤁𐤏𐤍𐤄 𐤄𐤍𐤈𐤅𐤐𐤕𐤉.

𐤋𐤀 𐤀𐤉𐤕𐤉 𐤁𐤍 𐤓𐤉𐤁𐤉 𐤌𐤂𐤁𐤏𐤕 𐤁𐤍𐤉 𐤁𐤍𐤉𐤌𐤍 𐤁𐤍𐤉𐤄 𐤄𐤐𐤓𐤏𐤕𐤍𐤉.

𐤋𐤁 𐤇𐤅𐤓𐤉 𐤌𐤍𐤇𐤋𐤉 𐤂𐤏𐤔 𐤀𐤁𐤉𐤀𐤋 𐤄𐤏𐤓𐤁𐤕𐤉.

𐤋𐤂 𐤏𐤆𐤌𐤅𐤕 𐤄𐤁𐤇𐤓𐤅𐤌𐤉 𐤀𐤋𐤉𐤇𐤁𐤀 𐤄𐤔𐤏𐤋𐤁𐤍𐤉.

𐤋𐤃 𐤁𐤍𐤉 𐤄𐤔𐤌 𐤄𐤂𐤆𐤅𐤍𐤉 𐤉𐤅𐤍𐤕𐤍 𐤁𐤍 𐤔𐤂𐤄 𐤄𐤄𐤓𐤓𐤉.

𐤋𐤄 𐤀𐤇𐤉𐤀𐤌 𐤁𐤍 𐤔𐤊𐤓 𐤄𐤄𐤓𐤓𐤉 𐤀𐤋𐤉𐤐𐤋 𐤁𐤍 𐤀𐤅𐤓.

𐤋𐤅 𐤇𐤐𐤓 𐤄𐤌𐤊𐤓𐤕𐤉 𐤀𐤇𐤉𐤄 𐤄𐤐𐤋𐤍𐤉.

𐤋𐤆 𐤇𐤑𐤓𐤅 𐤄𐤊𐤓𐤌𐤋𐤉 𐤍𐤏𐤓𐤉 𐤁𐤍 𐤀𐤆𐤁𐤉.

𐤋𐤇 𐤉𐤅𐤀𐤋 𐤀𐤇𐤉 𐤍𐤕𐤍 𐤌𐤁𐤇𐤓 𐤁𐤍 𐤄𐤂𐤓𐤉.

𐤋𐤈 𐤑𐤋𐤒 𐤄𐤏𐤌𐤅𐤍𐤉 𐤍𐤇𐤓𐤉 𐤄𐤁𐤓𐤕𐤉 𐤍𐤔𐤀 𐤊𐤋𐤉 𐤉𐤅𐤀𐤁 𐤁𐤍 𐤑𐤓𐤅𐤉𐤄.

𐤌 𐤏𐤉𐤓𐤀 𐤄𐤉𐤕𐤓𐤉 𐤂𐤓𐤁 𐤄𐤉𐤕𐤓𐤉.

𐤌𐤀 𐤀𐤅𐤓𐤉𐤄 𐤄𐤇𐤕𐤉 𐤆𐤁𐤃 𐤁𐤍 𐤀𐤇𐤋𐤉.

𐤌𐤁 𐤏𐤃𐤉𐤍𐤀 𐤁𐤍 𐤔𐤉𐤆𐤀 𐤄𐤓𐤀𐤅𐤁𐤍𐤉 𐤓𐤀𐤔 𐤋𐤓𐤀𐤅𐤁𐤍𐤉 𐤅𐤏𐤋𐤉𐤅
𐤔𐤋𐤔𐤉𐤌.

𐤌𐤂 𐤇𐤍𐤍 𐤁𐤍 𐤌𐤏𐤊𐤄 𐤅𐤉𐤅𐤔𐤐𐤈 𐤄𐤌𐤕𐤍𐤉.

𐤌𐤃 𐤏𐤆𐤉𐤀 𐤄𐤏𐤔𐤕𐤓𐤕𐤉 𐤔𐤌𐤏 𐤅𐤉𐤏𐤅𐤀𐤋 [𐤅𐤉𐤏𐤉𐤀𐤋] 𐤁𐤍𐤉 𐤇𐤅𐤕𐤌
𐤄𐤏𐤓𐤏𐤓𐤉.

# דברי הימים א

מה ידיעאל בן שמרי ויחא אחיו התיצי.
מו אליאל המחוים וירבי ויושויה בני אלנעם ויתמה
המואבי.
מז אליאל ועובד ויעשיאל המצביה.

פרק יב
א ואלה הבאים אל דויד לצקלג עוד עצור מפני שאול בן
קיש והמה בגבורים עזרי המלחמה.
ב נשקי קשת מימינים ומשמאלים באבנים ובחצים
בקשת מאחי שאול מבנימן.
ג הראש אחיעזר ויואש בני השמעה הגבעתי ויזואל
[ויזיאל] ויפלט בני עזמות וברכה ויהוא הענתתי.
ד וישמעיה הגבעוני גבור בשלשים ועל השלשים וירמיה
ויחזיאל ויוחנן ויוזבד הגדרתי.
ה אלעוזי וירימות ובעליה ושמריהו ושפטיהו החריפי
[החרופי].
ו אלקנה וישיהו ועזראל ויועזר וישבעם הקרחים.
ז ויועאלה וזבדיה בני ירחם מן הגדור.
ח ומן הגדי נבדלו אל דויד למצד מדברה גברי החיל אנשי
צבא למלחמה ערכי צנה ורמח ופני אריה פניהם וכצבאים
על ההרים למהר.
ט עזר הראש עבדיה השני אליאב השלשי.
י משמנה הרביעי ירמיה החמשי.
יא עתי הששי אליאל השבעי.
יב יוחנן השמיני אלזבד התשיעי.
יג ירמיהו העשירי מכבני עשתי עשר.
יד אלה מבני גד ראשי הצבא אחד למאה הקטן והגדול
לאלף.
טו אלה הם אשר עברו את הירדן בחדש הראשון והוא ממלא
על כל גדיתיו [גדותיו] ויבריחו את כל העמקים למזרח
ולמערב.
טז ויבאו מן בני בנימן ויהודה עד למצד לדויד.
יז ויצא דויד לפניהם ויען ויאמר להם אם לשלום באתם

# 𐤃𐤁𐤓𐤉 𐤄𐤉𐤌𐤉𐤌 𐤀

𐤀𐤋𐤉 𐤋𐤏𐤆𐤓𐤍𐤉 𐤉𐤄𐤉𐤄 𐤋𐤉 𐤏𐤋𐤉𐤊𐤌 𐤋𐤁𐤁 𐤋𐤉𐤇𐤃 𐤅𐤀𐤌 𐤋𐤓𐤌𐤅𐤕𐤍𐤉
𐤋𐤑𐤓𐤉 𐤁𐤋𐤀 𐤇𐤌𐤎 𐤁𐤊𐤐𐤉 𐤉𐤓𐤀 𐤀𐤋𐤄𐤉 𐤀𐤁𐤅𐤕𐤉𐤍𐤅 𐤅𐤉𐤅𐤊𐤇.

𐤉𐤇 𐤅𐤓𐤅𐤇 𐤋𐤁𐤔𐤄 𐤀𐤕 𐤏𐤌𐤔𐤉 𐤓𐤀𐤔 𐤄𐤔𐤋𐤅𐤔𐤉𐤌 [𐤄𐤔𐤋𐤉𐤔𐤉𐤌] 𐤋𐤊
𐤃𐤅𐤉𐤃 𐤅𐤏𐤌𐤊 𐤁𐤍 𐤉𐤔𐤉 𐤔𐤋𐤅𐤌 𐤔𐤋𐤅𐤌 𐤋𐤊 𐤅𐤔𐤋𐤅𐤌 𐤋𐤏𐤆𐤓𐤊 𐤊𐤉 𐤏𐤆𐤓𐤊
𐤀𐤋𐤄𐤉𐤊 𐤅𐤉𐤒𐤁𐤋𐤌 𐤃𐤅𐤉𐤃 𐤅𐤉𐤕𐤍𐤌 𐤁𐤓𐤀𐤔𐤉 𐤄𐤂𐤃𐤅𐤃.

𐤉𐤈 𐤅𐤌𐤌𐤍𐤔𐤄 𐤍𐤐𐤋𐤅 𐤏𐤋 𐤃𐤅𐤉𐤃 𐤁𐤁𐤀𐤅 𐤏𐤌 𐤐𐤋𐤔𐤕𐤉𐤌 𐤏𐤋 𐤔𐤀𐤅𐤋
𐤋𐤌𐤋𐤇𐤌𐤄 𐤅𐤋𐤀 𐤏𐤆𐤓𐤌 𐤊𐤉 𐤁𐤏𐤑𐤄 𐤔𐤋𐤇𐤄𐤅 𐤎𐤓𐤍𐤉 𐤐𐤋𐤔𐤕𐤉𐤌 𐤋𐤀𐤌𐤓
𐤁𐤓𐤀𐤔𐤉𐤍𐤅 𐤉𐤐𐤅𐤋 𐤀𐤋 𐤀𐤃𐤍𐤉𐤅 𐤔𐤀𐤅𐤋.

𐤊 𐤁𐤋𐤊𐤕𐤅 𐤀𐤋 𐤑𐤉𐤒𐤋𐤂 𐤍𐤐𐤋𐤅 𐤏𐤋𐤉𐤅 𐤌𐤌𐤍𐤔𐤄 𐤏𐤃𐤍𐤇 𐤅𐤉𐤅𐤆𐤁𐤃
𐤅𐤉𐤃𐤉𐤏𐤀𐤋 𐤅𐤌𐤉𐤊𐤀𐤋 𐤅𐤉𐤅𐤆𐤁𐤃 𐤅𐤀𐤋𐤉𐤄𐤅𐤀 𐤅𐤑𐤋𐤕𐤉 𐤓𐤀𐤔𐤉 𐤄𐤀𐤋𐤐𐤉𐤌
𐤀𐤔𐤓 𐤋𐤌𐤍𐤔𐤄.

𐤊𐤀 𐤅𐤄𐤌𐤄 𐤏𐤆𐤓𐤅 𐤏𐤌 𐤃𐤅𐤉𐤃 𐤏𐤋 𐤄𐤂𐤃𐤅𐤃 𐤊𐤉 𐤂𐤁𐤅𐤓𐤉 𐤇𐤉𐤋 𐤊𐤋𐤌
𐤅𐤉𐤄𐤉𐤅 𐤔𐤓𐤉𐤌 𐤁𐤑𐤁𐤀.

𐤊𐤁 𐤊𐤉 𐤋𐤏𐤕 𐤉𐤅𐤌 𐤁𐤉𐤅𐤌 𐤉𐤁𐤀𐤅 𐤏𐤋 𐤃𐤅𐤉𐤃 𐤋𐤏𐤆𐤓𐤅 𐤏𐤃 𐤋𐤌𐤇𐤍𐤄 𐤂𐤃𐤅𐤋
𐤊𐤌𐤇𐤍𐤄 𐤀𐤋𐤄𐤉𐤌.

𐤊𐤂 𐤅𐤀𐤋𐤄 𐤌𐤎𐤐𐤓𐤉 𐤓𐤀𐤔𐤉 𐤄𐤇𐤋𐤅𐤑 𐤋𐤑𐤁𐤀 𐤁𐤀𐤅 𐤏𐤋 𐤃𐤅𐤉𐤃 𐤇𐤁𐤓𐤅𐤍𐤄
𐤋𐤄𐤎𐤁 𐤌𐤋𐤊𐤅𐤕 𐤔𐤀𐤅𐤋 𐤀𐤋𐤉𐤅 𐤊𐤐𐤉 𐤉𐤄𐤅𐤄.

𐤊𐤃 𐤁𐤍𐤉 𐤉𐤄𐤅𐤃𐤄 𐤍𐤔𐤀𐤉 𐤑𐤍𐤄 𐤅𐤓𐤌𐤇 𐤔𐤔𐤕 𐤀𐤋𐤐𐤉𐤌 𐤅𐤔𐤌𐤅𐤍𐤄 𐤌𐤀𐤅𐤕
𐤇𐤋𐤅𐤑𐤉 𐤑𐤁𐤀.

𐤊𐤄 𐤌𐤍 𐤁𐤍𐤉 𐤔𐤌𐤏𐤅𐤍 𐤂𐤁𐤅𐤓𐤉 𐤇𐤉𐤋 𐤋𐤑𐤁𐤀 𐤔𐤁𐤏𐤕 𐤀𐤋𐤐𐤉𐤌 𐤅𐤌𐤀𐤄.

𐤊𐤅 𐤌𐤍 𐤁𐤍𐤉 𐤄𐤋𐤅𐤉 𐤀𐤓𐤁𐤏𐤕 𐤀𐤋𐤐𐤉𐤌 𐤅𐤔𐤔 𐤌𐤀𐤅𐤕.

𐤊𐤆 𐤅𐤉𐤄𐤅𐤉𐤃𐤏 𐤄𐤍𐤂𐤉𐤃 𐤋𐤀𐤄𐤓𐤍 𐤅𐤏𐤌𐤅 𐤔𐤋𐤔𐤕 𐤀𐤋𐤐𐤉𐤌 𐤅𐤔𐤁𐤏 𐤌𐤀𐤅𐤕.

𐤊𐤇 𐤅𐤑𐤃𐤅𐤒 𐤍𐤏𐤓 𐤂𐤁𐤅𐤓 𐤇𐤉𐤋 𐤅𐤁𐤉𐤕 𐤀𐤁𐤉𐤅 𐤔𐤓𐤉𐤌 𐤏𐤔𐤓𐤉𐤌 𐤅𐤔𐤍𐤉𐤌.

𐤊𐤈 𐤅𐤌𐤍 𐤁𐤍𐤉 𐤁𐤍𐤉𐤌𐤍 𐤀𐤇𐤉 𐤔𐤀𐤅𐤋 𐤔𐤋𐤔𐤕 𐤀𐤋𐤐𐤉𐤌 𐤅𐤏𐤃 𐤄𐤍𐤄
𐤌𐤓𐤁𐤉𐤕𐤌 𐤔𐤌𐤓𐤉𐤌 𐤌𐤔𐤌𐤓𐤕 𐤁𐤉𐤕 𐤔𐤀𐤅𐤋.

𐤋 𐤅𐤌𐤍 𐤁𐤍𐤉 𐤀𐤐𐤓𐤉𐤌 𐤏𐤔𐤓𐤉𐤌 𐤀𐤋𐤐 𐤅𐤔𐤌𐤅𐤍𐤄 𐤌𐤀𐤅𐤕 𐤂𐤁𐤅𐤓𐤉 𐤇𐤉𐤋
𐤀𐤍𐤔𐤉 𐤔𐤌𐤅𐤕 𐤋𐤁𐤉𐤕 𐤀𐤁𐤅𐤕𐤌.

𐤋𐤀 𐤅𐤌𐤇𐤑𐤉 𐤌𐤈𐤄 𐤌𐤍𐤔𐤄 𐤔𐤌𐤅𐤍𐤄 𐤏𐤔𐤓 𐤀𐤋𐤐 𐤀𐤔𐤓 𐤍𐤒𐤁𐤅 𐤁𐤔𐤌𐤅𐤕
𐤋𐤁𐤅𐤀 𐤋𐤄𐤌𐤋𐤉𐤊 𐤀𐤕 𐤃𐤅𐤉𐤃.

𐤋𐤁 𐤅𐤌𐤁𐤍𐤉 𐤉𐤔𐤔𐤊𐤓 𐤉𐤅𐤃𐤏𐤉 𐤁𐤉𐤍𐤄 𐤋𐤏𐤕𐤉𐤌 𐤋𐤃𐤏𐤕 𐤌𐤄 𐤉𐤏𐤔𐤄
𐤉𐤔𐤓𐤀𐤋 𐤓𐤀𐤔𐤉𐤄𐤌 𐤌𐤀𐤕𐤉𐤌 𐤅𐤊𐤋 𐤀𐤇𐤉𐤄𐤌 𐤏𐤋 𐤐𐤉𐤄𐤌.

𐤋𐤂 𐤌𐤆𐤁𐤋𐤅𐤍 𐤉𐤅𐤑𐤀𐤉 𐤑𐤁𐤀 𐤏𐤅𐤓𐤊𐤉 𐤌𐤋𐤇𐤌𐤄 𐤁𐤊𐤋 𐤊𐤋𐤉 𐤌𐤋𐤇𐤌𐤄
𐤇𐤌𐤔𐤉𐤌 𐤀𐤋𐤐 𐤅𐤋𐤏𐤃𐤓 𐤁𐤋𐤀 𐤋𐤁 𐤅𐤋𐤁.

# 𐤃𐤁𐤓𐤉 𐤄𐤉𐤌𐤉𐤌 𐤀

𐤋𐤃 𐤅𐤌𐤍𐤐𐤕𐤋𐤉 𐤔𐤓𐤉𐤌 𐤀𐤋𐤐 𐤅𐤏𐤌𐤄𐤌 𐤁𐤑𐤍𐤄 𐤅𐤇𐤍𐤉𐤕 𐤔𐤋𐤔𐤉𐤌 𐤅𐤔𐤁𐤏𐤄
𐤀𐤋𐤐.
𐤋𐤄 𐤅𐤌𐤍 𐤄𐤃𐤍𐤉 𐤏𐤓𐤊𐤉 𐤌𐤋𐤇𐤌𐤄 𐤏𐤔𐤓𐤉𐤌 𐤅𐤔𐤌𐤅𐤍𐤄 𐤀𐤋𐤐 𐤅𐤔𐤔 𐤌𐤀𐤅𐤕.
𐤋𐤅 𐤅𐤌𐤀𐤔𐤓 𐤉𐤅𐤑𐤀𐤉 𐤑𐤁𐤀 𐤋𐤏𐤓𐤊 𐤌𐤋𐤇𐤌𐤄 𐤀𐤓𐤁𐤏𐤉𐤌 𐤀𐤋𐤐.
𐤋𐤆 𐤅𐤌𐤏𐤁𐤓 𐤋𐤉𐤓𐤃𐤍 𐤌𐤍 𐤄𐤓𐤀𐤅𐤁𐤍𐤉 𐤅𐤄𐤂𐤃𐤉 𐤅𐤇𐤑𐤉 𐤔𐤁𐤈 𐤌𐤍𐤔𐤄 𐤁𐤊𐤋
𐤊𐤋𐤉 𐤑𐤁𐤀 𐤌𐤋𐤇𐤌𐤄 𐤌𐤀𐤄 𐤅𐤏𐤔𐤓𐤉𐤌 𐤀𐤋𐤐.
𐤋𐤇 𐤊𐤋 𐤀𐤋𐤄 𐤀𐤍𐤔𐤉 𐤌𐤋𐤇𐤌𐤄 𐤏𐤃𐤓𐤉 𐤌𐤏𐤓𐤊𐤄 𐤁𐤋𐤁𐤁 𐤔𐤋𐤌 𐤁𐤀𐤅
𐤇𐤁𐤓𐤅𐤍𐤄 𐤋𐤄𐤌𐤋𐤉𐤊 𐤀𐤕 𐤃𐤅𐤉𐤃 𐤏𐤋 𐤊𐤋 𐤉𐤔𐤓𐤀𐤋 𐤅𐤂𐤌 𐤊𐤋 𐤔𐤓𐤉𐤕
𐤉𐤔𐤓𐤀𐤋 𐤋𐤁 𐤀𐤇𐤃 𐤋𐤄𐤌𐤋𐤉𐤊 𐤀𐤕 𐤃𐤅𐤉𐤃.
𐤋𐤈 𐤅𐤉𐤄𐤉𐤅 𐤔𐤌 𐤏𐤌 𐤃𐤅𐤉𐤃 𐤉𐤌𐤉𐤌 𐤔𐤋𐤅𐤔𐤄 𐤀𐤊𐤋𐤉𐤌 𐤅𐤔𐤅𐤕𐤉𐤌 𐤊𐤉
𐤄𐤊𐤉𐤍𐤅 𐤋𐤄𐤌 𐤀𐤇𐤉𐤄𐤌.
𐤌 𐤅𐤂𐤌 𐤄𐤒𐤓𐤅𐤁𐤉𐤌 𐤀𐤋𐤉𐤄𐤌 𐤏𐤃 𐤉𐤔𐤔𐤊𐤓 𐤅𐤆𐤁𐤋𐤅𐤍 𐤅𐤍𐤐𐤕𐤋𐤉
𐤌𐤁𐤉𐤀𐤉𐤌 𐤋𐤇𐤌 𐤁𐤇𐤌𐤅𐤓𐤉𐤌 𐤅𐤁𐤂𐤌𐤋𐤉𐤌 𐤅𐤁𐤐𐤓𐤃𐤉𐤌 𐤅𐤁𐤁𐤒𐤓 𐤌𐤀𐤊𐤋 𐤒𐤌𐤇
𐤃𐤁𐤋𐤉𐤌 𐤅𐤑𐤌𐤅𐤒𐤉𐤌 𐤅𐤉𐤉𐤍 𐤅𐤔𐤌𐤍 𐤅𐤁𐤒𐤓 𐤅𐤑𐤀𐤍 𐤋𐤓𐤁 𐤊𐤉 𐤔𐤌𐤇𐤄
𐤁𐤉𐤔𐤓𐤀𐤋.

## 𐤐𐤓𐤒 𐤉𐤂

𐤀 𐤅𐤉𐤅𐤏𐤑 𐤃𐤅𐤉𐤃 𐤏𐤌 𐤔𐤓𐤉 𐤄𐤀𐤋𐤐𐤉𐤌 𐤅𐤄𐤌𐤀𐤅𐤕 𐤋𐤊𐤋 𐤍𐤂𐤉𐤃.
𐤁 𐤅𐤉𐤀𐤌𐤓 𐤃𐤅𐤉𐤃 𐤋𐤊𐤋 𐤒𐤄𐤋 𐤉𐤔𐤓𐤀𐤋 𐤀𐤌 𐤏𐤋𐤉𐤊𐤌 𐤈𐤅𐤁 𐤅𐤌𐤍 𐤉𐤄𐤅𐤄
𐤀𐤋𐤄𐤉𐤍𐤅 𐤍𐤐𐤓𐤑𐤄 𐤍𐤔𐤋𐤇𐤄 𐤏𐤋 𐤀𐤇𐤉𐤍𐤅 𐤄𐤍𐤔𐤀𐤓𐤉𐤌 𐤁𐤊𐤋 𐤀𐤓𐤑𐤅𐤕
𐤉𐤔𐤓𐤀𐤋 𐤅𐤏𐤌𐤄𐤌 𐤄𐤊𐤄𐤍𐤉𐤌 𐤅𐤄𐤋𐤅𐤉𐤌 𐤁𐤏𐤓𐤉 𐤌𐤂𐤓𐤔𐤉𐤄𐤌 𐤅𐤉𐤒𐤁𐤑𐤅
𐤀𐤋𐤉𐤍𐤅.
𐤂 𐤅𐤍𐤎𐤁𐤄 𐤀𐤕 𐤀𐤓𐤅𐤍 𐤀𐤋𐤄𐤉𐤍𐤅 𐤀𐤋𐤉𐤍𐤅 𐤊𐤉 𐤋𐤀 𐤃𐤓𐤔𐤍𐤄𐤅 𐤁𐤉𐤌𐤉
𐤔𐤀𐤅𐤋.
𐤃 𐤅𐤉𐤀𐤌𐤓𐤅 𐤊𐤋 𐤄𐤒𐤄𐤋 𐤋𐤏𐤔𐤅𐤕 𐤊𐤍 𐤊𐤉 𐤉𐤔𐤓 𐤄𐤃𐤁𐤓 𐤁𐤏𐤉𐤍𐤉 𐤊𐤋
𐤄𐤏𐤌.
𐤄 𐤅𐤉𐤒𐤄𐤋 𐤃𐤅𐤉𐤃 𐤀𐤕 𐤊𐤋 𐤉𐤔𐤓𐤀𐤋 𐤌𐤍 𐤔𐤉𐤇𐤅𐤓 𐤌𐤑𐤓𐤉𐤌 𐤅𐤏𐤃 𐤋𐤁𐤅𐤀
𐤇𐤌𐤕 𐤋𐤄𐤁𐤉𐤀 𐤀𐤕 𐤀𐤓𐤅𐤍 𐤄𐤀𐤋𐤄𐤉𐤌 𐤌𐤒𐤓𐤉𐤕 𐤉𐤏𐤓𐤉𐤌.
𐤅 𐤅𐤉𐤏𐤋 𐤃𐤅𐤉𐤃 𐤅𐤊𐤋 𐤉𐤔𐤓𐤀𐤋 𐤁𐤏𐤋𐤕𐤄 𐤀𐤋 𐤒𐤓𐤉𐤕 𐤉𐤏𐤓𐤉𐤌 𐤀𐤔𐤓
𐤋𐤉𐤄𐤅𐤃𐤄 𐤋𐤄𐤏𐤋𐤅𐤕 𐤌𐤔𐤌 𐤀𐤕 𐤀𐤓𐤅𐤍 𐤄𐤀𐤋𐤄𐤉𐤌 𐤉𐤄𐤅𐤄 𐤉𐤅𐤔𐤁
𐤄𐤊𐤓𐤅𐤁𐤉𐤌 𐤀𐤔𐤓 𐤍𐤒𐤓𐤀 𐤔𐤌.
𐤆 𐤅𐤉𐤓𐤊𐤉𐤁𐤅 𐤀𐤕 𐤀𐤓𐤅𐤍 𐤄𐤀𐤋𐤄𐤉𐤌 𐤏𐤋 𐤏𐤂𐤋𐤄 𐤇𐤃𐤔𐤄 𐤌𐤁𐤉𐤕 𐤀𐤁𐤉𐤍𐤃𐤁
𐤅𐤏𐤆𐤀 𐤅𐤀𐤇𐤉𐤅 𐤍𐤄𐤂𐤉𐤌 𐤁𐤏𐤂𐤋𐤄.

# דברי הימים א

ח ודויד וכל ישראל משחקים לפני האלהים בכל עז
ובשירים ובכנרות ובנבלים ובתפים ובמצלתים ובחצצרות•
ט ויבאו עד גרן כידן וישלח עזא את ידו לאחז את הארון
כי שמטו הבקר•
י ויחר אף יהוה בעזא ויכהו על אשר שלח ידו על הארון
וימת שם לפני אלהים•
יא ויחר לדויד כי פרץ יהוה פרץ בעזא ויקרא למקום
ההוא פרץ עזא עד היום הזה•
יב ויירא דויד את האלהים ביום ההוא לאמר היך אביא
אלי את ארון האלהים•
יג ולא הסיר דויד את הארון אליו אל עיר דויד ויטהו
אל בית עבד אדם הגתי•
יד וישב ארון האלהים עם בית עבד אדם בביתו שלשה
חדשים ויברך יהוה את בית עבד אדם ואת כל אשר לו•

פרק יד

א וישלח חירם [חורם] מלך צר מלאכים אל דויד ועצי
ארזים וחרשי קיר וחרשי עצים לבנות לו בית•
ב וידע דויד כי הכינו יהוה למלך על ישראל כי נשאת
למעלה מלכותו בעבור עמו ישראל•
ג ויקח דויד עוד נשים בירושלם ויולד דויד עוד בנים
ובנות•
ד ואלה שמות הילודים אשר היו לו בירושלם שמוע
ושובב נתן ושלמה•
ה ויבחר ואלישוע ואלפלט•
ו ונגה ונפג ויפיע•
ז ואלישמע ובעלידע ואליפלט•
ח וישמעו פלשתים כי נמשח דויד למלך על כל ישראל
ויעלו כל פלשתים לבקש את דויד וישמע דויד ויצא
לפניהם•
ט ופלשתים באו ויפשטו בעמק רפאים•
י וישאל דויד באלהים לאמר האעלה על פלשתיים
[פלשתים] ונתתם בידי ויאמר לו יהוה עלה ונתתים בידך•

𐤉𐤀 𐤅𐤉𐤏𐤋𐤅 𐤁𐤁𐤏𐤋 𐤐𐤓𐤑𐤉𐤌 𐤅𐤉𐤊𐤌 𐤔𐤌 𐤃𐤅𐤉𐤃 𐤅𐤉𐤀𐤌𐤓 𐤃𐤅𐤉𐤃 𐤐𐤓𐤑 𐤄𐤀𐤋𐤄𐤉𐤌 𐤀𐤕 𐤀𐤅𐤉𐤁𐤉 𐤁𐤉𐤃𐤉 𐤊𐤐𐤓𐤑 𐤌𐤉𐤌 𐤏𐤋 𐤊𐤍 𐤒𐤓𐤀𐤅 𐤔𐤌 𐤄𐤌𐤒𐤅𐤌 𐤄𐤄𐤅𐤀 𐤁𐤏𐤋 𐤐𐤓𐤑𐤉𐤌•

𐤉𐤁 𐤅𐤉𐤏𐤆𐤁𐤅 𐤔𐤌 𐤀𐤕 𐤀𐤋𐤄𐤉𐤄𐤌 𐤅𐤉𐤀𐤌𐤓 𐤃𐤅𐤉𐤃 𐤅𐤉𐤔𐤓𐤐𐤅 𐤁𐤀𐤔•

𐤉𐤂 𐤅𐤉𐤎𐤉𐤐𐤅 𐤏𐤅𐤃 𐤐𐤋𐤔𐤕𐤉𐤌 𐤅𐤉𐤐𐤔𐤈𐤅 𐤁𐤏𐤌𐤒•

𐤉𐤃 𐤅𐤉𐤔𐤀𐤋 𐤏𐤅𐤃 𐤃𐤅𐤉𐤃 𐤁𐤀𐤋𐤄𐤉𐤌 𐤅𐤉𐤀𐤌𐤓 𐤋𐤅 𐤄𐤀𐤋𐤄𐤉𐤌 𐤋𐤀 𐤕𐤏𐤋𐤄 𐤀𐤇𐤓𐤉𐤄𐤌 𐤄𐤎𐤁 𐤌𐤏𐤋𐤉𐤄𐤌 𐤅𐤁𐤀𐤕 𐤋𐤄𐤌 𐤌𐤌𐤅𐤋 𐤄𐤁𐤊𐤀𐤉𐤌•

𐤈𐤅 𐤅𐤉𐤄𐤉 𐤊𐤔𐤌𐤏𐤊 𐤀𐤕 𐤒𐤅𐤋 𐤄𐤑𐤏𐤃𐤄 𐤁𐤓𐤀𐤔𐤉 𐤄𐤁𐤊𐤀𐤉𐤌 𐤀𐤆 𐤕𐤑𐤀 𐤁𐤌𐤋𐤇𐤌𐤄 𐤊𐤉 𐤉𐤑𐤀 𐤄𐤀𐤋𐤄𐤉𐤌 𐤋𐤐𐤍𐤉𐤊 𐤋𐤄𐤊𐤅𐤕 𐤀𐤕 𐤌𐤇𐤍𐤄 𐤐𐤋𐤔𐤕𐤉𐤌•

𐤈𐤆 𐤅𐤉𐤏𐤔 𐤃𐤅𐤉𐤃 𐤊𐤀𐤔𐤓 𐤑𐤅𐤄𐤅 𐤄𐤀𐤋𐤄𐤉𐤌 𐤅𐤉𐤊𐤅 𐤀𐤕 𐤌𐤇𐤍𐤄 𐤐𐤋𐤔𐤕𐤉𐤌 𐤌𐤂𐤁𐤏𐤅𐤍 𐤅𐤏𐤃 𐤂𐤆𐤓𐤄•

𐤉𐤆 𐤅𐤉𐤑𐤀 𐤔𐤌 𐤃𐤅𐤉𐤃 𐤁𐤊𐤋 𐤄𐤀𐤓𐤑𐤅𐤕 𐤅𐤉𐤄𐤅𐤄 𐤍𐤕𐤍 𐤀𐤕 𐤐𐤇𐤃𐤅 𐤏𐤋 𐤊𐤋 𐤄𐤂𐤅𐤉𐤌•

## 𐤐𐤓𐤒 𐤈𐤅

𐤀 𐤅𐤉𐤏𐤔 𐤋𐤅 𐤁𐤕𐤉𐤌 𐤁𐤏𐤉𐤓 𐤃𐤅𐤉𐤃 𐤅𐤉𐤊𐤍 𐤌𐤒𐤅𐤌 𐤋𐤀𐤓𐤅𐤍 𐤄𐤀𐤋𐤄𐤉𐤌 𐤅𐤉𐤈 𐤋𐤅 𐤀𐤄𐤋•

𐤁 𐤀𐤆 𐤀𐤌𐤓 𐤃𐤅𐤉𐤃 𐤋𐤀 𐤋𐤔𐤀𐤕 𐤀𐤕 𐤀𐤓𐤅𐤍 𐤄𐤀𐤋𐤄𐤉𐤌 𐤊𐤉 𐤀𐤌 𐤄𐤋𐤅𐤉𐤌 𐤊𐤉 𐤁𐤌 𐤁𐤇𐤓 𐤉𐤄𐤅𐤄 𐤋𐤔𐤀𐤕 𐤀𐤕 𐤀𐤓𐤅𐤍 𐤉𐤄𐤅𐤄 𐤅𐤋𐤔𐤓𐤕𐤅 𐤏𐤃 𐤏𐤅𐤋𐤌•

𐤂 𐤅𐤉𐤒𐤄𐤋 𐤃𐤅𐤉𐤃 𐤀𐤕 𐤊𐤋 𐤉𐤔𐤓𐤀𐤋 𐤀𐤋 𐤉𐤓𐤅𐤔𐤋𐤌 𐤋𐤄𐤏𐤋𐤅𐤕 𐤀𐤕 𐤀𐤓𐤅𐤍 𐤉𐤄𐤅𐤄 𐤀𐤋 𐤌𐤒𐤅𐤌𐤅 𐤀𐤔𐤓 𐤄𐤊𐤉𐤍 𐤋𐤅•

𐤃 𐤅𐤉𐤀𐤎𐤐 𐤃𐤅𐤉𐤃 𐤀𐤕 𐤁𐤍𐤉 𐤀𐤄𐤓𐤍 𐤅𐤀𐤕 𐤄𐤋𐤅𐤉𐤌•

𐤄 𐤋𐤁𐤍𐤉 𐤒𐤄𐤕 𐤀𐤅𐤓𐤉𐤀𐤋 𐤄𐤔𐤓 𐤅𐤀𐤇𐤉𐤅 𐤌𐤀𐤄 𐤅𐤏𐤔𐤓𐤉𐤌•

𐤅 𐤋𐤁𐤍𐤉 𐤌𐤓𐤓𐤉 𐤏𐤔𐤉𐤄 𐤄𐤔𐤓 𐤅𐤀𐤇𐤉𐤅 𐤌𐤀𐤕𐤉𐤌 𐤅𐤏𐤔𐤓𐤉𐤌•

𐤆 𐤋𐤁𐤍𐤉 𐤂𐤓𐤔𐤅𐤌 𐤉𐤅𐤀𐤋 𐤄𐤔𐤓 𐤅𐤀𐤇𐤉𐤅 𐤌𐤀𐤄 𐤅𐤔𐤋𐤔𐤉𐤌•

𐤇 𐤋𐤁𐤍𐤉 𐤀𐤋𐤉𐤑𐤐𐤍 𐤔𐤌𐤏𐤉𐤄 𐤄𐤔𐤓 𐤅𐤀𐤇𐤉𐤅 𐤌𐤀𐤕𐤉𐤌•

𐤈 𐤋𐤁𐤍𐤉 𐤇𐤁𐤓𐤅𐤍 𐤀𐤋𐤉𐤀𐤋 𐤄𐤔𐤓 𐤅𐤀𐤇𐤉𐤅 𐤔𐤌𐤅𐤍𐤉𐤌•

𐤉 𐤋𐤁𐤍𐤉 𐤏𐤆𐤉𐤀𐤋 𐤏𐤌𐤉𐤍𐤃𐤁 𐤄𐤔𐤓 𐤅𐤀𐤇𐤉𐤅 𐤌𐤀𐤄 𐤅𐤔𐤍𐤉𐤌 𐤏𐤔𐤓•

𐤉𐤀 𐤅𐤉𐤒𐤓𐤀 𐤃𐤅𐤉𐤃 𐤋𐤑𐤃𐤅𐤒 𐤅𐤋𐤀𐤁𐤉𐤕𐤓 𐤄𐤊𐤄𐤍𐤉𐤌 𐤅𐤋𐤋𐤅𐤉𐤌 𐤋𐤀𐤅𐤓𐤉𐤀𐤋 𐤏𐤔𐤉𐤄 𐤅𐤉𐤅𐤀𐤋 𐤔𐤌𐤏𐤉𐤄 𐤅𐤀𐤋𐤉𐤀𐤋 𐤅𐤏𐤌𐤉𐤍𐤃𐤁•

𐤉𐤁 𐤅𐤉𐤀𐤌𐤓 𐤋𐤄𐤌 𐤀𐤕𐤌 𐤓𐤀𐤔𐤉 𐤄𐤀𐤁𐤅𐤕 𐤋𐤋𐤅𐤉𐤌 𐤄𐤕𐤒𐤃𐤔𐤅 𐤀𐤕𐤌 𐤅𐤀𐤇𐤉𐤊𐤌 𐤅𐤄𐤏𐤋𐤉𐤕𐤌 𐤀𐤕 𐤀𐤓𐤅𐤍 𐤉𐤄𐤅𐤄 𐤀𐤋𐤄𐤉 𐤉𐤔𐤓𐤀𐤋 𐤀𐤋 𐤄𐤊𐤉𐤍𐤅𐤕𐤉 𐤋𐤅•

# 𐤃𐤁𐤓𐤉 𐤄𐤉𐤌𐤉𐤌 𐤀

𐤉𐤂 𐤊𐤉 𐤋𐤌𐤁𐤓𐤀𐤔𐤅𐤍𐤄 𐤋𐤀 𐤀𐤕𐤌 𐤐𐤓𐤑 𐤉𐤄𐤅𐤄 𐤀𐤋𐤄𐤉𐤍𐤅 𐤁𐤍𐤅 𐤊𐤉 𐤋𐤀
𐤃𐤓𐤔𐤍𐤄𐤅 𐤊𐤌𐤔𐤐𐤈•

𐤉𐤃 𐤅𐤉𐤕𐤒𐤃𐤔𐤅 𐤄𐤊𐤄𐤍𐤉𐤌 𐤅𐤄𐤋𐤅𐤉𐤌 𐤋𐤄𐤏𐤋𐤅𐤕 𐤀𐤕 𐤀𐤓𐤅𐤍 𐤉𐤄𐤅𐤄
𐤀𐤋𐤄𐤉 𐤉𐤔𐤓𐤀𐤋•

𐤈𐤅 𐤅𐤉𐤔𐤀𐤅 𐤁𐤍𐤉 𐤄𐤋𐤅𐤉𐤌 𐤀𐤕 𐤀𐤓𐤅𐤍 𐤄𐤀𐤋𐤄𐤉𐤌 𐤊𐤀𐤔𐤓 𐤑𐤅𐤄 𐤌𐤔𐤄
𐤊𐤃𐤁𐤓 𐤉𐤄𐤅𐤄 𐤁𐤊𐤕𐤐𐤌 𐤁𐤌𐤈𐤅𐤕 𐤏𐤋𐤉𐤄𐤌•

𐤈𐤆 𐤅𐤉𐤀𐤌𐤓 𐤃𐤅𐤉𐤃 𐤋𐤔𐤓𐤉 𐤄𐤋𐤅𐤉𐤌 𐤋𐤄𐤏𐤌𐤉𐤃 𐤀𐤕 𐤀𐤇𐤉𐤄𐤌
𐤄𐤌𐤔𐤓𐤓𐤉𐤌 𐤁𐤊𐤋𐤉 𐤔𐤉𐤓 𐤍𐤁𐤋𐤉𐤌 𐤅𐤊𐤍𐤓𐤅𐤕 𐤅𐤌𐤑𐤋𐤕𐤉𐤌 𐤌𐤔𐤌𐤉𐤏𐤉𐤌
𐤋𐤄𐤓𐤉𐤌 𐤁𐤒𐤅𐤋 𐤋𐤔𐤌𐤇𐤄•

𐤉𐤆 𐤅𐤉𐤏𐤌𐤉𐤃𐤅 𐤄𐤋𐤅𐤉𐤌 𐤀𐤕 𐤄𐤉𐤌𐤍 𐤁𐤍 𐤉𐤅𐤀𐤋 𐤅𐤌𐤍 𐤀𐤇𐤉𐤅 𐤀𐤎𐤐 𐤁𐤍
𐤁𐤓𐤊𐤉𐤄𐤅 𐤅𐤌𐤍 𐤁𐤍𐤉 𐤌𐤓𐤓𐤉 𐤀𐤇𐤉𐤄𐤌 𐤀𐤉𐤕𐤍 𐤁𐤍 𐤒𐤅𐤔𐤉𐤄𐤅•

𐤉𐤇 𐤅𐤏𐤌𐤄𐤌 𐤀𐤇𐤉𐤄𐤌 𐤄𐤌𐤔𐤍𐤉𐤌 𐤆𐤊𐤓𐤉𐤄𐤅 𐤁𐤍 𐤅𐤉𐤏𐤆𐤉𐤀𐤋
𐤅𐤔𐤌𐤉𐤓𐤌𐤅𐤕 𐤅𐤉𐤇𐤉𐤀𐤋 𐤅𐤏𐤍𐤉 𐤀𐤋𐤉𐤀𐤁 𐤅𐤁𐤍𐤉𐤄𐤅 𐤅𐤌𐤏𐤔𐤉𐤄𐤅
𐤅𐤌𐤕𐤕𐤉𐤄𐤅 𐤅𐤀𐤋𐤉𐤐𐤋𐤄𐤅 𐤅𐤌𐤒𐤍𐤉𐤄𐤅 𐤅𐤏𐤁𐤃 𐤀𐤃𐤌 𐤅𐤉𐤏𐤉𐤀𐤋 𐤄𐤔𐤏𐤓𐤉𐤌•

𐤉𐤈 𐤅𐤄𐤌𐤔𐤓𐤓𐤉𐤌 𐤄𐤉𐤌𐤍 𐤀𐤎𐤐 𐤅𐤀𐤉𐤕𐤍 𐤁𐤌𐤑𐤋𐤕𐤉𐤌 𐤍𐤇𐤔𐤕 𐤋𐤄𐤔𐤌𐤉𐤏•

𐤊 𐤅𐤆𐤊𐤓𐤉𐤄 𐤅𐤏𐤆𐤉𐤀𐤋 𐤅𐤔𐤌𐤉𐤓𐤌𐤅𐤕 𐤅𐤉𐤇𐤉𐤀𐤋 𐤅𐤏𐤍𐤉 𐤅𐤀𐤋𐤉𐤀𐤁
𐤅𐤌𐤏𐤔𐤉𐤄𐤅 𐤅𐤁𐤍𐤉𐤄𐤅 𐤁𐤍𐤁𐤋𐤉𐤌 𐤏𐤋 𐤏𐤋𐤌𐤅𐤕•

𐤊𐤀 𐤅𐤌𐤕𐤕𐤉𐤄𐤅 𐤅𐤀𐤋𐤉𐤐𐤋𐤄𐤅 𐤅𐤌𐤒𐤍𐤉𐤄𐤅 𐤅𐤏𐤁𐤃 𐤀𐤃𐤌 𐤅𐤉𐤏𐤉𐤀𐤋
𐤅𐤏𐤆𐤆𐤉𐤄𐤅 𐤁𐤊𐤍𐤓𐤅𐤕 𐤏𐤋 𐤄𐤔𐤌𐤉𐤍𐤉𐤕 𐤋𐤍𐤑𐤇•

𐤊𐤁 𐤅𐤊𐤍𐤍𐤉𐤄𐤅 𐤔𐤓 𐤄𐤋𐤅𐤉𐤌 𐤁𐤌𐤔𐤀 𐤉𐤎𐤓 𐤁𐤌𐤔𐤀 𐤊𐤉 𐤌𐤁𐤉𐤍 𐤄𐤅𐤀•

𐤊𐤂 𐤅𐤁𐤓𐤊𐤉𐤄 𐤅𐤀𐤋𐤒𐤍𐤄 𐤔𐤏𐤓𐤉𐤌 𐤋𐤀𐤓𐤅𐤍•

𐤊𐤃 𐤅𐤔𐤁𐤍𐤉𐤄𐤅 𐤅𐤉𐤅𐤔𐤐𐤈 𐤅𐤍𐤕𐤍𐤀𐤋 𐤅𐤏𐤌𐤔𐤉 𐤅𐤆𐤊𐤓𐤉𐤄𐤅 𐤅𐤁𐤍𐤉𐤄𐤅 𐤅𐤀𐤋𐤉𐤏𐤆𐤓
𐤄𐤊𐤄𐤍𐤉𐤌 𐤌𐤇𐤑𐤑𐤓𐤉𐤌 [𐤌𐤇𐤑𐤓𐤉𐤌] 𐤁𐤇𐤑𐤑𐤓𐤅𐤕 𐤋𐤐𐤍𐤉 𐤀𐤓𐤅𐤍
𐤄𐤀𐤋𐤄𐤉𐤌 𐤅𐤏𐤁𐤃 𐤀𐤃𐤌 𐤅𐤉𐤇𐤉𐤄 𐤔𐤏𐤓𐤉𐤌 𐤋𐤀𐤓𐤅𐤍•

𐤊𐤄 𐤅𐤉𐤄𐤉 𐤃𐤅𐤉𐤃 𐤅𐤆𐤒𐤍𐤉 𐤉𐤔𐤓𐤀𐤋 𐤅𐤔𐤓𐤉 𐤄𐤀𐤋𐤐𐤉𐤌 𐤄𐤄𐤋𐤊𐤉𐤌
𐤋𐤄𐤏𐤋𐤅𐤕 𐤀𐤕 𐤀𐤓𐤅𐤍 𐤁𐤓𐤉𐤕 𐤉𐤄𐤅𐤄 𐤌𐤍 𐤁𐤉𐤕 𐤏𐤁𐤃 𐤀𐤃𐤌 𐤁𐤔𐤌𐤇𐤄•

𐤊𐤅 𐤅𐤉𐤄𐤉 𐤁𐤏𐤆𐤓 𐤄𐤀𐤋𐤄𐤉𐤌 𐤀𐤕 𐤄𐤋𐤅𐤉𐤌 𐤍𐤔𐤀𐤉 𐤀𐤓𐤅𐤍 𐤁𐤓𐤉𐤕 𐤉𐤄𐤅𐤄
𐤅𐤉𐤆𐤁𐤇𐤅 𐤔𐤁𐤏𐤄 𐤐𐤓𐤉𐤌 𐤅𐤔𐤁𐤏𐤄 𐤀𐤉𐤋𐤉𐤌•

𐤊𐤆 𐤅𐤃𐤅𐤉𐤃 𐤌𐤊𐤓𐤁𐤋 𐤁𐤌𐤏𐤉𐤋 𐤁𐤅𐤑 𐤅𐤊𐤋 𐤄𐤋𐤅𐤉𐤌 𐤄𐤍𐤔𐤀𐤉𐤌 𐤀𐤕
𐤄𐤀𐤓𐤅𐤍 𐤅𐤄𐤌𐤔𐤓𐤓𐤉𐤌 𐤅𐤊𐤍𐤍𐤉𐤄 𐤄𐤔𐤓 𐤄𐤌𐤔𐤀 𐤄𐤌𐤔𐤓𐤓𐤉𐤌 𐤅𐤏𐤋 𐤃𐤅𐤉𐤃
𐤀𐤐𐤅𐤃 𐤁𐤃•

𐤊𐤇 𐤅𐤊𐤋 𐤉𐤔𐤓𐤀𐤋 𐤌𐤏𐤋𐤉𐤌 𐤀𐤕 𐤀𐤓𐤅𐤍 𐤁𐤓𐤉𐤕 𐤉𐤄𐤅𐤄 𐤁𐤕𐤓𐤅𐤏𐤄 𐤅𐤁𐤒𐤅𐤋
𐤔𐤅𐤐𐤓 𐤅𐤁𐤇𐤑𐤑𐤓𐤅𐤕 𐤅𐤁𐤌𐤑𐤋𐤕𐤉𐤌 𐤌𐤔𐤌𐤏𐤉𐤌 𐤁𐤍𐤁𐤋𐤉𐤌 𐤅𐤊𐤍𐤓𐤅𐤕•

# דברי הימים א

כט ויהי ארון ברית יהוה בא עד עיר דויד ומיכל בת
שאול נשקפה בעד החלון ותרא את המלך דויד מרקד ומשחק
ותבז לו בלבה.

## פרק טז

א ויביאו את ארון האלהים ויציגו אתו בתוך האהל אשר
נטה לו דויד ויקריבו עלות ושלמים לפני האלהים.
ב ויכל דויד מהעלות העלה והשלמים ויברך את העם בשם
יהוה.
ג ויחלק לכל איש ישראל מאיש ועד אשה לאיש ככר לחם
ואשפר ואשישה.
ד ויתן לפני ארון יהוה מן הלוים משרתים ולהזכיר
ולהודות ולהלל ליהוה אלהי ישראל.
ה אסף הראש ומשנהו זכריה יעיאל ושמירמות ויחיאל
ומתתיה ואליאב ובניהו ועבד אדם ויעיאל בכלי נבלים
ובכנרות ואסף במצלתים משמיע.
ו ובניהו ויחזיאל הכהנים בחצצרות תמיד לפני ארון
ברית האלהים.
ז ביום ההוא אז נתן דויד בראש להדות ליהוה ביד אסף
ואחיו.

ח הודו ליהוה קראו בשמו הודיעו בעמים עלילתיו.
ט שירו לו זמרו לו שיחו בכל נפלאתיו.
י התהללו בשם קדשו ישמח לב מבקשי יהוה.
יא דרשו יהוה ועזו בקשו פניו תמיד.
יב זכרו נפלאתיו אשר עשה מפתיו ומשפטי פיהו.
יג זרע ישראל עבדו בני יעקב בחיריו.
יד הוא יהוה אלהינו בכל הארץ משפטיו.
טו זכרו לעולם בריתו דבר צוה לאלף דור.
טז אשר כרת את אברהם ושבועתו ליצחק.
יז ויעמידה ליעקב לחק לישראל ברית עולם.
יח לאמר לך אתן ארץ כנען חבל נחלתכם.
יט בהיותכם מתי מספר כמעט וגרים בה.
כ ויתהלכו מגוי אל גוי וממלכה אל עם אחר.

# דברי הימים א

כא לא הניח לאיש לעשקם ויוכח עליהם מלכים•
כב אל תגעו במשיחי ובנביאי אל תרעו•
כג שירו ליהוה כל הארץ בשרו מיום אל יום ישועתו•
כד ספרו בגוים את כבודו בכל העמים נפלאתיו•
כה כי גדול יהוה ומהלל מאד ונורא הוא על כל אלהים•
כו כי כל אלהי העמים אלילים ויהוה שמים עשה•
כז הוד והדר לפניו עז וחדוה במקמו•
כח הבו ליהוה משפחות עמים הבו ליהוה כבוד ועז•
כט הבו ליהוה כבוד שמו שאו מנחה ובאו לפניו השתחוו
ליהוה בהדרת קדש•
ל חילו מלפניו כל הארץ אף תכון תבל בל תמוט•
לא ישמחו השמים ותגל הארץ ויאמרו בגוים יהוה מלך•
לב ירעם הים ומלואו יעלץ השדה וכל אשר בו•
לג אז ירננו עצי היער מלפני יהוה כי בא לשפוט את
הארץ•
לד הודו ליהוה כי טוב כי לעולם חסדו•
לה ואמרו הושיענו אלהי ישענו וקבצנו והצילנו מן
הגוים להדות לשם קדשך להשתבח בתהלתך•
לו ברוך יהוה אלהי ישראל מן העולם ועד העלם ויאמרו
כל העם אמן והלל ליהוה•
לז ויעזב שם לפני ארון ברית יהוה לאסף ולאחיו לשרת
לפני הארון תמיד לדבר יום ביומו•
לח ועבד אדם ואחיהם ששים ושמונה ועבד אדם בן ידיתון
וחסה לשערים•
לט ואת צדוק הכהן ואחיו הכהנים לפני משכן יהוה
בבמה אשר בגבעון•
מ להעלות עלות ליהוה על מזבח העלה תמיד לבקר ולערב
ולכל הכתוב בתורת יהוה אשר צוה על ישראל•
מא ועמהם הימן וידותון ושאר הברורים אשר נקבו
בשמות להדות ליהוה כי לעולם חסדו•
מב ועמהם הימן וידותון חצצרות ומצלתים למשמיעים
וכלי שיר האלהים ובני ידותון לשער•
מג וילכו כל העם איש לביתו ויסב דויד לברך את ביתו•

# 𐤃𐤁𐤓𐤉 𐤄𐤉𐤌𐤉𐤌 𐤀

𐤐𐤓𐤒 𐤉𐤆

𐤀 𐤅𐤉𐤄𐤉 𐤊𐤀𐤔𐤓 𐤉𐤔𐤁 𐤃𐤅𐤉𐤃 𐤁𐤁𐤉𐤕𐤅 𐤅𐤉𐤀𐤌𐤓 𐤃𐤅𐤉𐤃 𐤀𐤋 𐤍𐤕𐤍 𐤄𐤍𐤁𐤉𐤀 𐤄𐤍𐤄 𐤀𐤍𐤊𐤉 𐤉𐤅𐤔𐤁 𐤁𐤁𐤉𐤕 𐤄𐤀𐤓𐤆𐤉𐤌 𐤅𐤀𐤓𐤅𐤍 𐤁𐤓𐤉𐤕 𐤉𐤄𐤅𐤄 𐤕𐤇𐤕 𐤉𐤓𐤉𐤏𐤅𐤕•

𐤁 𐤅𐤉𐤀𐤌𐤓 𐤍𐤕𐤍 𐤀𐤋 𐤃𐤅𐤉𐤃 𐤊𐤋 𐤀𐤔𐤓 𐤁𐤋𐤁𐤁𐤊 𐤏𐤔𐤄 𐤊𐤉 𐤄𐤀𐤋𐤄𐤉𐤌 𐤏𐤌𐤊•

𐤂 𐤅𐤉𐤄𐤉 𐤁𐤋𐤉𐤋𐤄 𐤄𐤄𐤅𐤀 𐤅𐤉𐤄𐤉 𐤃𐤁𐤓 𐤀𐤋𐤄𐤉𐤌 𐤀𐤋 𐤍𐤕𐤍 𐤋𐤀𐤌𐤓•

𐤃 𐤋𐤊 𐤅𐤀𐤌𐤓𐤕 𐤀𐤋 𐤃𐤅𐤉𐤃 𐤏𐤁𐤃𐤉 𐤊𐤄 𐤀𐤌𐤓 𐤉𐤄𐤅𐤄 𐤋𐤀 𐤀𐤕𐤄 𐤕𐤁𐤍𐤄 𐤋𐤉 𐤄𐤁𐤉𐤕 𐤋𐤔𐤁𐤕•

𐤄 𐤊𐤉 𐤋𐤀 𐤉𐤔𐤁𐤕𐤉 𐤁𐤁𐤉𐤕 𐤌𐤍 𐤄𐤉𐤅𐤌 𐤀𐤔𐤓 𐤄𐤏𐤋𐤉𐤕𐤉 𐤀𐤕 𐤉𐤔𐤓𐤀𐤋 𐤏𐤃 𐤄𐤉𐤅𐤌 𐤄𐤆𐤄 𐤅𐤀𐤄𐤉𐤄 𐤌𐤀𐤄𐤋 𐤀𐤋 𐤀𐤄𐤋 𐤅𐤌𐤌𐤔𐤊𐤍•

𐤅 𐤁𐤊𐤋 𐤀𐤔𐤓 𐤄𐤕𐤄𐤋𐤊𐤕𐤉 𐤁𐤊𐤋 𐤉𐤔𐤓𐤀𐤋 𐤄𐤃𐤁𐤓 𐤃𐤁𐤓𐤕𐤉 𐤀𐤕 𐤀𐤇𐤃 𐤔𐤐𐤈𐤉 𐤉𐤔𐤓𐤀𐤋 𐤀𐤔𐤓 𐤑𐤅𐤉𐤕𐤉 𐤋𐤓𐤏𐤅𐤕 𐤀𐤕 𐤏𐤌𐤉 𐤋𐤀𐤌𐤓 𐤋𐤌𐤄 𐤋𐤀 𐤁𐤍𐤉𐤕𐤌 𐤋𐤉 𐤁𐤉𐤕 𐤀𐤓𐤆𐤉𐤌•

𐤆 𐤅𐤏𐤕𐤄 𐤊𐤄 𐤕𐤀𐤌𐤓 𐤋𐤏𐤁𐤃𐤉 𐤋𐤃𐤅𐤉𐤃 𐤊𐤄 𐤀𐤌𐤓 𐤉𐤄𐤅𐤄 𐤑𐤁𐤀𐤅𐤕 𐤀𐤍𐤉 𐤋𐤒𐤇𐤕𐤉𐤊 𐤌𐤍 𐤄𐤍𐤅𐤄 𐤌𐤍 𐤀𐤇𐤓𐤉 𐤄𐤑𐤀𐤍 𐤋𐤄𐤉𐤅𐤕 𐤍𐤂𐤉𐤃 𐤏𐤋 𐤏𐤌𐤉 𐤉𐤔𐤓𐤀𐤋•

𐤇 𐤅𐤀𐤄𐤉𐤄 𐤏𐤌𐤊 𐤁𐤊𐤋 𐤀𐤔𐤓 𐤄𐤋𐤊𐤕 𐤅𐤀𐤊𐤓𐤉𐤕 𐤀𐤕 𐤊𐤋 𐤀𐤅𐤉𐤁𐤉𐤊 𐤌𐤐𐤍𐤉𐤊 𐤅𐤏𐤔𐤉𐤕𐤉 𐤋𐤊 𐤔𐤌 𐤊𐤔𐤌 𐤄𐤂𐤃𐤅𐤋𐤉𐤌 𐤀𐤔𐤓 𐤁𐤀𐤓𐤑•

𐤈 𐤅𐤔𐤌𐤕𐤉 𐤌𐤒𐤅𐤌 𐤋𐤏𐤌𐤉 𐤉𐤔𐤓𐤀𐤋 𐤅𐤍𐤈𐤏𐤕𐤉𐤄𐤅 𐤅𐤔𐤊𐤍 𐤕𐤇𐤕𐤉𐤅 𐤅𐤋𐤀 𐤉𐤓𐤂𐤆 𐤏𐤅𐤃 𐤅𐤋𐤀 𐤉𐤅𐤎𐤉𐤐𐤅 𐤁𐤍𐤉 𐤏𐤅𐤋𐤄 𐤋𐤁𐤋𐤕𐤅 𐤊𐤀𐤔𐤓 𐤁𐤓𐤀𐤔𐤅𐤍𐤄•

𐤉 𐤅𐤋𐤌𐤉𐤌𐤉𐤌 𐤀𐤔𐤓 𐤑𐤅𐤉𐤕𐤉 𐤔𐤐𐤈𐤉𐤌 𐤏𐤋 𐤏𐤌𐤉 𐤉𐤔𐤓𐤀𐤋 𐤅𐤄𐤊𐤍𐤏𐤕𐤉 𐤀𐤕 𐤊𐤋 𐤀𐤅𐤉𐤁𐤉𐤊 𐤅𐤀𐤂𐤃 𐤋𐤊 𐤅𐤁𐤉𐤕 𐤉𐤁𐤍𐤄 𐤋𐤊 𐤉𐤄𐤅𐤄•

𐤉𐤀 𐤅𐤄𐤉𐤄 𐤊𐤉 𐤌𐤋𐤀𐤅 𐤉𐤌𐤉𐤊 𐤋𐤋𐤊𐤕 𐤏𐤌 𐤀𐤁𐤕𐤉𐤊 𐤅𐤄𐤒𐤉𐤌𐤅𐤕𐤉 𐤀𐤕 𐤆𐤓𐤏𐤊 𐤀𐤇𐤓𐤉𐤊 𐤀𐤔𐤓 𐤉𐤄𐤉𐤄 𐤌𐤁𐤍𐤉𐤊 𐤅𐤄𐤊𐤉𐤍𐤅𐤕𐤉 𐤀𐤕 𐤌𐤋𐤊𐤅𐤕𐤅•

𐤉𐤁 𐤄𐤅𐤀 𐤉𐤁𐤍𐤄 𐤋𐤉 𐤁𐤉𐤕 𐤅𐤊𐤍𐤍𐤕𐤉 𐤀𐤕 𐤊𐤎𐤀𐤅 𐤏𐤃 𐤏𐤅𐤋𐤌•

𐤉𐤂 𐤀𐤍𐤉 𐤀𐤄𐤉𐤄 𐤋𐤅 𐤋𐤀𐤁 𐤅𐤄𐤅𐤀 𐤉𐤄𐤉𐤄 𐤋𐤉 𐤋𐤁𐤍 𐤅𐤇𐤎𐤃𐤉 𐤋𐤀 𐤀𐤎𐤉𐤓 𐤌𐤏𐤌𐤅 𐤊𐤀𐤔𐤓 𐤄𐤎𐤉𐤓𐤅𐤕𐤉 𐤌𐤀𐤔𐤓 𐤄𐤉𐤄 𐤋𐤐𐤍𐤉𐤊•

𐤉𐤃 𐤅𐤄𐤏𐤌𐤃𐤕𐤉𐤄𐤅 𐤁𐤁𐤉𐤕𐤉 𐤅𐤁𐤌𐤋𐤊𐤅𐤕𐤉 𐤏𐤃 𐤄𐤏𐤅𐤋𐤌 𐤅𐤊𐤎𐤀𐤅 𐤉𐤄𐤉𐤄 𐤍𐤊𐤅𐤍 𐤏𐤃 𐤏𐤅𐤋𐤌•

𐤈𐤅 𐤊𐤊𐤋 𐤄𐤃𐤁𐤓𐤉𐤌 𐤄𐤀𐤋𐤄 𐤅𐤊𐤊𐤋 𐤄𐤇𐤆𐤅𐤍 𐤄𐤆𐤄 𐤊𐤍 𐤃𐤁𐤓 𐤍𐤕𐤍 𐤀𐤋 𐤃𐤅𐤉𐤃•

# 𐤃𐤁𐤓𐤉 𐤄𐤉𐤌𐤉𐤌 𐤀

𐤈𐤆 𐤅𐤉𐤁𐤀 𐤄𐤌𐤋𐤊 𐤃𐤅𐤉𐤃 𐤅𐤉𐤔𐤁 𐤋𐤐𐤍𐤉 𐤉𐤄𐤅𐤄 𐤅𐤉𐤀𐤌𐤓 𐤌𐤉 𐤀𐤍𐤉 𐤉𐤄𐤅𐤄 𐤀𐤋𐤄𐤉𐤌 𐤅𐤌𐤉 𐤁𐤉𐤕𐤉 𐤊𐤉 𐤄𐤁𐤉𐤀𐤕𐤍𐤉 𐤏𐤃 𐤄𐤋𐤌.

𐤉𐤆 𐤅𐤕𐤒𐤈𐤍 𐤆𐤀𐤕 𐤁𐤏𐤉𐤍𐤉𐤊 𐤀𐤋𐤄𐤉𐤌 𐤅𐤕𐤃𐤁𐤓 𐤏𐤋 𐤁𐤉𐤕 𐤏𐤁𐤃𐤊 𐤋𐤌𐤓𐤇𐤅𐤒 𐤅𐤓𐤀𐤉𐤕𐤍𐤉 𐤊𐤕𐤅𐤓 𐤄𐤀𐤃𐤌 𐤄𐤌𐤏𐤋𐤄 𐤉𐤄𐤅𐤄 𐤀𐤋𐤄𐤉𐤌.

𐤉𐤇 𐤌𐤄 𐤉𐤅𐤎𐤉𐤐 𐤏𐤅𐤃 𐤃𐤅𐤉𐤃 𐤀𐤋𐤉𐤊 𐤋𐤊𐤁𐤅𐤃 𐤀𐤕 𐤏𐤁𐤃𐤊 𐤅𐤀𐤕𐤄 𐤀𐤕 𐤏𐤁𐤃𐤊 𐤉𐤃𐤏𐤕.

𐤉𐤈 𐤉𐤄𐤅𐤄 𐤁𐤏𐤁𐤅𐤓 𐤏𐤁𐤃𐤊 𐤅𐤊𐤋𐤁𐤊 𐤏𐤔𐤉𐤕 𐤀𐤕 𐤊𐤋 𐤄𐤂𐤃𐤅𐤋𐤄 𐤄𐤆𐤀𐤕 𐤋𐤄𐤃𐤉𐤏 𐤀𐤕 𐤊𐤋 𐤄𐤂𐤃𐤋𐤅𐤕.

𐤊 𐤉𐤄𐤅𐤄 𐤀𐤉𐤍 𐤊𐤌𐤅𐤊 𐤅𐤀𐤉𐤍 𐤀𐤋𐤄𐤉𐤌 𐤆𐤅𐤋𐤕𐤊 𐤁𐤊𐤋 𐤀𐤔𐤓 𐤔𐤌𐤏𐤍𐤅 𐤁𐤀𐤆𐤍𐤉𐤍𐤅.

𐤊𐤀 𐤅𐤌𐤉 𐤊𐤏𐤌𐤊 𐤉𐤔𐤓𐤀𐤋 𐤂𐤅𐤉 𐤀𐤇𐤃 𐤁𐤀𐤓𐤑 𐤀𐤔𐤓 𐤄𐤋𐤊 𐤄𐤀𐤋𐤄𐤉𐤌 𐤋𐤐𐤃𐤅𐤕 𐤋𐤅 𐤏𐤌 𐤋𐤔𐤅𐤌 𐤋𐤊 𐤔𐤌 𐤂𐤃𐤋𐤅𐤕 𐤅𐤍𐤓𐤀𐤅𐤕 𐤋𐤂𐤓𐤔 𐤌𐤐𐤍𐤉 𐤏𐤌𐤊 𐤀𐤔𐤓 𐤐𐤃𐤉𐤕 𐤌𐤌𐤑𐤓𐤉𐤌 𐤂𐤅𐤉𐤌.

𐤊𐤁 𐤅𐤕𐤕𐤍 𐤀𐤕 𐤏𐤌𐤊 𐤉𐤔𐤓𐤀𐤋 𐤋𐤊 𐤋𐤏𐤌 𐤏𐤃 𐤏𐤅𐤋𐤌 𐤅𐤀𐤕𐤄 𐤉𐤄𐤅𐤄 𐤄𐤉𐤉𐤕 𐤋𐤄𐤌 𐤋𐤀𐤋𐤄𐤉𐤌.

𐤊𐤂 𐤅𐤏𐤕𐤄 𐤉𐤄𐤅𐤄 𐤄𐤃𐤁𐤓 𐤀𐤔𐤓 𐤃𐤁𐤓𐤕 𐤏𐤋 𐤏𐤁𐤃𐤊 𐤅𐤏𐤋 𐤁𐤉𐤕𐤅 𐤉𐤀𐤌𐤍 𐤏𐤃 𐤏𐤅𐤋𐤌 𐤅𐤏𐤔𐤄 𐤊𐤀𐤔𐤓 𐤃𐤁𐤓𐤕.

𐤊𐤃 𐤅𐤉𐤀𐤌𐤍 𐤅𐤉𐤂𐤃𐤋 𐤔𐤌𐤊 𐤏𐤃 𐤏𐤅𐤋𐤌 𐤋𐤀𐤌𐤓 𐤉𐤄𐤅𐤄 𐤑𐤁𐤀𐤅𐤕 𐤀𐤋𐤄𐤉 𐤉𐤔𐤓𐤀𐤋 𐤀𐤋𐤄𐤉𐤌 𐤋𐤉𐤔𐤓𐤀𐤋 𐤅𐤁𐤉𐤕 𐤃𐤅𐤉𐤃 𐤏𐤁𐤃𐤊 𐤍𐤊𐤅𐤍 𐤋𐤐𐤍𐤉𐤊.

𐤊𐤄 𐤊𐤉 𐤀𐤕𐤄 𐤀𐤋𐤄𐤉 𐤂𐤋𐤉𐤕𐤄 𐤀𐤕 𐤀𐤆𐤍 𐤏𐤁𐤃𐤊 𐤋𐤁𐤍𐤅𐤕 𐤋𐤅 𐤁𐤉𐤕 𐤏𐤋 𐤊𐤍 𐤌𐤑𐤀 𐤏𐤁𐤃𐤊 𐤋𐤄𐤕𐤐𐤋𐤋 𐤋𐤐𐤍𐤉𐤊.

𐤊𐤅 𐤅𐤏𐤕𐤄 𐤉𐤄𐤅𐤄 𐤀𐤕𐤄 𐤄𐤅𐤀 𐤄𐤀𐤋𐤄𐤉𐤌 𐤅𐤕𐤃𐤁𐤓 𐤏𐤋 𐤏𐤁𐤃𐤊 𐤄𐤈𐤅𐤁𐤄 𐤄𐤆𐤀𐤕.

𐤊𐤆 𐤅𐤏𐤕𐤄 𐤄𐤅𐤀𐤋𐤕 𐤋𐤁𐤓𐤊 𐤀𐤕 𐤁𐤉𐤕 𐤏𐤁𐤃𐤊 𐤋𐤄𐤉𐤅𐤕 𐤋𐤏𐤅𐤋𐤌 𐤋𐤐𐤍𐤉𐤊 𐤊𐤉 𐤀𐤕𐤄 𐤉𐤄𐤅𐤄 𐤁𐤓𐤊𐤕 𐤅𐤌𐤁𐤓𐤊 𐤋𐤏𐤅𐤋𐤌.

## 𐤐𐤓𐤒 𐤉𐤇

𐤀 𐤅𐤉𐤄𐤉 𐤀𐤇𐤓𐤉 𐤊𐤍 𐤅𐤉𐤊 𐤃𐤅𐤉𐤃 𐤀𐤕 𐤐𐤋𐤔𐤕𐤉𐤌 𐤅𐤉𐤊𐤍𐤉𐤏𐤌 𐤅𐤉𐤒𐤇 𐤀𐤕 𐤂𐤕 𐤅𐤁𐤍𐤕𐤉𐤄 𐤌𐤉𐤃 𐤐𐤋𐤔𐤕𐤉𐤌.

𐤁 𐤅𐤉𐤊 𐤀𐤕 𐤌𐤅𐤀𐤁 𐤅𐤉𐤄𐤉𐤅 𐤌𐤅𐤀𐤁 𐤏𐤁𐤃𐤉𐤌 𐤋𐤃𐤅𐤉𐤃 𐤍𐤔𐤀𐤉 𐤌𐤍𐤇𐤄.

𐤂 𐤅𐤉𐤊 𐤃𐤅𐤉𐤃 𐤀𐤕 𐤄𐤃𐤃𐤏𐤆𐤓 𐤌𐤋𐤊 𐤑𐤅𐤁𐤄 𐤇𐤌𐤕𐤄 𐤁𐤋𐤊𐤕𐤅 𐤋𐤄𐤑𐤉𐤁 𐤉𐤃𐤅 𐤁𐤍𐤄𐤓 𐤐𐤓𐤕.

𐤃 𐤅𐤉𐤋𐤊𐤃 𐤃𐤅𐤉𐤃 𐤌𐤌𐤍𐤅 𐤀𐤋𐤐 𐤓𐤊𐤁 𐤅𐤔𐤁𐤏𐤕 𐤀𐤋𐤐𐤉𐤌 𐤐𐤓𐤔𐤉𐤌 𐤅𐤏𐤔𐤓𐤉𐤌

# 𐤃𐤁𐤓𐤉 𐤄𐤉𐤌𐤉𐤌 𐤀

𐤀𐤋𐤐 𐤀𐤉𐤔 𐤓𐤂𐤋𐤉 𐤅𐤉𐤏𐤒𐤓 𐤃𐤅𐤉𐤃 𐤀𐤕 𐤊𐤋 𐤄𐤓𐤊𐤁 𐤅𐤉𐤅𐤕𐤓 𐤌𐤌𐤍𐤅 𐤌𐤀𐤄
𐤓𐤊𐤁.

𐤄 𐤅𐤉𐤁𐤀 𐤀𐤓𐤌 𐤃𐤓𐤌𐤔𐤒 𐤋𐤏𐤆𐤅𐤓 𐤋𐤄𐤃𐤃𐤏𐤆𐤓 𐤌𐤋𐤊 𐤑𐤅𐤁𐤄 𐤅𐤉𐤊 𐤃𐤅𐤉𐤃
𐤁𐤀𐤓𐤌 𐤏𐤔𐤓𐤉𐤌 𐤅𐤔𐤍𐤉𐤌 𐤀𐤋𐤐 𐤀𐤉𐤔.

𐤅 𐤅𐤉𐤔𐤌 𐤃𐤅𐤉𐤃 𐤁𐤀𐤓𐤌 𐤃𐤓𐤌𐤔𐤒 𐤅𐤉𐤄𐤉 𐤀𐤓𐤌 𐤋𐤃𐤅𐤉𐤃 𐤏𐤁𐤃𐤉𐤌 𐤍𐤔𐤀𐤉
𐤌𐤍𐤇𐤄 𐤅𐤉𐤅𐤔𐤏 𐤉𐤄𐤅𐤄 𐤋𐤃𐤅𐤉𐤃 𐤁𐤊𐤋 𐤀𐤔𐤓 𐤄𐤋𐤊.

𐤆 𐤅𐤉𐤒𐤇 𐤃𐤅𐤉𐤃 𐤀𐤕 𐤔𐤋𐤈𐤉 𐤄𐤆𐤄𐤁 𐤀𐤔𐤓 𐤄𐤉𐤅 𐤏𐤋 𐤏𐤁𐤃𐤉 𐤄𐤃𐤃𐤏𐤆𐤓
𐤅𐤉𐤁𐤉𐤀𐤌 𐤉𐤓𐤅𐤔𐤋𐤌.

𐤇 𐤅𐤌𐤈𐤁𐤇𐤕 𐤅𐤌𐤊𐤅𐤍 𐤏𐤓𐤉 𐤄𐤃𐤃𐤏𐤆𐤓 𐤋𐤒𐤇 𐤃𐤅𐤉𐤃 𐤍𐤇𐤔𐤕 𐤓𐤁𐤄 𐤌𐤀𐤃 𐤁𐤄
𐤏𐤔𐤄 𐤔𐤋𐤌𐤄 𐤀𐤕 𐤉𐤌 𐤄𐤍𐤇𐤔𐤕 𐤅𐤀𐤕 𐤄𐤏𐤌𐤅𐤃𐤉𐤌 𐤅𐤀𐤕 𐤊𐤋𐤉 𐤄𐤍𐤇𐤔𐤕.

𐤈 𐤅𐤉𐤔𐤌𐤏 𐤕𐤏𐤅 𐤌𐤋𐤊 𐤇𐤌𐤕 𐤊𐤉 𐤄𐤊𐤄 𐤃𐤅𐤉𐤃 𐤀𐤕 𐤊𐤋 𐤇𐤉𐤋 𐤄𐤃𐤃𐤏𐤆𐤓
𐤌𐤋𐤊 𐤑𐤅𐤁𐤄.

𐤉 𐤅𐤉𐤔𐤋𐤇 𐤀𐤕 𐤄𐤃𐤅𐤓𐤌 𐤁𐤍𐤅 𐤀𐤋 𐤄𐤌𐤋𐤊 𐤃𐤅𐤉𐤃 𐤋𐤔𐤀𐤅𐤋 [𐤋𐤔𐤀𐤋] 𐤋𐤅
𐤋𐤔𐤋𐤅𐤌 𐤅𐤋𐤁𐤓𐤊𐤅 𐤏𐤋 𐤀𐤔𐤓 𐤍𐤋𐤇𐤌 𐤁𐤄𐤃𐤃𐤏𐤆𐤓 𐤅𐤉𐤊𐤄𐤅 𐤊𐤉 𐤀𐤉𐤔
𐤌𐤋𐤇𐤌𐤅𐤕 𐤕𐤏𐤅 𐤄𐤉𐤄 𐤄𐤃𐤃𐤏𐤆𐤓 𐤅𐤊𐤋 𐤊𐤋𐤉 𐤆𐤄𐤁 𐤅𐤊𐤎𐤐 𐤅𐤍𐤇𐤔𐤕.

𐤉𐤀 𐤂𐤌 𐤀𐤕𐤌 𐤄𐤒𐤃𐤉𐤔 𐤄𐤌𐤋𐤊 𐤃𐤅𐤉𐤃 𐤋𐤉𐤄𐤅𐤄 𐤏𐤌 𐤄𐤊𐤎𐤐 𐤅𐤄𐤆𐤄𐤁
𐤀𐤔𐤓 𐤍𐤔𐤀 𐤌𐤊𐤋 𐤄𐤂𐤅𐤉𐤌 𐤌𐤀𐤃𐤅𐤌 𐤅𐤌𐤌𐤅𐤀𐤁 𐤅𐤌𐤁𐤍𐤉 𐤏𐤌𐤅𐤍
𐤅𐤌𐤐𐤋𐤔𐤕𐤉𐤌 𐤅𐤌𐤏𐤌𐤋𐤒.

𐤉𐤁 𐤅𐤀𐤁𐤔𐤉 𐤁𐤍 𐤑𐤓𐤅𐤉𐤄 𐤄𐤊𐤄 𐤀𐤕 𐤀𐤃𐤅𐤌 𐤁𐤂𐤉𐤀 𐤄𐤌𐤋𐤇 𐤔𐤌𐤅𐤍𐤄 𐤏𐤔𐤓
𐤀𐤋𐤐.

𐤉𐤂 𐤅𐤉𐤔𐤌 𐤁𐤀𐤃𐤅𐤌 𐤍𐤑𐤉𐤁𐤉𐤌 𐤅𐤉𐤄𐤉𐤅 𐤊𐤋 𐤀𐤃𐤅𐤌 𐤏𐤁𐤃𐤉𐤌 𐤋𐤃𐤅𐤉𐤃
𐤅𐤉𐤅𐤔𐤏 𐤉𐤄𐤅𐤄 𐤀𐤕 𐤃𐤅𐤉𐤃 𐤁𐤊𐤋 𐤀𐤔𐤓 𐤄𐤋𐤊.

𐤉𐤃 𐤅𐤉𐤌𐤋𐤊 𐤃𐤅𐤉𐤃 𐤏𐤋 𐤊𐤋 𐤉𐤔𐤓𐤀𐤋 𐤅𐤉𐤄𐤉 𐤏𐤔𐤄 𐤌𐤔𐤐𐤈 𐤅𐤑𐤃𐤒𐤄 𐤋𐤊𐤋
𐤏𐤌𐤅.

𐤈𐤅 𐤅𐤉𐤅𐤀𐤁 𐤁𐤍 𐤑𐤓𐤅𐤉𐤄 𐤏𐤋 𐤄𐤑𐤁𐤀 𐤅𐤉𐤄𐤅𐤔𐤐𐤈 𐤁𐤍 𐤀𐤇𐤉𐤋𐤅𐤃 𐤌𐤆𐤊𐤉𐤓.

𐤈𐤆 𐤅𐤑𐤃𐤅𐤒 𐤁𐤍 𐤀𐤇𐤉𐤈𐤅𐤁 𐤅𐤀𐤁𐤉𐤌𐤋𐤊 𐤁𐤍 𐤀𐤁𐤉𐤕𐤓 𐤊𐤄𐤍𐤉𐤌 𐤅𐤔𐤅𐤔𐤀
𐤎𐤅𐤐𐤓.

𐤉𐤆 𐤅𐤁𐤍𐤉𐤄𐤅 𐤁𐤍 𐤉𐤄𐤅𐤉𐤃𐤏 𐤏𐤋 𐤄𐤊𐤓𐤕𐤉 𐤅𐤄𐤐𐤋𐤕𐤉 𐤅𐤁𐤍𐤉 𐤃𐤅𐤉𐤃
𐤄𐤓𐤀𐤔𐤍𐤉𐤌 𐤋𐤉𐤃 𐤄𐤌𐤋𐤊.

## 𐤐𐤓𐤒 𐤉𐤈

𐤀 𐤅𐤉𐤄𐤉 𐤀𐤇𐤓𐤉 𐤊𐤍 𐤅𐤉𐤌𐤕 𐤍𐤇𐤔 𐤌𐤋𐤊 𐤁𐤍𐤉 𐤏𐤌𐤅𐤍 𐤅𐤉𐤌𐤋𐤊 𐤁𐤍𐤅
𐤕𐤇𐤕𐤉𐤅.

# דברי הימים א

ב ויאמר דויד אעשה חסד עם חנון בן נחש כי עשה אביו
עמי חסד וישלח דויד מלאכים לנחמו על אביו ויבאו עבדי
דויד אל ארץ בני עמון אל חנון לנחמו•
ג ויאמרו שרי בני עמון לחנון המכבד דויד את אביך
בעיניך כי שלח לך מנחמים הלא בעבור לחקר ולהפך ולרגל
הארץ באו עבדיו אליך•
ד ויקח חנון את עבדי דויד ויגלחם ויכרת את מדויהם
בחצי עד המפשעה וישלחם•
ה וילכו ויגידו לדויד על האנשים וישלח לקראתם כי
היו האנשים נכלמים מאד ויאמר המלך שבו בירחו עד
אשר יצמח זקנכם ושבתם•
ו ויראו בני עמון כי התבאשו עם דויד וישלח חנון ובני
עמון אלף ככר כסף לשכר להם מן ארם נהרים ומן ארם מעכה
ומצובה רכב ופרשים•
ז וישכרו להם שנים ושלשים אלף רכב ואת מלך מעכה ואת עמו
ויבאו ויחנו לפני מידבא ובני עמון נאספו מעריהם
ויבאו למלחמה•
ח וישמע דויד וישלח את יואב ואת כל צבא הגבורים•
ט ויצאו בני עמון ויערכו מלחמה פתח העיר והמלכים
אשר באו לבד בשדה•
י וירא יואב כי היתה פני המלחמה אליו פנים ואחור
ויבחר מכל בחור בישראל ויערך לקראת ארם•
יא ואת יתר העם נתן ביד אבשי אחיו ויערכו לקראת בני
עמון•
יב ויאמר אם תחזק ממני ארם והיית לי לתשועה ואם
בני עמון יחזקו ממך והושעתיך•
יג חזק ונתחזקה בעד עמנו ובעד ערי אלהינו ויהוה הטוב
בעיניו יעשה•
יד ויגש יואב והעם אשר עמו לפני ארם למלחמה וינוסו
מפניו•
טו ובני עמון ראו כי נס ארם וינוסו גם הם מפני אבשי
אחיו ויבאו העירה ויבא יואב ירושלם•
טז וירא ארם כי נגפו לפני ישראל וישלחו מלאכים

# דברי הימים א

מבאר שבע ועד דן והביאו אלי ואדעה את מספרם·
ג ויאמר יואב יוסף יהוה על עמו כהם מאה פעמים הלא
אדני המלך כלם לאדני לעבדים למה יבקש זאת אדני למה
יהיה לאשמה לישראל·
ד ודבר המלך חזק על יואב ויצא יואב ויתהלך בכל
ישראל ויבא ירושלם·
ה ויתן יואב את מספר מפקד העם אל דויד ויהי כל ישראל
אלף אלפים ומאה אלף איש שלף חרב ויהודה ארבע מאות
ושבעים אלף איש שלף חרב·
ו ולוי ובנימן לא פקד בתוכם כי נתעב דבר המלך את
יואב·
ז וירע בעיני האלהים על הדבר הזה ויך את ישראל·
ח ויאמר דויד אל האלהים חטאתי מאד אשר עשיתי את
הדבר הזה ועתה העבר נא את עוון עבדך כי נסכלתי מאד·
ט וידבר יהוה אל גד חזה דויד לאמר·
י לך ודברת אל דויד לאמר כה אמר יהוה שלוש אני נטה
עליך בחר לך אחת מהנה ואעשה לך·
יא ויבא גד אל דויד ויאמר לו כה אמר יהוה קבל לך·
יב אם שלוש שנים רעב ואם שלשה חדשים נספה מפני
צריך וחרב אויביך למשגת ואם שלשת ימים חרב יהוה ודבר
בארץ ומלאך יהוה משחית בכל גבול ישראל ועתה ראה מה
אשיב את שלחי דבר·
יג ויאמר דויד אל גד צר לי מאד אפלה נא ביד יהוה כי
רבים רחמיו מאד וביד אדם אל אפל·
יד ויתן יהוה דבר בישראל ויפל מישראל שבעים אלף
איש·
טו וישלח האלהים מלאך לירושלם להשחיתה וכהשחית
ראה יהוה וינחם על הרעה ויאמר למלאך המשחית רב עתה
הרף ידך ומלאך יהוה עמד עם גרן ארנן היבוסי·
טז וישא דויד את עיניו וירא את מלאך יהוה עמד בין
הארץ ובין השמים וחרבו שלופה בידו נטויה על ירושלם
ויפל דויד והזקנים מכסים בשקים על פניהם·
יז ויאמר דויד אל האלהים הלא אני אמרתי למנות בעם

ואני הוא אשר חטאתי והרע הרעותי ואלה הצאן מה עשו
יהוה אלהי תהי נא ידך בי ובבית אבי ובעמך לא למגפה.
יח ומלאך יהוה אמר אל גד לאמר לדויד כי יעלה דויד
להקים מזבח ליהוה בגרן ארנן היבסי.
יט ויעל דויד בדבר גד אשר דבר בשם יהוה.
כ וישב ארנן וירא את המלאך וארבעת בניו עמו מתחבאים
וארנן דש חטים.
כא ויבא דויד עד ארנן ויבט ארנן וירא את דויד ויצא מן
הגרן וישתחו לדויד אפים ארצה.
כב ויאמר דויד אל ארנן תנה לי מקום הגרן ואבנה בו
מזבח ליהוה בכסף מלא תנהו לי ותעצר המגפה מעל העם.
כג ויאמר ארנן אל דויד קח לך ויעש אדני המלך הטוב
בעיניו ראה נתתי הבקר לעלות והמורגים לעצים והחטים
למנחה הכל נתתי.
כד ויאמר המלך דויד לארנן לא כי קנה אקנה בכסף מלא
כי לא אשא אשר לך ליהוה והעלות עולה חנם.
כה ויתן דויד לארנן במקום שקלי זהב משקל שש מאות.
כו ויבן שם דויד מזבח ליהוה ויעל עלות ושלמים ויקרא
אל יהוה ויענהו באש מן השמים על מזבח העלה.
כז ויאמר יהוה למלאך וישב חרבו אל נדנה.
כח בעת ההיא בראות דויד כי ענהו יהוה בגרן ארנן
היבוסי ויזבח שם.
כט ומשכן יהוה אשר עשה משה במדבר ומזבח העולה בעת
ההיא בבמה בגבעון.
ל ולא יכל דויד ללכת לפניו לדרש אלהים כי נבעת מפני
חרב מלאך יהוה.

פרק כב

א ויאמר דויד זה הוא בית יהוה האלהים וזה מזבח לעלה
לישראל.
ב ויאמר דויד לכנוס את הגרים אשר בארץ ישראל ויעמד
חצבים לחצוב אבני גזית לבנות בית האלהים.
ג וברזל לרב למסמרים לדלתות השערים ולמחברות הכין

# 𐤃𐤁𐤓𐤉 𐤄𐤉𐤌𐤉𐤌 𐤀

𐤃𐤅𐤉𐤃 𐤅𐤍𐤇𐤔𐤕 𐤋𐤓𐤁 𐤀𐤉𐤍 𐤌𐤔𐤒𐤋.
𐤃 𐤅𐤏𐤑𐤉 𐤀𐤓𐤆𐤉𐤌 𐤋𐤀𐤉𐤍 𐤌𐤎𐤐𐤓 𐤊𐤉 𐤄𐤁𐤉𐤀𐤅 𐤄𐤑𐤉𐤃𐤍𐤉𐤌 𐤅𐤄𐤑𐤓𐤉𐤌
𐤏𐤑𐤉 𐤀𐤓𐤆𐤉𐤌 𐤋𐤓𐤁 𐤋𐤃𐤅𐤉𐤃.
𐤄 𐤅𐤉𐤀𐤌𐤓 𐤃𐤅𐤉𐤃 𐤔𐤋𐤌𐤄 𐤁𐤍𐤉 𐤍𐤏𐤓 𐤅𐤓𐤊 𐤅𐤄𐤁𐤉𐤕 𐤋𐤁𐤍𐤅𐤕 𐤋𐤉𐤄𐤅𐤄
𐤋𐤄𐤂𐤃𐤉𐤋 𐤋𐤌𐤏𐤋𐤄 𐤋𐤔𐤌 𐤅𐤋𐤕𐤐𐤀𐤓𐤕 𐤋𐤊𐤋 𐤄𐤀𐤓𐤑𐤅𐤕 𐤀𐤊𐤉𐤍𐤄 𐤍𐤀 𐤋𐤅
𐤅𐤉𐤊𐤍 𐤃𐤅𐤉𐤃 𐤋𐤓𐤁 𐤋𐤐𐤍𐤉 𐤌𐤅𐤕𐤅.
𐤅 𐤅𐤉𐤒𐤓𐤀 𐤋𐤔𐤋𐤌𐤄 𐤁𐤍𐤅 𐤅𐤉𐤑𐤅𐤄𐤅 𐤋𐤁𐤍𐤅𐤕 𐤁𐤉𐤕 𐤋𐤉𐤄𐤅𐤄 𐤀𐤋𐤄𐤉
𐤉𐤔𐤓𐤀𐤋.
𐤆 𐤅𐤉𐤀𐤌𐤓 𐤃𐤅𐤉𐤃 𐤋𐤔𐤋𐤌𐤄 𐤁𐤍𐤅 [𐤁𐤍𐤉] 𐤀𐤍𐤉 𐤄𐤉𐤄 𐤏𐤌 𐤋𐤁𐤁𐤉 𐤋𐤁𐤍𐤅𐤕
𐤁𐤉𐤕 𐤋𐤔𐤌 𐤉𐤄𐤅𐤄 𐤀𐤋𐤄𐤉.
𐤇 𐤅𐤉𐤄𐤉 𐤏𐤋𐤉 𐤃𐤁𐤓 𐤉𐤄𐤅𐤄 𐤋𐤀𐤌𐤓 𐤃𐤌 𐤋𐤓𐤁 𐤔𐤐𐤊𐤕 𐤅𐤌𐤋𐤇𐤌𐤅𐤕 𐤂𐤃𐤋𐤅𐤕
𐤏𐤔𐤉𐤕 𐤋𐤀 𐤕𐤁𐤍𐤄 𐤁𐤉𐤕 𐤋𐤔𐤌𐤉 𐤊𐤉 𐤃𐤌𐤉𐤌 𐤓𐤁𐤉𐤌 𐤔𐤐𐤊𐤕 𐤀𐤓𐤑𐤄
𐤋𐤐𐤍𐤉.
𐤈 𐤄𐤍𐤄 𐤁𐤍 𐤍𐤅𐤋𐤃 𐤋𐤊 𐤄𐤅𐤀 𐤉𐤄𐤉𐤄 𐤀𐤉𐤔 𐤌𐤍𐤅𐤇𐤄 𐤅𐤄𐤍𐤉𐤇𐤅𐤕𐤉 𐤋𐤅
𐤌𐤊𐤋 𐤀𐤅𐤉𐤁𐤉𐤅 𐤌𐤎𐤁𐤉𐤁 𐤊𐤉 𐤔𐤋𐤌𐤄 𐤉𐤄𐤉𐤄 𐤔𐤌𐤅 𐤅𐤔𐤋𐤅𐤌 𐤅𐤔𐤒𐤈
𐤀𐤕𐤍 𐤏𐤋 𐤉𐤔𐤓𐤀𐤋 𐤁𐤉𐤌𐤉𐤅.
𐤉 𐤄𐤅𐤀 𐤉𐤁𐤍𐤄 𐤁𐤉𐤕 𐤋𐤔𐤌𐤉 𐤅𐤄𐤅𐤀 𐤉𐤄𐤉𐤄 𐤋𐤉 𐤋𐤁𐤍 𐤅𐤀𐤍𐤉 𐤋𐤅 𐤋𐤀𐤁
𐤅𐤄𐤊𐤉𐤍𐤅𐤕𐤉 𐤊𐤎𐤀 𐤌𐤋𐤊𐤅𐤕𐤅 𐤏𐤋 𐤉𐤔𐤓𐤀𐤋 𐤏𐤃 𐤏𐤅𐤋𐤌.
𐤉𐤀 𐤏𐤕𐤄 𐤁𐤍𐤉 𐤉𐤄𐤉 𐤉𐤄𐤅𐤄 𐤏𐤌𐤊 𐤅𐤄𐤑𐤋𐤇𐤕 𐤅𐤁𐤍𐤉𐤕 𐤁𐤉𐤕 𐤉𐤄𐤅𐤄
𐤀𐤋𐤄𐤉𐤊 𐤊𐤀𐤔𐤓 𐤃𐤁𐤓 𐤏𐤋𐤉𐤊.
𐤉𐤁 𐤀𐤊 𐤉𐤕𐤍 𐤋𐤊 𐤉𐤄𐤅𐤄 𐤔𐤊𐤋 𐤅𐤁𐤉𐤍𐤄 𐤅𐤉𐤑𐤅𐤊 𐤏𐤋 𐤉𐤔𐤓𐤀𐤋 𐤅𐤋𐤔𐤌𐤅𐤓
𐤀𐤕 𐤕𐤅𐤓𐤕 𐤉𐤄𐤅𐤄 𐤀𐤋𐤄𐤉𐤊.
𐤉𐤂 𐤀𐤆 𐤕𐤑𐤋𐤉𐤇 𐤀𐤌 𐤕𐤔𐤌𐤅𐤓 𐤋𐤏𐤔𐤅𐤕 𐤀𐤕 𐤄𐤇𐤒𐤉𐤌 𐤅𐤀𐤕 𐤄𐤌𐤔𐤐𐤈𐤉𐤌
𐤀𐤔𐤓 𐤑𐤅𐤄 𐤉𐤄𐤅𐤄 𐤀𐤕 𐤌𐤔𐤄 𐤏𐤋 𐤉𐤔𐤓𐤀𐤋 𐤇𐤆𐤒 𐤅𐤀𐤌𐤑 𐤀𐤋 𐤕𐤉𐤓𐤀 𐤅𐤀𐤋
𐤕𐤇𐤕.
𐤉𐤃 𐤅𐤄𐤍𐤄 𐤁𐤏𐤍𐤉𐤉 𐤄𐤊𐤉𐤍𐤅𐤕𐤉 𐤋𐤁𐤉𐤕 𐤉𐤄𐤅𐤄 𐤆𐤄𐤁 𐤊𐤊𐤓𐤉𐤌 𐤌𐤀𐤄
𐤀𐤋𐤐 𐤅𐤊𐤎𐤐 𐤀𐤋𐤐 𐤀𐤋𐤐𐤉𐤌 𐤊𐤊𐤓𐤉𐤌 𐤅𐤋𐤍𐤇𐤔𐤕 𐤅𐤋𐤁𐤓𐤆𐤋 𐤀𐤉𐤍 𐤌𐤔𐤒𐤋
𐤊𐤉 𐤋𐤓𐤁 𐤄𐤉𐤄 𐤅𐤏𐤑𐤉𐤌 𐤅𐤀𐤁𐤍𐤉𐤌 𐤄𐤊𐤉𐤍𐤅𐤕𐤉 𐤅𐤏𐤋𐤉𐤄𐤌 𐤕𐤅𐤎𐤉𐤐.
𐤈𐤅 𐤅𐤏𐤌𐤊 𐤋𐤓𐤁 𐤏𐤔𐤉 𐤌𐤋𐤀𐤊𐤄 𐤇𐤑𐤁𐤉𐤌 𐤅𐤇𐤓𐤔𐤉 𐤀𐤁𐤍 𐤅𐤏𐤑 𐤅𐤊𐤋 𐤇𐤊𐤌
𐤁𐤊𐤋 𐤌𐤋𐤀𐤊𐤄.
𐤈𐤆 𐤋𐤆𐤄𐤁 𐤋𐤊𐤎𐤐 𐤅𐤋𐤍𐤇𐤔𐤕 𐤅𐤋𐤁𐤓𐤆𐤋 𐤀𐤉𐤍 𐤌𐤎𐤐𐤓 𐤒𐤅𐤌 𐤅𐤏𐤔𐤄 𐤅𐤉𐤄𐤉
𐤉𐤄𐤅𐤄 𐤏𐤌𐤊.
𐤉𐤆 𐤅𐤉𐤑𐤅 𐤃𐤅𐤉𐤃 𐤋𐤊𐤋 𐤔𐤓𐤉 𐤉𐤔𐤓𐤀𐤋 𐤋𐤏𐤆𐤓 𐤋𐤔𐤋𐤌𐤄 𐤁𐤍𐤅.

# 𐤃𐤁𐤓𐤉 𐤄𐤉𐤌𐤉𐤌 𐤀

𐤉𐤇 𐤄𐤋𐤀 𐤉𐤄𐤅𐤄 𐤀𐤋𐤄𐤉𐤊𐤌 𐤏𐤌𐤊𐤌 𐤅𐤄𐤍𐤉𐤇 𐤋𐤊𐤌 𐤌𐤎𐤁𐤉𐤁 𐤊𐤉 𐤍𐤕𐤍
𐤁𐤉𐤃𐤉 𐤀𐤕 𐤉𐤔𐤁𐤉 𐤄𐤀𐤓𐤑 𐤅𐤍𐤊𐤁𐤔𐤄 𐤄𐤀𐤓𐤑 𐤋𐤐𐤍𐤉 𐤉𐤄𐤅𐤄 𐤅𐤋𐤐𐤍𐤉
𐤏𐤌𐤅.

𐤉𐤈 𐤏𐤕𐤄 𐤕𐤍𐤅 𐤋𐤁𐤁𐤊𐤌 𐤅𐤍𐤐𐤔𐤊𐤌 𐤋𐤃𐤓𐤅𐤔 𐤋𐤉𐤄𐤅𐤄 𐤀𐤋𐤄𐤉𐤊𐤌 𐤅𐤒𐤅𐤌𐤅
𐤅𐤁𐤍𐤅 𐤀𐤕 𐤌𐤒𐤃𐤔 𐤉𐤄𐤅𐤄 𐤄𐤀𐤋𐤄𐤉𐤌 𐤋𐤄𐤁𐤉𐤀 𐤀𐤕 𐤀𐤓𐤅𐤍 𐤁𐤓𐤉𐤕 𐤉𐤄𐤅𐤄
𐤅𐤊𐤋𐤉 𐤒𐤃𐤔 𐤄𐤀𐤋𐤄𐤉𐤌 𐤋𐤁𐤉𐤕 𐤄𐤍𐤁𐤍𐤄 𐤋𐤔𐤌 𐤉𐤄𐤅𐤄.

𐤐𐤓𐤒 𐤊𐤂

𐤀 𐤅𐤃𐤅𐤉𐤃 𐤆𐤒𐤍 𐤅𐤔𐤁𐤏 𐤉𐤌𐤉𐤌 𐤅𐤉𐤌𐤋𐤊 𐤀𐤕 𐤔𐤋𐤌𐤄 𐤁𐤍𐤅 𐤏𐤋 𐤉𐤔𐤓𐤀𐤋.
𐤁 𐤅𐤉𐤀𐤎𐤐 𐤀𐤕 𐤊𐤋 𐤔𐤓𐤉 𐤉𐤔𐤓𐤀𐤋 𐤅𐤄𐤊𐤄𐤍𐤉𐤌 𐤅𐤄𐤋𐤅𐤉𐤌.
𐤂 𐤅𐤉𐤎𐤐𐤓𐤅 𐤄𐤋𐤅𐤉𐤌 𐤌𐤁𐤍 𐤔𐤋𐤔𐤉𐤌 𐤔𐤍𐤄 𐤅𐤌𐤏𐤋𐤄 𐤅𐤉𐤄𐤉 𐤌𐤎𐤐𐤓𐤌
𐤋𐤂𐤋𐤂𐤋𐤕𐤌 𐤋𐤂𐤁𐤓𐤉𐤌 𐤔𐤋𐤔𐤉𐤌 𐤅𐤔𐤌𐤅𐤍𐤄 𐤀𐤋𐤐.
𐤃 𐤌𐤀𐤋𐤄 𐤋𐤍𐤑𐤇 𐤏𐤋 𐤌𐤋𐤀𐤊𐤕 𐤁𐤉𐤕 𐤉𐤄𐤅𐤄 𐤏𐤔𐤓𐤉𐤌 𐤅𐤀𐤓𐤁𐤏𐤄 𐤀𐤋𐤐
𐤅𐤔𐤈𐤓𐤉𐤌 𐤅𐤔𐤐𐤈𐤉𐤌 𐤔𐤔𐤕 𐤀𐤋𐤐𐤉𐤌.
𐤄 𐤅𐤀𐤓𐤁𐤏𐤕 𐤀𐤋𐤐𐤉𐤌 𐤔𐤏𐤓𐤉𐤌 𐤅𐤀𐤓𐤁𐤏𐤕 𐤀𐤋𐤐𐤉𐤌 𐤌𐤄𐤋𐤋𐤉𐤌 𐤋𐤉𐤄𐤅𐤄
𐤁𐤊𐤋𐤉𐤌 𐤀𐤔𐤓 𐤏𐤔𐤉𐤕𐤉 𐤋𐤄𐤋𐤋.
𐤅 𐤅𐤉𐤇𐤋𐤒𐤌 𐤃𐤅𐤉𐤃 𐤌𐤇𐤋𐤒𐤅𐤕 𐤋𐤁𐤍𐤉 𐤋𐤅𐤉 𐤋𐤂𐤓𐤔𐤅𐤍 𐤒𐤄𐤕 𐤅𐤌𐤓𐤓𐤉.
𐤆 𐤋𐤂𐤓𐤔𐤍𐤉 𐤋𐤏𐤃𐤍 𐤅𐤔𐤌𐤏𐤉.
𐤇 𐤁𐤍𐤉 𐤋𐤏𐤃𐤍 𐤄𐤓𐤀𐤔 𐤉𐤇𐤉𐤀𐤋 𐤅𐤆𐤕𐤌 𐤅𐤉𐤅𐤀𐤋 𐤔𐤋𐤔𐤄.
𐤈 𐤁𐤍𐤉 𐤔𐤌𐤏𐤉 𐤔𐤋𐤌𐤅𐤕 [𐤔𐤋𐤅𐤌𐤉𐤕] 𐤅𐤇𐤆𐤉𐤀𐤋 𐤅𐤄𐤓𐤍 𐤔𐤋𐤔𐤄 𐤀𐤋𐤄
𐤓𐤀𐤔𐤉 𐤄𐤀𐤁𐤅𐤕 𐤋𐤋𐤏𐤃𐤍.
𐤉 𐤅𐤁𐤍𐤉 𐤔𐤌𐤏𐤉 𐤉𐤇𐤕 𐤆𐤉𐤍𐤀 𐤅𐤉𐤏𐤅𐤔 𐤅𐤁𐤓𐤉𐤏𐤄 𐤀𐤋𐤄 𐤁𐤍𐤉 𐤔𐤌𐤏𐤉
𐤀𐤓𐤁𐤏𐤄.
𐤉𐤀 𐤅𐤉𐤄𐤉 𐤉𐤇𐤕 𐤄𐤓𐤀𐤔 𐤅𐤆𐤉𐤆𐤄 𐤄𐤔𐤍𐤉 𐤅𐤉𐤏𐤅𐤔 𐤅𐤁𐤓𐤉𐤏𐤄 𐤋𐤀 𐤄𐤓𐤁𐤅 𐤁𐤍𐤉𐤌
𐤅𐤉𐤄𐤉𐤅 𐤋𐤁𐤉𐤕 𐤀𐤁 𐤋𐤐𐤒𐤃𐤄 𐤀𐤇𐤕.
𐤉𐤁 𐤁𐤍𐤉 𐤒𐤄𐤕 𐤏𐤌𐤓𐤌 𐤉𐤑𐤄𐤓 𐤇𐤁𐤓𐤅𐤍 𐤅𐤏𐤆𐤉𐤀𐤋 𐤀𐤓𐤁𐤏𐤄.
𐤉𐤂 𐤁𐤍𐤉 𐤏𐤌𐤓𐤌 𐤀𐤄𐤓𐤍 𐤅𐤌𐤔𐤄 𐤅𐤉𐤁𐤃𐤋 𐤀𐤄𐤓𐤍 𐤋𐤄𐤒𐤃𐤉𐤔𐤅 𐤒𐤃𐤔
𐤒𐤃𐤔𐤉𐤌 𐤄𐤅𐤀 𐤅𐤁𐤍𐤉𐤅 𐤏𐤃 𐤏𐤅𐤋𐤌 𐤋𐤄𐤒𐤈𐤉𐤓 𐤋𐤐𐤍𐤉 𐤉𐤄𐤅𐤄 𐤋𐤔𐤓𐤕𐤅
𐤅𐤋𐤁𐤓𐤊 𐤁𐤔𐤌𐤅 𐤏𐤃 𐤏𐤅𐤋𐤌.
𐤉𐤃 𐤅𐤌𐤔𐤄 𐤀𐤉𐤔 𐤄𐤀𐤋𐤄𐤉𐤌 𐤁𐤍𐤉𐤅 𐤉𐤒𐤓𐤀𐤅 𐤏𐤋 𐤔𐤁𐤈 𐤄𐤋𐤅𐤉.
𐤈𐤅 𐤁𐤍𐤉 𐤌𐤔𐤄 𐤂𐤓𐤔𐤅𐤌 𐤅𐤀𐤋𐤉𐤏𐤆𐤓.
𐤈𐤆 𐤁𐤍𐤉 𐤂𐤓𐤔𐤅𐤌 𐤔𐤁𐤅𐤀𐤋 𐤄𐤓𐤀𐤔.
𐤉𐤆 𐤅𐤉𐤄𐤉𐤅 𐤁𐤍𐤉 𐤀𐤋𐤉𐤏𐤆𐤓 𐤓𐤇𐤁𐤉𐤄 𐤄𐤓𐤀𐤔 𐤅𐤋𐤀 𐤄𐤉𐤄 𐤋𐤀𐤋𐤉𐤏𐤆𐤓

𐤁𐤍𐤉𐤌 𐤀𐤇𐤓𐤉𐤌 𐤅𐤁𐤍𐤉 𐤓𐤇𐤁𐤉𐤄 𐤓𐤁𐤅 𐤋𐤌𐤏𐤋𐤄·
𐤉𐤇 𐤁𐤍𐤉 𐤉𐤑𐤄𐤓 𐤔𐤋𐤌𐤉𐤕 𐤄𐤓𐤀𐤔·
𐤉𐤈 𐤁𐤍𐤉 𐤇𐤁𐤓𐤅𐤍 𐤉𐤓𐤉𐤄𐤅 𐤄𐤓𐤀𐤔 𐤀𐤌𐤓𐤉𐤄 𐤄𐤔𐤍𐤉 𐤉𐤇𐤆𐤉𐤀𐤋
𐤄𐤔𐤋𐤉𐤔𐤉 𐤅𐤉𐤒𐤌𐤏𐤌 𐤄𐤓𐤁𐤉𐤏𐤉·
𐤊 𐤁𐤍𐤉 𐤏𐤆𐤉𐤀𐤋 𐤌𐤉𐤊𐤄 𐤄𐤓𐤀𐤔 𐤅𐤉𐤔𐤉𐤄 𐤄𐤔𐤍𐤉·
𐤊𐤀 𐤁𐤍𐤉 𐤌𐤓𐤓𐤉 𐤌𐤇𐤋𐤉 𐤅𐤌𐤅𐤔𐤉 𐤁𐤍𐤉 𐤌𐤇𐤋𐤉 𐤀𐤋𐤏𐤆𐤓 𐤅𐤒𐤉𐤔·
𐤊𐤁 𐤅𐤉𐤌𐤕 𐤀𐤋𐤏𐤆𐤓 𐤅𐤋𐤀 𐤄𐤉𐤅 𐤋𐤅 𐤁𐤍𐤉𐤌 𐤊𐤉 𐤀𐤌 𐤁𐤍𐤅𐤕 𐤅𐤉𐤔𐤀𐤅𐤌
𐤁𐤍𐤉 𐤒𐤉𐤔 𐤀𐤇𐤉𐤄𐤌·
𐤊𐤂 𐤁𐤍𐤉 𐤌𐤅𐤔𐤉 𐤌𐤇𐤋𐤉 𐤅𐤏𐤃𐤓 𐤅𐤉𐤓𐤌𐤅𐤕 𐤔𐤋𐤔𐤄·
𐤊𐤃 𐤀𐤋𐤄 𐤁𐤍𐤉 𐤋𐤅𐤉 𐤋𐤁𐤉𐤕 𐤀𐤁𐤕𐤉𐤄𐤌 𐤓𐤀𐤔𐤉 𐤄𐤀𐤁𐤅𐤕 𐤋𐤐𐤒𐤅𐤃𐤉𐤄𐤌
𐤁𐤌𐤎𐤐𐤓 𐤔𐤌𐤅𐤕 𐤋𐤂𐤋𐤂𐤋𐤕𐤌 𐤏𐤔𐤄 𐤄𐤌𐤋𐤀𐤊𐤄 𐤋𐤏𐤁𐤃𐤕 𐤁𐤉𐤕 𐤉𐤄𐤅𐤄 𐤌𐤁𐤍
𐤏𐤔𐤓𐤉𐤌 𐤔𐤍𐤄 𐤅𐤌𐤏𐤋𐤄·
𐤊𐤄 𐤊𐤉 𐤀𐤌𐤓 𐤃𐤅𐤉𐤃 𐤄𐤍𐤉𐤇 𐤉𐤄𐤅𐤄 𐤀𐤋𐤄𐤉 𐤉𐤔𐤓𐤀𐤋 𐤋𐤏𐤌𐤅 𐤅𐤉𐤔𐤊𐤍
𐤁𐤉𐤓𐤅𐤔𐤋𐤌 𐤏𐤃 𐤋𐤏𐤅𐤋𐤌·
𐤊𐤅 𐤅𐤂𐤌 𐤋𐤋𐤅𐤉𐤌 𐤀𐤉𐤍 𐤋𐤔𐤀𐤕 𐤀𐤕 𐤄𐤌𐤔𐤊𐤍 𐤅𐤀𐤕 𐤊𐤋 𐤊𐤋𐤉𐤅
𐤋𐤏𐤁𐤃𐤕𐤅·
𐤊𐤆 𐤊𐤉 𐤁𐤃𐤁𐤓𐤉 𐤃𐤅𐤉𐤃 𐤄𐤀𐤇𐤓𐤅𐤍𐤉𐤌 𐤄𐤌𐤄 𐤌𐤎𐤐𐤓 𐤁𐤍𐤉 𐤋𐤅𐤉 𐤌𐤁𐤍
𐤏𐤔𐤓𐤉𐤌 𐤔𐤍𐤄 𐤅𐤋𐤌𐤏𐤋𐤄·
𐤊𐤇 𐤊𐤉 𐤌𐤏𐤌𐤃𐤌 𐤋𐤉𐤃 𐤁𐤍𐤉 𐤀𐤄𐤓𐤍 𐤋𐤏𐤁𐤃𐤕 𐤁𐤉𐤕 𐤉𐤄𐤅𐤄 𐤏𐤋 𐤄𐤇𐤑𐤓𐤅𐤕
𐤅𐤏𐤋 𐤄𐤋𐤔𐤊𐤅𐤕 𐤅𐤏𐤋 𐤈𐤄𐤓𐤕 𐤋𐤊𐤋 𐤒𐤃𐤔 𐤅𐤌𐤏𐤔𐤄 𐤏𐤁𐤃𐤕 𐤁𐤉𐤕 𐤄𐤀𐤋𐤄𐤉𐤌·
𐤊𐤈 𐤅𐤋𐤋𐤇𐤌 𐤄𐤌𐤏𐤓𐤊𐤕 𐤅𐤋𐤎𐤋𐤕 𐤋𐤌𐤍𐤇𐤄 𐤅𐤋𐤓𐤒𐤉𐤒𐤉 𐤄𐤌𐤑𐤅𐤕 𐤅𐤋𐤌𐤇𐤁𐤕
𐤅𐤋𐤌𐤓𐤁𐤊𐤕 𐤅𐤋𐤊𐤋 𐤌𐤔𐤅𐤓𐤄 𐤅𐤌𐤃𐤄·
𐤋 𐤅𐤋𐤏𐤌𐤃 𐤁𐤁𐤒𐤓 𐤁𐤁𐤒𐤓 𐤋𐤄𐤃𐤅𐤕 𐤅𐤋𐤄𐤋𐤋 𐤋𐤉𐤄𐤅𐤄 𐤅𐤊𐤍 𐤋𐤏𐤓𐤁·
𐤋𐤀 𐤅𐤋𐤊𐤋 𐤄𐤏𐤋𐤅𐤕 𐤏𐤋𐤅𐤕 𐤋𐤉𐤄𐤅𐤄 𐤋𐤔𐤁𐤕𐤅𐤕 𐤋𐤇𐤃𐤔𐤉𐤌 𐤅𐤋𐤌𐤏𐤃𐤉𐤌
𐤁𐤌𐤎𐤐𐤓 𐤊𐤌𐤔𐤐𐤈 𐤏𐤋𐤉𐤄𐤌 𐤕𐤌𐤉𐤃 𐤋𐤐𐤍𐤉 𐤉𐤄𐤅𐤄·
𐤋𐤁 𐤅𐤔𐤌𐤓𐤅 𐤀𐤕 𐤌𐤔𐤌𐤓𐤕 𐤀𐤄𐤋 𐤌𐤅𐤏𐤃 𐤅𐤀𐤕 𐤌𐤔𐤌𐤓𐤕 𐤄𐤒𐤃𐤔 𐤅𐤌𐤔𐤌𐤓𐤕
𐤁𐤍𐤉 𐤀𐤄𐤓𐤍 𐤀𐤇𐤉𐤄𐤌 𐤋𐤏𐤁𐤃𐤕 𐤁𐤉𐤕 𐤉𐤄𐤅𐤄·

𐤐𐤓𐤒 𐤊𐤃

𐤀 𐤅𐤋𐤁𐤍𐤉 𐤀𐤄𐤓𐤍 𐤌𐤇𐤋𐤒𐤅𐤕𐤌 𐤁𐤍𐤉 𐤀𐤄𐤓𐤍 𐤍𐤃𐤁 𐤅𐤀𐤁𐤉𐤄𐤅𐤀 𐤀𐤋𐤏𐤆𐤓
𐤅𐤀𐤉𐤕𐤌𐤓·
𐤁 𐤅𐤉𐤌𐤕 𐤍𐤃𐤁 𐤅𐤀𐤁𐤉𐤄𐤅𐤀 𐤋𐤐𐤍𐤉 𐤀𐤁𐤉𐤄𐤌 𐤅𐤁𐤍𐤉𐤌 𐤋𐤀 𐤄𐤉𐤅 𐤋𐤄𐤌
𐤅𐤉𐤊𐤄𐤍𐤅 𐤀𐤋𐤏𐤆𐤓 𐤅𐤀𐤉𐤕𐤌𐤓·

# 𐤃𐤁𐤓𐤉 𐤄𐤉𐤌𐤉𐤌 𐤀

𐤂 𐤅𐤉𐤇𐤋𐤒𐤌 𐤃𐤅𐤉𐤃 𐤅𐤑𐤃𐤅𐤒 𐤌𐤍 𐤁𐤍𐤉 𐤀𐤋𐤏𐤆𐤓 𐤅𐤀𐤇𐤉𐤌𐤋𐤊 𐤌𐤍 𐤁𐤍𐤉
𐤀𐤉𐤕𐤌𐤓 𐤋𐤐𐤒𐤃𐤕𐤌 𐤁𐤏𐤁𐤃𐤕𐤌.
𐤃 𐤅𐤉𐤌𐤑𐤀𐤅 𐤁𐤍𐤉 𐤀𐤋𐤏𐤆𐤓 𐤓𐤁𐤉𐤌 𐤋𐤓𐤀𐤔𐤉 𐤄𐤂𐤁𐤓𐤉𐤌 𐤌𐤍 𐤁𐤍𐤉 𐤀𐤉𐤕𐤌𐤓
𐤅𐤉𐤇𐤋𐤒𐤅𐤌 𐤋𐤁𐤍𐤉 𐤀𐤋𐤏𐤆𐤓 𐤓𐤀𐤔𐤉𐤌 𐤋𐤁𐤉𐤕 𐤀𐤁𐤅𐤕 𐤔𐤔𐤄 𐤏𐤔𐤓 𐤅𐤋𐤁𐤍𐤉
𐤀𐤉𐤕𐤌𐤓 𐤋𐤁𐤉𐤕 𐤀𐤁𐤅𐤕𐤌 𐤔𐤌𐤅𐤍𐤄.
𐤄 𐤅𐤉𐤇𐤋𐤒𐤅𐤌 𐤁𐤂𐤅𐤓𐤋𐤅𐤕 𐤀𐤋𐤄 𐤏𐤌 𐤀𐤋𐤄 𐤊𐤉 𐤄𐤉𐤅 𐤔𐤓𐤉 𐤒𐤃𐤔 𐤅𐤔𐤓𐤉
𐤄𐤀𐤋𐤄𐤉𐤌 𐤌𐤁𐤍𐤉 𐤀𐤋𐤏𐤆𐤓 𐤅𐤁𐤁𐤍𐤉 𐤀𐤉𐤕𐤌𐤓.
𐤅 𐤅𐤉𐤊𐤕𐤁𐤌 𐤔𐤌𐤏𐤉𐤄 𐤁𐤍 𐤍𐤕𐤍𐤀𐤋 𐤄𐤎𐤅𐤐𐤓 𐤌𐤍 𐤄𐤋𐤅𐤉 𐤋𐤐𐤍𐤉 𐤄𐤌𐤋𐤊
𐤅𐤄𐤔𐤓𐤉𐤌 𐤅𐤑𐤃𐤅𐤒 𐤄𐤊𐤄𐤍 𐤅𐤀𐤇𐤉𐤌𐤋𐤊 𐤁𐤍 𐤀𐤁𐤉𐤕𐤓 𐤅𐤓𐤀𐤔𐤉 𐤄𐤀𐤁𐤅𐤕
𐤋𐤊𐤄𐤍𐤉𐤌 𐤅𐤋𐤋𐤅𐤉𐤌 𐤁𐤉𐤕 𐤀𐤁 𐤀𐤇𐤃 𐤀𐤇𐤆 𐤋𐤀𐤋𐤏𐤆𐤓 𐤅𐤀𐤇𐤆 𐤀𐤇𐤆
𐤋𐤀𐤉𐤕𐤌𐤓.
𐤆 𐤅𐤉𐤑𐤀 𐤄𐤂𐤅𐤓𐤋 𐤄𐤓𐤀𐤔𐤅𐤍 𐤋𐤉𐤄𐤅𐤉𐤓𐤉𐤁 𐤋𐤉𐤃𐤏𐤉𐤄 𐤄𐤔𐤍𐤉.
𐤇 𐤋𐤇𐤓𐤌 𐤄𐤔𐤋𐤉𐤔𐤉 𐤋𐤔𐤏𐤓𐤉𐤌 𐤄𐤓𐤁𐤏𐤉.
𐤈 𐤋𐤌𐤋𐤊𐤉𐤄 𐤄𐤇𐤌𐤉𐤔𐤉 𐤋𐤌𐤉𐤌𐤍 𐤄𐤔𐤔𐤉.
𐤉 𐤋𐤄𐤒𐤅𐤑 𐤄𐤔𐤁𐤏𐤉 𐤋𐤀𐤁𐤉𐤄 𐤄𐤔𐤌𐤉𐤍𐤉.
𐤉𐤀 𐤋𐤉𐤔𐤅𐤏 𐤄𐤕𐤔𐤏𐤉 𐤋𐤔𐤊𐤍𐤉𐤄𐤅 𐤄𐤏𐤔𐤓𐤉.
𐤉𐤁 𐤋𐤀𐤋𐤉𐤔𐤉𐤁 𐤏𐤔𐤕𐤉 𐤏𐤔𐤓 𐤋𐤉𐤒𐤉𐤌 𐤔𐤍𐤉𐤌 𐤏𐤔𐤓.
𐤉𐤂 𐤋𐤇𐤐𐤄 𐤔𐤋𐤔𐤄 𐤏𐤔𐤓 𐤋𐤉𐤔𐤁𐤀𐤁 𐤀𐤓𐤁𐤏𐤄 𐤏𐤔𐤓.
𐤉𐤃 𐤋𐤁𐤋𐤂𐤄 𐤇𐤌𐤔𐤄 𐤏𐤔𐤓 𐤋𐤀𐤌𐤓 𐤔𐤔𐤄 𐤏𐤔𐤓.
𐤈𐤅 𐤋𐤇𐤆𐤉𐤓 𐤔𐤁𐤏𐤄 𐤏𐤔𐤓 𐤋𐤄𐤐𐤑𐤑 𐤔𐤌𐤍𐤄 𐤏𐤔𐤓.
𐤈𐤆 𐤋𐤐𐤕𐤇𐤉𐤄 𐤕𐤔𐤏𐤄 𐤏𐤔𐤓 𐤋𐤉𐤇𐤆𐤒𐤀𐤋 𐤏𐤔𐤓𐤉𐤌.
𐤉𐤆 𐤋𐤉𐤊𐤉𐤍 𐤀𐤇𐤃 𐤅𐤏𐤔𐤓𐤉𐤌 𐤋𐤂𐤌𐤅𐤋 𐤔𐤍𐤉𐤌 𐤅𐤏𐤔𐤓𐤉𐤌.
𐤉𐤇 𐤋𐤃𐤋𐤉𐤄𐤅 𐤔𐤋𐤔𐤄 𐤅𐤏𐤔𐤓𐤉𐤌 𐤋𐤌𐤏𐤆𐤉𐤄𐤅 𐤀𐤓𐤁𐤏𐤄 𐤅𐤏𐤔𐤓𐤉𐤌.
𐤉𐤈 𐤀𐤋𐤄 𐤐𐤒𐤃𐤕𐤌 𐤋𐤏𐤁𐤃𐤕𐤌 𐤋𐤁𐤅𐤀 𐤋𐤁𐤉𐤕 𐤉𐤄𐤅𐤄 𐤊𐤌𐤔𐤐𐤈𐤌 𐤁𐤉𐤃
𐤀𐤄𐤓𐤍 𐤀𐤁𐤉𐤄𐤌 𐤊𐤀𐤔𐤓 𐤑𐤅𐤄𐤅 𐤉𐤄𐤅𐤄 𐤀𐤋𐤄𐤉 𐤉𐤔𐤓𐤀𐤋.
𐤊 𐤅𐤋𐤁𐤍𐤉 𐤋𐤅𐤉 𐤄𐤍𐤅𐤕𐤓𐤉𐤌 𐤋𐤁𐤍𐤉 𐤏𐤌𐤓𐤌 𐤔𐤅𐤁𐤀𐤋 𐤋𐤁𐤍𐤉 𐤔𐤅𐤁𐤀𐤋
𐤉𐤇𐤃𐤉𐤄𐤅.
𐤊𐤀 𐤋𐤓𐤇𐤁𐤉𐤄𐤅 𐤋𐤁𐤍𐤉 𐤓𐤇𐤁𐤉𐤄𐤅 𐤄𐤓𐤀𐤔 𐤉𐤔𐤉𐤄.
𐤊𐤁 𐤋𐤉𐤑𐤄𐤓𐤉 𐤔𐤋𐤌𐤅𐤕 𐤋𐤁𐤍𐤉 𐤔𐤋𐤌𐤅𐤕 𐤉𐤇𐤕.
𐤊𐤂 𐤅𐤁𐤍𐤉 𐤉𐤓𐤉𐤄𐤅 𐤀𐤌𐤓𐤉𐤄𐤅 𐤄𐤔𐤍𐤉 𐤉𐤇𐤆𐤉𐤀𐤋 𐤄𐤔𐤋𐤉𐤔𐤉 𐤉𐤒𐤌𐤏𐤌
𐤄𐤓𐤁𐤉𐤏𐤉.
𐤊𐤃 𐤁𐤍𐤉 𐤏𐤆𐤉𐤀𐤋 𐤌𐤉𐤊𐤄 𐤋𐤁𐤍𐤉 𐤌𐤉𐤊𐤄 𐤔𐤌𐤅𐤓 [𐤔𐤌𐤉𐤓].
𐤊𐤄 𐤀𐤇𐤉 𐤌𐤉𐤊𐤄 𐤉𐤔𐤉𐤄 𐤋𐤁𐤍𐤉 𐤉𐤔𐤉𐤄 𐤆𐤊𐤓𐤉𐤄𐤅.

# 𐤃𐤁𐤓𐤉 𐤄𐤉𐤌𐤉𐤌 𐤀

𐤊𐤅 𐤁𐤍𐤉 𐤌𐤓𐤓𐤉 𐤌𐤇𐤋𐤉 𐤅𐤌𐤅𐤔𐤉 𐤁𐤍𐤉 𐤉𐤏𐤆𐤉𐤄𐤅 𐤁𐤍𐤅.
𐤊𐤆 𐤁𐤍𐤉 𐤌𐤓𐤓𐤉 𐤋𐤉𐤏𐤆𐤉𐤄𐤅 𐤁𐤍𐤅 𐤅𐤔𐤄𐤌 𐤅𐤆𐤊𐤅𐤓 𐤅𐤏𐤁𐤓𐤉.
𐤊𐤇 𐤋𐤌𐤇𐤋𐤉 𐤀𐤋𐤏𐤆𐤓 𐤅𐤋𐤀 𐤄𐤉𐤄 𐤋𐤅 𐤁𐤍𐤉𐤌.
𐤊𐤈 𐤋𐤒𐤉𐤔 𐤁𐤍𐤉 𐤒𐤉𐤔 𐤉𐤓𐤇𐤌𐤀𐤋.
𐤋 𐤅𐤁𐤍𐤉 𐤌𐤅𐤔𐤉 𐤌𐤇𐤋𐤉 𐤅𐤏𐤃𐤓 𐤅𐤉𐤓𐤉𐤌𐤅𐤕 𐤀𐤋𐤄 𐤁𐤍𐤉 𐤄𐤋𐤅𐤉𐤌 𐤋𐤁𐤉𐤕
𐤀𐤁𐤕𐤉𐤄𐤌.
𐤋𐤀 𐤅𐤉𐤐𐤉𐤋𐤅 𐤂𐤌 𐤄𐤌 𐤂𐤅𐤓𐤋𐤅𐤕 𐤋𐤏𐤌𐤕 𐤀𐤇𐤉𐤄𐤌 𐤁𐤍𐤉 𐤀𐤄𐤓𐤍 𐤋𐤐𐤍𐤉
𐤃𐤅𐤉𐤃 𐤄𐤌𐤋𐤊 𐤅𐤑𐤃𐤅𐤒 𐤅𐤀𐤇𐤉𐤌𐤋𐤊 𐤅𐤓𐤀𐤔𐤉 𐤄𐤀𐤁𐤅𐤕 𐤋𐤊𐤄𐤍𐤉𐤌
𐤅𐤋𐤋𐤅𐤉𐤌 𐤀𐤁𐤅𐤕 𐤄𐤓𐤀𐤔 𐤋𐤏𐤌𐤕 𐤀𐤇𐤉𐤅 𐤄𐤒𐤈𐤍.

𐤐𐤓𐤒 𐤊𐤄

𐤀 𐤅𐤉𐤁𐤃𐤋 𐤃𐤅𐤉𐤃 𐤅𐤔𐤓𐤉 𐤄𐤑𐤁𐤀 𐤋𐤏𐤁𐤃𐤄 𐤋𐤁𐤍𐤉 𐤀𐤎𐤐 𐤅𐤄𐤉𐤌𐤍
𐤅𐤉𐤃𐤅𐤕𐤅𐤍 𐤄𐤍𐤁𐤉𐤀𐤉𐤌 [𐤄𐤍𐤁𐤀𐤉𐤌] 𐤁𐤊𐤍𐤓𐤅𐤕 𐤁𐤍𐤁𐤋𐤉𐤌 𐤅𐤁𐤌𐤑𐤋𐤕𐤉𐤌
𐤅𐤉𐤄𐤉 𐤌𐤎𐤐𐤓𐤌 𐤀𐤍𐤔𐤉 𐤌𐤋𐤀𐤊𐤄 𐤋𐤏𐤁𐤃𐤕𐤌.
𐤁 𐤋𐤁𐤍𐤉 𐤀𐤎𐤐 𐤆𐤊𐤅𐤓 𐤅𐤉𐤅𐤎𐤐 𐤅𐤍𐤕𐤍𐤉𐤄 𐤅𐤀𐤔𐤓𐤀𐤋𐤄 𐤁𐤍𐤉 𐤀𐤎𐤐 𐤏𐤋 𐤉𐤃
𐤀𐤎𐤐 𐤄𐤍𐤁𐤀 𐤏𐤋 𐤉𐤃𐤉 𐤄𐤌𐤋𐤊.
𐤂 𐤋𐤉𐤃𐤅𐤕𐤅𐤍 𐤁𐤍𐤉 𐤉𐤃𐤅𐤕𐤅𐤍 𐤂𐤃𐤋𐤉𐤄𐤅 𐤅𐤑𐤓𐤉 𐤅𐤉𐤔𐤏𐤉𐤄𐤅 𐤇𐤔𐤁𐤉𐤄𐤅
𐤅𐤌𐤕𐤕𐤉𐤄𐤅 𐤔𐤔𐤄 𐤏𐤋 𐤉𐤃𐤉 𐤀𐤁𐤉𐤄𐤌 𐤉𐤃𐤅𐤕𐤅𐤍 𐤁𐤊𐤍𐤅𐤓 𐤄𐤍𐤁𐤀 𐤏𐤋
𐤄𐤃𐤅𐤕 𐤅𐤄𐤋𐤋 𐤋𐤉𐤄𐤅𐤄.
𐤃 𐤋𐤄𐤉𐤌𐤍 𐤁𐤍𐤉 𐤄𐤉𐤌𐤍 𐤁𐤒𐤉𐤄𐤅 𐤌𐤕𐤍𐤉𐤄𐤅 𐤏𐤆𐤉𐤀𐤋 𐤔𐤁𐤅𐤀𐤋
𐤅𐤉𐤓𐤉𐤌𐤅𐤕 𐤇𐤍𐤍𐤉𐤄 𐤇𐤍𐤍𐤉 𐤀𐤋𐤉𐤀𐤕𐤄 𐤂𐤃𐤋𐤕𐤉 𐤅𐤓𐤌𐤌𐤕𐤉 𐤏𐤆𐤓
𐤉𐤔𐤁𐤒𐤔𐤄 𐤌𐤋𐤅𐤕𐤉 𐤄𐤅𐤕𐤉𐤓 𐤌𐤇𐤆𐤉𐤀𐤅𐤕.
𐤄 𐤊𐤋 𐤀𐤋𐤄 𐤁𐤍𐤉𐤌 𐤋𐤄𐤉𐤌𐤍 𐤇𐤆𐤄 𐤄𐤌𐤋𐤊 𐤁𐤃𐤁𐤓𐤉 𐤄𐤀𐤋𐤄𐤉𐤌 𐤋𐤄𐤓𐤉𐤌
𐤒𐤓𐤍 𐤅𐤉𐤕𐤍 𐤄𐤀𐤋𐤄𐤉𐤌 𐤋𐤄𐤉𐤌𐤍 𐤁𐤍𐤉𐤌 𐤀𐤓𐤁𐤏𐤄 𐤏𐤔𐤓 𐤅𐤁𐤍𐤅𐤕 𐤔𐤋𐤅𐤔.
𐤅 𐤊𐤋 𐤀𐤋𐤄 𐤏𐤋 𐤉𐤃𐤉 𐤀𐤁𐤉𐤄𐤌 𐤁𐤔𐤉𐤓 𐤁𐤉𐤕 𐤉𐤄𐤅𐤄 𐤁𐤌𐤑𐤋𐤕𐤉𐤌
𐤍𐤁𐤋𐤉𐤌 𐤅𐤊𐤍𐤓𐤅𐤕 𐤋𐤏𐤁𐤃𐤕 𐤁𐤉𐤕 𐤄𐤀𐤋𐤄𐤉𐤌 𐤏𐤋 𐤉𐤃𐤉 𐤄𐤌𐤋𐤊 𐤀𐤎𐤐
𐤅𐤉𐤃𐤅𐤕𐤅𐤍 𐤅𐤄𐤉𐤌𐤍.
𐤆 𐤅𐤉𐤄𐤉 𐤌𐤎𐤐𐤓𐤌 𐤏𐤌 𐤀𐤇𐤉𐤄𐤌 𐤌𐤋𐤌𐤃𐤉 𐤔𐤉𐤓 𐤋𐤉𐤄𐤅𐤄 𐤊𐤋 𐤄𐤌𐤁𐤉𐤍
𐤌𐤀𐤕𐤉𐤌 𐤔𐤌𐤅𐤍𐤉𐤌 𐤅𐤔𐤌𐤍𐤄.
𐤇 𐤅𐤉𐤐𐤉𐤋𐤅 𐤂𐤅𐤓𐤋𐤅𐤕 𐤌𐤔𐤌𐤓𐤕 𐤋𐤏𐤌𐤕 𐤊𐤒𐤈𐤍 𐤊𐤂𐤃𐤅𐤋 𐤌𐤁𐤉𐤍 𐤏𐤌
𐤕𐤋𐤌𐤉𐤃.
𐤈 𐤅𐤉𐤑𐤀 𐤄𐤂𐤅𐤓𐤋 𐤄𐤓𐤀𐤔𐤅𐤍 𐤋𐤀𐤎𐤐 𐤋𐤉𐤅𐤎𐤐 𐤂𐤃𐤋𐤉𐤄𐤅 𐤄𐤔𐤍𐤉 𐤄𐤅𐤀
𐤅𐤀𐤇𐤉𐤅 𐤅𐤁𐤍𐤉𐤅 𐤔𐤍𐤉𐤌 𐤏𐤔𐤓.

# דברי הימים א

י השלשי זכור בניו ואחיו שנים עשר׃
יא הרביעי ליצרי בניו ואחיו שנים עשר׃
יב החמישי נתניהו בניו ואחיו שנים עשר׃
יג הששי בקיהו בניו ואחיו שנים עשר׃
יד השבעי ישראלה בניו ואחיו שנים עשר׃
טו השמיני ישעיהו בניו ואחיו שנים עשר׃
טז התשיעי מתניהו בניו ואחיו שנים עשר׃
יז העשירי שמעי בניו ואחיו שנים עשר׃
יח עשתי עשר עזראל בניו ואחיו שנים עשר׃
יט השנים עשר לחשביה בניו ואחיו שנים עשר׃
כ לשלשה עשר שובאל בניו ואחיו שנים עשר׃
כא לארבעה עשר מתתיהו בניו ואחיו שנים עשר׃
כב לחמשה עשר לירמות בניו ואחיו שנים עשר׃
כג לששה עשר לחנניהו בניו ואחיו שנים עשר׃
כד לשבעה עשר לישבקשה בניו ואחיו שנים עשר׃
כה לשמונה עשר לחנני בניו ואחיו שנים עשר׃
כו לתשעה עשר למלותי בניו ואחיו שנים עשר׃
כז לעשרים לאליתה בניו ואחיו שנים עשר׃
כח לאחד ועשרים להותיר בניו ואחיו שנים עשר׃
כט לשנים ועשרים לגדלתי בניו ואחיו שנים עשר׃
ל לשלשה ועשרים למחזיאות בניו ואחיו שנים עשר׃
לא לארבעה ועשרים לרוממתי עזר בניו ואחיו שנים עשר׃

פרק כו

א למחלקות לשערים לקרחים משלמיהו בן קרא מן בני אסף׃
ב ולמשלמיהו בנים זכריהו הבכור ידיעאל השני
זבדיהו השלישי יתניאל הרביעי׃
ג עילם החמישי יהוחנן הששי אליהועיני השביעי׃
ד ולעבד אדם בנים שמעיה הבכור יהוזבד השני יואח
השלשי ושכר הרביעי ונתנאל החמישי׃
ה עמיאל הששי יששכר השביעי פעלתי השמיני כי ברכו
אלהים׃
ו ולשמעיה בנו נולד בנים הממשלים לבית אביהם כי

גבורי חיל המה.
ז ובני שמעיה עתני ורפאל ועובד אלזבד אחיו בני חיל
אליהו וסמכיהו.
ח כל אלה מבני עבד אדם המה ובניהם ואחיהם איש חיל
בכח לעבדה ששים ושנים לעבד אדם.
ט ולמשלמיהו בנים ואחים בני חיל שמונה עשר.
י ולחסה מן בני מררי בנים שמרי הראש כי לא היה בכור
וישימהו אביהו לראש.
יא חלקיהו השני טבליהו השלישי זכריהו הרביעי כל
בנים ואחים לחסה שלשה עשר.
יב לאלה מחלקות השערים לראשי הגברים משמרות לעמת
אחיהם לשרת בבית יהוה.
יג ויפילו גורלות כקטן כגדול לבית אבותם לשער ושער.
יד ויפל הגורל מזרחה לשלמיהו ולזכריהו בנו יועץ בשכל
הפילו גורלות ויצא גורלו צפונה.
טו לעבד אדם נגבה ולבניו בית האספים.
טז לשפים ולחסה למערב עם שער שלכת במסלה העולה משמר
לעמת משמר.
יז למזרח הלוים ששה לצפונה ליום ארבעה לנגבה ליום
ארבעה ולאספים שנים שנים.
יח לפרבר למערב ארבעה למסלה שנים לפרבר.
יט אלה מחלקות השערים לבני הקרחי ולבני מררי.
כ והלוים אחיה על אוצרות בית האלהים ולאצרות
הקדשים.
כא בני לעדן בני הגרשני ללעדן ראשי האבות ללעדן
הגרשני יחיאלי.
כב בני יחיאלי זתם ויואל אחיו על אצרות בית יהוה.
כג לעמרמי ליצהרי לחברוני לעזיאלי.
כד ושבאל בן גרשום בן משה נגיד על האצרות.
כה ואחיו לאליעזר רחביהו בנו וישעיהו בנו ויורם בנו
וזכרי בנו ושלמות [ושלמית] בנו.
כו הוא שלמות ואחיו על כל אצרות הקדשים אשר הקדיש
דויד המלך וראשי האבות לשרי האלפים והמאות ושרי

# דברי הימים א

הצבא•
כז מן המלחמות ומן השלל הקדישו לחזק לבית יהוה•
כח וכל ההקדיש שמואל הראה ושאול בן קיש ואבנר בן נר
ויואב בן צרויה כל המקדיש על יד שלמית ואחיו•
כט ליצהרי כנניהו ובניו למלאכה החיצונה על ישראל
לשטרים ולשפטים•
ל לחברוני חשביהו ואחיו בני חיל אלף ושבע מאות על
פקדת ישראל מעבר לירדן מערבה לכל מלאכת יהוה ולעבדת
המלך•
לא לחברוני יריה הראש לחברוני לתלדתיו לאבות בשנת
הארבעים למלכות דויד נדרשו וימצא בהם גבורי חיל
ביעזיר גלעד•
לב ואחיו בני חיל אלפים ושבע מאות ראשי האבות
ויפקידם דויד המלך על הראובני והגדי וחצי שבט
המנשי לכל דבר האלהים ודבר המלך•

פרק כז
א ובני ישראל למספרם ראשי האבות ושרי האלפים
והמאות ושטריהם המשרתים את המלך לכל דבר המחלקות
הבאה והיצאת חדש בחדש לכל חדשי השנה המחלקת
האחת עשרים וארבעה אלף•
ב על המחלקת הראשונה לחדש הראשון ישבעם בן זבדיאל
ועל מחלקתו עשרים וארבעה אלף•
ג מן בני פרץ הראש לכל שרי הצבאות לחדש הראשון•
ד ועל מחלקת החדש השני דודי האחוחי ומחלקתו ומקלות
הנגיד ועל מחלקתו עשרים וארבעה אלף•
ה שר הצבא השלישי לחדש השלישי בניהו בן יהוידע
הכהן ראש ועל מחלקתו עשרים וארבעה אלף•
ו הוא בניהו גבור השלשים ועל השלשים ומחלקתו
עמיזבד בנו•
ז הרביעי לחדש הרביעי עשהאל אחי יואב וזבדיה
בנו אחריו ועל מחלקתו עשרים וארבעה אלף•
ח החמישי לחדש החמישי השר שמהות היזרח ועל מחלקתו

# דברי הימים א

עשרים וארבעה אלף׃
ט הששי לחדש הששי עירא בן עקש התקועי ועל מחלקתו
עשרים וארבעה אלף׃
י השביעי לחדש השביעי חלץ הפלוני מן בני אפרים ועל
מחלקתו עשרים וארבעה אלף׃
יא השמיני לחדש השמיני סבכי החשתי לזרחי ועל
מחלקתו עשרים וארבעה אלף׃
יב התשיעי לחדש התשיעי אביעזר הענתתי לבנימיני
[לבן ימיני] ועל מחלקתו עשרים וארבעה אלף׃
יג העשירי לחדש העשירי מהרי הנטופתי לזרחי ועל
מחלקתו עשרים וארבעה אלף׃
יד עשתי עשר לעשתי עשר החדש בניה הפרעתוני מן בני
אפרים ועל מחלקתו עשרים וארבעה אלף׃
טו השנים עשר לשנים עשר החדש חלדי הנטופתי לעתניאל
ועל מחלקתו עשרים וארבעה אלף׃
טז ועל שבטי ישראל לראובני נגיד אליעזר בן זכרי
לשמעוני שפטיהו בן מעכה׃
יז ללוי חשביה בן קמואל לאהרן צדוק׃
יח ליהודה אליהו מאחי דויד ליששכר עמרי בן מיכאל׃
יט לזבולן ישמעיהו בן עבדיהו לנפתלי ירימות בן
עזריאל׃
כ לבני אפרים הושע בן עזזיהו לחצי שבט מנשה יואל בן
פדיהו׃
כא לחצי המנשה גלעדה ידו בן זכריהו לבנימן יעשיאל
בן אבנר׃
כב לדן עזראל בן ירחם אלה שרי שבטי ישראל׃
כג ולא נשא דויד מספרם למבן עשרים שנה ולמטה כי אמר
יהוה להרבות את ישראל ככוכבי השמים׃
כד יואב בן צרויה החל למנות ולא כלה ויהי בזאת קצף
על ישראל ולא עלה המספר במספר דברי הימים למלך דויד׃
כה ועל אצרות המלך עזמות בן עדיאל ועל האצרות בשדה
בערים ובכפרים ובמגדלות יהונתן בן עזיהו׃
כו ועל עשי מלאכת השדה לעבדת האדמה עזרי בן כלוב׃

כז ועל הכרמים שמעי הרמתי ועל שבכרמים לאצרות היין
זבדי השפמי׃
כח ועל הזיתים והשקמים אשר בשפלה בעל חנן הגדרי ועל
אצרות השמן יועש׃
כט ועל הבקר הרעים בשרון שטרי [שרטי] השרוני ועל הבקר
בעמקים שפט בן עדלי׃
ל ועל הגמלים אוביל הישמעלי ועל האתנות יחדיהו
המרנתי׃
לא ועל הצאן יזיז ההגרי כל אלה שרי הרכוש אשר למלך
דויד׃
לב ויהונתן דוד דויד יועץ איש מבין וסופר הוא ויחיאל
בן חכמוני עם בני המלך׃
לג ואחיתפל יועץ למלך וחושי הארכי רע המלך׃
לד ואחרי אחיתפל יהוידע בן בניהו ואביתר ושר צבא
למלך יואב׃

פרק כח

א ויקהל דויד את כל שרי ישראל שרי השבטים ושרי
המחלקות המשרתים את המלך ושרי האלפים ושרי המאות
ושרי כל רכוש ומקנה למלך ולבניו עם הסריסים
והגבורים ולכל גבור חיל אל ירושלם׃
ב ויקם דויד המלך על רגליו ויאמר שמעוני אחי ועמי
אני עם לבבי לבנות בית מנוחה לארון ברית יהוה ולהדם
רגלי אלהינו והכינותי לבנות׃
ג והאלהים אמר לי לא תבנה בית לשמי כי איש מלחמות
אתה ודמים שפכת׃
ד ויבחר יהוה אלהי ישראל בי מכל בית אבי להיות למלך
על ישראל לעולם כי ביהודה בחר לנגיד ובבית יהודה בית
אבי ובבני אבי בי רצה להמליך על כל ישראל׃
ה ומכל בני כי רבים בנים נתן לי יהוה ויבחר בשלמה
בני לשבת על כסא מלכות יהוה על ישראל׃
ו ויאמר לי שלמה בנך הוא יבנה ביתי וחצרותי כי
בחרתי בו לי לבן ואני אהיה לו לאב׃

# 𐤃𐤁𐤓𐤉 𐤄𐤉𐤌𐤉𐤌 𐤀

𐤆𐤅𐤄𐤊𐤉𐤍𐤅𐤕𐤉 𐤀𐤕 𐤌𐤋𐤊𐤅𐤕𐤅 𐤏𐤃 𐤋𐤏𐤅𐤋𐤌 𐤀𐤌 𐤉𐤇𐤆𐤒 𐤋𐤏𐤔𐤅𐤕 𐤌𐤑𐤅𐤕𐤉
𐤅𐤌𐤔𐤐𐤈𐤉 𐤊𐤉𐤅𐤌 𐤄𐤆𐤄.

𐤇𐤅𐤏𐤕𐤄 𐤋𐤏𐤉𐤍𐤉 𐤊𐤋 𐤉𐤔𐤓𐤀𐤋 𐤒𐤄𐤋 𐤉𐤄𐤅𐤄 𐤅𐤁𐤀𐤆𐤍𐤉 𐤀𐤋𐤄𐤉𐤍𐤅
𐤔𐤌𐤓𐤅 𐤅𐤃𐤓𐤔𐤅 𐤊𐤋 𐤌𐤑𐤅𐤕 𐤉𐤄𐤅𐤄 𐤀𐤋𐤄𐤉𐤊𐤌 𐤋𐤌𐤏𐤍 𐤕𐤉𐤓𐤔𐤅 𐤀𐤕 𐤄𐤀𐤓𐤑
𐤄𐤈𐤅𐤁𐤄 𐤅𐤄𐤍𐤇𐤋𐤕𐤌 𐤋𐤁𐤍𐤉𐤊𐤌 𐤀𐤇𐤓𐤉𐤊𐤌 𐤏𐤃 𐤏𐤅𐤋𐤌.

𐤈𐤅𐤀𐤕𐤄 𐤔𐤋𐤌𐤄 𐤁𐤍𐤉 𐤃𐤏 𐤀𐤕 𐤀𐤋𐤄𐤉 𐤀𐤁𐤉𐤊 𐤅𐤏𐤁𐤃𐤄𐤅 𐤁𐤋𐤁 𐤔𐤋𐤌
𐤅𐤁𐤍𐤐𐤔 𐤇𐤐𐤑𐤄 𐤊𐤉 𐤊𐤋 𐤋𐤁𐤁𐤅𐤕 𐤃𐤅𐤓𐤔 𐤉𐤄𐤅𐤄 𐤅𐤊𐤋 𐤉𐤑𐤓 𐤌𐤇𐤔𐤁𐤅𐤕
𐤌𐤁𐤉𐤍 𐤀𐤌 𐤕𐤃𐤓𐤔𐤍𐤅 𐤉𐤌𐤑𐤀 𐤋𐤊 𐤅𐤀𐤌 𐤕𐤏𐤆𐤁𐤍𐤅 𐤉𐤆𐤍𐤉𐤇𐤊 𐤋𐤏𐤃.

𐤉𐤓𐤀𐤄 𐤏𐤕𐤄 𐤊𐤉 𐤉𐤄𐤅𐤄 𐤁𐤇𐤓 𐤁𐤊 𐤋𐤁𐤍𐤅𐤕 𐤁𐤉𐤕 𐤋𐤌𐤒𐤃𐤔 𐤇𐤆𐤒 𐤅𐤏𐤔𐤄.

𐤉𐤀𐤅𐤉𐤕𐤍 𐤃𐤅𐤉𐤃 𐤋𐤔𐤋𐤌𐤄 𐤁𐤍𐤅 𐤀𐤕 𐤕𐤁𐤍𐤉𐤕 𐤄𐤀𐤅𐤋𐤌 𐤅𐤀𐤕 𐤁𐤕𐤉𐤅
𐤅𐤂𐤍𐤆𐤊𐤉𐤅 𐤅𐤏𐤋𐤉𐤕𐤉𐤅 𐤅𐤇𐤃𐤓𐤉𐤅 𐤄𐤐𐤍𐤉𐤌𐤉𐤌 𐤅𐤁𐤉𐤕 𐤄𐤊𐤐𐤓𐤕.

𐤉𐤁𐤅𐤕𐤁𐤍𐤉𐤕 𐤊𐤋 𐤀𐤔𐤓 𐤄𐤉𐤄 𐤁𐤓𐤅𐤇 𐤏𐤌𐤅 𐤋𐤇𐤑𐤓𐤅𐤕 𐤁𐤉𐤕 𐤉𐤄𐤅𐤄 𐤅𐤋𐤊𐤋
𐤄𐤋𐤔𐤊𐤅𐤕 𐤎𐤁𐤉𐤁 𐤋𐤀𐤑𐤓𐤅𐤕 𐤁𐤉𐤕 𐤄𐤀𐤋𐤄𐤉𐤌 𐤅𐤋𐤀𐤑𐤓𐤅𐤕 𐤄𐤒𐤃𐤔𐤉𐤌.

𐤉𐤂𐤅𐤋𐤌𐤇𐤋𐤒𐤅𐤕 𐤄𐤊𐤄𐤍𐤉𐤌 𐤅𐤄𐤋𐤅𐤉𐤌 𐤅𐤋𐤊𐤋 𐤌𐤋𐤀𐤊𐤕 𐤏𐤁𐤅𐤃𐤕 𐤁𐤉𐤕
𐤉𐤄𐤅𐤄 𐤅𐤋𐤊𐤋 𐤊𐤋𐤉 𐤏𐤁𐤅𐤃𐤕 𐤁𐤉𐤕 𐤉𐤄𐤅𐤄.

𐤉𐤃 𐤋𐤆𐤄𐤁 𐤁𐤌𐤔𐤒𐤋 𐤋𐤆𐤄𐤁 𐤋𐤊𐤋 𐤊𐤋𐤉 𐤏𐤁𐤅𐤃𐤄 𐤅𐤏𐤁𐤅𐤃𐤄 𐤋𐤊𐤋 𐤊𐤋𐤉
𐤄𐤊𐤎𐤐 𐤁𐤌𐤔𐤒𐤋 𐤋𐤊𐤋 𐤊𐤋𐤉 𐤏𐤁𐤅𐤃𐤄 𐤅𐤏𐤁𐤅𐤃𐤄.

𐤈𐤅𐤅𐤌𐤔𐤒𐤋 𐤋𐤌𐤍𐤓𐤅𐤕 𐤄𐤆𐤄𐤁 𐤅𐤍𐤓𐤕𐤉𐤄𐤌 𐤆𐤄𐤁 𐤁𐤌𐤔𐤒𐤋 𐤌𐤍𐤅𐤓𐤄
𐤅𐤌𐤍𐤅𐤓𐤄 𐤅𐤍𐤓𐤕𐤉𐤄 𐤅𐤋𐤌𐤍𐤓𐤅𐤕 𐤄𐤊𐤎𐤐 𐤁𐤌𐤔𐤒𐤋 𐤋𐤌𐤍𐤅𐤓𐤄 𐤅𐤍𐤓𐤕𐤉𐤄
𐤊𐤏𐤁𐤅𐤃𐤕 𐤌𐤍𐤅𐤓𐤄 𐤅𐤌𐤍𐤅𐤓𐤄.

𐤈𐤆𐤅𐤀𐤕 𐤄𐤆𐤄𐤁 𐤌𐤔𐤒𐤋 𐤋𐤔𐤋𐤇𐤍𐤅𐤕 𐤄𐤌𐤏𐤓𐤊𐤕 𐤋𐤔𐤋𐤇𐤍 𐤅𐤔𐤋𐤇𐤍 𐤅𐤊𐤎𐤐
𐤋𐤔𐤋𐤇𐤍𐤅𐤕 𐤄𐤊𐤎𐤐.

𐤉𐤆𐤅𐤄𐤌𐤆𐤋𐤂𐤅𐤕 𐤅𐤄𐤌𐤆𐤓𐤒𐤅𐤕 𐤅𐤄𐤒𐤔𐤅𐤕 𐤆𐤄𐤁 𐤈𐤄𐤅𐤓 𐤅𐤋𐤊𐤐𐤅𐤓𐤉
𐤄𐤆𐤄𐤁 𐤁𐤌𐤔𐤒𐤋 𐤋𐤊𐤐𐤅𐤓 𐤅𐤊𐤐𐤅𐤓 𐤅𐤋𐤊𐤐𐤅𐤓𐤉 𐤄𐤊𐤎𐤐 𐤁𐤌𐤔𐤒𐤋 𐤋𐤊𐤐𐤅𐤓
𐤅𐤊𐤐𐤅𐤓.

𐤉𐤇𐤅𐤋𐤌𐤆𐤁𐤇 𐤄𐤒𐤈𐤓𐤕 𐤆𐤄𐤁 𐤌𐤆𐤒𐤒 𐤁𐤌𐤔𐤒𐤋 𐤅𐤋𐤕𐤁𐤍𐤉𐤕 𐤄𐤌𐤓𐤊𐤁𐤄
𐤄𐤊𐤓𐤁𐤉𐤌 𐤆𐤄𐤁 𐤋𐤐𐤓𐤔𐤉𐤌 𐤅𐤎𐤊𐤊𐤉𐤌 𐤏𐤋 𐤀𐤓𐤅𐤍 𐤁𐤓𐤉𐤕 𐤉𐤄𐤅𐤄.

𐤉𐤈𐤄𐤊𐤋 𐤁𐤊𐤕𐤁 𐤌𐤉𐤃 𐤉𐤄𐤅𐤄 𐤏𐤋𐤉 𐤄𐤔𐤊𐤉𐤋 𐤊𐤋 𐤌𐤋𐤀𐤊𐤅𐤕 𐤄𐤕𐤁𐤍𐤉𐤕.

𐤊 𐤅𐤉𐤀𐤌𐤓 𐤃𐤅𐤉𐤃 𐤋𐤔𐤋𐤌𐤄 𐤁𐤍𐤅 𐤇𐤆𐤒 𐤅𐤀𐤌𐤑 𐤅𐤏𐤔𐤄 𐤀𐤋 𐤕𐤉𐤓𐤀 𐤅𐤀𐤋
𐤕𐤇𐤕 𐤊𐤉 𐤉𐤄𐤅𐤄 𐤀𐤋𐤄𐤉𐤌 𐤀𐤋𐤄𐤉 𐤏𐤌𐤊 𐤋𐤀 𐤉𐤓𐤐𐤊 𐤅𐤋𐤀 𐤉𐤏𐤆𐤁𐤊 𐤏𐤃
𐤋𐤊𐤋𐤅𐤕 𐤊𐤋 𐤌𐤋𐤀𐤊𐤕 𐤏𐤁𐤅𐤃𐤕 𐤁𐤉𐤕 𐤉𐤄𐤅𐤄.

𐤊𐤀𐤅𐤄𐤍𐤄 𐤌𐤇𐤋𐤒𐤅𐤕 𐤄𐤊𐤄𐤍𐤉𐤌 𐤅𐤄𐤋𐤅𐤉𐤌 𐤋𐤊𐤋 𐤏𐤁𐤅𐤃𐤕 𐤁𐤉𐤕
𐤄𐤀𐤋𐤄𐤉𐤌 𐤅𐤏𐤌𐤊 𐤁𐤊𐤋 𐤌𐤋𐤀𐤊𐤄 𐤋𐤊𐤋 𐤍𐤃𐤉𐤁 𐤁𐤇𐤊𐤌𐤄 𐤋𐤊𐤋 𐤏𐤁𐤅𐤃𐤄

𐤅𐤄𐤔𐤓𐤉𐤌 𐤅𐤊𐤋 𐤄𐤏𐤌 𐤋𐤊𐤋 𐤃𐤁𐤓𐤉𐤊•

## 𐤐𐤓𐤒 𐤊𐤈

𐤀 𐤅𐤉𐤀𐤌𐤓 𐤃𐤅𐤉𐤃 𐤄𐤌𐤋𐤊 𐤋𐤊𐤋 𐤄𐤒𐤄𐤋 𐤔𐤋𐤌𐤄 𐤁𐤍𐤉 𐤀𐤇𐤃 𐤁𐤇𐤓 𐤁𐤅
𐤀𐤋𐤄𐤉𐤌 𐤍𐤏𐤓 𐤅𐤓𐤊 𐤅𐤄𐤌𐤋𐤀𐤊𐤄 𐤂𐤃𐤅𐤋𐤄 𐤊𐤉 𐤋𐤀 𐤋𐤀𐤃𐤌 𐤄𐤁𐤉𐤓𐤄 𐤊𐤉
𐤋𐤉𐤄𐤅𐤄 𐤀𐤋𐤄𐤉𐤌•
𐤁 𐤅𐤁𐤊𐤋 𐤊𐤇𐤉 𐤄𐤊𐤉𐤍𐤅𐤕𐤉 𐤋𐤁𐤉𐤕 𐤀𐤋𐤄𐤉 𐤄𐤆𐤄𐤁 𐤋𐤆𐤄𐤁 𐤅𐤄𐤊𐤎𐤐
𐤋𐤊𐤎𐤐 𐤅𐤄𐤍𐤇𐤔𐤕 𐤋𐤍𐤇𐤔𐤕 𐤄𐤁𐤓𐤆𐤋 𐤋𐤁𐤓𐤆𐤋 𐤅𐤄𐤏𐤑𐤉𐤌 𐤋𐤏𐤑𐤉𐤌 𐤀𐤁𐤍𐤉
𐤔𐤄𐤌 𐤅𐤌𐤋𐤅𐤀𐤉𐤌 𐤀𐤁𐤍𐤉 𐤐𐤅𐤊 𐤅𐤓𐤒𐤌𐤄 𐤅𐤊𐤋 𐤀𐤁𐤍 𐤉𐤒𐤓𐤄 𐤅𐤀𐤁𐤍𐤉
𐤔𐤉𐤔 𐤋𐤓𐤁•
𐤂 𐤅𐤏𐤅𐤃 𐤁𐤓𐤑𐤅𐤕𐤉 𐤁𐤁𐤉𐤕 𐤀𐤋𐤄𐤉 𐤉𐤔 𐤋𐤉 𐤎𐤂𐤋𐤄 𐤆𐤄𐤁 𐤅𐤊𐤎𐤐 𐤍𐤕𐤕𐤉
𐤋𐤁𐤉𐤕 𐤀𐤋𐤄𐤉 𐤋𐤌𐤏𐤋𐤄 𐤌𐤊𐤋 𐤄𐤊𐤉𐤍𐤅𐤕𐤉 𐤋𐤁𐤉𐤕 𐤄𐤒𐤃𐤔•
𐤃 𐤔𐤋𐤔𐤕 𐤀𐤋𐤐𐤉𐤌 𐤊𐤊𐤓𐤉 𐤆𐤄𐤁 𐤌𐤆𐤄𐤁 𐤀𐤅𐤐𐤉𐤓 𐤅𐤔𐤁𐤏𐤕 𐤀𐤋𐤐𐤉𐤌 𐤊𐤊𐤓
𐤊𐤎𐤐 𐤌𐤆𐤒𐤒 𐤋𐤈𐤅𐤇 𐤒𐤉𐤓𐤅𐤕 𐤄𐤁𐤕𐤉𐤌•
𐤄 𐤋𐤆𐤄𐤁 𐤋𐤆𐤄𐤁 𐤅𐤋𐤊𐤎𐤐 𐤋𐤊𐤎𐤐 𐤅𐤋𐤊𐤋 𐤌𐤋𐤀𐤊𐤄 𐤁𐤉𐤃 𐤇𐤓𐤔𐤉𐤌 𐤅𐤌𐤉
𐤌𐤕𐤍𐤃𐤁 𐤋𐤌𐤋𐤀𐤅𐤕 𐤉𐤃𐤅 𐤄𐤉𐤅𐤌 𐤋𐤉𐤄𐤅𐤄•
𐤅 𐤅𐤉𐤕𐤍𐤃𐤁𐤅 𐤔𐤓𐤉 𐤄𐤀𐤁𐤅𐤕 𐤅𐤔𐤓𐤉 𐤔𐤁𐤈𐤉 𐤉𐤔𐤓𐤀𐤋 𐤅𐤔𐤓𐤉 𐤄𐤀𐤋𐤐𐤉𐤌
𐤅𐤄𐤌𐤀𐤅𐤕 𐤅𐤋𐤔𐤓𐤉 𐤌𐤋𐤀𐤊𐤕 𐤄𐤌𐤋𐤊•
𐤆 𐤅𐤉𐤕𐤍𐤅 𐤋𐤏𐤁𐤅𐤃𐤕 𐤁𐤉𐤕 𐤄𐤀𐤋𐤄𐤉𐤌 𐤆𐤄𐤁 𐤊𐤊𐤓𐤉𐤌 𐤇𐤌𐤔𐤕 𐤀𐤋𐤐𐤉𐤌
𐤅𐤀𐤃𐤓𐤊𐤍𐤉𐤌 𐤓𐤁𐤅 𐤅𐤊𐤎𐤐 𐤊𐤊𐤓𐤉𐤌 𐤏𐤔𐤓𐤕 𐤀𐤋𐤐𐤉𐤌 𐤅𐤍𐤇𐤔𐤕 𐤓𐤁𐤅
𐤅𐤔𐤌𐤅𐤍𐤄 𐤀𐤋𐤐𐤉𐤌 𐤊𐤊𐤓𐤉𐤌 𐤅𐤁𐤓𐤆𐤋 𐤌𐤀𐤄 𐤀𐤋𐤐 𐤊𐤊𐤓𐤉𐤌•
𐤇 𐤅𐤄𐤍𐤌𐤑𐤀 𐤀𐤕𐤅 𐤀𐤁𐤍𐤉𐤌 𐤍𐤕𐤍𐤅 𐤋𐤀𐤅𐤑𐤓 𐤁𐤉𐤕 𐤉𐤄𐤅𐤄 𐤏𐤋 𐤉𐤃
𐤉𐤇𐤉𐤀𐤋 𐤄𐤂𐤓𐤔𐤍𐤉•
𐤈 𐤅𐤉𐤔𐤌𐤇𐤅 𐤄𐤏𐤌 𐤏𐤋 𐤄𐤕𐤍𐤃𐤁𐤌 𐤊𐤉 𐤁𐤋𐤁 𐤔𐤋𐤌 𐤄𐤕𐤍𐤃𐤁𐤅 𐤋𐤉𐤄𐤅𐤄
𐤅𐤂𐤌 𐤃𐤅𐤉𐤃 𐤄𐤌𐤋𐤊 𐤔𐤌𐤇 𐤔𐤌𐤇𐤄 𐤂𐤃𐤅𐤋𐤄•
𐤉 𐤅𐤉𐤁𐤓𐤊 𐤃𐤅𐤉𐤃 𐤀𐤕 𐤉𐤄𐤅𐤄 𐤋𐤏𐤉𐤍𐤉 𐤊𐤋 𐤄𐤒𐤄𐤋 𐤅𐤉𐤀𐤌𐤓 𐤃𐤅𐤉𐤃 𐤁𐤓𐤅𐤊
𐤀𐤕𐤄 𐤉𐤄𐤅𐤄 𐤀𐤋𐤄𐤉 𐤉𐤔𐤓𐤀𐤋 𐤀𐤁𐤉𐤍𐤅 𐤌𐤏𐤅𐤋𐤌 𐤅𐤏𐤃 𐤏𐤅𐤋𐤌•
𐤉𐤀 𐤋𐤊 𐤉𐤄𐤅𐤄 𐤄𐤂𐤃𐤋𐤄 𐤅𐤄𐤂𐤁𐤅𐤓𐤄 𐤅𐤄𐤕𐤐𐤀𐤓𐤕 𐤅𐤄𐤍𐤑𐤇 𐤅𐤄𐤄𐤅𐤃 𐤊𐤉
𐤊𐤋 𐤁𐤔𐤌𐤉𐤌 𐤅𐤁𐤀𐤓𐤑 𐤋𐤊 𐤉𐤄𐤅𐤄 𐤄𐤌𐤌𐤋𐤊𐤄 𐤅𐤄𐤌𐤕𐤍𐤔𐤀 𐤋𐤊𐤋 𐤋𐤓𐤀𐤔•
𐤉𐤁 𐤅𐤄𐤏𐤔𐤓 𐤅𐤄𐤊𐤁𐤅𐤃 𐤌𐤋𐤐𐤍𐤉𐤊 𐤅𐤀𐤕𐤄 𐤌𐤅𐤔𐤋 𐤁𐤊𐤋 𐤅𐤁𐤉𐤃𐤊 𐤊𐤇
𐤅𐤂𐤁𐤅𐤓𐤄 𐤅𐤁𐤉𐤃𐤊 𐤋𐤂𐤃𐤋 𐤅𐤋𐤇𐤆𐤒 𐤋𐤊𐤋•
𐤉𐤂 𐤅𐤏𐤕𐤄 𐤀𐤋𐤄𐤉𐤍𐤅 𐤌𐤅𐤃𐤉𐤌 𐤀𐤍𐤇𐤍𐤅 𐤋𐤊 𐤅𐤌𐤄𐤋𐤋𐤉𐤌 𐤋𐤔𐤌 𐤕𐤐𐤀𐤓𐤕𐤊•
𐤉𐤃 𐤅𐤊𐤉 𐤌𐤉 𐤀𐤍𐤉 𐤅𐤌𐤉 𐤏𐤌𐤉 𐤊𐤉 𐤍𐤏𐤑𐤓 𐤊𐤇 𐤋𐤄𐤕𐤍𐤃𐤁 𐤊𐤆𐤀𐤕 𐤊𐤉

𐤌𐤌𐤊 𐤄𐤊𐤋 𐤅𐤌𐤉𐤃𐤊 𐤍𐤕𐤍𐤅 𐤋𐤊•
𐤈𐤅 𐤊𐤉 𐤂𐤓𐤉𐤌 𐤀𐤍𐤇𐤍𐤅 𐤋𐤐𐤍𐤉𐤊 𐤅𐤕𐤅𐤔𐤁𐤉𐤌 𐤊𐤊𐤋 𐤀𐤁𐤕𐤉𐤍𐤅 𐤊𐤑𐤋
𐤉𐤌𐤉𐤍𐤅 𐤏𐤋 𐤄𐤀𐤓𐤑 𐤅𐤀𐤉𐤍 𐤌𐤒𐤅𐤄•
𐤈𐤆 𐤉𐤄𐤅𐤄 𐤀𐤋𐤄𐤉𐤍𐤅 𐤊𐤋 𐤄𐤄𐤌𐤅𐤍 𐤄𐤆𐤄 𐤀𐤔𐤓 𐤄𐤊𐤉𐤍𐤅𐤍𐤅 𐤋𐤁𐤍𐤅𐤕 𐤋𐤊
𐤁𐤉𐤕 𐤋𐤔𐤌 𐤒𐤃𐤔𐤊 𐤌𐤉𐤃𐤊 𐤄𐤉𐤀 [𐤄𐤅𐤀] 𐤅𐤋𐤊 𐤄𐤊𐤋•
𐤉𐤆 𐤅𐤉𐤃𐤏𐤕𐤉 𐤀𐤋𐤄𐤉 𐤊𐤉 𐤀𐤕𐤄 𐤁𐤇𐤍 𐤋𐤁𐤁 𐤅𐤌𐤉𐤔𐤓𐤉𐤌 𐤕𐤓𐤑𐤄 𐤀𐤍𐤉
𐤁𐤉𐤔𐤓 𐤋𐤁𐤁𐤉 𐤄𐤕𐤍𐤃𐤁𐤕𐤉 𐤊𐤋 𐤀𐤋𐤄 𐤅𐤏𐤕𐤄 𐤏𐤌𐤊 𐤄𐤍𐤌𐤑𐤀𐤅 𐤐𐤄 𐤓𐤀𐤉𐤕𐤉
𐤁𐤔𐤌𐤇𐤄 𐤋𐤄𐤕𐤍𐤃𐤁 𐤋𐤊•
𐤉𐤇 𐤉𐤄𐤅𐤄 𐤀𐤋𐤄𐤉 𐤀𐤁𐤓𐤄𐤌 𐤉𐤑𐤇𐤒 𐤅𐤉𐤔𐤓𐤀𐤋 𐤀𐤁𐤕𐤉𐤍𐤅 𐤔𐤌𐤓𐤄 𐤆𐤀𐤕
𐤋𐤏𐤅𐤋𐤌 𐤋𐤉𐤑𐤓 𐤌𐤇𐤔𐤁𐤅𐤕 𐤋𐤁𐤁 𐤏𐤌𐤊 𐤅𐤄𐤊𐤍 𐤋𐤁𐤁𐤌 𐤀𐤋𐤉𐤊•
𐤉𐤈 𐤅𐤋𐤔𐤋𐤌𐤄 𐤁𐤍𐤉 𐤕𐤍 𐤋𐤁𐤁 𐤔𐤋𐤌 𐤋𐤔𐤌𐤅𐤓 𐤌𐤑𐤅𐤕𐤉𐤊 𐤏𐤃𐤅𐤕𐤉𐤊
𐤅𐤇𐤒𐤉𐤊 𐤅𐤋𐤏𐤔𐤅𐤕 𐤄𐤊𐤋 𐤅𐤋𐤁𐤍𐤅𐤕 𐤄𐤁𐤉𐤓𐤄 𐤀𐤔𐤓 𐤄𐤊𐤉𐤍𐤅𐤕𐤉•
𐤊 𐤅𐤉𐤀𐤌𐤓 𐤃𐤅𐤉𐤃 𐤋𐤊𐤋 𐤄𐤒𐤄𐤋 𐤁𐤓𐤊𐤅 𐤍𐤀 𐤀𐤕 𐤉𐤄𐤅𐤄 𐤀𐤋𐤄𐤉𐤊𐤌
𐤅𐤉𐤁𐤓𐤊𐤅 𐤊𐤋 𐤄𐤒𐤄𐤋 𐤋𐤉𐤄𐤅𐤄 𐤀𐤋𐤄𐤉 𐤀𐤁𐤕𐤉𐤄𐤌 𐤅𐤉𐤒𐤃𐤅 𐤅𐤉𐤔𐤕𐤇𐤅𐤅
𐤋𐤉𐤄𐤅𐤄 𐤅𐤋𐤌𐤋𐤊•
𐤊𐤀 𐤅𐤉𐤆𐤁𐤇𐤅 𐤋𐤉𐤄𐤅𐤄 𐤆𐤁𐤇𐤉𐤌 𐤅𐤉𐤏𐤋𐤅 𐤏𐤋𐤅𐤕 𐤋𐤉𐤄𐤅𐤄 𐤋𐤌𐤇𐤓𐤕 𐤄𐤉𐤅𐤌
𐤄𐤄𐤅𐤀 𐤐𐤓𐤉𐤌 𐤀𐤋𐤐 𐤀𐤉𐤋𐤉𐤌 𐤀𐤋𐤐 𐤊𐤁𐤔𐤉𐤌 𐤀𐤋𐤐 𐤅𐤍𐤎𐤊𐤉𐤄𐤌
𐤅𐤆𐤁𐤇𐤉𐤌 𐤋𐤓𐤁 𐤋𐤊𐤋 𐤉𐤔𐤓𐤀𐤋•
𐤊𐤁 𐤅𐤉𐤀𐤊𐤋𐤅 𐤅𐤉𐤔𐤕𐤅 𐤋𐤐𐤍𐤉 𐤉𐤄𐤅𐤄 𐤁𐤉𐤅𐤌 𐤄𐤄𐤅𐤀 𐤁𐤔𐤌𐤇𐤄 𐤂𐤃𐤅𐤋𐤄
𐤅𐤉𐤌𐤋𐤉𐤊𐤅 𐤔𐤍𐤉𐤕 𐤋𐤔𐤋𐤌𐤄 𐤁𐤍 𐤃𐤅𐤉𐤃 𐤅𐤉𐤌𐤔𐤇𐤅 𐤋𐤉𐤄𐤅𐤄 𐤋𐤍𐤂𐤉𐤃
𐤅𐤋𐤑𐤃𐤅𐤒 𐤋𐤊𐤄𐤍•
𐤊𐤂 𐤅𐤉𐤔𐤁 𐤔𐤋𐤌𐤄 𐤏𐤋 𐤊𐤎𐤀 𐤉𐤄𐤅𐤄 𐤋𐤌𐤋𐤊 𐤕𐤇𐤕 𐤃𐤅𐤉𐤃 𐤀𐤁𐤉𐤅 𐤅𐤉𐤑𐤋𐤇
𐤅𐤉𐤔𐤌𐤏𐤅 𐤀𐤋𐤉𐤅 𐤊𐤋 𐤉𐤔𐤓𐤀𐤋•
𐤊𐤃 𐤅𐤊𐤋 𐤄𐤔𐤓𐤉𐤌 𐤅𐤄𐤂𐤁𐤓𐤉𐤌 𐤅𐤂𐤌 𐤊𐤋 𐤁𐤍𐤉 𐤄𐤌𐤋𐤊 𐤃𐤅𐤉𐤃 𐤍𐤕𐤍𐤅 𐤉𐤃
𐤕𐤇𐤕 𐤔𐤋𐤌𐤄 𐤄𐤌𐤋𐤊•
𐤊𐤄 𐤅𐤉𐤂𐤃𐤋 𐤉𐤄𐤅𐤄 𐤀𐤕 𐤔𐤋𐤌𐤄 𐤋𐤌𐤏𐤋𐤄 𐤋𐤏𐤉𐤍𐤉 𐤊𐤋 𐤉𐤔𐤓𐤀𐤋 𐤅𐤉𐤕𐤍
𐤏𐤋𐤉𐤅 𐤄𐤅𐤃 𐤌𐤋𐤊𐤅𐤕 𐤀𐤔𐤓 𐤋𐤀 𐤄𐤉𐤄 𐤏𐤋 𐤊𐤋 𐤌𐤋𐤊 𐤋𐤐𐤍𐤉𐤅 𐤏𐤋 𐤉𐤔𐤓𐤀𐤋•
𐤊𐤅 𐤅𐤃𐤅𐤉𐤃 𐤁𐤍 𐤉𐤔𐤉 𐤌𐤋𐤊 𐤏𐤋 𐤊𐤋 𐤉𐤔𐤓𐤀𐤋•
𐤊𐤆 𐤅𐤄𐤉𐤌𐤉𐤌 𐤀𐤔𐤓 𐤌𐤋𐤊 𐤏𐤋 𐤉𐤔𐤓𐤀𐤋 𐤀𐤓𐤁𐤏𐤉𐤌 𐤔𐤍𐤄 𐤁𐤇𐤁𐤓𐤅𐤍 𐤌𐤋𐤊
𐤔𐤁𐤏 𐤔𐤍𐤉𐤌 𐤅𐤁𐤉𐤓𐤅𐤔𐤋𐤉𐤌 𐤌𐤋𐤊 𐤔𐤋𐤔𐤉𐤌 𐤅𐤔𐤋𐤔•
𐤊𐤇 𐤅𐤉𐤌𐤕 𐤁𐤔𐤉𐤁𐤄 𐤈𐤅𐤁𐤄 𐤔𐤁𐤏 𐤉𐤌𐤉𐤌 𐤏𐤔𐤓 𐤅𐤊𐤁𐤅𐤃 𐤅𐤉𐤌𐤋𐤊 𐤔𐤋𐤌𐤄
𐤁𐤍𐤅 𐤕𐤇𐤕𐤉𐤅•
𐤊𐤈 𐤅𐤃𐤁𐤓𐤉 𐤃𐤅𐤉𐤃 𐤄𐤌𐤋𐤊 𐤄𐤓𐤀𐤔𐤍𐤉𐤌 𐤅𐤄𐤀𐤇𐤓𐤍𐤉𐤌 𐤄𐤍𐤌 𐤊𐤕𐤅𐤁𐤉𐤌

# 𐤃𐤁𐤓𐤉 𐤄𐤉𐤌𐤉𐤌 𐤀

𐤏𐤋 𐤃𐤁𐤓𐤉 𐤔𐤌𐤅𐤀𐤋 𐤄𐤓𐤀𐤄 𐤅𐤏𐤋 𐤃𐤁𐤓𐤉 𐤍𐤕𐤍 𐤄𐤍𐤁𐤉𐤀 𐤅𐤏𐤋 𐤃𐤁𐤓𐤉 𐤂𐤃
𐤄𐤇𐤆𐤄.

𐤏𐤌 𐤊𐤋 𐤌𐤋𐤊𐤅𐤕𐤅 𐤅𐤂𐤁𐤅𐤓𐤕𐤅 𐤅𐤄𐤏𐤕𐤉𐤌 𐤀𐤔𐤓 𐤏𐤁𐤓𐤅 𐤏𐤋𐤉𐤅 𐤅𐤏𐤋
𐤉𐤔𐤓𐤀𐤋 𐤅𐤏𐤋 𐤊𐤋 𐤌𐤌𐤋𐤊𐤅𐤕 𐤄𐤀𐤓𐤑𐤅𐤕.

# דברי הימים ב

## פרק א

א ויתחזק שלמה בן דויד על מלכותו ויהוה אלהיו עמו
ויגדלהו למעלה.
ב ויאמר שלמה לכל ישראל לשרי האלפים והמאות
ולשפטים ולכל נשיא לכל ישראל ראשי האבות.
ג וילכו שלמה וכל הקהל עמו לבמה אשר בגבעון כי שם
היה אהל מועד האלהים אשר עשה משה עבד יהוה במדבר.
ד אבל ארון האלהים העלה דויד מקרית יערים בהכין לו
דויד כי נטה לו אהל בירושלם.
ה ומזבח הנחשת אשר עשה בצלאל בן אורי בן חור שם לפני
משכן יהוה וידרשהו שלמה והקהל.
ו ויעל שלמה שם על מזבח הנחשת לפני יהוה אשר לאהל
מועד ויעל עליו עלות אלף.
ז בלילה ההוא נראה אלהים לשלמה ויאמר לו שאל מה
אתן לך.
ח ויאמר שלמה לאלהים אתה עשית עם דויד אבי חסד גדול
ומלכתני תחתיו.
ט עתה יהוה אלהים יאמן דברך עם דויד אבי כי אתה
המלכתני על עם רב כעפר הארץ.
י עתה חכמה ומדע תן לי ואצאה לפני העם הזה ואבואה
כי מי ישפט את עמך הזה הגדול.
יא ויאמר אלהים לשלמה יען אשר היתה זאת עם לבבך
ולא שאלת עשר נכסים וכבוד ואת נפש שנאיך וגם ימים
רבים לא שאלת ותשאל לך חכמה ומדע אשר תשפוט את עמי
אשר המלכתיך עליו.
יב החכמה והמדע נתון לך ועשר ונכסים וכבוד אתן לך
אשר לא היה כן למלכים אשר לפניך ואחריך לא יהיה כן.
יג ויבא שלמה לבמה אשר בגבעון ירושלם מלפני אהל
מועד וימלך על ישראל.
יד ויאסף שלמה רכב ופרשים ויהי לו אלף וארבע מאות
רכב ושנים עשר אלף פרשים ויניחם בערי הרכב ועם המלך
בירושלם.
טו ויתן המלך את הכסף ואת הזהב בירושלם כאבנים ואת

# 𐤃𐤁𐤓𐤉 𐤄𐤉𐤌𐤉𐤌 𐤁

𐤄𐤀𐤓𐤆𐤉𐤌 𐤍𐤕𐤍 𐤊𐤔𐤒𐤌𐤉𐤌 𐤀𐤔𐤓 𐤁𐤔𐤐𐤋𐤄 𐤋𐤓𐤁•
𐤈𐤆 𐤅𐤌𐤅𐤑𐤀 𐤄𐤎𐤅𐤎𐤉𐤌 𐤀𐤔𐤓 𐤋𐤔𐤋𐤌𐤄 𐤌𐤌𐤑𐤓𐤉𐤌 𐤅𐤌𐤒𐤅𐤀 𐤎𐤇𐤓𐤉
𐤄𐤌𐤋𐤊 𐤌𐤒𐤅𐤀 𐤉𐤒𐤇𐤅 𐤁𐤌𐤇𐤉𐤓•
𐤉𐤆 𐤅𐤉𐤏𐤋𐤅 𐤅𐤉𐤅𐤑𐤉𐤀𐤅 𐤌𐤌𐤑𐤓𐤉𐤌 𐤌𐤓𐤊𐤁𐤄 𐤁𐤔𐤔 𐤌𐤀𐤅𐤕 𐤊𐤎𐤐 𐤅𐤎𐤅𐤎
𐤁𐤇𐤌𐤔𐤉𐤌 𐤅𐤌𐤀𐤄 𐤅𐤊𐤍 𐤋𐤊𐤋 𐤌𐤋𐤊𐤉 𐤄𐤇𐤕𐤉𐤌 𐤅𐤌𐤋𐤊𐤉 𐤀𐤓𐤌 𐤁𐤉𐤃𐤌
𐤉𐤅𐤑𐤉𐤀𐤅•

𐤉𐤇𐤅𐤉𐤀𐤌𐤓 𐤔𐤋𐤌𐤄 𐤋𐤁𐤍𐤅𐤕 𐤁𐤉𐤕 𐤋𐤔𐤌 𐤉𐤄𐤅𐤄 𐤅𐤁𐤉𐤕 𐤋𐤌𐤋𐤊𐤅𐤕𐤅•

## 𐤐𐤓𐤒 𐤁

𐤀𐤅𐤉𐤎𐤐𐤓 𐤔𐤋𐤌𐤄 𐤔𐤁𐤏𐤉𐤌 𐤀𐤋𐤐 𐤀𐤉𐤔 𐤎𐤁𐤋 𐤅𐤔𐤌𐤅𐤍𐤉𐤌 𐤀𐤋𐤐 𐤀𐤉𐤔
𐤇𐤑𐤁 𐤁𐤄𐤓 𐤅𐤌𐤍𐤑𐤇𐤉𐤌 𐤏𐤋𐤉𐤄𐤌 𐤔𐤋𐤔𐤕 𐤀𐤋𐤐𐤉𐤌 𐤅𐤔𐤔 𐤌𐤀𐤅𐤕•
𐤁𐤅𐤉𐤔𐤋𐤇 𐤔𐤋𐤌𐤄 𐤀𐤋 𐤇𐤅𐤓𐤌 𐤌𐤋𐤊 𐤑𐤓 𐤋𐤀𐤌𐤓 𐤊𐤀𐤔𐤓 𐤏𐤔𐤉𐤕 𐤏𐤌 𐤃𐤅𐤉𐤃
𐤀𐤁𐤉 𐤅𐤕𐤔𐤋𐤇 𐤋𐤅 𐤀𐤓𐤆𐤉𐤌 𐤋𐤁𐤍𐤅𐤕 𐤋𐤅 𐤁𐤉𐤕 𐤋𐤔𐤁𐤕 𐤁𐤅•
𐤂𐤄𐤍𐤄 𐤀𐤍𐤉 𐤁𐤅𐤍𐤄 𐤁𐤉𐤕 𐤋𐤔𐤌 𐤉𐤄𐤅𐤄 𐤀𐤋𐤄𐤉 𐤋𐤄𐤒𐤃𐤉𐤔 𐤋𐤅
𐤋𐤄𐤒𐤈𐤉𐤓 𐤋𐤐𐤍𐤉𐤅 𐤒𐤈𐤓𐤕 𐤎𐤌𐤉𐤌 𐤅𐤌𐤏𐤓𐤊𐤕 𐤕𐤌𐤉𐤃 𐤅𐤏𐤋𐤅𐤕 𐤋𐤁𐤒𐤓
𐤅𐤋𐤏𐤓𐤁 𐤋𐤔𐤁𐤕𐤅𐤕 𐤅𐤋𐤇𐤃𐤔𐤉𐤌 𐤅𐤋𐤌𐤅𐤏𐤃𐤉 𐤉𐤄𐤅𐤄 𐤀𐤋𐤄𐤉𐤍𐤅 𐤋𐤏𐤅𐤋𐤌
𐤆𐤀𐤕 𐤏𐤋 𐤉𐤔𐤓𐤀𐤋•
𐤃𐤅𐤄𐤁𐤉𐤕 𐤀𐤔𐤓 𐤀𐤍𐤉 𐤁𐤅𐤍𐤄 𐤂𐤃𐤅𐤋 𐤊𐤉 𐤂𐤃𐤅𐤋 𐤀𐤋𐤄𐤉𐤍𐤅 𐤌𐤊𐤋
𐤄𐤀𐤋𐤄𐤉𐤌•
𐤄𐤅𐤌𐤉 𐤉𐤏𐤑𐤓 𐤊𐤇 𐤋𐤁𐤍𐤅𐤕 𐤋𐤅 𐤁𐤉𐤕 𐤊𐤉 𐤄𐤔𐤌𐤉𐤌 𐤅𐤔𐤌𐤉 𐤄𐤔𐤌𐤉𐤌
𐤋𐤀 𐤉𐤊𐤋𐤊𐤋𐤄𐤅 𐤅𐤌𐤉 𐤀𐤍𐤉 𐤀𐤔𐤓 𐤀𐤁𐤍𐤄 𐤋𐤅 𐤁𐤉𐤕 𐤊𐤉 𐤀𐤌 𐤋𐤄𐤒𐤈𐤉𐤓
𐤋𐤐𐤍𐤉𐤅•
𐤅𐤅𐤏𐤕𐤄 𐤔𐤋𐤇 𐤋𐤉 𐤀𐤉𐤔 𐤇𐤊𐤌 𐤋𐤏𐤔𐤅𐤕 𐤁𐤆𐤄𐤁 𐤅𐤁𐤊𐤎𐤐 𐤅𐤁𐤍𐤇𐤔𐤕
𐤅𐤁𐤁𐤓𐤆𐤋 𐤅𐤁𐤀𐤓𐤂𐤅𐤍 𐤅𐤊𐤓𐤌𐤉𐤋 𐤅𐤕𐤊𐤋𐤕 𐤅𐤉𐤃𐤏 𐤋𐤐𐤕𐤇 𐤐𐤕𐤅𐤇𐤉𐤌 𐤏𐤌
𐤄𐤇𐤊𐤌𐤉𐤌 𐤀𐤔𐤓 𐤏𐤌𐤉 𐤁𐤉𐤄𐤅𐤃𐤄 𐤅𐤁𐤉𐤓𐤅𐤔𐤋𐤌 𐤀𐤔𐤓 𐤄𐤊𐤉𐤍 𐤃𐤅𐤉𐤃
𐤀𐤁𐤉•
𐤆𐤅𐤔𐤋𐤇 𐤋𐤉 𐤏𐤑𐤉 𐤀𐤓𐤆𐤉𐤌 𐤁𐤓𐤅𐤔𐤉𐤌 𐤅𐤀𐤋𐤂𐤅𐤌𐤉𐤌 𐤌𐤄𐤋𐤁𐤍𐤅𐤍 𐤊𐤉
𐤀𐤍𐤉 𐤉𐤃𐤏𐤕𐤉 𐤀𐤔𐤓 𐤏𐤁𐤃𐤉𐤊 𐤉𐤅𐤃𐤏𐤉𐤌 𐤋𐤊𐤓𐤅𐤕 𐤏𐤑𐤉 𐤋𐤁𐤍𐤅𐤍 𐤅𐤄𐤍𐤄
𐤏𐤁𐤃𐤉 𐤏𐤌 𐤏𐤁𐤃𐤉𐤊•
𐤇𐤅𐤋𐤄𐤊𐤉𐤍 𐤋𐤉 𐤏𐤑𐤉𐤌 𐤋𐤓𐤁 𐤊𐤉 𐤄𐤁𐤉𐤕 𐤀𐤔𐤓 𐤀𐤍𐤉 𐤁𐤅𐤍𐤄 𐤂𐤃𐤅𐤋
𐤅𐤄𐤐𐤋𐤀•
𐤈𐤅𐤄𐤍𐤄 𐤋𐤇𐤈𐤁𐤉𐤌 𐤋𐤊𐤓𐤕𐤉 𐤄𐤏𐤑𐤉𐤌 𐤍𐤕𐤕𐤉 𐤇𐤈𐤉𐤌 𐤌𐤊𐤅𐤕 𐤋𐤏𐤁𐤃𐤉𐤊
𐤊𐤓𐤉𐤌 𐤏𐤔𐤓𐤉𐤌 𐤀𐤋𐤐 𐤅𐤔𐤏𐤓𐤉𐤌 𐤊𐤓𐤉𐤌 𐤏𐤔𐤓𐤉𐤌 𐤀𐤋𐤐 𐤅𐤉𐤉𐤍 𐤁𐤕𐤉𐤌

𐤏𐤔𐤓𐤉𐤌 𐤀𐤋𐤐 𐤅𐤔𐤌𐤍 𐤁𐤕𐤉𐤌 𐤏𐤔𐤓𐤉𐤌 𐤀𐤋𐤐.
𐤉 𐤅𐤉𐤀𐤌𐤓 𐤇𐤅𐤓𐤌 𐤌𐤋𐤊 𐤑𐤓 𐤁𐤊𐤕𐤁 𐤅𐤉𐤔𐤋𐤇 𐤀𐤋 𐤔𐤋𐤌𐤄 𐤁𐤀𐤄𐤁𐤕 𐤉𐤄𐤅𐤄
𐤀𐤕 𐤏𐤌𐤅 𐤍𐤕𐤍𐤊 𐤏𐤋𐤉𐤄𐤌 𐤌𐤋𐤊.
𐤉𐤀 𐤅𐤉𐤀𐤌𐤓 𐤇𐤅𐤓𐤌 𐤁𐤓𐤅𐤊 𐤉𐤄𐤅𐤄 𐤀𐤋𐤄𐤉 𐤉𐤔𐤓𐤀𐤋 𐤀𐤔𐤓 𐤏𐤔𐤄 𐤀𐤕
𐤄𐤔𐤌𐤉𐤌 𐤅𐤀𐤕 𐤄𐤀𐤓𐤑 𐤀𐤔𐤓 𐤍𐤕𐤍 𐤋𐤃𐤅𐤉𐤃 𐤄𐤌𐤋𐤊 𐤁𐤍 𐤇𐤊𐤌 𐤉𐤅𐤃𐤏 𐤔𐤊𐤋
𐤅𐤁𐤉𐤍𐤄 𐤀𐤔𐤓 𐤉𐤁𐤍𐤄 𐤁𐤉𐤕 𐤋𐤉𐤄𐤅𐤄 𐤅𐤁𐤉𐤕 𐤋𐤌𐤋𐤊𐤅𐤕𐤅.
𐤉𐤁 𐤅𐤏𐤕𐤄 𐤔𐤋𐤇𐤕𐤉 𐤀𐤉𐤔 𐤇𐤊𐤌 𐤉𐤅𐤃𐤏 𐤁𐤉𐤍𐤄 𐤋𐤇𐤅𐤓𐤌 𐤀𐤁𐤉.
𐤉𐤂 𐤁𐤍 𐤀𐤔𐤄 𐤌𐤍 𐤁𐤍𐤅𐤕 𐤃𐤍 𐤅𐤀𐤁𐤉𐤅 𐤀𐤉𐤔 𐤑𐤓𐤉 𐤉𐤅𐤃𐤏 𐤋𐤏𐤔𐤅𐤕 𐤁𐤆𐤄𐤁
𐤅𐤁𐤊𐤎𐤐 𐤁𐤍𐤇𐤔𐤕 𐤁𐤁𐤓𐤆𐤋 𐤁𐤀𐤁𐤍𐤉𐤌 𐤅𐤁𐤏𐤑𐤉𐤌 𐤁𐤀𐤓𐤂𐤌𐤍 𐤁𐤕𐤊𐤋𐤕 𐤅𐤁𐤁𐤅𐤑
𐤅𐤁𐤊𐤓𐤌𐤉𐤋 𐤅𐤋𐤐𐤕𐤇 𐤊𐤋 𐤐𐤕𐤅𐤇 𐤅𐤋𐤇𐤔𐤁 𐤊𐤋 𐤌𐤇𐤔𐤁𐤕 𐤀𐤔𐤓 𐤉𐤍𐤕𐤍 𐤋𐤅 𐤏𐤌
𐤇𐤊𐤌𐤉𐤊 𐤅𐤇𐤊𐤌𐤉 𐤀𐤃𐤍𐤉 𐤃𐤅𐤉𐤃 𐤀𐤁𐤉𐤊.
𐤉𐤃 𐤅𐤏𐤕𐤄 𐤄𐤇𐤈𐤉𐤌 𐤅𐤄𐤔𐤏𐤓𐤉𐤌 𐤄𐤔𐤌𐤍 𐤅𐤄𐤉𐤉𐤍 𐤀𐤔𐤓 𐤀𐤌𐤓 𐤀𐤃𐤍𐤉
𐤉𐤔𐤋𐤇 𐤋𐤏𐤁𐤃𐤉𐤅.
𐤈𐤅 𐤅𐤀𐤍𐤇𐤍𐤅 𐤍𐤊𐤓𐤕 𐤏𐤑𐤉𐤌 𐤌𐤍 𐤄𐤋𐤁𐤍𐤅𐤍 𐤊𐤊𐤋 𐤑𐤓𐤊𐤊 𐤅𐤍𐤁𐤉𐤀𐤌 𐤋𐤊
𐤓𐤐𐤎𐤃𐤅𐤕 𐤏𐤋 𐤉𐤌 𐤉𐤐𐤅 𐤅𐤀𐤕𐤄 𐤕𐤏𐤋𐤄 𐤀𐤕𐤌 𐤉𐤓𐤅𐤔𐤋𐤌.
𐤈𐤆 𐤅𐤉𐤎𐤐𐤓 𐤔𐤋𐤌𐤄 𐤊𐤋 𐤄𐤀𐤍𐤔𐤉𐤌 𐤄𐤂𐤉𐤓𐤉𐤌 𐤀𐤔𐤓 𐤁𐤀𐤓𐤑 𐤉𐤔𐤓𐤀𐤋
𐤀𐤇𐤓𐤉 𐤄𐤎𐤐𐤓 𐤀𐤔𐤓 𐤎𐤐𐤓𐤌 𐤃𐤅𐤉𐤃 𐤀𐤁𐤉𐤅 𐤅𐤉𐤌𐤑𐤀𐤅 𐤌𐤀𐤄 𐤅𐤇𐤌𐤔𐤉𐤌 𐤀𐤋𐤐
𐤅𐤔𐤋𐤔𐤕 𐤀𐤋𐤐𐤉𐤌 𐤅𐤔𐤔 𐤌𐤀𐤅𐤕.
𐤉𐤆 𐤅𐤉𐤏𐤔 𐤌𐤄𐤌 𐤔𐤁𐤏𐤉𐤌 𐤀𐤋𐤐 𐤎𐤁𐤋 𐤅𐤔𐤌𐤍𐤉𐤌 𐤀𐤋𐤐 𐤇𐤑𐤁 𐤁𐤄𐤓
𐤅𐤔𐤋𐤔𐤕 𐤀𐤋𐤐𐤉𐤌 𐤅𐤔𐤔 𐤌𐤀𐤅𐤕 𐤌𐤍𐤑𐤇𐤉𐤌 𐤋𐤄𐤏𐤁𐤉𐤃 𐤀𐤕 𐤄𐤏𐤌.

## 𐤐𐤓𐤒 𐤂

𐤀 𐤅𐤉𐤇𐤋 𐤔𐤋𐤌𐤄 𐤋𐤁𐤍𐤅𐤕 𐤀𐤕 𐤁𐤉𐤕 𐤉𐤄𐤅𐤄 𐤁𐤉𐤓𐤅𐤔𐤋𐤌 𐤁𐤄𐤓 𐤄𐤌𐤅𐤓𐤉𐤄
𐤀𐤔𐤓 𐤍𐤓𐤀𐤄 𐤋𐤃𐤅𐤉𐤃 𐤀𐤁𐤉𐤄𐤅 𐤀𐤔𐤓 𐤄𐤊𐤉𐤍 𐤁𐤌𐤒𐤅𐤌 𐤃𐤅𐤉𐤃 𐤁𐤂𐤓𐤍 𐤀𐤓𐤍𐤍
𐤄𐤉𐤁𐤅𐤎𐤉.
𐤁 𐤅𐤉𐤇𐤋 𐤋𐤁𐤍𐤅𐤕 𐤁𐤇𐤃𐤔 𐤄𐤔𐤍𐤉 𐤁𐤔𐤍𐤉 𐤁𐤔𐤍𐤕 𐤀𐤓𐤁𐤏 𐤋𐤌𐤋𐤊𐤅𐤕𐤅.
𐤂 𐤅𐤀𐤋𐤄 𐤄𐤅𐤎𐤃 𐤔𐤋𐤌𐤄 𐤋𐤁𐤍𐤅𐤕 𐤀𐤕 𐤁𐤉𐤕 𐤄𐤀𐤋𐤄𐤉𐤌 𐤄𐤀𐤓𐤊 𐤀𐤌𐤅𐤕
𐤁𐤌𐤃𐤄 𐤄𐤓𐤀𐤔𐤅𐤍𐤄 𐤀𐤌𐤅𐤕 𐤔𐤔𐤉𐤌 𐤅𐤓𐤇𐤁 𐤀𐤌𐤅𐤕 𐤏𐤔𐤓𐤉𐤌.
𐤃 𐤅𐤄𐤀𐤅𐤋𐤌 𐤀𐤔𐤓 𐤏𐤋 𐤐𐤍𐤉 𐤄𐤀𐤓𐤊 𐤏𐤋 𐤐𐤍𐤉 𐤓𐤇𐤁 𐤄𐤁𐤉𐤕 𐤀𐤌𐤅𐤕 𐤏𐤔𐤓𐤉𐤌
𐤅𐤄𐤂𐤁𐤄 𐤌𐤀𐤄 𐤅𐤏𐤔𐤓𐤉𐤌 𐤅𐤉𐤑𐤐𐤄𐤅 𐤌𐤁𐤐𐤍𐤉𐤌 𐤆𐤄𐤁 𐤈𐤄𐤅𐤓.
𐤄 𐤅𐤀𐤕 𐤄𐤁𐤉𐤕 𐤄𐤂𐤃𐤅𐤋 𐤇𐤐𐤄 𐤏𐤑 𐤁𐤓𐤅𐤔𐤉𐤌 𐤅𐤉𐤇𐤐𐤄𐤅 𐤆𐤄𐤁 𐤈𐤅𐤁 𐤅𐤉𐤏𐤋
𐤏𐤋𐤉𐤅 𐤕𐤌𐤓𐤉𐤌 𐤅𐤔𐤓𐤔𐤓𐤅𐤕.
𐤅 𐤅𐤉𐤑𐤐 𐤀𐤕 𐤄𐤁𐤉𐤕 𐤀𐤁𐤍 𐤉𐤒𐤓𐤄 𐤋𐤕𐤐𐤀𐤓𐤕 𐤅𐤄𐤆𐤄𐤁 𐤆𐤄𐤁 𐤐𐤓𐤅𐤉𐤌.

# 𐤃𐤁𐤓𐤉 𐤄𐤉𐤌𐤉𐤌 𐤁

𐤆 𐤅𐤉𐤇𐤐 𐤀𐤕 𐤄𐤁𐤉𐤕 𐤄𐤒𐤓𐤅𐤕 𐤄𐤎𐤐𐤉𐤌 𐤅𐤒𐤉𐤓𐤅𐤕𐤉𐤅 𐤅𐤃𐤋𐤕𐤅𐤕𐤉𐤅 𐤆𐤄𐤁
𐤅𐤐𐤕𐤇 𐤊𐤓𐤅𐤁𐤉𐤌 𐤏𐤋 𐤄𐤒𐤉𐤓𐤅𐤕•
𐤇 𐤅𐤉𐤏𐤔 𐤀𐤕 𐤁𐤉𐤕 𐤒𐤃𐤔 𐤄𐤒𐤃𐤔𐤉𐤌 𐤀𐤓𐤊𐤅 𐤏𐤋 𐤐𐤍𐤉 𐤓𐤇𐤁 𐤄𐤁𐤉𐤕 𐤀𐤌𐤅𐤕
𐤏𐤔𐤓𐤉𐤌 𐤅𐤓𐤇𐤁𐤅 𐤀𐤌𐤅𐤕 𐤏𐤔𐤓𐤉𐤌 𐤅𐤉𐤇𐤐𐤄𐤅 𐤆𐤄𐤁 𐤈𐤅𐤁 𐤋𐤊𐤊𐤓𐤉𐤌 𐤔𐤔
𐤌𐤀𐤅𐤕•
𐤈 𐤅𐤌𐤔𐤒𐤋 𐤋𐤌𐤎𐤌𐤓𐤅𐤕 𐤋𐤔𐤒𐤋𐤉𐤌 𐤇𐤌𐤔𐤉𐤌 𐤆𐤄𐤁 𐤅𐤄𐤏𐤋𐤉𐤅𐤕 𐤇𐤐𐤄
𐤆𐤄𐤁•
𐤉 𐤅𐤉𐤏𐤔 𐤁𐤁𐤉𐤕 𐤒𐤃𐤔 𐤄𐤒𐤃𐤔𐤉𐤌 𐤊𐤓𐤅𐤁𐤉𐤌 𐤔𐤍𐤉𐤌 𐤌𐤏𐤔𐤄 𐤑𐤏𐤑𐤏𐤉𐤌
𐤅𐤉𐤑𐤐𐤅 𐤀𐤕𐤌 𐤆𐤄𐤁•
𐤉𐤀 𐤅𐤊𐤍𐤐𐤉 𐤄𐤊𐤓𐤅𐤁𐤉𐤌 𐤀𐤓𐤊𐤌 𐤀𐤌𐤅𐤕 𐤏𐤔𐤓𐤉𐤌 𐤊𐤍𐤐 𐤄𐤀𐤇𐤃 𐤋𐤀𐤌𐤅𐤕
𐤇𐤌𐤔 𐤌𐤂𐤏𐤕 𐤋𐤒𐤉𐤓 𐤄𐤁𐤉𐤕 𐤅𐤄𐤊𐤍𐤐 𐤄𐤀𐤇𐤓𐤕 𐤀𐤌𐤅𐤕 𐤇𐤌𐤔 𐤌𐤂𐤉𐤏 𐤋𐤊𐤍𐤐
𐤄𐤊𐤓𐤅𐤁 𐤄𐤀𐤇𐤓•
𐤉𐤁 𐤅𐤊𐤍𐤐 𐤄𐤊𐤓𐤅𐤁 𐤄𐤀𐤇𐤃 𐤀𐤌𐤅𐤕 𐤇𐤌𐤔 𐤌𐤂𐤉𐤏 𐤋𐤒𐤉𐤓 𐤄𐤁𐤉𐤕 𐤅𐤄𐤊𐤍𐤐
𐤄𐤀𐤇𐤓𐤕 𐤀𐤌𐤅𐤕 𐤇𐤌𐤔 𐤃𐤁𐤒𐤄 𐤋𐤊𐤍𐤐 𐤄𐤊𐤓𐤅𐤁 𐤄𐤀𐤇𐤓•
𐤉𐤂 𐤊𐤍𐤐𐤉 𐤄𐤊𐤓𐤅𐤁𐤉𐤌 𐤄𐤀𐤋𐤄 𐤐𐤓𐤔𐤉𐤌 𐤀𐤌𐤅𐤕 𐤏𐤔𐤓𐤉𐤌 𐤅𐤄𐤌 𐤏𐤌𐤃𐤉𐤌
𐤏𐤋 𐤓𐤂𐤋𐤉𐤄𐤌 𐤅𐤐𐤍𐤉𐤄𐤌 𐤋𐤁𐤉𐤕•
𐤉𐤃 𐤅𐤉𐤏𐤔 𐤀𐤕 𐤄𐤐𐤓𐤊𐤕 𐤕𐤊𐤋𐤕 𐤅𐤀𐤓𐤂𐤌𐤍 𐤅𐤊𐤓𐤌𐤉𐤋 𐤅𐤁𐤅𐤑 𐤅𐤉𐤏𐤋 𐤏𐤋𐤉𐤅
𐤊𐤓𐤅𐤁𐤉𐤌•
𐤈𐤅 𐤅𐤉𐤏𐤔 𐤋𐤐𐤍𐤉 𐤄𐤁𐤉𐤕 𐤏𐤌𐤅𐤃𐤉𐤌 𐤔𐤍𐤉𐤌 𐤀𐤌𐤅𐤕 𐤔𐤋𐤔𐤉𐤌 𐤅𐤇𐤌𐤔
𐤀𐤓𐤊 𐤅𐤄𐤑𐤐𐤕 𐤀𐤔𐤓 𐤏𐤋 𐤓𐤀𐤔𐤅 𐤀𐤌𐤅𐤕 𐤇𐤌𐤔•
𐤈𐤆 𐤅𐤉𐤏𐤔 𐤔𐤓𐤔𐤓𐤅𐤕 𐤁𐤃𐤁𐤉𐤓 𐤅𐤉𐤕𐤍 𐤏𐤋 𐤓𐤀𐤔 𐤄𐤏𐤌𐤃𐤉𐤌 𐤅𐤉𐤏𐤔
𐤓𐤌𐤅𐤍𐤉𐤌 𐤌𐤀𐤄 𐤅𐤉𐤕𐤍 𐤁𐤔𐤓𐤔𐤓𐤅𐤕•
𐤉𐤆 𐤅𐤉𐤒𐤌 𐤀𐤕 𐤄𐤏𐤌𐤅𐤃𐤉𐤌 𐤏𐤋 𐤐𐤍𐤉 𐤄𐤄𐤉𐤊𐤋 𐤀𐤇𐤃 𐤌𐤉𐤌𐤉𐤍 𐤅𐤀𐤇𐤃
𐤌𐤄𐤔𐤌𐤀𐤅𐤋 𐤅𐤉𐤒𐤓𐤀 𐤔𐤌 𐤄𐤉𐤌𐤉𐤍𐤉 [𐤄𐤉𐤌𐤍𐤉] 𐤉𐤊𐤉𐤍 𐤅𐤔𐤌
𐤄𐤔𐤌𐤀𐤋𐤉 𐤁𐤏𐤆•

## 𐤐𐤓𐤒 𐤃

𐤀 𐤅𐤉𐤏𐤔 𐤌𐤆𐤁𐤇 𐤍𐤇𐤔𐤕 𐤏𐤔𐤓𐤉𐤌 𐤀𐤌𐤄 𐤀𐤓𐤊𐤅 𐤅𐤏𐤔𐤓𐤉𐤌 𐤀𐤌𐤄 𐤓𐤇𐤁𐤅
𐤅𐤏𐤔𐤓 𐤀𐤌𐤅𐤕 𐤒𐤅𐤌𐤕𐤅•
𐤁 𐤅𐤉𐤏𐤔 𐤀𐤕 𐤄𐤉𐤌 𐤌𐤅𐤑𐤒 𐤏𐤔𐤓 𐤁𐤀𐤌𐤄 𐤌𐤔𐤐𐤕𐤅 𐤀𐤋 𐤔𐤐𐤕𐤅 𐤏𐤂𐤅𐤋
𐤎𐤁𐤉𐤁 𐤅𐤇𐤌𐤔 𐤁𐤀𐤌𐤄 𐤒𐤅𐤌𐤕𐤅 𐤅𐤒𐤅 𐤔𐤋𐤔𐤉𐤌 𐤁𐤀𐤌𐤄 𐤉𐤎𐤁 𐤀𐤕𐤅 𐤎𐤁𐤉𐤁•
𐤂 𐤅𐤃𐤌𐤅𐤕 𐤁𐤒𐤓𐤉𐤌 𐤕𐤇𐤕 𐤋𐤅 𐤎𐤁𐤉𐤁 𐤎𐤁𐤉𐤁 𐤎𐤅𐤁𐤁𐤉𐤌 𐤀𐤕𐤅 𐤏𐤔𐤓 𐤁𐤀𐤌𐤄
𐤌𐤒𐤉𐤐𐤉𐤌 𐤀𐤕 𐤄𐤉𐤌 𐤎𐤁𐤉𐤁 𐤔𐤍𐤉𐤌 𐤈𐤅𐤓𐤉𐤌 𐤄𐤁𐤒𐤓 𐤉𐤑𐤅𐤒𐤉𐤌

# דברי הימים ב

במצקתו׃
ד עומד על שנים עשר בקר שלשה פנים צפונה ושלשה
פנים ימה ושלשה פנים נגבה ושלשה פנים מזרחה והים
עליהם מלמעלה וכל אחריהם ביתה׃
ה ועביו טפח ושפתו כמעשה שפת כוס פרח שושנה מחזיק
בתים שלשת אלפים יכיל׃
ו ויעש כיורים עשרה ויתן חמשה מימין וחמשה משמאול
לרחצה בהם את מעשה העולה ידיחו בם והים לרחצה
לכהנים בו׃
ז ויעש את מנרות הזהב עשר כמשפטם ויתן בהיכל חמש
מימין וחמש משמאול׃
ח ויעש שלחנות עשרה וינח בהיכל חמשה מימין וחמשה
משמאול ויעש מזרקי זהב מאה׃
ט ויעש חצר הכהנים והעזרה הגדולה ודלתות לעזרה
ודלתותיהם צפה נחשת׃
י ואת הים נתן מכתף הימנית קדמה ממול נגבה׃
יא ויעש חורם את הסירות ואת היעים ואת המזרקות ויכל
חירם [חורם] לעשות את המלאכה אשר עשה למלך שלמה בבית
האלהים׃
יב עמודים שנים והגלות והכתרות על ראש העמודים
שתים והשבכות שתים לכסות את שתי גלות הכתרות אשר
על ראש העמודים׃
יג ואת הרמונים ארבע מאות לשתי השבכות שנים טורים
רמונים לשבכה האחת לכסות את שתי גלות הכתרות אשר על
פני העמודים׃
יד ואת המכנות עשה ואת הכירות עשה על המכנות׃
טו את הים אחד ואת הבקר שנים עשר תחתיו׃
טז ואת הסירות ואת היעים ואת המזלגות ואת כל כליהם
עשה חורם אביו למלך שלמה לבית יהוה נחשת מרוק׃
יז בככר הירדן יצקם המלך בעבי האדמה בין סכות ובין
צרדתה׃
יח ויעש שלמה כל הכלים האלה לרב מאד כי לא נחקר
משקל הנחשת׃

𐤉𐤈 𐤅𐤉𐤏𐤔 𐤔𐤋𐤌𐤄 𐤀𐤕 𐤊𐤋 𐤄𐤊𐤋𐤉𐤌 𐤀𐤔𐤓 𐤁𐤉𐤕 𐤄𐤀𐤋𐤄𐤉𐤌 𐤅𐤀𐤕
𐤌𐤆𐤁𐤇 𐤄𐤆𐤄𐤁 𐤅𐤀𐤕 𐤄𐤔𐤋𐤇𐤍𐤅𐤕 𐤅𐤏𐤋𐤉𐤄𐤌 𐤋𐤇𐤌 𐤄𐤐𐤍𐤉𐤌.
𐤊 𐤅𐤀𐤕 𐤄𐤌𐤍𐤓𐤅𐤕 𐤅𐤍𐤓𐤕𐤉𐤄𐤌 𐤋𐤁𐤏𐤓𐤌 𐤊𐤌𐤔𐤐𐤈 𐤋𐤐𐤍𐤉 𐤄𐤃𐤁𐤉𐤓 𐤆𐤄𐤁
𐤎𐤂𐤅𐤓.
𐤊𐤀 𐤅𐤄𐤐𐤓𐤇 𐤅𐤄𐤍𐤓𐤅𐤕 𐤅𐤄𐤌𐤋𐤒𐤇𐤉𐤌 𐤆𐤄𐤁 𐤄𐤅𐤀 𐤌𐤊𐤋𐤅𐤕 𐤆𐤄𐤁.
𐤊𐤁 𐤅𐤄𐤌𐤆𐤌𐤓𐤅𐤕 𐤅𐤄𐤌𐤆𐤓𐤒𐤅𐤕 𐤅𐤄𐤊𐤐𐤅𐤕 𐤅𐤄𐤌𐤇𐤕𐤅𐤕 𐤆𐤄𐤁 𐤎𐤂𐤅𐤓 𐤅𐤐𐤕𐤇
𐤄𐤁𐤉𐤕 𐤃𐤋𐤕𐤅𐤕𐤉𐤅 𐤄𐤐𐤍𐤉𐤌𐤉𐤅𐤕 𐤋𐤒𐤃𐤔 𐤄𐤒𐤃𐤔𐤉𐤌 𐤅𐤃𐤋𐤕𐤉 𐤄𐤁𐤉𐤕
𐤋𐤄𐤉𐤊𐤋 𐤆𐤄𐤁.

𐤐𐤓𐤒 𐤄

𐤀 𐤅𐤕𐤔𐤋𐤌 𐤊𐤋 𐤄𐤌𐤋𐤀𐤊𐤄 𐤀𐤔𐤓 𐤏𐤔𐤄 𐤔𐤋𐤌𐤄 𐤋𐤁𐤉𐤕 𐤉𐤄𐤅𐤄 𐤅𐤉𐤁𐤀
𐤔𐤋𐤌𐤄 𐤀𐤕 𐤒𐤃𐤔𐤉 𐤃𐤅𐤉𐤃 𐤀𐤁𐤉𐤅 𐤅𐤀𐤕 𐤄𐤊𐤎𐤐 𐤅𐤀𐤕 𐤄𐤆𐤄𐤁 𐤅𐤀𐤕 𐤊𐤋
𐤄𐤊𐤋𐤉𐤌 𐤍𐤕𐤍 𐤁𐤀𐤑𐤓𐤅𐤕 𐤁𐤉𐤕 𐤄𐤀𐤋𐤄𐤉𐤌.
𐤁 𐤀𐤆 𐤉𐤒𐤄𐤉𐤋 𐤔𐤋𐤌𐤄 𐤀𐤕 𐤆𐤒𐤍𐤉 𐤉𐤔𐤓𐤀𐤋 𐤅𐤀𐤕 𐤊𐤋 𐤓𐤀𐤔𐤉 𐤄𐤌𐤈𐤅𐤕
𐤍𐤔𐤉𐤀𐤉 𐤄𐤀𐤁𐤅𐤕 𐤋𐤁𐤍𐤉 𐤉𐤔𐤓𐤀𐤋 𐤀𐤋 𐤉𐤓𐤅𐤔𐤋𐤌 𐤋𐤄𐤏𐤋𐤅𐤕 𐤀𐤕 𐤀𐤓𐤅𐤍
𐤁𐤓𐤉𐤕 𐤉𐤄𐤅𐤄 𐤌𐤏𐤉𐤓 𐤃𐤅𐤉𐤃 𐤄𐤉𐤀 𐤑𐤉𐤅𐤍.
𐤂 𐤅𐤉𐤒𐤄𐤋𐤅 𐤀𐤋 𐤄𐤌𐤋𐤊 𐤊𐤋 𐤀𐤉𐤔 𐤉𐤔𐤓𐤀𐤋 𐤁𐤇𐤂 𐤄𐤅𐤀 𐤄𐤇𐤃𐤔 𐤄𐤔𐤁𐤉𐤏𐤉.
𐤃 𐤅𐤉𐤁𐤀𐤅 𐤊𐤋 𐤆𐤒𐤍𐤉 𐤉𐤔𐤓𐤀𐤋 𐤅𐤉𐤔𐤀𐤅 𐤄𐤋𐤅𐤉𐤌 𐤀𐤕 𐤄𐤀𐤓𐤅𐤍.
𐤄 𐤅𐤉𐤏𐤋𐤅 𐤀𐤕 𐤄𐤀𐤓𐤅𐤍 𐤅𐤀𐤕 𐤀𐤄𐤋 𐤌𐤅𐤏𐤃 𐤅𐤀𐤕 𐤊𐤋 𐤊𐤋𐤉 𐤄𐤒𐤃𐤔 𐤀𐤔𐤓
𐤁𐤀𐤄𐤋 𐤄𐤏𐤋𐤅 𐤀𐤕𐤌 𐤄𐤊𐤄𐤍𐤉𐤌 𐤅𐤄𐤋𐤅𐤉𐤌.
𐤅 𐤅𐤄𐤌𐤋𐤊 𐤔𐤋𐤌𐤄 𐤅𐤊𐤋 𐤏𐤃𐤕 𐤉𐤔𐤓𐤀𐤋 𐤄𐤍𐤅𐤏𐤃𐤉𐤌 𐤏𐤋𐤉𐤅 𐤋𐤐𐤍𐤉
𐤄𐤀𐤓𐤅𐤍 𐤌𐤆𐤁𐤇𐤉𐤌 𐤑𐤀𐤍 𐤅𐤁𐤒𐤓 𐤀𐤔𐤓 𐤋𐤀 𐤉𐤎𐤐𐤓𐤅 𐤅𐤋𐤀 𐤉𐤌𐤍𐤅 𐤌𐤓𐤁.
𐤆 𐤅𐤉𐤁𐤉𐤀𐤅 𐤄𐤊𐤄𐤍𐤉𐤌 𐤀𐤕 𐤀𐤓𐤅𐤍 𐤁𐤓𐤉𐤕 𐤉𐤄𐤅𐤄 𐤀𐤋 𐤌𐤒𐤅𐤌𐤅 𐤀𐤋
𐤃𐤁𐤉𐤓 𐤄𐤁𐤉𐤕 𐤀𐤋 𐤒𐤃𐤔 𐤄𐤒𐤃𐤔𐤉𐤌 𐤀𐤋 𐤕𐤇𐤕 𐤊𐤍𐤐𐤉 𐤄𐤊𐤓𐤅𐤁𐤉𐤌.
𐤇 𐤅𐤉𐤄𐤉𐤅 𐤄𐤊𐤓𐤅𐤁𐤉𐤌 𐤐𐤓𐤔𐤉𐤌 𐤊𐤍𐤐𐤉𐤌 𐤏𐤋 𐤌𐤒𐤅𐤌 𐤄𐤀𐤓𐤅𐤍 𐤅𐤉𐤊𐤎𐤅
𐤄𐤊𐤓𐤅𐤁𐤉𐤌 𐤏𐤋 𐤄𐤀𐤓𐤅𐤍 𐤅𐤏𐤋 𐤁𐤃𐤉𐤅 𐤌𐤋𐤌𐤏𐤋𐤄.
𐤈 𐤅𐤉𐤀𐤓𐤉𐤊𐤅 𐤄𐤁𐤃𐤉𐤌 𐤅𐤉𐤓𐤀𐤅 𐤓𐤀𐤔𐤉 𐤄𐤁𐤃𐤉𐤌 𐤌𐤍 𐤄𐤀𐤓𐤅𐤍 𐤏𐤋 𐤐𐤍𐤉
𐤄𐤃𐤁𐤉𐤓 𐤅𐤋𐤀 𐤉𐤓𐤀𐤅 𐤄𐤇𐤅𐤑𐤄 𐤅𐤉𐤄𐤉 𐤔𐤌 𐤏𐤃 𐤄𐤉𐤅𐤌 𐤄𐤆𐤄.
𐤉 𐤀𐤉𐤍 𐤁𐤀𐤓𐤅𐤍 𐤓𐤒 𐤔𐤍𐤉 𐤄𐤋𐤇𐤅𐤕 𐤀𐤔𐤓 𐤍𐤕𐤍 𐤌𐤔𐤄 𐤁𐤇𐤓𐤁 𐤀𐤔𐤓 𐤊𐤓𐤕
𐤉𐤄𐤅𐤄 𐤏𐤌 𐤁𐤍𐤉 𐤉𐤔𐤓𐤀𐤋 𐤁𐤑𐤀𐤕𐤌 𐤌𐤌𐤑𐤓𐤉𐤌.
𐤉𐤀 𐤅𐤉𐤄𐤉 𐤁𐤑𐤀𐤕 𐤄𐤊𐤄𐤍𐤉𐤌 𐤌𐤍 𐤄𐤒𐤃𐤔 𐤊𐤉 𐤊𐤋 𐤄𐤊𐤄𐤍𐤉𐤌
𐤄𐤍𐤌𐤑𐤀𐤉𐤌 𐤄𐤕𐤒𐤃𐤔𐤅 𐤀𐤉𐤍 𐤋𐤔𐤌𐤅𐤓 𐤋𐤌𐤇𐤋𐤒𐤅𐤕.
𐤉𐤁 𐤅𐤄𐤋𐤅𐤉𐤌 𐤄𐤌𐤔𐤓𐤓𐤉𐤌 𐤋𐤊𐤋𐤌 𐤋𐤀𐤎𐤐 𐤋𐤄𐤉𐤌𐤍 𐤋𐤉𐤃𐤕𐤅𐤍

𐤅𐤋𐤁𐤍𐤉𐤄𐤌 𐤅𐤋𐤀𐤇𐤉𐤄𐤌 𐤌𐤋𐤁𐤔𐤉𐤌 𐤁𐤅𐤑 𐤁𐤌𐤑𐤋𐤕𐤉𐤌 𐤅𐤁𐤍𐤁𐤋𐤉𐤌
𐤅𐤁𐤊𐤍𐤓𐤅𐤕 𐤏𐤌𐤃𐤉𐤌 𐤌𐤆𐤓𐤇 𐤋𐤌𐤆𐤁𐤇 𐤅𐤏𐤌𐤄𐤌 𐤊𐤄𐤍𐤉𐤌 𐤋𐤌𐤀𐤄 𐤅𐤏𐤔𐤓𐤉𐤌
𐤌𐤇𐤑𐤓𐤓𐤉𐤌 [𐤌𐤇𐤑𐤓𐤉𐤌] 𐤁𐤇𐤑𐤑𐤓𐤅𐤕.

𐤉𐤂 𐤅𐤉𐤄𐤉 𐤊𐤀𐤇𐤃 𐤋𐤌𐤇𐤑𐤑𐤓𐤉𐤌 [𐤋𐤌𐤇𐤑𐤓𐤉𐤌] 𐤅𐤋𐤌𐤔𐤓𐤓𐤉𐤌 𐤋𐤄𐤔𐤌𐤉𐤏
𐤒𐤅𐤋 𐤀𐤇𐤃 𐤋𐤄𐤋𐤋 𐤅𐤋𐤄𐤃𐤅𐤕 𐤋𐤉𐤄𐤅𐤄 𐤅𐤊𐤄𐤓𐤉𐤌 𐤒𐤅𐤋 𐤁𐤇𐤑𐤑𐤓𐤅𐤕
𐤅𐤁𐤌𐤑𐤋𐤕𐤉𐤌 𐤅𐤁𐤊𐤋𐤉 𐤄𐤔𐤉𐤓 𐤅𐤁𐤄𐤋𐤋 𐤋𐤉𐤄𐤅𐤄 𐤊𐤉 𐤈𐤅𐤁 𐤊𐤉 𐤋𐤏𐤅𐤋𐤌
𐤇𐤎𐤃𐤅 𐤅𐤄𐤁𐤉𐤕 𐤌𐤋𐤀 𐤏𐤍𐤍 𐤁𐤉𐤕 𐤉𐤄𐤅𐤄.

𐤉𐤃 𐤅𐤋𐤀 𐤉𐤊𐤋𐤅 𐤄𐤊𐤄𐤍𐤉𐤌 𐤋𐤏𐤌𐤅𐤃 𐤋𐤔𐤓𐤕 𐤌𐤐𐤍𐤉 𐤄𐤏𐤍𐤍 𐤊𐤉 𐤌𐤋𐤀
𐤊𐤁𐤅𐤃 𐤉𐤄𐤅𐤄 𐤀𐤕 𐤁𐤉𐤕 𐤄𐤀𐤋𐤄𐤉𐤌.

## 𐤐𐤓𐤒 𐤅

𐤀 𐤀𐤆 𐤀𐤌𐤓 𐤔𐤋𐤌𐤄 𐤉𐤄𐤅𐤄 𐤀𐤌𐤓 𐤋𐤔𐤊𐤅𐤍 𐤁𐤏𐤓𐤐𐤋.
𐤁 𐤅𐤀𐤍𐤉 𐤁𐤍𐤉𐤕𐤉 𐤁𐤉𐤕 𐤆𐤁𐤋 𐤋𐤊 𐤅𐤌𐤊𐤅𐤍 𐤋𐤔𐤁𐤕𐤊 𐤏𐤅𐤋𐤌𐤉𐤌.
𐤂 𐤅𐤉𐤎𐤁 𐤄𐤌𐤋𐤊 𐤀𐤕 𐤐𐤍𐤉𐤅 𐤅𐤉𐤁𐤓𐤊 𐤀𐤕 𐤊𐤋 𐤒𐤄𐤋 𐤉𐤔𐤓𐤀𐤋 𐤅𐤊𐤋 𐤒𐤄𐤋
𐤉𐤔𐤓𐤀𐤋 𐤏𐤅𐤌𐤃.
𐤃 𐤅𐤉𐤀𐤌𐤓 𐤁𐤓𐤅𐤊 𐤉𐤄𐤅𐤄 𐤀𐤋𐤄𐤉 𐤉𐤔𐤓𐤀𐤋 𐤀𐤔𐤓 𐤃𐤁𐤓 𐤁𐤐𐤉𐤅 𐤀𐤕 𐤃𐤅𐤉𐤃
𐤀𐤁𐤉 𐤅𐤁𐤉𐤃𐤉𐤅 𐤌𐤋𐤀 𐤋𐤀𐤌𐤓.
𐤄 𐤌𐤍 𐤄𐤉𐤅𐤌 𐤀𐤔𐤓 𐤄𐤅𐤑𐤀𐤕𐤉 𐤀𐤕 𐤏𐤌𐤉 𐤌𐤀𐤓𐤑 𐤌𐤑𐤓𐤉𐤌 𐤋𐤀 𐤁𐤇𐤓𐤕𐤉
𐤁𐤏𐤉𐤓 𐤌𐤊𐤋 𐤔𐤁𐤈𐤉 𐤉𐤔𐤓𐤀𐤋 𐤋𐤁𐤍𐤅𐤕 𐤁𐤉𐤕 𐤋𐤄𐤉𐤅𐤕 𐤔𐤌𐤉 𐤔𐤌 𐤅𐤋𐤀
𐤁𐤇𐤓𐤕𐤉 𐤁𐤀𐤉𐤔 𐤋𐤄𐤉𐤅𐤕 𐤍𐤂𐤉𐤃 𐤏𐤋 𐤏𐤌𐤉 𐤉𐤔𐤓𐤀𐤋.
𐤅 𐤅𐤀𐤁𐤇𐤓 𐤁𐤉𐤓𐤅𐤔𐤋𐤌 𐤋𐤄𐤉𐤅𐤕 𐤔𐤌𐤉 𐤔𐤌 𐤅𐤀𐤁𐤇𐤓 𐤁𐤃𐤅𐤉𐤃 𐤋𐤄𐤉𐤅𐤕 𐤏𐤋
𐤏𐤌𐤉 𐤉𐤔𐤓𐤀𐤋.
𐤆 𐤅𐤉𐤄𐤉 𐤏𐤌 𐤋𐤁𐤁 𐤃𐤅𐤉𐤃 𐤀𐤁𐤉 𐤋𐤁𐤍𐤅𐤕 𐤁𐤉𐤕 𐤋𐤔𐤌 𐤉𐤄𐤅𐤄 𐤀𐤋𐤄𐤉
𐤉𐤔𐤓𐤀𐤋.
𐤇 𐤅𐤉𐤀𐤌𐤓 𐤉𐤄𐤅𐤄 𐤀𐤋 𐤃𐤅𐤉𐤃 𐤀𐤁𐤉 𐤉𐤏𐤍 𐤀𐤔𐤓 𐤄𐤉𐤄 𐤏𐤌 𐤋𐤁𐤁𐤊 𐤋𐤁𐤍𐤅𐤕
𐤁𐤉𐤕 𐤋𐤔𐤌𐤉 𐤄𐤈𐤉𐤁𐤅𐤕 𐤊𐤉 𐤄𐤉𐤄 𐤏𐤌 𐤋𐤁𐤁𐤊.
𐤈 𐤓𐤒 𐤀𐤕𐤄 𐤋𐤀 𐤕𐤁𐤍𐤄 𐤄𐤁𐤉𐤕 𐤊𐤉 𐤁𐤍𐤊 𐤄𐤉𐤅𐤑𐤀 𐤌𐤇𐤋𐤑𐤉𐤊 𐤄𐤅𐤀
𐤉𐤁𐤍𐤄 𐤄𐤁𐤉𐤕 𐤋𐤔𐤌𐤉.
𐤉 𐤅𐤉𐤒𐤌 𐤉𐤄𐤅𐤄 𐤀𐤕 𐤃𐤁𐤓𐤅 𐤀𐤔𐤓 𐤃𐤁𐤓 𐤅𐤀𐤒𐤅𐤌 𐤕𐤇𐤕 𐤃𐤅𐤉𐤃 𐤀𐤁𐤉
𐤅𐤀𐤔𐤁 𐤏𐤋 𐤊𐤎𐤀 𐤉𐤔𐤓𐤀𐤋 𐤊𐤀𐤔𐤓 𐤃𐤁𐤓 𐤉𐤄𐤅𐤄 𐤅𐤀𐤁𐤍𐤄 𐤄𐤁𐤉𐤕 𐤋𐤔𐤌
𐤉𐤄𐤅𐤄 𐤀𐤋𐤄𐤉 𐤉𐤔𐤓𐤀𐤋.
𐤉𐤀 𐤅𐤀𐤔𐤉𐤌 𐤔𐤌 𐤀𐤕 𐤄𐤀𐤓𐤅𐤍 𐤀𐤔𐤓 𐤔𐤌 𐤁𐤓𐤉𐤕 𐤉𐤄𐤅𐤄 𐤀𐤔𐤓 𐤊𐤓𐤕 𐤏𐤌
𐤁𐤍𐤉 𐤉𐤔𐤓𐤀𐤋.

𐤉𐤁 𐤅𐤉𐤏𐤌𐤃 𐤋𐤐𐤍𐤉 𐤌𐤆𐤁𐤇 𐤉𐤄𐤅𐤄 𐤍𐤂𐤃 𐤊𐤋 𐤒𐤄𐤋 𐤉𐤔𐤓𐤀𐤋 𐤅𐤉𐤐𐤓𐤔 𐤊𐤐𐤉𐤅•

𐤉𐤂 𐤊𐤉 𐤏𐤔𐤄 𐤔𐤋𐤌𐤄 𐤊𐤉𐤅𐤓 𐤍𐤇𐤔𐤕 𐤅𐤉𐤕𐤍𐤄𐤅 𐤁𐤕𐤅𐤊 𐤄𐤏𐤆𐤓𐤄 𐤇𐤌𐤔 𐤀𐤌𐤅𐤕 𐤀𐤓𐤊𐤅 𐤅𐤇𐤌𐤔 𐤀𐤌𐤅𐤕 𐤓𐤇𐤁𐤅 𐤅𐤀𐤌𐤅𐤕 𐤔𐤋𐤅𐤔 𐤒𐤅𐤌𐤕𐤅 𐤅𐤉𐤏𐤌𐤃 𐤏𐤋𐤉𐤅 𐤅𐤉𐤁𐤓𐤊 𐤏𐤋 𐤁𐤓𐤊𐤉𐤅 𐤍𐤂𐤃 𐤊𐤋 𐤒𐤄𐤋 𐤉𐤔𐤓𐤀𐤋 𐤅𐤉𐤐𐤓𐤔 𐤊𐤐𐤉𐤅 𐤄𐤔𐤌𐤉𐤌𐤄•

𐤉𐤃 𐤅𐤉𐤀𐤌𐤓 𐤉𐤄𐤅𐤄 𐤀𐤋𐤄𐤉 𐤉𐤔𐤓𐤀𐤋 𐤀𐤉𐤍 𐤊𐤌𐤅𐤊 𐤀𐤋𐤄𐤉𐤌 𐤁𐤔𐤌𐤉𐤌 𐤅𐤁𐤀𐤓𐤑 𐤔𐤌𐤓 𐤄𐤁𐤓𐤉𐤕 𐤅𐤄𐤇𐤎𐤃 𐤋𐤏𐤁𐤃𐤉𐤊 𐤄𐤄𐤋𐤊𐤉𐤌 𐤋𐤐𐤍𐤉𐤊 𐤁𐤊𐤋 𐤋𐤁𐤌•

𐤈𐤅 𐤀𐤔𐤓 𐤔𐤌𐤓𐤕 𐤋𐤏𐤁𐤃𐤊 𐤃𐤅𐤉𐤃 𐤀𐤁𐤉 𐤀𐤕 𐤀𐤔𐤓 𐤃𐤁𐤓𐤕 𐤋𐤅 𐤅𐤕𐤃𐤁𐤓 𐤁𐤐𐤉𐤊 𐤅𐤁𐤉𐤃𐤊 𐤌𐤋𐤀𐤕 𐤊𐤉𐤅𐤌 𐤄𐤆𐤄•

𐤈𐤆 𐤅𐤏𐤕𐤄 𐤉𐤄𐤅𐤄 𐤀𐤋𐤄𐤉 𐤉𐤔𐤓𐤀𐤋 𐤔𐤌𐤓 𐤋𐤏𐤁𐤃𐤊 𐤃𐤅𐤉𐤃 𐤀𐤁𐤉 𐤀𐤕 𐤀𐤔𐤓 𐤃𐤁𐤓𐤕 𐤋𐤅 𐤋𐤀𐤌𐤓 𐤋𐤀 𐤉𐤊𐤓𐤕 𐤋𐤊 𐤀𐤉𐤔 𐤌𐤋𐤐𐤍𐤉 𐤉𐤅𐤔𐤁 𐤏𐤋 𐤊𐤎𐤀 𐤉𐤔𐤓𐤀𐤋 𐤓𐤒 𐤀𐤌 𐤉𐤔𐤌𐤓𐤅 𐤁𐤍𐤉𐤊 𐤀𐤕 𐤃𐤓𐤊𐤌 𐤋𐤋𐤊𐤕 𐤁𐤕𐤅𐤓𐤕𐤉 𐤊𐤀𐤔𐤓 𐤄𐤋𐤊𐤕 𐤋𐤐𐤍𐤉•

𐤉𐤆 𐤅𐤏𐤕𐤄 𐤉𐤄𐤅𐤄 𐤀𐤋𐤄𐤉 𐤉𐤔𐤓𐤀𐤋 𐤉𐤀𐤌𐤍 𐤃𐤁𐤓𐤊 𐤀𐤔𐤓 𐤃𐤁𐤓𐤕 𐤋𐤏𐤁𐤃𐤊 𐤋𐤃𐤅𐤉𐤃•

𐤉𐤇 𐤊𐤉 𐤄𐤀𐤌𐤍𐤌 𐤉𐤔𐤁 𐤀𐤋𐤄𐤉𐤌 𐤀𐤕 𐤄𐤀𐤃𐤌 𐤏𐤋 𐤄𐤀𐤓𐤑 𐤄𐤍𐤄 𐤔𐤌𐤉𐤌 𐤅𐤔𐤌𐤉 𐤄𐤔𐤌𐤉𐤌 𐤋𐤀 𐤉𐤊𐤋𐤊𐤋𐤅𐤊 𐤀𐤐 𐤊𐤉 𐤄𐤁𐤉𐤕 𐤄𐤆𐤄 𐤀𐤔𐤓 𐤁𐤍𐤉𐤕𐤉•

𐤉𐤈 𐤅𐤐𐤍𐤉𐤕 𐤀𐤋 𐤕𐤐𐤋𐤕 𐤏𐤁𐤃𐤊 𐤅𐤀𐤋 𐤕𐤇𐤍𐤕𐤅 𐤉𐤄𐤅𐤄 𐤀𐤋𐤄𐤉 𐤋𐤔𐤌𐤏 𐤀𐤋 𐤄𐤓𐤍𐤄 𐤅𐤀𐤋 𐤄𐤕𐤐𐤋𐤄 𐤀𐤔𐤓 𐤏𐤁𐤃𐤊 𐤌𐤕𐤐𐤋𐤋 𐤋𐤐𐤍𐤉𐤊•

𐤊 𐤋𐤄𐤉𐤅𐤕 𐤏𐤉𐤍𐤉𐤊 𐤐𐤕𐤇𐤅𐤕 𐤀𐤋 𐤄𐤁𐤉𐤕 𐤄𐤆𐤄 𐤉𐤅𐤌𐤌 𐤅𐤋𐤉𐤋𐤄 𐤀𐤋 𐤄𐤌𐤒𐤅𐤌 𐤀𐤔𐤓 𐤀𐤌𐤓𐤕 𐤋𐤔𐤅𐤌 𐤔𐤌𐤊 𐤔𐤌 𐤋𐤔𐤌𐤅𐤏 𐤀𐤋 𐤄𐤕𐤐𐤋𐤄 𐤀𐤔𐤓 𐤉𐤕𐤐𐤋𐤋 𐤏𐤁𐤃𐤊 𐤀𐤋 𐤄𐤌𐤒𐤅𐤌 𐤄𐤆𐤄•

𐤊𐤀 𐤅𐤔𐤌𐤏𐤕 𐤀𐤋 𐤕𐤇𐤍𐤅𐤍𐤉 𐤏𐤁𐤃𐤊 𐤅𐤏𐤌𐤊 𐤉𐤔𐤓𐤀𐤋 𐤀𐤔𐤓 𐤉𐤕𐤐𐤋𐤋𐤅 𐤀𐤋 𐤄𐤌𐤒𐤅𐤌 𐤄𐤆𐤄 𐤅𐤀𐤕𐤄 𐤕𐤔𐤌𐤏 𐤌𐤌𐤒𐤅𐤌 𐤔𐤁𐤕𐤊 𐤌𐤍 𐤄𐤔𐤌𐤉𐤌 𐤅𐤔𐤌𐤏𐤕 𐤅𐤎𐤋𐤇𐤕•

𐤊𐤁 𐤀𐤌 𐤉𐤇𐤈𐤀 𐤀𐤉𐤔 𐤋𐤓𐤏𐤄𐤅 𐤅𐤍𐤔𐤀 𐤁𐤅 𐤀𐤋𐤄 𐤋𐤄𐤀𐤋𐤕𐤅 𐤅𐤁𐤀 𐤀𐤋𐤄 𐤋𐤐𐤍𐤉 𐤌𐤆𐤁𐤇𐤊 𐤁𐤁𐤉𐤕 𐤄𐤆𐤄•

𐤊𐤂 𐤅𐤀𐤕𐤄 𐤕𐤔𐤌𐤏 𐤌𐤍 𐤄𐤔𐤌𐤉𐤌 𐤅𐤏𐤔𐤉𐤕 𐤅𐤔𐤐𐤈𐤕 𐤀𐤕 𐤏𐤁𐤃𐤉𐤊 𐤋𐤄𐤔𐤉𐤁 𐤋𐤓𐤔𐤏 𐤋𐤕𐤕 𐤃𐤓𐤊𐤅 𐤁𐤓𐤀𐤔𐤅 𐤅𐤋𐤄𐤑𐤃𐤉𐤒 𐤑𐤃𐤉𐤒 𐤋𐤕𐤕 𐤋𐤅 𐤊𐤑𐤃𐤒𐤕𐤅•

𐤊𐤃 𐤅𐤀𐤌 𐤉𐤍𐤂𐤐 𐤏𐤌𐤊 𐤉𐤔𐤓𐤀𐤋 𐤋𐤐𐤍𐤉 𐤀𐤅𐤉𐤁 𐤊𐤉 𐤉𐤇𐤈𐤀𐤅 𐤋𐤊 𐤅𐤔𐤁𐤅 𐤅𐤄𐤅𐤃𐤅 𐤀𐤕 𐤔𐤌𐤊 𐤅𐤄𐤕𐤐𐤋𐤋𐤅 𐤅𐤄𐤕𐤇𐤍𐤍𐤅 𐤋𐤐𐤍𐤉𐤊 𐤁𐤁𐤉𐤕 𐤄𐤆𐤄•

𐤊𐤄 𐤅𐤀𐤕𐤄 𐤕𐤔𐤌𐤏 𐤌𐤍 𐤄𐤔𐤌𐤉𐤌 𐤅𐤎𐤋𐤇𐤕 𐤋𐤇𐤈𐤀𐤕 𐤏𐤌𐤊 𐤉𐤔𐤓𐤀𐤋

𐤅𐤄𐤔𐤉𐤁𐤅𐤕𐤌 𐤀𐤋 𐤄𐤀𐤃𐤌𐤄 𐤀𐤔𐤓 𐤍𐤕𐤕𐤄 𐤋𐤄𐤌 𐤅𐤋𐤀𐤁𐤕𐤉𐤄𐤌.

𐤊𐤅 𐤁𐤄𐤏𐤑𐤓 𐤄𐤔𐤌𐤉𐤌 𐤅𐤋𐤀 𐤉𐤄𐤉𐤄 𐤌𐤈𐤓 𐤊𐤉 𐤉𐤇𐤈𐤀𐤅 𐤋𐤊 𐤅𐤄𐤕𐤐𐤋𐤋𐤅
𐤀𐤋 𐤄𐤌𐤒𐤅𐤌 𐤄𐤆𐤄 𐤅𐤄𐤅𐤃𐤅 𐤀𐤕 𐤔𐤌𐤊 𐤌𐤇𐤈𐤀𐤕𐤌 𐤉𐤔𐤅𐤁𐤅𐤍 𐤊𐤉 𐤕𐤏𐤍𐤌.

𐤊𐤆 𐤅𐤀𐤕𐤄 𐤕𐤔𐤌𐤏 𐤄𐤔𐤌𐤉𐤌 𐤅𐤎𐤋𐤇𐤕 𐤋𐤇𐤈𐤀𐤕 𐤏𐤁𐤃𐤉𐤊 𐤅𐤏𐤌𐤊 𐤉𐤔𐤓𐤀𐤋
𐤊𐤉 𐤕𐤅𐤓𐤌 𐤀𐤋 𐤄𐤃𐤓𐤊 𐤄𐤈𐤅𐤁𐤄 𐤀𐤔𐤓 𐤉𐤋𐤊𐤅 𐤁𐤄 𐤅𐤍𐤕𐤕𐤄 𐤌𐤈𐤓 𐤏𐤋 𐤀𐤓𐤑𐤊
𐤀𐤔𐤓 𐤍𐤕𐤕𐤄 𐤋𐤏𐤌𐤊 𐤋𐤍𐤇𐤋𐤄.

𐤊𐤇 𐤓𐤏𐤁 𐤊𐤉 𐤉𐤄𐤉𐤄 𐤁𐤀𐤓𐤑 𐤃𐤁𐤓 𐤊𐤉 𐤉𐤄𐤉𐤄 𐤔𐤃𐤐𐤅𐤍 𐤅𐤉𐤓𐤒𐤅𐤍 𐤀𐤓𐤁𐤄
𐤅𐤇𐤎𐤉𐤋 𐤊𐤉 𐤉𐤄𐤉𐤄 𐤊𐤉 𐤉𐤑𐤓 𐤋𐤅 𐤀𐤅𐤉𐤁𐤉𐤅 𐤁𐤀𐤓𐤑 𐤔𐤏𐤓𐤉𐤅 𐤊𐤋 𐤍𐤂𐤏
𐤅𐤊𐤋 𐤌𐤇𐤋𐤄.

𐤊𐤈 𐤊𐤋 𐤕𐤐𐤋𐤄 𐤊𐤋 𐤕𐤇𐤍𐤄 𐤀𐤔𐤓 𐤉𐤄𐤉𐤄 𐤋𐤊𐤋 𐤄𐤀𐤃𐤌 𐤅𐤋𐤊𐤋 𐤏𐤌𐤊
𐤉𐤔𐤓𐤀𐤋 𐤀𐤔𐤓 𐤉𐤃𐤏𐤅 𐤀𐤉𐤔 𐤍𐤂𐤏𐤅 𐤅𐤌𐤊𐤀𐤁𐤅 𐤅𐤐𐤓𐤔 𐤊𐤐𐤉𐤅 𐤀𐤋 𐤄𐤁𐤉𐤕
𐤄𐤆𐤄.

𐤋 𐤅𐤀𐤕𐤄 𐤕𐤔𐤌𐤏 𐤌𐤍 𐤄𐤔𐤌𐤉𐤌 𐤌𐤊𐤅𐤍 𐤔𐤁𐤕𐤊 𐤅𐤎𐤋𐤇𐤕 𐤅𐤍𐤕𐤕𐤄 𐤋𐤀𐤉𐤔
𐤊𐤊𐤋 𐤃𐤓𐤊𐤉𐤅 𐤀𐤔𐤓 𐤕𐤃𐤏 𐤀𐤕 𐤋𐤁𐤁𐤅 𐤊𐤉 𐤀𐤕𐤄 𐤋𐤁𐤃𐤊 𐤉𐤃𐤏𐤕 𐤀𐤕 𐤋𐤁𐤁
𐤁𐤍𐤉 𐤄𐤀𐤃𐤌.

𐤋𐤀 𐤋𐤌𐤏𐤍 𐤉𐤉𐤓𐤀𐤅𐤊 𐤋𐤋𐤊𐤕 𐤁𐤃𐤓𐤊𐤉𐤊 𐤊𐤋 𐤄𐤉𐤌𐤉𐤌 𐤀𐤔𐤓 𐤄𐤌 𐤇𐤉𐤉𐤌
𐤏𐤋 𐤐𐤍𐤉 𐤄𐤀𐤃𐤌𐤄 𐤀𐤔𐤓 𐤍𐤕𐤕𐤄 𐤋𐤀𐤁𐤕𐤉𐤍𐤅.

𐤋𐤁 𐤅𐤂𐤌 𐤀𐤋 𐤄𐤍𐤊𐤓𐤉 𐤀𐤔𐤓 𐤋𐤀 𐤌𐤏𐤌𐤊 𐤉𐤔𐤓𐤀𐤋 𐤄𐤅𐤀 𐤅𐤁𐤀 𐤌𐤀𐤓𐤑
𐤓𐤇𐤅𐤒𐤄 𐤋𐤌𐤏𐤍 𐤔𐤌𐤊 𐤄𐤂𐤃𐤅𐤋 𐤅𐤉𐤃𐤊 𐤄𐤇𐤆𐤒𐤄 𐤅𐤆𐤓𐤅𐤏𐤊 𐤄𐤍𐤈𐤅𐤉𐤄
𐤅𐤁𐤀𐤅 𐤅𐤄𐤕𐤐𐤋𐤋𐤅 𐤀𐤋 𐤄𐤁𐤉𐤕 𐤄𐤆𐤄.

𐤋𐤂 𐤅𐤀𐤕𐤄 𐤕𐤔𐤌𐤏 𐤌𐤍 𐤄𐤔𐤌𐤉𐤌 𐤌𐤌𐤊𐤅𐤍 𐤔𐤁𐤕𐤊 𐤅𐤏𐤔𐤉𐤕 𐤊𐤊𐤋 𐤀𐤔𐤓
𐤉𐤒𐤓𐤀 𐤀𐤋𐤉𐤊 𐤄𐤍𐤊𐤓𐤉 𐤋𐤌𐤏𐤍 𐤉𐤃𐤏𐤅 𐤊𐤋 𐤏𐤌𐤉 𐤄𐤀𐤓𐤑 𐤀𐤕 𐤔𐤌𐤊
𐤅𐤋𐤉𐤓𐤀𐤄 𐤀𐤕𐤊 𐤊𐤏𐤌𐤊 𐤉𐤔𐤓𐤀𐤋 𐤅𐤋𐤃𐤏𐤕 𐤊𐤉 𐤔𐤌𐤊 𐤍𐤒𐤓𐤀 𐤏𐤋 𐤄𐤁𐤉𐤕
𐤄𐤆𐤄 𐤀𐤔𐤓 𐤁𐤍𐤉𐤕𐤉.

𐤋𐤃 𐤊𐤉 𐤉𐤑𐤀 𐤏𐤌𐤊 𐤋𐤌𐤋𐤇𐤌𐤄 𐤏𐤋 𐤀𐤅𐤉𐤁𐤉𐤅 𐤁𐤃𐤓𐤊 𐤀𐤔𐤓 𐤕𐤔𐤋𐤇𐤌
𐤅𐤄𐤕𐤐𐤋𐤋𐤅 𐤀𐤋𐤉𐤊 𐤃𐤓𐤊 𐤄𐤏𐤉𐤓 𐤄𐤆𐤀𐤕 𐤀𐤔𐤓 𐤁𐤇𐤓𐤕 𐤁𐤄 𐤅𐤄𐤁𐤉𐤕 𐤀𐤔𐤓
𐤁𐤍𐤉𐤕𐤉 𐤋𐤔𐤌𐤊.

𐤋𐤄 𐤅𐤔𐤌𐤏𐤕 𐤌𐤍 𐤄𐤔𐤌𐤉𐤌 𐤀𐤕 𐤕𐤐𐤋𐤕𐤌 𐤅𐤀𐤕 𐤕𐤇𐤍𐤕𐤌 𐤅𐤏𐤔𐤉𐤕
𐤌𐤔𐤐𐤈𐤌.

𐤋𐤅 𐤊𐤉 𐤉𐤇𐤈𐤀𐤅 𐤋𐤊 𐤊𐤉 𐤀𐤉𐤍 𐤀𐤃𐤌 𐤀𐤔𐤓 𐤋𐤀 𐤉𐤇𐤈𐤀 𐤅𐤀𐤍𐤐𐤕 𐤁𐤌
𐤅𐤍𐤕𐤕𐤌 𐤋𐤐𐤍𐤉 𐤀𐤅𐤉𐤁 𐤅𐤔𐤁𐤅𐤌 𐤔𐤅𐤁𐤉𐤄𐤌 𐤀𐤋 𐤀𐤓𐤑 𐤓𐤇𐤅𐤒𐤄 𐤀𐤅
𐤒𐤓𐤅𐤁𐤄.

𐤋𐤆 𐤅𐤄𐤔𐤉𐤁𐤅 𐤀𐤋 𐤋𐤁𐤁𐤌 𐤁𐤀𐤓𐤑 𐤀𐤔𐤓 𐤍𐤔𐤁𐤅 𐤔𐤌 𐤅𐤔𐤁𐤅 𐤅𐤄𐤕𐤇𐤍𐤍𐤅

# 𐤃𐤁𐤓𐤉 𐤄𐤉𐤌𐤉𐤌 𐤁

𐤀𐤋𐤉𐤊 𐤁𐤀𐤓𐤑 𐤔𐤁𐤉𐤌 𐤋𐤀𐤌𐤓 𐤇𐤈𐤀𐤍𐤅 𐤄𐤏𐤅𐤉𐤍𐤅 𐤅𐤓𐤔𐤏𐤍𐤅.
𐤋𐤇𐤅𐤔𐤁𐤅 𐤀𐤋𐤉𐤊 𐤁𐤊𐤋 𐤋𐤁𐤌 𐤅𐤁𐤊𐤋 𐤍𐤐𐤔𐤌 𐤁𐤀𐤓𐤑 𐤔𐤁𐤉𐤌 𐤀𐤔𐤓 𐤔𐤁𐤅
𐤀𐤕𐤌 𐤅𐤄𐤕𐤐𐤋𐤋𐤅 𐤃𐤓𐤊 𐤀𐤓𐤑𐤌 𐤀𐤔𐤓 𐤍𐤕𐤕𐤄 𐤋𐤀𐤁𐤅𐤕𐤌 𐤅𐤄𐤏𐤉𐤓 𐤀𐤔𐤓
𐤁𐤇𐤓𐤕 𐤅𐤋𐤁𐤉𐤕 𐤀𐤔𐤓 𐤁𐤍𐤉𐤕𐤉 𐤋𐤔𐤌𐤊.
𐤋𐤈𐤅𐤔𐤌𐤏𐤕 𐤌𐤍 𐤄𐤔𐤌𐤉𐤌 𐤌𐤌𐤊𐤅𐤍 𐤔𐤁𐤕𐤊 𐤀𐤕 𐤕𐤐𐤋𐤕𐤌 𐤅𐤀𐤕
𐤕𐤇𐤍𐤕𐤉𐤄𐤌 𐤅𐤏𐤔𐤉𐤕 𐤌𐤔𐤐𐤈𐤌 𐤅𐤎𐤋𐤇𐤕 𐤋𐤏𐤌𐤊 𐤀𐤔𐤓 𐤇𐤈𐤀𐤅 𐤋𐤊.
𐤌 𐤏𐤕𐤄 𐤀𐤋𐤄𐤉 𐤉𐤄𐤉𐤅 𐤍𐤀 𐤏𐤉𐤍𐤉𐤊 𐤐𐤕𐤇𐤅𐤕 𐤅𐤀𐤆𐤍𐤉𐤊 𐤒𐤔𐤁𐤅𐤕 𐤋𐤕𐤐𐤋𐤕
𐤄𐤌𐤒𐤅𐤌 𐤄𐤆𐤄.
𐤌𐤀𐤅𐤏𐤕𐤄 𐤒𐤅𐤌𐤄 𐤉𐤄𐤅𐤄 𐤀𐤋𐤄𐤉𐤌 𐤋𐤍𐤅𐤇𐤊 𐤀𐤕𐤄 𐤅𐤀𐤓𐤅𐤍 𐤏𐤆𐤊
𐤊𐤄𐤍𐤉𐤊 𐤉𐤄𐤅𐤄 𐤀𐤋𐤄𐤉𐤌 𐤉𐤋𐤁𐤔𐤅 𐤕𐤔𐤅𐤏𐤄 𐤅𐤇𐤎𐤉𐤃𐤉𐤊 𐤉𐤔𐤌𐤇𐤅 𐤁𐤈𐤅𐤁.
𐤌𐤁 𐤉𐤄𐤅𐤄 𐤀𐤋𐤄𐤉𐤌 𐤀𐤋 𐤕𐤔𐤁 𐤐𐤍𐤉 𐤌𐤔𐤉𐤇𐤉𐤊 𐤆𐤊𐤓𐤄 𐤋𐤇𐤎𐤃𐤉 𐤃𐤅𐤉𐤃
𐤏𐤁𐤃𐤊.

𐤐𐤓𐤒 𐤆

𐤀𐤊𐤊𐤋𐤅𐤕 𐤔𐤋𐤌𐤄 𐤋𐤄𐤕𐤐𐤋𐤋 𐤅𐤄𐤀𐤔 𐤉𐤓𐤃𐤄 𐤌𐤄𐤔𐤌𐤉𐤌 𐤅𐤕𐤀𐤊𐤋
𐤄𐤏𐤋𐤄 𐤅𐤄𐤆𐤁𐤇𐤉𐤌 𐤅𐤊𐤁𐤅𐤃 𐤉𐤄𐤅𐤄 𐤌𐤋𐤀 𐤀𐤕 𐤄𐤁𐤉𐤕.
𐤁𐤅𐤋𐤀 𐤉𐤊𐤋𐤅 𐤄𐤊𐤄𐤍𐤉𐤌 𐤋𐤁𐤅𐤀 𐤀𐤋 𐤁𐤉𐤕 𐤉𐤄𐤅𐤄 𐤊𐤉 𐤌𐤋𐤀 𐤊𐤁𐤅𐤃
𐤉𐤄𐤅𐤄 𐤀𐤕 𐤁𐤉𐤕 𐤉𐤄𐤅𐤄.
𐤂𐤅𐤊𐤋 𐤁𐤍𐤉 𐤉𐤔𐤓𐤀𐤋 𐤓𐤀𐤉𐤌 𐤁𐤓𐤃𐤕 𐤄𐤀𐤔 𐤅𐤊𐤁𐤅𐤃 𐤉𐤄𐤅𐤄 𐤏𐤋 𐤄𐤁𐤉𐤕
𐤅𐤉𐤊𐤓𐤏𐤅 𐤀𐤐𐤉𐤌 𐤀𐤓𐤑𐤄 𐤏𐤋 𐤄𐤓𐤑𐤐𐤄 𐤅𐤉𐤔𐤕𐤇𐤅𐤅 𐤅𐤄𐤅𐤃𐤅𐤕 𐤋𐤉𐤄𐤅𐤄 𐤊𐤉
𐤈𐤅𐤁 𐤊𐤉 𐤋𐤏𐤅𐤋𐤌 𐤇𐤎𐤃𐤅.
𐤃𐤅𐤄𐤌𐤋𐤊 𐤅𐤊𐤋 𐤄𐤏𐤌 𐤆𐤁𐤇𐤉𐤌 𐤆𐤁𐤇 𐤋𐤐𐤍𐤉 𐤉𐤄𐤅𐤄.
𐤄𐤅𐤉𐤆𐤁𐤇 𐤄𐤌𐤋𐤊 𐤔𐤋𐤌𐤄 𐤀𐤕 𐤆𐤁𐤇 𐤄𐤁𐤒𐤓 𐤏𐤔𐤓𐤉𐤌 𐤅𐤔𐤍𐤉𐤌 𐤀𐤋𐤐
𐤅𐤑𐤀𐤍 𐤌𐤀𐤄 𐤅𐤏𐤔𐤓𐤉𐤌 𐤀𐤋𐤐 𐤅𐤉𐤇𐤍𐤊𐤅 𐤀𐤕 𐤁𐤉𐤕 𐤄𐤀𐤋𐤄𐤉𐤌 𐤄𐤌𐤋𐤊
𐤅𐤊𐤋 𐤄𐤏𐤌.
𐤅𐤅𐤄𐤊𐤄𐤍𐤉𐤌 𐤏𐤋 𐤌𐤔𐤌𐤓𐤅𐤕𐤌 𐤏𐤌𐤃𐤉𐤌 𐤅𐤄𐤋𐤅𐤉𐤌 𐤁𐤊𐤋𐤉 𐤔𐤉𐤓 𐤉𐤄𐤅𐤄
𐤀𐤔𐤓 𐤏𐤔𐤄 𐤃𐤅𐤉𐤃 𐤄𐤌𐤋𐤊 𐤋𐤄𐤅𐤃𐤅𐤕 𐤋𐤉𐤄𐤅𐤄 𐤊𐤉 𐤋𐤏𐤅𐤋𐤌 𐤇𐤎𐤃𐤅 𐤁𐤄𐤋𐤋
𐤃𐤅𐤉𐤃 𐤁𐤉𐤃𐤌 𐤅𐤄𐤊𐤄𐤍𐤉𐤌 𐤌𐤇𐤑𐤑𐤓𐤉𐤌 [𐤌𐤇𐤑𐤓𐤉𐤌] 𐤍𐤂𐤃𐤌 𐤅𐤊𐤋 𐤉𐤔𐤓𐤀𐤋
𐤏𐤌𐤃𐤉𐤌.
𐤆𐤅𐤉𐤒𐤃𐤔 𐤔𐤋𐤌𐤄 𐤀𐤕 𐤕𐤅𐤊 𐤄𐤇𐤑𐤓 𐤀𐤔𐤓 𐤋𐤐𐤍𐤉 𐤁𐤉𐤕 𐤉𐤄𐤅𐤄 𐤊𐤉 𐤏𐤔𐤄
𐤔𐤌 𐤄𐤏𐤋𐤅𐤕 𐤅𐤀𐤕 𐤇𐤋𐤁𐤉 𐤄𐤔𐤋𐤌𐤉𐤌 𐤊𐤉 𐤌𐤆𐤁𐤇 𐤄𐤍𐤇𐤔𐤕 𐤀𐤔𐤓 𐤏𐤔𐤄
𐤔𐤋𐤌𐤄 𐤋𐤀 𐤉𐤊𐤅𐤋 𐤋𐤄𐤊𐤉𐤋 𐤀𐤕 𐤄𐤏𐤋𐤄 𐤅𐤀𐤕 𐤄𐤌𐤍𐤇𐤄 𐤅𐤀𐤕 𐤄𐤇𐤋𐤁𐤉𐤌.
𐤇𐤅𐤉𐤏𐤔 𐤔𐤋𐤌𐤄 𐤀𐤕 𐤄𐤇𐤂 𐤁𐤏𐤕 𐤄𐤄𐤉𐤀 𐤔𐤁𐤏𐤕 𐤉𐤌𐤉𐤌 𐤅𐤊𐤋 𐤉𐤔𐤓𐤀𐤋

# 𐤃𐤁𐤓𐤉 𐤄𐤉𐤌𐤉𐤌 𐤁

𐤏𐤌𐤅 𐤒𐤄𐤋 𐤂𐤃𐤅𐤋 𐤌𐤀𐤃 𐤌𐤋𐤁𐤅𐤀 𐤇𐤌𐤕 𐤏𐤃 𐤍𐤇𐤋 𐤌𐤑𐤓𐤉𐤌•
𐤈𐤅𐤉𐤏𐤔𐤅 𐤁𐤉𐤅𐤌 𐤄𐤔𐤌𐤉𐤍𐤉 𐤏𐤑𐤓𐤕 𐤊𐤉 𐤇𐤍𐤊𐤕 𐤄𐤌𐤆𐤁𐤇 𐤏𐤔𐤅 𐤔𐤁𐤏𐤕
𐤉𐤌𐤉𐤌 𐤅𐤄𐤇𐤂 𐤔𐤁𐤏𐤕 𐤉𐤌𐤉𐤌•
𐤉𐤅𐤁𐤉𐤅𐤌 𐤏𐤔𐤓𐤉𐤌 𐤅𐤔𐤋𐤔𐤄 𐤋𐤇𐤃𐤔 𐤄𐤔𐤁𐤉𐤏𐤉 𐤔𐤋𐤇 𐤀𐤕 𐤄𐤏𐤌
𐤋𐤀𐤄𐤋𐤉𐤄𐤌 𐤔𐤌𐤇𐤉𐤌 𐤅𐤈𐤅𐤁𐤉 𐤋𐤁 𐤏𐤋 𐤄𐤈𐤅𐤁𐤄 𐤀𐤔𐤓 𐤏𐤔𐤄 𐤉𐤄𐤅𐤄
𐤋𐤃𐤅𐤉𐤃 𐤅𐤋𐤔𐤋𐤌𐤄 𐤅𐤋𐤉𐤔𐤓𐤀𐤋 𐤏𐤌𐤅•
𐤉𐤀 𐤅𐤉𐤊𐤋 𐤔𐤋𐤌𐤄 𐤀𐤕 𐤁𐤉𐤕 𐤉𐤄𐤅𐤄 𐤅𐤀𐤕 𐤁𐤉𐤕 𐤄𐤌𐤋𐤊 𐤅𐤀𐤕 𐤊𐤋 𐤄𐤁𐤀
𐤏𐤋 𐤋𐤁 𐤔𐤋𐤌𐤄 𐤋𐤏𐤔𐤅𐤕 𐤁𐤁𐤉𐤕 𐤉𐤄𐤅𐤄 𐤅𐤁𐤁𐤉𐤕𐤅 𐤄𐤑𐤋𐤉𐤇•
𐤉𐤁 𐤅𐤉𐤓𐤀 𐤉𐤄𐤅𐤄 𐤀𐤋 𐤔𐤋𐤌𐤄 𐤁𐤋𐤉𐤋𐤄 𐤅𐤉𐤀𐤌𐤓 𐤋𐤅 𐤔𐤌𐤏𐤕𐤉 𐤀𐤕
𐤕𐤐𐤋𐤕𐤊 𐤅𐤁𐤇𐤓𐤕𐤉 𐤁𐤌𐤒𐤅𐤌 𐤄𐤆𐤄 𐤋𐤉 𐤋𐤁𐤉𐤕 𐤆𐤁𐤇•
𐤉𐤂 𐤄𐤍 𐤀𐤏𐤑𐤓 𐤄𐤔𐤌𐤉𐤌 𐤅𐤋𐤀 𐤉𐤄𐤉𐤄 𐤌𐤈𐤓 𐤅𐤄𐤍 𐤀𐤑𐤅𐤄 𐤏𐤋 𐤇𐤂𐤁
𐤋𐤀𐤊𐤅𐤋 𐤄𐤀𐤓𐤑 𐤅𐤀𐤌 𐤀𐤔𐤋𐤇 𐤃𐤁𐤓 𐤁𐤏𐤌𐤉•
𐤉𐤃𐤅𐤉𐤊𐤍𐤏𐤅 𐤏𐤌𐤉 𐤀𐤔𐤓 𐤍𐤒𐤓𐤀 𐤔𐤌𐤉 𐤏𐤋𐤉𐤄𐤌 𐤅𐤉𐤕𐤐𐤋𐤋𐤅 𐤅𐤉𐤁𐤒𐤔𐤅
𐤐𐤍𐤉 𐤅𐤉𐤔𐤁𐤅 𐤌𐤃𐤓𐤊𐤉𐤄𐤌 𐤄𐤓𐤏𐤉𐤌 𐤅𐤀𐤍𐤉 𐤀𐤔𐤌𐤏 𐤌𐤍 𐤄𐤔𐤌𐤉𐤌 𐤅𐤀𐤎𐤋𐤇
𐤋𐤇𐤈𐤀𐤕𐤌 𐤅𐤀𐤓𐤐𐤀 𐤀𐤕 𐤀𐤓𐤑𐤌•
𐤈𐤅𐤏𐤕𐤄 𐤏𐤉𐤍𐤉 𐤉𐤄𐤉𐤅 𐤐𐤕𐤇𐤅𐤕 𐤅𐤀𐤆𐤍𐤉 𐤒𐤔𐤁𐤅𐤕 𐤋𐤕𐤐𐤋𐤕 𐤄𐤌𐤒𐤅𐤌
𐤄𐤆𐤄•
𐤈𐤆𐤅𐤏𐤕𐤄 𐤁𐤇𐤓𐤕𐤉 𐤅𐤄𐤒𐤃𐤔𐤕𐤉 𐤀𐤕 𐤄𐤁𐤉𐤕 𐤄𐤆𐤄 𐤋𐤄𐤉𐤅𐤕 𐤔𐤌 𐤔𐤌𐤉
𐤏𐤃 𐤏𐤅𐤋𐤌 𐤅𐤄𐤉𐤅 𐤏𐤉𐤍𐤉 𐤅𐤋𐤁𐤉 𐤔𐤌 𐤊𐤋 𐤄𐤉𐤌𐤉𐤌•
𐤉𐤆𐤅𐤀𐤕𐤄 𐤀𐤌 𐤕𐤋𐤊 𐤋𐤐𐤍𐤉 𐤊𐤀𐤔𐤓 𐤄𐤋𐤊 𐤃𐤅𐤉𐤃 𐤀𐤁𐤉𐤊 𐤅𐤋𐤏𐤔𐤅𐤕 𐤊𐤊𐤋
𐤀𐤔𐤓 𐤑𐤅𐤉𐤕𐤉𐤊 𐤅𐤇𐤒𐤉 𐤅𐤌𐤔𐤐𐤈𐤉 𐤕𐤔𐤌𐤅𐤓•
𐤉𐤇𐤅𐤄𐤒𐤌𐤅𐤕𐤉 𐤀𐤕 𐤊𐤎𐤀 𐤌𐤋𐤊𐤅𐤕𐤊 𐤊𐤀𐤔𐤓 𐤊𐤓𐤕𐤉 𐤋𐤃𐤅𐤉𐤃 𐤀𐤁𐤉𐤊
𐤋𐤀𐤌𐤓 𐤋𐤀 𐤉𐤊𐤓𐤕 𐤋𐤊 𐤀𐤉𐤔 𐤌𐤅𐤔𐤋 𐤁𐤉𐤔𐤓𐤀𐤋•
𐤉𐤈𐤅𐤀𐤌 𐤕𐤔𐤅𐤁𐤅𐤍 𐤀𐤕𐤌 𐤅𐤏𐤆𐤁𐤕𐤌 𐤇𐤒𐤅𐤕𐤉 𐤅𐤌𐤑𐤅𐤕𐤉 𐤀𐤔𐤓 𐤍𐤕𐤕𐤉
𐤋𐤐𐤍𐤉𐤊𐤌 𐤅𐤄𐤋𐤊𐤕𐤌 𐤅𐤏𐤁𐤃𐤕𐤌 𐤀𐤋𐤄𐤉𐤌 𐤀𐤇𐤓𐤉𐤌 𐤅𐤄𐤔𐤕𐤇𐤅𐤉𐤕𐤌 𐤋𐤄𐤌•
𐤊 𐤅𐤍𐤕𐤔𐤕𐤉𐤌 𐤌𐤏𐤋 𐤀𐤃𐤌𐤕𐤉 𐤀𐤔𐤓 𐤍𐤕𐤕𐤉 𐤋𐤄𐤌 𐤅𐤀𐤕 𐤄𐤁𐤉𐤕 𐤄𐤆𐤄
𐤀𐤔𐤓 𐤄𐤒𐤃𐤔𐤕𐤉 𐤋𐤔𐤌𐤉 𐤀𐤔𐤋𐤉𐤊 𐤌𐤏𐤋 𐤐𐤍𐤉 𐤅𐤀𐤕𐤍𐤍𐤅 𐤋𐤌𐤔𐤋
𐤅𐤋𐤔𐤍𐤉𐤍𐤄 𐤁𐤊𐤋 𐤄𐤏𐤌𐤉𐤌•
𐤊𐤀𐤅𐤄𐤁𐤉𐤕 𐤄𐤆𐤄 𐤀𐤔𐤓 𐤄𐤉𐤄 𐤏𐤋𐤉𐤅𐤍 𐤋𐤊𐤋 𐤏𐤁𐤓 𐤏𐤋𐤉𐤅 𐤉𐤔𐤌 𐤅𐤀𐤌𐤓
𐤁𐤌𐤄 𐤏𐤔𐤄 𐤉𐤄𐤅𐤄 𐤊𐤊𐤄 𐤋𐤀𐤓𐤑 𐤄𐤆𐤀𐤕 𐤅𐤋𐤁𐤉𐤕 𐤄𐤆𐤄•
𐤊𐤁𐤅𐤀𐤌𐤓𐤅 𐤏𐤋 𐤀𐤔𐤓 𐤏𐤆𐤁𐤅 𐤀𐤕 𐤉𐤄𐤅𐤄 𐤀𐤋𐤄𐤉 𐤀𐤁𐤕𐤉𐤄𐤌 𐤀𐤔𐤓
𐤄𐤅𐤑𐤉𐤀𐤌 𐤌𐤀𐤓𐤑 𐤌𐤑𐤓𐤉𐤌 𐤅𐤉𐤇𐤆𐤉𐤒𐤅 𐤁𐤀𐤋𐤄𐤉𐤌 𐤀𐤇𐤓𐤉𐤌 𐤅𐤉𐤔𐤕𐤇𐤅𐤅
𐤋𐤄𐤌 𐤅𐤉𐤏𐤁𐤃𐤅𐤌 𐤏𐤋 𐤊𐤍 𐤄𐤁𐤉𐤀 𐤏𐤋𐤉𐤄𐤌 𐤀𐤕 𐤊𐤋 𐤄𐤓𐤏𐤄 𐤄𐤆𐤀𐤕•

# 𐤃𐤁𐤓𐤉 𐤄𐤉𐤌𐤉𐤌 𐤁

𐤐𐤓𐤒 𐤇

𐤀 𐤅𐤉𐤄𐤉 𐤌𐤒𐤑 𐤏𐤔𐤓𐤉𐤌 𐤔𐤍𐤄 𐤀𐤔𐤓 𐤁𐤍𐤄 𐤔𐤋𐤌𐤄 𐤀𐤕 𐤁𐤉𐤕 𐤉𐤄𐤅𐤄
𐤅𐤀𐤕 𐤁𐤉𐤕𐤅•
𐤁 𐤅𐤄𐤏𐤓𐤉𐤌 𐤀𐤔𐤓 𐤍𐤕𐤍 𐤇𐤅𐤓𐤌 𐤋𐤔𐤋𐤌𐤄 𐤁𐤍𐤄 𐤔𐤋𐤌𐤄 𐤀𐤕𐤌 𐤅𐤉𐤅𐤔𐤁
𐤔𐤌 𐤀𐤕 𐤁𐤍𐤉 𐤉𐤔𐤓𐤀𐤋•
𐤂 𐤅𐤉𐤋𐤊 𐤔𐤋𐤌𐤄 𐤇𐤌𐤕 𐤑𐤅𐤁𐤄 𐤅𐤉𐤇𐤆𐤒 𐤏𐤋𐤉𐤄•
𐤃 𐤅𐤉𐤁𐤍 𐤀𐤕 𐤕𐤃𐤌𐤓 𐤁𐤌𐤃𐤁𐤓 𐤅𐤀𐤕 𐤊𐤋 𐤏𐤓𐤉 𐤄𐤌𐤎𐤊𐤍𐤅𐤕 𐤀𐤔𐤓 𐤁𐤍𐤄
𐤁𐤇𐤌𐤕•
𐤄 𐤅𐤉𐤁𐤍 𐤀𐤕 𐤁𐤉𐤕 𐤇𐤅𐤓𐤅𐤍 𐤄𐤏𐤋𐤉𐤅𐤍 𐤅𐤀𐤕 𐤁𐤉𐤕 𐤇𐤅𐤓𐤅𐤍 𐤄𐤕𐤇𐤕𐤅𐤍 𐤏𐤓𐤉
𐤌𐤑𐤅𐤓 𐤃𐤋𐤕𐤉𐤌 𐤅𐤁𐤓𐤉𐤇•
𐤅 𐤅𐤀𐤕 𐤁𐤏𐤋𐤕 𐤅𐤀𐤕 𐤊𐤋 𐤏𐤓𐤉 𐤄𐤌𐤎𐤊𐤍𐤅𐤕 𐤀𐤔𐤓 𐤄𐤉𐤅 𐤋𐤔𐤋𐤌𐤄 𐤅𐤀𐤕 𐤊𐤋
𐤏𐤓𐤉 𐤄𐤓𐤊𐤁 𐤅𐤀𐤕 𐤏𐤓𐤉 𐤄𐤐𐤓𐤔𐤉𐤌 𐤅𐤀𐤕 𐤊𐤋 𐤇𐤔𐤒 𐤔𐤋𐤌𐤄 𐤀𐤔𐤓 𐤇𐤔𐤒
𐤋𐤁𐤍𐤅𐤕 𐤁𐤉𐤓𐤅𐤔𐤋𐤌 𐤅𐤁𐤋𐤁𐤍𐤅𐤍 𐤅𐤁𐤊𐤋 𐤀𐤓𐤑 𐤌𐤌𐤔𐤋𐤕𐤅•
𐤆 𐤊𐤋 𐤄𐤏𐤌 𐤄𐤍𐤅𐤕𐤓 𐤌𐤍 𐤄𐤇𐤕𐤉 𐤅𐤄𐤀𐤌𐤓𐤉 𐤅𐤄𐤐𐤓𐤆𐤉 𐤅𐤄𐤇𐤅𐤉
𐤅𐤄𐤉𐤁𐤅𐤎𐤉 𐤀𐤔𐤓 𐤋𐤀 𐤌𐤉𐤔𐤓𐤀𐤋 𐤄𐤌𐤄•
𐤇 𐤌𐤍 𐤁𐤍𐤉𐤄𐤌 𐤀𐤔𐤓 𐤍𐤅𐤕𐤓𐤅 𐤀𐤇𐤓𐤉𐤄𐤌 𐤁𐤀𐤓𐤑 𐤀𐤔𐤓 𐤋𐤀 𐤊𐤋𐤅𐤌 𐤁𐤍𐤉
𐤉𐤔𐤓𐤀𐤋 𐤅𐤉𐤏𐤋𐤌 𐤔𐤋𐤌𐤄 𐤋𐤌𐤎 𐤏𐤃 𐤄𐤉𐤅𐤌 𐤄𐤆𐤄•
𐤈 𐤅𐤌𐤍 𐤁𐤍𐤉 𐤉𐤔𐤓𐤀𐤋 𐤀𐤔𐤓 𐤋𐤀 𐤍𐤕𐤍 𐤔𐤋𐤌𐤄 𐤋𐤏𐤁𐤃𐤉𐤌 𐤋𐤌𐤋𐤀𐤊𐤕𐤅
𐤊𐤉 𐤄𐤌𐤄 𐤀𐤍𐤔𐤉 𐤌𐤋𐤇𐤌𐤄 𐤅𐤔𐤓𐤉 𐤔𐤋𐤉𐤔𐤉𐤅 𐤅𐤔𐤓𐤉 𐤓𐤊𐤁𐤅 𐤅𐤐𐤓𐤔𐤉𐤅•
𐤉 𐤅𐤀𐤋𐤄 𐤔𐤓𐤉 𐤄𐤍𐤑𐤉𐤁𐤉𐤌 [𐤄𐤍𐤑𐤁𐤉𐤌] 𐤀𐤔𐤓 𐤋𐤌𐤋𐤊 𐤔𐤋𐤌𐤄 𐤇𐤌𐤔𐤉𐤌
𐤅𐤌𐤀𐤕𐤉𐤌 𐤄𐤓𐤃𐤉𐤌 𐤁𐤏𐤌•
𐤉𐤀 𐤅𐤀𐤕 𐤁𐤕 𐤐𐤓𐤏𐤄 𐤄𐤏𐤋𐤄 𐤔𐤋𐤌𐤄 𐤌𐤏𐤉𐤓 𐤃𐤅𐤉𐤃 𐤋𐤁𐤉𐤕 𐤀𐤔𐤓 𐤁𐤍𐤄 𐤋𐤄
𐤊𐤉 𐤀𐤌𐤓 𐤋𐤀 𐤉𐤔𐤁 𐤀𐤔𐤄 𐤋𐤉 𐤁𐤏𐤉𐤓 𐤃𐤅𐤉𐤃 𐤌𐤋𐤊 𐤉𐤔𐤓𐤀𐤋 𐤊𐤉 𐤒𐤃𐤔
𐤄𐤌𐤄 𐤀𐤔𐤓 𐤁𐤀𐤄 𐤀𐤋𐤉𐤄𐤌 𐤀𐤓𐤅𐤍 𐤉𐤄𐤅𐤄•
𐤉𐤁 𐤀𐤆 𐤄𐤏𐤋𐤄 𐤔𐤋𐤌𐤄 𐤏𐤋𐤅𐤕 𐤋𐤉𐤄𐤅𐤄 𐤏𐤋 𐤌𐤆𐤁𐤇 𐤉𐤄𐤅𐤄 𐤀𐤔𐤓 𐤁𐤍𐤄
𐤋𐤐𐤍𐤉 𐤄𐤀𐤅𐤋𐤌•
𐤉𐤂 𐤅𐤁𐤃𐤁𐤓 𐤉𐤅𐤌 𐤁𐤉𐤅𐤌 𐤋𐤄𐤏𐤋𐤅𐤕 𐤊𐤌𐤑𐤅𐤕 𐤌𐤔𐤄 𐤋𐤔𐤁𐤕𐤅𐤕
𐤅𐤋𐤇𐤃𐤔𐤉𐤌 𐤅𐤋𐤌𐤅𐤏𐤃𐤅𐤕 𐤔𐤋𐤅𐤔 𐤐𐤏𐤌𐤉𐤌 𐤁𐤔𐤍𐤄 𐤁𐤇𐤂 𐤄𐤌𐤑𐤅𐤕 𐤅𐤁𐤇𐤂
𐤄𐤔𐤁𐤏𐤅𐤕 𐤅𐤁𐤇𐤂 𐤄𐤎𐤊𐤅𐤕•
𐤉𐤃 𐤅𐤉𐤏𐤌𐤃 𐤊𐤌𐤔𐤐𐤈 𐤃𐤅𐤉𐤃 𐤀𐤁𐤉𐤅 𐤀𐤕 𐤌𐤇𐤋𐤒𐤅𐤕 𐤄𐤊𐤄𐤍𐤉𐤌 𐤏𐤋
𐤏𐤁𐤃𐤕𐤌 𐤅𐤄𐤋𐤅𐤉𐤌 𐤏𐤋 𐤌𐤔𐤌𐤓𐤅𐤕𐤌 𐤋𐤄𐤋𐤋 𐤅𐤋𐤔𐤓𐤕 𐤍𐤂𐤃 𐤄𐤊𐤄𐤍𐤉𐤌
𐤋𐤃𐤁𐤓 𐤉𐤅𐤌 𐤁𐤉𐤅𐤌𐤅 𐤅𐤄𐤔𐤅𐤏𐤓𐤉𐤌 𐤁𐤌𐤇𐤋𐤒𐤅𐤕𐤌 𐤋𐤔𐤏𐤓 𐤅𐤔𐤏𐤓 𐤊𐤉 𐤊𐤍

# דברי הימים ב

מצות דויד איש האלהים.
טו ולא סרו מצות המלך על הכהנים והלוים לכל דבר
ולאצרות.
טז ותכן כל מלאכת שלמה עד היום מוסד בית יהוה ועד
כלתו שלם בית יהוה.
יז אז הלך שלמה לעציון גבר ואל אילות על שפת הים
בארץ אדום.
יח וישלח לו חורם ביד עבדיו אוניות [אניות] ועבדים
יודעי ים ויבאו עם עבדי שלמה אופירה ויקחו משם ארבע
מאות וחמשים ככר זהב ויביאו אל המלך שלמה.

## פרק ט

א ומלכת שבא שמעה את שמע שלמה ותבוא לנסות את שלמה
בחידות בירושלם בחיל כבד מאד וגמלים נשאים בשמים
וזהב לרב ואבן יקרה ותבוא אל שלמה ותדבר עמו את כל
אשר היה עם לבבה.
ב ויגד לה שלמה את כל דבריה ולא נעלם דבר משלמה אשר
לא הגיד לה.
ג ותרא מלכת שבא את חכמת שלמה והבית אשר בנה.
ד ומאכל שלחנו ומושב עבדיו ומעמד משרתיו ומלבושיהם
ומשקיו ומלבושיהם ועליתו אשר יעלה בית יהוה ולא
היה עוד בה רוח.
ה ותאמר אל המלך אמת הדבר אשר שמעתי בארצי על דבריך
ועל חכמתך.
ו ולא האמנתי לדבריהם עד אשר באתי ותראינה עיני
והנה לא הגד לי חצי מרבית חכמתך יספת על השמועה אשר
שמעתי.
ז אשרי אנשיך ואשרי עבדיך אלה העמדים לפניך תמיד
ושמעים את חכמתך.
ח יהי יהוה אלהיך ברוך אשר חפץ בך לתתך על כסאו למלך
ליהוה אלהיך באהבת אלהיך את ישראל להעמידו לעולם
ויתנך עליהם למלך לעשות משפט וצדקה.
ט ותתן למלך מאה ועשרים ככר זהב ובשמים לרב מאד

𐤅𐤀𐤁𐤍 𐤉𐤒𐤓𐤄 𐤅𐤋𐤀 𐤄𐤉𐤄 𐤊𐤁𐤔𐤌 𐤄𐤄𐤅𐤀 𐤀𐤔𐤓 𐤍𐤕𐤍𐤄 𐤌𐤋𐤊𐤕 𐤔𐤁𐤀
𐤋𐤌𐤋𐤊 𐤔𐤋𐤌𐤄•
𐤉 𐤅𐤂𐤌 𐤏𐤁𐤃𐤉 𐤇𐤉𐤓𐤌 [𐤇𐤅𐤓𐤌] 𐤅𐤏𐤁𐤃𐤉 𐤔𐤋𐤌𐤄 𐤀𐤔𐤓 𐤄𐤁𐤉𐤀𐤅 𐤆𐤄𐤁
𐤌𐤀𐤅𐤐𐤉𐤓 𐤄𐤁𐤉𐤀𐤅 𐤏𐤑𐤉 𐤀𐤋𐤂𐤅𐤌𐤉𐤌 𐤅𐤀𐤁𐤍 𐤉𐤒𐤓𐤄•
𐤉𐤀 𐤅𐤉𐤏𐤔 𐤄𐤌𐤋𐤊 𐤀𐤕 𐤏𐤑𐤉 𐤄𐤀𐤋𐤂𐤅𐤌𐤉𐤌 𐤌𐤎𐤋𐤅𐤕 𐤋𐤁𐤉𐤕 𐤉𐤄𐤅𐤄
𐤅𐤋𐤁𐤉𐤕 𐤄𐤌𐤋𐤊 𐤅𐤊𐤍𐤓𐤅𐤕 𐤅𐤍𐤁𐤋𐤉𐤌 𐤋𐤔𐤓𐤉𐤌 𐤅𐤋𐤀 𐤍𐤓𐤀𐤅 𐤊𐤄𐤌 𐤋𐤐𐤍𐤉𐤌
𐤁𐤀𐤓𐤑 𐤉𐤄𐤅𐤃𐤄•
𐤉𐤁 𐤅𐤄𐤌𐤋𐤊 𐤔𐤋𐤌𐤄 𐤍𐤕𐤍 𐤋𐤌𐤋𐤊𐤕 𐤔𐤁𐤀 𐤀𐤕 𐤊𐤋 𐤇𐤐𐤑𐤄 𐤀𐤔𐤓 𐤔𐤀𐤋𐤄
𐤌𐤋𐤁𐤃 𐤀𐤔𐤓 𐤄𐤁𐤉𐤀𐤄 𐤀𐤋 𐤄𐤌𐤋𐤊 𐤅𐤕𐤄𐤐𐤊 𐤅𐤕𐤋𐤊 𐤋𐤀𐤓𐤑𐤄 𐤄𐤉𐤀
𐤅𐤏𐤁𐤃𐤉𐤄•
𐤉𐤂 𐤅𐤉𐤄𐤉 𐤌𐤔𐤒𐤋 𐤄𐤆𐤄𐤁 𐤀𐤔𐤓 𐤁𐤀 𐤋𐤔𐤋𐤌𐤄 𐤁𐤔𐤍𐤄 𐤀𐤇𐤕 𐤔𐤔 𐤌𐤀𐤅𐤕
𐤅𐤔𐤔𐤉𐤌 𐤅𐤔𐤔 𐤊𐤊𐤓𐤉 𐤆𐤄𐤁•
𐤉𐤃 𐤋𐤁𐤃 𐤌𐤀𐤍𐤔𐤉 𐤄𐤕𐤓𐤉𐤌 𐤅𐤄𐤎𐤇𐤓𐤉𐤌 𐤌𐤁𐤉𐤀𐤉𐤌 𐤅𐤊𐤋 𐤌𐤋𐤊𐤉 𐤏𐤓𐤁
𐤅𐤐𐤇𐤅𐤕 𐤄𐤀𐤓𐤑 𐤌𐤁𐤉𐤀𐤉𐤌 𐤆𐤄𐤁 𐤅𐤊𐤎𐤐 𐤋𐤔𐤋𐤌𐤄•
𐤈𐤅 𐤅𐤉𐤏𐤔 𐤄𐤌𐤋𐤊 𐤔𐤋𐤌𐤄 𐤌𐤀𐤕𐤉𐤌 𐤑𐤍𐤄 𐤆𐤄𐤁 𐤔𐤇𐤅𐤈 𐤔𐤔 𐤌𐤀𐤅𐤕
𐤆𐤄𐤁 𐤔𐤇𐤅𐤈 𐤉𐤏𐤋𐤄 𐤏𐤋 𐤄𐤑𐤍𐤄 𐤄𐤀𐤇𐤕•
𐤈𐤆 𐤅𐤔𐤋𐤔 𐤌𐤀𐤅𐤕 𐤌𐤂𐤍𐤉𐤌 𐤆𐤄𐤁 𐤔𐤇𐤅𐤈 𐤔𐤋𐤔 𐤌𐤀𐤅𐤕 𐤆𐤄𐤁 𐤉𐤏𐤋𐤄 𐤏𐤋
𐤄𐤌𐤂𐤍 𐤄𐤀𐤇𐤕 𐤅𐤉𐤕𐤍𐤌 𐤄𐤌𐤋𐤊 𐤁𐤁𐤉𐤕 𐤉𐤏𐤓 𐤄𐤋𐤁𐤍𐤅𐤍•
𐤉𐤆 𐤅𐤉𐤏𐤔 𐤄𐤌𐤋𐤊 𐤊𐤎𐤀 𐤔𐤍 𐤂𐤃𐤅𐤋 𐤅𐤉𐤑𐤐𐤄𐤅 𐤆𐤄𐤁 𐤈𐤄𐤅𐤓•
𐤉𐤇 𐤅𐤔𐤔 𐤌𐤏𐤋𐤅𐤕 𐤋𐤊𐤎𐤀 𐤅𐤊𐤁𐤔 𐤁𐤆𐤄𐤁 𐤋𐤊𐤎𐤀 𐤌𐤀𐤇𐤆𐤉𐤌 𐤅𐤉𐤃𐤅𐤕
𐤌𐤆𐤄 𐤅𐤌𐤆𐤄 𐤏𐤋 𐤌𐤒𐤅𐤌 𐤄𐤔𐤁𐤕 𐤅𐤔𐤍𐤉𐤌 𐤀𐤓𐤉𐤅𐤕 𐤏𐤌𐤃𐤉𐤌 𐤀𐤑𐤋
𐤄𐤉𐤃𐤅𐤕•
𐤉𐤈 𐤅𐤔𐤍𐤉𐤌 𐤏𐤔𐤓 𐤀𐤓𐤉𐤅𐤕 𐤏𐤌𐤃𐤉𐤌 𐤔𐤌 𐤏𐤋 𐤔𐤔 𐤄𐤌𐤏𐤋𐤅𐤕 𐤌𐤆𐤄
𐤅𐤌𐤆𐤄 𐤋𐤀 𐤍𐤏𐤔𐤄 𐤊𐤍 𐤋𐤊𐤋 𐤌𐤌𐤋𐤊𐤄•
𐤊 𐤅𐤊𐤋 𐤊𐤋𐤉 𐤌𐤔𐤒𐤄 𐤄𐤌𐤋𐤊 𐤔𐤋𐤌𐤄 𐤆𐤄𐤁 𐤅𐤊𐤋 𐤊𐤋𐤉 𐤁𐤉𐤕 𐤉𐤏𐤓
𐤄𐤋𐤁𐤍𐤅𐤍 𐤆𐤄𐤁 𐤎𐤂𐤅𐤓 𐤀𐤉𐤍 𐤊𐤎𐤐 𐤍𐤇𐤔𐤁 𐤁𐤉𐤌𐤉 𐤔𐤋𐤌𐤄 𐤋𐤌𐤀𐤅𐤌𐤄•
𐤊𐤀 𐤊𐤉 𐤀𐤍𐤉𐤅𐤕 𐤋𐤌𐤋𐤊 𐤄𐤋𐤊𐤅𐤕 𐤕𐤓𐤔𐤉𐤔 𐤏𐤌 𐤏𐤁𐤃𐤉 𐤇𐤅𐤓𐤌 𐤀𐤇𐤕
𐤋𐤔𐤋𐤅𐤔 𐤔𐤍𐤉𐤌 𐤕𐤁𐤅𐤀𐤍𐤄 𐤀𐤍𐤉𐤅𐤕 𐤕𐤓𐤔𐤉𐤔 𐤍𐤔𐤀𐤅𐤕 𐤆𐤄𐤁 𐤅𐤊𐤎𐤐
𐤔𐤍𐤄𐤁𐤉𐤌 𐤅𐤒𐤅𐤐𐤉𐤌 𐤅𐤕𐤅𐤊𐤉𐤉𐤌•
𐤊𐤁 𐤅𐤉𐤂𐤃𐤋 𐤄𐤌𐤋𐤊 𐤔𐤋𐤌𐤄 𐤌𐤊𐤋 𐤌𐤋𐤊𐤉 𐤄𐤀𐤓𐤑 𐤋𐤏𐤔𐤓 𐤅𐤋𐤇𐤊𐤌𐤄•
𐤊𐤂 𐤅𐤊𐤋 𐤌𐤋𐤊𐤉 𐤄𐤀𐤓𐤑 𐤌𐤁𐤒𐤔𐤉𐤌 𐤀𐤕 𐤐𐤍𐤉 𐤔𐤋𐤌𐤄 𐤋𐤔𐤌𐤏 𐤀𐤕
𐤇𐤊𐤌𐤕𐤅 𐤀𐤔𐤓 𐤍𐤕𐤍 𐤄𐤀𐤋𐤄𐤉𐤌 𐤁𐤋𐤁𐤅•
𐤊𐤃 𐤅𐤄𐤌 𐤌𐤁𐤉𐤀𐤉𐤌 𐤀𐤉𐤔 𐤌𐤍𐤇𐤕𐤅 𐤊𐤋𐤉 𐤊𐤎𐤐 𐤅𐤊𐤋𐤉 𐤆𐤄𐤁 𐤅𐤔𐤋𐤌𐤅𐤕

# 𐤃𐤁𐤓𐤉 𐤄𐤉𐤌𐤉𐤌 𐤁

𐤍𐤔𐤒 𐤅𐤁𐤔𐤌𐤉𐤌 𐤎𐤅𐤎𐤉𐤌 𐤅𐤐𐤓𐤃𐤉𐤌 𐤃𐤁𐤓 𐤔𐤍𐤄 𐤁𐤔𐤍𐤄•
𐤊𐤄 𐤅𐤉𐤄𐤉 𐤋𐤔𐤋𐤌𐤄 𐤀𐤓𐤁𐤏𐤕 𐤀𐤋𐤐𐤉𐤌 𐤀𐤓𐤉𐤅𐤕 𐤎𐤅𐤎𐤉𐤌 𐤅𐤌𐤓𐤊𐤁𐤅𐤕
𐤅𐤔𐤍𐤉𐤌 𐤏𐤔𐤓 𐤀𐤋𐤐 𐤐𐤓𐤔𐤉𐤌 𐤅𐤉𐤍𐤉𐤇𐤌 𐤁𐤏𐤓𐤉 𐤄𐤓𐤊𐤁 𐤅𐤏𐤌 𐤄𐤌𐤋𐤊
𐤁𐤉𐤓𐤅𐤔𐤋𐤌•
𐤊𐤅 𐤅𐤉𐤄𐤉 𐤌𐤅𐤔𐤋 𐤁𐤊𐤋 𐤄𐤌𐤋𐤊𐤉𐤌 𐤌𐤍 𐤄𐤍𐤄𐤓 𐤅𐤏𐤃 𐤀𐤓𐤑 𐤐𐤋𐤔𐤕𐤉𐤌
𐤅𐤏𐤃 𐤂𐤁𐤅𐤋 𐤌𐤑𐤓𐤉𐤌•
𐤊𐤆 𐤅𐤉𐤕𐤍 𐤄𐤌𐤋𐤊 𐤀𐤕 𐤄𐤊𐤎𐤐 𐤁𐤉𐤓𐤅𐤔𐤋𐤌 𐤊𐤀𐤁𐤍𐤉𐤌 𐤅𐤀𐤕 𐤄𐤀𐤓𐤆𐤉𐤌
𐤍𐤕𐤍 𐤊𐤔𐤒𐤌𐤉𐤌 𐤀𐤔𐤓 𐤁𐤔𐤐𐤋𐤄 𐤋𐤓𐤁•
𐤊𐤇 𐤅𐤌𐤅𐤑𐤉𐤀𐤉𐤌 𐤎𐤅𐤎𐤉𐤌 𐤌𐤌𐤑𐤓𐤉𐤌 𐤋𐤔𐤋𐤌𐤄 𐤅𐤌𐤊𐤋 𐤄𐤀𐤓𐤑𐤅𐤕•
𐤊𐤈 𐤅𐤔𐤀𐤓 𐤃𐤁𐤓𐤉 𐤔𐤋𐤌𐤄 𐤄𐤓𐤀𐤔𐤍𐤉𐤌 𐤅𐤄𐤀𐤇𐤓𐤅𐤍𐤉𐤌 𐤄𐤋𐤀 𐤄𐤌
𐤊𐤕𐤅𐤁𐤉𐤌 𐤏𐤋 𐤃𐤁𐤓𐤉 𐤍𐤕𐤍 𐤄𐤍𐤁𐤉𐤀 𐤅𐤏𐤋 𐤍𐤁𐤅𐤀𐤕 𐤀𐤇𐤉𐤄 𐤄𐤔𐤉𐤋𐤅𐤍𐤉
𐤅𐤁𐤇𐤆𐤅𐤕 𐤉𐤏𐤃𐤉 [𐤉𐤏𐤃𐤅] 𐤄𐤇𐤆𐤄 𐤏𐤋 𐤉𐤓𐤁𐤏𐤌 𐤁𐤍 𐤍𐤁𐤈•
𐤋 𐤅𐤉𐤌𐤋𐤊 𐤔𐤋𐤌𐤄 𐤁𐤉𐤓𐤅𐤔𐤋𐤌 𐤏𐤋 𐤊𐤋 𐤉𐤔𐤓𐤀𐤋 𐤀𐤓𐤁𐤏𐤉𐤌 𐤔𐤍𐤄•
𐤋𐤀 𐤅𐤉𐤔𐤊𐤁 𐤔𐤋𐤌𐤄 𐤏𐤌 𐤀𐤁𐤕𐤉𐤅 𐤅𐤉𐤒𐤁𐤓𐤄𐤅 𐤁𐤏𐤉𐤓 𐤃𐤅𐤉𐤃 𐤀𐤁𐤉𐤅
𐤅𐤉𐤌𐤋𐤊 𐤓𐤇𐤁𐤏𐤌 𐤁𐤍𐤅 𐤕𐤇𐤕𐤉𐤅•

𐤐𐤓𐤒 𐤉

𐤀 𐤅𐤉𐤋𐤊 𐤓𐤇𐤁𐤏𐤌 𐤔𐤊𐤌𐤄 𐤊𐤉 𐤔𐤊𐤌 𐤁𐤀𐤅 𐤊𐤋 𐤉𐤔𐤓𐤀𐤋 𐤋𐤄𐤌𐤋𐤉𐤊𐤅 𐤀𐤕𐤅•
𐤁 𐤅𐤉𐤄𐤉 𐤊𐤔𐤌𐤏 𐤉𐤓𐤁𐤏𐤌 𐤁𐤍 𐤍𐤁𐤈 𐤅𐤄𐤅𐤀 𐤁𐤌𐤑𐤓𐤉𐤌 𐤀𐤔𐤓 𐤁𐤓𐤇 𐤌𐤐𐤍𐤉
𐤔𐤋𐤌𐤄 𐤄𐤌𐤋𐤊 𐤅𐤉𐤔𐤁 𐤉𐤓𐤁𐤏𐤌 𐤌𐤌𐤑𐤓𐤉𐤌•
𐤂 𐤅𐤉𐤔𐤋𐤇𐤅 𐤅𐤉𐤒𐤓𐤀𐤅 𐤋𐤅 𐤅𐤉𐤁𐤀 𐤉𐤓𐤁𐤏𐤌 𐤅𐤊𐤋 𐤉𐤔𐤓𐤀𐤋 𐤅𐤉𐤃𐤁𐤓𐤅 𐤀𐤋
𐤓𐤇𐤁𐤏𐤌 𐤋𐤀𐤌𐤓•
𐤃 𐤀𐤁𐤉𐤊 𐤄𐤒𐤔𐤄 𐤀𐤕 𐤏𐤋𐤍𐤅 𐤅𐤏𐤕𐤄 𐤄𐤒𐤋 𐤌𐤏𐤁𐤃𐤕 𐤀𐤁𐤉𐤊 𐤄𐤒𐤔𐤄
𐤅𐤌𐤏𐤋𐤅 𐤄𐤊𐤁𐤃 𐤀𐤔𐤓 𐤍𐤕𐤍 𐤏𐤋𐤉𐤍𐤅 𐤅𐤍𐤏𐤁𐤃𐤊•
𐤄 𐤅𐤉𐤀𐤌𐤓 𐤀𐤋𐤄𐤌 𐤏𐤅𐤃 𐤔𐤋𐤔𐤕 𐤉𐤌𐤉𐤌 𐤅𐤔𐤅𐤁𐤅 𐤀𐤋𐤉 𐤅𐤉𐤋𐤊 𐤄𐤏𐤌•
𐤅 𐤅𐤉𐤅𐤏𐤑 𐤄𐤌𐤋𐤊 𐤓𐤇𐤁𐤏𐤌 𐤀𐤕 𐤄𐤆𐤒𐤍𐤉𐤌 𐤀𐤔𐤓 𐤄𐤉𐤅 𐤏𐤌𐤃𐤉𐤌 𐤋𐤐𐤍𐤉
𐤔𐤋𐤌𐤄 𐤀𐤁𐤉𐤅 𐤁𐤄𐤉𐤕𐤅 𐤇𐤉 𐤋𐤀𐤌𐤓 𐤀𐤉𐤊 𐤀𐤕𐤌 𐤍𐤅𐤏𐤑𐤉𐤌 𐤋𐤄𐤔𐤉𐤁 𐤋𐤏𐤌
𐤄𐤆𐤄 𐤃𐤁𐤓•
𐤆 𐤅𐤉𐤃𐤁𐤓𐤅 𐤀𐤋𐤉𐤅 𐤋𐤀𐤌𐤓 𐤀𐤌 𐤕𐤄𐤉𐤄 𐤋𐤈𐤅𐤁 𐤋𐤏𐤌 𐤄𐤆𐤄 𐤅𐤓𐤑𐤉𐤕𐤌
𐤅𐤃𐤁𐤓𐤕 𐤀𐤋𐤄𐤌 𐤃𐤁𐤓𐤉𐤌 𐤈𐤅𐤁𐤉𐤌 𐤅𐤄𐤉𐤅 𐤋𐤊 𐤏𐤁𐤃𐤉𐤌 𐤊𐤋 𐤄𐤉𐤌𐤉𐤌•
𐤇 𐤅𐤉𐤏𐤆𐤁 𐤀𐤕 𐤏𐤑𐤕 𐤄𐤆𐤒𐤍𐤉𐤌 𐤀𐤔𐤓 𐤉𐤏𐤑𐤄𐤅 𐤅𐤉𐤅𐤏𐤑 𐤀𐤕 𐤄𐤉𐤋𐤃𐤉𐤌
𐤀𐤔𐤓 𐤂𐤃𐤋𐤅 𐤀𐤕𐤅 𐤄𐤏𐤌𐤃𐤉𐤌 𐤋𐤐𐤍𐤉𐤅•
𐤈 𐤅𐤉𐤀𐤌𐤓 𐤀𐤋𐤄𐤌 𐤌𐤄 𐤀𐤕𐤌 𐤍𐤅𐤏𐤑𐤉𐤌 𐤅𐤍𐤔𐤉𐤁 𐤀𐤕 𐤃𐤁𐤓 𐤄𐤏𐤌 𐤄𐤆𐤄

# 𐤃𐤁𐤓𐤉 𐤄𐤉𐤌𐤉𐤌 𐤁

𐤀𐤔𐤓 𐤃𐤁𐤓𐤅 𐤀𐤋𐤉 𐤋𐤀𐤌𐤓 𐤄𐤒𐤋 𐤌𐤍 𐤄𐤏𐤋 𐤀𐤔𐤓 𐤍𐤕𐤍 𐤀𐤁𐤉𐤊 𐤏𐤋𐤉𐤍𐤅•
𐤉 𐤅𐤉𐤃𐤁𐤓𐤅 𐤀𐤕𐤅 𐤄𐤉𐤋𐤃𐤉𐤌 𐤀𐤔𐤓 𐤂𐤃𐤋𐤅 𐤀𐤕𐤅 𐤋𐤀𐤌𐤓 𐤊𐤄 𐤕𐤀𐤌𐤓 𐤋𐤏𐤌
𐤀𐤔𐤓 𐤃𐤁𐤓𐤅 𐤀𐤋𐤉𐤊 𐤋𐤀𐤌𐤓 𐤀𐤁𐤉𐤊 𐤄𐤊𐤁𐤉𐤃 𐤀𐤕 𐤏𐤋𐤍𐤅 𐤅𐤀𐤕𐤄 𐤄𐤒𐤋
𐤌𐤏𐤋𐤉𐤍𐤅 𐤊𐤄 𐤕𐤀𐤌𐤓 𐤀𐤋𐤄𐤌 𐤒𐤈𐤍𐤉 𐤏𐤁𐤄 𐤌𐤌𐤕𐤍𐤉 𐤀𐤁𐤉•
𐤉𐤀 𐤅𐤏𐤕𐤄 𐤀𐤁𐤉 𐤄𐤏𐤌𐤉𐤎 𐤏𐤋𐤉𐤊𐤌 𐤏𐤋 𐤊𐤁𐤃 𐤅𐤀𐤍𐤉 𐤀𐤎𐤉𐤐 𐤏𐤋 𐤏𐤋𐤊𐤌
𐤀𐤁𐤉 𐤉𐤎𐤓 𐤀𐤕𐤊𐤌 𐤁𐤔𐤅𐤈𐤉𐤌 𐤅𐤀𐤍𐤉 𐤁𐤏𐤒𐤓𐤁𐤉𐤌•
𐤉𐤁 𐤅𐤉𐤁𐤀 𐤉𐤓𐤁𐤏𐤌 𐤅𐤊𐤋 𐤄𐤏𐤌 𐤀𐤋 𐤓𐤇𐤁𐤏𐤌 𐤁𐤉𐤅𐤌 𐤄𐤔𐤋𐤔𐤉 𐤊𐤀𐤔𐤓 𐤃𐤁𐤓
𐤄𐤌𐤋𐤊 𐤋𐤀𐤌𐤓 𐤔𐤅𐤁𐤅 𐤀𐤋𐤉 𐤁𐤉𐤅𐤌 𐤄𐤔𐤋𐤔𐤉•
𐤉𐤂 𐤅𐤉𐤏𐤍𐤌 𐤄𐤌𐤋𐤊 𐤒𐤔𐤄 𐤅𐤉𐤏𐤆𐤁 𐤄𐤌𐤋𐤊 𐤓𐤇𐤁𐤏𐤌 𐤀𐤕 𐤏𐤑𐤕 𐤄𐤆𐤒𐤍𐤉𐤌•
𐤉𐤃 𐤅𐤉𐤃𐤁𐤓 𐤀𐤋𐤄𐤌 𐤊𐤏𐤑𐤕 𐤄𐤉𐤋𐤃𐤉𐤌 𐤋𐤀𐤌𐤓 𐤀𐤊𐤁𐤉𐤃 𐤀𐤕 𐤏𐤋𐤊𐤌
𐤅𐤀𐤍𐤉 𐤀𐤎𐤉𐤐 𐤏𐤋𐤉𐤅 𐤀𐤁𐤉 𐤉𐤎𐤓 𐤀𐤕𐤊𐤌 𐤁𐤔𐤅𐤈𐤉𐤌 𐤅𐤀𐤍𐤉 𐤁𐤏𐤒𐤓𐤁𐤉𐤌•
𐤈𐤅 𐤅𐤋𐤀 𐤔𐤌𐤏 𐤄𐤌𐤋𐤊 𐤀𐤋 𐤄𐤏𐤌 𐤊𐤉 𐤄𐤉𐤕𐤄 𐤍𐤎𐤁𐤄 𐤌𐤏𐤌 𐤄𐤀𐤋𐤄𐤉𐤌
𐤋𐤌𐤏𐤍 𐤄𐤒𐤉𐤌 𐤉𐤄𐤅𐤄 𐤀𐤕 𐤃𐤁𐤓𐤅 𐤀𐤔𐤓 𐤃𐤁𐤓 𐤁𐤉𐤃 𐤀𐤇𐤉𐤄𐤅 𐤄𐤔𐤋𐤅𐤍𐤉 𐤀𐤋
𐤉𐤓𐤁𐤏𐤌 𐤁𐤍 𐤍𐤁𐤈•
𐤈𐤆 𐤅𐤊𐤋 𐤉𐤔𐤓𐤀𐤋 𐤊𐤉 𐤋𐤀 𐤔𐤌𐤏 𐤄𐤌𐤋𐤊 𐤋𐤄𐤌 𐤅𐤉𐤔𐤉𐤁𐤅 𐤄𐤏𐤌 𐤀𐤕
𐤄𐤌𐤋𐤊 𐤋𐤀𐤌𐤓 𐤌𐤄 𐤋𐤍𐤅 𐤇𐤋𐤒 𐤁𐤃𐤅𐤉𐤃 𐤅𐤋𐤀 𐤍𐤇𐤋𐤄 𐤁𐤁𐤍 𐤉𐤔𐤉 𐤀𐤉𐤔
𐤋𐤀𐤄𐤋𐤉𐤊 𐤉𐤔𐤓𐤀𐤋 𐤏𐤕𐤄 𐤓𐤀𐤄 𐤁𐤉𐤕𐤊 𐤃𐤅𐤉𐤃 𐤅𐤉𐤋𐤊 𐤊𐤋 𐤉𐤔𐤓𐤀𐤋
𐤋𐤀𐤄𐤋𐤉𐤅•
𐤉𐤆 𐤅𐤁𐤍𐤉 𐤉𐤔𐤓𐤀𐤋 𐤄𐤉𐤔𐤁𐤉𐤌 𐤁𐤏𐤓𐤉 𐤉𐤄𐤅𐤃𐤄 𐤅𐤉𐤌𐤋𐤊 𐤏𐤋𐤉𐤄𐤌
𐤓𐤇𐤁𐤏𐤌•
𐤉𐤇 𐤅𐤉𐤔𐤋𐤇 𐤄𐤌𐤋𐤊 𐤓𐤇𐤁𐤏𐤌 𐤀𐤕 𐤄𐤃𐤓𐤌 𐤀𐤔𐤓 𐤏𐤋 𐤄𐤌𐤎 𐤅𐤉𐤓𐤂𐤌𐤅 𐤁𐤅
𐤁𐤍𐤉 𐤉𐤔𐤓𐤀𐤋 𐤀𐤁𐤍 𐤅𐤉𐤌𐤕 𐤅𐤄𐤌𐤋𐤊 𐤓𐤇𐤁𐤏𐤌 𐤄𐤕𐤀𐤌𐤑 𐤋𐤏𐤋𐤅𐤕 𐤁𐤌𐤓𐤊𐤁𐤄
𐤋𐤍𐤅𐤎 𐤉𐤓𐤅𐤔𐤋𐤌•
𐤉𐤈 𐤅𐤉𐤐𐤔𐤏𐤅 𐤉𐤔𐤓𐤀𐤋 𐤁𐤁𐤉𐤕 𐤃𐤅𐤉𐤃 𐤏𐤃 𐤄𐤉𐤅𐤌 𐤄𐤆𐤄•

𐤐𐤓𐤒 𐤉𐤀

𐤀 𐤅𐤉𐤁𐤀 𐤓𐤇𐤁𐤏𐤌 𐤉𐤓𐤅𐤔𐤋𐤌 𐤅𐤉𐤒𐤄𐤋 𐤀𐤕 𐤁𐤉𐤕 𐤉𐤄𐤅𐤃𐤄 𐤅𐤁𐤍𐤉𐤌𐤍 𐤌𐤀𐤄
𐤅𐤔𐤌𐤅𐤍𐤉𐤌 𐤀𐤋𐤐 𐤁𐤇𐤅𐤓 𐤏𐤔𐤄 𐤌𐤋𐤇𐤌𐤄 𐤋𐤄𐤋𐤇𐤌 𐤏𐤌 𐤉𐤔𐤓𐤀𐤋 𐤋𐤄𐤔𐤉𐤁
𐤀𐤕 𐤄𐤌𐤌𐤋𐤊𐤄 𐤋𐤓𐤇𐤁𐤏𐤌•
𐤁 𐤅𐤉𐤄𐤉 𐤃𐤁𐤓 𐤉𐤄𐤅𐤄 𐤀𐤋 𐤔𐤌𐤏𐤉𐤄𐤅 𐤀𐤉𐤔 𐤄𐤀𐤋𐤄𐤉𐤌 𐤋𐤀𐤌𐤓•
𐤂 𐤀𐤌𐤓 𐤀𐤋 𐤓𐤇𐤁𐤏𐤌 𐤁𐤍 𐤔𐤋𐤌𐤄 𐤌𐤋𐤊 𐤉𐤄𐤅𐤃𐤄 𐤅𐤀𐤋 𐤊𐤋 𐤉𐤔𐤓𐤀𐤋
𐤁𐤉𐤄𐤅𐤃𐤄 𐤅𐤁𐤍𐤉𐤌𐤍 𐤋𐤀𐤌𐤓•
𐤃 𐤊𐤄 𐤀𐤌𐤓 𐤉𐤄𐤅𐤄 𐤋𐤀 𐤕𐤏𐤋𐤅 𐤅𐤋𐤀 𐤕𐤋𐤇𐤌𐤅 𐤏𐤌 𐤀𐤇𐤉𐤊𐤌 𐤔𐤅𐤁𐤅 𐤀𐤉𐤔

# 𐤃𐤁𐤓𐤉 𐤄𐤉𐤌𐤉𐤌 𐤁

𐤋𐤁𐤉𐤕𐤅 𐤊𐤉 𐤌𐤀𐤕𐤉 𐤍𐤄𐤉𐤄 𐤄𐤃𐤁𐤓 𐤄𐤆𐤄 𐤅𐤉𐤔𐤌𐤏𐤅 𐤀𐤕 𐤃𐤁𐤓𐤉 𐤉𐤄𐤅𐤄
𐤅𐤉𐤔𐤁𐤅 𐤌𐤋𐤋𐤊𐤕 𐤀𐤋 𐤉𐤓𐤁𐤏𐤌.
𐤄 𐤅𐤉𐤔𐤁 𐤓𐤇𐤁𐤏𐤌 𐤁𐤉𐤓𐤅𐤔𐤋𐤌 𐤅𐤉𐤁𐤍 𐤏𐤓𐤉𐤌 𐤋𐤌𐤑𐤅𐤓 𐤁𐤉𐤄𐤅𐤃𐤄.
𐤅 𐤅𐤉𐤁𐤍 𐤀𐤕 𐤁𐤉𐤕 𐤋𐤇𐤌 𐤅𐤀𐤕 𐤏𐤉𐤈𐤌 𐤅𐤀𐤕 𐤕𐤒𐤅𐤏.
𐤆 𐤅𐤀𐤕 𐤁𐤉𐤕 𐤑𐤅𐤓 𐤅𐤀𐤕 𐤔𐤅𐤊𐤅 𐤅𐤀𐤕 𐤏𐤃𐤋𐤌.
𐤇 𐤅𐤀𐤕 𐤂𐤕 𐤅𐤀𐤕 𐤌𐤓𐤔𐤄 𐤅𐤀𐤕 𐤆𐤉𐤐.
𐤈 𐤅𐤀𐤕 𐤀𐤃𐤅𐤓𐤉𐤌 𐤅𐤀𐤕 𐤋𐤊𐤉𐤔 𐤅𐤀𐤕 𐤏𐤆𐤒𐤄.
𐤉 𐤅𐤀𐤕 𐤑𐤓𐤏𐤄 𐤅𐤀𐤕 𐤀𐤉𐤋𐤅𐤍 𐤅𐤀𐤕 𐤇𐤁𐤓𐤅𐤍 𐤀𐤔𐤓 𐤁𐤉𐤄𐤅𐤃𐤄 𐤅𐤁𐤁𐤍𐤉𐤌𐤍
𐤏𐤓𐤉 𐤌𐤑𐤓𐤅𐤕.
𐤉𐤀 𐤅𐤉𐤇𐤆𐤒 𐤀𐤕 𐤄𐤌𐤑𐤓𐤅𐤕 𐤅𐤉𐤕𐤍 𐤁𐤄𐤌 𐤍𐤂𐤉𐤃𐤉𐤌 𐤅𐤀𐤑𐤓𐤅𐤕 𐤌𐤀𐤊𐤋
𐤅𐤔𐤌𐤍 𐤅𐤉𐤉𐤍.
𐤉𐤁 𐤅𐤁𐤊𐤋 𐤏𐤉𐤓 𐤅𐤏𐤉𐤓 𐤑𐤍𐤅𐤕 𐤅𐤓𐤌𐤇𐤉𐤌 𐤅𐤉𐤇𐤆𐤒𐤌 𐤋𐤄𐤓𐤁𐤄 𐤌𐤀𐤃 𐤅𐤉𐤄𐤉
𐤋𐤅 𐤉𐤄𐤅𐤃𐤄 𐤅𐤁𐤍𐤉𐤌𐤍.
𐤉𐤂 𐤅𐤄𐤊𐤄𐤍𐤉𐤌 𐤅𐤄𐤋𐤅𐤉𐤌 𐤀𐤔𐤓 𐤁𐤊𐤋 𐤉𐤔𐤓𐤀𐤋 𐤄𐤕𐤉𐤑𐤁𐤅 𐤏𐤋𐤉𐤅 𐤌𐤊𐤋
𐤂𐤁𐤅𐤋𐤌.
𐤉𐤃 𐤊𐤉 𐤏𐤆𐤁𐤅 𐤄𐤋𐤅𐤉𐤌 𐤀𐤕 𐤌𐤂𐤓𐤔𐤉𐤄𐤌 𐤅𐤀𐤇𐤆𐤕𐤌 𐤅𐤉𐤋𐤊𐤅 𐤋𐤉𐤄𐤅𐤃𐤄
𐤅𐤋𐤉𐤓𐤅𐤔𐤋𐤌 𐤊𐤉 𐤄𐤆𐤍𐤉𐤇𐤌 𐤉𐤓𐤁𐤏𐤌 𐤅𐤁𐤍𐤉𐤅 𐤌𐤊𐤄𐤍 𐤋𐤉𐤄𐤅𐤄.
𐤈𐤅 𐤅𐤉𐤏𐤌𐤃 𐤋𐤅 𐤊𐤄𐤍𐤉𐤌 𐤋𐤁𐤌𐤅𐤕 𐤅𐤋𐤔𐤏𐤉𐤓𐤉𐤌 𐤅𐤋𐤏𐤂𐤋𐤉𐤌 𐤀𐤔𐤓 𐤏𐤔𐤄.
𐤈𐤆 𐤅𐤀𐤇𐤓𐤉𐤄𐤌 𐤌𐤊𐤋 𐤔𐤁𐤈𐤉 𐤉𐤔𐤓𐤀𐤋 𐤄𐤍𐤕𐤍𐤉𐤌 𐤀𐤕 𐤋𐤁𐤁𐤌 𐤋𐤁𐤒𐤔 𐤀𐤕
𐤉𐤄𐤅𐤄 𐤀𐤋𐤄𐤉 𐤉𐤔𐤓𐤀𐤋 𐤁𐤀𐤅 𐤉𐤓𐤅𐤔𐤋𐤌 𐤋𐤆𐤁𐤅𐤇 𐤋𐤉𐤄𐤅𐤄 𐤀𐤋𐤄𐤉
𐤀𐤁𐤅𐤕𐤉𐤄𐤌.
𐤉𐤆 𐤅𐤉𐤇𐤆𐤒𐤅 𐤀𐤕 𐤌𐤋𐤊𐤅𐤕 𐤉𐤄𐤅𐤃𐤄 𐤅𐤉𐤀𐤌𐤑𐤅 𐤀𐤕 𐤓𐤇𐤁𐤏𐤌 𐤁𐤍 𐤔𐤋𐤌𐤄
𐤋𐤔𐤍𐤉𐤌 𐤔𐤋𐤅𐤔 𐤊𐤉 𐤄𐤋𐤊𐤅 𐤁𐤃𐤓𐤊 𐤃𐤅𐤉𐤃 𐤅𐤔𐤋𐤌𐤄 𐤋𐤔𐤍𐤉𐤌 𐤔𐤋𐤅𐤔.
𐤉𐤇 𐤅𐤉𐤒𐤇 𐤋𐤅 𐤓𐤇𐤁𐤏𐤌 𐤀𐤔𐤄 𐤀𐤕 𐤌𐤇𐤋𐤕 𐤁𐤍 [𐤁𐤕] 𐤉𐤓𐤉𐤌𐤅𐤕 𐤁𐤍 𐤃𐤅𐤉𐤃
𐤀𐤁𐤉𐤄𐤉𐤋 𐤁𐤕 𐤀𐤋𐤉𐤀𐤁 𐤁𐤍 𐤉𐤔𐤉.
𐤉𐤈 𐤅𐤕𐤋𐤃 𐤋𐤅 𐤁𐤍𐤉𐤌 𐤀𐤕 𐤉𐤏𐤅𐤔 𐤅𐤀𐤕 𐤔𐤌𐤓𐤉𐤄 𐤅𐤀𐤕 𐤆𐤄𐤌.
𐤊 𐤅𐤀𐤇𐤓𐤉𐤅 𐤋𐤒𐤇 𐤀𐤕 𐤌𐤏𐤊𐤄 𐤁𐤕 𐤀𐤁𐤔𐤋𐤅𐤌 𐤅𐤕𐤋𐤃 𐤋𐤅 𐤀𐤕 𐤀𐤁𐤉𐤄 𐤅𐤀𐤕
𐤏𐤕𐤉 𐤅𐤀𐤕 𐤆𐤉𐤆𐤀 𐤅𐤀𐤕 𐤔𐤋𐤌𐤉𐤕.
𐤊𐤀 𐤅𐤉𐤀𐤄𐤁 𐤓𐤇𐤁𐤏𐤌 𐤀𐤕 𐤌𐤏𐤊𐤄 𐤁𐤕 𐤀𐤁𐤔𐤋𐤅𐤌 𐤌𐤊𐤋 𐤍𐤔𐤉𐤅
𐤅𐤐𐤉𐤋𐤂𐤔𐤉𐤅 𐤊𐤉 𐤍𐤔𐤉𐤌 𐤔𐤌𐤅𐤍𐤄 𐤏𐤔𐤓𐤄 𐤍𐤔𐤀 𐤅𐤐𐤉𐤋𐤂𐤔𐤉𐤌 𐤔𐤔𐤉𐤌
𐤅𐤉𐤅𐤋𐤃 𐤏𐤔𐤓𐤉𐤌 𐤅𐤔𐤌𐤅𐤍𐤄 𐤁𐤍𐤉𐤌 𐤅𐤔𐤔𐤉𐤌 𐤁𐤍𐤅𐤕.
𐤊𐤁 𐤅𐤉𐤏𐤌𐤃 𐤋𐤓𐤀𐤔 𐤓𐤇𐤁𐤏𐤌 𐤀𐤕 𐤀𐤁𐤉𐤄 𐤁𐤍 𐤌𐤏𐤊𐤄 𐤋𐤍𐤂𐤉𐤃 𐤁𐤀𐤇𐤉𐤅 𐤊𐤉
𐤋𐤄𐤌𐤋𐤉𐤊𐤅.

# 𐤃𐤁𐤓𐤉 𐤄𐤉𐤌𐤉𐤌 𐤁

𐤊𐤂 𐤅𐤉𐤁𐤍 𐤅𐤉𐤐𐤓𐤑 𐤌𐤊𐤋 𐤁𐤍𐤉𐤅 𐤋𐤊𐤋 𐤀𐤓𐤑𐤅𐤕 𐤉𐤄𐤅𐤃𐤄 𐤅𐤁𐤍𐤉𐤌𐤍 𐤋𐤊𐤋
𐤏𐤓𐤉 𐤄𐤌𐤑𐤓𐤅𐤕 𐤅𐤉𐤕𐤍 𐤋𐤄𐤌 𐤄𐤌𐤆𐤅𐤍 𐤋𐤓𐤁 𐤅𐤉𐤔𐤀𐤋 𐤄𐤌𐤅𐤍 𐤍𐤔𐤉𐤌•

## 𐤐𐤓𐤒 𐤉𐤁

𐤀 𐤅𐤉𐤄𐤉 𐤊𐤄𐤊𐤉𐤍 𐤌𐤋𐤊𐤅𐤕 𐤓𐤇𐤁𐤏𐤌 𐤅𐤊𐤇𐤆𐤒𐤕𐤅 𐤏𐤆𐤁 𐤀𐤕 𐤕𐤅𐤓𐤕 𐤉𐤄𐤅𐤄
𐤅𐤊𐤋 𐤉𐤔𐤓𐤀𐤋 𐤏𐤌𐤅•
𐤁 𐤅𐤉𐤄𐤉 𐤁𐤔𐤍𐤄 𐤄𐤇𐤌𐤉𐤔𐤉𐤕 𐤋𐤌𐤋𐤊 𐤓𐤇𐤁𐤏𐤌 𐤏𐤋𐤄 𐤔𐤉𐤔𐤒 𐤌𐤋𐤊
𐤌𐤑𐤓𐤉𐤌 𐤏𐤋 𐤉𐤓𐤅𐤔𐤋𐤌 𐤊𐤉 𐤌𐤏𐤋𐤅 𐤁𐤉𐤄𐤅𐤄•
𐤂 𐤁𐤀𐤋𐤐 𐤅𐤌𐤀𐤕𐤉𐤌 𐤓𐤊𐤁 𐤅𐤁𐤔𐤔𐤉𐤌 𐤀𐤋𐤐 𐤐𐤓𐤔𐤉𐤌 𐤅𐤀𐤉𐤍 𐤌𐤎𐤐𐤓 𐤋𐤏𐤌
𐤀𐤔𐤓 𐤁𐤀𐤅 𐤏𐤌𐤅 𐤌𐤌𐤑𐤓𐤉𐤌 𐤋𐤅𐤁𐤉𐤌 𐤎𐤊𐤉𐤉𐤌 𐤅𐤊𐤅𐤔𐤉𐤌•
𐤃 𐤅𐤉𐤋𐤊𐤃 𐤀𐤕 𐤏𐤓𐤉 𐤄𐤌𐤑𐤓𐤅𐤕 𐤀𐤔𐤓 𐤋𐤉𐤄𐤅𐤃𐤄 𐤅𐤉𐤁𐤀 𐤏𐤃 𐤉𐤓𐤅𐤔𐤋𐤌•
𐤄 𐤅𐤔𐤌𐤏𐤉𐤄 𐤄𐤍𐤁𐤉𐤀 𐤁𐤀 𐤀𐤋 𐤓𐤇𐤁𐤏𐤌 𐤅𐤔𐤓𐤉 𐤉𐤄𐤅𐤃𐤄 𐤀𐤔𐤓 𐤍𐤀𐤎𐤐𐤅
𐤀𐤋 𐤉𐤓𐤅𐤔𐤋𐤌 𐤌𐤐𐤍𐤉 𐤔𐤉𐤔𐤒 𐤅𐤉𐤀𐤌𐤓 𐤋𐤄𐤌 𐤊𐤄 𐤀𐤌𐤓 𐤉𐤄𐤅𐤄 𐤀𐤕𐤌
𐤏𐤆𐤁𐤕𐤌 𐤀𐤕𐤉 𐤅𐤀𐤐 𐤀𐤍𐤉 𐤏𐤆𐤁𐤕𐤉 𐤀𐤕𐤊𐤌 𐤁𐤉𐤃 𐤔𐤉𐤔𐤒•
𐤅 𐤅𐤉𐤊𐤍𐤏𐤅 𐤔𐤓𐤉 𐤉𐤔𐤓𐤀𐤋 𐤅𐤄𐤌𐤋𐤊 𐤅𐤉𐤀𐤌𐤓𐤅 𐤑𐤃𐤉𐤒 𐤉𐤄𐤅𐤄•
𐤆 𐤅𐤁𐤓𐤀𐤅𐤕 𐤉𐤄𐤅𐤄 𐤊𐤉 𐤍𐤊𐤍𐤏𐤅 𐤄𐤉𐤄 𐤃𐤁𐤓 𐤉𐤄𐤅𐤄 𐤀𐤋 𐤔𐤌𐤏𐤉𐤄 𐤋𐤀𐤌𐤓
𐤍𐤊𐤍𐤏𐤅 𐤋𐤀 𐤀𐤔𐤇𐤉𐤕𐤌 𐤅𐤍𐤕𐤕𐤉 𐤋𐤄𐤌 𐤊𐤌𐤏𐤈 𐤋𐤐𐤋𐤉𐤈𐤄 𐤅𐤋𐤀 𐤕𐤕𐤊
𐤇𐤌𐤕𐤉 𐤁𐤉𐤓𐤅𐤔𐤋𐤌 𐤁𐤉𐤃 𐤔𐤉𐤔𐤒•
𐤇 𐤊𐤉 𐤉𐤄𐤉𐤅 𐤋𐤅 𐤋𐤏𐤁𐤃𐤉𐤌 𐤅𐤉𐤃𐤏𐤅 𐤏𐤁𐤅𐤃𐤕𐤉 𐤅𐤏𐤁𐤅𐤃𐤕 𐤌𐤌𐤋𐤊𐤅𐤕
𐤄𐤀𐤓𐤑𐤅𐤕•
𐤈 𐤅𐤉𐤏𐤋 𐤔𐤉𐤔𐤒 𐤌𐤋𐤊 𐤌𐤑𐤓𐤉𐤌 𐤏𐤋 𐤉𐤓𐤅𐤔𐤋𐤌 𐤅𐤉𐤒𐤇 𐤀𐤕 𐤀𐤑𐤓𐤅𐤕
𐤁𐤉𐤕 𐤉𐤄𐤅𐤄 𐤅𐤀𐤕 𐤀𐤑𐤓𐤅𐤕 𐤁𐤉𐤕 𐤄𐤌𐤋𐤊 𐤀𐤕 𐤄𐤊𐤋 𐤋𐤒𐤇 𐤅𐤉𐤒𐤇 𐤀𐤕
𐤌𐤂𐤍𐤉 𐤄𐤆𐤄𐤁 𐤀𐤔𐤓 𐤏𐤔𐤄 𐤔𐤋𐤌𐤄•
𐤉 𐤅𐤉𐤏𐤔 𐤄𐤌𐤋𐤊 𐤓𐤇𐤁𐤏𐤌 𐤕𐤇𐤕𐤉𐤄𐤌 𐤌𐤂𐤍𐤉 𐤍𐤇𐤔𐤕 𐤅𐤄𐤐𐤒𐤉𐤃 𐤏𐤋 𐤉𐤃
𐤔𐤓𐤉 𐤄𐤓𐤑𐤉𐤌 𐤄𐤔𐤌𐤓𐤉𐤌 𐤐𐤕𐤇 𐤁𐤉𐤕 𐤄𐤌𐤋𐤊•
𐤉𐤀 𐤅𐤉𐤄𐤉 𐤌𐤃𐤉 𐤁𐤅𐤀 𐤄𐤌𐤋𐤊 𐤁𐤉𐤕 𐤉𐤄𐤅𐤄 𐤁𐤀𐤅 𐤄𐤓𐤑𐤉𐤌 𐤅𐤍𐤔𐤀𐤅𐤌
𐤅𐤄𐤔𐤁𐤅𐤌 𐤀𐤋 𐤕𐤀 𐤄𐤓𐤑𐤉𐤌•
𐤉𐤁 𐤅𐤁𐤄𐤊𐤍𐤏𐤅 𐤔𐤁 𐤌𐤌𐤍𐤅 𐤀𐤐 𐤉𐤄𐤅𐤄 𐤅𐤋𐤀 𐤋𐤄𐤔𐤇𐤉𐤕 𐤋𐤊𐤋𐤄 𐤅𐤂𐤌
𐤁𐤉𐤄𐤅𐤃𐤄 𐤄𐤉𐤅 𐤃𐤁𐤓𐤉𐤌 𐤈𐤅𐤁𐤉𐤌•
𐤉𐤂 𐤅𐤉𐤕𐤇𐤆𐤒 𐤄𐤌𐤋𐤊 𐤓𐤇𐤁𐤏𐤌 𐤁𐤉𐤓𐤅𐤔𐤋𐤌 𐤅𐤉𐤌𐤋𐤊 𐤊𐤉 𐤁𐤍 𐤀𐤓𐤁𐤏𐤉𐤌
𐤅𐤀𐤇𐤕 𐤔𐤍𐤄 𐤓𐤇𐤁𐤏𐤌 𐤁𐤌𐤋𐤊𐤅 𐤅𐤔𐤁𐤏 𐤏𐤔𐤓𐤄 𐤔𐤍𐤄 𐤌𐤋𐤊 𐤁𐤉𐤓𐤅𐤔𐤋𐤌
𐤄𐤏𐤉𐤓 𐤀𐤔𐤓 𐤁𐤇𐤓 𐤉𐤄𐤅𐤄 𐤋𐤔𐤅𐤌 𐤀𐤕 𐤔𐤌𐤅 𐤔𐤌 𐤌𐤊𐤋 𐤔𐤁𐤈𐤉 𐤉𐤔𐤓𐤀𐤋
𐤅𐤔𐤌 𐤀𐤌𐤅 𐤍𐤏𐤌𐤄 𐤄𐤏𐤌𐤍𐤉𐤕•

# 𐤃𐤁𐤓𐤉 𐤄𐤉𐤌𐤉𐤌 𐤁

𐤉𐤃 𐤅𐤉𐤏𐤔 𐤄𐤓𐤏 𐤊𐤉 𐤋𐤀 𐤄𐤊𐤉𐤍 𐤋𐤁𐤅 𐤋𐤃𐤓𐤅𐤔 𐤀𐤕 𐤉𐤄𐤅𐤄•
𐤈𐤅𐤅𐤃𐤁𐤓𐤉 𐤓𐤇𐤁𐤏𐤌 𐤄𐤓𐤀𐤔𐤍𐤉𐤌 𐤅𐤄𐤀𐤇𐤓𐤅𐤍𐤉𐤌 𐤄𐤋𐤀 𐤄𐤌 𐤊𐤕𐤅𐤁𐤉𐤌
𐤁𐤃𐤁𐤓𐤉 𐤔𐤌𐤏𐤉𐤄 𐤄𐤍𐤁𐤉𐤀 𐤅𐤏𐤃𐤅 𐤄𐤇𐤆𐤄 𐤋𐤄𐤕𐤉𐤇𐤔 𐤅𐤌𐤋𐤇𐤌𐤅𐤕 𐤓𐤇𐤁𐤏𐤌
𐤅𐤉𐤓𐤁𐤏𐤌 𐤊𐤋 𐤄𐤉𐤌𐤉𐤌•
𐤈𐤆𐤅𐤉𐤔𐤊𐤁 𐤓𐤇𐤁𐤏𐤌 𐤏𐤌 𐤀𐤁𐤕𐤉𐤅 𐤅𐤉𐤒𐤁𐤓 𐤁𐤏𐤉𐤓 𐤃𐤅𐤉𐤃 𐤅𐤉𐤌𐤋𐤊 𐤀𐤁𐤉𐤄
𐤁𐤍𐤅 𐤕𐤇𐤕𐤉𐤅•

𐤐𐤓𐤒 𐤉𐤂

𐤀𐤁𐤔𐤍𐤕 𐤔𐤌𐤅𐤍𐤄 𐤏𐤔𐤓𐤄 𐤋𐤌𐤋𐤊 𐤉𐤓𐤁𐤏𐤌 𐤅𐤉𐤌𐤋𐤊 𐤀𐤁𐤉𐤄 𐤏𐤋 𐤉𐤄𐤅𐤃𐤄•
𐤁𐤔𐤋𐤅𐤔 𐤔𐤍𐤉𐤌 𐤌𐤋𐤊 𐤁𐤉𐤓𐤅𐤔𐤋𐤌 𐤅𐤔𐤌 𐤀𐤌𐤅 𐤌𐤉𐤊𐤉𐤄𐤅 𐤁𐤕
𐤀𐤅𐤓𐤉𐤀𐤋 𐤌𐤍 𐤂𐤁𐤏𐤄 𐤅𐤌𐤋𐤇𐤌𐤄 𐤄𐤉𐤕𐤄 𐤁𐤉𐤍 𐤀𐤁𐤉𐤄 𐤅𐤁𐤉𐤍 𐤉𐤓𐤁𐤏𐤌•
𐤂𐤅𐤉𐤀𐤎𐤓 𐤀𐤁𐤉𐤄 𐤀𐤕 𐤄𐤌𐤋𐤇𐤌𐤄 𐤁𐤇𐤉𐤋 𐤂𐤁𐤅𐤓𐤉 𐤌𐤋𐤇𐤌𐤄 𐤀𐤓𐤁𐤏 𐤌𐤀𐤅𐤕
𐤀𐤋𐤐 𐤀𐤉𐤔 𐤁𐤇𐤅𐤓 𐤅𐤉𐤓𐤁𐤏𐤌 𐤏𐤓𐤊 𐤏𐤌𐤅 𐤌𐤋𐤇𐤌𐤄 𐤁𐤔𐤌𐤅𐤍𐤄 𐤌𐤀𐤅𐤕 𐤀𐤋𐤐
𐤀𐤉𐤔 𐤁𐤇𐤅𐤓 𐤂𐤁𐤅𐤓 𐤇𐤉𐤋•
𐤃𐤅𐤉𐤒𐤌 𐤀𐤁𐤉𐤄 𐤌𐤏𐤋 𐤋𐤄𐤓 𐤑𐤌𐤓𐤉𐤌 𐤀𐤔𐤓 𐤁𐤄𐤓 𐤀𐤐𐤓𐤉𐤌 𐤅𐤉𐤀𐤌𐤓
𐤔𐤌𐤏𐤅𐤍𐤉 𐤉𐤓𐤁𐤏𐤌 𐤅𐤊𐤋 𐤉𐤔𐤓𐤀𐤋•
𐤄𐤄𐤋𐤀 𐤋𐤊𐤌 𐤋𐤃𐤏𐤕 𐤊𐤉 𐤉𐤄𐤅𐤄 𐤀𐤋𐤄𐤉 𐤉𐤔𐤓𐤀𐤋 𐤍𐤕𐤍 𐤌𐤌𐤋𐤊𐤄
𐤋𐤃𐤅𐤉𐤃 𐤏𐤋 𐤉𐤔𐤓𐤀𐤋 𐤋𐤏𐤅𐤋𐤌 𐤋𐤅 𐤅𐤋𐤁𐤍𐤉𐤅 𐤁𐤓𐤉𐤕 𐤌𐤋𐤇•
𐤅𐤅𐤉𐤒𐤌 𐤉𐤓𐤁𐤏𐤌 𐤁𐤍 𐤍𐤁𐤈 𐤏𐤁𐤃 𐤔𐤋𐤌𐤄 𐤁𐤍 𐤃𐤅𐤉𐤃 𐤅𐤉𐤌𐤓𐤃 𐤏𐤋 𐤀𐤃𐤍𐤉𐤅•
𐤆𐤅𐤉𐤒𐤁𐤑𐤅 𐤏𐤋𐤉𐤅 𐤀𐤍𐤔𐤉𐤌 𐤓𐤒𐤉𐤌 𐤁𐤍𐤉 𐤁𐤋𐤉𐤏𐤋 𐤅𐤉𐤕𐤀𐤌𐤑𐤅 𐤏𐤋
𐤓𐤇𐤁𐤏𐤌 𐤁𐤍 𐤔𐤋𐤌𐤄 𐤅𐤓𐤇𐤁𐤏𐤌 𐤄𐤉𐤄 𐤍𐤏𐤓 𐤅𐤓𐤊 𐤋𐤁𐤁 𐤅𐤋𐤀 𐤄𐤕𐤇𐤆𐤒
𐤋𐤐𐤍𐤉𐤄𐤌•
𐤇𐤅𐤏𐤕𐤄 𐤀𐤕𐤌 𐤀𐤌𐤓𐤉𐤌 𐤋𐤄𐤕𐤇𐤆𐤒 𐤋𐤐𐤍𐤉 𐤌𐤌𐤋𐤊𐤕 𐤉𐤄𐤅𐤄 𐤁𐤉𐤃 𐤁𐤍𐤉
𐤃𐤅𐤉𐤃 𐤅𐤀𐤕𐤌 𐤄𐤌𐤅𐤍 𐤓𐤁 𐤅𐤏𐤌𐤊𐤌 𐤏𐤂𐤋𐤉 𐤆𐤄𐤁 𐤀𐤔𐤓 𐤏𐤔𐤄 𐤋𐤊𐤌 𐤉𐤓𐤁𐤏𐤌
𐤋𐤀𐤋𐤄𐤉𐤌•
𐤈𐤄𐤋𐤀 𐤄𐤃𐤇𐤕𐤌 𐤀𐤕 𐤊𐤄𐤍𐤉 𐤉𐤄𐤅𐤄 𐤀𐤕 𐤁𐤍𐤉 𐤀𐤄𐤓𐤍 𐤅𐤄𐤋𐤅𐤉𐤌 𐤅𐤕𐤏𐤔𐤅
𐤋𐤊𐤌 𐤊𐤄𐤍𐤉𐤌 𐤊𐤏𐤌𐤉 𐤄𐤀𐤓𐤑𐤅𐤕 𐤊𐤋 𐤄𐤁𐤀 𐤋𐤌𐤋𐤀 𐤉𐤃𐤅 𐤁𐤐𐤓 𐤁𐤍 𐤁𐤒𐤓
𐤅𐤀𐤉𐤋𐤌 𐤔𐤁𐤏𐤄 𐤅𐤄𐤉𐤄 𐤊𐤄𐤍 𐤋𐤋𐤀 𐤀𐤋𐤄𐤉𐤌•
𐤉𐤅𐤀𐤍𐤇𐤍𐤅 𐤉𐤄𐤅𐤄 𐤀𐤋𐤄𐤉𐤍𐤅 𐤅𐤋𐤀 𐤏𐤆𐤁𐤍𐤄𐤅 𐤅𐤊𐤄𐤍𐤉𐤌 𐤌𐤔𐤓𐤕𐤉𐤌
𐤋𐤉𐤄𐤅𐤄 𐤁𐤍𐤉 𐤀𐤄𐤓𐤍 𐤅𐤄𐤋𐤅𐤉𐤌 𐤁𐤌𐤋𐤀𐤊𐤕•
𐤉𐤀𐤅𐤌𐤒𐤈𐤓𐤉𐤌 𐤋𐤉𐤄𐤅𐤄 𐤏𐤋𐤅𐤕 𐤁𐤁𐤒𐤓 𐤁𐤁𐤒𐤓 𐤅𐤁𐤏𐤓𐤁 𐤁𐤏𐤓𐤁 𐤅𐤒𐤈𐤓𐤕
𐤎𐤌𐤉𐤌 𐤅𐤌𐤏𐤓𐤊𐤕 𐤋𐤇𐤌 𐤏𐤋 𐤄𐤔𐤋𐤇𐤍 𐤄𐤈𐤄𐤅𐤓 𐤅𐤌𐤍𐤅𐤓𐤕 𐤄𐤆𐤄𐤁 𐤅𐤍𐤓𐤕𐤉𐤄
𐤋𐤁𐤏𐤓 𐤁𐤏𐤓𐤁 𐤁𐤏𐤓𐤁 𐤊𐤉 𐤔𐤌𐤓𐤉𐤌 𐤀𐤍𐤇𐤍𐤅 𐤀𐤕 𐤌𐤔𐤌𐤓𐤕 𐤉𐤄𐤅𐤄 𐤀𐤋𐤄𐤉𐤍𐤅

𐤅𐤀𐤕𐤌 𐤏𐤆𐤁𐤕𐤌 𐤀𐤕𐤅.
𐤉𐤁 𐤅𐤄𐤍𐤄 𐤏𐤌𐤍𐤅 𐤁𐤓𐤀𐤔 𐤄𐤀𐤋𐤄𐤉𐤌 𐤅𐤊𐤄𐤍𐤉𐤅 𐤅𐤇𐤑𐤑𐤓𐤅𐤕 𐤄𐤕𐤓𐤅𐤏𐤄
𐤋𐤄𐤓𐤉𐤏 𐤏𐤋𐤉𐤊𐤌 𐤁𐤍𐤉 𐤉𐤔𐤓𐤀𐤋 𐤀𐤋 𐤕𐤋𐤇𐤌𐤅 𐤏𐤌 𐤉𐤄𐤅𐤄 𐤀𐤋𐤄𐤉
𐤀𐤁𐤕𐤉𐤊𐤌 𐤊𐤉 𐤋𐤀 𐤕𐤑𐤋𐤉𐤇𐤅.
𐤉𐤂 𐤅𐤉𐤓𐤁𐤏𐤌 𐤄𐤎𐤁 𐤀𐤕 𐤄𐤌𐤀𐤓𐤁 𐤋𐤁𐤅𐤀 𐤌𐤀𐤇𐤓𐤉𐤄𐤌 𐤅𐤉𐤄𐤉𐤅 𐤋𐤐𐤍𐤉
𐤉𐤄𐤅𐤃𐤄 𐤅𐤄𐤌𐤀𐤓𐤁 𐤌𐤀𐤇𐤓𐤉𐤄𐤌.
𐤉𐤃 𐤅𐤉𐤐𐤍𐤅 𐤉𐤄𐤅𐤃𐤄 𐤅𐤄𐤍𐤄 𐤋𐤄𐤌 𐤄𐤌𐤋𐤇𐤌𐤄 𐤐𐤍𐤉𐤌 𐤅𐤀𐤇𐤅𐤓 𐤅𐤉𐤑𐤏𐤒𐤅
𐤋𐤉𐤄𐤅𐤄 𐤅𐤄𐤊𐤄𐤍𐤉𐤌 𐤌𐤇𐤑𐤑𐤓𐤉𐤌 [𐤌𐤇𐤑𐤓𐤉𐤌] 𐤁𐤇𐤑𐤑𐤓𐤅𐤕.
𐤈𐤅 𐤅𐤉𐤓𐤉𐤏𐤅 𐤀𐤉𐤔 𐤉𐤄𐤅𐤃𐤄 𐤅𐤉𐤄𐤉 𐤁𐤄𐤓𐤉𐤏 𐤀𐤉𐤔 𐤉𐤄𐤅𐤃𐤄
𐤅𐤄𐤀𐤋𐤄𐤉𐤌 𐤍𐤂𐤐 𐤀𐤕 𐤉𐤓𐤁𐤏𐤌 𐤅𐤊𐤋 𐤉𐤔𐤓𐤀𐤋 𐤋𐤐𐤍𐤉 𐤀𐤁𐤉𐤄 𐤅𐤉𐤄𐤅𐤃𐤄.
𐤈𐤆 𐤅𐤉𐤍𐤅𐤎𐤅 𐤁𐤍𐤉 𐤉𐤔𐤓𐤀𐤋 𐤌𐤐𐤍𐤉 𐤉𐤄𐤅𐤃𐤄 𐤅𐤉𐤕𐤍𐤌 𐤀𐤋𐤄𐤉𐤌 𐤁𐤉𐤃𐤌.
𐤉𐤆 𐤅𐤉𐤊𐤅 𐤁𐤄𐤌 𐤀𐤁𐤉𐤄 𐤅𐤏𐤌𐤅 𐤌𐤊𐤄 𐤓𐤁𐤄 𐤅𐤉𐤐𐤋𐤅 𐤇𐤋𐤋𐤉𐤌 𐤌𐤉𐤔𐤓𐤀𐤋
𐤇𐤌𐤔 𐤌𐤀𐤅𐤕 𐤀𐤋𐤐 𐤀𐤉𐤔 𐤁𐤇𐤅𐤓.
𐤉𐤇 𐤅𐤉𐤊𐤍𐤏𐤅 𐤁𐤍𐤉 𐤉𐤔𐤓𐤀𐤋 𐤁𐤏𐤕 𐤄𐤄𐤉𐤀 𐤅𐤉𐤀𐤌𐤑𐤅 𐤁𐤍𐤉 𐤉𐤄𐤅𐤃𐤄 𐤊𐤉
𐤍𐤔𐤏𐤍𐤅 𐤏𐤋 𐤉𐤄𐤅𐤄 𐤀𐤋𐤄𐤉 𐤀𐤁𐤅𐤕𐤉𐤄𐤌.
𐤉𐤈 𐤅𐤉𐤓𐤃𐤐 𐤀𐤁𐤉𐤄 𐤀𐤇𐤓𐤉 𐤉𐤓𐤁𐤏𐤌 𐤅𐤉𐤋𐤊𐤃 𐤌𐤌𐤍𐤅 𐤏𐤓𐤉𐤌 𐤀𐤕 𐤁𐤉𐤕 𐤀𐤋
𐤅𐤀𐤕 𐤁𐤍𐤅𐤕𐤉𐤄 𐤅𐤀𐤕 𐤉𐤔𐤍𐤄 𐤅𐤀𐤕 𐤁𐤍𐤅𐤕𐤉𐤄 𐤅𐤀𐤕 𐤏𐤐𐤓𐤅𐤍 [𐤏𐤐𐤓𐤉𐤍]
𐤅𐤁𐤍𐤕𐤉𐤄.
𐤊 𐤅𐤋𐤀 𐤏𐤑𐤓 𐤊𐤇 𐤉𐤓𐤁𐤏𐤌 𐤏𐤅𐤃 𐤁𐤉𐤌𐤉 𐤀𐤁𐤉𐤄𐤅 𐤅𐤉𐤂𐤐𐤄𐤅 𐤉𐤄𐤅𐤄 𐤅𐤉𐤌𐤕.
𐤊𐤀 𐤅𐤉𐤕𐤇𐤆𐤒 𐤀𐤁𐤉𐤄𐤅 𐤅𐤉𐤔𐤀 𐤋𐤅 𐤍𐤔𐤉𐤌 𐤀𐤓𐤁𐤏 𐤏𐤔𐤓𐤄 𐤅𐤉𐤅𐤋𐤃
𐤏𐤔𐤓𐤉𐤌 𐤅𐤔𐤍𐤉𐤌 𐤁𐤍𐤉𐤌 𐤅𐤔𐤔 𐤏𐤔𐤓𐤄 𐤁𐤍𐤅𐤕.
𐤊𐤁 𐤅𐤉𐤕𐤓 𐤃𐤁𐤓𐤉 𐤀𐤁𐤉𐤄 𐤅𐤃𐤓𐤊𐤉𐤅 𐤅𐤃𐤁𐤓𐤉𐤅 𐤊𐤕𐤅𐤁𐤉𐤌 𐤁𐤌𐤃𐤓𐤔 𐤄𐤍𐤁𐤉𐤀
𐤏𐤃𐤅.
𐤊𐤂 𐤅𐤉𐤔𐤊𐤁 𐤀𐤁𐤉𐤄 𐤏𐤌 𐤀𐤁𐤕𐤉𐤅 𐤅𐤉𐤒𐤁𐤓𐤅 𐤀𐤕𐤅 𐤁𐤏𐤉𐤓 𐤃𐤅𐤉𐤃 𐤅𐤉𐤌𐤋𐤊
𐤀𐤎𐤀 𐤁𐤍𐤅 𐤕𐤇𐤕𐤉𐤅 𐤁𐤉𐤌𐤉𐤅 𐤔𐤒𐤈𐤄 𐤄𐤀𐤓𐤑 𐤏𐤔𐤓 𐤔𐤍𐤉𐤌.

## 𐤐𐤓𐤒 𐤉𐤃

𐤀 𐤅𐤉𐤏𐤔 𐤀𐤎𐤀 𐤄𐤈𐤅𐤁 𐤅𐤄𐤉𐤔𐤓 𐤁𐤏𐤉𐤍𐤉 𐤉𐤄𐤅𐤄 𐤀𐤋𐤄𐤉𐤅.
𐤁 𐤅𐤉𐤎𐤓 𐤀𐤕 𐤌𐤆𐤁𐤇𐤅𐤕 𐤄𐤍𐤊𐤓 𐤅𐤄𐤁𐤌𐤅𐤕 𐤅𐤉𐤔𐤁𐤓 𐤀𐤕 𐤄𐤌𐤑𐤁𐤅𐤕 𐤅𐤉𐤂𐤃𐤏
𐤀𐤕 𐤄𐤀𐤔𐤓𐤉𐤌.
𐤂 𐤅𐤉𐤀𐤌𐤓 𐤋𐤉𐤄𐤅𐤃𐤄 𐤋𐤃𐤓𐤅𐤔 𐤀𐤕 𐤉𐤄𐤅𐤄 𐤀𐤋𐤄𐤉 𐤀𐤁𐤅𐤕𐤉𐤄𐤌 𐤅𐤋𐤏𐤔𐤅𐤕
𐤄𐤕𐤅𐤓𐤄 𐤅𐤄𐤌𐤑𐤅𐤄.
𐤃 𐤅𐤉𐤎𐤓 𐤌𐤊𐤋 𐤏𐤓𐤉 𐤉𐤄𐤅𐤃𐤄 𐤀𐤕 𐤄𐤁𐤌𐤅𐤕 𐤅𐤀𐤕 𐤄𐤇𐤌𐤍𐤉𐤌 𐤅𐤕𐤔𐤒𐤈

𐤄𐤌𐤌𐤋𐤊𐤄 𐤋𐤐𐤍𐤉𐤅•
𐤄 𐤅𐤉𐤁𐤍 𐤏𐤓𐤉 𐤌𐤑𐤅𐤓𐤄 𐤁𐤉𐤄𐤅𐤃𐤄 𐤊𐤉 𐤔𐤒𐤈𐤄 𐤄𐤀𐤓𐤑 𐤅𐤀𐤉𐤍 𐤏𐤌𐤅
𐤌𐤋𐤇𐤌𐤄 𐤁𐤔𐤍𐤉𐤌 𐤄𐤀𐤋𐤄 𐤊𐤉 𐤄𐤍𐤉𐤇 𐤉𐤄𐤅𐤄 𐤋𐤅•
𐤅 𐤅𐤉𐤀𐤌𐤓 𐤋𐤉𐤄𐤅𐤃𐤄 𐤍𐤁𐤍𐤄 𐤀𐤕 𐤄𐤏𐤓𐤉𐤌 𐤄𐤀𐤋𐤄 𐤅𐤍𐤎𐤁 𐤇𐤅𐤌𐤄
𐤅𐤌𐤂𐤃𐤋𐤉𐤌 𐤃𐤋𐤕𐤉𐤌 𐤅𐤁𐤓𐤉𐤇𐤉𐤌 𐤏𐤅𐤃𐤍𐤅 𐤄𐤀𐤓𐤑 𐤋𐤐𐤍𐤉𐤍𐤅 𐤊𐤉 𐤃𐤓𐤔𐤍𐤅
𐤀𐤕 𐤉𐤄𐤅𐤄 𐤀𐤋𐤄𐤉𐤍𐤅 𐤃𐤓𐤔𐤍𐤅 𐤅𐤉𐤍𐤇 𐤋𐤍𐤅 𐤌𐤎𐤁𐤉𐤁 𐤅𐤉𐤁𐤍𐤅
𐤅𐤉𐤑𐤋𐤉𐤇𐤅•
𐤆 𐤅𐤉𐤄𐤉 𐤋𐤀𐤎𐤀 𐤇𐤉𐤋 𐤍𐤔𐤀 𐤑𐤍𐤄 𐤅𐤓𐤌𐤇 𐤌𐤉𐤄𐤅𐤃𐤄 𐤔𐤋𐤔 𐤌𐤀𐤅𐤕 𐤀𐤋𐤐
𐤅𐤌𐤁𐤍𐤉𐤌𐤍 𐤍𐤔𐤀𐤉 𐤌𐤂𐤍 𐤅𐤃𐤓𐤊𐤉 𐤒𐤔𐤕 𐤌𐤀𐤕𐤉𐤌 𐤅𐤔𐤌𐤅𐤍𐤉𐤌 𐤀𐤋𐤐 𐤊𐤋
𐤀𐤋𐤄 𐤂𐤁𐤅𐤓𐤉 𐤇𐤉𐤋•
𐤇 𐤅𐤉𐤑𐤀 𐤀𐤋𐤉𐤄𐤌 𐤆𐤓𐤇 𐤄𐤊𐤅𐤔𐤉 𐤁𐤇𐤉𐤋 𐤀𐤋𐤐 𐤀𐤋𐤐𐤉𐤌 𐤅𐤌𐤓𐤊𐤁𐤅𐤕
𐤔𐤋𐤔 𐤌𐤀𐤅𐤕 𐤅𐤉𐤁𐤀 𐤏𐤃 𐤌𐤓𐤔𐤄•
𐤈 𐤅𐤉𐤑𐤀 𐤀𐤎𐤀 𐤋𐤐𐤍𐤉𐤅 𐤅𐤉𐤏𐤓𐤊𐤅 𐤌𐤋𐤇𐤌𐤄 𐤁𐤂𐤉𐤀 𐤑𐤐𐤕𐤄 𐤋𐤌𐤓𐤔𐤄•
𐤉 𐤅𐤉𐤒𐤓𐤀 𐤀𐤎𐤀 𐤀𐤋 𐤉𐤄𐤅𐤄 𐤀𐤋𐤄𐤉𐤅 𐤅𐤉𐤀𐤌𐤓 𐤉𐤄𐤅𐤄 𐤀𐤉𐤍 𐤏𐤌𐤊
𐤋𐤏𐤆𐤓 𐤁𐤉𐤍 𐤓𐤁 𐤋𐤀𐤉𐤍 𐤊𐤇 𐤏𐤆𐤓𐤍𐤅 𐤉𐤄𐤅𐤄 𐤀𐤋𐤄𐤉𐤍𐤅 𐤊𐤉 𐤏𐤋𐤉𐤊
𐤍𐤔𐤏𐤍𐤅 𐤅𐤁𐤔𐤌𐤊 𐤁𐤀𐤍𐤅 𐤏𐤋 𐤄𐤄𐤌𐤅𐤍 𐤄𐤆𐤄 𐤉𐤄𐤅𐤄 𐤀𐤋𐤄𐤉𐤍𐤅 𐤀𐤕𐤄 𐤀𐤋
𐤉𐤏𐤑𐤓 𐤏𐤌𐤊 𐤀𐤍𐤅𐤔•
𐤉𐤀 𐤅𐤉𐤂𐤐 𐤉𐤄𐤅𐤄 𐤀𐤕 𐤄𐤊𐤅𐤔𐤉𐤌 𐤋𐤐𐤍𐤉 𐤀𐤎𐤀 𐤅𐤋𐤐𐤍𐤉 𐤉𐤄𐤅𐤃𐤄
𐤅𐤉𐤍𐤎𐤅 𐤄𐤊𐤅𐤔𐤉𐤌•
𐤉𐤁 𐤅𐤉𐤓𐤃𐤐𐤌 𐤀𐤎𐤀 𐤅𐤄𐤏𐤌 𐤀𐤔𐤓 𐤏𐤌𐤅 𐤏𐤃 𐤋𐤂𐤓𐤓 𐤅𐤉𐤐𐤋 𐤌𐤊𐤅𐤔𐤉𐤌
𐤋𐤀𐤉𐤍 𐤋𐤄𐤌 𐤌𐤇𐤉𐤄 𐤊𐤉 𐤍𐤔𐤁𐤓𐤅 𐤋𐤐𐤍𐤉 𐤉𐤄𐤅𐤄 𐤅𐤋𐤐𐤍𐤉 𐤌𐤇𐤍𐤄𐤅
𐤅𐤉𐤔𐤀𐤅 𐤔𐤋𐤋 𐤄𐤓𐤁𐤄 𐤌𐤀𐤃•
𐤉𐤂 𐤅𐤉𐤊𐤅 𐤀𐤕 𐤊𐤋 𐤄𐤏𐤓𐤉𐤌 𐤎𐤁𐤉𐤁𐤅𐤕 𐤂𐤓𐤓 𐤊𐤉 𐤄𐤉𐤄 𐤐𐤇𐤃 𐤉𐤄𐤅𐤄
𐤏𐤋𐤉𐤄𐤌 𐤅𐤉𐤁𐤆𐤅 𐤀𐤕 𐤊𐤋 𐤄𐤏𐤓𐤉𐤌 𐤊𐤉 𐤁𐤆𐤄 𐤓𐤁𐤄 𐤄𐤉𐤕𐤄 𐤁𐤄𐤌•
𐤉𐤃 𐤅𐤂𐤌 𐤀𐤄𐤋𐤉 𐤌𐤒𐤍𐤄 𐤄𐤊𐤅 𐤅𐤉𐤔𐤁𐤅 𐤑𐤀𐤍 𐤋𐤓𐤁 𐤅𐤂𐤌𐤋𐤉𐤌 𐤅𐤉𐤔𐤁𐤅
𐤉𐤓𐤅𐤔𐤋𐤌•

## 𐤐𐤓𐤒 𐤈𐤅

𐤀 𐤅𐤏𐤆𐤓𐤉𐤄𐤅 𐤁𐤍 𐤏𐤅𐤃𐤃 𐤄𐤉𐤕𐤄 𐤏𐤋𐤉𐤅 𐤓𐤅𐤇 𐤀𐤋𐤄𐤉𐤌•
𐤁 𐤅𐤉𐤑𐤀 𐤋𐤐𐤍𐤉 𐤀𐤎𐤀 𐤅𐤉𐤀𐤌𐤓 𐤋𐤅 𐤔𐤌𐤏𐤅𐤍𐤉 𐤀𐤎𐤀 𐤅𐤊𐤋 𐤉𐤄𐤅𐤃𐤄
𐤅𐤁𐤍𐤉𐤌𐤍 𐤉𐤄𐤅𐤄 𐤏𐤌𐤊𐤌 𐤁𐤄𐤉𐤅𐤕𐤊𐤌 𐤏𐤌𐤅 𐤅𐤀𐤌 𐤕𐤃𐤓𐤔𐤄𐤅 𐤉𐤌𐤑𐤀 𐤋𐤊𐤌
𐤅𐤀𐤌 𐤕𐤏𐤆𐤁𐤄𐤅 𐤉𐤏𐤆𐤁 𐤀𐤕𐤊𐤌•
𐤂 𐤅𐤉𐤌𐤉𐤌 𐤓𐤁𐤉𐤌 𐤋𐤉𐤔𐤓𐤀𐤋 𐤋𐤋𐤀 𐤀𐤋𐤄𐤉 𐤀𐤌𐤕 𐤅𐤋𐤋𐤀 𐤊𐤄𐤍 𐤌𐤅𐤓𐤄

𐤅𐤋𐤋𐤀 𐤕𐤅𐤓𐤄.
𐤃 𐤅𐤉𐤔𐤁 𐤁𐤑𐤓 𐤋𐤅 𐤏𐤋 𐤉𐤄𐤅𐤄 𐤀𐤋𐤄𐤉 𐤉𐤔𐤓𐤀𐤋 𐤅𐤉𐤁𐤒𐤔𐤄𐤅 𐤅𐤉𐤌𐤑𐤀
𐤋𐤄𐤌.
𐤄 𐤅𐤁𐤏𐤕𐤉𐤌 𐤄𐤄𐤌 𐤀𐤉𐤍 𐤔𐤋𐤅𐤌 𐤋𐤉𐤅𐤑𐤀 𐤅𐤋𐤁𐤀 𐤊𐤉 𐤌𐤄𐤅𐤌𐤕 𐤓𐤁𐤅𐤕 𐤏𐤋
𐤊𐤋 𐤉𐤔𐤁𐤉 𐤄𐤀𐤓𐤑𐤅𐤕.
𐤅 𐤅𐤊𐤕𐤕𐤅 𐤂𐤅𐤉 𐤁𐤂𐤅𐤉 𐤅𐤏𐤉𐤓 𐤁𐤏𐤉𐤓 𐤊𐤉 𐤀𐤋𐤄𐤉𐤌 𐤄𐤌𐤌𐤌 𐤁𐤊𐤋 𐤑𐤓𐤄.
𐤆 𐤅𐤀𐤕𐤌 𐤇𐤆𐤒𐤅 𐤅𐤀𐤋 𐤉𐤓𐤐𐤅 𐤉𐤃𐤉𐤊𐤌 𐤊𐤉 𐤉𐤔 𐤔𐤊𐤓 𐤋𐤐𐤏𐤋𐤕𐤊𐤌.
𐤇 𐤅𐤊𐤔𐤌𐤏 𐤀𐤎𐤀 𐤄𐤃𐤁𐤓𐤉𐤌 𐤄𐤀𐤋𐤄 𐤅𐤄𐤍𐤁𐤅𐤀𐤄 𐤏𐤃𐤃 𐤄𐤍𐤁𐤉𐤀 𐤄𐤕𐤇𐤆𐤒
𐤅𐤉𐤏𐤁𐤓 𐤄𐤔𐤒𐤅𐤑𐤉𐤌 𐤌𐤊𐤋 𐤀𐤓𐤑 𐤉𐤄𐤅𐤃𐤄 𐤅𐤁𐤍𐤉𐤌𐤍 𐤅𐤌𐤍 𐤄𐤏𐤓𐤉𐤌 𐤀𐤔𐤓
𐤋𐤊𐤃 𐤌𐤄𐤓 𐤀𐤐𐤓𐤉𐤌 𐤅𐤉𐤇𐤃𐤔 𐤀𐤕 𐤌𐤆𐤁𐤇 𐤉𐤄𐤅𐤄 𐤀𐤔𐤓 𐤋𐤐𐤍𐤉 𐤀𐤅𐤋𐤌
𐤉𐤄𐤅𐤄.
𐤈 𐤅𐤉𐤒𐤁𐤑 𐤀𐤕 𐤊𐤋 𐤉𐤄𐤅𐤃𐤄 𐤅𐤁𐤍𐤉𐤌𐤍 𐤅𐤄𐤂𐤓𐤉𐤌 𐤏𐤌𐤄𐤌 𐤌𐤀𐤐𐤓𐤉𐤌
𐤅𐤌𐤍𐤔𐤄 𐤅𐤌𐤔𐤌𐤏𐤅𐤍 𐤊𐤉 𐤍𐤐𐤋𐤅 𐤏𐤋𐤉𐤅 𐤌𐤉𐤔𐤓𐤀𐤋 𐤋𐤓𐤁 𐤁𐤓𐤀𐤕𐤌 𐤊𐤉
𐤉𐤄𐤅𐤄 𐤀𐤋𐤄𐤉𐤅 𐤏𐤌𐤅.
𐤉 𐤅𐤉𐤒𐤁𐤑𐤅 𐤉𐤓𐤅𐤔𐤋𐤌 𐤁𐤇𐤃𐤔 𐤄𐤔𐤋𐤉𐤔𐤉 𐤋𐤔𐤍𐤕 𐤇𐤌𐤔 𐤏𐤔𐤓𐤄
𐤋𐤌𐤋𐤊𐤅𐤕 𐤀𐤎𐤀.
𐤉𐤀 𐤅𐤉𐤆𐤁𐤇𐤅 𐤋𐤉𐤄𐤅𐤄 𐤁𐤉𐤅𐤌 𐤄𐤄𐤅𐤀 𐤌𐤍 𐤄𐤔𐤋𐤋 𐤄𐤁𐤉𐤀𐤅 𐤁𐤒𐤓 𐤔𐤁𐤏
𐤌𐤀𐤅𐤕 𐤅𐤑𐤀𐤍 𐤔𐤁𐤏𐤕 𐤀𐤋𐤐𐤉𐤌.
𐤉𐤁 𐤅𐤉𐤁𐤀𐤅 𐤁𐤁𐤓𐤉𐤕 𐤋𐤃𐤓𐤅𐤔 𐤀𐤕 𐤉𐤄𐤅𐤄 𐤀𐤋𐤄𐤉 𐤀𐤁𐤅𐤕𐤉𐤄𐤌 𐤁𐤊𐤋
𐤋𐤁𐤁𐤌 𐤅𐤁𐤊𐤋 𐤍𐤐𐤔𐤌.
𐤉𐤂 𐤅𐤊𐤋 𐤀𐤔𐤓 𐤋𐤀 𐤉𐤃𐤓𐤔 𐤋𐤉𐤄𐤅𐤄 𐤀𐤋𐤄𐤉 𐤉𐤔𐤓𐤀𐤋 𐤉𐤅𐤌𐤕 𐤋𐤌𐤍 𐤒𐤈𐤍
𐤅𐤏𐤃 𐤂𐤃𐤅𐤋 𐤋𐤌𐤀𐤉𐤔 𐤅𐤏𐤃 𐤀𐤔𐤄.
𐤉𐤃 𐤅𐤉𐤔𐤁𐤏𐤅 𐤋𐤉𐤄𐤅𐤄 𐤁𐤒𐤅𐤋 𐤂𐤃𐤅𐤋 𐤅𐤁𐤕𐤓𐤅𐤏𐤄 𐤅𐤁𐤇𐤑𐤑𐤓𐤅𐤕
𐤅𐤁𐤔𐤅𐤐𐤓𐤅𐤕.
𐤈𐤅 𐤅𐤉𐤔𐤌𐤇𐤅 𐤊𐤋 𐤉𐤄𐤅𐤃𐤄 𐤏𐤋 𐤄𐤔𐤁𐤅𐤏𐤄 𐤊𐤉 𐤁𐤊𐤋 𐤋𐤁𐤁𐤌 𐤍𐤔𐤁𐤏𐤅
𐤅𐤁𐤊𐤋 𐤓𐤑𐤅𐤍𐤌 𐤁𐤒𐤔𐤄𐤅 𐤅𐤉𐤌𐤑𐤀 𐤋𐤄𐤌 𐤅𐤉𐤍𐤇 𐤉𐤄𐤅𐤄 𐤋𐤄𐤌 𐤌𐤎𐤁𐤉𐤁.
𐤈𐤆 𐤅𐤂𐤌 𐤌𐤏𐤊𐤄 𐤀𐤌 𐤀𐤎𐤀 𐤄𐤌𐤋𐤊 𐤄𐤎𐤉𐤓𐤄 𐤌𐤂𐤁𐤉𐤓𐤄 𐤀𐤔𐤓 𐤏𐤔𐤕𐤄
𐤋𐤀𐤔𐤓𐤄 𐤌𐤐𐤋𐤑𐤕 𐤅𐤉𐤊𐤓𐤕 𐤀𐤎𐤀 𐤀𐤕 𐤌𐤐𐤋𐤑𐤕𐤄 𐤅𐤉𐤃𐤒 𐤅𐤉𐤔𐤓𐤐 𐤁𐤍𐤇𐤋
𐤒𐤃𐤓𐤅𐤍.
𐤉𐤆 𐤅𐤄𐤁𐤌𐤅𐤕 𐤋𐤀 𐤎𐤓𐤅 𐤌𐤉𐤔𐤓𐤀𐤋 𐤓𐤒 𐤋𐤁𐤁 𐤀𐤎𐤀 𐤄𐤉𐤄 𐤔𐤋𐤌 𐤊𐤋
𐤉𐤌𐤉𐤅.
𐤉𐤇 𐤅𐤉𐤁𐤀 𐤀𐤕 𐤒𐤃𐤔𐤉 𐤀𐤁𐤉𐤅 𐤅𐤒𐤃𐤔𐤉𐤅 𐤁𐤉𐤕 𐤄𐤀𐤋𐤄𐤉𐤌 𐤊𐤎𐤐 𐤅𐤆𐤄𐤁
𐤅𐤊𐤋𐤉𐤌.

# דברי הימים ב

יט ומלחמה לא היתה עד שנת שלשים וחמש למלכות אסא.

פרק טז

א בשנת שלשים ושש למלכות אסא עלה בעשא מלך ישראל
על יהודה ויבן את הרמה לבלתי תת יוצא ובא לאסא מלך
יהודה.
ב ויצא אסא כסף וזהב מאצרות בית יהוה ובית המלך
וישלח אל בן הדד מלך ארם היושב בדרמשק לאמר.
ג ברית ביני ובינך ובין אבי ובין אביך הנה שלחתי לך
כסף וזהב לך הפר את בריתך את בעשא מלך ישראל ויעלה
מעלי.
ד וישמע בן הדד אל המלך אסא וישלח את שרי החילים
אשר לו אל ערי ישראל ויכו את עיון ואת דן ואת אבל מים
ואת כל מסכנות ערי נפתלי.
ה ויהי כשמע בעשא ויחדל מבנות את הרמה וישבת את
מלאכתו.
ו ואסא המלך לקח את כל יהודה וישאו את אבני הרמה
ואת עציה אשר בנה בעשא ויבנו בהם את גבע ואת המצפה.
ז ובעת ההיא בא חנני הראה אל אסא מלך יהודה ויאמר
אליו בהשענך על מלך ארם ולא נשענת על יהוה אלהיך על
כן נמלט חיל מלך ארם מידך.
ח הלא הכושים והלבים היו לחיל לרב לרכב ולפרשים
להרבה מאד ובהשענך על יהוה נתנם בידך.
ט כי יהוה עיניו משטטות בכל הארץ להתחזק עם לבבם
שלם אליו נסכלת על זאת כי מעתה יש עמך מלחמות.
י ויכעס אסא אל הראה ויתנהו בית המהפכת כי בזעף עמו
על זאת וירצץ אסא מן העם בעת ההיא.
יא והנה דברי אסא הראשונים והאחרונים הנם כתובים
על ספר המלכים ליהודה וישראל.
יב ויחלא אסא בשנת שלושים ותשע למלכותו ברגליו עד
למעלה חליו וגם בחליו לא דרש את יהוה כי ברפאים.
יג וישכב אסא עם אבתיו וימת בשנת ארבעים ואחת
למלכו.

𐤉𐤃 𐤅𐤉𐤒𐤁𐤓𐤄𐤅 𐤁𐤒𐤁𐤓𐤕𐤉𐤅 𐤀𐤔𐤓 𐤊𐤓𐤄 𐤋𐤅 𐤁𐤏𐤉𐤓 𐤃𐤅𐤉𐤃 𐤅𐤉𐤔𐤊𐤉𐤁𐤄𐤅
𐤁𐤌𐤔𐤊𐤁 𐤀𐤔𐤓 𐤌𐤋𐤀 𐤁𐤔𐤌𐤉𐤌 𐤅𐤆𐤍𐤉𐤌 𐤌𐤓𐤒𐤇𐤉𐤌 𐤁𐤌𐤓𐤒𐤇𐤕 𐤌𐤏𐤔𐤄
𐤅𐤉𐤔𐤓𐤐𐤅 𐤋𐤅 𐤔𐤓𐤐𐤄 𐤂𐤃𐤅𐤋𐤄 𐤏𐤃 𐤋𐤌𐤀𐤃.

### 𐤐𐤓𐤒 𐤉𐤆

𐤀 𐤅𐤉𐤌𐤋𐤊 𐤉𐤄𐤅𐤔𐤐𐤈 𐤁𐤍𐤅 𐤕𐤇𐤕𐤉𐤅 𐤅𐤉𐤕𐤇𐤆𐤒 𐤏𐤋 𐤉𐤔𐤓𐤀𐤋.
𐤁 𐤅𐤉𐤕𐤍 𐤇𐤉𐤋 𐤁𐤊𐤋 𐤏𐤓𐤉 𐤉𐤄𐤅𐤃𐤄 𐤄𐤁𐤑𐤓𐤅𐤕 𐤅𐤉𐤕𐤍 𐤍𐤑𐤉𐤁𐤉𐤌 𐤁𐤀𐤓𐤑
𐤉𐤄𐤅𐤃𐤄 𐤅𐤁𐤏𐤓𐤉 𐤀𐤐𐤓𐤉𐤌 𐤀𐤔𐤓 𐤋𐤊𐤃 𐤀𐤎𐤀 𐤀𐤁𐤉𐤅.
𐤂 𐤅𐤉𐤄𐤉 𐤉𐤄𐤅𐤄 𐤏𐤌 𐤉𐤄𐤅𐤔𐤐𐤈 𐤊𐤉 𐤄𐤋𐤊 𐤁𐤃𐤓𐤊𐤉 𐤃𐤅𐤉𐤃 𐤀𐤁𐤉𐤅
𐤄𐤓𐤀𐤔𐤍𐤉𐤌 𐤅𐤋𐤀 𐤃𐤓𐤔 𐤋𐤁𐤏𐤋𐤉𐤌.
𐤃 𐤊𐤉 𐤋𐤀𐤋𐤄𐤉 𐤀𐤁𐤉𐤅 𐤃𐤓𐤔 𐤅𐤁𐤌𐤑𐤅𐤕𐤉𐤅 𐤄𐤋𐤊 𐤅𐤋𐤀 𐤊𐤌𐤏𐤔𐤄
𐤉𐤔𐤓𐤀𐤋.
𐤄 𐤅𐤉𐤊𐤍 𐤉𐤄𐤅𐤄 𐤀𐤕 𐤄𐤌𐤌𐤋𐤊𐤄 𐤁𐤉𐤃𐤅 𐤅𐤉𐤕𐤍𐤅 𐤊𐤋 𐤉𐤄𐤅𐤃𐤄 𐤌𐤍𐤇𐤄
𐤋𐤉𐤄𐤅𐤔𐤐𐤈 𐤅𐤉𐤄𐤉 𐤋𐤅 𐤏𐤔𐤓 𐤅𐤊𐤁𐤅𐤃 𐤋𐤓𐤁.
𐤅 𐤅𐤉𐤂𐤁𐤄 𐤋𐤁𐤅 𐤁𐤃𐤓𐤊𐤉 𐤉𐤄𐤅𐤄 𐤅𐤏𐤅𐤃 𐤄𐤎𐤉𐤓 𐤀𐤕 𐤄𐤁𐤌𐤅𐤕 𐤅𐤀𐤕
𐤄𐤀𐤔𐤓𐤉𐤌 𐤌𐤉𐤄𐤅𐤃𐤄.
𐤆 𐤅𐤁𐤔𐤍𐤕 𐤔𐤋𐤅𐤔 𐤋𐤌𐤋𐤊𐤅 𐤔𐤋𐤇 𐤋𐤔𐤓𐤉𐤅 𐤋𐤁𐤍 𐤇𐤉𐤋 𐤅𐤋𐤏𐤁𐤃𐤉𐤄
𐤅𐤋𐤆𐤊𐤓𐤉𐤄 𐤅𐤋𐤍𐤕𐤍𐤀𐤋 𐤅𐤋𐤌𐤉𐤊𐤉𐤄𐤅 𐤋𐤋𐤌𐤃 𐤁𐤏𐤓𐤉 𐤉𐤄𐤅𐤃𐤄.
𐤇 𐤅𐤏𐤌𐤄𐤌 𐤄𐤋𐤅𐤉𐤌 𐤔𐤌𐤏𐤉𐤄𐤅 𐤅𐤍𐤕𐤍𐤉𐤄𐤅 𐤅𐤆𐤁𐤃𐤉𐤄𐤅 𐤅𐤏𐤔𐤄𐤀𐤋
𐤅𐤔𐤌𐤓𐤉𐤌𐤅𐤕 [𐤅𐤔𐤌𐤉𐤓𐤌𐤅𐤕] 𐤅𐤉𐤄𐤅𐤍𐤕𐤍 𐤅𐤀𐤃𐤍𐤉𐤄𐤅 𐤅𐤈𐤅𐤁𐤉𐤄𐤅 𐤅𐤈𐤅𐤁
𐤀𐤃𐤅𐤍𐤉𐤄 𐤄𐤋𐤅𐤉𐤌 𐤅𐤏𐤌𐤄𐤌 𐤀𐤋𐤉𐤔𐤌𐤏 𐤅𐤉𐤄𐤅𐤓𐤌 𐤄𐤊𐤄𐤍𐤉𐤌.
𐤈 𐤅𐤉𐤋𐤌𐤃𐤅 𐤁𐤉𐤄𐤅𐤃𐤄 𐤅𐤏𐤌𐤄𐤌 𐤎𐤐𐤓 𐤕𐤅𐤓𐤕 𐤉𐤄𐤅𐤄 𐤅𐤉𐤎𐤁𐤅 𐤁𐤊𐤋 𐤏𐤓𐤉
𐤉𐤄𐤅𐤃𐤄 𐤅𐤉𐤋𐤌𐤃𐤅 𐤁𐤏𐤌.
𐤉 𐤅𐤉𐤄𐤉 𐤐𐤇𐤃 𐤉𐤄𐤅𐤄 𐤏𐤋 𐤊𐤋 𐤌𐤌𐤋𐤊𐤅𐤕 𐤄𐤀𐤓𐤑𐤅𐤕 𐤀𐤔𐤓 𐤎𐤁𐤉𐤁𐤅𐤕
𐤉𐤄𐤅𐤃𐤄 𐤅𐤋𐤀 𐤍𐤋𐤇𐤌𐤅 𐤏𐤌 𐤉𐤄𐤅𐤔𐤐𐤈.
𐤉𐤀 𐤅𐤌𐤍 𐤐𐤋𐤔𐤕𐤉𐤌 𐤌𐤁𐤉𐤀𐤉𐤌 𐤋𐤉𐤄𐤅𐤔𐤐𐤈 𐤌𐤍𐤇𐤄 𐤅𐤊𐤎𐤐 𐤌𐤔𐤀 𐤅𐤂𐤌
𐤄𐤏𐤓𐤁𐤉𐤀𐤉𐤌 𐤌𐤁𐤉𐤀𐤉𐤌 𐤋𐤅 𐤑𐤀𐤍 𐤀𐤉𐤋𐤉𐤌 𐤔𐤁𐤏𐤕 𐤀𐤋𐤐𐤉𐤌 𐤅𐤔𐤁𐤏
𐤌𐤀𐤅𐤕 𐤅𐤕𐤉𐤔𐤉𐤌 𐤔𐤁𐤏𐤕 𐤀𐤋𐤐𐤉𐤌 𐤅𐤔𐤁𐤏 𐤌𐤀𐤅𐤕.
𐤉𐤁 𐤅𐤉𐤄𐤉 𐤉𐤄𐤅𐤔𐤐𐤈 𐤄𐤋𐤊 𐤅𐤂𐤃𐤋 𐤏𐤃 𐤋𐤌𐤏𐤋𐤄 𐤅𐤉𐤁𐤍 𐤁𐤉𐤄𐤅𐤃𐤄
𐤁𐤉𐤓𐤍𐤉𐤅𐤕 𐤅𐤏𐤓𐤉 𐤌𐤎𐤊𐤍𐤅𐤕.
𐤉𐤂 𐤅𐤌𐤋𐤀𐤊𐤄 𐤓𐤁𐤄 𐤄𐤉𐤄 𐤋𐤅 𐤁𐤏𐤓𐤉 𐤉𐤄𐤅𐤃𐤄 𐤅𐤀𐤍𐤔𐤉 𐤌𐤋𐤇𐤌𐤄 𐤂𐤁𐤅𐤓𐤉
𐤇𐤉𐤋 𐤁𐤉𐤓𐤅𐤔𐤋𐤌.
𐤉𐤃 𐤅𐤀𐤋𐤄 𐤐𐤒𐤃𐤕𐤌 𐤋𐤁𐤉𐤕 𐤀𐤁𐤅𐤕𐤉𐤄𐤌 𐤋𐤉𐤄𐤅𐤃𐤄 𐤔𐤓𐤉 𐤀𐤋𐤐𐤉𐤌 𐤏𐤃𐤍𐤄

# דברי הימים ב

השר ועמו גבורי חיל שלש מאות אלף•
טו ועל ידו יהוחנן השר ועמו מאתים ושמנים אלף•
טז ועל ידו עמסיה בן זכרי המתנדב ליהוה ועמו מאתים
אלף גבור חיל•
יז ומן בנימן גבור חיל אלידע ועמו נשקי קשת ומגן
מאתים אלף•
יח ועל ידו יהוזבד ועמו מאה ושמנים אלף חלוצי צבא•
יט אלה המשרתים את המלך מלבד אשר נתן המלך בערי
המבצר בכל יהודה•

פרק יח

א ויהי ליהושפט עשר וכבוד לרב ויתחתן לאחאב•
ב וירד לקץ שנים אל אחאב לשמרון ויזבח לו אחאב צאן
ובקר לרב ולעם אשר עמו ויסיתהו לעלות אל רמות גלעד•
ג ויאמר אחאב מלך ישראל אל יהושפט מלך יהודה התלך
עמי רמת גלעד ויאמר לו כמוני כמוך וכעמך עמי ועמך
במלחמה•
ד ויאמר יהושפט אל מלך ישראל דרש נא כיום את דבר
יהוה•
ה ויקבץ מלך ישראל את הנביאים ארבע מאות איש ויאמר
אלהם הנלך אל רמת גלעד למלחמה אם אחדל ויאמרו עלה
ויתן האלהים ביד המלך•
ו ויאמר יהושפט האין פה נביא ליהוה עוד ונדרשה
מאתו•
ז ויאמר מלך ישראל אל יהושפט עוד איש אחד לדרוש את
יהוה מאתו ואני שנאתיהו כי איננו מתנבא עלי לטובה
כי כל ימיו לרעה הוא מיכיהו בן ימלא ויאמר יהושפט
אל יאמר המלך כן•
ח ויקרא מלך ישראל אל סריס אחד ויאמר מהר מיכהו
[מיכיהו] בן ימלא•
ט ומלך ישראל ויהושפט מלך יהודה יושבים איש על
כסאו מלבשים בגדים ויושבים בגרן פתח שער שמרון וכל
הנביאים מתנבאים לפניהם•

# 𐤃𐤁𐤓𐤉 𐤄𐤉𐤌𐤉𐤌 𐤁

𐤉𐤅𐤉𐤏𐤔 𐤋𐤅 𐤑𐤃𐤒𐤉𐤄𐤅 𐤁𐤍 𐤊𐤍𐤏𐤍𐤄 𐤒𐤓𐤍𐤉 𐤁𐤓𐤆𐤋 𐤅𐤉𐤀𐤌𐤓 𐤊𐤄 𐤀𐤌𐤓
𐤉𐤄𐤅𐤄 𐤁𐤀𐤋𐤄 𐤕𐤍𐤂𐤇 𐤀𐤕 𐤀𐤓𐤌 𐤏𐤃 𐤊𐤋𐤅𐤕𐤌•

𐤉𐤀𐤅𐤊𐤋 𐤄𐤍𐤁𐤀𐤉𐤌 𐤍𐤁𐤀𐤉𐤌 𐤊𐤍 𐤋𐤀𐤌𐤓 𐤏𐤋𐤄 𐤓𐤌𐤕 𐤂𐤋𐤏𐤃 𐤅𐤄𐤑𐤋𐤇
𐤅𐤍𐤕𐤍 𐤉𐤄𐤅𐤄 𐤁𐤉𐤃 𐤄𐤌𐤋𐤊•

𐤉𐤁𐤅𐤄𐤌𐤋𐤀𐤊 𐤀𐤔𐤓 𐤄𐤋𐤊 𐤋𐤒𐤓𐤀 𐤋𐤌𐤉𐤊𐤉𐤄𐤅 𐤃𐤁𐤓 𐤀𐤋𐤉𐤅 𐤋𐤀𐤌𐤓 𐤄𐤍𐤄
𐤃𐤁𐤓𐤉 𐤄𐤍𐤁𐤀𐤉𐤌 𐤐𐤄 𐤀𐤇𐤃 𐤈𐤅𐤁 𐤀𐤋 𐤄𐤌𐤋𐤊 𐤅𐤉𐤄𐤉 𐤍𐤀 𐤃𐤁𐤓𐤊 𐤊𐤀𐤇𐤃
𐤌𐤄𐤌 𐤅𐤃𐤁𐤓𐤕 𐤈𐤅𐤁•

𐤉𐤂𐤅𐤉𐤀𐤌𐤓 𐤌𐤉𐤊𐤉𐤄𐤅 𐤇𐤉 𐤉𐤄𐤅𐤄 𐤊𐤉 𐤀𐤕 𐤀𐤔𐤓 𐤉𐤀𐤌𐤓 𐤀𐤋𐤄𐤉 𐤀𐤕𐤅
𐤀𐤃𐤁𐤓•

𐤉𐤃𐤅𐤉𐤁𐤀 𐤀𐤋 𐤄𐤌𐤋𐤊 𐤅𐤉𐤀𐤌𐤓 𐤄𐤌𐤋𐤊 𐤀𐤋𐤉𐤅 𐤌𐤉𐤊𐤄 𐤄𐤍𐤋𐤊 𐤀𐤋 𐤓𐤌𐤕
𐤂𐤋𐤏𐤃 𐤋𐤌𐤋𐤇𐤌𐤄 𐤀𐤌 𐤀𐤇𐤃𐤋 𐤅𐤉𐤀𐤌𐤓 𐤏𐤋𐤅 𐤅𐤄𐤑𐤋𐤉𐤇𐤅 𐤅𐤉𐤍𐤕𐤍𐤅
𐤁𐤉𐤃𐤊𐤌•

𐤈𐤅𐤅𐤉𐤀𐤌𐤓 𐤀𐤋𐤉𐤅 𐤄𐤌𐤋𐤊 𐤏𐤃 𐤊𐤌𐤄 𐤐𐤏𐤌𐤉𐤌 𐤀𐤍𐤉 𐤌𐤔𐤁𐤉𐤏𐤊 𐤀𐤔𐤓 𐤋𐤀
𐤕𐤃𐤁𐤓 𐤀𐤋𐤉 𐤓𐤒 𐤀𐤌𐤕 𐤁𐤔𐤌 𐤉𐤄𐤅𐤄•

𐤈𐤆𐤅𐤉𐤀𐤌𐤓 𐤓𐤀𐤉𐤕𐤉 𐤀𐤕 𐤊𐤋 𐤉𐤔𐤓𐤀𐤋 𐤍𐤐𐤅𐤑𐤉𐤌 𐤏𐤋 𐤄𐤄𐤓𐤉𐤌 𐤊𐤑𐤀𐤍
𐤀𐤔𐤓 𐤀𐤉𐤍 𐤋𐤄𐤍 𐤓𐤏𐤄 𐤅𐤉𐤀𐤌𐤓 𐤉𐤄𐤅𐤄 𐤋𐤀 𐤀𐤃𐤍𐤉𐤌 𐤋𐤀𐤋𐤄 𐤉𐤔𐤅𐤁𐤅
𐤀𐤉𐤔 𐤋𐤁𐤉𐤕𐤅 𐤁𐤔𐤋𐤅𐤌•

𐤉𐤆𐤅𐤉𐤀𐤌𐤓 𐤌𐤋𐤊 𐤉𐤔𐤓𐤀𐤋 𐤀𐤋 𐤉𐤄𐤅𐤔𐤐𐤈 𐤄𐤋𐤀 𐤀𐤌𐤓𐤕𐤉 𐤀𐤋𐤉𐤊 𐤋𐤀
𐤉𐤕𐤍𐤁𐤀 𐤏𐤋𐤉 𐤈𐤅𐤁 𐤊𐤉 𐤀𐤌 𐤋𐤓𐤏•

𐤉𐤇𐤅𐤉𐤀𐤌𐤓 𐤋𐤊𐤍 𐤔𐤌𐤏𐤅 𐤃𐤁𐤓 𐤉𐤄𐤅𐤄 𐤓𐤀𐤉𐤕𐤉 𐤀𐤕 𐤉𐤄𐤅𐤄 𐤉𐤅𐤔𐤁 𐤏𐤋
𐤊𐤎𐤀𐤅 𐤅𐤊𐤋 𐤑𐤁𐤀 𐤄𐤔𐤌𐤉𐤌 𐤏𐤌𐤃𐤉𐤌 𐤏𐤋 𐤉𐤌𐤉𐤍𐤅 𐤅𐤔𐤌𐤀𐤋𐤅•

𐤉𐤈𐤅𐤉𐤀𐤌𐤓 𐤉𐤄𐤅𐤄 𐤌𐤉 𐤉𐤐𐤕𐤄 𐤀𐤕 𐤀𐤇𐤀𐤁 𐤌𐤋𐤊 𐤉𐤔𐤓𐤀𐤋 𐤅𐤉𐤏𐤋 𐤅𐤉𐤐𐤋
𐤁𐤓𐤌𐤅𐤕 𐤂𐤋𐤏𐤃 𐤅𐤉𐤀𐤌𐤓 𐤆𐤄 𐤀𐤌𐤓 𐤊𐤊𐤄 𐤅𐤆𐤄 𐤀𐤌𐤓 𐤊𐤊𐤄•

𐤊𐤅𐤉𐤑𐤀 𐤄𐤓𐤅𐤇 𐤅𐤉𐤏𐤌𐤃 𐤋𐤐𐤍𐤉 𐤉𐤄𐤅𐤄 𐤅𐤉𐤀𐤌𐤓 𐤀𐤍𐤉 𐤀𐤐𐤕𐤍𐤅 𐤅𐤉𐤀𐤌𐤓
𐤉𐤄𐤅𐤄 𐤀𐤋𐤉𐤅 𐤁𐤌𐤄•

𐤊𐤀𐤅𐤉𐤀𐤌𐤓 𐤀𐤑𐤀 𐤅𐤄𐤉𐤉𐤕𐤉 𐤋𐤓𐤅𐤇 𐤔𐤒𐤓 𐤁𐤐𐤉 𐤊𐤋 𐤍𐤁𐤉𐤀𐤉𐤅 𐤅𐤉𐤀𐤌𐤓
𐤕𐤐𐤕𐤄 𐤅𐤂𐤌 𐤕𐤅𐤊𐤋 𐤑𐤀𐤄 𐤅𐤏𐤔𐤄 𐤊𐤍•

𐤊𐤁𐤅𐤏𐤕𐤄 𐤄𐤍𐤄 𐤍𐤕𐤍 𐤉𐤄𐤅𐤄 𐤓𐤅𐤇 𐤔𐤒𐤓 𐤁𐤐𐤉 𐤍𐤁𐤉𐤀𐤉𐤊 𐤀𐤋𐤄 𐤅𐤉𐤄𐤅𐤄
𐤃𐤁𐤓 𐤏𐤋𐤉𐤊 𐤓𐤏𐤄•

𐤊𐤂𐤅𐤉𐤂𐤔 𐤑𐤃𐤒𐤉𐤄𐤅 𐤁𐤍 𐤊𐤍𐤏𐤍𐤄 𐤅𐤉𐤊 𐤀𐤕 𐤌𐤉𐤊𐤉𐤄𐤅 𐤏𐤋 𐤄𐤋𐤇𐤉
𐤅𐤉𐤀𐤌𐤓 𐤀𐤉 𐤆𐤄 𐤄𐤃𐤓𐤊 𐤏𐤁𐤓 𐤓𐤅𐤇 𐤉𐤄𐤅𐤄 𐤌𐤀𐤕𐤉 𐤋𐤃𐤁𐤓 𐤀𐤕𐤊•

𐤊𐤃𐤅𐤉𐤀𐤌𐤓 𐤌𐤉𐤊𐤉𐤄𐤅 𐤄𐤍𐤊 𐤓𐤀𐤄 𐤁𐤉𐤅𐤌 𐤄𐤄𐤅𐤀 𐤀𐤔𐤓 𐤕𐤁𐤅𐤀 𐤇𐤃𐤓
𐤁𐤇𐤃𐤓 𐤋𐤄𐤇𐤁𐤀•

# 𐤃𐤁𐤓𐤉 𐤄𐤉𐤌𐤉𐤌 𐤁

𐤊𐤄𐤅𐤉𐤀𐤌𐤓 𐤌𐤋𐤊 𐤉𐤔𐤓𐤀𐤋 𐤒𐤇𐤅 𐤀𐤕 𐤌𐤉𐤊𐤉𐤄𐤅 𐤅𐤄𐤔𐤉𐤁𐤄𐤅 𐤀𐤋 𐤀𐤌𐤅𐤍
𐤔𐤓 𐤄𐤏𐤉𐤓 𐤅𐤀𐤋 𐤉𐤅𐤀𐤔 𐤁𐤍 𐤄𐤌𐤋𐤊•
𐤊𐤅𐤅𐤀𐤌𐤓𐤕𐤌 𐤊𐤄 𐤀𐤌𐤓 𐤄𐤌𐤋𐤊 𐤔𐤉𐤌𐤅 𐤆𐤄 𐤁𐤉𐤕 𐤄𐤊𐤋𐤀 𐤅𐤄𐤀𐤊𐤋𐤄𐤅
𐤋𐤇𐤌 𐤋𐤇𐤑 𐤅𐤌𐤉𐤌 𐤋𐤇𐤑 𐤏𐤃 𐤔𐤅𐤁𐤉 𐤁𐤔𐤋𐤅𐤌•
𐤊𐤆𐤅𐤉𐤀𐤌𐤓 𐤌𐤉𐤊𐤉𐤄𐤅 𐤀𐤌 𐤔𐤅𐤁 𐤕𐤔𐤅𐤁 𐤁𐤔𐤋𐤅𐤌 𐤋𐤀 𐤃𐤁𐤓 𐤉𐤄𐤅𐤄 𐤁𐤉
𐤅𐤉𐤀𐤌𐤓 𐤔𐤌𐤏𐤅 𐤏𐤌𐤉𐤌 𐤊𐤋𐤌•
𐤊𐤇𐤅𐤉𐤏𐤋 𐤌𐤋𐤊 𐤉𐤔𐤓𐤀𐤋 𐤅𐤉𐤄𐤅𐤔𐤐𐤈 𐤌𐤋𐤊 𐤉𐤄𐤅𐤃𐤄 𐤀𐤋 𐤓𐤌𐤕 𐤂𐤋𐤏𐤃•
𐤊𐤈𐤅𐤉𐤀𐤌𐤓 𐤌𐤋𐤊 𐤉𐤔𐤓𐤀𐤋 𐤀𐤋 𐤉𐤄𐤅𐤔𐤐𐤈 𐤄𐤕𐤇𐤐𐤔 𐤅𐤁𐤅𐤀 𐤁𐤌𐤋𐤇𐤌𐤄
𐤅𐤀𐤕𐤄 𐤋𐤁𐤔 𐤁𐤂𐤃𐤉𐤊 𐤅𐤉𐤕𐤇𐤐𐤔 𐤌𐤋𐤊 𐤉𐤔𐤓𐤀𐤋 𐤅𐤉𐤁𐤀𐤅 𐤁𐤌𐤋𐤇𐤌𐤄•
𐤋𐤅𐤌𐤋𐤊 𐤀𐤓𐤌 𐤑𐤅𐤄 𐤀𐤕 𐤔𐤓𐤉 𐤄𐤓𐤊𐤁 𐤀𐤔𐤓 𐤋𐤅 𐤋𐤀𐤌𐤓 𐤋𐤀 𐤕𐤋𐤇𐤌𐤅 𐤀𐤕
𐤄𐤒𐤈𐤍 𐤀𐤕 𐤄𐤂𐤃𐤅𐤋 𐤊𐤉 𐤀𐤌 𐤀𐤕 𐤌𐤋𐤊 𐤉𐤔𐤓𐤀𐤋 𐤋𐤁𐤃𐤅•
𐤋𐤀𐤅𐤉𐤄𐤉 𐤊𐤓𐤀𐤅𐤕 𐤔𐤓𐤉 𐤄𐤓𐤊𐤁 𐤀𐤕 𐤉𐤄𐤅𐤔𐤐𐤈 𐤅𐤄𐤌𐤄 𐤀𐤌𐤓𐤅 𐤌𐤋𐤊
𐤉𐤔𐤓𐤀𐤋 𐤄𐤅𐤀 𐤅𐤉𐤎𐤁𐤅 𐤏𐤋𐤉𐤅 𐤋𐤄𐤋𐤇𐤌 𐤅𐤉𐤆𐤏𐤒 𐤉𐤄𐤅𐤔𐤐𐤈 𐤅𐤉𐤄𐤅𐤄
𐤏𐤆𐤓𐤅 𐤅𐤉𐤎𐤉𐤕𐤌 𐤀𐤋𐤄𐤉𐤌 𐤌𐤌𐤍𐤅•
𐤋𐤁𐤅𐤉𐤄𐤉 𐤊𐤓𐤀𐤅𐤕 𐤔𐤓𐤉 𐤄𐤓𐤊𐤁 𐤊𐤉 𐤋𐤀 𐤄𐤉𐤄 𐤌𐤋𐤊 𐤉𐤔𐤓𐤀𐤋 𐤅𐤉𐤔𐤅𐤁𐤅
𐤌𐤀𐤇𐤓𐤉𐤅•
𐤋𐤂𐤅𐤀𐤉𐤔 𐤌𐤔𐤊 𐤁𐤒𐤔𐤕 𐤋𐤕𐤌𐤅 𐤅𐤉𐤊 𐤀𐤕 𐤌𐤋𐤊 𐤉𐤔𐤓𐤀𐤋 𐤁𐤉𐤍
𐤄𐤃𐤁𐤒𐤉𐤌 𐤅𐤁𐤉𐤍 𐤄𐤔𐤓𐤉𐤍 𐤅𐤉𐤀𐤌𐤓 𐤋𐤓𐤊𐤁 𐤄𐤐𐤊 𐤉𐤃𐤉𐤊 [𐤉𐤃𐤊]
𐤅𐤄𐤅𐤑𐤀𐤕𐤍𐤉 𐤌𐤍 𐤄𐤌𐤇𐤍𐤄 𐤊𐤉 𐤄𐤇𐤋𐤉𐤕𐤉•
𐤋𐤃𐤅𐤕𐤏𐤋 𐤄𐤌𐤋𐤇𐤌𐤄 𐤁𐤉𐤅𐤌 𐤄𐤄𐤅𐤀 𐤅𐤌𐤋𐤊 𐤉𐤔𐤓𐤀𐤋 𐤄𐤉𐤄 𐤌𐤏𐤌𐤉𐤃
𐤁𐤌𐤓𐤊𐤁𐤄 𐤍𐤊𐤇 𐤀𐤓𐤌 𐤏𐤃 𐤄𐤏𐤓𐤁 𐤅𐤉𐤌𐤕 𐤋𐤏𐤕 𐤁𐤅𐤀 𐤄𐤔𐤌𐤔•

## 𐤐𐤓𐤒 𐤉𐤈

𐤀𐤅𐤉𐤔𐤁 𐤉𐤄𐤅𐤔𐤐𐤈 𐤌𐤋𐤊 𐤉𐤄𐤅𐤃𐤄 𐤀𐤋 𐤁𐤉𐤕𐤅 𐤁𐤔𐤋𐤅𐤌 𐤋𐤉𐤓𐤅𐤔𐤋𐤌•
𐤁𐤅𐤉𐤑𐤀 𐤀𐤋 𐤐𐤍𐤉𐤅 𐤉𐤄𐤅𐤀 𐤁𐤍 𐤇𐤍𐤍𐤉 𐤄𐤇𐤆𐤄 𐤅𐤉𐤀𐤌𐤓 𐤀𐤋 𐤄𐤌𐤋𐤊
𐤉𐤄𐤅𐤔𐤐𐤈 𐤄𐤋𐤓𐤔𐤏 𐤋𐤏𐤆𐤓 𐤅𐤋𐤔𐤍𐤀𐤉 𐤉𐤄𐤅𐤄 𐤕𐤀𐤄𐤁 𐤅𐤁𐤆𐤀𐤕 𐤏𐤋𐤉𐤊
𐤒𐤑𐤐 𐤌𐤋𐤐𐤍𐤉 𐤉𐤄𐤅𐤄•
𐤂𐤀𐤁𐤋 𐤃𐤁𐤓𐤉𐤌 𐤈𐤅𐤁𐤉𐤌 𐤍𐤌𐤑𐤀𐤅 𐤏𐤌𐤊 𐤊𐤉 𐤁𐤏𐤓𐤕 𐤄𐤀𐤔𐤓𐤅𐤕 𐤌𐤍 𐤄𐤀𐤓𐤑
𐤅𐤄𐤊𐤉𐤍𐤅𐤕 𐤋𐤁𐤁𐤊 𐤋𐤃𐤓𐤔 𐤄𐤀𐤋𐤄𐤉𐤌•
𐤃𐤅𐤉𐤔𐤁 𐤉𐤄𐤅𐤔𐤐𐤈 𐤁𐤉𐤓𐤅𐤔𐤋𐤌 𐤅𐤉𐤔𐤁 𐤅𐤉𐤑𐤀 𐤁𐤏𐤌 𐤌𐤁𐤀𐤓 𐤔𐤁𐤏 𐤏𐤃 𐤄𐤓
𐤀𐤐𐤓𐤉𐤌 𐤅𐤉𐤔𐤉𐤁𐤌 𐤀𐤋 𐤉𐤄𐤅𐤄 𐤀𐤋𐤄𐤉 𐤀𐤁𐤅𐤕𐤉𐤄𐤌•
𐤄𐤅𐤉𐤏𐤌𐤃 𐤔𐤐𐤈𐤉𐤌 𐤁𐤀𐤓𐤑 𐤁𐤊𐤋 𐤏𐤓𐤉 𐤉𐤄𐤅𐤃𐤄 𐤄𐤁𐤑𐤓𐤅𐤕 𐤋𐤏𐤉𐤓 𐤅𐤏𐤉𐤓•
𐤅𐤅𐤉𐤀𐤌𐤓 𐤀𐤋 𐤄𐤔𐤐𐤈𐤉𐤌 𐤓𐤀𐤅 𐤌𐤄 𐤀𐤕𐤌 𐤏𐤔𐤉𐤌 𐤊𐤉 𐤋𐤀 𐤋𐤀𐤃𐤌

# דברי הימים ב

תשפטו כי ליהוה ועמכם בדבר משפט.
ז ועתה יהי פחד יהוה עליכם שמרו ועשו כי אין עם
יהוה אלהינו עולה ומשא פנים ומקח שחד.
ח וגם בירושלם העמיד יהושפט מן הלוים והכהנים
ומראשי האבות לישראל למשפט יהוה ולריב וישבו
ירושלם.
ט ויצו עליהם לאמר כה תעשון ביראת יהוה באמונה
ובלבב שלם.
י וכל ריב אשר יבוא עליכם מאחיכם היושבים בעריהם
בין דם לדם בין תורה למצוה לחקים ולמשפטים והזהרתם
אתם ולא יאשמו ליהוה והיה קצף עליכם ועל אחיכם כה
תעשון ולא תאשמו.
יא והנה אמריהו כהן הראש עליכם לכל דבר יהוה
וזבדיהו בן ישמעאל הנגיד לבית יהודה לכל דבר המלך
ושטרים הלוים לפניכם חזקו ועשו ויהי יהוה עם הטוב.

## פרק כ

א ויהי אחרי כן באו בני מואב ובני עמון ועמהם
מהעמונים על יהושפט למלחמה.
ב ויבאו ויגידו ליהושפט לאמר בא עליך המון רב מעבר
לים מארם והנם בחצצון תמר היא עין גדי.
ג וירא ויתן יהושפט את פניו לדרוש ליהוה ויקרא צום
על כל יהודה.
ד ויקבצו יהודה לבקש מיהוה גם מכל ערי יהודה באו
לבקש את יהוה.
ה ויעמד יהושפט בקהל יהודה וירושלם בבית יהוה לפני
החצר החדשה.
ו ויאמר יהוה אלהי אבתינו הלא אתה הוא אלהים
בשמים ואתה מושל בכל ממלכות הגוים ובידך כח וגבורה
ואין עמך להתיצב.
ז הלא אתה אלהינו הורשת את ישבי הארץ הזאת מלפני
עמך ישראל ותתנה לזרע אברהם אהבך לעולם.
ח וישבו בה ויבנו לך בה מקדש לשמך לאמר.

# 𐤃𐤁𐤓𐤉 𐤄𐤉𐤌𐤉𐤌 𐤁

𐤈 𐤀𐤌 𐤕𐤁𐤅𐤀 𐤏𐤋𐤉𐤍𐤅 𐤓𐤏𐤄 𐤇𐤓𐤁 𐤔𐤐𐤅𐤈 𐤅𐤃𐤁𐤓 𐤅𐤓𐤏𐤁 𐤍𐤏𐤌𐤃𐤄 𐤋𐤐𐤍𐤉
𐤄𐤁𐤉𐤕 𐤄𐤆𐤄 𐤅𐤋𐤐𐤍𐤉𐤊 𐤊𐤉 𐤔𐤌𐤊 𐤁𐤁𐤉𐤕 𐤄𐤆𐤄 𐤅𐤍𐤆𐤏𐤒 𐤀𐤋𐤉𐤊
𐤌𐤑𐤓𐤕𐤍𐤅 𐤅𐤕𐤔𐤌𐤏 𐤅𐤕𐤅𐤔𐤉𐤏•

𐤉 𐤅𐤏𐤕𐤄 𐤄𐤍𐤄 𐤁𐤍𐤉 𐤏𐤌𐤅𐤍 𐤅𐤌𐤅𐤀𐤁 𐤅𐤄𐤓 𐤔𐤏𐤉𐤓 𐤀𐤔𐤓 𐤋𐤀 𐤍𐤕𐤕𐤄
𐤋𐤉𐤔𐤓𐤀𐤋 𐤋𐤁𐤅𐤀 𐤁𐤄𐤌 𐤁𐤁𐤀𐤌 𐤌𐤀𐤓𐤑 𐤌𐤑𐤓𐤉𐤌 𐤊𐤉 𐤎𐤓𐤅 𐤌𐤏𐤋𐤉𐤄𐤌 𐤅𐤋𐤀
𐤄𐤔𐤌𐤉𐤃𐤅𐤌•

𐤉𐤀 𐤅𐤄𐤍𐤄 𐤄𐤌 𐤂𐤌𐤋𐤉𐤌 𐤏𐤋𐤉𐤍𐤅 𐤋𐤁𐤅𐤀 𐤋𐤂𐤓𐤔𐤍𐤅 𐤌𐤉𐤓𐤔𐤕𐤊 𐤀𐤔𐤓
𐤄𐤅𐤓𐤔𐤕𐤍𐤅•

𐤉𐤁 𐤀𐤋𐤄𐤉𐤍𐤅 𐤄𐤋𐤀 𐤕𐤔𐤐𐤈 𐤁𐤌 𐤊𐤉 𐤀𐤉𐤍 𐤁𐤍𐤅 𐤊𐤇 𐤋𐤐𐤍𐤉 𐤄𐤄𐤌𐤅𐤍 𐤄𐤓𐤁
𐤄𐤆𐤄 𐤄𐤁𐤀 𐤏𐤋𐤉𐤍𐤅 𐤅𐤀𐤍𐤇𐤍𐤅 𐤋𐤀 𐤍𐤃𐤏 𐤌𐤄 𐤍𐤏𐤔𐤄 𐤊𐤉 𐤏𐤋𐤉𐤊
𐤏𐤉𐤍𐤉𐤍𐤅•

𐤉𐤂 𐤅𐤊𐤋 𐤉𐤄𐤅𐤃𐤄 𐤏𐤌𐤃𐤉𐤌 𐤋𐤐𐤍𐤉 𐤉𐤄𐤅𐤄 𐤂𐤌 𐤈𐤐𐤌 𐤍𐤔𐤉𐤄𐤌
𐤅𐤁𐤍𐤉𐤄𐤌•

𐤉𐤃 𐤅𐤉𐤇𐤆𐤉𐤀𐤋 𐤁𐤍 𐤆𐤊𐤓𐤉𐤄𐤅 𐤁𐤍 𐤁𐤍𐤉𐤄 𐤁𐤍 𐤉𐤏𐤉𐤀𐤋 𐤁𐤍 𐤌𐤕𐤍𐤉𐤄
𐤄𐤋𐤅𐤉 𐤌𐤍 𐤁𐤍𐤉 𐤀𐤎𐤐 𐤄𐤉𐤕𐤄 𐤏𐤋𐤉𐤅 𐤓𐤅𐤇 𐤉𐤄𐤅𐤄 𐤁𐤕𐤅𐤊 𐤄𐤒𐤄𐤋•
𐤈𐤅 𐤅𐤉𐤀𐤌𐤓 𐤄𐤒𐤔𐤉𐤁𐤅 𐤊𐤋 𐤉𐤄𐤅𐤃𐤄 𐤅𐤉𐤔𐤁𐤉 𐤉𐤓𐤅𐤔𐤋𐤌 𐤅𐤄𐤌𐤋𐤊
𐤉𐤄𐤅𐤔𐤐𐤈 𐤊𐤄 𐤀𐤌𐤓 𐤉𐤄𐤅𐤄 𐤋𐤊𐤌 𐤀𐤕𐤌 𐤀𐤋 𐤕𐤉𐤓𐤀𐤅 𐤅𐤀𐤋 𐤕𐤇𐤕𐤅 𐤌𐤐𐤍𐤉
𐤄𐤄𐤌𐤅𐤍 𐤄𐤓𐤁 𐤄𐤆𐤄 𐤊𐤉 𐤋𐤀 𐤋𐤊𐤌 𐤄𐤌𐤋𐤇𐤌𐤄 𐤊𐤉 𐤋𐤀𐤋𐤄𐤉𐤌•
𐤈𐤆 𐤌𐤇𐤓 𐤓𐤃𐤅 𐤏𐤋𐤉𐤄𐤌 𐤄𐤍𐤌 𐤏𐤋𐤉𐤌 𐤁𐤌𐤏𐤋𐤄 𐤄𐤑𐤉𐤑 𐤅𐤌𐤑𐤀𐤕𐤌 𐤀𐤕𐤌
𐤁𐤎𐤅𐤐 𐤄𐤍𐤇𐤋 𐤐𐤍𐤉 𐤌𐤃𐤁𐤓 𐤉𐤓𐤅𐤀𐤋•
𐤉𐤆 𐤋𐤀 𐤋𐤊𐤌 𐤋𐤄𐤋𐤇𐤌 𐤁𐤆𐤀𐤕 𐤄𐤕𐤉𐤑𐤁𐤅 𐤏𐤌𐤃𐤅 𐤅𐤓𐤀𐤅 𐤀𐤕 𐤉𐤔𐤅𐤏𐤕
𐤉𐤄𐤅𐤄 𐤏𐤌𐤊𐤌 𐤉𐤄𐤅𐤃𐤄 𐤅𐤉𐤓𐤅𐤔𐤋𐤌 𐤀𐤋 𐤕𐤉𐤓𐤀𐤅 𐤅𐤀𐤋 𐤕𐤇𐤕𐤅 𐤌𐤇𐤓 𐤑𐤀𐤅
𐤋𐤐𐤍𐤉𐤄𐤌 𐤅𐤉𐤄𐤅𐤄 𐤏𐤌𐤊𐤌•
𐤉𐤇 𐤅𐤉𐤒𐤃 𐤉𐤄𐤅𐤔𐤐𐤈 𐤀𐤐𐤉𐤌 𐤀𐤓𐤑𐤄 𐤅𐤊𐤋 𐤉𐤄𐤅𐤃𐤄 𐤅𐤉𐤔𐤁𐤉 𐤉𐤓𐤅𐤔𐤋𐤌
𐤍𐤐𐤋𐤅 𐤋𐤐𐤍𐤉 𐤉𐤄𐤅𐤄 𐤋𐤄𐤔𐤕𐤇𐤅𐤕 𐤋𐤉𐤄𐤅𐤄•
𐤉𐤈 𐤅𐤉𐤒𐤌𐤅 𐤄𐤋𐤅𐤉𐤌 𐤌𐤍 𐤁𐤍𐤉 𐤄𐤒𐤄𐤕𐤉𐤌 𐤅𐤌𐤍 𐤁𐤍𐤉 𐤄𐤒𐤓𐤇𐤉𐤌 𐤋𐤄𐤋𐤋
𐤋𐤉𐤄𐤅𐤄 𐤀𐤋𐤄𐤉 𐤉𐤔𐤓𐤀𐤋 𐤁𐤒𐤅𐤋 𐤂𐤃𐤅𐤋 𐤋𐤌𐤏𐤋𐤄•
𐤊 𐤅𐤉𐤔𐤊𐤉𐤌𐤅 𐤁𐤁𐤒𐤓 𐤅𐤉𐤑𐤀𐤅 𐤋𐤌𐤃𐤁𐤓 𐤕𐤒𐤅𐤏 𐤅𐤁𐤑𐤀𐤕𐤌 𐤏𐤌𐤃 𐤉𐤄𐤅𐤔𐤐𐤈
𐤅𐤉𐤀𐤌𐤓 𐤔𐤌𐤏𐤅𐤍𐤉 𐤉𐤄𐤅𐤃𐤄 𐤅𐤉𐤔𐤁𐤉 𐤉𐤓𐤅𐤔𐤋𐤌 𐤄𐤀𐤌𐤉𐤍𐤅 𐤁𐤉𐤄𐤅𐤄
𐤀𐤋𐤄𐤉𐤊𐤌 𐤅𐤕𐤀𐤌𐤍𐤅 𐤄𐤀𐤌𐤉𐤍𐤅 𐤁𐤍𐤁𐤉𐤀𐤉𐤅 𐤅𐤄𐤑𐤋𐤉𐤇𐤅•
𐤊𐤀 𐤅𐤉𐤅𐤏𐤑 𐤀𐤋 𐤄𐤏𐤌 𐤅𐤉𐤏𐤌𐤃 𐤌𐤔𐤓𐤓𐤉𐤌 𐤋𐤉𐤄𐤅𐤄 𐤅𐤌𐤄𐤋𐤋𐤉𐤌 𐤋𐤄𐤃𐤓𐤕
𐤒𐤃𐤔 𐤁𐤑𐤀𐤕 𐤋𐤐𐤍𐤉 𐤄𐤇𐤋𐤅𐤑 𐤅𐤀𐤌𐤓𐤉𐤌 𐤄𐤅𐤃𐤅 𐤋𐤉𐤄𐤅𐤄 𐤊𐤉 𐤋𐤏𐤅𐤋𐤌
𐤇𐤎𐤃𐤅•

# 𐤃𐤁𐤓𐤉 𐤄𐤉𐤌𐤉𐤌 𐤁

𐤊𐤁 𐤅𐤁𐤏𐤕 𐤄𐤇𐤋𐤅 𐤁𐤓𐤍𐤄 𐤅𐤕𐤄𐤋𐤄 𐤍𐤕𐤍 𐤉𐤄𐤅𐤄 𐤌𐤀𐤓𐤁𐤉𐤌 𐤏𐤋 𐤁𐤍𐤉
𐤏𐤌𐤅𐤍 𐤌𐤅𐤀𐤁 𐤅𐤄𐤓 𐤔𐤏𐤉𐤓 𐤄𐤁𐤀𐤉𐤌 𐤋𐤉𐤄𐤅𐤃𐤄 𐤅𐤉𐤍𐤂𐤐𐤅.
𐤊𐤂 𐤅𐤉𐤏𐤌𐤃𐤅 𐤁𐤍𐤉 𐤏𐤌𐤅𐤍 𐤅𐤌𐤅𐤀𐤁 𐤏𐤋 𐤉𐤔𐤁𐤉 𐤄𐤓 𐤔𐤏𐤉𐤓 𐤋𐤄𐤇𐤓𐤉𐤌
𐤅𐤋𐤄𐤔𐤌𐤉𐤃 𐤅𐤊𐤊𐤋𐤅𐤕𐤌 𐤁𐤉𐤅𐤔𐤁𐤉 𐤔𐤏𐤉𐤓 𐤏𐤆𐤓𐤅 𐤀𐤉𐤔 𐤁𐤓𐤏𐤄𐤅
𐤋𐤌𐤔𐤇𐤉𐤕.
𐤊𐤃 𐤅𐤉𐤄𐤅𐤃𐤄 𐤁𐤀 𐤏𐤋 𐤄𐤌𐤑𐤐𐤄 𐤋𐤌𐤃𐤁𐤓 𐤅𐤉𐤐𐤍𐤅 𐤀𐤋 𐤄𐤄𐤌𐤅𐤍 𐤅𐤄𐤍𐤌
𐤐𐤂𐤓𐤉𐤌 𐤍𐤐𐤋𐤉𐤌 𐤀𐤓𐤑𐤄 𐤅𐤀𐤉𐤍 𐤐𐤋𐤉𐤈𐤄.
𐤊𐤄 𐤅𐤉𐤁𐤀 𐤉𐤄𐤅𐤔𐤐𐤈 𐤅𐤏𐤌𐤅 𐤋𐤁𐤆 𐤀𐤕 𐤔𐤋𐤋𐤌 𐤅𐤉𐤌𐤑𐤀𐤅 𐤁𐤄𐤌 𐤋𐤓𐤁
𐤅𐤓𐤊𐤅𐤔 𐤅𐤐𐤂𐤓𐤉𐤌 𐤅𐤊𐤋𐤉 𐤇𐤌𐤃𐤅𐤕 𐤅𐤉𐤍𐤑𐤋𐤅 𐤋𐤄𐤌 𐤋𐤀𐤉𐤍 𐤌𐤔𐤀 𐤅𐤉𐤄𐤉𐤅
𐤉𐤌𐤉𐤌 𐤔𐤋𐤅𐤔𐤄 𐤁𐤆𐤆𐤉𐤌 𐤀𐤕 𐤄𐤔𐤋𐤋 𐤊𐤉 𐤓𐤁 𐤄𐤅𐤀.
𐤊𐤅 𐤅𐤁𐤉𐤅𐤌 𐤄𐤓𐤁𐤏𐤉 𐤍𐤒𐤄𐤋𐤅 𐤋𐤏𐤌𐤒 𐤁𐤓𐤊𐤄 𐤊𐤉 𐤔𐤌 𐤁𐤓𐤊𐤅 𐤀𐤕 𐤉𐤄𐤅𐤄
𐤏𐤋 𐤊𐤍 𐤒𐤓𐤀𐤅 𐤀𐤕 𐤔𐤌 𐤄𐤌𐤒𐤅𐤌 𐤄𐤄𐤅𐤀 𐤏𐤌𐤒 𐤁𐤓𐤊𐤄 𐤏𐤃 𐤄𐤉𐤅𐤌.
𐤊𐤆 𐤅𐤉𐤔𐤁𐤅 𐤊𐤋 𐤀𐤉𐤔 𐤉𐤄𐤅𐤃𐤄 𐤅𐤉𐤓𐤅𐤔𐤋𐤌 𐤅𐤉𐤄𐤅𐤔𐤐𐤈 𐤁𐤓𐤀𐤔𐤌
𐤋𐤔𐤅𐤁 𐤀𐤋 𐤉𐤓𐤅𐤔𐤋𐤌 𐤁𐤔𐤌𐤇𐤄 𐤊𐤉 𐤔𐤌𐤇𐤌 𐤉𐤄𐤅𐤄 𐤌𐤀𐤅𐤉𐤁𐤉𐤄𐤌.
𐤊𐤇 𐤅𐤉𐤁𐤀𐤅 𐤉𐤓𐤅𐤔𐤋𐤌 𐤁𐤍𐤁𐤋𐤉𐤌 𐤅𐤁𐤊𐤍𐤓𐤅𐤕 𐤅𐤁𐤇𐤑𐤑𐤓𐤅𐤕 𐤀𐤋 𐤁𐤉𐤕
𐤉𐤄𐤅𐤄.
𐤊𐤈 𐤅𐤉𐤄𐤉 𐤐𐤇𐤃 𐤀𐤋𐤄𐤉𐤌 𐤏𐤋 𐤊𐤋 𐤌𐤌𐤋𐤊𐤅𐤕 𐤄𐤀𐤓𐤑𐤅𐤕 𐤁𐤔𐤌𐤏𐤌 𐤊𐤉
𐤍𐤋𐤇𐤌 𐤉𐤄𐤅𐤄 𐤏𐤌 𐤀𐤅𐤉𐤁𐤉 𐤉𐤔𐤓𐤀𐤋.
𐤋 𐤅𐤕𐤔𐤒𐤈 𐤌𐤋𐤊𐤅𐤕 𐤉𐤄𐤅𐤔𐤐𐤈 𐤅𐤉𐤍𐤇 𐤋𐤅 𐤀𐤋𐤄𐤉𐤅 𐤌𐤎𐤁𐤉𐤁.
𐤋𐤀 𐤅𐤉𐤌𐤋𐤊 𐤉𐤄𐤅𐤔𐤐𐤈 𐤏𐤋 𐤉𐤄𐤅𐤃𐤄 𐤁𐤍 𐤔𐤋𐤔𐤉𐤌 𐤅𐤇𐤌𐤔 𐤔𐤍𐤄 𐤁𐤌𐤋𐤊𐤅
𐤅𐤏𐤔𐤓𐤉𐤌 𐤅𐤇𐤌𐤔 𐤔𐤍𐤄 𐤌𐤋𐤊 𐤁𐤉𐤓𐤅𐤔𐤋𐤌 𐤅𐤔𐤌 𐤀𐤌𐤅 𐤏𐤆𐤅𐤁𐤄 𐤁𐤕
𐤔𐤋𐤇𐤉.
𐤋𐤁 𐤅𐤉𐤋𐤊 𐤁𐤃𐤓𐤊 𐤀𐤁𐤉𐤅 𐤀𐤎𐤀 𐤅𐤋𐤀 𐤎𐤓 𐤌𐤌𐤍𐤄 𐤋𐤏𐤔𐤅𐤕 𐤄𐤉𐤔𐤓
𐤁𐤏𐤉𐤍𐤉 𐤉𐤄𐤅𐤄.
𐤋𐤂 𐤀𐤊 𐤄𐤁𐤌𐤅𐤕 𐤋𐤀 𐤎𐤓𐤅 𐤅𐤏𐤅𐤃 𐤄𐤏𐤌 𐤋𐤀 𐤄𐤊𐤉𐤍𐤅 𐤋𐤁𐤁𐤌 𐤋𐤀𐤋𐤄𐤉
𐤀𐤁𐤕𐤉𐤄𐤌.
𐤋𐤃 𐤅𐤉𐤕𐤓 𐤃𐤁𐤓𐤉 𐤉𐤄𐤅𐤔𐤐𐤈 𐤄𐤓𐤀𐤔𐤍𐤉𐤌 𐤅𐤄𐤀𐤇𐤓𐤍𐤉𐤌 𐤄𐤍𐤌 𐤊𐤕𐤅𐤁𐤉𐤌
𐤁𐤃𐤁𐤓𐤉 𐤉𐤄𐤅𐤀 𐤁𐤍 𐤇𐤍𐤍𐤉 𐤀𐤔𐤓 𐤄𐤏𐤋𐤄 𐤏𐤋 𐤎𐤐𐤓 𐤌𐤋𐤊𐤉 𐤉𐤔𐤓𐤀𐤋.
𐤋𐤄 𐤅𐤀𐤇𐤓𐤉 𐤊𐤍 𐤀𐤕𐤇𐤁𐤓 𐤉𐤄𐤅𐤔𐤐𐤈 𐤌𐤋𐤊 𐤉𐤄𐤅𐤃𐤄 𐤏𐤌 𐤀𐤇𐤆𐤉𐤄 𐤌𐤋𐤊
𐤉𐤔𐤓𐤀𐤋 𐤄𐤅𐤀 𐤄𐤓𐤔𐤉𐤏 𐤋𐤏𐤔𐤅𐤕.
𐤋𐤅 𐤅𐤉𐤇𐤁𐤓𐤄𐤅 𐤏𐤌𐤅 𐤋𐤏𐤔𐤅𐤕 𐤀𐤍𐤉𐤅𐤕 𐤋𐤋𐤊𐤕 𐤕𐤓𐤔𐤉𐤔 𐤅𐤉𐤏𐤔𐤅 𐤀𐤍𐤉𐤅𐤕
𐤁𐤏𐤑𐤉𐤅𐤍 𐤂𐤁𐤓.
𐤋𐤆 𐤅𐤉𐤕𐤍𐤁𐤀 𐤀𐤋𐤉𐤏𐤆𐤓 𐤁𐤍 𐤃𐤃𐤅𐤄𐤅 𐤌𐤌𐤓𐤔𐤄 𐤏𐤋 𐤉𐤄𐤅𐤔𐤐𐤈 𐤋𐤀𐤌𐤓

𐤊𐤄𐤕𐤇𐤁𐤓𐤊 𐤏𐤌 𐤀𐤇𐤆𐤉𐤄𐤅 𐤐𐤓𐤑 𐤉𐤄𐤅𐤄 𐤀𐤕 𐤌𐤏𐤔𐤉𐤊 𐤅𐤉𐤔𐤁𐤓𐤅 𐤀𐤍𐤉𐤅𐤕 𐤅𐤋𐤀 𐤏𐤑𐤓𐤅 𐤋𐤋𐤊𐤕 𐤀𐤋 𐤕𐤓𐤔𐤉𐤔.

## 𐤐𐤓𐤒 𐤊𐤀

𐤀 𐤅𐤉𐤔𐤊𐤁 𐤉𐤄𐤅𐤔𐤐𐤈 𐤏𐤌 𐤀𐤁𐤕𐤉𐤅 𐤅𐤉𐤒𐤁𐤓 𐤏𐤌 𐤀𐤁𐤕𐤉𐤅 𐤁𐤏𐤉𐤓 𐤃𐤅𐤉𐤃 𐤅𐤉𐤌𐤋𐤊 𐤉𐤄𐤅𐤓𐤌 𐤁𐤍𐤅 𐤕𐤇𐤕𐤉𐤅.

𐤁 𐤅𐤋𐤅 𐤀𐤇𐤉𐤌 𐤁𐤍𐤉 𐤉𐤄𐤅𐤔𐤐𐤈 𐤏𐤆𐤓𐤉𐤄 𐤅𐤉𐤇𐤉𐤀𐤋 𐤅𐤆𐤊𐤓𐤉𐤄𐤅 𐤅𐤏𐤆𐤓𐤉𐤄𐤅 𐤅𐤌𐤉𐤊𐤀𐤋 𐤅𐤔𐤐𐤈𐤉𐤄𐤅 𐤊𐤋 𐤀𐤋𐤄 𐤁𐤍𐤉 𐤉𐤄𐤅𐤔𐤐𐤈 𐤌𐤋𐤊 𐤉𐤔𐤓𐤀𐤋.

𐤂 𐤅𐤉𐤕𐤍 𐤋𐤄𐤌 𐤀𐤁𐤉𐤄𐤌 𐤌𐤕𐤍𐤅𐤕 𐤓𐤁𐤅𐤕 𐤋𐤊𐤎𐤐 𐤅𐤋𐤆𐤄𐤁 𐤅𐤋𐤌𐤂𐤃𐤍𐤅𐤕 𐤏𐤌 𐤏𐤓𐤉 𐤌𐤑𐤓𐤅𐤕 𐤁𐤉𐤄𐤅𐤃𐤄 𐤅𐤀𐤕 𐤄𐤌𐤌𐤋𐤊𐤄 𐤍𐤕𐤍 𐤋𐤉𐤄𐤅𐤓𐤌 𐤊𐤉 𐤄𐤅𐤀 𐤄𐤁𐤊𐤅𐤓.

𐤃 𐤅𐤉𐤒𐤌 𐤉𐤄𐤅𐤓𐤌 𐤏𐤋 𐤌𐤌𐤋𐤊𐤕 𐤀𐤁𐤉𐤅 𐤅𐤉𐤕𐤇𐤆𐤒 𐤅𐤉𐤄𐤓𐤂 𐤀𐤕 𐤊𐤋 𐤀𐤇𐤉𐤅 𐤁𐤇𐤓𐤁 𐤅𐤂𐤌 𐤌𐤔𐤓𐤉 𐤉𐤔𐤓𐤀𐤋.

𐤄 𐤁𐤍 𐤔𐤋𐤔𐤉𐤌 𐤅𐤔𐤕𐤉𐤌 𐤔𐤍𐤄 𐤉𐤄𐤅𐤓𐤌 𐤁𐤌𐤋𐤊𐤅 𐤅𐤔𐤌𐤅𐤍𐤄 𐤔𐤍𐤉𐤌 𐤌𐤋𐤊 𐤁𐤉𐤓𐤅𐤔𐤋𐤉𐤌.

𐤅 𐤅𐤉𐤋𐤊 𐤁𐤃𐤓𐤊 𐤌𐤋𐤊𐤉 𐤉𐤔𐤓𐤀𐤋 𐤊𐤀𐤔𐤓 𐤏𐤔𐤅 𐤁𐤉𐤕 𐤀𐤇𐤀𐤁 𐤊𐤉 𐤁𐤕 𐤀𐤇𐤀𐤁 𐤄𐤉𐤕𐤄 𐤋𐤅 𐤀𐤔𐤄 𐤅𐤉𐤏𐤔 𐤄𐤓𐤏 𐤁𐤏𐤉𐤍𐤉 𐤉𐤄𐤅𐤄.

𐤆 𐤅𐤋𐤀 𐤀𐤁𐤄 𐤉𐤄𐤅𐤄 𐤋𐤄𐤔𐤇𐤉𐤕 𐤀𐤕 𐤁𐤉𐤕 𐤃𐤅𐤉𐤃 𐤋𐤌𐤏𐤍 𐤄𐤁𐤓𐤉𐤕 𐤀𐤔𐤓 𐤊𐤓𐤕 𐤋𐤃𐤅𐤉𐤃 𐤅𐤊𐤀𐤔𐤓 𐤀𐤌𐤓 𐤋𐤕𐤕 𐤋𐤅 𐤍𐤉𐤓 𐤅𐤋𐤁𐤍𐤉𐤅 𐤊𐤋 𐤄𐤉𐤌𐤉𐤌.

𐤇 𐤁𐤉𐤌𐤉𐤅 𐤐𐤔𐤏 𐤀𐤃𐤅𐤌 𐤌𐤕𐤇𐤕 𐤉𐤃 𐤉𐤄𐤅𐤃𐤄 𐤅𐤉𐤌𐤋𐤉𐤊𐤅 𐤏𐤋𐤉𐤄𐤌 𐤌𐤋𐤊.

𐤈 𐤅𐤉𐤏𐤁𐤓 𐤉𐤄𐤅𐤓𐤌 𐤏𐤌 𐤔𐤓𐤉𐤅 𐤅𐤊𐤋 𐤄𐤓𐤊𐤁 𐤏𐤌𐤅 𐤅𐤉𐤄𐤉 𐤒𐤌 𐤋𐤉𐤋𐤄 𐤅𐤉𐤊 𐤀𐤕 𐤀𐤃𐤅𐤌 𐤄𐤎𐤅𐤁𐤁 𐤀𐤋𐤉𐤅 𐤅𐤀𐤕 𐤔𐤓𐤉 𐤄𐤓𐤊𐤁.

𐤉 𐤅𐤉𐤐𐤔𐤏 𐤀𐤃𐤅𐤌 𐤌𐤕𐤇𐤕 𐤉𐤃 𐤉𐤄𐤅𐤃𐤄 𐤏𐤃 𐤄𐤉𐤅𐤌 𐤄𐤆𐤄 𐤀𐤆 𐤕𐤐𐤔𐤏 𐤋𐤁𐤍𐤄 𐤁𐤏𐤕 𐤄𐤄𐤉𐤀 𐤌𐤕𐤇𐤕 𐤉𐤃𐤅 𐤊𐤉 𐤏𐤆𐤁 𐤀𐤕 𐤉𐤄𐤅𐤄 𐤀𐤋𐤄𐤉 𐤀𐤁𐤕𐤉𐤅.

𐤉𐤀 𐤂𐤌 𐤄𐤅𐤀 𐤏𐤔𐤄 𐤁𐤌𐤅𐤕 𐤁𐤄𐤓𐤉 𐤉𐤄𐤅𐤃𐤄 𐤅𐤉𐤆𐤍 𐤀𐤕 𐤉𐤔𐤁𐤉 𐤉𐤓𐤅𐤔𐤋𐤌 𐤅𐤉𐤃𐤇 𐤀𐤕 𐤉𐤄𐤅𐤃𐤄.

𐤉𐤁 𐤅𐤉𐤁𐤀 𐤀𐤋𐤉𐤅 𐤌𐤊𐤕𐤁 𐤌𐤀𐤋𐤉𐤄𐤅 𐤄𐤍𐤁𐤉𐤀 𐤋𐤀𐤌𐤓 𐤊𐤄 𐤀𐤌𐤓 𐤉𐤄𐤅𐤄 𐤀𐤋𐤄𐤉 𐤃𐤅𐤉𐤃 𐤀𐤁𐤉𐤊 𐤕𐤇𐤕 𐤀𐤔𐤓 𐤋𐤀 𐤄𐤋𐤊𐤕 𐤁𐤃𐤓𐤊𐤉 𐤉𐤄𐤅𐤔𐤐𐤈 𐤀𐤁𐤉𐤊 𐤅𐤁𐤃𐤓𐤊𐤉 𐤀𐤎𐤀 𐤌𐤋𐤊 𐤉𐤄𐤅𐤃𐤄.

𐤉𐤂 𐤅𐤕𐤋𐤊 𐤁𐤃𐤓𐤊 𐤌𐤋𐤊𐤉 𐤉𐤔𐤓𐤀𐤋 𐤅𐤕𐤆𐤍𐤄 𐤀𐤕 𐤉𐤄𐤅𐤃𐤄 𐤅𐤀𐤕 𐤉𐤔𐤁𐤉 𐤉𐤓𐤅𐤔𐤋𐤌 𐤊𐤄𐤆𐤍𐤅𐤕 𐤁𐤉𐤕 𐤀𐤇𐤀𐤁 𐤅𐤂𐤌 𐤀𐤕 𐤀𐤇𐤉𐤊 𐤁𐤉𐤕 𐤀𐤁𐤉𐤊 𐤄𐤈𐤅𐤁𐤉𐤌 𐤌𐤌𐤊 𐤄𐤓𐤂𐤕.

𐤉𐤃 𐤄𐤍𐤄 𐤉𐤄𐤅𐤄 𐤍𐤂𐤐 𐤌𐤂𐤐𐤄 𐤂𐤃𐤅𐤋𐤄 𐤁𐤏𐤌𐤊 𐤅𐤁𐤁𐤍𐤉𐤊 𐤅𐤁𐤍𐤔𐤉𐤊
𐤅𐤁𐤊𐤋 𐤓𐤊𐤅𐤔𐤊•
𐤈𐤅 𐤅𐤀𐤕𐤄 𐤁𐤇𐤋𐤉𐤉𐤌 𐤓𐤁𐤉𐤌 𐤁𐤌𐤇𐤋𐤄 𐤌𐤏𐤉𐤊 𐤏𐤃 𐤉𐤑𐤀𐤅 𐤌𐤏𐤉𐤊 𐤌𐤍
𐤄𐤇𐤋𐤉 𐤉𐤌𐤉𐤌 𐤏𐤋 𐤉𐤌𐤉𐤌•
𐤈𐤆 𐤅𐤉𐤏𐤓 𐤉𐤄𐤅𐤄 𐤏𐤋 𐤉𐤄𐤅𐤓𐤌 𐤀𐤕 𐤓𐤅𐤇 𐤄𐤐𐤋𐤔𐤕𐤉𐤌 𐤅𐤄𐤏𐤓𐤁𐤉𐤌 𐤀𐤔𐤓
𐤏𐤋 𐤉𐤃 𐤊𐤅𐤔𐤉𐤌•
𐤉𐤆 𐤅𐤉𐤏𐤋𐤅 𐤁𐤉𐤄𐤅𐤃𐤄 𐤅𐤉𐤁𐤒𐤏𐤅𐤄 𐤅𐤉𐤔𐤁𐤅 𐤀𐤕 𐤊𐤋 𐤄𐤓𐤊𐤅𐤔 𐤄𐤍𐤌𐤑𐤀
𐤋𐤁𐤉𐤕 𐤄𐤌𐤋𐤊 𐤅𐤂𐤌 𐤁𐤍𐤉𐤅 𐤅𐤍𐤔𐤉𐤅 𐤅𐤋𐤀 𐤍𐤔𐤀𐤓 𐤋𐤅 𐤁𐤍 𐤊𐤉 𐤀𐤌
𐤉𐤄𐤅𐤀𐤇𐤆 𐤒𐤈𐤍 𐤁𐤍𐤉𐤅•
𐤉𐤇 𐤅𐤀𐤇𐤓𐤉 𐤊𐤋 𐤆𐤀𐤕 𐤍𐤂𐤐𐤅 𐤉𐤄𐤅𐤄 𐤁𐤌𐤏𐤉𐤅 𐤋𐤇𐤋𐤉 𐤋𐤀𐤉𐤍 𐤌𐤓𐤐𐤀•
𐤉𐤈 𐤅𐤉𐤄𐤉 𐤋𐤉𐤌𐤉𐤌 𐤌𐤉𐤌𐤉𐤌 𐤅𐤊𐤏𐤕 𐤑𐤀𐤕 𐤄𐤒𐤑 𐤋𐤉𐤌𐤉𐤌 𐤔𐤍𐤉𐤌
𐤉𐤑𐤀𐤅 𐤌𐤏𐤉𐤅 𐤏𐤌 𐤇𐤋𐤉𐤅 𐤅𐤉𐤌𐤕 𐤁𐤕𐤇𐤋𐤀𐤉𐤌 𐤓𐤏𐤉𐤌 𐤅𐤋𐤀 𐤏𐤔𐤅 𐤋𐤅 𐤏𐤌𐤅
𐤔𐤓𐤐𐤄 𐤊𐤔𐤓𐤐𐤕 𐤀𐤁𐤕𐤉𐤅•
𐤊 𐤁𐤍 𐤔𐤋𐤔𐤉𐤌 𐤅𐤔𐤕𐤉𐤌 𐤄𐤉𐤄 𐤁𐤌𐤋𐤊𐤅 𐤅𐤔𐤌𐤅𐤍𐤄 𐤔𐤍𐤉𐤌 𐤌𐤋𐤊
𐤁𐤉𐤓𐤅𐤔𐤋𐤌 𐤅𐤉𐤋𐤊 𐤁𐤋𐤀 𐤇𐤌𐤃𐤄 𐤅𐤉𐤒𐤁𐤓𐤄𐤅 𐤁𐤏𐤉𐤓 𐤃𐤅𐤉𐤃 𐤅𐤋𐤀 𐤁𐤒𐤁𐤓𐤅𐤕
𐤄𐤌𐤋𐤊𐤉𐤌•

𐤐𐤓𐤒 𐤊𐤁

𐤀 𐤅𐤉𐤌𐤋𐤉𐤊𐤅 𐤉𐤅𐤔𐤁𐤉 𐤉𐤓𐤅𐤔𐤋𐤌 𐤀𐤕 𐤀𐤇𐤆𐤉𐤄𐤅 𐤁𐤍𐤅 𐤄𐤒𐤈𐤍 𐤕𐤇𐤕𐤉𐤅
𐤊𐤉 𐤊𐤋 𐤄𐤓𐤀𐤔𐤍𐤉𐤌 𐤄𐤓𐤂 𐤄𐤂𐤃𐤅𐤃 𐤄𐤁𐤀 𐤁𐤏𐤓𐤁𐤉𐤌 𐤋𐤌𐤇𐤍𐤄 𐤅𐤉𐤌𐤋𐤊
𐤀𐤇𐤆𐤉𐤄𐤅 𐤁𐤍 𐤉𐤄𐤅𐤓𐤌 𐤌𐤋𐤊 𐤉𐤄𐤅𐤃𐤄•
𐤁 𐤁𐤍 𐤀𐤓𐤁𐤏𐤉𐤌 𐤅𐤔𐤕𐤉𐤌 𐤔𐤍𐤄 𐤀𐤇𐤆𐤉𐤄𐤅 𐤁𐤌𐤋𐤊𐤅 𐤅𐤔𐤍𐤄 𐤀𐤇𐤕 𐤌𐤋𐤊
𐤁𐤉𐤓𐤅𐤔𐤋𐤌 𐤅𐤔𐤌 𐤀𐤌𐤅 𐤏𐤕𐤋𐤉𐤄𐤅 𐤁𐤕 𐤏𐤌𐤓𐤉•
𐤂 𐤂𐤌 𐤄𐤅𐤀 𐤄𐤋𐤊 𐤁𐤃𐤓𐤊𐤉 𐤁𐤉𐤕 𐤀𐤇𐤀𐤁 𐤊𐤉 𐤀𐤌𐤅 𐤄𐤉𐤕𐤄 𐤉𐤅𐤏𐤑𐤕𐤅
𐤋𐤄𐤓𐤔𐤉𐤏•
𐤃 𐤅𐤉𐤏𐤔 𐤄𐤓𐤏 𐤁𐤏𐤉𐤍𐤉 𐤉𐤄𐤅𐤄 𐤊𐤁𐤉𐤕 𐤀𐤇𐤀𐤁 𐤊𐤉 𐤄𐤌𐤄 𐤄𐤉𐤅 𐤋𐤅
𐤉𐤅𐤏𐤑𐤉𐤌 𐤀𐤇𐤓𐤉 𐤌𐤅𐤕 𐤀𐤁𐤉𐤄𐤅 𐤋𐤌𐤔𐤇𐤉𐤕 𐤋𐤅•
𐤄 𐤂𐤌 𐤁𐤏𐤑𐤕𐤌 𐤄𐤋𐤊 𐤅𐤉𐤋𐤊 𐤀𐤕 𐤉𐤄𐤅𐤓𐤌 𐤁𐤍 𐤀𐤇𐤀𐤁 𐤌𐤋𐤊 𐤉𐤔𐤓𐤀𐤋
𐤋𐤌𐤋𐤇𐤌𐤄 𐤏𐤋 𐤇𐤆𐤀𐤋 𐤌𐤋𐤊 𐤀𐤓𐤌 𐤁𐤓𐤌𐤅𐤕 𐤂𐤋𐤏𐤃 𐤅𐤉𐤊𐤅 𐤄𐤓𐤌𐤉𐤌 𐤀𐤕
𐤉𐤅𐤓𐤌•
𐤅 𐤅𐤉𐤔𐤁 𐤋𐤄𐤕𐤓𐤐𐤀 𐤁𐤉𐤆𐤓𐤏𐤀𐤋 𐤊𐤉 𐤄𐤌𐤊𐤉𐤌 𐤀𐤔𐤓 𐤄𐤊𐤄𐤅 𐤁𐤓𐤌𐤄
𐤁𐤄𐤋𐤇𐤌𐤅 𐤀𐤕 𐤇𐤆𐤄𐤀𐤋 𐤌𐤋𐤊 𐤀𐤓𐤌 𐤅𐤏𐤆𐤓𐤉𐤄𐤅 𐤁𐤍 𐤉𐤄𐤅𐤓𐤌 𐤌𐤋𐤊
𐤉𐤄𐤅𐤃𐤄 𐤉𐤓𐤃 𐤋𐤓𐤀𐤅𐤕 𐤀𐤕 𐤉𐤄𐤅𐤓𐤌 𐤁𐤍 𐤀𐤇𐤀𐤁 𐤁𐤉𐤆𐤓𐤏𐤀𐤋 𐤊𐤉 𐤇𐤋𐤄

# 𐤃𐤁𐤓𐤉 𐤄𐤉𐤌𐤉𐤌 𐤁

𐤄𐤅𐤀.

𐤆 𐤅𐤌𐤀𐤋𐤄𐤉𐤌 𐤄𐤉𐤕𐤄 𐤕𐤁𐤅𐤎𐤕 𐤀𐤇𐤆𐤉𐤄𐤅 𐤋𐤁𐤅𐤀 𐤀𐤋 𐤉𐤅𐤓𐤌 𐤅𐤁𐤁𐤀𐤅
𐤉𐤑𐤀 𐤏𐤌 𐤉𐤄𐤅𐤓𐤌 𐤀𐤋 𐤉𐤄𐤅𐤀 𐤁𐤍 𐤍𐤌𐤔𐤉 𐤀𐤔𐤓 𐤌𐤔𐤇𐤅 𐤉𐤄𐤅𐤄
𐤋𐤄𐤊𐤓𐤉𐤕 𐤀𐤕 𐤁𐤉𐤕 𐤀𐤇𐤀𐤁.

𐤇 𐤅𐤉𐤄𐤉 𐤊𐤔𐤐𐤈 𐤉𐤄𐤅𐤀 𐤏𐤌 𐤁𐤉𐤕 𐤀𐤇𐤀𐤁 𐤅𐤉𐤌𐤑𐤀 𐤀𐤕 𐤔𐤓𐤉 𐤉𐤄𐤅𐤃𐤄
𐤅𐤁𐤍𐤉 𐤀𐤇𐤉 𐤀𐤇𐤆𐤉𐤄𐤅 𐤌𐤔𐤓𐤕𐤉𐤌 𐤋𐤀𐤇𐤆𐤉𐤄𐤅 𐤅𐤉𐤄𐤓𐤂𐤌.

𐤈 𐤅𐤉𐤁𐤒𐤔 𐤀𐤕 𐤀𐤇𐤆𐤉𐤄𐤅 𐤅𐤉𐤋𐤊𐤃𐤄𐤅 𐤅𐤄𐤅𐤀 𐤌𐤕𐤇𐤁𐤀 𐤁𐤔𐤌𐤓𐤅𐤍
𐤅𐤉𐤁𐤀𐤄𐤅 𐤀𐤋 𐤉𐤄𐤅𐤀 𐤅𐤉𐤌𐤕𐤄𐤅 𐤅𐤉𐤒𐤁𐤓𐤄𐤅 𐤊𐤉 𐤀𐤌𐤓𐤅 𐤁𐤍 𐤉𐤄𐤅𐤔𐤐𐤈
𐤄𐤅𐤀 𐤀𐤔𐤓 𐤃𐤓𐤔 𐤀𐤕 𐤉𐤄𐤅𐤄 𐤁𐤊𐤋 𐤋𐤁𐤁𐤅 𐤅𐤀𐤉𐤍 𐤋𐤁𐤉𐤕 𐤀𐤇𐤆𐤉𐤄𐤅 𐤋𐤏𐤑𐤓
𐤊𐤇 𐤋𐤌𐤌𐤋𐤊𐤄.

𐤉 𐤅𐤏𐤕𐤋𐤉𐤄𐤅 𐤀𐤌 𐤀𐤇𐤆𐤉𐤄𐤅 𐤓𐤀𐤕𐤄 𐤊𐤉 𐤌𐤕 𐤁𐤍𐤄 𐤅𐤕𐤒𐤌 𐤅𐤕𐤃𐤁𐤓 𐤀𐤕
𐤊𐤋 𐤆𐤓𐤏 𐤄𐤌𐤌𐤋𐤊𐤄 𐤋𐤁𐤉𐤕 𐤉𐤄𐤅𐤃𐤄.

𐤉𐤀 𐤅𐤕𐤒𐤇 𐤉𐤄𐤅𐤔𐤁𐤏𐤕 𐤁𐤕 𐤄𐤌𐤋𐤊 𐤀𐤕 𐤉𐤅𐤀𐤔 𐤁𐤍 𐤀𐤇𐤆𐤉𐤄𐤅 𐤅𐤕𐤂𐤍𐤁
𐤀𐤕𐤅 𐤌𐤕𐤅𐤊 𐤁𐤍𐤉 𐤄𐤌𐤋𐤊 𐤄𐤌𐤅𐤌𐤕𐤉𐤌 𐤅𐤕𐤕𐤍 𐤀𐤕𐤅 𐤅𐤀𐤕 𐤌𐤉𐤍𐤒𐤕𐤅
𐤁𐤇𐤃𐤓 𐤄𐤌𐤈𐤅𐤕 𐤅𐤕𐤎𐤕𐤉𐤓𐤄𐤅 𐤉𐤄𐤅𐤔𐤁𐤏𐤕 𐤁𐤕 𐤄𐤌𐤋𐤊 𐤉𐤄𐤅𐤓𐤌 𐤀𐤔𐤕
𐤉𐤄𐤅𐤉𐤃𐤏 𐤄𐤊𐤄𐤍 𐤊𐤉 𐤄𐤉𐤀 𐤄𐤉𐤕𐤄 𐤀𐤇𐤅𐤕 𐤀𐤇𐤆𐤉𐤄𐤅 𐤌𐤐𐤍𐤉 𐤏𐤕𐤋𐤉𐤄𐤅
𐤅𐤋𐤀 𐤄𐤌𐤉𐤕𐤕𐤄𐤅.

𐤉𐤁 𐤅𐤉𐤄𐤉 𐤀𐤕𐤌 𐤁𐤁𐤉𐤕 𐤄𐤀𐤋𐤄𐤉𐤌 𐤌𐤕𐤇𐤁𐤀 𐤔𐤔 𐤔𐤍𐤉𐤌 𐤅𐤏𐤕𐤋𐤉𐤄
𐤌𐤋𐤊𐤕 𐤏𐤋 𐤄𐤀𐤓𐤑.

## 𐤐𐤓𐤒 𐤊𐤂

𐤀 𐤅𐤁𐤔𐤍𐤄 𐤄𐤔𐤁𐤏𐤉𐤕 𐤄𐤕𐤇𐤆𐤒 𐤉𐤄𐤅𐤉𐤃𐤏 𐤅𐤉𐤒𐤇 𐤀𐤕 𐤔𐤓𐤉 𐤄𐤌𐤀𐤅𐤕
𐤋𐤏𐤆𐤓𐤉𐤄𐤅 𐤁𐤍 𐤉𐤓𐤇𐤌 𐤅𐤋𐤉𐤔𐤌𐤏𐤀𐤋 𐤁𐤍 𐤉𐤄𐤅𐤇𐤍𐤍 𐤅𐤋𐤏𐤆𐤓𐤉𐤄𐤅 𐤁𐤍
𐤏𐤅𐤁𐤃 𐤅𐤀𐤕 𐤌𐤏𐤔𐤉𐤄𐤅 𐤁𐤍 𐤏𐤃𐤉𐤄𐤅 𐤅𐤀𐤕 𐤀𐤋𐤉𐤔𐤐𐤈 𐤁𐤍 𐤆𐤊𐤓𐤉 𐤏𐤌𐤅
𐤁𐤁𐤓𐤉𐤕.

𐤁 𐤅𐤉𐤎𐤁𐤅 𐤁𐤉𐤄𐤅𐤃𐤄 𐤅𐤉𐤒𐤁𐤑𐤅 𐤀𐤕 𐤄𐤋𐤅𐤉𐤌 𐤌𐤊𐤋 𐤏𐤓𐤉 𐤉𐤄𐤅𐤃𐤄
𐤅𐤓𐤀𐤔𐤉 𐤄𐤀𐤁𐤅𐤕 𐤋𐤉𐤔𐤓𐤀𐤋 𐤅𐤉𐤁𐤀𐤅 𐤀𐤋 𐤉𐤓𐤅𐤔𐤋𐤌.

𐤂 𐤅𐤉𐤊𐤓𐤕 𐤊𐤋 𐤄𐤒𐤄𐤋 𐤁𐤓𐤉𐤕 𐤁𐤁𐤉𐤕 𐤄𐤀𐤋𐤄𐤉𐤌 𐤏𐤌 𐤄𐤌𐤋𐤊 𐤅𐤉𐤀𐤌𐤓
𐤋𐤄𐤌 𐤄𐤍𐤄 𐤁𐤍 𐤄𐤌𐤋𐤊 𐤉𐤌𐤋𐤊 𐤊𐤀𐤔𐤓 𐤃𐤁𐤓 𐤉𐤄𐤅𐤄 𐤏𐤋 𐤁𐤍𐤉 𐤃𐤅𐤉𐤃.

𐤃 𐤆𐤄 𐤄𐤃𐤁𐤓 𐤀𐤔𐤓 𐤕𐤏𐤔𐤅 𐤄𐤔𐤋𐤔𐤉𐤕 𐤌𐤊𐤌 𐤁𐤀𐤉 𐤄𐤔𐤁𐤕 𐤋𐤊𐤄𐤍𐤉𐤌
𐤅𐤋𐤋𐤅𐤉𐤌 𐤋𐤔𐤏𐤓𐤉 𐤄𐤎𐤐𐤉𐤌.

𐤄 𐤅𐤄𐤔𐤋𐤔𐤉𐤕 𐤁𐤁𐤉𐤕 𐤄𐤌𐤋𐤊 𐤅𐤄𐤔𐤋𐤔𐤉𐤕 𐤁𐤔𐤏𐤓 𐤄𐤉𐤎𐤅𐤃 𐤅𐤊𐤋 𐤄𐤏𐤌
𐤁𐤇𐤑𐤓𐤅𐤕 𐤁𐤉𐤕 𐤉𐤄𐤅𐤄.

# דברי הימים ב

ו ואל יבוא בית יהוה כי אם הכהנים והמשרתים ללוים
המה יבאו כי קדש המה וכל העם ישמרו משמרת יהוה׃
ז והקיפו הלוים את המלך סביב איש וכליו בידו והבא
אל הבית יומת והיו את המלך בבאו ובצאתו׃
ח ויעשו הלוים וכל יהודה ככל אשר צוה יהוידע הכהן
ויקחו איש את אנשיו באי השבת עם יוצאי השבת כי לא
פטר יהוידע הכהן את המחלקות׃
ט ויתן יהוידע הכהן לשרי המאות את החניתים ואת
המגנות ואת השלטים אשר למלך דויד אשר בית האלהים׃
י ויעמד את כל העם ואיש שלחו בידו מכתף הבית הימנית
עד כתף הבית השמאלית למזבח ולבית על המלך סביב׃
יא ויוציאו את בן המלך ויתנו עליו את הנזר ואת
העדות וימליכו אתו וימשחהו יהוידע ובניו ויאמרו
יחי המלך׃
יב ותשמע עתליהו את קול העם הרצים והמהללים את
המלך ותבוא אל העם בית יהוה׃
יג ותרא והנה המלך עומד על עמודו במבוא והשרים
והחצצרות על המלך וכל עם הארץ שמח ותוקע בחצצרות
והמשוררים בכלי השיר ומודיעים להלל ותקרע עתליהו
את בגדיה ותאמר קשר קשר׃
יד ויוצא יהוידע הכהן את שרי המאות פקודי החיל
ויאמר אליהם הוציאוה אל מבית השדרות והבא אחריה
ימות בחרב כי אמר הכהן לא תמיתוה בית יהוה׃
טו וישימו לה ידים ותבוא אל מבוא שער הסוסים בית
המלך ותמיתוה שם׃
טז ויכרת יהוידע ברית בינו ובין כל העם ובין המלך
להיות לעם ליהוה׃
יז ויבאו כל העם בית הבעל ויתצהו ואת מזבחתיו ואת
צלמיו שברו ואת מתן כהן הבעל הרגו לפני המזבחות׃
יח וישם יהוידע פקדת בית יהוה ביד הכהנים הלוים
אשר חלק דויד על בית יהוה להעלות עלות יהוה ככתוב
בתורת משה בשמחה ובשיר על ידי דויד׃
יט ויעמד השוערים על שערי בית יהוה ולא יבא טמא לכל

# 𐤃𐤁𐤓𐤉 𐤄𐤉𐤌𐤉𐤌 𐤁

𐤃𐤁𐤓•
𐤊 𐤅𐤉𐤒𐤇 𐤀𐤕 𐤔𐤓𐤉 𐤄𐤌𐤀𐤅𐤕 𐤅𐤀𐤕 𐤄𐤀𐤃𐤉𐤓𐤉𐤌 𐤅𐤀𐤕 𐤄𐤌𐤅𐤔𐤋𐤉𐤌 𐤁𐤏𐤌
𐤅𐤀𐤕 𐤊𐤋 𐤏𐤌 𐤄𐤀𐤓𐤑 𐤅𐤉𐤅𐤓𐤃 𐤀𐤕 𐤄𐤌𐤋𐤊 𐤌𐤁𐤉𐤕 𐤉𐤄𐤅𐤄 𐤅𐤉𐤁𐤀𐤅 𐤁𐤕𐤅𐤊
𐤔𐤏𐤓 𐤄𐤏𐤋𐤉𐤅𐤍 𐤁𐤉𐤕 𐤄𐤌𐤋𐤊 𐤅𐤉𐤅𐤔𐤉𐤁𐤅 𐤀𐤕 𐤄𐤌𐤋𐤊 𐤏𐤋 𐤊𐤎𐤀
𐤄𐤌𐤌𐤋𐤊𐤄•
𐤊𐤀 𐤅𐤉𐤔𐤌𐤇𐤅 𐤊𐤋 𐤏𐤌 𐤄𐤀𐤓𐤑 𐤅𐤄𐤏𐤉𐤓 𐤔𐤒𐤈𐤄 𐤅𐤀𐤕 𐤏𐤕𐤋𐤉𐤄𐤅 𐤄𐤌𐤉𐤕𐤅
𐤁𐤇𐤓𐤁•

𐤐𐤓𐤒 𐤊𐤃

𐤀 𐤁𐤍 𐤔𐤁𐤏 𐤔𐤍𐤉𐤌 𐤉𐤅𐤀𐤔 𐤁𐤌𐤋𐤊𐤅 𐤅𐤀𐤓𐤁𐤏𐤉𐤌 𐤔𐤍𐤄 𐤌𐤋𐤊 𐤁𐤉𐤓𐤅𐤔𐤋𐤌
𐤅𐤔𐤌 𐤀𐤌𐤅 𐤑𐤁𐤉𐤄 𐤌𐤁𐤀𐤓 𐤔𐤁𐤏•
𐤁 𐤅𐤉𐤏𐤔 𐤉𐤅𐤀𐤔 𐤄𐤉𐤔𐤓 𐤁𐤏𐤉𐤍𐤉 𐤉𐤄𐤅𐤄 𐤊𐤋 𐤉𐤌𐤉 𐤉𐤄𐤅𐤉𐤃𐤏 𐤄𐤊𐤄𐤍•
𐤂 𐤅𐤉𐤔𐤀 𐤋𐤅 𐤉𐤄𐤅𐤉𐤃𐤏 𐤍𐤔𐤉𐤌 𐤔𐤕𐤉𐤌 𐤅𐤉𐤅𐤋𐤃 𐤁𐤍𐤉𐤌 𐤅𐤁𐤍𐤅𐤕•
𐤃 𐤅𐤉𐤄𐤉 𐤀𐤇𐤓𐤉 𐤊𐤍 𐤄𐤉𐤄 𐤏𐤌 𐤋𐤁 𐤉𐤅𐤀𐤔 𐤋𐤇𐤃𐤔 𐤀𐤕 𐤁𐤉𐤕 𐤉𐤄𐤅𐤄•
𐤄 𐤅𐤉𐤒𐤁𐤑 𐤀𐤕 𐤄𐤊𐤄𐤍𐤉𐤌 𐤅𐤄𐤋𐤅𐤉𐤌 𐤅𐤉𐤀𐤌𐤓 𐤋𐤄𐤌 𐤑𐤀𐤅 𐤋𐤏𐤓𐤉
𐤉𐤄𐤅𐤃𐤄 𐤅𐤒𐤁𐤑𐤅 𐤌𐤊𐤋 𐤉𐤔𐤓𐤀𐤋 𐤊𐤎𐤐 𐤋𐤇𐤆𐤒 𐤀𐤕 𐤁𐤉𐤕 𐤀𐤋𐤄𐤉𐤊𐤌 𐤌𐤃𐤉
𐤔𐤍𐤄 𐤁𐤔𐤍𐤄 𐤅𐤀𐤕𐤌 𐤕𐤌𐤄𐤓𐤅 𐤋𐤃𐤁𐤓 𐤅𐤋𐤀 𐤌𐤄𐤓𐤅 𐤄𐤋𐤅𐤉𐤌•
𐤅 𐤅𐤉𐤒𐤓𐤀 𐤄𐤌𐤋𐤊 𐤋𐤉𐤄𐤅𐤉𐤃𐤏 𐤄𐤓𐤀𐤔 𐤅𐤉𐤀𐤌𐤓 𐤋𐤅 𐤌𐤃𐤅𐤏 𐤋𐤀 𐤃𐤓𐤔𐤕 𐤏𐤋
𐤄𐤋𐤅𐤉𐤌 𐤋𐤄𐤁𐤉𐤀 𐤌𐤉𐤄𐤅𐤃𐤄 𐤅𐤌𐤉𐤓𐤅𐤔𐤋𐤌 𐤀𐤕 𐤌𐤔𐤀𐤕 𐤌𐤔𐤄 𐤏𐤁𐤃
𐤉𐤄𐤅𐤄 𐤅𐤄𐤒𐤄𐤋 𐤋𐤉𐤔𐤓𐤀𐤋 𐤋𐤀𐤄𐤋 𐤄𐤏𐤃𐤅𐤕•
𐤆 𐤊𐤉 𐤏𐤕𐤋𐤉𐤄𐤅 𐤄𐤌𐤓𐤔𐤏𐤕 𐤁𐤍𐤉𐤄 𐤐𐤓𐤑𐤅 𐤀𐤕 𐤁𐤉𐤕 𐤄𐤀𐤋𐤄𐤉𐤌 𐤅𐤂𐤌 𐤊𐤋
𐤒𐤃𐤔𐤉 𐤁𐤉𐤕 𐤉𐤄𐤅𐤄 𐤏𐤔𐤅 𐤋𐤁𐤏𐤋𐤉𐤌•
𐤇 𐤅𐤉𐤀𐤌𐤓 𐤄𐤌𐤋𐤊 𐤅𐤉𐤏𐤔𐤅 𐤀𐤓𐤅𐤍 𐤀𐤇𐤃 𐤅𐤉𐤕𐤍𐤄𐤅 𐤁𐤔𐤏𐤓 𐤁𐤉𐤕 𐤉𐤄𐤅𐤄
𐤇𐤅𐤑𐤄•
𐤈 𐤅𐤉𐤕𐤍𐤅 𐤒𐤅𐤋 𐤁𐤉𐤄𐤅𐤃𐤄 𐤅𐤁𐤉𐤓𐤅𐤔𐤋𐤌 𐤋𐤄𐤁𐤉𐤀 𐤋𐤉𐤄𐤅𐤄 𐤌𐤔𐤀𐤕
𐤌𐤔𐤄 𐤏𐤁𐤃 𐤄𐤀𐤋𐤄𐤉𐤌 𐤏𐤋 𐤉𐤔𐤓𐤀𐤋 𐤁𐤌𐤃𐤁𐤓•
𐤉 𐤅𐤉𐤔𐤌𐤇𐤅 𐤊𐤋 𐤄𐤔𐤓𐤉𐤌 𐤅𐤊𐤋 𐤄𐤏𐤌 𐤅𐤉𐤁𐤉𐤀𐤅 𐤅𐤉𐤔𐤋𐤉𐤊𐤅 𐤋𐤀𐤓𐤅𐤍
𐤏𐤃 𐤋𐤊𐤋𐤄•
𐤉𐤀 𐤅𐤉𐤄𐤉 𐤁𐤏𐤕 𐤉𐤁𐤉𐤀 𐤀𐤕 𐤄𐤀𐤓𐤅𐤍 𐤀𐤋 𐤐𐤒𐤃𐤕 𐤄𐤌𐤋𐤊 𐤁𐤉𐤃 𐤄𐤋𐤅𐤉𐤌
𐤅𐤊𐤓𐤀𐤅𐤕𐤌 𐤊𐤉 𐤓𐤁 𐤄𐤊𐤎𐤐 𐤅𐤁𐤀 𐤎𐤅𐤐𐤓 𐤄𐤌𐤋𐤊 𐤅𐤐𐤒𐤉𐤃 𐤊𐤄𐤍 𐤄𐤓𐤀𐤔
𐤅𐤉𐤏𐤓𐤅 𐤀𐤕 𐤄𐤀𐤓𐤅𐤍 𐤅𐤉𐤔𐤀𐤄𐤅 𐤅𐤉𐤔𐤁𐤄𐤅 𐤀𐤋 𐤌𐤒𐤌𐤅 𐤊𐤄 𐤏𐤔𐤅 𐤋𐤉𐤅𐤌
𐤁𐤉𐤅𐤌 𐤅𐤉𐤀𐤎𐤐𐤅 𐤊𐤎𐤐 𐤋𐤓𐤁•
𐤉𐤁 𐤅𐤉𐤕𐤍𐤄𐤅 𐤄𐤌𐤋𐤊 𐤅𐤉𐤄𐤅𐤉𐤃𐤏 𐤀𐤋 𐤏𐤅𐤔𐤄 𐤌𐤋𐤀𐤊𐤕 𐤏𐤁𐤅𐤃𐤕 𐤁𐤉𐤕

# 𐤃𐤁𐤓𐤉 𐤄𐤉𐤌𐤉𐤌 𐤁

𐤉𐤄𐤅𐤄 𐤅𐤉𐤄𐤉𐤅 𐤔𐤊𐤓𐤉𐤌 𐤇𐤑𐤁𐤉𐤌 𐤅𐤇𐤓𐤔𐤉𐤌 𐤋𐤇𐤃𐤔 𐤁𐤉𐤕 𐤉𐤄𐤅𐤄 𐤅𐤂𐤌
𐤋𐤇𐤓𐤔𐤉 𐤁𐤓𐤆𐤋 𐤅𐤍𐤇𐤔𐤕 𐤋𐤇𐤆𐤒 𐤀𐤕 𐤁𐤉𐤕 𐤉𐤄𐤅𐤄.
𐤉𐤂 𐤅𐤉𐤏𐤔𐤅 𐤏𐤔𐤉 𐤄𐤌𐤋𐤀𐤊𐤄 𐤅𐤕𐤏𐤋 𐤀𐤓𐤅𐤊𐤄 𐤋𐤌𐤋𐤀𐤊𐤄 𐤁𐤉𐤃𐤌
𐤅𐤉𐤏𐤌𐤉𐤃𐤅 𐤀𐤕 𐤁𐤉𐤕 𐤄𐤀𐤋𐤄𐤉𐤌 𐤏𐤋 𐤌𐤕𐤊𐤍𐤕𐤅 𐤅𐤉𐤀𐤌𐤑𐤄𐤅.
𐤉𐤃 𐤅𐤊𐤊𐤋𐤅𐤕𐤌 𐤄𐤁𐤉𐤀𐤅 𐤋𐤐𐤍𐤉 𐤄𐤌𐤋𐤊 𐤅𐤉𐤄𐤅𐤉𐤃𐤏 𐤀𐤕 𐤔𐤀𐤓 𐤄𐤊𐤎𐤐
𐤅𐤉𐤏𐤔𐤄𐤅 𐤊𐤋𐤉𐤌 𐤋𐤁𐤉𐤕 𐤉𐤄𐤅𐤄 𐤊𐤋𐤉 𐤔𐤓𐤕 𐤅𐤄𐤏𐤋𐤅𐤕 𐤅𐤊𐤐𐤅𐤕 𐤅𐤊𐤋𐤉
𐤆𐤄𐤁 𐤅𐤊𐤎𐤐 𐤅𐤉𐤄𐤉𐤅 𐤌𐤏𐤋𐤉𐤌 𐤏𐤋𐤅𐤕 𐤁𐤁𐤉𐤕 𐤉𐤄𐤅𐤄 𐤕𐤌𐤉𐤃 𐤊𐤋 𐤉𐤌𐤉
𐤉𐤄𐤅𐤉𐤃𐤏.
𐤈𐤅 𐤅𐤉𐤆𐤒𐤍 𐤉𐤄𐤅𐤉𐤃𐤏 𐤅𐤉𐤔𐤁𐤏 𐤉𐤌𐤉𐤌 𐤅𐤉𐤌𐤕 𐤁𐤍 𐤌𐤀𐤄 𐤅𐤔𐤋𐤔𐤉𐤌
𐤔𐤍𐤄 𐤁𐤌𐤅𐤕𐤅.
𐤈𐤆 𐤅𐤉𐤒𐤁𐤓𐤄𐤅 𐤁𐤏𐤉𐤓 𐤃𐤅𐤉𐤃 𐤏𐤌 𐤄𐤌𐤋𐤊𐤉𐤌 𐤊𐤉 𐤏𐤔𐤄 𐤈𐤅𐤁𐤄 𐤁𐤉𐤔𐤓𐤀𐤋
𐤅𐤏𐤌 𐤄𐤀𐤋𐤄𐤉𐤌 𐤅𐤁𐤉𐤕𐤅.
𐤉𐤆 𐤅𐤀𐤇𐤓𐤉 𐤌𐤅𐤕 𐤉𐤄𐤅𐤉𐤃𐤏 𐤁𐤀𐤅 𐤔𐤓𐤉 𐤉𐤄𐤅𐤃𐤄 𐤅𐤉𐤔𐤕𐤇𐤅𐤅 𐤋𐤌𐤋𐤊 𐤀𐤆
𐤔𐤌𐤏 𐤄𐤌𐤋𐤊 𐤀𐤋𐤉𐤄𐤌.
𐤉𐤇 𐤅𐤉𐤏𐤆𐤁𐤅 𐤀𐤕 𐤁𐤉𐤕 𐤉𐤄𐤅𐤄 𐤀𐤋𐤄𐤉 𐤀𐤁𐤅𐤕𐤉𐤄𐤌 𐤅𐤉𐤏𐤁𐤃𐤅 𐤀𐤕
𐤄𐤀𐤔𐤓𐤉𐤌 𐤅𐤀𐤕 𐤄𐤏𐤑𐤁𐤉𐤌 𐤅𐤉𐤄𐤉 𐤒𐤑𐤐 𐤏𐤋 𐤉𐤄𐤅𐤃𐤄 𐤅𐤉𐤓𐤅𐤔𐤋𐤌
𐤁𐤀𐤔𐤌𐤕𐤌 𐤆𐤀𐤕.
𐤉𐤈 𐤅𐤉𐤔𐤋𐤇 𐤁𐤄𐤌 𐤍𐤁𐤀𐤉𐤌 𐤋𐤄𐤔𐤉𐤁𐤌 𐤀𐤋 𐤉𐤄𐤅𐤄 𐤅𐤉𐤏𐤉𐤃𐤅 𐤁𐤌 𐤅𐤋𐤀
𐤄𐤀𐤆𐤉𐤍𐤅.
𐤊 𐤅𐤓𐤅𐤇 𐤀𐤋𐤄𐤉𐤌 𐤋𐤁𐤔𐤄 𐤀𐤕 𐤆𐤊𐤓𐤉𐤄 𐤁𐤍 𐤉𐤄𐤅𐤉𐤃𐤏 𐤄𐤊𐤄𐤍 𐤅𐤉𐤏𐤌𐤃
𐤌𐤏𐤋 𐤋𐤏𐤌 𐤅𐤉𐤀𐤌𐤓 𐤋𐤄𐤌 𐤊𐤄 𐤀𐤌𐤓 𐤄𐤀𐤋𐤄𐤉𐤌 𐤋𐤌𐤄 𐤀𐤕𐤌 𐤏𐤁𐤓𐤉𐤌 𐤀𐤕
𐤌𐤑𐤅𐤕 𐤉𐤄𐤅𐤄 𐤅𐤋𐤀 𐤕𐤑𐤋𐤉𐤇𐤅 𐤊𐤉 𐤏𐤆𐤁𐤕𐤌 𐤀𐤕 𐤉𐤄𐤅𐤄 𐤅𐤉𐤏𐤆𐤁 𐤀𐤕𐤊𐤌.
𐤊𐤀 𐤅𐤉𐤒𐤔𐤓𐤅 𐤏𐤋𐤉𐤅 𐤅𐤉𐤓𐤂𐤌𐤄𐤅 𐤀𐤁𐤍 𐤁𐤌𐤑𐤅𐤕 𐤄𐤌𐤋𐤊 𐤁𐤇𐤑𐤓 𐤁𐤉𐤕
𐤉𐤄𐤅𐤄.
𐤊𐤁 𐤅𐤋𐤀 𐤆𐤊𐤓 𐤉𐤅𐤀𐤔 𐤄𐤌𐤋𐤊 𐤄𐤇𐤎𐤃 𐤀𐤔𐤓 𐤏𐤔𐤄 𐤉𐤄𐤅𐤉𐤃𐤏 𐤀𐤁𐤉𐤅 𐤏𐤌𐤅
𐤅𐤉𐤄𐤓𐤂 𐤀𐤕 𐤁𐤍𐤅 𐤅𐤊𐤌𐤅𐤕𐤅 𐤀𐤌𐤓 𐤉𐤓𐤀 𐤉𐤄𐤅𐤄 𐤅𐤉𐤃𐤓𐤔.
𐤊𐤂 𐤅𐤉𐤄𐤉 𐤋𐤕𐤒𐤅𐤐𐤕 𐤄𐤔𐤍𐤄 𐤏𐤋𐤄 𐤏𐤋𐤉𐤅 𐤇𐤉𐤋 𐤀𐤓𐤌 𐤅𐤉𐤁𐤀𐤅 𐤀𐤋
𐤉𐤄𐤅𐤃𐤄 𐤅𐤉𐤓𐤅𐤔𐤋𐤌 𐤅𐤉𐤔𐤇𐤉𐤕𐤅 𐤀𐤕 𐤊𐤋 𐤔𐤓𐤉 𐤄𐤏𐤌 𐤌𐤏𐤌 𐤅𐤊𐤋 𐤔𐤋𐤋𐤌
𐤔𐤋𐤇𐤅 𐤋𐤌𐤋𐤊 𐤃𐤓𐤌𐤔𐤒.
𐤊𐤃 𐤊𐤉 𐤁𐤌𐤑𐤏𐤓 𐤀𐤍𐤔𐤉𐤌 𐤁𐤀𐤅 𐤇𐤉𐤋 𐤀𐤓𐤌 𐤅𐤉𐤄𐤅𐤄 𐤍𐤕𐤍 𐤁𐤉𐤃𐤌 𐤇𐤉𐤋
𐤋𐤓𐤁 𐤌𐤀𐤃 𐤊𐤉 𐤏𐤆𐤁𐤅 𐤀𐤕 𐤉𐤄𐤅𐤄 𐤀𐤋𐤄𐤉 𐤀𐤁𐤅𐤕𐤉𐤄𐤌 𐤅𐤀𐤕 𐤉𐤅𐤀𐤔 𐤏𐤔𐤅
𐤔𐤐𐤈𐤉𐤌.
𐤊𐤄 𐤅𐤁𐤋𐤊𐤕𐤌 𐤌𐤌𐤍𐤅 𐤊𐤉 𐤏𐤆𐤁𐤅 𐤀𐤕𐤅 𐤁𐤌𐤇𐤋𐤉𐤉𐤌 [𐤁𐤌𐤇𐤋𐤅𐤉𐤌] 𐤓𐤁𐤉𐤌

# 𐤃𐤁𐤓𐤉 𐤄𐤉𐤌𐤉𐤌 𐤁

𐤄𐤕𐤒𐤔𐤓𐤅 𐤏𐤋𐤉𐤅 𐤏𐤁𐤃𐤉𐤅 𐤁𐤃𐤌𐤉 𐤁𐤍𐤉 𐤉𐤄𐤅𐤉𐤃𐤏 𐤄𐤊𐤄𐤍 𐤅𐤉𐤄𐤓𐤂𐤄𐤅 𐤏𐤋 𐤌𐤈𐤕𐤅 𐤅𐤉𐤌𐤕 𐤅𐤉𐤒𐤁𐤓𐤄𐤅 𐤁𐤏𐤉𐤓 𐤃𐤅𐤉𐤃 𐤅𐤋𐤀 𐤒𐤁𐤓𐤄𐤅 𐤁𐤒𐤁𐤓𐤅𐤕 𐤄𐤌𐤋𐤊𐤉𐤌·

𐤊𐤅 𐤅𐤀𐤋𐤄 𐤄𐤌𐤕𐤒𐤔𐤓𐤉𐤌 𐤏𐤋𐤉𐤅 𐤆𐤁𐤃 𐤁𐤍 𐤔𐤌𐤏𐤕 𐤄𐤏𐤌𐤅𐤍𐤉𐤕 𐤅𐤉𐤄𐤅𐤆𐤁𐤃 𐤁𐤍 𐤔𐤌𐤓𐤉𐤕 𐤄𐤌𐤅𐤀𐤁𐤉𐤕·

𐤊𐤆 𐤅𐤁𐤍𐤉𐤅 𐤅𐤓𐤁 [𐤉𐤓𐤁] 𐤄𐤌𐤔𐤀 𐤏𐤋𐤉𐤅 𐤅𐤉𐤎𐤅𐤃 𐤁𐤉𐤕 𐤄𐤀𐤋𐤄𐤉𐤌 𐤄𐤍𐤌 𐤊𐤕𐤅𐤁𐤉𐤌 𐤏𐤋 𐤌𐤃𐤓𐤔 𐤎𐤐𐤓 𐤄𐤌𐤋𐤊𐤉𐤌 𐤅𐤉𐤌𐤋𐤊 𐤀𐤌𐤑𐤉𐤄𐤅 𐤁𐤍𐤅 𐤕𐤇𐤕𐤉𐤅·

## 𐤐𐤓𐤒 𐤊𐤄

𐤀 𐤁𐤍 𐤏𐤔𐤓𐤉𐤌 𐤅𐤇𐤌𐤔 𐤔𐤍𐤄 𐤌𐤋𐤊 𐤀𐤌𐤑𐤉𐤄𐤅 𐤅𐤏𐤔𐤓𐤉𐤌 𐤅𐤕𐤔𐤏 𐤔𐤍𐤄 𐤌𐤋𐤊 𐤁𐤉𐤓𐤅𐤔𐤋𐤌 𐤅𐤔𐤌 𐤀𐤌𐤅 𐤉𐤄𐤅𐤏𐤃𐤍 𐤌𐤉𐤓𐤅𐤔𐤋𐤉𐤌·

𐤁 𐤅𐤉𐤏𐤔 𐤄𐤉𐤔𐤓 𐤁𐤏𐤉𐤍𐤉 𐤉𐤄𐤅𐤄 𐤓𐤒 𐤋𐤀 𐤁𐤋𐤁𐤁 𐤔𐤋𐤌·

𐤂 𐤅𐤉𐤄𐤉 𐤊𐤀𐤔𐤓 𐤇𐤆𐤒𐤄 𐤄𐤌𐤌𐤋𐤊𐤄 𐤏𐤋𐤉𐤅 𐤅𐤉𐤄𐤓𐤂 𐤀𐤕 𐤏𐤁𐤃𐤉𐤅 𐤄𐤌𐤊𐤉𐤌 𐤀𐤕 𐤄𐤌𐤋𐤊 𐤀𐤁𐤉𐤅·

𐤃 𐤅𐤀𐤕 𐤁𐤍𐤉𐤄𐤌 𐤋𐤀 𐤄𐤌𐤉𐤕 𐤊𐤉 𐤊𐤊𐤕𐤅𐤁 𐤁𐤕𐤅𐤓𐤄 𐤁𐤎𐤐𐤓 𐤌𐤔𐤄 𐤀𐤔𐤓 𐤑𐤅𐤄 𐤉𐤄𐤅𐤄 𐤋𐤀𐤌𐤓 𐤋𐤀 𐤉𐤌𐤅𐤕𐤅 𐤀𐤁𐤅𐤕 𐤏𐤋 𐤁𐤍𐤉𐤌 𐤅𐤁𐤍𐤉𐤌 𐤋𐤀 𐤉𐤌𐤅𐤕𐤅 𐤏𐤋 𐤀𐤁𐤅𐤕 𐤊𐤉 𐤀𐤉𐤔 𐤁𐤇𐤈𐤀𐤅 𐤉𐤌𐤅𐤕𐤅·

𐤄 𐤅𐤉𐤒𐤁𐤑 𐤀𐤌𐤑𐤉𐤄𐤅 𐤀𐤕 𐤉𐤄𐤅𐤃𐤄 𐤅𐤉𐤏𐤌𐤉𐤃𐤌 𐤋𐤁𐤉𐤕 𐤀𐤁𐤅𐤕 𐤋𐤔𐤓𐤉 𐤄𐤀𐤋𐤐𐤉𐤌 𐤅𐤋𐤔𐤓𐤉 𐤄𐤌𐤀𐤅𐤕 𐤋𐤊𐤋 𐤉𐤄𐤅𐤃𐤄 𐤅𐤁𐤍𐤉𐤌𐤍 𐤅𐤉𐤐𐤒𐤃𐤌 𐤋𐤌𐤁𐤍 𐤏𐤔𐤓𐤉𐤌 𐤔𐤍𐤄 𐤅𐤌𐤏𐤋𐤄 𐤅𐤉𐤌𐤑𐤀𐤌 𐤔𐤋𐤔 𐤌𐤀𐤅𐤕 𐤀𐤋𐤐 𐤁𐤇𐤅𐤓 𐤉𐤅𐤑𐤀 𐤑𐤁𐤀 𐤀𐤇𐤆 𐤓𐤌𐤇 𐤅𐤑𐤍𐤄·

𐤅 𐤅𐤉𐤔𐤊𐤓 𐤌𐤉𐤔𐤓𐤀𐤋 𐤌𐤀𐤄 𐤀𐤋𐤐 𐤂𐤁𐤅𐤓 𐤇𐤉𐤋 𐤁𐤌𐤀𐤄 𐤊𐤊𐤓 𐤊𐤎𐤐·

𐤆 𐤅𐤀𐤉𐤔 𐤄𐤀𐤋𐤄𐤉𐤌 𐤁𐤀 𐤀𐤋𐤉𐤅 𐤋𐤀𐤌𐤓 𐤄𐤌𐤋𐤊 𐤀𐤋 𐤉𐤁𐤅𐤀 𐤏𐤌𐤊 𐤑𐤁𐤀 𐤉𐤔𐤓𐤀𐤋 𐤊𐤉 𐤀𐤉𐤍 𐤉𐤄𐤅𐤄 𐤏𐤌 𐤉𐤔𐤓𐤀𐤋 𐤊𐤋 𐤁𐤍𐤉 𐤀𐤐𐤓𐤉𐤌·

𐤇 𐤊𐤉 𐤀𐤌 𐤁𐤀 𐤀𐤕𐤄 𐤏𐤔𐤄 𐤇𐤆𐤒 𐤋𐤌𐤋𐤇𐤌𐤄 𐤉𐤊𐤔𐤉𐤋𐤊 𐤄𐤀𐤋𐤄𐤉𐤌 𐤋𐤐𐤍𐤉 𐤀𐤅𐤉𐤁 𐤊𐤉 𐤉𐤔 𐤊𐤇 𐤁𐤀𐤋𐤄𐤉𐤌 𐤋𐤏𐤆𐤅𐤓 𐤅𐤋𐤄𐤊𐤔𐤉𐤋·

𐤈 𐤅𐤉𐤀𐤌𐤓 𐤀𐤌𐤑𐤉𐤄𐤅 𐤋𐤀𐤉𐤔 𐤄𐤀𐤋𐤄𐤉𐤌 𐤅𐤌𐤄 𐤋𐤏𐤔𐤅𐤕 𐤋𐤌𐤀𐤕 𐤄𐤊𐤊𐤓 𐤀𐤔𐤓 𐤍𐤕𐤕𐤉 𐤋𐤂𐤃𐤅𐤃 𐤉𐤔𐤓𐤀𐤋 𐤅𐤉𐤀𐤌𐤓 𐤀𐤉𐤔 𐤄𐤀𐤋𐤄𐤉𐤌 𐤉𐤔 𐤋𐤉𐤄𐤅𐤄 𐤋𐤕𐤕 𐤋𐤊 𐤄𐤓𐤁𐤄 𐤌𐤆𐤄·

𐤉 𐤅𐤉𐤁𐤃𐤉𐤋𐤌 𐤀𐤌𐤑𐤉𐤄𐤅 𐤋𐤂𐤃𐤅𐤃 𐤀𐤔𐤓 𐤁𐤀 𐤀𐤋𐤉𐤅 𐤌𐤀𐤐𐤓𐤉𐤌 𐤋𐤋𐤊𐤕 𐤋𐤌𐤒𐤅𐤌𐤌 𐤅𐤉𐤇𐤓 𐤀𐤐𐤌 𐤌𐤀𐤃 𐤁𐤉𐤄𐤅𐤃𐤄 𐤅𐤉𐤔𐤅𐤁𐤅 𐤋𐤌𐤒𐤅𐤌𐤌 𐤁𐤇𐤓𐤉 𐤀𐤐·

𐤉𐤀 𐤅𐤀𐤌𐤑𐤉𐤄𐤅 𐤄𐤕𐤇𐤆𐤒 𐤅𐤉𐤍𐤄𐤂 𐤀𐤕 𐤏𐤌𐤅 𐤅𐤉𐤋𐤊 𐤂𐤉𐤀 𐤄𐤌𐤋𐤇 𐤅𐤉𐤊 𐤀𐤕 𐤁𐤍𐤉 𐤔𐤏𐤉𐤓 𐤏𐤔𐤓𐤕 𐤀𐤋𐤐𐤉𐤌·

# 𐤃𐤁𐤓𐤉 𐤄𐤉𐤌𐤉𐤌 𐤁

𐤉𐤁 𐤅𐤏𐤔𐤓𐤕 𐤀𐤋𐤐𐤉𐤌 𐤇𐤉𐤉𐤌 𐤔𐤁𐤅 𐤁𐤍𐤉 𐤉𐤄𐤅𐤃𐤄 𐤅𐤉𐤁𐤉𐤀𐤅𐤌 𐤋𐤓𐤀𐤔
𐤄𐤎𐤋𐤏 𐤅𐤉𐤔𐤋𐤉𐤊𐤅𐤌 𐤌𐤓𐤀𐤔 𐤄𐤎𐤋𐤏 𐤅𐤊𐤋𐤌 𐤍𐤁𐤒𐤏𐤅.
𐤉𐤂 𐤅𐤁𐤍𐤉 𐤄𐤂𐤃𐤅𐤃 𐤀𐤔𐤓 𐤄𐤔𐤉𐤁 𐤀𐤌𐤑𐤉𐤄𐤅 𐤌𐤋𐤊𐤕 𐤏𐤌𐤅 𐤋𐤌𐤋𐤇𐤌𐤄
𐤅𐤉𐤐𐤔𐤈𐤅 𐤁𐤏𐤓𐤉 𐤉𐤄𐤅𐤃𐤄 𐤌𐤔𐤌𐤓𐤅𐤍 𐤅𐤏𐤃 𐤁𐤉𐤕 𐤇𐤅𐤓𐤅𐤍 𐤅𐤉𐤊𐤅 𐤌𐤄𐤌
𐤔𐤋𐤔𐤕 𐤀𐤋𐤐𐤉𐤌 𐤅𐤉𐤁𐤆𐤅 𐤁𐤆𐤄 𐤓𐤁𐤄.
𐤉𐤃 𐤅𐤉𐤄𐤉 𐤀𐤇𐤓𐤉 𐤁𐤅𐤀 𐤀𐤌𐤑𐤉𐤄𐤅 𐤌𐤄𐤊𐤅𐤕 𐤀𐤕 𐤀𐤃𐤅𐤌𐤉𐤌 𐤅𐤉𐤁𐤀 𐤀𐤕
𐤀𐤋𐤄𐤉 𐤁𐤍𐤉 𐤔𐤏𐤉𐤓 𐤅𐤉𐤏𐤌𐤉𐤃𐤌 𐤋𐤅 𐤋𐤀𐤋𐤄𐤉𐤌 𐤅𐤋𐤐𐤍𐤉𐤄𐤌 𐤉𐤔𐤕𐤇𐤅𐤄
𐤅𐤋𐤄𐤌 𐤉𐤒𐤈𐤓.
𐤈𐤅 𐤅𐤉𐤇𐤓 𐤀𐤐 𐤉𐤄𐤅𐤄 𐤁𐤀𐤌𐤑𐤉𐤄𐤅 𐤅𐤉𐤔𐤋𐤇 𐤀𐤋𐤉𐤅 𐤍𐤁𐤉𐤀 𐤅𐤉𐤀𐤌𐤓 𐤋𐤅
𐤋𐤌𐤄 𐤃𐤓𐤔𐤕 𐤀𐤕 𐤀𐤋𐤄𐤉 𐤄𐤏𐤌 𐤀𐤔𐤓 𐤋𐤀 𐤄𐤑𐤉𐤋𐤅 𐤀𐤕 𐤏𐤌𐤌 𐤌𐤉𐤃𐤊.
𐤈𐤆 𐤅𐤉𐤄𐤉 𐤁𐤃𐤁𐤓𐤅 𐤀𐤋𐤉𐤅 𐤅𐤉𐤀𐤌𐤓 𐤋𐤅 𐤄𐤋𐤉𐤅𐤏𐤑 𐤋𐤌𐤋𐤊 𐤍𐤕𐤍𐤅𐤊 𐤇𐤃𐤋
𐤋𐤊 𐤋𐤌𐤄 𐤉𐤊𐤅𐤊 𐤅𐤉𐤇𐤃𐤋 𐤄𐤍𐤁𐤉𐤀 𐤅𐤉𐤀𐤌𐤓 𐤉𐤃𐤏𐤕𐤉 𐤊𐤉 𐤉𐤏𐤑 𐤀𐤋𐤄𐤉𐤌
𐤋𐤄𐤔𐤇𐤉𐤕𐤊 𐤊𐤉 𐤏𐤔𐤉𐤕 𐤆𐤀𐤕 𐤅𐤋𐤀 𐤔𐤌𐤏𐤕 𐤋𐤏𐤑𐤕𐤉.
𐤉𐤆 𐤅𐤉𐤅𐤏𐤑 𐤀𐤌𐤑𐤉𐤄𐤅 𐤌𐤋𐤊 𐤉𐤄𐤅𐤃𐤄 𐤅𐤉𐤔𐤋𐤇 𐤀𐤋 𐤉𐤅𐤀𐤔 𐤁𐤍
𐤉𐤄𐤅𐤀𐤇𐤆 𐤁𐤍 𐤉𐤄𐤅𐤀 𐤌𐤋𐤊 𐤉𐤔𐤓𐤀𐤋 𐤋𐤀𐤌𐤓 𐤋𐤊 [𐤋𐤊𐤄] 𐤍𐤕𐤓𐤀𐤄 𐤐𐤍𐤉𐤌.
𐤉𐤇 𐤅𐤉𐤔𐤋𐤇 𐤉𐤅𐤀𐤔 𐤌𐤋𐤊 𐤉𐤔𐤓𐤀𐤋 𐤀𐤋 𐤀𐤌𐤑𐤉𐤄𐤅 𐤌𐤋𐤊 𐤉𐤄𐤅𐤃𐤄
𐤋𐤀𐤌𐤓 𐤄𐤇𐤅𐤇 𐤀𐤔𐤓 𐤁𐤋𐤁𐤍𐤅𐤍 𐤔𐤋𐤇 𐤀𐤋 𐤄𐤀𐤓𐤆 𐤀𐤔𐤓 𐤁𐤋𐤁𐤍𐤅𐤍 𐤋𐤀𐤌𐤓
𐤕𐤍𐤄 𐤀𐤕 𐤁𐤕𐤊 𐤋𐤁𐤍𐤉 𐤋𐤀𐤔𐤄 𐤅𐤕𐤏𐤁𐤅𐤓 𐤇𐤉𐤕 𐤄𐤔𐤃𐤄 𐤀𐤔𐤓 𐤁𐤋𐤁𐤍𐤅𐤍
𐤅𐤕𐤓𐤌𐤎 𐤀𐤕 𐤄𐤇𐤅𐤇.
𐤉𐤈 𐤀𐤌𐤓𐤕 𐤄𐤍𐤄 𐤄𐤊𐤉𐤕 𐤀𐤕 𐤀𐤃𐤅𐤌 𐤅𐤍𐤔𐤀𐤊 𐤋𐤁𐤊 𐤋𐤄𐤊𐤁𐤉𐤃 𐤏𐤕𐤄
𐤔𐤁𐤄 𐤁𐤁𐤉𐤕𐤊 𐤋𐤌𐤄 𐤕𐤕𐤂𐤓𐤄 𐤁𐤓𐤏𐤄 𐤅𐤍𐤐𐤋𐤕 𐤀𐤕𐤄 𐤅𐤉𐤄𐤅𐤃𐤄 𐤏𐤌𐤊.
𐤊 𐤅𐤋𐤀 𐤔𐤌𐤏 𐤀𐤌𐤑𐤉𐤄𐤅 𐤊𐤉 𐤌𐤄𐤀𐤋𐤄𐤉𐤌 𐤄𐤉𐤀 𐤋𐤌𐤏𐤍 𐤕𐤕𐤌 𐤁𐤉𐤃 𐤊𐤉
𐤃𐤓𐤔𐤅 𐤀𐤕 𐤀𐤋𐤄𐤉 𐤀𐤃𐤅𐤌.
𐤊𐤀 𐤅𐤉𐤏𐤋 𐤉𐤅𐤀𐤔 𐤌𐤋𐤊 𐤉𐤔𐤓𐤀𐤋 𐤅𐤉𐤕𐤓𐤀𐤅 𐤐𐤍𐤉𐤌 𐤄𐤅𐤀 𐤅𐤀𐤌𐤑𐤉𐤄𐤅
𐤌𐤋𐤊 𐤉𐤄𐤅𐤃𐤄 𐤁𐤁𐤉𐤕 𐤔𐤌𐤔 𐤀𐤔𐤓 𐤋𐤉𐤄𐤅𐤃𐤄.
𐤊𐤁 𐤅𐤉𐤍𐤂𐤐 𐤉𐤄𐤅𐤃𐤄 𐤋𐤐𐤍𐤉 𐤉𐤔𐤓𐤀𐤋 𐤅𐤉𐤍𐤎𐤅 𐤀𐤉𐤔 𐤋𐤀𐤄𐤋𐤉𐤅.
𐤊𐤂 𐤅𐤀𐤕 𐤀𐤌𐤑𐤉𐤄𐤅 𐤌𐤋𐤊 𐤉𐤄𐤅𐤃𐤄 𐤁𐤍 𐤉𐤅𐤀𐤔 𐤁𐤍 𐤉𐤄𐤅𐤀𐤇𐤆 𐤕𐤐𐤔
𐤉𐤅𐤀𐤔 𐤌𐤋𐤊 𐤉𐤔𐤓𐤀𐤋 𐤁𐤁𐤉𐤕 𐤔𐤌𐤔 𐤅𐤉𐤁𐤉𐤀𐤄𐤅 𐤉𐤓𐤅𐤔𐤋𐤌 𐤅𐤉𐤐𐤓𐤑
𐤁𐤇𐤅𐤌𐤕 𐤉𐤓𐤅𐤔𐤋𐤌 𐤌𐤔𐤏𐤓 𐤀𐤐𐤓𐤉𐤌 𐤏𐤃 𐤔𐤏𐤓 𐤄𐤐𐤅𐤍𐤄 𐤀𐤓𐤁𐤏 𐤌𐤀𐤅𐤕 𐤀𐤌𐤄.
𐤊𐤃 𐤅𐤊𐤋 𐤄𐤆𐤄𐤁 𐤅𐤄𐤊𐤎𐤐 𐤅𐤀𐤕 𐤊𐤋 𐤄𐤊𐤋𐤉𐤌 𐤄𐤍𐤌𐤑𐤀𐤉𐤌 𐤁𐤁𐤉𐤕
𐤄𐤀𐤋𐤄𐤉𐤌 𐤏𐤌 𐤏𐤁𐤃 𐤀𐤃𐤅𐤌 𐤅𐤀𐤕 𐤀𐤑𐤓𐤅𐤕 𐤁𐤉𐤕 𐤄𐤌𐤋𐤊 𐤅𐤀𐤕 𐤁𐤍𐤉
𐤄𐤕𐤏𐤓𐤁𐤅𐤕 𐤅𐤉𐤔𐤁 𐤔𐤌𐤓𐤅𐤍.
𐤊𐤄 𐤅𐤉𐤇𐤉 𐤀𐤌𐤑𐤉𐤄𐤅 𐤁𐤍 𐤉𐤅𐤀𐤔 𐤌𐤋𐤊 𐤉𐤄𐤅𐤃𐤄 𐤀𐤇𐤓𐤉 𐤌𐤅𐤕 𐤉𐤅𐤀𐤔

# 𐤃𐤁𐤓𐤉 𐤄𐤉𐤌𐤉𐤌 𐤁

𐤁𐤍 𐤉𐤄𐤅𐤀𐤇𐤆 𐤌𐤋𐤊 𐤉𐤔𐤓𐤀𐤋 𐤇𐤌𐤔 𐤏𐤔𐤓𐤄 𐤔𐤍𐤄•
𐤊𐤅 𐤅𐤉𐤕𐤓 𐤃𐤁𐤓𐤉 𐤀𐤌𐤑𐤉𐤄𐤅 𐤄𐤓𐤀𐤔𐤍𐤉𐤌 𐤅𐤄𐤀𐤇𐤓𐤅𐤍𐤉𐤌 𐤄𐤋𐤀 𐤄𐤍𐤌
𐤊𐤕𐤅𐤁𐤉𐤌 𐤏𐤋 𐤎𐤐𐤓 𐤌𐤋𐤊𐤉 𐤉𐤄𐤅𐤃𐤄 𐤅𐤉𐤔𐤓𐤀𐤋•
𐤊𐤆 𐤅𐤌𐤏𐤕 𐤀𐤔𐤓 𐤎𐤓 𐤀𐤌𐤑𐤉𐤄𐤅 𐤌𐤀𐤇𐤓𐤉 𐤉𐤄𐤅𐤄 𐤅𐤉𐤒𐤔𐤓𐤅 𐤏𐤋𐤉𐤅 𐤒𐤔𐤓
𐤁𐤉𐤓𐤅𐤔𐤋𐤌 𐤅𐤉𐤍𐤎 𐤋𐤊𐤉𐤔𐤄 𐤅𐤉𐤔𐤋𐤇𐤅 𐤀𐤇𐤓𐤉𐤅 𐤋𐤊𐤉𐤔𐤄 𐤅𐤉𐤌𐤉𐤕𐤄𐤅
𐤔𐤌•
𐤊𐤇 𐤅𐤉𐤔𐤀𐤄𐤅 𐤏𐤋 𐤄𐤎𐤅𐤎𐤉𐤌 𐤅𐤉𐤒𐤁𐤓𐤅 𐤀𐤕𐤅 𐤏𐤌 𐤀𐤁𐤕𐤉𐤅 𐤁𐤏𐤉𐤓
𐤉𐤄𐤅𐤃𐤄•

𐤐𐤓𐤒 𐤊𐤅

𐤀 𐤅𐤉𐤒𐤇𐤅 𐤊𐤋 𐤏𐤌 𐤉𐤄𐤅𐤃𐤄 𐤀𐤕 𐤏𐤆𐤉𐤄𐤅 𐤅𐤄𐤅𐤀 𐤁𐤍 𐤔𐤔 𐤏𐤔𐤓𐤄 𐤔𐤍𐤄
𐤅𐤉𐤌𐤋𐤉𐤊𐤅 𐤀𐤕𐤅 𐤕𐤇𐤕 𐤀𐤁𐤉𐤅 𐤀𐤌𐤑𐤉𐤄𐤅•
𐤁 𐤄𐤅𐤀 𐤁𐤍𐤄 𐤀𐤕 𐤀𐤉𐤋𐤅𐤕 𐤅𐤉𐤔𐤁𐤄 𐤋𐤉𐤄𐤅𐤃𐤄 𐤀𐤇𐤓𐤉 𐤔𐤊𐤁 𐤄𐤌𐤋𐤊
𐤏𐤌 𐤀𐤁𐤕𐤉𐤅•
𐤂 𐤁𐤍 𐤔𐤔 𐤏𐤔𐤓𐤄 𐤔𐤍𐤄 𐤏𐤆𐤉𐤄𐤅 𐤁𐤌𐤋𐤊𐤅 𐤅𐤇𐤌𐤔𐤉𐤌 𐤅𐤔𐤕𐤉𐤌 𐤔𐤍𐤄
𐤌𐤋𐤊 𐤁𐤉𐤓𐤅𐤔𐤋𐤌 𐤅𐤔𐤌 𐤀𐤌𐤅 𐤉𐤊𐤉𐤋𐤉𐤄 [𐤉𐤊𐤋𐤉𐤄] 𐤌𐤍 𐤉𐤓𐤅𐤔𐤋𐤌•
𐤃 𐤅𐤉𐤏𐤔 𐤄𐤉𐤔𐤓 𐤁𐤏𐤉𐤍𐤉 𐤉𐤄𐤅𐤄 𐤊𐤊𐤋 𐤀𐤔𐤓 𐤏𐤔𐤄 𐤀𐤌𐤑𐤉𐤄𐤅 𐤀𐤁𐤉𐤅•
𐤄 𐤅𐤉𐤄𐤉 𐤋𐤃𐤓𐤔 𐤀𐤋𐤄𐤉𐤌 𐤁𐤉𐤌𐤉 𐤆𐤊𐤓𐤉𐤄𐤅 𐤄𐤌𐤁𐤉𐤍 𐤁𐤓𐤀𐤕 𐤄𐤀𐤋𐤄𐤉𐤌
𐤅𐤁𐤉𐤌𐤉 𐤃𐤓𐤔𐤅 𐤀𐤕 𐤉𐤄𐤅𐤄 𐤄𐤑𐤋𐤉𐤇𐤅 𐤄𐤀𐤋𐤄𐤉𐤌•
𐤅 𐤅𐤉𐤑𐤀 𐤅𐤉𐤋𐤇𐤌 𐤁𐤐𐤋𐤔𐤕𐤉𐤌 𐤅𐤉𐤐𐤓𐤑 𐤀𐤕 𐤇𐤅𐤌𐤕 𐤂𐤕 𐤅𐤀𐤕 𐤇𐤅𐤌𐤕
𐤉𐤁𐤍𐤄 𐤅𐤀𐤕 𐤇𐤅𐤌𐤕 𐤀𐤔𐤃𐤅𐤃 𐤅𐤉𐤁𐤍𐤄 𐤏𐤓𐤉𐤌 𐤁𐤀𐤔𐤃𐤅𐤃 𐤅𐤁𐤐𐤋𐤔𐤕𐤉𐤌•
𐤆 𐤅𐤉𐤏𐤆𐤓𐤄𐤅 𐤄𐤀𐤋𐤄𐤉𐤌 𐤏𐤋 𐤐𐤋𐤔𐤕𐤉𐤌 𐤅𐤏𐤋 𐤄𐤏𐤓𐤁𐤉𐤉𐤌 [𐤄𐤏𐤓𐤁𐤉𐤌]
𐤄𐤉𐤔𐤁𐤉𐤌 𐤁𐤂𐤅𐤓 𐤁𐤏𐤋 𐤅𐤄𐤌𐤏𐤅𐤍𐤉𐤌•
𐤇 𐤅𐤉𐤕𐤍𐤅 𐤄𐤏𐤌𐤅𐤍𐤉𐤌 𐤌𐤍𐤇𐤄 𐤋𐤏𐤆𐤉𐤄𐤅 𐤅𐤉𐤋𐤊 𐤔𐤌𐤅 𐤏𐤃 𐤋𐤁𐤅𐤀
𐤌𐤑𐤓𐤉𐤌 𐤊𐤉 𐤄𐤇𐤆𐤉𐤒 𐤏𐤃 𐤋𐤌𐤏𐤋𐤄•
𐤈 𐤅𐤉𐤁𐤍 𐤏𐤆𐤉𐤄𐤅 𐤌𐤂𐤃𐤋𐤉𐤌 𐤁𐤉𐤓𐤅𐤔𐤋𐤌 𐤏𐤋 𐤔𐤏𐤓 𐤄𐤐𐤍𐤄 𐤅𐤏𐤋 𐤔𐤏𐤓
𐤄𐤂𐤉𐤀 𐤅𐤏𐤋 𐤄𐤌𐤒𐤑𐤅𐤏 𐤅𐤉𐤇𐤆𐤒𐤌•
𐤉 𐤅𐤉𐤁𐤍 𐤌𐤂𐤃𐤋𐤉𐤌 𐤁𐤌𐤃𐤁𐤓 𐤅𐤉𐤇𐤑𐤁 𐤁𐤓𐤅𐤕 𐤓𐤁𐤉𐤌 𐤊𐤉 𐤌𐤒𐤍𐤄 𐤓𐤁 𐤄𐤉𐤄
𐤋𐤅 𐤅𐤁𐤔𐤐𐤋𐤄 𐤅𐤁𐤌𐤉𐤔𐤅𐤓 𐤀𐤊𐤓𐤉𐤌 𐤅𐤊𐤓𐤌𐤉𐤌 𐤁𐤄𐤓𐤉𐤌 𐤅𐤁𐤊𐤓𐤌𐤋 𐤊𐤉
𐤀𐤄𐤁 𐤀𐤃𐤌𐤄 𐤄𐤉𐤄•
𐤉𐤀 𐤅𐤉𐤄𐤉 𐤋𐤏𐤆𐤉𐤄𐤅 𐤇𐤉𐤋 𐤏𐤔𐤄 𐤌𐤋𐤇𐤌𐤄 𐤉𐤅𐤑𐤀𐤉 𐤑𐤁𐤀 𐤋𐤂𐤃𐤅𐤃
𐤁𐤌𐤎𐤐𐤓 𐤐𐤒𐤃𐤕𐤌 𐤁𐤉𐤃 𐤉𐤏𐤅𐤀𐤋 [𐤉𐤏𐤉𐤀𐤋] 𐤄𐤎𐤅𐤐𐤓 𐤅𐤌𐤏𐤔𐤉𐤄𐤅 𐤄𐤔𐤅𐤈𐤓
𐤏𐤋 𐤉𐤃 𐤇𐤍𐤍𐤉𐤄𐤅 𐤌𐤔𐤓𐤉 𐤄𐤌𐤋𐤊•

𐤉𐤁 𐤊𐤋 𐤌𐤎𐤐𐤓 𐤓𐤀𐤔𐤉 𐤄𐤀𐤁𐤅𐤕 𐤋𐤂𐤁𐤅𐤓𐤉 𐤇𐤉𐤋 𐤀𐤋𐤐𐤉𐤌 𐤅𐤔𐤔 𐤌𐤀𐤅𐤕•
𐤉𐤂 𐤅𐤏𐤋 𐤉𐤃𐤌 𐤇𐤉𐤋 𐤑𐤁𐤀 𐤔𐤋𐤔 𐤌𐤀𐤅𐤕 𐤀𐤋𐤐 𐤅𐤔𐤁𐤏𐤕 𐤀𐤋𐤐𐤉𐤌 𐤅𐤇𐤌𐤔
𐤌𐤀𐤅𐤕 𐤏𐤅𐤔𐤉 𐤌𐤋𐤇𐤌𐤄 𐤁𐤊𐤇 𐤇𐤉𐤋 𐤋𐤏𐤆𐤓 𐤋𐤌𐤋𐤊 𐤏𐤋 𐤄𐤀𐤅𐤉𐤁•
𐤉𐤃 𐤅𐤉𐤊𐤍 𐤋𐤄𐤌 𐤏𐤆𐤉𐤄𐤅 𐤋𐤊𐤋 𐤄𐤑𐤁𐤀 𐤌𐤂𐤍𐤉𐤌 𐤅𐤓𐤌𐤇𐤉𐤌 𐤅𐤊𐤅𐤁𐤏𐤉𐤌
𐤅𐤔𐤓𐤉𐤍𐤅𐤕 𐤅𐤒𐤔𐤕𐤅𐤕 𐤅𐤋𐤀𐤁𐤍𐤉 𐤒𐤋𐤏𐤉𐤌•
𐤈𐤅 𐤅𐤉𐤏𐤔 𐤁𐤉𐤓𐤅𐤔𐤋𐤌 𐤇𐤔𐤁𐤍𐤅𐤕 𐤌𐤇𐤔𐤁𐤕 𐤇𐤅𐤔𐤁 𐤋𐤄𐤉𐤅𐤕 𐤏𐤋
𐤄𐤌𐤂𐤃𐤋𐤉𐤌 𐤅𐤏𐤋 𐤄𐤐𐤍𐤅𐤕 𐤋𐤉𐤓𐤅𐤀 𐤁𐤇𐤑𐤉𐤌 𐤅𐤁𐤀𐤁𐤍𐤉𐤌 𐤂𐤃𐤋𐤅𐤕 𐤅𐤉𐤑𐤀
𐤔𐤌𐤅 𐤏𐤃 𐤋𐤌𐤓𐤇𐤅𐤒 𐤊𐤉 𐤄𐤐𐤋𐤉𐤀 𐤋𐤄𐤏𐤆𐤓 𐤏𐤃 𐤊𐤉 𐤇𐤆𐤒•
𐤈𐤆 𐤅𐤊𐤇𐤆𐤒𐤕𐤅 𐤂𐤁𐤄 𐤋𐤁𐤅 𐤏𐤃 𐤋𐤄𐤔𐤇𐤉𐤕 𐤅𐤉𐤌𐤏𐤋 𐤁𐤉𐤄𐤅𐤄 𐤀𐤋𐤄𐤉𐤅
𐤅𐤉𐤁𐤀 𐤀𐤋 𐤄𐤉𐤊𐤋 𐤉𐤄𐤅𐤄 𐤋𐤄𐤒𐤈𐤉𐤓 𐤏𐤋 𐤌𐤆𐤁𐤇 𐤄𐤒𐤈𐤓𐤕•
𐤉𐤆 𐤅𐤉𐤁𐤀 𐤀𐤇𐤓𐤉𐤅 𐤏𐤆𐤓𐤉𐤄𐤅 𐤄𐤊𐤄𐤍 𐤅𐤏𐤌𐤅 𐤊𐤄𐤍𐤉𐤌 𐤋𐤉𐤄𐤅𐤄
𐤔𐤌𐤅𐤍𐤉𐤌 𐤁𐤍𐤉 𐤇𐤉𐤋•
𐤉𐤇 𐤅𐤉𐤏𐤌𐤃𐤅 𐤏𐤋 𐤏𐤆𐤉𐤄𐤅 𐤄𐤌𐤋𐤊 𐤅𐤉𐤀𐤌𐤓𐤅 𐤋𐤅 𐤋𐤀 𐤋𐤊 𐤏𐤆𐤉𐤄𐤅
𐤋𐤄𐤒𐤈𐤉𐤓 𐤋𐤉𐤄𐤅𐤄 𐤊𐤉 𐤋𐤊𐤄𐤍𐤉𐤌 𐤁𐤍𐤉 𐤀𐤄𐤓𐤍 𐤄𐤌𐤒𐤃𐤔𐤉𐤌 𐤋𐤄𐤒𐤈𐤉𐤓
𐤑𐤀 𐤌𐤍 𐤄𐤌𐤒𐤃𐤔 𐤊𐤉 𐤌𐤏𐤋𐤕 𐤅𐤋𐤀 𐤋𐤊 𐤋𐤊𐤁𐤅𐤃 𐤌𐤉𐤄𐤅𐤄 𐤀𐤋𐤄𐤉𐤌•
𐤉𐤈 𐤅𐤉𐤆𐤏𐤐 𐤏𐤆𐤉𐤄𐤅 𐤅𐤁𐤉𐤃𐤅 𐤌𐤒𐤈𐤓𐤕 𐤋𐤄𐤒𐤈𐤉𐤓 𐤅𐤁𐤆𐤏𐤐𐤅 𐤏𐤌
𐤄𐤊𐤄𐤍𐤉𐤌 𐤅𐤄𐤑𐤓𐤏𐤕 𐤆𐤓𐤇𐤄 𐤁𐤌𐤑𐤇𐤅 𐤋𐤐𐤍𐤉 𐤄𐤊𐤄𐤍𐤉𐤌 𐤁𐤁𐤉𐤕 𐤉𐤄𐤅𐤄
𐤌𐤏𐤋 𐤋𐤌𐤆𐤁𐤇 𐤄𐤒𐤈𐤓𐤕•
𐤊 𐤅𐤉𐤐𐤍 𐤀𐤋𐤉𐤅 𐤏𐤆𐤓𐤉𐤄𐤅 𐤊𐤄𐤍 𐤄𐤓𐤀𐤔 𐤅𐤊𐤋 𐤄𐤊𐤄𐤍𐤉𐤌 𐤅𐤄𐤍𐤄 𐤄𐤅𐤀
𐤌𐤑𐤓𐤏 𐤁𐤌𐤑𐤇𐤅 𐤅𐤉𐤁𐤄𐤋𐤅𐤄𐤅 𐤌𐤔𐤌 𐤅𐤂𐤌 𐤄𐤅𐤀 𐤍𐤃𐤇𐤐 𐤋𐤑𐤀𐤕 𐤊𐤉 𐤍𐤂𐤏𐤅
𐤉𐤄𐤅𐤄•
𐤊𐤀 𐤅𐤉𐤄𐤉 𐤏𐤆𐤉𐤄𐤅 𐤄𐤌𐤋𐤊 𐤌𐤑𐤓𐤏 𐤏𐤃 𐤉𐤅𐤌 𐤌𐤅𐤕𐤅 𐤅𐤉𐤔𐤁 𐤁𐤉𐤕
𐤄𐤇𐤐𐤔𐤅𐤕 [𐤄𐤇𐤐𐤔𐤉𐤕] 𐤌𐤑𐤓𐤏 𐤊𐤉 𐤍𐤂𐤆𐤓 𐤌𐤁𐤉𐤕 𐤉𐤄𐤅𐤄 𐤅𐤉𐤅𐤕𐤌 𐤁𐤍𐤅 𐤏𐤋
𐤁𐤉𐤕 𐤄𐤌𐤋𐤊 𐤔𐤅𐤐𐤈 𐤀𐤕 𐤏𐤌 𐤄𐤀𐤓𐤑•
𐤊𐤁 𐤅𐤉𐤕𐤓 𐤃𐤁𐤓𐤉 𐤏𐤆𐤉𐤄𐤅 𐤄𐤓𐤀𐤔𐤍𐤉𐤌 𐤅𐤄𐤀𐤇𐤓𐤍𐤉𐤌 𐤊𐤕𐤁 𐤉𐤔𐤏𐤉𐤄𐤅
𐤁𐤍 𐤀𐤌𐤅𐤑 𐤄𐤍𐤁𐤉𐤀•
𐤊𐤂 𐤅𐤉𐤔𐤊𐤁 𐤏𐤆𐤉𐤄𐤅 𐤏𐤌 𐤀𐤁𐤕𐤉𐤅 𐤅𐤉𐤒𐤁𐤓𐤅 𐤀𐤕𐤅 𐤏𐤌 𐤀𐤁𐤕𐤉𐤅 𐤁𐤔𐤃𐤄
𐤄𐤒𐤁𐤅𐤓𐤄 𐤀𐤔𐤓 𐤋𐤌𐤋𐤊𐤉𐤌 𐤊𐤉 𐤀𐤌𐤓𐤅 𐤌𐤑𐤅𐤓𐤏 𐤄𐤅𐤀 𐤅𐤉𐤌𐤋𐤊 𐤉𐤅𐤕𐤌
𐤁𐤍𐤅 𐤕𐤇𐤕𐤉𐤅•

𐤐𐤓𐤒 𐤊𐤆

𐤀 𐤁𐤍 𐤏𐤔𐤓𐤉𐤌 𐤅𐤇𐤌𐤔 𐤔𐤍𐤄 𐤉𐤅𐤕𐤌 𐤁𐤌𐤋𐤊𐤅 𐤅𐤔𐤔 𐤏𐤔𐤓𐤄 𐤔𐤍𐤄 𐤌𐤋𐤊
𐤁𐤉𐤓𐤅𐤔𐤋𐤌 𐤅𐤔𐤌 𐤀𐤌𐤅 𐤉𐤓𐤅𐤔𐤄 𐤁𐤕 𐤑𐤃𐤅𐤒•

# 𐤃𐤁𐤓𐤉 𐤄𐤉𐤌𐤉𐤌 𐤁

𐤁 𐤅𐤉𐤏𐤔 𐤄𐤉𐤔𐤓 𐤁𐤏𐤉𐤍𐤉 𐤉𐤄𐤅𐤄 𐤊𐤊𐤋 𐤀𐤔𐤓 𐤏𐤔𐤄 𐤏𐤆𐤉𐤄𐤅 𐤀𐤁𐤉𐤅 𐤓𐤒
𐤋𐤀 𐤁𐤀 𐤀𐤋 𐤄𐤉𐤊𐤋 𐤉𐤄𐤅𐤄 𐤅𐤏𐤅𐤃 𐤄𐤏𐤌 𐤌𐤔𐤇𐤉𐤕𐤉𐤌•

𐤂 𐤄𐤅𐤀 𐤁𐤍𐤄 𐤀𐤕 𐤔𐤏𐤓 𐤁𐤉𐤕 𐤉𐤄𐤅𐤄 𐤄𐤏𐤋𐤉𐤅𐤍 𐤅𐤁𐤇𐤅𐤌𐤕 𐤄𐤏𐤐𐤋 𐤁𐤍𐤄
𐤋𐤓𐤁•

𐤃 𐤅𐤏𐤓𐤉𐤌 𐤁𐤍𐤄 𐤁𐤄𐤓 𐤉𐤄𐤅𐤃𐤄 𐤅𐤁𐤇𐤓𐤔𐤉𐤌 𐤁𐤍𐤄 𐤁𐤉𐤓𐤍𐤉𐤅𐤕 𐤅𐤌𐤂𐤃𐤋𐤉𐤌•

𐤄 𐤅𐤄𐤅𐤀 𐤍𐤋𐤇𐤌 𐤏𐤌 𐤌𐤋𐤊 𐤁𐤍𐤉 𐤏𐤌𐤅𐤍 𐤅𐤉𐤇𐤆𐤒 𐤏𐤋𐤉𐤄𐤌 𐤅𐤉𐤕𐤍𐤅 𐤋𐤅
𐤁𐤍𐤉 𐤏𐤌𐤅𐤍 𐤁𐤔𐤍𐤄 𐤄𐤄𐤉𐤀 𐤌𐤀𐤄 𐤊𐤊𐤓 𐤊𐤎𐤐 𐤅𐤏𐤔𐤓𐤕 𐤀𐤋𐤐𐤉𐤌 𐤊𐤓𐤉𐤌
𐤇𐤈𐤉𐤌 𐤅𐤔𐤏𐤅𐤓𐤉𐤌 𐤏𐤔𐤓𐤕 𐤀𐤋𐤐𐤉𐤌 𐤆𐤀𐤕 𐤄𐤔𐤉𐤁𐤅 𐤋𐤅 𐤁𐤍𐤉 𐤏𐤌𐤅𐤍
𐤅𐤁𐤔𐤍𐤄 𐤄𐤔𐤍𐤉𐤕 𐤅𐤄𐤔𐤋𐤔𐤉𐤕•

𐤅 𐤅𐤉𐤕𐤇𐤆𐤒 𐤉𐤅𐤕𐤌 𐤊𐤉 𐤄𐤊𐤉𐤍 𐤃𐤓𐤊𐤉𐤅 𐤋𐤐𐤍𐤉 𐤉𐤄𐤅𐤄 𐤀𐤋𐤄𐤉𐤅•

𐤆 𐤅𐤉𐤕𐤓 𐤃𐤁𐤓𐤉 𐤉𐤅𐤕𐤌 𐤅𐤊𐤋 𐤌𐤋𐤇𐤌𐤕𐤉𐤅 𐤅𐤃𐤓𐤊𐤉𐤅 𐤄𐤍𐤌 𐤊𐤕𐤅𐤁𐤉𐤌 𐤏𐤋
𐤎𐤐𐤓 𐤌𐤋𐤊𐤉 𐤉𐤔𐤓𐤀𐤋 𐤅𐤉𐤄𐤅𐤃𐤄•

𐤇 𐤁𐤍 𐤏𐤔𐤓𐤉𐤌 𐤅𐤇𐤌𐤔 𐤔𐤍𐤄 𐤄𐤉𐤄 𐤁𐤌𐤋𐤊𐤅 𐤅𐤔𐤔 𐤏𐤔𐤓𐤄 𐤔𐤍𐤄 𐤌𐤋𐤊
𐤁𐤉𐤓𐤅𐤔𐤋𐤌•

𐤈 𐤅𐤉𐤔𐤊𐤁 𐤉𐤅𐤕𐤌 𐤏𐤌 𐤀𐤁𐤕𐤉𐤅 𐤅𐤉𐤒𐤁𐤓𐤅 𐤀𐤕𐤅 𐤁𐤏𐤉𐤓 𐤃𐤅𐤉𐤃 𐤅𐤉𐤌𐤋𐤊
𐤀𐤇𐤆 𐤁𐤍𐤅 𐤕𐤇𐤕𐤉𐤅•

## 𐤐𐤓𐤒 𐤊𐤇

𐤀 𐤁𐤍 𐤏𐤔𐤓𐤉𐤌 𐤔𐤍𐤄 𐤀𐤇𐤆 𐤁𐤌𐤋𐤊𐤅 𐤅𐤔𐤔 𐤏𐤔𐤓𐤄 𐤔𐤍𐤄 𐤌𐤋𐤊 𐤁𐤉𐤓𐤅𐤔𐤋𐤌
𐤅𐤋𐤀 𐤏𐤔𐤄 𐤄𐤉𐤔𐤓 𐤁𐤏𐤉𐤍𐤉 𐤉𐤄𐤅𐤄 𐤊𐤃𐤅𐤉𐤃 𐤀𐤁𐤉𐤅•

𐤁 𐤅𐤉𐤋𐤊 𐤁𐤃𐤓𐤊𐤉 𐤌𐤋𐤊𐤉 𐤉𐤔𐤓𐤀𐤋 𐤅𐤂𐤌 𐤌𐤎𐤊𐤅𐤕 𐤏𐤔𐤄 𐤋𐤁𐤏𐤋𐤉𐤌•

𐤂 𐤅𐤄𐤅𐤀 𐤄𐤒𐤈𐤉𐤓 𐤁𐤂𐤉𐤀 𐤁𐤍 𐤄𐤍𐤌 𐤅𐤉𐤁𐤏𐤓 𐤀𐤕 𐤁𐤍𐤉𐤅 𐤁𐤀𐤔 𐤊𐤕𐤏𐤁𐤅𐤕
𐤄𐤂𐤅𐤉𐤌 𐤀𐤔𐤓 𐤄𐤓𐤉𐤔 𐤉𐤄𐤅𐤄 𐤌𐤐𐤍𐤉 𐤁𐤍𐤉 𐤉𐤔𐤓𐤀𐤋•

𐤃 𐤅𐤉𐤆𐤁𐤇 𐤅𐤉𐤒𐤈𐤓 𐤁𐤁𐤌𐤅𐤕 𐤅𐤏𐤋 𐤄𐤂𐤁𐤏𐤅𐤕 𐤅𐤕𐤇𐤕 𐤊𐤋 𐤏𐤑 𐤓𐤏𐤍𐤍•

𐤄 𐤅𐤉𐤕𐤍𐤄𐤅 𐤉𐤄𐤅𐤄 𐤀𐤋𐤄𐤉𐤅 𐤁𐤉𐤃 𐤌𐤋𐤊 𐤀𐤓𐤌 𐤅𐤉𐤊𐤅 𐤁𐤅 𐤅𐤉𐤔𐤁𐤅
𐤌𐤌𐤍𐤅 𐤔𐤁𐤉𐤄 𐤂𐤃𐤅𐤋𐤄 𐤅𐤉𐤁𐤉𐤀𐤅 𐤃𐤓𐤌𐤔𐤒 𐤅𐤂𐤌 𐤁𐤉𐤃 𐤌𐤋𐤊 𐤉𐤔𐤓𐤀𐤋
𐤍𐤕𐤍 𐤅𐤉𐤊 𐤁𐤅 𐤌𐤊𐤄 𐤂𐤃𐤅𐤋𐤄•

𐤅 𐤅𐤉𐤄𐤓𐤂 𐤐𐤒𐤇 𐤁𐤍 𐤓𐤌𐤋𐤉𐤄𐤅 𐤁𐤉𐤄𐤅𐤃𐤄 𐤌𐤀𐤄 𐤅𐤏𐤔𐤓𐤉𐤌 𐤀𐤋𐤐 𐤁𐤉𐤅𐤌
𐤀𐤇𐤃 𐤄𐤊𐤋 𐤁𐤍𐤉 𐤇𐤉𐤋 𐤁𐤏𐤆𐤁𐤌 𐤀𐤕 𐤉𐤄𐤅𐤄 𐤀𐤋𐤄𐤉 𐤀𐤁𐤅𐤕𐤌•

𐤆 𐤅𐤉𐤄𐤓𐤂 𐤆𐤊𐤓𐤉 𐤂𐤁𐤅𐤓 𐤀𐤐𐤓𐤉𐤌 𐤀𐤕 𐤌𐤏𐤔𐤉𐤄𐤅 𐤁𐤍 𐤄𐤌𐤋𐤊 𐤅𐤀𐤕
𐤏𐤆𐤓𐤉𐤒𐤌 𐤍𐤂𐤉𐤃 𐤄𐤁𐤉𐤕 𐤅𐤀𐤕 𐤀𐤋𐤒𐤍𐤄 𐤌𐤔𐤍𐤄 𐤄𐤌𐤋𐤊•

𐤇 𐤅𐤉𐤔𐤁𐤅 𐤁𐤍𐤉 𐤉𐤔𐤓𐤀𐤋 𐤌𐤀𐤇𐤉𐤄𐤌 𐤌𐤀𐤕𐤉𐤌 𐤀𐤋𐤐 𐤍𐤔𐤉𐤌 𐤁𐤍𐤉𐤌
𐤅𐤁𐤍𐤅𐤕 𐤅𐤂𐤌 𐤔𐤋𐤋 𐤓𐤁 𐤁𐤆𐤆𐤅 𐤌𐤄𐤌 𐤅𐤉𐤁𐤉𐤀𐤅 𐤀𐤕 𐤄𐤔𐤋𐤋 𐤋𐤔𐤌𐤓𐤅𐤍•

# דברי הימים ב

ט ושם היה נביא ליהוה עדד שמו ויצא לפני הצבא הבא
לשמרון ויאמר להם הנה בחמת יהוה אלהי אבותיכם על
יהודה נתנם בידכם ותהרגו בם בזעף עד לשמים הגיע.
י ועתה בני יהודה וירושלם אתם אמרים לכבש לעבדים
ולשפחות לכם הלא רק אתם עמכם אשמות ליהוה אלהיכם.
יא ועתה שמעוני והשיבו השביה אשר שביתם מאחיכם
כי חרון אף יהוה עליכם.
יב ויקמו אנשים מראשי בני אפרים עזריהו בן יהוחנן
ברכיהו בן משלמות ויחזקיהו בן שלם ועמשא בן חדלי על
הבאים מן הצבא.
יג ויאמרו להם לא תביאו את השביה הנה כי לאשמת
יהוה עלינו אתם אמרים להסיף על חטאתינו ועל
אשמתינו כי רבה אשמה לנו וחרון אף על ישראל.
יד ויעזב החלוץ את השביה ואת הבזה לפני השרים וכל
הקהל.
טו ויקמו האנשים אשר נקבו בשמות ויחזיקו בשביה
וכל מערמיהם הלבישו מן השלל וילבשום וינעלום
ויאכלום וישקום ויסכום וינהלום בחמרים לכל כושל
ויביאום יריחו עיר התמרים אצל אחיהם וישובו שמרון.
טז בעת ההיא שלח המלך אחז על מלכי אשור לעזר לו.
יז ועוד אדומים באו ויכו ביהודה וישבו שבי.
יח ופלשתים פשטו בערי השפלה והנגב ליהודה וילכדו את
בית שמש ואת אילון ואת הגדרות ואת שוכו ובנותיה ואת
תמנה ובנותיה ואת גמזו ואת בנתיה וישבו שם.
יט כי הכניע יהוה את יהודה בעבור אחז מלך ישראל כי
הפריע ביהודה ומעול מעל ביהוה.
כ ויבא עליו תלגת פלנאסר מלך אשור ויצר לו ולא חזקו.
כא כי חלק אחז את בית יהוה ואת בית המלך והשרים
ויתן למלך אשור ולא לעזרה לו.
כב ובעת הצר לו ויוסף למעול ביהוה הוא המלך אחז.
כג ויזבח לאלהי דרמשק המכים בו ויאמר כי אלהי מלכי
ארם הם מעזרים אותם להם אזבח ויעזרוני והם היו לו
להכשילו ולכל ישראל.

𐤊𐤃 𐤅𐤉𐤀𐤎𐤐 𐤀𐤇𐤆 𐤀𐤕 𐤊𐤋𐤉 𐤁𐤉𐤕 𐤄𐤀𐤋𐤄𐤉𐤌 𐤅𐤉𐤒𐤑𐤑 𐤀𐤕 𐤊𐤋𐤉 𐤁𐤉𐤕
𐤄𐤀𐤋𐤄𐤉𐤌 𐤅𐤉𐤎𐤂𐤓 𐤀𐤕 𐤃𐤋𐤕𐤅𐤕 𐤁𐤉𐤕 𐤉𐤄𐤅𐤄 𐤅𐤉𐤏𐤔 𐤋𐤅 𐤌𐤆𐤁𐤇𐤅𐤕 𐤁𐤊𐤋
𐤐𐤍𐤄 𐤁𐤉𐤓𐤅𐤔𐤋𐤌.
𐤊𐤄 𐤅𐤁𐤊𐤋 𐤏𐤉𐤓 𐤅𐤏𐤉𐤓 𐤋𐤉𐤄𐤅𐤃𐤄 𐤏𐤔𐤄 𐤁𐤌𐤅𐤕 𐤋𐤒𐤈𐤓 𐤋𐤀𐤋𐤄𐤉𐤌
𐤀𐤇𐤓𐤉𐤌 𐤅𐤉𐤊𐤏𐤎 𐤀𐤕 𐤉𐤄𐤅𐤄 𐤀𐤋𐤄𐤉 𐤀𐤁𐤕𐤉𐤅.
𐤊𐤅 𐤅𐤉𐤕𐤓 𐤃𐤁𐤓𐤉𐤅 𐤅𐤊𐤋 𐤃𐤓𐤊𐤉𐤅 𐤄𐤓𐤀𐤔𐤍𐤉𐤌 𐤅𐤄𐤀𐤇𐤓𐤍𐤉𐤌 𐤄𐤍𐤌
𐤊𐤕𐤅𐤁𐤉𐤌 𐤏𐤋 𐤎𐤐𐤓 𐤌𐤋𐤊𐤉 𐤉𐤄𐤅𐤃𐤄 𐤅𐤉𐤔𐤓𐤀𐤋.
𐤊𐤆 𐤅𐤉𐤔𐤊𐤁 𐤀𐤇𐤆 𐤏𐤌 𐤀𐤁𐤕𐤉𐤅 𐤅𐤉𐤒𐤁𐤓𐤄𐤅 𐤁𐤏𐤉𐤓 𐤁𐤉𐤓𐤅𐤔𐤋𐤌 𐤊𐤉 𐤋𐤀
𐤄𐤁𐤉𐤀𐤄𐤅 𐤋𐤒𐤁𐤓𐤉 𐤌𐤋𐤊𐤉 𐤉𐤔𐤓𐤀𐤋 𐤅𐤉𐤌𐤋𐤊 𐤉𐤇𐤆𐤒𐤉𐤄𐤅 𐤁𐤍𐤅 𐤕𐤇𐤕𐤉𐤅.

𐤐𐤓𐤒 𐤊𐤈

𐤀 𐤉𐤇𐤆𐤒𐤉𐤄𐤅 𐤌𐤋𐤊 𐤁𐤍 𐤏𐤔𐤓𐤉𐤌 𐤅𐤇𐤌𐤔 𐤔𐤍𐤄 𐤅𐤏𐤔𐤓𐤉𐤌 𐤅𐤕𐤔𐤏 𐤔𐤍𐤄
𐤌𐤋𐤊 𐤁𐤉𐤓𐤅𐤔𐤋𐤌 𐤅𐤔𐤌 𐤀𐤌𐤅 𐤀𐤁𐤉𐤄 𐤁𐤕 𐤆𐤊𐤓𐤉𐤄𐤅.
𐤁 𐤅𐤉𐤏𐤔 𐤄𐤉𐤔𐤓 𐤁𐤏𐤉𐤍𐤉 𐤉𐤄𐤅𐤄 𐤊𐤊𐤋 𐤀𐤔𐤓 𐤏𐤔𐤄 𐤃𐤅𐤉𐤃 𐤀𐤁𐤉𐤅.
𐤂 𐤄𐤅𐤀 𐤁𐤔𐤍𐤄 𐤄𐤓𐤀𐤔𐤅𐤍𐤄 𐤋𐤌𐤋𐤊𐤅 𐤁𐤇𐤃𐤔 𐤄𐤓𐤀𐤔𐤅𐤍 𐤐𐤕𐤇 𐤀𐤕 𐤃𐤋𐤕𐤅𐤕
𐤁𐤉𐤕 𐤉𐤄𐤅𐤄 𐤅𐤉𐤇𐤆𐤒𐤌.
𐤃 𐤅𐤉𐤁𐤀 𐤀𐤕 𐤄𐤊𐤄𐤍𐤉𐤌 𐤅𐤀𐤕 𐤄𐤋𐤅𐤉𐤌 𐤅𐤉𐤀𐤎𐤐𐤌 𐤋𐤓𐤇𐤅𐤁 𐤄𐤌𐤆𐤓𐤇.
𐤄 𐤅𐤉𐤀𐤌𐤓 𐤋𐤄𐤌 𐤔𐤌𐤏𐤅𐤍𐤉 𐤄𐤋𐤅𐤉𐤌 𐤏𐤕𐤄 𐤄𐤕𐤒𐤃𐤔𐤅 𐤅𐤒𐤃𐤔𐤅 𐤀𐤕 𐤁𐤉𐤕
𐤉𐤄𐤅𐤄 𐤀𐤋𐤄𐤉 𐤀𐤁𐤕𐤉𐤊𐤌 𐤅𐤄𐤅𐤑𐤉𐤀𐤅 𐤀𐤕 𐤄𐤍𐤃𐤄 𐤌𐤍 𐤄𐤒𐤃𐤔.
𐤅 𐤊𐤉 𐤌𐤏𐤋𐤅 𐤀𐤁𐤕𐤉𐤍𐤅 𐤅𐤏𐤔𐤅 𐤄𐤓𐤏 𐤁𐤏𐤉𐤍𐤉 𐤉𐤄𐤅𐤄 𐤀𐤋𐤄𐤉𐤍𐤅
𐤅𐤉𐤏𐤆𐤁𐤄𐤅 𐤅𐤉𐤎𐤁𐤅 𐤐𐤍𐤉𐤄𐤌 𐤌𐤌𐤔𐤊𐤍 𐤉𐤄𐤅𐤄 𐤅𐤉𐤕𐤍𐤅 𐤏𐤓𐤐.
𐤆 𐤂𐤌 𐤎𐤂𐤓𐤅 𐤃𐤋𐤕𐤅𐤕 𐤄𐤀𐤅𐤋𐤌 𐤅𐤉𐤊𐤁𐤅 𐤀𐤕 𐤄𐤍𐤓𐤅𐤕 𐤅𐤀𐤕 𐤄𐤒𐤈𐤓𐤕 𐤋𐤀
𐤄𐤒𐤈𐤉𐤓𐤅 𐤅𐤏𐤋𐤄 𐤋𐤀 𐤄𐤏𐤋𐤅 𐤁𐤒𐤃𐤔 𐤋𐤀𐤋𐤄𐤉 𐤉𐤔𐤓𐤀𐤋.
𐤇 𐤅𐤉𐤄𐤉 𐤒𐤑𐤐 𐤉𐤄𐤅𐤄 𐤏𐤋 𐤉𐤄𐤅𐤃𐤄 𐤅𐤉𐤓𐤅𐤔𐤋𐤌 𐤅𐤉𐤕𐤍𐤌 𐤋𐤆𐤅𐤏𐤄
[𐤋𐤆𐤏𐤅𐤄] 𐤋𐤔𐤌𐤄 𐤅𐤋𐤔𐤓𐤒𐤄 𐤊𐤀𐤔𐤓 𐤀𐤕𐤌 𐤓𐤀𐤉𐤌 𐤁𐤏𐤉𐤍𐤉𐤊𐤌.
𐤈 𐤅𐤄𐤍𐤄 𐤍𐤐𐤋𐤅 𐤀𐤁𐤅𐤕𐤉𐤍𐤅 𐤁𐤇𐤓𐤁 𐤅𐤁𐤍𐤉𐤍𐤅 𐤅𐤁𐤍𐤅𐤕𐤉𐤍𐤅 𐤅𐤍𐤔𐤉𐤍𐤅
𐤁𐤔𐤁𐤉 𐤏𐤋 𐤆𐤀𐤕.
𐤉 𐤏𐤕𐤄 𐤏𐤌 𐤋𐤁𐤁𐤉 𐤋𐤊𐤓𐤅𐤕 𐤁𐤓𐤉𐤕 𐤋𐤉𐤄𐤅𐤄 𐤀𐤋𐤄𐤉 𐤉𐤔𐤓𐤀𐤋 𐤅𐤉𐤔𐤁
𐤌𐤌𐤍𐤅 𐤇𐤓𐤅𐤍 𐤀𐤐𐤅.
𐤉𐤀 𐤁𐤍𐤉 𐤏𐤕𐤄 𐤀𐤋 𐤕𐤔𐤋𐤅 𐤊𐤉 𐤁𐤊𐤌 𐤁𐤇𐤓 𐤉𐤄𐤅𐤄 𐤋𐤏𐤌𐤃 𐤋𐤐𐤍𐤉𐤅
𐤋𐤔𐤓𐤕𐤅 𐤅𐤋𐤄𐤉𐤅𐤕 𐤋𐤅 𐤌𐤔𐤓𐤕𐤉𐤌 𐤅𐤌𐤒𐤈𐤓𐤉𐤌.
𐤉𐤁 𐤅𐤉𐤒𐤌𐤅 𐤄𐤋𐤅𐤉𐤌 𐤌𐤇𐤕 𐤁𐤍 𐤏𐤌𐤔𐤉 𐤅𐤉𐤅𐤀𐤋 𐤁𐤍 𐤏𐤆𐤓𐤉𐤄𐤅 𐤌𐤍 𐤁𐤍𐤉
𐤄𐤒𐤄𐤕𐤉 𐤅𐤌𐤍 𐤁𐤍𐤉 𐤌𐤓𐤓𐤉 𐤒𐤉𐤔 𐤁𐤍 𐤏𐤁𐤃𐤉 𐤅𐤏𐤆𐤓𐤉𐤄𐤅 𐤁𐤍 𐤉𐤄𐤋𐤋𐤀𐤋

𐤅𐤌𐤍 𐤄𐤂𐤓𐤔𐤍𐤉 𐤉𐤅𐤀𐤇 𐤁𐤍 𐤆𐤌𐤄 𐤅𐤏𐤃𐤍 𐤁𐤍 𐤉𐤅𐤀𐤇•
𐤉𐤂 𐤅𐤌𐤍 𐤁𐤍𐤉 𐤀𐤋𐤉𐤑𐤐𐤍 𐤔𐤌𐤓𐤉 𐤅𐤉𐤏𐤅𐤀𐤋 [𐤅𐤉𐤏𐤉𐤀𐤋] 𐤅𐤌𐤍 𐤁𐤍𐤉 𐤀𐤎𐤐
𐤆𐤊𐤓𐤉𐤄𐤅 𐤅𐤌𐤕𐤍𐤉𐤄𐤅•
𐤉𐤃 𐤅𐤌𐤍 𐤁𐤍𐤉 𐤄𐤉𐤌𐤍 𐤉𐤇𐤅𐤀𐤋 [𐤉𐤇𐤉𐤀𐤋] 𐤅𐤔𐤌𐤏𐤉 𐤅𐤌𐤍 𐤁𐤍𐤉 𐤉𐤃𐤅𐤕𐤅𐤍
𐤔𐤌𐤏𐤉𐤄 𐤅𐤏𐤆𐤉𐤀𐤋•
𐤈𐤅 𐤅𐤉𐤀𐤎𐤐𐤅 𐤀𐤕 𐤀𐤇𐤉𐤄𐤌 𐤅𐤉𐤕𐤒𐤃𐤔𐤅 𐤅𐤉𐤁𐤀𐤅 𐤊𐤌𐤑𐤅𐤕 𐤄𐤌𐤋𐤊
𐤁𐤃𐤁𐤓𐤉 𐤉𐤄𐤅𐤄 𐤋𐤈𐤄𐤓 𐤁𐤉𐤕 𐤉𐤄𐤅𐤄•
𐤈𐤆 𐤅𐤉𐤁𐤀𐤅 𐤄𐤊𐤄𐤍𐤉𐤌 𐤋𐤐𐤍𐤉𐤌𐤄 𐤁𐤉𐤕 𐤉𐤄𐤅𐤄 𐤋𐤈𐤄𐤓 𐤅𐤉𐤑𐤉𐤀𐤅 𐤀𐤕
𐤊𐤋 𐤄𐤈𐤌𐤀𐤄 𐤀𐤔𐤓 𐤌𐤑𐤀𐤅 𐤁𐤄𐤉𐤊𐤋 𐤉𐤄𐤅𐤄 𐤋𐤇𐤑𐤓 𐤁𐤉𐤕 𐤉𐤄𐤅𐤄
𐤅𐤉𐤒𐤁𐤋𐤅 𐤄𐤋𐤅𐤉𐤌 𐤋𐤄𐤅𐤑𐤉𐤀 𐤋𐤍𐤇𐤋 𐤒𐤃𐤓𐤅𐤍 𐤇𐤅𐤑𐤄•
𐤉𐤆 𐤅𐤉𐤇𐤋𐤅 𐤁𐤀𐤇𐤃 𐤋𐤇𐤃𐤔 𐤄𐤓𐤀𐤔𐤅𐤍 𐤋𐤒𐤃𐤔 𐤅𐤁𐤉𐤅𐤌 𐤔𐤌𐤅𐤍𐤄 𐤋𐤇𐤃𐤔
𐤁𐤀𐤅 𐤋𐤀𐤅𐤋𐤌 𐤉𐤄𐤅𐤄 𐤅𐤉𐤒𐤃𐤔𐤅 𐤀𐤕 𐤁𐤉𐤕 𐤉𐤄𐤅𐤄 𐤋𐤉𐤌𐤉𐤌 𐤔𐤌𐤅𐤍𐤄
𐤅𐤁𐤉𐤅𐤌 𐤔𐤔𐤄 𐤏𐤔𐤓 𐤋𐤇𐤃𐤔 𐤄𐤓𐤀𐤔𐤅𐤍 𐤊𐤋𐤅•
𐤉𐤇 𐤅𐤉𐤁𐤅𐤀𐤅 𐤐𐤍𐤉𐤌𐤄 𐤀𐤋 𐤇𐤆𐤒𐤉𐤄𐤅 𐤄𐤌𐤋𐤊 𐤅𐤉𐤀𐤌𐤓𐤅 𐤈𐤄𐤓𐤍𐤅 𐤀𐤕 𐤊𐤋
𐤁𐤉𐤕 𐤉𐤄𐤅𐤄 𐤀𐤕 𐤌𐤆𐤁𐤇 𐤄𐤏𐤅𐤋𐤄 𐤅𐤀𐤕 𐤊𐤋 𐤊𐤋𐤉𐤅 𐤅𐤀𐤕 𐤔𐤋𐤇𐤍 𐤄𐤌𐤏𐤓𐤊𐤕
𐤅𐤀𐤕 𐤊𐤋 𐤊𐤋𐤉𐤅•
𐤉𐤈 𐤅𐤀𐤕 𐤊𐤋 𐤄𐤊𐤋𐤉𐤌 𐤀𐤔𐤓 𐤄𐤆𐤍𐤉𐤇 𐤄𐤌𐤋𐤊 𐤀𐤇𐤆 𐤁𐤌𐤋𐤊𐤅𐤕𐤅 𐤁𐤌𐤏𐤋𐤅
𐤄𐤊𐤍𐤅 𐤅𐤄𐤒𐤃𐤔𐤍𐤅 𐤅𐤄𐤍𐤌 𐤋𐤐𐤍𐤉 𐤌𐤆𐤁𐤇 𐤉𐤄𐤅𐤄•
𐤊 𐤅𐤉𐤔𐤊𐤌 𐤉𐤇𐤆𐤒𐤉𐤄𐤅 𐤄𐤌𐤋𐤊 𐤅𐤉𐤀𐤎𐤐 𐤀𐤕 𐤔𐤓𐤉 𐤄𐤏𐤉𐤓 𐤅𐤉𐤏𐤋 𐤁𐤉𐤕
𐤉𐤄𐤅𐤄•
𐤊𐤀 𐤅𐤉𐤁𐤉𐤀𐤅 𐤐𐤓𐤉𐤌 𐤔𐤁𐤏𐤄 𐤅𐤀𐤉𐤋𐤉𐤌 𐤔𐤁𐤏𐤄 𐤅𐤊𐤁𐤔𐤉𐤌 𐤔𐤁𐤏𐤄
𐤅𐤑𐤐𐤉𐤓𐤉 𐤏𐤆𐤉𐤌 𐤔𐤁𐤏𐤄 𐤋𐤇𐤈𐤀𐤕 𐤏𐤋 𐤄𐤌𐤌𐤋𐤊𐤄 𐤅𐤏𐤋 𐤄𐤌𐤒𐤃𐤔 𐤅𐤏𐤋
𐤉𐤄𐤅𐤃𐤄 𐤅𐤉𐤀𐤌𐤓 𐤋𐤁𐤍𐤉 𐤀𐤄𐤓𐤍 𐤄𐤊𐤄𐤍𐤉𐤌 𐤋𐤄𐤏𐤋𐤅𐤕 𐤏𐤋 𐤌𐤆𐤁𐤇 𐤉𐤄𐤅𐤄•
𐤊𐤁 𐤅𐤉𐤔𐤇𐤈𐤅 𐤄𐤁𐤒𐤓 𐤅𐤉𐤒𐤁𐤋𐤅 𐤄𐤊𐤄𐤍𐤉𐤌 𐤀𐤕 𐤄𐤃𐤌 𐤅𐤉𐤆𐤓𐤒𐤅
𐤄𐤌𐤆𐤁𐤇𐤄 𐤅𐤉𐤔𐤇𐤈𐤅 𐤄𐤀𐤋𐤉𐤌 𐤅𐤉𐤆𐤓𐤒𐤅 𐤄𐤃𐤌 𐤄𐤌𐤆𐤁𐤇𐤄 𐤅𐤉𐤔𐤇𐤈𐤅
𐤄𐤊𐤁𐤔𐤉𐤌 𐤅𐤉𐤆𐤓𐤒𐤅 𐤄𐤃𐤌 𐤄𐤌𐤆𐤁𐤇𐤄•
𐤊𐤂 𐤅𐤉𐤂𐤉𐤔𐤅 𐤀𐤕 𐤔𐤏𐤉𐤓𐤉 𐤄𐤇𐤈𐤀𐤕 𐤋𐤐𐤍𐤉 𐤄𐤌𐤋𐤊 𐤅𐤄𐤒𐤄𐤋 𐤅𐤉𐤎𐤌𐤊𐤅
𐤉𐤃𐤉𐤄𐤌 𐤏𐤋𐤉𐤄𐤌•
𐤊𐤃 𐤅𐤉𐤔𐤇𐤈𐤅𐤌 𐤄𐤊𐤄𐤍𐤉𐤌 𐤅𐤉𐤇𐤈𐤀𐤅 𐤀𐤕 𐤃𐤌𐤌 𐤄𐤌𐤆𐤁𐤇𐤄 𐤋𐤊𐤐𐤓 𐤏𐤋 𐤊𐤋
𐤉𐤔𐤓𐤀𐤋 𐤊𐤉 𐤋𐤊𐤋 𐤉𐤔𐤓𐤀𐤋 𐤀𐤌𐤓 𐤄𐤌𐤋𐤊 𐤄𐤏𐤅𐤋𐤄 𐤅𐤄𐤇𐤈𐤀𐤕•
𐤊𐤄 𐤅𐤉𐤏𐤌𐤃 𐤀𐤕 𐤄𐤋𐤅𐤉𐤌 𐤁𐤉𐤕 𐤉𐤄𐤅𐤄 𐤁𐤌𐤑𐤋𐤕𐤉𐤌 𐤁𐤍𐤁𐤋𐤉𐤌
𐤅𐤁𐤊𐤍𐤓𐤅𐤕 𐤁𐤌𐤑𐤅𐤕 𐤃𐤅𐤉𐤃 𐤅𐤂𐤃 𐤇𐤆𐤄 𐤄𐤌𐤋𐤊 𐤅𐤍𐤕𐤍 𐤄𐤍𐤁𐤉𐤀 𐤊𐤉 𐤁𐤉𐤃
𐤉𐤄𐤅𐤄 𐤄𐤌𐤑𐤅𐤄 𐤁𐤉𐤃 𐤍𐤁𐤉𐤀𐤉𐤅•

# 𐤃𐤁𐤓𐤉 𐤄𐤉𐤌𐤉𐤌 𐤁

𐤊𐤅 𐤅𐤉𐤏𐤌𐤃𐤅 𐤄𐤋𐤅𐤉𐤌 𐤁𐤊𐤋𐤉 𐤃𐤅𐤉𐤃 𐤅𐤄𐤊𐤄𐤍𐤉𐤌 𐤁𐤇𐤑𐤑𐤓𐤅𐤕•
𐤊𐤆 𐤅𐤉𐤀𐤌𐤓 𐤇𐤆𐤒𐤉𐤄𐤅 𐤋𐤄𐤏𐤋𐤅𐤕 𐤄𐤏𐤋𐤄 𐤋𐤄𐤌𐤆𐤁𐤇 𐤅𐤁𐤏𐤕 𐤄𐤇𐤋 𐤄𐤏𐤅𐤋𐤄
𐤄𐤇𐤋 𐤔𐤉𐤓 𐤉𐤄𐤅𐤄 𐤅𐤄𐤇𐤑𐤑𐤓𐤅𐤕 𐤅𐤏𐤋 𐤉𐤃𐤉 𐤊𐤋𐤉 𐤃𐤅𐤉𐤃 𐤌𐤋𐤊 𐤉𐤔𐤓𐤀𐤋•
𐤊𐤇 𐤅𐤊𐤋 𐤄𐤒𐤄𐤋 𐤌𐤔𐤕𐤇𐤅𐤉𐤌 𐤅𐤄𐤔𐤉𐤓 𐤌𐤔𐤅𐤓𐤓 𐤅𐤄𐤇𐤑𐤑𐤓𐤅𐤕 𐤌𐤇𐤑𐤑𐤓𐤉𐤌
[𐤌𐤇𐤑𐤓𐤉𐤌] 𐤄𐤊𐤋 𐤏𐤃 𐤋𐤊𐤋𐤅𐤕 𐤄𐤏𐤋𐤄•
𐤊𐤈 𐤅𐤊𐤊𐤋𐤅𐤕 𐤋𐤄𐤏𐤋𐤅𐤕 𐤊𐤓𐤏𐤅 𐤄𐤌𐤋𐤊 𐤅𐤊𐤋 𐤄𐤍𐤌𐤑𐤀𐤉𐤌 𐤀𐤕𐤅
𐤅𐤉𐤔𐤕𐤇𐤅𐤅•

𐤋 𐤅𐤉𐤀𐤌𐤓 𐤉𐤇𐤆𐤒𐤉𐤄𐤅 𐤄𐤌𐤋𐤊 𐤅𐤄𐤔𐤓𐤉𐤌 𐤋𐤋𐤅𐤉𐤌 𐤋𐤄𐤋𐤋 𐤋𐤉𐤄𐤅𐤄
𐤁𐤃𐤁𐤓𐤉 𐤃𐤅𐤉𐤃 𐤅𐤀𐤎𐤐 𐤄𐤇𐤆𐤄 𐤅𐤉𐤄𐤋𐤋𐤅 𐤏𐤃 𐤋𐤔𐤌𐤇𐤄 𐤅𐤉𐤒𐤃𐤅
𐤅𐤉𐤔𐤕𐤇𐤅𐤅•

𐤋𐤀 𐤅𐤉𐤏𐤍 𐤉𐤇𐤆𐤒𐤉𐤄𐤅 𐤅𐤉𐤀𐤌𐤓 𐤏𐤕𐤄 𐤌𐤋𐤀𐤕𐤌 𐤉𐤃𐤊𐤌 𐤋𐤉𐤄𐤅𐤄 𐤂𐤔𐤅
𐤅𐤄𐤁𐤉𐤀𐤅 𐤆𐤁𐤇𐤉𐤌 𐤅𐤕𐤅𐤃𐤅𐤕 𐤋𐤁𐤉𐤕 𐤉𐤄𐤅𐤄 𐤅𐤉𐤁𐤉𐤀𐤅 𐤄𐤒𐤄𐤋 𐤆𐤁𐤇𐤉𐤌
𐤅𐤕𐤅𐤃𐤅𐤕 𐤅𐤊𐤋 𐤍𐤃𐤉𐤁 𐤋𐤁 𐤏𐤋𐤅𐤕•
𐤋𐤁 𐤅𐤉𐤄𐤉 𐤌𐤎𐤐𐤓 𐤄𐤏𐤋𐤄 𐤀𐤔𐤓 𐤄𐤁𐤉𐤀𐤅 𐤄𐤒𐤄𐤋 𐤁𐤒𐤓 𐤔𐤁𐤏𐤉𐤌 𐤀𐤉𐤋𐤉𐤌
𐤌𐤀𐤄 𐤊𐤁𐤔𐤉𐤌 𐤌𐤀𐤕𐤉𐤌 𐤋𐤏𐤋𐤄 𐤋𐤉𐤄𐤅𐤄 𐤊𐤋 𐤀𐤋𐤄•
𐤋𐤂 𐤅𐤄𐤒𐤃𐤔𐤉𐤌 𐤁𐤒𐤓 𐤔𐤔 𐤌𐤀𐤅𐤕 𐤅𐤑𐤀𐤍 𐤔𐤋𐤔𐤕 𐤀𐤋𐤐𐤉𐤌•
𐤋𐤃 𐤓𐤒 𐤄𐤊𐤄𐤍𐤉𐤌 𐤄𐤉𐤅 𐤋𐤌𐤏𐤈 𐤅𐤋𐤀 𐤉𐤊𐤋𐤅 𐤋𐤄𐤐𐤔𐤉𐤈 𐤀𐤕 𐤊𐤋 𐤄𐤏𐤋𐤅𐤕
𐤅𐤉𐤇𐤆𐤒𐤅𐤌 𐤀𐤇𐤉𐤄𐤌 𐤄𐤋𐤅𐤉𐤌 𐤏𐤃 𐤊𐤋𐤅𐤕 𐤄𐤌𐤋𐤀𐤊𐤄 𐤅𐤏𐤃 𐤉𐤕𐤒𐤃𐤔𐤅
𐤄𐤊𐤄𐤍𐤉𐤌 𐤊𐤉 𐤄𐤋𐤅𐤉𐤌 𐤉𐤔𐤓𐤉 𐤋𐤁𐤁 𐤋𐤄𐤕𐤒𐤃𐤔 𐤌𐤄𐤊𐤄𐤍𐤉𐤌•
𐤋𐤄 𐤅𐤂𐤌 𐤏𐤋𐤄 𐤋𐤓𐤁 𐤁𐤇𐤋𐤁𐤉 𐤄𐤔𐤋𐤌𐤉𐤌 𐤅𐤁𐤍𐤎𐤊𐤉𐤌 𐤋𐤏𐤋𐤄 𐤅𐤕𐤊𐤅𐤍
𐤏𐤁𐤅𐤃𐤕 𐤁𐤉𐤕 𐤉𐤄𐤅𐤄•

𐤋𐤅 𐤅𐤉𐤔𐤌𐤇 𐤉𐤇𐤆𐤒𐤉𐤄𐤅 𐤅𐤊𐤋 𐤄𐤏𐤌 𐤏𐤋 𐤄𐤄𐤊𐤉𐤍 𐤄𐤀𐤋𐤄𐤉𐤌 𐤋𐤏𐤌 𐤊𐤉
𐤁𐤐𐤕𐤀𐤌 𐤄𐤉𐤄 𐤄𐤃𐤁𐤓•

## 𐤐𐤓𐤒 𐤋

𐤀 𐤅𐤉𐤔𐤋𐤇 𐤉𐤇𐤆𐤒𐤉𐤄𐤅 𐤏𐤋 𐤊𐤋 𐤉𐤔𐤓𐤀𐤋 𐤅𐤉𐤄𐤅𐤃𐤄 𐤅𐤂𐤌 𐤀𐤂𐤓𐤅𐤕 𐤊𐤕𐤁
𐤏𐤋 𐤀𐤐𐤓𐤉𐤌 𐤅𐤌𐤍𐤔𐤄 𐤋𐤁𐤅𐤀 𐤋𐤁𐤉𐤕 𐤉𐤄𐤅𐤄 𐤁𐤉𐤓𐤅𐤔𐤋𐤌 𐤋𐤏𐤔𐤅𐤕 𐤐𐤎𐤇
𐤋𐤉𐤄𐤅𐤄 𐤀𐤋𐤄𐤉 𐤉𐤔𐤓𐤀𐤋•
𐤁 𐤅𐤉𐤅𐤏𐤑 𐤄𐤌𐤋𐤊 𐤅𐤔𐤓𐤉𐤅 𐤅𐤊𐤋 𐤄𐤒𐤄𐤋 𐤁𐤉𐤓𐤅𐤔𐤋𐤌 𐤋𐤏𐤔𐤅𐤕 𐤄𐤐𐤎𐤇
𐤁𐤇𐤃𐤔 𐤄𐤔𐤍𐤉•
𐤂 𐤊𐤉 𐤋𐤀 𐤉𐤊𐤋𐤅 𐤋𐤏𐤔𐤕𐤅 𐤁𐤏𐤕 𐤄𐤄𐤉𐤀 𐤊𐤉 𐤄𐤊𐤄𐤍𐤉𐤌 𐤋𐤀 𐤄𐤕𐤒𐤃𐤔𐤅
𐤋𐤌𐤃𐤉 𐤅𐤄𐤏𐤌 𐤋𐤀 𐤍𐤀𐤎𐤐𐤅 𐤋𐤉𐤓𐤅𐤔𐤋𐤌•
𐤃 𐤅𐤉𐤉𐤔𐤓 𐤄𐤃𐤁𐤓 𐤁𐤏𐤉𐤍𐤉 𐤄𐤌𐤋𐤊 𐤅𐤁𐤏𐤉𐤍𐤉 𐤊𐤋 𐤄𐤒𐤄𐤋•

# 𐤃𐤁𐤓𐤉 𐤄𐤉𐤌𐤉𐤌 𐤁

𐤄 𐤅𐤉𐤏𐤌𐤉𐤃𐤅 𐤃𐤁𐤓 𐤋𐤄𐤏𐤁𐤉𐤓 𐤒𐤅𐤋 𐤁𐤊𐤋 𐤉𐤔𐤓𐤀𐤋 𐤌𐤁𐤀𐤓 𐤔𐤁𐤏 𐤅𐤏𐤃 𐤃𐤍
𐤋𐤁𐤅𐤀 𐤋𐤏𐤔𐤅𐤕 𐤐𐤎𐤇 𐤋𐤉𐤄𐤅𐤄 𐤀𐤋𐤄𐤉 𐤉𐤔𐤓𐤀𐤋 𐤁𐤉𐤓𐤅𐤔𐤋𐤌 𐤊𐤉 𐤋𐤀 𐤋𐤓𐤁
𐤏𐤔𐤅 𐤊𐤊𐤕𐤅𐤁.
𐤅 𐤅𐤉𐤋𐤊𐤅 𐤄𐤓𐤑𐤉𐤌 𐤁𐤀𐤂𐤓𐤅𐤕 𐤌𐤉𐤃 𐤄𐤌𐤋𐤊 𐤅𐤔𐤓𐤉𐤅 𐤁𐤊𐤋 𐤉𐤔𐤓𐤀𐤋
𐤅𐤉𐤄𐤅𐤃𐤄 𐤅𐤊𐤌𐤑𐤅𐤕 𐤄𐤌𐤋𐤊 𐤋𐤀𐤌𐤓 𐤁𐤍𐤉 𐤉𐤔𐤓𐤀𐤋 𐤔𐤅𐤁𐤅 𐤀𐤋 𐤉𐤄𐤅𐤄
𐤀𐤋𐤄𐤉 𐤀𐤁𐤓𐤄𐤌 𐤉𐤑𐤇𐤒 𐤅𐤉𐤔𐤓𐤀𐤋 𐤅𐤉𐤔𐤁 𐤀𐤋 𐤄𐤐𐤋𐤉𐤈𐤄 𐤄𐤍𐤔𐤀𐤓𐤕
𐤋𐤊𐤌 𐤌𐤊𐤐 𐤌𐤋𐤊𐤉 𐤀𐤔𐤅𐤓.
𐤆 𐤅𐤀𐤋 𐤕𐤄𐤉𐤅 𐤊𐤀𐤁𐤅𐤕𐤉𐤊𐤌 𐤅𐤊𐤀𐤇𐤉𐤊𐤌 𐤀𐤔𐤓 𐤌𐤏𐤋𐤅 𐤁𐤉𐤄𐤅𐤄 𐤀𐤋𐤄𐤉
𐤀𐤁𐤅𐤕𐤉𐤄𐤌 𐤅𐤉𐤕𐤍𐤌 𐤋𐤔𐤌𐤄 𐤊𐤀𐤔𐤓 𐤀𐤕𐤌 𐤓𐤀𐤉𐤌.
𐤇 𐤏𐤕𐤄 𐤀𐤋 𐤕𐤒𐤔𐤅 𐤏𐤓𐤐𐤊𐤌 𐤊𐤀𐤁𐤅𐤕𐤉𐤊𐤌 𐤕𐤍𐤅 𐤉𐤃 𐤋𐤉𐤄𐤅𐤄 𐤅𐤁𐤀𐤅
𐤋𐤌𐤒𐤃𐤔𐤅 𐤀𐤔𐤓 𐤄𐤒𐤃𐤉𐤔 𐤋𐤏𐤅𐤋𐤌 𐤅𐤏𐤁𐤃𐤅 𐤀𐤕 𐤉𐤄𐤅𐤄 𐤀𐤋𐤄𐤉𐤊𐤌 𐤅𐤉𐤔𐤁
𐤌𐤊𐤌 𐤇𐤓𐤅𐤍 𐤀𐤐𐤅.
𐤈 𐤊𐤉 𐤁𐤔𐤅𐤁𐤊𐤌 𐤏𐤋 𐤉𐤄𐤅𐤄 𐤀𐤇𐤉𐤊𐤌 𐤅𐤁𐤍𐤉𐤊𐤌 𐤋𐤓𐤇𐤌𐤉𐤌 𐤋𐤐𐤍𐤉
𐤔𐤅𐤁𐤉𐤄𐤌 𐤅𐤋𐤔𐤅𐤁 𐤋𐤀𐤓𐤑 𐤄𐤆𐤀𐤕 𐤊𐤉 𐤇𐤍𐤅𐤍 𐤅𐤓𐤇𐤅𐤌 𐤉𐤄𐤅𐤄 𐤀𐤋𐤄𐤉𐤊𐤌
𐤅𐤋𐤀 𐤉𐤎𐤉𐤓 𐤐𐤍𐤉𐤌 𐤌𐤊𐤌 𐤀𐤌 𐤕𐤔𐤅𐤁𐤅 𐤀𐤋𐤉𐤅.
𐤉 𐤅𐤉𐤄𐤉𐤅 𐤄𐤓𐤑𐤉𐤌 𐤏𐤁𐤓𐤉𐤌 𐤌𐤏𐤉𐤓 𐤋𐤏𐤉𐤓 𐤁𐤀𐤓𐤑 𐤀𐤐𐤓𐤉𐤌 𐤅𐤌𐤍𐤔𐤄 𐤅𐤏𐤃
𐤆𐤁𐤋𐤅𐤍 𐤅𐤉𐤄𐤉𐤅 𐤌𐤔𐤇𐤒𐤉𐤌 𐤏𐤋𐤉𐤄𐤌 𐤅𐤌𐤋𐤏𐤂𐤉𐤌 𐤁𐤌.
𐤉𐤀 𐤀𐤊 𐤀𐤍𐤔𐤉𐤌 𐤌𐤀𐤔𐤓 𐤅𐤌𐤍𐤔𐤄 𐤅𐤌𐤆𐤁𐤋𐤅𐤍 𐤍𐤊𐤍𐤏𐤅 𐤅𐤉𐤁𐤀𐤅
𐤋𐤉𐤓𐤅𐤔𐤋𐤌.
𐤉𐤁 𐤂𐤌 𐤁𐤉𐤄𐤅𐤃𐤄 𐤄𐤉𐤕𐤄 𐤉𐤃 𐤄𐤀𐤋𐤄𐤉𐤌 𐤋𐤕𐤕 𐤋𐤄𐤌 𐤋𐤁 𐤀𐤇𐤃 𐤋𐤏𐤔𐤅𐤕
𐤌𐤑𐤅𐤕 𐤄𐤌𐤋𐤊 𐤅𐤄𐤔𐤓𐤉𐤌 𐤁𐤃𐤁𐤓 𐤉𐤄𐤅𐤄.
𐤉𐤂 𐤅𐤉𐤀𐤎𐤐𐤅 𐤉𐤓𐤅𐤔𐤋𐤌 𐤏𐤌 𐤓𐤁 𐤋𐤏𐤔𐤅𐤕 𐤀𐤕 𐤇𐤂 𐤄𐤌𐤑𐤅𐤕 𐤁𐤇𐤃𐤔 𐤄𐤔𐤍𐤉
𐤒𐤄𐤋 𐤋𐤓𐤁 𐤌𐤀𐤃.
𐤉𐤃 𐤅𐤉𐤒𐤌𐤅 𐤅𐤉𐤎𐤉𐤓𐤅 𐤀𐤕 𐤄𐤌𐤆𐤁𐤇𐤅𐤕 𐤀𐤔𐤓 𐤁𐤉𐤓𐤅𐤔𐤋𐤌 𐤅𐤀𐤕 𐤊𐤋
𐤄𐤌𐤒𐤈𐤓𐤅𐤕 𐤄𐤎𐤉𐤓𐤅 𐤅𐤉𐤔𐤋𐤉𐤊𐤅 𐤋𐤍𐤇𐤋 𐤒𐤃𐤓𐤅𐤍.
𐤈𐤅 𐤅𐤉𐤔𐤇𐤈𐤅 𐤄𐤐𐤎𐤇 𐤁𐤀𐤓𐤁𐤏𐤄 𐤏𐤔𐤓 𐤋𐤇𐤃𐤔 𐤄𐤔𐤍𐤉 𐤅𐤄𐤊𐤄𐤍𐤉𐤌
𐤅𐤄𐤋𐤅𐤉𐤌 𐤍𐤊𐤋𐤌𐤅 𐤅𐤉𐤕𐤒𐤃𐤔𐤅 𐤅𐤉𐤁𐤉𐤀𐤅 𐤏𐤋𐤅𐤕 𐤁𐤉𐤕 𐤉𐤄𐤅𐤄.
𐤈𐤆 𐤅𐤉𐤏𐤌𐤃𐤅 𐤏𐤋 𐤏𐤌𐤃𐤌 𐤊𐤌𐤔𐤐𐤈𐤌 𐤊𐤕𐤅𐤓𐤕 𐤌𐤔𐤄 𐤀𐤉𐤔 𐤄𐤀𐤋𐤄𐤉𐤌
𐤄𐤊𐤄𐤍𐤉𐤌 𐤆𐤓𐤒𐤉𐤌 𐤀𐤕 𐤄𐤃𐤌 𐤌𐤉𐤃 𐤄𐤋𐤅𐤉𐤌.
𐤉𐤆 𐤊𐤉 𐤓𐤁𐤕 𐤁𐤒𐤄𐤋 𐤀𐤔𐤓 𐤋𐤀 𐤄𐤕𐤒𐤃𐤔𐤅 𐤅𐤄𐤋𐤅𐤉𐤌 𐤏𐤋 𐤔𐤇𐤉𐤈𐤕
𐤄𐤐𐤎𐤇𐤉𐤌 𐤋𐤊𐤋 𐤋𐤀 𐤈𐤄𐤅𐤓 𐤋𐤄𐤒𐤃𐤉𐤔 𐤋𐤉𐤄𐤅𐤄.
𐤉𐤇 𐤊𐤉 𐤌𐤓𐤁𐤉𐤕 𐤄𐤏𐤌 𐤓𐤁𐤕 𐤌𐤀𐤐𐤓𐤉𐤌 𐤅𐤌𐤍𐤔𐤄 𐤉𐤔𐤔𐤊𐤓 𐤅𐤆𐤁𐤋𐤅𐤍 𐤋𐤀
𐤄𐤈𐤄𐤓𐤅 𐤊𐤉 𐤀𐤊𐤋𐤅 𐤀𐤕 𐤄𐤐𐤎𐤇 𐤁𐤋𐤀 𐤊𐤊𐤕𐤅𐤁 𐤊𐤉 𐤄𐤕𐤐𐤋𐤋 𐤉𐤇𐤆𐤒𐤉𐤄𐤅

# 𐤃𐤁𐤓𐤉 𐤄𐤉𐤌𐤉𐤌 𐤁

𐤏𐤋𐤉𐤄𐤌 𐤋𐤀𐤌𐤓 𐤉𐤄𐤅𐤄 𐤄𐤈𐤅𐤁 𐤉𐤊𐤐𐤓 𐤁𐤏𐤃•

𐤉𐤈 𐤊𐤋 𐤋𐤁𐤁𐤅 𐤄𐤊𐤉𐤍 𐤋𐤃𐤓𐤅𐤔 𐤄𐤀𐤋𐤄𐤉𐤌 𐤉𐤄𐤅𐤄 𐤀𐤋𐤄𐤉 𐤀𐤁𐤅𐤕𐤉𐤅 𐤅𐤋𐤀 𐤊𐤈𐤄𐤓𐤕 𐤄𐤒𐤃𐤔•

𐤊 𐤅𐤉𐤔𐤌𐤏 𐤉𐤄𐤅𐤄 𐤀𐤋 𐤉𐤇𐤆𐤒𐤉𐤄𐤅 𐤅𐤉𐤓𐤐𐤀 𐤀𐤕 𐤄𐤏𐤌•

𐤊𐤀 𐤅𐤉𐤏𐤔𐤅 𐤁𐤍𐤉 𐤉𐤔𐤓𐤀𐤋 𐤄𐤍𐤌𐤑𐤀𐤉𐤌 𐤁𐤉𐤓𐤅𐤔𐤋𐤌 𐤀𐤕 𐤇𐤂 𐤄𐤌𐤑𐤅𐤕 𐤔𐤁𐤏𐤕 𐤉𐤌𐤉𐤌 𐤁𐤔𐤌𐤇𐤄 𐤂𐤃𐤅𐤋𐤄 𐤅𐤌𐤄𐤋𐤋𐤉𐤌 𐤋𐤉𐤄𐤅𐤄 𐤉𐤅𐤌 𐤁𐤉𐤅𐤌 𐤄𐤋𐤅𐤉𐤌 𐤅𐤄𐤊𐤄𐤍𐤉𐤌 𐤁𐤊𐤋𐤉 𐤏𐤆 𐤋𐤉𐤄𐤅𐤄•

𐤊𐤁 𐤅𐤉𐤃𐤁𐤓 𐤉𐤇𐤆𐤒𐤉𐤄𐤅 𐤏𐤋 𐤋𐤁 𐤊𐤋 𐤄𐤋𐤅𐤉𐤌 𐤄𐤌𐤔𐤊𐤉𐤋𐤉𐤌 𐤔𐤊𐤋 𐤈𐤅𐤁 𐤋𐤉𐤄𐤅𐤄 𐤅𐤉𐤀𐤊𐤋𐤅 𐤀𐤕 𐤄𐤌𐤅𐤏𐤃 𐤔𐤁𐤏𐤕 𐤄𐤉𐤌𐤉𐤌 𐤌𐤆𐤁𐤇𐤉𐤌 𐤆𐤁𐤇𐤉 𐤔𐤋𐤌𐤉𐤌 𐤅𐤌𐤕𐤅𐤃𐤉𐤌 𐤋𐤉𐤄𐤅𐤄 𐤀𐤋𐤄𐤉 𐤀𐤁𐤅𐤕𐤉𐤄𐤌•

𐤊𐤂 𐤅𐤉𐤅𐤏𐤑𐤅 𐤊𐤋 𐤄𐤒𐤄𐤋 𐤋𐤏𐤔𐤅𐤕 𐤔𐤁𐤏𐤕 𐤉𐤌𐤉𐤌 𐤀𐤇𐤓𐤉𐤌 𐤅𐤉𐤏𐤔𐤅 𐤔𐤁𐤏𐤕 𐤉𐤌𐤉𐤌 𐤔𐤌𐤇𐤄•

𐤊𐤃 𐤊𐤉 𐤇𐤆𐤒𐤉𐤄𐤅 𐤌𐤋𐤊 𐤉𐤄𐤅𐤃𐤄 𐤄𐤓𐤉𐤌 𐤋𐤒𐤄𐤋 𐤀𐤋𐤐 𐤐𐤓𐤉𐤌 𐤅𐤔𐤁𐤏𐤕 𐤀𐤋𐤐𐤉𐤌 𐤑𐤀𐤍 𐤅𐤄𐤔𐤓𐤉𐤌 𐤄𐤓𐤉𐤌𐤅 𐤋𐤒𐤄𐤋 𐤐𐤓𐤉𐤌 𐤀𐤋𐤐 𐤅𐤑𐤀𐤍 𐤏𐤔𐤓𐤕 𐤀𐤋𐤐𐤉𐤌 𐤅𐤉𐤕𐤒𐤃𐤔𐤅 𐤊𐤄𐤍𐤉𐤌 𐤋𐤓𐤁•

𐤊𐤄 𐤅𐤉𐤔𐤌𐤇𐤅 𐤊𐤋 𐤒𐤄𐤋 𐤉𐤄𐤅𐤃𐤄 𐤅𐤄𐤊𐤄𐤍𐤉𐤌 𐤅𐤄𐤋𐤅𐤉𐤌 𐤅𐤊𐤋 𐤄𐤒𐤄𐤋 𐤄𐤁𐤀𐤉𐤌 𐤌𐤉𐤔𐤓𐤀𐤋 𐤅𐤄𐤂𐤓𐤉𐤌 𐤄𐤁𐤀𐤉𐤌 𐤌𐤀𐤓𐤑 𐤉𐤔𐤓𐤀𐤋 𐤅𐤄𐤉𐤅𐤔𐤁𐤉𐤌 𐤁𐤉𐤄𐤅𐤃𐤄•

𐤊𐤅 𐤅𐤕𐤄𐤉 𐤔𐤌𐤇𐤄 𐤂𐤃𐤅𐤋𐤄 𐤁𐤉𐤓𐤅𐤔𐤋𐤌 𐤊𐤉 𐤌𐤉𐤌𐤉 𐤔𐤋𐤌𐤄 𐤁𐤍 𐤃𐤅𐤉𐤃 𐤌𐤋𐤊 𐤉𐤔𐤓𐤀𐤋 𐤋𐤀 𐤊𐤆𐤀𐤕 𐤁𐤉𐤓𐤅𐤔𐤋𐤌•

𐤊𐤆 𐤅𐤉𐤒𐤌𐤅 𐤄𐤊𐤄𐤍𐤉𐤌 𐤄𐤋𐤅𐤉𐤌 𐤅𐤉𐤁𐤓𐤊𐤅 𐤀𐤕 𐤄𐤏𐤌 𐤅𐤉𐤔𐤌𐤏 𐤁𐤒𐤅𐤋𐤌 𐤅𐤕𐤁𐤅𐤀 𐤕𐤐𐤋𐤕𐤌 𐤋𐤌𐤏𐤅𐤍 𐤒𐤃𐤔𐤅 𐤋𐤔𐤌𐤉𐤌•

## 𐤐𐤓𐤒 𐤋𐤀

𐤀 𐤅𐤁𐤊𐤋𐤅𐤕 𐤊𐤋 𐤆𐤀𐤕 𐤉𐤑𐤀𐤅 𐤊𐤋 𐤉𐤔𐤓𐤀𐤋 𐤄𐤍𐤌𐤑𐤀𐤉𐤌 𐤋𐤏𐤓𐤉 𐤉𐤄𐤅𐤃𐤄 𐤅𐤉𐤔𐤁𐤓𐤅 𐤄𐤌𐤑𐤁𐤅𐤕 𐤅𐤉𐤂𐤃𐤏𐤅 𐤄𐤀𐤔𐤓𐤉𐤌 𐤅𐤉𐤍𐤕𐤑𐤅 𐤀𐤕 𐤄𐤁𐤌𐤅𐤕 𐤅𐤀𐤕 𐤄𐤌𐤆𐤁𐤇𐤕 𐤌𐤊𐤋 𐤉𐤄𐤅𐤃𐤄 𐤅𐤁𐤍𐤉𐤌𐤍 𐤅𐤁𐤀𐤐𐤓𐤉𐤌 𐤅𐤌𐤍𐤔𐤄 𐤏𐤃 𐤋𐤊𐤋𐤄 𐤅𐤉𐤔𐤅𐤁𐤅 𐤊𐤋 𐤁𐤍𐤉 𐤉𐤔𐤓𐤀𐤋 𐤀𐤉𐤔 𐤋𐤀𐤇𐤆𐤕𐤅 𐤋𐤏𐤓𐤉𐤄𐤌•

𐤁 𐤅𐤉𐤏𐤌𐤃 𐤉𐤇𐤆𐤒𐤉𐤄𐤅 𐤀𐤕 𐤌𐤇𐤋𐤒𐤅𐤕 𐤄𐤊𐤄𐤍𐤉𐤌 𐤅𐤄𐤋𐤅𐤉𐤌 𐤏𐤋 𐤌𐤇𐤋𐤒𐤅𐤕𐤌 𐤀𐤉𐤔 𐤊𐤐𐤉 𐤏𐤁𐤃𐤕𐤅 𐤋𐤊𐤄𐤍𐤉𐤌 𐤅𐤋𐤋𐤅𐤉𐤌 𐤋𐤏𐤋𐤄 𐤅𐤋𐤔𐤋𐤌𐤉𐤌 𐤋𐤔𐤓𐤕 𐤅𐤋𐤄𐤃𐤅𐤕 𐤅𐤋𐤄𐤋𐤋 𐤁𐤔𐤏𐤓𐤉 𐤌𐤇𐤍𐤅𐤕 𐤉𐤄𐤅𐤄•

𐤂 𐤅𐤌𐤍𐤕 𐤄𐤌𐤋𐤊 𐤌𐤍 𐤓𐤊𐤅𐤔𐤅 𐤋𐤏𐤋𐤅𐤕 𐤋𐤏𐤋𐤅𐤕 𐤄𐤁𐤒𐤓 𐤅𐤄𐤏𐤓𐤁 𐤅𐤄𐤏𐤋𐤅𐤕 𐤋𐤔𐤁𐤕𐤅𐤕 𐤅𐤋𐤇𐤃𐤔𐤉𐤌 𐤅𐤋𐤌𐤏𐤃𐤉𐤌 𐤊𐤊𐤕𐤅𐤁 𐤁𐤕𐤅𐤓𐤕 𐤉𐤄𐤅𐤄•

# 𐤃𐤁𐤓𐤉 𐤄𐤉𐤌𐤉𐤌 𐤁

𐤃 𐤅𐤉𐤀𐤌𐤓 𐤋𐤏𐤌 𐤋𐤉𐤅𐤔𐤁𐤉 𐤉𐤓𐤅𐤔𐤋𐤌 𐤋𐤕𐤕 𐤌𐤍𐤕 𐤄𐤊𐤄𐤍𐤉𐤌 𐤅𐤄𐤋𐤅𐤉𐤌
𐤋𐤌𐤏𐤍 𐤉𐤇𐤆𐤒𐤅 𐤁𐤕𐤅𐤓𐤕 𐤉𐤄𐤅𐤄.
𐤄 𐤅𐤊𐤐𐤓𐤑 𐤄𐤃𐤁𐤓 𐤄𐤓𐤁𐤅 𐤁𐤍𐤉 𐤉𐤔𐤓𐤀𐤋 𐤓𐤀𐤔𐤉𐤕 𐤃𐤂𐤍 𐤕𐤉𐤓𐤅𐤔 𐤅𐤉𐤑𐤄𐤓
𐤅𐤃𐤁𐤔 𐤅𐤊𐤋 𐤕𐤁𐤅𐤀𐤕 𐤔𐤃𐤄 𐤅𐤌𐤏𐤔𐤓 𐤄𐤊𐤋 𐤋𐤓𐤁 𐤄𐤁𐤉𐤀𐤅.
𐤅 𐤅𐤁𐤍𐤉 𐤉𐤔𐤓𐤀𐤋 𐤅𐤉𐤄𐤅𐤃𐤄 𐤄𐤉𐤅𐤔𐤁𐤉𐤌 𐤁𐤏𐤓𐤉 𐤉𐤄𐤅𐤃𐤄 𐤂𐤌 𐤄𐤌
𐤌𐤏𐤔𐤓 𐤁𐤒𐤓 𐤅𐤑𐤀𐤍 𐤅𐤌𐤏𐤔𐤓 𐤒𐤃𐤔𐤉𐤌 𐤄𐤌𐤒𐤃𐤔𐤉𐤌 𐤋𐤉𐤄𐤅𐤄 𐤀𐤋𐤄𐤉𐤄𐤌
𐤄𐤁𐤉𐤀𐤅 𐤅𐤉𐤕𐤍𐤅 𐤏𐤓𐤌𐤅𐤕 𐤏𐤓𐤌𐤅𐤕.
𐤆 𐤁𐤇𐤃𐤔 𐤄𐤔𐤋𐤔𐤉 𐤄𐤇𐤋𐤅 𐤄𐤏𐤓𐤌𐤅𐤕 𐤋𐤉𐤎𐤅𐤃 𐤅𐤁𐤇𐤃𐤔 𐤄𐤔𐤁𐤉𐤏𐤉 𐤊𐤋𐤅.
𐤇 𐤅𐤉𐤁𐤀𐤅 𐤉𐤇𐤆𐤒𐤉𐤄𐤅 𐤅𐤄𐤔𐤓𐤉𐤌 𐤅𐤉𐤓𐤀𐤅 𐤀𐤕 𐤄𐤏𐤓𐤌𐤅𐤕 𐤅𐤉𐤁𐤓𐤊𐤅 𐤀𐤕
𐤉𐤄𐤅𐤄 𐤅𐤀𐤕 𐤏𐤌𐤅 𐤉𐤔𐤓𐤀𐤋.
𐤈 𐤅𐤉𐤃𐤓𐤔 𐤉𐤇𐤆𐤒𐤉𐤄𐤅 𐤏𐤋 𐤄𐤊𐤄𐤍𐤉𐤌 𐤅𐤄𐤋𐤅𐤉𐤌 𐤏𐤋 𐤄𐤏𐤓𐤌𐤅𐤕.
𐤉 𐤅𐤉𐤀𐤌𐤓 𐤀𐤋𐤉𐤅 𐤏𐤆𐤓𐤉𐤄𐤅 𐤄𐤊𐤄𐤍 𐤄𐤓𐤀𐤔 𐤋𐤁𐤉𐤕 𐤑𐤃𐤅𐤒 𐤅𐤉𐤀𐤌𐤓
𐤌𐤄𐤇𐤋 𐤄𐤕𐤓𐤅𐤌𐤄 𐤋𐤄𐤁𐤉𐤀 𐤁𐤉𐤕 𐤉𐤄𐤅𐤄 𐤀𐤊𐤅𐤋 𐤅𐤔𐤁𐤅𐤏 𐤅𐤄𐤅𐤕𐤓 𐤏𐤃 𐤋𐤓𐤅𐤁
𐤊𐤉 𐤉𐤄𐤅𐤄 𐤁𐤓𐤊 𐤀𐤕 𐤏𐤌𐤅 𐤅𐤄𐤍𐤅𐤕𐤓 𐤀𐤕 𐤄𐤄𐤌𐤅𐤍 𐤄𐤆𐤄.
𐤉𐤀 𐤅𐤉𐤀𐤌𐤓 𐤉𐤇𐤆𐤒𐤉𐤄𐤅 𐤋𐤄𐤊𐤉𐤍 𐤋𐤔𐤊𐤅𐤕 𐤁𐤁𐤉𐤕 𐤉𐤄𐤅𐤄 𐤅𐤉𐤊𐤉𐤍𐤅.
𐤉𐤁 𐤅𐤉𐤁𐤉𐤀𐤅 𐤀𐤕 𐤄𐤕𐤓𐤅𐤌𐤄 𐤅𐤄𐤌𐤏𐤔𐤓 𐤅𐤄𐤒𐤃𐤔𐤉𐤌 𐤁𐤀𐤌𐤅𐤍𐤄
𐤅𐤏𐤋𐤉𐤄𐤌 𐤍𐤂𐤉𐤃 𐤊𐤅𐤍𐤍𐤉𐤄𐤅 [𐤊𐤍𐤍𐤉𐤄𐤅] 𐤄𐤋𐤅𐤉 𐤅𐤔𐤌𐤏𐤉 𐤀𐤇𐤉𐤄𐤅
𐤌𐤔𐤍𐤄.
𐤉𐤂 𐤅𐤉𐤇𐤉𐤀𐤋 𐤅𐤏𐤆𐤆𐤉𐤄𐤅 𐤅𐤍𐤇𐤕 𐤅𐤏𐤔𐤄𐤀𐤋 𐤅𐤉𐤓𐤉𐤌𐤅𐤕 𐤅𐤉𐤅𐤆𐤁𐤃
𐤅𐤀𐤋𐤉𐤀𐤋 𐤅𐤉𐤎𐤌𐤊𐤉𐤄𐤅 𐤅𐤌𐤇𐤕 𐤅𐤁𐤍𐤉𐤄𐤅 𐤐𐤒𐤉𐤃𐤉𐤌 𐤌𐤉𐤃 𐤊𐤅𐤍𐤍𐤉𐤄𐤅
[𐤊𐤍𐤍𐤉𐤄𐤅] 𐤅𐤔𐤌𐤏𐤉 𐤀𐤇𐤉𐤅 𐤁𐤌𐤐𐤒𐤃 𐤉𐤇𐤆𐤒𐤉𐤄𐤅 𐤄𐤌𐤋𐤊 𐤅𐤏𐤆𐤓𐤉𐤄𐤅
𐤍𐤂𐤉𐤃 𐤁𐤉𐤕 𐤄𐤀𐤋𐤄𐤉𐤌.
𐤉𐤃 𐤅𐤒𐤅𐤓𐤀 𐤁𐤍 𐤉𐤌𐤍𐤄 𐤄𐤋𐤅𐤉 𐤄𐤔𐤅𐤏𐤓 𐤋𐤌𐤆𐤓𐤇𐤄 𐤏𐤋 𐤍𐤃𐤁𐤅𐤕
𐤄𐤀𐤋𐤄𐤉𐤌 𐤋𐤕𐤕 𐤕𐤓𐤅𐤌𐤕 𐤉𐤄𐤅𐤄 𐤅𐤒𐤃𐤔𐤉 𐤄𐤒𐤃𐤔𐤉𐤌.
𐤈𐤅 𐤅𐤏𐤋 𐤉𐤃𐤅 𐤏𐤃𐤍 𐤅𐤌𐤍𐤉𐤌𐤍 𐤅𐤉𐤔𐤅𐤏 𐤅𐤔𐤌𐤏𐤉𐤄𐤅 𐤀𐤌𐤓𐤉𐤄𐤅
𐤅𐤔𐤊𐤍𐤉𐤄𐤅 𐤁𐤏𐤓𐤉 𐤄𐤊𐤄𐤍𐤉𐤌 𐤁𐤀𐤌𐤅𐤍𐤄 𐤋𐤕𐤕 𐤋𐤀𐤇𐤉𐤄𐤌 𐤁𐤌𐤇𐤋𐤒𐤅𐤕
𐤊𐤂𐤃𐤅𐤋 𐤊𐤒𐤈𐤍.
𐤈𐤆 𐤌𐤋𐤁𐤃 𐤄𐤕𐤉𐤇𐤔𐤌 𐤋𐤆𐤊𐤓𐤉𐤌 𐤌𐤁𐤍 𐤔𐤋𐤅𐤔 𐤔𐤍𐤉𐤌 𐤅𐤋𐤌𐤏𐤋𐤄 𐤋𐤊𐤋
𐤄𐤁𐤀 𐤋𐤁𐤉𐤕 𐤉𐤄𐤅𐤄 𐤋𐤃𐤁𐤓 𐤉𐤅𐤌 𐤁𐤉𐤅𐤌𐤅 𐤋𐤏𐤁𐤅𐤃𐤕𐤌 𐤁𐤌𐤔𐤌𐤓𐤅𐤕𐤌
𐤊𐤌𐤇𐤋𐤒𐤅𐤕𐤉𐤄𐤌.
𐤉𐤆 𐤅𐤀𐤕 𐤄𐤕𐤉𐤇𐤔 𐤄𐤊𐤄𐤍𐤉𐤌 𐤋𐤁𐤉𐤕 𐤀𐤁𐤅𐤕𐤉𐤄𐤌 𐤅𐤄𐤋𐤅𐤉𐤌 𐤌𐤁𐤍
𐤏𐤔𐤓𐤉𐤌 𐤔𐤍𐤄 𐤅𐤋𐤌𐤏𐤋𐤄 𐤁𐤌𐤔𐤌𐤓𐤅𐤕𐤉𐤄𐤌 𐤁𐤌𐤇𐤋𐤒𐤅𐤕𐤉𐤄𐤌.
𐤉𐤇 𐤅𐤋𐤄𐤕𐤉𐤇𐤔 𐤁𐤊𐤋 𐤈𐤐𐤌 𐤍𐤔𐤉𐤄𐤌 𐤅𐤁𐤍𐤉𐤄𐤌 𐤅𐤁𐤍𐤅𐤕𐤉𐤄𐤌 𐤋𐤊𐤋

𐤒𐤄𐤋 𐤊𐤉 𐤁𐤀𐤌𐤅𐤍𐤕𐤌 𐤉𐤕𐤒𐤃𐤔𐤅 𐤒𐤃𐤔.

𐤉𐤈𐤅𐤋𐤁𐤍𐤉 𐤀𐤄𐤓𐤍 𐤄𐤊𐤄𐤍𐤉𐤌 𐤁𐤔𐤃𐤉 𐤌𐤂𐤓𐤔 𐤏𐤓𐤉𐤄𐤌 𐤁𐤊𐤋 𐤏𐤉𐤓 𐤅𐤏𐤉𐤓
𐤀𐤍𐤔𐤉𐤌 𐤀𐤔𐤓 𐤍𐤒𐤁𐤅 𐤁𐤔𐤌𐤅𐤕 𐤋𐤕𐤕 𐤌𐤍𐤅𐤕 𐤋𐤊𐤋 𐤆𐤊𐤓 𐤁𐤊𐤄𐤍𐤉𐤌 𐤅𐤋𐤊𐤋
𐤄𐤕𐤉𐤇𐤔 𐤁𐤋𐤅𐤉𐤌.

𐤊 𐤅𐤉𐤏𐤔 𐤊𐤆𐤀𐤕 𐤉𐤇𐤆𐤒𐤉𐤄𐤅 𐤁𐤊𐤋 𐤉𐤄𐤅𐤃𐤄 𐤅𐤉𐤏𐤔 𐤄𐤈𐤅𐤁 𐤅𐤄𐤉𐤔𐤓
𐤅𐤄𐤀𐤌𐤕 𐤋𐤐𐤍𐤉 𐤉𐤄𐤅𐤄 𐤀𐤋𐤄𐤉𐤅.

𐤊𐤀𐤅𐤁𐤊𐤋 𐤌𐤏𐤔𐤄 𐤀𐤔𐤓 𐤄𐤇𐤋 𐤁𐤏𐤁𐤅𐤃𐤕 𐤁𐤉𐤕 𐤄𐤀𐤋𐤄𐤉𐤌 𐤅𐤁𐤕𐤅𐤓𐤄
𐤅𐤁𐤌𐤑𐤅𐤄 𐤋𐤃𐤓𐤔 𐤋𐤀𐤋𐤄𐤉𐤅 𐤁𐤊𐤋 𐤋𐤁𐤁𐤅 𐤏𐤔𐤄 𐤅𐤄𐤑𐤋𐤉𐤇.

## 𐤐𐤓𐤒 𐤋𐤁

𐤀 𐤀𐤇𐤓𐤉 𐤄𐤃𐤁𐤓𐤉𐤌 𐤅𐤄𐤀𐤌𐤕 𐤄𐤀𐤋𐤄 𐤁𐤀 𐤎𐤍𐤇𐤓𐤉𐤁 𐤌𐤋𐤊 𐤀𐤔𐤅𐤓 𐤅𐤉𐤁𐤀
𐤁𐤉𐤄𐤅𐤃𐤄 𐤅𐤉𐤇𐤍 𐤏𐤋 𐤄𐤏𐤓𐤉𐤌 𐤄𐤁𐤑𐤓𐤅𐤕 𐤅𐤉𐤀𐤌𐤓 𐤋𐤁𐤒𐤏𐤌 𐤀𐤋𐤉𐤅.

𐤁𐤅𐤉𐤓𐤀 𐤉𐤇𐤆𐤒𐤉𐤄𐤅 𐤊𐤉 𐤁𐤀 𐤎𐤍𐤇𐤓𐤉𐤁 𐤅𐤐𐤍𐤉𐤅 𐤋𐤌𐤋𐤇𐤌𐤄 𐤏𐤋
𐤉𐤓𐤅𐤔𐤋𐤌.

𐤂 𐤅𐤉𐤅𐤏𐤑 𐤏𐤌 𐤔𐤓𐤉𐤅 𐤅𐤂𐤁𐤓𐤉𐤅 𐤋𐤎𐤕𐤅𐤌 𐤀𐤕 𐤌𐤉𐤌𐤉 𐤄𐤏𐤉𐤍𐤅𐤕 𐤀𐤔𐤓
𐤌𐤇𐤅𐤑 𐤋𐤏𐤉𐤓 𐤅𐤉𐤏𐤆𐤓𐤅𐤄𐤅.

𐤃 𐤅𐤉𐤒𐤁𐤑𐤅 𐤏𐤌 𐤓𐤁 𐤅𐤉𐤎𐤕𐤌𐤅 𐤀𐤕 𐤊𐤋 𐤄𐤌𐤏𐤉𐤍𐤅𐤕 𐤅𐤀𐤕 𐤄𐤍𐤇𐤋 𐤄𐤔𐤅𐤈𐤐
𐤁𐤕𐤅𐤊 𐤄𐤀𐤓𐤑 𐤋𐤀𐤌𐤓 𐤋𐤌𐤄 𐤉𐤁𐤅𐤀𐤅 𐤌𐤋𐤊𐤉 𐤀𐤔𐤅𐤓 𐤅𐤌𐤑𐤀𐤅 𐤌𐤉𐤌
𐤓𐤁𐤉𐤌.

𐤄 𐤅𐤉𐤕𐤇𐤆𐤒 𐤅𐤉𐤁𐤍 𐤀𐤕 𐤊𐤋 𐤄𐤇𐤅𐤌𐤄 𐤄𐤐𐤓𐤅𐤑𐤄 𐤅𐤉𐤏𐤋 𐤏𐤋 𐤄𐤌𐤂𐤃𐤋𐤅𐤕
𐤅𐤋𐤇𐤅𐤑𐤄 𐤄𐤇𐤅𐤌𐤄 𐤀𐤇𐤓𐤕 𐤅𐤉𐤇𐤆𐤒 𐤀𐤕 𐤄𐤌𐤋𐤅𐤀 𐤏𐤉𐤓 𐤃𐤅𐤉𐤃 𐤅𐤉𐤏𐤔 𐤔𐤋𐤇
𐤋𐤓𐤁 𐤅𐤌𐤂𐤍𐤉𐤌.

𐤅 𐤅𐤉𐤕𐤍 𐤔𐤓𐤉 𐤌𐤋𐤇𐤌𐤅𐤕 𐤏𐤋 𐤄𐤏𐤌 𐤅𐤉𐤒𐤁𐤑𐤌 𐤀𐤋𐤉𐤅 𐤀𐤋 𐤓𐤇𐤅𐤁 𐤔𐤏𐤓
𐤄𐤏𐤉𐤓 𐤅𐤉𐤃𐤁𐤓 𐤏𐤋 𐤋𐤁𐤁𐤌 𐤋𐤀𐤌𐤓.

𐤆 𐤇𐤆𐤒𐤅 𐤅𐤀𐤌𐤑𐤅 𐤀𐤋 𐤕𐤉𐤓𐤀𐤅 𐤅𐤀𐤋 𐤕𐤇𐤕𐤅 𐤌𐤐𐤍𐤉 𐤌𐤋𐤊 𐤀𐤔𐤅𐤓
𐤅𐤌𐤋𐤐𐤍𐤉 𐤊𐤋 𐤄𐤄𐤌𐤅𐤍 𐤀𐤔𐤓 𐤏𐤌𐤅 𐤊𐤉 𐤏𐤌𐤍𐤅 𐤓𐤁 𐤌𐤏𐤌𐤅.

𐤇𐤏𐤌𐤅 𐤆𐤓𐤅𐤏 𐤁𐤔𐤓 𐤅𐤏𐤌𐤍𐤅 𐤉𐤄𐤅𐤄 𐤀𐤋𐤄𐤉𐤍𐤅 𐤋𐤏𐤆𐤓𐤍𐤅 𐤅𐤋𐤄𐤋𐤇𐤌
𐤌𐤋𐤇𐤌𐤕𐤍𐤅 𐤅𐤉𐤎𐤌𐤊𐤅 𐤄𐤏𐤌 𐤏𐤋 𐤃𐤁𐤓𐤉 𐤉𐤇𐤆𐤒𐤉𐤄𐤅 𐤌𐤋𐤊 𐤉𐤄𐤅𐤃𐤄.

𐤈 𐤀𐤇𐤓 𐤆𐤄 𐤔𐤋𐤇 𐤎𐤍𐤇𐤓𐤉𐤁 𐤌𐤋𐤊 𐤀𐤔𐤅𐤓 𐤏𐤁𐤃𐤉𐤅 𐤉𐤓𐤅𐤔𐤋𐤉𐤌𐤄 𐤅𐤄𐤅𐤀
𐤏𐤋 𐤋𐤊𐤉𐤔 𐤅𐤊𐤋 𐤌𐤌𐤔𐤋𐤕𐤅 𐤏𐤌𐤅 𐤏𐤋 𐤉𐤇𐤆𐤒𐤉𐤄𐤅 𐤌𐤋𐤊 𐤉𐤄𐤅𐤃𐤄 𐤅𐤏𐤋
𐤊𐤋 𐤉𐤄𐤅𐤃𐤄 𐤀𐤔𐤓 𐤁𐤉𐤓𐤅𐤔𐤋𐤌 𐤋𐤀𐤌𐤓.

𐤉 𐤊𐤄 𐤀𐤌𐤓 𐤎𐤍𐤇𐤓𐤉𐤁 𐤌𐤋𐤊 𐤀𐤔𐤅𐤓 𐤏𐤋 𐤌𐤄 𐤀𐤕𐤌 𐤁𐤈𐤇𐤉𐤌 𐤅𐤉𐤔𐤁𐤉𐤌
𐤁𐤌𐤑𐤅𐤓 𐤁𐤉𐤓𐤅𐤔𐤋𐤌.

יא הלא יחזקיהו מסית אתכם לתת אתכם למות ברעב ובצמא לאמר יהוה אלהינו יצילנו מכף מלך אשור.

יב הלא הוא יחזקיהו הסיר את במתיו ואת מזבחתיו ויאמר ליהודה ולירושלם לאמר לפני מזבח אחד תשתחוו ועליו תקטירו.

יג הלא תדעו מה עשיתי אני ואבותי לכל עמי הארצות היכול יכלו אלהי גויי הארצות להציל את ארצם מידי.

יד מי בכל אלהי הגוים האלה אשר החרימו אבותי אשר יכול להציל את עמו מידי כי יוכל אלהיכם להציל אתכם מידי.

טו ועתה אל ישיא אתכם חזקיהו ואל יסית אתכם כזאת ואל תאמינו לו כי לא יוכל כל אלוה כל גוי וממלכה להציל עמו מידי ומיד אבותי אף כי אלהיכם לא יצילו אתכם מידי.

טז ועוד דברו עבדיו על יהוה האלהים ועל יחזקיהו עבדו.

יז וספרים כתב לחרף ליהוה אלהי ישראל ולאמר עליו לאמר כאלהי גויי הארצות אשר לא הצילו עמם מידי כן לא יציל אלהי יחזקיהו עמו מידי.

יח ויקראו בקול גדול יהודית על עם ירושלם אשר על החומה ליראם ולבהלם למען ילכדו את העיר.

יט וידברו אל אלהי ירושלם כעל אלהי עמי הארץ מעשה ידי האדם.

כ ויתפלל יחזקיהו המלך וישעיהו בן אמוץ הנביא על זאת ויזעקו השמים.

כא וישלח יהוה מלאך ויכחד כל גבור חיל ונגיד ושר במחנה מלך אשור וישב בבשת פנים לארצו ויבא בית אלהיו ומיציאו [ומיציאי] מעיו שם הפילהו בחרב.

כב ויושע יהוה את יחזקיהו ואת ישבי ירושלם מיד סנחריב מלך אשור ומיד כל וינהלם מסביב.

כג ורבים מביאים מנחה ליהוה לירושלם ומגדנות ליחזקיהו מלך יהודה וינשאהו לעיני כל הגוים מאחרי כן.

כד בימים ההם חלה יחזקיהו עד למות ויתפלל אל יהוה

# 𐤃𐤁𐤓𐤉 𐤄𐤉𐤌𐤉𐤌 𐤁

𐤅𐤉𐤀𐤌𐤓 𐤋𐤅 𐤅𐤌𐤅𐤐𐤕 𐤍𐤕𐤍 𐤋𐤅•
𐤊𐤄 𐤅𐤋𐤀 𐤊𐤂𐤌𐤋 𐤏𐤋𐤉𐤅 𐤄𐤔𐤉𐤁 𐤉𐤇𐤆𐤒𐤉𐤄𐤅 𐤊𐤉 𐤂𐤁𐤄 𐤋𐤁𐤅 𐤅𐤉𐤄𐤉
𐤏𐤋𐤉𐤅 𐤒𐤑𐤐 𐤅𐤏𐤋 𐤉𐤄𐤅𐤃𐤄 𐤅𐤉𐤓𐤅𐤔𐤋𐤌•
𐤊𐤅 𐤅𐤉𐤊𐤍𐤏 𐤉𐤇𐤆𐤒𐤉𐤄𐤅 𐤁𐤂𐤁𐤄 𐤋𐤁𐤅 𐤄𐤅𐤀 𐤅𐤉𐤔𐤁𐤉 𐤉𐤓𐤅𐤔𐤋𐤌 𐤅𐤋𐤀 𐤁𐤀
𐤏𐤋𐤉𐤄𐤌 𐤒𐤑𐤐 𐤉𐤄𐤅𐤄 𐤁𐤉𐤌𐤉 𐤉𐤇𐤆𐤒𐤉𐤄𐤅•
𐤊𐤆 𐤅𐤉𐤄𐤉 𐤋𐤉𐤇𐤆𐤒𐤉𐤄𐤅 𐤏𐤔𐤓 𐤅𐤊𐤁𐤅𐤃 𐤄𐤓𐤁𐤄 𐤌𐤀𐤃 𐤅𐤀𐤅𐤑𐤓𐤅𐤕 𐤏𐤔𐤄
𐤋𐤅 𐤋𐤊𐤎𐤐 𐤅𐤋𐤆𐤄𐤁 𐤅𐤋𐤀𐤁𐤍 𐤉𐤒𐤓𐤄 𐤅𐤋𐤁𐤔𐤌𐤉𐤌 𐤅𐤋𐤌𐤂𐤍𐤉𐤌 𐤅𐤋𐤊𐤋
𐤊𐤋𐤉 𐤇𐤌𐤃𐤄•
𐤊𐤇 𐤅𐤌𐤎𐤊𐤍𐤅𐤕 𐤋𐤕𐤁𐤅𐤀𐤕 𐤃𐤂𐤍 𐤅𐤕𐤉𐤓𐤅𐤔 𐤅𐤉𐤑𐤄𐤓 𐤅𐤀𐤓𐤅𐤕 𐤋𐤊𐤋 𐤁𐤄𐤌𐤄
𐤅𐤁𐤄𐤌𐤄 𐤅𐤏𐤃𐤓𐤉𐤌 𐤋𐤀𐤅𐤓𐤅𐤕•
𐤊𐤈 𐤅𐤏𐤓𐤉𐤌 𐤏𐤔𐤄 𐤋𐤅 𐤅𐤌𐤒𐤍𐤄 𐤑𐤀𐤍 𐤅𐤁𐤒𐤓 𐤋𐤓𐤁 𐤊𐤉 𐤍𐤕𐤍 𐤋𐤅 𐤀𐤋𐤄𐤉𐤌
𐤓𐤊𐤅𐤔 𐤓𐤁 𐤌𐤀𐤃•
𐤋 𐤅𐤄𐤅𐤀 𐤉𐤇𐤆𐤒𐤉𐤄𐤅 𐤎𐤕𐤌 𐤀𐤕 𐤌𐤅𐤑𐤀 𐤌𐤉𐤌𐤉 𐤂𐤉𐤇𐤅𐤍 𐤄𐤏𐤋𐤉𐤅𐤍
𐤅𐤉𐤉𐤔𐤓𐤌 𐤋𐤌𐤈𐤄 𐤌𐤏𐤓𐤁𐤄 𐤋𐤏𐤉𐤓 𐤃𐤅𐤉𐤃 𐤅𐤉𐤑𐤋𐤇 𐤉𐤇𐤆𐤒𐤉𐤄𐤅 𐤁𐤊𐤋
𐤌𐤏𐤔𐤄𐤅•
𐤋𐤀 𐤅𐤊𐤍 𐤁𐤌𐤋𐤉𐤑𐤉 𐤔𐤓𐤉 𐤁𐤁𐤋 𐤄𐤌𐤔𐤋𐤇𐤉𐤌 𐤏𐤋𐤉𐤅 𐤋𐤃𐤓𐤔 𐤄𐤌𐤅𐤐𐤕
𐤀𐤔𐤓 𐤄𐤉𐤄 𐤁𐤀𐤓𐤑 𐤏𐤆𐤁𐤅 𐤄𐤀𐤋𐤄𐤉𐤌 𐤋𐤍𐤎𐤅𐤕𐤅 𐤋𐤃𐤏𐤕 𐤊𐤋 𐤁𐤋𐤁𐤁𐤅•
𐤋𐤁 𐤅𐤉𐤕𐤓 𐤃𐤁𐤓𐤉 𐤉𐤇𐤆𐤒𐤉𐤄𐤅 𐤅𐤇𐤎𐤃𐤉𐤅 𐤄𐤍𐤌 𐤊𐤕𐤅𐤁𐤉𐤌 𐤁𐤇𐤆𐤅𐤍
𐤉𐤔𐤏𐤉𐤄𐤅 𐤁𐤍 𐤀𐤌𐤅𐤑 𐤄𐤍𐤁𐤉𐤀 𐤏𐤋 𐤎𐤐𐤓 𐤌𐤋𐤊𐤉 𐤉𐤄𐤅𐤃𐤄 𐤅𐤉𐤔𐤓𐤀𐤋•
𐤋𐤂 𐤅𐤉𐤔𐤊𐤁 𐤉𐤇𐤆𐤒𐤉𐤄𐤅 𐤏𐤌 𐤀𐤁𐤕𐤉𐤅 𐤅𐤉𐤒𐤁𐤓𐤄𐤅 𐤁𐤌𐤏𐤋𐤄 𐤒𐤁𐤓𐤉 𐤁𐤍𐤉
𐤃𐤅𐤉𐤃 𐤅𐤊𐤁𐤅𐤃 𐤏𐤔𐤅 𐤋𐤅 𐤁𐤌𐤅𐤕𐤅 𐤊𐤋 𐤉𐤄𐤅𐤃𐤄 𐤅𐤉𐤔𐤁𐤉 𐤉𐤓𐤅𐤔𐤋𐤌
𐤅𐤉𐤌𐤋𐤊 𐤌𐤍𐤔𐤄 𐤁𐤍𐤅 𐤕𐤇𐤕𐤉𐤅•

## 𐤐𐤓𐤒 𐤋𐤂

𐤀 𐤁𐤍 𐤔𐤕𐤉𐤌 𐤏𐤔𐤓𐤄 𐤔𐤍𐤄 𐤌𐤍𐤔𐤄 𐤁𐤌𐤋𐤊𐤅 𐤅𐤇𐤌𐤔𐤉𐤌 𐤅𐤇𐤌𐤔 𐤔𐤍𐤄
𐤌𐤋𐤊 𐤁𐤉𐤓𐤅𐤔𐤋𐤌•
𐤁 𐤅𐤉𐤏𐤔 𐤄𐤓𐤏 𐤁𐤏𐤉𐤍𐤉 𐤉𐤄𐤅𐤄 𐤊𐤕𐤅𐤏𐤁𐤅𐤕 𐤄𐤂𐤅𐤉𐤌 𐤀𐤔𐤓 𐤄𐤅𐤓𐤉𐤔
𐤉𐤄𐤅𐤄 𐤌𐤐𐤍𐤉 𐤁𐤍𐤉 𐤉𐤔𐤓𐤀𐤋•
𐤂 𐤅𐤉𐤔𐤁 𐤅𐤉𐤁𐤍 𐤀𐤕 𐤄𐤁𐤌𐤅𐤕 𐤀𐤔𐤓 𐤍𐤕𐤑 𐤉𐤇𐤆𐤒𐤉𐤄𐤅 𐤀𐤁𐤉𐤅 𐤅𐤉𐤒𐤌
𐤌𐤆𐤁𐤇𐤅𐤕 𐤋𐤁𐤏𐤋𐤉𐤌 𐤅𐤉𐤏𐤔 𐤀𐤔𐤓𐤅𐤕 𐤅𐤉𐤔𐤕𐤇𐤅 𐤋𐤊𐤋 𐤑𐤁𐤀 𐤄𐤔𐤌𐤉𐤌
𐤅𐤉𐤏𐤁𐤃 𐤀𐤕𐤌•
𐤃 𐤅𐤁𐤍𐤄 𐤌𐤆𐤁𐤇𐤅𐤕 𐤁𐤁𐤉𐤕 𐤉𐤄𐤅𐤄 𐤀𐤔𐤓 𐤀𐤌𐤓 𐤉𐤄𐤅𐤄 𐤁𐤉𐤓𐤅𐤔𐤋𐤌
𐤉𐤄𐤉𐤄 𐤔𐤌𐤉 𐤋𐤏𐤅𐤋𐤌•

# דברי הימים ב

ה ויבן מזבחות לכל צבא השמים בשתי חצרות בית יהוה.
ו והוא העביר את בניו באש בגי בן הנם ועונן ונחש וכשף
ועשה אוב וידעוני הרבה לעשות הרע בעיני יהוה
להכעיסו.
ז וישם את פסל הסמל אשר עשה בבית האלהים אשר אמר
אלהים אל דויד ואל שלמה בנו בבית הזה ובירושלם אשר
בחרתי מכל שבטי ישראל אשים את שמי לעילום.
ח ולא אוסיף להסיר את רגל ישראל מעל האדמה אשר
העמדתי לאבותיכם רק אם ישמרו לעשות את כל אשר
צויתים לכל התורה והחקים והמשפטים ביד משה.
ט ויתע מנשה את יהודה וישבי ירושלם לעשות רע מן
הגוים אשר השמיד יהוה מפני בני ישראל.
י וידבר יהוה אל מנשה ואל עמו ולא הקשיבו.
יא ויבא יהוה עליהם את שרי הצבא אשר למלך אשור
וילכדו את מנשה בחחים ויאסרהו בנחשתים ויוליכהו
בבלה.
יב וכהצר לו חלה את פני יהוה אלהיו ויכנע מאד מלפני
אלהי אבתיו.
יג ויתפלל אליו ויעתר לו וישמע תחנתו וישיבהו
ירושלם למלכותו וידע מנשה כי יהוה הוא האלהים.
יד ואחרי כן בנה חומה חיצונה לעיר דויד מערבה לגיחון
בנחל ולבוא בשער הדגים וסבב לעפל ויגביהה מאד וישם
שרי חיל בכל הערים הבצרות ביהודה.
טו ויסר את אלהי הנכר ואת הסמל מבית יהוה וכל
המזבחות אשר בנה בהר בית יהוה ובירושלם וישלך חוצה
לעיר.
טז ויכן [ויבן] את מזבח יהוה ויזבח עליו זבחי שלמים
ותודה ויאמר ליהודה לעבוד את יהוה אלהי ישראל.
יז אבל עוד העם זבחים בבמות רק ליהוה אלהיהם.
יח ויתר דברי מנשה ותפלתו אל אלהיו ודברי החזים
המדברים אליו בשם יהוה אלהי ישראל הנם על דברי
מלכי ישראל.
יט ותפלתו והעתר לו וכל חטאתו ומעלו והמקמות אשר בנה

# 𐤃𐤁𐤓𐤉 𐤄𐤉𐤌𐤉𐤌 𐤁

𐤁𐤄𐤌 𐤁𐤌𐤅𐤕 𐤅𐤄𐤏𐤌𐤉𐤃 𐤄𐤀𐤔𐤓𐤉𐤌 𐤅𐤄𐤐𐤎𐤋𐤉𐤌 𐤋𐤐𐤍𐤉 𐤄𐤊𐤍𐤏𐤅 𐤄𐤍𐤌
𐤊𐤕𐤅𐤁𐤉𐤌 𐤏𐤋 𐤃𐤁𐤓𐤉 𐤇𐤅𐤆𐤉•

𐤊 𐤅𐤉𐤔𐤊𐤁 𐤌𐤍𐤔𐤄 𐤏𐤌 𐤀𐤁𐤕𐤉𐤅 𐤅𐤉𐤒𐤁𐤓𐤄𐤅 𐤁𐤉𐤕𐤅 𐤅𐤉𐤌𐤋𐤊 𐤀𐤌𐤅𐤍 𐤁𐤍𐤅
𐤕𐤇𐤕𐤉𐤅•

𐤊𐤀 𐤁𐤍 𐤏𐤔𐤓𐤉𐤌 𐤅𐤔𐤕𐤉𐤌 𐤔𐤍𐤄 𐤀𐤌𐤅𐤍 𐤁𐤌𐤋𐤊𐤅 𐤅𐤔𐤕𐤉𐤌 𐤔𐤍𐤉𐤌 𐤌𐤋𐤊
𐤁𐤉𐤓𐤅𐤔𐤋𐤌•

𐤊𐤁 𐤅𐤉𐤏𐤔 𐤄𐤓𐤏 𐤁𐤏𐤉𐤍𐤉 𐤉𐤄𐤅𐤄 𐤊𐤀𐤔𐤓 𐤏𐤔𐤄 𐤌𐤍𐤔𐤄 𐤀𐤁𐤉𐤅 𐤅𐤋𐤊𐤋
𐤄𐤐𐤎𐤉𐤋𐤉𐤌 𐤀𐤔𐤓 𐤏𐤔𐤄 𐤌𐤍𐤔𐤄 𐤀𐤁𐤉𐤅 𐤆𐤁𐤇 𐤀𐤌𐤅𐤍 𐤅𐤉𐤏𐤁𐤃𐤌•
𐤊𐤂 𐤅𐤋𐤀 𐤍𐤊𐤍𐤏 𐤌𐤋𐤐𐤍𐤉 𐤉𐤄𐤅𐤄 𐤊𐤄𐤊𐤍𐤏 𐤌𐤍𐤔𐤄 𐤀𐤁𐤉𐤅 𐤊𐤉 𐤄𐤅𐤀
𐤀𐤌𐤅𐤍 𐤄𐤓𐤁𐤄 𐤀𐤔𐤌𐤄•

𐤊𐤃 𐤅𐤉𐤒𐤔𐤓𐤅 𐤏𐤋𐤉𐤅 𐤏𐤁𐤃𐤉𐤅 𐤅𐤉𐤌𐤉𐤕𐤄𐤅 𐤁𐤁𐤉𐤕𐤅•

𐤊𐤄 𐤅𐤉𐤊𐤅 𐤏𐤌 𐤄𐤀𐤓𐤑 𐤀𐤕 𐤊𐤋 𐤄𐤒𐤔𐤓𐤉𐤌 𐤏𐤋 𐤄𐤌𐤋𐤊 𐤀𐤌𐤅𐤍
𐤅𐤉𐤌𐤋𐤉𐤊𐤅 𐤏𐤌 𐤄𐤀𐤓𐤑 𐤀𐤕 𐤉𐤀𐤔𐤉𐤄𐤅 𐤁𐤍𐤅 𐤕𐤇𐤕𐤉𐤅•

## 𐤐𐤓𐤒 𐤋𐤃

𐤀 𐤁𐤍 𐤔𐤌𐤅𐤍𐤄 𐤔𐤍𐤉𐤌 𐤉𐤀𐤔𐤉𐤄𐤅 𐤁𐤌𐤋𐤊𐤅 𐤅𐤔𐤋𐤔𐤉𐤌 𐤅𐤀𐤇𐤕 𐤔𐤍𐤄
𐤌𐤋𐤊 𐤁𐤉𐤓𐤅𐤔𐤋𐤌•

𐤁 𐤅𐤉𐤏𐤔 𐤄𐤉𐤔𐤓 𐤁𐤏𐤉𐤍𐤉 𐤉𐤄𐤅𐤄 𐤅𐤉𐤋𐤊 𐤁𐤃𐤓𐤊𐤉 𐤃𐤅𐤉𐤃 𐤀𐤁𐤉𐤅 𐤅𐤋𐤀 𐤎𐤓
𐤉𐤌𐤉𐤍 𐤅𐤔𐤌𐤀𐤅𐤋•

𐤂 𐤅𐤁𐤔𐤌𐤅𐤍𐤄 𐤔𐤍𐤉𐤌 𐤋𐤌𐤋𐤊𐤅 𐤅𐤄𐤅𐤀 𐤏𐤅𐤃𐤍𐤅 𐤍𐤏𐤓 𐤄𐤇𐤋 𐤋𐤃𐤓𐤅𐤔
𐤋𐤀𐤋𐤄𐤉 𐤃𐤅𐤉𐤃 𐤀𐤁𐤉𐤅 𐤅𐤁𐤔𐤕𐤉𐤌 𐤏𐤔𐤓𐤄 𐤔𐤍𐤄 𐤄𐤇𐤋 𐤋𐤈𐤄𐤓 𐤀𐤕
𐤉𐤄𐤅𐤃𐤄 𐤅𐤉𐤓𐤅𐤔𐤋𐤌 𐤌𐤍 𐤄𐤁𐤌𐤅𐤕 𐤅𐤄𐤀𐤔𐤓𐤉𐤌 𐤅𐤄𐤐𐤎𐤋𐤉𐤌 𐤅𐤄𐤌𐤎𐤊𐤅𐤕•
𐤃 𐤅𐤉𐤍𐤕𐤑𐤅 𐤋𐤐𐤍𐤉𐤅 𐤀𐤕 𐤌𐤆𐤁𐤇𐤅𐤕 𐤄𐤁𐤏𐤋𐤉𐤌 𐤅𐤄𐤇𐤌𐤍𐤉𐤌 𐤀𐤔𐤓
𐤋𐤌𐤏𐤋𐤄 𐤌𐤏𐤋𐤉𐤄𐤌 𐤂𐤃𐤏 𐤅𐤄𐤀𐤔𐤓𐤉𐤌 𐤅𐤄𐤐𐤎𐤋𐤉𐤌 𐤅𐤄𐤌𐤎𐤊𐤅𐤕 𐤔𐤁𐤓
𐤅𐤄𐤃𐤒 𐤅𐤉𐤆𐤓𐤒 𐤏𐤋 𐤐𐤍𐤉 𐤄𐤒𐤁𐤓𐤉𐤌 𐤄𐤆𐤁𐤇𐤉𐤌 𐤋𐤄𐤌•
𐤄 𐤅𐤏𐤑𐤌𐤅𐤕 𐤊𐤄𐤍𐤉𐤌 𐤔𐤓𐤐 𐤏𐤋 𐤌𐤆𐤁𐤇𐤅𐤕𐤉𐤌 [𐤌𐤆𐤁𐤇𐤅𐤕𐤌] 𐤅𐤉𐤈𐤄𐤓 𐤀𐤕
𐤉𐤄𐤅𐤃𐤄 𐤅𐤀𐤕 𐤉𐤓𐤅𐤔𐤋𐤌•

𐤅 𐤅𐤁𐤏𐤓𐤉 𐤌𐤍𐤔𐤄 𐤅𐤀𐤐𐤓𐤉𐤌 𐤅𐤔𐤌𐤏𐤅𐤍 𐤅𐤏𐤃 𐤍𐤐𐤕𐤋𐤉 𐤁𐤇𐤓 𐤁𐤕𐤉𐤄𐤌
[𐤁𐤇𐤓𐤁𐤕𐤉𐤄𐤌] 𐤎𐤁𐤉𐤁•

𐤆 𐤅𐤉𐤍𐤕𐤑 𐤀𐤕 𐤄𐤌𐤆𐤁𐤇𐤅𐤕 𐤅𐤀𐤕 𐤄𐤀𐤔𐤓𐤉𐤌 𐤅𐤄𐤐𐤎𐤋𐤉𐤌 𐤊𐤕𐤕 𐤋𐤄𐤃𐤒
𐤅𐤊𐤋 𐤄𐤇𐤌𐤍𐤉𐤌 𐤂𐤃𐤏 𐤁𐤊𐤋 𐤀𐤓𐤑 𐤉𐤔𐤓𐤀𐤋 𐤅𐤉𐤔𐤁 𐤋𐤉𐤓𐤅𐤔𐤋𐤌•

𐤇 𐤅𐤁𐤔𐤍𐤕 𐤔𐤌𐤅𐤍𐤄 𐤏𐤔𐤓𐤄 𐤋𐤌𐤋𐤊𐤅 𐤋𐤈𐤄𐤓 𐤄𐤀𐤓𐤑 𐤅𐤄𐤁𐤉𐤕 𐤔𐤋𐤇 𐤀𐤕
𐤔𐤐𐤍 𐤁𐤍 𐤀𐤑𐤋𐤉𐤄𐤅 𐤅𐤀𐤕 𐤌𐤏𐤔𐤉𐤄𐤅 𐤔𐤓 𐤄𐤏𐤉𐤓 𐤅𐤀𐤕 𐤉𐤅𐤀𐤇 𐤁𐤍 𐤉𐤅𐤀𐤇𐤆

# 𐤃𐤁𐤓𐤉 𐤄𐤉𐤌𐤉𐤌 𐤁

𐤄𐤌𐤆𐤊𐤉𐤓 𐤋𐤇𐤆𐤒 𐤀𐤕 𐤁𐤉𐤕 𐤉𐤄𐤅𐤄 𐤀𐤋𐤄𐤉𐤅.
𐤈 𐤅𐤉𐤁𐤀𐤅 𐤀𐤋 𐤇𐤋𐤒𐤉𐤄𐤅 𐤄𐤊𐤄𐤍 𐤄𐤂𐤃𐤅𐤋 𐤅𐤉𐤕𐤍𐤅 𐤀𐤕 𐤄𐤊𐤎𐤐 𐤄𐤌𐤅𐤁𐤀
𐤁𐤉𐤕 𐤀𐤋𐤄𐤉𐤌 𐤀𐤔𐤓 𐤀𐤎𐤐𐤅 𐤄𐤋𐤅𐤉𐤌 𐤔𐤌𐤓𐤉 𐤄𐤎𐤐 𐤌𐤉𐤃 𐤌𐤍𐤔𐤄
𐤅𐤀𐤐𐤓𐤉𐤌 𐤅𐤌𐤊𐤋 𐤔𐤀𐤓𐤉𐤕 𐤉𐤔𐤓𐤀𐤋 𐤅𐤌𐤊𐤋 𐤉𐤄𐤅𐤃𐤄 𐤅𐤁𐤍𐤉𐤌𐤍 𐤅𐤉𐤔𐤁𐤉
[𐤅𐤉𐤔𐤁𐤅] 𐤉𐤓𐤅𐤔𐤋𐤌.
𐤉 𐤅𐤉𐤕𐤍𐤅 𐤏𐤋 𐤉𐤃 𐤏𐤔𐤄 𐤄𐤌𐤋𐤀𐤊𐤄 𐤄𐤌𐤐𐤒𐤃𐤉𐤌 𐤁𐤁𐤉𐤕 𐤉𐤄𐤅𐤄 𐤅𐤉𐤕𐤍𐤅
𐤀𐤕𐤅 𐤏𐤅𐤔𐤉 𐤄𐤌𐤋𐤀𐤊𐤄 𐤀𐤔𐤓 𐤏𐤔𐤉𐤌 𐤁𐤁𐤉𐤕 𐤉𐤄𐤅𐤄 𐤋𐤁𐤃𐤅𐤒 𐤅𐤋𐤇𐤆𐤒
𐤄𐤁𐤉𐤕.
𐤉𐤀 𐤅𐤉𐤕𐤍𐤅 𐤋𐤇𐤓𐤔𐤉𐤌 𐤅𐤋𐤁𐤍𐤉𐤌 𐤋𐤒𐤍𐤅𐤕 𐤀𐤁𐤍𐤉 𐤌𐤇𐤑𐤁 𐤅𐤏𐤑𐤉𐤌
𐤋𐤌𐤇𐤁𐤓𐤅𐤕 𐤅𐤋𐤒𐤓𐤅𐤕 𐤀𐤕 𐤄𐤁𐤕𐤉𐤌 𐤀𐤔𐤓 𐤄𐤔𐤇𐤉𐤕𐤅 𐤌𐤋𐤊𐤉 𐤉𐤄𐤅𐤃𐤄.
𐤉𐤁 𐤅𐤄𐤀𐤍𐤔𐤉𐤌 𐤏𐤔𐤉𐤌 𐤁𐤀𐤌𐤅𐤍𐤄 𐤁𐤌𐤋𐤀𐤊𐤄 𐤅𐤏𐤋𐤉𐤄𐤌 𐤌𐤐𐤒𐤃𐤉𐤌
𐤉𐤇𐤕 𐤅𐤏𐤁𐤃𐤉𐤄𐤅 𐤄𐤋𐤅𐤉𐤌 𐤌𐤍 𐤁𐤍𐤉 𐤌𐤓𐤓𐤉 𐤅𐤆𐤊𐤓𐤉𐤄 𐤅𐤌𐤔𐤋𐤌 𐤌𐤍 𐤁𐤍𐤉
𐤄𐤒𐤄𐤕𐤉𐤌 𐤋𐤍𐤑𐤇 𐤅𐤌𐤄𐤋𐤅𐤉𐤌 𐤊𐤋 𐤌𐤁𐤉𐤍 𐤁𐤊𐤋𐤉 𐤔𐤉𐤓.
𐤉𐤂 𐤅𐤏𐤋 𐤄𐤎𐤁𐤋𐤉𐤌 𐤅𐤌𐤍𐤑𐤇𐤉𐤌 𐤋𐤊𐤋 𐤏𐤔𐤄 𐤌𐤋𐤀𐤊𐤄 𐤋𐤏𐤁𐤅𐤃𐤄
𐤅𐤏𐤁𐤅𐤃𐤄 𐤅𐤌𐤄𐤋𐤅𐤉𐤌 𐤎𐤅𐤐𐤓𐤉𐤌 𐤅𐤔𐤈𐤓𐤉𐤌 𐤅𐤔𐤅𐤏𐤓𐤉𐤌.
𐤉𐤃 𐤅𐤁𐤄𐤅𐤑𐤉𐤀𐤌 𐤀𐤕 𐤄𐤊𐤎𐤐 𐤄𐤌𐤅𐤁𐤀 𐤁𐤉𐤕 𐤉𐤄𐤅𐤄 𐤌𐤑𐤀 𐤇𐤋𐤒𐤉𐤄𐤅
𐤄𐤊𐤄𐤍 𐤀𐤕 𐤎𐤐𐤓 𐤕𐤅𐤓𐤕 𐤉𐤄𐤅𐤄 𐤁𐤉𐤃 𐤌𐤔𐤄.
𐤈𐤅 𐤅𐤉𐤏𐤍 𐤇𐤋𐤒𐤉𐤄𐤅 𐤅𐤉𐤀𐤌𐤓 𐤀𐤋 𐤔𐤐𐤍 𐤄𐤎𐤐𐤓 𐤎𐤐𐤓 𐤄𐤕𐤅𐤓𐤄 𐤌𐤑𐤀𐤕𐤉
𐤁𐤁𐤉𐤕 𐤉𐤄𐤅𐤄 𐤅𐤉𐤕𐤍 𐤇𐤋𐤒𐤉𐤄𐤅 𐤀𐤕 𐤄𐤎𐤐𐤓 𐤀𐤋 𐤔𐤐𐤍.
𐤈𐤆 𐤅𐤉𐤁𐤀 𐤔𐤐𐤍 𐤀𐤕 𐤄𐤎𐤐𐤓 𐤀𐤋 𐤄𐤌𐤋𐤊 𐤅𐤉𐤔𐤁 𐤏𐤅𐤃 𐤀𐤕 𐤄𐤌𐤋𐤊 𐤃𐤁𐤓
𐤋𐤀𐤌𐤓 𐤊𐤋 𐤀𐤔𐤓 𐤍𐤕𐤍 𐤁𐤉𐤃 𐤏𐤁𐤃𐤉𐤊 𐤄𐤌 𐤏𐤔𐤉𐤌.
𐤉𐤆 𐤅𐤉𐤕𐤉𐤊𐤅 𐤀𐤕 𐤄𐤊𐤎𐤐 𐤄𐤍𐤌𐤑𐤀 𐤁𐤁𐤉𐤕 𐤉𐤄𐤅𐤄 𐤅𐤉𐤕𐤍𐤅𐤄𐤅 𐤏𐤋 𐤉𐤃
𐤄𐤌𐤐𐤒𐤃𐤉𐤌 𐤅𐤏𐤋 𐤉𐤃 𐤏𐤅𐤔𐤉 𐤄𐤌𐤋𐤀𐤊𐤄.
𐤉𐤇 𐤅𐤉𐤂𐤃 𐤔𐤐𐤍 𐤄𐤎𐤅𐤐𐤓 𐤋𐤌𐤋𐤊 𐤋𐤀𐤌𐤓 𐤎𐤐𐤓 𐤍𐤕𐤍 𐤋𐤉 𐤇𐤋𐤒𐤉𐤄𐤅 𐤄𐤊𐤄𐤍
𐤅𐤉𐤒𐤓𐤀 𐤁𐤅 𐤔𐤐𐤍 𐤋𐤐𐤍𐤉 𐤄𐤌𐤋𐤊.
𐤉𐤈 𐤅𐤉𐤄𐤉 𐤊𐤔𐤌𐤏 𐤄𐤌𐤋𐤊 𐤀𐤕 𐤃𐤁𐤓𐤉 𐤄𐤕𐤅𐤓𐤄 𐤅𐤉𐤒𐤓𐤏 𐤀𐤕 𐤁𐤂𐤃𐤉𐤅.
𐤊 𐤅𐤉𐤑𐤅 𐤄𐤌𐤋𐤊 𐤀𐤕 𐤇𐤋𐤒𐤉𐤄𐤅 𐤅𐤀𐤕 𐤀𐤇𐤉𐤒𐤌 𐤁𐤍 𐤔𐤐𐤍 𐤅𐤀𐤕 𐤏𐤁𐤃𐤅𐤍
𐤁𐤍 𐤌𐤉𐤊𐤄 𐤅𐤀𐤕 𐤔𐤐𐤍 𐤄𐤎𐤅𐤐𐤓 𐤅𐤀𐤕 𐤏𐤔𐤉𐤄 𐤏𐤁𐤃 𐤄𐤌𐤋𐤊 𐤋𐤀𐤌𐤓.
𐤊𐤀 𐤋𐤊𐤅 𐤃𐤓𐤔𐤅 𐤀𐤕 𐤉𐤄𐤅𐤄 𐤁𐤏𐤃𐤉 𐤅𐤁𐤏𐤃 𐤄𐤍𐤔𐤀𐤓 𐤁𐤉𐤔𐤓𐤀𐤋
𐤅𐤁𐤉𐤄𐤅𐤃𐤄 𐤏𐤋 𐤃𐤁𐤓𐤉 𐤄𐤎𐤐𐤓 𐤀𐤔𐤓 𐤍𐤌𐤑𐤀 𐤊𐤉 𐤂𐤃𐤅𐤋𐤄 𐤇𐤌𐤕 𐤉𐤄𐤅𐤄
𐤀𐤔𐤓 𐤍𐤕𐤊𐤄 𐤁𐤍𐤅 𐤏𐤋 𐤀𐤔𐤓 𐤋𐤀 𐤔𐤌𐤓𐤅 𐤀𐤁𐤅𐤕𐤉𐤍𐤅 𐤀𐤕 𐤃𐤁𐤓 𐤉𐤄𐤅𐤄
𐤋𐤏𐤔𐤅𐤕 𐤊𐤊𐤋 𐤄𐤊𐤕𐤅𐤁 𐤏𐤋 𐤄𐤎𐤐𐤓 𐤄𐤆𐤄.
𐤊𐤁 𐤅𐤉𐤋𐤊 𐤇𐤋𐤒𐤉𐤄𐤅 𐤅𐤀𐤔𐤓 𐤄𐤌𐤋𐤊 𐤀𐤋 𐤇𐤋𐤃𐤄 𐤄𐤍𐤁𐤉𐤀𐤄 𐤀𐤔𐤕 𐤔𐤋𐤌

# 𐤃𐤁𐤓𐤉 𐤄𐤉𐤌𐤉𐤌 𐤁

𐤁𐤍 𐤕𐤅𐤒𐤄𐤕 [𐤕𐤒𐤄𐤕] 𐤁𐤍 𐤇𐤎𐤓𐤄 𐤔𐤅𐤌𐤓 𐤄𐤁𐤂𐤃𐤉𐤌 𐤅𐤄𐤉𐤀 𐤉𐤅𐤔𐤁𐤕
𐤁𐤉𐤓𐤅𐤔𐤋𐤌 𐤁𐤌𐤔𐤍𐤄 𐤅𐤉𐤃𐤁𐤓𐤅 𐤀𐤋𐤉𐤄 𐤊𐤆𐤀𐤕•

𐤊𐤂 𐤅𐤕𐤀𐤌𐤓 𐤋𐤄𐤌 𐤊𐤄 𐤀𐤌𐤓 𐤉𐤄𐤅𐤄 𐤀𐤋𐤄𐤉 𐤉𐤔𐤓𐤀𐤋 𐤀𐤌𐤓𐤅 𐤋𐤀𐤉𐤔
𐤀𐤔𐤓 𐤔𐤋𐤇 𐤀𐤕𐤊𐤌 𐤀𐤋𐤉•

𐤊𐤃 𐤊𐤄 𐤀𐤌𐤓 𐤉𐤄𐤅𐤄 𐤄𐤍𐤍𐤉 𐤌𐤁𐤉𐤀 𐤓𐤏𐤄 𐤏𐤋 𐤄𐤌𐤒𐤅𐤌 𐤄𐤆𐤄 𐤅𐤏𐤋
𐤉𐤅𐤔𐤁𐤉𐤅 𐤀𐤕 𐤊𐤋 𐤄𐤀𐤋𐤅𐤕 𐤄𐤊𐤕𐤅𐤁𐤅𐤕 𐤏𐤋 𐤄𐤎𐤐𐤓 𐤀𐤔𐤓 𐤒𐤓𐤀𐤅 𐤋𐤐𐤍𐤉
𐤌𐤋𐤊 𐤉𐤄𐤅𐤃𐤄•

𐤊𐤄 𐤕𐤇𐤕 𐤀𐤔𐤓 𐤏𐤆𐤁𐤅𐤍𐤉 𐤅𐤉𐤒𐤈𐤉𐤓𐤅 [𐤅𐤉𐤒𐤈𐤓𐤅] 𐤋𐤀𐤋𐤄𐤉𐤌 𐤀𐤇𐤓𐤉𐤌
𐤋𐤌𐤏𐤍 𐤄𐤊𐤏𐤉𐤎𐤍𐤉 𐤁𐤊𐤋 𐤌𐤏𐤔𐤉 𐤉𐤃𐤉𐤄𐤌 𐤅𐤕𐤕𐤊 𐤇𐤌𐤕𐤉 𐤁𐤌𐤒𐤅𐤌 𐤄𐤆𐤄
𐤅𐤋𐤀 𐤕𐤊𐤁𐤄•

𐤊𐤅 𐤅𐤀𐤋 𐤌𐤋𐤊 𐤉𐤄𐤅𐤃𐤄 𐤄𐤔𐤋𐤇 𐤀𐤕𐤊𐤌 𐤋𐤃𐤓𐤅𐤔 𐤁𐤉𐤄𐤅𐤄 𐤊𐤄 𐤕𐤀𐤌𐤓𐤅
𐤀𐤋𐤉𐤅 𐤊𐤄 𐤀𐤌𐤓 𐤉𐤄𐤅𐤄 𐤀𐤋𐤄𐤉 𐤉𐤔𐤓𐤀𐤋 𐤄𐤃𐤁𐤓𐤉𐤌 𐤀𐤔𐤓 𐤔𐤌𐤏𐤕•

𐤊𐤆 𐤉𐤏𐤍 𐤓𐤊 𐤋𐤁𐤁𐤊 𐤅𐤕𐤊𐤍𐤏 𐤌𐤋𐤐𐤍𐤉 𐤀𐤋𐤄𐤉𐤌 𐤁𐤔𐤌𐤏𐤅 𐤀𐤕 𐤃𐤁𐤓𐤉𐤅 𐤏𐤋
𐤄𐤌𐤒𐤅𐤌 𐤄𐤆𐤄 𐤅𐤏𐤋 𐤉𐤔𐤁𐤉𐤅 𐤅𐤕𐤊𐤍𐤏 𐤋𐤐𐤍𐤉 𐤅𐤕𐤒𐤓𐤏 𐤀𐤕 𐤁𐤂𐤃𐤉𐤊 𐤅𐤕𐤁𐤊
𐤋𐤐𐤍𐤉 𐤅𐤂𐤌 𐤀𐤍𐤉 𐤔𐤌𐤏𐤕𐤉 𐤍𐤀𐤌 𐤉𐤄𐤅𐤄•

𐤊𐤇 𐤄𐤍𐤍𐤉 𐤀𐤎𐤐𐤊 𐤀𐤋 𐤀𐤁𐤕𐤉𐤊 𐤅𐤍𐤀𐤎𐤐𐤕 𐤀𐤋 𐤒𐤁𐤓𐤕𐤉𐤊 𐤁𐤔𐤋𐤅𐤌 𐤅𐤋𐤀
𐤕𐤓𐤀𐤉𐤍𐤄 𐤏𐤉𐤍𐤉𐤊 𐤁𐤊𐤋 𐤄𐤓𐤏𐤄 𐤀𐤔𐤓 𐤀𐤍𐤉 𐤌𐤁𐤉𐤀 𐤏𐤋 𐤄𐤌𐤒𐤅𐤌 𐤄𐤆𐤄
𐤅𐤏𐤋 𐤉𐤔𐤁𐤉𐤅 𐤅𐤉𐤔𐤉𐤁𐤅 𐤀𐤕 𐤄𐤌𐤋𐤊 𐤃𐤁𐤓•

𐤊𐤈 𐤅𐤉𐤔𐤋𐤇 𐤄𐤌𐤋𐤊 𐤅𐤉𐤀𐤎𐤐 𐤀𐤕 𐤊𐤋 𐤆𐤒𐤍𐤉 𐤉𐤄𐤅𐤃𐤄 𐤅𐤉𐤓𐤅𐤔𐤋𐤌•

𐤋 𐤅𐤉𐤏𐤋 𐤄𐤌𐤋𐤊 𐤁𐤉𐤕 𐤉𐤄𐤅𐤄 𐤅𐤊𐤋 𐤀𐤉𐤔 𐤉𐤄𐤅𐤃𐤄 𐤅𐤉𐤔𐤁𐤉 𐤉𐤓𐤅𐤔𐤋𐤌
𐤅𐤄𐤊𐤄𐤍𐤉𐤌 𐤅𐤄𐤋𐤅𐤉𐤌 𐤅𐤊𐤋 𐤄𐤏𐤌 𐤌𐤂𐤃𐤅𐤋 𐤅𐤏𐤃 𐤒𐤈𐤍 𐤅𐤉𐤒𐤓𐤀
𐤁𐤀𐤆𐤍𐤉𐤄𐤌 𐤀𐤕 𐤊𐤋 𐤃𐤁𐤓𐤉 𐤎𐤐𐤓 𐤄𐤁𐤓𐤉𐤕 𐤄𐤍𐤌𐤑𐤀 𐤁𐤉𐤕 𐤉𐤄𐤅𐤄•

𐤋𐤀 𐤅𐤉𐤏𐤌𐤃 𐤄𐤌𐤋𐤊 𐤏𐤋 𐤏𐤌𐤃𐤅 𐤅𐤉𐤊𐤓𐤕 𐤀𐤕 𐤄𐤁𐤓𐤉𐤕 𐤋𐤐𐤍𐤉 𐤉𐤄𐤅𐤄
𐤋𐤋𐤊𐤕 𐤀𐤇𐤓𐤉 𐤉𐤄𐤅𐤄 𐤅𐤋𐤔𐤌𐤅𐤓 𐤀𐤕 𐤌𐤑𐤅𐤕𐤉𐤅 𐤅𐤏𐤃𐤅𐤕𐤉𐤅 𐤅𐤇𐤒𐤉𐤅 𐤁𐤊𐤋
𐤋𐤁𐤁𐤅 𐤅𐤁𐤊𐤋 𐤍𐤐𐤔𐤅 𐤋𐤏𐤔𐤅𐤕 𐤀𐤕 𐤃𐤁𐤓𐤉 𐤄𐤁𐤓𐤉𐤕 𐤄𐤊𐤕𐤅𐤁𐤉𐤌 𐤏𐤋 𐤄𐤎𐤐𐤓
𐤄𐤆𐤄•

𐤋𐤁 𐤅𐤉𐤏𐤌𐤃 𐤀𐤕 𐤊𐤋 𐤄𐤍𐤌𐤑𐤀 𐤁𐤉𐤓𐤅𐤔𐤋𐤌 𐤅𐤁𐤍𐤉𐤌𐤍 𐤅𐤉𐤏𐤌𐤃𐤅 𐤉𐤔𐤁𐤉
𐤉𐤓𐤅𐤔𐤋𐤌 𐤊𐤁𐤓𐤉𐤕 𐤀𐤋𐤄𐤉𐤌 𐤀𐤋𐤄𐤉 𐤀𐤁𐤅𐤕𐤉𐤄𐤌•

𐤋𐤂 𐤅𐤉𐤎𐤓 𐤉𐤀𐤔𐤉𐤄𐤅 𐤀𐤕 𐤊𐤋 𐤄𐤕𐤅𐤏𐤁𐤅𐤕 𐤌𐤊𐤋 𐤄𐤀𐤓𐤑𐤅𐤕 𐤀𐤔𐤓 𐤋𐤁𐤍𐤉
𐤉𐤔𐤓𐤀𐤋 𐤅𐤉𐤏𐤁𐤃 𐤀𐤕 𐤊𐤋 𐤄𐤍𐤌𐤑𐤀 𐤁𐤉𐤔𐤓𐤀𐤋 𐤋𐤏𐤁𐤅𐤃 𐤀𐤕 𐤉𐤄𐤅𐤄
𐤀𐤋𐤄𐤉𐤄𐤌 𐤊𐤋 𐤉𐤌𐤉𐤅 𐤋𐤀 𐤎𐤓𐤅 𐤌𐤀𐤇𐤓𐤉 𐤉𐤄𐤅𐤄 𐤀𐤋𐤄𐤉 𐤀𐤁𐤅𐤕𐤉𐤄𐤌•

𐤐𐤓𐤒 𐤋𐤄

# דברי הימים ב

א ויעש יאשיהו בירושלם פסח ליהוה וישחטו הפסח
בארבעה עשר לחדש הראשון.
ב ויעמד הכהנים על משמרותם ויחזקם לעבודת בית יהוה.
ג ויאמר ללוים המבונים [המבינים] לכל ישראל
הקדושים ליהוה תנו את ארון הקדש בבית אשר בנה שלמה
בן דויד מלך ישראל אין לכם משא בכתף עתה עבדו את
יהוה אלהיכם ואת עמו ישראל.
ד והכונו [והכינו] לבית אבותיכם כמחלקותיכם בכתב
דויד מלך ישראל ובמכתב שלמה בנו.
ה ועמדו בקדש לפלגות בית האבות לאחיכם בני העם וחלקת
בית אב ללוים.
ו ושחטו הפסח והתקדשו והכינו לאחיכם לעשות כדבר
יהוה ביד משה.
ז וירם יאשיהו לבני העם צאן כבשים ובני עזים הכל
לפסחים לכל הנמצא למספר שלשים אלף ובקר שלשת אלפים
אלה מרכוש המלך.
ח ושריו לנדבה לעם לכהנים וללוים הרימו חלקיה
וזכריהו ויחיאל נגידי בית האלהים לכהנים נתנו
לפסחים אלפים ושש מאות ובקר שלש מאות.
ט וכונניהו [וכנניהו] ושמעיהו ונתנאל אחיו וחשביהו
ויעיאל ויוזבד שרי הלוים הרימו ללוים לפסחים חמשת
אלפים ובקר חמש מאות.
י ותכון העבודה ויעמדו הכהנים על עמדם והלוים על
מחלקותם כמצות המלך.
יא וישחטו הפסח ויזרקו הכהנים מידם והלוים
מפשיטים.
יב ויסירו העלה לתתם למפלגות לבית אבות לבני העם
להקריב ליהוה ככתוב בספר משה וכן לבקר.
יג ויבשלו הפסח באש כמשפט והקדשים בשלו
בסירות ובדודים ובצלחות ויריצו לכל בני העם.
יד ואחר הכינו להם ולכהנים כי הכהנים בני אהרן
בהעלות העולה והחלבים עד לילה והלוים הכינו להם
ולכהנים בני אהרן.

# 𐤃𐤁𐤓𐤉 𐤄𐤉𐤌𐤉𐤌 𐤁

𐤈𐤅 𐤅𐤄𐤌𐤔𐤓𐤓𐤉𐤌 𐤁𐤍𐤉 𐤀𐤎𐤐 𐤏𐤋 𐤌𐤏𐤌𐤃𐤌 𐤊𐤌𐤑𐤅𐤕 𐤃𐤅𐤉𐤃 𐤅𐤀𐤎𐤐
𐤅𐤄𐤉𐤌𐤍 𐤅𐤉𐤃𐤕𐤅𐤍 𐤇𐤅𐤆𐤄 𐤄𐤌𐤋𐤊 𐤅𐤄𐤔𐤏𐤓𐤉𐤌 𐤋𐤔𐤏𐤓 𐤅𐤔𐤏𐤓 𐤀𐤉𐤍 𐤋𐤄𐤌
𐤋𐤎𐤅𐤓 𐤌𐤏𐤋 𐤏𐤁𐤃𐤕𐤌 𐤊𐤉 𐤀𐤇𐤉𐤄𐤌 𐤄𐤋𐤅𐤉𐤌 𐤄𐤊𐤉𐤍𐤅 𐤋𐤄𐤌•
𐤈𐤆 𐤅𐤕𐤊𐤅𐤍 𐤊𐤋 𐤏𐤁𐤅𐤃𐤕 𐤉𐤄𐤅𐤄 𐤁𐤉𐤅𐤌 𐤄𐤄𐤅𐤀 𐤋𐤏𐤔𐤅𐤕 𐤄𐤐𐤎𐤇 𐤅𐤄𐤏𐤋𐤅𐤕
𐤏𐤋𐤅𐤕 𐤏𐤋 𐤌𐤆𐤁𐤇 𐤉𐤄𐤅𐤄 𐤊𐤌𐤑𐤅𐤕 𐤄𐤌𐤋𐤊 𐤉𐤀𐤔𐤉𐤄𐤅•
𐤉𐤆 𐤅𐤉𐤏𐤔𐤅 𐤁𐤍𐤉 𐤉𐤔𐤓𐤀𐤋 𐤄𐤍𐤌𐤑𐤀𐤉𐤌 𐤀𐤕 𐤄𐤐𐤎𐤇 𐤁𐤏𐤕 𐤄𐤄𐤉𐤀 𐤅𐤀𐤕
𐤇𐤂 𐤄𐤌𐤑𐤅𐤕 𐤔𐤁𐤏𐤕 𐤉𐤌𐤉𐤌•
𐤉𐤇 𐤅𐤋𐤀 𐤍𐤏𐤔𐤄 𐤐𐤎𐤇 𐤊𐤌𐤄𐤅 𐤁𐤉𐤔𐤓𐤀𐤋 𐤌𐤉𐤌𐤉 𐤔𐤌𐤅𐤀𐤋 𐤄𐤍𐤁𐤉𐤀 𐤅𐤊𐤋
𐤌𐤋𐤊𐤉 𐤉𐤔𐤓𐤀𐤋 𐤋𐤀 𐤏𐤔𐤅 𐤊𐤐𐤎𐤇 𐤀𐤔𐤓 𐤏𐤔𐤄 𐤉𐤀𐤔𐤉𐤄𐤅 𐤅𐤄𐤊𐤄𐤍𐤉𐤌
𐤅𐤄𐤋𐤅𐤉𐤌 𐤅𐤊𐤋 𐤉𐤄𐤅𐤃𐤄 𐤅𐤉𐤔𐤓𐤀𐤋 𐤄𐤍𐤌𐤑𐤀 𐤅𐤉𐤅𐤔𐤁𐤉 𐤉𐤓𐤅𐤔𐤋𐤌•
𐤉𐤈 𐤁𐤔𐤌𐤅𐤍𐤄 𐤏𐤔𐤓𐤄 𐤔𐤍𐤄 𐤋𐤌𐤋𐤊𐤅𐤕 𐤉𐤀𐤔𐤉𐤄𐤅 𐤍𐤏𐤔𐤄 𐤄𐤐𐤎𐤇 𐤄𐤆𐤄•
𐤊 𐤀𐤇𐤓𐤉 𐤊𐤋 𐤆𐤀𐤕 𐤀𐤔𐤓 𐤄𐤊𐤉𐤍 𐤉𐤀𐤔𐤉𐤄𐤅 𐤀𐤕 𐤄𐤁𐤉𐤕 𐤏𐤋𐤄 𐤍𐤊𐤅 𐤌𐤋𐤊
𐤌𐤑𐤓𐤉𐤌 𐤋𐤄𐤋𐤇𐤌 𐤁𐤊𐤓𐤊𐤌𐤉𐤔 𐤏𐤋 𐤐𐤓𐤕 𐤅𐤉𐤑𐤀 𐤋𐤒𐤓𐤀𐤕𐤅 𐤉𐤀𐤔𐤉𐤄𐤅•
𐤊𐤀 𐤅𐤉𐤔𐤋𐤇 𐤀𐤋𐤉𐤅 𐤌𐤋𐤀𐤊𐤉𐤌 𐤋𐤀𐤌𐤓 𐤌𐤄 𐤋𐤉 𐤅𐤋𐤊 𐤌𐤋𐤊 𐤉𐤄𐤅𐤃𐤄 𐤋𐤀
𐤏𐤋𐤉𐤊 𐤀𐤕𐤄 𐤄𐤉𐤅𐤌 𐤊𐤉 𐤀𐤋 𐤁𐤉𐤕 𐤌𐤋𐤇𐤌𐤕𐤉 𐤅𐤀𐤋𐤄𐤉𐤌 𐤀𐤌𐤓 𐤋𐤁𐤄𐤋𐤍𐤉
𐤇𐤃𐤋 𐤋𐤊 𐤌𐤀𐤋𐤄𐤉𐤌 𐤀𐤔𐤓 𐤏𐤌𐤉 𐤅𐤀𐤋 𐤉𐤔𐤇𐤉𐤕𐤊•
𐤊𐤁 𐤅𐤋𐤀 𐤄𐤎𐤁 𐤉𐤀𐤔𐤉𐤄𐤅 𐤐𐤍𐤉𐤅 𐤌𐤌𐤍𐤅 𐤊𐤉 𐤋𐤄𐤕𐤇𐤐𐤔 𐤁𐤅 𐤍𐤋𐤇𐤌 𐤅𐤋𐤀
𐤔𐤌𐤏 𐤀𐤋 𐤃𐤁𐤓𐤉 𐤍𐤊𐤅 𐤌𐤐𐤉 𐤀𐤋𐤄𐤉𐤌 𐤅𐤉𐤁𐤀 𐤋𐤄𐤋𐤇𐤌 𐤁𐤁𐤒𐤏𐤕 𐤌𐤂𐤃𐤅•
𐤊𐤂 𐤅𐤉𐤓𐤅 𐤄𐤉𐤓𐤉𐤌 𐤋𐤌𐤋𐤊 𐤉𐤀𐤔𐤉𐤄𐤅 𐤅𐤉𐤀𐤌𐤓 𐤄𐤌𐤋𐤊 𐤋𐤏𐤁𐤃𐤉𐤅
𐤄𐤏𐤁𐤉𐤓𐤅𐤍𐤉 𐤊𐤉 𐤄𐤇𐤋𐤉𐤕𐤉 𐤌𐤀𐤃•
𐤊𐤃 𐤅𐤉𐤏𐤁𐤉𐤓𐤄𐤅 𐤏𐤁𐤃𐤉𐤅 𐤌𐤍 𐤄𐤌𐤓𐤊𐤁𐤄 𐤅𐤉𐤓𐤊𐤉𐤁𐤄𐤅 𐤏𐤋 𐤓𐤊𐤁 𐤄𐤌𐤔𐤍𐤄
𐤀𐤔𐤓 𐤋𐤅 𐤅𐤉𐤅𐤋𐤉𐤊𐤄𐤅 𐤉𐤓𐤅𐤔𐤋𐤌 𐤅𐤉𐤌𐤕 𐤅𐤉𐤒𐤁𐤓 𐤁𐤒𐤁𐤓𐤅𐤕 𐤀𐤁𐤕𐤉𐤅
𐤅𐤊𐤋 𐤉𐤄𐤅𐤃𐤄 𐤅𐤉𐤓𐤅𐤔𐤋𐤌 𐤌𐤕𐤀𐤁𐤋𐤉𐤌 𐤏𐤋 𐤉𐤀𐤔𐤉𐤄𐤅•
𐤊𐤄 𐤅𐤉𐤒𐤅𐤍𐤍 𐤉𐤓𐤌𐤉𐤄𐤅 𐤏𐤋 𐤉𐤀𐤔𐤉𐤄𐤅 𐤅𐤉𐤀𐤌𐤓𐤅 𐤊𐤋 𐤄𐤔𐤓𐤉𐤌
𐤅𐤄𐤔𐤓𐤅𐤕 𐤁𐤒𐤉𐤍𐤅𐤕𐤉𐤄𐤌 𐤏𐤋 𐤉𐤀𐤔𐤉𐤄𐤅 𐤏𐤃 𐤄𐤉𐤅𐤌 𐤅𐤉𐤕𐤍𐤅𐤌 𐤋𐤇𐤒 𐤏𐤋
𐤉𐤔𐤓𐤀𐤋 𐤅𐤄𐤍𐤌 𐤊𐤕𐤅𐤁𐤉𐤌 𐤏𐤋 𐤄𐤒𐤉𐤍𐤅𐤕•
𐤊𐤅 𐤅𐤉𐤕𐤓 𐤃𐤁𐤓𐤉 𐤉𐤀𐤔𐤉𐤄𐤅 𐤅𐤇𐤎𐤃𐤉𐤅 𐤊𐤊𐤕𐤅𐤁 𐤁𐤕𐤅𐤓𐤕 𐤉𐤄𐤅𐤄•
𐤊𐤆 𐤅𐤃𐤁𐤓𐤉𐤅 𐤄𐤓𐤀𐤔𐤍𐤉𐤌 𐤅𐤄𐤀𐤇𐤓𐤍𐤉𐤌 𐤄𐤍𐤌 𐤊𐤕𐤅𐤁𐤉𐤌 𐤏𐤋 𐤎𐤐𐤓
𐤌𐤋𐤊𐤉 𐤉𐤔𐤓𐤀𐤋 𐤅𐤉𐤄𐤅𐤃𐤄•

## 𐤐𐤓𐤒 𐤋𐤅

𐤀 𐤅𐤉𐤒𐤇𐤅 𐤏𐤌 𐤄𐤀𐤓𐤑 𐤀𐤕 𐤉𐤄𐤅𐤀𐤇𐤆 𐤁𐤍 𐤉𐤀𐤔𐤉𐤄𐤅 𐤅𐤉𐤌𐤋𐤉𐤊𐤄𐤅 𐤕𐤇𐤕
𐤀𐤁𐤉𐤅 𐤁𐤉𐤓𐤅𐤔𐤋𐤌•

# 𐤃𐤁𐤓𐤉 𐤄𐤉𐤌𐤉𐤌 𐤁

𐤁𐤁𐤍 𐤔𐤋𐤅𐤔 𐤅𐤏𐤔𐤓𐤉𐤌 𐤔𐤍𐤄 𐤉𐤅𐤀𐤇𐤆 𐤁𐤌𐤋𐤊𐤅 𐤅𐤔𐤋𐤔𐤄 𐤇𐤃𐤔𐤉𐤌 𐤌𐤋𐤊
𐤁𐤉𐤓𐤅𐤔𐤋𐤌•
𐤂𐤅𐤉𐤎𐤉𐤓𐤄𐤅 𐤌𐤋𐤊 𐤌𐤑𐤓𐤉𐤌 𐤁𐤉𐤓𐤅𐤔𐤋𐤌 𐤅𐤉𐤏𐤍𐤔 𐤀𐤕 𐤄𐤀𐤓𐤑 𐤌𐤀𐤄
𐤊𐤊𐤓 𐤊𐤎𐤐 𐤅𐤊𐤊𐤓 𐤆𐤄𐤁•
𐤃𐤅𐤉𐤌𐤋𐤊 𐤌𐤋𐤊 𐤌𐤑𐤓𐤉𐤌 𐤀𐤕 𐤀𐤋𐤉𐤒𐤉𐤌 𐤀𐤇𐤉𐤅 𐤏𐤋 𐤉𐤄𐤅𐤃𐤄
𐤅𐤉𐤓𐤅𐤔𐤋𐤌 𐤅𐤉𐤎𐤁 𐤀𐤕 𐤔𐤌𐤅 𐤉𐤄𐤅𐤉𐤒𐤉𐤌 𐤅𐤀𐤕 𐤉𐤅𐤀𐤇𐤆 𐤀𐤇𐤉𐤅 𐤋𐤒𐤇
𐤍𐤊𐤅 𐤅𐤉𐤁𐤉𐤀𐤄𐤅 𐤌𐤑𐤓𐤉𐤌𐤄•
𐤄𐤁𐤍 𐤏𐤔𐤓𐤉𐤌 𐤅𐤇𐤌𐤔 𐤔𐤍𐤄 𐤉𐤄𐤅𐤉𐤒𐤉𐤌 𐤁𐤌𐤋𐤊𐤅 𐤅𐤀𐤇𐤕 𐤏𐤔𐤓𐤄 𐤔𐤍𐤄
𐤌𐤋𐤊 𐤁𐤉𐤓𐤅𐤔𐤋𐤌 𐤅𐤉𐤏𐤔 𐤄𐤓𐤏 𐤁𐤏𐤉𐤍𐤉 𐤉𐤄𐤅𐤄 𐤀𐤋𐤄𐤉𐤅•
𐤅𐤏𐤋𐤉𐤅 𐤏𐤋𐤄 𐤍𐤁𐤅𐤊𐤃𐤍𐤀𐤑𐤓 𐤌𐤋𐤊 𐤁𐤁𐤋 𐤅𐤉𐤀𐤎𐤓𐤄𐤅 𐤁𐤍𐤇𐤔𐤕𐤉𐤌
𐤋𐤄𐤋𐤉𐤊𐤅 𐤁𐤁𐤋𐤄•
𐤆𐤅𐤌𐤊𐤋𐤉 𐤁𐤉𐤕 𐤉𐤄𐤅𐤄 𐤄𐤁𐤉𐤀 𐤍𐤁𐤅𐤊𐤃𐤍𐤀𐤑𐤓 𐤋𐤁𐤁𐤋 𐤅𐤉𐤕𐤍𐤌
𐤁𐤄𐤉𐤊𐤋𐤅 𐤁𐤁𐤁𐤋•
𐤇𐤅𐤉𐤕𐤓 𐤃𐤁𐤓𐤉 𐤉𐤄𐤅𐤉𐤒𐤉𐤌 𐤅𐤕𐤏𐤁𐤕𐤉𐤅 𐤀𐤔𐤓 𐤏𐤔𐤄 𐤅𐤄𐤍𐤌𐤑𐤀 𐤏𐤋𐤉𐤅
𐤄𐤍𐤌 𐤊𐤕𐤅𐤁𐤉𐤌 𐤏𐤋 𐤎𐤐𐤓 𐤌𐤋𐤊𐤉 𐤉𐤔𐤓𐤀𐤋 𐤅𐤉𐤄𐤅𐤃𐤄 𐤅𐤉𐤌𐤋𐤊
𐤉𐤄𐤅𐤉𐤊𐤉𐤍 𐤁𐤍𐤅 𐤕𐤇𐤕𐤉𐤅•
𐤈𐤁𐤍 𐤔𐤌𐤅𐤍𐤄 𐤔𐤍𐤉𐤌 𐤉𐤄𐤅𐤉𐤊𐤉𐤍 𐤁𐤌𐤋𐤊𐤅 𐤅𐤔𐤋𐤔𐤄 𐤇𐤃𐤔𐤉𐤌 𐤅𐤏𐤔𐤓𐤕
𐤉𐤌𐤉𐤌 𐤌𐤋𐤊 𐤁𐤉𐤓𐤅𐤔𐤋𐤌 𐤅𐤉𐤏𐤔 𐤄𐤓𐤏 𐤁𐤏𐤉𐤍𐤉 𐤉𐤄𐤅𐤄•
𐤉𐤅𐤋𐤕𐤔𐤅𐤁𐤕 𐤄𐤔𐤍𐤄 𐤔𐤋𐤇 𐤄𐤌𐤋𐤊 𐤍𐤁𐤅𐤊𐤃𐤍𐤀𐤑𐤓 𐤅𐤉𐤁𐤀𐤄𐤅 𐤁𐤁𐤋𐤄 𐤏𐤌
𐤊𐤋𐤉 𐤇𐤌𐤃𐤕 𐤁𐤉𐤕 𐤉𐤄𐤅𐤄 𐤅𐤉𐤌𐤋𐤊 𐤀𐤕 𐤑𐤃𐤒𐤉𐤄𐤅 𐤀𐤇𐤉𐤅 𐤏𐤋 𐤉𐤄𐤅𐤃𐤄
𐤅𐤉𐤓𐤅𐤔𐤋𐤌•
𐤉𐤀𐤁𐤍 𐤏𐤔𐤓𐤉𐤌 𐤅𐤀𐤇𐤕 𐤔𐤍𐤄 𐤑𐤃𐤒𐤉𐤄𐤅 𐤁𐤌𐤋𐤊𐤅 𐤅𐤀𐤇𐤕 𐤏𐤔𐤓𐤄 𐤔𐤍𐤄
𐤌𐤋𐤊 𐤁𐤉𐤓𐤅𐤔𐤋𐤌•
𐤉𐤁𐤅𐤉𐤏𐤔 𐤄𐤓𐤏 𐤁𐤏𐤉𐤍𐤉 𐤉𐤄𐤅𐤄 𐤀𐤋𐤄𐤉𐤅 𐤋𐤀 𐤍𐤊𐤍𐤏 𐤌𐤋𐤐𐤍𐤉 𐤉𐤓𐤌𐤉𐤄𐤅
𐤄𐤍𐤁𐤉𐤀 𐤌𐤐𐤉 𐤉𐤄𐤅𐤄•
𐤉𐤂𐤅𐤂𐤌 𐤁𐤌𐤋𐤊 𐤍𐤁𐤅𐤊𐤃𐤍𐤀𐤑𐤓 𐤌𐤓𐤃 𐤀𐤔𐤓 𐤄𐤔𐤁𐤉𐤏𐤅 𐤁𐤀𐤋𐤄𐤉𐤌 𐤅𐤉𐤒𐤔
𐤀𐤕 𐤏𐤓𐤐𐤅 𐤅𐤉𐤀𐤌𐤑 𐤀𐤕 𐤋𐤁𐤁𐤅 𐤌𐤔𐤅𐤁 𐤀𐤋 𐤉𐤄𐤅𐤄 𐤀𐤋𐤄𐤉 𐤉𐤔𐤓𐤀𐤋•
𐤉𐤃𐤂𐤌 𐤊𐤋 𐤔𐤓𐤉 𐤄𐤊𐤄𐤍𐤉𐤌 𐤅𐤄𐤏𐤌 𐤄𐤓𐤁𐤅 𐤋𐤌𐤏𐤅𐤋 [𐤋𐤌𐤏𐤋] 𐤌𐤏𐤋 𐤊𐤊𐤋
𐤕𐤏𐤁𐤅𐤕 𐤄𐤂𐤅𐤉𐤌 𐤅𐤉𐤈𐤌𐤀𐤅 𐤀𐤕 𐤁𐤉𐤕 𐤉𐤄𐤅𐤄 𐤀𐤔𐤓 𐤄𐤒𐤃𐤉𐤔
𐤁𐤉𐤓𐤅𐤔𐤋𐤌•
𐤈𐤅𐤅𐤉𐤔𐤋𐤇 𐤉𐤄𐤅𐤄 𐤀𐤋𐤄𐤉 𐤀𐤁𐤅𐤕𐤉𐤄𐤌 𐤏𐤋𐤉𐤄𐤌 𐤁𐤉𐤃 𐤌𐤋𐤀𐤊𐤉𐤅
𐤄𐤔𐤊𐤌 𐤅𐤔𐤋𐤅𐤇 𐤊𐤉 𐤇𐤌𐤋 𐤏𐤋 𐤏𐤌𐤅 𐤅𐤏𐤋 𐤌𐤏𐤅𐤍𐤅•
𐤈𐤆𐤅𐤉𐤄𐤉𐤅 𐤌𐤋𐤏𐤁𐤉𐤌 𐤁𐤌𐤋𐤀𐤊𐤉 𐤄𐤀𐤋𐤄𐤉𐤌 𐤅𐤁𐤅𐤆𐤉𐤌 𐤃𐤁𐤓𐤉𐤅

# 𐤃𐤁𐤓𐤉 𐤄𐤉𐤌𐤉𐤌 𐤁

𐤅𐤌𐤕𐤏𐤕𐤏𐤉𐤌 𐤁𐤍𐤁𐤉𐤀𐤉𐤅 𐤏𐤃 𐤏𐤋𐤅𐤕 𐤇𐤌𐤕 𐤉𐤄𐤅𐤄 𐤁𐤏𐤌𐤅 𐤏𐤃 𐤋𐤀𐤉𐤍 𐤌𐤓𐤐𐤀•
𐤉𐤆 𐤅𐤉𐤏𐤋 𐤏𐤋𐤉𐤄𐤌 𐤀𐤕 𐤌𐤋𐤊 𐤊𐤔𐤃𐤉𐤉𐤌 [𐤊𐤔𐤃𐤉𐤌] 𐤅𐤉𐤄𐤓𐤂
𐤁𐤇𐤅𐤓𐤉𐤄𐤌 𐤁𐤇𐤓𐤁 𐤁𐤁𐤉𐤕 𐤌𐤒𐤃𐤔𐤌 𐤅𐤋𐤀 𐤇𐤌𐤋 𐤏𐤋 𐤁𐤇𐤅𐤓 𐤅𐤁𐤕𐤅𐤋𐤄 𐤆𐤒𐤍
𐤅𐤉𐤔𐤔 𐤄𐤊𐤋 𐤍𐤕𐤍 𐤁𐤉𐤃𐤅•
𐤉𐤇 𐤅𐤊𐤋 𐤊𐤋𐤉 𐤁𐤉𐤕 𐤄𐤀𐤋𐤄𐤉𐤌 𐤄𐤂𐤃𐤋𐤉𐤌 𐤅𐤄𐤒𐤈𐤍𐤉𐤌 𐤅𐤀𐤑𐤓𐤅𐤕 𐤁𐤉𐤕
𐤉𐤄𐤅𐤄 𐤅𐤀𐤑𐤓𐤅𐤕 𐤄𐤌𐤋𐤊 𐤅𐤔𐤓𐤉𐤅 𐤄𐤊𐤋 𐤄𐤁𐤉𐤀 𐤁𐤁𐤋•
𐤉𐤈 𐤅𐤉𐤔𐤓𐤐𐤅 𐤀𐤕 𐤁𐤉𐤕 𐤄𐤀𐤋𐤄𐤉𐤌 𐤅𐤉𐤍𐤕𐤑𐤅 𐤀𐤕 𐤇𐤅𐤌𐤕 𐤉𐤓𐤅𐤔𐤋𐤌
𐤅𐤊𐤋 𐤀𐤓𐤌𐤍𐤅𐤕𐤉𐤄 𐤔𐤓𐤐𐤅 𐤁𐤀𐤔 𐤅𐤊𐤋 𐤊𐤋𐤉 𐤌𐤇𐤌𐤃𐤉𐤄 𐤋𐤄𐤔𐤇𐤉𐤕•
𐤊 𐤅𐤉𐤂𐤋 𐤄𐤔𐤀𐤓𐤉𐤕 𐤌𐤍 𐤄𐤇𐤓𐤁 𐤀𐤋 𐤁𐤁𐤋 𐤅𐤉𐤄𐤉𐤅 𐤋𐤅 𐤅𐤋𐤁𐤍𐤉𐤅
𐤋𐤏𐤁𐤃𐤉𐤌 𐤏𐤃 𐤌𐤋𐤊 𐤌𐤋𐤊𐤅𐤕 𐤐𐤓𐤎•
𐤊𐤀 𐤋𐤌𐤋𐤀𐤅𐤕 𐤃𐤁𐤓 𐤉𐤄𐤅𐤄 𐤁𐤐𐤉 𐤉𐤓𐤌𐤉𐤄𐤅 𐤏𐤃 𐤓𐤑𐤕𐤄 𐤄𐤀𐤓𐤑 𐤀𐤕
𐤔𐤁𐤕𐤅𐤕𐤉𐤄 𐤊𐤋 𐤉𐤌𐤉 𐤄𐤔𐤌𐤄 𐤔𐤁𐤕𐤄 𐤋𐤌𐤋𐤀𐤅𐤕 𐤔𐤁𐤏𐤉𐤌 𐤔𐤍𐤄•
𐤊𐤁 𐤅𐤁𐤔𐤍𐤕 𐤀𐤇𐤕 𐤋𐤊𐤅𐤓𐤔 𐤌𐤋𐤊 𐤐𐤓𐤎 𐤋𐤊𐤋𐤅𐤕 𐤃𐤁𐤓 𐤉𐤄𐤅𐤄 𐤁𐤐𐤉
𐤉𐤓𐤌𐤉𐤄𐤅 𐤄𐤏𐤉𐤓 𐤉𐤄𐤅𐤄 𐤀𐤕 𐤓𐤅𐤇 𐤊𐤅𐤓𐤔 𐤌𐤋𐤊 𐤐𐤓𐤎 𐤅𐤉𐤏𐤁𐤓 𐤒𐤅𐤋 𐤁𐤊𐤋
𐤌𐤋𐤊𐤅𐤕𐤅 𐤅𐤂𐤌 𐤁𐤌𐤊𐤕𐤁 𐤋𐤀𐤌𐤓•
𐤊𐤂 𐤊𐤄 𐤀𐤌𐤓 𐤊𐤅𐤓𐤔 𐤌𐤋𐤊 𐤐𐤓𐤎 𐤊𐤋 𐤌𐤌𐤋𐤊𐤅𐤕 𐤄𐤀𐤓𐤑 𐤍𐤕𐤍 𐤋𐤉 𐤉𐤄𐤅𐤄
𐤀𐤋𐤄𐤉 𐤄𐤔𐤌𐤉𐤌 𐤅𐤄𐤅𐤀 𐤐𐤒𐤃 𐤏𐤋𐤉 𐤋𐤁𐤍𐤅𐤕 𐤋𐤅 𐤁𐤉𐤕 𐤁𐤉𐤓𐤅𐤔𐤋𐤌 𐤀𐤔𐤓
𐤁𐤉𐤄𐤅𐤃𐤄 𐤌𐤉 𐤁𐤊𐤌 𐤌𐤊𐤋 𐤏𐤌𐤅 𐤉𐤄𐤅𐤄 𐤀𐤋𐤄𐤉𐤅 𐤏𐤌𐤅 𐤅𐤉𐤏𐤋•

# 𐤏𐤆𐤓𐤀

𐤐𐤓𐤒 𐤀

𐤀 𐤅𐤁𐤔𐤍𐤕 𐤀𐤇𐤕 𐤋𐤊𐤅𐤓𐤔 𐤌𐤋𐤊 𐤐𐤓𐤎 𐤋𐤊𐤋𐤅𐤕 𐤃𐤁𐤓 𐤉𐤄𐤅𐤄 𐤌𐤐𐤉 𐤉𐤓𐤌𐤉𐤄
𐤄𐤏𐤉𐤓 𐤉𐤄𐤅𐤄 𐤀𐤕 𐤓𐤅𐤇 𐤊𐤓𐤔 𐤌𐤋𐤊 𐤐𐤓𐤎 𐤅𐤉𐤏𐤁𐤓 𐤒𐤅𐤋 𐤁𐤊𐤋 𐤌𐤋𐤊𐤅𐤕𐤅
𐤅𐤂𐤌 𐤁𐤌𐤊𐤕𐤁 𐤋𐤀𐤌𐤓•

𐤁 𐤊𐤄 𐤀𐤌𐤓 𐤊𐤓𐤔 𐤌𐤋𐤊 𐤐𐤓𐤎 𐤊𐤋 𐤌𐤌𐤋𐤊𐤅𐤕 𐤄𐤀𐤓𐤑 𐤍𐤕𐤍 𐤋𐤉 𐤉𐤄𐤅𐤄
𐤀𐤋𐤄𐤉 𐤄𐤔𐤌𐤉𐤌 𐤅𐤄𐤅𐤀 𐤐𐤒𐤃 𐤏𐤋𐤉 𐤋𐤁𐤍𐤅𐤕 𐤋𐤅 𐤁𐤉𐤕 𐤁𐤉𐤓𐤅𐤔𐤋𐤌 𐤀𐤔𐤓
𐤁𐤉𐤄𐤅𐤃𐤄•

𐤂 𐤌𐤉 𐤁𐤊𐤌 𐤌𐤊𐤋 𐤏𐤌𐤅 𐤉𐤄𐤉 𐤀𐤋𐤄𐤉𐤅 𐤏𐤌𐤅 𐤅𐤉𐤏𐤋 𐤋𐤉𐤓𐤅𐤔𐤋𐤌 𐤀𐤔𐤓
𐤁𐤉𐤄𐤅𐤃𐤄 𐤅𐤉𐤁𐤍 𐤀𐤕 𐤁𐤉𐤕 𐤉𐤄𐤅𐤄 𐤀𐤋𐤄𐤉 𐤉𐤔𐤓𐤀𐤋 𐤄𐤅𐤀 𐤄𐤀𐤋𐤄𐤉𐤌
𐤀𐤔𐤓 𐤁𐤉𐤓𐤅𐤔𐤋𐤌•

𐤃 𐤅𐤊𐤋 𐤄𐤍𐤔𐤀𐤓 𐤌𐤊𐤋 𐤄𐤌𐤒𐤌𐤅𐤕 𐤀𐤔𐤓 𐤄𐤅𐤀 𐤂𐤓 𐤔𐤌 𐤉𐤍𐤔𐤀𐤅𐤄𐤅
𐤀𐤍𐤔𐤉 𐤌𐤒𐤌𐤅 𐤁𐤊𐤎𐤐 𐤅𐤁𐤆𐤄𐤁 𐤅𐤁𐤓𐤊𐤅𐤔 𐤅𐤁𐤁𐤄𐤌𐤄 𐤏𐤌 𐤄𐤍𐤃𐤁𐤄 𐤋𐤁𐤉𐤕
𐤄𐤀𐤋𐤄𐤉𐤌 𐤀𐤔𐤓 𐤁𐤉𐤓𐤅𐤔𐤋𐤌•

𐤄 𐤅𐤉𐤒𐤅𐤌𐤅 𐤓𐤀𐤔𐤉 𐤄𐤀𐤁𐤅𐤕 𐤋𐤉𐤄𐤅𐤃𐤄 𐤅𐤁𐤍𐤉𐤌𐤍 𐤅𐤄𐤊𐤄𐤍𐤉𐤌
𐤅𐤄𐤋𐤅𐤉𐤌 𐤋𐤊𐤋 𐤄𐤏𐤉𐤓 𐤄𐤀𐤋𐤄𐤉𐤌 𐤀𐤕 𐤓𐤅𐤇𐤅 𐤋𐤏𐤋𐤅𐤕 𐤋𐤁𐤍𐤅𐤕 𐤀𐤕 𐤁𐤉𐤕
𐤉𐤄𐤅𐤄 𐤀𐤔𐤓 𐤁𐤉𐤓𐤅𐤔𐤋𐤌•

𐤅 𐤅𐤊𐤋 𐤎𐤁𐤉𐤁𐤕𐤉𐤄𐤌 𐤇𐤆𐤒𐤅 𐤁𐤉𐤃𐤉𐤄𐤌 𐤁𐤊𐤋𐤉 𐤊𐤎𐤐 𐤁𐤆𐤄𐤁 𐤁𐤓𐤊𐤅𐤔
𐤅𐤁𐤁𐤄𐤌𐤄 𐤅𐤁𐤌𐤂𐤃𐤍𐤅𐤕 𐤋𐤁𐤃 𐤏𐤋 𐤊𐤋 𐤄𐤕𐤍𐤃𐤁•

𐤆 𐤅𐤄𐤌𐤋𐤊 𐤊𐤅𐤓𐤔 𐤄𐤅𐤑𐤉𐤀 𐤀𐤕 𐤊𐤋𐤉 𐤁𐤉𐤕 𐤉𐤄𐤅𐤄 𐤀𐤔𐤓 𐤄𐤅𐤑𐤉𐤀
𐤍𐤁𐤅𐤊𐤃𐤍𐤀𐤑𐤓 𐤌𐤉𐤓𐤅𐤔𐤋𐤌 𐤅𐤉𐤕𐤍𐤌 𐤁𐤁𐤉𐤕 𐤀𐤋𐤄𐤉𐤅•

𐤇 𐤅𐤉𐤅𐤑𐤉𐤀𐤌 𐤊𐤅𐤓𐤔 𐤌𐤋𐤊 𐤐𐤓𐤎 𐤏𐤋 𐤉𐤃 𐤌𐤕𐤓𐤃𐤕 𐤄𐤂𐤆𐤁𐤓 𐤅𐤉𐤎𐤐𐤓𐤌
𐤋𐤔𐤔𐤁𐤑𐤓 𐤄𐤍𐤔𐤉𐤀 𐤋𐤉𐤄𐤅𐤃𐤄•

𐤈 𐤅𐤀𐤋𐤄 𐤌𐤎𐤐𐤓𐤌 𐤀𐤂𐤓𐤈𐤋𐤉 𐤆𐤄𐤁 𐤔𐤋𐤔𐤉𐤌 𐤀𐤂𐤓𐤈𐤋𐤉 𐤊𐤎𐤐 𐤀𐤋𐤐
𐤌𐤇𐤋𐤐𐤉𐤌 𐤕𐤔𐤏𐤄 𐤅𐤏𐤔𐤓𐤉𐤌•

𐤉 𐤊𐤐𐤅𐤓𐤉 𐤆𐤄𐤁 𐤔𐤋𐤔𐤉𐤌 𐤊𐤐𐤅𐤓𐤉 𐤊𐤎𐤐 𐤌𐤔𐤍𐤉𐤌 𐤀𐤓𐤁𐤏 𐤌𐤀𐤅𐤕 𐤅𐤏𐤔𐤓𐤄
𐤊𐤋𐤉𐤌 𐤀𐤇𐤓𐤉𐤌 𐤀𐤋𐤐•

𐤉𐤀 𐤊𐤋 𐤊𐤋𐤉𐤌 𐤋𐤆𐤄𐤁 𐤅𐤋𐤊𐤎𐤐 𐤇𐤌𐤔𐤕 𐤀𐤋𐤐𐤉𐤌 𐤅𐤀𐤓𐤁𐤏 𐤌𐤀𐤅𐤕 𐤄𐤊𐤋
𐤄𐤏𐤋𐤄 𐤔𐤔𐤁𐤑𐤓 𐤏𐤌 𐤄𐤏𐤋𐤅𐤕 𐤄𐤂𐤅𐤋𐤄 𐤌𐤁𐤁𐤋 𐤋𐤉𐤓𐤅𐤔𐤋𐤌•

𐤐𐤓𐤒 𐤁

𐤀 𐤅𐤀𐤋𐤄 𐤁𐤍𐤉 𐤄𐤌𐤃𐤉𐤍𐤄 𐤄𐤏𐤋𐤉𐤌 𐤌𐤔𐤁𐤉 𐤄𐤂𐤅𐤋𐤄 𐤀𐤔𐤓 𐤄𐤂𐤋𐤄
𐤍𐤁𐤅𐤊𐤃𐤍𐤑𐤅𐤓 [𐤍𐤁𐤅𐤊𐤃𐤍𐤑𐤓] 𐤌𐤋𐤊 𐤁𐤁𐤋 𐤋𐤁𐤁𐤋 𐤅𐤉𐤔𐤅𐤁𐤅 𐤋𐤉𐤓𐤅𐤔𐤋𐤌
𐤅𐤉𐤄𐤅𐤃𐤄 𐤀𐤉𐤔 𐤋𐤏𐤉𐤓𐤅•

# 𐤏𐤆𐤓𐤀

𐤁 𐤀𐤔𐤓 𐤁𐤀𐤅 𐤏𐤌 𐤆𐤓𐤁𐤁𐤋 𐤉𐤔𐤅𐤏 𐤍𐤇𐤌𐤉𐤄 𐤔𐤓𐤉𐤄 𐤓𐤏𐤋𐤉𐤄 𐤌𐤓𐤃𐤊𐤉
𐤁𐤋𐤔𐤍 𐤌𐤎𐤐𐤓 𐤁𐤂𐤅𐤉 𐤓𐤇𐤅𐤌 𐤁𐤏𐤍𐤄 𐤌𐤎𐤐𐤓 𐤀𐤍𐤔𐤉 𐤏𐤌 𐤉𐤔𐤓𐤀𐤋•
𐤂 𐤁𐤍𐤉 𐤐𐤓𐤏𐤔 𐤀𐤋𐤐𐤉𐤌 𐤌𐤀𐤄 𐤔𐤁𐤏𐤉𐤌 𐤅𐤔𐤍𐤉𐤌•
𐤃 𐤁𐤍𐤉 𐤔𐤐𐤈𐤉𐤄 𐤔𐤋𐤔 𐤌𐤀𐤅𐤕 𐤔𐤁𐤏𐤉𐤌 𐤅𐤔𐤍𐤉𐤌•
𐤄 𐤁𐤍𐤉 𐤀𐤓𐤇 𐤔𐤁𐤏 𐤌𐤀𐤅𐤕 𐤇𐤌𐤔𐤄 𐤅𐤔𐤁𐤏𐤉𐤌•
𐤅 𐤁𐤍𐤉 𐤐𐤇𐤕 𐤌𐤅𐤀𐤁 𐤋𐤁𐤍𐤉 𐤉𐤔𐤅𐤏 𐤉𐤅𐤀𐤁 𐤀𐤋𐤐𐤉𐤌 𐤔𐤌𐤍𐤄 𐤌𐤀𐤅𐤕
𐤅𐤔𐤍𐤉𐤌 𐤏𐤔𐤓•
𐤆 𐤁𐤍𐤉 𐤏𐤉𐤋𐤌 𐤀𐤋𐤐 𐤌𐤀𐤕𐤉𐤌 𐤇𐤌𐤔𐤉𐤌 𐤅𐤀𐤓𐤁𐤏𐤄•
𐤇 𐤁𐤍𐤉 𐤆𐤕𐤅𐤀 𐤕𐤔𐤏 𐤌𐤀𐤅𐤕 𐤅𐤀𐤓𐤁𐤏𐤉𐤌 𐤅𐤇𐤌𐤔𐤄•
𐤈 𐤁𐤍𐤉 𐤆𐤊𐤉 𐤔𐤁𐤏 𐤌𐤀𐤅𐤕 𐤅𐤔𐤔𐤉𐤌•
𐤉 𐤁𐤍𐤉 𐤁𐤍𐤉 𐤔𐤔 𐤌𐤀𐤅𐤕 𐤀𐤓𐤁𐤏𐤉𐤌 𐤅𐤔𐤍𐤉𐤌•
𐤉𐤀 𐤁𐤍𐤉 𐤁𐤁𐤉 𐤔𐤔 𐤌𐤀𐤅𐤕 𐤏𐤔𐤓𐤉𐤌 𐤅𐤔𐤋𐤔𐤄•
𐤉𐤁 𐤁𐤍𐤉 𐤏𐤆𐤂𐤃 𐤀𐤋𐤐 𐤌𐤀𐤕𐤉𐤌 𐤏𐤔𐤓𐤉𐤌 𐤅𐤔𐤍𐤉𐤌•
𐤉𐤂 𐤁𐤍𐤉 𐤀𐤃𐤍𐤉𐤒𐤌 𐤔𐤔 𐤌𐤀𐤅𐤕 𐤔𐤔𐤉𐤌 𐤅𐤔𐤔𐤄•
𐤉𐤃 𐤁𐤍𐤉 𐤁𐤂𐤅𐤉 𐤀𐤋𐤐𐤉𐤌 𐤇𐤌𐤔𐤉𐤌 𐤅𐤔𐤔𐤄•
𐤈𐤅 𐤁𐤍𐤉 𐤏𐤃𐤉𐤍 𐤀𐤓𐤁𐤏 𐤌𐤀𐤅𐤕 𐤇𐤌𐤔𐤉𐤌 𐤅𐤀𐤓𐤁𐤏𐤄•
𐤈𐤆 𐤁𐤍𐤉 𐤀𐤈𐤓 𐤋𐤉𐤇𐤆𐤒𐤉𐤄 𐤕𐤔𐤏𐤉𐤌 𐤅𐤔𐤌𐤍𐤄•
𐤉𐤆 𐤁𐤍𐤉 𐤁𐤑𐤉 𐤔𐤋𐤔 𐤌𐤀𐤅𐤕 𐤏𐤔𐤓𐤉𐤌 𐤅𐤔𐤋𐤔𐤄•
𐤉𐤇 𐤁𐤍𐤉 𐤉𐤅𐤓𐤄 𐤌𐤀𐤄 𐤅𐤔𐤍𐤉𐤌 𐤏𐤔𐤓•
𐤉𐤈 𐤁𐤍𐤉 𐤇𐤔𐤌 𐤌𐤀𐤕𐤉𐤌 𐤏𐤔𐤓𐤉𐤌 𐤅𐤔𐤋𐤔𐤄•
𐤊 𐤁𐤍𐤉 𐤂𐤁𐤓 𐤕𐤔𐤏𐤉𐤌 𐤅𐤇𐤌𐤔𐤄•
𐤊𐤀 𐤁𐤍𐤉 𐤁𐤉𐤕 𐤋𐤇𐤌 𐤌𐤀𐤄 𐤏𐤔𐤓𐤉𐤌 𐤅𐤔𐤋𐤔𐤄•
𐤊𐤁 𐤀𐤍𐤔𐤉 𐤍𐤈𐤐𐤄 𐤇𐤌𐤔𐤉𐤌 𐤅𐤔𐤔𐤄•
𐤊𐤂 𐤀𐤍𐤔𐤉 𐤏𐤍𐤕𐤅𐤕 𐤌𐤀𐤄 𐤏𐤔𐤓𐤉𐤌 𐤅𐤔𐤌𐤍𐤄•
𐤊𐤃 𐤁𐤍𐤉 𐤏𐤆𐤌𐤅𐤕 𐤀𐤓𐤁𐤏𐤉𐤌 𐤅𐤔𐤍𐤉𐤌•
𐤊𐤄 𐤁𐤍𐤉 𐤒𐤓𐤉𐤕 𐤏𐤓𐤉𐤌 𐤊𐤐𐤉𐤓𐤄 𐤅𐤁𐤀𐤓𐤅𐤕 𐤔𐤁𐤏 𐤌𐤀𐤅𐤕 𐤅𐤀𐤓𐤁𐤏𐤉𐤌
𐤅𐤔𐤋𐤔𐤄•
𐤊𐤅 𐤁𐤍𐤉 𐤄𐤓𐤌𐤄 𐤅𐤂𐤁𐤏 𐤔𐤔 𐤌𐤀𐤅𐤕 𐤏𐤔𐤓𐤉𐤌 𐤅𐤀𐤇𐤃•
𐤊𐤆 𐤀𐤍𐤔𐤉 𐤌𐤊𐤌𐤎 𐤌𐤀𐤄 𐤏𐤔𐤓𐤉𐤌 𐤅𐤔𐤍𐤉𐤌•
𐤊𐤇 𐤀𐤍𐤔𐤉 𐤁𐤉𐤕 𐤀𐤋 𐤅𐤄𐤏𐤉 𐤌𐤀𐤕𐤉𐤌 𐤏𐤔𐤓𐤉𐤌 𐤅𐤔𐤋𐤔𐤄•
𐤊𐤈 𐤁𐤍𐤉 𐤍𐤁𐤅 𐤇𐤌𐤔𐤉𐤌 𐤅𐤔𐤍𐤉𐤌•
𐤋 𐤁𐤍𐤉 𐤌𐤂𐤁𐤉𐤔 𐤌𐤀𐤄 𐤇𐤌𐤔𐤉𐤌 𐤅𐤔𐤔𐤄•
𐤋𐤀 𐤁𐤍𐤉 𐤏𐤉𐤋𐤌 𐤀𐤇𐤓 𐤀𐤋𐤐 𐤌𐤀𐤕𐤉𐤌 𐤇𐤌𐤔𐤉𐤌 𐤅𐤀𐤓𐤁𐤏𐤄•

𐤋𐤁 𐤁𐤍𐤉 𐤇𐤓𐤌 𐤔𐤋𐤔 𐤌𐤀𐤅𐤕 𐤅𐤏𐤔𐤓𐤉𐤌•
𐤋𐤂 𐤁𐤍𐤉 𐤋𐤃 𐤇𐤃𐤉𐤃 𐤅𐤀𐤅𐤍𐤅 𐤔𐤁𐤏 𐤌𐤀𐤅𐤕 𐤏𐤔𐤓𐤉𐤌 𐤅𐤇𐤌𐤔𐤄•
𐤋𐤃 𐤁𐤍𐤉 𐤉𐤓𐤇𐤅 𐤔𐤋𐤔 𐤌𐤀𐤅𐤕 𐤀𐤓𐤁𐤏𐤉𐤌 𐤅𐤇𐤌𐤔𐤄•
𐤋𐤄 𐤁𐤍𐤉 𐤎𐤍𐤀𐤄 𐤔𐤋𐤔𐤕 𐤀𐤋𐤐𐤉𐤌 𐤅𐤔𐤔 𐤌𐤀𐤅𐤕 𐤅𐤔𐤋𐤔𐤉𐤌•
𐤋𐤅 𐤄𐤊𐤄𐤍𐤉𐤌 𐤁𐤍𐤉 𐤉𐤃𐤏𐤉𐤄 𐤋𐤁𐤉𐤕 𐤉𐤔𐤅𐤏 𐤕𐤔𐤏 𐤌𐤀𐤅𐤕 𐤔𐤁𐤏𐤉𐤌
𐤅𐤔𐤋𐤔𐤄•
𐤋𐤆 𐤁𐤍𐤉 𐤀𐤌𐤓 𐤀𐤋𐤐 𐤇𐤌𐤔𐤉𐤌 𐤅𐤔𐤍𐤉𐤌•
𐤋𐤇 𐤁𐤍𐤉 𐤐𐤔𐤇𐤅𐤓 𐤀𐤋𐤐 𐤌𐤀𐤕𐤉𐤌 𐤀𐤓𐤁𐤏𐤉𐤌 𐤅𐤔𐤁𐤏𐤄•
𐤋𐤈 𐤁𐤍𐤉 𐤇𐤓𐤌 𐤀𐤋𐤐 𐤅𐤔𐤁𐤏𐤄 𐤏𐤔𐤓•
𐤌 𐤄𐤋𐤅𐤉𐤌 𐤁𐤍𐤉 𐤉𐤔𐤅𐤏 𐤅𐤒𐤃𐤌𐤉𐤀𐤋 𐤋𐤁𐤍𐤉 𐤄𐤅𐤃𐤅𐤉𐤄 𐤔𐤁𐤏𐤉𐤌
𐤅𐤀𐤓𐤁𐤏𐤄•
𐤌𐤀 𐤄𐤌𐤔𐤓𐤓𐤉𐤌 𐤁𐤍𐤉 𐤀𐤎𐤐 𐤌𐤀𐤄 𐤏𐤔𐤓𐤉𐤌 𐤅𐤔𐤌𐤍𐤄•
𐤌𐤁 𐤁𐤍𐤉 𐤄𐤔𐤏𐤓𐤉𐤌 𐤁𐤍𐤉 𐤔𐤋𐤅𐤌 𐤁𐤍𐤉 𐤀𐤈𐤓 𐤁𐤍𐤉 𐤈𐤋𐤌𐤅𐤍 𐤁𐤍𐤉 𐤏𐤒𐤅𐤁
𐤁𐤍𐤉 𐤇𐤈𐤉𐤈𐤀 𐤁𐤍𐤉 𐤔𐤁𐤉 𐤄𐤊𐤋 𐤌𐤀𐤄 𐤔𐤋𐤔𐤉𐤌 𐤅𐤕𐤔𐤏𐤄•
𐤌𐤂 𐤄𐤍𐤕𐤉𐤍𐤉𐤌 𐤁𐤍𐤉 𐤑𐤉𐤇𐤀 𐤁𐤍𐤉 𐤇𐤔𐤅𐤐𐤀 𐤁𐤍𐤉 𐤈𐤁𐤏𐤅𐤕•
𐤌𐤃 𐤁𐤍𐤉 𐤒𐤓𐤎 𐤁𐤍𐤉 𐤎𐤉𐤏𐤄𐤀 𐤁𐤍𐤉 𐤐𐤃𐤅𐤍•
𐤌𐤄 𐤁𐤍𐤉 𐤋𐤁𐤍𐤄 𐤁𐤍𐤉 𐤇𐤂𐤁𐤄 𐤁𐤍𐤉 𐤏𐤒𐤅𐤁•
𐤌𐤅 𐤁𐤍𐤉 𐤇𐤂𐤁 𐤁𐤍𐤉 𐤔𐤌𐤋𐤉 [𐤔𐤋𐤌𐤉] 𐤁𐤍𐤉 𐤇𐤍𐤍•
𐤌𐤆 𐤁𐤍𐤉 𐤂𐤃𐤋 𐤁𐤍𐤉 𐤂𐤇𐤓 𐤁𐤍𐤉 𐤓𐤀𐤉𐤄•
𐤌𐤇 𐤁𐤍𐤉 𐤓𐤑𐤉𐤍 𐤁𐤍𐤉 𐤍𐤒𐤅𐤃𐤀 𐤁𐤍𐤉 𐤂𐤆𐤌•
𐤌𐤈 𐤁𐤍𐤉 𐤏𐤆𐤀 𐤁𐤍𐤉 𐤐𐤎𐤇 𐤁𐤍𐤉 𐤁𐤎𐤉•
𐤍 𐤁𐤍𐤉 𐤀𐤎𐤍𐤄 𐤁𐤍𐤉 𐤌𐤏𐤅𐤍𐤉𐤌 𐤁𐤍𐤉 𐤍𐤐𐤉𐤎𐤉𐤌 [𐤍𐤐𐤅𐤎𐤉𐤌]•
𐤍𐤀 𐤁𐤍𐤉 𐤁𐤒𐤁𐤅𐤒 𐤁𐤍𐤉 𐤇𐤒𐤅𐤐𐤀 𐤁𐤍𐤉 𐤇𐤓𐤇𐤅𐤓•
𐤍𐤁 𐤁𐤍𐤉 𐤁𐤑𐤋𐤅𐤕 𐤁𐤍𐤉 𐤌𐤇𐤉𐤃𐤀 𐤁𐤍𐤉 𐤇𐤓𐤔𐤀•
𐤍𐤂 𐤁𐤍𐤉 𐤁𐤓𐤒𐤅𐤎 𐤁𐤍𐤉 𐤎𐤉𐤎𐤓𐤀 𐤁𐤍𐤉 𐤕𐤌𐤇•
𐤍𐤃 𐤁𐤍𐤉 𐤍𐤑𐤉𐤇 𐤁𐤍𐤉 𐤇𐤈𐤉𐤐𐤀•
𐤍𐤄 𐤁𐤍𐤉 𐤏𐤁𐤃𐤉 𐤔𐤋𐤌𐤄 𐤁𐤍𐤉 𐤎𐤈𐤉 𐤁𐤍𐤉 𐤄𐤎𐤐𐤓𐤕 𐤁𐤍𐤉 𐤐𐤓𐤅𐤃𐤀•
𐤍𐤅 𐤁𐤍𐤉 𐤉𐤏𐤋𐤄 𐤁𐤍𐤉 𐤃𐤓𐤒𐤅𐤍 𐤁𐤍𐤉 𐤂𐤃𐤋•
𐤍𐤆 𐤁𐤍𐤉 𐤔𐤐𐤈𐤉𐤄 𐤁𐤍𐤉 𐤇𐤈𐤉𐤋 𐤁𐤍𐤉 𐤐𐤊𐤓𐤕 𐤄𐤑𐤁𐤉𐤉𐤌 𐤁𐤍𐤉 𐤀𐤌𐤉•
𐤍𐤇 𐤊𐤋 𐤄𐤍𐤕𐤉𐤍𐤉𐤌 𐤅𐤁𐤍𐤉 𐤏𐤁𐤃𐤉 𐤔𐤋𐤌𐤄 𐤔𐤋𐤔 𐤌𐤀𐤅𐤕 𐤕𐤔𐤏𐤉𐤌
𐤅𐤔𐤍𐤉𐤌•
𐤍𐤈 𐤅𐤀𐤋𐤄 𐤄𐤏𐤋𐤉𐤌 𐤌𐤕𐤋 𐤌𐤋𐤇 𐤕𐤋 𐤇𐤓𐤔𐤀 𐤊𐤓𐤅𐤁 𐤀𐤃𐤍 𐤀𐤌𐤓 𐤅𐤋𐤀
𐤉𐤊𐤋𐤅 𐤋𐤄𐤂𐤉𐤃 𐤁𐤉𐤕 𐤀𐤁𐤅𐤕𐤌 𐤅𐤆𐤓𐤏𐤌 𐤀𐤌 𐤌𐤉𐤔𐤓𐤀𐤋 𐤄𐤌•

𐤎 𐤁𐤍𐤉 𐤃𐤋𐤉𐤄 𐤁𐤍𐤉 𐤈𐤅𐤁𐤉𐤄 𐤁𐤍𐤉 𐤍𐤒𐤅𐤃𐤀 𐤔𐤔 𐤌𐤀𐤅𐤕 𐤇𐤌𐤔𐤉𐤌
𐤅𐤔𐤍𐤉𐤌•
𐤎𐤀 𐤅𐤌𐤁𐤍𐤉 𐤄𐤊𐤄𐤍𐤉𐤌 𐤁𐤍𐤉 𐤇𐤁𐤉𐤄 𐤁𐤍𐤉 𐤄𐤒𐤅𐤑 𐤁𐤍𐤉 𐤁𐤓𐤆𐤋𐤉 𐤀𐤔𐤓
𐤋𐤒𐤇 𐤌𐤁𐤍𐤅𐤕 𐤁𐤓𐤆𐤋𐤉 𐤄𐤂𐤋𐤏𐤃𐤉 𐤀𐤔𐤄 𐤅𐤉𐤒𐤓𐤀 𐤏𐤋 𐤔𐤌𐤌•
𐤎𐤁 𐤀𐤋𐤄 𐤁𐤒𐤔𐤅 𐤊𐤕𐤁𐤌 𐤄𐤌𐤕𐤉𐤇𐤔𐤉𐤌 𐤅𐤋𐤀 𐤍𐤌𐤑𐤀𐤅 𐤅𐤉𐤂𐤀𐤋𐤅 𐤌𐤍
𐤄𐤊𐤄𐤍𐤄•
𐤎𐤂 𐤅𐤉𐤀𐤌𐤓 𐤄𐤕𐤓𐤔𐤕𐤀 𐤋𐤄𐤌 𐤀𐤔𐤓 𐤋𐤀 𐤉𐤀𐤊𐤋𐤅 𐤌𐤒𐤃𐤔 𐤄𐤒𐤃𐤔𐤉𐤌 𐤏𐤃
𐤏𐤌𐤃 𐤊𐤄𐤍 𐤋𐤀𐤅𐤓𐤉𐤌 𐤅𐤋𐤕𐤌𐤉𐤌•
𐤎𐤃 𐤊𐤋 𐤄𐤒𐤄𐤋 𐤊𐤀𐤇𐤃 𐤀𐤓𐤁𐤏 𐤓𐤁𐤅𐤀 𐤀𐤋𐤐𐤉𐤌 𐤔𐤋𐤔 𐤌𐤀𐤅𐤕 𐤔𐤔𐤉𐤌•
𐤎𐤄 𐤌𐤋𐤁𐤃 𐤏𐤁𐤃𐤉𐤄𐤌 𐤅𐤀𐤌𐤄𐤕𐤉𐤄𐤌 𐤀𐤋𐤄 𐤔𐤁𐤏𐤕 𐤀𐤋𐤐𐤉𐤌 𐤔𐤋𐤔 𐤌𐤀𐤅𐤕
𐤔𐤋𐤔𐤉𐤌 𐤅𐤔𐤁𐤏𐤄 𐤅𐤋𐤄𐤌 𐤌𐤔𐤓𐤓𐤉𐤌 𐤅𐤌𐤔𐤓𐤓𐤅𐤕 𐤌𐤀𐤕𐤉𐤌•
𐤎𐤅 𐤎𐤅𐤎𐤉𐤄𐤌 𐤔𐤁𐤏 𐤌𐤀𐤅𐤕 𐤔𐤋𐤔𐤉𐤌 𐤅𐤔𐤔𐤄 𐤐𐤓𐤃𐤉𐤄𐤌 𐤌𐤀𐤕𐤉𐤌
𐤀𐤓𐤁𐤏𐤉𐤌 𐤅𐤇𐤌𐤔𐤄•
𐤎𐤆 𐤂𐤌𐤋𐤉𐤄𐤌 𐤀𐤓𐤁𐤏 𐤌𐤀𐤅𐤕 𐤔𐤋𐤔𐤉𐤌 𐤅𐤇𐤌𐤔𐤄 𐤇𐤌𐤓𐤉𐤌 𐤔𐤔𐤕 𐤀𐤋𐤐𐤉𐤌
𐤔𐤁𐤏 𐤌𐤀𐤅𐤕 𐤅𐤏𐤔𐤓𐤉𐤌•
𐤎𐤇 𐤅𐤌𐤓𐤀𐤔𐤉 𐤄𐤀𐤁𐤅𐤕 𐤁𐤁𐤅𐤀𐤌 𐤋𐤁𐤉𐤕 𐤉𐤄𐤅𐤄 𐤀𐤔𐤓 𐤁𐤉𐤓𐤅𐤔𐤋𐤌
𐤄𐤕𐤍𐤃𐤁𐤅 𐤋𐤁𐤉𐤕 𐤄𐤀𐤋𐤄𐤉𐤌 𐤋𐤄𐤏𐤌𐤉𐤃𐤅 𐤏𐤋 𐤌𐤊𐤅𐤍𐤅•
𐤎𐤈 𐤊𐤊𐤇𐤌 𐤍𐤕𐤍𐤅 𐤋𐤀𐤅𐤑𐤓 𐤄𐤌𐤋𐤀𐤊𐤄 𐤆𐤄𐤁 𐤃𐤓𐤊𐤌𐤅𐤍𐤉𐤌 𐤔𐤔 𐤓𐤁𐤀𐤅𐤕
𐤅𐤀𐤋𐤐 𐤅𐤊𐤎𐤐 𐤌𐤍𐤉𐤌 𐤇𐤌𐤔𐤕 𐤀𐤋𐤐𐤉𐤌 𐤅𐤊𐤕𐤍𐤕 𐤊𐤄𐤍𐤉𐤌 𐤌𐤀𐤄•
𐤏 𐤅𐤉𐤔𐤁𐤅 𐤄𐤊𐤄𐤍𐤉𐤌 𐤅𐤄𐤋𐤅𐤉𐤌 𐤅𐤌𐤍 𐤄𐤏𐤌 𐤅𐤄𐤌𐤔𐤓𐤓𐤉𐤌 𐤅𐤄𐤔𐤅𐤏𐤓𐤉𐤌
𐤅𐤄𐤍𐤕𐤉𐤍𐤉𐤌 𐤁𐤏𐤓𐤉𐤄𐤌 𐤅𐤊𐤋 𐤉𐤔𐤓𐤀𐤋 𐤁𐤏𐤓𐤉𐤄𐤌•

## 𐤐𐤓𐤒 𐤂

𐤀 𐤅𐤉𐤂𐤏 𐤄𐤇𐤃𐤔 𐤄𐤔𐤁𐤉𐤏𐤉 𐤅𐤁𐤍𐤉 𐤉𐤔𐤓𐤀𐤋 𐤁𐤏𐤓𐤉𐤌 𐤅𐤉𐤀𐤎𐤐𐤅 𐤄𐤏𐤌
𐤊𐤀𐤉𐤔 𐤀𐤇𐤃 𐤀𐤋 𐤉𐤓𐤅𐤔𐤋𐤌•
𐤁 𐤅𐤉𐤒𐤌 𐤉𐤔𐤅𐤏 𐤁𐤍 𐤉𐤅𐤑𐤃𐤒 𐤅𐤀𐤇𐤉𐤅 𐤄𐤊𐤄𐤍𐤉𐤌 𐤅𐤆𐤓𐤁𐤁𐤋 𐤁𐤍
𐤔𐤀𐤋𐤕𐤉𐤀𐤋 𐤅𐤀𐤇𐤉𐤅 𐤅𐤉𐤁𐤍𐤅 𐤀𐤕 𐤌𐤆𐤁𐤇 𐤀𐤋𐤄𐤉 𐤉𐤔𐤓𐤀𐤋 𐤋𐤄𐤏𐤋𐤅𐤕
𐤏𐤋𐤉𐤅 𐤏𐤋𐤅𐤕 𐤊𐤊𐤕𐤅𐤁 𐤁𐤕𐤅𐤓𐤕 𐤌𐤔𐤄 𐤀𐤉𐤔 𐤄𐤀𐤋𐤄𐤉𐤌•
𐤂 𐤅𐤉𐤊𐤉𐤍𐤅 𐤄𐤌𐤆𐤁𐤇 𐤏𐤋 𐤌𐤊𐤅𐤍𐤕𐤅 [𐤌𐤊𐤅𐤍𐤕𐤉𐤅] 𐤊𐤉 𐤁𐤀𐤉𐤌𐤄 𐤏𐤋𐤉𐤄𐤌
𐤌𐤏𐤌𐤉 𐤄𐤀𐤓𐤑𐤅𐤕 𐤅𐤉𐤏𐤋 [𐤅𐤉𐤏𐤋𐤅] 𐤏𐤋𐤉𐤅 𐤏𐤋𐤅𐤕 𐤋𐤉𐤄𐤅𐤄 𐤏𐤋𐤅𐤕 𐤋𐤁𐤒𐤓
𐤅𐤋𐤏𐤓𐤁•
𐤃 𐤅𐤉𐤏𐤔𐤅 𐤀𐤕 𐤇𐤂 𐤄𐤎𐤊𐤅𐤕 𐤊𐤊𐤕𐤅𐤁 𐤅𐤏𐤋𐤕 𐤉𐤅𐤌 𐤁𐤉𐤅𐤌 𐤁𐤌𐤎𐤐𐤓
𐤊𐤌𐤔𐤐𐤈 𐤃𐤁𐤓 𐤉𐤅𐤌 𐤁𐤉𐤅𐤌𐤅•

𐤅𐤀𐤇𐤓𐤉 𐤊𐤍 𐤏𐤋𐤕 𐤕𐤌𐤉𐤃 𐤅𐤋𐤇𐤃𐤔𐤉𐤌 𐤅𐤋𐤊𐤋 𐤌𐤅𐤏𐤃𐤉 𐤉𐤄𐤅𐤄
𐤄𐤌𐤒𐤃𐤔𐤉𐤌 𐤅𐤋𐤊𐤋 𐤌𐤕𐤍𐤃𐤁 𐤍𐤃𐤁𐤄 𐤋𐤉𐤄𐤅𐤄•
𐤌𐤉𐤅𐤌 𐤀𐤇𐤃 𐤋𐤇𐤃𐤔 𐤄𐤔𐤁𐤉𐤏𐤉 𐤄𐤇𐤋𐤅 𐤋𐤄𐤏𐤋𐤅𐤕 𐤏𐤋𐤅𐤕 𐤋𐤉𐤄𐤅𐤄
𐤅𐤄𐤉𐤊𐤋 𐤉𐤄𐤅𐤄 𐤋𐤀 𐤉𐤎𐤃•
𐤅𐤉𐤕𐤍𐤅 𐤊𐤎𐤐 𐤋𐤇𐤑𐤁𐤉𐤌 𐤅𐤋𐤇𐤓𐤔𐤉𐤌 𐤅𐤌𐤀𐤊𐤋 𐤅𐤌𐤔𐤕𐤄 𐤅𐤔𐤌𐤍
𐤋𐤑𐤃𐤍𐤉𐤌 𐤅𐤋𐤑𐤓𐤉𐤌 𐤋𐤄𐤁𐤉𐤀 𐤏𐤑𐤉 𐤀𐤓𐤆𐤉𐤌 𐤌𐤍 𐤄𐤋𐤁𐤍𐤅𐤍 𐤀𐤋 𐤉𐤌
𐤉𐤐𐤅𐤀 𐤊𐤓𐤔𐤉𐤍 𐤊𐤅𐤓𐤔 𐤌𐤋𐤊 𐤐𐤓𐤎 𐤏𐤋𐤉𐤄𐤌•
𐤅𐤁𐤔𐤍𐤄 𐤄𐤔𐤍𐤉𐤕 𐤋𐤁𐤅𐤀𐤌 𐤀𐤋 𐤁𐤉𐤕 𐤄𐤀𐤋𐤄𐤉𐤌 𐤋𐤉𐤓𐤅𐤔𐤋𐤌 𐤁𐤇𐤃𐤔
𐤄𐤔𐤍𐤉 𐤄𐤇𐤋𐤅 𐤆𐤓𐤁𐤁𐤋 𐤁𐤍 𐤔𐤀𐤋𐤕𐤉𐤀𐤋 𐤅𐤉𐤔𐤅𐤏 𐤁𐤍 𐤉𐤅𐤑𐤃𐤒 𐤅𐤔𐤀𐤓
𐤀𐤇𐤉𐤄𐤌 𐤄𐤊𐤄𐤍𐤉𐤌 𐤅𐤄𐤋𐤅𐤉𐤌 𐤅𐤊𐤋 𐤄𐤁𐤀𐤉𐤌 𐤌𐤄𐤔𐤁𐤉 𐤉𐤓𐤅𐤔𐤋𐤌
𐤅𐤉𐤏𐤌𐤉𐤃𐤅 𐤀𐤕 𐤄𐤋𐤅𐤉𐤌 𐤌𐤁𐤍 𐤏𐤔𐤓𐤉𐤌 𐤔𐤍𐤄 𐤅𐤌𐤏𐤋𐤄 𐤋𐤍𐤑𐤇 𐤏𐤋
𐤌𐤋𐤀𐤊𐤕 𐤁𐤉𐤕 𐤉𐤄𐤅𐤄•
⊗𐤅𐤉𐤏𐤌𐤃 𐤉𐤔𐤅𐤏 𐤁𐤍𐤉𐤅 𐤅𐤀𐤇𐤉𐤅 𐤒𐤃𐤌𐤉𐤀𐤋 𐤅𐤁𐤍𐤉𐤅 𐤁𐤍𐤉 𐤉𐤄𐤅𐤃𐤄
𐤊𐤀𐤇𐤃 𐤋𐤍𐤑𐤇 𐤏𐤋 𐤏𐤔𐤄 𐤄𐤌𐤋𐤀𐤊𐤄 𐤁𐤁𐤉𐤕 𐤄𐤀𐤋𐤄𐤉𐤌 𐤁𐤍𐤉 𐤇𐤍𐤃𐤃
𐤁𐤍𐤉𐤄𐤌 𐤅𐤀𐤇𐤉𐤄𐤌 𐤄𐤋𐤅𐤉𐤌•
𐤅𐤉𐤎𐤃𐤅 𐤄𐤁𐤍𐤉𐤌 𐤀𐤕 𐤄𐤉𐤊𐤋 𐤉𐤄𐤅𐤄 𐤅𐤉𐤏𐤌𐤉𐤃𐤅 𐤄𐤊𐤄𐤍𐤉𐤌
𐤌𐤋𐤁𐤔𐤉𐤌 𐤁𐤇𐤑𐤑𐤓𐤅𐤕 𐤅𐤄𐤋𐤅𐤉𐤌 𐤁𐤍𐤉 𐤀𐤎𐤐 𐤁𐤌𐤑𐤋𐤕𐤉𐤌 𐤋𐤄𐤋𐤋 𐤀𐤕
𐤉𐤄𐤅𐤄 𐤏𐤋 𐤉𐤃𐤉 𐤃𐤅𐤉𐤃 𐤌𐤋𐤊 𐤉𐤔𐤓𐤀𐤋•
𐤅𐤉𐤏𐤍𐤅 𐤁𐤄𐤋𐤋 𐤅𐤁𐤄𐤅𐤃𐤕 𐤋𐤉𐤄𐤅𐤄 𐤊𐤉 𐤈𐤅𐤁 𐤊𐤉 𐤋𐤏𐤅𐤋𐤌 𐤇𐤎𐤃𐤅 𐤏𐤋
𐤉𐤔𐤓𐤀𐤋 𐤅𐤊𐤋 𐤄𐤏𐤌 𐤄𐤓𐤉𐤏𐤅 𐤕𐤓𐤅𐤏𐤄 𐤂𐤃𐤅𐤋𐤄 𐤁𐤄𐤋𐤋 𐤋𐤉𐤄𐤅𐤄 𐤏𐤋 𐤄𐤅𐤎𐤃
𐤁𐤉𐤕 𐤉𐤄𐤅𐤄•
𐤅𐤓𐤁𐤉𐤌 𐤌𐤄𐤊𐤄𐤍𐤉𐤌 𐤅𐤄𐤋𐤅𐤉𐤌 𐤅𐤓𐤀𐤔𐤉 𐤄𐤀𐤁𐤅𐤕 𐤄𐤆𐤒𐤍𐤉𐤌 𐤀𐤔𐤓
𐤓𐤀𐤅 𐤀𐤕 𐤄𐤁𐤉𐤕 𐤄𐤓𐤀𐤔𐤅𐤍 𐤁𐤉𐤎𐤃𐤅 𐤆𐤄 𐤄𐤁𐤉𐤕 𐤁𐤏𐤉𐤍𐤉𐤄𐤌 𐤁𐤊𐤉𐤌
𐤁𐤒𐤅𐤋 𐤂𐤃𐤅𐤋 𐤅𐤓𐤁𐤉𐤌 𐤁𐤕𐤓𐤅𐤏𐤄 𐤁𐤔𐤌𐤇𐤄 𐤋𐤄𐤓𐤉𐤌 𐤒𐤅𐤋•
𐤅𐤀𐤉𐤍 𐤄𐤏𐤌 𐤌𐤊𐤉𐤓𐤉𐤌 𐤒𐤅𐤋 𐤕𐤓𐤅𐤏𐤕 𐤄𐤔𐤌𐤇𐤄 𐤋𐤒𐤅𐤋 𐤁𐤊𐤉 𐤄𐤏𐤌
𐤊𐤉 𐤄𐤏𐤌 𐤌𐤓𐤉𐤏𐤉𐤌 𐤕𐤓𐤅𐤏𐤄 𐤂𐤃𐤅𐤋𐤄 𐤅𐤄𐤒𐤅𐤋 𐤍𐤔𐤌𐤏 𐤏𐤃 𐤋𐤌𐤓𐤇𐤅𐤒•

𐤐𐤓𐤒 𐤃

𐤅𐤉𐤔𐤌𐤏𐤅 𐤑𐤓𐤉 𐤉𐤄𐤅𐤃𐤄 𐤅𐤁𐤍𐤉𐤌𐤍 𐤊𐤉 𐤁𐤍𐤉 𐤄𐤂𐤅𐤋𐤄 𐤁𐤅𐤍𐤉𐤌
𐤄𐤉𐤊𐤋 𐤋𐤉𐤄𐤅𐤄 𐤀𐤋𐤄𐤉 𐤉𐤔𐤓𐤀𐤋•
𐤅𐤉𐤂𐤔𐤅 𐤀𐤋 𐤆𐤓𐤁𐤁𐤋 𐤅𐤀𐤋 𐤓𐤀𐤔𐤉 𐤄𐤀𐤁𐤅𐤕 𐤅𐤉𐤀𐤌𐤓𐤅 𐤋𐤄𐤌 𐤍𐤁𐤍𐤄
𐤏𐤌𐤊𐤌 𐤊𐤉 𐤊𐤊𐤌 𐤍𐤃𐤓𐤅𐤔 𐤋𐤀𐤋𐤄𐤉𐤊𐤌 𐤅𐤋𐤀 [𐤅𐤋𐤅] 𐤀𐤍𐤇𐤍𐤅 𐤆𐤁𐤇𐤉𐤌
𐤌𐤉𐤌𐤉 𐤀𐤎𐤓 𐤇𐤃𐤍 𐤌𐤋𐤊 𐤀𐤔𐤅𐤓 𐤄𐤌𐤏𐤋𐤄 𐤀𐤕𐤍𐤅 𐤐𐤄•

𐤂 𐤅𐤉𐤀𐤌𐤓 𐤋𐤄𐤌 𐤆𐤓𐤁𐤁𐤋 𐤅𐤉𐤔𐤅𐤏 𐤅𐤔𐤀𐤓 𐤓𐤀𐤔𐤉 𐤄𐤀𐤁𐤅𐤕 𐤋𐤉𐤔𐤓𐤀𐤋 𐤋𐤀
𐤋𐤊𐤌 𐤅𐤋𐤍𐤅 𐤋𐤁𐤍𐤅𐤕 𐤁𐤉𐤕 𐤋𐤀𐤋𐤄𐤉𐤍𐤅 𐤊𐤉 𐤀𐤍𐤇𐤍𐤅 𐤉𐤇𐤃 𐤍𐤁𐤍𐤄
𐤋𐤉𐤄𐤅𐤄 𐤀𐤋𐤄𐤉 𐤉𐤔𐤓𐤀𐤋 𐤊𐤀𐤔𐤓 𐤑𐤅𐤍𐤅 𐤄𐤌𐤋𐤊 𐤊𐤅𐤓𐤔 𐤌𐤋𐤊 𐤐𐤓𐤎•
𐤃 𐤅𐤉𐤄𐤉 𐤏𐤌 𐤄𐤀𐤓𐤑 𐤌𐤓𐤐𐤉𐤌 𐤉𐤃𐤉 𐤏𐤌 𐤉𐤄𐤅𐤃𐤄 𐤅𐤌𐤁𐤋𐤄𐤉𐤌
[𐤅𐤌𐤁𐤄𐤋𐤉𐤌] 𐤀𐤅𐤕𐤌 𐤋𐤁𐤍𐤅𐤕•
𐤄 𐤅𐤎𐤊𐤓𐤉𐤌 𐤏𐤋𐤉𐤄𐤌 𐤉𐤅𐤏𐤑𐤉𐤌 𐤋𐤄𐤐𐤓 𐤏𐤑𐤕𐤌 𐤊𐤋 𐤉𐤌𐤉 𐤊𐤅𐤓𐤔 𐤌𐤋𐤊
𐤐𐤓𐤎 𐤅𐤏𐤃 𐤌𐤋𐤊𐤅𐤕 𐤃𐤓𐤉𐤅𐤔 𐤌𐤋𐤊 𐤐𐤓𐤎•
𐤅 𐤅𐤁𐤌𐤋𐤊𐤅𐤕 𐤀𐤇𐤔𐤅𐤓𐤅𐤔 𐤁𐤕𐤇𐤋𐤕 𐤌𐤋𐤊𐤅𐤕𐤅 𐤊𐤕𐤁𐤅 𐤔𐤈𐤍𐤄 𐤏𐤋 𐤉𐤔𐤁𐤉
𐤉𐤄𐤅𐤃𐤄 𐤅𐤉𐤓𐤅𐤔𐤋𐤌•
𐤆 𐤅𐤁𐤉𐤌𐤉 𐤀𐤓𐤕𐤇𐤔𐤔𐤕𐤀 𐤊𐤕𐤁 𐤁𐤔𐤋𐤌 𐤌𐤕𐤓𐤃𐤕 𐤈𐤁𐤀𐤋 𐤅𐤔𐤀𐤓 𐤊𐤍𐤅𐤕𐤅
[𐤊𐤍𐤅𐤕𐤉𐤅] 𐤏𐤋 𐤀𐤓𐤕𐤇𐤔𐤔𐤕𐤀 𐤌𐤋𐤊 𐤐𐤓𐤎 𐤅𐤊𐤕𐤁 𐤄𐤍𐤔𐤕𐤅𐤍 𐤊𐤕𐤅𐤁
𐤀𐤓𐤌𐤉𐤕 𐤅𐤌𐤕𐤓𐤂𐤌 𐤀𐤓𐤌𐤉𐤕•
𐤇 𐤓𐤇𐤅𐤌 𐤁𐤏𐤋 𐤈𐤏𐤌 𐤅𐤔𐤌𐤔𐤉 𐤎𐤐𐤓𐤀 𐤊𐤕𐤁𐤅 𐤀𐤂𐤓𐤄 𐤇𐤃𐤄 𐤏𐤋 𐤉𐤓𐤅𐤔𐤋𐤌
𐤋𐤀𐤓𐤕𐤇𐤔𐤔𐤕𐤀 𐤌𐤋𐤊𐤀 𐤊𐤍𐤌𐤀•
𐤈 𐤀𐤃𐤉𐤍 𐤓𐤇𐤅𐤌 𐤁𐤏𐤋 𐤈𐤏𐤌 𐤅𐤔𐤌𐤔𐤉 𐤎𐤐𐤓𐤀 𐤅𐤔𐤀𐤓 𐤊𐤍𐤅𐤕𐤄𐤅𐤍 𐤃𐤉𐤍𐤉𐤀
𐤅𐤀𐤐𐤓𐤎𐤕𐤊𐤉𐤀 𐤈𐤓𐤐𐤋𐤉𐤀 𐤀𐤐𐤓𐤎𐤉𐤀 𐤀𐤓𐤊𐤅𐤉 [𐤀𐤓𐤊𐤅𐤉𐤀] 𐤁𐤁𐤋𐤉𐤀
𐤔𐤅𐤔𐤍𐤊𐤉𐤀 𐤃𐤄𐤅𐤀 [𐤃𐤄𐤉𐤀] 𐤏𐤋𐤌𐤉𐤀•
𐤉 𐤅𐤔𐤀𐤓 𐤀𐤌𐤉𐤀 𐤃𐤉 𐤄𐤂𐤋𐤉 𐤀𐤎𐤍𐤐𐤓 𐤓𐤁𐤀 𐤅𐤉𐤒𐤉𐤓𐤀 𐤅𐤄𐤅𐤕𐤁 𐤄𐤌𐤅
𐤁𐤒𐤓𐤉𐤄 𐤃𐤉 𐤔𐤌𐤓𐤉𐤍 𐤅𐤔𐤀𐤓 𐤏𐤁𐤓 𐤍𐤄𐤓𐤄 𐤅𐤊𐤏𐤍𐤕•
𐤉𐤀 𐤃𐤍𐤄 𐤐𐤓𐤔𐤂𐤍 𐤀𐤂𐤓𐤕𐤀 𐤃𐤉 𐤔𐤋𐤇𐤅 𐤏𐤋𐤅𐤄𐤉 𐤏𐤋 𐤀𐤓𐤕𐤇𐤔𐤔𐤕𐤀 𐤌𐤋𐤊𐤀
𐤏𐤁𐤃𐤉𐤊 𐤀𐤍𐤔 𐤏𐤁𐤓 𐤍𐤄𐤓𐤄 𐤅𐤊𐤏𐤍𐤕•
𐤉𐤁 𐤉𐤃𐤉𐤏 𐤋𐤄𐤅𐤀 𐤋𐤌𐤋𐤊𐤀 𐤃𐤉 𐤉𐤄𐤅𐤃𐤉𐤀 𐤃𐤉 𐤎𐤋𐤒𐤅 𐤌𐤍 𐤋𐤅𐤕𐤊
𐤏𐤋𐤉𐤍𐤀 𐤀𐤕𐤅 𐤋𐤉𐤓𐤅𐤔𐤋𐤌 𐤒𐤓𐤉𐤕𐤀 𐤌𐤓𐤃𐤕𐤀 𐤅𐤁𐤀𐤉𐤔𐤕𐤀 𐤁𐤍𐤉𐤍 𐤅𐤔𐤅𐤓𐤉
[𐤅𐤔𐤅𐤓𐤉𐤀] 𐤀𐤔𐤊𐤋𐤋𐤅 [𐤔𐤊𐤋𐤋𐤅] 𐤅𐤀𐤔𐤉𐤀 𐤉𐤇𐤉𐤈𐤅•
𐤉𐤂 𐤊𐤏𐤍 𐤉𐤃𐤉𐤏 𐤋𐤄𐤅𐤀 𐤋𐤌𐤋𐤊𐤀 𐤃𐤉 𐤄𐤍 𐤒𐤓𐤉𐤕𐤀 𐤃𐤊 𐤕𐤕𐤁𐤍𐤀
𐤅𐤔𐤅𐤓𐤉𐤀 𐤉𐤔𐤕𐤊𐤋𐤋𐤅𐤍 𐤌𐤍𐤃𐤄 𐤁𐤋𐤅 𐤅𐤄𐤋𐤊 𐤋𐤀 𐤉𐤍𐤕𐤍𐤅𐤍 𐤅𐤀𐤐𐤕𐤌
𐤌𐤋𐤊𐤉𐤌 𐤕𐤄𐤍𐤆𐤒•
𐤉𐤃 𐤊𐤏𐤍 𐤊𐤋 𐤒𐤁𐤋 𐤃𐤉 𐤌𐤋𐤇 𐤄𐤉𐤊𐤋𐤀 𐤌𐤋𐤇𐤍𐤀 𐤅𐤏𐤓𐤅𐤕 𐤌𐤋𐤊𐤀 𐤋𐤀
𐤀𐤓𐤉𐤊 𐤋𐤍𐤀 𐤋𐤌𐤇𐤆𐤀 𐤏𐤋 𐤃𐤍𐤄 𐤔𐤋𐤇𐤍𐤀 𐤅𐤄𐤅𐤃𐤏𐤍𐤀 𐤋𐤌𐤋𐤊𐤀•
𐤈𐤅 𐤃𐤉 𐤉𐤁𐤒𐤓 𐤁𐤎𐤐𐤓 𐤃𐤊𐤓𐤍𐤉𐤀 𐤃𐤉 𐤀𐤁𐤄𐤕𐤊 𐤅𐤕𐤄𐤔𐤊𐤇 𐤁𐤎𐤐𐤓 𐤃𐤊𐤓𐤍𐤉𐤀
𐤅𐤕𐤍𐤃𐤏 𐤃𐤉 𐤒𐤓𐤉𐤕𐤀 𐤃𐤊 𐤒𐤓𐤉𐤀 𐤌𐤓𐤃𐤀 𐤅𐤌𐤄𐤍𐤆𐤒𐤕 𐤌𐤋𐤊𐤉𐤍 𐤅𐤌𐤃𐤉𐤍𐤍
𐤅𐤀𐤔𐤕𐤃𐤅𐤓 𐤏𐤁𐤃𐤉𐤍 𐤁𐤂𐤅𐤄 𐤌𐤍 𐤉𐤅𐤌𐤕 𐤏𐤋𐤌𐤀 𐤏𐤋 𐤃𐤍𐤄 𐤒𐤓𐤉𐤕𐤀 𐤃𐤊
𐤄𐤇𐤓𐤁𐤕•

# 𐤏𐤆𐤓𐤀

𐤈𐤆𐤌𐤄𐤅𐤃𐤏𐤉𐤍 𐤀𐤍𐤇𐤍𐤄 𐤋𐤌𐤋𐤊𐤀 𐤃𐤉 𐤄𐤍 𐤒𐤓𐤉𐤕𐤀 𐤃𐤊 𐤕𐤕𐤁𐤍𐤀
𐤅𐤔𐤅𐤓𐤉𐤄 𐤉𐤔𐤕𐤊𐤋𐤋𐤅𐤍 𐤋𐤒𐤁𐤋 𐤃𐤍𐤄 𐤇𐤋𐤒 𐤁𐤏𐤁𐤓 𐤍𐤄𐤓𐤀 𐤋𐤀 𐤀𐤉𐤕𐤉 𐤋𐤊•
𐤉𐤆𐤐𐤕𐤂𐤌𐤀 𐤔𐤋𐤇 𐤌𐤋𐤊𐤀 𐤏𐤋 𐤓𐤇𐤅𐤌 𐤁𐤏𐤋 𐤈𐤏𐤌 𐤅𐤔𐤌𐤔𐤉 𐤎𐤐𐤓𐤀 𐤅𐤔𐤀𐤓
𐤊𐤍𐤅𐤕𐤄𐤅𐤍 𐤃𐤉 𐤉𐤕𐤁𐤉𐤍 𐤁𐤔𐤌𐤓𐤉𐤍 𐤅𐤔𐤀𐤓 𐤏𐤁𐤓 𐤍𐤄𐤓𐤄 𐤔𐤋𐤌 𐤅𐤊𐤏𐤕•
𐤉𐤇𐤍𐤔𐤕𐤅𐤍𐤀 𐤃𐤉 𐤔𐤋𐤇𐤕𐤅𐤍 𐤏𐤋𐤉𐤍𐤀 𐤌𐤐𐤓𐤔 𐤒𐤓𐤉 𐤒𐤃𐤌𐤉•
𐤉𐤈𐤅𐤌𐤍𐤉 𐤔𐤉𐤌 𐤈𐤏𐤌 𐤅𐤁𐤒𐤓𐤅 𐤅𐤄𐤔𐤊𐤇𐤅 𐤃𐤉 𐤒𐤓𐤉𐤕𐤀 𐤃𐤊 𐤌𐤍 𐤉𐤅𐤌𐤕
𐤏𐤋𐤌𐤀 𐤏𐤋 𐤌𐤋𐤊𐤉𐤍 𐤌𐤕𐤍𐤔𐤀𐤄 𐤅𐤌𐤓𐤃 𐤅𐤀𐤔𐤕𐤃𐤅𐤓 𐤌𐤕𐤏𐤁𐤃 𐤁𐤄•
𐤊𐤅𐤌𐤋𐤊𐤉𐤍 𐤕𐤒𐤉𐤐𐤉𐤍 𐤄𐤅𐤅 𐤏𐤋 𐤉𐤓𐤅𐤔𐤋𐤌 𐤅𐤔𐤋𐤉𐤈𐤉𐤍 𐤁𐤊𐤋 𐤏𐤁𐤓
𐤍𐤄𐤓𐤄 𐤅𐤌𐤃𐤄 𐤁𐤋𐤅 𐤅𐤄𐤋𐤊 𐤌𐤕𐤉𐤄𐤁 𐤋𐤄𐤅𐤍•
𐤊𐤀𐤊𐤏𐤍 𐤔𐤉𐤌𐤅 𐤈𐤏𐤌 𐤋𐤁𐤈𐤋𐤀 𐤂𐤁𐤓𐤉𐤀 𐤀𐤋𐤊 𐤅𐤒𐤓𐤉𐤕𐤀 𐤃𐤊 𐤋𐤀
𐤕𐤕𐤁𐤍𐤀 𐤏𐤃 𐤌𐤍𐤉 𐤈𐤏𐤌𐤀 𐤉𐤕𐤔𐤌•
𐤊𐤁𐤅𐤆𐤄𐤉𐤓𐤉𐤍 𐤄𐤅𐤅 𐤔𐤋𐤅 𐤋𐤌𐤏𐤁𐤃 𐤏𐤋 𐤃𐤍𐤄 𐤋𐤌𐤄 𐤉𐤔𐤂𐤀 𐤇𐤁𐤋𐤀
𐤋𐤄𐤍𐤆𐤒𐤕 𐤌𐤋𐤊𐤉𐤍•
𐤊𐤂𐤀𐤃𐤉𐤍 𐤌𐤍 𐤃𐤉 𐤐𐤓𐤔𐤂𐤍 𐤍𐤔𐤕𐤅𐤍𐤀 𐤃𐤉 𐤀𐤓𐤕𐤇𐤔𐤔𐤕𐤀 𐤌𐤋𐤊𐤀 𐤒𐤓𐤉
𐤒𐤃𐤌 𐤓𐤇𐤅𐤌 𐤅𐤔𐤌𐤔𐤉 𐤎𐤐𐤓𐤀 𐤅𐤊𐤍𐤅𐤕𐤄𐤅𐤍 𐤀𐤆𐤋𐤅 𐤁𐤁𐤄𐤉𐤋𐤅 𐤋𐤉𐤓𐤅𐤔𐤋𐤌
𐤏𐤋 𐤉𐤄𐤅𐤃𐤉𐤀 𐤅𐤁𐤈𐤋𐤅 𐤄𐤌𐤅 𐤁𐤀𐤃𐤓𐤏 𐤅𐤇𐤉𐤋•
𐤊𐤃𐤁𐤀𐤃𐤉𐤍 𐤁𐤈𐤋𐤕 𐤏𐤁𐤉𐤃𐤕 𐤁𐤉𐤕 𐤀𐤋𐤄𐤀 𐤃𐤉 𐤁𐤉𐤓𐤅𐤔𐤋𐤌 𐤅𐤄𐤅𐤕 𐤁𐤈𐤋𐤀
𐤏𐤃 𐤔𐤍𐤕 𐤕𐤓𐤕𐤉𐤍 𐤋𐤌𐤋𐤊𐤅𐤕 𐤃𐤓𐤉𐤅𐤔 𐤌𐤋𐤊 𐤐𐤓𐤎•

## 𐤐𐤓𐤒 𐤄

𐤀𐤅𐤄𐤕𐤍𐤁𐤉 𐤇𐤂𐤉 𐤍𐤁𐤉𐤀𐤄 [𐤍𐤁𐤉𐤀] 𐤅𐤆𐤊𐤓𐤉𐤄 𐤁𐤓 𐤏𐤃𐤅𐤀 𐤍𐤁𐤉𐤀𐤉𐤀 𐤏𐤋
𐤉𐤄𐤅𐤃𐤉𐤀 𐤃𐤉 𐤁𐤉𐤄𐤅𐤃 𐤅𐤁𐤉𐤓𐤅𐤔𐤋𐤌 𐤁𐤔𐤌 𐤀𐤋𐤄 𐤉𐤔𐤓𐤀𐤋 𐤏𐤋𐤉𐤄𐤅𐤍•
𐤁𐤁𐤀𐤃𐤉𐤍 𐤒𐤌𐤅 𐤆𐤓𐤁𐤁𐤋 𐤁𐤓 𐤔𐤀𐤋𐤕𐤉𐤀𐤋 𐤅𐤉𐤔𐤅𐤏 𐤁𐤓 𐤉𐤅𐤑𐤃𐤒 𐤅𐤔𐤓𐤉𐤅
𐤋𐤌𐤁𐤍𐤀 𐤁𐤉𐤕 𐤀𐤋𐤄𐤀 𐤃𐤉 𐤁𐤉𐤓𐤅𐤔𐤋𐤌 𐤅𐤏𐤌𐤄𐤅𐤍 𐤍𐤁𐤉𐤀𐤉𐤄 𐤃𐤉 𐤀𐤋𐤄𐤀
𐤌𐤎𐤏𐤃𐤉𐤍 𐤋𐤄𐤅𐤍•
𐤂𐤁𐤄 𐤆𐤌𐤍𐤀 𐤀𐤕𐤄 𐤏𐤋𐤉𐤄𐤅𐤍 𐤕𐤕𐤍𐤉 𐤐𐤇𐤕 𐤏𐤁𐤓 𐤍𐤄𐤓𐤄 𐤅𐤔𐤕𐤓 𐤁𐤅𐤆𐤍𐤉
𐤅𐤊𐤍𐤅𐤕𐤄𐤅𐤍 𐤅𐤊𐤍 𐤀𐤌𐤓𐤉𐤍 𐤋𐤄𐤌 𐤌𐤍 𐤔𐤌 𐤋𐤊𐤌 𐤈𐤏𐤌 𐤁𐤉𐤕𐤀 𐤃𐤍𐤄
𐤋𐤁𐤍𐤀 𐤅𐤀𐤔𐤓𐤍𐤀 𐤃𐤍𐤄 𐤋𐤔𐤊𐤋𐤋𐤄•
𐤃𐤀𐤃𐤉𐤍 𐤊𐤍𐤌𐤀 𐤀𐤌𐤓𐤍𐤀 𐤋𐤄𐤌 𐤌𐤍 𐤀𐤍𐤅𐤍 𐤔𐤌𐤄𐤕 𐤂𐤁𐤓𐤉𐤀 𐤃𐤉 𐤃𐤍𐤄
𐤁𐤍𐤉𐤍𐤀 𐤁𐤍𐤉𐤍•
𐤄𐤅𐤏𐤉𐤍 𐤀𐤋𐤄𐤄𐤌 𐤄𐤅𐤕 𐤏𐤋 𐤔𐤁𐤉 𐤉𐤄𐤅𐤃𐤉𐤀 𐤅𐤋𐤀 𐤁𐤈𐤋𐤅 𐤄𐤌𐤅 𐤏𐤃
𐤈𐤏𐤌𐤀 𐤋𐤃𐤓𐤉𐤅𐤔 𐤉𐤄𐤊 𐤅𐤀𐤃𐤉𐤍 𐤉𐤕𐤉𐤁𐤅𐤍 𐤍𐤔𐤕𐤅𐤍𐤀 𐤏𐤋 𐤃𐤍𐤄•
𐤅𐤐𐤓𐤔𐤂𐤍 𐤍𐤔𐤕𐤅𐤍𐤀 𐤃𐤉 𐤔𐤋𐤇 𐤕𐤕𐤍𐤉 𐤐𐤇𐤕 𐤏𐤁𐤓 𐤍𐤄𐤓𐤄 𐤅𐤔𐤕𐤓 𐤁𐤅𐤆𐤍𐤉

וכנותה אפרסכיא די בעבר נהרה על דריוש מלכא•
ז פתגמא שלחו עלוהי וכדנה כתיב בגוה לדריוש מלכא
שלמא כלא•
ח ידיע להוא למלכא די אזלנא ליהוד מדינתא לבית
אלהא רבא והוא מתבנא אבן גלל ואע מתשם בכתליא
ועבידתא דך אספרנא מתעבדא ומצלח בידהם•
ט אדין שאלנא לשביא אלך כנמא אמרנא להם מן שם לכם
טעם ביתא דנה למבניה ואשרנא דנה לשכללה•
י ואף שמהתהם שאלנא להם להודעותך די נכתב שם גבריא
די בראשיהם•
יא וכנמא פתגמא התיבונא למאמר אנחנא המו עבדוהי די
אלה שמיא וארעא ובנין ביתא די הוא בנה מקדמת דנה
שנין שגיאן ומלך לישראל רב בנהי ושכללה•
יב להן מן די הרגזו אבהתנא לאלה שמיא יהב המו ביד
נבוכדנצר מלך בבל כסדיא [כסדאה] וביתה דנה סתרה ועמה
הגלי לבבל•
יג ברם בשנת חדה לכורש מלכא די בבל כורש מלכא שם טעם
ביתא אלהא דנה לבנא•
יד ואף מאניא די בית אלהא די דהבה וכספא די
נבוכדנצר הנפק מן היכלא די בירושלם והיבל המו
להיכלא די בבל הנפק המו כורש מלכא מן היכלא די בבל
ויהיבו לששבצר שמה די פחה שמה•
טו ואמר לה אלה [אל] מאניא שא אזל אחת המו בהיכלא
די בירושלם ובית אלהא יתבנא על אתרה•
טז אדין ששבצר דך אתא יהב אשיא די בית אלהא די
בירושלם ומן אדין ועד כען מתבנא ולא שלם•
יז וכען הן על מלכא טב יתבקר בבית גנזיא די מלכא
תמה די בבבל הן איתי די מן כורש מלכא שים טעם למבנא
בית אלהא דך בירושלם ורעות מלכא על דנה ישלח עלינא•

פרק ו

א באדין דריוש מלכא שם טעם ובקרו בבית ספריא די
גנזיא מהחתין תמה בבבל•

𐤁 𐤅𐤄𐤔𐤕𐤊𐤇 𐤁𐤀𐤇𐤌𐤕𐤀 𐤁𐤁𐤉𐤓𐤕𐤀 𐤃𐤉 𐤁𐤌𐤃𐤉 𐤌𐤃𐤉𐤍𐤕𐤀 𐤌𐤂𐤋𐤄 𐤇𐤃𐤄
𐤅𐤊𐤍 𐤊𐤕𐤉𐤁 𐤁𐤂𐤅𐤄 𐤃𐤊𐤓𐤅𐤍𐤄•
𐤂 𐤁𐤔𐤍𐤕 𐤇𐤃𐤄 𐤋𐤊𐤅𐤓𐤔 𐤌𐤋𐤊𐤀 𐤊𐤅𐤓𐤔 𐤌𐤋𐤊𐤀 𐤔𐤌 𐤈𐤏𐤌 𐤁𐤉𐤕 𐤀𐤋𐤄𐤀
𐤁𐤉𐤓𐤅𐤔𐤋𐤌 𐤁𐤉𐤕𐤀 𐤉𐤕𐤁𐤍𐤀 𐤀𐤕𐤓 𐤃𐤉 𐤃𐤁𐤇𐤉𐤍 𐤃𐤁𐤇𐤉𐤍 𐤅𐤀𐤔𐤅𐤄𐤉
𐤌𐤎𐤅𐤁𐤋𐤉𐤍 𐤓𐤅𐤌𐤄 𐤀𐤌𐤉𐤍 𐤔𐤕𐤉𐤍 𐤐𐤕𐤉𐤄 𐤀𐤌𐤉𐤍 𐤔𐤕𐤉𐤍•
𐤃 𐤍𐤃𐤁𐤊𐤉𐤍 𐤃𐤉 𐤀𐤁𐤍 𐤂𐤋𐤋 𐤕𐤋𐤕𐤀 𐤅𐤍𐤃𐤁𐤊 𐤃𐤉 𐤀𐤏 𐤇𐤃𐤕 𐤅𐤍𐤐𐤒𐤕𐤀 𐤌𐤍
𐤁𐤉𐤕 𐤌𐤋𐤊𐤀 𐤕𐤕𐤉𐤄𐤁•
𐤄 𐤅𐤀𐤐 𐤌𐤀𐤍𐤉 𐤁𐤉𐤕 𐤀𐤋𐤄𐤀 𐤃𐤉 𐤃𐤄𐤁𐤄 𐤅𐤊𐤎𐤐𐤀 𐤃𐤉 𐤍𐤁𐤅𐤊𐤃𐤍𐤑𐤓 𐤄𐤍𐤐𐤒
𐤌𐤍 𐤄𐤉𐤊𐤋𐤀 𐤃𐤉 𐤁𐤉𐤓𐤅𐤔𐤋𐤌 𐤅𐤄𐤉𐤁𐤋 𐤋𐤁𐤁𐤋 𐤉𐤄𐤕𐤉𐤁𐤅𐤍 𐤅𐤉𐤄𐤊
𐤋𐤄𐤉𐤊𐤋𐤀 𐤃𐤉 𐤁𐤉𐤓𐤅𐤔𐤋𐤌 𐤋𐤀𐤕𐤓𐤄 𐤅𐤕𐤇𐤕 𐤁𐤁𐤉𐤕 𐤀𐤋𐤄𐤀•
𐤅 𐤊𐤏𐤍 𐤕𐤕𐤍𐤉 𐤐𐤇𐤕 𐤏𐤁𐤓 𐤍𐤄𐤓𐤄 𐤔𐤕𐤓 𐤁𐤅𐤆𐤍𐤉 𐤅𐤊𐤍𐤅𐤕𐤄𐤅𐤍 𐤀𐤐𐤓𐤎𐤊𐤉𐤀
𐤃𐤉 𐤁𐤏𐤁𐤓 𐤍𐤄𐤓𐤄 𐤓𐤇𐤉𐤒𐤉𐤍 𐤄𐤅𐤅 𐤌𐤍 𐤕𐤌𐤄•
𐤆 𐤔𐤁𐤒𐤅 𐤋𐤏𐤁𐤉𐤃𐤕 𐤁𐤉𐤕 𐤀𐤋𐤄𐤀 𐤃𐤊 𐤐𐤇𐤕 𐤉𐤄𐤅𐤃𐤉𐤀 𐤅𐤋𐤔𐤁𐤉
𐤉𐤄𐤅𐤃𐤉𐤀 𐤁𐤉𐤕 𐤀𐤋𐤄𐤀 𐤃𐤊 𐤉𐤁𐤍𐤅𐤍 𐤏𐤋 𐤀𐤕𐤓𐤄•
𐤇 𐤅𐤌𐤍𐤉 𐤔𐤉𐤌 𐤈𐤏𐤌 𐤋𐤌𐤀 𐤃𐤉 𐤕𐤏𐤁𐤃𐤅𐤍 𐤏𐤌 𐤔𐤁𐤉 𐤉𐤄𐤅𐤃𐤉𐤀 𐤀𐤋𐤊
𐤋𐤌𐤁𐤍𐤀 𐤁𐤉𐤕 𐤀𐤋𐤄𐤀 𐤃𐤊 𐤅𐤌𐤍𐤊𐤎𐤉 𐤌𐤋𐤊𐤀 𐤃𐤉 𐤌𐤃𐤕 𐤏𐤁𐤓 𐤍𐤄𐤓𐤄
𐤀𐤎𐤐𐤓𐤍𐤀 𐤍𐤐𐤒𐤕𐤀 𐤕𐤄𐤅𐤀 𐤌𐤕𐤉𐤄𐤁𐤀 𐤋𐤂𐤁𐤓𐤉𐤀 𐤀𐤋𐤊 𐤃𐤉 𐤋𐤀 𐤋𐤁𐤈𐤋𐤀•
𐤈 𐤅𐤌𐤄 𐤇𐤔𐤇𐤍 𐤅𐤁𐤍𐤉 𐤕𐤅𐤓𐤉𐤍 𐤅𐤃𐤊𐤓𐤉𐤍 𐤅𐤀𐤌𐤓𐤉𐤍 𐤋𐤏𐤋𐤅𐤍 𐤋𐤀𐤋𐤄
𐤔𐤌𐤉𐤀 𐤇𐤍𐤈𐤉𐤍 𐤌𐤋𐤇 𐤇𐤌𐤓 𐤅𐤌𐤔𐤇 𐤊𐤌𐤀𐤌𐤓 𐤊𐤄𐤍𐤉𐤀 𐤃𐤉 𐤁𐤉𐤓𐤅𐤔𐤋𐤌
𐤋𐤄𐤅𐤀 𐤌𐤕𐤉𐤄𐤁 𐤋𐤄𐤌 𐤉𐤅𐤌 𐤁𐤉𐤅𐤌 𐤃𐤉 𐤋𐤀 𐤔𐤋𐤅•
𐤉 𐤃𐤉 𐤋𐤄𐤅𐤍 𐤌𐤄𐤒𐤓𐤁𐤉𐤍 𐤍𐤉𐤇𐤅𐤇𐤉𐤍 𐤋𐤀𐤋𐤄 𐤔𐤌𐤉𐤀 𐤅𐤌𐤑𐤋𐤉𐤍 𐤋𐤇𐤉𐤉
𐤌𐤋𐤊𐤀 𐤅𐤁𐤍𐤅𐤄𐤉•
𐤉𐤀 𐤅𐤌𐤍𐤉 𐤔𐤉𐤌 𐤈𐤏𐤌 𐤃𐤉 𐤊𐤋 𐤀𐤍𐤔 𐤃𐤉 𐤉𐤄𐤔𐤍𐤀 𐤐𐤕𐤂𐤌𐤀 𐤃𐤍𐤄
𐤉𐤕𐤍𐤎𐤇 𐤀𐤏 𐤌𐤍 𐤁𐤉𐤕𐤄 𐤅𐤆𐤒𐤉𐤐 𐤉𐤕𐤌𐤇𐤀 𐤏𐤋𐤄𐤉 𐤅𐤁𐤉𐤕𐤄 𐤍𐤅𐤋𐤅
𐤉𐤕𐤏𐤁𐤃 𐤏𐤋 𐤃𐤍𐤄•
𐤉𐤁 𐤅𐤀𐤋𐤄𐤀 𐤃𐤉 𐤔𐤊𐤍 𐤔𐤌𐤄 𐤕𐤌𐤄 𐤉𐤌𐤂𐤓 𐤊𐤋 𐤌𐤋𐤊 𐤅𐤏𐤌 𐤃𐤉 𐤉𐤔𐤋𐤇
𐤉𐤃𐤄 𐤋𐤄𐤔𐤍𐤉𐤄 𐤋𐤇𐤁𐤋𐤄 𐤁𐤉𐤕 𐤀𐤋𐤄𐤀 𐤃𐤊 𐤃𐤉 𐤁𐤉𐤓𐤅𐤔𐤋𐤌 𐤀𐤍𐤄
𐤃𐤓𐤉𐤅𐤔 𐤔𐤌𐤕 𐤈𐤏𐤌 𐤀𐤎𐤐𐤓𐤍𐤀 𐤉𐤕𐤏𐤁𐤃•
𐤉𐤂 𐤀𐤃𐤉𐤍 𐤕𐤕𐤍𐤉 𐤐𐤇𐤕 𐤏𐤁𐤓 𐤍𐤄𐤓𐤄 𐤔𐤕𐤓 𐤁𐤅𐤆𐤍𐤉 𐤅𐤊𐤍𐤅𐤕𐤄𐤅𐤍 𐤋𐤒𐤁𐤋
𐤃𐤉 𐤔𐤋𐤇 𐤃𐤓𐤉𐤅𐤔 𐤌𐤋𐤊𐤀 𐤊𐤍𐤌𐤀 𐤀𐤎𐤐𐤓𐤍𐤀 𐤏𐤁𐤃𐤅•
𐤉𐤃 𐤅𐤔𐤁𐤉 𐤉𐤄𐤅𐤃𐤉𐤀 𐤁𐤍𐤉𐤍 𐤅𐤌𐤑𐤋𐤇𐤉𐤍 𐤁𐤍𐤁𐤅𐤀𐤕 𐤇𐤂𐤉 𐤍𐤁𐤉𐤀𐤄
[𐤍𐤁𐤉𐤀] 𐤅𐤆𐤊𐤓𐤉𐤄 𐤁𐤓 𐤏𐤃𐤅𐤀 𐤅𐤁𐤍𐤅 𐤅𐤔𐤊𐤋𐤋𐤅 𐤌𐤍 𐤈𐤏𐤌 𐤀𐤋𐤄 𐤉𐤔𐤓𐤀𐤋
𐤅𐤌𐤈𐤏𐤌 𐤊𐤅𐤓𐤔 𐤅𐤃𐤓𐤉𐤅𐤔 𐤅𐤀𐤓𐤕𐤇𐤔𐤔𐤕𐤀 𐤌𐤋𐤊 𐤐𐤓𐤎•

# 𐤏𐤆𐤓𐤀

𐤈𐤅𐤔𐤉𐤑𐤉𐤀 𐤁𐤉𐤕𐤄 𐤃𐤍𐤄 𐤏𐤃 𐤉𐤅𐤌 𐤕𐤋𐤕𐤄 𐤋𐤉𐤓𐤇 𐤀𐤃𐤓 𐤃𐤉 𐤄𐤉𐤀
𐤔𐤍𐤕 𐤔𐤕 𐤋𐤌𐤋𐤊𐤅𐤕 𐤃𐤓𐤉𐤅𐤔 𐤌𐤋𐤊𐤀.
𐤈𐤆 𐤅𐤏𐤁𐤃𐤅 𐤁𐤍𐤉 𐤉𐤔𐤓𐤀𐤋 𐤊𐤄𐤍𐤉𐤀 𐤅𐤋𐤅𐤉𐤀 𐤅𐤔𐤀𐤓 𐤁𐤍𐤉 𐤂𐤋𐤅𐤕𐤀
𐤇𐤍𐤊𐤕 𐤁𐤉𐤕 𐤀𐤋𐤄𐤀 𐤃𐤍𐤄 𐤁𐤇𐤃𐤅𐤄.
𐤉𐤆 𐤅𐤄𐤒𐤓𐤁𐤅 𐤋𐤇𐤍𐤊𐤕 𐤁𐤉𐤕 𐤀𐤋𐤄𐤀 𐤃𐤍𐤄 𐤕𐤅𐤓𐤉𐤍 𐤌𐤀𐤄 𐤃𐤊𐤓𐤉𐤍
𐤌𐤀𐤕𐤉𐤍 𐤀𐤌𐤓𐤉𐤍 𐤀𐤓𐤁𐤏 𐤌𐤀𐤄 𐤅𐤑𐤐𐤉𐤓𐤉 𐤏𐤆𐤉𐤍 𐤋𐤇𐤈𐤉𐤀 [𐤋𐤇𐤈𐤀𐤄] 𐤏𐤋
𐤊𐤋 𐤉𐤔𐤓𐤀𐤋 𐤕𐤓𐤉 𐤏𐤔𐤓 𐤋𐤌𐤍𐤉𐤍 𐤔𐤁𐤈𐤉 𐤉𐤔𐤓𐤀𐤋.
𐤉𐤇 𐤅𐤄𐤒𐤉𐤌𐤅 𐤊𐤄𐤍𐤉𐤀 𐤁𐤐𐤋𐤂𐤕𐤄𐤅𐤍 𐤅𐤋𐤅𐤉𐤀 𐤁𐤌𐤇𐤋𐤒𐤕𐤄𐤅𐤍 𐤏𐤋
𐤏𐤁𐤉𐤃𐤕 𐤀𐤋𐤄𐤀 𐤃𐤉 𐤁𐤉𐤓𐤅𐤔𐤋𐤌 𐤊𐤊𐤕𐤁 𐤎𐤐𐤓 𐤌𐤔𐤄.
𐤉𐤈 𐤅𐤉𐤏𐤔𐤅 𐤁𐤍𐤉 𐤄𐤂𐤅𐤋𐤄 𐤀𐤕 𐤄𐤐𐤎𐤇 𐤁𐤀𐤓𐤁𐤏𐤄 𐤏𐤔𐤓 𐤋𐤇𐤃𐤔 𐤄𐤓𐤀𐤔𐤅𐤍.
𐤊 𐤊𐤉 𐤄𐤈𐤄𐤓𐤅 𐤄𐤊𐤄𐤍𐤉𐤌 𐤅𐤄𐤋𐤅𐤉𐤌 𐤊𐤀𐤇𐤃 𐤊𐤋𐤌 𐤈𐤄𐤅𐤓𐤉𐤌 𐤅𐤉𐤔𐤇𐤈𐤅
𐤄𐤐𐤎𐤇 𐤋𐤊𐤋 𐤁𐤍𐤉 𐤄𐤂𐤅𐤋𐤄 𐤅𐤋𐤀𐤇𐤉𐤄𐤌 𐤄𐤊𐤄𐤍𐤉𐤌 𐤅𐤋𐤄𐤌.
𐤊𐤀 𐤅𐤉𐤀𐤊𐤋𐤅 𐤁𐤍𐤉 𐤉𐤔𐤓𐤀𐤋 𐤄𐤔𐤁𐤉𐤌 𐤌𐤄𐤂𐤅𐤋𐤄 𐤅𐤊𐤋 𐤄𐤍𐤁𐤃𐤋
𐤌𐤈𐤌𐤀𐤕 𐤂𐤅𐤉 𐤄𐤀𐤓𐤑 𐤀𐤋𐤄𐤌 𐤋𐤃𐤓𐤔 𐤋𐤉𐤄𐤅𐤄 𐤀𐤋𐤄𐤉 𐤉𐤔𐤓𐤀𐤋.
𐤊𐤁 𐤅𐤉𐤏𐤔𐤅 𐤇𐤂 𐤌𐤑𐤅𐤕 𐤔𐤁𐤏𐤕 𐤉𐤌𐤉𐤌 𐤁𐤔𐤌𐤇𐤄 𐤊𐤉 𐤔𐤌𐤇𐤌 𐤉𐤄𐤅𐤄
𐤅𐤄𐤎𐤁 𐤋𐤁 𐤌𐤋𐤊 𐤀𐤔𐤅𐤓 𐤏𐤋𐤉𐤄𐤌 𐤋𐤇𐤆𐤒 𐤉𐤃𐤉𐤄𐤌 𐤁𐤌𐤋𐤀𐤊𐤕 𐤁𐤉𐤕
𐤄𐤀𐤋𐤄𐤉𐤌 𐤀𐤋𐤄𐤉 𐤉𐤔𐤓𐤀𐤋.

## 𐤐𐤓𐤒 𐤆

𐤀 𐤅𐤀𐤇𐤓 𐤄𐤃𐤁𐤓𐤉𐤌 𐤄𐤀𐤋𐤄 𐤁𐤌𐤋𐤊𐤅𐤕 𐤀𐤓𐤕𐤇𐤔𐤎𐤕𐤀 𐤌𐤋𐤊 𐤐𐤓𐤎 𐤏𐤆𐤓𐤀 𐤁𐤍
𐤔𐤓𐤉𐤄 𐤁𐤍 𐤏𐤆𐤓𐤉𐤄 𐤁𐤍 𐤇𐤋𐤒𐤉𐤄.
𐤁 𐤁𐤍 𐤔𐤋𐤅𐤌 𐤁𐤍 𐤑𐤃𐤅𐤒 𐤁𐤍 𐤀𐤇𐤉𐤈𐤅𐤁.
𐤂 𐤁𐤍 𐤀𐤌𐤓𐤉𐤄 𐤁𐤍 𐤏𐤆𐤓𐤉𐤄 𐤁𐤍 𐤌𐤓𐤉𐤅𐤕.
𐤃 𐤁𐤍 𐤆𐤓𐤇𐤉𐤄 𐤁𐤍 𐤏𐤆𐤉 𐤁𐤍 𐤁𐤒𐤉.
𐤄 𐤁𐤍 𐤀𐤁𐤉𐤔𐤅𐤏 𐤁𐤍 𐤐𐤉𐤍𐤇𐤎 𐤁𐤍 𐤀𐤋𐤏𐤆𐤓 𐤁𐤍 𐤀𐤄𐤓𐤍 𐤄𐤊𐤄𐤍 𐤄𐤓𐤀𐤔.
𐤅𐤄𐤅𐤀 𐤏𐤆𐤓𐤀 𐤏𐤋𐤄 𐤌𐤁𐤁𐤋 𐤅𐤄𐤅𐤀 𐤎𐤐𐤓 𐤌𐤄𐤉𐤓 𐤁𐤕𐤅𐤓𐤕 𐤌𐤔𐤄 𐤀𐤔𐤓 𐤍𐤕𐤍
𐤉𐤄𐤅𐤄 𐤀𐤋𐤄𐤉 𐤉𐤔𐤓𐤀𐤋 𐤅𐤉𐤕𐤍 𐤋𐤅 𐤄𐤌𐤋𐤊 𐤊𐤉𐤃 𐤉𐤄𐤅𐤄 𐤀𐤋𐤄𐤉𐤅 𐤏𐤋𐤉𐤅
𐤊𐤋 𐤁𐤒𐤔𐤕𐤅.
𐤆 𐤅𐤉𐤏𐤋𐤅 𐤌𐤁𐤍𐤉 𐤉𐤔𐤓𐤀𐤋 𐤅𐤌𐤍 𐤄𐤊𐤄𐤍𐤉𐤌 𐤅𐤄𐤋𐤅𐤉𐤌 𐤅𐤄𐤌𐤔𐤓𐤓𐤉𐤌
𐤅𐤄𐤔𐤏𐤓𐤉𐤌 𐤅𐤄𐤍𐤕𐤉𐤍𐤉𐤌 𐤀𐤋 𐤉𐤓𐤅𐤔𐤋𐤌 𐤁𐤔𐤍𐤕 𐤔𐤁𐤏 𐤋𐤀𐤓𐤕𐤇𐤔𐤎𐤕𐤀
𐤄𐤌𐤋𐤊.
𐤇 𐤅𐤉𐤁𐤀 𐤉𐤓𐤅𐤔𐤋𐤌 𐤁𐤇𐤃𐤔 𐤄𐤇𐤌𐤉𐤔𐤉 𐤄𐤉𐤀 𐤔𐤍𐤕 𐤄𐤔𐤁𐤉𐤏𐤉𐤕 𐤋𐤌𐤋𐤊.
𐤈 𐤊𐤉 𐤁𐤀𐤇𐤃 𐤋𐤇𐤃𐤔 𐤄𐤓𐤀𐤔𐤅𐤍 𐤄𐤅𐤀 𐤉𐤎𐤃 𐤄𐤌𐤏𐤋𐤄 𐤌𐤁𐤁𐤋 𐤅𐤁𐤀𐤇𐤃

𐤋𐤇𐤃𐤔 𐤄𐤇𐤌𐤉𐤔𐤉 𐤁𐤀 𐤀𐤋 𐤉𐤓𐤅𐤔𐤋𐤌 𐤊𐤉𐤃 𐤀𐤋𐤄𐤉𐤅 𐤄𐤈𐤅𐤁𐤄 𐤏𐤋𐤉𐤅•
𐤉 𐤊𐤉 𐤏𐤆𐤓𐤀 𐤄𐤊𐤉𐤍 𐤋𐤁𐤁𐤅 𐤋𐤃𐤓𐤔 𐤀𐤕 𐤕𐤅𐤓𐤕 𐤉𐤄𐤅𐤄 𐤅𐤋𐤏𐤔𐤕 𐤅𐤋𐤋𐤌𐤃
𐤁𐤉𐤔𐤓𐤀𐤋 𐤇𐤒 𐤅𐤌𐤔𐤐𐤈•
𐤉𐤀 𐤅𐤆𐤄 𐤐𐤓𐤔𐤂𐤍 𐤄𐤍𐤔𐤕𐤅𐤍 𐤀𐤔𐤓 𐤍𐤕𐤍 𐤄𐤌𐤋𐤊 𐤀𐤓𐤕𐤇𐤔𐤎𐤕𐤀 𐤋𐤏𐤆𐤓𐤀
𐤄𐤊𐤄𐤍 𐤄𐤎𐤐𐤓 𐤎𐤐𐤓 𐤃𐤁𐤓𐤉 𐤌𐤑𐤅𐤕 𐤉𐤄𐤅𐤄 𐤅𐤇𐤒𐤉𐤅 𐤏𐤋 𐤉𐤔𐤓𐤀𐤋•
𐤉𐤁 𐤀𐤓𐤕𐤇𐤔𐤎𐤕𐤀 𐤌𐤋𐤊 𐤌𐤋𐤊𐤉𐤀 𐤋𐤏𐤆𐤓𐤀 𐤊𐤄𐤍𐤀 𐤎𐤐𐤓 𐤃𐤕𐤀 𐤃𐤉 𐤀𐤋𐤄
𐤔𐤌𐤉𐤀 𐤂𐤌𐤉𐤓 𐤅𐤊𐤏𐤍𐤕•
𐤉𐤂 𐤌𐤍𐤉 𐤔𐤉𐤌 𐤈𐤏𐤌 𐤃𐤉 𐤊𐤋 𐤌𐤕𐤍𐤃𐤁 𐤁𐤌𐤋𐤊𐤅𐤕𐤉 𐤌𐤍 𐤏𐤌𐤀 𐤉𐤔𐤓𐤀𐤋
𐤅𐤊𐤄𐤍𐤅𐤄𐤉 𐤅𐤋𐤅𐤉𐤀 𐤋𐤌𐤄𐤊 𐤋𐤉𐤓𐤅𐤔𐤋𐤌 𐤏𐤌𐤊 𐤉𐤄𐤊•
𐤉𐤃 𐤊𐤋 𐤒𐤁𐤋 𐤃𐤉 𐤌𐤍 𐤒𐤃𐤌 𐤌𐤋𐤊𐤀 𐤅𐤔𐤁𐤏𐤕 𐤉𐤏𐤈𐤄𐤉 𐤔𐤋𐤉𐤇 𐤋𐤁𐤒𐤓𐤄 𐤏𐤋
𐤉𐤄𐤅𐤃 𐤅𐤋𐤉𐤓𐤅𐤔𐤋𐤌 𐤁𐤃𐤕 𐤀𐤋𐤄𐤊 𐤃𐤉 𐤁𐤉𐤃𐤊•
𐤈𐤅 𐤅𐤋𐤄𐤉𐤁𐤋𐤄 𐤊𐤎𐤐 𐤅𐤃𐤄𐤁 𐤃𐤉 𐤌𐤋𐤊𐤀 𐤅𐤉𐤏𐤈𐤅𐤄𐤉 𐤄𐤕𐤍𐤃𐤁𐤅 𐤋𐤀𐤋𐤄
𐤉𐤔𐤓𐤀𐤋 𐤃𐤉 𐤁𐤉𐤓𐤅𐤔𐤋𐤌 𐤌𐤔𐤊𐤍𐤄•
𐤈𐤆 𐤅𐤊𐤋 𐤊𐤎𐤐 𐤅𐤃𐤄𐤁 𐤃𐤉 𐤕𐤄𐤔𐤊𐤇 𐤁𐤊𐤋 𐤌𐤃𐤉𐤍𐤕 𐤁𐤁𐤋 𐤏𐤌 𐤄𐤕𐤍𐤃𐤁𐤅𐤕
𐤏𐤌𐤀 𐤅𐤊𐤄𐤍𐤉𐤀 𐤌𐤕𐤍𐤃𐤁𐤉𐤍 𐤋𐤁𐤉𐤕 𐤀𐤋𐤄𐤄𐤌 𐤃𐤉 𐤁𐤉𐤓𐤅𐤔𐤋𐤌•
𐤉𐤆 𐤊𐤋 𐤒𐤁𐤋 𐤃𐤍𐤄 𐤀𐤎𐤐𐤓𐤍𐤀 𐤕𐤒𐤍𐤀 𐤁𐤊𐤎𐤐𐤀 𐤃𐤍𐤄 𐤕𐤅𐤓𐤉𐤍 𐤃𐤊𐤓𐤉𐤍
𐤀𐤌𐤓𐤉𐤍 𐤅𐤌𐤍𐤇𐤕𐤄𐤅𐤍 𐤅𐤍𐤎𐤊𐤉𐤄𐤅𐤍 𐤅𐤕𐤒𐤓𐤁 𐤄𐤌𐤅 𐤏𐤋 𐤌𐤃𐤁𐤇𐤄 𐤃𐤉 𐤁𐤉𐤕
𐤀𐤋𐤄𐤊𐤌 𐤃𐤉 𐤁𐤉𐤓𐤅𐤔𐤋𐤌•
𐤉𐤇 𐤅𐤌𐤄 𐤃𐤉 𐤏𐤋𐤉𐤊 𐤅𐤏𐤋 𐤀𐤇𐤉𐤊 𐤉𐤉𐤈𐤁 𐤁𐤔𐤀𐤓 𐤊𐤎𐤐𐤀 𐤅𐤃𐤄𐤁𐤄 𐤋𐤌𐤏𐤁𐤃
𐤊𐤓𐤏𐤅𐤕 𐤀𐤋𐤄𐤊𐤌 𐤕𐤏𐤁𐤃𐤅𐤍•
𐤉𐤈 𐤅𐤌𐤀𐤍𐤉𐤀 𐤃𐤉 𐤌𐤕𐤉𐤄𐤁𐤉𐤍 𐤋𐤊 𐤋𐤐𐤋𐤇𐤍 𐤁𐤉𐤕 𐤀𐤋𐤄𐤊 𐤄𐤔𐤋𐤌 𐤒𐤃𐤌
𐤀𐤋𐤄 𐤉𐤓𐤅𐤔𐤋𐤌•
𐤊 𐤅𐤔𐤀𐤓 𐤇𐤔𐤇𐤅𐤕 𐤁𐤉𐤕 𐤀𐤋𐤄𐤊 𐤃𐤉 𐤉𐤐𐤋 𐤋𐤊 𐤋𐤌𐤍𐤕𐤍 𐤕𐤍𐤕𐤍 𐤌𐤍 𐤁𐤉𐤕
𐤂𐤍𐤆𐤉 𐤌𐤋𐤊𐤀•
𐤊𐤀 𐤅𐤌𐤍𐤉 𐤀𐤍𐤄 𐤀𐤓𐤕𐤇𐤔𐤎𐤕𐤀 𐤌𐤋𐤊𐤀 𐤔𐤉𐤌 𐤈𐤏𐤌 𐤋𐤊𐤋 𐤂𐤆𐤁𐤓𐤉𐤀 𐤃𐤉
𐤁𐤏𐤁𐤓 𐤍𐤄𐤓𐤄 𐤃𐤉 𐤊𐤋 𐤃𐤉 𐤉𐤔𐤀𐤋𐤍𐤊𐤅𐤍 𐤏𐤆𐤓𐤀 𐤊𐤄𐤍𐤄 𐤎𐤐𐤓 𐤃𐤕𐤀 𐤃𐤉
𐤀𐤋𐤄 𐤔𐤌𐤉𐤀 𐤀𐤎𐤐𐤓𐤍𐤀 𐤉𐤕𐤏𐤁𐤃•
𐤊𐤁 𐤏𐤃 𐤊𐤎𐤐 𐤊𐤊𐤓𐤉𐤍 𐤌𐤀𐤄 𐤅𐤏𐤃 𐤇𐤍𐤈𐤉𐤍 𐤊𐤓𐤉𐤍 𐤌𐤀𐤄 𐤅𐤏𐤃 𐤇𐤌𐤓
𐤁𐤕𐤉𐤍 𐤌𐤀𐤄 𐤅𐤏𐤃 𐤁𐤕𐤉𐤍 𐤌𐤔𐤇 𐤌𐤀𐤄 𐤅𐤌𐤋𐤇 𐤃𐤉 𐤋𐤀 𐤊𐤕𐤁•
𐤊𐤂 𐤊𐤋 𐤃𐤉 𐤌𐤍 𐤈𐤏𐤌 𐤀𐤋𐤄 𐤔𐤌𐤉𐤀 𐤉𐤕𐤏𐤁𐤃 𐤀𐤃𐤓𐤆𐤃𐤀 𐤋𐤁𐤉𐤕 𐤀𐤋𐤄
𐤔𐤌𐤉𐤀 𐤃𐤉 𐤋𐤌𐤄 𐤋𐤄𐤅𐤀 𐤒𐤑𐤐 𐤏𐤋 𐤌𐤋𐤊𐤅𐤕 𐤌𐤋𐤊𐤀 𐤅𐤁𐤍𐤅𐤄𐤉•
𐤊𐤃 𐤅𐤋𐤊𐤌 𐤌𐤄𐤅𐤃𐤏𐤉𐤍 𐤃𐤉 𐤊𐤋 𐤊𐤄𐤍𐤉𐤀 𐤅𐤋𐤅𐤉𐤀 𐤆𐤌𐤓𐤉𐤀 𐤕𐤓𐤏𐤉𐤀
𐤍𐤕𐤉𐤍𐤉𐤀 𐤅𐤐𐤋𐤇𐤉 𐤁𐤉𐤕 𐤀𐤋𐤄𐤀 𐤃𐤍𐤄 𐤌𐤍𐤃𐤄 𐤁𐤋𐤅 𐤅𐤄𐤋𐤊 𐤋𐤀 𐤔𐤋𐤉𐤈

𐤋𐤌𐤓𐤌𐤀 𐤏𐤋𐤉𐤄𐤌•
𐤊𐤄 𐤅𐤀𐤍𐤕 𐤏𐤆𐤓𐤀 𐤊𐤇𐤊𐤌𐤕 𐤀𐤋𐤄𐤊 𐤃𐤉 𐤁𐤉𐤃𐤊 𐤌𐤍𐤉 𐤔𐤐𐤈𐤉𐤍 𐤅𐤃𐤉𐤍𐤉𐤍
𐤃𐤉 𐤋𐤄𐤅𐤍 𐤃𐤀𐤍𐤉𐤍 [𐤃𐤀𐤉𐤍𐤉𐤍] 𐤋𐤊𐤋 𐤏𐤌𐤀 𐤃𐤉 𐤁𐤏𐤁𐤓 𐤍𐤄𐤓𐤄 𐤋𐤊𐤋
𐤉𐤃𐤏𐤉 𐤃𐤕𐤉 𐤀𐤋𐤄𐤊 𐤅𐤃𐤉 𐤋𐤀 𐤉𐤃𐤏 𐤕𐤄𐤅𐤃𐤏𐤅𐤍•
𐤊𐤅 𐤅𐤊𐤋 𐤃𐤉 𐤋𐤀 𐤋𐤄𐤅𐤀 𐤏𐤁𐤃 𐤃𐤕𐤀 𐤃𐤉 𐤀𐤋𐤄𐤊 𐤅𐤃𐤕𐤀 𐤃𐤉 𐤌𐤋𐤊𐤀
𐤀𐤎𐤐𐤓𐤍𐤀 𐤃𐤉𐤍𐤄 𐤋𐤄𐤅𐤀 𐤌𐤕𐤏𐤁𐤃 𐤌𐤍𐤄 𐤄𐤍 𐤋𐤌𐤅𐤕 𐤄𐤍 𐤋𐤔𐤓𐤔𐤅
[𐤋𐤔𐤓𐤔𐤉] 𐤄𐤍 𐤋𐤏𐤍𐤔 𐤍𐤊𐤎𐤉𐤍 𐤅𐤋𐤀𐤎𐤅𐤓𐤉𐤍•
𐤊𐤆 𐤁𐤓𐤅𐤊 𐤉𐤄𐤅𐤄 𐤀𐤋𐤄𐤉 𐤀𐤁𐤅𐤕𐤉𐤍𐤅 𐤀𐤔𐤓 𐤍𐤕𐤍 𐤊𐤆𐤀𐤕 𐤁𐤋𐤁 𐤄𐤌𐤋𐤊
𐤋𐤐𐤀𐤓 𐤀𐤕 𐤁𐤉𐤕 𐤉𐤄𐤅𐤄 𐤀𐤔𐤓 𐤁𐤉𐤓𐤅𐤔𐤋𐤌•
𐤊𐤇 𐤅𐤏𐤋𐤉 𐤄𐤈𐤄 𐤇𐤎𐤃 𐤋𐤐𐤍𐤉 𐤄𐤌𐤋𐤊 𐤅𐤉𐤅𐤏𐤑𐤉𐤅 𐤅𐤋𐤊𐤋 𐤔𐤓𐤉 𐤄𐤌𐤋𐤊
𐤄𐤂𐤁𐤓𐤉𐤌 𐤅𐤀𐤍𐤉 𐤄𐤕𐤇𐤆𐤒𐤕𐤉 𐤊𐤉𐤃 𐤉𐤄𐤅𐤄 𐤀𐤋𐤄𐤉 𐤏𐤋𐤉 𐤅𐤀𐤒𐤁𐤑𐤄
𐤌𐤉𐤔𐤓𐤀𐤋 𐤓𐤀𐤔𐤉𐤌 𐤋𐤏𐤋𐤅𐤕 𐤏𐤌𐤉•

## 𐤐𐤓𐤒 𐤇

𐤀 𐤅𐤀𐤋𐤄 𐤓𐤀𐤔𐤉 𐤀𐤁𐤕𐤉𐤄𐤌 𐤅𐤄𐤕𐤉𐤇𐤔𐤌 𐤄𐤏𐤋𐤉𐤌 𐤏𐤌𐤉 𐤁𐤌𐤋𐤊𐤅𐤕
𐤀𐤓𐤕𐤇𐤔𐤎𐤕𐤀 𐤄𐤌𐤋𐤊 𐤌𐤁𐤁𐤋•
𐤁 𐤌𐤁𐤍𐤉 𐤐𐤉𐤍𐤇𐤎 𐤂𐤓𐤔𐤌 𐤎 𐤌𐤁𐤍𐤉 𐤀𐤉𐤕𐤌𐤓 𐤃𐤍𐤉𐤀𐤋 𐤎 𐤌𐤁𐤍𐤉 𐤃𐤅𐤉𐤃
𐤇𐤈𐤅𐤔•
𐤂 𐤌𐤁𐤍𐤉 𐤔𐤊𐤍𐤉𐤄 𐤎 𐤌𐤁𐤍𐤉 𐤐𐤓𐤏𐤔 𐤆𐤊𐤓𐤉𐤄 𐤅𐤏𐤌𐤅 𐤄𐤕𐤉𐤇𐤔 𐤋𐤆𐤊𐤓𐤉𐤌
𐤌𐤀𐤄 𐤅𐤇𐤌𐤔𐤉𐤌•
𐤃 𐤌𐤁𐤍𐤉 𐤐𐤇𐤕 𐤌𐤅𐤀𐤁 𐤀𐤋𐤉𐤄𐤅𐤏𐤉𐤍𐤉 𐤁𐤍 𐤆𐤓𐤇𐤉𐤄 𐤅𐤏𐤌𐤅 𐤌𐤀𐤕𐤉𐤌
𐤄𐤆𐤊𐤓𐤉𐤌•
𐤄 𐤌𐤁𐤍𐤉 𐤔𐤊𐤍𐤉𐤄 𐤁𐤍 𐤉𐤇𐤆𐤉𐤀𐤋 𐤅𐤏𐤌𐤅 𐤔𐤋𐤔 𐤌𐤀𐤅𐤕 𐤄𐤆𐤊𐤓𐤉𐤌•
𐤅 𐤅𐤌𐤁𐤍𐤉 𐤏𐤃𐤉𐤍 𐤏𐤁𐤃 𐤁𐤍 𐤉𐤅𐤍𐤕𐤍 𐤅𐤏𐤌𐤅 𐤇𐤌𐤔𐤉𐤌 𐤄𐤆𐤊𐤓𐤉𐤌•
𐤆 𐤅𐤌𐤁𐤍𐤉 𐤏𐤉𐤋𐤌 𐤉𐤔𐤏𐤉𐤄 𐤁𐤍 𐤏𐤕𐤋𐤉𐤄 𐤅𐤏𐤌𐤅 𐤔𐤁𐤏𐤉𐤌 𐤄𐤆𐤊𐤓𐤉𐤌•
𐤇 𐤅𐤌𐤁𐤍𐤉 𐤔𐤐𐤈𐤉𐤄 𐤆𐤁𐤃𐤉𐤄 𐤁𐤍 𐤌𐤉𐤊𐤀𐤋 𐤅𐤏𐤌𐤅 𐤔𐤌𐤍𐤉𐤌 𐤄𐤆𐤊𐤓𐤉𐤌•
𐤈 𐤌𐤁𐤍𐤉 𐤉𐤅𐤀𐤁 𐤏𐤁𐤃𐤉𐤄 𐤁𐤍 𐤉𐤇𐤉𐤀𐤋 𐤅𐤏𐤌𐤅 𐤌𐤀𐤕𐤉𐤌 𐤅𐤔𐤌𐤍𐤄 𐤏𐤔𐤓
𐤄𐤆𐤊𐤓𐤉𐤌•
𐤉 𐤅𐤌𐤁𐤍𐤉 𐤔𐤋𐤅𐤌𐤉𐤕 𐤁𐤍 𐤉𐤅𐤎𐤐𐤉𐤄 𐤅𐤏𐤌𐤅 𐤌𐤀𐤄 𐤅𐤔𐤔𐤉𐤌 𐤄𐤆𐤊𐤓𐤉𐤌•
𐤉𐤀 𐤅𐤌𐤁𐤍𐤉 𐤁𐤁𐤉 𐤆𐤊𐤓𐤉𐤄 𐤁𐤍 𐤁𐤁𐤉 𐤅𐤏𐤌𐤅 𐤏𐤔𐤓𐤉𐤌 𐤅𐤔𐤌𐤍𐤄
𐤄𐤆𐤊𐤓𐤉𐤌•
𐤉𐤁 𐤅𐤌𐤁𐤍𐤉 𐤏𐤆𐤂𐤃 𐤉𐤅𐤇𐤍𐤍 𐤁𐤍 𐤄𐤒𐤈𐤍 𐤅𐤏𐤌𐤅 𐤌𐤀𐤄 𐤅𐤏𐤔𐤓𐤄 𐤄𐤆𐤊𐤓𐤉𐤌•
𐤉𐤂 𐤅𐤌𐤁𐤍𐤉 𐤀𐤃𐤍𐤉𐤒𐤌 𐤀𐤇𐤓𐤍𐤉𐤌 𐤅𐤀𐤋𐤄 𐤔𐤌𐤅𐤕𐤌 𐤀𐤋𐤉𐤐𐤋𐤈 𐤉𐤏𐤉𐤀𐤋

# 𐤏𐤆𐤓𐤀

𐤅𐤔𐤌𐤏𐤉𐤄 𐤅𐤏𐤌𐤄𐤌 𐤔𐤔𐤉𐤌 𐤄𐤆𐤊𐤓𐤉𐤌•
𐤉𐤃 𐤅𐤌𐤁𐤍𐤉 𐤁𐤂𐤅𐤉 𐤏𐤅𐤕𐤉 𐤅𐤆𐤁𐤅𐤃 [𐤅𐤆𐤊𐤅𐤓] 𐤅𐤏𐤌𐤅 𐤔𐤁𐤏𐤉𐤌 𐤄𐤆𐤊𐤓𐤉𐤌•
𐤈𐤅 𐤅𐤀𐤒𐤁𐤑𐤌 𐤀𐤋 𐤄𐤍𐤄𐤓 𐤄𐤁𐤀 𐤀𐤋 𐤀𐤄𐤅𐤀 𐤅𐤍𐤇𐤍𐤄 𐤔𐤌 𐤉𐤌𐤉𐤌 𐤔𐤋𐤔𐤄
𐤅𐤀𐤁𐤉𐤍𐤄 𐤁𐤏𐤌 𐤅𐤁𐤊𐤄𐤍𐤉𐤌 𐤅𐤌𐤁𐤍𐤉 𐤋𐤅𐤉 𐤋𐤀 𐤌𐤑𐤀𐤕𐤉 𐤔𐤌•
𐤈𐤆 𐤅𐤀𐤔𐤋𐤇𐤄 𐤋𐤀𐤋𐤉𐤏𐤆𐤓 𐤋𐤀𐤓𐤉𐤀𐤋 𐤋𐤔𐤌𐤏𐤉𐤄 𐤅𐤋𐤀𐤋𐤍𐤕𐤍 𐤅𐤋𐤉𐤓𐤉𐤁
𐤅𐤋𐤀𐤋𐤍𐤕𐤍 𐤅𐤋𐤍𐤕𐤍 𐤅𐤋𐤆𐤊𐤓𐤉𐤄 𐤅𐤋𐤌𐤔𐤋𐤌 𐤓𐤀𐤔𐤉𐤌 𐤅𐤋𐤉𐤅𐤉𐤓𐤉𐤁
𐤅𐤋𐤀𐤋𐤍𐤕𐤍 𐤌𐤁𐤉𐤍𐤉𐤌•
𐤉𐤆 𐤅𐤀𐤅𐤑𐤀𐤄 [𐤅𐤀𐤑𐤅𐤄] 𐤀𐤅𐤕𐤌 𐤏𐤋 𐤀𐤃𐤅 𐤄𐤓𐤀𐤔 𐤁𐤊𐤎𐤐𐤉𐤀 𐤄𐤌𐤒𐤅𐤌
𐤅𐤀𐤔𐤉𐤌𐤄 𐤁𐤐𐤉𐤄𐤌 𐤃𐤁𐤓𐤉𐤌 𐤋𐤃𐤁𐤓 𐤀𐤋 𐤀𐤃𐤅 𐤀𐤇𐤉𐤅 𐤄𐤍𐤕𐤅𐤍𐤉𐤌
[𐤄𐤍𐤕𐤉𐤍𐤉𐤌] 𐤁𐤊𐤎𐤐𐤉𐤀 𐤄𐤌𐤒𐤅𐤌 𐤋𐤄𐤁𐤉𐤀 𐤋𐤍𐤅 𐤌𐤔𐤓𐤕𐤉𐤌 𐤋𐤁𐤉𐤕
𐤀𐤋𐤄𐤉𐤍𐤅•
𐤉𐤇 𐤅𐤉𐤁𐤉𐤀𐤅 𐤋𐤍𐤅 𐤊𐤉𐤃 𐤀𐤋𐤄𐤉𐤍𐤅 𐤄𐤈𐤅𐤁𐤄 𐤏𐤋𐤉𐤍𐤅 𐤀𐤉𐤔 𐤔𐤊𐤋
𐤌𐤁𐤍𐤉 𐤌𐤇𐤋𐤉 𐤁𐤍 𐤋𐤅𐤉 𐤁𐤍 𐤉𐤔𐤓𐤀𐤋 𐤅𐤔𐤓𐤁𐤉𐤄 𐤅𐤁𐤍𐤉𐤅 𐤅𐤀𐤇𐤉𐤅 𐤔𐤌𐤍𐤄
𐤏𐤔𐤓•
𐤉𐤈 𐤅𐤀𐤕 𐤇𐤔𐤁𐤉𐤄 𐤅𐤀𐤕𐤅 𐤉𐤔𐤏𐤉𐤄 𐤌𐤁𐤍𐤉 𐤌𐤓𐤓𐤉 𐤀𐤇𐤉𐤅 𐤅𐤁𐤍𐤉𐤄𐤌
𐤏𐤔𐤓𐤉𐤌•
𐤊 𐤅𐤌𐤍 𐤄𐤍𐤕𐤉𐤍𐤉𐤌 𐤔𐤍𐤕𐤍 𐤃𐤅𐤉𐤃 𐤅𐤄𐤔𐤓𐤉𐤌 𐤋𐤏𐤁𐤃𐤕 𐤄𐤋𐤅𐤉𐤌
𐤍𐤕𐤉𐤍𐤉𐤌 𐤌𐤀𐤕𐤉𐤌 𐤅𐤏𐤔𐤓𐤉𐤌 𐤊𐤋𐤌 𐤍𐤒𐤁𐤅 𐤁𐤔𐤌𐤅𐤕•
𐤊𐤀 𐤅𐤀𐤒𐤓𐤀 𐤔𐤌 𐤑𐤅𐤌 𐤏𐤋 𐤄𐤍𐤄𐤓 𐤀𐤄𐤅𐤀 𐤋𐤄𐤕𐤏𐤍𐤅𐤕 𐤋𐤐𐤍𐤉 𐤀𐤋𐤄𐤉𐤍𐤅
𐤋𐤁𐤒𐤔 𐤌𐤌𐤍𐤅 𐤃𐤓𐤊 𐤉𐤔𐤓𐤄 𐤋𐤍𐤅 𐤅𐤋𐤈𐤐𐤍𐤅 𐤅𐤋𐤊𐤋 𐤓𐤊𐤅𐤔𐤍𐤅•
𐤊𐤁 𐤊𐤉 𐤁𐤔𐤕𐤉 𐤋𐤔𐤀𐤅𐤋 𐤌𐤍 𐤄𐤌𐤋𐤊 𐤇𐤉𐤋 𐤅𐤐𐤓𐤔𐤉𐤌 𐤋𐤏𐤆𐤓𐤍𐤅 𐤌𐤀𐤅𐤉𐤁
𐤁𐤃𐤓𐤊 𐤊𐤉 𐤀𐤌𐤓𐤍𐤅 𐤋𐤌𐤋𐤊 𐤋𐤀𐤌𐤓 𐤉𐤃 𐤀𐤋𐤄𐤉𐤍𐤅 𐤏𐤋 𐤊𐤋 𐤌𐤁𐤒𐤔𐤉𐤅
𐤋𐤈𐤅𐤁𐤄 𐤅𐤏𐤆𐤅 𐤅𐤀𐤐𐤅 𐤏𐤋 𐤊𐤋 𐤏𐤆𐤁𐤉𐤅•
𐤊𐤂 𐤅𐤍𐤑𐤅𐤌𐤄 𐤅𐤍𐤁𐤒𐤔𐤄 𐤌𐤀𐤋𐤄𐤉𐤍𐤅 𐤏𐤋 𐤆𐤀𐤕 𐤅𐤉𐤏𐤕𐤓 𐤋𐤍𐤅•
𐤊𐤃 𐤅𐤀𐤁𐤃𐤉𐤋𐤄 𐤌𐤔𐤓𐤉 𐤄𐤊𐤄𐤍𐤉𐤌 𐤔𐤍𐤉𐤌 𐤏𐤔𐤓 𐤋𐤔𐤓𐤁𐤉𐤄 𐤇𐤔𐤁𐤉𐤄
𐤅𐤏𐤌𐤄𐤌 𐤌𐤀𐤇𐤉𐤄𐤌 𐤏𐤔𐤓𐤄•
𐤊𐤄 𐤅𐤀𐤔𐤒𐤅𐤋𐤄 [𐤅𐤀𐤔𐤒𐤋𐤄] 𐤋𐤄𐤌 𐤀𐤕 𐤄𐤊𐤎𐤐 𐤅𐤀𐤕 𐤄𐤆𐤄𐤁 𐤅𐤀𐤕
𐤄𐤊𐤋𐤉𐤌 𐤕𐤓𐤅𐤌𐤕 𐤁𐤉𐤕 𐤀𐤋𐤄𐤉𐤍𐤅 𐤄𐤄𐤓𐤉𐤌𐤅 𐤄𐤌𐤋𐤊 𐤅𐤉𐤏𐤑𐤉𐤅 𐤅𐤔𐤓𐤉𐤅
𐤅𐤊𐤋 𐤉𐤔𐤓𐤀𐤋 𐤄𐤍𐤌𐤑𐤀𐤉𐤌•
𐤊𐤅 𐤅𐤀𐤔𐤒𐤋𐤄 𐤏𐤋 𐤉𐤃𐤌 𐤊𐤎𐤐 𐤊𐤊𐤓𐤉𐤌 𐤔𐤔 𐤌𐤀𐤅𐤕 𐤅𐤇𐤌𐤔𐤉𐤌 𐤅𐤊𐤋𐤉
𐤊𐤎𐤐 𐤌𐤀𐤄 𐤋𐤊𐤊𐤓𐤉𐤌 𐤆𐤄𐤁 𐤌𐤀𐤄 𐤊𐤊𐤓•
𐤊𐤆 𐤅𐤊𐤐𐤓𐤉 𐤆𐤄𐤁 𐤏𐤔𐤓𐤉𐤌 𐤋𐤀𐤃𐤓𐤊𐤍𐤉𐤌 𐤀𐤋𐤐 𐤅𐤊𐤋𐤉 𐤍𐤇𐤔𐤕 𐤌𐤑𐤄𐤁
𐤈𐤅𐤁𐤄 𐤔𐤍𐤉𐤌 𐤇𐤌𐤅𐤃𐤕 𐤊𐤆𐤄𐤁•

# 𐤏𐤆𐤓𐤀

𐤊𐤇 𐤅𐤀𐤌𐤓𐤄 𐤀𐤋𐤄𐤌 𐤀𐤕𐤌 𐤒𐤃𐤔 𐤋𐤉𐤄𐤅𐤄 𐤅𐤄𐤊𐤋𐤉𐤌 𐤒𐤃𐤔 𐤅𐤄𐤊𐤎𐤐
𐤅𐤄𐤆𐤄𐤁 𐤍𐤃𐤁𐤄 𐤋𐤉𐤄𐤅𐤄 𐤀𐤋𐤄𐤉 𐤀𐤁𐤕𐤉𐤊𐤌•

𐤊𐤈 𐤔𐤒𐤃𐤅 𐤅𐤔𐤌𐤓𐤅 𐤏𐤃 𐤕𐤔𐤒𐤋𐤅 𐤋𐤐𐤍𐤉 𐤔𐤓𐤉 𐤄𐤊𐤄𐤍𐤉𐤌 𐤅𐤄𐤋𐤅𐤉𐤌
𐤅𐤔𐤓𐤉 𐤄𐤀𐤁𐤅𐤕 𐤋𐤉𐤔𐤓𐤀𐤋 𐤁𐤉𐤓𐤅𐤔𐤋𐤌 𐤄𐤋𐤔𐤊𐤅𐤕 𐤁𐤉𐤕 𐤉𐤄𐤅𐤄•

𐤋 𐤅𐤒𐤁𐤋𐤅 𐤄𐤊𐤄𐤍𐤉𐤌 𐤅𐤄𐤋𐤅𐤉𐤌 𐤌𐤔𐤒𐤋 𐤄𐤊𐤎𐤐 𐤅𐤄𐤆𐤄𐤁 𐤅𐤄𐤊𐤋𐤉𐤌
𐤋𐤄𐤁𐤉𐤀 𐤋𐤉𐤓𐤅𐤔𐤋𐤌 𐤋𐤁𐤉𐤕 𐤀𐤋𐤄𐤉𐤍𐤅•

𐤋𐤀 𐤅𐤍𐤎𐤏𐤄 𐤌𐤍𐤄𐤓 𐤀𐤄𐤅𐤀 𐤁𐤔𐤍𐤉𐤌 𐤏𐤔𐤓 𐤋𐤇𐤃𐤔 𐤄𐤓𐤀𐤔𐤅𐤍 𐤋𐤋𐤊𐤕
𐤉𐤓𐤅𐤔𐤋𐤌 𐤅𐤉𐤃 𐤀𐤋𐤄𐤉𐤍𐤅 𐤄𐤉𐤕𐤄 𐤏𐤋𐤉𐤍𐤅 𐤅𐤉𐤑𐤉𐤋𐤍𐤅 𐤌𐤊𐤐 𐤀𐤅𐤉𐤁
𐤅𐤀𐤅𐤓𐤁 𐤏𐤋 𐤄𐤃𐤓𐤊•

𐤋𐤁 𐤅𐤍𐤁𐤅𐤀 𐤉𐤓𐤅𐤔𐤋𐤌 𐤅𐤍𐤔𐤁 𐤔𐤌 𐤉𐤌𐤉𐤌 𐤔𐤋𐤔𐤄•

𐤋𐤂 𐤅𐤁𐤉𐤅𐤌 𐤄𐤓𐤁𐤉𐤏𐤉 𐤍𐤔𐤒𐤋 𐤄𐤊𐤎𐤐 𐤅𐤄𐤆𐤄𐤁 𐤅𐤄𐤊𐤋𐤉𐤌 𐤁𐤁𐤉𐤕
𐤀𐤋𐤄𐤉𐤍𐤅 𐤏𐤋 𐤉𐤃 𐤌𐤓𐤌𐤅𐤕 𐤁𐤍 𐤀𐤅𐤓𐤉𐤄 𐤄𐤊𐤄𐤍 𐤅𐤏𐤌𐤅 𐤀𐤋𐤏𐤆𐤓 𐤁𐤍
𐤐𐤉𐤍𐤇𐤎 𐤅𐤏𐤌𐤄𐤌 𐤉𐤅𐤆𐤁𐤃 𐤁𐤍 𐤉𐤔𐤅𐤏 𐤅𐤍𐤅𐤏𐤃𐤉𐤄 𐤁𐤍 𐤁𐤍𐤅𐤉 𐤄𐤋𐤅𐤉𐤌•

𐤋𐤃 𐤁𐤌𐤎𐤐𐤓 𐤁𐤌𐤔𐤒𐤋 𐤋𐤊𐤋 𐤅𐤉𐤊𐤕𐤁 𐤊𐤋 𐤄𐤌𐤔𐤒𐤋 𐤁𐤏𐤕 𐤄𐤄𐤉𐤀•

𐤋𐤄 𐤄𐤁𐤀𐤉𐤌 𐤌𐤄𐤔𐤁𐤉 𐤁𐤍𐤉 𐤄𐤂𐤅𐤋𐤄 𐤄𐤒𐤓𐤉𐤁𐤅 𐤏𐤋𐤅𐤕 𐤋𐤀𐤋𐤄𐤉
𐤉𐤔𐤓𐤀𐤋 𐤐𐤓𐤉𐤌 𐤔𐤍𐤉𐤌 𐤏𐤔𐤓 𐤏𐤋 𐤊𐤋 𐤉𐤔𐤓𐤀𐤋 𐤀𐤉𐤋𐤉𐤌 𐤕𐤔𐤏𐤉𐤌 𐤅𐤔𐤔𐤄
𐤊𐤁𐤔𐤉𐤌 𐤔𐤁𐤏𐤉𐤌 𐤅𐤔𐤁𐤏𐤄 𐤑𐤐𐤉𐤓𐤉 𐤇𐤈𐤀𐤕 𐤔𐤍𐤉𐤌 𐤏𐤔𐤓 𐤄𐤊𐤋 𐤏𐤅𐤋𐤄
𐤋𐤉𐤄𐤅𐤄•

𐤋𐤅 𐤅𐤉𐤕𐤍𐤅 𐤀𐤕 𐤃𐤕𐤉 𐤄𐤌𐤋𐤊 𐤋𐤀𐤇𐤔𐤃𐤓𐤐𐤍𐤉 𐤄𐤌𐤋𐤊 𐤅𐤐𐤇𐤅𐤕 𐤏𐤁𐤓
𐤄𐤍𐤄𐤓 𐤅𐤍𐤔𐤀𐤅 𐤀𐤕 𐤄𐤏𐤌 𐤅𐤀𐤕 𐤁𐤉𐤕 𐤄𐤀𐤋𐤄𐤉𐤌•

𐤐𐤓𐤒 𐤈

𐤀 𐤅𐤊𐤊𐤋𐤅𐤕 𐤀𐤋𐤄 𐤍𐤂𐤔𐤅 𐤀𐤋𐤉 𐤄𐤔𐤓𐤉𐤌 𐤋𐤀𐤌𐤓 𐤋𐤀 𐤍𐤁𐤃𐤋𐤅 𐤄𐤏𐤌
𐤉𐤔𐤓𐤀𐤋 𐤅𐤄𐤊𐤄𐤍𐤉𐤌 𐤅𐤄𐤋𐤅𐤉𐤌 𐤌𐤏𐤌𐤉 𐤄𐤀𐤓𐤑𐤅𐤕 𐤊𐤕𐤏𐤁𐤕𐤉𐤄𐤌
𐤋𐤊𐤍𐤏𐤍𐤉 𐤄𐤇𐤕𐤉 𐤄𐤐𐤓𐤆𐤉 𐤄𐤉𐤁𐤅𐤎𐤉 𐤄𐤏𐤌𐤍𐤉 𐤄𐤌𐤀𐤁𐤉 𐤄𐤌𐤑𐤓𐤉
𐤅𐤄𐤀𐤌𐤓𐤉•

𐤁 𐤊𐤉 𐤍𐤔𐤀𐤅 𐤌𐤁𐤍𐤕𐤉𐤄𐤌 𐤋𐤄𐤌 𐤅𐤋𐤁𐤍𐤉𐤄𐤌 𐤅𐤄𐤕𐤏𐤓𐤁𐤅 𐤆𐤓𐤏 𐤄𐤒𐤃𐤔
𐤁𐤏𐤌𐤉 𐤄𐤀𐤓𐤑𐤅𐤕 𐤅𐤉𐤃 𐤄𐤔𐤓𐤉𐤌 𐤅𐤄𐤎𐤂𐤍𐤉𐤌 𐤄𐤉𐤕𐤄 𐤁𐤌𐤏𐤋 𐤄𐤆𐤄
𐤓𐤀𐤔𐤅𐤍𐤄•

𐤂 𐤅𐤊𐤔𐤌𐤏𐤉 𐤀𐤕 𐤄𐤃𐤁𐤓 𐤄𐤆𐤄 𐤒𐤓𐤏𐤕𐤉 𐤀𐤕 𐤁𐤂𐤃𐤉 𐤅𐤌𐤏𐤉𐤋𐤉 𐤅𐤀𐤌𐤓𐤈𐤄
𐤌𐤔𐤏𐤓 𐤓𐤀𐤔𐤉 𐤅𐤆𐤒𐤍𐤉 𐤅𐤀𐤔𐤁𐤄 𐤌𐤔𐤅𐤌𐤌•

𐤃 𐤅𐤀𐤋𐤉 𐤉𐤀𐤎𐤐𐤅 𐤊𐤋 𐤇𐤓𐤃 𐤁𐤃𐤁𐤓𐤉 𐤀𐤋𐤄𐤉 𐤉𐤔𐤓𐤀𐤋 𐤏𐤋 𐤌𐤏𐤋 𐤄𐤂𐤅𐤋𐤄
𐤅𐤀𐤍𐤉 𐤉𐤔𐤁 𐤌𐤔𐤅𐤌𐤌 𐤏𐤃 𐤋𐤌𐤍𐤇𐤕 𐤄𐤏𐤓𐤁•

# 𐤏𐤆𐤓𐤀

𐤄 𐤅𐤁𐤌𐤍𐤇𐤕 𐤄𐤏𐤓𐤁 𐤒𐤌𐤕𐤉 𐤌𐤕𐤏𐤍𐤉𐤕𐤉 𐤅𐤁𐤒𐤓𐤏𐤉 𐤁𐤂𐤃𐤉 𐤅𐤌𐤏𐤉𐤋𐤉
𐤅𐤀𐤊𐤓𐤏𐤄 𐤏𐤋 𐤁𐤓𐤊𐤉 𐤅𐤀𐤐𐤓𐤔𐤄 𐤊𐤐𐤉 𐤀𐤋 𐤉𐤄𐤅𐤄 𐤀𐤋𐤄𐤉•

𐤅 𐤅𐤀𐤌𐤓𐤄 𐤀𐤋𐤄𐤉 𐤁𐤔𐤕𐤉 𐤅𐤍𐤊𐤋𐤌𐤕𐤉 𐤋𐤄𐤓𐤉𐤌 𐤀𐤋𐤄𐤉 𐤐𐤍𐤉 𐤀𐤋𐤉𐤊
𐤊𐤉 𐤏𐤅𐤍𐤕𐤉𐤍𐤅 𐤓𐤁𐤅 𐤋𐤌𐤏𐤋𐤄 𐤓𐤀𐤔 𐤅𐤀𐤔𐤌𐤕𐤍𐤅 𐤂𐤃𐤋𐤄 𐤏𐤃 𐤋𐤔𐤌𐤉𐤌•

𐤆 𐤌𐤉𐤌𐤉 𐤀𐤁𐤕𐤉𐤍𐤅 𐤀𐤍𐤇𐤍𐤅 𐤁𐤀𐤔𐤌𐤄 𐤂𐤃𐤋𐤄 𐤏𐤃 𐤄𐤉𐤅𐤌 𐤄𐤆𐤄
𐤅𐤁𐤏𐤅𐤍𐤕𐤉𐤍𐤅 𐤍𐤕𐤍𐤅 𐤀𐤍𐤇𐤍𐤅 𐤌𐤋𐤊𐤉𐤍𐤅 𐤊𐤄𐤍𐤉𐤍𐤅 𐤁𐤉𐤃 𐤌𐤋𐤊𐤉
𐤄𐤀𐤓𐤑𐤅𐤕 𐤁𐤇𐤓𐤁 𐤁𐤔𐤁𐤉 𐤅𐤁𐤁𐤆𐤄 𐤅𐤁𐤁𐤔𐤕 𐤐𐤍𐤉𐤌 𐤊𐤄𐤉𐤅𐤌 𐤄𐤆𐤄•

𐤇 𐤅𐤏𐤕𐤄 𐤊𐤌𐤏𐤈 𐤓𐤂𐤏 𐤄𐤉𐤕𐤄 𐤕𐤇𐤍𐤄 𐤌𐤀𐤕 𐤉𐤄𐤅𐤄 𐤀𐤋𐤄𐤉𐤍𐤅 𐤋𐤄𐤔𐤀𐤉𐤓
𐤋𐤍𐤅 𐤐𐤋𐤉𐤈𐤄 𐤅𐤋𐤕𐤕 𐤋𐤍𐤅 𐤉𐤕𐤃 𐤁𐤌𐤒𐤅𐤌 𐤒𐤃𐤔𐤅 𐤋𐤄𐤀𐤉𐤓 𐤏𐤉𐤍𐤉𐤍𐤅
𐤀𐤋𐤄𐤉𐤍𐤅 𐤅𐤋𐤕𐤕𐤍𐤅 𐤌𐤇𐤉𐤄 𐤌𐤏𐤈 𐤁𐤏𐤁𐤃𐤕𐤍𐤅•

𐤈 𐤊𐤉 𐤏𐤁𐤃𐤉𐤌 𐤀𐤍𐤇𐤍𐤅 𐤅𐤁𐤏𐤁𐤃𐤕𐤍𐤅 𐤋𐤀 𐤏𐤆𐤁𐤍𐤅 𐤀𐤋𐤄𐤉𐤍𐤅 𐤅𐤉𐤈
𐤏𐤋𐤉𐤍𐤅 𐤇𐤎𐤃 𐤋𐤐𐤍𐤉 𐤌𐤋𐤊𐤉 𐤐𐤓𐤎 𐤋𐤕𐤕 𐤋𐤍𐤅 𐤌𐤇𐤉𐤄 𐤋𐤓𐤅𐤌𐤌 𐤀𐤕 𐤁𐤉𐤕
𐤀𐤋𐤄𐤉𐤍𐤅 𐤅𐤋𐤄𐤏𐤌𐤉𐤃 𐤀𐤕 𐤇𐤓𐤁𐤕𐤉𐤅 𐤅𐤋𐤕𐤕 𐤋𐤍𐤅 𐤂𐤃𐤓 𐤁𐤉𐤄𐤅𐤃𐤄
𐤅𐤁𐤉𐤓𐤅𐤔𐤋𐤌•

𐤉 𐤅𐤏𐤕𐤄 𐤌𐤄 𐤍𐤀𐤌𐤓 𐤀𐤋𐤄𐤉𐤍𐤅 𐤀𐤇𐤓𐤉 𐤆𐤀𐤕 𐤊𐤉 𐤏𐤆𐤁𐤍𐤅 𐤌𐤑𐤅𐤕𐤉𐤊•

𐤉𐤀 𐤀𐤔𐤓 𐤑𐤅𐤉𐤕 𐤁𐤉𐤃 𐤏𐤁𐤃𐤉𐤊 𐤄𐤍𐤁𐤉𐤀𐤉𐤌 𐤋𐤀𐤌𐤓 𐤄𐤀𐤓𐤑 𐤀𐤔𐤓 𐤀𐤕𐤌
𐤁𐤀𐤉𐤌 𐤋𐤓𐤔𐤕𐤄 𐤀𐤓𐤑 𐤍𐤃𐤄 𐤄𐤉𐤀 𐤁𐤍𐤃𐤕 𐤏𐤌𐤉 𐤄𐤀𐤓𐤑𐤅𐤕 𐤁𐤕𐤅𐤏𐤁𐤕𐤉𐤄𐤌
𐤀𐤔𐤓 𐤌𐤋𐤀𐤅𐤄 𐤌𐤐𐤄 𐤀𐤋 𐤐𐤄 𐤁𐤈𐤌𐤀𐤕𐤌•

𐤉𐤁 𐤅𐤏𐤕𐤄 𐤁𐤍𐤅𐤕𐤉𐤊𐤌 𐤀𐤋 𐤕𐤕𐤍𐤅 𐤋𐤁𐤍𐤉𐤄𐤌 𐤅𐤁𐤍𐤕𐤉𐤄𐤌 𐤀𐤋 𐤕𐤔𐤀𐤅
𐤋𐤁𐤍𐤉𐤊𐤌 𐤅𐤋𐤀 𐤕𐤃𐤓𐤔𐤅 𐤔𐤋𐤌𐤌 𐤅𐤈𐤅𐤁𐤕𐤌 𐤏𐤃 𐤏𐤅𐤋𐤌 𐤋𐤌𐤏𐤍 𐤕𐤇𐤆𐤒𐤅
𐤅𐤀𐤊𐤋𐤕𐤌 𐤀𐤕 𐤈𐤅𐤁 𐤄𐤀𐤓𐤑 𐤅𐤄𐤅𐤓𐤔𐤕𐤌 𐤋𐤁𐤍𐤉𐤊𐤌 𐤏𐤃 𐤏𐤅𐤋𐤌•

𐤉𐤂 𐤅𐤀𐤇𐤓𐤉 𐤊𐤋 𐤄𐤁𐤀 𐤏𐤋𐤉𐤍𐤅 𐤁𐤌𐤏𐤔𐤉𐤍𐤅 𐤄𐤓𐤏𐤉𐤌 𐤅𐤁𐤀𐤔𐤌𐤕𐤍𐤅
𐤄𐤂𐤃𐤋𐤄 𐤊𐤉 𐤀𐤕𐤄 𐤀𐤋𐤄𐤉𐤍𐤅 𐤇𐤔𐤊𐤕 𐤋𐤌𐤈𐤄 𐤌𐤏𐤅𐤍𐤍𐤅 𐤅𐤍𐤕𐤕𐤄 𐤋𐤍𐤅
𐤐𐤋𐤉𐤈𐤄 𐤊𐤆𐤀𐤕•

𐤉𐤃 𐤄𐤍𐤔𐤅𐤁 𐤋𐤄𐤐𐤓 𐤌𐤑𐤅𐤕𐤉𐤊 𐤅𐤋𐤄𐤕𐤇𐤕𐤍 𐤁𐤏𐤌𐤉 𐤄𐤕𐤏𐤁𐤅𐤕 𐤄𐤀𐤋𐤄
𐤄𐤋𐤅𐤀 𐤕𐤀𐤍𐤐 𐤁𐤍𐤅 𐤏𐤃 𐤊𐤋𐤄 𐤋𐤀𐤉𐤍 𐤔𐤀𐤓𐤉𐤕 𐤅𐤐𐤋𐤉𐤈𐤄•

𐤈𐤅 𐤉𐤄𐤅𐤄 𐤀𐤋𐤄𐤉 𐤉𐤔𐤓𐤀𐤋 𐤑𐤃𐤉𐤒 𐤀𐤕𐤄 𐤊𐤉 𐤍𐤔𐤀𐤓𐤍𐤅 𐤐𐤋𐤉𐤈𐤄
𐤊𐤄𐤉𐤅𐤌 𐤄𐤆𐤄 𐤄𐤍𐤍𐤅 𐤋𐤐𐤍𐤉𐤊 𐤁𐤀𐤔𐤌𐤕𐤉𐤍𐤅 𐤊𐤉 𐤀𐤉𐤍 𐤋𐤏𐤌𐤅𐤃 𐤋𐤐𐤍𐤉𐤊
𐤏𐤋 𐤆𐤀𐤕•

## 𐤐𐤓𐤒 𐤉

𐤀 𐤅𐤊𐤄𐤕𐤐𐤋𐤋 𐤏𐤆𐤓𐤀 𐤅𐤊𐤄𐤕𐤅𐤃𐤕𐤅 𐤁𐤊𐤄 𐤅𐤌𐤕𐤍𐤐𐤋 𐤋𐤐𐤍𐤉 𐤁𐤉𐤕
𐤄𐤀𐤋𐤄𐤉𐤌 𐤍𐤒𐤁𐤑𐤅 𐤀𐤋𐤉𐤅 𐤌𐤉𐤔𐤓𐤀𐤋 𐤒𐤄𐤋 𐤓𐤁 𐤌𐤀𐤃 𐤀𐤍𐤔𐤉𐤌 𐤅𐤍𐤔𐤉𐤌

# 𐤏𐤆𐤓𐤀

𐤈𐤆 𐤅𐤉𐤏𐤔𐤅 𐤊𐤍 𐤁𐤍𐤉 𐤄𐤂𐤅𐤋𐤄 𐤅𐤉𐤁𐤃𐤋𐤅 𐤏𐤆𐤓𐤀 𐤄𐤊𐤄𐤍 𐤀𐤍𐤔𐤉𐤌
𐤓𐤀𐤔𐤉 𐤄𐤀𐤁𐤅𐤕 𐤋𐤁𐤉𐤕 𐤀𐤁𐤕𐤌 𐤅𐤊𐤋𐤌 𐤁𐤔𐤌𐤅𐤕 𐤅𐤉𐤔𐤁𐤅 𐤁𐤉𐤅𐤌 𐤀𐤇𐤃
𐤋𐤇𐤃𐤔 𐤄𐤏𐤔𐤉𐤓𐤉 𐤋𐤃𐤓𐤉𐤅𐤔 𐤄𐤃𐤁𐤓.
𐤉𐤆 𐤅𐤉𐤊𐤋𐤅 𐤁𐤊𐤋 𐤀𐤍𐤔𐤉𐤌 𐤄𐤄𐤔𐤉𐤁𐤅 𐤍𐤔𐤉𐤌 𐤍𐤊𐤓𐤉𐤅𐤕 𐤏𐤃 𐤉𐤅𐤌 𐤀𐤇𐤃
𐤋𐤇𐤃𐤔 𐤄𐤓𐤀𐤔𐤅𐤍.
𐤉𐤇 𐤅𐤉𐤌𐤑𐤀 𐤌𐤁𐤍𐤉 𐤄𐤊𐤄𐤍𐤉𐤌 𐤀𐤔𐤓 𐤄𐤔𐤉𐤁𐤅 𐤍𐤔𐤉𐤌 𐤍𐤊𐤓𐤉𐤅𐤕 𐤌𐤁𐤍𐤉
𐤉𐤔𐤅𐤏 𐤁𐤍 𐤉𐤅𐤑𐤃𐤒 𐤅𐤀𐤇𐤉𐤅 𐤌𐤏𐤔𐤉𐤄 𐤅𐤀𐤋𐤉𐤏𐤆𐤓 𐤅𐤉𐤓𐤉𐤁 𐤅𐤂𐤃𐤋𐤉𐤄.
𐤉𐤈 𐤅𐤉𐤕𐤍𐤅 𐤉𐤃𐤌 𐤋𐤄𐤅𐤑𐤉𐤀 𐤍𐤔𐤉𐤄𐤌 𐤅𐤀𐤔𐤌𐤉𐤌 𐤀𐤉𐤋 𐤑𐤀𐤍 𐤏𐤋
𐤀𐤔𐤌𐤕𐤌.
𐤊 𐤅𐤌𐤁𐤍𐤉 𐤀𐤌𐤓 𐤇𐤍𐤍𐤉 𐤅𐤆𐤁𐤃𐤉𐤄.
𐤊𐤀 𐤅𐤌𐤁𐤍𐤉 𐤇𐤓𐤌 𐤌𐤏𐤔𐤉𐤄 𐤅𐤀𐤋𐤉𐤄 𐤅𐤔𐤌𐤏𐤉𐤄 𐤅𐤉𐤇𐤉𐤀𐤋 𐤅𐤏𐤆𐤉𐤄.
𐤊𐤁 𐤅𐤌𐤁𐤍𐤉 𐤐𐤔𐤇𐤅𐤓 𐤀𐤋𐤉𐤅𐤏𐤉𐤍𐤉 𐤌𐤏𐤔𐤉𐤄 𐤉𐤔𐤌𐤏𐤀𐤋 𐤍𐤕𐤍𐤀𐤋
𐤉𐤅𐤆𐤁𐤃 𐤅𐤀𐤋𐤏𐤔𐤄.
𐤊𐤂 𐤅𐤌𐤍 𐤄𐤋𐤅𐤉𐤌 𐤉𐤅𐤆𐤁𐤃 𐤅𐤔𐤌𐤏𐤉 𐤅𐤒𐤋𐤉𐤄 𐤄𐤅𐤀 𐤒𐤋𐤉𐤈𐤀 𐤐𐤕𐤇𐤉𐤄
𐤉𐤄𐤅𐤃𐤄 𐤅𐤀𐤋𐤉𐤏𐤆𐤓.
𐤊𐤃 𐤅𐤌𐤍 𐤄𐤌𐤔𐤓𐤓𐤉𐤌 𐤀𐤋𐤉𐤔𐤉𐤁 𐤅𐤌𐤍 𐤄𐤔𐤏𐤓𐤉𐤌 𐤔𐤋𐤌 𐤅𐤈𐤋𐤌 𐤅𐤀𐤅𐤓𐤉.
𐤊𐤄 𐤅𐤌𐤉𐤔𐤓𐤀𐤋 𐤌𐤁𐤍𐤉 𐤐𐤓𐤏𐤔 𐤓𐤌𐤉𐤄 𐤅𐤉𐤆𐤉𐤄 𐤅𐤌𐤋𐤊𐤉𐤄 𐤅𐤌𐤉𐤌𐤍
𐤅𐤀𐤋𐤏𐤆𐤓 𐤅𐤌𐤋𐤊𐤉𐤄 𐤅𐤁𐤍𐤉𐤄.
𐤊𐤅 𐤅𐤌𐤁𐤍𐤉 𐤏𐤉𐤋𐤌 𐤌𐤕𐤍𐤉𐤄 𐤆𐤊𐤓𐤉𐤄 𐤅𐤉𐤇𐤉𐤀𐤋 𐤅𐤏𐤁𐤃𐤉 𐤅𐤉𐤓𐤌𐤅𐤕
𐤅𐤀𐤋𐤉𐤄.
𐤊𐤆 𐤅𐤌𐤁𐤍𐤉 𐤆𐤕𐤅𐤀 𐤀𐤋𐤉𐤅𐤏𐤍𐤉 𐤀𐤋𐤉𐤔𐤉𐤁 𐤌𐤕𐤍𐤉𐤄 𐤅𐤉𐤓𐤌𐤅𐤕 𐤅𐤆𐤁𐤃
𐤅𐤏𐤆𐤉𐤆𐤀.
𐤊𐤇 𐤅𐤌𐤁𐤍𐤉 𐤁𐤁𐤉 𐤉𐤄𐤅𐤇𐤍𐤍 𐤇𐤍𐤍𐤉𐤄 𐤆𐤁𐤉 𐤏𐤕𐤋𐤉.
𐤊𐤈 𐤅𐤌𐤁𐤍𐤉 𐤁𐤍𐤉 𐤌𐤔𐤋𐤌 𐤌𐤋𐤅𐤊 𐤅𐤏𐤃𐤉𐤄 𐤉𐤔𐤅𐤁 𐤅𐤔𐤀𐤋 𐤉𐤓𐤌𐤅𐤕
[𐤅𐤓𐤌𐤅𐤕].
𐤋 𐤅𐤌𐤁𐤍𐤉 𐤐𐤇𐤕 𐤌𐤅𐤀𐤁 𐤏𐤃𐤍𐤀 𐤅𐤊𐤋𐤋 𐤁𐤍𐤉𐤄 𐤌𐤏𐤔𐤉𐤄 𐤌𐤕𐤍𐤉𐤄 𐤁𐤑𐤋𐤀𐤋
𐤅𐤁𐤍𐤅𐤉 𐤅𐤌𐤍𐤔𐤄.
𐤋𐤀 𐤅𐤁𐤍𐤉 𐤇𐤓𐤌 𐤀𐤋𐤉𐤏𐤆𐤓 𐤉𐤔𐤉𐤄 𐤌𐤋𐤊𐤉𐤄 𐤔𐤌𐤏𐤉𐤄 𐤔𐤌𐤏𐤅𐤍.
𐤋𐤁 𐤁𐤍𐤉𐤌𐤍 𐤌𐤋𐤅𐤊 𐤔𐤌𐤓𐤉𐤄.
𐤋𐤂 𐤌𐤁𐤍𐤉 𐤇𐤔𐤌 𐤌𐤕𐤍𐤉 𐤌𐤕𐤕𐤄 𐤆𐤁𐤃 𐤀𐤋𐤉𐤐𐤋𐤈 𐤉𐤓𐤌𐤉 𐤌𐤍𐤔𐤄 𐤔𐤌𐤏𐤉.
𐤋𐤃 𐤌𐤁𐤍𐤉 𐤁𐤍𐤉 𐤌𐤏𐤃𐤉 𐤏𐤌𐤓𐤌 𐤅𐤀𐤅𐤀𐤋.
𐤋𐤄 𐤁𐤍𐤉𐤄 𐤁𐤃𐤉𐤄 𐤊𐤋𐤅𐤄𐤉 [𐤊𐤋𐤅𐤄𐤅].
𐤋𐤅 𐤅𐤍𐤉𐤄 𐤌𐤓𐤌𐤅𐤕 𐤀𐤋𐤉𐤔𐤉𐤁.

# 𐤏𐤆𐤓𐤀

𐤋𐤆 𐤌𐤕𐤍𐤉𐤄 𐤌𐤕𐤍𐤉 𐤅𐤉𐤏𐤔𐤅 [𐤅𐤉𐤏𐤔𐤉]•
𐤋𐤇 𐤅𐤁𐤍𐤉 𐤅𐤁𐤍𐤅𐤉 𐤔𐤌𐤏𐤉•
𐤋𐤈 𐤅𐤔𐤋𐤌𐤉𐤄 𐤅𐤍𐤕𐤍 𐤅𐤏𐤃𐤉𐤄•
𐤌 𐤌𐤊𐤍𐤃𐤁𐤉 𐤔𐤔𐤉 𐤔𐤓𐤉•
𐤌𐤀 𐤏𐤆𐤓𐤀𐤋 𐤅𐤔𐤋𐤌𐤉𐤄𐤅 𐤔𐤌𐤓𐤉𐤄•
𐤌𐤁 𐤔𐤋𐤅𐤌 𐤀𐤌𐤓𐤉𐤄 𐤉𐤅𐤎𐤐•
𐤌𐤂 𐤌𐤁𐤍𐤉 𐤍𐤁𐤅 𐤉𐤏𐤉𐤀𐤋 𐤌𐤕𐤕𐤉𐤄 𐤆𐤁𐤃 𐤆𐤁𐤉𐤍𐤀 𐤉𐤃𐤅 [𐤉𐤃𐤉] 𐤅𐤉𐤅𐤀𐤋
𐤁𐤍𐤉𐤄•
𐤌𐤃 𐤊𐤋 𐤀𐤋𐤄 𐤍𐤔𐤀𐤉 [𐤍𐤔𐤀𐤅] 𐤍𐤔𐤉𐤌 𐤍𐤊𐤓𐤉𐤅𐤕 𐤅𐤉𐤔 𐤌𐤄𐤌 𐤍𐤔𐤉𐤌
𐤅𐤉𐤔𐤉𐤌𐤅 𐤁𐤍𐤉𐤌•

# נחמיה

פרק א

א דברי נחמיה בן חכליה ויהי בחדש כסלו [כסליו] שנת
עשרים ואני הייתי בשושן הבירה׃
ב ויבא חנני אחד מאחי הוא ואנשים מיהודה ואשאלם על
היהודים הפליטה אשר נשארו מן השבי ועל ירושלם׃
ג ויאמרו לי הנשארים אשר נשארו מן השבי שם במדינה
ברעה גדלה ובחרפה וחומת ירושלם מפרצת ושעריו נצתו
באש׃
ד ויהי כשמעי את הדברים האלה ישבתי ואבכה ואתאבלה
ימים ואהי צם ומתפלל לפני אלהי השמים׃
ה ואמר אנא יהוה אלהי השמים האל הגדול והנורא שמר
הברית וחסד לאהביו ולשמרי מצותיו׃
ו תהי נא אזנך קשבת ועיניך פתחות לשמע אל תפלת עבדך
אשר אנכי מתפלל לפניך היום יומם ולילה על בני
ישראל עבדיך ומתודה על חטאות בני ישראל אשר חטאנו לך
ואני ובית אבי חטאנו׃
ז חבל חבלנו לך ולא שמרנו את המצות ואת החקים ואת
המשפטים אשר צוית את משה עבדך׃
ח זכר נא את הדבר אשר צוית את משה עבדך לאמר אתם
תמעלו אני אפיץ אתכם בעמים׃
ט ושבתם אלי ושמרתם מצותי ועשיתם אתם אם יהיה
נדחכם בקצה השמים משם אקבצם והבואתים [והביאותים]
אל המקום אשר בחרתי לשכן את שמי שם׃
י והם עבדיך ועמך אשר פדית בכחך הגדול ובידך החזקה׃
יא אנא אדני תהי נא אזנך קשבת אל תפלת עבדך ואל תפלת
עבדיך החפצים ליראה את שמך והצליחה נא לעבדך היום
ותנהו לרחמים לפני האיש הזה ואני הייתי משקה
למלך׃

פרק ב

א ויהי בחדש ניסן שנת עשרים לארתחשסתא המלך יין
לפניו ואשא את היין ואתנה למלך ולא הייתי רע לפניו׃

𐤁 𐤅𐤉𐤀𐤌𐤓 𐤋𐤉 𐤄𐤌𐤋𐤊 𐤌𐤃𐤅𐤏 𐤐𐤍𐤉𐤊 𐤓𐤏𐤉𐤌 𐤅𐤀𐤕𐤄 𐤀𐤉𐤍𐤊 𐤇𐤅𐤋𐤄 𐤀𐤉𐤍
𐤆𐤄 𐤊𐤉 𐤀𐤌 𐤓𐤏 𐤋𐤁 𐤅𐤀𐤉𐤓𐤀 𐤄𐤓𐤁𐤄 𐤌𐤀𐤃•
𐤂 𐤅𐤀𐤌𐤓 𐤋𐤌𐤋𐤊 𐤄𐤌𐤋𐤊 𐤋𐤏𐤅𐤋𐤌 𐤉𐤇𐤉𐤄 𐤌𐤃𐤅𐤏 𐤋𐤀 𐤉𐤓𐤏𐤅 𐤐𐤍𐤉 𐤀𐤔𐤓
𐤄𐤏𐤉𐤓 𐤁𐤉𐤕 𐤒𐤁𐤓𐤅𐤕 𐤀𐤁𐤕𐤉 𐤇𐤓𐤁𐤄 𐤅𐤔𐤏𐤓𐤉𐤄 𐤀𐤊𐤋𐤅 𐤁𐤀𐤔•
𐤃 𐤅𐤉𐤀𐤌𐤓 𐤋𐤉 𐤄𐤌𐤋𐤊 𐤏𐤋 𐤌𐤄 𐤆𐤄 𐤀𐤕𐤄 𐤌𐤁𐤒𐤔 𐤅𐤀𐤕𐤐𐤋𐤋 𐤀𐤋 𐤀𐤋𐤄𐤉
𐤄𐤔𐤌𐤉𐤌•
𐤄 𐤅𐤀𐤌𐤓 𐤋𐤌𐤋𐤊 𐤀𐤌 𐤏𐤋 𐤄𐤌𐤋𐤊 𐤈𐤅𐤁 𐤅𐤀𐤌 𐤉𐤉𐤈𐤁 𐤏𐤁𐤃𐤊 𐤋𐤐𐤍𐤉𐤊 𐤀𐤔𐤓
𐤕𐤔𐤋𐤇𐤍𐤉 𐤀𐤋 𐤉𐤄𐤅𐤃𐤄 𐤀𐤋 𐤏𐤉𐤓 𐤒𐤁𐤓𐤅𐤕 𐤀𐤁𐤕𐤉 𐤅𐤀𐤁𐤍𐤍𐤄•
𐤅 𐤅𐤉𐤀𐤌𐤓 𐤋𐤉 𐤄𐤌𐤋𐤊 𐤅𐤄𐤔𐤂𐤋 𐤉𐤅𐤔𐤁𐤕 𐤀𐤑𐤋𐤅 𐤏𐤃 𐤌𐤕𐤉 𐤉𐤄𐤉𐤄
𐤌𐤄𐤋𐤊𐤊 𐤅𐤌𐤕𐤉 𐤕𐤔𐤅𐤁 𐤅𐤉𐤉𐤈𐤁 𐤋𐤐𐤍𐤉 𐤄𐤌𐤋𐤊 𐤅𐤉𐤔𐤋𐤇𐤍𐤉 𐤅𐤀𐤕𐤍𐤄 𐤋𐤅
𐤆𐤌𐤍•
𐤆 𐤅𐤀𐤌𐤓 𐤋𐤌𐤋𐤊 𐤀𐤌 𐤏𐤋 𐤄𐤌𐤋𐤊 𐤈𐤅𐤁 𐤀𐤂𐤓𐤅𐤕 𐤉𐤕𐤍𐤅 𐤋𐤉 𐤏𐤋 𐤐𐤇𐤅𐤕
𐤏𐤁𐤓 𐤄𐤍𐤄𐤓 𐤀𐤔𐤓 𐤉𐤏𐤁𐤉𐤓𐤅𐤍𐤉 𐤏𐤃 𐤀𐤔𐤓 𐤀𐤁𐤅𐤀 𐤀𐤋 𐤉𐤄𐤅𐤃𐤄•
𐤇 𐤅𐤀𐤂𐤓𐤕 𐤀𐤋 𐤀𐤎𐤐 𐤔𐤌𐤓 𐤄𐤐𐤓𐤃𐤎 𐤀𐤔𐤓 𐤋𐤌𐤋𐤊 𐤀𐤔𐤓 𐤉𐤕𐤍 𐤋𐤉 𐤏𐤑𐤉𐤌
𐤋𐤒𐤓𐤅𐤕 𐤀𐤕 𐤔𐤏𐤓𐤉 𐤄𐤁𐤉𐤓𐤄 𐤀𐤔𐤓 𐤋𐤁𐤉𐤕 𐤅𐤋𐤇𐤅𐤌𐤕 𐤄𐤏𐤉𐤓 𐤅𐤋𐤁𐤉𐤕 𐤀𐤔𐤓
𐤀𐤁𐤅𐤀 𐤀𐤋𐤉𐤅 𐤅𐤉𐤕𐤍 𐤋𐤉 𐤄𐤌𐤋𐤊 𐤊𐤉𐤃 𐤀𐤋𐤄𐤉 𐤄𐤈𐤅𐤁𐤄 𐤏𐤋𐤉•
𐤈 𐤅𐤀𐤁𐤅𐤀 𐤀𐤋 𐤐𐤇𐤅𐤕 𐤏𐤁𐤓 𐤄𐤍𐤄𐤓 𐤅𐤀𐤕𐤍𐤄 𐤋𐤄𐤌 𐤀𐤕 𐤀𐤂𐤓𐤅𐤕 𐤄𐤌𐤋𐤊
𐤅𐤉𐤔𐤋𐤇 𐤏𐤌𐤉 𐤄𐤌𐤋𐤊 𐤔𐤓𐤉 𐤇𐤉𐤋 𐤅𐤐𐤓𐤔𐤉𐤌•
𐤉 𐤅𐤉𐤔𐤌𐤏 𐤎𐤍𐤁𐤋𐤈 𐤄𐤇𐤓𐤍𐤉 𐤅𐤈𐤅𐤁𐤉𐤄 𐤄𐤏𐤁𐤃 𐤄𐤏𐤌𐤅𐤍𐤉 𐤅𐤉𐤓𐤏 𐤋𐤄𐤌 𐤓𐤏𐤄
𐤂𐤃𐤋𐤄 𐤀𐤔𐤓 𐤁𐤀 𐤀𐤃𐤌 𐤋𐤁𐤒𐤔 𐤈𐤅𐤁𐤄 𐤋𐤁𐤍𐤉 𐤉𐤔𐤓𐤀𐤋•
𐤉𐤀 𐤅𐤀𐤁𐤅𐤀 𐤀𐤋 𐤉𐤓𐤅𐤔𐤋𐤌 𐤅𐤀𐤄𐤉 𐤔𐤌 𐤉𐤌𐤉𐤌 𐤔𐤋𐤔𐤄•
𐤉𐤁 𐤅𐤀𐤒𐤅𐤌 𐤋𐤉𐤋𐤄 𐤀𐤍𐤉 𐤅𐤀𐤍𐤔𐤉𐤌 𐤌𐤏𐤈 𐤏𐤌𐤉 𐤅𐤋𐤀 𐤄𐤂𐤃𐤕𐤉 𐤋𐤀𐤃𐤌
𐤌𐤄 𐤀𐤋𐤄𐤉 𐤍𐤕𐤍 𐤀𐤋 𐤋𐤁𐤉 𐤋𐤏𐤔𐤅𐤕 𐤋𐤉𐤓𐤅𐤔𐤋𐤌 𐤅𐤁𐤄𐤌𐤄 𐤀𐤉𐤍 𐤏𐤌𐤉
𐤊𐤉 𐤀𐤌 𐤄𐤁𐤄𐤌𐤄 𐤀𐤔𐤓 𐤀𐤍𐤉 𐤓𐤊𐤁 𐤁𐤄•
𐤉𐤂 𐤅𐤀𐤑𐤀𐤄 𐤁𐤔𐤏𐤓 𐤄𐤂𐤉𐤀 𐤋𐤉𐤋𐤄 𐤅𐤀𐤋 𐤐𐤍𐤉 𐤏𐤉𐤍 𐤄𐤕𐤍𐤉𐤍 𐤅𐤀𐤋 𐤔𐤏𐤓
𐤄𐤀𐤔𐤐𐤕 𐤅𐤀𐤄𐤉 𐤔𐤁𐤓 𐤁𐤇𐤅𐤌𐤕 𐤉𐤓𐤅𐤔𐤋𐤌 𐤀𐤔𐤓 𐤄𐤌𐤐𐤓𐤅𐤑𐤉𐤌 [𐤄𐤌
𐤐𐤓𐤅𐤑𐤉𐤌] 𐤅𐤔𐤏𐤓𐤉𐤄 𐤀𐤊𐤋𐤅 𐤁𐤀𐤔•
𐤉𐤃 𐤅𐤀𐤏𐤁𐤓 𐤀𐤋 𐤔𐤏𐤓 𐤄𐤏𐤉𐤍 𐤅𐤀𐤋 𐤁𐤓𐤊𐤕 𐤄𐤌𐤋𐤊 𐤅𐤀𐤉𐤍 𐤌𐤒𐤅𐤌 𐤋𐤁𐤄𐤌𐤄
𐤋𐤏𐤁𐤓 𐤕𐤇𐤕𐤉•
𐤈𐤅 𐤅𐤀𐤄𐤉 𐤏𐤋𐤄 𐤁𐤍𐤇𐤋 𐤋𐤉𐤋𐤄 𐤅𐤀𐤄𐤉 𐤔𐤁𐤓 𐤁𐤇𐤅𐤌𐤄 𐤅𐤀𐤔𐤅𐤁 𐤅𐤀𐤁𐤅𐤀
𐤁𐤔𐤏𐤓 𐤄𐤂𐤉𐤀 𐤅𐤀𐤔𐤅𐤁•
𐤈𐤆 𐤅𐤄𐤎𐤂𐤍𐤉𐤌 𐤋𐤀 𐤉𐤃𐤏𐤅 𐤀𐤍𐤄 𐤄𐤋𐤊𐤕𐤉 𐤅𐤌𐤄 𐤀𐤍𐤉 𐤏𐤔𐤄
𐤅𐤋𐤉𐤄𐤅𐤃𐤉𐤌 𐤅𐤋𐤊𐤄𐤍𐤉𐤌 𐤅𐤋𐤇𐤓𐤉𐤌 𐤅𐤋𐤎𐤂𐤍𐤉𐤌 𐤅𐤋𐤉𐤕𐤓 𐤏𐤔𐤄

המלאכה עד כן לא הגדתי.
יז ואמר אלהם אתם ראים הרעה אשר אנחנו בה אשר
ירושלם חרבה ושעריה נצתו באש לכו ונבנה את חומת
ירושלם ולא נהיה עוד חרפה.
יח ואגיד להם את יד אלהי אשר היא טובה עלי ואף דברי
המלך אשר אמר לי ויאמרו נקום ובנינו ויחזקו ידיהם
לטובה.
יט וישמע סנבלט החרני וטביה העבד העמוני וגשם הערבי
וילעגו לנו ויבזו עלינו ויאמרו מה הדבר הזה אשר אתם
עשים המעל המלך אתם מרדים.
כ ואשיב אותם דבר ואומר להם אלהי השמים הוא יצליח
לנו ואנחנו עבדיו נקום ובנינו ולכם אין חלק וצדקה
וזכרון בירושלם.

## פרק ג

א ויקם אלישיב הכהן הגדול ואחיו הכהנים ויבנו את
שער הצאן המה קדשוהו ויעמידו דלתתיו ועד מגדל המאה
קדשוהו עד מגדל חננאל.
ב ועל ידו בנו אנשי ירחו ס ועל ידו בנה זכור בן אמרי.
ג ואת שער הדגים בנו בני הסנאה המה קרוהו ויעמידו
דלתתיו מנעוליו ובריחיו.
ד ועל ידם החזיק מרמות בן אוריה בן הקוץ ס ועל ידם
החזיק משלם בן ברכיה בן משיזבאל ס ועל ידם החזיק
צדוק בן בענא.
ה ועל ידם החזיקו התקועים ואדיריהם לא הביאו צורם
בעבדת אדניהם.
ו ואת שער הישנה החזיקו יוידע בן פסח ומשלם בן
בסודיה המה קרוהו ויעמידו דלתתיו ומנעליו ובריחיו.
ז ועל ידם החזיק מלטיה הגבעני וידון המרנתי אנשי
גבעון והמצפה לכסא פחת עבר הנהר.
ח על ידו החזיק עזיאל בן חרהיה צורפים ס ועל ידו
החזיק חנניה בן הרקחים ויעזבו ירושלם עד החומה
הרחבה.

# 𐤍𐤇𐤌𐤉𐤄

𐤈 𐤅𐤏𐤋 𐤉𐤃𐤌 𐤄𐤇𐤆𐤉𐤒 𐤓𐤐𐤉𐤄 𐤁𐤍 𐤇𐤅𐤓 𐤔𐤓 𐤇𐤑𐤉 𐤐𐤋𐤊 𐤉𐤓𐤅𐤔𐤋𐤌•
𐤉 𐤅𐤏𐤋 𐤉𐤃𐤌 𐤄𐤇𐤆𐤉𐤒 𐤉𐤃𐤉𐤄 𐤁𐤍 𐤇𐤓𐤅𐤌𐤐 𐤅𐤍𐤂𐤃 𐤁𐤉𐤕𐤅 𐤎 𐤅𐤏𐤋 𐤉𐤃𐤅
𐤄𐤇𐤆𐤉𐤒 𐤇𐤈𐤅𐤔 𐤁𐤍 𐤇𐤔𐤁𐤍𐤉𐤄•
𐤉𐤀 𐤌𐤃𐤄 𐤔𐤍𐤉𐤕 𐤄𐤇𐤆𐤉𐤒 𐤌𐤋𐤊𐤉𐤄 𐤁𐤍 𐤇𐤓𐤌 𐤅𐤇𐤔𐤅𐤁 𐤁𐤍 𐤐𐤇𐤕 𐤌𐤅𐤀𐤁
𐤅𐤀𐤕 𐤌𐤂𐤃𐤋 𐤄𐤕𐤍𐤅𐤓𐤉𐤌•
𐤉𐤁 𐤅𐤏𐤋 𐤉𐤃𐤅 𐤄𐤇𐤆𐤉𐤒 𐤔𐤋𐤅𐤌 𐤁𐤍 𐤄𐤋𐤅𐤇𐤔 𐤔𐤓 𐤇𐤑𐤉 𐤐𐤋𐤊 𐤉𐤓𐤅𐤔𐤋𐤌
𐤄𐤅𐤀 𐤅𐤁𐤍𐤅𐤕𐤉𐤅•
𐤉𐤂 𐤀𐤕 𐤔𐤏𐤓 𐤄𐤂𐤉𐤀 𐤄𐤇𐤆𐤉𐤒 𐤇𐤍𐤅𐤍 𐤅𐤉𐤔𐤁𐤉 𐤆𐤍𐤅𐤇 𐤄𐤌𐤄 𐤁𐤍𐤅𐤄𐤅
𐤅𐤉𐤏𐤌𐤉𐤃𐤅 𐤃𐤋𐤕𐤕𐤉𐤅 𐤌𐤍𐤏𐤋𐤉𐤅 𐤅𐤁𐤓𐤉𐤇𐤉𐤅 𐤅𐤀𐤋𐤐 𐤀𐤌𐤄 𐤁𐤇𐤅𐤌𐤄 𐤏𐤃
𐤔𐤏𐤓 𐤄𐤔𐤐𐤅𐤕•
𐤉𐤃 𐤅𐤀𐤕 𐤔𐤏𐤓 𐤄𐤀𐤔𐤐𐤅𐤕 𐤄𐤇𐤆𐤉𐤒 𐤌𐤋𐤊𐤉𐤄 𐤁𐤍 𐤓𐤊𐤁 𐤔𐤓 𐤐𐤋𐤊 𐤁𐤉𐤕
𐤄𐤊𐤓𐤌 𐤄𐤅𐤀 𐤉𐤁𐤍𐤍𐤅 𐤅𐤉𐤏𐤌𐤉𐤃 𐤃𐤋𐤕𐤕𐤉𐤅 𐤌𐤍𐤏𐤋𐤉𐤅 𐤅𐤁𐤓𐤉𐤇𐤉𐤅•
𐤈𐤅 𐤅𐤀𐤕 𐤔𐤏𐤓 𐤄𐤏𐤉𐤍 𐤄𐤇𐤆𐤉𐤒 𐤔𐤋𐤅𐤍 𐤁𐤍 𐤊𐤋 𐤇𐤆𐤄 𐤔𐤓 𐤐𐤋𐤊 𐤄𐤌𐤑𐤐𐤄
𐤄𐤅𐤀 𐤉𐤁𐤍𐤍𐤅 𐤅𐤉𐤈𐤋𐤋𐤍𐤅 𐤅𐤉𐤏𐤌𐤉𐤃𐤅 [𐤅𐤉𐤏𐤌𐤉𐤃] 𐤃𐤋𐤕𐤕𐤉𐤅 𐤌𐤍𐤏𐤋𐤉𐤅
𐤅𐤁𐤓𐤉𐤇𐤉𐤅 𐤅𐤀𐤕 𐤇𐤅𐤌𐤕 𐤁𐤓𐤊𐤕 𐤄𐤔𐤋𐤇 𐤋𐤂𐤍 𐤄𐤌𐤋𐤊 𐤅𐤏𐤃 𐤄𐤌𐤏𐤋𐤅𐤕
𐤄𐤉𐤅𐤓𐤃𐤅𐤕 𐤌𐤏𐤉𐤓 𐤃𐤅𐤉𐤃•
𐤈𐤆 𐤀𐤇𐤓𐤉𐤅 𐤄𐤇𐤆𐤉𐤒 𐤍𐤇𐤌𐤉𐤄 𐤁𐤍 𐤏𐤆𐤁𐤅𐤒 𐤔𐤓 𐤇𐤑𐤉 𐤐𐤋𐤊 𐤁𐤉𐤕 𐤑𐤅𐤓 𐤏𐤃
𐤍𐤂𐤃 𐤒𐤁𐤓𐤉 𐤃𐤅𐤉𐤃 𐤅𐤏𐤃 𐤄𐤁𐤓𐤊𐤄 𐤄𐤏𐤔𐤅𐤉𐤄 𐤅𐤏𐤃 𐤁𐤉𐤕 𐤄𐤂𐤁𐤓𐤉𐤌•
𐤉𐤆 𐤀𐤇𐤓𐤉𐤅 𐤄𐤇𐤆𐤉𐤒𐤅 𐤄𐤋𐤅𐤉𐤌 𐤓𐤇𐤅𐤌 𐤁𐤍 𐤁𐤍𐤉 𐤏𐤋 𐤉𐤃𐤅 𐤄𐤇𐤆𐤉𐤒
𐤇𐤔𐤁𐤉𐤄 𐤔𐤓 𐤇𐤑𐤉 𐤐𐤋𐤊 𐤒𐤏𐤉𐤋𐤄 𐤋𐤐𐤋𐤊𐤅•
𐤉𐤇 𐤀𐤇𐤓𐤉𐤅 𐤄𐤇𐤆𐤉𐤒𐤅 𐤀𐤇𐤉𐤄𐤌 𐤁𐤅𐤉 𐤁𐤍 𐤇𐤍𐤃𐤃 𐤔𐤓 𐤇𐤑𐤉 𐤐𐤋𐤊 𐤒𐤏𐤉𐤋𐤄•
𐤉𐤈 𐤅𐤉𐤇𐤆𐤒 𐤏𐤋 𐤉𐤃𐤅 𐤏𐤆𐤓 𐤁𐤍 𐤉𐤔𐤅𐤏 𐤔𐤓 𐤄𐤌𐤑𐤐𐤄 𐤌𐤃𐤄 𐤔𐤍𐤉𐤕 𐤌𐤍𐤂𐤃
𐤏𐤋𐤕 𐤄𐤍𐤔𐤒 𐤄𐤌𐤒𐤑𐤏•
𐤊 𐤀𐤇𐤓𐤉𐤅 𐤄𐤇𐤓𐤄 𐤄𐤇𐤆𐤉𐤒 𐤁𐤓𐤅𐤊 𐤁𐤍 𐤆𐤁𐤉 [𐤆𐤊𐤉] 𐤌𐤃𐤄 𐤔𐤍𐤉𐤕 𐤌𐤍
𐤄𐤌𐤒𐤑𐤅𐤏 𐤏𐤃 𐤐𐤕𐤇 𐤁𐤉𐤕 𐤀𐤋𐤉𐤔𐤉𐤁 𐤄𐤊𐤄𐤍 𐤄𐤂𐤃𐤅𐤋•
𐤊𐤀 𐤀𐤇𐤓𐤉𐤅 𐤄𐤇𐤆𐤉𐤒 𐤌𐤓𐤌𐤅𐤕 𐤁𐤍 𐤀𐤅𐤓𐤉𐤄 𐤁𐤍 𐤄𐤒𐤅𐤑 𐤌𐤃𐤄 𐤔𐤍𐤉𐤕
𐤌𐤐𐤕𐤇 𐤁𐤉𐤕 𐤀𐤋𐤉𐤔𐤉𐤁 𐤅𐤏𐤃 𐤕𐤊𐤋𐤉𐤕 𐤁𐤉𐤕 𐤀𐤋𐤉𐤔𐤉𐤁•
𐤊𐤁 𐤅𐤀𐤇𐤓𐤉𐤅 𐤄𐤇𐤆𐤉𐤒𐤅 𐤄𐤊𐤄𐤍𐤉𐤌 𐤀𐤍𐤔𐤉 𐤄𐤊𐤊𐤓•
𐤊𐤂 𐤀𐤇𐤓𐤉𐤅 𐤄𐤇𐤆𐤉𐤒 𐤁𐤍𐤉𐤌𐤍 𐤅𐤇𐤔𐤅𐤁 𐤍𐤂𐤃 𐤁𐤉𐤕𐤌 𐤎 𐤀𐤇𐤓𐤉𐤅 𐤄𐤇𐤆𐤉𐤒
𐤏𐤆𐤓𐤉𐤄 𐤁𐤍 𐤌𐤏𐤔𐤉𐤄 𐤁𐤍 𐤏𐤍𐤍𐤉𐤄 𐤀𐤑𐤋 𐤁𐤉𐤕𐤅•
𐤊𐤃 𐤀𐤇𐤓𐤉𐤅 𐤄𐤇𐤆𐤉𐤒 𐤁𐤍𐤅𐤉 𐤁𐤍 𐤇𐤍𐤃𐤃 𐤌𐤃𐤄 𐤔𐤍𐤉𐤕 𐤌𐤁𐤉𐤕 𐤏𐤆𐤓𐤉𐤄 𐤏𐤃
𐤄𐤌𐤒𐤑𐤅𐤏 𐤅𐤏𐤃 𐤄𐤐𐤍𐤄•
𐤊𐤄 𐤐𐤋𐤋 𐤁𐤍 𐤀𐤅𐤆𐤉 𐤌𐤍𐤂𐤃 𐤄𐤌𐤒𐤑𐤅𐤏 𐤅𐤄𐤌𐤂𐤃𐤋 𐤄𐤉𐤅𐤑𐤀 𐤌𐤁𐤉𐤕

# נחמיה

המלך העליון אשר לחצר המטרה אחריו פדיה בן פרעש׃
כו והנתינים היו ישבים בעפל עד נגד שער המים למזרח
והמגדל היוצא׃
כז אחריו החזיקו התקעים מדה שנית מנגד המגדל הגדול
היוצא ועד חומת העפל׃
כח מעל שער הסוסים החזיקו הכהנים איש לנגד ביתו׃
כט אחריו החזיק צדוק בן אמר נגד ביתו ס ואחריו החזיק
שמעיה בן שכניה שמר שער המזרח׃
ל אחרי [אחריו] החזיק חנניה בן שלמיה וחנון בן צלף
הששי מדה שני ס אחריו החזיק משלם בן ברכיה נגד
נשכתו׃
לא אחרי [אחריו] החזיק מלכיה בן הצרפי עד בית
הנתינים והרכלים נגד שער המפקד ועד עלית הפנה׃
לב ובין עלית הפנה לשער הצאן החזיקו הצרפים
והרכלים׃
לג ויהי כאשר שמע סנבלט כי אנחנו בונים את החומה
ויחר לו ויכעס הרבה וילעג על היהודים׃
לד ויאמר לפני אחיו וחיל שמרון ויאמר מה היהודים
האמללים עשים היעזבו להם היזבחו היכלו ביום
היחיו את האבנים מערמות העפר והמה שרופות׃
לה וטוביה העמני אצלו ויאמר גם אשר הם בונים אם יעלה
שועל ופרץ חומת אבניהם׃
לו שמע אלהינו כי היינו בוזה והשב חרפתם אל ראשם
ותנם לבזה בארץ שביה׃
לז ואל תכס על עונם וחטאתם מלפניך אל תמחה כי
הכעיסו לנגד הבונים׃
לח ונבנה את החומה ותקשר כל החומה עד חציה ויהי לב
לעם לעשות׃

פרק ד

א ויהי כאשר שמע סנבלט וטוביה והערבים והעמנים
והאשדודים כי עלתה ארוכה לחמות ירושלם כי החלו
הפרצים להסתם ויחר להם מאד׃

ב ויקשרו כלם יחדו לבוא להלחם בירושלם ולעשות לו
תועה•
ג ונתפלל אל אלהינו ונעמיד משמר עליהם יומם ולילה
מפניהם•
ד ויאמר יהודה כשל כח הסבל והעפר הרבה ואנחנו לא
נוכל לבנות בחומה•
ה ויאמרו צרינו לא ידעו ולא יראו עד אשר נבוא אל תוכם
והרגנום והשבתנו את המלאכה•
ו ויהי כאשר באו היהודים הישבים אצלם ויאמרו לנו
עשר פעמים מכל המקמות אשר תשובו עלינו•
ז ואעמיד מתחתיות למקום מאחרי לחומה בצחחיים
[בצחיחים] ואעמיד את העם למשפחות עם חרבתיהם רמחיהם
וקשתתיהם•
ח וארא ואקום ואמר אל החרים ואל הסגנים ואל יתר העם
אל תיראו מפניהם את אדני הגדול והנורא זכרו והלחמו
על אחיכם בניכם ובנתיכם נשיכם ובתיכם•
ט ויהי כאשר שמעו אויבינו כי נודע לנו ויפר האלהים
את עצתם ונשוב [ונשב] כלנו אל החומה איש אל מלאכתו•
י ויהי מן היום ההוא חצי נערי עשים במלאכה וחצים
מחזיקים והרמחים המגנים והקשתות והשרינים
והשרים אחרי כל בית יהודה•
יא הבונים בחומה והנשאים בסבל עמשים באחת ידו עשה
במלאכה ואחת מחזקת השלח•
יב והבונים איש חרבו אסורים על מתניו ובונים והתוקע
בשופר אצלי•
יג ואמר אל החרים ואל הסגנים ואל יתר העם המלאכה
הרבה ורחבה ואנחנו נפרדים על החומה רחוקים איש מאחיו•
יד במקום אשר תשמעו את קול השופר שמה תקבצו אלינו
אלהינו ילחם לנו•
טו ואנחנו עשים במלאכה וחצים מחזיקים ברמחים מעלות
השחר עד צאת הכוכבים•
טז גם בעת ההיא אמרתי לעם איש ונערו ילינו בתוך
ירושלם והיו לנו הלילה משמר והיום מלאכה•

𐤉𐤆 𐤅𐤀𐤉𐤍 𐤀𐤍𐤉 𐤅𐤀𐤇𐤉 𐤅𐤍𐤏𐤓𐤉 𐤅𐤀𐤍𐤔𐤉 𐤄𐤌𐤔𐤌𐤓 𐤀𐤔𐤓 𐤀𐤇𐤓𐤉 𐤀𐤉𐤍
𐤀𐤍𐤇𐤍𐤅 𐤐𐤔𐤈𐤉𐤌 𐤁𐤂𐤃𐤉𐤍𐤅 𐤀𐤉𐤔 𐤔𐤋𐤇𐤅 𐤄𐤌𐤉𐤌•

## 𐤐𐤓𐤒 𐤄

𐤀 𐤅𐤕𐤄𐤉 𐤑𐤏𐤒𐤕 𐤄𐤏𐤌 𐤅𐤍𐤔𐤉𐤄𐤌 𐤂𐤃𐤅𐤋𐤄 𐤀𐤋 𐤀𐤇𐤉𐤄𐤌 𐤄𐤉𐤄𐤅𐤃𐤉𐤌•
𐤁 𐤅𐤉𐤔 𐤀𐤔𐤓 𐤀𐤌𐤓𐤉𐤌 𐤁𐤍𐤉𐤍𐤅 𐤅𐤁𐤍𐤕𐤉𐤍𐤅 𐤀𐤍𐤇𐤍𐤅 𐤓𐤁𐤉𐤌 𐤅𐤍𐤒𐤇𐤄 𐤃𐤂𐤍
𐤅𐤍𐤀𐤊𐤋𐤄 𐤅𐤍𐤇𐤉𐤄•
𐤂 𐤅𐤉𐤔 𐤀𐤔𐤓 𐤀𐤌𐤓𐤉𐤌 𐤔𐤃𐤕𐤉𐤍𐤅 𐤅𐤊𐤓𐤌𐤉𐤍𐤅 𐤅𐤁𐤕𐤉𐤍𐤅 𐤀𐤍𐤇𐤍𐤅 𐤏𐤓𐤁𐤉𐤌
𐤅𐤍𐤒𐤇𐤄 𐤃𐤂𐤍 𐤁𐤓𐤏𐤁•
𐤃 𐤅𐤉𐤔 𐤀𐤔𐤓 𐤀𐤌𐤓𐤉𐤌 𐤋𐤅𐤉𐤍𐤅 𐤊𐤎𐤐 𐤋𐤌𐤃𐤕 𐤄𐤌𐤋𐤊 𐤔𐤃𐤕𐤉𐤍𐤅
𐤅𐤊𐤓𐤌𐤉𐤍𐤅•
𐤄 𐤅𐤏𐤕𐤄 𐤊𐤁𐤔𐤓 𐤀𐤇𐤉𐤍𐤅 𐤁𐤔𐤓𐤍𐤅 𐤊𐤁𐤍𐤉𐤄𐤌 𐤁𐤍𐤉𐤍𐤅 𐤅𐤄𐤍𐤄 𐤀𐤍𐤇𐤍𐤅
𐤊𐤁𐤔𐤉𐤌 𐤀𐤕 𐤁𐤍𐤉𐤍𐤅 𐤅𐤀𐤕 𐤁𐤍𐤕𐤉𐤍𐤅 𐤋𐤏𐤁𐤃𐤉𐤌 𐤅𐤉𐤔 𐤌𐤁𐤍𐤕𐤉𐤍𐤅
𐤍𐤊𐤁𐤔𐤅𐤕 𐤅𐤀𐤉𐤍 𐤋𐤀𐤋 𐤉𐤃𐤍𐤅 𐤅𐤔𐤃𐤕𐤉𐤍𐤅 𐤅𐤊𐤓𐤌𐤉𐤍𐤅 𐤋𐤀𐤇𐤓𐤉𐤌•
𐤅 𐤅𐤉𐤇𐤓 𐤋𐤉 𐤌𐤀𐤃 𐤊𐤀𐤔𐤓 𐤔𐤌𐤏𐤕𐤉 𐤀𐤕 𐤆𐤏𐤒𐤕𐤌 𐤅𐤀𐤕 𐤄𐤃𐤁𐤓𐤉𐤌
𐤄𐤀𐤋𐤄•
𐤆 𐤅𐤉𐤌𐤋𐤊 𐤋𐤁𐤉 𐤏𐤋𐤉 𐤅𐤀𐤓𐤉𐤁𐤄 𐤀𐤕 𐤄𐤇𐤓𐤉𐤌 𐤅𐤀𐤕 𐤄𐤎𐤂𐤍𐤉𐤌 𐤅𐤀𐤌𐤓𐤄
𐤋𐤄𐤌 𐤌𐤔𐤀 𐤀𐤉𐤔 𐤁𐤀𐤇𐤉𐤅 𐤀𐤕𐤌 𐤍𐤔𐤀𐤉𐤌 [𐤍𐤔𐤉𐤌] 𐤅𐤀𐤕𐤍 𐤏𐤋𐤉𐤄𐤌
𐤒𐤄𐤋𐤄 𐤂𐤃𐤅𐤋𐤄•
𐤇 𐤅𐤀𐤌𐤓𐤄 𐤋𐤄𐤌 𐤀𐤍𐤇𐤍𐤅 𐤒𐤍𐤉𐤍𐤅 𐤀𐤕 𐤀𐤇𐤉𐤍𐤅 𐤄𐤉𐤄𐤅𐤃𐤉𐤌 𐤄𐤍𐤌𐤊𐤓𐤉𐤌
𐤋𐤂𐤅𐤉𐤌 𐤊𐤃𐤉 𐤁𐤍𐤅 𐤅𐤂𐤌 𐤀𐤕𐤌 𐤕𐤌𐤊𐤓𐤅 𐤀𐤕 𐤀𐤇𐤉𐤊𐤌 𐤅𐤍𐤌𐤊𐤓𐤅 𐤋𐤍𐤅
𐤅𐤉𐤇𐤓𐤉𐤔𐤅 𐤅𐤋𐤀 𐤌𐤑𐤀𐤅 𐤃𐤁𐤓•
𐤈 𐤅𐤉𐤀𐤌𐤓 [𐤅𐤀𐤌𐤓] 𐤋𐤀 𐤈𐤅𐤁 𐤄𐤃𐤁𐤓 𐤀𐤔𐤓 𐤀𐤕𐤌 𐤏𐤔𐤉𐤌 𐤄𐤋𐤅𐤀 𐤁𐤉𐤓𐤀𐤕
𐤀𐤋𐤄𐤉𐤍𐤅 𐤕𐤋𐤊𐤅 𐤌𐤇𐤓𐤐𐤕 𐤄𐤂𐤅𐤉𐤌 𐤀𐤅𐤉𐤁𐤉𐤍𐤅•
𐤉 𐤅𐤂𐤌 𐤀𐤍𐤉 𐤀𐤇𐤉 𐤅𐤍𐤏𐤓𐤉 𐤍𐤔𐤉𐤌 𐤁𐤄𐤌 𐤊𐤎𐤐 𐤅𐤃𐤂𐤍 𐤍𐤏𐤆𐤁𐤄 𐤍𐤀 𐤀𐤕
𐤄𐤌𐤔𐤀 𐤄𐤆𐤄•
𐤉𐤀 𐤄𐤔𐤉𐤁𐤅 𐤍𐤀 𐤋𐤄𐤌 𐤊𐤄𐤉𐤅𐤌 𐤔𐤃𐤕𐤉𐤄𐤌 𐤊𐤓𐤌𐤉𐤄𐤌 𐤆𐤉𐤕𐤉𐤄𐤌
𐤅𐤁𐤕𐤉𐤄𐤌 𐤅𐤌𐤀𐤕 𐤄𐤊𐤎𐤐 𐤅𐤄𐤃𐤂𐤍 𐤄𐤕𐤉𐤓𐤅𐤔 𐤅𐤄𐤉𐤑𐤄𐤓 𐤀𐤔𐤓 𐤀𐤕𐤌
𐤍𐤔𐤉𐤌 𐤁𐤄𐤌•
𐤉𐤁 𐤅𐤉𐤀𐤌𐤓𐤅 𐤍𐤔𐤉𐤁 𐤅𐤌𐤄𐤌 𐤋𐤀 𐤍𐤁𐤒𐤔 𐤊𐤍 𐤍𐤏𐤔𐤄 𐤊𐤀𐤔𐤓 𐤀𐤕𐤄
𐤀𐤅𐤌𐤓 𐤅𐤀𐤒𐤓𐤀 𐤀𐤕 𐤄𐤊𐤄𐤍𐤉𐤌 𐤅𐤀𐤔𐤁𐤉𐤏𐤌 𐤋𐤏𐤔𐤅𐤕 𐤊𐤃𐤁𐤓 𐤄𐤆𐤄•
𐤉𐤂 𐤂𐤌 𐤇𐤑𐤍𐤉 𐤍𐤏𐤓𐤕𐤉 𐤅𐤀𐤌𐤓𐤄 𐤊𐤊𐤄 𐤉𐤍𐤏𐤓 𐤄𐤀𐤋𐤄𐤉𐤌 𐤀𐤕 𐤊𐤋
𐤄𐤀𐤉𐤔 𐤀𐤔𐤓 𐤋𐤀 𐤉𐤒𐤉𐤌 𐤀𐤕 𐤄𐤃𐤁𐤓 𐤄𐤆𐤄 𐤌𐤁𐤉𐤕𐤅 𐤅𐤌𐤉𐤂𐤉𐤏𐤅 𐤅𐤊𐤊𐤄

𐤉𐤄𐤉𐤄 𐤍𐤏𐤅𐤓 𐤅𐤓𐤒 𐤅𐤉𐤀𐤌𐤓𐤅 𐤊𐤋 𐤄𐤒𐤄𐤋 𐤀𐤌𐤍 𐤅𐤉𐤄𐤋𐤋𐤅 𐤀𐤕 𐤉𐤄𐤅𐤄
𐤅𐤉𐤏𐤔 𐤄𐤏𐤌 𐤊𐤃𐤁𐤓 𐤄𐤆𐤄.

𐤉𐤃 𐤂𐤌 𐤌𐤉𐤅𐤌 𐤀𐤔𐤓 𐤑𐤅𐤄 𐤀𐤕𐤉 𐤋𐤄𐤉𐤅𐤕 𐤐𐤇𐤌 𐤁𐤀𐤓𐤑 𐤉𐤄𐤅𐤃𐤄 𐤌𐤔𐤍𐤕
𐤏𐤔𐤓𐤉𐤌 𐤅𐤏𐤃 𐤔𐤍𐤕 𐤔𐤋𐤔𐤉𐤌 𐤅𐤔𐤕𐤉𐤌 𐤋𐤀𐤓𐤕𐤇𐤔𐤎𐤕𐤀 𐤄𐤌𐤋𐤊 𐤔𐤍𐤉𐤌
𐤔𐤕𐤉𐤌 𐤏𐤔𐤓𐤄 𐤀𐤍𐤉 𐤅𐤀𐤇𐤉 𐤋𐤇𐤌 𐤄𐤐𐤇𐤄 𐤋𐤀 𐤀𐤊𐤋𐤕𐤉.

𐤈𐤅 𐤅𐤄𐤐𐤇𐤅𐤕 𐤄𐤓𐤀𐤔𐤍𐤉𐤌 𐤀𐤔𐤓 𐤋𐤐𐤍𐤉 𐤄𐤊𐤁𐤉𐤃𐤅 𐤏𐤋 𐤄𐤏𐤌 𐤅𐤉𐤒𐤇𐤅
𐤌𐤄𐤌 𐤁𐤋𐤇𐤌 𐤅𐤉𐤉𐤍 𐤀𐤇𐤓 𐤊𐤎𐤐 𐤔𐤒𐤋𐤉𐤌 𐤀𐤓𐤁𐤏𐤉𐤌 𐤂𐤌 𐤍𐤏𐤓𐤉𐤄𐤌 𐤔𐤋𐤈𐤅
𐤏𐤋 𐤄𐤏𐤌 𐤅𐤀𐤍𐤉 𐤋𐤀 𐤏𐤔𐤉𐤕𐤉 𐤊𐤍 𐤌𐤐𐤍𐤉 𐤉𐤓𐤀𐤕 𐤀𐤋𐤄𐤉𐤌.

𐤈𐤆 𐤅𐤂𐤌 𐤁𐤌𐤋𐤀𐤊𐤕 𐤄𐤇𐤅𐤌𐤄 𐤄𐤆𐤀𐤕 𐤄𐤇𐤆𐤒𐤕𐤉 𐤅𐤔𐤃𐤄 𐤋𐤀 𐤒𐤍𐤉𐤍𐤅
𐤅𐤊𐤋 𐤍𐤏𐤓𐤉 𐤒𐤁𐤅𐤑𐤉𐤌 𐤔𐤌 𐤏𐤋 𐤄𐤌𐤋𐤀𐤊𐤄.

𐤉𐤆 𐤅𐤄𐤉𐤄𐤅𐤃𐤉𐤌 𐤅𐤄𐤎𐤂𐤍𐤉𐤌 𐤌𐤀𐤄 𐤅𐤇𐤌𐤔𐤉𐤌 𐤀𐤉𐤔 𐤅𐤄𐤁𐤀𐤉𐤌
𐤀𐤋𐤉𐤍𐤅 𐤌𐤍 𐤄𐤂𐤅𐤉𐤌 𐤀𐤔𐤓 𐤎𐤁𐤉𐤁𐤕𐤉𐤍𐤅 𐤏𐤋 𐤔𐤋𐤇𐤍𐤉.

𐤉𐤇 𐤅𐤀𐤔𐤓 𐤄𐤉𐤄 𐤍𐤏𐤔𐤄 𐤋𐤉𐤅𐤌 𐤀𐤇𐤃 𐤔𐤅𐤓 𐤀𐤇𐤃 𐤑𐤀𐤍 𐤔𐤔 𐤁𐤓𐤓𐤅𐤕
𐤅𐤑𐤐𐤓𐤉𐤌 𐤍𐤏𐤔𐤅 𐤋𐤉 𐤅𐤁𐤉𐤍 𐤏𐤔𐤓𐤕 𐤉𐤌𐤉𐤌 𐤁𐤊𐤋 𐤉𐤉𐤍 𐤋𐤄𐤓𐤁𐤄 𐤅𐤏𐤌 𐤆𐤄
𐤋𐤇𐤌 𐤄𐤐𐤇𐤄 𐤋𐤀 𐤁𐤒𐤔𐤕𐤉 𐤊𐤉 𐤊𐤁𐤃𐤄 𐤄𐤏𐤁𐤃𐤄 𐤏𐤋 𐤄𐤏𐤌 𐤄𐤆𐤄.

𐤉𐤈 𐤆𐤊𐤓𐤄 𐤋𐤉 𐤀𐤋𐤄𐤉 𐤋𐤈𐤅𐤁𐤄 𐤊𐤋 𐤀𐤔𐤓 𐤏𐤔𐤉𐤕𐤉 𐤏𐤋 𐤄𐤏𐤌 𐤄𐤆𐤄.

## 𐤐𐤓𐤒 𐤅

𐤀 𐤅𐤉𐤄𐤉 𐤊𐤀𐤔𐤓 𐤍𐤔𐤌𐤏 𐤋𐤎𐤍𐤁𐤋𐤈 𐤅𐤈𐤅𐤁𐤉𐤄 𐤅𐤋𐤂𐤔𐤌 𐤄𐤏𐤓𐤁𐤉 𐤅𐤋𐤉𐤕𐤓
𐤀𐤉𐤁𐤉𐤍𐤅 𐤊𐤉 𐤁𐤍𐤉𐤕𐤉 𐤀𐤕 𐤄𐤇𐤅𐤌𐤄 𐤅𐤋𐤀 𐤍𐤅𐤕𐤓 𐤁𐤄 𐤐𐤓𐤑 𐤂𐤌 𐤏𐤃 𐤄𐤏𐤕
𐤄𐤄𐤉𐤀 𐤃𐤋𐤕𐤅𐤕 𐤋𐤀 𐤄𐤏𐤌𐤃𐤕𐤉 𐤁𐤔𐤏𐤓𐤉𐤌.

𐤁 𐤅𐤉𐤔𐤋𐤇 𐤎𐤍𐤁𐤋𐤈 𐤅𐤂𐤔𐤌 𐤀𐤋𐤉 𐤋𐤀𐤌𐤓 𐤋𐤊𐤄 𐤅𐤍𐤅𐤏𐤃𐤄 𐤉𐤇𐤃𐤅
𐤁𐤊𐤐𐤉𐤓𐤉𐤌 𐤁𐤁𐤒𐤏𐤕 𐤀𐤅𐤍𐤅 𐤅𐤄𐤌𐤄 𐤇𐤔𐤁𐤉𐤌 𐤋𐤏𐤔𐤅𐤕 𐤋𐤉 𐤓𐤏𐤄.

𐤂 𐤅𐤀𐤔𐤋𐤇𐤄 𐤏𐤋𐤉𐤄𐤌 𐤌𐤋𐤀𐤊𐤉𐤌 𐤋𐤀𐤌𐤓 𐤌𐤋𐤀𐤊𐤄 𐤂𐤃𐤅𐤋𐤄 𐤀𐤍𐤉 𐤏𐤔𐤄
𐤅𐤋𐤀 𐤀𐤅𐤊𐤋 𐤋𐤓𐤃𐤕 𐤋𐤌𐤄 𐤕𐤔𐤁𐤕 𐤄𐤌𐤋𐤀𐤊𐤄 𐤊𐤀𐤔𐤓 𐤀𐤓𐤐𐤄 𐤅𐤉𐤓𐤃𐤕𐤉
𐤀𐤋𐤉𐤊𐤌.

𐤃 𐤅𐤉𐤔𐤋𐤇𐤅 𐤀𐤋𐤉 𐤊𐤃𐤁𐤓 𐤄𐤆𐤄 𐤀𐤓𐤁𐤏 𐤐𐤏𐤌𐤉𐤌 𐤅𐤀𐤔𐤉𐤁 𐤀𐤅𐤕𐤌 𐤊𐤃𐤁𐤓
𐤄𐤆𐤄.

𐤄 𐤅𐤉𐤔𐤋𐤇 𐤀𐤋𐤉 𐤎𐤍𐤁𐤋𐤈 𐤊𐤃𐤁𐤓 𐤄𐤆𐤄 𐤐𐤏𐤌 𐤇𐤌𐤉𐤔𐤉𐤕 𐤀𐤕 𐤍𐤏𐤓𐤅
𐤅𐤀𐤂𐤓𐤕 𐤐𐤕𐤅𐤇𐤄 𐤁𐤉𐤃𐤅.

𐤅 𐤊𐤕𐤅𐤁 𐤁𐤄 𐤁𐤂𐤅𐤉𐤌 𐤍𐤔𐤌𐤏 𐤅𐤂𐤔𐤌𐤅 𐤀𐤌𐤓 𐤀𐤕𐤄 𐤅𐤄𐤉𐤄𐤅𐤃𐤉𐤌
𐤇𐤔𐤁𐤉𐤌 𐤋𐤌𐤓𐤅𐤃 𐤏𐤋 𐤊𐤍 𐤀𐤕𐤄 𐤁𐤅𐤍𐤄 𐤄𐤇𐤅𐤌𐤄 𐤅𐤀𐤕𐤄 𐤄𐤅𐤄 𐤋𐤄𐤌
𐤋𐤌𐤋𐤊 𐤊𐤃𐤁𐤓𐤉𐤌 𐤄𐤀𐤋𐤄.

# 𐤍𐤇𐤌𐤉𐤄

𐤆 𐤅𐤂𐤌 𐤍𐤁𐤉𐤀𐤉𐤌 𐤄𐤏𐤌𐤃𐤕 𐤋𐤒𐤓𐤀 𐤏𐤋𐤉𐤊 𐤁𐤉𐤓𐤅𐤔𐤋𐤌 𐤋𐤀𐤌𐤓 𐤌𐤋𐤊
𐤁𐤉𐤄𐤅𐤃𐤄 𐤅𐤏𐤕𐤄 𐤉𐤔𐤌𐤏 𐤋𐤌𐤋𐤊 𐤊𐤃𐤁𐤓𐤉𐤌 𐤄𐤀𐤋𐤄 𐤅𐤏𐤕𐤄 𐤋𐤊𐤄
𐤅𐤍𐤅𐤏𐤑𐤄 𐤉𐤇𐤃𐤅•

𐤇 𐤅𐤀𐤔𐤋𐤇𐤄 𐤀𐤋𐤉𐤅 𐤋𐤀𐤌𐤓 𐤋𐤀 𐤍𐤄𐤉𐤄 𐤊𐤃𐤁𐤓𐤉𐤌 𐤄𐤀𐤋𐤄 𐤀𐤔𐤓 𐤀𐤕𐤄
𐤀𐤅𐤌𐤓 𐤊𐤉 𐤌𐤋𐤁𐤊 𐤀𐤕𐤄 𐤁𐤅𐤃𐤀𐤌 [𐤁𐤅𐤃𐤌]•

𐤈 𐤊𐤉 𐤊𐤋𐤌 𐤌𐤉𐤓𐤀𐤉𐤌 𐤀𐤅𐤕𐤍𐤅 𐤋𐤀𐤌𐤓 𐤉𐤓𐤐𐤅 𐤉𐤃𐤉𐤄𐤌 𐤌𐤍 𐤄𐤌𐤋𐤀𐤊𐤄
𐤅𐤋𐤀 𐤕𐤏𐤔𐤄 𐤅𐤏𐤕𐤄 𐤇𐤆𐤒 𐤀𐤕 𐤉𐤃𐤉•

𐤉 𐤅𐤀𐤍𐤉 𐤁𐤀𐤕𐤉 𐤁𐤉𐤕 𐤔𐤌𐤏𐤉𐤄 𐤁𐤍 𐤃𐤋𐤉𐤄 𐤁𐤍 𐤌𐤄𐤉𐤈𐤁𐤀𐤋 𐤅𐤄𐤅𐤀
𐤏𐤑𐤅𐤓 𐤅𐤉𐤀𐤌𐤓 𐤍𐤅𐤏𐤃 𐤀𐤋 𐤁𐤉𐤕 𐤄𐤀𐤋𐤄𐤉𐤌 𐤀𐤋 𐤕𐤅𐤊 𐤄𐤄𐤉𐤊𐤋 𐤅𐤍𐤎𐤂𐤓𐤄
𐤃𐤋𐤕𐤅𐤕 𐤄𐤄𐤉𐤊𐤋 𐤊𐤉 𐤁𐤀𐤉𐤌 𐤋𐤄𐤓𐤂𐤊 𐤅𐤋𐤉𐤋𐤄 𐤁𐤀𐤉𐤌 𐤋𐤄𐤓𐤂𐤊•

𐤉𐤀 𐤅𐤀𐤌𐤓𐤄 𐤄𐤀𐤉𐤔 𐤊𐤌𐤅𐤍𐤉 𐤉𐤁𐤓𐤇 𐤅𐤌𐤉 𐤊𐤌𐤅𐤍𐤉 𐤀𐤔𐤓 𐤉𐤁𐤅𐤀 𐤀𐤋
𐤄𐤄𐤉𐤊𐤋 𐤅𐤇𐤉 𐤋𐤀 𐤀𐤁𐤅𐤀•

𐤉𐤁 𐤅𐤀𐤊𐤉𐤓𐤄 𐤅𐤄𐤍𐤄 𐤋𐤀 𐤀𐤋𐤄𐤉𐤌 𐤔𐤋𐤇𐤅 𐤊𐤉 𐤄𐤍𐤁𐤅𐤀𐤄 𐤃𐤁𐤓 𐤏𐤋𐤉
𐤅𐤈𐤅𐤁𐤉𐤄 𐤅𐤎𐤍𐤁𐤋𐤈 𐤔𐤊𐤓𐤅•

𐤉𐤂 𐤋𐤌𐤏𐤍 𐤔𐤊𐤅𐤓 𐤄𐤅𐤀 𐤋𐤌𐤏𐤍 𐤀𐤉𐤓𐤀 𐤅𐤀𐤏𐤔𐤄 𐤊𐤍 𐤅𐤇𐤈𐤀𐤕𐤉 𐤅𐤄𐤉𐤄
𐤋𐤄𐤌 𐤋𐤔𐤌 𐤓𐤏 𐤋𐤌𐤏𐤍 𐤉𐤇𐤓𐤐𐤅𐤍𐤉•

𐤉𐤃 𐤆𐤊𐤓𐤄 𐤀𐤋𐤄𐤉 𐤋𐤈𐤅𐤁𐤉𐤄 𐤅𐤋𐤎𐤍𐤁𐤋𐤈 𐤊𐤌𐤏𐤔𐤉𐤅 𐤀𐤋𐤄 𐤅𐤂𐤌
𐤋𐤍𐤅𐤏𐤃𐤉𐤄 𐤄𐤍𐤁𐤉𐤀𐤄 𐤅𐤋𐤉𐤕𐤓 𐤄𐤍𐤁𐤉𐤀𐤉𐤌 𐤀𐤔𐤓 𐤄𐤉𐤅 𐤌𐤉𐤓𐤀𐤉𐤌
𐤀𐤅𐤕𐤉•

𐤈𐤅 𐤅𐤕𐤔𐤋𐤌 𐤄𐤇𐤅𐤌𐤄 𐤁𐤏𐤔𐤓𐤉𐤌 𐤅𐤇𐤌𐤔𐤄 𐤋𐤀𐤋𐤅𐤋 𐤋𐤇𐤌𐤔𐤉𐤌 𐤅𐤔𐤍𐤉𐤌
𐤉𐤅𐤌•

𐤈𐤆 𐤅𐤉𐤄𐤉 𐤊𐤀𐤔𐤓 𐤔𐤌𐤏𐤅 𐤊𐤋 𐤀𐤅𐤉𐤁𐤉𐤍𐤅 𐤅𐤉𐤓𐤀𐤅 𐤊𐤋 𐤄𐤂𐤅𐤉𐤌 𐤀𐤔𐤓
𐤎𐤁𐤉𐤁𐤕𐤉𐤍𐤅 𐤅𐤉𐤐𐤋𐤅 𐤌𐤀𐤃 𐤁𐤏𐤉𐤍𐤉𐤄𐤌 𐤅𐤉𐤃𐤏𐤅 𐤊𐤉 𐤌𐤀𐤕 𐤀𐤋𐤄𐤉𐤍𐤅
𐤍𐤏𐤔𐤕𐤄 𐤄𐤌𐤋𐤀𐤊𐤄 𐤄𐤆𐤀𐤕•

𐤉𐤆 𐤂𐤌 𐤁𐤉𐤌𐤉𐤌 𐤄𐤄𐤌 𐤌𐤓𐤁𐤉𐤌 𐤇𐤓𐤉 𐤉𐤄𐤅𐤃𐤄 𐤀𐤂𐤓𐤕𐤉𐤄𐤌 𐤄𐤅𐤋𐤊𐤅𐤕
𐤏𐤋 𐤈𐤅𐤁𐤉𐤄 𐤅𐤀𐤔𐤓 𐤋𐤈𐤅𐤁𐤉𐤄 𐤁𐤀𐤅𐤕 𐤀𐤋𐤉𐤄𐤌•

𐤉𐤇 𐤊𐤉 𐤓𐤁𐤉𐤌 𐤁𐤉𐤄𐤅𐤃𐤄 𐤁𐤏𐤋𐤉 𐤔𐤁𐤅𐤏𐤄 𐤋𐤅 𐤊𐤉 𐤇𐤕𐤍 𐤄𐤅𐤀 𐤋𐤔𐤊𐤍𐤉𐤄
𐤁𐤍 𐤀𐤓𐤇 𐤅𐤉𐤄𐤅𐤇𐤍𐤍 𐤁𐤍𐤅 𐤋𐤒𐤇 𐤀𐤕 𐤁𐤕 𐤌𐤔𐤋𐤌 𐤁𐤍 𐤁𐤓𐤊𐤉𐤄•

𐤉𐤈 𐤂𐤌 𐤈𐤅𐤁𐤕𐤉𐤅 𐤄𐤉𐤅 𐤀𐤌𐤓𐤉𐤌 𐤋𐤐𐤍𐤉 𐤅𐤃𐤁𐤓𐤉 𐤄𐤉𐤅 𐤌𐤅𐤑𐤉𐤀𐤉𐤌 𐤋𐤅
𐤀𐤂𐤓𐤅𐤕 𐤔𐤋𐤇 𐤈𐤅𐤁𐤉𐤄 𐤋𐤉𐤓𐤀𐤍𐤉•

𐤐𐤓𐤒 𐤆

𐤀 𐤅𐤉𐤄𐤉 𐤊𐤀𐤔𐤓 𐤍𐤁𐤍𐤕𐤄 𐤄𐤇𐤅𐤌𐤄 𐤅𐤀𐤏𐤌𐤉𐤃 𐤄𐤃𐤋𐤕𐤅𐤕 𐤅𐤉𐤐𐤒𐤃𐤅

𐤄𐤔𐤅𐤏𐤓𐤉𐤌 𐤅𐤄𐤌𐤔𐤓𐤓𐤉𐤌 𐤅𐤄𐤋𐤅𐤉𐤌•
𐤁 𐤅𐤀𐤑𐤅𐤄 𐤀𐤕 𐤇𐤍𐤍𐤉 𐤀𐤇𐤉 𐤅𐤀𐤕 𐤇𐤍𐤍𐤉𐤄 𐤔𐤓 𐤄𐤁𐤉𐤓𐤄 𐤏𐤋 𐤉𐤓𐤅𐤔𐤋𐤌
𐤊𐤉 𐤄𐤅𐤀 𐤊𐤀𐤉𐤔 𐤀𐤌𐤕 𐤅𐤉𐤓𐤀 𐤀𐤕 𐤄𐤀𐤋𐤄𐤉𐤌 𐤌𐤓𐤁𐤉𐤌•
𐤂 𐤅𐤉𐤀𐤌𐤓 [𐤅𐤀𐤌𐤓] 𐤋𐤄𐤌 𐤋𐤀 𐤉𐤐𐤕𐤇𐤅 𐤔𐤏𐤓𐤉 𐤉𐤓𐤅𐤔𐤋𐤌 𐤏𐤃 𐤇𐤌 𐤄𐤔𐤌𐤔
𐤅𐤏𐤃 𐤄𐤌 𐤏𐤌𐤃𐤉𐤌 𐤉𐤂𐤉𐤐𐤅 𐤄𐤃𐤋𐤕𐤅𐤕 𐤅𐤀𐤇𐤆𐤅 𐤅𐤄𐤏𐤌𐤉𐤃 𐤌𐤔𐤌𐤓𐤅𐤕
𐤉𐤔𐤁𐤉 𐤉𐤓𐤅𐤔𐤋𐤌 𐤀𐤉𐤔 𐤁𐤌𐤔𐤌𐤓𐤅 𐤅𐤀𐤉𐤔 𐤍𐤂𐤃 𐤁𐤉𐤕𐤅•
𐤃 𐤅𐤄𐤏𐤉𐤓 𐤓𐤇𐤁𐤕 𐤉𐤃𐤉𐤌 𐤅𐤂𐤃𐤋𐤄 𐤅𐤄𐤏𐤌 𐤌𐤏𐤈 𐤁𐤕𐤅𐤊𐤄 𐤅𐤀𐤉𐤍 𐤁𐤕𐤉𐤌
𐤁𐤍𐤅𐤉𐤌•
𐤄 𐤅𐤉𐤕𐤍 𐤀𐤋𐤄𐤉 𐤀𐤋 𐤋𐤁𐤉 𐤅𐤀𐤒𐤁𐤑𐤄 𐤀𐤕 𐤄𐤇𐤓𐤉𐤌 𐤅𐤀𐤕 𐤄𐤎𐤂𐤍𐤉𐤌
𐤅𐤀𐤕 𐤄𐤏𐤌 𐤋𐤄𐤕𐤉𐤇𐤔 𐤅𐤀𐤌𐤑𐤀 𐤎𐤐𐤓 𐤄𐤉𐤇𐤔 𐤄𐤏𐤅𐤋𐤉𐤌 𐤁𐤓𐤀𐤔𐤅𐤍𐤄
𐤅𐤀𐤌𐤑𐤀 𐤊𐤕𐤅𐤁 𐤁𐤅•
𐤅 𐤀𐤋𐤄 𐤁𐤍𐤉 𐤄𐤌𐤃𐤉𐤍𐤄 𐤄𐤏𐤋𐤉𐤌 𐤌𐤔𐤁𐤉 𐤄𐤂𐤅𐤋𐤄 𐤀𐤔𐤓 𐤄𐤂𐤋𐤄
𐤍𐤁𐤅𐤊𐤃𐤍𐤑𐤓 𐤌𐤋𐤊 𐤁𐤁𐤋 𐤅𐤉𐤔𐤅𐤁𐤅 𐤋𐤉𐤓𐤅𐤔𐤋𐤌 𐤅𐤋𐤉𐤄𐤅𐤃𐤄 𐤀𐤉𐤔
𐤋𐤏𐤉𐤓𐤅•
𐤆 𐤄𐤁𐤀𐤉𐤌 𐤏𐤌 𐤆𐤓𐤁𐤁𐤋 𐤉𐤔𐤅𐤏 𐤍𐤇𐤌𐤉𐤄 𐤏𐤆𐤓𐤉𐤄 𐤓𐤏𐤌𐤉𐤄 𐤍𐤇𐤌𐤍𐤉
𐤌𐤓𐤃𐤊𐤉 𐤁𐤋𐤔𐤍 𐤌𐤎𐤐𐤓𐤕 𐤁𐤂𐤅𐤉 𐤍𐤇𐤅𐤌 𐤁𐤏𐤍𐤄 𐤌𐤎𐤐𐤓 𐤀𐤍𐤔𐤉 𐤏𐤌
𐤉𐤔𐤓𐤀𐤋•
𐤇 𐤁𐤍𐤉 𐤐𐤓𐤏𐤔 𐤀𐤋𐤐𐤉𐤌 𐤌𐤀𐤄 𐤅𐤔𐤁𐤏𐤉𐤌 𐤅𐤔𐤍𐤉𐤌•
𐤈 𐤁𐤍𐤉 𐤔𐤐𐤈𐤉𐤄 𐤔𐤋𐤔 𐤌𐤀𐤅𐤕 𐤔𐤁𐤏𐤉𐤌 𐤅𐤔𐤍𐤉𐤌•
𐤉 𐤁𐤍𐤉 𐤀𐤓𐤇 𐤔𐤔 𐤌𐤀𐤅𐤕 𐤇𐤌𐤔𐤉𐤌 𐤅𐤔𐤍𐤉𐤌•
𐤉𐤀 𐤁𐤍𐤉 𐤐𐤇𐤕 𐤌𐤅𐤀𐤁 𐤋𐤁𐤍𐤉 𐤉𐤔𐤅𐤏 𐤅𐤉𐤅𐤀𐤁 𐤀𐤋𐤐𐤉𐤌 𐤅𐤔𐤌𐤍𐤄 𐤌𐤀𐤅𐤕
𐤔𐤌𐤍𐤄 𐤏𐤔𐤓•
𐤉𐤁 𐤁𐤍𐤉 𐤏𐤉𐤋𐤌 𐤀𐤋𐤐 𐤌𐤀𐤕𐤉𐤌 𐤇𐤌𐤔𐤉𐤌 𐤅𐤀𐤓𐤁𐤏𐤄•
𐤉𐤂 𐤁𐤍𐤉 𐤆𐤕𐤅𐤀 𐤔𐤌𐤍𐤄 𐤌𐤀𐤅𐤕 𐤀𐤓𐤁𐤏𐤉𐤌 𐤅𐤇𐤌𐤔𐤄•
𐤉𐤃 𐤁𐤍𐤉 𐤆𐤊𐤉 𐤔𐤁𐤏 𐤌𐤀𐤅𐤕 𐤅𐤔𐤔𐤉𐤌•
𐤈𐤅 𐤁𐤍𐤉 𐤁𐤍𐤅𐤉 𐤔𐤔 𐤌𐤀𐤅𐤕 𐤀𐤓𐤁𐤏𐤉𐤌 𐤅𐤔𐤌𐤍𐤄•
𐤈𐤆 𐤁𐤍𐤉 𐤁𐤁𐤉 𐤔𐤔 𐤌𐤀𐤅𐤕 𐤏𐤔𐤓𐤉𐤌 𐤅𐤔𐤌𐤍𐤄•
𐤉𐤆 𐤁𐤍𐤉 𐤏𐤆𐤂𐤃 𐤀𐤋𐤐𐤉𐤌 𐤔𐤋𐤔 𐤌𐤀𐤅𐤕 𐤏𐤔𐤓𐤉𐤌 𐤅𐤔𐤍𐤉𐤌•
𐤉𐤇 𐤁𐤍𐤉 𐤀𐤃𐤍𐤉𐤒𐤌 𐤔𐤔 𐤌𐤀𐤅𐤕 𐤔𐤔𐤉𐤌 𐤅𐤔𐤁𐤏𐤄•
𐤉𐤈 𐤁𐤍𐤉 𐤁𐤂𐤅𐤉 𐤀𐤋𐤐𐤉𐤌 𐤔𐤔𐤉𐤌 𐤅𐤔𐤁𐤏𐤄•
𐤊 𐤁𐤍𐤉 𐤏𐤃𐤉𐤍 𐤔𐤔 𐤌𐤀𐤅𐤕 𐤇𐤌𐤔𐤉𐤌 𐤅𐤇𐤌𐤔𐤄•
𐤊𐤀 𐤁𐤍𐤉 𐤀𐤈𐤓 𐤋𐤇𐤆𐤒𐤉𐤄 𐤕𐤔𐤏𐤉𐤌 𐤅𐤔𐤌𐤍𐤄•
𐤊𐤁 𐤁𐤍𐤉 𐤇𐤔𐤌 𐤔𐤋𐤔 𐤌𐤀𐤅𐤕 𐤏𐤔𐤓𐤉𐤌 𐤅𐤔𐤌𐤍𐤄•

# 𐤍𐤇𐤌𐤉𐤄

𐤊𐤂 𐤁𐤍𐤉 𐤁𐤑𐤉 𐤔𐤋𐤔 𐤌𐤀𐤅𐤕 𐤏𐤔𐤓𐤉𐤌 𐤅𐤀𐤓𐤁𐤏𐤄•
𐤊𐤃 𐤁𐤍𐤉 𐤇𐤓𐤉𐤐 𐤌𐤀𐤄 𐤔𐤍𐤉𐤌 𐤏𐤔𐤓•
𐤊𐤄 𐤁𐤍𐤉 𐤂𐤁𐤏𐤅𐤍 𐤕𐤔𐤏𐤉𐤌 𐤅𐤇𐤌𐤔𐤄•
𐤊𐤅 𐤀𐤍𐤔𐤉 𐤁𐤉𐤕 𐤋𐤇𐤌 𐤅𐤍𐤈𐤐𐤄 𐤌𐤀𐤄 𐤔𐤌𐤍𐤉𐤌 𐤅𐤔𐤌𐤍𐤄•
𐤊𐤆 𐤀𐤍𐤔𐤉 𐤏𐤍𐤕𐤅𐤕 𐤌𐤀𐤄 𐤏𐤔𐤓𐤉𐤌 𐤅𐤔𐤌𐤍𐤄•
𐤊𐤇 𐤀𐤍𐤔𐤉 𐤁𐤉𐤕 𐤏𐤆𐤌𐤅𐤕 𐤀𐤓𐤁𐤏𐤉𐤌 𐤅𐤔𐤍𐤉𐤌•
𐤊𐤈 𐤀𐤍𐤔𐤉 𐤒𐤓𐤉𐤕 𐤉𐤏𐤓𐤉𐤌 𐤊𐤐𐤉𐤓𐤄 𐤅𐤁𐤀𐤓𐤅𐤕 𐤔𐤁𐤏 𐤌𐤀𐤅𐤕 𐤀𐤓𐤁𐤏𐤉𐤌
𐤅𐤔𐤋𐤔𐤄•
𐤋 𐤀𐤍𐤔𐤉 𐤄𐤓𐤌𐤄 𐤅𐤂𐤁𐤏 𐤔𐤔 𐤌𐤀𐤅𐤕 𐤏𐤔𐤓𐤉𐤌 𐤅𐤀𐤇𐤃•
𐤋𐤀 𐤀𐤍𐤔𐤉 𐤌𐤊𐤌𐤎 𐤌𐤀𐤄 𐤅𐤏𐤔𐤓𐤉𐤌 𐤅𐤔𐤍𐤉𐤌•
𐤋𐤁 𐤀𐤍𐤔𐤉 𐤁𐤉𐤕 𐤀𐤋 𐤅𐤄𐤏𐤉 𐤌𐤀𐤄 𐤏𐤔𐤓𐤉𐤌 𐤅𐤔𐤋𐤔𐤄•
𐤋𐤂 𐤀𐤍𐤔𐤉 𐤍𐤁𐤅 𐤀𐤇𐤓 𐤇𐤌𐤔𐤉𐤌 𐤅𐤔𐤍𐤉𐤌•
𐤋𐤃 𐤁𐤍𐤉 𐤏𐤉𐤋𐤌 𐤀𐤇𐤓 𐤀𐤋𐤐 𐤌𐤀𐤕𐤉𐤌 𐤇𐤌𐤔𐤉𐤌 𐤅𐤀𐤓𐤁𐤏𐤄•
𐤋𐤄 𐤁𐤍𐤉 𐤇𐤓𐤌 𐤔𐤋𐤔 𐤌𐤀𐤅𐤕 𐤅𐤏𐤔𐤓𐤉𐤌•
𐤋𐤅 𐤁𐤍𐤉 𐤉𐤓𐤇𐤅 𐤔𐤋𐤔 𐤌𐤀𐤅𐤕 𐤀𐤓𐤁𐤏𐤉𐤌 𐤅𐤇𐤌𐤔𐤄•
𐤋𐤆 𐤁𐤍𐤉 𐤋𐤃 𐤇𐤃𐤉𐤃 𐤅𐤀𐤅𐤍𐤅 𐤔𐤁𐤏 𐤌𐤀𐤅𐤕 𐤅𐤏𐤔𐤓𐤉𐤌 𐤅𐤀𐤇𐤃•
𐤋𐤇 𐤁𐤍𐤉 𐤎𐤍𐤀𐤄 𐤔𐤋𐤔𐤕 𐤀𐤋𐤐𐤉𐤌 𐤕𐤔𐤏 𐤌𐤀𐤅𐤕 𐤅𐤔𐤋𐤔𐤉𐤌•
𐤋𐤈 𐤄𐤊𐤄𐤍𐤉𐤌 𐤁𐤍𐤉 𐤉𐤃𐤏𐤉𐤄 𐤋𐤁𐤉𐤕 𐤉𐤔𐤅𐤏 𐤕𐤔𐤏 𐤌𐤀𐤅𐤕 𐤔𐤁𐤏𐤉𐤌
𐤅𐤔𐤋𐤔𐤄•
𐤌 𐤁𐤍𐤉 𐤀𐤌𐤓 𐤀𐤋𐤐 𐤇𐤌𐤔𐤉𐤌 𐤅𐤔𐤍𐤉𐤌•
𐤌𐤀 𐤁𐤍𐤉 𐤐𐤔𐤇𐤅𐤓 𐤀𐤋𐤐 𐤌𐤀𐤕𐤉𐤌 𐤀𐤓𐤁𐤏𐤉𐤌 𐤅𐤔𐤁𐤏𐤄•
𐤌𐤁 𐤁𐤍𐤉 𐤇𐤓𐤌 𐤀𐤋𐤐 𐤔𐤁𐤏𐤄 𐤏𐤔𐤓•
𐤌𐤂 𐤄𐤋𐤅𐤉𐤌 𐤁𐤍𐤉 𐤉𐤔𐤅𐤏 𐤋𐤒𐤃𐤌𐤉𐤀𐤋 𐤋𐤁𐤍𐤉 𐤋𐤄𐤅𐤃𐤅𐤄 𐤔𐤁𐤏𐤉𐤌
𐤅𐤀𐤓𐤁𐤏𐤄•
𐤌𐤃 𐤄𐤌𐤔𐤓𐤓𐤉𐤌 𐤁𐤍𐤉 𐤀𐤎𐤐 𐤌𐤀𐤄 𐤀𐤓𐤁𐤏𐤉𐤌 𐤅𐤔𐤌𐤍𐤄•
𐤌𐤄 𐤄𐤔𐤏𐤓𐤉𐤌 𐤁𐤍𐤉 𐤔𐤋𐤌 𐤁𐤍𐤉 𐤀𐤈𐤓 𐤁𐤍𐤉 𐤈𐤋𐤌𐤍 𐤁𐤍𐤉 𐤏𐤒𐤅𐤁 𐤁𐤍𐤉
𐤇𐤈𐤉𐤈𐤀 𐤁𐤍𐤉 𐤔𐤁𐤉 𐤌𐤀𐤄 𐤔𐤋𐤔𐤉𐤌 𐤅𐤔𐤌𐤍𐤄•
𐤌𐤅 𐤄𐤍𐤕𐤉𐤍𐤉𐤌 𐤁𐤍𐤉 𐤑𐤇𐤀 𐤁𐤍𐤉 𐤇𐤔𐤐𐤀 𐤁𐤍𐤉 𐤈𐤁𐤏𐤅𐤕•
𐤌𐤆 𐤁𐤍𐤉 𐤒𐤉𐤓𐤎 𐤁𐤍𐤉 𐤎𐤉𐤏𐤀 𐤁𐤍𐤉 𐤐𐤃𐤅𐤍•
𐤌𐤇 𐤁𐤍𐤉 𐤋𐤁𐤍𐤄 𐤁𐤍𐤉 𐤇𐤂𐤁𐤀 𐤁𐤍𐤉 𐤔𐤋𐤌𐤉•
𐤌𐤈 𐤁𐤍𐤉 𐤇𐤍𐤍 𐤁𐤍𐤉 𐤂𐤃𐤋 𐤁𐤍𐤉 𐤂𐤇𐤓•
𐤍 𐤁𐤍𐤉 𐤓𐤀𐤉𐤄 𐤁𐤍𐤉 𐤓𐤑𐤉𐤍 𐤁𐤍𐤉 𐤍𐤒𐤅𐤃𐤀•
𐤍𐤀 𐤁𐤍𐤉 𐤂𐤆𐤌 𐤁𐤍𐤉 𐤏𐤆𐤀 𐤁𐤍𐤉 𐤐𐤎𐤇•

𐤍𐤁 𐤁𐤍𐤉 𐤁𐤎𐤉 𐤁𐤍𐤉 𐤌𐤏𐤅𐤍𐤉𐤌 𐤁𐤍𐤉 𐤍𐤐𐤅𐤔𐤎𐤉𐤌 [𐤍𐤐𐤉𐤔𐤎𐤉𐤌]•
𐤍𐤂 𐤁𐤍𐤉 𐤁𐤒𐤁𐤅𐤒 𐤁𐤍𐤉 𐤇𐤒𐤅𐤐𐤀 𐤁𐤍𐤉 𐤇𐤓𐤇𐤅𐤓•
𐤍𐤃 𐤁𐤍𐤉 𐤁𐤑𐤋𐤉𐤕 𐤁𐤍𐤉 𐤌𐤇𐤉𐤃𐤀 𐤁𐤍𐤉 𐤇𐤓𐤔𐤀•
𐤍𐤄 𐤁𐤍𐤉 𐤁𐤓𐤒𐤅𐤎 𐤁𐤍𐤉 𐤎𐤉𐤎𐤓𐤀 𐤁𐤍𐤉 𐤕𐤌𐤇•
𐤍𐤅 𐤁𐤍𐤉 𐤍𐤑𐤉𐤇 𐤁𐤍𐤉 𐤇𐤈𐤉𐤐𐤀•
𐤍𐤆 𐤁𐤍𐤉 𐤏𐤁𐤃𐤉 𐤔𐤋𐤌𐤄 𐤁𐤍𐤉 𐤎𐤅𐤈𐤉 𐤁𐤍𐤉 𐤎𐤐𐤓𐤕 𐤁𐤍𐤉 𐤐𐤓𐤉𐤃𐤀•
𐤍𐤇 𐤁𐤍𐤉 𐤉𐤏𐤋𐤀 𐤁𐤍𐤉 𐤃𐤓𐤒𐤅𐤍 𐤁𐤍𐤉 𐤂𐤃𐤋•
𐤍𐤈 𐤁𐤍𐤉 𐤔𐤐𐤈𐤉𐤄 𐤁𐤍𐤉 𐤇𐤈𐤉𐤋 𐤁𐤍𐤉 𐤐𐤊𐤓𐤕 𐤄𐤑𐤁𐤉𐤉𐤌 𐤁𐤍𐤉 𐤀𐤌𐤅𐤍•
𐤎 𐤊𐤋 𐤄𐤍𐤕𐤉𐤍𐤉𐤌 𐤅𐤁𐤍𐤉 𐤏𐤁𐤃𐤉 𐤔𐤋𐤌𐤄 𐤔𐤋𐤔 𐤌𐤀𐤅𐤕 𐤕𐤔𐤏𐤉𐤌
𐤅𐤔𐤍𐤉𐤌•
𐤎𐤀 𐤅𐤀𐤋𐤄 𐤄𐤏𐤅𐤋𐤉𐤌 𐤌𐤕𐤋 𐤌𐤋𐤇 𐤕𐤋 𐤇𐤓𐤔𐤀 𐤊𐤓𐤅𐤁 𐤀𐤃𐤅𐤍 𐤅𐤀𐤌𐤓 𐤅𐤋𐤀
𐤉𐤊𐤋𐤅 𐤋𐤄𐤂𐤉𐤃 𐤁𐤉𐤕 𐤀𐤁𐤅𐤕𐤌 𐤅𐤆𐤓𐤏𐤌 𐤀𐤌 𐤌𐤉𐤔𐤓𐤀𐤋 𐤄𐤌•
𐤎𐤁 𐤁𐤍𐤉 𐤃𐤋𐤉𐤄 𐤁𐤍𐤉 𐤈𐤅𐤁𐤉𐤄 𐤁𐤍𐤉 𐤍𐤒𐤅𐤃𐤀 𐤔𐤔 𐤌𐤀𐤅𐤕 𐤅𐤀𐤓𐤁𐤏𐤉𐤌
𐤅𐤔𐤍𐤉𐤌•
𐤎𐤂 𐤅𐤌𐤍 𐤄𐤊𐤄𐤍𐤉𐤌 𐤁𐤍𐤉 𐤇𐤁𐤉𐤄 𐤁𐤍𐤉 𐤄𐤒𐤅𐤑 𐤁𐤍𐤉 𐤁𐤓𐤆𐤋𐤉 𐤀𐤔𐤓 𐤋𐤒𐤇
𐤌𐤁𐤍𐤅𐤕 𐤁𐤓𐤆𐤋𐤉 𐤄𐤂𐤋𐤏𐤃𐤉 𐤀𐤔𐤄 𐤅𐤉𐤒𐤓𐤀 𐤏𐤋 𐤔𐤌𐤌•
𐤎𐤃 𐤀𐤋𐤄 𐤁𐤒𐤔𐤅 𐤊𐤕𐤁𐤌 𐤄𐤌𐤕𐤉𐤇𐤔𐤉𐤌 𐤅𐤋𐤀 𐤍𐤌𐤑𐤀 𐤅𐤉𐤂𐤀𐤋𐤅 𐤌𐤍
𐤄𐤊𐤄𐤍𐤄•
𐤎𐤄 𐤅𐤉𐤀𐤌𐤓 𐤄𐤕𐤓𐤔𐤕𐤀 𐤋𐤄𐤌 𐤀𐤔𐤓 𐤋𐤀 𐤉𐤀𐤊𐤋𐤅 𐤌𐤒𐤃𐤔 𐤄𐤒𐤃𐤔𐤉𐤌 𐤏𐤃
𐤏𐤌𐤃 𐤄𐤊𐤄𐤍 𐤋𐤀𐤅𐤓𐤉𐤌 𐤅𐤕𐤌𐤉𐤌•
𐤎𐤅 𐤊𐤋 𐤄𐤒𐤄𐤋 𐤊𐤀𐤇𐤃 𐤀𐤓𐤁𐤏 𐤓𐤁𐤅𐤀 𐤀𐤋𐤐𐤉𐤌 𐤔𐤋𐤔 𐤌𐤀𐤅𐤕 𐤅𐤔𐤔𐤉𐤌•
𐤎𐤆 𐤌𐤋𐤁𐤃 𐤏𐤁𐤃𐤉𐤄𐤌 𐤅𐤀𐤌𐤄𐤕𐤉𐤄𐤌 𐤀𐤋𐤄 𐤔𐤁𐤏𐤕 𐤀𐤋𐤐𐤉𐤌 𐤔𐤋𐤔 𐤌𐤀𐤅𐤕
𐤔𐤋𐤔𐤉𐤌 𐤅𐤔𐤁𐤏𐤄 𐤅𐤋𐤄𐤌 𐤌𐤔𐤓𐤓𐤉𐤌 𐤅𐤌𐤔𐤓𐤓𐤅𐤕 𐤌𐤀𐤕𐤉𐤌 𐤅𐤀𐤓𐤁𐤏𐤉𐤌
𐤅𐤇𐤌𐤔𐤄•
𐤎𐤅𐤎𐤉𐤄𐤌 𐤔𐤁𐤏 𐤌𐤀𐤅𐤕 𐤔𐤋𐤔𐤉𐤌 𐤅𐤔𐤔𐤄 𐤐𐤓𐤃𐤉𐤄𐤌 𐤌𐤀𐤕𐤉𐤌 𐤀𐤓𐤁𐤏𐤉𐤌
𐤅𐤇𐤌𐤔𐤄•
𐤏𐤉𐤉𐤍 𐤁𐤌"𐤔 𐤎𐤇 𐤂𐤌𐤋𐤉𐤌 𐤀𐤓𐤁𐤏 𐤌𐤀𐤅𐤕 𐤔𐤋𐤔𐤉𐤌 𐤅𐤇𐤌𐤔𐤄 𐤎 𐤇𐤌𐤓𐤉𐤌
𐤔𐤔𐤕 𐤀𐤋𐤐𐤉𐤌 𐤔𐤁𐤏 𐤌𐤀𐤅𐤕 𐤅𐤏𐤔𐤓𐤉𐤌•
𐤎𐤈 𐤅𐤌𐤒𐤑𐤕 𐤓𐤀𐤔𐤉 𐤄𐤀𐤁𐤅𐤕 𐤍𐤕𐤍𐤅 𐤋𐤌𐤋𐤀𐤊𐤄 𐤄𐤕𐤓𐤔𐤕𐤀 𐤍𐤕𐤍 𐤋𐤀𐤅𐤑𐤓
𐤆𐤄𐤁 𐤃𐤓𐤊𐤌𐤍𐤉𐤌 𐤀𐤋𐤐 𐤌𐤆𐤓𐤒𐤅𐤕 𐤇𐤌𐤔𐤉𐤌 𐤊𐤕𐤍𐤅𐤕 𐤊𐤄𐤍𐤉𐤌 𐤔𐤋𐤔𐤉𐤌
𐤅𐤇𐤌𐤔 𐤌𐤀𐤅𐤕•
𐤏 𐤅𐤌𐤓𐤀𐤔𐤉 𐤄𐤀𐤁𐤅𐤕 𐤍𐤕𐤍𐤅 𐤋𐤀𐤅𐤑𐤓 𐤄𐤌𐤋𐤀𐤊𐤄 𐤆𐤄𐤁 𐤃𐤓𐤊𐤌𐤅𐤍𐤉𐤌
𐤔𐤕𐤉 𐤓𐤁𐤅𐤕 𐤅𐤊𐤎𐤐 𐤌𐤍𐤉𐤌 𐤀𐤋𐤐𐤉𐤌 𐤅𐤌𐤀𐤕𐤉𐤌•

# 𐤍𐤇𐤌𐤉𐤄

𐤏𐤀 𐤅𐤀𐤔𐤓 𐤍𐤕𐤍𐤅 𐤔𐤀𐤓𐤉𐤕 𐤄𐤏𐤌 𐤆𐤄𐤁 𐤃𐤓𐤊𐤌𐤅𐤍𐤉𐤌 𐤔𐤕𐤉 𐤓𐤁𐤅𐤀 𐤅𐤊𐤎𐤐 𐤌𐤍𐤉𐤌 𐤀𐤋𐤐𐤉𐤌 𐤅𐤊𐤕𐤍𐤕 𐤊𐤄𐤍𐤉𐤌 𐤔𐤔𐤉𐤌 𐤅𐤔𐤁𐤏𐤄•

𐤏𐤁 𐤅𐤉𐤔𐤁𐤅 𐤄𐤊𐤄𐤍𐤉𐤌 𐤅𐤄𐤋𐤅𐤉𐤌 𐤅𐤄𐤔𐤅𐤏𐤓𐤉𐤌 𐤅𐤄𐤌𐤔𐤓𐤓𐤉𐤌 𐤅𐤌𐤍 𐤄𐤏𐤌 𐤅𐤄𐤍𐤕𐤉𐤍𐤉𐤌 𐤅𐤊𐤋 𐤉𐤔𐤓𐤀𐤋 𐤁𐤏𐤓𐤉𐤄𐤌 𐤅𐤉𐤂𐤏 𐤄𐤇𐤃𐤔 𐤄𐤔𐤁𐤉𐤏𐤉 𐤅𐤁𐤍𐤉 𐤉𐤔𐤓𐤀𐤋 𐤁𐤏𐤓𐤉𐤄𐤌•

## 𐤐𐤓𐤒 𐤇

𐤀 𐤅𐤉𐤀𐤎𐤐𐤅 𐤊𐤋 𐤄𐤏𐤌 𐤊𐤀𐤉𐤔 𐤀𐤇𐤃 𐤀𐤋 𐤄𐤓𐤇𐤅𐤁 𐤀𐤔𐤓 𐤋𐤐𐤍𐤉 𐤔𐤏𐤓 𐤄𐤌𐤉𐤌 𐤅𐤉𐤀𐤌𐤓𐤅 𐤋𐤏𐤆𐤓𐤀 𐤄𐤎𐤐𐤓 𐤋𐤄𐤁𐤉𐤀 𐤀𐤕 𐤎𐤐𐤓 𐤕𐤅𐤓𐤕 𐤌𐤔𐤄 𐤀𐤔𐤓 𐤑𐤅𐤄 𐤉𐤄𐤅𐤄 𐤀𐤕 𐤉𐤔𐤓𐤀𐤋•

𐤁 𐤅𐤉𐤁𐤉𐤀 𐤏𐤆𐤓𐤀 𐤄𐤊𐤄𐤍 𐤀𐤕 𐤄𐤕𐤅𐤓𐤄 𐤋𐤐𐤍𐤉 𐤄𐤒𐤄𐤋 𐤌𐤀𐤉𐤔 𐤅𐤏𐤃 𐤀𐤔𐤄 𐤅𐤊𐤋 𐤌𐤁𐤉𐤍 𐤋𐤔𐤌𐤏 𐤁𐤉𐤅𐤌 𐤀𐤇𐤃 𐤋𐤇𐤃𐤔 𐤄𐤔𐤁𐤉𐤏𐤉•

𐤂 𐤅𐤉𐤒𐤓𐤀 𐤁𐤅 𐤋𐤐𐤍𐤉 𐤄𐤓𐤇𐤅𐤁 𐤀𐤔𐤓 𐤋𐤐𐤍𐤉 𐤔𐤏𐤓 𐤄𐤌𐤉𐤌 𐤌𐤍 𐤄𐤀𐤅𐤓 𐤏𐤃 𐤌𐤇𐤑𐤉𐤕 𐤄𐤉𐤅𐤌 𐤍𐤂𐤃 𐤄𐤀𐤍𐤔𐤉𐤌 𐤅𐤄𐤍𐤔𐤉𐤌 𐤅𐤄𐤌𐤁𐤉𐤍𐤉𐤌 𐤅𐤀𐤆𐤍𐤉 𐤊𐤋 𐤄𐤏𐤌 𐤀𐤋 𐤎𐤐𐤓 𐤄𐤕𐤅𐤓𐤄•

𐤃 𐤅𐤉𐤏𐤌𐤃 𐤏𐤆𐤓𐤀 𐤄𐤎𐤐𐤓 𐤏𐤋 𐤌𐤂𐤃𐤋 𐤏𐤑 𐤀𐤔𐤓 𐤏𐤔𐤅 𐤋𐤃𐤁𐤓 𐤅𐤉𐤏𐤌𐤃 𐤀𐤑𐤋𐤅 𐤌𐤕𐤕𐤉𐤄 𐤅𐤔𐤌𐤏 𐤅𐤏𐤍𐤉𐤄 𐤅𐤀𐤅𐤓𐤉𐤄 𐤅𐤇𐤋𐤒𐤉𐤄 𐤅𐤌𐤏𐤔𐤉𐤄 𐤏𐤋 𐤉𐤌𐤉𐤍𐤅 𐤅𐤌𐤔𐤌𐤀𐤋𐤅 𐤐𐤃𐤉𐤄 𐤅𐤌𐤉𐤔𐤀𐤋 𐤅𐤌𐤋𐤊𐤉𐤄 𐤅𐤇𐤔𐤌 𐤅𐤇𐤔𐤁𐤃𐤍𐤄 𐤆𐤊𐤓𐤉𐤄 𐤌𐤔𐤋𐤌•

𐤄 𐤅𐤉𐤐𐤕𐤇 𐤏𐤆𐤓𐤀 𐤄𐤎𐤐𐤓 𐤋𐤏𐤉𐤍𐤉 𐤊𐤋 𐤄𐤏𐤌 𐤊𐤉 𐤌𐤏𐤋 𐤊𐤋 𐤄𐤏𐤌 𐤄𐤉𐤄 𐤅𐤊𐤐𐤕𐤇𐤅 𐤏𐤌𐤃𐤅 𐤊𐤋 𐤄𐤏𐤌•

𐤅 𐤅𐤉𐤁𐤓𐤊 𐤏𐤆𐤓𐤀 𐤀𐤕 𐤉𐤄𐤅𐤄 𐤄𐤀𐤋𐤄𐤉𐤌 𐤄𐤂𐤃𐤅𐤋 𐤅𐤉𐤏𐤍𐤅 𐤊𐤋 𐤄𐤏𐤌 𐤀𐤌𐤍 𐤀𐤌𐤍 𐤁𐤌𐤏𐤋 𐤉𐤃𐤉𐤄𐤌 𐤅𐤉𐤒𐤃𐤅 𐤅𐤉𐤔𐤕𐤇𐤅𐤅 𐤋𐤉𐤄𐤅𐤄 𐤀𐤐𐤉𐤌 𐤀𐤓𐤑𐤄•

𐤆 𐤅𐤉𐤔𐤅𐤏 𐤅𐤁𐤍𐤉 𐤅𐤔𐤓𐤁𐤉𐤄 𐤉𐤌𐤉𐤍 𐤏𐤒𐤅𐤁 𐤔𐤁𐤕𐤉 𐤄𐤅𐤃𐤉𐤄 𐤌𐤏𐤔𐤉𐤄 𐤒𐤋𐤉𐤈𐤀 𐤏𐤆𐤓𐤉𐤄 𐤉𐤅𐤆𐤁𐤃 𐤇𐤍𐤍 𐤐𐤋𐤀𐤉𐤄 𐤅𐤄𐤋𐤅𐤉𐤌 𐤌𐤁𐤉𐤍𐤉𐤌 𐤀𐤕 𐤄𐤏𐤌 𐤋𐤕𐤅𐤓𐤄 𐤅𐤄𐤏𐤌 𐤏𐤋 𐤏𐤌𐤃𐤌•

𐤇 𐤅𐤉𐤒𐤓𐤀𐤅 𐤁𐤎𐤐𐤓 𐤁𐤕𐤅𐤓𐤕 𐤄𐤀𐤋𐤄𐤉𐤌 𐤌𐤐𐤓𐤔 𐤅𐤔𐤅𐤌 𐤔𐤊𐤋 𐤅𐤉𐤁𐤉𐤍𐤅 𐤁𐤌𐤒𐤓𐤀•

𐤈 𐤅𐤉𐤀𐤌𐤓 𐤍𐤇𐤌𐤉𐤄 𐤄𐤅𐤀 𐤄𐤕𐤓𐤔𐤕𐤀 𐤅𐤏𐤆𐤓𐤀 𐤄𐤊𐤄𐤍 𐤄𐤎𐤐𐤓 𐤅𐤄𐤋𐤅𐤉𐤌 𐤄𐤌𐤁𐤉𐤍𐤉𐤌 𐤀𐤕 𐤄𐤏𐤌 𐤋𐤊𐤋 𐤄𐤏𐤌 𐤄𐤉𐤅𐤌 𐤒𐤃𐤔 𐤄𐤅𐤀 𐤋𐤉𐤄𐤅𐤄 𐤀𐤋𐤄𐤉𐤊𐤌 𐤀𐤋 𐤕𐤕𐤀𐤁𐤋𐤅 𐤅𐤀𐤋 𐤕𐤁𐤊𐤅 𐤊𐤉 𐤁𐤅𐤊𐤉𐤌 𐤊𐤋 𐤄𐤏𐤌 𐤊𐤔𐤌𐤏𐤌 𐤀𐤕 𐤃𐤁𐤓𐤉 𐤄𐤕𐤅𐤓𐤄•

𐤉 𐤅𐤉𐤀𐤌𐤓 𐤋𐤄𐤌 𐤋𐤊𐤅 𐤀𐤊𐤋𐤅 𐤌𐤔𐤌𐤍𐤉𐤌 𐤅𐤔𐤕𐤅 𐤌𐤌𐤕𐤒𐤉𐤌 𐤅𐤔𐤋𐤇𐤅 𐤌𐤍𐤅𐤕 𐤋𐤀𐤉𐤍 𐤍𐤊𐤅𐤍 𐤋𐤅 𐤊𐤉 𐤒𐤃𐤅𐤔 𐤄𐤉𐤅𐤌 𐤋𐤀𐤃𐤍𐤉𐤍𐤅 𐤅𐤀𐤋 𐤕𐤏𐤑𐤁𐤅 𐤊𐤉 𐤇𐤃𐤅𐤕 𐤉𐤄𐤅𐤄 𐤄𐤉𐤀 𐤌𐤏𐤆𐤊𐤌•

𐤉𐤀 𐤅𐤄𐤋𐤅𐤉𐤌 𐤌𐤇𐤔𐤉𐤌 𐤋𐤊𐤋 𐤄𐤏𐤌 𐤋𐤀𐤌𐤓 𐤄𐤎𐤅 𐤊𐤉 𐤄𐤉𐤅𐤌 𐤒𐤃𐤔 𐤅𐤀𐤋 𐤕𐤏𐤑𐤁𐤅•

𐤉𐤁 𐤅𐤉𐤋𐤊𐤅 𐤊𐤋 𐤄𐤏𐤌 𐤋𐤀𐤊𐤋 𐤅𐤋𐤔𐤕𐤅𐤕 𐤅𐤋𐤔𐤋𐤇 𐤌𐤍𐤅𐤕 𐤅𐤋𐤏𐤔𐤅𐤕 𐤔𐤌𐤇𐤄 𐤂𐤃𐤅𐤋𐤄 𐤊𐤉 𐤄𐤁𐤉𐤍𐤅 𐤁𐤃𐤁𐤓𐤉𐤌 𐤀𐤔𐤓 𐤄𐤅𐤃𐤉𐤏𐤅 𐤋𐤄𐤌•

𐤉𐤂 𐤅𐤁𐤉𐤅𐤌 𐤄𐤔𐤍𐤉 𐤍𐤀𐤎𐤐𐤅 𐤓𐤀𐤔𐤉 𐤄𐤀𐤁𐤅𐤕 𐤋𐤊𐤋 𐤄𐤏𐤌 𐤄𐤊𐤄𐤍𐤉𐤌 𐤅𐤄𐤋𐤅𐤉𐤌 𐤀𐤋 𐤏𐤆𐤓𐤀 𐤄𐤎𐤐𐤓 𐤅𐤋𐤄𐤔𐤊𐤉𐤋 𐤀𐤋 𐤃𐤁𐤓𐤉 𐤄𐤕𐤅𐤓𐤄•

𐤉𐤃 𐤅𐤉𐤌𐤑𐤀𐤅 𐤊𐤕𐤅𐤁 𐤁𐤕𐤅𐤓𐤄 𐤀𐤔𐤓 𐤑𐤅𐤄 𐤉𐤄𐤅𐤄 𐤁𐤉𐤃 𐤌𐤔𐤄 𐤀𐤔𐤓 𐤉𐤔𐤁𐤅 𐤁𐤍𐤉 𐤉𐤔𐤓𐤀𐤋 𐤁𐤎𐤊𐤅𐤕 𐤁𐤇𐤂 𐤁𐤇𐤃𐤔 𐤄𐤔𐤁𐤉𐤏𐤉•

𐤈𐤅 𐤅𐤀𐤔𐤓 𐤉𐤔𐤌𐤉𐤏𐤅 𐤅𐤉𐤏𐤁𐤉𐤓𐤅 𐤒𐤅𐤋 𐤁𐤊𐤋 𐤏𐤓𐤉𐤄𐤌 𐤅𐤁𐤉𐤓𐤅𐤔𐤋𐤌 𐤋𐤀𐤌𐤓 𐤑𐤀𐤅 𐤄𐤄𐤓 𐤅𐤄𐤁𐤉𐤀𐤅 𐤏𐤋𐤉 𐤆𐤉𐤕 𐤅𐤏𐤋𐤉 𐤏𐤑 𐤔𐤌𐤍 𐤅𐤏𐤋𐤉 𐤄𐤃𐤎 𐤅𐤏𐤋𐤉 𐤕𐤌𐤓𐤉𐤌 𐤅𐤏𐤋𐤉 𐤏𐤑 𐤏𐤁𐤕 𐤋𐤏𐤔𐤕 𐤎𐤊𐤕 𐤊𐤊𐤕𐤅𐤁•

𐤈𐤆 𐤅𐤉𐤑𐤀𐤅 𐤄𐤏𐤌 𐤅𐤉𐤁𐤉𐤀𐤅 𐤅𐤉𐤏𐤔𐤅 𐤋𐤄𐤌 𐤎𐤊𐤅𐤕 𐤀𐤉𐤔 𐤏𐤋 𐤂𐤂𐤅 𐤅𐤁𐤇𐤑𐤓𐤕𐤉𐤄𐤌 𐤅𐤁𐤇𐤑𐤓𐤅𐤕 𐤁𐤉𐤕 𐤄𐤀𐤋𐤄𐤉𐤌 𐤅𐤁𐤓𐤇𐤅𐤁 𐤔𐤏𐤓 𐤄𐤌𐤉𐤌 𐤅𐤁𐤓𐤇𐤅𐤁 𐤔𐤏𐤓 𐤀𐤐𐤓𐤉𐤌•

𐤉𐤆 𐤅𐤉𐤏𐤔𐤅 𐤊𐤋 𐤄𐤒𐤄𐤋 𐤄𐤔𐤁𐤉𐤌 𐤌𐤍 𐤄𐤔𐤁𐤉 𐤎𐤊𐤅𐤕 𐤅𐤉𐤔𐤁𐤅 𐤁𐤎𐤊𐤅𐤕 𐤊𐤉 𐤋𐤀 𐤏𐤔𐤅 𐤌𐤉𐤌𐤉 𐤉𐤔𐤅𐤏 𐤁𐤍 𐤍𐤅𐤍 𐤊𐤍 𐤁𐤍𐤉 𐤉𐤔𐤓𐤀𐤋 𐤏𐤃 𐤄𐤉𐤅𐤌 𐤄𐤄𐤅𐤀 𐤅𐤕𐤄𐤉 𐤔𐤌𐤇𐤄 𐤂𐤃𐤅𐤋𐤄 𐤌𐤀𐤃•

𐤉𐤇 𐤅𐤉𐤒𐤓𐤀 𐤁𐤎𐤐𐤓 𐤕𐤅𐤓𐤕 𐤄𐤀𐤋𐤄𐤉𐤌 𐤉𐤅𐤌 𐤁𐤉𐤅𐤌 𐤌𐤍 𐤄𐤉𐤅𐤌 𐤄𐤓𐤀𐤔𐤅𐤍 𐤏𐤃 𐤄𐤉𐤅𐤌 𐤄𐤀𐤇𐤓𐤅𐤍 𐤅𐤉𐤏𐤔𐤅 𐤇𐤂 𐤔𐤁𐤏𐤕 𐤉𐤌𐤉𐤌 𐤅𐤁𐤉𐤅𐤌 𐤄𐤔𐤌𐤉𐤍𐤉 𐤏𐤑𐤓𐤕 𐤊𐤌𐤔𐤐𐤈•

𐤐𐤓𐤒 𐤈

𐤀 𐤅𐤁𐤉𐤅𐤌 𐤏𐤔𐤓𐤉𐤌 𐤅𐤀𐤓𐤁𐤏𐤄 𐤋𐤇𐤃𐤔 𐤄𐤆𐤄 𐤍𐤀𐤎𐤐𐤅 𐤁𐤍𐤉 𐤉𐤔𐤓𐤀𐤋 𐤁𐤑𐤅𐤌 𐤅𐤁𐤔𐤒𐤉𐤌 𐤅𐤀𐤃𐤌𐤄 𐤏𐤋𐤉𐤄𐤌•

𐤁 𐤅𐤉𐤁𐤃𐤋𐤅 𐤆𐤓𐤏 𐤉𐤔𐤓𐤀𐤋 𐤌𐤊𐤋 𐤁𐤍𐤉 𐤍𐤊𐤓 𐤅𐤉𐤏𐤌𐤃𐤅 𐤅𐤉𐤕𐤅𐤃𐤅 𐤏𐤋 𐤇𐤈𐤀𐤕𐤉𐤄𐤌 𐤅𐤏𐤅𐤍𐤅𐤕 𐤀𐤁𐤕𐤉𐤄𐤌•

𐤂 𐤅𐤉𐤒𐤅𐤌𐤅 𐤏𐤋 𐤏𐤌𐤃𐤌 𐤅𐤉𐤒𐤓𐤀𐤅 𐤁𐤎𐤐𐤓 𐤕𐤅𐤓𐤕 𐤉𐤄𐤅𐤄 𐤀𐤋𐤄𐤉𐤄𐤌 𐤓𐤁𐤏𐤉𐤕 𐤄𐤉𐤅𐤌 𐤅𐤓𐤁𐤏𐤉𐤕 𐤌𐤕𐤅𐤃𐤉𐤌 𐤅𐤌𐤔𐤕𐤇𐤅𐤉𐤌 𐤋𐤉𐤄𐤅𐤄 𐤀𐤋𐤄𐤉𐤄𐤌•

𐤃 𐤅𐤉𐤒𐤌 𐤏𐤋 𐤌𐤏𐤋𐤄 𐤄𐤋𐤅𐤉𐤌 𐤉𐤔𐤅𐤏 𐤅𐤁𐤍𐤉 𐤒𐤃𐤌𐤉𐤀𐤋 𐤔𐤁𐤍𐤉𐤄 𐤁𐤍𐤉 𐤔𐤓𐤁𐤉𐤄 𐤁𐤍𐤉 𐤊𐤍𐤍𐤉 𐤅𐤉𐤆𐤏𐤒𐤅 𐤁𐤒𐤅𐤋 𐤂𐤃𐤅𐤋 𐤀𐤋 𐤉𐤄𐤅𐤄 𐤀𐤋𐤄𐤉𐤄𐤌•

𐤄𐤅𐤉𐤀𐤌𐤓𐤅 𐤄𐤋𐤅𐤉𐤌 𐤉𐤔𐤅𐤏 𐤅𐤒𐤃𐤌𐤉𐤀𐤋 𐤁𐤍𐤉 𐤇𐤔𐤁𐤍𐤉𐤄 𐤔𐤓𐤁𐤉𐤄 𐤄𐤅𐤃𐤉𐤄 𐤔𐤁𐤍𐤉𐤄 𐤐𐤕𐤇𐤉𐤄 𐤒𐤅𐤌𐤅 𐤁𐤓𐤊𐤅 𐤀𐤕 𐤉𐤄𐤅𐤄 𐤀𐤋𐤄𐤉𐤊𐤌 𐤌𐤍 𐤄𐤏𐤅𐤋𐤌 𐤏𐤃 𐤄𐤏𐤅𐤋𐤌 𐤅𐤉𐤁𐤓𐤊𐤅 𐤔𐤌 𐤊𐤁𐤅𐤃𐤊 𐤅𐤌𐤓𐤅𐤌𐤌 𐤏𐤋 𐤊𐤋 𐤁𐤓𐤊𐤄 𐤅𐤕𐤄𐤋𐤄•

𐤅𐤀𐤕𐤄 𐤄𐤅𐤀 𐤉𐤄𐤅𐤄 𐤋𐤁𐤃𐤊 𐤀𐤕 [𐤀𐤕𐤄] 𐤏𐤔𐤉𐤕 𐤀𐤕 𐤄𐤔𐤌𐤉𐤌 𐤔𐤌𐤉 𐤄𐤔𐤌𐤉𐤌 𐤅𐤊𐤋 𐤑𐤁𐤀𐤌 𐤄𐤀𐤓𐤑 𐤅𐤊𐤋 𐤀𐤔𐤓 𐤏𐤋𐤉𐤄 𐤄𐤉𐤌𐤉𐤌 𐤅𐤊𐤋 𐤀𐤔𐤓 𐤁𐤄𐤌 𐤅𐤀𐤕𐤄 𐤌𐤇𐤉𐤄 𐤀𐤕 𐤊𐤋𐤌 𐤅𐤑𐤁𐤀 𐤄𐤔𐤌𐤉𐤌 𐤋𐤊 𐤌𐤔𐤕𐤇𐤅𐤉𐤌•

𐤆𐤀𐤕𐤄 𐤄𐤅𐤀 𐤉𐤄𐤅𐤄 𐤄𐤀𐤋𐤄𐤉𐤌 𐤀𐤔𐤓 𐤁𐤇𐤓𐤕 𐤁𐤀𐤁𐤓𐤌 𐤅𐤄𐤅𐤑𐤀𐤕𐤅 𐤌𐤀𐤅𐤓 𐤊𐤔𐤃𐤉𐤌 𐤅𐤔𐤌𐤕 𐤔𐤌𐤅 𐤀𐤁𐤓𐤄𐤌•

𐤇𐤅𐤌𐤑𐤀𐤕 𐤀𐤕 𐤋𐤁𐤁𐤅 𐤍𐤀𐤌𐤍 𐤋𐤐𐤍𐤉𐤊 𐤅𐤊𐤓𐤅𐤕 𐤏𐤌𐤅 𐤄𐤁𐤓𐤉𐤕 𐤋𐤕𐤕 𐤀𐤕 𐤀𐤓𐤑 𐤄𐤊𐤍𐤏𐤍𐤉 𐤄𐤇𐤕𐤉 𐤄𐤀𐤌𐤓𐤉 𐤅𐤄𐤐𐤓𐤆𐤉 𐤅𐤄𐤉𐤁𐤅𐤎𐤉 𐤅𐤄𐤂𐤓𐤂𐤔𐤉 𐤋𐤕𐤕 𐤋𐤆𐤓𐤏𐤅 𐤅𐤕𐤒𐤌 𐤀𐤕 𐤃𐤁𐤓𐤉𐤊 𐤊𐤉 𐤑𐤃𐤉𐤒 𐤀𐤕𐤄•

𐤈𐤅𐤕𐤓𐤀 𐤀𐤕 𐤏𐤍𐤉 𐤀𐤁𐤕𐤉𐤍𐤅 𐤁𐤌𐤑𐤓𐤉𐤌 𐤅𐤀𐤕 𐤆𐤏𐤒𐤕𐤌 𐤔𐤌𐤏𐤕 𐤏𐤋 𐤉𐤌 𐤎𐤅𐤐•

𐤉𐤅𐤕𐤕𐤍 𐤀𐤕𐤕 𐤅𐤌𐤐𐤕𐤉𐤌 𐤁𐤐𐤓𐤏𐤄 𐤅𐤁𐤊𐤋 𐤏𐤁𐤃𐤉𐤅 𐤅𐤁𐤊𐤋 𐤏𐤌 𐤀𐤓𐤑𐤅 𐤊𐤉 𐤉𐤃𐤏𐤕 𐤊𐤉 𐤄𐤆𐤉𐤃𐤅 𐤏𐤋𐤉𐤄𐤌 𐤅𐤕𐤏𐤔 𐤋𐤊 𐤔𐤌 𐤊𐤄𐤉𐤅𐤌 𐤄𐤆𐤄•

𐤉𐤀𐤅𐤄𐤉𐤌 𐤁𐤒𐤏𐤕 𐤋𐤐𐤍𐤉𐤄𐤌 𐤅𐤉𐤏𐤁𐤓𐤅 𐤁𐤕𐤅𐤊 𐤄𐤉𐤌 𐤁𐤉𐤁𐤔𐤄 𐤅𐤀𐤕 𐤓𐤃𐤐𐤉𐤄𐤌 𐤄𐤔𐤋𐤊𐤕 𐤁𐤌𐤑𐤅𐤋𐤕 𐤊𐤌𐤅 𐤀𐤁𐤍 𐤁𐤌𐤉𐤌 𐤏𐤆𐤉𐤌•

𐤉𐤁𐤅𐤁𐤏𐤌𐤅𐤃 𐤏𐤍𐤍 𐤄𐤍𐤇𐤉𐤕𐤌 𐤉𐤅𐤌𐤌 𐤅𐤁𐤏𐤌𐤅𐤃 𐤀𐤔 𐤋𐤉𐤋𐤄 𐤋𐤄𐤀𐤉𐤓 𐤋𐤄𐤌 𐤀𐤕 𐤄𐤃𐤓𐤊 𐤀𐤔𐤓 𐤉𐤋𐤊𐤅 𐤁𐤄•

𐤉𐤂𐤅𐤏𐤋 𐤄𐤓 𐤎𐤉𐤍𐤉 𐤉𐤓𐤃𐤕 𐤅𐤃𐤁𐤓 𐤏𐤌𐤄𐤌 𐤌𐤔𐤌𐤉𐤌 𐤅𐤕𐤕𐤍 𐤋𐤄𐤌 𐤌𐤔𐤐𐤈𐤉𐤌 𐤉𐤔𐤓𐤉𐤌 𐤅𐤕𐤅𐤓𐤅𐤕 𐤀𐤌𐤕 𐤇𐤒𐤉𐤌 𐤅𐤌𐤑𐤅𐤕 𐤈𐤅𐤁𐤉𐤌•

𐤉𐤃𐤅𐤀𐤕 𐤔𐤁𐤕 𐤒𐤃𐤔𐤊 𐤄𐤅𐤃𐤏𐤕 𐤋𐤄𐤌 𐤅𐤌𐤑𐤅𐤅𐤕 𐤅𐤇𐤒𐤉𐤌 𐤅𐤕𐤅𐤓𐤄 𐤑𐤅𐤉𐤕 𐤋𐤄𐤌 𐤁𐤉𐤃 𐤌𐤔𐤄 𐤏𐤁𐤃𐤊•

𐤈𐤅𐤅𐤋𐤇𐤌 𐤌𐤔𐤌𐤉𐤌 𐤍𐤕𐤕𐤄 𐤋𐤄𐤌 𐤋𐤓𐤏𐤁𐤌 𐤅𐤌𐤉𐤌 𐤌𐤎𐤋𐤏 𐤄𐤅𐤑𐤀𐤕 𐤋𐤄𐤌 𐤋𐤑𐤌𐤀𐤌 𐤅𐤕𐤀𐤌𐤓 𐤋𐤄𐤌 𐤋𐤁𐤅𐤀 𐤋𐤓𐤔𐤕 𐤀𐤕 𐤄𐤀𐤓𐤑 𐤀𐤔𐤓 𐤍𐤔𐤀𐤕 𐤀𐤕 𐤉𐤃𐤊 𐤋𐤕𐤕 𐤋𐤄𐤌•

𐤈𐤆𐤅𐤄𐤌 𐤅𐤀𐤁𐤕𐤉𐤍𐤅 𐤄𐤆𐤉𐤃𐤅 𐤅𐤉𐤒𐤔𐤅 𐤀𐤕 𐤏𐤓𐤐𐤌 𐤅𐤋𐤀 𐤔𐤌𐤏𐤅 𐤀𐤋 𐤌𐤑𐤅𐤕𐤉𐤊•

𐤉𐤆𐤅𐤉𐤌𐤀𐤍𐤅 𐤋𐤔𐤌𐤏 𐤅𐤋𐤀 𐤆𐤊𐤓𐤅 𐤍𐤐𐤋𐤀𐤕𐤉𐤊 𐤀𐤔𐤓 𐤏𐤔𐤉𐤕 𐤏𐤌𐤄𐤌 𐤅𐤉𐤒𐤔𐤅 𐤀𐤕 𐤏𐤓𐤐𐤌 𐤅𐤉𐤕𐤍𐤅 𐤓𐤀𐤔 𐤋𐤔𐤅𐤁 𐤋𐤏𐤁𐤃𐤕𐤌 𐤁𐤌𐤓𐤉𐤌 𐤅𐤀𐤕𐤄 𐤀𐤋𐤅𐤄 𐤎𐤋𐤉𐤇𐤅𐤕 𐤇𐤍𐤅𐤍 𐤅𐤓𐤇𐤅𐤌 𐤀𐤓𐤊 𐤀𐤐𐤉𐤌 𐤅𐤓𐤁 𐤅𐤇𐤎𐤃 [𐤇𐤎𐤃] 𐤅𐤋𐤀 𐤏𐤆𐤁𐤕𐤌•

# נחמיה

יח אף כי עשו להם עגל מסכה ויאמרו זה אלהיך אשר העלך ממצרים ויעשו נאצות גדלות•

יט ואתה ברחמיך הרבים לא עזבתם במדבר את עמוד הענן לא סר מעליהם ביומם להנחתם בהדרך ואת עמוד האש בלילה להאיר להם ואת הדרך אשר ילכו בה•

כ ורוחך הטובה נתת להשכילם ומנך לא מנעת מפיהם ומים נתתה להם לצמאם•

כא וארבעים שנה כלכלתם במדבר לא חסרו שלמתיהם לא בלו ורגליהם לא בצקו•

כב ותתן להם ממלכות ועממים ותחלקם לפאה ויירשו את ארץ סיחון ואת ארץ מלך חשבון ואת ארץ עוג מלך הבשן•

כג ובניהם הרבית ככוכבי השמים ותביאם אל הארץ אשר אמרת לאבתיהם לבוא לרשת•

כד ויבאו הבנים ויירשו את הארץ ותכנע לפניהם את ישבי הארץ הכנענים ותתנם בידם ואת מלכיהם ואת עמי הארץ לעשות בהם כרצונם•

כה וילכדו ערים בצרות ואדמה שמנה ויירשו בתים מלאים כל טוב ברות חצובים כרמים וזיתים ועץ מאכל לרב ויאכלו וישבעו וישמינו ויתעדנו בטובך הגדול•

כו וימרו וימרדו בך וישלכו את תורתך אחרי גום ואת נביאיך הרגו אשר העידו בם להשיבם אליך ויעשו נאצות גדלות•

כז ותתנם ביד צריהם ויצרו להם ובעת צרתם יצעקו אליך ואתה משמים תשמע וכרחמיך הרבים תתן להם מושיעים ויושיעום מיד צריהם•

כח וכנוח להם ישובו לעשות רע לפניך ותעזבם ביד איביהם וירדו בהם וישובו ויזעקוך ואתה משמים תשמע ותצילם כרחמיך רבות עתים•

כט ותעד בהם להשיבם אל תורתך והמה הזידו ולא שמעו למצותיך ובמשפטיך חטאו בם אשר יעשה אדם וחיה בהם ויתנו כתף סוררת וערפם הקשו ולא שמעו•

ל ותמשך עליהם שנים רבות ותעד בם ברוחך ביד נביאיך ולא האזינו ותתנם ביד עמי הארצת•

# 𐤍𐤇𐤌𐤉𐤄

𐤋𐤀 𐤅𐤁𐤓𐤇𐤌𐤉𐤊 𐤄𐤓𐤁𐤉𐤌 𐤋𐤀 𐤏𐤔𐤉𐤕𐤌 𐤊𐤋𐤄 𐤅𐤋𐤀 𐤏𐤆𐤁𐤕𐤌 𐤊𐤉 𐤀𐤋
𐤇𐤍𐤅𐤍 𐤅𐤓𐤇𐤅𐤌 𐤀𐤕𐤄.

𐤋𐤁 𐤅𐤏𐤕𐤄 𐤀𐤋𐤄𐤉𐤍𐤅 𐤄𐤀𐤋 𐤄𐤂𐤃𐤅𐤋 𐤄𐤂𐤁𐤅𐤓 𐤅𐤄𐤍𐤅𐤓𐤀 𐤔𐤅𐤌𐤓 𐤄𐤁𐤓𐤉𐤕
𐤅𐤄𐤇𐤎𐤃 𐤀𐤋 𐤉𐤌𐤏𐤈 𐤋𐤐𐤍𐤉𐤊 𐤀𐤕 𐤊𐤋 𐤄𐤕𐤋𐤀𐤄 𐤀𐤔𐤓 𐤌𐤑𐤀𐤕𐤍𐤅
𐤋𐤌𐤋𐤊𐤉𐤍𐤅 𐤋𐤔𐤓𐤉𐤍𐤅 𐤅𐤋𐤊𐤄𐤍𐤉𐤍𐤅 𐤅𐤋𐤍𐤁𐤉𐤀𐤍𐤅 𐤅𐤋𐤀𐤁𐤕𐤉𐤍𐤅 𐤅𐤋𐤊𐤋
𐤏𐤌𐤊 𐤌𐤉𐤌𐤉 𐤌𐤋𐤊𐤉 𐤀𐤔𐤅𐤓 𐤏𐤃 𐤄𐤉𐤅𐤌 𐤄𐤆𐤄.

𐤋𐤂 𐤅𐤀𐤕𐤄 𐤑𐤃𐤉𐤒 𐤏𐤋 𐤊𐤋 𐤄𐤁𐤀 𐤏𐤋𐤉𐤍𐤅 𐤊𐤉 𐤀𐤌𐤕 𐤏𐤔𐤉𐤕 𐤅𐤀𐤍𐤇𐤍𐤅
𐤄𐤓𐤔𐤏𐤍𐤅.

𐤋𐤃 𐤅𐤀𐤕 𐤌𐤋𐤊𐤉𐤍𐤅 𐤔𐤓𐤉𐤍𐤅 𐤊𐤄𐤍𐤉𐤍𐤅 𐤅𐤀𐤁𐤕𐤉𐤍𐤅 𐤋𐤀 𐤏𐤔𐤅 𐤕𐤅𐤓𐤕𐤊
𐤅𐤋𐤀 𐤄𐤒𐤔𐤉𐤁𐤅 𐤀𐤋 𐤌𐤑𐤅𐤕𐤉𐤊 𐤅𐤋𐤏𐤃𐤅𐤕𐤉𐤊 𐤀𐤔𐤓 𐤄𐤏𐤉𐤃𐤕 𐤁𐤄𐤌.

𐤋𐤄 𐤅𐤄𐤌 𐤁𐤌𐤋𐤊𐤅𐤕𐤌 𐤅𐤁𐤈𐤅𐤁𐤊 𐤄𐤓𐤁 𐤀𐤔𐤓 𐤍𐤕𐤕 𐤋𐤄𐤌 𐤅𐤁𐤀𐤓𐤑 𐤄𐤓𐤇𐤁𐤄
𐤅𐤄𐤔𐤌𐤍𐤄 𐤀𐤔𐤓 𐤍𐤕𐤕 𐤋𐤐𐤍𐤉𐤄𐤌 𐤋𐤀 𐤏𐤁𐤃𐤅𐤊 𐤅𐤋𐤀 𐤔𐤁𐤅 𐤌𐤌𐤏𐤋𐤋𐤉𐤄𐤌
𐤄𐤓𐤏𐤉𐤌.

𐤋𐤅 𐤄𐤍𐤄 𐤀𐤍𐤇𐤍𐤅 𐤄𐤉𐤅𐤌 𐤏𐤁𐤃𐤉𐤌 𐤅𐤄𐤀𐤓𐤑 𐤀𐤔𐤓 𐤍𐤕𐤕𐤄 𐤋𐤀𐤁𐤕𐤉𐤍𐤅
𐤋𐤀𐤊𐤋 𐤀𐤕 𐤐𐤓𐤉𐤄 𐤅𐤀𐤕 𐤈𐤅𐤁𐤄 𐤄𐤍𐤄 𐤀𐤍𐤇𐤍𐤅 𐤏𐤁𐤃𐤉𐤌 𐤏𐤋𐤉𐤄.

𐤋𐤆 𐤅𐤕𐤁𐤅𐤀𐤕𐤄 𐤌𐤓𐤁𐤄 𐤋𐤌𐤋𐤊𐤉𐤌 𐤀𐤔𐤓 𐤍𐤕𐤕𐤄 𐤏𐤋𐤉𐤍𐤅 𐤁𐤇𐤈𐤀𐤅𐤕𐤉𐤍𐤅
𐤅𐤏𐤋 𐤂𐤅𐤉𐤕𐤉𐤍𐤅 𐤌𐤔𐤋𐤉𐤌 𐤅𐤁𐤁𐤄𐤌𐤕𐤍𐤅 𐤊𐤓𐤑𐤅𐤍𐤌 𐤅𐤁𐤑𐤓𐤄 𐤂𐤃𐤅𐤋𐤄
𐤀𐤍𐤇𐤍𐤅.

## 𐤐𐤓𐤒 𐤉

𐤀 𐤅𐤁𐤊𐤋 𐤆𐤀𐤕 𐤀𐤍𐤇𐤍𐤅 𐤊𐤓𐤕𐤉𐤌 𐤀𐤌𐤍𐤄 𐤅𐤊𐤕𐤁𐤉𐤌 𐤅𐤏𐤋 𐤄𐤇𐤕𐤅𐤌
𐤔𐤓𐤉𐤍𐤅 𐤋𐤅𐤉𐤍𐤅 𐤊𐤄𐤍𐤉𐤍𐤅.

𐤁 𐤅𐤏𐤋 𐤄𐤇𐤕𐤅𐤌𐤉𐤌 𐤍𐤇𐤌𐤉𐤄 𐤄𐤕𐤓𐤔𐤕𐤀 𐤁𐤍 𐤇𐤊𐤋𐤉𐤄 𐤅𐤑𐤃𐤒𐤉𐤄.

𐤂 𐤔𐤓𐤉𐤄 𐤏𐤆𐤓𐤉𐤄 𐤉𐤓𐤌𐤉𐤄.

𐤃 𐤐𐤔𐤇𐤅𐤓 𐤀𐤌𐤓𐤉𐤄 𐤌𐤋𐤊𐤉𐤄.

𐤄 𐤇𐤈𐤅𐤔 𐤔𐤁𐤍𐤉𐤄 𐤌𐤋𐤅𐤊.

𐤅 𐤇𐤓𐤌 𐤌𐤓𐤌𐤅𐤕 𐤏𐤁𐤃𐤉𐤄.

𐤆 𐤃𐤍𐤉𐤀𐤋 𐤂𐤍𐤕𐤅𐤍 𐤁𐤓𐤅𐤊.

𐤇 𐤌𐤔𐤋𐤌 𐤀𐤁𐤉𐤄 𐤌𐤉𐤌𐤍.

𐤈 𐤌𐤏𐤆𐤉𐤄 𐤁𐤋𐤂𐤉 𐤔𐤌𐤏𐤉𐤄 𐤀𐤋𐤄 𐤄𐤊𐤄𐤍𐤉𐤌.

𐤉 𐤅𐤄𐤋𐤅𐤉𐤌 𐤅𐤉𐤔𐤅𐤏 𐤁𐤍 𐤀𐤆𐤍𐤉𐤄 𐤁𐤍𐤅𐤉 𐤌𐤁𐤍𐤉 𐤇𐤍𐤃𐤃 𐤒𐤃𐤌𐤉𐤀𐤋.

𐤉𐤀 𐤅𐤀𐤇𐤉𐤄𐤌 𐤔𐤁𐤍𐤉𐤄 𐤄𐤅𐤃𐤉𐤄 𐤒𐤋𐤉𐤈𐤀 𐤐𐤋𐤀𐤉𐤄 𐤇𐤍𐤍.

𐤉𐤁 𐤌𐤉𐤊𐤀 𐤓𐤇𐤅𐤁 𐤇𐤔𐤁𐤉𐤄.

𐤕𐤌𐤅

𐤉𐤂 𐤆𐤊𐤅𐤓 𐤔𐤓𐤁𐤉𐤄 𐤔𐤁𐤍𐤉𐤄•

𐤉𐤃 𐤄𐤅𐤃𐤉𐤄 𐤁𐤍𐤉 𐤁𐤍𐤉𐤍𐤅•

𐤈𐤅 𐤓𐤀𐤔𐤉 𐤄𐤏𐤌 𐤐𐤓𐤏𐤔 𐤐𐤇𐤕 𐤌𐤅𐤀𐤁 𐤏𐤉𐤋𐤌 𐤆𐤕𐤅𐤀 𐤁𐤍𐤉•

𐤈𐤆 𐤁𐤍𐤉 𐤏𐤆𐤂𐤃 𐤁𐤁𐤉•

𐤉𐤆 𐤀𐤃𐤍𐤉𐤄 𐤁𐤂𐤅𐤉 𐤏𐤃𐤉𐤍•

𐤉𐤇 𐤀𐤈𐤓 𐤇𐤆𐤒𐤉𐤄 𐤏𐤆𐤅𐤓•

𐤉𐤈 𐤄𐤅𐤃𐤉𐤄 𐤇𐤔𐤌 𐤁𐤑𐤉•

𐤊 𐤇𐤓𐤉𐤐 𐤏𐤍𐤕𐤅𐤕 𐤍𐤅𐤁𐤉 [𐤍𐤉𐤁𐤉]•

𐤊𐤀 𐤌𐤂𐤐𐤉𐤏𐤔 𐤌𐤔𐤋𐤌 𐤇𐤆𐤉𐤓•

𐤊𐤁 𐤌𐤔𐤉𐤆𐤁𐤀𐤋 𐤑𐤃𐤅𐤒 𐤉𐤃𐤅𐤏•

𐤊𐤂 𐤐𐤋𐤈𐤉𐤄 𐤇𐤍𐤍 𐤏𐤍𐤉𐤄•

𐤊𐤃 𐤄𐤅𐤔𐤏 𐤇𐤍𐤍𐤉𐤄 𐤇𐤔𐤅𐤁•

𐤊𐤄 𐤄𐤋𐤅𐤇𐤔 𐤐𐤋𐤇𐤀 𐤔𐤅𐤁𐤒•

𐤊𐤅 𐤓𐤇𐤅𐤌 𐤇𐤔𐤁𐤍𐤄 𐤌𐤏𐤔𐤉𐤄•

𐤊𐤆 𐤅𐤀𐤇𐤉𐤄 𐤇𐤍𐤍 𐤏𐤍𐤍•

𐤊𐤇 𐤌𐤋𐤅𐤊 𐤇𐤓𐤌 𐤁𐤏𐤍𐤄•

𐤊𐤈 𐤅𐤔𐤀𐤓 𐤄𐤏𐤌 𐤄𐤊𐤄𐤍𐤉𐤌 𐤄𐤋𐤅𐤉𐤌 𐤄𐤔𐤅𐤏𐤓𐤉𐤌 𐤄𐤌𐤔𐤓𐤓𐤉𐤌
𐤄𐤍𐤕𐤉𐤍𐤉𐤌 𐤅𐤊𐤋 𐤄𐤍𐤁𐤃𐤋 𐤌𐤏𐤌𐤉 𐤄𐤀𐤓𐤑𐤅𐤕 𐤀𐤋 𐤕𐤅𐤓𐤕 𐤄𐤀𐤋𐤄𐤉𐤌
𐤍𐤔𐤉𐤄𐤌 𐤁𐤍𐤉𐤄𐤌 𐤅𐤁𐤍𐤕𐤉𐤄𐤌 𐤊𐤋 𐤉𐤅𐤃𐤏 𐤌𐤁𐤉𐤍•

𐤋 𐤌𐤇𐤆𐤉𐤒𐤉𐤌 𐤏𐤋 𐤀𐤇𐤉𐤄𐤌 𐤀𐤃𐤉𐤓𐤉𐤄𐤌 𐤅𐤁𐤀𐤉𐤌 𐤁𐤀𐤋𐤄 𐤅𐤁𐤔𐤁𐤅𐤏𐤄
𐤋𐤋𐤊𐤕 𐤁𐤕𐤅𐤓𐤕 𐤄𐤀𐤋𐤄𐤉𐤌 𐤀𐤔𐤓 𐤍𐤕𐤍𐤄 𐤁𐤉𐤃 𐤌𐤔𐤄 𐤏𐤁𐤃 𐤄𐤀𐤋𐤄𐤉𐤌
𐤅𐤋𐤔𐤌𐤅𐤓 𐤅𐤋𐤏𐤔𐤅𐤕 𐤀𐤕 𐤊𐤋 𐤌𐤑𐤅𐤕 𐤉𐤄𐤅𐤄 𐤀𐤃𐤍𐤉𐤍𐤅 𐤅𐤌𐤔𐤐𐤈𐤉𐤅
𐤅𐤇𐤒𐤉𐤅•

𐤋𐤀 𐤅𐤀𐤔𐤓 𐤋𐤀 𐤍𐤕𐤍 𐤁𐤍𐤕𐤉𐤍𐤅 𐤋𐤏𐤌𐤉 𐤄𐤀𐤓𐤑 𐤅𐤀𐤕 𐤁𐤍𐤕𐤉𐤄𐤌 𐤋𐤀 𐤍𐤒𐤇
𐤋𐤁𐤍𐤉𐤍𐤅•

𐤋𐤁 𐤅𐤏𐤌𐤉 𐤄𐤀𐤓𐤑 𐤄𐤌𐤁𐤉𐤀𐤉𐤌 𐤀𐤕 𐤄𐤌𐤒𐤇𐤅𐤕 𐤅𐤊𐤋 𐤔𐤁𐤓 𐤁𐤉𐤅𐤌 𐤄𐤔𐤁𐤕
𐤋𐤌𐤊𐤅𐤓 𐤋𐤀 𐤍𐤒𐤇 𐤌𐤄𐤌 𐤁𐤔𐤁𐤕 𐤅𐤁𐤉𐤅𐤌 𐤒𐤃𐤔 𐤅𐤍𐤈𐤔 𐤀𐤕 𐤄𐤔𐤍𐤄
𐤄𐤔𐤁𐤉𐤏𐤉𐤕 𐤅𐤌𐤔𐤀 𐤊𐤋 𐤉𐤃•

𐤋𐤂 𐤅𐤄𐤏𐤌𐤃𐤍𐤅 𐤏𐤋𐤉𐤍𐤅 𐤌𐤑𐤅𐤕 𐤋𐤕𐤕 𐤏𐤋𐤉𐤍𐤅 𐤔𐤋𐤔𐤉𐤕 𐤄𐤔𐤒𐤋 𐤁𐤔𐤍𐤄
𐤋𐤏𐤁𐤃𐤕 𐤁𐤉𐤕 𐤀𐤋𐤄𐤉𐤍𐤅•

𐤋𐤃 𐤋𐤋𐤇𐤌 𐤄𐤌𐤏𐤓𐤊𐤕 𐤅𐤌𐤍𐤇𐤕 𐤄𐤕𐤌𐤉𐤃 𐤅𐤋𐤏𐤅𐤋𐤕 𐤄𐤕𐤌𐤉𐤃 𐤄𐤔𐤁𐤕𐤅𐤕
𐤄𐤇𐤃𐤔𐤉𐤌 𐤋𐤌𐤅𐤏𐤃𐤉𐤌 𐤅𐤋𐤒𐤃𐤔𐤉𐤌 𐤅𐤋𐤇𐤈𐤀𐤅𐤕 𐤋𐤊𐤐𐤓 𐤏𐤋 𐤉𐤔𐤓𐤀𐤋 𐤅𐤊𐤋
𐤌𐤋𐤀𐤊𐤕 𐤁𐤉𐤕 𐤀𐤋𐤄𐤉𐤍𐤅•

# 𐤍𐤇𐤌𐤉𐤄

𐤋𐤄 𐤅𐤄𐤂𐤅𐤓𐤋𐤅𐤕 𐤄𐤐𐤋𐤍𐤅 𐤏𐤋 𐤒𐤓𐤁𐤍 𐤄𐤏𐤑𐤉𐤌 𐤄𐤊𐤄𐤍𐤉𐤌 𐤄𐤋𐤅𐤉𐤌 𐤅𐤄𐤏𐤌 𐤋𐤄𐤁𐤉𐤀 𐤋𐤁𐤉𐤕 𐤀𐤋𐤄𐤉𐤍𐤅 𐤋𐤁𐤉𐤕 𐤀𐤁𐤕𐤉𐤍𐤅 𐤋𐤏𐤕𐤉𐤌 𐤌𐤆𐤌𐤍𐤉𐤌 𐤔𐤍𐤄 𐤁𐤔𐤍𐤄 𐤋𐤁𐤏𐤓 𐤏𐤋 𐤌𐤆𐤁𐤇 𐤉𐤄𐤅𐤄 𐤀𐤋𐤄𐤉𐤍𐤅 𐤊𐤊𐤕𐤅𐤁 𐤁𐤕𐤅𐤓𐤄.

𐤋𐤅 𐤅𐤋𐤄𐤁𐤉𐤀 𐤀𐤕 𐤁𐤊𐤅𐤓𐤉 𐤀𐤃𐤌𐤕𐤍𐤅 𐤅𐤁𐤊𐤅𐤓𐤉 𐤊𐤋 𐤐𐤓𐤉 𐤊𐤋 𐤏𐤑 𐤔𐤍𐤄 𐤁𐤔𐤍𐤄 𐤋𐤁𐤉𐤕 𐤉𐤄𐤅𐤄.

𐤋𐤆 𐤅𐤀𐤕 𐤁𐤊𐤓𐤅𐤕 𐤁𐤍𐤉𐤍𐤅 𐤅𐤁𐤄𐤌𐤕𐤍𐤅 𐤊𐤊𐤕𐤅𐤁 𐤁𐤕𐤅𐤓𐤄 𐤅𐤀𐤕 𐤁𐤊𐤅𐤓𐤉 𐤁𐤒𐤓𐤉𐤍𐤅 𐤅𐤑𐤀𐤍𐤉𐤍𐤅 𐤋𐤄𐤁𐤉𐤀 𐤋𐤁𐤉𐤕 𐤀𐤋𐤄𐤉𐤍𐤅 𐤋𐤊𐤄𐤍𐤉𐤌 𐤄𐤌𐤔𐤓𐤕𐤉𐤌 𐤁𐤁𐤉𐤕 𐤀𐤋𐤄𐤉𐤍𐤅.

𐤋𐤇 𐤅𐤀𐤕 𐤓𐤀𐤔𐤉𐤕 𐤏𐤓𐤉𐤎𐤕𐤉𐤍𐤅 𐤅𐤕𐤓𐤅𐤌𐤕𐤉𐤍𐤅 𐤅𐤐𐤓𐤉 𐤊𐤋 𐤏𐤑 𐤕𐤉𐤓𐤅𐤔 𐤅𐤉𐤑𐤄𐤓 𐤍𐤁𐤉𐤀 𐤋𐤊𐤄𐤍𐤉𐤌 𐤀𐤋 𐤋𐤔𐤊𐤅𐤕 𐤁𐤉𐤕 𐤀𐤋𐤄𐤉𐤍𐤅 𐤅𐤌𐤏𐤔𐤓 𐤀𐤃𐤌𐤕𐤍𐤅 𐤋𐤋𐤅𐤉𐤌 𐤅𐤄𐤌 𐤄𐤋𐤅𐤉𐤌 𐤄𐤌𐤏𐤔𐤓𐤉𐤌 𐤁𐤊𐤋 𐤏𐤓𐤉 𐤏𐤁𐤃𐤕𐤍𐤅.

𐤋𐤈 𐤅𐤄𐤉𐤄 𐤄𐤊𐤄𐤍 𐤁𐤍 𐤀𐤄𐤓𐤍 𐤏𐤌 𐤄𐤋𐤅𐤉𐤌 𐤁𐤏𐤔𐤓 𐤄𐤋𐤅𐤉𐤌 𐤅𐤄𐤋𐤅𐤉𐤌 𐤉𐤏𐤋𐤅 𐤀𐤕 𐤌𐤏𐤔𐤓 𐤄𐤌𐤏𐤔𐤓 𐤋𐤁𐤉𐤕 𐤀𐤋𐤄𐤉𐤍𐤅 𐤀𐤋 𐤄𐤋𐤔𐤊𐤅𐤕 𐤋𐤁𐤉𐤕 𐤄𐤀𐤅𐤑𐤓.

𐤌 𐤊𐤉 𐤀𐤋 𐤄𐤋𐤔𐤊𐤅𐤕 𐤉𐤁𐤉𐤀𐤅 𐤁𐤍𐤉 𐤉𐤔𐤓𐤀𐤋 𐤅𐤁𐤍𐤉 𐤄𐤋𐤅𐤉 𐤀𐤕 𐤕𐤓𐤅𐤌𐤕 𐤄𐤃𐤂𐤍 𐤄𐤕𐤉𐤓𐤅𐤔 𐤅𐤄𐤉𐤑𐤄𐤓 𐤅𐤔𐤌 𐤊𐤋𐤉 𐤄𐤌𐤒𐤃𐤔 𐤅𐤄𐤊𐤄𐤍𐤉𐤌 𐤄𐤌𐤔𐤓𐤕𐤉𐤌 𐤅𐤄𐤔𐤅𐤏𐤓𐤉𐤌 𐤅𐤄𐤌𐤔𐤓𐤓𐤉𐤌 𐤅𐤋𐤀 𐤍𐤏𐤆𐤁 𐤀𐤕 𐤁𐤉𐤕 𐤀𐤋𐤄𐤉𐤍𐤅.

## 𐤐𐤓𐤒 𐤉𐤀

𐤀 𐤅𐤉𐤔𐤁𐤅 𐤔𐤓𐤉 𐤄𐤏𐤌 𐤁𐤉𐤓𐤅𐤔𐤋𐤌 𐤅𐤔𐤀𐤓 𐤄𐤏𐤌 𐤄𐤐𐤉𐤋𐤅 𐤂𐤅𐤓𐤋𐤅𐤕 𐤋𐤄𐤁𐤉𐤀 𐤀𐤇𐤃 𐤌𐤍 𐤄𐤏𐤔𐤓𐤄 𐤋𐤔𐤁𐤕 𐤁𐤉𐤓𐤅𐤔𐤋𐤌 𐤏𐤉𐤓 𐤄𐤒𐤃𐤔 𐤅𐤕𐤔𐤏 𐤄𐤉𐤃𐤅𐤕 𐤁𐤏𐤓𐤉𐤌.

𐤁 𐤅𐤉𐤁𐤓𐤊𐤅 𐤄𐤏𐤌 𐤋𐤊𐤋 𐤄𐤀𐤍𐤔𐤉𐤌 𐤄𐤌𐤕𐤍𐤃𐤁𐤉𐤌 𐤋𐤔𐤁𐤕 𐤁𐤉𐤓𐤅𐤔𐤋𐤌.

𐤂 𐤅𐤀𐤋𐤄 𐤓𐤀𐤔𐤉 𐤄𐤌𐤃𐤉𐤍𐤄 𐤀𐤔𐤓 𐤉𐤔𐤁𐤅 𐤁𐤉𐤓𐤅𐤔𐤋𐤌 𐤅𐤁𐤏𐤓𐤉 𐤉𐤄𐤅𐤃𐤄 𐤉𐤔𐤁𐤅 𐤀𐤉𐤔 𐤁𐤀𐤇𐤆𐤕𐤅 𐤁𐤏𐤓𐤉𐤄𐤌 𐤉𐤔𐤓𐤀𐤋 𐤄𐤊𐤄𐤍𐤉𐤌 𐤅𐤄𐤋𐤅𐤉𐤌 𐤅𐤄𐤍𐤕𐤉𐤍𐤉𐤌 𐤅𐤁𐤍𐤉 𐤏𐤁𐤃𐤉 𐤔𐤋𐤌𐤄.

𐤃 𐤅𐤁𐤉𐤓𐤅𐤔𐤋𐤌 𐤉𐤔𐤁𐤅 𐤌𐤁𐤍𐤉 𐤉𐤄𐤅𐤃𐤄 𐤅𐤌𐤁𐤍𐤉 𐤁𐤍𐤉𐤌𐤍 𐤌𐤁𐤍𐤉 𐤉𐤄𐤅𐤃𐤄 𐤏𐤕𐤉𐤄 𐤁𐤍 𐤏𐤆𐤉𐤄 𐤁𐤍 𐤆𐤊𐤓𐤉𐤄 𐤁𐤍 𐤀𐤌𐤓𐤉𐤄 𐤁𐤍 𐤔𐤐𐤈𐤉𐤄 𐤁𐤍 𐤌𐤄𐤋𐤋𐤀𐤋 𐤌𐤁𐤍𐤉 𐤐𐤓𐤑.

𐤄 𐤅𐤌𐤏𐤔𐤉𐤄 𐤁𐤍 𐤁𐤓𐤅𐤊 𐤁𐤍 𐤊𐤋 𐤇𐤆𐤄 𐤁𐤍 𐤇𐤆𐤉𐤄 𐤁𐤍 𐤏𐤃𐤉𐤄 𐤁𐤍 𐤉𐤅𐤉𐤓𐤉𐤁 𐤁𐤍 𐤆𐤊𐤓𐤉𐤄 𐤁𐤍 𐤄𐤔𐤋𐤍𐤉.

𐤅 𐤊𐤋 𐤁𐤍𐤉 𐤐𐤓𐤑 𐤄𐤉𐤔𐤁𐤉𐤌 𐤁𐤉𐤓𐤅𐤔𐤋𐤌 𐤀𐤓𐤁𐤏 𐤌𐤀𐤅𐤕 𐤔𐤔𐤉𐤌 𐤅𐤔𐤌𐤍𐤄

# 𐤍𐤇𐤌𐤉𐤄

𐤀𐤍𐤔𐤉 𐤇𐤉𐤋•
𐤆𐤅𐤀𐤋𐤄 𐤁𐤍𐤉 𐤁𐤍𐤉𐤌𐤍 𐤎𐤋𐤀 𐤁𐤍 𐤌𐤔𐤋𐤌 𐤁𐤍 𐤉𐤅𐤏𐤃 𐤁𐤍 𐤐𐤃𐤉𐤄 𐤁𐤍
𐤒𐤅𐤋𐤉𐤄 𐤁𐤍 𐤌𐤏𐤔𐤉𐤄 𐤁𐤍 𐤀𐤉𐤕𐤉𐤀𐤋 𐤁𐤍 𐤉𐤔𐤏𐤉𐤄•
𐤇𐤅𐤀𐤇𐤓𐤉𐤅 𐤂𐤁𐤉 𐤎𐤋𐤉 𐤕𐤔𐤏 𐤌𐤀𐤅𐤕 𐤏𐤔𐤓𐤉𐤌 𐤅𐤔𐤌𐤍𐤄•
𐤈𐤅𐤉𐤅𐤀𐤋 𐤁𐤍 𐤆𐤊𐤓𐤉 𐤐𐤒𐤉𐤃 𐤏𐤋𐤉𐤄𐤌 𐤅𐤉𐤄𐤅𐤃𐤄 𐤁𐤍 𐤄𐤎𐤍𐤅𐤀𐤄 𐤏𐤋
𐤄𐤏𐤉𐤓 𐤌𐤔𐤍𐤄•
𐤉𐤌𐤍 𐤄𐤊𐤄𐤍𐤉𐤌 𐤉𐤃𐤏𐤉𐤄 𐤁𐤍 𐤉𐤅𐤉𐤓𐤉𐤁 𐤉𐤊𐤉𐤍•
𐤉𐤀𐤔𐤓𐤉𐤄 𐤁𐤍 𐤇𐤋𐤒𐤉𐤄 𐤁𐤍 𐤌𐤔𐤋𐤌 𐤁𐤍 𐤑𐤃𐤅𐤒 𐤁𐤍 𐤌𐤓𐤉𐤅𐤕 𐤁𐤍
𐤀𐤇𐤉𐤈𐤅𐤁 𐤍𐤂𐤃 𐤁𐤉𐤕 𐤄𐤀𐤋𐤄𐤉𐤌•
𐤉𐤁𐤅𐤀𐤇𐤉𐤄𐤌 𐤏𐤔𐤄 𐤄𐤌𐤋𐤀𐤊𐤄 𐤋𐤁𐤉𐤕 𐤔𐤌𐤍𐤄 𐤌𐤀𐤅𐤕 𐤏𐤔𐤓𐤉𐤌
𐤅𐤔𐤍𐤉𐤌 𐤅𐤏𐤃𐤉𐤄 𐤁𐤍 𐤉𐤓𐤇𐤌 𐤁𐤍 𐤐𐤋𐤋𐤉𐤄 𐤁𐤍 𐤀𐤌𐤑𐤉 𐤁𐤍 𐤆𐤊𐤓𐤉𐤄 𐤁𐤍
𐤐𐤔𐤇𐤅𐤓 𐤁𐤍 𐤌𐤋𐤊𐤉𐤄•
𐤉𐤂𐤅𐤀𐤇𐤉𐤅 𐤓𐤀𐤔𐤉𐤌 𐤋𐤀𐤁𐤅𐤕 𐤌𐤀𐤕𐤉𐤌 𐤀𐤓𐤁𐤏𐤉𐤌 𐤅𐤔𐤍𐤉𐤌 𐤅𐤏𐤌𐤔𐤎𐤉
𐤁𐤍 𐤏𐤆𐤓𐤀𐤋 𐤁𐤍 𐤀𐤇𐤆𐤉 𐤁𐤍 𐤌𐤔𐤋𐤌𐤅𐤕 𐤁𐤍 𐤀𐤌𐤓•
𐤉𐤃𐤅𐤀𐤇𐤉𐤄𐤌 𐤂𐤁𐤓𐤉 𐤇𐤉𐤋 𐤌𐤀𐤄 𐤏𐤔𐤓𐤉𐤌 𐤅𐤔𐤌𐤍𐤄 𐤅𐤐𐤒𐤉𐤃 𐤏𐤋𐤉𐤄𐤌
𐤆𐤁𐤃𐤉𐤀𐤋 𐤁𐤍 𐤄𐤂𐤃𐤅𐤋𐤉𐤌•
𐤈𐤅𐤅𐤌𐤍 𐤄𐤋𐤅𐤉𐤌 𐤔𐤌𐤏𐤉𐤄 𐤁𐤍 𐤇𐤔𐤅𐤁 𐤁𐤍 𐤏𐤆𐤓𐤉𐤒𐤌 𐤁𐤍 𐤇𐤔𐤁𐤉𐤄 𐤁𐤍
𐤁𐤅𐤍𐤉•
𐤈𐤆𐤅𐤔𐤁𐤕𐤉 𐤅𐤉𐤅𐤆𐤁𐤃 𐤏𐤋 𐤄𐤌𐤋𐤀𐤊𐤄 𐤄𐤇𐤉𐤑𐤍𐤄 𐤋𐤁𐤉𐤕 𐤄𐤀𐤋𐤄𐤉𐤌
𐤌𐤓𐤀𐤔𐤉 𐤄𐤋𐤅𐤉𐤌•
𐤉𐤆𐤅𐤌𐤕𐤍𐤉𐤄 𐤁𐤍 𐤌𐤉𐤊𐤀 𐤁𐤍 𐤆𐤁𐤃𐤉 𐤁𐤍 𐤀𐤎𐤐 𐤓𐤀𐤔 𐤄𐤕𐤇𐤋𐤄 𐤉𐤄𐤅𐤃𐤄
𐤋𐤕𐤐𐤋𐤄 𐤅𐤁𐤒𐤁𐤒𐤉𐤄 𐤌𐤔𐤍𐤄 𐤌𐤀𐤇𐤉𐤅 𐤅𐤏𐤁𐤃𐤀 𐤁𐤍 𐤔𐤌𐤅𐤏 𐤁𐤍 𐤂𐤋𐤋 𐤁𐤍
𐤉𐤃𐤉𐤕𐤅𐤍 [𐤉𐤃𐤅𐤕𐤅𐤍]•
𐤉𐤇𐤊𐤋 𐤄𐤋𐤅𐤉𐤌 𐤁𐤏𐤉𐤓 𐤄𐤒𐤃𐤔 𐤌𐤀𐤕𐤉𐤌 𐤔𐤌𐤍𐤉𐤌 𐤅𐤀𐤓𐤁𐤏𐤄•
𐤉𐤈𐤅𐤄𐤔𐤅𐤏𐤓𐤉𐤌 𐤏𐤒𐤅𐤁 𐤈𐤋𐤌𐤅𐤍 𐤅𐤀𐤇𐤉𐤄𐤌 𐤄𐤔𐤌𐤓𐤉𐤌 𐤁𐤔𐤏𐤓𐤉𐤌 𐤌𐤀𐤄
𐤔𐤁𐤏𐤉𐤌 𐤅𐤔𐤍𐤉𐤌•
𐤊𐤅𐤔𐤀𐤓 𐤉𐤔𐤓𐤀𐤋 𐤄𐤊𐤄𐤍𐤉𐤌 𐤄𐤋𐤅𐤉𐤌 𐤁𐤊𐤋 𐤏𐤓𐤉 𐤉𐤄𐤅𐤃𐤄 𐤀𐤉𐤔
𐤁𐤍𐤇𐤋𐤕𐤅•
𐤊𐤀𐤅𐤄𐤍𐤕𐤉𐤍𐤉𐤌 𐤉𐤔𐤁𐤉𐤌 𐤁𐤏𐤐𐤋 𐤅𐤑𐤉𐤇𐤀 𐤅𐤂𐤔𐤐𐤀 𐤏𐤋 𐤄𐤍𐤕𐤉𐤍𐤉𐤌•
𐤊𐤁𐤅𐤐𐤒𐤉𐤃 𐤄𐤋𐤅𐤉𐤌 𐤁𐤉𐤓𐤅𐤔𐤋𐤌 𐤏𐤆𐤉 𐤁𐤍 𐤁𐤍𐤉 𐤁𐤍 𐤇𐤔𐤁𐤉𐤄 𐤁𐤍
𐤌𐤕𐤍𐤉𐤄 𐤁𐤍 𐤌𐤉𐤊𐤀 𐤌𐤁𐤍𐤉 𐤀𐤎𐤐 𐤄𐤌𐤔𐤓𐤓𐤉𐤌 𐤋𐤍𐤂𐤃 𐤌𐤋𐤀𐤊𐤕 𐤁𐤉𐤕
𐤄𐤀𐤋𐤄𐤉𐤌•
𐤊𐤂𐤊𐤉 𐤌𐤑𐤅𐤕 𐤄𐤌𐤋𐤊 𐤏𐤋𐤉𐤄𐤌 𐤅𐤀𐤌𐤍𐤄 𐤏𐤋 𐤄𐤌𐤔𐤓𐤓𐤉𐤌 𐤃𐤁𐤓 𐤉𐤅𐤌

# 𐤍𐤇𐤌𐤉𐤄

𐤁𐤉𐤅𐤌𐤅.
𐤊𐤃 𐤅𐤐𐤕𐤇𐤉𐤄 𐤁𐤍 𐤌𐤔𐤉𐤆𐤁𐤀𐤋 𐤌𐤁𐤍𐤉 𐤆𐤓𐤇 𐤁𐤍 𐤉𐤄𐤅𐤃𐤄 𐤋𐤉𐤃 𐤄𐤌𐤋𐤊
𐤋𐤊𐤋 𐤃𐤁𐤓 𐤋𐤏𐤌.
𐤊𐤄 𐤅𐤀𐤋 𐤄𐤇𐤑𐤓𐤉𐤌 𐤁𐤔𐤃𐤕𐤌 𐤌𐤁𐤍𐤉 𐤉𐤄𐤅𐤃𐤄 𐤉𐤔𐤁𐤅 𐤁𐤒𐤓𐤉𐤕 𐤄𐤀𐤓𐤁𐤏
𐤅𐤁𐤍𐤕𐤉𐤄 𐤅𐤁𐤃𐤉𐤁𐤍 𐤅𐤁𐤍𐤕𐤉𐤄 𐤅𐤁𐤉𐤒𐤁𐤑𐤀𐤋 𐤅𐤇𐤑𐤓𐤉𐤄.
𐤊𐤅 𐤅𐤁𐤉𐤔𐤅𐤏 𐤅𐤁𐤌𐤋𐤃𐤄 𐤅𐤁𐤁𐤉𐤕 𐤐𐤋𐤈.
𐤊𐤆 𐤅𐤁𐤇𐤑𐤓 𐤔𐤅𐤏𐤋 𐤅𐤁𐤁𐤀𐤓 𐤔𐤁𐤏 𐤅𐤁𐤍𐤕𐤉𐤄.
𐤊𐤇 𐤅𐤁𐤑𐤒𐤋𐤂 𐤅𐤁𐤌𐤊𐤍𐤄 𐤅𐤁𐤍𐤕𐤉𐤄.
𐤊𐤈 𐤅𐤁𐤏𐤉𐤍 𐤓𐤌𐤅𐤍 𐤅𐤁𐤑𐤓𐤏𐤄 𐤅𐤁𐤉𐤓𐤌𐤅𐤕.
𐤋 𐤆𐤍𐤇 𐤏𐤃𐤋𐤌 𐤅𐤇𐤑𐤓𐤉𐤄𐤌 𐤋𐤊𐤉𐤔 𐤅𐤔𐤃𐤕𐤉𐤄 𐤏𐤆𐤒𐤄 𐤅𐤁𐤍𐤕𐤉𐤄 𐤅𐤉𐤇𐤍𐤅
𐤌𐤁𐤀𐤓 𐤔𐤁𐤏 𐤏𐤃 𐤂𐤉𐤀 𐤄𐤍𐤌.
𐤋𐤀 𐤅𐤁𐤍𐤉 𐤁𐤍𐤉𐤌𐤍 𐤌𐤂𐤁𐤏 𐤌𐤊𐤌𐤔 𐤅𐤏𐤉𐤄 𐤅𐤁𐤉𐤕 𐤀𐤋 𐤅𐤁𐤍𐤕𐤉𐤄.
𐤋𐤁 𐤏𐤍𐤕𐤅𐤕 𐤍𐤁 𐤏𐤍𐤍𐤉𐤄.
𐤋𐤂 𐤇𐤑𐤅𐤓 𐤓𐤌𐤄 𐤂𐤕𐤉𐤌.
𐤋𐤃 𐤇𐤃𐤉𐤃 𐤑𐤁𐤏𐤉𐤌 𐤍𐤁𐤋𐤈.
𐤋𐤄 𐤋𐤃 𐤅𐤀𐤅𐤍𐤅 𐤂𐤉 𐤄𐤇𐤓𐤔𐤉𐤌.
𐤋𐤅 𐤅𐤌𐤍 𐤄𐤋𐤅𐤉𐤌 𐤌𐤇𐤋𐤒𐤅𐤕 𐤉𐤄𐤅𐤃𐤄 𐤋𐤁𐤍𐤉𐤌𐤉𐤍.

## 𐤐𐤓𐤒 𐤉𐤁

𐤀 𐤅𐤀𐤋𐤄 𐤄𐤊𐤄𐤍𐤉𐤌 𐤅𐤄𐤋𐤅𐤉𐤌 𐤀𐤔𐤓 𐤏𐤋𐤅 𐤏𐤌 𐤆𐤓𐤁𐤁𐤋 𐤁𐤍 𐤔𐤀𐤋𐤕𐤉𐤀𐤋
𐤅𐤉𐤔𐤅𐤏 𐤔𐤓𐤉𐤄 𐤉𐤓𐤌𐤉𐤄 𐤏𐤆𐤓𐤀.
𐤁 𐤀𐤌𐤓𐤉𐤄 𐤌𐤋𐤅𐤊 𐤇𐤈𐤅𐤔.
𐤂 𐤔𐤊𐤍𐤉𐤄 𐤓𐤇𐤌 𐤌𐤓𐤌𐤕.
𐤃 𐤏𐤃𐤅𐤀 𐤂𐤍𐤕𐤅𐤉 𐤀𐤁𐤉𐤄.
𐤄 𐤌𐤉𐤌𐤉𐤍 𐤌𐤏𐤃𐤉𐤄 𐤁𐤋𐤂𐤄.
𐤅 𐤔𐤌𐤏𐤉𐤄 𐤅𐤉𐤅𐤉𐤓𐤉𐤁 𐤉𐤃𐤏𐤉𐤄.
𐤆 𐤎𐤋𐤅 𐤏𐤌𐤅𐤒 𐤇𐤋𐤒𐤉𐤄 𐤉𐤃𐤏𐤉𐤄 𐤀𐤋𐤄 𐤓𐤀𐤔𐤉 𐤄𐤊𐤄𐤍𐤉𐤌 𐤅𐤀𐤇𐤉𐤄𐤌
𐤁𐤉𐤌𐤉 𐤉𐤔𐤅𐤏.
𐤇 𐤅𐤄𐤋𐤅𐤉𐤌 𐤉𐤔𐤅𐤏 𐤁𐤍𐤅𐤉 𐤒𐤃𐤌𐤉𐤀𐤋 𐤔𐤓𐤁𐤉𐤄 𐤉𐤄𐤅𐤃𐤄 𐤌𐤕𐤍𐤉𐤄 𐤏𐤋
𐤄𐤉𐤃𐤅𐤕 𐤄𐤅𐤀 𐤅𐤀𐤇𐤉𐤅.
𐤈 𐤅𐤁𐤒𐤁𐤒𐤉𐤄 𐤅𐤏𐤍𐤅 [𐤅𐤏𐤍𐤉] 𐤀𐤇𐤉𐤄𐤌 𐤋𐤍𐤂𐤃𐤌 𐤋𐤌𐤔𐤌𐤓𐤅𐤕.
𐤉 𐤅𐤉𐤔𐤅𐤏 𐤄𐤅𐤋𐤉𐤃 𐤀𐤕 𐤉𐤅𐤉𐤒𐤉𐤌 𐤅𐤉𐤅𐤉𐤒𐤉𐤌 𐤄𐤅𐤋𐤉𐤃 𐤀𐤕 𐤀𐤋𐤉𐤔𐤉𐤁
𐤅𐤀𐤋𐤉𐤔𐤉𐤁 𐤀𐤕 𐤉𐤅𐤉𐤃𐤏.

# 𐤍𐤇𐤌𐤉𐤄

𐤉𐤀 𐤅𐤉𐤅𐤉𐤃𐤏 𐤄𐤅𐤋𐤉𐤃 𐤀𐤕 𐤉𐤅𐤍𐤕𐤍 𐤅𐤉𐤅𐤍𐤕𐤍 𐤄𐤅𐤋𐤉𐤃 𐤀𐤕 𐤉𐤃𐤅𐤏•
𐤉𐤁 𐤅𐤁𐤉𐤌𐤉 𐤉𐤅𐤉𐤒𐤉𐤌 𐤄𐤉𐤅 𐤊𐤄𐤍𐤉𐤌 𐤓𐤀𐤔𐤉 𐤄𐤀𐤁𐤅𐤕 𐤋𐤔𐤓𐤉𐤄
𐤌𐤓𐤉𐤄 𐤋𐤉𐤓𐤌𐤉𐤄 𐤇𐤍𐤍𐤉𐤄•
𐤉𐤂 𐤋𐤏𐤆𐤓𐤀 𐤌𐤔𐤋𐤌 𐤋𐤀𐤌𐤓𐤉𐤄 𐤉𐤄𐤅𐤇𐤍𐤍•
𐤉𐤃 𐤋𐤌𐤋𐤅𐤊𐤉 [𐤋𐤌𐤋𐤉𐤊𐤅] 𐤉𐤅𐤍𐤕𐤍 𐤋𐤔𐤁𐤍𐤉𐤄 𐤉𐤅𐤎𐤐•
𐤈𐤅 𐤋𐤇𐤓𐤌 𐤏𐤃𐤍𐤀 𐤋𐤌𐤓𐤉𐤅𐤕 𐤇𐤋𐤒𐤉•
𐤈𐤆 𐤋𐤏𐤃𐤉𐤀 [𐤋𐤏𐤃𐤅𐤀] 𐤆𐤊𐤓𐤉𐤄 𐤋𐤂𐤍𐤕𐤅𐤍 𐤌𐤔𐤋𐤌•
𐤉𐤆 𐤋𐤀𐤁𐤉𐤄 𐤆𐤊𐤓𐤉 𐤋𐤌𐤍𐤉𐤌𐤉𐤍 𐤋𐤌𐤅𐤏𐤃𐤉𐤄 𐤐𐤋𐤈𐤉•
𐤉𐤇 𐤋𐤁𐤋𐤂𐤄 𐤔𐤌𐤅𐤏 𐤋𐤔𐤌𐤏𐤉𐤄 𐤉𐤄𐤅𐤍𐤕𐤍•
𐤉𐤈 𐤅𐤋𐤅𐤉𐤓𐤉𐤁 𐤌𐤕𐤍𐤉 𐤋𐤉𐤃𐤏𐤉𐤄 𐤏𐤆𐤉•
𐤊 𐤋𐤎𐤋𐤉 𐤒𐤋𐤉 𐤋𐤏𐤌𐤅𐤒 𐤏𐤁𐤓•
𐤊𐤀 𐤋𐤇𐤋𐤒𐤉𐤄 𐤇𐤔𐤁𐤉𐤄 𐤋𐤉𐤃𐤏𐤉𐤄 𐤍𐤕𐤍𐤀𐤋•
𐤊𐤁 𐤄𐤋𐤅𐤉𐤌 𐤁𐤉𐤌𐤉 𐤀𐤋𐤉𐤔𐤉𐤁 𐤉𐤅𐤉𐤃𐤏 𐤅𐤉𐤅𐤇𐤍𐤍 𐤅𐤉𐤃𐤅𐤏 𐤊𐤕𐤅𐤁𐤉𐤌
𐤓𐤀𐤔𐤉 𐤀𐤁𐤅𐤕 𐤅𐤄𐤊𐤄𐤍𐤉𐤌 𐤏𐤋 𐤌𐤋𐤊𐤅𐤕 𐤃𐤓𐤉𐤅𐤔 𐤄𐤐𐤓𐤎𐤉•
𐤊𐤂 𐤁𐤍𐤉 𐤋𐤅𐤉 𐤓𐤀𐤔𐤉 𐤄𐤀𐤁𐤅𐤕 𐤊𐤕𐤅𐤁𐤉𐤌 𐤏𐤋 𐤎𐤐𐤓 𐤃𐤁𐤓𐤉 𐤄𐤉𐤌𐤉𐤌 𐤅𐤏𐤃
𐤉𐤌𐤉 𐤉𐤅𐤇𐤍𐤍 𐤁𐤍 𐤀𐤋𐤉𐤔𐤉𐤁•
𐤊𐤃 𐤅𐤓𐤀𐤔𐤉 𐤄𐤋𐤅𐤉𐤌 𐤇𐤔𐤁𐤉𐤄 𐤔𐤓𐤁𐤉𐤄 𐤅𐤉𐤔𐤅𐤏 𐤁𐤍 𐤒𐤃𐤌𐤉𐤀𐤋
𐤅𐤀𐤇𐤉𐤄𐤌 𐤋𐤍𐤂𐤃𐤌 𐤋𐤄𐤋𐤋 𐤋𐤄𐤅𐤃𐤅𐤕 𐤁𐤌𐤑𐤅𐤕 𐤃𐤅𐤉𐤃 𐤀𐤉𐤔 𐤄𐤀𐤋𐤄𐤉𐤌
𐤌𐤔𐤌𐤓 𐤋𐤏𐤌𐤕 𐤌𐤔𐤌𐤓•
𐤊𐤄 𐤌𐤕𐤍𐤉𐤄 𐤅𐤁𐤒𐤁𐤒𐤉𐤄 𐤏𐤁𐤃𐤉𐤄 𐤌𐤔𐤋𐤌 𐤈𐤋𐤌𐤅𐤍 𐤏𐤒𐤅𐤁 𐤔𐤌𐤓𐤉𐤌
𐤔𐤅𐤏𐤓𐤉𐤌 𐤌𐤔𐤌𐤓 𐤁𐤀𐤎𐤐𐤉 𐤄𐤔𐤏𐤓𐤉𐤌•
𐤊𐤅 𐤀𐤋𐤄 𐤁𐤉𐤌𐤉 𐤉𐤅𐤉𐤒𐤉𐤌 𐤁𐤍 𐤉𐤔𐤅𐤏 𐤁𐤍 𐤉𐤅𐤑𐤃𐤒 𐤅𐤁𐤉𐤌𐤉 𐤍𐤇𐤌𐤉𐤄
𐤄𐤐𐤇𐤄 𐤅𐤏𐤆𐤓𐤀 𐤄𐤊𐤄𐤍 𐤄𐤎𐤅𐤐𐤓•
𐤊𐤆 𐤅𐤁𐤇𐤍𐤊𐤕 𐤇𐤅𐤌𐤕 𐤉𐤓𐤅𐤔𐤋𐤌 𐤁𐤒𐤔𐤅 𐤀𐤕 𐤄𐤋𐤅𐤉𐤌 𐤌𐤊𐤋 𐤌𐤒𐤅𐤌𐤕𐤌
𐤋𐤄𐤁𐤉𐤀𐤌 𐤋𐤉𐤓𐤅𐤔𐤋𐤌 𐤋𐤏𐤔𐤕 𐤇𐤍𐤊𐤄 𐤅𐤔𐤌𐤇𐤄 𐤅𐤁𐤕𐤅𐤃𐤅𐤕 𐤅𐤁𐤔𐤉𐤓
𐤌𐤑𐤋𐤕𐤉𐤌 𐤍𐤁𐤋𐤉𐤌 𐤅𐤁𐤊𐤍𐤓𐤅𐤕•
𐤊𐤇 𐤅𐤉𐤀𐤎𐤐𐤅 𐤁𐤍𐤉 𐤄𐤌𐤔𐤓𐤓𐤉𐤌 𐤅𐤌𐤍 𐤄𐤊𐤊𐤓 𐤎𐤁𐤉𐤁𐤅𐤕 𐤉𐤓𐤅𐤔𐤋𐤌 𐤅𐤌𐤍
𐤇𐤑𐤓𐤉 𐤍𐤈𐤐𐤕𐤉•
𐤊𐤈 𐤅𐤌𐤁𐤉𐤕 𐤄𐤂𐤋𐤂𐤋 𐤅𐤌𐤔𐤃𐤅𐤕 𐤂𐤁𐤏 𐤅𐤏𐤆𐤌𐤅𐤕 𐤊𐤉 𐤇𐤑𐤓𐤉𐤌 𐤁𐤍𐤅 𐤋𐤄𐤌
𐤄𐤌𐤔𐤓𐤓𐤉𐤌 𐤎𐤁𐤉𐤁𐤅𐤕 𐤉𐤓𐤅𐤔𐤋𐤌•
𐤋 𐤅𐤉𐤈𐤄𐤓𐤅 𐤄𐤊𐤄𐤍𐤉𐤌 𐤅𐤄𐤋𐤅𐤉𐤌 𐤅𐤉𐤈𐤄𐤓𐤅 𐤀𐤕 𐤄𐤏𐤌 𐤅𐤀𐤕 𐤄𐤔𐤏𐤓𐤉𐤌
𐤅𐤀𐤕 𐤄𐤇𐤅𐤌𐤄•
𐤋𐤀 𐤅𐤀𐤏𐤋𐤄 𐤀𐤕 𐤔𐤓𐤉 𐤉𐤄𐤅𐤃𐤄 𐤌𐤏𐤋 𐤋𐤇𐤅𐤌𐤄 𐤅𐤀𐤏𐤌𐤉𐤃𐤄 𐤔𐤕𐤉 𐤕𐤅𐤃𐤕

𐤂𐤃𐤅𐤋𐤕 𐤅𐤕𐤄𐤋𐤊𐤕 𐤋𐤉𐤌𐤉𐤍 𐤌𐤏𐤋 𐤋𐤇𐤅𐤌𐤄 𐤋𐤔𐤏𐤓 𐤄𐤀𐤔𐤐𐤕.
𐤋𐤁 𐤅𐤉𐤋𐤊 𐤀𐤇𐤓𐤉𐤄𐤌 𐤄𐤅𐤔𐤏𐤉𐤄 𐤅𐤇𐤑𐤉 𐤔𐤓𐤉 𐤉𐤄𐤅𐤃𐤄.
𐤋𐤂 𐤅𐤏𐤆𐤓𐤉𐤄 𐤏𐤆𐤓𐤀 𐤅𐤌𐤔𐤋𐤌.
𐤋𐤃 𐤉𐤄𐤅𐤃𐤄 𐤅𐤁𐤍𐤉𐤌𐤍 𐤅𐤔𐤌𐤏𐤉𐤄 𐤅𐤉𐤓𐤌𐤉𐤄.
𐤋𐤄 𐤅𐤌𐤁𐤍𐤉 𐤄𐤊𐤄𐤍𐤉𐤌 𐤁𐤇𐤑𐤑𐤓𐤅𐤕 𐤆𐤊𐤓𐤉𐤄 𐤁𐤍 𐤉𐤅𐤍𐤕𐤍 𐤁𐤍 𐤔𐤌𐤏𐤉𐤄
𐤁𐤍 𐤌𐤕𐤍𐤉𐤄 𐤁𐤍 𐤌𐤉𐤊𐤉𐤄 𐤁𐤍 𐤆𐤊𐤅𐤓 𐤁𐤍 𐤀𐤎𐤐.
𐤋𐤅 𐤅𐤀𐤇𐤉𐤅 𐤔𐤌𐤏𐤉𐤄 𐤅𐤏𐤆𐤓𐤀𐤋 𐤌𐤋𐤋𐤉 𐤂𐤋𐤋𐤉 𐤌𐤏𐤉 𐤍𐤕𐤍𐤀𐤋 𐤅𐤉𐤄𐤅𐤃𐤄
𐤇𐤍𐤍𐤉 𐤁𐤊𐤋𐤉 𐤔𐤉𐤓 𐤃𐤅𐤉𐤃 𐤀𐤉𐤔 𐤄𐤀𐤋𐤄𐤉𐤌 𐤅𐤏𐤆𐤓𐤀 𐤄𐤎𐤅𐤐𐤓 𐤋𐤐𐤍𐤉𐤄𐤌.
𐤋𐤆 𐤅𐤏𐤋 𐤔𐤏𐤓 𐤄𐤏𐤉𐤍 𐤅𐤍𐤂𐤃𐤌 𐤏𐤋𐤅 𐤏𐤋 𐤌𐤏𐤋𐤅𐤕 𐤏𐤉𐤓 𐤃𐤅𐤉𐤃 𐤁𐤌𐤏𐤋𐤄
𐤋𐤇𐤅𐤌𐤄 𐤌𐤏𐤋 𐤋𐤁𐤉𐤕 𐤃𐤅𐤉𐤃 𐤅𐤏𐤃 𐤔𐤏𐤓 𐤄𐤌𐤉𐤌 𐤌𐤆𐤓𐤇.
𐤋𐤇 𐤅𐤄𐤕𐤅𐤃𐤄 𐤄𐤔𐤍𐤉𐤕 𐤄𐤄𐤅𐤋𐤊𐤕 𐤋𐤌𐤅𐤀𐤋 𐤅𐤀𐤍𐤉 𐤀𐤇𐤓𐤉𐤄 𐤅𐤇𐤑𐤉 𐤄𐤏𐤌
𐤌𐤏𐤋 𐤋𐤇𐤅𐤌𐤄 𐤌𐤏𐤋 𐤋𐤌𐤂𐤃𐤋 𐤄𐤕𐤍𐤅𐤓𐤉𐤌 𐤅𐤏𐤃 𐤄𐤇𐤅𐤌𐤄 𐤄𐤓𐤇𐤁𐤄.
𐤋𐤈 𐤅𐤌𐤏𐤋 𐤋𐤔𐤏𐤓 𐤀𐤐𐤓𐤉𐤌 𐤅𐤏𐤋 𐤔𐤏𐤓 𐤄𐤉𐤔𐤍𐤄 𐤅𐤏𐤋 𐤔𐤏𐤓 𐤄𐤃𐤂𐤉𐤌
𐤅𐤌𐤂𐤃𐤋 𐤇𐤍𐤍𐤀𐤋 𐤅𐤌𐤂𐤃𐤋 𐤄𐤌𐤀𐤄 𐤅𐤏𐤃 𐤔𐤏𐤓 𐤄𐤑𐤀𐤍 𐤅𐤏𐤌𐤃𐤅 𐤁𐤔𐤏𐤓
𐤄𐤌𐤈𐤓𐤄.
𐤌 𐤅𐤕𐤏𐤌𐤃𐤍𐤄 𐤔𐤕𐤉 𐤄𐤕𐤅𐤃𐤕 𐤁𐤁𐤉𐤕 𐤄𐤀𐤋𐤄𐤉𐤌 𐤅𐤀𐤍𐤉 𐤅𐤇𐤑𐤉
𐤄𐤎𐤂𐤍𐤉𐤌 𐤏𐤌𐤉.
𐤌𐤀 𐤅𐤄𐤊𐤄𐤍𐤉𐤌 𐤀𐤋𐤉𐤒𐤉𐤌 𐤌𐤏𐤔𐤉𐤄 𐤌𐤍𐤉𐤌𐤉𐤍 𐤌𐤉𐤊𐤉𐤄
𐤀𐤋𐤉𐤅𐤏𐤉𐤍𐤉 𐤆𐤊𐤓𐤉𐤄 𐤇𐤍𐤍𐤉𐤄 𐤁𐤇𐤑𐤑𐤓𐤅𐤕.
𐤌𐤁 𐤅𐤌𐤏𐤔𐤉𐤄 𐤅𐤔𐤌𐤏𐤉𐤄 𐤅𐤀𐤋𐤏𐤆𐤓 𐤅𐤏𐤆𐤉 𐤅𐤉𐤄𐤅𐤇𐤍𐤍 𐤅𐤌𐤋𐤊𐤉𐤄
𐤅𐤏𐤉𐤋𐤌 𐤅𐤏𐤆𐤓 𐤅𐤉𐤔𐤌𐤏𐤅 𐤄𐤌𐤔𐤓𐤓𐤉𐤌 𐤅𐤉𐤆𐤓𐤇𐤉𐤄 𐤄𐤐𐤒𐤉𐤃.
𐤌𐤂 𐤅𐤉𐤆𐤁𐤇𐤅 𐤁𐤉𐤅𐤌 𐤄𐤄𐤅𐤀 𐤆𐤁𐤇𐤉𐤌 𐤂𐤃𐤅𐤋𐤉𐤌 𐤅𐤉𐤔𐤌𐤇𐤅 𐤊𐤉
𐤄𐤀𐤋𐤄𐤉𐤌 𐤔𐤌𐤇𐤌 𐤔𐤌𐤇𐤄 𐤂𐤃𐤅𐤋𐤄 𐤅𐤂𐤌 𐤄𐤍𐤔𐤉𐤌 𐤅𐤄𐤉𐤋𐤃𐤉𐤌 𐤔𐤌𐤇𐤅
𐤅𐤕𐤔𐤌𐤏 𐤔𐤌𐤇𐤕 𐤉𐤓𐤅𐤔𐤋𐤌 𐤌𐤓𐤇𐤅𐤒.
𐤌𐤃 𐤅𐤉𐤐𐤒𐤃𐤅 𐤁𐤉𐤅𐤌 𐤄𐤄𐤅𐤀 𐤀𐤍𐤔𐤉𐤌 𐤏𐤋 𐤄𐤍𐤔𐤊𐤅𐤕 𐤋𐤀𐤅𐤑𐤓𐤅𐤕
𐤋𐤕𐤓𐤅𐤌𐤅𐤕 𐤋𐤓𐤀𐤔𐤉𐤕 𐤅𐤋𐤌𐤏𐤔𐤓𐤅𐤕 𐤋𐤊𐤍𐤅𐤎 𐤁𐤄𐤌 𐤋𐤔𐤃𐤉 𐤄𐤏𐤓𐤉𐤌
𐤌𐤍𐤀𐤅𐤕 𐤄𐤕𐤅𐤓𐤄 𐤋𐤊𐤄𐤍𐤉𐤌 𐤅𐤋𐤋𐤅𐤉𐤌 𐤊𐤉 𐤔𐤌𐤇𐤕 𐤉𐤄𐤅𐤃𐤄 𐤏𐤋
𐤄𐤊𐤄𐤍𐤉𐤌 𐤅𐤏𐤋 𐤄𐤋𐤅𐤉𐤌 𐤄𐤏𐤌𐤃𐤉𐤌.
𐤌𐤄 𐤅𐤉𐤔𐤌𐤓𐤅 𐤌𐤔𐤌𐤓𐤕 𐤀𐤋𐤄𐤉𐤄𐤌 𐤅𐤌𐤔𐤌𐤓𐤕 𐤄𐤈𐤄𐤓𐤄 𐤅𐤄𐤌𐤔𐤓𐤓𐤉𐤌
𐤅𐤄𐤔𐤏𐤓𐤉𐤌 𐤊𐤌𐤑𐤅𐤕 𐤃𐤅𐤉𐤃 𐤔𐤋𐤌𐤄 𐤁𐤍𐤅.
𐤌𐤅 𐤊𐤉 𐤁𐤉𐤌𐤉 𐤃𐤅𐤉𐤃 𐤅𐤀𐤎𐤐 𐤌𐤒𐤃𐤌 𐤓𐤀𐤔 [𐤓𐤀𐤔𐤉] 𐤄𐤌𐤔𐤓𐤓𐤉𐤌 𐤅𐤔𐤉𐤓
𐤕𐤄𐤋𐤄 𐤅𐤄𐤅𐤃𐤅𐤕 𐤋𐤀𐤋𐤄𐤉𐤌.
𐤌𐤆 𐤅𐤊𐤋 𐤉𐤔𐤓𐤀𐤋 𐤁𐤉𐤌𐤉 𐤆𐤓𐤁𐤁𐤋 𐤅𐤁𐤉𐤌𐤉 𐤍𐤇𐤌𐤉𐤄 𐤍𐤕𐤍𐤉𐤌 𐤌𐤍𐤉𐤅𐤕

# 𐤍𐤇𐤌𐤉𐤄

𐤄𐤌𐤔𐤓𐤓𐤉𐤌 𐤅𐤄𐤔𐤏𐤓𐤉𐤌 𐤃𐤁𐤓 𐤉𐤅𐤌 𐤁𐤉𐤅𐤌𐤅 𐤅𐤌𐤒𐤃𐤔𐤉𐤌 𐤋𐤋𐤅𐤉𐤌
𐤅𐤄𐤋𐤅𐤉𐤌 𐤌𐤒𐤃𐤔𐤉𐤌 𐤋𐤁𐤍𐤉 𐤀𐤄𐤓𐤍.

## 𐤐𐤓𐤒 𐤉𐤂

𐤀 𐤁𐤉𐤅𐤌 𐤄𐤄𐤅𐤀 𐤍𐤒𐤓𐤀 𐤁𐤎𐤐𐤓 𐤌𐤔𐤄 𐤁𐤀𐤆𐤍𐤉 𐤄𐤏𐤌 𐤅𐤍𐤌𐤑𐤀 𐤊𐤕𐤅𐤁 𐤁𐤅
𐤀𐤔𐤓 𐤋𐤀 𐤉𐤁𐤅𐤀 𐤏𐤌𐤍𐤉 𐤅𐤌𐤀𐤁𐤉 𐤁𐤒𐤄𐤋 𐤄𐤀𐤋𐤄𐤉𐤌 𐤏𐤃 𐤏𐤅𐤋𐤌.
𐤁 𐤊𐤉 𐤋𐤀 𐤒𐤃𐤌𐤅 𐤀𐤕 𐤁𐤍𐤉 𐤉𐤔𐤓𐤀𐤋 𐤁𐤋𐤇𐤌 𐤅𐤁𐤌𐤉𐤌 𐤅𐤉𐤔𐤊𐤓 𐤏𐤋𐤉𐤅 𐤀𐤕
𐤁𐤋𐤏𐤌 𐤋𐤒𐤋𐤋𐤅 𐤅𐤉𐤄𐤐𐤊 𐤀𐤋𐤄𐤉𐤍𐤅 𐤄𐤒𐤋𐤋𐤄 𐤋𐤁𐤓𐤊𐤄.
𐤂 𐤅𐤉𐤄𐤉 𐤊𐤔𐤌𐤏𐤌 𐤀𐤕 𐤄𐤕𐤅𐤓𐤄 𐤅𐤉𐤁𐤃𐤉𐤋𐤅 𐤊𐤋 𐤏𐤓𐤁 𐤌𐤉𐤔𐤓𐤀𐤋.
𐤃 𐤅𐤋𐤐𐤍𐤉 𐤌𐤆𐤄 𐤀𐤋𐤉𐤔𐤉𐤁 𐤄𐤊𐤄𐤍 𐤍𐤕𐤅𐤍 𐤁𐤋𐤔𐤊𐤕 𐤁𐤉𐤕 𐤀𐤋𐤄𐤉𐤍𐤅
𐤒𐤓𐤅𐤁 𐤋𐤈𐤅𐤁𐤉𐤄.
𐤄 𐤅𐤉𐤏𐤔 𐤋𐤅 𐤋𐤔𐤊𐤄 𐤂𐤃𐤅𐤋𐤄 𐤅𐤔𐤌 𐤄𐤉𐤅 𐤋𐤐𐤍𐤉𐤌 𐤍𐤕𐤍𐤉𐤌 𐤀𐤕
𐤄𐤌𐤍𐤇𐤄 𐤄𐤋𐤁𐤅𐤍𐤄 𐤅𐤄𐤊𐤋𐤉𐤌 𐤅𐤌𐤏𐤔𐤓 𐤄𐤃𐤂𐤍 𐤄𐤕𐤉𐤓𐤅𐤔 𐤅𐤄𐤉𐤑𐤄𐤓
𐤌𐤑𐤅𐤕 𐤄𐤋𐤅𐤉𐤌 𐤅𐤄𐤌𐤔𐤓𐤓𐤉𐤌 𐤅𐤄𐤔𐤏𐤓𐤉𐤌 𐤅𐤕𐤓𐤅𐤌𐤕 𐤄𐤊𐤄𐤍𐤉𐤌.
𐤅 𐤅𐤁𐤊𐤋 𐤆𐤄 𐤋𐤀 𐤄𐤉𐤉𐤕𐤉 𐤁𐤉𐤓𐤅𐤔𐤋𐤌 𐤊𐤉 𐤁𐤔𐤍𐤕 𐤔𐤋𐤔𐤉𐤌 𐤅𐤔𐤕𐤉𐤌
𐤋𐤀𐤓𐤕𐤇𐤔𐤎𐤕𐤀 𐤌𐤋𐤊 𐤁𐤁𐤋 𐤁𐤀𐤕𐤉 𐤀𐤋 𐤄𐤌𐤋𐤊 𐤅𐤋𐤒𐤑 𐤉𐤌𐤉𐤌 𐤍𐤔𐤀𐤋𐤕𐤉
𐤌𐤍 𐤄𐤌𐤋𐤊.
𐤆 𐤅𐤀𐤁𐤅𐤀 𐤋𐤉𐤓𐤅𐤔𐤋𐤌 𐤅𐤀𐤁𐤉𐤍𐤄 𐤁𐤓𐤏𐤄 𐤀𐤔𐤓 𐤏𐤔𐤄 𐤀𐤋𐤉𐤔𐤉𐤁
𐤋𐤈𐤅𐤁𐤉𐤄 𐤋𐤏𐤔𐤅𐤕 𐤋𐤅 𐤍𐤔𐤊𐤄 𐤁𐤇𐤑𐤓𐤉 𐤁𐤉𐤕 𐤄𐤀𐤋𐤄𐤉𐤌.
𐤇 𐤅𐤉𐤓𐤏 𐤋𐤉 𐤌𐤀𐤃 𐤅𐤀𐤔𐤋𐤉𐤊𐤄 𐤀𐤕 𐤊𐤋 𐤊𐤋𐤉 𐤁𐤉𐤕 𐤈𐤅𐤁𐤉𐤄 𐤄𐤇𐤅𐤑𐤄 𐤌𐤍
𐤄𐤋𐤔𐤊𐤄.
𐤈 𐤅𐤀𐤌𐤓𐤄 𐤅𐤉𐤈𐤄𐤓𐤅 𐤄𐤋𐤔𐤊𐤅𐤕 𐤅𐤀𐤔𐤉𐤁𐤄 𐤔𐤌 𐤊𐤋𐤉 𐤁𐤉𐤕 𐤄𐤀𐤋𐤄𐤉𐤌
𐤀𐤕 𐤄𐤌𐤍𐤇𐤄 𐤅𐤄𐤋𐤁𐤅𐤍𐤄.
𐤉 𐤅𐤀𐤃𐤏𐤄 𐤊𐤉 𐤌𐤍𐤉𐤅𐤕 𐤄𐤋𐤅𐤉𐤌 𐤋𐤀 𐤍𐤕𐤍𐤄 𐤅𐤉𐤁𐤓𐤇𐤅 𐤀𐤉𐤔 𐤋𐤔𐤃𐤄𐤅
𐤄𐤋𐤅𐤉𐤌 𐤅𐤄𐤌𐤔𐤓𐤓𐤉𐤌 𐤏𐤔𐤉 𐤄𐤌𐤋𐤀𐤊𐤄.
𐤉𐤀 𐤅𐤀𐤓𐤉𐤁𐤄 𐤀𐤕 𐤄𐤎𐤂𐤍𐤉𐤌 𐤅𐤀𐤌𐤓𐤄 𐤌𐤃𐤅𐤏 𐤍𐤏𐤆𐤁 𐤁𐤉𐤕 𐤄𐤀𐤋𐤄𐤉𐤌
𐤅𐤀𐤒𐤁𐤑𐤌 𐤅𐤉𐤏𐤌𐤃𐤌 𐤏𐤋 𐤏𐤌𐤃𐤌.
𐤉𐤁 𐤅𐤊𐤋 𐤉𐤄𐤅𐤃𐤄 𐤄𐤁𐤉𐤀𐤅 𐤌𐤏𐤔𐤓 𐤄𐤃𐤂𐤍 𐤅𐤄𐤕𐤉𐤓𐤅𐤔 𐤅𐤄𐤉𐤑𐤄𐤓
𐤋𐤀𐤅𐤑𐤓𐤅𐤕.
𐤉𐤂 𐤅𐤀𐤅𐤑𐤓𐤄 𐤏𐤋 𐤀𐤅𐤑𐤓𐤅𐤕 𐤔𐤋𐤌𐤉𐤄 𐤄𐤊𐤄𐤍 𐤅𐤑𐤃𐤅𐤒 𐤄𐤎𐤅𐤐𐤓 𐤅𐤐𐤃𐤉𐤄
𐤌𐤍 𐤄𐤋𐤅𐤉𐤌 𐤅𐤏𐤋 𐤉𐤃𐤌 𐤇𐤍𐤍 𐤁𐤍 𐤆𐤊𐤅𐤓 𐤁𐤍 𐤌𐤕𐤍𐤉𐤄 𐤊𐤉 𐤍𐤀𐤌𐤍𐤉𐤌
𐤍𐤇𐤔𐤁𐤅 𐤅𐤏𐤋𐤉𐤄𐤌 𐤋𐤇𐤋𐤒 𐤋𐤀𐤇𐤉𐤄𐤌.
𐤉𐤃 𐤆𐤊𐤓𐤄 𐤋𐤉 𐤀𐤋𐤄𐤉 𐤏𐤋 𐤆𐤀𐤕 𐤅𐤀𐤋 𐤕𐤌𐤇 𐤇𐤎𐤃𐤉 𐤀𐤔𐤓 𐤏𐤔𐤉𐤕𐤉

# נחמיה

בבית אלהי ובמשמריו.
טו בימים ההמה ראיתי ביהודה דרכים גתות בשבת
ומביאים הערמות ועמסים על החמרים ואף יין ענבים
ותאנים וכל משא ומביאים ירושלם ביום השבת ואעיד
ביום מכרם ציד.
טז והצרים ישבו בה מביאים דאג וכל מכר ומוכרים
בשבת לבני יהודה ובירושלם.
יז ואריבה את חרי יהודה ואמרה להם מה הדבר הרע הזה
אשר אתם עשים ומחללים את יום השבת.
יח הלוא כה עשו אבתיכם ויבא אלהינו עלינו את כל
הרעה הזאת ועל העיר הזאת ואתם מוסיפים חרון על ישראל
לחלל את השבת.
יט ויהי כאשר צללו שערי ירושלם לפני השבת ואמרה
ויסגרו הדלתות ואמרה אשר לא יפתחום עד אחר השבת
ומנערי העמדתי על השערים לא יבוא משא ביום השבת.
כ וילינו הרכלים ומכרי כל ממכר מחוץ לירושלם פעם
ושתים.
כא ואעידה בהם ואמרה אליהם מדוע אתם לנים נגד
החומה אם תשנו יד אשלח בכם מן העת ההיא לא באו בשבת.
כב ואמרה ללוים אשר יהיו מטהרים ובאים שמרים
השערים לקדש את יום השבת גם זאת זכרה לי אלהי
וחוסה עלי כרב חסדך.
כג גם בימים ההם ראיתי את היהודים השיבו נשים
אשדודיות [אשדדיות] עמוניות [עמניות] מואביות.
כד ובניהם חצי מדבר אשדודית ואינם מכירים לדבר
יהודית וכלשון עם ועם.
כה ואריב עמם ואקללם ואכה מהם אנשים ואמרטם
ואשביעם באלהים אם תתנו בנתיכם לבניהם ואם תשאו
מבנתיהם לבניכם ולכם.
כו הלוא על אלה חטא שלמה מלך ישראל ובגוים הרבים לא
היה מלך כמהו ואהוב לאלהיו היה ויתנהו אלהים מלך
על כל ישראל גם אותו החטיאו הנשים הנכריות.
כז ולכם הנשמע לעשת את כל הרעה הגדולה הזאת למעל

# 𐤍𐤇𐤌𐤉𐤄

𐤁𐤀𐤋𐤄𐤉𐤍𐤅 𐤋𐤄𐤔𐤉𐤁 𐤍𐤔𐤉𐤌 𐤍𐤊𐤓𐤉𐤅𐤕•
𐤊𐤇 𐤅𐤌𐤁𐤍𐤉 𐤉𐤅𐤉𐤃𐤏 𐤁𐤍 𐤀𐤋𐤉𐤔𐤉𐤁 𐤄𐤊𐤄𐤍 𐤄𐤂𐤃𐤅𐤋 𐤇𐤕𐤍 𐤋𐤎𐤍𐤁𐤋𐤈
𐤄𐤇𐤓𐤍𐤉 𐤅𐤀𐤁𐤓𐤉𐤇𐤄𐤅 𐤌𐤏𐤋𐤉•
𐤊𐤈 𐤆𐤊𐤓𐤄 𐤋𐤄𐤌 𐤀𐤋𐤄𐤉 𐤏𐤋 𐤂𐤀𐤋𐤉 𐤄𐤊𐤄𐤍𐤄 𐤅𐤁𐤓𐤉𐤕 𐤄𐤊𐤄𐤍𐤄
𐤅𐤄𐤋𐤅𐤉𐤌•
𐤋 𐤅𐤈𐤄𐤓𐤕𐤉𐤌 𐤌𐤊𐤋 𐤍𐤊𐤓 𐤅𐤀𐤏𐤌𐤉𐤃𐤄 𐤌𐤔𐤌𐤓𐤅𐤕 𐤋𐤊𐤄𐤍𐤉𐤌 𐤅𐤋𐤋𐤅𐤉𐤌
𐤀𐤉𐤔 𐤁𐤌𐤋𐤀𐤊𐤕𐤅•
𐤋𐤀 𐤅𐤋𐤒𐤓𐤁𐤍 𐤄𐤏𐤑𐤉𐤌 𐤁𐤏𐤕𐤉𐤌 𐤌𐤆𐤌𐤍𐤅𐤕 𐤅𐤋𐤁𐤊𐤅𐤓𐤉𐤌 𐤆𐤊𐤓𐤄 𐤋𐤉
𐤀𐤋𐤄𐤉 𐤋𐤈𐤅𐤁𐤄•

# 𐤀𐤎𐤕𐤓

𐤐𐤓𐤒 𐤀

𐤅𐤉𐤄𐤉 𐤁𐤉𐤌𐤉 𐤀𐤇𐤔𐤅𐤓𐤅𐤔 𐤄𐤅𐤀 𐤀𐤇𐤔𐤅𐤓𐤅𐤔 𐤄𐤌𐤋𐤊 𐤌𐤄𐤃𐤅 𐤅𐤏𐤃 𐤊𐤅𐤔
𐤔𐤁𐤏 𐤅𐤏𐤔𐤓𐤉𐤌 𐤅𐤌𐤀𐤄 𐤌𐤃𐤉𐤍𐤄.
𐤁𐤉𐤌𐤉𐤌 𐤄𐤄𐤌 𐤊𐤔𐤁𐤕 𐤄𐤌𐤋𐤊 𐤀𐤇𐤔𐤅𐤓𐤅𐤔 𐤏𐤋 𐤊𐤎𐤀 𐤌𐤋𐤊𐤅𐤕𐤅 𐤀𐤔𐤓
𐤁𐤔𐤅𐤔𐤍 𐤄𐤁𐤉𐤓𐤄.
𐤁𐤔𐤍𐤕 𐤔𐤋𐤅𐤔 𐤋𐤌𐤋𐤊𐤅 𐤏𐤔𐤄 𐤌𐤔𐤕𐤄 𐤋𐤊𐤋 𐤔𐤓𐤉𐤅 𐤅𐤏𐤁𐤃𐤉𐤅 𐤇𐤉𐤋
𐤐𐤓𐤎 𐤅𐤌𐤃𐤉 𐤄𐤐𐤓𐤕𐤌𐤉𐤌 𐤅𐤔𐤓𐤉 𐤄𐤌𐤃𐤉𐤍𐤅𐤕 𐤋𐤐𐤍𐤉𐤅.
𐤁𐤄𐤓𐤀𐤕𐤅 𐤀𐤕 𐤏𐤔𐤓 𐤊𐤁𐤅𐤃 𐤌𐤋𐤊𐤅𐤕𐤅 𐤅𐤀𐤕 𐤉𐤒𐤓 𐤕𐤐𐤀𐤓𐤕 𐤂𐤃𐤅𐤋𐤕𐤅
𐤉𐤌𐤉𐤌 𐤓𐤁𐤉𐤌 𐤔𐤌𐤅𐤍𐤉𐤌 𐤅𐤌𐤀𐤕 𐤉𐤅𐤌.
𐤅𐤁𐤌𐤋𐤅𐤀𐤕 𐤄𐤉𐤌𐤉𐤌 𐤄𐤀𐤋𐤄 𐤏𐤔𐤄 𐤄𐤌𐤋𐤊 𐤋𐤊𐤋 𐤄𐤏𐤌 𐤄𐤍𐤌𐤑𐤀𐤉𐤌
𐤁𐤔𐤅𐤔𐤍 𐤄𐤁𐤉𐤓𐤄 𐤋𐤌𐤂𐤃𐤅𐤋 𐤅𐤏𐤃 𐤒𐤈𐤍 𐤌𐤔𐤕𐤄 𐤔𐤁𐤏𐤕 𐤉𐤌𐤉𐤌 𐤁𐤇𐤑𐤓
𐤂𐤍𐤕 𐤁𐤉𐤕𐤍 𐤄𐤌𐤋𐤊.
𐤇𐤅𐤓 𐤊𐤓𐤐𐤎 𐤅𐤕𐤊𐤋𐤕 𐤀𐤇𐤅𐤆 𐤁𐤇𐤁𐤋𐤉 𐤁𐤅𐤑 𐤅𐤀𐤓𐤂𐤌𐤍 𐤏𐤋 𐤂𐤋𐤉𐤋𐤉 𐤊𐤎𐤐
𐤅𐤏𐤌𐤅𐤃𐤉 𐤔𐤔 𐤌𐤈𐤅𐤕 𐤆𐤄𐤁 𐤅𐤊𐤎𐤐 𐤏𐤋 𐤓𐤑𐤐𐤕 𐤁𐤄𐤈 𐤅𐤔𐤔 𐤅𐤃𐤓 𐤅𐤎𐤇𐤓𐤕.
𐤅𐤄𐤔𐤒𐤅𐤕 𐤁𐤊𐤋𐤉 𐤆𐤄𐤁 𐤅𐤊𐤋𐤉𐤌 𐤌𐤊𐤋𐤉𐤌 𐤔𐤅𐤍𐤉𐤌 𐤅𐤉𐤉𐤍 𐤌𐤋𐤊𐤅𐤕
𐤓𐤁 𐤊𐤉𐤃 𐤄𐤌𐤋𐤊.
𐤅𐤄𐤔𐤕𐤉𐤄 𐤊𐤃𐤕 𐤀𐤉𐤍 𐤀𐤍𐤎 𐤊𐤉 𐤊𐤍 𐤉𐤎𐤃 𐤄𐤌𐤋𐤊 𐤏𐤋 𐤊𐤋 𐤓𐤁 𐤁𐤉𐤕𐤅
𐤋𐤏𐤔𐤅𐤕 𐤊𐤓𐤑𐤅𐤍 𐤀𐤉𐤔 𐤅𐤀𐤉𐤔.
𐤂𐤌 𐤅𐤔𐤕𐤉 𐤄𐤌𐤋𐤊𐤄 𐤏𐤔𐤕𐤄 𐤌𐤔𐤕𐤄 𐤍𐤔𐤉𐤌 𐤁𐤉𐤕 𐤄𐤌𐤋𐤊𐤅𐤕 𐤀𐤔𐤓
𐤋𐤌𐤋𐤊 𐤀𐤇𐤔𐤅𐤓𐤅𐤔.
𐤁𐤉𐤅𐤌 𐤄𐤔𐤁𐤉𐤏𐤉 𐤊𐤈𐤅𐤁 𐤋𐤁 𐤄𐤌𐤋𐤊 𐤁𐤉𐤉𐤍 𐤀𐤌𐤓 𐤋𐤌𐤄𐤅𐤌𐤍 𐤁𐤆𐤕𐤀
𐤇𐤓𐤁𐤅𐤍𐤀 𐤁𐤂𐤕𐤀 𐤅𐤀𐤁𐤂𐤕𐤀 𐤆𐤕𐤓 𐤅𐤊𐤓𐤊𐤎 𐤔𐤁𐤏𐤕 𐤄𐤎𐤓𐤉𐤎𐤉𐤌 𐤄𐤌𐤔𐤓𐤕𐤉𐤌
𐤀𐤕 𐤐𐤍𐤉 𐤄𐤌𐤋𐤊 𐤀𐤇𐤔𐤅𐤓𐤅𐤔.
𐤋𐤄𐤁𐤉𐤀 𐤀𐤕 𐤅𐤔𐤕𐤉 𐤄𐤌𐤋𐤊𐤄 𐤋𐤐𐤍𐤉 𐤄𐤌𐤋𐤊 𐤁𐤊𐤕𐤓 𐤌𐤋𐤊𐤅𐤕
𐤋𐤄𐤓𐤀𐤅𐤕 𐤄𐤏𐤌𐤉𐤌 𐤅𐤄𐤔𐤓𐤉𐤌 𐤀𐤕 𐤉𐤐𐤉𐤄 𐤊𐤉 𐤈𐤅𐤁𐤕 𐤌𐤓𐤀𐤄 𐤄𐤉𐤀.
𐤅𐤕𐤌𐤀𐤍 𐤄𐤌𐤋𐤊𐤄 𐤅𐤔𐤕𐤉 𐤋𐤁𐤅𐤀 𐤁𐤃𐤁𐤓 𐤄𐤌𐤋𐤊 𐤀𐤔𐤓 𐤁𐤉𐤃
𐤄𐤎𐤓𐤉𐤎𐤉𐤌 𐤅𐤕𐤒𐤑𐤐 𐤄𐤌𐤋𐤊 𐤌𐤀𐤃 𐤅𐤇𐤌𐤕𐤅 𐤁𐤏𐤓𐤄 𐤁𐤅.
𐤅𐤉𐤀𐤌𐤓 𐤄𐤌𐤋𐤊 𐤋𐤇𐤊𐤌𐤉𐤌 𐤉𐤃𐤏𐤉 𐤄𐤏𐤕𐤉𐤌 𐤊𐤉 𐤊𐤍 𐤃𐤁𐤓 𐤄𐤌𐤋𐤊
𐤋𐤐𐤍𐤉 𐤊𐤋 𐤉𐤃𐤏𐤉 𐤃𐤕 𐤅𐤃𐤉𐤍.
𐤅𐤄𐤒𐤓𐤁 𐤀𐤋𐤉𐤅 𐤊𐤓𐤔𐤍𐤀 𐤔𐤕𐤓 𐤀𐤃𐤌𐤕𐤀 𐤕𐤓𐤔𐤉𐤔 𐤌𐤓𐤎 𐤌𐤓𐤎𐤍𐤀
𐤌𐤌𐤅𐤊𐤍 𐤔𐤁𐤏𐤕 𐤔𐤓𐤉 𐤐𐤓𐤎 𐤅𐤌𐤃𐤉 𐤓𐤀𐤉 𐤐𐤍𐤉 𐤄𐤌𐤋𐤊 𐤄𐤉𐤔𐤁𐤉𐤌
𐤓𐤀𐤔𐤍𐤄 𐤁𐤌𐤋𐤊𐤅𐤕.
𐤊𐤃𐤕 𐤌𐤄 𐤋𐤏𐤔𐤅𐤕 𐤁𐤌𐤋𐤊𐤄 𐤅𐤔𐤕𐤉 𐤏𐤋 𐤀𐤔𐤓 𐤋𐤀 𐤏𐤔𐤕𐤄 𐤀𐤕 𐤌𐤀𐤌𐤓

𐤄𐤌𐤋𐤊 𐤀𐤇𐤔𐤅𐤓𐤅𐤔 𐤁𐤉𐤃 𐤄𐤎𐤓𐤉𐤎𐤉𐤌.
𐤈𐤆 𐤅𐤉𐤀𐤌𐤓 𐤌𐤅𐤌𐤊𐤍 [𐤌𐤌𐤅𐤊𐤍] 𐤋𐤐𐤍𐤉 𐤄𐤌𐤋𐤊 𐤅𐤄𐤔𐤓𐤉𐤌 𐤋𐤀 𐤏𐤋
𐤄𐤌𐤋𐤊 𐤋𐤁𐤃𐤅 𐤏𐤅𐤕𐤄 𐤅𐤔𐤕𐤉 𐤄𐤌𐤋𐤊𐤄 𐤊𐤉 𐤏𐤋 𐤊𐤋 𐤄𐤔𐤓𐤉𐤌 𐤅𐤏𐤋 𐤊𐤋
𐤄𐤏𐤌𐤉𐤌 𐤀𐤔𐤓 𐤁𐤊𐤋 𐤌𐤃𐤉𐤍𐤅𐤕 𐤄𐤌𐤋𐤊 𐤀𐤇𐤔𐤅𐤓𐤅𐤔.
𐤉𐤆 𐤊𐤉 𐤉𐤑𐤀 𐤃𐤁𐤓 𐤄𐤌𐤋𐤊𐤄 𐤏𐤋 𐤊𐤋 𐤄𐤍𐤔𐤉𐤌 𐤋𐤄𐤁𐤆𐤅𐤕 𐤁𐤏𐤋𐤉𐤄𐤍
𐤁𐤏𐤉𐤍𐤉𐤄𐤍 𐤁𐤀𐤌𐤓𐤌 𐤄𐤌𐤋𐤊 𐤀𐤇𐤔𐤅𐤓𐤅𐤔 𐤀𐤌𐤓 𐤋𐤄𐤁𐤉𐤀 𐤀𐤕 𐤅𐤔𐤕𐤉
𐤄𐤌𐤋𐤊𐤄 𐤋𐤐𐤍𐤉𐤅 𐤅𐤋𐤀 𐤁𐤀𐤄.
𐤉𐤇 𐤅𐤄𐤉𐤅𐤌 𐤄𐤆𐤄 𐤕𐤀𐤌𐤓𐤍𐤄 𐤔𐤓𐤅𐤕 𐤐𐤓𐤎 𐤅𐤌𐤃𐤉 𐤀𐤔𐤓 𐤔𐤌𐤏𐤅 𐤀𐤕 𐤃𐤁𐤓
𐤄𐤌𐤋𐤊𐤄 𐤋𐤊𐤋 𐤔𐤓𐤉 𐤄𐤌𐤋𐤊 𐤅𐤊𐤃𐤉 𐤁𐤆𐤉𐤅𐤍 𐤅𐤒𐤑𐤐.
𐤉𐤈 𐤀𐤌 𐤏𐤋 𐤄𐤌𐤋𐤊 𐤈𐤅𐤁 𐤉𐤑𐤀 𐤃𐤁𐤓 𐤌𐤋𐤊𐤅𐤕 𐤌𐤋𐤐𐤍𐤉𐤅 𐤅𐤉𐤊𐤕𐤁 𐤁𐤃𐤕𐤉
𐤐𐤓𐤎 𐤅𐤌𐤃𐤉 𐤅𐤋𐤀 𐤉𐤏𐤁𐤅𐤓 𐤀𐤔𐤓 𐤋𐤀 𐤕𐤁𐤅𐤀 𐤅𐤔𐤕𐤉 𐤋𐤐𐤍𐤉 𐤄𐤌𐤋𐤊
𐤀𐤇𐤔𐤅𐤓𐤅𐤔 𐤅𐤌𐤋𐤊𐤅𐤕𐤄 𐤉𐤕𐤍 𐤄𐤌𐤋𐤊 𐤋𐤓𐤏𐤅𐤕𐤄 𐤄𐤈𐤅𐤁𐤄 𐤌𐤌𐤍𐤄.
𐤊 𐤅𐤍𐤔𐤌𐤏 𐤐𐤕𐤂𐤌 𐤄𐤌𐤋𐤊 𐤀𐤔𐤓 𐤉𐤏𐤔𐤄 𐤁𐤊𐤋 𐤌𐤋𐤊𐤅𐤕𐤅 𐤊𐤉 𐤓𐤁𐤄 𐤄𐤉𐤀
𐤅𐤊𐤋 𐤄𐤍𐤔𐤉𐤌 𐤉𐤕𐤍𐤅 𐤉𐤒𐤓 𐤋𐤁𐤏𐤋𐤉𐤄𐤍 𐤋𐤌𐤂𐤃𐤅𐤋 𐤅𐤏𐤃 𐤒𐤈𐤍.
𐤊𐤀 𐤅𐤉𐤉𐤈𐤁 𐤄𐤃𐤁𐤓 𐤁𐤏𐤉𐤍𐤉 𐤄𐤌𐤋𐤊 𐤅𐤄𐤔𐤓𐤉𐤌 𐤅𐤉𐤏𐤔 𐤄𐤌𐤋𐤊 𐤊𐤃𐤁𐤓
𐤌𐤌𐤅𐤊𐤍.
𐤊𐤁 𐤅𐤉𐤔𐤋𐤇 𐤎𐤐𐤓𐤉𐤌 𐤀𐤋 𐤊𐤋 𐤌𐤃𐤉𐤍𐤅𐤕 𐤄𐤌𐤋𐤊 𐤀𐤋 𐤌𐤃𐤉𐤍𐤄 𐤅𐤌𐤃𐤉𐤍𐤄
𐤊𐤊𐤕𐤁𐤄 𐤅𐤀𐤋 𐤏𐤌 𐤅𐤏𐤌 𐤊𐤋𐤔𐤅𐤍𐤅 𐤋𐤄𐤉𐤅𐤕 𐤊𐤋 𐤀𐤉𐤔 𐤔𐤓𐤓 𐤁𐤁𐤉𐤕𐤅
𐤅𐤌𐤃𐤁𐤓 𐤊𐤋𐤔𐤅𐤍 𐤏𐤌𐤅.

𐤐𐤓𐤒 𐤁

𐤀 𐤀𐤇𐤓 𐤄𐤃𐤁𐤓𐤉𐤌 𐤄𐤀𐤋𐤄 𐤊𐤔𐤊 𐤇𐤌𐤕 𐤄𐤌𐤋𐤊 𐤀𐤇𐤔𐤅𐤓𐤅𐤔 𐤆𐤊𐤓 𐤀𐤕
𐤅𐤔𐤕𐤉 𐤅𐤀𐤕 𐤀𐤔𐤓 𐤏𐤔𐤕𐤄 𐤅𐤀𐤕 𐤀𐤔𐤓 𐤍𐤂𐤆𐤓 𐤏𐤋𐤉𐤄.
𐤁 𐤅𐤉𐤀𐤌𐤓𐤅 𐤍𐤏𐤓𐤉 𐤄𐤌𐤋𐤊 𐤌𐤔𐤓𐤕𐤉𐤅 𐤉𐤁𐤒𐤔𐤅 𐤋𐤌𐤋𐤊 𐤍𐤏𐤓𐤅𐤕 𐤁𐤕𐤅𐤋𐤅𐤕
𐤈𐤅𐤁𐤅𐤕 𐤌𐤓𐤀𐤄.
𐤂 𐤅𐤉𐤐𐤒𐤃 𐤄𐤌𐤋𐤊 𐤐𐤒𐤉𐤃𐤉𐤌 𐤁𐤊𐤋 𐤌𐤃𐤉𐤍𐤅𐤕 𐤌𐤋𐤊𐤅𐤕𐤅 𐤅𐤉𐤒𐤁𐤑𐤅 𐤀𐤕
𐤊𐤋 𐤍𐤏𐤓𐤄 𐤁𐤕𐤅𐤋𐤄 𐤈𐤅𐤁𐤕 𐤌𐤓𐤀𐤄 𐤀𐤋 𐤔𐤅𐤔𐤍 𐤄𐤁𐤉𐤓𐤄 𐤀𐤋 𐤁𐤉𐤕
𐤄𐤍𐤔𐤉𐤌 𐤀𐤋 𐤉𐤃 𐤄𐤂𐤀 𐤎𐤓𐤉𐤎 𐤄𐤌𐤋𐤊 𐤔𐤌𐤓 𐤄𐤍𐤔𐤉𐤌 𐤅𐤍𐤕𐤅𐤍
𐤕𐤌𐤓𐤅𐤒𐤉𐤄𐤍.
𐤃 𐤅𐤄𐤍𐤏𐤓𐤄 𐤀𐤔𐤓 𐤕𐤉𐤈𐤁 𐤁𐤏𐤉𐤍𐤉 𐤄𐤌𐤋𐤊 𐤕𐤌𐤋𐤊 𐤕𐤇𐤕 𐤅𐤔𐤕𐤉 𐤅𐤉𐤈𐤁
𐤄𐤃𐤁𐤓 𐤁𐤏𐤉𐤍𐤉 𐤄𐤌𐤋𐤊 𐤅𐤉𐤏𐤔 𐤊𐤍.
𐤄 𐤀𐤉𐤔 𐤉𐤄𐤅𐤃𐤉 𐤄𐤉𐤄 𐤁𐤔𐤅𐤔𐤍 𐤄𐤁𐤉𐤓𐤄 𐤅𐤔𐤌𐤅 𐤌𐤓𐤃𐤊𐤉 𐤁𐤍 𐤉𐤀𐤉𐤓
𐤁𐤍 𐤔𐤌𐤏𐤉 𐤁𐤍 𐤒𐤉𐤔 𐤀𐤉𐤔 𐤉𐤌𐤉𐤍𐤉.

# 𐤀𐤎𐤕𐤓

𐤅 𐤀𐤔𐤓 𐤄𐤂𐤋𐤄 𐤌𐤉𐤓𐤅𐤔𐤋𐤉𐤌 𐤏𐤌 𐤄𐤂𐤋𐤄 𐤀𐤔𐤓 𐤄𐤂𐤋𐤕𐤄 𐤏𐤌 𐤉𐤊𐤍𐤉𐤄
𐤌𐤋𐤊 𐤉𐤄𐤅𐤃𐤄 𐤀𐤔𐤓 𐤄𐤂𐤋𐤄 𐤍𐤁𐤅𐤊𐤃𐤍𐤀𐤑𐤓 𐤌𐤋𐤊 𐤁𐤁𐤋•
𐤆 𐤅𐤉𐤄𐤉 𐤀𐤌𐤍 𐤀𐤕 𐤄𐤃𐤎𐤄 𐤄𐤉𐤀 𐤀𐤎𐤕𐤓 𐤁𐤕 𐤃𐤃𐤅 𐤊𐤉 𐤀𐤉𐤍 𐤋𐤄 𐤀𐤁
𐤅𐤀𐤌 𐤅𐤄𐤍𐤏𐤓𐤄 𐤉𐤐𐤕 𐤕𐤀𐤓 𐤅𐤈𐤅𐤁𐤕 𐤌𐤓𐤀𐤄 𐤅𐤁𐤌𐤅𐤕 𐤀𐤁𐤉𐤄 𐤅𐤀𐤌𐤄 𐤋𐤒𐤇𐤄
𐤌𐤓𐤃𐤊𐤉 𐤋𐤅 𐤋𐤁𐤕•
𐤇 𐤅𐤉𐤄𐤉 𐤁𐤄𐤔𐤌𐤏 𐤃𐤁𐤓 𐤄𐤌𐤋𐤊 𐤅𐤃𐤕𐤅 𐤅𐤁𐤄𐤒𐤁𐤑 𐤍𐤏𐤓𐤅𐤕 𐤓𐤁𐤅𐤕 𐤀𐤋
𐤔𐤅𐤔𐤍 𐤄𐤁𐤉𐤓𐤄 𐤀𐤋 𐤉𐤃 𐤄𐤂𐤉 𐤅𐤕𐤋𐤒𐤇 𐤀𐤎𐤕𐤓 𐤀𐤋 𐤁𐤉𐤕 𐤄𐤌𐤋𐤊 𐤀𐤋 𐤉𐤃
𐤄𐤂𐤉 𐤔𐤌𐤓 𐤄𐤍𐤔𐤉𐤌•
𐤈 𐤅𐤕𐤉𐤈𐤁 𐤄𐤍𐤏𐤓𐤄 𐤁𐤏𐤉𐤍𐤉𐤅 𐤅𐤕𐤔𐤀 𐤇𐤎𐤃 𐤋𐤐𐤍𐤉𐤅 𐤅𐤉𐤁𐤄𐤋 𐤀𐤕
𐤕𐤌𐤓𐤅𐤒𐤉𐤄 𐤅𐤀𐤕 𐤌𐤍𐤅𐤕𐤄 𐤋𐤕𐤕 𐤋𐤄 𐤅𐤀𐤕 𐤔𐤁𐤏 𐤄𐤍𐤏𐤓𐤅𐤕 𐤄𐤓𐤀𐤉𐤅𐤕 𐤋𐤕𐤕
𐤋𐤄 𐤌𐤁𐤉𐤕 𐤄𐤌𐤋𐤊 𐤅𐤉𐤔𐤍𐤄 𐤅𐤀𐤕 𐤍𐤏𐤓𐤅𐤕𐤉𐤄 𐤋𐤈𐤅𐤁 𐤁𐤉𐤕 𐤄𐤍𐤔𐤉𐤌•
𐤉 𐤋𐤀 𐤄𐤂𐤉𐤃𐤄 𐤀𐤎𐤕𐤓 𐤀𐤕 𐤏𐤌𐤄 𐤅𐤀𐤕 𐤌𐤅𐤋𐤃𐤕𐤄 𐤊𐤉 𐤌𐤓𐤃𐤊𐤉 𐤑𐤅𐤄
𐤏𐤋𐤉𐤄 𐤀𐤔𐤓 𐤋𐤀 𐤕𐤂𐤉𐤃•
𐤉𐤀 𐤅𐤁𐤊𐤋 𐤉𐤅𐤌 𐤅𐤉𐤅𐤌 𐤌𐤓𐤃𐤊𐤉 𐤌𐤕𐤄𐤋𐤊 𐤋𐤐𐤍𐤉 𐤇𐤑𐤓 𐤁𐤉𐤕 𐤄𐤍𐤔𐤉𐤌
𐤋𐤃𐤏𐤕 𐤀𐤕 𐤔𐤋𐤅𐤌 𐤀𐤎𐤕𐤓 𐤅𐤌𐤄 𐤉𐤏𐤔𐤄 𐤁𐤄•
𐤉𐤁 𐤅𐤁𐤄𐤂𐤉𐤏 𐤕𐤓 𐤍𐤏𐤓𐤄 𐤅𐤍𐤏𐤓𐤄 𐤋𐤁𐤅𐤀 𐤀𐤋 𐤄𐤌𐤋𐤊 𐤀𐤇𐤔𐤅𐤓𐤅𐤔 𐤌𐤒𐤑
𐤄𐤉𐤅𐤕 𐤋𐤄 𐤊𐤃𐤕 𐤄𐤍𐤔𐤉𐤌 𐤔𐤍𐤉𐤌 𐤏𐤔𐤓 𐤇𐤃𐤔 𐤊𐤉 𐤊𐤍 𐤉𐤌𐤋𐤀𐤅 𐤉𐤌𐤉
𐤌𐤓𐤅𐤒𐤉𐤄𐤍 𐤔𐤔𐤄 𐤇𐤃𐤔𐤉𐤌 𐤁𐤔𐤌𐤍 𐤄𐤌𐤓 𐤅𐤔𐤔𐤄 𐤇𐤃𐤔𐤉𐤌 𐤁𐤁𐤔𐤌𐤉𐤌
𐤅𐤁𐤕𐤌𐤓𐤅𐤒𐤉 𐤄𐤍𐤔𐤉𐤌•
𐤉𐤂 𐤅𐤁𐤆𐤄 𐤄𐤍𐤏𐤓𐤄 𐤁𐤀𐤄 𐤀𐤋 𐤄𐤌𐤋𐤊 𐤀𐤕 𐤊𐤋 𐤀𐤔𐤓 𐤕𐤀𐤌𐤓 𐤉𐤍𐤕𐤍 𐤋𐤄
𐤋𐤁𐤅𐤀 𐤏𐤌𐤄 𐤌𐤁𐤉𐤕 𐤄𐤍𐤔𐤉𐤌 𐤏𐤃 𐤁𐤉𐤕 𐤄𐤌𐤋𐤊•
𐤉𐤃 𐤁𐤏𐤓𐤁 𐤄𐤉𐤀 𐤁𐤀𐤄 𐤅𐤁𐤁𐤒𐤓 𐤄𐤉𐤀 𐤔𐤁𐤄 𐤀𐤋 𐤁𐤉𐤕 𐤄𐤍𐤔𐤉𐤌 𐤔𐤍𐤉 𐤀𐤋
𐤉𐤃 𐤔𐤏𐤔𐤂𐤆 𐤎𐤓𐤉𐤎 𐤄𐤌𐤋𐤊 𐤔𐤌𐤓 𐤄𐤐𐤉𐤋𐤂𐤔𐤉𐤌 𐤋𐤀 𐤕𐤁𐤅𐤀 𐤏𐤅𐤃 𐤀𐤋
𐤄𐤌𐤋𐤊 𐤊𐤉 𐤀𐤌 𐤇𐤐𐤑 𐤁𐤄 𐤄𐤌𐤋𐤊 𐤅𐤍𐤒𐤓𐤀𐤄 𐤁𐤔𐤌•
𐤈𐤅 𐤅𐤁𐤄𐤂𐤉𐤏 𐤕𐤓 𐤀𐤎𐤕𐤓 𐤁𐤕 𐤀𐤁𐤉𐤇𐤉𐤋 𐤃𐤃 𐤌𐤓𐤃𐤊𐤉 𐤀𐤔𐤓 𐤋𐤒𐤇 𐤋𐤅 𐤋𐤁𐤕
𐤋𐤁𐤅𐤀 𐤀𐤋 𐤄𐤌𐤋𐤊 𐤋𐤀 𐤁𐤒𐤔𐤄 𐤃𐤁𐤓 𐤊𐤉 𐤀𐤌 𐤀𐤕 𐤀𐤔𐤓 𐤉𐤀𐤌𐤓 𐤄𐤂𐤉
𐤎𐤓𐤉𐤎 𐤄𐤌𐤋𐤊 𐤔𐤌𐤓 𐤄𐤍𐤔𐤉𐤌 𐤅𐤕𐤄𐤉 𐤀𐤎𐤕𐤓 𐤍𐤔𐤀𐤕 𐤇𐤍 𐤁𐤏𐤉𐤍𐤉 𐤊𐤋
𐤓𐤀𐤉𐤄•
𐤈𐤆 𐤅𐤕𐤋𐤒𐤇 𐤀𐤎𐤕𐤓 𐤀𐤋 𐤄𐤌𐤋𐤊 𐤀𐤇𐤔𐤅𐤓𐤅𐤔 𐤀𐤋 𐤁𐤉𐤕 𐤌𐤋𐤊𐤅𐤕𐤅 𐤁𐤇𐤃𐤔
𐤄𐤏𐤔𐤉𐤓𐤉 𐤄𐤅𐤀 𐤇𐤃𐤔 𐤈𐤁𐤕 𐤁𐤔𐤍𐤕 𐤔𐤁𐤏 𐤋𐤌𐤋𐤊𐤅𐤕𐤅•
𐤉𐤆 𐤅𐤉𐤀𐤄𐤁 𐤄𐤌𐤋𐤊 𐤀𐤕 𐤀𐤎𐤕𐤓 𐤌𐤊𐤋 𐤄𐤍𐤔𐤉𐤌 𐤅𐤕𐤔𐤀 𐤇𐤍 𐤅𐤇𐤎𐤃
𐤋𐤐𐤍𐤉𐤅 𐤌𐤊𐤋 𐤄𐤁𐤕𐤅𐤋𐤕 𐤅𐤉𐤔𐤌 𐤊𐤕𐤓 𐤌𐤋𐤊𐤅𐤕 𐤁𐤓𐤀𐤔𐤄 𐤅𐤉𐤌𐤋𐤉𐤊𐤄
𐤕𐤇𐤕 𐤅𐤔𐤕𐤉•

𐤉𐤇 𐤅𐤉𐤏𐤔 𐤄𐤌𐤋𐤊 𐤌𐤔𐤕𐤄 𐤂𐤃𐤅𐤋 𐤋𐤊𐤋 𐤔𐤓𐤉𐤅 𐤅𐤏𐤁𐤃𐤉𐤅 𐤀𐤕 𐤌𐤔𐤕𐤄
𐤀𐤎𐤕𐤓 𐤅𐤄𐤍𐤇𐤄 𐤋𐤌𐤃𐤉𐤍𐤅𐤕 𐤏𐤔𐤄 𐤅𐤉𐤕𐤍 𐤌𐤔𐤀𐤕 𐤊𐤉𐤃 𐤄𐤌𐤋𐤊•

𐤉𐤈 𐤅𐤁𐤄𐤒𐤁𐤑 𐤁𐤕𐤅𐤋𐤅𐤕 𐤔𐤍𐤉𐤕 𐤅𐤌𐤓𐤃𐤊𐤉 𐤉𐤔𐤁 𐤁𐤔𐤏𐤓 𐤄𐤌𐤋𐤊•

𐤊 𐤀𐤉𐤍 𐤀𐤎𐤕𐤓 𐤌𐤂𐤃𐤕 𐤌𐤅𐤋𐤃𐤕𐤄 𐤅𐤀𐤕 𐤏𐤌𐤄 𐤊𐤀𐤔𐤓 𐤑𐤅𐤄 𐤏𐤋𐤉𐤄
𐤌𐤓𐤃𐤊𐤉 𐤅𐤀𐤕 𐤌𐤀𐤌𐤓 𐤌𐤓𐤃𐤊𐤉 𐤀𐤎𐤕𐤓 𐤏𐤔𐤄 𐤊𐤀𐤔𐤓 𐤄𐤉𐤕𐤄 𐤁𐤀𐤌𐤍𐤄
𐤀𐤕𐤅•

𐤊𐤀 𐤁𐤉𐤌𐤉𐤌 𐤄𐤄𐤌 𐤅𐤌𐤓𐤃𐤊𐤉 𐤉𐤔𐤁 𐤁𐤔𐤏𐤓 𐤄𐤌𐤋𐤊 𐤒𐤑𐤐 𐤁𐤂𐤕𐤍 𐤅𐤕𐤓𐤔
𐤔𐤍𐤉 𐤎𐤓𐤉𐤎𐤉 𐤄𐤌𐤋𐤊 𐤌𐤔𐤌𐤓𐤉 𐤄𐤎𐤐 𐤅𐤉𐤁𐤒𐤔𐤅 𐤋𐤔𐤋𐤇 𐤉𐤃 𐤁𐤌𐤋𐤊
𐤀𐤇𐤔𐤅𐤓𐤔•

𐤊𐤁 𐤅𐤉𐤅𐤃𐤏 𐤄𐤃𐤁𐤓 𐤋𐤌𐤓𐤃𐤊𐤉 𐤅𐤉𐤂𐤃 𐤋𐤀𐤎𐤕𐤓 𐤄𐤌𐤋𐤊𐤄 𐤅𐤕𐤀𐤌𐤓 𐤀𐤎𐤕𐤓
𐤋𐤌𐤋𐤊 𐤁𐤔𐤌 𐤌𐤓𐤃𐤊𐤉•

𐤊𐤂 𐤅𐤉𐤁𐤒𐤔 𐤄𐤃𐤁𐤓 𐤅𐤉𐤌𐤑𐤀 𐤅𐤉𐤕𐤋𐤅 𐤔𐤍𐤉𐤄𐤌 𐤏𐤋 𐤏𐤑 𐤅𐤉𐤊𐤕𐤁 𐤁𐤎𐤐𐤓
𐤃𐤁𐤓𐤉 𐤄𐤉𐤌𐤉𐤌 𐤋𐤐𐤍𐤉 𐤄𐤌𐤋𐤊•

𐤐𐤓𐤒 𐤂

𐤀 𐤀𐤇𐤓 𐤄𐤃𐤁𐤓𐤉𐤌 𐤄𐤀𐤋𐤄 𐤂𐤃𐤋 𐤄𐤌𐤋𐤊 𐤀𐤇𐤔𐤅𐤓𐤅𐤔 𐤀𐤕 𐤄𐤌𐤍 𐤁𐤍
𐤄𐤌𐤃𐤕𐤀 𐤄𐤀𐤂𐤂𐤉 𐤅𐤉𐤍𐤔𐤀𐤄𐤅 𐤅𐤉𐤔𐤌 𐤀𐤕 𐤊𐤎𐤀𐤅 𐤌𐤏𐤋 𐤊𐤋 𐤄𐤔𐤓𐤉𐤌
𐤀𐤔𐤓 𐤀𐤕𐤅•

𐤁 𐤅𐤊𐤋 𐤏𐤁𐤃𐤉 𐤄𐤌𐤋𐤊 𐤀𐤔𐤓 𐤁𐤔𐤏𐤓 𐤄𐤌𐤋𐤊 𐤊𐤓𐤏𐤉𐤌 𐤅𐤌𐤔𐤕𐤇𐤅𐤉𐤌 𐤋𐤄𐤌𐤍
𐤊𐤉 𐤊𐤍 𐤑𐤅𐤄 𐤋𐤅 𐤄𐤌𐤋𐤊 𐤅𐤌𐤓𐤃𐤊𐤉 𐤋𐤀 𐤉𐤊𐤓𐤏 𐤅𐤋𐤀 𐤉𐤔𐤕𐤇𐤅𐤄•

𐤂 𐤅𐤉𐤀𐤌𐤓𐤅 𐤏𐤁𐤃𐤉 𐤄𐤌𐤋𐤊 𐤀𐤔𐤓 𐤁𐤔𐤏𐤓 𐤄𐤌𐤋𐤊 𐤋𐤌𐤓𐤃𐤊𐤉 𐤌𐤃𐤅𐤏 𐤀𐤕𐤄
𐤏𐤅𐤁𐤓 𐤀𐤕 𐤌𐤑𐤅𐤕 𐤄𐤌𐤋𐤊•

𐤃 𐤅𐤉𐤄𐤉 𐤁𐤀𐤌𐤓𐤌 [𐤊𐤀𐤌𐤓𐤌] 𐤀𐤋𐤉𐤅 𐤉𐤅𐤌 𐤅𐤉𐤅𐤌 𐤅𐤋𐤀 𐤔𐤌𐤏 𐤀𐤋𐤉𐤄𐤌
𐤅𐤉𐤂𐤉𐤃𐤅 𐤋𐤄𐤌𐤍 𐤋𐤓𐤀𐤅𐤕 𐤄𐤉𐤏𐤌𐤃𐤅 𐤃𐤁𐤓𐤉 𐤌𐤓𐤃𐤊𐤉 𐤊𐤉 𐤄𐤂𐤉𐤃 𐤋𐤄𐤌
𐤀𐤔𐤓 𐤄𐤅𐤀 𐤉𐤄𐤅𐤃𐤉•

𐤄 𐤅𐤉𐤓𐤀 𐤄𐤌𐤍 𐤊𐤉 𐤀𐤉𐤍 𐤌𐤓𐤃𐤊𐤉 𐤊𐤓𐤏 𐤅𐤌𐤔𐤕𐤇𐤅𐤄 𐤋𐤅 𐤅𐤉𐤌𐤋𐤀 𐤄𐤌𐤍
𐤇𐤌𐤄•

𐤅 𐤅𐤉𐤁𐤆 𐤁𐤏𐤉𐤍𐤉𐤅 𐤋𐤔𐤋𐤇 𐤉𐤃 𐤁𐤌𐤓𐤃𐤊𐤉 𐤋𐤁𐤃𐤅 𐤊𐤉 𐤄𐤂𐤉𐤃𐤅 𐤋𐤅 𐤀𐤕 𐤏𐤌
𐤌𐤓𐤃𐤊𐤉 𐤅𐤉𐤁𐤒𐤔 𐤄𐤌𐤍 𐤋𐤄𐤔𐤌𐤉𐤃 𐤀𐤕 𐤊𐤋 𐤄𐤉𐤄𐤅𐤃𐤉𐤌 𐤀𐤔𐤓 𐤁𐤊𐤋
𐤌𐤋𐤊𐤅𐤕 𐤀𐤇𐤔𐤅𐤓𐤅𐤔 𐤏𐤌 𐤌𐤓𐤃𐤊𐤉•

𐤆 𐤁𐤇𐤃𐤔 𐤄𐤓𐤀𐤔𐤅𐤍 𐤄𐤅𐤀 𐤇𐤃𐤔 𐤍𐤉𐤎𐤍 𐤁𐤔𐤍𐤕 𐤔𐤕𐤉𐤌 𐤏𐤔𐤓𐤄 𐤋𐤌𐤋𐤊
𐤀𐤇𐤔𐤅𐤓𐤅𐤔 𐤄𐤐𐤉𐤋 𐤐𐤅𐤓 𐤄𐤅𐤀 𐤄𐤂𐤅𐤓𐤋 𐤋𐤐𐤍𐤉 𐤄𐤌𐤍 𐤌𐤉𐤅𐤌 𐤋𐤉𐤅𐤌 𐤅𐤌𐤇𐤃𐤔
𐤋𐤇𐤃𐤔 𐤔𐤍𐤉𐤌 𐤏𐤔𐤓 𐤄𐤅𐤀 𐤇𐤃𐤔 𐤀𐤃𐤓•

𐤇 𐤅𐤉𐤀𐤌𐤓 𐤄𐤌𐤍 𐤋𐤌𐤋𐤊 𐤀𐤇𐤔𐤅𐤓𐤅𐤔 𐤉𐤔𐤍𐤅 𐤏𐤌 𐤀𐤇𐤃 𐤌𐤐𐤆𐤓 𐤅𐤌𐤐𐤓𐤃
𐤁𐤉𐤍 𐤄𐤏𐤌𐤉𐤌 𐤁𐤊𐤋 𐤌𐤃𐤉𐤍𐤅𐤕 𐤌𐤋𐤊𐤅𐤕𐤊 𐤅𐤃𐤕𐤉𐤄𐤌 𐤔𐤍𐤅𐤕 𐤌𐤊𐤋 𐤏𐤌
𐤅𐤀𐤕 𐤃𐤕𐤉 𐤄𐤌𐤋𐤊 𐤀𐤉𐤍𐤌 𐤏𐤔𐤉𐤌 𐤅𐤋𐤌𐤋𐤊 𐤀𐤉𐤍 𐤔𐤅𐤄 𐤋𐤄𐤍𐤉𐤇𐤌•

𐤈 𐤀𐤌 𐤏𐤋 𐤄𐤌𐤋𐤊 𐤈𐤅𐤁 𐤉𐤊𐤕𐤁 𐤋𐤀𐤁𐤃𐤌 𐤅𐤏𐤔𐤓𐤕 𐤀𐤋𐤐𐤉𐤌 𐤊𐤊𐤓 𐤊𐤎𐤐
𐤀𐤔𐤒𐤅𐤋 𐤏𐤋 𐤉𐤃𐤉 𐤏𐤔𐤉 𐤄𐤌𐤋𐤀𐤊𐤄 𐤋𐤄𐤁𐤉𐤀 𐤀𐤋 𐤂𐤍𐤆𐤉 𐤄𐤌𐤋𐤊•

𐤉 𐤅𐤉𐤎𐤓 𐤄𐤌𐤋𐤊 𐤀𐤕 𐤈𐤁𐤏𐤕𐤅 𐤌𐤏𐤋 𐤉𐤃𐤅 𐤅𐤉𐤕𐤍𐤄 𐤋𐤄𐤌𐤍 𐤁𐤍 𐤄𐤌𐤃𐤕𐤀
𐤄𐤀𐤂𐤂𐤉 𐤑𐤓𐤓 𐤄𐤉𐤄𐤅𐤃𐤉𐤌•

𐤉𐤀 𐤅𐤉𐤀𐤌𐤓 𐤄𐤌𐤋𐤊 𐤋𐤄𐤌𐤍 𐤄𐤊𐤎𐤐 𐤍𐤕𐤅𐤍 𐤋𐤊 𐤅𐤄𐤏𐤌 𐤋𐤏𐤔𐤅𐤕 𐤁𐤅
𐤊𐤈𐤅𐤁 𐤁𐤏𐤉𐤍𐤉𐤊•

𐤉𐤁 𐤅𐤉𐤒𐤓𐤀𐤅 𐤎𐤐𐤓𐤉 𐤄𐤌𐤋𐤊 𐤁𐤇𐤃𐤔 𐤄𐤓𐤀𐤔𐤅𐤍 𐤁𐤔𐤋𐤅𐤔𐤄 𐤏𐤔𐤓 𐤉𐤅𐤌 𐤁𐤅
𐤅𐤉𐤊𐤕𐤁 𐤊𐤊𐤋 𐤀𐤔𐤓 𐤑𐤅𐤄 𐤄𐤌𐤍 𐤀𐤋 𐤀𐤇𐤔𐤃𐤓𐤐𐤍𐤉 𐤄𐤌𐤋𐤊 𐤅𐤀𐤋 𐤄𐤐𐤇𐤅𐤕
𐤀𐤔𐤓 𐤏𐤋 𐤌𐤃𐤉𐤍𐤄 𐤅𐤌𐤃𐤉𐤍𐤄 𐤅𐤀𐤋 𐤔𐤓𐤉 𐤏𐤌 𐤅𐤏𐤌 𐤌𐤃𐤉𐤍𐤄 𐤅𐤌𐤃𐤉𐤍𐤄
𐤊𐤊𐤕𐤁𐤄 𐤅𐤏𐤌 𐤅𐤏𐤌 𐤊𐤋𐤔𐤅𐤍𐤅 𐤁𐤔𐤌 𐤄𐤌𐤋𐤊 𐤀𐤇𐤔𐤅𐤓𐤔 𐤍𐤊𐤕𐤁 𐤅𐤍𐤇𐤕𐤌
𐤁𐤈𐤁𐤏𐤕 𐤄𐤌𐤋𐤊•

𐤉𐤂 𐤅𐤍𐤔𐤋𐤅𐤇 𐤎𐤐𐤓𐤉𐤌 𐤁𐤉𐤃 𐤄𐤓𐤑𐤉𐤌 𐤀𐤋 𐤊𐤋 𐤌𐤃𐤉𐤍𐤅𐤕 𐤄𐤌𐤋𐤊
𐤋𐤄𐤔𐤌𐤉𐤃 𐤋𐤄𐤓𐤂 𐤅𐤋𐤀𐤁𐤃 𐤀𐤕 𐤊𐤋 𐤄𐤉𐤄𐤅𐤃𐤉𐤌 𐤌𐤍𐤏𐤓 𐤅𐤏𐤃 𐤆𐤒𐤍 𐤈𐤐
𐤅𐤍𐤔𐤉𐤌 𐤁𐤉𐤅𐤌 𐤀𐤇𐤃 𐤁𐤔𐤋𐤅𐤔𐤄 𐤏𐤔𐤓 𐤋𐤇𐤃𐤔 𐤔𐤍𐤉𐤌 𐤏𐤔𐤓 𐤄𐤅𐤀 𐤇𐤃𐤔 𐤀𐤃𐤓
𐤅𐤔𐤋𐤋𐤌 𐤋𐤁𐤅𐤆•

𐤉𐤃 𐤐𐤕𐤔𐤂𐤍 𐤄𐤊𐤕𐤁 𐤋𐤄𐤍𐤕𐤍 𐤃𐤕 𐤁𐤊𐤋 𐤌𐤃𐤉𐤍𐤄 𐤅𐤌𐤃𐤉𐤍𐤄 𐤂𐤋𐤅𐤉 𐤋𐤊𐤋
𐤄𐤏𐤌𐤉𐤌 𐤋𐤄𐤉𐤅𐤕 𐤏𐤕𐤃𐤉𐤌 𐤋𐤉𐤅𐤌 𐤄𐤆𐤄•

𐤈𐤅 𐤄𐤓𐤑𐤉𐤌 𐤉𐤑𐤀𐤅 𐤃𐤇𐤅𐤐𐤉𐤌 𐤁𐤃𐤁𐤓 𐤄𐤌𐤋𐤊 𐤅𐤄𐤃𐤕 𐤍𐤕𐤍𐤄 𐤁𐤔𐤅𐤔𐤍
𐤄𐤁𐤉𐤓𐤄 𐤅𐤄𐤌𐤋𐤊 𐤅𐤄𐤌𐤍 𐤉𐤔𐤁𐤅 𐤋𐤔𐤕𐤅𐤕 𐤅𐤄𐤏𐤉𐤓 𐤔𐤅𐤔𐤍 𐤍𐤁𐤅𐤊𐤄•

## 𐤐𐤓𐤒 𐤃

𐤀 𐤅𐤌𐤓𐤃𐤊𐤉 𐤉𐤃𐤏 𐤀𐤕 𐤊𐤋 𐤀𐤔𐤓 𐤍𐤏𐤔𐤄 𐤅𐤉𐤒𐤓𐤏 𐤌𐤓𐤃𐤊𐤉 𐤀𐤕 𐤁𐤂𐤃𐤉𐤅
𐤅𐤉𐤋𐤁𐤔 𐤔𐤒 𐤅𐤀𐤐𐤓 𐤅𐤉𐤑𐤀 𐤁𐤕𐤅𐤊 𐤄𐤏𐤉𐤓 𐤅𐤉𐤆𐤏𐤒 𐤆𐤏𐤒𐤄 𐤂𐤃𐤋𐤄 𐤅𐤌𐤓𐤄•

𐤁 𐤅𐤉𐤁𐤅𐤀 𐤏𐤃 𐤋𐤐𐤍𐤉 𐤔𐤏𐤓 𐤄𐤌𐤋𐤊 𐤊𐤉 𐤀𐤉𐤍 𐤋𐤁𐤅𐤀 𐤀𐤋 𐤔𐤏𐤓 𐤄𐤌𐤋𐤊
𐤁𐤋𐤁𐤅𐤔 𐤔𐤒•

𐤂 𐤅𐤁𐤊𐤋 𐤌𐤃𐤉𐤍𐤄 𐤅𐤌𐤃𐤉𐤍𐤄 𐤌𐤒𐤅𐤌 𐤀𐤔𐤓 𐤃𐤁𐤓 𐤄𐤌𐤋𐤊 𐤅𐤃𐤕𐤅 𐤌𐤂𐤉𐤏
𐤀𐤁𐤋 𐤂𐤃𐤅𐤋 𐤋𐤉𐤄𐤅𐤃𐤉𐤌 𐤅𐤑𐤅𐤌 𐤅𐤁𐤊𐤉 𐤅𐤌𐤎𐤐𐤃 𐤔𐤒 𐤅𐤀𐤐𐤓 𐤉𐤑𐤏 𐤋𐤓𐤁𐤉𐤌•

𐤃 𐤅𐤕𐤁𐤅𐤀𐤉𐤍𐤄 [𐤅𐤕𐤁𐤅𐤀𐤍𐤄] 𐤍𐤏𐤓𐤅𐤕 𐤀𐤎𐤕𐤓 𐤅𐤎𐤓𐤉𐤎𐤉𐤄 𐤅𐤉𐤂𐤉𐤃𐤅 𐤋𐤄
𐤅𐤕𐤕𐤇𐤋𐤇𐤋 𐤄𐤌𐤋𐤊𐤄 𐤌𐤀𐤃 𐤅𐤕𐤔𐤋𐤇 𐤁𐤂𐤃𐤉𐤌 𐤋𐤄𐤋𐤁𐤉𐤔 𐤀𐤕 𐤌𐤓𐤃𐤊𐤉
𐤅𐤋𐤄𐤎𐤉𐤓 𐤔𐤒𐤅 𐤌𐤏𐤋𐤉𐤅 𐤅𐤋𐤀 𐤒𐤁𐤋•

# 𐤀𐤎𐤕𐤓

𐤄 𐤅𐤕𐤒𐤓𐤀 𐤀𐤎𐤕𐤓 𐤋𐤄𐤕𐤊 𐤌𐤎𐤓𐤉𐤎𐤉 𐤄𐤌𐤋𐤊 𐤀𐤔𐤓 𐤄𐤏𐤌𐤉𐤃 𐤋𐤐𐤍𐤉𐤄
𐤅𐤕𐤑𐤅𐤄𐤅 𐤏𐤋 𐤌𐤓𐤃𐤊𐤉 𐤋𐤃𐤏𐤕 𐤌𐤄 𐤆𐤄 𐤅𐤏𐤋 𐤌𐤄 𐤆𐤄.
𐤅 𐤅𐤉𐤑𐤀 𐤄𐤕𐤊 𐤀𐤋 𐤌𐤓𐤃𐤊𐤉 𐤀𐤋 𐤓𐤇𐤅𐤁 𐤄𐤏𐤉𐤓 𐤀𐤔𐤓 𐤋𐤐𐤍𐤉 𐤔𐤏𐤓 𐤄𐤌𐤋𐤊.
𐤆 𐤅𐤉𐤂𐤃 𐤋𐤅 𐤌𐤓𐤃𐤊𐤉 𐤀𐤕 𐤊𐤋 𐤀𐤔𐤓 𐤒𐤓𐤄𐤅 𐤅𐤀𐤕 𐤐𐤓𐤔𐤕 𐤄𐤊𐤎𐤐 𐤀𐤔𐤓
𐤀𐤌𐤓 𐤄𐤌𐤍 𐤋𐤔𐤒𐤅𐤋 𐤏𐤋 𐤂𐤍𐤆𐤉 𐤄𐤌𐤋𐤊 𐤁𐤉𐤄𐤅𐤃𐤉𐤉𐤌 [𐤁𐤉𐤄𐤅𐤃𐤉𐤌]
𐤋𐤀𐤁𐤃𐤌.
𐤇 𐤅𐤀𐤕 𐤐𐤕𐤔𐤂𐤍 𐤊𐤕𐤁 𐤄𐤃𐤕 𐤀𐤔𐤓 𐤍𐤕𐤍 𐤁𐤔𐤅𐤔𐤍 𐤋𐤄𐤔𐤌𐤉𐤃𐤌 𐤍𐤕𐤍 𐤋𐤅
𐤋𐤄𐤓𐤀𐤅𐤕 𐤀𐤕 𐤀𐤎𐤕𐤓 𐤅𐤋𐤄𐤂𐤉𐤃 𐤋𐤄 𐤅𐤋𐤑𐤅𐤅𐤕 𐤏𐤋𐤉𐤄 𐤋𐤁𐤅𐤀 𐤀𐤋 𐤄𐤌𐤋𐤊
𐤋𐤄𐤕𐤇𐤍𐤍 𐤋𐤅 𐤅𐤋𐤁𐤒𐤔 𐤌𐤋𐤐𐤍𐤉𐤅 𐤏𐤋 𐤏𐤌𐤄.
𐤈 𐤅𐤉𐤁𐤅𐤀 𐤄𐤕𐤊 𐤅𐤉𐤂𐤃 𐤋𐤀𐤎𐤕𐤓 𐤀𐤕 𐤃𐤁𐤓𐤉 𐤌𐤓𐤃𐤊𐤉.
𐤉 𐤅𐤕𐤀𐤌𐤓 𐤀𐤎𐤕𐤓 𐤋𐤄𐤕𐤊 𐤅𐤕𐤑𐤅𐤄𐤅 𐤀𐤋 𐤌𐤓𐤃𐤊𐤉.
𐤉𐤀 𐤊𐤋 𐤏𐤁𐤃𐤉 𐤄𐤌𐤋𐤊 𐤅𐤏𐤌 𐤌𐤃𐤉𐤍𐤅𐤕 𐤄𐤌𐤋𐤊 𐤉𐤅𐤃𐤏𐤉𐤌 𐤀𐤔𐤓 𐤊𐤋
𐤀𐤉𐤔 𐤅𐤀𐤔𐤄 𐤀𐤔𐤓 𐤉𐤁𐤅𐤀 𐤀𐤋 𐤄𐤌𐤋𐤊 𐤀𐤋 𐤄𐤇𐤑𐤓 𐤄𐤐𐤍𐤉𐤌𐤉𐤕 𐤀𐤔𐤓 𐤋𐤀
𐤉𐤒𐤓𐤀 𐤀𐤇𐤕 𐤃𐤕𐤅 𐤋𐤄𐤌𐤉𐤕 𐤋𐤁𐤃 𐤌𐤀𐤔𐤓 𐤉𐤅𐤔𐤉𐤈 𐤋𐤅 𐤄𐤌𐤋𐤊 𐤀𐤕
𐤔𐤓𐤁𐤉𐤈 𐤄𐤆𐤄𐤁 𐤅𐤇𐤉𐤄 𐤅𐤀𐤍𐤉 𐤋𐤀 𐤍𐤒𐤓𐤀𐤕𐤉 𐤋𐤁𐤅𐤀 𐤀𐤋 𐤄𐤌𐤋𐤊 𐤆𐤄
𐤔𐤋𐤅𐤔𐤉𐤌 𐤉𐤅𐤌.
𐤉𐤁 𐤅𐤉𐤂𐤉𐤃𐤅 𐤋𐤌𐤓𐤃𐤊𐤉 𐤀𐤕 𐤃𐤁𐤓𐤉 𐤀𐤎𐤕𐤓.
𐤉𐤂 𐤅𐤉𐤀𐤌𐤓 𐤌𐤓𐤃𐤊𐤉 𐤋𐤄𐤔𐤉𐤁 𐤀𐤋 𐤀𐤎𐤕𐤓 𐤀𐤋 𐤕𐤃𐤌𐤉 𐤁𐤍𐤐𐤔𐤊 𐤋𐤄𐤌𐤋𐤈
𐤁𐤉𐤕 𐤄𐤌𐤋𐤊 𐤌𐤊𐤋 𐤄𐤉𐤄𐤅𐤃𐤉𐤌.
𐤉𐤃 𐤊𐤉 𐤀𐤌 𐤄𐤇𐤓𐤔 𐤕𐤇𐤓𐤉𐤔𐤉 𐤁𐤏𐤕 𐤄𐤆𐤀𐤕 𐤓𐤅𐤇 𐤅𐤄𐤑𐤋𐤄 𐤉𐤏𐤌𐤅𐤃
𐤋𐤉𐤄𐤅𐤃𐤉𐤌 𐤌𐤌𐤒𐤅𐤌 𐤀𐤇𐤓 𐤅𐤀𐤕 𐤅𐤁𐤉𐤕 𐤀𐤁𐤉𐤊 𐤕𐤀𐤁𐤃𐤅 𐤅𐤌𐤉 𐤉𐤅𐤃𐤏 𐤀𐤌
𐤋𐤏𐤕 𐤊𐤆𐤀𐤕 𐤄𐤂𐤏𐤕 𐤋𐤌𐤋𐤊𐤅𐤕.
𐤈𐤅 𐤅𐤕𐤀𐤌𐤓 𐤀𐤎𐤕𐤓 𐤋𐤄𐤔𐤉𐤁 𐤀𐤋 𐤌𐤓𐤃𐤊𐤉.
𐤈𐤆 𐤋𐤊 𐤊𐤍𐤅𐤎 𐤀𐤕 𐤊𐤋 𐤄𐤉𐤄𐤅𐤃𐤉𐤌 𐤄𐤍𐤌𐤑𐤀𐤉𐤌 𐤁𐤔𐤅𐤔𐤍 𐤅𐤑𐤅𐤌𐤅
𐤏𐤋𐤉 𐤅𐤀𐤋 𐤕𐤀𐤊𐤋𐤅 𐤅𐤀𐤋 𐤕𐤔𐤕𐤅 𐤔𐤋𐤔𐤕 𐤉𐤌𐤉𐤌 𐤋𐤉𐤋𐤄 𐤅𐤉𐤅𐤌 𐤂𐤌
𐤀𐤍𐤉 𐤅𐤍𐤏𐤓𐤕𐤉 𐤀𐤑𐤅𐤌 𐤊𐤍 𐤅𐤁𐤊𐤍 𐤀𐤁𐤅𐤀 𐤀𐤋 𐤄𐤌𐤋𐤊 𐤀𐤔𐤓 𐤋𐤀 𐤊𐤃𐤕
𐤅𐤊𐤀𐤔𐤓 𐤀𐤁𐤃𐤕𐤉 𐤀𐤁𐤃𐤕𐤉.
𐤉𐤆 𐤅𐤉𐤏𐤁𐤓 𐤌𐤓𐤃𐤊𐤉 𐤅𐤉𐤏𐤔 𐤊𐤊𐤋 𐤀𐤔𐤓 𐤑𐤅𐤕𐤄 𐤏𐤋𐤉𐤅 𐤀𐤎𐤕𐤓.

## 𐤐𐤓𐤒 𐤄

𐤀 𐤅𐤉𐤄𐤉 𐤁𐤉𐤅𐤌 𐤄𐤔𐤋𐤉𐤔𐤉 𐤅𐤕𐤋𐤁𐤔 𐤀𐤎𐤕𐤓 𐤌𐤋𐤊𐤅𐤕 𐤅𐤕𐤏𐤌𐤃 𐤁𐤇𐤑𐤓
𐤁𐤉𐤕 𐤄𐤌𐤋𐤊 𐤄𐤐𐤍𐤉𐤌𐤉𐤕 𐤍𐤊𐤇 𐤁𐤉𐤕 𐤄𐤌𐤋𐤊 𐤅𐤄𐤌𐤋𐤊 𐤉𐤅𐤔𐤁 𐤏𐤋 𐤊𐤎𐤀
𐤌𐤋𐤊𐤅𐤕𐤅 𐤁𐤁𐤉𐤕 𐤄𐤌𐤋𐤊𐤅𐤕 𐤍𐤊𐤇 𐤐𐤕𐤇 𐤄𐤁𐤉𐤕.

𐤁𐤅𐤉𐤄𐤉 𐤊𐤓𐤀𐤅𐤕 𐤄𐤌𐤋𐤊 𐤀𐤕 𐤀𐤎𐤕𐤓 𐤄𐤌𐤋𐤊𐤄 𐤏𐤌𐤃𐤕 𐤁𐤇𐤑𐤓 𐤍𐤔𐤀𐤄 𐤇𐤍
𐤁𐤏𐤉𐤍𐤉𐤅 𐤅𐤉𐤅𐤔𐤈 𐤄𐤌𐤋𐤊 𐤋𐤀𐤎𐤕𐤓 𐤀𐤕 𐤔𐤓𐤁𐤉𐤈 𐤄𐤆𐤄𐤁 𐤀𐤔𐤓 𐤁𐤉𐤃𐤅
𐤅𐤕𐤒𐤓𐤁 𐤀𐤎𐤕𐤓 𐤅𐤕𐤂𐤏 𐤁𐤓𐤀𐤔 𐤄𐤔𐤓𐤁𐤉𐤈.
𐤂𐤅𐤉𐤀𐤌𐤓 𐤋𐤄 𐤄𐤌𐤋𐤊 𐤌𐤄 𐤋𐤊 𐤀𐤎𐤕𐤓 𐤄𐤌𐤋𐤊𐤄 𐤅𐤌𐤄 𐤁𐤒𐤔𐤕𐤊 𐤏𐤃 𐤇𐤑𐤉
𐤄𐤌𐤋𐤊𐤅𐤕 𐤅𐤉𐤍𐤕𐤍 𐤋𐤊.
𐤃𐤅𐤕𐤀𐤌𐤓 𐤀𐤎𐤕𐤓 𐤀𐤌 𐤏𐤋 𐤄𐤌𐤋𐤊 𐤈𐤅𐤁 𐤉𐤁𐤅𐤀 𐤄𐤌𐤋𐤊 𐤅𐤄𐤌𐤍 𐤄𐤉𐤅𐤌
𐤀𐤋 𐤄𐤌𐤔𐤕𐤄 𐤀𐤔𐤓 𐤏𐤔𐤉𐤕𐤉 𐤋𐤅.
𐤄𐤅𐤉𐤀𐤌𐤓 𐤄𐤌𐤋𐤊 𐤌𐤄𐤓𐤅 𐤀𐤕 𐤄𐤌𐤍 𐤋𐤏𐤔𐤅𐤕 𐤀𐤕 𐤃𐤁𐤓 𐤀𐤎𐤕𐤓 𐤅𐤉𐤁𐤀
𐤄𐤌𐤋𐤊 𐤅𐤄𐤌𐤍 𐤀𐤋 𐤄𐤌𐤔𐤕𐤄 𐤀𐤔𐤓 𐤏𐤔𐤕𐤄 𐤀𐤎𐤕𐤓.
𐤅𐤅𐤉𐤀𐤌𐤓 𐤄𐤌𐤋𐤊 𐤋𐤀𐤎𐤕𐤓 𐤁𐤌𐤔𐤕𐤄 𐤄𐤉𐤉𐤍 𐤌𐤄 𐤔𐤀𐤋𐤕𐤊 𐤅𐤉𐤍𐤕𐤍 𐤋𐤊
𐤅𐤌𐤄 𐤁𐤒𐤔𐤕𐤊 𐤏𐤃 𐤇𐤑𐤉 𐤄𐤌𐤋𐤊𐤅𐤕 𐤅𐤕𐤏𐤔.
𐤆𐤅𐤕𐤏𐤍 𐤀𐤎𐤕𐤓 𐤅𐤕𐤀𐤌𐤓 𐤔𐤀𐤋𐤕𐤉 𐤅𐤁𐤒𐤔𐤕𐤉.
𐤇𐤀𐤌 𐤌𐤑𐤀𐤕𐤉 𐤇𐤍 𐤁𐤏𐤉𐤍𐤉 𐤄𐤌𐤋𐤊 𐤅𐤀𐤌 𐤏𐤋 𐤄𐤌𐤋𐤊 𐤈𐤅𐤁 𐤋𐤕𐤕 𐤀𐤕
𐤔𐤀𐤋𐤕𐤉 𐤅𐤋𐤏𐤔𐤅𐤕 𐤀𐤕 𐤁𐤒𐤔𐤕𐤉 𐤉𐤁𐤅𐤀 𐤄𐤌𐤋𐤊 𐤅𐤄𐤌𐤍 𐤀𐤋 𐤄𐤌𐤔𐤕𐤄
𐤀𐤔𐤓 𐤀𐤏𐤔𐤄 𐤋𐤄𐤌 𐤅𐤌𐤇𐤓 𐤀𐤏𐤔𐤄 𐤊𐤃𐤁𐤓 𐤄𐤌𐤋𐤊.
𐤈𐤅𐤉𐤑𐤀 𐤄𐤌𐤍 𐤁𐤉𐤅𐤌 𐤄𐤄𐤅𐤀 𐤔𐤌𐤇 𐤅𐤈𐤅𐤁 𐤋𐤁 𐤅𐤊𐤓𐤀𐤅𐤕 𐤄𐤌𐤍 𐤀𐤕
𐤌𐤓𐤃𐤊𐤉 𐤁𐤔𐤏𐤓 𐤄𐤌𐤋𐤊 𐤅𐤋𐤀 𐤒𐤌 𐤅𐤋𐤀 𐤆𐤏 𐤌𐤌𐤍𐤅 𐤅𐤉𐤌𐤋𐤀 𐤄𐤌𐤍 𐤏𐤋
𐤌𐤓𐤃𐤊𐤉 𐤇𐤌𐤄.
𐤉𐤅𐤉𐤕𐤀𐤐𐤒 𐤄𐤌𐤍 𐤅𐤉𐤁𐤅𐤀 𐤀𐤋 𐤁𐤉𐤕𐤅 𐤅𐤉𐤔𐤋𐤇 𐤅𐤉𐤁𐤀 𐤀𐤕 𐤀𐤄𐤁𐤉𐤅
𐤅𐤀𐤕 𐤆𐤓𐤔 𐤀𐤔𐤕𐤅.
𐤉𐤀𐤅𐤉𐤎𐤐𐤓 𐤋𐤄𐤌 𐤄𐤌𐤍 𐤀𐤕 𐤊𐤁𐤅𐤃 𐤏𐤔𐤓𐤅 𐤅𐤓𐤁 𐤁𐤍𐤉𐤅 𐤅𐤀𐤕 𐤊𐤋 𐤀𐤔𐤓
𐤂𐤃𐤋𐤅 𐤄𐤌𐤋𐤊 𐤅𐤀𐤕 𐤀𐤔𐤓 𐤍𐤔𐤀𐤅 𐤏𐤋 𐤄𐤔𐤓𐤉𐤌 𐤅𐤏𐤁𐤃𐤉 𐤄𐤌𐤋𐤊.
𐤉𐤁𐤅𐤉𐤀𐤌𐤓 𐤄𐤌𐤍 𐤀𐤐 𐤋𐤀 𐤄𐤁𐤉𐤀𐤄 𐤀𐤎𐤕𐤓 𐤄𐤌𐤋𐤊𐤄 𐤏𐤌 𐤄𐤌𐤋𐤊 𐤀𐤋
𐤄𐤌𐤔𐤕𐤄 𐤀𐤔𐤓 𐤏𐤔𐤕𐤄 𐤊𐤉 𐤀𐤌 𐤀𐤅𐤕𐤉 𐤅𐤂𐤌 𐤋𐤌𐤇𐤓 𐤀𐤍𐤉 𐤒𐤓𐤅𐤀 𐤋𐤄 𐤏𐤌
𐤄𐤌𐤋𐤊.
𐤉𐤂𐤅𐤊𐤋 𐤆𐤄 𐤀𐤉𐤍𐤍𐤅 𐤔𐤅𐤄 𐤋𐤉 𐤁𐤊𐤋 𐤏𐤕 𐤀𐤔𐤓 𐤀𐤍𐤉 𐤓𐤀𐤄 𐤀𐤕 𐤌𐤓𐤃𐤊𐤉
𐤄𐤉𐤄𐤅𐤃𐤉 𐤉𐤅𐤔𐤁 𐤁𐤔𐤏𐤓 𐤄𐤌𐤋𐤊.
𐤉𐤃𐤅𐤕𐤀𐤌𐤓 𐤋𐤅 𐤆𐤓𐤔 𐤀𐤔𐤕𐤅 𐤅𐤊𐤋 𐤀𐤄𐤁𐤉𐤅 𐤉𐤏𐤔𐤅 𐤏𐤑 𐤂𐤁𐤄 𐤇𐤌𐤔𐤉𐤌
𐤀𐤌𐤄 𐤅𐤁𐤁𐤒𐤓 𐤀𐤌𐤓 𐤋𐤌𐤋𐤊 𐤅𐤉𐤕𐤋𐤅 𐤀𐤕 𐤌𐤓𐤃𐤊𐤉 𐤏𐤋𐤉𐤅 𐤅𐤁𐤀 𐤏𐤌 𐤄𐤌𐤋𐤊
𐤀𐤋 𐤄𐤌𐤔𐤕𐤄 𐤔𐤌𐤇 𐤅𐤉𐤈𐤁 𐤄𐤃𐤁𐤓 𐤋𐤐𐤍𐤉 𐤄𐤌𐤍 𐤅𐤉𐤏𐤔 𐤄𐤏𐤑.

𐤐𐤓𐤒 𐤅
𐤀𐤁𐤋𐤉𐤋𐤄 𐤄𐤄𐤅𐤀 𐤍𐤃𐤃𐤄 𐤔𐤍𐤕 𐤄𐤌𐤋𐤊 𐤅𐤉𐤀𐤌𐤓 𐤋𐤄𐤁𐤉𐤀 𐤀𐤕 𐤎𐤐𐤓

# אסתר

הזכרנות דברי הימים ויהיו נקראים לפני המלך׃
ב וימצא כתוב אשר הגיד מרדכי על בגתנא ותרש שני
סריסי המלך משמרי הסף אשר בקשו לשלח יד במלך
אחשורוש׃
ג ויאמר המלך מה נעשה יקר וגדולה למרדכי על זה
ויאמרו נערי המלך משרתיו לא נעשה עמו דבר׃
ד ויאמר המלך מי בחצר והמן בא לחצר בית המלך
החיצונה לאמר למלך לתלות את מרדכי על העץ אשר הכין
לו׃
ה ויאמרו נערי המלך אליו הנה המן עמד בחצר ויאמר
המלך יבוא׃
ו ויבוא המן ויאמר לו המלך מה לעשות באיש אשר המלך
חפץ ביקרו ויאמר המן בלבו למי יחפץ המלך לעשות יקר
יותר ממני׃
ז ויאמר המן אל המלך איש אשר המלך חפץ ביקרו׃
ח יביאו לבוש מלכות אשר לבש בו המלך וסוס אשר רכב
עליו המלך ואשר נתן כתר מלכות בראשו׃
ט ונתון הלבוש והסוס על יד איש משרי המלך הפרתמים
והלבישו את האיש אשר המלך חפץ ביקרו והרכיבהו על
הסוס ברחוב העיר וקראו לפניו ככה יעשה לאיש אשר
המלך חפץ ביקרו׃
י ויאמר המלך להמן מהר קח את הלבוש ואת הסוס כאשר
דברת ועשה כן למרדכי היהודי היושב בשער המלך אל תפל
דבר מכל אשר דברת׃
יא ויקח המן את הלבוש ואת הסוס וילבש את מרדכי
וירכיבהו ברחוב העיר ויקרא לפניו ככה יעשה לאיש אשר
המלך חפץ ביקרו׃
יב וישב מרדכי אל שער המלך והמן נדחף אל ביתו אבל
וחפוי ראש׃
יג ויספר המן לזרש אשתו ולכל אהביו את כל אשר קרהו
ויאמרו לו חכמיו וזרש אשתו אם מזרע היהודים מרדכי
אשר החלות לנפל לפניו לא תוכל לו כי נפול תפול לפניו׃
יד עודם מדברים עמו וסריסי המלך הגיעו ויבהלו להביא

𐤀𐤕 𐤄𐤌𐤍 𐤀𐤋 𐤄𐤌𐤔𐤕𐤄 𐤀𐤔𐤓 𐤏𐤔𐤕𐤄 𐤀𐤎𐤕𐤓.

𐤐𐤓𐤒 𐤆

𐤀 𐤅𐤉𐤁𐤀 𐤄𐤌𐤋𐤊 𐤅𐤄𐤌𐤍 𐤋𐤔𐤕𐤅𐤕 𐤏𐤌 𐤀𐤎𐤕𐤓 𐤄𐤌𐤋𐤊𐤄.
𐤁 𐤅𐤉𐤀𐤌𐤓 𐤄𐤌𐤋𐤊 𐤋𐤀𐤎𐤕𐤓 𐤂𐤌 𐤁𐤉𐤅𐤌 𐤄𐤔𐤍𐤉 𐤁𐤌𐤔𐤕𐤄 𐤄𐤉𐤉𐤍 𐤌𐤄
𐤔𐤀𐤋𐤕𐤊 𐤀𐤎𐤕𐤓 𐤄𐤌𐤋𐤊𐤄 𐤅𐤕𐤍𐤕𐤍 𐤋𐤊 𐤅𐤌𐤄 𐤁𐤒𐤔𐤕𐤊 𐤏𐤃 𐤇𐤑𐤉
𐤄𐤌𐤋𐤊𐤅𐤕 𐤅𐤕𐤏𐤔.
𐤂 𐤅𐤕𐤏𐤍 𐤀𐤎𐤕𐤓 𐤄𐤌𐤋𐤊𐤄 𐤅𐤕𐤀𐤌𐤓 𐤀𐤌 𐤌𐤑𐤀𐤕𐤉 𐤇𐤍 𐤁𐤏𐤉𐤍𐤉𐤊 𐤄𐤌𐤋𐤊
𐤅𐤀𐤌 𐤏𐤋 𐤄𐤌𐤋𐤊 𐤈𐤅𐤁 𐤕𐤍𐤕𐤍 𐤋𐤉 𐤍𐤐𐤔𐤉 𐤁𐤔𐤀𐤋𐤕𐤉 𐤅𐤏𐤌𐤉 𐤁𐤁𐤒𐤔𐤕𐤉.
𐤃 𐤊𐤉 𐤍𐤌𐤊𐤓𐤍𐤅 𐤀𐤍𐤉 𐤅𐤏𐤌𐤉 𐤋𐤄𐤔𐤌𐤉𐤃 𐤋𐤄𐤓𐤅𐤂 𐤅𐤋𐤀𐤁𐤃 𐤅𐤀𐤋𐤅
𐤋𐤏𐤁𐤃𐤉𐤌 𐤅𐤋𐤔𐤐𐤇𐤅𐤕 𐤍𐤌𐤊𐤓𐤍𐤅 𐤄𐤇𐤓𐤔𐤕𐤉 𐤊𐤉 𐤀𐤉𐤍 𐤄𐤑𐤓 𐤔𐤅𐤄 𐤁𐤍𐤆𐤒
𐤄𐤌𐤋𐤊.
𐤄 𐤅𐤉𐤀𐤌𐤓 𐤄𐤌𐤋𐤊 𐤀𐤇𐤔𐤅𐤓𐤅𐤔 𐤅𐤉𐤀𐤌𐤓 𐤋𐤀𐤎𐤕𐤓 𐤄𐤌𐤋𐤊𐤄 𐤌𐤉 𐤄𐤅𐤀 𐤆𐤄
𐤅𐤀𐤉 𐤆𐤄 𐤄𐤅𐤀 𐤀𐤔𐤓 𐤌𐤋𐤀𐤅 𐤋𐤁𐤅 𐤋𐤏𐤔𐤅𐤕 𐤊𐤍.
𐤅 𐤅𐤕𐤀𐤌𐤓 𐤀𐤎𐤕𐤓 𐤀𐤉𐤔 𐤑𐤓 𐤅𐤀𐤅𐤉𐤁 𐤄𐤌𐤍 𐤄𐤓𐤏 𐤄𐤆𐤄 𐤅𐤄𐤌𐤍 𐤍𐤁𐤏𐤕
𐤌𐤋𐤐𐤍𐤉 𐤄𐤌𐤋𐤊 𐤅𐤄𐤌𐤋𐤊𐤄.
𐤆 𐤅𐤄𐤌𐤋𐤊 𐤒𐤌 𐤁𐤇𐤌𐤕𐤅 𐤌𐤌𐤔𐤕𐤄 𐤄𐤉𐤉𐤍 𐤀𐤋 𐤂𐤍𐤕 𐤄𐤁𐤉𐤕𐤍 𐤅𐤄𐤌𐤍
𐤏𐤌𐤃 𐤋𐤁𐤒𐤔 𐤏𐤋 𐤍𐤐𐤔𐤅 𐤌𐤀𐤎𐤕𐤓 𐤄𐤌𐤋𐤊𐤄 𐤊𐤉 𐤓𐤀𐤄 𐤊𐤉 𐤊𐤋𐤕𐤄 𐤀𐤋𐤉𐤅
𐤄𐤓𐤏𐤄 𐤌𐤀𐤕 𐤄𐤌𐤋𐤊.
𐤇 𐤅𐤄𐤌𐤋𐤊 𐤔𐤁 𐤌𐤂𐤍𐤕 𐤄𐤁𐤉𐤕𐤍 𐤀𐤋 𐤁𐤉𐤕 𐤌𐤔𐤕𐤄 𐤄𐤉𐤉𐤍 𐤅𐤄𐤌𐤍 𐤍𐤐𐤋
𐤏𐤋 𐤄𐤌𐤈𐤄 𐤀𐤔𐤓 𐤀𐤎𐤕𐤓 𐤏𐤋𐤉𐤄 𐤅𐤉𐤀𐤌𐤓 𐤄𐤌𐤋𐤊 𐤄𐤂𐤌 𐤋𐤊𐤁𐤅𐤔 𐤀𐤕
𐤄𐤌𐤋𐤊𐤄 𐤏𐤌𐤉 𐤁𐤁𐤉𐤕 𐤄𐤃𐤁𐤓 𐤉𐤑𐤀 𐤌𐤐𐤉 𐤄𐤌𐤋𐤊 𐤅𐤐𐤍𐤉 𐤄𐤌𐤍 𐤇𐤐𐤅.
𐤈 𐤅𐤉𐤀𐤌𐤓 𐤇𐤓𐤁𐤅𐤍𐤄 𐤀𐤇𐤃 𐤌𐤍 𐤄𐤎𐤓𐤉𐤎𐤉𐤌 𐤋𐤐𐤍𐤉 𐤄𐤌𐤋𐤊 𐤂𐤌 𐤄𐤍𐤄
𐤄𐤏𐤑 𐤀𐤔𐤓 𐤏𐤔𐤄 𐤄𐤌𐤍 𐤋𐤌𐤓𐤃𐤊𐤉 𐤀𐤔𐤓 𐤃𐤁𐤓 𐤈𐤅𐤁 𐤏𐤋 𐤄𐤌𐤋𐤊 𐤏𐤌𐤃 𐤁𐤁𐤉𐤕
𐤄𐤌𐤍 𐤂𐤁𐤄 𐤇𐤌𐤔𐤉𐤌 𐤀𐤌𐤄 𐤅𐤉𐤀𐤌𐤓 𐤄𐤌𐤋𐤊 𐤕𐤋𐤄𐤅 𐤏𐤋𐤉𐤅.
𐤉 𐤅𐤉𐤕𐤋𐤅 𐤀𐤕 𐤄𐤌𐤍 𐤏𐤋 𐤄𐤏𐤑 𐤀𐤔𐤓 𐤄𐤊𐤉𐤍 𐤋𐤌𐤓𐤃𐤊𐤉 𐤅𐤇𐤌𐤕 𐤄𐤌𐤋𐤊
𐤔𐤊𐤊𐤄.

𐤐𐤓𐤒 𐤇

𐤀 𐤁𐤉𐤅𐤌 𐤄𐤄𐤅𐤀 𐤍𐤕𐤍 𐤄𐤌𐤋𐤊 𐤀𐤇𐤔𐤅𐤓𐤅𐤔 𐤋𐤀𐤎𐤕𐤓 𐤄𐤌𐤋𐤊𐤄 𐤀𐤕 𐤁𐤉𐤕
𐤄𐤌𐤍 𐤑𐤓𐤓 𐤄𐤉𐤄𐤅𐤃𐤉𐤉𐤌 [𐤄𐤉𐤄𐤅𐤃𐤉𐤌] 𐤅𐤌𐤓𐤃𐤊𐤉 𐤁𐤀 𐤋𐤐𐤍𐤉 𐤄𐤌𐤋𐤊 𐤊𐤉
𐤄𐤂𐤉𐤃𐤄 𐤀𐤎𐤕𐤓 𐤌𐤄 𐤄𐤅𐤀 𐤋𐤄.
𐤁 𐤅𐤉𐤎𐤓 𐤄𐤌𐤋𐤊 𐤀𐤕 𐤈𐤁𐤏𐤕𐤅 𐤀𐤔𐤓 𐤄𐤏𐤁𐤉𐤓 𐤌𐤄𐤌𐤍 𐤅𐤉𐤕𐤍𐤄 𐤋𐤌𐤓𐤃𐤊𐤉

𐤅𐤕𐤔𐤌 𐤀𐤎𐤕𐤓 𐤀𐤕 𐤌𐤓𐤃𐤊𐤉 𐤏𐤋 𐤁𐤉𐤕 𐤄𐤌𐤍•
𐤂 𐤅𐤕𐤅𐤎𐤐 𐤀𐤎𐤕𐤓 𐤅𐤕𐤃𐤁𐤓 𐤋𐤐𐤍𐤉 𐤄𐤌𐤋𐤊 𐤅𐤕𐤐𐤋 𐤋𐤐𐤍𐤉 𐤓𐤂𐤋𐤉𐤅 𐤅𐤕𐤁𐤊
𐤅𐤕𐤕𐤇𐤍𐤍 𐤋𐤅 𐤋𐤄𐤏𐤁𐤉𐤓 𐤀𐤕 𐤓𐤏𐤕 𐤄𐤌𐤍 𐤄𐤀𐤂𐤂𐤉 𐤅𐤀𐤕 𐤌𐤇𐤔𐤁𐤕𐤅 𐤀𐤔𐤓
𐤇𐤔𐤁 𐤏𐤋 𐤄𐤉𐤄𐤅𐤃𐤉𐤌•
𐤃 𐤅𐤉𐤅𐤔𐤈 𐤄𐤌𐤋𐤊 𐤋𐤀𐤎𐤕𐤓 𐤀𐤕 𐤔𐤓𐤁𐤈 𐤄𐤆𐤄𐤁 𐤅𐤕𐤒𐤌 𐤀𐤎𐤕𐤓 𐤅𐤕𐤏𐤌𐤃
𐤋𐤐𐤍𐤉 𐤄𐤌𐤋𐤊•
𐤄 𐤅𐤕𐤀𐤌𐤓 𐤀𐤌 𐤏𐤋 𐤄𐤌𐤋𐤊 𐤈𐤅𐤁 𐤅𐤀𐤌 𐤌𐤑𐤀𐤕𐤉 𐤇𐤍 𐤋𐤐𐤍𐤉𐤅 𐤅𐤊𐤔𐤓
𐤄𐤃𐤁𐤓 𐤋𐤐𐤍𐤉 𐤄𐤌𐤋𐤊 𐤅𐤈𐤅𐤁𐤄 𐤀𐤍𐤉 𐤁𐤏𐤉𐤍𐤉𐤅 𐤉𐤊𐤕𐤁 𐤋𐤄𐤔𐤉𐤁 𐤀𐤕
𐤄𐤎𐤐𐤓𐤉𐤌 𐤌𐤇𐤔𐤁𐤕 𐤄𐤌𐤍 𐤁𐤍 𐤄𐤌𐤃𐤕𐤀 𐤄𐤀𐤂𐤂𐤉 𐤀𐤔𐤓 𐤊𐤕𐤁 𐤋𐤀𐤁𐤃 𐤀𐤕
𐤄𐤉𐤄𐤅𐤃𐤉𐤌 𐤀𐤔𐤓 𐤁𐤊𐤋 𐤌𐤃𐤉𐤍𐤅𐤕 𐤄𐤌𐤋𐤊•
𐤅 𐤊𐤉 𐤀𐤉𐤊𐤊𐤄 𐤀𐤅𐤊𐤋 𐤅𐤓𐤀𐤉𐤕𐤉 𐤁𐤓𐤏𐤄 𐤀𐤔𐤓 𐤉𐤌𐤑𐤀 𐤀𐤕 𐤏𐤌𐤉
𐤅𐤀𐤉𐤊𐤊𐤄 𐤀𐤅𐤊𐤋 𐤅𐤓𐤀𐤉𐤕𐤉 𐤁𐤀𐤁𐤃𐤍 𐤌𐤅𐤋𐤃𐤕𐤉•
𐤆 𐤅𐤉𐤀𐤌𐤓 𐤄𐤌𐤋𐤊 𐤀𐤇𐤔𐤅𐤓𐤔 𐤋𐤀𐤎𐤕𐤓 𐤄𐤌𐤋𐤊𐤄 𐤅𐤋𐤌𐤓𐤃𐤊𐤉 𐤄𐤉𐤄𐤅𐤃𐤉
𐤄𐤍𐤄 𐤁𐤉𐤕 𐤄𐤌𐤍 𐤍𐤕𐤕𐤉 𐤋𐤀𐤎𐤕𐤓 𐤅𐤀𐤕𐤅 𐤕𐤋𐤅 𐤏𐤋 𐤄𐤏𐤑 𐤏𐤋 𐤀𐤔𐤓 𐤔𐤋𐤇
𐤉𐤃𐤅 𐤁𐤉𐤄𐤅𐤃𐤉𐤉𐤌 [𐤁𐤉𐤄𐤅𐤃𐤉𐤌]•
𐤇 𐤅𐤀𐤕𐤌 𐤊𐤕𐤁𐤅 𐤏𐤋 𐤄𐤉𐤄𐤅𐤃𐤉𐤌 𐤊𐤈𐤅𐤁 𐤁𐤏𐤉𐤍𐤉𐤊𐤌 𐤁𐤔𐤌 𐤄𐤌𐤋𐤊
𐤅𐤇𐤕𐤌𐤅 𐤁𐤈𐤁𐤏𐤕 𐤄𐤌𐤋𐤊 𐤊𐤉 𐤊𐤕𐤁 𐤀𐤔𐤓 𐤍𐤊𐤕𐤁 𐤁𐤔𐤌 𐤄𐤌𐤋𐤊 𐤅𐤍𐤇𐤕𐤅𐤌
𐤁𐤈𐤁𐤏𐤕 𐤄𐤌𐤋𐤊 𐤀𐤉𐤍 𐤋𐤄𐤔𐤉𐤁•
𐤈 𐤅𐤉𐤒𐤓𐤀𐤅 𐤎𐤐𐤓𐤉 𐤄𐤌𐤋𐤊 𐤁𐤏𐤕 𐤄𐤄𐤉𐤀 𐤁𐤇𐤃𐤔 𐤄𐤔𐤋𐤉𐤔𐤉 𐤄𐤅𐤀 𐤇𐤃𐤔
𐤎𐤉𐤅𐤍 𐤁𐤔𐤋𐤅𐤔𐤄 𐤅𐤏𐤔𐤓𐤉𐤌 𐤁𐤅 𐤅𐤉𐤊𐤕𐤁 𐤊𐤊𐤋 𐤀𐤔𐤓 𐤑𐤅𐤄 𐤌𐤓𐤃𐤊𐤉 𐤀𐤋
𐤄𐤉𐤄𐤅𐤃𐤉𐤌 𐤅𐤀𐤋 𐤄𐤀𐤇𐤔𐤃𐤓𐤐𐤍𐤉𐤌 𐤅𐤄𐤐𐤇𐤅𐤕 𐤅𐤔𐤓𐤉 𐤄𐤌𐤃𐤉𐤍𐤅𐤕 𐤀𐤔𐤓
𐤌𐤄𐤃𐤅 𐤅𐤏𐤃 𐤊𐤅𐤔 𐤔𐤁𐤏 𐤅𐤏𐤔𐤓𐤉𐤌 𐤅𐤌𐤀𐤄 𐤌𐤃𐤉𐤍𐤄 𐤌𐤃𐤉𐤍𐤄 𐤅𐤌𐤃𐤉𐤍𐤄
𐤊𐤊𐤕𐤁𐤄 𐤅𐤏𐤌 𐤅𐤏𐤌 𐤊𐤋𐤔𐤍𐤅 𐤅𐤀𐤋 𐤄𐤉𐤄𐤅𐤃𐤉𐤌 𐤊𐤊𐤕𐤁𐤌 𐤅𐤊𐤋𐤔𐤅𐤍𐤌•
𐤉 𐤅𐤉𐤊𐤕𐤁 𐤁𐤔𐤌 𐤄𐤌𐤋𐤊 𐤀𐤇𐤔𐤅𐤓𐤔 𐤅𐤉𐤇𐤕𐤌 𐤁𐤈𐤁𐤏𐤕 𐤄𐤌𐤋𐤊 𐤅𐤉𐤔𐤋𐤇
𐤎𐤐𐤓𐤉𐤌 𐤁𐤉𐤃 𐤄𐤓𐤑𐤉𐤌 𐤁𐤎𐤅𐤎𐤉𐤌 𐤓𐤊𐤁𐤉 𐤄𐤓𐤊𐤔 𐤄𐤀𐤇𐤔𐤕𐤓𐤍𐤉𐤌 𐤁𐤍𐤉
𐤄𐤓𐤌𐤊𐤉𐤌•
𐤉𐤀 𐤀𐤔𐤓 𐤍𐤕𐤍 𐤄𐤌𐤋𐤊 𐤋𐤉𐤄𐤅𐤃𐤉𐤌 𐤀𐤔𐤓 𐤁𐤊𐤋 𐤏𐤉𐤓 𐤅𐤏𐤉𐤓 𐤋𐤄𐤒𐤄𐤋
𐤅𐤋𐤏𐤌𐤃 𐤏𐤋 𐤍𐤐𐤔𐤌 𐤋𐤄𐤔𐤌𐤉𐤃 𐤅𐤋𐤄𐤓𐤂 𐤅𐤋𐤀𐤁𐤃 𐤀𐤕 𐤊𐤋 𐤇𐤉𐤋 𐤏𐤌
𐤅𐤌𐤃𐤉𐤍𐤄 𐤄𐤑𐤓𐤉𐤌 𐤀𐤕𐤌 𐤈𐤐 𐤅𐤍𐤔𐤉𐤌 𐤅𐤔𐤋𐤋𐤌 𐤋𐤁𐤅𐤆•
𐤉𐤁 𐤁𐤉𐤅𐤌 𐤀𐤇𐤃 𐤁𐤊𐤋 𐤌𐤃𐤉𐤍𐤅𐤕 𐤄𐤌𐤋𐤊 𐤀𐤇𐤔𐤅𐤓𐤅𐤔 𐤁𐤔𐤋𐤅𐤔𐤄 𐤏𐤔𐤓
𐤋𐤇𐤃𐤔 𐤔𐤍𐤉𐤌 𐤏𐤔𐤓 𐤄𐤅𐤀 𐤇𐤃𐤔 𐤀𐤃𐤓•
𐤉𐤂 𐤐𐤕𐤔𐤂𐤍 𐤄𐤊𐤕𐤁 𐤋𐤄𐤍𐤕𐤍 𐤃𐤕 𐤁𐤊𐤋 𐤌𐤃𐤉𐤍𐤄 𐤅𐤌𐤃𐤉𐤍𐤄 𐤂𐤋𐤅𐤉 𐤋𐤊𐤋
𐤄𐤏𐤌𐤉𐤌 𐤅𐤋𐤄𐤉𐤅𐤕 𐤄𐤉𐤄𐤅𐤃𐤉𐤉𐤌 [𐤄𐤉𐤄𐤅𐤃𐤉𐤌] 𐤏𐤕𐤅𐤃𐤉𐤌 [𐤏𐤕𐤉𐤃𐤉𐤌]

𐤋𐤉𐤅𐤌 𐤄𐤆𐤄 𐤋𐤄𐤍𐤒𐤌 𐤌𐤀𐤉𐤁𐤉𐤄𐤌•
𐤉𐤃 𐤄𐤓𐤑𐤉𐤌 𐤓𐤊𐤁𐤉 𐤄𐤓𐤊𐤔 𐤄𐤀𐤇𐤔𐤕𐤓𐤍𐤉𐤌 𐤉𐤑𐤀𐤅 𐤌𐤁𐤄𐤋𐤉𐤌
𐤅𐤃𐤇𐤅𐤐𐤉𐤌 𐤁𐤃𐤁𐤓 𐤄𐤌𐤋𐤊 𐤅𐤄𐤃𐤕 𐤍𐤕𐤍𐤄 𐤁𐤔𐤅𐤔𐤍 𐤄𐤁𐤉𐤓𐤄•
𐤈𐤅 𐤅𐤌𐤓𐤃𐤊𐤉 𐤉𐤑𐤀 𐤌𐤋𐤐𐤍𐤉 𐤄𐤌𐤋𐤊 𐤁𐤋𐤁𐤅𐤔 𐤌𐤋𐤊𐤅𐤕 𐤕𐤊𐤋𐤕 𐤅𐤇𐤅𐤓
𐤅𐤏𐤈𐤓𐤕 𐤆𐤄𐤁 𐤂𐤃𐤅𐤋𐤄 𐤅𐤕𐤊𐤓𐤉𐤊 𐤁𐤅𐤑 𐤅𐤀𐤓𐤂𐤌𐤍 𐤅𐤄𐤏𐤉𐤓 𐤔𐤅𐤔𐤍 𐤑𐤄𐤋𐤄
𐤅𐤔𐤌𐤇𐤄•
𐤈𐤆 𐤋𐤉𐤄𐤅𐤃𐤉𐤌 𐤄𐤉𐤕𐤄 𐤀𐤅𐤓𐤄 𐤅𐤔𐤌𐤇𐤄 𐤅𐤔𐤔𐤍 𐤅𐤉𐤒𐤓•
𐤉𐤆 𐤅𐤁𐤊𐤋 𐤌𐤃𐤉𐤍𐤄 𐤅𐤌𐤃𐤉𐤍𐤄 𐤅𐤁𐤊𐤋 𐤏𐤉𐤓 𐤅𐤏𐤉𐤓 𐤌𐤒𐤅𐤌 𐤀𐤔𐤓 𐤃𐤁𐤓
𐤄𐤌𐤋𐤊 𐤅𐤃𐤕𐤅 𐤌𐤂𐤉𐤏 𐤔𐤌𐤇𐤄 𐤅𐤔𐤔𐤅𐤍 𐤋𐤉𐤄𐤅𐤃𐤉𐤌 𐤌𐤔𐤕𐤄 𐤅𐤉𐤅𐤌 𐤈𐤅𐤁
𐤅𐤓𐤁𐤉𐤌 𐤌𐤏𐤌𐤉 𐤄𐤀𐤓𐤑 𐤌𐤕𐤉𐤄𐤃𐤉𐤌 𐤊𐤉 𐤍𐤐𐤋 𐤐𐤇𐤃 𐤄𐤉𐤄𐤅𐤃𐤉𐤌 𐤏𐤋𐤉𐤄𐤌•

## 𐤐𐤓𐤒 𐤈

𐤀 𐤅𐤁𐤔𐤍𐤉𐤌 𐤏𐤔𐤓 𐤇𐤃𐤔 𐤄𐤅𐤀 𐤇𐤃𐤔 𐤀𐤃𐤓 𐤁𐤔𐤋𐤅𐤔𐤄 𐤏𐤔𐤓 𐤉𐤅𐤌 𐤁𐤅 𐤀𐤔𐤓
𐤄𐤂𐤉𐤏 𐤃𐤁𐤓 𐤄𐤌𐤋𐤊 𐤅𐤃𐤕𐤅 𐤋𐤄𐤏𐤔𐤅𐤕 𐤁𐤉𐤅𐤌 𐤀𐤔𐤓 𐤔𐤁𐤓𐤅 𐤀𐤉𐤁𐤉
𐤄𐤉𐤄𐤅𐤃𐤉𐤌 𐤋𐤔𐤋𐤅𐤈 𐤁𐤄𐤌 𐤅𐤍𐤄𐤐𐤅𐤊 𐤄𐤅𐤀 𐤀𐤔𐤓 𐤉𐤔𐤋𐤈𐤅 𐤄𐤉𐤄𐤅𐤃𐤉𐤌
𐤄𐤌𐤄 𐤁𐤔𐤍𐤀𐤉𐤄𐤌•
𐤁 𐤍𐤒𐤄𐤋𐤅 𐤄𐤉𐤄𐤅𐤃𐤉𐤌 𐤁𐤏𐤓𐤉𐤄𐤌 𐤁𐤊𐤋 𐤌𐤃𐤉𐤍𐤅𐤕 𐤄𐤌𐤋𐤊 𐤀𐤇𐤔𐤅𐤓𐤅𐤔
𐤋𐤔𐤋𐤇 𐤉𐤃 𐤁𐤌𐤁𐤒𐤔𐤉 𐤓𐤏𐤕𐤌 𐤅𐤀𐤉𐤔 𐤋𐤀 𐤏𐤌𐤃 𐤋𐤐𐤍𐤉𐤄𐤌 𐤊𐤉 𐤍𐤐𐤋 𐤐𐤇𐤃𐤌
𐤏𐤋 𐤊𐤋 𐤄𐤏𐤌𐤉𐤌•
𐤂 𐤅𐤊𐤋 𐤔𐤓𐤉 𐤄𐤌𐤃𐤉𐤍𐤅𐤕 𐤅𐤄𐤀𐤇𐤔𐤃𐤓𐤐𐤍𐤉𐤌 𐤅𐤄𐤐𐤇𐤅𐤕 𐤅𐤏𐤔𐤉 𐤄𐤌𐤋𐤀𐤊𐤄
𐤀𐤔𐤓 𐤋𐤌𐤋𐤊 𐤌𐤍𐤔𐤀𐤉𐤌 𐤀𐤕 𐤄𐤉𐤄𐤅𐤃𐤉𐤌 𐤊𐤉 𐤍𐤐𐤋 𐤐𐤇𐤃 𐤌𐤓𐤃𐤊𐤉
𐤏𐤋𐤉𐤄𐤌•
𐤃 𐤊𐤉 𐤂𐤃𐤅𐤋 𐤌𐤓𐤃𐤊𐤉 𐤁𐤁𐤉𐤕 𐤄𐤌𐤋𐤊 𐤅𐤔𐤌𐤏𐤅 𐤄𐤅𐤋𐤊 𐤁𐤊𐤋 𐤄𐤌𐤃𐤉𐤍𐤅𐤕
𐤊𐤉 𐤄𐤀𐤉𐤔 𐤌𐤓𐤃𐤊𐤉 𐤄𐤅𐤋𐤊 𐤅𐤂𐤃𐤅𐤋•
𐤄 𐤅𐤉𐤊𐤅 𐤄𐤉𐤄𐤅𐤃𐤉𐤌 𐤁𐤊𐤋 𐤀𐤉𐤁𐤉𐤄𐤌 𐤌𐤊𐤕 𐤇𐤓𐤁 𐤅𐤄𐤓𐤂 𐤅𐤀𐤁𐤃𐤍
𐤅𐤉𐤏𐤔𐤅 𐤁𐤔𐤍𐤀𐤉𐤄𐤌 𐤊𐤓𐤑𐤅𐤍𐤌•
𐤅 𐤅𐤁𐤔𐤅𐤔𐤍 𐤄𐤁𐤉𐤓𐤄 𐤄𐤓𐤂𐤅 𐤄𐤉𐤄𐤅𐤃𐤉𐤌 𐤅𐤀𐤁𐤃 𐤇𐤌𐤔 𐤌𐤀𐤅𐤕 𐤀𐤉𐤔•
𐤆 𐤅𐤀𐤕 𐤐𐤓𐤔𐤍𐤃𐤕𐤀 𐤅𐤀𐤕 𐤃𐤋𐤐𐤅𐤍 𐤅𐤀𐤕 𐤀𐤎𐤐𐤕𐤀•
𐤇 𐤅𐤀𐤕 𐤐𐤅𐤓𐤕𐤀 𐤅𐤀𐤕 𐤀𐤃𐤋𐤉𐤀 𐤅𐤀𐤕 𐤀𐤓𐤉𐤃𐤕𐤀•
𐤈 𐤅𐤀𐤕 𐤐𐤓𐤌𐤔𐤕𐤀 𐤅𐤀𐤕 𐤀𐤓𐤉𐤎𐤉 𐤅𐤀𐤕 𐤀𐤓𐤃𐤉 𐤅𐤀𐤕 𐤅𐤉𐤆𐤕𐤀•
𐤉 𐤏𐤔𐤓𐤕 𐤁𐤍𐤉 𐤄𐤌𐤍 𐤁𐤍 𐤄𐤌𐤃𐤕𐤀 𐤑𐤓𐤓 𐤄𐤉𐤄𐤅𐤃𐤉𐤌 𐤄𐤓𐤂𐤅 𐤅𐤁𐤁𐤆𐤄 𐤋𐤀
𐤔𐤋𐤇𐤅 𐤀𐤕 𐤉𐤃𐤌•
𐤉𐤀 𐤁𐤉𐤅𐤌 𐤄𐤄𐤅𐤀 𐤁𐤀 𐤌𐤎𐤐𐤓 𐤄𐤄𐤓𐤂𐤉𐤌 𐤁𐤔𐤅𐤔𐤍 𐤄𐤁𐤉𐤓𐤄 𐤋𐤐𐤍𐤉

# 𐤀𐤎𐤕𐤓

𐤄𐤌𐤋𐤊•

𐤉𐤁 𐤅𐤉𐤀𐤌𐤓 𐤄𐤌𐤋𐤊 𐤋𐤀𐤎𐤕𐤓 𐤄𐤌𐤋𐤊𐤄 𐤁𐤔𐤅𐤔𐤍 𐤄𐤁𐤉𐤓𐤄 𐤄𐤓𐤂𐤅
𐤄𐤉𐤄𐤅𐤃𐤉𐤌 𐤅𐤀𐤁𐤃 𐤇𐤌𐤔 𐤌𐤀𐤅𐤕 𐤀𐤉𐤔 𐤅𐤀𐤕 𐤏𐤔𐤓𐤕 𐤁𐤍𐤉 𐤄𐤌𐤍 𐤁𐤔𐤀𐤓
𐤌𐤃𐤉𐤍𐤅𐤕 𐤄𐤌𐤋𐤊 𐤌𐤄 𐤏𐤔𐤅 𐤅𐤌𐤄 𐤔𐤀𐤋𐤕𐤊 𐤅𐤉𐤍𐤕𐤍 𐤋𐤊 𐤅𐤌𐤄 𐤁𐤒𐤔𐤕𐤊
𐤏𐤅𐤃 𐤅𐤕𐤏𐤔•

𐤉𐤂 𐤅𐤕𐤀𐤌𐤓 𐤀𐤎𐤕𐤓 𐤀𐤌 𐤏𐤋 𐤄𐤌𐤋𐤊 𐤈𐤅𐤁 𐤉𐤍𐤕𐤍 𐤂𐤌 𐤌𐤇𐤓 𐤋𐤉𐤄𐤅𐤃𐤉𐤌
𐤀𐤔𐤓 𐤁𐤔𐤅𐤔𐤍 𐤋𐤏𐤔𐤅𐤕 𐤊𐤃𐤕 𐤄𐤉𐤅𐤌 𐤅𐤀𐤕 𐤏𐤔𐤓𐤕 𐤁𐤍𐤉 𐤄𐤌𐤍 𐤉𐤕𐤋𐤅 𐤏𐤋
𐤄𐤏𐤑•

𐤉𐤃 𐤅𐤉𐤀𐤌𐤓 𐤄𐤌𐤋𐤊 𐤋𐤄𐤏𐤔𐤅𐤕 𐤊𐤍 𐤅𐤕𐤍𐤕𐤍 𐤃𐤕 𐤁𐤔𐤅𐤔𐤍 𐤅𐤀𐤕 𐤏𐤔𐤓𐤕
𐤁𐤍𐤉 𐤄𐤌𐤍 𐤕𐤋𐤅•

𐤈𐤅 𐤅𐤉𐤒𐤄𐤋𐤅 𐤄𐤉𐤄𐤅𐤃𐤉𐤉𐤌 [𐤄𐤉𐤄𐤅𐤃𐤉𐤌] 𐤀𐤔𐤓 𐤁𐤔𐤅𐤔𐤍 𐤂𐤌 𐤁𐤉𐤅𐤌
𐤄𐤀𐤓𐤁𐤏𐤄 𐤏𐤔𐤓 𐤋𐤇𐤃𐤔 𐤀𐤃𐤓 𐤅𐤉𐤄𐤓𐤂𐤅 𐤁𐤔𐤅𐤔𐤍 𐤔𐤋𐤔 𐤌𐤀𐤅𐤕 𐤀𐤉𐤔
𐤅𐤁𐤁𐤆𐤄 𐤋𐤀 𐤔𐤋𐤇𐤅 𐤀𐤕 𐤉𐤃𐤌•

𐤈𐤆 𐤅𐤔𐤀𐤓 𐤄𐤉𐤄𐤅𐤃𐤉𐤌 𐤀𐤔𐤓 𐤁𐤌𐤃𐤉𐤍𐤅𐤕 𐤄𐤌𐤋𐤊 𐤍𐤒𐤄𐤋𐤅 𐤅𐤏𐤌𐤃 𐤏𐤋
𐤍𐤐𐤔𐤌 𐤅𐤍𐤅𐤇 𐤌𐤀𐤉𐤁𐤉𐤄𐤌 𐤅𐤄𐤓𐤂 𐤁𐤔𐤍𐤀𐤉𐤄𐤌 𐤇𐤌𐤔𐤄 𐤅𐤔𐤁𐤏𐤉𐤌 𐤀𐤋𐤐
𐤅𐤁𐤁𐤆𐤄 𐤋𐤀 𐤔𐤋𐤇𐤅 𐤀𐤕 𐤉𐤃𐤌•

𐤉𐤆 𐤁𐤉𐤅𐤌 𐤔𐤋𐤔𐤄 𐤏𐤔𐤓 𐤋𐤇𐤃𐤔 𐤀𐤃𐤓 𐤅𐤍𐤅𐤇 𐤁𐤀𐤓𐤁𐤏𐤄 𐤏𐤔𐤓 𐤁𐤅 𐤅𐤏𐤔𐤄
𐤀𐤕𐤅 𐤉𐤅𐤌 𐤌𐤔𐤕𐤄 𐤅𐤔𐤌𐤇𐤄•

𐤉𐤇 𐤅𐤄𐤉𐤄𐤅𐤃𐤉𐤉𐤌 [𐤅𐤄𐤉𐤄𐤅𐤃𐤉𐤌] 𐤀𐤔𐤓 𐤁𐤔𐤅𐤔𐤍 𐤍𐤒𐤄𐤋𐤅 𐤁𐤔𐤋𐤔𐤄
𐤏𐤔𐤓 𐤁𐤅 𐤅𐤁𐤀𐤓𐤁𐤏𐤄 𐤏𐤔𐤓 𐤁𐤅 𐤅𐤍𐤅𐤇 𐤁𐤇𐤌𐤔𐤄 𐤏𐤔𐤓 𐤁𐤅 𐤅𐤏𐤔𐤄 𐤀𐤕𐤅 𐤉𐤅𐤌
𐤌𐤔𐤕𐤄 𐤅𐤔𐤌𐤇𐤄•

𐤉𐤈 𐤏𐤋 𐤊𐤍 𐤄𐤉𐤄𐤅𐤃𐤉𐤌 𐤄𐤐𐤓𐤅𐤆𐤉𐤌 [𐤄𐤐𐤓𐤆𐤉𐤌] 𐤄𐤉𐤔𐤁𐤉𐤌 𐤁𐤏𐤓𐤉
𐤄𐤐𐤓𐤆𐤅𐤕 𐤏𐤔𐤉𐤌 𐤀𐤕 𐤉𐤅𐤌 𐤀𐤓𐤁𐤏𐤄 𐤏𐤔𐤓 𐤋𐤇𐤃𐤔 𐤀𐤃𐤓 𐤔𐤌𐤇𐤄 𐤅𐤌𐤔𐤕𐤄
𐤅𐤉𐤅𐤌 𐤈𐤅𐤁 𐤅𐤌𐤔𐤋𐤅𐤇 𐤌𐤍𐤅𐤕 𐤀𐤉𐤔 𐤋𐤓𐤏𐤄𐤅•

𐤊 𐤅𐤉𐤊𐤕𐤁 𐤌𐤓𐤃𐤊𐤉 𐤀𐤕 𐤄𐤃𐤁𐤓𐤉𐤌 𐤄𐤀𐤋𐤄 𐤅𐤉𐤔𐤋𐤇 𐤎𐤐𐤓𐤉𐤌 𐤀𐤋 𐤊𐤋
𐤄𐤉𐤄𐤅𐤃𐤉𐤌 𐤀𐤔𐤓 𐤁𐤊𐤋 𐤌𐤃𐤉𐤍𐤅𐤕 𐤄𐤌𐤋𐤊 𐤀𐤇𐤔𐤅𐤓𐤅𐤔 𐤄𐤒𐤓𐤅𐤁𐤉𐤌
𐤅𐤄𐤓𐤇𐤅𐤒𐤉𐤌•

𐤊𐤀 𐤋𐤒𐤉𐤌 𐤏𐤋𐤉𐤄𐤌 𐤋𐤄𐤉𐤅𐤕 𐤏𐤔𐤉𐤌 𐤀𐤕 𐤉𐤅𐤌 𐤀𐤓𐤁𐤏𐤄 𐤏𐤔𐤓 𐤋𐤇𐤃𐤔
𐤀𐤃𐤓 𐤅𐤀𐤕 𐤉𐤅𐤌 𐤇𐤌𐤔𐤄 𐤏𐤔𐤓 𐤁𐤅 𐤁𐤊𐤋 𐤔𐤍𐤄 𐤅𐤔𐤍𐤄•

𐤊𐤁 𐤊𐤉𐤌𐤉𐤌 𐤀𐤔𐤓 𐤍𐤇𐤅 𐤁𐤄𐤌 𐤄𐤉𐤄𐤅𐤃𐤉𐤌 𐤌𐤀𐤉𐤁𐤉𐤄𐤌 𐤅𐤄𐤇𐤃𐤔 𐤀𐤔𐤓
𐤍𐤄𐤐𐤊 𐤋𐤄𐤌 𐤌𐤉𐤂𐤅𐤍 𐤋𐤔𐤌𐤇𐤄 𐤅𐤌𐤀𐤁𐤋 𐤋𐤉𐤅𐤌 𐤈𐤅𐤁 𐤋𐤏𐤔𐤅𐤕 𐤀𐤅𐤕𐤌
𐤉𐤌𐤉 𐤌𐤔𐤕𐤄 𐤅𐤔𐤌𐤇𐤄 𐤅𐤌𐤔𐤋𐤅𐤇 𐤌𐤍𐤅𐤕 𐤀𐤉𐤔 𐤋𐤓𐤏𐤄𐤅 𐤅𐤌𐤕𐤍𐤅𐤕
𐤋𐤀𐤁𐤉𐤅𐤍𐤉𐤌•

כג וקבל היהודים את אשר החלו לעשות ואת אשר כתב
מרדכי אליהם•
כד כי המן בן המדתא האגגי צרר כל היהודים חשב על
היהודים לאבדם והפיל פור הוא הגורל להמם ולאבדם•
כה ובבאה לפני המלך אמר עם הספר ישוב מחשבתו הרעה
אשר חשב על היהודים על ראשו ותלו אתו ואת בניו על
העץ•
כו על כן קראו לימים האלה פורים על שם הפור על כן על
כל דברי האגרת הזאת ומה ראו על ככה ומה הגיע אליהם•
כז קימו [וקבלו] וקבל היהודים עליהם ועל זרעם ועל כל
הנלוים עליהם ולא יעבור להיות עשים את שני הימים
האלה ככתבם וכזמנם בכל שנה ושנה•
כח והימים האלה נזכרים ונעשים בכל דור ודור משפחה
ומשפחה מדינה ומדינה ועיר ועיר וימי הפורים האלה לא
יעברו מתוך היהודים וזכרם לא יסוף מזרעם•
כט ותכתב אסתר המלכה בת אביחיל ומרדכי היהודי את כל
תקף לקים את אגרת הפורים הזאת השנית•
ל וישלח ספרים אל כל היהודים אל שבע ועשרים ומאה
מדינה מלכות אחשורוש דברי שלום ואמת•
לא לקים את ימי הפרים האלה בזמניהם כאשר קים
עליהם מרדכי היהודי ואסתר המלכה וכאשר קימו על
נפשם ועל זרעם דברי הצומות וזעקתם•
לב ומאמר אסתר קים דברי הפרים האלה ונכתב בספר•

פק י

א וישם המלך אחשרש [אחשורוש] מס על הארץ ואיי הים•
ב וכל מעשה תקפו וגבורתו ופרשת גדלת מרדכי אשר גדלו
המלך הלא הם כתובים על ספר דברי הימים למלכי מדי
ופרס•
ג כי מרדכי היהודי משנה למלך אחשורוש וגדול
ליהודים ורצוי לרב אחיו דרש טוב לעמו ודבר שלום לכל
זרעו•

# 𐤀𐤉𐤅𐤁

𐤐𐤓𐤒 𐤀

𐤀 𐤀𐤉𐤔 𐤄𐤉𐤄 𐤁𐤀𐤓𐤑 𐤏𐤅𐤑 𐤀𐤉𐤅𐤁 𐤔𐤌𐤅 𐤅𐤄𐤉𐤄 𐤄𐤀𐤉𐤔 𐤄𐤄𐤅𐤀 𐤕𐤌
𐤅𐤉𐤔𐤓 𐤅𐤉𐤓𐤀 𐤀𐤋𐤄𐤉𐤌 𐤅𐤎𐤓 𐤌𐤓𐤏.
𐤁 𐤅𐤉𐤅𐤋𐤃𐤅 𐤋𐤅 𐤔𐤁𐤏𐤄 𐤁𐤍𐤉𐤌 𐤅𐤔𐤋𐤅𐤔 𐤁𐤍𐤅𐤕.
𐤂 𐤅𐤉𐤄𐤉 𐤌𐤒𐤍𐤄𐤅 𐤔𐤁𐤏𐤕 𐤀𐤋𐤐𐤉 𐤑𐤀𐤍 𐤅𐤔𐤋𐤔𐤕 𐤀𐤋𐤐𐤉 𐤂𐤌𐤋𐤉𐤌 𐤅𐤇𐤌𐤔
𐤌𐤀𐤅𐤕 𐤑𐤌𐤃 𐤁𐤒𐤓 𐤅𐤇𐤌𐤔 𐤌𐤀𐤅𐤕 𐤀𐤕𐤅𐤍𐤅𐤕 𐤅𐤏𐤁𐤃𐤄 𐤓𐤁𐤄 𐤌𐤀𐤃 𐤅𐤉𐤄𐤉
𐤄𐤀𐤉𐤔 𐤄𐤄𐤅𐤀 𐤂𐤃𐤅𐤋 𐤌𐤊𐤋 𐤁𐤍𐤉 𐤒𐤃𐤌.
𐤃 𐤅𐤄𐤋𐤊𐤅 𐤁𐤍𐤉𐤅 𐤅𐤏𐤔𐤅 𐤌𐤔𐤕𐤄 𐤁𐤉𐤕 𐤀𐤉𐤔 𐤉𐤅𐤌𐤅 𐤅𐤔𐤋𐤇𐤅 𐤅𐤒𐤓𐤀𐤅
𐤋𐤔𐤋𐤔𐤕 𐤀𐤇𐤉𐤕𐤉𐤄𐤌 𐤋𐤀𐤊𐤋 𐤅𐤋𐤔𐤕𐤅𐤕 𐤏𐤌𐤄𐤌.
𐤄 𐤅𐤉𐤄𐤉 𐤊𐤉 𐤄𐤒𐤉𐤐𐤅 𐤉𐤌𐤉 𐤄𐤌𐤔𐤕𐤄 𐤅𐤉𐤔𐤋𐤇 𐤀𐤉𐤅𐤁 𐤅𐤉𐤒𐤃𐤔𐤌
𐤅𐤄𐤔𐤊𐤉𐤌 𐤁𐤁𐤒𐤓 𐤅𐤄𐤏𐤋𐤄 𐤏𐤋𐤅𐤕 𐤌𐤎𐤐𐤓 𐤊𐤋𐤌 𐤊𐤉 𐤀𐤌𐤓 𐤀𐤉𐤅𐤁 𐤀𐤅𐤋𐤉
𐤇𐤈𐤀𐤅 𐤁𐤍𐤉 𐤅𐤁𐤓𐤊𐤅 𐤀𐤋𐤄𐤉𐤌 𐤁𐤋𐤁𐤁𐤌 𐤊𐤊𐤄 𐤉𐤏𐤔𐤄 𐤀𐤉𐤅𐤁 𐤊𐤋
𐤄𐤉𐤌𐤉𐤌.
𐤅 𐤅𐤉𐤄𐤉 𐤄𐤉𐤅𐤌 𐤅𐤉𐤁𐤀𐤅 𐤁𐤍𐤉 𐤄𐤀𐤋𐤄𐤉𐤌 𐤋𐤄𐤕𐤉𐤑𐤁 𐤏𐤋 𐤉𐤄𐤅𐤄
𐤅𐤉𐤁𐤅𐤀 𐤂𐤌 𐤄𐤔𐤈𐤍 𐤁𐤕𐤅𐤊𐤌.
𐤆 𐤅𐤉𐤀𐤌𐤓 𐤉𐤄𐤅𐤄 𐤀𐤋 𐤄𐤔𐤈𐤍 𐤌𐤀𐤉𐤍 𐤕𐤁𐤀 𐤅𐤉𐤏𐤍 𐤄𐤔𐤈𐤍 𐤀𐤕 𐤉𐤄𐤅𐤄
𐤅𐤉𐤀𐤌𐤓 𐤌𐤔𐤅𐤈 𐤁𐤀𐤓𐤑 𐤅𐤌𐤄𐤕𐤄𐤋𐤊 𐤁𐤄.
𐤇 𐤅𐤉𐤀𐤌𐤓 𐤉𐤄𐤅𐤄 𐤀𐤋 𐤄𐤔𐤈𐤍 𐤄𐤔𐤌𐤕 𐤋𐤁𐤊 𐤏𐤋 𐤏𐤁𐤃𐤉 𐤀𐤉𐤅𐤁 𐤊𐤉 𐤀𐤉𐤍
𐤊𐤌𐤄𐤅 𐤁𐤀𐤓𐤑 𐤀𐤉𐤔 𐤕𐤌 𐤅𐤉𐤔𐤓 𐤉𐤓𐤀 𐤀𐤋𐤄𐤉𐤌 𐤅𐤎𐤓 𐤌𐤓𐤏.
𐤈 𐤅𐤉𐤏𐤍 𐤄𐤔𐤈𐤍 𐤀𐤕 𐤉𐤄𐤅𐤄 𐤅𐤉𐤀𐤌𐤓 𐤄𐤇𐤍𐤌 𐤉𐤓𐤀 𐤀𐤉𐤅𐤁 𐤀𐤋𐤄𐤉𐤌.
𐤉 𐤄𐤋𐤀 𐤀𐤕 [𐤀𐤕𐤄] 𐤔𐤊𐤕 𐤁𐤏𐤃𐤅 𐤅𐤁𐤏𐤃 𐤁𐤉𐤕𐤅 𐤅𐤁𐤏𐤃 𐤊𐤋 𐤀𐤔𐤓 𐤋𐤅
𐤌𐤎𐤁𐤉𐤁 𐤌𐤏𐤔𐤄 𐤉𐤃𐤉𐤅 𐤁𐤓𐤊𐤕 𐤅𐤌𐤒𐤍𐤄𐤅 𐤐𐤓𐤑 𐤁𐤀𐤓𐤑.
𐤉𐤀 𐤅𐤀𐤅𐤋𐤌 𐤔𐤋𐤇 𐤍𐤀 𐤉𐤃𐤊 𐤅𐤂𐤏 𐤁𐤊𐤋 𐤀𐤔𐤓 𐤋𐤅 𐤀𐤌 𐤋𐤀 𐤏𐤋 𐤐𐤍𐤉𐤊
𐤉𐤁𐤓𐤊𐤊.
𐤉𐤁 𐤅𐤉𐤀𐤌𐤓 𐤉𐤄𐤅𐤄 𐤀𐤋 𐤄𐤔𐤈𐤍 𐤄𐤍𐤄 𐤊𐤋 𐤀𐤔𐤓 𐤋𐤅 𐤁𐤉𐤃𐤊 𐤓𐤒 𐤀𐤋𐤉𐤅
𐤀𐤋 𐤕𐤔𐤋𐤇 𐤉𐤃𐤊 𐤅𐤉𐤑𐤀 𐤄𐤔𐤈𐤍 𐤌𐤏𐤌 𐤐𐤍𐤉 𐤉𐤄𐤅𐤄.
𐤉𐤂 𐤅𐤉𐤄𐤉 𐤄𐤉𐤅𐤌 𐤅𐤁𐤍𐤉𐤅 𐤅𐤁𐤍𐤅𐤕𐤉𐤅 𐤀𐤊𐤋𐤉𐤌 𐤅𐤔𐤕𐤉𐤌 𐤉𐤉𐤍 𐤁𐤁𐤉𐤕
𐤀𐤇𐤉𐤄𐤌 𐤄𐤁𐤊𐤅𐤓.
𐤉𐤃 𐤅𐤌𐤋𐤀𐤊 𐤁𐤀 𐤀𐤋 𐤀𐤉𐤅𐤁 𐤅𐤉𐤀𐤌𐤓 𐤄𐤁𐤒𐤓 𐤄𐤉𐤅 𐤇𐤓𐤔𐤅𐤕 𐤅𐤄𐤀𐤕𐤍𐤅𐤕
𐤓𐤏𐤅𐤕 𐤏𐤋 𐤉𐤃𐤉𐤄𐤌.
𐤈𐤅 𐤅𐤕𐤐𐤋 𐤔𐤁𐤀 𐤅𐤕𐤒𐤇𐤌 𐤅𐤀𐤕 𐤄𐤍𐤏𐤓𐤉𐤌 𐤄𐤊𐤅 𐤋𐤐𐤉 𐤇𐤓𐤁 𐤅𐤀𐤌𐤋𐤈𐤄 𐤓𐤒
𐤀𐤍𐤉 𐤋𐤁𐤃𐤉 𐤋𐤄𐤂𐤉𐤃 𐤋𐤊.
𐤈𐤆 𐤏𐤅𐤃 𐤆𐤄 𐤌𐤃𐤁𐤓 𐤅𐤆𐤄 𐤁𐤀 𐤅𐤉𐤀𐤌𐤓 𐤀𐤔 𐤀𐤋𐤄𐤉𐤌 𐤍𐤐𐤋𐤄 𐤌𐤍

𐤄𐤔𐤌𐤉𐤌 𐤅𐤕𐤁𐤏𐤓 𐤁𐤑𐤀𐤍 𐤅𐤁𐤍𐤏𐤓𐤉𐤌 𐤅𐤕𐤀𐤊𐤋𐤌 𐤅𐤀𐤌𐤋𐤈𐤄 𐤓𐤒 𐤀𐤍𐤉
𐤋𐤁𐤃𐤉 𐤋𐤄𐤂𐤉𐤃 𐤋𐤊•
𐤉𐤆𐤏𐤅𐤃 𐤆𐤄 𐤌𐤃𐤁𐤓 𐤅𐤆𐤄 𐤁𐤀 𐤅𐤉𐤀𐤌𐤓 𐤊𐤔𐤃𐤉𐤌 𐤔𐤌𐤅 𐤔𐤋𐤔𐤄 𐤓𐤀𐤔𐤉𐤌
𐤅𐤉𐤐𐤔𐤈𐤅 𐤏𐤋 𐤄𐤂𐤌𐤋𐤉𐤌 𐤅𐤉𐤒𐤇𐤅𐤌 𐤅𐤀𐤕 𐤄𐤍𐤏𐤓𐤉𐤌 𐤄𐤊𐤅 𐤋𐤐𐤉 𐤇𐤓𐤁
𐤅𐤀𐤌𐤋𐤈𐤄 𐤓𐤒 𐤀𐤍𐤉 𐤋𐤁𐤃𐤉 𐤋𐤄𐤂𐤉𐤃 𐤋𐤊•
𐤉𐤇𐤏𐤃 𐤆𐤄 𐤌𐤃𐤁𐤓 𐤅𐤆𐤄 𐤁𐤀 𐤅𐤉𐤀𐤌𐤓 𐤁𐤍𐤉𐤊 𐤅𐤁𐤍𐤅𐤕𐤉𐤊 𐤀𐤊𐤋𐤉𐤌
𐤅𐤔𐤕𐤉𐤌 𐤉𐤉𐤍 𐤁𐤁𐤉𐤕 𐤀𐤇𐤉𐤄𐤌 𐤄𐤁𐤊𐤅𐤓•
𐤉𐤈𐤅𐤄𐤍𐤄 𐤓𐤅𐤇 𐤂𐤃𐤅𐤋𐤄 𐤁𐤀𐤄 𐤌𐤏𐤁𐤓 𐤄𐤌𐤃𐤁𐤓 𐤅𐤉𐤂𐤏 𐤁𐤀𐤓𐤁𐤏 𐤐𐤍𐤅𐤕
𐤄𐤁𐤉𐤕 𐤅𐤉𐤐𐤋 𐤏𐤋 𐤄𐤍𐤏𐤓𐤉𐤌 𐤅𐤉𐤌𐤅𐤕𐤅 𐤅𐤀𐤌𐤋𐤈𐤄 𐤓𐤒 𐤀𐤍𐤉 𐤋𐤁𐤃𐤉
𐤋𐤄𐤂𐤉𐤃 𐤋𐤊•
𐤊𐤅𐤉𐤒𐤌 𐤀𐤉𐤅𐤁 𐤅𐤉𐤒𐤓𐤏 𐤀𐤕 𐤌𐤏𐤋𐤅 𐤅𐤉𐤂𐤆 𐤀𐤕 𐤓𐤀𐤔𐤅 𐤅𐤉𐤐𐤋 𐤀𐤓𐤑𐤄
𐤅𐤉𐤔𐤕𐤇𐤅•
𐤊𐤀𐤅𐤉𐤀𐤌𐤓 𐤏𐤓𐤌 𐤉𐤑𐤕𐤉 [𐤉𐤑𐤀𐤕𐤉] 𐤌𐤁𐤈𐤍 𐤀𐤌𐤉 𐤅𐤏𐤓𐤌 𐤀𐤔𐤅𐤁 𐤔𐤌𐤄
𐤉𐤄𐤅𐤄 𐤍𐤕𐤍 𐤅𐤉𐤄𐤅𐤄 𐤋𐤒𐤇 𐤉𐤄𐤉 𐤔𐤌 𐤉𐤄𐤅𐤄 𐤌𐤁𐤓𐤊•
𐤊𐤁𐤁𐤊𐤋 𐤆𐤀𐤕 𐤋𐤀 𐤇𐤈𐤀 𐤀𐤉𐤅𐤁 𐤅𐤋𐤀 𐤍𐤕𐤍 𐤕𐤐𐤋𐤄 𐤋𐤀𐤋𐤄𐤉𐤌•

𐤐𐤓𐤒 𐤁

𐤀𐤅𐤉𐤄𐤉 𐤄𐤉𐤅𐤌 𐤅𐤉𐤁𐤀𐤅 𐤁𐤍𐤉 𐤄𐤀𐤋𐤄𐤉𐤌 𐤋𐤄𐤕𐤉𐤑𐤁 𐤏𐤋 𐤉𐤄𐤅𐤄
𐤅𐤉𐤁𐤅𐤀 𐤂𐤌 𐤄𐤔𐤈𐤍 𐤁𐤕𐤊𐤌 𐤋𐤄𐤕𐤉𐤑𐤁 𐤏𐤋 𐤉𐤄𐤅𐤄•
𐤁𐤅𐤉𐤀𐤌𐤓 𐤉𐤄𐤅𐤄 𐤀𐤋 𐤄𐤔𐤈𐤍 𐤀𐤉 𐤌𐤆𐤄 𐤕𐤁𐤀 𐤅𐤉𐤏𐤍 𐤄𐤔𐤈𐤍 𐤀𐤕
𐤉𐤄𐤅𐤄 𐤅𐤉𐤀𐤌𐤓 𐤌𐤔𐤈 𐤁𐤀𐤓𐤑 𐤅𐤌𐤄𐤕𐤄𐤋𐤊 𐤁𐤄•
𐤂𐤅𐤉𐤀𐤌𐤓 𐤉𐤄𐤅𐤄 𐤀𐤋 𐤄𐤔𐤈𐤍 𐤄𐤔𐤌𐤕 𐤋𐤁𐤊 𐤀𐤋 𐤏𐤁𐤃𐤉 𐤀𐤉𐤅𐤁 𐤊𐤉 𐤀𐤉𐤍
𐤊𐤌𐤄𐤅 𐤁𐤀𐤓𐤑 𐤀𐤉𐤔 𐤕𐤌 𐤅𐤉𐤔𐤓 𐤉𐤓𐤀 𐤀𐤋𐤄𐤉𐤌 𐤅𐤎𐤓 𐤌𐤓𐤏 𐤅𐤏𐤃𐤍𐤅
𐤌𐤇𐤆𐤉𐤒 𐤁𐤕𐤌𐤕𐤅 𐤅𐤕𐤎𐤉𐤕𐤍𐤉 𐤁𐤅 𐤋𐤁𐤋𐤏𐤅 𐤇𐤍𐤌•
𐤃𐤅𐤉𐤏𐤍 𐤄𐤔𐤈𐤍 𐤀𐤕 𐤉𐤄𐤅𐤄 𐤅𐤉𐤀𐤌𐤓 𐤏𐤅𐤓 𐤁𐤏𐤃 𐤏𐤅𐤓 𐤅𐤊𐤋 𐤀𐤔𐤓 𐤋𐤀𐤉𐤔
𐤉𐤕𐤍 𐤁𐤏𐤃 𐤍𐤐𐤔𐤅•
𐤄𐤀𐤅𐤋𐤌 𐤔𐤋𐤇 𐤍𐤀 𐤉𐤃𐤊 𐤅𐤂𐤏 𐤀𐤋 𐤏𐤑𐤌𐤅 𐤅𐤀𐤋 𐤁𐤔𐤓𐤅 𐤀𐤌 𐤋𐤀 𐤀𐤋
𐤐𐤍𐤉𐤊 𐤉𐤁𐤓𐤊𐤊•
𐤅𐤅𐤉𐤀𐤌𐤓 𐤉𐤄𐤅𐤄 𐤀𐤋 𐤄𐤔𐤈𐤍 𐤄𐤍𐤅 𐤁𐤉𐤃𐤊 𐤀𐤊 𐤀𐤕 𐤍𐤐𐤔𐤅 𐤔𐤌𐤓•
𐤆𐤅𐤉𐤑𐤀 𐤄𐤔𐤈𐤍 𐤌𐤀𐤕 𐤐𐤍𐤉 𐤉𐤄𐤅𐤄 𐤅𐤉𐤊 𐤀𐤕 𐤀𐤉𐤅𐤁 𐤁𐤔𐤇𐤉𐤍 𐤓𐤏 𐤌𐤊𐤐
𐤓𐤂𐤋𐤅 𐤏𐤃 [𐤅𐤏𐤃] 𐤒𐤃𐤒𐤃𐤅•
𐤇𐤅𐤉𐤒𐤇 𐤋𐤅 𐤇𐤓𐤔 𐤋𐤄𐤕𐤂𐤓𐤃 𐤁𐤅 𐤅𐤄𐤅𐤀 𐤉𐤔𐤁 𐤁𐤕𐤅𐤊 𐤄𐤀𐤐𐤓•
𐤈𐤅𐤕𐤀𐤌𐤓 𐤋𐤅 𐤀𐤔𐤕𐤅 𐤏𐤃𐤊 𐤌𐤇𐤆𐤉𐤒 𐤁𐤕𐤌𐤕𐤊 𐤁𐤓𐤊 𐤀𐤋𐤄𐤉𐤌 𐤅𐤌𐤕•

ויאמר אליה כדבר אחת הנבלות תדברי גם את הטוב נקבל מאת האלהים ואת הרע לא נקבל בכל זאת לא חטא איוב בשפתיו.

וישמעו שלשת רעי איוב את כל הרעה הזאת הבאה עליו ויבאו איש ממקמו אליפז התימני ובלדד השוחי וצופר הנעמתי ויועדו יחדו לבוא לנוד לו ולנחמו.

וישאו את עיניהם מרחוק ולא הכירהו וישאו קולם ויבכו ויקרעו איש מעלו ויזרקו עפר על ראשיהם השמימה.

וישבו אתו לארץ שבעת ימים ושבעת לילות ואין דבר אליו דבר כי ראו כי גדל הכאב מאד.

פרק ג

א אחרי כן פתח איוב את פיהו ויקלל את יומו.

ב ויען איוב ויאמר.

ג יאבד יום אולד בו והלילה אמר הרה גבר.

ד היום ההוא יהי חשך אל ידרשהו אלוה ממעל ואל תופע עליו נהרה.

ה יגאלהו חשך וצלמות תשכן עליו עננה יבעתהו כמרירי יום.

ו הלילה ההוא יקחהו אפל אל יחד בימי שנה במספר ירחים אל יבא.

ז הנה הלילה ההוא יהי גלמוד אל תבוא רננה בו.

ח יקבהו אררי יום העתידים ערר לויתן.

ט יחשכו כוכבי נשפו יקו לאור ואין ואל יראה בעפעפי שחר.

י כי לא סגר דלתי בטני ויסתר עמל מעיני.

יא למה לא מרחם אמות מבטן יצאתי ואגוע.

יב מדוע קדמוני ברכים ומה שדים כי אינק.

יג כי עתה שכבתי ואשקוט ישנתי אז ינוח לי.

יד עם מלכים ויעצי ארץ הבנים חרבות למו.

טו או עם שרים זהב להם הממלאים בתיהם כסף.

טז או כנפל טמון לא אהיה כעללים לא ראו אור.

𐤉𐤆 𐤔𐤌 𐤓𐤔𐤏𐤉𐤌 𐤇𐤃𐤋𐤅 𐤓𐤂𐤆 𐤅𐤔𐤌 𐤉𐤍𐤅𐤇𐤅 𐤉𐤂𐤉𐤏𐤉 𐤊𐤇•
𐤉𐤇 𐤉𐤇𐤃 𐤀𐤎𐤉𐤓𐤉𐤌 𐤔𐤀𐤍𐤍𐤅 𐤋𐤀 𐤔𐤌𐤏𐤅 𐤒𐤅𐤋 𐤍𐤂𐤔•
𐤉𐤈 𐤒𐤈𐤍 𐤅𐤂𐤃𐤅𐤋 𐤔𐤌 𐤄𐤅𐤀 𐤅𐤏𐤁𐤃 𐤇𐤐𐤔𐤉 𐤌𐤀𐤃𐤍𐤉𐤅•
𐤊 𐤋𐤌𐤄 𐤉𐤕𐤍 𐤋𐤏𐤌𐤋 𐤀𐤅𐤓 𐤅𐤇𐤉𐤉𐤌 𐤋𐤌𐤓𐤉 𐤍𐤐𐤔•
𐤊𐤀 𐤄𐤌𐤇𐤊𐤉𐤌 𐤋𐤌𐤅𐤕 𐤅𐤀𐤉𐤍𐤍𐤅 𐤅𐤉𐤇𐤐𐤓𐤄𐤅 𐤌𐤌𐤈𐤌𐤅𐤍𐤉𐤌•
𐤊𐤁 𐤄𐤔𐤌𐤇𐤉𐤌 𐤀𐤋𐤉 𐤂𐤉𐤋 𐤉𐤔𐤉𐤔𐤅 𐤊𐤉 𐤉𐤌𐤑𐤀𐤅 𐤒𐤁𐤓•
𐤊𐤂 𐤋𐤂𐤁𐤓 𐤀𐤔𐤓 𐤃𐤓𐤊𐤅 𐤍𐤎𐤕𐤓𐤄 𐤅𐤉𐤎𐤊 𐤀𐤋𐤅𐤄 𐤁𐤏𐤃𐤅•
𐤊𐤃 𐤊𐤉 𐤋𐤐𐤍𐤉 𐤋𐤇𐤌𐤉 𐤀𐤍𐤇𐤕𐤉 𐤕𐤁𐤀 𐤅𐤉𐤕𐤊𐤅 𐤊𐤌𐤉𐤌 𐤔𐤀𐤂𐤕𐤉•
𐤊𐤄 𐤊𐤉 𐤐𐤇𐤃 𐤐𐤇𐤃𐤕𐤉 𐤅𐤉𐤀𐤕𐤉𐤍𐤉 𐤅𐤀𐤔𐤓 𐤉𐤂𐤓𐤕𐤉 𐤉𐤁𐤀 𐤋𐤉•
𐤊𐤅 𐤋𐤀 𐤔𐤋𐤅𐤕𐤉 𐤅𐤋𐤀 𐤔𐤒𐤈𐤕𐤉 𐤅𐤋𐤀 𐤍𐤇𐤕𐤉 𐤅𐤉𐤁𐤀 𐤓𐤂𐤆•

## 𐤐𐤓𐤒 𐤃

𐤀 𐤅𐤉𐤏𐤍 𐤀𐤋𐤉𐤐𐤆 𐤄𐤕𐤉𐤌𐤍𐤉 𐤅𐤉𐤀𐤌𐤓•
𐤁 𐤄𐤍𐤎𐤄 𐤃𐤁𐤓 𐤀𐤋𐤉𐤊 𐤕𐤋𐤀𐤄 𐤅𐤏𐤑𐤓 𐤁𐤌𐤋𐤉𐤍 𐤌𐤉 𐤉𐤅𐤊𐤋•
𐤂 𐤄𐤍𐤄 𐤉𐤎𐤓𐤕 𐤓𐤁𐤉𐤌 𐤅𐤉𐤃𐤉𐤌 𐤓𐤐𐤅𐤕 𐤕𐤇𐤆𐤒•
𐤃 𐤊𐤅𐤔𐤋 𐤉𐤒𐤉𐤌𐤅𐤍 𐤌𐤋𐤉𐤊 𐤅𐤁𐤓𐤊𐤉𐤌 𐤊𐤓𐤏𐤅𐤕 𐤕𐤀𐤌𐤑•
𐤄 𐤊𐤉 𐤏𐤕𐤄 𐤕𐤁𐤅𐤀 𐤀𐤋𐤉𐤊 𐤅𐤕𐤋𐤀 𐤕𐤂𐤏 𐤏𐤃𐤉𐤊 𐤅𐤕𐤁𐤄𐤋•
𐤅 𐤄𐤋𐤀 𐤉𐤓𐤀𐤕𐤊 𐤊𐤎𐤋𐤕𐤊 𐤕𐤒𐤅𐤕𐤊 𐤅𐤕𐤌 𐤃𐤓𐤊𐤉𐤊•
𐤆 𐤆𐤊𐤓 𐤍𐤀 𐤌𐤉 𐤄𐤅𐤀 𐤍𐤒𐤉 𐤀𐤁𐤃 𐤅𐤀𐤉𐤐𐤄 𐤉𐤔𐤓𐤉𐤌 𐤍𐤊𐤇𐤃𐤅•
𐤇 𐤊𐤀𐤔𐤓 𐤓𐤀𐤉𐤕𐤉 𐤇𐤓𐤔𐤉 𐤀𐤅𐤍 𐤅𐤆𐤓𐤏𐤉 𐤏𐤌𐤋 𐤉𐤒𐤑𐤓𐤄𐤅•
𐤈 𐤌𐤍𐤔𐤌𐤕 𐤀𐤋𐤅𐤄 𐤉𐤀𐤁𐤃𐤅 𐤅𐤌𐤓𐤅𐤇 𐤀𐤐𐤅 𐤉𐤊𐤋𐤅•
𐤉 𐤔𐤀𐤂𐤕 𐤀𐤓𐤉𐤄 𐤅𐤒𐤅𐤋 𐤔𐤇𐤋 𐤅𐤔𐤍𐤉 𐤊𐤐𐤉𐤓𐤉𐤌 𐤍𐤕𐤏𐤅•
𐤉𐤀 𐤋𐤉𐤔 𐤀𐤁𐤃 𐤌𐤁𐤋𐤉 𐤈𐤓𐤐 𐤅𐤁𐤍𐤉 𐤋𐤁𐤉𐤀 𐤉𐤕𐤐𐤓𐤃𐤅•
𐤉𐤁 𐤅𐤀𐤋𐤉 𐤃𐤁𐤓 𐤉𐤂𐤍𐤁 𐤅𐤕𐤒𐤇 𐤀𐤆𐤍𐤉 𐤔𐤌𐤑 𐤌𐤍𐤄𐤅•
𐤉𐤂 𐤁𐤔𐤏𐤐𐤉𐤌 𐤌𐤇𐤆𐤉𐤍𐤅𐤕 𐤋𐤉𐤋𐤄 𐤁𐤍𐤐𐤋 𐤕𐤓𐤃𐤌𐤄 𐤏𐤋 𐤀𐤍𐤔𐤉𐤌•
𐤉𐤃 𐤐𐤇𐤃 𐤒𐤓𐤀𐤍𐤉 𐤅𐤓𐤏𐤃𐤄 𐤅𐤓𐤁 𐤏𐤑𐤌𐤅𐤕𐤉 𐤄𐤐𐤇𐤉𐤃•
𐤈𐤅 𐤅𐤓𐤅𐤇 𐤏𐤋 𐤐𐤍𐤉 𐤉𐤇𐤋𐤐 𐤕𐤎𐤌𐤓 𐤔𐤏𐤓𐤕 𐤁𐤔𐤓𐤉•
𐤈𐤆 𐤉𐤏𐤌𐤃 𐤅𐤋𐤀 𐤀𐤊𐤉𐤓 𐤌𐤓𐤀𐤄𐤅 𐤕𐤌𐤅𐤍𐤄 𐤋𐤍𐤂𐤃 𐤏𐤉𐤍𐤉 𐤃𐤌𐤌𐤄 𐤅𐤒𐤅𐤋
𐤀𐤔𐤌𐤏•
𐤉𐤆 𐤄𐤀𐤍𐤅𐤔 𐤌𐤀𐤋𐤅𐤄 𐤉𐤑𐤃𐤒 𐤀𐤌 𐤌𐤏𐤔𐤄𐤅 𐤉𐤈𐤄𐤓 𐤂𐤁𐤓•
𐤉𐤇 𐤄𐤍 𐤁𐤏𐤁𐤃𐤉𐤅 𐤋𐤀 𐤉𐤀𐤌𐤉𐤍 𐤅𐤁𐤌𐤋𐤀𐤊𐤉𐤅 𐤉𐤔𐤉𐤌 𐤕𐤄𐤋𐤄•
𐤉𐤈 𐤀𐤐 𐤔𐤊𐤍𐤉 𐤁𐤕𐤉 𐤇𐤌𐤓 𐤀𐤔𐤓 𐤁𐤏𐤐𐤓 𐤉𐤎𐤅𐤃𐤌 𐤉𐤃𐤊𐤀𐤅𐤌 𐤋𐤐𐤍𐤉 𐤏𐤔•
𐤊 𐤌𐤁𐤒𐤓 𐤋𐤏𐤓𐤁 𐤉𐤊𐤕𐤅 𐤌𐤁𐤋𐤉 𐤌𐤔𐤉𐤌 𐤋𐤍𐤑𐤇 𐤉𐤀𐤁𐤃𐤅•

𐤊𐤀 𐤄𐤋𐤀 𐤍𐤎𐤏 𐤉𐤕𐤓𐤌 𐤁𐤌 𐤉𐤌𐤅𐤕𐤅 𐤅𐤋𐤀 𐤁𐤇𐤊𐤌𐤄•

## 𐤐𐤓𐤒 𐤄

𐤀 𐤒𐤓𐤀 𐤍𐤀 𐤄𐤉𐤔 𐤏𐤅𐤍𐤊 𐤅𐤀𐤋 𐤌𐤉 𐤌𐤒𐤃𐤔𐤉𐤌 𐤕𐤐𐤍𐤄•
𐤁 𐤊𐤉 𐤋𐤀𐤅𐤉𐤋 𐤉𐤄𐤓𐤂 𐤊𐤏𐤔 𐤅𐤐𐤕𐤄 𐤕𐤌𐤉𐤕 𐤒𐤍𐤀𐤄•
𐤂 𐤀𐤍𐤉 𐤓𐤀𐤉𐤕𐤉 𐤀𐤅𐤉𐤋 𐤌𐤔𐤓𐤉𐤔 𐤅𐤀𐤒𐤅𐤁 𐤍𐤅𐤄𐤅 𐤐𐤕𐤀𐤌•
𐤃 𐤉𐤓𐤇𐤒𐤅 𐤁𐤍𐤉𐤅 𐤌𐤉𐤔𐤏 𐤅𐤉𐤃𐤊𐤀𐤅 𐤁𐤔𐤏𐤓 𐤅𐤀𐤉𐤍 𐤌𐤑𐤉𐤋•
𐤄 𐤀𐤔𐤓 𐤒𐤑𐤉𐤓𐤅 𐤓𐤏𐤁 𐤉𐤀𐤊𐤋 𐤅𐤀𐤋 𐤌𐤑𐤍𐤉𐤌 𐤉𐤒𐤇𐤄𐤅 𐤅𐤔𐤀𐤐 𐤑𐤌𐤉𐤌
𐤇𐤉𐤋𐤌•
𐤅 𐤊𐤉 𐤋𐤀 𐤉𐤑𐤀 𐤌𐤏𐤐𐤓 𐤀𐤅𐤍 𐤅𐤌𐤀𐤃𐤌𐤄 𐤋𐤀 𐤉𐤑𐤌𐤇 𐤏𐤌𐤋•
𐤆 𐤊𐤉 𐤀𐤃𐤌 𐤋𐤏𐤌𐤋 𐤉𐤅𐤋𐤃 𐤅𐤁𐤍𐤉 𐤓𐤔𐤐 𐤉𐤂𐤁𐤉𐤄𐤅 𐤏𐤅𐤐•
𐤇 𐤀𐤅𐤋𐤌 𐤀𐤍𐤉 𐤀𐤃𐤓𐤔 𐤀𐤋 𐤀𐤋 𐤅𐤀𐤋 𐤀𐤋𐤄𐤉𐤌 𐤀𐤔𐤉𐤌 𐤃𐤁𐤓𐤕𐤉•
𐤈 𐤏𐤔𐤄 𐤂𐤃𐤋𐤅𐤕 𐤅𐤀𐤉𐤍 𐤇𐤒𐤓 𐤍𐤐𐤋𐤀𐤅𐤕 𐤏𐤃 𐤀𐤉𐤍 𐤌𐤎𐤐𐤓•
𐤉 𐤄𐤍𐤕𐤍 𐤌𐤈𐤓 𐤏𐤋 𐤐𐤍𐤉 𐤀𐤓𐤑 𐤅𐤔𐤋𐤇 𐤌𐤉𐤌 𐤏𐤋 𐤐𐤍𐤉 𐤇𐤅𐤑𐤅𐤕•
𐤉𐤀 𐤋𐤔𐤅𐤌 𐤔𐤐𐤋𐤉𐤌 𐤋𐤌𐤓𐤅𐤌 𐤅𐤒𐤃𐤓𐤉𐤌 𐤔𐤂𐤁𐤅 𐤉𐤔𐤏•
𐤉𐤁 𐤌𐤐𐤓 𐤌𐤇𐤔𐤁𐤅𐤕 𐤏𐤓𐤅𐤌𐤉𐤌 𐤅𐤋𐤀 𐤕𐤏𐤔𐤉𐤍𐤄 𐤉𐤃𐤉𐤄𐤌 𐤕𐤅𐤔𐤉𐤄•
𐤉𐤂 𐤋𐤊𐤃 𐤇𐤊𐤌𐤉𐤌 𐤁𐤏𐤓𐤌𐤌 𐤅𐤏𐤑𐤕 𐤍𐤐𐤕𐤋𐤉𐤌 𐤍𐤌𐤄𐤓𐤄•
𐤉𐤃 𐤉𐤅𐤌𐤌 𐤉𐤐𐤂𐤔𐤅 𐤇𐤔𐤊 𐤅𐤊𐤋𐤉𐤋𐤄 𐤉𐤌𐤔𐤔𐤅 𐤁𐤑𐤄𐤓𐤉𐤌•
𐤈𐤅 𐤅𐤉𐤔𐤏 𐤌𐤇𐤓𐤁 𐤌𐤐𐤉𐤄𐤌 𐤅𐤌𐤉𐤃 𐤇𐤆𐤒 𐤀𐤁𐤉𐤅𐤍•
𐤈𐤆 𐤅𐤕𐤄𐤉 𐤋𐤃𐤋 𐤕𐤒𐤅𐤄 𐤅𐤏𐤋𐤕𐤄 𐤒𐤐𐤑𐤄 𐤐𐤉𐤄•
𐤉𐤆 𐤄𐤍𐤄 𐤀𐤔𐤓𐤉 𐤀𐤍𐤅𐤔 𐤉𐤅𐤊𐤇𐤍𐤅 𐤀𐤋𐤅𐤄 𐤅𐤌𐤅𐤎𐤓 𐤔𐤃𐤉 𐤀𐤋 𐤕𐤌𐤀𐤎•
𐤉𐤇 𐤊𐤉 𐤄𐤅𐤀 𐤉𐤊𐤀𐤉𐤁 𐤅𐤉𐤇𐤁𐤔 𐤉𐤌𐤇𐤑 𐤅𐤉𐤃𐤅 [𐤅𐤉𐤃𐤉𐤅] 𐤕𐤓𐤐𐤉𐤍𐤄•
𐤉𐤈 𐤁𐤔𐤔 𐤑𐤓𐤅𐤕 𐤉𐤑𐤉𐤋𐤊 𐤅𐤁𐤔𐤁𐤏 𐤋𐤀 𐤉𐤂𐤏 𐤁𐤊 𐤓𐤏•
𐤊 𐤁𐤓𐤏𐤁 𐤐𐤃𐤊 𐤌𐤌𐤅𐤕 𐤅𐤁𐤌𐤋𐤇𐤌𐤄 𐤌𐤉𐤃𐤉 𐤇𐤓𐤁•
𐤊𐤀 𐤁𐤔𐤅𐤈 𐤋𐤔𐤅𐤍 𐤕𐤇𐤁𐤀 𐤅𐤋𐤀 𐤕𐤉𐤓𐤀 𐤌𐤔𐤃 𐤊𐤉 𐤉𐤁𐤅𐤀•
𐤊𐤁 𐤋𐤔𐤃 𐤅𐤋𐤊𐤐𐤍 𐤕𐤔𐤇𐤒 𐤅𐤌𐤇𐤉𐤕 𐤄𐤀𐤓𐤑 𐤀𐤋 𐤕𐤉𐤓𐤀•
𐤊𐤂 𐤊𐤉 𐤏𐤌 𐤀𐤁𐤍𐤉 𐤄𐤔𐤃𐤄 𐤁𐤓𐤉𐤕𐤊 𐤅𐤇𐤉𐤕 𐤄𐤔𐤃𐤄 𐤄𐤔𐤋𐤌𐤄 𐤋𐤊•
𐤊𐤃 𐤅𐤉𐤃𐤏𐤕 𐤊𐤉 𐤔𐤋𐤅𐤌 𐤀𐤄𐤋𐤊 𐤅𐤐𐤒𐤃𐤕 𐤍𐤅𐤊 𐤅𐤋𐤀 𐤕𐤇𐤈𐤀•
𐤊𐤄 𐤅𐤉𐤃𐤏𐤕 𐤊𐤉 𐤓𐤁 𐤆𐤓𐤏𐤊 𐤅𐤑𐤀𐤑𐤀𐤉𐤊 𐤊𐤏𐤔𐤁 𐤄𐤀𐤓𐤑•
𐤊𐤅 𐤕𐤁𐤅𐤀 𐤁𐤊𐤋𐤇 𐤀𐤋𐤉 𐤒𐤁𐤓 𐤊𐤏𐤋𐤅𐤕 𐤂𐤃𐤉𐤔 𐤁𐤏𐤕𐤅•
𐤊𐤆 𐤄𐤍𐤄 𐤆𐤀𐤕 𐤇𐤒𐤓𐤍𐤅𐤄 𐤊𐤍 𐤄𐤉𐤀 𐤔𐤌𐤏𐤍𐤄 𐤅𐤀𐤕𐤄 𐤃𐤏 𐤋𐤊•

## 𐤐𐤓𐤒 𐤅

# 𐤀𐤉𐤅𐤁

𐤀 𐤅𐤉𐤏𐤍 𐤀𐤉𐤅𐤁 𐤅𐤉𐤀𐤌𐤓•
𐤁 𐤋𐤅 𐤔𐤒𐤅𐤋 𐤉𐤔𐤒𐤋 𐤊𐤏𐤔𐤉 𐤅𐤄𐤉𐤕𐤉 [𐤅𐤄𐤅𐤕𐤉] 𐤁𐤌𐤀𐤆𐤍𐤉𐤌 𐤉𐤔𐤀𐤅
𐤉𐤇𐤃•
𐤂 𐤊𐤉 𐤏𐤕𐤄 𐤌𐤇𐤅𐤋 𐤉𐤌𐤉𐤌 𐤉𐤊𐤁𐤃 𐤏𐤋 𐤊𐤍 𐤃𐤁𐤓𐤉 𐤋𐤏𐤅•
𐤃 𐤊𐤉 𐤇𐤑𐤉 𐤔𐤃𐤉 𐤏𐤌𐤃𐤉 𐤀𐤔𐤓 𐤇𐤌𐤕𐤌 𐤔𐤕𐤄 𐤓𐤅𐤇𐤉 𐤁𐤏𐤅𐤕𐤉 𐤀𐤋𐤅𐤄
𐤉𐤏𐤓𐤊𐤅𐤍𐤉•
𐤄 𐤄𐤉𐤍𐤄𐤒 𐤐𐤓𐤀 𐤏𐤋𐤉 𐤃𐤔𐤀 𐤀𐤌 𐤉𐤂𐤏𐤄 𐤔𐤅𐤓 𐤏𐤋 𐤁𐤋𐤉𐤋𐤅•
𐤅 𐤄𐤉𐤀𐤊𐤋 𐤕𐤐𐤋 𐤌𐤁𐤋𐤉 𐤌𐤋𐤇 𐤀𐤌 𐤉𐤔 𐤈𐤏𐤌 𐤁𐤓𐤉𐤓 𐤇𐤋𐤌𐤅𐤕•
𐤆 𐤌𐤀𐤍𐤄 𐤋𐤍𐤂𐤅𐤏 𐤍𐤐𐤔𐤉 𐤄𐤌𐤄 𐤊𐤃𐤅𐤉 𐤋𐤇𐤌𐤉•
𐤇 𐤌𐤉 𐤉𐤕𐤍 𐤕𐤁𐤅𐤀 𐤔𐤀𐤋𐤕𐤉 𐤅𐤕𐤒𐤅𐤕𐤉 𐤉𐤕𐤍 𐤀𐤋𐤅𐤄•
𐤈 𐤅𐤉𐤀𐤋 𐤀𐤋𐤅𐤄 𐤅𐤉𐤃𐤊𐤀𐤍𐤉 𐤉𐤕𐤓 𐤉𐤃𐤅 𐤅𐤉𐤁𐤑𐤏𐤍𐤉•
𐤉 𐤅𐤕𐤄𐤉 𐤏𐤅𐤃 𐤍𐤇𐤌𐤕𐤉 𐤅𐤀𐤎𐤋𐤃𐤄 𐤁𐤇𐤉𐤋𐤄 𐤋𐤀 𐤉𐤇𐤌𐤅𐤋 𐤊𐤉 𐤋𐤀
𐤊𐤇𐤃𐤕𐤉 𐤀𐤌𐤓𐤉 𐤒𐤃𐤅𐤔•
𐤉𐤀 𐤌𐤄 𐤊𐤇𐤉 𐤊𐤉 𐤀𐤉𐤇𐤋 𐤅𐤌𐤄 𐤒𐤑𐤉 𐤊𐤉 𐤀𐤀𐤓𐤉𐤊 𐤍𐤐𐤔𐤉•
𐤉𐤁 𐤀𐤌 𐤊𐤇 𐤀𐤁𐤍𐤉𐤌 𐤊𐤇𐤉 𐤀𐤌 𐤁𐤔𐤓𐤉 𐤍𐤇𐤅𐤔•
𐤉𐤂 𐤄𐤀𐤌 𐤀𐤉𐤍 𐤏𐤆𐤓𐤕𐤉 𐤁𐤉 𐤅𐤕𐤔𐤉𐤄 𐤍𐤃𐤇𐤄 𐤌𐤌𐤍𐤉•
𐤉𐤃 𐤋𐤌𐤎 𐤌𐤓𐤏𐤄𐤅 𐤇𐤎𐤃 𐤅𐤉𐤓𐤀𐤕 𐤔𐤃𐤉 𐤉𐤏𐤆𐤅𐤁•
𐤈𐤅 𐤀𐤇𐤉 𐤁𐤂𐤃𐤅 𐤊𐤌𐤅 𐤍𐤇𐤋 𐤊𐤀𐤐𐤉𐤒 𐤍𐤇𐤋𐤉𐤌 𐤉𐤏𐤁𐤓𐤅•
𐤈𐤆 𐤄𐤒𐤃𐤓𐤉𐤌 𐤌𐤍𐤉 𐤒𐤓𐤇 𐤏𐤋𐤉𐤌𐤅 𐤉𐤕𐤏𐤋𐤌 𐤔𐤋𐤂•
𐤉𐤆 𐤁𐤏𐤕 𐤉𐤆𐤓𐤁𐤅 𐤍𐤑𐤌𐤕𐤅 𐤁𐤇𐤌𐤅 𐤍𐤃𐤏𐤊𐤅 𐤌𐤌𐤒𐤅𐤌𐤌•
𐤉𐤇 𐤉𐤋𐤐𐤕𐤅 𐤀𐤓𐤇𐤅𐤕 𐤃𐤓𐤊𐤌 𐤉𐤏𐤋𐤅 𐤁𐤕𐤄𐤅 𐤅𐤉𐤀𐤁𐤃𐤅•
𐤉𐤈 𐤄𐤁𐤉𐤈𐤅 𐤀𐤓𐤇𐤅𐤕 𐤕𐤌𐤀 𐤄𐤋𐤉𐤊𐤕 𐤔𐤁𐤀 𐤒𐤅𐤅 𐤋𐤌𐤅•
𐤊 𐤁𐤔𐤅 𐤊𐤉 𐤁𐤈𐤇 𐤁𐤀𐤅 𐤏𐤃𐤉𐤄 𐤅𐤉𐤇𐤐𐤓𐤅•
𐤊𐤀 𐤊𐤉 𐤏𐤕𐤄 𐤄𐤉𐤉𐤕𐤌 𐤋𐤀 [𐤋𐤅] 𐤕𐤓𐤀𐤅 𐤇𐤕𐤕 𐤅𐤕𐤉𐤓𐤀𐤅•
𐤊𐤁 𐤄𐤊𐤉 𐤀𐤌𐤓𐤕𐤉 𐤄𐤁𐤅 𐤋𐤉 𐤅𐤌𐤊𐤇𐤊𐤌 𐤔𐤇𐤃𐤅 𐤁𐤏𐤃𐤉•
𐤊𐤂 𐤅𐤌𐤋𐤈𐤅𐤍𐤉 𐤌𐤉𐤃 𐤑𐤓 𐤅𐤌𐤉𐤃 𐤏𐤓𐤉𐤑𐤉𐤌 𐤕𐤐𐤃𐤅𐤍𐤉•
𐤊𐤃 𐤄𐤅𐤓𐤅𐤍𐤉 𐤅𐤀𐤍𐤉 𐤀𐤇𐤓𐤉𐤔 𐤅𐤌𐤄 𐤔𐤂𐤉𐤕𐤉 𐤄𐤁𐤉𐤍𐤅 𐤋𐤉•
𐤊𐤄 𐤌𐤄 𐤍𐤌𐤓𐤑𐤅 𐤀𐤌𐤓𐤉 𐤉𐤔𐤓 𐤅𐤌𐤄 𐤉𐤅𐤊𐤉𐤇 𐤄𐤅𐤊𐤇 𐤌𐤊𐤌•
𐤊𐤅 𐤄𐤋𐤄𐤅𐤊𐤇 𐤌𐤋𐤉𐤌 𐤕𐤇𐤔𐤁𐤅 𐤅𐤋𐤓𐤅𐤇 𐤀𐤌𐤓𐤉 𐤍𐤀𐤔•
𐤊𐤆 𐤀𐤐 𐤏𐤋 𐤉𐤕𐤅𐤌 𐤕𐤐𐤉𐤋𐤅 𐤅𐤕𐤊𐤓𐤅 𐤏𐤋 𐤓𐤉𐤏𐤊𐤌•
𐤊𐤇 𐤅𐤏𐤕𐤄 𐤄𐤅𐤀𐤉𐤋𐤅 𐤐𐤍𐤅 𐤁𐤉 𐤅𐤏𐤋 𐤐𐤍𐤉𐤊𐤌 𐤀𐤌 𐤀𐤊𐤆𐤁•
𐤊𐤈 𐤔𐤁𐤅 𐤍𐤀 𐤀𐤋 𐤕𐤄𐤉 𐤏𐤅𐤋𐤄 𐤅𐤔𐤁𐤉 [𐤅𐤔𐤁𐤅] 𐤏𐤅𐤃 𐤑𐤃𐤒𐤉 𐤁𐤄•
𐤋 𐤄𐤉𐤔 𐤁𐤋𐤔𐤅𐤍𐤉 𐤏𐤅𐤋𐤄 𐤀𐤌 𐤇𐤊𐤉 𐤋𐤀 𐤉𐤁𐤉𐤍 𐤄𐤅𐤅𐤕•

# איוב

פרק ז

א הלא צבא לאנוש על [עלי] ארץ וכימי שכיר ימיו•
ב כעבד ישאף צל וכשכיר יקוה פעלו•
ג כן הנחלתי לי ירחי שוא ולילות עמל מנו לי•
ד אם שכבתי ואמרתי מתי אקום ומדד ערב ושבעתי נדדים
עדי נשף•
ה לבש בשרי רמה וגיש [וגוש] עפר עורי רגע וימאס•
ו ימי קלו מני ארג ויכלו באפס תקוה•
ז זכר כי רוח חיי לא תשוב עיני לראות טוב•
ח לא תשורני עין ראי עיניך בי ואינני•
ט כלה ענן וילך כן יורד שאול לא יעלה•
י לא ישוב עוד לביתו ולא יכירנו עוד מקומו•
יא גם אני לא אחשך פי אדברה בצר רוחי אשיחה במר
נפשי•
יב הים אני אם תנין כי תשים עלי משמר•
יג כי אמרתי תנחמני ערשי ישא בשיחי משכבי•
יד וחתתני בחלמות ומחזינות תבעתני•
טו ותבחר מחנק נפשי מות מעצמותי•
טז מאסתי לא לעלם אחיה חדל ממני כי הבל ימי•
יז מה אנוש כי תגדלנו וכי תשית אליו לבך•
יח ותפקדנו לבקרים לרגעים תבחננו•
יט כמה לא תשעה ממני לא תרפני עד בלעי רקי•
כ חטאתי מה אפעל לך נצר האדם למה שמתני למפגע לך
ואהיה עלי למשא•
כא ומה לא תשא פשעי ותעביר את עוני כי עתה לעפר אשכב
ושחרתני ואינני•

פרק ח

א ויען בלדד השוחי ויאמר•
ב עד אן תמלל אלה ורוח כביר אמרי פיך•
ג האל יעות משפט ואם שדי יעות צדק•
ד אם בניך חטאו לו וישלחם ביד פשעם•

# איוב

ה אם אתה תשחר אל אל ואל שדי תתחנן•
ו אם זך וישר אתה כי עתה יעיר עליך ושלם נות צדקך•
ז והיה ראשיתך מצער ואחריתך ישגה מאד•
ח כי שאל נא לדר רישון וכונן לחקר אבותם•
ט כי תמול אנחנו ולא נדע כי צל ימינו עלי ארץ•
י הלא הם יורוך יאמרו לך ומלבם יוצאו מלים•
יא היגאה גמא בלא בצה ישגא אחו בלי מים•
יב עדנו באבו לא יקטף ולפני כל חציר ייבש•
יג כן ארחות כל שכחי אל ותקות חנף תאבד•
יד אשר יקוט כסלו ובית עכביש מבטחו•
טו ישען על ביתו ולא יעמד יחזיק בו ולא יקום•
טז רטב הוא לפני שמש ועל גנתו יונקתו תצא•
יז על גל שרשיו יסבכו בית אבנים יחזה•
יח אם יבלענו ממקומו וכחש בו לא ראיתיך•
יט הן הוא משוש דרכו ומעפר אחר יצמחו•
כ הן אל לא ימאס תם ולא יחזיק ביד מרעים•
כא עד ימלה שחוק פיך ושפתיך תרועה•
כב שנאיך ילבשו בשת ואהל רשעים איננו•

פרק ט

א ויען איוב ויאמר•
ב אמנם ידעתי כי כן ומה יצדק אנוש עם אל•
ג אם יחפץ לריב עמו לא יעננו אחת מני אלף•
ד חכם לבב ואמיץ כח מי הקשה אליו וישלם•
ה המעתיק הרים ולא ידעו אשר הפכם באפו•
ו המרגיז ארץ ממקומה ועמודיה יתפלצון•
ז האמר לחרס ולא יזרח ובעד כוכבים יחתם•
ח נטה שמים לבדו ודורך על במתי ים•
ט עשה עש כסיל וכימה וחדרי תמן•
י עשה גדלות עד אין חקר ונפלאות עד אין מספר•
יא הן יעבר עלי ולא אראה ויחלף ולא אבין לו•
יב הן יחתף מי ישיבנו מי יאמר אליו מה תעשה•
יג אלוה לא ישיב אפו תחתו [תחתיו] שחחו עזרי רהב•

𐤉𐤃 𐤀𐤐 𐤊𐤉 𐤀𐤍𐤊𐤉 𐤀𐤏𐤍𐤍𐤅 𐤀𐤁𐤇𐤓𐤄 𐤃𐤁𐤓𐤉 𐤏𐤌𐤅•
𐤈𐤅 𐤀𐤔𐤓 𐤀𐤌 𐤑𐤃𐤒𐤕𐤉 𐤋𐤀 𐤀𐤏𐤍𐤄 𐤋𐤌𐤔𐤐𐤈𐤉 𐤀𐤕𐤇𐤍𐤍•
𐤈𐤆 𐤀𐤌 𐤒𐤓𐤀𐤕𐤉 𐤅𐤉𐤏𐤍𐤍𐤉 𐤋𐤀 𐤀𐤀𐤌𐤉𐤍 𐤊𐤉 𐤉𐤀𐤆𐤉𐤍 𐤒𐤅𐤋𐤉•
𐤉𐤆 𐤀𐤔𐤓 𐤁𐤔𐤏𐤓𐤄 𐤉𐤔𐤅𐤐𐤍𐤉 𐤅𐤄𐤓𐤁𐤄 𐤐𐤑𐤏𐤉 𐤇𐤍𐤌•
𐤉𐤇 𐤋𐤀 𐤉𐤕𐤍𐤍𐤉 𐤄𐤔𐤁 𐤓𐤅𐤇𐤉 𐤊𐤉 𐤉𐤔𐤁𐤏𐤍𐤉 𐤌𐤌𐤓𐤓𐤉𐤌•
𐤉𐤈 𐤀𐤌 𐤋𐤊𐤇 𐤀𐤌𐤉𐤑 𐤄𐤍𐤄 𐤅𐤀𐤌 𐤋𐤌𐤔𐤐𐤈 𐤌𐤉 𐤉𐤅𐤏𐤉𐤃𐤍𐤉•
𐤊 𐤀𐤌 𐤀𐤑𐤃𐤒 𐤐𐤉 𐤉𐤓𐤔𐤉𐤏𐤍𐤉 𐤕𐤌 𐤀𐤍𐤉 𐤅𐤉𐤏𐤒𐤔𐤍𐤉•
𐤊𐤀 𐤕𐤌 𐤀𐤍𐤉 𐤋𐤀 𐤀𐤃𐤏 𐤍𐤐𐤔𐤉 𐤀𐤌𐤀𐤎 𐤇𐤉𐤉•
𐤊𐤁 𐤀𐤇𐤕 𐤄𐤉𐤀 𐤏𐤋 𐤊𐤍 𐤀𐤌𐤓𐤕𐤉 𐤕𐤌 𐤅𐤓𐤔𐤏 𐤄𐤅𐤀 𐤌𐤊𐤋𐤄•
𐤊𐤂 𐤀𐤌 𐤔𐤅𐤈 𐤉𐤌𐤉𐤕 𐤐𐤕𐤀𐤌 𐤋𐤌𐤎𐤕 𐤍𐤒𐤉𐤌 𐤉𐤋𐤏𐤂•
𐤊𐤃 𐤀𐤓𐤑 𐤍𐤕𐤍𐤄 𐤁𐤉𐤃 𐤓𐤔𐤏 𐤐𐤍𐤉 𐤔𐤐𐤈𐤉𐤄 𐤉𐤊𐤎𐤄 𐤀𐤌 𐤋𐤀 𐤀𐤐𐤅𐤀 𐤌𐤉
𐤄𐤅𐤀•
𐤊𐤄 𐤅𐤉𐤌𐤉 𐤒𐤋𐤅 𐤌𐤍𐤉 𐤓𐤑 𐤁𐤓𐤇𐤅 𐤋𐤀 𐤓𐤀𐤅 𐤈𐤅𐤁𐤄•
𐤊𐤅 𐤇𐤋𐤐𐤅 𐤏𐤌 𐤀𐤍𐤉𐤅𐤕 𐤀𐤁𐤄 𐤊𐤍𐤔𐤓 𐤉𐤈𐤅𐤔 𐤏𐤋𐤉 𐤀𐤊𐤋•
𐤊𐤆 𐤀𐤌 𐤀𐤌𐤓𐤉 𐤀𐤔𐤊𐤇𐤄 𐤔𐤉𐤇𐤉 𐤀𐤏𐤆𐤁𐤄 𐤐𐤍𐤉 𐤅𐤀𐤁𐤋𐤉𐤂𐤄•
𐤊𐤇 𐤉𐤂𐤓𐤕𐤉 𐤊𐤋 𐤏𐤑𐤁𐤕𐤉 𐤉𐤃𐤏𐤕𐤉 𐤊𐤉 𐤋𐤀 𐤕𐤍𐤒𐤍𐤉•
𐤊𐤈 𐤀𐤍𐤊𐤉 𐤀𐤓𐤔𐤏 𐤋𐤌𐤄 𐤆𐤄 𐤄𐤁𐤋 𐤀𐤉𐤂𐤏•
𐤋 𐤀𐤌 𐤄𐤕𐤓𐤇𐤑𐤕𐤉 𐤁𐤌𐤅 [𐤁𐤌𐤉] 𐤔𐤋𐤂 𐤅𐤄𐤆𐤊𐤅𐤕𐤉 𐤁𐤁𐤓 𐤊𐤐𐤉•
𐤋𐤀 𐤀𐤆 𐤁𐤔𐤇𐤕 𐤕𐤈𐤁𐤋𐤍𐤉 𐤅𐤕𐤏𐤁𐤅𐤍𐤉 𐤔𐤋𐤌𐤅𐤕𐤉•
𐤋𐤁 𐤊𐤉 𐤋𐤀 𐤀𐤉𐤔 𐤊𐤌𐤅𐤍𐤉 𐤀𐤏𐤍𐤍𐤅 𐤍𐤁𐤅𐤀 𐤉𐤇𐤃𐤅 𐤁𐤌𐤔𐤐𐤈•
𐤋𐤂 𐤋𐤀 𐤉𐤔 𐤁𐤉𐤍𐤉𐤍𐤅 𐤌𐤅𐤊𐤉𐤇 𐤉𐤔𐤕 𐤉𐤃𐤅 𐤏𐤋 𐤔𐤍𐤉𐤍𐤅•
𐤋𐤃 𐤉𐤎𐤓 𐤌𐤏𐤋𐤉 𐤔𐤁𐤈𐤅 𐤅𐤀𐤌𐤕𐤅 𐤀𐤋 𐤕𐤁𐤏𐤕𐤍𐤉•
𐤋𐤄 𐤀𐤃𐤁𐤓𐤄 𐤅𐤋𐤀 𐤀𐤉𐤓𐤀𐤍𐤅 𐤊𐤉 𐤋𐤀 𐤊𐤍 𐤀𐤍𐤊𐤉 𐤏𐤌𐤃𐤉•

## 𐤐𐤓𐤒 𐤉

𐤀 𐤍𐤒𐤈𐤄 𐤍𐤐𐤔𐤉 𐤁𐤇𐤉𐤉 𐤀𐤏𐤆𐤁𐤄 𐤏𐤋𐤉 𐤔𐤉𐤇𐤉 𐤀𐤃𐤁𐤓𐤄 𐤁𐤌𐤓 𐤍𐤐𐤔𐤉•
𐤁 𐤀𐤌𐤓 𐤀𐤋 𐤀𐤋𐤅𐤄 𐤀𐤋 𐤕𐤓𐤔𐤉𐤏𐤍𐤉 𐤄𐤅𐤃𐤉𐤏𐤍𐤉 𐤏𐤋 𐤌𐤄 𐤕𐤓𐤉𐤁𐤍𐤉•
𐤂 𐤄𐤈𐤅𐤁 𐤋𐤊 𐤊𐤉 𐤕𐤏𐤔𐤒 𐤊𐤉 𐤕𐤌𐤀𐤎 𐤉𐤂𐤉𐤏 𐤊𐤐𐤉𐤊 𐤅𐤏𐤋 𐤏𐤑𐤕 𐤓𐤔𐤏𐤉𐤌
𐤄𐤅𐤐𐤏𐤕•
𐤃 𐤄𐤏𐤉𐤍𐤉 𐤁𐤔𐤓 𐤋𐤊 𐤀𐤌 𐤊𐤓𐤀𐤅𐤕 𐤀𐤍𐤅𐤔 𐤕𐤓𐤀𐤄•
𐤄 𐤄𐤊𐤉𐤌𐤉 𐤀𐤍𐤅𐤔 𐤉𐤌𐤉𐤊 𐤀𐤌 𐤔𐤍𐤅𐤕𐤉𐤊 𐤊𐤉𐤌𐤉 𐤂𐤁𐤓•
𐤅 𐤊𐤉 𐤕𐤁𐤒𐤔 𐤋𐤏𐤅𐤍𐤉 𐤅𐤋𐤇𐤈𐤀𐤕𐤉 𐤕𐤃𐤓𐤅𐤔•
𐤆 𐤏𐤋 𐤃𐤏𐤕𐤊 𐤊𐤉 𐤋𐤀 𐤀𐤓𐤔𐤏 𐤅𐤀𐤉𐤍 𐤌𐤉𐤃𐤊 𐤌𐤑𐤉𐤋•

# 𐤀𐤉𐤅𐤁

𐤇 𐤉𐤃𐤉𐤊 𐤏𐤑𐤁𐤅𐤍𐤉 𐤅𐤉𐤏𐤔𐤅𐤍𐤉 𐤉𐤇𐤃 𐤎𐤁𐤉𐤁 𐤅𐤕𐤁𐤋𐤏𐤍𐤉•
𐤈 𐤆𐤊𐤓 𐤍𐤀 𐤊𐤉 𐤊𐤇𐤌𐤓 𐤏𐤔𐤉𐤕𐤍𐤉 𐤅𐤀𐤋 𐤏𐤐𐤓 𐤕𐤔𐤉𐤁𐤍𐤉•
𐤉 𐤄𐤋𐤀 𐤊𐤇𐤋𐤁 𐤕𐤕𐤉𐤊𐤍𐤉 𐤅𐤊𐤂𐤁𐤉𐤍𐤄 𐤕𐤒𐤐𐤉𐤀𐤍𐤉•
𐤉𐤀 𐤏𐤅𐤓 𐤅𐤁𐤔𐤓 𐤕𐤋𐤁𐤉𐤔𐤍𐤉 𐤅𐤁𐤏𐤑𐤌𐤅𐤕 𐤅𐤂𐤉𐤃𐤉𐤌 𐤕𐤔𐤊𐤊𐤍𐤉•
𐤉𐤁 𐤇𐤉𐤉𐤌 𐤅𐤇𐤎𐤃 𐤏𐤔𐤉𐤕 𐤏𐤌𐤃𐤉 𐤅𐤐𐤒𐤃𐤕𐤊 𐤔𐤌𐤓𐤄 𐤓𐤅𐤇𐤉•
𐤉𐤂 𐤅𐤀𐤋𐤄 𐤑𐤐𐤍𐤕 𐤁𐤋𐤁𐤁𐤊 𐤉𐤃𐤏𐤕𐤉 𐤊𐤉 𐤆𐤀𐤕 𐤏𐤌𐤊•
𐤉𐤃 𐤀𐤌 𐤇𐤈𐤀𐤕𐤉 𐤅𐤔𐤌𐤓𐤕𐤍𐤉 𐤅𐤌𐤏𐤅𐤍𐤉 𐤋𐤀 𐤕𐤍𐤒𐤍𐤉•
𐤈𐤅 𐤀𐤌 𐤓𐤔𐤏𐤕𐤉 𐤀𐤋𐤋𐤉 𐤋𐤉 𐤅𐤑𐤃𐤒𐤕𐤉 𐤋𐤀 𐤀𐤔𐤀 𐤓𐤀𐤔𐤉 𐤔𐤁𐤏 𐤒𐤋𐤅𐤍
𐤅𐤓𐤀𐤄 𐤏𐤍𐤉𐤉•
𐤈𐤆 𐤅𐤉𐤂𐤀𐤄 𐤊𐤔𐤇𐤋 𐤕𐤑𐤅𐤃𐤍𐤉 𐤅𐤕𐤔𐤁 𐤕𐤕𐤐𐤋𐤀 𐤁𐤉•
𐤉𐤆 𐤕𐤇𐤃𐤔 𐤏𐤃𐤉𐤊 𐤍𐤂𐤃𐤉 𐤅𐤕𐤓𐤁 𐤊𐤏𐤔𐤊 𐤏𐤌𐤃𐤉 𐤇𐤋𐤉𐤐𐤅𐤕 𐤅𐤑𐤁𐤀 𐤏𐤌𐤉•
𐤉𐤇 𐤅𐤋𐤌𐤄 𐤌𐤓𐤇𐤌 𐤄𐤑𐤀𐤕𐤍𐤉 𐤀𐤂𐤅𐤏 𐤅𐤏𐤉𐤍 𐤋𐤀 𐤕𐤓𐤀𐤍𐤉•
𐤉𐤈 𐤊𐤀𐤔𐤓 𐤋𐤀 𐤄𐤉𐤉𐤕𐤉 𐤀𐤄𐤉𐤄 𐤌𐤁𐤈𐤍 𐤋𐤒𐤁𐤓 𐤀𐤅𐤁𐤋•
𐤊 𐤄𐤋𐤀 𐤌𐤏𐤈 𐤉𐤌𐤉 𐤉𐤇𐤃𐤋 [𐤅𐤇𐤃𐤋] 𐤉𐤔𐤉𐤕 [𐤅𐤔𐤉𐤕] 𐤌𐤌𐤍𐤉 𐤅𐤀𐤁𐤋𐤉𐤂𐤄
𐤌𐤏𐤈•
𐤊𐤀 𐤁𐤈𐤓𐤌 𐤀𐤋𐤊 𐤅𐤋𐤀 𐤀𐤔𐤅𐤁 𐤀𐤋 𐤀𐤓𐤑 𐤇𐤔𐤊 𐤅𐤑𐤋𐤌𐤅𐤕•
𐤊𐤁 𐤀𐤓𐤑 𐤏𐤉𐤐𐤕𐤄 𐤊𐤌𐤅 𐤀𐤐𐤋 𐤑𐤋𐤌𐤅𐤕 𐤅𐤋𐤀 𐤎𐤃𐤓𐤉𐤌 𐤅𐤕𐤐𐤏 𐤊𐤌𐤅 𐤀𐤐𐤋•

## 𐤐𐤓𐤒 𐤉𐤀

𐤀 𐤅𐤉𐤏𐤍 𐤑𐤐𐤓 𐤄𐤍𐤏𐤌𐤕𐤉 𐤅𐤉𐤀𐤌𐤓•
𐤁 𐤄𐤓𐤁 𐤃𐤁𐤓𐤉𐤌 𐤋𐤀 𐤉𐤏𐤍𐤄 𐤅𐤀𐤌 𐤀𐤉𐤔 𐤔𐤐𐤕𐤉𐤌 𐤉𐤑𐤃𐤒•
𐤂 𐤁𐤃𐤉𐤊 𐤌𐤕𐤉𐤌 𐤉𐤇𐤓𐤉𐤔𐤅 𐤅𐤕𐤋𐤏𐤂 𐤅𐤀𐤉𐤍 𐤌𐤊𐤋𐤌•
𐤃 𐤅𐤕𐤀𐤌𐤓 𐤆𐤊 𐤋𐤒𐤇𐤉 𐤅𐤁𐤓 𐤄𐤉𐤉𐤕𐤉 𐤁𐤏𐤉𐤍𐤉𐤊•
𐤄 𐤅𐤀𐤅𐤋𐤌 𐤌𐤉 𐤉𐤕𐤍 𐤀𐤋𐤅𐤄 𐤃𐤁𐤓 𐤅𐤉𐤐𐤕𐤇 𐤔𐤐𐤕𐤉𐤅 𐤏𐤌𐤊•
𐤅 𐤅𐤉𐤂𐤃 𐤋𐤊 𐤕𐤏𐤋𐤌𐤅𐤕 𐤇𐤊𐤌𐤄 𐤊𐤉 𐤊𐤐𐤋𐤉𐤌 𐤋𐤕𐤅𐤔𐤉𐤄 𐤅𐤃𐤏 𐤊𐤉 𐤉𐤔𐤄
𐤋𐤊 𐤀𐤋𐤅𐤄 𐤌𐤏𐤅𐤍𐤊•
𐤆 𐤄𐤇𐤒𐤓 𐤀𐤋𐤅𐤄 𐤕𐤌𐤑𐤀 𐤀𐤌 𐤏𐤃 𐤕𐤊𐤋𐤉𐤕 𐤔𐤃𐤉 𐤕𐤌𐤑𐤀•
𐤇 𐤂𐤁𐤄𐤉 𐤔𐤌𐤉𐤌 𐤌𐤄 𐤕𐤐𐤏𐤋 𐤏𐤌𐤒𐤄 𐤌𐤔𐤀𐤅𐤋 𐤌𐤄 𐤕𐤃𐤏•
𐤈 𐤀𐤓𐤊𐤄 𐤌𐤀𐤓𐤑 𐤌𐤃𐤄 𐤅𐤓𐤇𐤁𐤄 𐤌𐤍𐤉 𐤉𐤌•

יד אם און בידך הרחיקהו ואל תשכן באהליך עולה.
טו כי אז תשא פניך ממום והיית מצק ולא תירא.
טז כי אתה עמל תשכח כמים עברו תזכר.
יז ומצהרים יקום חלד תעפה כבקר תהיה.
יח ובטחת כי יש תקוה וחפרת לבטח תשכב.
יט ורבצת ואין מחריד וחלו פניך רבים.
כ ועיני רשעים תכלינה ומנוס אבד מנהם ותקותם מפח
נפש.

פרק יב
א ויען איוב ויאמר.
ב אמנם כי אתם עם ועמכם תמות חכמה.
ג גם לי לבב כמוכם לא נפל אנכי מכם ואת מי אין כמו
אלה.
ד שחק לרעהו אהיה קרא לאלוה ויענהו שחוק צדיק תמים.
ה לפיד בוז לעשתות שאנן נכון למועדי רגל.
ו ישליו אהלים לשדדים ובטחות למרגיזי אל לאשר
הביא אלוה בידו.
ז ואולם שאל נא בהמות ותרך ועוף השמים ויגד לך.
ח או שיח לארץ ותרך ויספרו לך דגי הים.
ט מי לא ידע בכל אלה כי יד יהוה עשתה זאת.
י אשר בידו נפש כל חי ורוח כל בשר איש.
יא הלא אזן מלין תבחן וחך אכל יטעם לו.
יב בישישים חכמה וארך ימים תבונה.
יג עמו חכמה וגבורה לו עצה ותבונה.
יד הן יהרוס ולא יבנה יסגר על איש ולא יפתח.
טו הן יעצר במים ויבשו וישלחם ויהפכו ארץ.
טז עמו עז ותושיה לו שגג ומשגה.
יז מוליך יועצים שולל ושפטים יהולל.
יח מוסר מלכים פתח ויאסר אזור במתניהם.
יט מוליך כהנים שולל ואיתנים יסלף.
כ מסיר שפה לנאמנים וטעם זקנים יקח.
כא שופך בוז על נדיבים ומזיח אפיקים רפה.

# 𐤀𐤉𐤅𐤁

𐤊𐤁 𐤌𐤂𐤋𐤄 𐤏𐤌𐤒𐤅𐤕 𐤌𐤍𐤉 𐤇𐤔𐤊 𐤅𐤉𐤑𐤀 𐤋𐤀𐤅𐤓 𐤑𐤋𐤌𐤅𐤕•
𐤊𐤂 𐤌𐤔𐤂𐤉𐤀 𐤋𐤂𐤅𐤉𐤌 𐤅𐤉𐤀𐤁𐤃𐤌 𐤔𐤈𐤇 𐤋𐤂𐤅𐤉𐤌 𐤅𐤉𐤍𐤇𐤌•
𐤊𐤃 𐤌𐤎𐤉𐤓 𐤋𐤁 𐤓𐤀𐤔𐤉 𐤏𐤌 𐤄𐤀𐤓𐤑 𐤅𐤉𐤕𐤏𐤌 𐤁𐤕𐤄𐤅 𐤋𐤀 𐤃𐤓𐤊•
𐤊𐤄 𐤉𐤌𐤔𐤔𐤅 𐤇𐤔𐤊 𐤅𐤋𐤀 𐤀𐤅𐤓 𐤅𐤉𐤕𐤏𐤌 𐤊𐤔𐤊𐤅𐤓•

## 𐤐𐤓𐤒 𐤉𐤂

𐤀 𐤄𐤍 𐤊𐤋 𐤓𐤀𐤕𐤄 𐤏𐤉𐤍𐤉 𐤔𐤌𐤏𐤄 𐤀𐤆𐤍𐤉 𐤅𐤕𐤁𐤍 𐤋𐤄•
𐤁 𐤊𐤃𐤏𐤕𐤊𐤌 𐤉𐤃𐤏𐤕𐤉 𐤂𐤌 𐤀𐤍𐤉 𐤋𐤀 𐤍𐤐𐤋 𐤀𐤍𐤊𐤉 𐤌𐤊𐤌•
𐤂 𐤀𐤅𐤋𐤌 𐤀𐤍𐤉 𐤀𐤋 𐤔𐤃𐤉 𐤀𐤃𐤁𐤓 𐤅𐤄𐤅𐤊𐤇 𐤀𐤋 𐤀𐤋 𐤀𐤇𐤐𐤑•
𐤃 𐤅𐤀𐤅𐤋𐤌 𐤀𐤕𐤌 𐤈𐤐𐤋𐤉 𐤔𐤒𐤓 𐤓𐤐𐤀𐤉 𐤀𐤋𐤋 𐤊𐤋𐤊𐤌•
𐤄 𐤌𐤉 𐤉𐤕𐤍 𐤄𐤇𐤓𐤔 𐤕𐤇𐤓𐤉𐤔𐤅𐤍 𐤅𐤕𐤄𐤉 𐤋𐤊𐤌 𐤋𐤇𐤊𐤌𐤄•
𐤅 𐤔𐤌𐤏𐤅 𐤍𐤀 𐤕𐤅𐤊𐤇𐤕𐤉 𐤅𐤓𐤁𐤅𐤕 𐤔𐤐𐤕𐤉 𐤄𐤒𐤔𐤉𐤁𐤅•
𐤆 𐤄𐤋𐤀𐤋 𐤕𐤃𐤁𐤓𐤅 𐤏𐤅𐤋𐤄 𐤅𐤋𐤅 𐤕𐤃𐤁𐤓𐤅 𐤓𐤌𐤉𐤄•
𐤇 𐤄𐤐𐤍𐤉𐤅 𐤕𐤔𐤀𐤅𐤍 𐤀𐤌 𐤋𐤀𐤋 𐤕𐤓𐤉𐤁𐤅𐤍•
𐤈 𐤄𐤈𐤅𐤁 𐤊𐤉 𐤉𐤇𐤒𐤓 𐤀𐤕𐤊𐤌 𐤀𐤌 𐤊𐤄𐤕𐤋 𐤁𐤀𐤍𐤅𐤔 𐤕𐤄𐤕𐤋𐤅 𐤁𐤅•
𐤉 𐤄𐤅𐤊𐤇 𐤉𐤅𐤊𐤉𐤇 𐤀𐤕𐤊𐤌 𐤀𐤌 𐤁𐤎𐤕𐤓 𐤐𐤍𐤉𐤌 𐤕𐤔𐤀𐤅𐤍•
𐤉𐤀 𐤄𐤋𐤀 𐤔𐤀𐤕𐤅 𐤕𐤁𐤏𐤕 𐤀𐤕𐤊𐤌 𐤅𐤐𐤇𐤃𐤅 𐤉𐤐𐤋 𐤏𐤋𐤉𐤊𐤌•
𐤉𐤁 𐤆𐤊𐤓𐤍𐤉𐤊𐤌 𐤌𐤔𐤋𐤉 𐤀𐤐𐤓 𐤋𐤂𐤁𐤉 𐤇𐤌𐤓 𐤂𐤁𐤉𐤊𐤌•
𐤉𐤂 𐤄𐤇𐤓𐤉𐤔𐤅 𐤌𐤌𐤍𐤉 𐤅𐤀𐤃𐤁𐤓𐤄 𐤀𐤍𐤉 𐤅𐤉𐤏𐤁𐤓 𐤏𐤋𐤉 𐤌𐤄•
𐤉𐤃 𐤏𐤋 𐤌𐤄 𐤀𐤔𐤀 𐤁𐤔𐤓𐤉 𐤁𐤔𐤍𐤉 𐤅𐤍𐤐𐤔𐤉 𐤀𐤔𐤉𐤌 𐤁𐤊𐤐𐤉•
𐤈𐤅 𐤄𐤍 𐤉𐤒𐤈𐤋𐤍𐤉 𐤋𐤀 [𐤋𐤅] 𐤀𐤉𐤇𐤋 𐤀𐤊 𐤃𐤓𐤊𐤉 𐤀𐤋 𐤐𐤍𐤉𐤅 𐤀𐤅𐤊𐤉𐤇•
𐤈𐤆 𐤂𐤌 𐤄𐤅𐤀 𐤋𐤉 𐤋𐤉𐤔𐤅𐤏𐤄 𐤊𐤉 𐤋𐤀 𐤋𐤐𐤍𐤉𐤅 𐤇𐤍𐤐 𐤉𐤁𐤅𐤀•
𐤉𐤆 𐤔𐤌𐤏𐤅 𐤔𐤌𐤅𐤏 𐤌𐤋𐤕𐤉 𐤅𐤀𐤇𐤅𐤕𐤉 𐤁𐤀𐤆𐤍𐤉𐤊𐤌•
𐤉𐤇 𐤄𐤍𐤄 𐤍𐤀 𐤏𐤓𐤊𐤕𐤉 𐤌𐤔𐤐𐤈 𐤉𐤃𐤏𐤕𐤉 𐤊𐤉 𐤀𐤍𐤉 𐤀𐤑𐤃𐤒•
𐤉𐤈 𐤌𐤉 𐤄𐤅𐤀 𐤉𐤓𐤉𐤁 𐤏𐤌𐤃𐤉 𐤊𐤉 𐤏𐤕𐤄 𐤀𐤇𐤓𐤉𐤔 𐤅𐤀𐤂𐤅𐤏•
𐤊 𐤀𐤊 𐤔𐤕𐤉𐤌 𐤀𐤋 𐤕𐤏𐤔 𐤏𐤌𐤃𐤉 𐤀𐤆 𐤌𐤐𐤍𐤉𐤊 𐤋𐤀 𐤀𐤎𐤕𐤓•
𐤊𐤀 𐤊𐤐𐤊 𐤌𐤏𐤋𐤉 𐤄𐤓𐤇𐤒 𐤅𐤀𐤌𐤕𐤊 𐤀𐤋 𐤕𐤁𐤏𐤕𐤍𐤉•
𐤊𐤁 𐤅𐤒𐤓𐤀 𐤅𐤀𐤍𐤊𐤉 𐤀𐤏𐤍𐤄 𐤀𐤅 𐤀𐤃𐤁𐤓 𐤅𐤄𐤔𐤉𐤁𐤍𐤉•
𐤊𐤂 𐤊𐤌𐤄 𐤋𐤉 𐤏𐤅𐤍𐤅𐤕 𐤅𐤇𐤈𐤀𐤅𐤕 𐤐𐤔𐤏𐤉 𐤅𐤇𐤈𐤀𐤕𐤉 𐤄𐤃𐤉𐤏𐤍𐤉•
𐤊𐤃 𐤋𐤌𐤄 𐤐𐤍𐤉𐤊 𐤕𐤎𐤕𐤉𐤓 𐤅𐤕𐤇𐤔𐤁𐤍𐤉 𐤋𐤀𐤅𐤉𐤁 𐤋𐤊•
𐤊𐤄 𐤄𐤏𐤋𐤄 𐤍𐤃𐤐 𐤕𐤏𐤓𐤅𐤑 𐤅𐤀𐤕 𐤒𐤔 𐤉𐤁𐤔 𐤕𐤓𐤃𐤐•
𐤊𐤅 𐤊𐤉 𐤕𐤊𐤕𐤁 𐤏𐤋𐤉 𐤌𐤓𐤓𐤅𐤕 𐤅𐤕𐤅𐤓𐤉𐤔𐤍𐤉 𐤏𐤅𐤍𐤅𐤕 𐤍𐤏𐤅𐤓𐤉•
𐤊𐤆 𐤅𐤕𐤔𐤌 𐤁𐤎𐤃 𐤓𐤂𐤋𐤉 𐤅𐤕𐤔𐤌𐤅𐤓 𐤊𐤋 𐤀𐤓𐤇𐤕𐤉 𐤏𐤋 𐤔𐤓𐤔𐤉 𐤓𐤂𐤋𐤉

תתחקה•
כח והוא כרקב יבלה כבגד אכלו עש•

פרק יד
א אדם ילוד אשה קצר ימים ושבע רגז•
ב כציץ יצא וימל ויברח כצל ולא יעמוד•
ג אף על זה פקחת עיניך ואתי תביא במשפט עמך•
ד מי יתן טהור מטמא לא אחד•
ה אם חרוצים ימיו מספר חדשיו אתך חקו [חקיו] עשית
ולא יעבר•
ו שעה מעליו ויחדל עד ירצה כשכיר יומו•
ז כי יש לעץ תקוה אם יכרת ועוד יחליף ויונקתו לא תחדל•
ח אם יזקין בארץ שרשו ובעפר ימות גזעו•
ט מריח מים יפרח ועשה קציר כמו נטע•
י וגבר ימות ויחלש ויגוע אדם ואיו•
יא אזלו מים מני ים ונהר יחרב ויבש•
יב ואיש שכב ולא יקום עד בלתי שמים לא יקיצו ולא
יעורו משנתם•
יג מי יתן בשאול תצפנני תסתירני עד שוב אפך תשית לי
חק ותזכרני•
יד אם ימות גבר היחיה כל ימי צבאי איחל עד בוא
חליפתי•
טו תקרא ואנכי אענך למעשה ידיך תכסף•
טז כי עתה צעדי תספור לא תשמור על חטאתי•
יז חתם בצרור פשעי ותטפל על עוני•
יח ואולם הר נופל יבול וצור יעתק ממקמו•
יט אבנים שחקו מים תשטף ספיחיה עפר ארץ ותקות אנוש
האבדת•
כ תתקפהו לנצח ויהלך משנה פניו ותשלחהו•
כא יכבדו בניו ולא ידע ויצערו ולא יבין למו•
כב אך בשרו עליו יכאב ונפשו עליו תאבל•

פרק טו

𐤀 𐤅𐤉𐤏𐤍 𐤀𐤋𐤉𐤐𐤆 𐤄𐤕𐤉𐤌𐤍𐤉 𐤅𐤉𐤀𐤌𐤓•
𐤁 𐤄𐤇𐤊𐤌 𐤉𐤏𐤍𐤄 𐤃𐤏𐤕 𐤓𐤅𐤇 𐤅𐤉𐤌𐤋𐤀 𐤒𐤃𐤉𐤌 𐤁𐤈𐤍𐤅•
𐤂 𐤄𐤅𐤊𐤇 𐤁𐤃𐤁𐤓 𐤋𐤀 𐤉𐤎𐤊𐤅𐤍 𐤅𐤌𐤋𐤉𐤌 𐤋𐤀 𐤉𐤅𐤏𐤉𐤋 𐤁𐤌•
𐤃 𐤀𐤐 𐤀𐤕𐤄 𐤕𐤐𐤓 𐤉𐤓𐤀𐤄 𐤅𐤕𐤂𐤓𐤏 𐤔𐤉𐤇𐤄 𐤋𐤐𐤍𐤉 𐤀𐤋•
𐤄 𐤊𐤉 𐤉𐤀𐤋𐤐 𐤏𐤅𐤍𐤊 𐤐𐤉𐤊 𐤅𐤕𐤁𐤇𐤓 𐤋𐤔𐤅𐤍 𐤏𐤓𐤅𐤌𐤉𐤌•
𐤅 𐤉𐤓𐤔𐤉𐤏𐤊 𐤐𐤉𐤊 𐤅𐤋𐤀 𐤀𐤍𐤉 𐤅𐤔𐤐𐤕𐤉𐤊 𐤉𐤏𐤍𐤅 𐤁𐤊•
𐤆 𐤄𐤓𐤀𐤉𐤔𐤅𐤍 𐤀𐤃𐤌 𐤕𐤅𐤋𐤃 𐤅𐤋𐤐𐤍𐤉 𐤂𐤁𐤏𐤅𐤕 𐤇𐤅𐤋𐤋𐤕•
𐤇 𐤄𐤁𐤎𐤅𐤃 𐤀𐤋𐤅𐤄 𐤕𐤔𐤌𐤏 𐤅𐤕𐤂𐤓𐤏 𐤀𐤋𐤉𐤊 𐤇𐤊𐤌𐤄•
𐤈 𐤌𐤄 𐤉𐤃𐤏𐤕 𐤅𐤋𐤀 𐤍𐤃𐤏 𐤕𐤁𐤉𐤍 𐤅𐤋𐤀 𐤏𐤌𐤍𐤅 𐤄𐤅𐤀•
𐤉 𐤂𐤌 𐤔𐤁 𐤂𐤌 𐤉𐤔𐤉𐤔 𐤁𐤍𐤅 𐤊𐤁𐤉𐤓 𐤌𐤀𐤁𐤉𐤊 𐤉𐤌𐤉𐤌•
𐤉𐤀 𐤄𐤌𐤏𐤈 𐤌𐤌𐤊 𐤕𐤍𐤇𐤌𐤅𐤕 𐤀𐤋 𐤅𐤃𐤁𐤓 𐤋𐤀𐤈 𐤏𐤌𐤊•
𐤉𐤁 𐤌𐤄 𐤉𐤒𐤇𐤊 𐤋𐤁𐤊 𐤅𐤌𐤄 𐤉𐤓𐤆𐤌𐤅𐤍 𐤏𐤉𐤍𐤉𐤊•
𐤉𐤂 𐤊𐤉 𐤕𐤔𐤉𐤁 𐤀𐤋 𐤀𐤋 𐤓𐤅𐤇𐤊 𐤅𐤄𐤑𐤀𐤕 𐤌𐤐𐤉𐤊 𐤌𐤋𐤉𐤍•
𐤉𐤃 𐤌𐤄 𐤀𐤍𐤅𐤔 𐤊𐤉 𐤉𐤆𐤊𐤄 𐤅𐤊𐤉 𐤉𐤑𐤃𐤒 𐤉𐤋𐤅𐤃 𐤀𐤔𐤄•
𐤈𐤅 𐤄𐤍 𐤁𐤒𐤃𐤔𐤅 [𐤁𐤒𐤃𐤔𐤉𐤅] 𐤋𐤀 𐤉𐤀𐤌𐤉𐤍 𐤅𐤔𐤌𐤉𐤌 𐤋𐤀 𐤆𐤊𐤅
𐤁𐤏𐤉𐤍𐤉𐤅•
𐤈𐤆 𐤀𐤐 𐤊𐤉 𐤍𐤕𐤏𐤁 𐤅𐤍𐤀𐤋𐤇 𐤀𐤉𐤔 𐤔𐤕𐤄 𐤊𐤌𐤉𐤌 𐤏𐤅𐤋𐤄•
𐤉𐤆 𐤀𐤇𐤅𐤊 𐤔𐤌𐤏 𐤋𐤉 𐤅𐤆𐤄 𐤇𐤆𐤉𐤕𐤉 𐤅𐤀𐤎𐤐𐤓𐤄•
𐤉𐤇 𐤀𐤔𐤓 𐤇𐤊𐤌𐤉𐤌 𐤉𐤂𐤉𐤃𐤅 𐤅𐤋𐤀 𐤊𐤇𐤃𐤅 𐤌𐤀𐤁𐤅𐤕𐤌•
𐤉𐤈 𐤋𐤄𐤌 𐤋𐤁𐤃𐤌 𐤍𐤕𐤍𐤄 𐤄𐤀𐤓𐤑 𐤅𐤋𐤀 𐤏𐤁𐤓 𐤆𐤓 𐤁𐤕𐤅𐤊𐤌•
𐤊 𐤊𐤋 𐤉𐤌𐤉 𐤓𐤔𐤏 𐤄𐤅𐤀 𐤌𐤕𐤇𐤅𐤋𐤋 𐤅𐤌𐤎𐤐𐤓 𐤔𐤍𐤉𐤌 𐤍𐤑𐤐𐤍𐤅 𐤋𐤏𐤓𐤉𐤑•
𐤊𐤀 𐤒𐤅𐤋 𐤐𐤇𐤃𐤉𐤌 𐤁𐤀𐤆𐤍𐤉𐤅 𐤁𐤔𐤋𐤅𐤌 𐤔𐤅𐤃𐤃 𐤉𐤁𐤅𐤀𐤍𐤅•
𐤊𐤁 𐤋𐤀 𐤉𐤀𐤌𐤉𐤍 𐤔𐤅𐤁 𐤌𐤍𐤉 𐤇𐤔𐤊 𐤅𐤑𐤐𐤅 [𐤅𐤑𐤐𐤅𐤉] 𐤄𐤅𐤀 𐤀𐤋𐤉 𐤇𐤓𐤁•
𐤊𐤂 𐤍𐤃𐤃 𐤄𐤅𐤀 𐤋𐤋𐤇𐤌 𐤀𐤉𐤄 𐤉𐤃𐤏 𐤊𐤉 𐤍𐤊𐤅𐤍 𐤁𐤉𐤃𐤅 𐤉𐤅𐤌 𐤇𐤔𐤊•
𐤊𐤃 𐤉𐤁𐤏𐤕𐤄𐤅 𐤑𐤓 𐤅𐤌𐤑𐤅𐤒𐤄 𐤕𐤕𐤒𐤐𐤄𐤅 𐤊𐤌𐤋𐤊 𐤏𐤕𐤉𐤃 𐤋𐤊𐤉𐤃𐤅𐤓•
𐤊𐤄 𐤊𐤉 𐤍𐤈𐤄 𐤀𐤋 𐤀𐤋 𐤉𐤃𐤅 𐤅𐤀𐤋 𐤔𐤃𐤉 𐤉𐤕𐤂𐤁𐤓•
𐤊𐤅 𐤉𐤓𐤅𐤑 𐤀𐤋𐤉𐤅 𐤁𐤑𐤅𐤀𐤓 𐤁𐤏𐤁𐤉 𐤂𐤁𐤉 𐤌𐤂𐤍𐤉𐤅•
𐤊𐤆 𐤊𐤉 𐤊𐤎𐤄 𐤐𐤍𐤉𐤅 𐤁𐤇𐤋𐤁𐤅 𐤅𐤉𐤏𐤔 𐤐𐤉𐤌𐤄 𐤏𐤋𐤉 𐤊𐤎𐤋•
𐤊𐤇 𐤅𐤉𐤔𐤊𐤅𐤍 𐤏𐤓𐤉𐤌 𐤍𐤊𐤇𐤃𐤅𐤕 𐤁𐤕𐤉𐤌 𐤋𐤀 𐤉𐤔𐤁𐤅 𐤋𐤌𐤅 𐤀𐤔𐤓 𐤄𐤕𐤏𐤕𐤃𐤅
𐤋𐤂𐤋𐤉𐤌•
𐤊𐤈 𐤋𐤀 𐤉𐤏𐤔𐤓 𐤅𐤋𐤀 𐤉𐤒𐤅𐤌 𐤇𐤉𐤋𐤅 𐤅𐤋𐤀 𐤉𐤈𐤄 𐤋𐤀𐤓𐤑 𐤌𐤍𐤋𐤌•
𐤋 𐤋𐤀 𐤉𐤎𐤅𐤓 𐤌𐤍𐤉 𐤇𐤔𐤊 𐤉𐤍𐤒𐤕𐤅 𐤕𐤉𐤁𐤔 𐤔𐤋𐤄𐤁𐤕 𐤅𐤉𐤎𐤅𐤓 𐤁𐤓𐤅𐤇 𐤐𐤉𐤅•
𐤋𐤀 𐤀𐤋 𐤉𐤀𐤌𐤍 𐤁𐤔𐤅 [𐤁𐤔𐤅𐤀] 𐤍𐤕𐤏𐤄 𐤊𐤉 𐤔𐤅𐤀 𐤕𐤄𐤉𐤄 𐤕𐤌𐤅𐤓𐤕𐤅•

# 𐤀𐤉𐤅𐤁

𐤋𐤁 𐤁𐤋𐤀 𐤉𐤅𐤌𐤅 𐤕𐤌𐤋𐤀 𐤅𐤊𐤐𐤕𐤅 𐤋𐤀 𐤓𐤏𐤍𐤍𐤄•
𐤋𐤂 𐤉𐤇𐤌𐤎 𐤊𐤂𐤐𐤍 𐤁𐤎𐤓𐤅 𐤅𐤉𐤔𐤋𐤊 𐤊𐤆𐤉𐤕 𐤍𐤑𐤕𐤅•
𐤋𐤃 𐤊𐤉 𐤏𐤃𐤕 𐤇𐤍𐤐 𐤂𐤋𐤌𐤅𐤃 𐤅𐤀𐤔 𐤀𐤊𐤋𐤄 𐤀𐤄𐤋𐤉 𐤔𐤇𐤃•
𐤋𐤄 𐤄𐤓𐤄 𐤏𐤌𐤋 𐤅𐤉𐤋𐤃 𐤀𐤅𐤍 𐤅𐤁𐤈𐤍𐤌 𐤕𐤊𐤉𐤍 𐤌𐤓𐤌𐤄•

## 𐤐𐤓𐤒 𐤈𐤆

𐤀 𐤅𐤉𐤏𐤍 𐤀𐤉𐤅𐤁 𐤅𐤉𐤀𐤌𐤓•
𐤁 𐤔𐤌𐤏𐤕𐤉 𐤊𐤀𐤋𐤄 𐤓𐤁𐤅𐤕 𐤌𐤍𐤇𐤌𐤉 𐤏𐤌𐤋 𐤊𐤋𐤊𐤌•
𐤂 𐤄𐤒𐤑 𐤋𐤃𐤁𐤓𐤉 𐤓𐤅𐤇 𐤀𐤅 𐤌𐤄 𐤉𐤌𐤓𐤉𐤑𐤊 𐤊𐤉 𐤕𐤏𐤍𐤄•
𐤃 𐤂𐤌 𐤀𐤍𐤊𐤉 𐤊𐤍𐤊𐤌 𐤀𐤃𐤁𐤓𐤄 𐤋𐤅 𐤉𐤔 𐤍𐤐𐤔𐤊𐤌 𐤕𐤇𐤕 𐤍𐤐𐤔𐤉 𐤀𐤇𐤁𐤉𐤓𐤄
𐤏𐤋𐤉𐤊𐤌 𐤁𐤌𐤋𐤉𐤌 𐤅𐤀𐤍𐤉𐤏𐤄 𐤏𐤋𐤉𐤊𐤌 𐤁𐤌𐤅 𐤓𐤀𐤔𐤉•
𐤄 𐤀𐤀𐤌𐤑𐤊𐤌 𐤁𐤌𐤅 𐤐𐤉 𐤅𐤍𐤉𐤃 𐤔𐤐𐤕𐤉 𐤉𐤇𐤔𐤊•
𐤅 𐤀𐤌 𐤀𐤃𐤁𐤓𐤄 𐤋𐤀 𐤉𐤇𐤔𐤊 𐤊𐤀𐤁𐤉 𐤅𐤀𐤇𐤃𐤋𐤄 𐤌𐤄 𐤌𐤍𐤉 𐤉𐤄𐤋𐤊•
𐤆 𐤀𐤊 𐤏𐤕𐤄 𐤄𐤋𐤀𐤍𐤉 𐤄𐤔𐤌𐤅𐤕 𐤊𐤋 𐤏𐤃𐤕𐤉•
𐤇 𐤅𐤕𐤒𐤌𐤈𐤍𐤉 𐤋𐤏𐤃 𐤄𐤉𐤄 𐤅𐤉𐤒𐤌 𐤁𐤉 𐤊𐤇𐤔𐤉 𐤁𐤐𐤍𐤉 𐤉𐤏𐤍𐤄•
𐤈 𐤀𐤐𐤅 𐤈𐤓𐤐 𐤅𐤉𐤔𐤈𐤌𐤍𐤉 𐤇𐤓𐤒 𐤏𐤋𐤉 𐤁𐤔𐤍𐤉𐤅 𐤑𐤓𐤉 𐤉𐤋𐤈𐤅𐤔 𐤏𐤉𐤍𐤉𐤅
𐤋𐤉•
𐤉 𐤐𐤏𐤓𐤅 𐤏𐤋𐤉 𐤁𐤐𐤉𐤄𐤌 𐤁𐤇𐤓𐤐𐤄 𐤄𐤊𐤅 𐤋𐤇𐤉𐤉 𐤉𐤇𐤃 𐤏𐤋𐤉 𐤉𐤕𐤌𐤋𐤀𐤅𐤍•
𐤉𐤀 𐤉𐤎𐤂𐤉𐤓𐤍𐤉 𐤀𐤋 𐤀𐤋 𐤏𐤅𐤉𐤋 𐤅𐤏𐤋 𐤉𐤃𐤉 𐤓𐤔𐤏𐤉𐤌 𐤉𐤓𐤈𐤍𐤉•
𐤉𐤁 𐤔𐤋𐤅 𐤄𐤉𐤉𐤕𐤉 𐤅𐤉𐤐𐤓𐤐𐤓𐤍𐤉 𐤅𐤀𐤇𐤆 𐤁𐤏𐤓𐤐𐤉 𐤅𐤉𐤐𐤑𐤐𐤑𐤍𐤉 𐤅𐤉𐤒𐤉𐤌𐤍𐤉
𐤋𐤅 𐤋𐤌𐤈𐤓𐤄•
𐤉𐤂 𐤉𐤎𐤁𐤅 𐤏𐤋𐤉 𐤓𐤁𐤉𐤅 𐤉𐤐𐤋𐤇 𐤊𐤋𐤉𐤅𐤕𐤉 𐤅𐤋𐤀 𐤉𐤇𐤌𐤅𐤋 𐤉𐤔𐤐𐤊 𐤋𐤀𐤓𐤑
𐤌𐤓𐤓𐤕𐤉•
𐤉𐤃 𐤉𐤐𐤓𐤑𐤍𐤉 𐤐𐤓𐤑 𐤏𐤋 𐤐𐤍𐤉 𐤐𐤓𐤑 𐤉𐤓𐤑 𐤏𐤋𐤉 𐤊𐤂𐤁𐤅𐤓•
𐤈𐤅 𐤔𐤒 𐤕𐤐𐤓𐤕𐤉 𐤏𐤋𐤉 𐤂𐤋𐤃𐤉 𐤅𐤏𐤋𐤋𐤕𐤉 𐤁𐤏𐤐𐤓 𐤒𐤓𐤍𐤉•
𐤈𐤆 𐤐𐤍𐤉 𐤇𐤌𐤓𐤌𐤓𐤄 [𐤇𐤌𐤓𐤌𐤓𐤅] 𐤌𐤍𐤉 𐤁𐤊𐤉 𐤅𐤏𐤋 𐤏𐤐𐤏𐤐𐤉 𐤑𐤋𐤌𐤅𐤕•
𐤉𐤆 𐤏𐤋 𐤋𐤀 𐤇𐤌𐤎 𐤁𐤊𐤐𐤉 𐤅𐤕𐤐𐤋𐤕𐤉 𐤆𐤊𐤄•
𐤉𐤇 𐤀𐤓𐤑 𐤀𐤋 𐤕𐤊𐤎𐤉 𐤃𐤌𐤉 𐤅𐤀𐤋 𐤉𐤄𐤉 𐤌𐤒𐤅𐤌 𐤋𐤆𐤏𐤒𐤕𐤉•
𐤉𐤈 𐤂𐤌 𐤏𐤕𐤄 𐤄𐤍𐤄 𐤁𐤔𐤌𐤉𐤌 𐤏𐤃𐤉 𐤅𐤔𐤄𐤃𐤉 𐤁𐤌𐤓𐤅𐤌𐤉𐤌•
𐤊 𐤌𐤋𐤉𐤑𐤉 𐤓𐤏𐤉 𐤀𐤋 𐤀𐤋𐤅𐤄 𐤃𐤋𐤐𐤄 𐤏𐤉𐤍𐤉•
𐤊𐤀 𐤅𐤉𐤅𐤊𐤇 𐤋𐤂𐤁𐤓 𐤏𐤌 𐤀𐤋𐤅𐤄 𐤅𐤁𐤍 𐤀𐤃𐤌 𐤋𐤓𐤏𐤄𐤅•
𐤊𐤁 𐤊𐤉 𐤔𐤍𐤅𐤕 𐤌𐤎𐤐𐤓 𐤉𐤀𐤕𐤉𐤅 𐤅𐤀𐤓𐤇 𐤋𐤀 𐤀𐤔𐤅𐤁 𐤀𐤄𐤋𐤊•

# 𐤀𐤉𐤅𐤁

## 𐤐𐤓𐤒 𐤉𐤆

𐤀 𐤓𐤅𐤇𐤉 𐤇𐤁𐤋𐤄 𐤉𐤌𐤉 𐤍𐤆𐤏𐤊𐤅 𐤒𐤁𐤓𐤉𐤌 𐤋𐤉•
𐤁 𐤀𐤌 𐤋𐤀 𐤄𐤕𐤋𐤉𐤌 𐤏𐤌𐤃𐤉 𐤅𐤁𐤄𐤌𐤓𐤅𐤕𐤌 𐤕𐤋𐤍 𐤏𐤉𐤍𐤉•
𐤂 𐤔𐤉𐤌𐤄 𐤍𐤀 𐤏𐤓𐤁𐤍𐤉 𐤏𐤌𐤊 𐤌𐤉 𐤄𐤅𐤀 𐤋𐤉𐤃𐤉 𐤉𐤕𐤒𐤏•
𐤃 𐤊𐤉 𐤋𐤁𐤌 𐤑𐤐𐤍𐤕 𐤌𐤔𐤊𐤋 𐤏𐤋 𐤊𐤍 𐤋𐤀 𐤕𐤓𐤌𐤌•
𐤄 𐤋𐤇𐤋𐤒 𐤉𐤂𐤉𐤃 𐤓𐤏𐤉𐤌 𐤅𐤏𐤉𐤍𐤉 𐤁𐤍𐤉𐤅 𐤕𐤊𐤋𐤍𐤄•
𐤅 𐤅𐤄𐤑𐤂𐤍𐤉 𐤋𐤌𐤔𐤋 𐤏𐤌𐤉𐤌 𐤅𐤕𐤐𐤕 𐤋𐤐𐤍𐤉𐤌 𐤀𐤄𐤉𐤄•
𐤆 𐤅𐤕𐤊𐤄 𐤌𐤊𐤏𐤔 𐤏𐤉𐤍𐤉 𐤅𐤉𐤑𐤓𐤉 𐤊𐤑𐤋 𐤊𐤋𐤌•
𐤇 𐤉𐤔𐤌𐤅 𐤉𐤔𐤓𐤉𐤌 𐤏𐤋 𐤆𐤀𐤕 𐤅𐤍𐤒𐤉 𐤏𐤋 𐤇𐤍𐤐 𐤉𐤕𐤏𐤓𐤓•
𐤈 𐤅𐤉𐤀𐤇𐤆 𐤑𐤃𐤉𐤒 𐤃𐤓𐤊𐤅 𐤅𐤈𐤄𐤓 𐤉𐤃𐤉𐤌 𐤉𐤎𐤉𐤐 𐤀𐤌𐤑•
𐤉 𐤅𐤀𐤅𐤋𐤌 𐤊𐤋𐤌 𐤕𐤔𐤁𐤅 𐤅𐤁𐤀𐤅 𐤍𐤀 𐤅𐤋𐤀 𐤀𐤌𐤑𐤀 𐤁𐤊𐤌 𐤇𐤊𐤌•
𐤉𐤀 𐤉𐤌𐤉 𐤏𐤁𐤓𐤅 𐤆𐤌𐤕𐤉 𐤍𐤕𐤒𐤅 𐤌𐤅𐤓𐤔𐤉 𐤋𐤁𐤁𐤉•
𐤉𐤁 𐤋𐤉𐤋𐤄 𐤋𐤉𐤅𐤌 𐤉𐤔𐤉𐤌𐤅 𐤀𐤅𐤓 𐤒𐤓𐤅𐤁 𐤌𐤐𐤍𐤉 𐤇𐤔𐤊•
𐤉𐤂 𐤀𐤌 𐤀𐤒𐤅𐤄 𐤔𐤀𐤅𐤋 𐤁𐤉𐤕𐤉 𐤁𐤇𐤔𐤊 𐤓𐤐𐤃𐤕𐤉 𐤉𐤑𐤅𐤏𐤉•
𐤉𐤃 𐤋𐤔𐤇𐤕 𐤒𐤓𐤀𐤕𐤉 𐤀𐤁𐤉 𐤀𐤕𐤄 𐤀𐤌𐤉 𐤅𐤀𐤇𐤕𐤉 𐤋𐤓𐤌𐤄•
𐤈𐤅 𐤅𐤀𐤉𐤄 𐤀𐤐𐤅 𐤕𐤒𐤅𐤕𐤉 𐤅𐤕𐤒𐤅𐤕𐤉 𐤌𐤉 𐤉𐤔𐤅𐤓𐤍𐤄•
𐤈𐤆 𐤁𐤃𐤉 𐤔𐤀𐤋 𐤕𐤓𐤃𐤍𐤄 𐤀𐤌 𐤉𐤇𐤃 𐤏𐤋 𐤏𐤐𐤓 𐤍𐤇𐤕•

## 𐤐𐤓𐤒 𐤉𐤇

𐤀 𐤅𐤉𐤏𐤍 𐤁𐤋𐤃𐤃 𐤄𐤔𐤇𐤉 𐤅𐤉𐤀𐤌𐤓•
𐤁 𐤏𐤃 𐤀𐤍𐤄 𐤕𐤔𐤉𐤌𐤅𐤍 𐤒𐤍𐤑𐤉 𐤋𐤌𐤋𐤉𐤍 𐤕𐤁𐤉𐤍𐤅 𐤅𐤀𐤇𐤓 𐤍𐤃𐤁𐤓•
𐤂 𐤌𐤃𐤅𐤏 𐤍𐤇𐤔𐤁𐤍𐤅 𐤊𐤁𐤄𐤌𐤄 𐤍𐤈𐤌𐤉𐤍𐤅 𐤁𐤏𐤉𐤍𐤉𐤊𐤌•
𐤃 𐤈𐤓𐤐 𐤍𐤐𐤔𐤅 𐤁𐤀𐤐𐤅 𐤄𐤋𐤌𐤏𐤍𐤊 𐤕𐤏𐤆𐤁 𐤀𐤓𐤑 𐤅𐤉𐤏𐤕𐤒 𐤑𐤅𐤓 𐤌𐤌𐤒𐤌𐤅•
𐤄 𐤂𐤌 𐤀𐤅𐤓 𐤓𐤔𐤏𐤉𐤌 𐤉𐤃𐤏𐤊 𐤅𐤋𐤀 𐤉𐤂𐤄 𐤔𐤁𐤉𐤁 𐤀𐤔𐤅•
𐤅 𐤀𐤅𐤓 𐤇𐤔𐤊 𐤁𐤀𐤄𐤋𐤅 𐤅𐤍𐤓𐤅 𐤏𐤋𐤉𐤅 𐤉𐤃𐤏𐤊•
𐤆 𐤉𐤑𐤓𐤅 𐤑𐤏𐤃𐤉 𐤀𐤅𐤍𐤅 𐤅𐤕𐤔𐤋𐤉𐤊𐤄𐤅 𐤏𐤑𐤕𐤅•
𐤇 𐤊𐤉 𐤔𐤋𐤇 𐤁𐤓𐤔𐤕 𐤁𐤓𐤂𐤋𐤉𐤅 𐤅𐤏𐤋 𐤔𐤁𐤊𐤄 𐤉𐤕𐤄𐤋𐤊•
𐤈 𐤉𐤀𐤇𐤆 𐤁𐤏𐤒𐤁 𐤐𐤇 𐤉𐤇𐤆𐤒 𐤏𐤋𐤉𐤅 𐤑𐤌𐤉𐤌•
𐤉 𐤈𐤌𐤅𐤍 𐤁𐤀𐤓𐤑 𐤇𐤁𐤋𐤅 𐤅𐤌𐤋𐤊𐤃𐤕𐤅 𐤏𐤋𐤉 𐤍𐤕𐤉𐤁•
𐤉𐤀 𐤎𐤁𐤉𐤁 𐤁𐤏𐤕𐤄𐤅 𐤁𐤋𐤄𐤅𐤕 𐤅𐤄𐤐𐤉𐤑𐤄𐤅 𐤋𐤓𐤂𐤋𐤉𐤅•
𐤉𐤁 𐤉𐤄𐤉 𐤓𐤏𐤁 𐤀𐤍𐤅 𐤅𐤀𐤉𐤃 𐤍𐤊𐤅𐤍 𐤋𐤑𐤋𐤏𐤅•
𐤉𐤂 𐤉𐤀𐤊𐤋 𐤁𐤃𐤉 𐤏𐤅𐤓𐤅 𐤉𐤀𐤊𐤋 𐤁𐤃𐤉𐤅 𐤁𐤊𐤅𐤓 𐤌𐤅𐤕•
𐤉𐤃 𐤉𐤍𐤕𐤒 𐤌𐤀𐤄𐤋𐤅 𐤌𐤁𐤈𐤇𐤅 𐤅𐤕𐤑𐤏𐤃𐤄𐤅 𐤋𐤌𐤋𐤊 𐤁𐤋𐤄𐤅𐤕•

𐤈𐤅 𐤕𐤔𐤊𐤅𐤍 𐤁𐤀𐤄𐤋𐤅 𐤌𐤁𐤋𐤉 𐤋𐤅 𐤉𐤆𐤓𐤄 𐤏𐤋 𐤍𐤅𐤄𐤅 𐤂𐤐𐤓𐤉𐤕•
𐤈𐤆 𐤌𐤕𐤇𐤕 𐤔𐤓𐤔𐤉𐤅 𐤉𐤁𐤔𐤅 𐤅𐤌𐤌𐤏𐤋 𐤉𐤌𐤋 𐤒𐤑𐤉𐤓𐤅•
𐤉𐤆 𐤆𐤊𐤓𐤅 𐤀𐤁𐤃 𐤌𐤍𐤉 𐤀𐤓𐤑 𐤅𐤋𐤀 𐤔𐤌 𐤋𐤅 𐤏𐤋 𐤐𐤍𐤉 𐤇𐤅𐤑•
𐤉𐤇 𐤉𐤄𐤃𐤐𐤄𐤅 𐤌𐤀𐤅𐤓 𐤀𐤋 𐤇𐤔𐤊 𐤅𐤌𐤕𐤁𐤋 𐤉𐤍𐤃𐤄𐤅•
𐤉𐤈 𐤋𐤀 𐤍𐤉𐤍 𐤋𐤅 𐤅𐤋𐤀 𐤍𐤊𐤃 𐤁𐤏𐤌𐤅 𐤅𐤀𐤉𐤍 𐤔𐤓𐤉𐤃 𐤁𐤌𐤂𐤅𐤓𐤉𐤅•
𐤊 𐤏𐤋 𐤉𐤅𐤌𐤅 𐤍𐤔𐤌𐤅 𐤀𐤇𐤓𐤍𐤉𐤌 𐤅𐤒𐤃𐤌𐤍𐤉𐤌 𐤀𐤇𐤆𐤅 𐤔𐤏𐤓•
𐤊𐤀 𐤀𐤊 𐤀𐤋𐤄 𐤌𐤔𐤊𐤍𐤅𐤕 𐤏𐤅𐤋 𐤅𐤆𐤄 𐤌𐤒𐤅𐤌 𐤋𐤀 𐤉𐤃𐤏 𐤀𐤋•

## 𐤐𐤓𐤒 𐤉𐤈

𐤀 𐤅𐤉𐤏𐤍 𐤀𐤉𐤅𐤁 𐤅𐤉𐤀𐤌𐤓•
𐤁 𐤏𐤃 𐤀𐤍𐤄 𐤕𐤅𐤂𐤉𐤅𐤍 𐤍𐤐𐤔𐤉 𐤅𐤕𐤃𐤊𐤀𐤅𐤍𐤍𐤉 𐤁𐤌𐤋𐤉𐤌•
𐤂 𐤆𐤄 𐤏𐤔𐤓 𐤐𐤏𐤌𐤉𐤌 𐤕𐤊𐤋𐤉𐤌𐤅𐤍𐤉 𐤋𐤀 𐤕𐤁𐤔𐤅 𐤕𐤄𐤊𐤓𐤅 𐤋𐤉•
𐤃 𐤅𐤀𐤐 𐤀𐤌𐤍𐤌 𐤔𐤂𐤉𐤕𐤉 𐤀𐤕𐤉 𐤕𐤋𐤉𐤍 𐤌𐤔𐤅𐤂𐤕𐤉•
𐤄 𐤀𐤌 𐤀𐤌𐤍𐤌 𐤏𐤋𐤉 𐤕𐤂𐤃𐤉𐤋𐤅 𐤅𐤕𐤅𐤊𐤉𐤇𐤅 𐤏𐤋𐤉 𐤇𐤓𐤐𐤕𐤉•
𐤅 𐤃𐤏𐤅 𐤀𐤐𐤅 𐤊𐤉 𐤀𐤋𐤅𐤄 𐤏𐤅𐤕𐤍𐤉 𐤅𐤌𐤑𐤅𐤃𐤅 𐤏𐤋𐤉 𐤄𐤒𐤉𐤐•
𐤆 𐤄𐤍 𐤀𐤑𐤏𐤒 𐤇𐤌𐤎 𐤅𐤋𐤀 𐤀𐤏𐤍𐤄 𐤀𐤔𐤅𐤏 𐤅𐤀𐤉𐤍 𐤌𐤔𐤐𐤈•
𐤇 𐤀𐤓𐤇𐤉 𐤂𐤃𐤓 𐤅𐤋𐤀 𐤀𐤏𐤁𐤅𐤓 𐤅𐤏𐤋 𐤍𐤕𐤉𐤁𐤅𐤕𐤉 𐤇𐤔𐤊 𐤉𐤔𐤉𐤌•
𐤈 𐤊𐤁𐤅𐤃𐤉 𐤌𐤏𐤋𐤉 𐤄𐤐𐤔𐤉𐤈 𐤅𐤉𐤎𐤓 𐤏𐤈𐤓𐤕 𐤓𐤀𐤔𐤉•
𐤉 𐤉𐤕𐤑𐤍𐤉 𐤎𐤁𐤉𐤁 𐤅𐤀𐤋𐤊 𐤅𐤉𐤎𐤏 𐤊𐤏𐤑 𐤕𐤒𐤅𐤕𐤉•
𐤉𐤀 𐤅𐤉𐤇𐤓 𐤏𐤋𐤉 𐤀𐤐𐤅 𐤅𐤉𐤇𐤔𐤁𐤍𐤉 𐤋𐤅 𐤊𐤑𐤓𐤉𐤅•
𐤉𐤁 𐤉𐤇𐤃 𐤉𐤁𐤀𐤅 𐤂𐤃𐤅𐤃𐤉𐤅 𐤅𐤉𐤎𐤋𐤅 𐤏𐤋𐤉 𐤃𐤓𐤊𐤌 𐤅𐤉𐤇𐤍𐤅 𐤎𐤁𐤉𐤁
𐤋𐤀𐤄𐤋𐤉•
𐤉𐤂 𐤀𐤇𐤉 𐤌𐤏𐤋𐤉 𐤄𐤓𐤇𐤉𐤒 𐤅𐤉𐤃𐤏𐤉 𐤀𐤊 𐤆𐤓𐤅 𐤌𐤌𐤍𐤉•
𐤉𐤃 𐤇𐤃𐤋𐤅 𐤒𐤓𐤅𐤁𐤉 𐤅𐤌𐤉𐤃𐤏𐤉 𐤔𐤊𐤇𐤅𐤍𐤉•
𐤈𐤅 𐤂𐤓𐤉 𐤁𐤉𐤕𐤉 𐤅𐤀𐤌𐤄𐤕𐤉 𐤋𐤆𐤓 𐤕𐤇𐤔𐤁𐤍𐤉 𐤍𐤊𐤓𐤉 𐤄𐤉𐤉𐤕𐤉
𐤁𐤏𐤉𐤍𐤉𐤄𐤌•
𐤈𐤆 𐤋𐤏𐤁𐤃𐤉 𐤒𐤓𐤀𐤕𐤉 𐤅𐤋𐤀 𐤉𐤏𐤍𐤄 𐤁𐤌𐤅 𐤐𐤉 𐤀𐤕𐤇𐤍𐤍 𐤋𐤅•
𐤉𐤆 𐤓𐤅𐤇𐤉 𐤆𐤓𐤄 𐤋𐤀𐤔𐤕𐤉 𐤅𐤇𐤍𐤕𐤉 𐤋𐤁𐤍𐤉 𐤁𐤈𐤍𐤉•
𐤉𐤇 𐤂𐤌 𐤏𐤅𐤉𐤋𐤉𐤌 𐤌𐤀𐤎𐤅 𐤁𐤉 𐤀𐤒𐤅𐤌𐤄 𐤅𐤉𐤃𐤁𐤓𐤅 𐤁𐤉•
𐤉𐤈 𐤕𐤏𐤁𐤅𐤍𐤉 𐤊𐤋 𐤌𐤕𐤉 𐤎𐤅𐤃𐤉 𐤅𐤆𐤄 𐤀𐤄𐤁𐤕𐤉 𐤍𐤄𐤐𐤊𐤅 𐤁𐤉•
𐤊 𐤁𐤏𐤅𐤓𐤉 𐤅𐤁𐤁𐤔𐤓𐤉 𐤃𐤁𐤒𐤄 𐤏𐤑𐤌𐤉 𐤅𐤀𐤕𐤌𐤋𐤈𐤄 𐤁𐤏𐤅𐤓 𐤔𐤍𐤉•
𐤊𐤀 𐤇𐤍𐤍𐤉 𐤇𐤍𐤍𐤉 𐤀𐤕𐤌 𐤓𐤏𐤉 𐤊𐤉 𐤉𐤃 𐤀𐤋𐤅𐤄 𐤍𐤂𐤏𐤄 𐤁𐤉•
𐤊𐤁 𐤋𐤌𐤄 𐤕𐤓𐤃𐤐𐤍𐤉 𐤊𐤌𐤅 𐤀𐤋 𐤅𐤌𐤁𐤔𐤓𐤉 𐤋𐤀 𐤕𐤔𐤁𐤏𐤅•

# 𐤀𐤉𐤅𐤁

𐤊𐤂 𐤌𐤉 𐤉𐤕𐤍 𐤀𐤐𐤅 𐤅𐤉𐤊𐤕𐤁𐤅𐤍 𐤌𐤋𐤉 𐤌𐤉 𐤉𐤕𐤍 𐤁𐤎𐤐𐤓 𐤅𐤉𐤇𐤒𐤅•
𐤊𐤃 𐤁𐤏𐤈 𐤁𐤓𐤆𐤋 𐤅𐤏𐤐𐤓𐤕 𐤋𐤏𐤃 𐤁𐤑𐤅𐤓 𐤉𐤇𐤑𐤁𐤅𐤍•
𐤊𐤄 𐤅𐤀𐤍𐤉 𐤉𐤃𐤏𐤕𐤉 𐤂𐤀𐤋𐤉 𐤇𐤉 𐤅𐤀𐤇𐤓𐤅𐤍 𐤏𐤋 𐤏𐤐𐤓 𐤉𐤒𐤅𐤌•
𐤊𐤅 𐤅𐤀𐤇𐤓 𐤏𐤅𐤓𐤉 𐤍𐤒𐤐𐤅 𐤆𐤀𐤕 𐤅𐤌𐤁𐤔𐤓𐤉 𐤀𐤇𐤆𐤄 𐤀𐤋𐤅𐤄•
𐤊𐤆 𐤀𐤔𐤓 𐤀𐤍𐤉 𐤀𐤇𐤆𐤄 𐤋𐤉 𐤅𐤏𐤉𐤍𐤉 𐤓𐤀𐤅 𐤅𐤋𐤀 𐤆𐤓 𐤊𐤋𐤅 𐤊𐤋𐤉𐤕𐤉 𐤁𐤇𐤒𐤉•
𐤊𐤇 𐤊𐤉 𐤕𐤀𐤌𐤓𐤅 𐤌𐤄 𐤍𐤓𐤃𐤐 𐤋𐤅 𐤅𐤔𐤓𐤔 𐤃𐤁𐤓 𐤍𐤌𐤑𐤀 𐤁𐤉•
𐤊𐤈 𐤂𐤅𐤓𐤅 𐤋𐤊𐤌 𐤌𐤐𐤍𐤉 𐤇𐤓𐤁 𐤊𐤉 𐤇𐤌𐤄 𐤏𐤅𐤍𐤅𐤕 𐤇𐤓𐤁 𐤋𐤌𐤏𐤍 𐤕𐤃𐤏𐤅𐤍 𐤔𐤃𐤉𐤍 [𐤔𐤃𐤅𐤍]•

## 𐤐𐤓𐤒 𐤊

𐤀 𐤅𐤉𐤏𐤍 𐤑𐤅𐤐𐤓 𐤄𐤍𐤏𐤌𐤕𐤉 𐤅𐤉𐤀𐤌𐤓•
𐤁 𐤋𐤊𐤍 𐤔𐤏𐤐𐤉 𐤉𐤔𐤉𐤁𐤅𐤍𐤉 𐤅𐤁𐤏𐤁𐤅𐤓 𐤇𐤅𐤔𐤉 𐤁𐤉•
𐤂 𐤌𐤅𐤎𐤓 𐤊𐤋𐤌𐤕𐤉 𐤀𐤔𐤌𐤏 𐤅𐤓𐤅𐤇 𐤌𐤁𐤉𐤍𐤕𐤉 𐤉𐤏𐤍𐤍𐤉•
𐤃 𐤄𐤆𐤀𐤕 𐤉𐤃𐤏𐤕 𐤌𐤍𐤉 𐤏𐤃 𐤌𐤍𐤉 𐤔𐤉𐤌 𐤀𐤃𐤌 𐤏𐤋𐤉 𐤀𐤓𐤑•
𐤄 𐤊𐤉 𐤓𐤍𐤍𐤕 𐤓𐤔𐤏𐤉𐤌 𐤌𐤒𐤓𐤅𐤁 𐤅𐤔𐤌𐤇𐤕 𐤇𐤍𐤐 𐤏𐤃𐤉 𐤓𐤂𐤏•
𐤅 𐤀𐤌 𐤉𐤏𐤋𐤄 𐤋𐤔𐤌𐤉𐤌 𐤔𐤉𐤀𐤅 𐤅𐤓𐤀𐤔𐤅 𐤋𐤏𐤁 𐤉𐤂𐤉𐤏•
𐤆 𐤊𐤂𐤋𐤋𐤅 𐤋𐤍𐤑𐤇 𐤉𐤀𐤁𐤃 𐤓𐤀𐤉𐤅 𐤉𐤀𐤌𐤓𐤅 𐤀𐤉𐤅•
𐤇 𐤊𐤇𐤋𐤅𐤌 𐤉𐤏𐤅𐤐 𐤅𐤋𐤀 𐤉𐤌𐤑𐤀𐤄𐤅 𐤅𐤉𐤃𐤃 𐤊𐤇𐤆𐤉𐤅𐤍 𐤋𐤉𐤋𐤄•
𐤈 𐤏𐤉𐤍 𐤔𐤆𐤐𐤕𐤅 𐤅𐤋𐤀 𐤕𐤅𐤎𐤉𐤐 𐤅𐤋𐤀 𐤏𐤅𐤃 𐤕𐤔𐤅𐤓𐤍𐤅 𐤌𐤒𐤅𐤌𐤅•
𐤉 𐤁𐤍𐤉𐤅 𐤉𐤓𐤑𐤅 𐤃𐤋𐤉𐤌 𐤅𐤉𐤃𐤉𐤅 𐤕𐤔𐤁𐤍𐤄 𐤀𐤅𐤍𐤅•
𐤉𐤀 𐤏𐤑𐤌𐤅𐤕𐤉𐤅 𐤌𐤋𐤀𐤅 𐤏𐤋𐤅𐤌𐤅 [𐤏𐤋𐤌𐤅] 𐤅𐤏𐤌𐤅 𐤏𐤋 𐤏𐤐𐤓 𐤕𐤔𐤊𐤁•
𐤉𐤁 𐤀𐤌 𐤕𐤌𐤕𐤉𐤒 𐤁𐤐𐤉𐤅 𐤓𐤏𐤄 𐤉𐤊𐤇𐤉𐤃𐤍𐤄 𐤕𐤇𐤕 𐤋𐤔𐤅𐤍𐤅•
𐤉𐤂 𐤉𐤇𐤌𐤋 𐤏𐤋𐤉𐤄 𐤅𐤋𐤀 𐤉𐤏𐤆𐤁𐤍𐤄 𐤅𐤉𐤌𐤍𐤏𐤍𐤄 𐤁𐤕𐤅𐤊 𐤇𐤊𐤅•
𐤉𐤃 𐤋𐤇𐤌𐤅 𐤁𐤌𐤏𐤉𐤅 𐤍𐤄𐤐𐤊 𐤌𐤓𐤅𐤓𐤕 𐤐𐤕𐤍𐤉𐤌 𐤁𐤒𐤓𐤁𐤅•
𐤈𐤅 𐤇𐤉𐤋 𐤁𐤋𐤏 𐤅𐤉𐤒𐤀𐤍𐤅 𐤌𐤁𐤈𐤍𐤅 𐤉𐤓𐤔𐤍𐤅 𐤀𐤋•
𐤈𐤆 𐤓𐤀𐤔 𐤐𐤕𐤍𐤉𐤌 𐤉𐤉𐤍𐤒 𐤕𐤄𐤓𐤂𐤄𐤅 𐤋𐤔𐤅𐤍 𐤀𐤐𐤏𐤄•
𐤉𐤆 𐤀𐤋 𐤉𐤓𐤀 𐤁𐤐𐤋𐤂𐤅𐤕 𐤍𐤄𐤓𐤉 𐤍𐤇𐤋𐤉 𐤃𐤁𐤔 𐤅𐤇𐤌𐤀𐤄•
𐤉𐤇 𐤌𐤔𐤉𐤁 𐤉𐤂𐤏 𐤅𐤋𐤀 𐤉𐤁𐤋𐤏 𐤊𐤇𐤉𐤋 𐤕𐤌𐤅𐤓𐤕𐤅 𐤅𐤋𐤀 𐤉𐤏𐤋𐤎•
𐤉𐤈 𐤊𐤉 𐤓𐤑𐤑 𐤏𐤆𐤁 𐤃𐤋𐤉𐤌 𐤁𐤉𐤕 𐤂𐤆𐤋 𐤅𐤋𐤀 𐤉𐤁𐤍𐤄𐤅•
𐤊 𐤊𐤉 𐤋𐤀 𐤉𐤃𐤏 𐤔𐤋𐤅 𐤁𐤁𐤈𐤍𐤅 𐤁𐤇𐤌𐤅𐤃𐤅 𐤋𐤀 𐤉𐤌𐤋𐤈•
𐤊𐤀 𐤀𐤉𐤍 𐤔𐤓𐤉𐤃 𐤋𐤀𐤊𐤋𐤅 𐤏𐤋 𐤊𐤍 𐤋𐤀 𐤉𐤇𐤉𐤋 𐤈𐤅𐤁𐤅•
𐤊𐤁 𐤁𐤌𐤋𐤀𐤅𐤕 𐤔𐤐𐤒𐤅 𐤉𐤑𐤓 𐤋𐤅 𐤊𐤋 𐤉𐤃 𐤏𐤌𐤋 𐤕𐤁𐤅𐤀𐤍𐤅•

𐤊𐤂 𐤉𐤄𐤉 𐤋𐤌𐤋𐤀 𐤁𐤈𐤍𐤅 𐤉𐤔𐤋𐤇 𐤁𐤅 𐤇𐤓𐤅𐤍 𐤀𐤐𐤅 𐤅𐤉𐤌𐤈𐤓 𐤏𐤋𐤉𐤌𐤅
𐤁𐤋𐤇𐤅𐤌𐤅•
𐤊𐤃 𐤉𐤁𐤓𐤇 𐤌𐤍𐤔𐤒 𐤁𐤓𐤆𐤋 𐤕𐤇𐤋𐤐𐤄𐤅 𐤒𐤔𐤕 𐤍𐤇𐤅𐤔𐤄•
𐤊𐤄 𐤔𐤋𐤐 𐤅𐤉𐤑𐤀 𐤌𐤂𐤅𐤄 𐤅𐤁𐤓𐤒 𐤌𐤌𐤓𐤓𐤕𐤅 𐤉𐤄𐤋𐤊 𐤏𐤋𐤉𐤅 𐤀𐤌𐤉𐤌•
𐤊𐤅 𐤊𐤋 𐤇𐤔𐤊 𐤈𐤌𐤅𐤍 𐤋𐤑𐤐𐤅𐤍𐤉𐤅 𐤕𐤀𐤊𐤋𐤄𐤅 𐤀𐤔 𐤋𐤀 𐤍𐤐𐤇 𐤉𐤓𐤏 𐤔𐤓𐤉𐤃
𐤁𐤀𐤄𐤋𐤅•
𐤊𐤆 𐤉𐤂𐤋𐤅 𐤔𐤌𐤉𐤌 𐤏𐤅𐤍𐤅 𐤅𐤀𐤓𐤑 𐤌𐤕𐤒𐤅𐤌𐤌𐤄 𐤋𐤅•
𐤊𐤇 𐤉𐤂𐤋 𐤉𐤁𐤅𐤋 𐤁𐤉𐤕𐤅 𐤍𐤂𐤓𐤅𐤕 𐤁𐤉𐤅𐤌 𐤀𐤐𐤅•
𐤊𐤈 𐤆𐤄 𐤇𐤋𐤒 𐤀𐤃𐤌 𐤓𐤔𐤏 𐤌𐤀𐤋𐤄𐤉𐤌 𐤅𐤍𐤇𐤋𐤕 𐤀𐤌𐤓𐤅 𐤌𐤀𐤋•

## 𐤐𐤓𐤒 𐤊𐤀

𐤀 𐤅𐤉𐤏𐤍 𐤀𐤉𐤅𐤁 𐤅𐤉𐤀𐤌𐤓•
𐤁 𐤔𐤌𐤏𐤅 𐤔𐤌𐤅𐤏 𐤌𐤋𐤕𐤉 𐤅𐤕𐤄𐤉 𐤆𐤀𐤕 𐤕𐤍𐤇𐤅𐤌𐤕𐤉𐤊𐤌•
𐤂 𐤔𐤀𐤅𐤍𐤉 𐤅𐤀𐤍𐤊𐤉 𐤀𐤃𐤁𐤓 𐤅𐤀𐤇𐤓 𐤃𐤁𐤓𐤉 𐤕𐤋𐤏𐤉𐤂•
𐤃 𐤄𐤀𐤍𐤊𐤉 𐤋𐤀𐤃𐤌 𐤔𐤉𐤇𐤉 𐤅𐤀𐤌 𐤌𐤃𐤅𐤏 𐤋𐤀 𐤕𐤒𐤑𐤓 𐤓𐤅𐤇𐤉•
𐤄 𐤐𐤍𐤅 𐤀𐤋𐤉 𐤅𐤄𐤔𐤌𐤅 𐤅𐤔𐤉𐤌𐤅 𐤉𐤃 𐤏𐤋 𐤐𐤄•
𐤅 𐤅𐤀𐤌 𐤆𐤊𐤓𐤕𐤉 𐤅𐤍𐤁𐤄𐤋𐤕𐤉 𐤅𐤀𐤇𐤆 𐤁𐤔𐤓𐤉 𐤐𐤋𐤑𐤅𐤕•
𐤆 𐤌𐤃𐤅𐤏 𐤓𐤔𐤏𐤉𐤌 𐤉𐤇𐤉𐤅 𐤏𐤕𐤒𐤅 𐤂𐤌 𐤂𐤁𐤓𐤅 𐤇𐤉𐤋•
𐤇 𐤆𐤓𐤏𐤌 𐤍𐤊𐤅𐤍 𐤋𐤐𐤍𐤉𐤄𐤌 𐤏𐤌𐤌 𐤅𐤑𐤀𐤑𐤀𐤉𐤄𐤌 𐤋𐤏𐤉𐤍𐤉𐤄𐤌•
𐤈 𐤁𐤕𐤉𐤄𐤌 𐤔𐤋𐤅𐤌 𐤌𐤐𐤇𐤃 𐤅𐤋𐤀 𐤔𐤁𐤈 𐤀𐤋𐤅𐤄 𐤏𐤋𐤉𐤄𐤌•
𐤉 𐤔𐤅𐤓𐤅 𐤏𐤁𐤓 𐤅𐤋𐤀 𐤉𐤂𐤏𐤋 𐤕𐤐𐤋𐤈 𐤐𐤓𐤕𐤅 𐤅𐤋𐤀 𐤕𐤔𐤊𐤋•
𐤉𐤀 𐤉𐤔𐤋𐤇𐤅 𐤊𐤑𐤀𐤍 𐤏𐤅𐤉𐤋𐤉𐤄𐤌 𐤅𐤉𐤋𐤃𐤉𐤄𐤌 𐤉𐤓𐤒𐤃𐤅𐤍•
𐤉𐤁 𐤉𐤔𐤀𐤅 𐤊𐤕𐤐 𐤅𐤊𐤍𐤅𐤓 𐤅𐤉𐤔𐤌𐤇𐤅 𐤋𐤒𐤅𐤋 𐤏𐤅𐤂𐤁•
𐤉𐤂 𐤉𐤁𐤋𐤅 [𐤉𐤊𐤋𐤅] 𐤁𐤈𐤅𐤁 𐤉𐤌𐤉𐤄𐤌 𐤅𐤁𐤓𐤂𐤏 𐤔𐤀𐤅𐤋 𐤉𐤇𐤕𐤅•
𐤉𐤃 𐤅𐤉𐤀𐤌𐤓𐤅 𐤋𐤀𐤋 𐤎𐤅𐤓 𐤌𐤌𐤍𐤅 𐤅𐤃𐤏𐤕 𐤃𐤓𐤊𐤉𐤊 𐤋𐤀 𐤇𐤐𐤑𐤍𐤅•
𐤈𐤅 𐤌𐤄 𐤔𐤃𐤉 𐤊𐤉 𐤍𐤏𐤁𐤃𐤍𐤅 𐤅𐤌𐤄 𐤍𐤅𐤏𐤉𐤋 𐤊𐤉 𐤍𐤐𐤂𐤏 𐤁𐤅•
𐤈𐤆 𐤄𐤍 𐤋𐤀 𐤁𐤉𐤃𐤌 𐤈𐤅𐤁𐤌 𐤏𐤑𐤕 𐤓𐤔𐤏𐤉𐤌 𐤓𐤇𐤒𐤄 𐤌𐤍𐤉•
𐤉𐤆 𐤊𐤌𐤄 𐤍𐤓 𐤓𐤔𐤏𐤉𐤌 𐤉𐤃𐤏𐤊 𐤅𐤉𐤁𐤀 𐤏𐤋𐤉𐤌𐤅 𐤀𐤉𐤃𐤌 𐤇𐤁𐤋𐤉𐤌 𐤉𐤇𐤋𐤒
𐤁𐤀𐤐𐤅•
𐤉𐤇 𐤉𐤄𐤉𐤅 𐤊𐤕𐤁𐤍 𐤋𐤐𐤍𐤉 𐤓𐤅𐤇 𐤅𐤊𐤌𐤑 𐤂𐤍𐤁𐤕𐤅 𐤎𐤅𐤐𐤄•
𐤉𐤈 𐤀𐤋𐤅𐤄 𐤉𐤑𐤐𐤍 𐤋𐤁𐤍𐤉𐤅 𐤀𐤅𐤍𐤅 𐤉𐤔𐤋𐤌 𐤀𐤋𐤉𐤅 𐤅𐤉𐤃𐤏•
𐤊 𐤉𐤓𐤀𐤅 𐤏𐤉𐤍𐤅 [𐤏𐤉𐤍𐤉𐤅] 𐤊𐤉𐤃𐤅 𐤅𐤌𐤇𐤌𐤕 𐤔𐤃𐤉 𐤉𐤔𐤕𐤄•
𐤊𐤀 𐤊𐤉 𐤌𐤄 𐤇𐤐𐤑𐤅 𐤁𐤁𐤉𐤕𐤅 𐤀𐤇𐤓𐤉𐤅 𐤅𐤌𐤎𐤐𐤓 𐤇𐤃𐤔𐤉𐤅 𐤇𐤑𐤑𐤅•

𐤊𐤁 𐤄𐤋𐤀𐤋 𐤉𐤋𐤌𐤃 𐤃𐤏𐤕 𐤅𐤄𐤅𐤀 𐤓𐤌𐤉𐤌 𐤉𐤔𐤐𐤅𐤈.
𐤊𐤂 𐤆𐤄 𐤉𐤌𐤅𐤕 𐤁𐤏𐤑𐤌 𐤕𐤌𐤅 𐤊𐤋𐤅 𐤔𐤋𐤀𐤍𐤍 𐤅𐤔𐤋𐤉𐤅.
𐤊𐤃 𐤏𐤈𐤉𐤍𐤉𐤅 𐤌𐤋𐤀𐤅 𐤇𐤋𐤁 𐤅𐤌𐤇 𐤏𐤑𐤌𐤅𐤕𐤉𐤅 𐤉𐤔𐤒𐤄.
𐤊𐤄 𐤅𐤆𐤄 𐤉𐤌𐤅𐤕 𐤁𐤍𐤐𐤔 𐤌𐤓𐤄 𐤅𐤋𐤀 𐤀𐤊𐤋 𐤁𐤈𐤅𐤁𐤄.
𐤊𐤅 𐤉𐤇𐤃 𐤏𐤋 𐤏𐤐𐤓 𐤉𐤔𐤊𐤁𐤅 𐤅𐤓𐤌𐤄 𐤕𐤊𐤎𐤄 𐤏𐤋𐤉𐤄𐤌.
𐤊𐤆 𐤄𐤍 𐤉𐤃𐤏𐤕𐤉 𐤌𐤇𐤔𐤁𐤅𐤕𐤉𐤊𐤌 𐤅𐤌𐤆𐤌𐤅𐤕 𐤏𐤋𐤉 𐤕𐤇𐤌𐤎𐤅.
𐤊𐤇 𐤊𐤉 𐤕𐤀𐤌𐤓𐤅 𐤀𐤉𐤄 𐤁𐤉𐤕 𐤍𐤃𐤉𐤁 𐤅𐤀𐤉𐤄 𐤀𐤄𐤋 𐤌𐤔𐤊𐤍𐤅𐤕 𐤓𐤔𐤏𐤉𐤌.
𐤊𐤈 𐤄𐤋𐤀 𐤔𐤀𐤋𐤕𐤌 𐤏𐤅𐤁𐤓𐤉 𐤃𐤓𐤊 𐤅𐤀𐤕𐤕𐤌 𐤋𐤀 𐤕𐤍𐤊𐤓𐤅.
𐤋 𐤊𐤉 𐤋𐤉𐤅𐤌 𐤀𐤉𐤃 𐤉𐤇𐤔𐤊 𐤓𐤏 𐤋𐤉𐤅𐤌 𐤏𐤁𐤓𐤅𐤕 𐤉𐤅𐤁𐤋𐤅.
𐤋𐤀 𐤌𐤉 𐤉𐤂𐤉𐤃 𐤏𐤋 𐤐𐤍𐤉𐤅 𐤃𐤓𐤊𐤅 𐤅𐤄𐤅𐤀 𐤏𐤔𐤄 𐤌𐤉 𐤉𐤔𐤋𐤌 𐤋𐤅.
𐤋𐤁 𐤅𐤄𐤅𐤀 𐤋𐤒𐤁𐤓𐤅𐤕 𐤉𐤅𐤁𐤋 𐤅𐤏𐤋 𐤂𐤃𐤉𐤔 𐤉𐤔𐤒𐤅𐤃.
𐤋𐤂 𐤌𐤕𐤒𐤅 𐤋𐤅 𐤓𐤂𐤁𐤉 𐤍𐤇𐤋 𐤅𐤀𐤇𐤓𐤉𐤅 𐤊𐤋 𐤀𐤃𐤌 𐤉𐤌𐤔𐤅𐤊 𐤅𐤋𐤐𐤍𐤉𐤅 𐤀𐤉𐤍
𐤌𐤎𐤐𐤓.
𐤋𐤃 𐤅𐤀𐤉𐤊 𐤕𐤍𐤇𐤌𐤅𐤍𐤉 𐤄𐤁𐤋 𐤅𐤕𐤔𐤅𐤁𐤕𐤉𐤊𐤌 𐤍𐤔𐤀𐤓 𐤌𐤏𐤋.

## 𐤐𐤓𐤒 𐤊𐤁

𐤀 𐤅𐤉𐤏𐤍 𐤀𐤋𐤉𐤐𐤆 𐤄𐤕𐤉𐤌𐤍𐤉 𐤅𐤉𐤀𐤌𐤓.
𐤁 𐤄𐤋𐤀𐤋 𐤉𐤎𐤊𐤍 𐤂𐤁𐤓 𐤊𐤉 𐤉𐤎𐤊𐤍 𐤏𐤋𐤉𐤌𐤅 𐤌𐤔𐤊𐤉𐤋.
𐤂 𐤄𐤇𐤐𐤑 𐤋𐤔𐤃𐤉 𐤊𐤉 𐤕𐤑𐤃𐤒 𐤅𐤀𐤌 𐤁𐤑𐤏 𐤊𐤉 𐤕𐤕𐤌 𐤃𐤓𐤊𐤉𐤊.
𐤃 𐤄𐤌𐤉𐤓𐤀𐤕𐤊 𐤉𐤊𐤉𐤇𐤊 𐤉𐤁𐤅𐤀 𐤏𐤌𐤊 𐤁𐤌𐤔𐤐𐤈.
𐤄 𐤄𐤋𐤀 𐤓𐤏𐤕𐤊 𐤓𐤁𐤄 𐤅𐤀𐤉𐤍 𐤒𐤑 𐤋𐤏𐤅𐤍𐤕𐤉𐤊.
𐤅 𐤊𐤉 𐤕𐤇𐤁𐤋 𐤀𐤇𐤉𐤊 𐤇𐤍𐤌 𐤅𐤁𐤂𐤃𐤉 𐤏𐤓𐤅𐤌𐤉𐤌 𐤕𐤐𐤔𐤉𐤈.
𐤆 𐤋𐤀 𐤌𐤉𐤌 𐤏𐤉𐤐 𐤕𐤔𐤒𐤄 𐤅𐤌𐤓𐤏𐤁 𐤕𐤌𐤍𐤏 𐤋𐤇𐤌.
𐤇 𐤅𐤀𐤉𐤔 𐤆𐤓𐤅𐤏 𐤋𐤅 𐤄𐤀𐤓𐤑 𐤅𐤍𐤔𐤅𐤀 𐤐𐤍𐤉𐤌 𐤉𐤔𐤁 𐤁𐤄.
𐤈 𐤀𐤋𐤌𐤍𐤅𐤕 𐤔𐤋𐤇𐤕 𐤓𐤉𐤒𐤌 𐤅𐤆𐤓𐤏𐤅𐤕 𐤉𐤕𐤌𐤉𐤌 𐤉𐤃𐤊𐤀.
𐤉 𐤏𐤋 𐤊𐤍 𐤎𐤁𐤉𐤁𐤅𐤕𐤉𐤊 𐤐𐤇𐤉𐤌 𐤅𐤉𐤁𐤄𐤋𐤊 𐤐𐤇𐤃 𐤐𐤕𐤀𐤌.
𐤉𐤀 𐤀𐤅 𐤇𐤔𐤊 𐤋𐤀 𐤕𐤓𐤀𐤄 𐤅𐤔𐤐𐤏𐤕 𐤌𐤉𐤌 𐤕𐤊𐤎𐤊.
𐤉𐤁 𐤄𐤋𐤀 𐤀𐤋𐤅𐤄 𐤂𐤁𐤄 𐤔𐤌𐤉𐤌 𐤅𐤓𐤀𐤄 𐤓𐤀𐤔 𐤊𐤅𐤊𐤁𐤉𐤌 𐤊𐤉 𐤓𐤌𐤅.
𐤉𐤂 𐤅𐤀𐤌𐤓𐤕 𐤌𐤄 𐤉𐤃𐤏 𐤀𐤋 𐤄𐤁𐤏𐤃 𐤏𐤓𐤐𐤋 𐤉𐤔𐤐𐤅𐤈.
𐤉𐤃 𐤏𐤁𐤉𐤌 𐤎𐤕𐤓 𐤋𐤅 𐤅𐤋𐤀 𐤉𐤓𐤀𐤄 𐤅𐤇𐤅𐤂 𐤔𐤌𐤉𐤌 𐤉𐤕𐤄𐤋𐤊.
𐤈𐤅 𐤄𐤀𐤓𐤇 𐤏𐤅𐤋𐤌 𐤕𐤔𐤌𐤓 𐤀𐤔𐤓 𐤃𐤓𐤊𐤅 𐤌𐤕𐤉 𐤀𐤅𐤍.
𐤈𐤆 𐤀𐤔𐤓 𐤒𐤌𐤈𐤅 𐤅𐤋𐤀 𐤏𐤕 𐤍𐤄𐤓 𐤉𐤅𐤑𐤒 𐤉𐤎𐤅𐤃𐤌.
𐤉𐤆 𐤄𐤀𐤌𐤓𐤉𐤌 𐤋𐤀𐤋 𐤎𐤅𐤓 𐤌𐤌𐤍𐤅 𐤅𐤌𐤄 𐤉𐤐𐤏𐤋 𐤔𐤃𐤉 𐤋𐤌𐤅.

# 𐤀𐤉𐤅𐤁

𐤉𐤇 𐤅𐤄𐤅𐤀 𐤌𐤋𐤀 𐤁𐤕𐤉𐤄𐤌 𐤈𐤅𐤁 𐤅𐤏𐤑𐤕 𐤓𐤔𐤏𐤉𐤌 𐤓𐤇𐤒𐤄 𐤌𐤍𐤉•

𐤉𐤈 𐤉𐤓𐤀𐤅 𐤑𐤃𐤉𐤒𐤉𐤌 𐤅𐤉𐤔𐤌𐤇𐤅 𐤅𐤍𐤒𐤉 𐤉𐤋𐤏𐤂 𐤋𐤌𐤅•

𐤊 𐤀𐤌 𐤋𐤀 𐤍𐤊𐤇𐤃 𐤒𐤉𐤌𐤍𐤅 𐤅𐤉𐤕𐤓𐤌 𐤀𐤊𐤋𐤄 𐤀𐤔•

𐤊𐤀 𐤄𐤎𐤊𐤍 𐤍𐤀 𐤏𐤌𐤅 𐤅𐤔𐤋𐤌 𐤁𐤄𐤌 𐤕𐤁𐤅𐤀𐤕𐤊 𐤈𐤅𐤁𐤄•

𐤊𐤁 𐤒𐤇 𐤍𐤀 𐤌𐤐𐤉𐤅 𐤕𐤅𐤓𐤄 𐤅𐤔𐤉𐤌 𐤀𐤌𐤓𐤉𐤅 𐤁𐤋𐤁𐤁𐤊•

𐤊𐤂 𐤀𐤌 𐤕𐤔𐤅𐤁 𐤏𐤃 𐤔𐤃𐤉 𐤕𐤁𐤍𐤄 𐤕𐤓𐤇𐤉𐤒 𐤏𐤅𐤋𐤄 𐤌𐤀𐤄𐤋𐤊•

𐤊𐤃 𐤅𐤔𐤉𐤕 𐤏𐤋 𐤏𐤐𐤓 𐤁𐤑𐤓 𐤅𐤁𐤑𐤅𐤓 𐤍𐤇𐤋𐤉𐤌 𐤀𐤅𐤐𐤉𐤓•

𐤊𐤄 𐤅𐤄𐤉𐤄 𐤔𐤃𐤉 𐤁𐤑𐤓𐤉𐤊 𐤅𐤊𐤎𐤐 𐤕𐤅𐤏𐤐𐤅𐤕 𐤋𐤊•

𐤊𐤅 𐤊𐤉 𐤀𐤆 𐤏𐤋 𐤔𐤃𐤉 𐤕𐤕𐤏𐤍𐤂 𐤅𐤕𐤔𐤀 𐤀𐤋 𐤀𐤋𐤅𐤄 𐤐𐤍𐤉𐤊•

𐤊𐤆 𐤕𐤏𐤕𐤉𐤓 𐤀𐤋𐤉𐤅 𐤅𐤉𐤔𐤌𐤏𐤊 𐤅𐤍𐤃𐤓𐤉𐤊 𐤕𐤔𐤋𐤌•

𐤊𐤇 𐤅𐤕𐤂𐤆𐤓 𐤀𐤌𐤓 𐤅𐤉𐤒𐤌 𐤋𐤊 𐤅𐤏𐤋 𐤃𐤓𐤊𐤉𐤊 𐤍𐤂𐤄 𐤀𐤅𐤓•

𐤊𐤈 𐤊𐤉 𐤄𐤔𐤐𐤉𐤋𐤅 𐤅𐤕𐤀𐤌𐤓 𐤂𐤅𐤄 𐤅𐤔𐤇 𐤏𐤉𐤍𐤉𐤌 𐤉𐤅𐤔𐤏•

𐤋 𐤉𐤌𐤋𐤈 𐤀𐤉 𐤍𐤒𐤉 𐤅𐤍𐤌𐤋𐤈 𐤁𐤁𐤓 𐤊𐤐𐤉𐤊•

## 𐤐𐤓𐤒 𐤊𐤂

𐤀 𐤅𐤉𐤏𐤍 𐤀𐤉𐤅𐤁 𐤅𐤉𐤀𐤌𐤓•

𐤁 𐤂𐤌 𐤄𐤉𐤅𐤌 𐤌𐤓𐤉 𐤔𐤇𐤉 𐤉𐤃𐤉 𐤊𐤁𐤃𐤄 𐤏𐤋 𐤀𐤍𐤇𐤕𐤉•

𐤂 𐤌𐤉 𐤉𐤕𐤍 𐤉𐤃𐤏𐤕𐤉 𐤅𐤀𐤌𐤑𐤀𐤄𐤅 𐤀𐤁𐤅𐤀 𐤏𐤃 𐤕𐤊𐤅𐤍𐤕𐤅•

𐤃 𐤀𐤏𐤓𐤊𐤄 𐤋𐤐𐤍𐤉𐤅 𐤌𐤔𐤐𐤈 𐤅𐤐𐤉 𐤀𐤌𐤋𐤀 𐤕𐤅𐤊𐤇𐤅𐤕•

𐤄 𐤀𐤃𐤏𐤄 𐤌𐤋𐤉𐤌 𐤉𐤏𐤍𐤍𐤉 𐤅𐤀𐤁𐤉𐤍𐤄 𐤌𐤄 𐤉𐤀𐤌𐤓 𐤋𐤉•

𐤅 𐤄𐤁𐤓𐤁 𐤊𐤇 𐤉𐤓𐤉𐤁 𐤏𐤌𐤃𐤉 𐤋𐤀 𐤀𐤊 𐤄𐤅𐤀 𐤉𐤔𐤌 𐤁𐤉•

𐤆 𐤔𐤌 𐤉𐤔𐤓 𐤍𐤅𐤊𐤇 𐤏𐤌𐤅 𐤅𐤀𐤐𐤋𐤈𐤄 𐤋𐤍𐤑𐤇 𐤌𐤔𐤐𐤈𐤉•

𐤇 𐤄𐤍 𐤒𐤃𐤌 𐤀𐤄𐤋𐤊 𐤅𐤀𐤉𐤍𐤍𐤅 𐤅𐤀𐤇𐤅𐤓 𐤅𐤋𐤀 𐤀𐤁𐤉𐤍 𐤋𐤅•

𐤈 𐤔𐤌𐤀𐤅𐤋 𐤁𐤏𐤔𐤕𐤅 𐤅𐤋𐤀 𐤀𐤇𐤆 𐤉𐤏𐤈𐤐 𐤉𐤌𐤉𐤍 𐤅𐤋𐤀 𐤀𐤓𐤀𐤄•

𐤉 𐤊𐤉 𐤉𐤃𐤏 𐤃𐤓𐤊 𐤏𐤌𐤃𐤉 𐤁𐤇𐤍𐤍𐤉 𐤊𐤆𐤄𐤁 𐤀𐤑𐤀•

𐤉𐤀 𐤁𐤀𐤔𐤓𐤅 𐤀𐤇𐤆𐤄 𐤓𐤂𐤋𐤉 𐤃𐤓𐤊𐤅 𐤔𐤌𐤓𐤕𐤉 𐤅𐤋𐤀 𐤀𐤈•

𐤉𐤁 𐤌𐤑𐤅𐤕 𐤔𐤐𐤕𐤉𐤅 𐤅𐤋𐤀 𐤀𐤌𐤉𐤔 𐤌𐤇𐤒𐤉 𐤑𐤐𐤍𐤕𐤉 𐤀𐤌𐤓𐤉 𐤐𐤉𐤅•

𐤉𐤂 𐤅𐤄𐤅𐤀 𐤁𐤀𐤇𐤃 𐤅𐤌𐤉 𐤉𐤔𐤉𐤁𐤍𐤅 𐤅𐤍𐤐𐤔𐤅 𐤀𐤅𐤕𐤄 𐤅𐤉𐤏𐤔•

𐤉𐤃 𐤊𐤉 𐤉𐤔𐤋𐤉𐤌 𐤇𐤒𐤉 𐤅𐤊𐤄𐤍𐤄 𐤓𐤁𐤅𐤕 𐤏𐤌𐤅•

𐤈𐤅 𐤏𐤋 𐤊𐤍 𐤌𐤐𐤍𐤉𐤅 𐤀𐤁𐤄𐤋 𐤀𐤕𐤁𐤅𐤍𐤍 𐤅𐤀𐤐𐤇𐤃 𐤌𐤌𐤍𐤅•

𐤈𐤆 𐤅𐤀𐤋 𐤄𐤓𐤊 𐤋𐤁𐤉 𐤅𐤔𐤃𐤉 𐤄𐤁𐤄𐤉𐤋𐤍𐤉•

𐤉𐤆 𐤊𐤉 𐤋𐤀 𐤍𐤑𐤌𐤕𐤉 𐤌𐤐𐤍𐤉 𐤇𐤔𐤊 𐤅𐤌𐤐𐤍𐤉 𐤊𐤎𐤄 𐤀𐤐𐤋•

# 𐤀𐤉𐤅𐤁

𐤐𐤓𐤒 𐤊𐤃

𐤀 𐤌𐤃𐤅𐤏 𐤌𐤔𐤃𐤉 𐤋𐤀 𐤍𐤑𐤐𐤍𐤅 𐤏𐤕𐤉𐤌 𐤅𐤉𐤃𐤏𐤅 [𐤅𐤉𐤃𐤏𐤉𐤅] 𐤋𐤀 𐤇𐤆𐤅
𐤉𐤌𐤉𐤅•
𐤁 𐤂𐤁𐤋𐤅𐤕 𐤉𐤔𐤉𐤂𐤅 𐤏𐤃𐤓 𐤂𐤆𐤋𐤅 𐤅𐤉𐤓𐤏𐤅•
𐤂 𐤇𐤌𐤅𐤓 𐤉𐤕𐤅𐤌𐤉𐤌 𐤉𐤍𐤄𐤂𐤅 𐤉𐤇𐤁𐤋𐤅 𐤔𐤅𐤓 𐤀𐤋𐤌𐤍𐤄•
𐤃 𐤉𐤈𐤅 𐤀𐤁𐤉𐤅𐤍𐤉𐤌 𐤌𐤃𐤓𐤊 𐤉𐤇𐤃 𐤇𐤁𐤀𐤅 𐤏𐤍𐤅𐤉 [𐤏𐤍𐤉𐤉] 𐤀𐤓𐤑•
𐤄 𐤄𐤍 𐤐𐤓𐤀𐤉𐤌 𐤁𐤌𐤃𐤁𐤓 𐤉𐤑𐤀𐤅 𐤁𐤐𐤏𐤋𐤌 𐤌𐤔𐤇𐤓𐤉 𐤋𐤈𐤓𐤐 𐤏𐤓𐤁𐤄 𐤋𐤅 𐤋𐤇𐤌
𐤋𐤍𐤏𐤓𐤉𐤌•
𐤅 𐤁𐤔𐤃𐤄 𐤁𐤋𐤉𐤋𐤅 𐤉𐤒𐤑𐤉𐤓𐤅 [𐤉𐤒𐤑𐤅𐤓𐤅] 𐤅𐤊𐤓𐤌 𐤓𐤔𐤏 𐤉𐤋𐤒𐤔𐤅•
𐤆 𐤏𐤓𐤅𐤌 𐤉𐤋𐤉𐤍𐤅 𐤌𐤁𐤋𐤉 𐤋𐤁𐤅𐤔 𐤅𐤀𐤉𐤍 𐤊𐤎𐤅𐤕 𐤁𐤒𐤓𐤄•
𐤇 𐤌𐤆𐤓𐤌 𐤄𐤓𐤉𐤌 𐤉𐤓𐤈𐤁𐤅 𐤅𐤌𐤁𐤋𐤉 𐤌𐤇𐤎𐤄 𐤇𐤁𐤒𐤅 𐤑𐤅𐤓•
𐤈 𐤉𐤂𐤆𐤋𐤅 𐤌𐤔𐤃 𐤉𐤕𐤅𐤌 𐤅𐤏𐤋 𐤏𐤍𐤉 𐤉𐤇𐤁𐤋𐤅•
𐤉 𐤏𐤓𐤅𐤌 𐤄𐤋𐤊𐤅 𐤁𐤋𐤉 𐤋𐤁𐤅𐤔 𐤅𐤓𐤏𐤁𐤉𐤌 𐤍𐤔𐤀𐤅 𐤏𐤌𐤓•
𐤉𐤀 𐤁𐤉𐤍 𐤔𐤅𐤓𐤕𐤌 𐤉𐤑𐤄𐤉𐤓𐤅 𐤉𐤒𐤁𐤉𐤌 𐤃𐤓𐤊𐤅 𐤅𐤉𐤑𐤌𐤀𐤅•
𐤉𐤁 𐤌𐤏𐤉𐤓 𐤌𐤕𐤉𐤌 𐤉𐤍𐤀𐤒𐤅 𐤅𐤍𐤐𐤔 𐤇𐤋𐤋𐤉𐤌 𐤕𐤔𐤅𐤏 𐤅𐤀𐤋𐤅𐤄 𐤋𐤀 𐤉𐤔𐤉𐤌
𐤕𐤐𐤋𐤄•
𐤉𐤂 𐤄𐤌𐤄 𐤄𐤉𐤅 𐤁𐤌𐤓𐤃𐤉 𐤀𐤅𐤓 𐤋𐤀 𐤄𐤊𐤉𐤓𐤅 𐤃𐤓𐤊𐤉𐤅 𐤅𐤋𐤀 𐤉𐤔𐤁𐤅
𐤁𐤍𐤕𐤉𐤁𐤕𐤉𐤅•
𐤉𐤃 𐤋𐤀𐤅𐤓 𐤉𐤒𐤅𐤌 𐤓𐤅𐤑𐤇 𐤉𐤒𐤈𐤋 𐤏𐤍𐤉 𐤅𐤀𐤁𐤉𐤅𐤍 𐤅𐤁𐤋𐤉𐤋𐤄 𐤉𐤄𐤉 𐤊𐤂𐤍𐤁•
𐤈𐤅 𐤅𐤏𐤉𐤍 𐤍𐤀𐤐 𐤔𐤌𐤓𐤄 𐤍𐤔𐤐 𐤋𐤀𐤌𐤓 𐤋𐤀 𐤕𐤔𐤅𐤓𐤍𐤉 𐤏𐤉𐤍 𐤅𐤎𐤕𐤓 𐤐𐤍𐤉𐤌
𐤉𐤔𐤉𐤌•
𐤈𐤆 𐤇𐤕𐤓 𐤁𐤇𐤔𐤊 𐤁𐤕𐤉𐤌 𐤉𐤅𐤌𐤌 𐤇𐤕𐤌𐤅 𐤋𐤌𐤅 𐤋𐤀 𐤉𐤃𐤏𐤅 𐤀𐤅𐤓•
𐤉𐤆 𐤊𐤉 𐤉𐤇𐤃𐤅 𐤁𐤒𐤓 𐤋𐤌𐤅 𐤑𐤋𐤌𐤅𐤕 𐤊𐤉 𐤉𐤊𐤉𐤓 𐤁𐤋𐤄𐤅𐤕 𐤑𐤋𐤌𐤅𐤕•
𐤉𐤇 𐤒𐤋 𐤄𐤅𐤀 𐤏𐤋 𐤐𐤍𐤉 𐤌𐤉𐤌 𐤕𐤒𐤋𐤋 𐤇𐤋𐤒𐤕𐤌 𐤁𐤀𐤓𐤑 𐤋𐤀 𐤉𐤐𐤍𐤄 𐤃𐤓𐤊
𐤊𐤓𐤌𐤉𐤌•
𐤉𐤈 𐤑𐤉𐤄 𐤂𐤌 𐤇𐤌 𐤉𐤂𐤆𐤋𐤅 𐤌𐤉𐤌𐤉 𐤔𐤋𐤂 𐤔𐤀𐤅𐤋 𐤇𐤈𐤀𐤅•
𐤊 𐤉𐤔𐤊𐤇𐤄𐤅 𐤓𐤇𐤌 𐤌𐤕𐤒𐤅 𐤓𐤌𐤄 𐤏𐤅𐤃 𐤋𐤀 𐤉𐤆𐤊𐤓 𐤅𐤕𐤔𐤁𐤓 𐤊𐤏𐤑 𐤏𐤅𐤋𐤄•
𐤊𐤀 𐤓𐤏𐤄 𐤏𐤒𐤓𐤄 𐤋𐤀 𐤕𐤋𐤃 𐤅𐤀𐤋𐤌𐤍𐤄 𐤋𐤀 𐤉𐤉𐤈𐤉𐤁•
𐤊𐤁 𐤅𐤌𐤔𐤊 𐤀𐤁𐤉𐤓𐤉𐤌 𐤁𐤊𐤇𐤅 𐤉𐤒𐤅𐤌 𐤅𐤋𐤀 𐤉𐤀𐤌𐤉𐤍 𐤁𐤇𐤉𐤉𐤍•
𐤊𐤂 𐤉𐤕𐤍 𐤋𐤅 𐤋𐤁𐤈𐤇 𐤅𐤉𐤔𐤏𐤍 𐤅𐤏𐤉𐤍𐤉𐤄𐤅 𐤏𐤋 𐤃𐤓𐤊𐤉𐤄𐤌•
𐤊𐤃 𐤓𐤅𐤌𐤅 𐤌𐤏𐤈 𐤅𐤀𐤉𐤍𐤍𐤅 𐤅𐤄𐤌𐤊𐤅 𐤊𐤊𐤋 𐤉𐤒𐤐𐤑𐤅𐤍 𐤅𐤊𐤓𐤀𐤔 𐤔𐤁𐤋𐤕
𐤉𐤌𐤋𐤅•
𐤊𐤄 𐤅𐤀𐤌 𐤋𐤀 𐤀𐤐𐤅 𐤌𐤉 𐤉𐤊𐤆𐤉𐤁𐤍𐤉 𐤅𐤉𐤔𐤌 𐤋𐤀𐤋 𐤌𐤋𐤕𐤉•

# 𐤀𐤉𐤅𐤁

## 𐤐𐤓𐤒 𐤊𐤄

𐤀 𐤅𐤉𐤏𐤍 𐤁𐤋𐤃𐤃 𐤄𐤔𐤇𐤉 𐤅𐤉𐤀𐤌𐤓•
𐤁 𐤄𐤌𐤔𐤋 𐤅𐤐𐤇𐤃 𐤏𐤌𐤅 𐤏𐤔𐤄 𐤔𐤋𐤅𐤌 𐤁𐤌𐤓𐤅𐤌𐤉𐤅•
𐤂 𐤄𐤉𐤔 𐤌𐤎𐤐𐤓 𐤋𐤂𐤃𐤅𐤃𐤉𐤅 𐤅𐤏𐤋 𐤌𐤉 𐤋𐤀 𐤉𐤒𐤅𐤌 𐤀𐤅𐤓𐤄𐤅•
𐤃 𐤅𐤌𐤄 𐤉𐤑𐤃𐤒 𐤀𐤍𐤅𐤔 𐤏𐤌 𐤀𐤋 𐤅𐤌𐤄 𐤉𐤆𐤊𐤄 𐤉𐤋𐤅𐤃 𐤀𐤔𐤄•
𐤄 𐤄𐤍 𐤏𐤃 𐤉𐤓𐤇 𐤅𐤋𐤀 𐤉𐤀𐤄𐤉𐤋 𐤅𐤊𐤅𐤊𐤁𐤉𐤌 𐤋𐤀 𐤆𐤊𐤅 𐤁𐤏𐤉𐤍𐤉𐤅•
𐤅 𐤀𐤐 𐤊𐤉 𐤀𐤍𐤅𐤔 𐤓𐤌𐤄 𐤅𐤁𐤍 𐤀𐤃𐤌 𐤕𐤅𐤋𐤏𐤄•

## 𐤐𐤓𐤒 𐤊𐤅

𐤀 𐤅𐤉𐤏𐤍 𐤀𐤉𐤅𐤁 𐤅𐤉𐤀𐤌𐤓•
𐤁 𐤌𐤄 𐤏𐤆𐤓𐤕 𐤋𐤋𐤀 𐤊𐤇 𐤄𐤅𐤔𐤏𐤕 𐤆𐤓𐤅𐤏 𐤋𐤀 𐤏𐤆•
𐤂 𐤌𐤄 𐤉𐤏𐤑𐤕 𐤋𐤋𐤀 𐤇𐤊𐤌𐤄 𐤅𐤕𐤔𐤉𐤄 𐤋𐤓𐤁 𐤄𐤅𐤃𐤏𐤕•
𐤃 𐤀𐤕 𐤌𐤉 𐤄𐤂𐤃𐤕 𐤌𐤋𐤉𐤍 𐤅𐤍𐤔𐤌𐤕 𐤌𐤉 𐤉𐤑𐤀𐤄 𐤌𐤌𐤊•
𐤄 𐤄𐤓𐤐𐤀𐤉𐤌 𐤉𐤇𐤅𐤋𐤋𐤅 𐤌𐤕𐤇𐤕 𐤌𐤉𐤌 𐤅𐤔𐤊𐤍𐤉𐤄𐤌•
𐤅 𐤏𐤓𐤅𐤌 𐤔𐤀𐤅𐤋 𐤍𐤂𐤃𐤅 𐤅𐤀𐤉𐤍 𐤊𐤎𐤅𐤕 𐤋𐤀𐤁𐤃𐤅𐤍•
𐤆 𐤍𐤈𐤄 𐤑𐤐𐤅𐤍 𐤏𐤋 𐤕𐤄𐤅 𐤕𐤋𐤄 𐤀𐤓𐤑 𐤏𐤋 𐤁𐤋𐤉𐤌𐤄•
𐤇 𐤑𐤓𐤓 𐤌𐤉𐤌 𐤁𐤏𐤁𐤉𐤅 𐤅𐤋𐤀 𐤍𐤁𐤒𐤏 𐤏𐤍𐤍 𐤕𐤇𐤕𐤌•
𐤈 𐤌𐤀𐤇𐤆 𐤐𐤍𐤉 𐤊𐤎𐤄 𐤐𐤓𐤔𐤆 𐤏𐤋𐤉𐤅 𐤏𐤍𐤍𐤅•
𐤉 𐤇𐤒 𐤇𐤂 𐤏𐤋 𐤐𐤍𐤉 𐤌𐤉𐤌 𐤏𐤃 𐤕𐤊𐤋𐤉𐤕 𐤀𐤅𐤓 𐤏𐤌 𐤇𐤔𐤊•
𐤉𐤀 𐤏𐤌𐤅𐤃𐤉 𐤔𐤌𐤉𐤌 𐤉𐤓𐤅𐤐𐤐𐤅 𐤅𐤉𐤕𐤌𐤄𐤅 𐤌𐤂𐤏𐤓𐤕𐤅•
𐤉𐤁 𐤁𐤊𐤇𐤅 𐤓𐤂𐤏 𐤄𐤉𐤌 𐤅𐤁𐤕𐤅𐤁𐤍𐤕𐤅 [𐤅𐤁𐤕𐤁𐤅𐤍𐤕𐤅] 𐤌𐤇𐤑 𐤓𐤄𐤁•
𐤉𐤂 𐤁𐤓𐤅𐤇𐤅 𐤔𐤌𐤉𐤌 𐤔𐤐𐤓𐤄 𐤇𐤋𐤋𐤄 𐤉𐤃𐤅 𐤍𐤇𐤔 𐤁𐤓𐤉𐤇•
𐤉𐤃 𐤄𐤍 𐤀𐤋𐤄 𐤒𐤑𐤅𐤕 𐤃𐤓𐤊𐤅 [𐤃𐤓𐤊𐤉𐤅] 𐤅𐤌𐤄 𐤔𐤌𐤑 𐤃𐤁𐤓 𐤍𐤔𐤌𐤏 𐤁𐤅 𐤅𐤓𐤏𐤌
𐤂𐤁𐤅𐤓𐤕𐤅 [𐤂𐤁𐤅𐤓𐤕𐤉𐤅] 𐤌𐤉 𐤉𐤕𐤁𐤅𐤍𐤍•

## 𐤐𐤓𐤒 𐤊𐤆

𐤀 𐤅𐤉𐤎𐤐 𐤀𐤉𐤅𐤁 𐤔𐤀𐤕 𐤌𐤔𐤋𐤅 𐤅𐤉𐤀𐤌𐤓•
𐤁 𐤇𐤉 𐤀𐤋 𐤄𐤎𐤉𐤓 𐤌𐤔𐤐𐤈𐤉 𐤅𐤔𐤃𐤉 𐤄𐤌𐤓 𐤍𐤐𐤔𐤉•
𐤂 𐤊𐤉 𐤊𐤋 𐤏𐤅𐤃 𐤍𐤔𐤌𐤕𐤉 𐤁𐤉 𐤅𐤓𐤅𐤇 𐤀𐤋𐤅𐤄 𐤁𐤀𐤐𐤉•
𐤃 𐤀𐤌 𐤕𐤃𐤁𐤓𐤍𐤄 𐤔𐤐𐤕𐤉 𐤏𐤅𐤋𐤄 𐤅𐤋𐤔𐤅𐤍𐤉 𐤀𐤌 𐤉𐤄𐤂𐤄 𐤓𐤌𐤉𐤄•
𐤄 𐤇𐤋𐤉𐤋𐤄 𐤋𐤉 𐤀𐤌 𐤀𐤑𐤃𐤉𐤒 𐤀𐤕𐤊𐤌 𐤏𐤃 𐤀𐤂𐤅𐤏 𐤋𐤀 𐤀𐤎𐤉𐤓 𐤕𐤌𐤕𐤉
𐤌𐤌𐤍𐤉•

𐤅𐤁𐤑𐤃𐤒𐤕𐤉 𐤄𐤇𐤆𐤒𐤕𐤉 𐤅𐤋𐤀 𐤀𐤓𐤐𐤄 𐤋𐤀 𐤉𐤇𐤓𐤐 𐤋𐤁𐤁𐤉 𐤌𐤉𐤌𐤉•
𐤆𐤉𐤄𐤉 𐤊𐤓𐤔𐤏 𐤀𐤉𐤁𐤉 𐤅𐤌𐤕𐤒𐤅𐤌𐤌𐤉 𐤊𐤏𐤅𐤋•
𐤇𐤊𐤉 𐤌𐤄 𐤕𐤒𐤅𐤕 𐤇𐤍𐤐 𐤊𐤉 𐤉𐤁𐤑𐤏 𐤊𐤉 𐤉𐤔𐤋 𐤀𐤋𐤅𐤄 𐤍𐤐𐤔𐤅•
𐤈𐤄𐤑𐤏𐤒𐤕𐤅 𐤉𐤔𐤌𐤏 𐤀𐤋 𐤊𐤉 𐤕𐤁𐤅𐤀 𐤏𐤋𐤉𐤅 𐤑𐤓𐤄•
𐤉𐤀𐤌 𐤏𐤋 𐤔𐤃𐤉 𐤉𐤕𐤏𐤍𐤂 𐤉𐤒𐤓𐤀 𐤀𐤋𐤅𐤄 𐤁𐤊𐤋 𐤏𐤕•
𐤉𐤀 𐤀𐤅𐤓𐤄 𐤀𐤕𐤊𐤌 𐤁𐤉𐤃 𐤀𐤋 𐤀𐤔𐤓 𐤏𐤌 𐤔𐤃𐤉 𐤋𐤀 𐤀𐤊𐤇𐤃•
𐤉𐤁 𐤄𐤍 𐤀𐤕𐤌 𐤊𐤋𐤊𐤌 𐤇𐤆𐤉𐤕𐤌 𐤅𐤋𐤌𐤄 𐤆𐤄 𐤄𐤁𐤋 𐤕𐤄𐤁𐤋𐤅•
𐤉𐤂 𐤆𐤄 𐤇𐤋𐤒 𐤀𐤃𐤌 𐤓𐤔𐤏 𐤏𐤌 𐤀𐤋 𐤅𐤍𐤇𐤋𐤕 𐤏𐤓𐤉𐤑𐤉𐤌 𐤌𐤔𐤃𐤉 𐤉𐤒𐤇𐤅•
𐤉𐤃 𐤀𐤌 𐤉𐤓𐤁𐤅 𐤁𐤍𐤉𐤅 𐤋𐤌𐤅 𐤇𐤓𐤁 𐤅𐤑𐤀𐤑𐤀𐤉𐤅 𐤋𐤀 𐤉𐤔𐤁𐤏𐤅 𐤋𐤇𐤌•
𐤈𐤅𐤔𐤓𐤉𐤃𐤉𐤅 𐤁𐤌𐤅𐤕 𐤉𐤒𐤁𐤓𐤅 𐤅𐤀𐤋𐤌𐤍𐤕𐤉𐤅 𐤋𐤀 𐤕𐤁𐤊𐤉𐤍𐤄•
𐤈𐤆 𐤀𐤌 𐤉𐤑𐤁𐤓 𐤊𐤏𐤐𐤓 𐤊𐤎𐤐 𐤅𐤊𐤇𐤌𐤓 𐤉𐤊𐤉𐤍 𐤌𐤋𐤁𐤅𐤔•
𐤉𐤆 𐤉𐤊𐤉𐤍 𐤅𐤑𐤃𐤉𐤒 𐤉𐤋𐤁𐤔 𐤅𐤊𐤎𐤐 𐤍𐤒𐤉 𐤉𐤇𐤋𐤒•
𐤉𐤇𐤁𐤍𐤄 𐤊𐤏𐤔 𐤁𐤉𐤕𐤅 𐤅𐤊𐤎𐤊𐤄 𐤏𐤔𐤄 𐤍𐤑𐤓•
𐤉𐤈𐤏𐤔𐤉𐤓 𐤉𐤔𐤊𐤁 𐤅𐤋𐤀 𐤉𐤀𐤎𐤐 𐤏𐤉𐤍𐤉𐤅 𐤐𐤒𐤇 𐤅𐤀𐤉𐤍𐤍𐤅•
𐤊𐤕𐤔𐤉𐤂𐤄𐤅 𐤊𐤌𐤉𐤌 𐤁𐤋𐤄𐤅𐤕 𐤋𐤉𐤋𐤄 𐤂𐤍𐤁𐤕𐤅 𐤎𐤅𐤐𐤄•
𐤊𐤀𐤉𐤔𐤀𐤄𐤅 𐤒𐤃𐤉𐤌 𐤅𐤉𐤋𐤊 𐤅𐤉𐤔𐤏𐤓𐤄𐤅 𐤌𐤌𐤒𐤌𐤅•
𐤊𐤁𐤅𐤉𐤔𐤋𐤊 𐤏𐤋𐤉𐤅 𐤅𐤋𐤀 𐤉𐤇𐤌𐤋 𐤌𐤉𐤃𐤅 𐤁𐤓𐤅𐤇 𐤉𐤁𐤓𐤇•
𐤊𐤂 𐤉𐤔𐤐𐤒 𐤏𐤋𐤉𐤌𐤅 𐤊𐤐𐤉𐤌𐤅 𐤅𐤉𐤔𐤓𐤒 𐤏𐤋𐤉𐤅 𐤌𐤌𐤒𐤌𐤅•

## 𐤐𐤓𐤒 𐤊𐤇

𐤀𐤊𐤉 𐤉𐤔 𐤋𐤊𐤎𐤐 𐤌𐤅𐤑𐤀 𐤅𐤌𐤒𐤅𐤌 𐤋𐤆𐤄𐤁 𐤉𐤆𐤒𐤅•
𐤁𐤁𐤓𐤆𐤋 𐤌𐤏𐤐𐤓 𐤉𐤒𐤇 𐤅𐤀𐤁𐤍 𐤉𐤑𐤅𐤒 𐤍𐤇𐤅𐤔𐤄•
𐤂𐤒𐤑 𐤔𐤌 𐤋𐤇𐤔𐤊 𐤅𐤕𐤊𐤋𐤉𐤕 𐤄𐤅𐤀 𐤇𐤅𐤒𐤓 𐤀𐤁𐤍 𐤀𐤐𐤋 𐤅𐤑𐤋𐤌𐤅𐤕•
𐤃𐤐𐤓𐤑 𐤍𐤇𐤋 𐤌𐤏𐤌 𐤂𐤓 𐤄𐤍𐤔𐤊𐤇𐤉𐤌 𐤌𐤍𐤉 𐤓𐤂𐤋 𐤃𐤋𐤅 𐤌𐤀𐤍𐤅𐤔 𐤍𐤏𐤅•
𐤄 𐤀𐤓𐤑 𐤌𐤌𐤍𐤄 𐤉𐤑𐤀 𐤋𐤇𐤌 𐤅𐤕𐤇𐤕𐤉𐤄 𐤍𐤄𐤐𐤊 𐤊𐤌𐤅 𐤀𐤔•
𐤅𐤌𐤒𐤅𐤌 𐤎𐤐𐤉𐤓 𐤀𐤁𐤍𐤉𐤄 𐤅𐤏𐤐𐤓𐤕 𐤆𐤄𐤁 𐤋𐤅•
𐤆𐤍𐤕𐤉𐤁 𐤋𐤀 𐤉𐤃𐤏𐤅 𐤏𐤉𐤈 𐤅𐤋𐤀 𐤔𐤆𐤐𐤕𐤅 𐤏𐤉𐤍 𐤀𐤉𐤄•
𐤇𐤋𐤀 𐤄𐤃𐤓𐤉𐤊𐤄𐤅 𐤁𐤍𐤉 𐤔𐤇𐤑 𐤋𐤀 𐤏𐤃𐤄 𐤏𐤋𐤉𐤅 𐤔𐤇𐤋•
𐤈𐤁𐤇𐤋𐤌𐤉𐤔 𐤔𐤋𐤇 𐤉𐤃𐤅 𐤄𐤐𐤊 𐤌𐤔𐤓𐤔 𐤄𐤓𐤉𐤌•
𐤉𐤁𐤑𐤅𐤓𐤅𐤕 𐤉𐤀𐤓𐤉𐤌 𐤁𐤒𐤏 𐤅𐤊𐤋 𐤉𐤒𐤓 𐤓𐤀𐤕𐤄 𐤏𐤉𐤍𐤅•
𐤉𐤀 𐤌𐤁𐤊𐤉 𐤍𐤄𐤓𐤅𐤕 𐤇𐤁𐤔 𐤅𐤕𐤏𐤋𐤌𐤄 𐤉𐤑𐤀 𐤀𐤅𐤓•
𐤉𐤁 𐤅𐤄𐤇𐤊𐤌𐤄 𐤌𐤀𐤉𐤍 𐤕𐤌𐤑𐤀 𐤅𐤀𐤉 𐤆𐤄 𐤌𐤒𐤅𐤌 𐤁𐤉𐤍𐤄•
𐤉𐤂 𐤋𐤀 𐤉𐤃𐤏 𐤀𐤍𐤅𐤔 𐤏𐤓𐤊𐤄 𐤅𐤋𐤀 𐤕𐤌𐤑𐤀 𐤁𐤀𐤓𐤑 𐤄𐤇𐤉𐤉𐤌•

# 𐤀𐤉𐤅𐤁

𐤉𐤃 𐤕𐤄𐤅𐤌 𐤀𐤌𐤓 𐤋𐤀 𐤁𐤉 𐤄𐤉𐤀 𐤅𐤉𐤌 𐤀𐤌𐤓 𐤀𐤉𐤍 𐤏𐤌𐤃𐤉•
𐤈𐤅 𐤋𐤀 𐤉𐤕𐤍 𐤎𐤂𐤅𐤓 𐤕𐤇𐤕𐤉𐤄 𐤅𐤋𐤀 𐤉𐤔𐤒𐤋 𐤊𐤎𐤐 𐤌𐤇𐤉𐤓𐤄•
𐤈𐤆 𐤋𐤀 𐤕𐤎𐤋𐤄 𐤁𐤊𐤕𐤌 𐤀𐤅𐤐𐤉𐤓 𐤁𐤔𐤄𐤌 𐤉𐤒𐤓 𐤅𐤎𐤐𐤉𐤓•
𐤉𐤆 𐤋𐤀 𐤉𐤏𐤓𐤊𐤍𐤄 𐤆𐤄𐤁 𐤅𐤆𐤊𐤅𐤊𐤉𐤕 𐤅𐤕𐤌𐤅𐤓𐤕𐤄 𐤊𐤋𐤉 𐤐𐤆•
𐤉𐤇 𐤓𐤀𐤌𐤅𐤕 𐤅𐤂𐤁𐤉𐤔 𐤋𐤀 𐤉𐤆𐤊𐤓 𐤅𐤌𐤔𐤊 𐤇𐤊𐤌𐤄 𐤌𐤐𐤍𐤉𐤍𐤉𐤌•
𐤉𐤈 𐤋𐤀 𐤉𐤏𐤓𐤊𐤍𐤄 𐤐𐤈𐤃𐤕 𐤊𐤅𐤔 𐤁𐤊𐤕𐤌 𐤈𐤄𐤅𐤓 𐤋𐤀 𐤕𐤎𐤋𐤄•
𐤊 𐤅𐤄𐤇𐤊𐤌𐤄 𐤌𐤀𐤉𐤍 𐤕𐤁𐤅𐤀 𐤅𐤀𐤉 𐤆𐤄 𐤌𐤒𐤅𐤌 𐤁𐤉𐤍𐤄•
𐤊𐤀 𐤅𐤍𐤏𐤋𐤌𐤄 𐤌𐤏𐤉𐤍𐤉 𐤊𐤋 𐤇𐤉 𐤅𐤌𐤏𐤅𐤐 𐤄𐤔𐤌𐤉𐤌 𐤍𐤎𐤕𐤓𐤄•
𐤊𐤁 𐤀𐤁𐤃𐤅𐤍 𐤅𐤌𐤅𐤕 𐤀𐤌𐤓𐤅 𐤁𐤀𐤆𐤍𐤉𐤍𐤅 𐤔𐤌𐤏𐤍𐤅 𐤔𐤌𐤏𐤄•
𐤊𐤂 𐤀𐤋𐤄𐤉𐤌 𐤄𐤁𐤉𐤍 𐤃𐤓𐤊𐤄 𐤅𐤄𐤅𐤀 𐤉𐤃𐤏 𐤀𐤕 𐤌𐤒𐤅𐤌𐤄•
𐤊𐤃 𐤊𐤉 𐤄𐤅𐤀 𐤋𐤒𐤑𐤅𐤕 𐤄𐤀𐤓𐤑 𐤉𐤁𐤉𐤈 𐤕𐤇𐤕 𐤊𐤋 𐤄𐤔𐤌𐤉𐤌 𐤉𐤓𐤀𐤄•
𐤊𐤄 𐤋𐤏𐤔𐤅𐤕 𐤋𐤓𐤅𐤇 𐤌𐤔𐤒𐤋 𐤅𐤌𐤉𐤌 𐤕𐤊𐤍 𐤁𐤌𐤃𐤄•
𐤊𐤅 𐤁𐤏𐤔𐤕𐤅 𐤋𐤌𐤈𐤓 𐤇𐤒 𐤅𐤃𐤓𐤊 𐤋𐤇𐤆𐤉𐤆 𐤒𐤋𐤅𐤕•
𐤊𐤆 𐤀𐤆 𐤓𐤀𐤄 𐤅𐤉𐤎𐤐𐤓𐤄 𐤄𐤊𐤉𐤍𐤄 𐤅𐤂𐤌 𐤇𐤒𐤓𐤄•
𐤊𐤇 𐤅𐤉𐤀𐤌𐤓 𐤋𐤀𐤃𐤌 𐤄𐤍 𐤉𐤓𐤀𐤕 𐤀𐤃𐤍𐤉 𐤄𐤉𐤀 𐤇𐤊𐤌𐤄 𐤅𐤎𐤅𐤓 𐤌𐤓𐤏 𐤁𐤉𐤍𐤄•

𐤐𐤓𐤒 𐤊𐤈

𐤀 𐤅𐤉𐤎𐤐 𐤀𐤉𐤅𐤁 𐤔𐤀𐤕 𐤌𐤔𐤋𐤅 𐤅𐤉𐤀𐤌𐤓•
𐤁 𐤌𐤉 𐤉𐤕𐤍𐤍𐤉 𐤊𐤉𐤓𐤇𐤉 𐤒𐤃𐤌 𐤊𐤉𐤌𐤉 𐤀𐤋𐤅𐤄 𐤉𐤔𐤌𐤓𐤍𐤉•
𐤂 𐤁𐤄𐤋𐤅 𐤍𐤓𐤅 𐤏𐤋𐤉 𐤓𐤀𐤔𐤉 𐤋𐤀𐤅𐤓𐤅 𐤀𐤋𐤊 𐤇𐤔𐤊•
𐤃 𐤊𐤀𐤔𐤓 𐤄𐤉𐤉𐤕𐤉 𐤁𐤉𐤌𐤉 𐤇𐤓𐤐𐤉 𐤁𐤎𐤅𐤃 𐤀𐤋𐤅𐤄 𐤏𐤋𐤉 𐤀𐤄𐤋𐤉•
𐤄 𐤁𐤏𐤅𐤃 𐤔𐤃𐤉 𐤏𐤌𐤃𐤉 𐤎𐤁𐤉𐤁𐤅𐤕𐤉 𐤍𐤏𐤓𐤉•
𐤅 𐤁𐤓𐤇𐤑 𐤄𐤋𐤉𐤊𐤉 𐤁𐤇𐤌𐤄 𐤅𐤑𐤅𐤓 𐤉𐤑𐤅𐤒 𐤏𐤌𐤃𐤉 𐤐𐤋𐤂𐤉 𐤔𐤌𐤍•
𐤆 𐤁𐤑𐤀𐤕𐤉 𐤔𐤏𐤓 𐤏𐤋𐤉 𐤒𐤓𐤕 𐤁𐤓𐤇𐤅𐤁 𐤀𐤊𐤉𐤍 𐤌𐤅𐤔𐤁𐤉•
𐤇 𐤓𐤀𐤅𐤍𐤉 𐤍𐤏𐤓𐤉𐤌 𐤅𐤍𐤇𐤁𐤀𐤅 𐤅𐤉𐤔𐤉𐤔𐤉𐤌 𐤒𐤌𐤅 𐤏𐤌𐤃𐤅•
𐤈 𐤔𐤓𐤉𐤌 𐤏𐤑𐤓𐤅 𐤁𐤌𐤋𐤉𐤌 𐤅𐤊𐤐 𐤉𐤔𐤉𐤌𐤅 𐤋𐤐𐤉𐤄𐤌•
𐤉 𐤒𐤅𐤋 𐤍𐤂𐤉𐤃𐤉𐤌 𐤍𐤇𐤁𐤀𐤅 𐤅𐤋𐤔𐤅𐤍𐤌 𐤋𐤇𐤊𐤌 𐤃𐤁𐤒𐤄•
𐤉𐤀 𐤊𐤉 𐤀𐤆𐤍 𐤔𐤌𐤏𐤄 𐤅𐤕𐤀𐤔𐤓𐤍𐤉 𐤅𐤏𐤉𐤍 𐤓𐤀𐤕𐤄 𐤅𐤕𐤏𐤉𐤃𐤍𐤉•
𐤉𐤁 𐤊𐤉 𐤀𐤌𐤋𐤈 𐤏𐤍𐤉 𐤌𐤔𐤅𐤏 𐤅𐤉𐤕𐤅𐤌 𐤅𐤋𐤀 𐤏𐤆𐤓 𐤋𐤅•
𐤉𐤂 𐤁𐤓𐤊𐤕 𐤀𐤁𐤃 𐤏𐤋𐤉 𐤕𐤁𐤀 𐤅𐤋𐤁 𐤀𐤋𐤌𐤍𐤄 𐤀𐤓𐤍𐤍•
𐤉𐤃 𐤑𐤃𐤒 𐤋𐤁𐤔𐤕𐤉 𐤅𐤉𐤋𐤁𐤔𐤍𐤉 𐤊𐤌𐤏𐤉𐤋 𐤅𐤑𐤍𐤉𐤐 𐤌𐤔𐤐𐤈𐤉•
𐤈𐤅 𐤏𐤉𐤍𐤉𐤌 𐤄𐤉𐤉𐤕𐤉 𐤋𐤏𐤅𐤓 𐤅𐤓𐤂𐤋𐤉𐤌 𐤋𐤐𐤎𐤇 𐤀𐤍𐤉•
𐤈𐤆 𐤀𐤁 𐤀𐤍𐤊𐤉 𐤋𐤀𐤁𐤉𐤅𐤍𐤉𐤌 𐤅𐤓𐤁 𐤋𐤀 𐤉𐤃𐤏𐤕𐤉 𐤀𐤇𐤒𐤓𐤄𐤅•

𐤉𐤆 𐤅𐤀𐤔𐤁𐤓𐤄 𐤌𐤕𐤋𐤏𐤅𐤕 𐤏𐤅𐤋 𐤅𐤌𐤔𐤍𐤉𐤅 𐤀𐤔𐤋𐤉𐤊 𐤈𐤓𐤐•
𐤉𐤇 𐤅𐤀𐤌𐤓 𐤏𐤌 𐤒𐤍𐤉 𐤀𐤂𐤅𐤏 𐤅𐤊𐤇𐤅𐤋 𐤀𐤓𐤁𐤄 𐤉𐤌𐤉𐤌•
𐤉𐤈 𐤔𐤓𐤔𐤉 𐤐𐤕𐤅𐤇 𐤀𐤋𐤉 𐤌𐤉𐤌 𐤅𐤈𐤋 𐤉𐤋𐤉𐤍 𐤁𐤒𐤑𐤉𐤓𐤉•
𐤊 𐤊𐤁𐤅𐤃𐤉 𐤇𐤃𐤔 𐤏𐤌𐤃𐤉 𐤅𐤒𐤔𐤕𐤉 𐤁𐤉𐤃𐤉 𐤕𐤇𐤋𐤉𐤐•
𐤊𐤀 𐤋𐤉 𐤔𐤌𐤏𐤅 𐤅𐤉𐤇𐤋𐤅 𐤅𐤉𐤃𐤌𐤅 𐤋𐤌𐤅 𐤏𐤑𐤕𐤉•
𐤊𐤁 𐤀𐤇𐤓𐤉 𐤃𐤁𐤓𐤉 𐤋𐤀 𐤉𐤔𐤍𐤅 𐤅𐤏𐤋𐤉𐤌𐤅 𐤕𐤈𐤐 𐤌𐤋𐤕𐤉•
𐤊𐤂 𐤅𐤉𐤇𐤋𐤅 𐤊𐤌𐤈𐤓 𐤋𐤉 𐤅𐤐𐤉𐤄𐤌 𐤐𐤏𐤓𐤅 𐤋𐤌𐤋𐤒𐤅𐤔•
𐤊𐤃 𐤀𐤔𐤇𐤒 𐤀𐤋𐤄𐤌 𐤋𐤀 𐤉𐤀𐤌𐤉𐤍𐤅 𐤅𐤀𐤅𐤓 𐤐𐤍𐤉 𐤋𐤀 𐤉𐤐𐤉𐤋𐤅𐤍•
𐤊𐤄 𐤀𐤁𐤇𐤓 𐤃𐤓𐤊𐤌 𐤅𐤀𐤔𐤁 𐤓𐤀𐤔 𐤅𐤀𐤔𐤊𐤅𐤍 𐤊𐤌𐤋𐤊 𐤁𐤂𐤃𐤅𐤃 𐤊𐤀𐤔𐤓
𐤀𐤁𐤋𐤉𐤌 𐤉𐤍𐤇𐤌•

𐤐𐤓𐤒 𐤋

𐤀 𐤅𐤏𐤕𐤄 𐤔𐤇𐤒𐤅 𐤏𐤋𐤉 𐤑𐤏𐤉𐤓𐤉𐤌 𐤌𐤌𐤍𐤉 𐤋𐤉𐤌𐤉𐤌 𐤀𐤔𐤓 𐤌𐤀𐤎𐤕𐤉
𐤀𐤁𐤅𐤕𐤌 𐤋𐤔𐤉𐤕 𐤏𐤌 𐤊𐤋𐤁𐤉 𐤑𐤀𐤍𐤉•
𐤁 𐤂𐤌 𐤊𐤇 𐤉𐤃𐤉𐤄𐤌 𐤋𐤌𐤄 𐤋𐤉 𐤏𐤋𐤉𐤌𐤅 𐤀𐤁𐤃 𐤊𐤋𐤇•
𐤂 𐤁𐤇𐤎𐤓 𐤅𐤁𐤊𐤐𐤍 𐤂𐤋𐤌𐤅𐤃 𐤄𐤏𐤓𐤒𐤉𐤌 𐤑𐤉𐤄 𐤀𐤌𐤔 𐤔𐤅𐤀𐤄 𐤅𐤌𐤔𐤀𐤄•
𐤃 𐤄𐤒𐤈𐤐𐤉𐤌 𐤌𐤋𐤅𐤇 𐤏𐤋𐤉 𐤔𐤉𐤇 𐤅𐤔𐤓𐤔 𐤓𐤕𐤌𐤉𐤌 𐤋𐤇𐤌𐤌•
𐤄 𐤌𐤍 𐤂𐤅 𐤉𐤂𐤓𐤔𐤅 𐤉𐤓𐤉𐤏𐤅 𐤏𐤋𐤉𐤌𐤅 𐤊𐤂𐤍𐤁•
𐤅 𐤁𐤏𐤓𐤅𐤑 𐤍𐤇𐤋𐤉𐤌 𐤋𐤔𐤊𐤍 𐤇𐤓𐤉 𐤏𐤐𐤓 𐤅𐤊𐤐𐤉𐤌•
𐤆 𐤁𐤉𐤍 𐤔𐤉𐤇𐤉𐤌 𐤉𐤍𐤄𐤒𐤅 𐤕𐤇𐤕 𐤇𐤓𐤅𐤋 𐤉𐤎𐤐𐤇𐤅•
𐤇 𐤁𐤍𐤉 𐤍𐤁𐤋 𐤂𐤌 𐤁𐤍𐤉 𐤁𐤋𐤉 𐤔𐤌 𐤍𐤊𐤀𐤅 𐤌𐤍 𐤄𐤀𐤓𐤑•
𐤈 𐤅𐤏𐤕𐤄 𐤍𐤂𐤉𐤍𐤕𐤌 𐤄𐤉𐤉𐤕𐤉 𐤅𐤀𐤄𐤉 𐤋𐤄𐤌 𐤋𐤌𐤋𐤄•
𐤉 𐤕𐤏𐤁𐤅𐤍𐤉 𐤓𐤇𐤒𐤅 𐤌𐤍𐤉 𐤅𐤌𐤐𐤍𐤉 𐤋𐤀 𐤇𐤔𐤊𐤅 𐤓𐤒•
𐤉𐤀 𐤊𐤉 𐤉𐤕𐤓𐤅 [𐤉𐤕𐤓𐤉] 𐤐𐤕𐤇 𐤅𐤉𐤏𐤍𐤍𐤉 𐤅𐤓𐤎𐤍 𐤌𐤐𐤍𐤉 𐤔𐤋𐤇𐤅•
𐤉𐤁 𐤏𐤋 𐤉𐤌𐤉𐤍 𐤐𐤓𐤇𐤇 𐤉𐤒𐤅𐤌𐤅 𐤓𐤂𐤋𐤉 𐤔𐤋𐤇𐤅 𐤅𐤉𐤎𐤋𐤅 𐤏𐤋𐤉 𐤀𐤓𐤇𐤅𐤕
𐤀𐤉𐤃𐤌•
𐤉𐤂 𐤍𐤕𐤎𐤅 𐤍𐤕𐤉𐤁𐤕𐤉 𐤋𐤄𐤉𐤕𐤉 [𐤋𐤄𐤅𐤕𐤉] 𐤉𐤏𐤉𐤋𐤅 𐤋𐤀 𐤏𐤆𐤓 𐤋𐤌𐤅•
𐤉𐤃 𐤊𐤐𐤓𐤑 𐤓𐤇𐤁 𐤉𐤀𐤕𐤉𐤅 𐤕𐤇𐤕 𐤔𐤀𐤄 𐤄𐤕𐤂𐤋𐤂𐤋𐤅•
𐤈𐤅 𐤄𐤄𐤐𐤊 𐤏𐤋𐤉 𐤁𐤋𐤄𐤅𐤕 𐤕𐤓𐤃𐤐 𐤊𐤓𐤅𐤇 𐤍𐤃𐤁𐤕𐤉 𐤅𐤊𐤏𐤁 𐤏𐤁𐤓𐤄 𐤉𐤔𐤏𐤕𐤉•
𐤈𐤆 𐤅𐤏𐤕𐤄 𐤏𐤋𐤉 𐤕𐤔𐤕𐤐𐤊 𐤍𐤐𐤔𐤉 𐤉𐤀𐤇𐤆𐤅𐤍𐤉 𐤉𐤌𐤉 𐤏𐤍𐤉•
𐤉𐤆 𐤋𐤉𐤋𐤄 𐤏𐤑𐤌𐤉 𐤍𐤒𐤓 𐤌𐤏𐤋𐤉 𐤅𐤏𐤓𐤒𐤉 𐤋𐤀 𐤉𐤔𐤊𐤁𐤅𐤍•
𐤉𐤇 𐤁𐤓𐤁 𐤊𐤇 𐤉𐤕𐤇𐤐𐤔 𐤋𐤁𐤅𐤔𐤉 𐤊𐤐𐤉 𐤊𐤕𐤍𐤕𐤉 𐤉𐤀𐤆𐤓𐤍𐤉•
𐤉𐤈 𐤄𐤓𐤍𐤉 𐤋𐤇𐤌𐤓 𐤅𐤀𐤕𐤌𐤔𐤋 𐤊𐤏𐤐𐤓 𐤅𐤀𐤐𐤓•

# 𐤀𐤉𐤅𐤁

𐤊 𐤀𐤔𐤅𐤏 𐤀𐤋𐤉𐤊 𐤅𐤋𐤀 𐤕𐤏𐤍𐤍𐤉 𐤏𐤌𐤃𐤕𐤉 𐤅𐤕𐤕𐤁𐤍𐤍 𐤁𐤉•
𐤊𐤀 𐤕𐤄𐤐𐤊 𐤋𐤀𐤊𐤆𐤓 𐤋𐤉 𐤁𐤏𐤑𐤌 𐤉𐤃𐤊 𐤕𐤔𐤈𐤌𐤍𐤉•
𐤊𐤁 𐤕𐤔𐤀𐤍𐤉 𐤀𐤋 𐤓𐤅𐤇 𐤕𐤓𐤊𐤉𐤁𐤍𐤉 𐤅𐤕𐤌𐤂𐤂𐤍𐤉 𐤕𐤔𐤅𐤄 [𐤕𐤔𐤉𐤄]•
𐤊𐤂 𐤊𐤉 𐤉𐤃𐤏𐤕𐤉 𐤌𐤅𐤕 𐤕𐤔𐤉𐤁𐤍𐤉 𐤅𐤁𐤉𐤕 𐤌𐤅𐤏𐤃 𐤋𐤊𐤋 𐤇𐤉•
𐤊𐤃 𐤀𐤊 𐤋𐤀 𐤁𐤏𐤉 𐤉𐤔𐤋𐤇 𐤉𐤃 𐤀𐤌 𐤁𐤐𐤉𐤃𐤅 𐤋𐤄𐤍 𐤔𐤅𐤏•
𐤊𐤄 𐤀𐤌 𐤋𐤀 𐤁𐤊𐤉𐤕𐤉 𐤋𐤒𐤔𐤄 𐤉𐤅𐤌 𐤏𐤂𐤌𐤄 𐤍𐤐𐤔𐤉 𐤋𐤀𐤁𐤉𐤅𐤍•
𐤊𐤅 𐤊𐤉 𐤈𐤅𐤁 𐤒𐤅𐤉𐤕𐤉 𐤅𐤉𐤁𐤀 𐤓𐤏 𐤅𐤀𐤉𐤇𐤋𐤄 𐤋𐤀𐤅𐤓 𐤅𐤉𐤁𐤀 𐤀𐤐𐤋•
𐤊𐤆 𐤌𐤏𐤉 𐤓𐤕𐤇𐤅 𐤅𐤋𐤀 𐤃𐤌𐤅 𐤒𐤃𐤌𐤍𐤉 𐤉𐤌𐤉 𐤏𐤍𐤉•
𐤊𐤇 𐤒𐤃𐤓 𐤄𐤋𐤊𐤕𐤉 𐤁𐤋𐤀 𐤇𐤌𐤄 𐤒𐤌𐤕𐤉 𐤁𐤒𐤄𐤋 𐤀𐤔𐤅𐤏•
𐤊𐤈 𐤀𐤇 𐤄𐤉𐤉𐤕𐤉 𐤋𐤕𐤍𐤉𐤌 𐤅𐤓𐤏 𐤋𐤁𐤍𐤅𐤕 𐤉𐤏𐤍𐤄•
𐤋 𐤏𐤅𐤓𐤉 𐤔𐤇𐤓 𐤌𐤏𐤋𐤉 𐤅𐤏𐤑𐤌𐤉 𐤇𐤓𐤄 𐤌𐤍𐤉 𐤇𐤓𐤁•
𐤋𐤀 𐤅𐤉𐤄𐤉 𐤋𐤀𐤁𐤋 𐤊𐤍𐤓𐤉 𐤅𐤏𐤂𐤁𐤉 𐤋𐤒𐤅𐤋 𐤁𐤊𐤉𐤌•

## 𐤐𐤓𐤒 𐤋𐤀

𐤀 𐤁𐤓𐤉𐤕 𐤊𐤓𐤕𐤉 𐤋𐤏𐤉𐤍𐤉 𐤅𐤌𐤄 𐤀𐤕𐤁𐤅𐤍𐤍 𐤏𐤋 𐤁𐤕𐤅𐤋𐤄•
𐤁 𐤅𐤌𐤄 𐤇𐤋𐤒 𐤀𐤋𐤅𐤄 𐤌𐤌𐤏𐤋 𐤅𐤍𐤇𐤋𐤕 𐤔𐤃𐤉 𐤌𐤌𐤓𐤌𐤉𐤌•
𐤂 𐤄𐤋𐤀 𐤀𐤉𐤃 𐤋𐤏𐤅𐤋 𐤅𐤍𐤊𐤓 𐤋𐤐𐤏𐤋𐤉 𐤀𐤅𐤍•
𐤃 𐤄𐤋𐤀 𐤄𐤅𐤀 𐤉𐤓𐤀𐤄 𐤃𐤓𐤊𐤉 𐤅𐤊𐤋 𐤑𐤏𐤃𐤉 𐤉𐤎𐤐𐤅𐤓•
𐤄 𐤀𐤌 𐤄𐤋𐤊𐤕𐤉 𐤏𐤌 𐤔𐤅𐤀 𐤅𐤕𐤇𐤔 𐤏𐤋 𐤌𐤓𐤌𐤄 𐤓𐤂𐤋𐤉•
𐤅 𐤉𐤔𐤒𐤋𐤍𐤉 𐤁𐤌𐤀𐤆𐤍𐤉 𐤑𐤃𐤒 𐤅𐤉𐤃𐤏 𐤀𐤋𐤅𐤄 𐤕𐤌𐤕𐤉•
𐤆 𐤀𐤌 𐤕𐤈𐤄 𐤄𐤀𐤔𐤓 𐤌𐤍𐤉 𐤄𐤃𐤓𐤊 𐤅𐤀𐤇𐤓 𐤏𐤉𐤍𐤉 𐤄𐤋𐤊 𐤋𐤁𐤉 𐤅𐤁𐤊𐤐𐤉 𐤃𐤁𐤒
𐤌𐤀𐤅𐤌•
𐤇 𐤀𐤆𐤓𐤏𐤄 𐤅𐤀𐤇𐤓 𐤉𐤀𐤊𐤋 𐤅𐤑𐤀𐤑𐤀𐤉 𐤉𐤔𐤓𐤔𐤅•
𐤈 𐤀𐤌 𐤍𐤐𐤕𐤄 𐤋𐤁𐤉 𐤏𐤋 𐤀𐤔𐤄 𐤅𐤏𐤋 𐤐𐤕𐤇 𐤓𐤏𐤉 𐤀𐤓𐤁𐤕𐤉•
𐤉 𐤕𐤈𐤇𐤍 𐤋𐤀𐤇𐤓 𐤀𐤔𐤕𐤉 𐤅𐤏𐤋𐤉𐤄 𐤉𐤊𐤓𐤏𐤅𐤍 𐤀𐤇𐤓𐤉𐤍•
𐤉𐤀 𐤊𐤉 𐤄𐤅𐤀 [𐤄𐤉𐤀] 𐤆𐤌𐤄 𐤅𐤄𐤉𐤀 [𐤅𐤄𐤅𐤀] 𐤏𐤅𐤍 𐤐𐤋𐤉𐤋𐤉𐤌•
𐤉𐤁 𐤊𐤉 𐤀𐤔 𐤄𐤉𐤀 𐤏𐤃 𐤀𐤁𐤃𐤅𐤍 𐤕𐤀𐤊𐤋 𐤅𐤁𐤊𐤋 𐤕𐤁𐤅𐤀𐤕𐤉 𐤕𐤔𐤓𐤔•
𐤉𐤂 𐤀𐤌 𐤀𐤌𐤀𐤎 𐤌𐤔𐤐𐤈 𐤏𐤁𐤃𐤉 𐤅𐤀𐤌𐤕𐤉 𐤁𐤓𐤁𐤌 𐤏𐤌𐤃𐤉•
𐤉𐤃 𐤅𐤌𐤄 𐤀𐤏𐤔𐤄 𐤊𐤉 𐤉𐤒𐤅𐤌 𐤀𐤋 𐤅𐤊𐤉 𐤉𐤐𐤒𐤃 𐤌𐤄 𐤀𐤔𐤉𐤁𐤍𐤅•
𐤈𐤅 𐤄𐤋𐤀 𐤁𐤁𐤈𐤍 𐤏𐤔𐤍𐤉 𐤏𐤔𐤄𐤅 𐤅𐤉𐤊𐤍𐤍𐤅 𐤁𐤓𐤇𐤌 𐤀𐤇𐤃•
𐤈𐤆 𐤀𐤌 𐤀𐤌𐤍𐤏 𐤌𐤇𐤐𐤑 𐤃𐤋𐤉𐤌 𐤅𐤏𐤉𐤍𐤉 𐤀𐤋𐤌𐤍𐤄 𐤀𐤊𐤋𐤄•
𐤉𐤆 𐤅𐤀𐤊𐤋 𐤐𐤕𐤉 𐤋𐤁𐤃𐤉 𐤅𐤋𐤀 𐤀𐤊𐤋 𐤉𐤕𐤅𐤌 𐤌𐤌𐤍𐤄•
𐤉𐤇 𐤊𐤉 𐤌𐤍𐤏𐤅𐤓𐤉 𐤂𐤃𐤋𐤍𐤉 𐤊𐤀𐤁 𐤅𐤌𐤁𐤈𐤍 𐤀𐤌𐤉 𐤀𐤍𐤇𐤍𐤄•
𐤉𐤈 𐤀𐤌 𐤀𐤓𐤀𐤄 𐤀𐤅𐤁𐤃 𐤌𐤁𐤋𐤉 𐤋𐤁𐤅𐤔 𐤅𐤀𐤉𐤍 𐤊𐤎𐤅𐤕 𐤋𐤀𐤁𐤉𐤅𐤍•
𐤊 𐤀𐤌 𐤋𐤀 𐤁𐤓𐤊𐤅𐤍𐤉 𐤇𐤋𐤑𐤅 𐤅𐤀𐤌 𐤋𐤀 𐤌𐤂𐤆 𐤊𐤁𐤔𐤉 𐤉𐤕𐤇𐤌𐤌•
𐤊𐤀 𐤀𐤌 𐤄𐤍𐤉𐤐𐤅𐤕𐤉 𐤏𐤋 𐤉𐤕𐤅𐤌 𐤉𐤃𐤉 𐤊𐤉 𐤀𐤓𐤀𐤄 𐤁𐤔𐤏𐤓 𐤏𐤆𐤓𐤕𐤉•
𐤊𐤁 𐤊𐤕𐤐𐤉 𐤌𐤔𐤊𐤌𐤄 𐤕𐤐𐤅𐤋 𐤅𐤀𐤆𐤓𐤏𐤉 𐤌𐤒𐤍𐤄 𐤕𐤔𐤁𐤓•
𐤊𐤂 𐤊𐤉 𐤐𐤇𐤃 𐤀𐤋𐤉 𐤀𐤉𐤃 𐤀𐤋 𐤅𐤌𐤔𐤀𐤕𐤅 𐤋𐤀 𐤀𐤅𐤊𐤋•
𐤊𐤃 𐤀𐤌 𐤔𐤌𐤕𐤉 𐤆𐤄𐤁 𐤊𐤎𐤋𐤉 𐤅𐤋𐤊𐤕𐤌 𐤀𐤌𐤓𐤕𐤉 𐤌𐤁𐤈𐤇𐤉•
𐤊𐤄 𐤀𐤌 𐤀𐤔𐤌𐤇 𐤊𐤉 𐤓𐤁 𐤇𐤉𐤋𐤉 𐤅𐤊𐤉 𐤊𐤁𐤉𐤓 𐤌𐤑𐤀𐤄 𐤉𐤃𐤉•
𐤊𐤅 𐤀𐤌 𐤀𐤓𐤀𐤄 𐤀𐤅𐤓 𐤊𐤉 𐤉𐤄𐤋 𐤅𐤉𐤓𐤇 𐤉𐤒𐤓 𐤄𐤋𐤊•
𐤊𐤆 𐤅𐤉𐤐𐤕 𐤁𐤎𐤕𐤓 𐤋𐤁𐤉 𐤅𐤕𐤔𐤒 𐤉𐤃𐤉 𐤋𐤐𐤉•
𐤊𐤇 𐤂𐤌 𐤄𐤅𐤀 𐤏𐤅𐤍 𐤐𐤋𐤉𐤋𐤉 𐤊𐤉 𐤊𐤇𐤔𐤕𐤉 𐤋𐤀𐤋 𐤌𐤌𐤏𐤋•

# 𐤀𐤉𐤅𐤁

𐤉𐤈 𐤀𐤌 𐤀𐤓𐤀𐤄 𐤀𐤅𐤁𐤃 𐤌𐤁𐤋𐤉 𐤋𐤁𐤅𐤔 𐤅𐤀𐤉𐤍 𐤊𐤎𐤅𐤕 𐤋𐤀𐤁𐤉𐤅𐤍•
𐤊 𐤀𐤌 𐤋𐤀 𐤁𐤓𐤊𐤅𐤍𐤉 𐤇𐤋𐤑𐤅 [𐤇𐤋𐤑𐤉𐤅] 𐤅𐤌𐤂𐤆 𐤊𐤁𐤔𐤉 𐤉𐤕𐤇𐤌𐤌•
𐤊𐤀 𐤀𐤌 𐤄𐤍𐤉𐤐𐤅𐤕𐤉 𐤏𐤋 𐤉𐤕𐤅𐤌 𐤉𐤃𐤉 𐤊𐤉 𐤀𐤓𐤀𐤄 𐤁𐤔𐤏𐤓 𐤏𐤆𐤓𐤕𐤉•
𐤊𐤁 𐤊𐤕𐤐𐤉 𐤌𐤔𐤊𐤌𐤄 𐤕𐤐𐤅𐤋 𐤅𐤀𐤆𐤓𐤏𐤉 𐤌𐤒𐤍𐤄 𐤕𐤔𐤁𐤓•
𐤊𐤂 𐤊𐤉 𐤐𐤇𐤃 𐤀𐤋𐤉 𐤀𐤉𐤃 𐤀𐤋 𐤅𐤌𐤔𐤀𐤕𐤅 𐤋𐤀 𐤀𐤅𐤊𐤋•
𐤊𐤃 𐤀𐤌 𐤔𐤌𐤕𐤉 𐤆𐤄𐤁 𐤊𐤎𐤋𐤉 𐤅𐤋𐤊𐤕𐤌 𐤀𐤌𐤓𐤕𐤉 𐤌𐤁𐤈𐤇𐤉•
𐤊𐤄 𐤀𐤌 𐤀𐤔𐤌𐤇 𐤊𐤉 𐤓𐤁 𐤇𐤉𐤋𐤉 𐤅𐤊𐤉 𐤊𐤁𐤉𐤓 𐤌𐤑𐤀𐤄 𐤉𐤃𐤉•
𐤊𐤅 𐤀𐤌 𐤀𐤓𐤀𐤄 𐤀𐤅𐤓 𐤊𐤉 𐤉𐤄𐤋 𐤅𐤉𐤓𐤇 𐤉𐤒𐤓 𐤄𐤋𐤊•
𐤊𐤆 𐤅𐤉𐤐𐤕 𐤁𐤎𐤕𐤓 𐤋𐤁𐤉 𐤅𐤕𐤔𐤒 𐤉𐤃𐤉 𐤋𐤐𐤉•
𐤊𐤇 𐤂𐤌 𐤄𐤅𐤀 𐤏𐤅𐤍 𐤐𐤋𐤉𐤋𐤉 𐤊𐤉 𐤊𐤇𐤔𐤕𐤉 𐤋𐤀𐤋 𐤌𐤌𐤏𐤋•
𐤊𐤈 𐤀𐤌 𐤀𐤔𐤌𐤇 𐤁𐤐𐤉𐤃 𐤌𐤔𐤍𐤀𐤉 𐤅𐤄𐤕𐤏𐤓𐤓𐤕𐤉 𐤊𐤉 𐤌𐤑𐤀𐤅 𐤓𐤏•
𐤋 𐤅𐤋𐤀 𐤍𐤕𐤕𐤉 𐤋𐤇𐤈𐤀 𐤇𐤊𐤉 𐤋𐤔𐤀𐤋 𐤁𐤀𐤋𐤄 𐤍𐤐𐤔𐤅•
𐤋𐤀 𐤀𐤌 𐤋𐤀 𐤀𐤌𐤓𐤅 𐤌𐤕𐤉 𐤀𐤄𐤋𐤉 𐤌𐤉 𐤉𐤕𐤍 𐤌𐤁𐤔𐤓𐤅 𐤋𐤀 𐤍𐤔𐤁𐤏•
𐤋𐤁 𐤁𐤇𐤅𐤑 𐤋𐤀 𐤉𐤋𐤉𐤍 𐤂𐤓 𐤃𐤋𐤕𐤉 𐤋𐤀𐤓𐤇 𐤀𐤐𐤕𐤇•
𐤋𐤂 𐤀𐤌 𐤊𐤎𐤉𐤕𐤉 𐤊𐤀𐤃𐤌 𐤐𐤔𐤏𐤉 𐤋𐤈𐤌𐤅𐤍 𐤁𐤇𐤁𐤉 𐤏𐤅𐤍𐤉•
𐤋𐤃 𐤊𐤉 𐤀𐤏𐤓𐤅𐤑 𐤄𐤌𐤅𐤍 𐤓𐤁𐤄 𐤅𐤁𐤅𐤆 𐤌𐤔𐤐𐤇𐤅𐤕 𐤉𐤇𐤕𐤍𐤉 𐤅𐤀𐤃𐤌 𐤋𐤀 𐤀𐤑𐤀
𐤐𐤕𐤇•
𐤋𐤄 𐤌𐤉 𐤉𐤕𐤍 𐤋𐤉 𐤔𐤌𐤏 𐤋𐤉 𐤄𐤍 𐤕𐤅𐤉 𐤔𐤃𐤉 𐤉𐤏𐤍𐤍𐤉 𐤅𐤎𐤐𐤓 𐤊𐤕𐤁 𐤀𐤉𐤔
𐤓𐤉𐤁𐤉•
𐤋𐤅 𐤀𐤌 𐤋𐤀 𐤏𐤋 𐤔𐤊𐤌𐤉 𐤀𐤔𐤀𐤍𐤅 𐤀𐤏𐤍𐤃𐤍𐤅 𐤏𐤈𐤓𐤅𐤕 𐤋𐤉•
𐤋𐤆 𐤌𐤎𐤐𐤓 𐤑𐤏𐤃𐤉 𐤀𐤂𐤉𐤃𐤍𐤅 𐤊𐤌𐤅 𐤍𐤂𐤉𐤃 𐤀𐤒𐤓𐤁𐤍𐤅•
𐤋𐤇 𐤀𐤌 𐤏𐤋𐤉 𐤀𐤃𐤌𐤕𐤉 𐤕𐤆𐤏𐤒 𐤅𐤉𐤇𐤃 𐤕𐤋𐤌𐤉𐤄 𐤉𐤁𐤊𐤉𐤅𐤍•
𐤋𐤈 𐤀𐤌 𐤊𐤇𐤄 𐤀𐤊𐤋𐤕𐤉 𐤁𐤋𐤉 𐤊𐤎𐤐 𐤅𐤍𐤐𐤔 𐤁𐤏𐤋𐤉𐤄 𐤄𐤐𐤇𐤕𐤉•
𐤌 𐤕𐤇𐤕 𐤇𐤈𐤄 𐤉𐤑𐤀 𐤇𐤅𐤇 𐤅𐤕𐤇𐤕 𐤔𐤏𐤓𐤄 𐤁𐤀𐤔𐤄 𐤕𐤌𐤅 𐤃𐤁𐤓𐤉 𐤀𐤉𐤅𐤁•

𐤐𐤓𐤒 𐤋𐤁

𐤀 𐤅𐤉𐤔𐤁𐤕𐤅 𐤔𐤋𐤔𐤕 𐤄𐤀𐤍𐤔𐤉𐤌 𐤄𐤀𐤋𐤄 𐤌𐤏𐤍𐤅𐤕 𐤀𐤕 𐤀𐤉𐤅𐤁 𐤊𐤉 𐤄𐤅𐤀
𐤑𐤃𐤉𐤒 𐤁𐤏𐤉𐤍𐤉𐤅•
𐤁 𐤅𐤉𐤇𐤓 𐤀𐤐 𐤀𐤋𐤉𐤄𐤅𐤀 𐤁𐤍 𐤁𐤓𐤊𐤀𐤋 𐤄𐤁𐤅𐤆𐤉 𐤌𐤌𐤔𐤐𐤇𐤕 𐤓𐤌 𐤁𐤀𐤉𐤅𐤁 𐤇𐤓𐤄
𐤀𐤐𐤅 𐤏𐤋 𐤑𐤃𐤒𐤅 𐤍𐤐𐤔𐤅 𐤌𐤀𐤋𐤄𐤉𐤌•
𐤂 𐤅𐤁𐤔𐤋𐤔𐤕 𐤓𐤏𐤉𐤅 𐤇𐤓𐤄 𐤀𐤐𐤅 𐤏𐤋 𐤀𐤔𐤓 𐤋𐤀 𐤌𐤑𐤀𐤅 𐤌𐤏𐤍𐤄 𐤅𐤉𐤓𐤔𐤉𐤏𐤅
𐤀𐤕 𐤀𐤉𐤅𐤁•
𐤃 𐤅𐤀𐤋𐤉𐤄𐤅𐤀 𐤇𐤊𐤄 𐤀𐤕 𐤀𐤉𐤅𐤁 𐤁𐤃𐤁𐤓𐤉𐤌 𐤊𐤉 𐤆𐤒𐤍𐤉𐤌 𐤄𐤌𐤄 𐤌𐤌𐤍𐤅

# 𐤀𐤉𐤅𐤁

𐤋𐤉𐤌𐤉𐤌•
𐤄𐤅𐤉𐤓𐤀 𐤀𐤋𐤉𐤄𐤅𐤀 𐤊𐤉 𐤀𐤉𐤍 𐤌𐤏𐤍𐤄 𐤁𐤐𐤉 𐤔𐤋𐤔𐤕 𐤄𐤀𐤍𐤔𐤉𐤌 𐤅𐤉𐤇𐤓
𐤀𐤐𐤅•
𐤅𐤅𐤉𐤏𐤍 𐤀𐤋𐤉𐤄𐤅𐤀 𐤁𐤍 𐤁𐤓𐤊𐤀𐤋 𐤄𐤁𐤅𐤆𐤉 𐤅𐤉𐤀𐤌𐤓 𐤑𐤏𐤉𐤓 𐤀𐤍𐤉 𐤋𐤉𐤌𐤉𐤌
𐤅𐤀𐤕𐤌 𐤉𐤔𐤉𐤔𐤉𐤌 𐤏𐤋 𐤊𐤍 𐤆𐤇𐤋𐤕𐤉 𐤅𐤀𐤉𐤓𐤀 𐤌𐤇𐤅𐤕 𐤃𐤏𐤉 𐤀𐤕𐤊𐤌•
𐤆𐤀𐤌𐤓𐤕𐤉 𐤉𐤌𐤉𐤌 𐤉𐤃𐤁𐤓𐤅 𐤅𐤓𐤁 𐤔𐤍𐤉𐤌 𐤉𐤃𐤉𐤏𐤅 𐤇𐤊𐤌𐤄•
𐤇𐤀𐤊𐤍 𐤓𐤅𐤇 𐤄𐤉𐤀 𐤁𐤀𐤍𐤅𐤔 𐤅𐤍𐤔𐤌𐤕 𐤔𐤃𐤉 𐤕𐤁𐤉𐤍𐤌•
𐤈 𐤋𐤀 𐤓𐤁𐤉𐤌 𐤉𐤇𐤊𐤌𐤅 𐤅𐤆𐤒𐤍𐤉𐤌 𐤉𐤁𐤉𐤍𐤅 𐤌𐤔𐤐𐤈•
𐤉𐤋𐤊𐤍 𐤀𐤌𐤓𐤕𐤉 𐤔𐤌𐤏𐤄 𐤋𐤉 𐤀𐤇𐤅𐤄 𐤃𐤏𐤉 𐤀𐤐 𐤀𐤍𐤉•
𐤉𐤀 𐤄𐤍 𐤄𐤅𐤇𐤋𐤕𐤉 𐤋𐤃𐤁𐤓𐤉𐤊𐤌 𐤀𐤆𐤉𐤍 𐤏𐤃 𐤕𐤁𐤅𐤍𐤕𐤉𐤊𐤌 𐤏𐤃 𐤕𐤇𐤒𐤓𐤅𐤍
𐤌𐤋𐤉𐤍•
𐤉𐤁 𐤅𐤏𐤃𐤉𐤊𐤌 𐤀𐤕𐤁𐤅𐤍𐤍 𐤅𐤄𐤍𐤄 𐤀𐤉𐤍 𐤋𐤀𐤉𐤅𐤁 𐤌𐤅𐤊𐤉𐤇 𐤏𐤅𐤍𐤄 𐤀𐤌𐤓𐤉𐤅
𐤌𐤊𐤌•
𐤉𐤂 𐤐𐤍 𐤕𐤀𐤌𐤓𐤅 𐤌𐤑𐤀𐤍𐤅 𐤇𐤊𐤌𐤄 𐤀𐤋 𐤉𐤃𐤐𐤍𐤅 𐤋𐤀 𐤀𐤉𐤔•
𐤉𐤃 𐤅𐤋𐤀 𐤏𐤓𐤊 𐤀𐤋𐤉 𐤌𐤋𐤉𐤍 𐤅𐤁𐤀𐤌𐤓𐤉𐤊𐤌 𐤋𐤀 𐤀𐤔𐤉𐤁𐤍𐤅•
𐤈𐤅𐤇𐤕𐤅 𐤋𐤀 𐤏𐤍𐤅 𐤏𐤅𐤃 𐤄𐤏𐤕𐤉𐤒𐤅 𐤌𐤄𐤌 𐤌𐤋𐤉𐤌•
𐤈𐤆𐤅𐤄𐤅𐤇𐤋𐤕𐤉 𐤊𐤉 𐤋𐤀 𐤉𐤃𐤁𐤓𐤅 𐤊𐤉 𐤏𐤌𐤃𐤅 𐤋𐤀 𐤏𐤍𐤅 𐤏𐤅𐤃•
𐤉𐤆𐤀𐤏𐤍𐤄 𐤀𐤐 𐤀𐤍𐤉 𐤇𐤋𐤒𐤉 𐤀𐤇𐤅𐤄 𐤃𐤏𐤉 𐤀𐤐 𐤀𐤍𐤉•
𐤉𐤇𐤊𐤉 𐤌𐤋𐤕𐤉 𐤌𐤋𐤉𐤌 𐤄𐤑𐤉𐤒𐤕𐤍𐤉 𐤓𐤅𐤇 𐤁𐤈𐤍𐤉•
𐤉𐤈𐤄𐤍𐤄 𐤁𐤈𐤍𐤉 𐤊𐤉𐤉𐤍 𐤋𐤀 𐤉𐤐𐤕𐤇 𐤊𐤀𐤁𐤅𐤕 𐤇𐤃𐤔𐤉𐤌 𐤉𐤁𐤒𐤏•
𐤊 𐤀𐤃𐤁𐤓𐤄 𐤅𐤉𐤓𐤅𐤇 𐤋𐤉 𐤀𐤐𐤕𐤇 𐤔𐤐𐤕𐤉 𐤅𐤀𐤏𐤍𐤄•
𐤊𐤀𐤀𐤋 𐤍𐤀 𐤀𐤔𐤀 𐤐𐤍𐤉 𐤀𐤉𐤔 𐤅𐤀𐤋 𐤀𐤃𐤌 𐤋𐤀 𐤀𐤊𐤍𐤄•
𐤊𐤁𐤊𐤉 𐤋𐤀 𐤉𐤃𐤏𐤕𐤉 𐤀𐤊𐤍𐤄 𐤊𐤌𐤏𐤈 𐤉𐤔𐤀𐤍𐤉 𐤏𐤔𐤍𐤉•

𐤐𐤓𐤒 𐤋𐤂
𐤀𐤅𐤀𐤅𐤋𐤌 𐤔𐤌𐤏 𐤍𐤀 𐤀𐤉𐤅𐤁 𐤌𐤋𐤉 𐤅𐤊𐤋 𐤃𐤁𐤓𐤉 𐤄𐤀𐤆𐤉𐤍𐤄•
𐤁𐤄𐤍𐤄 𐤍𐤀 𐤐𐤕𐤇𐤕𐤉 𐤐𐤉 𐤃𐤁𐤓𐤄 𐤋𐤔𐤅𐤍𐤉 𐤁𐤇𐤊𐤉•
𐤂𐤉𐤔𐤓 𐤋𐤁𐤉 𐤀𐤌𐤓𐤉 𐤅𐤃𐤏𐤕 𐤔𐤐𐤕𐤉 𐤁𐤓𐤅𐤓 𐤌𐤋𐤋𐤅•
𐤃𐤓𐤅𐤇 𐤀𐤋 𐤏𐤔𐤕𐤍𐤉 𐤅𐤍𐤔𐤌𐤕 𐤔𐤃𐤉 𐤕𐤇𐤉𐤍𐤉•
𐤄𐤀𐤌 𐤕𐤅𐤊𐤋 𐤄𐤔𐤉𐤁𐤍𐤉 𐤏𐤓𐤊𐤄 𐤋𐤐𐤍𐤉 𐤄𐤕𐤉𐤑𐤁𐤄•
𐤅𐤄𐤍 𐤀𐤍𐤉 𐤊𐤐𐤉𐤊 𐤋𐤀𐤋 𐤌𐤇𐤌𐤓 𐤒𐤓𐤑𐤕𐤉 𐤂𐤌 𐤀𐤍𐤉•
𐤆𐤄𐤍𐤄 𐤀𐤌𐤕𐤉 𐤋𐤀 𐤕𐤁𐤏𐤕𐤊 𐤅𐤀𐤊𐤐𐤉 𐤏𐤋𐤉𐤊 𐤋𐤀 𐤉𐤊𐤁𐤃•
𐤇𐤀𐤊 𐤀𐤌𐤓𐤕 𐤁𐤀𐤆𐤍𐤉 𐤅𐤒𐤅𐤋 𐤌𐤋𐤉𐤍 𐤀𐤔𐤌𐤏•

𐤈 𐤆𐤊 𐤀𐤍𐤉 𐤁𐤋𐤉 𐤐𐤔𐤏 𐤇𐤐 𐤀𐤍𐤊𐤉 𐤅𐤋𐤀 𐤏𐤅𐤍 𐤋𐤉•
𐤉 𐤄𐤍 𐤕𐤍𐤅𐤀𐤅𐤕 𐤏𐤋𐤉 𐤉𐤌𐤑𐤀 𐤉𐤇𐤔𐤁𐤍𐤉 𐤋𐤀𐤅𐤉𐤁 𐤋𐤅•
𐤉𐤀 𐤉𐤔𐤌 𐤁𐤎𐤃 𐤓𐤂𐤋𐤉 𐤉𐤔𐤌𐤓 𐤊𐤋 𐤀𐤓𐤇𐤕𐤉•
𐤉𐤁 𐤄𐤍 𐤆𐤀𐤕 𐤋𐤀 𐤑𐤃𐤒𐤕 𐤀𐤏𐤍𐤊 𐤊𐤉 𐤉𐤓𐤁𐤄 𐤀𐤋𐤅𐤄 𐤌𐤀𐤍𐤅𐤔•
𐤉𐤂 𐤌𐤃𐤅𐤏 𐤀𐤋𐤉𐤅 𐤓𐤉𐤁𐤅𐤕 𐤊𐤉 𐤊𐤋 𐤃𐤁𐤓𐤉𐤅 𐤋𐤀 𐤉𐤏𐤍𐤄•
𐤉𐤃 𐤊𐤉 𐤁𐤀𐤇𐤕 𐤉𐤃𐤁𐤓 𐤀𐤋 𐤅𐤁𐤔𐤕𐤉𐤌 𐤋𐤀 𐤉𐤔𐤅𐤓𐤍𐤄•
𐤈𐤅 𐤁𐤇𐤋𐤅𐤌 𐤇𐤆𐤉𐤅𐤍 𐤋𐤉𐤋𐤄 𐤁𐤍𐤐𐤋 𐤕𐤓𐤃𐤌𐤄 𐤏𐤋 𐤀𐤍𐤔𐤉𐤌 𐤁𐤕𐤍𐤅𐤌𐤅𐤕
𐤏𐤋𐤉 𐤌𐤔𐤊𐤁•
𐤈𐤆 𐤀𐤆 𐤉𐤂𐤋𐤄 𐤀𐤆𐤍 𐤀𐤍𐤔𐤉𐤌 𐤅𐤁𐤌𐤎𐤓𐤌 𐤉𐤇𐤕𐤌•
𐤉𐤆 𐤋𐤄𐤎𐤉𐤓 𐤀𐤃𐤌 𐤌𐤏𐤔𐤄 𐤅𐤂𐤅𐤄 𐤌𐤂𐤁𐤓 𐤉𐤊𐤎𐤄•
𐤉𐤇 𐤉𐤇𐤔𐤊 𐤍𐤐𐤔𐤅 𐤌𐤍𐤉 𐤔𐤇𐤕 𐤅𐤇𐤉𐤕𐤅 𐤌𐤏𐤁𐤓 𐤁𐤔𐤋𐤇•
𐤉𐤈 𐤅𐤄𐤅𐤊𐤇 𐤁𐤌𐤊𐤀𐤅𐤁 𐤏𐤋 𐤌𐤔𐤊𐤁𐤅 𐤅𐤓𐤉𐤁 [𐤅𐤓𐤅𐤁] 𐤏𐤑𐤌𐤉𐤅 𐤀𐤕𐤍•
𐤊 𐤅𐤆𐤄𐤌𐤕𐤅 𐤇𐤉𐤕𐤅 𐤋𐤇𐤌 𐤅𐤍𐤐𐤔𐤅 𐤌𐤀𐤊𐤋 𐤕𐤀𐤅𐤄•
𐤊𐤀 𐤉𐤊𐤋 𐤁𐤔𐤓𐤅 𐤌𐤓𐤀𐤉 𐤅𐤔𐤐𐤉 [𐤅𐤔𐤐𐤅] 𐤏𐤑𐤌𐤕𐤉𐤅 𐤋𐤀 𐤓𐤀𐤅•
𐤊𐤁 𐤅𐤕𐤒𐤓𐤁 𐤋𐤔𐤇𐤕 𐤍𐤐𐤔𐤅 𐤅𐤇𐤉𐤕𐤅 𐤋𐤌𐤌𐤕𐤉𐤌•
𐤊𐤂 𐤀𐤌 𐤉𐤔 𐤏𐤋𐤉𐤅 𐤌𐤋𐤀𐤊 𐤌𐤋𐤉𐤑 𐤀𐤇𐤃 𐤌𐤍𐤉 𐤀𐤋𐤐 𐤋𐤄𐤂𐤉𐤃 𐤋𐤀𐤃𐤌
𐤉𐤔𐤓𐤅•
𐤊𐤃 𐤅𐤉𐤇𐤍𐤍𐤅 𐤅𐤉𐤀𐤌𐤓 𐤐𐤃𐤏𐤄𐤅 𐤌𐤓𐤃𐤕 𐤔𐤇𐤕 𐤌𐤑𐤀𐤕𐤉 𐤊𐤐𐤓•
𐤊𐤄 𐤓𐤈𐤐𐤔 𐤁𐤔𐤓𐤅 𐤌𐤍𐤏𐤓 𐤉𐤔𐤅𐤁 𐤋𐤉𐤌𐤉 𐤏𐤋𐤅𐤌𐤉𐤅•
𐤊𐤅 𐤉𐤏𐤕𐤓 𐤀𐤋 𐤀𐤋𐤅𐤄 𐤅𐤉𐤓𐤑𐤄𐤅 𐤅𐤉𐤓𐤀 𐤐𐤍𐤉𐤅 𐤁𐤕𐤓𐤅𐤏𐤄 𐤅𐤉𐤔𐤁 𐤋𐤀𐤍𐤅𐤔
𐤑𐤃𐤒𐤕𐤅•
𐤊𐤆 𐤉𐤔𐤓 𐤏𐤋 𐤀𐤍𐤔𐤉𐤌 𐤅𐤉𐤀𐤌𐤓 𐤇𐤈𐤀𐤕𐤉 𐤅𐤉𐤔𐤓 𐤄𐤏𐤅𐤉𐤕𐤉 𐤅𐤋𐤀 𐤔𐤅𐤄
𐤋𐤉•
𐤊𐤇 𐤐𐤃𐤄 𐤍𐤐𐤔𐤉 [𐤍𐤐𐤔𐤅] 𐤌𐤏𐤁𐤓 𐤁𐤔𐤇𐤕 𐤅𐤇𐤉𐤕𐤉 [𐤅𐤇𐤉𐤕𐤅] 𐤁𐤀𐤅𐤓 𐤕𐤓𐤀𐤄•
𐤊𐤈 𐤄𐤍 𐤊𐤋 𐤀𐤋𐤄 𐤉𐤐𐤏𐤋 𐤀𐤋 𐤐𐤏𐤌𐤉𐤌 𐤔𐤋𐤔 𐤏𐤌 𐤂𐤁𐤓•
𐤋 𐤋𐤄𐤔𐤉𐤁 𐤍𐤐𐤔𐤅 𐤌𐤍𐤉 𐤔𐤇𐤕 𐤋𐤀𐤅𐤓 𐤁𐤀𐤅𐤓 𐤄𐤇𐤉𐤉𐤌•
𐤋𐤀 𐤄𐤒𐤔𐤁 𐤀𐤉𐤅𐤁 𐤔𐤌𐤏 𐤋𐤉 𐤄𐤇𐤓𐤔 𐤅𐤀𐤍𐤊𐤉 𐤀𐤃𐤁𐤓•
𐤋𐤁 𐤀𐤌 𐤉𐤔 𐤌𐤋𐤉𐤍 𐤄𐤔𐤉𐤁𐤍𐤉 𐤃𐤁𐤓 𐤊𐤉 𐤇𐤐𐤑𐤕𐤉 𐤑𐤃𐤒𐤊•
𐤋𐤂 𐤀𐤌 𐤀𐤉𐤍 𐤀𐤕𐤄 𐤔𐤌𐤏 𐤋𐤉 𐤄𐤇𐤓𐤔 𐤅𐤀𐤀𐤋𐤐𐤊 𐤇𐤊𐤌𐤄•

𐤐𐤓𐤒 𐤋𐤃
𐤀 𐤅𐤉𐤏𐤍 𐤀𐤋𐤉𐤄𐤅𐤀 𐤅𐤉𐤀𐤌𐤓•
𐤁 𐤔𐤌𐤏𐤅 𐤇𐤊𐤌𐤉𐤌 𐤌𐤋𐤉 𐤅𐤉𐤃𐤏𐤉𐤌 𐤄𐤀𐤆𐤉𐤍𐤅 𐤋𐤉•

# 𐤀𐤉𐤅𐤁

𐤂 𐤊𐤉 𐤀𐤆𐤍 𐤌𐤋𐤉𐤍 𐤕𐤁𐤇𐤍 𐤅𐤇𐤊 𐤉𐤈𐤏𐤌 𐤋𐤀𐤊𐤋•
𐤃 𐤌𐤔𐤐𐤈 𐤍𐤁𐤇𐤓𐤄 𐤋𐤍𐤅 𐤍𐤃𐤏𐤄 𐤁𐤉𐤍𐤉𐤍𐤅 𐤌𐤄 𐤈𐤅𐤁•
𐤄 𐤊𐤉 𐤀𐤌𐤓 𐤀𐤉𐤅𐤁 𐤑𐤃𐤒𐤕𐤉 𐤅𐤀𐤋 𐤄𐤎𐤉𐤓 𐤌𐤔𐤐𐤈𐤉•
𐤅 𐤏𐤋 𐤌𐤔𐤐𐤈𐤉 𐤀𐤊𐤆𐤁 𐤀𐤍𐤅𐤔 𐤇𐤑𐤉 𐤁𐤋𐤉 𐤐𐤔𐤏•
𐤆 𐤌𐤉 𐤂𐤁𐤓 𐤊𐤀𐤉𐤅𐤁 𐤉𐤔𐤕𐤄 𐤋𐤏𐤂 𐤊𐤌𐤉𐤌•
𐤇 𐤅𐤀𐤓𐤇 𐤋𐤇𐤁𐤓𐤄 𐤏𐤌 𐤐𐤏𐤋𐤉 𐤀𐤅𐤍 𐤅𐤋𐤋𐤊𐤕 𐤏𐤌 𐤀𐤍𐤔𐤉 𐤓𐤔𐤏•
𐤈 𐤊𐤉 𐤀𐤌𐤓 𐤋𐤀 𐤉𐤎𐤊𐤍 𐤂𐤁𐤓 𐤁𐤓𐤑𐤕𐤅 𐤏𐤌 𐤀𐤋𐤄𐤉𐤌•
𐤉 𐤋𐤊𐤍 𐤀𐤍𐤔𐤉 𐤋𐤁𐤁 𐤔𐤌𐤏𐤅 𐤋𐤉 𐤇𐤋𐤋𐤄 𐤋𐤀𐤋 𐤌𐤓𐤔𐤏 𐤅𐤔𐤃𐤉 𐤌𐤏𐤅𐤋•
𐤉𐤀 𐤊𐤉 𐤐𐤏𐤋 𐤀𐤃𐤌 𐤉𐤔𐤋𐤌 𐤋𐤅 𐤅𐤊𐤀𐤓𐤇 𐤀𐤉𐤔 𐤉𐤌𐤑𐤀𐤍𐤅•
𐤉𐤁 𐤀𐤐 𐤀𐤌𐤍𐤌 𐤀𐤋 𐤋𐤀 𐤉𐤓𐤔𐤉𐤏 𐤅𐤔𐤃𐤉 𐤋𐤀 𐤉𐤏𐤅𐤕 𐤌𐤔𐤐𐤈•
𐤉𐤂 𐤌𐤉 𐤐𐤒𐤃 𐤏𐤋𐤉𐤅 𐤀𐤓𐤑𐤄 𐤅𐤌𐤉 𐤔𐤌 𐤕𐤁𐤋 𐤊𐤋𐤄•
𐤉𐤃 𐤀𐤌 𐤉𐤔𐤉𐤌 𐤀𐤋𐤉𐤅 𐤋𐤁𐤅 𐤓𐤅𐤇𐤅 𐤅𐤍𐤔𐤌𐤕𐤅 𐤀𐤋𐤉𐤅 𐤉𐤀𐤎𐤐•
𐤈𐤅 𐤉𐤂𐤅𐤏 𐤊𐤋 𐤁𐤔𐤓 𐤉𐤇𐤃 𐤅𐤀𐤃𐤌 𐤏𐤋 𐤏𐤐𐤓 𐤉𐤔𐤅𐤁•
𐤈𐤆 𐤅𐤀𐤌 𐤁𐤉𐤍𐤄 𐤔𐤌𐤏𐤄 𐤆𐤀𐤕 𐤄𐤀𐤆𐤉𐤍𐤄 𐤋𐤒𐤅𐤋 𐤌𐤋𐤉•
𐤉𐤆 𐤄𐤀𐤐 𐤔𐤅𐤍𐤀 𐤌𐤔𐤐𐤈 𐤉𐤇𐤁𐤅𐤔 𐤅𐤀𐤌 𐤑𐤃𐤉𐤒 𐤊𐤁𐤉𐤓 𐤕𐤓𐤔𐤉𐤏•
𐤉𐤇 𐤄𐤀𐤌𐤓 𐤋𐤌𐤋𐤊 𐤁𐤋𐤉𐤏𐤋 𐤓𐤔𐤏 𐤀𐤋 𐤍𐤃𐤉𐤁𐤉𐤌•
𐤉𐤈 𐤀𐤔𐤓 𐤋𐤀 𐤍𐤔𐤀 𐤐𐤍𐤉 𐤔𐤓𐤉𐤌 𐤅𐤋𐤀 𐤍𐤊𐤓 𐤔𐤅𐤏 𐤋𐤐𐤍𐤉 𐤃𐤋 𐤊𐤉 𐤌𐤏𐤔𐤄
𐤉𐤃𐤉𐤅 𐤊𐤋𐤌•
𐤊 𐤓𐤂𐤏 𐤉𐤌𐤕𐤅 𐤅𐤇𐤑𐤅𐤕 𐤋𐤉𐤋𐤄 𐤉𐤂𐤏𐤔𐤅 𐤏𐤌 𐤅𐤉𐤏𐤁𐤓𐤅 𐤅𐤉𐤎𐤉𐤓𐤅 𐤀𐤁𐤉𐤓
𐤋𐤀 𐤁𐤉𐤃•
𐤊𐤀 𐤊𐤉 𐤏𐤉𐤍𐤉𐤅 𐤏𐤋 𐤃𐤓𐤊𐤉 𐤀𐤉𐤔 𐤅𐤊𐤋 𐤑𐤏𐤃𐤉𐤅 𐤉𐤓𐤀𐤄•
𐤊𐤁 𐤀𐤉𐤍 𐤇𐤔𐤊 𐤅𐤀𐤉𐤍 𐤑𐤋𐤌𐤅𐤕 𐤋𐤄𐤎𐤕𐤓 𐤔𐤌 𐤐𐤏𐤋𐤉 𐤀𐤅𐤍•
𐤊𐤂 𐤊𐤉 𐤋𐤀 𐤏𐤋 𐤀𐤉𐤔 𐤉𐤔𐤉𐤌 𐤏𐤅𐤃 𐤋𐤄𐤋𐤊 𐤀𐤋 𐤀𐤋 𐤁𐤌𐤔𐤐𐤈•
𐤊𐤃 𐤉𐤓𐤏 𐤊𐤁𐤉𐤓𐤉𐤌 𐤋𐤀 𐤇𐤒𐤓 𐤅𐤉𐤏𐤌𐤃 𐤀𐤇𐤓𐤉𐤌 𐤕𐤇𐤕𐤌•
𐤊𐤄 𐤋𐤊𐤍 𐤉𐤊𐤉𐤓 𐤌𐤏𐤁𐤃𐤉𐤄𐤌 𐤅𐤄𐤐𐤊 𐤋𐤉𐤋𐤄 𐤅𐤉𐤃𐤊𐤀𐤅•
𐤊𐤅 𐤕𐤇𐤕 𐤓𐤔𐤏𐤉𐤌 𐤎𐤐𐤒𐤌 𐤁𐤌𐤒𐤅𐤌 𐤓𐤀𐤉𐤌•
𐤊𐤆 𐤀𐤔𐤓 𐤏𐤋 𐤊𐤍 𐤎𐤓𐤅 𐤌𐤀𐤇𐤓𐤉𐤅 𐤅𐤊𐤋 𐤃𐤓𐤊𐤉𐤅 𐤋𐤀 𐤄𐤔𐤊𐤉𐤋𐤅•
𐤊𐤇 𐤋𐤄𐤁𐤉𐤀 𐤏𐤋𐤉𐤅 𐤑𐤏𐤒𐤕 𐤃𐤋 𐤅𐤑𐤏𐤒𐤕 𐤏𐤍𐤉𐤉𐤌 𐤉𐤔𐤌𐤏•
𐤊𐤈 𐤅𐤄𐤅𐤀 𐤉𐤔𐤒𐤈 𐤅𐤌𐤉 𐤉𐤓𐤔𐤏 𐤅𐤉𐤎𐤕𐤓 𐤐𐤍𐤉𐤌 𐤅𐤌𐤉 𐤉𐤔𐤅𐤓𐤍𐤅 𐤅𐤏𐤋
𐤂𐤅𐤉 𐤅𐤏𐤋 𐤀𐤃𐤌 𐤉𐤇𐤃•
𐤋 𐤌𐤌𐤋𐤊 𐤀𐤃𐤌 𐤇𐤍𐤐 𐤌𐤌𐤒𐤔𐤉 𐤏𐤌•
𐤋𐤀 𐤊𐤉 𐤀𐤋 𐤀𐤋 𐤄𐤀𐤌𐤓 𐤍𐤔𐤀𐤕𐤉 𐤋𐤀 𐤀𐤇𐤁𐤋•
𐤋𐤁 𐤁𐤋𐤏𐤃𐤉 𐤀𐤇𐤆𐤄 𐤀𐤕𐤄 𐤄𐤓𐤍𐤉 𐤀𐤌 𐤏𐤅𐤋 𐤐𐤏𐤋𐤕𐤉 𐤋𐤀 𐤀𐤎𐤉𐤐•

# איוב

לג המעמך ישלמנה כי מאסת כי אתה תבחר ולא אני ומה ידעת דבר.
לד אנשי לבב יאמרו לי וגבר חכם שמע לי.
לה איוב לא בדעת ידבר ודבריו לא בהשכיל.
לו אבי יבחן איוב עד נצח על תשבת באנשי און.
לז כי יסיף על חטאתו פשע בינינו יספוק וירב אמריו לאל.

פרק לה

א ויען אליהו ויאמר.
ב הזאת חשבת למשפט אמרת צדקי מאל.
ג כי תאמר מה יסכן לך מה אעיל מחטאתי.
ד אני אשיבך מלין ואת רעיך עמך.
ה הבט שמים וראה ושור שחקים גבהו ממך.
ו אם חטאת מה תפעל בו ורבו פשעיך מה תעשה לו.
ז אם צדקת מה תתן לו או מה מידך יקח.
ח לאיש כמוך רשעך ולבן אדם צדקתך.
ט מרב עשוקים יזעיקו ישועו מזרוע רבים.
י ולא אמר איה אלוה עשי נתן זמרות בלילה.
יא מלפנו מבהמות ארץ ומעוף השמים יחכמנו.
יב שם יצעקו ולא יענה מפני גאון רעים.
יג אך שוא לא ישמע אל ושדי לא ישורנה.
יד אף כי תאמר לא תשורנו דין לפניו ותחולל לו.
טו ועתה כי אין פקד אפו ולא ידע בפש מאד.
טז ואיוב הבל יפצה פיהו בבלי דעת מלין יכביר.

פרק לו

א ויסף אליהוא ויאמר.
ב כתר לי זעיר ואחוך כי עוד לאלוה מלים.
ג אשא דעי למרחוק ולפעלי אתן צדק.
ד כי אמנם לא שקר מלי תמים דעות עמך.
ה הן אל כביר ולא ימאס כביר כח לב.
ו לא יחיה רשע ומשפט עניים יתן.

𐤆 𐤋𐤀 𐤉𐤂𐤓𐤏 𐤌𐤑𐤃𐤉𐤒 𐤏𐤉𐤍𐤉𐤅 𐤅𐤀𐤕 𐤌𐤋𐤊𐤉𐤌 𐤋𐤊𐤎𐤀 𐤅𐤉𐤔𐤉𐤁𐤌 𐤋𐤍𐤑𐤇 𐤅𐤉𐤂𐤁𐤄𐤅.

𐤇 𐤅𐤀𐤌 𐤀𐤎𐤅𐤓𐤉𐤌 𐤁𐤆𐤒𐤉𐤌 𐤉𐤋𐤊𐤃𐤅𐤍 𐤁𐤇𐤁𐤋𐤉 𐤏𐤍𐤉.

𐤈 𐤅𐤉𐤂𐤃 𐤋𐤄𐤌 𐤐𐤏𐤋𐤌 𐤅𐤐𐤔𐤏𐤉𐤄𐤌 𐤊𐤉 𐤉𐤕𐤂𐤁𐤓𐤅.

𐤉 𐤅𐤉𐤂𐤋 𐤀𐤆𐤍𐤌 𐤋𐤌𐤅𐤎𐤓 𐤅𐤉𐤀𐤌𐤓 𐤊𐤉 𐤉𐤔𐤁𐤅𐤍 𐤌𐤀𐤅𐤍.

𐤉𐤀 𐤀𐤌 𐤉𐤔𐤌𐤏𐤅 𐤅𐤉𐤏𐤁𐤃𐤅 𐤉𐤊𐤋𐤅 𐤉𐤌𐤉𐤄𐤌 𐤁𐤈𐤅𐤁 𐤅𐤔𐤍𐤉𐤄𐤌 𐤁𐤍𐤏𐤉𐤌𐤉𐤌.

𐤉𐤁 𐤅𐤀𐤌 𐤋𐤀 𐤉𐤔𐤌𐤏𐤅 𐤁𐤔𐤋𐤇 𐤉𐤏𐤁𐤓𐤅 𐤅𐤉𐤂𐤅𐤏𐤅 𐤊𐤁𐤋𐤉 𐤃𐤏𐤕.

𐤉𐤂 𐤅𐤇𐤍𐤐𐤉 𐤋𐤁 𐤉𐤔𐤉𐤌𐤅 𐤀𐤐 𐤋𐤀 𐤉𐤔𐤅𐤏𐤅 𐤊𐤉 𐤀𐤎𐤓𐤌.

𐤉𐤃 𐤕𐤌𐤕 𐤁𐤍𐤏𐤓 𐤍𐤐𐤔𐤌 𐤅𐤇𐤉𐤕𐤌 𐤁𐤒𐤃𐤔𐤉𐤌.

𐤈𐤅 𐤉𐤇𐤋𐤑 𐤏𐤍𐤉 𐤁𐤏𐤍𐤉𐤅 𐤅𐤉𐤂𐤋 𐤁𐤋𐤇𐤑 𐤀𐤆𐤍𐤌.

𐤈𐤆 𐤅𐤀𐤐 𐤄𐤎𐤉𐤕𐤊 𐤌𐤐𐤉 𐤑𐤓 𐤓𐤇𐤁 𐤋𐤀 𐤌𐤅𐤑𐤒 𐤕𐤇𐤕𐤉𐤄 𐤅𐤍𐤇𐤕 𐤔𐤋𐤇𐤍𐤊 𐤌𐤋𐤀 𐤃𐤔𐤍.

𐤉𐤆 𐤅𐤃𐤉𐤍 𐤓𐤔𐤏 𐤌𐤋𐤀𐤕 𐤃𐤉𐤍 𐤅𐤌𐤔𐤐𐤈 𐤉𐤕𐤌𐤊𐤅.

𐤉𐤇 𐤊𐤉 𐤇𐤌𐤄 𐤐𐤍 𐤉𐤎𐤉𐤕𐤊 𐤁𐤎𐤐𐤒 𐤅𐤓𐤁 𐤊𐤐𐤓 𐤀𐤋 𐤉𐤈𐤊.

𐤉𐤈 𐤄𐤉𐤏𐤓𐤊 𐤔𐤅𐤏𐤊 𐤋𐤀 𐤁𐤑𐤓 𐤅𐤊𐤋 𐤌𐤀𐤌𐤑𐤉 𐤊𐤇.

𐤊 𐤀𐤋 𐤕𐤔𐤀𐤐 𐤄𐤋𐤉𐤋𐤄 𐤋𐤏𐤋𐤅𐤕 𐤏𐤌𐤉𐤌 𐤕𐤇𐤕𐤌.

𐤊𐤀 𐤄𐤔𐤌𐤓 𐤀𐤋 𐤕𐤐𐤍 𐤀𐤋 𐤀𐤅𐤍 𐤊𐤉 𐤏𐤋 𐤆𐤄 𐤁𐤇𐤓𐤕 𐤌𐤏𐤍𐤉.

𐤊𐤁 𐤄𐤍 𐤀𐤋 𐤉𐤔𐤂𐤉𐤁 𐤁𐤊𐤇𐤅 𐤌𐤉 𐤊𐤌𐤄𐤅 𐤌𐤅𐤓𐤄.

𐤊𐤂 𐤌𐤉 𐤐𐤒𐤃 𐤏𐤋𐤉𐤅 𐤃𐤓𐤊𐤅 𐤅𐤌𐤉 𐤀𐤌𐤓 𐤐𐤏𐤋𐤕 𐤏𐤅𐤋𐤄.

𐤊𐤃 𐤆𐤊𐤓 𐤊𐤉 𐤕𐤔𐤂𐤉𐤀 𐤐𐤏𐤋𐤅 𐤀𐤔𐤓 𐤔𐤓𐤓𐤅 𐤀𐤍𐤔𐤉𐤌.

𐤊𐤄 𐤊𐤋 𐤀𐤃𐤌 𐤇𐤆𐤅 𐤁𐤅 𐤀𐤍𐤅𐤔 𐤉𐤁𐤉𐤈 𐤌𐤓𐤇𐤅𐤒.

𐤊𐤅 𐤄𐤍 𐤀𐤋 𐤔𐤂𐤉𐤀 𐤅𐤋𐤀 𐤍𐤃𐤏 𐤌𐤎𐤐𐤓 𐤔𐤍𐤉𐤅 𐤅𐤋𐤀 𐤇𐤒𐤓.

𐤊𐤆 𐤊𐤉 𐤉𐤂𐤓𐤏 𐤍𐤈𐤐𐤉 𐤌𐤉𐤌 𐤉𐤆𐤒𐤅 𐤌𐤈𐤓 𐤋𐤀𐤃𐤅.

𐤊𐤇 𐤀𐤔𐤓 𐤉𐤆𐤋𐤅 𐤔𐤇𐤒𐤉𐤌 𐤉𐤓𐤏𐤐𐤅 𐤏𐤋𐤉 𐤀𐤃𐤌 𐤓𐤁.

𐤊𐤈 𐤀𐤐 𐤀𐤌 𐤉𐤁𐤉𐤍 𐤌𐤐𐤓𐤔𐤉 𐤏𐤁 𐤕𐤔𐤀𐤅𐤕 𐤎𐤊𐤕𐤅.

𐤋 𐤄𐤍 𐤐𐤓𐤔 𐤏𐤋𐤉𐤅 𐤀𐤅𐤓𐤅 𐤅𐤔𐤓𐤔𐤉 𐤄𐤉𐤌 𐤊𐤎𐤄.

𐤋𐤀 𐤊𐤉 𐤁𐤌 𐤉𐤃𐤉𐤍 𐤏𐤌𐤉𐤌 𐤉𐤕𐤍 𐤀𐤊𐤋 𐤋𐤌𐤊𐤁𐤉𐤓.

𐤋𐤁 𐤏𐤋 𐤊𐤐𐤉𐤌 𐤊𐤎𐤄 𐤀𐤅𐤓 𐤅𐤉𐤑𐤅 𐤏𐤋𐤉𐤄 𐤁𐤌𐤐𐤂𐤉𐤏.

𐤋𐤂 𐤉𐤂𐤉𐤃 𐤏𐤋𐤉𐤅 𐤓𐤏𐤅 𐤌𐤒𐤍𐤄 𐤀𐤐 𐤏𐤋 𐤏𐤅𐤋𐤄.

𐤐𐤓𐤒 𐤋𐤆

𐤀 𐤀𐤐 𐤋𐤆𐤀𐤕 𐤉𐤇𐤓𐤃 𐤋𐤁𐤉 𐤅𐤉𐤕𐤓 𐤌𐤌𐤒𐤅𐤌𐤅.

# 𐤀𐤉𐤅𐤁

𐤁 𐤔𐤌𐤏𐤅 𐤔𐤌𐤅𐤏 𐤁𐤓𐤂𐤆 𐤒𐤋𐤅 𐤅𐤄𐤂𐤄 𐤌𐤐𐤉𐤅 𐤉𐤑𐤀•
𐤂 𐤕𐤇𐤕 𐤊𐤋 𐤄𐤔𐤌𐤉𐤌 𐤉𐤔𐤓𐤄𐤅 𐤅𐤀𐤅𐤓𐤅 𐤏𐤋 𐤊𐤍𐤐𐤅𐤕 𐤄𐤀𐤓𐤑•
𐤃 𐤀𐤇𐤓𐤉𐤅 𐤉𐤔𐤀𐤂 𐤒𐤅𐤋 𐤉𐤓𐤏𐤌 𐤁𐤒𐤅𐤋 𐤂𐤀𐤅𐤍𐤅 𐤅𐤋𐤀 𐤉𐤏𐤒𐤁𐤌 𐤊𐤉 𐤉𐤔𐤌𐤏
𐤒𐤅𐤋𐤅•
𐤄 𐤉𐤓𐤏𐤌 𐤀𐤋 𐤁𐤒𐤅𐤋𐤅 𐤍𐤐𐤋𐤀𐤅𐤕 𐤏𐤔𐤄 𐤂𐤃𐤋𐤅𐤕 𐤅𐤋𐤀 𐤍𐤃𐤏•
𐤅 𐤊𐤉 𐤋𐤔𐤋𐤂 𐤉𐤀𐤌𐤓 𐤄𐤅𐤀 𐤀𐤓𐤑 𐤅𐤂𐤔𐤌 𐤌𐤈𐤓 𐤅𐤂𐤔𐤌 𐤌𐤈𐤓𐤅𐤕 𐤏𐤆𐤅•
𐤆 𐤁𐤉𐤃 𐤊𐤋 𐤀𐤃𐤌 𐤉𐤇𐤕𐤅𐤌 𐤋𐤃𐤏𐤕 𐤊𐤋 𐤀𐤍𐤔𐤉 𐤌𐤏𐤔𐤄𐤅•
𐤇 𐤅𐤕𐤁𐤅𐤀 𐤇𐤉𐤄 𐤁𐤌𐤅 𐤀𐤓𐤁 𐤅𐤁𐤌𐤏𐤅𐤍𐤕𐤉𐤄 𐤕𐤔𐤊𐤍•
𐤈 𐤌𐤍 𐤄𐤇𐤃𐤓 𐤕𐤁𐤅𐤀 𐤎𐤅𐤐𐤄 𐤅𐤌𐤌𐤆𐤓𐤉𐤌 𐤒𐤓𐤄•
𐤉 𐤌𐤍𐤔𐤌𐤕 𐤀𐤋 𐤉𐤕𐤍 𐤒𐤓𐤇 𐤅𐤓𐤇𐤁 𐤌𐤉𐤌 𐤁𐤌𐤅𐤑𐤒•
𐤉𐤀 𐤀𐤐 𐤁𐤓𐤉 𐤉𐤈𐤓𐤉𐤇 𐤏𐤁 𐤉𐤐𐤉𐤑 𐤏𐤍𐤍 𐤀𐤅𐤓𐤅•
𐤉𐤁 𐤅𐤄𐤅𐤀 𐤌𐤎𐤁𐤅𐤕 𐤌𐤕𐤄𐤐𐤊 𐤁𐤕𐤇𐤁𐤅𐤋𐤕𐤅 [𐤁𐤕𐤇𐤁𐤅𐤋𐤕𐤉𐤅] 𐤋𐤐𐤏𐤋𐤌 𐤊𐤋
𐤀𐤔𐤓 𐤉𐤑𐤅𐤌 𐤏𐤋 𐤐𐤍𐤉 𐤕𐤁𐤋 𐤀𐤓𐤑𐤄•
𐤉𐤂 𐤀𐤌 𐤋𐤔𐤁𐤈 𐤀𐤌 𐤋𐤀𐤓𐤑𐤅 𐤀𐤌 𐤋𐤇𐤎𐤃 𐤉𐤌𐤑𐤀𐤄𐤅•
𐤉𐤃 𐤄𐤀𐤆𐤉𐤍𐤄 𐤆𐤀𐤕 𐤀𐤉𐤅𐤁 𐤏𐤌𐤃 𐤅𐤄𐤕𐤁𐤅𐤍𐤍 𐤍𐤐𐤋𐤀𐤅𐤕 𐤀𐤋•
𐤈𐤅 𐤄𐤕𐤃𐤏 𐤁𐤔𐤅𐤌 𐤀𐤋𐤅𐤄 𐤏𐤋𐤉𐤄𐤌 𐤅𐤄𐤅𐤐𐤉𐤏 𐤀𐤅𐤓 𐤏𐤍𐤍𐤅•
𐤈𐤆 𐤄𐤕𐤃𐤏 𐤏𐤋 𐤌𐤐𐤋𐤔𐤉 𐤏𐤁 𐤌𐤐𐤋𐤀𐤅𐤕 𐤕𐤌𐤉𐤌 𐤃𐤏𐤉𐤌•
𐤉𐤆 𐤀𐤔𐤓 𐤁𐤂𐤃𐤉𐤊 𐤇𐤌𐤉𐤌 𐤁𐤄𐤔𐤒𐤈 𐤀𐤓𐤑 𐤌𐤃𐤓𐤅𐤌•
𐤉𐤇 𐤕𐤓𐤒𐤉𐤏 𐤏𐤌𐤅 𐤋𐤔𐤇𐤒𐤉𐤌 𐤇𐤆𐤒𐤉𐤌 𐤊𐤓𐤀𐤉 𐤌𐤅𐤑𐤒•
𐤉𐤈 𐤄𐤅𐤃𐤉𐤏𐤍𐤅 𐤌𐤄 𐤍𐤀𐤌𐤓 𐤋𐤅 𐤋𐤀 𐤍𐤏𐤓𐤊 𐤌𐤐𐤍𐤉 𐤇𐤔𐤊•
𐤊 𐤄𐤉𐤎𐤐𐤓 𐤋𐤅 𐤊𐤉 𐤀𐤃𐤁𐤓 𐤀𐤌 𐤀𐤌𐤓 𐤀𐤉𐤔 𐤊𐤉 𐤉𐤁𐤋𐤏•
𐤊𐤀 𐤅𐤏𐤕𐤄 𐤋𐤀 𐤓𐤀𐤅 𐤀𐤅𐤓 𐤁𐤄𐤉𐤓 𐤄𐤅𐤀 𐤁𐤔𐤇𐤒𐤉𐤌 𐤅𐤓𐤅𐤇 𐤏𐤁𐤓𐤄
𐤅𐤕𐤈𐤄𐤓𐤌•
𐤊𐤁 𐤌𐤑𐤐𐤅𐤍 𐤆𐤄𐤁 𐤉𐤀𐤕𐤄 𐤏𐤋 𐤀𐤋𐤅𐤄 𐤍𐤅𐤓𐤀 𐤄𐤅𐤃•
𐤊𐤂 𐤔𐤃𐤉 𐤋𐤀 𐤌𐤑𐤀𐤍𐤄𐤅 𐤔𐤂𐤉𐤀 𐤊𐤇 𐤅𐤌𐤔𐤐𐤈 𐤅𐤓𐤁 𐤑𐤃𐤒𐤄 𐤋𐤀 𐤉𐤏𐤍𐤄•
𐤊𐤃 𐤋𐤊𐤍 𐤉𐤓𐤀𐤅𐤄𐤅 𐤀𐤍𐤔𐤉𐤌 𐤋𐤀 𐤉𐤓𐤀𐤄 𐤊𐤋 𐤇𐤊𐤌𐤉 𐤋𐤁•

## 𐤐𐤓𐤒 𐤋𐤇

𐤀 𐤅𐤉𐤏𐤍 𐤉𐤄𐤅𐤄 𐤀𐤕 𐤀𐤉𐤅𐤁 𐤌𐤍 [𐤌𐤍] 𐤄𐤎𐤏𐤓𐤄 𐤅𐤉𐤀𐤌𐤓•
𐤁 𐤌𐤉 𐤆𐤄 𐤌𐤇𐤔𐤉𐤊 𐤏𐤑𐤄 𐤁𐤌𐤋𐤉𐤍 𐤁𐤋𐤉 𐤃𐤏𐤕•
𐤂 𐤀𐤆𐤓 𐤍𐤀 𐤊𐤂𐤁𐤓 𐤇𐤋𐤑𐤉𐤊 𐤅𐤀𐤔𐤀𐤋𐤊 𐤅𐤄𐤅𐤃𐤉𐤏𐤍𐤉•
𐤃 𐤀𐤉𐤐𐤄 𐤄𐤉𐤉𐤕 𐤁𐤉𐤎𐤃𐤉 𐤀𐤓𐤑 𐤄𐤂𐤃 𐤀𐤌 𐤉𐤃𐤏𐤕 𐤁𐤉𐤍𐤄•
𐤄 𐤌𐤉 𐤔𐤌 𐤌𐤌𐤃𐤉𐤄 𐤊𐤉 𐤕𐤃𐤏 𐤀𐤅 𐤌𐤉 𐤍𐤈𐤄 𐤏𐤋𐤉𐤄 𐤒𐤅•

𐤅 𐤏𐤋 𐤌𐤄 𐤀𐤃𐤍𐤉𐤄 𐤄𐤈𐤁𐤏𐤅 𐤀𐤅 𐤌𐤉 𐤉𐤓𐤄 𐤀𐤁𐤍 𐤐𐤍𐤕𐤄•
𐤆 𐤁𐤓𐤍 𐤉𐤇𐤃 𐤊𐤅𐤊𐤁𐤉 𐤁𐤒𐤓 𐤅𐤉𐤓𐤉𐤏𐤅 𐤊𐤋 𐤁𐤍𐤉 𐤀𐤋𐤄𐤉𐤌•
𐤇 𐤅𐤉𐤎𐤊 𐤁𐤃𐤋𐤕𐤉𐤌 𐤉𐤌 𐤁𐤂𐤉𐤇𐤅 𐤌𐤓𐤇𐤌 𐤉𐤑𐤀•
𐤈 𐤁𐤔𐤅𐤌𐤉 𐤏𐤍𐤍 𐤋𐤁𐤔𐤅 𐤅𐤏𐤓𐤐𐤋 𐤇𐤕𐤋𐤕𐤅•
𐤉 𐤅𐤀𐤔𐤁𐤓 𐤏𐤋𐤉𐤅 𐤇𐤒𐤉 𐤅𐤀𐤔𐤉𐤌 𐤁𐤓𐤉𐤇 𐤅𐤃𐤋𐤕𐤉𐤌•
𐤉𐤀 𐤅𐤀𐤌𐤓 𐤏𐤃 𐤐𐤄 𐤕𐤁𐤅𐤀 𐤅𐤋𐤀 𐤕𐤎𐤉𐤐 𐤅𐤐𐤀 𐤉𐤔𐤉𐤕 𐤁𐤂𐤀𐤅𐤍 𐤂𐤋𐤉𐤊•
𐤉𐤁 𐤄𐤌𐤉𐤌𐤉𐤊 𐤑𐤅𐤉𐤕 𐤁𐤒𐤓 𐤉𐤃𐤏𐤕𐤄 𐤔𐤇𐤓 [𐤉𐤃𐤏𐤕𐤄 𐤄𐤔𐤇𐤓] 𐤌𐤒𐤌𐤅•
𐤉𐤂 𐤋𐤀𐤇𐤆 𐤁𐤊𐤍𐤐𐤅𐤕 𐤄𐤀𐤓𐤑 𐤅𐤉𐤍𐤏𐤓𐤅 𐤓𐤔𐤏𐤉𐤌 𐤌𐤌𐤍𐤄•
𐤉𐤃 𐤕𐤕𐤄𐤐𐤊 𐤊𐤇𐤌𐤓 𐤇𐤅𐤕𐤌 𐤅𐤉𐤕𐤉𐤑𐤁𐤅 𐤊𐤌𐤅 𐤋𐤁𐤅𐤔•
𐤈𐤅 𐤅𐤉𐤌𐤍𐤏 𐤌𐤓𐤔𐤏𐤉𐤌 𐤀𐤅𐤓𐤌 𐤅𐤆𐤓𐤅𐤏 𐤓𐤌𐤄 𐤕𐤔𐤁𐤓•
𐤈𐤆 𐤄𐤁𐤀𐤕 𐤏𐤃 𐤍𐤁𐤊𐤉 𐤉𐤌 𐤅𐤁𐤇𐤒𐤓 𐤕𐤄𐤅𐤌 𐤄𐤕𐤄𐤋𐤊𐤕•
𐤉𐤆 𐤄𐤍𐤂𐤋𐤅 𐤋𐤊 𐤔𐤏𐤓𐤉 𐤌𐤅𐤕 𐤅𐤔𐤏𐤓𐤉 𐤑𐤋𐤌𐤅𐤕 𐤕𐤓𐤀𐤄•
𐤉𐤇 𐤄𐤕𐤁𐤍𐤍𐤕 𐤏𐤃 𐤓𐤇𐤁𐤉 𐤀𐤓𐤑 𐤄𐤂𐤃 𐤀𐤌 𐤉𐤃𐤏𐤕 𐤊𐤋𐤄•
𐤉𐤈 𐤀𐤉 𐤆𐤄 𐤄𐤃𐤓𐤊 𐤉𐤔𐤊𐤍 𐤀𐤅𐤓 𐤅𐤇𐤔𐤊 𐤀𐤉 𐤆𐤄 𐤌𐤒𐤌𐤅•
𐤊 𐤊𐤉 𐤕𐤒𐤇𐤍𐤅 𐤀𐤋 𐤂𐤁𐤅𐤋𐤅 𐤅𐤊𐤉 𐤕𐤁𐤉𐤍 𐤍𐤕𐤉𐤁𐤅𐤕 𐤁𐤉𐤕𐤅•
𐤊𐤀 𐤉𐤃𐤏𐤕 𐤊𐤉 𐤀𐤆 𐤕𐤅𐤋𐤃 𐤅𐤌𐤎𐤐𐤓 𐤉𐤌𐤉𐤊 𐤓𐤁𐤉𐤌•
𐤊𐤁 𐤄𐤁𐤀𐤕 𐤀𐤋 𐤀𐤑𐤓𐤅𐤕 𐤔𐤋𐤂 𐤅𐤀𐤅𐤑𐤓𐤅𐤕 𐤁𐤓𐤃 𐤕𐤓𐤀𐤄•
𐤊𐤂 𐤀𐤔𐤓 𐤇𐤔𐤊𐤕𐤉 𐤋𐤏𐤕 𐤑𐤓 𐤋𐤉𐤅𐤌 𐤒𐤓𐤁 𐤅𐤌𐤋𐤇𐤌𐤄•
𐤊𐤃 𐤀𐤉 𐤆𐤄 𐤄𐤃𐤓𐤊 𐤉𐤇𐤋𐤒 𐤀𐤅𐤓 𐤉𐤐𐤑 𐤒𐤃𐤉𐤌 𐤏𐤋𐤉 𐤀𐤓𐤑•
𐤊𐤄 𐤌𐤉 𐤐𐤋𐤂 𐤋𐤔𐤈𐤐 𐤕𐤏𐤋𐤄 𐤅𐤃𐤓𐤊 𐤋𐤇𐤆𐤉𐤆 𐤒𐤋𐤅𐤕•
𐤊𐤅 𐤋𐤄𐤌𐤈𐤉𐤓 𐤏𐤋 𐤀𐤓𐤑 𐤋𐤀 𐤀𐤉𐤔 𐤌𐤃𐤁𐤓 𐤋𐤀 𐤀𐤃𐤌 𐤁𐤅•
𐤊𐤆 𐤋𐤄𐤔𐤁𐤉𐤏 𐤔𐤀𐤄 𐤅𐤌𐤔𐤀𐤄 𐤅𐤋𐤄𐤑𐤌𐤉𐤇 𐤌𐤑𐤀 𐤃𐤔𐤀•
𐤊𐤇 𐤄𐤉𐤔 𐤋𐤌𐤈𐤓 𐤀𐤁 𐤀𐤅 𐤌𐤉 𐤄𐤅𐤋𐤉𐤃 𐤀𐤂𐤋𐤉 𐤈𐤋•
𐤊𐤈 𐤌𐤁𐤈𐤍 𐤌𐤉 𐤉𐤑𐤀 𐤄𐤒𐤓𐤇 𐤅𐤊𐤐𐤓 𐤔𐤌𐤉𐤌 𐤌𐤉 𐤉𐤋𐤃𐤅•
𐤋 𐤊𐤀𐤁𐤍 𐤌𐤉𐤌 𐤉𐤕𐤇𐤁𐤀𐤅 𐤅𐤐𐤍𐤉 𐤕𐤄𐤅𐤌 𐤉𐤕𐤋𐤊𐤃𐤅•
𐤋𐤀 𐤄𐤕𐤒𐤔𐤓 𐤌𐤏𐤃𐤍𐤅𐤕 𐤊𐤉𐤌𐤄 𐤀𐤅 𐤌𐤔𐤊𐤅𐤕 𐤊𐤎𐤉𐤋 𐤕𐤐𐤕𐤇•
𐤋𐤁 𐤄𐤕𐤑𐤉𐤀 𐤌𐤆𐤓𐤅𐤕 𐤁𐤏𐤕𐤅 𐤅𐤏𐤉𐤔 𐤏𐤋 𐤁𐤍𐤉𐤄 𐤕𐤍𐤇𐤌•
𐤋𐤂 𐤄𐤉𐤃𐤏𐤕 𐤇𐤒𐤅𐤕 𐤔𐤌𐤉𐤌 𐤀𐤌 𐤕𐤔𐤉𐤌 𐤌𐤔𐤈𐤓𐤅 𐤁𐤀𐤓𐤑•
𐤋𐤃 𐤄𐤕𐤓𐤉𐤌 𐤋𐤏𐤁 𐤒𐤅𐤋𐤊 𐤅𐤔𐤐𐤏𐤕 𐤌𐤉𐤌 𐤕𐤊𐤎𐤊•
𐤋𐤄 𐤄𐤕𐤔𐤋𐤇 𐤁𐤓𐤒𐤉𐤌 𐤅𐤉𐤋𐤊𐤅 𐤅𐤉𐤀𐤌𐤓𐤅 𐤋𐤊 𐤄𐤍𐤍𐤅•
𐤋𐤅 𐤌𐤉 𐤔𐤕 𐤁𐤈𐤇𐤅𐤕 𐤇𐤊𐤌𐤄 𐤀𐤅 𐤌𐤉 𐤍𐤕𐤍 𐤋𐤔𐤊𐤅𐤉 𐤁𐤉𐤍𐤄•
𐤋𐤆 𐤌𐤉 𐤉𐤎𐤐𐤓 𐤔𐤇𐤒𐤉𐤌 𐤁𐤇𐤊𐤌𐤄 𐤅𐤍𐤁𐤋𐤉 𐤔𐤌𐤉𐤌 𐤌𐤉 𐤉𐤔𐤊𐤉𐤁•
𐤋𐤇 𐤁𐤑𐤒𐤕 𐤏𐤐𐤓 𐤋𐤌𐤅𐤑𐤒 𐤅𐤓𐤂𐤁𐤉𐤌 𐤉𐤃𐤁𐤒𐤅•

# 𐤀𐤉𐤅𐤁

𐤋𐤈 𐤄𐤕𐤑𐤅𐤃 𐤋𐤋𐤁𐤉𐤀 𐤈𐤓𐤐 𐤅𐤇𐤉𐤕 𐤊𐤐𐤉𐤓𐤉𐤌 𐤕𐤌𐤋𐤀•

𐤌 𐤊𐤉 𐤉𐤔𐤇𐤅 𐤁𐤌𐤏𐤅𐤍𐤅𐤕 𐤉𐤔𐤁𐤅 𐤁𐤎𐤊𐤄 𐤋𐤌𐤅 𐤀𐤓𐤁•

𐤌𐤀 𐤌𐤉 𐤉𐤊𐤉𐤍 𐤋𐤏𐤓𐤁 𐤑𐤉𐤃𐤅 𐤊𐤉 𐤉𐤋𐤃𐤅 [𐤉𐤋𐤃𐤉𐤅] 𐤀𐤋 𐤀𐤋 𐤉𐤔𐤅𐤏𐤅 𐤉𐤕𐤏𐤅 𐤋𐤁𐤋𐤉 𐤀𐤊𐤋•

## 𐤐𐤓𐤒 𐤋𐤈

𐤀 𐤄𐤉𐤃𐤏𐤕 𐤏𐤕 𐤋𐤃𐤕 𐤉𐤏𐤋𐤉 𐤎𐤋𐤏 𐤇𐤋𐤋 𐤀𐤉𐤋𐤅𐤕 𐤕𐤔𐤌𐤓•

𐤁 𐤕𐤎𐤐𐤓 𐤉𐤓𐤇𐤉𐤌 𐤕𐤌𐤋𐤀𐤍𐤄 𐤅𐤉𐤃𐤏𐤕 𐤏𐤕 𐤋𐤃𐤕𐤍𐤄•

𐤂 𐤕𐤊𐤓𐤏𐤍𐤄 𐤉𐤋𐤃𐤉𐤄𐤍 𐤕𐤐𐤋𐤇𐤍𐤄 𐤇𐤁𐤋𐤉𐤄𐤌 𐤕𐤔𐤋𐤇𐤍𐤄•

𐤃 𐤉𐤇𐤋𐤌𐤅 𐤁𐤍𐤉𐤄𐤌 𐤉𐤓𐤁𐤅 𐤁𐤁𐤓 𐤉𐤑𐤀𐤅 𐤅𐤋𐤀 𐤔𐤁𐤅 𐤋𐤌𐤅•

𐤄 𐤌𐤉 𐤔𐤋𐤇 𐤐𐤓𐤀 𐤇𐤐𐤔𐤉 𐤅𐤌𐤎𐤓𐤅𐤕 𐤏𐤓𐤅𐤃 𐤌𐤉 𐤐𐤕𐤇•

𐤅 𐤀𐤔𐤓 𐤔𐤌𐤕𐤉 𐤏𐤓𐤁𐤄 𐤁𐤉𐤕𐤅 𐤅𐤌𐤔𐤊𐤍𐤅𐤕𐤉𐤅 𐤌𐤋𐤇𐤄•

𐤆 𐤉𐤔𐤇𐤒 𐤋𐤄𐤌𐤅𐤍 𐤒𐤓𐤉𐤄 𐤕𐤔𐤀𐤅𐤕 𐤍𐤅𐤂𐤔 𐤋𐤀 𐤉𐤔𐤌𐤏•

𐤇 𐤉𐤕𐤅𐤓 𐤄𐤓𐤉𐤌 𐤌𐤓𐤏𐤄𐤅 𐤅𐤀𐤇𐤓 𐤊𐤋 𐤉𐤓𐤅𐤒 𐤉𐤃𐤓𐤅𐤔•

𐤈 𐤄𐤉𐤀𐤁𐤄 𐤓𐤉𐤌 𐤏𐤁𐤃𐤊 𐤀𐤌 𐤉𐤋𐤉𐤍 𐤏𐤋 𐤀𐤁𐤅𐤎𐤊•

𐤉 𐤄𐤕𐤒𐤔𐤓 𐤓𐤉𐤌 𐤁𐤕𐤋𐤌 𐤏𐤁𐤕𐤅 𐤀𐤌 𐤉𐤔𐤃𐤃 𐤏𐤌𐤒𐤉𐤌 𐤀𐤇𐤓𐤉𐤊•

𐤉𐤀 𐤄𐤕𐤁𐤈𐤇 𐤁𐤅 𐤊𐤉 𐤓𐤁 𐤊𐤇𐤅 𐤅𐤕𐤏𐤆𐤁 𐤀𐤋𐤉𐤅 𐤉𐤂𐤉𐤏𐤊•

𐤉𐤁 𐤄𐤕𐤀𐤌𐤉𐤍 𐤁𐤅 𐤊𐤉 𐤉𐤔𐤅𐤁 [𐤉𐤔𐤉𐤁] 𐤆𐤓𐤏𐤊 𐤅𐤂𐤓𐤍𐤊 𐤉𐤀𐤎𐤐•

𐤉𐤂 𐤊𐤍𐤐 𐤓𐤍𐤍𐤉𐤌 𐤍𐤏𐤋𐤎𐤄 𐤀𐤌 𐤀𐤁𐤓𐤄 𐤇𐤎𐤉𐤃𐤄 𐤅𐤍𐤑𐤄•

𐤉𐤃 𐤊𐤉 𐤕𐤏𐤆𐤁 𐤋𐤀𐤓𐤑 𐤁𐤉𐤑𐤉𐤄 𐤅𐤏𐤋 𐤏𐤐𐤓 𐤕𐤇𐤌𐤌•

𐤈𐤅 𐤅𐤕𐤔𐤊𐤇 𐤊𐤉 𐤓𐤂𐤋 𐤕𐤆𐤅𐤓𐤄 𐤅𐤇𐤉𐤕 𐤄𐤔𐤃𐤄 𐤕𐤃𐤅𐤔𐤄•

𐤈𐤆 𐤄𐤒𐤔𐤉𐤇 𐤁𐤍𐤉𐤄 𐤋𐤋𐤀 𐤋𐤄 𐤓𐤉𐤒𐤄 𐤉𐤂𐤉𐤏𐤄 𐤁𐤋𐤉 𐤐𐤇𐤃•

𐤉𐤆 𐤊𐤉 𐤄𐤔𐤄 𐤀𐤋𐤅𐤄 𐤇𐤊𐤌𐤄 𐤅𐤋𐤀 𐤇𐤋𐤒 𐤋𐤄 𐤁𐤁𐤉𐤍𐤄•

𐤉𐤇 𐤊𐤏𐤕 𐤁𐤌𐤓𐤅𐤌 𐤕𐤌𐤓𐤉𐤀 𐤕𐤔𐤇𐤒 𐤋𐤎𐤅𐤎 𐤅𐤋𐤓𐤊𐤁𐤅•

𐤉𐤈 𐤄𐤕𐤕𐤍 𐤋𐤎𐤅𐤎 𐤂𐤁𐤅𐤓𐤄 𐤄𐤕𐤋𐤁𐤉𐤔 𐤑𐤅𐤀𐤓𐤅 𐤓𐤏𐤌𐤄•

𐤊 𐤄𐤕𐤓𐤏𐤉𐤔𐤍𐤅 𐤊𐤀𐤓𐤁𐤄 𐤄𐤅𐤃 𐤍𐤇𐤓𐤅 𐤀𐤉𐤌𐤄•

𐤊𐤀 𐤉𐤇𐤐𐤓𐤅 𐤁𐤏𐤌𐤒 𐤅𐤉𐤔𐤉𐤔 𐤁𐤊𐤇 𐤉𐤑𐤀 𐤋𐤒𐤓𐤀𐤕 𐤍𐤔𐤒•

𐤊𐤁 𐤉𐤔𐤇𐤒 𐤋𐤐𐤇𐤃 𐤅𐤋𐤀 𐤉𐤇𐤕 𐤅𐤋𐤀 𐤉𐤔𐤅𐤁 𐤌𐤐𐤍𐤉 𐤇𐤓𐤁•

𐤊𐤂 𐤏𐤋𐤉𐤅 𐤕𐤓𐤍𐤄 𐤀𐤔𐤐𐤄 𐤋𐤄𐤁 𐤇𐤍𐤉𐤕 𐤅𐤊𐤉𐤃𐤅𐤍•

𐤊𐤃 𐤁𐤓𐤏𐤔 𐤅𐤓𐤂𐤆 𐤉𐤂𐤌𐤀 𐤀𐤓𐤑 𐤅𐤋𐤀 𐤉𐤀𐤌𐤉𐤍 𐤊𐤉 𐤒𐤅𐤋 𐤔𐤅𐤐𐤓•

𐤊𐤄 𐤁𐤃𐤉 𐤔𐤐𐤓 𐤉𐤀𐤌𐤓 𐤄𐤀𐤇 𐤅𐤌𐤓𐤇𐤅𐤒 𐤉𐤓𐤉𐤇 𐤌𐤋𐤇𐤌𐤄 𐤓𐤏𐤌 𐤔𐤓𐤉𐤌 𐤅𐤕𐤓𐤅𐤏𐤄•

𐤊𐤅 𐤄𐤌𐤁𐤉𐤍𐤕𐤊 𐤉𐤀𐤁𐤓 𐤍𐤑 𐤉𐤐𐤓𐤔 𐤊𐤍𐤐𐤅 [𐤊𐤍𐤐𐤉𐤅] 𐤋𐤕𐤉𐤌𐤍•

𐤊𐤆 𐤀𐤌 𐤏𐤋 𐤐𐤉𐤊 𐤉𐤂𐤁𐤉𐤄 𐤍𐤔𐤓 𐤅𐤊𐤉 𐤉𐤓𐤉𐤌 𐤒𐤍𐤅•
𐤊𐤇 𐤎𐤋𐤏 𐤉𐤔𐤊𐤍 𐤅𐤉𐤕𐤋𐤍𐤍 𐤏𐤋 𐤔𐤍 𐤎𐤋𐤏 𐤅𐤌𐤑𐤅𐤃𐤄•
𐤊𐤈 𐤌𐤔𐤌 𐤇𐤐𐤓 𐤀𐤊𐤋 𐤋𐤌𐤓𐤇𐤅𐤒 𐤏𐤉𐤍𐤉𐤅 𐤉𐤁𐤉𐤈𐤅•
𐤋 𐤅𐤀𐤐𐤓𐤇𐤅 [𐤅𐤀𐤐𐤓𐤇𐤉𐤅] 𐤉𐤏𐤋𐤏𐤅 𐤃𐤌 𐤅𐤁𐤀𐤔𐤓 𐤇𐤋𐤋𐤉𐤌 𐤔𐤌 𐤄𐤅𐤀•

## 𐤐𐤓𐤒 𐤌

𐤀 𐤅𐤉𐤏𐤍 𐤉𐤄𐤅𐤄 𐤀𐤕 𐤀𐤉𐤅𐤁 𐤅𐤉𐤀𐤌𐤓•
𐤁 𐤄𐤓𐤁 𐤏𐤌 𐤔𐤃𐤉 𐤉𐤎𐤅𐤓 𐤌𐤅𐤊𐤉𐤇 𐤀𐤋𐤅𐤄 𐤉𐤏𐤍𐤍𐤄•
𐤂 𐤅𐤉𐤏𐤍 𐤀𐤉𐤅𐤁 𐤀𐤕 𐤉𐤄𐤅𐤄 𐤅𐤉𐤀𐤌𐤓•
𐤃 𐤄𐤍 𐤒𐤋𐤕𐤉 𐤌𐤄 𐤀𐤔𐤉𐤁𐤊 𐤉𐤃𐤉 𐤔𐤌𐤕𐤉 𐤋𐤌𐤅 𐤐𐤉•
𐤄 𐤀𐤇𐤕 𐤃𐤁𐤓𐤕𐤉 𐤅𐤋𐤀 𐤀𐤏𐤍𐤄 𐤅𐤔𐤕𐤉𐤌 𐤅𐤋𐤀 𐤀𐤅𐤎𐤉𐤐•
𐤅 𐤅𐤉𐤏𐤍 𐤉𐤄𐤅𐤄 𐤀𐤕 𐤀𐤉𐤅𐤁 𐤌𐤍 [𐤌𐤍] 𐤎𐤏𐤓𐤄 𐤅𐤉𐤀𐤌𐤓•
𐤆 𐤀𐤆𐤓 𐤍𐤀 𐤊𐤂𐤁𐤓 𐤇𐤋𐤑𐤉𐤊 𐤀𐤔𐤀𐤋𐤊 𐤅𐤄𐤅𐤃𐤉𐤏𐤍𐤉•
𐤇 𐤄𐤀𐤐 𐤕𐤐𐤓 𐤌𐤔𐤐𐤈𐤉 𐤕𐤓𐤔𐤉𐤏𐤍𐤉 𐤋𐤌𐤏𐤍 𐤕𐤑𐤃𐤒•
𐤈 𐤅𐤀𐤌 𐤆𐤓𐤅𐤏 𐤊𐤀𐤋 𐤋𐤊 𐤅𐤁𐤒𐤅𐤋 𐤊𐤌𐤄𐤅 𐤕𐤓𐤏𐤌•
𐤉 𐤏𐤃𐤄 𐤍𐤀 𐤂𐤀𐤅𐤍 𐤅𐤂𐤁𐤄 𐤅𐤄𐤅𐤃 𐤅𐤄𐤃𐤓 𐤕𐤋𐤁𐤔•
𐤉𐤀 𐤄𐤐𐤑 𐤏𐤁𐤓𐤅𐤕 𐤀𐤐𐤊 𐤅𐤓𐤀𐤄 𐤊𐤋 𐤂𐤀𐤄 𐤅𐤄𐤔𐤐𐤉𐤋𐤄𐤅•
𐤉𐤁 𐤓𐤀𐤄 𐤊𐤋 𐤂𐤀𐤄 𐤄𐤊𐤍𐤉𐤏𐤄𐤅 𐤅𐤄𐤃𐤊 𐤓𐤔𐤏𐤉𐤌 𐤕𐤇𐤕𐤌•
𐤉𐤂 𐤈𐤌𐤍𐤌 𐤁𐤏𐤐𐤓 𐤉𐤇𐤃 𐤐𐤍𐤉𐤄𐤌 𐤇𐤁𐤔 𐤁𐤈𐤌𐤅𐤍•
𐤉𐤃 𐤅𐤂𐤌 𐤀𐤍𐤉 𐤀𐤅𐤃𐤊 𐤊𐤉 𐤕𐤅𐤔𐤏 𐤋𐤊 𐤉𐤌𐤉𐤍𐤊•
𐤈𐤅 𐤄𐤍𐤄 𐤍𐤀 𐤁𐤄𐤌𐤅𐤕 𐤀𐤔𐤓 𐤏𐤔𐤉𐤕𐤉 𐤏𐤌𐤊 𐤇𐤑𐤉𐤓 𐤊𐤁𐤒𐤓 𐤉𐤀𐤊𐤋•
𐤈𐤆 𐤄𐤍𐤄 𐤍𐤀 𐤊𐤇𐤅 𐤁𐤌𐤕𐤍𐤉𐤅 𐤅𐤀𐤍𐤅 𐤁𐤔𐤓𐤉𐤓𐤉 𐤁𐤈𐤍𐤅•
𐤉𐤆 𐤉𐤇𐤐𐤑 𐤆𐤍𐤁𐤅 𐤊𐤌𐤅 𐤀𐤓𐤆 𐤂𐤉𐤃𐤉 𐤐𐤇𐤃𐤅 [𐤐𐤇𐤃𐤉𐤅] 𐤉𐤔𐤓𐤂𐤅•
𐤉𐤇 𐤏𐤑𐤌𐤉𐤅 𐤀𐤐𐤉𐤒𐤉 𐤍𐤇𐤅𐤔𐤄 𐤂𐤓𐤌𐤉𐤅 𐤊𐤌𐤈𐤉𐤋 𐤁𐤓𐤆𐤋•
𐤉𐤈 𐤄𐤅𐤀 𐤓𐤀𐤔𐤉𐤕 𐤃𐤓𐤊𐤉 𐤀𐤋 𐤄𐤏𐤔𐤅 𐤉𐤂𐤔 𐤇𐤓𐤁𐤅•
𐤊 𐤊𐤉 𐤁𐤅𐤋 𐤄𐤓𐤉𐤌 𐤉𐤔𐤀𐤅 𐤋𐤅 𐤅𐤊𐤋 𐤇𐤉𐤕 𐤄𐤔𐤃𐤄 𐤉𐤔𐤇𐤒𐤅 𐤔𐤌•
𐤊𐤀 𐤕𐤇𐤕 𐤑𐤀𐤋𐤉𐤌 𐤉𐤔𐤊𐤁 𐤁𐤎𐤕𐤓 𐤒𐤍𐤄 𐤅𐤁𐤑𐤄•
𐤊𐤁 𐤉𐤎𐤊𐤄𐤅 𐤑𐤀𐤋𐤉𐤌 𐤑𐤋𐤋𐤅 𐤉𐤎𐤁𐤄𐤅 𐤏𐤓𐤁𐤉 𐤍𐤇𐤋•
𐤊𐤂 𐤄𐤍 𐤉𐤏𐤔𐤒 𐤍𐤄𐤓 𐤋𐤀 𐤉𐤇𐤐𐤆 𐤉𐤁𐤈𐤇 𐤊𐤉 𐤉𐤂𐤉𐤇 𐤉𐤓𐤃𐤍 𐤀𐤋 𐤐𐤉𐤄𐤅•
𐤊𐤃 𐤁𐤏𐤉𐤍𐤉𐤅 𐤉𐤒𐤇𐤍𐤅 𐤁𐤌𐤅𐤒𐤔𐤉𐤌 𐤉𐤍𐤒𐤁 𐤀𐤐•
𐤊𐤄 𐤕𐤌𐤔𐤊 𐤋𐤅𐤉𐤕𐤍 𐤁𐤇𐤊𐤄 𐤅𐤁𐤇𐤁𐤋 𐤕𐤔𐤒𐤉𐤏 𐤋𐤔𐤍𐤅•
𐤊𐤅 𐤄𐤕𐤔𐤉𐤌 𐤀𐤂𐤌𐤍 𐤁𐤀𐤐𐤅 𐤅𐤁𐤇𐤅𐤇 𐤕𐤒𐤁 𐤋𐤇𐤉𐤅•
𐤊𐤆 𐤄𐤉𐤓𐤁𐤄 𐤀𐤋𐤉𐤊 𐤕𐤇𐤍𐤅𐤍𐤉𐤌 𐤀𐤌 𐤉𐤃𐤁𐤓 𐤀𐤋𐤉𐤊 𐤓𐤊𐤅𐤕•

# 𐤀𐤉𐤅𐤁

𐤊𐤇 𐤄𐤉𐤊𐤓𐤕 𐤁𐤓𐤉𐤕 𐤏𐤌𐤊 𐤕𐤒𐤇𐤍𐤅 𐤋𐤏𐤁𐤃 𐤏𐤅𐤋𐤌•
𐤊𐤈 𐤄𐤕𐤔𐤇𐤒 𐤁𐤅 𐤊𐤑𐤐𐤅𐤓 𐤅𐤕𐤒𐤔𐤓𐤍𐤅 𐤋𐤍𐤏𐤓𐤅𐤕𐤉𐤊•
𐤋 𐤉𐤊𐤓𐤅 𐤏𐤋𐤉𐤅 𐤇𐤁𐤓𐤉𐤌 𐤉𐤇𐤑𐤅𐤄𐤅 𐤁𐤉𐤍 𐤊𐤍𐤏𐤍𐤉𐤌•
𐤋𐤀 𐤄𐤕𐤌𐤋𐤀 𐤁𐤔𐤊𐤅𐤕 𐤏𐤅𐤓𐤅 𐤅𐤁𐤑𐤋𐤑𐤋 𐤃𐤂𐤉𐤌 𐤓𐤀𐤔𐤅•
𐤋𐤁 𐤔𐤉𐤌 𐤏𐤋𐤉𐤅 𐤊𐤐𐤊 𐤆𐤊𐤓 𐤌𐤋𐤇𐤌𐤄 𐤀𐤋 𐤕𐤅𐤎𐤐•

## 𐤐𐤓𐤒 𐤌𐤀

𐤀 𐤄𐤍 𐤕𐤇𐤋𐤕𐤅 𐤍𐤊𐤆𐤁𐤄 𐤄𐤂𐤌 𐤀𐤋 𐤌𐤓𐤀𐤉𐤅 𐤉𐤈𐤋•
𐤁 𐤋𐤀 𐤀𐤊𐤆𐤓 𐤊𐤉 𐤉𐤏𐤅𐤓𐤍𐤅 𐤅𐤌𐤉 𐤄𐤅𐤀 𐤋𐤐𐤍𐤉 𐤉𐤕𐤉𐤑𐤁•
𐤂 𐤌𐤉 𐤄𐤒𐤃𐤉𐤌𐤍𐤉 𐤅𐤀𐤔𐤋𐤌 𐤕𐤇𐤕 𐤊𐤋 𐤄𐤔𐤌𐤉𐤌 𐤋𐤉 𐤄𐤅𐤀•
𐤃 𐤋𐤀 [𐤋𐤅] 𐤀𐤇𐤓𐤉𐤔 𐤁𐤃𐤉𐤅 𐤅𐤃𐤁𐤓 𐤂𐤁𐤅𐤓𐤅𐤕 𐤅𐤇𐤉𐤍 𐤏𐤓𐤊𐤅•
𐤄 𐤌𐤉 𐤂𐤋𐤄 𐤐𐤍𐤉 𐤋𐤁𐤅𐤔𐤅 𐤁𐤊𐤐𐤋 𐤓𐤎𐤍𐤅 𐤌𐤉 𐤉𐤁𐤅𐤀•
𐤅 𐤃𐤋𐤕𐤉 𐤐𐤍𐤉𐤅 𐤌𐤉 𐤐𐤕𐤇 𐤎𐤁𐤉𐤁𐤅𐤕 𐤔𐤍𐤉𐤅 𐤀𐤉𐤌𐤄•
𐤆 𐤂𐤀𐤅𐤄 𐤀𐤐𐤉𐤒𐤉 𐤌𐤂𐤍𐤉𐤌 𐤎𐤂𐤅𐤓 𐤇𐤅𐤕𐤌 𐤑𐤓•
𐤇 𐤀𐤇𐤃 𐤁𐤀𐤇𐤃 𐤉𐤂𐤔𐤅 𐤅𐤓𐤅𐤇 𐤋𐤀 𐤉𐤁𐤅𐤀 𐤁𐤉𐤍𐤉𐤄𐤌•
𐤈 𐤀𐤉𐤔 𐤁𐤀𐤇𐤉𐤄𐤅 𐤉𐤃𐤁𐤒𐤅 𐤉𐤕𐤋𐤊𐤃𐤅 𐤅𐤋𐤀 𐤉𐤕𐤐𐤓𐤃𐤅•
𐤉 𐤏𐤈𐤉𐤔𐤕𐤉𐤅 𐤕𐤄𐤋 𐤀𐤅𐤓 𐤅𐤏𐤉𐤍𐤉𐤅 𐤊𐤏𐤐𐤏𐤐𐤉 𐤔𐤇𐤓•
𐤉𐤀 𐤌𐤐𐤉𐤅 𐤋𐤐𐤉𐤃𐤉𐤌 𐤉𐤄𐤋𐤊𐤅 𐤊𐤉𐤃𐤅𐤃𐤉 𐤀𐤔 𐤉𐤕𐤌𐤋𐤈𐤅•
𐤉𐤁 𐤌𐤍𐤇𐤉𐤓𐤉𐤅 𐤉𐤑𐤀 𐤏𐤔𐤍 𐤊𐤃𐤅𐤃 𐤍𐤐𐤅𐤇 𐤅𐤀𐤂𐤌𐤍•
𐤉𐤂 𐤍𐤐𐤔𐤅 𐤂𐤇𐤋𐤉𐤌 𐤕𐤋𐤄𐤈 𐤅𐤋𐤄𐤁 𐤌𐤐𐤉𐤅 𐤉𐤑𐤀•
𐤉𐤃 𐤁𐤑𐤅𐤀𐤓𐤅 𐤉𐤋𐤉𐤍 𐤏𐤆 𐤅𐤋𐤐𐤍𐤉𐤅 𐤕𐤃𐤅𐤑 𐤃𐤀𐤁𐤄•
𐤈𐤅 𐤌𐤐𐤋𐤉 𐤁𐤔𐤓𐤅 𐤃𐤁𐤒𐤅 𐤉𐤑𐤅𐤒 𐤏𐤋𐤉𐤅 𐤁𐤋 𐤉𐤌𐤅𐤈•
𐤈𐤆 𐤋𐤁𐤅 𐤉𐤑𐤅𐤒 𐤊𐤌𐤅 𐤀𐤁𐤍 𐤅𐤉𐤑𐤅𐤒 𐤊𐤐𐤋𐤇 𐤕𐤇𐤕𐤉𐤕•
𐤉𐤆 𐤌𐤔𐤕𐤅 𐤉𐤂𐤅𐤓𐤅 𐤀𐤋𐤉𐤌 𐤌𐤔𐤁𐤓𐤉𐤌 𐤉𐤕𐤇𐤈𐤀𐤅•
𐤉𐤇 𐤌𐤔𐤉𐤂𐤄𐤅 𐤇𐤓𐤁 𐤁𐤋𐤉 𐤕𐤒𐤅𐤌 𐤇𐤍𐤉𐤕 𐤌𐤎𐤏 𐤅𐤔𐤓𐤉𐤄•
𐤉𐤈 𐤉𐤇𐤔𐤁 𐤋𐤕𐤁𐤍 𐤁𐤓𐤆𐤋 𐤋𐤏𐤑 𐤓𐤒𐤁𐤅𐤍 𐤍𐤇𐤅𐤔𐤄•
𐤊 𐤋𐤀 𐤉𐤁𐤓𐤉𐤇𐤍𐤅 𐤁𐤍 𐤒𐤔𐤕 𐤋𐤒𐤔 𐤍𐤄𐤐𐤊𐤅 𐤋𐤅 𐤀𐤁𐤍𐤉 𐤒𐤋𐤏•
𐤊𐤀 𐤊𐤒𐤔 𐤍𐤇𐤔𐤁𐤅 𐤕𐤅𐤕𐤇 𐤅𐤉𐤔𐤇𐤒 𐤋𐤓𐤏𐤔 𐤊𐤉𐤃𐤅𐤍•
𐤊𐤁 𐤕𐤇𐤕𐤉𐤅 𐤇𐤃𐤅𐤃𐤉 𐤇𐤓𐤔 𐤉𐤓𐤐𐤃 𐤇𐤓𐤅𐤑 𐤏𐤋𐤉 𐤈𐤉𐤈•
𐤊𐤂 𐤉𐤓𐤕𐤉𐤇 𐤊𐤎𐤉𐤓 𐤌𐤑𐤅𐤋𐤄 𐤉𐤌 𐤉𐤔𐤉𐤌 𐤊𐤌𐤓𐤒𐤇𐤄•
𐤊𐤃 𐤀𐤇𐤓𐤉𐤅 𐤉𐤀𐤉𐤓 𐤍𐤕𐤉𐤁 𐤉𐤇𐤔𐤁 𐤕𐤄𐤅𐤌 𐤋𐤔𐤉𐤁𐤄•
𐤊𐤄 𐤀𐤉𐤍 𐤏𐤋 𐤏𐤐𐤓 𐤌𐤔𐤋𐤅 𐤄𐤏𐤔𐤅 𐤋𐤁𐤋𐤉 𐤇𐤕•
𐤊𐤅 𐤀𐤕 𐤊𐤋 𐤂𐤁𐤄 𐤉𐤓𐤀𐤄 𐤄𐤅𐤀 𐤌𐤋𐤊 𐤏𐤋 𐤊𐤋 𐤁𐤍𐤉 𐤔𐤇𐤑•

# 𐤀𐤉𐤅𐤁

𐤐𐤓𐤒 𐤌𐤁

𐤀 𐤅𐤉𐤏𐤍 𐤀𐤉𐤅𐤁 𐤀𐤕 𐤉𐤄𐤅𐤄 𐤅𐤉𐤀𐤌𐤓.
𐤁 𐤉𐤃𐤏𐤕 [𐤉𐤃𐤏𐤕𐤉] 𐤊𐤉 𐤊𐤋 𐤕𐤅𐤊𐤋 𐤅𐤋𐤀 𐤉𐤁𐤑𐤓 𐤌𐤌𐤊 𐤌𐤆𐤌𐤄.
𐤂 𐤌𐤉 𐤆𐤄 𐤌𐤏𐤋𐤉𐤌 𐤏𐤑𐤄 𐤁𐤋𐤉 𐤃𐤏𐤕 𐤋𐤊𐤍 𐤄𐤂𐤃𐤕𐤉 𐤅𐤋𐤀 𐤀𐤁𐤉𐤍
𐤍𐤐𐤋𐤀𐤅𐤕 𐤌𐤌𐤍𐤉 𐤅𐤋𐤀 𐤀𐤃𐤏.
𐤃 𐤔𐤌𐤏 𐤍𐤀 𐤅𐤀𐤍𐤊𐤉 𐤀𐤃𐤁𐤓 𐤀𐤔𐤀𐤋𐤊 𐤅𐤄𐤅𐤃𐤉𐤏𐤍𐤉.
𐤄 𐤋𐤔𐤌𐤏 𐤀𐤆𐤍 𐤔𐤌𐤏𐤕𐤉𐤊 𐤅𐤏𐤕𐤄 𐤏𐤉𐤍𐤉 𐤓𐤀𐤕𐤊.
𐤅 𐤏𐤋 𐤊𐤍 𐤀𐤌𐤀𐤎 𐤅𐤍𐤇𐤌𐤕𐤉 𐤏𐤋 𐤏𐤐𐤓 𐤅𐤀𐤐𐤓.
𐤆 𐤅𐤉𐤄𐤉 𐤀𐤇𐤓 𐤃𐤁𐤓 𐤉𐤄𐤅𐤄 𐤀𐤕 𐤄𐤃𐤁𐤓𐤉𐤌 𐤄𐤀𐤋𐤄 𐤀𐤋 𐤀𐤉𐤅𐤁 𐤅𐤉𐤀𐤌𐤓
𐤉𐤄𐤅𐤄 𐤀𐤋 𐤀𐤋𐤉𐤐𐤆 𐤄𐤕𐤉𐤌𐤍𐤉 𐤇𐤓𐤄 𐤀𐤐𐤉 𐤁𐤊 𐤅𐤁𐤔𐤍𐤉 𐤓𐤏𐤉𐤊 𐤊𐤉 𐤋𐤀
𐤃𐤁𐤓𐤕𐤌 𐤀𐤋𐤉 𐤍𐤊𐤅𐤍𐤄 𐤊𐤏𐤁𐤃𐤉 𐤀𐤉𐤅𐤁.
𐤇 𐤅𐤏𐤕𐤄 𐤒𐤇𐤅 𐤋𐤊𐤌 𐤔𐤁𐤏𐤄 𐤐𐤓𐤉𐤌 𐤅𐤔𐤁𐤏𐤄 𐤀𐤉𐤋𐤉𐤌 𐤅𐤋𐤊𐤅 𐤀𐤋 𐤏𐤁𐤃𐤉
𐤀𐤉𐤅𐤁 𐤅𐤄𐤏𐤋𐤉𐤕𐤌 𐤏𐤅𐤋𐤄 𐤁𐤏𐤃𐤊𐤌 𐤅𐤀𐤉𐤅𐤁 𐤏𐤁𐤃𐤉 𐤉𐤕𐤐𐤋𐤋 𐤏𐤋𐤉𐤊𐤌 𐤊𐤉
𐤀𐤌 𐤐𐤍𐤉𐤅 𐤀𐤔𐤀 𐤋𐤁𐤋𐤕𐤉 𐤏𐤔𐤅𐤕 𐤏𐤌𐤊𐤌 𐤍𐤁𐤋𐤄 𐤊𐤉 𐤋𐤀 𐤃𐤁𐤓𐤕𐤌
𐤀𐤋𐤉 𐤍𐤊𐤅𐤍𐤄 𐤊𐤏𐤁𐤃𐤉 𐤀𐤉𐤅𐤁.
𐤈 𐤅𐤉𐤋𐤊𐤅 𐤀𐤋𐤉𐤐𐤆 𐤄𐤕𐤉𐤌𐤍𐤉 𐤅𐤁𐤋𐤃𐤃 𐤄𐤔𐤅𐤇𐤉 𐤑𐤐𐤓 𐤄𐤍𐤏𐤌𐤕𐤉
𐤅𐤉𐤏𐤔𐤅 𐤊𐤀𐤔𐤓 𐤃𐤁𐤓 𐤀𐤋𐤉𐤄𐤌 𐤉𐤄𐤅𐤄 𐤅𐤉𐤔𐤀 𐤉𐤄𐤅𐤄 𐤀𐤕 𐤐𐤍𐤉 𐤀𐤉𐤅𐤁.
𐤉 𐤅𐤉𐤄𐤅𐤄 𐤔𐤁 𐤀𐤕 𐤔𐤁𐤉𐤕 [𐤔𐤁𐤅𐤕] 𐤀𐤉𐤅𐤁 𐤁𐤄𐤕𐤐𐤋𐤋𐤅 𐤁𐤏𐤃 𐤓𐤏𐤄𐤅
𐤅𐤉𐤎𐤐 𐤉𐤄𐤅𐤄 𐤀𐤕 𐤊𐤋 𐤀𐤔𐤓 𐤋𐤀𐤉𐤅𐤁 𐤋𐤌𐤔𐤍𐤄.
𐤉𐤀 𐤅𐤉𐤁𐤀𐤅 𐤀𐤋𐤉𐤅 𐤊𐤋 𐤀𐤇𐤉𐤅 𐤅𐤊𐤋 𐤀𐤇𐤉𐤕𐤉𐤅 [𐤀𐤇𐤉𐤅𐤕𐤉𐤅] 𐤅𐤊𐤋
𐤉𐤃𐤏𐤉𐤅 𐤋𐤐𐤍𐤉𐤌 𐤅𐤉𐤀𐤊𐤋𐤅 𐤏𐤌𐤅 𐤋𐤇𐤌 𐤁𐤁𐤉𐤕𐤅 𐤅𐤉𐤍𐤃𐤅 𐤋𐤅 𐤅𐤉𐤍𐤇𐤌𐤅
𐤀𐤕𐤅 𐤏𐤋 𐤊𐤋 𐤄𐤓𐤏𐤄 𐤀𐤔𐤓 𐤄𐤁𐤉𐤀 𐤉𐤄𐤅𐤄 𐤏𐤋𐤉𐤅 𐤅𐤉𐤕𐤍𐤅 𐤋𐤅 𐤀𐤉𐤔
𐤒𐤔𐤉𐤈𐤄 𐤀𐤇𐤕 𐤅𐤀𐤉𐤔 𐤍𐤆𐤌 𐤆𐤄𐤁 𐤀𐤇𐤃.
𐤉𐤁 𐤅𐤉𐤄𐤅𐤄 𐤁𐤓𐤊 𐤀𐤕 𐤀𐤇𐤓𐤉𐤕 𐤀𐤉𐤅𐤁 𐤌𐤓𐤀𐤔𐤕𐤅 𐤅𐤉𐤄𐤉 𐤋𐤅 𐤀𐤓𐤁𐤏𐤄
𐤏𐤔𐤓 𐤀𐤋𐤐 𐤑𐤀𐤍 𐤅𐤔𐤔𐤕 𐤀𐤋𐤐𐤉𐤌 𐤂𐤌𐤋𐤉𐤌 𐤅𐤀𐤋𐤐 𐤑𐤌𐤃 𐤁𐤒𐤓 𐤅𐤀𐤋𐤐
𐤀𐤕𐤅𐤍𐤅𐤕.
𐤉𐤂 𐤅𐤉𐤄𐤉 𐤋𐤅 𐤔𐤁𐤏𐤍𐤄 𐤁𐤍𐤉𐤌 𐤅𐤔𐤋𐤅𐤔 𐤁𐤍𐤅𐤕.
𐤉𐤃 𐤅𐤉𐤒𐤓𐤀 𐤔𐤌 𐤄𐤀𐤇𐤕 𐤉𐤌𐤉𐤌𐤄 𐤅𐤔𐤌 𐤄𐤔𐤍𐤉𐤕 𐤒𐤑𐤉𐤏𐤄 𐤅𐤔𐤌
𐤄𐤔𐤋𐤉𐤔𐤉𐤕 𐤒𐤓𐤍 𐤄𐤐𐤅𐤊.
𐤈𐤅 𐤅𐤋𐤀 𐤍𐤌𐤑𐤀 𐤍𐤔𐤉𐤌 𐤉𐤐𐤅𐤕 𐤊𐤁𐤍𐤅𐤕 𐤀𐤉𐤅𐤁 𐤁𐤀𐤓𐤑 𐤅𐤉𐤕𐤍
𐤋𐤄𐤌 𐤀𐤁𐤉𐤄𐤌 𐤍𐤇𐤋𐤄 𐤁𐤕𐤅𐤊 𐤀𐤇𐤉𐤄𐤌.
𐤈𐤆 𐤅𐤉𐤇𐤉 𐤀𐤉𐤅𐤁 𐤀𐤇𐤓𐤉 𐤆𐤀𐤕 𐤌𐤀𐤄 𐤅𐤀𐤓𐤁𐤏𐤉𐤌 𐤔𐤍𐤄 𐤅𐤉𐤓𐤀 [𐤅𐤉𐤓𐤀𐤄]

# 𐤀𐤉𐤅𐤁

𐤀𐤕 𐤁𐤍𐤉𐤅 𐤅𐤀𐤕 𐤁𐤍𐤉 𐤁𐤍𐤉𐤅 𐤀𐤓𐤁𐤏𐤄 𐤃𐤓𐤅𐤕•
𐤅𐤉𐤌𐤕 𐤀𐤉𐤅𐤁 𐤆𐤒𐤍 𐤅𐤔𐤁𐤏 𐤉𐤌𐤉𐤌•

𐤕𐤒𐤇

## The Israelite Network Service Request Form

*What price is your freedom worth?*

Welcome to the Israelite Network. Thank you for joining with us. Fear and ignorance are the chains of slavery. Add more honors to your life by getting involved. It is time to stop living on your knees. We fight for your liberation and your support is no longer an option, it is a necessity. We are dedicated to revealing the truth according to the Biblical facts, and to provide you with community support.

You may use this form to make contributions and to order any of our products and services. You can also submit this form through the Internet at our web site, **http//www.israelite.net**. Feel free to call us at (212) 586-5969, or mail the form to: THE ISRAELITE NETWORK, P.O. BOX 1747, NYC, NY 10101.

**Name:** **Organization:**

**Address:** **City:** **State/Province:**

**Zip/Postal:** **Country:** **Tel:** **Fax:** **E-mail:**

Please make Your Selection (s) note any quantity numbers:

- ☐ Ordering book - **THE TRUTH: Identifying the descendents of the twelve tribes of Israel, the genealogy of the nations, and other secret bible mysteries... $24.95**
- ☐ Ordering book - **THE TORAH - In Ancient Hebrew: $45**
- ☐ Ordering book - **THE TANACH - In Ancient Hebrew Volume One: $45**
- ☐ Ordering book - **THE TANACH - In Ancient Hebrew Volume Two: $45**
- ☐ Ordering the **ANCIENT HEBREW STUDY BOOKLET: $10**
- ☐ Ordering pins and flags
- ☐ Annual Membership Donation
- ☐ Paying tithes, Making a freewill offering
- ☐ Donation to the missionary Program
- ☐ Offering / Requesting Goods and Services
- ☐ Volunteering
- ☐ Becoming a Distributor of the books
- ☐ Setting up an Israelite Network Sanctuary

**Note Comments, instructions, and prayer requests here:**

**Enter your Classified Advertisement, with the location and details.**
What positions are you trying to fill/find or goods/services you are offering? It will be published on http://iraelite.net:

**I pledge a donation of $ and request: pins, flags, books, Holy Days Calendar.**

We are fighting for your freedom and you need to take an active role now. The time is very short. Listen to your conscience. Put your money where you mind is. If you will benefit from our services and efforts you should contribute your share, so that we can continue to service a world in need of the truth, love and salvation. Thank you and welcome to the Israelite Network.